KB237579

정말로 꼭 필요한 책이다. 장로교회 목사라면, 개혁신학의 학생이라면 반드시 책상 앞에 두고 펼쳐서 책을 아끼지 말고 손때 묻도록 읽어야 할 책이다. 이 책은 독학이 가능한 책이다. 이 책이 목적하는 교의학 해설은 더할 나위 없이 중요하다. 신앙의 뼈대를 세워주기 때문이다. 그런데 이 책의 장점은 이것을 가능한 한 어렵지 않은 문답의 방식으로 기술한다는 데 있다. 이 책은 신학 논쟁을 위한 책이 아니다. 이 책은 교회의 신앙표준을 기본적으로, 그러면서도 깊이 있게 이해하기 위해 필요한 성경의 맥락과 신학적 지성을 제공한다. 이것은 너무 훌륭하다. 마치 저자의 강의를 눈앞에서 듣는 듯한 즐거움을 누릴 것이다. 네덜란드 개혁파 교회의 신학적 고민과 논의의 배경이 책 속 곳곳에서 나타난다. 이것은 흠이 아니라 도리어 장점이다. 신앙고백은 한 신학자의 노력이 아니라, 교회의 고백이기 때문이다. 물론 모든 독자가 이 책의 모든 설명에 동의하지 않을 수 있지만, 단언컨대 모두가 이 책을 사랑할 것이다.

김병훈 | 합동신학대학원대학교 조직신학 교수

이 책은 비교적 최근에 소개된 조직신학 저서 중 개혁신학에 대해 가장 충실한 내용을 담고 있다. 간결하지만 결코 왜소하지 않으며 개혁신학을 풍성하게 전수한다. 과거 두 저자들과의 직접적인 만남은 나에게 그들이 항상 개혁신학을 풍성하게 전수한다는 확신을 더 강하게 해주었다. 그렇지만 그들은 과거의 개혁신학을 단순히 반복하는 것에 만족하지 않는다. 다양한 최근 신학자들과 대화하고 이런 대화를 통해 개혁신학에 새로움을 더한다. 이 책은 개혁신학이 한국교회에 더 깊이 뿌리내리는 데 크게 공헌할 것이다.

김재윤 | 아세아연합신학대학교 조직신학 교수

또 한 권의 개혁교회 교의학인가 하는 생각을 가지고 책을 펼쳤다가, 이런 개혁교회 교의학도 있었는가 하는 감탄과 함께 책을 덮었다. 특정한 신학적 입장이나 교단적 배경을 앞세우는 교의학의 경우 대개 논의의 방식이나 폭에 있어 불만족스러운 점이 발견되곤 한다. 하지만 이런 선입견과 전이해를 가진 독자에게 판 헨더렌과 펠레마의 『개혁교회 교의학』은 개혁주의 유산에 대한 새로운 발견의 기쁨을 안겨주고, 기독교를 바라보는 시야를 넓히는 경험을 선사할 것이다. 두 저자는 개혁교회의 신학 전통에 충실하면서도, 자신의 신앙고백 속에 함몰되지 않고 오히려 오늘날 교회가 씨름하는 여러 문제와 현대 신학의 다양한 도전에 적절히 응답하는 이중의 과업을 충실히 수행하고 있다. 추상적인 사변으로 흐르기 쉬운 교의학적 언술은 풍부하면서도 설득력 있는 성경 인용과 해석을 통해 뒷받침되고, 역사 속의 옛 지혜를 개혁주의 특유의 명료함과 치밀함을 가지고 독자를 위해 꼼꼼하면서도 새롭게 설명하는 방식은 이 책의 완성도를 높여주고 있다. 신앙을 단단히 하고자 신학을 접하는 일반 독자와 신학을 더 깊이 공부하고픈 목회자와 신학생 모두의 필요를 충족시킬 수 있게 고안된 독특한 이중 구조는 책의 가치를 더욱 돋보이게 한다. 초교파신학교에서 조직신학을 가르치는 입장에서 볼 때, 학생들에게 자신감을 가지고 권할 수 있는 개혁교회 교의학이 나왔다는 사실이 무엇보다 기쁘고 반갑다.

김진혁 | 햇불트리니티신학대학원대학교 조직신학 조교수

네덜란드에서 공부할 때 이 책을 접하면서, 개혁신학을 간결하면서도 명료하게 진술하는 저자들에게 큰 감명을 받았다. 이후에 한국어 번역을 부탁했던 계기가 이렇게 열매를 맺게 되었으니 크게 기뻐하며 축하한다. 주로 영미권 신학자들의 저술에 익숙한 한국의 독자들에게 유럽 대륙의 개혁신학 전통, 특히 네덜란드의 개혁신학 전통의 맛을 볼 수 있는 기회를 제공한다는 점에서 이 책의 출간 의미가 매우 크다. 이 책은 성경신학적으로 튼실하고, 하이델베르크 교리문답서와 벨기에 신앙고백서, 도르트 신조와 같은 역사적 신조를 존중하며, 칼뱅과 바빙크로 이어지는 개혁신학의 전통을 이어가면서도 우리 시대의 여러 큰 신학자들(카이퍼, 칼 바르트, 베르카우어, 후크마, 커이터르트, 판 룰러, 스킬더, 위르겐 몰트만, 베르크호프, 판넨베르크 등)과 대화를 통하여 개혁신학을 명료하고 간결하게 논증해나가는 작업에 탁월성을 보인다. 이 책은 개혁신학의 정수를 요약해서 제시할 뿐 아니라 독서 과정을 통해 교리사적 흐름도 일목요연하게 드러내 보여준다. 목회자의 책상 위에 두고 언제라도 상의할 신학 상담자가 될 것이다.

류호준 | 백석대학교 신학대학원 구약학 교수

장 칼뱅서부터 개혁정통주의를 거쳐 전수되어온 개혁교회 교의학에 관한 책은 많다. 그러나 대부분 고전이다. 개혁교회에서 교과서처럼 의존해온 헤르만 바빙크의 『개혁파 교의학』만 해도 출간된 지 1세기나 지났다. 그동안 개혁신학에 대한 많은 도전과 의문이 제기되었고 그로 인한 논쟁이 계속되었다. 오늘의 새로운 상황에서 개혁신학을

잘 대변해주는 책이 절실했다. 현직 교의학 교수들이 집필한 『개혁교회 교의학』이 출간된 것은 이런 시대적인 요구에 적절하게 부응한 것으로 보인다. 이 책은 칼뱅과 바빙크를 따라 전통적인 개혁신학을 충실히 보존하면서도 바르트와 몰트만 등의 현대신학과의 논의를 효율적으로 녹여냈다. 신학적인 깊이와 치밀도를 희생하지 않으면서도 누구나 읽고 쉽게 이해할 수 있도록 간명함과 평이함의 묘미를 최대한 잘 살렸다. 교과서로 적격이다.

박영돈 | 고려신학대학원 교의학 교수

네덜란드의 아펠도른 신학대학교를 배경으로 활동하는 판 헨더렌과 펠레마의 책이 번역되어 한국의 독자들을 만난다는 사실에 대하여 큰 기쁨을 느낀다. 원서 제목(Beknopte Gereformeerde Dogmatiek)에 붙어 있는 "요목"(Beknopte)이라는 단어에서 이미 예견되듯이 이 책은 개혁교회가 추구하는 신앙고백이 무엇인지를 정확히 요약하여 제시하는 데 그 목적을 두었으며, 그 일을 놀랍도록 정확히 수행했다. 또한 "요목"임에도 불구하고 과거와 현재의 중요한 성경적이며 신학적인 토론을 거의 빠짐없이 꼼꼼하게 챙기면서 충실한 논의를 전개했다는 사실에 더욱 놀라지 않을 수 없다. 개혁교회에 속한 그리스도인은 장 칼뱅에게서부터 비롯되는 신학적이고 고백적인 고유한 풍취가 무엇인지 순전하게 접하는 즐거움을 누리게 되리라고 확신하여, 이 책의 일독을 진심으로 권한다.

유태화 | 백석대학교 신학대학원 조직신학 교수

도르트회의 400주년의 해에 철저하게 신앙고백적인 네덜란드 개혁교회 교의학이 번역되고 출간된 것은 의미 있는 일이다. 저자들은 성경 말씀에 기초하여 카이퍼보다는 바빙크의 신학 전통에서 작업하며 언약의 역사성과 믿음의 체험을 강조한다. 그들은 자신들이 동의하는 벨기에 신앙고백서와 하이델베르크 교리문답과 도르트 신조의 교리를 고백적으로 계승하면서도 20세기 후반의 신학적 대세였던 독일 신학과 대화를 시도하면서 네덜란드 특유의 개혁신학 전통을 더욱더 발전시킨다. 또한 이 책은 웨스트민스터 신앙고백서를 자주 언급함으로써 개혁신학의 보편성을 잘 드러내는 고백적이고 개방적이며 공교회적인 개혁신학을 한국에서도 정착시킬 좋은 안내서가 될 것이다.

유해무 | 고려신학대학원 교의학 교수

이 책은 15가지 주제들을 중심으로 개혁교회 교의학을 논술하고 있다. 이 책은 개혁교회 교의학을 논술함에 있어 과거의 개혁신학 전통을 단순히 반복하지 않고 오늘날의 다양한 전통 및 관점의 신학자들과의 대화를 통해 개혁신학이 나아가야 할 미래의 방향을 제시하고자 한다. 오늘날의 신학자들과의 대화를 수행함에 있어서, 이 책은 한편으로는 그리스도 단일론(Christomonism)과 다른 한편으로는 계시보편주의(revelational universalism) 양자를 모두 비판적으로 극복하는 개혁신학의 전망을 장 칼뱅과 헤르만 바빙크의 신학적 입장에 기초해서 제시하고자 한다. 독자들에게 일독을 권한다.

윤철호 | 장로회신학대학교 조직신학 교수

네덜란드 아펠도른 신학대학교의 교의학 교수들인 얀 판 헨더렌과 빌름 헨드릭 펠레마는 헤르만 바빙크의 신학적 전통에 서서 신학 작업을 수행하는 신학자들이다. 그들은 바빙크의 신학적인 방법을 따라 역사적 개혁파 신학의 노선에 충실하면서도 공교회의 신학적인 전통을 존중하면서 "보편성"(Katholiciteit)을 지향하는 신학을 전개하기를 원했다. 이 책은 이러한 그들의 신학적 노력의 결과물이다. 저자들은 자신들의 신학 스승인 바빙크의 신학방법론인 선별적인 비평의 방법을 이 책에 일관되게 적용하고 있는 바, 곧 옛 신학이든 오늘날의 신학이든 막론하고 설혹 자신들과 견해를 달리하는 신학을 평가함에 있어서도 그 견해들을 공정하게 평가하여 그것들 안에 있는 좋은 점들을 올바르게 인식하여 드러내고자 노력한다. 그뿐 아니라 비성경적인 내용들을 거부함에 있어서도 그 거부의 이유를 성실하게 밝히는 겸손하고 공정한 학문적 입장을 취함으로써 역사적 개혁파 신학에 풍성한 생산성과 유익한 현실적합성을 제공해준다. 이에 기쁜 마음으로 독자들에게 이 저서를 추천하여 일독을 권한다.

이동영 | 서울성경신학대학원대학교 조직신학 교수

교의학은 교회가 무엇을 믿고 고백하는지, 그것이 어떤 의미를 가지는지, 그리고 자기 시대에 무엇을 어떻게 다시 믿고 고백할지를 성찰하는 학문이다. 그래서 교의학이 없는 교회의 믿음은 불분명할뿐더러 이해 없는 단순한 신앙, 심하면 맹목적이거나 미신적인 신앙이 될 위험이 있다. 교회의 존립도 어려워지고, 역사를 이어가면서 약화되기 쉬운 교회의 연속성이나 일치성 역시 보장되지 않는다. 이것이 믿음의 공동체인 교회에서 믿음에 관한 일관되고 공통적인 합의와 그에 대한 성찰과 해명인 교의학이 없어

서는 안 될 까닭이다. 그러나 현대교회에서 교의학의 위치는 점점 더 약화되고 주변으로 밀려나는 느낌이다. 이는 그동안 적지 않은 교의학들이 현대 사회의 변화와 요구를 따라가지 못한 채 기존 교리를 답습하거나 변명하는 데 치우쳤던 잘못도 있지만, 근본적이고 어려운 문제들을 회피하고, 편하고 쉬운 문제, 당장의 필요를 채워주는 문제들에 관심을 쏟는 실용주의 문화와도 관계가 없지 않다. 그렇다 보니 교회들이 자신들의 고유한 영성과 특징들을 잃어버린 채 이도 저도 아닌 그저 그런 교회들로 전락한다는 비판을 피할 수 없다. 개혁주의(장로교)는 초월적인 영성과 경건, 공동체적 삶의 가치를 중시하는 사회성을 지닌 유서 깊은 교회다. 그런 개혁파의 교의가 무엇인지, 어때야 하는지에 대한 성찰은 개혁파 교회가 책임감과 자존심을 가지고 계속해나가야 할 과제다. 이번에 출간된 판 헨더렌과 펠레마의 『개혁교회 교의학』은 그런 과제를 훌륭하게 수행한 결과물이라고 할 수 있다. 저자들은 개혁파 전통의 한 축을 담당해왔던 네덜란드 교회, 아펠도른 신학대학교 교수들로서 오랫동안 교의학을 연구하고 강의해왔던 분들이다. 장 칼뱅을 중심으로 한 종교개혁 전통과 헤르만 바빙크에 충실하고, 현대의 바르트나 몰트만 등 개혁파 신학자들과 대화하면서도, 언제나 하나님의 말씀인 성경을 토대로 하고 유일한 기준으로 삼고 있다. 이 책은 개혁교회 교의학의 방법과 특징을 잘 갖춘 튼튼한 저술이며, 핵심적인 주제들을 하나도 빠짐없이 잘 다룬 정통 교의학 교과서로서 모범적이다.

이오갑 | 케이씨대학교 조직신학 교수

[illegible]

[illegible]

BEKNOPTE GEREFORMEERDE DOGMATIEK

J. van Genderen & W. H. Velema

개혁교회 교의학

J. 판 헨더렌 & W. H. 펠레마 지음

신지철 옮김

목차

『개혁교회 교의학』을 뒷받침하는 원리는 첫 번째 장에 자세히 설명되어 있다. 따라서 이 부분에서 우리의 입장을 상세히 설명하는 것은 불필요하다. 하지만 여기서 이 책의 의도에 대해 간략하게 언급하고자 한다.

교의학에 관한 책은 교회의 가르침에 대해 다룬다. 그리스도의 교회에서는 무엇을 믿고 무엇을 고백해야 하는가? 이 점과 관련해 하나님의 말씀의 관점에서 다양한 견해가 제시되었다. 신학자와 그리스도인들은 이 사항들에 대해서 질문들을 제기한다. 또한 그들은 오래된 문제들에 새로운 질문들을 첨가한다. 하지만 그와 같은 논의들과 별도로, 교회의 교의들(dogmas)을 성경의 빛에 비추어보는 것도 필요하다. 이런 이유에서 이 책은 진정으로 교회의 교리들(doctrines)에 대한 성경적인 기초에 세밀한 관심을 기울인다.

이 책의 제목에 표기된 "개혁파의"(Reformed)라는 용어는 단지 이 책이 로마 가톨릭 교의학이나 또는 루터파 교의학과 구별된다는 것만을 의미하지 않는다. "개혁파"가 무엇을 의미하는가라는 질문에 매우 다양한 답변들이 제시되었기 때문이다. 따라서 그 용어에 대해서 더 명료한 설명을 제시하는 것이 쓸데없는 것은 아니다. 우리는 "개혁파의"라는 용어가 신앙고백적인 측면에서 개혁파라는 것을 의미한다고 해석한다. 이것은 우리가 개혁파(개혁교회)의 신앙고백은 자신을 변호하기 위해서 반드시 허용되어야 한다고 주장한다는 것을 넌지시 알려준다. 종교개혁 이전과 이후의 신학자들의 음성들에는 귀를 기울이면서도, 반면에 종교개혁 교회들이 자신들의 신앙을 고백하는 음성에 주의를 기울이지 않는다면, 그것은 올바른 것이 아니다.

우리는 많은 경우 개혁파 전통의 교의학에 동의할 수 있었다. 개혁파 전통에 속한 고전적인 교의학의 대표자들은 장 칼뱅(J. Calvin)과 헤르만 바빙크(H. Bavinck)다. 우리의 교의학은 진정으로 개혁파의 인증을 지니고 있다. 그러나 이것은 [이 교의학이] 단지 개혁파에 속한 사람들에게만 중요성을 지니고 있다고 암시하는 것이 아니다. 교회와 신학이 놓여 있는 현재의 상황은 정보와 논점을 더 광범위하게 제시하는 것을 요구한다.

저자들은 이 교의학 교재를 집필하면서 이 책의 범위를 한정시키는 것과 관련해서 대단한 압박감을 느꼈다. 이 책은 [교의학의] 핵심 문제들에 초점을 맞추고 있는 개혁파 교의학 교과서일 뿐만 아니라, 내용 목록과 성경 색인 및 인명 색인을 제시하고, 각 장과 각각의 단원을 상호 참조할 수 있도록 편집되어 있으므로 참고서로도 사용될 수 있다.

우리는 이 책을 간략하게 집필했지만 그렇다고 오늘날 제기되는 문제들에 대해서 논의를 하지 않은 것은 아니다. 새로운 교의학은 반드시 자신의 시대에도 타당한 것이어야 한다. 바로 이런 이유에서―단지 몇몇 신학자들의 이름만 언급한다면―바르트와 몰트만, 베르크호프와 커이터르트 같은 학자들도 이 책에서 계속 등장한다.

견해들이 서로 다를 경우에, 핵심적인 차이점들을 무시해서는 안 될 것이다. 우리는 비성경적인 것으로서 반대되는 견해들을 거부할 경우에도 그 견해들을 공정하게 제시하고 그 견해들 안에 있는 좋은 점을 올바르게 인식해야 한다.

또한 명료성을 희생시키면서 간략함을 추구해서도 안 될 것이다. 현대 신학에서 마주치는 대단히 많은 혼란스러운 견해들의 한가운데서 자신의 명백한 입장을 취하는 것은 중요하다. 이것은 더욱더 필수적인 것이다. 왜냐하면 교리에 대해서 예리한 통찰력을 지닌다는 것은 설교와 교육 및 목회 사역을 위해서도 중요한 의미를 지니고 있기 때문이다.

이 책에는 큰 글씨로 조판된 부분과 작은 글씨로 조판된 부분이 있다.

신앙과 관련된 질문들에 대해서 숙고해보고자 하는 모든 이들은 큰 글씨로 논의가 이루어지는 부분을 읽어야 한다. 반면에 작은 글씨로 논의가 이루어지는 세부 설명은 건너뛰어도 된다. 비록 작은 글씨로 쓰인 부분은 주로 신학자들을 대상으로 논의되는 부분이지만, 이 교의학 책이 단지 그들만을 위해서 저술된 것은 결코 아니다.

이 책에 제시된 각주의 숫자는 비교적 적다. 하지만 본문 자체에서도 종종 관련된 문헌에 대해서 간략하게 언급한다. 각각의 교리적인 주제에 대해서는 일반 문헌과 전문 서적을 구분해서 제시했다. 일반 문헌은 해당 내용의 맨 끝부분에 곧바로 약어 표기로 언급되어 있다. 반면에 전문 서적은 저자들의 이름들과 출간 연도와 더불어 각 장의 맨 뒷부분에 제시되어 있다. 동일한 저자가 여러 책을 저술했을 경우에는, 책 이름들이 연대순으로 배열되어 있다. 또한 예를 들면 *BSLK*는 제1장의 앞에 제시된 참고 문헌에 나타나는 어떤 책에 대한 약자다. 또한 "(1977, 173 이하)"—이것은 커이터르트에 대해서 다루는 제1장의 어떤 단락에서 나타남— 라는 표기는 제1장의 맨 뒷부분에 제시된 참고 문헌 목록에 나타나는 그의 책을 가리킨다. 그리고 해당 참고 문헌에는 베르카우어가 저술한 책들이 두 권 제시되어 있다. 이 두 권은 출간 연도순으로 배열되어 있다.

참고 문헌과 관련해서는 완벽한 목록을 제시하지 않았다. 우리는 단지 우리에게 타당하다고 여겨지는 문헌들만 선정해서 제시했다.

이 교의학 책은 먼저 출판사로부터 출간 제안을 받은 다음, 두 저자의 집필 및 공동 작업을 통해서 마침내 빛을 보게 되었다. 이 교의학 책을 쓴 두 저자는 네덜란드의 아펠도른 신학대학교(Theological University of Apeldoorn)에서 교수직을 수행하고 있다. 그들은 서로 다른 저자의 원고를 세밀하게 살펴보았고, 또한 다른 저자의 의견을 진지하게 고려했다. 하지만 각각의 저자가 자신이 집필한 부분들에 대해서 전적인 책임을 지고 있다. 펠레마는 제8, 9, 12장을 집필했고, 헨더렌이 나머지 장들을 집필했다.

우리의 제자 중 한 명인 드로허(C. J. Droger)가 초고 대부분을 면밀하게 읽으면서 교정 작업을 했다. 또한 성경 색인 및 인명 색인도 그가 작업한 것이다. 그리고 반 데르 라안-드 부어(G. van der Laan-de Boer) 여사가 세 장의 원고를 타이핑했고, 우리 대학교의 비서인 반 데르 잔데-드 로(J. W. van der Zande-de Roo) 여사가 나머지 부분을 타이핑했다. 더욱이 잔데-드 로 여사는 이 교의학 책의 출간을 위해서 필요한 모든 것을 준비하는 데 수고를 아끼지 않았다. 우리는 이들에게 깊은 감사의 마음을 전한다.

우리는 우리의 신앙과 일치하는 것으로서 성경이 구속력 있는 유일한 기준이라고 인정하면서 이 교의학 책을 집필하여 출간했다. 우리는 이 교의학 책이 교회가 성경에 기초해서 믿어온 것을 독자들로 하여금 잘 이해하도록 도움을 주는 책이 되기를 진심으로 바란다. 교의학은 하나님을 아는 것과 하나님을 섬기는 것에 초점이 맞추어져 있다. 우리가 기독교의 핵심적인 가르침을 명확하게 제시하려는 가장 큰 목적은 하나님의 이름과 우리 주 예수 그리스도의 아버지를 영화롭게 하는 데 있다.

J. 판 헨더렌

W. H. 펠레마

아펠도른, 1992년 1월

✿

약어 목록

Althaus, *C.W.*	P. Althaus, *Die christliche Wahrheit*, 1952³
Andresen, *Handbuch*	C. Andresen, ed.,*Handbuch der Dogmen-und Theologiegeschichte*, 1-3, 1980-1984.
Barth, *C.D.*	K. Barth, *Church Dogmatics*, 1-4(Edinburgh: T & T Clark, 1956-75).
Bavinck, *R.D.*	H. Bavinck, *Reformed Dogmatics*, 1-4 (Grand Rapids: Baker, 2003-8).
Beker/Hasselaar, *Wegen*	E. J. Beker/J. M. Hasselaar, *Wegen en kruispunten in de dogmatiek*, 1-5, 1978-1990.
BSLK	*Die Bekenntnisschriften der evangelisch-lutherischen Kirche*, 1956³.
Berkhof, *C.F.*	H. Berkhof, *The Christian Faith* (Grand Rapids: Eerdmans, 1979).
Brakel, *R.G.*	W. à Brakel, *Redelijke godsdienst*, 1-3, (herdruk), 1881-82.
Brakel, *R.S.*	W. à Brakel, *The Christian's Reasonable Service*, 1-4, (Grand Rapids: Reformation Heritage Books, 1992-95).
Brunner, Dogmatics	E. Brunner, *Dogmatics*, 1-3 (Philadelphia: Westminster Press, 1949-60).
Calvin, *Inst.*	J. Calvin, *Institutes of onderwijzing in de christelijke godsdienst*, meestal geciteerd naar de uitgave van A. Sizoo (1949²), soms in de vertaling van W. van 't Spijker, *Teksten uit de Institutie van Johannes Calvijn*, 1987 en een enkele keer in eeen eigen vertaling.
Chr. Enc.	*Christelijke encyclopedie*², 1-6, 1956-1961.

개혁교회 교의학

C.O.   *Ioannis Calvini Opera quae supersunt omnia.*

C. Th. J.   *Calvin Theological Journal.*

Dijk, *K.D.*   K. Dijk, *Korte dogmatiek*, z.j.

D.L.   *Dordtse Leerregels.*

DS   H. Denzinger–A. Schömetzer, *Enchridion symbolorum defintioum et declarationum de rebus fidei et morum*, 1967[34].

Ebeling   G. Ebeling, *Dogmatik des christlichen Glaubens*, 1–3, 1979.

E. K. L.   *Evangleisches Kirchenlexikon*[3], 1986–.

E. Q.   *The Evangelical Quarterly.*

Erickson, *Chr. Th.*   M. J. Erickson, *Christian Theology*, 1987[3].

Ev. Th.   *Evangelische Theologie.*

G.T.T.   *Gereformeerd theologische tijdschrift.*

Guthrie, *N.T. Theol.* D. Guthrie, *New Testament Theology*, 1981.

H.C.   Heidelbergse Catechismus.

Heppe, *Dogm.*   H. Heppe, *Die Dogmatik der evanglische-reformierten Kirche* (ed. von E. Bizer), 1935.

Heyns, *Dogm.*   J. A. Heyns, *Dogmatiek*, 1978.

Honig, *Handboek*   A. G. Honig, *Handboek van de Gereformeerde dogmatiek* 1938.

Ten Hoor, *Comp.*   F. M. ten Hoor, *Compendium der Gereformeerde dogmatiek*, no date.

Kamphuis, *Aant.*   J. Kamphuis, *Aantekeningen bij J. A. Heyns, Dogmatiek*[1,2].

K. en Th.   *Kerk en theologie.*

Kersten, *R.D.*   G. H. Kersten, *Reformed Dogmatics: A Systematic Treatment of Reformed Doctrine* (Grand Rapids: Eerdmans, 1983).

Kraus, *Syst. Th.*   H.-J. Kraus, *Systematische Theologie im Kontext biblischer Geschichte und Eschatologie*, 1983.

Kreck, *Grundgragen*   W. Kreck, *Grundgragen der Dogmatik*, 1977[2].

K.V.   *Korte verklaring der Heilige Schrift.*

Miskotte, *V.W.*   K. H. Miskotte, *Verzameld werk*, 1–11, 1982–1989.

M.S.   *Mysterium salutis* (ed. von J. Feiner und M. Löher), 1–6, 1965–

81.

Müller, *Bek.*   E. F. K. Müller, *Die Bekenntnisschriften der reformierten Kirche*, 1903.

Neues Handbuch   P. Eicher, ed., *Neues Handbuch theologischer Grundbegriffe*, 1-4, 1984-85.

Van Niftrik, *KLD.* G. C. van Niftrik, *Kleine dogmatiek*, 1961[5].

Noordmans, *V.W.* O. Noordmans, *Verzamelde werken*, 1-9, 1978-.

N.T.   *Nieuwe Testament.*

O.S.   J. Calvini *Oper selecta* (ed. P. Barth-G. Niesel), 1-5, 1926-1952.

O.T.   *Oude Testament.*

Ott. *Grundriss*   L. Ott, *Grundriss der Katholischen Dogmatik*, 1981[10].

Polman, *Ned. Gel.* A. D. R. Polman, *Onze Nederlandsche geloofsbelijdenis*, 1-4, no date.

Pop, *Bijbelse woorden* F. J. Pop, *Bijbelse woorden en hun geheim*, 1972[3].

PRE   *Realenzyklopädie für protestantische Theologie und Kirche*[3], 1-24, 1896-1913.

Ridderbos, *Paul*   H. Ridderbos, *Paul: An Outline of His Theology* (Grand Rapids: Eerdmans, 1975).

Van Ruler, *Ik geloof* A. A. van Ruler, *Ik geloof*, 1968.

Van Ruler, *T.W.* A. A. van Ruler, *Theologisch werk*, 1-6, 1969-1973.

Schilder, *H.C.*   *Heidelbergsche Catechismus*, 1-4, 1947-1951.

Schlink, *ÖK. Dogm.* E. Schlink, *ÖKumenische Dogmatik*, 1983.

Seeberg, *Lehrbuch* R. Seeberg, *Lehrbuch der Dogmengeschichte*, 1-4, 1953-1955[4,5]

Sypopsis   *Synopsis purioris theologiae* (1925), ed. H. Bavinck, 1881.

THAT   *Theologisches Handwörterbuch zum Alten Testmament*, 1-2, 1971-1976

Thielicke, *Ev. Galube* H. Thielicke, *Der evangelische Glaube*, 1-3, 1968-1978.

Th. Ref.   *Theologia Reformata*

TRE   *Theologische Realenzyklopädie*, 1977-⋯

TWAT	*Theologisches Wörterbuch zum Alten Testament*, 1973-···
TWNT	*Theologisches Wörterbuch zum Neuen Tetament*, 1-10, 1933-1979.
Vriezen, *Hoofdlijnen*	Th. C. Vriezen, *Hoofdlijnen der theologie van het Oude Testament*, 1974[4].
Weber, *Foundations*	O. Weber, *Foundations of Dogmatics*, 1-2 (Grand Rapids: Eerdmans 1982-1983).
Wentsel, *Dogm.*	B. Wentsel, *Dogmatiek*, 1981-···
WA	M. Luther, *Werke*, (Weimarer Ausgabe).
WAT	M. Luther, *Werke*, *Tischreden* (Weimarer Ausgabe)

네덜란드 신앙고백서들은 다음과 같은 판본에서 대부분 인용되었다. De Nederlandse belijdenisgeschriften uitgegeven in opdracht van de Generale Synode van de Nederlandse Hervormde Kerk, de Generale Synode van de Christelijke Gereformeerde Kerken in Nederland, de Generale Synode van de Gereformeerde Kerken in Nederland, 1983.

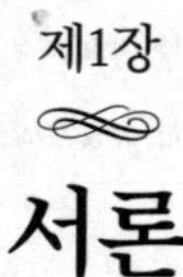

제1장

서론

§ 1. 교의와 교의학

1.1. 교의들의 역할
1.2. 교의학의 본질

1.1. 교의들의 역할

교의학(dogmatics)이 인기가 높았던 시절이 있었다. 반면에 이 학문 분야가 대단히 존중받지 못하던 시기도 있었다. 신학부에서는 종종 성경신학과 실천신학의 인기가 훨씬 더 높다.

하지만 교의들을 연구하는 학문으로서 교의학(조직신학)은 없어서는 안 되는 학문이다. 우리가 맨 먼저 교의(dogma)의 중요성에 관심을 기울이고자 하는 이유가 이것이다. 우리는 "교의"를 **교회가 하나님의 말씀에 기초해서 규범적인**(normative) **것으로 간주하는 교리**(가르침, doctrine)라고 정의한다.

우리가 현재 사용하는 "도그마"는 그리스어 단어에서 파생되었고 신약성경에서 발견된다. 그 단어는 황제의 칙령이나 모세 율법의 계명(엡 2:15; 골 2:14)을 의미할 수 있다. 고대 그리스 사람들 중 어떤 이들이 도그마를 철학적인 개념으로 사용했을 수 있다. 하지만 우리는 그 단어가 신약성경

개혁교회 교의학

에서 그런 철학적 개념으로 사용된 용례를 찾아볼 수 없다. 한편 사도행전 16:4에 나오는 "도그마"라는 단어는 예루살렘의 사도들과 장로들이 공식적으로 결정한 규정들(개역개정- "규례")을 의미한다. 이런 규정들은 단순히 인간의 판단을 훨씬 뛰어넘는 것이다. 왜냐하면 예루살렘 공의회는 그리스도가 교회에 보내겠다고 약속한 성령이 자신들의 공의회를 이끌었다고 확신했기 때문이다. 따라서 그들이 결정들을 공표했을 때, "성령과 우리는…옳은 줄 알았노니"(행 15:28)라고 말할 수 있었다. 로마 황제의 칙령은 황제의 권위를 반영했지만, [전체] 교회의 공식적인 결정들은 황제의 칙령과 차이가 있는 더 높은 권위를 반영한다.

"교의"라는 단어는 동방에서는 기원후 3세기부터 그리고 서방에서는 그 시기보다 나중에 교회의 교리(doctrine, 공식적인 가르침)를 의미했다. 하지만 그것은 교회법에 의해서 아직 확정된 개념이 아니었다. 겐나디우스(Gennadius of Massilia, 기원후 500년경 사망)가 저술했고 후대에 많은 영향을 끼친 책의 제목이 『교회의 교의들』(*De Ecclesiasticis Dogmatibus*)이다. 이 책에서 "도그마"라는 용어가 "교회가 채택한 가르침" 또는 "교회의 권위 있는 가르침"이라는 의미로 사용되었다.[1]

종교개혁가들은 "도그마"라는 단어를 이런 의미로 이해했지만, 그들은 그 단어를 자신들이 자주 사용하는 용어로 선택하지 않았다. 칼뱅은 루터와 마찬가지로 종종 교리(*doctrina*)에 대해서 말했고, 도그마보다 교리라는 단어를 선호했다. 그에게 도그마는 종종 로마 가톨릭교회가 공표한 "새로운 도그마"를 의미했기 때문이다. 칼뱅은 새로운 도그마에 맞서는 것으로서 성경에 기초한 교리를 제시했다. 교리는 온전하고 순전하며 영적인 것이다.[2]

---

1   참조. G. Söll, 『교의와 교의 발전사』(*Dogma und Dogmenentwicklung*), 1971 (『교리사 입문』 [Handbuch der Dogmengeschichte]), 1/5); *TRE* 9:26-41; E. A. de Boer, "단어들로 표현된 믿음"(Geloof onder woorden), *Radix* 10 (1984): 68-76.

2   참조. W. van 't Spijker, "개혁파의 교리들"(Doctrina naar reformatorische opvatting), *Th. Ref.* 20 (1977): 263-280; 21 (1978): 7-25.

칼뱅은 니케아 공의회(325) 및 칼케돈 공의회(451)와 관련해서, 그것들이 신앙 교리들(*dogmata*)과 관계되어 있는 한 그것들을 거룩한 것으로 여긴다고 말했다. 만약 어떤 사람이 자신의 가르침으로 교회를 혼란에 빠지게 하고 그 결과 교회 안에 심각한 균열이 일어날 것 같다면, 교회는 반드시 회의를 개최하고 성경에서 이끌어낸 판결(*definitio ex Scriptura sumpta*)을 내려야 한다. 그래서 니케아 공의회는 아리우스의 입장에 맞서서, 그리스도의 영원한 신성을 주장했다(『기독교강요』 4.9.8, 13).

로마 가톨릭교회에 의하면, 교회가 최종적인 결정을 내릴 때, 교의는 더 높은 권위에 호소할 수 없다. 반면에 우리 개신교는 교회가 받아들인 교리를 최고의 권위를 지닌 것으로 생각하지 않는다. 교회 자체가 최종적으로 말할 수 있는 권위를 지니고 있지 않기 때문이다. 루터는 이와 관련해서 다음과 같이 말했다. "하나님의 말씀이 신앙의 조항들(신조들)을 확립시켜야 한다. 그 누구도 신앙의 조항들을 확립할 수 없고, 심지어 어떤 천사도 그것들을 확립할 수 없다"(Gottes Wort soll Artikel des Galubens stellen und sonst niemand, auch kein Engel, *BSLK*, 421).

교회가 하나님의 말씀에 기초해서 공표하고 철회하지 않은 것이 공식적인 관점에서는 교의다. 하지만 교의는 실질적인 내용과 관련해서는 전적으로 계시에 의존한다. 교의가 하나님의 말씀에서 파생된 권위를 가진다는 사실이 교회가 교의를 규범적인 것으로 받아들인다는 사실을 훼손하지는 않는다. 교의들을 공표하는 것과 관련해서, 교회는 신앙 공동체 안에서 신자들이 **믿고 있는 것**을 말하는 것이 아니라, 오히려 하나님의 말씀에 기초해서 **믿어야 하는 것**을 말한다.

이 세상에는 다양한 형태의 권위(authority)가 있다. 우리는 정부의 권위를 반드시 인정해야만 한다. 학문적인 견해들이 우리를 납득시키는 설득력을 가졌다면, 그 견해들은 권위를 지니고 있다. 반면에 교회가 하나님의 말씀에 전적으로 일치하게끔 가르친 가르침은 그것을 받아들일 것을 우리에게 요구한다. 이것은 마음의 문제다.

이런 견해와 완전히 다른 견해를 주장하는 이들이 있는데 그들 중 한 사람이 바로 커이터르트(Kuitert)다. 그는 진리와 관련해서 "받아들임"(acceptance)이라는 단어를 사용하는 것은 적절하지 않다고 생각한다. 그의 견해에 의하면, 많은 사람이 믿는 것을 다음과 같은 것으로 이해한다. 곧 믿는 것은 하나님과 예수, 인간 그리고 미래에 대해 명백하게 서술된 교리적인 진리들을 받아들이는 것과 유사한 것이다. 하지만 그는 근본적으로 다른 접근 방법, 곧 믿는 것은 "맹목적으로 믿는 것"(swallowing)을 요구하지 않고 "억압적으로 믿는 것"(choking)도 요구하지 않는 접근 방법을 지지한다. 교회들이 자신들을 과거와 연결시키려면, 어떤 근본적인 수정이 요청된다. 사실상 "연결되다"라는 개념은 신앙과 관련해서 적합하지 않다. 기독교의 상징들은 생각할 거리를 제공하는 것이지, 생각할 것을 규정하지 않기 때문이다.[3]

커이터르트에게 **기독교 신앙의 내용**(*fides quae creditur*)은 방향을 제시해주는 계획안이거나 또는 발견적 모델(heuristic model)이다. 하나님과 구원에 대한 개념은 인간의 경험과 관련 없이 발생할 수 없고, 또한 인간의 경험에 기초해 확정되지 않고서 유지될 수 없다. 그리고 기독교의 발견적 모델은 교회가 제시하는 교리의 형태를 취하기 쉽다. 이것은 교리적인 문제들과 관련해서 교회의 훈육(discipline)이나 강요로 끝나게 될 위험성을 내포하고 있다. 하지만 발견적 모델이 가진 진리는 진리를 변경하지 않고 보존하는 것을 통해 확증되지 않고, 오히려 인간의 경험에 호소하는 것만을 통해서 확증된다. 그렇다면 이것은 과학적인 가설들과 마찬가지가 아닌가? 발견적 모델은 지속적으로 인간의 경험과 조화될 수 있고 또한 조화되어야만 한다. 신학적인 탐구도 이와 마찬가지다. 하지만 성경은 신학적 탐구에서 단순히 기준으로서의 역할을 하는 게 아니라 핵심 역할을 한다. 예수에 대한 최초의 증인들—성경은 이들을 통해 우리에게 증거를 제시한다—이 없다면, 우리는 기독교 교회로서 존재할 수 없을 것이다. 교회는 최초의 증인들과 대화한다. 하지만 교회는 그들의 증언으로부

---

3 H. M. Kuitert, 『신앙이란 무엇인가?』(*Wat heet geloven?*), 1977, 185, 27; idem, 『신앙이 없으면, 아무도 잘 지내지 못한다』(*Zonder geloof vaart niemand wel*), 1974, 54.

터 거리를 둘 수 있다. 만약 교회가 그렇게 해야 할 타당한 이유들이 있다고 믿는다면 말이다. 기독교 교회는 하나의 독립적인 실재다. **또한** 교회는 성령을 지니고 있다.

커이터르트는 자신이 성경을 하나의 규범이나 또는 판단 기준으로 인정할 수 있다고 생각하지 않는데도, 그가 또 다른 규범을 소개하는 것은 놀라운 일이다. 성경의 저자들이 하나님에 대해 말하는 모든 것은 하나님과 그분의 구원 그리고 그분의 뜻에 대한 진리의 규범, 곧 "사람들에게 자유를 주고 미래를 열어주는 것"에 일치하지 않는다(1977, 173이하).

이와 같은 종류의 규범이 제시하는 내용은 다양한 어려움을 가져다준다. 또한 이 규범이 지닌 모호한 특성은 사람들을 매우 주관적인 결정으로 이끌어서, 그들이 결코 주관주의를 극복하지 못하는 선택을 하게 한다.

신학은 언제나 출발점을 지니고 있다. 우리의 출발점은 종교개혁의 전통에 서 있는 다른 교회들과 더불어 네덜란드의 개혁파 신앙고백서에 찬성한 교회들이 전통적으로 주장해온 입장이다. 이것은 신구약 정경이 신앙의 유일무이한 규범이라는 것을 의미한다(「벨기에 신앙고백서」 제 5조 및 7조). 기독교 신앙의 기초 및 규범과 관련해서, 성경과 짝을 이룰 수 있는 것은 아무것도 없다. 오직 성경만이 그 자체로 내재하는 신빙성을 지니고 있다(더 상세한 내용을 알기 위해서는 특히 제3장을 보라).

신앙의 문제들과 관련해서 자유의 추구를 분명하게 표현한 커이터르트의 입장은 광범위한 지지를 얻고 있다. 그의 추종자들은 교회에 의해서 공표된 교리는 신앙인들이 반드시 복종해야 하는 법이라고 묘사했다. 그뿐만 아니라 그들은 그와 같은 복종은 과거에 속박당하는 것이거나, 적어도 이전 세대들의 통찰력에 머물러 있어야 하는 것과 같다고 생각한다.

우리는 교회의 교리들이 우리에게 전달된 형식은 신앙고백적인 형식이라는 것을 주장한다. 로마 가톨릭교회가 자신의 교리들을 공표하는 경우는 거의 대부분 그렇지 않다. 하지만 종교개혁의 전통에 서 있는 교회들의 경우에 이 점은 사실이다. 왜냐하면 그 교회들의 교리들은 신앙고백에 기초하고 있기 때문이다. 교리들은 이 방법을 통해 진리를 반영하고 오류를 방어하는 명백한 특성을 보존했다. 교리들은 교회가 과거에 어쩔 수 없던 상황에서 최종적으로 공표한 것으로서, 오늘날에도 지속적인 중요성을 지니고 있다. 그것들은 신앙고백 문서들 안에 글들로 표현되어 있다. 그 신앙고백의 글들은 동의를 요구할 뿐만 아니라 신앙을 수반하는 사색에도 사용될 수 있다.

고대 교회의 삼위일체 교리는 「니케아-콘스탄티노플 신조」(Nicea-Constantinople Creed)를 통해서 우리에게 제시되었다. 이 교리에 사용된 용어들은 찬양의 어조로 이야기한다.

칭의론은 성경이 전하는 메시지가 무엇이며 또한 무엇이 아닌지를 단순히 말하는 게 아니다. 「벨기에 신앙고백서」 제23조와 「하이델베르크 교리문답」 제23주일에 나오는 칭의론은 신앙을 개인적으로 고백해야 한다는 배경에서 이야기된다.

「도르트 신조」(Canons of Dort)는 어떤 이들에게 그 신앙 규범들이 칼뱅주의적인 가르침을 강력하게 표현하고 있다는 인상을 줄 것이다. 하지만 이 신앙고백 문서는 선택과 속죄 그리고 회개 및 성도의 견인에 대해서 얼마나 감동적으로 말하고 있는가!(참조. 1.13, 14; 2.9; 3/4.17; 5.8-15).

교회의 교리들과 신앙고백적인 진술들에 규범적인 권위를 지속적으로 부여하는 것을 반대하는 이유는 그것들이 우리를 과거에 속박되도록 하는 데 있지 않을까? 우리가 이 교리들과 신앙고백들을 [하나님의 말씀과] 분리해서 이해해야만 한다면, 그것들은 우리로 하여금 과거에 얽매이도록 만들 것이다. 하지만 종교개혁의 전통에 서 있는 교회에서 교리와 신앙고백은 오직 하나님의 말씀이 지니고 있는 권위와 함께 그 기능을 수행한다. 그 교회 안에서 인간이 작성한 모든 문서와 모든 결정은 성경에 호소하고 기초해야 한다. 왜냐하면 의견이 서로 일치하지 않는 경우들에는 성경이 최종적인 중재자이자 재판관이기 때문이다.

오늘날 이른바 역사적 맥락에서 부분적으로 결정된 교회의 신앙고백들은 시대에 뒤떨어진 것일 수밖에 없다는 이야기에 대해 큰 소동이 벌어졌다. 하지만 사실상 이것이 가장 근본적인 문제는 아니다. 오히려 근본적인 문제는 우리가 성경의 권위를 어떻게 해석할지의 방법 및 우리가 성경의 가르침을 어떻게 다룰지의 방법과 관련해서 발생한다. 성경의 빛에 비추어서 교리(교의)를 이해하고 성경에 기초해서 교리의 타당성을 검토하는 것이 교회와 신학의 과제다. 비록 이 과제가 전적으로 교의학의 영역에 속하는 것은 아니지만, 교의학은 그것에 특별한 관심을 기울인다.

1.2. 교의학의 본질

"교의학"(dogmatics)은 "교의 신학"(dogmatic theology)을 줄여서 표현한 것이다. 이 용어는 라인하르트(L. F. Reinhart)가 저술한 『교의신학 개관』(*Synopsis theologiae dogmaticae*, 1659)에서 등장하고, 예전에 사용된 명칭들, 예를 들어 "선언들"(*sententiae*), "[신학] 대전"(*summa*), "핵심 주제들"(*Loci*, *Loci Communes*) 또는 "개관"(*Synopsis*)보다 의미를 더 명확하게 전달해준다. (또한 참조. H. Berkhof, 1982, 11).

19세기에는 우선권이 "신앙의 교리"(Doctrine of Faith) 또는 "기독교 교리"(Christian Doctrine)와 같은 명칭들에 주어졌었다. 하지만 "교의학"이라는 명칭은 특히 칼 바르트(Karl Barth)의 『교회교의학』(*Kirchliche Dogmatik*)에 영향을 받아서 또다시 전면에 등장하게 되었다. "교의학"이라는 용어는 신학 백과사전에 적합한 자리를 다시 얻게 되었다(Runia, 1957, 3).

하지만 신학은 끊임없는 변화 가운데 있다. "교회교의학"이라고 표현한 바르트의 입장도 반작용으로부터 자유로울 수 없었다. 새로운 흐름은 교의학이 인간의 경험과 연결되어야 하며, 그런 경험과 관련이 있다는 요구를 충족시켜야 한다는 특징을 보인다. 그래서 책의 제목을 명사로 표현하거나(예를 들어, 『희망의 신학』[*Theology of hope*]이나 『해방 신학』[*Theology of*

개혁교회 교의학

Revolution]) 형용사로 표현한(예를 들어, 『여성 신학』[*Feminist Theology*] 『흑인 신학』[*Black Theology*]) 비판적이며 경험에 기초한 신학들이 등장하게 되었다. 이와 같이 다양한 신학은 교회의 교의는 하나의 목소리를 가졌다는 사실을 주장하는 교의학들을 밀어내려고 위협하고 있다.

해석학에 매료된 이들은 심지어 교의학에 대해서 다음과 같이 생각한다. 곧 교의학은 신학적인 학문 분야로서 불가능하고, 허용할 수 없으며, 타당하지도 않고 또한 부적절하다(Polman, 1967, 7-10).

시대정신(Zeitgeist)과 사고의 유형의 변화에도 불구하고, 교의학의 필요성을 주장하는 중요한 논의 중 하나가 교의학은 [교회의 신앙과] 교리(교의)의 관계에 대해서 명백한 표현을 찾는 것이라는 논의다.

교의는 교회가 성경의 메시지에서 핵심적이며 본질적이라고 생각하는 것을 간명하게 표현한 것이다. 교의학은 그것을 분석하고, 제시하며, 논의하고, 더 자세하고 명료하게 설명한다.

이제 우리는 우리가 믿고 있는 교의학의 특성에 대해서 숙고해보고자 한다.

1. 교의학의 교회적 특성. 교회가 없다면, 교의도 없다. 교회가 없다면 사실상 아무런 교의학도 없고, 그저 순전히 교의에 대한 개인적인 진술만 있을 것이다.

교의학은 교회가 요청하는 또는 적어도 요청해야만 하는 일종의 봉사(ministry)다. 우리는 신중하게 봉사에 대해서 말한다. 왜냐하면 교의학이나 다른 어떤 신학 분야도 결코 군림하려고 시도하면 안 되기 때문이다. 교의학은 자기의 기능이 봉사하는 것이라는 점을 때때로 상기할 필요가 있다. 오직 그래야만, 교의학은 "해석을 자기의 기초로 삼고 설교를 자기의 목표로 삼아서" 교회 안에서 자기의 고유한 봉사 직분을 떠맡을 수 있다(Noordmans, *V.W.*, 2:174 이하). 이것은 교의학의 과제를 언제나 그와 같이 교회와 연결된 협소한 의미, 곧 교의학은 교회에 직접적으로 영향을 미치지 않는 모든 질문을 무시해야 한다는 것을 의미하지 않는다. 그와 같은 질문들은 오늘날의 교회에는 영향을 미치지 않을 수 있지만, 미래에는 영향을 미칠 가능성이 있다. 그래서 교의학은 성능이 매우 좋은 안테나를 구비하고 있어야 한다.

2. 교의학의 신앙고백적 특성. 우리의 관점에 의하면, 교의학의 이 두 번째 특성은 제1항에 이미 암시되어 있다. 우리는 교회와 교회의 신앙고백에 대해 다루고 있다. 교의학과 관련된 저서들은 저자들의 신앙고백적인 입장을 드러내준다. 따라서 바빙크의 대표적인 저서에는 『개혁교의학』(*Reformed Dogmatics*)이라는 타당한 제목이 지어졌다. 또한 루트비히 오트(Ludwig Ott)의 널리 알려진 간략한 교의학은 『가톨릭 교의학 개요』(*Grundriss der Katholischen Dogmatik*)라는 명칭을 지니고 있다.

신앙고백(confession)은 우리에게 전통 이상의 것을 의미한다. 우리는 개혁파의 전통을 인정할 뿐만 아니라 개혁파의 신앙고백에 동의한다. 전통은 우리를 어떤 특정한 방향으로 이끌어주고, 신앙고백은 우리가 따라가야 할 길과 관련해서 우리에게 분명한 비전을 제공해준다. 하지만 신앙고백은 우리에게 곁길과 잘못된 길에 대해서 경고해준다. 교의학은 신앙고백을 반드시 능가해야만 한다. 그것은 반드시 성경 그 자체로 나아가야 한다. 그래서 "새 것과 옛 것을 그 곳간에서" 내와야 한다(마 13:52).

3. 교의학의 체계적 특성. 바빙크는 교의학을 하나님에 대한 지식의 학문적 체계라고 부른다(*R. D.*, 1:83). 베르크호프는 교의학을 하나님이 그리스도 안에서 우리와 관계를 맺으신 것을 통해서 조직적(체계적)으로 사고하는 것이라고 일컫는다(1982, 13).

일관된 체계를 세우려는 사람들은 신앙에 해를 끼치는 체계를 세우지 않도록 조심해야 한다. 어떤 체계에 어울리지 않는 것은 무엇이든지 부차적인 것으로 여길 위험이 우리에게 있거나 어떤 선험적인 원리(a priori principle)는 편파적인 개념으로 이어질 위험성이 있다.

비록 신학자가 지식을 계속해서 점점 더 늘려나가고 또한 신학적인 이슈들을 더욱더 깊이 이해하려는 바람을 가질 수 있지만, 그럼에도 그는 시편 기자의 다음과 같은 말을 자기 자신의 말로 반드시 삼아야 한다. "이 지식이 내게 너무 기이하니 높아서 내가 능히 미치지 못하나이다"(시 139:6). 우리는 단지 부분적으로만 알고 있고(고전 13:9), 우리의 이해는 한계가 있다. 오래전부터 신학자들은 순례자의 신학(*theologia viatorum*)에 대해 언급해왔다. 다시 말해서, 우리는 여전히 목적지를 향해서 길을 가는 중에 있다. 우리는 하나님과 창조세계의 연관성을 깨닫는다. 그리고 우리는 하나님의 위대한 행위들에 깊은 인상을 받는다. 우리는 우리가 모든 것을 알지 못하고 또한 모든 것에 대해서 완전한 지식을 갖지 못한다는 사실을 자각하면서도, 경이로움 속에서 이와 같은 행위들에 대해 말한다.

비록 우리가 교의학 탐구에서 체계적인 방법을 취한다고 하더라도, 하나님의 지식에 대한 학문적 체계는 우리의 이해의 범위를 벗어나 있다. 우리가 교의학을 탐구할 때, 우리는 더욱더 많은 연관성과 총체적인 관점들을 이해해야 한다. 판 룰러(Van Ruler)는 이런 관점을 우리가 하나님에 대해서 질서정연한 방법으로 말하도록 가르쳐주는 신학의 가슴에 사무치는 아름다움이라고 부른다(*T.W.*, 1:39).

사도 바울이 교회에 깊은 인상을 주었던 다음과 같은 말은 분명히 교회의 한가운데 있는 신학자들에게도 적용된다. 곧 "모든 생각을 사로잡아 그리스도에게 복종하게" 해야 한다(고후 10:5). 교의학은 이해를 추구하는 신앙(*fides quaerit intellectum*)뿐만 아니라 신앙을 돌보는 것을 추구하는 학문적 사색도 포함한다. 간단하게 표현하자면, 믿는 것은 학문적 사색이다. 그렇지만 학문적 특성을 지니지 않은 참된 신자들의 사색도 그 고유한 가치를 지니고 있고, 그것을 업신여겨야 할 이유는 전혀 없다. 우리는 신자들의 그와 같은 사색에서도 배울 수 있다.

4. 교의학의 비판적 특성. 교의학이 지니고 있는 비판적인 임무는 교의학의 본질에서 직접적으로 기인한다. 스킬더(Schilder)가 말한 것처럼, 개혁파 그리스도인들로서 우리는 그것을 비판적인 공감으로 살펴본다(참조. Kamphuis, 1980, 9 이하). 교의학은 교회의 가르침이 모든 점에서 하나님의 말씀과 조화를 이루는지에 대해서 반드시 질문을 제기해야만 한다. 바로 하나님의 말씀이 교의학이 책임 있는 방법으로 비판적인 임무를 수행하도록 돕는 유일한 판단 기준이다.

이것이 로마 가톨릭교회의 입장과 다른 것이다. 로마 가톨릭에서 교회의 가르침들은 성경의 권위 아래 놓여 있지 않기 때문이다. 로마 가톨릭은 어떤 교의를 전혀 오류가 없는 것으로 간주한다. 비록 어떤 사람이 영원히 고정되어 있는 가르침 자체와 다른 시대나 문화에서 적합하게 표현될 수 있는 그 가르침의 표현 방식을 구분하려고 시도는 하겠지만 말이다. 하지만 어떤 학자들은 어떤 교의가 다르게 진술되어야 할 뿐만 아니라, 또한 그 교의와 관련해서 오늘날에는 예전과는 다른 무언가를 말해야 한다고 주장한다.[4]

그뿐 아니라, 교의학은 반드시 비판적으로 머물러 있어야 한다. 교회일치를 추구하는 교의들(ecumenical dogmas) 이외에도, 교회들마다 서로 다르고 심지어 서로 상반되는 신조들을 지니고 있기 때문이다. 예를 들면 개혁파의 신앙고백 문서와 로마 가톨릭의 트리엔트 공의회의 결정 사항들과 교회법을 서로 비교해보면, 이런 특징이 드러난다.

더욱이 신자들에게 영향을 미치는 신학적인 논의들(*theologumena*)이나 또는 신학자들의 다양한 견해들이 있다. 이 점과 관련해서, 우리가 다루는 대상들을 엄격하게 제한해야 한다는 것은 말할 필요가 없을 것이다. 우리가 이 책에서 관심을 기울이는 두 명의 신학자는 바로 칼 바르트와 헨드리

---

4   우리는 이 점과 관련해서 H. Küng과 같은 인물, 특히 그의 저서 *Infallible?*에 대해 생각하고 있다. 그는 해당 저서에서 교황 무류성 교리(the dogma of infallibility)를 거부한다.

개혁교회 교의학

쿠스 베르크호프(Hendrikus Berkhof)다. 신학에 대해서 잘 알고 있는 이들은 이 두 신학자에게 관심을 기울이는 것이 독단적인 취사선택이 아니라는 것을 알 것이다. 다른 신학자들의 저서들에 비판적으로 접근하는 방법은 그 저서들에서 진리의 요소들을 배제하지 않는다. 오히려 그것은 그와 같은 진리의 요소들을 반드시 인정해야만 한다.

5. 시대와 관련된 특성. 비록 시대적인 특성이 교의학에게 요구되는 첫 번째 고려 대상은 아니지만, 또한 이것도 중요한 측면이다. 역사적인 연속성(continuity)은 현재성(currency)보다 우선하기 때문이다. 우리 자신의 입을 열고 말하기에 앞서, 우리는 먼저 모든 시대의 교회가 신앙과 관련된 중대한 질문들에 대답한 것을 반드시 주의 깊게 들어야 한다. 판 룰러(*T.W.* 2:41)가 말한 것을 약간 다르게 표현해서 말하자면 다음과 같다. 교의학을 연구하는 것은 교리들의 역사 연구를 분명히 포함한다.

하지만 새로운 질문들이 제기되면, 이전의 대답들은 오늘날의 문제들과 연결해서 다시 평가되어야 한다. 단순히 반복해서 말하는 것이 아니라, 다시 새롭게 표현해야 할 경우들도 있을 수 있다. 어떤 교리 안에 암시되어 있는 정(theses)과 반(antitheses)은 과거의 용어들에 의해서 설명될 필요가 있다. 하지만 그 정과 반은 또한 현재와 맞부딪힌다. 따라서 다양한 종류의 의혹들은 우리가 변호하는 이유에 대해서 더 철저하게 탐구하도록 자극한다.

그뿐만 아니라, 계속해서 발전되어가고 있는 주해(exegesis)가 부여하는 과제는 우리로 하여금 성경 안에서 발견되는 모든 것을 받아들여서 흡수할 것을 우리에게 요구한다. 거기에는 성경 자료들을 교리적인 측면에서 전개시키는 작업도 포함되어 있다. 성경에 대한 주해는 끊임없이 질문들과 더불어 교의학에 접근하며, 또한 계속해서 새로운 관점들을 제시해준다. 그렇지만 교의학은 성경에 대한 해석 자료 중 몇몇 주제들에 강조점을 부여한다. 이것은 현재의 상황과 오늘날의 문제점들에 비추어보면서 진행

되어야 한다. 하지만 그 상황과 문제점들이 결코 모든 것을 지배하는 주체
가 되어서는 안 된다.

때때로 교의학은 교회의 가르침을 정교하게 하거나 또는 발전시키
는 데 토대를 제공해야 한다. 그래서 도르트 총회(Synod of Dort, 1618-
1619)가 개최되던 시기에 교의학과 관련된 연구가 매우 활발하게 이루
어졌다. 또한 새로운 신학적인 사색의 결과로 이전의 [신학적인] 대립들
(antitheses)이 극복된다. 이것에 대한 한 가지 예로서, 1956년에 네덜란드
의 개혁파 교회와 네덜란드의 복음주의 루터파 교회가 주의 성찬에 대한
교리와 관련해서 서로 의견일치에 이른 것을 들 수 있을 것이다.[5]

우리는 이 책에서 우리 시대의 사람들이 잘 이해할 수 있는 방법으로
성경이 우리에게 가르치고 교회가 자신의 신앙을 고백하는 것을 전달하려
고 노력할 것이다. 우리는 사람들이 이해하기 쉽도록 성경에 어떤 것을 덧
붙이거나 또는 성경에서 어떤 것을 빼버리고자 하는 유혹을 받을 수도 있
지만, 이것은 우리가 조심해야만 하는 타협 신학(accommodation theology)
이라는 결과를 빚어낼 것이다.[6] 타협 신학으로 나아가는 신학자들은 기독
교 신앙은 모든 문화적인 배경에서 수용되어야만 한다는 확신에 의해 종
종 동기를 부여받는다. 기독교 역사는 우리에게 다음과 같은 사실을 가르
쳐준다. 곧 신학들은 그와 같이 타협하면서 신학적인 묘사에 현대적인 풍
미를 제공해주는 새로운 철학적 개념들을 종종 사용한다. 교의 신학은 언
제나 그 시대의 다양한 사고 유형과 대화해야 한다. 하지만 그저 어떤 철
학적인 사고방식을 단순히 받아들인다면, 그것은 성경의 내용이 지니고
있는 중요성을 잃어버리는 커다란 위험을 초래할 수 있다. 그와 같은 철학
적인 사고방식은 신플라톤주의와 아리스토텔레스주의, 데카르트주의, 헤

---

5   참조. C. W. Monnich and G. C. van Niftrik, 『주의 성찬에 대한 개혁파와 루터파의 토론』
     (*Hervormd-Luthers gesprek over het Avondmaal*), 1958. (합의 텍스트 5-7을 보라).
6   (H. M. Kuitert의 신학에 대해서) W. H. Velema, 『적합하게 맞춘 신학』(*Aangepaste
     theologie*), 1971을 보라.

                                             개혁교회 교의학

겔주의, 신칸트주의 그리고 최근의 실존주의에 이르기까지 매우 다양하다.

6. 실천과 관련된 특성. 『순수 신학 개관』(*Leiden Synopsis*, 1625)은 신학은 이론과 관련된 것인가 아니면 실천과 관련된 것인가라는 질문에 대해 신학은 이론뿐만 아니라 실천과도 관련이 있다고 대답했다. 교의학은 하나님을 아는 것과 하나님을 섬기는 것과 관련이 있기 때문이다. 따라서 이론과 실천은 서로 대립하는 것이 아니다(*Synopsis*, 1:22-23). 우리는 "이론"(theory)이라는 용어를 하나님에 대한 지식에 적용하지 않지만, 교의학이 이론적인 측면을 지니고 있다고 말할 수 있다. 교의학은 학문적인 탐구이기 때문이다. 또한 교의학은 실천과도 매우 밀접하게 관련이 있다. 교의학의 존재 이유(raison d'être)는 교회를 섬기고 신앙생활을 도와주는 데 있기 때문이다. 교의학은 진리와 관련이 있다. 하지만 또한 이 진리는 우리 각 사람과 개별적으로 관련이 있는 진리다. 따라서 우리는 교의와 삶의 밀접한 연관성을 결코 잊어버리면 안 된다. 진리에 대한 탐구와 구원에 대한 탐구는 서로 분리될 수 없다. 칼뱅은 이 점과 관련해서 다음과 같이 말한다. "우리는 하나님을 공경하는 우리의 신앙이 포함되어 있는 교의(*doctrina*)에 첫 번째 자리를 부여했다. 우리의 구원은 그 교의와 더불어 시작하기 때문이다. 하지만 교의는 반드시 우리의 마음속으로 들어와 우리의 일상생활의 일부가 되어, 그 교의가 우리를 변화시켜 반드시 열매를 맺도록 이끌어야 한다"(『기독교강요』 3.6.4).

그렇지만 지금 우리는 오늘날 새로운 경향을 지니고 있는 신학을 지지하는 몇몇 신학자들이 **실천의 우위성**(primacy of praxis) 개념을 옹호하는 데 대해 이의를 제기해야 한다. 몰트만(Moltmann)이 간파한 것처럼 이 개념은 현대 사회의 급격한 변화들과 관련이 있다. 칸트(Kant)는 오직 실천적인 관점에서만 받아들일 수 있고 유용한 것만이 오늘날의 신앙에 타당한 것으로 간주할 수 있다고 판단했다. 우리 시대에 삶의 실천(*praxis*) 그 자체는 인식적인 특성(a cognitive character)을 획득했고 또한 신학을 위한 원천과 판단 기준이 되었다. 하지만 실천은 정치적인 결정에서부터 신비적인 경험에 이르기까지 다양한 유형을 취할 수 있다.[7] 크라우스(Kraus)는 몰트만에게서 힌트를 얻어서 "신학과 신앙의 새로운 원리는 바로 실천에 있다"고 주장한다(*Syst. Th.*, 107).

네덜란드에서 커이터르트는 교의학에서의 진리와 검증에 대한 연구에서 다음과 같이 주장한다. "교의적인 선언들은—계시 그 자체가 그렇게 하도록 능력을 부여한—우리가 의미라고 부르는 것, 곧 그 선언들이 인류와 세상에 어떤 미래를 열어주는지에 기초해서 그것들의 진리값(truth-value)을 증명해야 한다."[8] 여기서 커이터르트의 주장은 다음과 같은 판넨베르크(Pannenberg)의 견해와 일치한다. 곧 여기서 문제가 되고 있는 것은 "그때그때의 현재에 대해서 실질적으로 경험한 것에 기초한 증명"(Bewährung an der Wirklichkeitserfahrung der jeweiligen Gegenwart)이다 (Pannenberg, 1971, 178).

다른 학문적인 가설들과 마찬가지로, 교의적인 선언들도 그것들의 내용이 진리인가와 관련해서 검증을 필요로 한다. 검증을 위해서는 사용 가능한 판단 기준이 있어야 한다. 우리가 이미 살펴보았듯이(§ I.1), 커이터르트는 성경은 더 이상 교리에 대한 판단 기준으로 사용될 수 없다는 견해를 지니고 있다. 종교개혁가들은 (오직 성경[*sola scriptura*]이라는) 성경의 원리 위에 교회가 굳건하게 서 있다고 믿었다. 하지만 판넨베르크와 커이터르트의 견해에 의하면, 이제 그 원리는 위기 상황에 처했다. 기독교의 진리가 어떤 질문도 허용하지 않는 권위주의적인 선언들로 표현될 때, 그것은 제 역할을 제대로 수행할 수 없다.

하나님과 그분의 사역에 대한 신학적인 선언들이 외적인 검증이라는 테스트를 거쳐야 한다고 주장하는 커이터르트 같은 학자들은 자신들이 무엇을 하고 있는지 깨달아야 한다. 커이터르트의 입장에는 극복할 수 없는 한 가지 결점이 있다. 그 결

---

7   J. Moltmann, 『신학이란 무엇인가?』(*Wat is theologie?*) 1989, 103-105. 또한 참조. D. Sölle, *Gott denken*, 1990, 15.

8   H. M. Kuitert, 『여기저기에』(*Om en om*), 1972, 213.

                                                            개혁교회 교의학

점은 진리의 시금석을 인간학과 사회학에서 발견해야 한다는 주장이다. 하지만 이와 같은 주장은 문제들을 해결해주기보다는 오히려 더 많은 문제들을 일으킨다. 인간과 세상의 미래를 열어주는 것은 무엇인가? 각 사람 스스로가 미래를 결정할 수 있다. 커이터르트는 나중에 출간한 다른 저서에서 판단 기준은 하나님에 대한 경험들이 현실에서 얼마나 지속되는지에 달려 있다고 주장한다.[9] 여기서도 또다시 커이터르트의 신학적인 사고는 사람이 중심에 서 있는 원형 구조와 비슷하다.

비록 이와 같은 방법으로 진리가 가능한 한 통제되고 검증될 수 있지만, 그럼에도 이것은 교회와 신학이 관심을 갖는 진리가 아니다. 우리는 성경적인 의미에서 진리를 알고 구원의 확신을 얻기 위해서 하나님의 계시와 성령의 조명이 필요하다. 그때서야 우리는 비로소 진리 그 자체에 의해서 설득되어 확신할 수 있다(참조. Bavinck, *R.D.*, 1:573, 593-595). 물론 이것은 결코 신앙의 경험과 일상생활 속에서 신앙의 역할이 중요하지 않다는 것을 의미하지 않는다. 신앙에 대한 진술들은 경험들에 의해서 강화될 수 있지만 그 경험들에 의해서 입증될 수 없다.

교의학이 실천적인 측면을 지니고 있다는 사실은 윤리학이 교의학 안에 포함되어야 한다는 것을 의미하지 않는다. 하지만 이와 같은 주장이 종종 제기되었다. 라인하르트의 『교의신학 개관』(*Synopsis*)과 다른 학자들의 이전의 저서들뿐만 아니라 바르트의 『교회교의학』에서도 그와 같은 견해가 제시되어 있다. 바르트는 "교의학 자체는 윤리학이며, 또한 윤리학은 교의학이다"라고 주장한다(*C.D.*, 1.2.793). 원칙적으로 교의학과 윤리학을 서로 밀접하게 연결하는 것을 반대할 이유는 전혀 없다. 칼뱅은 이 문제에 대한 한 가지 예를 보여주었다. 곧 그는 교의에 대해 설명하면서 그리스도인의 삶에 대해 몇 장을 할애했다(『기독교강요』 3.6-10). 사실상 교의학의

---

9   H. M. Kuitert, *Filosopfie van de theologie*, 1988, 85-95.

크레덴다(*credenda*: 믿어야만 하는 것들)와 윤리학의 **아겐다**(*agenda*: 실천해야만 하는 것들)를 함께 다루는 훌륭한 사례가 제시될 수 있다.[10] 우리가 **크레덴다**와 **아겐다**를 구분하지만, 우리는 이 두 분야의 밀접한 연관성을 잊어버리면 안 된다. 사실상 신앙과 실천(행함)은 서로 긴밀히 연결되어 있다. 교리와 교의학은 사랑으로 역사하는(표현되는) 믿음에 대해서 다룬다(참조. 갈 5:6). 교리와 상관이 없는 윤리학이나, 교리적인 내용이 전혀 없는 윤리학은 존재하지 않는다. 또한 윤리학과 상관이 없는 교의학이나, 윤리적인 내용을 포함하고 있지 않은 교의학도 존재하지 않는다.

우리는 한 가지 정의(definition)를 내리면서 이 단원을 마무리하고자 한다. 교의학은 하나님이 그분의 말씀을 통해서 무엇을 계시하셨는지를 체계적인 방법으로 설명하는 신학의 한 분야다. 또한 그것은 성경에 기초해서 교회의 가르침을 검토하고 성경의 빛에 비추어서 그 가르침을 해석해야만 한다.

캄프하위스(Kamphuis)는 교의학에 대해서 다음과 같이 더 광범위한 정의를 제시했다(그의 정의는 유익하다). "교의학은 교회가 믿음의 순종으로 교의들을 통해서 공식적으로 표현하고, 그리고 자기를 계시해주시는 삼위일체 하나님이 그분의 권위로 성경을 통해서 알려주신 기독교의 가르침을 체계적인 방법으로 다룬다. 그것은 기독교 교회가 고백하는 믿음과 연합한 채, 성경의 권위에 순종하며 이 과제를 수행해나가야 한다. 또한 교의학은 기독교 교리를 해설하는 것과 관련해서 이전 시대와 그 이후의 시대에 발생한 문제들에 대해서도 다루어야 한다."[11]

---

10 Velema는 *Orientatie in de christelijke ethiek*, 1990, 17에서 기독교 윤리에 대해 다음과 같이 주장한다. 기독교 윤리학은 "하나님의 계명들에 대해서 학문적으로 숙고하는 것이다. 그 계명들은 하나님과 이웃의 관계와 관련해서 하나님의 형상을 지니고 있는 인간의 행위들에 표준 규범을 제공해준다."

11 이 정의가 중심적인 위치를 차지하고 있는 다음 논문을 참고하라. J. Kamphuis, "Dogmatiek," in J. Douma (ed.) *Orientatie in de theologie*, 1987, 102-122. 이 정의가 들어 있는 부분으로서 112 이하를 보라.

                                               개혁교회 교의학

§ 2. 교의학의 방법론

1. 모든 학문 분야는 저마다의 방법론에 대해서 설명할 필요가 있다. 모든 학문 연구에 공통적으로 적용되는 일반적인 방법론은 없다. 또한 심지어 신학의 모든 분야를 위한 오직 한 가지 방법론도 없다. 왜냐하면 각각의 분야마다 매우 광범위한 다양성을 지니고 있기 때문이다. 교회사 분야와 마찬가지로, 성경 해석 분야도 자신의 고유한 연구 방법을 선택한다. 또한 교의학도 자기의 주제들에 대해서는 자신의 고유한 방법대로 다룬다. 때때로 마치 각각의 학자마다 자신이 우선적으로 생각하고 선호하는 것을 따르는 것처럼 보인다. 그래서 매우 많은 학문적인 경향(trends)과 학파들(schools)과 새로운 신학들이 있다!

다양한 원리와 방법론들을 연구하는 것이 유익하다. 왜냐하면 그것들은 우리가 다양한 특성을 지닌 사고방식들과 접촉하게 해주기 때문이다. 하지만 우리는 독자들에게 다른 학자들의 저서를 언급해야 한다. 우리의 간략한 교의학 교과서에서는 지면 관계상 그와 같은 주제를 상세하게 논의할 수 없기 때문이다. 따라서 전통주의적·성경적 또는 성경근본주의적·주관주의적 방법론뿐만 아니라, 또한 역사적·변증적·사변적·종교적·경험적 및 윤리적·심리학적 방법론에 대한 논의와 관련해서 바빙크(*R.D.*, 1:59-76, 507-559)를 참조하라.

우리의 시대에는 변증법적(dialectic) 방법론도 중요한 의미를 지니고 있다. 우리는 그 방법론을 특히 칼 바르트의 신학 사상과 연결한다. 또한 실존주의 신학의 방법론도 중요한 역할을 한다. 우리는 이 방법론을 불트만, 고가르텐(F. Gogarten), 에벨링, 오트와 부리(F. Buri) 등과 같은 신학자들과 연결한다. 그리고 상관관계(correlative)의 방법론을 사용하는 신학(Paul Tillich)도 있다. 나아가 다양한 상황 및 배경에 관심을 기울이는 신학 이론들도 전개되고 있다.

폴만(Polman, 1969)은 종종 가설들 또는 전제들(prioris)이라고 불리는 것에 대한 개관을 간략하게 제공해준다. 반면에 벤첼(Wentsel, *Dogm.*, 2)은 다양한 신학들의 조류와 동향에 대해서 상세하게 소개해준다.

비록 우리는 지면의 제약으로 이 책에서 어떤 문제들을 상세하게 논하지는 못하지만, 우리의 방법론과 관련된 것은 이야기해야만 한다. 우리의 입장은 제1장 제1항에 제시된 관점에서 분명하게 드러난 것처럼 종교개혁의 목적에 기초한 교의학(Reformational thrust of dogmatics)으로 불리는 것을 계속 추구한다(Polman, 1950).

비록 모든 종교개혁가들이 여러 영역에서 서로 다른 견해를 보인다고 하더라도, 그들은 성경이 유일한 원천이자 유일한 규범이라고 생각했다. 하나님의 말씀은 신앙의 토대다(Calvin,『기독교강요』3.2.6). 신앙은 하나님의 말씀에 반응하며, 그것에 자신을 일치시킨다. 신앙이 없으면, 우리는 하나님의 말씀을 이해할 수 없다. 그래서 **오직 성경**(*sola Scriptura*), **오직 믿음**(*sola fide*)이다.

신학은 하나님의 말씀을 올바르게 해석하는 데 반드시 관심을 기울여야 한다. 주제들(*loci*)에 대한 방법론에 우선권이 주어져야 한다. 멜란히톤(Melanchton)은 자신의『[신학의] 기본 주제들』(*Loci Communes*)에서 이 방법론을 사용했고, 칼뱅도『기독교강요』에서 그 방법론을 삼위일체 교리에 연결했다. 이와 같이 고전적인 개혁파 교의학은 신학의 핵심 주제들을 어떤 특정한 순서에 따라서 장과 항목으로 구분해서 다루고 있다.

형식적인 측면에서 이 방법론에는 조금도 거짓이 없다. 한 가지 기본적인 개념이 지배하는 어떤 신학 체계가 여러 가지 기본적인 개념을 가진 신학 체계보다 훨씬 더 깊은 인상을 줄 수 있지만, 거기에는 신학적인 사변(speculation)이 한쪽으로 치우칠 위험성이 도사리고 있다. 그것은 결코 무시할 만한 것이 아니다. 그리고 그런 신학 체계에는 성경을 자기의 견해에 유리하도록 매우 선택적으로 자유롭게 성경을 다루는 조직신학자들도 많이 있다! 주제들을 구분하는 교의학 방법론은 하나님의 말씀에 관해 최대한의 가능성을 열어놓는다.

성경의 증거가 종교개혁 전통에 서 있는 신학의 핵심이다. 이 관점의 배후에는 성경이 하나님의 말씀이고, 어떤 전통도 하나님의 말씀과 동등한 권위를 갖지 않으며, 성경은 통일성(a unity)을 지니고 있고, 성경의 핵심 내용은 명료하다는 확신이 있다. 하지만 많은 신학자가 이 확신을 공유하지 않는다.[12] 우리는 이 문제에 대해 제3장에서 상세하게 논할 것이다.

칼뱅은 『기독교강요』에서 다음과 같이 올바르게 말했다. "각각의 항목마다 하나님의 말씀을 통해서 들리는 하나님의 음성에 겸손히 귀를 기울인다. 여기서 위대한 신실함과 아주 뛰어난 평정으로 계시된 교의들이 묘사된다. 어떤 선험적인 이론도 회피된다." 또한 이것이 우리가 중세의 스콜라 철학에서 너무나도 자주 마주치는 사변적인 내용이 『기독교강요』에는 전혀 없는 이유를 설명해준다. 그와 같은 탈선을 빚어낸 원인은 바로 인간의 호기심(*curiositas*)이다. 인간의 호기심은 하나님이 그분의 말씀 안에 정해놓으신 경계선을 넘어가도록 미혹했으며, 또한 신학을 철학과 혼합시켜서 커다란 불행을 낳게 했다(Polman, 1950, 18-23).

종교개혁의 비전에는 다음과 같은 것이 함축되어 있다. (1) 우리는 확신에 찬 어조로 말할 수 있고 또한 말해야만 한다. 루터는 이것을 자기의 고유한 방식대로 이렇게 표현했다. "확신에 찬 진술들(*assertiones*)을 제거하라. 그러면 당신은 기독교를 제거한 것이다"(*WA*, 18:604). (2) 전통을 비판적으로 사용해야 한다. 칼뱅은 다음과 같이 썼다. "모든 것은 우리의 것입니다. 모든 것은 우리를 지배하기 위해서가 아니라, 오히려 우리를 섬기기 위해서 주어졌습니다"(『기독교강요』 프랑스 왕에게 보내는 편지에서). (3) 신학의 과제는 참되고 확실하며 유익한 것들을 가르치는 것을 통해서 양심을 굳세게 하는 것이다. 우리는 이 과제를 수행하기 위해서 그리스도를 배우는 자들이 되어야 하며, 또한 그리스도 자신이 우리에게 지시한 방법을 따

12　참조. W. Pannenberg, 『조직신학의 기본적인 질문들』(*Grundfragen systematischer Theologie*), 1971, 159-180.

라야 한다(『기독교강요』 1.14.4).

2. 우리는 『개혁교회 교의학』의 여러 장 중 숙고의 대상이 되는 주제와 직접 관련이 있는 성경의 자료들을 먼저 고찰할 것이다. 우리는 성경의 자료들을 고찰하면서 때때로 안내 역할을 하는 도입 부분 혹은 세부 사항을 제시할 것이고, 그다음에는 다음과 같은 결정적인 질문을 제기할 것이다. 과연 성경은 무엇을 말하는가?

우리가 하나님의 말씀으로 인도함을 받을 때, 우리는 주요 목적이 하나님에 대한 지식(하나님을 아는 것)이라는 사실을 끊임없이 유지할 것이다. "이는 만물이 주에게서 나오고 주로 말미암고 주에게로 돌아감이라"(롬 11:36). 이와 같은 가르침을 따르는 교의학 저서 중 대표적인 작품이 바빙크의 『개혁파 교의학』이다. 바빙크는 하나님의 선하심과 완전하심을 찬양하고 예배하며 감사하기 위해 이 작품을 저술했다(R.D., 1:112).

우리는 여전히 다음과 같은 질문들에 직면해 있다. 곧 간략한 또는 긴 서론을 제시하고 나서, 교의학은 맨 첫 번째 장을 하나님에 대해서 다루는 것으로 시작해야 하는가? 아니면 계시와 성경에 대해서 다루는 것으로 시작해야 하는가?

개혁파 신앙고백 문서들은 이 점과 관련해서 서로 차이가 있다. 「벨기에 신앙고백서」는 맨 먼저 하나님에 대한 신앙을 고백한다. 반면에 「웨스트민스터 신앙고백서」는 맨 먼저 성경에 대해서 다룬다.

교의학과 관련해서는 「웨스트민스터 신앙고백서」의 방법뿐만 아니라 「벨기에 신앙고백서」의 방법론을 따를 수도 있다(참조. Kamphuis, 1987, 147 이하). 이전 시대와 그 이후 시대의 몇몇의 개혁파 신학자가 보여준 선례를 따라서(참조. *Synopsis*; Bavinck, *R. D.*; Heyns, *Dogm.*), 우리는 「웨스트민스터 신앙고백서」의 방법을 선택하고자 한다. 우리가 계시와 성경을 먼저 숙고하고 나중에 하나님과 그분의 사역에 대해서 숙고를 한다면, 우리는 성경에 기록된 것에서 벗어나거나 그것을 넘어가지 않을 것이다(참조. 고전 4:6). 하나님에 관한 우리의 이야기가 하나님이 그분의 말씀을 통해서 자신에 대해서 계시해주신 것에 의해서 결정되지 않는다면, 그것은 추상적이며 사변적인 것이 될 것이다.

우리는 제4장에서, 앞서 말한 것보다 하나님에 대해 더 직접적이고 자세하게 말할 것이지만 다음과 같은 입장을 고수할 것이다. 곧 우리는 하나님이 그리스도 안에서 자기 자신을 우리에게 알려주신 구원에 대한 계시로부터 그분에 대해 안다. 그리고 우리는 이와 동일한 방법론을 사용해 제5장에서는 하나님의 계획, 제6장에서는 하늘과 땅을 지으신 하나님, 제7장에서는 하나님의 섭리를 다룰 것이다.

§ 3. 교의학의 역사로부터

1. "교의학의 역사"라는 주제는 이 책에서 자세히 다루기에는 너무 광범위한 주제다. 이 주제와 관련해서는 바빙크(*R.D.*, 1:113-204)와 오토 베버(*Foundations*, 1:73-166) 그리고 벤철(*Dogm.*, 2:407-624)의 저서들을 참고하라.

우리는 이전 항목들의 경우처럼 이 항목에서도 간결하게 내용을 제시하고자 한다. 하지만 우리는 꼭 고려해야만 하는 교의학의 역사를 완전히 살펴보지 않고 지나칠 수는 없다. 학자들의 이름과 그들의 작품에 관한 목록을 단순히 제시하는 것보다 몇 가지 가장 중요한 점을 살펴보는 것이 우리에게 더 유익할 것이다.

교의학의 발전 역사는 첫 번째로 교의학이 진리를 옹호하는 데 관심이 있고, 두 번째로는 진리를 숙고하는 데에 관심이 있으며, 세 번째로는 진리에 대한 전반적인 관점을 제공하는 데 관심이 있음을 보여준다. 우리는 에밀 브룬너(Emil Brunner)와 더불어 교의학이 생겨나게 된 세 가지 뿌리를 확인할 수 있다(참조. *Dogmatics*, 1:9-11).

a. 첫 번째 뿌리는 이단과의 논쟁과 연관성이 있다. 죄의 본성을 지니고 있는

인간은 복음을 자기 마음대로 주관하고자 하는 성향을 지니고 있다. 따라서 진리와 진리처럼 보이는 것을 구별할 필요가 있다. 거짓된 논증이 교묘하면 교묘할수록, 더욱더 깊고 광범위한 숙고가 필요하다. 성경의 단어들이 다른 내용으로 가득 채워져 있다면, 그 단어들에 호소하는 것은 더 이상 유효하지 않다. 어떤 사고 체계 전체가 교회의 공식적인 가르침을 위협한다면, 교회는 그 사고 체계 전체에 맞서는 전반적인 진리를 제시해야 한다. 또한 그 사고 체계에 일관성이 있는지 철저하게 검토해야 한다. 따라서 이단은 [교회에] 개념들을 명확하게 정의하고, 또한 신앙 체계 전체를 검토해볼 것을 요구한다.

b. 두 번째 뿌리는 세례문답 교육 또는 교리문답 교육과 연관성이 있다. 교회는 교인들에게 진리를 가르쳐야 한다. 하지만 사람은 지속해서 질문하지 않고서는 진리를 자기의 것으로 만들 수 없다. 따라서 지식과 통찰력 및 확실성을 찾는 질문들에 주어진 답변이 매우 중요하다. 기독교의 메시지는 인간의 마음뿐만 아니라 인간의 생각도 이끌기를 바란다. 이것은 우리에게 계시된 것을 성찰하는 믿음을 초래한다. 그래서 교리문답 교육, 특히 많은 교육(catechesis)을 받은 개개인에 대한 교육은 교의학으로 확대된다.

c. 세 번째 뿌리는 본질적으로 성경 해석과 연관성이 있다. 진정한 신앙생활이 이루어지면, 사람들은 성경의 메시지를 더욱더 풍성하게 깨닫는다. 또한 성경을 성경에 비교하면, 성경의 내적인 일관성이 점점 더 명백하게 드러난다. 이런 전체적인 과정에서 의문들이 생겨나고, 교의학은 이 의문들에 대해 답변하고자 한다. 이런 답변들은 "성경 사전"과 교의학의 발전으로 이어진다.

첫 번째 동기, 곧 변증(apologetics)과 논쟁(polemics)이 초기 교회에서 중요한 역할을 했다. 우리는 이레나이우스(Irenaeus, 기원후 250년 사망)의 『이단 논박』(*Adversus haereses*)을 머릿속에 떠올릴 수 있을 것이다. 이 동기는 종교개혁 시대에도 다시 나타나게 되었다. 츠빙글리의 『참 종교와 거짓 종교에 대한 해설서』(1525)도 이와 같은 장르에 속한다. 그릇된 가르침들이 존재하는 한 교의학은 꼭 필요하다.

이른바 교부(church fathers) 시대에 **두 번째 동기**가 나타난다. 이것에 대한 한 가지 예는 오리게네스(기원후 254년 사망)가 저술한 『기독교의 원리들』(*De principiis*))이다. 중세 시대에 두 번째 동기가 더욱 두드러지게 나타났다. 토마스 아퀴나스(*Thomas Aquinas*, 1225-1274)의 『신학대전』(*Summa theologiae*)은 신앙과 지식을 종합하고자 하는 목적을 지닌 기념비적인 저작이다. 칼뱅의 『기독교강요』는 원래 교리문답서를 확대시킨 것이었다. 그 책의 초판은 1536년에 『기독교 입문』(*Christianae religionis institutio*)이라는 제목으로 출간되었다. 칼뱅은 성경 주해 분야의 전문가였다. 그는 목회자들을 비롯해서 당대의 유명 인사들과 대화를 지속적으로 나누면서, 새로운 자료를 계속해서 자기 것으로 만들었다. 1559년에 간행된 『기독교강요』의 라틴어 최종판은 그의 대표작(*magnum opus*)일 뿐만 아니라 또한 개신교의 고전 중 하나다.[13]

세 번째 동기에 대한 증거는 종교개혁 이전까지는 별로 없다. 하지만 세 번째 동기는 곧바로 멜란히톤의 『신학의 기본 주제들』(*Loci communes*, 1521)에서 분명하게 드러났다. 주목할 만한 사항으로서, 그는 바울의 로마서의 방법을 따르려고 시도한다. 멜란히톤은 그의 책이 성경을 연구하는 데 도움이 되기를 기대했다. 그는 만약 그 책이 그 목적을 위해서 사용되지 못한다면, 차라리 그것이 파기되길 선호했다.

2. 17세기에 출간된 교의학 서적들을 살펴보면, 당시 교의학이 스콜라주의(scholasticism)에 영향을 받았음을 알 수 있다. 교의학이 신앙의 문제를 설명할 때 스콜라주의가 사용한 이성적인 사유를 통해 논증하는 방법을 사용했기 때문이다. 대학에서 오랫동안 사용된 유명한 교의학 교과서인 『순수 신학 개관』(*Synopsis purioris theologiae*, 1625년에 출간)은 사실상 신

---

13 참조. J. van Genderen, "Calvijns dogmatisch werk," in 『칼뱅에 대한 초점』(*Zicht op Calvijn*), 1978, 9-46.

학 논쟁 모음집이었다. 그러나 이 책도 스콜라주의의 영향으로부터 자유롭지 않다.

약간의 쇠퇴기를 거치고 나서, 네덜란드에서 개혁파 교의학은 카이퍼(Kuyper)와 바빙크 시대에 이르러 다시 활기를 띠게 되었다. 바빙크의 『개혁파 교의학』(1854-1921)은 영속적인 가치를 지닌 저서다. 우리는 이 책을 종종 언급할 것이다.[14] 우리는 성경을 교의학의 원천과 규범으로 이해한다. 우리는 이 점과 관련해서 칼뱅뿐만 아니라 바빙크에게서도 서로 의견이 일치하는 내용들을 상당히 많이 찾을 수 있다.

우리는, 바빙크의 『개혁파 교의학』 초판(1895-1901)에서 그가 생각하는 것을 알 수 있다.

a. 바빙크의 교의학은 역사 속에서 교의 및 교의학이 발전되어온 과정을 살펴본다. 그는 성도들의 교제(communion of saints)의 중요성을 말한다. 우리는 그 교제를 통해서 교의에 대해 배운다. 교의와 교의학이 어떤 시기에는 인기가 없을 때, 우리는 감사하게도 이전 세대들과의 영적 및 학문적인 교류를 통해서 그것을 배울 수 있다. 또한 모든 개신교 신자에게는 자신의 신앙과 로마 가톨릭교회의 신앙과의 관계 및 차이점에 대해서 설명을 제시할 수 있어야 하는 의무가 주어져 있다.

b. 바빙크의 교의학은 명백히 개혁파의 전통과 입장에 서 있다. 상대적인 것일 수 있지만, 이런 유형의 종교와 신학이 진리를 가장 순전하게 표현한다. 그는 참신함과 독창성에서 이전 세대들이 이후의 세대들보다 훨씬 뛰어나다고 생각했다.

c. 그의 교의학이 간행되었을 때, 그 책은 시의적절하다는 특성을 지니고 있다. 『개혁파 교의학』은 그가 살던 시대에 대한 그의 해박하고 정확한 지식을 반영한다. 그는 다음과 같이 말한다. "단순히 오래되었기 때문에 이

---

14 또한 다른 학자들도 교의학 서적을 저술했다. 예를 들면, A. G. Honig, G. C. Berkouwer 및 R. Wentsel 등이다. Bavink의 교의학 저서에 대해서는 특히 다음 연구서를 보라. R. H. Bremmer, *Herman Bavinck als dogmaticus*, 1961.

    개혁교회 교의학

전 것을 칭찬하는 것은 개혁파에도 맞지 않고 기독교에도 맞지 않다. 교의학은 이전에 타당했던 어떤 것을 묘사하는 것이 아니라 반드시 타당한 것을 묘사한다. 그것은 과거에 뿌리를 내리고 있지만, 미래를 위해 애쓴다.”

d.『개혁파 교의학』은 판단하는 데 신중한 자세를 취하는 것과 관련해서 고전적인 모범을 보여준다. “신학의 경기장에서 서로 마주치는 다양한 경향들에 주의를 기울여야 한다. 그 모든 경향들의 한가운데서 자신에게 어울리는 자리를 찾고, 또한 자신의 올바른 입장을 선택해야 한다. 우리가 어떤 상황에서 벗어나는 것이 마땅하다면, 우리는 그것에 대한 설명을 제시해야 한다. 하지만 또한 우리가 훌륭한 통찰력을 얻을 수만 있다면, 우리는 그곳이 어디든지 그것을 얻으려고 추구해야 한다.” 바빙크의 신중한 자세는 어떤 내적인 불확실성을 드러내는 것이 아니다. 오히려 그것은 학자로서의 그의 성향과 관련이 있다. 또한 그것은 우리가 결국 부분적으로만 알 수 있다는 것에 대한 그의 자각 및 겸손과 관련이 있다. 바빙크는『개혁파 교의학』후속 판에서 이 머리말을 생략했다. 하지만 후속 판에 의하면, 모든 학자, 또 특히 신학자의 첫 번째 의무는 겸손과 신중함이어야 한다. 신학자는 마땅히 생각해야 하는 것보다 스스로 더 지혜롭다고 생각하지 말아야 한다(*R. D.*, 2:239).

3. 교의학 연구와 관련해서 오늘날의 몇몇 중요한 신학자들의 이름들을 언급하지 않을 수 없다. 19세기 전체와 20세기의 일부분에 대한 네덜란드 신학에 대한 개요는 데이크(K. Dijk)의 간략한 교의학 책(*K. D.*, 41-62, 70 이하)에서 발견할 수 있다. 또한 최근의 신학에 대해서 요약해주는 몇몇 책들이 있다. 매우 유용한 개요서 중 하나는 칸첸바흐(Kantzenbach)의『신학 프로그램』(*Programme der Theologie*, 1978)이다. 이른바 신개신교주의(Neo-Protestantism)에 반대하면서, 많은 신학자에게 신학적 사고의 전환을 하도록 동기 부여를 했던 위대한 신학자가 칼 바르트다. 매우 정교한 신학 체계를 갖추고 있는 그의 걸작『교회교의학』(*Kirchliche Dogmatik*, 1932-1967)도 이와 같은 특성을 지니고 있는 책들 중에서 가장 눈에 띄는

자리를 차지한다.[15]

우리는 오늘날 로마 가톨릭교회의 교의학을 대표하는 해석을 『구원의 신비』(*Mysterium salutis*, 1965-1981)에서 발견할 수 있다. 이 책은 로마 가톨릭 신학자들이 공동으로 집필한 것이다. 그리고 로마 가톨릭교회의 관점을 제시하는 간략하면서도 표준적인 교의학은 루트비히 오트가 저술한 『가톨릭 교의학 개요』(*Grundriss der katholischen Dogmatik*, 1981)다.

네덜란드를 넘어서까지 영향력을 미치고 있는 교의학자는 헨드리쿠스 베르크호프(Hendrikus Berkhof)다. 어떤 이가 그의 『기독교 신앙』(*Christian Faith*, 1973, 1990)의 내용에 동의하든지 그렇지 않든지 간에 그 책을 무시할 수는 없다.[16] 베르카우어는 교의학 전집을 완벽하게 저술하지는 않았지만 『교의학 연구 시리즈』(*Studies in Dogmatics*, 1952-1976)를 출간했다. 우리는 이 교의학 시리즈를 꼭 참고해야 한다.[17]

베커(E. J. Beker)와 하셀라르(J. M. Hasselaar)가 공동 집필한 교의학 전집은 완간되었다(1978-1990). 이 교의학 전집은 아마도 중심-정통(center-orthodox; 이 용어는 베르크호프에게서 비롯되었고 네덜란드어로는 middenorthodox임)이라는 특징을 지닌 것으로 묘사될 수 있다. 벤철(B. Wentsel)의 교의학(1981년에 시작됨)은 베커와 하셀라르의 교의학 책을 집필하던 시기까지(1990년대 초) 아직 완성되지 않았다. 개혁파 신앙고백(a confessional-Reformed standpoint)의 입장에 서 있는 그는 광범위한 방향을 가리켜준다.

---

15 Karl Barth의 신학에 대한 책들은 도서관 하나를 가득 채울 수 있을 정도로 많다. 그 가운데서 여전히 중요한 입문서 및 비판서로서 다음을 참조하라. C. C. Berkouwer, *De triomf der genade in de Theokogie van Karl Barth*, 1954. 더 최근의 자료로서 다음의 정기 간행물을 참조하라. *Zeitschrift für dialektische Theologie*(1985년 이후에 간행된 것).

16 이 책에 대한 반응들과 관련해서 *Weerwoord* (reply), 1974을 보라.

17 Berkouwer의 교의학 방법론에 대한 간략한 비평서로서 다음 박사 학위 논문을 참조하라. J. C. de Moor, *Towards a Biblically Theological Method*, 1980, 5-66. 또한 다음 논문을 참조하라. H. M. Kuitert, "De Theologie van G. C. Berkouwer," in M. P. van der Marcel, *Registers op de Dogmatische Studiën van Dr. G. C. Berkouwer*, 1988, 9-18.

다소 오래된 개혁파 교의학으로는 케르스턴(G. H. Kersten, 1950)의 책이 있으며, 그것보다 나중에 간행된 것으로는 남아프리카공화국의 헤인스(J. A. Heyns, 1978)의 책이 있다.

마지막으로, 우리는 네덜란드 학자들이 저술한 교의학 저서들을 언급하고자 한다. 아마도 그 교의학 책들은 앞으로 오랫동안 중요성을 지니고 있을 것이다. 곧 노르트만스(O. Noordmans)의 저서들,[18] 특히 새로운 창조(*Herschepping*, re-creation, 1934, 또한 *V. W.*, 2), 또한 스킬더(K. Schilder)의 저서들,[19] 특히 『하이델베르크 교리문답 해설』(Heidelbergsche *Catechismus*, 1947-1951), 그리고 판 룰러의 저서 『나는 믿는다』(*Ik geloof*, 1968)이다.[20]

---

18 Noordmans에 대해서 다른 어떤 책들보다도 다음 책들을 참고하라. G. W. Neven, 『성령의 활동 영역 안에서』(*In de speelruimte van de Geest*), 1979. 또한 *Tijdgenoot en getuige*, 1980.

19 *Schilder*의 저서들에 대해서 다음을 참조하라. J. J. C. Dee, *K. Schilder, Zijn leven en werk*, 1990, 1:410-421. 또한 J. Douma et. al., *K. Schilder, Aspecter van zijn werk*, 1990.

20 van Ruler에 대해서는 특히 다음을 참조하라. A. N. Hendriks, 『교회와 직분』(*Kerk en ambt*) in *De theologie van A. A. van Ruler*, 1977. (van Ruler에 대한 간략한 전기와 참고 문헌이 첨부되어 있다).

간략한 참고 문헌

C. Anderson (Hg.), *Handbuch der Dogmen-und Theologiegeschichte*, 1-3, 1980-1984.

H. Berkhof, *Inleiding tot de studie van de dogmatiek*, 1982.

H. Berkhof, *Two Hundreds Years of Theology*, 1989.

G. C. Berkouwer, *Een halve eeuw theology*, 1974.

R. H. Bremmer, *In gesprek met oudere en nieuwere theologen*, 1991.

A. Canoczy, *Einführung in die Dogmatik*, 1983.

R. H. Grutzmacher/G. C. Muras, *Textbuch zur deutschen systematischen Theologie*, 1, 1955, 2, 1961.

H. Heppe, *Die Dogmatik der evangelisch-reformierten Kirche* (hg. von Bizer), 1958.

W. Joest, *Fundamentaltheologie*, 1974.

J. Kamphuis, "Dogmatiek," in J. Douma (ed.) *Orientatie in de theologie*, 1987, 102-122.

J. Kamphuis, *In dienst van de vrede*, 1980.

F. W. Kantzenbach, *Programme der Theologie*, 1978.

J. Koopmans, *Het oudkerkelijk dogma in de Reformatie, bepaaldelijk bij Calvijn*, 1938.

H. M. Kuitert, *Wat heet geloven?*, 1977.

W. Pannenberg, *Grundfragen systematischer Theologie*, 1971.

A. D. R. Polman, *De reformatorische inzet der dogmatiek*, 1950.

A. D. R. Polman, *Gereformeerd katholieke dogmatiek*, 1, 1969.

K. Ruina, *Reformed Dogmatics*, 1957.

K. G. Steck, *Lehre und Kirche bei Luther*, 1963.

J. Urban, *Bekenntnis, Dogma, kirchliches Lehramt*, 1972.

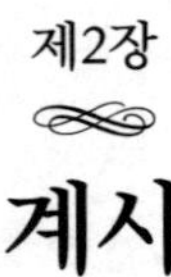

제2장

계시

§ 4. 하나님의 자기계시

4.1. 출발점
4.2. 성경은 무엇을 말하는가?
4.3. 신학에서 계시의 개념

4.1. 출발점

하나님의 계시에서 시작한다는 것은 바로 하나님 자신에게서 시작한다는 것을 의미한다. 거꾸로 말한다면, 하나님은 맨 처음에 위치하신다. 따라서 그분의 계시도 맨 처음에 위치한다. 하나님과 그분의 행위에 대해 생각하고 말하는 것이 하나님이 자신에 대해 말씀하시는 것을 듣는 것보다 선행되어야만 한다. 우리가 하나님을 발견할 수 있는 방법과 장소를 결정하지 않고, 오히려 하나님이 그것을 결정하신다. 하나님이 우리에게 먼저 오시지 않는다면, 우리가 하나님께 나아가는 것은 불가능하다. 인간으로서 우리는 한계를 가진 존재일 뿐만 아니라, 또한 하나님에게서 소외되었기 때문이다. 따라서 베르카우어의 다음과 같은 주장은 옳다. 곧 교의학 전체와 인간의 삶 전체에서 하나님의 계시의 실재와 본성에 대한 질문보다 더 중요한 질문은 없다(G. C. Berkouwer, 1955, 17).

우리는 "계시"(revelation)라는 용어를 사용하지 않을 수 없다. 이 용어가 "선포"(proclamation)나 "의사 전달"(communication) 같은 단어들보다 더 명료하게 인간들 자신이 이해한 것의 특징을 나타내주기 때문이다. 이 점에 대해서 더 자세한 설명이 필요하다. 어떤 이들은 "계시"라는 단어를 다소 일반적인 의미로 이해하기 때문이다. 이 교의학 교과서에서 사용되는 계시라는 용어는 사람들이 흔히 어떤 계시라고 말하는 것과 전적으로 다른 것을 의미한다. 곧 어떤 이들은 자신들에게 대단히 중요한 것으로 보이는 놀라운 통찰을 하게 되었을 때, 종종 계시를 받았다고 말한다. 그렇다면 계시는 어떤 놀라운 발견과 비슷한 것이다. 하지만 이런 발견은 하나님을 인식하고 하나님을 아는 방법과 전혀 다른 것이다.

우리는 종교 현상에서 출발해서는 종교가 반드시 무엇인가에 근거해야만 하며, 결국 인간이 알 수 있고 경배하는 대상으로서 어떤 신이 존재해야 한다고 결론을 내릴 수 없다. 이 세상에는 어떤 계시에 호소하는 종교들이 많이 있다. 그러나 그와 같은 "계시"는 하나님께로부터 반드시 유래한 것이 아니다.

우리는 우리의 출발점으로 계시에 대한 어떤 철학적인 개념을 받아들일 수 없다. 루돌프 불트만(Rudolf Bultmann, 1894-1976)의 견해에 의하면, 우리는 신약성경에서 계시가 어떤 의미로 사용되는지를 질문하기 전에 먼저 계시의 개념을 형성할 필요가 있다. 곧 우리는 우리의 선이해(Vorverständnis)를 통해서 계시가 우리에게 무엇을 의미하는지 또한 그것이 무엇을 의미하지 않는지 결정해야 한다. 그래서 불트만은 계시의 의미는 우리 스스로가 도달할 수 없는 우리의 본래성(Eigentlichkeit)에 이르도록 도와주는 것으로 이루어졌다고 주장한다. 그러면서 그는 다음과 같이 질문한다. 그렇다면 과연 무엇이 계시되었는가? 그의 답변은 이렇다. 계시에 대한 탐구가 우리 스스로 도달할 수 없는 교리나 또는 우리에게 밝혀지기만 하면 순식간에 알 수 있는 어떤 비밀들에 대해서 질문하는 것이라면, 아무것도 계시되지 않았다. 반면에 우리의 상황들이 우리의 눈에 펼쳐지고, 우리가 우리 자신에 대해 이해할 수 있다면, 모든 것이 계시다.[1] 이와 같은 신학에서 하나님의 계시는 반드시 인간의 계획에 들어맞아야 한다. 이와 같은 불트만의 개념은 철학자 마르틴 하이데거(M. Heidegger)의 실존주의 철학에서 파생된 것이다. 우리가 이런 방법을 받아들인다면, 우리는 성경이나 믿음에서 분명히 시작하지 않는다. 불트만의 견해에 의하면, 우리가 성경으로부터 알고 있는 하나님의 계시는 더 이상 스스로 말할 수 없다.

인간의 사고에 기초한 관점에서 하나님의 계시에 접근하려는 반복적인 시도는 이해할 만하다. 다양한 방법으로 [하나님의 계시와 인간의 이해 사이에] 다리를 건설하려는 시도들이 제시되었다. 하지만 말씀하시고 행동하시는 하나님이 인간의 이해의 영역으로 들어오신다는 것을 어떻게 입증할 수 있을까? 하나님이 인간의 이해의 영역으로 들어오신다는 게 가능하다는 데 마음과 생각이 열려 있지 않은 이들은 그런 일을 입증하는 일에 짜증을 내거나 그것을 어리석은 일로 치부한다. 그들은 그것을 받아들일 수 없으며 또한 그것은 적어도 자신들의 사고방식에 문제를 일으킨다고 주장할 것이다.

계시와 경험을 연결하는 것은 새로운 관점을 제시해주는 것처럼 보인다. 하지만 종교적 경험 또는 도덕적인 경험을 계시와 결합하는 것은 특별히 새로운 것이 아니다. 우리는 그런 작업을 한 사람으로서 프리드리히 슐라이어마허(Friedrich Schleiermacher, 1978-1834)와 알브레히트 리츨(Albrecht Ritschl, 1822-1889) 같은 19세기의 유명한 신학자들을 머릿속에 떠올릴 수 있다.

---

1   R. Bultmann, 『신앙과 이해』(*Glauben und Verstehen*), 1960, 3:1-34.

슐라이어마허는 계시를 어떤 종교 공동체의 본래적인 기초를 의미하는 것으로 이해하면서 인간 중심적인 접근 방법을 취한다. 하나님의 계시는 다른 방법 대신에 인간의 경험에 의존해서 만들어진다. 이와 같은 계시와 경험의 관계는 경험에 적합해 보이지 않는 한 계시에 손상을 가한다. 그렇다면 얼마나 많은 우리의 경험이 시대와 문화 및 개인적인 요소들에 의해서 결정되는가를 생각해보라. 개혁교회 신학(Reformed theology)과 변증법적 신학(Dialectic Theology)이 슐라이어마허의 이와 같은 신학이 지니고 있는 문제점들을 상당히 많이 지적했다. 하지만 경험과 계시를 동일한 것으로 파악하고자 하는 많은 이들은 그의 신학을 여전히 매력적인 것으로 여기고 있다.

헨드리쿠스 베르크호프는 계시를 하나의 사건으로 묘사한다. 이는 하나님이 사건을 통해서 자신을 사람들에게 알려주신다는 것이다. 왜냐하면 하나님은 그들에게 그들의 존재 방식과 이해력을 뛰어넘는 무엇인가를 말씀하시며, 그럼에도 그들의 존재와 통찰의 핵심에 영향을 미치기 때문이다. 비록 베르크호프는 종교적인 경험의 모든 유형을 저마다의 주장에 기초한 계시로 해석해야 한다고 생각하지는 않지만, 동시에 그는 계시를 경험의 어떤 특별한 유형으로 이해한다.

계시를 경험이라고 부르는 데 지불해야 했던 대가는 매우 크다. 베르크호프는 전 세계적으로 오랜 세기 동안 지속되어온, 또한 많은 차이점과 유사점의 특성을 지닌 기독교의 계시 사건들 이외에도, 오랜 세기 동안 신에 대한 경험을 지니고 있는 다른 추가적인 흐름도 있다고 믿는다. 신에 대한 그와 같은 경험에 대해서도 학문적으로 논하는 것이 마땅하다는 것이다. 이와 같은 견해로 인해 최근 대학들에서 유대 신학과 이슬람 신학에 대한 강좌가 개설되었다. 그것으로 말미암아, 이른바 종교적인 혼란과 신학적인 혼합주의의 위험성은 전혀 없다. 베르크호프는 다음과 같은 바울의 말을 인용하면서 자기의 주장을 결론짓는다. "우리는 진리를 거슬러 아무것도 할 수 없고, 오직 진리를 위할 뿐이다"(고후 13:8).[2]

2　H. Berkhof, "God voorwerp van wetenschap? II," in 『다리들과 교두보들』(*Bruggen en*

종교들 안에서 계시와 경험이 "원천 경험"으로 결합되고, 또한 하나님의 계시가 모든 경험에 대한 규범으로 제시되지 않는다면, 과연 누가 진리에 대해서 무엇인가를 말할 수 있겠는가?

종교학에서 계시는 통상 현상학적으로 접근된다. 이 접근 방법은 계시에 다양한 개념을 제공해주어서,[3] 계시의 개념에 대한 의견의 일치가 이루어지지 않는다. 이 경우에 교의 신학에는 어떤 판단 기준도 제공되지 않는다. 판단 기준은 어떤 선택 사항에 지나지 않는다. 반면에 의도적으로 신중하게 선택한 기본 방향(fundamental orientation)은 성경이 말하는 것이 우리 자신을 안내하도록 허용한다. 따라서 바빙크는 계시의 특성과 개념에 대한 그의 고찰의 결론에서 신앙에 기초한 방법론을 지지하면서 다음과 같이 주장한다. 계시가 무엇인지에 대한 대답은 선험적으로 입증되는 게 아니라 계시의 구성 요소들로서 그리고 성경에 기록된 것으로서 기독교 안에서 제시되는 말씀들과 사실들 안에서 찾는 것이다. 그것은 하나님에게 자기 자신을 계시해주시도록 강요하지도 않고 또한 어떠한 방법으로 계시해주시도록 요구하지도 않으며, 오히려 하나님 자신이 그 사항에 대해서 우리에게 말씀하실 것이 무엇인지를 주의 깊게 듣는 것이다(Bavinck, R. D., 1:300).

4.2. 성경은 무엇을 말하는가?

계시를 뜻하는 구약성경의 단어는 "갈라"(*gala*)다. 이 단어는 종종 드러내다(to disclose)를 의미한다. 하지만 많은 경우들에서 그 단어는 하나님의 계시를 가리킨다. 곧 하나님은 자기 자신을 계시하신다. 그분은 엘리에게 다음과 같이 말씀하신다. "너희 조상의 집이 애굽에서 바로의 집에 속하였

---

bruggehoofden), 1981, 208-216.

3   참조. Th. P. van Baaren, 『현상학적으로 고찰된 계시에 대한 다양한 관점들』(*Voorstellingen van offenbaring phaenomenologisch beschouwd*), 1951.

                                              개혁교회 교의학

을 때에 내가 그들에게 나타나지 아니하였느냐?"(삼상 2:27). 또한 다니엘은 하나님에 대해서 "그는 깊고 은밀한 일을 나타내시고"라고 증거한다(단 2:22). 또한 구약성경에서 "계시하다"로 해석할 수 있는 다른 단어들도 사용된다. 예를 들면 다음과 같은 구절들이다. "여호와께서 아브람에게 나타나 이르시되"(창 12:7). "너희 중에 선지자가 있으면 나 여호와가 환상으로 나를 그에게 알리기도 하고"(민 12:6). 그리고 출애굽기 20:1에서와 같이, 종종 매우 단순하게 "말하다"를 의미하는 히브리어 동사를 통해서 "하나님이… 말씀하여 이르시되"라고 언급되기도 한다. 구약성경에서 "계시"라는 명사 그 자체는 나타나지 않는다. 하지만 다음과 같은 표현들은 그것에 가깝다. 곧 "주의 말씀"(*debar YHWH*), "주의 말씀"(*neoem YHWH*), "하나님의 이야기"(*massa*) 등이다.

계시와 관련해서, 신약성경에서는 "아포칼뤼프테인"(*apokaluptein*) 및 "파네룬"(*phaneroun*)이라는 그리스어 동사와 그 동사들의 명사형들이 특히 중요하다. "아포칼뤼프테인"은 어떤 덮개를 제거하는 것을 의미한다. 그리고 "파네룬"은 감추어진 것이나 또는 알려지지 않은 것을 드러내는 것을 의미한다. 나아가 하나님에 대해서 알아야 할 필요가 있는 것을 전달해주는 다른 단어들도 있다(참조. 요 17:26 및 히 9:8). "아포칼뤼프테인"과 "파네룬"과 관련해서, 앞의 단어는 주관적인 계시와 특별계시를 의미하고 뒤의 단어는 객관적인 계시와 일반계시를 뜻하는 것으로 구분한다면, 그것은 지나치게 인위적인 구분이다. 로마서 16:25-27에서 이 두 그리스어 단어들은 단순히 서로 바뀌어 사용되기도 한다. 그럼에도 전자의 경우는 아는 데 방해가 되는 것을 제거하는 데 강조점이 있지만, 후자는 이전에 감추어져 있었던 것을 사람들에게 널리 알리는 데 강조점이 있다.

요컨대 우리는 성경에 기초해 하나님의 계시의 기원과 내용, 방법과 과정 및 목적에 대해서 다음과 같이 말할 수 있다.

1. 계시는 하나님에게서 비롯된다

계시는 하나님의 행위다. 그 행위는 아무것에도 또한 누구에게도 의존하지 않는다. 그래서 출애굽기 20:2에서 하나님의 계시는 "나는…네 하나님 여호와니라"라는 절대주권적인 선언으로 시작된다(또한 참조. 창 17:1; 28:13; 사 45:5). 하나님은 스스로 원하시기 때문에 자기를 계시하신다. 또한 그분은 자신이 원하는 사람에게 자기를 기꺼이 계시하신다. 하나님이 자기를 스스로 어떤 사람에게 계시하실 때, 그분을 만나는 경험은 매우 놀라운 것일 수 있다(참조. 출 3:1-6; 삼상 3:1-10). 야웨는 자신의 계시에서 자기 자신을 나타내신다. 그리고 그분은 자기 자신을 계시하시는 바로 그분이시다. 구약성경은 이미 하나님의 계시는 하나님 중심적이라는 사실을 매우 명백하게 가리켜준다. 하나님은 그분의 거룩한 이름이 영화롭게 되는 것을 위해서 행동하신다(겔 36:22-23). 신약성경에서도 이 점은 결코 다르지 않다. 바울은 로마서에서 신비(비밀)들이 계시된 것을 찬양한다. 그 신비들은 영세 전부터 감추어져 있었지만, 이제 그리스도 안에서 밝혀졌다. 그래서 하나님께 영광이 세세무궁하도록 있게 하려는 것이다(롬 16:25-27).

2. 하나님은 자기 자신을 계시하신다

하나님이 아브라함과 이삭 그리고 야곱과 모세에게 나타나실 때, 그분은 자기 이름을 밝히셨다. 계시는 하나님이 자기 자신을 알리시는 것, 곧 "사귐을 위해서 자기 자신을 제시하는 것"("Selbstdarbietung zur Gemeinschaft," *TDNT*, 3:573)이다. 하나님의 계시의 내용은 다양하게 묘사된다. 구약성경은 **토라**(계시의 말씀, 가르침)라는 히브리어 명사를 사용한다. 하나님은 그분의 말씀을 선포하시고, 그분의 길을 알려주시며, 또한 그분의 종들에게 그분의 비밀(계획)을 계시해주신다(참조. 암 3:7). "여호와께서 그의 구원을 알게 하시며 그의 공의를 뭇 나라의 목전에서 명백히 나타내셨도다"(시 98:2). 신약성경에서 우리는 **뮈스테리온**(*mysterion*)이라는 그

개혁교회 교의학

리스어 단어를 만나다. 이 단어는 하나님이 계시하신 구원의 비밀(secret) 또는 신비(mystery)를 뜻한다(롬 16:25-26). 비밀은 수수께끼와 똑같은 의미를 지니고 있지 않다. 어떤 수수께끼가 밝혀지면, 곧바로 그것은 더 이상 수수께끼가 아니다. 하지만 로마서의 해당 부분은 구원의 신비 또는 비밀에 초점이 맞추어져 있다. 그 비밀이 일단 계시되었지만, 그것이 우리에게 일종의 비밀이기를 멈춘 것은 아니다. 베드로는 예수가 그리스도이며 또한 살아 계신 하나님의 아들이라고 고백한다. 하나님이 이 비밀을 베드로에게 계시해주셨다(마 16:16-17). 그럼에도 여전히 그것은 하나의 비밀로 남아 있다. 하나님의 신비는 바로 그리스도다. 그리스도 안에 지혜와 지식의 모든 보화가 감추어져 있다(골 2:2-3). "경건의 비밀"은 무엇보다도 하나님의 아들이 "육신으로 나타났다"고 암시해준다(참조. 딤전 3:16). 하나님의 계시의 한가운데 그리스도가 있다. 그리스도는 하나님 아버지께서 자신에게 주신 사람들에게 아버지의 이름을 나타냈다고 말씀하신다(요 17:6). 그리고 성령은 계시의 영이시다(고전 2:10; 엡 1:17).

3. 하나님은 그분의 말씀과 행위로 자신을 계시하신다

계시의 한 가지 수단으로서 **말씀**은 "구약성경의 계시 종교 전체의 정신에 가장 잘 상응한다. 말씀은 하나님과 인간의 친밀한 사귐뿐만 아니라, 거리감도 강조한다. 따라서 말씀이 구약성경에서 하나님과 인간의 교제에 있어 가장 중심적인 위치를 차지한다는 것은 결코 놀라운 일이 아니다"(Vriezen, 『주요 관점들』[*Hoofdimen*], 242). 하나님이 그분의 말씀을 수단으로 해서 자기 자신을 사람들에게 알게 하신다는 것은 신약성경에서도 똑같이 두드러지게 나타난다. 우리는 하나님의 말씀을 인간의 의사 전달과 비교할 수 없다. 하나님의 말씀은 힘과 능력으로 가득하며, 또한 효능을 지니고 있다. "하나님의 말씀은 행위이며, 또한 그분의 활동은 말씀하시는 것이다"(Bavinck, *R.D.*, 1:336). 우리는 하나님의 말씀들을 통해 우리에게 주어지는 구원의 계시와 역사 안에서 나타나는 하나님의 구속 행위들을 서로 구별할 수 있다. 하지만 이 두 가지는 서로 하나 됨을 이룬다. **다바르**라는 히브리어 단어는 말하는 측면과 행동하는 측면 모두와 연관이 있다. 이 단어에서 이 두 측면은 서로 밀접하게 연결되어 있고 서로 교류한다. 하나님은 자기 자신을 알려주시는 동시에 또한 자기 자신을 드러내신다. 그분이 **말씀/행위**로 임재하시는 곳마다 그분은 자신을 말씀하시며 또한 행동하시는 분으로 자신을 나타내신다. 그리고 하나님의 백성은 하나님을 이와 같은 방식으로 만난다. 여기서 우리에게 제시되는 주요 개념으로서, 우리는 하나님의 말씀을 의지하고, 또한 그분의 말씀에 순종해야 한다. 신약성경은 하나님의 계시에 대해서 때때로 과거 시제(perfectum)로 말한다(예. 롬 3:21). 반면에 종종 그것에 대해서 현재 시제(praesens)를 사용하기도 한다. 곧 복음에는 하나님의 의가 나타난다(계시된다)고 언급된다(예. 롬 1:17). 이것은 서로 모순되는 것이 결코 아니다.

4. 계시의 역사가 있다

하나님은 단 한 번에 모든 것을 말씀하시고 행하시지 않는다. 따라서 계시는 역사 속에서 단계적으로 발전한다. 계시는 족장들과 모세 그리고 이스라엘 백성에게 연속적으로 주어졌다(참조. 출 6:2; 3:13-15; 민 12:6-7). 또한 예언자들이 활동하던 시기에 계시의 발전이 이루어졌다. 이미 성경 자체도 계시의 역사에 대해서 말한다. 따라서 계시의 발전이라는 표현은 성경에 기초한 올바른 것이다(참조. 히 1:1). 그리스도의 인격과 사역을 통해서 주어진 계시는 절대적인 정점(absolute zenith)이다. 그리스도 안에서 하나님의 계시는 **완전하고**(perfect) **결정적**(definite)이다. 왜냐하면 하나님은 그리스도 안에서 자기 자신을 온전히 나타내셨기 때문이다. 그래서 예수는 이렇게 말한다. "내 아버지께서 모든 것을 내게 주셨으니 아버지 외에는 아들을 아는 자가 없고 아들과 또 아들의 소원대로 계시를 받는 자 외에는 아버지를 아는 자가 없느니라"(마 11:27). "본래 하나님을 본 사람이 없으되 아버지 품속에 있는 독생하신 하나님이 나타내셨느니라"(요

1:18). 하나님이 그리스도 안에서 자기 자신을 나타내셨다는 사실은 하나님이 이미 마지막 말씀을 하셨다는 것을 가리키지 않는다. 계시는 미래에 초점이 맞추어져 있으며, 또한 만물의 완성으로 연결된다. 그리스도인들은 바로 이런 이유에서 장차 주 예수 그리스도가 나타나는 것을 고대한다. 그래서 그들은 여전히 그리스도의 나타나심을 기다리고 있다(고전 1:7). 그때 그들은 하나님을 "얼굴과 얼굴을 대하여" 볼 것이다(고전 13:12).

5. 하나님의 계시의 목적은 우리가 하나님을 아는 것이다

성경에 기초한 온전한 의미에서 계시가 지닌 핵심 개념은 하나님을 아는 것이다. 예수는 이것에 대해서 다음과 같이 말씀하신다. "영생은 곧 유일하신 참 하나님과 그가 보내신 자 예수 그리스도를 아는 것이니이다"(요 17:3). 하나님에 대해서 이 지식을 갖는 것은 하나님과 친밀한 사귐을 맺는 삶과 똑같은 것이다. 하나님을 아는 것은 하나님을 인식하는 것, 곧 깊이 있게 구체적으로 아는 것을 의미한다. 하나님을 인식하는 것은 하나님을 섬기는 것으로 이어진다. 또한 하나님을 섬기는 것은 하나님을 영화롭게 하는 것으로 연결된다. 이와 같이 계시는 **서로 사귐**의 특성을 지니고 있다. 계시는 하나님과 사람이 서로 친밀한 사귐을 맺게 한다. 하나님은 자기 자신을 사람들에게 계시하시는 것을 통해서 우리와 서로 친밀한 사귐을 맺고, 또한 그것을 지속하기를 바라신다. 그리고 그분은 그분과 우리의 이 친밀한 사귐이 더욱더 계속해서 깊어지기를 원하신다.

4.3. 신학에서 계시의 개념

모든 신학적인 사조는 계시에 관한 특정 개념을 갖고 있다. 우리는 조직신학의 역사를 살펴보면서 각각의 신학적인 사조가 계시에 대해 지니고 있는 주요 특징들을 주목하고, 이것을 분명하게 강조할 필요가 있다.

기독교 변증가들은 참된 지혜는 계시에 기초한다는 견해를 옹호했다. 참된 지혜는 그리스도인이 아니고, 기독교 신앙에 대해 전혀 들어본 적이 없는 사람들 사이에서 발견되는 어떤 진리와 지혜에도 적용된다. 기독교 밖에도 로고스(Logos)의 씨와 흔적이 있다. 알렉산드리아 학파에 따르면, 계시는 신앙(*pistis*)을 필요로 하지만, 더 많은 통찰(*gnosis*)을 요구한다. 그와 같은 통찰은 더 큰 가치를 가졌다고 생각되었기 때문이다. 아우구스티누스(Augustinus)의 신학 사상에서 성경적인 요소는 점점 더 철학적인 경향을 극복하고 넘어선다. 그의 신학 사상에서 구원 역사와 구원의 사실들은 무대의 한가운데로 이동하게 되었다.

스콜라주의는 교회의 교리들과 전승들 안에 표현되어 있는 계시 교리에서 출발했다. 스콜라주의에 의하면, 신학의 역할은 사람들에게 교리를 명료하고 설득력 있게 이해시키는 것이었다. 하지만 이성과 계시의 관계 사이에 있는 문제점은 다양하게 해석되었다(안셀무스, 둔스 스코투스, 윌리엄 오컴 등). 토마스 아퀴나스의 견해에 의하면, 계시는 인간의 이해를 초월하는 모든 것을 위해 절대적으로 필요한 것이고 신앙을 준비하는 데 필요한 역할을 한다. 이성과 계시의 진리들은 분명하게 구분되지만, 그것들은 조화를 이룬다. 하나님이 모든 진리의 원천이시기 때문이다.

1869-1870년에 개최된 제1차 바티칸 공의회는 토마스 아퀴나스의 신학적인 입장을 매우 철저하게 따랐다(참조. Wentsel, 1970, 18-20). 스콜라주의와 신스콜라주의의 영향을 받은 제1차 바티칸 공의회는 하나님이 계시하신 것을 진리로 받아들이는 것이 신앙이라고 묘사했다. 그리고 교회는 계시된 말씀의 수호자 및 교사다. 교황의 무류성(infallibility)을 정의한 교의 헌장(the dogmatic constitution)은 사도 베드로의 후계자가 성령의 도움을 받아서 사도들이 전해준 계시 또는 교회의 신앙의 내용(*depositum fidei*, 신앙의 유산)을 보존하고 또한 올바로 해석한다는 것을 가르쳤다. 로마 가톨릭교회의 입장에 의하면, 계시를 전적으로 의존하는 것은 교회의 중재 역할에 전적으로 의존하는 것을 의미한다. 20세기 중반과 마찬가지로 최근에도 네덜란드 가톨릭교회의 공식적인 교리문답은 신앙에 대해

서 다음과 같이 말한다. 곧 신앙은 하나의 덕(virtue)으로서 하나님이 주시는 초월적인 선물이고, 우리는 그것을 통해서 하나님이 계시하신 모든 것을 참이라고 받아들인다. 우리가 반드시 믿어야만 하는 것을 어떻게 확실하게 알 수 있는가라는 질문에 대해서 그 교리문답은 다음과 같이 대답한다. 곧 우리는 거룩한 교회(Holy Church)를 통해서 우리가 믿어야 하는 것을 확실하게 알 수 있다.[4]

계시에 대한 종교개혁가들의 견해는 상당히 다르다. 루터는 계시(Offenbarung)라는 용어를 상대적으로 적게 사용지만, 신앙의 기초로서의 하나님의 말씀에 대해서는 훨씬 더 많이 말했다. 하나님은 그리스도, 곧 육신을 입고 온 말씀(the Word incarnate) 안에서 자신을 계시하신다. 그분은 사람들을 자신과 화목하게 하고, 그들에게 영원한 생명을 주셔서 자신과 교제하게끔 하려고 자신을 계시하신다. 계시는 하나님과 인간 그리고 세상에 대한 진리들을 단순히 전해주는 것이 아니다. 하나님은 계시를 통해서 인간에게 말씀하시고 인간이 실제로 처해 있는 참 모습을 깨닫게 하신다. 인간은 자신이 하나님과 어떤 관계를 맺고 있고, 또한 하나님이 자기에게 어떤 존재인지 인식해야 한다. 하나님이 우리에게 특별히 계시해주시지 않는다면, 우리는 하나님 앞에서 죄인들이라는 사실을 스스로 알 수 없다. 그분은 그리스도 안에서 우리를 위한 그분의 계획과 의도가 무엇인지를 우리에게 계시해주셨다. 하나님의 말씀은 성경을 통해서 우리에게 다가온다. 루터는 아주 강하게 그리스도 중심적으로 성경을 해석했다. 그는 자신이 작성한 『대교리문답』에서 다음과 같이 설명한다. "하나님 아버지의 마음을 비추어주는 거울인 주 예수 그리스도로 말미암지 않으면, 우리는 결코 하나님의 은혜와 은총에 대한 지식을 얻을 수 없다. 우리는 그리스도

---

4 『네덜란드의 교구에서 사용되는 교리문답』(*Katechismus ten gebruike van de Nederlandse bisdommen*), 1957, 71.

밖에서 단지 화가 몹시 난 무서운 재판관만을 볼 수 있을 뿐이다. 또한 성령이 우리에게 계시해주지 않으면, 우리는 그리스도에 대해서 전혀 알 수 없다"(*BSLK*, 660).

하나님의 계시와 관련해서, 칼뱅은 루터보다 성령에 대해 더 많이 언급한다. 칼뱅의 견해에 의하면, 감추어진 것을 우리에게 계시해주는 것이 바로 성령의 사역이다. 또한 칼뱅은 하나님의 말씀 안에서 계시가 발전된다는 것을 더 많이 말한다. 하나님은 자기 자신을 그리스도 안에서 온전히 계시하셨다. 그리스도는 "보이지 아니하는 하나님의 형상"이다(골 1:15). 왜냐하면 그는 어떤 의미에서 하나님을 우리에게 보여주기 때문이다. 하나님 자신은 보이지 않는 존재다. 우리는 우리의 눈뿐만 아니라 우리의 인간의 영(spirit)으로도 하나님을 볼 수 없다. 하나님은 오직 그리스도 안에서 우리에게 계시된다. 그러므로 우리는 다른 곳에서 하나님을 찾으려고 시도하지 않도록 주의해야 한다!

하나님은 그리스도 안에서 우리를 향한 그분의 은혜로우신 뜻(*benevolentia Dei erga nos*)을 계시하셨고, 그리스도는 복음을 통해서 우리에게 온다. 그 말씀은 신앙이 세워지는 토대이며, 신앙은 이 토대에 의해서 쓰러지지 않고 유지된다. 신앙이 실질적으로 의지하는 토대는 그리스도 안에 있는 은혜로운 약속이다.

칼뱅 신학의 특징은 다음과 같은 이해다. 곧 하나님은 그분의 계시 안에서 자기 자신을 우리의 이해력에 알맞게 맞추신다(*accommodatio*). 하나님은 할머니가 자기의 어린 손자와 손녀가 알아듣도록 이야기하는 것처럼 우리에게 말씀하신다. 따라서 그분은 유일무이한 말씀으로 인간의 수준까지 내려오셨다.

종교개혁 시대에 곧바로 뒤이어 나타나는 정통주의 시대와 관련해서 다음과 같은 주장—이 주장은 어느 정도 정당성을 지니고 있다—이 제기된다. 곧 그 시기에, 계시에 대한 교리에서 무게중심은 성경의 영감(inspiration)에 놓여 있다. 이것은 종종 주지주의적 경직화(intellectualistic petrification)라고 해석되었다. 하지만 정통 루터파 신학자들과 개혁파 신학자들은 계시에 대한 합리적인 개념을 극단으로 끌고 가지 않았다. 오히려 소키누스주의(Socinian)가 이와 같이 시도했다. 소키누스주의의 견해에 의하면, 계시는 성경 안에서, 특히 신약성경 안에서 발견되는 한 가지 가르침이었다. 그들은 계시를 자신들의 합리적인 사고에 일치시켰다.

합리주의(rationalism)와 이신론(deism)이 등장하자, 어떤 이들은 인간이 계시의 내용을 선험적으로 알 수 있고, 또한 이성이 계시의 신빙성을 검토해야 한다고 생각했다. 계시는 사유하는 인간에게 신빙성에 대한 충분한 증거를 제시해야 한다. 만약 계시가 이성의 기준을 충족시킨다면, 계시의 내용은 잠정적으로 받아들일 수 있는 것으로 간주된다. 계시는 인간의 이성 이외에 다른 방법으로는 알 수 없는 새로운 무엇이나 또는 더 고상한 무엇인가로 이해되었다. 하지만 핵심 내용은 계시가 상식(common sense)과 충돌하지 않을 때에만 수용될 수 있는 것으로 받아들여졌다는 것이다. 계몽주의(Enlightenment) 시대에는 계시라는 개념 그 자체가 전반적으로 문제시되었다. 고트홀트 에프라임 레싱(G. E. Lessing, 1729-1781)에게 특히 중요한 논점은 역사의 우연적 진리는 "이성의 필연적 진리"의 증거가 결코 될 수 없다는 것이다. 기독교 신앙은 역사 속에서 일어나는 하나님의 계시에 대해서 이야기한다. 하지만 이것은 그 계시가 개연성이 있는 것처럼 여겨져도 절대적으로 확실성이 있는 것으로 결코 간주될 수 없다는 것을 함의한다.

이 시기에 신앙과 역사와의 관계에 대해서 문제점이 제기되었다. 이것은 자율성의 원리(principle of autonomy)와 연관이 있는 더 새로운 사고방식의 특징을 이룬다. 임마누엘 칸트(Immanuel Kant, 1724-1804)는 성경에 뿌리를 두고 있는 계시에 기초한 신앙과 이성의 종교(religion of reason)를 서로 대조했지만 계몽주의를 결코 벗어나지는 않았다. 18세기에 많은 이들은 하나님이 그분의 말씀을 통해서 우리에게 계시해준다는 것을 받아들이는 대신에, 하나님과 덕(virtue) 그리고 불멸(immortality)이라는 세 가지를 받아들였다. 다시 말해서, 그들은 하나님의 존재와 자유 및 불멸을 받아들였다.

우리는 계몽주의의 사고에서 두드러지게 나타난 계시 개념과 관련해서 그것이 인간 중심적 개념이라고 말할 수 있다. 곧 그 개념의 출발점은 바로 인간의 사고와 자율성이다.

또한 슐라이어마허도 인간의 주관성(human subjectivity)을 가장 중요한 것으로 간주했지만, 그에게 인간의 주관성은 "경건한 감정들"을 의미했다. 종교는 본질적으로 절대 의존 감정(absolute feeling of dependence)이다. 그 아래 놓여 있는 계시는 어떤 모호한 개념이다. 곧 그것은 종교 공동체의 토대를 제공하는 기원이다. 기독교에서는 나사렛 예수라는 인간이 이와 같은 기원의 중요성을 지니고 있다. 나사렛 예수는 최고의 계시다. 하나님이 계시되는 것은 하나의 실재로서, 오직 우리의 경건하고 직접적인 자기의식을 통해서 경험된다. 여기서 어떤 종교적인 경험들에 대한 분석은 중요한 의미를 지닌다. 경험은 계시를 대치한다. 하나님이 말씀하시는 그 말씀(the Word)과 믿음 안에서 주어지는 반응 사이의 직접적인 관계로서 계시와 신앙 사이에는 아무런 관계도 없다.

역사적인 것은 모두 상대적이라고 인정하면서도, 19세기에 그리스도 안에서의 하나님의 결정적인 계시라는 관점을 고수하려는 시도들이 없었던 것은 아니었다(참조. Berkouwer, 1932). 에른스트 트뢸치(E. Troeltsch)는 자신의 역사적 방법론을 그 누구보다도 더 급진적으로 적용했고, 그 방법론을 자신이 교의적인 방법론이라고 불렀던 것보다 더 위에 놓았다. 트뢸치의 역사적인 사고의 세 가지 기본 원리(비판, 유비[analogy], 상관관계[correlation])는 초자연적 계시나 권위주의적인 계시에 대해 여지를 전혀 남겨 놓지 않았을 뿐만 아니라 예수를 위한 유일무이한 위치도 마련해주지 않았다. 그에 의하면, 계시의 개념은 변했고 그것은 새로운 개신교(Protestantism)를 의미한다.[5] 그래서 트뢸치는 기독교적인 개념 이외에 갖고 있는 게 없다. 그에게 기독교인

---

5   참조. E. Troeltsch, 『믿음을 위한 예수의 역사성의 의미』(*Die Bedeutung der Geschichtlichkeit*

                                                              개혁교회 교의학

개념은 그리스도가 중심을 차지하는 종교 공동체와 예배 없이는 존속될 수 없다.

이제 우리는 19세기 네덜란드에 나타난 몇몇 중요한 운동, 곧 모더니즘(근대주의)과 윤리 운동에 대해 간략하게 살펴보고자 한다. 우리는 모더니즘에서 매우 다양한 개념들을 만난다. 스콜턴(J. H. Scholten)과 흐라프(H. T. de Graaf)와 같은 신학자들은 "계시"라는 용어를 여전히 사용하지만 모더니즘의 우파 신학자인 헤링이 스콜턴에 대해서 주장하듯이, 그들은 그 용어를 기독교적인 의미에서 사용하지 않는다.[6] 헤링(Heering, 1897-1956)의 견해에 의하면, 기독교의 계시는 인류를 구원하시려는 하나님의 사랑의 행위다. 신앙과 계시 사이에는, 특히 계시의 진리와 신앙의 지식 사이에, 또한 계시와 예언 사이에는 상관관계가 있다. 하지만 헤링의 주요한 교의학 저서가 "계시와 신앙"이라는 제목이 아니라 "신앙과 계시"라는 제목으로 발간된 것은 전혀 우연이 아니다. 헤링에 의하면, 이 상관관계는 개인의 신앙에는 자율성, 곧 "자기 인식에 대한 자율성"(autonomy of self-recognition)이 있음을 함의한다. 이것은 바로 우리 자신이 복음이 무엇인지 결정한다는 것을 넌지시 알려준다. 곧 이것은 우리 자신이 우리 자신의 신앙(credo)을 결정한다는 것이다. "어떤 사람이 우리에게 나타난 계시에 속하지 않는 어떤 것을 계시로 또는 하나님의 말씀으로 제시한다면, 혹시 그것이 성경 안에 또는 신앙고백 문서에 포함되어 있든지 그렇지 않든지, 우리는 그것을 정중하게 물리친다. 그것은 (당분간 또는 영원히) 우리 자신의 복음의 일부분을 형성하지 않는다."[7]

자유주의 신학은 때때로 상관관계라는 개념에서 인간의 자율성을 강조하지만, 윤리 신학에서는 사실이 아니다. 우파와 좌파를 망라하여 윤리 신학자들을 모두 하나로 결합시키는 한 가지 확신은 다음과 같은 개념, 곧 진리는 지성주의적으로 해석되는 게 아니라 윤리적으로 해석되어야 한

Jesu für den Glauben), 1911; idem, 『기독교의 절대성과 종교의 역사』(*Die Absolutheit des Christentums und die Religionsgeschichte*), 1912.

6   G. J. Heering, 『신앙과 계시』(*Geloof en openbaring*), 1944, 85, 148-181.

7   ibid., 317 이하, 329.

다는 개념이다. 윤리 신학은 인간을 사색하는 존재가 아니라 실존적 존재로 접근한다. 따라서 그것은 인간의 경험을 대단히 강조한다. 훈닝(J. H. Gunning, 1829-1905)이 즐겨 사용하는 표현 중 하나는 "교회의 신앙"이라는 표현이다. 교회의 신앙은 자기 자신에게 기초하지 않는다. 왜냐하면 이 신앙은 계시에 의존하기 때문이다. 교회의 신앙의 중요한 전제는 성령이 가르쳐준다는 것이다. 성령은 교회에 주어졌으며, 또한 계속해서 주어진다.[8] 하지만 사람들은 영적인 것의 실재를 출발점으로 삼아야만 한다. 다른 말로 표현하자면, 사람들은 하나님이 계시하신 것으로 삶의 출발점을 삼아야 한다(J. J. P. Valeton). 몇몇 윤리 신학자들은 교리와 삶을 대조하는 경향이 있다. 계시는 어떤 교리를 선포하는 것이 아니라 삶을 전해주는 것이다(참조. Veenhof, 1968, 90 이하).

위에서 간략하게 살펴본 대로 최근의 신학에서 계시의 개념이 발전되어온 것을 고려할 때, 칼 바르트가 자신의 교의학을 인간의 종교적인 경험(슐라이어마허)과, 인간의 도덕적인 가치들(리츨), 또는 종교사적인 상대주의(트뢸치)에서 출발하기보다는 또다시 하나님에게서 출발하기를 원했다는 것은 매우 놀라운 일이다. 그는 당대에 풍미하던 신학적인 견해들에 반대하면서 자신의 교의학을 하나님의 말씀에 대한 교리에서 시작한다(*The Doctrine of the Word of God* [C.D., 1.1-2]—초판은 1932년 및 1938년에 간행됨). 이 책에는 하나님의 말씀에 대해서 다루는 중요한 부분이 포함되어 있다. 칼 바르트에 의하면, 하나님의 말씀은 삼중으로 나타난다. 곧 하나님의 말씀은 선포된 말씀과, 기록된 말씀, 그리고 계시된 말씀으로 나타난다.

하나님의 말씀은 선포를 선포로 만들며, 교회를 교회되게 하는 필수적인 전제다. 교회의 선포는 하나님이 이전에 계시하신 것을 회고하면서, 또한 앞으로 계시될 것을 기대하면서 이루어져야 한다. 성경을 보면, 교회는

---

8   E. J. Beker/M. G. L. den Boer, *J. H. Gunning Jr,.* 113-120.

        개혁교회 교의학

자기 자신을 말하지 않고, 오히려 말씀을 듣는다. 예언자들과 사도들을 통해서 전달된 말씀은 예수 그리스도에 대한 말씀과 증거, 선포 및 설교다.

교회의 선포와 성경이 모두 "때때로 하나님의 말씀이 되어야 한다"는 것은 사실이다. 자유로우신 하나님이 성경과 교회의 선포를 사용하실 때, 성경과 교회의 선포는 하나님의 말씀이다(C.D., 1.1.132).

하나님의 말씀의 세 번째 형태는 바로 계시된 말씀이다. 계시된 말씀은 사실상 맨 먼저 언급되어야 한다. 그 말씀은 참으로 결정적으로 오직 한 번만 나타났다. 영원한 말씀이 인간의 육신을 지니고 이 세상에 온 것은 하나님의 계시다. 거꾸로 말한다면, "계시에 대해서 말한다는 것은 바로 그 말씀이 육신이 되었다"는 것이다(C.D., 1.1.134). 그리고 "화해(reconciliation)라는 단어는 그 말씀이 성육신했다는 것에 대한 또 다른 표현이다"(C.D., 1.1.468). 말씀의 세 가지 형태는 모두 하나님의 말씀은 하나님이 말씀하신다는 것뿐만 아니라 하나님이 행동하신다는 것도 나타낸다. 하나님이 말씀하시는 것은 언제나 하나님의 신비다. 이것은 특히 "세상과의 연관성"(Welthaftigkeit, 세상에 속한다는 의미)에서 분명하다. 우리는 "세상과의 연관성"의 신비 안에서만 오직 하나님의 말씀을 소유할 수 있다. 이것은 우리가 그것 자체가 하나님의 말씀이 아닌 형태로 하나님의 말씀을 항상 소유한다는 것을 의미한다. 왜냐하면 형태는 본질과 일치하지 않고, 오히려 본질과 상반되기 때문이다. 형태는 본질을 드러내지 않고, 오히려 그것을 감추고 있다. 또한 이것은 나사렛 예수를 통해서 주어지는 하나님의 계시와 관련해서도 사실이다. 성경은 고대 근동의 민족 종교의 역사에 대한 기록이며, 또한 그것이 헬레니즘에서 갈라져 나온 것에 대한 기록이다. 그리고 예수 그리스도는 종교의 창시자이지만, 역사적인 측면에서 그것에 대한 정보를 얻는 것은 매우 어렵다. 또한 신학은 하나의 철학 또는 모든 종류의 철학을 하나로 조합한 것이다(C.D., 1.1.184 이하). 우리 자신은 철저하게 세속적이다. 만약 하나님이 이와 같은 세속적인 방법으로 우리에게 말씀하시지 않는다면, 하나님은 전혀 우리에게 말씀하시지 않을 것이다. 그분은 자기 자신을 감추신다. 하지만 하나님은 바로 그 과정에서 자기 자신을 드러내신다(*C.D.*, 1.1.192).

바르트는 하나님의 말씀에 대한 교리에서 삼위일체론에 집중한다. 세 가지 형태로 전개되는 하나님의 말씀에 대한 교리는 하나의 유비(analogy)다. 하지만 그것은 삼위일체 하나님의 교리에 대한 오직 하나의 유비다. 우리는 계시와 성경과 선포를 아버지와 아들과 성령의 이름들로 대치할 수 있다. 또한 아버지와 아들과 성령을 계시와 성경과 선포로 대치할 수 있다(*C.D.*, 1.1.135 이하). 성경에 묘사된 계시는 하나님의 계시다. 그 하나님은 주님이시며 아버지시다. 하나님 아버지로부터 아들이 나온다. 아들은 (우리를 위해서) 계시를 객관적으로 성취한다. 또한 성령이 하나님 아버지로부터 나온다. 성령은 (우리 안에서) 계시를 주관적으로 성취한다. 각각의 존재와 행위의 양식(each of these modes of being and action)으로 나타나시는 하나님은 바로 한 분 하나님이시다. 세 존재 양식과 행위는 서로 명백하게 구별되며, 또한 서로 결코 동일시되지 않는다(*C.D.*, 1.2.1).

진지한 반대 견해들이 칼 바르트의 계시론에 대해 제기되었다. 잘 알려진 것처럼 본회퍼(Bonhoeffer)는 바르트의 계시론을 "계시 실증주의"(revelation positivism)라고 비난했고, 많은 학자들이 이 비난에 동조했다.[9] 본회퍼의 이 예리한 비판은 계시의 사실(Faktum)로부터 의도적으로 출발하는 것과 특히 관련이 있다. "그 말씀(the Word)이 말씀(the word)을 취하며, 또한 그것이 거기에 있는 모든 것이다"(H. M. Kuitert). 하나님의 말씀과 관련해서 어떤 외부 기준을 제외하고는 외부에서 접근할 수 없다. 그럼에도 "바르트의 해결 수단"이 신학의 영토를 지배했지만, 기껏해야 마지막 호소에 기초한 해결책으로 이해할 수 있다. 우리 문화의 규범과 기준

---

9   D. Bonhoeffer, 『저항과 복종』(*Widerstand und Ergebung*), Neuausgabe, 1970, 306, 312. 참조. M. Storch, *Exegesen und meditationen zu Karl Baths Kirchlicher Dogmatik*, 1964, 11~35.

                                                                개혁교회 교의학

에 의하면, 이것은 증거를 제시할 준비가 전혀 되어 있지 않으면서도 옳다고 인정받기를 바라는 것을 의미한다.[10]

우리는 바르트의 계시 개념에 대해서 다른 의혹들도 있다. 하나님의 말씀에 대한 교리에 있는 주요 주제는 자기 자신을 계시하시는 하나님의 자유다. 사람들은 자기들이 원하는 대로 하나님의 말씀을 자유롭게 가질 수 없다. 하지만 바르트의 견해에 의하면, 계시는 현실적인(actualistic) 특성—언제나 계속해서 또다시 실행되는 하나님의 결정(je und je, immer wieder fallende göttliche Entscheidung)—을 지니고 있다. 또한 계시는 본질상 역설적이다. 왜냐하면 계시는 드러나는 동시에 감추어져 있기 때문이다. 그리고 바르트의 견해에 의하면, 계시의 형태는 언제나 계시의 본질과 모순된다. 하지만 바르트가 생각한 것처럼, 신약성경에서 사용되는 "신비"(비밀)라는 단어가 이 견해를 지지해줄 수 있을까? 우리는 이 단어를 하나님이 자기 자신을 숨기시지 않고서는 자기 자신을 계시하실 수도 없고 계시하기를 바라시지도 않는다는 의미로 해석해서는 안 될 것이다.[11] 그리고 성경은 계시를 성육신 및 속죄와 동일시하는 입장을 결코 지지하지 않는다. 그뿐 아니라, 우리가 하나님의 말씀이 세 가지 방법으로 나타나는 것에서 삼위일체에 대한 일종의 유비로 이해할 수 있는지 정말로 의심스럽다.

사실상 바르트는 또다시 하나님과 그분의 말씀으로부터 자신의 교의학을 시작했다. 그러나 그는 성경 자체가 계시가 무엇인지에 대해서 말하도록 허용하지 않았다. 그는 계시에 대한 자신의 개념에 기초해서 성경에 접근했다. 이것은 성경론과 성경의 권위에 대한 관점에 영향을 미친다.

칼 바르트가 제시한 하나님의 말씀에 대한 교리는 중대한 영향을 끼쳤다. 에밀

---

10 참조. H. M. Kuitert, 『믿음이 없이, 진정한 행복도 없다』(*Zonder geloof vaart niemand wel*), 1974, 29; idem, 『믿는다는 것은 무엇인가?』(*Wat heet geloven?*), 1977, 210-232; idem, *Filosofische theologie*, 1988, 32ff.
11 "비밀"이 무엇을 의미하는지 *TWNT*, 4:802-828을 참조하라.

브룬너도 바르트의 입장을 지지했다. 하지만 브룬너는 바르트의 신학 사상과 몇 가지 사항에서 차이점을 지니고 있다.[12]

네덜란드에서는 미스코터(K. H. Miskotte)와 판 니프트릭(G. C. van Niftrik) 그리고 다른 학자들이 칼 바르트의 견해들을 널리 퍼뜨렸다. 판 니프트릭에 의하면, 하나님은 심지어 그분의 계시 안에서도 감추어져 있는 분이며 또한 감추어진 상태로 머물러 계신다. 우리는 이전의 성경 영감론의 영향 아래에서 하나님의 말씀을 받지 않았다. 오히려 우리는 그 말씀을 지니고 있었다. 이것은 우리가 은혜로 사는 것을 원하지 않는다는 것을 의미한다. 다시 말해서, 하나님이 원하실 때, 하나님 자신이 은혜를 통해서 그분의 말씀을 우리에게 말씀하신다(Van Niftrik, *KLD*., 43, 293).

우리가 가장 최근의 신학에서 알게 되는 모든 중요한 견해들을 자세히 설명하는 것은 이 교의학 책의 취지에서 벗어날 것이다. 그렇지 않다면 우리는 폴 틸리히와 판넨베르크에 대해서도 개별적으로 논해야 할 것이다.[13] 우리는 네덜란드의 배경에서 커이터르트와 베르크호프의 신학에 관심을 기울일 필요가 있다. 커이터르트는 이미 1962년부터 우리가 여기서 다루고 있는 문제들에 대해 저술해왔다. 그리고 베르크호프는 자신의 저서 『기독교의 신앙』(*Christelijk geloof*, 1973, 1990[6])에서 이 문제들에 대해 조직신학적으로 접근했다. 한편 이 학자들에 이어서, 로마 가톨릭교회의 가장 최근의 신학적인 발전 및 경향에 대해서도 간략하게 언급할 필요가 있다.

커이터르트의 신학에서 계시는 하나의 중요한 주제다. 그의 박사학위 논문뿐만 아니라 그의 저서들에서도 이 점은 명백하게 드러난다. (박

---

12 참조. E. Brunner, *Nature and Grace*, 1934[2]; idem, *Revelation and Reason*, 1944; idem, *Dogmatics*, 1949, 1:14-72.

13 Paul Tillich, *Systematic Theology*, I. 1953, 77-177에서 이성과 계시에 대한 Tillich의 논의는 특별히 참고할 필요가 있다. 참조. A. J. McKelway, *The Systematic Theology of Paul Tillich*, 1964. 한편 Panneberg에 대해서는 특히 다음을 참고하라. W. Pannenberg(ed.), 『역사로서의 계시』(*Offenbarung als Geschichte*), 1961; ibid., *Systematische Theologie*, I, 1988. 그의 신학에 대한 최근의 연구서 가운데 하나로서 다음을 참조하라. S. Greiner, *Die Theologie Wolfhart Pannenbergs*, 1988.

사학위 논문: "신인동형론에 대해서"[*De mensvormigheid Gods*], 1962; 저서들: 『믿음이란 무엇인가?』[*Wat heet geloven?*], 1977), 『신학 철학』[*Filosofie van de theologie*], 1988). 신학이 계시를 언급하고 기독교의 신앙이 호소하는 계시가 참이라고 증명될 수 없다면, 어떻게 학문적인 과제로서 신학을 연구할 수 있는가라는 질문이 점점 더 커이터르트에게 매우 중요해졌다. 신학적 지식의 기원－하나님의 계시, 특별계시－은 신학적 지식이 진리라는 것을 보증해야만 한다. 왜냐하면 그것은 모든 학문 분야의 연구 원리와 방법에서 받아들여질 수 없기 때문이다(Kuitert, 1988, 18).

우리는 모든 측면에서 커이터르트를 따를 수 없다. 그는 다음과 같은 한 가지 기본적인 입장을 제시한다. 곧 인간의 인식과 연결된 하나님의 자기 자신의 드러내심은 우리가 성경에 기초해서 하나님의 자기계시라고 부르는 것을 구성한다. 이것을 다르게 표현한다면, "계시(말과 행위에서 하나님의 파트너가 되는 것)는 오직 (서로 사귐을 맺는다는 의미에서) 지식을 통해서만 타당하다"(Kuitert, 1962, 287). 커이터르트는 의도적으로 계시와 지식을 서로 결합한다. 이 결합에는 결과가 뒤따른다. 우리가 이스라엘이 이해한 형태로 하나님의 계시를 받아들인다면, 계시는 어떤 특정한 문화적·역사적 배경과 서로 밀접하게 관련이 있다. 그렇다면 계시라는 "자료를 감싸고 있는" 형태에는 외부적인 요소들이 들어 있다. 우리가 하나님에 대한 지식을 갖고 있지 않다면, 하나님의 자기계시는 "완전하지" 않다. 하지만 이것은 하나님을 과거의 자기계시 안에 가두어놓아야 할 만한 충분한 이유가 되지 못한다. 오늘날 이스라엘의 하나님은 바로 성령님을 통해서 우리를 다시 새롭게 또한 자유롭게 하는 방법으로 우리와 교제하기를 원하신다. 이와 같은 맥락에서, 우리는 시간에 매여 있다는 것을 언급해야 한다. 이것은 광범위한 영향을 미친다. 커이터르트는 다음과 같이 주장한다. 비록 우리가 시간에 얽매여 있는 구원에 대한 복음을 잘라내야 하는 위험을 무릅쓰기는 하지만, "우리는 오늘날 우리가 표현하는 말을 사용해서 예수의 구원 사역을 대담하게 해석한다. 곧 우리는 다른 사람들과 함께, 또한 다른 사람들을 위해 존재하는 것(타자를 위한 인간)과 관련해서 예수의 구원 사역을 해석하고, 또한 정치적·사회적 행복(세속 사회)과 관련해서 예수의 구원 사역을 대담하게 해석한다."

커이터르트가 계시에 대해 권위주의적이지 않은 개념을 추구하는 것이 커이터르트 신학의 또 다른 측면이다. 이것은 하나님의 말씀의 권위에 전혀 호소하지 않는다는 것을 의미한다. 하지만 계시는 그 자체가 진짜임을 증명해야만 한다. 증명의 방법은 다양하다.[14]

커이터르트의 신학적 사유의 전개의 특징은 『믿음이 없이, 진정한 행복도 없다』(*Zonder geloof vaart niemand wel*, 1974)에 잘 나타나 있다. 그는 이 책에서 우리가 오직 인간의 개념과 말들의 형태로만 하나님의 계시에 대해 알 수 있다고 강조한다. "우리가 기독교의 신앙에서 하나님에 대해 말할 때, 그것은 우리가 우리의 언어로 하나님을 논하고 있음을 의미한다"(105). 그리고 삶은 지속적으로 조정되는 가르침이 필요하다. 우리는 하나님에 대해 계속해서 말하지만, 어제와 다르게 말한다. 하나님은 사람들의 (변화하는) 말을 통해서 말씀하신다(107).

우리가 하나님이 말씀하시는 것을 하나님이 사람들의 논의에 등장하는 것으로 해석한다면, 우리는 하나님이 어느 정도나 계시의 저자로 남아 계시는지에 대한 문제를 제기하지 않을 수 없다.[15]

커이터르트는 그 이후에 출간된 책에서 다음과 같이 주장하면서 계시에 대한 자신의 견해를 수정한 것 같다. "나는 기독교의 전통을 따라서 계시라는 개념을 하나님의 행위로 이해한다. 하나님은 행위를 통해서 자기 자신을 사람들에게 알려주신다. 그분에 대한 우리의 지식은 '다른 곳으로부터' 또는 만약 이 표현을 원한다면 '위로부터' 온다"(Kuitert, 1977, 230). 하지만 우리가 이런 주장을 떠받치고 있는 것이

---

14 참조. H. M. Kuitert, 『신앙의 본질』(*De realiteit van het geloof*), 1966, 166, 174, 195; idem, 『읽고 있는 것을 이해하는가?』(*Verstaat gij wat gij leest?*), 1986, 20; idem, 『다르게 제시한다면』(*Anders gezegd*), 1970, 134; idem, 『여기저기에』(*Om en om*), 1972, 187, 192.

15 참조. Velema, 『우리가 존호하는 논점』(*De zaak waarvoor wij staan*), 1976, 79.

무엇인지 추적한다면, 우리는 우리 자신들의 역사 과정을 통해서 얻은 축적된 경험들을 언급하고 있다는 사실을 찾아낼 수 있다. 곧 "사람들은 자신들의 경험 세계에서 발견하는 신의 발자취에 기초해서 신에 대한 어떤 형상을 만들어낸다. 그 형상은 경험에 기초하고 있을 뿐만 아니라 경험에 의해서 확인되거나 또는 거부된다. 또한 기독교라는 종교도 하나님에 대한 형상을 지니고 있다. 그 형상은 이스라엘 백성이 경험한 것과 또한 복음 전파자들 및 사도들이 예수에 대해서 증거할 때 경험한 것에 기초한 것이다"(Kuitert, 1977, 230).

진리 탐구에서 대답을 얻는 것은 인간의 경험에 대해서 묻는 것이다. 그리스도인들은 하나님에 대해서 말한다. 이것은 이전 세대들이 경험한 것을 재검토하고 새롭고 타당한 경험을 통해서 그들의 이해에 대한 확증을 요구한다.

이 점에 대해서 숙고할 때, 우리는 그리스도인들과 그리스도인이 아닌 사람들 사이에 대화할 수 있는 영역이 있다는 커이터르트의 견해에 동의할 수 있다. 하지만 거기에 과연 확인을 위한 영역이 있는가? 그리고 거기에 확실성도 있을까? 어떻게 과거와 미래의 경험이 그리스도인의 신앙의 진리를 확증해줄 수 있을까? 커이터르트의 견해에 의하면, 경험이 확증해줄 때까지 기다려야 한다. 시간이 말해줄 것이다. 그리고 궁극적으로는 하나님이 최종 승인을 하신다(Kuitert, 1977, 146, 232).[16]

교의학은 커이터르트의 이와 같은 모든 신학적인 견해들과 관련해서 무엇을 할 수 있을까? 비록 인간의 경험들이 축적되기는 하지만, 그것들이 기독교 신앙을 위한 견고한 토대가 될 수는 없다. 사실상 신앙의 결과가 되는 경험들이 있지만, 그와 같은 결과가 토대 자체와 같은 것은 아니다.

그리고 커이터르트가 인정한 것처럼 하나님의 계시와 인간의 경험에

---

16 또한 Kuitert가 "하나님의 프로필"에 대해서 주장하는 것과 비교해보라. 그 프로필은 (반드시) 검증되어서, 그래서 그것이 현실에 드러날 수 있어야, 곧 경험(!)될 수 있어야 한다. *Filosofische theologie*, 1988, 94.

대해서 이와 같이 묘사하는 것은 한 가지 심각한 위험성을 내포한다. 그것은 하나님이 우리의 경험에서 주체가 아닌 전적으로 서술의 대상이 되는 위험성이다(Kuitert, 1977, 229).

우리는 커이터르트가 이미 학자로서 이른 시기에 하나님의 계시 사건 안에서 인간의 역할에 대해 확인한 것을 그의 신학적인 사고 전체의 배후에서 발견할 수 있다.[17] 커이터르트에 의하면, 계시와 하나님 및 그분의 구원에 대한 인간의 견해가 형성되어가는 역사적인 과정은 실질적으로 서로 일치한다는 것을 의미한다.[18] 펠레마는 이 점에 대해서 다음과 같이 올바르게 말한다. "그[커이터르트]의 개념은 하나님과 맺은 언약에서 파트너로서 인간의 기여가 꼭 필요하다는 생각에 기초해 형성되었다. 커이터르트는 하나님을 언약의 파트너로 세우면서, 그 언약 관계에서 인간의 기여에 대해 힘주어 말했다."[19]

베르크호프는 커이터르트와는 다른 접근 방법을 취한다.[20] 또한 내용과 관련해서, 계시에 대한 베르크호프의 견해는 커이터르트의 견해와 명백한 차이점들을 지니고 있다(참조. Berkhof, *C.F.*, 62). 그럼에도 이 두 학자들의 관점들 사이에는 중요한 일치점들이 있다. 커이터르트는 계시가 사건들과 그것들에 대한 해석들이 축적되어가는 과정으로 이루어져 있다는 베르크호프의 계시에 대한 정의에 상당히 만족해한다. 하지만 커이터르트에 의하면, 이 해석들에는 더 많은 것이 포함되어 있다. 왜냐하면 그는 인간의 모든 문화에 어떤 역할을 부여하기 때문이다(Kuitert, 1977, 231).

베르크호프는 1985년에 간행된 개정판에서는 자신의 계시론에 "계시와 경험"

---

17 H. M. Kuitert, 『신앙의 본질』(*De realiteit van het geloof*), 1966, 168.
18 이 점은 특별히 그의 다음 저서에서 명백하게 나타난다. 『신앙이란 무엇인가?』(*Wat heet geloven?*), 1977. 참조. J. A. Heyns, *Dogmatiek*, 1978, 16.
19 W. H. Velema, 『순응된 신학』(*Aangepaste theologie*), 1971, 48.
20 특히 다음 연구서에서 Kuitert의 관점에 대한 광범위한 논의를 보라. H. Berkhof, *Two Hundred Years of Theology*, 1989, 212-228.

이라는 새로운 항목을 덧붙였다. 그 항목에는 커이터르트의 신학에도 잘 조화될 만한 개념들이 등장한다. 거기서 베르크호프는 인간이 자신의 경험들을 꼭 지니고 있으며, 그 경험들은 하나님과의 만남에 부분적으로 영향을 미치고 결정을 내린다고 말한다. "성령은 자신이 원하는 곳이라면 어디서든지 역사할 수 있다. 성령은 절대 주권적인 자유로 구원의 문에 들어갈 수 있게 하는 모든 경험을 일으킨다. 그 경험들의 범위는 매우 내면적인 것으로부터 전 세계적인 것에 이르기까지, 또한 대단히 부정적인 것으로부터 대단히 긍정적인 것에 이르기까지 펼쳐져 있다." 그는 우리가 경험하는 것들은 단지 준비에 지나지 않는다고 덧붙여 말한다. "우리는 다른 곳에서 오는 기적에 의존한다. 그 기적은 우리의 모든 경험을 앞서도록 우리에게 도약을 하라고 강력하게 요구한다"(Berkhof, *C.F.*, 58 이하).

하나님의 계시 사건에서 커이터르트의 견해들은 인간의 역할을 중심으로 전개되고, 또한 하나님과의 언약 관계의 파트너로서 인간과 관련이 있다. 이와 마찬가지로, 베르크호프의 경우에서도 그 언약에서 하나님과 인간의 관계에 초점이 맞추어져 있다. 이것은 계시의 개념에 심각한 영향을 미친다. 곧 성경적인 요소들을 희생시키는 결과를 빚어낸다. 베르크호프의 견해에 의하면, 우리 자신의 관점에서 볼 때, 하나님과 인간의 언약과 관련이 있는 모든 것은 하나님에게 달려 있다. 하지만 동시에 하나님은 우리에게 의존하시는 것으로 성경에 묘사되어 있다(Berkhof, *C.F.*, 59).

베르크호프에게 계시는 만남의 사건이다. 어떤 만남에서 두 대상은 각자의 방향에서 항상 서로를 향해 다가와야만 한다. 하나님은 "감추어진 형태로 우리의 현실에 들어오시면서" 만남을 가능하게 하신다. 베르크호프는 매우 신중하게 하나님이 그 만남을 이루어지게 하신다고 주장하지 않는다. 그의 견해에 의하면, 하나님의 파트너인 인간이 스스로 하나님의 계시에 반응하지 않으면, 하나님은 이 만남을 이루어지게 하실 수 없다. "사실상 상대편이 계시를 계시로서 깨닫지도 못하고 또한 이해하지도 못한다면, 계시는 실제로 계시가 아니다. 이와 같은 점에 비추어볼 때, 계시 사건은 구조적인 측면에서 우리의 만남과 거의 다를 바가 없다. 비록 이 경우에 그 만남에서 주도권은 엄밀하게 어느 한쪽이 지니고 있다고 하더라도 말이다"(Berkhof, *C.F.*, 63 이하).

방금 앞서 인용한 문장에서 우리가 "계시"라는 단어를 "하나님의 말씀"이나 또는 "말씀과 행위로 말씀하시는 하나님"이라는 표현으로 바꾼다면, 우리는 다음과 같은 결과를 얻게 될 것이다. 곧 만약 하나님의 말씀이 그와 같이 인정되지 않는다면, 하나님의 말씀은 하나님의 말씀이 아닌 것이다. 하지만 이것은 성경이 하나님의 말씀에 대해서 말하는 것에 완전히 반대된다. 우리가 인정해야만 하나님의 말씀이 되는 것은 결코 아니다. 이 점과 관련해서, 우리는 "계시"와 "조명"(illumination)이라는 두 단어를 사용할 필요가 있다(베르크호프도 이 두 단어를 언급한다). 계시 및 조명과 관련해서 하나님이 주체이시다. 그분은 계시를 통해 자기 자신을 우리에게 알려주신다. 하나님은 그분의 계시에 대해 우리의 눈과 마음을 열어서 우리가 그분을 알게 하신다.

베르크호프는 "만남의 사건"이 신적인 것으로만 이해되거나 또는 인간적인 것으로만 이해된다고 말하는 것을 회피한다. 하나님만이 만남의 사건을 주도한다면, 그 사건은 객관주의적 특성을 지닐 것이다. 인간만이 그 만남을 주도한다면, 그것은 주관주의적 특성을 지닐 것이다. 베르크호프는 자신의 저서 『기독교 신앙』에서 "내적 주관성"(inter-subjectivity)이라는 용어를 사용한다. 이 용어는 베르크호프가 취하려는 입장을 보여준다. 또한 이 용어는 계시에 대한 그의 개념과 조화를 이룬다. 그러나 우리의 관점에서 볼 때, 이것은 계시가 계시이기 위해서는 우리의 인식과 인정을 필요로 한다는 주관주의를 벗어나지 못한다.

베르크호프가 객관주의와 주관주의를 회피하려고 제기하는 논의들은 분명히 우리의 관심을 일으키고, 계시와 감추어짐 및 역사로서의 계시와 관련된 그의 설명도 우리에게 흥미를 불러일으킨다. 수많은 의견들이 분석된다. 하지만 심지어 거기서도 계시에 대한 베르크호프 자신의 견해가 그를 걸려 넘어지게 하는 돌의 역할을 한다. 계시에 대한 그의 견해에서

개혁교회 교의학

진보(progress)의 개념은 매우 중요한 한 가지 요소다. 하나님은 "작게 시작하셨다." 또한 우리는 구약성경과 신약성경에 기초해서 신구약 중간시대의 계시 내용에 대해서도 평가할 필요가 있다. 그리스도가 핵심 계시이고, 그는 그의 이후에 일어나는 모든 계시 사건에 대한 규범이다. 이 계시 사건들은 계속된다. 베르크호프에 의하면, 그리스도는 배타적이지 않고 규범적이다(Berkhof, *C.F.*, 50, 70-72, 82).

베르크호프는 자신의 성경신학적 논증을 위해 자신의 연구서 『하나님에 대한 신앙』(*Geloven in God*, 1970)에 수록된 "사건으로서의 계시"(Openbaring als gebeuren)를 언급한다. 그는 이 연구서에서 우리가 믿는 하나님은 작은 것에서, 곧 "많은 종족과 나라들이 믿는 근동 지역에서 널리 알려져 있던 신들 중 하나로 변장해서" 시작했다고 말한다. 그는 예수에게 초점이 맞추어진 계시 사건을 결정적이고 우주적인 것으로 말한다. 그 계시 사건은 새로운 계시들을 판단하는 기준이다. 이 새로운 계시들은 상상할 수조차 없는 것들이 아니다. 하지만 그리스도가 **그** 길이라는 것은 하나님이 [그리스도 이외에] 온갖 다양한 방법으로 사람들을 만나실 수 없다는 것을 의미하지 않는다. 반면에 오직 그리스도의 빛 안에서 이 모든 만남의 방법들의 중요성과 한계가 밝혀진다. 이와 같은 관점은 베르크호프에게 무함마드(Mohammed)의 경우에 새로운 계시가 획기적으로 일어났을 개연성이 높다는 것을 추론하게 해준다(Berkhof, *C.F.*, 152, 166-169).

한편 제2차 바티칸 공의회는 1965년에 하나님의 계시에 대해서 다루는 교의 헌장(『하나님의 말씀』[*Dei Verbum*])을 공식적으로 채택했다. 결코 작지 않은 견해 차이들이 있다는 인식에 기초해서, 그 교의 헌장의 내용은 극도로 신중하게 표현되었다. 사실상 그 교의 헌장은 전통적으로 주장되어온 계시된 진리들을 견지한다. 하지만 그 교의 헌장은 다음과 같이 계시에 대한 새로운 묘사와 더불어 시작된다. 곧 하나님은 그분의 기뻐하시는 뜻을 따라서 그분의 지혜와 선하심으로 자기 자신을 계시해주셨으며, 그분의 뜻의 신비를 우리에게 알려주셨다(참조. 엡 1:9). 사람들은 그리스도, 곧 성육신한 말씀으로 말미암아 성령 안에서 하나님 아버지께 가까이 나아가게 되었으며, 또한 하나님의 성품에 참여하게 되었다(참조. 엡 2:18; 벧후 1:4). 하나님은 마치 친구를 대하듯이 사람들에게 말씀하시며, 그들과 사귀신다. 그분은 사람들과 친밀하게 사귀려고 그들을 부르셨고 그들에게 그 사귐을 허락하신다. 계시는 서로 밀접하게 연결되어 있는 행위와 말씀으로 실현된다. 이 계시를 통해서 하나님뿐만 아니라 인간의 구원에 대한 심오한 진리가 그리스도 안에서 우리에게 밝혀진다. 그리스도는 중재자이고, 모든 계시의 충만이며 완성자다.

우리가 이전의 교리와 이 교의 헌장을 비교해보면, 여기서 우리는 계시의 개념이 덜 지성주의적(intellectualistic) 개념으로 묘사되었고, 훨씬 인격적이고 그리스도 중심적 개념으로 묘사되어 있다는 인상을 받는다. 그리고 이 교의 헌장의 나머지 부분에는 계시에 대한 구속사적인 접근 방법을 어느 정도 사용하고 있음을 알 수 있다. 제1차 바티칸 공의회 문헌에서 분명하게 확인할 수 있듯이, 계시와 신앙에 대한 로마 가톨릭교회의 지성주의적인 개념들은 흔히 서로 밀접하게 연결되어 있지만, 제2차 바티칸 공의회에서 만들어진 이 교의 헌장은 더 인격적인 방법으로 신앙에 대해 말하려고 시도한다. 하지만 믿음으로 계시를 받아들이는 주제를 다루는 항목에서 알 수 있듯이, 이 시도는 단지 부분적으로만 성공한다. 게다가 우리는 하나님의 계시를 다루는 장에 들어 있는 몇몇 요소들에 대해 거센 반대를 하지 않을 수 없다. 우리는 성경과 전통에 대해서 다루는 항목에서 이 점에 대해 다룰 것이다(§ 8.4을 보라)

이제 우리는 "신학에서의 계시의 개념"(II.4.3)에 대해 우리의 명백한 입장을 밝히며 해당 항목을 마무리하고자 한다. 교의 신학에서 계시의 개념과 관련해서 매우 다양한 견해가 등장한다. 계시에 대한 해석들이 서로 다르기 때문에, 이 점은 충분히 이해할 만하다. 이것은 우리에게 어떤 선택을 요구한다.

바빙크는 계시의 본질과 개념을 판별하는 데 커다란 혼란이 빚어졌다는 진술과 더불어 19세기에 벌어진 신학적인 논쟁의 전개 과정에 대한 자신의 평가를 마무리한다. 오늘날의 계시에 대한 개념에서 계시와 종교는 동일한 것의 두 가지 측면으로 이해되었다. 하지만 오직 계시만이 실재를 지니고 있으며, 또한 오직 종교적인 사람만이 계시를 알 수 있고 이해할 수 있다(Bavinck, *R.D.* 1:292-294). 그렇다면 이미 트뢸치가 지적했듯이, 계시에 대해서 이와 같이 수정된 개념은 새로운 개신교의 등장을 알려주지 않는가?

따라서 20세기 후반에 우리는 계시에 대한 오늘날의 개념에 대해서 더 신중하고 정교하게 말해야만 한다. 오늘날 계시에 대한 이해에는 대체로 다음과 같은 견해들이 있다.

1. 지성주의적 견해(intellectualistic view). 이 견해는 특히 로마 가톨릭교회에서 전개되었고, 1870년 제1차 바티칸 공의회에서 공식적으로 계시가 진리들에 대한 선포로 명문화되었다.

2. 현실주의적 견해(actualistic view). 이 견해는 칼 바르트의 저서에서 가장 분명하게 나타난다.

3. 상호관련성 견해(correlative view). 신앙과 계시는 상호 관계에 기초해서 각자가 결정한다(G. J. Heering).[21] 계시를 일종의 만남으로 묘사하는 베르크호프의 계시에 대한 개념도 이 견해와 다소 관련이 있다.

4. 권위주의를 반대하는 견해(anti-authoritarian view). 이 견해는 이미 주어진 것으로서의 하나님의 계시의 권위에 기초하지 않는다. 반면에 이 견해는 하나님에 대한 인간의 지식을 언급하며, 그 지식 안에서 계시가 타당한 것으로 드러난다고 주장한다. 또한 이 견해는 인간의 경험에 대해서

---

21 P. Tillich의 경우에 이 점은 더 명백하게 나타난다. 참조. A. D. R. Polman, *Gereformeerd katholieke dogmatiek*, 1969, 1:61-65.

말하며, 그 경험은 계시를 확증해주는 역할을 해야 한다고 언급한다. 이 견해는 계시에 대한 커이터르트의 접근 방법을 연상시킨다.

우리는 성경과 관련해서 이미 앞서 말한 것에 더하여(이런 다양한 견해에도 불구하고) 계시가 **하나님의 절대주권적인 행위**라고 주장한다. 하나님이 우선권을 갖고 계신다. 그분이 자기 자신을 계시하는 것을 기뻐하시기 때문이다. 사람들은 하나님의 계시를 자기 마음대로 가질 수 없다. 우리는 칼 바르트의 신학에서 계시와 관련하여 하나님의 자유에 대한 이 주제를 인식할 수 있다. 하지만 우리의 견해에 의하면, 이것은 하나님이 일단 말씀하신 것과 관련해서 하나님이 중립적이시라는 것을 의미하지 않는다. 또한 우리는 하나님이 한편으로 자기 자신을 계시하시지만, 다른 한편으로 자기 자신을 숨기신다는 개념을 지지하지 않는다. 하나님은 이 세상 안으로 들어오셔서 이 세상의 언어를 사용하신다. 이것은 하나님이 자신을 감추려고 의도하시는 것이 아니다. 하나님은 어떤 면에서 우리를 만나시려고 이 방법을 선택하신다.

하나님의 계시는 인격적인 특성을 지니고 있다. 따라서 계시는 신학에서 어떤 추상적인 개념이 되어서는 안 된다. 우리가 하나님의 계시에 대해서 언급할 때, 우리는 말씀과 행위로 자기 자신을 계시하시고자 하는 하나님에 대해서 말한다. 하나님의 구원과 뜻을 우리에게 알려주는 것도 하나님의 자기계시다. 하나님의 말씀이 인간이 처한 상황 및 인간과 하나님의 관계에 빛을 비추어줄 때, 하나님은 자기 자신을 계시하신다. 왜냐하면 하나님은 자신이 인간에 대해서 무엇을 생각하는지 밝혀주시기 때문이다. 하나님의 계시는 단지 우리가 반드시 인정해야 하는 사실들을 드러내주는 것이 아니다. 또한 우리가 반드시 받아들여야 하는 진리들을 깨우쳐주는 것도 아니다. 또는 우리가 반드시 따라야 할 규범들을 제시해주는 것도 아니다. 그와 같은 경우에 하나님의 계시는 우리의 이성이나 또는 양심에 호소하는 것이다. 하지만 하나님이 말씀과 행위로 자기 자신을 계시하실 때, 그분은 성경이 마음(heart)이라고 부르는 것으로써 반응하도록 우리에게 말을 거신다. 가장 심오한 결정들은 바로 마음에서 빚어진다.

하지만 우리가 하나님의 계시에 대한 인격적인 특성과 관련해서 계시된 진리(revealed truth)의 개념을 반드시 거부해야 하는 것은 아니다. 비록 가장 최근의 신학에서 유행하는 견해라고 하더라도 말이다. 가장 최근의 신학에서 이와 같은 경향은 계시에 대한 지성주의적인 개념을 몹시 싫어하여 종종 실질적인 상황에 대해서 매우 과장한다. 베드로의 신앙고백의 내용은 매우 분명하며, 그 배후에는 하나님의 계시가 놓여 있다(마 16:15-17). 온전한 진리 안에는 인식과 관련된 요소가 들어 있고, 성령이 우리를 그 진리로 인도할 것이다(요 16:13). 우리는 바울과 함께 하나님이 우리에게 무엇을 계시해주셨는지 말할 수 있다(고전 2:10). 또한 베르크호프는 우리가 진리를 복수로, 곧 진리들로 말할 수 있다고 올바르게 말했다. 곧 창조와 죄, 속죄 및 만물의 완성 등에 대한 진리들이 있다. "이 진리들은 많은 부분으로 나눌 수 있는 원에 비교할 수 있다. 그 원에서 나누어진 모든 부분은 하나의 중심점에서 나와서 그 점으로 되돌아간다"(Berkhof, *C.F.*, 80).

하나님의 계시는 역사에서 감추어지지 않고 역사 속으로 들어간다. 계시가 역사를 만들 때, 그것이 역사를 계시로 만들지는 않는다. 우리는 모든 역사가 계시적(revelatory)이고 역사적 사실들에 대한 통찰력을 지닌 모든 사람이 그 사실들에 대한 묘사를 이해할 수 있다고, 즉 그 계시는 비로소 종말에 가서야 기대된다고 분명하게 말할 수 없다.[22] 역사에 대한 우리의 해석과 역사에서 경험하는 우리의 경험에 더 많은 기회(scope)가 주어지지만, 이와 같이 "역사로 전환되는 것"이 하나님이 우리에게 들려주시는 말씀과 그 말씀을 듣고서 생겨나는 믿음(롬 10:17)을 정당하게 다루지 못한

22　참조. W. Pannenberg, in 『계시로서의 역사』(*Offenbarung als Geschichte*), 1961, 95-98.

다. 역사에서 경험하는 우리의 경험에 더 많은 기회가 주어진다는 생각은 커이터르트의 주장에서도 관찰된다.

의사 전달의 특성을 가진 계시는 상호의존으로 특징지어지는 상관관계로 계시와 믿음을 바꾸지 않는다.[23] 우리는 계시가 어떤 만남을 전제한다고 말할 수 있지만, 만남이 없는 곳에는 계시도 없다는 주장은 사실이 아니다. 하나님의 계시는 하나님이 우리에게 오시고 말씀하셔서, 우리가 하나님과 그분의 뜻을 알고 인정하고 믿고 순종하게끔 하려는 의도를 내포한다. 우리가 하나님과 올바른 관계를 맺고, 또한 그분과 친밀하게 사귀면서 살아간다면, 하나님은 진정으로 영광을 받으신다.

바빙크가 성경이 계시에 대해서 가르치는 모든 것을 요약하려고 했을 때, 그는 맨 먼저 계시를 "매우 일반적인" 것으로 해석한다. 곧 하나님은 인간이 하나님과 올바른 관계를 맺을 수 있도록 하시고자 그분의 의도적이며 자유로운 행위로서 계시를 사용해 자기 자신을 인간에게 알도록 하신다. 하나님의 계시에 대한 인간의 올바른 반응은 경건(religion), 곧 하나님을 아는 것과 그분을 섬기는 것이다. 성경에서 하나님을 아는 것과 섬기는 것은 서로 밀접하게 연결되어 있다. 하나님을 아는 것과 섬기는 것이 가능해졌다. 하나님이 자신을 계시하셨기 때문이다(Bavinck, *R.D.*, 1:349 이하). 하나님은 자신의 계시 안에서 인간에게 나아간다. 인간은 경건을 통해 하나님에게 나아간다. 이것이 현대 신학에서 주장되는 계시에 대한 개념과 본질적인 차이점이다. 현대 신학에서 이와 같은 요소는 종종 모호하게 표현되며, 때때로 전혀 다루어지지 않는다.

성경에 기초한 개혁파 신학은 사람들을 믿음과 순종으로 이끄는 역할

---

23 이 점과 관련해서 G. C. Berkouwer는 "상관관계"(correlation)라는 용어를 다르게 사용한다는 것을 지적할 필요가 있다. 따라서 이 개념에 대해서 올바른 인식과 비판이 요구된다. 이것은 또한 G. W. de Jong, *De theologie van Dr. G. C. Berkouwer*, 1971에서도 결여되어 있다.

개혁교회 교의학

을 성령에게 돌린다. 하나님의 이와 같은 사역을 더 광범위한 의미에서 계시라고 말할 수 있을까? 바빙크는 마태복음 16:17, 갈라디아서 1:15과 같은 성경 구절들을 염두에 두면서 그렇게 말할 수 있다고 생각한다. 나아가 이것은 주관적 계시와 객관적 계시를 서로 구분하도록 한다. 하지만 하나님의 계시를 객관적인 계시로 언급하거나, 또는 하나님이 말씀하시는 것을 객관적으로 말씀하시는 것으로 언급하는 것은 거부해야 한다. 따라서 여기서는 "조명"(*illuminatio*)이라는 용어가 더 적절하다. 신약성경에서 그 단어가 특별히 사용되기 때문이다. 이와 같이 비추어주고 밝혀주는 주체는 바로 성령이다(참조. 고후 4:6; 엡 1:17, 18). 또한 교회와 신학의 전통에서도 이와 같은 조명에 대해서 언급했다. 칼뱅은 다음과 같이 말한다. 곧 성령이 없으면, 말씀은 우리의 마음속으로 들어가지 못한다. 우리 안에 있는 선생으로서, 성령은 밝게 비추어주는 역사를 통해서 말씀이 우리의 마음속으로 들어가게 한다(『기독교강요』 3.3.34).[24]

바빙크가 계시에 대해 묘사하면서 그리스도를 언급하지 않았다는 것은 주목할 만하다. 하지만 성경에 대해 다루는 부분에서 그리스도가 진정으로 하나님의 계시의 중심이다. 하지만 칼 바르트의 경우에 이 점은 전적으로 차이가 있다. 왜냐하면 계시에 대한 바르트의 관점은 기독론적인 측면에서 확정되고, 심지어 전적으로 기독론적이라고 부를 수 있기 때문이다. 하지만 다른 많은 신학자와 함께, 바빙크는 하나님의 계시가 선험적으로 그리스도 안에서의 계시나 구원에 대한 계시와 동등한 것일 수 없다는 데 동의한다. 그는 맨 먼저 무엇보다도 일반계시에 대해서 말한다.

혹시 또한 어떻게 우리가 한 가지 유형의 계시와 또 다른 유형의 계시를 서로 구분할 수 있는지에 대해서 확인하는 것이 필요하다. 오늘날 널리 사용되는 용어로 표현한다면, 일반계시와 특별계시를 구분하는 것이 필요하다. 이제 계시론의 다음 주제로서 일반계시와 특별계시에 우리의 관심

---

24 참조. E. A. Dowey Jr., *The Knowledge of God in Calvin's Theology*, 1952, 171-180.

을 기울이고자 한다.

§ 5. 일반계시와 특별계시

5.1. 일반계시
5.2. 특별계시

5.1. 일반계시

이제 개혁파 신학에서 일반계시와 특별계시를 구분하는 것은 이전만큼 간단하지가 않다. 이와 같은 구분에 대해 용어 및 형식과 관련해서 반대 견해들이 제기되었다. 하지만 "복식 부기"(double bookkeeping)라고 불려온 것에 대해 특히 진지한 의문점들이 제기되었다(Barth). 과연 성경은 그리스도를 통한 구원에 대한 하나님의 계시 이외에 창조와 역사 및 우리의 양심 안에 하나님의 계시, 곧 "일반계시"라는 개념이 있다고 말하는가? 그리고 이 일반계시는 하나님에 대한 지식을 얻는 최초의 수단인가?

우리가 일반계시에서 시작하면, 구원에 대한 계시의 중요성을 손상시키는 최소한 두 가지 가능성이 있다. 우리는 일반계시의 한 측면인 자연 계시로부터 하나님에 대한 자연적 지식이 있고, 이 지식을 얻는 데 성경은 필요하지 않다고 추론할 수 있다. 그리고 우리는 일반계시 또는 인류에게 다양한 모습으로 나타난 신의 현현이 이 세상에 있는 다양한 종교를 설명해 주고 그리스도를 통한 계시의 중요성을 상대화한다고 생각할 수 있다.

일반계시에 대한 그릇된 해석을 다루기에 앞서, 우리는 일반계시의 개념을 지지하기 위해서 어떤 성경적·신학적 근거들을 제시할 수 있는지 살펴보고자 한다. 바빙크의 표현을 사용한다면, 창조는 하나님의 첫 번째 계시고, 이후에 이어지는 모든 계시의 시작이자 기초다. 계시에 대한 성경의 개념은 창조의 개념에 뿌리를 내리고 있다. 하나님은 맨 처음에 창조세계 안에서 자신의 창조물 앞에 외형적으로 나타나셨고 자기 자신을 그들에게 계시하셨다. 그런데 창조와 곧바로 연결되는 것은 하나님의 섭리다. 섭리는 전능하시며 모든 곳에 임재하시는 하나님의 능력과 행위를 가리킨다. 창조와 보존과 통치는 하나의 강력하고 지속적인 하나님의 계시를 구성한다(Bavinck, *R.D.*, 1:307). 우리가 구원에 대한 계시, 곧 예수 그리스도 안에서 나타난 하나님의 계시—칼 바르트의 견해—를 이미 포함하고 있는 것으로서 창조를 해석하지 않는다면, 과연 일반계시와 특별계시를 구분하는 것이 근거가 있고 의미가 있는 것인가라는 질문에 대한 답변은 원칙적으로 이미 제시되었다.

우리는 성경에서 표준 구절(*loci classici*), 즉 가장 중요한 증거 본문들을 발견한다. 특히 신약성경에서는 로마서 1:19-20, 2:14-16, 사도행전 14:15-17, 17:22-31 등에서 그런 증거 본문들을 발견한다. 그뿐 아니라 성경에는 "자연을 노래하는 시편들"(psalms of nature)이 있는데, 이 시편들보다 뛰어나거나 또는 이 시편들에 맞먹는 자연을 노래하는 시들은 이스라엘에 결코 없다고 주장되었다. 그런 시편은 시편 19, 29, 104편이다. 성경에서 창조세계를 가장 뛰어나게 묘사하는 것으로는 다음과 같은 구절들을 예로 들 수 있다. "하늘이 하나님의 영광을 선포하고 궁창이 그의 손으로 하신 일을 나타내는도다"(시 19:1). 또한 "창세로부터 그의 보이지 아니하는 것들 곧 그의 영원하신 능력과 신성이 그가 만드신 만물에 분명히 보여 알려졌나니 그러므로 그들이 핑계하지 못할지니라"(롬 1:20).

20세기에 이르기까지 성경이 제시하는 이와 같은 증거는 두말할 필요 없이 자명한 것처럼 보였다. 하지만 칼 바르트의 급진적인 이론들—베르카우어의 표현으로는 바르트의 공격(Barth's offensive)—은 상당한 신학적인 논쟁을 불러일으켰다.

칼 바르트에 의하면, 우주 자체는 말이 없지만 시편 19:2에서 말하는 것은 우주에 대한 글로 이해되었다. 시편 104편에서 묘사되는, 세상의 관점에서 본 미래 세계에 대한 이미지는 투명해진다. 요한계시록 21:1-5의 주해가 없으면, 우리는 한순간도 이 시편을 올바르게 이해할 수 없다. 바울은 로마서 1장에서 그리스도 안에 있는 계시의 빛과 십자가의 빛 그리고 부활의 빛에 비추어서 이방인들에 대해서 말한다. 따라서 하나님과 이방인들의 관계는 객관적으로 바뀌었다. 곧 이방인들은 하나님에 대해서 안다. 골고다의 관점에서 볼 때, 그들은 변명할 수 없다는 것이 명백하다(Barth, *C.D.*, 2.1.110-123).

바르트는 성경의 말씀에 대해서 이와 같이 특이하게 해설하는 배경이 되는 모든 형태의 자연 신학을 몹시 혐오한다. 그는 일반계시론과 자연 신학을 동일시한다. 일반계시는 자연 신학과 함께 서거나 무너진다. 바르트의 관점에 의하면, 이것은 자연 신학과 함께 일반계시가 넘어진다는 것을 의미한다. 이것은 그가 계시의 개념에 대해서 그리스도 중심적으로 판단한 결과, 곧 그가 기독론에 초점을 맞춘 결과다. 어떤 이들은 그의 기독론을 "그리스도 일원론"(Christomonism)이라고 불렀다. 하나님의 계시는 바로 예수 그리스도다. 바르트에 의하면, 이것은 자연과 역사 및 인간 존재에 대한 자의식을 통해서 인간에게 오는 계시에 대한 모든 묘사를 파괴한다.

바르트는 자신의 교의학의 이어지는 부분에서 일반계시와 관련된 질문들을 계속해서 다루고 있는 것 같다. 그의 사고는 보다 더 세밀하게 전개된다. 우리는 중재자(Mediator)의 영광에 대해서 다루는 부분을 살펴보고자 한다. 이 부분은 다음과 같은 주제로 시작된다. 곧 성경이 우리에게 입증하듯이, 예수 그리스도는 하나님의 유일한 말씀이시다. 우리는 그 말씀을 반드시 들어야 하고, 사나 죽으나 그 말씀을 신뢰하며 그 말씀에 순종해야 한다. 이것이 바로 바르멘 신학 선언(Theological Declaration of Barmen, 1934)의 제1조항이다. 이 표현은 바르트 자신에게서 비롯되었다. 바르트는 그의 교의학에서 이 주제에 대해 설명하고 그 과정에서 참빛과 빛들의 관계에 대해 언급한다. 예수 그리스도가 바로 그 빛이다. 또한 "빛들", 곧 말씀들과 진리들 및 "계시들"도 있다. 우주, 곧 창조세계는 자신의 언어 및 단어들의 한계 안에서 자기 자신의 빛들과 진리들을 지니고 있다. 창조세계의 빛들은 인간의 죄에 의해서 완전히 꺼지지 않았다.

바르트는 창조세계의 찬란한 빛(Helligkeit, 영광)에 대해서 말하는 데 거리낌을 느끼지 않았다. 하지만 그는 이 찬란한 빛과 관련해서 "계시"라는 단어를 사용하는 것을 피하고자 했다. 비록 어떤 창조물이 자기 자신의 고유한 계시를 지니고 있지만, 이것은 결코 하나님의 자기계시가 아니다. 이것을 바르트의 이전 주장, 곧 우주라는 글은 침묵하고 있다는 주장과 비교해볼 때, 이 두 주장은 서로 다르게 들린다. 바르트는 지금 창조세계를 읽을 수 있고 이해할 수 있는 하나의 텍스트로 언급하기 때문이다. 그러나 또한 그는 이것과 관련해서도 "계시"라는 단어를 사용하는 것을 주저한다. 왜냐하면 이 빛들을 관찰하는 데 믿음이 필요하기 때문이 아니라 단지 상식만을 사용하기 때문이다. 반사경이 빛을 반사하는 것과 똑같이 우주의 빛들도 하나님의 영원한 빛, 곧 예수 그리스도, 생명의 빛을 반사한다. 이와 같은 방법으로, 창조세계의 빛들은 예수 그리스도를 통해서 중요성을 지닌다. 이제 어떤 창조물의 증거는 하나님 자신에 대해서 말할 수 있고, 또한 그분을 찬양할 수 있다. 언어도 없고 말들도 없고 아무 소리도 들리지 않지만, 하늘은 하나님의 영광을 선포하고, 궁창은 하나님이 그분의 손으로 하신 일을 선언한다. 그래서 그 소리는 온 땅에 울려 퍼지고, 그 언어는 땅 끝까지 전달된다(Barth, *C.D.*, 4.3.86-165).[25]

칼 바르트의 신학 체계에는 지금도 일반계시를 위한 여백이 전혀 없다. 그에 의하면, 예수 그리스도는 하나님의 유일한 말씀이다. 하지만 창조물도 하나님에 대해서 말할 수 있고 찬양할 수 있다. 이것은 존재하고 있는 빛들을 통해서 예수 그리스도의 영광을 반사시키는 것이다. 바르트에 의하면, 그것은 창조와 속죄에 의해서 암시된다. 왜냐하면 그는 창조가 그리스도 안에 기초하고 있는 것으로 이해하기 때문이다. 바르트는 창조론에서 이것에 대해 자세하게 설명한다(Barth, *C.D.*, 3).

---

25 참조. H. Berkhof/H.-J. Kraus, 『빛들에 대한 칼 바르트의 관점』(*Karl Barths Lichterlehre*), 1978; G. Kraus, 『하나님에 대한 인식』(*Gotteserkenntnis*), 1987, 120-135.

우리는 로마서 1:18-21을 어떻게 해석해야 하는가? 바울은 여기서 이 세상이 지음을 받은 때부터 하나님의 영원한 능력과 신성이 그분이 지으신 만물에 드러나 있어, 사람들이 그것을 보고 깨달을 수 있지만, 그들은 자신들의 불의로 이 진리를 가로막는다고 말한다. 또한 그는 사람들이 하나님을 알면서도, 하나님께 영광을 돌리거나 감사하지 않는다고 말한다. 그리고 하나님에 대해서 알만한 것이 그들에게 계시되었다. 이것은 적어도 그것이 사람들의 내면에 영향을 미쳤다는 것을 의미한다. 이에 대한 설명은 그것이 알려졌고 또한 그 자체로서 스스로 명백하게 드러난다는 것이 아니라, 하나님이 사람들에게 그것을 계시하셨다는 것이다. 계시는 하나님의 영원한 능력 및 신성과 관련이 있다. 인간은 그 능력과 신성에 의존하며, 그 능력과 신성은 인간에게 자신의 책임을 깨닫게 해준다.

로마서 1:21에는 사람들이 하나님이 만드신 만물을 보고서 하나님의 영원하신 능력과 신성을 깨달을 수 있다고 언급된다. 이것은 사람들이 만물을 보면서 그것에 대해 숙고하기 시작한다는 것을 말한다. 하나님은 그가 지으신 만물을 통해 그분의 영원한 능력과 신성을 계시하셔서, 그와 같은 결과를 빚어내신다. 이것은 하나님의 계시가 사람들을 하나님에 대해 알게 하도록 이끈다고 말하는 것 아닐까(롬 1:21)?

우리는 바울의 이 말을 그의 다른 진술과 반드시 비교해야만 한다. 곧 이 세상이 자기 지혜로 하나님을 알지 못했다(고전 1:21)는 말과, 이방인들이 하나님을 모른다(살전 4:5. 참조. 갈 4:8)는 것과 같은 바울의 말들과 비교해보아야만 한다. 구약성경도 이방인들이 하나님을 알지 못한다는 것에 대해서 언급한다(시 79:6). 바울은 이방인들이 놓여 있는 상황에 대해서 다음과 같이 암울하게 묘사한다. 곧 "이제부터 너희는 이방인이 그 마음의 허망한 것으로 행함 같이 행하지 말라! 그들의 총명이 어두워지고 그들 가운데 있는 무지함과 그들의 마음이 굳어짐으로 말미암아 하나님의 생명에서 떠나 있도다"(엡 4:17-18). 이와 같은 구절들과 비교해보면, 로마서 1장이 언급하는 하나님에 대한 지식은 하나님에 대한 참된 지식을 가리킬 가능성이 매우 높다. 그리스어 원문(*gnontes ton theon*, 하나님을 알면서도["알 되"-개역개정])도 안다는 의미를 강력하게 표현하지 않는다. 나아가 로마서 1장은 곧바로 이어서 이방인들이 하나님을 영화롭게 하지도 않았고, 그분께 감사하지도 않았다고 덧붙인다. 그뿐만 아니라 이방인들은 하나님을 인정하는 것이 적합하지 않다고 생각했다(롬 1:28). 성경은 하나님을 인정하지 않으면서 단순히 하나님에 대한 지식을 갖고 있는 것이 하나님에 대한 참된 지식이라고 간주하지 않는다!

칼뱅은 이 점과 관련해서 우리가 이방인들이 어떤 결말에 도달했는지를 알 수 있는 하나님에 대한 그들의 지식수준을 간파해야 한다고 지적한다. 우리가 로마서 1장에서 해당 본문의 전후 문맥을 살펴보면, 우리는 하나님의 계시에 대한 그들의 반응이 두 가지 방법으로 묘사된 것을 알 수 있다. 곧 사람들은 자신들의 불의로 진리를 가로막았고, 또한 하나님의 진리를 거짓으로 바꾸었다(롬 1:18, 25). 하나님이 말씀하시고자 하는 것은 인간의 죄악된 성품에 기초한 자기주장과 충돌하며, 또한 그것에 의해서 가로막힌다. 그것은 의식적으로 또는 무의식적으로 거부된다. 하지만 죄악된 성품은 사라지지 않는다. 사람들은 이것을 거부할 뿐만 아니라, 나아가 진리를 그것과 반대되는 거짓으로 바꾼다. 그래서 사람들은 창조주 대신 피조물에게 경배하고 피조물을 섬긴다(롬 1:25). 우리는 창조 세력을 신들로 떠받드는 종교적인 형태를 통해서 이와 같은 현상을 알고 있다(참조. J. H. Bavinck, 1949, 171-180).

자기 자신을 사람에게 계시하시는 하나님께 등을 돌리는 사람은 핑계를 댈 수 없다(롬 1:20). 그런 사람은 자기 자신에게 하나님의 심판을 불러온다. 왜냐하면 "하나님의 진노가 불의로 진리를 막는 사람들의 모든 경건하지 않음과 불의에 대하여 하늘로부터" 나타나기 때문이다(롬 1:18).

바울은 로마서 2:14-16에서 율법을 직접 받지 않은 이방인들이 자기들의 본성으로 율법이 명령하는 것을 실행하는 것에 대해서 말한다. 이방인들은 이것을 통해서 그 율법이 자기들의 마음속에 쓰여 있다는 것을 입증해준다. 율법이 명령하는 것을 당연히 실행하는 것과 자연법이나 내면의 법에 따라서 행동하는 것은 동일한 것이 아니다. 스토아 학파가 이것을 가르쳤지만, 바울은 그런 것을 가르치지 않았다. "본성으로"라는 표현은 "자기 자신의 본성에 기초해서" 또는 "자연적인 존재에 일치해서"를 의미한다(엡 2:3). 로마서 2:14-16의 인용 구절은 하나님의 율법이 부재한 것을 알고 있다는 개념을 포함한다. 사도 바울은 이 점과 관련해서 유대인들과 이방인들을 대조한다(롬 2:12). 이방인들은 하나님의 율법에 대한 지식이 없어도 규범들, 곧 자신들의 규범들에 순종한다. 그들은 율법의 명령들을 실천하도록 내면적으로 강요받는다. 왜냐하면 율법의 과제가 그들의 마음속에 쓰여 있기 때문이다. 하지만 이것은 하나님의 율법이 그들의 마음속에 기록되어 있다는 것을 의미하지 않는다. 구약성경과 신약성경이 말하는 것처럼 말이다(비교. 렘 31:33; 히 8:10; 10:16). 율법적인 요구 사항들을 실행하는 것은 율법이 성취되는 것과 동일시될 수 없다. 사도 바울의 관점에 의하면, 율법의 성취는 궁극적인 목적이다. 유대인들과 이방인들이 동일한 것을 실행할 때, 그들이 행하는 것이 반드시 동일하지는 않다. 왜냐하면 지금 제기되는 문제는 과연 그들의 동기와 목적들이 무엇인가와 관련이 있기 때문이다. 동시에, 증언해주는 양심과 사람을 고발하고 변호하는 생각들에 덧붙여진 것은 인간이 자기 양심에 의해서 임무를 수행한다는 것이다. 인간은 자신이 어떤 규범을 다루는지 알고 있다.

사도행전 14:15-17은 성경에서 주목해야 할 본문 중 하나다. 바울은 이 구절들이 포함된 단락에서 우주의 창조자이신 살아 계신 하나님께 돌아올 것을 루스드라에 살고 있던 이방인들에게 요구한다. 하나님은 사람들에게 자기 자신을 증언하지 않는 게 아니다. 그분은 사람들에게 지속적으로 다양한 은혜를 베푸셨다. 곧 하나님은 비가 내리게 하시고, 철을 따라 열매를 맺게 하시며, 먹을거리를 주셔서 사람들에게 기쁨이 넘치게 하시지 않았는가? 사도 바울은 이 문맥에서 이방인들에게 접근하는 데 있어서, 그는 그들의 종교를 출발점으로 삼지 않고, 오히려 하나님이 그들과 교제하는 것을 출발점으로 삼는다. 바울은 이와 같은 하나님의 섭리에 기초해서 그들에게 말을 걸 수 있었다.

사도행전 17:15-34은 학자들 사이에서 많은 논쟁을 불러일으켰다. 여기서 사도 바울은 그리스인들을 매우 잘 이해하면서 그들에게 접근하며, 또한 이방의 사상이 지니고 있는 가치를 인정하는 것 같다. 어떤 이는 여기서 다음과 같은 질문을 제기할 수도 있을 것이다. 지금 서로 대립되는 것은 과연 무엇인가? 바울은 다른 곳에서 그와 같은 대립을 무시하지 않지 않는가? 그래서 이 단락은 바울이 아레오바고에서 행한 연설이 가진 수수께끼라고 불리기도 했다. 또한 여기서 바울의 연설은 맨 마지막 문장(행 17:31)만 기독교의 특성을 지니고 있고, 나머지 부분은 모두 헬레니즘의 특성을 지니고 있는 것으로 추측된다. 하지만 바울의 이 설교는 아테네 사람들에게 회개를 요구하기도 한다(행 17:30). 바울은 다음과 같은 방법으로 사람들이 자신의 메시지에 관심을 갖게 하려고 시도한다. 곧 그리스인들이 이해할 수 있는 언어를 사용하고, 아테네 시민들의 종교심에 대해 말하며, 또한 스토아 학파에 속한 어떤 시인의 말을 인용한다. 바울의 목적은 그 시인의 말에서 어떤 진리의 요소들을 인정하려는 것이 아니었다. 또한 그리스인들도 하나님이 "우리 각 사람에게서 멀리 떨어져 계시지 않다"(행 17:27)는 것을 알고 있었다. 그리고 우리가 하나님의 "소생"(자녀)이라는 것은, 우리가 하나님의 형상대로 지음을 받았다는 의미에서 사실이다. 이 방인들의 사고에서 하나님의 형상이라는 개념은 신과 관련해서 변질되었다. 따라서 바울은 이 표현을 그리스의 사상가들과 시인들이 생각했던 것과는 다른 의미와 연결한다. 사도 바울은 하나님이 하시는 일을 언급하면서 사람들에 대한 하나님의 목적을 분명하게 밝힌다. 곧 하나님은 사람들이 그분을 찾기를 바라신다(행 17:24-27). 세상을 지으시고 사람들에게 살아갈 장소를 마련해주신 하나님은 바로 언젠가 모든 사람을 공의로 심판하실 분이시다. 바로 그 하나님이 예수를 죽은 사람들 가운데서 다시 살리셨다(행 17:18, 30-32).

신약성경에서 하나님의 행위와 사람들과의 관계에 대해 말하는 것은 구약성경에서 말하는 것과 일치한다. 우리는 특히 구약성경에서 다음과 같은 한 가지 측면을 배운다. 곧 시편에서 소위 "창조세계에 대한 시들"(자연시들)은 창조세계가 하나님의 영광을 드러내는 것을 찬양한다. 구약시대 이스라엘의 시인들은 하나님의 위엄에 깊은 감명을 받았다. "하늘이 하나님의 영광을 선포하고 궁창이 그의 손으로 하신 일을 나타내는도다"(시 19:1). 이 시편들은 어떻게 하나님이 그분이 지으신 것 안에서 자기 자신을 계시하시는지를 우리에게 말한다. 우리는 하나님의 계시의 이와 같은 측면을 부차적인 것으로 판단할 수 없다. 왜냐하면 그것은 결코 단순히 열외로 취급당할 수 있는 것이 아니기 때문이다. 그리고 우리는 그것을 단순히 소외되어 있는 것으로 여길 수 없다. 왜냐하면 그것은 자기 자신을 사람들에게 알려주시는 하나님의 능력 있는 사역과 관련이 있으며, 또한 사람들은 그분에게서 자신들의 구원을 기대하기 때문이다. 따라서 시편 19편은 매우 특이한 성격을 지니고 있다. 곧 이 시편 안에는 우주론적인 측면과 구원론적인 측면이 서로 밀접하게 결합되어 있다(또한 참조. 시 65편 및 147편). 하나님은 그분이 지으신 것을 통해서 우리에게 말씀하신다. 그리고 우리는 하나님이 주신 율법에서 하나님의 말씀을 듣는다. 이와 같은 자연시들을 지은 시인들은 경건한 이스라엘 사람들이었다. 그들은 하나님의 구원의 계시를 통해서 하나님을 알았다. 그리고 그들은 어느 곳에서나 하나님의 작품의 솜씨를 인식하고 인정했다. 왜냐하면 그것은 하나님의 위대하심과 선하심을 드러내기 때문이다.

칼 바르트는 일반계시를 거부한다. 이러한 그의 입장은 성경을 정당하게 평가하지 않는 것이다. 성경은 하나님이 지으신 것 안에서 우리에게 하나님의 계시의 실재를 보여준다. 그러므로 세상의 참빛이신 그리스도를 반사하는 "빛들"만 있는 것은 아니다. 따라서 「벨기에 신앙고백서」(제2조항)에 대한 바르트의 비판도 정당한 것이 아니다. 그 신앙고백서는 우리가 "두 가지 수단으로"(라틴어 표현은 "이중의 방법으로") 하나님을 안다고 말한

개혁교회 교의학

다. "첫째, 우주의 창조와 보존과 통치를 통해서…알려주신다. 둘째, 그분의 거룩하고 신적인 말씀으로 하나님은 우리에게 자기 자신을 보다 더 분명하고 온전하게 알려주신다."

「벨기에 신앙고백서」의 "더 분명하고 더 온전하게"라는 비교급 표현은 비판의 대상이 되었다. 하지만 하나님의 말씀이 계시해주는 내용을 숙고해본다면, 우리는 진정으로 그 표현의 타당성에 동의해야 할 것이다. 그리고 우리는 혹시 말씀을 통한 계시가 첫 번째 위치를 차지하는 것이 더 타당하지 않았겠는가라는 질문을 제기할 수 있을 것이다. 우리는 맨 먼저 하나님의 말씀으로부터 하나님을 아는 것이 아닌가? 하지만「벨기에 신앙고백서」의 해당 조항에서 그 순서는 우리가 하나님을 아는 것과 관련해서 하나님의 말씀의 계시가 창조의 계시를 뒤따른다고 말하는 것이 결코 아니다. 성경은 창조로부터 재창조로의 진행 과정과 관련해 단순히 우리에게 신학적인 순서를 보여주는 것이다. 또한 이것은 개혁파 교회의 신앙고백의 순서이기도 하다.

일반계시는 하나님에 대한 일반적인 지식을 의미하는 것이 아니다. 「벨기에 신앙고백서」에서 사용된 "우리"라는 단어는 이와 같은 의도를 지니고 있지 않다. 여기서 "우리"라는 단어를 "우리 인류"라고 이해해서는 안 된다. 반면에 그 표현은 "우리 신자들"을 뜻한다. 「벨기에 신앙고백서」의 다른 모든 조항과 마찬가지로, 여기서 "네덜란드에 살고 있는 신자들"이 자신들의 신앙을 고백하고 있는 것이다. (여기서 "벨기에"라는 명칭은 라틴어 제목 [*Confessio Belgica*]을 따른 것으로서, 오늘날의 벨기에와 네덜란드 지역을 모두 포함한다). 그리고 이것은 "복식 부기"와 전혀 상관이 없다. 계시와 관련해서 "복식 부기"라는 개념에 의하면, 창조주와 그분의 모든 창조물에 대한 지식은 실질적으로 또는 심지어 오직 자연이라는 책으로부터 유래된다.

하나님에 대한 지식은 하나님이 그분의 창조와 섭리를 통해서 자기 자신을 계시하신다고 깨닫는 것과 합리적인 사색이나 추론보다 더 많은 것을 요구한다. 분명히 창조와 섭리를 통한 계시를 무시하지 않는 칼뱅은 이렇게 말한다. "그러므로 창조세계가 그것을 지으신 분의 영광을 드러내기 위해서 그렇게도 많은 등불을 밝히고 있지만, 우리에게 그 모든 것은 헛될 뿐이다"(『기독교강요』 1.5.14). 이것이 헛된 것은 바로 우리의 잘못이다. "하나님은 그분의 창조물을 통해서 자기의 영광을 드러내신다. 그분이 창조물을 통해서 자기를 나나내시는 것은 그 빛 자체(the light itself)와 관련해서 충분히 명백한 것이다. 하지만 우리가 영적으로 눈이 멀어서, 그것이 충분하다는 것을 알아차리지 못한다"(롬 1:20에 대한 칼뱅의 해설에서). 우리가 창조주 하나님께로 나오기 위해서는 안내자와 선생으로서 성경을 필요로 한다(『기독교강요』 1.6.1). 그뿐만 아니라, 하나님이 사람들에게 빛을 비추어주셔야 하며, 그들은 그 빛에 자신들의 눈을 열어야 한다는 것은 사람들에게 주어지는 모든 계시에 대해서도 사실이다. 간단히 말해서, 우리는 성경이란 안경과 믿음의 눈을 필요로 한다.

한 가지 사실로서, 하나님에 대한 자연적인 지식은 종종 일반계시에서 추론되었으며, 또한 그것은 자연 계시라고 불렸다. 칼 바르트와 그에게 동조하던 많은 이들은 자연 신학에 대한 이론들을 멀리 했다. 이 점과 관련해서 바르트의 입장은 옳다. 우리는 그와 같은 자연 신학의 실례들을 로마 가톨릭주의와 이른바 나치 시대의 "독일 그리스도인들"(Deutsche Christen)과 연결된 개념들에서 찾을 수 있다.[26] 하지만 구조적인 관점에서 살펴본다면, 우리는 일반계시와 자연 계시가 똑같지 않다는 것을 지속적으로 기억하고 있어야 한다. 사실상 로마 가톨릭주의에서 일반계시와 자연 계시는 동일하다. 일반적으로 말할 때, 비록 이전의 개혁파 신학은 칼뱅이 지녔던 입장보다 자연 신학으로부터 더 많은 것을 기대하기는 했지만, 종교개혁의 전통에 서 있는 신학에서 일반계시와 자연 계시는 동일한 것이 결코 아니다(참조. § 10.2).

---

26 이 주제에 대해서 자세히 알려면 다음 논문을 참고하라. J. van Genderen, in A. G. Knevel (ed..), *Visie op Karl Barth*, 1987, 17-24.

신학의 영역에서 한 가지 중요한 현상은 바로 계시에 기초한 보편주의 (revelational universalism)라는 개념이다. 계시에 기초한 보편주의는 20세기 후반부터 힘을 얻었다. 이 개념은 계시가 예수 그리스도를 통한 구원의 계시보다 더 광범위한 것을 포함하고 있다는 입장을 옹호한다. 신에 대한 추상적인 지식 및 자연에 기초한 지식이나 자연 종교는 배후로 물러났다. 그리고 세계의 온갖 종교들이 저마다 구체적인 모습을 지닌 채 전면에 등장했다. 어떤 그리스도인들은 복음에 대해 설명하기 위한 상호 연관성을 입증하기 위해서 진리의 요소들이나, 오직 하나의 진리에 대한 측면들을 탐구하기 시작했다(International Missions Conference of Jerusalem, 1928). 헨드릭 크래머(Hendrik Kraemer)를 비롯해 다른 학자들은 1938년에 인도의 탐바람(Tambaram)에서 개최된 회의에서 기독교와 다른 종교들의 불연속성을 강조했다. 하지만 제3차 세계교회협의회 총회(뉴델리 1961년) 이후로 계시에 기초한 보편주의가 탄력을 얻기 시작했다. 모든 종교는 하나님께로 나아가는 길들이라고 여겨졌다.

최근에 로마 가톨릭 신학에서도 비슷한 신학적인 관점이 제기되었다. 이와 같은 관점을 지닌 로마 가톨릭 신학자들 중에서 널리 알려진 신학자들은 칼 라너(Karl Rahner), 슐레테(H. R. Schlette), 라이몬 파니카(Raimon Panikkar), 캉(A. Camps) 등이다. 라너는 다음과 같이 주장했다. 일반계시는 개념적인 측면에서 기독교 안에서 명백하게 성취되었지만, 기독교 이외의 다른 종교들에서는 함축적으로 성취되었다. 그리고 일반계시는 그리스도를 통한 하나님의 자기표현 안에서 유일무이하고 취소할 수 없는 절대적인 정점을 발견한다(Wentsel, 1970, 166). 교회에 대해서 다루는 제2차 바티칸 공의회의 문헌의 교의 헌장 『인류의 빛』(*Lumen Gentium*)에는 다음과 같은 중요한 내용이 들어 있다. "[로마 가톨릭]교회는 사실 그들[비그리스도인들]이 지닌 좋은 것, 참된 것은 무엇이든지 다 복음의 준비로 여기며, 모든 사람이 마침내 영원한 생명을 얻도록 빛을 비추시는 분[하나님]께서 주신 것이라고 생각한다." [네덜란드 로마 가톨릭교회의] 『새 교리문답』(*De nieuwe Katechismus*)은 하나님의 영원한 말씀, 곧 우리 주 예수 그리스도가 그분의 성령을 통해서 종교들의 지혜에서 역사해왔다는 확신을 표현한다.[27] 하지만 로마 가톨릭교회의 공식적인 입장에는 다소 모호한 점이 있다. 교회 바깥에도 구원이 있다고 하지만—과거에 로마 가톨릭교회에서 이 관점은 받아들여지지 않았다—이것은 기독교가 아닌 종교들을 구원에 이르는 길들로 인정한다는 것을 의미하지 않는다.

교회 일치 운동(the ecumenical movement) 그룹에서 나오는 문서들 중 계시에 기초한 보편주의 개념의 경향을 나타내는 숫자는 점점 더 늘어나고 있다. 그 대화에는 매우 다양한 접근 방법들이 시도되고 있다. 1983년에 밴쿠버에서 개최된 제6차 세계교회협의회 총회에서는 다른 종교들과 관련해서 다음과 같은 의견의 일치에 이르렀다. 곧 "우리는 다른 종교들의 신봉자들이 종교적인 진리를 찾아가는 과정에서 하나님이 창조적으로 일하신다고 인정한다."

오늘날의 다원주의 사회 안에서 그리스도가 결정적이고 규범적인 중요성을 지니고 있다는 관점을 포기할 준비가 되어 있다고 말하기까지 하는 신학자들(목회자들)의 숫자는 비록 소수이기는 하지만 점점 더 늘어나고 있다. 그들은 마음을 열고 진정으로 대화하기 위해서 이와 같은 입장을 취한다고 주장한다. 그와 같은 대화는 서로 주고받는 것이 있기 때문에 참여자들을 풍요롭게 해준다. 이 입장을 지지하는 학자들과 관련해서 크니터(P. F. Knitter)는 존 힉(J. Hick), 파니카(R. Panikkar), 판 뷰렌(P. van Buren), 로즈메리 류터(Rosemary R. Ruether), 피리스(A. Pieris) 등의 이름들을 언급한다. 그러면서 그는 자신도 그들 가운데 포함된다고 힘주어 말한다. 그래서 그리스도와 함께 고안된 "하나님 중심적인 모델"은 더 이상 대화의 중심이 아닌 것으로 이해되었다. 이 대화는 행복과 구원을 위한 협력이 전반적인 목표였고, 그리스도 안에 있는 하나님의 계시의 유일무이한 특성은 희생되었다. 니터의 『다른 이름은 없다?』(*No Other Name?*, 1989)라는 제목에서 물음표는 그가 지니고 있는 신학적 및 종교적인 사고의 특성을 드러내준다.

이와 같은 "하나님 중심적인 접근 방법"은 종교 신학(theology of religions)을 위

---

27 *De nieuwe Katechismus*, 1966, 35 이하.

개혁교회 교의학

한 하나의 새로운 모델로 제시되었다. 이 접근 방법은 창조와 인류 역사는 구속 및 심판을 위한 하나님의 구원 행위를 실행하는 장소를 나타낸다는 전제와 더불어 지지를 받고 있다. 이 방법에 의하면, 하나님은 예수 그리스도 안에서 자기 자신을 철저하게 계시하시지 않았다. 그뿐만 아니라 하나님은 그리스도 안에서만 독점적으로 자기 자신을 계시하시지도 않았다.[28]

하지만 성경은 어느 곳에서도 하나님의 계시, 다른 종교들 안에서 하나님의 창조적인 사역 및 그 결과로서의 구원에 대해 그와 같이 일반화해서 해석할 수 있는 권리를 부여하지 않는다. 왜냐하면 성경은 다음과 같이 분명하게 증거하기 때문이다. "다른 이로써는 구원을 받을 수 없나니 천하 사람 중에 구원을 받을 만한 다른 이름을 우리에게 주신 일이 없음이라"(행 4:12). 또한 예수 자신도 "내가 곧 길이요 진리요 생명이니 나로 말미암지 않고는 아버지께로 올 자가 없느니라"(요 14:6)고 말했다. 사실상 다양한 종교들은 하나님의 계시에 대해서 어떤 반응을 보인다. 그것은 하나님을 더듬어 찾고자 하는 것이라고 말할 수 있을 것이다(참조. 행 17:27). 하지만 인간이 만들어낸 종교들은 하나님의 영원한 능력과 신성을 나타내는 계시에 대해 완고하고 자의적인 방법으로 반응한다. 그 종교들은 하나님이 계시하신 진리를 제쳐놓고, 그것을 다른 것으로 대치했다(롬 1장).

우리는 바빙크와 더불어 인간이 본래 가지고 있는 종교적 감각(religious sense)을 알 수 있다. 이 종교적 감각은 다양한 방식, 곧 이해와 분별(롬 1:20)의 결과 및 거부와 대체(롬 1:18, 25)의 결과로 나타난다. 이와 같은 종교적인 이해는 다음과 같은 몇 가지 특별한 축을 중심으로 구체적으로 나타난다. 곧 전체적인 것에 대한 자각, 규범성(normativity), 더 높은 권세와의 연관성, 구속에 대한 개념 및 인간의 삶이 인도함을 받는다는 의식

---

28 J. van Lin, in F. J. Verstraelen (chief ed.), 『에큐메니칼 입장에 기초한 선교학 입문』(*Oecumenische inleiding in de missiologie*), 1988, 196.

등이다(J. H. Bavinck, 1949, 187 이하).

여기서 우리는 우리가 구원받기 위해 오직 하나의 이름이 필요하다고 말하는 성경의 메시지를 직접적으로 반대하는 보편주의의 형태들뿐만 아니라, 기독교 이외의 종교들에 대해 다소 긍정적인 측면에서 언급하는 최근의 개신교 안에서의 광범위한 움직임에 대해서도 다루어야 한다. 파울 알트하우스(Paul Althaus)의 관점에 의하면, 종교는 "원계시"(Uroffenbarung)를 통해서 자기 자신을 인간에게 계시해주시는 하나님과 인간 사이의 의식적인 관계다. 그리고 종교 안에는 진리와 거짓이 모두 포함되어 있다. 이방 종교는 복음의 예비 단계로 이해될 수도 있지만, 또한 그것은 복음과 대치된다. 판넨베르크의 견해에 의하면, 종교의 역사는 반드시 인간 실존의 구조에 전제되는 것으로서 신적인 신비가 나타난 것으로 해석해야 한다. 비록 기독교 이외의 종교들은 신적인 신비가 나타나는 것을 오직 부분적으로 관찰했지만 말이다.[29]

오늘날의 계시에 기초한 보편주의는 부분적으로 일종의 일반적인 구속 역사와 일종의 보편구원론으로 나아가는 경향을 지니고 있다. 그것은 교회뿐만 아니라 그리스도인들에게 주어진 선교 사명을 성취하는 것을 마비시키는 부정적인 영향을 미친다(Wentsel, *Dogm.* 2.94-202). 따라서 일반 계시의 불충분성과 관련해서 신앙고백적인 진술들을 굳게 붙잡고 있는 것이 필요하다. 기독교 신학자들이 이와 관련해서 일치된 견해를 지니고 있다고 진정으로 더 이상 주장할 수 없다(Bavinck, *R.D.*, 1:312). "불충분성"이라는 용어는 하나님의 계시에 대한 비판을 전혀 암시하지 않는다. 오히려 인간은 하나님이 지으신 것들에 기초해서 하나님을 알지 못한다는 것을 비판한다. 「웨스트민스터 신앙고백서」는 이와 관련해서 다음과 같이 선언

---

29 P. Althaus, 『기독교의 진리』(*Die Christliche Wahrheit*), 1952, 93, 173 이하. W. Pannenberg, 『조직신학의 기본 질문들』(*Grundfragen systematischer Theologie*), 1971², 289-295; idem, *Systematische Theologie*, 1988, 1:184-205. 참조. P. F. Knitter, *No Other Names?* 1989, 97 이하.

개혁교회 교의학

한다. "자연의 빛, 창조와 섭리의 역사는…구원에 이르는 데 필요한 하나님과 그분의 뜻에 대한 지식을 얻는 데 있어 충분하지 않다"(1.1). 하지만 하나님이 지으신 것들을 통해서 하나님을 알 수 있다는 것은 참으로 "인간을 설득하고 그가 핑계하지 못하게끔 하는 데 충분하다"(「벨기에 신앙고백서」 제2조). 그렇지만 일반계시의 불충분성과 어떤 핑계도 댈 수 없다는 것(롬 1:20)에 대해서 말해야만 한다는 것이 일반계시가 신자들에게 지니고 있는 중요성을 없애주는 것은 결코 아니다. 신자들은 분명히 모든 것이 하나님을 가리키고 있는 창조세계라는 놀라운 책에 대해서 말할 수 있다(참조. 「벨기에 신앙고백서」 제2조).

신자들에게 일반계시는 하나님에 대한 지식을 위한 독자적인 자료가 결코 아니다. 계시의 두 가지 수단 또는 형태는 서로 관계가 없는 두 자료로 분리시켜서는 안 된다. 성경의 빛이 창조세계에 비추어져야 한다. 믿음이 없으면, 우리는 세계가 하나님의 말씀으로 창조되었다는 것을 깨닫지 못한다(히 11:3).

첫째, 일반계시의 중요성은 우리가 그분이 지으신 것들을 통해서 하나님을 알게 되며, 또한 그분을 영화롭게 한다는 믿음으로 이루어져 있다. "여호와 우리 주여, 주의 이름이 온 땅에 어찌 그리 아름다운지요!"(시 8:1, 9). "여호와여, 주께서 하신 일이 어찌 그리 많은지요! 주께서 지혜로 그들을 다 지으셨으니 주께서 지으신 것들이 땅에 가득하니이다"(시 104:24). 우리는 자연의 위력이나 또는 사건들이 맹목적으로 연속해서 일어나는 것을 마주하는 것이 아니다. 오히려 우리는 하나님의 위엄 앞에 놓여 있다. 하나님의 이와 같은 계시는 욥이 하나님의 위대함과 지혜를 깨닫도록 이끌었다. 그러자 욥은 자신이 하찮은 존재이며 어리석다는 것을 하나님 앞에서 자백하고 자신을 낮춘다(욥 38-42장).

둘째, 하나님의 일반계시는 자연과 하나님의 은혜 사이에 서로 대치되는 것은 아무것도 없다는 것을 우리에게 분명하게 보여준다. 자연과 은혜로 구분하는 이원론은 성경에 기초한 것이 아니다. 자연과 은혜, 창조와 재창조는 서로 매우 밀접하게 연결되어 있어서 떼어놓을 수 없다. 한 분이시며 동일하신 하나님은 일반계시를 통해서 자기 자신에 대해 증거하신다. 또한 그분은 특별계시를 통해서 자기 자신을 은혜의 하나님으로 알려주신다(Bavinck, *R.D.* 1:322).

셋째, 우리가 다른 종교들을 믿는 이들과 만나서 대화하고자 할 때, 우리는 우리를 하나로 결합해주는 것에서부터 대화를 시작할 수 있다. 다른 종교를 믿는 이들은 자신들이 하나님에 대해서 결코 알지 못한다고 주장할 수 없다. 기독교 이외의 종교들이나 세계관에 들어 있는 진리의 요소들은 대화에서 어떤 출발점의 역할을 할 수 있는데, 그 요소들이 진리 그 자체가 아니라 오히려 종교적 의식(religious awareness)으로 해석되어야 한다. 그리고 그것들은 하나님이 인간을 무시하지 않으신다는 사실과 더불어 인간이 하나님의 형상대로 지음을 받았다는 것을 반영한다. 이와 같은 종교적 의식은 다른 종교인들 간의 접촉점을 만드는 데 아주 중요하다. 거기에는 대화를 위한 어떤 토대가 있다. 하지만 대화는 증거를 위한 도구로만 머물러야 한다.

"일반계시"는 오늘날 개혁파 신학에서도 사용되는 개념이다. 비록 "일반"(general)이라는 용어가 가장 적합한 것인지에 대해서 질문을 제기할 수도 있겠지만 말이다. "특별"(special)이라는 용어는 분명히 "일반"의 자격을 제한하는 것을 의미하지 않는다. 어쨌든 자연 계시에 대해서 말하지 않는 것이 더 좋을 것 같다. 왜냐하면 자연 계시라는 용어에는 일반계시라는 용어보다 더 많은 논쟁의 주제들이 포함되어 있기 때문이다. 또한 우리는 "원계시"(P. Althaus)나 또는 "창조 안에서의 계시"(E. Brunner)라는 용어를 사용하지 않는 것을 선호한다. 하지만 이 용어들을 "치명적인 현대의 표현들"(K. Barth)이라고 부를 필요는 없을 것이다. 구원을 위한 하나님의 행위와 구별되는 것으로서, 세상 안에서의 하나님의 행위(C. H. Ratschow)라는 묘사라든가 또는 근본적인 계시(fundamental revelation)나 하나님의 사역들을 통한 계시와 같은 명칭들도 전적으로 만족스러운 것은 아니다. 더욱이 부분적인 계시, 희미한 계시나 성취되지 않은 계시와 같은 용어들은 더욱더 만족스럽지 못하다. 이와 같이 더 나은 용어가 없기 때문에, 우리는 계속해서 "일반계시"라는 용어를 사용할 것이다. 일반계시는 이미 창조 안에 뿌리를 내리고 있다. 또한 일반계시는 하나님이 창조세계 전체를 그분의 섭리에 기초해서 보존하시고 다스리신다는 것과 결코 떼어놓을 수 없을 만큼 밀접하게 연결되어 있다. 이것은 하나님이 한 사람도 빼놓지 않고 누구에게나 자기 자신을 계시하신다는 것을 암시해준다(참조. Berkouwer, 1951, 242).

바빙크는 우리가 여기서 인용할 만한 가치가 충분히 있는 한 가지 정의를 제시한다. 곧 "일반계시는 하나님의 의도적이며 자유로운 행위다. 하나님은 (가장 광범위한 의미에서) 자연과 역사를 수단으로 사용하시면서 (또한 인간의 개별적인 삶의 경험을 포함해서) 특히 전지전능하신 속성을 통해서 타락한 인간에게 자기 자신을 계시하신다. 그래서 사람들이 하나님께로 돌아와서, 하나님의 율법을 지키게 하며, 또한 만약 회개하지 않는다면, 아무도 변명하지 못하게 하려는 것이다(Bavinck, *R.D.*, 1:350).

5.2. 특별계시

일반계시와 특별계시를 서로 구별해야 한다면, 특별계시에 대한 서술어나 정의를 제시하는 것이 타당할 것이다. 바빙크는 특별계시에 대해서 다음과 같이 정의한다. 곧 특별계시는 "하나님의 의도적이며 자유로운 행위다. 하나님은 그 행위를 통해 역사 과정 속에서 특별한 수단들(하나님의 나타나심, 예언, 이적)로―이 특별한 수단은 그리스도 안에서 집중적으로 나타남―자기 자신을 사람들에게 알려주신다. 특히 그분은 자기의 공의와 은혜의 속성을 통해서 또한 율법과 복음을 선포하는 것을 통해서 자기 자신을 알려주신다. 그래서 사람들이 특별계시의 빛 안에서 살게 하시어, 그리스도 안에서 믿음으로 하나님의 은혜를 받아들이게 하려는 것이다. 만약 그들이 끝까지 회개하지 않는다면, 그들은 더 엄격한 심판을 받을 것이다"(Bavinck, *R.D.*, 1:350). 이 정의를 다음과 같이 더 간략하게 표현할 수 있을 것이다. 곧 하나님은 그분의 계시를 통해서 죄인들에게 생명의 길을 알려주셨고, 그 과정에서 하나님은 그리스도 안에서 초점이 맞추어지고 정점을 이루는 특별한 수단들을 사용하셨다. 그래서 그분은 죄인들이 계시의 빛 안에서 살게 하신다. 구약성경에서는 특별계시로 빚어진 빛의 공동체가 명확하게 구분된다(참조. 시 147:19-20). 하지만 하나님의 의도는 오직 한 나라에게만 국한시켜서 하나님을 알려주시고자 하는 것이 아니었다. 특별계시의 특성은 특히 그것의 내용에 적용된다. 그것은 바로 오직 그리스도 안에서만 구원을 얻는다고 계시해준다. "하나님이 세상을 이처럼 사랑하사 독생자를 주셨으니 이는 그를 믿는 자마다 멸망하지 않고 영생을 얻게 하려 하심이라"(요 3:16).

인간은 죄를 범했다. 하지만 하나님은 그를 떠나지 않으셨다. 시간과 역사 속에서 하나님의 계시는 계속된다. 그것은 하나님이 세상 안에 개입하신다는 것을 함축한다. 세상을 지으시고 나서, 그 이후로 하나님은 지속적으로 세상을 보존하시고 다스리신다. 하나님의 계시는 더욱더 풍성해진다. 왜냐하면 하나님은 그분의 은혜에 기초해서 절대적인 권능으로 죄와 맞서시기 때문이다.

특별계시의 첫 번째 특성은 하나님 중심적일 뿐만 아니라 **삼위일체적**(Trinitarian)이라는 점이다. 하나님은 우리에게 자기 자신을 아버지와 아들과 성령으로 알려주셨다. 구원의 위대한 사건들을 통해서—말씀이 육신이 됨과 성령이 우리에게 부어짐—삼위일체적인 특별계시의 특성은 구약성경의 계시보다 신약성경 안에서 훨씬 더 자세하고 분명하게 선포되었다. 이제 성부와 성자와 성령의 이름으로 세례가 베풀어진다(마 28:19). 또한 삼위일체 하나님의 이름으로 교회에 축복이 선언된다(고후 13:13).

특별계시의 두 번째 특성은 **구원론적**(soteriological)이라는 점이다. 특별계시는 바로 구원에 대한 계시다. 우리에게 필요한 계시는 우리가 이 세상에서 하나님을 알고 구원을 받고 그분께 영광을 돌리는 것이다(참조. 「벨기에 신앙고백서」 제2조). 우리는 「하이델베르크 교리문답」(제6주일)과 더불어 하나님이 맨 처음에 복음을 낙원에서 계시하셨다고 말할 수 있다. 우리는 그 복음에 대해서 약속의 모체라고 생각한다(참조. 창 3:15). 또한 하나님은 예언들을 통해서 자신이 누구이시며, 또한 자신이 어떻게 행동하는지 말씀하신다. "나는 여호와 네 하나님이요 이스라엘의 거룩한 이요 네 구원자임이라"(사 43:3). 그리고 복음이 시작될 무렵에 다음과 같은 찬양이 울려 퍼진다. "찬송하리로다! 주 이스라엘의 하나님이여, 그 백성을 돌보사 속량하시며"(눅 1:68). 나아가 사도 바울은 그리스도 안에서의 구원에 대해서 다음과 같이 선언한다. "예수는 하나님으로부터 나와서 우리에게 지혜와 의로움과 거룩함과 구원함이 되셨으니"(고전 1:30). 바빙크는 하나님의 계시의 의도는 전체 인격과 온 우주의 구원과 회복이라고 올바르게 말했다(Bavinck, *R.D.*, 1:346).

특별계시의 세 번째 특성은 **점진적**(progressive)이라는 점이다. 하나님의 계시의 역사가 있다. "옛적에 선지자들을 통하여 여러 부분과 여러 모양으로 우리 조상들에게 말씀하신 하나님이 이 모든 날 마지막에는 아들을 통하여 우리에게 말씀하셨으니"(히 1:1-2). 하나님의 아들 그리스도가 이 땅에 오신 사건과 그의 사역은 진정으로 특별계시의 초점이자 절정이다. 하지만 그것은 아직 특별계시의 최절정과 완성은 아니다. 그리스도는 다음과 같이 사도들에게 그의 성령을 보낼 것이라고 약속하신다. "그러나 진리의 성령이 오시면 그가 너희를 모든 진리 가운데로 인도하시리니"(요 16:13).

하나님은 자기 자신을 계시하시기 위해 세 가지 수단을 사용하셨다. 곧 하나님의 나타나심(theophany), 예언, 이적이다.

1. 하나님의 나타나심. 구약성경에서 하나님이 시내산에 내려오셔서, 이

스라엘 백성에게 나타나셨다는 것은 중심적인 위치를 차지한다(출 19:18-20; 신 4:11-15). 어떤 경우들에서 하나님의 나타나심은 자세하게 구체적으로 묘사되지 않는다. 반면에 다른 경우들에서 하나님이 환상이나 표징 등으로 나타나셨다고 언급된다(창 15:1; 왕상 8:10).

구약성경은 여러 곳에서 야웨의 천사(*mal'ak YHWH*)가 나타났다고 말한다. 야웨의 천사에 대한 해석과 관련해 두 가지 서로 대조되는 견해가 제시되었다. 한편으로, 이 천사는 천지창조 이전부터 존재하던 하나님의 말씀이나 또는 구약성경에서의 그리스도의 계시라고 확인되었다. 다른 한편으로, 이 천사는 어떤 천사로서 하나님을 대표하는 존재라고 여겨졌다. 천사들의 세계에서 이 천사와 동등한 존재가 없다는 것은 주목할 만한 점이다. 그 천사는 언제나 스스로 나타난다. 그가 나타날 때마다, 하나님은 그분의 백성 가운데 계신다(참조. 출 3:2, 4; 삿 6:11-24). 따라서 야웨의 천사라는 표현은 그리스도가 이 땅에 오기 이전에 하나님의 나타나심을 가장 직접적으로 묘사한다. 곧 이 표현은 "하나님의 진정한 인격적인 계시와 나타나심"(Bavinck, *R.D.*, 1:329)을 가리킨다. 그와 같은 하나님의 나타나심은 하나님이 자기 자신을 사람들에게 계시해주시는 것을 기뻐하신다는 것을 말해준다. 우리는 야웨의 천사의 나타남 안에서 더 풍요로운 계시에 대한 암시를 인식할 수 있을 것이다. 곧 "그[하나님의 아들]는 육신으로 나타난 바 되시고"(딤전 3:16).

2. 예언. 이 예언은 이스라엘 역사 자체와 인류 역사에서 유일무이한 현상이다. 예언에 대해서 신학적인 논의가 활발하게 전개되었다. 이스라엘의 예언자들이 자신들의 영적인 통찰을 하나님의 계시로 간주했다는 것은 우리가 그들에 대해서 알고 있는 것과 상반된다. 하지만 이스라엘 역사에서 이와 같이 해석했던 거짓 예언자들도 있었다. 우리는 예언자 예레미야 같은 인물의 경우에는 그의 생각과 하나님이 그에게 주신 말씀 사이에 긴장이 있었다는 것을 알아차릴 수 있다. 그는 "야웨께서 나를 속이셨으므

로, 내가 주님께 속았습니다. 야웨께서 나보다 더 강하셔서, 나를 이기셨습니다"(렘 20:7-MT)라고 말한다(참조. 렘 20:8-18). 또한 이 점은 아모스뿐만 아니라 다른 예언자들에게도 사실이다. "주 야웨께서 말씀하신즉 누가 예언하지 아니하겠느냐?" "주 야웨께서 자기의 비밀을 그의 종 선지자들에게 계시하셨다"(암 3:8, 7-MT). 하나님이 자기 자신을 그의 예언자들에게 계시하신 방법의 가장 심오한 본질은 우리에게 여전히 하나의 신비로 남아 있다(Oosterhoff, 1987, 17). 각각의 경우마다 그것은 하나님이 주신 영감이나 계시와 관련이 있다. 예언자들은 하나님의 말씀이 자신들에게 주어졌다거나, 주의 손이 그들 위에 임했다고 선언한다. 이것은 그들이 절대적인 권능에 사로잡혀서 이끌림을 받고, 또한 하나님이 말씀하시는 것에 전적으로 열려 있다는 것을 넌지시 알려준다(Oosterhoff, 1987, 10). 예언자 에스겔은 두루마리를 먹어야 했다. 이것은 그가 하나님의 말씀을 받아들여서 그것과 하나가 되어야 한다는 것을 말한다. 예레미야 23:18은 [거짓 예언자들 중에] "누가 여호와의 회의에 참여하여 그 말을 알아들었으며 누가 귀를 기울여 그 말을 들었느냐?"라고 질문한다. 거짓 예언자와 대조적으로, 참된 예언자는 자신이 하나님과 연합되어 있다는 것, 곧 자신이 하나님과 친밀한 사귐을 맺는다는 것을 알고 있다. 어쨌든 예언자 예레미야는 하나님의 입(렘 15:19)으로 행동하고, 하나님이 들려주시는 말씀을 그분의 백성에게 전달해준다. 예레미야는 자신이 선포하는 것이 하나님의 메시지라고 확신한다. 그래서 그는 "여호와께서 이와 같이 말씀하시니라"고 선언한다.

예언이 단지 미래와만 관련이 있는 것은 아니다. 하나님이 예언이라는 수단을 통해서 계시하시는 것은 현재, 과거, 미래와 관련이 있다. 예언자들은 특별한 시기에 특정한 상황 가운데 등장한다. 하지만 그들의 예언들은 대체로 보존되었다. 이 예언의 말씀들은 미래에까지 널리 미치는 중요성을 지녔다. 그 말씀들에 대한 해석이 이 점을 확인해준다. 예언자들의 관점은 과거와 현재 그리고 미래를 모두 포괄한다.

예언자들은 하나님의 계획과 뜻, 구원에 대한 약속과 임박한 심판 등에 대해서 선포한다. 그들은 이 과정에서 혼자 독립적으로 서 있는 것이 아니다. 예언자들의 예언은 이전에 하나님이 말씀하신 것, 특히 하나님이 모세의 사역을 통해서 이스라엘에게 계시하신 것과 연결되고, 또한 그것과 지속적인 관계에 있다. 그래서 하나님은 모세 이후의 예언자들에 대해 이렇게 말씀하실 수 있다. "내가…내 말을 그 입에 두리니 내가 그에게 명령하는 것을 그가 무리에게 다 말하리라"(신 18:18). 또한 예언은 우리의 으뜸가는 예언자와 교사로서 우리에게 우리의 구원에 대한 하나님의 은밀한 계획과 뜻을 온전히 계시해주는 그리스도 안에서 절정을 이룬다(「하이델베르크 교리문답」 제12주일).

3. 이적. 계시의 세 번째 수단은 이적이다. 맨 먼저 언급해야 할 것으로서, 오직 하나님만이 이적들(놀라운 일들)을 행하신다(시 72:18). 하나님의 행위로서의 이적(miracles)은 본질적으로 계시다. 이적과 관련해서 다음과 같이 언급된다. "여호와여, 주와 같은 자가 누구니이까? 주와 같이 거룩함으로 영광스러우며 찬송할 만한 위엄이 있으며 기이한 일을 행하는 자가 누구니이까?"(출 15:11). 이적을 통해서 하나님의 전능한 속성(omnipotence)이 특별한 방법으로 계시된다. 하지만 이적은 하나님의 계시 전체의 배경 안에서 이해되어야 한다. 하나님은 언약을 세우신다. 하나님은 이적을 행하신다. 모든 이스라엘 백성은 하나님이 행하시는 일을 볼 것이다(참조. 출 34:10). 이적들이 중요한 역할을 했던 시기가 적어도 세 번 있었다. 그래서 우리는 이적과 표적들의 주기(cycle)에 대해서 말할 수 있다. 곧 이집트에서 빠져나온 시대, 엘리야와 엘리사의 시대, 그리스도가 이 땅에 오고 또한 사도들이 하나님 나라에 대한 복음을 선포했던 시대다.

때때로 이적은 선포된 말씀을 확증해주는 역할을 한다(요 5:36; 행 14:3). 하지만 성경에서 언급되는 이적들이 아무리 의미심장한 것들이라고 하더라도, 그것들은 일반적으로 통용되는 의미에서의 증명은 아니다.

그래서 모든 사람이 그것들을 인정하는 것은 아니다. 성경의 이적들을 올바르게 이해하려면, 믿음이 요구된다. 이적들은 오직 믿음을 통해서만 하나님이 행하신 이적들로 이해되고 또한 하나님 나라의 도래에 대한 표적들로 이해된다.

또한 계시는 미래적인 측면을 지니고 있다. 우리는 만물의 완성이라는 시점을 향해서 나아간다. 그리고 우리는 하나님의 약속들과 일치하는 것으로서 강력하고 놀라운 일들을 기대할 수 있다. 하나님의 아들이신 말씀이 육신을 입고 이 땅에 왔을 때, 하나님의 계시의 역사에서 가장 중요한 이적이 현실이 되었다. 예수 그리스도는 하나님의 기적들의 전체 주기에서 중심을 차지한다.

간략한 참고 문헌

Th. van Baaren, 『현상학적인 관점에서 고찰한 계시 개념』(*Voorstellingen van openbaring phaenomenologisch beschouwd*), 1951.

J. H. Bavinck, 『종교적 자각과 기독교 신앙』(*Religieus besef en christelijk geloof*), 1949.

G. C. Berkouwer, 『최근의 독일 신학에서의 신앙과 계시』(*Geloof en openbaring in de niewere Duitse theologie*), 1932.

G. C. Berkouwer, *General Revelation*, 1955.

E. Brunner, *Revelation and Reason*, 1944.

G. D'Costa (ed.), *Christian Uniqueness Reconsidered*, 1990.

E. A. Dowey Jr., *The Knowledge of God in Calvin's Theology*, 1952.

A. G. Honig Jr., 『그리스도의 우주적인 중요성』(*De kosmische betekenis van Christus*), 1968.

W. Joest, *Fundamentaltheologie*, 1974.

P. F. Knitter, *No Other name?* 1989[1].

F. W. A. Korff, 『기독교 신앙과 비기독교 종교들』(*Het christelijk geloof en de niet-chriselijke godsdiensten*), 1946.

H. Kraemer, *The Christian Message in a non-Christian World*, 1938.

G. Kraus, 『계시 없는 하나님 인식과 신앙?』(*Gotteserkentnis ohne Offenbarung und Glaube?*), 1987.

H. M. Kuitert, 『철학적 신학』(*Filosofische theologie*), 1988.

H. M. Kuitert, 『믿음이란 무엇인가?』*Wat heet geloven?*), 1977.

C. Link, 『하나의 비유로서의 세상』(*Die Welt als Gleichnis*), 1976.

B. J. Oosterhoff, *Israels profeten*, 1962.

B. J. Oosterhoff, *Jeremia en het Woord van God*, 1987.

W. Pannenberg (ed.), 『역사로서의 계시』(*Offenbarung als Geschichte*), 1961.

T. H. L. Parker, *Calvin's Doctrine of the Knowledge of God*, 1969.

A. D. R. Polman, *Gereformeerd katholieke dogmatiek*), 1, 1969.

J. Riemens Jr.,『기독교의 계시 개념』(*Het begrip der openbaring in het Christendom*), 1905.

K. Runia,『복음과 많은 종교들』(*Het evangelie en de vele religies*), 1990.

J. Veenhof,『계시와 영감』(*Revelatie en inspiratie*), 1968.

J. Verkuyl,『과연 모든 종교들은 동일한가?』(*Zijn alle godsdiensten gelijk?*), 1984[5].

W. A. Visser 't Hooft, *No Other Name*, 1963.

J. M. Vlijim,『종교에 대한 칼 바르트의 개념』Het religie-begrip van Karl Barth), 1956.

H. M. Vroom,『종교들과 진리』(*Religies en de waarheid*), 1988.

B. Wentsel,『자연과 은혜』(*Natuur en genade*), 1970.

L. van der Zanden,『기독교와 역사적 계시』(*Christelijke religie en historische openbaring*), 1928.

제3장

성경

§ 6. 하나님의 말씀으로서의 성경

6.1. 계시와 성경
6.2. 구약성경과 신약성경

6.1. 계시와 성경

하나님의 계시와 성경은 동일한 것이 아니다. 또한 구원에 대한 계시와 성경이 동일한 것도 아니다. 특별계시는 성경 안에 포함되어 있는 것보다 더 많은 것을 포괄한다. 왜냐하면 하나님이 계시하신 모든 것이 하나도 빠짐없이 성경 안에 기록되어 있지는 않기 때문이다(참조. 요 21:25). 그뿐만 아니라, 계시가 주어지는 바로 그 시간에 계시가 문서로 기록된 것은 아니다. 예를 들면, 예언자들이 받은 계시는 종종 나중에 기록되었다. 이것에 대한 한 가지 예를 예레미야 36장에서 발견할 수 있다. 따라서 성경은 하나님이 모든 시대의 모든 사람을 위해서 보존하려고 계획하신 특별계시를 수록하고 있다.

우리는 맨 처음부터 사람들에게 주어진 하나님의 말씀과 성경의 책들을 구별한다. 하지만 그 구별은 이 두 가지의 **분리**를 의미하지 않는다. 그렇다면 우리는 어떻게 계시와 성경의 관계를 더 명확하게 서술할 수 있을까?

우리는 바빙크의 교의학에서 매우 설득력 있는 개념들을 찾을 수 있다. 그는 성경이 계시에 대해 종의 형태(the servant form)를 띤다고 언급한다. 그러면서 그는 성육신한 말씀과 기록된 말씀, 곧 성육신과 말씀의 기록(inscripturation)을 서로 연결한다. 그리스도 자신도 종의 형태를 취하지 않았는가? 하나님의 아들은 역사 속에서 우리에게 왔다. 이와 비슷하게 하나님의 계시도 역사 안으로 들어왔다. 그 말씀(the Word)은 기록물로서의 성경이 되었다. 기록물로서 성경은 모든 기록물의 운명을 겪는다. 하지만 그리스도의 인성이 죄로부터 자유로웠던 것과 똑같이, 또한 성경도 결점 없이 기록되었다. 성경은 그리스도의 종이며, 또한 그의 치욕을 공유한다(Bavinck, *R. D.*, 1:434 이하).

그리스도가 하나님인 동시에 사람인 것과 똑같이 성경도 신적인 요소와 인간적인 요소를 모두 포함한다. 그리스도와 성경은 유사한 것처럼 보이지만 그렇지 않다. 하나님의 아들의 성육신은 절대적으로 유일무이한 사건이다. 하지만 우리가 하나님의 계시를 인간의 언어를 통해서 받아들이는 것은 하나님의 아들이 인간의 본성을 취하는 것과 본질적으로 다른 것이다.

성경이 계시의 종이라는 바빙크의 말을 따르는 것은 잘못된 것이 아니다. 그럼에도 이런 이미지는 성경의 계시적 특성을 온전히 정당하게 대하지 않는 것이다. 성경은 계시 자체가 없이도 계시의 도구가 될 수 있다. 하지만 교회는 성경이 하나님의 말씀이라는 것을 믿는다. 우리는 하나님의 말씀, 거룩하며 신적인 경전, 그리고 거룩한 하나님의 정경을 지금 다루고 있다(「벨기에 신앙고백서」, 제2-7조)

성경이 하나님의 말씀이라는 신앙고백의 토대는 성경 자체에서 발견된다. 비록 이러한 고백을 인식하기 위해 성경이 성령의 증언을 필요로 하지만 말이다(§ 9를 보라).

교회는 성경 자체가 말하지 않는 성경에 대해 그 어떤 것도 말하지 않는다. 교회는 이것을 완전하게 절대적으로 확실하다고 입증하면서 성경을 아주 정당하게 다룬다.

예수는 "기록되었으되"(마 4:4, 6, 7, 10)라고 말씀하시면서 계속해서 성경에 호소하신다. 그는 자신에 대해 구약성경에서 기록된 것은 반드시 성취되어야 한다고 선언하신다(막 9:12; 눅 22:37). 구약성경은 예수에게 있어 하나님의 권위 있는 말씀이다. 사도들은 구약성경이 하나님의 말씀이라고 확신했다. 그래서 그들은 때때로 예언자들이 말한 것, 시편의 시인들이 말한 것과 그밖에 구약성경에 기록된 것을 모두 하나님이 직접 말씀하신 것으로 돌린다. 시편 95:7-11은 성령이 말씀하신 것으로 인용된다(히 3:7). 또한 시편 16편에서 시인이 말한 것은 하나님이 말씀하신 것으로 간주된다(행 13:35). 그리고 하나님의 영은 다윗을 통해서 말씀하신다(삼하 23:2).

우리는 어떻게 인간이 기록한 책이 하나님의 말씀일 수 있는가라는 주제에 관해 성경의 영감(inspiration 또는 theopneusty)에 대해 다루는 곳에서(참조. III. 성경 § 7) 논하고자 한다.

계시와 성경이라는 주제에 대해 매우 다양한 견해들이 제시되었다. 신학의 어떤 학파들은 성경에 수록되어 있는 책들이 **계시의 특성을 지니고 있다는 것을 전적으로 부인한다**. 곧 이 학파들의 관점에 의하면, **성경은 하나님의 말씀이 아니다**.

또한 어떤 신학자들은 성경이 **계시에 대한 기록**이라는 관점에서 성경과 계시의 연관성을 확립하려고 시도한다. 그래서 종종 다음과 같은 주장이 제기되었다. 곧 **성경은 하나님의 말씀이 아니지만, 하나님의 말씀을 포함한다**.

오늘날 과거보다 더 빈번하게 성경은 **계시에 대한 증언**이라고 이해된다. 그래서 많은 신학자가 계시에 대한 기록이라는 개념보다 계시에 대한 증거라는 개념을 더 선호한다. 성경은 죽은 의정서(protocol)가 아니라, 살아 있는 증언이다(L. Ihmels). 마르틴 캘러(Martin Kähler, 1835-1912)는 특

개혁교회 교의학

히 증언으로서의 성경에 대한 견해를 강조했다. 그리고 많은 학자가 그의 입장을 따랐다. 그 결과 증언으로서의 성경의 특성에 대한 관점은 특히 변증 신학(dialectic theology)의 영향 아래 폭넓은 지지를 얻게 되었다. 칼 바르트에 의하면, 성경은 하나님이 그것을 하나님의 말씀이 되게 하실 때만, 또한 하나님이 그것을 통해서 말씀하실 때만 하나님의 말씀이다(Barth, *C.D.*, 1.1.123). 성경이 하나님을 기쁘시게 할 때마다, **성경은 하나님의 말씀이 된다.**

네덜란드에서 모더니즘의 아버지 중 한 명인 스콜턴(J. H. Scholten)은 성경이 기독교에 대한 지식의 원천이지만, 계시는 아니라고 생각했다. 성경은 하나님의 계시에 대한 정보를 제공해주지만 계시 자체는 아니다. 따라서 성경은 하나님의 말씀이라고 불릴 수 없다. 모더니즘 우파의 중요한 대표자인 헤링(G. J. Heering)은 정통에서 벗어난 율법주의적인 성경근본주의(biblicism)를 만들어냈다고 종교개혁을 비난한다. 하나님은 그와 같이 다채로운 책, 곧 창세기 1장에서부터 요한계시록 22장에 이르기까지 하나님 자신의 말씀을 묘사하는 그와 같이 부피가 큰 책을 통해서 자기 자신을 계시하시지 않는다. 헤링의 견해에 의하면, 신약성경은 우리가 하나님의 계시의 일부분이라고 간주할 수 없는 많은 이미지들을 포함하고 있다. 따라서 그 이미지들은 기독교 신앙에 본래부터 들어 있던 것이 아니다.[1] 그리고 성경의 책들, 특히 구약성경의 책들을 비판적으로 접근하는 한 가지 방법론은 성경이 하나님의 말씀이라는 것을 거부하는 데까지 이르렀다. 구약 학자 라부샤네(C. J. Labuschagne)는 성경이 더 이상 하나님의 말씀이 아니라고 진지하게 믿는다. 그에게 성경은 진정으로 인간이 만든 책이다. 곧 "하나님과 그의 행위와 관련한 믿음의 통찰에 대한 인간의 심오한 증언이다."[2]

윤리 신학은 일반적으로 "기록"이라는 용어를 사용한다. 윤리 신학의 옹호자들

---

1 G. J. Heering, 『신앙과 계시』(*Geloof en openbaring*), 1944, 428, 314.

2 C. J. Labuschagne, 『성경은 하나님을 위해서 무엇을 말하는가?』(*Wat zegt de Bibel in Gods naam?*), 1977^2, 100.

은 성경이 구원의 계시에 대한 선포들의 모음집이라고 믿는다. 다른 기록물이나 또는 고대의 가치 있는 문서들의 경우와 마찬가지로, 성경은 역사비평적인 관점에서 분석되어야 한다(J. J. Valeton). 윤리 신학자들은 성경비평에 대해서 아무런 문제점도 갖지 않는다. 그들은 성경비평이 하나님의 계시를 해치지 않는다고 믿는다. 왜냐하면 그것은 초역사적(supra-historical, 이 용어는 H. M. van Nes가 제안함)이며, 또한 우리는 그것으로부터 무엇인가를 배울 수 있기 때문이다.[3]

칼 바르트에 의하면, 교회에 의한 말씀의 선포는 우리에게 하나님의 말씀이 될 수 있다. 그는 성경 전체에 대해서도 이와 동일하게 생각한다. 인간의 언어로 말한다는 것은 하나님이 지니신 특권이다. 바로 이런 의미에서 성경은 하나님의 말씀이다. 이 견해에 의하면, 성경은 어떤 인간적인 상황들에서 인간의 사고와 말들로 하나님의 말씀을 다시 말하며 재생하려고 시도하는 인간의 시도들을 반영한다. 하나님이 말씀하셨고 또한 바울도 말했다. 이 두 가지는 서로 전적으로 다르다. 하지만 하나님의 말씀이 하나의 사건일 때(im Ereignis des Wortes Gottes), 그것은 하나의 사실이다. 그때 계시와 성경은 말씀 대 말씀으로 하나다(Barth, *C.D.*, 1.1.127). 바르트가 성경을 계시에 대해서 증언하는 것이라고 이해할 때, 그는 계시와 성경의 분리를 암시한다. 성경을 기록한 인간의 언어와 하나님의 말씀을 전적으로 동일시하는 것은 배제된다. 내용과 관련해서, 성경은 예수 그리스도 안에서 하나님의 계시를 증언하는 책이다. 형식과 관련해서, 성경은 직접적인 목격자들의 증언이다. 성경은 신탁들(oracles)에 대한 책이 아니며, 또한 의사전달을 위한 직접적인 수단도 아니다. 예언자들과 사도들은 언어적인 묘사에서 완전하지 못할 수 있다. 사실상 그들의 언어 사용은 완전하지 못했다. 성경의 증언이 논쟁의 여지가 있다는 것은 성경의 종교적 내용 및 신학적 내용과 관련해서 함의들을 지니고 있다. 종교 역사 안에는 이 점과 유사한 것들이 있고, 성경의 저자들 사이에서도 서로 모순점들이 있다. 하지만 그들은 오직 은혜로 말미암아 오류가 있는 자신들의 인간의 언어로 하나님의 말씀을 말했

---

3   참조. A. de Willigen, "신앙과 역사"(Geloof en geschidenis bij J. J. P. Valeton, H. M. van Nes en G. van der Leeuw), in 『진지함과 평화』(*Ernst en vrede*), 1951, 193-213.

                                                개혁교회 교의학

다(Barth, *C.D.*, 1.2.530).

칼 바르트의 동기는 헤링의 동기와 다르다. 다음과 같은 두 가지 견해는 완전히 다르다. 헤링의 견해는 성경이 하나님의 말씀이 아니고, 인간은 믿음을 통해 반드시 자기 자신의 판단력을 사용해서 자신을 위한 복음이 무엇인지 결정해야 한다는 것이다.[4] 바르트의 견해는 성경에 대해 논쟁의 여지가 있기는 하지만 성경은 하나님의 주권적인 은혜를 통해서 우리에게 하나님의 말씀이 될 수 있다는 것이다. 하지만 헤링이나 바르트도 자신들이 거부한 관점을 정당하게 다루지 못한다. 종교개혁가들은 정통에서 벗어난 율법주의적인 성경근본주의(헤링의 비난)를 가르치지 않는다. 또한 교회의 정통 교의는 종이 교황(a paper pope -바르트의 비난)을 지지하지 않는다. 교회의 정통 교의가 은혜로 말미암아 사는 것을 거부하고, 자기 자신의 확실성을 찾는다는 비난은 더욱 심각하다. 그리고 성경이 하나님의 말씀이라는 종교개혁가들의 가르침은 하나님의 자유를 위협하는 것이 아니다. 하나님은 인간적인 수단들을 사용해서 믿을 만한 형태로 우리에게 그분의 계시를 자유롭게 제공해주시지 않는가?

이제 "증언"의 개념에 초점을 맞출 필요가 있다. 칼 바르트에 의하면, 증언은 하나님의 말씀인 그리스도를 언급하거나 또는 가리키는 것이다. 바르트가 계시와 성경을 구분하면서 사용하는 용어들은 인간의 증언으로서의 성경의 상대성도 암시한다.

성경의 증언은 사람이 지지하는 주관적이거나 오류가 있는 증언이 아니다. 오히려 하나님이 사용하시는 믿을 만한 증언이다.

예수는 성경이 자기에 대해서 증언한다고 말씀하신다(요 5:39). 예수의 이 말은 최근의 신학이 제시하는 통상적인 해석과 전적으로 다른 것이다. 여기서 증언은 법적인 용어로서 어떤 과정을 반영한다. 그 과정 속에서 목격자들은 진리에 대해 확증하기 위해서 쓰임 받았다. 그들의 증언으로 말미암아, 아무런 의심도 남아 있을 수 없다(참조. 신 19:15; 히 10:28). 사도

---

4 G. J. Heering, 『신앙과 계시』(*Geloof en openbaring*), 1944[2], 317-318, 329.

들은 예수의 부활을 직접 본 사람들로 언급된다(행 1:22). 그들은 부활한 주님을 자기들의 눈으로 직접 보았고, 또한 주님의 말씀을 자기들의 귀로 직접 들었다. 예수는 자기 제자들을 자기에 대한 증인들로 세웠다. 그 제자들의 증언의 배후에 바로 예수가 서 있다. 제자들의 증언은 사람들을 권면해서 예수를 믿고 따르게 하려고 세상으로 퍼져나간다. 사도적인 증언은 우리가 그 증언을 듣고, 그것을 확신하며 동조할 것을 요구한다.

성경의 증언은 사실들뿐만 아니라 그 사실들의 중요성도 포함한다. 우리는 이 두 가지 중에서 어느 것도 버릴 수 없다. 우리는 트림프(Trimp)와 함께 다음과 같이 말할 수 있을 것이다. 곧 하나님의 종들로서 목격자들은 "그리스도에 의해서 권위를 부여받고 또한 그분의 성령으로 무장된 채 그리스도로 말미암은 구체적인 진리와 구원에 대해 선포하는 이들이다. 또한 그들은 세상을 지배하고 있는 거짓으로부터 진리와 구원을 지키는 이들이다. 그래서 그들은 불신앙을 부끄럽게 만들고, 회개하도록 권면한다"(Trimp, 1970, 26). 그리스도의 영은 예언자들의 예언들을 통해서 그리스도에게 닥칠 고난과 그 뒤에 올 영광을 미리 증언해주셨다(벧전 1:11). 예수는 믿지 않는 유대 지도자들과 부닥치자 "또한 나를 보내신 아버지께서 친히 나를 위하여 증언하셨느니라"고 말씀하신다(요 5:37). 또한 우리는 이 배경에서 다음과 같은 예수의 말씀을 발견한다. "너희가 성경에서 영생을 얻는 줄 생각하고 성경을 연구하거니와 이 성경이 곧 내게 대하여 증언하는 것이니라"(요 5:39). 예수의 이 말씀은 그리스도에 대한 성경의 증언은 바로 하나님 아버지의 증언이라고 넌지시 알려준다.

성경의 증언은 단순히 계시의 신비에 대한 인간적인 평가나 해석이 아니다. 그것은 바로 하나님의 증언으로서 영원히 확실한 것이다.

"증언"이라는 개념과 관련해서 다음 문헌은 참고할 만한 가치가 충분히 있다. R. Schippers, 『신약성경에서의 예수에 대한 증언』(*Getuigen van Jesus Christus in het Niewe Testament*), 1938; H. Strahtmann in *TDNT*, 4:474-514; H. N. Ridderbos, 『구

원사와 성경』(*Heilsgeschidenis en Heilige Schrift*), 1955, 116-134; C. Trimp, 『성경의 권위에 대한 논쟁』(*Betwist Schriftgezag*), 1970, 7-35.

스키퍼르스(Schippers)는 신약성경에서 예수 그리스도를 증언하는 것은 그리스도 자신이나 또는 아버지께서 또는 성령이 또는 직접 보거나 들은 사람들이 그의 생애 및 행위에 대해서 말하는 것이라고, 즉 이와 같이 말하는 것을 통해 사람들이 믿음과 관련해서 자신들의 중대한 결정을 내리도록 설득하는 것이라고 결론짓는다. 따라서 사실들에 대한 지식과 묘사에 기초한 이 증언은 하나님의 공의(justice)를 섬기는 것이다. 신약성경은 오직 사실들과 밀접하게 연결되어 있는 목격자들만 알고 있다(Schippers, 199, 198). 특히 누가는 "증언"이라는 개념을 채택한다. 그것은 케리그마가 역사적인 기초 위에 놓여 있다는 것을 강조하려는 것이다. 구속사에서 사도들의 증언은 유일무이한 위치를 차지하고 있다. 사도들의 증언은 때가 찼을 때 일어난 위대한 구속 사건과 교회가 세워지는 사건 사이의 연관성을 묘사해준다. 그리고 그 연관성은 성령에 의해서 확립된다. 따라서 사도들의 증언은 계시에 대한 증언일 뿐만 아니라, 또한 이와 같은 계시의 일부분을 형성한다. 이 증언은 오직 한 사람의 권위에 의해서 주어진 것이 아니라, 많은 이들의 권위에 의해서 주어진 것이다. 이 점은 이 증언의 진정성을 강화해줄 뿐만 아니라, 동시에 그 증언의 다양성을 드러내준다(Ridderbos, 117, 120, 126).

6.2. 구약성경과 신약성경

구약성경과 신약성경의 구분은 기원후 3세기 초까지 거슬러 올라간다. 어떤 이들은 왜 우리가 이와 같이 구분해야 하는가라고 의구심을 품을 것이다. 하지만 우리는 바울이 그 당시의 유대인들에 대해 다음과 같이 말한 것에서 그 기원을 찾을 수 있다. "그러나 그들의 마음이 완고하여 오늘까지도 구약을 읽을 때에 그 수건이 벗겨지지 아니하고 있으니 그 수건은 그리스도 안에서 없어질 것이라"(고후 3:14). 여기서 구약(옛 언약)을 읽는 것은 틀림없이 회당에서 예배드릴 때 두루마리로 된 구약성경을 읽는 것을 가리킨다. 옛 언약은 새 언약과 대조된다. 언약을 의미하는 라틴어 단어는 "테스타멘툼"(*testamentum*)이다. 이 단어에서 옛 언약(구약성경)과 새 언약(신약성경)이라는 명칭들이 생겨났다.

유대인들에게 "타나크"(*Tanach*)—율법서, 예언서, 성문서(참조. 눅 24:44)—는 우리가 구약성경이라고 부르는 내용으로 이루어져 있다.

구약성경과 신약성경을 구분하는 것은 하나님의 말씀으로서의 성경의 통일성에서 결코 벗어나는 것이 아니다. 그리스도의 교회는 구약성경 전체가 그리스도에 대해 증언한다고 믿으며, 또한 구약성경이 그리스도 안에서 성취되었다고 이해한다. 바로 이런 이유로 말미암아 초기 교회 시대부터 신구약성경의 통일성이 주장되었다.

반면에 통일성에 기초한 신구약성경의 구분을 대립 관계로 바꾼 학자들도 있었다. 마르키온(Marcion)은 기원후 2세기에 구약성경이 창조주이자 율법의 시여자이신 유대인들의 하나님에게서 왔다고 주장했다. 하지만 만약 어떤 사람이 복음에 기초해 그리스도 안에서 자기 자신을 계시해주신 사랑의 하나님을 믿는다면, 구약성경은 더 이상 아무런 가치가 없다. 신약성경은 적어도 부분적으로 예수 그리스도의 아버지이신 선하신 하나님에게서 왔다.

또한 구약성경을 받아들이는 것을 힘들어 했던 이들도 있었다. 예를 들면, 초기의 아우구스티누스가 그랬다. 맨 처음에 그는 자기의 시대와는 달리 구약시대에는 하나님의 다른 율법이 지배했던 것을 이해할 수 없었다. 나중에 그는 율법 중 의식법(ceremonial laws)은 사라져버리는 그림자에 속한다는 사실을 깨달았다. 아우구스티누스는 젊은 시절에 수년 동안 마니교에 심취하기도 했었다. 하지만 그는 나중에 마니교의 가르침을 논박하면서 구약성경의 지속적인 중요성과 성경의 통일성을 매우 분명하게 강조했다. 마니교의 선전자였던 파우스투스(Faustus)는 이른바 구약성경이 그리스도에 관한 어떤 예언도 포함하고 있지 않다고 주장하면서 구약성경을 공격했다. 그는 구약성경이 육적인 성향을 지니고 있으며, 또한 부도덕한 많은 요소들을 포함하고 있다고 이해했다. 그리스도의 가르침에 기초할 때, 옛 것과 새 것은 서로 손 잡고 함께 길을 갈 수 없다. 한편 구약성경에 그렇게 비판적이지 않은 학자들도 있었지만, 이들이 신약성경에 상처를 입히지 않은 것은 아니었다. 우리는 마르키온과 그의 추종자들뿐만 아니라 파우스투스와 같은 마니교도들에게서도 이와 같은 경우를 발견할 수 있다. 그들은 그리스도가 보내겠다고 약속한 변호사(Parakletos), 곧 성령은 신약성경 안에서 어떤 것을 받아들이고, 반면에 어떤 것을 거부해야 하는지를 그리스도인들에게 가르쳐준다고 생각했다.

교회가 구약성경을 항상 올바로 해석해왔는지는 부차적인 사항이다. 이른 시기부터 대체로 서로 다른 두 가지 해석 방법이 있었다. 곧 모형론적(typological) 해석 방법과 알레고리적(allegorical) 해석 방법이다. 모형론은 성경 본문을 가장 중요하게 생각한다. 하지만 그것은 배타적인 입장에서 그렇게 하지는 않는다. 모형론의 주안점은 앞으로 오게 되어 있는 것을 미리 제시하는 것("Vorausdarstellung des Kommenden"—L. Goppelt)이었다. 반면에 알레고리적 해석 방법은 진리를 초월하는 어떤 진리를 찾고자 한다. 오리게네스는 문자적인 의미가 아니라 영적인 의미를 중요하게 생각했다. 하지만 이 해석 방법을 사용한다고 하더라도, 구약성경의 본문은 그리스도와 연결되거나 또는 그리스도 및 그의 교회와 연결되었다(Augustinus).

구약성경의 계시적인 특성은 구약성경을 하나님의 계시로 받아들이기를 거부하는 모든 견해들에 맞서서 주장되고 유지되어야 한다.

합리주의는 성경, 특히 구약성경을 가만 놓아두지 않았다. 19세기 초에 우리는 슐라이어마허를 만난다. 그는 구약성경을 율법주의적인 책이라고 이해했다. 교회는 사실상 구약성경을 유산으로 물려받았다. 적어도 맨 처음에 교회는 그것을 회피할 수 없었다. 하지만 이와 같은 역사적인 관점이 구약성경을 기독교의 거룩한 책으로 인정하는 데 결코 신학적인 정당성을 부여하는 것은 아니다. 기독교는 유대교의 지지를 필요로 하지 않는다.

19세기에 빈번히 사용된 용어들에는 이스라엘 문학(1876년 네덜란드 고등교육법에서 언급된 공식적인 표현)과 이스라엘 종교 기록물 등과 같은 것이 있다.

20세기에는 구약성경에 대한 맹렬한 공격을 목격하게 되었다. 구약성경은 유대교의 책이라고 인식되었다. 독일의 유명한 신학자 아돌프 폰 하르나크(A. von Harnack, 1851-1930)는 다음과 같이 주장했다. 그의 이 주장은 종종 인용되었다. 곧 기원후 2세기에 교회는 올바르게도 구약성경을 거부하는 실수를 회피했다. 16세기에 종교개혁은 구약성경을 보유하는 것을 회피할 수 없었고, 오히려 그것을 정경으로 선포하며 보존했다. 반면에 19세기는 신학적으로나 교회적으로 마비 상태나 다름이 없었다.

구약성경이 다른 종교의 문서라고 언급되는 시기가 닥쳐오자, 구약성경과 관련된 상황은 더 나빠졌다. 구약성경은 신약성경에 의해서 취소되고 무효화될 수 있다고 생각되었다. 히르쉬(E. Hirsch)는 "하나님 나라와 구속자에 대한 신약성경의 관점은 구약성경의 유대교적인 묘사를 근본적으로 제거시킨다"고 주장했다.

반유대주의(anti-Semitism)의 물결은 나치 시대에 독일 전체로 퍼져나갔다. 그 물결은 독일의 많은 신학자와 독일 교회에 어느 정도 영향을 미쳤다. 그 슬로건은 "구약성경을 치워버려라!"였다. 로젠베르크(A. Rosenberg)의 이데올로기에 의하면, 구약성경은 종교적인 책으로서 완전히 또한 영원히 내다버릴 필요가 있다. 구약성경에 대한 이와 같은 혐오증은 광범위한 결과들을 초래했으며, 또한 신약성경에도 영향을 미쳤다. 로젠베르크에 의하면, 신약성경 안에는 분명히 제거되어야 할 불완전하고 미신적인 메시지들이 들어 있다. 하지만 다행스럽게도 그 당시 그와 같은 시도는 일어나지 않았다.

또한 구약성경에 대한 관점과 관련해서 또 다른 측면이 있다. 우리는 피셔(W. Vischer)가 자신의 저서 『그리스도에 대한 구약성경의 증언』(*Das Christuszeugnis des Alten Testaments*, 1934-1942)에서 취한 입장을 언급할 필요가 있다. 구약성경에 대한 그의 취급 방법은 구약성경도 하나님의 말씀이라는 역사적인 측면을 공정하게 다루지 않는다(참조. Oosterhoff, 1954, 16 이하).

그리고 정말로 반유대주의도 있지만, 친유대주의(philo-Semitism)도 있다. 친유대주의는 구약성경을 뛰어난 유대교의 책으로 이해한다. 친유대주의의 성향을 지닌 사람은 유대교의 경전 "타나크"에 너무 열성적이어서, 그것 이외에 다른 것은 거의 들으려고 하지 않는다.

판 룰러의 경우는 그렇지 않다. 그는 기독교 교회의 관점에서 보더라도 "신약성경은, 말하자면 희귀한 용어들을 설명하기 위해서 덧붙여진 주해에 지나지 않는다"[5]고 주장한다. 그리고 그는 구약성경이 진정한 성경이라고 주장하는 데까지 지나치게 나아간다. 우리는 판 룰러가 극단적인 주장을 제기해서 논의를 자극하려는 경향을 보이고 있는 것으로 생각할 수 있다. 하지만 그가 이렇게 생각하면서 역사에 대한 직선적인 해석을 보여주는 지속적인 계시라는 개념을 거부하는 것은 분명하다. 그에 따르면, 성경은 훨씬 더 순환적인 특성(예언자들과 사도들의 증언은 계시의 영향이 "예정한 때"에, 곧 진정한 역사에서 순환된다는 특성)을 지니고 있다.[6] 이 견해는 칼 바르트를 연상시켜준다.

지속적으로 직선이 이어진다는 이미지가 하나님의 계시의 역사에 훨씬 더 잘 들어맞는다. 계시의 역사는 진정으로 점진적으로 전개된다(히 1:1을 보라. 또한 참조. 롬 16:25-26; 엡 3:4-6). 우리는 「하이델베르크 교리문답」(제19주일의 답변)에서도 비슷한 사고의 흐름을 마주한다.

우리는 구약성경과 신약성경의 관계를 도식적으로 고정하지 않고서 약속에서 성취로 이어지는 과정이 있다고 말할 수 있다(참조. Baker, 1976, 373). 이것은 단지 대략적으로 그렇다는 것이다. 왜냐하면 구약성경은 순전히 약속들의 모음집만은 아니며, 또한 신약성경은 단순히 약속들의 성취에 대해서만 묘사하지 않기 때문이다. 하나님의 약속들은 구약시대에도

---

5   A. A. van Ruler, *Religie en politiek*, 1945, 123.

6   Ibid., 128. 몇 년 후에 Van Ruler는 그것을 다소 다르게 표현한다. 하지만 그는 계속해서 구약성경이 진정한 성경이라고 주장한다(『기독교회와 구약성경』[*Das christliche Kirche und das Alte Testament*], 1953).

반복적으로 성취되었다. 그리고 새로운 언약이 주어진 시대에 하나님의 모든 약속이 이미 성취된 것은 아니다. 신약성경의 성취는 여전히 만물의 최종적인 완성에까지 이르지 않았다.

하나님의 약속들은 일단 이루어지기만 하면 관련성을 잃어버리는 단순한 예측 혹은 전조들이 아니다. 만약 그런 경우라면, 구약성경의 일부분은 우리에게 단지 역사적인 중요성만 지니고 있을 것이다! 그리스도의 교회는 구약성경 전체에 묘사되어 있는 것에서 하나님이 그분의 백성에게 오시는 것을 보며, 또한 구약성경 전체에서 구원이 선포되는 것을 귀로 듣는다. 따라서 교회는 여전히 하나님의 말씀으로서 구약성경을 사랑한다. 구약성경이 인자에게는 생명의 책이자 기도의 책이던 것처럼 말이다.[7] 시편에 들어 있는 본문들은 십자가에 달린 예수의 말씀이 되었다. 예수는 구약성경에 대해서 "이 성경이 곧 내게 대하여 증언하는 것이니라"(요 5:39)고 말한다. "그[예수]에 대하여 모든 선지자도 증언"했다(행 10:43). 부활한 예수는 복음서에서 다음과 같이 말씀하신다. "모세의 율법과 선지자의 글과 시편에 나를 가리켜 기록된 모든 것이 이루어져야 하리라"(눅 24:44). 우리는 하나님의 약속들이 실현되었을 때, 이것은 그 약속들이 반드시 완전히 성취되었다는 것을 의미하지 않는다는 사실을 기억해야 한다. 구원에 대한 구약성경의 약속들은 광대한 관점들을 지향하고 있다. 곧 그 관점들은 종말의 완성과 하나님의 영원한 나라와 연결되어 있다. 구약성경은 "물이 바다를 덮음 같이 여호와를 아는 지식이 세상에 충만할 것임이니라"(사 11:9)고 말한다. 이 예언은 아직 이루어지지 않았다. 사실상 우리는 맨 처음에 이 예언의 말씀을 들었던 사람들보다 그것에 대해서 더 많은 것을 이해할 수 있다. 이전에 구약시대에 언약의 하나님에 대한 지식은 실질적으로 오직 이스라엘이라는 한 나라에만 국한되었다. 반면에 오늘날 하나님의 말씀은 온 세상 곳곳에까지 이르러서 선포된다. 그렇지만 하나님

---

7   G. C. Berkouwer, *The Person of Christ*, 1954, 137.

                                             개혁교회 교의학

의 약속들이 성취되는 것은 여전히 미래의 일로 남아 있다. 장차 그리스도의 다시 오심으로 하나님 나라가 온전히 이르면, 새로운 언약에서 약속된 것들은 완전히 궁극적으로 성취될 것이다.

구약성경과 신약성경은 뗄 수 없을 만큼 서로 매우 밀접하게 관련이 있다. 따라서 우리는 둘 중 하나 없이 다른 하나를 하나님의 말씀으로 받아들일 수 없다. 신구약성경은 대단히 밀접하게 관련이 있으므로, 우리는 구약성경 없이 신약성경을 이해할 수 없다. 또한 그 반대의 경우도 마찬가지다.[8] 구약성경 없이 신약성경을 이해할 수 없다는 것은 자명하다. 성경 연구가들이라면 누구든지 이 사실을 깨달을 것이다. 비록 유대인들은 격렬하게 부인하겠지만, 신약성경 없이 구약성경을 이해할 수 없다는 것도 똑같이 사실이다. 유대인의 회당의 관점은 마치 교회가 모세오경(*Tanach*)이 말하지 않은 것을 말한 것처럼 억지로 해석했다. 반면에 교회는 바울을 따라서 다음과 같다고 주장한다. 곧 회당에서는 너울을 덮고 옛 언약을 읽고 있고, 이 너울이 덮인 곳은 바로 유대인들의 마음이다. 그래서 유대인들이 구약성경을 읽을 때, 하나님의 말씀의 참뜻이 유대인들의 마음속으로 들어가지 못한다. 그래서 그 뜻은 그들에게 감추어져 있다(참조. 고후 3:14-15).

우리는 아우구스티누스를 따라서 신약성경은 구약성경 안에 감추어져 있고, 구약성경은 신약성경 안에서 밝혀졌다고 다시 말한다. 하지만 우리는 감추어져 있는 것은 전혀 알려지지 않은 것이 아니라는 것을 알고 있다!

개신교의 개혁파 교회는 칼뱅의 통찰들에서 많은 것을 배웠다. 부분적으로는 구

---

8   참조. A. A. van Ruler, 『기대와 성취』(*Verwachting en voltooiing*), 1978, 46. "우리는 신약성경의 관점에서 구약성경을 해석할 수 있을 뿐만 아니라 구약성경의 관점에서 신약성경을 반드시 해석해야 한다."

약성경이 다른 어떤 경우보다도 개혁파 교회의 신앙고백과 설교, 예배 의식 및 교회의 삶에서 중요한 역할을 하고 있기 때문이다. 칼뱅 이후로 개혁파 신학은 구약성경을 가장 긍정적으로 인식했고, 또한 그것을 가장 철저하게 다루었다(Van Ruler). 이 점과 관련해서, 칼뱅은 츠빙글리(Zwingli), 불링거(Bullinger) 및 부처(Bucer)보다 앞선다. 칼뱅의 주석서들과 『기독교강요』는 그가 결코 신약성경보다 구약성경에 더 적은 권위를 부여했다는 사실을 입증해주지 않는다. 신구약성경은 서로 가장 밀접하게 연결되어 있고, 이 둘은 본질적으로 하나다. 칼뱅은 신약성경을 구약성경보다 더 높이 평가하거나, 이와 반대로 구약성경을 신약성경보다 더 뛰어난 것으로 인식하지 않았다. 그렇지만 그는 결코 구약성경과 신약성경을 동등하게 여기지는 않았다. 구약성경과 신약성경의 상호 관계를 숙고하면서, 그는 항상 이 두 가지 언약의 통일성과 차이점을 기억하고 있었다. 비록 통일성이 우선권을 지니고 있지만 말이다. 그러면서 그는 하나님이 그분의 백성과 맺으신 언약의 통일성을 숙고했다. 비록 옛 언약과 새 언약은 서로 다르게 실행되지만, 그 두 언약은 본질적으로 항상 동일한 언약이었다(『기독교강요』 2.10.2). 한 가지 차이점은 "율법 아래"에 있는 사람들은 성소로부터 멀리 떨어져 있어야 하지만, 오늘날 사람들이 그 안으로 들어가는 것을 방해하는 것은 아무것도 없다는 것이다. 왜냐하면 그리스도로 말미암아 성소의 휘장이 찢어졌기 때문이다. 그 휘장—이것에 대해서 고린도후서 3장에서 언급됨—은 이미 제거되었고, 우리는 그리스도 안에서 이제 얼굴과 얼굴을 마주하고 하나님을 본다. 그리스도 안에서 하나님의 빛은 율법과 예언자들을 통해서 비춰던 것보다 더욱더 밝게 비췬다. 왜냐하면 구약성경은 그리스도를 가리키기 때문이다. 비록 은밀한 방법이기는 하지만, 그리스도는 구약성경 안에 임재했었다. 그는 진정으로 자신의 권능과 은혜로 임재했었다. 그래서 그리스도가 이 세상에 온 것은 그의 성육신보다 먼저 앞선다(참조. **De Greef**, 1984, 116 이하, 214 이하, 257). 칼뱅은 여러 성경 구절들을 언급하면서(예. 요 1:18; 고후 4:6; 히 1:1) 예수 그리스도의 형상—이것은 바로 하나님의 형상이다—안에서 하나님이 나타나셨을 때, 그분은 자기 자신을 어느 정도 보여주셨다고 주장한다. 반면에 옛 언약 안에서 하나님의 나타나심은 다소 불분명하고 희미했었다(『기독교강요』 2.9.1).

우리는 위에서 언급한 내용 중 상당 부분을 「벨기에 신앙고백서」에서 확인할 수 있다. 이 신앙고백서는 다음과 같이 무엇이 일시적이며, 무엇이 영원한지 분명하게 구분한다. "우리는 그리스도의 오심으로 율법의 의식들과 상징들이 폐지되었고, 모든 그림자가 분명한 모습들로 나타났다고 믿는다. 그래서 그리스도인들은 그것들을 더 이상 사용하지 않는다. 하지만 그것들의 진리와 본질은 예수 그리스도 안에서 우리에게 남아 있다. 그것들은 예수 그리스도 안에서 성취되었다. 그렇지만 우리는 복음에 대한 가르침으로 우리의 믿음을 더욱 굳세게 하는 데, 또한 하나님의 뜻을 따라서 우리의 삶을 가장 고상하게 이끄는 데 여전히 율법과 예언자들의 증언들을 사용한다. 그래서 하나님에게 영광을 돌리고자 하는 것이다"(「벨기에 신앙고백서」 제25조).

우리는 로마 가톨릭교회와 재세례파(Anabaptists)와의 이중 충돌에 대해서 말할 수 있다(참조. Polman, *Ned. Gel.* 1:200-205; 3:168-179; Graafland, 1978: 21-24). 개혁파의 관점에 의하면, 로마 가톨릭교회는 새로운 유대주의로 되돌아갔다. 또한 개혁파 교회는 재세례파의 견해들도 강력하게 거부했다. 아우구스티누스가 마니교의 주장에 맞서서 구약성경과 신약성경의 통일성을 강력하게 변호했듯이, 칼뱅과 그의 동료들도 "재세례파 급진주의자들"을 다루어야 했다. 재세례파의 견해에 의하면, 구약성경은 부차적인 중요성을 지녔다.[9] 칼뱅은 누가복음 24:27에 대한 주석에서 다음과 같이 주장하는 이들, 곧 그리스도는 자신의 제자들이 온전한 복음으로 점차적으로 성장해서 구약성경에 나오는 예언들에 더 이상 관심을 갖지 않게 하려는 의도를 가지고 가장 중요한 원리들을 제자들에게 가르치기 시작했다고 주장하는 이들을 논박한다. 칼뱅은 사도들이 스스로 율법을 이해하도록 하기 위해서가 아니라 성경을 이해하도록 하기 위해서 그리스도가 그들의 마음과 생각을 열어주었다고 주장한다. 따라서 구약성경은 우리가 하나님의 계시 전체를 올바르게 깨닫게 하는 데 필수적인 것이다.

---

9   참조. W. Balke, *Calvin and Anabaptist Radicals*, trans. William J. Heynen (Grand Rapids, Eerdmans, 1981), 98-99, 309-313.

비록 신구약성경이 다양성이라는 특성을 지니고 있지만, 그럼에도 우리는 하나님이 주신 유일한 메시지에 대해 말할 수 있다. 사실상 신구약성경은 하나님의 계시의 풍성함을 반영한다. 구원의 메시지는 그 풍성함에 기초해서 우리에게 그와 같이 다양한 형태로 주어진다.

구약성경과 신약성경의 통일성은 동일함(identity)을 의미하지 않는다. 왜냐하면 구약성경과 신약성경은 저마다 고유한 특성을 지니고 있기 때문이다. 신약성경의 핵심 메시지는 하나님이 그리스도와 그의 인격(person)과 사역을 통해서 무엇을 하시는가, 또한 하나님이 그분의 성령을 보내셔서 무엇을 하시는가에 대한 것이다. 이것은 우리와 하나님 간의 인격적인 관계와 그리스도의 교회의 삶을 위해 대단히 중요한 것이다. 하지만 그리스도 안에서의 구원은 구약성경의 중요한 관점들, 곧 하나님의 창조나 역사의 과정 속에서 그분의 인도하심을 무시하는 개인주의적 태도나 신비주의적 태도에서 왜곡될 수 있다. "사람의 일상생활, 다른 사람들과의 상호 관계와 결혼 및 가정과 관련된 문제들은 전적으로 인간이 형성하는 것이 아니라, 사람과 하나님이 상호 관계를 맺는 것과 직접적으로 관련이 있다."[10] 이런 이유로 신구약성경의 관계에 대한 어떤 보고서는 다음과 같이 결론짓는다. "거시적·윤리적인 문제들과 구조적인 문제들이 산적해 있는 우리 시대의 상황에 살고 있는 우리는 그 어느 때보다도 더욱더 구약성경의 넓이와 깊이가 필요하다."[11]

하나님과 관련해서, 때때로 구약성경과 신약성경이 서로 대립된다는 견해가 제시되었다. "여호와여, 복수하시는 하나님이여"(시 94:1)와 같은 표현은 구약성경과 신약성경이 서로 대립된다는 것을 보여주기 위해서 종종 언급된다. 왜냐하면 신약성경에 의하면 "하나님은 사랑이심이라"(요일 4:8)고 언급되기 때문이다. 구약성경은 보복(retribution)의 책이라고 이

---

10   J. de Groot and A. R. Hulst, 『권력과 의지』(*Macht en will*), 출간 연도가 제시되지 않음, 348.
11   "구약성경과 신약성경의 관계 보고서"(De verbouding van Oud en Nieuw Testament, Rapport), 『교회와 신학』(*Kerk en theologie*) 25권에 실려 출간됨: 1974, 323.

개혁교회 교의학

해된다. 구약성경은 거룩함에 대한 종교를 제시하고, 신약성경은 하나님의 사랑에 대한 믿음을 제시한다. 하지만 이런 견해는 사실상 유지될 수 없다. 우리는 정말이지 구약성경에서 지극히 높이 계신 거룩하신 하나님을 만난다. 하지만 하나님은 동시에 "자비롭고 은혜롭고 노하기를 더디하고 인자와 진실이 많은" 분이시다. 이것이 야웨의 이름이 출애굽기 34:6-7에서 선포되기 시작하는 방식이다. 이와 같이 야웨는 자신이 자비롭고 은혜가 풍성하며 또한 언약에 신실하심을 나타내신다. 신약성경은 그리스도 안에서 나타난 하나님의 사랑에 대해서 증언하지만, 하나님의 진노에 대해서도 다음과 같이 언급한다(요 3:36). "우리 하나님은 소멸하는 불이심이라"(히 12;29). "살아 계신 하나님의 손에 빠져 들어가는 것이 무서울진저"(히 10:31).

창세기의 처음 몇 장에는 자기 인식에 관한 근본적인 중요성이 이미 들어 있다. 하나님의 형상대로 지음 받은 인간은 타락으로 말미암아 하나님으로부터 멀어졌지만, 하나님은 인간이 처한 상황을 아시고, 먼저 인간을 찾아오셔서 부르셨다. 거기서 인간은 하나님의 창조물로서 그리고 죄인으로서 하나님 앞에 서 있다. 하나님은 인간을 지으신 분으로서 인간의 구원자가 되시고자 한다. 그분은 죄에 대한 속죄를 요구하시고 동시에 속죄에 필요한 것을 허락하신다(레 17:11). 희생제사 및 예언을 통한 속죄에 대한 연속적인 가르침을 통한 구약성경의 모든 가르침은 그리스도로 이어진다. 신약성경은 그리스도에 대해 이렇게 말한다. "보라! 세상 죄를 지고 가는 하나님의 어린 양이로다"(요 1:29). 바울이 그리스도를 "마지막 아담"으로 언급할 때, 구약성경과 신약성경의 통일성이 강조된다(참조. 고전 15:45; 롬 5:12-21).

그리스도가 온다는 것에 대한 메시지와, 이미 이 세상에 온 중재자에 대한 메시지는 서로 구별된다. 다시 말해서, 메시아에 대한 구약성경의 기대와 우리 주 예수 그리스도의 인격 및 사역은 서로 구별된다. 하지만 그 메시지는 동일한 중재자, 동일한 언약, 동일한 믿음, 동일한 구원에 대한 것이다(참조. Calvin, 『기독교강요』 2.10.2).

구약성경에 묘사된 구원은 신약성경에 묘사된 것보다 훨씬 더 강력하게 세속적인 색조와 국가적인 빛깔로 묘사되어 있다. 하나님과 친밀하게 교제하는 삶은 구약시대에 야웨를 경외하는 모든 이들에게도 가장 중요한 것이었다. 신약성경에는 하나님이 그리스도 안에서 허락하시는 것에 대해서 더 영적이며 하나님의 다스리심과 관련된 특성을 지닌 것에 초점이 맞추어져 있다. 하지만 신약성경은 신자들이 이 세상에 사는 동안에 이미 받은 것을 버려야 한다고 주장하지 않는다. 그리고 옛 언약과 새 언약은 우리가 새 하늘과 새 땅을 기대해야 한다고 가르친다. 그곳에는 정의가 깃들어 있다(사 65:17; 66:22; 벧후 3:13).

§ 7. 하나님의 영의 감동으로 기록된 성경

7.1. 영감 교리와 그것에 대한 비판자들
7.2. 하나님의 영감에 대한 성경의 증거
7.3. 다양한 견해와 이론들

7.1. 영감 교리와 그것에 대한 비판자들

성경이 하나님의 말씀이라는 확신은 어떻게 이것이 가능한가라는 질문을 다루는 것에서 시작한다. 성경이 하나님의 말씀이라는 교리에 대한 역사는 수 세기 동안 성경이 하나님의 말씀이라는 사실이 논쟁이 되지 않았음을 보여준다.

성경은 성령을 통해 저술된 것으로서 진리라고 언급한 이는 로마의 클레멘스(Clemens Romanus)에서 시작했고, 우리는 유스티누스(Justin), 이레나이우스(Irenaeus), 오리게네스, 히에로니무스(Hieronymus), 특히 아우구스티누스 등이 주장한 다양한 견해에서 이와 관련된 언급을 볼 수 있다. 아우구스티누스는 때때로 성경을 하나님이 손으로 쓰신 것이나 또는 하늘로부터 온 편지라고 언급한다. 그리스도는 맨 처음에는 예언자들의 말을 통해서, 그다음에는 그리스도 자신을 통해서, 그 이후에는 사도들을 통해서 우리에게 성경을 주었다. 그리스도는 그것을 적합하게 여겼다. 이것이 하나님의 말씀을 구성한다. 아우구스티누스는 "영감"(inspiration)이라는 단어 이외에도 "받아씀"(dictation)과 "지시"(direction) 같은 단어들을 사용하기도 한다. 하지만 그는 "영감"이라는 단어에 우선권을 부여한다(그것은 아마도 딤후 3:16에 대한 라틴어 번역에 기초한 결과일 것이다). 하지만 아우구스티누스는 이 단어를 교리적인 측면에서 성경에 대해서만 고정해서 사용하지 않는다. 왜냐하면 그는 신앙과 사랑의 영감에 대해서도 언급하기 때문이다. 그는 『복음서들의 조화』(*De consensu evangelistarum*)라는 저서에서 영감의 특성에 대해서 깊이 숙고한다. 이 교회의 교부는 복음서 저자들이 저마다 그리스도의 말씀과 행위를 자기의 방법대로 기록했다는 사실을 인정한다. 이와 관련해서, 폴만(Polman)은 아우구스티누스의 사고에 다음 두 가지 전제들이 밀접하게 연결되어 있다고 지적한다. 곧 아우구스티누스에게 한편으로 성경은 전적으로 성령의 저작이며, 또한 동시에 다른 한편으로 그것은 전적으로 성경 저자들의 저작이다. 아우구스티누스에 의하면, 성경은 모든 논쟁에서 마지막 말(the last word)을 의미한다. 우리는 그리스도가 처녀에게서 태어났다고 믿을 수 있는데, 그것은 성경 안에서 그와 같이 언급되기 때문이다. 이 사실을 믿지 않는 사람들은 그리스도인이 아니며, 또한 구원받을 수 없다. 따라서 영감은 성경이 믿을 수 있으며 또한 신적인 권위를 지니고 있다는 것을 암시한다(참조. **Bavinck, R.D.**, 1:402-405; **Polman**, 1955, 37-74).

중세신학에서 성경에 대한 교의는 좀처럼 이전보다 더 발전되지 않았다. 하지만 이 교의와 관련해서, 공의회의 선언 중 중요한 한 가지를 언급할 가치가 있다. 곧 이 선언은 하나님을 구약성경과 신약성경의 저자로 인정한다. 또한 신구약성경의 성인들(saints)은 동일한 성령에 의해 영감을 받아서 말했다(피렌체 공의회, 1939).

종교개혁 시대에서 바뀐 것은 네덜란드 개혁파 교회 총회 문서인 『순수한 포도주』(*Klare wijn*, 1967)에서 다음과 같이 묘사되었다. 루터와 칼뱅은 갑자기 열정에 사로잡혔다. 그들에게 성경은 우선적으로 진리와 규정들을 얻는 정보의 원천이 아니었다. 오히려 그들은 성경에서 살아 계신 하나님과 그분의 메시지를 만난다(27).

루터의 견해에 의하면, 성경은 성령이 직접 주신 문서다. 성령은 성경에 수록된 다양한 책의 저자들이 진리에 대해 말하게 하셨다. 비록 성령이 자기 자신을 인간의 이해에 맞추셨지만 말이다. 성령은 인간보다 모든 것을 더 잘 아신다. 인간은 스스로 하나님의 말씀을 이해하고 받아들일 수 없다. 하지만 루터는 다음 주제와 관련해서 아우구스티누스와 의견이 일치한다. 곧 하나님의 말씀의 권위는 인간이 그 권위에 대해서 추측하는 것을 뛰어넘는다.

하지만 이것은 기독론적인 초점이라는 개념과 조화된다. 그리스도라는 핵심은 구약성경과 신약성경의 모든 책의 이해를 돕는다. 성경의 각각의 책에서 제기되는 질문은 그 책이 과연 "그리스도를 명백하게 선포하는가 아니면 그렇지 않은가"(ob sie Christum treiben oder nicht)다. 요한복음과 바울 서신 그리고 베드로전서는 신약성경의 진정한 핵심과 정수를 구성한다. 모든 그리스도인은 무엇보다도 먼저 이 책들을 읽어야 한다. 하지만 루터의 견해에 의하면, 야고보서에는 복음의 온전한 본질이 결핍되어 있다. 따라서 이 편지는 단지 지푸라기 편지에 지나지 않는다. 이 "성경 비평"은 후대에 세력을 떨치게 될 문서비평의 유형과는 다르다. 루터는 성경 중에서 어떤 책을 문학적인 문서나 또는 과거에 기록된 종교 문서로 이해하지 않는다. 그는 신학이라는 학문이 성경이 말하는 것에 대해 가치 평가를 할 수 있다는 사실을 받아들일 수 없었을 것이다. 그는 성경 자체의 메시지를 판단에 대한 기준으로 생각한다. 이런 맥락에서 그가 이 기준을 지나치게 주관적으로 또한 한 방향으로 적용한다는 점을 지적할 수 있다. 야고보서를 바울 서신과만 비교하는 일은 야고보서에 정당하지 않다(루터에 대해서 다음을 참조하라. Locher, 1903; Kooiman, 1977[3]; Klug, 1971).

우리는 성경의 영감과 관련한 개혁파의 관점과 관련해서는 칼뱅에서 반드시 시작해야 한다. 칼뱅에게 성경이 가르치는 것의 저자는 바로 하나님이시다(『기독교강요』 1.7.4). 하나님은 모세와 다윗 그리고 베드로의 입을 통해서 말씀하셨다. 또한 칼뱅도 "영감"과 "받아씀" 같은 표현들을 사용했다. 그리고 그는 성경의 책들의 저자들을 성령의 "비서들"이라고 부르는 데 편안함을 느꼈다. 그는 "비서들"이라는 용어와 관련해서 다음과 같은 의미, 곧 그들이 아무것도 창의적으로 만들어내지 않았다는 것이 아니라, 오히려 그들이 성령에 의해 인도함을 받고 통제되었다는 의미로 사용했다. 그들은 성령이 그들에게 감동을 주시는 것을 그대로 충실하게 기록했다. 성령이 사용하는 예언자들은 바로 성령의 기관들(organs)이다.

칼뱅과 관련해서 크라머르(J. A, Cramer)와 드 흐로트(D. J. de Groot)의 해석 사이에는 중요한 차이점이 있다. 크라머는 칼뱅에게서 성경의 축자 영감(verbal inspiration)에 대한 믿음은 전혀 발견할 수 없다고 생각했다. 드 흐로트는 칼뱅의 관점을 탐구하고 나서 다음과 같은 결론에 이르렀다. 곧 칼뱅에게 구원과 관련해서 영감은 성경의 내용에만 국한된 것이 아니라, 형식, 어휘, 언어 및 문체를 포함해 모든 언급과 기록에 영향을 미쳤다.[12]

그렇지만 "받아씀"이라는 용어는 성경의 책들이 하늘에서 한 글자 한 글자 불러준 것을 그대로 기록했다는 것을 암시하지 않는다. 칼뱅은 성경 저자들의 인격적인 행위와 자유에 대해서 반복적으로 언급한다. 예를 들면, 그는 로마서 3:4에서 구약성경이 인용된 방법과 관련해 다음과 같이 말한다. "우리는 사도들이 종종 구약성경의 말씀들을 인용할 때 그들이 대단히 자유롭게 인용한다는 사실을 알고 있다. 그들은 자신들이 다루고 있는 주제에 적합한 말씀을 단순히 인용하는 것이 받아들여질 수 있다고 생각했기 때문이다."

우리는 신학에서 사용된 계시에 대한 개념을 언급하면서 칼뱅이 다음과 같은 사실을 믿은 게 그의 전형적인 특성이라는 것을 보았다. 곧 하나님은 우리가 그분을 이해하도록 자기 자신을 우리의 이해력에 맞추신다(*accommodatio*). 하나님은 우리에게 전적으로 인간적인 방법으로 말씀하실 수 있다. 그것은 어린아이들을 가르치는 것과 비슷하다. 하나님은 왕과 같은 분이시다. 우리는 그분의 위엄을 결코 가볍게 생각해서는 안 된다. 하

---

12 Krusche는 이와 관련해서 다음과 같이 주장한다. "칼뱅에 의하면, 전달된 메시지를 충실하게 다시 전해주는 것은 또한 그것을 정확하게 기록하는 것을 의미했다"(Krusche, 1957, 173).

지만 그분은 우리와 친밀하게 대화하기를 원하신다. 하나님이 그분의 말씀을 사람의 입을 통해서 또한 인간의 언어로 전달하실 때, 그 과정에서 하나님은 우리에게 필요한 것을 고려하신다(참조. Cramer, 1926; De Groot, 1931; Krusche, 1957).

개혁파 교회의 신앙고백서가 하나님의 말씀으로서 성경에 부여하는 위치와, 또한 그 신앙고백이 성경을 다루는 철저함은 루터파 교회의 신앙고백과 비교해보면 매우 뚜렷하게 드러난다. 「벨기에 신앙고백서」 제5-7조가 이 점에 대해 훌륭한 예를 보여준다. 때때로 루터의 견해는 몇 마디의 간략한 언급으로 기각되었다(「취리히 신앙고백서」; 신약성경은 그 어떤 지푸라기도 포함하고 있지 않다). 하지만 개혁파 교회는 로마 가톨릭교회의 신앙고백이 성경에 대해 주장하는 것에 나타나는 차이점들에 더 많은 관심을 보였다. 이 논쟁의 배경에는 다음과 같은 몇몇 문제들에 강조점이 있다. 첫째, 성경 자체의 증언이다. 우리는 성경 자체의 증언은 어떤 의심도 초월한다고 믿는다. 둘째, 성령의 증거다. 우리는 이 증거를 통해서 성경을 거룩한 책들과 정경으로 받아들인다. 셋째, 정경과 외경의 구분이다. 마지막으로, 성경이 전승보다 우위에 있다. 개혁파 교회의 몇몇 신앙고백서는 성경의 영감에 대해서 명백하게 언급한다.[13] 『스위스 개혁교회의 합의서』(*Formula Consensus*, 1675)는 이 점과 관련해 다음과 같이 가장 극단적인 주장을 한다. 곧 자음과 모음, 구두점 또는 적어도 이것들의 영향력을 포함해 내용 및 어휘들과 관련해서 구약성경은 하나님에 의해 영감되었다(theopneustic). 이와 같이 개혁파 교회는 소뮈르 학파(the School of Saumur)의 유명한 신학자였던 카펠루스(L. Capellus, 1658년 사망)가 시도한 본문비평으로부터 자기를 보호하려고 시도했다.

---

13 *Confessio Helvetica Prior*, *Confessio Helvetica Posterior*, Bohemian Confession, Irish Articles, Westminster Confession. 또한 참조. Canons of Dort, 3-4; 12.

 개혁교회 교의학

바빙크는 영감 교리의 역사에 대해서 다음과 같이 매우 유익하게 요약해준다. 17세기까지 영감의 범위는 지속적으로 확장되어서, 모음과 구두점까지도 영감에 포함되었다(*inspiratio punctualis*—축자 영감). 그 이후로 그 범위는 점차적으로 축소되고 제한되었다. 곧 구두점에서 단어들로(*inspiratio verbalis*—말씀 영감), 단어들에서 개념들로, 개념들로서의 단어들에서 사실들로(*inspiratio realis*—사실 영감), 사실들로부터 종교 및 윤리적인 내용으로, 구원 얻는 신앙 자체로(*inspiratio fundamentalis*—기본적인 영감), 이 사실들로부터 인격들로(*inspiratio personalis*—인격적인 영감), 마침내 초자연적인 것으로서의 영감을 모두 부인하기에 이르렀다(Bavinck, *R.D.* 1:435).

최근에 영감 교리의 발전은 계몽주의 시대에 등장한 성경비평에 의해서 유발되었다. 성경은 더 이상 하나님에게서 비롯된 책으로 간주되지 않았고, 하나의 일반적인 인간의 책으로 취급되었다. 제믈러(J. S. Semler)는 정경에 대한 자유로운 탐구에 대해서 책을 저술했다. 레싱은 복음서 저자들에 대한 자신의 새로운 가설들을 제시했다. 그는 그들을 순전히 역사에 대한 인간 저자들로 다루었다. 19세기에 이르러 성경비평은 더 급진적으로 전개되었다. "대부분의 역사비평적인 분석은 성경의 책들을 해치지 않고 그대로 놓아둔 것이 거의 없다. 성경의 책들 안에서 언급되는 사건들과 그것들이 선포하는 메시지는 많은 손상을 입었다"(*God met ons*, 1981, 33).

두 세기 동안 진행되어온 성경 비판에 대한 현황을 점검해볼 때, 우리는 본문 분석과 문학비평, 역사비평, 종교사 연구와 전승 및 양식비평 등이 아무런 긍정적인 결과도 빚어내지 못했다고 말할 수 없다(참조. B. J. Oosterhoff, "성경의 권위와 오늘날의 성경 연구"[Schriftgezag en modern bijbel onderzoek], in 『숭고한 말씀』[*Het hoge Woord*], 1976, 93-114). 이것은 그와 같은 "학자들"이 예수 그리스도의 교회로부터 무조건적인 감사를 받을 만하다는 것을 의미하지 않는다(『순수한 포도주』[*Klare wijn*], 1967, 1987). 왜냐하면 우리는 성경비평이 초래한 부정적인 영향에 대해서 고려하지 않을 수 없기 때문이다. 우리는 구약성경과 신약성경의 책들과 관련된 수많은 의문점에 대한 해답을 찾기 위해서 학문적인 탐구—이 탐구는 몇몇의 결과들과는 별도로 매우 다양한 가설과 이론들을 이끌었다—를 하는 것과, 성경에 정당하지 않은 판단 기준들을 갖고 성경을 심판하며 뿌리까지 파헤치고자 하는 비평을 구별해야 한다. 성경비평에 대해 잘 알고 있는 바빙크는 후자를 지배하고 있는 마음 자세에 주목하면서 다음과 같이 말했다. 성경비평과 관련해 처음부터 마주치는 것으로서, 성경에 대한 다양한 공격들은 윤리적인 측면을 지니고 있다. 이와 같은 지속적인 공격들은 우리 시대의 영적인 분위기를 반영하고, 인간의 마음속에 있는 적대감을 우선적으로 드러내준다. 이것은 성경비평뿐만 아니라 죽은 정통 [신앙 또는 신학]에서도 나타난다! 하지만 성경은 인간의 비판에 굴복하지 않는다. 오히려 성경은 인간의 온갖 사고와 열망과 관련해서 인간을 심판한다. 비록 평범한 그리스도인들은 학자들이 성경을 신뢰하는 길 위에 놓은 방해물을 잘 분별하지 못할 수 있지만, 그들은 마음속뿐만 아니라 머릿속에서 성경을 반대하면서 일어나는 전쟁에 대해 어느 정도는 알고 있다. "그것은 하나의 동일한 싸움이자, 이전부터 계속되는 싸움이다. 모든 그리스도인은 많이 배웠거나 또는 그렇지 않더라도 그 싸움을 싸워야 한다. 그들은 자신들의 모든 생각을 그리스도에게 복종시켜야 한다"(Bavinck, 1:439-442; 참조. Veenhof, 1968, 527-530).

1881년에 카이퍼는 살아 계신 하나님의 교회에 대한 성경비평의 성가신 영향력에 대해서 말했다. 반세기가 더 지나서, 베르카우어는 성경에 대해 비판하는 신학이 가져온 결과로서 성경에 대해 의문을 품는 것은 삶의 세속화에 중대한 영향을 미쳤다는 것은 논쟁의 여지가 없는 사실이라고 여겼다(Berkouwer, 1938, 386). 이와 같은 비평적인 견해들은 더 이상 전문 서적들에만 국한되어 있지 않다. 반면에 그 견해들은 이제 다양한 방법을 통해 많은 사람이 알고 있는 지식이 되었다. 왜냐하면 우리 시대에는 매우 기꺼이 비평을 받아들이는 경향을 지니고 있기 때문이다. 따라서 우리는 앞에서 언급한 경고의 말을 마음속에 새겨야 한다.

개혁교회 교의학

성경신학자의 저술로서 오늘날 널리 알려진 것에 대한 구체적인 예를 한 가지 든다면, 그것은 라부샤네(C. J. Labuschagne)의 『성경은 하나님을 위해서 무엇을 말하는가?』(*Wat zegt de Bijbel in Gods naam?*, 1977)일 것이다. 라부샤네는 오늘날 성경신학은 성경에 대한 우리의 견해를 어떤 면에서 어느 정도 변화시켰는지 추적한다. 그는 사람들이 하나님의 영에 의해서 감동되었다는 개념과 어떤 책 전체가 하나님에 의해서 영감 받았다는 관점 사이에는 근본적인 차이점이 있다고 이해한다. 후자의 경우에, 성경의 저자들은 "하나님의 타자기에 지나지 않으며, 또한 그들이 쓴 책에는 인간적인 것을 전혀 보존하고 있지 않다." 그 대신 라부샤네는 성경 전체가 인간의 책이라고 주장한다. 그는 오직 우리가 저자들에게 어떤 특별한 위치를 부여하지 않을 때만 우리는 성경의 저자들을 진정으로 이해할 수 있으며, 우리 스스로가 그 저자들 안에 있는 무엇인가를 인식할 수 있다고 확신한다. 또한 성경의 저자들은 인간들로서 심지어 그들이 믿음을 통해서 통찰력을 지니고 있다고 하더라도, 그들은 여전히 시간에 얽매여 있는 인간들이다. 그리고 예수도 그의 언어와 생활 방식뿐만 아니라 그의 신학적인 사고 및 그 당시의 성경 해석 방법과 논쟁한 것과 관련해서도 시대의 아들이었다. 라부샤네의 견해에 의하면, 우리가 성경 안에서 지속적으로 마주치는 것으로서 하나님에 대해 "말한다"는 것은 우리가 하나님에 대해서 또한 하나님을 대신해서 말하는 다양한 방법 중 하나다. 비록 예언자들은 하나님이 직접 말씀하시는 것처럼 묘사했지만, 하나님의 이 말씀들은 그들 자신의 말들로 남아 있다. "엄밀히 말해서, 하나님의 이 말씀들은 존재하지 않는다."

이 견해에 의하면, 성경 안에서 오직 사람들만 말하고 있다.[14] 단지 우리가 오늘

---

14 이와 같은 견해에 의하면, 오늘날 성경을 읽는 사람은 적어도 당분간 성경은 하나님의 말씀이라는 표현을 삼가야 한다. "성경에서는 오직 사람들만 말하고 있기 때문이다"(L. Grollenberg, 『오늘날의 성경 읽기』[*Modern bijbellezen*], 1971, 136 이하). 또한 Labuschgne는 다음과 같이 주장한다. "우리는 하나님이 말씀하신다는 표현들에서 단지 예언자들이 말하는 것만 지니고 있다. 예언자들은 하나님을 대신해서 또한 하나님에 대해서 말하는 사람들이다"(Ibid., 99). 그의 이 주장은 H. M. Kuitert의 다음과 같은 견해와 비교할 수 있을 것이다. 곧 우리는 하나님의 계시와 **관련해서** 하나님의 계시를 오직 인간의 사고와 어휘들의 형태를 통해서 알고 있다(『믿음이 없이, 진정한 행복도 없다』[*Zonder geloof vaart niemand wel*], 1974, 29).

날의 성경학자들의 지도를 받는 것을 허락할 때라야, 비로소 우리는 그들의 저서들에서 그들이 하나님에 대해 말해야만 하는 것을 배울 수 있다. 라부샤네는 다음과 같이 주장한다. "성경은 오직 하나님의 영에 의해서만 해독될 수 있는 하나님이 주신 책이 아니다. 오히려 성경은 역사에 매여 있으며 인간이 저술한 문학적인 문서다. 인간은 오직 학문적인 진지한 연구를 통해서만 그 문학적인 문서를 이해하는 데 도달할 수 있다." 라부샤네가 오직(!)이라고 말한 것에 주목하라. 그뿐만 아니라, 그 견해는 오늘날의 문학적인 방법론을 성경에 적용한다. 그 방법론에 의하면, 어떤 본문에 대한 해석은 자기 자신이나 또는 자기 자신에 대한 어떤 것을 인식하는 것과 관련이 있다. "성경에 대한 고대의 낡은 견해"와 더불어 하나님에 대한 성경의 어떤 묘사들은 이제 못쓰게 되었다.

우리는 라부샤네의 저서 마지막 장에서 성경의 메시지에 남아 있는 것을 요약의 형태로 읽을 수 있다. 그 목적은 다른 최상의 방법으로 하나님을 믿는 것이다. 이것은 결코 작은 확신이 아니다! "성경에 대한 고대의 낡은 해석의 장애물과 성가신 것을 제거함으로써, 교회는 또다시 현대인에게 더 쉽게 접근할 수 있다." 이 새로운 개념이 지닌 한 가지 핵심 측면은 하나님과 인간이 세상에서 일어나는 일에 협력하며 같이 참여한다는 것이다.

우리는 라부샤네의 책 제목을 『오늘날의 성경 연구에 따르면 성경은 무엇을 말하는가?』라고 붙였으면 더 좋았을 것이라고 결론짓는다.

7.2. 하나님의 영감에 대한 성경의 증거

오늘날 학문이나 사상이라는 이름으로 성경이 하나님의 말씀이라는 믿음을 없애버리려는 시도가 종종 있었다. 이와 대조적으로, 개혁파 신앙고백서와 개혁파 신학은 성경이 성령에 의해 영감된 온전히 신뢰할 만한 하나님의 말씀이라는 교리를 뒷받침하기 위해서 성경 자체에 호소한다. 개혁파 신앙고백서들과 교의학 문헌들은 디모데후서 3:16과 베드로후서 1:21 같은 성경 구절들을 언급한다. 반면에 최근의 신학은 이와 같은 성경 구절들에 대해서 깊이 있게 논하는 경우가 매우 드물다.

오직 성경의 증거만 있으면 충분하다고 생각하는 이들과 또한 디모데후서 3:16을 오래된 번역 성경으로 읽는 이들에게 성경의 영감과 관련된 문제는 다음과 같은 성경 구절에 의해 이미 해결된 것처럼 보인다. "모든 성경은 하나님의 감동으로 된 것이다." 모든 성경은 하나님의 영에 의해서 영감되었다. 하지만 우리는 이 구절을 잠시 옆으로 제쳐놓고자 한다. 그렇게 하지 않는다면, 성경에 대한 교회의 가르침은 오직 이 한 구절에만 기초하고 있는 것처럼 여겨질 수도 있다. 사실상 영감을 지지하는 성경 구절들은 더 많이 있다.

우리는 성경 그 자체가 성경이 하나님의 말씀이라는 신앙고백을 지지하는 근거들을 제시해준다는 것을 이미 살펴보았다(§ 6.1). 이것은 종종 성경 자체의 증거라고 언급된다.

구약성경을 인용한다면, 우리는 동등한 입장에서 "하나님이 말씀하신다"와 "예언자가 말한다"라고 말할 수 있다. 이 두 표현이 다음과 같이 서로 결합될 수 있다는 것은 주목할 만하다. "이 모든 일이 된 것은 주께서 선지자로 하신 말씀을 이루려 하심이니"(마 1:22; 참조. 마 2:13). "하나님이 영원 전부터 거룩한 선지자들의 입을 통하여 말씀하신 바"(행 3:21). "또 주의 종 우리 조상 다윗의 입을 통하여 성령으로 말씀하시기를"(행 4:25). "옛적에 선지자들을 통하여 여러 부분과 여러 모양으로 우리 조상들에게 말씀하신 하나님이…"(히 1:1). 그리고 베드로전서 1:11에는 다음과 같이 기록되어 있다. "자기[그들] 속에 계신 그리스도의 영이 그[가] 받으실 고난과 후에 받으실 영광을 미리 증언하여." 또한 우리는 스가랴 7:12-13을 생각할 수 있다. 이런 성경 구절들은 아무도 "만군의 여호와가 그의 영으로 옛 선지자들을 통하여 전한 말을 듣지 아니"하며, 또한 하나님이 그들을 불렀지만, 그들은 듣지 않았다고 말한다.

하나님의 말씀은 하나님의 종들의 말들 안에서 또한 말들을 통해서 사람들에게 주어졌다. 하나님이 말씀하시는 것과 그 말씀을 전하는 인간의 말들은 매우 밀접하고 실제적으로 연결되어 있어서 사람의 역할은 단순히 기능적이거나 중재적인 것으로 간주될 수 있다. 우리가 이런 연결을 "동일성"이라고 묘사하는 것은 결코 과장하는 일이 아니다(참조. Berkouwer, 1975, 145). 성경은 바로 이와 같은 방법에 의해서 하나님의 말씀이다.

성경의 신비를 더 깊이 탐구하고자 하는 이들은 디모데후서 3:16과 베드로후서 1:21 같은 성경 구절들을 결코 무시할 수 없다. 디모데후서 3:16에 사용된 "테오프뉴스토스"(*theopneustos*)라는 형용사는 무엇을 의미하는가? "하나님에 의해서 숨이 불어넣어진" 또는 "하나님에 의해서 영감된" 것, 아니면 "숨을 불어넣으시는 하나님" 또는 "숨을 불어넣는 신적인 존재"를 뜻하는가? 신약성경의 그리스어 본문에 기초한다면, 분명히 처음 두 가지 번역이 선호할 만하다. 그런데 불가타는 "하나님에 의해서 영감된"(*divinitus inspirata*)이라고 번역한다. 그런데 대답하기가 더 어려운 질문은 "테오프뉴스토스"라는 그리스어 형용사는 서술부의 일부인지, 아니면 성령이라는 명사를 꾸며주는 형용사인지에 대한 것이다. 문법적인 측면에서 이 두 가지는 모두 가능하다. 그리스어 형용사 다음에 이어지는 내용은 형용사가 서술부의 일부라는 것을 지지해준다. 그렇지 않다면, "~은 또한 유용하다"를 의미하는데, 이 경우에 "또한"은 사실상 필요 없는 표현이다. 반면에 서술적인 의미에서 성경이 "테오프뉴스토스"라고 불린다면, 그 다음에 나오는 "카이"(*kai*)라는 그리스어 접속사는 "따라서"를 의미할 것이다. 또 다른 사항은 디모데후서 3:16의 맨 앞에 나오는 "파사"(*pasa*)라는 그리스어 형용사를 어떻게 해석하는가이다. 그것은 "성경 전체" 또는 "성경의 모든 것"을 의미하는가? 아니면 그것은 "모든 성경 구절" 또는 "성경의 모든 단어"를 뜻하는가? 아마도 여기서 "파사"라는 그리스어 형용사는 부가적인 기능을 지닌 것으로 이해해서, "모든 성경"(all that is Scripture)이라는 번역에 우선권을 부여하는 것이 가장 좋을 것이다. 그래서 빌리브로르트(Willibrord) 번역에는 "성경 안에 있는 모든 것"이라는 의미로 번역되어 있다. 어쨌든 이 표현은 디모데가 어린시절부터 알고 있었던 "거룩한 책들"을 가리킨다. "성경은 능히 너로 하여금 그리스도 예수 안에 있는 믿음으로 말미암아 구원에 이르는 지혜가 있게 하느니라"(딤후 3:15). 그렇다면 번역과 관련해서 종종 논쟁의 대상이 되었던 디모데후서 3:16은 "모든 성경은 하나님의 영감으로 주어졌으며, 그것은 교훈과 책망과 바르게 함과 의로 교육하기에 유익하다"라고 번역할 수 있다. 3:16 후반절도 진정으로 상반절과 밀접하게 연결되어 있다. 왜냐하면 사도 바울은 단지 성경이 하나님에 의해서 영감된 것뿐만 아니라, 또한 이것을 통해서 하나님이 진정 무엇을 의도하시는지에 대해서도 말하기를 원하기 때문이다. 곧 사도 바울은 "이는 하나님의 사람으로 온전하게 하며 모든 선한 일을 행할 능력을 갖추게 하려 함이라"(딤후 3:17)고 덧붙여서 말한다.

베드로후서 1:21은 성경의 예언의 기원에 대해서 다룬다. 성경의 예언은 인간이 지어낸 이야기가 아니다. 왜냐하면 사람들은 하나님을 대신해서 말했기 때문이다. 그리고 "말한 것임이라"는 동사와 관련해서, [예언들이] 기록되었다는 의미 또한 포함된 것이라는 사실도 올바르게 지적되었다. 왜냐하면 그 편지의 수신자들은 오직 예언을 기록된 형태로만 알기 때문이다. 그리고 "예언의 말씀"(벧후 1:19; 개역개정―"이것")은 구약성경 전체를 가리킨다.[15] 예언을 말하고 기록한 이들은 저마다 고유한 성향과 은사와 재능을 지닌 사람들이었다. 하지만 그들은 모두 하나님을 대신해서 말했다(다른 해석에 의하면, 그들은 하나님의 거룩한 사람들로서, 곧 하나님이 섬김을 위해 구별한 사람들로서 말했다). 이 점과 관련해서 그들은 성령에 의해 인도함을 받아 하나님을 섬기는 일을 하면서 하나님을 대신해 말할 수 있었다. 따라서 예언의 말씀은 전적으로 신뢰할 만하다. 그 말씀은 신뢰할 만한 것 그 자체다!

예언에 대한 해석은 그것의 기원과 일치해야 한다(벧후 1:20과 21절이 서로 밀접하게 연결되어 있음을 참고하라). 그렇다면 그와 같은 해석이 지니

---

15 참조. Van Houwelingen, 1988, 141.

고 있는 첫 번째 특성은 다음과 같다. 곧 "성령은 해석하도록 역동적으로 이끈다. 하나님은 사람들을 그분의 일을 위해서 사용하신다. 이와 같이 일하시는 하나님 및 성령과 함께, [그분이 사용하시는 이들이] 예언의 의미를 지속적으로 확증한다."

또한 바울의 편지들과 관련해서 말한 것에도 중요한 요소가 있는데(벤후 3:15-16; 참조. 벤후 3:2), 바로 이 편지들의 모음집이 이미 존재했던 것처럼 보인다는 점이다. 우리에게는 판 하우웰링언(Van Houwelingen)의 다음과 같은 주장에 동의할 만한 충분한 근거들이 있다. 곧 모든 성경과 마찬가지로, 바울의 편지들도 신앙에 대한 규범을 제시하며, 또한 진리의 길을 따르는 데 필요한 지침들을 제공해준다. "복음서들과 사도들이 쓴 저서들은 구약성경의 책들과 매우 밀접한 관련이 있다는 지위를 얻었다"(Van Houwelingen, 1998, 141-143, 150-152, 276).

"하나님에 의해서 감동됨"이라는 용어와 "영감"이라는 용어는 서로 바꾸어 쓸 수 있는 것처럼 사용되었다. "하나님에 의해서 감동됨"이라는 단어가 "영감"이라는 단어보다 더 선호된다. 왜냐하면 첫 번째 용어는 성경이 하나님에 의해 영감이 주어졌다는 것을 문자 그대로 말하지만, 두 번째 용어는 이 영감이 하나님과 그분의 영이 하시는 일이라고 항상 덧붙여 말할 필요가 있기 때문이다. 그뿐만 아니라 "하나님에 의해서 감동됨"이라는 단어의 의미는 결코 모호하지 않다. 반면에 "영감"이라는 단어는 다른 의미로도 사용될 가능성이 있다. 사람들은 어떤 예술가가 무엇에 의해서 영감 받았다고 말한다. 또한 어떤 사람이 영감을 얻었다고 주장한다. 영감이라는 단어가 사용될 경우에 우리는 종종 무엇에 영감이 되었는지 또는 무엇이 영감을 주었는지에 대한 차이점을 분별하지 못할 수도 있다. 하지만 "영감"이라는 단어는 성경에 대한 교리를 다루는 데 오랫동안 널리 사용되었기 때문에, 그 단어를 다른 것으로 대치하는 것은 현실적으로 매우 어렵다.

7.3. 다양한 견해와 이론들

우리는 성경의 영감설과 관련해서 일반적으로 다음과 같은 다섯 가지 견해를 구분한다. 곧 기계적 영감설, 이중적 영감설, 역동적 영감설, 현실적 또는 사실적 영감설과 유기적 영감설을 구분한다. 이것은 성경이 우리에게 전해진 과정과 관련해서 매우 다양한 견해들이 제시되었음을 보여준다.

1. 기계적 영감설

이 견해는 17세기의 루터파 및 개혁파 정통 신학에서 널리 알려졌다. 하지만 이것은 기계적 영감설(The mechanistic theory of inspiration)이 루터파와 개혁파의 고전적인 입장이라고 주장하는 것은 아니다. 이 견해에 의하면, 성경은 성경의 저자들이 하늘로부터 들은 것을 것을 받아쓴 것이다. 성경의 책들의 저자들은 성령의 비서들이나 또는 심지어 성령의 살아 있는 붓이라고 언급되었다. 언어와 문체의 다양한 차이점은 성령이 바라는 것을 반영하는 것이다. 곧 성령은 다양한 방법으로 말하려고 했다. 푸치우스(Voetius)는 예비적인 탐구가 전혀 포함되지 않았다고 믿었다.

이와 같이 이해한다면, 성경의 저자들은 그들의 역사적인 상황에서 분리되어 자기 자신의 의지가 없이, 그저 성령의 손에 있는 도구들처럼 기능한 것이다(Bavinck, *R.D.*, 1:431). 이것은 성령이 그가 사용한 사람들을 수동적으로 내버려둔 것이 아니라, 오히려 그들을 확실하게 능동적으로 사용했다는 사실을 망각한 것이다.

사실 오늘날에는 그 누구도 더 이상 기계적 영감설을 받아들이거나 지지하지 않는다. 심지어 이 견해가 널리 받아들여졌던 시기에도 영감에 대해 다소 덜 기계적으로 묘사하려는 시도들이 있었다. 안토니우스 티지우스(Antonius Thysius)는 여러 신학자들과 같이 저술한 『신학 개관』(*Synopsis*)에서 성경 저자들의 인격적인 활동을 말했다. 성경 저자들은 저마다 자신의 생각들과 기억들, 체계를 세우는 재능과 다양한 문체를 사용했다. 이것이 성경 저자들의 저술 방법이 다양한 이유를 설명해준다. 하지만 그들은 그 과정에서 성령에 의해 지속적으로 인도함을 받았다.

2. 이중적 영감설

이중적 영감설(The dualistic theory of inspiration)에 의하면, 영감은 성경의 일부분에 제한되어 있다(부분 영감). 대체로 이 이론은 성경의 종교적이고 윤리적인 내용에 적용된다. 그 나머지 부분은 전적으로 저자들의 산물이다. 이 나머지 부분에서는 다양한 결점들이 발견된다. 하지만 이 결점들은 성경의 해당 책들의 종교적이고 윤리적인 내용에 영향을 미치지 않는다. 때때로 어떤 책들은 영감되었다고 여겨졌지만, 다른 책들은 영감되지 않았다는 주장이 제기되었다. 따라서 제믈러의 축소 목록에는 영감되지 않았다고 해서 몇 권의 책들, 곧 에스라서, 느헤미야서, 에스더서, 룻기, 역대기, 아가서 및 요한계시록이 포함되지 않았다.

대체로 소키누스파(Socinians), 아르미니우스의 입장을 지지하는 항변파(Remonstrants)와 합리주의자들은 이와 같은 이중적 영감설을 지지했다(참조. Du Preez, 1933). 하지만 우리는 구분이 성경의 통일성을 파괴하므로 이중적 영감설을 반대해야 한다. 그리스도와 사도들은 성경을 결코 이와 같은 방법으로 구분하지 않았다. 이 이론을 따른다면, 저마다 자기 자신의 통찰력과 종교적인 체험 등 그 밖에 다른 것에 기초해서, 어떤 것이 하나님의 말씀인지 스스로 결정해야 한다.

3. 역동적 영감설

역동적 영감설(The dynamic theory of inspiration)은 상당한 영향을 미쳐왔다. 바빙크는 심지어 불과 몇 명 안 되는 신학자들만 실질적으로 이 이론을 받아들이지 않았다고 지적했다(Bavinck, *R.D.*, 1:418).

이 이론은 성경의 영감에 대해서 더 많은 책임을 성경의 저자들에게 돌린다(personal inspiration). 이 저자들은 하나님과 매우 가깝게 살았다. 그래서 그들의 저작은 경건하고 숭고한 특성을 드러낸다. 그들은 성령의 역동성(dynamics), 곧 고무시키고 거룩하게 하는 성령의 능력을 다른 사람들보다 훨씬 더 높은 정도로 체험했다. 그리고 이와 같은 영감의 유형과 모든 그리스도인이 공유하는 조명은 서로 간에 정도의 차이점은 있지만 본질적인 차이점은 없다.

역동적 영감설의 위대한 지지자는 바로 슐라이어마허였다. 그의 견해에 의하면, 신약성경의 저자들은 교회 안에서 영감된 유일한 저자들이 아니었다. 하지만 참으로 최초의 영감된 저자들이었다. 구약성경은 "기독교회의 공동 정신"(Gemeingeist der christlichen Kirche)에 의해서 영감된 것이 아니었다. 따라서 구약성경은 신약성경보다 상당히 낮은 위치에 있다.

네덜란드에서 역동적 영감설은 특히 윤리 신학에서 지지를 받았다. 다위반톤(Daubanton)은 왜 시인 다윗 왕과 유명한 네덜란드의 시인 다 코스타(Da Costa) 사이에 차이를 두어야 하는지 이해할 수 없었다. 그의 견해에 의하면, 다 코스타의 시들은 다윗이 지은 시들과 마찬가지로 하나님의 말씀이다. "하나님의 말씀을 찾고, 발견하고, 믿고, 찬양하고 또한 순종하는 곳마다, 왜 그것은 하나님의 말씀이 아닌가? 하나님의 영이 신자들을 떠나갔다는 것인가?" 심지어 만약 성경을 잃어버린다고 해도, 우리에게 생명의 말씀이 전혀 없는 것은 아니다. 왜냐하면 하나님의 계시와 우리 사이에 여전히 다른 경로가 있기 때문이다. 예를 들면, 아우구스티누스, 루터, 칼뱅과 기타 다른 사람들의 저서들이 있다.[16]

이 역동적 영감설은 성경이 영감에 대해서 말하는 것과 일치하지 않는다. 그것에 대한 핵심 증거는 성경이 하나님에 의해서 영감되었다는 것이다(딤후 3:16). 우리는 모든 하나님의 자녀가 성령에 의해서 인도함을 받는다는 것과 하나님을 대신해서 말하는 이들이 받은 영감을 구별할 필요가 있다. 로마서 8:14에서 사용되는 "아게스타이"(*agesthai*, 인도함을 받다)라는

---

16 F. E. Daubanton, *De Theopneustie der Heilige Schrift*, 1882, 91-93.

그리스어 동사와 베드로후서 1:21에서 사용되는 "페레스타이"(*pheresthai*, 말하다)라는 그리스어 동사는 똑같지 않다. 역동적 영감설에 의하면, 성경과 다른 모든 종교 문헌 사이에 본질적인 차이점이 전혀 없다. 다우반톤과 함께 다윗과 다 코스타에게 동등한 권위를 부여하려는 사람들은 다 코스타의 시들에 지나치게 높은 명예를 부여하는 것이다. 또한 그 입장은 시편이 지니고 있는 유일무이한 가치를 공정하게 대하지 않는 것이다.

4. 현실적 영감설

칼 바르트는 그가 초기 교회와 정통 신학에서 만나는 성경관에 대해 혹독하게 비판한다. 거기서는 인간의 말을 하나님 자신의 말씀으로 다룬다. 이것은 성경이 하나님의 말씀이라는 선언을 하나님의 자유로운 은총보다는 성경의 특성과 관련된 선언으로 바꾼다. 우리는 이 진술을 성경과 관련해서 하나의 선언으로 해석할 권리를 갖고 있지 않다.

바르트는 결코 영감을 **완료 시제**(*perfectum*)로 사용하지 않고, 언제나 **현재 시제**(*praesens*)로 사용한다. 목격자들이 증언하도록 이끄는 성령은 또한 그 증언을 듣고 읽는 사람들에게 그것이 진리라는 것을 증거한다. "이 자기 계시(self-disclosure) 전체가 바로 테오프뉴스티아(*theopneustia*), 곧 하나님이 예언자들과 사도들의 말들에 영감을 불어넣는 것이다"(Barth, *C.D.*, 1.2.516).

성경의 영감은 교회의 삶과 교회 구성원의 삶 안에서 반복적으로 나타나는 하나님의 작정(decree)이다(Barth, *C.D.*, 1.2.504-537).

이것은 영감의 교리에 대한 현실적인 해석이다. 성경의 본문 자체는 오류와 결점이 있는 인간의 말이지만, 하나님이 그 본문을 통해 누군가와 이야기하는 것을 기뻐하실 때마다, 지금 하나님의 영의 감동 또는 영감은 성경의 해당 본문에 일어나는 하나의 기적이다. 그리고 이 순간에 성경은 하나님의 말씀이 된다.

어떤 학자들은 바르트의 사고들을 받아들였다. 판 니프트릭은 바르트의 사고들에 동의했다. 니프트릭의 견해에 의하면, 정통 교의의 배후에 숨어 있는 동기는 진리를 통제하고 조종하려는 결심과 열망이다. 성경 위에 손을 얹어놓고, "이것이 진리다"라고 말한다. 영감에 대한 옛날 교리에 의하면, 우리는 하나님의 말씀을 받는 것이 아니라 오히려 그것을 소유한다. 이것은 하나님의 은혜로 살아간다는 것을 거부하는 것을 암시해준다. 바르트와 마찬가지로, 판 니프트릭은 영감을 성경의 상태라기보다 하나님의 행위로 이해한다. "성경이 영감되었다는 것을 고백하는 이들은 성령 하나님이 성경에 기록된 사람의 말을 우리를 위해서 하나님의 말씀으로 변화시킬 것이라고 믿고 기대한다." 그리고 "기뻐하시는 순간에 하나님이 말씀하실 때, 성경은 바로 하나님의 **말씀이 된다**"(Van Niftrik, *KLD.*, 289-306).

우리는 이 견해에 대해 다음과 같이 심각한 반대 의견을 가졌다.

* 영감에 대한 교리와 관련해서 우리가 숨겨진 동기를 찾으려고 한다면, 곧 우리가 진리를 우리 마음대로 소유하기를 바라며 또한 하나님의 은혜로 사는 것을 원하지 않는다면, 그 교리는 우스꽝스러운 것으로 풍자된다.
* 순간적인 영감은 성경이 영감되었다는 특성을 희생시킨다. 반복적으로 나타나는 하나님의 작정이라는 의미에서 현실적(actualistic) 영감설은 성경 자체가 말하는 것을 제대로 반영하지 않는다. 오히려 이것은 계시가 현실적으로 일어난다고 이해하는 바르트의 개념에서 비롯된 결과다(참조. § 4.3).
* 바르트는 하나님에 의해서 영감이 되거나 또는 영감으로서의 하나님의 자기 계시 전체에 대해서 언급한다. 하지만 이 견해는 성경이 하나님에 의해서 영감이 되었다는 것과, 성경과 관련된 성령의 증거를 제대로 구별하지 못한다.

5. 유기적 영감설

유기적 영감설(The organic theory of inspiration)과 관련해서 우리는 칼뱅에게 호소할 수 있다. 그 이유는 칼뱅이 성경의 저자들을 성령의 도구들(딤후 3:26에 대한 주석에서)이라고 불렀기 때문이 아니라, 그가 구약성경 및 신약성경의 저자들의 개별성과 저마다의 인격적인 활동을 참작했기 때문이다. 하지만 우리는 유기적 영감설과 관련해서 실질적으로 카이퍼와 바빙크에게 빚을 지고 있다. 그들은 성경을 인간의 일반적인 책이라고 간주했던 비판에 맞서 하나님의 말씀의 통일성과 신빙성을 주장했다. 동시에 그들은 구원에 대한 계시의 역사적인 특성을 인정했다(참조. *God met ons*, 1981, 41-46).

바빙크는 성경이 생겨난 것과 관련된 성령의 역사에 대해 다음과 같이 말한다. "저자들 각자의 의식을 다양한 방법으로(출생, 양육, 타고난 재능, 탐구, 기억, 사색, 삶의 경험, 계시 등) 준비시키고 나서, 이제 성령은 저술 과정 그 자체 안에서 또한 그 과정을 통해서 **그와 같은** 사고와 단어들, **그와 같은** 언어와 문체를 만들어내서, 그 의식 바깥으로 나오게 했다. 그래서 그들은 저마다 어떤 나라나 시대에 속하든지 모든 신분과 계층에 속한 사람들 모두에게 하나님의 생각들을 가장 잘 해석해줄 수 있었다"(Bavinck, *R.D.*, 1:438). 성령은 하나님의 도구로서 쓰임을 받게 하기 위해 성경의 저자들이 지닌 어떤 인간적인 요소도 물리치지 않았다. 하나님의 계시는 인간의 구조 안으로, 사람들과 그들이 놓여 있는 상황 안으로, 문학 양식과 용례들 안으로, 또한 역사와 생활 속으로 들어왔다(Bavinck, *R.D.*, 1:442).

성경 안에는 이 견해가 정확하다고 지지해주는 암시들이 충분히 있다. 성경의 책들은 저마다 어떤 구체적인 시기에 또한 어떤 특별한 문화 안에서 나타난 것에 대한 흔적을 지니고 있다. 저자들은 때때로 자신들의 임무를 위해 혈통이나 교육을 통해서 준비되었다. "모세가 애굽 사람의 모든 지혜를 배워 그의 말과 하는 일들이 능하더라"(행 7:22). 바울은 랍비들에게서 교육받았다. 이 저자들의 어휘 선택과 표현 방법은 대단한 다양성을 드러내준다. 다양한 번역 성경들에서보다 원어에서 이 점은 더욱 분명하게 나타난다. 사복음서의 여러 가지 차이점들은 당연히 많은 질문들을 불러왔다. 사복음서는 예수의 말씀들을 수집해 한곳에 모아서 제시했다. 예수의 그 말씀들은 모두 동일한 경우에 말한 것이 아니었다. 마태복음과 누가복음을 비교해보면, 우리는 복음서 저자의 저술 목적이 어떻게 자신의 복음서의 전체 구조와 내용에 영향을 미쳤는지 알 수 있다. 저자들은 자신들이 관심을 가졌던 주제들에 대해서 깊이 탐구했다. 구약성경의 역사서들에는 종종 다양한 자료에 대한 언급이 나온다. 그리고 누가복음의 저자는 자신이 복음서를 기록하기 이전에 먼저 모든 것을 주의 깊게 탐구했다고 알려준다(눅 1:1-4).

또한 우리는 성경의 책들에 개인적인 경험이 반영되어 있다는 것을 알 수 있다. 이 점은 특별히 시편의 경우에서 사실로 나타난다. 하지만 우리는 바울의 편지들에서도 그의 개인적인 측면을 보게 된다.

성경 전체는 동일한 메시지를 포함한다. 그렇지만 이 메시지는 수많은 방법으로 다양하게 표현되었다. 구약성경의 예언서들에는 주목할 만한 차이점들이 있다. 신약성경에 수록된 사도들이 보낸 서신들에는 강조점들이 다양하게 제시된다. 정당한 평가로서, 바울은 믿음의 사도라고, 베드로는 소망의 사도라고, 또한 요한은 사랑의 사도라고 불렸다. 우리는 성경 연구를 통해 성경의 책들에 대해서 더 광범위한 관점들을 얻고, 또한 더 세밀하게 뉘앙스를 파악할 수 있다. 또한 이것은 우리가 성경을 더 풍성하게 이해하도록 이끌어준다.

다양한 측면에서 유기적 영감설은 성경비평에 대한 우리의 변호를 강화시켜준다. 우리는 성경에 나오는 역사적인 묘사는 그 이후의 역사가들의 저서와 다르다는 것을 인정한다. 성경은 과거에 대한 묘사가 아니라, 하나님이 그분의 백성을 다루시는 것에 초점을 맞춘다.

유기적 영감설은 성경과 관련해서 제기되는 모든 가능한 질문에 명쾌한 대답을 들려줄 수 없다. 난제들은 여전히 남아 있다. 성경 안에는 난제들(지적인 문제들)이 있다. 아마도 그 난제들은 앞으로도 결코 명백하게 해결되지 않을 것이다(Bavinck, *R.D.*, 1:442).

우리의 지식은 부분적이며, 우리의 이론들은 하나님의 영감이라는 기적을 완벽하게 설명할 수 없다. 하지만 이것은 성경이 사람들이 옛날에 지은 책들을 모아놓은 것이 아니라, 명백히 하나님의 말씀이라는 우리의 믿음을 흔들지 못한다.

"유기적"이라는 단어를 반대하는 견해들도 제기되었다(참조. Kamphuis, 1980, 61-65). 그렇지만 우리가 더 정확한 용어를 찾아낼 수 있다면, 우리는 기뻐할 것이다. 우리는 "유기적"이라는 단어가 하나님과 인간의 관계에 대해서 대단히 만족스럽게 묘사한다고 주장하지 않는다. 그렇지만 이 단어는 성경의 저자들이 분별력이 없던 도구들이 아니라, 그들의 모든 기능 및 가능성과 더불어 하나님이 전적으로 사용하신 사람들이었다는 것을 넌지시 알려준다.

우리는 이와 같은 맥락에서 "유기적"이라는 용어가 결코 영감 개념을 손상시키지 않는다는 것을 기억해야 할 것이다. 만약 성경의 저자들이 주로 그들 자신이 살았던 시대의 아들들이라고 여겨지거나 또는 어떤 시대의 사고의 전개와 표현들은 그 당시의 개념들에 제약을 받고 있는 것으로 간주된다면, 바로 이것이 영감 개념을 손상시킬 것이다. 이것은 합리주의의 적응 원칙(the doctrine of accommodation of rationalism)을 연상시켜준다(참조. Berkouwer, 1938, 317-327).

유기적 영감설과 관련해서, 우리는 기계적 영감설에서 억압되었던 인간의 매개 역할 또는 인간적인 요소가 다시 중요성을 인정받았다고 말할 수 있다. 최근의 로마 가톨릭 신학에서도 이것과 평행을 이루는 것을 발견할 수 있다(Wentsel, *Dogm*., 2:308-317). 제2차 바티칸 공의회(1965)가 받아들인 하나님의 계시에 대한 교의 헌장에는 로마 가톨릭교회가 위협을 받고 있다고 느끼는 것을 암시해주는 문구들이 포함되어 있다. 이 교의 헌장은 우리가 인간의 매개라고 언급하는 것을 받아들인다. 그러면서 하나님이 거룩한 책들을 저술하게 하려고 사람들을 선택하셨으며, 또한 그들의 모든 잠재력 및 능력과 함께 그들을 사용하셨다고 말한다. 이것에 덧붙여 이 헌장은 성경의 책들은 믿을 만하게, 충실하게, 오류가 없이 진리를 가르친다고 주장한다. 그 진리는 하나님이 우리의 구원을 위해서 기록되게 하려고 애쓰신 것이다 (제3장). 로마 가톨릭교회에서 활동하는 성경신학자들이 성경의 발전 과정에서 중요한 역할로서 인간적인 요소를 강조했을 때, 로미오(Romeo)는 사람들이 성경을 거의 전적으로 하나님의 말씀이라고 말했지만, 그가 살던 시대의 사람들은 성경을 거의 전적으로 인간의 말로 언급한다고 불평했다. 바로 이것이 1960년대의 상황이었다. 이것을 언급하는 베르카우어는 이와 같은 전반적인 불평을 다소 비합리적이라고 생각한다. 하지만 그럼에도 그는 위험의 가능성에 대한 경고들을 듣는 것은 언제나 좋은 일이라고 지적한다. 우리는 베르카우어의 다음과 같은 주장에 동의한다. 성경과 관련해서 인간적인 요소들을 지나치게 강조한 결과로 말미암아, 오늘날 하나님의 말씀이 더 이상 들리지 않고 이해되지도 않는다(Berkouwer, 1975, 152).

심지어 네덜란드의 개혁파 교회(Gereformeerde Kerken in Nederland) 안에서도 여러 가지 변화들이 일어났다. 이 교회 안에서 유기적 영감설은 매우 견고하게 지지받고 있는 것처럼 여겨졌다. 그래서 이 점과 관련해 성경과 그 권위에 대해서 몇 가지 조항으로 이루어진 어떤 선언문이 선포되었다(the Arnhem articles of 1930). 『하나님이 우리와 함께』(*God met ons*, 1981)라는 보고서에서 이 선언문은 새로운 방향 설정이라고 언급되었다. 그리고 베르카우어가 성경에 대한 자신의 교의학 연구서(1975)에서 말하는 것은 성경비평에 대한 그의 저서에서 주장하는 것과 상당히 차이가 있다. 거의 30년이라는 세월이 지나가면서, 베르카우어의 신학적인 사상이 발전 또는 변했다.[17] 『교회를 위한 몇몇의 제언들』(*Cahiers voor de gemeinte*)은 그들이 옹호하는 새로운 견해로 말미암아 큰 화제를 불러일으켰다.[18] 하르트벨트(Hartvelt)의 신학적인 견해들은 커이터르트만큼 벗어나지 않는다. 하지만 그의 견해에 의하면, 유기적 영감설은 해결되지 않은 많은 문제점들을 불러왔다. 하나님에 의해서 영감됨에 대한 그의 해석은 성경이 "하나님의 말씀을 위해서 좋다"(good for God's Word)라는 것이다. 하지만 성경이 하나님의 말씀을 위해서 좋다는 것은 자동적으로 성경을 하나님의 말씀이 되게 하지는 않는다. 그것은 기능적이며 현실적인 견해다. 따라서 그의

17　Berkouwer의 다음 두 연구서를 비교해보라. G. C. Berkouwer, *Holy Scripture*, 1975. 『성경비평의 문제점』(*Het problem der Schriftkritiek*), 1938. 또한 참조. G. C. Berkouwer, 『불안과 책임』(*Verontrusting en verantwoordelijkheid*), 1969 및 *Een halve eeuw theologie*, 1974. 그리고 Berkouwer의 신학에 대해서 다음 연구서를 참조하라. *De theologie van Dr. G. Berkouwer*, 1971.

18　G. P. Hartvelt, 『성경과 영감에 대해서』(*Over Schrift en inspiratie*), 1967; idem, 『하나님의 말씀을 위해서 좋은』(*Goed voor Gods Woord*), 1969; H. M. Kuitert, 『당신은 당신이 읽고 있는 것을 이해하는가?』(*Verstaat gij wat gij leest*), 1968; Tj. Baarda, 『복음서들의 신뢰성』(*De betrouwbaarheid van de Evangelien*), 1969.

견해는 성경과 선포 사이의 차이점이 모호해진다는 것을 암시해준다.

네덜란드 개혁파 교회의 총회는 『하나님이 우리와 함께』라는 보고서가 신앙고백적인 측면에서 건전하다고 간주했다. 하지만 이 보고서는 우리를 생각하고 행동하도록 자극한다는 의미에서 영감을 "무엇인가 감동시키는 것"을 뜻하는 것으로 해석한다. 따라서 이 해석은 우리를 어리둥절하게 만든다. 비록 출발점, 곧 창조적인 아이디어는 사실상 우리의 바깥에서 오지만, 그것은 우리가 스스로 일하며 우리 자신의 상황에 적용하도록 우리를 설득한다. 이 견해는 "성경의 인간적인 측면과 시간에 매여 있는 측면에" 더 많은 여지를 할당해준다(*God met ons*, 1981, 57).

유기적 영감설은 인간의 언어로 쓰인 하나님의 말씀으로서의 성경을 정당하게 대하려는 시도다. 사람들이 말하고 쓴 것은 성령이 다음과 같은 과정과 방법을 사용한 것이다. 곧 우리는 인간 저자들을 통해서 하나님의 참되고 신실한 말씀, 구원에 대한 계시를 받았다. 그리스도가 이 말씀과 계시에서 중심을 차지한다. 그리고 그것의 궁극적인 목적은 그리스도 안에서 하나님을 아는 것이다.

만약 우리가 성경이 전해주는 메시지를 주의 깊게 듣지 않는다면, 성경과 영감의 기적을 올바로 이해하는 것이 무슨 유익이 있겠는가? 그러므로 우리는 영감이 하나의 분리된 사건이 아니라는 사실을 기억할 필요가 있다. 우리는 다음과 같은 바빙크의 견해에 동의한다. 곧 성경은 과거에 영감되었지만, 여전히 성경 안에 "하나님의 숨이 불어넣어져 있고" 또한 그 안으로 "하나님은 숨을 불어넣으신다." 영감의 사역 이후에 사실상 성령은 성경으로부터 물러나서 그것의 운명을 그대로 내버려두지 않았고 오히려 성령은 성경을 보존하며 그것에 생명력을 불어넣는다. 또한 성령은 성경의 내용을 다양한 방법으로 사람들의 마음과 양심에 전해준다(Bavinck, *R.D.*, 1:449 이하).

§ 8. 성경의 고유한 특성

8.1. 머리말
8.2. 성경의 권위
8.3. 성경의 명료성
8.4. 성경의 충족성 또는 완전성
8.5. 성경의 필요성

8.1. 머리말

성경의 고유한 특성들(*proprietates*)에 대한 교리는 한편으로 로마 가톨릭교회와의 논쟁 과정에서 발전되었고, 다른 한편으로는 신령주의(spiritualism)와의 갈등에서 발전되었다. 우리는 로마 가톨릭교회와 관련해서 성경과 교회의 관계를 머릿속에 떠올린다. 그리고 개혁파 신학은 신령주의를 거부한다. 왜냐하면 신령주의의 지지자들은 성령을 지니고 있는 사람들은 성경이 없어도 잘 대처해나갈 수 있다는 견해를 지니고 있기 때문이다.

비록 이와 같은 반대 견해들이 성경의 고유한 특성 교리의 배후에 있기는 하지만, 교리의 대립이 우리가 다루어야 할 이야기의 전체는 아니다. 우리는 이번 장에서 성경이 우리에게 얼마나 많은 것을 의미하는지를 표현하기 위해 다양한 용어가 필요하다. 이것이 성경의 특성과 관련해서 또 하나의 개별적인 항목이 필요한 이유다.

몇몇 개혁파 신학자들은 자신들의 관점을 성경의 권위, 완전성 및 명료성에 한정시킨다. 반면에 다른 신학자들은 이 목록을 확대한다. 우리는 바빙크의 개혁파 교의학에서 이 세 가지 특성 외에 성경의 필요성이라는 또 하나의 특성을 추가적으로 발견할 수 있다. 심지어 이 특성은 『순수 신학 개관』(*Synopsis*, 1625)에서 첫 번째로 언급된다. 베르카우어, 헤인스 (Heyns), 벤철(Wentsel)은 성경의 신빙성에 또 다른 항목이나 장을 할애한다. 하지만 이와 같은 시도가 진정으로 필요한 것은 아니다. 왜냐하면 우리는 성경의 신빙성을 고려하지 않고는 성경의 권위에 관심을 기울일 수 없기 때문이다. 그리고 그 반대의 경우도 사실이다.

이제 우리는 성경의 권위와 명료성, 충족성 또는 완전성과 필요성에 대해서 차례대로 다루고자 한다.

8.2. 성경의 권위

1. 성경 자체의 신빙성

우리는 성경의 권위(*auctoritas*)와 관련해서 로마 가톨릭교회와 갈등을 빚고 있다. 이 갈등은 이미 종교개혁 시대에 전면에 나타났다. 로마 가톨릭교회는 다음과 같이 선언했다. 성경이 우리 가운데서 갖고 있는 모든 권위는 교회의 권위에 의존한다. 믿음이 세워지고 넘어지는 것은 성경과 더불어 일어나지 않고, 오히려 교회와 더불어 일어난다. 로마 가톨릭교회는 이렇게 반문한다. 성경은 바로 교회 안에서 비롯된 것이 아닌가? 또한 성경은 바로 교회가 보존하고 해석하고 있지 않았는가? 교회가 없으면, 성경도 없다. 하지만 성경이 없어도, 교회는 여전히 존재할 것이다.

종교개혁은 성경을 교회의 권위 아래 두는 대신에 성경 자체의 신빙성(*autopisty*)을 믿었다. 성경은 스스로 참되고 믿을 만하다고 말하며, 또한 그것을 스스로 입증한다. 어떤 교회가 맨 먼저 성경의 참됨과 신뢰성을 증명해야 한다면, 그것은 성경 위에 교회를 두거나 또는 적어도 교회와 성경을 동등한 위치에 놓는 것이다.

성경이 이스라엘과 교회를 통해서 우리에게 주어졌다는 것은 사실이다. 하지만 이것이 성경을 이스라엘의 말씀이나 교회의 말씀으로 만들지 않는다. 만약 그렇지 않다면, 교회가 최종 결정권을 가질 것이다. 하나님이 성경 안에서 우리에게 말씀하시는 것은 본질적으로 중요하다. 교회가 아니라 바로 성경이 우리에게 "논쟁들에 대한 최고의 재판관이다." 교회의 권위는 파생된 것이고 제한적이다. 반면에 성경의 권위는 직접적이고 절대적이다.

로마 가톨릭교회는 이전 시기보다도 20세기에 이르러 성경에 대해 더욱더 큰 중요성을 부여했다. 로마 가톨릭교회는 성경을 읽고 연구하며 그 내용을 널리 알리도록 권면했다. 하지만 이와 같은 입장이 반드시 "오직 성경"(*sola Scriptura*)의 원리를 받아들인다는 것을 암시하지는 않는다. 더욱이 최근의 로마 가톨릭 신학은 성경을 그와 같이 인식하는 것에 대해서 훨씬 더 비판을 가한다. 성경과 관련해 제기되는 문제점들은 교회에 대한 교리와 더불어 부여된 권위에 의해서 처리된다. 로마 가톨릭교회는 오늘날의 성경비평에 대해서 어느 정도 양보할 수 있다는 입장이다. 하지만 교회에 대한 교리는 고스란히 그대로 둔다. 교회의 권위 자체에 대해서 의문점이 제기될 때마다—사실상 이것은 종종 일어남—로마 가톨릭교회는 성경이 더 이상 타당한 지지를 제공해주지 않는다고 생각한다. 그리고 교회의 권위에 의문을 제기하는 것은 결국 신앙의 위기를 불러온다.

성경의 신빙성은 성경을 사실상 교회의 책으로 존중하는 로마 가톨릭교회에 대항할 뿐만 아니라, 또한 성경을 역사의 어떤 시기에서 유래된 하나의 일반적인 인간의 책, 곧 인간이 저술한 문서들의 모음집으로 간주하는 모든 사람들에 대항하기 위해서도 보존될 필요가 있다. 많은 사람이 지난 수 세기 동안 전개되어온 사고들의 결과로 인해 성경에 더 이상 어떤 특별한 권위를 부여하지 않는다.

또한 구약성경과 신약성경의 신빙성과 관련해서 성경비평은 온갖 의문점들을 제기했다. 이와 같은 성경비평은 사람들에게 커다란 영향을 미쳤다. 그리고 다른 종교들과의 접촉은 종종 성경을 다른 종교들의 거룩한 책들과 원칙적으로 동등하다고 여기는 결과를 빚어냈다. 그뿐만 아니라 현대인은 어떤 권위에 기초해서 무엇인가를 믿는 것을 몹시 싫어한다. 노르트만스(O. Noordmans)는 그의 시대에 이미 교권주의적인 기독교(ecclesiastical Christianity)와 문화 사이에서 어떤 종합을 시도하고자 하면, 사람들은 권위에 기초해서 믿으라고 말하는 것에 곧잘 화를 내곤 한다고 지적했다. "그래서 권위에 대한 개념은 오직 교회가 권위를 행사하고 있는 로마 가톨릭교회 안에서만, 또한 성경이 권위를 행사하고 있는 개신교 보수주의 교단들 안에서만 타당하다."

　　노르트만스는 믿음에 대한 지식은 항상 외부에서 유래한다고 주장한다. 그는 "권위에 기초한 신앙"의 개념을 성경의 차원으로 넓히며, 그것이 확대된 형태를 로마서 10장에서 발견한다. 바울은 어떤 사람이 믿을 수 있기 위해서 그는 맨 먼저 들어야 한다고 말한다. 듣는 것은 말씀을 듣는 것이다. 말씀을 선포하는 사람이 없다면, 아무런 말씀도 들을 수 없다. 마지막으로 보내시는 분, 곧 권위자가 없다면, 선포자도 없다(Noordmans in *V.W.* 2:135, 140). 바빙크는 이 점에 대해서 훨씬 더 분명하게 말한다. 어떤 사람이 하나님의 말씀을 어린아이 같은 자세로 듣고 그 말씀에 순종하는 일과 관련해서 굴욕적인 것은 전혀 없다. 또한 어떤 방법으로든지 개인의 자유를 침해하는 것도 없다. "하나님의 말씀을 듣고 하나님을 믿는 것, 곧 하나님의 권위에 기초해서 하나님을 믿는 것은 결코 인간의 존엄성에 어긋나지 않는다. 이것은 어떤 어린아이가 자기 아버지의 말을 듣고 그것을 완전히 신뢰할 때, 그것이 그 어린아이를 불명예스럽게 만들지 않는다는 것과 똑같은 것이다."〔올바로 성장해가는〕기독교 신자들은 하나님의 말씀을 점차적으로 더욱더 신뢰한다. 그래서 그들의 믿음이 자라고 굳건해지며, 또한 그들은 하나님의 말씀 안에서 하나님의 권위를 더욱더 굳게 붙잡는다(Bavinck, *R.D.*, 1:464 이하).

2. 성경 자체는 무엇이라고 말하는가?

　　성경의 신빙성은 우리가 성경의 권위를 확립하기 위해서 성경 자체에 호소한다는 것을 함축한다. 하나님에 의한 영감 교리의 경우와 마찬가지로, 성경의 신빙성은 단 한 구절과 관련된 것이 아니라 성경 전체와 관련된 문제다. 성경은 성령에 의해 영감된 하나님의 말씀으로서의 권위를 가지고 우리에게 말한다. 하나님은 성경에서 그분의 절대적인 권위로 우리에게 말씀하신다.

　　구약성경은 우리 주 예수 그리스도에게 있어 단지 인간이 저술한 책들의 모음집이 아니었다. 예수는 권위 있는 자와 같이 가르치셨고(마 7:29),

그리고 그는 자기의 말이 결코 없어지지 않을 것이라고 말씀하셨는데(마 24:35), 그는 구약성경의 권위를 어떻게 생각하셨을까? 예수는 "기록되었으되"(마 4:4, 7, 10)라고 말씀하시면서, 구약성경의 권위를 아무런 조건 없이 받아들이셨다. 예수에게 "기록되었으되"라는 표현은 모든 논쟁에 마침표를 찍는 것을 의미했다. 또한 예수는 "성경은 폐하지 못하나니"(요 10:35)라고 말씀하셨다. 그리고 그는 다음과 같이 자기가 걸어가야 할 고난의 길이 구약성경에 명확하게 기록되어 있다고 이해하셨다. 곧 "내가 만일 그렇게 하면 이런 일이 있으리라 한 성경이 어떻게 이루어지겠느냐?"(마 26:54).

어떤 사람이 예수가 구약성경에 호소하시는 것은 유대교의 전승을 받아들인 것에 지나지 않거나, 또는 거룩한 책들, 특히 모세 오경의 권위와 관련해서 그 당시의 견해를 비판 없이 받아들인 것에 지나지 않는다고 추측한다면, 그것은 옳지 않다. 이와 같은 추측은 받아들일 수 없다. 왜냐하면 유대교의 전승이나 구약성경에 대한 잘못된 해석을 받아들이도록 요구될 때마다, 예수는 한결같이 그와 동시대 사람들의 견해들을 반대하셨기 때문이다.

예수가 산상수훈에서 "[그러나] 나는 너희에게 이르노니"라고 선언하셨을 때, 이 선언은 예수가 모세 율법의 권위를 손상시키는 것으로 이해될 수 없다. 그는 서기관들(율법학자들)과는 현저히 다르게 율법의 더 깊은 의미를 입증해주셨다. 그는 율법이나 예언자(예언서들)를 폐하러 오신 것이 아니라, 오히려 그것들을 완전하게 하려고 오셨다. 그리고 예수는 율법의 일점일획도 결코 없어지지 아니하고 다 이루어질 것이라고 말씀하셨다(참조. 마 5:17-48).

또한 우리는 사도들이 쓴 서신들에서도 [구약성경에] "기록되어 있다"라는 표현을 여러 번 발견한다. 구약성경의 권위에 대해 협상을 해야 할 여지는 전혀 없다. 왜냐하면 구약성경의 저자들과 청중 또는 독자들에게 구약성경은 규범적인 특성을 지니고 있는 것이기 때문이다. 바울은 구약성경에서 한 구절을 인용하면서 "이와 같이 하나님께서 이르시되"라고 쓸 수 있었다(고후 6:16). 구약성경이 증언하는 것은 바로 성령이 증언하는 것이다(참조. 히 10:15-17).

바울은 고린도전서 15:3-4에서 자기에게 전해진 그리스도 안에서의 믿음과, 또한 그가 교회에게 전해준 그 믿음에 대해서 간략하게 요약한다. 그가 이 요약에서 "성경대로"라는 표현을 두 번이나 사용한다는 사실은 매우 중요한 의미를 지니고 있다. 여기서 바울은 성경 본문을 구체적으로 언급하지 않는다. 그는 예수가 성취한 구속에 관한 사실들이 성경 전체와 일치한다는 것을 암시해준다.

사도들이 쓴 저서들의 권위는 예수가 그들에게 자신의 대변자가 되라는 권한을 주신 사실에 기초한다. 바울과 베드로는 교회에 자신들을 가리켜 그리스도의 사도들이라고 말한다. 이것은 예수가 자신의 사역을 진전시키는 일에 자신을 섬기도록 그들을 사용하신다는 것을 암시해준다. 그들은 권위 있고 독점적인 방법으로 구원에 대한 본질과 진리를 증거하며, 그것을 보호할 것으로 예상된다(Ridderbos, 1955, 37). 신약성경에서 언급되는 구원은 예수가 처음에 말씀하신 것이며, 또한 그것을 들은 사람들이 다른 사람들에게 확증해준 것이다(히 2:3). 사도들은 이 일을 할 수 있는 다양한 은사와 능력을 성령으로부터 받았다. 바울은 성령이 자신에게 가르쳐준 말을 전한다는 것을 확신했다(고전 2:13).

사도들의 권위는 여러 곳에서 뚜렷하게 나타난다. 바울이 데살로니가에서 하나님의 말씀을 전했을 때, 그것은 진정으로 하나님의 말씀으로 받아들여졌다(살전 2:13). 또한 그는 사도로서 자신이 명령한 것을 교인들이 실질적으로 실행할 것으로 확신하는 것처럼 보인다(살후 3:4).

우리는 베드로후서 3:2에 나오는 명령(계명)과 관련해서 다음과 같은 두 가지로 이해할 수 있다. 곧 그것은 주님이자 구원자의 사도들의 명령으로 이해하거나, 또는 주님이자 구원자가 사도들을 통해서 준 명령으로 이해할 수 있다. 어쨌든 이 두 경우에서 사도들은 바로 앞서 언급된 예언자들과 짝을 이루고 있다. 사도들의 말은 권위를 지니고 있다. "왜냐하면 **그들의** 명령은 **그리스도**의 명령이기 때문이다. 또한 교회에 대한 사도들의 명령은 예언자들이 예언한 말씀과 동등한 권위를 지니고 있다"(Van Houwelingen, 1988, 218).

요한이 요한계시록에서 기록한 말씀은 "신실하고 참된" 것이다(계 22:6). 그 예언의 책에 포함되어 있는 말씀에 아무런 내용도 덧붙이거나, 또는 그 말씀 중 어느 것도 제거하면 안 된다(계 22:18-19). 우리는 요한계시록의 이 부분에는 신약성경의 구속사 전체에서 가장 중요한 실재가 매우 분명하게 기록되어 있다는 리델보스의 견해에 동의한다. 다시 말해서, 하나님의 권위는 특별히 임명되고 자격을 부여받아서 하나님의 계시를 전달받고 그것을 전달하는 인격적인 도구들의 저서들에 나오는 예수 그리스도 안에서 하나님이 행하시는 위대한 일들의 전달에도 적용된다(Ridderbos, 1955, 57 이하).

결론으로서 교회는 예수―그리고 그를 본받은 사도들과 복음서 저자들―가 구약성경을 대하셨던 것과 다르게 구약성경을 대해서는 안 된다. 따라서 우리는 우리의 신앙을 지도하고 지지하며 확증하기 위해서 성경의 모든 책을 받아들인다(「벨기에 신앙고백서」 제5조). 성경의 모든 책과 관련해 「벨기에 신앙고백서」 제5조에 나오는 신앙고백은 구약성경과 관련한 제25조에서 반복된다.

3. 성경의 권위의 범위와 특성

성경의 권위는 단지 일부분에만 국한시킬 수 없다. 우리는 오직 성경(*sola Scriptura*)만이 권위를 지니고 있다고 우리의 신앙을 고백한다. 이것은 성경 전체(*tota Scriptura*)가 우리에게 하나님의 말씀으로서 권위를 지니고 있다는 사실을 의미한다.

이 원칙을 적용하는 것과 관련된 질문들이 매우 이른 시기부터 제기되었다. 특히 구약성경과 관련한 질문들이 제기되었다. 과연 우리가 성경이 기록되어 있는 모든 것을 문자적으로 받아들이고, 또한 그것에 문자 그대로 순종해야 하는가? 우리가 이스라엘에게 주어진 율법에 대해서 생각해 볼 때, 성경이 말하는 것보다 [오늘날] 무엇인가 더 많은 것이 말해져야 할 필요가 있다는 것은 명백하다(참조. J. Hoek, in 『성경의 권위』[*Het gezag van de Bibel*], 1987, 144-169).

잘 알려진 예를 한 가지 들어보자. 만약 안식일을 거룩하게 지키라는 계명을 토요일을 한 주간의 일곱째 날로 기념하는 것으로 이해한다면, 또는 안식일에 대한 규정들을 신약시대의 교회에도 부여된 것으로 이해한다면(참조. 출 31:12-17; 35:1-3), 그것은 그 계명을 잘못 해석하는 것이다. 그와 같이 이해한다면, 그것은 안식일이 하나의 "표징"(출 31:17)이고, 또한 앞으로 올 것들의 그림자일 뿐이며, 그 실체는 그리스도 안에 있다(골 2:16-17)는 것을 간과하는 것이다. 하지만 우리가 주의 날을 기념하는 것은 사실상 십계명의 네 번째 계명까지 거슬러 올라간다. 이것은 도르트 총회(1618-1619)가 네 번째 계명이 한편으로 도덕적인 특성을 지니고 있고, 다른 한편으로 의식적인 특성을 지니고 있다고 선언하는 것의 의미다.

성경의 권위에 대한 인정은 부분적으로 성경이 정확하게 이해되어야 하고 또한 올바로 해석되어야 한다는 통찰에서 나왔다. 우리는 이와 관련해서 "성경은 스스로 그 자신을 해석한다"(*sacra Scriptura sui ipsius interpres*)는 해석학적인 원리를 머릿속에 떠올린다. 또한 이 원리는 베드로후서 1:20을 연상시켜준다(참조. Berkouwer, 1975, 126-128). 그것은 교회와 신학이 성경의 참된 의미를 명백하게 밝혀서 제시하고자 한다면, 성경 해석이 매우 중요하다는 것을 암시해준다. 이는 성경 해석가들이 최종적인 결정권을 지녀야 한다는 것을 의미하지 않는다. 성경 해석학을 포함하여 신학의 어떤 분야도 성경 해석에서 주도권을 행사할 수 없다.[19]

19　따라서 Labuschagne가 성경에 대한 우리의 견해를 수정하고자 성경 연구를 시도하는 것은

만약 우리가 오늘날의 성경비평의 독선적인 자세를 받아들일 수 없고 성경이 이 시대에 자신의 방식을 보여줄 수 있는 방법을 결정하도록 신학―또는 다른 모든 분야의 학문―을 허용하는 모든 시도를 거부한다면, 우리는 다음과 같은 진술도 받아들일 수 없다. 곧 권위는 권위이며, 성경의 권위는 성경의 권위다. 이 권위의 특성과 관련해서 의문점들이 제기되지 않는가?

바빙크는 성경이 철저하게 종교적 목적과 윤리적 목적을 지니고 있다고 말한다. 성경은 하나님이 구원을 위해서 제시하시는 지식을 얻는 데 필요한 모든 것을 우리에게 제공해준다. 바로니우스(Baronius)는 성경은 천체가 어떻게 움직이는지 말하지 않지만, 어떻게 우리가 하늘을 향해서 나아가는지 말해준다고 주장했다. 그의 주장은 종종 잘못 사용되었다. 하지만 그의 주장에는 진리가 부분적으로 포함되어 있다. 사실상 성경은 과학계의 용어를 엄밀하게 사용하지 않고, 오히려 관찰 및 일상생활의 언어를 사용한다. 성경은 문자적으로 번역하자면, "땅이 다가온다"라고 말한다(행 27:27). 또한 성경은 태양이 "떠오르고" 또 "멈추어 서 있다"고 말한다. 그리고 성경은 인간의 마음에서 생각이 비롯된다고 말한다. 하지만 날마다 경험하는 것을 묘사하는 언어는 사실이며, 또한 언제나 사실로 머물러 있다. 그 언어는 매우 단순한 사람도 이해할 수 있고, 동시에 학자도 분명하게 인식할 수 있다(Bavinck, *R.D.*, 1:444-446).

구약성경과 신약성경은 우리가 고대의 것들이라고 간주하는 인간적인 이미지들을 포함하고 있다. 하지만 성경은 그것들을 고치지 않고 사용한다. 또한 성경 저자들의 세계관은 우리의 세계관과 여러 측면에서 더 이상 일치하지 않는다. 이와 같은 요소들은 성경이 전하는 메시지의 권위를 떨어뜨리지 않는다. 성경의 권위는 율법주의적으로 해석되어서는 안 된다.

매우 지나친 것이다. 그는 성경은 인간이 쓴 것이고 역사에 매여 있는 문학적인 문서로서 학문적인 진지한 연구를 통해서만 이해될 수 있다고 생각했다(C. J. Labuschagne, 『성경은 하나님을 위해서 무엇을 말하는가?』[*Wat zegt de Bijbel in Gods name?*] 1977, 40, 43).

지금 **근본주의**(fundamentalism)와 관련해서 이야기할 것이 있다. 이 용어 자체는 분명하다. 이 용어는 원래의 근본주의를 가리킬 수 있다. 원래의 근본주의는 기독교 신앙의 몇몇 근본적인 교의들(가르침들)을 변호하는 것을 가리켰다. 미국에서는 『근본적인 것들』(*the Fundamentals*, 1910-1915)이라는 시리즈 제목을 달고 일단의 문헌들이 출간되었다. 이런 문헌들은 당시 근대주의의 견해들과 논쟁하면서 적지 않은 영향을 미쳤다. 이 근본주의자들 사이에서 성경의 영감과 권위에 대한 교리는 분명히 두드러진 위치를 차지했다.

근본주의는 성경을 가능한 한 문자 그대로 해석하는 견해를 묘사하는 것을 의미했다. 이 견해에 의하면, 예수가 재림하시는 장소는 감람산이다(참조. 슥 14:4). 고린도전서 14:5은 바울은 모든 그리스도인이 방언으로 말하거나 예언하는 것을 원했다는 사실을 의미한다. 미래의 어느 시기에 사탄은 결박당하고, 반면에 신자들은 천 년 동안 그리스도가 이 세상을 통치하는 데 동참한다(참조. 계 20:1-5). 유아세례는 성경적이지 않다. 왜냐하면 성경에서 유아세례가 구체적으로 언급되지 않았기 때문이다. 이와 같이 신학적으로 편협한 경향을 지닌 근본주의도 존재한다(참조. Wentsel, *Dogm*., 2:573).

두 번째 요소는 성경은 어떤 오류도 포함하고 있지 않다는 확신이다. 이것은 성경의 무오성(inerrancy)이라고 언급된다. 린젤(H. Lindsell)과 몇몇 다른 학자들이 제기하는 것으로서, 무오성은 돌발적인 어떤 것을 지니고 있다. 하나님의 말씀이 믿을 만하고 신앙과 삶에 대한 오류가 없는 규칙이 되기 위해서(참조. 「벨기에 신앙고백서」 제5조), 하나님이 사람들을 도구로 사용하셔서 우리에게 주신 계시, 곧 성경은 모든 불균형(unevenness)으로부터 자유로울 필요가 없다. 아우웨네일(Ouweneel)은 이 점과 관련해서 다음과 같이 말한다. "그리스도인에게 성경의 신빙성은 논리와 이론의 문제가 아니라 확신의 문제다. 그리스도인은 성령의 권능에 의해 확신에 이르고 하나님의 말씀에 의존한다"(W. J. Ouweneel in 『성경의 권위』[*Het gezag van de bijbel*], 1987, 87). 하나님의 말씀은 결코 우리를 그릇되게 이끌지 않는다!

우리는 몇몇 근본주의 계열의 가르침에 대해서 유보적인 입장을 취하지만, 이 계열들을 판단하는 데 세심한 주의를 기울일 필요가 있다. 왜냐하면 근본주의는 하나의 복합적인 현상이고,[20] 또한 성경의 권위를 강력하게 옹호할 준비가 되어 있다는 점을 존중하고 인정할 만하기 때문이다.

우리 시대에 성경의 권위에 대해 전적으로 반대되는 경향들을 신학과 교회 안에서 발견할 수 있다. 이와 같은 경향들이 지니고 있는 다양한 차이점과 새로운 접근 방법들에 의해서 성경의 권위는 훼손되고 있다.

4. 오늘날의 경향들

a. 형식적 권위 및 실질적인 권위. 네덜란드의 개혁파 교회의 총회(1969-1970)에서 논의된 보고서에 따르면, 오늘날 개혁파 교단은 성경의 실질적인 권위에 상당한 강조점을 두고 있다. 다시 말해서, 성경의 권위는 성경의 실질적인 내용에 의해서 결정된다. 성경의 권위는 구원의 메시지의 관점에서 접근된다. 여기서 전체의 초점은 복음서의 핵심 내용에 맞추어져 있다. 베르카우어가 자신의 교의학 연구에서 성경과 관련해 주장하는 것도 이 방향을 시사한다.[21]

우리는 성경의 권위를 정면으로 반대하는 견해를 커이터르트의 저서에서 볼 수 있다. 그는 성경의 권위를 공허한 권위라고 이해한다. 그의 견해에 의하면, 성경 전체의 글은 구원의 메시지와 구별되어야만 한다. 하지

20　참조. "The Chicago Statement on Biblical Hermeneutics" (1982); 『성경의 권위』(*Het gezag van de Bijbel*), 1987, 185-191; H. Lindsell, *The Battle for the Bible*, 1978; N. Geisler (ed.) *Inerrancy*, 1979; M. I. Erickson, *Christian Theology*, 19871, 221-240; Wentsel, *Dogm.*, 2:572-590; De Vries, 1991, 283-298.

21　참조. W. H. Velema, "성경의 권위에 대한 해석학적인 고찰"(Hermeneutische overwegingen rond her Shcriftgezag), *Th. Ref.* 13 (1970): 131-146; S. Meijers, *Objectiviteit en existentialiteit*, 1979, 149-223.

만 이것은 완벽한 분리로 끝난다(Kuitert, 1968, 43 이하). 결과적으로 이 구분은 하나님의 말씀의 메시지가 무엇인지, 그리고 하나님의 말씀의 형식이 무엇인지, 또는 하나님의 말씀을 이루는 소재가 무엇인지를 결정하는 것을 각 개인의 주관적인 통찰이나 성경 해석가나 독자의 판단에 맡긴다. 이 견해는 성경의 권위에 근거해서 무엇인가를 호소하는 것은 효력이 없다고 암시해준다.[22] 오늘날 다원주의가 도처에서 점점 더 세력을 확장하고 있다. 이와 같은 견해에 의하면, 모든 사람은 자신이 성경에서 받아들이고자 하는 것을 스스로 결정할 수 있는 자유를 지니고 있다.

우리는 성경의 내용을 성경의 형태와 반대되는 것으로 두면 안 된다. 마치 성경의 형태가 부차적인 중요성을 지니고 있는 것처럼 말이다. 만약 우리가 "형식적인"(formal) 및 "실질적인"(substantive)과 같은 단어들을—어떤 경우라고 하더라도 신중히 다룰 필요가 있다—사용하기를 원한다면, 우리는 성경의 권위는 실질적인 측면뿐만 아니라 형식적인 측면도 지니고 있다고 말할 수 있다. 성경은 우리에게 구원의 메시지를 전해준다. 하지만 이 메시지는 어떤 특정한 방식으로, 어떤 특정한 형태로, 그리고 특정한 단어의 사용을 통해서 우리에게 전해진다. 형태는 메시지의 내용과 조화를 이룬다. 우리는 세 명의 참가자를 무시할 수 없다. 곧 화자와 전달자 그리고 수신자를 무시할 수 없다. 또한 우리는 메시지를 전달하는 자의 배후에 있는 화자가 자신의 사랑을 선언하고, 약속들을 제시하며, 또한 반응을 요구한다는 사실을 무시해서는 안 된다. 우리의 구원의 "실체"가 우리에게 매우 중요한 것이기는 하지만, 이것은 궁극적으로 성경의 권위를 명확히 규정해준다.[23]

---

22 결과적으로 Kuitert는 다음과 같이 주장한다. "성경의 궁극적인 권위는 과거의 것이다. 또한 교황의 궁극적인 권위도 지난날의 것이다." in "교회와 진리: 개혁파의 대답"(Kerk en waarheid: een Gereformeerd antwoord), *Concilium* (1981): 38. Kuitert의 이 선언은 Lessing의 주장을 연상시켜준다!

23 참조. H. G. Geertsema, "진리와 성경의 권위에 대한 합리적인 견해"(Rationele waarheidsopvatting en Schriftgezag), *Th. Ref.* 31 (1988): 133, 149.

개혁교회 교의학

b. 다른 계열들. 성경의 권위에 대해 간략하게 논의하고 나서, 베르크호프는 권위는 만남과 관련이 있는 개념이라고 강조한다. 또한 그는 상대방이 권위를 존중하는 것에 동의해야만 그 권위가 성립된다고 강조한다. 그뿐만 아니라 성경의 권위는 간접적인 것이다. 왜냐하면 성경은 계시 그 자체가 아니기 때문이다. 먼저, 성경은 권위와 더불어 우리가 계시에 주의를 기울일 것을 요구한다. 그다음, 우리는 계시가 우리에게 무엇을 말하는지, 곧 성경의 증언들이 무엇인지를 결정한다. 마지막으로, 성경의 증언들과 우리 사이에 상호 작용이 나타난다.

베르크호프의 견해에 의하면, 네 가지 차원이 성경의 증언과 동일시될 수 있다. 그 증언의 핵심은 출애굽에 대한 이야기 및 예수와 그의 부활에 대한 이야기를 포함한다. 예수가 처녀를 통해서 태어나신 이야기는 세 번째 차원에 속하고 그 이야기는 주변 가까이 있다. 세 번째 차원이라고 결정할 수 있는 요인은 해당 이야기가 마태복음 1장과 누가복음 1장에만 나온다는 것이다. 하나님과 그분의 말씀 및 행위에 대한 직접적인 증언의 결과로서, 영원한 삶에 대한 신앙고백은 첫 번째 차원이 아니라 두 번째 차원에 속한다. 종말과 관련된 이미지들은 하늘, 천사들 및 사탄에 대한 견해들과 더불어 세 번째 차원에 속한다.

권위를 네 가지 차원으로 구분하는 이런 이론에 따른다면, 성경에 호소하는 것은 과거보다 더욱더 사변적이며 선택적인 것이 되고 결국은 더 간접적이며 포괄적인 것이 된다. 베르크호프가 이 견해를 제안하는 저서(*Christian Faith*)는 이 접근 방법에 대한 한 가지 예를 보여준다! 그는 선택적일 뿐만 아니라, 회의적으로 접근한다. 그는 그리스도의 수난에 대한 예고들을 지어낸 것으로 여긴다. 또한 그는 요한복음 21장의 이야기를 하나의 전설이라고 언급한다(Berkhof, *C.F.*, 94-98, 280-283).

c. 총회 문서들. 성경의 권위에 대한 이 새로운 접근 방법을 지지하는 두 가지 중요한 총회 문서가 있다. 그것들은 『순수한 포도주』와 『하나님이 우

리와 함께』라는 문서다. 네덜란드 개혁파 교회는『순수한 포도주』를 만장일치로 채택했다. 개혁파의 델프트 총회(Synod of Delft)는 신앙고백적인 측면에서『하나님이 우리와 함께』를 성경이 이해되기를 원하는 방법에 대한 하나의 건전한 설명이라고 간주했다.

『순수한 포도주』는 성경의 역사, 신비 및 권위에 대해서 다룬다. 거기에는 두 가지 극단적인 입장이 있다. 한편, 어떤 이들은 성경을 대단한 확실성을 지닌 하나님의 말씀으로 받아들인다. 그들은 "나는 기록되어 있는 대로 성경을 받아들인다"고 말한다. 다른 한편, 어떤 이들은 성경의 권위가 회복될 수 없을 정도로 손상되었다고 생각한다. 그들은 더 이상 성경을 믿지 않는다. 이 두 입장을 모두 거부하는 것은 불가능하다. 어떤 타협안도 받아들여지지 않을 것 같다. 그래서 성경의 권위에 대해서 어떤 새로운 자세가 요구된다. 총회는 이런 상황에서『순수한 포도주』를 따를 수 있다고 솔직하게 말해야 한다고 믿는다.

성경은 근본주의적인 방식으로 하나님의 진리들을 포함하는 책으로 취급되면 안 된다. 성경의 말씀들이 권위를 가지고 우리에게 오는 것은 율법주의적인 것이 아니라 영적인 것이다. 그것은 우리에게 이미 만들어진 답변들을 제공해주지 않고, 그 대신 결정을 내릴 수 있는 우리의 능력에 호소한다. 성경은 우리와 대화하는 것을 통해서 자신의 권위를 행사한다. 그래서『순수한 포도주』는 권위에 대한 오늘날의 견해들과 일치하는 것으로서 "대화를 통해서 비롯되는 성경의 권위"를 지지한다(Trimp). 단지 우리가 어떤 권위에 동의할 때만, 그것은 우리에게 권위가 된다(참조. *Klare wijn*, 1967, 77 이하, 171-204; **Trimp**, 1970, 155-191).

성경의 권위의 특성에 대한 보고서인『하나님이 우리와 함께』에 대해서는 해야 할 말이 많이 있다. 그 보고서는 총회의 위원회에 의해 작성된 것이다. 이 보고서는 이미 얼마 동안 진행되어온 신학 및 교회의 새로운 방향 설정 과정을 날짜별로 기록하여 제시한다.[24]

따라서 그 보고서의 맨 첫 장이 진리의 개념이 변화하는 것을 다루고,

이어서―교회의 삶과 영향을 탐구할 때―변화의 준비를 장려하는 것은 놀랍지 않다.

이 보고서에 의하면, 진리는 인격적으로 사람과 관련된 진리, 곧 관계적인 진리이고, 결코 어떤 객관적인 사실들이나 또는 주관적인 견해들이 아니고 그 시대와 관련이 있다.[25] 성경의 진리는 믿음과 관련해서 이해되고 묘사된다. 지금 중요한 것은 어떤 진리가 우리를 위한 것인가이다. 성경의 저자들과 독자들은 하나님의 동맹자들이 될 필요가 있다. 따라서 "하나님이 우리와 함께"는 근본적인 중요성을 지니고 있다.

『하나님이 우리와 함께』라는 보고서의 서론에서, 관계적인 진리 개념은 상대주의적인 진리 개념을 의미하지 않는 것이라는 확신이 주어졌다. 그럼에도 그 보고서는 상대주의를 장려하고 다원주의를 용인한다.

프롬(Vroom)의 견해에 의하면, 이 새로운 통찰에서 가장 특징적인 측면은 성경과 독자, 하나님과 인간, 사실과 해석 및 주체와 대상 사이의 연관성에 모든 강조점이 놓여 있다. 베르카우어가 이 강조점에 대한 기초 작업을 해놓았다. 왜냐하면 그의 관점에 의하면, 신앙과 계시의 상호 연관성은 그의 교의학 연구에서 기초를 이루는 것 중 하나이기 때문이다. 『하나님이 우리와 함께』라는 보고서의 견해는 "교회의 교리를 어느 정도 상대화시킨다. 교리 그 자체는 진리가 아닌 실재를 가리킨다."[26]

그 보고서는 기적들에 대해서도 말한다. 기적들의 진리는 상당 부분 관계적인

---

24   참조. J. Plomp, 『움직이고 있는 교회』(*Een kerk in beweging*), 1987; A. M. Lindeboom, 『신학자들이 앞장서고 있다』(*De theologen gingen voorop*), 1987.

25   이것은 모든 면에서 새로운 접근 방법은 아니다! 신앙과 질서(Faith and Order)는 1971년에 성경의 권위와 관련된 보고서(the Van Leuven report)를 받아들였다. 이 보고서는 권위를 하나의 합리적인 개념으로 해석하는 것을 추구했다. 이 보고서에 다음과 같은 중요한 내용이 들어 있다. "사람들이 권위를 권위로 경험할 때, 오직 그때만 권위는 현실적인 권위가 된다. 동시에 그것은 인간의 경험을 초월한다. 이와 같이 개개인을 뛰어넘는 권위가 지니고 있는 특성은 특별히 또한 명백하게 강조되어야 한다." 참조. Flesseman–van Leer, 1982, 75, 114.

26   H. M. Vroom, "프로테스탄트 교회들에서의 성경의 권위"(Het Schriftgezag ter diskussie in protestante kring), *Praktische theologie* 13 (1986): 436 이하.

측면에서 결정된다. 성경에 기록된 계명들의 역사적인 형태는 의미가 **없는 것**이 아니다. 하지만 중요한 질문은 다음과 같다. 곧 어떻게 우리는 우리 자신이 처한 상황에서 성경 본문들에 계시된 구원의 관점과 비슷한 방법으로 살 수 있을까? 수많은 비판들이 이 보고서의 이 부분에 대해 제기될 수 있다. 이 보고서는 가장 위대한 계명, 곧 사랑의 계명에 초점을 맞추고 있다. 하지만 그리스도인의 삶은 분명히 상대화되어버린 하나님의 구체적인 계명들에서 벗어난 것 아닌가?

또한 『하나님이 우리와 함께』라는 보고서의 경우에도 우리는 성경의 대화적인 권위에 대해 말할 수 있을 것이다. 우리는 성경의 어떤 계명들을 "전혀 축소하지 않은 채" 고수하라고 호소할 수 없으며, 호소하지도 않는다. 하지만 이것은 그릇된 안전을 제공해줄 것이다. 그리스도인으로서 우리는 반드시 우리가 져야 하는 책임을 받아들이고, 또한 우리가 무엇을 할 수 있는지 끊임없이 선택해야 한다. 우리는 이 과정에서 성령과 더불어 지속적으로 대화하고 다른 이들을 향해서도 열려 있는 자세를 지녀야 한다.

비판에 대한 반응으로서 이 보고서의 후속편은 또다시 보고서의 형태로 1986년에 발간되어 총회에 제출되었다. 이 후속편은 하나님의 주권과 은혜에 대해서 증언하는 사람들의 승인이 없으면 하나님의 진리는 존재하지 않는다는 진술을 포함한다. 이 후속편의 맨 첫 장에서 나오는 이 개념은 현대 철학 및 진리에 대한 현대 철학의 개념에 기초해서 설명되지 않고, 오히려 새로운 성령론에 기초해서 설명된다. 여기서도 관계적인 진리는 다음과 같은 것을 유지한다. 곧 "우리의 신앙과 관련된 성경의 권위는 성경이 우리와 우리의 세상에 대해 말하는 명료성에서 비롯된다"(§ 2.4). 이 문서의 맨 끝부분에는 [개혁파의 전통적인] 신앙고백은 이 문서에서 간략하게 묘사된 관계적인 관점이 인정하는 것보다 훨씬 더 자충족적인, 곧 신적 권위로 성경을 이해하는 것은 아닌가에 대한 질문이 제기된다. 이 보고서는 이 질문에 대해 모호한 대답을 제시하지만, 이 질문은 긍정적으로 답변되어야만 한다!

5. 시대적 한계인가? 아니면 시대를 지향하는가?

성경의 권위에 대해 한계를 암시해주는 다양한 해석과 관점들이 있다.

역사적인 권위와 규범적인 권위를 서로 구분하는 이전의 구분 방법은 여기에 해당되지 않는다. 이것은 성경의 모든 본문이 우리의 신앙과 삶을 위한 규범이 되지 못한다는 것을 의미한다. 사실상 성경에는 죄악된 행위와 말도 기록되어 있지 않은가? 바빙크는 이것과 관련해서 역사적인 권위와 규범적인 권위는 그렇게 추상적으로 구분할 수 없다고 언급했다. 심지어 사탄의 거짓말과 악한 자들의 사악한 행위에서도, 하나님은 여전히 우리에게 어떤 것을 말씀하신다(Bavinck, *R.D.*, 1:459-460). 그뿐만 아니라 해당 본문들은 더 광범위한 맥락에서 어떤 역할을 하고 있다. 그러므로 그 본문이 지니고 있는 규범성은 부인할 수 없다.

성경이 역사적인 권위를 갖는다고 말할 때, 이것은 성경에 기록된 모든 것이 실제적으로 일어났다는 것보다 그 이상의 뜻을 내포한다. 성경은 하나님의 계시의 역사다. 이것은 역사적인 정확성을 가지고 모든 것을 기록해야 한다는 것을 의미하지 않는다. 그렇지만 우리는 성경이 역사적으로 신뢰할 만하다고 고백해야 한다.

성경의 역사 서술(historiography)은 자기 자신만의 고유한 특성을 지니고 있다. 모든 것은 하나님의 관점에서, 곧 하나님이 인류와 이스라엘과 상호 관계를 맺으시고, 예수 그리스도 안에서 그분의 구속 행위를 하셨다는 관점에서 묘사되었다. 이것은 많은 세부 사항이 생략되었을 수도 있다는 것을 의미한다. 다른 종류의 역사 서술 방법에서는 그와 같은 세부 사항들을 기록하는 것이 필수적이라고 여길 것이다. 또한 이것은 모든 것이 어떤 특별한 빛에 의해서 이해되었다는 것을 의미한다. 그래서 얼핏 보기에 중요하지 않다고 생각되는 사건들도 성경의 역사 서술 안에서 의미 심장한 것이 되었다. 나아가 이것은 수 세기라는 긴 세월을 특별한 언급 없이 건너뛸 수도 있었음을 의미한다(Y. Feenstra, *Chr. Enc.*, 1961^2, 6:115).

다시 말해서 성경은 일반적인 역사책이 아니다. 그래서 우리는 "시대적 한계"(time-boundedness)라는 개념을 매우 신중히 사용하고 적용할 필요가 있다. 커이터르트의 저서와『하나님이 우리와 함께』라는 보고서에는 이 개념이 어김없이 나타난다. 왜냐하면 커이터르트와 그 보고서는 성경의 본문을 이루는 요소들이 당대의 지적인 사고방식뿐만 아니라, 또한 시대적 한계라는 배경과 성경 저자들의 특성도 필시 반영하기 때문이다. 시대적 한계의 특성들은 우리에게 더 이상 타당하지 않은 흥미로운 자료로서 무시될 수 있다. 이와 같은 방법에 의해서, 성경은 매우 선택적으로 또한 일방적으로 다루어진다. 시대적 한계는 자동적으로 성경의 권위를 떨어뜨리기 시작한다.

"시대적 한계"가 "시대를 초월한"(time-less)이라는 용어의 반의어라면, 상황은 바뀐다. 이 경우에 "시대적 한계"라는 용어는 이미 낡은 것이 되어 버린 세상에 대한 이미지들을 가리키는 데 사용될 수 있을 것이다(하지만 세상에 대한 오늘날의 과학적인 이미지도 시대적 한계를 가지고 있고, 시간을 초월하는 것이 아니라는 사실을 잊어서는 안 된다). 그렇다면 이런 "시대적 한계"는 어떤 특정한 정황 가운데 있는 어떤 특정한 시대에서 이야기된 것은 오늘날 우리의 시대와 정황에 단순히 적용할 수 없다는 사실을 함의한다. 다음과 같은 예들이 우리의 머릿속에 떠오른다. 곧 신정국가로서 이스라엘에게 주어진 명령들, 그리스도 안에서 이미 성취되어서 새 언약의 시대에는 더 이상 적용할 필요가 없는 의식법(ceremonial laws), 남유다 왕조가 바빌로니아 제국의 속국이 된다는 것에 대한 예레미야의 예언과 같이 어떤 특별한 역사적 의미를 지닌 예언자들의 선언 등이다.

여기서 의미하는 것은 어떤 특정한 시대와 상황에 관련된 것이라고 언급하는 것이 더 좋을 것이다. 영원하신 하나님의 말씀은 시간(시대)과 관련이 있고 구체적인 역사적 상황에 중점을 둔다.

과거의 시간과 연결되어 있는 것은 더 이상 우리 시대에는 실제적으로 타당하지 않다. 하지만 우리가 열린 마음으로 주의 깊게 들을 때, 어떤 특정한 시대와 관련된 성경의 말씀들은 오늘날에도 여전히 놀라운 타당성을 지닌 것으로 밝혀진다.

개혁교회 교의학

성경의 신적인 권위가 인정되었을 때 발생할 수 있는 다양한 오해와 관련해서, 성경이 모든 가능한 우발적인 사건들에 적용할 수 있는 법 조항들을 가진 법전이라는 견해는 거부될 필요가 있다. 또한 성경은 해당 문맥에 관심을 전혀 기울이지 않은 채 성경에서 개별적인 본문을 선택해 인용할 수 있는 참고서가 아니다. 성경을 자주 인용한다고 해서, 그것 자체가 저절로 성경에 충실하다는 것을 입증해주는 것은 결코 아니다. 따라서 우리가 성경 본문들을 언급할 때마다, 우리는 해당 본문의 의미, 목적, 배경을 주의 깊게 살펴볼 필요가 있다. 성경의 권위는 진리들이나 선언들에 대한 어떤 목록이 지니고 있는 권위가 아니라, 하나님의 말씀 전체가 지니고 있는 권위다. 하나님의 말씀 전체의 중심은 바로 그리스도다. 또한 하나님의 신빙성이 있는 말씀으로서 성경은 우리에게 믿음을 요구한다.

복음서 안에 기록되어 있는 것은 다음과 같은 것이다. 곧 우리가 "예수께서 하나님의 아들 그리스도이심을 믿게 하려 함이요, 또 [우리가] 믿고 그 이름을 힘입어 생명을 얻게 하려 함이니라"(요 20:31). "모든 성경은 하나님의 감동으로 된 것으로 교훈과 책망과 바르게 함과 의로 교육하기에 유익하니, 이는 하나님의 사람으로 온전하게 하며 모든 선한 일을 행할 능력을 갖추게 하려 함이라"(딤후 3:16-17). 또한 바울도 이렇게 말한다. "[왜냐하면] 무엇이든지 전에 기록된 바는 우리의 교훈을 위하여 기록된 것이니 우리로 하여금 인내로 또는 성경의 위로로 소망을 가지게 함이니라"(롬 15:4). 여기서 "왜냐하면"과 "~함이니라"는 단어들은 우리가 지속적으로 기억할 필요가 있는 성경의 목표(*scopus*)를 표현한다.

성경의 권위는 하나님이 주신 계시의 권위다. 그래서 우리는 "성경 안에 기록되어 있는 모든 것을 조금도 의심하지 않고" 믿는다(「벨기에 신앙고백서」 제5조). 반면에 성경의 권위를 상대화하면, 그것은 반드시 신앙을 약화시키는 것으로 이어진다.

성경은 하나님의 권위와 더불어 우리에게 온다. 이것이 하나님의 말씀이 우리에게 오는 방법이다. 우리는 신실한 존경의 태도를 가지고 하나님의 말씀을 주의 깊게 들어야 한다. "여호와여, 말씀하옵소서. 주의 종이 듣겠나이다"(삼상 3:9). 그리고 성경의 권위를 진정으로 받아들이는 것은 성경의 말씀에 지속적으로 순종하는 것을 의미한다.

8.3. 성경의 명료성

성경의 두 번째 특성은 명료성(clarity)이다. 이 특성은 때때로 투명성(*claritas*)이나 명확성(*perspicuitas*)으로 언급된다. 개혁파 그리스도인들로서 우리는 성경에 호소한다. 우리는 성경을 통해서 성경의 권위를 존중한다. 우리는 성경의 권위에 근거하고 있는 이들 중에서도 서로 다른 견해들이 제기된다고 주장하는 이들을 반대한다. 모든 이단은 저마다 성경의 어떤 본문에 기초하고 있지 않은가? 성경은 그 자체로서 명료하지 않은가?

로마 가톨릭 신학자들은 성경 자체로부터 성경이 불충분하기는 하지만 명료하다고 추론한다. 빌립은 고대 에티오피아 관리에게 "읽는 것을 깨닫느냐?"라고 질문한다(행 8:30). 그러자 그 관리는 "[나를] 지도해주는 사람이 없으니 어찌 깨달을 수 있느냐?"라고 대답한다(행 8:31). 베드로는 바울의 서신들과 관련해서 "그중에 알기 어려운 것이 더러 있으니"라고 말한다(벧후 3:16). 어떤 예언들은 성경의 독자들이 이해하기 쉽지 않을 뿐만 아니라, 성경 안에는 부분적으로 서로 모순되는 요소들이 존재하지 않는가? 하나님이 삼위일체, 성육신, 성례들에 대해 계시해주신 것과 관련해서 잘못 주장할 수 있는 위험성이 매우 큰 것은 아닌가?(참조. Bijlsma, 1959, 308 이하).

로마 가톨릭교회는 성경이 불명료하고 모호하다고 노골적으로 표현하지는 않았다. 교황 레오 13세는 교황 회칙 「섭리하시는 하나님」(*Providentissimus Deus*, 1893)에서 거룩한 책들은 다소 모호함으로 둘러싸여 있다고 선언했다. 이 선언은 성경의 올바른 해석을 위해서는 교회에 의존해야 한다는 것에 명분을 제공해준다. 로마 가

개혁교회 교의학

톨릭교회가 이 역할을 할 수 있다. 왜냐하면 교회는 성령에 의해 모든 진리로 인도함을 받기 때문이다. 이 점과 관련해서 교회 안에는 성령에 의해 도움을 받는 어떤 특별한 직무가 있다. 로마 가톨릭교회의 공적인 선언이 하나님의 말씀에 대한 권위 있는 해석의 임무를 교회의 교도권에 부여한다는 것도 바로 이런 이유에서다. (교황 회칙: *Dei Verbum*, 1965). 그래서 어느 누구에게도 거룩한 어머니인 교회의 입장과 다르게 성경을 해석하는 것이 허락되어 있지 않다(트리엔트 공의회, 1546).

로마 가톨릭교회가 성경이 모든 사람의 손 안에 있는 것을 바라보는 것을 선호하지 않았던 시기가 있었다. 교황은 1902년까지도 성경 연구가 성직자들에게만 국한되는 것을 추천했었다. 1864년에 공포된, 널리 알려지지 않은 교황 회칙은 개신교의 성서공회들을 사회주의자 및 공산주의자 단체들과 같은 맥락에서 취급했다. 그들은 타락한 자들로 간주되었다. 그리고 그들과 협력하는 사람들은 하나님과 교회를 거스르며 자신들을 가장 극악한 죄를 짓는 자들로 만드는 것이라고 언급되었다.

하지만 제2차 바티칸 공의회는 성경, 특히 복음서들을 읽으라고 추천했다. 단, 꼭 필요하며 진정으로 타당한 설명들이 제공되어 있는 번역 성경들을 통해서 성경을 읽으라는 조건이 덧붙여졌다. 그래서 교회의 자녀가 거룩한 성경과 안전하고 유익하게 대화할 수 있어야 한다. 이와 같이 로마 가톨릭교회에서는 성경에 대한 교회의 해석이 동시에 주어져 있다! 따라서 여전히 다음과 같은 질문을 제기할 수밖에 없다. 곧 성경은 진정으로 스스로 말하는 것이 허락되어 있는가, 아니면 그렇지 않은가?(참조. Sevenster, 1956).

우리는 하나님의 말씀은 "내 발에 등[불]이요 내 길에 빛이니이다"(시 119:105), 또한 "주의 말씀을 열면 빛이 비치어 우둔한 사람들을 깨닫게 하나이다"(시 119:130), 그리고 "우리에게는 더 확실한 예언이 있어 어두운 데를 비추는 등불과" 같다(벧후 1:19)고 고백한다.

종교개혁의 전통에 서 있는 교회는 성경이 명료하다고 주장한다. 만약 어떤 사람이 성경은 모호하다고 말한다면, 우리는 "그것은 사실이 아니다!"라고 대답할 필요가 있다. 이 땅에서 성경보다 더 명료한 책은 저술되지 않았다(Luther). 종교개혁가 마르틴 루터에게 이것은 얼마나 중요했는가! 루터는 『노예 의지에 대해서』(*De Servo Arbitrio*, 1525)에서 에라스무스(Erasmus)의 견해들을 반박하고자 했다. 에라스무스는 성경의 명료성을 반대하는 것처럼 여겨지는 많은 논의를 사용했다. 그는 논의들을 통해 서로 모순되는 해석과 견해들을 지적했다. 그리고 그는 기독교의 사랑을 진지하게 받아들이는 것이 바람직하다고 생각했다(참조. Beisser, 1966, 75-79). 하지만 루터의 견해에 의하면, 모든 그리스도인은 다음 사실에 대해서 완전히 명백하게 이해할 필요가 있다. 곧 성경은 그 밝기가 태양 자체를 능가하는 영적인 빛이다. 특히 구원과 관련된 사항들에서 그 영적인 빛은 태양보다 더 밝은 빛을 비추어준다(Luther, *WA*, 18:653). 성경에 의해 조명을 받은 루터 자신은 이 영적인 빛의 밝기를 묘사하면서 최상급의 표현들을 사용한다. 성경은 그 자체 안에서 스스로 전적으로 확실하고, 전적으로 접근할 수 있으며, 또한 전적으로 명료하다. 그리고 성경은 자기 자신을 해석하고(*sui ipsius interpres*), 모든 것을 입증하고 판단하며, 또한 일깨워준다(Luther, *WA*, 7:97).

우리는 종교개혁가들과 마찬가지로 성경 안에 있는 모든 것이 곧바로 명료하지는 않다는 사실을 의식하고 있다. 성경 안에는 이해하기가 어려운 본문들이 있고 해석학적인 난제들도 있다. 하나님의 말씀은 우리의 이해력을 뛰어넘는 신비들을 계시해준다. 심지어 성경에 대한 가장 유능한 해석가들도 항상 의견이 일치하는 것은 아니다. 그리고 성경 안에는 우리가 이해하기에 어려운 본문들이 있을 수 있다.

성경의 명료성은 모든 사람에게 성경이 똑같이 명료하다는 것을 의미하지 않는다. 이해하기 어려운 사항들은 개인적인 한계 및 현대 문화에 의해서 결정되는 시대적 한계로 말미암는 것일 수 있다. 하지만 그 이상의 것이 있다. 우리는 사도 바울의 다음과 같은 말을 상기할 필요가 있다. "육에 속한 사람은 하나님의 성령의 일들을 받지 아니하나니 이는 그것들이 그에게는 어리석게 보임이요, 또 그는 그것들을 알 수도 없나니 그러한 일은 영적으로 분별되기 때문이라"(고전 2:14). 바울이 이 말을 썼을 때와 마찬가지로, 이 말은 여전히 타당하다. 예수 그리스도는 언젠가 자신이 왜 비유로 말하는지 이렇게 설명해주었다. "천국의 비밀을 아는 것이 너희에게는 허락되었으나 그들에게는 아니되었나니"(마 13:11). 또한 빛 그 자체인 말씀이 우리의 마음에 빛을 비추어야 한다(참조. 벤후 1:19). 바울은 신자들의 마음의 눈이 밝아지는 것을 위해서 기도했었다(엡 1:18). 하나님의 말씀을 이해하기 위해서는 성령의 조명을 받는 것이 필수적이다. 루터는 이 것을 가리켜 내적 명료성 혹은 밝음(*claritas interna*)이라고 말했다.[27] 우리는 성경 자체의 증언이 없다면 아무런 확신도 갖지 못할 것이다.

성경의 명료성은 성경을 연구하지 않아도 된다는 것을 의미하지 않는다. 성경 전체의 내용을 잘 알고 있는 사람들에게 하나님의 말씀의 메시지는 성경에 대해서 단지 부분적으로만 알고 있는 사람들보다 훨씬 더 명료하게 이해될 것이다.

「웨스트민스터 신앙고백서」는 성경의 명료성에 대해 다음과 같이 표현한다. "[성경 안에 있는] 모든 것은 그 자체로서 모든 사람에게 똑같이 명백하지 않다. 하지만 구원을 위해서 꼭 알아야 하고 믿어야 하며 준수해야만 하는 것은 성경의 이곳저곳에서 매우 분명하게 제시되어 있고 또한 공개되어 있다. 그래서 지성적인 사람뿐만 아니라 무지한 사람도 정상적인 방법을 적절하게 사용하면 그것을 충분히 이해할 수 있다"(제1장 7항).

성경의 명료성이 개혁파 신학에서 언제나 올바르게 나타나지는 않는다(참조. Kamphuis, 1988, 15-21). 이 교리와 연결되어 있는 다양한 위험성은 사실상 부정적인 역할을 하고 있지 않은가? 비록 성경의 명료성이 종교개혁의 가장 견고한 보루 중 하나이기는 하지만, 온갖 종류의 그룹들과 학파들이 성경과 성경 연구에 대한 자유로운 접근을 남용했고, 또한 지금도 남용하고 있다(Bavinck, *R.D.*, 1:479). 베르카

---

27 참조. Rossouw, 1963, 181-189, 229-236; Beissen, 1966, 82-97.

우어는 성경 말씀들에 대한 수많은 해석은 자기 자신의 선입견과 참고 문헌에 의해서 영향을 받을 위험성이 항상 존재한다는 것을 가리켜준다고 말한다. 그와 같은 위험성에 영향을 받은 해석은 관련된 사람을 하나님의 말씀의 취지에서 벗어나게 하고, 또한 성경의 빛을 희미하게 만든다(Berkouwer, 1972, 297). 그렇지만 바빙크의 말에 의하면, 그리스도인에게 주어진 자유는 모든 자유를 억누르는 독재보다 더 낫다. 한편으로 우리는 성경의 해석을 통제하는 로마 가톨릭교회에 맞서고, 다른 한편으로는 개신교의 어떤 그룹들에서 성경을 자의적으로 취급하는 모든 시도에 맞서서, 반드시 성경은 자기 자신을 해석하는 해석가이자 모든 논쟁에 대한 최고의 재판관이라는 것을 기억해야 한다.

캄프하위스(B. Kamphuis)는 1988년에 이 주제에 대한 연구서(『분명한 언어』[*Klare taal*])를 출간했다. 우리는 캄프하위스의 연구 결과에 기초해서 다음과 같은 몇몇 요소를 확인할 수 있다.

1. 하나님은 우리에게 "분명한 언어"로 말씀하신다. "말씀이 네게 가까워 네 입에 있으며 네 마음에 있다"(롬 10:8; 참조. 신 30:14). 계시의 명료성과 말씀의 명확성은 서로 분리될 수 없다.

2. 신학은 성경의 명료성을 유지하도록 섬기는 역할을 한다. 하지만 명료성이 무시되면, 신학이라는 학문이 교회를 통제하게 된다. 오늘날의 개신교 신학이 지니고 있는 전반적인 경향은 신학의 중요성을 지지하기 위해서 성경의 명료성을 문제화하는 것이다. 라부샤네의 견해에 의하면, 학자들로부터 꼭 필요한 감독과 지도를 받지 않으면, 어떤 성경도 간행되어서는 안 된다.[28] 로마 가톨릭교회의 경우와 마찬가지로, 교회가 진정성 있는 해석에 대한 책임을 지니고 있다. 이 특별한 경우에 신학계로부터 동일한 것이 기대된다. 이것은 성경이 불명료할(!) 경우에, 마치 신학이 우리에

---

28 C. J. Labuschagne, 『성경은 하나님을 위해서 무엇을 말하는가?』(*Wat zegt the Bijbel in Gods name?*), 1977, 24 이하.

   개혁교회 교의학

게 도움을 줄 수 있는 것처럼 들린다.

3. 성경의 명료성은 시간과 더불어 감소되는 것은 아닌가? 성경의 사건들이 역사적인 측면에서 우리와 멀리 떨어져 있다는 것은 우리가 성경의 말씀들—그 당시에는 충분히 명료했지만—을 이해하는 것을 점차적으로 더 어렵게 만들지 않는가?

성경이 이전 세대들의 종교적인 경험들을 반영한다고 믿는 사람들은 사람이 언제나 자기의 과거로부터 멀어지듯이 그 경험들로부터 점차 멀어지게 될 것이다. 하지만 우리는 여기서 하나님의 살아 있는 영원한 말씀을 다루고 있다(참조. 벧전 1:23). 그 말씀은 모든 시대의 모든 장소에 있는 하나님의 백성을 대상으로 삼고 있다. 또한 하나님은 우리도 염두에 두고 계셨다(참조. 고전 10:11). 그 동안 긴 역사가 전개되었지만, 시편 95:7에서 언급되는 "오늘"은 여전히 "오늘"로 남아 있다. 왜냐하면 하나님은 우리에게 지속적으로 말씀하시기 때문이다(참조. 히 3:7-13).

4. 성경은 "어두운 데를 비추는 등불과" 같다(벧후 1:19). 왜냐하면 성경이 바로 세상의 빛이신 그분으로 가득하기 때문이다. 루터가 에라스무스와 논쟁할 때 강조했던 요소들 중 하나는 바로 가장 위대한 신비가 계시되었다는 것이다. 곧 하나님의 아들이신 그리스도가 인간이 되신 것이다. 그럼에도 삼위 하나님은 한 분이시며, 하나 됨을 이루신다. 그리스도는 우리를 위해서 고난당하셨다. 하지만 그는 영원히 주님이시다. "성경에서 그리스도를 없애버린다면, 과연 당신은 무엇을 남기고자 하는가?"(Luther, *W.A.*, 18:606). 그리스도인들이 성경의 핵심 내용, 곧 하나님의 아들이신 그리스도를 알게 된다면, 다른 모든 것도 중요성을 지닐 것이며 또한 전적으로 명백해질 것이다(참조. Luther, *W.A.*, 44:510).

널리 알려져 있듯이, 루터는 "무엇이든지 그리스도를 전달하는 것"(was Christum treibt)을 판단 기준으로 삼았다. 하지만 어떤 사람이 가장 중요한 것을 확인하기 위해서 그 판단 기준을 사용하는 것인가, 아니면 "핵심"과 장식품(paraphernalia)을 구분하려고 사용하는 것인가 사이에는 커다란 차이점이 있다. 최근의 신학은 "해당 신학이 그리스도를 전하는가, 아니면 그렇지 않은가"라는 판단 기준을 사용하지 않고, 너무나도 자주 어떤 비슷한 선택 기준을 사용한다.

5. 성경의 명료성과 통일성은 서로 밀접하게 연결되어 있다. 판넨베르크는 다음과 같이 주장한다. 개신교의 관점에서 교리적인 선언의 전제로서 성경의 명료성은 성경의 통일성과 분리될 수 없다. 하지만 그는 성경에 대한 오늘날의 연구 결과로 말미암아 성경의 통일성은 그 효력을 잃어버렸다고 믿는다. 세부 내용과 관련해서 성경의 많은 증언이 서로 모순될 뿐만 아니라 성경 안에서도 서로 간에 차이점이 많이 있으며, 심지어 신학적인 개념들 간에 서로 어긋나는 요소들도 나타나기 때문이다.[29] 그리고 캐제만(Käsemann)의 견해에 의하면, 신약의 정경이 교회의 하나 됨의 기초인가라는 질문에 반드시 "아니요"라는 대답을 해야 한다. 왜냐하면 신약성경의 선포는 일관성이 없기 때문이다.[30]

하지만 구약성경과 신약성경의 다양성은 신구약성경의 통일성을 위협하지 않는다. 그것은 바로 다양성 안에서의 통일성이기 때문이다. 성경 안에는 경건에 대한 가르침이 있고(딤전 6:3), 그리스도에 대한 가르침도 있으며, 우리는 그 가르침 안에 머물러야 한다(요이 9). 신앙의 하나 됨과 교회의 하나 됨은 하나님의 말씀으로서 성경의 통일성에 기초한다.

6. 성경은 성경의 해석가에게 충분히 명백하다. 이것은 교회가 올바른 해석을 지원하고 보증해야 한다는 로마 가톨릭의 가르침을 거부한다는 것을 암시해준다. 우리는 가장 최근에 발전된 견해에 기초해서 다음과 같이 덧붙여 말할 수 있다. 곧 우리는 우리 자신이 그릇된 선입견, 오늘날의 오만한 신학적인 견해들 또는 현대의 주관적인 경험들에 이끌리지 않도록

29　W. Pannenberg, 『조직신학의 기본적인 질문들』(*Grundfragen systematischer Theologie*), 1971², 166 이하.

30　E. Käsemann (ed.), 『정경으로서의 신약성경』(*Das Neue Testament als Kanon*), 1970, 124-133.

　　　　　　　　　　　　　　　　개혁교회 교의학

해야 한다.

실제로 이것은 우리가 반드시 성경을 성경과 비교해야 한다는 것을 의미한다. 루터가 지지했듯이, 우리는 반드시 상대적으로 모호한 성경 구절들을 "명백하고 이해할 수 있는 부분들"의 빛에 비추어서 해석해야 한다. 그 반대의 경우를 시도해서는 안 된다.

또한 이 접근 방법은 매우 중요하다. 우리는 이와 같은 방법으로 커이터르트가 다음과 같이 매우 무뚝뚝하게 주장한 입장에 맞설 수 있는 견해를 가질 수 있기 때문이다. "우리 자신이 어떤 것을 일어난 것으로 믿을지 아니면 믿지 않을지를 결정해야만 한다." "우리는 학자들의 역사적인 탐구에 어느 정도 도움을 받아서 하나님과 사람들 앞에서 이것에 대해 가장 자유롭게 결정해야만 한다"(Kuitert, 1968, 76 이하).

7. 따라서 성경이 성경 자체에 관한 해석가다. 동시에 성령은 자기 자신에 대한 유일한 해석가라는 것도 사실이다(*unicus sui interpres*, Calvin — 벧후 1:20에 대한 해설). 이 두 가지는 진정으로 서로 모순되지 않는다. 루터가 외적인 명료성(*claritas exterior*)과 내적인 명료성(*claritas interior*)은 서로 모순되지 않는다고 말한 것처럼 말이다. 동일한 것의 양면으로서 이 두 가지는 서로 밀접하게 연결되어 있다. 성경 자체가 아무리 명료하다고 하더라도, 성경 전체 또는 어떤 부분을 이해하기 위해서는 성령의 도움이 반드시 필요하다. 이는 성경이 충분할 만큼 명료하지 않아서가 아니라, 오히려 우리의 마음속에 있는 어둠이 제거될 필요가 있기 때문이다. 성령은 우리의 눈을 열어 성경의 밝은 빛을 보게 한다. 또한 성령은 우리가 어둠보다 빛을 더 좋아하도록 이끌어준다. 루터의 입장을 따라서, 종교개혁 신학은 먼저 하나님의 말씀이 오며, 또한 성령은 말씀 없이 역사하지 않는다고 강조한다. 오히려 성령은 말씀을 수단으로 역사한다. 또는 루터의 표현을 빌리자면, 성령은 말씀과 함께 또한 말씀을 통해서 역사한다.

8. 그 빛을 널리 비출 때, 성령은 우리에게 우리의 권한을 매우 분명하게 보여준다. 성령은 이 목적을 위해 어떤 임무를 수행하게 하려고 사람들

을 불러서 사용한다. 곧 성령은 그들이 하나님의 말씀을 해석하고 선포할 뿐만 아니라, 성경을 번역하고 배포하도록 이끈다. 그 과정에서 그들은 모든 면에서 성령의 인도하심에 의존한다. 그래서 시편에서 시인은 "주의 말씀은 내 발에 등이요, 내 길에 빛이니이다"(시 119:105)라고 고백한다. 또한 그 시인은 "내 눈을 열어서 주의 율법에서 놀라운 것을 보게 하소서"(시 119:18)라고 기도한다.

성경의 명료성은 교회에 기회와 의무를 가져다주었다. 교회는 주님이 말씀하신 것을 신앙고백서를 통해서 요약했다. 루터와 칼뱅은 그것을 "독트리나"(*doctrina*, 가르침, 교훈, 교리)라고 불렀다. 성경은 신앙을 고백하는 교회에 최종적인 말을 선언한다. 이런 이유로 개혁파 신앙고백서들은 끊임없이 성경에 호소한다. 만약 성경 자체가 명료하지 않다면, 이것은 쓸모없을 것이다! 바로 성경의 명료성에 기초해서 교회의 다양한 회의, 평신도회, 또한 목회자들 및 제직들은 자신들의 신앙고백이 모든 의미에서 하나님의 말씀과 일치한다는 확신을 표현할 수 있다.

8.4. 성경의 충족성 또는 완전성

성경의 명료성이 성경의 권위와 서로 밀접하게 연결되어 있는 것과 똑같이 성경의 충족성(*sufficientia*)도 마찬가지다. 만약 성경이 완전성(*perfectio*)을 지니고 있지 않다면, 성경의 권위는 절대적일 수 없다.

우리는 성경의 충족성 또는 완전성을 다음과 같은 의미로 해석한다. 곧 성경은 인간이 구원받는 데 필요한 모든 것을 충분히 가르친다. 따라서 사람들은 자신이 구원받기 위해서 성경 이외에 다른 것으로부터 가르침을 받는 것을 허용해서는 안 된다(참조. 갈 1:8). 인간이 저술한 어떤 문서도 성경과 동등한 것으로 간주될 수 없다. "우리는 오류가 없는 이 규칙에 일치하지 않는 것은 무엇이든지 온 마음으로 거부한다"(「벨기에 신앙고백서」 제7조). 여기서 이 신앙고백서는 본질적으로 종교개혁의 모토 중 하나인 **오직**

성경 및 그 결과들에 대한 [개혁파 교회의] 신앙을 고백한다.

성경의 충족성이라는 교리는 로마 가톨릭교회를 향해서 말하고 있다. 로마 가톨릭교회는 "성경과 전승"에 기초한다. 로마 가톨릭교회가 트리엔트 공의회(1546)에서 종교개혁의 가르침과 관련해 취한 공식적인 입장은 성경의 충족성이라는 가르침과 대조된다. 곧 이 공의회는 **동일한 경건한 사랑과 존중심으로**(*pari pietatis affectu ac reverentia*) 구약성경과 신약성경의 모든 책뿐만 아니라, 신앙과 도덕에 적합한 전승들을 받아들이고 존중한다고 선언한다. 이 공의회는 성경과 관련해서 하나님이 바로 성경의 저자라고 말한다. 그리고 전승들과 관련해서는 다음과 같이 주장한다. 전승들은 사도들이 그리스도 자신의 입을 통해서 받은 것이거나, 성령에 의해 영감된 것들이며, 베드로의 사도직을 중단 없이 직접 계승한 로마 가톨릭교회에 의해 보존된 것들이다. 이것은 신학적인 논의의 대상이다. 하지만 로마 가톨릭교회에서 성경과 전승은 진정으로 서로 구별되지만 의식적으로는 대등하게 간주되는 두 가지 원천이다.

전승을 구성한 것이 무엇인지에 대해서 정확하게 정의되지 않는 게 이상하다. 위대한 전통주의자인 레리눔의 빈켄티우스(Vincentius of Lerinum)가 전승에 대해서 정의한 개념이 수 세기를 지배했다. 그는 자신의 저서 『콤모니토리움』(*Commonitorium*, 434)에서 신앙을 정의하는 두 가지 방법이 있다고 주장한다. 그 두 가지 방법은 하나님이 주신 법(성경)의 권위와 교회의 전승이다. 하지만 성경은 다양하게 해석된다. 그래서 두 번째 권위, 곧 "보편적인 권위"가 요구된다. 빈켄티우스의 견해에 의하면, 이것은 모든 사람이 어느 곳에서나 언제든 믿은 것이다.

그 이후의 교리사의 발전 과정을 살펴보면, 전승은 중요한 역할을 했고, 종종 진정으로 결정적인 요인이었으며, 나아가 이전에 추측되었던 것보다 전승으로부터 더 많은 내용이 추론되었다는 것을 알 수 있다. 예를 들어, 우리는 마리아와 관련된 로마 가톨릭교회의 교리(1854과 1950)를 생각하고 있다. 성경이 무엇을 가르치는지를 결정하는 교회의 교도권(teaching office)은 어떤 전승이 타당한지에 대해서도 확정한다. 로마 교황은 다음과 같이 말한다. "전승이 무엇인지는 내가 결정한다!"교황 비오 9세가 다음과 같을 말을 했다고 전해진다. "내가 바로 그 전승이다!"

제2차 바티칸 공의회에 의하면, 거룩한 전승과 성경은 서로 밀접하게 연결되어 있고 또한 서로 조화를 이룬다. "따라서 [로마 가톨릭]교회는 계시와 관련해 오직 성경만을 수단으로 사용해서 확신을 끌어내지 않는다." 이 입장은 성경의 역할과 관련해서 종교개혁의 관점을 정면으로 거부하는 것이다. 또한 이 공의회는 거룩한 전승, 성경 및 교회의 교도권은 서로 매우 밀접하게 연결되어 있고 또한 결합되어 있어서 어떤 것도 다른 것이 없이 스스로 주장할 수 없다. 이것은 바로 다음과 같이 주장하는 것이 아닐까? 곧 성경이 없으면, 전승은 자기의 역할을 감당할 수 없고, 전승이 없으면, 성경은 존재할 수 없으며, 교회의 교도권이 관여하지 않으면, 성경과 전승은 저마다의 기능을 수행할 수 없고, 이것은 교도권이 전승과 성경을 모두 필요로 한다고 주장하는 것이 아닐까?

우리는 이 교의 헌장(1965)이 나타나게 된 역사와, 이 공의회가 맨 처음의 권고를 받아들이지 않았다는 사실을 특별히 기억할 필요가 있다. 우리는 스스로 다음과 같이 질문할 필요가 있을 것이다. 그렇다면 과연 전승과 성경의 진정한 관계는 무엇인가? 전승은 그것이 지니고 있는 보충적인 기능 때문에, 또는 해석의 기능 때문에 요구되는 것인가? 만약 해석의 기능 때문에 전승이 필요하다면, 옛날의 논쟁이 새로운 모습으로 다시 나타난다.[31]

몬트리올 보고서(1963)에 서명한 교회 일치 운동을 지향하는 개신교 분파들은 [성경, 전승 및 교회와 관련해서 개신교와 로마 가톨릭교회 사이에] 관점이 서로 대조된다는 것을 강조하지 않았다. 하지만 이 개신교 분파들은 전승 자체(Tradition)와 전승(tradition)을 구별한다. "우리는 **전승 자체**에 대해서는 다음과 같은 의미, 곧 그

---

31 참조. G. C. Berkouwer, 『바티칸 공의회와 새로운 신학』(*Vaticaans concilie en niewe theologie*), 1964, 105-133. idem. 『성경』(*De Heilige Schrift*), 1967, 2:337-347. Wentsel은 다음과 같이 올바른 결론을 이끌어낸다. 곧 이 공의회는 성경의 실질적인 충족성을 선언하지 않았다. 또한 이 공의회는 두 가지 원천 이론이 가르치는 것에 기초해서 전승이 보충적인 특성을 지니고 있다는 입장을 지지하지 않았다. 그리고 이 공의회는 전승이 독점적인 해석의 역할을 한다고 말하지 않았다(Wentsel, *Dogm.*, 2:231).

개혁교회 교의학

리스도 자신인 교회 안에서 그리고 교회에 의해서 세대로부터 세대에게 전달된 복음이 교회의 삶에 나타나는 것으로 이해한다. 우리는 **전승**에 대해서는 전달 과정을 가리키는 것으로 이해한다." 전승들은 다양한 형태로 표현된다는 특성을 지니고 있고, 문화적인 전승들뿐만 아니라 신앙고백적인 전승들도 있다. 따라서 성경과 전승 자체는 서로 얽혀 있다. 이 표현과 관련해서 다음과 같은 것이 주장되었다. 곧 성경과 전승 자체가 서로 얽혀 있다는 표현은 "개신교" 견해와 "로마 가톨릭" 견해의 가장 큰 차이점 중 하나를 연결한다(Flesseman van Leer, 1982, 34-50, 참조. 14).

베르크호프의 견해에 의하면, 전승과 성경은 신학적으로 동일한 중요성을 지니고 있다. 그에게 성경은 "해석 모델들의 선집이며, 대체로 자료와 매우 비슷하게 형성되었다." 그리고 전승은 계속해서 이어지는 번역의 과정이다. 성령은 그리스도에게서 나와서, 그리스도의 구원 사역을 전 세계적으로 이어가며 또한 해석한다. "그것은 하나의 지속적인 계시 사건이다."

성경과 전승이 하나의 더 높은 단일체(a higher unity)로 서로 결합된다면, 어디서 진정한 전승을 발견할 수 있는가라는 질문은 대답하기 어려운 질문이 된다. 전승들과 전승들의 전달 과정은 다양하다. 베르크호프에 의하면, 전승과 관련해 논쟁들에 대한 재판관으로서 성경을 직접적이며 단순한 방법으로 사용하는 것이 쉽지 않다. "이와 같이 서로 상반되는 전승의 한가운데서 그리스도의 교회 전체는 다음과 같은 확신으로 떠받쳐진다. 곧 성령은 어김없이 꼭 필요할 때마다 바로잡아 주며, 또한 최종 결정을 내려준다. 왜냐하면 성령은 그 길을 알고 또한 알려주기 때문이다"(Berkhof, *C.F.*, 99-108).

성령이 지속적으로 계시의 사역을 하고 있다는 개념은 **오직 성경**의 원리와, 신앙과 삶에 대한 규범으로서의 성경의 역할과, "우리의 위에 있는" 비판적인 재판관으로서의 성경의 역할을 정당하게 다루는 것이 아니다. 성경의 권위를 상대화하는 것은 전승과 마찬가지로 역사적인 차원을 지니고 있다. 그와 같은 상대화의 배후에서 다양한 전승은 점점 더 힘을 얻고 있다. 그 전승들은 긴요한 해석들을 표현해준다. 그리고 베르크호프의 저서(『기독교 신앙』)도 전승의 과정 속에 있는 하나의 작은 구성 요소다(Berkhof, *C.F.*, 101).

로마 가톨릭교회는 성령이 모든 진리 가운데로 인도할 것이라는 그리스도의 약속(요 16:13)에 그 교회의 입장이 굳건히 기초하고 있다고 믿고 있다. 베르크호프, 커이터르트와 현대 신학의 많은 대표자들도 모두 요한복음의 해당 구절에 호소하고 있다(참조. Kamphuis, 1988, 42-45). 하지만 칼뱅은 성령에게 개별적으로 호소하는 것에 숨어 있는 위험성을 이미 간파했다. 성령의 이름으로 하나님의 말씀을 무시하고 또한 그것이 의미하는 것과 다른 가르침들을 지지하는 사례들이 종종 발생했다. 하지만 성령은 절대 풀 수 없는 띠로 하나님의 말씀과 완벽하게 결합되어 있어야만 한다(『기독교강요』 4.8.13).

전승들과 인간의 계명들을 지지하면, 하나님의 말씀이 힘을 잃어버릴 수 있다(참조. 마 15:6). 어떤 전승이 사도적인 전승의 연장선상에 있다고 간주해서 교회의 전승에 권위를 부여하면, 그것은 인간의 마음속에서 떠오르는 모든 종류의 생각들을 인정하는 것으로 이어질 수 있다.[32]

사실상 로마 가톨릭교회의 교의 헌장인 「하나님의 말씀」(*Dei Verbum*, 1965)은 성경과 성경 연구에 대해서 좋은 말들을 한다. 하지만 그 중요성은 로마 가톨릭교회의 전승—보충적인 역할을 하든지 아니면 단순히 해석의 역할을 하든지—에 부여되어 있다. 이것은 여러 면에서 제2차 바티칸 공의회의 토의 및 심의에 결정적인 역할을 한 것처럼 보인다(참조. Wentsel, *Dogm*., 2:323 이하).

이것은 오스카 쿨만이 다음과 같이 분명하게 지적했던 사실을 무시한 것이다. 곧 성경의 정경화는 교회가 스스로 사도들의 시대와 교회 시대 사이에 분명하고 명확한 경계선을 그었다는 것을 암시해준다. 정경이 확정된 것은 사도들이 작성한 문헌들이 아닌 미래의 다른 전통에서 만든 문헌들은 규범적일 수 없다는 사실을 암시한 것이다.[33] 또한 한 가지를 추가한

---

32 참조. G. C. Berkouwer, 『로마 가톨릭 교리와의 논쟁』(*De strijd om het Roomsch Katholieke dogma*), 1940, 205.

33 O. Cullmann, *La tradition*, 1953, 43-45.

개혁교회 교의학

다면, 이것은 서로 다른 다양한 전승들은 반드시 성경의 표준에 기초해서 평가되어야 한다는 것을 넌지시 알려준다.

우리는 로마 가톨릭교회뿐만 아니라 자신들만의 성경을 고집하는 이단이나 분파들에 대해서도 어떤 입장을 취할 필요가 있다. 모르몬교에서는 다음과 같이 주장한다. "우리는 성경이 올바로 번역되었다는 정도로만 그것을 하나님의 말씀이라고 믿는다. 또한 우리는 모르몬경도 하나님의 말씀이라고 믿는다." 그리고 제칠일안식일예수재림교회는 엘런 화이트(Ellen G. White)의 저술과 이른바 그가 본 환상에 기초한 것으로서 계시에 대한 보충 자료를 지니고 있다. 이와 같은 추가 자료를 고집하는 이유는 이 이단들이 성경의 충족성을 인정하지 않고, 또한 성령의 계시 사역이 지금도 계속되고 있다고 믿는 데 있다. 하지만 결과적으로 이 모든 첨가 사항이 성경의 진리에 어두운 그림자를 드리웠고 그리고 그 진리를 몰아낸다.[34]

그렇지만 성경의 충족성에 대한 신앙고백은 반드시 모든 전승을 쓸모없는 것으로 간주해야 한다는 것을 의미하지 않는다. 종교개혁의 전통에 서 있는 교회들은 전승에서 일부 요소들을 인정한다. 이 요소들은 신앙의 다양한 표현일 수 있으며, 사람들은 이와 같은 방법을 통해서 하나님의 말씀에 대한 자신들의 반응을 묘사한다. 하지만 이 요소들은 신앙과 삶의 규범들은 아니다. 이러한 의미에서 전승은 유익하며 또한 필요하다. 우리는 전통을 수단으로 주장한 바빙크의 견해에 동의한다. 그에 따르면 우리 믿음의 조상들의 온갖 보화와 소유는 이 수단을 통해서 현재와 미래에 전달되고 있다(참조. Bavinck, *R.D.*, 1:492-494). 사실상 개혁파 교회의 전승도 다양하다. 우리의 신앙고백, 예배 의식, 설교, 신학, 경건 서적 등에는 성경에 의해서 양육된 전승이 있다. 하지만 그와 같은 전승이 우리에게 아무리 친숙하고 소중하다고 하더라도, 우리는 결코 이 전승을 절대화해서는 안 된다. 전승의 흐름은 반드시 언제나 우리를 원천으로, 곧 성경이라는 규범으로 인도

---

34   참고. K. Hutten, 『신앙과 이단들』(*Geloof en sekte*), 출간 연도 미상, 109-115.

해야 한다. 전승들은 다양한 형식들을 취하고 있다. 이 형식들이 규범들로 바뀔 때마다, 전승들은 위험을 초래한다. 오늘날의 선동적인 견해들뿐만 아니라 고정된 의견들과 더불어, 이와 같은 사례가 생겨날 수 있다.

종교개혁은 **성경에 기초하고 또한 성경에서 유래된 오직 하나의 전승을** 인정한다(Bavinck). 우리는 최초의 네 공의회에 의해서 결정되고 선포된 교리들을 받아들이며, 또한 우리는 교회의 세 가지 신조―사도신경, 「니케아 신조」, 「아타나시오스 신조」―를 받아들인다(참조. 「벨기에 신앙고백서」 제9조). 그리고 우리는 전승들이 성경과 일치하고, 그것들을 성경과 동등한 위치에 놓지 않는 한 전승들을 받아들인다. 나아가 우리는 교부들이 쓴 저서들을 연구할 수 있다. 칼뱅이 그의 『기독교강요』의 머리말에서 주장하듯이, 모든 것은 우리를 지배하기 위한 것이 아니라 섬기기 위한 것으로서 우리의 것이다. 또한 우리는 그리스도에게 속해 있고 모든 일에서 그리스도께 순종해야 한다(고전 3:21-23).

전승 자체는 참되고 선한 것을 결정할 수 없다. 오직 성경만이 이것을 할 수 있다! 성경은 다른 추가적인 것을 필요로 하지 않으며, 또한 그것을 용인하지 않는다. 하나님의 진리는 모든 것을 초월한다(「벨기에 신앙고백서」 제7조).

이것은 우리가 성경의 권위(*sola Scriptura*)를 옹호할 뿐만 아니라, 또한 교회와 그리스도인으로서 하나님이 그분의 말씀 안에서 우리에게 무엇을 말씀하시고자 하는지 항상 질문하는 것을 통해 그것을 실천하는 것을 의미한다. 옛것이든지 또는 새것이든지, 다수의 의견이든지 또는 그렇지 않든지 간에, 모든 것은 하나님의 말씀에 의해서 검토를 항상 받아야만 한다.

8.5. 성경의 필요성

우리는 성경의 필요성과 관련해서 간략하게 다루고자 한다. 성경의 모든 고유한 특성들 중 성경의 필요성이라는 특성이 항상 개별적인 항목으로 다루어지는 것은 아니다.

로마 가톨릭교회의 입장에 의하면, 성경은 사실상 유익하지만 꼭 필요한 것은 아니다. 하지만 그들은 교회는 신앙을 위해서 꼭 필요하지만, 성경은 그렇지 않다고 주장한다.

신령주의적 운동과 분파들은 종종 성령과 성경의 본문을 대조한다. 이 경우에 성경은 단지 죽은 문자이거나 또는 죽이는 문자로 이해된다. 성경 본문은 기껏해야 어떤 목적을 위한 일시적인 수단이다. 그래서 신령한 사람은 그것을 더 이상 필요로 하지 않는다. 진정한 의미에서 하나님의 말씀은 성령이 사람들의 마음속에 직접 들려주는 말씀이다. 하지만 바빙크는 외적인 말씀(성경)보다 내적인 말씀(이른바 성령이 직접 들려주는 주관적인 말씀)을 높이는 것은 항상 성령의 가르침을 이성과 양심이라는 자연적인 빛과 동일시하는 것으로 이어졌다고 주장한다(Bavinck, *R.D.*, 1:467).

계몽주의의 전형적인 대표자 중 한 사람인 레싱은 성경이 분명히 꼭 필요한 것은 아니라고 생각했다. 그렇지 않다면, 그는 "종이 교황"에 대해서 말하지 않았을 것이다. 레싱의 견해에 의하면, 루터는 "종이 교황"으로부터 개신교를 구원하는 데 실패했다. 한편 슐라이어마허는 성경과 교회의 관계에 대한 종교개혁의 관점을 뒤집었다. 그는 성경이 교회 안에서 생겨났다는 것을 인정했지만 교회가 성경 위에 세워졌다는 것은 받아들이지 않았다. 이와 같은 견해들은 최근의 신학에도 널리 퍼져 있다.

로마 가톨릭교회와 다양한 광신주의자들의 입장에 맞서서, 우리는 우리 자신이 성경에 의존한다고 단호하게 주장한다. 성령은 우리를 말씀과 연결시켜준다. 또한 말씀은 성령 자신의 말씀이다. 신자들은 결코 이것을 부인할 수 없다. 그들은 결코 하나님의 말씀으로부터 벗어날 수 없다. 반면에 신자들은 더욱더 하나님의 말씀을 의지하게 된다!

하나님은 성경의 책들이라는 형태를 통해서 우리에게 그분의 구원에 대해 계시해주시는 것이 꼭 필요하다고 여기셨다. 그래서 아무도 성경이 진정으로 필요한 것이 아니라고 말할 수 없다. 누가 하나님보다 더 지혜롭고자 하는가? 예언의 말씀은 우리를 위한 것이다. 베드로후서 2:19 에 의하면, 예언의 말씀은 분명히 구약성경 전체를 가리킨다. 예언의 말씀은 이 세상의 어둠의 한가운데서 우리에게 등불 역할을 해준다(참조. Van Houwelingen, 1988, 141-147).

우리는 칼뱅과 초기의 개혁파 신학자들 그리고 바빙크 같은 신학자들의 견해들을 이것에 추가할 수 있을 것이다.[35] 성경의 제자가 되지 않고서는, 아무도 올바르고 건전한 교리를 조금이라도 맛볼 수 없을 것이다. 인간의 마음은 매우 쉽게 미혹된다. 인간은 온갖 종류의 실수를 쉽게 범하는 경향을 지니고 있다. 그러므로 우리는 성경이 반드시 우리에게 꼭 필요하다는 사실을 인식할 수 있을 것이다. 우리는 하나님의 말씀으로 나아가야 한다. 하나님이 그분의 사역으로 우리에게 하신 일들이 이 말씀에 사실 그대로 생생하게 묘사되었다(Calvin, 『기독교강요』 1.6.2-3).

네덜란드의 신앙고백 문서들은 우리가 하나님의 말씀을 필요로 한다는 것을 명백하지는 않지만, 사실상 넌지시 가르친다. 하지만 「웨스트민스터 신앙고백서」는 성경이 대단히 필요하다는 사실을 강조한다(1.1). 성경의 필요성은 우리가 성경 전체를, 곧 신약성경뿐만 아니라 구약성경도 필요로 한다는 사실을 의미한다. "성경은 성경의 모든 구성 요소들이 필수불가결하다는 의미를 함축하고 있다"(참조. Bijlsma, 1959, 301-307).

우리는 교회가 있기 때문에 성경이 없어도 잘 할 수 있다는 로마 가톨릭교회의 입장을 거부한다. 옛 언약 아래에 있는 하나님의 백성은 기록된 성경 없이 수 세기 동안 그럭저럭 지냈지만, 그들에게 하나님의 말씀마저 없었던 것은 아니었다. 비록 초기 교회가 신약성경 전체를 즉시 가졌던 것은 아니지만, 초기 교회는 사실상 구약성경을 지니고 있었고, 사도들의 글들도 갖고 있었다.

---

35   Polanus, Coccejus 및 Turretinus와 같은 신학자들에 대해서 Heppe, *Dogmatik*, 27 이하를 참고하라. 참고. Bavinck, *R.D.*, 1:469-474.

개혁교회 교의학

만약 성경이 꼭 필요하지 않다면, 성경은 핵심 지위를 잃어버릴 것이다. 성경 대신에 다른 것이 한가운데로 들어올 것이다. 곧 교회(로마 가톨릭), 신령한 사람(신령주의), 종교 공동체(슐라이어마허), 또는 인간의 개인적인 견해가 핵심 지위를 차지할 것이다.

실제로 성경이 우리에게 꼭 필요하다는 사실은 우리가 반드시 성경을 부지런히 읽고 성경 말씀을 들어야 한다는 것을 의미한다. 만일 우리가 하나님의 영으로부터 어떤 유익과 도움과 열매를 얻고자 한다면 말이다(Calvin, 『기독교강요』 1.9.2). 폴라누스(Polanus)의 말로 표현한다면 다음과 같다. 이 세상에서 살아가는 우리는 우리의 일용할 양식을 위해 성경이 꼭 필요하다!

§ 9. 성령과 성경의 증거

9.1. 성령은 말씀 안에서, 말씀을 통해서, 또한 말씀과 더불어 증언한다
9.2. 성령의 증언과 정경의 채택

9.1. 성령은 말씀 안에서, 말씀을 통해서, 또한 말씀과 더불어 증언한다

우리가 성령의 증언에 대해 생각할 때, 우리는 맨 먼저 성경에 기록되어 있는 성령의 증언에 대해 생각한다. 히브리서 3:7에서는 "그러므로 성령이 이르신 바와 같이…"라고 기록되어 있다. 그리고 이 표현 다음에 구약성경의 본문이 인용된다(히 3:8-11). 곧 성령은 성경의 증언의 배후에 있다. 그리고 성령은 모든 비난과 반대에 정면으로 맞서서 그 증언을 보존한다.

성령은 우리에게 성경을 주었을 뿐만 아니라 성경이 하나님의 말씀이라는 확신도 준다. 「벨기에 신앙고백서」(제3조 및 5조)는 성경이 성령에 의해 영감되었을 뿐만 아니라, 또한 성령이 우리의 마음속에 증언해준다고 고백한다.

그 신앙고백은 어머니 교회(the mother church)로부터 성경을 받았기 때문에 성경의 권위는 교회의 권위에 기초한다는 로마 가톨릭교회의 전통적인 견해를 물리친다. 우리는 다음 두 가지 입장에 차이가 전혀 없다고 주장하지 않는다. 첫 번째 견해에서 교회는 성경을 하나님의 말씀으로 간주한다. 그리고 교회는 우리의 신앙 공동체이며, 우리는 그 공동체의 구성원들이다(개혁파 교회의 입장). 두 번째 견해는 하나님의 말씀이 교회로부터 권위를 부여받을 필요가 있다고 믿는다. 이것은 교회를 성경의 위에 위치시키는 것이다(로마 가톨릭교회의 입장). 이 견해는 옳지 않다.

비록 아우구스티누스, 루터와 다른 종교개혁가들의 저서에서도 성령의 증언에 대한 견해들을 찾을 수 있지만, 우리는 성령의 증언(*testimonium Spiritus Sancti*)에 대한 교리와 관련해 특히 칼뱅의 가르침에서 도움을 얻고 있다.[36]

칼뱅은 다음과 같이 주장한다. "오직 하나님만이 그분의 말씀 안에서 자기 자신에 대해 적절히 증언하실 수 있다. 따라서 사람들이 그 말씀을 마음속에 받아들이기 위해서는 먼저 반드시 성령의 내적인 증거에 의해서 그 말씀이 확증되어야 한다." "따라서 예언자들의 입을 통해서 말씀하신 바로 그 성령이 반드시 우리의 마음을 꿰뚫고 들어와서, 하나님이 예언자들에게 명령하신 것을 그들이 신실하게 선포했다고 우리를 납득시켜야만 한다"(Calvin, 『기독교강요』 1.7.4).

또한 성령의 증언에 대해 우리의 신앙고백 문서의 다른 곳, 곧 구원의 확신에 대해서 다루고 있는 「도르트 신조」 제5조 및 10조에서도 논의된다는 것은 주목할 만하다. 이 신조는 로마서 8:16, 곧 "성령이 친히 우리의 영과 더불어 우리가 하나님의 자녀인 것을 증언하시나니"를 언급한다.

우리는 바울의 이 말을 다음과 같이 추론해서는 안 된다. 곧 먼저, 우리의 영이

---

36 참조. J. Pannier, 『성령의 증언』(*Le témoignage du Saint-Esprit*), 1893; J. van Genderen, 『성령의 증언』(*Het getuigenis van de Heilige Geest*), 1961.

그 사실에 대해서 독자적으로 증언하고, 그다음에 성령이 별도로 또는 이어서 그것을 확증하기 위해서 증언한다고 이해해서는 안 된다. 따라서 "하나님의 영 자신이 우리의 영들과 연합한다"(*Good News for Modern Man*, 1972)는 번역은 문제점이 있다. 우리는 하나님의 영이 우리의 영들과 협조해서, 실질적인 결정은 우리가 내린다고 해석하려고 해서는 안 된다. 성경에 의하면, 성령은 우리 자신의 영의 증언에 직접적으로 관여한다. 그는 바로 그리스도 안에 있는 구원에 대해서 증언하는 영이다. 또한 그는 우리가 그리스도 안에서 하나님의 자녀가 되게 하는 영이다. 그리고 성령은 우리를 인도하며, 우리가 "아바, 아버지"라고 부르면서 기도하도록 이끈다(롬 8:14-15). "하나님의 영은 그가 우리의 인도자이며 교사라고 우리에게 증언해준다. 그래서 우리의 영은 하나님의 자녀가 되었다는 것을 확신한다"(Calvin, 롬 8:16에 대한 주석). 그러므로 성령과 우리의 영이 서로 협조하는 관계라서, 그 증언이 부분적으로 성령의 것이며, 또한 부분적으로 우리의 것은 아니다. 반면에 성령이 우리의 영에 영향을 미쳐서 오직 하나의 증언이라는 결과가 빚어진다.

구원에 대한 확신과 관련해서, 우리가 구원의 확실성 또는 그것에 대한 확신의 기초 및 기원이 우리의 바깥으로부터 온다는 사실을 깨닫는 것은 대단히 중요하다. 이 확실성의 기초는 그리스도가 우리를 위해서 성취한 중재 사역 안에 놓여 있다. 그리고 그것의 기원은 우리 안에서 일하는 성령의 역사로부터 비롯된다.

「벨기에 신앙고백서」 제5조에서 성령의 증언은 본질적으로 로마서 8:16에서 언급된 성령의 증언에 지나지 않는 것인가? 종종 여기서 성령은 두 가지 증언을 한다고 추측되었다. 첫째, 성령은 성경이 하나님의 말씀이라고 증언한다. 그다음, 성령은 우리가 하나님의 자녀라고 증언한다. 더 나아가 다음과 같이 주장하는 이들도 있다. 어떤 이들은 성령의 일반적인 증언에 대해서 말한다. 그래서 이들은 성령이 구원을 위한 믿음이 없어도 받을 수 있는 진리를 선포한다고 생각한다. 또 다른 이들은 이 구원이 바로 우리의 것이라는 성령의 특별한 증언을 언급한다.

하지만 종교개혁의 관점에 의하면, 말씀 및 구원과 관련된 성령의 증언은 하나님의 자녀에게 주어지는 특권이다. 성령은 하나님의 자녀가 하나님의 말씀을 믿음으로 받아들이며, 또한 그 말씀 안에서 구원에 대한 확신을 갖도록 이끈다.

어떤 사람들은 성경을 하나의 책으로 존중하거나, 또는 성경이 진리를 포함하고 있다고 인정한다. 그러나 모든 확신이나 심지어 모든 종교적인 확신이 성령의 내적인 증언에 기초하는 것은 아니다. 칼뱅은 이 점에 대해서 다음과 같이 말한다. "심지어 성경이 그 자체의 내면적인 위엄에 의해 사람들에게서 높임을 받는다고 하더라도, 오직 성령을 통해서 우리 마음에 성경이 확증되어야만, 비로소 성경은 우리에게 진지한 영향을 끼친다." 오직 그때만 "우리는 성경이 사람들의 사역을 통해서 바로 하나님의 입으로부터 우리에게 흘러나온 것이라고 온전히 확신한다"(Calvin, 『기독교강요』 1.7.5).

분명히 성경은 단순히 종교적이고 윤리적인 내용을 지닌 어떤 평범한 책이 아니라고 입증해주는 표징들이 있다. 매우 이른 시기부터 불신자들과의 논쟁에서 성경의 신빙성을 진정으로 지지해주는 논리적인 근거들이 있다고 지적되었다. 「벨기에 신앙고백서」도 이 점에 대해서 언급한다. 곧 이 신앙고백서의 제5조는 "눈 먼 사람들조차도 성경 안에서 예언된 것들이 성취되었다는 것을 인식할 수 있다"고 말한다.

이 논의들은 변증적인 가치를 지니고 있다. 하지만 신앙은 단지 지적인 심사숙고의 결과에 기초하는 것이 아니다. 참으로 신앙은 지적으로 받아들이는 것에 국한되어 있지 않다. 만약 인간의 이성이 맨 처음 말을 말할 자격을 지니고 있다면, 그것은 최종적인 말을 해야 할 자격도 지니고 있다고 요구할 것이다!

칼뱅은 다음과 같은 견해를 지니고 있다. 곧 불신자들이 완악한 상태에 머물러 있는 것을 고집하지 않는다면, 그들도 그가 제시하는 논점들에 의해서 설득되어, 성경 안에서 하나님이 말씀하시고 있다는 것에 대한 명백한 증거가 있다고 인정할 수 있을 것이다. 하지만 그 불신자들이 이와 같이 인정하는 것은 그들을 신앙인으로 변화시키지 못한다. 따라서 바로 성령이 우리 마음속에 참 신앙이 생기게 하고 또한 그것을 강화시켜준다. 칼뱅의 견해에 의하면, 성령의 증언은 모든 이론을 결합시킨 증

개혁교회 교의학

거보다 더 강력하다(Calvin, 『기독교강요』 1.7.4).

하나님의 말씀과 관련해서 또한 우리를 향하신 하나님의 은혜로운 섭리와 관련해서, 성령의 증언은 사실상 구별되기는 하지만 서로 분리되지 않는다. 칼뱅의 견해에 의하면, 하나님의 말씀, 신자들 자신의 구원 및 일반 종교와 관련해서 신자들의 신앙이 핵심적인 역할을 한다(엡 1:13에 대한 주석).

성령의 이와 같은 증언은 개인의 영적 경험에 대한 증언과 동일시될 수 없다. 개인의 영적 경험에 대한 증언을 지지하는 이들은 성경이 사람들에게 미치는 영향력에 초점을 맞춘다. 사람들은 새 생명을 얻고, 죄 사함의 기쁨에 동참하며, 또한 하나님의 은혜로 위로와 힘을 얻는다. 신자들이 이와 같은 경험들을 더욱더 강력하게 느낄 때, 그들은 진리와 성경의 권위에 대해서 더욱더 확신한다. 하나님의 말씀에 의해 형성되고 강화되는 이런 경험들은 (성령의 사역으로) 성령이 성경에 대해 직접 증언하는 것이다.

성령의 열매인 영적 경험이 정말로 존재한다(갈 5:22). 이 영적 경험은 이 열매를 맺게 해주는 것으로서 하나님의 말씀을 향하게 해준다. 하지만 성령의 열매는 우리의 마음에서 성령이 증언하는 것과 동일하지 않다. 우리의 삶에서 맺어지는 말씀의 열매가 말씀의 증언과 동일한 것이 아닌 것처럼 말이다. 개인의 영적 경험을 지지하는 입장은 윤리 신학과 연결되어 있다. 그 견해는 다른 것 대신에 경험을 성경에 대한 판단 기준으로 만든다. 하지만 성경과 경험의 관계에서 개인의 경험은 우리의 출발점이 될 수 없다. 바로 성경이 우리의 출발점이다.

성령의 증언은 마치 하늘에서 들려오는 어떤 음성처럼 하나님의 말씀과 별도로 주어지는 어떤 개별적이며 독립적인 계시가 아니다. 성령은 하나님의 말씀에 어떤 개별적이며 독자적인 메시지를 덧붙이지 않는다. 만약 덧붙인다면, 그것은 성경의 완전성과 모순된다. 성경은 바로 성령에 의해서 영감된 것이다. 우리는 칼뱅과 함께 다음과 같이 주장한다. 곧 그리스도가 우리에게 보내겠다고 약속한 성령은 전혀 들어보지도 못한 새로운 계시들을 지어내는 것이 아니라, 복음이 우리에게 제시하는 바로 그 가르침을 우리 마음속에 새겨준다(Calvin, 『기독교강요』 1.9.1). 따라서 우리는 성령이 우리의 귀에 대고 성경이 하나님의 말씀이라고 속삭여 주기를 기대해서는 안 된다.

성령은 말씀을 통해서 또한 말씀과 함께 증언한다(참조. 「웨스트민스터 신앙고백서」 1.5). 그러므로 성령이 우리 마음속에서 일할 때, 그는 도구로서 성경의 증언을 사용한다. 성령은 성경의 말씀들이 울려 퍼지게 하고 또한 효력을 나타낼 수 있을 정도로 그 말씀들에 설득력을 덧붙인다. 이런 성령의 증언을 통해 하나님의 말씀은 우리가 저항할 수 없는 능력을 지니고 있다. 엠마오를 향해 길을 가던 제자들의 경우와 같이(눅 24:32), 성령이 말씀에 대해 증언할 때, 우리의 마음속이 뜨거워지기도 한다. 루터는 자기에게 열린 말씀은 그에게 낙원으로 이끄는 문이 되었다고 말한다. 그러자 그는 성경 안에 기록되어 있는 모든 것을 다른 눈으로 보게 되었다.

하나님은 자신의 말씀 안에서 우리에게 말씀하신다. 따라서 우리는 결코 우리의 마음속에서의 성령의 증언과 성경 안에서의 성령의 증언을 대조하면 안 된다. 신령주의가 시도하는 것처럼 말이다. 이들은 성경을 죽은 문자로 취급하지만, 성령은 생명을 준다고 믿는다. 또한 브룬너가 제안한 것처럼, 성경의 원리를 성경-영의 원리(Scripture-Spirit)로 대치해야 할 근거는 없다. 이런 경우에 의하면, 사람들은 성경의 죽이는 문자에 얽매이지 않을 것이다. 사람들에게 하나님의 말씀을 열어주는 성령은 그들이 그리스도를 선포하는 정도로 그들을 성경에 매어두지만, 신앙을 위한 법으로서의 성경의 문자로부터 그들을 자유롭게 해준다.[37]

반대로 우리는 다음과 같은 사실을 계속 유지해야만 한다. 곧 성경 안에서의 성령의 증언은 신자들의 마음속에서의 성령의 증언에 선행할 뿐만 아니라 그 토대가 된다.

---

37 E. Brunner, 『계시와 이성』(*Offenbarung und Vernunft*), 1941, 161-180.

성령의 사역은 연속성(continuity)이라는 특성을 지니고 있다. 곧 성령은 계속해서 일하고 있다. 그래서 우리의 신앙은 언제나 성령의 사역에 의존한다. 성령이 말씀을 통해서 또한 말씀과 함께 일하기 때문에, 우리의 신앙은 언제나 성경에 의존한다. 또한 하나님이 그분의 말씀 안에서 우리에게 무엇을 말씀하시는지 듣기 위해서 우리가 지속적으로 성경에 귀를 기울이는 것이 매우 중요하다. 칼뱅은 성령에 의해 내적으로 가르침을 받은 사람들은 진정으로 성경을 신뢰하며, 또한 성경은 스스로 자기에 대해서 확증한다고 주장한다. 따라서 성경을 증거와 이론에 예속시키려고 해서는 안 되고 우리가 마땅히 가져야 할 확신은 성령의 증언에 의해서 얻게 된다(Clavin, 『기독교강요』 1.7.5).

「프랑스 신앙고백서」(1559)는 이것을 성령의 증언과 내적인 확신이라고 언급한다. 우리가 칼뱅을 따라서 그 용어를 증언, 시인, 확신, 빛을 비춤, 확증 또는 인증 등이라고 표현하든지 간에, 그 표현은 다음과 같은 사실, 곧 성경이 하나님에게서 기원한다는 사실은 성령의 사역에 힘입고 있다는 사실을 함축한다.

성경의 특정한 선언을 여전히 언급할 필요가 있을까? 우리는 루디아의 마음이 열린 것(행 16:14), 하나님의 영이 하는 일들을 이해하고 받아들이는 것(고전 2;14-15), 또한 진리 그 자체인 성령의 증언 및 신자들 안에 있는 성령의 증언(요일 5:6, 10) 등을 머릿속에 떠올릴 수 있을 것이다.

9.2. 성령의 증언과 정경의 채택

「벨기에 신앙고백서」 제5조에서 교회는 성경의 책들은 거룩하며 정경적이라고 고백한다. 교회는 성경을 정경으로 승인하지 않지만 성경을 정경으로 받아들인다. "카논"(canon)이라는 그리스어 명사는 측량하는 자 또는 안내자 등을 의미했다. [성경 또는 정경과 관련해서] 교회는 자기 자신의 통찰력이나 결정에 대해 자랑해야 할 만한 것을 아무것도 지니고 있지 않다. 왜냐하면 매우 이른 시기부터 교회는 성경의 책들을 단지 **받아들인** 것이기 때문이다. 성경은 교회가 만들어낸 것이 아니다. 오히려 성경은 주님에 의해서 교회에게 주어진 것이다.

「벨기에 신앙고백서」 제5조에 의하면, 정경은 "이 책들 또한 오직 이 책들만"이라고 확정되었다. 제5조의 전후문맥(제4조 및 6조)은 여기서 개혁파 교회와 로마 가톨릭교회의 입장 사이에 차이점이 있다는 것을 가리켜준다. 로마 가톨릭교회는 트리엔트 공의회에서 히브리어 정경에 속하지 않지만 70인역(Septuagint)과 불가타(Vulgate)에 포함되어 있는 몇몇 책들을 정경으로 선언했다. 왜 정경의 숫자가 열려 있지 않고, 39권의 구약성경과 27권의 신약성경으로 이루어진 닫힌(종결된) 정경이어야 하는가? 많은 이들이 정경에 대한 연구에서 신학이 반드시 다루어야 하는 역사적인 질문들에 집중적으로 몰두했다.[38] 우리는 교회가 구약 정경을 넘겨받았다거나, 그것을 유산으로 물려받았다고 말할 수 있을 것이다. 여기서 이 주제에 대해 지면 관계상 자세하게 논할 수 없지만, 우리는 이 문제에 대해 계속해서 논하는 것을 멈출 수 있다. 왜냐하면 주 예수와 그의 사도들이 권위를 인정한 책 혹은 책들은 다른 책들이 아니라 바로 "율법과 예언자의 글들과 성문서"를 의미했기 때문이다. 또한 신약시대의 유대인들에게 이 책들은 권위를 지닌 책들이었다. 그리고 구약성경의 권위는 신약성경에 의해서 확인된다.

하지만 신약 정경은 교회가 스스로 결정한 것이 아닌가? 신약 정경과 관련해서 자기 자신의 "정경"을 주장했던 마르키온(Marcion)의 독단적인 행위가 어떤 역할을 했을 가능성이 있다. 또한 무라토리 정경 목록과 초기 교부들의 문서도 있다. 이것들은 정경 형성의 발전 과정에 대해 증거해준

38　다음 연구서들을 참고하라. H. von Campenhausen, 『기독교 성경의 형성 과정』(*Die Entstehung der christlichen Bibel*), 1968; J. L. Koole, "Het Oude Testament als Heilige Schrift," in *Bijbels handboek*, 1983, 2b: 192-246; R. Beckwith, *The Old Testament Canon of the New Testament Church*, 1985.

　　개혁교회 교의학

다. [정경에 포함시키는 것과 관련해서] 어떤 책들에 대해서는 논쟁이 빚어졌었다. 마침내 기원후 367년에 (아타나시오스가 보낸 부활절 편지에서) 비로소 신약성경의 완전한 목록이 제시되었다.

비록 교회가 정경적인 것과 외경적인 것을 구분하지는 않았지만, 정경은 교회의 선택 과정의 결과로 나타난 것이 아니다. 교회는 어떤 책들을 "성경책들"의 위치로 끌어올리지만, 다른 책들을 그렇게 하지 않으려는 의도에서 성경책들의 목록을 보존한 것이 아니다. 반면에 교회는 어떤 책들이 교회에 의해 매우 이른 시기부터 받아들여졌는지를 결정하려고 목록을 만들었다(Van Bruggen, 1986, 58).

정경은 하나의 주어진 사실이다. 제외되어야 할 것 가운데 아무것도 포함되지 않았다. 또한 포함되어야만 했던 것 가운데 빠진 것은 아무것도 없다.

주님은 그의 말씀이 문서로 기록되어 나타나는 것뿐만 아니라, 그의 말씀이 역사 속에서 계속해서 보존되게 하는 것을 통해 교회를 돌보았다. 성경의 정경이 지니고 있는 권위는 교회의 권위로부터 유래되었다는 이론을 지지해주는 역사적 및 신학적 근거는 전혀 없다. 우리는 정경의 권위는 교회의 권위에 의해 인정받고 보증된다는 로마 가톨릭교회의 입장을 거부한다. 교회는 성경을 만들어내지 않았다. 오히려 교회는 성경을 하나님의 손으로부터 받았다. 이 점에서 성경은 단지 수용의 기능(receptive function)만을 지녔다.

하지만 우리가 반드시 거부해야 할 또 하나의 주관적인 접근 방법이 있다. 이 견해에 의하면, 성경이 우리에게 온 그대로 받아들이면 안 된다는 것이다. "반면에 단지 성경이 우리의 비평을 통과할 수 있거나, 또는 우리 자신의 경험에 근거해 우리가 받아들일 수 있는 한계 안에서만 받아들일 수 있다"(Van Bruggen, 1986, 69; 참조. Ridderbos, 1955, 26). 그렇다면 개인이나 교회의 "신앙의 판단"이 결정적인 요소이거나, 또는 어떤 사람이 스스로 "정경 안에서 정경"을 찾는 것이다. 이것은 성경 안에서 일부 신학자들이 발견하는 하나의 정경(a canon)인 것이다. 하지만 이것은 사실상 우리에게 전해진 그대로의 정경을 거부하는 것이다. 왜냐하면 이것은 정경이라는 단어가 지니고 있는 온전한 의미에서 더 이상 정경일 수 없기 때문이다.

정경은 그 자체를 초월하는 대상을 가리켜준다. 곧 하나님이 규범과 안내자로서 정경을 교회에게 주셨다. 또한 우리는 정경으로서 성경에 포함된 책들을 실질적으로 인정하므로 교회 안에서의 하나님의 역사를 인정한다. 그리고 바로 "성령"이 성경이 하나님께로부터 왔다고 우리의 마음에 증언해준다(「벨기에 신앙고백서」 제5조).

「벨기에 신앙고백서」 제5조는 "왜냐하면 성령이 증언하기 때문에"라고 말한다. 이것은 성경이 신적인 특성을 지니고 있다고 인정하는 것에 대한 진정한 기초는 성령의 증언이라는 것을 의미하지 않는다. 오히려 그 기초는 바로 성경 자체 안에서 찾을 수 있다. 바빙크는 이 점과 관련해서 다음과 같이 올바로 지적해준다. "성경의 책들의 정경성은 그 책들의 존재 자체에 기초한다. 그 책들은 자신들의 고유한 권리에 의해서 자기들 안에 권위를 지니고 있다. 왜냐하면 그 책들은 [정경으로서 정경 안에] 존재하기 때문이다"(Bavinck, *R.D.*, 1:371).

우리의 「벨기에 신앙고백서」의 모델 역할을 했던 「프랑스 신앙고백서」에서 그 신앙고백은 「벨기에 신앙고백서」 제5조에서 "왜냐하면"이라는 의미로 사용된 단어 대신에 "파르"(par, 곧 [그 증언]에 의해서)라는 프랑스어 전치사를 사용한다. 따라서 「벨기에 신앙고백서」 제5조에서 "왜냐하면"이라는 단어는 "그 증언에 의해서"라고 해석할 수도 있다. 베자(Beza)는 이 문제와 관련해서 이미 다음과 같이 매우 신중히 표현했다. "나는 성경을 수단으로 하여 성령에 의해 가르침을 받는다. 따라서 나는 내가 믿는 내용을 참이라고 믿는다. 왜냐하면 하나님[주]의 말씀 안에 그와 같이 기록되어 있기 때문이다."[39]

---

39   Th. Beza, *Tractationes theologicae*, 1570, 1:503.

개혁교회 교의학

　　그러므로 정경을 인정하는 근거는 성령의 증언에 기초하지 않는다. 오히려 그 근거는 성경 자체의 신빙성에 놓여 있다. 우리는 우리의 신앙을 성령의 증언이 아니라, 오히려 성경 자체가 말하는 것에 정초시킨다(참조. 「벨기에 신앙고백서」 제5조). 하지만 성령의 증언은 성경의 이 책들이 하나님의 말씀이라고 인정하도록 우리를 이끌었다. 하나님의 말씀, 곧 성경의 책들은 우리의 신앙과 삶을 위한 규범이다. 이와 같은 방법으로 하나님의 말씀은 그 목적을 성취한다. 바로 이것이 하나님이 그분의 말씀으로 그분의 목적을 성취하는 방법이다. 하나님은 성령을 보내셨다. 그분은 성령의 능력을 통해서 말씀을 주셨다. 하나님은 그 말씀을 효과적으로 확증함으로써 그분의 사역을 완성해 나가신다(Calvin, 『기독교강요』, 1.9.3).

간략한 참고 문헌

M. J. Arntzen et al., 『성경의 권위』(*Het gezag van de Bijbel*), 1987.

D. L. Baker, *Two Testaments, One Bible*, 1976.

J. Barr, *Fundamentalism*, 1981^2.

F. Beisser, *Claritas scripturae bei Martin Luther*, 1966.

G. C. Berkouwer, *Het probleme der Schriftkritiek*, 1938.

G. C. Berkouwer, *Holy Scripture*, 1975.

R. Bijlsma, 『성경적인 권위』(*Schriftuurlijk Schriftgezag*), 1959.

J. van Bruggen, 『누가 성경을 만들었는가?』(*Wie maakte de Bijbel?*), 1968.

H. von Campenhausen, 『기독교 성경의 기원』(*Die Entstehung der christlichen Bibel*), 1968.

D. A. Carson, H. G. M. Williamson (ed.), *It is Written: Scripture Citing Scripture*, 1988.

B. S. Childs, *Old Testament Theology in a Canonical Context*, 1985.

J. A. Cramer, 『칼뱅의 성경관』(*De Heilige Schrift bij Calvijn*), 1926.

K. Dijk, 『예언의 말씀』(*Het profetische Woord*), 1931.

E. E. Ellis, *The Old Testament in Early Christianity*, 1991.

E. Flesseman–van Leer, 『교회 일치 운동에서의 성경의 권위』(*Schriftgezag in de oecumene*), 1982.

J. van Genderen, 『성령의 증언』(*Het getuigenis van de Heilige Geest*), 1961.

『하나님이 우리와 함께…성경의 권위의 본질에 대해서』(*God met ons…over de aard van het Schriftgezag*), 1981.

J. van der Graaf (ed.), *De Heilige Schrift*, 1984.

C. Graafland, 『확실한 언약』(*Het vaste verbond*), 1978.

W. de Greef, *Calvijn en het Oude Testament*, 1984.

D. J. de Groot, 『성경의 영감에 대한 칼뱅의 견해』(*Calvijns opvatting over de inspiratie der Heilige Schrift*), 1931.

『숭고한 말씀』(*Het hoge Woord*), 1976.

P. H. R. van Houwelingen, 『두 번째 나팔』(*De tweede trompet*), 1988.

J. de Jong, *Accommodatio Dei*, 1990.

B. Kamphuis, 『명백한 언어』(*Klare taal*), 1988.

J. Kamphuis, 『평화를 위해서』(*In dienst van de vrede*), 1980.

『맑은 포도주, 역사, 비밀 및 성경의 권위에 대한 설명』(*Klare wijn, Rekenschap over geschiedenis, geheim en gezag van de Bijbel*), 1967.

E. F. Klug, *From Luther to Chemnitz*, 1971.

W. J. Kooiman, *Luther en de Bijbel*, 1977[1].

J. L. Koole, 『교회가 성경을 받아들임』(*De overname van het Nieuwe Testament door the christlijke kerk*), 1938.

W. Krusche, 『성령의 역사에 대한 칼뱅의 사상』(*Das Wirken des Heiligen Geistes nach Calvin*), 1957.

H. M. Kuitert, 『당신은 당신이 읽고 있는 것을 이해하는가?』(*Verstaat gij wat gij leest?*)

J. C. S. Locker, 『하나님의 말씀에 대한 루터의 가르침)』(*De leer van Luther over Gods Wooord*), 1903.

B. M. Metzger, *The Canon of the New Testament*, 1987.

B. J. Oosterhoff, 『구약성경의 계시의 특성』(*Het openbaringskaraker van het Oude Testament*), 1954.

J. I. Packer, *"Fundamentalism" and the Word of God*, 1958.

J. Pannier, 『성령의 증언』(*Le témoinage du Saint-Esprit*), 1893.

A. D. R. Polman, 『하나님의 말씀에 대한 아우구스티누스의 사상』(*Het Woord Gods bij Augustinus*), 1955.

A. B. du Preez, 『영감론에 대한 이중 교리』(*Die dualistiese inspirasieleer*), 1933.

B. Ramm, *The Witness of the Spirit*, 1960.

H. Riddderbos, 『구속사와 신약성경』(*Heilsgeschiedenis de Heilige Schrift van het Nieuwe Testament*), 1955.

H. W. Rossouw, 『명료성과 해석』(*Klaarherd en interpretasie*), 1963.

B. Rothen, 『성경의 명료성』(*Die Klarheit der Schrift*), 1, 1990; 2, 1990.

K. Runia, *Karl Barth's Doctrine of Holy Scripture*, 1962.

R. Schippers, 『신약성경에서 예수 그리스도의 증언』(*Getuigen van Jezus Christus in het*

Nieuwe Testament), 1938.

J. N. Sevenster, 『로마와 자유로운 성경』(*Rome en de vrije Bijbel*), 1956.

W. van 't Spijker, 『성경 해석에 대한 기본 질문들』(*Fundamentale vragen betreffende onze omgan met de Bijbel*), 1962.

C. Trimp, 『성경의 권위에 대한 논쟁』(*Betwist Schriftgezag*), 1970.

J. Veenhof, 『계시와 영감』(*Revelatie en inspiratie*), 1968.

P. de Vries, 『오류 없는 말씀』(*Het onfeilbare Woord*), 1991.

B. B. Warfield, *The Inspiration and Authority of the Bible*, 1948.

J. N. Sevenster, 『로마와 자유로운 성경』(*Rome en de vrije Bijbel*), 1956.

W. van 't Spijker, 『성경 해석에 대한 기본 질문들』(*Fundamentale vragen betreffende onze omgan met de Bijbel*), 1962.

C. Trimp, 『성경의 권위에 대한 논쟁』(*Betwist Schriftgezag*), 1970.

제4장

❧

하나님에 대해서

§ 10. 하나님에 대한 지식

10.1. 하나님에 대한 지식은 믿음에 기초한 지식이다
10.2. 자연 신학
10.3. 신 존재 증명들이 지닌 문제점

10.1. 하나님에 대한 지식은 믿음에 기초한 지식이다

하나님은 어떤 분이신가라는 질문은 하나님은 우리에게 어떤 분이신가라는 질문과 분리될 수 없다. 만약 두 질문이 서로 분리된다면, 하나님에 대한 사고는 그분에 대한 추상적인 이론으로 이어질 것이다. 그러므로 우리는 교회의 신조에 따라 믿음으로 하나님에 대해 이야기해야 한다.

어떤 사람들은 자신들이 "어떤 신"을 믿거나, 또는 신이 존재한다는 것을 믿는다고 주장한다. 하지만 그와 같이 주장하는 이들이 반드시 하나님과 인격적인 관계를 맺고 있는 것은 아니다. 우리는 "하나님에 대한 지식"이라는 표현과 관련해 인간으로서 우리가 단지 하나님에 대해 어렴풋이 알거나 또는 우리보다 뛰어난 능력을 지닌 어떤 존재를 인정한다는 것을 의미하지 않는다.

여기서 말하는 하나님에 대한 지식은 바로 하나님 자신에게서 오는 지식이다. 이것은 우리가 하나님을 아는 것이 가능하고 이 지식은 하나님께

로부터 주어지는 선물이라는 것을 의미한다.

하나님에 대한 지식은 결코 하나님을 속속들이 이해할 수 있다는 것을 뜻하지 않는다. 우리는 우리의 마음과 생각으로 이 세상에 속한 것들을 이해하려고 시도한다. 하지만 성경은 하나님에 대해서 다음과 같이 말한다. 곧 하나님은 누구와도 비길 수 없는 분이다(사 40:18). 또한 하나님의 위대하심은 측량할 수가 없다(시 145:3). 엘리후는 "하나님은 높으시니 우리가 그를 알 수 없고"(욥 36:26)라고 주장한다. 하나님은 우리의 이해력을 훨씬 초월하신다. 하나님은 우리가 생각하는 것보다 언제나 더 크신 분이다(*Deus semper maior*). 하나님은 하나님이시다. "우리는 하나님이 지니신 하늘의 위엄을 땅에 속한 개념들로 생각해서는 안 된다"(「하이델베르크 교리문답」 제46주).

아우구스티누스는 하나님에 대해 인간의 언어로 이루 다 표현할 수 없으며, 또한 인간의 사고력으로 하나님을 온전히 이해할 수 없다고 깊이 확신했다. 그래서 그는 하나님이 어떤 분이신지 말하는 것보다, 하나님이 어떤 분이 아니신지 말하는 것이 더 쉽다고 생각했다. 아우구스티누스처럼, 우리가 여기서 멈출 필요는 없다. 그는 이렇게 말한다. "비록 우리가 하나님에 대해 무엇인가 심오한 것을 말할 수는 없지만, 하나님은 우리가 인간의 음성으로 겸손히 그분을 섬기는 것을 너그럽게 받아들이신다. 또한 그분은 우리가 우리의 입술과 말로 하나님을 찬양하는 것을 즐거워하기를 바라신다"(Augustinus, *De doctrina christiana*, 1:6).

하나님을 온전히 이해할 수 없다는 것이 하나님을 아는 것을 불가능한 것으로 만들지는 않는다. 하나님에 대한 지식은 유일무이한 본성(a unique nature)에 대한 지식이다. 하나님에 대한 지식은 이미 예언자들의 선포에 나오는 핵심 개념 중 하나였다. 신약성경은 다양한 방법으로 사람들이 그리스도 안에서 하나님을 안다고 증언해준다.

구약성경은 "야다"(*yada*)라는 히브리어 단어를 사용한다. "야다"가 의미하는 지식은 탐구나 사색의 결과로 얻는 지식이 아니다. 그 앎(지식)은 경험과 상호 교제를 통해서 얻은 일종의 친숙함(친밀함)이다. 이 "지식은 만남에 기초한 친밀한 교제를 의미한다"(De Groot and Hulst, 출간 연도 미상, 67). 우리가 흔히 사용하는 "지식"이라는 단어는 대체로 지적인 지식을 의미한다. 하지만 구약성경에서 "지식"은 어떤 대상에 대해 철저하게 정보를 알고 있는 것이 아니라, 어떤 대상(사람)과 긴밀하고 깊게 또한 생동감 있게 연합되어 있는 것을 가리킨다.[1] 따라서 시편의 시인은 "너희는 여호와의 선하심을 맛보아 알지어다"(시 34:8)라고 말할 수 있었다. 이 지식은 인격적인 관계를 반영한다. 하나님이 그분의 백성을 아시는 것과 이스라엘 백성이 하나님을 아는 것에 대해서 숙고하고자 한다면, 반드시 이 관계를 머릿속에 떠올려야 한다. 아모스 3:2에서 하나님이 그분의 백성을 아시는 것은 하나님이 그들을 하나님의 백성으로 선택한 것과 동일시된다. 사람들이 하나님에 대해서 안다는 것은 하나님이 사람들에 의해서 인정받으신다는 것을 암시한다(사 41:20). 하나님을 안다는 것은 하나님의 길들(ways)을 안다는 것을 의미하고, 그 길들을 알고 있을 뿐만 아니라 그 길들을 따라간다는 것도 뜻한다. 그러므로 하나님을 알고 인정하는 것은 또한 가난한 사람들과 궁핍한 사람들의 사정을 잘 헤아려서 그들에게 공의를 베푸는 것을 포함한다(렘 22:15-16). 자기 자신을 사람들에게 알리기를 바라셨던 하나님을 알지도 못하고 인정하지도 않는 것은 하나님께 죄를 짓는다는 것을 암시한다. 하나님의 진리, 자비와 지식이 없으면, 그것은 비참한 결과들을 초래한다(호 4:1-6).

하나님을 아는 것과 하나님을 두려워하는 것은 서로 밀접하게 연결되어 있다. 구약 신학에 기초해서 하나님을 안다는 것이 인간의 삶의 모든 측면을 다루는 것이라고 말하는 것은 옳다. 이 지식은 하나님과의 참된 교제와 또한 믿음 안에서 하나님을 신뢰하는 것을 가리킨다. 이것은 마음으

---

1   참조. Ph. Kuhnstamm, 『창조자와 창조』(*Schepper en shcepping*), 『거룩한 자』(*De Heilige*), 1931, 3.3.

 개혁교회 교의학

로 아는 것이며, 사랑을 요구한다(신 6장; Vriezen, 『주요 관점들』[*Hoofdlinen*], 168). 하나님을 아는 사람들이 있다. 그들은 하나님을 만났으며, 계속해서 만나고 있다. 그들은 하나님을 인정하고, 그분에게 순종한다. 그들은 하나님을 사랑하고, 또한 그분을 공경한다.

구약성경과 마찬가지로, 신약성경도 하나님과 사람들 사이에 거리가 있다고 말한다. 하나님은 사람이 가까이 할 수 없는 빛 가운데 계시며, 아무도 그분을 본 적이 없고, 또한 볼 수도 없다(딤전 6:16). 비록 우리가 하나님을 눈으로 볼 수 없지만, 우리는 하나님을 알 수 있다. 하나님은 우리에게 자신을 계시하시려고 시도하시지 않았는가? 제4복음서 저자는 다음과 같이 말한다. "본래 하나님을 본 사람이 없으되 아버지 품 속에 있는 독생하신 하나님이 [그를] 나타내셨느니라"(요 1:18). 예수는 "나를 본 자는 아버지를 보았거늘"(요 14:9)이라고 선언한다. 그는 하나님께로 인도하는 길이다.

"기노스케인"(*ginōskein*)이라는 그리스어 단어의 의미는 지적이며 개념적인 지식을 가리키는 방향으로 발전되어갔다. 하지만 신약성경에서 하나님을 안다고 말하는 것은 안다는 것과 관련된 구약성경의 함의를 전제하며, 또한 하나님과 만나는 것으로부터 말미암는 지식을 암시한다. 신약성경은 이 지식에 대해서 다음과 같이 언급한다. 곧 이 지식은 계시에 기초하고 있고, 인격적인 친밀한 관계를 반영하며, 인격적으로 밀접하게 연결되어 있다. 그리고 이 지식은 전적으로 확실하다. 왜냐하면 그것은 진리에 대한 지식이기 때문이다.[2] 신앙과 지식은 서로 밀접하게 연결되어 있다. 믿음의 개념과 지식의 개념이 서로 일치하는 것은 아니지만, 이 두 가지는 서로 밀접하게 결합되어 있다(참조. 요 6:69; 요일 4:16). 하나님에 대한 진정한 지식은 계시와 믿음에 기초하는 지식이다. 또한 하나님을 안다는 것은 하나님을 사랑하는 것(요일 4:7-8), 하나님과 동행하는 삶, 하나님과 친밀

---

2   F. Büchsel, *Theologie des Neuen Testaments*, 1937, 82.

하게 사귀면서 살아가는 삶, 영원한 삶(참조. 요 17:3)을 의미한다. 우리가 참된 삶을 살기를 원한다면, 우리는 반드시 하나님을 알아야 한다.

신약성경에서 하나님을 안다는 것은 구약성경에서 그것을 의미하는 것과 실질적으로 똑같다. 주 예수 그리스도를 아는 것과 그의 계명들을 지키는 것은 서로 분리할 수 없을 정도로 밀접하게 연결되어 있다(요일 2:3-6). 주 예수는 그에게 속한 사람들이 주 예수 그리스도를 아는 것을 통해서 그들에게 생명과 경건에 속한 모든 것을 주었다(벧후 1:3). 새 사람은 "자기를 창조하신 이의 형상을 따라 지식에까지 새롭게 하심을 입은 자"(골 3:10)다. 또한 신약성경은 하나님에 대한 지식이 자라나는 것에 대해서도 언급한다. 사도 바울은 이것을 위해서 기도하며, 이것을 위해서 매우 힘쓰고 있다(골 1:9-10; 2:1-3). 하나님을 아는 이들은 하나님을 온전히 알기를 간절히 바라며, 언젠가 얼굴과 얼굴을 마주하고 볼 것이다(고전 13:12).

하나님에 대한 지식은 우리에게 그리스도에 의해서 또한 성령을 통해서 주어진다. "아버지 외에는 아들을 아는 자가 없고 아들과 또 아들의 소원대로 계시를 받는 자 외에는 아버지를 아는 자가 없느니라"(마 11:27). "하나님의 일도 하나님의 영 외에는 아무도 알지 못하느니라. 우리가 세상의 영을 받지 아니하고 오직 하나님으로부터 온 영을 받았으니 이는 우리로 하여금 하나님께서 우리에게 은혜로 주신 것들을 알게 하려 하심이라"(고전 2:11-12). 그리고 사도 바울은 에베소에 있는 신자들을 위해 다음과 같이 기도한다. "우리 주 예수 그리스도의 하나님, 영광의 아버지께서 지혜와 계시의 영을 너희에게 주사 하나님을 알게 하시고"(엡 1:17; 참조. 엡 1:15-21).

그럼에도 우리는 언제나 하나님에 대한 우리의 지식이 하나님이 그분 자신을 아시는 것에 결코 필적할 수 없다는 사실을 명심해야 한다. 그것은 하나님을 향해 나아가는 사람들이 하나님에 대해 부분적으로 알고 있는 지식이다(순례자들의 신학[*theologia viatorum*]). "우리는 부분적으로 알고

                                                                       개혁교회 교의학

부분적으로 예언"한다(고전 13:9). 하나님에 대한 우리의 지식이 한계를 지니고 있다는 것은 하나님과 우리 사이에 거리가 있다는 것과, 우리의 보잘것 없음과, 우리의 죄성을 반영한다. "하나님의 존재의 부요하심, 곧 우리의 모든 지식을 초월하는 부요하심은 사실상 하나님에 대한 우리의 지식에서 꼭 필요하고 의미심장한 구성 요소다"(Bavinck, *R.D.*, 2:56). 우리가 깨닫는 것보다 하나님은 더욱더 무한하신 분이며, 또한 더욱더 무한하게 행하실 수 있다(참조. 엡 3:20). 우리는 하나님의 부요하심, 지혜와 지식의 깊이를 결코 사실 그대로 헤아릴 수 없다. "깊도다! 하나님의 지혜와 지식의 풍성함이여, 그의 판단은 헤아리지 못할 것이며 그의 길은 찾지 못할 것이로다"(롬 11:33). 칼뱅은 바울의 이 말과 관련해서 다음과 같이 지적한다. 곧 우리는 하나님이 성경을 통해 우리에게 계시해주신 것보다 더 많은 것을 알려고 시도해서는 결코 안 된다는 것을 반드시 배워야만 한다. 그렇지 않다면, 우리는 미로에 빠지고, 거기서 빠져나오는 것은 매우 어렵다.

하나님은 우리에게 모든 것을 계시해주시지 않았다. 우리는 이 점에 대해서 신학적으로 다음과 같이 표현할 수 있을 것이다. "계시의 저자는 계시 행위를 초월한다(Thielicke, 『개신교 신앙』[*Ev. Glaube*], 2.41). 따라서 하나님은 우리가 그분에 대해서 말할 수 있는 것보다 훨씬 더 많은 것을 나타내신다. 하지만 동시에 하나님은 참으로 그분의 계시의 배후에 숨어 계시지 않는다. 하나님이 자기 자신을 우리에게 알려주신 것과 똑같이 하나님은 그 길이시다.

하나님의 계시는 하나님이 계시하시는 모든 것을 포함한다. 성경이 말하는 대로, 그리스도는 모든 계시의 중심이다. 계시의 목적은 그리스도를 통해서 하나님을 아는 것이다. 곧 "하나님께서 예수 그리스도의 얼굴에 있는 하나님의 영광을 아는 빛을 우리 마음에" 비추셨다(고후 4:6).

우리는 스스로 하나님에 대해서 **적합한** 지식을 아무것도 지니고 있지 않다. 오히려 우리는 하나님과 관련해서 **참된** 지식을 받는다. 하지만 우리는 다음과 같은 것을 안다. 곧 하나님의 아들이 와서 우리에게 분별력을 주심으로 우리가 참된 자를 알게 되었고, 우리가 참된 자 곧 그의 아들 예수 그리스도 안에 있다. 예수 그리스도는 "참 하나님이시요 영생이시라"(요일 5:20).

하나님을 알 수 있다는 것에 대해서 의심하는 것은 사실상 신학뿐만 아니라 교회의 신앙에도 영향을 끼친다. 여기서 우리는 불가지론에 대해 간략하게 말할 필요가 있을 것이다. 불가지론은 사물의 궁극적인 실재는 알 수 없으며, 그것은 통제가 가능한 경험에 기초한 자료의 직접적인 수집으로부터 벗어난다는 철학적인 가정이다. 스펜서(H. Spencer)의 견해에 의하면, 사실상 절대자는 존재하지만, 우리가 그 절대자를 아는 것은 전적으로 불가능하다. 그리고 우리는 칸트의 철학에서도 불가지론의 징조가 있음을 간파할 수 있다. 칸트는 초월적인 세계가 존재한다는 것을 결코 부인하지 않는다. 하지만 사물 자체(Ding an sich)는 인간의 인식 능력이 지니고 있는 한계를 벗어난다. 종교는 현상적으로 알 수 있지만, 하나님 자신은 알 수 없다. 또한 실증주의와 신실증주의(neo-positivism)도 불가지론적인 특성들을 드러내고 있다. 왜냐하면 이 이론들에 의하면, 인간은 오직 현상을 확인하고 설명하는 데만 자신을 국한시켜야 하기 때문이다. 따라서 이 이론들에서는 현상을 넘어가는 시도는 무의미하고 무익한 것으로 간주된다.

놀랍게도 많은 사람이 하나님(신)의 존재에 대해서 숙고하는 것은 시간을 낭비하는 것이라고 간주한다. 이 입장은 이론적인 불가지론이라기보다 오히려 실천적인 불가지론이다. 하지만 이 입장은 무신론과 경계를 맞대고 있으며, 또한 종종 무신론으로 기울어진다. 만약 이와 같은 불가지론이 무신론에 이르지 않는다면, 그것은 바로 인간이 진정으로 하나님(신)이 존재한다는 것에 대한 분별력을 지니고 있기 때문이다(참조. § 5.1).

부정 신학(negative theology)은 불가지론이나 무신론과는 다른 것이다. 종종 신플라톤주의에 영향을 받은 교부들의 사상에 기초해서, 부정 신학은 우리가 하나님이 존재한다고 말할 수 있지만, 하나님이 어떤 분이신지에 대해서 말할 수 없다고 가르친다(J. Scotus Erigena). 그리고 신비가들의 견해에 의하면, 하나님에 대해 이해할 수 없는 것은 하나님에 대해 알 수 있는 것을 통해서 크게 감소될 수 있다.

우리는 하나님을 안다고 말할 뿐만 아니라, 또한 하나님에 대해서 이해할 수 없고 또는 헤아릴 수 없다고 고백한다(「벨기에 신앙고백서」 제1조 및 2조). 하나님에 대해 이해할 수 없다는 것은 하나님에 대해 알 수 있다는 것을 배제하지 않는다. "우리에게 꼭 필요한 범위 안에서 하나님의 영광과 우리의 구원을 위해서 하나님은 그분의 말씀에 의해 우리에게 자기 자신을 알려주신다." 그러므로 우리는 하나님에 대해서 오직 부분적으로만 알 수 있다.

성경에 기초해서 하나님을 안다는 것이 무엇을 의미하는지를 이해하는 학자들 사이에서 칼뱅은 중요한 위치를 차지한다. 그는 하나님에 대한 지식과 인간에 대한 지식은 상호 의존적이며 서로 밀접하게 관련이 있다고 말한다. 곧 그에 의하면, 자기 자신을 알지 못하면, 하나님도 알지 못한다. 하지만 그 반대의 경우도 사실이다. 곧 하나님을 알지 못하면, 인간은 자기 자신도 알지 못한다. 먼저 하나님의 얼굴을 바라보지 않으면, 인간은 결코 자기 자신을 명백하게 알지 못한다. 어떤 하나님이 존재한다는 사실을 아는 것이 반드시 하나님을 아는 것을 의미하지 않는다. 또한 그것은 하나님에 대해서 상당히 많이 알고 있다는 것을 뜻하지도 않는다. 하나님에 대한 믿음과 섬김이 없이, 인간은 실질적으로 하나님을 알 수 없다. 따라서 하나님을 아는 것은 하나님에 대한 공경과 신뢰를 포함한다(참조. Calvin, 『기독교강요』 1.1, 2).

스콜라 신학은 사색적인 특성을 지닌 경향을 보이는 반면에—토마스 아퀴나스에 의하면, 거룩한 교리는 실천적이라기보다 오히려 사색적이다—신앙의 지식에 대한 칼뱅의 강조는 실천이 결여된 사색으로 끝나지 않는다.[3] 칼뱅에 의하면, 어떻게

---

3   이 주제에 대해서 더 자세히 알려면 다음 연구서를 참조하라. J. van Genderen, 『신앙의 지

하나님이 우리에게 접근하기를 원하시는지에 관한 질문은 중심 질문이다(『기독교강요』 1.10.2; 3.2.6). 이 질문에 대한 대답은 하나님에 대한 올바른 지식이다. 또한 이것은 하나님과의 올바른 관계가 필수적이라는 것을 의미한다. 그리고 올바른 지식과 올바른 관계 두 가지는 동일한 것이다. 그렇다면 인간의 삶의 진정한 목표는 우리가 우리를 지으신 하나님을 아는 것이다. 하나님에 대한 참되고 올바른 지식이 무엇인가라는 질문에 대한 대답은 하나님을 알고 그분에게 마땅한 영광을 돌리는 것이다(참조. 「제네바 교리문답」 1-7).

이와 같이 하나님에 대한 지식의 본질적인 요소는 분명하게 드러났다. 신학에서—특히 신학이라는 용어가 지니고 있는 엄밀한 의미, 곧 하나님에 대해 생각하고 말하는 것에서—그 목적은 하나님을 영화롭게 하는 것이다. "하나님에 대한 신학의 탐구는 하나님을 찬양하는 것에서 시작되어, 교회가 하나님을 찬양하는 것으로 이어지며, 찬송으로 그 절정을 이룬다"(Kraus, *Syst. Th.*, 280).

성경의 가르침에 의하면, 하나님을 아는 것과 그분에게 마땅한 영광을 돌리는 것은 동일한 것이다. 하나님의 자녀는 이 하나님이 바로 우리의 하나님이시라고 기뻐하고 감사하며 경외심을 표현한다. 그들은 그것에 대해서 이렇게 노래한다.

이 하나님은 영원히 우리 하나님이시니
그가 우리를 죽을 때까지 인도하시리로다(시 48:14).

시편들에서 하나님을 아는 사람들은 하나님에 대해서 말한다. 그 시편들에는 하나님의 이름을 찬양하는 것으로 가득하다. 시편 103편은 그와 같은 시편에 대한 훌륭한 예다. 그리고 시편 저자들은 하나님을 함께 찬양

식과 신앙의 기대』(*Geloofskennis en geloofsverwachting*), 1982, 7-37.

하자고 사람들을 권유한다.

> 내가 여호와를 항상 송축함이여!
>   내 입술로 항상 주를 찬양하리이다.
> 내 영혼이 여호와를 자랑하리니!
>   곤고한 자들이 이를 듣고 기뻐하리로다.
> 나와 함께 여호와를 광대하시다 하며
>   함께 그의 이름을 높이세(시 34:1-3).

모세오경(출 15장; 신 32장)과 예언서들(사 12장; 미 7:18-20; 단 2:19-23)에서도 야웨 하나님을 찬양하는 것이 발견된다. 또한 찬송은 신약성경에서도 종종 나타난다. 천사들과 사람들은 그리스도가 태어날 때 하나님께 영광을 돌리며 찬양했다. 그리고 사도들의 편지들에서 하나님과 그분의 사역에 대한 언급은 한결같이 찬양으로 절정을 이룬다(롬 11:33-36; 딤전 1:17; 유 24-25). 나아가 요한계시록에서도 찬송, 감사 및 경배는 중요한 위치를 차지한다.

하나님을 아는 이들은 바로 하나님의 은혜로 자신들이 그리스도 안에서 자신들의 하나님과 아버지로서 그분을 안다는 것을 깊이 인식하고 있다. 바울은 이 점에 대해서 다음과 같이 표현한다. "이제는 너희가 하나님을 알 뿐 아니라 더욱이 하나님이 아신 바 되었거늘"(갈 4:9). 이 절의 후반절은 그리스도인들이 하나님에게 알려져 있다는 것을 가리켜준다. 따라서 믿음 안에서 우리의 지식이나 우리의 신학적 통찰력을 자랑해야 할 이유가 전혀 없다. 우리 안에는 스스로 자랑할 것이 아무것도 없다. 그 대신 우리는 하나님을 자랑해야 한다. 하나님은 예언자 예레미야를 통해서 우리에게 이렇게 권면하신다. "자랑하는 자는 이것으로 자랑할지니 곧 명철하여 나를 아는 것과 나 여호와는 사랑과 정의와 공의를 땅에 행하는 자인 줄 깨닫는 것이라. 나는 이 일을 기뻐하노라. 여호와의 말씀이니라"(렘 9:24; 참조. 고전 1:30-31).

하나님에 대한 지식은 점점 더 자라난다. 이것은 신자들의 개인의 삶 속에서 뿐만 아니라, 역사가 진행되는 과정에서도 그러하다. 신자들은 저마다 하나님과 지속적으로 사귐을 누릴 수 있고, 하나님의 빛으로 자신의 삶과 모든 것을 점점 더 분명하게 이해할 수 있으며, 또한 장차 자신이 온전하게 될 것을 고대한다. 바울의 찬송 중 한 가지는 신비의 계시에 대해서 다음과 같이 말한다. "나의 복음과 예수 그리스도를 전파함은 영세 전부터 감추어졌다가 이제는 나타내신 바 되었으며 영원하신 하나님의 명을 따라 선지자들의 글로 말미암아 모든 민족이 믿어 순종하게 하시려고 알게 하신 바 그 신비의 계시를 따라 된 것이니"(롬 16:25-26). 우리는 "물이 바다를 덮음 같이 여호와를 아는 지식이 세상에 충만할 것"(사 11:9)을 고대할 수 있다. 그리고 오늘 이미 성취된 하나님의 말씀은 장차 더 중요한 의미를 지닐 것이다. "그들이 다시는 각기 이웃과 형제를 가르쳐 이르기를, '너는 여호와를 알라 하지 아니하리니, 이는 작은 자로부터 큰 자까지 다 나를 알기 때문이라. 내가 그들의 악행을 사하고 다시는 그 죄를 기억하지 아니하리라.' 여호와의 말씀이니라"(렘 31:34; 참조. 히 8:11-12).

10.2. 자연 신학

1. 로마 가톨릭교회

우리는 그 말씀 안에서 하나님이 계시해주시는 것과 믿음을 통해서 하나님을 안다. 우리는 하나님에 대한 불가지론에 맞서서 이와 같이 단호하게 주장한다. 하지만 로마 가톨릭교회는 불가지론을 다른 방법으로 논박하려고 시도한다.

1870년의 제1차 바티칸 공의회에 의해서 결정된 다음과 같은 교의 선언은 대단히 중대한 의미를 지닌다. 곧 만물의 처음이자 마지막이신 하나

개혁교회 교의학

님은 창조세계에 적용되는 인간의 논증의 자연적인 빛을 통해서 분명하게 알 수 있다. 이 교리를 부인하는 사람은 파문에 직면하게 된다(*DS*, 3004, 3026).

비록 이 교의 선언은 하나님을 알 수 있다는 것에 대한 것이지, 하나님의 존재에 대해서 증명할 수 있다는 것은 아니다. 하지만 이 선언에는 후자도 암시되어 있다. 따라서 교황이 이 교의 선언에서 나중에 다음과 같이 덧붙여 말하는 것은 놀라운 일이 아니다. 곧 눈으로 볼 수 있는 원인과 결과들에 기초해서 하나님은 분명하게 알 수 있고 또한 그분의 존재는 증명할 수 있다. 이것은 1910년에 모더니즘의 이단을 반대하는 서약에서 선포되었다(*DS*, 3538). 그러나 그 후에 이것은 충성 선언으로 대치되었다.

이 교리의 배경은 1870년의 제1차 바티칸 공의회에서 채택된 "지식에 대한 이중 질서"다. 지식에는 이성의 추론을 통해서 알 수 있는 것과 또한 믿음을 통해서 알 수 있는 것이 있다. 첫 번째 지식은 자연 질서에 속하며, 두 번째 지식은 초자연적 질서에 속한다. 첫 번째 것은 태어날 때 주어지는 지적인 능력으로 알 수 있는 하나님에 대한 진리들이다. 두 번째 것은 하나님 안에 감추어져 있는 신비들이다. 그 신비들은 지음을 받은 이성의 능력을 초월하고, 오직 하나님께로부터 주어지는 계시를 통해서 알려진다. 우리가 이성을 통해 하나님에 대해 알 수 있는 지식과 관련해서 언급된 참조 구절은 로마서 1:20이다. 그리고 하나님에 대한 초자연적인 지식과 관련해서 언급된 구절은 고린도전서 2:7-8이다(*DS*, 3004 이하).

본질적으로 이것은 바로 토마스 아퀴나스의 가르침이다. 그는 하나님을 알 수 있다는 것을 증명할 수 있다고 이해했다. 아퀴나스의 "다섯 가지 방법"(five ways)은 고전적인 신 존재 증명 방법이 되었다(참조. Wentsel, *Dogm.*, 3a: 159). 그의 이론은 인과법칙의 타당성에 기초한다.

자연에 기초한 하나님의 지식과 하나님의 존재에 대한 다양한 증명 방법은 하나님과 인간 사이의 "존재의 유비"(*analogia entis*)에 기초한다. 한편으로 하나님의 존재와 다른 한편으로는 창조물의 존재의 유비를 통해서, 인간은 인식에 의해서 상대적인 존재로부터 무한한 존재, 곧 "모든 사람이 하나님이라고 이해하는 존재"로 나아갈 수 있다(Thomas Aquinas). 하나님에 대해서 알 수 있다는 이 교리는 나아가 원죄에 대한 로마 가톨릭교회의 관점과 관련이 있다. 곧 로마 가톨릭교회는 인간의 본성이 근본적으로 타락했다고 이해하지 않는다. 인간의 지성은 하나님에 대해서 완전히 어두워지지 않았다. 또한 인간의 의지는 하나님을 찾고 선을 추구하는 데 전적으로 무능력하지 않다. 그렇지 않다면, 인간은 하나님에 대해서 말하는 것을 전혀 들을 수 없으며, 또한 하나님을 사랑하라는 어떤 형태의 권면도 받을 수 없다.[4]

우리는 인간의 본성에서—인간의 지적 및 도덕적 능력과 더불어—하나님으로부터 주어지는 은혜를 받을 수 있고 또한 그 은혜에 의해서 주어지는 삶에 열려 있다는 것, 곧 은혜를 받아들일 수 있는 능력을 찾는다. "하나님은 자연을 전제하시며, 또한 그것을 완성하신다"(Thomas Aquinas). 이와 같이 인간은 자신의 자연적인 상태로부터 점차적으로 발전해간다(Bavinck, *R.D.*, 2:110).

로마 가톨릭교회는 인간이 이와 같은 방법으로 하나님을 찾으려고 시도할 때 다양한 어려움이 있다는 것을 부인하지 않는다. 그래서 하나님은 계시를 통해서 인간을 도와주신다. 인간은 계시에 기초해서 자신의 이성적인 사고를 통해 도저히 접근할 수 없는 것들을 인류의 현재의 상황 안에서 쉽고 확실하게 아무런 오류도 없이 알 수 있다(*DS*, 3005). 그럼에도 초자연적인 계시는 구원을 위해서 필요하다. 왜냐하면 그 계시가 없다면, 인간은 하나님에 대해서 단지 부분적으로만 알 수 있고, 단순히 하나님에 대한 자연적인 지식만으로는 그리스도 안에 있는 구원을 깨달을 수 없기 때문이다.

일부 로마 가톨릭 신학자들이 자연 신학에 가치를 별로 부여하지 않자, 교황 비오 12세는 교황 회칙 「인류」(*Humani Generis*, 1950)를 통해서 "새로운 것들"에 대해서 경고했다. 이 교황 회칙에 의하면, 계시와 하나님의 은혜의 도움이 없어도, 인간의 마음은 인격적인 하나님이 존재한다는 것을 창조세계에서 추론한 증거들을

---

4 참조. J. C. Groot, 『칼 바르트와 알 수 있음에 대한 신학적 논쟁』(*Karl Barth en het theologische kenproblem*), 1964, 304.

 개혁교회 교의학

수단으로 삼아서 증명할 수 있다는 것은 의심의 여지가 없다. 한편 로마 가톨릭 신학 안에서 자연과 은총의 관계에 대해 다른 견해들을 제시하는 이들이 있다(참조. Wentsel, 1970). 이들의 견해들은 교황 회칙 「인류」와 1870년의 제1차 바티칸 공의회의 선언 및 토마스 아퀴나스의 신학 체계와 단지 부분적으로만 일치한다. 하지만 우리는 이 견해들을 다루지 않은 채, 로마 가톨릭교회의 공식적인 가르침에 국한하고자 한다.

우리는 로마 가톨릭교회의 이와 같은 입장에 동의할 수 없다.

a. 이 관점은 성경 어느 곳에서도 분명하게 언급되지 않는다. 믿음이 결여된 하나님에 대한 자연적인 지식은 존재하지 않는다. 이와 같은 방법으로 알게 된다는 어떤 최고의 존재는 성경에서 말하는 살아계신 하나님이 아니다. 자연 신학은 단지 하나님에 대한 하나의 철학적인 개념으로 이끌어줄 뿐이다.

b. 하나님은 창조주이시고, 인간은 그분의 창조물이다. 창조주와 창조물인 인간 사이의 관계는 하나님의 존재와 인간의 존재 사이의 유비로 이해될 수 없다.

c. 인간의 이성에 기초한 하나님에 대한 지식은 인간학적인 낙관주의와 분리할 수 없을 정도로 밀접하게 연결되어 있다. 이 인간학적인 낙관주의는 로마 가톨릭교회의 모든 가르침에 스며들어 있다. 로마 가톨릭교회의 가르침에서 인간의 자연적인 능력은 과장되어 있고, 또한 그것으로 말미암는 다양한 결과들은 과소평가되고 있다. 이것은 자연적인 하부 구조가 초자연적인 상부 구조를 떠받드는 상황으로 이어진다. 이 상황에는 인본주의를 향하는 옆문이 열려 있다.

2. 칼뱅

"하나님에 대한 자연적인 지식"과 "자연 신학" 사이의 연관성에서 "자연적"이라는 용어는 로마 가톨릭교회 및 신학에서 이중적인 의미를 지닐 수 있다. 곧 "자연으로부터"와 "창조세계의 질서의 일부부인 인간의 지성의 도움으로"를 뜻할 수 있다.

칼뱅은 전적으로 다른 견해를 지니고 있다. 그럼에도 어떤 이들은『기독교강요』의 처음 몇 장에 근거해서 칼뱅도 자연 신학을 추구했다고 믿고 있다.[5] 그렇지만 이와 같은 비판은 과연 옳은 것인가?

칼뱅의 견해에 의하면, 인간의 마음속에는 신에 대한 일종의 감각(*sensus divinitatis*)이 있다. 그는 다음과 같이 말한다. "모든 사람은 예외 없이 어떤 신이 존재하고, 그가 그들의 창조자라는 것을 지각하고 있다. 하지만 그들은 자기 자신들의 증언에 의해서 정죄 받는다. 왜냐하면 그들은 그에게 존귀를 돌리지 않았고, 또한 그의 뜻을 성취하기 위해서 자기들의 삶으로 헌신하지 않았기 때문이다"(Calvin,『기독교강요』1.3.1). 또한 칼뱅은 종교의 씨앗(*semen religionis*)에 대해서 말한다. 곧 사람들은 신이 존재한다는 것에 대해서 끊임없이 확신하고, 또한 그것이 그들의 마음속에 깊이 새겨져 있다. 하지만 사람은 이와 같은 방법으로 하나님에 대한 진정한 지식을 얻지 못한다. "비록 인간의 경험은 모든 사람이 종교의 씨앗을 받았다고 증언해주지만, 이것을 자기의 마음속에 잘 간직하고 있는 사람은 백 사람 중 한 사람도 만나기가 어렵다. 또한 그 씨앗이 잘 자라고 있는 사람은 한 사람도 없다. 더욱이 철을 따라 열매를 맺는 사람이 없다는 것은 말할 필요조차 없다. 따라서 사도 바울에 의하면, 신적인 존재에 대한 이와 같이 희미하고 그릇된 견해는 하나님에 대해서 잘 모른다는 것을 암시해준다"(Calvin,『기독교강요』1.4.1, 3). 칼뱅에 의하면, 종교적인 자각은 "우상숭배와 온갖 미신의 끔찍한 원천에 지나지 않는다"(요 3:6에 대한 주석).

인간은 하나님의 형상대로 지음을 받았다. 이것은 인간이 하나님과 관계를 맺고 있다는 것을 암시해준다. 더욱이 인간의 종교적인 자각은 자신이 지으신 것들을 통해서 하나님이 계시해주시는 것과 관련이 있다. 하나님은 우주 안에 있는 모든 것을

---

5   다음 연구서를 보라. E. Brunner,『자연과 은총』(*Natur und Gnade*), 1935[2]. 또 다른 견해로서 다음 책을 참조하라. P. Barth,『칼뱅의 신학 사상에서의 자연 신학의 문제점』(*Das Problem der natürlichen Theologie bei Calvin*), 1935.

개혁교회 교의학

통해서 자기 자신을 계시하셨다. 따라서 인간은 자기의 눈을 뜰 때마다, 하나님을 바라보지 않을 수 없다(Calvin, 『기독교강요』 1.5.1). 하지만 참 하나님이 누구이시며 또는 그 하나님이 우리에게 무엇을 원하시는지를 이해하기 위해서, 인간의 이성은 진리에 다가가지도 않고, 진리를 향해서 힘써 나아가지도 않으며, 또한 진리를 확고한 목표로 삼지도 않는다. 그래서 사람의 지성이 아무리 예리하다고 해도, 하나님을 아는 지식에 관한 한, 그것은 완전한 어둠 그 자체인 것이다(『기독교강요』 2.2.18, 19). 칼뱅의 견해에 의하면, 그 누구도 창조세계를 안내자로 삼아서 하나님을 진정으로 아는 데 이르지 못했다. 따라서 우리는 창조주 하나님에게 나아가기 위해서는 성경이 필요하다.

요약해서 말하자면, 모든 사람은 자기에게 주어지고 보유하고 있는 종교적인 지각(또는 신에 대한 감각 또는 종교의 씨앗)을 지니고 있다. 인간은 하나님이 존재하신다는 것과 또한 자신이 하나님과 관계를 맺어야 한다는 것을 자각하고 있다. 하나님은 그분이 만드신 모든 것을 통해서 자기 자신을 계시하시기 때문에, 인간은 지속적으로 하나님을 기억한다. 하지만 [창조세계에 기초해서 하나님을 아는 것에는] 지식이라는 단어와 관련해 그것의 완전한 의미에서 하나님에 대한 참된 지식이 없다.[6] 우리는 이성을 통해서 하나님의 존재를 증명할 수 없다. 칼뱅은 하나님을 참으로 알고 섬기는 것과 관련해, 자연인으로서 인간이 지니고 있는 능력으로부터 어떤 것도 기대하지 않는다. 이와 같은 인간의 능력으로부터 얻을 수 있는 것은 무엇이든지 긍정적으로 평가되는 게 아니라, 단지 부정적으로 평가될 수 있기 때문이다. 이와 같은 관점은 로마 가톨릭교회의 입장과 중요한 차이점을 지니고 있다는 것을 넌지시 알려준다. 따라서 칼뱅은 자연 신학과 전혀 관계가 없다!

---

6   Calvin은 종종 이 점을 강조하면서 *cognitio*라는 라틴어 명사 대신에 *notitia*를 사용한다. 참조. O. Weber, *Foundation*, 1:217.

3. 그 이후의 발전

자연 신학과 관련해서 많은 개혁파 신학자는 칼뱅보다 더 나아가 다음과 같이 가르쳤다. 곧 인간에게는 하나님에 대해 태어날 때부터 지니고 있는 지식뿐만 아니라 나중에 얻은 지식도 있다. 첫 번째 지식은 모든 사람에게 공통적이고 성경과 신앙을 필요로 하지 않는다. 왜냐하면 "자연의 책"과 "양심의 책"이 필요한 요소들을 모두 제공해주기 때문이다.

멜란히톤(Melanchthon)의 영향을 받아서, 정통 루터파 신학자들은 명백하게 바로 앞서 언급한 노선을 따라서 생각했다. 그들은 자연 신학을 분리해서 다루었다. 자연 신학은 계시 신학에 대해서 부차적인 것으로 간주되었다. 그럼에도 그들은 자연 신학은 계시 신학의 기초와 전제 조건을 구성한다고 믿었다. 이와 같은 의미에서 자연 신학과 계시 신학의 관계는 율법과 복음의 관계를 연상시켜주었다.

알스테드(J. H. Alsted)는 일찍부터 자연 신학을 옹호했던 개혁파 신학자였다 (*Theologia naturalis*, 1615). 그의 견해에 의하면, 자연 신학에 기초한 몇몇 교리들이 있다. 예를 들면 다음과 같다. 곧 하나님은 존재하시고, 다른 어떤 대상보다 하나님을 사랑해야 한다. 각 사람은 다른 사람에게 자신이 마땅히 주어야 할 것을 주어야 한다. 각 사람은 아무에게도 해를 끼쳐서는 안 된다. 또한 각 사람은 개인의 이익보다 공공의 선을 더 우선적으로 여겨야 한다. 그리고 다른 학자들에 의하면, 자연 신학은 대체로 동일한 내용을 지녔다.

자연 신학에 기초한 하나님에 대한 지식은 특히 소키누스파(Socinians)에 맞서기 위해서 옹호되었다. 소키누스파는 인간은 스스로 영원한 삶에 이르는 길에 대해서 아무것도 알 수 없다고 가르쳤다. 이와 같은 논쟁 과정에서 올바른 주장이 제기되기도 했다. 곧 그것은 인간이 하나님의 형상으로 지음 받았기 때문에 종교적인 존재이며, 또한 심지어 타락 이후에도 하나님은 인간을 버리지 않으셨다는 주장이다. 하지만 이것이 전부가 아니었다. 아르놀두스(Arnoldus)는 하나님은 자연 종교가 가진 방식을 사용해서 인간 안에 이미 존재하는 것을 발판으로 삼으실 수 있다고 주장했다 (참조. Schilder, *H.C.*, 1:91-98).

 개혁교회 교의학

인간은 태어나면서부터 하나님에 관한 것을 지니고 있다는 본유 관념(innate concept)을 포함해서 데카르트(Descartes, 1596-1650)의 철학이 득세하자, 개혁파 신학자들은 자신들의 자연 신학을 다소 다듬어야 했다. 그들 중 어떤 이들은 데카르트의 철학 사상과 대립하는 입장에 섰다. 그들은 신학적인 입장에서 이해하는 개념으로서 하나님에 대해 태어날 때부터 지니고 있는 지식은 철학에서 주장하는 신에 대한 본유 관념과 서로 다르다고 주장했다. 푸치우스(Voetius)는 이와 관련해서 계시가 없어도 〔신에 대해서〕 알 수 있을 것이라고 예견했다.

마르크(J. à Marck)가 쓴 교의학은 푸치우스 학파에서 유래된 대표적인 저서다. 마르크도 자연 신학과 초자연적 신학 또는 계시 신학을 구분한다. 인간은 자연에서 자신의 마음의 책과 다른 창조물들의 책을 갖고 있다. 마음의 책은 본유적인 신학(innate theology)과 관련이 있다. 반면에 다른 창조물들은 우리에게 제일 원인(primary Cause)인 하나님을 가리켜주기 때문에, 태어난 다음에 얻게 되는 자연 신학이 있다. 비록 희미하고 불완전하기는 하지만, 인간은 자연 신학을 통해서 하나님의 존재, 하나님의 영으로 존재하심, 하나님의 속성들, 하나님의 창조 사역, 섭리, 하나님의 율법 및 인간의 비참함 등에 대해서 의식한다. 작은 빛이 큰 빛과 서로 모순 관계에 있지 않듯이, 이 신학 자체는 계시 신학과 서로 모순 관계에 있지 않다고 한다. 하지만 자연 신학은 언제나 그릇된 개념들과 혼합되어 있기 때문에, 만약 어떤 갈등이 일어나는 경우에 자연 신학은 반드시 계시 신학에 양보해야 한다는 것이다. 그리고 고대로부터 철학은 신학에 종속되는 것으로 이해되었다.[7]

앞서 언급한 구분은 이와 같은 유형을 지닌 초기의 신학 논문들에서 만나볼 수 있는 두 가지 진리를 반영한다. 곧 자연 신학의 영역에 속한 진리들(혼합 논증〔*articuli mixti*〕)이 있으며, 또한 초자연적인 진리들(순수 논증〔*articuli puri*〕)이 있다. 첫 번째 진리들—이 진리들은 특별계시가 없이도 어느 정도 알 수 있음—에는 천지창조, 섭리 및 불멸 등이 포함되어 있고, 두 번째 진리들에는 삼위일체, 성육신 및 속죄 등이 포함되어 있다.

---

7 J. à Marck, 『기독교 신학의 장점』(*Het merch der christene Got-geleertheit*), 1741[4], 5-11.

자연 신학에 대한 칼뱅의 입장과 비교해 본다면, 바로 앞서 언급한 신학적인 견해들에서는 중요한 변화가 일어났다. 하나님의 존재를 알 수 있다는 것은 태어날 때부터 지니고 있는 하나님에 대한 지식이라고 해석되었다. 그뿐만 아니라 하나님에 대한 인간의 추론에는 어떤 명칭, 곧 하나님에 대해 나중에 얻은 지식이라는 명칭이 주어졌다. 초기의 개혁파 교의학 저자들은 이와 같은 방법으로 자신들이 무신론을 더 효과적으로 논박할 수 있을 것이라고 믿었을 것이다. 하지만 이것은 하나님에 대한 어떤 개념보다 더 많은 것을 요구한다. 더욱이 신앙의 내용을 두 종류의 진리로 분류하는 점 등에서 이들의 견해들은 로마 가톨릭 신학에서 주장하는 개념과 주목할 만한 유사점을 지니고 있다. 인간과 그의 다양한 능력에 대한 이들의 견해들은 사실상 로마 가톨릭의 견해들과 다르지만, 여기서도 율법의 역할을 포함해서 하나님에 대한 자연적인 지식에 지나치게 많은 무게가 실려 있다. 그래서 이와 같은 방법으로 하나님의 의로움의 빛 안에서 인간은 스스로 자신의 죄악과 형벌을 분별할 수 있다고 한다(참조. Brakel, *R.S.*, 1;17). 이것은 마치 인간이 하나님에 대한 자신의 자연적인 지식과 더불어 성전의 바깥뜰에서 성소의 문이 열리기를 기다리면서 서 있는 것처럼 보인다.

몇몇 신학자들은 자연 신학에 어느 정도 제한된 영역을 부여했다. 반면에 어떤 신학자들은 자연 신학 안에서 더 많은 가능성을 파악했다. 그들 가운데 한 사람이 로엘(H. A. Roëll)이었다. 그는 신학과 (데카르트) 철학의 종합을 생각해냈다. 로엘은 자신의 교수직 취임 강연에서 합리적인 종교(1686)에 관해 다루면서 다음과 같은 것을 가정했다. 우리는 절대 주권을 지니고 있는 완전한 어떤 존재에 대한 개념을 지니고 있다. 이 존재가 우리에게 이성을 주었다. 그 이성은 자연 종교 또는 합리적인 종교의 토대다. 로엘의 견해에 의하면, 이성은 오류가 없다(infallible). 이성이 가르치고 지시하는 것은 하나님의 선언과 같다. 이성의 본유 관념들과 명백한 개념들은 성경과 같이 결정적인 것이다. 그것은 하나님이 주신 현미경으로서, 우리가 추론을 통해 도달할 수 없는 것을 볼 수 있게 해준다. 이성은 반드시 어떤 것이 계시된 것인지 그렇지 않은지, 또한 무엇이 계시되었는지에 대해서 판단해야 한다. 이와 같은 의미에서 기독교의 신비들 안에서 신앙은 이성의 판단에 기초해야 하고, 또한 반드시 합리적이어야 한다.[8]

이와 같은 로엘의 견해는 마르크의 견해와 상당히 다르다. 로엘과 그의 지지자들의 견해들이 기꺼이 받아들여지지 않았다는 것은 결코 놀라운 일이 아니다. 로엘에게서 이성은 **종**(*ancilla*)이 아니라 **주인**(*domina*)으로 행동하고 있다. 여기서 자연 신학은 합리적인 신학을 가리키는 또 다른 이름이 되었고, 또한 계시에 대해서 비판하는 역할을 하게 되었다. 그래서 합리주의는 점점 더 세력을 얻게 되었다.

자연 신학은 18세기에 세력을 얻었다. 왜냐하면 그것은 계몽주의(Enlightenment)가 제기하는 요구, 곧 모든 것은 이성에 기초해야 한다는 요구 조건을 충족하는 것처럼 여겨졌기 때문이다. 자연적이며 합리적인 모든 것은 보편적으로 인정되어야 한다. 더욱이 "자연적"이라는 용어는 이제 종교개혁 시대에는 얻지 못했던 끌어당기는 힘을 지니게 되었다. 자연적인 모든 것은 좋은 것으로 간주되었다! 인간이 태어날 때부터 다양한 능력을 지니고 있다는 것에 대해서 의문이 제기되지 않았다. 종교개혁 이후로 두 세기 동안 사람들은 인간의 사고 안에서 인간학적인 측면에서의 변화가 일어나는 것을 목격했다. 자연 신학을 지지하고 성경에 기초한 신학을 거부하면서, 또한 칸트도 계몽주의의 조류에 합류했다. 이 시기에 성경에 기초한 신학자들은 입증되지 않은 권위에 호소하는 것으로 여겨졌다. 반면에 합리주의에 기초한 신학자들은 성경과 교회의 신앙을 회의주의의 관점에서 다루었다.[9] 바빙크는 이 점에 대해서 다음과 같이 잘 이해하고 있

---

8   참조. J. van Genderen, *Herman Witsius*, 1953, 182-190. Roëll에 대해서 다음 연구서를 보라. J. van Sluis, *Herman Alexander Roëll*, 1988.
9   Kant의 견해에 대한 훌륭한 요약을 제시해주는 것으로서 다음 교의학 책을 참고하라. A. D. R. Polman, 『개혁과 교회교의학』(*Gereformeerd katholieke dogmatiek*), 1969, 1:12-19.

다. "[이제] 자연 신학은 사실적이고 과학적이며 입증할 수 있는 신학이 되었다. 자연 신학에 의해서 계시 신학은 점차 소외되었고, 나아가 무대에서 쫓겨났다"(Bavinck, *R.D.*, 2:78).

4. 도르트 신조

자연 신학의 역사는 우리에게 많은 정보를 제공해준다. 바르트는 자연 신학과 계시 신학의 협력 및 자연 신학에 우호적인 경향을 보이는 것을 강렬하게 반대했다. 그는 단순히 상상으로 지어낸 위험성에 대해서 경고한 것이 아니다. 하지만 「벨기에 신앙고백서」 제2조에 대한 그의 비판은 잘못된 것이다(참조. § 5.1).

우리의 신앙고백 문서에서 논쟁의 여지가 있다고 이해될 수 있는 또 다른 본문이 있다. 「도르트 신조」는 자연의 빛과 하나님에 대한 약간의 지식에 대해서 말한다. 「도르트 신조」에 의하면, [아담과 하와가] 죄를 범한 이후에도 약간의 자연의 빛이 남아 있다. 인간은 이와 같은 방법으로 하나님과 자연적인 일들에 대한 약간의 지식을 지니고 있다. 또한 인간은 무엇을 받아들이고 또한 무엇을 받아들이면 안 되는지 구별할 수 있는 약간의 지식을 지니고 있다. 그리고 인간은 덕을 실행하고 또한 겉으로 선한 도덕들을 지키려고 어느 정도 시도한다는 것에 대한 증거를 제시한다.

여기서 다음과 같은 질문이 제기된다. 그렇다면 하나님에 대한 이와 같은 지식과, 무엇을 받아들이고 무엇을 받아들이면 안 되는지를 구별할 수 있는 약간의 지식은 하나님에 대한 자연적인 지식과 자연적인 도덕성을 반영하는 것인가? 그리고 자연의 빛이라는 개념은 성경에 기초한 개념인가? 하지만 「도르트 신조」는 이 경계선을 넘어가지 않는다. 해당 문맥은 하나님에 대한 이 지식은 어떤 기초가 아니라서 그 위에 무엇인가를 세울 수 없다. 어쨌든 "약간의 지식"은 권위를 부여받지 못한 지식과 다름없는 지식이다. 라틴어 원문을 검토해보면, 그 의미를 더 명백하게 알 수 있다. 라틴어 원문에서는 "인식"(*cognitio*)과 "지식들"(*notitiae*)이 서로 구별되어

개혁교회 교의학

있다. 복수 형태(*notitiae*)를 사용했다고 해서, 지식의 의미가 더 높게 평가되는 것은 아니다. 따라서 우리는 해당 구절을 하나님에 대한 어떤 지식이나, 하나님에 대한 어떤 분별력으로 이해한다고 간주할 수 있을 것이다. 우리는 이와 같은 방법으로 칼뱅의 입장에 더 가깝게 나아간다. 「도르트 신조」의 이번 장에서는 칼뱅의 신학이 반영되어 있는 것처럼 보인다. 칼뱅의 『기독교강요』의 제1권의 처음 몇 장 뒤에 제6장이 뒤따른다. 제6장의 제목은 "창조주 하나님께 나아가려고 하는 이에게 안내자와 교사로서 성경이 필요하다"이다. 칼뱅은 제2권 제6장에서 다음과 같이 말한다. "곧 우리는 우리의 주인이시며 우리를 지으신 하나님에게서 멀리 떠나갔으며, 만약 하나님께로 돌아가기를 원한다면, 우리는 십자가에 대한 설교를 겸손히 받아들여야 한다." 그리고 우리는 「도르트 신조」 3-4, 4-6에서 다음과 같은 내용, 곧 인간이 자연의 빛을 올바른 방법으로 사용하지 않으며, 심지어 그 빛을 남용하고 있다는 내용을 읽는다. 이 조항들은 결코 자연의 빛이 하나님의 은혜를 대신하는 것을 제공해주지 않는다는 것을 의미한다. 하나님은 자연의 빛과 율법이 결코 스스로 성취하지 못하는 것을 성령의 능력과 속죄의 사역에 대한 말씀을 통해서 성취하신다. 성령의 사역은 인간 자신의 통찰과 수고를 물리치고 극복한다. 그리고 우리는 하나님을 올바로 알기 위해서 말씀의 빛이 반드시 필요하다. 왜냐하면 다른 모든 빛은 적합하지 않기 때문이다.

10.3. 신 존재 증명들이 지닌 문제점

앞서 말한 것은 우리가 신 존재 증명과 관련해서 간략하게 다룰 수 있을 것을 제안한다. 신 존재 증명이라는 주제는 수 세기에 걸쳐 많은 주목을 받아왔다.[10] 이 증명 방법들은 철학적인 특성을 지니고 있다. 따라서 우리

---

10 이 주제에 대한 광범위한 참고 문헌에 대해서 *TRE* 8:776-784을 보라.

는 이 주제를 종교 철학의 분야에 맡길 수 있을 것이다. 하지만 교의학 책들도 이 입증 방법들을 종종 다룬다(참조. Bavinck, *R.D.*, 2:77-91).

신 존재 증명들(*argumenta Dei*)은 예전에 높은 존중을 받았고, 심지어 계몽주의 시대에는 중요한 역할을 했다. 하지만 칸트가 신 존재 증명에 맹렬한 비판을 가한 이후로, 그와 같은 증명들은 신뢰성에 손상을 입었다. 칸트의 비판에 의하면, 오직 한 가지의 "증명" 곧 도덕적 증명만을 인정할 수 있다. 하지만 또다시 신 존재 증명에 대한 문제가 논의의 대상이 되고 있다. 이것을 일종의 르네상스라고 말할 수 있을까? 어쨌든 현대 논리학의 도움을 받아서 신 존재에 대해 새롭게 증명하려는 시도들이 제기되었다(참조. De Vos, 1971, 3 이하; Hubbeling, 1976, 57-79, 125 이하).

우리는 토마스 아퀴나스의 저서들에서 신 존재 증명들에 대한 고전적인 논의들을 발견할 수 있을 것이다. 그는 하나님의 존재를 알 수 있도록 이끌어준다는 "다섯 가지 방법"을 제시했다. 하지만 신이 존재한다는 결론으로 이끌어주는 다른 논의들도 있다. 곧 안셀무스(Anselm)가 제시하는 목적론적 증명, 칸트의 도덕적 증명, 역사적인 증명, 또는 신 존재에 대한 사람들의 공통적인 의식에 기초한 증명 방법 등이 있다. 이것은 키케로(Cicero)와 세네카(Seneca)의 저서들에서 이미 등장하고, 또한 초기의 개혁파 신학 안에서도 등장한다.

여기서 우리는 이 증명 방법들의 타당성과 한계에 대한 평가를 자세히 다룰 수 없다. 우리는 다음 사항을 확인할 수 있다. 곧 대체로 이 증명들은 우리의 눈으로 관찰할 수 있는 현실 세계에 기초해서 신이 존재하고, 그분이 현실 세계의 근원과 목적이며, 또한 모든 사람은 그를 신으로 부른다고 결론짓는다(Thomas Aquinas).

신학적인 관점에서 볼 때, 신 존재에 대한 각각의 증명은 다음과 같은 매우 중요한 전제를 지니고 있다. 곧 인간은 창조세계를 관찰하고 숙고하는 것을 통해서 하나님에 대해 알 수 있다. 이 증명들은 자연 신학의 어떤 측면을 나타내준다. 자연 신학의 대상은 하나님에 대한 자연적인 지식을 고찰하는 것이다. 따라서 우리는 자연 신학에 기초해서 다음과 같이 가정할 수 있다. 곧 인간은 태어날 때부터 지닌 다양한 능력을 통해서 하나님을 아는 데 이를 수 있다. 그것을 위해서 인간에게 어떤 일이 일어나야 할 필요는 없고, 또한 그에게 어떤 변화도 요구되지 않는다.

우리는 이 점과 관련해서 다음과 같은 관점들을 제시할 수 있다.

1. 자연 신학의 옹호자들은 대체로 그와 같은 증명들에 대해서 긍정적이다. 사실상 신 존재 증명들은 무신론을 논박하기 위한 좋은 의도에서 사용되었다. 하지만 만약 어떤 이가 원리에 기초해서 자연 신학을 거부한다면, 그는 하나님의 존재에 대한 증명들을 결정적인 것이라고 받아들일 수 없을 것이다.

2. 그뿐만 아니라, 자연 신학은 최초의 동인, 최초의 원인, 필연적인 존재, 최고의 선, 최고의 목적 또는 최상의 존재의 가능성에 대해 다루고 있다. 본질적으로 이것은 하나님에 대한 대단히 추상적인 개념들이다. 파스칼(1623-1662)은 자신의 저서 『팡세』(*Pensées*)에서 철학에서 논의되는 하나님과 성경의 하나님 및 예수 그리스도의 하나님이 서로 대조된다는 것을 지적한다. 아브라함의 하나님, 이삭의 하나님, 야곱의 하나님, 그리스도인들의 하나님은 사랑과 위로의 하나님이시다. 그분은 바로 그분의 백성의 영혼과 마음을 충족시키는 하나님이시다. 하나님은 그분의 자녀가 자신들의 내면의 비참함을 깨닫게 하시며, 또한 하나님의 무한한 자비를 맛보게 하신다(Pascal, *fragm.* 556). 파스칼은 또 다른 단편에서 이렇게 말한다. "하나님을 아는 척하면서 예수 그리스도 밖에서 하나님의 존재를 증명하려고 시도한 모든 이들은 단지 무력한 증거들을 제시했을 뿐이다"(547).

3. 하나님의 계시의 빛 안에서 모든 증거들은 쓸데없다. 하나님은 그분의 말씀과 행위를 통해서 자기 자신에 대해 증거하신다.

4. 신 존재 증명에 여지를 남겨두는 기독교 사상가들은 다른 사람들이 그 증명들을 통해 하나님의 존재에 대해서 확신하게끔 하려고 시도한다.

하지만 다음과 같은 질문이 제기된다. 철학뿐만 아니라 신학으로부터도 직접적으로 진지한 비판을 불러일으키는 신 존재 증명들을 통해서 진정으로 신앙이 더욱더 매력적인 것이 되겠는가? 왜냐하면 자연 신학에 기초한 증명들은 증명이라는 단어가 지니고 있는 엄밀한 의미에서 증명들이 아니기 때문이다. 그리고 신앙의 문제는 증명에 종속되지 않는다.

그렇다면 우리는 이성을 통해 하나님께 나아가고자 하는 인간의 모든 시도를 헛된 것으로 간주해야 하는가? 바빙크는 이와 같은 증명들을 과소평가하거나 멸시하는 것을 원하지 않았다. 그는 이것들을 강력한 증거들이지만, 취약한 증명들이라고 언급했다. 어떤 학자들은 이것들은 결코 증명들이 아니라 단지 하나님이 존재한다는 것을 가리켜주는 것들로 간주한다.

인간의 지적인 능력은 하나님이 존재한다는 것을 명백하게 증명할 수 없다. 하지만 하나님이 결코 존재하지 않는다고 명백하게 입증할 수도 없다. 따라서 무신론은 전적으로 증명할 수 없는 이론에 지나지 않는다. 무신론은 결코 그 이론에 대해서 스스로 확신할 수 없다. 삶에 대한 의미심장한 질문들을 숙고하는 사람들에게는 믿음을 반대하는 요소들보다 믿음을 지지해주는 요소들이 훨씬 더 많이 있다. 이른바 신 존재 증명들은 다음과 같은 범위 안에서 가치를 지닌다. 곧 그것들은 인간으로서 우리가 하나님을 무시할 수 없다는 점을 보여준다. 따라서 우리는 단지 우리가 관찰하는 현상들에만 우리 자신을 한정시키면 안 된다. 오히려 우리의 마음은 하나님께 초점을 맞추어야 한다. 눈에 보이는 세상은 모두 하나님이 존재하게 하시고 만드셨기 때문이다. 바로 이 점에서 하나님이 존재하신다고 주장하는 자연 신학의 논증들—비록 그 논증들 자체는 부적합하고 문제점을 지니고 있지만—은 우리에게 호의적인 인상을 준다고 설명할 수 있다.

§ 11. 성경 안에서 계시된 하나님의 이름들

11.1. 하나님의 이름들의 의미
11.2. 야웨는 우리의 하나님이시다
11.3. 아버지로서의 하나님

11.1. 하나님의 이름들의 의미

이름은 무엇을 가리키는가? 고대 근동에서 이름은 어떤 사람을 다른 사람과 구별해줄 뿐만 아니라, 어떤 사람은 종종 자기의 이름대로 행동했다. 잘 알려진 예는 나발이다. 나발은 그의 이름이 함축하는 것과 같은 사람이었다. 곧 "그의 이름이 그에게 적당하니 그의 이름이 나발이라, 그는 미련한 자니이다"(삼상 25:25). 우리는 이미 창세기에서 하나님이 분명한 목적을 지니시고 사람들에게, 즉 하와, 가인, 노아 및 요셉 등에게 이름을 지어주시는 것을 읽었다. 사람들은 때때로 어떤 특별한 이유 때문에 이름이 바뀌기도 했다. 예를 들면, 아브람은 아브라함으로 바뀌었고, 야곱은 이스라엘로 바뀌었으며, 또한 시몬은 베드로로 불렸다. 예수라는 이름은 단순히 어떤 대상이 가지고 있는 명칭보다 훨씬 더 많은 것을 나타내는 것으로서 이름과 관련해 최상의 예다. 예수는 그의 이름이 말하는 것, 바로 구세주다.

하나님은 우리에게 스스로를 계시해주시려고 자기 자신에게 이름들을 부여하셨다. 하나님은 그분의 이름이 그분에 대해서 말하는 바로 그와 같은 존재이시다. 따라서 하나님의 이름이 그분을 나타낸다.

하나님은 그분의 이름을 우리에게 알려주셨다. 우리는 사람들이 지어낸 방식이 아니라 그분이 가르쳐준 방식으로 하나님을 부를 수 있다.

하나님이 그분의 이름들을 통해서 자기 자신을 우리에게 계시해주실 때, 이 이름들은 우리의 이해력에 맞추어졌다. 하나님이 스스로를 우리의 왕과 아버지라고 소개하셨을 때, 그분은 우리가 이해할 수 있는 언어로 우리에게 말씀하신 것이다. 칼뱅은 이것을 우리의 이해력에 맞도록 적용된 것(*accomodatio*)이라고 언급한다.[11] 그러면서 그는 이렇게 말한다. "우리는 [하나님이] 우리 자신을 그분에게로 들어 올리시려고, 우리에게 내려오셨다는 사실을 기억해야 한다"(창 35:7에 대한 주석).

우리는 이와 같은 배경에서 우리가 하나님의 계시에 기초해 사용하는 말들은 인간의 개념들이 지니고 있는 내용과 서로 어긋나지 않는다는 사실을 깨달을 필요가 있다. 우리는 종종 하나님은 좋으신 분이라고 말한다. 하지만 이 말은 우리가 어떤 사람을 좋은 사람이라고 부르는 것이나 또는 다른 창조물이 좋다고 말하는 것과 결코 같지 않다. 신학은 서로 상응하고 **또한** 차이가 있는 대상을 가리키기 위해서 **유비**라는 오직 한 가지 단어를 사용했다.

중세의 스콜라 사상에서 유비와 관련해 다양한 종류가 구분되었다. 특히 중요한 것은 **비율의 유비**(*analogia proportionis*)였다. 이 용어는 나중에 **존재의 유비**(*analogia entis*)라고 알려졌다. 이 존재의 유비는 하나님의 존재와 인간의 존재에 대해서 말한다. 곧 하나님이 존재하시고, 또한 인간도 존재한다. 그런데 하나님의 존재와 인간의 존재 사이에는 어떤 유사점이 있다. 이것은 이 세상과 연결되어 있는 유한한 존재인 인간이 자기의 사고를 통해서 무한한 존재이신 하나님에게로 나아가게 해준다.

이 **존재의 유비**를 가장 강력하게 반대했던 신학자가 바로 칼 바르트였다. 심지어 그는 적그리스도가 이것을 지어냈다는 생각까지 했다. 칼 바르트는 다음과 같은 의미에서, 곧 우리가 하나님의 존재는 우리의 존재와 비슷하다고 믿어서는 안 된다는 의미에서 옳다. 또한 그는 하나님을 아는 것과 관련해서 오직 계시를 자신의 출발점으로 삼으려고 한다는 점에서도 옳다. 우리는 우리의 말들 자체가 하나님과 관련이 있다고 주장할 수 없다는 칼 바르트의 견해에 동의할 수 있다. 하지만 하나님은 우리에 대해서 또한 우리의 모든 말들에 대해서 요구할 수 있는 모든 권한을 지

---

11 참조. J. de Jong, *Accommodatio Dei*, 1990, 35-43. Calvin의 발자취를 따르는 K. Schilder의 견해가 그 책 275-282에 요약되어 있다.

개혁교회 교의학

니고 계신다. 그리고 그분은 그분이 처음이시고 마지막이시며, 또한 우리의 말들의 적합한 대상(Gegenstand)이라고 요구할 수 있는 모든 권한을 지니고 계신다. 하나님은 계시의 은혜에 의해서 우리가 원하는 대로 쓸 수 있는 말들을 우리에게 맡기셨다. 중요한 것은 우리가 그 말들을 목적에 맞게 사용해야 한다는 것이다(Barth, *C.D.*, 2.1.228-231). 그래서 하나님은 말들에 구체적인 의미를 부여하신다!

우리가 사용하는 말들에도 비슷한 것이 있다. 하나님은 말씀하신다. 하지만 그분은 우리 자신의 언어로 그분의 의사를 표현하신다. 이와 같은 방법으로 하나님은 우리가 그분의 계시의 말씀들을 분명하게 이해하게 하신다.

하나님의 의로우심에 대한 의미는 이 세상에서 적용되는 정의의 개념에서 추론될 수 없다. 우리는 하나님의 공의 또는 의로우심과 관련해서 반드시 하나님의 말씀이 그것들에 대해 무엇이라고 말하는지 질문해야 한다. 그러면 하나님의 공의는 우리의 상상을 훨씬 뛰어넘는다는 것이 밝혀질 것이다(§ 13.9을 보라).

이와 같은 고찰은 하나님이 그분의 이름을 말씀하실 때, 우리에게서 자기 자신을 숨기시려고 한다는 인상을 심어주려는 것이 아니다. 우리가 앞으로 살펴보겠지만, 출애굽기 3:14은 이와 같은 것을 암시하지 않는다. 계시는 감추어진 것을 알려주는 것이지, 무엇인가를 감추는 것이 아니다.

우리는 다음과 같은 본델(Vondel)이 지은 시("『루시퍼』를 이야기하는 천사들의 아우성")에 동의할 수 있다.

영원의 광채와 샘이여,
　그대는 그대가 존재하는 것으로 알려졌나이다.
누구에게 이 빛이 계시되었나요?
누구에게 광채들의 광채가 나타났나요?
　이 광경은 훨씬 더 숭고한 환희라네.
우리가 그대의 은혜로부터 얻는 것보다도.

그것은 우리의 능력의 한계와

우리의 헤아림을 초월한다네.

그리고 다음과 같은 행이 뒤따른다.

천사들의 모든 지식과

　부족한 표현력과 어눌한 말은

그저 재앙과 신성모독에 지나지 않네.

　문맥을 무시한다면, 위의 말들은 하나님에 대한 모든 지식, 심지어 거룩한 천사들의 지식도 신성모독에 지나지 않는 것으로 해석될 수 있다. 이것은 성경의 가르침과 일치하지 않는다. 하지만 이 시에 나오는 표현들은 하나님의 위대하심에 견주어볼 때 모든 창조물은 미세한 먼지에 불과하다는 것을 증언하는 의도를 지니고 있다. 따라서 그 시인은 다음과 같이 묻는다. "누가 그대를 그대의 이름으로 부를 수 있나이까?"[12]

　요약해서 말하자면, 우리는 다음과 같이 말할 수 있다. 하나님은 그분의 이름들 안에서 자기 자신을 계시해주신다. 그분은 우리의 이해력에 그분 자신을 맞추신다. 하나님은 그 과정에서 우리의 말들에 상응하는 말들을 사용하신다. 하지만 그 말들의 의미는 우리가 일반적으로 사용하는 것과 서로 다르다.

　하나님의 이름들에 대해 설명하는 것은 매우 어렵다. 하지만 이제 우리는 어떤 순서에 따라서 하나님의 이름들에 대해 말하고자 한다. 이전의 교의학 서적들과 일치하는 것으로서, 우리는 이름들을 다음과 같이 구분할 수 있다.

12　『본델의 저서들』(*De werken van Vondel*), 1931, 5:630. 참조. K. Schilder, 『하늘은 무엇인가?』(*Wat is de hemel*), 1954², 121-124.

　개혁교회 교의학

* **고유한 이름들**: 하나님 및 주님(야웨, Lord)과 같은 이름들

* **위격과 관련된 이름들**: 아버지, 아들 및 성령

* **속성과 관련된 이름들**: 전능자, 거룩하신 분 등과 같은 이름들

하나님은 자기 자신에게 다양한 이름들을 부여하셨다. 어떤 신학자들은 하나님의 이름들 중에서 어떤 이름도 실질적으로 하나님께 진정으로 적합하지 않다고 생각했다(Pseudo-Dionysius Areopagita, 『하나님의 이름들에 대해서』(*De divinis nominibus*). 하나님은 말로 표현할 수 없는 분이시다. 하나님은 많은 이름을 지니고 있으면서, 동시에 이름이 밝혀지지 않은 분이시다. 하지만 이것은 신플라톤주의적인 개념이지, 성경에 기초한 개념이 아니다.

하나님의 모든 이름은 그저 우리 자신의 주관적인 개념들에 지나지 않고, 그 개념들은 실재와 상응하지 않는다는 주장이 제기되기도 했다(Occam). 또는 하나님의 이름들은 우리의 종교 의식에 기초한 주관적인 경험들이다(Schleiermacher). 하지만 하나님의 다양한 이름에 대한 이와 같은 해석을 지지해주는 성경적인 근거는 없다.

하나님의 존재의 무한한 충만(fullness)이 지속적으로 변화하는 관계와 관점 안에서 우리에게 계시되지 않는다면, 사실상 우리는 그와 같은 무한한 충만함에 대해서 어떤 개념을 형성할 수 없을 것이다. 하나님의 다양한 이름들은 모든 것을 초월하는 하나님의 위대하심에 대해서 우리에게 깊은 인상을 새겨주는 역할을 한다(참조. Bavinck, *R.D.*, 2:126 이하). 하나님은 다양한 이름을 통해서 그분의 영광을 매우 다양한 방법으로 계시하신다.

우리는 하나님의 이름과 행위들을 통해 우리에게 주어지는 계시에 기초해서 하나님을 인격적인 존재로 부른다. 하나님은 자기 자신을 우리에게 알려주신다. 왜냐하면 그분은 그분과 우리 사이에 인격적인 관계가 형성되기를 바라시기 때문이다. 하나님은 자신에 대해 "나"라고 언급하시면서 우리에게 말씀하신다. 우리는 믿음 안에서 또한 기도로 "당신"이라고 반응한다.

우리는 다음과 같은 베르크호프의 견해에 동의한다. 곧 만약 우리가 하나님을 비인격적인 용어들—존재 그 자체, 존재의 근원, 또는 존재의 능력 등(P. Tillich를 비롯해서 다른 학자들)—로 부른다면, 그것은 하나님의 신성을 부인하는 것을 나타낼 것이다. 비록 하나님은 우리가 인간이라는 존재와 인격에 대해서 알고 있는 것보다 무한히 더 위대하신 분이기는 하지만 말이다. 하지만 우리는 "창조세계의 다른 어떤 대상들보다 사람들의 세계에 속한 것은 무엇이든지" 하나님에 대해서 언급할 수 있을 것이다. 곧 자기의식, 자유, 다른 사람들과 친교를 나누는 능력 등, 한마디로 말해서 하나님은 어떤 주체이시다(Berkhof, *C.F.*, 139).

우리는 하나님의 이름들에 대한 전통적인 분류 방식을 바빙크의 저서에서 발견할 수 있다. 하나님의 고유한 이름들 다음에 하나님의 속성과 관련된 이름들이 나온다. 그다음에 위격과 관련된 이름들이 언급된다. 그리고 위격과 관련된 이름들은 "거룩한 삼위일체"라는 제목 아래 다루어진다. 하지만 하나님의 속성에 대해서 다루는 항목들의 이곳저곳에서 형이상학적 내용이 넘쳐나서 성경신학적인 내용이 다소 가려진다. 이것은 하나님에 대한 교의를 너무 추상적으로 만든다. 비록 바빙크가 이와 같은 위험에 대해 경계하고 있었지만, 그는 그것으로부터 완전히 벗어나지 못했다.

하지만 칼 바르트는 삼위일체 교리에서 출발했다. 그리고 오토 베버(O. Weber)는 대체로 바르트가 걸어간 길을 따른다.

왜 바빙크는 하나님의 고유한 이름들을 논의하고 나서, 그다음에 곧바로 하나님의 속성들에 대해 말하는가? 그 이유 중 하나는 성경이 하나님의 삼위일체적인 특성에 대해 말하기에 앞서 우리에게 하나님의 본질에 대해 가르친다는 사실이다. 왜냐하면 하나님이 삼위일체라는 것은 신약성경 이전에는 명백하게 계시되지 않았기 때문이다(Bavinck, *R.D.*, 2:150). 다른 한편으로, 바빙크의 견해에 의하면, 또한 사실상 사랑을 비롯해서 하나님의 모든 속성은 삼위일체를 통해 진정으로 생명력을 얻고 현실로 나타나기 때문이다. "하나님이 삼위일체가 아니라면, 그 속성들은 단지 명칭들, 소리들, 공허한 용어들일 뿐이다. 그러나 삼위일체 하나님의 속성들로서 그 속성들은 우리의 머리와 가슴에 생명력이 있는 것으로 다가온다"(Bavinck, *R.D.*, 2:331). 이것은 분명히 왜 하나님의 본질에 대해서 논의하고 나서, 비로소 삼위일체 교리를 다루는지에 대한 훌륭한 근거를 제시해준다. 기독교는 하나님이 오직 한 분이시지만, 동시에 세 위격으로 존재하신다고 고백하지 않는가?

하나님의 다양한 이름들에 대해 숙고하면서, 하나님의 계시에 기초해서 하나님이 어떤 분이신지 질문한다는 것은 훌륭한 생각이다. 하나님은 주님이시다(§ 11.2). 그분은 주 예수 그리스도의 아버지이시다(§ 11.3). 하나님은 삼위일체 하나님이시다(§ 12). 그다음 우리는 어떻게 하나님이 그분의 신적인 영광 안에서 다양한 방법으로 자기 자신을 계시하셨는지 숙고할 것이다(§ 13).

11.2. 야웨는 우리의 하나님이시다

구약성경에서 하나님의 그 이름은 야웨이시다. 또한 이 이름은 **신성 사문자**(*tetragrammaton*)라고도 불린다. 왜냐하면 히브리어에서 이 이름은 네 개의 자음(*YHWH*)으로 이루어져 있기 때문이다. 초기의 번역본들은 종종 이 이름을 야웨라고 번역했다. 하지만 오늘날 이 번역은 거의 받아들여지지 않는다. 대부분의 권위 있는 번역본들에서 그 이름은 "주님"(Lord)으로 번역된다.

70인역은 야웨를 "주"라는 의미로 번역하는 데 선도적인 역할을 했다. 비록 "퀴리오스"(*kurios*)라는 그리스어 명사가 히브리어 "아도나이"(*adonai*)의 번역어로도 사용되기는 했지만, 70인역은 야웨라는 히브리어 이름을 번역하지 않은 채 그대로 두지 않고 그것을 "퀴리오스"로 번역했다. 포로 시대 이후에 유대인들은 야웨의 이름을 모독하지 말라는 계명(참조. 레 24:16)을 그 이름 자체를 발음하지 말라는 것으로 해석했다. 그들은 그 이름을 발음하지 않고, 그 대신 그 이름의 의미를 풀어서 말했다. 성경을 읽을 때 야웨라는 이름이 나오면, 유대인들은 습관적으로 그 이름 대신에 "아도나이"라고 읽었다.

야웨라는 이름은 고유한 이름이다. 따라서 그 이름은 결코 소유 대명사와 결합되지 않았다. 예를 들면 "하나님"(God)이라는 단어는 소유 대명사와 함께 사용된다. 하나님은 다음과 같은 말로 자기 자신을 계시해주신다. "나는 너를 애굽 땅, 종 되었던 집에서 인도하여 낸 네 하나님 여호와니라"(출 20:2). 또한 이스라엘 백성은 이렇게 고백했다. "우리 하나님 여호와는 오직 유일한 여호와이시니"(신 6:4). 그리고 시편 100편은 모든 사람이 "여호와가 우리 하나님이신 줄…알지어다"라고 권면한다.

*YHWH*라는 이름이 유래된 것과 관련해서 학자들의 견해들은 서로 일치하지 않는다. 어떤 학자들은 이 이름의 기원을 겐 족속(the Kenites)이나 다른 곳에서 찾으려고 시도한다. 하지만 이 이론을 반박하면서, 학자들은 이스라엘을 벗어나서 이 이름으로 하나님을 경배했다는 흔적은 전혀 찾을 수 없다고 올바로 지적했다.

*YHWH*라는 이름은 "하야"(*hayaha*, 존재하다, 있다)라는 히브리어의 어근과 관련이 있다. 어떤 학자들은 원인이 되는 설명과 관련해서 생각했다. 곧 그는 존재하게 하는 원인이거나, 살게 하는 분이다. 하지만 다음과 같은 번역, 곧 존재하는 그(he who is) 또는 앞으로도 존재할 그(he who will be)가 더 광범위한 지지를 받는다. 이 번역은 근본적인 중요성을 지니고 있는 출애굽기 3:14의 "나는 스스로 있는 자이니라"(*eyeh asher eyeh*)는 말씀과도 일치한다. 하지만 어원이 해당 이야기 전체를 말해주는 것은 아니다. 신학자들의 의견은 다양하게 나뉘지만, 한 견해가 다른 견해를 완전히 배제하는 것은 아니다(참조. Wentsel, *Dogm.*, 3a:266 이하).

1. 이미 70인역에서 발견된 어떤 고대의 해석은 다음과 같다. 곧 "그는 존재 자체(the Being One)다." 비록 이 해석은 히브리어의 텍스트보다 훨씬 추상적이기는 하지만 종종 받아들여졌다. 아우구스티누스는 하나님은 존

개혁교회 교의학

재 그 자체이시며, 변하지 않는 존재라는 의미로 이 이름을 해석했다. 마르크(J. à Marck)는 베-에르(the Be-er, *Weesenaar*)를 사용한다. 히스펀(W. H. Gispen)은 이 이름에 대해 다음과 같이 해석한다. 곧 그는 그 자신이다(he is who he is). 그는 조상들과 이스라엘을 위한 존재하고, "세대로부터 세대까지" 존재하는 존재 자체이며, 지속하는 존재(Constant One)이시다.[13] *YHWH*라는 이름에 대한 이 해석은 로마 가톨릭 신학에서도 발견된다. 하지만 개신교 신학자들과 로마 가톨릭 신학자들은 점점 더 이 해석을 받아들이지 않는다.

2. 두 번째 해석은 이 이름이 나타나는 배경에 강조점을 둔다. 이 해석에 의하면, 하나님은 당신의 이름이 무엇이냐는 모세의 질문(출 3:13)에 대답하기를 원하지 않으셨고, 또한 하나님의 본질에 대한 비밀을 밝히기를 원하지 않으셨다. 그래서 "나는 곧 나다"(I am who I am)라고 말씀하셨다. 이것은 자기 자신을 계시해주는 것인 동시에 자기 자신을 감추는 것이다. 그래서 하나님은 그분의 계시 안에서 감추어져 있다(Barth, *C.D.*, 1.1.365, 370). 바르트는 자신의 『교회교의학』에서 이와 관련한 성구로 창세기 32:30과 사사기 13:18을 언급한다. 하지만 이 성경 구절들은 이와 같은 해석을 입증해주지 않는다. 비록 출애굽기 3장에서 모세가 자신이 기대했던 대답을 듣지는 못했지만, 그 대답은 진정으로 모세와 이스라엘 백성에게 *YHWH*라는 이름에 대한 한 가지 계시였다. 또한 우리는 출애굽기의 해당 문맥에서 절대 주권을 지니신 하나님이 어떻게 행동하시는지에 대해 듣는다. 이것은 구원 역사 속에서 종종 등장하는 주제다.

3. 출애굽기 3:14의 표현과 그 이름을 이해할 수 있기 위해서는 그것을 비슷한 문장들과 비교해보는 것이 필요하다. 예를 들면, 나중에 하나님은 모세에게 이렇게 말씀하신다. "나는 은혜 베풀 자에게 은혜를 베풀고 긍휼히 여길 자에게 긍휼을 베푸느니라"(출 33:19). 여기서의 경우와 같이, 이

---

13 W. H. Gispen, *Exodus*, 1932, 1:54.

표현은 무한정(indefiniteness)뿐만 아니라 강렬함을 나타낼 수 있다. 그리고 출애굽기 3:12과 3:14은 의미상 서로 연결되어 있다. 출애굽기의 이 부분에서 *YHWH*의 존재는 다음과 같은 것을 의미한다. 곧 거기에 있고, 지금 함께 있으며, 함께 있으면서 침묵하지 않고, 오히려 적극적으로 관여할 것을 의미한다. *YHWH*는 그분의 백성의 운명에 대해 공감하신다(출 3:7-9). 그러므로 출애굽기 3:12 및 3:14을 다음과 같은 의미로 번역할 수 있을 것이다. 곧 "나는 스스로 있는 자다. 또한 너희와 함께 있는 자로서 나는 너희와 함께 있을 것이다." 이 표현은 현재뿐만 아니라 미래에도 적용된다.

이 대답에 모세와 이스라엘 백성은 만족해야 했을 것이다. *YHWH*라는 이름은 "열려 있는 이름"이며 약속들을 지니고 있다. 야웨의 이름이 지니고 있는 영광은 그분의 말씀과 행위를 통해서 더욱더 광범위하고 분명하게 입증될 것이다. 중요한 것은 야웨의 이름이 선포하는 것처럼 그분이 존재한다는 것을 알고 인정하는 것이다. 핵심은 자기 자신을 계시하신 그분을 믿고 그분에게 우리 자신을 맡기는 것이다.

4. 어떤 개혁파 신학자들은 그 이름이 하나님의 언약이 신실하다는 것을 가리켜준다고 이해한다.[14] 이 견해에는 다음과 같은 한 가지 진리의 요소가 들어 있다. 야웨는 그분의 백성 한가운데 계시기를 원하시는 분이 아닌가? 그래서 그분의 백성이 그분의 거룩한 임재와 구원하는 능력을 경험하기를 원하시는 분이 아닌가? 불타오르는 떨기나무 사건은 이 점을 넌지시 알려준다(출 3:1-12). 야웨는 자신의 이름을 통해서 자기 자신을 그분의 백성과 결합하신다. 그분은 자신이 약속하신 것들을 성취하신다. 그분은 아브라함의 하나님, 이삭의 하나님, 또한 야곱의 하나님이시다. 이것은 그분의 영원한 이름이다. 그분은 대대로 자신이 이 이름으로 기억되기를 바라신다(참조. 출 3:15).

야웨가 그 이후에도 그분의 이름을 선포하신다는 사실은 매우 중요하

---

14   참조. L. Berkhof, *Reformed Dogmatics*, 1932. 1:31.

다(출 34:6-7). 그 선포는 다음과 같다. "여호와라, 여호와라, 자비롭고 은혜롭고 노하기를 더디하고 인자와 진실이 많은 하나님이라. 인자를 천대까지 베풀며 악과 과실과 죄를 용서하리라. 그러나 벌을 면제하지는 아니하고 아버지의 악행을 자손 삼사 대까지 보응하리라"(출 34:6-7).

여기서 야웨가 사람들을 대하시는 이중적인 측면은 우리에게 깊은 인상을 준다. 또한 이 이중적인 측면은 출애굽기 20:5-6과 특히 언약 관계와 연결된 채 구약성경의 다른 많은 곳에서도 나타난다. 야웨 하나님은 천대까지 인자를 베푸신다. 하지만 그분은 죄를 지은 사람들을 결코 죄가 없다고 여기지 않으신다.

에스겔서의 예언들도 "너희는 내가 여호와인 줄을 알리라"고 반복적으로 선언한다. 이 선언은 다음 두 가지 측면을 지니고 있다. 곧 "너희는 나를 의지할 수 있으며, 또한 너희는 반드시 나와 더불어 셈을 해야 한다"는 것이다. 이 말은 야웨를 기다리는 사람들에게 구원이 베풀어지고, 반면에 그분을 두려워하지 않는 사람들에게 재앙이 다가온다는 것을 의미하지 않는가?(참조. 겔 36:38; 6:13-14 및 다른 구절들).

출애굽기 6:2에 기초해서 *YHWH*라는 이름이 전적으로 새로운 이름이라고 추론할 필요는 없다. 하지만 그 이름이 모세에게 계시되기 이전까지, 하나님은 그 이름이 지니고 있는 깊은 의미를 알려주시지 않았다고 해석할 수 있을 것이다. 그 이름을 온전히 이해하기 위해서는 실질적으로 계시에 대한 역사 전체를 아는 것이 필요하다.

신약성경은 그리스도의 오심과 사역뿐만 아니라 성령 강림 사건 및 성령의 지속적인 사역을 통해서 자신의 백성과 함께하기를 원하시는 하나님의 이름을 계시해준다. 그리고 성령은 교회, 곧 살아 계신 하나님의 성전 안에서 하나님의 언약에 기초한 약속들을 성취해나간다(고후 6:16-18).

또한 *YHWH*라는 이름은 성경의 마지막 책에서도 나타난다. 곧 "이제도 계시고 전에도 계셨고 장차 오실 이"라고 묘사된다(계 1:4). 언어학적인 관점에서 볼 때, 이것은 문법적으로 어미 변화를 하지 않는 고유명사다.

예수 그리스도라는 이름은 이 이름에 대한 성취, 확인 및 지속이다. 야웨의 이름은 예수 그리스도 안에서 분명하게 밝혀졌다(참조. Miskotte, 1941, 43 이하). 그 이름은 그리스도를 통한 하나님의 계시 안에서 온전히 자세하게 기록되었다.

구약성경 안에는 *YHWH*라는 이름과 함께 나타나는 하나님에 대한 다른 이름들도 있다. 하지만 그 이름들은 단지 *YHWH*라는 이름에 비추어서만 그 의미를 이해할 수 있다. 구약성경은 종종 **엘로힘**을 언급한다. 이것은 하나님에 대해 가장 흔히 사용되는 이름이다. 하지만 이 점에 기초해서, *YHWH*가 이 이름을 다르게 부르는 이름이라고 추론해서는 안 된다.

엘로힘(*Elohim*) 또는 엘(*El*)을 독자적으로 숙고한다면, 이 이름 중 어느 것도 하나님이 어떤 분이신가라는 질문에 대해 명백한 답변을 제시해주지 못한다. 왜냐하면 이 이름들은 이방 민족들의 여러 신들을 가리킬 때도 사용될 수 있었기 때문이다. 하지만 *YHWH*가 엘 또는 엘로힘이라고 불릴 때, *YHWH*라는 이름은 다른 이름에 진리와 빛을 채워준다. *YHWH*라는 이름이 엘로힘이라는 이름의 내용을 결정해준다.[15]

엘, 엘로힘이나 또는 **엘로하** 같은 이름들 자체는 많은 것을 말해주지 않는다. 셈어를 사용하는 세계에서 **엘**은 힘을 가리키는 일반적인 단어였고, **엘**은 어떤 신으로 숭배되었다. 아마도 이 단어의 기본적인 의미는 강한 자였을 것이다. **엘로하**(*Eloah*)는 시적인 용어다. 그리고 **엘로힘**은 하나님(신)의 능력이 충만하다는 것을 표현해준다.

아도나이(*Adonai*)라는 이름은 하나님이 모든 창조물의 주권자라는 것을 말해준다. 그리고 **야웨 체바오트**(*Yahweh Sabaoth*)라는 이름은 구약성경

---

15   참조. H. Rosin, *The Lord is God*, 1955; K. H. Miskotte, 『신들이 침묵할 때』(*Als de goden zwijgen*), 1956, 103.

에서 매우 자주 나타난다. 이 이름은 하나님이 만군의 주라는 것을 의미한다. 그리고 이 이름은 그분이 전쟁의 하나님 또는 천사들의 하나님이라는 것을 가리키는가? 어쨌든 이 이름은 하나님이 위대한 능력을 지니신 분이라는 것을 알려준다. 이 이름은 70인역과 신약성경에서는 전능하신 이(Almighty)로 번역되었다. 우선 이 이름은 주 하나님의 능력이 그분 백성의 역사 안에 나타났다는 것을 가리켜준다. 또한 이 이름은 지상의 모든 권세와 초자연적인 모든 권세가 그분에게 종속되어 있음을 암시해준다.

하나님은 지극히 높으신 분(*Elyon*)이라고도 불린다. 이 이름은 하나님의 위엄과 장엄을 가리켜준다(참조. 창 14;18-22). 그리고 욥기에서는 **샤다이**(*shaddai*)라는 이름이 자주 나타나는데, 이 이름에 대해서 설명하는 것은 다소 어렵다. 창세기 17:1에서 이 이름은 아마도 강력한 보호자를 의미할 것이다. 이 이름은 대체로 전능한 자라고 번역되었다.

요약해서 말하자면, 하나님에 대한 많은 이름은 하나님의 능력, 위엄, 주권에 대해서 말한다. 맨 먼저 언급한 이름 *YHWH*로 되돌아가보자. 우리는 다음과 같이 덧붙여 말할 수 있을 것이다. *YHWH*는 그분의 백성과 함께하시는 하나님이고, 또한 끝없고 변함없는 은혜로 그분의 백성에게 관여하시는 하나님이다. 그 하나님은 능력과 위엄 및 주권을 나타내신다.

11.3. 아버지로서의 하나님

비록 야웨라는 이름이 구약성경에서 가장 많이 나타나고, 신약성경에서도 주라는 명칭으로 자주 언급되지만, 신약성경에서 하나님의 실질적인 이름은 아버지다. 신약성경에서 아버지라는 명칭은 하나님에 대한 유일한 이름도 아니며, 전적으로 새로운 이름도 아니다.

성경에서 아버지라는 이름이 사용된 배경은 인간과 신들의 아버지로서의 신적인 존재라는 개념에서 분명히 찾으면 안 된다. 우리는 이와 같은 개념을 고대 그리스의 시인인 호메로스의 저서들이나 다른 사람들의 저서들에서 발견할 수 있다. 또는 우리는 이 개념을 고대 동방에서 신과 왕의 관계 안에서 찾을 수 있다. 고대 동방에서 신과 왕은 아버지와 아들의 관계로 이해되었다.

이스라엘의 전승에 있는 그 어떤 것도 하나님과 그분의 백성 또는 하나님과 이스라엘의 왕이 자연적 연대(natural solidarity)임을 가리켜주지 않는다. 하나님은 그분의 백성인 이스라엘의 아버지이시다. 왜냐하면 하나님이 그분의 절대 주권적인 자유에 기초해서 이스라엘을 그분의 백성으로 선택하셨기 때문이다. 모세의 노래에서 다음과 같이 언급된다. "그는 네 아버지시요, 너를 지으신 이가 아니시냐? 그가 너를 만드시고 너를 세우셨도다"(신 32:6). 이사야는 다음과 같이 의미심장하게 기도한다. "그러나 여호와여, 이제 주는 우리 아버지시니이다. 우리는 진흙이요, 주는 토기장이시니 우리는 다 주의 손으로 지으신 것이니이다"(사 64:8). 예레미야 31:9에서 하나님은 "나는 이스라엘의 아버지요"라고 말씀하신다. 이것은 언약의 관계를 가리켜준다. 야웨 하나님은 "나는 그에게 아버지가 되고 그는 내게 아들이 되리니"(삼하 7:14)라고 신정국가의 왕에게 약속하신다. 이것은 하나님이 이스라엘의 왕 다윗에게 은혜를 베푸시겠다는 것을 의미한다.

이와 같이 성경의 많은 곳에서 하나님이 아버지라는 것을 설명하기 위해 비유적인 표현으로 묘사되었다. 아버지로서 하나님은 그분을 경외하는 모든 사람에게 긍휼을 베푸신다(시 103:13).

우리는 하나님이 우리의 아버지라는 것을 그분의 사랑이나 또는 사랑으로 돌보시는 것과 관련해서 생각하는 경향이 있다. 비록 하나님은 그분의 백성을 돌보시고 사랑하시는 아버지라는 개념이 구약성경 안에 나타나지만(참조. 시 103:13 및 68:6), 하나님을 가리키는 이 이름은 우선적으로 그분이 그분께 속한 모든 사람에게 절대 주권을 지니시고 있다는 것을 반영한다. 하나님의 백성이라는 것은 그 백성에게 의무가 주어져 있다는 것을 암시한다. 그래서 야웨 하나님은 이스라엘 백성에게 이렇게 질문하신다. "내가 아버지일진대 나를 공경함이 어디 있느냐?"(말 1:6).

아브라함, 이삭 및 야곱의 하나님은 바로 주 예수 그리스도의 아버지이시다. 예수 그리스도는 아버지라는 하나님의 이름을 그분이 자기에게 주신 사람들에게 계시해준다(요 17:6). 이제 아버지라는 이름은 하나님에 대해 널리 알려진 이름이 되었다(Bavinck, *R.D.*, 2:147 이하). 우리 주 예수 그리스도의 아버지로서 하나님을 가리키는 이 이름은 하나님의 계시 안에서 그 이름이 지니고 있는 온갖 풍요로움과 더불어 명백하게 밝혀졌다. (요아힘 네안더가 시편 103편과 150편의 내용에 기초해서 1680년에 작사한 새 찬송가 21장 "다 찬양하여라. 전능 왕 창조의 주께"는 네덜란드의 찬송가에서 다음과 같이 번역되어 있다.) "그분을 그분의 영광스러운 이름들의 왕관인 너의 아버지라고 부르라."

신약성경 시대와 그 이후 유대인들도 하나님을 아버지라고 불렀다. 곧 "우리 아버지, 우리의 왕 또는 하늘에 계신 우리 아버지"라고 불렀다. 그럼에도 하나님은 유대인들에게 우선적으로 하늘에 계신 거룩하시고 전능하신 하나님이었다(참조. *TDNT*, 5:978-982).

예레미아스(Jeremias)의 견해에 의하면, 그 당시의 유대인들의 기도에서 "내 아버지"라고 부르는 경우는 나타나지 않는다. 반면에 다른 학자들의 견해에 의하면, 드물게 사용되기는 했지만 그 표현이 유대인들의 기도에서 나타난다. 이것은 예수가 그 말에 새로운 의미를 부여했다는 사실을 확인해준다.

신자들이 하나님을 "아바"라고 부를 때, 중재자인 주 예수 그리스도의 사역에 의해 용기를 얻고, 또한 "양자의 영"인 그리스도의 영에 의해 이끌림을 받아서, 그들은 하나님께 매우 친밀하게 말한다(롬 8:15; 갈 4:6). 예수는 "아버지"라는 이름과 "하늘에 계신 우리 아버지"라는 기도를 그분의 백성의 입술에 넣어주었다(눅 11:2; 마 6:9). 가정과 같은 친밀한 교제의 영역에서는 어린아이들뿐만 아니라 더 성장한 아이들도 "아바"라는 아람어 단어를 사용했다.[16] 예수는 이와 같은 맥락에서 자기의

---

16   J. Jeremias, *New Testament Theology*, trans. John Bowden (London: SCM Press, 1971), 1:61-68.

아버지에게 "아바"라고 부른다(막 14:36).

신자들은 주 예수 그리스도에게서 하나님을 자신들의 아버지라고 부르라고 배웠다. 하지만 그들은 그들 자신과 그들의 하늘에 계신 아버지와의 관계는 그들의 주 예수와 그의 아버지와의 유일무이한 관계와 전혀 같을 수 없다는 사실을 지속적으로 기억해야만 했다. 예수는 하나님을 자기의 고유한 아버지라고 불렀다(요 5:18). 유대인들은 이것으로부터 예수가 자기 자신을 하나님과 동등한 존재로 인식하고 있다고 추론했다. 예수는 다음과 같은 말을 통해서 하나님과 자신의 관계와 하나님과 제자들의 관계가 결코 똑같지 않지만, 그 관계는 하나 됨을 이루고 있다고 계시해주었다. 곧 "내가 내 아버지 곧 너희 아버지, 내 하나님 곧 너희 하나님께로 올라간다"(요 20:17).

또한 신약성경에서도 아버지라는 이름은 하나님이 권능과 절대 주권을 지니셨다는 것을 가리켜준다. 그뿐만 아니라 아버지라는 이름은 특히 사랑과 사귐, 인도와 돌봄 등을 암시해준다. 하나님은 하늘에 계신 우리의 아버지다. 하지만 그분이 지니신 하늘의 위엄은 이 땅의 용어들로 해석되어서는 안 된다. 동시에 우리는 "어린아이와 같은 경외심과 확신을 갖고" 하나님에게 나아갈 수 있다. "그리스도로 말미암아 하나님은 우리의 아버지가 되셨다"(「하이델베르크 교리문답」 제46주일). 우리가 하나님에 대해서 갖는 친밀감은 하나님에 대한 경외심을 가질 필요성이 있다는 것을 축소하지 않는다. 또한 그 반대의 경우도 사실이다.

그 아버지는 "하나님 곧 우리 주 예수 그리스도의 아버지"이시다. 그분의 이름은 송축 받고 찬송 받아야 마땅하다(엡 1:3). 우리는 하나님 아버지에게서 온갖 구원을 기대할 수 있다. 또한 우리는 하나님을 향해서 나아가는 삶을 살아야 한다. 그리스도 안에서 하나님은 그분의 자녀들의 아버지이시다. 하나님은 그분의 자녀들을 돌보시고 그들에게 좋은 것도 주신다(마 7:11). 또한 하나님은 "하늘에 속한 모든 신령한 복"을 그들에게 주셨다(엡 1:3). 그리고 그들은 그리스도로 말미암아 "한 성령 안에서 아버지께 나아감을 얻게" 되었다(엡 2:18). 요한1서의 저자는 다음과 같이 기록했다. "보라! 아버지께서 어떠한 사랑을 우리에게 베푸사 하나님의 자녀라 일컬음을 받게 하셨는가, 우리가 그러하도다"(요일 3:1).

예수는 "아버지께서 아들을 사랑하사 만물을 다 그의 손에" 주셨다고 말한다(요 3:35). 이것은 하나님이 원래부터 [하나님의 아들과 만물의] 아버지이심을 가리킨다. 이것은 다른 어떤 아버지와 아들의 관계와도 비교할 수 없다. 아버지와 아들의 관계는 삼위일체 교리와 관련해서 앞으로 더 자세하게 언급할 것이다(§ 12를 보라).

우리는 우리의 인간 아버지가 우리와 관련된 것에서 출발해서 그것을 하늘에 계신 우리의 아버지이신 하나님에게 적용할 수 없다. 마치 사람인 우리의 아버지와 비슷하게 하나님이 신적인 방법으로 무한히 선하시고, 무한히 사랑하시며, 무한히 지혜로우신 것처럼 생각할 수 없다. 그렇다면 우리는 우리 자신의 인간적인 이미지로 어떤 하나님을 만드는 것이다. 그것을 통해서 이와 같은 이상적인 아버지의 이미지를 대신하는 쓰라린 경험들이 초래될 수도 있다. 하나님은 유일하신 아버지이시지, 어떤 아버지가 아니다. 따라서 하나님이 우리의 아버지라는 것과 관련해서, 하나님 아버지에 대한 우리의 믿음은 우리 자신의 개념과 이미지들에 의존하지 않는다.

우리는 하나님과 관련한 최근의 어떤 견해들을 고려하면서 이와 같은 방법으로 하나님이 우리의 아버지라는 것을 설명했다. 페미니스트들은 하나님을 전통적으로 아버지라고 일컫는 표현에 "남성적인" 이미지가 들어 있다고 생각하며, 그것에 어려움을 느낀다. 또한 그들은 자신들이 하나님의 속성들에서 여성적이며 어머니적인 속성들을 확인할 수 있다고 믿는다.[17]

---

17 참조. M. Daly, *Beyond God the Father*, 1973; R. R. Ruether, "하나님의 여성적인 본성"(De

성경에서 우리는 자기 자식을 긍휼히 여기는 어머니와 하나님을 비교하는 것을 발견할 수 있다(사 49:15). 하지만 우리는 하나님에 대해 아버지라고 언급하는 성경 구절들에 상응하는 것으로서 하나님에 대해 어머니라고 부르는 것을 성경의 어느 곳에서도 찾을 수 없다. 하나님에 대한 이미지는 인간 사회에서의 다양한 관계와 관련된 이미지를 반영하는 것이 아니다. 그 관계들은 온갖 종류의 변화를 겪을 수 있다. 비록 가부장제가 과거의 역사에 속한 것이며, 또한 아버지들이 그들의 가정에서 더 이상 지배권을 행사하는 위치를 차지하고 있지 않지만, 하나님을 아버지라고 부르는 이 이름은 여전히 타당성을 지니고 있다(참조. **Pannenberg**, 1988, 1:286). 왜냐하면 하나님의 계시로부터 온 용어로서 "아버지"는 하나님의 유일무이한 아들 예수 그리스도를 통해서 우리에게 주어지는 하나님의 선택, 언약 및 사랑을 언급하기 때문이다.

하나님 아버지에 대한 신앙은 지속적으로 혼란과 위협에 직면해 있다. 우리가 계몽주의에 의해 영향을 받은 신학에서 알 수 있듯이, 이것은 하나님에 대한 인간화된 이미지를 불러일으킬 수 있다. 그와 같은 신학에 의하면, 하나님은 모든 사람에 대해서 좋으신 사랑스러운 아버지이시며, 또한 은혜가 넘치는 하나님이라고 추측된다. 이와 같은 견해를 지지하는 이들은 죄인들이 하나님과 화목해야 할 필요성을 전혀 인식하지 않는다. 왜냐하면 모든 사람이 불완전함에도 불구하고, 하나님은 사람들을 무한한 자비와 호의로 다루실 것이라고 생각되기 때문이다. 계몽주의 사상은 19세기와 20세기 전체에 걸쳐서 사람들의 사고에 지속적으로 영향을 미쳐왔다.[18]

하나님 아버지에 대한 신앙과 관련해서 다음과 같은 개념이 널리 퍼져 있다. 곧 하나님은 모든 사람의 아버지이며, 따라서 저마다 아버지와 같은 하나님의 돌보심과 보호를 의지할 수 있다. "우리는 하나님의 아버지 되심과 그리스도의 리더십과

---

vrouwelijke natuur van God), *Concilium* (1981-83); 64-70; C. J. M. Halkes, "하나님에 대한 아버지의 이미지와 관련된 비판적인 질문들"(Kritische vragen bij het vader-beeld van God), in M. H. Bolkestein and H. J. Bolkestein-van Bindesbergen (ed.), 『복음서에 비추어 본 여성의 존재』(*Vrouw zijn in het licht van het evangilie*), 1982, 148-170; E. Moltmann-Wendel, 『젖과 꿀이 흐르는 땅』(*Das Land, wo Milch und Honig fliest*), 1985.

18 참조. A. Aulén, 『하나님에 대한 기독교의 관점』(*Het christelijk godsbeeld*), 1929, 282-295.

                                                 개혁교회 교의학

모든 사람이 형제자매라는 것을 믿고 고백한다."[19] 하지만 성경에서 이와 같은 개념을 지지해주는 것은 전혀 없다. 심지어 "우리는 한 아버지를 가지지 아니하였느냐?"(말 2:10)라는 말도 이 개념을 결코 지지해주지 않는다. 왜냐하면 해당 구절의 전후문맥에 비추어볼 때, 우리는 반드시 이 구절이 마태복음 5:45의 의미가 아니라 하나님과 그분의 백성 사이의 언약 관계에 대해서 말하는 것으로 생각해야만 하기 때문이다(참조. *TDNT*, 5:990 이하).

스토아 학파는 신은 만물의 아버지이며, 모든 사람은 서로 형제자매라고 가르쳤다. 하지만 이 사상은 윤리적 범신론이다. 이것은 성경의 가르침과 매우 동떨어진 것이다.

성경에 의하면, 하나님은 단순히 모든 사람의 아버지가 아니시다. 우리는 오직 그리스도를 통해서 또한 그리스도 안에서 하나님을 화목하게 하시는 하나님과 사랑이 넘치는 아버지로 알게 된다. 그리고 우리는 다음과 같이 우리의 신앙을 고백한다. "나는 우리 주 예수 그리스도의 영원하신 아버지께서…모든 것을 지으셨다는 것을 믿습니다.…그분의 아들 그리스도로 말미암아, 하나님은 나의 하나님이시며 또한 아버지이시라는 것을 믿습니다"(「하이델베르크 교리문답」 제9주일).

§ 12. 삼위일체

12.1. 성경에 나오는 삼위일체 하나님에 대한 계시
12.2. 교회에서 이루어진 삼위일체 하나님에 대한 신앙고백
12.3. 삼위일체 교리에 대한 신학적인 접근
12.4. 삼위일체 하나님이 행하시는 고유한 일들
12.5. 삼위일체 교의의 중요성

12.1. 성경에 나오는 삼위일체 하나님에 대한 계시

하나님이라는 하나의 이름은 하나님의 말씀 안에서 세 이름, 곧 아버지와 아들과 성령으로 밝혀진다. 교회는 하나님이 자기 자신을 하나님의 말씀

---

19   참조. A. de Wilde, 『사도신경에 대해서』(*Over het Apostolicum*), 1950, 47.

안에서 다음과 같이 계시하셨다고 고백한다. 곧 서로 구별되는 이 삼위는 오직 한 분이시며 참되고 영원하신 하나님이십니다(「하이델베르크 교리문답」 제8주일).

우리는 다음과 같이 신앙을 고백한다. "나는 하나님을 믿습니다." 그러면 그 하나님은 누구인가라고 질문할 것이다. 위에서 간략하게 언급한 것은 그 질문에 대한 근본적인 대답이다. 이제까지 교의나 교의학에서 하나님이 논의될 때마다, 그 초점은 삼위일체 하나님에게 맞추어져 있었다.

하나님의 단순성이 구약성경에서 가장 중요했다. 단순성은 오직 한 분이신 하나님의 존재의 일부분이었다. "만약 하나님이 한 분이 아니시라면, 하나님은 존재하지 않는다"(Tertullian).

이슬람교도와 유대인들이 주장하듯이, 그 누구도 구약성경에서 삼위일체 하나님에 대한 교의의 근거를 찾을 수 없다고 말할 수 없다. 사실상 구약성경은 하나님이 삼위일체라는 것에 대한 계시의 기초를 제공해준다.

삼위일체 교리와 관련해서 「벨기에 신앙고백서」는 "하나님이 이르시되 '우리의 형상을 따라 우리의 모양대로 우리가 사람을 만들고'"(창 1:26-27; 참조. 창 3:22)와 같은 표현을 언급한다. 하지만 이 복수형은 진정으로 하나님이 한 분 이상이라는 것을 나타내는가? 다음과 같은 생각을 따르는 것도 타당하지 않은 것은 아닐 것이다. 곧 바르트는 "하나님의 존재 안에서 마음과 행위와 관련해서 교류가 이루어지는 것"이라고 생각한다(Barth, *C.D.*, 3.1.291-293). 또는 반 셀름스(A. van Selms)는 한 분이신 하나님의 존재 안에서 생각들이 교환되는 것이라고 제안한다. 이것은 나중에 삼위일체 교의가 형성되는 데 여지를 제공해준다.[20] 하지만 또한 이 표현은 하나님이 자기 자신과 상의하시고 또한 자기 자신에게 말씀하시는 것을 의미할 수도 있다.[21]

---

20   A. van Selms, "문헌학자의 신학"(Theologie van de filoloog), in 『교회와 신학』(*Kerk en Theologie*), 1959, 129-138.

21   참조. C. Westermann, *Genesis*, 1:199-201.

구약성경에는 삼위일체를 암시해주는 다른 구절들도 있다. 잠언 8:22-31은 하나님의 지혜에 대해서 매우 주목할 만한 방법으로 말한다. 곧 그 구절은 하나님의 지혜를 하나의 인격체로 묘사한다. "근심하다"라는 단어에 기초해서 판단하면, 이사야의 예언들에는 야웨의 영에 대한 묘사가 나오고, 그분은 거룩한 존재로 불린다(사 63:10). 야웨의 영은 하나님의 지혜와 구별되지만, 동시에 그분과 하나 됨을 이룬다. 그리고 야웨의 사자 또는 "자기 앞에 있는 사자"(사 63:9)는 하나님의 특별한 현시나 계시다(참조. § 5.2). 이사야 9:6에서 메시아는 "전능하신 하나님"이라고 불린다. 신약성경에 비추어볼 때(눅 4:18-21), 이사야 61:1은 중요한 구절이다. 그렇다면 우리는 계시의 발전과 또한 새로운 은혜의 시대에 예언들이 성취되었다는 관점에서 구약성경을 읽는다. "구약성경에서 잠재해 있는 것은 신약성경에서 명백하게 드러난다"(Wentsel, *Dogm.*, 3a:307). 또는 「벨기에 신앙고백서」는 제9조에서 다음과 같이 말한다. "구약성경에서 우리에게 다소 모호하게 나타나는 것이 신약성경에서는 매우 명백하다."

우리는 바빙크처럼 신약성경 전체는 삼위일체적이라고 말할 수 있다(Bavinck, *R.D.*, 2:270). 이 점과 관련해서 신약성경에 나오는 하나님의 계시가 구약성경에 나오는 하나님의 계시보다 더 풍부하고 자세하다. 이것은 말씀의 성육신을 통한 구속 사건 및 성령 강림 사건과 직접적으로 연결되어 있다.

우리는 삼위일체 하나님과 관련해 신약성경의 증언에서 네 가지 형태를 구별할 수 있다. 첫째, 신약성경에는 하나님(아버지)과 아들(주 예수 그리스도)과 성령의 이름이 구체적으로 언급되고, 삼위일체적으로 표현된 몇몇 구절들이 있다(예. 마 28:19 및 고후 13:14). 둘째, 어떤 구절들은 셋(하나님, 주 예수, 성령)이 본질적으로 함께 언급된다(예. 엡 4:4-6 및 벧전 1:2). 세 번째 유형의 성경 본문은 사실상 텍스트 자체 안에 세 위격들이 함께 언급되기는 하지만, 삼위일체적인 또는 삼중적인 구조를 지니고 있지 않다(예. 막 1:9-11 및 갈 4:4-6). 마지막으로, 어떤 성경 본문들에는 세 위격들의 관계가 명확하게 나타난다(예. 요 14:26; 15:26; 16:15). 이 점과 관련해서는 거스리(Guthrie)의 『신약신학』(*N. T. Theol*. 112 이하)을 참조하라.

이전의 교의학 서적들에서 언급되는 전형적인 증거 본문들(*loci classici*)을 기억하는 이들은 요한1서 5:7이 증거 본문으로 제시되지 않는 것을 아쉬워할 것이다. 하지만 가장 중요한 필사본들에서 이 문맥에서 핵심적으로 중요한 표현—"아버지, 말씀, 성령—이 셋은 하나다"가 생략되어 있다. 흐레이다누스(S. Greijdanus)의 주석서에서 발견할 수 있는 것으로서, 이 텍스트의 진정성을 지지해주는 가장 중요한 논점은 다음과 같다. 곧 만약 이 단어들이 들어 있지 않다면, 사고의 흐름에 틈이 벌어져 있다. 이른바 이 "요한의 콤마"(**Comma Johanneum**, 요일 5:7-8에 포함된 짧은 문구)가 이 문맥에 잘 들어맞는다는 것을 시인한다고 하더라도, 그것 자체는 반드시 "요한의 콤마"가 꼭 필요하다는 것을 암시하지 않는다. 요한 서신의 원문의 일부분이 아닐 가능성이 매우 높은 본문에 호소함으로써, 우리가 교의 연구에 본질적으로 중요한 성경 증거를 취약하게 만들어서는 안 될 것이다.

많은 학자가 마태복음 28:19도 증거 본문에서 생략되어야 한다고 믿는다. (베르크호프[*C.F.*, 348]에 의하면), 이 텍스트는 "분명히 후시대의 사색의 산물"일 것이다. 하지만 본문비평의 관점에서 마태복음 28:19은 원문일 가능성이 매우 높다. 학자들이 종종 주장해왔던 것처럼, 과연 이 표현은 마태복음에서 격리되어 있는 언급인가? 우리는 적어도 이 표현이 마태복음 11:27과 연결되어 있다고 이해할 수 있다. 더욱이 예수는 부활 이후에 사도들에게 상당히 많은 것을 가르칠 수 있는 입장에 있었다(참조. 행 1:3). 세례를 베풀라는 명령이 삼위일체적으로 표현되어 있는 것에 대한 비판은 삼위일체적인 이 신앙고백이 아직 복음서의 일부분으로 속할 수 없는 특성을 지닌 신학적인 정교한 표현으로 전제하는 입증될 수 없는 이론에 기초한다.

마태복음 28:19은 아버지와 아들과 성령의 이름으로 세례를 베풀어야 한다는 것을 말하지 않는다. 여기서 이름은 존재의 하나 됨(unity of Being)을 표현하는 공통 이름이다(*TDNT*, 5:274). 아버지는 하나님 아버지다. 하나님이 신적인 위격이신 것처럼 아들과 성령도 신적인 위격이다.

바울 서신에서 삼위일체 하나님에 대한 신앙이 가장 명백하게 설명된 곳은 고린도후서 13:13이다. 곧 "주 예수 그리스도의 은혜와 하나님의 사랑과 성령의 교통하심이 너희 무리와 함께 있을지어다." "성령의 교통하심"이라는 표현에서 "성령의"라는 소유격을 어떤 의미로 해석해야 하는가라는 질문이 제기된다. 이 소유격은 성령과 더불어 사귀는 것, 성령에 참여하는 것을 의미할 수 있다. 하지만 이 표현은 성령에 의해서 사귐이 이루어지며 승인된다는 것을 가리킬 수도 있다. 이 두 경우에 모두 성령은 신적인 위격으로 간주된다(Versteeg, 1971, 315-318을 보라).

삼위일체 하나님에 대한 계시가 우리에게 주어진 모든 본문을 논의하거나 목록을 제시하는 것은 불필요하다. 하지만 우리는 교회와 신학이 요한복음, 특히 요한복음 1장, 14-16장 및 17장에 많은 관심을 갖고 그 내용을 진지하게 탐구하며 깊이 묵상해왔다는 것을 무시해서는 안 된다. 예수는 하나님 아버지를 자기 자신의 아버지라고 부르신다. 그는 그것을 통해서 자신과 하나님 아버지가 유일무이한 관계에 있다는 것을 넌지시 알려주신다. 그는 "나와 아버지는 하나이니라"(요 10:30)고 말씀하신다. 또한 그는 세상이 지음을 받기 이전부터 자신이 아버지와 함께 가졌던 영광을 언급하신다(요 5:18; 17:5).

예수는 그 아들이시다. 이 말이 무엇을 의미하는지는 기독론의 주제다(§ 29). 교리사적인 측면에서 삼위일체 교리는 기독론으로부터 전개되었다. 우리는 교회가 그 아들이 "하나님에게서 나신 하나님"(「니케아 신조」)이라고 신앙을 고백하도록 이끌었던 성경 말씀들을 최소한 언급할 필요가 있다.

또한 예수는 다음과 같이 말씀하신다. "내 아버지께서 모든 것을 내게 주셨으니 아버지 외에는 아들을 아는 자가 없고 아들과 또 아들의 소원대로 계시를 받는 자 외에는 아버지를 아는 자가 없느니라"(마 11:27). 이 말은 아들이 아버지와 존재의 하나 됨을 이루고 있음을 함의한다(이 말은 때

때로 요한복음처럼 들린다고 언급되었다).[22]

"태초에 말씀이 계시니라 이 말씀이 하나님과 함께 계셨으니 이 말씀은 곧 하나님이시니라"(요 1:1). 그는 "아버지의 품속에 계시는 독생자이신 하나님"이시다(요 1:18-표준새번역; 참조. 요 1:1-18). 신약성경에서 예수는 하나님의 아들이라고 불릴 뿐만 아니라 또한 하나님이라고 언급된다(요 1:1; 20:28; 롬 9:5; 딛 2:13; 벧후 1:1; 요일 5:20). 이 구절들을 숙고하는 이들은 어떻게 해당 내용이 유일하신 하나님에 대한 신앙과 일치하는지에 대해서 의문을 품을 수도 있을 것이다.

교회는 신약성경의 증언을 통해서 성령의 신성을 확신한다. 성령은 아버지의 영일 뿐만 아니라 아들의 영이라고도 언급된다(마 10:20; 갈 4:6). 그는 근심하실 수도 있는 신적인 존재시다(엡 4:30). 그는 생명을 주신다(요 6:63). 이것은 하나님이 하시는 일이다. 그는 모든 것, 곧 하나님의 깊은 경륜까지도 통찰하신다(고후 2:10). 성령이 하나님이 아니시라면, 이런 것은 불가능하다.

진리의 영은 인격적으로 행동하신다. 그는 길을 보여주고, 말씀하시며, 장래 일을 알려주신다(요 16:13-15). 사도행전은 성령이 어떻게 행동하시는지를 우리에게 반복적으로 보여준다. 성령은 인격체로서 말씀하시고, 사도들과 교회를 인도하시며, 또한 감독들을 세우신다(행 20:28).

하나님 아버지뿐만 아니라, 아들과 성령도 신적인 사역들을 하신다고 생각된다. 하나님 이외에, 누가 창조와 재창조의 일을 할 수 있겠는가? 아들과 성령은 이와 같은 하나님의 사역에 동참하신다. 아들과 성령은 재창조 사역뿐만 아니라 창조 사역에도 동참하신다(창 1:2; 요 1:3).

이와 같이 신적인 이름들(divine names)뿐만 아니라 신적인 사역들(divine works)도 아버지와 마찬가지로 아들과 성령 역시 동등한 존귀와 영광을 지니고 있고 또한 하나님은 한 분이시며, 그분의 사역도 하나라는 신

---

22 또한 참조. G. Sevenster, *De christologie van het Nieuwe Testament*, 1948, 99-102.

                                         개혁교회 교의학

앙에 대한 기초를 제공해준다. 하지만 우리는 하나님 안에 복수의 위격이 존재한다고 말할 필요가 있다. 교회의 신앙고백에서 이것은 다음과 같이 성경 안에 나타나지 않는 단어들로 표현되었지만, 그 표현은 진정으로 성경에 기초한다. 곧 하나님은 한 분이시며, 또한 하나님은 세 위격(three persons)으로 존재하신다.

12.2. 교회에서 이루어진 삼위일체 하나님에 대한 신앙고백

우리는 삼위일체 교리가 공식적으로 표명되도록 이끌었던 논쟁 과정에 대해 묘사하는 것은 교리사 분야에 맡겨야만 한다. 먼저, 계시에 기초해서 삼위일체 하나님을 고백하는 신앙고백이 있었고, 그 이후에 교회가 삼위일체 교리를 확정했다.

교회가 이단 사조들과 논쟁해야만 했다는 것을 고려할 때, 삼위일체 교리를 확정하는 것은 피할 수 없었다. 교회사의 처음 몇 세기 동안에는 하나님의 말씀이 말한 것과 일치하지 않았던 하나님에 관한 많은 견해가 있었다. 여기서 우리는 단지 두 가지 주요한 이단 사조를 언급하고자 한다. 곧 **양태론**(modalism)과 **종속설**(subordinatianism)이다. 양태론은 이것의 가장 중요한 대표자였던 사벨리우스(Sabellius)의 이름을 따라서 사벨리우스주의(Sabellianism)라고 불리고, 종속설은 이것의 가장 중요한 대표자였던 아리우스(Arius)의 이름을 따라서 아리우스주의(Arianism)라고 불리기도 한다.

서방 교회 안에서 널리 퍼져 있던 양태론 또는 양태론적 단일신론(modalistic monarchianism)은 신적인 위격들의 삼중 본성(threefold nature)에서 파생된 것이다. 양태론은 아버지와 아들과 성령은 오직 한 분인 신적인 존재가 단지 세 가지 양태로 나타난 것에 지나지 않는다고 가르쳤다. 사벨리우스는 종종 이 신적인 존재를 아들-아버지라고 불렀다. 그는 한 분이신 하나님이 자신을 어느 때에는 아버지로 나타내고, 다른 때에는 아들로 나타내며, 또 다른 때에는 성령으로 나타낸다고 생각했다. 창조자와 율법 수여자로서 한 분 하나님은 아버지의 모습을 지니고, 구속자로서 한 분 하나님은 아들의 모습을 지니며, 또한 생명의 수여자로서 한 분 하나님은 성령의 모습을 지닌다. 이들은 존재의 세 가지 양태가 아니라, 단지 한 분 하나님이 세 가지의 양태로 연속적으로 나타난다. 성육신 사건 이전까지 한 분 하나님은 아버지로 존재했고, 그분은 성육신 사건을 통해서 아들의 모습으로 나타났으며, 또한 아들이 승천한 이후에는 성령의 모습으로 나타났다(참조. Courth, 1988, 56 이하).

테르툴리아누스(220년 사망)와 히폴리토스(235년 사망) 같은 교부들은 성경에서 말하는 하나님을 양태론적인 견해에서 조금도 인식할 수 없다는 것을 파악했다. 테르툴리아누스는 위격들이 서로 구별된다는 점을 강조한다. 그럼에도 아버지와 아들과 성령은 [하나님이라는] 존재(*substantia*) 안에서 하나다. 또한 그는 세 위격들이 한 분이라는 것을 설명하면서 삼위일체(*trinitas*)라는 용어를 사용한다.

양태론의 반대자들은 다음과 같이 올바르게 지적했다. 곧 자기의 아들을 보내신 하늘에 계신 아버지는 여전히 예수와 관련해서 아버지로 남아 있다. 예수는 자신의 지상 생활의 모든 과정 내내 지속적으로 아버지를 의지했다. 갈라디아서 4:6에서 바울의 말은 맨 먼저 아버지가 존재했고, 그다음에 아들이 존재했으며, 그러고 나서 성령이 존재했다는 것을 의미하지 않는다. 아버지와 아들과 성령은 동시에 존재한다. 그렇지 않다면, 그리스도는 성령에 대해서 "아버지께서 내 이름으로 보내실 성령"(요 14:26)이라고 말할 수 없었을 것이다.

종속설은 아들과 성령을 아버지에게 종속시킨다. 사모사타(Samosata)의 바울이 제시하는 형태에 나오는 종속설은 역동적인 단일신론(dynamic monarchianism) 또는 양자론(adoptionism)이라고 불렸다. 양자론은 아버지만 하나님으로 간주한다. 반면에 예수는 아버지에게 인간이었고, 로고스에게 영감을 받아서 아버지의 뜻과 하나됨을 이룬 것으로 이해된다. 종속설에서 성령은 하나님의 힘이나 은사다.

아리우스(336년 사망)의 종속설은 아들과 성령을 아버지와 동등한 존재로 여기지 않는다. 비록 아들이 신적인 존재라고 불릴 수 있지만, 오직 아버지만 유일한 참 하나님이다. 아들이 존재하지 않았던 시기가 있었다. 아리우스는 하나님이 맨 먼저 지으신 가장 뛰어난 창조물을 아들이라고 생각한다.

아타나시오스(Athanasius, 295-373)가 아리우스의 입장에 대한 가장 훌륭한 반대자다. 그에 따르면 하나님 자신은 그리스도 안에서 우리에게 오셨다. 믿음은 아들의 참된 신성을 인정하는가에 따라서 서거나 넘어진다. 아들의 신성을 부정하는 것은 하나님과 참된 교제를 맺지 않고 그리고 참된 구속이 없다는 사실을 함축한다.

성령과 관련된 종속설 개념은 니케아 공의회의 신앙고백이 아들은 아버지와 동등한 존재라고 선포한 이후에 교회 안에서 나타났고, 아타나시오스와 카파도키아(Cappadocia)의 세 교부가 성령의 종속설을 논박했다. 우리는 지금 성령 훼방론자들(Pneumatomachians)의 이론을 생각하고 있다(또한 이들은 콘스탄티노플의 마케도니우스의 이름을 따라서 마케도니우스파라고도 불린다). 성령 훼방론자들의 가장 유능한 대표자는 세바스테이아(Sebasteia)의 에우스타티오스(Eustathius)였다. 그의 견해에 의하면, 성령은 아버지와 아들과 다른 본성을 지니고 있다. 따라서 우리는 성령에게 아버지와 아들의 경우처럼 동일한 존귀를 돌려서는 안 된다. 마침내 그는 성령을 하나의 창조물이라고 불렀다.

이와 같은 배경에서 교회는 아들의 신성과 관련해서뿐만 아니라 성령의 신성과 관련해서도 어떤 분명한 입장을 취해야만 했다. 이 입장을 확립하기 위해서 교회는 성경뿐만 아니라 교부들의 신학에서도 자료들을 얻었다.

제1차 공의회(the first ecumenical council)는 325년에 니케아에서 열렸다. 니케아 공의회는 예수에 대해 "하나님에게서 나신 유일무이한 아들"이라는 전체 교회의 신앙을 공식적으로 고백했다. 이것은 그 아들이 아버지와 동일한 본질을 지니고 있다는 것을 의미한다. 곧 아들은 "하나님에게서 나신 하나님이고, 빛에서 나신 빛이며, 참 하나님에게서 나신 참 하나님으로서 지음을 받지 않고 나시어 아버지와 동일한 본질(homoousios)을" 지니고 있다.

381년에 콘스탄티노플에서 개최된 제2차 공의회는 니케아 공의회보다 성령에 관한 더 많은 문제들에 대해서 말했다. 이것은 성령 훼방론자들의 입장에 대처하기 위한 것으로 이해될 수 있다. 맨 먼저 이 공의회의 신조는 성령이 주님이라고 고백한다. 주님은 하나님을 가리키는 이름이며, 성령이 신적인 영광과 절대 주권을 갖고 있다는 표시다. 성령은 생명을 준다. 이것은 성경적인 근거를 지니고 있다(참조. 요 6:63; 고후 3:6). 성령은 하나님의 일을 수행한다. 나아가 콘스탄티노플 공의회 신조는 성령이 아버지에게서 "나온다"(proceed)고 말한다. 이 표현은 요한복음 15:26에서 틀림없이 취했을 것이다. 성령도 아들과 마찬가지로 아버지와 하나됨을 반드시 이루어야만 한다. 성령과 아버지의 관계는 아들과 아버지의 관계와 다르게 묘사되어야만 한다. 바로 이런 이유에서 "나오다"라는 단어가 여기서 사용되었다. 그리고 성령은 아버지와 아들과 동일한 경배를 받는다. 이런 경배와 영광은 오직 하나님에게만 속한 것이다. 성령도 아들과 더불어 "경배와 영광을" 받는다. 마지막으로 콘스탄티노플 신조는 성령이 "예언자들을 통하여 말씀하셨다"라고 신앙을 고백한다. 아마도 여기서 이 예언자들은 구약성경의 예언자들을 가리킬 것이다. 곧 성령은 계시의 영이다. 그래서 구약성경은 교회에게도 하나님의 말씀이다.

기원후 382년에 열린 콘스탄티노플 공의회는 콘스탄티노플의 모든 신조를 해석하는 방법과 관련해 서방 교회의 주교들에게 공식적인 편지를 보냈다. 그 편지는 아버지와 아들과 성령의 이름에 대한 신앙을 언급한다. 이 신앙에 의하면, 오직 아버지와 아들과 성령의 오직 하나의 신성(Godhead)과 능력이 있다. 또한 아버지와 아들과 성령은 동일한 존귀와 위엄과 영원한 통치권을 지니고 있다. 그리고 아버지와 아들과 성령은 완전한 세 위격들(person)의 완전한 세 실체들(*hypostases*)이다.

비록 삼위일체 교리를 확정하는 주요 공의회들이 기원후 4세기에 열렸지만, 삼위일체 하나님에 대한 신앙은 그 시기보다 훨씬 이전에 나타났다. 아버지와 아들과 성령의 이름으로 세례를 베풀라는 명령은 삼위일체 교리의 발전에 중대한 영향을 미쳤다. 또한 아버지와 아들과 성령에 대한 신앙은 사도신경과 초기의 다른 세례 문답서들의 핵심을 이루고 있다. 「니

 개혁교회 교의학

케아-콘스탄티노플 신조」는 교회 일치를 추구하는 신앙의 관점에서 가장 중대한 의미를 지니고 있다. 왜냐하면 그 공의회는 이른바 동방에서 개최되었지만, 또한 서방에서도 받아들여졌기 때문이다(참조. Torrance, 1988, 332-336).

하지만 특히 「니케아-콘스탄티노플 신조」와 관련해서 서방 교회와 동방 교회 사이에 한 가지 교리상의 차이점이 나타났다. 서방 교회는 아버지로부터 성령이 나온다는 것에 "그리고 아들로부터"(*filioque*)라는 문구를 나중에 삽입했다. 이것은 지속적으로 논쟁거리가 되었다. 이것은 1054년에 하나의 교회가 서방 교회와 동방 교회로 분열되는 데 있어 중요한 원인 중 하나를 제공했다.

"필리오케"는 서방에서 신학이 지속적으로 발전하고 있는 것을 반영하고, 특히 아우구스티누스의 신학과 연결되어 있다. 아우구스티누스는 삼위일체의 신비에 대해 깊이 숙고했고 성령이 아버지와 그리고 아들로부터 나온다고 가르쳤다. 비록 주로(*principaliter*) 아버지로부터라고 덧붙여 표현하기는 했지만 말이다. "필리오케"라는 문구는 스페인 지역에서 개최된 다양한 교회 회의의 문헌에 언급되었다. 그 가운데서 톨레도(Toledo) 교회 회의(589)가 가장 잘 알려져 있다. 또한 이 문구는 아타나시오스의 이름을 따라서 불리는 신조(*Symbolum Quicumque*) 안에도 포함되어 있다. 로마에서는 기원후 1014년에 "필리오케"가 신조의 텍스트 안에 삽입되었다. 동방 정교회는 이것 때문에 서방 교회를 지속적으로 비판하고 있다.

종교개혁이 삼위일체 교리에 대해 행한 것은 수정이나 또는 재해석이라고 불릴 수 없다. 루터의 견해에 의하면, "하나님의 위엄에 대한 가장 숭고한 조항들"은 로마 가톨릭교회와의 갈등에서 논쟁의 문제가 아니었다. 또한 그는 그 교리와 관련해서 초기 교회의 용어들을 사용하는 것을 피하지 않았다. 하지는 그는 그 용어들이 다소 적합하지 않다고 파악했다. 그래서 루터는 성경의 빛에 비추어서 "고대의 신앙을 새롭게 고백하는 것"을 지지했다. 이 점은 칼뱅의 경우에도 마찬가지였다. 칼뱅의 관점에 의하면, 성경은 교회의 교리에 내용을 제공하고, 교회는 교리에 표현들을 제공한다. 그리고 성령에 대한 교리는 이전 시대보다 훨씬 더 공정하고 올바르게 발전되었다.[23]

소키누스주의와 삼위일체 교리를 반대했던 다른 분파들이 취했던 입장을 고려할 때, 종교개혁의 전통에 서 있는 몇몇 신앙고백서들이 삼위일체 교리를 더 상세하게 다루었다는 것은 결코 놀랄 만한 일이 아니다. 이것에 대한 좋은 예는 「벨기에 신앙고백서」(제8-11조)다. 이 신앙고백서는 하나님이 한 분이며, 그분은 세 위격으로 구별된다고 고백한다. 세 위격은 그들의 비공유적인 속성들에 일치한 채 영원 전부터 사실적으로 참으로 구별된다. 우리는 성경의 증언에 귀를 기울일 필요가 있다. 또한 우리는 세 위격이 각자 우리를 위해서 행하는 사역에 주의를 기울여야 한다. 예수 그리스도는 그의 신적인 본성을 따라서 하나님의 유일무이한 아들이며, 아버지와 하나 됨을 이룬다. 성령은 영원 전부터 아버지와 아들로부터 나온다. 순서와 관련해서, 성령은 삼위일체 하나님의 세 번째 위격이다. 그리고 성령은 "아버지와 아들과 함께 동일한 본질, 위엄 및 영광"을 지닌다.

하지만 삼위일체 하나님에 대한 신앙을 반대하는 것을 넘어서, 이 교리를 반대하는 신학적인 견해들도 있다. 비록 지면 관계상 간략하게 다룰 수밖에 없지만, 우리는 이 견해들을 단순히 무시할 수 없다.

「아타나시오스 신조」(*Symbolum Quicumque*)는 다음과 같이 모든 교회들의 신앙을 고백한다. 곧 우리는 삼위 안에서 한 분 하나님과 한 분 하나님 안에서 세 위격을 경배한다. 이 위격들은 서로 섞이지 않으며, 자기들의 존재를 나누지 않는다. 이 신조는 단일신론에 맞서서 이와 같이 진술해야만 했다. 단일신론은 양태론적인 측면에서 세 위격이 서로 구분되는 것을 없

---

23 참조. J. Koopmans, 『종교개혁 초기의 교회의 교리, 특히 칼뱅을 중심으로』(*Het oudkerkelijke dogma de Reformatie, bepaaldelijk bij Calvin*), 1938, 40-44, 66, 88-93, 104.

개혁교회 교의학

애버렸거나, 또는 종속론적인 측면에서 아버지와 아들과 성령의 하나 됨을 인정하지 않았다.

소키누스주의의 반삼위일체론은 종속주의적인 입장을 분명하게 드러내고 있다. 우리는 세르베투스(Servetus)의 저서에서 양태론을 간파할 수 있다.

이전의 이단적인 가르침들은 종종 새로운 모습으로 변장하고서 나타난다. 그래서 우리는 호로닝겐(Groningen) 학파의 신학에서 종속설을 또다시 만날 수 있다. 여러 자유주의 신학자들은 다음과 같이 생각하면서 아리우스보다 더 멀리 벗어났다. 예수는 하나님의 뜻에 일치하는 뜻을 가진 훌륭한 인간이고, 성령은 하나님에게서 나오는 어떤 힘이라고 생각한다. 더욱이 여호와의 증인들은 교회의 삼위일체 교리를 특히 맹렬하게 비판한다.

이전보다 양태론을 지지하는 이들은 많지 않지만, 여전히 존재한다. 슐라이어마허는 양태론을 새롭게 표현했다(참조. Barth, *C.D.*, 1.1.405, 469; Heyns, 1953, 117-131; Moltmann, 1981, 144 이하).

20세기에는 에밀 브룬너가 양태론과 연결되어 있다. 브룬너는 아버지와 아들과 성령의 세 이름들을 역사적으로 연속해서 위치시킨 사벨리우스의 주장을 오류로 간주했다. 하지만 브룬너 자신도 양태론의 함정에 빠진 것은 아닌가? 그는 교회가 신자들에게 제시한 삼위일체에 대한 고전적인 교리를 일종의 논리적인 신비라고 비판했다. 그에 따르면 삼위일체 교리는 일종의 거짓 신비(pseudo-mystery)로서 성경의 가르침에서 비롯된 것이 아니다. 또한 성경을 보면, 세 이름들은 순서에 따라서 언급되었지 동시에 언급되지 않았다. 그는 "순서에 따라서"라는 표현은 "하나님의 자기 계시의 전개 과정에 의해 암시된 순서에 따라서"를 의미한다고 생각한다. 우리는 아들을 통해서 또한 아들 안에서 아버지를 지니지만, 아들 옆에 아버지를, 또한 아버지 옆에 아들을 지니지는 않는다. 우리는 성령을 통해서 또한 성령 안에서 아들을 지니지만, 아들 옆에 성령을, 또한 성령 옆에 아들을 지니지는 않는다. 브룬너의 견해 중 하나는 아버지의 사역들 중에서 아들의 사역이 아닌 것들이 있다는 주장이다. 예를 들면 그것은 하나님의 진노다. 하지만 이 주장과 관련해서 브룬너는 요한계시록

6:16-17을 무시하고 있다.[24]

　네덜란드의 신학에서 헨드리쿠스 베르크호프의 견해는 매우 타당성이 있다. 베르크호프의 『성령론 연구』(1964)는 그가 이전에 걸어갔던 정통 신앙의 길에서 벗어났다는 것을 암시해준다. 그는 "[이제] 주는 영이시니"(고후 3:17)라는 말에 근거해서 그리스도를 성령과 동일시한다.[25] 성령은 사역하고 있는 그리스도 또는 영화된 그리스도의 사역이다. 또한 베르크호프의 이 연구서에는 브룬너를 연상시켜주는 본문들도 있다. 곧 세 이름은 "한 분 하나님의 행위"를 가리키며, "세 위격들의 정적인 교제가 아니다." "또한 세 이름은 내려감의 과정에 대한 움직임을 묘사해준다. 하나님은 그 움직임을 통해서 죄와 곤경에 빠져 있는 인간에게 더욱더 깊게 다가가신다." 베르크호프의 견해에 의하면, "영"이라는 단어는 본질적으로 하나님과 그리스도라는 명사의 서술어다. "삼위일체 하나님은 세 위격들로 이루어져 있지 않다. 하나님 자신이 바로 한 위격이시고, 그분은 아들 안에서 또한 그의 영 안에서 우리를 만나신다." 하나님이라는 위격은 예수 그리스도 안에서 자기 자신을 한 인간으로 나타나신다. 성령은 창조 과정에서 하나님의 행동하는 위격이다. 그리고 성령은 재창조 과정에서 그리스도의 행동하는 위격이다. 예수 그리스도, 하나님, 성령은 "하나님의 구원의 실재를 묘사하는 세 가지 존재 양태"다.[26] 이것은 명백히 양태론적인 사고 과정이다!

　그 이후로 베르크호프는 교회의 공식적인 가르침으로부터 더욱더 멀어졌다. 또한 종속론적인 주제들이 그의 신학에서, 특히 기독론에서 중요한 역할을 했다. 그의 기독론에서 예수는 궁극적인 인간, **그** 새 사람(*the* New Man)으로 묘사된다. 그리고 베르크호프는 삼위일체 교리와 관련해서 우리가 깊은 인상을 받지만 인위적인 어떤 전통에 제한을 받아서는 안 된다고 생각한다. 그와 같은 전통은 추상적인 내용을 지

24　참조. E. Brunner, *Dogmatics*, 1:205-240; M. Schmidt, "에밀 브룬너의 신학에서 삼위일체의 장소"(Der Ort der Trinitätslehre bei Emil Brunner), *Theol. Zeitschrift* 5 (1949): 46-66.

25　이 텍스트에 대한 당양한 해석과 관련해서 Versteeg, 1971, 308-337을 참고하라. Berkhof의 견해와 관련해서 318-320을 보라.

26　H. Berkhof, *The Doctrine of the Holy Spirit*, 1964, 13-29, 109-21.

니고 있어서 신앙을 위협한다. 삼위일체는 "하나님이 얼굴과 얼굴을 마주함"(divine tête-à-tête)이라고 잘못 이해되었다. 오히려 삼위일체는 하나의 열려 있는 사건이다. 그 사건은 하나님이 그분의 영원한 목적을 따라서 그분 자신의 생명을 사람들과 공유하기 위해 시간 속에서 어떻게 그 생명을 펼쳐나가고 전달하는지를 묘사해준다. 그는 언약을 "삼위일체 및 삼위가 하나 됨(Tri-(u)nity)"으로 다루는 항목에서 그렇게 주장한다. 그 항목에서 세 이름들은 "언약 사건에 대한 요약적인 묘사"라고 언급된다. 아버지는 신적인 파트너이고, 아들은 인간 대표자이며, 성령은 아버지와 아들을 묶어주는 띠다. 따라서 성령은 또한 아들과 아들들 및 딸들을 묶어주고, 또한 그들을 아버지에게로 이끌어준다(Berkhof, *C.F.*, 330-337).

이와 같은 주장으로 말미암아, 베르크호프가 많은 반대를 불러왔다는 것은 말할 필요가 없을 것이다. 삼위일체 교리에 대한 이와 같은 해석을 받아들이려면, 먼저 반드시 아들과 성령이 천지창조 이전부터 존재했다고 말하는 성경의 모든 언급을 제쳐놓아야만 한다. [삼위일체 하나님에 대해서 그와 같이 이해하려면] 성경이 명백하게 선언하는 것들을 없애버리는 데까지 나아가야만 한다. 누군가 그와 같이 주장한다면, 그는 교회의 교리보다도 앙카라의 마르켈루스(Marcellus of Ancyra)와 슐라이어마허의 견해들 안에서 더 많은 것을 이해하는 것이다. 헤인스는 삼위일체—인간에 기초한 지속적이며 열려 있는 하나의 사건—에 대한 이와 같은 묘사를 이해하는 것과 받아들이는 것은 어렵다고 비판한다(Heyns, *Dogm*,. 52). 하지만 그의 비판은 매우 조심스럽다.

우리는 교회 안에서 또한 신학 안에서 삼위일체 교리와 관련해서 많은 갈등과 논쟁이 있었다는 것을 인정하지 않을 수 없을 것이다. 초기 교회는 **단일신론**(monarchianism)을 대면해야 했다. 삼위일체 하나님에 대한 신앙에 직면해서, 단일신론은 하나님이 한 분이시라는 것과 그분의 절대주권을 굳게 내세웠다. 단일신론의 두 가지 주요한 형태는 **양태론**과 **종속설**이었다. 단일신론은 교회 역사 속에서 다양한 형태와 모습으로 지속적으로 나타났다. 1600년 무렵에 교회의 전통적인 신앙고백의 반대자들은 반

삼위일체론자들뿐만 아니라, 일위신론자들(Unitarians)이라고 언급되었다. 18세기에 일위신론자들의 숫자는 자체적인 교회를 세울 정도로 늘어났다.

기원후 4세기에 교회는 공식적인 교리로서 하나님이 우리에게 그분 자신을 삼위일체 하나님으로 계시해주신다는 신앙을 표명했다. 하지만 그 교리는 종종 반대에 직면해왔다. 곧 그 교리는 고대 그리스 사상에서 유래된 철학적인 개념들을 사용한 추상적인 사고의 산물이라는 것이다. 더 최근의 신학에서 어떤 이들은 삼위일체 교리를 부인하며, 그것을 종종 "계시의 삼위일체"(a trinity of revelation)로 대신했다. 이것은 하나님의 구속 역사로부터 추론한 것이며, 또한 그 역사의 중요한 부분이다. 따라서 현대 신학의 기능적인 개념들의 배후에서 교회의 삼위일체 언어 중 상당 부분은 그 의미가 모호해졌다.

12.3. 삼위일체 교리에 대한 신학적인 접근

1. 존재와 위격이라는 용어들의 의미. 신학의 역할 중 한 부분은 교회의 교리를 확정하는 데 사용된 용어들을 성경에 비추어서 평가하며, 또한 그 용어들을 성경적인 방법으로 해석하는 것이다.

아우구스티누스는 한 분 하나님으로서의 삼위일체 하나님을 언급한다. 만물은 그분으로부터, 그분을 통해서, 또한 그분 안에서 존재한다. 이와 같은 방법으로 아버지, 아들과 성령은 각각 하나님이며, 또한 모두 한 분 하나님이다. 삼위 하나님은 각각 완전한 실체(*substantia*)이며, 또한 그들은 모두 한 존재다.[27]

신학적인 사고는 계시된 실재를 온전히 파악하지 못한다. 우리는 삼위일체에 대해서 타당한 지식을 가질 수 없다. 우리의 개념들은 부적합하다. 칼뱅은 명확한 단어들을 사용하는 것에 대한 논쟁과 관련해서 다음과 같

---

27 Augustinus, *De doctrina christiana*, 1:5

  개혁교회 교의학

이 말했다. "만약 모든 사람이 같이 묘사되는 신앙에 동의한다면, 나는 그 용어들이 묻히는 것을 바랄 수 있을 것이다. 곧 아버지와 아들과 성령은 한 분 하나님이다. 하지만 아들은 아버지가 아니며, 성령은 아들이 아니다. 그렇지만 그들은 각자 고유한 특성을 통해서 서로 구별된다"(Calvin, 『기독 교강요』 1.13.5).

"비록 이 교리가 인간의 모든 이해력을 뛰어넘지만, 그럼에도 우리는 하나님의 말씀에 기초해서 그 교리를 믿는다. 그렇지만 우리는 나중에 하늘에서 그 교리에 대한 완전한 지식과 유익을 맛보기를 기대한다"(「벨기에 신앙고백서」 제9조). 우리는 어떤 신비 앞에 서 있다. 에밀 브룬너와 다른 학자들이 주장하는 것처럼, 이것은 인간이 고안해낸 것이 아니고, 오히려 하나님의 존재 그 자체에 의해서 암시된 것이다. 성경에 의해서 인도함을 받기를 원하는 모든 이들은 반드시 아버지와 아들과 성령에게 하나님이라고 말해야 하며, 또한 동시에 한 분 하나님을 믿는다고 말해야 한다. 이것은 하나님이 세 위격으로 존재하지만, 이 세 위격은 서로 구별된다는 것을 의미한다. 삼위일체(*trinitas*)라는 용어 자체는 성경에 등장하지 않지만, 교회가 그 용어를 사용했다. 왜냐하면 교회는 그 용어가 필요했기 때문이다. 원래 존재와 위격은 그리스어에서 사용되던 개념들이었지만, 나중에는 성경에 기초한 의미를 얻게 되었다.

에밀 브룬너는 이 용어들을 치명적이며 모호한 개념들이라고 여긴다. 하지만 그의 입장을 지지해주는 근거는 전혀 없다. 하나님의 존재에 대해 말할 때, 우리는 하나님이 신성을 지닌 분이라는 것을 의미한다. 그리고 아들이 아버지와 동일 본질(*homoousios*)이라는 것은 니케아 신조와 우리에게는 아버지가 참 하나님인 것과 똑같이 아들도 참 하나님이라는 것을 뜻한다.

교회의 가르침에 의하면, "위격"이라는 단어는 그 자체의 고유한 의미를 지니고 있다. 이 단어에 대해 다양한 정의가 제시되었다. 우리는 그중에서 다음 몇 가지를 언급하고자 한다. 토마스 아퀴나스(어떤 관계)와 칼 바

르트(존재 방식)에 의하면, 그 단어는 어떤 유일무이한 존재 방식을 가리킨
다. 또한 우리는 칼뱅의 다음과 같은 주장에 동의할 수 있다. " 나는 하나님
의 존재 안에서 위격을 어떤 실체라고 부를 수 있다. 이 실체는 다른 실체
들과 관련이 있지만, 어떤 서로 공유할 수 없는 특성에 의해 서로 구별된
다"(Calvin, 『기독교강요』 1.13.6). 어쨌든 삼위일체의 위격의 의미와 관련해
서, 우리가 인격에 대해 사용하는 개념—개인으로서의 어떤 인격체나 또
는 어떤 개별적인 인격—은 올바른 방향을 가리켜주지 않는다. 서로 다른
세 사람은 결코 한 사람이 될 수 없다. 아버지와 아들과 성령이 오직 한 분
이신 하나님인 것처럼 말이다.

2. 존재와 위격; 위격과 위격. 세 위격은 하나님의 세 부분들이 아니다.
우리는 하나님이 단순한 분이라고 고백한다. 이것은 하나님 안에 무엇이
든지 복합적인 특성을 지닌 것은 전혀 없다는 것을 암시한다. 하나님은 세
위격으로 이루어진 분이 아니라 세 위격으로 존재하신다. "삼위일체의"라
는 단어는 "삼중으로"(threefold)보다 하나님이 어떤 분이신지에 대해서 더
훌륭하게 표현해준다. 아버지와 아들과 성령은 세 위격이며, 동시에 한 분
하나님이다. 우리는 세 위격뿐만 아니라 또한 각각의 위격 안에서 하나님
자신을 만난다.

다마스쿠스의 요한네스(749년 사망)가 "페리코레시스"(*perichoresis*)라
는 용어를 처음으로 사용한 이후로, 그 단어는 신학적으로 신적인 위격들
의 친밀한 교제를 표현하는 데 사용되고 있다. 이 용어는 세 위격이 서로
충만하게 내재한다는 것을 넌지시 알려준다. 세 위격 중 어떤 위격도 다른
두 위격 없이 존재하지 않는다. 따라서 피렌체 공의회(1439)는 다음과 같
이 선언했다. "하나 됨의 결과로 아버지는 온전히 아들 안에, 또한 온전히
성령 안에 있다. 아들은 온전히 아버지 안에, 또한 온전히 성령 안에 있다.
성령은 온전히 아버지 안에 있고, 또한 온전히 아들 안에 있다"(또한 참조.
Calvin, 『기독교강요』 1.13.19).

                                          개혁교회 교의학

"페리코리시스"(라틴어로는 *circumincessio*)와 같은 용어는 어느 날 다른 용어로 대치될 수도 있을 것이다. 하지만 이 용어와 관련해서 진정한 근거들이 있다. 우리는 성경의 다음과 같은 말들을 언급할 수 있다. "내가 행하거든…그 일은 믿으라. 그러면 너희가 아버지께서 내 안에 계시고 내가 아버지 안에 있음을 깨달아 알리라 하시니…나와 아버지는 하나이니라"(요 10:38, 30). 이 점과 관련해서, 대체로 나지안주스의 그레고리오스(Gregory of Nazianzus, 390년 사망)의 다음과 같은 말이 인용된다. "내가 한 분 하나님에 대해 생각하자마자, 나는 곧바로 세 위격의 영광의 광채에 휩싸인다. 또한 내가 세 위격을 구별하여 보자마자, 나는 곧바로 한 분 하나님에게로 돌아간다"(또한 참조. Calvin, 『기독교강요』 1.13.17).

따라서 우리는 아버지와 아들과 성령의 사역을 서로 분리해서는 안 된다. 삼위일체 하나님의 외적인 사역들은 서로 분리되지 않는다. 하나님의 창조 사역과 재창조 사역에서 우리는 아버지와 아들과 성령이 하는 일들을 각각 구분할 수는 있지만, 그 일들은 결코 서로 나뉘지 않는다. 우리는 모든 것에서 삼위일체 하나님과 관계를 맺는다. 우리는 결코 세 위격 중에서 단지 한 위격과만 관계를 맺는 것이 아니다. 따라서 하나님과 우리가 관계를 맺는 것은 동시에 우리가 아버지와 아들과 성령과 관계를 맺는 것이다. 이 점과 관련해서 예수는 "나를 본 자는 아버지를 보았거늘"(요 14:9)이라고 말한다. 또한 요한1서의 저자는 다음과 같이 기록한다. "아들을 부인하는 자에게는 또한 아버지가 없으되, 아들을 시인하는 자에게는 아버지도 있느니라"(요일 2:23).

3. 세 위격의 관계. 우리는 세 신적인 위격의 각각의 위격에 대해서 무엇인가 고유한 것을 더 자세하게 말할 수 있을까? 우리는 아우구스티누스처럼 아버지와 아들과 성령의 상호 관계들에 대해서 생각할 수 있을 것이다.

아버지의 인격적인 속성은 부성(*paternitas*)이다. 이것은 아버지와 아들의 관계를 형성한다. 곧 그는 아버지로서 아들을 낳는다. 아버지는 아들이 없이 결코 존재하지 않는다. 또한 아들도 아버지가 없이 결코 존재하지 않는다. 예수는 "아버지께서 자기 속에 생명이 있음 같이 아들에게도 생명을 주어 그 속에 있게 하셨고 "(요 5:26)라고 말한다. 그리고 아버지는 그분의 성령이 없이 결코 존재하지 않는다. 성령은 아버지로부터 나오기 때문이다. 또한 예수는 "아버지께로부터 나오시는 진리의 성령"(15:26)에 대해서 말한다.

아들과 성령은 아버지와 가장 친밀한 관계를 맺고 있기 때문에 아버지로부터 분리될 수 없다. 오히려 아들과 성령은 아버지와 진정으로 하나 됨을 이루고 있다. 이와 같이 이해할 때, 아버지에 대한 신앙고백은 이미 삼위일체 하나님에 대한 신앙고백인 것이다.

아들 하나님에게 유일무이한 것은 그가 아버지에게서 낳음을 받았다 (*generatio passiva*)는 것이다. 우리는 이것을 아들 됨(*filiatio*)이라고 부른다. 신약성경에서 그 아들은 하나님 아버지에게서 나신 유일무이한 아들이며, 또한 아버지의 고유한 아들이다. 우리는 요한복음 5:26에 덧붙여서 히브리서 1:5을 언급할 필요가 있다. "나는 그에게 아버지가 되고 그는 내게 아들이 되리라." "너는 내 아들이라. 오늘 내가 너를 낳았다." 교회는 이 말씀과 연합해서 아들의 영원한 출생에 대해 말하게 되었다. 이것은 성부가 성자를 영원 전부터 영원까지 낳았다는 것을 의미한다. 이것은 한결같이 영원히 지속되는 관계다. 만약 이 출생의 과정이 영원하지 않다면, 성부는 영원히 성부가 아닐 것이다. 또한 성자는 하나님의 영원한 아들이 아닐 것이다(참조. 「하이델베르크 교리문답」 제13주일). 그렇다면 어느 시점에 성부는 성자의 아버지가 되었을 것이며, 이와 비슷하게 성자도 어느 시점에 성부의 아들이 되었을 것이다. 그렇다면 하나님은 변화하실 수 있는 존재일 것이다.

성자는 지음을 받지 않고 나신 분이며, 성부와 동일한 실체를 가진 분이라는 신앙고백(「니케아 신조」)은 다음과 같은 견해, 곧 성자의 출생이 오직 성부의 뜻에게만 돌려질 수 있다는 견해를 반대한다. 이 견해는 하나님의 아들로서 성자는 성부에게 종속된다는 것을 주장하는 것이다. **창조세계**는 자신의 존재를 하나님의 뜻에 빚지고 있다. 하지만 성자의 **출생**은 하나님의 생명을 공유한다는 것을 함의한다.

여기서 우리는 우리의 사고의 한계를 절실히 느낀다. 초기의 신학에서는 성자의 출생 과정을 인간의 언어로 표현할 수 없다고 주장되었다.

우리가 아들 됨(*filiatio*)에 대해서 성자의 위격이 지닌 속성이라고 생각할 때, 우리는 성자가 자기로부터 성령을 나오게 한다는 것을 아직 말하지 않았다. 우리는 성령에 대해 논의하는 부분에서 이것을 다루고자 한다. 우리는 서방 교회와 동방 교회가 성령의 나오심과 관련한(*filioque*) 교리상의 차이점을 만날 때 이것을 더 상세하게 다룰 것이다.

성령이 성부와 성자로부터 나온다(*processio, spiratio passiva*)는 것은 바로 성령의 위격이 지니고 있는 고유한 속성이다. 우리는 복음서에서 성령이 성부로부터 나온다고 읽는다(요 15:26). 또다시 우리는 이 발생에 대한 유비를 전혀 찾을 수 없다. 이 발생은 지음을 받았다는 것과 완전히 다른 것이다. 성자의 출생과 똑같이, 성령의 발생은 성령이 하나님의 존재와 본성을 공유한다는 것을 가리켜준다. 하지만 성자의 **출생**과 성령의 **발생**은 서로 동일시될 수 없다. 따라서 우리는 이 두 가지에 대해 다른 표현을 사용할 필요가 있다. 하지만 우리는 이 두 가지 사이에 있는 차이점이 무엇인지를 정확하게 설명할 수 없다. 아마도 그 설명은 어떤 사람도 접근할 수 없는 신비로운 정의(definition)를 요구할 것이다.

아우구스티누스는 성부와 성령의 관계뿐만 아니라 성자와 성령의 관계에 대해서도 언급할 필요가 있다는 것을 깨달았다. 종교개혁가들도 그와 동일하게 생각했다.

예수는 성령이 아버지로부터 나올 뿐만 아니라 자기 자신도 아버지에게서 성령을 받아서 보낼 것이라고 말씀하신다(요 15:26). 그리고 그는 다른 곳에서 자기가 보혜사(위로자)를 보낼 것이며, 또한 아버지가 아들의 이름으로 성령을 보낼 것이라고 말씀하신다(요 16:7; 14:26). 이것은 구속 사건들이 지속적으로 전개된다는 것을 가리킨다. 하지만 우리는 다음 사항에 대해서도 믿을 수 있다. 곧 성부와 성자가 시간 속에서 성령을 나오게 하거나 또는 보낸다는 것은 성부와 성자에게서 성령이 영원 전부터 나온다는 것을 암시해준다. 따라서 예수의 이 말씀들은 삼위일체 자체, 곧 **존재론적 삼위일체**(ontological Trinity)와 관련해서 무엇인가를 암시해준다. 신약성경에서 성령은 아버지의 영으로 불릴 뿐만 아니라 아들의 영 및 예수 그리스도의 영으로도 불린다(마 10:20; 갈 4:6; 행 16:7). 이 사실도 동일한 방향을 가리켜준다. 또한 하나님의 영은 그리스도의 영이다(롬 8:9).

카롤링 왕조 시대에 서방 교회에서 **필리오케**(그리고 아들로부터)가 전면에 등장했을 때, 동방 교회는 강하게 반발했다. 콘스탄티노플의 총대 주교 포티오스(Patriarch Photius)는 교회의 공식적인 신앙고백에 기초해서 성부로부터 성령이 나온다는 표현을 오직 아버지에게서만 나온다는 것으로 해석했다. 그는 **필리오케**가 거룩한 전통에 전적으로 어긋난다고 간주했다. 동방 정교회에서 전통은 대단히 중요한 것이다!

1439년에 피렌체 공의회는 동방 교회의 요구를 받아들이려고 시도했다 (*Decretum pro Graecis*). 이 공의회는 동방 교회에서도 친숙한 공식적인 표현을 받아들이는 것에 동의했다. 곧 성령은 성자를 **통해서** 나온다는 것이다. 하지만 이것은 동방 교회와 서방 교회가 서로 화해하게 하는 데까지 이르지 못했다.[28]

교회 일치 운동의 영향 아래 이 차이점을 해결하고자 하는 시도들이 있었다. 세계교회협의회(WCC)의 신앙과 직제(Faith and Order) 위원회의 후원 아래 1978년과 1979년에 동방 교회와 서방 교회의 신학자들이 모여서 이 문제를 서로 논의했다. 이들이 이끌어낸 합의문서는 **필리오케**가 없이 「니케아—콘스탄티노플 신조」에 제시되어 있는 원래의 형태를 어느 곳에서나 규범적인 것으로 받아들이도록 추천했다. 하지만 1987년에 링크(H. G. Link)가 지적했듯이, 이 추천은 거의 지지를 받지

---

28 로마 가톨릭교회의 유명한 몇몇 신학자들은 두 전통이 모두 적법하며 상호보완적이라고 간주했다. 그리고 피렌체 공의회의 취지에 따라서 그들은 필리오케와 관련해서 동방 교회에 양보할 준비가 되어 있다(참조. Y. Congar, *Der Heiligie Geist*, 1982, 449-453).

못했다.[29] 또한 몰트만은 "성령이 아들의 아버지로부터 나온다"고 표현하자는 제안을 했다(Moltmann, 1981, 182).

이 문제와 관련해서 다음과 같은 질문이 제기될 수 있을 것이다. 과연 이 모든 것은 의미론의 문제에 지나지 않는가? 과연 **필리오케**를 포함하는 신앙고백과 아니면 그것을 포함하지 않는 신앙고백은 어떤 중대한 차이점을 빚어내는가? 동방 교회는 교부들의 전통을 다소 지나칠 만큼 엄격하게 보존하고자 하는 경향을 지니고 있는 것은 아닌가? 서방의 로마 가톨릭교회는 공식적으로 선포된 교리의 무오성에 대한 신앙을 지니고 있는 것은 아닌가? 그리고 개신교의 입장에서는 **필리오케**를 받아들이도록 이끌었던 전개 과정에 대한 관점이 신학적으로 꼭 필요한 것인가?

우리는 이 질문들에 다음과 같은 답변을 제시하고자 한다. 이것은 성자 하나님과 성령 하나님의 관계와 관련이 있고, 따라서 그리스도의 구속 사역과 성령의 사역 사이의 관계와도 관련이 있다. 또한 동방 교회가 성령의 "이중적인 기원"을 가르친다고 서방 교회를 비난하는 것처럼 이것은 부차적인 중요성을 지닌 사항이 아니다. 어쨌든 서방 교회는 "이중적인 기원"을 말하거나 의도하지 않았다. 그와는 반대로, 그것은 진정으로 단 하나의 기원(*principium*)에 대한 것이다(Barth, *C.D.*, 1.1.557). 동방 교회는 **필리오케**를 받아들이면, 성령이 마땅히 존중받지 못한다고 생각한다. 왜냐하면 그 경우에 성령은 성자에게 종속되기 때문이다. 그렇다면 이것은 성령을 성자에게 묶어놓아서 성령의 자유를 제한시켜, 결과적으로 편협한 그리스도 중심적인 교리로 이끈다.

하지만 서방 교회는 동방 교회에게 다음과 같이 말했다. 곧 성자와 관련해서 성령이 독자적인 입장에 있는 것은 중보자(Mediator)인 그리스도의 사역에 중대한 결과들을 초래한다. 그렇다면 성령의 계시도 성육신한 말씀과 더불어 어느 정도의 독자성을 지닌다. 그리고 성부에게 이르는 두 길이 있다. 성자의 길을 걸어가는 이들은 성부를 아는 것을 배운다. 반면에 성령의 길을 따르는 이들은 하나님을 즐겁게 경험

---

29   참조. L. Visscher (ed.), 『하나님의 영: 그리스도의 영』(*Geist Gottes: Geist Christ*), 1981; H. G. Link (ed.), 『한 분 하나님, 한 분 주님, 한 분 성령』(*Ein Gott: ein Herr, ein Geist*), 1978. 15.

하게 될 것이다(참조. Bavinck, *R.D.* 2:284).

　　우리는 **필리오케**로 말미암아 성령론이 더욱더 발전하게 된 것을 고려할 필요가 있다. 우리는 이것에 대해서 감사할 수 있을 것이다. 교회는 다른 교리와 관련해 발생하는 질문의 경우처럼 필리오케 논의에서 더 많은 통찰을 얻게 되었다. 교회는 콘스탄티노플 공의회가 최종적인 권위를 가진 말을 지니고 있지 않다는 것을 이해했다. 문제의 핵심은 과연 **필리오케**를 포함하여 성자와 성령의 관계에 대해 말해주는 성경적인 근거들이 있는가다.

　　만약 성령이 성자로부터 나오지 않으신다면, 그리스도는 성령을 보내거나 부어주실 수 없을 것이다(요 15:26; 16:7; 행 2:33). 하나님은 그리스도 안에서 자기를 계시해주시는 것을 통해 자기 자신을 알려주셨다. 하나님은 그 하나님과 똑같은 분이시다. 따라서 우리는 하나님의 구원 사역을 위해 성령이 **시간 속에서** 성자에 의해 보냄을 받았다는 관점에 우리를 제한시킬 수 없다. 『순수 신학 개관』은 다음과 같이 올바로 지적한다. "성령이 시간 속에서 보냄을 받으신 것은 성령의 영원한 발생과 동일한 것은 아니지만, 그럼에도 성령이 보냄을 받은 것은 하나님의 세 위격들의 기원과 순서에 기초한다. 성령이 성부와 성자의 모든 것을 지니고 계시거나 혹은 성자를 통해서 성부의 모든 것을 지니고 계시고, 그 결과 성령은 [성부와 성자와] 동일한 방식으로 행동하고 일하시는 것처럼, 성령은 성자를 통해서 모든 것을 성부에게 다시 가져오신다"(*Synopsis*, 79 이하).

　　성령이 성부와 성자로부터 나오신다는 것은 중대한 의미를 지니고 있다. 곧 성령의 사역은 우리의 중보자인 성자의 사역과 하나 됨을 이룬다. 그리스도는 성령을 통해서 일하시고, 또한 성령이 하시는 일은 그리스도에게 초점이 맞추어져 있다.[30]

30　"그리스도의 사역으로 말미암아, 성령이 보냄을 받았다. 성령의 사역은 그리스도가 오는 것

　　　　　　　　　　　　　　　　　　　　개혁교회 교의학

우리는 성부에게 가까이 나아갈 수 있다. 왜냐하면 그리스도가 우리를 위해서 구원을 성취하셨으며, 또한 성령이 우리를 그 구원에 동참하도록 이끄셨기 때문이다. 성경은 그리스도를 통하지 않고서는 아무도 성부에게 나아갈 수 없다고 강조한다(요 14:6). 또한 성경은 성령으로 말미암지 않으면, 아무도 그리스도를 주로 믿을 수 없다고 분명하게 말씀하신다(고전 12:3).

따라서 하나님의 세 위격에 대한 교리는 실천적인 측면을 지니고 있다. 예수는 성령에 대해서 다음과 같이 말씀하신다. "그[성령]가 내 영광을 나타내리니 내 것을 가지고 너희에게 알리시겠음이라"(요 16:14). 우리가 잘 알고 있듯이, 전통적인 세례 의식에서 사용되는 문구는 이것을 다음과 같이 표현한다. "우리가 성령의 이름으로 세례 받을 때, 성령은 이 성례를 통해서 우리에게 다음 사항을 확신하게 한다. 곧 성령은 우리 안에 거주할 것이고, 그리스도의 지체가 되도록 우리를 거룩하게 할 것이며, 또한 우리가 그리스도 안에서 지니고 있는 것을 우리에게 적용할 것이다." **필리오케**를 인정하지 않는다면, 우리는 이와 같은 하나 됨을 잃어버릴 것이다. 따라서 정교회들의 영성 안에 두 가지 서로 분리된 길이 나타난다(참조. Wentsel, *Dogm.*, 3a:388). 곧 정통 교리의 길과 더불어 신비적인 경험으로 인도하는 길이 놓여 있다.

필리오케의 중요성이 충분히 인식되지 않을 때마다 서방 교회들 안에서도 정교회들의 경우와 비교할 만한 편견들이 나타날 수 있다. 어떤 이는 그리스도에 의해서 얻은 구원을 전적으로 강조함으로써 객관주의에 빠질 수 있다. 또 어떤 이는 성령의 사역을 통한 적용을 전적으로 강조함으로써 결국 주관주의에 이를 수 있다.

우리는 그리스도에 의한 구원의 성취와 성령에 의한 구원의 적용 사이

에 초점이 맞추어져 있다." A. A. van Ruler, 『로마 가톨릭교회와의 만남을 위한 종교개혁의 입장에 기초한 진술』(*Reformatorische opmerkingen in de ontmoeting met Rome*), 1965, 67.

의 구별과 관련해서 언제나 그리스도의 영으로서 성령이 모든 것을 적용한다는 사실을 의식해야 한다. 따라서 비록 구원의 성취와 그것의 적용이 서로 밀접하게 연결되어 있지만, 이 두 가지는 똑같은 것이 아니다.

12.4. 삼위일체 하나님이 행하시는 고유한 일들

하나님의 하나 됨은 신적인 세 위격이 그들의 행위들 안에서 분리할 수 없을 만큼 서로 밀접하게 연결되어 있다는 사실에서 명백히 드러난다.[31] 아우구스티누스는 아리우스의 추종자들을 논박하면서 다음과 같은 말씀을 언급했다. "아버지께서 행하시는 그것을 아들도 그와 같이 행하느니라"(요 5:19). 천지창조는 오직 성부만이 하신 일이 아니다. 왜냐하면 성자와 성령도 창조 사역에 동참했기 때문이다(참조. 요 1:3; 창 1:2). 화목은 오직 성자만의 고유한 사역은 아니다. 왜냐하면 성부와 성령도 그 사역에 동참하기 때문이다(고후 5:19; 히 9:14). 그리고 성화는 오직 성령만이 행하는 일은 아니다. 왜냐하면 성부와 성자도 신자들을 거룩하게 하는 일을 한다고 언급되기 때문이다(참조. 살전 5:23; 엡 5:26).

삼위일체 하나님의 외적인 일들은 서로 분리되지 않는다(*opera trinitatis ad extra sunt indivisa*). 우리는 신학적으로 매우 중요한 이 진술에 다음과 같이 덧붙여 말해야 한다. 그럼에도 세 위격의 내적인 질서뿐만 아니라, 세 위격을 서로 구분하는 것은 여전히 타당하다. 이 구분은 세 위격에게 각각 돌려지는 고유한 역할에 초점을 맞추는 것이다(*de appropriationes*).

우리는 경륜적 의미에서 하나님이 일하시는 방법(*modus operandi*)에 대해 숙고해보고자 한다. 우리는 경륜적 삼위일체(economical Trinity)가 사실상 존재론적 또는 내재적 삼위일체와 서로 어긋나지 않는다는 관점에서, 지금 경륜적 삼위일체에 대해 말할 수 있다. 하지만 우리는 경륜적 삼위일

---

31 참조. Augustinus, *De Trinitate*, 1.4.7.

개혁교회 교의학

체와 존재론적(내재적) 삼위일체가 마치 서로 일치하지 않는 것처럼 이해하는 경우를 종종 마주친다. 이 두 삼위일체는 오직 하나이며 서로 똑같은 것이다. 왜냐하면 하나님은 그분이 하시는 일들을 통해서 하나님이 실질적으로 존재하시는 것과 서로 다른 방식으로 자기 자신을 계시하시지 않기 때문이다. 따라서 경륜적 삼위일체는 존재의 삼위일체 또는 내재적 삼위일체를 전제한다. 삼위일체 하나님을 믿지 않으면서, 하나님이 일하시는 방식을 삼위에 기초하여 세 가지로 구분해서 인식하는 것은 성경의 가르침에 어긋나는 것이다.

1. 이미 교부 시대에 그리스어 신약성경에서 사용된 다양한 전치사들에 관한 언급이 있었다. 성부와 성자의 사역에 대해서(고전 8:6) 각각 "~에게서"(*ek*) 및 "~로 말미암아"(*dia*), 또한 성자와 성령의 사역에 대해서(엡 2:18) 각각 "~로 말미암아"(*dia*)와 "~ 안에서" 또는 "~로 말미암아"(*en*)가 사용된다는 것을 지적했다.[32] 만물이 성부에게서 나오고, 성자에 의해서 성취되며, 또한 성령에 의해서 완전하게 된다고 말하는 것은 삼위 하나님의 사역이 이와 같이 구분된다는 점을 묘사하려고 시도하는 것이다.

2. 중세 시대 이후, 삼위 하나님의 각각의 위격의 일하는 방식의 관점에서 보면, 신학자들은 권능이 성부에게 있고, 지혜는 성자에게 있으며, 또한 선함은 성령에게 있다고 했다(Thomas Aquinas). 칼뱅은 우리에게 다음과 같이 가르친다. 곧 우리는 성부가 모든 활동의 시작과 만물의 근원과 원천으로, 성자는 영원한 지혜로, 또한 성령은 그 활동의 능력과 효력으로 간주해야 한다(「제네바 교리문답」, 참조.『기독교강요』 1.13.18).

3. 우리가 「하이델베르크 교리문답」에서도 발견할 수 있는 것으로서, 루터는 삼위일체 하나님의 사역에 대해 다음과 같이 셋으로 이루어진 한 쌍(triad)을 제공해준다. 곧 성부 하나님과 우리의 창조, 성자 하나님과 우리의 구속, 또한 성령 하나님과 우리의 성화다. 루터는 자신의 대요리문답

32　또한 참조. A. A. van Ruler, 『율법의 성취』(*De vervulling can de wet*), 1947, 182-184.

에서 신앙 전체를 하나님의 세 위격과 상응하게끔 해서 세 가지 주요 조항으로 간결하게 요약한다. 우리가 믿는 모든 것은 삼위일체 하나님께 초점이 맞추어져 있다. "믿음은 다음과 같이 간결하게 요약될 수 있다. 나는 나를 지으신 하나님 아버지를 믿는다. 나는 나를 구속하신 아들이신 하나님을 믿는다. 또한 나는 나를 거룩하게 만들어가시는 성령 하나님을 믿는다"(*BSLK*, 647).

이것은 「벨기에 신앙고백서」가 우리를 위한 삼위 하나님의 각각의 고유한 사역에 대해 다음과 같이 말하는 것과도 일치한다. "성부는 그분의 권능으로 말미암아 우리의 창조주라고 불리신다. 성자는 그분의 피로 말미암아 우리의 구주와 구속자라고 불린다. 또한 성령은 우리 안에 거하시므로 말미암아 우리를 거룩하게 변화시키는 분이라고 불린다"(「벨기에 신앙고백서」, 제9조).

우리는 칼 바르트가 창조자로서의 하나님, 화해자로서의 하나님, 또한 구속자로서의 하나님(*C.D.* 1.1.441-560)이라고 말하는 것을 선호했다는 점을 지적하면서 이 항목을 마무리하고자 한다. 몇몇 학자들도 그의 접근 방법을 뒤따랐다. 우리는 다음과 같은 이유에 근거해서 바르트의 이와 같은 접근 방법을 반대할 수 있다. 곧—삼위 하나님의 각각의 위격의 일하는 방식의 관점에서 보면—성령의 사역은 인간이 성자 안에서 성부의 사역을 받아들이게 하는 역할을 해서 인간인 하나님을 위한 인간이 되게 하는 것이다. 하지만 성령의 이 사역은 이전부터 사용되어온 "성화"라는 용어에 의해서 여전히 가장 훌륭하게 묘사된다(참조. **Weber**, *Foundations*, 1:394). 우리는 이 개념과 관련해서 루터의 다음과 같은 언급을 머릿속에 떠올릴 수 있을 것이다. "그러므로 성화는 우리 스스로 얻을 수 없던 것을 받기 위해서 모든 것을 주 그리스도에게로 가져가는 것을 의미하는 것에 지나지 않는다"(*BSLK*, 654).

12.5. 삼위일체 교의의 중요성

1. 하나님이 삼위일체라는 것은 하나의 신비인 것처럼, 우리는 하나님이 행하시는 모든 것에서 신비를 만난다. 우리는 하나님의 경륜과 관련해서 "깊도다! 하나님의 지혜와 지식의 풍성함이여, 그의 판단은 헤아리지 못할 것이며 그의 길은 찾지 못할 것이로다"(롬 11:33)라고 시인하지 않을 수 없다. 또한 우리는 성육신에 대해 숙고하면서 우리의 신앙을 이렇게 고백한다. "크도다! 경건의 비밀이여…그[하나님]가 육신으로 나타나셨다"(딤전 3:16).

2. 삼위일체 교리는 우리에게 하나님의 생명의 부요함에 대한 인상을 심어준다. 하나님은 단순히 존재 그 자체나 또는 존재의 근원이 아니다. 또한 하나님은 단지 최고의 선이나 또는 최상의 존재가 아니다. 오히려 하나님은 살아 계신 하나님이시다. 그에게는 자비가 넘친다. 하나님은 자기 안에서 가장 친밀한 사귐을 맺는 분이다. 하나님은 사랑이시다. 시간 속에서 하나님이 사랑과 은혜를 베푸시는 행위의 배후에는 하나님의 영원한 사랑이 있다.

3. 삼위일체 하나님과 그분의 사역에 대한 지식은 찬양과 매우 밀접하게 연결되어 있다. 우리는 우리 주 예수 그리스도의 하나님과 아버지를 복되다고 일컫고 그분을 찬양한다. 그 하나님은 그리스도 안에서 우리를 선택하셨고, 그분의 사랑하시는 아들 안에서 우리에게 은혜를 베푸셨다. 성령은 신자들을 하나님의 자녀로 인을 친다. 또한 성령은 신자들이 장차 하나님 나라를 물려받을 것이라고 보증한다. 이 모든 것은 삼위일체 하나님을 찬양하도록 이끈다(엡 1:3-14).

4. 구속과 관련된 모든 것은 삼위일체적인 특성을 지닌다. 우리는 이 점에 대해서 신학적으로 표현할 필요가 있다.

오직 말씀만이 육신이 되었다. 하지만 하나님의 아들의 성육신 사건은 삼위일체 하나님이 공동으로 하신 일이다. 왜냐하면 성부는 성자를 보냈고, 성자는 성령에 의해서 잉태되었기 때문이다.

삼위일체 하나님의 사역은 하나님과 우리 사이에 올바른 관계를 회복시킨다. 죄로 말미암아 하나님과 우리 사이의 올바른 관계는 깨어지고 말았다. 개혁파 신학은 구속언약에 대한 교리를 발전시켰다(§ 15.2을 보라). 삼위 하나님의 하나 됨은 우리의 구원이 삼위일체 하나님의 영원한 구원 계획에 의해서 보증된다고 넌지시 알려준다.

우리는 죄인들의 칭의와 관련해서 성부, 성자, 성령의 사역을 인식할 수 있다. "완전한 사랑으로부터 [하나님은] 그분의 아들을 우리를 위해서 죽음에 내어주셨다. 또한 [하나님은] 우리의 칭의를 위해서 그분의 아들을 [죽음에서 일으키셨다].…그리스도는 십자가의 나무 위에서 자기 자신을 [내어주었다]. 또한 그는 우리의 죄를 씻으려고 그의 보배로운 피를 [흘렸다].…성령은 이 위대한 신비에 대한 참 지식을 [우리에게 알려주려고] 우리의 마음속에 올바른 신앙이 생기게 한다." 우리는 바로 이 믿음으로 우리의 의로움, 곧 그리스도를 영접한다(「벨기에 신앙고백서」 제 20-22조).

삼위일체의 관점에서 볼 때, 교회는 하나님의 백성, 그리스도의 몸과 성령의 전이다.

삼위 하나님의 이 세 위격이 각각 우리를 위해서 행하는 고유한 사역이 있다. 이것이 바로 우리가 믿고 경험하는 것이다(참조. 「벨기에 신앙고백서」 제9조). "우리는 우리 자신이 성부의 자녀이고, 성자에 의해서 구속되었으며, 또한 성령을 통해서 성부 및 성자와 가장 친밀한 사귐을 맺는다는 것을 알고 있다"(Bavinck, *R.D.*, 2;334).

5. 삼위일체 교리가 사변적인 것이라고 말할 수 없다. 그 교리는 사변의 결과로 빚어진 것이 아니고, 사변을 권장하지도 않는다. 하지만 우리는 신학 서적이나 철학 서적에서 매우 사변적인 관점들 몇 가지를 발견할 수 있다. 예를 들면, 헤겔이나 바우어(F. C. Baur)의 사변적인 관점들을 발견할 수 있다.

스콜라 신학도 사변으로부터 벗어나지 못했다. 바르트만(Bartmann)은

                                          개혁교회 교의학

삶을 위해서 삼위일체 교리가 지니고 있는 가치와 중세의 신비주의에 대해 논하면서 다음과 같은 것을 지적한다. [그 신비주의에 의하면] 우리의 영혼의 초자연적인 생명은 하나님의 삼중적인 삶을 반영한다. 성부에 의해서 성자가 영원히 출생한 것과 똑같이, 시간 속에서 성자는 마리아에게서 인간의 본성을 취해서 두 번째로 태어나는 것을 원했고, 또한 이제 어떤 그리스도인의 영혼 안에서 세 번째로 태어나기를 영적인 방법으로 바란다. 초기의 신비주의는 이것을 우리의 영혼 안에서 하나님이 태어나는 것이라고 언급했다.[33]

과연 이 세상에 삼위일체에 대한 유비들이 있는가? 아우구스티누스의 견해에 의하면, "비교할 수 없는 비유들"이 있다. 그는 이것을 삼위일체에 대한 흔적들이라고 부른다. 그는 이 문제에 대해서 대단히 많은 관심을 기울인다. 이것은 그가 인간을 하나님의 형상으로, 또한 세상을 하나님의 창조물로 이해하는 것을 반영한다. 우리는 하나님의 형상대로 지음을 받았기 때문에, 인간의 마음에서 하나님의 보이지 않는 것들을 인식할 수 있다(참조. Polman, 1965, 234-247).

신학자들은 창조세계, 문화, 역사, 종교 및 심리학의 영역 안에서 유비들을 찾으려고 시도해왔다(참조. Barth, *C.D.*, 1.1.383-389). 칼뱅은 이와 같은 시도들을 회의적인 시각으로 바라보았던 신학자 중 한 명이다. 그는 인간의 삶 속에서 유비들을 찾으려는 시도가 타당한지에 대해서 의심했다. 그는 인간의 영혼 안에 지성(이해력), 의지 및 기억이 존재하기 때문에 그것이 삼위일체를 반영한다는 아우구스티누스의 견해들을 결코 건전한 것으로 인정할 수 없다고 생각했다(Calvin, 『기독교강요』 1.13.18; 1.15.4).

우리는 몰트만의 저서에서 삼위일체의 흔적들을 찾으려고 시도하는 최근의 형태를 확인할 수 있다. 그는 카파도키아 교부들이 시도했던 방법을 확대시켰다. 곧 그는 세 위격이신 한 분 하나님을 어떤 의미에서 오직

---

33 B. Bartmann, 『교의학 개요』(*Grundriss der Dogmatik*), 1931, 51-53.

하나의 (인간) 존재에 참여하는 세 사람과 비교했다. 몰트만은 사회적 인격주의(social personalism)로 발전되어가도록 이끌어주는 것으로서 삼위일체에 대한 사회 교리(social doctrine)를 추구했다. 그의 견해에 의하면, 삼위일체 교리를 통해서 교회는 권위주의적인 통치로부터 자유롭게 된 하나의 신앙 공동체다. 삼위일체적인 신앙 공동체는 가부장적인 사회가 아니라 "인간적인" 사회를 위한 하나의 모델로서 섬긴다(참조. Moltmann, 1980, 192-200).

과연 이 견해는 삼위일체 하나님에 대한 신앙의 결과인가 아니면 개인적인 사변인가? 비록 우리는 몰트만이 우리와 삼위일체 하나님과의 관계에 초점을 맞추려고 시도했다는 것을 인정하지만, 이 질문에 대답하는 것은 어렵지 않다. 그가 삼위일체 하나님이 [모든 사람을] 하나 됨으로 초대한다는 것에 대해서 말한 것은 이와 같은 하나 됨의 초대를 의미한다.[34]

6. 몰트만은 성부, 성자, 성령의 하나 됨은 신자들, 인류 및 모든 창조물의 하나 됨을 위한 기회를 제공해준다고 주장한다. 또한 그는 이와 같은 연관성 안에서 세례 받는 것을 언급한다. 하지만 삼위일체 하나님의 초대와 그 하나님과 가장 친밀한 사귐을 맺는 삶이라는 의무를 지닌 것으로서, 아버지와 아들과 성령의 이름으로 세례를 받는다고 해석하는 것이 더 좋을 것이다.

우리의 전통적인 세례 의식은 다음과 같이 우리로 하여금 세례의 밑바탕에 있는 약속과 요구들에 관심을 기울이게 한다. 곧 "우리는…이 한 분 하나님, 곧 아버지와 아들과 성령에게 꼭 붙어 있고,…그분을 신뢰하며 사랑하라는 권고를 받았습니다." 이것은 하나님이 우리와 맺으신 언약에 의해서도 암시된다.

교회에서 예배드릴 때 모든 신자들은 삼위일체 하나님에 대한 신앙을 고백한다. 곧 사도신경이나 「니케아-콘스탄티노플 신조」는 삼위일체 하나

34　J. Moltmann, in *Concilium*, 1985, 47-54.

　　　　　　　　　　　　　　　개혁교회 교의학

님에 대한 신앙에 기초한다.

그리고 예배의 맨 마지막에 대체로 설교자는 온 회중을 위해 삼위일체 하나님의 이름으로 다음과 같이 축복 기도를 드린다. "주 예수 그리스도의 은혜와 하나님의 사랑과 성령의 교통하심이 너희 무리와 함께 있을지어다"(고후 13:13).

말씀 사역은 구원 계획, 구원의 성취 및 구원의 적용과 관련해서 삼위일체 하나님의 위대한 사역들을 반드시 선포해야 한다. 삼위일체 신앙에 기초한 설교를 하지 않는다면, 그것은 심각한 편견들을 불러올 것이며, 또한 강력한 영적인 리더십을 발휘하는 것을 불가능하게 할 것이다.[35]

과거와 마찬가지로, 삼위일체 하나님에 대한 신앙은 찬양과 경배를 통해서 표현된다. 그와 같은 찬양과 경배에서 삼위 하나님을 가리키는 "당신"(Thou)은 세 번 언급되지만, 그럼에도 그분은 한 분 하나님이시다. "테 데움 라우다무스"(*Te Deum laudamus*, 당신 하나님을 우리는 찬양합니다)는 이것에 대한 잘 알려진 예다.

무한한 위엄을 지니신 성부,
  당신의 존귀하고 참된 유일한 성자,
또한 위로자 성령,
  당신은 영광의 왕, 오! 그리스도여,
당신은 성부의 영원한 아들.

7. 신학적이고 실천적인 관점에서 삼위일체 교리는 대단히 중요하다. 칼뱅이 『기독교강요』에 결정적인 형태를 부여했을 때, 그는 자신의 교의학 저서를 위해서 삼위일체 구조를 빌려왔다.

몇몇 신학자들은 자신들의 교의학의 맨 뒷부분에서 삼위일체에 대해

---

35 참조. W. *Kremer*, 『제사장적인 설교』(*Priesterlijke prediking*), 1976, 23 이하.

논의한다. 하지만 이것은 장점을 전혀 지니고 있지 않다. 우리는 『신앙고백의 기초들과 관점들』(*Fundamentals and Perspectives of Confession*, 1949)과 『새 교리문답』(*the New Catechism*, 1966)에서도 삼위일체 교리가 맨 뒤에 배열된 것을 볼 수 있다. 우리는 아버지와 아들과 성령을 하나님으로 부르기 위해서 마지막 부분에 이르기까지 기다릴 필요가 없다. 왜냐하면 바로 하나님 자신이 이와 같이 계시해주셨기 때문이다. 삼위일체 교리를 맨 뒤에 위치시키는 것은 다음과 같은 오해로 이어질 수 있다. 곧 우리는 영원한 존재의 삼위일체 교리와 관련해서 중립적인 입장에 머무를 수 있다. 『새 교리문답』은 신중한 자세에 대해서 말한다. 하지만 신중한 자세는 하나님에 대해 말하는 모든 것과 하나님에게 말하는 모든 것에도 요구된다.

신론에 대해서 신학이 "우리가 모두 믿고 있으며 또한 의심의 여지가 없는 기독교 신앙"(「하이델베르크 교리문답」 제7주일, 제22답변)을 제대로 제시하지 못할 때, 기독론과 성령론도 그릇된 방향으로 나아갈 것이다. 삼위일체 교리는 기독론, 성령론 및 구원론의 기초다. 교리사의 관점에서 볼 때, 기독론은 삼위일체의 머릿돌이다.

우리는 바빙크의 『개혁파 교의학』에서 명료하게 표현되어 있는 다음 몇몇 구절들(Bavinck, *R.D.*, 2:333)을 인용하며 이 항목을 마무리하고자 한다. 또한 바르트도 이 구절들을 인용한다(Barth, *C.D.*, 1.1.347). "기독교 신앙의 전체 체계, 모든 특별계시는 삼위일체 하나님에 대한 신앙고백과 더불어 세워지거나 무너진다. 그것은 기독교 신앙의 핵심이고, 모든 기독교 교의학의 뿌리이며, 또한 새 언약의 기본 내용이다. 따라서 그리스도인들은 바로 앞서 언급한 것에 관심을 기울였고 이것은 교회의 삼위일체 교리가 발전하는 데 기여했다. 이 발전과 관련되어 있는 것은—이것은 더 강조될 필요가 있다—어떤 형이상학적인 이론이나 철학적인 사상이 아니라 바로 기독교의 본질 자체인 것이다. 자신이 그리스도인이라고 불리는 것이 가치가 있다고 평가한 이들은 모두 이 점을 강력하게 의식했다. 그래서 그들은 모두 일종의 삼위일체를 인정하고 믿는다. 모든 기독교 신조와 신학 체계에서 가장 심오한 질문은 어떻게 하나님이 한 분이시면서, 동시에 세 위격으로 존재하시는가에 대한 것이다. 기독교의 진리는 모든 부분에서 어떻게 이 질문에 대답하는가에 그 진위 여부가 달려 있다. 우리는 삼위일체 교리 안에서 인류의 구원을 위한 하나님의 계시 전체의 심장이 뛰는 것을 느낀다."

§ 13. 하나님의 완전성

13.1. 머리말

하나님 안에 생명의 충만함이 있다. 이것은 인간의 모든 개념을 초월한다. 우리가 하나님을 전능하시고 자비로우신 하나님과 그분의 백성의 아버지라고 부를 때, 하나님에 대해서 더 많은 것을 말할 수 있다. 곧 하나님은 전능하시고 자비로우시며, 거룩하시고 선하시며, 영원하시고 의로우시며, 또한 그 이상을 말할 수 있다. 하나님의 측량할 수 없는 완전성은 완전성의 다양함 안에서 나타난다. 만약 하나님에 대한 진리를 말하기 위해서 하나님의 속성의 완전함을 모두 열거하고 묘사해야 한다면, 차라리 침묵하는 것이 가장 좋을 것이다. 만약 우리가 신학적인 견해들을 제쳐놓고, 단지 성경이 하나님에 대해서 말하는 것을 요약하는 데만 초점을 맞춘다고 하더라도 여전히 이 문제점은 남아 있다. 우리는 또다시 하나님에 대한 우리의 지식은 전적으로 불충분하다는 사실을 깨닫는다. 그렇지만 하나님에 대한 참된 지식에 이르는 것이 불가능한 것은 아니다.

우리는 하나님에 대한 올바른 지식을 얻으려는 시도와 관련해 다음 세 가지 특별한 접근 방법을 취하는 것을 의식적으로 피해야만 한다. 첫째, 인간의 속성과 하나님의 속성 사이의 관계에 기초해서 탐구하려는 시도다. 곧 인간은 지혜롭지만, 하나님은 전적으로 지혜로우시다(탁월의 방식[*via eminentiae*]). 둘째, 인간은 죽을 수밖에 없지만, 하나님은 영원하시다(부정의 방식[*via negationis*]). 셋째, 인간의 사랑은 하나님의 사랑에 빚을 지고 있다(인과율의 방식[*via causalitatis*]). 우리는 인간의 지혜나 사랑으로부터 추론해서 하나님의 지혜나 사랑에 이를 수 없다. 또한 인간의 지혜나 사랑에서 출발해서 하나님에게 최상의 지혜나 사랑이 있다고 추론할 수 없다. 왜냐하면 하나님의 다양한 완전성은 단순히 인간의 다양한 속성의 최상급이 아니기 때문이다. 따라서 우리가 받아들이고 신뢰할 수 있는 오직 하나의 접근 방법은 바로 하나님의 계시에 기초한 것이다(계시의 방식[*via revelationis*]).

모든 성경은 하나님과 그분의 완전성의 다양함에 대한 찬양으로 이해할 수 있다. 이 점에 대해 칼뱅과 더불어 말하자면, 몇몇 성경 구절들은 우리에게 하나님에 대해 더 분명하게 설명해준다. 그 구절들에는 어떤 이미지를 통해서 보는 것처럼 하나님의 참 모습이 나타나 있다(Calvin, 『기독교강요』 1.10.2). 우리는 특히 출애굽기 34:6과 시편 145편을 언급할 수 있을 것이다. "그 성경 구절들 안에 하나님의 모든 속성이 정확하게 요약되어 있어서, 아무것도 생략되지 않은 것처럼 보일 것이다."

가장 최근의 신학은 우리가 창조와 재창조 사역에서 하나님이 행하시는 일들로부터 그분의 속성과 완전성을 알 수 있다고 강조한다. 그래서 미스코터는 시편 92:2-5을 언급한다. 우리는 이와 같은 행위들에서 공의로우시고 자비로우신 하나님을 만난다. 그리고 하나님이 행하시는 최상의 행위는 하나님의 아들을 보내시는 것, 곧 메시아가 이 세상에 와서 죽임을 당하지만 부활하는 것이다. 하나님은 아들 안에서 충만히 존재하시고, 또한 그 아들은 하나님의 속성과 하나 됨을 이루고 있다. 왜냐하면 아들은 하나님의 이름을 계시했기 때문이다(Miskotte, 1941, 90-97). 초기의 개혁파 신학은 이것보다 더 나아가는 경향을 보여주었다.[36] 곧 하나님에 대한 교의는 반드시 어떻게 하나님이 자기 자신을 그리스도 안에서 계시하셨는지를 반영해야 한다는 것이다. 여기서 교의학 연구는 다소 성경 사전과 공통점을 지니고 있는 것 같다.

우리의 신앙고백은 하나님의 속성 또는 완전성에 대한 일련의 목록을 제시한다(「벨기에 신앙고백서」 제1조). 이것은 다음과 같은 질문을 제기한다. 어떻게 우리는 성경의 빛에 비추어서 이 속성들을 해석해야 하는가? 또한 하나님의 단순성, 영적인 존재, 영원성 등 그밖에 언급된 속성들은 과연 무엇을 의미하는가?

이 신앙고백서 제1조의 시작 부분은 타당하게 표현된 것인가? 하나님의 단순성은 어떤 철학적인 요소를 지닌 것은 아닌가? 이 속성뿐만 아니라 영원성, 무한성 및 다른 속성들의 경우에서도 하나님의 선언들이 지니고 있는 의미를 설명하기 위해서 신학적인 탐구는 단순히 성경 구절들만 인용하는 것에 국한되어서는 안 된다는 것이 밝혀질 것이다.

이제까지 "완전성", "특성" 및 "서술적 묘사"(predications) 같은 단어들이 서로 바꾸어 사용할 수 있는 것처럼 사용되었다. 또한 "탁월함", "속성"과 "성품" 같은 용어들도 있다. 우리는 하나님이라는 존재에 관한 명칭들을 다루고 있다. 우리는 이 명칭들을 이미 삼위 하나님의 역할 및 위격에 대한 이름들과 서로 구별했다(§ 11).

신학은 한 가지 유형의 이름에 자신을 국한시켜서는 안 된다. 이것은 언제나 비판을 받을 수 있기 때문이다. 어떤 고유한 특성은 항상 부차적인 특성으로 취급될 수 있다. 반면에 탁월함의 경우에는 윤리적인 측면이 두드러진다. 우리는 바르트와 다

---

36 Bavinck의 『개혁파 교의학』에 대한 Bremmer의 비판을 참조하라. Bremmer는 성경적인 개념들과 철학적인 주제들, 특히 Thomas Aquinas의 주제들이 서로 혼합되어 있다고 말한다. R. H. Bremmer, 『교의학자로서의 헤르만 바빙크』(*Herman Bavinck als dogmaticus*), 1961, 196.

른 학자들을 따라서 "완전성"이라는 용어를 사용하는 것을 선호하고자 한다. 어떤 이들은 본질적인 속성에 대해 말하기 위해서 때때로 하나님은 바로 그분의 속성들**이다**라고 말했다. 인간은 사랑할 수 있지만, 반면에 하나님은 바로 사랑**이시다**. 이것은 하나님이 전적으로 사랑이시라는 것을 의미한다. 이와 비슷하게 하나님은 전적으로 거룩하시고, 또한 전적으로 지혜로우시다. 어떤 것이 하나님에게 있을 때마다, 그분은 전적으로 그러하시다. 따라서 하나님의 다른 완전한 속성들을 기억하지 않은 채 하나님의 완전성 중 오직 한 가지만 깊이 생각해서는 안 된다. 하나님의 공의와 자비 또는 거룩함과 사랑은 서로 전혀 대립 관계에 있지 않다.

하나님의 모든 완전성이 서로 하나 됨을 이루고 있다는 점은 그것들을 서로 동일시해서도 안 되지만, 또한 그것들을 결코 서로 분리시키거나 또는 서로 명확하게 구분해서는 안 된다는 것을 지지해주는 한 가지 이유다. 우리가 하나님을 우리의 전능하시고 자비로우신 하나님 아버지라고 부를 때, 그것은 하나님의 전능이 그분의 자비와 동일하다는 것을 의미하지 않는다. 그분은 전능하시지 않거나 또는 자비로우시지 않은 하나님이 아니라 그분은 전능하시며 **또한** 자비로우시다. 우리는 분명히 하나님의 다양한 완전성을 구별하는 것을 통해서 하나님을 훨씬 더 잘 알게 된다.

이제 다음과 같은 질문이 제기된다. 과연 하나님의 다양한 완전성 또는 속성들을 서로 구분해서 표현할 수 있는 것인가? 그것들은 부정적인 속성들과 긍정적인 속성들로(로마 가톨릭), 절대적인 속성들과 상대적인 속성들로(루터파), 또한 비공유적인 속성들과 공유적인 속성들로(개혁파) 구분되었다. 대체로 이 체계들은 로마 가톨릭, 루터파 및 개혁파의 전통들에서 각각 두드러지게 나타난다. 하지만 그 체계들 사이의 차이점들은 중대한 것들이 아니다.

하지만 최근의 개혁파 신학은 그와 같은 구분에 대해서 비판적이다(참조. Honig, *Handboek*, 183-185; Heyns, *Dogm*., 61).

하나님에게 인간이 있는 그대로 공유할 수 있는 속성들은 실질적으로 존재하지 않는다. 하나님의 거룩함은 흔히 공유할 수 있는 속성들의 목록에 포함되었다. 하지만 "거룩하신 이"로서 하나님은 모든 창조물과 전적으로 다르시다. 하나님의 지혜와 선하심과 인간의 지혜와 선함 사이에는 본질적인 차이가 있다. 나아가 하나님께 속

개혁교회 교의학

하는 모든 것과 인간에게 속하는 모든 것 사이에도 본질적인 차이점이 있다. 주어가
서술어를 결정한다!

하나님의 다양한 완전성을 완전하게 만족시켜주는 분류 체계는 전혀 없다. 따라
서 우리는 바르트와 베버가 옹호하는 분류들, 곧 하나님의 사랑의 완전성과 하나님
의 자유의 완전성과 관련해서도 유보적인 자세를 지녀야 한다.

하나님의 이름들이 서로 관련지어져 등장하는 기도들이 있다. 예를 들
면, 우리의 전통적인 세례 의식에서 감사 기도를 드리면서 하나님을 "전능
하신 하나님과 자비로우신 아버지"라고 부른다.

이와 같은 예들이 성경 본문들에도 나타난다. 그 본문들에는 하나님의
존재와 관련된 다양한 이름이 함께 언급된다. 어떤 시편 구절들은 "여호와
는 은혜로우시고 자비로우시도다"(시 111:4), 또한 "그의 이름이 거룩하고
지존하시도다"(시 111:9)라고 말한다. 호세아 11:12에서 하나님은 "신실하
시고 거룩하신 자"라고 언급된다.

베르크호프는 하나님의 **초월성**과 **낮아지심**(condescendence), 하나님의 지극히
높으심과 자기를 낮추심의 관계를 올바르게 말한다. 낮아지심 또는 자기를 낮추심
은 흔히 하나님의 임재라고 불리는 것과 같은 게 아니다(Berkhof, *C.F.*, 113-126).

우리는, 이전에는 하나님의 초월성이 두드러지게 종종 언급되었지만, 현대 신학
에서는 하나님의 낮아지심이 강조된다고 주장할 수 있다. 우리에게 경계심을 불러
일으키는 것으로서, 현대 신학의 이와 같은 경향은 많은 이들에게 하나님의 초월성
을 부인하는 것을 초래했다. 그와 같은 경향은 초월성의 개념에 적용될 뿐만 아니라
초월성을 가리킨다고 이해되었던 성경의 내용에도 적용된다.[37] 한편 바르트는 하나
님의 초월성이 그의 임재 안에서 실현된다고 이해한다. 베르크호프의 견해에 의하

---

[37] G. C. van Niftrik, 『오늘날의 사건들의 추이 속에서의 하나님의 존재』(*Het bestaan van God
in de kentering van deze tijd*), 1971, 7-16, 84-104.

면, [하나님의 속성 중] 낮아지심의 측면이 우세하다. 하나님은 모든 사람을 위한 하나님이라는 것을 강조하신다. 그분은 인간의 파트너이시고, 인간은 하나님의 파트너다. 어떤 이들은 한 걸음 더 나아가서 심지어 하나님이 인간을 필요로 하신다고 주장하기까지 한다. 그리고 과정 신학(process theology)에서는 하나님은 더 이상 세상의 온갖 발전 과정으로부터 독립적인 존재로 이해되지 않는다(참조. Erickson, *Chr. Th.*, 279-281).

교회사와 신학사는 하나님의 계시에 반대해서 하나님의 형상을 만드는 것이 가져오는 커다란 위험성을 알아야 한다고 우리를 가르친다.

성경은 하나님이 지극히 높은 곳에 계실 뿐만 아니라, 또한 가까이 계신다고 말한다. 이 사실은 우리를 많이 위로해준다. 우리는 이사야서에서 다음과 같은 말을 듣는다. "지극히 존귀하며 영원히 거하시며 거룩하다 이름하는 이가 이와 같이 말씀하시되 '내가 높고 거룩한 곳에 있으며 또한 통회하고 마음이 겸손한 자와 함께 있나니 이는 겸손한 자의 영을 소생시키며 통회하는 자의 마음을 소생시키려 함이라'"(사 57:15). "하늘은 나의 보좌요 땅은 나의 발판이니…내 손이 이 모든 것을 지었으므로 그들이 생겼느니라. 무릇 마음이 가난하고 심령에 통회하며 내 말을 듣고 떠는 자 그 사람은 내가 돌보려니와"(사 66:1-2). 다니엘이 기도할 때마다 하나님은 그에게 "크시고 두려워할 주 하나님, 주를 사랑하고 주의 계명을 지키는 자를 위하여 언약을 지키시고 그에게 인자를 베푸시는 이"(단 9:4)시었다.

하나님의 말씀을 들을 때마다, 우리는 반드시 언제나 하나님의 초월성과 낮아지심을 동시에 생각해야 한다. 우리가 하나님은 거룩한 사랑이라고 말할 때에도 그분의 초월성과 낮아지심에 대해 말하는 것이 가능하다. 곧 거룩하신 하나님은 지극히 높은 곳에 계시지만, 우리를 사랑하시는 하나님은 우리에게 가까이 다가오신다.

하나님은 거룩하시다. 시편 저자는 시편 99편에서 하나님이 거룩하시다고 세 번(시 99:3, 5, 9) 고백한다. 또한 이사야서에 의하면, 하늘의 스랍들도 "거룩하다, 거룩하다, 거룩하다, 만군의 여호와여"(사 6:3)라고 찬양한다. 하나님에 대해 단지 구약성경에서만 이와 같이 언급되는 것이 아니다. 요한계시록 4:8에서 하늘에서 네 생물도 "거룩하다, 거룩하다, 거룩하다, 주 하나님 곧 전능하신 이여, 전에도 계셨고 이제도 계시고 장차 오실 이시라"고 찬양한다. 그리고 "하나님은 사랑이시다"(요일 4:8, 16). "우리가 아직 죄인 되었을 때에 그리스도께서 우리를 위하여 죽으심으로 하나님께서 우리에 대한 자기의 사랑을 확증하셨느니라"(롬 5:8). 단지 신약성경만 하나님에 대해서 우리에게 이와 같이 알려주는 것이 아니다. 왜냐하면 그리스도가 이 세상에 오기 이전에도, 하나님은 사랑과 은혜의 하나님으로서 자기 자신을 계시해주셨기 때문이다.

헨드리쿠스 베르크호프는 다음과 같이 믿는다. 곧 우리는 하나님의 거룩함과 사랑뿐만 아니라, 또한 그분의 전능성과 불변성도 잊지 말아야 하지만, 그와 같은 속성들을 하나님이 자기를 보호하지 않으시며 또한 변화하실 수 있다는 것과도 나란히 취급해야 한다. 베르크호프에 의하면, 하나님은 거룩한 사랑이실 뿐만 아니라, 지극히 높으시지만 자기를 방어하지 않기도 하시고, 또한 신실하지만 변화하실 수도 있다. 그러면서 그는 하나님의 초월적인 속성들이 그분의 낮아지심과 관련된 속성들을 거의 완벽하게 압도하는 초기의 신학 사상을 거부한다. 그 반대의 경우가 베르크호프에게는 참이다. 우리는 자기를 방어하지 않는 초월성과 변화의 가능성이 있는 신실성이라는 하나님의 속성에 대한 베르크호프의 견해에 동조하지 않는다. 왜냐하면 성경은 그와 같은 견해를 전혀 지지해주지 않기 때문이다.

일단 하나님의 거룩한 사랑에 대해서 탐구하고 나서, 「벨기에 신앙고백서」(제1조)에 기초해서, 우리는 덜 체계적이며 인위적인 접근 방법을 따르고자 한다. 하나님의 완전성 또는 속성과 관련해서 우리에게 가장 중요한 것은 이 명칭들에 대한 성경적인 개념을 이해하는 것이다. 우리는 이전 및 오늘날의 신학적인 관점들을 무시할 수 없다. 하지만 우리는 필요한 경우마다 그것들을 신중하게 살펴볼 것이다.

13.2. 하나님은 거룩한 사랑이시다

우리는 다른 어떤 속성에 앞서 맨 먼저 하나님은 사랑이시라는 사실에 초점을 맞추고자 한다. "하나님은 사랑이시라"(요일 4:8, 16)는 요한의 선언은 하나님에 대해서 아무런 정의도 제시하지 않는다. 또한 그는 하나님은 빛이시라고 선언한다. 이 선언은 하나님에 대한 가장 심오한 진술 중 하나다.

1. 하나님의 사랑은 비교할 수 없고 측량할 수 없다. 성경은 사실상 하나님의 사랑과 아버지, 어머니 또는 배우자의 사랑 등을 서로 비교한다(시 103:13; 사 49:15; 호 1-3장). 하지만 비교할 수가 없는 하나님의 사랑은 비교할 수 있는 모든 사랑을 능가한다. 우리가 사랑에 대한 우리 자신의 개념을 무한대로 끌어올린다고 해도, 우리는 하나님의 사랑을 정의할 수 없다. "사랑의 개념이 하나님이 어떤 존재인지를 결정하는 것이 아니라, 오히려 하나님께서 사랑이 무엇인지를 결정하신다"(Berkhof, *C.F.*, 129). 우리는 인간의 관점에서 출발하는 것이 아니라 하나님의 관점에서 출발해야 한다. 성부는 세상의 기초를 놓으시기 이전부터 그분의 아들을 사랑하셨다. 삼위 하나님은 서로 완벽하게 사랑하신다. 따라서 하나님은 그분의 사랑을 나타내기 위해서 인간을 필요로 하지 않으신다.

하나님의 사랑의 특징은 바로 사랑을 베푸는 것이다. 하나님은 자기 자신을 주신다. 그분은 사랑 안에서 우리와 친밀한 사귐을 갖기를 원하신다. 하나님은 그 사귐을 통해서 우리의 삶이 그분의 사랑으로 풍성해지기를 바라신다.

2. 하나님의 사랑은 절대 주권적인 사랑이다. 만약 이 사실을 염두에 두지 않는다면, 우리에게는 하나님의 사랑을 인간화할 위험성이 있다. 하나님의 사랑은 하나님 밖에 있는 다른 어떤 것에 뿌리를 내리고 있는 것이 아니라 바로 하나님 자신 안에 기초한다.

호세아 14:4에서 하나님은 "내가 기쁘게 그들을 사랑하리니"라고 말씀하신다. 예배 의식에서 사용되는 몇몇 기도들은 하나님의 무한한 자비에 대해서 언급한다. 예부터 전해오는 표현을 빌리자면, 하나님은 그분 자신으로부터 우리를 사랑해야 할 이유들을 끄집어내신다. 우리가 먼저 하나님께 사랑을 요청하지 않았다. 우리에게는 하나님의 사랑을 받을 만한 자격이 없다. 또한 우리는 스스로 어떤 대가를 치르고서 하나님의 사랑을 얻을 수 없다. 하나님은 스스로 먼저 우리를 사랑하신다. 그 사랑은 하나님께로부터 우리에게 일방적으로 온다. 하나님의 사랑은 선택하는 사랑이다(참조. 신 7:7). 하나님의 사랑은 구별하는 사랑이다. 하나님의 사랑은 심지어 죄인들과 하나님의 원수들에게까지도 미친다(롬 5:8-10). 하나님의 사랑 앞에는 어떤 경계선도 없다. 하나님의 사랑을 위해서라면, 어떤 희생제물도 지나치게 크지 않다(참조. 요일 4:9-11). 그래서 요한은 이렇게 말한다. "보라! 아버지께서 어떠한 사랑을 우리에게 베푸사 하나님의 자녀라 일컬음을 받게 하셨는가"(요일 3:1).

3. 하나님의 사랑은 긍휼이 넘치는 사랑이다. "미제리코르디아"(*misericordia*)라는 라틴어와 마찬가지로, 우리가 사용하는 단어 "긍휼"은 우리에게 가슴을 연상시켜준다. 이 단어에 해당하는 구약성경의 "레헴"(*rechem*, 여인의 자궁)이라는 단어는 다른 사람들에 대한 따뜻한 정서의 자리로서 인간의 내면을 나타낸다. 곧 이 단어는 하나님이 불쌍히 여기시는 것을 보여준다. 하나님은 어려운 상황에 놓여 있는 사람들에 대해 내면적으로 동요하신다. 이것이 바로 하나님의 긍휼이다. 또한 하나님은 죄인들에게 **은혜**를 베푸신다. 이것은 종교개혁 시대부터 널리 알려진 표현, 곧 "받을 자격이 없는 은혜"(undeserved favor)와도 일치한다.

4. 하나님의 사랑은 거룩한 사랑이다. 이것을 무시하는 이들은 하나님과 그분의 사랑에 대해 매우 인간적인 개념을 지니고 있다. 하나님은 그분이 지으신 모든 대상을 사랑하시는 거룩하신 분이다. 우리는 결코 하나님의 사랑을 그분의 거룩함에서 분리시켜서는 안 된다. 또한 하나님의 사랑을 그분의 거룩함과 대치시켜서도 결코 안 된다.

하나님의 사랑은 다른 모든 사랑과 구별되는 신적인 사랑이다. 왜냐하면 그분의 사랑은 거룩한 사랑이기 때문이다. 이것은 비록 하나님이 자기 자신을 주시지만, 그는 자기 자신에게 진실 그대로 머물러 있다는 것을 암시해준다. 따라서 하나님은 모든 반대를 정죄하고 제외시키며 없애버리기 위해서 그분의 뜻을 주장하신다(참조. Barth, *C.D.*, 2.1.359).

또한 하나님은 거룩한 진노를 나타내실 수 있다. 하나님의 사랑은 오직 그분 안에만 기초한다. 반면에 하나님의 진노는 죄로 말미암는 것이다. 따라서 하나님의 진노는 하나님의 사랑과 모순되는 것이 아니다. 그것은 바로 사랑이신 하나님의 진노인 것이다. 그분의 진노는 그분의 사랑이 상처를 입은 것, 그분의 사랑을 경멸하는 것에 대한 반응이라고 표현할 수 있다.[38] 때때로 하나님의 진노는 하나님의 사랑의 불꽃의 끝이라고 불렸다.[39]

하나님의 사랑은 자기 자신을 내어주실 뿐만 아니라, 또한 우리에게 요구하신다. 하나님은 바로 사랑이시기 때문에, 그분은 우리가 하나님 없이 사는 것이 아니라 그분과 함께 또한 그분을 위해 살기를 바라신다. 그렇지 않으면, 우리는 하나님의 사랑의 빛이 비치는 원 밖에 있을 것이다. 거기에는 어둠과 죽음만 있다. 그리스도 안에서 계시된 하나님의 사랑을 무시하는 것은 무책임한 것이다. 그리스도 안에 나타난 하나님의 사랑에 동참하는 것보다 더 부요한 것은 아무것도 상상할 수 없다. 그리고 성경은 "우리가 사랑함은 그가 먼저 우리를 사랑하셨음이라"(요일 4:19)고 말한다. 하나님이 우리를 사랑하시는 것은 우리가 사랑하는 것의 기초이자 원천이다. 또한 하나님이 우리를 사랑하시는 것에 대한 필수적인 반응은 우리도 서로 사랑하는 것이다. "사랑하는 자들아, 하나님이 이같이 우리를 사랑하셨은즉 우리도 서로 사랑하는 것이 마땅하도다"(요일 4:11).

우리는 하나님의 사랑과 거룩함이 얼마나 서로 긴밀히 연결되어 있는

---

38   참조. H. M. Ohmann, 『누가 당신의 진노를 아는가?』(*Wie kennt uw toorn?*), 1988, 21-33.
39   J. H. Gunning Jn., 『계시를 힐끗 보기』(*Blikken in de openbaring*), 1929, 2:165.

지 살펴보았다. 그렇다면 하나님의 거룩함은 무엇인가?

이전에 하나님의 거룩함은 종종 도덕적인 완전함이라고 묘사되었다 (참조. Doekes, 1960, 102-130). 하지만 우리는 하나님이 모든 창조물과 전적으로 다른 존재라는 사실을 가장 먼저 깨달아야 한다. 그렇다면 "거룩한"은 신적인 존재와 관련이 있다. "거룩함"이라는 개념은 두려움을 갖게 하고 무섭고 매혹적인 어떤 신비로움과 동등한 것으로 여길 수 없다. 이와 같은 신비 개념을 지지하는 논의들은 성경의 가르침에 기초한 것이 아니라 본질적으로 종교 철학적인 접근 방법에 기초한 것이기 때문이다.[40]

"거룩하신 이가 이르시되 '그런즉 너희가 나를 누구에게 비교하여 나를 그와 동등하게 하겠느냐' 하시니라"(사 40:25). "내가 하나님이요 사람이 아님이라. 네 가운데 있는 거룩한 이니"(호 11:9). 하나님의 거룩하심과 존귀와 위엄은 모든 창조물, 심지어 하나님을 섬기는 천사들의 보잘 것 없음과 대조된다(참조. 사 6:2).

둘째, 거룩함은 죄악에 감염된 모든 것과 대조된다. 하나님은 "눈이 정결하시므로 악을 차마 보지 못하시며 패역을 차마 보지 못하시니"(합 1:13). 하나님의 거룩함의 빛을 보고서, 이사야는 자기 자신과 이스라엘 백성의 죄악을 깨달았다(사 6:5). "이 거룩하신 하나님 여호와 앞에 누가 능히 서리요"(삼상 6:20)라는 질문은 정당한 것이다.

거룩하신 하나님은 죄가 제거되는 것을 보기를 바라신다. 왜냐하면 그분은 거룩하시므로, 죄를 벌하지 않은 채 그대로 내버려두실 수 없기 때문이다(레 10:3). 죄의 속죄가 필요할 뿐만 아니라 가능하다는 사실은 바로 하나님의 거룩한 사랑으로부터 나오는 것이다. 따라서 이사야와 같이 입술이 부정한 사람도 하나님을 섬기는 거룩한 일에 동참할 수 있었다(참조. 사 6:7-8).

---

40 여기서 우리는 널리 알려진 다음 연구서를 특히 염두에 두고 있다. 참조. Rudolf Otto, 『성스러움의 의미』(*Das Heilige*), 1917.

셋째, 하나님의 거룩하심과 관련해서 말할 수 있는 것은 하나님은 그분의 공의를 엄격하게 주장하시며, 또한 그분의 영광을 어느 누구에게도 주시지 않는다는 것이다. 거룩하신 하나님으로서, 그분은 질투하시는 하나님이시다(수 24:19). 하나님은 구원하는 행위들뿐만 아니라, 또한 벌을 내리는 무서운 행위들을 통해서 그분의 거룩함을 나타내신다. 이것은 하나님의 원수들은 심판을 받지만, 반면에 하나님의 백성은 구원을 받는다는 것을 암시해준다(겔 28:20-26). 하나님은 거룩하신 분으로서 모든 것을 그분을 영화롭게 하는 것을 위해서 이끄신다(참조. Doekes, 1960, 233).

바로 이와 같은 이유 때문에 하나님은 하나님의 백성에게 거룩함을 요구하시고 **또한** 제공하신다. "너희는 거룩하라. 이는 나 여호와 너희 하나님이 거룩함이니라"(레 19:2; 참조. 벧전 1:15). 하나님은 그리스도와 성령의 사역을 통해서 하나님의 백성을 거룩하게 하신다. 거룩함의 근원이신 하나님은(*Synopsis*, 6:40) 그분의 자녀들을 거룩하게 하신다. 왜냐하면 하나님은 그들이 그분과 가장 친밀하게 사귀면서 살아가고, 또한 그분을 섬기기 위해서 자신들을 거룩하게 구별하도록 요구하시기 때문이다. 그리스도 안에서 거룩하신 하나님은 그분의 백성을 거룩하게 하셨고, 그들의 죄를 속죄하셨으며, 또한 그들 가운데서 그분의 뜻을 성취하는 것을 그분 자신의 일로 삼으셨다(참조. Barth, *C.D.*, 2.1.367).

하나님은 삼중으로 거룩하신 분이다. 성부도 거룩하고, 성자도 거룩하며, 성령도 거룩하다. 이 신비로운 진리는 우리가 삼위일체 하나님을 찬양하도록 다함이 없는 이유들을 제공해준다(Calvin, 이사야 6:3에 대한 주석).

13.3. 하나님은 한 분이시고, 단순한 영적인 존재이시다

1. 하나님의 단순성. "단순한"(simple)이라는 단어는 신학과 신앙고백서에서 모두 나타난다. 성경 자체는 하나님이 한 분이라고 말한다.

우리는 하나님의 단순성과 관련해서 신명기 6:4을 생각하고 있다. 우리는 이 구절을 "이스라엘아, 들으라. 야웨는 우리의 하나님이시다. 야웨는 오직 하나다!"라고 번역할 수 있다. 또한 "야웨는 우리의 하나님이시다. 야웨는 오직 한 분이시다" 또는 "야웨는 우리의 하나님이시다. 야웨 한 분뿐이시다"라고 번역할 수도 있다(참조. De Groot and Hulst, 연대 미상, 56-59). 이 구절은 하나님이 분리와 반대되는 개념으로서 하나 됨(oneness)을 이루고 있다는 것을 가리켜주거나 또는 많은 대상과 대조되는 존재로서 오직 한 분이라는 것을 가리켜준다.

하나님이 오직 한 분이라는 것은 분명히 이치에 잘 맞는다. 세상에는 다양한 신들이 경배되고 있다. 하지만 야웨 하나님은 오직 한 분이신 하나님이다. 이것은 구약성경 전체에 걸쳐 나타나는 특징적인 주제다. 모세는 이스라엘 백성에게 다음과 같이 말한다, "그런즉 너는 오늘 위로 하늘에나 아래로 땅에 오직 여호와는 하나님이시요 다른 신이 없는 줄을 알아 명심하고"(신 4:39; 참조. 신 32:39; 왕하 19:19; 시 18:31; 슥 14:9). 이사야서에는 야웨는 오직 한 분이신 하나님이며, 따라서 모든 구원은 오직 하나님 안에서만 구해야 한다는 확신이 명백하게 드러나 있다. 이사야 44:6에서 야웨는 다음과 같이 선언하신다. "나는 처음이요, 나는 마지막이라. 나 외에 다른 신이 없느니라"(참조. 사 45:21-22). 신약성경에서 하나님은 "유일하신 참 하나님"(요 17:3)과 "썩지 아니하고 보이지 아니하고 홀로 하나이신 하나님"(딤전 1:17)이라고 불린다. 이것은 하나님에 대한 이 계시는 전적으로 참되고 타당한 계시라는 것을 암시해준다(참조. Wentsel, *Dogm.*, 3a:270).

또한 우리는 신명기 6:4을 "야웨는 오직 하나다"를 의미하는 것으로 해석할 수도 있다. 이 경우에 그 구절은 우리에게 "야웨는 그분 안에서 하나다"라고 말해준다. 곧 하나님은 부분적으로 이것이고, 부분적으로 다른 것이 아니다. 오늘의 하나님은 과거의 하나님과 다른 분이 결코 아니다. 또한 내일의 하나님은 오늘의 하나님과 다른 분이 결코 아니다. 하나님이 자기 자신에 대해 어떻게 계시해주시든지, 하나님은 언제나 자기 자신에 대해서 똑같다. 하나님은 하나님의 말씀들, 방법들, 하시는 일들을 통해서 언제나 하나이며 똑같다.

우리는 하나님이 오직 한 분(*singularitas Dei*)이실 뿐만 아니라, 또한 하나님은 하나 또는 하나 됨(*unitas*)이시며 단순(*simplicitas*)하시다고 우리의 신앙을 고백한다. 「벨기에 신앙고백서」는 이 점과 관련해서 "오직 한 분이시며 또한 단순하고 영적인 존재"(*une seule et simple essence spirituelle*)라고 말한다.

에밀 브룬너와 다른 학자들은 하나님은 하나라는 교회의 가르침을 사변에 기초한 교리로 간주한다. 우리는 사람들이 이것을 하나의 추상적인 개념으로 대할 수 있다는 것을 시인한다. 이것은 하나님에 대한 지식과 경배에 초점을 맞추고 있는 어떤 신학에서 사용되는 개념이라기보다 오히려 하나님에 관한 이론에서 사용되는 개념이다.

이레나이우스, 아타나시오스, 아우구스티누스 같은 교부들도 하나님의 단순성에 대해서 말했다. 그들은 이와 같은 방법을 통해 이교의 많은 신들과 하나님에 대한 영지주의의 그릇된 견해들에 맞서서 살아 계신 한 분 하나님을 제시할 수 있었다.[41]

우리는 하나님의 단순성에 대한 교리를 지지하는 것으로 신약성경에서 다음과 같은 표현들을 언급할 수 있다. 곧 하나님은 영이시다, 하나님은 빛이시다, 하나님은 사랑이시다(요 4:24; 요일 1:5; 4:8). 이것은 하나님이 부분적으로 영이시고, 부분적으로 빛이시며, 부분적으로 사랑이시라는 것을 의미하지 않는다. 영으로서, 하나님은 전적으로 영적인 존재이시다. 하나님은 전적으로 빛이시고, 전적으로 사랑이시다. 하나님의 사랑은 사랑하시는 하나님 그분 자체다. 하나님은 그분의 존재 자체 안에서 또한 그분이

---

41 F. G. Immink는 자신의 연구서 *Divine Simplicity*, 1987에서 이전의 신학(Anselm, Thomas Aquinas, Zanchius)에서 사용된 개념들을 새롭게 해석하고 평가한다. 그는 하나님의 단순성에 대한 교리를 논리적인 결정 또는 하나님의 유일무이한 존재 방식의 특성, 특히 아브라함, 이삭 및 야곱의 하나님의 절대적인 독자성(*aseitas*)과 초월성이라고 해석했다.

개혁교회 교의학

지니시고 행하시는 모든 것 안에서 전적이며 불가분적으로 그분 그대로이시다. 창조자로서와 구속자로서 그분이 자기 자신을 나타내시는 것은 하나이며 또는 하나 됨을 이룬다. 그리고 성부, 성자, 성령 삼위로 구분되는 것은 하나님이 한 분이시라는 것과 하나 됨을 이룬다는 것에서 벗어나지 않는다.

하나님은 그분의 다양한 완전성의 부요함 안에서 하나 됨을 이루신다. 하나님께 고유한 모든 것은 전체적이고 완벽하다. 하나님께 고유한 모든 것은 동시적이다. 하나님께 고유한 모든 것은 그분 안에 있으며, 또한 그분께 속한다(참조. Schilder, *H.C.*, 1:480).

이것에는 부정적인 측면뿐만 아니라 긍정적인 측면도 있다. 부정적인 측면은 하나님 안에는 아무런 긴장이나 갈등도 없다는 것을 암시한다. 하나님은 자기 자신 안에서 나뉠 수 없으시다. 하나님 안에서는 모든 것이 완벽하게 조화를 이루고 있다. 우리는 그리스도의 오심과 그분의 사역 안에서 하나님의 공의와 긍휼이 서로 매우 밀접하게 연결되어 있는 것을 본다(참조. 「벨기에 신앙고백서」 제20조). 네덜란드의 오래된 어떤 찬송가에서는 다음과 같이 마치 하나님의 지혜가 하나님의 공의와 은혜 사이를 중재해야 하는 것과 같은 인상을 심어준다. 우리는 코프만스(Koopmans)와 마찬가지로 그와 같은 입장에 동의할 수 없다.

공의는 형벌을 요구했지만
　　은혜는 선처를 간청했네.
하나님의 지혜가 중재에 나서서
　　둘을 모두 만족시켰네.[42]

42　참조. J. Koopmans, 「벨기에 신앙고백서」(*De Nederlandse Geloofsbelijdenis*), 1919, 101. 이 찬송 구절은 『개신교 찬송가』(*Evangelsche Gezangen*), 125장에서 발췌한 것이다.

긍정적인 관점에서 말하자면, 하나님의 단순성은 하나님이 언제나 자기 자신을 있는 그대로 주신다는 것을 의미한다. 하나님 안에 있는 모든 것은 그분에게 본질적인 것이다. 따라서 하나님의 경륜은 그분의 다양한 완전성과 분리된 채 개별적인 것으로 간주되어서는 안 된다. 우리는 이전의 교의학 저서들로부터 다음과 같은 표현을 알고 있다. 곧 하나님의 작정은 작정하시는 하나님 그 자체다.

칼 바르트는 이와 같이 주장한다. 곧 하나님 자신은 단순하시다. 너무나도 단순하셔서, 하나님은 그분의 모든 영광 안에서 가장 단순한 인식에도 접근하실 수 있으며, 또한 가장 심오하고 예리한 사고를 비웃으실 수도 있다. 너무나도 단순하셔서, 한편으로 하나님은 모든 사람이 침묵하도록 강요하시지만, 다른 한편으로 각자가 담대하게 하나님을 자신의 사고와 말의 대상으로 삼도록 명령하신다(Barth, *C.D.*, 2.1.485).

우리는 미스코터와 함께 하나님의 단순성은 실천과 관련된 의미들을 내포하고 있다고 말할 수 있다.[43] **쉐마**("이스라엘아, 들으라!"―신 6:4)는 곧바로 다음 말씀으로 이어진다. "너는 마음을 다하고 뜻을 다하고 힘을 다하여 네 하나님 여호와를 사랑하라"(신 6:5; 참조. 막 12:29-30). 이와 같이, "완전하신 분에 대한 신앙고백의 바로 뒤에 곧바로 완전한 섬김과 사랑에 대한 명령이 뒤따른다"(Wentsel, *Dogm.*, 3a:276).

우리는 하나님의 단순성에 기초해서 하나님을 언제나 의지할 수 있다. "하나님이 행하시는 것은 인간의 이해력을 초월한다. 우리는 우리의 능력이 허용하는 범위를 벗어나서 단순한 호기심으로 그 이상의 것을 질문해서는 안 된다. 오히려 비록 하나님의 판단은 종종 우리에게 감추어져 있지만, 우리는 지극히 겸손한 자세로 또한 가장 큰 경외심을 품고 하나님의 공의로운 판단을 찬양해야 한다"(「벨기에 신앙고백

43　참조. H. Miskotte, 『논문 모음집』(*Verzameld werk*), 1990, 9:295-317―원래 이것은 취임 사였다, 1945.

서」제13조). 네덜란드의 어떤 시인은 다음과 같이 노래한다.

오 주님, 제가 주님에 대해서 이해하는 것이 얼마나 좋은지요.
하지만 제가 이해하지 못하는 것도 똑같이 좋은 것이겠지요.[44]

2. 하나님은 영적인 존재이시다. 하나님이 영적인 존재라고 언급될 때
(「벨기에 신앙고백서」 제1조), 우리는 전통에 기초해서 "영적"이라는 단어를
비유형적이거나 비물질적인 것이라고 해석할 수 있다. 곧 하나님에 대한
묘사와 관련해서 물질적인 이미지나 유형적인 이미지들은 모두 멀리 사라
져야 한다! 성경은 때때로 하나님이 눈과 귀 또는 손과 발을 지니셨다고
말한다. 하지만 이것은 단지 신인동형론적인 표현들에 지나지 않는다. 하
나님이 우리에게 말씀하실 때, 그분은 우리의 수준에 맞추시려고 그분은
이와 같은 표현들을 사용하신다. 이 표현들은 우리의 인식 능력이 한계를
지니고 있다는 것을 암시해준다(Calvin, 『기독교강요』 1.13.1).[45]

하나님이 영이시라는 신앙고백은 그분이 인간을 포함해서 이 땅에 있
는 모든 것과 전적으로 다른 존재라는 것을 넌지시 알려준다. 하나님은 물
질적인 몸을 지니고 계시지 않는다. 또한 그분은 인간처럼 의존적인 존재
가 아니시다. 하나님은 생명을 주시는 분이다. "하나님이 영적인 존재시라
는 것은 창조자이시고 재창조자이신 하나님과 그분의 창조물인 인간 사이
에 본질적인 차이가 있다는 것을 가리켜준다"(Gootjes, 1985, 228).

---

44 Revius, in his 『[네덜란드의 동부 지역에 위치한] Overijssel에 대한 노래들과 시들』(*Over-
    ysselsche sangen en dichten*), 1930, 1:17. K. H. Miskotte가 동일한 책, 37에서 인용함.

45 이와 관련해서 Kuitert는 전혀 다른 방향으로 나아간다. 그래서 그는 하나님을 **신적 형태**
    (*theomorph*) 또는 형태를 취한 인간이라고 언급하는데, "이 용어는 하나님이 물질성을 가졌
    다는 것을 배제하지 않는다." 하나님의 인간적인 형태는 단지 하나님이 "언약의 파트너로서
    나타나신 것"에 지나지 않는다는 것을 암시해준다(H. M. Kuitert, 『하나님의 인간적인 형
    태』[*De mensvormingheid Gods*], 1962, 213, 222). Kuitert의 이와 같은 견해를 비판하는 것
    으로서 특히 다음 연구서를 보라. Gootjes, 1985, 184-187, 193-199.

이와 관련해서 또 다른 접근 방법이 있다. "영적"이라는 용어는 자기의식과 인격을 언급하는 것이라고 생각할 수 있다. 종종 "영적"이라는 용어는 하나님이 행동하시고 판단하시는 데 절대적인 자유를 지니신 것과 관련해서 이해되었다.

하나님의 영적인 것에 어떤 특별한 역할을 부여하고 그 특별한 역할은 존재와 관련된 어떤 것을 언급하는 것으로 보는 견해가 있었다. 하지만 "하나님은 영이시니"(요 4:24)라는 예수의 말씀은 하나님이 단지 어떤 영(a Spirit)이라는 것을 의미하지 않는다. 그렇다면 이것은 "프뉴마"라는 그리스어 명사에 어떤 범주적 중요성을 부여하고 "프뉴마"를 유개념으로 만드는 것이다. 이 프뉴마라는 유개념은 다른 존재들도 포함할 수 있다. 하지만 예수의 말씀은 자격을 부여하고 있는 것이지, 어떤 개념을 범주화하고 있는 것이 아니다. 예수는 실질적으로 다음과 같이 말한다. "하나님은 영이시다." 우리는 예수의 이 말씀과 관련해서 특히 성경적인 개념으로, 곧 생명을 주시는 성령이라는 개념으로 생각할 필요가 있다(참조. 요 6:63).[46]

13.4. 하나님은 영원한 분이시다

1. 하나님의 영원성(*aeternitas Dei*)이 지니고 있는 첫 번째 측면은 하나님의 존재 그 자체는 생성된 것이 아니며, 하나님의 존재 그 자체가 소멸되지도 않을 것이라는 점이다. 하나님은 자기 안에 생명을 지니고 계신다. 하나님에게는 시작도 없고, 끝도 없다. 시편 90:2과 시편 102:27에서 이 점이 매우 명백하게 언급되어 있다. "하나님은 영원하시다. 야웨는 땅 끝까지 창조하셨다"(사 40:28—MT을 따름). 세상이 존재하기 이전부터, 하나님은 하나님으로 존재하신다. 세상과 시간은 시작부터 그 정점에 이르기까지 하나님의 영원성에 의해서 유지되고 완성된다(참조. Pannenberg, 1988, 439). 이

---

46 이 이름에 의하면, 이제 메시아가 이미 왔기 때문에, 하나님에게 사실인 것은 실질적으로 이제까지 알려지지 않은 방법의 경우에서도 사실이다. Wiskerke는 요 4:24의 예수의 말씀을 이와 같이 해석한다. 참조. J. R. Wiskerke, 『지식의 열쇠를 얻기 위한 논쟁』[*De strijd om de sleutel der kennis*]), 1978, 113-117. 참조. Gootjes, 1985, 141.

세상이 더 이상 존재하지 않을 때에도, 하나님은 존재하시며 지금 하나님이 존재하시는 그대로 존재하신다.

2. 또한 하나님의 영원성은 그분이 시간 속에서 일어나는 모든 변화를 초월하여 존재하신다는 것을 의미한다. 시간과 영원의 구분은 양적인 것이 아니라, 질적인 것이다. 우리는 바르트(『로마서 주석』)와 더불어 영원하신 하나님이 시간 속에서 인간과 친밀하게 교제하기를 추구하신다는 사실을 상기할 때마다, 시간과 영원 사이의 무한한 질적인 차이에 대해서 말할 수 있을 것이다.[47]

하나님은 시간을 초월해서 존재하시는 분이다. 따라서 하나님에게는 순간들이 연속적으로 이어지는 것이 전혀 없다. 우리의 경우와 다르게, 하나님에게는 과거, 현재, 미래가 없다. 우리는 이와 관련해서 다음 성경 구절을 가리킬 수 있다. "주의 목전에는 천 년이 지나간 어제 같으며 밤의 한 순간 같을 뿐임이니이다"(시 90:4; 참조. 벧후 3:8). 하나님에게 영원은 영원한 현재다. 왜냐하면 아우구스티누스가 이미 지적했듯이, 하나님의 관점에서 모든 것은 현재 안에 있기 때문이다. 하나님은 영원 속에서 시간을 보실 수 있다. 곧 그분은 영원 속에서 우리의 과거와 우리의 현재와 우리의 미래를 보실 수 있다.[48]

3. 영원한 하나님은 시간과 일시적인 모든 것들에 대해서 절대 주권을 지닌 분이시다. 하나님의 영원성으로 말미암아, 하나님은 역사의 어떤 시점에도 역사 안으로 들어오실 수 있다. 또한 그분은 자신의 영원성으로 인해 시간의 모든 순간을 지나가실 수 있다. "시간 속에서 매 순간마다 [하나님의] 영원성의 맥박이 뛰고 있다."[49]

---

47 Barth는 영원과 시간에 대한 자신의 이전의 견해들로부터 돌이켰다. 그는 처음에 성경 전체 안에서의 영원에 대한 개념, 곧 시간 이전, 초시간 및 시간 이후를 이해하지 못했기 때문이다(Barth, *C.D.*, 2.1.635).

48 Augustinus, *Confessiones*, 11:13-16. 참조. Polman, 1965, 335-338.

49 H. Bavinck, 『계시 철학』(*Wijbegeerte der openbaring*), 1908, 23.

하나님의 영원성과 이와 같은 관계 안에 있기 때문에, 시간 안에서의 삶은 매우 의미심장한 것이다. 우리는 시간 속에서 영원한 하나님을 만난다. 하나님은 그리스도 안에서 자기 자신을 계시하셨다. 시간 속에서 장차 일어날 중대한 계획들이 최종적으로 결정되었다. 그래서 하나님의 영원성은 시간 속에서의 우리의 책임을 결코 없애주지 않는다. 따라서 하나님의 영원성은 "벽이 아니라, 우리의 기도가 나아가는 문이다."[50]

4. 이것과 더불어 우리는 하나님이 영원한 분이라는 신앙고백과 관련해서 실천적인 측면에서 중요성을 지니고 있는 사항에 이르렀다.

그분이 "영원부터 영원까지" 하나님이시며(시 90:2), "영원하신 왕"(문자적으로 "시대들의 왕"–딤전 1:17)이라는 사실은 우리가 아무리 멀리 과거로 되돌아가고 또한 얼마나 멀리 미래로 나아간다고 하더라도, 우리는 하나님을 항상 만난다는 것을 의미한다. 세상 및 시간과 관련해서 사실인 것은 하나님의 자녀의 삶에 대해서도 명백하게 말할 수 있다는 것이다. 곧 영원한 하나님은 처음부터 하나님의 자녀들의 생명을 지키시고 돌보신다. 왜냐하면 영원한 하나님은 그리스도 안에서 그들의 하나님이시며 아버지이시기 때문이다.

전도서의 저자는 이렇게 말한다. "하나님께서 행하시는 모든 것은 영원히 있을 것이라.…하나님이 이같이 행하심은 사람들이 그의 앞에서 경외하게 하려 하심인 줄을 내가 알았도다"(전 3:14). 또한 하나님의 영원성과 관련해서 다음 구절들을 보라. "너희는 여호와를 영원히 신뢰하라. 주 여호와는 영원한 반석이심이로다"(사 26:4). "풀은 마르고 꽃은 시드나 우리 하나님의 말씀은 영원히 서리라"(사 40:8). "오직 주의 말씀은 세세토록 있도다"(벧전 1:25). "나의 구원은 영원히 있고"(사 51:6). "여호와의 인자하심은 자기를 경외하는 자에게 영원부터 영원까지 이르며"(시 103:17). "여호와를 경외함이 지혜의 근본이라"(시 111:10). "영원하신 왕 곧 썩지 아니하고

---

50   O. Jager, 『영원한 삶』(*Het eewige leven*), 1962, 520.

보이지 아니하고 홀로 하나이신 하나님께 존귀와 영광이 영원무궁하도록 있을지어다. 아멘"(딤전 1:17).

13.5. 하나님은 불변하신 분이시다. 그분의 신실하심과 참되심

하나님은 변하지 않으신다. 이전에 하나님의 불변성은 하나님의 이미지와 관련해서 매우 의미심장한 측면을 지니고 있는 것으로 간주되었다. 오리게네스, 아타나시오스, 아우구스티누스와 같은 교부들은 다음과 같은 위태로운 상황에 직면해서 하나님은 변하지 않으신다는 것을 강조했다. 곧 그들은 언제나 행위를 예측할 수 없는 변덕스러운 이방의 신들에 맞서서, 다양한 형태의 영지주의에 맞서서, 또한 다양한 이단 사조들에 맞서서 하나님의 불변성을 힘주어 말했다.

우리는 하나님의 불변성(*immutabilitas Dei*)에 대한 초기의 교의에서 성경적인 요소를 인식할 수 있다. 곧 하나님은 신실한 분이시다. 하지만 또한 거기에는 철학적인 측면도 있다. 곧 하나님은 움직이지 않으신다는 것이다. 토마스 아퀴나스는 아리스토텔레스의 영향을 받아서 하나님의 불변성에 대해 엄격한 개념을 주장했다. 곧 하나님은 부동의 원동자(unmoved mover), 제1원인이며, 자기 자신은 창조되지 않았다.[51] 개혁파 신학자 유니우스(F. Junius, 1545-1602)의 견해에 의하면, 하나님은 부동의 제1동자(immovable First Mover)다! 우리는 이와 같은 스콜라적인 사상의 흐름을 여전히 바빙크의 저서 안에서도 확인할 수 있다. 비록 바빙크가 성경의 샘에서도 자신의 사상을 길어오기는 했지만 말이다. 바빙크의 관점에 의하면, 하나님에 대한 개념 자체는 불변성을 암시한다. "하나님은 더 좋게 아니면 더 나쁘게 변화하실 수 없다. 왜냐하면 그분은 절대적이고 완벽하며 참된 존재이시기 때문이다." 성경은 하나님의 불변성을 증언해줄 뿐만 아니라,

---

51 참조. P. den Ottolander, *Deus immutabilis*, 1965, 22-28.

또한 이 주제에 대해서 깊이 숙고하면, 그것은 동일한 결론으로 이끌어준다(Bavinck, *R.D.*, 2:156-159).

하지만 명백한 사유는 항변파들, 적어도 포스티우스(Vorstius)를 이와 같은 결론에 이르게 하지는 못했다. 그리고 더 최근에 많은 신학이 하나님 안에서의 변화 과정을 가정하는 헤겔의 변증법의 매력에 이끌렸다!

하나님의 불변성이라는 교의는 하나님의 개념에 대한 이교도의 그릇된 주장을 방어해주는 보루를 세워주지만, 동시에 그것은 이교도의 경직된 사고로 이어진다는 것이 지금 지적받고 있다.[52]

만약 이와 같은 다양한 견해들을 살펴보는 과정에서 분명하게 밝혀진 것 가운데서 오직 한 가지만 지적한다면, 그것은 우리가 하나님에 대해서 인간적으로 숙고하는 것에 우리 자신을 국한시키면 안 되며, 오히려 반드시 하나님 자신의 계시의 빛을 요청해야 한다는 것이다.

하나님의 불변성에 대한 고전적인 증거는 사무엘상 15:29이다. "이스라엘의 지존자는 거짓이나 변개함이 없으시니 그는 사람이 아니시므로 결코 변개하지 않으심이니이다"(참조. 민 23:19). 존재하는 모든 것은 사라지고 썩어 없어지지만, 하나님은 언제나 한결같으시다(참조. 시 102:26-28). "나 여호와는 변하지 아니하나니"(말 3:6). 반석이라는 이미지는 하나님의 불변성을 나타내준다. "너희는 우리 하나님께 위엄을 돌릴지어다. 그는 반석이시니 그가 하신 일이 완전하고"(신 32:3-4).

하나님의 불변성을 명백하게 증언해주는 신약성경의 텍스트는 야고보서 1:17이다. "빛들의 아버지께로부터…그는 변함도 없으시고 회전하는 그림자도 없으시니라." 또한 하나님이 한번 정하신 뜻은 변하지 않는다고 언급된다. "그 뜻이 변하지 아니함을 충분히 나타내시려고 그 일을 맹세로 보증하셨나니"(히 6:17). "하나님의 은사와 부르심에는 후회하심이 없느니

---

52   E. W. A. Korff, *Christologie*, 1942², 1:237.

라”(롬 11:29).

하나님의 불변성에 대해서 말하면서, 종교개혁가 루터와 칼뱅은 직접적으로 성경을 따른다. 루터는 (말 3:6과 롬 11:29에 호소하면서) 그리스도인의 위로에 대해 다음과 같이 주장한다. 심지어 만약 우리가 변한다고 하더라도, 우리는 변하지 않으시는 하나님 안에서 피난처를 얻을 수 있다. 만약 하나님이 그분의 약속을 지키지 않으신다면, 우리의 믿음은 끝장날 것이다. 하나님은 자기 자신을 육신 안에서 나타내셨다. 하나님은 결코 변하지 않으시고, 또한 자기 자신을 부인할 수 없으시며, 자신의 약속들을 지키신다는 사실은 우리를 한량없이 기쁘게 한다. 루터는 다음과 같이 주장하면서 에라스무스의 입장을 비판한다. 곧 하나님은 자신의 뜻을 바꾸지 않으시고 자신이 결정하신 모든 것을 그대로 실행하신다. 또한 하나님의 뜻은 거부될 수 없고, 변할 수 없으며, 저지될 수 없다(*WA*, 43:458, 461; 18:619). 그러므로 하나님의 불변성은 신자들에게 위로와 기쁨 및 확신을 준다. 우리는 이것을 하나님의 진실하심(veracity)이나 그분의 약속들에 대한 하나님의 신실하심이라고 부를 수 있을 것이다.

칼뱅에 의하면, 하나님의 자녀는 하나님이 미래에도 그들에게 한결같으실 것이라는 사실을 신뢰할 수 있다. 하나님은 사람들처럼 자신들의 관대함을 얼마 후에 철회하거나, 또는 기력이 메마르는 사람들과 같지 않으시다. 그분은 언제나 영원히 동일하시다(Calvin, 『기독교강요』, 1.17.12).

그리고 바빙크도 성경의 증언들을 제시하면서 하나님의 불변성에 대해 다음과 같이 말한다. 곧 하나님은 한결같이 그분 자신으로 머물러 계신다. 그분은 언제나 그분 자신이시다. 하나님은 그분이 말씀하시는 모든 것을 행하신다. 또한 하나님은 그분이 시작하신 것을 완성하신다(Bavinck, *R.D.*, 2:153).

반면에 우리는 창세기 6:7, 출애굽기 32:10-14, 사무엘상 15:11, 35절과 구약성경의 다른 본문들도 다룰 필요가 있다. 우리는 이 텍스트들에서 하나님이 후회하셨다는 것을 읽을 수 있다.

바빙크에 의하면, 성경은 지금 인간적인 표현을 사용하며 말한다. 다른 이들은 이런 표현을 하나님의 특성을 나타내는 것이 아닌 표현 방법이라고 말한다.

어떻게 우리는 하나님의 후회하심을 해석해야 하는가? 사전에 의하면, "후회"라는 단어는 어떤 사람이 자신의 행위 또는 무엇인가 하지 못한 것에 대해서 미안해하는 것이다. 하지만 하나님의 후회는 사람들의 후회와 다르다(삼상 15:29을 보라). 하나님은 그분의 약속들을 성취하시고, 또한 사람들의 그릇된 행위에 대해서 공의를 실행하신다. 하지만 사실상 하나님은 사람들의 변화된 상황에 반응하신다. 이스라엘 역사는 이와 같은 것으로 가득하다! 하나님이 그분의 행위를 조정하실 때마다, 또한 그분이 예고하신 심판에 대해서 더 좋게 생각하실 때마다, 이것은 하나님이 후회하신다고 언급되었다. 하지만 우리는 이것을 하나님의 언약에 근거해서 기대해야만 한다. 이것은 "언약에 기초한 비후회"다(Kamphuis, 1955, 122). 이 점과 관련해서는 특히 예레미야 18:7-10을 참고하라. 이 성경 본문은 하나님이 이스라엘 백성의 사악함으로 말미암아 그들에게 내리시기로 계획하신 심판을 거두어들이실 것이라는 것과 또한 하나님이 이전에 약속하신 선한 것을 거두어들이실 것에 대해서 말한다. 전자의 경우는 이스라엘 백성이 회개할 경우에 나타나고, 후자의 경우는 그들이 하나님에게서 등을 돌리고 자기의 길을 걸어갈 때 실행된다.

하나님의 불변성은 하나님께 불쌍히 여기시는 마음이 없다는 것을 내포하지 않는다. 그렇지 않다면, 하나님이 "마음에 근심하시고"(창 6:6)라고 말할 수 없었을 것이다. 또한 하나님은 진정으로 뉘우치며 회개하는 자의 간구를 들어주신다(참조. 대하 33:13). 그렇지 않다면, 그것은 다음과 같은 하나님의 말씀에도 일치하지 않을 것이다. "내 마음이 내 속에서 돌이키어 나의 긍휼이 온전히 불붙듯 하도다. 내가 나의 맹렬한 진노를 나타내지 아니하며 내가 다시는 에브라임을 멸하지 아니하리니"(호 11:8-9). 하나님이 후회하셔서서 무엇인가를 하실 때, 아니면 행하고자 계획하셨던 무엇인가를 철회하실 때(참조. 출 32:10-14), 이것은 하나님이 그분의 백성과 실질적이며 구체적으로 만나신다는 것을 반영한다. 하지만 그렇게 행하시는 과정

을 통해서도 하나님은 언제나 자기 자신에게 진실하시다.

과정 신학은 화이트헤드(A. N. Whitehead, 1947년 사망)의 과정 철학에 영향을 받은 신학 사상이다. 과정 신학을 지지하는 이들은 다음과 같이 주장한다. 곧 세상이 변화할 때, 하나님도 변화하신다. 특히 하나님은 세상의 온갖 변화들에 대응하신다(참조. Wentsel, *Dogm.*, 3a: 173 이하). 하지만 이와 같은 견해를 지지해주는 성경적인 근거는 전혀 없다.

베르크호프는 하나님의 불변성이라는 개념과 관련해서 우리가 ─호메로스의 『오디세이아』에 등장하는 바다 괴물들인─스킬라(Scylla)와 카리브디스(Charybdis) 같은 어떤 괴상한 개념을 마주친다고 다음과 같이 올바로 지적했다. 곧 "심지어 신학이 이미 수 세기 동안 하나님에 대한 아리스토텔레스라는 카리브디스에게 굴복해왔지만, 우리가 그 개념을 올바로 파악하기 이전에, 우리는 하나님에 대한 헤겔이라는 스킬라─절대 정신(the absolute Mind)은 세계 안에서 자기 자신을 실현해나간다─에 빠져 들어가고 있다." 하지만 베르크호프 자신도 성경보다 헤겔을 연상시키는 견해들을 제시한다. 한 가지 예를 든다면, "우리와 함께하고자 하시는" 하나님의 결정은 "어떤 과정을 포함한다. 그 과정은 겟세마네의 고뇌와 갈보리의 〔십자가 위에서〕 하나님에게 버림받은 것을 포함하고 있다"(Berkhof, *C.F.*, 151-154). 또한 그는 "〔하나님의〕 변할 수 있는 신실함"이라는 제목으로 된 항목을 포함시켰다. 하지만 성경의 관점에서 판단할 때, "하나님의 변하지 않는 신실함"이라는 제목을 붙여야 마땅할 것이다.

또한 우리는 여기서 베르크호프보다 한 발자국 더 나아가는 판 더 베이크(A. van de Beek)의 견해를 거부하고자 한다. 그는 "하나님은 변화하신다"라는 제목 아래 이 문제들에 대해 논의한다. 그는 하나님의 행위들은 일관성이 있다고 시인한다. 하지만 그의 견해에 의하면, 성경의 하나님은 감정적이고 분노에 불타며 변화하는 하나님이다. 그 하나님은 오늘은 어떤 길을 선택하고, 내일은 다른 길을 선택하며, 매 순간 자기의 마음을 바꾼다. 하나님이 자신의 판단을 지속적으로 바꾸고, 또한 역사 과정에서 변덕스러운 길을 따라간다는 것은 두려운 것처럼 여겨질 수 있다. 그는 "사람들이 어쩔 수 없이 살아가야 하는 이 무서운 세상에서 다른 어떤 것을 기대하겠는가?"라고 스스로 질문한다.[53] 이 질문은 판 더 베이크의 출발점이 바로 인간의 경험이라는 것을 드러내준다.

만약 어떤 이가 불변성이라는 개념이 지나치게 엄격하거나 또는 지나치게 정적이라고 간주하면서, 이 용어를 사용하는 것에 어려움을 느끼고 있다면, 그는 칼 바르트의 "항구성"(Beständigkeit; Barth, *C.D.*, 2.1.490)이라는 용어를 채택할 수도 있을 것이다. 이 용어는 하나님이 매 순간 변화하시는 분이 결코 아니라는 사실을 암시해준다.

하지만 하나님의 불변성이라는 용어를 사용하면서, 그 용어의 핵심 개념, 곧 하나님은 결코 변하지 않으시지만, 우리를 불쌍히 여기시며, 또한 이 세상에서 일어나는 모든 일에 관련되어 있으시다는 개념을 강조하는 것이 더 선호할 만하다. 이 분은 바로 언약의 하나님이시고, 또한 우리 주 예수 그리스도의 하나님이시자 아버지이시다.

하나님의 불변성, 진실하심 및 신실하심을 한꺼번에 언급하는 것을 통해 하나님의 불변성에 대해서 오해하는 것을 막을 수 있을 것이다. 성경은 이 점과 관련해서 우리에게 그 길을 보여준다. 성경에서는 종종 하나님이 반석이라는 이미지로 묘사된다. 그 이미지는 변하지 않는 견고함을 암시해준다(신 32:4). 또한 해당 구절은 하나님이 진실하시고 거짓이 없으며 "공의로우시고 바르시도다"라고 말한다.

신학적인 관점에서 판단할 때, 하나님의 불변성, 진실하심 및 신실하심은 서로 분리될 수 없다.

구약성경 및 신약성경 전체에서 하나님의 불변성은 상대적으로 작은 횟수로 언급된다. 반면에 하나님의 신실하심과 진실하심은 매우 자주 언

---

53   A. van de Beek, 『왜?』(*Waarom?*), 1984, 252-266.

                                                     개혁교회 교의학

급된다. 우리가 흔히 사용하는 "믿을 만함"이라는 단어는 히브리어에서 견고함(특히 'emet)을 가리키는 단어들과 상당히 가까울 것이다. 하나님은 "아멘"의 하나님, "진리의 하나님"이시다(사 65:16). **헤세드**(인자, 인애)와 **에메트**(신실함)라는 히브리어 단어는 종종 함께 사용된다. 그래서 이두 단어는 실질적으로 하나의 개념, 곧 신실한 자비라는 개념을 만들어낸다"(Vriezen, 『주요 관점들』[*Hoofdlijnen*], 335-339). 야웨는 "인자와 진실이 많은 하나님"이시다(출 34:6). "하나님이여, 주는 하늘 위에 높이 들리시며 주의 영광이 온 세계 위에 높아지기를 원하나이다"(시 57:11).

신약성경에서 사용되는 용어들―특히 "알레티노스"(*alethinos*, 참된)와 "피스토스"(*pistos*, 신실한)라는 그리스어 형용사―은 구약성경이 하나님의 진실하심과 신실하심에 대해 말하는 것들을 확인해주고, 그 의미를 확대해준다.

우리 주 예수 그리스도의 아버지는 "유일하신 참 하나님"(요 17:3)이시며, 그분의 "말씀은 진리"(요 17:17)다. "사람은 다 거짓되되 오직 하나님은 참되시다"(롬 3:4). 그리스도를 믿는 것은 "하나님이 참되시다"(요 3:33)고 인정하는 것이다. 그리고 예수는 자기 자신을 "[그] 진리"(요 14:6)라고 부르며, 또한 자기 자신에 대해 "아멘이시요, 충성되고 참된 증인이시요"(계 3:14)라고 말한다.

신약성경의 편지들에서도 하나님의 신실하심과 참되심에 대해 언급하는 구절들이 나타난다. "너희를 부르시는 이는 미쁘시니[신실하시니] 그가 또한 [이 일을] 이루시리라"(살전 5:24). "또 약속하신 이는 미쁘시니[신실하시니]"(히 10:23). 이 구절들은 다음과 같은 의도를 지니고 있다. 곧 우리는 언제나 이 하나님에 의해서 인도함을 받아야 한다. 그 하나님은 그리스도 안에서 그분의 진리(참되심)와 신실하심을 온전하게 계시하셨다. 또한 우리는 그 하나님을 전적으로 신뢰해야 한다. 하나님은 바로 그분이 말씀하시는 것을 의미한다. 하나님은 말씀하시는 것을 그대로 실행하신다(참조. 고후 1:20). 하나님의 백성은 그분을 어떤 상황에서든지 신뢰하고 의지할 수 있다. 우리는 그분을 영원히 의지할 수 있다.

13.6. 하나님의 편재성

이전의 교의학에서 하나님의 영원성과 편재성은 관점에 따라서 시간 및 공간과 관련된 무한함으로 종종 서로 구별되었다. 하지만 우리는 하나님의 영원성을 무한함보다 그 이상을 의미하는 것으로 이해한다. 우리는 하나님의 편재성과 관련해서도 동일하게 이해한다. 따라서 시간과 공간의 무한함이라는 개념보다 하나님은 영원하시며 또한 어느 곳에나 계신다는 측면에서 두 가지 주제에 대해 개별적으로 논의하는 것이 더 바람직하다.

1. 우선 우리는 "하나님이 어느 곳에나 계신다"(*omnipraesentia Dei*)는 것은 그분이 어떤 장소와 공간에도 매이지 않는다는 것을 암시한다는 사실을 이해할 필요가 있다. 공간이라는 것은 단순히 인간적인 관점일 뿐만 아니라, 또한 그것은 창조물의 존재 방식이다. 공간은 지음을 받은 실재가 지니고 있는 구조의 한 측면이다. 그래서 솔로몬은 열왕기에서 이렇게 고백한다. "하늘과 하늘들의 하늘이라도 주를 용납하지 못하겠거든"(왕상 8:27).

하나님의 편재성은 하나님이 모든 곳에 존재하시면서, 모든 곳을 가득 채우시고 또한 통제하신다는 것을 의미한다. 그래서 하나님은 "나는 천지에 충만하지 아니하냐?"(렘 23:24)고 반문하신다. 우리가 하나님의 임재를 벗어나서 존재할 수 있는 곳은 어디에도 없다. 하나님은 그분의 영, 그분의 존재, 그분의 능력과 더불어 어느 곳에나 계신다(시 139:5-10). 그리고 하나님의 편재성은 하나님의 절대 주권을 포함한다. 왜냐하면 하나님이 신적인 방법으로 어느 곳을 통치하시지 않는다면, 어떻게 그분이 그곳에 존재하실 수 있겠는가? 하나님은 그분의 전능하심과 어느 곳에서나 함께하시는 권능으로 모든 창조물을 보존하시고 다스리신다(참조. 「하이델베르크

개혁교회 교의학

교리문답」 제10주일).

2. 하나님의 편재성은 그분이 어느 곳에서나 똑같은 방법으로 존재하신다는 것을 의미하지 않는다. 하나님은 땅 위에서 존재하시는 것과 다르게 하늘에서 존재하신다(사 66:1을 보라). 하늘에서는 모든 것이 하나님의 영광스러운 임재로 가득하다. 그리스도의 교회 안에서의 하나님의 임재와 창조세계 안에서의 하나님의 임재 사이에는 차이점이 있다. 또한 하나님은 그분의 임재로부터 멀리 달아나는 사람들과도 함께 계신다(참조. 암 9:2). 하나님의 임재를 두려워해야 하는 곳도 있다.[54] 하지만 하나님이 가까이 계시다는 사실은 그분의 백성에게 구원과 평안을 가져다준다. "내가 높고 거룩한 곳에 있으며 또한 통회하고 마음이 겸손한 자와 함께 있나니, 이는 겸손한 자의 영을 소생시키며 통회하는 자의 마음을 소생시키려 함이라"(사 57:15; 참조. 사 57:1621).

그리스도 안에서 하나님은 유일무이한 방법으로 그분의 백성 가운데 함께 계신다. "그리스도 안에는 신성의 모든 충만이 육체로 거하시고"(골 2:9). 이것은 기독론을 다루는 항목에서 더욱 깊이 탐구될 것이다. 하나님은 그분의 자녀들이 하나님과 친밀한 사귐을 맺게 하시며, 그분의 영과 함께 교회 안에 거하신다. "하나님이 함께하신다. 하나님이 우리 가운데 계신다"(게르하르트 테스테겐[1697-1769]이 지은 네덜란드 찬송가). 이 주제에 대해서도 나중에 더 자세하게 논의할 것이다. 요한계시록에서 하나님이 말씀하시는 것이 성취될 때, 하나님은 어느 곳에서나 영광 그 자체로 임재하실 것이다. "보라! 하나님의 장막이 사람들과 함께 있으매 하나님이 그들과 함께 계시리니, 그들은 하나님의 백성이 되고 하나님은 친히 그들과

---

54 어떻게 하나님이 지옥에 존재하실 수 있는가라는 질문에 대해서 다음 연구서를 보라. K. Schilder, *Wat is de hel?*, 1932, 100 이하. Schilder는 다음과 같이 말한다: "그곳에 있는 모든 것은 하나님의 이름을 분명하게 말한다. 진정으로 그곳에 나–그것의 관계는 존재한다. 하지만 그곳에 나–당신의 관계는 전혀 없다." 또한 참조. H. Vogel, *Gott in Christo*, 1952[2], 375.

함께 계셔서 [그들의 하나님이 되시리라]"(요 21:3).

3. 또한 하나님의 편재성은 우리의 이해력을 초월한다. "하나님은 하늘에 계시고 너는 땅에 있음이니라"(전 5:2). "그는 우리 각 사람에게서 멀리 계시지 아니하도다"(행 17:27). "여호와께서는 자기에게 간구하는 모든 자 곧 진실하게 간구하는 모든 자에게 가까이 하시는도다"(시 145:18).

하나님의 임재와 관련해서 아우구스티누스는 하나님의 임재와 하나님이 은혜로 거하시는 것을 서로 구별한다. 하나님의 임재와 관련해서, 하나님은 어느 곳에나 계시며 그분이 계시지 않은 곳이 없다. 반면에 은혜로 거하시는 것과 관련해서, 하나님은 어느 곳에나 계시지 않는다. 왜냐하면 하나님은 하나님의 성전으로 만든 사람들 안에 거하시기 때문이다(고전 3:16; 6:19).[55]

13.7. 하나님의 전능성

1. 우리가 하나님의 전능하심(*omnipotentia Dei*)에 대해서 말할 때, 우리는 인간적으로 이해하는 힘 개념의 최상급과 단순히 연결해서 하나님의 전능하심을 생각해서는 안 된다. 그렇게 생각한다면, 그것은 대단한 힘이나 또는 완벽한 힘일 것이다. 하지만 그것이 하나님의 능력은 아니다. 하나님의 전능하심과 어떤 다른 힘은 단순히 정도의 차이만을 지니고 있는 것이 아니다. 하나님의 전능하심은 우리가 힘이라고 부르는 모든 것과 본질적으로 차이가 있다.

하나님은 말씀을 통해 자기 자신을 전능자로 알려주셨다. 또한 "만군의 주"라는 이름은 구약성경에서 자주 나타난다(대략 280번). 또한 그 이름은 신약성경에서도 사용된다. 신약성경에서 그 이름은 "전능하신 이[주]"(대략 9번), 또는 "전능한 자"(계 1:8) 등으로 언급된다. 하나님은 아브라함에

---

55   Polman, 1965, 320-328을 보라.

게 "여호와께 능하지 못한 일이 있겠느냐?"라고 질문하신다(창 18:14; 참조. 렘 32:17-19). 이 질문은 하나님의 전능하심을 언급한다.

2. 하나님의 전능하심은 이름이 알려지지 않은 힘이 결코 아니다. 사도 신경은 "전능하사…하나님 아버지를 내가 믿사오며"라는 신앙고백으로 시작된다. 이처럼 하나님의 전능하심은 하나님이 우리의 아버지시라는 관점에서 이해되어야 한다.

우리는 하나님의 전능하심을 어떤 추상적인 개념으로 만들어서는 안 된다. 따라서 우리는 반드시 하나님의 거룩한 뜻, 그분의 무한한 지혜 및 선하심을 생각하면서, 하나님의 전능하심을 언급해야 한다. 유명론(nominalism)은 하나님께는 문자적으로 모든 것이 가능하다는 확신에 기초해서 몇 가지 교묘한 질문들을 제기했다. 우리는 성경 자체가 언급하는 불가능한 것들과 이것을 대조하고자 한다. 하나님은 자기 자신을 부인할 수 없으시다(딤후 2:13). 그분은 거짓말을 할 수 없으시다(히 6:18). 또한 하나님은 악에게 시험을 받지 않으신다(약 1:13). 그분은 그분의 본성과 어긋나는 것은 무엇이든지 하실 수 없다. 하지만 이것은 결코 무능력을 의미하지 않는다! 하나님은 전능하시지만, 이 일들을 하실 수 없으시다(Augustinus). 무엇인가를 하실 수 있는가에 대한 판단 기준은 하나님 자신 안에 있다.

3. 하나님은 그분의 모든 행위를 통해서 자신의 전능하심을 나타낸다. 초기의 개혁파 교의학은 하나님의 전능하심을 천지창조와 창조세계의 보존이라는 관점에서 다소 지나치게 정의했다. 하지만 칼 바르트는 다른 극단으로 치우치는 위험에 처했다. 그는 역사의 중심 그 자체로서 예수 그리스도의 증언을 자신의 출발점으로 삼는다. 예수 그리스도의 증언의 관점에서 하나님의 전능하심에 대한 성경 전체의 증언이 규정된다. 그러면서 바르트는 하나님의 전능하심을 구원의 능력이라고 해석한다(Barth, *C.D.*, 2.1-522-607, 특히 604-607). 그는 이 점과 관련해서 많은 추종자를 지니고 있다.

하나님의 구원의 능력은 의심할 여지없이 전능하심으로 해석되어야만 하는 능력이다. 하지만 이것은 그분의 전능하심이 단지 구원의 능력으로 해석되어야만 한다는 것을 암시하지 않는다. 아니면 본회퍼에게서 약간 다른 표현을 빌리자면, 하나님의 전능하심은 최우선적으로 그리스도의 구원하는 능력 안에서 나타났다는 것을 암시하지 않는다. 그리스도는 십자가 위에서 자기 자신을 구원할 수 없었다. 자주 인용되는 말로서 본회퍼는 다음과 같이 주장했다. "하나님은 세상으로부터 사람들이 멀리 십자가까지 몰려와서 자기 자신을 둘러싸는 것을 허락하신다."[56] 판 룰러는 이 점과 관련해서 다음과 같이 올바르게 지적한다. "십자가 위에서 하나님이 보여주신 이 무능력은 사실상 속죄에 대한 하나님의 전능하심을 반영한다. 십자가는 홀로 쓸쓸히 서 있지 않다. 곧바로 부활이 뒤따른다"(Van Ruler, *Ik geloof*, 28 이하).

하나님의 전능하심은 진정으로 항상 그분의 거룩한 사랑의 전능함이었다. 신자들은 이것을 하나님의 "은혜로운 전능하심"으로 인식한다. 하나님은 예수 그리스도 안에서 우리를 위해 그분의 가슴을 여셨던 것이다(참조. Weber, *Foundations*, 1:446-447).

4. 베르크호프는 성경은 단지 종말론적인 배경에서만 하나님의 전능하심에 대해서 말하고, 이 전능하심을 현재의 시기와 연결할 수 없다고 믿는다(Berkhof, *C.F.*, 146). 우리는 성경의 "계시 이야기"에 기초해서 이른바 하나님이 무능력하시다는 인상을 얻는다. 베르크호프는 그것을 하나님이 공격에 노출되어 있는 것이라고 언급한다. 공격에 노출되어 있는 이와 같은 특성의 가장 깊은 절망은 바로 십자가까지 이어진다. 예수는 그 십자가 위에서 자기 자신을 구원하지 못했다. 그가 십자가에 달렸을 때, 하나님은 침묵하셨다. 그래서 방자하며 반역하는 인간이 하나님에게 승리를 거두었다. 하지만 이것은 하나님이 무능력해서 공격에 노출되어 있는 것이 아니

---

56 D. Bonhoeffer, 『저항과 복종』(*Widerstand und Ergebung*), Neuausgabe, 1970, 394 (1944년 6월 16일의 편지).

라, 오히려 하나님이 우세한 능력을 지니셨지만, 공격에 노출되어 있는 것
이다. 베르크호프의 견해에 의하면, 하나님은 "공격에 노출되어 있는 우세
한 능력"(Defenceless Superior Power)이시다(Berkhof, *C.F.*, 140-147).[57] 하나
님의 사랑의 우세한 능력은 어느 날 모든 저항을 없애버리고, 그때 전능한
능력이 될 것이라. "만약 어느 날 하나님이 우리와 사랑으로 사귐을 나누
면서 전능하신 분이 되신다면, 그것은 단지 하나님이 이미 자기 자신 안에
또한 영원 전부터 전능하신 분이시기 때문에 가능하다." 그렇다면 베르크
호프의 이 주장은 하나님이 결국 전능하시다는 것을 암시하는가? 하나님
은 자기 자신 안에서 전능하시고, 창조 이후에 그분의 능력 중 일부를 인
간에게 넘겨주었으며, 그것에 의해서 하나님의 능력에 어떤 분명한 한계
가 생겼고, 장차 어느 날 하나님은 전능한 분이 되시는 것으로 지금 묘사
되었다.

베르크호프의 이 모든 관점은 우리가 거부하는 하나님과 인간의 관계에
대한 어떤 견해를 반영한다. 우리는 아래에서 이것을 언급할 것이다. 지금은
단지 다음 사실만 언급하는 것으로 충분할 것이다. 곧 성경은 무능력하지도
않고 전능하지도 않은 하나님의 우세한 능력이 약점이 있는 개념이라는 것을
지지하지 않는다. 아무리 중요한 개념들이라고 하더라도, 신학적인 개념들이
결코 성경의 메시지를 대치해서는 안 된다. 먼저 우리는 하나님이 인간에게
자유를 허락하셨기 때문에, 인간에게 주어진 자유에 의해서 하나님의 전능하
심이 손상을 입고, 또한 인간이 하나님을 반역했기 때문에 하나님의 전능하
심을 감소할 수 있다는 개념을 성경에서 결코 발견할 수 없다. 판 룰러는 다
음 세 가지 측면에서 하나님이 인간보다 우세하다고 말한다. 첫째, 하나님은
인간에게 다양한 변화에 노출될 수 있는 삶을 주셨다. 둘째, 하나님은 선택 및
유기와 관련해서 절대 주권을 지니셨다. 셋째, 하나님은 성령의 신비적인 막

---

57 하나님에 대한 이와 같은 이미지는 많은 사람들에게서 공감을 불러일으켰다. 특히 그들 중
에 한 사람이 저술한 것으로서 다음 연구서를 참조하라. H. Wiersinga, 『고난과 더불어 화
목?』(*Verzoening met het hyden?*), 1975, 66.

대기(wand)로 어떤 사람을 접촉해서 그를 새로운 사람으로 철저하게 변화시켜, 그가 더 이상 하나님에게 반역하지 않도록 하신다(Van Ruler, *Ik geloof*, 30 이하).

5. 하나님의 능력은 절대 주권적인 능력이다. 하나님의 전능하심과 하나님의 절대 주권은 서로 분리될 수 없다. 하나님은 이것을 통해서 그분이 원하시는 것을 하실 수 있고 또한 하실 것이다. 창조세계는 하나님의 전능하심뿐만 아니라 하나님의 절대 주권에 대해서도 증언해준다. 요한계시록에는 하나님에 대한 다음과 같은 찬양이 언급된다. "우리 주 하나님이여, 영광과 존귀와 권능을 받으시는 것이 합당하오니 주께서 만물을 지으신지라. 만물이 주의 뜻대로 있었고 또 지으심을 받았나이다"(계 11:4).

하나님은 이적들을 행하신다. 그것은 무엇보다도 먼저 하나님이 무엇을 성취하실 수 있는지가 아니라 하나님이 어떤 분이신지를 입증하려는 것이다. 우리는 천지창조의 이적에 대해서 생각한다. 하지만 우리는 참으로 구속사의 일부분을 이루는 이적들에 대해서는 거의 생각하지 않는다. 사실상 말씀의 성육신과 그리스도의 부활은 전능하신 하나님, 우리 주 예수 그리스도의 아버지가 행하신 이적들이다.

불트만을 비롯해서 많은 학자들은 기독교의 신앙을 현대적인 방법으로 해석하려고 시도한다. 그들은 닫힌 인과관계의 체계를 자신들의 견해를 위한 출발점으로 삼는다. 따라서 그 체계 안에는 하나님이 개입하실 여지가 전혀 없다. 우리는 그와 같은 사고에 맞서 반드시 하나님은 전능하신 분이라는 신앙을 꼭 붙잡고 있어야 한다. 헬무트 틸리케(H. Thielicke)는 이적들의 역사가 알려주는 진정한 메시지는 하나님께서 그분이 지으신 세상을 주관하고 계신다는 것이라고 지적한다.[58]

하나님의 전능하심에 대한 신앙을 고백하는 것은 미래에도 초점을 맞추고 있다. 우리는 하나님이 이제까지 이루신 것보다 훨씬 더 많은 것

---

58 H. Thielicke, 『나는 믿는다』(*Ik geloof*), 1965, 77.

개혁교회 교의학

을 이루시는 게 가능하다고 믿는다. 우리는 하나님이 그분의 전능하심을 앞으로 훨씬 더 풍부하고 광범위하게 나타내실 것이라고 믿는다(Beker/ Hasselaar, *Wegen*, 1:82).

6. 전능하신 하나님이 모든 것을 다스리신다. 많은 사람이 이 사실을 인정하지 않고, 또한 일상의 사건들로부터 이 사실을 인과관계적으로 추론할 수도 없지만, 그것은 하나님의 전능하신 통치에 대해서 의심할 만한 이유가 되지 못한다. 교회는 하나님을 "전능하신 하나님…신실하신 아버지"(「하이델베르크 교리문답」 제9주일)라고 믿는다. 우리는 우리 자신이 연약하며 누군가를 의지한다는 것을 의식하고 있다. 하지만 우리는 다음과 같이 확신한다. "하나님은 우리의 왕이시며, 모든 것을 다스리신다. 그분은 우리에게 모든 선한 것을 주시기를 원하며, 또한 주실 수 있다. 그것을 통해서 하나님의 거룩한 이름이 영원히 찬양받기를 바라는 것이다"(「하이델베르크 교리문답」 제52주일. 또한 제49주일 참조).

13.8. 하나님의 지혜와 전지성

성경에서 지혜는 지식 이상의 것을 의미한다. 그것은 올바른 목표에 초점을 맞추고 있는 행위를 가리킨다. 하나님의 지혜(*sapientia Dei*)는 하나님이 모든 것을 그분의 목적에 복종시키신다는 것을 의미한다. 하나님은 "오직 한 분이신 지혜로우신 하나님"이시다(롬 16:27). 신학이 하나님의 지혜와 관련해서 공감하는 또 다른 측면이 있다. 곧 하나님의 지혜는 언제나 지속적으로 결정을 내릴 준비를 하고 있다(참조. Schilder, *H.C.*, 3:424 이하).

하나님은 천지를 창조하시고 보존하시는 것을 통해서 그분의 지혜를 드러내신다(시 104:24; 렘 10:12). 또한 하나님은 세상 역사와 구속 역사를 통해서(롬 11:33), 무엇보다도 그리스도 안에서 모든 것을 인도하시는 것을 통해서 그분의 지혜를 알려주신다. "그리스도는 하나님의 능력이요 하나님의 지혜니라"(고전 1:24). "그[그리스도] 안에는 지혜와 지식의 모든 보화가 감추어져 있느니라"(골 2:3). 예수 그리스도는 바로 하나님의 지혜의 전형이다.

하나님은 그분의 백성에게 지혜를 주신다(잠 2:6; 약 1:5). 하나님의 말씀은 우리에게 "구원에 이르는 지혜"를 준다(딤후 3:15). 하나님의 영은 "지혜와 계시의 영이다"(엡 1:17). 이제 하나님의 온갖 지혜는 교회를 통해 세상의 모든 곳에 반드시 알려져야 한다(엡 3:10).

하나님의 지혜와 지식은 성경의 몇몇 구절들에서 함께 언급된다(롬 11:33; 골 2:3). 사람들의 경우에는 지혜와 지식이 분리될 수 있다. 어떤 사람이 대단히 많은 지식을 얻을 수 있지만, 지혜롭지 못할 수도 있다. 하지만 하나님의 경우에 지식과 지혜는 서로 분리되지 않는다.

하나님의 지식(*scientia Dei*)은 관찰과 추론에 기초하지 않는다. 하나님의 지혜는 무궁무진해서 헤아릴 수 없다(시 147:5). 칼뱅은 다음과 같은 취지로 말한다. 곧 모든 것은 하나님의 눈 아래 놓여 있다. 그래서 하나님은 진정으로 모든 것을 그분 앞에 놓여 있는 것으로서 내려다보시며, 또한 모든 것을 분별하신다(Calvin, 『기독교강요』 3.21.5). 하나님은 그분 앞에 놓여 있는 모든 것을 바라보실 뿐만 아니라, 언제나 모든 것에 관여하신다. 하나님의 지식은 모든 것을 포함하고, 모든 것을 가장 깊은 곳까지 샅샅이 분별하신다. 하나님은 모든 것을 아신다. 엘리후는 하나님을 "지식에 있어서 완전하신 분"(욥 37:16―MT)이라고 부른다.

성경은 이렇게 말한다. "여호와는 지식의 하나님이시라. 행동을 달아 보시느니라"(삼상 2:3). 그리고 시편 저자는 하나님의 지식에 대해 더 개인적인 측면에서 말한다. "여호와여, 주께서 나를 살펴보셨으므로 나를 아시나이다. 주께서 내가 앉고 일어섬을 아시고 멀리서도 나의 생각을 밝히 아시오며"(시 139:1-2). 그리고 하나님의 행위는 하나님의 지식과 조화를 이룬다(참조. 렘 17:9-10).

하나님의 지식은 우리의 이해력을 초월한다(시 139:6). 하나님의 전지성은 그분을 두려워하지 않는 사람들을 무서워 떨게 할 것이다(참조. 렘

16:17). 반면에 하나님의 전지성은 신자들에게 위로가 된다. 하나님은 그분에게 속한 사람들을 아시고, 또한 그들이 무엇을 필요로 하는지 아신다(딤후 2:19; 마 6:32).

13.9. 하나님의 의로우심

1. 하나님의 의로우심 또는 공의(*iustitia Dei*)에 대해 말하기 시작할 때, 우리는 무엇이 공의로운가에 대해서 우리 자신의 개념을 따르는 경향이 있다. 이와 같은 경우는 또한 신학에서도 종종 일어났다. "마땅히 주어야 할 몫을 각 사람에게 줘라"는 규정은 플라톤이나 아리스토텔레스에게서 빌려 온 말이다. 또한 이 법규는 로마법에서도 나타난다. 토마스 아퀴나스는 이 전통을 따라서 하나님의 공의는 다음과 같은 사실에서 인식될 수 있다고 주장한다. 곧 하나님의 공의는 각 사람이 마땅히 받아야 할 것을 하나님이 그 사람에게 주시는 것이다.

루터는 이 규정에 완전히 사로잡혀서 꼼짝달싹 못하던 시기가 있었다. 하나님의 공의에 대한 이와 같은 철학적인 또는 스콜라적인 개념은 한동안 루터가 성경의 메시지를 이해하는 것을 가로막았다. 만약 하나님의 공의가 하나님이 각 사람에게 마땅히 주어야 할 것을 주시는 것을 암시한다면, 하나님은 반드시 올바로 행동하는 사람들에게 상을 주시고, 반면에 죄를 지어서 불의한 사람들을 벌주셔야 한다. 그렇다면 어떻게 시편의 저자들은 하나님이 그분의 공의로 자신들을 구원해달라고 기도할 수 있는가? 또한 어떻게 바울은 로마서 1:17에서 복음에 하나님의 의가 나타났다고 말할 수 있는가?

2. 우리는 성경이 하나님의 공의에 대해서 무엇이라고 말하는지 우리 자신에게 반드시 질문해야 한다. 구약성경에서 한 가지 용어는 올바로 판단하고 공의를 실행하는 것을 가리킨다(*mišpat*). 또한 구약성경에서 자주 나타나는 것으로서 의로움을 의미하는 히브리어 단어(*ṣedaqa*)는 종종 관계

를 나타내는 개념으로 묘사된다. 곧 의로움과 공의는 관계를 통해서 나타 난다. 어떤 사람이 하나님과 이웃과의 관계에서 하나님과 이웃이 기대하는 대로 행동할 때, 그는 공의로운(올바른) 사람이다.

하나님은 공의로운 분이시다. 자신은 그분의 말씀에 기초해서 그것에 의해 기대되는 대로 우리를 대하신다. 하나님은 그분의 언약을 지키신다. 이것은 "각 사람에게 주어야 마땅한 것을 주는 것"이나 또는 "모든 사람을 똑같이 대하는 것"과 결코 같지 않다. 하나님은 그분의 약속들과 관련해서뿐만 아니라 그분의 요구 사항들과 관련해서도 공의로우시다. 그분은 사람들에게 "오직 정의를 행하며 인자를 사랑하며 겸손하게 네 하나님과 함께 행하는 것"(미 6:8)을 요구하신다.

하나님은 그분의 말씀과 행위를 통해 자기 자신을 공의로우신 하나님이라고 계시해주신다. 또한 그분은 "의로우신 재판장"이시다(시 7:11). 살아 있는 이는 어느 누구도 주님 앞에서 의롭지 못하다(시 143:2). "주여, 공의는 주께로 돌아가고 수치는 우리 얼굴로 돌아"오나이다(단 9:7).

몇몇 신학자들에 의하면, 형벌을 내리시는 하나님의 공의라는 개념은 구약성경과 동떨어진 것이다. 하지만 시편 94:2을 보라. 해당 구절에 의하면, 하나님은 교만한 자들에게 마땅한 벌을 주신다. 왜냐하면 그분은 세상을 심판하는 분이시기 때문이다(참조. 시 7:12; 11:5-7; 사 5:16; 10:22; 59:16-18; 단 9:14). 그렇지만 구약성경에서는 하나님의 공의가 구원을 가져온다는 개념이 지배적이다(참조. 사 46:13). 하나님의 구원과 공의는 서로 매우 밀접하게 연결되어 있다(시 98:2). 또한 "의로움"이라는 단어는 하나님의 구원하는 행위들을 가리키는 것으로서 복수로 사용될 수도 있다(삼상 12:7-"공의로운 일[들])."

또한 하나님의 의로우심이 명백하게 계시되는 것에 초점을 맞추고 있는 성경 구절들이 있다. 예레미야 23:6은 "주(야웨) 우리의 공의"라는 이름을 지닌 분이 오시는 것을 예고한다. 하나님의 공의는 그분 안에서 또한 그분을 통해서 성취될 것이다. 따라서 하나님의 백성의 구원이 성취될 것

개혁교회 교의학

이다. 메시아는 정의와 공의로 그의 왕국을 세우고 보존할 것이다(사 9:7).

그리고 신약성경의 계시 안에서도 하나님은 공의의 하나님이시다. 그분은 공의를 요구하시고, 또한 의로움을 허락하신다.

사도 바울은 당대 유대인들의 관점들을 논박했다. 우리는 하나님의 계명들을 우리 스스로의 힘으로 성취할 수 없다. 하나님의 은혜를 이와 같은 방법으로 추구하는 것은 그릇된 것이다. 우리가 추구할 목표는 바로 하나님에게서 오는 의로움이다. 또한 우리는 오직 믿음으로 하나님이 허락하시는 의로움에 참여할 수 있다.

바울이 묘사한 하나님의 의로움에 대해 다양한 해석이 있다. 첫 번째 해석은 아우구스티누스와 종교개혁가들의 해석이다. 이들의 해석에 의하면, 하나님은 그분의 의로움으로 사람들에게 옷을 입히신다. 그 의로움은 하나님에게서 오는 것이며, 또한 그분에게 속한 것이다. 하지만 기독론적인 관점에서 더 말해야 할 것이 있다. 곧 하나님의 의로움은 그리스도의 죽음과 부활 및 그 사건들과 관련해서 하나님이 우리에게 허락하시는 구원을 통해 나타나는 하나님의 계시와 연결되어 있다. 공의로우신 하나님은 이 의로움에 기초해서 죄인들을 의롭다고 선언하신다.[59]

3. 부분적으로는 하나님의 의로우심의 구원론적인 특성을 더 크게 강조한 결과로 말미암아, 최근의 성경 연구에서 많은 학자가 오직 의로움과 구원의 연관성에만 초점을 맞춘다. 그래서 그들은 하나님이 진노하실 수 있다는 것을 의심하거나 부인한다. 하지만 하나님의 진노는 그분의 의로움과 거룩함의 결과다. 알브레히트 리츨(A. Ritschl, 1822-1889)은 하나님의 보응하시는 의로움을 부인한다. 다른 이들은 하나님의 진노가 영원히 지속될 수 있다는 것을 믿지 못한다. 만약 하나님이 진노하신다면, 그분의 진노는 오랫동안 지속되지 않으며, 또한 하나님의 사랑이 궁극적으로 승리한다.

59　참조. J. van Genderen, 『선물로서의 의로움』(*Gerechtigheid als geschenk*), 1988, 26 이하.

우리는 정의로운 보상과 징벌 또는 강제 징수를 강조하는 의로움에 대한 전통적인 개념을 가지고 진노에 관한 견해를 반박하지 않는다. 우리는 하나님의 의로우심과 관련해서 다음과 같은 개념을 반드시 따라야만 한다. 곧 하나님은 그분의 말씀과 일치해서 행동하신다. 그리고 하나님의 말씀은 명료하다. 곧 그분의 말씀은 우리에게 그분의 의로움은 언제나 구원을 베풀고 자유롭기만 한 것이 아니라, 때때로 정죄하고 보복하며 복수하고 또한 형벌을 내린다고 말해준다. 이것은 우리와 하나님과의 관계에 달려 있다. 시편 11:5-7과 이사야 5:16을 보라. 또한 구약성경에서 이것과 관련된 다른 성경 구절들을 참고하라. 그리고 이 점은 신약성경에서도 전혀 다르지 않다(살후 1:5-8; 계 16:5-7).

칼 바르트가 옹호하듯이, 하나님의 의로우심을 단지 그분의 사랑에 대한 자격 인정으로만 이해하는 것은 성경에 부합하지 않는다. 바르트에 의하면, 하나님의 의로우심은 골고다의 심판에서 나타났으며, 그것은 우리에게 있어 하나님의 은혜를 의미한다. 왜냐하면 그것은 심판을 과거의 것으로 만들었기 때문이다. 그래서 하나님의 은혜가 모든 것에 넘치므로, 이 하나님의 심판이 실재한다는 사실에서 유래하는 고통 이외에 그리스도가 경험한 심판뿐 아니라 여전히 또 다른 심판이 있을 수 있는지에 대한 질문이 제기된다(참조. Barth, *C.D.*, 2.1.405).

4. 특히 개혁파 신앙고백과 개혁파 신학에서는 하나님의 의로우심에 중요한 위치가 할애된다.

* 맨 먼저 죄와 그것에 대한 형벌을 다루는 교의에서(참조. 「하이델베르크 교리문답」 제4주일). 인간적인 관점에서 성경이 말하는 것을 받아들이는 것은 쉽지 않다. 그것은 과거에도 또한 오늘날에도 마찬가지다. 하지만 우리는 하나님께 동의하는 것을 반드시 배워야만 한다.

* 나아가 예정에 대해 언급하는 신앙고백에서(「벨기에 신앙고백서」 제16조; 「도르트 신조」 제1조). 바울은 로마서 9:14에서 "그런즉 우리가 무슨

     개혁교회 교의학

말을 하리요. 하나님께 불의가 있느냐? 그럴 수 없느니라"고 말한다.

* 하나님의 의로우심에 대한 질문은 하나님의 섭리에 대해 숙고하는 부분에서도 나타날 수 있다. 우리의 신앙고백은 우리에게 감추어져 있는 하나님의 의로운 심판에 대해서 언급한다(「벨기에 신앙고백서」 제16조).

* 보상(satisfaction)을 통한 속죄에 대한 교리는 하나님의 의로우심에 직접적으로 초점을 맞추고 있다(「벨기에 신앙고백서」 제20조; 「도르트 신조」 제2조).

* 나아가 우리는 구원의 교리에 대해서 생각한다. 하나님이 예수를 믿는 이들을 의롭다고 선언하실 때에도 하나님은 공의로우시다(롬 3:26). 칭의는 하나님의 은혜로운 법적인 행위다(참조. 「하이델베르크 교리문답」 제23주일). 하나님은 우리에게서 모든 의로움을 사랑할 것을 요구하신다. 그것은 우리의 성화의 일부분이다(참조. 「하이델베르크 교리문답」 제44주일).

* 마지막으로 최후의 심판에 대한 교리가 있다. 우리는 "하늘로부터 오시는 심판자"를 기다리고 있다. 먼저 그는 "우리를 위해서 하나님께 심판을 받으시려고 자기 자신을 내어주셨다"(참조. 「하이델베르크 교리문답」 제19주일).

13.10. 하나님의 선하심

하나님의 선하심(*bonitas Dei*)을 찬양하는 노래는 성경 전체에 걸쳐 울려퍼지고 있다. "선하다"라는 단어가 지니고 있는 가장 엄밀한 의미에서 오직 하나님 한 분만 선하시다(참조. 막 10:18). 하나님은 선하시며, 선한 일을 하신다(시 119:68). 선을 행하는 것은 바로 하나님의 본성이다. 그것의 기초는 바로 하나님 자신 안에 있다.

사람들의 사악한 성품은 하나님이 그분의 선하심을 사람들에게 나타내시는 것을 막지 못한다. "이는 하나님이 그 해를 악인과 선인에게 비추시며 비를 의로운 자와 불의한 자에게 내려주심이라"(마 5:45). 비록 모든 사람이 이 사실을 깨닫는 것은 아니지만, "여호와께서는 모든 것을 선대하시며 그 지으신 모든 것에 긍휼"을 베푸신다(시 145:9). 하나님의 호의를 입는 이들은 주(야웨)께서 선하신 분이라는 것을 맛보고 또한 알게 된다(시 34:8; 참조. 벧전 2:3).

하나님의 선하심은 모든 선함의 원천이다. "온갖 좋은 은사와 온전한 선물이 다 위로부터 빛들의 아버지께로부터" 내려온다(약 1:17). 루터는 하나님을 선하심이 넘쳐흐르는 영원한 샘이라고 부르며, 하나님으로부터 온갖 좋은 것과 좋은 것이라고 불리는 것이 나온다고 말한다(대요리문답). 칼뱅은 우리에게 아무런 공로가 없는데도 하나님께로부터 주어지는 선하심은 측량할 수 없다고 언급한다.

교회는 하나님의 선하심을 이렇게 고백한다. "하나님은…완벽하게 선하시다. 또한 그분은 모든 선함이 흘러나오는 샘이시다"(「벨기에 신앙고백서」 제1조). 하나님은 그분의 선하심을 그리스도 안에서 가장 풍부하게 계시해주신다. "그분의 놀라운 지혜와 선하심 안에서 [하나님은] 그분의 아들"을 사람들에게 주셨다(제17조). 주는 자신의 백성에게 "아버지와 같은 그분의 선하심에 대한 진정한 확신"을 주신다(제34조).

하나님의 선하심은 그분에게서 오는 모든 것이 선하다(좋다)는 것을 의미한다. 따라서 하나님이 악의 장본인이라는 것은 전적으로 불가능하다. 하나님이 천지를 창조하셨을 때, 창조세계 전체는 하나님이 보시기에 좋았다(창 1장). 또한 하나님의 계명들은 거룩하고 의롭고 선한 것이다(롬 7:12). 그리고 하나님이 그분의 백성의 삶 안에서 행하시는 것은 선한 것이다(빌 1:6).

하나님의 선하심은 모든 선한 것이 하나님에게서 온다는 것을 의미한다. 칼뱅은 다음과 같이 말한다. "지혜와 빛, 또는 의로움이나 능력이나 올바름이나, 또는 순전한 진리 가운데서 하나님께로부터 나오지 않는 것이

하나도 없고, 또한 하나님이 그것의 원인이 아닌 것이 하나도 없다"(Calvin,
『기독교강요』 1.2.1). 바빙크는 다음과 같이 주장한다. "하나님에게서 또한
하나님을 통해서 온 것이 아니라면, 어떤 창조물에게도 선한 것은 전혀 존
재하지 않는다"(Bavinck, *R.D.*, 2:212),

성경이 우리에게 지시하는 대로 하나님의 선하심을 찬양하자. 성경은
종종 하나님의 선하심과 긍휼 또는 인자(*chesed*)를 함께 언급한다. "여호와
는 선하시니 그의 인자하심이 영원하고 그의 성실하심이 대대에 이르리로
다"(시 100:5). "여호와께 감사하라! 그는 선하시며 그 인자하심이 영원함
이로다"(시 136:1).

13.11. 하나님의 영광

자기 자신에 대한 하나님의 계시는 하나님에 대한 모든 신학적인 교의를
훨씬 더 초월한다. 하지만 이 사실은 [하나님에 대한] 우리 자신의 말들을
그릇된 것이나 쓸모없는 것으로 만들지 않는다. 오히려 하나님에 대한 더
풍부한 지식을 얻기 위해서 마음을 활짝 열고 하나님의 말씀을 주의 깊게
들을 필요성이 있다는 것을 우리에게 깨우쳐준다.

이 지식은 함축적인 의미를 지니고 있다. 하나님의 영원하심은 우리가 우리의
날들을 제대로 헤아릴 줄 알게 해준다(시 90:12). 하나님의 불가해성은 우리가 하나
님께 모든 존귀를 돌리도록 권면한다(롬 11:33-36). 우리가 하나님을 우리의 눈으
로 직접 볼 수 없다는 사실은 "우리가 믿음으로 행하고 보는 것으로 행하지 아니"하
게 해준다(고후 5:7).[60]

이 항목에서 앞으로 제시할 자료는 부분적으로 불완전할 것이다. 왜냐하면 하나

---

60 또한 다음 해설서를 보라. J. Koopmans, 「벨기에 신앙고백서」(*De Nederlandsche Geloofsbelijdenis*),
    1939, 21.

님이 하시는 일들에 대한 이어지는 장들이 이제까지 관심을 조금 밖에 또는 전혀 기울이지 않는 내용에 대해서 다룰 것이기 때문이다. 그 내용은 다음과 같다. 창조에 대한 교리에서 하나님의 자율성, 하나님의 섭리에서 하나님의 오래 참으심, 하나님의 선택에서 하나님의 은혜, 은혜 언약 및 구원에 대한 교리 등이다. "그 모든 일에는 하나님의 권능과 지혜와 선하심과 공의와 자비와 진리가 드러나 있다"(「하이델베르크 교리문답」 제47주일). 또한 이 점과 관련해서 분명하게 드러나는 하나님의 완전성들은 더 많이 있다.

마침내 우리가 하나님의 영광에 대해 초점을 맞출 때, 우리는 [이 완전성들 중에서] 생략된 모든 것에 대해서 생각할 수 있을 것이다.

하나님의 위엄은 그분의 모든 이름을 통해서 표현된다. 하지만 "영광"이라는 단어는 하나님의 위엄을 탁월하게 표현해준다. 구약성경에서 "영광"(*kabod*)이라는 단어가 하나님의 이름에 상응할 수 있다는 점은 주목할 만하다(시 102:16; 사 59:19).

하나님의 영광은 그분의 완전성들을 온전히 계시해준다(Barth, *C.D.*, 2.1.643). 하나님은 눈부시게 빛나는 분이시라고 불릴 수도 있다(참조. Wentsel, *Dogm.*, 3a; 제9-10장).

하나님의 영광(*Gloria Dei*)은 그분의 특성에 속하며 또한 하나님이 자기 자신을 계시하실 때 드러내시는 웅장한 위엄과 광채를 나타낸다. 성경의 몇몇 구절들은 하나님의 임재를 가리켜주는 것으로서 압도적인 빛의 나타남을 암시해준다. 하나님의 영광은 구름 속에 나타날 수도 있다(출 16:10). 성경은 하나님의 영광을 그분의 거룩하심, 능력, 위대하심, 위엄 및 광채와 밀접하게 연결한다(사 6:3; 시 63:2; 신 5:24; 시 104:1). 그것은 하나님이 왕이시라는 것을 나타내는 영광이다(시 145:11-12).

하나님은 천지창조, 그분의 백성인 이스라엘의 역사 안에서의 그분의 행위들, 또한 성막과 성전 안에서 그분의 백성 사이에 거주하시는 것을 통해서 그분의 영광을 계시하신다. 하나님의 높으심은 경외심을 불러일으킨다(참조. 시 113:4). 또한 그분의 가까이 계심도 마찬가지다(참조. 왕상 8:10-11). 하나님의 영광은 맹렬한 불과 같아서 그분에게 아주 가까이 나아가지 못한다(출 24:17). 하지만 하나님은 그분의 영광과 더불어 그분의 백성의 한가운데 거하신다. 이것은 하나님에 대한 존중과 경배와 찬양과 감사로 이끈다(참조. 대하 7:1-3). 하나님의 백성은 하나님의 영광이 나타나는 것을 고대해야 한다. 왜냐하면 그것은 구원을 가져다주기 때문이다(사 60:1-3).

하나님은 "영광의 아버지"시다(엡 1:17). 그리스도의 인격과 사역은 하나님의 영광이 구체적으로 나타난 것이다(참조. 요 1:14). 그리스도가 이 세상에 태어났을 때, 하나님의 영광이 나타난 것을 볼 수 있었다(눅 2:9, 14). 신약성경은 "예수 그리스도의 얼굴에 있는 하나님의 영광"에 대해서 언급한다(고후 4:6).

구약성경의 위대한 예언들은 하나님의 영광이 우주적인 차원을 지니고 있으며, 또한 하나님이 여시게 될 위대한 미래를 가리켜준다는 사실에 대해서 증언한다(참조. *TWAT*, 4:36-38). "물이 바다를 덮음 같이 여호와의 영광을 인정하는 것이 세상에 가득함이니라"(합 2:14). 장차 언젠가 모든 것은 하나님의 영광으로 가득할 것이다(사 66:18; 계 21:23). 하나님의 모든 길들과 사역들의 맨 마지막에 하나님의 영광이 찬란하게 드러날 것이다.

하나님의 영광을 드러내는 계시는 그분의 이름의 영광을 동반한다. 천사와 인간들은 하나님께 적합한 영광을 가져오라는 초청을 받는다(시 29:1-2; 66:2). 우리의 생명을 갖고 계시고 우리가 나가야 할 모든 길을 명하시는 하나님께 영광을 돌리지 않는 것은 죄악을 범하는 행위다(단 5:23).

하나님께 드리는 송영은 교회의 예배를 구성하는데, 그분을 찬양하고 경배하는 것은 예배의 더 많은 부분을 차지해야 할 것이다. 개혁교회 전통은 칼뱅의 발자취를 따르면서 그리스도인의 삶의 주된 목표를 하나님을 영화롭게 하는 것으로 삼는다. 하나님의 영광을 위해 사는 것이 우리의 목적이 아니면 무엇이겠는가? (고전 10:31

을 보라). 「웨스트민스터 대요리문답」의 첫 번째 대답은 매우 의미가 있다. "사람의
첫째 되고 가장 높은 목적은 하나님을 영화롭게 함과 영원토록 그분을 온전히 즐거
워함이다."

그 영화로운 이름을 영원히 찬송할지어다!
　온 땅에 그의 영광이 충만할지어다!
아멘, 아멘(시 72:19).

보좌에 앉으신 이와 어린 양에게,
　찬송과 존귀와 영광과 권능을
세세토록 돌릴지어다(계 5:13)!

간략한 참고 문헌

J. Auer,『한 분이시며 삼위일체이신 하나님』(*Gott — Der Eine und Deieine Gott*), 1978.

Th. de. Boer, *De God van de filosofen en de God van Pascal*, 1989.

L. J. van den Brom,『어느 곳에나 계시는 하나님』(*God alomtegenwoordig*), 1982.

F. Courth,『성경과 교부 문헌에서의 삼위일체』(*Trinität, In der Schrift und Patristik*),『(교리사』(*Handbuch der Dogmengeschichte*), 2:1a, 1988.

H. Cremer,『하나님의 속성에 대한 기독교 교리』(*Die Christliche Lehre von der Eigenschaften Gottes*), 1917[2].

L. Doekes,『거룩한 분』(*Der Heilige*), 1960.

E. A. Dowey Jr., *The Knowledge of God in Calvin's Theology*, 1952.

J. J. F. Durand,『살아 계신 하나님』(*Die lewende God*), 1976.

N. H. Gootjes,『하나님의 영성』(*De geestelijkheid van God*), 1985.

J. de Groot and A. R. Hulst,『권력과 의지』(*Macht en wil*), 출간 연도 미상.

J. A. Heyns,『삼위일체에 대한 양태론적 견해의 기초』(*Die grondstruktuur van die modalistiese triniteitsbeskouing*), 1953.

H. G. Hubbeling,『믿음과 생각』(*Denkend geloven*), 1976.

F. G. Immink, *Divine Simplicity*, 1987.

J. Kamphuis, "개혁파 신학에서의 그리스도와 성령"(*Christus en de Geest in de Gereformeerde theologie*), *Radix 15*, (1989): 154-180.

J. Kamphuis,『가톨릭적인 견고성』(*Katholieke vastheid*), 1955.

W. Kasper,『예수 그리스도의 하나님』(*Der Gott Jesu Christi*), 1983[2].

C. Link,『비유로서의 세계』(*Die Welt als Gleichnis*), 1976.

H.-G. Link (ed.),『한 분 하나님, 한 분 주님, 한 분 성령』(*Ein Gottein Herrein Geist*), Beiheft zur Ökum. Rundschau 56, 1987.

K. H. Miskotte,『성경에 대한 기초 지식』(*Bijbelsch ABC*), 1941.

J. Moltmann, *The Trinity and the Kingdom*, 1981.

G. W. Neven (ed.),『한평생 당신을 기다림』(*Levenslang wachten op U*), 1988.

G. C. van Niftrik, 『현대의 전환기의 사건들 안에서의 하나님의 존재』(*Het bestaan van God in de kenterning van deze tijd*), 1971.

P. den Ottolander, *Deus immutabilis*, 1965.

J. I. Packer, *Knowing God*, 1974[2].

W. Pannenberg, *Systematische Theologie*, 1, 1988.

J. Patout Burns and G. M. Fagin, *The Holy Spirit*, 1984.

A. D. R. Polman, 『아우구스티누스의 신론』(*De leer van God by Augustinus*), 1965.

B. Stein, 『야웨의 영광에 대한 개념』(*Der Begriff Kebod Jahweh*), 1939.

T. F. Torrance, *The Trinitarian Faith*, 1988.

J. P. Versteeg, 『그리스도와 성령』(*Christus en de Geest*), 1971.

L. Vischer (ed.), 『하나님의 영: 그리스도의 영』(*Geist Gottes: Geist Christi*), Beiheft zur Ökum. Rundschau 39, 1981.

H. de Vos, 『신 존재 증명』(*De bewijzen van Gods bestaan*), 1971.

B. Wentsel, 『자연과 은혜』(*Natuur en gnade*), 1970.

제5장

하나님의 경륜

§ 14. 모든 것을 주관하시는 하나님의 경륜

14.1. 성경의 출발점 및 신학적 고찰
14.2. 하나님의 작정과 죄
14.3. 구원 계획의 중심지

14.1. 성경의 출발점 및 신학적 고찰

개혁파 교의학은 하나님의 경륜(counsel) 혹은 그분의 작정들(decrees)에 대해 대체로 한 장을 할애해서 다루고, 특히 예정에 초점을 맞추어 다룬다.

하나님의 모든 행위는 그분의 경륜 혹은 작정들에 기초한다. 따라서 과연 하나님의 경륜이 무엇인지를 숙고하는 것이 필요하다. 우리는 이 장에서 다음과 같은 믿음, 곧 하나님은 모든 일에 있어서 그분의 뜻의 경륜에 따라서 일하신다는 믿음에 초점을 맞추고자 한다(엡 1:1).

이전의 교의학 저서들은 하나님의 창조 사역과 재창조 사역을 묘사하는 데 단 하나의 표현을 사용했다. 그 표현은 하나님의 본질의 외적인 사역들(the outward works of God's essence)이다. 그 사역들은 그분의 작정들에 의해서 지지를 받는다. 이 작정들(*decreta*)은 하나님의 경륜이라고 묘사된다. 여기서 단수 명사가 사용된 것은 하나님의 결정들이 하나 됨을 이루고 있다는 것을 강조한다. 경륜은 "하나님의 계획과 기쁘심"을 포괄한다

(Wentsel). "우리는 하나님이 그분의 지혜와 자유 안에서 세상을 위한 하나의 계획을 세우셨고, 또한 그분의 계획들을 권능으로 실행해가신다는 신앙을 고수한다"(Wentsel, *Dogm.*, 2:162 이하).

구약성경은 다음과 같이 말한다. "여호와의 계획은 영원히 서고 그의 생각은 대대에 이르리로다"(시 33:11). "사람의 마음에는 많은 계획이 있어도 오직 여호와의 뜻만이 완전히 서리라"(잠 19:21). 하나님은 이사야 46:10에서 "나의 뜻이 설 것이니 내가 나의 모든 기뻐하는 것을 이루리라"고 말씀하신다.

신약성경은 우리의 번역 성경들에서 "계획", "뜻", "기쁨", "목적" 등으로 번역되는 여러 용어들을 사용한다. 이 단어 중 첫 번째 단어인 "계획"은 우리에게 에베소서 1:11과 사도행전 2:23("하나님께서 정하신 뜻[계획]과 미리 아신 대로")을 연상시켜준다. 두 번째 단어는 요한계시록 4:11과 같은 곳에서 사용된다. 곧 "주께서 만물을 지으신지라. 만물이 주의 뜻대로 있었고 또 지으심을 받았나이다." 또한 "기쁨"이라는 단어는 한편으로 자유와 절대 주권을, 다른 한편으로 하나님이 작정하신 것의 은혜를 반영한다. 첫 번째 요소는 특히 마태복음 11:26에서 두드러지게 표현된다. 두 번째 요소는 누가복음 2:14에서 분명하게 드러난다(참조. *TDNT*, 2:746-751). 그리고 "목적"이라는 용어가 신학적으로 중요한 의미를 지닌 가장 명백한 구절 중 하나는 에베소서 3:11이다. 곧 "영원부터 우리 주 그리스도 예수 안에서 예정하신 뜻대로 하신 것이라"(참조. *TDNT*, 8:167).

우리가 "계획"(경륜) 혹은 "목적"과 같은 표현들을 사용하거나, 또는 하나님이 정하신 것(작정)에 대해서 말할 때, 우리는 반드시 인간적인 의미들과 연결하는 것을 피해야 한다. 우리가 어떤 결정을 내릴 때와는 달리, 하나님 편에서는 찬성과 반대 사이에서 저울질하는 것이 전혀 없다. 더욱이 하나님의 경우에 그분이 어떤 것을 결정하고 그것을 실행하지 않는 것은 전적으로 불가능하다.

교의학에서는 하나님의 경륜이 **영원하고, 절대 주권적이며, 지혜롭고, 변하지 않으며**, 또한 **유효적**(*efficacious*)이라고 언급한다.

1. 에베소서 3:11은 하나님의 영원한 목적(개역개정－"뜻")에 대해 말한다. 이 구절은 하나님의 영원성과 관련해서 특히 중요하다. 하나님은 영원하신 하나님이시다. 그분은 우리와 다르게 어떤 시점의 이전과 이후를 구별하지 않으신다. 하나님께는 모든 것이 동시적이다. 따라서 하나님이 스스로 작정하신 것을 벗어나서 행동하신다는 것은 생각할 수조차 없다.

2. 하나님은 그분의 절대 주권에 기초해서 결정하신다. 왜냐하면 그분은 하나님이시기 때문이다. 그분의 결정(작정)은 그분 이외에 다른 어떤 대상에 의해서도 결정되지 않는다. 하지만 하나님의 절대 주권은 결코 변덕스럽거나 독자적이지 않다. 하나님은 자신이 의도하시는 것을 의도하실 이유들을 지니고 계신다. 또한 그분은 자신이 의도하시는 것을 행하신다.

3. 하나님의 계획은 지혜롭다. 왜냐하면 오직 하나님만 지혜로우신 분이기 때문이다(롬 16:27). 사도 바울이 로마서 9장부터 11장까지 강조하는 것－이 장에서는 바로 그 강조점에 대해서 고찰한다－은 로마서 11:33에서 다음과 같은 찬양으로 마무리된다. "깊도다! 하나님의 지혜와 지식의 풍성함이여, 그의 판단은 헤아리지 못할 것이며 그의 길은 찾지 못할 것이로다."

4. 하나님의 경륜은 변하지 않으며 유효적이다. 성경은 하나님의 뜻이 결코 변하지 않는다는 것에 대해서 말한다(히 6:17). 하나님은 자기 자신에게 진실하시다. 따라서 그분의 작정들은 확실하다. 성경이 하나님께서 후회하신다고 말씀하시는 것은 이것으로부터 벗어나지 않는다(참조. § 13.5). 앞서 인용한 이사야 46:10은 하나님께서 그분이 기뻐하시는 모든 것을 실행하신다고 넌지시 알려준다(참조. 시 115:3). " 만군의 주께서 계획하셨는데, 누가 감히 그것을 못하게 하겠느냐?"(사 14:27; 참조. 사 14:24-26).[1] 하나님의 작정들에 대한 책이 펼쳐질 때, 그 안에 기록되어 있는 사

   개혁교회 교의학

건들이 실제적으로 일어날 것이다(참조. *TDNT*, 1:619).

우리가 하나님의 영원한 목적(엡 3:11)에 대해서 들을 때, 우리는 하나님의 이 목적이 영원하신 하나님 자신과 결코 분리될 수 없다는 사실을 확실히 알게 된다. 하나님의 작정과 관련해서 잘 알려진 이전의 진술은 다음과 같이 말한다. 하나님의 작정은 작정하시는 하나님과 동일하다(*Decretum Dei idem est ac Deus decernens*). 이 말은 하나님의 작정을 결코 추상적으로 이해할 수 없다는 것을 의미한다. 그것은 일단 확정된 어떤 설계 명세서로서 이행을 기다리고 있는 것과 같은 것이 아니다. 어떤 조직신학 교재는 하나님의 작정을 건축 계획과 비교한다(예. Erickson, *Chr. Th.*, 346) 하지만 그와 같은 비교를 적용하는 것은 바람직하지 않다. 스킬더는 하나님께서 그분의 영원한 목적을 매 순간 또한 계속해서 작정하신다고 올바로 지적한다(Schilder, *H.C.*, 3:134). 우리는 하나님의 경륜에 대한 교리에서 어떤 것들을 이미 결정하셨고 또한 계속해서 결정해 가시는 살아 계신 하나님 자신을 만난다.

하나님의 경륜이 모든 것을 주관한다는 믿음을 고수하는 것은 성경적인 것이다. 에베소서 1:11은 "자기의 뜻의 결정에 따라서 모든 것을 실행하시는 이"나 또는 "자기의 뜻의 작정에 따라서 모든 것을 확립하시는 이" 또한 "자기의 뜻의 결정에 따라서 모든 것 안에서 일하시는 이"와 같이 다양하게 번역될 수 있다. 어떤 번역을 따르더라도, 이 구절은 모든 것을 포괄하는 하나님의 경륜의 특성을 보여준다.

이 구절은 단지 구원에 대한 하나님의 계획을 성취하는 것과 관련이 있다는 주장은 종종 거부되었다. 다. 하나님의 경륜이 모든 사소한 것뿐만 아니라 죄까지도 포함해 모든 것과 관련이 있다는 주장은 결정주의의 주장일 수 있기 때문이다. 우리는 에베소서 1:11에서 "타 판타"(*ta panta*)라는 그리스어 표현이 "이 모든 것"(언급된

---

1   또한 사 25:1을 보라. 참조. W. Werner, 『야웨의 계획에 대한 구약성경의 묘사에 대한 연구』(*Studien zur alttestamentlichen Vorstellung vom Plan Jahwes*), 1988, 95 이하, 145 이하.

모든 것)이라고 번역될 수 있다고 인정한다. 이와 관련해서 하늘과 땅에서 일어나는 모든 것이 하나님의 선재하는 경륜과 의도에 따라 일어난다는 것은 진정으로 "성경에 기초한 기본적인 개념"이라고 지적할 수 있다(Ridderbos, *Paul*, 348).

또한 추가적으로 다음과 같은 몇몇 신학적인 고려 사항들이 있다. 만약 하나님의 경륜이 모든 것을 포괄하지 않는다면, 하나님의 계획의 통일성이 훼손될 것이다. 그렇다면 모든 것 중에서 일부분은 하나님의 통제 범위의 바깥에 놓여 있어서 통제를 받지 않은 채 일어날 것이다. 그렇다면 그것은 자율적인 것이다. 하지만 이것은 하나님의 절대 주권에 대한 우리의 신앙고백과 조화되지 않는다. 따라서 우리는 그와 같은 견해를 받아들일 수 없다. 만약 하나님의 경륜이 인간의 자유와 책임을 제거한 채 모든 것을 지배한다고 주장한다면, 그것은 결정주의와 같을 것이다. 하지만 우리는 성경의 가르침에 충실히 머무르면서 인간의 책임을 진정으로 존중한다. 비록 우리가 하나님의 절대 주권과 우리의 책임에 대한 관계를 완벽하게 헤아릴 수는 없지만, 이 두 가지는 서로를 훼손하지 않는다.[2]

14.2. 하나님의 작정과 죄

하나님의 경륜은 죄와 관련이 있는가? 하나님이 그분의 영원한 경륜 안에서 죄를 작정하셨다고 주장하는 것은 성경의 가르침에 어긋난다고 말하는 게 옳은 것이 아닌가?

우선적으로, 어떤 측면에서 판단한다고 하더라도 죄는 분명히 하나님의 뜻에 그 기원을 두고 있지 않다. 그다음, 죄는 하나님이 통제할 수 없는 어떤 힘이 결코 아니다.

따라서 우리는 아우구스티누스와 함께 다음과 같이 말할 수 있다. 곧 하나님이 하시는 일은 너무나도 위대해서, 심지어 하나님의 뜻을 거슬러

---

2 참조. K. Sietsma, 『하나님의 절대 주권과 인간의 책임』(*Goddelijke souvereinitiet en menschelijke verantwoordeliekheid*), 1941, 62.

서 놀랍고 이루 말할 수 없는 방법으로 일어나는 어떤 일도 그분의 뜻이 아니면 일어나지 않는다.[3] 예수 그리스도를 거부하고 그를 십자가에 못 박은 사건은 인류가 범한 죄악 가운데서 가장 극악한 것이다. 하지만 바로 이 사건을 통해서 하나님의 구원 계획이 이루어졌다. 심지어 가룟 유다가 예수 그리스도를 배반한 사건도 하나님의 구원 계획이 성취되는 데 사용되었다. 그래서 예수 자신도 다음과 같이 말한다. "인자는 이미 작정된 대로 가거니와 그를 파는 그 사람에게는 화가 있으리로다"(눅 22:22). 사도행전은 이 두 가지 측면을 모두 드러내준다(참조. 행 2:23; 4:27-28).

만약 하나님의 경륜이 사람들의 죄악된 행위들을 통해 성취되었다는 것이 사실이라면, 또한 이것은 아담과 하와가 원죄를 범한 사건에 대해서도 그렇다고 말할 수 있는가?

이것은 대답하기가 매우 어려운 질문이다. 특히 이 문제에 대해 명백하게 언급하는 성경 구절들이 전혀 없기 때문에, 우리는 그것에 대해서 매우 신중히 논의하는 것이 중요하다. 만약 우리의 지식이 불완전하다면, 이 문제와 관련해서 분명히 그렇다.

개혁파 교의학은 죄가 하나님을 놀라시게 했다는 개념을 단호하게 거부한다. 더 나아가 몇몇 신학자들은 하나님이 죄에 대해서 미리 아셨다고 주장한다. 칼뱅은 이것보다 더 나아갔다. 하지만 그와 동시대의 인물인 불링거(Bullinger)는 분명히 그렇게 주장하지 않았다.[4] 이와 같은 이해에 직면해서, 왜 하나님은 죄를 막지 않으셨는가라는 질문이 제기된다. 하나님은 죄가 발생하는 것을 허락하지 않으셨는가? 칼뱅은 "정하다"(*ordinare*)라는 단어를 사용했다. 그는 다음과 같이 주장한다. "따라서 인간은 하나님의 섭리가 정하는 대로 타락한다. 그러나 그는 자기 자신의 허물로 말미암아 타락하는 것이다"(Calvin, 『기독교강요』 3.23.8). 우리가 어떤 용어―[하나님

---

3   Augustinus, *Enchiridion*, 100.

4   H. Bullinger, 『가정을 위한 책』(*Huysboec*), 1566, 139; *Sermonum decades quinque*, 1552, 164-166. 참조. P. Walser, *Die Prädestination bei Heinrich Bullinger*, 1957, 219-221.

이] 미리 알다, 허락하다, 또는 정하다—를 선택하더라도, 어떤 경우에서든 지 언제나 인간의 허물이 인정된다.

어떤 신학자는 모든 것을 주관하시는 하나님의 절대 주권의 빛에 비추어서 전적 으로 죄를 이해했다. 그래서 심지어 그는 하나님 자신이 인간으로 하여금 죄를 짓도 록 미리 정하셨다고 주장했다. 바로 마코비우스(Maccovius)가 이와 같이 주장했다. 그는 도르트 총회(1618-1619)에 소환되었다. 그는 그 총회로부터 성경과 일치하도 록 말하며, 또한 그 당시의 정통 신학교들에서 통용되던 방식대로 알기 쉽고 명백하 게 말하도록 지시받았다(참조. Dijk, 1912, 216).

아담과 하와가 원죄를 범한 것을 하나님의 경륜과 어떻게 적절히 조 화시킬 수 있는지 명백하게 설명하는 것은 가능하지 않다. 우리는 성경 이 원죄에 대해 밝혀주는 범위 안에서 죄가 낙원에 나타났다고 말할 수 있 다. 그렇지만 이것이 죄의 궁극적인 기원에 대해 매우 명백하게 설명해주 는 것은 아니다. 바빙크의 견해에 의하면, 죄는 하나님이 창조세계 안에서 관용하신 가장 커다란 모순이다. 하지만 하나님은 정의와 의로움으로 이 끄는 과정에서 자신의 영광을 나타내는 도구로 죄를 사용하셨다(Bavinck, *R.D.*, 3:145).

판 룰러는 강의 주제로 하나님의 경륜 안에 있는 죄의 문제를 선택해서 그것을 다음과 같이 더욱더 강력하게 설명했다. "어떤 이가 모든 질문을 완전히 기독교적인 방법으로 탐구할 때, 모든 것은 다음과 같은 생각의 경향을 나타내주는 것처럼 보인 다. 죄, 심지어 죄도 하나님의 작정 안에 포함되어 있다."

하지만 룰러는 "심지어 죄도 하나님의 작정의 일부분이다"라는 진술에 대해 가 능한 세 가지 뉘앙스를 구별한다. 첫 번째 뉘앙스는 죄가 하나님의 작정, 곧 하나님 의 모든 작정 안에 포함되어 있고, 죄는 이런저런 면에서 하나님의 작정 안에 끼어들 었으며, 그리고 하나님의 작정도 죄와 죄의 결과들과 관련이 있다는 것이다. 두 번째

 개혁교회 교의학

가능한 뉘앙스는 하나님은 죄가 생기도록 결정하셨다고 암시해준다는 것이다. 세 번째 가능한 뉘앙스에 의하면, 하나님은 이런저런 면에서 죄를 원하셨다(Van Ruler, *T.W.*, 6:49-60).

"이런저런 면에서"라는 표현이 포함되어 있어서, 세 번째 뉘앙스는 다른 경우들보다 덜 거슬리는 것처럼 들린다. 그렇지만 그것이 죄의 기원과 관련된 문제점들을 명료하게 밝혀주는지는 의심스럽다.

(칼뱅이 『기독교강요』 1.18.3에서 인용하고 있는) 아우구스티누스의 다음과 같은 신중한 표현은 선호할 만하다. 죄는 하나님의 뜻을 방해하지 못한다. 하나님은 죄를 관용하셨으며(Bavinck) 또한 허락하셨다. 그분은 의식적으로 그것을 허락하셨으며, 또한 그것을 허락하는 것을 원하셨다. 비록 이와 같이 말할 수 있겠지만, 우리가 이 문제를 더 깊게 탐구해나가려 하기보다는 여기서 멈추는 것이 좋을 것이다.

14.3. 구원 계획의 중심지

만약 하나님의 경륜이 시간 속에서 존재하게 될 모든 것 또는 일어나게 될 모든 것과 관련해서 그분이 영원 전에 작정하신 것이라면(Bavinck, *R.D.*, 2:372), 이 경륜을 구원 계획과 같은 것이라고 부르는 것은 옳은 것인가?

우리는 하나님이 그분의 경륜(계획) 및 행위 안에서 자기 백성의 구원을 목표로 삼고 있다고 말할 수 있다. 하나님은 선하시기 때문이다. 많은 이들은 하나님의 작정을 특히 예수 그리스도 안에서의 구원으로 해석하고자 한다. 이것은 이들이 바르트의 영향을 받았다는 것을 드러내준다. 바르트에 의하면, 구약성경과 신약성경이 우리 이전의 신학이 하나님의 작정이라고 불렀던 것에 대해서 말할 때, 그것들은 예수 그리스도를 간접적으로 또는 직접적으로 가리킨다. 우리는 예수 그리스도를 작정 그 자체(the decree), 곧 하나님의 결정의 유일한 실재로 반드시 이해해야만 한다. 또한 그 작정 자체는 하나님이 의도하시는 다른 모든 것을 포함한다. 이 모든 것은 그 작정 자체에 종속되어 있고, 그것에 의해서 결정되며, 그것에 초점이 맞추어져 있다(Barth, *C.D.*, 2.1.521). 하나님의 모든 방법과 일들은 하나님의 이 한 가지 기본적인 결정에 의해서 확정된다(Barth, *C.D.*, 2.2.92 이하).

창조세계는 하나님의 생각들이 구체화된 것(이 표현은 바빙크[5] [*R.D.*, 1:233; 참조. 2:425]에게서 온 것이다)이라고 여기는 이들은 바르트의 견해를 받아들일 수 없거나, 예수 그리스도 안에서 구원이 이미 나타난 것으로서 창조세계를 이해할 것이다(참조. § 17.3.7). 인간의 창조는 하나님의 경륜 또는 작정에 기초한 하나님의 행위다(창 1:26). 인간의 창조 그 자체는 직접적으로나 또는 간접적으로나 그리스도를 언급하지 않는다.

우리는 앞으로 한 항목에서 하나님의 예정(predestination)에 대해 다룰 것이다. 거기서 우리는 하나님의 경륜을 구원에 대한 경륜으로 다룰 것이다. 왜냐하면 예정은 그리스도 안에서의 선택과 구원에 이르게 하는 선택으로 이루어져 있기 때문이다(엡 1:4; 살후 2:13). 의심의 여지가 전혀 없이, 구속언약—이 언약은 평화의 경륜(the counsel of peace)이라고 종종 언급됨—은 구원에 대한 계획이라고 부를 수 있다.

---

5 "세계의 개념"(Bavinck, *R.D.*, 2:376, 425 이하)이라는 용어는 신아퀴나스주의에 너무 가깝기 때문에, 우리는 그것을 사용할 수 없다(참조. R. H. Bremmer, *Herman Bavinck als dogmaticus*), 1961, 328-331.

§ 15. 하나님의 구원 계획

15.1. 계시된 비밀
15.2. 하나님의 구원 계획으로서의 구속언약

15.1. 계시된 비밀

우리는 하나님의 계시에 기초해서 모든 것을 다스리시는 하나님의 영원한 경륜에 대해 말한다. 이것은 곧바로 성경이 우리의 구속에 대해 말하는 것은 반드시 하나님의 경륜과 관련해서 이해해야 한다는 것을 함축한다.

그러나 하나님의 구원 계획에 대한 우리의 고찰은 이와 같은 신학적인 결론이 제공해주는 것보다 훨씬 더 확실하고 광범위한 근거를 지니고 있다. 우리는 먼저 성경의 분명한 자료들을 언급하는 것으로부터 시작할 수 있을 것이다. 바울의 기본 구조(리델보스가 제안한 표현임) 안에도 그 자료들이 포함되어 있다. 사도 바울의 신학적인 사고의 특성 중 한 가지를 분명하게 드러내는 것으로서, 그는 신비(*mysterion*)의 계시 혹은 선포가 오랫동안 숨겨져 있었다고 또는 비밀로 유지되었다고 말한다(롬 16:25-26). 에베소서 3:4-5에서 이 비밀은 그리스도에 대한 비밀이라고 언급된다. 곧 그 비밀의 내용은 바로 그리스도다(참조. 골 2:2-3). 또한 에베소서 1:9-10과 디모데후서 1:9-10을 보라.

우리는 이 비밀을 은밀한 가르침으로 해석해서는 안 된다. 그것은 구원에 대한 비밀을 가리킨다. 그 비밀은 사람들에게 계시되기 이전에 이미 하나님의 경륜 안에 존재하고 있었다. 그 비밀은 창조세계가 존재하기에 앞서 영원 전에 미리 확정된 또는 정해진 것이고(참조. 고전 2:7), 이제 계시된 것이다. 이것은 단순하게 알려진 것 그 이상을 의미한다. 무엇보다도 이것은 비밀이 역사 안에서 하나의 실체로 나타났다는 것을 의미한다. 하나님이 실행하시는 구원에 대한 계획으로서, 이 비밀은 복음 선포의 핵심 대상이 되었다. 그 선포는 믿음으로 순종하는 것에 초점이 맞추어져 있다(참조. *TDNT*, 4:813-827; Ridderbos, *Paul*, 44-49).

바울은 다음과 같이 말한다. "오직 은밀한 가운데 있는 하나님의 지혜를 말하는 것으로서 곧 감추어졌던 것인데 하나님이 우리의 영광을 위하여 만세 전에 미리 정하신 것이라"(고전 2:7). 곧 바울은 그리스도와 그의 대속의 죽음을 통해 우리를 구원하시려는 하나님의 위대한 계획에 대해서 언급하고 있다. 하나님은 그 계획을 기뻐하셨기 때문에 그분의 지혜로 그것을 결정하셨다. 그분은 영원 전부터 그 계획을 마음속에 품고 계셨다. 하나님의 구원 계획의 핵심은 바로 그리스도고, 구원 계획은 신자들을 위해서 영광을 가져온다. 디모데전서 3:16에서 그 비밀의 내용, 곧 "경건의 비밀"은 다음과 같이 표현되어 있다.

그는 육신으로 나타난 바 되시고,
　영으로 의롭다 하심을 받으시고,
천사들에게 보이시고,
　만국에서 전파되시고,
세상에서 믿은 바 되시고,
　영광 가운데서 올려지셨느니라.

세상이 지음을 받기 이전에 확립된 하나님의 구속 계획은 그리스도가 자신의 몸을 희생제물로 드리는 것에 대한 기초를 제공해준다. 베드로는 다음과 같이 그리스도를 하나님의 어린 양으로 언급한다(벧전 1:19). "그는 창세 전부터 미리 알린 바 되신 이나, 이 말세에 너희를 위하여 나타내신 바 되었으니"(벧전 1:20).

구원과 관련된 전체 역사는 하나님의 구원 계획으로부터 나온다. 이것은 교의적인 고찰에 반영되어 있다. 먼저 우리는 그리스도 안에서 우리에게 계시된 "우리의 구원에 대한 하나님의 은밀한 계획과 뜻"(「하이델베르크 교리문답」 제12주일)에 초점을 맞추고, 그다음에는 어떻게 하나님의 이 계획이 성취되는지 살펴보고자 한다.

하나님의 구원 계획에 대해 다루기 시작하면서, 우리는 결코 모든 것이 이전에 이미 결정되었으니 시간 속에서 실현되는 것은 덜 중요한 것으로 간주해야 한다고 암시하는 것은 아니다. 하나님의 영원한 경륜의 빛에 비추어볼 때 그것은 분명히 충분한 중요성을 지니고 있다. 하나님의 기뻐하시는 뜻, 모든 것을 자기의 뜻의 계획대로 행하시는 하나님의 의도가 진정으로 그것의 배후에 놓여 있다(참조. 엡 1:5, 9, 11). 하나님의 경륜과 행위의 하나 됨은 신자들에게는 그들이 그리스도 안에서 하나님의 영원한 사랑 안에 닻을 내리고 있는 구원을 경험하며, 또한 그들이 그 구원을 하나님의 다른 자녀들과 공유한다는 것을 의미한다(참조. 엡 1:5-6). 모든 것은 하나님의 은혜의 영광을 찬송하게 하려는 것이다(참조. 엡 1:6, 12). "그 비밀이 영원하신 하나님에 의해서 영원 전에 마련된 것과 마찬가지로, 또한 하나님의 비밀이 계시된 것에 대한 우리의 찬양은 영원으로 이어져야 한다."[6]

15.2. 하나님의 구원 계획으로서의 구속언약

1. 신학적인 고찰. 하나님의 구원 계획은 하나님이 구원하시기로 작정했다는 특성을 보여준다. 모든 것은 하나님의 경륜에 의해 결정되었다. 따라서 모든 것은 하나님의 지배 아래 놓여 있다.

개혁파 신학에서는 언약에 대한 교리, 속죄에 대한 교의 및 예정에 대한 교의와 관련해서, 17세기가 시작될 때부터 구원 계획의 방식에 대해 고찰하는 것이 관행이 되었다. 그 방식은 처음에는 "평화의 경륜"이라고, 나중에는 "구속의 언약"(*pactum salutis*)이라고 언급되었다.

론스트라(B. Loonstra)는 그의 박사 학위 논문의 전반부에서 이 교리에 대한 상세한 개관을 제시한다. 언약 교리는 결코 획일적으로 제시된 적이 없다(Loonstra,

---

6   H. Ridderbos, 『로마 사람들에게』(*Aan de Romeinen*), 1959, 335.

1990, 19-184, 337).

우리는 이미 아타나시오스와 아우구스티누스 같은 교부들의 저서에서 많은 사람이 동의할 만한 어떤 개념을 발견할 수 있다. 이 교부들은 "아버지는 나보다 크심이라"(요 14:28)와 같은 본문뿐만 아니라, 또한 아들이 아버지에게 종속되어 있다고 암시해주는 것처럼 여겨지는 다른 성경 구절들에 호소할 수 있다고 생각했던 아리우스의 추종자들에 반대하면서, 하나님의 영원한 아들과 중보자를 반드시 서로 구별해야 한다고 주장했다. 중보자가 아버지의 뜻에 자기 자신을 복종시킬 때, 이는 하나님의 아들이 자기 아버지에게 종속된다는 것을 암시하지 않는다. 아들 자신은 우리의 구원을 준비하는 데 온전히 동참한다. 그는 시간이 시작되기 전에 이미 구속자로 예비되었고, 또한 구속 사역을 자기 자신이 떠맡았다(참조. Loonstra, 1990, 35-38).

이와 같이 이른 시기부터 나중에 중보자로 세움을 받았다([*constitutio Mediatoris*])고 언급되는 것이 나타났다. 이것은 성경에 기초한 것이다. 베드로전서 1:20은 § 15.1.에서 이미 인용되었다. 사도 바울은 하나님이 천지를 창조하시기 이전에 그리스도 안에서 우리를 선택하셨다고 말한다(엡 1:4). 곧 바울은 하나님의 영원한 작정 안에 있는 그리스도의 위치를 언급한다. 칼뱅은 하나님이 그분의 기름 부으신 자이신 그리스도에게 시선을 돌리셨다고 말한다(Calvin, 『기독교강요』 3.22.1).

중보자로 임명된 것은 그의 위격뿐만 아니라 그의 사역과도 관련이 있다. 우리는 특히 말씀의 성육신과 그리스도의 보증이다.

그리스도의 보증(*sponsio*)은 대단히 중요한 사항이다. "이와 같이 성부에 의해서 언약의 중보자로 임명된 하나님의 아들은 다음 두 가지를 보증한다. 첫째, 그리스도는 성부가 자신에게 주신 모든 사람의 죄에 대해서 충족하실 것이다.…둘째, 그리스도는 자기 안에서 자기와 연합되어 있는 사람들에게 분명히 다음과 같은 것이 일어나게 할 것이다. 곧 그들은 자신들의 양심으로 평안을 맛보게 될 것이며, 또한 하나님의 형상에 따라서 날마다 새롭게 될 것이다."[7] 만약 우리가 이것과 관련해서 올레비아누스

(Olevianus)가 성부의 명령과 약속에 대해 말한 것을 숙고해본다면, 우리는 구속언약에 대한 교의가 윤곽을 드러낸 것을 보게 된다. 그것은 성부와 성자 사이의 언약 관계를 포함한다(참조. Loonstra, 1990, 75-76).

바르트는 명령하는 것과 그것에 순종하는 것을 포함해서 신성(Godhead) 안에 상위의 상태와 하위의 상태가 있다고 생각한다(Barth, C.D., 4.1.202-4). 우리가 그와 같은 신학적인 사고를 따른다면, 그것은 계시의 경계선을 벗어나는 것이다.[8]

우리가 신약성경의 메시지를 곰곰이 생각할 때, 다음과 같은 의문점이 떠오른다. 성육신 및 속죄 사역 전체와 더불어 하나님의 아들이 중보자로 임명된 것은 하나님의 작정 안에 놓여 있는 것인가? 또는 그것은 세 위격들 사이에 맺어진 어떤 언약을 반영하는가? 또한 그것은 삼위일체 하나님이 공동으로 작정하신 것인가, 또는 삼위일체 하나님이 공동으로 맺으신 언약인가?

어떤 경우에 성경은 성부가 성자를 보냈다고 말한다. 다른 경우에 성경은 단지 아들이 이 세상으로 온 것만 언급한다. 신약성경은 성부가 성자를 보낸 것과 관련해서 다음과 같이 말한다. "때가 차매 하나님이 그 아들을 보내사 여자에게서 나게 하시고 율법 아래에" 나게 하셨다(갈 4:4). "사랑은 여기 있으니 우리가 하나님을 사랑한 것이 아니요, 하나님이 우리를 사랑하사 우리 죄를 속하기 위하여 화목제물로 그 아들을 보내셨음이라"(요일 4:10).

또한 신약성경은 하나님의 아들이 온 것에 대해서 이렇게 말한다. "인자가 온 것은 섬김을 받으려 함이 아니라 도리어 섬기려 하고 자기 목숨을 많은 사람의 대속물로 주려 함이니라"(막 10:45). "보시옵소서! 두루마

---

7   C. Olevianus, 『하나님과 선택된 이들 사이에서 은혜언약의 본질에 대해서』(*De substantia foederis gratuiti inter Deum et electos*), 1585, 23.

8   참조. G. C. Berkouwer, 『칼 바르트의 신학에서의 은혜의 승리』(*De triomf der genade in de theologie van Karl Barth*), 1954, 301.

리 책에 나를 가리켜 기록된 것과 같이 하나님의 뜻을 행하러 왔나이다"(히 10:7). 하나님의 뜻을 행하며 또한 자기 몸을 희생제물로 바칠 준비가 되어 있다는 이 말은 한편으로 성부에 의해서 이미 임명된 중보자의 말로 이해 될 수 있을 것이다. 다른 한편으로 이 말은 성자가 자신의 영원한 사랑 안 에서 이 모든 것을 스스로 떠맡은 것으로 이해될 수 있을 것이다. 후자의 경우는 빌립보서 2:5-8에서 매우 명백하게 표현되어 있다. 그리스도 예수 는 하나님의 본체이지만 하나님과 동등 됨을 취하려고 생각하지 않았다는 언급은 하나님의 아들의 선재성(preexistence)을 가리켜준다. "그는 근본 하 나님의 본체시나 하나님과 동등 됨을 취할 것으로 여기지 아니하시고 오 히려 자기를 비워 종의 형체를 가지사 사람들과 같이 되셨고"(빌 2:6-7). 요 한복음에서는 그리스도의 선재성과 성육신을 다음과 같이 말한다. "태초에 말씀이 계시니라. 이 말씀이 하나님과 함께 계셨으니 이 말씀은 곧 하나님 이시니라"(요 1:1). "말씀이 육신이 되어 우리 가운데 거하시매"(요 1:14). 이 성경 구절과 다른 성경 구절들에 근거해서, 우리는—하나님의 아들이 성부 에 의해 중보자로 임명받은 것에 대해 생각하면서—성자가 그 길을 스스로 선택했다는 사실을 잊어버려서는 안 될 것이다.

우리가 삼위일체 하나님의 구원 계획 또는 작정에 대해 말하고자 할 때, 바로 앞 단락에서 제시한 간략한 설명은 그 점을 충분히 밝혀줄 것이 다. 예정은 사람들과 관련된 하나님의 작정이다. 하지만 성자는 사람들을 위해서 그것을 보증하는 데 동의한다. 이것은 성부와 성자 사이에 맺어진 어떤 언약을 반영해준다. 또한 그 언약에 성령도 포함되어 있다.

하나님의 구원 계획에 대한 교의는 삼위일체 하나님의 언약이라는 관점에서 이 해할 수 있다. 바르트와 그 이전에 콤리(A. Comrie)와 다른 학자들은 이 관점을 반 대했다. 세 위격이 서로 지나치리만큼 독립적인 것으로 묘사되었기 때문이다. 성부 가 어떤 요구 사항을 제시하고 성자가 그것을 받아들이는 언약을 포함해서 하나님 의 구원 계획을 스콜라주의적으로 이해한다면, 이것은 정말로 그렇게 보이는 것 같

개혁교회 교의학

다. 이 언약을 사람들 사이의 다양한 관계와 협정과 관련시켜서 서술하고 또한 대충 일종의 계약으로 묘사한다면, 그것에 대한 반대는 더 진지해질 것이다. (바빙크의 경우처럼 [*R.D.* 3:214]) 세 분의 신적인 위격의 삶을 어떤 언약적인 삶으로 이해한다고 해서 이와 같은 염려가 사라지지는 않을 것이다. 왜냐하면 이 입장을 지지해주는 근거들이 전혀 없기 때문이다. 하지만 우리가 참여 대상들이 서로 맞서고 있는 어떤 언약에 대해서 더 이상 생각하지 않는다면, 이와 같은 반대는 타당성이 없을 것이다. 곧 성부, 성자, 성령은 이 언약 안에서 서로 매우 밀접하게 협력하기 때문에, 죄인들의 구속은 세 위격에게 모두 공통되는 사역인 동시에 각각의 위격에게 고유한 사역으로 돌릴 수 있다. 그리고 그 과정에서 경륜적 삼위일체의 관점에서 세 위격 사이에 존재하는 구별이 고려되어야 한다(§ 12.4을 보라).

그러므로 교의학에서 오랫동안 사용되지 않았던 "평화의 경륜"이라는 용어를 다시 사용한다면, 그것은 잘못된 것이 아닐 것이다.

개혁파 교의학의 역사는 자신이 아버지에게 복종해야 한다는 예수의 이해가 이 교의에서 핵심 요소였다고 밝혀준다. "이를[내 목숨을] 내게서 빼앗는 자가 있는 것이 아니라. 내가 스스로 버리노라. 나는 버릴 권세도 있고 다시 얻을 권세도 있으니, 이 계명은 내 아버지에게서 받았노라"(요 10:18). "아버지께서 내게 하라고 주신 일을 내가 이루어 아버지를 이 세상에서 영화롭게 하였사오니"(요 17:4).

교회의 전통적인 가르침과 더불어 중보자가 참되고 영원한 하나님이라고 고백하는 이들은 성자가 성부에게 복종하고 십자가 위에서 죽기까지 순종한 것(빌 2:8)을 단지 주의 종으로서 그를 이해하는 것으로 설명할 수 있다. 신약성경에서 성자의 구속 사역이 우리에게 제시될 때, 우리는 "평화의 경륜"의 교의 안에서 의도된 것처럼 주의 종의 비밀에 직면한다. 그 비밀은 성부와 성자와 성령의 구원 계획 안에 기초하고 있다(참조. Berkouwer, 1960, 170).

우리는 여전히 구속언약 안에서의 성령의 위치에 대해 숙고할 필요가 있다. 성경의 어느 곳에서도 성령이 성부께 복종한다는 것이 명백하게 언급되어 있지 않다. 하지만 성령은 성부에 의해서 보냄을 받는다. 또한 성령은 그리스도에 의해서도 보냄을 받는다(요 14:25; 15:26). 이와 같은 배경에서 성령을 언급하는 것을 의도적으로 회피하는 신학자들은 구원에 대한 계시의 기본 개념을 정당하게 다루는 것이 아니다. 그리스도의 사역은 성령의 사역과 분리될 수 없다. 성령은 그리스도의 영이기도 하다. 중보자 그리스도는 성령의 도움을 의지한다. 하지만 성령이 구원 사역을 계속해서 성취해나가는 것은 그리스도의 사역에 의존하고 있다(참조. Loonstra, 1990, 346 및 291).

우리는 데이크(Dijk, *K.D.*, 195)의 다음과 같은 주장에 동의할 수 있다. 곧 삼위일체의 제 삼위인 성령은 말씀의 성육신을 위해서 기초를 놓는 일을 떠맡았다. 또한 성령은 성자가 처녀에게서 잉태하도록 했고, 그리스도가 자신의 몸을 희생제물로 드려서 자신에게 맡겨진 사역을 완성하게 했다(히 9:14). 그리고 성령은 우리의 중보자가 성취한 의로움을 그리스도 안에서 선택된 모든 사람에게 나누어주는 일을 떠맡았다(롬 8:14; 고전 12:3). 판 더 스카위트(Van der Schuit)는 구속언약에 대해서 다음과 같이 묘사한다. 곧 영원한 생명을 위해서 하나님이 선택하신 사람들이 구원을 얻는 것을 보증하려고 삼위 하나님은 서로 일을 떠맡았다. 성부는 구속의 방법을 결정한다. 성자는 야웨의 종으로서 순종의 길을 걸어간다. 성령은 영원한 생명을 위해서 하나님이 선택하신 사람들의 마음속에 구속 사역을 실행한다. 판 더 스카위트는 다른 많은 학자보다 더 비중 있게 성령의 사역에 초점을 맞추고 있다. 곧 성령은 구속언약을 이미 알려지고 맛보고 있는 진리로 변화시킨다(Van der Schuit, 1982², 13 이하, 36).

2. 성경적인 근거. 이전의 신학에서는 두 사람 사이의 "평화의 의논"(counsel of peace)을 언급하는 스가랴 6:13에 지나치게 많은 의미를 부여했다. 이 의논은 신적인 위격들이 서로 상의하는 것을 가리키지 않는다

(참조. Arntzen, 1983, 68-70).

　　최근의 어떤 연구는 추가적인 성경의 몇몇 본문들이—이전에 종종 하나님의 구원 계획에 대한 성경적인 증거로 사용되었지만—구원 협약(*pactum salutis*)에 대한 직접적인 언급을 전혀 포함하지 않는다고 주장한다(Loonstra, 1990, 187-190). 누가복음 22:29은 이와 같은 본문 중 하나다. 그런데 클로펜부르크(Cloppenburg), 콕세이우스와 위트시우스(Witsius) 같은 신학자들은 그들이 그것을 불렀던 것처럼 언약이 아니라 오히려 하나님의 영원한 경륜 안에 포함되어 있는 작정이라는 의미에서 예수의 이 말씀들에 호소했다. 우리의 견해에 의하면, 그들의 주장은 옳다. 예수는 누가복음의 해당 구절에서 "내 아버지께서 나라를 내게 맡기신 것 같이 나도 너희에게 맡겨"라고 말한다. 우리는 하나님 아버지의 이 작정이 시간 속에서 구체적으로 어떤 시점인지 확인할 수 없다. 하나님의 영원한 작정에 기초해서 예수에게 절대 주권이 주어지는 것이다.

　　아마도 요한복음 10:36은 구원 협약(*pactum salutis*)의 교의에 대해서 어느 정도 근거를 제공해줄 것이다. 예수는 해당 구절에서 아버지가 자신을 거룩하게 구별해서 자신을 세상으로 보내셨다고 말한다. 그가 세상으로 보냄을 받기—이것은 요한복음의 핵심 개념 중 하나다—에 앞서, 하나님 아버지는 영원 전에 그를 성별하셨다. 우리는 예수가 중보자로서 자신의 사역을 위해 구별되고 또한 결정되었다고 생각할 수 있을 것이다. 예수는 이 세상에 왔을 때 이미 성별되었는가, 아니면 이 세상에 온 다음에 성별되었는가? 이 세상으로 보냄을 받기 이전에, 하나님의 아들이 이미 중보자로서 성별되었을 가능성이 훨씬 더 높다(참조. *TDNT*, 1:111-112; Arntzen, 1983, 72-74).

우리는 이전의 신학과 최근의 신학에서 증거 본문으로서 가장 주목을 끄는 구절 중 하나로 베드로전서 1:20을 간과해서는 안 될 것이다. 브라컬(W. à Brakel, 1635-1711)과 마르크(J. à Marck, 1656-1731)뿐만 아니라 바빙크, 판 더 스카위트와 헤인스도 이 본문을 언급했다.

베드로는 다음과 같이 말한다. "그는 창세 전부터 미리 알린 바 되신 이나, 이 말세에 너희를 위하여 나타내신 바 되었으니." 여기서 "미리 알린"이라고 번역된 동사는 "미리 정하다"를 의미한다.' "그리스도가 천지창조 이전에 자신의 직무에 임명된 것에 대해 이 본문만큼 명백하게 말해주는 본문은 어디에도 없다"(Arntzen, 1983, 85). 론스트라는 이 구절을 선재하는 그리스도를 역사가 시작되기 이전에 그의 직무를 위해 성별한 것이라고 해석한다(Loonstra, 1990, 267).

에베소서 1:3-14은 예정 교리뿐만 아니라 구속언약에 대한 교리에도 타당한 성경 본문이다. 하나님은 그리스도 안에서 천지창조 이전에 우리를 선택하셨다(엡 1:4). 사도 바울은 하나님이 미리 계획을 세우신 것을 기뻐하신다는 것에 대해 말한다(엡 1:9). 이 단락은 신자들이 하나님에게서 받는 축복들뿐만 아니라 하나님의 영원한 사랑과 기쁨에 대해서도 언급한다. 신자들의 구원이 그것에 기초하고 있다. 그들의 예정은 영원 전에 그리스도 안에서 이루어진 것이다. 이것은 우리가 반드시 그리스도를 천지창조 이전부터 자기 백성의 중보자 또는 교회의 머리로서 세움을 받았다고 이해해야 한다는 것을 넌지시 알려준다(§ 16.2을 보라).

개혁파 신학자들이 이것을 협약(*pactum*) 또는 언약이라고 언급하듯이, 해당 용어는 성경의 어느 곳에서도 명백하게 언급되지 않는다. 하지만 이것은 이 개념이 성경적 개념이 아니라는 것을 의미하지 않는다. 그 용어의 핵심 내용은 하나님의 영원한 경륜 안에서 하나님의 아들이 중보자로 성별되었으며, 또한 그가 아버지가 자신에게 주신 사명을 완전히 성취하기 위해서 이 세상에 왔다는 것을 가리킨다(참조. 요 17:4).

구속언약의 교의에 대한 상세한 설명의 기초는 바로 하나님 아버지와 중보자 그리스도 사이의 관계다. 인간적인 다양한 견해들이 이것에 결합했다. 그 견해들에 대한 판단은 다양할 수 있다.

---

9   *TDNT*, 1:715; L. Goppelt, 『베드로전서』(*Das Erste Petrusbrief*), 1978, 126.

                                          개혁교회 교의학

"평화의 경륜"이나 또는 "구속언약"이라는 언급들은 개혁파 신앙고백서들에서는 나타나지 않는다. 이것은 놀랄 만한 일이 아니다. 왜냐하면 비록 올레비아누스가 다소 일찍 이 방향으로 그의 신학적인 사고를 전개시키기는 했지만, 이 교의는 17세기 이전까지는 진정으로 발전되지 않았기 때문이다.

비록 그 개념과 관련된 요소들이 신앙고백서들 안에 충분하지는 않지만, 그 요소들이 중요하지 않은 것은 아니다. 「하이델베르크 교리문답」은 중보자는 그리스도, 곧 기름 부음을 받은 자라 불린다고 고백한다. "왜냐하면 그는 성부 하나님에게서 임명을 받고, 또한 성령 하나님으로 기름 부음을 받았기 때문이다. 그래서 그리스도는 우리의 예언자, 대제사장, 왕이다"(제12주일). 「도르트 신조」는 다음과 같이 말한다. 곧 하나님은 그리스도를 "중보자와 선택된 자들의 머리와 구원의 기초"로 임명하셨다(1:7).

우리는 성경에서 이 관점이 성경적으로 정당하다는 것을 직접적으로나 간접적으로 지지해주는 구절들을 충분히 찾아낼 수 있다.

3. 구속언약의 의미

a. 삼위일체 하나님의 경륜과 우리의 구속. 구속언약에 대한 교의는 개혁파 신학에서 우리의 구원이 삼위일체 하나님의 경륜의 심오함 안에 닻을 내리도록 허락해준다. 이 점은 구속언약을 언급하지 않는 다른 신학적인 전통들과 차이가 있다.

시간 속에서 신적인 위격들의 행위는 하나님의 영원한 경륜으로부터 비롯된다(참조. § 15.1). "성부는 우리의 구원의 근원이시고, 성자는 그것의 획득자이시며, 성령은 그것의 적용자이시다."[10] 삼위일체 하나님은 영원 전에 이미 우리의 구원을 계획하셨다. 아무도 이 일을 하도록 삼위일체 하나님을 설득하지 않았다. 그때 우리는 존재하지 않았다. 하지만 삼위일체

---

10 H. Bavinck, *Magnalia Dei*, 1931², 256.

하나님은 그분 자신 안에서, 그분의 사랑에 기초해서, 죄인들을 향해 구원의 손을 뻗으시려고 작정하셨다.

우리의 구원의 기초는 하나님의 경륜 안에서 조금도 흔들림 없이 안전하다. 앞서 인용한 베드로의 말은 이것을 가리켜준다(벧전 1:20).[11] 베르카우어는 이것에 대해 다음과 같이 올바로 주장한다. "'구원에 대한 협약'(*pactum salutis*)에 대해서 숙고할 때, 우리의 머릿속에 불변함, 신실함, 흔들리지 않는 기초, 깨질 수 없는 확실성, 지속적인 위로가 반복적으로 떠오른다"(Berkouwer, 1960, 165).

하나님의 구원 계획을 묵상하면서 자신들의 마음을 다음과 같이 감동적으로 표현한 신학자들이 있다는 것은 결코 놀라운 일이 아니다. 곧 성부께 영광이 있을지어다! 성자께 영광이 있을지어다! 또한 성령께 영광이 있을지어다![12]

b. 하나님의 경륜(계획)과 주(야웨)의 종으로서의 성자. 이런 문제들은 기독론과 밀접하게 관련이 있다.

성자가 성부의 뜻과 명령에 복종한다는 신약성경의 진술(롬 5:19; 빌 2:8; 히 5:8)은 성자 종속론(subordinationism)에 의해 전적으로 오해되어왔다. 야웨의 종의 길을 스스로 선택한 이는 바로 하나님의 영원한 아들이다. 구원에 대한 협약이라는 교의는 성자가 성부께 복종하는 것에 대해 깊이 사색하는 과정을 통해서 생겨났다(참조. Berkouwer, 1960, 168).

c. 구속언약과 예정. 성자가 중보자로 임명된 것은 「도르트 신조」 제1조 및 제7조에서 그리스도 안에서의 예정에 대해서 다루는 배경에서 언급된다.

구원에 대한 협약과 예정(*electio*)은 서로 매우 밀접하게 연결되어 있다. 그럼에도 이 두 가지 사이에는 차이점이 있다. 여기서 제기되는 질문은 우

---

11 W. Schrage in H. Balz und W. Schrage, 『공동 서신』(*Die "Katholischen" Briefe*), 1973, 77.

12 다른 어떤 서적들보다도 특히 다음을 참조하라. H. Witsius, *De Oeconomia Foederum Dei*, 1694³, 2:4, 23; W. à Brakel, *R.S.*, 1:263.

  개혁교회 교의학

리가 다음과 같은 보스(G. Vos)의 견해, 곧 구속언약에서 삼위 하나님은 법적인 관계에서 서로 협력하지만, 예정과 관련해서 삼위 하나님은 공동으로 행동하신다는 견해에 동의할 수 있는가이다.[13] 하지만 그 경우는 다음과 같이 이해하는 것이 더 바람직하다. 곧 누가 중보자가 될지, 또한 그 중보자가 하나님이 영원한 생명으로 예정한 사람들을 위해 무엇을 하게 될지는 구원에 대한 협약에 의해서 정해진다. 그리고 하나님은 사람들을 예정하는 것과 관련해서 그리스도가 획득하는 구원에 어떤 사람들이 참여할지를 결정하신다. 이 요소들은 서로 매우 밀접하게 연결되어 있으므로 분리할 수 없다.

영원한 생명으로의 예정과 구속언약은 동일한 영역을 지니고 있다. 바르트가 주장하듯이, 만약 모든 사람이 그리스도 안에서 예정되어 있다면(참조. § 16.4), 하나님의 영원한 구원 계획은 그리스도의 사역을 통해서 모든 사람이 구속받는 것을 암시하는 것이 아니라는 것은 생각할 수 없을 것이다. 그러나 만약 그리스도 안에서의 선택이 보편구원적인 측면에서 해석될 수 없다면, 그리스도의 중보 사역을 강조하는 구원에 대한 협약은 모든 사람이 구원받는 것을 의미할 수 없다.

우리는 다음 두 가지 견해들을 마주한다. 곧 구원에 대한 예정은 논리적으로 구원에 대한 협약보다 앞선다는 것이며, 또한 그 반대의 견해도 있다. 협약에 뒤따르는 예정은 또한 협약 안에 포함될 수도 있을 것이다. 심지어 론스트라는 선택과 유기를 작정하는 것을 성부와 성자 사이의 메시아 협약 안에서 이해한다(Loonstra, 1990, 347). 하지만 과연 유기가 무엇을 의미하는지 깨닫는다면, 여기서 우리는 커다란 난제들에 직면한다(§ 16.7을 보라).

우리는 시간과 순서에 대한 우리의 개념들을 하나님의 영원한 경륜에 적용시킬

---

13   G. Vos, 『개혁파 신학 안에서의 언약 교리』(*De verbondsleer in de Gereformeerde theologie*), Neuausgabe, 1939, 25.

수 없다(참조. Van der Zanden, 1949, 45-47). 따라서 우리는 순서에 대한 질문에 대해서 대답하지 않은 상태로 놓아두고자 한다. 왜냐하면 성경은 이 점에 대해 침묵하고 있기 때문이다. 그러므로 구속언약 또는 평화의 경륜과 그리스도 안에서의 예정을 오직 한 가지 관점에서 이해하는 것으로 충분할 것이다.

d. 구속언약과 은혜언약. 구원에 대한 협약의 교의는 17세기에 언약에 대한 전반적인 교의와 관련해서 발전되었다. 이것은 특히 언약신학의 경우에 그렇다. 사실상 구원에 대한 협약과 은혜언약 사이에는 내적인 연관성이 있다. 구속언약은 은혜언약의 중심에 있는 중보자로서 성자의 임명에 관심을 갖는다.

이 두 언약은 종종 하나의 언약으로 합해졌다. 케르스턴은 두 언약의 특성 및 본질과 관련해서 이 두 언약 사이에 차이점이 있다고 이해하지 않는다(Kersten, *R.D.*, 1:233). 이 견해는 은혜언약을 예정에 종속시키는 결과를 초래한다. 하지만 [성부와 성자 사이에 영원 전에 맺어진] 구속언약과 하나님이 시간 속에서 신자들 및 그분의 자녀들과 함께 맺는 은혜언약 사이의 차이점은 간과될 수 없다. 그렇지 않으면, 하나님이 시간 속에서 은혜언약을 맺는 모든 사람과 하나님 사이의 만남과 대화에 대해 성경이 말하는 것을 정당하게 취급하는 것이 아니다(참조. van Genderen, 1983, 55 이하). 여기서는 이와 같은 간략한 평가로 마무리하고자 한다. 왜냐하면 앞으로 제11장에서 은혜언약에 대해 자세하게 논할 것이기 때문이다.

구속언약을 무시하는 이들은 은혜언약 안에서 구약시대의 중요성과 특성을 이해하는 데 어려움을 느낀다. 개혁파 신학은 츠빙글리와 칼뱅의 입장을 따라서 그리스도의 중보 사역은 그가 이 땅에 오기 이전에 이미 실행되고 있었다는 점을 강조하면서 가르친다. 언약의 중보자는 그리스도다. 그 언약은 두 가지—구약시대의 언약과 신약시대의 언약—로 이루어져 있지만, 그것은 본질적으로 하나다. 두 언약 사이에는 명백한 차이점들이 있지만(참조. Calvin, 『기독교강요』 2.11), 구약성경도 그리스도에 대해서 증언한다(요 5:39). 또한 구약시대에 그리스도의 영도 이미 예언자들의 증언을 통해서 일하고 있었다(벧전 1:11).

그리스도가 성취한 것은 모든 시대를 위해서 중요성을 지니고 있다. 왜냐하면 하나님의 영원한 사랑으로부터 나오기 때문이다. 또한 그것은 구원에 대한 협약 안에서 나타났다. 바빙크는 다음과 같이 주장한다. "비록 그리스도가 단지 역사의 한가운데서 자신의 사역을 성취했지만, 또한 성령이 비로소 오순절에 강림했지만, 그럼에도 하나님은 장차 성자가 획득하고 성령이 적용할 영적인 유익들을 이미 구약시대에도 온전히 분배하실 수 있다." 또한 그는 다음과 같이 적절하게 말한다. "오직 하나의 믿음, 오직 한 분의 중보자, 오직 하나의 구원의 길과 오직 하나의 은혜언약이 있다"(Bavinck, *R.D.*, 3:215 이하).

§ 16. 예정

16.1. 배경
16.2. 성경에서 말하는 하나님에 의한 선택
16.3. 예정에 대한 개혁파의 교리
16.4. 예정에 대한 최근의 견해들
16.5. 그리스도 안에서의 선택
16.6. 타락후선택설과 타락전선택설
16.7. 선택과 유기
16.8. 선택과 복음 선포
16.9. 선택과 구원의 확신

16.1. 배경

예정에 대한 교의가 제시된 이후로 그것에 대해 많은 논쟁이 빚어져왔다. 우리는 예정에 대한 아우구스티누스의 신학적인 관점을 머릿속에 떠올릴 수 있을 것이다. 아우구스티누스는 하나님에 의해 선택받은 사람들의 숫자가 제한되어 있다고 확신했다. 잘 알려져 있듯이, 칼뱅은 선택뿐만 아니라 유기에 대해서도 가르쳤다. 또한 우리는 항변파와 반항변파 사이의 논쟁을 기억한다. 종종 「도르트 신조」(1618-1619)의 내용은 비판을 받아왔다. 마지막으로 선택과 유기에 대한 바르트의 가르침은 대단히 많은 반응을 불러일으켰다.

우리는 특히 이중 예정(double predestination)과 관련해서—여기서 우리는 유기, 곧 선택과 정반대되는 것도 있다는 사실을 간과해서는 안 된다—칼뱅이 언급한 대단히 크고 어려운 문제들에 직면한다(Calvin, 『기독교강요』 3.21.1). 비교적 짧은 기간 안에(1955년부터 1977년까지) 네덜란드의 세 교파에서 이중 예정설에 문제점이 있다는 진정서가 제출되었다(또한 § 16.7을 보라). 20세기 중반의 신학의 전개 과정과 연결된 채, 첫 번째 진정서는 네덜란드의 개혁파 교회(NHK)가 예정 교리에 대한 해석 지침을 포함하고 있는 중요한 문서(*De uitverkiezing*, 1961)를 발표하도록 이끌었다. 곧 총회는 "성경에 기꺼이 순종하면서" 또한 "교부들의 신앙고백과 일치하게 하면서" 예정에 대한 교리를 고수하는 것을 추구했지만, 1962년에 항변파 형제단(Remonstrants Brotherhood) 총회가 진술할 수 있었던 방식으로 이 교리를 묘사했다. 곧 이 지침들은 예정 교리를 새로운 빛 안에 위치하게 했으며 또한 항변파에 반대해서 제기되었던 다섯 가지 조항(「도르트 신조」)에 광범위한 영향을 미치는 반대 입장들이 제시되었다.[14]

예정 교리가 항상 상당히 많은 논쟁을 불러왔다는 사실은 놀라운 일이 아니다. 이 교리에 의하면, 자신의 구원을 결정하는 것은 사람이 아니라 바로 하나님이시다. 아무도 구원을 요구할 수 없고, 또한 죄인들로서 우리는 하나님이 우리를 그냥 지나치시는 것을 받아들여야 마땅한 것은 우리가 겪어야만 하는 쓰라린 경험이다. 우리는 오직 하나님의 은혜에 의해서 살아야 할 준비가 되어 있어야 한다. 그렇지만 이와 같은 예정 교리에 반대해서 화를 내는 사람들도 있다.

---

14 『예정 또는 선택』(*Voorbeschikking of verkiezing*), 1962, 110.

　　　　　　　　　　　　　　　　　　　　　개혁교회 교의학

그뿐만 아니라, 예정 교리가 오해될 수 있는 실질적인 위험성이 있다. 어떤 사람들은 예정 교리에 기초해서 다음과 같이 생각할 수 있다. 곧 인간은 반드시 자신과 관련해서 이미 결정된 것을 단순히 기다려야 하고 경험해야 한다. 이것은 사람들을 전적으로 수동적으로, 심지어 우울하게 만들 수도 있다.

모든 신자들이 예정 교리가 진정으로 얼마나 중요한 것인지에 대해 명백하게 인식하고 있지는 않다. 개혁파 교회와 신학은 다른 교파와 신학보다 이 점을 더 분명하게 인식하고 있다. 개혁파 신자들은 하나님의 영원하고 선한 기쁨에 대해서 기꺼이 말하고 찬양한다.

앞서 언급한 네덜란드 개혁파 교회가 공표한 문서는 실천적인 관점에서 문제의 요점을 다음과 같이 표현한다. "우리가 하나님의 예정에 의해서 산다고 신앙을 고백할 때, 우리는 다음 두 가지에 대해 말하는 것이다."

"첫째, [예정 교리에는] 우리를 겸손하게 만드는 무엇인가가 있다. 곧 우리의 구속은 결코 우리 자신의 주도나 힘을 의존하는 것이 아니라, 그렇게 하셔야 할 책임이 하나님에게는 없음에도, 하나님이 우리에게 호의를 갖고 다가오시는 것에 전적으로 의존한다."

"둘째, [예정 교리에는] 우리를 위로해주는 무엇인가가 있다. 곧 우리의 구속은 조금도 흔들림이 없이 확실하다. 왜냐하면 그것은 우리 자신에게 속한 어떤 것도 의존하지 않고, 반면에 오직 또한 완전히 하나님의 신실하심을 의존하기 때문이다"(『예정』[*De uitverkiezing*], 1961, 13).

우리는 예정 교리의 역사에 대해 다루는 이전의 신학 서적 중 특히 다음 두 저서를 언급하고자 한다. 슈바이처(A. Schweitzer)의 『개신교의 핵심 교리들』(*Die protestantischen Centraldogmen*, 1854-1856)과 흐라프란트(C. Graafland)의 『칼뱅에서 바르트까지』(*Van Calvijn tot Barth*, 1987)다.

『기독교강요』 초판(1536)에서 칼뱅은 교회론을 다루는 배경에서 예정에 대해 논의했다. 하지만 그는 1559년에 출간한 최종판에서 구원론을 설명한 이후, 제3권에서 네 장에 걸쳐 예정론을 다루었다. 흐라프란트는 칼뱅이 구원론을 예정론으로 완결하려고 했다는 것이 가능하다고 간주한다. 왜냐하면 맨 처음부터 예정은 구원론을 주도하는 주제이며 구원을 목표로 삼기 때문이다(Graafland, 1987, 14). 그렇지만 이 해석은 비판에 노출되어 있다(참조. Kamphuis, 1989, 16-22).

「벨기에 신앙고백서」에 제시된 조항들의 순서—또는 바로 칼뱅 자신이 초안한 「프랑스 신앙고백서」(1559)—에 근거해서 판단할 때, 우리는 예정론에 다른 위치를 부여해야 할 것이다. 곧 죄론 다음에 기독론 앞에 예정론을 위치시켜야 할 것이다. 그래서 이 위치는 예정론의 특성을 잘 드러내줄 가능성이 있다. 하지만 신학적인 관점에서 볼 때, 논의가 마무리될 때까지 예정론 및 하나님의 경륜과 관련된 모든 것을 떠나지 않은 채, 신론과 직접적으로 연결해서 예정론을 제시하는 것이 바람직하다 (참조. Bavinck, *R.D.*, 2:359-361). 하지만 우리는 지나친 추측을 경계하고 오직 성경의 가르침만 제시해야 한다.

그렇지 않으면, 칼뱅이 말한 대로 지나친 추측에 근거한 분석은 어떤 미로 속으로 들어가는 것에 비유할 수 있다. 우리가 그 미로 속으로 들어간다면, 우리는 나오는 길을 도저히 찾을 수 없을 것이다. 우리가 하나님의 말씀이 제시한 경계선을 넘자마자, 우리는 길을 잃어버리고 헤맬 것이다. 하나님의 말씀 안에서 우리에게 제시된 예정에 대한 개념과 서로 다르게 예정에 대해 해석하려고 시도하는 것은 길이 없는 곳을 여행하고자 하는 것이나 또는 짙은 어둠 속에서 어떤 물체를 찾으려고 시도하는 것처럼 어리석은 행위다.

우리가 예정 교리와 관련해서 받아들여야 할 또 다른 관점이 있다. 칼뱅은 다음과 같이 올바르게 지적한다. 어떤 측면에서 성경의 어떤 가르침이 아무리 이해하기가 어렵다고 하더라도, 우리는 성경이 가르치는 것을 무시할 수 없다. 성경은 바로 성령이 가르치는 학교가 아닌가? "나는 그리스도인이 저마다 자기의 마음을 활짝 열고, 하나님의 모든 말씀에 귀를 기울여야 한다고 강조한다"(Calvin, 『기독교강요』 3.21.1-3).

16.2. 성경에서 말하는 하나님에 의한 선택

1. 머리말

우리는 16.2.항목에서 개혁파의 예정 교리에 대해 증거해준다고 간주되는 성경 본문들을 다루고자 한다. 하지만 그 구절들은 다양하게 해석된다. 우리는 지면 관계상 하나님에 의한 선택을 언급하는 모든 성경 구절에 대해 자세하게 살펴볼 수 없다.

구약성경보다 신약성경 안에 예정에 대해 언급하는 구절들이 더 많이 있다. 이것은 하나님의 계시의 발전을 반영해준다. 그리고 선택을 그리스도 안에서의 선택(엡 1:14)으로 해석하는 것은 신약성경의 가르침과 일치한다. 구약성경은 선택에 대해서 이와 같이 구체적인 방법으로 제시해주지 않는다.

2. 구약성경 안에서의 선택

구약성경 안에서 사용되는 동사들의 형태는 선택이 시간 속에서의 하나님의 행위라고 알려준다. 하나님은 레위인과 같은 사람들을 선택하시고, 시온과 같은 장소도 선택하신다. 하지만 구약성경에는 하나님의 백성인 이스라엘을 선택하는 것에 주로 초점이 맞추어져 있다.

선택의 근거는 결코 이스라엘 자체에 있지 않다. 왜냐하면 이스라엘은 다른 나라들보다 백성의 숫자가 더 많거나 선택을 받을 만한 가치가 더 있는 것이 결코 아니기 때문이다. 하나님은 그분의 절대 주권적인 사랑과 신실하심에 기초해서 이스라엘을 그분의 백성으로 선택하셨다(신 7:7-8). 선택은 많은 대상들 **가운데서** 고르는 것이다. 하나님은 이렇게 말씀하신다. "너는 여호와 네 하나님의 성민이라. 네 하나님 여호와께서 지상 만민 중에서 너를 자기 기업의 백성으로 택하셨나니"(신 7:6). "내가 땅의 모든 족속 가운데 너희만을 알았나니"(암 3:2). 말라기 1:2에서 "사랑하다"라는 단어는 하나님의 선택하시는 사랑을 가리켜준다. 그리고 그 단어는 "미워하다"의 반대를 의미한다.

하나님은 그분의 백성이 한평생 하나님을 섬기고 또한 하나님과 친밀한 사귐을 갖게 하려고 그들을 선택하신다. 그분은 그들이 그분의 언약의 백성이 되는 것을 바라시므로 그들을 선택하신다. 따라서 이스라엘은 하나님에게 속한 소중한 백성이라고 언급된다(신 14:2). 그들은 거룩하다. 이스라엘은 하나님께 대해 거룩하게 구별되었다. 따라서 그들은 하나님을 진정으로 섬기는 삶을 살아야 한다. 선택과 더불어 그 선택에는 언제나 의무들이 뒤따른다. 선택받은 사람들에게는 그렇지 않은 사람들보다 더 많은 책임이 뒤따른다(참조. 암 3:2).

하나님이 사람들을 선택하실 때, 그분은 그들을 다른 사람들과 구별하신다. 선택의 반대는 유기(버림)다. 때때로 유기는 "[선]택받지 않았다"를 의미한다(삼상 16:7-8). 하지만 많은 경우에 유기는 죄와 직결되어 있어서, 하나님의 심판을 반영하는 것으로 이해될 수 있다(참조. 삼상 15:23; 왕하 17:20). 그렇지만 하나님이 그분의 백성을 거부하는 것은 완전히 최종적으로 거부하시는 것이 아니다(렘 31:36-37). 야웨는 진노하셨지만, "다시 예루살렘을 택하리라"(슥 1:17)고 말씀하신다.

또한 구약성경은 하나님의 은혜에 의해서 남아 있는 사람들에 대해 언급한다(*TDNT*, 4:196-214). 하나님의 백성과 하나님이 선택하신 사람들을 서로 구분할 수도 있다(사 65:9, 15, 22). 하나님의 이 종들은 "마음이 즐거우므로 노래할 것이로되", 다른 사람들은 "마음이 슬프므로 울며 심령이 상하므로 통곡할 것"이다(사 65:14). "여기서 하나님이 선택하신 사람들은 하나님의 진정한 백성, 참된 신자들이다"(Oosterhoff, 1987, 35).

3. 신약성경 안에서의 선택[15]

신약성경도 구약성경과 마찬가지로 특별한 사역을 위해서 선택한다

---

15 우리는 이 항목에서 종종 주석서들을 언급할 것이다. 우리는 간략하게 표현하기 위해 저

개혁교회 교의학

는 것에 대해 말한다. 예를 들면 그리스도는 사도들을 선택 또는 선발하신다. 하지만 그는 그들 중 한 명을 마귀라고 부르신다(요 6:70). 따라서 이 선택은 구원에 이르게 하는 선택과 동일한 것이 아니다(참조. 살후 2:13). 그리스도는 유일무이한 방법으로 [그] 택함을 받은 자다(눅 9:35; 참조. 마 12:18). 베드로전서 2:4, 6절에서 그는 선택함을 받은 보배로운 모퉁이돌이다. 하나님 아버지는 천지창조 이전부터 하나님의 아들이 그리스도로서 자신의 피로 하나님의 백성을 구속한다는 사실을 미리 알고 계셨다(§ 15을 보라).

복음서들과 사도행전. 하나님이 선택하시고 보존하시는 사람들이 있다(참조. 마 24:22-24). 마가복음 13:20은 "[주께서] 자기가 택하신 자들을 위하여"라고 강조적으로 말한다.

구원을 얻도록 부름을 받거나 초대받은 사람들이 모두 하나님에 의해서 예정된 것은 아니다. 청함을 받은 것이 반드시 선택받았다는 것을 암시하지는 않는다(마 22:14). 마태복음 22장에서 소개되는 비유에서는 초대받은 사람들이 져야 하는 책임에 커다란 강조점이 놓여 있다. 혼인 잔치에 초대받은 사람들이 모두 그 잔치에 오는 것은 아니다. 어떤 경우에 어떤 사람들은 잔치에 어울리지 않은 방식으로 잔치에 참석한다. 혼인 잔치에 초대받은 것에 대한 반응은 그저 선택받은 사실의 증거다.[16] 마태복음 22

자들의 이름들만 제시할 것이다. 그 주석서들은 다음과 같다. L. Goppelt, 『베드로전서』 (*Der erste Petrusbrief*), 1978; S. Greijdanus, 『사도 바울의 로마서』(*De brief van den apostel Paulus aan de gemeente te Rome*), 1933, vol. 2; H. J. Jager, 『로마서에 대한 몇 가지 논평』 (*Enige opmerkingen over Romeinen*), 1978 (Jager 교수의 책임과 전혀 상관없음); A. F. N. Lekkerkerker, 『바울의 로마서』(*De brief van Paulus aan de Romeinen*), 1965, vol. 2; L. Morris, *The Epistle to the Romans*, 1988; J. Murray, *The Epistle to the Romans*, 1960, ch. 1-8; F. J. Pop, 『고린도전서』(*De eerste brief van Paulus aan de Corintiërs*), 1965; H. Ridderbos, 『로마 사람들에게』(*Aan de Romeinen*), 1959; A. J. Visser, 『요한계시록』(*De Openbaring van Johannes*), 1965; U. Wilkens, 『로마서』(*Der Brief an die Römer*), 1980, Rom. 6-11.

16 참조. H. N. Ridderbos, *Mattëus*, 1948, 2:113; J. van Genderen, "부름과 선택"(Roeping en

장에서 복음의 초청에 대한 반응은 선택과 관련해서 이해된다.

사도행전 13:48에는 "영생을 주시기로 작정된 자는 다 믿더라"고 언급된다. 영원한 생명을 얻도록 작정된 것은 종종 구원을 얻도록 부름 받은 것으로 설명된다. 하나님의 계획에 따라서 구원의 복음이 선포된 이방인들은 모두 믿음을 갖게 되었다(『예정』[De uitverkiezing], 31). 페네마(1965, 66)도 ["영생을 주시기로 작정된 자"라는 표현과 관련해서] 영생, 곧 구원으로 이끄는 길 위에 서 있는 이들이라고 비슷한 견해를 제시한다. 다른 학자들은 관련된 사람들이 지니고 있는 어떤 성향 또는 적합성과 관련해서 이해한다. 하지만 해당 본문은 결코 이와 같은 이해를 의도하지 않는다. 해당 본문은 그들이 "영원한 생명으로 작정된 사람들"이라고 말한다. 하나님 이외에 누가 그렇게 작정하셨겠는가? 바로 하나님이 누가 영원한 생명을 얻을지 결정하셨다. 또한 하나님은 그들이 믿음을 갖도록 하셨다. 네덜란드의 개신교 번역 성경들뿐만 아니라 로마 가톨릭에 속한 빌리브로르트(Willibrord)의 번역, 곧 "그리고 영원한 생명으로 예정된 이들은 모두 믿음을 받아들였다"라는 번역도 이 방향을 가리켜준다.

신약성경의 서신서들. 이 부분에서 우리는 신약성경의 편지들의 이곳저곳에서 한 두절뿐만 아니라 전체 단락에도 관심을 기울일 필요가 있다. 맨 먼저 로마서 8:28-30에 주목해보자. 하나님은 "[하나님의] 뜻대로 부르심을 입은 자들에게는 모든 것이 합력하여 선을" 이루게 하신다(롬 8:28). 그분은 그들을 미리 알고 계신다. 이것은 시간이 시작되기 이전부터 하나님께서 그들이 누구인지 알고 계신다는 것을 의미하지 않겠는가? 하나님이 미리 아신다는 것은 진정으로 선택을 포함하는 것이라고 올바로 지적되었다(TDNT, 1:715). 또한 이어지는 구절들(롬 8:29-30)도 예정을 가리킨다. 예정은 부르심, 의롭다 하심과 영화롭게 하심으로 이어진다. 이 구원은 전

---

verkiezing), in 『말씀과 교회』(Woord en kerk), 1969, 114 이하.

적으로 하나님이 행하신 것의 결과로 말미암는 것이다. 하나님은 그분의 백성을 "그[분의] 아들의 형상을 본받게 하기 위하여 미리 정[예정]하셨다"(롬 8:29). 그들은 하나님에 의해서 선택받은 사람들이다. 따라서 아무도 또한 아무것도 그들을 우리 주 그리스도 예수 안에 있는 하나님의 사랑에서 떼어놓을 수 없다(롬 8:33, 38, 39).

이제 우리는 로마서 9장부터 11장까지 살펴보고자 한다. 이 장들에 대해 서로 대조되는 두 가지 견해가 있다. 1. **예정에 기초한 설명**. 이 설명에서는 영원한 구원의 근원은 바로 하나님의 선택이다(Augustinus, Calvin, Greijdanus). 2. **구속사에 기초한 설명**. 이 견해는 개인의 구원이나 저주가 아니라 하나님의 구원 계획 안에서 이스라엘과 다른 나라들의 위치에 대해 말한다(Woelderink, 1951; 『예정』[De uitverkiezing], 1961). 베르카우어는 대체로 두 번째 설명을 지지한다. 왜냐하면 어쨌든 그에게는 구속사에 기초한 관점이 결정적으로 중요한 의미를 지니고 있기 때문이다(Berkouwer, 1960, 211). 또한 리델보스의 견해에 의하면, 로마서의 이 부분에는 구속사가 두드러지게 나타난다. 리델보스는 이스라엘에게 구원을 베푸시는 하나님의 구원의 신비에 초점을 맞추고 있다. 하지만 그는 구속사적인 관점이 개인의 구원과 관련된 관점과 구별되어서는 안 된다고 주장한다.

로마서 9:11은 하나님이 사람들을 선택하시는 목적에 대해서 말한다. 이것은 선택함을 받는 것이 인간의 행위에 근거한 것이 아니라 하나님의 부르심에 기초한다는 진술로부터 명백하게 드러난다. 하나님의 은혜가 맨 처음의 말과 맨 마지막의 말을 지니고 있다. 이것은 야곱과 에서의 예를 대조하는 것을 통해서 입증된다. 곧 하나님은 야곱을 사랑하시고 에서는 미워하셨다. 여기서 사랑한다는 것은 야곱을 편애하는 것이나 그에게 우선권을 부여하는 것 이상을 의미한다. 또한 여기서 미워한다는 것은 하나님이 에서를 [야곱보다] 다소 덜 사랑하신다거나 그를 못 본 체하고 그냥 지나치시는 것과 동일시 할 수 없다. [야곱과 에서의 예와 관련해서] 어떤 학자들은 단지 어떤 국가의 일시적 및 역사적 위치와 관련해서 생각한다. 하지만 이것은 사도 바울이 여기서 언급하는 매우 진지한 사항, 곧 그리스도의 구원에 참여하는가 아니면 참여하지 못하는가?를 공정하게 다루는 것이 아니다(Venema, 1965, 111 이하). 바울은 창세기 25:23에서 두 나라(민족)와 관련해서 기록되어 있는 야웨의 말씀을 지금 개인들에게 적용한다. 말라기서에 의하면 에서가 하나님에게 거부당한 것은 죄 때문이다(말 1:4). 하지만 여기서 바울은 죄에 대해서 언급하지 않는다. 그래서 바울은 사람들과 상관이 없는 하나님의 절대 주권적인 행위를 강조한다.

하나님은 긍휼히 여기고 싶으신 사람을 긍휼히 여기신다(롬 9:14-18). 사도 바울은 토기장이와 진흙이라는 의미심장한 이미지를 사용한다(롬 9:21). 토기장이가 진흙 덩이로 자기가 만들고 싶은 것을 자유롭게 만들 수 있는 것과 마찬가지로, 하나님도 그분이 기뻐하시는 것을 할 수 있는 능력과 권리(*exousia*)를 지니고 계신다. 그리고 아무도 그것에 대해서 하나님에게 설명해주실 것을 요구할 수 없다.

로마서 9:22-23에는 진노와 긍휼의 대상들이 대조되고 있다. 한편으로 하나님은 그분의 진노와 능력을 나타내기를 바라신다. 다른 한편으로 하나님은 그분의 영광의 풍성함을 나타내기를 원하신다. 진노의 대상은 멸망을 받도록 예비되어 있다. 어떤 학자들은 이것을 하나님이 그들을 멸망을 위해서 예정하셨다고 말하는 것이라고 해석한다. 그렇지만 진노의 대상과 긍휼의 대상에 대해 말하는 것 사이에 엄밀한 균형이 제시되어 있지 않다는 점은 주목할 만하다(Morris). 참으로 하나님은 어떤 사람들을 영광을 위해서 예비하신다. 하지만 또한 멸망을 위해서 예비되어 있는 것, 또는 멸망에 직면해 있는 것도 있다. 그렇지만 사도 바울은 하나님이 그와 같은 결과를 초래하신다고 말하지 않는다. "죄 그 자체가 바로 멸망에 이르게 하는 요소다"(Greijdanus).

로마서 9:23과 로마서 8:29-30에서 말하는 것 사이에는 연관성이 있다. 해당 구절들은 모두 하나님이 사람들을 선택하시는 것에 대해 말한다(Murray, Lekkerkerker). 로마서 8장에서와 마찬가지로, 로마서 9:23

의 전후문맥은 그 내용이 개인들에게 적용된다는 것을 확인해준다(참조. Wilckens). 왜냐하면 바울은 이어서 다음과 같이 말하기 때문이다. " 이[곧 긍휼의] 그릇은 우리니 곧 유대인 중에서뿐 아니라 이방인 중에서도 부르신 자니라"(롬 9:24).

그뿐만 아니라 사도 바울은 "은혜로 택하심을 따라 남은 자가 있느니라"(롬 11:5)고 말한다. 이 말은 선택 교리를 위해서 특히 중요하다. 선택은 "은혜가 넘치는 절대 주권과 절대 주권에 기초한 은혜"로 말미암는 것이다(Ridderbos). 여기서 바울은 유대인들로부터 선택함을 받은 그리스도인들에 대해 언급한다. 그들은 "남은 자"(나머지 사람들)와 서로 구별된다(롬 11:7). 바울은 여기서 나머지 사람들이 버림받았다고 말하지 않는다. 오히려 그들이 스스로 완악해졌다고 말한다. 비록 때때로 하나님이 사람들을 완악하게 하신다고 언급되기도 하지만(롬 9:18), 여기서 완악해진 것은 그들 자신의 잘못이라고 해석할 수 있다.

이 장들에서 하나님의 은혜, 긍휼 그리고 절대 주권에 대해 말하는 모든 것은 인간의 책임을 결코 감소시키지 않는다는 사실을 언급할 만한 가치가 있다. 특히 로마서 11:20-24을 보라. 야거(Jager)는 토기장이와 진흙 덩이의 이미지로부터 다음과 같이 추론해서는 안 된다고 말했다. 곧 우리는 의자에 편안히 앉아서 하나님이 우리를 위해 무엇을 하시는지 지켜보면 안 된다. 하나님의 행위를 토기장이의 행위와 비교하는 예레미야의 예언은 다음과 같이 회개하라는 요구로 마무리된다. "너희는 각기 악한 길에서 돌이키며 너희의 길과 행위를 아름답게 하라"(렘 18:11).

고린도전서 1:26-31에는 "[선]택하다"라는 단어가 세 번이나 사용된다. 그 단어가 사용된 배경은 명백하다. 곧 하나님이 선택하시는 행위는 복음을 통해 사람들을 부르는 것이 효과를 나타날 때마다 분명하게 나타난다. 하나님에게 부름을 받은 자들도 선택받은 자들과 관련해서 다음과 같은 동일한 것을 말할 수 있다. 곧 그들은 하나님이 그리스도 안에서 그들에게 이미 주신 것, 지금 주시는 것, 또한 앞으로 주실 것에 의해 살아간다.

[이 점과 관련해서] 어떤 사람이 다른 사람을 능가할 수 없다. "분명히 말해서 교회는 하나님의 은혜에서 비롯되는 구원하는 행위에 의해 나타나고 보존되기 때문에, 교회는 오직 죄인들과 거지들로 이루어져 있다. 오직 그럴 때에만 하나님은 그분의 은혜가 의미하는 것과 성취할 수 있는 것을 교회에 보여주실 수 있다"(Pop). 따라서 오직 하나님만 영광을 받으신다(고전 1:31).

성경의 몇몇 구절들은 때때로 영원한 선택의 교리를 증거해주는 본문들로 언급되었다. 모든 사람이 이와 같은 모든 증거 본문에 동의하지는 않을 것이다. 하지만 [하나님의 선택과 관련해서] 아무도 에베소서 1:3-4을 무시할 수 없을 것이다. 이 본문은 로마서 9-11장의 경우보다 훨씬 더 적은 논란을 불러일으킨다.

사도 바울은 우리 주 예수 그리스도의 아버지이신 하나님께 영광을 돌리고 그분을 찬양하는 것으로 이 본문을 시작한다. 하나님 아버지는 그리스도 안에서 다양한 영적인 복을 베푸셨다. 바울은 이어지는 절들에서 그 복이 무엇인지를 구체적으로 밝힌다. 이 모든 것은 그리스도 안에서 선택되었다는 것으로 거슬러 올라간다. 바울은 이렇게 쓰고 있다. "(하나님은) 창세 전에 그리스도 안에서 우리를 택하사 우리로 사랑 안에서 그 앞에 거룩하고 흠이 없게 하시려고"(엡 1:4).

에베소서의 해당 본문은 우리가 신자들로서 그리스도 안에 있기 때문에, 하나님이 우리를 선택하셨다고 말하지 않는다. 반면에 하나님이 이미 우리를 그리스도와 분리된 채가 아니라, 그리스도 안에서 선택하셨다고 말한다(§ 16.5).

또한 해당 본문은 하나님이 천지창조 이전에 우리를 선택하셨다고 분명하게 알려준다. 그분은 영원 전에 그분의 백성을 선택하셨다(참조. *TDNT*, 3:620). 하나님이 그분의 백성을 선택하신 것에는 목적이 있다. 여기서 그 목적은 "우리로 사랑 안에서 그 앞에 거룩하고 흠이 없게" 하시려는 것이라고 언급된다(엡 1:4).

페네마의 견해에 의하면, "우주의 기초가 놓이기 이전에"(개역개정—"창세 전에")라는 표현은 선택에 대한 가장 심오한 근거와 기원을 가리켜준다. 우리의 선택은 영원한 작정과 또한 영원히 작정하시는 하나님에게서 비롯된다. 페네마는 신약성경에서 묘사되는 하나님의 선택을 주로 역사 속에서 펼쳐지는 하나님의 행위로 해석한다. 사람들은 그 행위를 통해서 그리스도의 구원 사역 아래 또는 그리스도의 영향력의 범위 안에 놓인다(Venema, 1965, 52-63). 리델보스는 다음과 같이 주장하면서 페네마의 견해를 논박했다. 곧 예정에 대한 바울의 가르침에서 역사가 시작되기 이전에 예정과 선택이 이루어졌다고 증거해주는 요소들은 부인될 수 없다(Ridderbos, *Paul*, 347 이하). 이어지는 사도 바울의 찬송도 이 점을 넌지시 알려준다. "그[의] 기쁘신 뜻대로 우리를 예정하사 예수 그리스도로 말미암아 자기의 아들들이 되게 하셨으니"(엡 1:5). 또한 사도 바울은 ("모든 것이 지음을 받기 이전에"[vor aller Schöphung], *TDNT*, 8:167) 그리스도 안에서 미리 세우신 하나님이 기뻐하시는 뜻(엡 1:9)을 따라서 신자들이 선택받은 것이라고 말한다.

비록 디모데후서 1:9-10에서 선택이라는 단어가 나타나지는 않지만, 그 본문에서 사용된 표현은 선택의 개념을 드러내준다. 해당 본문은 그리스도 안에서의 하나님의 뜻과 부르심에 대해 이렇게 말한다. "하나님이 우리를 구원하사 거룩하신 소명으로 부르심은 우리의 행위대로 하심이 아니요, 오직 자기의 뜻과 영원 전부터 그리스도 예수 안에서 우리에게 주신 은혜대로 하심이라. 이제는 우리 구주 그리스도 예수의 나타나심으로 말미암아 나타났으니."

베드로전서와 관련해서 다음과 같이 종종 주장되었다. 곧 베드로전서는 신약성경에서 유일하게 맨 처음부터 "선택"이라는 용어를 하나의 주제로 삼는다. 우리는 이 편지의 인사말에서 근거와 수단과 목적과 관련해 그리스도인의 삶이 묘사되는 것을 우연히 찾을 수 있다. 그리고 이런 근거와 수단과 목적의 출발점은 바로 하나님의 영원한 선택에 기초한다. 그뿐만 아니라 인사말에 이어서 1:2에서 곧바로 삼위 하나님이 언급된다(참조. *TDNT*, 4:190).

그리스도는 하나님에 의해서 선택된 보배로운 산 돌이며, 또한 신자들은 선택된 족속으로서 하나님의 덕을 선포해야 할 책임이 있다(벧전 2:4-10). 이 선택된 족속과 베드로전서 2:8에서 언급되는 불신자들은 서로 명백하게 대조된다. 다음과 같은 2:8의 마지막 구절에는 문제점이 있다. "이는 그들을 이렇게 정하신 것이라." 과연 이 사람들에게 정해진 것은 무엇인가?

이 질문과 관련해서 다양한 견해들이 있다. 어떤 이들은 이 본문을 다음과 같은 것을 의미한다고 해석한다. 곧 만약 그들이 그 말씀에 불순종하면, 그들은 넘어지도록 정해져 있다. 그렇다면 이 해석은 예정을 암시하는 것이 아니다. 오히려 그 본문은 그리스도의 말씀에 걸려 넘어져서 불순종한 이들은 그렇게 되도록 정해져 있다고 말한다. 이것은 가혹하게 들릴 것이다. 하지만 이 구절을 그것이 들어 있는 전후문맥에서 떼어내서는 안 된다. 사실상 베드로전서 2:8은 어떤 운명에 대해서 언급한다(참조. *TDNT*, 8:157). 그 운명은 하나님의 작정과 심판으로 해석될 수 있다. 하지만 이 구절의 앞부분(벧전 2:7-8)은 불신앙과 불순종을 강조한다. 고펠트(Goppelt)는 각 사람은 자신이 구원의 메시지를 듣고 그것을 거부하는 것에 책임을 져야 한다는 점과, 또한 하나님에 의해서 영적으로 눈이 멀게 된 것이 있다는 것을 지적한다. 따라서 이 구절은 의미상 로마서 11:7과 평행 본문일 가능성이 없지 않다. 해당 구절에서 이스라엘 가운데 선택받은 사람들은 완악해진 사람들과 대조되고 있다.

생명책. 성경에서는 생명책이 여러 번 언급된다. 우리는 생명책을 언급하는 성경 구절들이 선택 교리를 위해서 중요성을 지니고 있는지 숙고해 볼 필요가 있다. 최근에 이르기까지 개혁파 신학자들은 이 책이 영원한 생명을 얻을 사람들의 이름들을 포함하고 있다는 것을, 곧 하나님의 경륜의 책이라는 것을 이미 거의 포기한 결론이라고 간주했다(참조. Dijk, 1924, 277). 하지만 불더링크(Woelderink)는 이 견해를 강력하게 반대했다. 그는 하늘의 명부는 진정한 신자들의 이름들을 포함하고 있고, 또한 새로운 이름들이 계속해서 덧붙여지고 있다고 믿는다. 한편 어떤 이름들은 지워질 수도 있다.[17]

신약성경에서 생명책은 주로 요한계시록에서 언급된다. (또한 빌 4:3에서도 그 책이 언급된다. 하지만 우리는 눅 10:20과 히 12:23에서도 동일한 개념을 발견할 수 있다). 하나님과 영원한 미래를 함께 지내는 것을 위해서 과연 우리의 이름들이 이 책에 포함되어 있는지는 결정적으로 중요한 것이다. 성경은 모든 사람의 이름들이 생명책에 기록되어 있는 것은 아니라고 분명하게 말한다(계 13:8; 17:8; 20:15; 21:27). 이 이름들은 택하심을 받은 자들―이 표현은 계 17:14에서 나타남―의 이름들이다. 요한계시록 17:8에 의하면, 그들의 숫자는 하나님이 천지를 창조하시기 이전에 이미 확정되었다(Visser).[18] 이것은 단지 하나님이 그분의 백성이 누구인지 미리 알고 계신다는 것만을 의미하지 않는다. 또한 하나님은 그것을 스스로 결정하신다. 곧 그들은 영생을 위해 하나님에 의해서 작정된 것이다(*TDNT*, 5:281). 이것은 생명책에 이름이 기록되어 있다는 것은 하나님의 은혜로운 작정 안에 조금도 흔들리지 않는 영원한 닻을 내리고 있다는 것을 암시한

---

17 이름이 지워질 가능성이 있다는 것은 계 3:5("내가 그 이름을 생명책에서 결코 지우지 아니하고")에 기초한다(Woelderink, 1951, 63). 하지만 명백하게 이기는 사람들의 이름들이 생명책에서 결코 지워지지 않을 것이라는 약속은 이름들이 생명책에서 지워질 가능성이 있다고 허락하는 것과 똑같은 것을 의미하지 않는다. 그것은 언어학적인 측면에서 지지받을 수 없다(참조. *TDNT*, 3:620). 왜냐하면 "생명책에 창세 이후로 이름이 기록되지 못하고"(계 13:8)와 세상의 기초가 놓이기 **이전**이라는 표현 사이에는 의미상 중대한 차이점이 있기 때문이다(Woelderink, 1951. 63). 특히 계 13:8에서 그리스어 동사 현재완료 수동태(*gegraptai*)가 사용되었다는 점을 고려할 때 더욱 그렇다.

18 심지어 어떤 항변파 문서도 다음과 같이 진술한다. 곧 아마도 계 13:8 및 17:8 등에서 "부인할 수 없는 예정과 관련된 향취"를 생명책에 돌릴 수 있을 것이다(『예정 또는 선택』[*Voorbeschikking of verkiezing*], 1962, 78).

다(*TDNT*, 1:619). 생명책에 대한 말씀에서 표현되어 있듯이, 선택의 개념과 부름 받은 신자들에게 요구되는 인내 사이에는 직접적인 연관성이 있다(계 13:8, 10).

생명책은 어린 양의 생명책이다(계 21:27). "생명책 안에 이름이 기록되어 있는 사람은 이 땅에서 그의 구체적인 신앙생활을 통해 그가 선택받았다는 것을 드러낸다"(Berkouwer, 1960, 115).

신자들의 영원한 구원은 그리스도 안에서 조금도 흔들림이 없이 안전하다. 그 구원은 그들의 삶의 온갖 다양성에도 불구하고 난공불락의 실재다. 요한계시록에서 이 점이 한 번 이상이나 언급된 것은 결코 우연이 아니다!

우리는 선택받은 사람들의 이름들이 생명책 안에 포함되어 있다는 개념은 남용될 수 있다는 것을 인정한다. 어떤 사람은 생명책의 명단이 하나님의 비밀로 남아 있어서, 아무도 자신이 그 명단을 알고 있다고 주장할 수 없다고 생각할 것이다. 분명히 하나님은 우리가 이 책에 접근할 수 있게 하시지 않는다.

비록 성경 본문들에 대한 엄밀한 주해라고 부를 수 없지만, 루터교의 신앙고백서에서는 그리스도가 진정한 생명책이라고 언급되며, 또한 그 책 안에 구원받을 사람들의 이름들이 모두 기록되어 있다(*BSLK*, 1068). 세상이 지음 받기 이전부터 그리스도 안에서 선택되었다는 것(엡 1:4)과 세상이 지음 받은 이후로 어린 양의 생명책에 이름이 기록되어 있다는 것은 서로 밀접한 연관성이 있다. 이 책은 선택의 비밀에 대해서 말하는 것이 아니라, 오히려 선택받은 하나님의 자녀가 끝까지 확실하게 보존된다는 것에 대해서 언급한다.

4. 요약

예정과 관련된 구약성경의 관점은 신약성경으로 전달된다. 하지만 여러 면에서 신약성경의 관점은 구약성경보다 더 명백하다.

(1) 하나님이 어떤 백성을 그분의 백성으로 선택하실 때, 그 선택은 하나님의 절대 주권적인 사랑을 나타낸다(신 7:8). 그 선택은 하나님의 사랑과 선하심을 반영해준다(엡 1:5, 11; 또한 참조. 눅 2:14).

(2) 하나님은 그리스도 안에서 그분의 백성을 선택하셨다(엡 1:4). 생명책은 어린 양의 책이다(계 13:8). 하지만 심지어 구약성경에서 생명책이 언급되는 곳에서도(출 32:32-33; 시 69:28), 그 책은 어린 양의 책이라고 언급되지 않는다. 그렇지만 영원한 구원이라는 개념은 이사야 4:2-3에서 이미 암시되어 있다.

(3) 선택의 개념은 하나님의 선택 행위를 통한 것으로 구약성경에서 알려져 있지만, 신약성경은 선택을 하나님의 영원한 작정이라고 한 번 이상 언급한다(참조. 롬 8:29-30; 엡 1:4). 신약성경에서 하나님의 선택이 지니고 있는 영원한 측면은 더 명백하게 언급되었다(Bavinck, *R.D.*, 2:346 이하).

(4) 구약성경에는 개인의 구원이 결코 논의되지 않지만(참조. 사 6:5), 언약 백성으로서 이스라엘의 선택에 더 많은 초점이 놓여 있다. 신약성경은 개인의 구원을 더 많이 강조한다(롬 8:33; 벧전 1:2). 어린 양의 책이라고 불리기도 하는 생명책에는 이름들이 구체적으로 들어 있다.

(5) 구약성경에서 하나님은 그분을 섬기게 하려고 사람들을 선택하실 뿐만 아니라, 그분과 친밀한 사귐을 맺고자 사람들을 선택하신다. 신약성경에서 하나님의 선택은 특정한 사역과 명백하게 관련이 있지 않다.[19] 예수도 열두 사도들을 선택한다(눅 6:13-16). 하지만 초점은 구원하는 선택에 있다(행 13:48; 롬 8:29-30; 엡 1:5; 살후 2:13). 이것은 예정된 사람들이 그리스도의 형상과 같은 모습이 되도록 한다는 것을 의미한다(롬 8:29).

(6) 하나님의 선택으로부터 비롯되는 구원은 하나님의 은혜를 통해서

---

19 Richardson은 선택과 관련해서 신구약성경 모두 특권보다 섬김에 초점이 맞추어져 있다고 믿는다(A. Richardson, *An Introduction to the Theology of the New Testament*, 1966, 275). 비성경적인 대조를 거부하는 것에 대해서는 Berkouwer, 1960, 319-322을 보라.

주어진다. 따라서 구원은 "은혜의 선택"이다(롬 11:5).

(7) 그리스도 안에서의 선택과 구원의 확신 사이에는 직접적인 연관성이 있다(롬 8:29-39; 엡 1:3-12).

(8) 선택의 목적은 우리가 하나님 앞에서 거룩하고 흠이 없게 하려는 것이다(엡 1:4). 우리의 최고 목표는 하나님을 영화롭게 하는 것이다(엡 1:12; 벧전 2:9-10).

(9) 하나님은 어떤 이는 선택하시지만, 다른 이는 선택하시지 않는다. 그분은 그렇게 하실 자유를 갖고 계신다(참조. 롬 9:11-23). 어떤 사람이 하나님에게 긍휼히 여기심을 받는 것과 다른 사람이 하나님에 의해서 완악하게 되는 것이 서로 대조된다(롬 9:18). 과연 신약성경은 선택과 유기가 모두 영원 전에 하나님에 의해서 작정된 것이라고 가르치는가? 몇몇 본문들은 이 방향을 가리켜주는 것처럼 보인다(벧전 2:8; 계 13:8; 17:8).

16.3. 예정에 대한 개혁파의 교리

예정 교리의 전체 역사에 대한 개요를 제시하는 것은 이 교의학 책의 범위를 벗어난다. 하지만 아우구스티누스와 칼뱅이 예정 교리에 관해 가르친 것에 대해서는 간략하게 언급할 필요성이 있다. 그들은 예정 교리의 시초에 서 있을 뿐만 아니라[20] 아주 분명한 목적도 갖고 있다.

1. 아우구스티누스

아우구스티누스는 선택 교리의 아버지로 간주될 수 있다. 그보다 앞서 존재했던 교부들은 거의 대부분 인간의 책임과 자유를 강조했다. 아우구스티누스도 교부들과 마찬가지로 책임과 자유를 강조했다. 하지만 그는

---

[20] Augustinus와 관련해서는 다음을 보라. Polman, 1936; Nygren, 1965. Calvin과 관련해서는 Polman 이외에 다음을 보라. Otten, 1938; Klooster, 1977; Graafland, 1987, 5-46. 또한 Luther와 관련해서는 Brosché, 1977을 보라.

개혁교회 교의학

자신의 생애와 저술 활동을 되돌아보면서 처음에는 인간의 자유의지를 지지했지만, 마침내 하나님의 은혜가 이겼다고 말한다.

성경 연구가 이와 같은 반전에 중대한 역할을 했다. 로마서 9장뿐만 아니라 고린도전서 4:7과 같은 성경 본문도 그에게 깊은 인상을 주었다. 아우구스티누스는 펠라기우스와 또한 펠라기우스의 견해들을 근본적으로 거부하지 않는 이들과 논쟁하면서 다음과 같은 것을 강하게 주장했다. 곧 우리는 하나님의 자발적인 은혜에 모든 것을 빚지고 있다. 하나님의 은혜는 은혜로 주어져야만 비로소 은혜인 것이다. 아무런 공로 없이 주어지는 하나님의 자비가 아니면, 아무도 구원받을 수 없다. 또한 마땅히 받아야 할 심판이 아니라면, 아무도 정죄 받지 않는다. 하나님이 선택하신 사람들은 영원한 생명으로 예정되어 있다. 우리가 믿기 때문에 하나님이 우리를 선택하신 것이 아니다. 오히려 하나님이 먼저 우리를 선택하셔서, 우리가 믿을 수 있고 또한 우리가 거룩하고 흠이 없는 것이다(참조. 요 15:16; 엡 1:4). 칼뱅과 「도르트 신조」를 언급할 때, 우리는 이 관점에 대해서 다시 말할 것이다.

2. 칼뱅

칼뱅은 『기독교강요』에서 다음과 같은 사실로부터 시작한다. 곧 생명의 언약에 대한 가르침은 사실상 모든 사람에게 똑같이 전해지지 않으며, 복음을 듣는 사람들은 그것에 똑같이 반응하지 않는다. 신앙과 불신앙의 구분은 하나님의 심판의 장엄함을 계시해준다. 예정에 대한 교리는 이와 같은 관점에서 제기되는 질문에 답변을 제공한다(『기독교강요』 3.21.1).

앞서 언급한 것은 해당 주제에 대한 머리말에 지나지 않고, 칼뱅이 마치 경험에서 자신의 논의를 시작하는 것처럼 해석하는 것은 잘못된 것이다. 또한 예정 교리가 경험 신학의 한 부분이라는 인상을 준다고 이해하는 것은 말할 것도 없이 잘못된 해석이다(Graafland, 1987, 19-22의 견해와 반대됨). 『기독교강요』에서 언급되는 수많은 성경 구절을 검토해서 추론할 수 있는 것과 칼뱅이 다양한 논의에서 진술한 것에 의해서 입증되는 것은 칼뱅의 로마서 주석(1539)에서 이미 명백하게 나타난다. 다른 교리들에 대해서 다룰 때와 마찬가지로, 여기서도 성경은 전체 이야기를 말하는 데 사용된다. 또한 칼뱅은 아우구스티누스의 말이 머릿속에 종종 떠오를 때마다 그것을 인용한다. 그리고 많은 측면에서 칼뱅의 관점은 부처의 관점과 일치한다. 하지만 주안점은 바로 칼뱅 자신은 성경의 가르침을 그대로 설명하고 있다고 확신했다는 것이다(참조. Klooster, 1977, 20-24). 또한 이 점은 왜 칼뱅이 자신의 가르침을 비판하는 견해들을 강력하게 논박하는지 설명해준다.

부분적으로는 논쟁의 부산물로서 칼뱅은 사람들을 유기하시는 하나님의 작정에 대해 깊이 탐구했다. 하지만 주요한 사항으로서 이중 예정에 대한 교리는 우리가 우리의 선택 안에서 아무런 공로 없이 받는 하나님의 긍휼히 여기심을 이해하도록 해주며, 또한 하나님의 은혜를 찬양하게 한다(『기독교강요』 3.21.1).

칼뱅은 다른 어떤 이들보다도 하나님이 천지창조 이전에 우리를 선택하셨다(엡 1:4)는 사도적인 말씀의 중요성을 가르친다. 하나님께서 그리스도 안에서 우리를 선택한 것은 그것이 순전한 은혜로 말미암는 것이며 또한 그리스도에 대한 믿음은 하나님이 우리를 선택하셨다는 것을 확신하게 해준다고 넌지시 알려준다(참조. Graafland, 1987, 35-41).

예정의 교리는 신론적인 측면뿐만 아니라 구원론적인 측면도 있다. 전자는 하나님의 은혜가 절대 주권에 기초한 은혜라는 인식에 초점을 맞추고 있다. 우리의 구원에 대한 결정은 우리에게 있지 않고, 하나님의 손 안에 있다. 우리는 우리의 구원을 오직 하나님께만 빚지고 있다. 따라서 우리는 하나님을 영화롭게 하고 그분을 찬양해야 한다. 반면에 후자는 특별히 우리가 믿음을 통해서 얻는 구원의 확실성을 암시해준다. 이것은 일시적인 확실성이 아니라 영구적인 것이다. 구원의 확실성은 본질적으로 그리스도 안에서 우리를 선택하신 하나님의 영원한 사랑이다.

칼뱅의 견해와 일치하는 것으로서, 「도르트 신조」(1.14)는 하나님의 선

 개혁교회 교의학

택에 대한 교리는 하나님의 거룩한 이름의 영광을 위해 또한 그분의 백성의 커다란 위로를 위해 오늘날에도 교회 안에서 계속해서 가르쳐야 한다고 주장한다.

3. 도르트 신조

예정에 대한 개혁파 교리는 「벨기에 신앙고백서」 제16조에 포함되어 있다. 이것은 대체로 칼뱅의 초안에 기초한 「프랑스 신앙고백서」(1559년)의 상응하는 조항과 매우 비슷하다. 하지만 예정 교리는 「도르트 신조」에서 더 상세하게 표현되어 있다. 「도르트 신조」의 신앙고백은 그 신조가 항변파와의 논쟁을 반영하고 있다는 것을 분명하게 드러내준다. 내용과 관련해서 이 예정 교리는 전적으로 칼뱅의 가르침에 기초한다. 비록 그것의 초점은 항변파가 주장하는 견해들과의 차이점에 있지만, 그 결과 도르트 신앙고백이 한편으로 치우쳤다고 말하는 것은 옳지 않다. 도르트에서 개최된 이 교회 회의는 오직 하나님의 말씀에 의해서만 인도함을 받으려는 확고한 의도를 지니고 있었다.[21] 「도르트 신조」에서 많은 성경 구절이 인용되거나 언급되는 것에 근거해서 판단할 때, 사실상 성경이 진정으로 최종적인 말을 지니고 있다. 그리고 구약성경보다 신약성경이 더 광범위하게 인용된다는 것은 이해할 만하다(§ 16.2을 보라).

우리는 항변파의 문서(1610), 반항변파 문서(1611) 및 다른 자료들에 기초해서 두 진영이 예정 교리보다도 더 많은 주제에 대해 서로 논쟁했었다는 결론을 이끌어낼 수 있다. 또한 아르미니우스는 칭의에 대해서도 다른 견해를 지니고 있었다. 하지만 우리는 칭의에 대한 주제가 두 진영 사이의 본질적인 차이점을 드러낸다고 주장할 수 없다. 항변파는 신앙, 선택, 속죄, 중생 및 성도의 견인 등 이 모든 주제에 대해 하나님의 은혜와 인간의 자유의지 사이의 협력이라는 관점에서 다루었다.

21　『공식 기록 또는 진행 절차』(*Acta ofte handelinghen*), 12.

우리는 「도르트 신조」 제3-4, 14에서 다음과 같은 핵심적인 진술을 발견할 수 있다. 곧 신앙은 "하나님의 은사"다. 하나님은 인간 안에서 "믿고자 하는 의지뿐만 아니라 믿음의 행위"를 만들어내신다. 따라서 하나님은 우리의 믿음을 기다리지 않으시고, 오히려 우리에게서 믿음이 생기게 하신다. 이것은 바로 선택의 열매다. 이것은 믿음에 이르게 하는 선택이지, 하나님이 "미리 보신 믿음"에 기초한 선택이 아니다(1.9). 「도르트 신조」는 세상이 창조되기 이전에 순전히 은혜로 말미암아 하나님이 그리스도 안에서 구속 받게 하려고 사람들 중 어떤 수의 사람들을 선택하셨다고 주장한다. 선택받은 사람들은 "다른 사람들보다 더 낫거나 선택받을 만한 가치가 있는 것이 결코 아니다. 오히려 그들도 다른 사람들과 더불어 동일한 비참함에 빠져 있다"(「도르트 신조」, 1.7).

여기서 「도르트 신조」의 몇 가지 두드러진 특징을 강조하고자 한다.

(1) 우리는 「도르트 신조」 제1장의 목적을 구체적이며 또한 역사적인 것이라고 간주할 수 있다.

(2) 도르트 총회는 복음에 대한 다양한 반응들에 대해서 숙고하지 않는다. 모든 것은 하나님의 영원한 경륜의 관점에서 이해된다. 하나님의 작정에는 선택뿐만 아니라 유기도 있다. 이것은 칼뱅의 신학적인 사상을 연상시켜준다(『기독교강요』 1.21).

(3) 모든 구원은 선택, 곧 그리스도 안에서의 선택에서 비롯된다.

(4) 은혜로운 선택의 기초는 오직 하나님의 선한 뜻이다.

(5) 시간 속에서 선택된 사람들은 자신들이 영원부터 선택되었다고 확신한다.

(6) 이 모든 것으로 말미암아, 하나님의 자녀는 겸손히 하나님을 사랑한다. 이것은 그들을 부주의하게 만드는 원인을 제공하지 않는다.

(7) 선택에 대한 교리는 주요한 사항으로서 교회 안에서 올바로 설명되어야 한다. 그 교리는 특별히 그와 같은 의도를 지니고 있다.

(8) 선택 자체에 의해서 유기(「도르트 신조」 1.15)는 완전히 가려져 있다. 하나님은 어떤 사람들이 자기 자신의 길을 가도록 결정하셨다. 그들은 하나님의 공의로운 심판을 받으며, 또한 자신들의 불신앙과 모든 죄악에 대해서 정죄 받고 형벌에 처해진다.

(9) 만약 하나님이 신자들의 어린 자녀들을 이 세상에서 일찍 데려가신다면, 하나님을 두려워하는 부모는 자기 자녀들의 선택과 구원에 대해서 의심할 필요가 전혀 없다. 이와 관련해서 은혜언약과 하나님의 약속들의 의미에 대해 언급되었다.

(10) 우리는 이 신비로운 지식들을 경건한 마음과 자세로 존중해야 한다.

베르카우어는 예전에 망설임 없이 그리고 끊임없이 질문하면서 하나님의 선택에 대한 자신의 연구서(1960)를 출간했다고 말했는데, 그는 선택에 대한 개혁파의 교리를 "왜곡시켰다"(Graafland, 1987, 353). 그는 잘 알려진 논문(1963)에서 「도르트 신조」의 기초가 되는 주제인 은혜로운 선택과 이 신조를 형성하는 구조의 인과관계 간에 긴장이 있음을 보여줬다. 어떤 사람들을 거부하는 하나님의 영원한 작정(1.15)—그뿐만 아니라 「도르트 신조」 1.6에서 그것에 상응하는 진술—은 이런 구조를 반영한다. 또한 누구도 진정서를 제출하지 않는다면, 이것에 대해 책임질 필요가 없다.[22]

이 해석을 반대하는 중요 의견은 다음과 같다. 곧 「도르트 신조」는 예정에 대한 교리를 하나의 통일된 전체로서 제시하므로, 「도르토 신조」의 전체 구조에서 기초가 되는 주제를 분리하는 것은 이치에 맞지 않는다는 것이다. 도르트 총회가 제1장에서 일단의 오류 목록을 제시하기로 결정했을 때, 그 총회는 선택과 유기에 대한 정통적인 교의를 타당하게 해석했다고 판단했던 것 같다.

---

22 G. C. Berkouwer, "신앙고백에 대한 질문들"(Vragen rondom de belijdenis), in *G.T.T.* 63 (1963): 1-41.

16.4. 예정에 대한 최근의 견해들

1. 칼 바르트. 선택 교리에 대한 최근의 모든 견해 중 바르트의 견해가 가장 두드러지며 가장 많은 영향을 끼쳤다. 그는 『교회교의학』 앞부분에서 설명한 것보다 선택 교리를 다루는 부분에서 전통적인 신학의 구조를 훨씬 더 많이 벗어나야 했다고 말한다(Barth, *C.D.*, 2.2x).

예정 교리는 바르트의 『로마서 주석』(1922)과 특히 『교회교의학』 2.2를 통해서 신학적 논의의 초점이 되었다.[23]

『하나님의 은혜로운 선택』(*Gottes Gnadenwahl*, 1936)이라는 소책자는 바르트의 신학적 사고의 발전 과정의 한 국면—이 국면이 바르트의 예정 교리를 결정적으로 확립하게 했다—을 보여준다. 바르트는 이 책에서 예정은 은혜 안에서의 은혜라고 주장한다. 또한 하나님이 선택하신 자, 곧 그리스도가 우리의 유기를 스스로 떠맡았기 때문에 그 유기는 취소되었다.

처음부터 바르트는 하나님의 선택이 모든 사람 중에서 제한된 수의 사람들만 포함한다는 견해를 거부한다. 그는 선택을 열려 있는 다수로 이해하지, 인원이 제한되어 있는 것(*numerus clausus*)으로 결코 이해하지 않는다! 하나님은 어떤 사람들과 다른 사람들을 구별하지 않으신다. 우리는 모두 하나님의 심판 아래 놓여 있으며 모두 하나님의 은혜에 의해서 살 수 있다. 그럼에도 바르트는 처음에는 하나님의 은혜의 **절대 주권**을 강조하지만 나중에는 하나님의 **은혜**의 절대 주권을 더 강조한다. 선택

---

[23] 이 장의 맨 뒤에 있는 간략한 참고 문헌에 Van Niftrik, Kraus, Weber와 다른 이들의 저서들이 제시되어 있다. 또한 그 밖에 다음 저서들을 참조하라. G. C. Berkouwer, 『칼 바르트의 신학에서의 은혜의 승리』(*De triompf der genade in de theologie van Karl Barth*), 1954; W. Kreck, 『칼 바르트의 교의학에서의 근본적인 결정들』(*Grundentscheidungen in Karl Baths Dogmatik*), 1978; C. Vermeulen, 『교회의 마음』(*Het hart van de kerk*), 1986. 그리고 간략하지만 비판적인 입장을 지닌 것으로서 다음 논문을 보라. J. van Genderen, "칼 바르트의 선택 교리"(De leer van de verkiezing bij Karl Barth), in A. G. Knevel (ed.), 『칼 바르트에 대한 평가』(*Visie op Karl Barth*), 1987, 41-48.

과 유기의 교리는 『로마서 주석』에서 보편적 위기로 드러난다. 반면에 『교회교의학』에서는 하나님의 은혜의 승리가 더 두드러지게 나타난다.

선택 교리는 복음의 요약이다. 그 교리의 초점은 하나님의 은혜에 기초한 선택(Gnadenwahl)이다. 예정 교리—엄밀히 말해서 예정 교리가 교리 전체를 표현한다—의 가장 단순한 형태는 다음과 같다. 곧 예수 그리스도는 선택하는 하나님이며, 또한 예수 그리스도는 선택된 인간이다. 선택된 인간에 대해서 다음과 같이 덧붙여 말할 수 있다. 곧 예수 그리스도는 모든 인류와 연합해서 선택된 인간이다. 따라서 다른 이들은 그리스도 안에서 또한 그와 함께 선택되었다(Barth, *C.D.*, 2.2. 103-118). 하나님은 예수 그리스도 안에서 사람을 선택하신다. 예수 그리스도 안에서의 선택이 전통적인 예정 교리에서 제시하는 하나님의 절대적인 작정을 대체한다.

예수 그리스도는 선택된 사람일 뿐만 아니라 유기된 사람이다. 이중 예정은 이와 같은 의미 안에 있다. 곧 선택과 유기, 은혜와 심판이다. "예수 그리스도는 하나님의 영원한 뜻에 의해서 선택되었다. 하나님은 예수 그리스도의 선택 안에서 사람에게…선택, 곧 구원과 생명을 주신다. 그리고 하나님은…유기, 곧 멸망과 죽음을 자기에게 돌리신다." 하나님의 예정을 믿는 것은 인간의 유기를 믿지 않는 것을 의미한다. "왜냐하면 인간은 유기되지 않았기 때문이다. 하나님의 경륜의 영원한 작정 안에서 하나님 자신이 그분의 아들 안에서 거부되었다. 하나님의 아들이 거부되었기 때문에 우리는 거부되지 않는다"(Barth, *C.D.*, 2.2. 163-168).

이스라엘과 교회는 유기와 선택을 각각 반영한다. 하나님의 한 교회는 이스라엘의 모습처럼 하나님의 심판을 나타내고, 교회의 모습처럼 하나님의 긍휼을 나타내야만 한다. 하나님은 그분의 유일무이한 아들을 통해서 사람이 초래한 거부를 떠맡으셨기 때문에, 이스마엘과 에서, 바로와 모든 이스라엘이 초래한 거부도 하나님 자신이 떠맡은 거부의 특징을 나타낸다. 바르트는 자신의 이와 같은 견해에 기초해서 로마서 9:22-23을 해석한다(Barth, *C.D.*, 2.2. 195, 226).

여기서 다음과 같은 질문이 제기된다. 곧 기독론적으로 이해한 이 예정 교리에 의하면, 과연 모든 사람이 구원받는가? 『교회교의학』에는 이런 방향을 보여주는 다음과 같은 진술이 있다. "진정으로 거부된 유일한 사람은 하나님의 유일무이한 아들뿐이다." 하나님의 아들이 그 유기된 자다. 왜냐하면 바로 그가 그 선택된 자이기 때문이다. 선택에 대한 바르트의 관점에서 볼 때, 하나님의 아들 이외에 거부당한 사람은 아무도 없다(Barth, *C.D.*, 2.2. 318. 351). 하나님은 우리 각 사람을 위해서 거부의 삶을 일종의 객관적인 불가능(objective impossibility)으로 만드셨다. 그와 같은 거부의 삶을 살려는 시도는 위험하고, 아무런 유익도 없다. 그래서 하나님의 약속을 믿는 것이 선택할 수 있는 유일한 것이며, 불신앙은 배제된다(Barth, *C.D.*, 2.2. 346, 326). 이 경우에 아무도 하나님의 진노의 막대기를 벗어날 수 없지만, 아무도 하나님의 칼에 의해서 베이지 않을 것 같다. 바르트에 의하면, 이것이 우리가 말할 수 있는 전부다. 그 누구도 보편구원(*apokatastasis*) 또는 보편 속죄(universal atonement)를 가르치도록 허락받지 않았다. 왜냐하면 우리는 하나님의 은혜의 절대 주권을 반드시 존중해야 하기 때문이다. 또한 그것은 생각할 가치조차 없는 것은 아니다. 왜냐하면 우리는 하나님의 절대 주권에 기초한 은혜를 반드시 감사하며 받아들여야 하기 때문이다(Barth, *C.D.*, 2.2. 349, 418).

예정에 대한 고전적인 교리를 거부하는 사람들은 대체로 인간이 선택의 자유를 지니고 있다는 것을 옹호한다. 비록 하나님의 은혜가 우선권을 지니고 있다고 하더라도, 인간 역시 해야 할 역할이 있다. 따라서 인간은 하나님의 은혜에 협력해서 행동할 필요가 있다(신인협력설[*synergism*]). 하지만 바르트의 견해에 의하면, 그것은 하나님과 인간이 공동으로 결정할 문제가 아니다.

우리는 하나님의 선택은 하나님의 은혜로운 선택, 곧 그분의 은혜의 우선권 및 절대 주권과 관련된 사항이라는 데 동의한다. 하지만 이것은 성경의 가르침과 일치하는 은혜의 교리이어야 한다.

우리는 바르트의 변증법적인 접근 방법이 성경을 무시하도록 그를 이끌었으며 또한 사변의 영역으로 들어가게 했다는 것을 지금은 고려하지 않고자 한다.

선택에 대한 그의 견해는 **보편주의적**이며 **객관주의적**이다. 이 두 가지는 진지하게 반대해야 한다. 그밖에 반대해야 할 바르트의 다른 견해들도 있다. 우리는 선택은 그리스도 안에서의 선택이라는 것이 무엇을 의미하는지를 이후에 자세히 다룰 것이다(§ 16.5). 하지만 모든 사람이 그리스도 안에서 선택되었고 하나님이 자기 아들을 통해서 모든 사람이 거부당한 것을 떠맡으셨다는 개념을 지지해주는 성경적인 근거는 분명히 전혀 없다. 성경은 이렇게 선언한다. "아들을 믿는 자에게는 영생이 있고, 아들에게 순종하지 아니하는 자는 영생을 보지 못하고 도리어 하나님의 진노가 그 위에 머물러 있느니라"(요 3:36).

바르트는 성경에 기초해서 하나님이 우리에게 요구하시는 믿음의 역할을 인정하지 않는다. 만약 불신앙을 배제할 수 있다고 간주해서 그것을 무시한다면, 믿음이 구원에 참여하는 데 꼭 필요하다는 것을 받아들이기 어렵다.

예정 교리는 하나님의 은혜를 받아들이는 것은 순전히 하나님의 은혜로 말미암는 것이라고 가르친다. 믿음은 은혜의 영역 안에서 작용한다. 하나님의 말씀은 우리가 은혜로 구원을 받았다고 말할 뿐만 아니라(엡 2:5) "너희는 그 은혜에 의하여 믿음으로 말미암아 구원을 받았으니 이것은 너희에게서 난 것이 아니요 하나님의 선물이라"(엡 2:8)고 분명히 말한다.

2. 예정 교리와 관련된 네덜란드의 신학. 네덜란드의 많은 신학자가 바르트의 이와 같은 예정론을 받아들였다. 미스코터, 니프트릭(G. C. van Niftrik), 베커(E. J. Beker), 하세라르(J. M. Hasselaar) 및 다른 신학자들은 바르트의 예정론에 상당 부분 동의했다.[24]

24　참조. Miskotte, *V.W.*, 2; Van Niftrik, *KLD.*; Beker/Hasselaar, *Wegen*, 2.

널리 알려진 개혁파와 항변파 신학자들은 『예정론에 대한 몇 가지 견해』(*Enige aspecten van de leer de uitverkiezing*)라는 제목이 붙여진 보고서를 간행했다. 이 보고서는 바르트가 네덜란드의 신학에 커다란 영향을 끼쳤다는 것을 입증해준다. 이 보고서의 전제 중 하나는 다음과 같다. 곧 선택에 대해서 말할 때, 그 초점은 개인으로부터 교회와 세상으로 옮겨져야 한다는 것이다. 또한 이 보고서는 하나님은 그분을 섬기기 위해서 하나의 교회로서 우리를 선택하신다고 주장한다. 그리고 이 보고서의 저자들은 다음과 같이 바르트의 견해를 따른다. 곧 그리스도는 모든 인류를 대표하는 하나님의 사람이다. 이것은 모든 사람이 인식해야 할 객관적인 상황이다. 그래서 교회는 모든 사람이 그리스도 안에 있고 이 선포는 믿음을 요구한다는 것만 선포할 수 있다(*Enige aspecten*, 22, 33, 45).

흐라프란트의 판단에 의하면, 이전의 논쟁을 반영하는 것으로서 이 보고서가 제기하는 질문들은 구원에 대한 보편주의적인 관점으로 가리어져 있다(Graafland, 1987, 592).

불더링크(J. G. Woelderink)는 널리 알려진 "예정론"(*De uitverkiezing*, 1951)이라는 논문에서 독자적인 입장을 취한다. 우리는 그의 논문에서 개혁파의 관점을 분명하게 인식할 수 있지만, 불더링크는 다른 개혁파 신학자들보다 바르트의 견해를 훨씬 더 많이 인정한다. 그는 심지어 다음과 같이 주장한다. "바르트의 핵심 개념은 복음과 전적으로 일치하며, 복음에서 유래한 것이다." 불더링크는 하나님의 모든 작정을 하나님의 영원한 사랑에서 비롯되는 것이라고 이해하는 것이 성경적으로 책임을 지는 것이라고 판단한다(Woelderink, 『선택』(*De uitverkiezing*, 34).

불더링크는 바르트가 죄를 혐오하는 것에 대해서 염려하지만(*De uitverkiezing*, 37 이하), 그는 바르트가 믿음에 대한 결심을 상대화한 것을 주로 반대한다. "우리가 믿음을 받아들일 때, 비로소 우리는 하나님이 선택하시는 이 사랑을 확신한다"(*De uitverkiezing*, 73, 78).

불더링크가 복음을 통한 부르심과 언약의 약속을 무색하게 하는 선택 개념에 우월성을 부여하는 것에 반응하는 것은 적어도 그가 바르트에게서 영향을 받은 것만큼이나 중요하다.

불더링크는 하나님이 부르실 때 선택하시며, 하나님이 선태하실 때 부르신다고 주장한다. 하나님의 이와 같은 선택 행위는 부르심을 통해서 효과적으로 일어난다 (*De uitverkiezing*, 44, 53). 로마서 9장은 선택과 유기와 관련된 하나님의 영원한 작정이 아니라, 하나님의 행위들에 대해서 다룬다. 불더링크는 사람들을 유기하는 하나님의 영원한 작정을 인정하는 것을 거부한다. 그는 「도르트 신조」가 유기에 대해서 말하는 것을 수용하지 않는다.[25]

성경해석학적인 관점에서 판단할 때, 마태복음 22:14 및 로마서 9-11장과 같은 성경 구절들과 또한 생명책에 대해 언급하는 본문들에 대한 불더링크의 해석은 취약점을 드러내고 있다. 신학적인 관점에서, 우리는 시간 속에서 행하시는 하나님의 행위들은 그분의 영원한 경륜을 반영한다는 견해를 반박해야만 한다. 우리는 이전의 개혁파 교의학 저서들이 이런 통찰을 이미 제시했음을 발견할 수 있다.[26]

16.5. 그리스도 안에서의 선택

성경 말씀에 따라서(엡 1:4; 또한 참조. 딤후 2:8-9), 우리는 선택과 관련하여 그리스도 안에서의 선택으로 말한다. 개혁파 신앙고백서의 언급들도 이것을 확인해준다(「벨기에 신앙고백서」 제16조; 「도르트 신조」 1.7). 우리는 이것에 집중하고자 한다. 선택에서 그리스도의 역할이 매우 잘 이해되고 있다는 것은 대단히 중요하기 때문이다.

우리는 바르트가 이해한 것처럼 똑같은 것으로 그것을 이해하지 않는다. 바르트

25　Woelderink, 1951, 17-22. 특히 다음 저서들을 보라. Trimp, 1954; Graafland, 1987.
26　참조. *Synopsis*, 24:10; H. Witsius, *De oeconomia foederum Dei cum hominibus*, 1694, 3.4.4

에게 있어 "그리스도 안에서"라는 사도들의 가르침에 기초한 표현은 보편주의적 취지를 지닌 그리스도 중심적인 선택 교리의 토대다.

또한 우리는 항변파가 이해하는 것처럼 이 표현을 이해하지 않는다. 항변파는 개혁파의 전통적인 가르침과 논쟁을 벌이면서, "그리스도 안에서 우리를 택하사"(엡 1:4)라는 표현을 인위적으로 해석했다. 그들의 견해에 의하면, 하나님은 그리스도 안에 있는 우리를 예정하셨다. "그리스도 안에"라는 표현은 그리스도를 믿는 것과 같다. 왜냐하면 믿음이 없으면 누구도 그리스도 안에 있지 않기 때문이다. 이런 해석은 선택에 대한 항변파의 다음과 같은 개념에 일치한다. 곧 하나님은 그리스도를 믿을 사람들을 미리 아셨다. 하지만 바울의 관점에 의하면, "그리스도 안에"라는 구절은 [하나님이] "선택[예정]하셨다"와 연결되는 것이지, "우리를"을 수식하는 것이 아니다.

사도 바울의 말은 그리스도가 선택의 근거나 또는 공로가 있는 원인이라는 것을 뜻하지 않는다. 도르트 총회(1618-1619)에서 과연 그리스도를 선택의 기초(*fundamentum electionis*)라고 간주할 수 있는가라는 질문이 제기되었다. 비록 도르트 총회가 선택의 근거라는 표현의 사용을 의도적으로 회피하기는 했지만, 사실상 이 총회는 그리스도를 구원의 기초(*fundamentum salutis*, 1.7)라고 간주했다. 그리스도를 예정의 기초 또는 원인으로 간주한다면, 그리스도가 (또는 그의 사역이) 사람들을 선택하도록 하나님을 이끌었다는 개념이 빚어질 수 있을 것이다. 따라서 바빙크는 이 문제점과 관련해서 다음과 같이 올바로 지적했다. 곧 성자는 [사람들을] 사랑하도록 성부를 감동시킨 것이 아니라, 오히려 사람들을 선택하는 사랑은 성부 자신에게서 비롯된 것이다(Bavinck, *R.D.*, 2:401).

칼 바르트와 그의 견해를 지지하는 다른 많은 학자가 생각하는 것처럼 그리스도가 선택의 근거가 아니라면, 그리스도는—성부가 그리스도와 상관없이 세우신—영원한 작정을 완성하는 수단에 지나지 않는다는 사실이 제안되었다. 그렇다면 이것은 하나님의 작정 바깥에 그리스도를 놓는 것이다(Van Niftrik, *KLD.*, 125). 그런 비판에 맞서서 개혁파 신학의 모든 것을 변호하는 것은 어려울 것이다. 하지만 그 비판은 교회의 가르침을 직접적으로 언급하는 것이 아니다. 「벨기에 신앙고백서」 제16

조와 「도르트 신조」 1.7은 그리스도가 선택의 작정에서 제외되지 않는다고 암시해 준다.[27]

이것은 예정 교리를 어떤 추상적인 개념으로 다루지 않는다. 성경적인 관점에서 판단할 때, 우리는 그리스도와 그의 사역을 알지 못한 채 예정에 대해 말할 수 없다. 성부 하나님이 그리스도 안에서 축복하신 우리는 그리스도 안에서 선택되었고 하나님의 자녀로 입양되었다. 우리는 그리스도 안에서 하나님의 은혜를 받았고, 그리스도 안에서 그의 피를 통해 구속을 받았다. 우리는 그 안에서 기업을 얻었으며, 또한 성령으로 인치심을 받았다(엡 1:3-14). "그리스도 안에서"라는 표현은 복음을 가로막는 모든 것을 열어준다!

선택은 단순히 하나님의 절대 주권적인 의지와 관련된 사항이 아니다. 왜냐하면 그 선택은 하나님의 "은혜로운 선택"이기 때문이다(「도르트 신조」 1.10). 하나님이 세상의 기초가 놓이기 이전에 그리스도 안에서 우리를 선택하셨다는 신앙고백은 하나님의 영원한 사랑에 대한 신앙을 고백하는 것이다. 하나님의 영원한 사랑은 선택하는 사랑이다. 그 사랑은 그리스도 안에서 우리에게 계시되었다. 또한 그 사랑으로부터 우리의 모든 구원이 흘러나온다.

만약 하나님이 그리스도 안에서 우리를 예정하지 않으시고, 그리스도가 관련되지 않은 채 작정하셨다면, 그리스도는 단순히 그것을 실행하는 존재에 지나지 않을 것이다. 그렇다면 우리는 우리의 선택에 대한 확신을 그리스도 바깥에서 찾아야 하지 않겠는가? 아마도 우리는 하나님의 은밀한 경륜에 직접 대처해야 할 것이고, 칼뱅도 다음과 같이 말할 수 없었을 것이다. "어쨌든 나는 자신들의 구원을 갈망하며 근심스럽게 기다리는 사

---

27 참조. Graafland(1987, 140-148). 하지만 이 점과 관련해서, 라틴어 원문은 전혀 모호하게 표현되어 있지 않다. 그 원문은 한 문장으로 하나님이 오직 은혜를 통해서 구원에 이르도록 그분의 백성을 그리스도 안에서 선택하셨다고 말한다.

람들에게 하나님의 은밀한 선택을 말하지 않고, 오히려 그리스도에게 직접 나아가라고 말한다. 우리의 구원은 그리스도 안에서 계시되었다. 만약 그 구원이 계시되지 않았다면, 그것은 하나님 안에 감추어져 있었을 것이다"(*C.O.*, 8:306, 307).

칼뱅은 "그리스도 안에서"라는 표현이 대단히 중요하다고 반복해서 말했고, 이 이름은 모든 형태의 공로를 배제한다고 말한다(엡 1:4에 대한 주석). 그리스도 안에서의 선택은 그 선택이 하나님의 순전한 선하심에 의해서, 그리고 오직 그분의 은혜로부터 말미암는다는 것을 분명히 의미한다(「벨기에 신앙고백서」; 「도르트 신조」). 사도 바울이 "창세 전에"(엡 1:4)라고 표현한 것이 이것을 확인해준다. 이 선택은 세상이 지음을 받기 이전부터 존재했다. 또한 그것은 우리가 이 땅에 태어나기 이전에 존재했다. 그 선택이 우리 자신이 지니고 있는 어떤 자격에 근거해서 이루어졌다는 것은 불가능하다. 따라서 우리를 선택한 것의 근거는 우리를 완전히 초월한다!

칼뱅은 다음과 같이 질문한다. 하나님이 우리를 구원하시도록 그분을 설득할 수 있는 어떤 것이 우리 안에 있을까? 하나님이 그러한 것을 우리 안에서 발견하실 수 있을까? 바울은 우리가 창세 전에 그리스도 안에서 선택함을 받았다고 가르칠 때(엡 1:4), 그는 우리에게 [선택을 받을 만한] 진정한 가치가 있는가에 대한 모든 논의를 없앤다. 이것은 마치 다음과 같이 말하는 것과 똑같다. 곧 하늘에 계신 아버지는 아담의 모든 자손 중 그분의 선택에 합당한 사람을 찾지 못하셨기 때문에, 그분은 자기의 기름 부으신 자에게 시선을 돌리셨다. 그래서 하나님 아버지는 기름 부음을 받은 자의 몸으로부터 생명의 교제를 나눌 지체들을 선택하셨다(Calvin, 『기독교강요』 3.22.1).

칼뱅은 "그리스도 안에서"와 "우리 안에서"라는 표현을 대조한다. 하나님은 그리스도 안에서 그분의 백성을 선택하셨다. 왜냐하면 하나님은 그리스도 안에서 말고는 그들을 사랑할 수 없으셨기 때문이다(Calvin, 『기독교강요』 3.24.5).

개혁교회 교의학

그리스도 안에서의 선택에 대한 사도 바울의 말은 매우 중요한 의미를 지니고 있다. 그것은 우리 자신 안에서 자격 요건을 찾고자 하는 모든 노력을 불가능하게 할 뿐만 아니라, 우리가 우리의 선택에 대한 확신을 획득할 수 있는 방법을 설명해주기 때문이다. 칼뱅은 다음과 같이 종종 인용되는 본문에서 이것을 탁월하게 설명한다. "만약 우리가 그리스도 안에서 선택되었다면, 우리는 우리 자신 안에서 우리의 선택에 대한 확신을 찾아서는 안 된다. 만약 우리가 하나님 아버지를 그분의 아들과 분리되어 있는 것으로 생각한다면, 심지어 우리는 하나님 아버지 안에서도 그 선택에 대한 확신을 찾아서는 안 된다. 따라서 우리는 그리스도라는 거울 안에서 우리 자신의 선택을 바라보아야 한다. 그래야 우리는 스스로 속지 않을 수 있다"(Calvin, 『기독교강요』 3.24.5).

그리스도 안에서의 선택과 관련해서 살펴보아야 할 또 다른 측면이 있다. 우리는 "그리스도 안에서"(엡 1:4)라는 표현에서 "안에서"라는 전치사를 언어학적인 측면에서 어떻게 묘사할 수 있는지 질문할 수 있다. 그 전치사는 도구적인 것을 의미하는가? 곧 그것은 중보자인 그리스도 안에서 또한 그를 통해서라는 것을 의미하는가? 아니면 그리스도와 연합해서를 의미하는가? 또는 그 전치사는 이 두 가지 의미를 모두 포함하는가?

칼뱅은 약간 다른 맥락에서 다음과 같이 말한다. 곧 우리는 머리이신 그리스도에게로 올라가야 한다. 하늘에 계신 아버지는 그리스도 안에서 그분이 선택하신 사람들을 함께 모으셨고, 그들을 모두 도저히 끊을 수 없는 끈으로 한데 묶으셨다(Calvin, 『기독교강요』 3.21.7).

그리스도 안에서 선택되었다는 것은 그리스도와 연합되어 있다는 것을 배제하지 않는다. 그리스도는 중보자다. 그의 사역은 에베소서 1장에서 논의된다. 만약 우리가 그리스도 안에서 선택되었다면, 우리는 하늘 아버지에 의해서 그리스도에게 주어진 사람들이다. 그래서 우리가 하나님의 백성으로서 모두 새로운 인류 공동체를 형성하게 하려는 것이다. 그리고 그리스도는 그 새로운 공동체의 머리다. 왜냐하면 그는 "선택받은 사람들의 머리 및 중보자와 구원의 기초로 세움을 받았기 때문이다"(「도르트 신조」 1.7).

하나님은 그리스도 안에서 그분의 백성을 선택하시고, 그리스도에게 그들을 주셨다(요 17:9-10을 보라)는 사실은 우리가 선택받은 것을 개인주의적으로 해석할 수 없음을 보여준다. 마치 그 선택이 예정된 개인들과 또 다른 예정된 개인들을 단순히 포함하는 것으로 해석되면 안 되는 것처럼 말이다. 그리스도 안에서의 선택은 사람들이 그리스와 연합되고, 다른 선택된 사람들과도 연합되는 것을 함의한다. 이것이 교회에게 필수적인 요소다. [선택된 사람들로 이루어진] 교회는 영원한 생명으로 선택되었고 모든 성도들이 서로 친밀하게 교제하는 공동체다(「하이델베르크 교리문답」 제21주일).

베르카우어는 그리스도 안에서의 선택은 선택에 관한 성경적 메시지의 핵심이자 신비로 이해될 수 있다고 올바르게 주장한다(Berkouwer, 1960, 52).

16.6. 타락후선택설과 타락전선택설

타락후선택설(Infralapsarian View)과 타락전선택설(Supralapsarian View)은 예정 및 최초의 인류의 타락과 관련해서 서로 다르게 이해한다(여기서 "*infra lapsum*"이라는 라틴어 표현은 "타락 아래에" 또는 "타락 이후에"를 의미하고, "*supra lapsum*이라는 표현은 "타락을 초월해서" 또는 "타락 이전에"를 뜻한다).

불링거가 옹호한 원래의 타락후선택설은 원죄를 지은 사건에서 출발한다. 불링거는 그 시점 이전으로 거슬러 올라가는 것을 원하지 않았다. 그러면서 그는 하나님이 인간의 타락을 미리 결정하셨다고 주장한다.

불링거와 같은 세기에 속한 인물인 베자(Beza)는 타락전선택설을 옹호했다. 그의 견해에 의하면, 하나님은 인간이 죄를 범하는 것을 예정하셨을 뿐만 아니라, 어떤 이들을 선택하고, 다른 이들을 유기하기로 한 그분의 작정은 모든 것에 선행한다. 이와 같은 방법으로 예정이 모든 것을 주관하게 되었다.

개혁파의 몇몇 신학자들은 타락전선택설에 매력을 느꼈다(W. Perkins, F. Gomarus, J. Maccovius, G. Voetius, A Comrie, A. Kuyper, G. H. Kersten, C. Steenbock, H. Hoeksema와 다른 이들).

타락전선택설의 이후 형태는 하나님의 경륜이 인간의 타락을 포함해서 모든 것을 주도한다고 가르친다. 비록 하나님이 인간의 타락을 원하셨다는 것보다 허용하셨다고 말하는 것이 더 선호할 만하지만 말이다. 하지만 이 후속 형태는 예정에서 시작하지 않는다. 하나님이 사람들을 선택하시거나 유기하실 때, 그분은 그들이 창조되고 타락한 사람들로 보신다. 우리는 네덜란드 신학자들 중 다음과 같은 이들에게서 타락후선택설을 발견할 수 있다. 곧 발레우스(A. Walaeus), 마레시우스(S. Maresius), 마르크, 헤인스, 판 더 스카위트(Van der Schuit) 및 용커르(W. D. Jonker) 등이다.

우리는 타락후선택설이나 타락전선택설에서 진리의 요소들뿐 아니라 편협성도 인식할 수 있다. 바빙크는 타락후선택설뿐만 아니라 타락전선택설도 성경의 진리를 온전히 포함하고 있지 않으며 또한 신학적인 사고를 충분히 만족시켜주지 못한다고 말한다(Bavinck, *R.D.*, 2:391). 그럼에도 바빙크는 타락후선택설로 기우는 경향을 보여준다(참조. Jonker, 1989, 69).

칼뱅은 두 견해 중 어떤 입장으로도 쉽게 분류될 수 없다. 그는 예정에 대한 견해와 관련해서는 타락전선택설을 주장한다는 인상을 주기도 한다(Calvin, 『기독교강요』 3.21.5). 하지만 그의 기본적인 입장은 타락후선택설로 기울어져 있다(참조. Polman, 1936, 377).

신학자들의 주장들보다 더 중요한 것은 교회들의 공식적인 선언들이다. 개혁파 신앙고백서의 대다수는 타락후선택설의 입장을 받아들인다는 사실이 주목할 만하다. 「벨기에 신앙고백서」와 「도르트 신조」도 타락후선택설의 입장을 받아들인다. 도르트 총회가 개최되던 시기에 항변파는 타락후선택설과 타락전선택설이 모두 문제점을 지니고 있다고 지적하며 이를 논박하려고 시도했다. 또한 그 문제를 미결로 남겨두자는 제안이 제기되었고 고마루스는 이 제안을 지지했다. 비록 타락전선택설의 입장을 비난하는 언급은 한마디도 없지만, 「도르트 신조」에서는 타락후선택설이 두드러지게 나타나는 것 같다. 「웨스트민스터 신앙고백서」와 그밖에 몇몇 신앙고백서들은 선택에 대한 이 두 가지 견해들을 고려하지 않았다.

비록 교회의 공식적인 신앙고백의 선포는 아니지만, 어떤 개혁파 교회가 선택과 관련된 견해 차이에 대해 결의한 것은 언급할 만한 가치가 있다. 네덜란드의 개혁파 교회의 총회(1905)는 아브라함 카이퍼의 가르침에 반대하는 입장을 표명하기로 결의했다. 이 총회의 결의에 의하면, 타락전선택설은 네덜란드 개혁파 교회의 교리로 수용될 수 없고, 또한 그 총회는 타락전선택설의 경향을 지니고 있는 이들을 고통스럽게 하는 것도 받아들일 수 없다. 그와 같이 심오한 교리들은 가능하면 설교단에서 주제로 삼지 말아야 한다. 그리고 설교와 교회의 기본적인 교리 교육은 신앙고백서의 내용에 국한되어야 한다(*Acta*, article 158).

만약 타락후선택설과 타락전선택설의 차이점이 단순히 하나님의 작정의 순서와 관련된 것이라면, 우리는 두 진영에게 다음의 사실, 곧 하나님은 어떤 한 가지와 다른 한 가지를 순차적으로 작정하시지 않았다는 사실을 언급하고자 한다. 그분은 영원한 하나님이 아니신가?(§ 13.4). 만약 시간상의 순서가 아니라 단지 논리적인 순서를 의도하는 것이라면, 어떻게 되는 것인가? 그렇다면 우리는 어떻게 인간의 논리적인 사고의 전개 과정을 하나님께 적용할 수 있겠는가라고 반문할 것이다.

하지만 지금 질문의 차이점은 인간의 상상력에서 나온 게 아니다. 쟁점은 어떻게 인간이 하나님의 작정과 조화되는가다. 인간은 타락할 가능성을 갖고 창조된 존재인가?(타락전선택설). 아니면 하나님은 온전히 인간을 창조하셨는데 그분에게서 떨어져나간 존재로 인간을 생각하실까?(타락후선택설). 베자가 제시한 대로, 타락전선택설의 경우, 창조와 타락은 이중 예정을 만들어내는 목적을 보여준다(참조. Graafland, 1987, 47-70). 타락 이후 선택의 경우, 하나님의 작정은 창조와 인간의 타락을 전제한다.

타락전선택설에서 볼 때, 하나님은 그분의 예정이라는 작정에 의해 모든 것을 이끄신다. 따라서 타락은 하나님의 계획과 반드시 관련을 맺는다. 타락후선택설은 이와 관련해서 큰 어려움을 겪는다. 그것은 하나님의 절대 주권을 절대화하는 것을 염려하여 하나님의 경륜과 행위에서 나타나는 그분의 자비와 공의를 강조한다.

성경은 무엇이라고 말하는가? 타락전선택설은 하나님의 절대 주권을 증언하는 성경 구절들에서 지지를 얻는다. 반면에 타락후선택설은 "선택과 유기는 타락한 세상과 관련이 있고, 하나님의 자비와 공의의 행위로 묘사되는 모든 성경 구절에 의해서 지지를 받는다"(Bavinck, *R.D.*, 2:385).

이 성경 구절들 중 에베소서 1:4은 그 구절이 포함된 문맥과 함께 매우 중요하다. 사도 바울은 하나님이 그리스도 안에서 창세 전에 우리를 선택하셨다고 말한다. 타락전선택설은 이 점을 올바로 다룰 수 없다. 그것은 아직 타락하지 않은 사람들이 그리스도 안에서 선택의 대상이 될 수 있다는 것을 설명할 수 없기 때문이다. 사실상 성경은 그리스도를 죄인들의 구주로 묘사하지 않는가?

콤리(A. Comrie)는 자신이 한 가지 해결 방법을 찾아냈다고 믿지만, "그 사람 그리스도"(the Man Christ)에 대한 그의 생각은 상당히 사변적이다(Graafland, 1987, 242-248).

타락전선택설은 선택과 유기가 서로 대등하게 구분되어 있다고 주장한다. 이 점은 베자가 제시하는 체계 안에서 매우 분명하게 나타난다. 우리가 앞으로 살펴보겠지만(§ 16.7), 이 대등 관계 또는 균형은 많은 비판에 노출되어 있다. 그것은 마치 하나님이 어떤 사람들을 선택하는 것과 똑같이 다른 사람들을 유기하기로 계획하시는 것과 같기 때문이다. 하지만 하나님은 "나는 악인이 죽는 것을 기뻐하지 아니하고"(겔 33:11)라고 말씀하신다.

아브라함 카이퍼는 어떤 이는 선택에 관한 논쟁을 산 정상에서 바라보고 있지만, 다른 이는 평평한 땅 위에서 그 논쟁을 바라본다고 예전에 말했다. 베르카우어는 우리가 하나님의 신비에 대해서 이해할 수 있는 지점이 있다면, 혹시 후자가 서 있는 곳이 유일한 장소가 아닌가라고 생각한다(Berkouwer, 1960, 369). 그의 이와 같은 생각은 분명히 타당한 것이다.

타락후선택설은 죄의 출현과 관련해서 대단히 신중함을 보이는데, 이것은 하나님에게 모든 것을 돌리려는 경향에 대해 경고하는 중요성과 심지어 어떤 의미에서는 죄를 고안하는 분으로 하나님을 만드는 특징에 대해 경고하는 중요성을 지니고 있다. 그뿐만 아니라 그것은 성경이 우리에게 알려주는 범위 안에 머무르려고 하는 장점을 지니고 있다. 이와 같은 겸손한 자세는 타락후선택설을 더 돋보이게 해준다.

자신이 정화된 타락전선택설의 지지자라고 주장한 바르트는 다음과 같은 사실을 이해할 수 있다고 말한다. 타락후선택설의 공식적인 입장은 교회의 실천적인 측면이라는 관점에서 선택되었다(Barth, *C.D.*, 2.2.131-132). 이 실천적인 측면은 분명히 고려되어야 할 한 가지 요소다. 성경은 우리가 지음을 받은 존재이며 또한 타락한 존재라고 말한다. 죄인들로서 우리는 그리스도 안에 있는 하나님의 선택하시는 사랑의 기적과 마주친다.

우리는 타락후선택설 및 타락전선택설과 관련해서 우리의 지식이 불완전하다는 것을 인정할 수밖에 없다. 그래서 이 주제와 관련해서 미처 명백한 답변을 제시하지 못한 의문점들이 있다. 타락전선택설은 특히 이 점을 확신하고 있다. 또한 이 점으로 말미암아 타락전선택설은 장점을 지니고 있다. 가장 중요한 점은 그 이론은 성경이 그리스도 안에서 선택되었다고 말하는 것과 매우 밀접하게 연결되어 있으며, 또한 교회의 신앙고백서의 가르침을 고수한다는 것이다. 나아가 타락전선택설은 신학과 신앙의 실천을 하나로 연결해주는 역할을 한다(참조. *Van der Schuit*, 1937, 28-33).

16.7. 선택과 유기

개혁파의 전통에서 선택과 유기는 종종 하나님의 영원한 작정의 두 가지 측면으로서 단숨에 언급되었다. "유기"(*reprobatio*)라는 용어가 항상 사용된

 개혁교회 교의학

것은 아니다. 왜냐하면 선택의 반대 개념은 다르게 표현될 수도 있기 때문이다. 예를 들면 "선택되지 않다" 또는 "지나치다"(「도르트 신조」 1.16) 등으로, 또는 "타락과 멸망에 빠지다"(「벨기에 신앙고백서」 제 15조)로 묘사될 수도 있다.

선택과 유기가 예정 개념의 동등한 두 가지 측면으로 간주된다면, 유기는 선택의 반대 개념으로 이해되고, 또한 선택은 유기의 반대 개념으로도 이해된다.

칼뱅의 몇 가지 언급(『기독교강요』 3.21.5, 7)은 평행 구조를 연상시켜준다. 「도르트 신조」에는 다음과 같이 이런 방향을 보여주는 부분이 있다. "어떤 이들은 하나님에게서 믿음을 은사로 받지만, 다른 이들은 이것을 받지 못한다. 이것은 하나님의 영원한 작정에서 비롯되는 것이다"(1.6).

특히 타락전선택설을 지지하는 신학자들(참조.§ 16.6)은 선택과 유기를 서로 나란히 놓는 경향을 보인다. 16세기에는 베자와 퍼킨스(W. Perkins)가, 20세기에는 케르스턴과 스텐블록(C. Steenblok)이 이와 같이 했다. 미국에서는 훅세마(Hoeksema)가 이것에 대한 명백한 예다(참조. De Jong, 1954, 113-116). 한편 스킬더는 타락전선택설뿐만 아니라 타락후선택설도 비판한다(*H.C.*, 113-116). 하지만 대체로 그는 타락전선택설의 입장에서 주장하며, 또한 선택과 유기를 평행을 이루는 것으로 취급한다(참조. Douma, 1966, 298).

앞서 인용한 내용에도 불구하고(「도르트 신조」 1.6), 이것은 「도르트 신조」의 입장과는 다르다. 선택과 유기는 「도르트 신조」 제1장에서 매우 다르게 묘사된다. 그뿐만 아니라 선택이 믿음과 선한 행위의 원천이자 근거인 것과 같은 방법으로(*eodem modo*), 유기도 불신앙과 불경건에 근거한다는 개념은 결론 부분에서 거부된다.

베르카우어(1960, 175-184)와 그에 앞선 다른 이들은 예정에 대한 우리의 이해와 관련해서 다음과 같은 고려 사항의 중요성을 강조했다. 곧 유기는 선택의 경우와 동일한 의미와 방법에서 하나님의 작정을 이루는 구성 요소가 아니다(Bavinck, *R.D.*, 2:395). 마치 선택과 유기가 동등한 위치를 차지하는 것처럼 선택과 유기는 대등한 관계로 배열될 수 없다(Dijk, 1924, 391).

성경에서는 선택이 우선한다. 성경에는 영원부터 선택이 이루어졌다는 언급이 있다. 하지만 성경의 어느 곳에서도 영원부터의 유기라는 개념이 영원부터의 선택이라는 개념과 나란히 배열되어 있지 않다. 성경에는 생명책이 언급된다. 반면에 우리는 성경의 어느 곳에서도 사망의 책이 있다는 것을 발견할 수 없다. 로마서 9:22-23은 "자비의 그릇[들]"과 관련해서 하나님이 그 그릇들을 하나님의 영광을 알게 하시려고 미리 준비하셨다고 말한다. 하지만 해당 본문은 하나님이 "진노의 그릇[들]"을 멸망에 이르게 하기 위해 미리 준비하셨다고 말하지 않는다. 이와 같이 두 그릇들 사이에 완전한 평행이 이루어지는 것은 아니다.

선택은 구원에 이르게 하는 모든 선한 것의 원천이다. 영원한 생명 그자체뿐만 아니라 믿음, 거룩함과 구원과 관련된 은사들도 선택으로부터 흘러나온다(엡 1:4에 대한 인용과 더불어 「도르트 신조」 1.9). 이와 같은 은사들에 반대되는 것이 흘러나오는 두 번째 원천이 하나님에게는 없다(엡 2:8; 빌 1:29). "불신앙의 원인 또는 잘못은 결코 하나님 안에 있는 것이 아니라 인간 자신 안에 있는 것이다"(「도르트 신조」 1.5).

선택과 유기의 차이점을 인정하고, (인간은 선택받을 만한 아무런 공로를 갖고 있지 않기 때문에) 선택은 인간 자신에게 달려 있지 않으며, 유기는 전적으로 인간 자신의 잘못이라고 주장하는 이들은 어떤 사람은 선택하고 다른 사람은 그냥 무시하거나 선택하지 않는 하나님의 절대 주권을 평가절하하지 않는다.

항변파는 믿음과 견인(perseverance)은 하나님의 선택하시는 은혜뿐만 아니라 인간의 자유의지에 달려 있다고 가르쳤다. 우리가 유기에 대한 하나님의 작정을 설명할 때 불신앙을 반드시 고려해야 하는 것과 마찬가지로, 우리는 선택에 대해 설명할 때 인간의 신앙도 반드시 고려해야만 한다. 항변파는 선택과 유기 사이의 평행 관계와 균형을 다음과 같이 핵심 쟁점으로 삼는다! 곧 "신앙이 선택으로부터 나와서 구원에 이르게 하는 열매인 것과 똑같이, 불신앙은 유기로부터 나와서 저주에 이르게 하는 열매다." 만약 이 주장에서 한 가지가 성립되지 않는다면, 다른 주장도 성립되지 않는다. 만약 이 두 관점이 결합되지 않는다면, 한 가지 관점은 어떤 측면에서 부족함을 지니고 있거나 또는 손상된 신학이라는 결과가 빚어진다(『회의록』 [*Schriftelijcke Conferentie*], 1617, 414).

신학자들은 개혁파 교리에 대해 많은 비판적인 견해를 제기했다. 1955년부터 1977년까지 세 번의 총회에서 다음과 같은 진정서들이 접수되었다.

1. 뒤에츠(A. Duetz)의 진정서. 네덜란드의 개혁파 총회는 예정 교리를 다루는 것에 대한 몇 가지 지침들을 내리는 것으로 반응했다(*De uitverkiezing*, 1961).

2. 브라우어(R. J. Brouwer)의 진정서. 이 진정서는 다음과 같은 상황으로 이끌었다. 곧 네덜란드의 다른 개혁파 총회(GK) (1969-1970)는 「도르트 신조」에 있는 어떤 본문들에 반대 입장을 제시하며 또한 그것을 공개적으로 표현할 권리가 있다고 인정했다.

3. 부어(H. R. Boer)의 진정서. 이 진정서는 기독교 개혁파 교단(the Christian Reformed Church, 1980) 총회에 의해서 거부되었다.

이 진정서들 안에는 몇 가지 진지한 반대 의견들이 포함되어 있다. 이 반대 의견들은 다음과 같은 신학적인 쟁점들을 지지한다.

a. 우리는 하나님의 선택에 대해 말하면서 두 가지 범주로 예정된 사람들에 대해 말해서는 안 된다(G. C. van Niftrik).

b. 「도르트 신조」에서 제기된 신앙과 불신앙의 궁극적인 원인에 대한 질문은 타당하지 않다. 이것은 하나님의 구원에 초점을 맞추지 않고, 인간이 간파할 수 없는 하나님의 깊은 것을 합리적으로 분석하려는 시도를 보여주기 때문이다(J. G. Woelderink).

c. 「도르트 신조」는 신앙뿐만 아니라 불신앙도 하나님의 영원한 작정에서 기인한다고 말한다(A. Duetz).

d. 선택과 유기에 대한 영원한 작정이라는 교리는 신학적으로 빚어낸 개념이며, 「도르트 신조」 1.6, 16이 유기에 대해서 논의하는 방식은 성경에 어긋난다(B. J. Brouwer).

e. 모든 것을 포함하는 하나님의 인과율이라는 철학적·신학적 개념은 영원 전부터의 유기에 대한 교리를 위해 근본적으로 중요하다(1699-1670년의 총회 위원회의 보고서).

f. 사람들을 유기하는 하나님의 영원한 작정이 있다는 것은 비성경적이며, 개혁파 교회에 어울리지 않는 비기독교적인 가르침이다(H. R. Boer).

이와 같은 반대 의견들에 대한 다른 대안은 무엇인가? 어떤 사람들은 또 다른 길을 보여주기 위해 항변파의 신인협력설을 피하면서 또 다른 방향으로 나아간다.

* 칼 바르트의 발자취를 따라서, 모든 사람이 예정되었다는 견해가 종종 제기되었다. 사람들 자신은 유기되었지만, 그들은 그리스도 안에서 선택되었다. 비록 지금은 아무도 유기되지 않았지만, 언젠가 유기될 사람들이 있을 것이다(G. C. van Niftrik).
* 비록 선택의 행위는 하나님의 영원하고 불변하는 자비에 근거하지만, 선택과 유기는 시간 속에서 일어나는 하나님의 행위다. 하나님은 부르실 때 선택하신다. 또한 그분은 선택하실 때 부르신다(J. G. Woelderink).
* 모든 사람이 예정되었는지 아니면 어떤 특정한 사람들이 예정되었는지의 질문은 개인들의 선택이 아닌 이스라엘과 교회의 선택을 출발점으로 다루면 피할 수 있다. 개인에게 초점을 맞추는 선택은 교회로 이어지는 후자에 반영된다(*De uitverkiezing*, 1961).

첫 번째 대안(Barth)은 분명히 멀리해야 한다. 하지만 두 번째와 세 번째의 대안도 하나님의 자유로운 은혜에 대한 온전한 신앙고백으로 이끌어 주지 못한다.

개혁파의 이 교리에 대해 많은 비판이 제시되었다. 하지만 우리는 주요 논점들에 대해서 비판자들의 견해에 동의할 수 없다. 사실상 우리는 「도르트 신조」 1.6에서 언급되는 본문들은 그것들로부터 추론된 모든 견해를 지지하지 않는다는 것에 동의한다. 하지만 우리는 "오류들의 거부"에서 말해진 것을 무시하면 안 될 것이다. 우리는 로마서 9장을 언급할 수 있다(참조. Wentsel, *Dogm.*, 2:182; 하지만 더 분명하게 Douma, 1966, 292). 또한 베드로전서 2:8도 진지하게 숙고해보아야 할 자료를 제공해준다(§ 16.2을 보라). 여기서 우리는 성경이 영원한 작정으로서의 유기에 대해 조금 밖에 말하지 않지만, 역사 안에서 일어나는 행위로서의 유기에 대해 훨씬 더 많이 말한다는 사실을 부인하지 않는다(Bavinck, *R.D.*, 2:393-395).

요약적으로 벤철은 다음과 같이 말한다. 곧 성경은 주로 하나님의 사랑을 거부하는 것에 대한 그분의 반응으로 유기를 언급하고 유기에는 다음과 같은 세 가지 방식이 있다.

첫째, 어떤 이가 회개로 하나님에게 반응할 경우 그분이 다시 은혜로 받아들일 수 있는 가능성을 가진 인간에 대한 진노로서의 유기다. 둘째, 돌이키지 않은 채 점점 더 완악해지는 경우로서의 유기다. 셋째, 나중에 종말론적인 의미에서 결정적으로 거부당하는 것으로서의 유기다. 첫 번째 경우는 하나님은 그분을 거부하는 사람들을 거부하신다는 것을 암시한다. 두 번째 경우에 대한 예는 고대 이집트의 바로다. 야웨께서 바로의 마음을 완악하게 하셨다고 언급되지만, 그의 마음은 계속해서 완고한 상태로 머물러 있었다(출 9:7, 12; 참조. 롬 9:17). 그리고 세 번째 경우에 대한 예로서, 성경은 분명히 하나님이 최종적으로 거부하는 것에 대해서 말한다(참조. Wentsel, *Dogm.*, 2:174-184).

도르트 총회(1618-1619)가 주장한 대로, 이중 예정에 대한 신앙고백과 관련해서 가장 중요한 질문은 과연 성경은 하나님이 영원히 유기될 사람들을 작정하셨다고 분명하게 가르치는가에 대한 것이 아니다. 그것은 분리될 수 없는 전체로서 개혁파 교회의 예정 교리와 관련된 것이다.

하나님의 선택은 보편적인 선택이 아니고, 인간 자신의 행동이나 결과에 의한 선택도 아니다. 그것은 단순히 시간 속에서의 하나님의 행위도 아니며, 또한 단지 시간 속에서 어떤 나라나 교회를 선택의 대상으로 삼는 것도 아니다.

여기서 주안점은 하나님이 그리스도 안에서 어떤 사람들을 선택하셨다는 사실이다. 이 선택은 선택받은 사람들의 삶 안에서 다음과 같은 함의를 지닌다. 곧 그들은 부르심을 받고, 의롭다고 칭함을 받으며, 영화롭게 될 것이다. 또한 그들은 믿음을 갖고 하나님 앞에서 거룩하고 흠 없는 삶을 살 것이다(참조. 롬 8:28-30; 행 10:48; 엡 1:4). 하나님은 그들이 태어나기 이전에 그들을 개별적으로 선택하셨다. 반면에 완고해진 사람들도 있다(롬 11:7). 그들은 선택받지 못했다(참조. 계 13:8; 17:8).

기독교 개혁파 교단(Christian Reformed Church) 총회는 부어의 이의 제기들을 거부하면서, 다음과 같이 진술했다. 곧 참으로 성경은 선택과 유기에 대한 교리를 가르치며, 이것은 모든 사람이 영원한 생명으로 선택되지 않았다는 것을 암시해준다(참조. Boer, 1983, 21). 우리는 총회의 이와 같은 입장 표명을 지지할 수 있다.

「도르트 신조」와 관련해서, 우리는 가장 많은 비판을 불러온 1.6 또는 1.15에서 선택 교리의 본질을 찾지 못한다. 오히려 우리는 그 신조의 1.7 및 1.10에서 선택 교리의 본질을 발견한다.[28] 은혜로우신 선택에 대한 유일한 근거는 하나님의 선한 뜻이다. 하나님은 그분의 선한 뜻 안에서 모든 죄인들 중 어떤 특정한 죄인들을 선택하셔서 그분의 소유로 삼으셨다. 왜

---

28 이와 관련해서 우리는 잘 알려진 반항변파 선언(1611)을 언급할 수 있다. 반항변파는 항변파가 하나님은 믿음을 전제 조건으로 고려하지 않으시고 그분의 백성을 예정하셨다고 고백했다면 그들을 다소 관대하게 처리할 마음이 있었다. 다음 교회 회의록을 보라. *Schriftelijcke conferentie*, 1617, 43.

     개혁교회 교의학

어떤 사람은 선택받았고, 다른 사람은 선택받지 못했는가라고 질문한다면, 두 질문의 밑바탕에는 하나님의 영원한 기쁘심이 놓여 있다(Douma, 1966, 295).

하나님은 사람들을 불공평하게 대하시는 게 아닐까? 그분은 그분이 관심을 보이지 않고 선택하지 않는 사람들에게 부정의를 저지르는 것은 아닐까? 하나님은 그분의 경륜에서 이와 같은 구분을 실제로 하실까?

우리가 이와 같은 질문의 밑바닥에 실제로 도달한다면, 우리는 다음과 같이 바울처럼 최대한 조심하라는 경고의 말을 할 수 있다. "이 사람아, 네가 누구이기에 감히 하나님께 반문하느냐?"(롬 9:20; 참조. 롬 9:14-23)

그뿐만 아니라, 하나님도 역사에서 그분의 행위를 하시면서 어떤 대상들을 구별하실 수 있다고 말할 수 있다. 그분은 다른 나라가 아니라 오직 이스라엘만 자신의 백성으로 선택하셨다. 어떤 이들은 자신들이 단지 로마서 9-11장의 구속사적인 선언만으로 만족할 수 있다고 생각한다. 하지만 그들은 하나님이 역사 속에서 그분의 절대 주권으로 어떤 사람들에게는 자비를 베푸시지만 다른 사람들에게는 그렇게 하시지 않는다는 것을 인정해야만 한다(롬 9:18). 하나님은 누가 복음을 듣게 될지 결정하신다(행 16:6-10). 또한 「도르트 신조」도 우리에게 다음과 같은 것을 상기시켜준다. "하나님은 그분의 자비로 이 기쁜 소식의 전달자들을 그분이 원하시는 사람들에게 또한 그분이 기뻐하시는 때에 보내신다"(1.1-3).

「도르트 신조」 제1장은 우리가 처해 있는 현실을 다음과 같이 반복적으로 상기시켜준다. 곧 우리는 모두 아담 안에서 죄를 지었고, 온 세상은 하나님께 벌을 받아야 마땅하다. 우리는 모두 동일한 불행에 놓여 있다(참조. 「도르트 신조」 1.1, 6-7, 15). 우리는 하나님이 시간 속에서 그리고 그분의 영원한 경륜 안에서 행동하신다는 것에 대해 다음과 같이 고백한다. 하나님은 타락과 지옥에 떨어져 있는 이들을 선택하시고 구속하신다(「벨기에 신앙고백서」 제16조). 신학은 하나님에 의한 유기와 인간 자신의 잘못의 연관성을 적절하게 묘사하려고 시도했다. 바빙크는 다음과 같이 말한다. "유기의 작정은 인간의 유죄로 말미암아 실현된다"(Bavinck, *R.D.*, 2:396).

빛에 그림자가 따르듯이, 유기가 선택을 동반한다는 것은 사실이 아니다. 하지만 우리 인간의 눈에 유기는 빛을 두드러지게 하는 그림자다(참조. Douma, 1966, 299). 「도르트 신조」 1.15은 하나님의 영원한 선택은 어떤 사람들을 그냥 지나쳤다고 말한다. 이것은 유기를 암시하면서 동시에 선택을 강조하는 표현이다.

하나님의 은혜를 받게 하는 것은 바로 하나님의 은혜다. 이것이 바로 이중 예정 교리의 핵심이다. 따라서 이 교리는 우리가 비관주의적으로 생각할 이유를 우리에게 제공해주지 않는다. "오직 공의와 공로에 기초한다면, 우리는 모두 멸망할 수밖에 없다. 하지만 그것은 바로 하나님의 은혜와 연관된 사항이기 때문에 가장 비참한 사람에게도 소망이 있다"(Bavinck).

우리는 다음과 같이 널리 알려진 바빙크의 말을 인용하면서 이 항목을 마무리하고자 한다. "누구도 자신이 유기된 사람이라고 믿을 권리를 갖고 있지 않다. 모든 사람은 자신이 구원을 받기 위해서는 그리스도를 믿어야 한다는 진지하고 간절한 부르심의 음성을 듣기 때문이다. 그 누구도 자신이 유기되었다는 사실을 실제로 **믿을 수 없다**. 각 개인의 삶과 그 삶을 즐겁게 하는 모든 것이 다음과 같은 것, 곧 하나님은 그 개인의 죽음을 기뻐하지 않으신다는 사실을 입증해주기 때문이다. 그 누구도 자신이 유기되었다는 사실을 **실제로** 믿을 수 없다. 만일 누군가 그것을 믿는다면, 그런 믿음은 자기 삶의 환경을 지옥으로 만들기 때문이다. 하지만 하나님의 선택은 위로와 힘, 순종과 겸손, 확신과 단호함의 원천이다. 인간의 구원은 은혜로우며 전능한 하나님의 선한 뜻에 견고하게 자리 잡고 있다"(Bavinck, *R.D.*, 2:402).

16.8. 선택과 복음 선포

문제 제기. 과연 예정에 대한 교리는 복음 전파를 방해하는가? 만약 모든 사람이 예정되지 않았다면, 모든 사람에게 기쁜 소식을 전파한다는 주장은 서로 모순된 주장이 아닐까? 바로 이것이 특정한 사람들만 구원을 받는다는 특별은총과 모든 사람이 부르심을 받는다는 보편적 부르심 사이에 있는 문제다.

아우구스티누스도 이미 이 문제에 직면했다(참조. **Polman**, 1936, 102-106). 루터는 에라스무스와 논쟁하면서 이 문제를 다뤘다. 그 당시 그는 예정을 하나님의 감추어진 뜻과 연결했다. 그렇지만 우리는 하나님의 계시된 뜻을 의지할 수 있고 또한 반드시 그렇게 해야 한다. 하나님의 말씀은 신뢰할 수 있기 때문이다. 루터는 창세기 26:9에 대해 이렇게 주해한다. "나는 이 구절에 기초해서 의심, 하나님 및 하나님의 뜻에 대해서 논하려고 한다. 나는 여기저기에서 지체가 높은 분들과 유명 인사들 사이에서 예정 또는 하나님의 예지와 관련해서 그릇된 견해들이 유포되고 있다는 소식을 듣기 때문이다. 그들 중 어떤 이들은 이렇게 주장한다. '만약 내가 예정되었다면, 내가 선한 일을 하든지 아니면 악한 일을 하든지 불문하고, 나는 구원받을 것이다. 반면에 만약 내가 예정되지 않았다면, 나의 행위와 상관없이 나는 저주받을 것이다'"(*Luther's Work*, 5:43-50).

칼뱅은 피그히우스(A. Pighius), 시클루스(G. Siculus), 볼세(H. Bolsec), 카스텔리오(S. Castellio)와 같은 반대자들에게 반응하기 위해서 종종 이 문제에 대해 깊이 탐구했다. 칼뱅의 견해에 의하면, 모든 사람은 외적인 복음 선포를 통해서 참회하고 믿음을 갖도록 부름 받지만, 그들 모두가 회개와 믿음으로 이끄는 성령을 받는 것은 아니다. 이 두 가지 측면은 성경의 가르침과 일치한다. 하나님의 긍휼은 복음을 통해서 모든 사람에게 제시된다. 하지만 경건한 자들과 불경건한 자들을 구분해주는 것은 바로 믿음—하나님의 조명—이다. 또한 하나님의 조명 그 자체는 하나님의 영원한 선택을 그 규범으로 따르는 것이다(Calvin, 『기독교강요』 3.24.17).

우리는 개혁파 교회의 신앙고백 안에서 칼뱅의 관점을 인정한다. 항변파는 예정의 교리는 복음이 더 이상 모든 사람에 의해서 진지하게 여겨질 수 없다는 것을 암시한다고 반박했다. 복음을 듣는 사람 중 상당수에게 복음을 전파하는 사역은 "죽음의 냄새"가 된다.[29] 덧붙여 말하자면, 항변파가 이와 같이 반대한 것은 자신들의 다음과 같은 견해를 옹호하려는 것이었다. 곧 하나님은 모든 사람에게 똑같은 기회를 제공하시지만, 그 기회를 올바로 활용하는지 그렇지 않은지는 인간의 자유의지에 달려 있다.

반항변파 중 어떤 이들은 하나님이 복음 안에서 그분의 은혜를 베푸시는 것이 진정으로 모든 사람을 대상으로 하는 것인가라는 의문을 품었다. 그 후에 광신적 칼뱅주의자들(Hyper-Calvinists)과 극단적 개혁파(Ultra-Reformed)는 이중 예정 교리로부터 다음과 같이 추론했다. 곧 복음은 자유롭게 선포될 수 없거나 또는 복음의 약속은 모든 사람을 대상으로 하는 것이 아니다. 훅세마와 스텐블록은 거침없이 극단적인 주장을 하는 것으로 알려져 있다. 훅세마의 견해에 의하면, 회개하고 믿음을 갖으라는 보편적인 명령은 있지만, 하나님은 그분의 은혜를 보편적으로 제공하지 않으신다. 그리고 스텐블록은 다음과 같이 주장한다. "[하나님의] 약속의 보편적인 제공을 없애버려라. 또한 그 약속을 자기 것으로 만들 수 있는 권리가 모든 사람에게 주어져 있다는 것을 없애버려라."

청중 및 내용과 관련하여 바로 앞서 언급한 것과 같은 주장에서 복음 전파는 전적으로 이중 예정의 지배를 받고 있다. 그래서 그것은 폐쇄된 체계로 변질된다(참조. van Genderen, 1983, 14-21).

한편 칼 바르트의 견해는 또 다른 극단에 위치한다. 그에 의하면, 비록 모든 사람이 깨닫는 것은 아니지만, 모든 사람은 그리스도 안에서 선택되었다. 따라서 모든 사람은 자신이 영원부터 예수 그리스도에게 속해 있다는 것을 개별적으로 들을 필요가 있다. 따라서 모든 사람은 유기된 것이 아니라, 오히려 그리스도 안에서 하나님에 의해 선택되었다(Barth, *C.D.*, 2.2.306).

이전에 제시한 반대 견해들(§ 16.4)뿐만 아니라 다음과 같은 가능성도 있다. 곧 말씀 선포의 본질은 다음과 의미로 바뀔 수 있다. 곧 복음은 필연적인 결론을 선포하

---

29 참조. 『야코부스 아르미니우스의 선언』(*Verklaring van Jacobus Arminius*), 1608. G. J. Hoenderdaal, 1960, 87-89에 의해서 새로 간행됨.

                                          개혁교회 교의학

고, 사람들은 더 이상 자신들의 책임을 느끼지 않는다.[30] [만약 선택에 대해서 바르트가 주장하는 것이 옳다면] 사람들은 자신들이 선택되었다는 것을 알아차리고, 재빨리 모든 것이 괜찮다고 결론지을 수 있다.

한편으로 극단적 개혁파 신학과 다른 한편으로 칼 바르트의 신학과 같은 예정에 관한 어떤 견해들은 말씀 선포에 [부정적인] 영향을 미친다. 그와 반대로, 모든 사람에게 복음을 전파하는 데 방해되는 것은 아무것도 없다는 견해도 「도르트 신조」에서 묘사된 바와 같이 예정에 대한 개혁파 교회의 교리와 갈등을 빚을 것이다. 우리는 이와 같은 자세를 복음주의 운동에서 간파할 수 있다. 또한 그와 같은 경향은 불더링크, 베르카우어, 흐라프란트의 저서들에도 나타난다. 이것은 불더링크의 『예정론』(*De uitverkiezing*, 1951)에서 명백하게 드러난다(§ 16.4을 보라). 그리고 베르카우어의 경우에 그런 경향은 그의 교의학 연구서인 『하나님의 선택』(*Divine Election*, 1951) 이후의 간행물에서 더 명백하게 드러난다.[31] 또한 흐라프란트의 『칼뱅에서 바르트까지』(*Van Calvin tot Barth*, 1987)에서도 이 점을 인식할 수 있다.[32]

예정을 믿는다고 주장하는 것은 복음을 정당하게 취급하지 않는다는 사실을 주장하는 것이라는 것은 사실일까? 우리는 예정과 모든 사람에게 복음을 선포하는 것은 결코 서로 모순되지 않는다는 견해를 지지한다. 우리는 우리 주 예수 그리스도의 아버지께서 우리가 구원받는 것을 간절히 바라시며, 또한 구원받도록 정해놓으셨다고 믿는다. 우리는 하나님의 영원한 작정이라는 교리를 대면하는 것이 아니라, 영원한 하나님을 대면한다.

---

30 참조. H. Berkhof, 『정통 신앙의 중도 안에서의 위기』(*Crisis der middenorthodoxie*), 출간 연도는 제시되지 않음, 38-40; .G. C. Berkouwer, 『칼 바르트 신학에서 은혜의 승리』(*De triomf der genade in de theologie Karl Barth*), 1954, 271-275.

31 참조. G.T.T. 안에 들어 있는 그의 널리 알려진 논문 및 『신학의 반세기』(*Een halve eeuw theologie*), 1974, 97-148.

32 Graafland의 견해에 대해 다음 연구서를 보라. J. Kamphuis, 1989.

그 하나님은 시간 속에서 그분의 말씀을 통해 우리에게 다가오신다. 그 말씀에 대한 각 사람의 결정은 영원한 함의들을 지니고 있다.

성경에서 복음 선포는 "하나님께서 하고자 하시는 자를 긍휼히 여기시고 하고자 하시는 자를 완악하게 하시느니라"(롬 9:18)는 믿음으로 말미암아 결코 억제되지 않는다. 예수는 다음과 같이 말한다. "아버지여, 이것을 지혜롭고 슬기 있는 자들에게는 숨기시고 어린 아이들에게는 나타내심을 감사하나이다. 이렇게 된 것이 아버지의 뜻이니이다"(마 11:25-26). 이어서 예수는 사람들이 자기에게 나아오도록 다음과 같이 초대한다. "수고하고 무거운 짐 진 자들아, 다 내게로 오라. 내가 너희를 쉬게 하리라"(마 11:28). 이와 같이 선택과 부르심은 서로 매우 밀접하게 연결되어 있다! 사도행전에는 선택과 부르심이 포함되어 있다. "영생을 주시기로 작정된 자는 다 믿더라"(행 13:48). "주 예수를 믿으라! 그리하면 너와 네 집이 구원을 받으리라"(행 16:31). 그리고 바울은 로마서에서 하나님의 은혜가 갖고 있는 절대 주권을 강조하면서도 복음 전파의 중요성에 대해 말한다(롬 10:14-15).

복음은 모든 사람에게 선포되어야 한다. 하지만 모든 사람이 구원에 동참하는 것은 아니다. 하나님의 경륜은 [선택에 기초한] 구원뿐만 아니라 복음 선포의 배후에도 놓여 있다. 따라서 하나님의 선택은 복음 선포를 결코 약화시키지 않는다.

보편 선택(universal election), 곧 모든 사람을 포함하는 선택은 없다. 하지만 사실상 "복음 선포의 보편성"(kerygmatic universality)은 있다.[33] 곧 복음은 모든 사람에게 선포되어야 한다. 칼뱅은 다음과 같이 말한다. "하나님의 부르심에는 아무도 제외되어 있지 않다. 따라서 구원의 문은 모든 사람에게 열려 있다. 그렇다면 우리 자신의 불신앙 이외에 그 안으로 들어가는 것을 가로막는 것은 아무것도 없다"(Calvin, 행 2:2에 대한 주석). 바빙크는 하나님의 선택은 많은 사람을 제외시키려는 것이 아니라 오히려 그리스도

33　De Jong(1954, 117)뿐만 아니라 다른 이들도 이 용어를 사용했다.

개혁교회 교의학

안에서 하나님의 은혜의 풍성함으로 모든 사람을 초대하려는 것이라고 주장한다(Bavinck, *R.D.*, 2:402).

따라서 선택과 복음 선포는 서로 갈등 관계에 있는 것이 아니다. 이 두 가지는 성경뿐만 아니라 신학의 관점에서도 서로를 강화시켜주는 역할을 한다.

그리스도 안에서 선택하신 사람들을 구원하시기 위해 "하나님은 [그들을] 그리스도에게 주셔서, 그에 의해서 [그들이] 구원받도록 작정하셨다. 또한 하나님은 그분의 말씀과 성령을 통해 그들을 효과적으로 부르시고 이끄셔서 그들이 그리스도와 친밀한 사귐을 갖게 하셨다"(「도르트 신조」 1.7). 선택된 신자들과 선택된 교회가 하나님이 원하시는 곳에 이르기 위해서(참조. 「하이델베르크 교리문답」 제21주일), 그들은 성령에 의해 사용되는 수단으로서 말씀을 필요로 한다.

결국 선택은 또한 "구원의 길"로 이끄는 선택이다(「도르트 신조」 1.8). 우리는 말씀을 통해 그리고 말씀에 대한 선포를 통해 그리스도 안에서 하나님의 선택하시는 사랑을 만난다. 선택은 바로 그리스도 안에서의 선택이다. 부르심, 곧 복음을 통해서 우리에게 다가오는 부르심은 그리스도께 나아가도록 하는 부르심이다.

하나님이 선택하신 사람들을 부르시는 것과 관련해서 말하자면, 선택과 부르심은 당연히 서로 매우 밀접하게 연결되어 있다고 말할 수 있다. 그렇다면 선택받지 않은 사람들의 경우는 어떠한가? 우리는 이 점에 대해 다음과 같이 대답할 수 있다. 곧 하나님이 선택한 이들을 알고 계신다는 사실은 복음 전파의 내용과 대상에 어떤 제한도 두지 않는다. 우리는 선택된 사람이나 아니면 선택되지 않은 사람으로 딱 구별되어 복음의 메시지를 듣는 게 아니라, 우리가 구원을 받기 위해서는 하나님의 은혜에 의존해야만 하는 사람들로서 복음의 메시지를 듣는다. 바빙크는 이와 관련해서 우리는 선택과 유기라는 하나님의 작정에 대해 할 수 있는 게 아무것도 없다고 말한다(Bavinck, *R.D.*, 4:36). 복음의 메시지는 모든 사람에게 동일하다. 곧 "하나님이 세상을 이처럼 사랑하사 독생자를 주셨으니 이는 그를 믿는 자마다 멸망하지 않고 영생을 얻게 하려 하심이라"(요 3:16). 하나님의 사랑의 위대함은 모든 사람에게 차별 없이 선포된다. 복음 선포를 통해서 모든 사람은 저마다 믿음을 갖도록 부르심을 받으며, 또한 저마다 멸망에 이르는 길을 선택하지 않도록 경고를 받는다.

복음 선포는 선택으로 말미암아 효력을 지닌다. 그렇지 않다면, 복음 선포는 열매를 맺지 못할 것이다. 성경에 기초한 예정 교리는 복음 선포와 선교 및 복음을 전파하는 사역을 절대 방해하지 않는다. 오히려 선택하시는 하나님의 사랑을 믿는 믿음은 모든 사람에게 구원의 메시지를 전파하도록 격려한다! 우리는 구원의 메시지가 어떤 이에게 전달되고 전달되지 않는지를 결정할 수 없다. 하나님이 원하는 사람 모두에게 그분의 은혜가 전달되는 것은 하나님께 달려 있다.

비록 **보편주의**(universalism)가 이 모든 논의를 더 쉽게 해결하는 것처럼 보이지만, 우리는 그것을 지지하지 않는다. 우리가 보편주의를 받아들인다면, 사람들은 구원하시는 하나님의 은혜를 더 이상 절대적인 것으로 생각하지 않고, 구원을 그저 당연히 주어지는 것으로 생각할 것이다.

또한 우리는 **결정론**(determinism)에 대해서도 어떤 좋은 것을 말할 수 없다. 만일 결정론이 옳다면, 모든 사람을 초대한다는 복음 선포의 의미를 잃어버릴 뿐 아니라, 모든 사람에게 전달되는 복음의 호소력도 사라질 것이다.

많은 이들이 선택된 사람들이 정해져 있다는 관점과 관련해서 개혁파 예정 교리를 통렬하게 비판했다. 그리고 그런 비판은 오늘날까지 지속되고 있다. 하지만 예정 교리가 많은 비판을 받고 있다는 사실이 우리가 예정 교리를 포기해야 할 이유가 될 수는 없다.

「도르트 신조」에는 이미 항변파의 비판에 대한 반응이 들어 있다. 그 반응은 다음과 같이 신중히 숙고된 선언에 표현되어 있다(물론 이 선언이

     개혁교회 교의학

성경적인 근거들을 지니고 있다는 것은 의심의 여지가 전혀 없다). "더욱이 복음은 십자가 처형을 받은 그리스도를 믿는 사람마다 멸망하지 않고 영원한 생명을 지닌다고 약속한다. 회개하고 믿으라는 명령과 함께, 이 약속은 아무런 구별이나 차별 없이 모든 나라와 사람들에게 선포되고 전해져야 한다. 하나님은 그분의 선한 뜻으로부터 그들에게 복음을 주신다"(「도르트 신조」 2.5). "복음에 의해서 부르심을 받는 사람마다 거짓 없이 진정으로 부름을 받는 것이다. 왜냐하면 하나님은 가장 진지하게 또한 진실로 그분의 말씀 안에서 하나님이 기뻐하시는 것을 선포하셨기 때문이다. 곧 부르심을 받은 사람들은 그분에게로 나와야 한다"(「도르트 신조」 3-4, 8).

「도르트 신조」는 지도자들이 예정에 대한 교리를 설명할 수 있는 설명 방식에 관한 지침을 준다. 1. 지도자들은 예정에 관한 교리를 하나님의 교회에서 설명해야 한다. 예정에 관한 교리는 이것을 위해서 의도되었기 때문이다. 2. 지도자들은 적당한 때와 장소에서 이 교리를 설명해야 한다. 3. 그들은 지극히 높으신 분의 은밀한 방법들에 대해 속속들이 탐구하고자 하는 헛된 시도를 하지 말고, 지극히 높으신 분을 두려워하며 신중한 자세와 경건한 마음을 가지고 설명해야 한다. 4. 그들은 하나님의 거룩한 이름의 영광을 위해서 또한 그분의 백성에게 진정한 위로를 주기 위해서 예정에 관한 교리를 설명해야 한다(「도르트 신조」 1.14).

16.9. 선택과 구원의 확신

1. 확실한 기초. 예정은 우리의 구원이 하나님의 은혜로운 선택과 결정에 의존한다는 사실을 보여준다. 우리의 마음을 지속적으로 사로잡는 한 가지 문제가 있다는 것이 올바르게 지적되었다. 곧 그것은 인간의 구원과 관련한 결정이 어디에서 이루어지는가에 대한 질문이다. "인간을 구원하는 결정은 오로지 하나님 안에서, 곧 그분의 선택하시는 행위에서 이루어지는가? **아니면** 하나님을 믿겠다고 결정하는 인간의 자유의지에서 이루어지

는가? 하나님의 은혜가 주도한다는 **맥락**을 고려한다고 할지라도 말이다. 우리의 구원은 하나님의 결정에 기인할까 또는 우리의 결정에 기인할까?" 대체로 사람들은 하나님의 은혜와 인간의 자유라는 두 가지 요소를 조화롭게 결합하려는, 곧 종합하려는 시도를 추구했다. "이 **종합**이라는 주제는 선택에 관한 교리 역사 전체를 꿰매는 실처럼 뻗어 있다." 종합하려는 신인협력설에는 온갖 종류의 다양한 견해가 들어 있다(Berkouwer, 1960, 28-29).

신인협력설의 가장 주목할 만한 형태 중 하나는 다음과 같은 것이다. 곧 구원은 하나님이 시작하시지만, 하나님의 은혜가 효력을 나타내서 진정으로 구원으로 이끄는 것은 인간의 공헌이다. 칼뱅은 인간을 하나님의 동역자로 생각하고, 인간이 하나님의 선택에 동의해서 그분의 결정을 인준한다는 생각이 그릇된 생각임을 이미 보여주었다(Calvin, 『기독교강요』 3.24.3). 우리는 다음과 같은 베르카우어의 견해에 동의한다. 곧 신인협력설은 절대 주권을 가진 하나님의 은혜를 반대하는 신학적인 표현이다(Berkouwer, 1960, 47).

또한 신인협력설은 우리의 구원의 기초를 뒤흔드는 심각한 결과를 빚어낸다. 만약 신인협력설을 받아들인다면, 우리의 구원의 기초는 더 이상 견고하지 않다. 인간의 협력은 불완전한 요소이자 불완전한 상태로 남아 있기 때문이다.

성경은 우리에게 완전히 다른 것을 가르쳐준다. 우리는 지금 전통적으로 구원의 황금 줄(golden chain of salvation)이라고 언급되는 것을 생각하고 있다. 우리의 부르심, 의롭게 하심(칭의), 영화롭게 하심(영화)은 하나님에게서 기인한 것이다. 하나님은 우리를 미리 아셨고, 우리가 그분의 아들의 형상을 본받게 하는 것을 미리 예정하셨다(롬 8:29-30). 이것은 하나님의 선택이 우리의 행위의 결과로서 일어나는 것이 아니고 그것에 의존하지도 않는다는 것을 명백하게 보여준다. 오히려 하나님의 선택은 분명히 우리의 행위보다 우선하며 그것으로부터 독립되어 있다.

개혁교회 교의학

로마서 8:29-30 및 8장의 배경뿐만 아니라 또한 로마서 9-10장의 배경에서도 칭의와 선택이 서로 밀접하게 연결되어 있다는 것이 명백하게 드러난다. 콜부루게 (H. F. Kohlbrugge)가 다음과 같이 생각했다는 것은 잘 알려져 있다. 곧 도르트 총회 (1618-1619)는 항변파에게 속아서 칭의를 우선적으로 생각하지 않고 예정에 우선권을 주었다. 흐라프란트(1987, 402, 594-602), 용커르(1989, 112-114)와 다른 이들도 콜부루게의 견해에 동의한다.

하지만 우리는 다음과 같은 사실을 유념해야 한다. 곧 칭의 교리와 관련해서 인간이 믿음이라는 전제 조건을 스스로 해결했다는 견해가 거부되었다. 도르트 총회는 다음과 같은 신앙고백을 하면서 인간 스스로가 믿음이라는 전제 조건을 충족했다는 생각을 반대했다. 곧 믿음은 하나님의 선물이다. 믿는 사람들에게 믿음이 허락된다. 이것이 바로 선택 교리가 정확하게 표현하는 것이다(「도르트 신조」 1, 5-7을 보라).

신앙과 칭의는 모든 면에서 선택뿐만 아니라 신앙을 끝까지 굳게 지키는 것 및 성화와도 밀접하게 관련이 있다. 신인협력설과 은혜와 구원을 전적으로 영원히 잃어버리는 것으로 해석된 배교(apostacy)의 가능성에 대한 가르침도 서로 밀접하게 연결되어 있다. 성도의 견인이라는 교리(「도르트 신조」 6)는 이 그릇된 가르침을 물리치기 위한 것이다. 우리는 성도의 견인이 선택 교리의 요점이라고 간주한다. 「도르트 신조」 1.9은 반대의 측면뿐만 아니라 긍정의 측면에서도 그 문제의 핵심이 무엇인지 다음과 같이 대단히 명백하게 표현해준다. 곧 "선택은 구원과 관련된 모든 선함의 원천이다. 그 원천으로부터 신앙, 거룩함 및 구원과 관련된 다른 은사들이 흘러나온다. 또한 궁극적으로 영생 자체도 그 원천으로부터 흘러나온다." 사도 바울은 "[하나님이] 창세 전에 그리스도 안에서 우리를 택하사 우리로 사랑 안에서 그 앞에 거룩하고 흠이 없게 하시려고"(엡 1:4)라고 증언해준다.

여기서 성화는 선택의 목표로 언급된다(참조. Calvin, 『기독교강요』 3.23.12). 선택은 신자들의 최고의 목표가 하나님을 영화롭게 하는 것이라는 사실로부터 벗어나도록 하지 않는다. 성경은 그것에 대해서 명백하게 말한다(참조. 엡 1:12; 벧전 2:9-10).

구약성경에 근거해서 종종 선택은 하나님을 섬기기 위한 것이라고 주장되었다. 그렇다면 선택은 부르심과 동일한 것이다. 하나님이 단지 섬김을 위해서 예정하신다는 주장은 신약성경의 가르침에 비추어볼 때 받아들일 수 없다(§ 16.2에서 넷째 단락을 보라). 우리는 하나님께서 우리로 하여금 하나님과 친밀한 사귐을 맺고 또한 그분을 섬기게 하려고 그리스도 안에서 우리를 선택하신다고 말할 수 있다.

2. 우리의 선택에 대한 확신. 선택과 구원에 대한 확신은 서로 밀접하게 연결되어 있다. 로마서 8:31-39과 같은 단락은 그 앞에 있는 두 구절(롬 8:29-30)과 하나의 전체를 이룬다.

우리의 선택을 확신하는 것은 다름 아닌 우리의 구원을 확신하는 것이다. 우리는 이 확신을 오직 믿음을 통해서 얻을 수 있다.

로마 가톨릭교회는 그 누구도 아무런 의심 없이 자기 스스로 확신하며 자신이 하나님의 구원의 은총을 받았다고 주장할 수 없다고 가르친다(*DS*, 1534). 또한 누구도 특별계시에 기초하지 않으면, 하나님이 어떤 사람을 선택하셨는지 알 수 없다고 가르친다(*DS*, 1540).

선택에 대한 확신과 관련된 몇몇 차이점은 개혁파 교회와 로마 가톨릭교회 사이에 빚어지는 중요한 쟁점 중 하나다. 만약 우리의 구원이 오직 하나님의 은혜에 의존하지 않고 부분적으로 우리의 성향과 협력에 의해서 결정된다면, 우리의 구원이 확실하다는 것은 전혀 가능하지 않다. 개혁파 교회는 하나님의 은혜라는 수단을 가지고 구원의 확실성에 대한 로마 가톨릭교회의 입장을 논박할 수 있다. 로마 가톨릭교회의 가르침은 신자들이 구원과 관련해서 영원히 안전하다는 사실을 보증할 수 없다. 구원의 확실성을 보증받기 위해서는 누가 특별계시를 받아야 하는가?

로마 가톨릭교회의 가르침에 내재하는 신인협력설은 형태가 약간 다르지만 항변파의 주장에서도 발견된다. 「도르트 신조」는 이런 가르침에 대해 다음과 같이 말했다. 그와 같은 가르침은 이 세상의 삶을 사는 참 신자들에게서 진정한 위로를 빼앗고, 전형적으로 로마 가톨릭교회와 연결된 것으로서 교회 안에 다시 의심을 불러들인다. 하지만 참 신자들은 "자신들의 신앙의 정도에 따라서 확신을 얻을 수 있고 또한 얻는다. 그러면서 그들은 자신들이 교회의 참되고 살아 있는 지체들이고 또한 계속해서 지체로 머물러 있을 것이며, 자신들이 이미 죄 사함을 받아 영생을 얻었다고 진심으로 믿는다"(「도르트 신조」 5, 오류들에 대한 반박 5; 5.9).

선택에 대한 이 확실성은 정말로 신자들을 부주의한 삶으로 이끄는가? 「도르트 신조」의 결론에 기초해서 판단한다면, 개혁파 교회는 그들의 다음과 같은 주장, 곧 선택된 사람들의 구원은 그들이 어떠한 삶을 사는지에 영향을 전혀 받지 않는다. 개혁파 교회는 이와 같은 비난을 강력하게 부인한다(참조. 「도르트 신조」 1.13; 5.12). 반대로 자신들이 선택을 받았다고 확신하는 것은 신자들을 겸손하게 하며 그들이 참된 경건을 갖도록 이끌어준다. 그리고 그들은 하나님을 진정으로 사랑하며, 하나님 안에서 항상 기뻐한다(참조. 「도르트 신조」 1.13; 5.12). 또한 칼뱅도 이와 동일한 관점에서 묘사한다(『기독교강요』 3.23.12).

선택에 대해 확신하는 방법은 명백하다. 우리는 자신의 선택에 대한 확신을 오직 그리스도 안에서 발견한다. 왜냐하면 우리는 그리스도 안에서 선택되었기 때문이다(§ 16.5을 보라). 그래서 칼뱅은 다음과 같이 말한다. "그리스도는 거울이다. 우리는 스스로 속지 말고 그 안에서 우리 자신의 선택을 반드시 바라보아야 한다."[34] 만약 우리가 그리스도와 연합되어 있고 그와 친밀한 교제를 나누면, 우리는 우리 자신이 생명책에 기록되어 있다는 것에 대해서 충분할 만큼 명백하고 견고한 증언을 지니고 있다(Calvin, 『기독교강요』 3.24.5).

---

34 또한 다음 신앙고백서의 제10조를 보라. *Confessio Helvetica Posterior*(1566). 여기서 Bullinger는 Calvin의 견해를 따르고 있다.

종교개혁가의 이 놀라운 언급은 어떤 특정한 배경에서 발견된다. 신자들 중에는 자신들이 선택받은 것을 의심하는 이들이 있다. 이 의심은 가장 심각하고 또한 가장 위험한 유혹이다. 사탄은 종종 이 유혹으로 신자들을 공격한다.[35] 사탄은 언제나 신자들이 표준적인 방법을 벗어나서 자신의 선택을 확인하도록 그들을 유혹한다. "그러므로 우리는 다음과 같은 탐구 방법을 사용하자. 곧 우리는 하나님의 부르심을 출발점으로 삼고, 또한 그것을 종착점으로 삼아야 한다"(Calvin, 『기독교강요』, 3.24.4).

또한 칼뱅은 부르심과 별도로 믿음, 칭의 및 성화를 선택에 대한 표징, 증언 또는 증거로 이해한다. 그는 다른 곳에서 이와 관련된 개념들에 대해 설명한다(『기독교강요』, 3.14.18-19). 그리스도인의 마음은 전적으로 공로 없이 받는 의로움에 초점이 맞추어져야 한다. "하지만 우리는 그[그리스도인]를 향한 하나님의 은총의 표징들에 의해서 그가 이 신앙[선택에 대한 신앙]을 강조하고 강하게 하는 것을 금하지 않는다."

요한1서 3장에 대한 칼뱅의 해석으로부터 다음 사실이 명백하게 밝혀진다. 곧 우리의 가치 중 남아 있는 것은 아무것도 없고, 또한 우리의 행위 중 공로로 남아 있는 것도 전혀 없다. 새로운 삶의 실재는 오직 하나님의 사랑으로부터 흘러나오는 것으로 이해된다. 성경의 해당 본문은 바로 이것을 의도한다(참조. 요일 3:1, 14, 16).

때때로 이것은 곁길과 같은 것이라는 비판이 제기되었다. 이중 예정에 비추어 볼 때, 단지 약속의 말씀만 의지한다면, 그것은 그 자체에 의해서 더 이상 구원의 확신에 대한 취지 전체를 듣지 못하게 한다. "자기 자신의 주체성에 대한 숙고"(die Reflexion auf die eigene Subjektivität)는 그것을 확실하게 하고 명백하게 하기 위해서 종교적인 확신을 지지한다. 이것은 이미 칼뱅의 경우에서도 나타났지만, 경건주의에서는 더 두드러지게 나타났다.[36]

---

35 Luther도 이와 같은 유형의 유혹을 매우 강렬하게 경험했다. 다른 어떤 것보다도 Luther에 대한 다음 연구서를 보라. Brosché, 1977, 159-178.

36 P. Althaus, 『독일 개혁파 교의학의 기본 원리들』(*Die Prinzipien der deutschen reformierten*

우리는 여기서 **실천적 삼단논법**(practical syllogism)의 역할을 마주한다.[37] 그것은 구원의 확실성에 대한 지지를 마음과 삶을 변화시키는 성령의 사역에서 추론하고자 하는 것이다. 우리의 신앙고백과 관련해서 「하이델베르크 교리문답」 제32주일에 덧붙여, 우리는 「도르트 신조」 1.12를 언급하고자 한다. 「도르트 신조」의 해당 부분은 구원에 이르는 영원한 선택에 대해 다음과 같이 말한다. 곧 선택받은 사람들은 "영적인 기쁨과 거룩한 즐거움으로 하나님의 말씀 안에서 언급된 선택에 대한 명백한 열매들을 자신 안에서 간파하고 자신이 선택받았다고 확신한다. 그 열매들은 그리스도 안에서의 진정한 믿음, 어린아이와 같이 하나님을 경외하는 것, 죄에 대한 경건한 슬픔, 의로움에 대한 배고픔과 목마름과 같은 것 등이다."

어떤 신학자들은 「도르트 신조」의 해당 부분을 맹렬하게 비판했다.[38] 하지만 우리는 그 배경을 기억해야 한다. 항변파의 견해에 의하면, 선택을 입증해주는 아무런 열매, 인식 및 확신도 없다. 하지만 사실상 선택의 열매들은 존재한다. 곧 신자들은 이 열매들을 자기 스스로 인식하고 인정할 수 있다. 또한 이것은 자신의 구원을 확신하는 데 중요하다.

그렇지만 이것은 선택의 열매들을 확신에 대한 실질적인 근거로 삼는 것이 아니다(참조. 「도르트 신조」 5, 9-10). 선택에 대한 확신과 관련해서 17세기와 18세기에는 흔히 선택의 표징들 또는 열매들로부터 논의하기 시작했다. 우리는 이 점을 이른바 제2차 종교개혁과 개혁파 경건주의에 속한 것으로 간주되는 이들 가운데서 뿐만 아니라[39] 다른 이들에게서도 발견할 수 있다.[40]

이것은 주관적인 경험에 대한 관심이 고조되어가고 있음을 반영해준다. 하지만 그것은 결정적으로 자기 자신을 의지하려는 경향이다. 하지만 우리는 성경과 신학

Dogmatik), 193 이하. 많은 이들이 이 견해를 공유하고 있다.

37 **실천적 삼단논법**과 관련해서 특히 다음 연구서를 보라. Trimp, 『소리와 메아리』(*Klank en weerklank*), 1989, 131-144.

38 특히 Barth, *C.D.*, 2.2.333-340.

39 참조. W. à Brakel, *R.S.*, 1:247-249.

40 참조. *Synopsis*, 24-42; J. à Marck, 『기독교 신학의 표지』(*Het merch der christene Gotgeleertheit*), 1741[4], 188.

에 기초해서 그리스도를 의지할 필요가 있음을 지적해야 한다. 칼뱅은 다음과 같이 말한다(『기독교강요』 3.24.5). "만약 우리가 하나님 아버지의 긍휼과 자비를 찾으려고 한다면, 우리는 맨 먼저 우리의 시선을 그리스도에게로 돌려야 한다. 오직 그에게만 하나님 아버지의 마음이 있다(마 3:17)."

간략한 참고 문헌

M. J. Arntzen,『영원부터 기초가 놓임』(*Van eeuwigheid als grond gelegd*), 1983.

D. L. Baker, *Berkouwer's Doctrine of Election: Balance or Imbalance?* 1981.

G. C. Berkouwer, *Divine Election*, 1960.

H. R. Boer, *The Doctrine of Reprobation in the Christian Reformed Church*, 1983.

F. Brosché, *Luther on Predestination*, 1977.

K. Dijk,『네덜란드의 개혁파 교회들 안에서의 타락후선택설 및 타락전선택설 사이의 논쟁』(*De strijd infra-en supralapsarisme in de Gereformeerde kerken van Nederland*), 1912.

K. Dijk,『영원한 선한 즐거움을 위해서』(*Om 't eeuwig welbehagen*), 1924.

K. Dijk,『영원부터 선택됨』(*Van eeuwigheid verkoren*), 1952.

J. Douma,『일반은총』(*Algemene genade*), 1966.

A. Duetz,『하나님의 마음: 교회의 마음』(*Het hart van God: het hart van de kerk*), 1955.

『예정론의 몇 가지 양상』(*Enige aspecten van de leer uitverkiezing*), 1966.

K. Exalto,『안에 또는 밖에』(*Binnen of buiten*), 1984.

J. van Genderen,『언약과 선택』(*Verbond en verkiezing*), 1983.

C. Graafland,『칼뱅에서 바르트까지』(*Van Calvijn tot Barth*) 1987.

P. Jacobs,『칼뱅 신학에서의 예정과 책임』(*Prädestination und Verantwortlichkeit bei Calvin*), 1937.

P. K. Jewett, *Election and Predestination*, 1985.

A. C. de Jong, *The Well-Meant Gospel Offer*, 1954.

W. D. Jonker,『오직 자유로운 은혜로』(*Uit vrye guns aleen*), 1989.

J. Kamphuis,『칼뱅과 함께 림보 안에?』(*Met Calvijn in de impassie?*), 1989.

F. H. Klooster, *Calvin's Doctrine of Predestination*, 1977.

G. Kraus,『예정』(*Vorherbestimmung*), 1977.

B. Loonstra,『선택, 속죄, 언약』(*Verkiezing-verzoening-verbond*), 1990.

U. Luz,『바울의 역사 이해』(*Das Geschichtsverständnis des Paulus*), 1968.

R. A. Muller, *Christ and the Decree*, 1986.

G. C. Van Niftrik,『이스라엘의 방해자』(*Een beroeder Israëls*), 1948.

G. Nygren, *Das Prädestinationsproblem in der Theologie Augustins*, 1956.

B. J. Oosterhoff,『성경을 열기 위해서』(*Om de Schriften te openen*), 1987.

H. Otten,『예정에 대한 칼뱅의 신학적 견해』(*Calvins theologische Anschauung von der Prädestination*), 1938.

A. D. R. Polman, *De predestinatieleer van Augustinus, Thomas van Quino en Calvijn*, 1936.

『헤이그에서 1611년 및 1617년에 개최된 토론회』(*Schriftelijcke conferentie, gehouden in s'Gravenhaghe inden Iare 1611,1617*).

J. J. van der Schuit, *De Dordtsche Synode en het supra-lapsarisme*, 1937.

J. J. van der Schuit,『구속언약』(*Het verbond der verlossing*), 1982[2].

A. Schweitzer, *Die protestantischen Centraldogmen*, 2 Teile (vol. 2), 1854-1856.

C. Trimp,『하나님의 백성의 진정한 위로』(*Tot een levendige troost zijns volks*), 1954.

『예정』(*De uitverkiezing*, 1960년 11월 8일에 개최된 네덜란드 개혁파 교회 총회에서 채택된 예정론을 다루는 것에 대한 지침들).

C. Veenhof,『복음 전파와 예정』(*Predeking en uitverkiezing*), 1959.

H. Venema,『신약성경의 예정론』(*Uitverkiezen en uitverkiezing in the Nieuwe Testament*), 1965.

Th. C. Vriezen,『구약성경에 기초한 이스라엘의 선택』(*De verkiezing van Israël volgens het Oude Testament*), 1974.

O. Weber/ W. Kreck/ E. Wolf,『은혜에 의한 선택에 대한 설교』(*Die Predigt von der Gandenwahl*), 1951.

J. R. Wiskerke,『하나님이 선택하신 백성』(*Volk van Gods kreuze*), 1955.

J. R. Wiskerke,『부르심을 받은 백성』(*Geroepen volk*), 1967.

J. G. Woelderink,『예정론』(*De uitverkiezing*), 1951.

H. M. Yoo,『작정과 행위』(*Raad en daad*), 1990.

L. van der Zanden,『예정론』(*Praedestimatie*), 1949.

제6장

하늘과 땅을 지으신 하나님

§ 17. 창조주와 그의 작품

17.1. 성경에 기초한 출발점
17.2. 상반되는 요소
17.3. 창조의 다양한 측면
17.4. 창조주에 대한 신앙의 중요성

17.1. 성경에 기초한 출발점

하나님이 하늘과 땅의 창조자라는 것은 신앙과 관련된 문제다. 이것은 어떤 사람이든지 단순히 자기의 머리를 사용해서 자동적으로 도달할 수 있는 어떤 정보나 결론이 아니다. 사도신경은 "나는 전능하신 아버지 하나님, 천지의 창조주를 믿습니다"로 시작된다. 이 신앙은 하나님의 말씀의 계시에 기초한다. 성경은 다음과 같이 말한다. "믿음으로 모든 세계가 하나님의 말씀으로 지어진 줄을 우리가 아나니, 보이는 것은 나타난 것으로 말미암아 된 것이 아니니라"(히 1:3).

우리는 창조주로서 하나님에 대한 계시와 관련해서 맨 먼저 창조의 역사(창 1장 및 2장)에 대해 생각해볼 필요가 있다. 많은 주석가가 우리는 성경이 우주의 창조자로서 하나님께 신앙을 부여하는 것을 과대평가해서 안 된다고 지적했다. 하지만 창조주에 대한 신앙의 중요성을 과소평가한다면,

그것이 초래하는 위험은 매우 크다. 이것은 하나님이 천지를 창조하셨다는 신앙을 멸시하는 풍조가 널리 퍼져 있다는 것에서 명백하게 드러난다. 바빙크는 이와 대조적으로 성경의 가르침에 비추어서 성경에서 창조론이 대단히 중요하고 핵심적인 위치를 차지하고 있다고 말한다(Bavinck, *R.D.*, 2:407). 어쨌든 우리는 여기서 매우 중요한 진술들에 대해서 다루고 있다.

성경에서 창조가 언제나 독립적인 주제인 것은 아니다(욥 38장; 잠언 3:19-20; 8:25-31은 예외다). 구약성경은 대체로 하나님의 백성이 모든 면에서 의지할 수 있는 하나님이 누구이신지 강조한다. 구원은 "하나님 여호와 땅 끝까지 창조하신 이"(사 40:28)에게서 온다. 또한 "주 여호와여, 주께서 큰 능력과 펴신 팔로 천지를 지으셨사오니 주에게는 할 수 없는 일이 없으시니이다"(렘 32:17)라고 고백한다. 창조는 구약성경의 이곳저곳에서 논의되고 있다(참조. 창 14:19, 22; 출 20:11; 느 9:6; 시 8:3; 24:1-2; 33:6, 9; 89:11-12; 121:2; 136:4-9; 146:6; 148:1-6; 사 40:21-28; 42:5; 45:12, 18).

창세기 1:1의 "창조하다"라는 동사는 "바라"(*bara*)라는 히브리어 단어를 번역한 것이다. 이 단어는 "만들다" 또는 "조성하다"로 번역되기도 한다. "바라"라는 히브리어 단어가 사용된 모든 구절에서 주어는 바로 하나님이시다. 오직 하나님만이 창조하실 수 있다! "창조하다"라는 동사와 관련해서 결코 어떤 것으로부터 다른 어떤 것이 창조되었다고 언급되지 않는다. 그리고 하나님의 창조 행위를 통해서 언제나 무엇인가 새로운 것이 빚어진다.

그리스어 신약성경에서 창조 행위와 관련해 사용되는 가장 중요한 단어는 "크티제인"(*ktizein*)이다. 이 그리스어 동사는 "어떤 정신적이며 의도적인 행위"(ein geistiger und willentlicher Vorgang, *TDNT*, 3:1029)를 의미한다. 그것은 하나님의 의지에 기초한 행위이며(참조. 계 4:11), 또한 어떤 이적적인 행위다. 아무것도 이 행위와 서로 비교할 수 없다. 하나님이 모든 것을 창조하셨다는 것은 그분이 모든 것을 존재하게 하셨다는 것을 의미한다. "[하나님은] 없는 것을 있는 것으로 부르시는 이시니라"(롬 4:7). "창조하다"라는 동사와 별도로 또한 "짓다"라는 동사가 사용되기도 한다(행 17:24; 히 1:2). 그리고 우리가 주목해야 할 곳은 요한복음 1:1-3이다. 이 구절들은 의심할 여지없이 "창세기 1장에서 구약성경의 계시와 이스라엘의 종교의 기초를 형성해주는 것, 곧 하나님의 천지창조"를 되돌아보며 언급한다.[1]

구약성경의 경우와 마찬가지로, 신약성경에서도 교회는 모든 것을 창조하신 하나님에게 호소한다(행 4:24). 또한 하나님께 합당한 영광과 존귀를 돌리며, 하나님을 경배한다(계 4:11; 14:7).

하나님은 그분의 영광을 계시하신다. 하나님의 영광은 하나님의 모든 행위와 또한 창조 안에서 나타난다(시 8편). 하나님의 완전성 중 특히 그분의 권능과 지혜가 언급된다(렘 10:12). 우리는 특히 욥기 38장 및 39장과 이사야 40장과 같은 본문들에 포함되어 있는 강력한 메시지에 대해서 생각한다. 자기 자신을 이와 같은 방법으로 계시해주시는 분을 안다는 것은 우리의 겸손과 신뢰로 반드시 이어져야만 한다. 리델보스는 그 계시와 관련해 다음과 같이 요약해서 말한다. 곧 계시는 야웨가 하늘과 땅의 창조자이고, 이스라엘은 하나님의 보호 안에서 안전하다는 확신을 강하게 갖도록 해주는 역할을 한다. 또한 그 계시는 이스라엘이 더욱더 하나님의 계명들에 순종하도록 권면해주며, 나아가 이스라엘 백성이 자신들의 하나님을 찬양하도록 이끌어준다(Ridderbos, 1963², 100).

17.2. 상반되는 요소

사도신경의 가장 오래된 판본에는 "하늘과 땅의 창조자"라는 표현이 나타나지 않는다는 것은 잘 알려진 사실이다. 이 구절은 특별한 이유들로 말미암아 나중에 덧붙여진 것이다. 동방에서 사용되던 신조들 안에는 매우 이

---

1   H. Ridderbos, 『요한복음 주석』(*Het evangelie naar Johannes*), 1987, 1:36.

                                   개혁교회 교의학

른 시기부터 하나님이 눈에 보이는 모든 것과 눈에 보이지 않는 모든 것을 지으신 분이라는 신앙고백이 나타난다(이 신앙고백은 다양한 형태로 표현되어 있다).[2] 보이는 모든 것 및 보이지 않는 모든 것을 지으신 분이라는 표현은 성경에 일치하는 내용일 뿐만 아니라, 이단적인 가르침을 논박하는 의미를 지니고 있다. 또한 사도신경에서의 창조주 하나님에 대한 신앙고백과 관련해서도 이 점은 사실이다.

교회는 이 신앙고백과 함께 영지주의의 견해들과 마르키온의 가르침을 반대했다. 마르키온은 주 예수의 아버지와 창조자-율법 수여자를 서로 구분했다. 몇몇 영지주의자들은 고대 그리스 철학에서 빌려온 개념으로서 데미우르고스(*demiurgos*)에 대해 말했다. 그들은 데미우르고스가 이 세상(물질세계)을 창조했다고 주장했다. 또한 그들은 천상의 세계 또는 영적인 세계와 지상세계 또는 물질세계를 서로 대조했다. 종종 이 두 세계는 우주적인 서로 다른 권능으로 묘사되었다. 영지주의자들은 사람이 그노시스(영적인 비밀스러운 지식)를 통해서 자신을 물질세계로부터 해방시켜야 한다고 가르쳤다.

칼뱅은 교회가 전통적으로 고백하는 신앙의 제1조는 아마도 마니교를 거부하려는 의도를 지니고 있었을 것이라고 지적한다(『기독교강요』 1.14.3). 그 조항에서 언급되는 상반되는 요소는 진정으로 영지주의적인 특성을 지닌 세상 종교에 적용할 수 있다. 빛의 하나님이신 하나님은 만물 가운데 오직 일부분만 창조하셨다. 반면에 물질세계는 사악한 세력의 작품이다. 이와 같은 세계관에서 인간의 소망은 대체로 **금욕주의**(asceticism)를 추구하는 데 놓여 있다.

이원론적인 개념들은 헬레니즘의 특성을 지닌 세계에서 매우 널리 알려져 있었다. 이 개념들은 매우 다양한 형태로 그 모습을 드러냈다. 하지만 또한 교회는 **일원론**(monism)에도 대처해야 했다.

신플라톤주의 철학자들은 하늘과 땅의 창조자로서 하나님에 대한 기독교의 신

---

2   J. N. D. Kelly, *Early Christian Creeds*, 1972[2], 196-201.

앙을 공격했다. 그들은 창조(creation)라는 개념 대신에 유출(emanation)이라는 개념을 옹호했다. 플로티노스(Plotinus)의 견해에 의하면, "일자"(the One)가 만물의 기원이다. 이 유일한 존재는 영원한 필연성으로 흘러넘치는 원천이고, 빛이 어두운 우주에 비쳤다. 더 불완전한 것들로서 더 멀리 있는 것들은 그것들의 원천으로부터 분리되었다. 존재하는 것 중에서 가장 불완전한 형태는 물질이고, 바로 그것으로부터 악(evil)이 가능하게 되었다.

유출설은 일원론에 기초한다. 비록 모든 것이 신적인 존재로부터 비롯되었지만, 모든 것은 온갖 종류의 진행 과정이라는 특성을 지니고 있다. 교회의 가르침은 이와 같은 일원론을 반대한다. 곧 하나님은 어떤 원천이 아니라 그 창조자이시다. 유출설은 신적인 존재의 관점에서 유출이라는 방법 이외에 다른 대안은 없다는 것을 암시한다. 반면에 창조는 하나님이 특별한 목적과 의도를 갖고 천지를 창조하셨다는 것을 암시해준다.

이와 같이 이원론적 및 일원론적인 견해들은 이른 시기부터 교회의 가르침과 충돌할 수밖에 없었다. 이원론은 세상의 일부분에 어느 정도 자율권을 부여한다. 따라서 이 이론은 받아들일 수 없다. 하나님은 모든 것을 창조하셨으며, 따라서 모든 것은 하나님에게 종속된다. 일원론은 원칙적으로 하나님과 세상을 근본적으로 구분하지 않는다. 따라서 이 이론도 받아들일 수 없다. 더 높은 형태들로 거슬러 올라가면서, 일원론은 마침내 세상을 신격화하는 데까지 이른다.

그 이후에 교회는 범신론(pantheism) 및 유물론(materialism)과도 싸워야 했다. 범신론자들에 의하면, 신적인 존재가 세상의 본질이며 모든 것 안에 신성이 나타나 있다. 대체로 범신론자들은 영(the spirit 또는 Spirit)에 의해서 물질세계가 생겨났다고 이해한다. 반면에 유물론자들은 영을 물질적 실재의 생산물로 이해한다. 어떤 원인이 어떤 현상들에 대해 확인될 필요가 있을 때마다, 그것은 물질적인 원인에서 비롯된 것이다.

천지의 창조자로서의 하나님과 진화론(evolutionism)과의 논쟁에 대해서는 별도의 항목에서 논하고자 한다(§ 18을 보라).

　　　　　　　　　　　　　　　　　　　　　　　개혁교회 교의학

17.3. 창조의 다양한 측면

1. 창조는 삼위일체 하나님의 공동 사역이다. 창조는 하나님의 외적인 사역들(*opera ad extra*) 중에서 첫 번째 사역이다.

하나님의 하나 됨은 창조 사역에서 하나님 아버지가 행하시는 일을 성자와 성령이 행하시는 일들과 서로 분리시켜서는 안 된다는 것을 암시해 준다. "모든 것은 하나님 아버지로부터 성자를 통해 성령 안에서 동시에 비롯된다"(Bavinck, *R.D.*, 2:423). 바빙크의 이 말은 교부들에게까지, 특히 아우구스티누스에게까지 거슬러 올라간다. 이 표현은 부분적으로 신약성경에서 사용된 몇몇그리스어 전치사들을 반영한다. 모든 것은 하나님 아버지**로부터**(from)—그분은 "모든 것의 원인, 기원 및 시작이다"(「벨기에 신앙고백서」 제8조)—또한 성자를 통해(through)—"만물이 그 안에 함께 섰느니라"(골 1:17)—그리고 성령 안에서(in)—성령은 모든 것을 완성으로 이끈다—존재한다. 따라서 우리가 하나님이 천지와 그 안에 있는 모든 것을 창조하셨다고 말할 때, 그것은 전적으로 삼위일체적인 의미에서 언급되는 것이다. 지음을 받은 모든 것은 성부와 성자와 성령의 흔적을 지니고 있다.

이것은 경륜적(또는 구원사적)인 의미에서(참조. § 12.4) 창조 사역이 성부께 돌려진다는 사실에서 벗어나지 않는다. 교회는 공식적인 신앙고백을 통해서 우리를 이 방향으로 이끌어준다. 거의 모든 교회들이 공통적으로 고백하는 고대의 신앙고백서들 이외에도, 우리는 개혁파 교회의 다음과 같은 신앙고백들을 지적할 수 있다. 곧 "성부는 그분의 권능에 의해서 우리의 창조자로 불린다"(「벨기에 신앙고백서」 제9조). "우리 주 예수 그리스도의 영원한 아버지께서 아무것도 없는 상태로부터 하늘과 땅과 그 안에 있는 모든 것을 지으셨습니다. 또한 하나님의 아들 그리스도로 말미암아, 하나님은 나의 하나님이시며 나의 아버지이십니다"(「하이델베르크 교리문답」 제9주일).

하지만 「니케아-콘스탄티노플 신조」에서 고백하듯이 모든 것이 하나님의 독생자로 말미암아 창조되었다는 것은 무엇을 의미하는가? 이것은 성자가 창조의 중보자라는 것을 의미하는가?

성자가 창조의 중보자라는 개념은 신학에서 지속적으로 나타나고 있다. 어떤 경우에 이 개념은 다소 모호하게 제시되기도 한다. 다른 경우에 이 개념은 더 많은 의미를 내포한다.

이 용어를 사용하고자 하는 동기는 일종의 이원론일 가능성이 있다. 그렇다면 창조의 중보자는 하나님과 세상 사이에 서 있다. 비록 바빙크의 창조론이 플라톤의 영향을 받은 흔적들을 드러내주기는 하지만, 그는 결코 이와 같은 것을 의도하지 않는다. 바빙크는 창조론에서 창조와 재창조가 서로 밀접하게 연결되어 있다는 것을 표현하려고 한다. 곧 "창조와 재창조의 기초들은 동일하다. 성육신한 로고스는 바로 그로 말미암아 모든 것이 지음을 받게 된 분이다. 죽음 가운데서 맨 먼저 일어나신 분은 또한 모든 창조물 중 맨 먼저 나신 분이다."[3]

바빙크에 의하면, 하나님은 창조 안에서 이미 재창조를 염두에 두고 계셨다. 심지어 그는 어디선가 구원 계획은 창조에 대한 계획에 합병되었다고 말한다. 하지만 최근의 신학에서 종종 발견할 수 있는 경우와 달리(제7항을 보라), 바빙크의 견해에서 창조와 재창조는 동시에 일어나지 않는다. 그것은 자연과 은총이 서로 결합되는 문제가 아니다. 또한 은총이 자연을 위해서 희생되거나 자연이 은총을 위해서 희생되는 문제도 아니다.[4]

바빙크는 그리스도를 창조와 재창조의 중보자로 이해한다. 그리스도는 우주론적인 중요성뿐만 아니라 구원론적인 중요성을 지니고 있다. 그 말씀 혹은 그리스도로 말미암아 모든 것이 지음을 받았으며 또는 존재하게 되었다고 명백하게 말하는 몇몇 성경 구절들(요 1:3; 고전 8:6; 골 1:16을 보라. 또한 참조. 히 1:2)은 이와 같은 이해를 지지해준다.

---

3   H. Bavinck, 『계시 철학』(*Wijsbegeerte der openbaring*), 1908, 23. 참조. Bavinck, *R.D.*, 2.423-426.
4   참조. J. Veenhof, 『계시와 영감』(*Revelatie en inspiratie*), 1968, 306-309.

우리는 이 점과 관련해서 다음 사항들에 대해 숙고하고자 한다.

* "디아"(*dia*)라는 그리스어 전치사는 어떤 중보자를 가리킬 수 있다. 하지만 그 전치사는 어떤 결과를 빚어내는 대상을 언급할 수도 있다. 따라서 우리는 이 텍스트들에 기초해서 그리스도를 창조의 중보자로 반드시 생각할 필요는 없다.
* 신약성경은 그리스도를 하나님과 사람 사이의 중보자, 또한 언약의 중보자로 언급한다. 이 언급은 그리스도를 하나님과 죄인들 사이에 위치하게 한다. 그는 자기 자신을 죄인들을 위해서 대속물로 내어주며, 또한 그들을 대신해서 죽는다(딤전 2:5-6; 히 9:15).
* 성자가 창조 사역에 동참하는 것을 성자의 중재자 직분에 대한 유비로 이해해서 그에게 창조의 중보자라는 이름을 부여할 이유는 전혀 없다. 또한 창조 안에서의 중보적인 역할에 대해서도 그가 이와 같은 이름으로 불릴 수 있는지 명확히 말할 수 없다.
* 주 예수 그리스도의 사역이 지니고 있는 우주적인 중요성에 비추어서─기독론에서 이 중요성은 무시될 수 없다─그가 이미 창조 사역에서 중보자였다고 추측해서는 안 된다. 우리의 중보자가 오는 것과 그의 신분 이면에는 삼위 하나님의 사역이 놓여 있다. 하나님의 아들도 이 사역에 참여한다. 하나님의 아들이 이 세상에 왔을 때, 그는 자기 자신의 땅에 온 것이다(요 1:11). 세상은 그분 자신의 분명한 창조물이다. 비록 세상이 그것의 기원으로부터 멀어졌지만 말이다.[5]

2. 하나님은 창조를 원하셨다. 창조와 관련한 폭넓은 견해에 대해 분명하게 다루는 것이 필요하다.

5　창조의 중보자 직분에 대한 개념을 거부하는 입장으로서 특히 다음을 참조하라. Schilder, *H.C.* 2:83-103. 또한 Kamphuis, *Aant*, (notes), 41 이하. 한편 Chul Won Suh, *The Creation-Mediatorship of Jesus Christ*, 1982에서는 다른 관점이 제시된다.

우리는 창세기 1장에서 "하나님이 이르시되 '빛이 있으라' 하시니 빛이 있었고"(창 1:3)라는 하나님의 명령을 읽는다. 시편의 시들도 이 명령을 다시 언급한다(시 33:6-9; 148:5). 또한 하늘 보좌 앞에서 이십사 장로들이 부르는 찬송도 다음과 같이 말한다. "주께서 만물을 지으신지라. 만물이 주의 뜻대로 있었고 또 지으심을 받았나이다"(계 4:11). 따라서 교회는 "아버지께서 그분의 기뻐하시는 뜻대로 하늘과 땅과 모든 창조물을 창조하셨다"(「벨기에 신앙고백서」 제12조)라고 신앙을 고백한다. 그러므로 우리는 우주가 우연히 유출되었거나 우주의 기원에 대해 아무것도 더 이상 구체적으로 말할 수 없다는 견해를 거부한다. 천지창조는 하나님의 계획에 기초한 것이다. 동시에 우리는 하나님이 사랑을 나누실 어떤 대상을 필연적으로 창조하셔야만 했다는 견해도 거부한다. 하나님에게는 창조물이 반드시 필요하지 않다. 따라서 창조는 우연의 결과도 아니며, 하나님에게 꼭 필요한 것도 아니다. 창조의 필연성을 주장하는 이들은 하나님의 **독립성**이라는 진리에서 벗어난다. 그리고 어떤 이들은 하나님의 관점에서 볼 때 하나님의 창조 행위는 **자기 자신을 제한시키는 것**이라고 간주한다. 하지만 이 견해도 그 진리에 어긋난다.

여기서 우리는 부분적으로 독일 관념론의 영향을 받아서 발전된 어떤 개념을 다루고자 한다. 그 개념은 나중에 브룬너, 베르크호프, 몰트만과 같은 신학자들을 통해서 더욱더 상세하게 언급되었다.[6]

브룬너에 의하면, 창조론의 부차적인 주제 중 한 가지는 창조의 독립성이다. 하나님은 다른 실재에게 공간을 만들어주기 위해서 자기 자신을 제한하신다. "케노시스"(*Kenosis*, 비움)는 세상의 창조로부터 시작되며, 예수 그리스도의 십자가에서 그 절정에 이른다. 브룬너에 의하면, 하나님의 관점에서 보면, 창조는 자기 제한을 암시

---

6   J. H. Gunning의 초기 신학, 『계시에 대한 고찰』(*Blikken in de openbaring*), 1929[2], 93, 129 이하를 참고하라. 그의 견해에 의하면, 하나님이 창조와 역사 안에서 자발적으로 자기 자신을 제한하셨다.

한다(Brunner, *Dogmatics*, 2:20, 173).

베르크호프의 견해도 동일하다. 그의 견해에 의하면, 창조는 하나님이 자기 자신을 낮추시는 것을 의미한다. 하나님은 자기 자신을 제한하셔서, 다른 대상에게 살 수 있고 숨을 쉴 수 있는 공간을 제공하신다. 하지만 다른 대상 그 자체는 불완전하며 심지어 하나님을 반역할 것이다. 하나님은 자기 자신과 마주하는 세상을 만드시고 나서 그 세상에 자기 자신의 법칙과 동력을 주신다. 하나님은 그 모든 결과들과 더불어 그 세상을 받아들이신다. 그분은 인간을 창조하시는 것과 관련해서 그분의 파트너가 될 그 다른 대상에게 자기 자신의 고유한 자유와 창의성의 영역을 주신다. "하나님은 〔자유와 창의성으로 말미암는〕 모든 결과와 더불어 인간에게 공간을 주시면서 그분의 능력을 어느 정도 단념하시고, 자신을 어느 정도 의존적인 존재로 만드신다"(Berkhof, *C.F.*, 157-158, 141-142).

하나님의 자기 제한과 관련한 몰트만의 신학 사상은 매우 사변적이라는 인상을 준다. 하나님의 관점에서 본다면, 창조는 자기 제한과 자기 낮춤을 암시한다. 하나님의 창조하시는 사랑은 항상 고통을 겪는 사랑이다. 또한 자유와 공동체로 이끄는 세상과 인류의 구속은 언제나 하나님의 사랑의 고통으로부터 하나님을 구속하는 과정을 포함한다.[7]

여기서 우리가 만나는 것과 같은 사고의 과정은 서로 분리되어 있지 않다. 하나님의 자기 제한으로서의 창조에 대한 견해와, 창조자와 창조물로서의 인간의 상호 관계는 서로 밀접하게 연결되어 있다. 그 상호 관계는 "인격적인 의사소통"(Brunner) 및 "상호주체성"(Berkhof)과 같은 용어로 묘사된다. 몰트만의 견해에 의하면, 하나님의 자기 제한이 자기 낮춤과 고통으로 바뀌는 것은 하나님의 수난설(theopaschitism)에 대한 한 가지 형태를 반영한다(참조. Wentsel, *Dogm*., 3a: 512-519).[8]

---

7   Moltmann, 『삼위일체와 하나님 나라』(*Trinität und Reich Gottes*), 1980, 75, 123-127; 『창조 안에서의 하나님』(*Gott in der Schöpfung*), 1985, 98-105.

8   우리는 Moltmann의 이와 같은 견해에서 그가 카발라 사상(cabbalism)으로부터 영향을 받았다는 것을 분명하게 인식할 수 있다. 이와 같은 견해가 그렇게 새로운 것은 아니다. 참조.

성경은 하나님의 관점에서 창조를 자기 제한이나 자기 낮춤으로 이해해야 된다고 우리에게 결코 암시해주지 않는다. 베르크호프가 묘사하듯이, 하나님은 자기 자신을 어느 정도 의존적인 존재로 만드셔야 하는가? 하나님이 모든 것을 그분의 뜻과 계획에 따라서 창조하셨다는 것은 하나님의 독자성을 명백하게 입증해준다. 따라서 창조세계의 존재는 하나님의 독립성으로부터 결코 벗어날 수 없다. 또한 하나님에 대한 인간의 반항도 창조주의 전능하심을 "공격에 노출되어 있는 우세한 능력"으로 격하시킬 수 없다(§ 13.7을 보라).

창조자와 창조세계 사이에 존재하는 측량할 수 없을 만큼 커다란 차이는 오직 하나님만이 자기 자신으로부터(*a se*) 존재하심을 말해준다. 곧 하나님은 자기 자신으로부터, 자기 자신에 의해서, 또한 자기 자신을 위해서 존재하신다(참조. Bavinck, *R.D.*, 2:149-153; Wentsel, *Dogm.*, 3a: 296 이하, 484-498). 초기의 개혁파 신학에서 자존성(*aseitas*)은 대체로 하나님의 독립성(*independentia Dei*)으로 언급되었다. 하나님은 아무것에도 의존하시지 않는 반면에 모든 것은 하나님을 의존한다. "하나님은 그분의 존재, 속성들, 작정들 및 행위들에서 절대적으로 독립적이시다"(Bavinck).

"산이 생기기 전, 땅과 세계도 주께서 조성하시기 전, 곧 영원부터 영원까지 주는 하나님이시니이다"(시 90:2). "또 [하나님은] 무엇이 부족한 것처럼 사람의 손으로 섬김을 받으시는 것이 아니니, 이는 만민에게 생명과 호흡과 만물을 친히 주시는 이심이라"(행 17:25). "이는 만물이 주에게서 나오고 주로 말미암고 주에게로 돌아감이라"(롬 11:36).

3. 하나님은 무로부터 모든 것을 창조하셨다. 우리의 이 신앙고백(「벨기에 신앙고백서」 제12조)은 성경에서 명백하게 언급되지 않는다. 하지만

J. Moltmann, *Trinität und Reich Gottes*, 1980, 40-45, 123-127. 그의 견해에 대한 더 자세한 비판에 대해서는 다음을 참조하라. Wentsel, *Dogm.*, 3a:512-515.

이 신앙고백은 성경의 가르침과 일치한다(참조. 롬 4:17; 히 11:3). "무로부터"(*ex nihilo*)라는 표현은 마카베오하 7:28에서 비롯된 것이다. 해당 구절에서 어떤 어머니는 자기의 아들에게 "하늘과 땅을 바라보아라. 그리고 그 안에 있는 모든 것을 살펴라. 너는 하나님이 이 모든 것을 무로부터 만드셨다는 것을 깨닫느냐?"고 묻는다.

무로부터 무엇인가를 만들었다는 개념은 창조에 대한 **훌륭한** 묘사인 것처럼 여겨진다. 하지만 이른 시기부터 다음과 같은 오해, 곧 고대 그리스 철학에 기초해서 "무"(nothing)를 "존재하지 않음"이나 창조된 세계에 대한 부정적인 가정(supposition)으로 이해하는 것을 피하기 위해서는 어떤 것을 덧붙여 말할 필요성이 있었다. "무로부터의"(of nothing)라는 표현은 어떤 것도 그 이전에 일어난 것이 없었다는 것을 의미한다(무로부터의[*ex nihilo*]는 동시에 무 이후에[*post nihilum*]를 의미한다).

우리 시대는 하나님이 무로부터 모든 것을 창조하셨다는 사실을 새롭게 강조할 필요가 있다. 창세기 1:2이 "혼돈하고 공허하며"([*tohu wabohu*])라는 표현을 언급했을 때, 이것은 혼돈에서 우주가 나타났다는 것을 의미하지 않는다. 그럼에도 땅은 우리가 지금 알고 있는 정돈된 형태를 아직 얻지 못했다는 사실이 이야기되어야만 한다. 그 당시 땅에는 아무런 생명체도 존재하거나 살고 있지 않았다.[9] 창세기 1:1이 말하는 창조의 이전에는 최초의 상태로서 혼돈이 존재하지 않았다. 또한 하나님께서 혼돈을 창조하셨다고 가정할 수도 없다.

"무"는 칼 바르트의 신학에서 특별한 역할을 한다. 그의 견해에 의하면, 창조는 빛과 그림자라는 두 가지 측면을 지니고 있다. 창조된 모든 것은 이 이중적이며 서로 모순되는 운명, 곧 무엇인 것과 무가 아닌 것에 지

---

9 G. Ch. Aalders, *Genesis*, 1949², 1:79, 69-71. Ridderbos는 이스라엘의 주변에 있던 나라들은 "무로부터"의 창조라는 개념을 알지 못했다고 올바르게 주장한다. 창조와 관련해서 다양한 이방의 나라들의 이해를 알려면, 특히 다음 연구서 및 주석을 참고하라. G. Ch. Aalders, 1932, 71-146; C. Westermann, *Genesis*, 1:26-65.

배를 받은 것으로 생각해야만 한다. 하지만 무엇인 것은 무와 경계를 이루고 있으며, 또한 무엇인 것은 무에 의해서 위협받고 그 자체는 무의 위협에 상대가 되지 못한다. 그렇지만 하나님은 창조의 이 두 가지 측면, 곧 "환호"와 "탄식"을 예수 그리스도의 낮아짐과 높아짐에서 그분의 일로 삼으셨다. 예수 그리스도는 창조의 의미와 목적이다(Barth, *C.D.*, 3.1.375-378. 다소 다르게 언급하는 것으로서 *C.D.*, 3.2.152-157).

우리가 바르트가 의도하는 바를 이해하기 위해서는 반드시 바르트의 창조론의 구조를 살펴보아야 한다. 그 구조는 그리스도 중심적이다. 우리가 앞으로 살펴보겠지만(제7항), 바르트는 창조와 구속을 망원경으로 보듯이 한꺼번에 바라본다. 무에 대한 바르트의 견해는 바로 이것에 기초한다. 모든 것은 이 이중적인 운명 아래 놓여 있다. "왜냐하면 모든 것은 예수 그리스도를 통해서 또한 그의 죽음 및 부활에 기초해서 지음을 받았기 때문이다."

바르트가 무에 대한 이론을 전개할 때, 그는 여전히 이 방향으로 계속해서 나아간다. 창조주가 거부하며 "아니다"라고 말하며, 그분이 지나치고 뒤에 남겨둔 것은 바로 창세기 1:2의 혼돈이다. 그것은 창조주가 추구하지 않았고 또한 창조하지 않은 실재다. 그럼에도 그것은 어떤 의미에서 하나님의 창조와 그분의 창조물 사이의 경계를 나타낸다. 혼돈은 그릇된 것이며, 하나님의 창조물에게 유혹과 위험을 제공한다. 그래서 창세기 1:3에서 하나님의 창조는 맨 먼저 빛과 어둠의 분리다. 창세기 3장에 묘사된 인간의 죄는 무의미한 대상이 실질적으로 존재한다는 것을 확인해준다. 이 무의미한 대상이 존재하는 것은 오직 하나님이 그것을 거부하신다는 의미에서만 이해될 수 있다(Barth, *C.D.*, 3.3.352 이하).

하나님은 무의미함으로 압도되는 것에서 그분의 창조세계를 보호하신다. 무의미함은 실질적으로 존재하지만, 그것은 단지 하나님의 왼쪽에 위치해 있다. 그것은 정말로 실재하고, 관계를 맺고 있고 활동하고 있다. 그렇지만 하나님은 그것을 이미 정복하셨다. 왜냐하면 예수 그리스도가 바로 정복자이기 때문이다. 그래서 무의미함은 종말에 이르렀다. 그것은 예수 그리스도 안에서 패배한 옛 시대의 실재다.

위협하는 힘을 가졌던 무의미함의 나라는 이제 거짓에 지나지 않는다(Barth, *C.D.*, 3.3.360-368).

우리는 바르트가 성경의 본문에 변증법적인 방법론을 무리하게 적용한다고 주장할 수 있다. 바르트의 견해에 의하면, 우리는 창세기 1장에서 "그래"라는 하나님의 말씀과 더불어 "아니다"라는 말씀을 동시에 듣는다. 그러나 어떤 부정적인 존재가 창조세계의 그림자나 또는 창조세계를 위협하는 대상으로서 묘사되든지, 성경은 결코 어떤 부정적인 존재도 하나님에게서 기인한 것으로 돌리지 않는다. 바르트의 이와 같은 이해는 사변적인 추론이다.[10] 스킬더는 "이 새로운 마니교적인 사상에 의해서 해를 입지 말자"고 말한다(Schilder, *H.C.*, 3:357).

4. 하나님은 모든 것을 좋게 창조하셨다. 하나님의 선하심을 믿는 사람들은 하나님이 하시는 모든 일도 선하다고 확신할 것이다. 성경은 분명히 이렇게 말한다. "하나님이 지으신 그 모든 것을 보시니 보시기에 심히 좋았더라"(창 1:31).

칼뱅은 창세기 1:31을 주해하면서 하나님의 이 판단은 우리에게 규칙이자 모범이 되어야만 한다고 말한다. 그래서 아무도 하나님이 하시는 일에 대해 감히 다르게 생각하거나 말하려고 하지 말아야 한다.

창조세계가 좋다는 것은 창조세계의 어떤 부분에만 국한되거나, 혹은 덜 좋거나 열등한 다른 부분과 대조되는 것이 아니다. 이것을 언급하는 게 불필요한 일은 아니다. 왜냐하면 상당히 많은 사람이 물질세계와 물리적인 영역을 쉽사리 좋은 것으로 여기지 않기 때문이다. 그와 같은 견해를 강력하게 반대하는 신학자가 판 룰러다. 그에 의하면 물질적 실재는 창조세계 그 자체다! 물질적 실재는 하나님에 대한 궁극적 "반대자"다. 그것은 하나님과 완전히 정반대다. 하나님은 창조하는 영이시다. 인간은 활기 발

---

10 참조. G. C. Berkouwer, 『칼 바르트의 신학에서의 하나님의 은혜의 승리』(*De triomf der genade in de theologie van Karl Barth*), 1954, 212-217, 242.

랄한 멋쟁이처럼 한평생 날마다 즐겨야 한다. 오직 그때서야 창조자에 대한 섬김이 진정한 경배가 된다(Van Ruler, *Ik geloof*, 40 이하. 또한 Van Ruler, *T. W.*, 5:9-31).

우리는 판 룰러가 여기서 주장한 모든 것을 지지할 수는 없다. 하지만 우리는 참으로 그의 반응을 이해할 수 있다. 하나님이 창조하신 모든 것은 예외 없이 그 자체로서 좋은 것이고 또한 그것을 감사하며 받아들여야 한다(딤전 4:4).

창조된 실재는 많은 측면을 지니고 있고 헤아릴 수 없이 다양하다. 하나님은 식물과 동물을 "각기 종류대로" 창조하셨다(창 1장). 또한 창조의 선한 특성은 온갖 다양한 생명체에 의해서도 명백하게 드러난다. 하나님은 질서정연한 전체를 창조하셨다. 하나님은 창조세계를 반복적으로 서로 구분하셨다(창 1:4, 7, 18). 그분은 우리가 넘어가서는 안 되는 경계선을 정하셨다(참조. Ridderbos, 1963, 88 이하). 이 점과 관련해서 개혁주의 철학(Reformational philosophy) 또는 우주법적인 개념의 철학(philosophy of the cosmonomic idea)을 언급할 수 있다. 이 철학은 창조자 또는 모든 것의 기원에 대한 신앙에 기초해서 실재의 다양한 측면과 구조를 탐구한다. 하나님이 그분의 창조물에게 주신 법과 규범들은 인간의 타락으로 말미암아 바뀌지 않았다.[11]

최근의 신학에서 창조의 선함은 종종 경시되었다. 칼 바르트와 같이 창조의 그림자나 또는 어두운 측면에 도달하는 이들은 결국 창조를 칭의로 해석한다(Barth. *C.D.*, 3.1.366-414). 그것은 바로 심판을 통해서 실재를 의롭다고 인정하는 것이다. 곧 창조자는 창조세계의 선한 측면을 인정하고 부정적인 측면을 정죄한다. 앞서 우리는 이와 같은 해석을 지나친 추론이라고 판단했다(제3항을 보라).

---

11 참조. H. Dooyeweerd, 『새롭게 됨과 사색』(*Vernieuwing en bezinning*), 1963², 41, 58; A. M. Wolters, 『경계선이 없는 창조』(*Schepping zonder grens*), 1988, 55-57.

이제 우리는 이 측면을 뒤로 하고 베르크호프의 사고의 흐름에 초점을 맞추고자 한다. 그는 먼저 창조의 선함에 대해서 말한다(Berkhof, *C.F.*, 166). 하지만 창조의 예비적이며 미완성의 상태에 대해 고찰하면서, 나중에 그는 또다시 현실에서 경험하는 심각한 영역으로 되돌아간다. 곧 그는 우리가 일상생활에서 관찰할 수 있는 부조화—고통, 죽음, 재난 등—를 머릿속에 떠올린다. 이것은 수 세기 동안 "죄의 결과들"이라는 제목 아래 다루어졌다. 베르크호프는 이 점에 대해 다른 견해를 지니고 있다.

그의 견해에 의하면, 세상은 비극적인 요소를 포함한다. "세상은 불완전하고, 미완성이며, 결함이 있다. 물론 세상에는 행복한 것들이 많이 있지만, 사람들은 세상의 불완전함을 의식하지 못하고 행복하다고 느끼는 게 아니다. 그 누구도 비난할 수 없는 많은 슬픔이 이 세상에 있다. 또한 그 누구도 해소할 수 없는 수많은 고통이 있다." 그러면서 베르크호프는 이렇게 질문한다. "왜 하나님은 (궁극적으로) 원하시지 않는 무엇인가를 (임시로) 원하셨을까? 우리가 제시할 수 있는 유일한 대답은 대답하지 않는 것이다. 아마도 하나님의 목적은 이미 만들어진 완벽한 세상이 결코 아니었을 것이다. 하나님은 분명히 그분의 창조물이 저항과 투쟁의 역사와 고통과 죽음을 경험하기를 원하셨을 것이다." 우리는 "어느 날 이 세상에서 경험하고 있는 출산과 성장의 모든 고통은 그것의 영광스러운 결말과 비교할 수 없다는 것을 믿을 수 있을 것이다"(Berkhof, *C.F.*, 174 이하).

하지만 바로 그것이 "하나님이 지으신 그 모든 것을 보시니 보시기에 심히 좋았더라"(창 1:31)를 의미하는 것인가? 베르크호프의 견해에 의하면, 이 표현은 모든 것이 완전했다는 것을 의미하지 않고, 오히려 그것이 하나님의 목적, 곧 하나님과 인간 사이의 교제에 적합한 것이었다.

바울은 해산의 고통과 비교할 수 있는 것으로서 모든 창조물이 함께 탄식하며 〔궁극적인 구원을〕 고대하고 있다고 말한다(롬 8:22). 아마도 이것은 창조물이 일시적으로 고통의 상태에 놓여 있는 것을 묘사할 것이다. 여기서 바울의 말이 의미하는 바를 숙고해본다면, 우리는 결코 베르크호프의 견해에 동의할 수 없다. 바울은 허무한 데 굴복하는 것과 썩어짐에 종노릇하는 것에 대해서 말한다. 인간의 좌절 또는 허무는 시작이 있고 또한 종말이 있다(참조. *TDNT*, 4:523). 그것의 시작은 지속적으로 중대한 결과를 미치는 어떤 사건과 하나님의 작정으로 말미암은 것이다. 따라서 로마서 8:20은 우리를 창세기 3:17로 데려다준다.[12]

베르크호프는 인간의 타락과 그 결과로 말미암은 불화에 대해서 알려고 하지 않는다. 그 대신 그는 하늘과 땅의 창조자에 대한 신앙을 세상에 대한 진화론과 결합하려고 한다. 따라서 그는 성경의 가르침에 어긋나는 결론에 이른다. 곧 그는 창조를 선한 것이라고 부르지만 그것은 불충분한(결함이 있는) 것이다.

그러나 창세기 1장에서 "좋았더라"는 말은 여섯 번 반복된다. 이것은 분명히 "하나님과 교제하기에 적합한" 것보다 그 이상을 의미한다는 것을 암시해준다. 창세기 1장은 창조세계가 어떤 측면에서 부분적으로 좋다고 말하지 않는다. 그것은 사람들이 보기에도 좋았을 뿐만 아니라 하나님이 보시기에도 좋았다. 하나님이 창조하신 창조세계는 원래 최고로 완전한 것, 완벽함 그 자체였다(Calvin).

어떤 이들은 마치 하나님이 잠정적으로 원하셨던 것처럼 이 세상 안에 있는 어떤 비극적인 요소나 또는 고통스러운 수수께끼를 창조에 대한 이야기와 연결하고자 한다. 하지만 우리는 그것을 하나님의 천지창조와 곧바로 연결해서 이해할 수 없다. 하나님은 맨 처음에 모든 것을 선하게 창조하셨다. 하지만 그 이후에 많은 사건이 일어났다. 죄는 수많은 상처들을 남겼다. 우리는 다른 방법으로는 쉽게 깨달을 수 없는 것을 하나님이 창조세계를 선하게 창조하셨다는 배경에 기초해서 정확하게 간파할 수 있다. 지금 존재하는 이 세상은 하나님의 의도들을 반영하지 못한다. 따라서 모든 창조물의 신음은 하나님의 자녀들의 탄식을 수반하고 또한 해방과 구속을 고대한다는 것은 전혀 놀라운 일이 아니다(롬 8:22-23).

5. 창조의 목적. 하나님이 세상을 창조하신 목적은 무엇인가라는 질문

---

12 참조. A. F. N. Lekkerkerker, 『로마서』(*De brief van Paulus de Romeinen*), 1962, 1:345 이하.

에 대한 대답은 다음과 같다. 곧 하나님은 인간을 위해서 이 세상을 창조하셨다. 이미 몇몇 교부들은 이와 같은 취지에서 말했다. 또한 이와 같은 개념은 칼뱅에게서도 나타난다. "그뿐만 아니라 하나님은 친히 창조의 질서를 통해 그분이 모든 것을 인간을 위해서 창조하셨다는 것을 보여주셨다." 인간을 창조하시기에 앞서, 하나님은 인간에게 유익하고 필요한 모든 것을 미리 준비하셨다. 칼뱅은 성경에 기초해서(창 1:28; 9:2) 하나님이 이 세상의 모든 것을 우리에게 맡겨주셨다고 말한다(『기독교강요』 1.14.22). 하지만 이것이 주요한 강조점은 아니다. 창세기 1장에서 묘사된 하나님의 창조 행위에는 하나님의 안식이 뒤따른다(창 2:1-4). "하나님의 창조의 최종 목적은 사람들이 존재한다는 것이 아니라, 하나님을 섬기기 위해서 사람들이 존재한다는 것이다."[13] 모든 창조물은 하나님을 영화롭게 하기 위해 섬겨야 한다는 것은 신학에서 지속적으로 자주 등장하는 주제다. 또한 칼뱅의 창조론은 결코 인간 중심적이지 않다. 우리는 「제네바 교리문답」에서 맨 처음에 언급되는 몇 가지 질문과 답변에 대해 생각해 볼 수 있다. 1. 인생의 주요 목적은 무엇입니까? 우리를 창조하신 하나님을 아는 것입니다. 2. 무엇에 기초해서 당신은 그렇게 말할 수 있습니까? 하나님은 우리를 지으시고, 우리를 통해서 영광을 받으시려고 우리를 이 세상에 두셨습니다.

이것은 개혁파 교리에서 중요한 주제 중 하나다. 곧 창조세계는 사람들을 위해서 존재하며, 동시에 인간과 창조세계는 하나님을 위해서 존재한다. 모든 것은 하나님의 영광에 종속되어야 한다. 「벨기에 신앙고백서」는 하나님이 "모든 창조물에게 저마다 고유한 존재, 모양, 형태와 창조자를 섬기기 위한 직무"를 주셨다고 말한다. 또한 그것은 "하나님이 그분의 영원한 섭리와 무한한 능력으로 모든 창조물이 인류를 섬기게 하려고 그것들을 보존하시고 다스리신다. 그래서 인간이 하나님을 섬기게 하신다"고 말

---

13 B. J. Oosterhoff, 『성경을 열기 위해서』(*Om de Schriften to openen*), 1987, 68.

한다(제12조).

인간은 창조세계의 중심에 놓여 있지 않다. 성경은 어느 곳에서도 인간이 중심에 있다고 말하지 않는다. 심지어 이 점은 시편 8편에서도 마찬가지다. 인간의 존재 목적은 하나님의 영광이다(시 8:2, 10). "하늘이 하나님의 영광을 선포하고 궁창이 그의 손으로 하신 일을 나타내는도다"(시 19:1). 하나님의 "영원하신 능력과 신성"이 그분이 만드신 모든 것에 나타나 있다(참조. 롬 1:20).

모든 것은 바로 하나님을 위해서 또한 그분을 통해서 존재한다(히 2:10; 참조. 계 4:11). 하나님은 세상이 그분의 왕국이 되기를 의도하셨다. 하나님의 창조 사역에서 나타나듯이, 하나님은 그분의 영광을 드러내시고 또한 그분의 나라를 세우시려고 했다. 하나님의 모든 행위 안에서 이 목적은 주안점으로 남아 있다. 모든 다양성에도 불구하고, 이 점과 관련해서 하나님이 하시는 모든 일은 하나다. 바로 이런 이유로 말미암아, 성경에서 하나님의 창조, 보존, 통치, 구속 및 완성이라는 위대한 사역들은 종종 동시에 언급된다.

마치 창조세계에 그 이상의 다른 대상들이 없는 것처럼, 우리는 단지 인간과 세상에만 우리 자신을 국한시켜서는 안 된다. 이 사실은 우리를 겸손하게 만든다. 우리는 이 점과 관련해서 욥기 38-41장을 생각할 수 있을 것이다. 욥기는 인간 이외의 창조물이 도처에 존재하며, 특히 사람이 전혀 살지 않으며 사람이 도달할 수도 없는 수많은 별들로 이루어진 무한한 우주 공간에 있는 모든 창조물은 저마다 하나님과의 고유한 관계 안에 놓여 있다고 정확하게 말한다(참조. Berkhof, *C.F.*, 171).

만약 우리가 이 모든 것을 무시한다면, 우리는 인간이 창조세계 전체의 중심이거나 또는 창조세계의 궁극적인 목적이라고 이해하는 결론에 이를 수도 있을 것이다. 그렇다면 하나님이 행하시는 모든 일은 인간을 돌보기 위한 것이어야 할 것이다. 이것은 하나님이 반드시 우리를 섬기셔야 한다는 주장과 거의 같은 것이다. 하지만 이와 같은 주장은 창조세계의 질서를 완전히 뒤집어놓는 것이다! 우리는 바로 하나님으로 말미암아 또한 하나님을 위해서 존재한다.

6. 창조와 섭리. "창조하다"라고 번역된 동사가 하늘과 땅을 창조한 것이나 인간을 창조한 것을 언급하지 않고, 역사 속에서의 하나님의 행위들을 가리키는 구절들이 있다. 이것에 대한 한 가지 예는 "이 일들은 지금 창조된 것이요, 옛 것이 아니라"(사 48:7)이다(이사야 48:7에서 "이 일들"은 48:6에서 언급된 "새 일[들]"을 가리킨다).

따라서 교회의 몇몇 신앙고백서들에서 창조주 하나님에 대한 신앙고백은 하나님의 섭리에 대한 신앙고백과 연결되어 있다는 것은 놀라운 일이 아니다. 사도신경의 제1조를 해석하면서 다음과 같이 말할 수 있다. "하늘과 땅의 창조자로서 그분은 모든 창조세계를 그 종류에 따라서 그분의 선하심, 권능 및 지혜로 다스리신다"(「제네바 교리문답」).

창조와 창조세계의 통치는 서로 직접적으로 연결되어 있다. 하지만 이 두 가지는 서로 구분된다. 신앙고백서에서 하나님의 천지창조는 현재완료 시제로 묘사되지만, 하나님의 보존과 통치는 현재 시제로 묘사된다(「하이델베르크 교리문답」 제9주일).

창세기 2:2은 이 두 가지를 서로 연결하고 서로 구분해서 말한다. 하나님이 안식하셨다는 것은 그분이 창조 사역을 계속해서 하지 않으셨다는 것을 암시해준다. 왜냐하면 하나님은 그 사역을 마치셨기 때문이다. 하지만 이 구절은 하나님이 더 이상 일하시지 않는다는 것을 암시해주지 않는다(참조. 요 5:17). 하나님의 섭리는 계속된 창조(*creatio continua*)라고 묘사되었다. 아브라함 카이퍼와 바빙크는 이 용어를 이전의 신학에서 받아들였다. 하지만 그들은 창조와 섭리를 구분하는 것을 무시하려는 의도를 전혀 갖고 있지 않았다. 창조와 섭리라는 개념들은 하나님의 계시에 기초한다. "창조의 결과로서 창조세계가 생겨났다. 보존의 결과로서 창조세계가 보존된다. 이 두 가지는 서로 다른 것이다." 창조는 존재를 만들어내고, 보존은 존재가 지속되게 한다(Bavinck, *R.D.*, 2:607-608). 바빙크는 다음과 같이 표현하기를 원한다. 하나님의 섭리는 하나님의 창조와 마찬가지로 동일하게 위대하고 전능하며 모든 곳에 존재하는 하나님의 권능이다. 하지만 과연 이 용어를 선택하는 것이 충분히 정당한 것인가라는 질문이 제기될 수 있다.

다른 신학자들이 창조와 섭리 개념들을 서로 연결해서 생각하는 것을 살펴본다면, 앞서 언급한 질문은 중요한 질문이 된다. 슐라이어마허에 의하면, 하나님이 창조세계를 유지하신다는 교의는 하나님이 천지의 창조자라는 교의와 전적으로 동등하다. 하나님의 섭리에 대한 교의는 창조에 대한 교의보다 신자들이 하나님을 더욱더 철저하게 의존하도록 만든다. 스웨덴 신학자 아울렌(G. Aulén, 1879-1978)은 이 견해에 동의했다.[14] 아울렌에 의하면, 하나님의 창조 사역을 완료 시제(*perfectum*)로 말하는 것보다 그것을 더 오해하게 만드는 것은 없다. 오히려 창조는 하나님의 사랑의 의지의 지속적인 행위다(*creatio continua*).

이와 같이 모든 것이 하나님을 의존한다고 지속적으로 주장되지만, 창조는 태초에 하나님이 무로부터 천지를 창조하셨다는 것으로 더 이상 해석되지 않는다. 우리는 다음과 같은 베르카우어의 주장에 동의해야만 한다. 특히 계속된 창조(*creatio continua*) 개념에 접근하는 현대의 신학적인 사고방식과 관련해서, 우리 자신이 이 개념을 멀리 할 충분한 이유가 있다. 왜냐하면 그것은 하나님의 행위들에 대한 우리의 이해를 결코 향상시켜주지 않기 때문이다(Berkouwer, 1952, 64).

하나님의 섭리 때문에 하나님의 창조에는 연속성이 있다. 하지만 이것은 하나님의 섭리가 하나님의 계속된 창조와 동등하다는 것을 의미하지 않는다. 우리는 하나님의 창조를 하나님의 섭리 및 통치와 동일시할 수 없다.

여기서 우리는 동시에 어떤 현실주의(actualism)에 대한 입장을 취하고자 한다. 우리는 다른 어느 경우보다도 네덜란드의 「새로운 교리문답서」(*De nieuwe*

---

14 G. Aulén, 『우리의 보편적인 기독교 신앙』(*Ons algemeen christelijk geloof*), 1917, 157-164.

개혁교회 교의학

katechismus, 1966)에서 그와 같은 견해를 발견할 수 있다. 이 교리문답서에서 몇몇 부분을 인용하고자 한다. "하나님이 창조**하셨다**고 말하는 것보다 하나님이 창조**하신다**고 말하는 것이 더 낫다." "하나님이 창조자라는 것은 존재하는 모든 것이 그분을 의존하고 또한 의지한다는 것을 의미한다. 하나님을 창조자로 생각하면서 우리는 태초와 관련해서 창조를 생각해서는 안 되며, 오히려 현재 및 미래와 관련해서 창조를 생각해야 한다. 하나님은 지금 모든 것을 완성해가시는 과정 중에 있기 때문이다." "하나님은 세상을 창조**하셨다**가 아니라, 그분은 지금 세상을 창조하고 **계신다**. 또한 하나님은 부분적으로 우리를 통해서 그와 같이 하신다." "인간이 하는 일들은 하나님이 창조하시는 것에 해당한다"(pp. 309, 573 이하, 501).

이 해석은 성경에 대한 올바른 주해에 기초하고 있지 않다. 이것은 세상에 대한 새로운 견해를 반영한다. 이 견해에 의하면 세상은 정적이지 않으며 역동적이다. 이 견해에는 테이야르 드 샤르댕(P. Teilhard de Chardin)의 경우(§ 18.3)처럼 우주가 진보한다는 것으로 해석되는 진화와 관련된 부분이 있다. 우주를 위한 과정이라고 해석되는 진화를 위한 영역이 주어져 있다(pp. 12-15). 여기서 창조 사건은 하나님과 세상 사이의 관계나 또는 하나님과 인간 사이의 관계로 평가 절하된다.

「새로운 교리문답서」의 저자들은 "태초는 이제까지 중요하게 여겨져왔던 것보다 우리에게 덜 중요하다"고 말한다. 그들은 "태초에"(창 1:1; 요 1:1)라는 표현을 해석하는 데 어려움을 느낀다. 그들은 이 표현을 순전히 시간을 가리키는 것이 아니라 질서나 기원과 관련된 것으로 해석한다(pp. 309, 574).

하지만 창세기 1장의 맨 처음 몇 단어에서는 한 가지 문제가 제기된다. 그 문제는 바로 창조와 시간의 관계에 대한 것이다(참조. Bavinck, *R.D.*, 2:426-430).

우리는 시간을 유한하고 지음을 받은 모든 것의 존재 방식으로 이해할 수 있다. 공간도 이와 비슷한 방법으로 이해될 수 있다. 시간은 창조세계의 일부분으로 창조되었다. 또한 창조세계는 시간 안에 존재한다. 창조는 창조세계의 존재의 시작이다. 따라서 창조는 공간, 시간 및 역사의 시작이다.

7. 창조와 구속. 우리는 창세기의 처음 몇 장에서 창조—타락—구속이

라는 순서로 이야기가 전개되는 것을 알고 있다. 또한 우리는 교회의 신앙고백서들에서도 그 순서로 언급되는 것을 발견할 수 있다(참조. 「벨기에 신앙고백서」 제12-17조). 하지만 많은 이들이 더 이상 이 순서를 따르지 않는다. 이것은 성경을 비판적으로 다루는 것을 반영한다. 또한 이것은 죄의 개입으로 말미암아 낙원의 맨 처음의 상태가 깨진 것과 관련해서 의구심을 품고 있음을 드러낸다.

칼 바르트의 다음 주장은 잘 알려져 있다. 황금시대는 없었다. "최초의 인간은 곧바로 최초의 죄인이었다"(Barth, *C.D.*, 4.1.508).

베르크호프에 의하면, 역사비평은 이전의 신학적인 사고 유형을 해체시켰다. 성경에서 묘사되는 창조의 구조에서 창조와 구원의 관계는 대조가 아니라 서막을 암시해준다. 창조는 구원에 대한 머리말과 구원을 가리켜주는 것으로 이해해야 하고, 구원을 준비하는 것으로도 이해해야 한다(Berkhof, *C.F.*, 172-175).[15]

커이터르트는 창조, 타락, 구속이라는 역사적인 유형을 받아들이지 않는다. 그의 견해에 의하면, 창세기의 처음 몇 장은 "교육을 위한 고안" 또는 "해석 도구"다. 그리고 우리의 진화하는 세계는 하나님의 창조 사역으로 이해되었다. 우리의 입장에서 죄는 수수께끼와 같은 반작용의 한 가지 형태다. 커이터르트는 구원과 창조가 예수 안에서 연결되어 있다고 이해한다. 그는 예수를 역사로서의 창조의 완성된 표준으로 이해한다. 예수 그리스도는 퇴보를 제거하며, 인간과 세상의 발전이 정체되는 것을 막아준다. 그리고 예수 그리스도는 "믿음의 주[창시자]"(히 12:2)로서 창조를 완성으로 이끈다.[16]

우리는 최근의 로마 가톨릭 신학에서 종종 「새로운 교리문답서」와 같은 접근 방법을 만날 수 있다. 창세기 1-11장의 원시적인 이야기들은 영원한 메시지를 지니고 있는 상징적인 이야기들로 이해된다. 그 메시지는 하나님과 인간의 삶에서 다음과

---

15 이 문제와 관련해서는 또한 다음 논문을 참조하라. H. Berkhof, "창조와 완성"(Schepping en voleinding), in H. Berkhof, 『다리들과 교두보들』(*Bruggen en bruggehoofden*), 1981, 37-49.
16 H. M. Kuitert, 『다르게 배열함』(*Anders gezegd*), 1970, 54-61.

개혁교회 교의학

같은 가장 중요한 요소들을 다룬다. 1. 하나님은 창조하시며 성장하게 하신다. 2. 인간은 하나님과 친밀한 교제를 갖기 위해 창조되었다. 3. 창세기의 이야기에서 묘사된 죄악의 행위는 우리의 중대한 죄들을 지적해주는 상징들이다. 4. 하지만 하나님은 구원과 회복을 허락하신다.[17]

특히 칼 바르트의 영향 아래, 창조와 구원의 결합 또는 혼합이 추구되었다. 바르트의 견해에 의하면, 창조론은 다음 두 가지 주제에 의해서 주도된다. 첫째, 창조는 언약의 외적인 기초다. 둘째, 언약은 창조의 내적인 기초다(Barth, *C.D.*, 3.1.98, 230-231). 이제 우리는 두 번째 주제에 초점을 맞추어 언급하고자 한다. 언약은 하나님과 인간이 맺은 영원한 언약이다. 그 언약은 예수 그리스도라는 오직 하나의 이름으로 대표될 수 있다. 왜냐하면 그 언약은 그리스도 안에서 맺어진 것이며 또한 그 안에 기초하고 있기 때문이다. 이것은 예수 그리스도가 창조의 기초라는 것을 의미한다. 이와 같은 방법으로 창조와 구속은 하나다.

이것은 하나님을 우리의 창조자로 아는 것 이상을 암시한다. 왜냐하면 우리는 믿음을 통해 그리스도와 그 안에서 구속을 아는 것에 이를 수 있기 때문이다. 우리는 칼뱅의 저서에서도 동일한 개념을 발견할 수 있다(참조. Barth, *C.D.*, 3.1.30 이하). 바르트는 지식의 순서(noetic order)뿐만 아니라, 존재의 순서(ontic order)에 대해서도 관심을 갖고 있다. 그는 세상은 베들레헴에서 태어난 그 어린 아기에 의해서, 또한 골고다의 십자가 위에서 죽고 제 삼일에 다시 살아난 그 사람에 의해서 창조되고 보존된다고 말한다.[18] 우리는 창세기 1장과 2장에서 묘사되는 창조 역사의 한가운데서 예수 그리스도를 만난다. 따라서 창조는 본질적으로 구원사다.

바르트의 이 개념은 개신교 신학자들뿐만 아니라 로마 가톨릭 신학

---

17 「새로운 교리문답서」(*De nieuwe katechismus*), 1966, 307 이하.
18 K. Barth, *Dogmatics in Outline*, 1949, 58.

자들에게 막대한 영향을 끼쳤다. 어떤 신학자들은 바르트에게 직접적인 영향을 받은 것 같고, 다른 신학자들은 바르트의 개념과 유사점을 보여준다.[19]

　과연 이 개념을 성경이 지지해주는가라는 질문과 관련해서 대체로 맨 먼저 요한복음 1:1-18이 언급된다. 우리는 이미 그 말씀 또는 성자를 창조의 중보자로 이해해야 할 이유가 전혀 없다고 결론맺었다(제1항을 보라). "만물이 그로 말미암아 지은 바 되었으니"(요 1:3)에서 그 말씀을 구원의 중보자로서의 그리스도라고 해석할 정당한 이유가 없다. 요한복음의 프롤로그에서는 "[그] 말씀이 육신이" 되었다고 언급된다(요 1:14). 이것은 태초에 일어난 사건이 아니다. 일단 죄가 이 세상 안으로 들어온 다음에 그 말씀은 육신이 되었다. 또한 바로 죄의 문제를 본질적으로 해결하기 위해서 성육신이 이루어졌다. 요한복음 1장은 맨 먼저 그 말씀이 태초에 존재했다고 말한다. 그다음 그 말씀이 세상의 빛으로서 오는 것에 대해 말한다. 마지막으로 성육신한 말씀의 영광에 대해서 언급한다.[20]

　성육신한 그리스도에 대해서 알지 못하고, 그의 영광에 대해서 숙고하지 않았다면, 요한복음의 저자는 태초에 이미 존재하던 그 말씀을 언급하지 않았을 것이다. 하지만 이것은 그 말씀으로 말미암은 창조와 성육신한 말씀으로 말미암는 구속이 서로 동일시되어야 한다거나, 원칙적으로 서로 일치한다는 것을 의미하지 않는다.[21] 이 두 가지를 동일시하거나 일치시킨다면, 창조와 재창조 사이에 아무런 구분이 없을 것이다. 그렇다면 그리스도 안에서의 구원은 이미 창조 안에 암시되어 있을 것이다. 만약 이것을

19　B. Wentsel, 『자연과 은총』(*Natuur en genade*), 1970, 325-331을 보라.

20　우리는 여기서 다음 주석서에 제시된 개요를 따르고 있다. H. Ridderbos, 『요한복음』(*Het evangelie Johannes*), 1987, 1:36.

21　또한 요 1장에 대해서 다음을 참고하라. Ch. de Beus, 『그 말씀에 대한 요한의 증언』(*Johannes' getuigenis van het Woord*), 1973; A. Noordegraat, "요한복음의 프롤로그"(De proloog van het Johannesevangelie), *T.H.Ref.* 18 (1975): 186-221.

믿는다면, 모든 사람이 구원받는다는 보편주의로 이어지는 광범위한 결과를 빚어내는 "은혜의 일원론"에 문을 열어주는 것이 될 것이다.

　그 누구도 이 견해를 지지하기 위해 요한복음이나 골로새서 1:15-23을 근거로 삼을 수 없을 것이다. 사도 바울은 골로새서 1:15에서 "모든 피조물보다 먼저 나신 이"에 대해 말한다. 그는 모든 사람보다 앞서서 존재했고, 모든 것은 그 안에서 존재한다. 이것은 오직 하나님의 아들에 대해서만 말할 수 있다. 하나님의 아들은 이미 천지창조 이전부터 존재하고 있었다. 나중에 그가 죽은 사람들 가운데서 맨 먼저 나신 이라고 언급될 때, 그는 중보자와 교회의 머리로 간주된다. 이와 같이 창조와 구속은 서로 밀접하게 연결되어 있다. 또한 중보자로서 그리스도의 사역은 우주적인 중요성을 지니고 있지만 이것은 창조와 구속이 하나로 결합될 수 있다는 것을 암시하지 않는다. 그러므로 심지어 그리스도 자신이 모든 창조물과 관련된 하나님의 작정이라고 하더라도, 모든 창조물보다 먼저 나신 이를 칼 바르트의 견해를 따라 해석해서는 안 된다(Barth, *C.D.*, 2.2.104).[22]

　성경은 우리에게 창조와 구속을 서로 구분해야 한다고 가르친다. 창조는 하나님 중심적이다. 구속은 죄로 말미암아 필요하게 되었으며, 은혜를 통해서 실현된다. 그러므로 구속은 그리스도 중심적이라고 말할 수 있다. 창조는 구속이나 또는 구속 계획을 의존하지 않는다. 반면에 구속은 창조와 타락을 전제한다. 존재론적인 측면에서 창조가 우선한다.

　바르트뿐만 아니라 다른 이들에게도 하나님의 사역의 통일성은 중요한 요소다. 모든 것은 하나님의 은혜의 빛 안에 놓여 있다. 하지만 만약 그리스도의 구속 사역이 하나님이 천지를 창조하실 때가 아니라 인간의 타락 이후에 시작된다고 하더라도, 하나님의 사역의 통일성은 손상되지 않

22　골 1장에 대해서 또한 연구서를 보라. B. Wentsel, 『자연과 은총』(*Natuur en genade*), 1970, 333-335.

는다. 왜냐하면 인간의 타락 이전과 이후의 하나님의 행위 안에 진정으로 통일성이 있기 때문이다. 하나님이 그분의 창조물의 구원—이 구원은 오직 하나님과의 교제 안에서만 얻을 수 있음—을 추구하신다는 사실이 이것을 암시해준다. 그뿐만 아니라, 하나님의 모든 방법과 일은 오직 그분의 영광을 목표로 삼는다. 이것은 창조와 구속에서도 사실이다. 우리는 창조와 구속을 우리 주 예수 그리스도의 아버지로 알고 있는 동일하신 하나님의 사역들로 인식한다. 따라서 우리는 창조와 구속을 그리스도 안에서 하나님의 은혜에 기초한 동일한 사역의 두 가지 측면으로 간주하지 않는다.[23] 우리는 이것을 다음과 같이 다르게 표현할 수 있다. "만약 우리가 하나님의 계획에 대해서 하늘과 땅을 새롭게 하는 마지막 단계까지 모든 과정을 한꺼번에 바라본다면, 창조, 구속 및 만물의 완성은 하나의 장엄하며 일관성 있는 전체 작품일 것이다"(Wentsel, *Dogm.*, 3a:508).

17.4. 창조주에 대한 신앙의 중요성

창조의 다양한 요소들에 대해 숙고하면서, 우리는 교회의 신앙고백이 우선적으로 창조세계가 아니라 창조주에게 초점을 맞추고 있다는 사실을 잊지 않는다. 이 점은 사도신경의 제1조와 「하이델베르크 교리문답」 제9주일의 설명에서도 사실이다. 「하이델베르크 교리문답」에서 해당 주일의 핵심 문장은 "우리 주 예수 그리스도의 영원한 아버지께서 바로 나의 하나님이시며, 나의 아버지이십니다"이다. 해당 문장의 종속절은 하나님이 모든 것을 창조하셨다고 말한다.

그러므로 우리는 판 더 레이우(van der Leeuw)를 따라서 다음과 같이 주장하는 판 니프트릭에게 동의할 수 없다.[24] 곧 "당신은 누가 이 세상을 만

---

23   참조. J. van Genderen, 『언약과 선택』(*Verbond in verkiezing*), 1983, 42.
24   G. van der Leeuw, 『교리 서신』(*Dogmatische brieven*), 1955², 55.

들었는지 또한 이 세상이 어디서 왔는지에 진정으로 관심이 있는가? 다음 질문이 당신의 호기심을 자극할 것이다. 곧 이 세상과 우리의 삶의 의미는 무엇인가?" 나아가 그는 이렇게 주장한다. "나는 창세기 1장에서 시작하지 않을 것이다. 나는 요한복음 3:16에서 반드시 시작해야 한다. 그리고 나는 요한복음 3:16의 관점에서 창세기 1장을 이해한다"(G. C. van Niftrik, *KLD.*, 72 이하).

하나님이 우리의 창조자이시며 우리는 그분의 창조물이라는 사실은 우리의 신앙과 삶을 위해 근본적으로 중요하다. 우리는 이 사실에 기초해서 그분이 우리와 모든 창조물에게 절대 주권을 지니시고 계시고, 우리 자신뿐만 아니라 모든 창조물이 창조자 하나님을 의존한다는 것을 고백한다.

우리는 이 신앙고백과 더불어 창조물에 대한 모든 신격화와 우상화를 반대한다. 이런 신격화가 자연주의나 관념론 또는 유물론에 영향을 받았든지 상관없이 말이다.

고대의 **자연주의**(naturalism)는 천체와 자연의 힘을 숭배했다. 이스라엘은 주변에 있는 이방 나라들의 이와 같은 종교적인 특성과 지속적으로 마주했다. 이스라엘은 창조자와 그분의 사역에 대한 신앙을 통해 이와 같은 특성을 뿌리째 뽑아버려야 했다(참조. 창 1:14-19). 또한 20세기에 어떤 민족, 혈통 및 영토를 신성화하는 것은 본질적으로 이교적인 것이다!

헤겔 철학의 경우처럼 **관념론**(Idealism)도 광범위한 파장을 불러일으킬 수 있다. 우리는 이상주의 안에서 개념들의 절대화가 어느 곳으로 이끌어가는지 간파할 수 있다. 그렇다면 인간 안에 또한 그의 사고 안에 있는 신적인 영이 인간에게 자기 자신을 자각하도록 이끈다.

창조물을 신격화하는 세 번째 형태는 **유물론**(materialism)이다. 이것은 모든 현상을 "에너지와 물질"로 환원한다.

성경은 "조물주보다 창조물을 더 경배하고" 섬기는 것을 죄라고 경고한다(롬 1:25). 이 세상에 속한 것 중 그 어느 것도 절대적이거나 자율적이지 않다. 모든 창조세계는 하나님의 은혜에 의해 존재한다.

하나님은 우리의 창조자이시며, 우리는 그분의 창조물이다. 하나님이 지으신 것 중 중요하지 않은 것은 전혀 없다.

우리는 창조물을 경멸하거나 멸시하는 입장을 반대한다. 우리는 모든 것을 영혼과 물질로 구분하며, 물질을 열등한 것으로 이해하는 **이원론**을 거부한다. "하나님께서 지으신 것은 모두 다 좋은 것이요, 감사하는 마음으로 받으면, 버릴 것이 하나도 없다"(딤전 4:4—표준새번역).

우리는 어떤 창조물도 우상화해서는 안 된다. 그것은 단지 하나님의 손 안에 있는 창조물이기 때문이다. 또한 우리는 어떤 창조물도 멸시해서는 안 된다. 하나님이 모든 것을 창조하셨고, 그 창조물에 대해 어떤 목적을 갖고 계시기 때문이다.

우리의 창조자이신 하나님에 대한 신앙은 매우 중요한 의미를 지니고 있는 다음 세 가지 관계에서 이해되어야 한다.

1. 맨 먼저 **하나님과의 관계**다. 우리는 바빙크와 더불어 창조가 모든 종교적·윤리적 삶의 기초라고 말할 수 있다(Bavinck, *R.D.*, 2:407). 또한 칼뱅은 이 점에 대해서 이렇게 말한다. "하나님은 당신을 지으셨다. 또한 창조세계에 대한 권리를 지니신 하나님은 당신이 그분의 명령에 복종하도록 지으셨다. 당신은 당신의 생명을 하나님에게 빚지고 있다. 그렇다면 당신이 하나님에 대해서 생각할 때, 어떻게 그런 사실을 곧바로 깨닫지 않을 수 있겠는가? 당신이 무슨 일을 추구하든지, 어떤 행동을 하든지, 당신은 그 모든 것을 하나님께 돌려야 하지 않겠는가? 또한 당신이 행하는 모든 것은 하나님을 높여야 하지 않겠는가?"(Calvin, 『기독교강요』 1.2.2). 우리의 주인은 우리 자신이 아니라 바로 하나님이시다. 하나님으로 말미암아 살고 있으면서 하나님이 없이 산다는 것은 부당한 것이며 또한 논리적으로도 지극히 모순된 것이다. 우리는 자신의 목숨을 우리 손안에 지니고 있지 않다. 또한 우리는 그 목숨을 우리가 스스로 처리할 수 없다. 우리는 하나

개혁교회 교의학

님을 섬기도록 부름을 받았다.

2. 루터는 우리의 신앙의 제1조를 설명하면서, 우리의 창조자로서의 하나님에 대한 신앙은 **우리의 동료인 다른 사람들과 또한 다른 창조물과의 관계들**에서 중요한 의미를 지니고 있다고 다음과 같이 말한다. "나는 하나님이 다른 모든 창조물과 더불어 나를 창조하셨다고 믿는다"(소요리문답). 하나님께 속한 이들은 저마다 서로에게도 속한다. 우리는 오직 우리 자신만을 위해서 존재하는 것이 아니다! 이것은 우리가 다른 사람의 지위나 환경, 그의 멋진 삶을 시기하지 않는다는 것을 의미한다. 특히 다른 사람들이 연약하거나 어려운 상황에 놓여 있을 때 더욱더 그렇게 해야 한다.

3. 세 번째 관계는 **모든 창조세계와의 관계**다. 이것은 첫 번째 및 두 번째 관계와 분리될 수 없다. 인간은 창조세계의 일부분이다. 동시에 인간은 창조세계에서 유일무이한 위치를 차지하고 있다. 창세기 1:28은 인간이 땅을 정복하고 모든 생물을 다스리는 것에 대해서 언급한다. 우리는 이 구절에 기초해서 인간은 이 땅에 있는 모든 것을 무제한으로 사용할 수 있다고 종종 부당하게 추론했다. 이와 관련해 합리주의적인 철학(Descartes)에 대단히 많은 영향을 받은 서구의 사상은 다음과 같은 사고방식, 곧 인간은 할 수 있는 일은 무엇이든지 해도 된다는 생각에 대한 책임과 잘못이 있다. 그 결과, 사람들은 창조세계의 보고를 이기적으로 그리고 무분별하게 종종 사용해왔다. 주목할 만한 과학과 기술의 발전이 이런 현상에 기여했다.

문화는 자연을 통제하고 관리하는 것이라고 정확하게 묘사되었다. 하지만 인간은 자신이 자연의 주인과 사용자로 처신할 수 있다고 매우 자주 생각했다. 반면에 성경은 항상 인간의 의존성과 책임을 강조한다. "땅과 거기에 충만한 것과 세계와 그 가운데에 사는 자들은 다 여호와의 것이로다"(시 24:1). 자연은 하나님의 창조물이며, 또한 하나님의 창조물로 존재한다. 그래서 우리는 무엇이든지 우리가 하고 싶은 대로 자연을 대해서는 안 된다. "우주와 그 가운데 있는 만물을 지으신 하나님께서"(행 17:24) 우리가 반드시 지켜야 할 규범들을 만드시고 한계들을 정하셨다.

우리는 칼뱅의 다음과 같은 주장을 인용하면서 이 항목을 마무리하고자 한다. "우리가 하늘과 땅의 창조자이신 하나님을 부를 때마다, 우리는 하나님이 창조하신 모든 것을 분배하는 것이 그분 자신의 손과 권능에 있다는 사실을 기억해야 한다. 또한 우리가 하나님의 자녀이며, 하나님은 그분의 자녀를 양육하고 가르치려고 그들을 신실하게 보호하신다는 사실을 마음속에 새겨야 한다"(Calvin, 『기독교강요』 1.14.22).

§ 18. 창조와 진화

18.1. 진화에 대한 다양한 이론들
18.2. 창조와 관련된 문제점들을 해결하려는 시도들
18.3. 종합을 이루고자 하는 시도들
18.4. 진화론 및 진화주의에 대한 반박

18.1. 진화에 대한 다양한 이론들

"태초에 하나님이 천지를 창조하시니라"(창 1:1). "하나님이 자기 형상 곧 하나님의 형상대로 사람을 창조하시되 남자와 여자를 창조하시고"(창 1:27). 하나님의 이 말씀은 세상의 기원과 인류 역사의 시작에 대한 질문과 관련해서 신자들을 위해 대답하는 것이다.

하지만 성경 및 기독교 신앙 이외에도 사람들은 다음과 같은 질문에 대해 숙고해왔다. 곧 세상과 생명의 기원은 무엇인가? 인간이 이 세상에 나타난 것에 대해 어떻게 생각해야 하는가?

우리가 이와 같은 질문과 관련해서 대면하는 가장 중요한 이론은 바로 진화론이다. 이 이론은 우주, 이 땅에서의 생명체 및 인간의 생명의 기원과 관련이 있다.

진화론과 **다윈주의**(Darwinism)는 정확하게 같은 게 아니다. 다윈(Ch. R. Darwin,

1809-1882)의 선구자는 라마르크(J. B. de Lamarck, 1744-1829)였다. 진화의 발전과 관련해서 하등 형태는 고등 형태를 위한 원재료가 된다는 이론은 이미 아리스토텔레스 철학의 주요한 주제 중 하나였다. 근대 철학에서는 헤겔과 마르크스 역시 발전 과정을 포함하고 있는 개념들을 제시한다. 스펜서(H. Spencer, 1820-1903)는 진화론과 관련해서 상당히 큰 중요성을 지니고 있다. 그는 "생존경쟁" 및 "적자생존"과 같은 표현들을 만들기도 했다. 다윈이 나중에 이 표현들을 대중화했다.

라마르크는 유래설(theory of descent)을 이미 주장했다. 유래설은 어떤 종이 다른 종으로 변화할 수 있고, 인간이 동물로부터 유래하며, 또한 그 변화들은 유전적인 특성을 지니고, 환경에 적응하기 위해서 변화들이 일어나는 것으로 설명할 수 있다는 것을 암시해준다. 하지만 그는 이 이론을 입증해주는 증거들을 충분히 제시하지 못했다. 자연에 대한 유능한 탐구자인 다윈의 유명한 저서 『종의 기원』(*On the Origin of Species: By Means of Natural Selection*, 1859)은 획기적인 국면 전환을 가져왔다. 다윈은 라이엘(C. Lyell, 1797-1875)과 맬서스(T. R. Malthus, 1766-1834)의 견해들을 채택했다. 마침내 그는 당시 자신의 주변에 있는 다른 사람들처럼 성경의 권위를 부인했으며 불가지론자가 되었다.

다윈주의는 생물학에 국한되지 않았다. 그 이론은 고생물학과 지질학뿐만 아니라 심리학과 사회학에도 영향을 끼친 이데올로기가 되었다. 다윈주의가 나타난 시기 이후에 다윈의 가설에 대한 비판이 강화되는 시기가 뒤따랐다. 그것은 사실들에 의해 확인된 것이라고 하지만, 결정적인 증거들은 제시되지 않았다. 그 이후로도 다윈주의는 상당히 널리 퍼졌다. 비록 신다윈주의(Neo-Darwinism)로 다소 수정된 형태이기는 하지만, 그 이론은 계속해서 지지를 받았다.

진화론은 과학 이론의 형태로 존재할 뿐만 아니라, 또한 진화론적인 사고방식으로도 존재한다. 그리고 이 진화주의(evolutionism)는 과거뿐만 아니라 현재와 미래도 포함하고 있다.

여기서 우리는 보편적 진화(universal evolution) 또는 대진화(macro-evolution)를 지지하는 논점들에 대해 다룰 필요성이 있다. 해당 이론의 타당성은 그것이 기초하고 있는 가설들에 달려 있다. 진화론이나 진화론적인 사고방식을 받아들이는 이들은 다음과 같은 세 부류의 증거가 있다고 인정한다. 1. 다양한 생명체의 구조와 기능 및 발전 안에 나타나는 주목할 만한 유사점들은 공통 조상을 통해서만 설명될 수 있다. 2. 유전 법칙은 생명체가 더 고등한 형태로 발전할 수 있다는 사실을 입증해준다. 3. 고등한 생명체는 열등한 생명체에서 발전되었다는 생각은 화석에서 추론될 수 있다(참조. W. J. Ouweneel in Van der Graaf, 1975, 38).

하지만 진화론이나 진화론적인 사고방식을 비판할 만한 충분한 여지가 있다. 1. 유사점들과 관련해서 반드시 공통 조상을 추론할 필요는 없다. 단순히 유사한 유전 정보들이 존재한다는 것을 받아들인다면, 이와 같은 추론의 필요성에서 벗어날 수 있다. 2. 변이성이 관찰되며, 새로운 유전적 성질과 다양한 변종이 품종 개량 기술을 통해서 또한 다른 환경에 의해서 나타난다. 하지만 이것이 반드시 강(classes)과 문(phyla)의 변화를 암시하지는 않는다. 3. 지금까지 발견된 화석들에 필수적인 연결 고리가 결여되어 있다는 사실은 다윈주의를 반대하는 견해로 제시되었다. 생물학적인 문들(phyla) 사이의 변이적인 형태와 관련해서도 이것을 적용할 수 있다. 또한 인간이라는 종과 관련해서 발전하고 있는 단계들을 확인하는 것은 가능하지 않다(참조. Ouweneel in Van der Graaf, 19752, 37-44).

바빙크가 그의 시대에 지적한 것은 오늘날에도 지속적으로 타당하다. 첫째, 지금까지 유전설은 생명의 기원에 대해 납득할 만한 설명을 전혀 제시하지 못한다고 입증되었다. 둘째, 다윈주의는 유기체(organic entities)의 발전 과정에 대해 설명해주지 못한다고 입증되었다. 어떤 종(species)에서 다른 종으로 전이된 형태들은 발견되지 않았다. 또한 중간적인 형태들은 결코 발견되지 않았다. 셋째, 인간의 기원은 인간이 스스로 풀 수 없는 문제다. 넷째, 다윈주의는 심리적·영적인 측면과 관련해서 인간이 지니고 있는 특성을 설명해주지 못한다(Bavinck, *R.D.*, 2:514-520).

이것은 땅의 고고학으로 생각할 수 있는 지질학이 진화론을 지지하는 증거를 제시할 수 있는가라는 질문을 고려하지 않은 것이다.

널리 알려진 견해에 의하면, 지층들은 항상 어떤 일정한 순서로 나타

개혁교회 교의학

나며 또한 화석들은 하부 지층 안에서 발견되기 때문에 하등 존재(lower beings)의 유적이다. 하지만 어떤 현상들을 설명하기 위해 매우 오랜 기간을 필요로 하는 지질학은 고생물학에 의존한다. 또한 고생물학은 거의 전적으로 진화론을 지지하는 데 활용되고 있다. 유기체는 하등 형태로부터 고등 형태로 진화되어왔다고 전제되었다. 이 기초 위에서 퇴적 형성의 순서와 기간을 생각해냈다. 이번에는 퇴적의 순서가 진화론을 지지하는 증거로 사용되었다. 이것은 바로 순환 논리(Bavinck, *R.D.*, 2:501-505)로서 사실상 아무것도 입증하지 못한다.

우주론(cosmology)도 **대진화론**(the doctrine of macro-evolution)에 의해 상당히 많은 영향을 받았다.

19세기에 칸트-라플라스(Kant-Laplace) 이론은 맨 처음에 회전하는 거대한 성운이 있었다는 사실을 함축했다. 태양과 행성들은 이 성운으로부터 수축을 통해 형성되었지만 이것은 사변에 기초한 가설이었다.

그럼에도 현대 물리학과 천문학에서는 이 이론이 대체로 정확한 것으로 추측된다. 아인슈타인(A. Einstein, 1879-1955)의 일반 상대성 이론을 믿을 만한 출발점으로 간주하는 매우 널리 알려진 견해에 의하면, 맨 처음에 거대한 폭발 또는 빅뱅(big bang)이 있었다. 이것은 적어도 100억 년 전에 일어난 것으로 추측된다. 어떤 이들은 심지어 200억 년 전에 이와 같은 일이 일어났다고 추정한다. 매우 빠른 속도로 진행된 거대한 반응들을 통해 수소와 헬륨으로 이루어진 가스의 혼합이 형성되었다. 항성계 및 태양계와 그 안에 있는 지구는 압축과 수축을 통해 존재하게 되었다. 팽창은 지속되고 있다. 따라서 어떤 이들은 점점 더 팽창하고 있는 우주에 대해서 말하지만, 이것이 언젠가 중단될지 아니면 새로운 폭발이 일어날지 알지 못한다(Bonting, 1978, 62 이하).

어떻게 이 과정이 묘사되는지에 대해서 숙고하는 이들은 놀라움을 금하지 못할 것이다. 왜냐하면 이 결정적인 사건들은 틀림없이 몇 초 안에 또는 심지어 일 초보다 더 작은 단위의 시간 내에 일어났을 것이기 때문이다. "초기의 우주는 물리학자와 천문학자들의 연구를 위한 환상적인 '영역'이다. 이 연구를 위해서 몇몇 학문 분야가 동원되어야 한다. 또한 초기의 우주는 사변과 환상의 영역이기도 하다"(H. J. Boersma in 『지구의 위치와 인간』[De plaats van aarde en mens], 1987, 38).

우주가 반드시 이와 같은 방법으로 생겨났다는 것을 입증해주는 실험을 실행할 수는 없다. 그리고 단순한 추론에 의해서 우주의 시작에 도달할 수도 없다. 따라서 그 이론 전체는 가설이라는 특성을 지니고 있다. 우주론의 표준적인 모델의 도움을 통해서도 잘 이해할 수 없는 현상들이 있다. 그래서 여전히 그 이론에 대한 반론들이 줄어들지 않는다. 그렇다면 빅뱅 이론은 해결되지 않은 문제점들이 들어 있는 작은 상자가 아닐까?

어쨌든 이 표준적인 모델은 불확실성에 둘러싸여 있다(참조. Seldenrijk, 1988, 161). 따라서 과학적인 관점에서 보자면, 이 모델은 진정으로 어느 날 폐기될 가능성이 높다. 과학적인 우주론에 있는 모든 불확실성에도 불구하고, 이 이론에는 쉽게 포기할 수 없는 어떤 근본적인 관점이 있다고 생각한 이들이 있고, 어찌되었든지 간에 그들이 옳을 수도 있다. 이것이 우주기원론(cosmogenesis)의 개념, 달리 말해 지구 위의 생명체의 존재와 인간의 문화를 포함하는 우주의 진화에 대한 개념이다(H. R. Plomp in *De plaats van aarde en mens*, 1987, 105).

빅뱅의 원인을 탐구하는 이들은 때때로 다음과 같은 말을 듣는다. 곧 당신은 빅뱅에 관한 근거에 대해서 아무것도 듣지 않았다. 왜냐하면 우리는 어떤 질문들을 할 수 있지만, 또한 어떤 질문들을 할 수 없다는 것도 알고 있기 때문이다(H. J. Boersma in *De plaats van aarde en mens*, 1987, 58). 비록 어떤 사람이 과학 철학의 영역으로 들어간다고 하더라도, 그가 계속해서 질문들을 제기할 수 있다는 사실은 종종 인정받고 있다.

그 표준적인 모델의 철학은 제1원인과 관련해서 확실하게 말할 수 있는 것이 하나도 없거나 또는 그 원인은 우연과 관련이 있다. 바로 이것이 진화주의가 우리에게 원하는 것이다.

개혁교회 교의학

18.2. 창조와 관련된 문제점들을 해결하려는 시도들

1. **조화설**. 성경의 요소들과 과학적 사실, 그리고 창세기 1장에서 언급되는 "날들"을 오랫동안 지속되는 시대로 해석하고 성경의 요소들과 과학적 사실을 가능한 한 최대한으로 조화하려는 시도들이 있었다는 것은 충분히 이해할 만하다.

또한 아주 오랜 지질학적 시대를 시간적 순서로 엿새로 국한해서 성경에 나오는 엿새 동안의 창조와 지질학적 시대를 맞추려는 시도들이 있었다(G. Cuvier; J. F. Bettex). 조화설의 또 다른 형태는 시기 단절설(interperiodistic theory)이다.

하지만 이와 같은 방법으로는 성경과 과학적인 견해들을 결코 서로 조화할 수 없다고 판명되었다. 따라서 조화설은 이전에 누렸던 영향력을 상실했다. 그리고 성경 해석학적인 관점에서 판단할 때, 창세기 1장에서 언급되는 날들이 빛과 어둠이 바뀌는 것에 의해서 결정된다는 견해는 몇 가지 진지한 반대에 직면했다.

2. **회복설**. 회복설(restitution theory)에 따르면 창세기 1:1은 1:2과 구별된다. 땅은 원래부터 "형태가 없고(혼돈하고—개역개정) 공허하지" 않았다. 그것은 어떤 원인의 결과로, 아마도 천사들의 타락의 결과로 그렇게 형태가 없고 공허하게 되었을 것이다. 땅이 아주 오래되었음을 암시해준다고 일반적으로 생각하게 해주는 모든 사건과 현상들이 "황폐화의 상태"보다 먼저 있을 수 있다. 하나님이 황폐화 이후에 모든 것을 회복시키시고 사람이 거주할 수 있도록 땅을 준비하셨다.

조화설과 마찬가지로 회복설도 18세기에 등장했다. 북미의 많은 사람이 이 이론을 지지한다. 『스코필드 관주 성경』(*Scofield Reference Bible*)은 창세기 1:2에 대한 해설에서 이사야서(24:1; 14:9-14)를 언급하고 하나님의 심판의 결과로 무시무시한 변화가 일어났다고 주장한다. 하지만 창세기

1:2과 이사야서의 해당 구절들에서 이 견해를 입증해주는 증거는 전혀 없다. 따라서 이것은 순전히 사변적인 이론에 지나지 않는다.

3. 홍수설. 홍수설(diluvial theory)이라는 명칭은 "홍수"(*diluvium*)라는 라틴어에서 유래했다. 이 홍수는 끔찍한 재앙이었다. 그것은 지구 표면 전체에 변화를 일으켰으며, 바다와 산들에게도 막대한 결과를 초래했다. 성경에 의하면, 이 대홍수 사건은 인간만이 특별하게 누렸던 오랜 삶의 종말과 일치한다. 식물과 동물의 영역을 포함해 자연 전체에 변화가 틀림없이 일어났다. 대홍수는 지질학에서 말하는 빙하 시대와 일치할 수도 있다.

이 이론으로 살펴보면, 창세기 1장에서 언급되는 날들은 수천 년의 시기들로 간주되지 않고 오늘날 우리가 알고 있는 날들로도 간주되지 않는다. 이 날들은 어떤 예외적인 특성을 지닌 날들이었을 것이다. 우리가 창세기에 나오는 수수한 표현에 기초해서 상상할 수 있는 것보다도 훨씬 더 많은 일들이 창조의 엿새 동안에 일어났다. 다른 몇몇 개혁파 신학자들과 마찬가지로 이 이론으로 마음이 기울은 바빙크는 다음과 같이 주장한다. 성경은 창조의 순간(창 1:1)과 대홍수 사건 사이에 기간을 제공한다. "(그 기간은) 지질학과 고생물학이 20세기에 밝히 모든 사건과 현상에 일치한다"(Bavinck, *R.D.*, 2:505 이하).

수백 명의 과학자로 이루어진 북미의 창조과학회(Creation Research Society)는 새로운 형태의 홍수설을 만들어 그것을 적극적으로 지지한다. 네덜란드에서는 홍수 지질학(Diluvial geology)이 지지를 얻고 있으며, 『성경과 과학』(*Bijbel en wetenschap*, 1975)이라는 정기 간행물을 통해서 논문들을 발표하고 있다. 홍수설과 관련이 있는 널리 알려진 인물은 모리스(H. M. Morris), 레윙켈(A. M. Rehwinkel), 윌더-스미스(A. E. Wilder-Smith) 등이며, 네덜란드에서는 아우웨네일(W. J. Ouweneel)이다(참조. Ouweneel, 1978[2], 165-169).

최근의 창조론자들은 대중들에게 인기 있는 진화론에 상당히 강력한 비판을 가하지만, 원칙적으로 창조론을 지지하는 이들은 대홍수에 기초한 지질학을 받아들일 만한 이론으로 만드는 것이 매우 어려운 일이라는 것을 깨달아야 한다. 진화론자들과 창조론자들은 공히 지구의 역사에 대한 이론을 전개하기 위해서 수많은 가설과 가정을 사용해야 한다(Van Delden, 1989², 164 이하).

4. 관념적 시간설. 관념적 시간설(ideal time theory)에 의하면, 우리는 창조의 역사를 문자적으로 이해하려고 해서는 안 되고, 거기서 강조하려는 개념만 파악해야 한다.

그렇다면 우리는 다음과 같이 말할 수 있다. 엿새 동안의 창조는 유한한 인간의 통찰력에 더 좋은 전반적인 개요를 제시하고자 서술된 여섯 가지 다른 관점을 보여준다. 창세기 1장은 역사적인 순서를 우리에게 보여주지 않는다. 그것은 하나님의 창조적인 말씀이 창조세계 전체를 존재하게 했다는 종교적인 진리를 멋지게 전달하려는 문학적 장치다(Ott, 『개관』 [*Grundriss*], 122).

이 이론은 외부의 간섭에 얽매이지 않는 권한을 과학에 부여한다. 하나님이 창조자라는 진리를 거부하지 않는 범위 안에서 말이다. 관념적 시간설은 창세기 1장의 계시 내용을 과감하게 축소한다. 하지만 창세기 1장을 순전히 문학적인 관점에서 생각할 수 있는 성경 구절의 근거는 무엇인가?

5. 그림 하루설 또는 문학적 구조설. 그림 하루설 또는 문학적 구조설 (pictorial day or literary framework theory)은 관념적 시간설과 관련이 있는 것처럼 보인다. 노르트제이(A. Noordtzij)와 리델보스(H. N. Ridderbos)가 이 이론을 제안했다. 노르트제이에 의하면, 창세기 1장에 나오는 엿새 동안의 창조는 구원에 대한 하나님의 생각과 관련된 그분의 창조 활동을 보여준다. 이 이론은 첫째 날부터 셋째 날까지의 날들과 넷째 날부터 여섯 째

날까지의 날들을 마주보게 하여 첫째 날과 넷째 날을 한 쌍으로 분류하고, 둘째 날과 다섯 째 날을 한 쌍으로 분류하며, 그리고 셋째 날과 여섯 째 날을 한 쌍으로 분류하여 세 개의 쌍으로 나눈다. 그리고 이 세 개의 쌍으로 구분한 날에서 엿새 동안의 창조를 설명한다.[25] 리델보스는 자신의 연구에서 혹시 창세기 1장과 과학의 결과가 서로 모순되는지에 대해 숙고한다.

리델보스의 견해에 의하면, 문학적 구조론은 다음과 같은 사실을 넌지시 전한다. 곧 영감 받은 저자는 창조 과정에서 일어난 것에 대한 정확한 보고를 제공하려는 의도를 갖고 있지 않았다. 그는 하나님의 창조 행위를 여덟 가지로 설명하면서 하나님이 모든 것을 창조하셨다는 생각을 독자들에게 준다. "하나님의 이 여덟 가지 사역은 하나의 문학적인 구조 안에 배치되어 있다. 그 저자는 그 사역을 엿새 동안의 기간에 할당한다. 그다음에 하나님이 안식하신 날로서 일곱째 날이 덧붙여졌다."

이 이론을 반대하는 한 가지 견해는 다음과 같다. 곧 이 이론은 안식일에 대한 계명(출 20:11)과 일치하지 않으며, 창조의 날들과 일곱 째 날은 단지 저자가 고안해낸 어떤 구조에 지나지 않는다. 리델보스도 자신의 견해에 해결해야 할 많은 문제가 있다는 사실을 잘 알고 있다(Ridderbos, 1963[2], 66, 113-116).

18.3. 종합을 이루고자 하는 시도들

1. 레버와 그의 창조론. 암스테르담 자유대학교 교수인 레버(J. Lever)는 성경과 과학의 갈등을 피하려는 노력을 처음에는 보였다. 하지만 그가 나중에 채택한 입장에 의하면, 우리는 기독교 신앙과 진화론의 종합이라는 문제에 또다시 직면한다.

---

25 A. Noordtzij, 『하나님의 말씀과 시대들의 증언』(*Gods Woord en der eeuwen getuigenis*), 1931[2], 111-120. 참조. G. Ch. Aalders, 1932, 232-240.

 개혁교회 교의학

레버에 의하면, 진화론의 본질—그는 원칙적으로 진화론을 거부한다—은 발전 이론이 아닌 자율 개념에 놓여 있다. 그는 유기체들은 생명이 없는 형태에서 생명체가 진화를 통해 내적으로 출현할 수 있다고 생각하기 때문에, 유물론적인 방식과 그의 생각에는 다음과 같은 중요한 차이점이 있다. 곧 그는 하나님이 이와 같은 진화의 방식을 바라시고 이끄셨다고 가르친다. 인간과 동물 사이에는 유전적인 관계가 있을 수 있고 생명을 가진 모든 유기체들의 유전적 연관성이 있을 수 있다(Lever, 1956, 44 이하, 169, 184).

나중에 레버는 "우리는 어디에 머물고 있는가?"(*Waar blijven we?*, 1969)라는 논문에서 자신이 기독교 신앙과 진화론의 종합이 가능하다고 믿는 이유를 분명하게 제시한다. 창세기는 이 세상이라는 실재의 기원과 존재와 관련해서 그 실재의 본성, 상대성 및 하나님에 대한 의존성에 대한 종교적인 견해를 우리에게 제시한다. 창세기 3장은 당시에 일어난 구체적인 사건들을 반영하지 않는다. 오히려 그 이야기의 핵심은 "최초의 인류로부터 시작된 것으로서 모든 개인 및 인류 전체가 지니고 있는 가장 중대한 문제들이다. 맨 처음부터 인간은 언제나 선과 악의 갈등을 경험해왔으며, 또한 악은 인간의 삶에 영향을 미쳐왔다." 수십 억 년 동안 지속된 발달 과정을 통해서 마침내 어떤 환상적인 존재가 태어났다. 이 지상의 실재는 그를 통해서 하나님께 열려 있게 되었다. "태초의 바다들은 샘이었다. 그 샘으로부터 생명체가 나올 수 있었다. 그래서 생명의 원천은 바다들과 생명체를 그의 손으로 보존할 수 있었다"(Lever, 1969, 23, 28, 37, 50).

이 이론은 오늘날의 대진화론과 매우 비슷하다. 하지만 이 이론은 다른 출발점을 지니고 있는 또 하나의 진화론이다. 사실상 레버는 하나님이 모든 것을 이와 같은 방법으로 바라시고 이끄셨다고 말하면서 자기 견해를 제시하기 시작한다. 바로 이것이 그의 "창조론"(creationism)의 핵심이다.

2. 테이야르 드 샤르댕의 종합. 테이야르 드 샤르댕(Teilhard de Chardin,

1881-1955)은 지질학과 고생물학 분야의 권위자였다. 그의 주요 저서는 『인간 현상』(*Le phénomène humain*, 1955)이다. 그는 내부로부터의 발달과 성장이라는 특성을 지니고 있는 하나의 역동적인 전체(a dynamic whole)로 우주를 이해한다. 성장 복잡화와 그에 상응하는 의식의 발전 단계에는 생명이 출현하는 생명화(vitalization)와 의식적으로 생각하는 인간이 출현하는 인간화(hominization)라는 임계점이 있다. 세계는 새로운 중심점, 곧 오메가 포인트(Omega point)로 수렴된다. 이 오메가 포인트는 정점이면서 동시에 완성을 나타낸다. 샤르댕은 오메가를 하나님 또는 그리스도와 여러 번 동일시한다.

이런 주장은 매우 사변적인 사유 방식을 보여준다. 입증되지 않은 가설 중 하나는 다음과 같은 가설이다. 곧 에너지는 정신적인 영역(psychic interior)을 가진다. 이 가설과 더불어 우주 전체 구조가 세워지거나 무너진다.

샤르댕에 의하면, 진화는 어떤 이론이나 가설 그 이상의 것이다. 그는 모든 사실에 밝은 빛을 비추어주는 빛으로 진화를 언급한다. 또한 그는 모든 선이 일치해서 만나는 곡선으로 진화를 언급한다. 샤르댕은 그리스도가 하나의 우주적 원리(cosmic principle)로 묘사되는 결과를 가져오는 진화론과 종교적인 개념들의 결합을 지지한다. 우주는 그리스도화된다(Christified). 따라서 진화는 거룩한 것으로 선언된다.

샤르댕의 "비전"은 많은 사람을 사로잡았다.[26] 심지어 베르크호프는 다음과 같이 주장한다. 곧 로마 가톨릭 신학에서 그의 비전은 모든 신학이 다른 방향에서 다루어지는 쇄신의 결과를 가져왔다(Berkhof, *C.F.*, 180).

---

26 다음 연구서들을 참조하라. N. M. Wildiers, 『세계관』(*Het wereldbeeld*) *van Pierre Teilhard de Chardin*, 1960; B. Delfgaauw, *Teilhard de Chardin*, 1964^9; P. Smulders, Het visionen *van Teilhard de Chardin*, 1964^2; H. A. M. Fiolet, 『이상한 유혹』(*Vreemede verleiding*), 1968; A. Szekeres, 『구원과 엘랑』(*Heil en elan*), 1974.

　　　　　　　　　　　　　　　　　　개혁교회 교의학

3. 베르크호프와 진화론적 세계관. 진화론을 받아들여서 그것을 자신의 교의학에 결합하려고 시도한 중요한 신학자 중 한 사람이 베르크호프다 (Berkhof, *C.F.*, 165 이하, 178 이하, 212 이하).

그는 하나님이 천지를 창조하셨다는 신앙은 사실상 신앙의 핵심 요소 중 하나라고 주장한다. 하지만 창조에 대한 성경의 개념들은 그렇지 않다. 성경에 대한 역사적·비평적 연구의 결과로 사람들은 그 개념들을 부차적인 중요성을 지닌 것으로 이해하게 되었다. 따라서 오늘날에는 진화론적인 세계관의 관점에서 창조에 대한 우리의 신앙을 표현할 필요가 있다. 베르크호프는 이 과제를 어려운 것으로 생각하지 않는다. 결국 진화론은 우리가 자연(nature)이라고 부르는 것을 장대한 역사 과정으로 변형한다. 그 역사 과정은 인간의 현상(the phenomenon of man) 안에서 정점에 이르며, 또한 인간 안에서 그 과정은 새롭고 열려 있는 미래로 이어진다. "성경 안에서 창조와 역사는 비슷하게 결합되어 있다"(Berkhof, *C.F.*, 179). 베르크호프의 이와 같은 견해에 동의할 수 있으려면, 우리는 창조에 대한 교회의 전통적인 가르침에서 상당 부분을 잘라내고 또한 상대화해야 할 것이다!

베르크호프는 진화 과정은 아마도 수십 억 년 전에 무질서한 가스 덩어리와 더불어 시작되었을 것이라고 추측한다. 갈등, 고통, 죽음 및 자연재해 등과 같은 부정적인 현상들은 순전히 부정적인 것만은 아니다. 왜냐하면 그것들은 생명 전개의 긍정적인 요소들과 분리할 수 없을 만큼 매우 밀접하게 연결되어 있기 때문이다. 하나님은 위협받고 도전받는 창조물로서 인간을 발생 초기의 세상으로부터 나타나게 하셨다. 진화는 분자 결합을 통해서 성장하는 유동성에 의한 것이다. 인간의 현상에서 이 유동성은 자유의 형태를 취한다.

베르크호프는 세상에 대한 진화론적인 견해에 기초한 통찰들과 더불어 기독교 신앙의 요소들을 더 포괄적인 방법으로 표현하려고 시도한다. 하지만 성경이 하나님의 선한 창조와 인간의 타락에 대해서 말하는 것과 그의 관점들을 비교한다면, 여기서 어떤 변화들이 일어났는지 분별할 수 있을 것이다. 베르크호프는 세상, 생명과 삶, 죄와 구원에 대해서 성경이 말하는 것과 다른 견해를 제시한다.

18.4. 진화론 및 진화주의에 대한 반박

우리는 기독교 신앙과 과학이 제공한 자료들 간의 대립을 해소하려는 다양한 시도들을 논하면서 아직까지 이런 시도에 대한 만족할 만한 어떤 해결 방법도 발견되지 않았다는 것을 알 수 있었다(§ 18.2).

테이야르 드 샤르댕과 레버 그리고 베르크호프 등이 시도한 종합은 신학적으로 강화된 진화론으로 전개되었다. 그것은 우리의 신앙에 심각한 위험을 초래한다(§ 18.3).

이런 사정으로 인해서, 이제 우리에게 남은 선택은 신앙과 과학의 대립에 묵묵히 동의하는 것이다.

때때로 이런 대립에는 **서로 구별되는 두 세계의 모델**(model of two distinct worlds)이 적용된다. 곧 창조와 함께 시작하는 신앙의 모델과 관찰에 기초해서 모든 것을 설명하려는 과학의 모델이다. 이 두 세계는 서로 피해야만 한다.

신학적인 측면에서 알트하우스, 브룬너, 에벨링을 포함해서 많은 신학자가 "나는 하나님이 나를 창조하셨다고 믿는다"라는 개인적인 신앙에 초점을 맞춘다. 그 과정에서 루터가 언급되기도 한다. 하지만 루터는 자신의 『소교리문답』(*Kleine Catechismus*)에서 "모든 창조물과 함께"(samt allen Kreaturen)라는 표현을 덧붙인다. 몰트만은 다음과 같이 올바로 지적한다. "만약 하나님이 세상의 창조자가 아니시라면, 또한 그분은 나의 창조자이실 수도 없다"(Moltmann, 1985, 31).

따라서 오직 하나의 실재가 있다. 물론 두 세계의 모델은 **두 가지 언어의 모델**(model of two language)로 수정될 수도 있다(참조. J. van der Veken in H. W. de Knijff, 1989, 30-33). 우리는 다양한 가설과 이론들은 과학이 탐구하는 자연에 대한 정보를 다룬다고 말할 수 있다. 반면에 성경은 우리에게 전달되는 어떤 메시지를 포함하고 있고, 우리가 그 메시지를 믿고 이해할 것을 요구한다. 하지만 그 메시지에는 의심할 여지없이 진리가 담겨 있다. 과연 그러한가?

우리는 정확성과 진리 간의 구분을 통해서 어떤 해결책을 찾을 수 있다. 어떤 것이 과학적으로 증명되고 정확하다고 간주된다고 하더라도, 성경적인 의미에서는 그 정확하다는 말이 참이 아닐 수 있다. 성경적인 진리는 우리가 그것에 완전히 의존할 수 있을 정도로 매우 정확하다(*'emet*). 반면에 모델들에 근거하는 과학 이론들은 지속적으로 타당성이 입증되어야 한다.

게다가 과학은 오직 관찰할 수 있는 것만 탐구 대상으로 삼을 수 있다. 과학이 찾아내는 규칙성과 과학이 확립하는 연결 관계는 오직 과학 자신의 탐구 분야에만 국한된다. 창조세계 전체는 과학의 영역에 놓여 있는 것을 초월한다. 우리는 디펠(C. J. Dippel)과 더불어 이것을 물리적인 실재라고 언급할 수 있다. 사실상 그것은 창조세계 전체에서 잘라낸 것이다. 따라서 그것은 실재에 대한 제한된 이미지(limited image)에 지나지 않는다(Dippel in 『신앙과 자연과학』[*Geloof en natuurwetenschap*], 1:121-232).

한편 우리는 진화론뿐만 아니라 **진화주의**에 대해서도 다루고 있다. 진화론은 과학 이론이다. 반면에 진화주의는 하나의 세계관이다. 보편적인 현상으로서 진화라는 개념은 수많은 분야에 영향을 끼쳤다. 또한 히틀러가 통치 철학으로 삼았던 독일의 국가사회주의의 이념은 인종주의(racism)라는 특성을 보여주었는데, 인종주의에서 선택의 원리가 중요한 역할을 했다.

진화주의의 주요한 경향은 유물론적 진화주의다. 이 진화주의는 자연의 힘과 세력에 자율성을 부여하고, 자연의 밑바탕에 놓여 있는 어떤 청사진도 인정하지 않으며, 자연이 어떤 목표를 향해서 나아간다는 것도 받아들이지 않고, 자연이 어떤 이해를 지니고 있다는 것을 의심하거나 부인한다. 미국의 저명한 고생물학자 심슨(G. G. Simpson)의 견해에 의하면, 인간은 목적 없는 물질 과정의 산물이다. 자연 과정에는 아무런 계획도 없다. 심지어 모노(J. Monod)는 이것에 대해 다음과 같이 더 강하게 표현한다. 곧 인간은 우주라는 무관심한 무한에서 그가 홀로 있다는 것과 그가 이 우주에서 우연히 출현했다는 것을 마침내 자각했다. 그 어디서도 인간의 운명과 책임에 대해 구체적으로 설명하지 않는다(참조. van der Veken in H. W. de Knijff, 1989, 23).

하지만 때때로 진화의 과정에서 규범들이나 또는 적어도 행동 지침들이 추론된다. 윤리는 진화의 산물일 수 있고, 규범들은 불변하는 게 아니다. 심슨은 인간 스스로가 가능한 한 최대한도로 자기 자신의 발전 방향을 유지하려고 노력하는 게 대단히 바람직하다고 생각한다. 그렇게 하지 않는다면, 인류는 어두운 미래라는 상황에 직면한다. 일반적으로 대가족은 국가가 시행하는 가족 지원 프로그램을 최소화하면 축소될 것이다. 국가의 재정 지원금은 우등한 유전적인 특성들을 지닌 부모들에게 제공되어야 한다.[27]

우리는 진화주의를 철저히 거부해야만 한다. 지금 문제는 우리가 하나님이 지으시고 다스리시는 세계에서 사는 것인지, 아니면 자율적인 존재로서 인간이 원칙적으로 자기가 할 수 있는 것이라면 무엇이든지 하면서 자기 스스로 진화해가는 세계에서 살고 있는지에 대한 것이다. 진화론에 기초해 세워진 것으로서 진화주의는 과학 그 자체가 아니라 진화론을 신봉하는 일종의 철학적 견해로서 기독교 신앙이 제시하는 비전과 정반대된다.

---

27 G.G. Simpson, 『진화의 의미』(*De betekenis van de evolutie*), 1962, 204, 219; idem, 『진화론자들의 세계관』(*Het wereldbeeld van een evolutionist*), 1968, 46, 389.

우리는 진화론 및 그것과 연결된 모든 것과 논쟁하는 과정에서 그리스도인이 받아들일 수 있는 어떤 발전이나 또는 진화가 있다는 사실을 잊어버릴 수도 있다. 다른 사람들의 발자취를 따른 스킬더가 이것에 대해 다음과 같이 주장했다. "사물들과 관련된 **창조적** 진화는 성경을 믿는 이들에게 결코 걸림돌일 수 없다"(Schilder, *H.C.*, 3:268).

하나님이 창조하신 세계에는 분명히 변화가 있다. 이런 변화는 다양한 변화를 주의 깊게 살펴보면 명백하게 드러난다. 이것은 소진화(micro-evolution)라고 언급된다.

교회와 신학은 생물학, 천문학 및 다른 자연과학 분야들에 탐구 범위를 제공해주어야 한다. 창세기 1장은 "각기 종류대로"라는 표현과 더불어 식물의 세계와 동물의 세계에 하나님이 의도하신 다양성이 있다는 것을 가리켜준다. 하지만 이 표현은 하나님이 오늘날 이 세상에 존재하는 온갖 다양한 대상들을 창조하셨다고 말하지 않는다. 하늘과 땅의 창조(창 1:1)와 "빛이 있으라"(창 1:3)고 말씀하신 창조의 첫째 날 사이에 어떤 짧은 날 또는 긴 날이 존재했는가에 대해서는 단지 성경 주해만을 통해서 결정될 수 없다. 이것은 인간이 창조되기 이전에 지구가 이미 오래전부터 존재했을 가능성이 있음을 의미한다. 우리는 바빙크 및 다른 학자들과 더불어 "첫 번째 창조"(*creatio prima*)와 "두 번째 창조"(*creatio secunda*)를 서로 구분할 수 있다. 또한 첫 번째 창조는 두 번째 창조를 위해서 기초를 놓은 것이라고 언급되었다. 하나님은 이 기초를 놓기 위한 창조의 날들을 사용하셨다(참조. Bavinck, *R.D.*, 2:479-497). 그렇다면 하나님이 "일하신 날들"은 오늘날과 같은 날들이었는가? 이 질문에 대해서 다양한 견해들이 있다. 오만(Ohmann)은 우리가 창세기 1장에서 언급되는 날들을 정확히 24시간과 똑같은 날들이었는지 아니면 그렇지 않은지를 문제 삼아서 안 된다고 주장한다. 또한 그는 서로 이어지는 기간들 또는 시기들에 대해서도 언급한다.[28]

1949년에 네덜란드의 개혁파 에큐메니칼 총회는 창조와 진화에 대한 지침서를

---

28 H. M. Ohmann in A. P. Wisse (ed.), 『창세기의 빛에 비추어서』(*In het licht van Gentes*), 1986, 94, 97. 한편 또한 Kamphuis, *Aant*. (notes), 42-48을 참고하라.

제시했다. 이는 언급할 만한 가치가 있다. 이 지침서는 (칼 바르트와 다른 이들의 입장에 반대하면서) 창세기 1장 및 2장의 역사적인 특성을 인정했다. 하나님의 창조 사역에 대한 묘사는 사람들이 이해할 수 있는 형태로 제시되었다. 그것은 하나님의 창조 행위에 대한 충분한 묘사를 포함하지는 않지만, 하나님을 우리의 창조자와 주님으로 인식하고 찬양하기에 충분하다.[29]

하나님은 이스라엘 백성과 자신이 관찰하는 것을 신뢰하는 모든 사람이 창조에 대한 계시를 이해할 수 있기를 바라셨다. 다음 관찰 결과는 이 점에 대해서 말해준다. "우리는 우리가 살고 있는 지구를 관찰한다. 이 지구에는 온갖 식물과 동물이 있고, 대륙과 바다도 있으며, 머리 위로는 하늘이 있다. 하늘에는 구름이 있고 해와 달과 별들도 있다. 우리는 빛과 어둠을 구별할 수 있고, 날마다 낮과 밤이 바뀌는 것을 경험한다. 창세기는 우리에게 하나님이 이 모든 것을 창조하셨으며, 또한 그것들을 창조하신 순서도 말해준다"(Aalders, 1942, 167).

칼뱅은 『기독교강요』에서 모세는 우리의 눈에 보이는 하나님의 작품들에 대해서만 언급한다고 말한다(『기독교강요』 1.14.3). 또한 그는 자신의 주석서에서 이렇게 주장한다. "그와 같은 성향을 지닌 사람들은 (성경이 아닌) 모두 다른 것에서 천문학과 다른 초자연적인 학문(occult arts)을 연구하라"(창 1:16에 대한 주석).

우리는 바빙크와 더불어 다음과 같이 말할 수 있다. 곧 창조는 놀라운 이적들의 연속이었다. 성경의 이야기는 이것을 세부적으로 묘사하지 않고 한 번의 붓질로 간략하게 묘사한다. 각각의 창조의 날은 창세기가 장엄한 이야기를 요약적으로 알려주는 것보다 분명히 더 위대하고 풍부하게 창조 사역이 이루어졌을 것이다(Bavinck, *R.D.*, 2:500).

신학은 세상과 인류의 맨 처음의 역사와 관련해서 제기될 수 있는 모든 질문에 결코 대답할 수 없다. 우리는 우리의 관심을 근본적인 문제에 초점을 맞추게 하는 성경에 국한해야 한다. 창조의 역사는 우리의 창조자

---

29 *Acta van de Gereformeerde Oecumenische Synode van Amsterdam*, 1949, article 89.

이신 하나님에 관한 지식과 관련이 있고, 또한 하나님의 창조물로서 세상에 대한 지식과 관련이 있다. 오직 하나님만이 창조물에 관한 절대 주권을 갖고 계신다. 그리고 창조의 역사는 인간에 대한 지식과 관련이 있다. 인간은 하나님의 형상대로 지음을 받았으며, 하나님은 인간에게 그분의 계시를 전달하신다.

이것이 태초에 출발점이 없던 세계의 순서와 시대를 설명하려는 어떤 과학보다도 우리를 더 앞으로 나아가게 해준다. 곧 "나는 전능하사 천지를 만드신 하나님 아버지를 믿는다"(사도신경). 성경의 신빙성에서 출발하는 이들에게 매우 호소력이 있는 이론은 **창조론**이다.[30] 이 이론은 천지의 창조자로서 하나님을 인정하며 **창조 모델**(creation model)과 더불어 과학적으로 연구하려고 시도하기 때문이다. 이 이론의 핵심 내용은 다음과 같다.

1. 지구는 비교적 젊다. 아마도 일만 년에서 일만 오천 년보다 더 오래되지 않았을 것이다. 어쨌든 몇 백만 년이나 수십 억 년은 결코 아니다.
2. 지층들은 대규모의 격변을 통해서 형성되었다.
3. 생명의 주요 형태들은 각자 서로 독립적으로 거의 동시에 나타났다.

비록 어떤 과학적인 이론이나 모델들이 아무리 그럴 듯하게 여겨지더라도, 신학은 자기 자신을 그것들에 얽매이게 해서는 안 된다. 왜냐하면 그것들은 본질적으로 잠정적인 것들이기 때문이다. 창세기 1장 및 2장의 창조 역사와 창조론의 창조 모델이 서로 일치하는 것은 아니다. 만약 대홍수 이론이 부정확하다고 밝혀진다고 하더라도, 그 이론이 창세기의 홍수 기사의 신빙성에 어떤 부정적인 영향을 미치는 것은 아니다(참조. Seldenrijk, 1988, 202).

---

30   "창조론"이라는 용어는 다양하게 사용된다. § 18.2에서 제3번과 § 18.3에서 제1번을 보라. 여기서 우리는 Ouweneel과 다른 많은 창조론자가 사용하는 정의를 따르고 있다. 이 정의는 J. Lever가 그 용어를 해석하는 것과 서로 다르다.

과거에 우주의 크기에 대해서 상상해왔던 것보다 우주가 훨씬 더 광대한 것과 마찬가지로, 우주는 창조론자들이 생각하는 것보다 훨씬 더 오래되었을 가능성이 있다. 교회의 신앙은 우주의 역사가 얼마나 오래되었는지와 더불어 세워지거나 넘어지지 않는다. 무분별하고 무익한 오랜 논쟁을 거쳐서, 신학은 지구가 우주의 중심이라는 개념(지구 중심적인 세계관)을 포기했다. 또한 신학은 지구가 광대한 우주 공간에서 하나의 티끌에 지나지 않는다는 사실에 고통스러워해서도 안 된다. 반면에 신학은 성경의 빛에 비추어볼 때, 지구는 유일무이하다고 주장해야 한다.

창세기의 처음 몇 장은 하나님이 땅을 좋은 곳으로 만드셔서 그것을 사람에게 주시고, 또한 땅이 사람을 섬기게 하셨다고 밝혀준다. "하나님이 지으신 그 모든 것을 보시니 보시기에 심히 좋았더라"(창 1:31). 하지만 창세기 6:12에는 "하나님이 보신즉 땅이 부패하였으니 이는 땅에서 모든 혈육 있는 자의 행위가 부패함이었더라"고 언급된다.

그렇지만 하나님은 그분이 지으신 이 땅을 포기하지 않으셨다. 이 세상에서 그리스도는 그의 중보 사역을 성취했다. 재창조와 새롭게 함은 단지 인류에게만 적용되는 것이 아니라 이 땅과 모든 창조물에게도 적용된다(참조. 롬 8:18-25).

§ 19. 하나님의 창조물로서의 천사들

19.1. 천사들의 존재
19.2. 천사들이 하는 일

19.1. 천사들의 존재

하나님은 눈에 보이는 모든 것뿐만 아니라 눈에 보이지 않는 모든 것도 창조하셨다. 초기 교회의 신앙고백에서 눈에 보이지 않는 실재는 대체로 천사들일 것이라고 해석된 것 같다. 우리의 신앙고백서도 천사들의 창조에 대해 명백하게 언급한다(「벨기에 신앙고백서」 제12조).

계몽주의 시대부터 많은 이들이 천사들의 존재를 의심했다. 이른바 하늘의 "주민들의 숫자를 줄인 것"이다(Kuyper, 1923², 7). 최근의 신학은 천사들에 대해 침묵하며 무시하거나 또는 관심이 거의 없다. 천사들은 교회의 상상력이 빚어낸 것에 지나지 않는다고 종종 인정되었다. 천사들에 대한 개념은 기독교의 경건에 깊이 뿌리를 내리고 있다(Ebeling, 1:332). 한편으로 어떤 이들은 천사들과 관련된 경건한 경험에 관심을 기울이고자 한다. 반면에 다른 이들은 천사들이 현대의 세계관에 어울리지 않는다고 간주하면서 그것들의 존재를 부인한다. 불트만은 이른바 "비신화화"(Entmythologisierung)라는 프로그램을 통한 자신의 연구에서 과학과 기술이 지배하는 세상에서는 사람들이 영들의 세계와 신약성경의 이적들을 더 이상 믿을 수 없다고 거리낌 없이 주장한다.[31]

칼 바르트는 한 항목에서 천사들에 대해 매우 자세하게 다루고 있다(Barth, C.D., 369-531). 여기서 천사들은 철저하게 기능적인 측면에서 이해되고 있고 존재론적인 측면에서는 거의 다루어지지 않는다. 베르크호프는 이 점을 올바로 지적한다(Berkhof, C.F., 182). 우리는 이와 관련해서 다음과 같이 말할 수 있다. 바르트의 입장에 의하면, 천사들은 오직 자신들의 임무들을 수행하기 위해서 존재한다. 베르크호프는 성경에 기초해서 **천사론**(angelology)을 체계화할 수 없다고 생각한다. 그렇다면 우리는 천사들에 대해 침묵해야 하는가? 이 입장도 받아들일 수 없다. "자신의 지상의 창조물에게 기꺼이 호의를 베푸시는 하나님"에 대한 신앙이 과연 우리를 이 방향으로 안내하는지를 탐구해볼 수 있기 때문이다. 더욱이 우리의 세대는 지구 바깥의 어느 곳엔가 고도의 지적인 존재들이 있으며, 그들이 지구에 관심을 갖기를 원한다는 것이 상상할 수 없는 것은 아니라고 여긴다. 그렇다면 천사들이 존재한다고 믿는 것이 그렇게 이상한 것인가? 하지만 교의학은 단지 그와 같이—멀리 떨어져 있지만 동시에 가까이 있는—장엄한 실재가 존재할 **가능성**을 상정하는 것 이상의 일

---

31   R. Bultmann in H. W. Bartsch (ed), *Kerygma und Mythos*, 1960⁴, 1:18.

을 할 수 없다(참조. Berkhof, *C.F.*, 181-183).

중세신학에서 천사론이 광범위하고 복합적인 특성을 지니고 있다는 것을 고려한다면, 종교개혁 신학이 본질적인 것에 국한해서 천사론을 탐구했다는 것은 큰 잘못이 아니었다. 이것은 종교개혁 신학이 오직 성경 자료에만 기초해서 천사론을 탐구했다는 것을 함의한다. 천사들의 존재를 믿는 것을 주저하는 이들의 입장을 거부할 충분한 이유가 성경에는 있다. 천사들은 의심할 바 없이 실재의 일부분이다.

사도행전 23:8에 의하면 사두개인들이 천사들의 존재를 예전부터 믿지 않았지만, 그들의 존재를 부인하는 것은 오류다. 교회는 이 오류를 단호하게 거부했다(「벨기에 신앙고백서」 제12조).

우리가 성경과 관련해서 천사들을 이해하지 않는다면, 우리는 천사들을 이해하지 못한다.[32] 하나님을 섬기는 존재들과 하나님의 사자들로서 천사들은 성경의 이곳저곳에서 나타난다. "천사"(angel)는 "앙겔로스"라는 그리스어 명사에서 유래하여, 이 그리스어 명사에 상응하는 "앙겔루스"(*angelus*)라는 라틴어 명사에서 파생한 단어다. 그 단어는 구약성경에 나오는 히브리어 단어와 마찬가지로 "전달자"나 "사자" 등을 의미한다. 이 단어의 동의어들은 구약성경에서 "하나님의 아들들"(욥 1:6), "그의 뜻을 실행하는 종들"(시 103:21 — 표준새번역)과 "거룩한 이"(단 8:13) 등이다.

성경은 천사들이 창조된 것에 대해 단지 간접적으로 말한다. 우리는 이 점과 관련해서 골로새서 1:16과 아마도 욥기 38:7을 머릿속에 떠올릴 수 있을 것이다. 욥기의 해당 구절에서 하나님이 창조하실 때 노래했던 "하나님의 아들들"("새벽 별들"의 동의어)은 십중팔구 천사들을 의미할 것이다. 이것에 기초해서 종종 창세기 1:1도 천사들의 창조에 대해 언급한다고 추론되었다. 어쨌든 하늘과 천사들 사이에는

---

32 여기서 우리는 주의 천사(the Angel of Lord)에 대해 다루지 않는다. "주의 천사"에 대해서는
   § 5.2.1에 나오는 "하나님의 나타나심" 항목을 보라.

   개혁교회 교의학

밀접한 관계가 있다. 천사들은 하나님과 함께 하늘에 있다. 그들은 하나님과 매우 가까이 있다. 그들은 하늘로부터 땅으로 와서, 또다시 땅에서 하늘로 돌아간다(창 28:12; 요 1:51).

창조세계는 우리가 눈으로 볼 수 있는 것보다 훨씬 더 많은 것으로 구성되어 있다. 따라서 비록 우리의 눈에는 보이지 않지만, 수없이 많은 천사들이 존재한다(마 26:53; 히 12:22). 천사들의 영역에는 상당한 다양성이 있다. 그룹들(창 3:24)과 스랍들(사 6:2)이 있다. 또한 천사장 미가엘(유 9:1; 참조. 단 10:13)도 언급된다. 지위가 높은 또 다른 천사는 가브리엘이다(눅 1:19; 단 8:16).

천사들은 "섬기는 영[들]" 또는 섬기는 일을 하는 영적인 존재들이다(히 1:14). 그들이 사람들에게 나타날 때마다, 그들은 어떤 형태를 지니고 나타난다. 그 형태는 그들이 수행하는 임무에 따라서 다양하다. 그림들에서 천사들은 종종 사랑스러운 대상으로 묘사되었고, 때로는 날개들을 가진 것으로 표현되었다. 한편 성경에서 천사들은 힘 있는 전사들로 언급되기도 한다(참조. 시 103:20; 눅 2:13).

19.2. 천사들이 하는 일

1. 하나님의 말씀은 사람들이 천사들의 세계에 대해 알고자 하는 것보다도 더 많이 천사들이 하는 일에 대해 이야기한다. 천사들은 하나님이 계시는 곳 매우 가까운 곳에 머문다. 그들은 하늘의 예배에서 하나님을 찬양하고 송축한다(사 6:3). 그들은 하나님의 말씀을 듣고, 그분의 뜻을 실행한다(시 103:20). 이 점은 구속 역사를 통해 명백하게 입증된다. 천사들은 구속 역사에서 구원에 대한 소식을 전달하는 역할을 한다(눅 2:10; 마 28:5; 행 1:10-11). 또한 그들은 하나님의 신비에 대해 해석해준다(단 8:19; 슥 1-6장; 계 17:7). 그들은 이와 같은 능력을 지니고 있어서 해석하는 천사들

(interpreter-angels)이라고 언급되기도 한다.

그리스도는 자기 뜻대로 천사들을 부릴 수 있다(마 4:11; 24:31; 25:31). 사도행전에서 천사들이 그리스도의 교회가 나아가야 할 길을 알려줬을 때, 이것은 우리에게 다음과 같은 것을 알려준다. 곧 그리스도와 교회가 하는 일은 하나님이 백성을 보호하시고 인도해주시는 하나님의 일이다(참조. 행 5:19; 8:26). "모든 천사들은 섬기는 영으로서 구원받을 상속자들을 위하여 섬기라고 보내심이 아니냐?"(히 1:14). 히브리서의 해당 본문이 말하듯이, 천사들은 구원의 상속자들을 섬기기 위해서 끊임없이 보냄을 받는다. 칼뱅에 의하면, 천사들은 우리를 향한 하나님의 은혜를 베풀고 실행하는 존재들이다. 칼뱅은 이것을 입증하고자 성경에서, 특히 구약성경에서 언급되는 예들을 제시한다. 하나님의 약속들(시 91:11-12; 시 34:7)은 맨 먼저 교회의 머리인 그리스도에게 적용되며, 그다음에 모든 신자에게 적용된다. 칼뱅은 요약적으로 다음과 같이 말한다. "천사들은 우리의 구원을 위해서 우리를 밤낮으로 지키고, 보호하며, 우리의 길을 인도해준다. 또한 그들은 우리에게 아무런 해가 미치지 않도록 돌본다. 천사들의 이런 임무는 우리의 중보자인 그리스도의 중보를 통해서 주어진 것이다. 천사들은 그리스도를 통해서 그리스도의 교회와 밀접하게 연결되어 있고, 또한 교회는 천사들과 밀접하게 연결되어 있다"(『기독교강요』 1.14.6, 12).

2. 과연 수호천사들(guardian angels)이 있는가? 많은 그리스도인이 수호천사들이 존재한다고 믿었다. 하지만 개혁파 교회는 이 신앙을 거의 공유하지 않았다. 마태복음 18:10은 하나님의 모든 자녀에게 각자의 수호천사가 있다는 것이 아니라, 하나님의 자녀들 가운데서 작은 자들은 천사들의 특별한 돌봄에 맡겨져 있다고 말한다(참조. Blauw, 출간 연도 미상, 108) 이와 같이 하나님의 보호하시는 능력은 천사들을 통해서도 실행된다.

로마 가톨릭교회의 천사론 및 수호천사론은 개신교의 경우보다 훨씬 더 큰 역할을 한다. 천상의 위계질서에 대한 위디오니소스의 사변적인 고찰은 지속적인 영향을 미쳐왔다. 아마도 교회의 위계질서도 이 사변적인

개혁교회 교의학

고찰을 반영할 것이다. 로마 가톨릭교회의 가르침에 의하면, 영세를 받은 사람은 누구든지 수호천사가 있고, 그 천사는 그가 선을 행하도록 격려하며, 또한 그가 죽는 순간에 그를 변호해준다.

하지만 이런 가르침은 성경에서 도출될 수 없다. (이 점은 마 18:10이나 행 12:15에서도 마찬가지다.) 그뿐만 아니라, 로마 가톨릭교회는 신자들이 천사들, 특히 자신의 수호천사를 부르고 숭배할 의무가 있다고 생각한다. 그렇지만 오직 하나님 한 분에게 합당한 예배를 드리는 것과 창조물에게 경의를 표현하는 것은 서로 구분되었다. 그러나 경의를 표현하는 것은 종교적인 함의를 지닌 것이다. 이는 하나님의 말씀에 어긋난다(계 22:8-9).

이 점에 대해 종교개혁에 기초한 교회들의 입장은 매우 명백하다. 칼뱅에 의하면, 천사 숭배는 미신이다. 그렇지만 칼뱅은 적어도 『기독교강요』[33]에서 수호천사들이 존재할 가능성에 대해서 자신의 견해를 신중히 표현하고 있다.

천사들을 중보자들로 이해하고자 하는 이들은 그들의 사역에 상당한 자율성이 있을 것이라고 추측한다. 하지만 성경에 따르면, 천사들은 자신들이 주도권을 갖고 아무것도 하지 않는다. 그들이 도움을 주는 것은 하나님이 그들을 그분의 일에 사용하셔서 도움을 주시는 것에 해당한다.

3. 성경에 의하면, 천사들은 사악한 세력들에 맞서 싸워야 한다(계 12:7-8). 유다서는 "자기 지위를 지키지 아니하고 자기 처소를 떠난 천사들"이 "큰날의 심판까지 영원한 결박으로 흑암에" 가두어졌다고 말한다(유 6; 참조. 벧후 2:4). 이것은 의심할 여지없이 하나님을 대적한 사탄과 그의 추종자들을 언급한다. 이 사건 이후에 최초의 인간의 유혹과 타락이 일어났다(창 3장; 참조. 요 8:44). 또한 그 이후에도 하나님과 그리스도와 그의 교회를 대적하는 사탄과 그의 추종자들의 활동은 지속되었다. 성경은 이

33　참조. R. Stauffer, 『칼뱅의 설교에서의 하나님, 창조 및 섭리』(*Dieu, la création et la Providence dans la prédication de Calvin*), 1978, 194.

점에 대해서 우리에게 강력하게 경고해준다(특히 욥 2:1-7; 눅 22:31; 고후 11:141-5; 엡 6:10-17; 살후 2:9-10; 벧전 5:8; 계 2:10을 보라).

더욱이 죄는 맨 처음에 천사들의 세계에서 시작했다. 원래 하나님은 천사들을 선한 존재들로 창조하셨다. 우리는 천사들의 일부가 타락하게 된 원인과 과정에 대해 정확하게 알지 못한다. 사탄과 그의 편을 선택한 천사들을 사로잡은 것은 바로 교만이었다고 종종 추측되었다(Bavinck, *R.D.*, 3:36). 하지만 하나님께 선택받은 천사들은 사탄과 그의 추종자들을 대항하며 물리친다(참조. 딤전 5:21).

4. 사람들과 천사들을 명백하게 구별해주는 것으로서, 성경은 어느 곳에서도 천사들이 하나님의 형상대로 지음을 받았다고 말하지 않는다. 따라서 이전에 신학이 때때로 가르쳤듯이, 과연 천사들이 사람들보다 높은 위치에 있는지는 의문의 여지가 있다. 누가복음 20:36과 같은 본문들은 이와 같은 개념에 어떤 정보를 제공해주지 않는다.

하나님께 선택받은 천사들은 우리보다 장점을 지니고 있다. 왜냐하면 그들은 하나님에 대해서 결코 죄를 짓지 않았기 때문이다. 또한 그들은 미래에도 결코 죄를 짓지 않을 것이다. 하나님을 섬기는 그들의 이와 같은 자세는 우리에게 훌륭한 모범을 보여준다. 주 예수는 "뜻이 하늘에서 이루어진 것 같이 땅에서도 이루어지이다"라는 주기도문의 세 번째 간구에서 우리에게 다음과 같이 기도하라고 가르친다. 곧 "우리가 유일하게 선하신 하나님의 뜻에 순종하게 하셔서, 하늘에 있는 천사들처럼 각 사람이 자기의 직분과 소명을 기꺼이 또한 신실하게 수행하도록 하소서"(「하이델베르크 교리문답」 제 49주일).

개혁교회 교의학

간략한 참고 문헌

G. Ch. Aalders, 『창세기 1-3장에 나오는 하나님의 계시』(*De goddelijke openbaring in de eerste drie hoofdstukken van Genesis*), 1932.

G. Altner, 『에른스트 헤켈과 테야르 드 샤르댕 사이에서 개신교 신학 안에서의 창조 신앙과 진보 개념』(*Schöpfungsglaube und Entwicklungsgedanke in der protestantischen Theologie zwischen Ernst Haeckel und Teilhard de Chardin*), 1965.

H. W. Beck, 『보편 법칙 대 창조 신앙』(*Weltformel contra Schöpfungsglaube*), 1972.

G. C. Berkouwer, *The Providence of God*, 1952.

J. Blauw, 『하늘의 사자들』(*Gezanten van de Hemel*), 출간 연도 미상.

A. de Bondt, *De satan*, 출간 연도 미상.

S. L. Bonting (ed.), 『진화와 창조 신앙』(*Evolutie en scheppingsgeloof*), 1978.

R. Boon, 『선한 천사들 또는 현학적인 불신앙의 노출』(*Over de goede engelen of De ontmaskering van een pedant ongeloof*), 1983.

H. A. Brongers, 『예언자들에 기초한 창조 전승』(*De scheppingtradities bij de profeten*), 1945.

G. Crespy, 『테야르 샤르댕의 신학 사상』(*Het thelogische denken van Teilhard de Chardin*), 1966.

S. M. Daeke, *Teilhard de Chardin und di evangelische Theologie*, 1967.

J. A. Van Delden, 『창조와 과학』(*Schepping en wetenschap*), 1989^2.

J. A. Van Delden (ed.), 『창조 또는 진화?』(*Schepping of evolutie?*), 1977.

『신앙과 자연 과학』(*Geloof en natuurwetenschap*), 1965-67, 1 and 2.

J. van der Graaf (et al.), 『진화와 신앙』(*Evolutie en geloof*), 1975^2.

J. Hübner, 『신학과 생물학적 진화론』(*Theologie und biologische Entwicklungslehre*), 1966.

H. Kakes, 『천사들은 지금 어디 있는가?』(*Waar zijn de engelen nu?*), 출간 연도 미상.

D. Kempf, 『칼 바르트의 창조론』(*Die skeppingleer van Karl Barth*), 1949.

H. W. de Knijff (et. al.), 『신학 및 자연 과학에 대한 텍스트들』(*Teksten over theologie en natuurwetenschap*), 1989.

A. Kuyper,『하나님의 천사들』(*De engelen Gods*), 1923².

J. Lever,『창조와 진화』(*Creatie en evolutie*), 1956.

J. Lever,『우리는 어디에 있는가?』(*Waar blijven we?*), 1969.

C. Link,『창조』(*Schöpfung*), 1991.

J. Moltmann,『창조 안에서의 하나님』(*Gott in der Schöpfung*), 1985.

E. Neubauer,『과학의 한계』(*Grenzen der Wissenschaft*), 1972.

G. P. Olbertijn,『하나님의 천사들에 대한 고찰』(*Denken over de engelen van God*), 1986.

W. den Otter,『성경과 자연의 조화』(*Harmonie tuseen Bijbel en natuur*), 1976.

W. J. Ouweneel,『파도 위에 떠 있는 방주』(*De ark in de branding*), 1978².

W. J. Ouweneel,『창조와 관련된 이슈』(*De schepping in 't geding*), 1981.

『지구의 위치와 우주 안에서의 인간』(*De plaats van aarde en mens in het heelat*), 1987.

B. Ramm, *The Christian View of Science and Scripture*, 1955.

H. N. Ridderbos,『창세기 1장에 대한 고찰』(*Beschouwingen over Genesis 1*), 1963².

L. Scheffczyk,『창조론 입문』(*Einführung in die Schöpfungslehre*), 1975.

『창조와 진화』(*Schepping en Evolutie*), 1986.

R. Seldenrijk,『자연 과학과 진화론을 통해서』(*Langs natuurwetenschap en evolutie-theorie*), 1988.

C. F. von Weizsäcker,『과학의 범위』(*De draagwildte van de wetenschap*), 1966.

B. Wentsel,『자연과 은총』(*Natuur en genade*), 1970.

A. E. Wilder-Smith,『인간의 기원과 미래』(*Herkunft und Zukunft des Menschen*), 1966.

A. P. Wisse (ed.),『창세기의 빛』(*In het licht van Genesis*), 1986.

E. J. Young,『창세기 1장 해설』(*Genesis een*), 1971.

제7장

❧

하나님의 섭리

§ 20. 하나님의 섭리에 대한 교의의 발전

20.1. 섭리에 대한 교회의 신앙고백
20.2. 섭리에 대한 전통적인 가르침에 대한 비판
20.3. 성경은 하나님의 섭리에 대해서 무엇을 말하는가?
20.4. 섭리에 대한 다양한 견해들
20.5. 특징들

20.1. 섭리에 대한 교회의 신앙고백

예전에는 섭리론이 자명하고 분명한 것처럼 여겨졌다. 사실상 하나님의 섭리와 관련해서 대답하기 어려운 질문들이 있었지만, 광범위한 동의가 그런 논쟁을 불러일으키는 특징들을 무시했다. 하나님을 믿는 신앙은 하나님이 세상을 보존하시고 통치하신다는 신앙고백을 정말로 포함한다.

섭리론은 신앙에 대한 혼합 논리(*mixtus articulus*)로 언급되었다. 그 논리는 본질적으로 모든 사람에게 적어도 어느 정도 알려졌다(Bavinck, *R.D.*, 2:593).

『순수 신학 개관』(*Synopsis*, 1625)은 참된 종교를 지니고 있지 않은 사람들이 아니라면, 모든 것이 하나님에 의존하고 있다는 것을 인정하다고 주장했다. 세상에 있는 만물의 화합과 질서는 어떤 지혜로운 영이 이와 같은 질서를 만들어내고 이끌며

 개혁교회 교의학

보존한다는 인상을 준다(*Synopsis*, 88).

20세기 초까지만 해도 사람들은 하나님이 제공하시는 일반계시에 기초해—불완전하고 왜곡된—진리를 알았지만, 그 진리는 특별계시를 통해서 반드시 보완되어야만 한다고 주장했다(Dijk, 1927, 8-15). 그러나 이 책의 저자 데이크(Dijk)는 바빙크가 주장한 것에 다음과 같은 말을 덧붙인다. 곧 기독교 신앙을 받아들이지 않은 자연인들은 하나님이 세상을 통치하신다는 생각에 매우 많은 반대 견해를 제기할 수 있어서 그런 생각을 믿기가 아주 어렵다. 따라서 하나님의 섭리를 믿는 신앙은 기독교 신앙에 속한 한 가지 조항이다.

바빙크는 성경에 나오는 하나님의 섭리를 믿는 신앙은 창조세계를 통한 하나님의 계시보다 하나님의 언약과 약속들에 훨씬 더 많이 근거한다고 올바로 지적한다. 오직 구원으로 이끌어주는 믿음만이 우리가 이 세상에서 일어난 모든 일들이 하나님의 섭리에 의해서 일어난다는 것을 온 마음으로 믿게 해주고, 하나님의 섭리의 중요성을 이해하도록 해주며, 또한 그것의 위로하는 능력을 경험하도록 우리를 북돋워준다(Bavinck, *R.D.*, 2:594).

사실상 섭리에 대한 개념은 널리 알려져 있다. 이 개념은 교회가 하나님의 섭리에 대해 언급하면서 믿고 고백하는 기독교적인 특성으로부터 결코 벗어나지 않는다.

섭리라는 용어 자체는 기독교 사상에서 온 것이 아니라 고대 그리스와 로마 철학에서 비롯된 것이다. 에픽테토스(Epictetus) 같은 스토아 학파의 철학자는 섭리에 대한 찬가를 짓기도 했다. 그리고 세네카는 신의 섭리에 대해서 한 권의 책을 저술했다. 그는 신이 만물의 기초자와 인도자이며, 또한 인류를 돌보고 모든 곳에 있는 모든 사람을 도와준다고 주장한다. 그의 이 주장은 성경이 하나님의 통치와 돌보심에 대해서 말하는 것과 비슷하다. 하지만 거기에는 본질적인 차이점들이 있다.

섭리적 능력(*pronoia*) 또는 섭리(*providentia*)에 대한 철학적인 이론은 비인격적 특성을 지니고 있다. 왜냐하면 그 이론은 우주적인 정신의 어떤 기능과 관련이 있기 때문이다. 그 이론에 의하면, 한편으로는 섭리가 있고, 다른 한편으로는 운명, 곧 "영원한 원인과 결과에서 나타나는 어떤 필연(necessity)이 있다"(Calvin, 『기독교강요』 1.16.8).

개별자에 대한 돌봄은 제한적이다. 왜냐하면 일부분을 구성하는 개별자들보다 더 큰 전체의 유익이 우선하기 때문이다. 만약 어떤 개별자가 전체를 위해서 고통을 겪어야 한다면, 그는 고통을 순순히 받아들여야 한다. 비록 스토아 철학도 목적론적인 요소를 지니고 있지만, 어떤 개별자가 이와 같은 사건들의 악순환을 피할 수 있는 기회를 갖고 있지 않다.

아우구스티누스와 다른 교부들의 사상에서 섭리는 새로운 중요성을 지니게 되었다. 왜냐하면 그들은 섭리가 하나님의 창조에 내재되어 있다고 간주했기 때문이다. 하나님을 믿는 신앙에는 기도가 수반한다. 이것은 특히 아우구스티누스의 『고백록』(Confessiones)에서 명백하게 나타난다. 이 책에 의하면, 하나님의 인도하심은 그의 생애에서 한 가지 중요한 주제였다. 하지만 스토아 학파의 철학 체계에서 기도는 쓸모없다. 왜냐하면 모든 것은 정해진 방식대로 일어나기 때문이다. 반면에 아우구스티누스는 하나님의 섭리가 감추어진 신비의 특성을 지니고 있다고 말한다. 또한 그는 하나님의 섭리가 감추어진 방식으로 역사한다고 주장한다(『고백록』 5:11, 13).

악과 관련해서 말하자면, 하나님은 악을 완전히 통제하신다. 비록 인간이 악에 대해 계속해서 책임을 져야 하지만 말이다. 한편 하나님의 창조물이 그분이 금지하신 것을 행할 때, 하나님은 그 창조물의 의지를 수단으로 사용하셔서 그분의 뜻을 성취하신다.[1]

"섭리"(providentia)라는 라틴어 명사는 "미리 보다"(provideo)라는 라틴어 동사에서 파생된 것으로서 무엇을 미리 보거나 미리 준비하는 것을 의미한다. 하지만 하나님의 섭리는 시간적으로 앞서서 무슨 일이 일어나는 것을 미리 내다보는 것을 의미하지 않는다. 오히려 그것은 하나님이 모든 것을 공급하신다는 것을 의미한다. 칼뱅은 "하나님의 섭리에는 하나님의 눈 못지 않게 그분의 손도 관련이 있다"(『기독교강요』 1.16.4)고 말한다.

그러므로 『기독교강요』 제1권 제16장의 제목은 다음과 같다. 곧 "하나님은 그분이 창조하신 세계를 보존하시고 보호하시며, 또한 그분의 섭리

---

1   Augustinus, *Enchiridion ad Laurentium*, 100.

    개혁교회 교의학

로 창조세계의 모든 부분을 다스리신다."「벨기에 신앙고백서」도 이와 비슷한 관점을 제시한다.

우리는 하나님의 섭리와 관련해서 단지 성소의 바깥뜰에 위치해 있는 것인가? 만약 그렇다면, 「벨기에 신앙고백서」 제13조항에서 말하는 신자들은 자신들을 그리스도의 제자들이라고 부르지 않을 것이다. 또한 「하이델베르크 교리문답」 제10주일과 관련해서도 동일하게 말할 수 있을 것이다. 제10주일의 신앙고백은 다음과 같이 제9주일의 신앙고백과 통일성을 이루고 있다. 곧 "우리 주 예수 그리스도의 영원하신 아버지께서 무로부터 하늘과 땅과 그 안에 있는 모든 것을 지으셨습니다. 또한 하나님 아버지께서는 그분의 영원한 계획과 섭리대로 모든 것을 다스리십니다. 그리고 하나님은 하나님의 아들이신 그리스도로 말미암아 나의 하나님이시며 또한 나의 아버지이십니다."

노르트만스(Noordmans)는 「하이델베르크 교리문답」 제10주일에 묘사된 하나님의 섭리에 대한 신앙고백을 비판했다. 곧 그 신앙고백은 보편적 및 종교적인 강조점을 제시한다. "결국 이 세상은 일종의 표본 농장(model farm), 상상할 수 있는 최상의 가능한 곳이 아닌가? 사람들은 이곳에서 현실을 지나치게 비극적으로 해석해서는 안 되는 것이 아닌가?"(Noordmans, *V.W.*, 2:262, 458). 다른 사람들은 한 걸음 더 나아가서, 만약 우리가 모든 역경 속에서 인내해야만 한다면, 그것을 무신론에 대한 가르침으로 이해한다. "그와 같은 진술은 가엾은 이들을 계속해서 가엾게 하고, 가난한 이들을 계속해서 가난하게 만들며, 또한 아픈 이들을 계속해서 아프게 하는 것이다." 이와 같은 유형의 섭리를 믿는 신앙은 네덜란드에서 일어난 자유사상가 운동의 요람에서 나온 것이다(Becker and Deurloo, 1978, 9 이하).

계몽주의 시대에 이것은 종교의 보편적인 신앙고백으로 수정되었다. 많은 이들은 하나님을 관대한 섭리(bountiful providence)로 이해했다.[2]

2　참조. G. Aulén, 『하나님에 대한 기독교의 이미지』(*Het christelijk Godsbeeld*), 1929, 282-295.

나치 사회주의 그룹은 섭리 또는 더 높은 권력의 인도 방식 등에 대해서 논의했다. 그 논의들에서 사용된 용어들은 어느 정도 종교적으로 들리기는 했지만, 그 방식은 더 이상 기독교적인 것이 아니었다. 또한 이것은 섭리와 운명(Schicksal)이 동일한 것으로 간주되었다는 사실에 의해서도 암시된다. 이미 스토아 학파가 이것을 믿었다!

우리의 신앙고백서들에서 명백하게 표현된 바와 같이, 섭리에 대한 교회의 가르침과 더불어 우리는 전적으로 다른 여건에 위치해 있다. 종교개혁 시대에 사정이 어떠했는지 한번 상상해보라! 우리의 신앙고백서는 아무런 이유 없이 "이루 말로 표현할 수 없는 위로"에 대해서 말하는 것이 아니다. "왜냐하면 우리는 그 표현을 통해서 우리에게 아무것도 우연히 일어날 수 없다고 배웠기 때문이다. 곧 모든 것은 지극히 은혜로우신 하늘 아버지의 인도하심으로 일어난 것이다"(「벨기에 신앙고백서」 제13조).

다음과 같은 자세는 민감한 사항이다. 누군가 더 높은 힘이 자신과 관련한 일을 결정했다고 생각해서, 자신의 삶에서 일어나는 사건들에 직면해 무력감을 느끼거나 자신의 운명을 순순히 따를 때, 그는 믿음으로 하나님의 인도하심을 따르는 인생을 살고 있지 않다. 이것은 하나님의 섭리에 대한 신앙고백의 실천적인 측면과 관련이 있다. 우리는 때때로 다음과 같이 말한다. 우리에게 일어나는 어떤 사건들은 사람들이 우리에게 저지르는 게 아니다. 하지만 이것은 신앙고백이라기보다 오히려 일종의 운명론(fatalism)을 표현하는 것이다.

20.2. 섭리에 대한 전통적인 가르침에 대한 비판

1. 비판과 연결되어 있는 몇몇 동기들. 비록 우리가 하나님의 섭리에 대한 모든 견해를 지지할 수는 없지만, 우리는 분명히 섭리에 대한 올바른 가르침을 포기해서는 안 된다. 특히 오늘날 "섭리에 대한 신앙이 위기에 처해 있다"는 사실을 고려할 때 더욱 그렇다.

베르카우어의 견해에 의하면, 우리는 섭리에 대한 신앙의 위기와 관련

 개혁교회 교의학

해서 다음 세 가지 서로 다른 동기들을 구분할 수 있다. 곧 과학적 동기, 인간 마음의 투영(projection)의 동기 및 재앙에 기초한 동기다.

과학적 동기와 관련해서 우리는 현대 과학이 하나님을 믿는 신앙에 영향을 끼친 것을 생각할 수 있다. 현대 과학이 자연 현상을 더 잘 설명할수록, 사람들은 하나님의 보존과 통치에 대한 "가설"을 더더욱 지지하지 않으려고 한다. 이른바 닫힌 세계(closed world)라는 개념은 많은 사람에게 매력적으로 여겨진다. 그래서 하나님이 존재한다는 것은 많은 이들의 의식에서 사라졌다.

인간 마음이 투영된 동기는 마르크스와 포이어바흐 그리고 니체 같은 철학자들에게서 만날 수 있다. 이들은 인간 자신의 마음이 투영된 것으로서 종교를 이해했다. 또한 프로이트의 견해에 의하면, 인간은 무기력한 존재로서 창조와 섭리, 도덕적인 세계 질서 및 영원한 생명에 대한 이미지를 만들어냈다. 그에 의하면, 종교는 환상을 일으키는 인간 본성의 산물이다. 과학은 궁극적으로 종교를 모두 폐지할 것이다. 가장 단순한 사실은 인간은 신과 신의 섭리 대신에 오직 자기 자신만을 의지해야 한다는 것이다.

그다음 **재앙에 기초한 동기**가 있다. 사실상 이 동기는 매우 이른 시기부터 나타났지만, 20세기에 일어난 끔찍한 사건들과 그 사건들로 말미암은 무시무시한 고통에 의해서 강화되었다. 이것은 아우슈비츠, 히로시마와 그밖에 다른 장소들에서 드러난 사건들을 포함한다. 이와 같은 사건들은 하나님이 실질적으로 인도하신다는 것을 부인하는 것처럼 보인다. 베르카우어는 이와 관련해서 다음과 같이 주장한다. 곧 처참하고 냉혹한 현실이 사람들의 마음을 점차 사로잡아서 역사를 다스리시는 하나님의 섭리와 손길이라는 숭고한 시각이 그저 쓰라린 현실을 도피하는 것으로 생각하게 만든다(Berkouwer, 1952, 17-23).

2. 하나님의 섭리에 대한 최근의 몇몇 견해들. 몇몇 신학자들이 근대에 출현한 생철학(philosophy of life)에 기초해서 작업하는 것은 그 자체로 이상한 일은 아니다. 이것은 종종 그들이 하나님과 그분의 섭리에 대해 새로

운 개념을 형성한다는 것을 넌지시 알려준다. 이 점은 적어도 몰트만, 비어싱하(H. Wiersinga), 판 더 베이크(A. van de Beek) 등의 경우에는 그러하다.

몰트만은 하나님과 현실을 이제까지의 관행보다 훨씬 더 밀접하게 연결한다. 그의 논점은 그리스도의 십자가에 초점이 맞추어져 있다. 하나님은 십자가에 못 박힌 인자(the Son of Man) 안에서 인간인 동시에 하나님으로 인식된다. 기존의 하나님에 대한 교리(신론)에서, 곧 몰트만이 "유신론"(Theism)이라고 언급한 교리에서 하나님은 고통을 겪으실 수 없고 또한 죽으실 수 없다. 하지만 현대의 십자가 신학에서 하나님과 고통은 더 이상 서로 양립하지 못하는 게 아니다. 몰트만은 하나님이 고통당하는 사람들 가운데 거하신다는 말에 만족하지 않는다. 그는 모든 고통은 하나님 안으로 수렴된다고 믿는다. "왜" 또는 "어째서"와 같은 모든 질문은 다음 질문으로 흡수된다. "나의 하나님, 나의 하나님, 어찌하여 나를 버리셨나이까?"(시 22:1; 마 27:46; 막 15:34). 그리스도의 십자가와 마찬가지로, 하나님 자신이 아우슈비츠 사건도 직접 경험하셨다. 다시 말해서, 그것은 성부의 슬픔, 성자의 자기 자신을 내어 줌 및 성령의 권능 안으로 흡수되었다. 그래서 역사는 하나님의 백성이 그 역사에 참여하는 것과 더불어, 고통당하고 싸우며 해방시키는 "십자가에 달리신" 하나님의 역사가 된다.[3]

몰트만과 마찬가지로, 비어싱하도 우리가 고통의 중압감을 직접 경험할 수 있게 한다. 그는 몰트만의 해당 저서뿐만 아니라 죌레(Sölle)의 저서도 언급한다.[4] 오늘날의 신학은 이전 세대의 신학보다 제시할 대답들이 더 적다. 섭리론과 관련해서 생명의 운명은 하나님의 작정과 직접적으로 관련이 있다. 모든 고통은 하나님과 연결되어 언급되며, 또한 어떤 목적을 이루는 데 사용된다. 고통은 징계뿐만 아니라 영적인 양육과도 관련이 있다. 오늘날의 신학에서 하나님은 고통을 감수하셨다. 이 입장

---

3   J. Moltmann, 『십자가에 달리신 하나님』(*Der gekreuzigte Gott*), 1972, 214, 266, 294, 315. 다음 논문집을 참조하라. M. Welker (ed.), *Diskussion über Jürgen Moltmanns Buch, "Der gekreuzigte Gott,"* 1979.

4   D. Sölle, 『고통』(*Leiden*), 1973.

과 관련해서, 비어싱하는 하나님이 고통을 감수하시지 않았다고 주장한다. 오히려 하나님은 사람들보다도 더욱더 고통을 겪으시고 또한 더욱더 강력하게 그것에 맞서 싸우신다. 인간의 파트너로서 하나님은 고통을 당하시지만 사람들보다 더 많이 인내하신다. 하나님은 어떻게 고통을 다루고 변모시키며 제거할 수 있는지에 대해서 알고 계신다.

비어싱하의 견해에 의하면, 하나님이 세상의 고통을 공감(sympathy)하신다는 사실의 통찰은 하나님의 섭리에 대한 교의를 다시 정의할 것을 요구한다. 비록 그 교의가 기독교 내에 깊이 뿌리를 내리고 있을지라도 말이다. 하나님의 섭리에 대한 교의는 우리의 파손된 세상과 성경의 구체적인 증언과 대조해서 공감하시는 하나님의 교의로 대체되거나 "무방비의 우월함"(defenceless supremacy)에 대한 교의로 대체되어야 한다. 하나님의 공감은 사람들을 공감하는 사람들로 변화시킨다. 그래서 그들은 고통받는 개개인이나 그룹들의 극도로 어려운 상황들에 참여하게 된다.[5]

섭리에 대한 교의와 관련이 있고, 특히 악의 문제와 관련이 있는 세 번째 접근 방법으로서 판 더 베이크의 방법론을 언급할 수 있을 것이다. 판 더 베이크는 자신의 저서 『왜?』(*Waarom?*, 1984)에서 고통의 문제를 매우 진지하게 다룬다(자신의 입장을 매우 분명하게 묘사하고 있는 제4장에 비추어볼 때, 그의 저서는 역사 신학이라고 부를 수 있을 것이다). 판 더 베이크는 「하이델베르크 교리문답」에 표현되어 있는 대로 섭리에 대한 개혁파 교회의 교리를 더 이상 받아들일 수 없다고 믿고 있는 이들에 맞서 하이델베르크 신앙고백을 존중한다. 이것은 하나님의 섭리에 대한 신앙이 몇 가지 중요한 문제들, 곧 우리에게 고통의 의미, 악의 의미 및 불신앙의 이유 등에 대한 질문들이 해결 과제로 남아 있다는 사실을 무시하지 않는다. 판 더 베이크는 자신이 하나님의 가변성(changeability)이라는 개념을 받아들일 수 있다고 믿는다. 하나님은 적응(adaptability)을 통해 역사 과정 속으로 나아가신다. 하나님은 반복적으로 사람들이 기대하지 못했던 결정들을 내리신다. 또한 하나님의 인도하심은 계속해서 사람

---

5   H. Wiersinga, 『고통과 화목하기?』(*Verzoening met het lijden?*), 1975, 29, 49-52, 61-66. "무방비하신 하나님의 우월함"(the defenceless supremacy of God)이라는 개념과 더불어, Wiersinga는 Berkhof에게 동의한다(Berkhof, *C.F.*, 140-147).

들이 기대하지 못했던 결정들이 일어나게 하신다. 하지만 사람들은 여전히 변화하시는 하나님을 의지할 수 있을까? 하나님은 그분이 약속하신 것을 바꾸지 않으신다. 그분은 그리스도 안에서 어떤 이들을 하나님의 자녀로 선택하셨다. 성령은 우리와 함께 길을 가면서 미래의 길을 열어간다. 또한 하나님은 그 과정에서 실수할 위험성이 있다는 것을 참작하신다.

결과적으로 고통의 이유에 관한 질문에 그 어떤 답변도 제시되지 않았다. 그뿐만 아니라 또 다른 질문이 추가되었다. 우리는 "왜?"라는 질문뿐만 아니라 "어디를 향해서?"라는 질문에도 대답해야 한다. 섭리에 대한 교의의 핵심적인 원리 중 한 가지는 바로 하나님이 그분의 강한 손으로 그분이 정하신 목표를 향해서 모든 것을 이끄신다는 것이다. 하지만 판 더 베이크의 저서로 말미암아 야기된 어떤 논쟁에서 그의 입장은 다음과 같은 특징을 드러내준다. 어떤 학생이 판 더 베이크에게 모든 것이 좋은 결말에 이르게 될지 아느냐고 질문했다. 그는 그 질문에 모른다고 대답했다.[6]

20.3. 성경은 하나님의 섭리에 대해서 무엇을 말하는가?

성경은 하나님의 섭리에 기초한 사역을 매우 구체적으로 생생하게 묘사한다. "성경 전체는 바로 하나님의 섭리에 대한 책이다"(Bavinck, *R.D.*, 2:595).

성경은 하나님의 섭리에 기초한 사역 방법에 대해서 다양하게 말한다. "준비하다"(문자적으로 "보다"—창 22:8)라는 단어 외에도, "창조하다"와 "새롭게 하다"(시 104:30), "돌보다"(신 11:12; 벧전 5:7), "다스리다"(시 47:8)와 "붙들다"(히 1:3) 같은 단어들이 사용된다. 이것 외에도 하나님의 생각, 그분의 눈과 손 등을 추가할 수 있을 것이다(사 55:8; 시 33:11; 34:15; 신 5:15).

하나님의 섭리는 모든 것과 관련이 있다(욥 38장 및 39장; 시 139:13-

---

6   A. van de Beek, *Waarom?* (왜?), 1984, 97 이하, 252-268, 294 이하.; idem, "살아 계신 하나님에 대해서"(Om de levende God), in 『또다시: 왜?』(*Nogmaals: Waarom?*), 1986, 121.

                                              개혁교회 교의학

24; 잠 21:1; 사 14:26-27; 41:2-4; 45:5-7; 행 17:24-28). 예수는 자기를 따르던 사람들에게 이렇게 말한다. "하늘에 계신 너희 아버지께서 그 해를 악인과 선인에게 비추시며 비를 의로운 자와 불의한 자에게 내려주심이라"(마 5:45).

시편에서 이스라엘 백성은 하나님이 그분이 지으신 만물을 보살피시며, 또한 그분이 선택하신 백성을 특별히 돌보신다는 것에 대해서 하나님을 찬양한다(참조. 시 33편, 34편; 65편, 104편; 145편; 146편; 147편).

아브라함, 이삭, 야곱에 관한 이야기들과 심지어 요셉과 그의 형제들과 관련된 이야기들은 하나님의 섭리에 대해 증언해준다. 또한 우리는 섭리와 관련해서 에스더서와 다니엘 1-6장을 생각할 수 있다. 하나님의 섭리에 대한 성경의 이야기들은 이스라엘의 역사(참조. 시 79편; 105편; 136편; 겔 20장)뿐만 아니라 교회의 역사(참조. 행 4:27-28; 8:26-40; 16:6-10; 20-22장)도 분명하게 조명해준다.

하나님은 그분의 전능하심을 통해서 사람들의 행위들을 저지하고 악을 선으로 바꾸실 수 있다. 요셉은 이 점에 대해서 다음과 같이 말한다. "당신들은 나를 해하려 하였으나 하나님은 그것을 선으로 바꾸사 오늘과 같이 많은 백성의 생명을 구원하게 하시려 하셨나니"(창 50:20). 또한 시편에서 시인은 이렇게 고백한다. "여호와께서 나라들의 계획을 폐하시며 민족들의 사상을 무효하게 하시도다"(시 33:10).

모든 사건의 중심에는 그리스도의 죽음과 부활 사건이 있다. 하나님은 그리스도의 죽음과 부활을 통해서 그분의 전능하신 권능으로 사람들이 저지른 극악한 행위를 얼마나 놀랍고 위대한 사건으로 변화시키셨는가![7] "너희가 법 없는 자들의 손을 빌려 못 박아 죽였으나 하나님께서 그를 사망의 고통에서 풀어 살리셨으니"(행 2:23-24; 참조. 행 3:15). 이것은 하나님의

---

7   최근의 신학에서 이 사건은 "전환의 율법"(das Gesetz der Umlenkung)이라고 언급되었다. 이 표현은 아마도 다음 저서에서 빌려 왔을 것이다. E. Stauffer, *Die Theologie des Neuen Testaments*, 1945, 186.

섭리에 기초한 모든 사역에 대해 분명하게 알게 해준다.

하나님의 섭리와 관련한 문제들이 20세기에 제기되었다. 왜냐하면 사람들은 끔찍한 일들을 경험했기 때문이다. 이 질문들에 대답하는 것은 쉽지 않지만 그것들은 결코 전혀 새로운 질문들이 아니다. 성경은 어떻게 신자들이 이전에 비슷한 문제점들을 지니고 있었는지 우리에게 보여준다. 우리는 이 점과 관련해서 욥기와 예레미야애가 그리고 시편 44편 및 73편 등을 머릿속에 떠올릴 수 있을 것이다. 섭리에 대한 교리를 재검토하는 것이 바람직하다고 생각하는 사람들이 있을 수도 있다. 하지만 아우슈비츠나 다른 어떤 비극적인 사건이라도 성경의 가르침을 포기하는 것을 암시해주는 것과 같은 개정을 지지하는 권한을 신학에 부여하지 않는다. 우리는 하나님이 모든 것을 주도하신다는 신앙을 하나님이 우리와 공감하시며 또한 우리 곁에 파트너로 서 계신다는 개념으로 대체할 수 없다.

하나님의 섭리에 대한 그와 같은 광범위한 일반화가 부적당한 것들이라는 점은 제쳐놓는다고 하더라도, 그것들은 성경의 가르침이라는 기준에 상당히 미치지 못한다. 예를 들면 비어싱하는 다음과 같이 주장한다.[8] 곧 하나님은 변화를 일으키려고 계획하시고, 하나님이 결국 승리하신다는 사실은 우리가 인내하며 고통을 참도록 도와주며, 우리 자신이 저항하고 승리하기 위해서 힘쓰도록 우리에게 에너지를 공급해준다. 이것은 사실상 하나님에 대한 새로운 이미지를 제시하는 것이다.

어떻게 하나님이 그리스도의 고난과 죽음에 동참하셨는가라는 질문에 대한 접근 방식을 살펴보면, 얼마나 커다란 변화가 일어났는지 분명해진다. 이 변화는 이 사고 방식을 반대하게 만드는 중요한 요소 중 하나다. 비어싱하의 견해에 의하면, 그리스도의 고난과 죽음은 하나님의 계획의 일부분이 아니었다. 하지만 "메시아의 실제적인 십자가"는 하나의 행위로서 역사적인 함의를 지니고 있다. 곧 그 행위는 모든 수동적인 자세를 극복하고 사랑의 연쇄 반응을 일으키게 한다.

8　H. Wiersinga, 『고난과 화목하기?』(*Verzoening met het lijden?*), 1975, 53, 60, 84, 95, 112.

　　개혁교회 교의학

20.4. 섭리에 대한 다양한 견해들

성경의 가르침에 기초한다면, 범신론적 견해와 이신론적 견해들은 전적으로 거부되어야 한다. **범신론**(pantheism)은 하나님과 세계를 동일시하고, **이신론**(deism)은 하나님과 세상을 서로 분리한다.

범신론이 이상주의적 경향을 지니면, 그것은 세상이 하나님 안에 포함된 것으로 이해하고, 모든 것을 신으로 이해한다. 반면에 범신론이 유물론적 경향을 지니면, 그것은 하나님이 세상에 포함된 것으로 이해한다. 이것은 완전히 세속화로 이어진다. 모든 것은 더 높은 어떤 힘이나 자연의 과정에 의해서 결정된다. 곧 숙명론이나 결정론으로 이어진다. 아우구스티누스가 당대에 맞서서 논쟁했던 형태의 이신론은 어떤 건축가의 이미지를 사용했다. 그 건축가는 자신이 지은 집에 더 이상 들어오지 않는다. 만약 그가 집을 짓는 일을 훌륭하게 마쳤다면, 그는 그 집 안으로 들어올 필요가 더 이상 없기 때문이다. 시계공(watchmaker)에 대한 이미지는 더 잘 알려져 있다. 어떤 시계를 만들어서 스스로 작동하게 한 다음에, 그 시계공은 자신이 만든 시계에 대해 더 이상 염려할 필요가 없다. 왜냐하면 그 시계는 스스로 돌아가고 있기 때문이다! 이와 같은 사고방식에서 하나님은 단지 최고의 존재로 이해될 뿐이고, 그분은 세상과 인류에게 자기 자신을 스스로 돌보도록 충분한 독립성을 부여했다.

우리가 이신론적으로 하나님을 이해한다면, 하나님은 자연에 개입하시거나, 역사 과정에 하나님의 손길이 미치거나, 인간의 삶을 이끄셔야 할 필요가 없거나 심지어 불가능하다. 따라서 이신론과 무신론은 실질적인 측면에서 서로 상당히 다르지 않다.

하나님에게서 **빼앗은** 절대 주권은 [범신론이나 이신론에서] 운명의 힘이나 우연에게 주어진다. 이것이 유일한 대안이다. 바빙크는 다음과 같은 점을 지적한다. 범신론은 어떤 이교적인 운명을 받아들이도록 유도하며, 이신론은 기본적으로 우연에 대한 이교적인 이론을 부추긴다(Bavinck,

R.D., 2:599-600).

사실상 운명론과 우연 또는 행운이라는 개념은 모두 이교 사상에서 유래한 것이다. 따라서 우리는 다음과 같은 베르크호프(*C.F.*, 222-223)의 견해에 동의할 수 없다. 곧 창조세계의 자유로운 활동 범위는 매우 광범위해서 이 두 가지는 분명히 궁극적으로 하나님의 손안에 있는 어떤 전체(a totality) 안에 포함되어 있는 요소들이다. 비록 우연과 운명이 최종적인 말을 지닌 것은 아니지만 말이다.

운명이라는 개념은 스토아 학파 철학자들의 사고에서 중요한 역할을 했다. 그리고 우연이라는 개념은 에픽테토스와 그의 제자들에게서 중요한 역할을 했다. 이 철학자들이 사도 바울과 논쟁할 기회가 있었다. 그때 바울은 그들에게 다음과 같이 선언했다. 곧 우주와 그 안에 있는 모든 것을 지으신 하나님은 모든 것을 보존하시며 다스리신다. 심지어 하나님은 모든 사람에게 생명과 호흡과 모든 것을 주신다. 또한 하나님은 전체 인류가 살아갈 시대와 영토의 경계를 정하셨다(참조. 행 17:18, 24-28).

20.5. 특징들

1. 기독교인들은 흔히 하나님의 섭리를 일반 섭리와 특별 섭리로 구분했다. 또는 그들은 하나님이 모든 것을 다스리시는 것을 가리키는 일반 섭리(*providentia generalis*)와, 인간에게 적용되고 하나님의 작정과 인간 자유의 관계에 관심을 기울이는 특별 섭리(*providentia specialis*), 그리고 하나님이 그분의 자녀들을 돌보는 것을 가리키며, 하나님의 선택하시는 사랑과 직접적으로 연결된 가장 특별한 섭리(*providentia specialissima*)로 구분했다.

성경이 매일 특별한 유형의 섭리에 대해 강조한다는 점을 고려할 때, 우리는 그 순서를 바꾸어서 하나님의 매우 특별한 돌보심에 첫 번째 위치를 부여할 수 있을 것이다(참조. Wentsel, *Dogm.*, 3a: 536).

하나님의 섭리와 하나님의 선택은 어떤 관계가 있을까? 칼 바르트는

개혁교회 교의학

예정에 대한 작정을 실행하는 것이 바로 섭리라고 주장한다(Barth, *C.D.*, 3.3.5). 또한 그는 다른 곳에서 다음과 같이 말한다. 곧 하나님의 섭리는 하나님의 자유로운 은혜에 지나지 않으며, 그리스도 안에서의 하나님의 자유로운 은혜가 바로 섭리다.[9] 칼 바르트의 창조론에 비추어볼 때(§ 17.3에서 7항을 보라), 우리는 그의 섭리론에서도 기독론적인 초점이 또다시 두드러지게 나타난다는 일관성을 간파할 수 있다. 그의 확장된 기독론에서 창조와 구속이 하나로 결합된 것과 똑같이, 또한 섭리와 구속도 하나로 결합된다. 그리고 어떤 학자들은 섭리가 예정의 일부분이라고 주장하고 바르트에 견해를 따라서 예정을 해석한다(Beker and Deurloo, 1978, 27-36).

우리는 이 점과 관련해서 하나님의 예정과 섭리는 반드시 서로 구별되어야 한다고 지적하고자 한다. 우리는 그리스도 안에서 하나님의 자유로운 은혜에 대한 믿음을 통해서만 (인식론적인 측면에서) 하나님이 우리의 존재를 이끄신다는 것을 깨달을 수 있다. 하지만 이것은 (존재적론인 측면에서) 하나님의 섭리를 그분의 자유로운 은혜와 동일시하지 않는다(참조. Berkouwer, 1952, 37-38). 하나님이 그분의 자녀들을 특별하게 돌보신다는 것은 그분이 영속적이며 변함없는 사랑으로 그들을 사랑하신다는 사실에서 유래한다. 하지만 하나님의 섭리는 그분의 선택하시는 사랑보다 훨씬 더 멀리까지 이른다(참조. 행 14:16-17).

실천적인 관점에서 하나님의 섭리와 관련해서 중요한 사항은 우리가 우리 주 예수 그리스도의 하나님과 아버지의 돌보심으로 살고 있다는 것이다. 하지만 모든 사람이 자기 자신을 하나님에게 내맡기는 것은 아니다.

2. 하나님의 섭리의 측면들로서 전통적으로 보존, 협력, 통치의 순서로 논의해왔다.

보존(*conservatio*)은 하나님이 그분의 능력으로 모든 것을 유지하신다는 것을 의미한다. 통치(*gubernatio*)는 하나님이 그분이 결정하신 대로 모든

---

9   K. Barth, *The Heidelberg Catechism for Today*, 1964, 62.

것을 그 목적을 향해서 이끄신다는 것을 뜻한다. 협력(*concursus*)은 하나님이 그분의 창조물의 고유한 특성과 특히 인간에게 주어진 자유의지를 정당하게 대하신다는 것을 의미한다.

우리는 협력을 섭리의 개별적인 측면으로 이해해야 하는지 숙고할 필요가 있다(§ 22.1을 보라).

§ 21. 보존

21.1. 보존과 인간의 의존 및 책임
21.2. 보존과 일반은총

21.1. 보존과 인간의 의존 및 책임

"섭리는 하나님이 그분의 전능하며 어느 곳에나 존재하는 권능을 통해서 모든 창조물을 보존하시고 통치하시는 것을 가리킨다"(「하이델베르크 교리문답」제10주일). 우리가 보존과 통치를 따로따로 언급할 때, 그것은 구별을 의미하는 것이지 분리를 뜻하는 게 아니다. 우리는 보존 및 통치와 관련해서 서로 다른 것을 지향하는 두 능력을 지금 다루고 있지 않다.

우리는 창조와 보존을 서로 동일시하지 않는다(§ 17.3. 6항을 보라). 보존은 하나님이 그분의 창조물을 결코 버리시거나 포기하시지 않는다는 것을 말한다. 하나님은 그분이 창조하신 모든 것을 지속적으로 지탱하시며, 또한 모든 창조물을 돌보신다. 앞서(§ 20.3) 구약성경과 신약성경에서 인용한 본문들은 이 점을 명백하게 지지해준다.

칼뱅은 시편 104:29을 다음과 같이 이해한다. 곧 "주께서 그분의 영을 거두시자마자, 모든 것은 먼지로 돌아간다." 해당 구절의 히브리어 본문은 문자적으로는 그렇게 말하지 않는다. 하지만 하나님의 영이 행하신 우주적인 사역을 시편 104편의 문맥에서 생각하는 게 틀린 것은 아니다. 왜냐하면 하나님의 영은 진정으로 창조 사역에도 동참했기 때문이다(창 1:2).

 개혁교회 교의학

그러므로 우리는 다음과 같은 칼뱅의 말에 동의할 수 있다. "성령은 모든 곳에 존재하면서 모든 것을 지탱하며, 하늘과 땅에서 무의식적인 생명체뿐만 아니라 의식을 지닌 생명체에게 활력을 불어넣는다"(Calvin, 『기독교 강요』 1.13.14). 하나님은 이와 같이 그분의 성령과 함께 그분의 권능으로 모든 것을 창조하셨을 뿐만 아니라, 그분이 창조하신 모든 것을 보존하시는 일을 하신다.[10]

베르크호프는 다음과 같이 보존을 역동적으로 해석하고자 한다. "이 인간 세상은 해체되고, 스스로 파괴하며, 멸망할 징조를 보인다. 하지만 하나님은 그것이 멸망하는 것을 막으신다. 그분은 자기 손으로 인간 세상을 떠받치신다. 바로 하나님은 이와 같은 방법으로 인간 세상을 지탱(보존)하신다"(Berkhof, *C.F.*, 219 이하). 이것은 이 지탱이 무익한 것에 굴복한 창조세계(롬 8:20)의 보존과 죄와 죽음에 의해 침략당한 인류의 보존(롬 5:12)으로 바뀌는 정도로 사실이다. 과연 이 보존은 본질적으로 하나님의 은혜인가라는 질문이 지금 제기된다.

헤인스는 보존을 하나님의 은혜로운 행위라고 언급한다. 은혜로서의 보존은 또한 구원이다. 곧 멸망으로 이끄는 죄와 함정에 빠트리고자 하는 악으로부터의 구원이다(Heyns, *Dogm.*, 148 이하). 아마도 여기서 하나님의 은혜는 지나치리만큼 광범위하게 해석되고 있다.

이것을 숙고해야 하는 두 번째 이유는 카이퍼의 일반은총론으로 야기된 논쟁과 관련이 있다(§ 21.2을 보라).

하나님의 보존의 다른 측면은 모든 창조물이 그분을 지속적으로 의존한다는 것이다. 하나님이 만물을 유지하신다. 하지만 그분은 모든 창조물의 본성에 따라서 그것들을 유지하신다. 곧 하나님은 천체, 천사, 사람, 동

---

10 다음 연구서를 보라. W. Krusche, *Das Wirken des Heiligen Geistes nach Calvin*, 1957, 15-32. 또한 Heyns도 자신의 교의학에서 보존의 이와 같은 측면을 나타낸다(Heyns, *Dogm.*, 296-298).

물, 식물, 무기체 등 저마다의 고유한 특성에 따라서 그것들을 보존하신다.

신앙고백서들뿐만 아니라 신학에서도 하나님이 그분의 지혜와 선하심 안에서 사용하시는 수단들에 대해 언급한다(참조. 「도르트 신조」 3-4.17). 이것은 우리가 이 수단들―음식, 의약품, 기술적인 도움, 인적 자원, 에너지, 그 밖의 다른 것―을 궁극적으로 의존해서는 안 되며 어떤 것도 절대화해서는 안 된다는 것을 의미한다. 우리가 하나님께로부터 받은 모든 것으로 말미암아, 하나님을 조금 덜 의존해도 된다고 믿어서는 안 된다. 따라서 구약성경은 다음과 같이 경고한다. "두렵건대 네가 마음에 이르기를 '내 능과 내 손의 힘으로 내가 이 재물을 얻었다' 할까 하노라"(신 8:17).

우리는 하나님이 우리를 직접 도와주실 수 있다고 생각해서 그분이 우리에게 제공해주신 수단들을 사용하지 않은 채 그대로 내버려두어서는 안 된다. 우리가 하나님께 기도해서 병 고침을 받는다면, 그것은 우리에게 커다란 감동을 줄 것이다. 하지만 우리는 의학적 치료, 곧 우리가 의사를 찾아가서 진찰을 받고 약을 처방받아 그 약을 먹고 병에서 회복되는 것이 하나님이 기도의 응답으로 병을 치료해주는 것보다 수준이 낮은 것으로 여겨서는 안 된다.

이와 반대로, 의사들이 어떤 심각한 병을 치료할 수 없을 때, 그런 경우는 우리가 어찌할 바를 몰라서는 안 되는 경우다. 하나님은 우리가 지금 사용하는 수단에 제한받지 않으신다. 하나님은 그 어떤 일이 일어나든지 우리의 기도를 듣고 응답해주신다.

그리스도인으로서 우리는 모든 것이 하나님의 축복에 달려 있다고 인정한다. 이것은 하나님의 축복이 단지 우리 자신의 수고에 보답하기 위해서 주어진다는 것을 의미하지 않는다. 성경은 하나님이 그분의 창조물에게 복을 주시기를 원한다는 사실에 우선권을 부여한다(창 1:28; 9:1). 하나님은 그분의 백성에게 온갖 복을 주시겠다고 약속하셨다(신 7:12-16). 우리는 이와 관련해서 우리 자신이 하나님께로부터 부르심을 받았다고 이해하는 일을 한다. 느헤미야는 이렇게 말한다. "하늘의 하나님이 우리를 형통하게 하시리니 그의 종들인 우리가 일어나 건축"할 것이다(느 2:20). 우리는 이사야서에서 하나님이 사람들에게 밭을 갈고 뒤집고 써레질을 하고 씨를 뿌리고 나서 가꾸고 알곡을 거두어들이는 일을 가르쳐주셨다고 읽는다. "이것도 만군의 여호와께로부터 난 것이라. 그의 경영은 기묘하며 지혜는 광대하니라"(사 28:29; 참조. 사 28:24-28). 따라서 우리는 하나님을 찬송하고 경외하며, 그분께 감사해야 한다(시 67:5, 7).[11]

섭리에 대한 교의는 우리가 얼마나 하나님께 의존하고 있는가에 대해서 가르친다. 하지만 그 교의는 우리의 책임을 결코 감소하거나 약화시키지 않는다. 칼뱅은 이 점을 이미 충분히 명백하게 지적했다. 하나님은 우리가 우리 자신의 삶을 돌보도록 우리에게 맡기셨다. 그분은 우리가 삶을 잘 보존하도록 수단과 도움을 제공하셨다. 또한 그분은 우리가 여러 가지 위험들을 예견할 수 있게 하셨다. 그래서 이와 같은 사건들은 우리를 놀라게 하지 않는다. 그리고 하나님은 우리에게 예방책과 대비책을 공급해주셔서, 우리가 그것을 이용할 수 있게 하셨다.

그러므로 다음과 같은 것이 우리의 의무라는 것은 분명하다. 곧 하나님이 우리에게 허락하신 생명을 보호하고, 그분이 우리에게 맡겨주신 수단을 사용하며, 하나님이 우리에게 다양한 위험들을 예견할 수 있도록 도와주시면, 우리가 부주의하게 그 속으로 뛰어들지 않아야 한다. 하나님이 우리에게 치료 방법을 제공해주시면, 그것을 무시하지 않고, 우리는 하나님의 뜻 안에서 우리 자신을 돌보며 또한 우리의 모든 일들을 통제하는 데 아무런 방해도 받지 않는다(Calvin, 『기독교강요』 1.17.4).

우리의 책임은 우리 자신의 생명에만 국한되어 있지 않다는 사실을 추가해야 할 것 같다. 하나님이 그분의 창조세계를 보존하시며 또한 그분의 모든 창조물을 돌보신다는 신앙은 우리를 설득시켜서, 우리의 이웃들, 특히 우리의 도움을 필요로 하는

---

11   참조. C. Westermann, 『성경과 교회의 행위 안에서의 축복』(*Der Segen in der Bibel und im Handeln der Kirche*), 1968; idem, 『구약신학 개관』(*Theologie des Alten Testaments im Grundzügen*), 1978, 88-101.

사람들을 돌보게 한다. 나아가 그 신앙은 우리가 하나님의 창조세계에 속하는 모든 것을 사랑으로 잘 보살피도록 가르친다.

어떤 이들은 인간적인 다양한 예방 수단과 예방 조치를 마련하는 것을 반대한다. 예를 들면 피뢰침 설치, 질병에 대한 예방 접종, 보험 가입, 미래와 관련된 다양한 계약 등을 반대한다. 하지만 다음과 같은 사실을 깨닫는 것은 좋은 것이다. 곧 모든 것이 하나님의 손으로부터 우리에게 온다는 믿음은 우리를 결코 수동적으로 내버려두지 않는다. 우리가 하나님이 우리에게 주신 다양한 은사와 재능들을 사용하는 것은 우리에게 매우 중요한 것이다. 또한 우리가 하나님께 감사하고, 역경 속에서도 인내하며, 하나님 아버지를 온전히 신뢰하고 살아가는 것은 매우 중요한 것이다(「하이델베르크 교리문답」 제10주일).

21.2. 보존과 일반은총

"유지하다"(conserve)라는 표현은 "보존"(*conservatio*)을 충분히 묘사해주지 못할 것이다. 하나님의 보존 행위는 사전 대책을 강구하는 것 이상이다. 하나님은 지속적으로 발전해가고 또한 악한 세력에 노출되어 있는 세상을 보존하시는 것과 관련해서 어떤 목적을 갖고 계신다. 하나님의 보존과 통치는 서로 분리되면 안 된다. 왜냐하면 이 두 가지는 서로 직접적으로 관련이 있기 때문이다.

보존과 관련해서 하나님과 세상의 관계는 무엇인가? 또한 하나님과 인간의 관계는 무엇인가? 그리고 과연 하나님은 이 관계 안에서 은혜를 베푸시는가?

아브라함 카이퍼는 『일반은총』(*De gemene gratie*, 1902-4)에서 자신의 관점을 매우 상세하게 전개했다. 하나님은 인간이 타락한 이후에도 세상이 존속하도록 허락하시면서 모든 사람에게 은혜를 베푸신다. 이것이 바로 특별은총과 구별되는 일반은총이다. 또한 그것은 긍정적인 측면뿐만 아니라 부정적인 측면도 지닌 하나님의 은총의 행위와 관련이 있다. 먼저,

개혁교회 교의학

죄에 대한 완전한 형벌은 연기되었다. 그다음, 일반은총의 영향은 점진적일뿐만 아니라 변함없이 지속된다. 일반은총이 가진 지속성의 측면은 다양한 측면을 가진 인간의 마음에 있는 죄성뿐만 아니라 자연 세계가 받은 저주를 억제하고 속박한다. 반면에 일반은총의 점진적인 측면은 다음과 같다. 곧 "하나님은 꾸준히 발전을 도모하시면서 더욱더 온전히 고통으로부터 인간의 삶을 보호하시고, 인간의 삶을 내면적으로 더욱더 풍성하고 온전하게 이끄신다"(A. Kuyper, *De gemene gratie* 2:601 이하).

카이퍼는 부분적으로 칼뱅에게 호소하기도 한다(참조. 『기독교강요』 2.2.17; 2.3.3). 물론 그들의 강조점은 서로 차이가 있지만 말이다. 인간의 삶과 문화가 지속적으로 더 풍성하게 펼쳐진다는 개념은 카이퍼의 신학적인 사상이 지니고 있는 특성 중 하나다.

1924년에 개최된 북미주 개혁교단(Christian Reformed Church)의 총회는 다음과 같이 선언한다. 곧 성경과 교회의 신앙고백서에 의하면, 하나님의 구원하는 은혜와 별도로 하나님이 선택하신 사람들뿐만 아니라 그분의 창조물에게 전반적으로 베푸시는 어떤 호의 또는 은혜가 있다.[12] 혹세마는 이 입장을 부분적으로 강력하게 반대했다. 그의 견해에 의하면, 일반은총은 없다. 또한 복음의 내용은 전 인류를 대상으로 삼지 않는다. 하나님이 예정되지 않은 사람들에게도 진정으로 구원을 제공하신다는 것은 전적으로 틀린 견해다.[13]

네덜란드 개혁파 교회 총회는 교회의 전통적이며 지배적인 교의에서 벗어나는 "서로 다른 견해들"이 교회들 안에 있다고 인정했다. 그러면서 그 총회는 1942년에 일반은총에 관한 입장을 다음과 같이 공적으로 발표했다. 곧 하나님은 이 시대 (dispensation) 동안에 그분의 심판을 타락한 세상에 아직 온전히 실행하지 않으신다. 그분은 인내하시면서 그 심판을 유보하고 계신다. 그렇게 하시면서 하나님은 선한

---

12 이 총회 문서에서 다음과 같은 성경 구절들이 인용된다. 시 14:5-9; 마 5:44-45; 눅 6:35-36; 행 14:16-17; 롬 2:4.

13 A. C. de Jong, *The Well-Meant Gospel Offer*, 1954, 11-55.

사람들뿐만 아니라 사악한 사람들에게도 해를 떠오르게 하시고, 모든 인류에게 하늘의 좋은 것을 공급해주신다(마 5:45; 행 14:17). 인간 안에는 여전히 창조 시에 받은 최초의 선물 중 남아 있는 것이 있으며, 제한된 범위 안에서 약간의 자연의 빛도 있다. 남아 있는 이 은사들은 인간에게 죄성과 죄악에 대해 자각하게 해주며, 또한 죄를 범하는 것 및 그 결과와 관련해서 죄를 일시적으로 억제해주는 역할을 한다. 또한 그 은사들은 원래 창조 시에 의도된 가능성들이 죄악이 넘치는 이 세상에서 펼쳐질 수 있도록 기회를 제공해주는 역할을 한다. 하나님은 이것과 관련해서 선한 사람들뿐만 아니라 악한 사람들에게도 그분의 선하심을 제한하지 않고 베푸신다. 이것이 신자들 사이에서 "보편 은총" 또는 "일반은총"이라고 불리지만 그것은 반드시 하나님의 구원하는 은혜와 구별되어야 한다.[14]

일반은총에 대한 이와 같은 가르침은 카이퍼의 입장을 상기해준다. 특히 스킬더는 이 가르침에 이의를 제기했다. 그는 죄와 심판이 진정으로 억제된다고 믿는다. 하지만 그는 은혜와 축복도 온전히 드러나지 않고 있다고 주장한다. 사실상 창조의 선물들이 펼쳐지지만, 이것은 은혜가 아니라 자연을 반영한다. 시간의 지속과 조화로운 세계를 문화적으로 드러내는 것은 (일반)은총을 반영하는 것이 아니다. 또한 그것들은 저주나 심판도 아니다. 그것들은 죄와 은혜를 위한 필수불가결한 조건(*conditio sine qua non*)이다. 그것들은 죄와 은혜를 위한 토대를 제공한다(Schilder, 1953², 60-65).

카이퍼의 견해는 비판의 여지가 있다. 카이퍼는 일반은총에 대한 자신의 견해와 더불어 세상 사람들이 종종 우리의 기대를 뛰어넘으며, 또한 인간의 삶이 놀라울 정도로 진전된다는 것에 대해 설명할 수 있다고 생각한다. 그 진전은 일종의 발전으로서 현재뿐만 아니라 장차 새 땅에 세워질 영광의 나라에 대한 함의들을 지니고 있다(Kuyper, 1902-4, 2:17; 1:461).

---

14 『스네크에서 개최된 총회의 의결서』(*Acta van de voortgezette Generale Synode van Sneek*), 1939, 제 682항.

이 견해는 문화에 대한 매우 강력한 낙관주의로 이어진다.

카이퍼의 견해에 의하면, 문화는 하나님의 일반은총 위에 세워진다. 분석 자료에 따르면, 문화 발전은 창조의 중보자의 사역에 기초하지만, 그 발전은 구속의 중보자에 의해서 고무된다(참조. Douma, 1966, 267). 하지만 스킬더는 "일반 명령"(common mandate)으로서의 인간의 의무에 관심을 갖고 있다. 하나님이 정하시고 보내신 그리스도가 하나님을 위해서 세상을 정복하기 때문에, 그리스도는 문화 사역을 구체적으로 하나님을 섬기는 사역으로 바꾼다. 이것은 하나님의 백성에게도 똑같이 적용된다. 믿음에 기초하지 않는 모든 것이 죄다(Schilder, 1953, 48, 69).

우리는 "은혜" 또는 "호의"라는 용어를 신중히 다루어야 한다. 악인들에게도 은혜가 베풀어진다고 언급하는 본문은 아마도 이사야 26:10이 유일한 본문일 것이다. 그런데 사실상 "선하심"과 "자비"와 같은 단어들이 더 일반적으로 사용된다(시 145:9; 눅 6:35; 행 14:17). 그뿐만 아니라, 성경에서는 "오래 참으심"이나 "인내"와 같은 단어도 사용된다. "주의 약속은 어떤 이들이 더디다고 생각하는 것 같이 더딘 것이 아니라. 오직 주께서는 너희를 대하여 오래 참으사 아무도 멸망하지 아니하고 다 회개하기에 이르기를 원하시느니라"(벧후 3:9). 때때로 하나님의 오래 참으심은 다른 배경에서 발견되기도 한다(참조. 롬 9:22). 그래서 스킬더(*H.C.*, 3:219)는 성경에서 하나님의 보호는 심판으로부터의 보호일 수도 있다고 지적한다(참조. 벧후 2:4, 9; 유 6). 이것은 "하나님의 풍성하신 인자하심과 관용하심과 오래 참으심"에 대해 말하는 로마서 2:4을 포함해서, 하나님의 공의는 성경의 모든 말씀에 적용되어야 한다는 사실을 변경하지 않는다.

스킬더는 세상과 인류의 보존을 두 가지 극단적인 사건들, 곧 무죄 판결과 추방 판결의 하부 구조 또는 하부 기초로 이해한다(1953², 64). 그는 세상의 보존 및 역사와 문화 영역의 지속에 대해 "하늘을 향해서 가는 길을 마련하기 위해서뿐만 아니라 또한 지옥으로 이어지는 길을 위해서도" 필수적인 것이라고 언급한다

(Schilder, *H.C.*, 1:373). 하지만 우리는 성경 안에서 이 평행 구조를 찾을 수 없다(참조. Douma, 1966, 159-166, 261-263). 우리는 이와 같이 닫힌 사고의 전개 과정 안에서 하나님이 모든 사람에게 선을 베푸시며, 또한 하나님이 사람들에게 의도하시는 목적은 그들이 하나님을 찾는 것이라는 점을 발견하지 못한다(참조. 행 14:17; 17:25-27).

세상과 인류의 보존을 가리켜주는 것으로서 하나님이 노아와 맺으신 언약(창 9장)은 과연 하나님의 은혜의 행위인가? 카이퍼는 이 언약을 자신의 출발점으로 삼는다. 또한 바빙크의 견해에 의하면, 그것은 하나님의 인내 또는 오래 참으심의 언약이다(Bavinck, *R.D.*, 3:218).

하지만 스킬더는 오래 참으심의 언약에 의문을 품는다. 우리는 창세기 9:8-17의 "언약"을 대비(provision)라고 해석할 수 있다는 스킬더의 견해에 동의한다(*H.C.*, 4:133 이하). 하지만 우리는 다음과 같은 그의 주장을 따를 수 없다. "밤과 낮은 지속될 것이다. 또한 계절들은 정한 시기에 규칙적으로 찾아올 것이다. 이 모든 것은 바로 불로부터 땅을 '구원하는' 것이 아니라면 다른 어떤 것이겠는가?"(*H.C.*, 4:141). 하나님이 노아와 맺으신 언약은 은혜언약과 매우 밀접한 관계에 놓여 있지만 은혜언약과 동일시될 수 없다. 노아 언약이 은혜언약을 에워싸고 있다. 노아 언약은 종종 자연언약(covenant of nature)이라고 언급되기도 했다(참조. Bavinck, *R.D.*, 3:218, 255).

우리는 하나님의 보존 및 일반은총과 관련해서 칼뱅의 관점을 따르는 것을 훨씬 더 선호한다. 칼뱅에 의하면, 일반은총은 모든 선한 것의 근원이신 하나님이 사람들에게 다양한 은사와 선물들을 공급하시고, 그것들을 통해서 생활 공동체가 지탱된다는 것을 의미한다(Douma, 1966, 216-222). 하나님은 인류를 그들의 자율권에 맡기지 않으셨다. 하나님이 그분으로부터 멀리 떠나간 사람들에게 지속적으로 관심을 기울이신다는 사실은 하나의 이적이다. 하나님의 선하심과 인내에는 사실상 한계가 있으며, 어떤 목적이 있다. 우리는 하나님의 목적과 관련해 생명의 보존과 시간의 경과에 대해서 생각한다. 전 세계에서 하나님의 은총의 복음을 위한 영역이 필요하고—스킬더의 표현을 빌려서 말하자면—"자연"은 하나님이 운영하시는 상점의 바닥(shop floor)과 같다. 그 결과 하나님은 그분이 다스리시는 교회의 기초를 언젠가 놓으실 수 있다.[15] 따라서 우리는 하나님이 사람들에게 회개하라고 말씀하시는 것과 지상 사역 동안 회개하라는 말씀을 하셨다는 것을 생각하고 있다. 이것이 바로 복음에 초청하는 주제다. 또한 이 주제는 부정적인 주제와 한 쌍을 이룬다. 곧 하나님의 선하심을 지속적으로 무시하는 사람들은 장차 평계를 댈 수 없다(참조. Douma, 1966, 234-236).

이제 우리는 결론에 이르렀다. 우리는 카이퍼의 가르침에 반대하는 몇 가지 견해를 갖고 있다. 또한 우리는 스킬더의 입장과 관련해서도 몇몇 사항에서 유보적인 자세를 취한다. 모든 사람을 향한 하나님의 어떤 호의나 은혜(Kalamazoo, 1924)는 하나님이 그분의 창조물에게 관심을 기울이시는 것을 대단히 추상적이면서도 보편적으로 암시해준다. 성경이 전하는 하나님의 은혜(사 26:10)와 그분의 선하심(시 145:9) 그리고 오래 참으심(벧후 3:9)은 그와 관련된 맥락에 가장 적합하다. 칼뱅은 로마서 2:4과 관련해서 다음과 같은 것을 주장한다. 곧 하나님은 자신을 두려워하는 이들에게 이 땅에서 축복을 내리시고, 그 축복은 그분이 그들에게 호의를 베풀고 계신다는 것을 알려주는 표징들이다. "하지만 하나님이 그분의 율법을 어긴 사람들에게 동일한 관대함으로 다가가실 때, 그분은 그들이 자신들의 완고함을 누그러뜨리기를 진정으로 바라신다. 그렇지만 하나님은 그것을 통해서 자신이 이미 그들을 자비로 대하겠다는 마음을 품고 계신다는 사실을 증언하시는 것이 아니라 그들이 회개하도록 부르신다."

어떻게 하나님은 자신이 보존하는 창조물과 관련이 있는가라는 질문

---

15   K. Schilder, 『하늘은 무엇인가?』(*Wat is de hemel?*), 1954[2], 187 이하.

은 어떻게 그 창조물들이 하나님과 관련이 있는가라는 질문과 분리될 수 없다. 그분은 각 사람에게 말씀하신다. 이것은 하나님이 부르신 모든 이들과 관련이 있는 개별적인 문제다. 모든 사람은 하나님이 선하시며 오래 참으신다는 인상을 받는다. 하지만 오직 하나님의 자녀만이 하나님 아버지의 선하심과 오래 참으심을 깨닫는다.

§ 22. 통치

22.1. 보존과 통치 또는 보존, 협력, 통치?
22.2. 역사에서 펼쳐지는 하나님의 손길
22.3. 그리스도를 통한 하나님의 통치
22.4. 하나님의 절대 주권과 악의 문제

22.1. 보존과 통치 또는 보존, 협력, 통치?

하나님의 섭리에 대한 교의와 관련해서 보존, 협력, 통치를 서로 구별하는 존중할 만한 전통이 있다. 바빙크의 견해에 의하면, 하나님은 그분이 창조하신 만물을 보존하시고 만물을 통해 역사하신다. 그리고 만물은 제2원인들(*causae secundae*)로서 하나님과 협력한다(Bavinck, *R.D.*, 2:610). 협력(*concursus*)에 대한 교의에서 하나님은 제1원인으로 언급된다. 반면에 그분의 창조물은 제2원인들로 언급되고, 그 이상도 그 이하도 아니다(보존, 협력, 통치로 구분하는 것은 부분적으로 이신론과 범신론에 대항하기 위한 것이다).

바빙크가 이 주제에 대해 다루는 부분은 그의 교의학에서 가장 건설적인 측면들에 속하는 것은 아니다. 그는 이렇게 주장한다. "하나님은 그분의 전능하신 능력으로 각각의 제2원인을 가능하게 하시고, 또한 제2원인의 시작과 과정과 결말에 계신다." 하나님과 제2원인에서 비롯된 작용은 하나이고, 결과물도 하나다. 작용과 결과는 **사실** 완전히 그 두 원인의 작용과 결과다. 하지만 그것들은 **형식적으로는** 단지 제2원인의 작용과 결과다. 어떤 사람이 어떤 죄악을 범하는 데 필요한 모든 활력과 힘

개혁교회 교의학

은 오직 하나님이 그에게 주시는 것이다. 그럼에도 그 죄악의 주체와 행위자는 하나님이 아니라 그 사람 자신이다(Bavinck, *R.D.*, 2:614-615).

이와 같은 사고의 전개는 토마스 아퀴나스의 사유 체계에 매우 잘 들어맞는다. 협력에 대한 전통적인 교의는 사실상 섭리 교리와 관련해서 가장 스콜라주의적 요소를 갖고 있다(Beker and Hasselaar, *Wegen*, 2:100).

그와 같은 사고방식에 들어 있는 의도는 명백하다. 그것은 하나님의 책임 및 인간의 책임과 관련해서 그 어떤 것도 훼손하지 않으려는 것을 반영한다. 우리는 무엇인가 성취할 수 있는 재능들을 하나님께 빚지고 있다. 우리는 하나님이 우리에게 주신 은사와 능력을 어떻게 사용해야 할까? 이것들을 사용하는 것과 관련한 책임은 전적으로 우리에게 있다.

하지만 하나님이 그분의 전능하신 능력으로 제2원인들이 존재하도록 가능하게 하시고, 상정하시며, 그들이 움직이도록 하시고, 그들 안에 존재하시는 제1원인으로 간주되어야만 한다는 것은 분명하지 않다. 우리가 제1원인과 제2원인에 관한 이야기와 그것들이 하나의 결과를 도출한다고 주장한 바빙크의 주장의 실제적인 함의를 숙고한다면, 죄는 형식적인 측면에서 인간이라는 제2원인이 만들어낸 결과물이지만, 실제로는 하나님이 제1원인으로 관련이 있다. 이 주장은 그 어떤 것도 분명하게 보여주지 못할 뿐만 아니라 너무 지나친 주장이다.

우리는 하나님이 우리와 협력하신다면, 우리도 하나님과 협력한다고 가르치는 가르침에 이의를 제기할 수 있을 것이다. 우리가 하나님의 말씀에서 알 수 있듯이, 이런 협력에 관한 가르침은 하나님과 우리의 관계에 어울리지 않는다.

하나님의 보존과 통치를 지지해주는 성경 구절들은 충분할 정도로 많이 있다. 하지만 하나님이 우리와 협력하신다는 것을 지지해주는 성경 구절들은 그렇지 않다. 때때로 "콘쿠르수스"(*concursus*)라는 라틴어 명사는 성취로 번역되고 이해되었다(참조. Beker/Hasselaar, *Wegen*, 2:99-107). 하지만 성취로 번역되거나 이해된다고 하더라도, 이것은 어떤 차이도 만들어내지 못한다.

우리는 섭리에 관한 교의와 관련해서 하나님이 모든 창조물을 그 종류대로 보존하시고 다스리신다는 것을 지속적으로 기억해야만 한다. 하나님은 사람들을 사람들로 대하신다. 그렇다면 인간의 위치 및 역할과 관련해서 보존과 통치 이외에 협력이나 성취라는 어떤 특별한 행위가 필요하다고 상상할 필요는 없다.[16]

22.2. 역사에서 펼쳐지는 하나님의 손길

1. "주의 나라는 영원한 나라이니 주의 통치는 대대에 이르리이다"(시 145:13). 성경 전체는 이런 방식으로 하나님의 통치를 고백한다. 하나님의 통치는 몇몇 시편(시 47편; 93편; 95-99편)에서 핵심 주제로 다루어진다. 그것은 과거와 현재 그리고 미래를 모두 포함한다. 역사의 어떤 단계에서도 하나님의 통치가 방해받을 위험성은 결코 없다(Berkouwer, 1952, 85). 모세의 노래는 이 점에 대해 다음과 같이 노래한다. "여호와께서 영원무궁하도록 다스리시도다"(출 15:18). 하나님의 은혜로운 행위는 시편 저자로 하여금 야웨는 영원한 왕이시라고 고백하게 한다(참조. 시 146:10-"여호와는 영원히 다스리시고"). 왕으로서 하나님의 통치는 그분의 구원 행위와 지속적인 인도하심을 통해서뿐만 아니라, 그분의 판결과 심판을 통해서도 드러난다.

하나님은 그분의 백성인 이스라엘의 왕이시다. "찬송하라! 우리 왕을 찬송하라"(시 47:6). 또한 그분은 "온 땅의 왕"이시며, "뭇 백성을 다스리"신다(시 47:7-8). 이것은 성경이 역사에 대해 말하는 것을 통해서도 분명하게 알 수 있다(사 45:1-8; 단 2:36-45). 하나님은 그분의 왕권으로 만유를

---

16 협력에 대한 전통적인 교의를 비판하는 것으로서 다음을 보라. Berkouwer, 1952, 125-160; Schilder, *H.C.*, 4:214-256.

통치하신다(시 103:19). 또한 그것은 모든 창조물에게도 미친다(시 95:3-5). 예언자 예레미야는 이렇게 선언한다. "여호와여, 주와 같은 이가 없나이다. 주는 크시니 주의 이름이 그 권능으로 말미암아 크시니이다. 이방 사람들의 왕이시여, 주를 경외하지 아니할 자가 누구리이까?"(렘 10:6-7).

하나님은 어떤 목적을 갖고 모든 것을 행하신다. 그분은 그분의 나라가 오게 하는 것과 관련해서 모든 것을 하신다. 따라서 하나님은 "하늘과 땅의 모든 권세를 그리스도에게" 주셨다(마 28:18). "복되시고 유일하신 주권자이시며 만왕의 왕이시며 만주의 주"(딤전 6:15)이신 하나님은 우리가 주 예수 그리스도가 나타나는 것을 보게 하실 것이다. "때가 가까우니라"(계 22:10; 참조. 계 22:6-21).

2. 역사는 하나님의 통치에 대해 웅변적으로 말해주는 사실들을 포함한다. 성경을 보면, 이스라엘은 출애굽 사건을 지속적으로 기억하라는 권면을 받는다. "여호와께서…자기의 권능의 손으로 너희를 인도하여 내시되. 너희를 그 종 되었던 집에서 애굽 왕 바로의 손에서 속량하셨나니"(신 7:8).

드물지 않게 다음과 같은 질문이 제기되었다. 곧 우리는 매우 비통하고 무서운 사건들, 엄청난 재해들, 그리고 엄청난 불행으로부터 구출되는 일들에서 하나님의 특별한 행위를 알아볼 수 있을까? 우리는 과거에 일어난 일들을 엄청난 기적으로 생각할 수 있다. 하지만 과연 오늘날에도 기적이 일어날까?

일반적으로 과학 이론에는 기적을 받아들일 수 있는 가능성이 없다. 하지만 과학의 한계를 잘 알고 있는 과학자는 다음과 같은 것을 인정할 정도로 겸손할 것이다. 곧 과학이 모든 것을 설명할 수 없으며, 그리고 과학 이론이 설명할 수 없는 사건들을 불가능한 일로 선언하는 것을 주저해야 한다. 폰 바이체커(C. F. von Weizsäcker)는 이 점과 관련해서 다음과 같이 말한다. 곧 현대의 자연 과학은 자연 과학의 방법론과 경험 및 통제의 범위를 벗어나는 유일무이한 사건이나 대단히 예외적인 사건들에 대해서 또는

성경 안에 수록된 이적 이야기들에 대해서 어떤 진술을 할 자격을 지니고 있지 않다.[17]

전능하신 하나님의 사역에 대한 믿음에 기초한 관점에 의하면, 기적들은 충분히 일어날 수 있다. 세상의 창조와 보존은 하나님의 강력한 이적들이다. 하나님은 이 세상에 어떤 질서가 있기를 원하셨다. 인간은 이 질서를 파악할 수 있으며, 그 질서에서 법칙들을 이끌어낼 수 있다. 그렇지만 하나님의 행위들은 이 질서와 규칙을 깰 수 있다. 이것은 하나님이 모든 것을 통제하시며, 또한 그분이 기뻐하시는 것을 하실 수 있다는 것을 입증해준다.

3. 어떻게 하나님이 역사에 개입하시는가? 아우구스티누스는 로마 제국의 멸망과 관련해서 이 주제에 대해 깊이 생각했다. 그는 『하나님의 도성』(*De civitate Dei*)에서 다음과 같이 설명한다. 곧 어떤 국가가 부도덕으로 가득하고 또한 그곳에 이기주의와 권력욕이 지배하면, 그 국가는 멸망할 수밖에 없다. 하지만 미래는 하나님의 도성(나라)에 속한다. 하나님은 그분의 백성을 영원한 안식으로, 끝을 모르는 곳으로 인도하신다. 역사의 어떤 부분뿐만 아니라, 역사 안에서 일어나는 모든 것은 하나님의 섭리와 연결되어 있다(참조. Andresen, *Handbuch*, 1:423-435).

17세기와 18세기에 사람들은 네덜란드와 이스라엘을 습관적으로 비교했다. "놀라운 하나님이시여, 그대가 어디에서나 기적을 보이신다면, 그대는 여기서, 곧 그대의 이스라엘이라고 불리는 네덜란드 국가 내에서 그리고 네덜란드 주변국에서도 그 기적을 보여주실 수 있습니다." 이 주장은 하나님이 네덜란드를 다루시는 것에 초점이 맞추어져 있다(A. Rotterdam). 이것은 어떤 의미에서는 우월감을 유도한다. 이스라엘은 하나님이 선택하신 백성이었고, 네덜란드 공화국이 경험한 실패를 마치 그들이 저지른 죄에 대한 하나님의 처벌로 해석할 수 있는 기회를 설교자들에게 제

17　토론에서 이와 같은 것이 지적되었다. 참조. J. M. de Jong, "그리스도의 부활"(De opstanding van Christus), in 『신앙과 자연 과학』(*Geloof en natuurwetenschap*), 1967, 2:110-111.

　　　　　　　　　　　　　　　개혁교회 교의학

공해주었기 때문이다. 이것은 일종의 "예언자적인 역사 서술"(prophetic historiography)이었다.[18]

하지만 이스라엘과 자신의 조국을 유사한 것으로 비교할 때는 주의할 필요가 있다. 왜냐하면 구속의 역사와 세상의 역사는 다르기 때문이다. 자기 나라의 역사가 구원의 역사는 아니다. 국가의 권력 투쟁에서 패배한 정당에 대해 하나님의 대적들이 소멸되었다고 말할 수 없다.

우리는 우리가 경험하는 모든 것에서 하나님의 손길을 볼 수는 없다. 하지만 우리는 모든 역사, 곧 하나님의 백성의 역사뿐만 아니라 세상의 역사도 하나님의 손안에 있다고 믿는다. 비록 이 세상은 하나님 나라와 사악한 자의 세력 사이에 무서운 싸움이 벌어지고 있는 무대이지만, 하나님의 계획은 결코 실패하지 않는다.

하지만 신자들은 야웨 하나님이 통치하신다고 확신한다. 현실에서 신자에게 일어나는 사건들이 언제나 동일하게 투명해보이지는 않는다. 또한 그 사건들은 그에게 하나님의 통치에 대해 언제나 분명하게 통찰을 제공해주지도 않는다. 하지만 신자는 선과 악에 대해서 또한 구원과 재앙에 대해서 말하는 하나님의 말씀의 빛에 비추어서 사람들의 행위와 "역사를 만들어가는" 사람들의 행위들에 대해 면밀하게 살펴본다. 지도자와 시민들은 자신들의 책임을 회피할 수 없다. 우리는 이 점과 관련해서 바빌론 제국의 마지막 왕인 벨사살 왕에게 전해진 다음과 같은 메시지를 머릿속에 떠올릴 수 있다. "왕의 호흡을 주장하시고 왕의 모든 길을 작정하시는 하나님께는 영광을 돌리지 아니한지라"(단 5:23). 이전 시대에 기록된 예언자적 역사 서술은 하나님이 역사에서 펼치신 그분의 손길과 관련해서 지나치게 과장했다. 하지만 "역사에 나타난 하나님의 비밀"(M. C. Smit)은 진정으로 존재한다.

---

18 참조. C. Huisman, *Neerlands Israel*, 1983, 51-85, 129-145.

세부적인 내용과 관련해서 판 프린스트르르(G. Groen van Prinsterer)가 제시한 해석은 비판의 여지가 있다. 하지만 그는 성경이 없다면 세상의 역사는 수수께끼로 남아 있다고 강조하는데 그것은 옳다. 우리는 믿음을 통해서 세상 역사의 내용과 목적을 알 수 있다. 곧 우리는 성경에 기초한 믿음을 통해서 우리는 낙원에서 주어진 하나님의 약속의 성취와 미혹자 사탄에 대한 메시아의 궁극적인 승리를 알 수 있다.[19]

우리가 하나님의 통치가 무엇을 의미하는지 올바르게 분별한다면, 우리는 과거와 현재 그리고 미래를 더 밝은 빛 안에서 볼 수 있다. 자기 자신의 사적인 일을 스스로 인정하기 위해서 섭리에 대한 교의를 남용하는 것은 이루 말할 수 없이 위험한 것이다. 히틀러가 1933년에 독일의 권력을 차지했을 때, "독일 그리스도인들"은 스스로 이와 같은 중대한 잘못을 저질렀다(참조. Berkouwer, 1952, 162-164).

4. 하지만 많은 사람은 역사가 하나님의 손안에 있다는 사실을 믿지 않는다. 그들의 생각에 의하면, 하나님은 역사 안에서 일어나는 사건들을 초월해서 존재하신다. 그분은 소외되어 있는 것처럼 보이고[20] 심지어는 완전히 따돌림을 당한 것처럼 보인다. 그래서 사람들은 자기들이 좋아하는 대로 행동한다. 그렇다면 과연 그들은 그들의 행위에 대해서 책임이 없는가?

이와 같은 사고는 우리의 신앙을 미혹시킬 수 있다. 모든 것이 모호하지 않는가? 개인의 삶과 세상에서 일어나는 충격적인 사건들과 관련해서, 하나님이 모든 것을 주관하신다고 믿는 게 더 어렵지 않을까? 오히려 우리가 이 신앙을 버리고 하나님은 이런 사건들 외부에 존재하시며, 그분은 그것들에 대해 어떤 것도 할 수 있는 위치에 있지 않다고 생각하는 게 더 쉽

---

19 G. Groen van Prinsterer, 『우리 조국의 역사에 대한 개관』(*Handboek der geschiedenis van het vaderland*), 1875[4], 1.

20 M. C, Smit, 『역사 안에서의 하나님의 비밀』(*Het goddelijke geheim in de gescheidenis*), 1955, 12.

지 않을까?[21]

하지만 우리는 하나님이 통치하신다는 믿음을 포기할 수 없다. 하나님이 그런 일들을 단순히 관용하시고 계신다는 것은 사실이 아니다. 그분은 주도권을 갖고 대책을 강구하신다. 하지만 그분은 그분의 방법대로, 또한 그분이 정하신 때에 행동하신다. 하나님은 모든 것을 진정으로 다스리신다.

우리는 성경에서, 특히 성경의 마지막 책에서 모든 것이 하나님 나라가 오는 것과 관련이 있다는 것을 분명하게 알 수 있다. 하나님은 다음과 같은 방식으로 통치하신다. 곧 구속 역사와 특히 예수 그리스도의 역사는 일어나는 모든 사건의 중심에 놓여 있다. 이것을 무시하는 사람들은 세상에서 일어나는 사건들과 그 의미를 계속해서 헤아릴 수 없을 것이다.

22.3. 그리스도를 통한 하나님의 통치

1. 보존과 통치는 삼위일체 하나님의 사역이다. 또한 성자도 모든 것을 다스린다. 부활한 그리스도는 하늘과 땅의 모든 권세가 자신에게 주어졌다고 말한다(마 28:18). 이 권세는 그가 영원한 성자로서 지니고 있는 신적인 "존재의 능력"을 의미하지 않는다. 그것은 하나님 아버지께서 중보자로서 성자에게 주신 특별한 권능을 가리킨다. "권세"라고 번역된 "엑수시아"(*exousia*)라는 그리스어 명사는 우선적으로 "실행하는 능력"이나 "권위"를 의미한다.

그 권세는 그리스도가 머리로 계시는 교회에만 국한된 것이 아니다. 우리는 하나님이 온 세상을 통치하시고, 그리스도는 단지 교회만 다스리시는 것으로 세상 역사와 교회 역사의 차이점을 해석하면 안 된다. 하늘 보좌에 앉으신 그리스도는 모든 생명체 위에 그의 통치의 홀을 드리우고 있

---

21 참조. H. S. Kushner는 『선한 사람들에게 나쁜 일들이 일어날 때』(*Als 't kwaad goede mensen*, 1983에서 그렇게 생각한다.

다. 그는 "모든 권세와 능력과 주권"보다 뛰어난 존재이며, 또한 하나님은 "만물을 그의 발 아래에 복종하게" 하셨다(참조. 엡 1:21-22). 그리고 그리스도는 "땅의 임금들의 머리[지배자]"다(계 1:5).

요한계시록 5장의 환상을 보면, 어린 양은 "보좌에 앉으신 이의 오른손에서" 두루마리를 받는다(계 5:7). 그리스도는 단순히 그것의 내용을 보고자 두루마리를 받은 게 아니다. 그는 두루마리의 인봉을 뗀다. 그가 인봉들을 뗄 때마다, 우리가 요한계시록에서 읽어나가는 사건들이 명확하게 드러난다. 하나님의 심판이 세상에 임하지만, 하나님의 백성은 그 심판으로부터 보호받고 보존된다. 이것은 하나님의 경륜에 기초한 계획이 실행된다는 것을 가리켜준다. 우리는 요한계시록에서 하나님의 실행하는 능력이 그리스도의 손안에 있다는 것을 간파할 수 있다.

그리스도는 성부를 대신해서 통치한다. 그는 "교회의 머리이며, 성부는 성자를 통해서 만물을 통치하신다"(「하이델베르크 교리문답」 제19주일). 판 룰러는 "하나님의 통치는 그리스도의 통치의 구조와 형태 및 특성을 지니고 있다"(*Ik geloof*, 115)라고 말한다. 이것은 역사 전체에서 교회의 역사가 중심을 이루며, 또한 그 핵심은 하나님 나라의 도래라는 것을 의미한다. "그가 모든 원수를 그 발 아래에 둘 때까지" 그리스도는 반드시 왕으로서 통치한다(고전 15:25).

비록 사악한 자 사탄이 세상의 이곳저곳을 점령하고 있지만, 그리스도는 온 세상을 다스린다. 그리스도는 이 땅 위에 그의 교회를 세웠다. 이 세상은 교회가 자신에게 주어진 사명을 실행해나가는 곳이다. 그래서 판 프린스트르르는 다음과 같이 말한다. "모든 세대와 시대들을 통해서 등장하는 온갖 다양한 사람과 나라들은 그리스도가 세운 교회의 형성, 유지, 영광을 위해서 섬기는 역할을 한다."[22]

2. 아브라함 카이퍼와 그를 따르는 이들은 두 종류의 왕권이 있다고 주장했다. 한편으로, 세상의 왕권이 있다. 이 왕권은 하나님에게서 직접 오며, 정부의 권위를 지상에서 확립한다. 다른 한편으로, 그리스도의 왕권이

개혁교회 교의학

있다. 이 왕권은 이 세상에 속하지 않은 것이어서 다른 영역에 적용된다. 카이퍼의 견해에 의하면, 정부의 권위는 그리스도의 주권에 포함되지 않는다. 따라서 시의회의 모임을 위한 기도는 기독교적인 특성을 갖고 있을 수 없다.[23] 덧붙여 말하자면, 우리는 카이퍼의 광범위한 저서에서 모든 것을 포함하는 그리스도의 주권에 관한 다양한 진술을 발견할 수 있다. 하지만 성경적인 관점에서 판단할 때, 세속 정부가 그리스도의 주권 안에 들어 있지 않다는 것은 생각할 수 없다.

에밀 브룬너의 견해에 의하면, 경찰, 군대 및 명령권을 포함하는 국가의 권력이 필요하다. 왜냐하면 그리스도가 아직 통치하지 않기 때문이다. 사실상 그리스도는 주권을 주장할 수 있다. 하지만 그 주권의 실질적인 실행이 아직까지 전 영역에 미치지는 않는다. 그것은 단지 잠재적이고 앞으로 완성될 것이다. 브룬너는 예수 그리스도가 국가의 주인(Lord)이라는 개념을 거부한다. 덴(G. Dehn), 쿨만, 바르트 및 다른 이들의 견해에 의하면, 이 개념은 권세, 특히 천사들 및 귀신들의 권세와 관련된 몇몇 신념들과 연결되어 있다. 대체로 그것은 국가에 대한 기독론적인 기초라고 언급된다(참조. Berkouwer, 1952, 110-120). 하지만 이것은 브룬너가 주장하는 것처럼 다음과 같은 것 곧 그리스도의 통치는 예수 그리스도가 주님이라고 고백하는 사람들에게만 국한되어야만 하는 것을 함의하지 않는다(E. Brunner, *Dogmatics*, 2:338-340).

정부는 하나님의 은혜로 다스려야 하며, 하나님을 섬기는 데 사용되어야 한다. 하지만 그것은 전적으로 하나님의 뜻을 완전히 거스르고, 그들의 부르심에 신실하지 못하며, 타락했고, 또한 사악한 자를 섬길 가능성이 있

---

22 G. Groen van Prinsterer, 『우리 조국의 역사에 대한 개관』(*Handboek der geschiedenis van het vaderland*), 1875⁴, 1.

23 참조. S. J. Ridderbos, *De theologische cultuurbeschouwing van Abraham Kuyper*, 1947, 77 이하, 248.

다. 정부는 반드시 법질서를 보호하고 또한 성경적인 의미에서 공의를 실행해야 한다. 칼뱅은 시편 2:12을 언급하면서 왕들과 통치자들은 "자신들에게 부여된 권세를 그리스도께 복종시켜야 하며, 또한 오직 그리스도가 모든 권세 위에 우뚝 서게 해야 한다"(『기독교강요』 4.20.5)고 말한다.

하나님은 "모든 것을 그분의 거룩한 뜻에 따라서 다스리신다. 그래서 그분의 허락이 없이는 이 세상에서 아무것도 일어나지 않는다"(「벨기에 신앙고백서」 제13조). 또한 하나님은 "인간의 타락과 부패로 말미암아 왕들, 제후들 및 관리들을 세우셨다. 그래서 [하나님은] 세상이 법과 경찰력에 의해서 다스려지기를 의도하신다. 우리는 이것이 우리의 은혜로우신 하나님이 하시는 일이라고 믿는다"(「벨기에 신앙고백서」 제36조).

3. 보존과 통치는 하나님의 섭리와 관련된 단 하나의 사역이기에, 여기서는 보존에 대해 더 자세하게 말하고자 한다. 우리는 재창조와 관련해서 보존을 어떻게 이해해야 할까? 보존은 만물의 완성을 가리키는 것이 아닐까?

우리는 보존과 하나님의 구원의 은혜를 서로 혼동해서는 안 된다. 하지만 보존(*conservatio*)과 구속(*servatio*)에는 어떤 연관성이 있다. 우리는 일반은총과 관련된 논의에서 노아 언약은 그리스도가 중보자인 은혜언약과 독립되어 있는 것이 아니라고 이해했다(§ 21.2). 따라서 우리는 네덜란드와 북아메리카의 개혁파 교회들(Gereformeerde Gemeenten in Nederland en Noord-Amerika; 북미 캐나다 네덜란드 개혁파 교회[The Netherlands Reformed Congregations of the United States and Canada]라고 알려짐)의 연합 총회가 1945년에 의결하여 선언한 것을 거부해야 한다. 이 선언은 비록 성부가 그리스도를 통해 모든 것을 다스리지만, 일반은총은 그리스도가 획득한 속죄의 열매가 **아니**라고 주장한다. 그렇다면 일반은총은 [성부를 위해] 일해야만 한다. "그 결과 선택된 사람들뿐만 아니라 또한 유기된 사람들도 하나님의 절대 주권의 기쁨에 따라 그분의 공의와 자비의 영화를 낳고, 보존하며, 그리고 이끌어"야만 한다.[24] 이 주장에는 보존과 통치가 모두 함축되어 있다.

하나님이 그리스도 안에서 자기 자신을 어떻게 계시하셨고 하나님이 계획하신 방법을 깨닫는 이들은 보존과 통치는 단지 예정뿐만 아니라 구속과도 관련이 있다는 사실을 이해해야만 한다.

중보자로서의 그리스도의 사역으로 인해 우리에게는 미래가 있다. "우리는 그의 약속대로 의가 있는 곳인 새 하늘과 새 땅을 바라보도다"(벧후 3:13; 참조. 롬 8:21). 하나님이 보존하시는 창조물의 재창조는 중보자로서의 그리스도의 사역과 전적으로 관련이 있다. 따라서 우리는 이것이 장차 하나님이 재창조하실 창조물의 보존에도 적용된다는 것을 인정해야만 한다.

22.4. 하나님의 절대 주권과 악의 문제

1. 신정론의 문제점. 하나님이 사랑이시라면, 이 세상에는 왜 그렇게 많은 불행과 비참함이 존재할까? 전능하신 하나님이 이 세상을 통치하신다면, 그분은 이와 같은 불행과 비참함을 왜 금지하지 않으실까? 이런 질문들은 오래된 질문들이지만, 그것들은 오늘날에도 계속해서 새롭게 제기되고 있다. "특히 제1, 2차 세계대전 이후로 다음과 같은 질문은 신학적인 고찰에서 가장 중대하고 핵심적인 질문 중 하나였다. 어떻게 우리는 이 세상에 존재하는 수많은 악과 전능하시고 전적으로 선하신 하나님의 존재를 조화시킬 수 있을까?"[25]

신학이 베르됭(Verdun)과 아우슈비츠(Auschwitz)에서 일어난 사건들과 관련된

---

24 참조. Hofman, 『개혁파 교회들의 선구자들』(*Ledeboerianen en kruisgezinden*, 문자적으로 [종교적인 문제들에서] 국가를 반대하는 Lederboer의 추종자들과 십자가의 추종자들을 의미한다), *Th. Ref.* 32 (1989): 194.

25 G. van den Brink, "신정론의 가능성 또는 불가능성에 대해서"(Over de (on)mogelijkheid van een theodicee), *Th. Ref.* 32 (1989), 194.

경험들을 신학적인 틀에 포함해서 설명하지 못한다면, 그것은 무가치한 것으로 폐기처분 될 수 있다고 주장되었다(Van de Beek, 1984, 217). 물론 이 주장이 도전받지 않는 것은 아니지만, 그럼에도 이는 매우 강력한 주장이다. 신정론의 문제들이 발생했고 그와 관련된 새로운 문헌들이 지금 많이 쏟아져나오는 것에 근거해 추론해보면, 많은 이들이 이 문제에 집중한다는 것을 알 수 있다.[26]

신학뿐만 아니라 철학도 악의 문제를 깊이 숙고했다. 도스토옙스키, 카뮈, 엘리 비젤(E. Wiesel) 및 하르트(M. 't Hart) 같은 저명한 작가들도 이 문제를 예리하게 다뤘고, 문제의 영역을 상당히 넓혔다. **신정론**은 신학과 철학에서 악의 문제를 다룬다는 것을 보여주는 최근의 용어다. 그것의 문자적 의미는 "하나님에 대한 정당화"(justification of God)다.

신정론은 하나님의 인도하심의 정당성에 초점이 맞추어져 있다. 우리가 이해하려는 것이 바로 이것이다. 그 결과 신정론의 난해성에도 불구하고, 하나님의 인도하심은 여전히 거룩하고 선하며 공의로운 것으로 이해될 수 있다(참조. Berkouwer, 1952, 232).

신정론은 다양한 형태로 옹호되었다. 우리는 이것들 중 세 가지 형태의 신정론을 논하고자 한다. 각각의 형태는 이원론적·조화론적·다원론적·변증적 신정론과 같은 각기 다른 형태를 취한다.[27]

이원론적 유형의 신정론은 다음과 같이 주장한다. 곧 빛과 어둠과 같이 선과 악은 항상 서로 가까이 있고, 서로 투쟁한다. 우주적 투쟁은 이 두 근본적인 원리들 사이에서 벌어진다. 이것은 영지주의적 해석이다.

---

26 최근의 문헌에 대한 개관으로서 다음을 참조하라. W. Sparn, 『고통, 경험 및 그것에 대한 분석』(*Leiden-Erfahrung und Denken*), 1980, 247-272. 또한 Lambrecht (ed.), 『얼마나 더 오래 또한 왜? 하나님, 인간 및 고통』(*Hoelang nog and waarom toch? God, mens en lijden*), 1989², 261-286.

27 또한 여섯 가지의 서로 다른 모델에 대해서 말하기도 한다. 곧 보응 모델, 계획 모델, 교육적 모델, 동정심 모델, 대속 모델 및 신비적 모델이다. 참조. H. J. M. Vossen and J. A. van der Ven, "Lijden, religie en communicate als pastoral hermeneutisch problem," *Praktische theologie* 17 (1990): 14-18.

우리는 창조자와 그분의 사역에 관한 교의에서 이원론을 이미 철저하게 반박했다. 왜냐하면 이 이론은 세상을 부분적으로 자율적인 대상으로 만들기 때문이다(§ 17.2). 그래서 이 이론은 하나님의 절대 주권을 평가 절하한다. 반면에 시편 103:19에서 언급되듯이 성경 전체는 하나님이 그분의 왕권으로 만유를 다스리신다고 가르친다. 또한 해당 문맥에서도 이원론은 이치에 맞지 않는다.

최근의 몇몇 견해들은 모노(W. Monod, 1867-1943)의 입장과 같이 본질적으로 이원론적이거나,[28] 이원론의 경향을 보인다. 예를 들면, 〔미국의 유대교 랍비〕 쿠쉬너(H. S. Kushner)는 하나님이 혼돈에서 시작하셨고, 무작위성이 지배하던 이전의 혼돈에 질서를 불어넣어 세상을 창조하셨다고 주장한다. 하지만 혼돈이 가진 무작위성의 본성은—이것 자체가 악이다—하나님의 창조적 빛이 아직 스며들지 않은 우주의 후미진 곳까지 영향을 계속해서 끼치고 있다. 우리가 사는 세계의 일부는 범죄 이외에도 지진과 우연한 불의의 사고와 같은 요인들로 이루어졌다. 그리고 이런 세계는 하나님의 뜻과 무관하고, 우리와 마찬가지로 하나님의 마음을 분노와 슬픔으로 가득 채운다. 하나님이 이런 비극들을 일으키지는 않으시지만, 그것들이 일어나는 것도 막으실 수 없다. 그분은 사람들이 도움을 제공하도록 격려하면서 사람들을 도와주신다. 쿠쉬너는 자신의 책 말미에서 다음과 같은 질문을 제기하는 것을 주저하지 않는다. "당신은 하나님을 용서하고 사랑할 마음이 있는가? 그분이 완전하지도 않고 당신을 위험에 내버려두었다는 것을 알았을 때조차도 말이다."[29]

이원론적 유형의 신정론은 다루기가 쉽고 그 논리가 분명하다는 매력을 지니고 있다.[30] 하지만 우리 주 예수 그리스도의 아버지 하나님에게 나아가는 길은 이런 관점에서는 전혀 파악될 수 없다.

조화론적 유형의 신정론의 전형적인 모델은 라이프니츠(W. Leibniz, 1648-1716)가 제시하는 모델이다. 라이프니츠는 "신정론"이라는 용어를 고안했다. 그는

---

28 참조. J. F. van Royen, *Het vraagstuk der theodice bij Wilfred Monod*, 1942.

29 H. S. Kushner, 『선한 사람들에게 나쁜 일들이 일어날때』(*Als 't kwaad goede mensen treft*),1983, 53-56, 131. 138.

30 C. Trimp, 『음성과 메아리』(*Klank en weeklank*), 1989, 99.

현재의 세계는 가능한 모든 세계 중 최고의 세계라는 사실을 증명해서 회의주의를 논박하려고 시도했다. 라이프니츠는 형이상학적·물리적·도덕적 악을 구별했다. 형이상학적 악은 불완전한 것을 뜻하고, 물리적인 악은 고통을 뜻하며, 도덕적인 악은 죄를 뜻한다. 도덕적 악과 결부된 물리적 악은 형벌로 해석해야 하고, 교육적인 도구로 사용된다. 하지만 궁극적으로 모든 고통은 형이상학적 악에서 비롯된다. 고통이라는 악은 불완전함으로 간주되어야 하고, 완전함을 더욱 분명하게 드러내는 역할을 한다. 그리고 부조화는 조화 안에서 해결된다.

우리는 악이 무엇인지를 설명하는 이런 유형의 신정론이 스토아 철학의 영향을 분명하게 받았다는 사실을 알 수 있다. 조화론적 유형의 신정론은 죄의 심각성을 무시한다. 이것은 합리주의적이며 낙관주의적인 이론으로서 계몽주의의 정신을 드러낸다.

우리는 이런 설명을 목적론적 신정론과 관련해서도 동일한 것으로 말할 수 있다. 목적론적인 신정론은 조화론적 신정론과 연결되어 있기 때문이다. 그것은 악으로부터 선이 나올 수 있다고 지적한다. 이와 같은 입장에서 종종 죽음의 필연성에 대한 긍정적인 측면을 이해한다. 곧 어떤 사람의 죽음은 다른 누군가를 위한 공간을 만들어준다.

다원론적 신정론은 가장 설득력이 있지만, 훨씬 더 복잡하다. 하나님의 행위들에서 얼핏 보기에 모순되는 것처럼 보이는 측면들은 지금 서로 결합되어 있지만 어떤 긴장의 요소가 남아 있다. 또한 다원론적 신정론은 변증적 신정론이라고 언급될 수도 있다.

몰트만은 오늘날의 십자가 신학을 전개하는 『십자가에 달리신 하나님』에서 신정론이 행하는 것 이상의 것을 성취하려고 시도하지만, 이 책의 제6장은 신정론에 가깝다.[31] 그는 하나님과 고통을 대조하는 것을 거부하면서 이 세상에서 일어나는 고통과 하나님은 전능하시고 완전히 선하시다는 믿음은 서로 조화될 수 없다고 생각하는 호르크하이머(M. Horkheimer)의 반대 의견에 대답한다. 하나님의 존재는 고

---

31 J. Moltmann, 『십자가에 달리신 하나님』(*Der gekreuzigte Gott*), 1972, 184-267. 참조. M. Welker, *Diskussion über Jürgen Moltmanns Buch "Der gekreuzigte Gott,"* 1979.

 개혁교회 교의학

통 속에서 발견되며, 고통도 하나님의 존재 안에서 발견된다. 하나님은 사랑이시기 때문이다. 이 십자가 신학은 부정적인 것 안에서 하나님을 말하며, 하나님 안에서 부정적인 것을 말한다. 이 변증적인 접근은 이신론도 아니며 범신론도 아닌 만유재신론적(panentheistic) 접근 방법이다. 그리고 모든 고통은 골고다(Golgotha)에서 하나님의 고통이 되었으며, 모든 죽음은 하나님의 죽음이 되었다.

우리는 20세기에 만연했던 고통이라는 억압에서 십자가의 신학이 태어났다는 것을 분명하게 알 수 있다. 그렇지만 몰트만의 변증적인 논리는 성경의 말씀보다 헤겔의 철학을 더 연상시켜준다.

변증법적 방법론은 판 더 베이크의 『왜? 고통, 죄 및 하나님에 대해서』(〔*Waarom? Over lijden, shuld en God*〕, 1984)에서도 중요한 역할을 한다. 베이크는 세상에서 일어나는 일들에 대해 하나님이 느끼시는 감정과 개입을 그분이 변화하시는 분이라는 논리로 해석한다. 이 책에서 논의되는 문제는 하나님의 전능하심과 선하심 사이에서 일어나는 긴장이라는 영역이다. 하나님은 전능하신 분이다. 따라서 어떤 것도 그분을 지나칠 수 없다. 또한 하나님은 전적으로 선하신 분이다. 따라서 하나님 안에는 어둠이 전혀 없다. 사람들이 느끼는 이런 긴장은 전적으로 하나님의 마음속에 근거한다.

그런 이유에서라도 우리는 발생이라는 시점을 가진 신이나 또는 하나님 안에 있는 어떤 역사적 관점에 관한 교리라는 개념을 받아들일 수 없다(또한 § 13.5 및 § 20.2을 보라).

우리는 그 어떤 형태의 것이라도 신정론이 정말로 의미가 있는 것인가라는 질문에 드디어 이르렀다. 이 질문에 비판적으로 대답하는 신학자 중 한 사람이 베르카우어다. 그의 견해에 의하면, 신정론의 본질적인 오류는 세상은 세상에서 일어나는 사건들과 함께 자기 자신의 독자적인 말을 한다는 가정이다. 하나님과 그분의 공의는 더 이상 사유의 흐름에서 맨 앞이 아니라 맨 뒤에 위치한다. 하지만 우리는 하나님의 공의와 관련해서 이 세상이 의미가 있다고 말할 수 있다. 이런 하나님의 공의를 고려하지 않는 이들은 암중모색하는 것이다(Berkouwer, 1952, 247-249).

하지만 신정론이 인간의 사고의 법정 앞에서 단순히 하나님의 공의를 정당화하고자 한다면, 베르카우어의 비판은 목표를 정확히 겨냥한 것이다. 우리가 하나님을 정당화할 수 있거나 혹은 정당화할 필요가 있다고 생각하는 것은 우리의 입장에서 상당히 주제넘은 일일 것이다. 우리가 하나님의 은혜를 통해 스스로를 정당화하기 위해서 우리는 오히려 그분을 의지해야 한다.

이것은 신자들이 하나님의 섭리와 관련된 질문들과 진정으로 씨름할 수 있다는 사실을 손상시키는 게 아니다. 바로 이런 이유로 우리는 이 문제를 더 자세하게 다루고자 한다.

2. 고통의 이유에 대한 신학적 고찰. 우리는 악에 대한 논의를 하기 위해서 죄라는 악(evil of sin)과 고통이라는 악(evil of suffering)을 구분할 필요가 있다. 신학 문헌들에는 고통이라는 악이 지배적으로 많이 등장한다. 특히 아우슈비츠에서 일어난 사건 이후로 더욱 많이 등장한다. 하지만 모든 악 중에서 가장 우선되는 최악의 악은 죄다. 다음과 같은 말에는 진리가 들어 있다. 곧 모든 문제의 기저에는 죄라는 세상의 죄책이 놓여 있다.

아우구스티누스 이후로 다음과 같은 사고 과정이 사람들에게 널리 알려졌다. 곧 하나님이 인간을 창조하셨다. 그분은 인간이 강요에 의해서가 아니라 자발적으로 하나님을 사랑하고 섬기기를 원하셨다. 이것은 인간이 그분을 사랑하고 섬기는 것을 거부하고 자유롭게 악을 선택할 수도 있다는 것을 함의한다. 따라서 하나님은 악과 관련해서 비난받으실 게 전혀 없고, 자유의지를 남용한 인간이 비난받아야 한다. 이것은 "자유의지 변론"(freewill defence)으로 알려져 있다.

자유의지 변론은 설득력이 있어 보이고, 논리적인 관점에서 타당성이 있는 논리지만, 앨빈 플랜팅가(Alvin Plantinga) 같은 철학자가 인정하는 것처럼 악으로 인해 극심한 괴로움을 겪는 사람에게는 차갑고 추상적인 위로만을 제공해준다. 창조론에 기초한 이러한 접근은 부연 설명이 필요하다.

하나님은 창조 시에 인간을 갈림길이 아닌 올바른 길 위에 놓으셨다. 하나님은 인간이 사랑과 신뢰와 순종으로 반응하기를 기대하셨다. 하지만 우리가 성경을 통해서 알 수 있듯이, 실제로는 인간이 하나님을 배반했다. "그러므로 한 사람으로 말미암아 죄가 세상에 들어오고 죄로 말미암아 사망이 들어왔나니"(롬 5:12). 하나님은 죄를 미워하시고 벌하신다. 죄책과 허물뿐만 아니라 고통, 죽음 및 이 세상의 통치자의 강압적인 지배 등도 죄와 그 결과에 대한 형벌을 부분적으로 형성한다. 인간은 자신과 함께 모든 것을 타락시켰다. 이런 이유로 창조세계는 더 이상 하나님이 맨 처음 창조하셨던 좋은 상태로 머물러 있지 않다. 바로 우리가 이런 부조화를 일으켰다.

우리가 우리에게 일어나는 문제들을 이런 관점에서 재진술한다면, 우리는 이런 관점을 갖지 않을 때와 다르게 창조세계를 생각할 것이다. 에드문트 슐링크(E. Schlink)는 다음과 같이 주장한다. "만일 우리가 인간이 저지른 죄의 현실에서 출발한다면, 우리는 인간이 겪는 악을 이해하지 못하는 게 아니라 오히려 하나님이 인간에 대해 오래 참으시는 인내를 이해할 수 없을 것이다"(*Ök. Dogm.*, 201). 성경은 인간의 죄에 대해서 하나님이 진노하신다는 사실을 진지하게 받아들이라고 가르친다. 이런 가르침은 몰트만의 신학이 가르치는 것과는 다른 방법으로 우리를 골고다 언덕 위에 있는 그리스도의 십자가로 데려간다. 그리스도는 "경건하지 않은 자를 위하여 죽으셨다"(롬 5:6). 이것은 우리의 모든 질문에 우선한다! 트림프(Trimp)는 다음과 같이 올바르게 주장한다. "아우슈비츠에서 출발하는 이들은 너무 먼 미래에서 출발한다. 그들은 겟세마네와 골고다에서 먼저 출발해야 한다."[32]

십자가와 부활은 하나님이 악에 대해서 하신 일이 무엇이었는지를 분

---

32 C. Trimp, 『음성과 메아리』(*Klank en weerklank*), 1989, 102.

명하게 보여준다. 하나님은 죄의 근본적인 문제를 해결하신 이후에 죄의 부수적인 결과들을 처리해나가신다.

우리는 여기서 기독론이나 성령론을 무시할 수 없다. 우리는 어떻게 이 심오한 질문들에 대해서 생각해야 할까? 하나님과 우리의 관계는 무엇인가? 첫 번째 질문은 직접적으로 두 번째 질문에 의존한다. 가장 중요한 질문은 우리 자신이 신앙이라는 활동 영역에 있는가다.

시편 92편의 저자는 악한 사람들에게 어떤 일이 일어나는지 또한 어떻게 그들이 곧 멸망하게 될지에 대해서 깨닫는다. 그리고 그는 다음과 같이 고백하면서 그 시편을 마무리한다. "여호와의 정직하심과 나의 바위 되심과 그에게는 불의가 없음이 선포되리로다"(시 92:15). 아삽은 하나님의 성소에 들어갈 때 참 빛을 본다(시 73편). 욥의 친구들이 주장한 것은 신정론과 유사했다. 하지만 욥은 그들을 꾸짖었다. 그는 자신의 친구들이 제시하는 이론들로부터 진정한 유익을 얻지 못했기 때문이다. 욥에게는 하나님이 직접 주시는 대답이 필요했다. 그가 하나님을 만났을 때, 모든 것이 바뀌었다.

욥의 생애와 같은 이야기는 사람들이 악의 문제를 스스로 해결할 수 없다는 것을 보여준다. 따라서 악의 문제는 하나님 앞으로 가져가야 한다. "주께서는 보셨나이다. 주는 재앙과 원한을 감찰하시고 주의 손으로 갚으려 하시오니 외로운 자가 주를 의지하나이다"(시 10:14). 하나님의 손은 하나님의 자녀에게 바로 "우리의 아버지이신 하나님의 손"이다(「하이델베르크 교리문답」 제10주일). "신앙은 지속적으로 탐구해야 하는 명확성(*perspicuitas*)을 발견하는 게 아니라 통찰(*per-spicio*)과 전망이라는 의미에서 어떤 관점을 발견한다."[33]

그리스도의 죽음과 부활 이후에도 다양한 형태의 악이 계속해서 존재한다. 하지만 기독교 신앙이 가진 핵심 공리 중 하나는 하나님이 최종 결정권을 갖고 계신다는 확신이다. 하나님은 "보라! 내가 만물을 새롭게 하

---

33   G. van den Brink, "Theodicee en Triniteit," *Th. Ref.* 33 (1990); 25 이하.

                                          개혁교회 교의학

노라"(계 21:5)고 말씀하신다. 하나님 나라는 장차 모든 영광과 함께 임할 것이다.

신자들은 이 세상에서 일어나는 온갖 고통과 어려움에서 거대한 악의 세력을 목격하고 경험하면서 그리스도의 재림을 통한 완전한 구속을 갈망한다. "큰 환난"에서 나오는 이들은 "어린 양이 그들의 목자가 되사 생명수 샘으로 인도하시고 하나님께서 그들의 눈에서 모든 눈물을 씻어주실 것임이라"는 위로의 말씀을 받는다(계 7:17; 참조. 계 7:14-17).

악의 존재와 고통의 의미에 대해 질문하는 것은 훌륭한 행동이다. 하지만 우리는 그런 질문을 하면서 하나님의 계시의 경계선 안에 머물러 있어야 한다. 개혁파 교회의 신앙고백도 다음과 같이 가르치면서 우리를 이 방향으로 이끌어준다(「벨기에 신앙고백서」 제13조).

"하나님의 절대 주권이 관여하지 않고서는 아무것도 이 세상에서 일어나지 않는다." 그렇다면 악과 관련해서는 어떠한가? "하나님은 악의 창조자가 아니시다. 또한 그분은 사람들이 범한 온갖 죄악에 대한 책임을 갖고 계시지 않는다. 심지어 사탄과 그의 세력과 악한 자들이 불의하게 행동한다고 하더라도, 하나님은 그분의 일을 가장 훌륭하고 공정하게 지시하시며 실행하신다." 우리가 이해할 수 없는 것들이 상당히 많이 있기 때문에, 「벨기에 신앙고백서」는 다음과 같이 덧붙여 말한다. "우리는 하나님이 행하시는 일이 우리의 이해를 초월하는 것과 관련해서, 단순히 호기심으로 우리의 능력이 시인할 수 있는 범위를 훨씬 벗어나서 탐구하려고 시도하지 말아야 한다. 반면에 우리는 지극한 겸손과 경외감으로 우리에게 감추어져 있는 하나님의 의로운 판단들을 찬송하며, 우리는 우리가 그리스도의 제자들이라는 사실에 스스로 만족해야 한다. 또한 우리는 계시의 경계선을 벗어나지 않은 채, 단지 하나님이 우리에게 그분의 말씀 안에서 계시해주신 것들만 배워야 한다. 〔섭리에 대한〕 이 교리는 우리에게 이루 말할 수 없는 위로를 준다. 왜냐하면 우리는 그 교리를 통해서 아무것도 우리에게 우연히 일어나지 않는다고 배우기 때문이다. 오히려 모든 것은 우리의 지극히 자비로우신 하늘 아버지의 인도하심에 의해서 일어난다. 하늘의 아버지는 부모와 같이 우리를 지켜보시며 돌보신다"(참조. 마 10:29-30).

우리는 「벨기에 신앙고백서」 제13조에서 "허락" 및 "뜻"과 같은 단어들을 마주친다. 우리는 "하나님이 마귀와 우리의 모든 대적자를 억누르고 계시기 때문에 하나님의 **뜻**과 **허락**이 없다면 그들이 우리를 해칠 수 없다는 사실에 설득"된다.

우리는 칼뱅이 인용한 아우구스티누스의 심오한 언급을 통해 "뜻"이라는 단어가 여기서 무엇을 의미하는지 설명할 수 있다. 곧 하나님의 뜻에 어긋나는 어떤 일도 그분의 뜻이 아니라면 일어나지 않는다. 이것은 매우 놀라워서 언어로써 이루 다 묘사할 수 없다(Calvin, 『기독교강요』 1.18.3).

우리가 악한 자 곧 사탄의 손이 뻗어 있다고 말해야만 하는 어떤 사건들도 있다. 비록 사탄이 그와 같은 사건들을 일으켰지만, 우리는 하나님이 그것들을 "허락"하셨다는 측면을 무시할 수 없다. 하지만 이와 같은 이해는 아무것도 설명해주지 못한다고 반대하는 이들도 있다. 이것은 일어나지 말아야 할 어떤 사건들이 있으며, 또한 하나님도 사람들이 서로 또는 자기 자신에게 행하는 모든 악한 일을 막지 않으신다는 것을 가리켜준다. 우리는 무엇에 근거해서 하나님이 이와 같은 사건들을 막아주셔야 한다고 기대해야 하는가? 그렇지만 이것은 하나님께서 우리가 원하는 대로 무엇인가 하도록 우리를 내버려두신다는 것을 암시하지 않는다. 하나님의 허락은 그분이 의식하는 상황에서 일어나는 것이지 단순히 수동적인 것은 아니다.[34]

바빙크는 다음과 같이 하나님이 죄에 대해 참고 견디신다고 말한다. "하나님이 전적으로 거룩하고 절대 주권에 기초한 방법으로 죄를 다스릴 수 없으셨다면, 그분은 죄를 참고 견디지 않으셨을 것이다"(Bavinck, *R.D.*, 3:64). 하나님은 죄를 허용하신 것보다 죄와 관련해서 더 많은 것을 하신다. 하나님은 죄를 미워하신다. 그분은 죄를 짓지 못하게 하시며 그것을 막으신다. 그분은 죄악에 유죄 판결을 내리시며 그것을 벌하신다. 그리고 일단 죄가 가득 차면, 하나님은 단호하고 결정적인 방법으로 그것을 끝장내신다. 우리는 이 점과 관련해서 다음과 같은 예언을 머릿속에 떠올릴

---

34 Calvin은 『기독교강요』에서 허락이라는 단어를 유보하지만, 그는 자신의 설교에서 이 단어를 사용할 필요성을 느꼈다. 참조. R. Stauffer, 『칼뱅의 설교 안에서의 하나님, 창조 및 섭리』 (*Dieu, la création et la Providence dans la prédication de Calvin*), 1978, 276 이하.

수 있을 것이다. "내 거룩한 산 모든 곳에서 해 됨도 없고 상함도 없을 것이니. 이는 물이 바다를 덮음 같이 여호와를 아는 지식이 세상에 충만할 것임이니라"(사 11:9).

3. 성경의 빛에 비추어본 고통. 우리는 바로 앞의 항목에서 이미 그리스도의 십자가와 부활 사건에 도달했다. 하나님이 그리스도 안에서 행하신 일을 무시하는 이들은 고통이라는 문제의 해결책을 찾을 수 없다.

그 누구도 지금까지 슬픔의 사람(Man of Sorrows)이라고 불리는 그리스도와 같은 고통을 겪은 사람이 없다. 그는 어떤 방식으로도 자신의 몸을 아끼지 않고 고통을 당했다. 이것은 그리스도에게 속한 이들의 고난에 대한 의미를 밝혀준다. 그리스도인들이 고난을 당해야만 하는 그때, 그들은 자신들을 구원한 구세주 가까이에 있다는 사실을 깨달을 것이다. 곧 그들이 그리스도의 고통과 죽음뿐만 아니라 승리에 참여했을 때 말이다. 따라서 아무도 또한 아무것도 그들을 하나님의 사랑에서 끊을 수 없다. "누가 우리를 그리스도의 사랑에서 끊으리요? 어떤 피조물이라도 우리를 우리 주 그리스도 예수 안에 있는 하나님의 사랑에서 끊을 수 없으리라"(참조. 롬 8:35-39).

성경에는 고통에 상당히 많은 관심을 기울였던 신자들의 사례들이 많이 나온다. 그들은 하나님 앞에서 고통이라는 주제에 몰두했다. 시편에 수록되어 있는 탄원시들은 종종 사람들이 행한 악한 행위들에 대해서 불평하는 내용을 포함한다. 하지만 심지어 그 경우에도 시편 저자들은 하나님을 의지하며 "하나님, 왜 이런 일이 발생했나요?"라고 질문한다. 예레미야 애가에서 비극에 직면한 저자는 원수, 대적자, 박해자들에 대해 언급할 뿐만 아니라 "주께서 원수 같이 되어 이스라엘을 삼키셨음이여"(애 2:5; 비교. 애 3:25)라고 말한다. 또한 예언자 하박국은 "여호와여…어느 때까지리이까?"(합 1:1; 참조. 합 1:2-3)라는 질문으로 시작한다. 하지만 맨 마지막에 그는 "나는 여호와로 말미암아 즐거워하며 나의 구원의 하나님으로 말미암아 기뻐하리로다"(합 3:18)라고 고백한다.

바빙크의 견해에 의하면 고통은 형벌의 수단으로 사용되기도 하지만, 시련과 연단, 믿음의 성장과 견고해짐, 진리에 대한 증거 및 하나님을 영화롭게 하는 수단으로도 사용된다(Bavinck, *R.D.*, 2:618).[35]

a. 우리가 겪는 고난은 하나님에게서 오는 형벌일 가능성이 있다. 성경은 죄를 형벌과 연결한다. 구약성경은 이 점에 대해서 분명하게 말한다. 만약 이스라엘 백성이 언약의 하나님의 음성에 순종하지 않는다면, 그들은 율법에 기록된 저주들이 자신들에게 임할 것이라고 진지하게 경고를 받았다(신 28:15-68). 예언자 아모스는 이렇게 말한다. "성읍에서 나팔이 울리는데 백성이 어찌 두려워하지 아니하겠으며 여호와의 행하심이 없는데 재앙이 어찌 성읍에 임하겠느냐?"(암 3:6).

C. S. 루이스는 『고통의 문제』(*The Problem of Pain*, 1947)를 저술했는데, 네덜란드어 번역본의 제목은 『하나님의 확성기』(*Gods megafoon*, 1597)다. 그는 이 책에서 고통은 귀가 먼 세상을 깨우기 위한 하나님의 확성기라고 말한다.

고통은 하나님이 사람들을 회개하도록 부르시는 것을 포함한다. 이것은 하나님이 그분의 백성 이스라엘에게 심판을 내리시는 것과 요한계시록이 세상에 심판들이 임하게 될 것을 예언하는 것에 대해서도 마찬가지다. 실로암 근처 예루살렘 성벽에 세워진 망대가 무너져서 열여덟 명이 목숨을 잃었던 어떤 재앙과 관련해서 주 예수는 다음과 같이 말한다. "너희도 만일 회개하지 아니하면 다 이와 같이 망하리라"(눅 13:5).

b. 하지만 형벌이 아닌 고난도 있다. 그것은 하나님이 그분의 백성을 가르치고, 그분이 가르치는 인생의 학교에서 그들을 새로운 학년으로 진급시키는 그분의 수단이다. 그렇다면 고난은 연단이나 훈련으로 불려야 한다. 히브리서의 저자도 고난을 이와 같이 이해한다(히 12:11).

c. 때때로 고난은 징계라기보다 시험이다. 이에 대한 한 가지 실례는 이스라엘 백성이 이집트에서 고난받은 것이다. 이스라엘 백성의 고난은 그들의 죄에 기초한

---

35 이어지는 내용은 다음 책에서 제시된 것과 상응한다. J. van Genderen, 『믿음에 대한 오늘날의 주제들』(*Actuele thema's uit de geloofsleer*), 1988, 55-57, 59 이하.

것이 아니었다. 요셉의 이야기와 욥의 생애가 이와 관련해 더 분명하게 잘 보여준다. 하나님의 백성은 고난을 통해서 거룩해진다. "환난은 인내를, 인내는 연단을, 연단은 소망을 이루는 줄 앎이로다. 소망이 우리를 부끄럽게 하지" 않는다(롬 5:3-5).

　d. 나아가 바빙크는 믿음의 성장과 견고해짐에 대해서 말한다. 욥이 갑자기 재산과 종과 자녀들을 잃어버리는 대단히 고통스러운 사건들을 겪었을 때, 그는 다음과 같이 고백한다. "주신 이도 여호와시요 거두신 이도 여호와시오니 여호와의 이름이 찬송을 받으실지니이다"(욥 1:21). 또한 욥은 불평하는 자기 아내에게 이렇게 말한다. "우리가 하나님께 복을 받았은즉 화도 받지 아니하겠느냐?"(욥 2:10). 그는 고난의 한가운데서 "나의 대속자가 살아 계시니"(욥 19:25)라고 말하면서, 가장 밝은 미래를 내다본다. 욥기의 맨 마지막 장을 통해서 알 수 있듯이, 고난은 욥을 다음과 같이 하나님께로 더욱 친밀하게 이끌어준다. 곧 "내가 주께 대하여 귀로 듣기만 하였사오나 이제는 눈으로 주를 뵈옵나이다"(욥 42:5).

　e. 또한 고난은 진리에 대해서 증언하는 역할을 해준다. 사도행전 5장을 읽으면, 우리는 사도들이 감옥에 갇히고 채찍질을 당했다는 사실을 알 수 있다. 하지만 그들은 "그[그리스도]의 이름을 위하여 능욕 받는 일에 합당한 자로 여기심을 기뻐하면서 공회 앞을"(행 5:41) 떠나갔다. 이것은 그리스도를 위해서 받는 고난이다. 구세주는 자신을 따르는 이들에게 장차 그들을 동반하게 될 것으로서 고난을 주었다. 그래서 그들은 그리스도의 고난에 동참한 것이다(벧전 4:13-16).[36] 교회가 십자가를 따라갈 때, 주님은 교회에게 위로와 권능을 주신다. 바울은 이렇게 말한다. "그리스도의 고난이 우리에게 넘친 것 같이 우리가 받는 위로도 그리스도로 말미암아 넘치는도다"(고후 1:5).

　f. 따라서 고난은 하나님을 영화롭게 한다. 우리는 이 점과 관련해서 바울과 실라에 대해 생각해볼 수 있다. 그들은 빌립보에서 복음을 전하다가 매를 맞고 감옥에 갇히게 되었다. 하지만 그들은 감옥 안에서 기도하고 하나님을 찬송했다. 그때 다른 죄수들은 그들의 기도와 찬송에 귀를 기울였다(행 16:25).

36　W. H. Velema, 『거룩한 삶으로 부르심을 받음』(*Geroepen tot heilig leven*), 1985, 125-127을 보라.

심지어 우리가 그리스도의 십자가의 빛에 비추어 신자들의 온갖 고난을 이해한다고 하더라도, 여전히 우리는 상당 부분을 깨달을 수 없으며, 그것은 우리에게 수수께끼로 남아 있다. 욥은 자신을 어리둥절하게 만든 의문들에 대해 설명을 듣지 못했다. 하지만 욥은 하나님에게서 만족스러운 응답을 받았다. 하나님의 자녀가 그들의 진정한 아버지이신 하나님의 음성을 듣고 하나님의 손에 의해 인도함을 받는 삶을 살면, 모든 것은 변화된다. 그리스도로 말미암아, 그들의 고난으로부터 쓰라림과 괴로움은 제거된다.

시편 22편에서 저자는 "내 하나님이여, 내 하나님이여, 어찌 나를 버리셨나이까?"(시 22:1)라고 질문한다. 하지만 (그럼에도) 시인은 "이스라엘의 찬송 중에 계시는 주여, 주는 거룩하시니이다"(시 22:3)라고 고백한다. 시편 22편은 가장 쓰라린 고통 속에서 하나님께 간구하는 시다. 하지만 이 시편은 결국 하나님을 찬송하는 것으로 마무리된다.

하나님은 성소에서 만날 수 있다(시 73:17). 왜냐하면 그곳에서 하나님의 자녀는 하나님의 인도하심에 자신을 맡기기 때문이다. 이 시편의 저자는 복종과 안전, 신뢰와 하나님의 영광을 기대하는 것에 대해 증언해준다(시 73:23-28).

고난은 영광으로 이어진다. 우리는 이 점과 관련해서 로마서 8:18을 머릿속에 떠올릴 수 있을 것이다. "생각하건대 현재의 고난은 장차 우리에게 나타날 영광과 비교할 수 없도다"(또한 고후 4:17-18을 보라).

악과 마찬가지로 고통도 하나님이 의도하셨던 창조세계에 속하는 것은 아니다. 하나님이 모든 것을 새롭게 하시는 일을 완성하셔서서 새 하늘과 새 땅이 나타나면, 그곳에는 악도 고통도 전혀 없을 것이다. 우리는 이 세상에서 일어나는 고난의 삶을 통해서 새 하늘과 새 땅을 더욱더 강하게 고대한다. 그곳에서는 눈물, 죽음, 애통하는 것, 곡하는 것이나 아픈 것이 전혀 없을 것이다. 그것들은 이전 세대에 속한 것들이기 때문이다(참조. 계 21:4).

간략한 참고 문헌

A. van de Beek,『왜? 고통, 죄 및 하나님에 대해서』(*Waarom? Over lijden, schuld end God*), 1984.

E. J. Beker, K. A. Deuloo,『우리의 생존을 위한 지침』(*Het beleid over ons bestaan*), 1987.

G. C. Berkouwer, *The Providence of God*, 1952.

K. Dijk,『하나님의 섭리에 대해서』(*De voorzienigheid Gods*), 1927.

J. Douma,『일반은총』(*Algemene genade*), 1966.

B. W. Farley,『하나님의 섭리』(*The Providence of God*), 1988.

H. G. Fritzsche,『…그리고 악에서 우리를 구원하소서』(*…und erlöse uns von dem Übel*, 1987).

H. Kuiper, *Calvin on Common Grace*, 1928.

A. Kuyper,『일반은총』(*De gemeene gratie*, 3 vols), 1902-1904.

J. Lambrecht (ed.),『얼마나 더 오래 그리고 왜? 하나님, 인간 및 고난』(*Hoelang toch en waarom toch? God, mens en lijden*), 1989.

C. H. Lindijer,『신약성경에서의 고난』(*Het lijden in het Nieuwe Testament*), 1956.

B. J. Oosterhoff,『시편에서의 하나님의 통치』(*Het koningschap Gods in de Psalmen*), 1956.

K. Schilder, *Christus en cultuur*, 1953².

T. Schneider, L. Ullrich (ed.),『하나님의 섭리와 행위』(*Vorsehung und Handeln Gottes*), 1988.

W. Sparn,『고난: 경험 및 사고』(*Leiden- Erfahrung und Denken*, 1980).

R. Stauffer,『칼뱅의 설교에서의 하나님, 창조 및 섭리』(*Dieu, la création et la Providence dans la prédication de Cavlin*), 1978.

W. H. Velema,『기독교 신앙의 핵심 주제들』(*Kernpunten uit het christelijk geloof*), 1978.

J. Westland,『하나님, 환난 속에서의 우리의 위로』(*God onze troost in noden*), 1986.

제8장

하나님의 형상으로서의 인간

§ 23. 성경의 자료

23.1. 머리말: 주제 및 방법
23.2. 하나님의 형상대로 지음 받은 인간
23.3. 하나님이 생기를 사람의 코에 불어넣으심
23.4. 타락 이후에도 인간은 하나님의 형상을 지니고 있는가?
23.5. 하나님의 형상으로서의 그리스도
23.6. 새 사람: 지식, 의로움 및 거룩함
23.7. 몇 가지 결론

23.1. 머리말: 주제 및 방법

인간과 관련된 모든 연구에서 저마다 질문하는 것은 바로 "과연 인간은 누구인가?"이다. 이 질문은 다음 세 가지 측면과 관련이 있다. 인간은 어디서 왔는가? 인간의 존재 의미는 무엇인가? 또한 인간의 미래는 무엇인가?

다양한 학문이 이 질문들을 다룬다. 이전에 인간학은 철학의 분과 학문이었다. 또한 심리학도 인간에 대해 관심을 갖고 있지만, 그것은 인간의 내면의 삶에 관심을 기울인다. 사회학은 인간의 삶과 관련해서 사회적 관계라는 관점을 중심으로 인간에게 집중한다. 사회 심리학은 사회학과 심리학을 결합한 것이다. 또한 법학, 의학 및 윤리학에서도 분명히 인간은 두드러진 존재로 나타난다. 그렇지만 법학, 의학 및 윤리학은 앞서 언급한 학문 분야들보다는 다소 다른 접근 방법으로 인간을 다룬다. 법학과 윤리학은 우선적으로 인간을 행동하는 주체로 이해한다. 반면에 의학은 건강의 관점이나 질병으로부터 회복되는 관점에서 인간을 다룬다.

심리학, 사회학 및 사회 심리학도 행동하는 인간으로서 인간을 탐구하지 않는 것은 아니다. 하지만 이 세 학문은 각기 특별한 관점에서 인간에 대한 지식을 얻는 데 중점을 둔다.[1]

신학은 인간론을 다루는 항목에서 무엇을 말하는가? 그것은 심리학과 사회학의 협력자나 경쟁자가 되려고 시도하지 않는다. 또한 신학은 앞서 언급한 학문 분야 및 언급되지 않은 학문 분야들이 인간에 대해 말하는 것과 관련해서 완벽한 개관을 제공하는 것을 목표하지 않는다.

신학의 목적은 하나님의 계시인 성경의 관점에서 인간에 대해 무엇을 말할 수 있고 또 말해야만 하는지를 결정하는 데 있다. 이것은 우리가 가장 먼저 인간을 하나님의 창조물로 말해야만 하고, 더 특별하게는 그를 하나님의 형상으로 말해야만 한다는 것을 의미한다. 하나님의 형상이라는 표현은 인간을 다른 모든 창조물과 구별해준다. 이 표현은 우리가 성경에 기초해서 인간에 대해 말할 수 있는 가장 독특한 특징이다. 따라서 우리는 이번 장에서는 인간이 하나님의 형상이라는 성경적 개념을 논의하는 데 주로 초점을 맞출 것이다.[2]

여기서 우리는 한 가지 문제에 직면한다. 우리는 인간이 하나님의 형상이라는 개념을 두 가지 관점에서 설명하는 것을 성경에서 마주한다. 첫째, 죄를 범하고 타락하기 이전의 창조의 관점에서 인간을 바라보는 것이다. 둘째, 타락한 이후의 구속의 관점에서 인간을 이해하는 것이다.

우리는 창세기 1-3장에서 하나님의 창조물로서의 인간에 대한 가장

---

1   다음 논문들을 보라. J. van Genderen, 『믿음에 대한 오늘날의 문제들』(*Actuelle thema's uit de geloofsleer*), 1988, 106-188. 또한 『인간에 대해서 무엇이라고 생각하는가?』(*Wat dunkt u van de mens?*), 1970. 그리고 Kwant, 1975을 참조하라.

2   A. König는 "에큐메니칼 인간론"(1988)에 도달하기 위해서 인간에 대한 다양한 이미지들을 결합시키려고 시도했다.

기본적이며 핵심적인 자료를 얻을 수 있다. 하지만 우리는 인간에 대해 훨씬 더 많은 자료를 성경에서 찾을 수 있다. 달리 말해 성경에는 하나님의 형상과 관련된 모든 것이 들어 있다.[3]

우선 인간의 죄와 구속에 대해 논의하고 난 이후 인간에 대한 추가적인 자료들에 대해 언급하려고 시도하는 이들은 인간론을 다음 두 부분으로 나눈다. 곧 그들은 먼저 죄를 범하기 이전의 인간을 다루고, 그 이후에 죄와 구속에 대해 논의한다. 우리는 이런 구분이 옳지 않다고 생각한다. 또한 이와 같은 방법으로 서술하는 것은 사실상 불가능하다. 칼뱅은 이와 관련해서 다음과 같이 말한다. "나는 여기서 [하나님의 형상과 관련해서] 제유법과 같은 수사법이 사용되고 있다는 사실을 인정하지만, 원리는 논쟁의 여지가 없다. 곧 하나님의 형상의 회복이라는 핵심 요소는 창조 그 자체에서도 가장 중요한 것이었다"(Calvin, 『기독교강요』 1.15.4). 따라서 우리는 이 항목에서 인간에 대한 성경의 모든 자료를 논의하는 것이 정당하다고 생각한다.

인간론을 다루는 이번 장은 인간이라는 존재가 무엇을 의미하는지에 관한 몇 가지 기본적인 측면들에 관심이 있다. 우리는 다음과 같은 것들에 대해서 다루고자 한다.

* 몸과 영혼. 몸과 영혼의 다양성 및 결합

* 마음(heart)과 영(spirit). 이 두 용어는 동일한 것을 가리키는가? 아니면 이 두 용어 사이에 유사점이 있지만, 그럼에도 어떤 차이점이 있는가?

* 자유와 강제. 인간이 자유롭다는 것은 무엇을 의미하는가? 그것은 절대적 자유인가? 인간의 선택의 자유는 죄의 파멸적인 영향으로부터 안전한가?

---

3   우리는 이것과 관련해서 하나님의 형상을 특별히 그리스도와 관련해서 이해된 것으로서 다루어야 하는가라는 질문을 다루지 않을 것이다. 다음 교의학 서적과 연구서들을 참고하라. Bavinck, *R.D.*, 2:533 이하; Van Niftrik 1951 및 van Leeuwen (1959 및 1975).

* 성별의 의미. 인간은 남자 또는 여자로 태어난다. 성별의 차이점은 인간의 경험에서 어떤 중요성을 지니고 있는가?

* 인류의 한 구성원으로서 함께 살아감. 개인과 사회(공동체)는 서로 어떤 관련이 있는가?

* 모든 인간의 평등성과 동시에 서로를 구별해주는 각 개인의 고유한 특성.

* 창조세계 안에서의 인간의 위치, 창조세계, 자연과 문화에 대한 인간의 통치.

* 개인과 공동체로서의 인류의 미래. 인류의 미래는 어떻게 될까? 이 질문은 인간이 어디서 왔으며, 또한 역사 과정에서 어떤 일이 일어났는가라는 질문과 관련이 있다.

신학은 다른 학문 분야들이 성경의 자료들을 무시할 수 없다고 확신하면서 인간에 대한 성경의 자료들을 면밀하게 검토한다. 이것은 다른 학문들의 탐구 범위를 제한하지 않는다. 오히려 그것과는 정반대다. 각각의 학문들은 각자의 탐구 영역과 그것들의 고유한 학적 지식의 발전을 통해서 우리가 지금 다루고 있는 것처럼 인간에 대해 탐구한다. 하나님은 인간에 대해서 기본적인 내용, 곧 인간의 기원, 본질 및 운명에 대해서 계시해주셨다. 만약 다른 어떤 학문이 이 점을 무시한다면, 그것은 그 학문에 손실을 가져다줄 것이며, 나아가 그 학문이 관심을 갖는 인간 자신에게도 불이익을 줄 것이다.

23.2. 하나님의 형상대로 지음 받은 인간

인간은 창조세계 안에서 유일무이한 위치를 차지하고 있다. (a) 이것은 창세기 1장 및 2장에서 곧바로 분명하게 드러난다. 창세기 1장에 나오는 설명은 인간 창조에서 절정을 이룬다. 인간은 하나님이 엿새 동안에 창조하신 것의 절정이다. 바빙크는 영적인 세계와 물질적인 세계가 인간 안에서 서로 결합되어 있다고 언급한다(Bavinck, *R.D.*, 2:511).

하나님이 인간을 창조하시기 전에 자기 자신 안에서 숙고하셨다는 것은 주목할 만하다. 우리는 해당 본문 전체를 지금 인용하고자 한다. 우리는 그 본문과 관련해서 세부적으로 논의해야 할 필요가 있기 때문이다.

하나님이 이르시되, "우리의 형상을 따라 우리의 모양대로 우리가 사람을 만들고 그들로 바다의 물고기와 하늘의 새와 가축과 온 땅과 땅에 기는 모든 것을 다스리게 하자" 하시고, 하나님이 자기 형상 곧 하나님의 형상대로 사람을 창조하시되 남자와 여자를 창조하시고, 하나님이 그들에게 복을 주시며 하나님이 그들에게 이르시되, "생육하고 번성하여 땅에 충만하라, 땅을 정복하라, 바다의 물고기와 하늘의 새와 땅에 움직이는 모든 생물을 다스리라" 하시니라(창 1:26-28).

창세기 1:26에 기록된 "하나님이 이르시되"라는 도입 형식은 3, 6, 9, 14, 20, 24절에서도 동일하게 나타난다. 이 표현은 하나님의 권능 있는 창조 행위가 통일성을 지니고 있다는 것을 보여준다. 하지만 우리는 1:26보다 이전의 구절들에서 하나님이 자기 자신 안에서 숙고하셨다는 것을 발견할 수 없다.

(b) 또한 하나님이 인간에게 복을 선언하신 것과 그에게 다른 창조물에 대한 통치 명령을 주신 것에서도 인간이 특별한 위치에 있다는 것이 드러난다. 하나님이 자신 안에서 숙고하신 것과 사람에게 직접 말씀하신 것은 인간이 다른 창조물 중에서 유일무이한 위치를 지니고 있다는 것을 드러내준다. 곧 인간은 특별한 존재다.[4]

(C) 인간의 유일무이한 위치는 우리가 창세기 2:4b-9에서 인간 창조에 대한 두 번째 설명을 마주한다는 사실에서 분명해진다. 여러 신학자들이 우리가 성경의 시작 부분에서 두 가지 창조를 만난다는 사실에 대해 많

---

4   Karl Barth는 이것이 말씀하시는 하나님과 그분의 대화 상대인 인간 사이의 교제 행위와 관련이 있다고 올바르게 주장한다. Barth, *C.D.*, 3.1.191.

                                              개혁교회 교의학

은 논문을 발표했다. 오스터호프(B. J. Oosterhoff)는 그 차이점의 특성에 대해서 이렇게 묘사한다.

"우리는 다음과 같이 말할 수 있다. 창세기 1장에 나오는 인간, 곧 창조의 절정은 피라미드의 맨 꼭대기와 같다. 모든 것은 창조의 극치, 곧 인간을 향해 움직인다. 창세기 2장을 보면, 인간은 원의 중심 이상을 의미한다. 모든 것은 인간과 관련해서 분류되었다. 따라서 만약 인간이 없다면, 창조세계는 여전히 공허하다"(Oosterhoff, 1972, 98).

창세기 1:26에서 언급되는 "우리"라는 인칭대명사 복수형에 대해 아주 많은 견해가 제시되었다. 과연 "우리"라는 표현은 삼위일체 교의를 미리 보여주는 것인가? 1:26은 "우리"라고 세 번이나 강조하면서, 하나님이 자기 자신 안에서 숙고하셨다고 말한다. 이것은 하나님 안에서의 복수(plurality)를 가리켜준다.[5] 우리는 이 표현을 하나님이 하늘 궁전에 있는 존재들과 상의하는 것으로 이해할 수 없다. 우리는 성경의 다른 곳에서도 그와 같은 개념을 발견하지 못한다. 그뿐만 아니라, 그와 같이 이해한다면, 천사들은 창조 사건에서 창조적인 역할을 감당했을 것이다. 그렇다면 그들은 인간의 형상을 빚는 데 부분적인 역할을 담당했을 것이다. 하지만 우리는 하나님이 자기 자신 안에서 서로 상의했다는 것을 다루고 있다. 어떤 학자들은 이 표현에서 우리가 다신교의 잔재를 인식할 수 있다고 생각한다. 이것은 논의할 가치조차 없다. 왜냐하면 창세기 1장은 하나님을 그분의 전능하신 능력으로 말씀하시는 유일하신 분으로서 우리에게 알려주기

---

5   Moltmann은 "서로 숙고하는 복수"(*pluralis deliberationis*)에 대해서 말한다. Moltmann, 1980, 30. 또한 1985, 224. A. van Selms, *Genesis 1* (POT), 1967, 35는 우리는 하나님의 이와 같은 "자기 상담(self-consultation)을 창 3:22 및 11:7에서도 발견할 수 있다고 우리에게 상기시켜준다. 또한 Karl Barth가 제시하는 광범위한 논의도 참조하라. Barth, *C.D.*, 3.1.191 및 § 12.1.

때문이다(참조. 시 33:6; 사 55:10 이하).[6]

이제 우리는 "우리의 형상대로"(*betsalmenu*; *tselem*에서 파생)와 "우리의 모양대로"(*kidmuthenu*; *demuth*에서 파생)의 의미에 대해서 살펴보고자 한다. 우리는 이번 장의 후반부에서 이 단어들에 대한 다양한 해석을 개관할 것이다. 오랫동안 이 두 표현은 동일한 의미를 지닌 것으로 이해되었지만, 동시에 서로 다른 의미를 지닌 것으로도 해석되었다.

오직 인간만이 "우리의 형상"과 "우리의 모양"대로 특별하게 지음을 받았다고 언급되는 것은 분명하다. 이것은 인간이 하나님 및 다른 창조물과의 관계에서 어떤 특별한 관계에 놓여 있다는 것을 나타낸다.

우리는 *THAT*, 2:556-563(H. Wildberger)와 크리스베이크(A. Kruyswijk)의 『형상을 만들지 말라』(*Geen gesneden beeld*, 1962) 192-194에서 "첼렘"이라는 히브리어 명사에 대한 상세한 논의를 살펴볼 수 있고, "데무트"에 대해서는 해당 책의 195-197에서 발견할 수 있다. 또한 베스터만(Westermann)의 『창세기 주석』(*Genesis*, 1:201-203)과 그곳에 제시된 방대한 참고 문헌을 참조하라. 그리고 베르카우어(1957, 40-42)와 벤철(*Dogm*., 3a: 특히 592-597)을 참고하라.

베스터만의 견해에 의하면, "첼렘"은 조각품, 조소, 형상이 새겨진 기둥과 또한 우상을 의미한다(참조. 겔 7:20; 암 5:26; 민 33:52).

"데무트"는 동등한 것, 형상 및 복제물을 가리킨다. 베스터만은 "데무트"가 "첼렘"보다 다소 약한 의미를 지니고 있다는 해석을 받아들이지 않는다.

"첼렘"과 "데무트"는 동일한 것을 말한다. 이 두 단어가 의미하는 것에서 미세한 차이점은 한 단어는 다른 한 단어의 의미를 보완하는 역할을 한다고 해석할 수 있을 것이다. 이것은 어떤 관계에, 곧 그 관계 안에서 하나

---

6 하지만 이것은 De Reuver, 1980가 제안하는 것처럼 우리가 인간을 특별히 영원한 성자의 형상으로 창조되었다고 이해한다는 것을 의미하지 않는다. Kamphuis, 1985, 28 이하에서 그는 이 견해를 올바로 논박한다.

님에 대한 어떤 것이 표현되고 묘사되며 눈으로 볼 수 있는 것에 주목한다. "첼렘"은 이 묘사를 분명하게 표현하고, "데무트"는 그것이 올바로 실행되었다는 것을 알려준다. 그 형상은 그것이 묘사하려는 것에 상응하며 또한 유사한 것이다. 우리는 뷔스(Beus, 1968, 23)의 다음과 같은 묘사에 편안함을 느낀다. 곧 형상은 그것이 묘사하는 인물과 동일하지는 않지만, 여러 측면에서 그 인물과 비슷하다.

이것은 "형상"(*imago*)과 "모양"(*similitudo*) 사이에 근본적인 차이점이 있다고 입증할 수 있으며 또한 그렇게 해야 한다고 생각하는 모든 해석가(종종 교의학자들)의 입장을 논박하는 것이다. 어떤 학자들은 창조에 의해 주어진 "형상"으로부터 인간이 경험하게 될 역사에 의해 "모양"으로 진행된다는 매우 특이한 주장을 제시한다. 루터와 칼뱅은 모두 이와 같은 해석과 거리를 두었으며, 또한 미래에 등장할 가능성이 있는 유사한 해석들에 대해서 경고했다. 그들은 형상과 모양을 동등한 것이라고 생각했다.

이 점과 관련해서 결정적인 것은 "*be*"(~ 안에)와 "*ke*"(~에 따라서)라는 히브리어 전치사가 창세기 1:26과 5:1에서 번갈아가며 사용되고 있다는 것이다. 우리는 하나님의 형상에 대해 다루고 있는 많은 간행물에서 이와 같은 논조를 만날 수 있다. 그러므로 형상과 모양이라는 두 용어는 서로 구별되어 나타나기도 하며 또한 번갈아가며 사용되기도 한다. 곧 창세기 1:26에서는 형상과 모양의 순서로 나타나고, 1:27에서는 오직 형상만 사용되며, 5:1에서는 오직 모양만 나타나고, 5:3에서는 모양과 형상의 순서로 사용된다. 한편 신약성경에서 골로새서 3:10에서는 형상이, 또한 야고보서 3:9에서는 모양이 사용된다.

이 두 단어 중 오직 한 단어만 사용되는 곳에서도, 우리는 해당 본문의 전후 문맥이 분명히 창세기 1:26의 개념을 다루고 있음을 간파할 수 있다. 서로 의미를 보완해주는 이 두 용어들은 본질적으로 동일한 의미에서 사용되기 때문에, 그것들은 단지 한 단어만 사용되거나 또는 서로 다른 순서로 동시에 사용된다. 따라서 우리는 다음과 같이 결론지을 수 있다. 곧 이 두 단어는 거의 동일한 의미를 지니고 있기 때문에, 이 두 단어에 전적으로 서로 다른 내용을 부여해서, 그것으로부터 이중적인 이미지를 이끌어내려는 설명은 전혀 타당하지 않다.

이제 우리는 이 두 단어가 의도하는 의미에 초점을 맞추고자 한다. 이를 위해 우리는 고대 근동의 문헌에서 나타나는 자료들을 검토해보아야 한다.

프리쩬(Vriezen, *Hoofdlijnen*, 187-188)이 강조하며 지적했듯이, 분명히 "형상"과 "모양"이라는 단어들은 하나님과 인간 사이의 본질적인 차이점을 결코 손상시키지 않는다. 하나님은 모든 창조물에 앞서서 존재하신다. 그분은 자신의 권능으로 인간과 세상을 창조하셨다. 영원하고 전능한 분으로서 하나님은 창조세계를 절대적으로 초월하시며, 또한 그것에 앞서서 존재하시기 때문에, 창조세계를 존재하도록 하실 수 있다(§ 17을 보라). 프리쩬은 비록 "하나님의 형상"이라는 표현이 아버지와 아들의 관계를 언급하지는 않지만, 그럼에도 해당 표현 안에 그 관계가 의도되어 있다고 지적한다. 이것은 틀림없이 "하나님과 인간의 관계가 자연적인 관계라는 인상을 주는 것을 피하려는 의도를" 반영한다(Vriezen, Hoofdlijnen, 189).

고대 근동에서 형상과 모양은 언제나 **사람들이 만든** 신의 이미지와 관련해서 사용되었다. 이와는 정반대로 성경에서 이 단어들은 **하나님이 창조하신** 인간에게 적용된다! 비록 고대 근동과 성경에서 사용되는 용어들은 서로 비슷하지만, 해당 용어들의 내용과 관련해서 서로 근본적인 차이점이 있다. 해당 용어들이 고대 근동에서 사용된 것을 배경삼아, 우리는 대리함(representation)과 관련해서 "형상"과 "모양"의 의미를 찾아내고자 한다. 크리스베이크가 올바로 주장하듯이, 하나님은 "인간이 그분을 대리하기를 바라신다"(194). 곧 인간은 하나님과 유례없는 관계를 누린다. 이것은 인간이 바로 하나님의 형상이라는 사실에 내포되어 있다.

우리는 이것을 "데무트"(모양)에도 적용할 수 있다. 크리스베이크는 다음과 같이 올바로 주장한다. "인간이 하나님과 같이 보이는지는 그렇게 중요하지 않다. 오히려 모양은 어떤 측면에서 인간이 하나님과 같이 **행동한다**는 것을 암시한다. 곧 인간은 이 땅 위에서 하나님의 대리자로서 행동한다. 그리고 그것을 통해서 자신의 형상을 드러낸다"(197).

우리는 이 해석과 더불어 인간이 하나님의 형상을 지니고 있다는 것을, 창조세계에 대한 하나님의 대리자로서 정의하고자 한다. 우리는 이제 이것이 하나님의 형상에 대해서 모든 것을 말해주는가라는 질문에 직면해 있다. 과연 하나님의 형상은 단지 대리(대표)한다는 것만을 의미하는가? 그리고 우리는 인간의 몸에 대해서 무엇을 생각해야만 하는가? 또한 인간의 영적인 능력과 도덕적인 능력에 대해서 무엇을 말해야 하는가? 그것들은 하나님의 형상의 일부분인가? 아니면 그것들은 하나님의 형상이라는 개념의 바깥에 있는 것인가? 노르트흐라프는 이와 같은 질문들과 관련해서 이전에는 인간의 본질을 그에게 주어진 속성들 안에서 찾으려고 했지만, 오늘날에는 인간의 다양한 관계에 전적으로 강조점이 놓여 있다고 올바로 지적한다(Noordegraaf, 1990, 32). 하지만 강조점은 다른 방향으로 바뀌고 있다. 왜냐하면 그 관계는 이제 대리라는 개념으로 좁혀지고 있기 때문이다. (창조세계에 대한) 대리 통치는 (응답하는 존재로서 인간이) 이 관계를 최종적으로 마무리하는 것이다. 또한 하나님에 대한 인간의 응답은 창조세계에 대한 인간의 통치를 통해서 입증되는 것이다.

또한 참조. Wildberger, *THAT*, 2:562; Berkhof, *C.F.*, 142. 187; Westermann, *Genesis*, 1981, 2:16 이하; Wolff, 1974², 223 이하. 스킬더는 통치에 대해 강조한다. 또한 다음 연구서의 광범위한 논의를 보라. Kamphuis, 1985, 20-36. (해당 책에서 20-36은 스킬더의 입장만 다루는 것은 아니다). 또한 참조. Berkouwer, 1957, 51-56.

우리는 과거와 우리 시대에 하나님의 형상의 의미를 편협하게 다루는 것과 달리 창세기 1:26-28의 **다양한 측면**을 공정하게 다루어야 한다. 우리는 해당 본문이 말하는 것에 편견 없이 주의를 기울이는 것을 통해서 다양한 측면을 발견할 수 있다. 우리는 이런 편견 없는 이해를 통해 지난 수세기 동안 제시되어온 다양한 해석 모델들에 얽매이지 않을 것이다.

하나님은 그분의 형상과 모양대로 인간을 창조하셨다. 이것은 인간이 하나님의 형상과 모양이라는 것을 의미한다. 이 **형상**은 인간에게 우연히 주어진 것일 수 없다(비록 형상과 모양이라는 두 가지 용어를 모두 염두에 두고 있지만, 이제부터 우리는 형상이라는 용어만 사용하고자 한다). 해당 본문은 하나님이 그분의 형상대로 인간을 창조하셨다고 분명하게 말한다. 따라서 이 본문을 다음 두 단계로 이해한다면, 그것은 해당 본문의 의도에 어긋나는 것이다. 곧 맨 처음에 인간은 하나님에 의해서 창조되었지만, 그다음에 그가 하나님의 형상으로 만들어졌다고 이해하는 것이다. 그렇다면 하나님의 형상으로 만들어졌다는 것은 무엇을 의미할까? 스킬더와 캄프하위스(Kamphuis, 25 이하)의 견해를 따른다면, 우리는 다음과 같이 말해야 할 것이다. 곧 하나님의 형상은 단지 인간이 창조 시에 하나님에게서 받은 명령 안에 내포되어 있다. 이와 같은 방법으로 이해하는 이들만이 하나님의 형상은 하나님이 창조하신 인간에게 부수적으로 주어졌다고 주장할 수 있다.

하지만 우리는 이 경우에 창조세계에 대한 통치가 창세기 1:26에 있는 목적절의 유일한 내용이 아니라고 생각한다. 거기에는 하나님의 형상이라는 개념도 포함되어 있을 것이다. 단지 그렇게 이해할 때, 해당 본문은 우리가 하나님의 형상을 인간 창조의 배후에 있는 목적으로 해석하도록 요구한다. 그때 비로소 하나님의 형상은 진정으로 창조세계에 대한 통치(*dominium*)와 부합하며 또한 상응한다. 그렇지만 이 설명은 해당 본문과 조화되지 않는다. 하나님이 창조한 존재로서 인간은 바로 하나님의 형상이다. 우리는 노르트흐라프와 함께 한 가지 편협한 해석에서 또 다른 한 가지 편협한 해석으로 치우치지 않기를 간청하고자 한다.

우리는 하나님의 형상은 하나님 아버지와 그분의 자녀 사이의 관계를

  개혁교회 교의학

암시한다고 생각한다. 왜냐하면 우리는 에베소서 4:24 및 골로새서 3:10에 기초해서 이와 같이 주장하지 않을 수 없기 때문이다.

우리는 이 주제에 대해서 더 탐구하고자 한다. 하나님의 형상은 단지 아버지와 자녀의 관계만 포함하는 것이 아니다. 또한 그것은 인간 존재와 관련된 측면도 지닌다. 곧 (다른 창조물과 대조적으로) 인간은 몸과 영혼을 지니고 있다. 이것도 하나님의 형상의 일부분이다. 창세기 1:26에 기초하면, 우리가 하나님의 형상이라는 개념을 고려하지 않고서는 하나님이 창조하신 존재로서 인간을 생각할 수 없다는 게 분명해진다.

달리 말해 이것은 다음과 같은 것, 곧 우리가 인간의 특성으로서 하나님이 육체를 가진 존재로 인간을 창조하셨다는 것을 포함하지 않고서는 하나님의 형상을 생각할 수 없다는 것을 의미한다. 하나님의 형상이라는 개념은 인간을 동물과 구별해주는 특성들(마음, 선택의 자유; 한마디로 말해서 이전의 정의에 의하면, 인간은 도덕적·이성적 존재)로 정의될 뿐만 아니라, 그 이상을 포함한다.

그러나 다른 한편으로 우리는 이 "실체적인"(신체적인) 근거를 포함하지 않는다면, 하나님의 형상을 생각할 수 없다. 이것을 포함하기를 거부하는 이들은 어떤 우연적인 속성에서 하나님의 형상을 찾아야만 할 것이다. 그렇지만 이 설명은 창세기 1:26의 단순하고 명백한 표현과 어울리지 않는다.

지금 말한 것을 고려한다면, 우리는 해당 본문에 들어 있는 다른 요소들에 대해서도 정당하게 대할 수 있다. 창세기 1:27이 특히 지금 중요하다. 남자와 여자로 지음을 받았다는 것은 "하나님의 형상대로" 지음을 받았다는 것에 대한 하나의 부연 설명이다. 이 구절은 먼저 "하나님이…사람을 창조하셨으니"라고 말하고 나서, 그다음에 "그들을 남자와 여자로 창조하셨다"고 언급한다. 우리의 신체적인 존재가 하나님의 형상에 속하는 것과 똑같이, 또한 남자와 여자로 구분되는 특성도 하나님의 형상에 속한다.

사람(Adam)은 하나님의 형상이다. 만약 어떤 사람이 (Noordegraaf, 1990, 34처럼) 아담은 한 개인이 아니라 인간 공동체를 의미한다고 말하길 원한다면, 이것은 인류의 모든 구성원이 저마다 하나님의 형상이라는 의미에서 아담이 인간 공동체를 의미한다고 말할 수 있다. 곧 그 누구도 하나님의 형상에서 제외되지 않는다! 우리가 곧 살펴보겠지만, 이와 같은 이해는 광범위한 영향을 미친다. 곧 그것은 인종, 피부색, 사회적 신분, 지적 수준에 근거한 차별 등 온갖 형태의 차별을 거부한다. 모든 사람은 저마다 하나님의 형상이다. 또한 이것은 남성과 여성에게도 사실이다. 여성은 중성의 창조물로서 하나님의 형상이 아니다. 남자도 마찬가지다. 하나님의 형상은 인간으로 존재한다는 것에 의해서 암시되며, 인간으로 존재한다는 것에서 드러난다. 더 구체적으로 말하자면, 그것은 남자와 여자로 구별되는 것에서 드러난다! 만약 어떤 중성 집단, 곧 인류가 하나님의 형상이었다면, 성별의 차이는 사라질 것이다. 그렇다면 인간 존재의 한 가지 의미심장한 측면, 곧 성의 구별(이것에 기초해서 결혼, 출산 및 가정생활이 존속되며, 이 세 가지는 사랑 안에서 또한 사랑을 통해서 이루어지는 것)은 하나님의 형상에서 제외될 것이다. 그렇다면 인류의 전반적인 발전은 하나님의 형상의 개념 바깥에서 일어날 것이다. 그러므로 우리는 성의 구별은 하나님의 형상의 일부분이라고 생각한다. 다시 말해서 남성다운 특성을 지닌 남성과 여성다운 특성을 지닌 여성이 하나님의 형상이다. 또한 이와 같은 하나님의 형상은 그들의 상호 관계 안에서 나타난다. 곧 그것은 결혼을 통해서 가장 강력하고 두드러지게 표현된다. 마찬가지로 중요한 요소로서, 그것은 사회적 상황과 정치적인 다양한 연관성의 범위 안에서 그들의 상호 관계를 통해 더 일반적으로 표현된다.

여기에는 결혼과 남녀평등에 대한 성경 윤리의 기초를 제공하는 중요한 구성 요소가 있다. 여성 차별은 이 기초에 근거해서 거부되어야 한다. 오늘날의 다양한 경향 중 하나는 남성과 여성의 차이를 거부한다. 그 결과 어떤 나라들에서는 동성 결혼을 이성 결혼과 동등한 것으로 인정한다. 하지만 이것은 하나님의 형상에 대한 성경적인 개념을 받아들이지 않는다는 것을 함의한다.

우리는 다시 한번 다음과 같은 질문으로 돌아가고자 한다. 과연 창조세계에 대한 인간의 통치는 하나님의 형상의 유일한 목표인가? 아니면 그것은 하나님의 형상에서 중요한 일부분인가? 우리는 하나님의 형상이라는 개념이 다양한 측면들 중에서 통치를 포함한다고 생각한다. 우리는 통치를 하나님의 형상이라는 개념에 부수적인 것으로 이해할 수 없다. 이와는 반대로, 만약 어떤 사람이 통치가 하나님의 형상에 암시되지 않는다고 이해한다면, 그는 다스리라는 하나님의 명령을 올바르게 설명할 수 없을 것이다.

우리는 이 점과 관련해서 성의 구별도 하나님의 형상의 일부분이라고 반복해서 주장하고자 한다. 만약 사람이 자녀를 낳지 않는다면, 어떻게 그가 인간의 창조와 관련된 하나님의 명령을 올바르게 수행할 수 있을까? 역사 및 문화 발전의 개념은 계속해서 태어나는 인간에 근거한다. 이와 같은 몇 가지 측면에서 살펴볼 때, 인간은 하나님을 드러내보이도록 부름을 받았다. 그가 하나님과 올바른 관계를 맺고 유지하지 않는다면, 그는 이 사명을 수행할 수 없다. 하나님과 인간의 올바른 관계는 아버지와 자녀의 관계다. 캄프하위스는 스킬더를 따라서 하나님의 형상을 통치(*dominium*) 개념으로 이해하며 다음과 같이 중요한 주장을 한다. 곧 우리는 하나님의 형상의 내용이 무엇인지 결정하는 것과 관련해서 그것을 오직 한 가지 용어에만 국한해서는 안 된다. 하나님의 자녀는 하나님의 대리자다(Kamphuis, 1985, 30 이하; Noordegraaf, 1930, 33). 우리의 판단에 의하면, 이 개념은 본질적으로 성경의 가르침에 일치한다. 하지만 이 주장에는 다음과 같은 것, 곧 하나님의 형상은 하나님의 자녀에게 우연적 특성이 아니라는 게 추가되어야 한다. 하나님의 자녀 됨이 하나님의 형상의 일부분을 형성하지 않는다면, 하나님의 형상은 생각될 수 없다. 비록 하나님의 형상과 하나님의 자녀 됨이 동일한 것은 아니지만 말이다. 하나님의 자녀는 이 땅에서 그들의 진정한 아버지이신 하나님을 대리한다.

우리가 하나님이 인간에게 말씀하시는 것을 충실히 따를 때, 이 모든 것은 중요성을 지닌다. 야웨 하나님은 사람을 축복하시면서 그에게 한 가지 명령을 내리신다. 그 축복은 하나님의 형상으로서의 인간의 삶과 관련이 있으며, 또한 하나님의 명령보다 앞선다. 인간이 하나님의 형상을 지니고 있다는 것은 다른 어떤 측면들보다도 땅을 다스리는 것을 포함한다. 하나님은 이 땅 위에서 사람들이 서로 사랑하고 섬기며 또한 다른 창조물을 사랑으로 돌보는 것을 통해서 하나님을 보여주는 것을 찾고자 하신다.

우리는 창세기 1:26-28에서 하나님의 형상에 대한 정의를 발견할 수 없다. 그 대신 우리는 해당 본문에서 하나님의 자녀와 창조세계에 대한 대리 통치자로서의 인간에 대한 성경의 가르침을 알려주는 기본 요소를 발견한다. 하지만 우리는 그곳에서 하나님의 형상에 대한 완벽한 묘사를 얻지 못한다. 우리가 성경의 다른 곳에서 해당 본문을 보완해주는 자료들을 만날 수 있다는 사실로부터 이 점이 분명하게 드러난다. 이제부터 우리는 이 자료들에 대해 다루고자 한다.

지금 우리는 시편 8편을 살펴보면서 인간의 통치에 초점을 맞추고자 한다. "저를 천사들보다 조금 못하게 하시고 영화와 존귀로 관을 씌우셨나이다. 주의 손으로 만드신 것을 다스리게 하시고 만물을 그 발 아래 두셨으니"(시 8:5-6).

여기서 우리는 "형상"이나 "모양"과 같은 단어들을 발견할 수 없다. 하지만 사실상 그 개념들은 시적인 묘사를 통해서 울려 퍼진다. 이 시편은 하나님이 손으로 지으신 것의 영화로움에 대해서 말한다. 또한 인간이 그와 같은 세상 안에 위치해 있다는 것에 대해서 언급한다. 한편으로, 인간은 별들, 하늘, 해와 달과 비교할 때 연약하고 작은 존재다. 다른 한편으로, 인간

은 하나님이 지으신 다른 어떤 창조물보다 훨씬 더 뛰어난 존재다. 여기서
다음과 같은 질문이 제기된다. 시편 8:5에서 사용된 "엘로힘"이라는 히브리
어 명사는 "하나님"이라고 번역해야 하는가, 아니면 "천사들"이라고 번역해
야 할까? 특별히 전후문맥을 살펴볼 때, 우리는 다른 많은 번역본들과 함께
"하나님"이라는 번역을 선호한다. 성경의 어느 곳에서도 천사들은 땅을 통
치한다는 맥락에서 등장하지 않는다. 또한 천사들은 하나님의 형상으로 지
음을 받았다는 개념과 관련이 있는 맥락에서 전혀 언급되지 않는다. 우리
는 여기서 그 개념이 포괄적으로 묘사되고 있다는 점을 부인할 수 없다. 비
록 시편 8편에서 하나님의 형상이라는 표현이 사용되지는 않지만 말이다.

여기서 하나님과 사람의 차이점이 어디에 있는지 분별하는 것은 어렵
지 않다. "조금 못하게 하다"라는 표현은 다음 사실을 반영한다. 곧 하나님
은 창조주로서 만물을 다스리시지만, 인간은 창조주에게서 창조세계에 대
한 통치권을 받는다. 하나님의 형상과 모양으로서 인간은 다른 모든 창조
물과 동등한 위치에 있지 않고 오히려 그것들을 초월한다. 인간은 이와 같
은 고양된 지위를 하나님과 공유한다. 하지만 인간 자신은 당연히 하나님
보다 낮은 곳에 위치한다 .

23.3. 하나님이 생기를 사람의 코에 불어넣으심

"여호와 하나님이 흙으로 사람을 지으시고 생기를 그 코에 불어넣으시니
사람이 생령이 된지라"(창 2:7).

이 구절은 두 가지 관점을 지니고 있다. 첫째, 인간은 흙으로 지음을 받
았다. 따라서 인간은 몸을 지니고 있는 존재다(참조. 창 3:19; 고전 15:47).

그뿐만 아니라 인간은 영적인 존재다. 인간의 신체적인 측면은 우연적
인 것이나 열등한 것이 아니다. 인간은 바로 이 요소로부터 지음을 받았다.
따라서 이사야 29:16에 나오는 토기장이의 비유는 인간론적 측면에서 심
오하고 중요하다(참조. 사 45:9; 롬 9:21).

하지만 우리는 인간의 특별한 본성에 대해서도 생각해보고자 한다. 인간이 흙으로부터 빚어졌다는 것은 인간의 특별한 본성의 일부분이다. 창세기 2:7은 우리가 곧바로 살펴볼 필요가 있는 두 번째 정보를 제공한다. 그것은 하나님이 인간의 코에 생명의 숨 또는 생기를 불어넣으셨다는 정보다. 생기(*nephesh*)는 인간이 흙으로 지음을 받았다는 사실처럼 인간이 지니고 있는 또 하나의 독특성이다. 이 두 가지 독특성을 더 정확하게 표현한다면, 인간의 유일무이한 특성은 그가 흙이며 또한 "네페쉬"를 통해서 살아 있는 존재라는 것이다. 이 두 가지 요소를 하나로 가진 것이 인간의 고유성이다. 이사야 57:16을 보면, 야웨 하나님은 자신이 사람에게 생명의 숨을 주셨다는 사실을 상기시키신다.

우리는 창세기 1:26-28과 2:7이 서로 대조되는 것으로 이해하지 않는다. 창세기 2:7은 1:26-28의 특정 요소를 더 자세하게 설명한다. 곧 하나님의 형상대로 창조된 인간은 땅의 미세한 흙으로 지어졌으며 또한 그에게 생명의 숨이 주어졌다.

우리는 창세기 2:7에 기초해서 인간이 자신의 창조자이신 하나님을 절대적으로 의존한다고 결론지어야 한다. 하나님이 사람에게서 생명의 숨을 거두시면, 그는 자신이 지음을 받은 흙으로 돌아가야 한다(창 3:19; 시 104:29). 놀랍게도 욥은 욥기 1:21에서 "내가 모태에서 적신이 나왔사온즉 또한 적신이 그리로 돌아가올찌라"고 고백한다(또한 참조. 전 5:15). 이 표현은 창세기 2:7에서 "흙으로"라고 언급되는 것을 가리켜준다. 흙으로 돌아가는 것은 생명의 영(숨)을 잃는 것과 모태, 곧 땅으로 돌아가는 것과 똑같은 것이다. 인간의 신체적인 측면과 관련해서 말하자면, 그 시작과 끝은 서로 상응한다.

고린도전서 15:49의 바울의 주목할 만한 말도 이런 관찰을 확인해준다. 그는 "우리가 흙에 속한 자의 형상을 입은 것 같이"라고 말한다. 바울의 관점에 의하면, 형상과 흙은 서로 관련이 있다. 그는 "[우리가] 또한 하늘에 속한 이의 형상을 입으리라"고 계속해서 말한다. 바울은 이와 같이 "우리가 ~와 같이"라고 언급하면서 "흙에 속한" [이]와 "하늘에 속한" [이]를 서로 비교한다.

우리는 이 맥락과 관련해서 "네페쉬"라는 히브리어 명사에 대해 간략하게 논하고자 한다. 구약성경에서 "네페쉬"는 몇 가지 의미를 지니고 있다. 그것은 숨, 생명의 원리 및 인간의 생명을 의미한다. 달리 말해 "네페쉬"는 탄생부터 죽음까지 인간과 함께한다. 따라서 그것은 단순히 영원히 존속하는 영혼이나 또는 인간 안에 있는 영원의 원리가 아니다. 이런 영원의 원리를 찾으려는 이들은 성경의 다른 곳에서 언급되는 것을 고려해야 한다.

그러므로 "네페쉬"는 생명을 의미한다(참조. 렘 38:16; 시 31:13; 35:7). 둘째, 이 단어는 욕망, 사랑, 미움, 배고픔 및 목마름과 같은 정서가 자리 잡은 곳을 가리키기도 한다(참조. 시 103:1; 시 31:10).

셋째, "네페쉬"는 인간의 주관적인 측면이나 자아 또는 개성을 묘사할 수도 있다. 그렇다면 이 용어는 "나"로 번역할 수도 있다. 하지만 이와 같이 번역한다면, 이 단어가 지니고 있는 고유한 특성을 잃어버릴 것이다(참조. 시 105:18b; 아 3:6).

넷째, 세 번째 의미의 확장으로서 "네페쉬"는 특히 율법의 규정들 안에 놓여 있는 모든 사람들을 가리킨다(레 7:20a; 11:10; 23:30).

마지막으로 "네페쉬"는 더 광범위한 의미에서 어떤 생명체, 사람 또는 동물을 뜻한다(창 1:20; 2:7; 9:16). 레위기 26:11에서는 심지어 하나님은 자기 자신을 가리켜 "내 영혼"(내 마음—개역개정)이라고 말씀하신다. 사람과 관련해서 "네페쉬"가 사용될 때, 우리는 전후문맥으로부터 그것의 구체적인 의미를 이끌어내야 한다. 또한 이와 같은 특별한 경우에는 논의되는 본문과 관련해서 그 단어의 의미를 논해야 한다.

이 본문과 관련해서는 벤철(*Dogm*., 3a:589)과 베커(1942, 95)를 보라. 여기서 우리는 지면 관계상 "네페쉬"와 "프쉬케"의 관계에 대해서는 언급하지 않겠다. 단지 70인역에서 "네페쉬"라는 히브리어 명사가 "프쉬케"라는 그리스어 명사로 755번 번역되었다는 것만을 언급하고자 한다. 그리고 "마음"(heart)이라는 단어와 관련해서는 아우웨네일(1984, 61)을 보라.

23.4. 타락 이후에도 인간은 하나님의 형상을 지니고 있는가?

"무릇 사람의 피를 흘리면 사람이 그 피를 흘릴 것이니 이는 하나님이 자기 형상대로 사람을 지었음이니라"(창 9:6).

이 구절은 심지어 타락 이후에도 인간이 계속해서 하나님의 형상으로 언급된다는 것을 알려준다. 창세기 저자는 이 사실 이상의 것을 언급한다. 하나님은 결과를 중요하게 생각하신다. 어떤 사람이 다른 사람, 곧 하나님의 형상을 죽인다면, 그는 이 땅 위에서 하나님의 형상으로서 계속해서 살아갈 권리를 박탈당한다. 이것이 바로 창세기 9:6의 전반적인 주제다. 우리는 이 구절이 사형 제도에 관한 윤리적 문제에 어떤 구체적인 답변을 주는지에 대해서는 고려하지 않을 것이다.

인간이 하나님의 형상대로 지음을 받았다는 사실은 정말로 분명하고 가장 중요한 전제로 남아 있다. 이것은 사형 제도에 대한 근거를 제공해준다. 이런 관점에서 생각한다면, 창세기 9:6은 창세기 1:26을 더 강력하게 보강해준다. 타락의 결과가 하나님의 형상에 어떤 영향을 미친다고 할지라도, 우리는 1:26의 의미를 약화시키는 것으로 9:6을 이해할 수 없다.

알더스(Aalders) 같은 사람이 이런 특징을 앞에서 인용한 구절 전체에 적용한다고 하더라도, 그것은 하나님의 형상의 중요성을 약화시키는 것이 아니라 더 광범위하게 적용해서 그 중요성을 더 강화한다.[7]

우리는 칼뱅이 이 구절에 대해 주석한 두 가지 해석을 보여주고자 한다. 칼뱅은 이렇게 주해한다. "인간이 하나님의 형상을 지니고 있기 때문에, 하나님은 어떤 사람이 죽임을 당하면, 그분은 그 죽임 당한 사람 안에서 그분 자신이 해를 입은 것으로 여기신다." 나아가 칼뱅은 인간이 타락

---

7   G. Ch. Aalders, *Genesis*, 1949[2], 1:234.

으로 말미암아 부패했다고 하더라도, 창조자이신 하나님은 첫 번째 창조
의 목적을 기억하신다고 주장한다. 죄로 말미암아 아무리 많이 타락했다
고 하더라도, 인간의 목숨이 지니고 있는 중대한 가치는 조금도 감소되지
않았다. 인간은 하나님의 형상으로 지음을 받았다는 사실에서 자신의 중
요성을 지속적으로 얻는다.

우리는 죄에도 불구하고 인간의 정체성을 하나님의 형상으로 알려주
는 사실을 야고보서 3:8-9에서 발견할 수 있다. "혀는…이것으로 우리가
주 아버지를 찬송하고 또 이것으로 하나님의 형상(*homoiosis*)대로 지음을
받은 사람을 저주하나니."

무스너(Mussner)는 "혀가 지니고 있는 대단히 마귀적인 '역설'"에 대해
서 언급한다. 곧 우리는 우리의 혀로 하나님을 찬양하지만, 조금 뒤에 우리
는 동일한 하나님의 창조물을 저주한다. 이 저주는 하나님 자신을 공격하
는 것이다. 왜냐하면 사람들은 하나님의 형상대로 지음 받았기 때문이다.
유대교 주석에 기록된 수많은 본문은 인간이 하나님의 형상대로 지음 받았
다는 사실을 묘사한다.[8] 이런 추론의 의도와 관련해서, 야고보서 저자는 창
세기 9:6의 경우에 나오는 것처럼 야고보서 3:8-9에서도 하나님의 형상에
대해 동일한 것을 말한다. 사람들이 죄의 결과가 하나님의 형상에 어떤 영
향들을 끼쳤다고 묘사하지만, 인간이 하나님의 형상으로 이해되는 것은 부
정될 수 없다. 우리는 야고보서 3:9에 나오는 "*ginomai*"라는 그리스어 동사
가 완료 시제로 사용되었다는 사실에서 이것을 분명하게 확인할 수 있다.
이 완료 시제는 어떤 것이 이전에 발생했지만 지금은 사라졌다는 것을 의
미하지 않는다. 그 단어는 결코 그와 같은 것을 의미하지 않는다. 인간이
하나님의 형상대로 지음 받았다는 사실은 여전히 지속되고 있다. 만약 그
렇지 않다면, 해당 구절의 논점은 정확성과 효력을 모두 잃어버릴 것이다.
죄로 말미암아 초래된 불연속성에도 불구하고, 천지창조와 낙원에서 저지

---

8   F. Mussner, 『야고보서 주석』(*Der Jacobusbrief*), 1975³, 187 이하.

른 타락 이후에 수많은 세기가 지나갔지만, 아담의 후손이 여전히 하나님의 형상이라는 사실은 성경의 인간론이 연속성을 지니고 있음을 보여준다.

그런데 왜 신약성경은 사람이 그리스도의 형상으로 새로워져야 한다고 말하는가와 같은 질문이 제기된다. 창세기 9:6, 야고보서 3:8-9의 명백한 언급에도 불구하고, 하나님의 형상이 더 이상 인간에게 남아 있지 않은 게 아닐까? 어떻게 하나님의 형상이 손상되었는데도 그 형상이 계속 존재할 수 있을까?

어떻게 우리는 타락 이후에도 인간을 하나님의 형상이라고 말할 수 있을까? 칼뱅은 우리가 앞서 인용한 창세기 9:6에 대한 그의 주석에서 올바른 방향을 우리에게 알려준다. 곧 그는 하나님이 첫 번째 창조의 목적을 기억하고 계신다고 말한다. 인간은 특별한 특성들을 갖도록 창조되었고, 특별한 관계 속에서 창조되었으며, 또한 특별한 명령을 받았다. 하지만 그는 죄로 말미암아 이 명령을 온전히 수행할 수 없게 되었다. 그는 불순종과 불신앙으로 하나님과의 관계를 파괴했다. 하지만 이것이 인간이 가진 임무를 없애지는 못했다. 그는 다른 창조물, 예를 들면 동물이나 식물로 바뀌지 않았다. 비록 인간이 더 이상 하나님을 온전히 대리할 수 없지만, 그는 계속해서 하나님을 대표하라는 부르심을 받고 있다.

「벨기에 신앙고백서」는 인간에게 하나님의 형상이 "조금 남아 있다"고 말한다(제14조). 우리는 이것을 인간이 지니고 있는 어떤 특별한 속성들에서 찾고자 하지 않는다(이전에 이 속성들은 넓은 의미에서 하나님의 속성이라고 불렸다). 심지어 이 속성들도 죄로 말미암아 손상되었다. 남아 있는 것은 인간 자신이다. 하나님은 여전히 최초의 부르심과 관련해서 인간에게 말을 거신다.

우리는 스킬더처럼 하나님의 형상은 그저 과거와 미래의 문제라고 말할 수 있을까?(*H.C.*, 1:312). 이와 같이 주장한다면, 사람들은 더 이상 타락 이후와 회복되기 이전의 하나님의 형상에 대해 말할 수 없다. 하지만 성경은 타락 이후와 회복되기 이전의 하나님의 형상을 이야기한다. 왜 성경은 그렇게 이야기할까? 하나님은 여전히 최초의 부르심 및 목적과 관련해서 인간에게 말을 거시기 때문이다. 또한 회복은 상처 난 것에서 어떤 것을 창조했다는 것을 의미하지 않기 때문이다. 오히려 회복은 부패한 것을 새롭게 만드는 것을 의미한다.

새 창조!

우리는 하나님 형상인 인간이 온전하지 않은 상태라고 말하면서 하나님의 형상의 연속성과 불연속성의 문제를 새롭게 다루고자 한다.

이 상태는 인간의 근본적인 부패를 지적한다. 또한 그것은 회복이 일어날 수 있고 또한 일어나야만 한다는 사실을 말한다. 만일 인간이 원래 창조되었던 것처럼 존재하고 하나님이 그에게 의도하신 것과 같은 존재가 또다시 되고자 한다면 말이다. 인간이 여전히 하나님의 형상이라고 불린다는 사실은 과거 인간의 모습을 지적하며 회복의 가능성을 알려준다. 이 온전하지 않은 상태는 성령을 통해서 또다시 완전한 상태가 될 수 있다. 그렇다면 이것은 인간에게 무엇을 요구하는가?

후크마는 하나님의 형상으로서의 인간에 대해 **구조적인** 측면과 **기능적인** 측면을 서로 구분한다(1986, 68-73).[9] 그는 다른 학자들이 다음과 같이 사용한 용어 대신에 이 두 가지 용어를 사용한다. 곧 바빙크는 하나님의 형상을 광범위한 의미와 좁은 의미로 사용하고, 브룬너는 형식적인 것과 물질적인 것으로 사용하며, 베르크호프는 실체와 관계로 구분한다. 우리는 "기능적인 측면"은 지나치게 형식적인 접근 방법이며, "구조적인 측면"도 기능적인 측면과 마찬가지로 죄에 의해서 영향을 받았다고 생각한다.[10]

---

9 또한 참조. Hughes, 1989. Hughes는 Hoekema와 동일한 접근 방법을 취한다. 하지만 Hughes의 접근 방법은 몇몇 사항에서 더 광범위하고 더 통찰력이 있다.

10 또한 참조. Bavinck, *R.D.*, 2:553-554; Brunner, 1941, 521 및 *Dogmatics*, 2:56 이하;

후크마는 죄가 초래한 인간의 부패에 대해서 충분히 언급하지 않고, 그리고 하나님과 인간의 올바른 관계에 대해서도 지나치게 적게 말한다. 우리는 이것의 중도를 찾고자 한다. 우리는 두마(Douma)의 입장보다 약간 더 나아가고자 한다. 두마는 하나님의 형상을 위한 필요조건들이 남아 있다고 주장한다. 하지만 이 필요조건들이 하나님의 형상 그 자체는 아니다. 우리는 두마가 스킬더의 견해가 지닌 취약점을 극복하고자 노력한다고 생각한다. 사실상 두마는 거룩함과 의로움이 하나님의 형상의 일부분이라고 간주한다.[11] 하지만 이것은 단순히 하나님이 주신 통치 명령을 올바르게 수행하는 것보다 더 광범위한 것을 의미한다.

또한 두마는 불신자들은 여전히 하나님의 형상인가라는 질문에 조건을 덧붙여 "아니요"라고 대답한다. 곧 "인간은 하나님의 형상은 아니다. 하지만…"(1985, 74). 그는 인간을 성전에 비유한다. 인간은 죄로 말미암아 텅 빈 성전이 되었다. 그렇지만 인간은 그 성전에 대해서 비방하거나 그것을 허물어서는 안 된다.[12]

우리가 보기에, 두마는 하나님의 형상에 대해서 우리와 같은 개념을 갖고 있다. 곧 그는 현재 부분적으로 지니고 있는 하나님의 형상과 그것을 전적으로 잃어버린 것 사이에서 어떤 길을 찾아내고자 한다. 그 결과 우리는 어떤 의미에서 죄인을 더 이상 하나님의 형상이라고 말할 수 없다. 두마는 인간을 텅 빈 성전이라고 부르고, 우리는 인간을 온전하지 않은 상태로 존재하는 하나님의 형상이라고 묘사한다. 따라서 근본적인 회복이 모든 사람에게 필요하다.

23.5. 하나님의 형상으로서의 그리스도

바울은 고린도후서 4:4에서 그리스도가 하나님의 형상(*eikōn*)이라고 말한

Berkhof, 1960, 46-48. 간략한 개관에 대해서 Berkouwer, 1957, 49-59을 보라.

11 J. Douma, 『십계명』(*De Tien Geboden*), 1985, 1:73n24.

12 모든 형상은 하나님이 원래 부여하신 표준에 미치지 못한다. 비록 외형적인 측면은 여전히 온전한 모습을 지니고 있다고 하더라도, 우리는 텅 빈 성전이라는 언급은 적절하지 못하다고 판단한다. 죄로 말미암아, 또한 건물 자체도 손상을 입었다.

다. 우리는 이 구절에서 또한 "영광"(*doxa*)이라는 단어도 발견할 수 있다. 바울은 해당 단락에서 그리스도의 영광이 복음 안에서 그리고 복음을 통해서 우리에게 비친다고 말한다. 곧 복음은 그리스도의 영광을 드러내는 수단이다. 그리스도의 복음의 영광의 빛은 복음 전파를 통해서 비치기 시작한다. 포프(Pop)는 "그 문장이 여기서 끝날 수도 있다"고 주장한다.[13]

하지만 바울은 그 이상에 대해 말한다. 곧 그는 사람이 하나님의 형상이라고 불리는 창세기 1:26을 상기하면서 말한다. 하나님의 형상이라는 것은 하나님을 대리하는 명령과 권위를 지니고 있다는 것을 포함한다(Pop, 116). 바울은 영광을 언급하는 맥락에서 그리스도가 하나님의 형상이라고 말한다. 이것은 그리스도가 형상 그 자체로서 하나님을 온전히 나타내고 (또한 그분을 온전히 계시한다고) 말하는 것이다. "(우리는) 그리스도의 말, 행위 및 태도를 통해서 하나님이 얼마나 영광스러운 분이신지 알 수 있고 손으로 만질 수 있게 되었다"(Pop, 116). 그리스도가 이 땅에 와서 사역하는 것을 통해, 그는 완벽한 의미에서 창세기 1:26이 언급하는 하나님의 형상이다.

지금 우리는 완전한 상태로 있는 하나님의 형상을 새롭게 만난다. 그리스도는 아담과 동일한 상태로 있지 않다. 하지만 그는 아담과 관련이 있다. 우리는 이런 의미에서 바울이 아담과 관련된 범주들을 그리스도에게 적용한다고 주장할 수 있다(Ridderbos, *Paul*, 70-75). 아담이 불순종으로 잃어버린 것이 그리스도 안에서 우리에게 새롭게 계시된다. 고린도후서 3:18은 그리스도로 말미암아 우리가 그의 형상을 따라서 새롭게 변화된다는 것을 암시해준다. 여기서는 인간이 하나님의 형상으로 창조되었다는 사실과 관련해서 그리스도가 우리에게 중요한 것으로 묘사되고 있는데, 이는 부정할 수 없는 사실이다.

---

13 E. J. Pop, 『바울의 고린도후서 주석』(*De tweede brief van Paulus aan de Corinthiërs*), 1962², 115 이하.

퍼스테이크(Versteeg, 1971, 333)는 영광의 복음을 통해서 우리의 마음에 빛이 비쳐졌다는 바울의 논의(고후 4:6, 4)를 창세기 1:3의 맥락에서 이해해야 한다고 주장한다. 창세기 1:3을 보면, 하나님은 "빛이 있으라"고 명령하신다. 우리는 아담과 그리스도의 관계를 성취라고 말하지 않는다. 성취라는 용어는 이행되고 있는 것이 아직 완전하지 않다는 사실을 전제한다. 그렇다면 하나님의 형상으로 창조되어 에덴동산에 거주했던 아담은 완전하게 창조되지 않았고, 그의 창조는 그리스도가 없이는 성취될 수 없을 것이다! 그리스도 없이 성취될 수 없다는 사실은 아담이 죄를 저지르면서 파괴한 것을 넘겨받아 처리하는 것을 의미한다. 여기에는 분명히 연속성과 지속성이 있지만, 그런 연속성과 지속성은 그리스도가 은혜롭게 오신 것을 통해서다. 골로새서 1:15을 보면, 그리스도는 "보이지 아니하시는 하나님의 형상이요 모든 창조물보다 먼저 나신 자"라고 불린다. 우리는 고린도후서 4:4의 경우처럼 여기서도 "형상"(*eikōn*)이라는 그리스어 명사를 본다.

로마서 8:29을 보면, 우리는 "하나님이 미리 아신 자들로 또한 그 아들의 형상을 본받게 하기 위하여 미리 정하셨으니"라는 것을 볼 수 있다. 여기서도 그리스도는 "형상"이라고 불린다. 그는 하나님의 형상이다. 하나님의 자녀들인 우리는 그리스도와 같은 모습(*symmorphous*)을 갖게 될 것이다. 우리는 이와 같은 방법으로 또다시 하나님의 형상을 나타내게 될 것이다. 따라서 하나님이 우리를 예정하신 목적은 우리가 그리스도의 형상과 부합하게 하려는 것이다! 다시 말해서 하나님이 맨 처음에 아담을 창조하셨을 때처럼, 우리가 또다시 하나님의 형상이 된다. 우리는 빌립보서 3:21과 요한1서 3:2에서 볼 수 있는 것처럼 이 구절에서도 종말론적 주제를 발견한다.

우리는 그리스도가 다시 올 때 완벽하게 새로워지는 것을 기대할 수 있다. 그렇지만 고린도후서 3:18에 의하면, 그 변화는 이미 지금 이 땅 위에서 시작된다. 이 구절에서 핵심 단어는 그리스도의 형상으로 "변화되어가다"(*metamorphoumetha*)이다. 우리는 "형상"과 "영광"이 이 구절에서 나란히 사용되는 것을 볼 수 있다. 그리스도의 형상으로 변화되어가는 것은 영광에서 나타나고, 그 영광은 그리스도의 형상에 수반된다.

우리는 고린도후서 3:18에 사용된 *"katoprizomenoi"*란 그리스어 단어를 반영하다(거울을 보는 것 같이-개역개정)로 번역하는 것을 선호한다(지면 관계상 이에 관한 상세한 논의는 생략하겠다). 하나님의 영광을 이와 같이 반영하는 것은 그리스도의 형상으로 변화되어가는 것과 유사하다. 이것은 시간 및 단계와 관련해서 지속적으로 이루어지는 과정이다. 우리는 시간이 지나감에 따라서 진정으로 점점 더 영광스럽게 (변화되어)간다고 말할 수 있다. 여기서 바울은 셈어적인 표현 방법으로 말하고 있다.

고린도후서 3:18은 신자들 안에 있는 하나님의 형상이 어떻게 회복되는지를 보여준다. 그리스도는 이와 관련해서 규범이자 평가 기준이다. 왜냐하면 그리스도 자신이 바로 하나님의 형상이기 때문이다. 하나님의 형상의 회복은 단기간에 이루어지는 게 아니라 신자들이 성령의 인도함을 따라서 지속적으로 이루어진다. 우리는 퍼스테이크를 따라서 주 예수 그리스도가 성령의 능력을 통해 이 변화 과정을 성취한다고 말할 수 있다(1971, 332). 여기서 우리는 하나님의 형상이신 그리스도와 그 형상이 신자들 안에서 회복되는 것 간의 직접적인 연관성이 있다는 사실을 확인한다.

23.6. 새 사람: 지식, 의로움 및 거룩함

우리는 에베소서 4:24과 골로새서 3:10에서 그리스도의 형상으로 변화되어가는 것에 대한 또 하나의 부연 설명을 발견한다. 바울은 골로새서 3:10에서 "새 사람을 입었으니 이는 자기를 창조하신 자의 형상을 좇아 지식에까지 새롭게 하심을 입은 자니라"고 말한다. 이와 같이 원래의 형상을 보여주기 위해서는 신자들에게 근본적으로 새로워지는 것이 요구된다. 여기서 "창조하신"이라는 단어는 신적인 권능에 기초한 행위를 가리킨다. 우리는 골로새서 3:10에서 골로새서 2:9-10이 울려 퍼지는 것을 들을 수 있다. 새롭게 됨의 목표와 척도는 하나님이 부여하신 원래의 형상이다. 고린도후서 3:18처럼 이 구절에서도 "새롭게 하심을 입은 자"는 현재 시제(현재 분사)로 표현된다. 그 새롭게 되는 것은 계속해서 진행되는 것이다. 또한 새 사람을 입는 것(참조. 롬 13:14)은 신자들이 마땅히 감당해야 하는 책임을 나타낸다. "옛 사람을 벗어버리는 것"은 이것을 강조한다.

골로새서 3:10에서 새로워짐의 대상은 바로 지식이다. 이것은 그리스도 안에서 주어지는 구원 전반을 가리킨다. 우리는 이 구절에서 창세기 1:26이 확대되는 것을 발견한다. 새로워진 지식은 하나님의 형상의 일부분이 된다. 이것은 머리뿐만 아니라 마음과 관련된 것으로서 온전하고 풍성한 지식이다.

해당 문맥은 이 지식이 그리스도를 중심으로 하고 있음을 알려준다. 낙원에서 그리스도를 중심으로 한 지식은 아직 명백하게 드러나지 않았다. 하지만 낙원에서 하나님에 대한 참 지식이 하나님의 형상의 일부분을 형성하지 않았다는 것은 생각할 수 없다.

우리는 어느 정도 동일한 사고의 전개 과정을 에베소서 4:24에서도 만난다. 골로새서와 에베소서가 다른 점은 지금 바울은 지식을 이야기하지 않고 의와 거룩함에 대해서 말한다는 것이다. "하나님을 따라…지으심을 받은"이라는 표현은 인간이 맨 처음에 하나님의 형상대로 지음을 받은 것을 연상시켜준다. 그리고 새 사람을 입는 것도 하나님이 행하시는 일이다. 새 사람이 지니고 있는 의와 거룩함의 특성은 옛 사람이 지니고 있는 성향들과 대조된다. 의는 하나님의 율법에 일치하는 것과 관련이 있다. 거룩함은 새 사람의 선하고 건전한 내적인 성향을 가리킨다. 이 두 단어는 인간이 하나님과 관련이 있는 것을 전형적으로 나타낸다. 이 두 개념은 하나님의 형상에 암시되어 있으며, 그것의 일부분을 형성한다. 인간이 하나님과 올바른 관계 속에서 살고 그분의 뜻에 순종할 때만, 그는 이 땅에서 하나님을 대리하며 하나님의 사랑을 보여줄 수 있다. 지식, 의 및 거룩함은 하

 개혁교회 교의학

나님의 형상의 전제 조건도 아니고 필수 조건도 아니다. 그것들은 하나님의 형상의 본질에 속한다. 정확히 하나님의 형상의 회복이 이 세 가지 은사들을 드러낸다. 창세기 1:26-28은 이 세 가지 은사를 구체적으로 언급하지 않지만, 그 은사들이 그 구절에 내포되어 있지 않다고 생각될 수 없다. 그렇지 않다면, 구속은 하나님의 형상에 원래 포함되어 있지 않았던 어떤 것이 덧붙여지는 것이 된다. 우리는 이런 성경의 본문들에 근거해서 지식, 의 및 거룩함이 창세기 1:26에서 이미 하나님의 형상에 포함되어 있다고 결론지을 수 있을 것이다.

23.7. 몇 가지 결론

1. 우리는 창세기 1장에서 인간에 대한 과학적 설명이나 묘사를 발견하지 못했다. 그 대신 우리는 하나님이 의도하신 인간의 본성에 관한 암시를 발견했다. 우리는 다른 성경 구절들에서 인간(또는 그의 본성)에 관한 논의에서 반드시 고려해야 할 추가적인 자료들을 발견한다.

2. 하나님의 형상으로서 인간은 이 땅에서 하나님을 대리하는 책임이 있다. 또한 우리는 이것을 다음과 같이 말할 수 있다. 곧 인간은 인류와 창조세계에 하나님의 사랑을 보여주어야 한다.

3. 에베소서 4:24과 골로새서 3:10에 의하면 지식, 의 및 거룩함은 진정으로 하나님의 (회복된) 형상에 속한다. 이 형상은 하나님과의 올바른 관계 안에서 존재한다. 그 관계는 하나님 아버지와 그분의 자녀 사이의 관계다.

4. 이 관계는 사람들 사이의 상호 관계와 사람들과 다른 창조물의 상호 관계 안에서 반드시 드러나야만 한다. 인간은 창조세계를 다스리라는 명령을 부여받았다. 하지만 인간은 하나님의 사랑을 창조세계에 나타내는 것을 통해서만 그 명령을 올바르게 수행할 수 있다. 그리고 하나님의 자녀는 만왕의 왕의 자녀답게 행동해야 한다.

5. 이 통치는 오직 지속적인 출산과 인류의 발전을 통해서만 실행될 수 있다. 성의 구별은 하나님의 형상으로서 인간이 지니고 있는 특성이다. 또한 성의 구별은 인간에게 주어진 임무를 수행하는 데 필요하다.

6. 하나님이 창조하신 인간은 하나님의 형상이다. 인간이 신체 및 영혼과 관련해서 받은 모든 은사는 이 형상의 일부분을 형성한다. 그 형상은 단순하게 이 은사들을 하나로 총합한 게 아니다. 인간은 하나님과 자기 자신, 이웃 및 다른 창조물과 관련해서 그 은사들을 사용해야 한다.

7. 하나님의 형상은 하나님과의 수직적인 관계를 포함한다. 이 수직적인 관계는 수평적 관계에 반드시 반영되어야 한다. 이 땅에서 하나님의 자녀는 하나님의 종이다. 자녀와 종의 역할은 서로 보완적인 것이다. 종으로서의 섬김은 만왕의 왕의 자녀라는 구체적인 자각을 통해서 실현된다.

우리는 그 은사들이 단순히 하나님의 형상을 위해 필요한 전제 조건들이라는 견해를 반대한다. 만일 그것들이 단순히 전제 조건들이라면, 그 은사들은 어떤 직무를 위한 권한에 국한된다. 또한 우리는 그 권한이 하나님의 형상에 포함되지 않는다는 견해도 반대한다. 만일 그것들이 형상의 범위에 포함되지 않는 것이라면, 그 권한은 하나님의 형상에 필연적으로 주어진 것이 아니라 우연적으로 주어진 것이다.

8. 인간은 그리스도의 형상으로 변화되면서 하나님의 형상으로 새로워져야만 한다는 사실은 그가 맨 처음에 주어진 형상을 잃어버렸다는 것을 입증해준다.

구약성경과 신약성경이 모두 아담의 후손이 하나님의 형상으로 창조되었음을 확인해주는 사실은 다음과 같은 것을 함의한다. 곧 그들은 원래 의도되었던 하나님의 형상으로 계속 불리고 있다. 하나님의 형상에는 완전한 불연속성과 완전한 연속성이 있다. 우리는 이 복합적인 상황을 다음과 같이 묘사하고자 한다. 곧 죄인인 인간은 하나님의 형상을 완전하지 않은 상태로 드러낸다. 타락한 자녀는 자신의 혈통을 부정할 수 없다. 비록 그가 가능한 모든 방법을 통해서 아버지에 대한 기억을 완전히 없애고자

개혁교회 교의학

노력한다고 할지라도 말이다. 죄는 하나님 아버지의 형상을 나타내기를 거부한다. 또한 죄는 이웃과 다른 창조물의 관계에서 인간이 하나님의 형상을 나타내지 못하게 한다.

9. 하나님의 형상은 하나님과 인간의 관계 이상을 포함한다. 또한 이 땅에서 인간에게 주어진 명령 이상을 포함하고 있다. 단지 주체로서 행동하는 사람만이 어떤 관계를 유지해나갈 수 있다. 하지만 어떤 사람이 주체로서의 행위를 무시한다면, 그는 주체에 대해 말할 수 없을 것이다. 그리고 한편으로 우리는 하나님의 형상과 관련해서 존재적·구조적·실체적인 측면으로 구분하는 것을 거부한다. 다른 한편으로 우리는 기능적 및 관계적인 측면으로 구분하는 것도 받아들이지 않는다. 이 측면들은 모두 하나님의 형상에 속하는 것이다. 또한 이 측면들은 모두 죄에 의해서 손상되었다. 그리고 인간이 지금도 지니고 있는 하나님의 형상은 여전히 타당한 부르심을 포함하고 있다.

10. 그리스도는 하나님의 형상으로 이 땅에 왔다. 신자들은 그리스도를 닮기 위해서 성령의 능력으로 새롭게 된다. 이 새롭게 됨은 역동적인 과정이다. 그 전개 과정은 영광에서 영광으로 나아간다. 또한 그것은 종말론적인 의미를 지니고 있다. 모든 신자는 장차 나타날 새 땅에서 완전하게 될 것이다!

§ 24. 하나님의 형상에 대한 주요 신학자들의 견해들

24.1. 이레나이우스와 토마스 아퀴나스

1. 우리는 이레나이우스가 사용한 개념들이 광범위하고 지속적인 영향을 미쳤다는 사실을 인정해서 맨 먼저 이레나이우스에 대해 언급하고자 한다. 그는 자신의 저서 『이단 논박』(*Adversus Haereses*, 185)에서 인간의 창조에 대해 다룬다. 이 책의 목적은 영지주의의 가르침을 논박하는 데 있다.

인간은 하나님에 의해서 창조되었다. 이레나이우스에 의하면, 인간은 육신을 지니고 있고, 이 땅에 속해 있으며, 동물의 특성도 갖고 있다. 인간은 하나님의 형상(*imago*)이다. 하지만 그는 아직 하나님의 모양(*similitudo*)은 지니고 있지 않다. 인간이 성령을 받을 때, 그는 비로소 이 모양을 지닌다. 성령은 인간의 몸 안에 있는 영혼과 자신을 결합해야만 한다. 만일 인간에게 하나님의 모양이 있으려면 말이다(『이단 논박』 5.6.1).

인간은 죄를 저질렀음에도 불구하고 자유롭고 이성적인 존재로서 자기의 본성을 갖고 있다. 이레나이우스와 같은 사고의 배후에는 인간은 결정을 내릴 때 합리성과 자유를 갖는다는 고대 그리스 철학의 개념이 있다. 인간의 자유는 책임을 수반한다. 우리는 인간론적인 측면에서 이것을 인간에게 주어진 자질(endowment)이라고 언급할 수 있을 것이다. 이것은 인간이 창조 시에 받은 형상에 부합한다(『이단 논박』 4.3.4). 또한 불신자들도 이 형상을 (지속적으로) 지니고 있다. 하지만 그들에게는 아담이 받은 성령이 근본적으로 없다(『이단 논박』 5.6.1).

퍼뷔르흐(Verburg)는 "[이레나이우스의] 이와 같은 견해가 항상 동일한 예리함과 균형을 유지한 채 다루어지지는 않았다"고 지적한다. 다음과 같이 말하는 것은 이레나이우스의 견해를 잘못 전달하는 게 아닐 것이다. 인간은 말씀의 형상대로 창조되었다. 그 말씀은 나중에 육신이 되었다(참조. 『이단 논박』 1.16.1). 인간이 창조 시에 받은 이 형상은 아직 완전하지 않다. 인간이 말씀의 형상을 따라 창조된 이후, 그 말씀이 아직 나타나지 않았기 때문이다. 모양은 성령에 의존한다(5.6.1). 완전한 인간은 하나님의 형상대로 지음 받은 몸과 하나님이 불어넣으신 영혼(soul) 및 영(spirit)으로 이루어져 있다. 영혼은 인간의 몸과 성령이 연결되는 곳이다. 영혼은 자연적인 인간에게 속한다. 인간은 성령과 연결되는 하나님의 모양을 잃어버렸다. 이것은 괜찮다. 그 말씀의 형상이 아직 나타나지 않았기 때문이다.[14]

지금 우리는 인간을 세 부분으로 구분하는 이레나이우스의 개념을 만난다. 영혼은 형상과 모양 사이에 있는 중간 과정(transition)으로 보여진다. 우리의 견해에 의하면, 영혼은 모양의 일부분이어야 한다. 하지만 이레나이우스는 영혼과 형상을 동일시하는 것 같다! 어쨌든 그는 이런 방식으로 인간이 모양과 함께 형상을 잃어버렸다고 진술하지 않으려고 한다. 형상은 손상되지 않은 채로 남아 있다. 이레나이우스의 진술을 정확하게 이해하기가 어렵지만, 그가 주장하고자 하는 한 가지는 분명하게 알 수 있다. 하나님의 형상은 성령이 인간 안에 내주하지 않아도 인간에게 남아 있다. 그리고 모양은 나중에 그리스도의 영을 통해서 다시 회복된다. 죄로 타락하기 이전에 모양은 인간에게 있었지만, 희미하게 있었다. 그리스도가 아직 육신으로 오지 않았기 때문이다. 여기서 형상과 모양의 이분법(이것은 고대 그리스 철학이 주장하는 이원론적인 사고를 떠올리게 한다)은 창조에서 구속으로 전개되어가는 구원사적인 구조에 결합된다. 그리스도가 이 구조에서 핵심적인 전환점이다. 이레나이우스의 인간론은 이원론이 구원사적

---

14 Verburg, 1973, 73 및 또한 247에 제시된 주해를 참고하라.

인 접근 방법과 결합되었다는 특성을 지니고 있다.[15]

2. 토마스 아퀴나스[16]는 그의 『신학대전』에서 이레나이우스의 이원론을 따른다. 아퀴나스의 견해에 의하면, 하나님의 형상은 우선적으로 이성(reason)과 지성(intellect)으로 이루어져 있다(『신학대전』 1.Q.93.2). 오직 이성적인 창조물만이 하나님의 형상일 수 있다. 이 주장은 천사들도 포함한다. 천사들의 지적인 능력은 인간의 지적인 능력보다 더 완벽하다. 이런 이유로 천사들은 인간들보다 하나님의 형상을 더 많이 지니고 있다(『신학대전』 1.93.3).[17]

하나님의 형상은 세 가지 관점에서 고찰될 수 있다. 첫째, 하나님의 형상은 모든 사람이 지니고 있는 고유한 특성으로서 하나님을 알고 사랑하는 자연적 성향이다. 그것은 인간의 도덕적 본성이다. 둘째, 하나님의 형상은 인간이 행위와 습관에서(*actu et habitu*) 하나님을 알고 사랑하는 것이다. 하지만 인간이 행위와 습관에서 하나님을 알고 사랑하는 것은 여전히 불완전하다. 이 형상(*imago*)은 복종(*conformitas*) 때문에 사람 안에 존재한다. 이 복종은 하나님의 은총으로 맺어지는 열매다. 셋째, 하나님의 형상은 하나님에 대한 완전한 지식과 사랑이다. 이런 완전한 지식과 사랑은 이 땅에서는 유사함(*similitudo*)으로 존재하고, 영광(의 나라)에 적합하다. 첫 번째 형상은 모든 사람에게서 발견된다. 두 번째 형상은 의인들에게서만 나타나고, 세 번째 형상은 오직 [하늘나라에 있는] 복된 사람들 안에서 드러난

---

15 Andresen(*Handbuch*, 1:83-87)은 형상에 대해서 매우 세부적인 설명을 제시한다. 그는 구속 역사 안에서 창조와 구속(인간론과 기독론)의 통합을 강조한다. 참조. J. N. Bakhuizen van den Brink, 『이레나이우스의 신학에서의 성육신과 구속』[*Incarnatie en velossing bij Irenaeus*), 1934, 34. van den Brink는 불완전한 것을 완전하게 한다고 지적한다. 구속은 동시에 진정한 발전을 암시하는 통합이라고 한다.

16 우리는 Irenaeus와 Thomas Aquinas 사이의 시기에 대한 언급을 생략하고자 한다. 한편 J. Scotus Eriugena의 인간론에 대해서는 1991년에 간행된 W. Otto의 논문을 참고하라.

17 우리는 여기서 Clem St. Suermondt, 1948가 간행한 Sac. Petri Caramello 판본을 사용한다. 또한 우리는 이 판본에서 사용된 Q(질문)라는 표기를 생략한다. 그 대신 "논제"(subject)라는 표현을 사용할 것이다.

다(『신학대전』 1.93.4).

　　토마스 아퀴나스는 형상(*imago*)과 모양(*similitudo*)을 신중하면서도 분명하게 구분한다(『신학대전』 1.93.4).

　　인간은 몸과 영혼으로 이루어져 있다(『신학대전』 1.75.4). 영혼과 몸의 관계는 형상(form)과 질료의 관계와 같다(『신학대전』 1.75.5). 인간은 세 부분으로 나뉘는 영혼을 갖고 있다. 첫 번째 영혼은 식물과 공유하는 것이고, 두 번째 영혼은 동물과 공유하는 것이며, 세 번째 영혼은 사람만이 고유하게 갖고 있는 것이다. 이 세 번째 영혼은 이른바 지성적 영혼(*intellectiva*)이다. 영혼의 지성적 부분은 지성뿐만 아니라 의지도 포함한다(『신학대전』 1.77.8; 1-2.80.2). 인간은 오직 하나님이 창조하신 것을 통해서만 그분을 알 수 있다(『신학대전』 1.2.2). 따라서 신 존재 증명은 가능하다(『신학대전』 1.2.3). 인간의 의지는 지성에게 복종한다(『신학대전』 1.82.3). 또한 토마스 아퀴나스는 의지가 지성 안에 있다고 주장한다(*voluntas in ratione est*; 『신학대전』 1.87.4).

　　우리는 여기서 지면 관계상 인간의 영혼에 대한 토마스 아퀴나스의 견해를 더 이상 자세하게 탐구할 수는 없다. 퍼뷔르흐는 상당히 포괄적인 개요를 제시해준다(Verburg, 1973, 85-88).

　　우리는 인간이 은혜 아래서 창조된 것이 아니라고 말한다. 인간은 진정으로 선하게 창조되었다. 그럼에도 인간의 하위 능력은 이성에게 복종하지 않는다(『신학대전』 1.95.1). 이와 같은 내적인 불화의 결과로 인해 이성은 자연스럽게 하나님께 순종하지 않는다. 따라서 인간은 초자연적인 은혜의 선물이 필요하다. 창조된 존재로서 인간은 하나님의 은혜가 없으면 스스로 자신의 문제들을 해결할 수 없다. 여기서 우리는 토마스 아퀴나스와 (후대의 로마 가톨릭 신학이) 자연적인 것과 초자연적인 것(곧 은혜)을 구분하는 결정적인 이분법을 만난다. 죄는 인간에게서 초자연적인 은혜를 빼앗았다(『신학대전』 1-2.85.1). 하지만 우리는 앞서 이미 언급한 사실, 곧 인간의 열등한 정념들이 이성에 복종하기 위해서는 (초자연적인) 은혜가 필요하다는 사실을 간과해서는 안 된다.

우리는 이와 관련해서 이레나이우스와 토마스 아퀴나스의 견해의 비슷한 점에 이끌린다. 곧 이레나이우스도 인간 안에 있는 불완전함을 창조된 것으로 인식했다. 우리는 이것을 이분법이라고 말했다. 토마스 아퀴나스도 이와 비슷한 이원론을 주장한다. 하지만 그는 인간의 불완전함을 구속 역사의 일부분으로 이해하지 않는다. 아퀴나스는 자연적인 존재와 초자연적인 존재로 구분하면서 그것을 (존재론적으로) 전개한다.[18]

우리는 이 개념 안에서 은혜가 우위를 차지한다고 결론짓는다. 자연은 하나의 독립된 층으로서 은혜 없이 스스로 모든 것을 잘 처리해낼 수 없다. 이것이 인간에 대한 토마스 아퀴나스의 견해에서 진기한 이원론을 빚어낸다. 이런 이원론은 연결성과 조화에 맞추어져 있다. 하지만 이원론이 핵심이다. 하나님의 형상은 타락 이후에도 다음과 같은 정도로 존재한다. 그것은 인간의 본래적 영혼, 곧 이성적 영혼에서 발견된다. 인간은 본성상 선하지만, 그는 완전히 선하지는 않다.

토마스 아퀴나스는 중간적인 입장을 취한다. 이런 입장은 많은 이들에게 인기를 끌었고, 수 세기 동안 매력을 발산하면서 현재까지도 인기가 있다. 바로 이와 같은 중간적인 입장 때문에 은혜—아무리 중심적인 위치를 차지한다고 하더라도—는 인간이 본래적으로 갖고 있는 능력과 같은 위치를 공유해야만 한다. 이런 방식으로 죄의 근본적인 특성은 잘못 인식되었고, 은혜의 근본적인 특성도 잘못 인식되었다. 이런 극단적인 입장이 가진 약점은 토마스 아퀴나스가 주장한 인간 개념, 곧 인간은 타락에도 불구하고 하나님의 형상으로 남아 있다는 주장에서 분명하게 인식될 수 있다.[19]

---

18 Verburg(1973, 92)는 이와 관련해서 결정을 유보한다. 하지만 우리의 관점에 의하면, 자연과 은혜의 이원론을 강조해야 한다. 자연은 은혜가 필요하다. 은혜가 자연을 보완해준다. 이것은 존재론과 관련된 문제다.

19 De Grijs는 자신의 논문에서 Thomas Aquinas의 초기 출간물에 대한 해석을 제시했다. 그는

24.2. 칼뱅

이제 우리는 칼뱅의 견해에 대해서 살펴보고자 한다. 비록 칼뱅의 주석서들뿐만 아니라 『기독교강요』의 여러 부분도 하나님의 형상에 대해 논의하지만, 『기독교강요』 1.15.3이 하나님의 형상과 관련해서 가장 중요하다.

의심할 여지없이 칼뱅은 하나님의 형상의 실제 자리가 인간의 영혼이라고 주장한다. 그에 따르면, 인간의 외적인 모습이 이성을 지니지 않은 다른 창조물들과 인간을 구별하지만, 동시에 그것은 인간을 하나님과 더 가깝게 연결해준다. 하지만 칼뱅의 주장의 핵심은 하나님의 형상이 영적이라는 데 있다. 칼뱅은 오시안더(Osiander)의 견해를 반대하면서 다음과 같이 주장한다. 곧 인간의 몸은 영혼과 동일한 방식으로 하나님의 형상에 속하지 않는다. 영혼은 지식과 감정(정서; 창 1:26에 대한 주석)뿐만 아니라 지성과 마음의 능력도 갖고 있다(『기독교강요』 1.15.3; 2.2.2). 그리고 천사들도 하나님의 형상대로 창조되었다. 그는 마태복음 22:30에 근거해서 인간이 천사들과 같아질 때 인간은 최상의 수준의 완전함에 이른다고 주장한다.

아담은 하나님의 형상이었다. 이것은 아담이 "완전함을 부여받았다는 것"을 가리켜준다. 곧 "아담은 올바른 이해력을 충분히 소유했고, 이성의 경계 안에서 감정을 지녔으며, 모든 분별력을 서로 올바로 연결했고, 또한 자신에게 주어진 놀라운 은사들을 통해서 자신을 창조하신 분의 탁월함을 드러냈다"(『기독교강요』 1.15.3). 우리는 이 몇몇 문장들에서 칼뱅이 토마스 아퀴나스의 견해를 거부한다는 것을 분명하게 간파할 수 있다.

칼뱅은 이어지는 단락(『기독교강요』 1.15.4)에서 인간이 죄로 말미암아 이와 같은 상태에서 타락하게 되었다고 말한다. 하지만 인간 안에 있는 하나님의 형상은 완전히 없어지거나 파괴되지 않았다. 그 형상은 너무나도 손상되어서, 남아 있는 것조차도 끔찍한 기형의 모습을 하고 있다.

본래 자연은 은혜라고 주장한다. 그는 우리가 언급한 이원론을 통합했다.

칼뱅은 『기독교강요』 2.2.12에서 인간이 태어날 때 받은 은사들은 죄로 말미암아 부패했다고 말한다. 그리고 인간은 죄로 말미암아 초자연적인 은사들을 빼앗겼다. 이와 같이 인간 안에 있는 하나님의 형상은 훼손되었다(창 1:26에 대한 주석).

이 땅에 속한 사항들과 관련해서, 인간의 지성은 약화되었다(『기독교강요』 2.2.13-15, 22). 하늘에 속한 사항들과 관련해서, 인간은 스스로 더 이상 어떤 선한 것도 할 수 없다(『기독교강요』 2.2.13, 18).[20]

하지만 인간은 하나님이 창조자라는 것을 감각하는 능력을 갖고 있다(『기독교강요』 1.3.1). 인간이 종교의 씨앗(*semen religionis*)을 갖고 있다는 사실은 인간이 창조세계(1.5.1)와 하나님이 창조세계를 통치하는 것을 보면서 확증된다(1.5.7).

하지만 이 종교의 씨앗은 하나님에 대한 올바른 지식으로 결코 이어지지 못한다. 이와 같이 아담의 후손은 온전한 지식, 의 및 거룩함을 잃어버리고 말았다.[21]

우리는 인간 안에 남아 있는 이런 하나님의 형상의 잔여물(remnant)에서 식별할 수 있는 변화들에 대해 더 이상 탐구하지 않을 것이다. 퍼뷔르흐는 자신의 책에서 그런 것들을 묘사했다(1973, 96-97). 하나님의 형상 중 남아 있는 잔여물들은 하나님의 일반은총에 기인한다. 그것은 인간에게 결코 핑계대지 못하게 하고, 오히려 인간을 고소한다.[22]

우리는 인간 안에 남아 있는 이런 잔여물들을, 하나님의 은혜를 얻기

---

20 Peters(1979, 88)는 Calvin이 하나님 앞에서(*coram Deo*) 존재하는 것과 사람들 앞에서(*coram hominibus*) 존재하는 것을 구분함으로써 신학적인 인간(*homo theologicus*)과 죽을 수밖에 없는 인간(*homo mortalis huius vitae*)을 구분한 Luther의 신학을 Melanchthon보다 더 정확하게 계승한다고 주장한다.

21 이 점에 대해 다음 연구서들에서 상당히 많은 참고 구절들을 발견할 수 있다. Torrance, 1951, 102-108; Krusche, 1957, 68-76; Hoekema, 1986, 43.

22 특히 시 8:5에 대한 Calvin의 주석을 보라. 또한 참조. J. Douma, 『일반은총』(*Algemene genade*), 1966, 222-228.

개혁교회 교의학

위한 접촉점으로 간주해서는 결코 안 된다. 골로새서 3:10과 에베소서 4:24에 대한 칼뱅의 주석에 의하면, 오직 성령만이 우리 안에 있는 하나님의 형상을 새롭게 한다. 믿음이 이와 관련해서 중요한 역할을 한다.[23]

우리의 복이 회복되는 것은 그리스도를 통한 새롭게 됨에 달려 있다. 그리스도는 둘째 아담으로 언급된다. 또한 칼뱅은 『기독교강요』 1.15.4에서 새롭게 됨과 관련해서 잘 알려진 본문들인 골로새서 3:10과 에베소서 4:24에 대해 논한다. 그는 다음과 같이 결론짓는다. 낙원에서 하나님의 형상은 인간의 지성, 마음의 올바름 및 그를 구성하는 모든 부분의 건전함과 관련해서 분명하게 드러났다. 우리는 이미 앞서(§23.1) 다음과 같은 사실을 분명하게 언급했다. 곧 그리스도의 영을 통해서 새롭게 된 이런 요소들은 창조세계 자체에서도 뚜렷하게 드러났다.

칼뱅은 하나님의 모양이 인간에게 부여된 통치권에 있다고 생각하지 않는다. 하지만 그는 하나님의 모양을 인간 밖에서 찾아서는 안 된다고 생각한다. 그것은 영혼의 가장 깊은 본질이다(참조. 『기독교강요』 1.15.4).

그럼에도 창세기 1:22에 대한 칼뱅의 주석에 의하면, 인간에게 주어진 통치권은 여전히 하나님이 인간에게 부여한 위엄의 (작은) 한 측면이다.

이것과 더불어 여기서 이 단락을 마무리하고자 한다. 우리의 결론은 다음과 같다. 칼뱅은 하나님의 형상과 관련해서 토마스 아퀴나스의 입장과 대립되는 견해를 지닌다. 그는 하나님의 형상을 다루면서 하나님의 은혜의 필요성을 강조한다(퍼뷔르흐는 이 점을 올바르게 지적한다. 1973, 94). 칼뱅은 타락한 인간을 계속해서 하나님의 형상으로 이해한다.

하나님의 형상 중 일부분은 여전히 남아 있다. 그렇지만 이것은 인간의 전적 타락을 약화시키지 않는다. 창조세계를 통치하는 인간의 통치권이 하나님의 형상의 일부분이라는 사실은 사소한 사항이다.

---

23 Hoekema, 1986은 하나님의 은혜가 꼭 필요하다고 묘사되는 모든 곳에서 인간의 책임이 반복적으로 강조된다고 지적한다.

마지막으로 칼뱅은 남성 됨 또는 여성 됨을 하나님의 형상의 본질적인 부분으로 이해하지 않는다는 점을 지적할 필요가 있다. 하나님의 형상으로 인간을 이해하는 칼뱅의 이해는 인간을 창조하신 하나님을 영광되게하려고, 그리고 인간 안에 있는 하나님의 형상을 회복하시는 하나님의 은혜를 통해 결정된다.[24]

24.3. 에밀 브룬너

브룬너는 하나님의 형상에 대해서 다음과 같이 구분하는 것으로 유명하다. 곧 우리는 구약성경에서는 하나님의 형상에 대한 형식적·구조적(formal-structure) 이해를 발견할 수 있고, 신약성경에서는 실체적·물질적(substantive-material) 이해를 만날 수 있다.

전자는 특히 인간적인 것(*humanum*), 곧 다른 창조물과 인간을 구별해주는 것에 중점을 둔다. 다른 창조물과 인간을 구별해주는 것은 인간이 어느 정도 하나님과 유사하다는 데 기초한다. 하나님과 유사한 인간의 특성은 잃어버릴 수 없다. 그것은 죄와 믿음의 대립에 의해서도 영향을 받지 않는다. 브룬너는 고린도전서 11:7과 야고보서 3:9 그리고 사도행전 17:28이 이것을 언급한다고 생각한다. 비록 이 세 구절이 그런 말을 정확하게 사용하지는 않지만 말이다. 브룬너는 하나님의 형상에 대한 이와 같은 형식적 이해와 관련해서 인간적인 것(*humanum*), 곧 인간 됨(*humanitas*)에 집중한다. 그는 인간 됨을 대단히 중요한 개념으로 여긴다. 따라서 그는 하나님의 형상에 대한 형식적 이해와 물질적 이해를 서로 구분할 가치가 있다고 생각한다(Brunner, *Dogmatics*, 2:76).

브룬너는 로마서 8:29, 고린도후서 3:18, 에베소서 4:24 및 골로새서

---

24 Schroten, 1956이 제시하는 명료한 개관을 참조하라. 또한 인간에 대한 Calvin의 견해를 다루는 Faber의 두 논문(1990, 227-281)을 참고하라.

3:10, 그리고 하나님을 닮는 것과 하나님을 닮아가는 것을 언급하는 모든 구절에서 하나님의 형상에 대한 실체적·물질적 이해를 발견한다. 인간은 죄로 말미암아 이와 같은 유사성을 잃어버렸다. 이것은 오직 예수 그리스도를 통해서 회복된다. 그렇다면 인간의 존재는 그리스도에게 기초한다. 그리고 성령을 통한 회복은 대단히 중요하다.

첫 번째 이해는 주로 인간의 지속적인 책임과 관련이 있다. 반면에 두 번째 이해는 하나님의 사랑 안에서 인간이 존재하고, 그리스도 안에서 존재하며, 하나님의 자녀로 존재하는 것에 중점을 둔다.

(브룬너는 다음과 같이 생각했다) 루터도 공적인 형상(*imago publica*)과 사적인 형상(*imago privata*)을 언급하면서 이 두 가지 측면을 인정했다(*Dogmatics*, 2:76). 교부들과 중세의 신학자들도 이와 같은 구분을 알고 있었다. 하지만 그들은 그것을 부당하게도 "첼렘"(*tselem*)과 "데무트"(*demuth*)로 나누었다. 이레나이우스 이후의 신학자들은 "이성이라는 인간의 자연적 자질", 곧 이성적인 존재로서 인간과 아담 이후로 잃어버린 하나님과 맺는 올바른 관계를 구분했다. 이런 사고방식은 (이미 앞서 언급한 대로) 자연적인 것과 초자연적인 것을 서로 구분했던 중세 시대에도 유지되었다.

종교개혁가들은 이와 같은 구분을 정당하게 반대했다. 하지만 그들은 자신들의 관점에 기초해서 만족할 만한 다른 해결책을 제시할 수 없었다. 왜냐하면 그들은 하나님의 형상의 "잔여물"과 같은 용어를 사용했기 때문이다. 이것은 분명히 임시방편적인 해결책이다. 이런 잔여물은 그저 양적인 크기라는 특성을 지니고 있기 때문이다.

브룬너는 어떤 질적 구분을 제안하고자 한다. 그는 이미 앞서 언급한 구약성경의 구조적인 관점 및 신약성경의 실체적인 관점과 더불어 이와 같은 구분을 제안한다. 인간은 지속적인 책임 관계에 놓여 있다. 이런 책임의 관계는 창조 때문에 계속되고 하나님을 향한 사랑의 관계와 관련이 없다(*Dogmatics*, 2:60 이하, 77).

책임 이외에도 자유, 독자적인 결정 및 이성과 같은 용어들이 형식적 형상에 포함된다. 브룬너는 인간 존재의 이 측면에 "반응하는 실재성"(responsive actuality)이라는 특성을 부여한다(*Dogmatics*, 2:60). 인간으로 존재하는 구조는 관계로 이루어진 구조다. 인간은 항상 하나님 앞에 서 있는 인간이다. 비록 그가 하나님으로부터 도망간다고 하더라도 말이다.

브룬너가 하나님의 관점에서는 형식적 형상과 물질적 형상의 구분이 존재하지 않는다고 주장한 것은 주목할 만하다. 그럼에도 그런 구분이 타당하지 않을 수는 있지만, 그와 같은 구분이 존재한다(*Dogmatics*, 2:61). 우리는 후크마(Hoekema, 1986, 57)와 함께 하나님의 관점에서는 이런 구분이 존재하면 안 된다고 말할 수 있다. 우리는 왜 브룬너가 이와 같은 방법으로 표현하는지에 대해서 이해하기가 어렵다. 이제 과연 하나님이 이와 같은 구분을 원하시는가 아니면 그렇지 않은가라는 질문이 남아 있다. 우리의 판단에 의하면, "그와 같은 구분은 존재해서는 안 된다"는 입장이 더 설득력이 있다. 왜냐하면 위에서 언급한 이분법은 브룬너 자신이 율법과 복음을 구분하는 것과 연결되기 때문이다(*Dogmatics*, 2:61).

이것은 우리가 브룬너에게 직접 제기하고 싶은 다음과 같은 질문을 초래한다. 만약 이런 구분이 하나님의 관점에서는 존재하지 않는다면, 이것은 브룬너가 낙원에서 일어난 일들을 역사적인 사실들로 이해하지(인정하지) 않기 때문인가? 그렇다면 브룬너는 죄가 어디서 온다고 생각할까?

또한 우리는 그에게 다음과 같은 것을 질문하고자 한다. 어떻게 죄가 형식적인 구조를 손상시키지 않을 수 있을까? 브룬너가 형식적이라고 부르는 것에는 내용이 없어서, 죄가 그것을 공격해서 파괴할 수 없는 것인가? 우리는 브룬너가 주장하는 형식적인 형상은 자유, 양심 및 책임이라는 내용을 포함한다는 것을 기억할 필요가 있다.

그리고 우리는 다음과 같은 질문을 추가하고자 한다. 혹시 하나님의 형상은 단순히 관계적인 것보다 더 광범위한 것이 아닐까? 우리의 판단에 의하면, 형식적 형상은 존재의 관계를 암시한다. 존재가 없다면 관계도 없다! 비록 누군가 형식적 형상을 말하고자 하더라도, 그는 존재와 떨어져서 그 관계에 자신을 설정할 수 없다. 심지어 그가 기본적으로 사랑으로 이루어진 물질적 형상을 찾는다고 하더라도 말이다. 왜냐하면 사랑은 분명히 외적인 것 이상을 의미하기 때문이다. 사랑은 존재의 모든 것에 스며들며, 또한 모든 관계를 결정한다.

하나님의 형상에 대한 브룬너의 구분은 이전의 개혁파 교의학이 하나님의 형상을 넓은 의미와 좁은 의미로 구분한 것을 우리에게 매우 강하게 상기시켜준다(Bavinck, *R.D.*, 2:550).

개혁파 신학자들은 (브룬너와 같이) 인간을 짐승과 구별해주는 모든 것을 하나님의 형상의 넓은 의미에 포함시켰다. 이전의 용어로 표현하자면, 인간은 이성적이며 도덕적인 존재다! 바빙크는 개혁파 신학자들이 물리적 특성과 윤리적 특성 사이의 연관성을 유지하고자 하는 정도까지는 이런 구분을 인정할 수 있었다(Bavinck, *R.D.* 2:550). 하지만 그는 그것을 거부한다. 왜냐하면 그는 두 형상이 너무 기계적으로 서로 나란히 위치한다고 판단했기 때문이다. 그는 이 구분과 관련해서 어떤 유기적 설명을 선호한다. 더욱이 그는 죄가 하나님의 형상의 넓은 의미와 관련해서 전인에 심대한 악영향을 끼쳤다고 생각한다(Bavinck, *R.D.* 2:553-554).

우리는 브룬너의 『교의학』(*Dogmatics*, 2:55-61)에 기초해서 하나님의 형상에 대한 그의 견해를 대부분 서술했다. 우리는 『교의학』 75-78을 중심으로 브룬너의 하나님의 형상(*Imago dei*)에 대한 역사적 개관을 살펴봤다. 또한 우리는 1937년에 출간된 그의 『인간론』(*Der Mensch im Widerspruch*)에서도 하나님의 형상에 대한 요약을 볼 수 있었다. 그는 이 책에서 죄에 대한 교의도 다룬다.

24.4. 칼 바르트

우리가 지금까지 하나님의 형상과 관련해서 논의한 모든 신학자와 칼 바르트를 비교해보면, 그는 완전히 다른 견해를 갖고 있다. 그의 견해가 가진 고유하고 독특한 특성은 그가 남성과 여성으로 존재하는 인간 존재에서 하나님의 형상을 찾는 데 있다. 그는 창조세계에 대한 인간의 통치를 하나님의 형상에 속한 것으로 이해하지 않는다. 그는 하나님의 형상이 가진 하나의 결과로 인간의 통치를 생각한다(Barth, *C.D.*, 3.1.187).[25]

바르트의 견해에 의하면, 인간의 모양(Abbildliche)과 모방(Nachbildliche)은 남자와 여자가 서로 마주보고 서 있으면서 동시에 친밀한 관계로 존재한다. 이것은 하나님의 존재 안에 있는 원래의 모습(Urbildliche)과 원형(Vorbildliche)에 상응한다(Barth, *C.D.*, 3.1.196). 괄호 안에 들어 있는 바르트의 독일어 용어는 번역하기가 매우 어렵다. 우리는 하나님이 원래의 형상이며 또한 동시에 원형(prototype)이라고 말할 수 있다. 그리고 인간은 하나님의 모방이다. 우리는 하나님의 형상을 인간 안에서 찾을 수 있다.

하나님의 형상에 대한 바르트의 해석은 관계의 유비(*analogia relationis*)에 기초해 일치한 것을 수용한 것으로 거슬러 올라간다. 바르트는 존재의 유비(*analogia entis*)를 거부한다. 그 대신 그는 존재의 유비를 관계의 유비로 대체한다. 하나님이 인간을 위해서 거기에 계시는 것처럼, 인간은 자기의 동료들을 위해서 거기에 있다. 하나님의 형상은 관계 안에 있다. 하지만 인간과 하나님의 관계가 아니라 인간과 다른 인간의 관계 안에 있다(Barth, *C.D.*, 3.1.197). ("우리가 ~을 만들자"의 경우처럼) 하나님 자신 안에서 나와 너의 관계는 남자와 여자의 관계라는 창조물의 유비에서 찾을 수 있다. 우리는 많은 분량으로 이루어진 바르트의 논의를 다음과 같이 요약해서 인용한다.

인간은 먼저 그가 하나님의 상대편이라는 사실 안에서 그런 (나-너) 관계 안에 있게 된다. 하나님 자신 안에 존재하는 만남과 발견이 하나님과 인간 사이의 관계 안에서 모사되고 모방된다. 그러나 인간은 그가 자신의 이웃들의 상대편이라는 사실, 그리고 그들 안에서 자신의 상대편을 갖는다는 사실 안에서 그런 (나-너) 관계

---

25 Barth는 하나님의 형상과 관련해 자신의 저서 『기독교 강의』(*Unterricht in der christlichen Religion*, 2, Zürich, 1990)에서 여전히 인간을 "하나님에 대한 직접적인 반영과 세상에서의 하나님의 대리자"라고 말한다. 이것은 괴팅겐에서 1924-1925년에 강의한 것이다. 2:9를 보라.

   개혁교회 교의학

안에 있는다. 하나님 자신 안에 존재하는 공존과 협동이 인간과 인간 사이의 관계에서 반복된다. 이와 같이 제3의 관계(*tertium comparationis*) 곧 하나님과 인간 사이에 말할 수 있는 유비는 단순하게도 서로 대면하는 "나"와 "너"의 존재다. 이 관계는 먼저 하나님을 위한 존재의 구성 요소이며, 그다음에는 하나님이 창조하신 인간을 위한 존재의 구성 요소다. 이 관계를 제거하는 것은 하나님으로부터 신성을 제거하는 것과 다름없고, 인간으로부터 인간성을 제거하는 것이다. 양편 모두에서 그것을 떼어놓는다는 것은 생각될 수 없다. 인간의 창조 안에서 계시되는 것은 하나님의 신적 삶의 형태이고 인간의 인간적 삶의 형태다. 하나님은 자신이 뜻하시는 대로 인간을 원하시고 창조하신다. 그렇게 창조하셨을 때 그 존재와 하나님 자신 사이에는 제3의 관계가 존재하게 되었다. 이것은 유비 곧 자유로운 구분과 관계의 유비다(*CD* 3.1.185).

이 유비 안에 하나님의 형상의 실제적인 내용이 있다. 베르카우어는 바르트가 남자와 여자 사이의 관계로부터—이 관계는 인간이 하나님의 형상대로 창조되었다는 창세기 1:27과 관련해서 언급되었다—인간과 이웃 인간 사이의 구분과 관계로 도약한다는 점을 바르게 지적했다(1962, 73ff.). 남자와 여자로서 존재한다는 것의 고유한 본성은 성별에 의해서 고유하게 구별되지 않은 인간과 인간의 관계 안으로 흡수되었다(*CD*, 3.1.185-86).

사실상 바르트는 남자와 여자로 존재하는 것의 의미를 상세하게 논의한다. 그는 바로 이 부분에서 겉으로 보기에 비슷한 점들이 있는데도 불구하고 인간과 동물의 차이점이 무엇인지 찾고 있다. 하지만 바르트는 인간과 인간의 나와 너의 관계로 관심을 돌리면서, 이 문제를 지나친다. 베르카우어는 이 점과 관련해서 한 가지 불균형을 지적하며, 바르트가 인위적인 구조를 제시한다고 비난한다(Berkouwer, 1957, 73). 하지만 우리는 과연 불균형이라는 용어가 인위적인 구조에 대한 상당히 진지한 비난을 묘사하는 데 타당하고 충분한 것인지 의문을 품지 않을 수 없다.

우리는 (베르카우어가 올바로 확인하듯이) 이 구조에 몇 가지 문제점이 있다고 인정한다. 특히 바르트의 이해에 의하면, 사실상 하나님의 형상은 하나님과의 관계가 아니라 그저 인간과 인간의 관계를 구체적으로 나타낸다. 이것은 타락에도 불구하고 인간이 하나님의 형상을 그대로 지니고 있다는 것을 의미할 수 있다.

우리의 관점에 의하면, 바르트는 다음 두 가지 이유에서 이와 같은 구조를 제시한다. 첫째, 인간의 창조는 은혜의 행위다.[26] 그리고 죄는 사전에 처리되었다.[27]

하나님의 형상은 "은혜의 승리"로 말미암아 잃어버릴 수 없다. 벤철의 견해에 의하면 "그리스도 안에서 하나님과 인간의 언약 관계는 서로를 위하여 서로 함께 거기에 존재한다는 관점(인간다움, humanity)에서 인간의 유대 관계 안에 반영되어 있다"(Wentsel, *Dogm.*, 31: 610). 이 견해는 옳다.

여전히 또 다른 이유가 있다. 하나님의 형상은 삼위일체 하나님 안에서의 관계를 반영하는 것으로서 인간과 인간의 관계로 이루어져 있다. 죄가 부정적인 결과를 가져온 것에도 불구하고 인간과 인간의 관계가 지니고 있는 형식적 관계의 특성은 여전히 계속해서 존재한다. 심지어 타락 이후에도 하나님의 형상은 이런 방법으로 지속적으로 존재한다.

우리는 베르카우어와 함께(1957, 73) 바르트가 남자와 여자의 관계를 하나님의 형상과 연결했다고 인정할 수 있다. 동시에 우리는 바르트가 제시하는—하나님의 형상의 유일한 내용으로서의—이 관계가 하나님의 형상을 이해하는 데 필수적인 성경의 자료들을 간과하고 있다는 점을 지적하지 않을 수 없다. 우리는 특히 골로새서 3:10과 4:24을 언급하고자 한다.

---

26 이 점과 관련해서 Barth, *C.D.* 3.1을 보고, 특히 다음 항목을 보라. 42.1, "은혜의 행위로서의 창조"(Schöpfung als Wohltat), 또한 42.3, "칭의로서의 창조"(Schöpfung als Rechtfertigung). 그리고 인간과 관련해서 특히 44항목, "하나님의 창조물로서의 인간"(Der Mensch als Gottes Geschöpf)을 보라.

27 이 점과 관련해서 다음 논문을 보라. J. van Genderen, "칼 바르트의 창조론"(De leer van de schepping bij Karl Barth), in A. G. Knevel (ed.), 『칼 바르트에 대한 이해』(*Visie op Karl Barth*, 1987), 49-56.

이와 같이 배타적이며 편협한 접근 방법은 하나님의 형상에 대한 바르트의 견해에 있는 **구조주의적인**(constructivistic) 특성을 전형적으로 드러낸다. 여기서 언약 개념은 인간과 인간의 관계에 적용된다! 하나님에 대한 바르트의 교의는 언약에 의해서 결정된다(곧 하나님은 인간을 선택하는 하나님이시다. 이 선택을 제외한다면, 하나님에 대해서 생각할 수 없다). 이와 마찬가지로 인간과 인간의 관계는 인간 존재에 필수적인 것이다. 하나님의 형상은 **관계의 유비**(analogia relationis)로부터 그 내용을 얻는다.

24.5. 클라스 스킬더

스킬더는 하나님의 형상을 넓은 의미와 좁은 의미로 구분하는 것을 거부하는 것으로 알려져 있다. 그의 견해에 의하면, 이 구분은 포기하는 것이 더 좋다. 그는 "'하나님의 형상'이라는 **개념**을 구성하는 요소들 사이의 차이점에 관여하는 것"을 원하지 않는다(H.C., 1:300). 타락 이후에 인간을 하나님의 형상으로 묘사하는 데 사용되는 널리 알려진 성경 구절들(창 9:6; 행 17:28; 고전 11:7; 약 3:9)은 인간의 원래 상태를 나타낸다. 비록 스킬더는 하나님의 형상 중 잔여물이 있다는 사실을 인정하지만, 그는 넓은 의미에서 이것을 하나님의 형상으로 간주하지 않는다.

스킬더는 인간의 창조와 인간이 하나님의 형상으로 존재하는 것을 서로 구별한다. 하나님의 형상으로 존재하기 위한 전제 조건은 인간의 창조다. 하지만 하나님의 형상은 인간이 창조될 때 인간에게 주어진 것이 아니다. 그것은 하나님이 인간에게 주신 지위와 관련이 있다. 스킬더는 임무(officium)라는 용어를 사용한다. 하나님의 형상은 본성이나 자격 요건과 관련된 것이 아니라 임무를 수행하는 것과 관련이 있다(H.C., 1:294). 인간이 하나님의 형상이라는 것은 언약의 하나님으로서 하나님과 친밀하게 교제하며 살아가는 삶의 한 부분을 형성한다. 그것은 어떤 특정한 사태나 존재론적·인간론적 특성과 관련된 문제가 아닌 **실제 삶에서** 행하는 임무와 관련된 문제이며, 그 임무를 적극적으로 수행하는 문제다. "왜냐하면 인간은 움직임이 없는 멋진 광경 속에서가 아닌 자신이 맡은 직무에서 생기 있게 섬김의 삶을 살면서 지금 이 지상에서, 자신의 영역에서 하나님을 반영하는 위치에 있기 때문이다"(H.C., 1:306).

하나님의 형상에서 중요한 것은 사실상 그것을 드러내보이는 것이다. "우리는 이런저런 방법으로 어떤 이미지를 통해서 묘사된 사람이 실제로 존재하고 있다는 사실을 알 수 있다"(H.C., 1:254).

하나님의 형상으로서 인간은 다른 창조물들을 통치하도록 부름을 받았다. 인간은 가시적인 실재들에게 하나님을 대표한다(H.C., 1:255, 265).

스킬더는 하나님이 주어진 것과 이용할 수 있는 것에 적응하신다는 개념에 대해서 자세하게 논한다. 하나님은 이미 존재하는 것을 더욱 발전시키신다. 따라서 그분이 인간에게 주신 재능들은 임무를 수행하는 것을 통해서 더 풍성해지고 발전한다(H.C., 1:255). 어떤 사람이 태어날 때 그에게 주어진 재능들은 그가 지금 하고 있는 임무 명령과 일치해서 기능해야만 한다(H.C., 1:272).

그 재능들은 하나님의 형상에 속하지 않는다. 베르카우어는 이것을 다음과 같은 의미로 이해한다. 사람들은 "임무 명령에서 재능들을 분리한다"(1962, 54). 하지만 스킬더는 이것을 분명하게 말하지 않는다. 우리는 다음과 같은 결론에 이른다. 곧 스킬더는 하나님의 형상을 인간의 임무에 포함된 것으로 이해한다. 인간에게 주어진 재능들을 지나치게 강조하는 이들은 인간에게 주어진 임무를 간과한다! 이것이 바로 스킬더의 비판의 핵심이다. 스킬더는 이와 같은 방법으로 인간은 자신에게 주어진 임무를 통해서 하나님과 일치 또는 상응(conformitas)한다고 이해한다. 인간은 자신의 행위를 통해서 실제적으로 그리고 적극적으로 하나님을 나타내고 보여주어야만 한다.

하나님의 형상에 대한 스킬더의 개념은 섬김과 나타냄의 역학 관계에 스며들어 있다. 스킬더는 인간이 창조자에게서 받은 재능들을 명백하게

                                                          개혁교회 교의학

인정한다. 그는 하나님의 형상을 이 재능들로부터 분리시키는 것을 원하지 않는다(H.C., 1:255). 그는 그 재능들을 인간이 자신에게 주어진 임무를 수행하는 데 꼭 필요한 조건으로 이해한다.

스킬더는 사람들이 하나님을 믿고 그분의 말씀에 순종하며 그분과 생기 넘치는 관계를 맺는 것으로 하나님의 형상을 이해한다. 그는 존재 영역으로 간주되는 인간 본성의 특정 지식이나 구조를 하나님의 형상 자체와 동일시하는 것을 거부한다. 스킬더의 주장에서 중요한 것은 인간은 자신이 가진 재능들을 가지고 어떤 일을 한다는 것이다.

인간이 이 재능들을 남용하기 때문에, 우리는 더 이상 하나님의 형상에 대해 말할 수 없다. 인간은 그 형상을 잃어버렸다. 성경에는 인간이 타락한 이후에도 하나님의 형상으로서 인간을 언급하는 구절들이 나오는데, 스킬더는 그 구절들을 인간에 대한 하나님의 의도를 상기시켜주는 것으로 해석한다. 인간은 "가치가 있다." 하나님은 인간이 무엇인가 위대한 것을 하시길 원하셨다(H.C., 1:312).

우리는 스킬더의 입장을 다음과 같이 해석할 수 있다. 이 성경 구절들은 하나님이 인간에게 부여하신 임무를 우리에게 상기시켜주지만, 인간은 그 임무를 더 이상 수행하지 않는다. 스킬더는 실질적·적극적·역동적 관계로 하나님의 형상을 이해하기 때문에, 그는 하나님의 형상의 잔여물에 대해 말하지 않는다. 그 관계는 깨어졌기 때문이다. 그는 단지 다음과 같은 것만을 말할 수 있다. 곧 하나님이 인간에게 의도하셨던 것이 바로 이런 관계다. 하지만 인간은 자신의 임무를 더 이상 수행하지 않는다. 그래서 스킬더는 인간이 하나님의 형상을 잃어버렸다고 주장한다. 그의 견해에 의하면, 인간이 서 있는 곳에서 그 임무를 수행하라는 부르심과 남아 있는 임무는 더 이상 하나님의 형상이라고 부를 수 없다.

스킬더는 그 임무를 묘사하기 위해 대리인, 중개자, 대표자, 임무 대행자 등과 같은 다양한 이미지들을 사용하지만, 특히 국외에서는 총독 또는 지사라는 이미지를 사용한다(Kamphuis, 1985, 29, note 62).

캄프하위스는 스킬더의 견해에 동의하지만 특정한 용어들에 국한하는 것을 원하지 않는다. 그의 견해에 의하면, 하나님의 형상 및 모양에 대한 성경의 자료들을 설명하려고 사용하는 용어들은 유동적이야만 한다. 그는 다음과 같이 주장한다. "하나님은 인간을 사용하신다. 그것은 하나님이 부재하신 존재가 아니라 **이런 방식으로** 현존하시길 원하시기 때문이다. 곧 그분은 인간이 자기 임무를 수행하는 방법으로 다른 창조물을 통치하시길 원하신다"(1985, 31).

창세기 1:26-27은 아버지와 자녀의 관계를 분명히 **의미한다**. 하지만 창세기 저자는 그런 표현을 분명하게 **사용하지 않았다**. 하늘에 계신 아버지의 자녀로 있다는 것은 하나님의 형상이라는 것과 밀접하게 관련이 있다. "하나님의 형상으로 창조된 인간—아들—은 **세상의 중심**에 위치한다. 세상 전체는 세상의 중심인 인간 안에서 하나님을 **향해** 나아갈 수 있기 때문이다"(Kamphuis, 1985, 34). 우리는 통치의 수평적인 영역에 대해서 말할 수 있다. 동시에 그 통치는 수직적으로 하나님께도 초점이 맞추어져 있으며, 또한 (종말론적인) 미래에도 초점이 맞추어져 있다. 하나님은 바로 이것을 통해서 그분의 나라가 임하기를 원하신다. 인간은 하나님의 자녀이며, 또한 이 땅에서의 하나님의 대리자다. **하나님은 이와 같은 그분의 임재 방법을 통해서 그분의 나라가 임하기를 바라신다**(Kamphuis, 1985, 35). 그리고 캄프하위스는 하나님 나라의 도래를 다루는 몇 가지 질문과 관련한 체계적 방법에 대해 논한다.

우리는 스킬더의 견해가 편향되어 있다고 생각한다. 그의 견해에 의하면, 인간의 창조는 그가 하나님의 형상이 되는 것보다 먼저 이루어졌으며, 형상이라는 지위는 나중에 인간 존재에게 추가되었다. 그리고 하나님의 형상은 이런 우연적 측면과 관련이 있다. 하지만 하나님의 형상이 창조 이후에 추가되었다는 스킬더의 개념은 창세기 1:26의 명백한 진술에 어긋난다.

그뿐만 아니라 다음과 같은 의문점이 제기된다. 그렇다면 스킬더는 어떻게 하나님의 형상과 지식, 의, 거룩함을 조화시킬 수 있을까? 이 세 가지는 인간이 자신에게 주어진 임무를 수행하기 위해 없어서는 안 될 것들이다. 우리는 사람들이 이 세 가지를 가지고 있지 않다면, 그들은 각자의 임무를 올바르게 수행할 수 없다는 사실을 인정해야만 한다. 하지만 스킬더의 견해에 의하면, 그것들은—단순히—임무에 필요한 전제 조건들이고, 그것들은 임무에 앞서 주어졌다. 지금 우리는 완전히 다른 방식으로 펼쳐지고, 칼 바르트와 완전히 다른 맥락에서 일어나는 분명한 편견을 마주한다. 스킬더의 사유 과정에는 우리가 인정할 수 있는 많은 것이 있다. 우리가 스킬더의 견해를 더 큰 전체의 일부에 속하는 것으로 생각할 수 있다면 말이다. 그의 견해는 이 더 큰 전체와 관련해서 중요하다. 물론 이 더 큰 전체가 스킬더의 개념을 수정해준다. 곧 인간은 임무 대행자일 뿐만 아니라 하나님의 자녀다.

캄프하위스가 이 개념을 스킬더에 대한 자신의 해석에 통합시키는 것은 주목할 만하다. 그는 이런 의미에서 하나님의 형상에 대한 개념과 관련해서 본질적이며 필수적인 확장을 제공한다. 만약 캄프하위스가 스킬더의 견해를 확장하고 발전시켰다고 분명하게 말했다면, 그것은 타당했을 것이다. 우리는 캄프하위스의 견해가 스킬더의 견해보다 더 매력적인 견해라고 생각한다. 다만 우리는 과연 캄프하위스가 우리가 꼭 필요하다고 여기는 범위 안에서 그 개념을 확장했는지 의심할 뿐이다.

24.6. 몇 가지 질문을 통한 요약

우리는 이 간략한 역사적인 개관을 통해서 나타난 문제점들을 요약하고자 한다. 우리는 질문의 형식으로 그 문제점들을 제시하고자 한다.

1. 하나님의 형상과 하나님의 모양을 서로 구별하는 것은 과연 올바른 구별일까? 만약 그런 구별이 올바르지 않다면, 우리는 하나님의 형상과 관

련해서 형식적·구조적 형상과 물리적 형상으로 말할 수 있을까? 또는 넓은 의미와 좁은 의미로 구분해서 하나님의 형상을 말할 수 있을까?

2. 인간의 몸과 정신적인 능력(책임, 이성 및 인간론적인 측면에서 선택의 자유)의 중요성은 무엇일까? 이런 능력들은 하나님의 형상의 일부분을 형성하는가? 아니면 그것들은 하나님의 형상에 없어서는 안 되는 것들인가? 후자의 경우라면, 그런 능력은 하나님의 형상을 준비하는 형태로서 하나님의 형상보다 먼저 있어야만 하는 것들이다! 달리 말해 그것들은 하나님의 형상에 속하지 않는다!

3. 우리는 하나님과 그리스도를 닮아야 한다는 부르심 때문에 하나님의 형상이 하나님의 자녀로 존재하는 것에만 존재하거나 또는 (결혼한 남자와 여자에게 중점을 둔) 상호 관계 안에서만 하나님의 형상이 존재한다고 말할 수 있을까? 아니면 하나님의 형상은 창조세계를 통치하라는 하나의 임무로서 이해된 명령 안에서만 존재한다고 주장할 수 있을까?

4. 인간은 타락 이후에도 여전히 하나님의 형상인가? 인간은 철저한 새로워짐이 요구됨에도 불구하고, 우리는 인간과 관련해서 하나님의 형상이라는 용어가 사용되고 있는 사실에 대해 어떻게 설명해야 할까?

5. 어떤 답변이 네 번째 질문에 제시된다고 하더라도, 여전히 다음 질문이 남아 있다. 죄로 인해 하나님의 형상에 가해진 파괴는 어느 정도나 될까? 그런 파괴는 하나님과 인간이 맺는 관계에만 관련이 있는가? 아니면 우리가 앞서 논의한 하나님의 형상의 추가적인 측면들(인간의 이성, 자유, 책임, 정신적 신체적 능력)과도 관련이 있을까?

6. 어떻게 우리는 하나님의 형상 안에 명백하게 포함되어 있는 이성적 요소를 고려할 수 있을까? 이성적 요소는 오직 관계만 포함하는가? 아니면 그 이상을 포함하는가?

§ 25. 인류가 처해 있는 다양한 측면

25.1. 몸과 영혼으로서의 인간
25.2. 종교적 존재로서의 인간
25.3. 사회적 존재로서의 인간
25.4. 인간과 환경

25.1. 몸과 영혼으로서의 인간

1. 성경에는 창조물인 인간의 특징을 묘사하는 데 다양한 단어가 사용된다. 인간은 몸으로 인해 눈에 띄고 몸을 통해 드러난다. 성경은 전반적으로 인간의 몸에 대해 거의 말하지 않는다는 사실이 매우 주목할 만하다. 우리는 다양한 맥락과 관련해서 인간의 몸이 언급되는 것을 발견할 수 있다. 창 25:22, 47:18, 삼상 31:10, 12, 롬 1:24, 12:1, 고후 5:6 등을 보라. 우리는 몸에 대해 말하는 성경의 많은 구절 중에서 단지 몇 구절만 선택했다. "몸"이라는 단어는 구약성경보다 신약성경에서 더 자주 사용된다.

인간의 행위는 종종 몸의 다양한 기관과 부분을 언급하는 것을 통해서 묘사된다. 볼프(H. W. Wolff, 1974², 116-123)는 의사소통의 형태로서 보는 것과 듣는 것에 대해 매우 세부적으로 묘사해준다. 이 점과 관련해서 눈, 입 및 귀가 가장 돋보이는 역할을 한다. 그리고 구약성경에서 "얼굴"이라는 단어는 대략 2,100번 정도 사용된다.[28]

여기서 몸의 모든 부분에 대해 완벽한 목록을 제시하는 것은 적합하지 않을 것이다. 그 자료가 너무 방대하기 때문이다. 성구 색인을 참고한다면, 그것은 몸과 관련해서 상당히 다양하고 많은 용어를 알려줄 것이다. "입"이라는 단어는 이 경우에 잘 들어맞는다. 아마도 말하는 행위보다 더 다양하게 묘사되는 인간의 행위는 없을 것이다. "인간의 몸을 형성하는 기관 중 말하는 것과 관련된 기관은 입술, 혀, 입천장, 목구멍 등과 더불어 인간

---

28   신체의 각 부분과 조직의 기능에 대해 논의하는 것으로서 다음 연구서를 참조하라. O. Betz, 『눈으로 볼 수 있는 영혼으로서의 몸』(*Der Leib als sichtbare Seele*), 1991.

의 입만큼 그렇게 다양한 행위가 묘사되는 것은 없다"(Wolff, 1974², 121. 또한 참조. 116-123). 우리는 "살"(*basar*, 창 2:23-24; 시 56:4[혈육]; 65:2[육체]; 렘 32:27[육체]), "마음"(*leb*, 창 8:21; 시 78:18; 잠 15:13; 사 1:5), "기운"(*ruach*, 창 45:27; 삿 15:19; 삼상 1:15) 등과 같은 단어들도 만난다. 우리는 "네페쉬"(*nephesh*, 영혼)라는 히브리어 단어에 대해서 이미 언급했다(§23.3을 보라).

신약성경에서도 이 점은 결코 다르지 않다. 우리는 신약성경에서 "몸"(*soma*)이라는 단어를 발견한다(롬 12:1; 고후 5:10; 살전 5:23). 또한 우리는 "육신"(*sarx*, 롬 1:3; 갈 2:20), "영혼"(*psyche*, 마 10:28, 39; 눅 1:46; 계 18:13), "마음"(*kardia*, 마 15:18-19; 롬 2:5; 약 4:8), "영"(*pneuma*, 고후 2:13; 살전 5:23), "정신"(*nous*, 눅 24:45; 롬 12:2; 빌 4:7) 등과 같은 단어들도 만난다. 나아가 우리는 "속사람"(롬 7:22)과 "겉사람"(고후 4:16) 같은 표현들도 발견할 수 있다.[29] 이와 같은 단어들이 많고 다양하다는 점은 곧바로 우리가 그 용어들을 인간의 특정한 측면들에 대한 과학적으로 정확한 진술로 간주해서는 안 된다는 것을 보여준다. 인간을 묘사하면서, 성경은 과학적인 정확성에 호소하지 않는다. 오히려 성경은 인간 존재의 모든 측면과 관련해서, 특히 인간의 신체 기관과 팔과 다리, 그리고 인간의 내면과 외면을 언급하면서 인간의 특성을 드러내준다. 그것은 몸과 영혼이 하나로 이루어진 인간, 곧 감정과 생각, 행위와 자기 자신과의 대화, 임무의 수행과 태만, 영적 성장과 갈등 등 구체적인 인간에 대해서 강조한다.

인간에 대해서 묘사하는 다양한 용어들은 서로 조화를 이루며 또한 때때로 그 의미가 서로 겹친다. 그 용어들은 전인(whole man), 곧 하나님이 창조하신 존재로서 인간의 특성을 나타내기 위해 사용되었다. 그것들은 다양한 관점에서 사용되어 인간을 창조한 분에게 경의를 표하고, 그분이

---

29 이 주제에 대한 참고 문헌과 관련해서는 다음을 참고하라. Ridderbos, *Paul*, 115-121; R. Bultmann, *Theologie des Neuen Testaments*, 1958³, 188-239.

     개혁교회 교의학

인간에게 부여한 다양한 가능성을 묘사한다. 우리는 이에 대해 노르트흐라프(Noordegraaf, 1990, 51)를 따라서 전인적인 견해(holistic vision)라고 말할 수 있다. 우리는 헤인스가 인간은 단일한(unitary) 존재라고 말한 것보다 이 용어를 더 선호한다(*Dogm.*, 120). 가장 중요한 것은 다음과 같다. 곧 성경은 하나님이 창조하신 존재로 인간을 이해하고, 인간은 몸과 영혼이 하나로 이루어졌고 또한 서로 결합된 것으로 이해한다.

우리는 앞으로 다양한 용어들에 대해 간략하게 살펴보고자 한다. 독자들이 이 용어들을 더 상세하게 알고 싶다면 다른 자료들을 참조하라.[30]

우리는 "네페쉬"라는 히브리어 단어가 하나님에게 책임을 져야 하는 전인을 나타낸다는 점을 강조하고자 한다. 따라서 죄를 짓는 "네페쉬"(영혼)는 반드시 죽을 것이다(참조. 겔 18:4). 시편 84편에서는 "영혼"과 "마음"과 "육체"가 경이로운 방법으로 서로 연결되어 사용되며 순서대로 표현된다. 그 시편의 저자는 자기 자신에 대해서 풍부하고 다채로운 의미를 지닌 성경 언어로 묘사한다.

우리는 "네페쉬"와 같은 의미를 지닌 "프쉬케"(*psyche*)라는 그리스어 명사를 신약성경에서 만난다. "프쉬케"는 몸이라는 실체를 초월한다. 이런 특징은 특히 마태복음 10:28에서 분명하게 볼 수 있다. 이 구절은 인간의 몸을 죽이는 것 외에, 지옥에서 영혼을 죽일 가능성이 있다는 사실을 알려준다. 창세기 2:7에 의하면, 몸과 영혼은 서로 직접 연결되어 있다. 하지만 영혼이 몸과 동일한 것은 아니다. 마태복음 10:28이 의미하는 것은 매우 명백하다. 리델보스는 "프쉬케"가 인간의 수명 및 지상에서의 생존 기간과 관련해서 인간을 묘사한다고 주장한다. 리델보스에 따르면, "프쉬케"는 그 자체가 실체는 아니지만 죽음과 파괴에 의해 지배를 받는다(*Paul*, 127). 이

---

30 각주 29에서 제시한 참고 문헌 이외에, 추가적으로 다음을 참조하라. Berkouwer, 1962, 200-208; Van Leeuwen, 1975, 55-58; Bavinck, 2:557-561.

런 의미에서 "프쉬케"는 사실상 혈과 육(고전 15:50)의 동의어다.

고린도전서 3:1과 2:14은 "육신에 속한 자"에 대해 말한다. 고린도전서 3:1에 사용된 *"pneumatikos"*(성령에 의해서 조명되고 가르침을 받는 영에 속한 자)는 *"sarkikos"*(육신에 속한 자)와 대조된다. 우리는 "육신에 속한"이라는 표현이 죄가 야기한 인간의 한계를 가리킨다고 말한 포프에게 동의한다.[31] 그리고 고린도전서 2:14에서 사용된 "프쉬케"는 "사르크스"(*sarx*)의 두 번째 의미, 곧 하나님에게서 멀어진 육신에 속한 사람이라는 의미에 가깝다.

"육신"은 인간이 창조물이라는 것을 언급한다. 그것은 인간이 연약할 뿐만 아니라 하나님(하나님의 영)을 의존한다는 사실도 말한다. 인간은 자신 안에 어떤 능력도 갖고 있지 않고 자기 스스로 할 수 있는 게 없다. 이점과 관련해서는 특히 이사야 31:3 및 40:6과 시편 78:39을 보라.[32] 때때로 "육신"은 명확하게 인간의 연약함을 언급하는 게 아니라 전반적으로 이 땅에서 살아가는 인간 실존을 언급한다(빌 1:22, 24; 고후 10:3). 비록 이것이 지상에서 실존하는 인간의 한계와 인간 삶의 덧없음에 대한 개념을 확실하게 포함하지만 말이다.

또한 "육신"에는 다음과 같은 의미도 함의되어 있다. 곧 그것은 하나님을 향한 인간의 적대감과 그분에 대한 인간의 반역을 의미한다(특히 참조. 롬 8:6-9; 갈 5:19-21; 롬 7:14). 우리는 신자들이 자신들의 새로워진 상태에서 성령과 육신 간의 불화를 경험한 것을 묘사하는 것으로 로마서 7:7-12을 이해한다(참조. Velema, 1988², 77-82).

여기서 우리는 독자들에게 "육신"이라는 성경 언어의 전반적인 강조점에 주의를 기울이게 하고자 한다. 곧 "육신"은 하나님을 향한 인간의 태도와 관련해서 인간을 언급하는 용어다. 죄는 단지 인간의 몸에 또는 몸과 관련해서 열등한, 감각적인 부분에 위치한 게 아니다. 인간은 완전히 타락

---

31 F. J. Pop, 『고린도전서 주석』(*Eerste brief aan de Corinthiërs*), 1965, 68 이하.
32 인간 존재의 이와 같은 측면과 관련해서 Van 't Veld, 1989을 보라.

했다(이 주제에 대해서는 특히 C. H. Lindijer, 1952를 참고하라).

또한 바울은 "프뉴마"(*pneuma*, 영)에 대해서 다양한 방법으로 말한다. 물론 바울의 서신들에 나오는 "프뉴마"는 종종 하나님이 인간에게 주신 성령을 가리킨다. 이와 같은 전형적인 용례는 로마서 8:5-11, 13-16 및 갈라디아서 5:16-18에서 나타난다.

고린도후서 2:13에서 사용되는 "프뉴마"는 고린도후서 7:5에서 사용되는 "사르크스"에 상응한다. 그것은 이 땅에서 존재하는 인간을 가리킨다. 마음의 평안이 없다는 것은 신체적인 평안도 없다는 것을 함의하는 것으로 추측할 수 있다.

또한 "프뉴마"는 성령에 의해서 새로워지거나 인도함을 받는다는 구체적인 개념이 전혀 없이 인간을 직접적으로 언급한다(갈 6:18; 빌 4:23). 우리는 이와 비슷한 인사말을 로마서 16:23과 에베소서 6:24에서 발견할 수 있다. 여기서 "프뉴마"는 하나님이 지으신 것으로서 인간의 내면을 가리킨다. 우리는 리델보스처럼 프뉴마를 인간의 수명과 관련해서 인간을 언급하는 것으로 생각할 수 있다(Ridderbos, *Paul*, 120-121).

이와 관련해서 데살로니가전서 5:23은 인간을 세 가지 측면에서, 곧 영과 혼 그리고 몸과 관련해서 묘사한다. 우리는 이 구절이 육체적 실체와 영적인 실체가 하나로 이루어진 것으로 인간을 묘사한 것으로 이해한다. 바울은 지금 인간 존재의 통일성과 온전함에 초점을 맞추고 있다. 곧 그는 하나님 앞에(*coram Deo*) 서 있는 인간에게 중점을 둔다(참조. 시 86:11) 우리는 인간이 세 부분으로 구성되어 있는 것을 지지하고자 이 세 단어(곧 영, 혼, 몸)가 사용된 것으로 이해하지 않는다. 우리는 이 세 용어가 매우 조화롭게 결합되어 있다고 생각한다. 그 용어들은 어떤 결합이나 상태를 묘사하는 데 사용될 수 있다. 그것들은 어떤 변화에 상관없이 동일한 것을 의미하기 때문이다. 리델보스는 그런 표현 방식을 완전한 확신(plerophoric)을 표현하는 방식이라고 정확하게 말한다(Ridderbos, *Paul*,

121). 어쨌든 지금 우리는 이 용어가 인간을 삼분설로 설명하는, 즉 인간은 서로 완전히 다른 세 가지 실체로 이루어진 존재를 말하고 있음을 주장하려는 게 아니다. 우리는 이와 완전히 반대되는 주장을 하고자 한다. 곧 이 다양한 용어들은 서로 다른 차이에도 불구하고 인간의 통일체를 강조하는 데 도움을 준다.

우리는 독자들이 다음과 같이 두 개의 추가된 용어에 집중해주길 바란다. 첫 번째 용어는 "누스"(*nous*)라는 그리스어 명사다. 이 단어는 빌립보서 4:7에서는 생각하는 행위, 이해력을 의미하고 데살로니가후서 2:2에서는 냉정한 이해력과 지적인 판단을 나타낸다.

로마서 12:2과 1:20에서 "누스"는 하나님과 그분의 뜻을 아는 것과 긴밀한 관련이 있다. 로마서 1:20은 하나님의 계시를 받아들이고 그것에 반응하는 인간의 자세와 관련이 있다. 바울은 로마서 12:2에서 논점을 더욱 발전시킨다. 여기서 그는 하나님의 계시와 관련한 인간의 내적 결심을 "누스"라는 단어로 암시한다. 리델보스는 이 세 가지 다른 요소를 다음과 같이 올바르게 하나로 연결한다. 곧 그는 하나님의 계시를 받아들이는 능력과 그 계시에 대한 책임으로 그 요소들을 결합한다(*Paul*, 118). 따라서 "누스"는 인간이 활동하는 중심 장소다. 하나님은 이 "누스"를 통해서 인간에게 그분 자신을 말씀하시고, 인간은 이 누스에서 하나님을 대면하여 자신의 결정을 내린다. 이렇게 우리는 인간이 하나님과 그분의 계시의 말씀을 받아들이고 거부하는 특성을 하나님 앞에 서 있는 것으로 이해한다.

마지막으로 "마음"(heart)이라는 단어가 있다. "마음"과 "생각"(mind)은 완전히 동의어는 아니다. 비록 이 두 단어가 어느 정도 동일한 의미를 나타내지만 말이다. 마음은 인간 내면의 중심이다. 그것은 인간이 생각하고 느끼며, 의지하는 능력을 갖고 있다는 사실을 나타낸다. 고린도후서 3:14-15과 빌립보서 4:7을 보면, "마음"과 "누스"(또는 파생어)는 서로 유사한 개념으로 사용되고 게다가 동의어로도 사용된다.

"누스"는 사람이 생각하고 결정하는 특성을 가지고 있다는 사실을 보여준다. 마음은 애정, 욕구 및 열망을 포함한다. 마음은 바로 이 특성들이 자리 잡은 곳이다. "누스"는 느낌이나 의지의 측면을 결여했다. 그것은 생각하고 결정하며, 우리 인간의 행위가 책임이 있는지를 결정하는 곳이다. 우리는 마음이 하나님과 맺는 관계(*coram Deo*)가 이해되는 곳이라는 사실을 반드시 언급할 필요는 없다. 이것은 "누스"와 구약성경에 나오는 마음 개념이 서로 유사하다는 사실에서 분명하게 드러난다.[33]

우리의 결론은 다음과 같다. 곧 성경은 인간에 대해 대단히 미묘한 차이를 가지고 이해하지만, 결코 이원론적으로 인간을 이해하지 않는다. 또한 지성, 감정, 의지는 서로 분리된 채 인간의 특성을 나타내지 않는다. 정말로 이런 다양한 능력을 구비한 통일된 존재라는 것이 인간의 특징이다. 우리는 이것을 인간에 대한 전인적 견해라고 말했다. 이것은 인간이 하나님에게 속한다는 사실, 곧 그는 하나님의 현존 앞에서 살며 그는 그분에게 책임이 있다는 사실에 기초한 결과다. 인간의 이런 통일성은 매우 분명해서 우리 인간이 가진 몇몇 특성을 더 많거나 더 적게, 또는 더 우월하거나 더 열등한 것으로 차별할 수 없다. 하나님은 인간을 물리적·영적 존재로 창조하셨기 때문에, 인간은 모든 요소를 포함하고 그 각각의 요소는 고유한 기능을 가졌다. 인간을 구성하는 각각의 요소는 하나님이 정하신 방식에 따라 인간의 통일성에 기여한다(참조. 고전 12:12-26). 따라서 인간의 몸은 영혼의 감옥이 아니다.[34]

불행하게도 우리는 인간과 세상에 대한 기독교 사상사에서 신체적인

---

33 다음 두 연구서들을 참고하라. 이 연구서들은 성경의 자료들을 체계적으로 분석해준다. G. Ebeling, "Cognitio Dei et hominibus"(특히 Calvin과 관련해서 하나님과 인간에 대한 인식), in *Lutherstudium*, 1971, 221-222; F. Jüngel, "하나님에게 상응하는 인간"(Der Gott entsprechende Mensch), in *Entsprechungen*, 1980, 290-317.

34 Calvin이 Plato의 사상을 언급하는 것에 대해서는 다음 연구서를 보라. W. H. Velema, *Ethiek en pilgrimage*, 1974, 35.

측면이 종종 과소평가되어왔다는 사실을 부인할 수 없다. 인간의 몸은 인간의 마음보다도 훨씬 더 죄와 밀접하게 관련이 있다. 영지주의는 오랜 기간 동안 교회에 심각한 위협을 가해왔다. 우리는 아마도 다음과 같이 말할 수 있다. 비록 교회가 영지주의를 거부했지만, 영지주의는 인간의 몸과 물질을 과소평가하는 방식을 통해 교회의 뒷문으로 들어와서 그 영향력을 지속적으로 행사하고 있다.

2. 우리는 **몸과 영혼의 관계**에 대해서 이원론보다는 **이원성**(duality)이라고 말하는 것을 선호한다. 이 이원성은 사람들이 성경에 호소하면서 변호하고 주장된 것이다. 또한 우리는 인간이라는 존재를 묘사하기 위해 성경에서 사용된 용어들이 다양한 측면을 지니고 있다는 점을 주장하고자 한다. 우리가 인간의 영혼과 몸을 서로 구분한다면, 인간의 "프쉬케"와 "프뉴마"는 한 가지 동일한 단어, 곧 "영"(spirit)으로 표현될 수 있다. 비록 그 두 가지 단어가 항상 동일한 것을 의미하지는 않지만 말이다. 그리고 "영"이라는 단어와 관련해서도 더 많은 구분이 필요하다.[35] 따라서 우리는 "영"이라는 용어가 다양한 측면을 지니고 있다고 생각한다. 우리는 이와 같은 방법으로 다양한 용어의 유사점뿐만 아니라 차이점과 상호 관계를 수용할 수 있다.

우리는 이제 헤이팅크(Heitink)가 인간론적인 측면에서 의견의 일치가 점차 확대된다는 점을 언급한 사실에 관심을 집중하고자 한다. 헤이팅크는 "전인으로서의 인간"이라는 개념이 점차 서서히 전개된 사례에서 이런 특징을 발견한다. 그는 "전인으로서의 인간"은 다음과 같은 것을 함의한다고 생각한다.

---

[35] W. J. Ouweneel, 1984, 43 이하에서 그는 심리적인 것(psychic, 인식적인 측면과 감각적인 측면을 구별해야 함)과 영적인 것(spiritual)을 서로 구분한다. Van Peursen, 1956, 148은 영혼과 몸의 연합을 인간의 방향 설정(orientation)으로서 인간의 영 안에 존재한다고 이해한다.

* 인간은 몸, 영혼 및 영과 관련해서 통일성을 이루고 있다.

* 인간은 일부분을 형성하는 세상과 연대를 이루며 "관계 안에서 존재한다."

* 인간 존재는 의식과 무의식을 갖고 있다.

* 인간은 자기실현을 목표로 삼아 발전하는 과정에 있다.

* 인간은 가치관과 신념을 지니고 그것에 따라서 살아간다.[36]

성경에 기초한 인간론은 헤이팅크가 제시하는 측면들에 커다란 관심을 기울이고 있다는 점은 부인할 수 없다. 이전 세기들에 제시된 인간론처럼 오늘날의 인간론도 당대와 분리되지 않는다.

헤이팅크도 이 유익을 인정하지만, 그는 동시에 종교개혁이 인간론의 범위를 축소시켰다고 비판한다. 우리는 이런 그의 비판에 동의할 수 없다. 헤이팅크는 종교개혁의 인간론은 복음의 핵심("의인인 동시에 죄인"[simul iustus et peccator])에 관심을 집중하면서, 창조물로서의 인간은 죄인으로서의 인간 뒤에 숨어 있다고 생각한다. 또한 헤이팅크에 의하면, 이것은 인간론에 대한 축소를 암시한다. 그는 종교개혁에 기초한 몇몇 신앙고백서들의 진술들을 언급하는 것을 통해 자신의 입장을 입증할 수 있다고 생각한다. 그는 종교개혁은 죄와 은혜의 양극 사이에 자기 자신을 제한한다고 결론짓는다.

헤이팅크는 다른 양극, 곧 창조와 재창조 사이의 양극을 옹호한다. 이 양극은 더 광범위하며, 또한 죄와 은혜 사이의 양극도 포함한다. 나아가 그는 다음과 같은 관점에서 삼위일체적인 접근 방법, 곧 "창조물로서의 인간", "참 인간 예수 그리스도" 및 "성령과 인류"라는 인간론을 추구한다. 이와 같은 삼중적인 관점은 죄, 구속 및 감사라는 「하이델베르크 교리문답」의 관점을 대치한다(1977, 112 이하).[37]

---

36   참조. G. Heitink, 『도움을 제공하는 직분으로서의 목회자』(*Pastoraat als hulpvelening*), 1977, 108. 또한 전후 면들을 보라. 인간의 형상에 대한 성경적인 관점을 현대 철학과 심리학에서의 견해와 비교 및 비판하는 것으로서 다음 논문을 보라. Chr. Gestrich, *Die Wiederkehr des Glanzes in der Welt*, 1989, 특히 151-159.

37   종교개혁의 전통에 서 있는 신조들에 포함되어 있는 인간에 대한 견해에 대해서 Rebel, 1981, 154-203을 보라. 또한 이 연구서에 대해서 Klein Kranenburg, 1988, 158 이하에 제

우리는 지면 관계상 헤이팅크의 견해들을 더 이상 자세하게 다룰 수 없다. 그래서 마지막으로 그의 결론적인 진술에 대해서만 간략하게 언급하고자 한다. 사실상 헤이팅크는 창조와 구속의 구조를 무너뜨린다. 그의 견해에 의하면, 새 사람으로서 예수는 첫째 아담을 대치한다. 하지만 첫째 아담은 결코 존재하지 않았다. 결국 예수는 첫째 아담이자 동시에 둘째 아담이다. 예수가 자신의 사역을 성취한 것에 근거해서 성령은 새로운 인류를 세움으로써 회복을 성취할 수 있다. 성령이 있는 곳에 구원이 있다. 헤이팅크는 이와 같이 헨드리쿠스 베르크호프의 조직신학을 자신의 인간론에 적용한다. 그가 확인한 의견의 일치는 종교개혁의 전통에 서 있는 구원론에 대한 근본적인 수정을 암시한다.

여기서 우리는 헤이팅크가 제기한 비난에 대해 논하고자 한다. 종교개혁의 전통에 서 있는 신앙고백서들에는 몸과 영혼의 통일성과 인간의 전인적인 특성을 밝히는 본문들이 많이 있다. 이 점은 종교개혁의 구원론이 인간론적인 측면에서 그 범위를 축소했다는 것을 암시한다는 사실을 가리켜주지 않는다. 우리는 몸과 영혼을 모두 다루는 예들을 언급하고자 한다. 「하이델베르크 교리문답」 제37주일의 답변을 읽어보라. 그 답변은 그리스도의 희생으로 말미암는 몸과 영혼의 구속에 대해서 다루고 있다(또한 제11, 26 및 57주일의 답변을 참조하라). 우리는 어떤 신앙고백서들에서도 단지 물리적인 것이기 때문에 몸을 경시하는 본문을 찾아볼 수 없다. 반면에 그리스도의 부활에 대한 설명(「하이델베르크 교리문답」 제22주일)은 정반대의 방향을 가리켜준다.

더욱이 몸과 영혼에 대한 논의는 전인적인 관점의 범위에 포함된다. 베르카우어는 이 구조를 올바르게 지적한다(1962, 213). 베르카우어 역시 다른 학자들과 마찬가지로 과학적인 언어와 비과학적인 언어를 서로 구분한다. 신앙고백서들은 과학적인 진술들을 제시하려는 의도를 지니고 있지 않았다. 그 문서들은 인간이 어떻게 구성되어 있는지에 대해 정확하게 설명

시된 논평을 참조하라.

    개혁교회 교의학

하려고 시도한 것이 아니다. 오히려 몸과 영혼에 대한 언급들은 인간 전체에 적용된다. 신앙고백서들에 나오는 인간에 대한 다양한 묘사는 몸과 영혼을 이원론으로 인식하는 것을 거부하고, 그 두 가지를 서로 근본적으로 분리할 수 있다는 입장을 반대하려는 의도에서 서술되었다. 성경의 단순하고 직설적인 언어에 의하면, 인간은 몸과 영혼이다. 인간은 몸일 뿐만 아니라 또한 영(spirit 또는 영혼[soul])이다. 우리는 과거의 실수를 범하지 않도록 주의해야 한다. 다시 말해서, 이전의 인간론이 그 당시의 철학적인 개념들을 가져와서 사용한 것과 마찬가지로, 오늘날의 인간학이 제시하는 다양한 결과들을 성경의 진술들과 대조하며 다시 정리해야 한다. 헤이팅크의 논점은 이 방향으로 나아가는 경향을 보여준다. 그렇다면 오늘날의 인간학적인 모든 통찰은 성경에 기초한 하나님의 형상과 동등한 위치에 놓인다. 우리는 이와 같은 견해를 반대하고 다음과 같은 것을 주장한다. 곧 성경은 과학적 인간론에 필요한 일관성이 있는 이론으로서 인간의 개념들을 발전시키지 않고, 인간에 대한 본질적인 개념들을 계시해준다.

3. 이 본질적인 개념들은 어쨌든 몸과 영혼의 통일성과 인간의 전인적인 본성을 포함한다. 우리의 영은 마음속 깊은 곳에 있는 의식과 무의식, 정념들, 억압되고 감춰진 감정을 알고 있다. 우리는 예수님의 말씀뿐만 아니라 잠언과 성경의 다른 곳에서 이와 관련된 언급들과 정교한 설명들을 만난다. 인간은 책임 있는 존재다. 그는 하나님의 말씀과 하나님이 그의 이웃을 통해 그에게 요구하시는 것들에 반응하도록 부름 받았다. 이런 책임에는 반응을 필요로 하는 관계가 수반된다. 이 관계는 대화와 반응이라는 사건을 통해 시작하고, 형성되며, 구체화되고, 유지된다.

우리는 이와 관련해서 인류가 맺는 관계적 측면에 신중하게 접근하고자 한다. 하지만 우리는 타자와의 관계를 맺는 인간의 측면에 우리의 이해를 완전히 한정해서 인간 존재를 이해하지는 않는다. 존재가 없다면, 관계도 없다. 주체로서 기능하는 다른 "나"가 없다면, "나"는 관계를 유지할 수 없다. 우리는 관계의 측면을 소홀히 하지 않은 채 "나"에 초점을 맞추고자 한다. "나"라는 자아가 형성되고 발전되어야만 한다는 개념은 성경의 가르침과 잘 조화를 이룬다. 성숙은 인간의 영적·심리적 측면에 꼭 필요하다.

우리는 이런 이해와 함께 법이념 철학 사상(philosophy of the law-idea)이라는 사상을 1930년에 창시한 이들의 인간론적 통찰력 및 그 통찰력과 관련해서 당대에 이루어진 매혹적이고 철저한 논의에 비추어 우리의 입장을 확립했다.

스텔링웨르프(J. Stellingwerff)는 이런 인간론적 논의의 관점을 가지고 세계 제1, 2차 대전이 일어나기 전 네덜란드 암스테르담 자유대학교의 역사를 기술한다.[38] 아우웨네일(W. J. Ouweneel)도 이 지속되는 질문에 답변을 제시하는 논문을 최근에 저술했다.[39] 우리는 이 논의를 마주하면서 우리가 헤이팅크의 논점에 대해 다음과 같이 말한 것을 반복해서 말하고자 한다. 곧 성경은 과학적인 인간학을 제시하지 않고 인간학에 적합한 토대를 제공해준다. 우리는 그것을 인간에 대한 성경적 개념이라고 부른다. 우리는 이 입장과 더불어 동일한 방향을 지향하는 베르카우어의 노선을 따른다.[40]

우리의 판단에 의하면, 죄와 은혜에 대한 교의(죄론 및 구원론)는 창조, 회복 및 완성의 구조에 잘 들어맞는다. 하나님의 은혜는 창조세계를 내버려두지 않으며, 또한 인간과 관련해서 성령의 새롭게 하는 사역을 억제하지 않는다. 오히려 종교개혁에 대해서 편파적인 죄론 및 구원론을 지니고 있다는 비판은 창조는 미완성으로 남아 있고 아담은 역사가 시작될 때 없었다는 견해를 불러온다(참조. Berkhof, *C.F.*, 192-207). 예수는 역사에서

38　J. Stellingwerff, *De Vrije Universiteit na Kuyper. De Vrije Universiteit van 1905-1955, een halve eeuw geestesgeschiedenenis van een civitas academica*, 1990.

39　W. J. Ouweneel, *Christelijke transcendental-anthropologie. Een sympathetisch-kritische sdtudie van de wijsgerige anthropologie van Herman Dooyeweerd*, 1985.

40　Berkouwer, 1962, chapter 6, "The whole man," 214-233; 또한 chapter 7, "Immortality," 특히 255-263.

중심을 차지한다. 성령은 새롭게 하는 사역과 더불어 실질적으로 최초의 창조에서 비어 있는 틈들을 채워가는 일을 하고 있다. 종교개혁의 전통에 서 있는 신앙고백서들에서 창조 교의는 만족스럽지 못하다는 비판은 창조에 대한 **다른** 가르침을 제시하려는 욕망에서 발생한다. 종교개혁의 전통에 서 있는 신앙고백서들의 관점에서 판단할 때, 우리는 (진화론적인 구조에 위치한) 창조 교의에 대한 이와 같은 대안이야말로 만족스럽지 못한 것이라고 생각한다. 이 대안에 의하면, 가장 탁월한 인간인 예수가 나타나야 비로소 창조는 완성을 성취한다. 다른 모든 사람은 **종말에** 이와 같은 완성에 이른다. 인류는 이 과정에서 자기의 길을 지속한다. 이 대안에 의하면, 구속은 죄로 말미암아 파괴되고 잃어버린 것에 대한 회복이 아니다. 여기서 구속은 맨 처음부터 창조에서 결핍되어 있던 것을 완성하는 것에 일치한다. 결과적으로, 죄와 용서 그리고 이에 의해서 필연적으로 수반되는 회복은 거의 관심을 받지 못했다. 창조의 완성이라는 개념을 선호해서 말이다. 본질적으로 이런 완성은 창조를 인간화하는 것이다(특히 Berkhof, *C.F.*, 538-539을 보라).

우리는 이 점과 관련해서 칼뱅이 사용한 전문적인 용어들에 대해서도 언급하고자 한다.[41] 노르트흐라프가 칼뱅과 관련해 약간의 모호함에 대해 말하는 것은 주목할 만하다. 한편 칼뱅은 "지상 생활을 경멸하고 영혼의 감옥으로서의 몸에 대해서 말하는 것을 날카롭게 비판한다." 다른 한편으로 그는 철저한 금욕주의를 거부한다. 노르트흐라프는 우리의 논점을 반박하기 위해 반 데르 린더(S. van der Linde)를 증인으로 내세운다. 그의 견해에 의하면, 칼뱅은 하나님의 창조세계에서 누리는 삶과 관련해서 플라톤의 용어들이 아닌 본질적으로 이스라엘의 용어로 사고했다. 그는 우리 인간이 죄로 말미암아 지상 생활을 하게 되었다는 풍자를 반대했을 것이다

---

41 이 점과 관련해서 다음 논문을 보라. W. H. Velema, "윤리와 순례: 성경적인 순례에 대해서"(*Ethiek en pelgrimage: over de bijbelse vreemdelingschap*, Amsterdam: Tom Bolland, 1974), 27-34.

(1990, 56).

칼뱅은 특정한 표현들을 사용하지만 자기를 반대하는 이들이나 불신자들이 사용하는 것과 동일한 감정을 담아내는 것은 아니며, 단지 그것들을 삽입구문으로 처리한다. 예를 들어 그는 우리가 "다루기 어렵고 부정적"인 표현이라고 생각하는 것을 플라톤과 다른 이들로부터 받아들인다. 우리는 칼뱅이 자기 저서에서 그 표현들을 다른 맥락에서 사용한다는 사실에 전적으로 동의한다. 하지만 이것은 그와 같은 용어들의 사용을 정당화하지 않는다. 우리는 칼뱅이 플라톤주의를 받아들인다고 비난하지 않았다. 그저 우리는 그가 성경의 표현이 아닌 용어들을 사용한다고 말했을 뿐이다. 우리는 다음과 같이 결론짓고자 한다. 우리는 세베린(Severijn)의 주장에 전적으로 동의한다. 곧 영혼과 몸은 서로 나란히 이원론적으로 존재하는 것이 아니라 하나로 결합되어 있다.[42]

4. 이런 맥락과 다르게 인간은 불멸하는 영혼을 갖고 있는가라는 질문이 종종 제기되었고, 그에 대해 답변이 있었다(Noordegraaf, 1990, 57을 보라). 아무리 몸과 영혼이 서로 의존하고 있다고 하더라도, 몸과 영혼의 이원성은 서로 다른 실체의 영역을 제공한다. 따라서 사후에 "나"라는 자아의 지속성이 주장될 수 있거나 입증될 수 있다. 우리가 보기에 사후에 "나"라는 자아가 존재한다는 사실은 전적으로 성경에 일치하는 사고다. 마태복음 10:28, 누가복음 23:43, 사도행전 7:59 및 빌립보서 1:23 등을 보라(참조. Calvin, 『기독교강요』 1.15.2). 우리는 베르크호프(1960, 56-58)와 드 크네이프(De Knijff, 1987, 270)가 인간의 이원성을 주장할 때, 그들은 사후에 "나"라는 자아가 계속해서 존재한다는 의미로 주장하지 않는다는 것을 지적하고자 한다. 드 크네이프는 **여기 지상에서 누리는 인간의 삶**에 관심이 있다. 몸은 우리 인간에게 직접적으로 영향을 받는 객관적 세계의 일

---

42 Severijn, 1963, 31. 우리는 이 주제와 관련해서 그의 논문 전체가 의미 있는 통찰을 제공해 준다고 생각한다. 또한 다음 논문을 참조하라. Schroten, 1956, 47-62.

부분이다. 영혼은 몸에 근거하고 있는 자아로서 인간이 겪는 경험에 지나지 않는다(De Knijff, 1987, 272). 우리는 독자들에게 마태복음 10:28에 사용된 "프쉬케"라는 그리스어 단어가 매우 독특한 방법으로 사용된다는 사실을 이미 지적했다. 우리는 육체적인 죽음 이후에도 지속적인 실존(existence)을 (이원론을 반대하는) 영혼과 몸의 이원성에서 단순하게 추론할 수 없다. 인간의 지속적인 실존은 인간이 영원한 삶을 위해 창조되었다는 믿음을 반영한다(참조. 전 12:5). 인간은 죽어도 소멸하지 않는다. 성경이 이원성과 관련해서 몸의 부활을 언급한다는 사실은 정말로 중요하다. 이 이원성은 미래에도 지속될 것이다.

우리가 인간에 대한 성경의 이미지에서 몸과 영혼의 이원성을 발견한다는 것은 일상생활과 관련해서 중요한 의미를 지닌다. 이것은 우리로 하여금 몸을 경멸하지 못하게 한다. 이것은 인류와 관련된 물리적인 측면뿐만 아니라 인간의 몸 자체에도 관심을 기울일 것을 격려하고 요구한다. 예를 들면, 그것은 건강 관리, 성윤리, 몸 또는 인간의 신체적인 측면이 중심을 이루는 분야에서 온갖 형태의 도움을 제공할 것이다. 우리는 몸과 영혼의 이원성을 강조하면서 어떤 측면이 다른 측면보다 더 중요하거나 또는 열등하다고 주장하려는 의도를 결코 갖고 있지 않다. 이런 구분은 그저 다양성을 암시해준다. 몸과 영혼의 통일성은 그중 하나를 경시하는 것을 금한다.

마지막으로 우리는 헤인스와 함께 다음과 같은 질문을 제기하고자 한다. 과연 우리는 "나라는 존재는 내 몸이다" 또는 "나는 하나의 몸을 갖고 있다"와 같은 주장을 반대할 수 있을까? 헤인스의 견해에 의하면, 첫 번째 진술은 너무 지나친 주장이며, 두 번째 진술은 타당하지 않다(*Dogm*., 121). 또한 그는 "나라는 존재는 내 영혼이다"와 "나는 내 영혼을 갖고 있다"라는 표현도 반대한다(123).

우리의 판단에 의하면, 여기서 중요한 것은 각각의 진술 이면에 있는 의도다. 그 누구도 "나라는 존재는 내 몸이다"라는 주장이 다음과 같은 사실을 의미하는 것으로 생각하지 않는다. 곧 인간이라는 존재는 자신의 몸과 관련해서만 완전하게 설명될수 있다. 이 표현은 이런 주장과 다르게 우리의 존재는 우리의 몸에 의해 단지 부분적으로만 대변될 뿐이라는 점을 시사한다. 우리의 몸은 우리가 쉽게 처분할 수 있는재산의 일부가 아니다. 우리는 인간의 몸 없이는 이 세상에서의 인간의 실존 방식에대해 생각조차 할 수 없다. 인간의 몸은 인간 존재의 일부분이자 구성 요소다.

우리는 이 두 표현(하나의 몸으로 존재한다는 표현과 하나의 몸을 가지고 있다는 표현)이 서로를 보완해준다고 생각한다. 이 두 가지 표현이 **같이** 사용되는 한, 도움이된다. 헤인스가 "나라는 존재는 내 몸이다"라는 표현이 너무 지나친 주장이라고 느낀 것은 "나는 하나의 몸을 갖고 있다"라는 표현으로 좋아진다. 이것은 영혼과 관련해서도 그렇다. 영혼 및 몸과 관련해서 "가지다"라는 동사 또는 "존재하다"라는 동사 중 (어떤 동사를 배제하고) 다른 하나의 동사만 사용하는 것은 편파적이다. 몸과영혼의 이원성은 "가지다"라는 동사와 "존재하다"라는 동사가 동시에 모두 사용될때 그 의미를 매우 정확하게 잘 담아낼 수 있다. 몸과 영혼은 서로에게 영향을 주고받으며, 그리고 서로를 보완해주기 때문이다.

5. 우리는 이와 관련해서 오래된 구분인 영혼창조설(creationism)과 영혼유전설(traducianism)에 대해 논할 수 있다. 영혼창조설은 인간의 몸이 부모의 성행위를 통해 만들어지지만, 인간 영혼의 기원을 위해서는 창조라는구분된 행위가 필요하다고 주장한다. 영혼창조설은 이런 방식으로 창조자로서의 하나님께 직접적으로 그리고 완전하게 의존하는 것을 강조하고자한다. 영혼유전설은 몸과 영혼의 결합을 강조한다. 또한 그것은 인간의 영혼이 부모의 성행위라는 수단을 통해 만들어진다고 생각한다. 바빙크는 영혼유전설은 죄를 태아가 출산될 때 부모에게서 아이에게로 전달되는 어떤결점으로 이해하지만, 영혼창조설은 개인의 도덕적 책임에 강조점을 둔다.영혼창조설을 지지하는 이들은 인간의 도덕적 책임은 단지 영혼창조설 안에서만 지지를 받을 수 있다고 생각한다(*R. D.*, 2:558 이하).

우리는 이 두 이론이 모두 영혼과 몸을 잘못 대조하는 견해에 기초한다고 생각한다. 우리는 영혼유전설의 지지자들이 영혼과 몸을 일원론적으로 생각하고, 영혼창조설의 지지자들은 영혼과 몸을 이원론적으로 생각하는 것으로 주장할 수 있다. 우리는 다음과 같은 베르카우어의 입장에 동의한다. 곧 이 딜레마의 관심은 우리가 인간의 통일성과 전체성에 더 많은 관심을 기울일 때 감소한다(Berkouwer, 1962, 307).

하나님은 전인을 창조하신다. 하나님은—그분의 방법을 사용하셔서—그와 같은 창조의 목적을 이루시고자 남자와 여자가 서로 결합하는 것을 사용하신다. 우리는 새로운 몸의 출생은 이런 남녀가 결합한 것의 "자연스러운" 결과물이고, 반면에 영혼은 몸이 형성되는 어떤 순간에 몸에 덧붙여진 것이라고 결코 주장할 수 없다. 또한 우리는 영혼과 몸은 정자와 난자가 함께 결합해서 생성된 것이지, 하나님이 생식의 과정에 인간이 존재하도록 영향을 행사하지 않았다고 주장할 수 없다. 이와 반대로, 하나님이 인간을 창조하신다. 모든 인간은 저마다 하나님의 창조물이다. 하나님은 창조의 과정에서 남자와 여자의 결합을 수단으로 사용하신다. 이와 같은 방법에 의해서 하나님의 창조 행위는 **전인과 관련이 있다.** 영혼의 기원에 대한 우리의 사고는 이 경계선 안에서 전개되어야 한다.[43]

25.2. 종교적 존재로서의 인간

1. 우리는 **하나님과 관계를 맺는 인간**이라는 표현을 이 항목의 제목으로 사용할 수 있다. 이 언급은 인간이 하나님의 형상이라는 사실과 관련해서 지지받을 수 있다. 인간이 하나님과 관계를 맺지 않는다면 하나님의 형상일 수 없다. 하나님의 형상은 이런 인간과 하나님 간의 관계를 전제한다. 이것이 우리가 하나님께서 인간을 창조하셨다고 말할 수 있는 가장 중요한 것

43　이 주제와 관련해서 다음 연구서에서 제시되는 견해들은 여전히 참고할 만한 가치가 있다. J. Waterink, 『영혼의 기원과 본질』(*De oorsprong en het wesen van de ziel*), 1932[2].

이다. 인간은 하나님께 의존한다. 그는 하나님과 깊은 관계를 맺고 있다. 이 땅에서의 인간의 삶은 이 관계가 없이는 생각할 수조차 없다. 이 관계를 부인하는 이들은 인간의 기원과 운명을 경시한다. 그것은 사실상 인간이 존재하고 행하는 모든 것은 인간과 관계를 맺으시는 하나님께 영향을 받는다는 것을 의미한다. 인간이 말하는 모든 말은 그가 하나님께 반응하는 것에 의해서 지지를 받아야 한다. 인간의 모든 말은 반드시 그와 같은 반응이 전개되고, 울려 퍼지는 결과이어야만 한다.

하나님은 그분의 말씀으로 명령하시는 것을 통해 인간을 창조하셨다(창 1:26). 우리가 앞서 이미 살펴보았듯이, 이 점은 다른 모든 창조물에게도 사실이다(시 33:6을 보라). 하나님이 인간에게 말을 거셨다. 이것이 말과 그 말에 대한 반응 관계의 토대가 된다. 하나님이 인간에게 말씀하시는 것에는 명령과 약속, 또한 책임과 축복이 포함되어 있다.

개혁파 신학은 이와 같은 개념들과 관련해서 처음부터 언약의 본질적인 요소들을 인식했다. 하나님과 인간의 언약은 결코 임의적으로 맺어진 계약이 아니며 쉽게 파기될 수도 없다. 또한 그것은 쉽사리 잊힐 수 있는 순간적인 만남이 결코 아니다. 하나님과 인간의 교제는, 하나님은 약속과 명령을 하시고 인간은 그 명령에 반응하는 의무가 있다는 맥락에서 맺어진다. 언약 관계는 지켜야 할 규정과 성장이라는 관점을 가졌고, 지속적인 상호 작용이라는 구조를 암시해준다.

이 언약 관계는 창세기 1장에서 제시된다. 비록 거기에는 이런 언약 관계의 원리만이 제시되지만, 그럼에도 언약의 모든 본질적인 요소들이 들어 있다. 우리는 창세기 1장 이후의 부분에서 언약이 공식적이고 명백하게 체결되는 것을 발견한다. 그리고 창세기 1장으로 되돌아가면, 우리는 그곳에서 언약을 구성하는 기본적인 요소들, 곧 나중에 하나님이 노아, 아브라함 및 이스라엘 백성과 맺으신 언약에서 나타나는 기본적인 요소들을 이해할 수 있다. 거기에는 명령과 약속, 축복과 저주가 들어 있다.

하나님은 인간에 대한 그분의 계획과 그분이 인간에게 기대하시는 것을 언약에서 말씀하신다. 인간도 이 약속을 요구할 수 있지만 하나님이 제시하신 명령들을 실행해야만 한다. 언약은 두 당사자에게 다음과 같은 것을 암시한다. 곧 두 당사자는 언약으로 서로 묶여 있으며, 따라서 그 언약은 지속성과 확실성을 지니고 있다. 인간의 관점에서 볼 때, 언약 관계를 잘 유지해나가면, 그것은 형통과 번영과 안전을 보장해준다. 우리는 앞서 성경을 언급하면서 창세기 1장에만 한정하지 않았다. 우리는 언약이 체결되는 장면을 창세기 2:15-17과도 연결했다. 여기서 우리는 창세기 1:28에 상응하는 것을 발견한다. 또한 이 점과 관련해서 창세기 2:18-25도 반드시 숙고해보아야 한다. 여기서 창세기 2:24은 진정으로 핵심 내용을 갖고 있다. 왜냐하면 이 구절은 사실상 결혼 언약의 "대헌장"(magna carta)이라고 불릴 수 있기 때문이다. 하나님이 인간을 창조하시고 그에게 말씀하시자마자, 하나님과 인간의 관계 및 인간과 하나님의 관계는 언약 관계가 된다(Bavinck, *R.D.*, 2:564-586을 보라).

헤인스는 인간의 창조와 관련된 하나님의 말씀은 동시에 그분의 명령의 말씀을 나타낸다고 주장하는데, 이는 잘못된 것이다(Heyns, *Dogm.*, 128). 우리는 창조의 말씀과 명령의 말씀이 매우 밀접하게 근접해 있음을 발견하기 때문이다. 하나의 말씀은 다른 하나의 말씀을 뒤따르지만, 이 두 가지 말씀은 동시에 일어나지 않는다.

하나님은 (식물이나 다른 동물과 구별되는 것으로서) 인간을 지으시고 그에게 말씀하셨으며, 인간은 하나님께 반응해야만 하는 창조물이라는 사실은 정말로 분명하다. 언약이라는 개념은 사람이 하나님께 긍정적으로 반응할 필요성이 있다는 것을 암시해준다. 언약은 하나님이 일방적으로 시작하신 것이지만, 언약의 두 당사자가 관계의 본질에 일치해서 말하고 행동할 때만, 그 언약은 올바르게 기능한다. 인간이 하나님의 부르심에 온전하게 반응한다면, 그는 언약의 온전한 파트너다. 그렇지 않다면, 언약의 상호 작용은 아직 실질적으로 실행되거나 경험되지 않는다. 인간이 하나님의 부르심에 반응해서 하나님의 말씀대로 살 때, 그는 자신에게 주어진 임무를 실현하고 성취한다. 이것은 그가 사랑과 순종으로 언약을 유지하며 보존한다는 것을 말하는 것이다.[44]

인간은 하나님께 **직접** 응답해야만 하는 존재다. 이것은 인간이 땅 위에서 말하는 모든 말에 선행한다. 하지만 인간은 하나님의 다른 창조물과 그의 동료 인간들을 상대하면서도 그분께 반응한다. 동시에 하나님도 인간에게 다음과 같은 것을 요구하신다. 곧 인간은 자기 동료들을 상대하고 다른 창조물을 다스리면서 하나님께 직접 반응한다. 우리는 간접적인 반응으로 생각해서 동료들을 상대하고 다른 창조물을 다스리는 것을 경시하면 안 된다. 무엇보다도 하나님은 인간들에게 그와 같은 반응을 요구하신다. 그분은 인간에게 자기 동료를 돌보고 다른 창조물을 다스리라는 책임을 부여하신다. 이런 이유로 말미암아 인간이 그의 동료 및 다른 창조물과 상호 교제를 하고 섬기는 것은 바로 하나님을 섬기는 것을 구체적으로 나타내는 것이다. 또한 그것은 하나님과 맺은 언약을 따르는 삶의 방식이라고 표현할 수 있다. 이 언약의 수직적인 측면은 이 언약 안에 있는 섬김이 지니고 있는 광범위한 수평적인 측면을 손상시키지 않는다. 이 땅에서 누리는 인간의 삶은 오직 하나님과 맺은 언약 안에서만 가장 견고하게 **뿌리를** 내릴 수 있다. 또한 § 26.3에서 제2항을 보라.

2. 다음과 같은 질문이 제기된다. **과연 우리는 하나님과 여전히 관계를 맺고 있다고 이야기할 수 있을까?** 인간이 하나님을 배반하고 그분에게서 돌아선 이후에도 말이다. 여기서 우리는 이 질문을 다음 질문과 비교하고자 한다. 곧 과연 인간은 타락 이후에도 계속해서 하나님의 형상인가? 우리는 이 질문에 이렇게 대답했다. 사실상 인간은 타락 이후에도 하나님의 형상이다. 하지만 부정적인 방식에서 그렇다. 타락 이후의 하나님과 인간의 관계도 이와 동일하다. 타락 이후에도 인간은 하나님과 관계를 맺고자

---

44 이 점과 관련해서는 다음 연구서들을 참조하라. Wentsel, *Dogm*., 2:108-113; Van der Zanden, 출간 연도 미상, 67-80.

  개혁교회 교의학

하는 성향을 지니고 있다. 비록 인간이 이 관계에 금이 가게 하기는 했지만, 그는 이 구조적인 성향을 완전히 무효로 돌릴 수 없다. 인간은 하나님과 관계를 맺어야 하는 존재로 창조되었다. 그래서 그 안에는 하나님을 배반하므로 생겨난 빈 공간을 메우고자 하는 열망과 그리움이 있다.

여기서 우리는 종교 현상을 만난다. 오늘날 종교는 종종 어떤 다른 실재와 연결되어 있는 것으로 묘사된다.[45] 또 다른 실재와의 관계에 대한 이 그리움은 인간의 영혼이 깊숙하게 뿌리를 내리고 있다. 비록 자신이 철저한 무신론자이거나 또는 아무런 종교도 갖고 있지 않다고 주장하는 이들이 있지만, 인간은 스스로 만족할 만큼 완벽한 존재가 아니다.[46]

판 레이우언은 그와 같은 사람들은 주로 서구 문화권 안에서 발견된다고 올바르게 언급한다. 또한 그는 다음과 같이 주장한다. 사람들이 자기가 아무런 종교도 갖지 않고 있다는 것을 대단한 열정과 웅변적인 말로 표현하다고 하더라도, 종교가 없다는 것은 창조물로서 인간의 구조에 반대되는 것이다(1975, 138).

어쨌든 인간(본질적으로 모든 사람)은 결코 만족스럽게 대답할 수 없는 질문에 대해 자신이 당면한 실재와 관련해서 답변해야만 한다는 사실은 분명하다. 우리는 지금 우리의 경험의 지평을 넘어서는 질문을 말하고 있다. 많은 저술가가 오늘날 서구 문화에 범람하고 있는 새로운 물결의 종교성을 지적한다.[47] 이 새로운 물결이 교회에 (더 이상) 초점이 맞추어져 있지

---

45 D. C. Mulder는 이 묘사를 여러 곳에서 사용한다. 참조. "종교의 종말?"(*Het einde van de religie?*), *Rondom het Woord*, no. 3 (July 1971): 13:295 이하. 또한 참조. G. Dekker, 『종교와 사회: 종교 사회학 입문서』(*Godsdienst en samenleving. Inleiding tot de studie van de godsdienstsociologie*), 1987, 특히 61-74. 또한 참조. K. Ruina, 『복음과 다양한 종교들』(*Het evangelie en de vele religies*), 1990.

46 자유주의적인 관점에서 인간의 다양한 측면에 대한 이전의 연구서를 보라. C. J. Bleeker et. al., 『인간론적인 다양한 탐구』(*Anthropologische Verkenningen*), 저작 연대가 없음.

47 한 가지 예로서 우리는 다음 저서를 언급하고자 한다. W. Zijlstra, 『새로운 지평선을 찾아서: 목회 상담 훈련 교재』(*Op zoek naar een nieuwe horizon: Handboek voor klinische pastorale voorming*), 1989, 243.

않은 정도로 더욱더 주목할 만하다.

1970년에 로스캄 아빙(Roscam Abbing)은 이미 모든 사람이 저마다 직면하고 있는 질문들을 확인해주었다. 인간은 자신의 삶을 제대로 살기 위해서 이 질문들에 관한 대답을 발견하려는 내적인 강한 충동을 지니고 있다. 그리고 인간은 이런 질문에 대한 답변들을 얻지 못하는 것에서도 어려움을 느낀다. 로스캄 아빙은 개인의 삶에서 중요한 역할을 하는 질문들을 언급한다. 그는 복음도 인간이 중요한 것으로 생각한 것을 진지하게 다룬다고 말한다. 중요한 것들은 "나", 나의 이웃, 역사, 세상 및 우리의 심리적 압박감에 대한 것들이다. 우리는 이 다섯 가지 영역이 모든 사람과 관련된 것이라고 간주할 수 있을 것이다. 인간은 이 문제들을 자신이 존재하며 경험하는 한계 안에서 해결할 수 없다. 이 문제들을 해결하는 것은 그 이상을 요구한다.[48]

우리는 J. H. 바빙크(J. H. Bavinck)가 종교 의식에 대해 묘사하면서 제시한 다섯 가지 요소를 머릿속에 떠올릴 수 있다. 곧 전체성에 대한 경험, 규범들에 대한 인식, 더 높은 권세에 대한 의존심, 구속의 필요성, 삶을 위한 지침 등이다(1989^2, 12-69).

바빙크는 로스캄 아빙보다 "종교적"인 것에 더 초점을 맞추었다. 어쨌든 아빙과 바빙크가 제시한 두 목록의 비교는 우리가 인간 삶의 외부에서, 그리고 우리가 사는 세계 바깥에서 주어지는 답변들과 관련한 문제들을 갖고 있다는 것을 확인해준다.

이 종교적인 성향은 인간이 하나님의 형상대로 지음을 받았다는 성경의 개념과 연결될 필요가 있다. 비록 하나님과 인간의 관계에 금이 갔다고 하더라도, 인간이 자신의 죄로 말미암아 잃어버린 것에 대한 필요성은 여전히 남아 있다. 이것은 우리가 § 10.3.에서 다룬 "신 존재 증명과 관련된

---

48 P. J. Roscam Abbing, "왜 하나님을 믿는가?"(Waarom geloven in God?), in H. Berkhof et. al., 『하나님에 대한 신앙』(Geloven in God), 1970, 195-202.

  개혁교회 교의학

문제점들"을 상기해준다.

인간은 자신이 스스로 불완전한 존재라는 사실을 의식한다는 흔적을 보여준다. 인간은 자기에게 주어지는 질문에 답변해야만 하는 존재다.[49]

판넨베르크의 노선을 따르는 최근의 인간론(네덜란드의 커이터르트도 이 입장을 지지한다)도 이 사실을 언급한다. 이 인간론에서 전체적인 통찰은 인간 존재에 대한 분석에 기초해서 발전된다. 이 논리의 전개를 받아들이는 이들은 인간이라는 존재의 분석을 통해 하나님께 도달할 것이다. 하지만 우리는 이런 방식은 정반대의 방식이라고 주장한다. 하나님은 인간을 그분과 관계를 맺도록 지으셨기 때문에, 인간은 하나님 없이는 또는 인간이 하나님의 자리를 다른 어떤 것으로 대체하지 않고서는 존재할 수 없다. 판넨베르크의 이론은 인간이 관계적인 존재라고 확증한다. 곧 인간은 단순히 동료들과 맺는 관계뿐만 아니라 하나님과 맺는 관계 안에서 살아가야만 한다. 우리의 판단에 의하면, 이것은 인간 자신에게서 비롯된 것이 아니라 인간의 창조자에게서 비롯된 것이다. 심지어 인간이 자기를 창조한 창조자를 존중하지 않을 때조차도, 그는 이 구조 바깥에서 살 수 없다. 곧 그는 창조자와 관계를 맺지 않고서는 살 수 없다.[50]

우리는 인간이 하나님을 인정하기를 원하지 않을 때 그가 무엇을 하는

---

49 어떤 철학자들이 이것을 자신의 철학적 사고의 출발점으로 삼고 있다는 것은 우리의 흥미를 자아낸다. 이것에 대한 예들로서 다음 철학자들을 들 수 있다. H. van Riessen, 『어떻게 학문이 가능한가?』(*Hoe is wetenschap mogelijk?*), 1981; H. G. Geertsema, 『듣기와 보기: 인식론의 구성 요소』(*Horen en zien: Bouwstenen voor de kentheorie*), 1985.

50 특히 1983년에 간행된 Pannenberg의 주요 저서, 『인간이란 무엇인가?』(*Was ist der Mensch?*)를 참조하라. 이 책은 1962년에 간행된 개요를 더 자세하게 설명했다. 또한 그의 저서, 『인간의 운명』(*Die Bestimmung des Mwnschen*), 1978을 보라. 인간론에 대한 이 모델과 관련해서 또한 C. A. van Peursen, 『학문적 개방성 및 형이상학적 취약성』(*Wetenschappelijke openheid en metafysische kwetsbaarheid*), 1982. 그리고 H. M. Barth는 Pannenberg의 인간론을 O. H. Pesch의 인간론과 비교하고 나서, 두 학자들 모두에게 비판적인 질문들을 제기한다. H. M. Barth, *Pastoraltheologie* 75 (1986): 399-413.

지에 대해 더 깊이 탐구해볼 필요가 있다. 바빙크는 로마서 1:18에서 불의로 진리를 막는 사람들에 대한 바울의 언급에 대해 매력적인 해석을 제시한다. 그는 바울의 이 말을 "억압"과 "대체"라는 단어들로 해석한다(J. H. Bavinck, 1989², 171-180). 인간은 하나님에게서 달아난다. 왜냐하면 그는 하나님과 함께 사는 것을 원하지 않기 때문이다. 인간은 하나님에게서 기인하는 모든 것을 억압한다. 그는 하나님께 있는 모든 흔적을 없애버린다. 동시에 그는 하나님에게서 기인하는 것을 창조세계에 속한 것으로 대체한다.

바르트는 이와 관련해서 권세에 대해 말한다. 그는 이 땅에 속하는 것들로는 유행, 스포츠, 섹스, 인종, 국가와 돈을 언급한다. 또한 그는 영들에게 속하는 목록―사상, 경향과 인간 자신을 위한 목표들―을 제시한다.[51] 우리는 이 해석에 기초해서 이런 권세들을 파헤칠 수 있을 것이다. 우리는 이 방법을 통해서 그 권세들을 하나님에 대한 지식을 대체하는 대상들로 인식한다. 우리는 하나님의 흔적들에 대해서 말한다. 인간은 하나님에 대한 완전하고 충분한 지식을 갖고 있지 않다. 하지만 인간이 하나님에 대한 지식을 전혀 갖고 있지 않은 것은 아니다. 이 지식은 공정한 대우를 받지 못한다. 인간은 그 지식이 자기에게 도달하기 전에 그것을 거부한다.

이 점과 관련해서 "신성에 대한 감각"(*sensus divinitatis*)이라는 칼뱅의 널리 알려진 표현을 사용해야 할 것이다(참조. Calvin, 『기독교강요』 1.3.1-3; 2.2.18; 또한 롬 1:21에 대한 칼뱅의 주석; § 10.2. 제2번).

인간은 자기 스스로 이 지식을 소유할 수 없다. 그는 이 지식의 원천이 아니다. 비록 인간이 신이라는 대상을 지어낼 수도 있지만 말이다. 이 지식은 하나님의 계시 없이는 설명될 수 없다. 개혁파 신학 전통은 이것과 관련해서 일반계시에 대해 말한다. 우리는 일반계시에 대해 다음과 같이 요약한다. 어느 정도 다소간의 차이가 있기는 하지만, 그 계시는 모든 사람에

51　K. Barth, 『기독교인의 삶』(*Das christliche Leben*), 1976, 363-399. 또한 다음 논의를 참조하라. A. W. Kist, 『권세에 대한 반응』(*Antwoord aan de machten*), 1971, 170-177. 여기서 Kist는 출간되지 않은 Barth의 강의록을 이용했다.

게 주어진다. 결국 인간은 하나님이 지으신 존재이며, 하나님의 형상이다. 이것은 하나님이 인간에게 관심을 갖고 계시며, 그에게 그분 자신을 계시해주기를 원하신다는 것을 의미한다(또한 § 5.1을 보라).

일반계시는 종종 자연 신학을 위한 적법하며 타당한 기초라고 이해되었다. 하지만 이 견해는 옳지 않다. 종교개혁의 전통 안에서 일반계시는 하나님에 대한 올바른 이해를 제공해주는 충분한 기초라고 결코 인식되지 않았다. 일반계시는 예수 그리스도 안에 있는 하나님의 은혜의 바깥에서 일어난다. 따라서 그것은 하나님에 대한 올바른 지식의 기초와 원천이 결코 될 수 없다. 하나님에 대한 참된 이해는 일반은총으로부터는 전혀 얻을 수 없다. 하나님에 대한 참된 지식 및 이해와 관련해서 일반은총의 결과는 결국 부정적이다. 이것은 인간의 죄를 입증해준다. 하지만 다음 사실은 하나님이 사람들에 대해 관심을 갖고 계신다는 것에 증거가 된다. 곧 매우 불충분하기는 하지만, 사람들에게는 하나님에 대한 지식이 조금 있다(참조. *D.L.*, 3-4; 4).

우리는 성경의 관점에서 종교를 다음 두 가지 방법으로 간주할 수 있다. 한편으로, 그것은 인간의 고상한 가계(pedigree)를 증거해주며, 동시에 하나님이 인간에게 지속적으로 관심을 갖고 계신다는 것을 입증해준다. 다른 한편으로, 그것은 참되신 하나님에 대한 종교적인 지식이나 또는 하나님과 예수 그리스도의 아버지에 대한 참된 지식의 근거나 출발점이 결코 될 수 없다. 성경에서 종교는 높이 평가되지 않는다.

바르트는 종교에 대해 자기 나름대로 독특한 견해를 지니고 있다. 그는 죄인에게서 비롯된 것이라고 간주하며 종교를 부정적으로 평가한다. 이것은 그가 그리스도에게 관심을 기울이기 때문이다. 바르트의 견해에 의하면, 어떤 계시도 그리스도를 앞서지 않거나 그리스도를 그냥 지나치지 않는다. 그는 일반계시를 인정하지 않는다. 그는 (아직) 믿지 않는 사람의 지식에 대해 그리스도의 관점에서 해석한다. 바르트는 이와 같은 방법으로 성경에서 부정적인 것으로 이해하는 것을 긍정적으로 해석한다.[52] 바울은 불신자들이 지니고 있는 하나님의 지식에 대해서 부정적으로 선언한다. 이것은 사도행전 14:15 및 17:23 이하에 의해서 강화된다. 특히 사도행전 17:23-31에는 사도 바울이 아테네의 아레오파고스(Areopagus)에서 복음을 전한 것이 수록되어 있는데, 그것은 이방의 종교 및 사상과 예수 그리스도 안에서의 하나님의 계시 사이에 연속성이 없다고 알려준다. 우리는 이와는 반대로 이 두 가지가 서로 분리되어 있다고 말할 수 있다. 바울은 다음과 같이 말하면서 이 분리에 대해 강조한다. 곧 한편으로 이방인들은 신을 더듬어 찾고 있지만, 다른 한편으로 예수 그리스도를 통한 하나님의 계시는 전혀 다른 특성을 지니고 있다. 여기서도 우리는 또다시 하나님의 형상, 하나님에 대한 지식이 부정적인 측면에서 묘사되고 있다고 언급할 수 있다. 이 부정적인 요소는 긍정적인 요소로 변화될 수 있는 능력을 본질적으로 지니고 있지 않다. 오직 예수 그리스도 안에 있는 하나님의 은혜에 기초한 〔특별〕 계시를 통해서만 긍정적인 것을 얻을 수 있다.

바울이 청중과 대화하면서 복음을 선포한다는 점은 여전히 주목할 만하다. 이 대화는 다음과 같은 사실을 함의한다. 곧 바울은 부정적인 방식으로 하나님을 아는 것과, 예수 그리스도 안에서 사람들을 구원하시는 하나님의 개입이라는 새로운 긍정적인 내용을 대조한다. 부정적인 것과 비교해 볼 때, 긍정적인 것은 근본적으로 새로운 것이다. 바울은 이와 같은 대화 방법을 통해 복음을 전하려고 이방인들에게 다가갔다. 이 접근 방법은 대화 당사자들이 서로 진리에 대해서 부분적으로 기여하는 것과 전적으로 다른 것이다. 융커르는 하나님의 지식과 관련해서 부정적인 측면을 지니고 있는 사람들에게 다가가는 접근 방법에 대해 "대화의 지점"(point of address)이라는 용어를 사용한다. 우리는 모든 사람에 대한 하나님의 보편적인 관심이 지니고 있는 불연속성의 상황을 특징짓는 것과 관련해서 "대

---

52   Barth에 대해서는 § 5.1을 보라. 또한 참조. J. M. Vlijm, 출판 연도 이상; G. C. Berkouwer, *General Revelation*, 1955, 특히 2, "Reaction to Karl Barth's Offensive."

화의 지점"을 유용한 용어라고 생각한다. 대화의 지점은 접촉점(point of contact)과는 다른 것이다.[53]

그렇지만 대화의 지점은 언제나 인간의 고상한 가계와 위대한 운명이 죄악의 상태에 있다는 것을 그에게 연상시켜준다. 우리는 단지 매우 부정적인 측면에서 인간의 행위, 사고의 전개 및 존재 안에서 이와 같은 죄악의 상태의 흔적들을 발견할 수 있다. 하지만 거기에는 새롭게 됨, 회복 및 재창조의 전망도 있다.

3. 여기서는 **인간의 자유**에 대해서 언급하고자 한다. 인간의 자유는 오직 하나님과 인간의 관계의 구조 안에서만 이해될 수 있다. 인간은 결정해야만 하고 행동해야만 하는 존재로 창조되었다. 또한 인간은 분별하고 책임지는 존재다.

다음과 같은 질문이 제기된다. 이 자유의 본질은 무엇인가? 그것의 내용은 무엇인가? 인간은 절대적인 의미에서 자유로운 존재가 결코 아니다. 인간은 많은 점에서 경계에 의해 제한을 받고 있으며 유전과 상황에 의해 지배받기 때문이다.

우리는 인간론의 주제 중 하나인 **결정론** 대 **비결정론**의 문제를 자세하게 논하지 않을 것이다.[54] 이 두 입장은 각각 어떤 점에서는 옳다. 인간은 특정한 측면에서는 제한되어 있다. 결정론은 이 점을 올바르게 지적한다. 하지만 결정론은 인간의 모든 것이 결정되어 있다고 설명하는 점에서 옳지 않다. 또한 그 반대의 경우도 사실이다. 비록 인간이 상대적으로 다양한 한계에 직면하지만, 그는 스스로 결정하고, 자신의 결정에 책임을 지는 존재다. 하나님은 인간을 그와 같은 존재로 창조하셨다. 그리고 인간은 그와 같은 방식으로 사는 존재다.

인간이 자신의 능력과 상황 및 국가와 관련해서 선택할 수 있다는 것

---

53 H. Jonker, *Theologische Praxis*, 1983, 87, 164.

54 Hoenderdaal, 1965, 62-81을 보라. 한편 Feuerbach와 관련해서, Bakker et. al., 1972를 참고하라.

이 중요하다. 그는 선택해야만 한다. 그는 자신의 선택에 대해 책임이 있다. 우리는 이것을 인간론적 실재(anthropological reality)로서 인간의 자유라고 말할 수 있다. 인간은 선택하고 책임을 가지는 점에서 동물, 식물, 그리고 무생물과 다르다.

하지만 이것으로 인간론의 주제에 대해 철저하게 규명한 것은 아니다. 인간은 하나님의 형상이라는 사실에 의해 분명하게 규정된다. 따라서 인간론적 실재로서 인간의 자유는 하나님과 인간이 맺는 관계의 구조 안에 포함된다. 인간론적 실재로서의 자유가 인간을 규정하는 모든 것이라고 생각하는 이들은 하나님과 인간의 관계를 분리한다. 하지만 그들은 그렇게 관계를 분리하면서 인간이 지니고 있는 자유의 본질을 부인한다. 인간의 자유는 결코 절대적인 것이 아니다. 인간 스스로가 자기를 만든 게 아니라 하나님에 의해 만들어진 창조물이기 때문이다. 이런 이유로 인간의 자유는 하나님과 인간의 관계를 고려하지 않은 채 규정될 수 없다.

인간의 자유는 인간을 향한 하나님의 목적에 반응하기 위해 존재한다. 하나님은 인간이 사랑의 삶을 살기를 바라신다. 그분은 인간이 그분 앞에서 기뻐하고 행복하며 평화롭게 풍요로운 삶을 살기를 원하신다. 이것은 사랑과 순종의 삶이다. 인간이 이 관계의 끈에서 끊어지면, 그는 자신의 창조자이신 하나님에게서 분리된다. 인간의 자유를 절대화하면, 그것은 인간을 바른 길에서 벗어나게 한다. 이것은 창세기 2:17에서 언급된 "생명의 명령"에 의해서 분명하게 밝혀진다(「벨기에 신앙고백서」 제14조). 하나님의 명령에 불순종하는 것은 이 자유를 남용하는 것을 의미한다. 그것은 죽음을 선택하는 것이다.

창세기 3:22은 어떻게 죄가 인간에게 작용하고 있는지를 우리에게 말해준다. 곧 인간은 자기 스스로 무엇이 선하고 악한지 결정한다. 그는 하나님의 명령에 주의를 기울이지 않은 채 스스로 판단하고 선택한다. 창세기 3:22에서 언급하는 선악에 대한 지식은 인간의 자유에 대한 부정적 측면을 암시해준다. 인간은 이 지식을 통해서 자기에게 주어진 자유를 남용했다. 왜냐하면 그는 자신의 자유를 절대화했기 때문이다. 여기서 인간은 자신의 자율성에 기초해서 스스로 결정한다. 인간을 자율적 존재로 선언하는 것은 인간의 자유가 모든 것을 망라하는 것으로 만드는 것을 함의한다. 이것은 하나님의 형상을 일그러뜨린다. 나아가 인간은 하나님의 형상으로서 자신이 스스로 하나님이 되는 권리를 지니고 있다고 간주한다. 그래서 하나님은 인간에 대해 "보라! 이 사람이 선악을 아는 일에 우리 중 하나 같이 되었으니"라고 말씀하신다(창 3:22). 곧 인간은 자신을 하나님 바로 곁에, 하나님의 지위에 위치시켰다. 인간은 이와 같이 하나님의 형상을 스스로 상대화했다.[55]

하지만 인간의 자유는 오직 하나님에 대한 사랑과 순종의 관계 안에서만 올바르게 기능한다. 인간은 자신의 인간론적인 자유를 언약 관계 안에서 사용해야 한다. 이와 관련해서는 창세기 2:9에 대한 칼뱅의 주석을 보라.

자유는 결코 그 자체가 목적이 아니다. 인간 자신이 결코 목적이 아닌 것처럼 말이다. 바로 여기에 인간의 자유와 관련해서 성경의 기초한 견해와 자유에 대한 인본주의적 견해 및 자유주의적 견해의 차이점이 있다. 인본주의적 및 자유주의적인 견해는 전형적으로 인간론적인 자유를 절대적인 것으로 간주한다. 그 견해를 지지하는 이들은 인간이 하나님과 관계를 맺고 있다는 것을 인정하지 않는다. 또한 하나님이 인간에게 무엇인가를 요구하실 수 있다는 것을 받아들이지 않는다. 그래서 그들은 인간의 자유를 절대화한다.

인간의 타락은 인간이 하나님과 관련해서 자신에게 주어진 자유를 남용하고 그것을 손상시켰다는 것을 암시해준다. 그 결과는 인간이 더 이상 인간이기를 멈추었다는 것을 의미하지 않는다. 이제 인간론적인 자유는 온전하지 않은 상태로만 남아 있다. 인간은 하나님과의 관계를 맺는 우리의 자유를 잃어버렸다. 이 점에 대해서 종교개혁에 기초한 입장은 분명한

---

55 이 문제와 관련해서는 다음 책들을 보라. Oosterhoff, 1972, 137-155; Bavinck, *R.D.*, 3:29-36.

의견의 일치를 보여준다.[56]

인간은 철저하게 부패했다. 하나님을 부인하고 자기 자신을 왕으로 선언한 인간은 죄의 노예가 되었다. 그가 하나님을 벗어나서 얻고 행사하려는 자유는 그를 외면했다. 그는 다른 권세들, 곧 마귀와 죄 및 죽음의 권세의 일부가 된다. 그는 그것들의 힘에 지배를 받는다. 인간은 스스로 이 노예 상태에서 자기를 해방할 수 없다. 이것이 (죄를 지은, 타락한) 인간에 대한 종교개혁의 관점이다. 아우구스티누스는 광범위한 영향을 미치는 타락 사건에 대해 언급을 했는데, 그의 말은 오늘날에도 여전히 알맞다. 그의 진술 방법과 그가 사용한 용어들은 종교개혁의 입장에도 중요한 영향을 끼쳤다. 곧 죄를 범하지 않을 수 있는 자유는 죄를 범하지 않을 수 없는 자유로 인해 부패했다. 이것이 바로 진정한 노예 상태다.[57]

우리는 예수가 요한복음 8장에 나오는 유대 지도자들과 대화를 나누면서 "자유의 자발적 결핍"(voluntary absence of freedom)을 아주 급진적인 방식으로 제기했다는 사실을 지적하고자 한다(Noordegraaf). 오직 하나님의 아들이 우리를 자유롭게 해줄 때만, 곧 그가 우리를 죄의 노예 상태에서 해방시켜줄 때만, 우리는 참으로 자유로울 것이다(요 8:36. 또한 참조. 요 8:44). 우리는 요한복음의 해당 단락에서 오직 그리스도를 통해서만 인간이 하나님과의 관계 안에서 자유를 얻을 수 있다는 사실을 알 수 있다. 인간은 이 자유를 얻기 위해서 죄로부터 해방되고 내면적으로, 근본적으로 새로워질 필요가 있다(참조. 갈 5:1, 13-23).

---

56 Polman, *Ned. Gel.*, 제2부에서 제시되는 개관을 보라. 또한 Luther와 Calvin의 관점에 대해서는 120-132에서 제시되는 개관을 참고하라. 그리고 Rebel, 출간 연도 미상, 157-174을 보라.

57 Noordegraaf는 이것에 대해서 "자발적으로 자유가 결핍되어 있다"고 적절하게 묘사한다. 한편 Luther에 대해서는 Polman의 개관과 더불어 *WA*, 18:744, 783을 보라. 그리고 Calvin에 대해서는 Krusche, 1957, 90-95를 참조하라.

우리는 브룬너의 저서들에서 형식적 자유에 대해 읽을 수 있다. 이 개념은 하나님의 형상에 대한 그의 이해와 관련이 있다(1941, 265). 우리는 자유를 알지 못하는 동물과 식물과 인간을 구별해주는 인간론적 개념으로서 자유에 대해 말하는 것을 선호한다. 하지만 이 인간론적 개념은 완전히 부정적으로 기능한다. 비록 인간은 죄로 인해 하나님의 형상을 잃어버렸지만, 그는 자신의 기원 및 운명과 관련해서 계속해서 자신에 대해 책임이 있다.[58] 베르크호프는 사랑과 자유, 죄와 운명이라는 측면에서 인간을 이해한다(183-192, 192-215). 그는 "운명"이라는 용어에 대해 우리가 인간론적으로 조건화된 존재로 묘사하는 것 이상의 것을 의미하는 것으로 묘사한다. 또한 그는 죄가 자유와 서로 관련이 있다고 말한다. 그리고 그는 운명으로 특징지어지는 것으로서 죄의 결과들에 대해 언급한다. 그는 이와 관련해서 "상호 인격적"이라는 단어를 사용한다. 나아가 그는 "초인격적"이라는 용어도 사용한다(*C.F.*, 213). 따라서 베르크호프의 인간 이해에는 죄로부터의 자유뿐만 아니라 운명으로부터의 해방도 있다(그의 종말론을 참조하라. *C.F.*, 533. 여기서 그는 "인류의 구조적 구속"에 대해서 말한다).[59]

지유라는 개념은 우리로 하여금 다음과 같은 것을 숙고하게 한다. 곧 인간의 삶은 사랑으로 인도함을 받고 또한 사랑으로 가득해야만 한다. 그것은 사랑 안에서 누리는 자유이며, 자유 안에서 누리는 사랑이다. 주 예수는 그의 제자들에게 서로 사랑하라고 명령한다(요 13:34). 그는 하나님에 대한 사랑과 이웃에 대한 사랑이 율법의 완성이라고 언급한다(마 22:37-40). 바울은 로마서 13:9에서 예수의 이 가르침을 반영한다. 야고보서 저자는 사랑의 계명을 가장 숭고한 율법이자 율법의 완성이라고 묘사한다. 그리고 그는 사랑의 계명을 자유에 이르게 하는 율법으로 묘사한다(약

---

58 참조. Confessio Helvetica Posterior, 9 "자유의지와 인간의 다른 능력"(Der freie Wille und die anderen Fähigkeiten des Menschen), in H. Steubing, 『교회의 신앙고백서들』(*Bekenntnisse der Kirche*), 1970, 163 이하.
59 Velema, 1988², 151-167을 보라.

2:8, 12). 이와 같이 야고보서에서도 사랑과 자유는 서로 매우 밀접하게 연결되어 있다.

하나님과 인간의 관계는 하나님, 하나님의 계명 및 그분께 속한 모든 것을 사랑하는 관계다. 자유는 오직 사랑의 과정에서만 경험될 수 있다. 그 반대의 경우도 사실이다. 자유는 사랑을 희생하면 오지 않고 엄밀하게 사랑의 길을 채택할 때 온다.

우리는 베르크호프의 묘사보다 이런 묘사를 선호한다. 베르크호프는 다음과 같이 말한다. 인간은 사랑을 위해 창조되었다(*C.F.*, 188). 마치 사랑이 인간의 마음과 상관없이 그리고 어떤 관계를 맺지 않아도 유용할 수 있는 것처럼 말이다(*C.F.*, 188). 사랑은 의도와 행위, 성향과 태도를 적합하게 한다. 우리는 다음과 같이 말할 수 있다. 인간은 사랑의 영역 바깥에서는 번창할 수 없다. 그가 사랑의 영역을 떠날 때, 그는 하나님, 자신의 운명 및 자신의 가능성에서 소외된다. 우리는 성경에 기초해서 이 입장을 매우 강력하게 주장할 수 있다. 왜냐하면 인간은 다양한 관계에서 서로를 알아가고 다양한 관계를 추구하기 때문이다. 관계를 회피하거나 파괴하는 사랑은 자기-사랑이다. 루터는 바로 이 개념에 기초해서 죄에 대한 그의 유명한 문구를 제공한다. 곧 죄는 자기 자신에게 초점을 맞춘 채, 자기를 향해 기울어져 있는 것이다(*incurvatus in se*). 베르카우어는 하나님의 형상은 하나님께 상응해야 하는 특성을 지니고 있다고 강조한다. 이것은 바로 거룩함의 **일치**(*conformitas*)다(1963, 100). 그것은 사랑 안에서 절정을 이룬다. 따라서 그것은 사랑의 유비(*analogia amoris*)다(1957, 116). 하지만 우리는 베르카우어가 하나님의 형상을 이것에만 국한시키는 것에 반대하고 대신 그 형상 안에 있는 사랑은 본질적이며 필수적인 것이라고 주장한다. 사랑 안에서 살지 않는다면, 진정으로 아무도 하나님의 형상일 수 없다. 우리는 사랑하기 위해서 부르심을 받았다. 왜냐하면 우리는 하나님의 사랑으로부터 존재하게 되었고, 그 사랑에 의해서 새롭게 지음 받았기 때문이다(참조. 요 3:16). 하지만 우리가 다루어야 할 사항이 더 있다.

개혁교회 교의학

우리는 이 점과 관련해서 두 가지 추가적인 문제에 주목하고자 한다. 첫 번째 문제는 해방(emancipation)과 관련된 문제다. 우리 시대는 이 문제에 대해 많이 논의했고, 해방을 실현하기 위해서 온갖 수고를 아끼지 않았다. 사람들을 해방시키려고 온갖 프로그램이 만들어졌으며 또한 전개되었다. 사람들이 이와 같은 해방 개념에 대해 어떻게 생각하든지 간에, 그 문제 자체는 우리가 간략하게 제시한 구조 안에서 긍정적으로 인식된다. 사람들이 사랑에서 자유를 경험할 때, 그들은 사랑이 없는 속박에서 해방된다. 이 속박에는 여성에 대한 남성의 권위주의적 태도도 포함되어 있다. 또한 이 속박에는 사회관계와 피부색, 성별 또는 사회적 지위에 근거한 차별도 포함되어 있다. 지금 우리가 제시한 목록이 결코 완벽하지는 않다.

사랑은 성장하고 성숙해가도록 권면해준다. 사랑은 발전하고 앞을 향해서 나아가도록 도와준다. 이런 사랑의 관점과 성경적 자유라는 틀 안에 기초한 해방은 긍정적으로 이해되어야 한다. 그것은 지금 여기서 논의되고 있는 자유의 실현이다.

또한 인간론적 자유를 절대화하는 것에서 주도되는 해방 운동도 있다. 이 운동은 하나님이 진정한 아버지시라는 것을 무시한 채 전개된다. 이것은 하나님 아버지를 거부하면서 생겨난 허무감을 채우려는 시도다.

그리스도인들은 다음 사실을 부인할 수 없다. 곧 비그리스도인과 비교회가 중심이 된 다양한 운동은 때때로 현실에서 부당하게 일어나는 자유의 결핍을 날카롭게 간파했다. 우리는 유럽과 북미와 남미에서 일어났던 사회 운동을 머릿속에 떠올릴 수 있다. 비록 이런 운동을 이끌었던 지도자들이 그리스도인들은 아니었지만, 그들의 비판은 정당했다. 다른 원리들에 기초해서 살아가는 이들도 죄와 상처를 지적할 수 있다. 그리스도인들은 당연히 그와 같은 지적에 주목해야 한다. 가장 중요한 것은 다음과 같은 것이다. 곧 우리는 사랑에 거하는 자유를 반영하는 해방을 추구한다. 이런 이해는 하나님이 우리에게 요구하신다는 이해를 회피하지 않는다. 하나님이 정하신 규범과 틀에서 그 자신을 분리한 해방은 새로운 형태의 노예 상태로 이어진다.

우리는 이와 관련해서 새로운 형태의 차별에 관한 벤철의 진술을 노르트흐라프가 언급한 것을 독자들에게 상기하고자 한다. 곧 부모가 되려는 자연스러운 갈망은 권력이나 높은 지위를 얻으려는 욕망에 의해서 억제된다. 그 대신에 자기 삶의 목표를 가족에서 찾고 자기 삶의 우선순위를 어머니가 되는 것에 두는 여인은 무시당한다(Noordegraaf, 1990, 43). 이런 형태의 해방은 노예 상태로 이어질 뿐만 아니라 실질적으로 자유가 부재한 형태의 해방이며 늘 투쟁해야 하는 영속화된 노예 상태다.

또한 우리는 판 헨네프(Van Gennep)의 『잃어버린 아버지가 돌아오다』(*De terugkeer van de verloren Vader*)를 언급하고자 한다. 왜 아버지를 잃어버렸다고 말할까? 우리가 그를 잃어버렸기 때문인가? 아니면 그가 (탕자의 비유에 나오는 작은 아들처럼) 스스로 멀리 떠나버렸기 때문인가? 판 헨네프가 전달하고자 하는 메시지는 분명하다. 그 아버지는 오직 그의 아들과 딸들의 자율권을 보장하기 위해서 돌아올 수 있고 돌아올 것이다.[60]

이것은 그 문제가 발생한 방식이 아닌 다른 용어로 그 문제를 다시 진술하는 것을 의미한다. 어쨌든 자녀들이 아버지를 잃어버린 이유는 바로 자율권에 있다.

하지만 우리는 문제를 뒤집어서는 안 된다. 자녀들이 아버지를 잃어버린 것은 바로 자녀들의 잘못에 기인한다. 만약 우리가 "잃어버리다"라는 단어를 사용한다면, 그것은 아버지가 아닌 자녀들에게 적용되어야 한다.[61]

성경적인 의미에서 자유는 선물이자 책임이다. 하나님의 사랑의 흔적이 없다면, 자유는 생각될 수 없다. 우리는 해방과 관련해서 다음 두 가지 질문을 제기할 필요가 있다. 곧 무엇으로부터의 해방인가? 또한 무엇으로의 해방인가? "자유"라는 용어와 마찬가지로, 해방이라는 개념도 똑같이 미혹하고 속이는 함의들을 지니고 있다. 해방은 선을 위해서만 사용되고 그것에만 적용되어야 한다. 그렇지만 그것은 악을 위한 한 가지 세력이 될 수도 있다. 해방이 악을 위한 세력이 된다면, 그것은 죄악을 발생시킬 수 있다. 나아가 그것은 다른 죄를 만들어내기도 한다. 따라서 이 점을 분별하는 것이 중요하다.[62]

---

60 이 표현에 대해서 F. O. van Gennep, 『잃어버린 아버지가 돌아오다』(*De terugkeer van de verloren Vader*), Baarn, 1988을 보라. 또한 그 책에 대한 반응으로서 다음 논문집을 보라. 『잃어버린 아버지의 비유』(*De gelijkenis van de verloren Vader*), 1991.

61 앞서 언급한 논문집 138-151에 실려 있는 W. H. Velema의 다음 기고문을 보라. "오늘날의 문화 안에서의 그리스도인들과 교회의 위치"(*De plaats van Christenen en kerk in de moderne cultuur*).

25.3. 사회적 존재로서의 인간[63]

1. 우리는 다음 두 가지 주제에 대해 다루고자 한다. 첫째, 인간은 남성과 여성으로 존재한다는 것, 곧 **성**(sexuality)에 대해서 다룰 것이다. 둘째 더 광범위한 측면에서 사람들이 함께 사는 삶, 곧 **사회성**(sociality)에 대해서 다루고자 한다.

우리는 칼 바르트가 하나님의 형상을 오로지 남성과 여성으로 존재하는 인간으로 표현했다는 사실을 이미 살펴보았다.[64] 우리는 바르트의 신학을 특징짓는 강력한 언약의 관점에서 이런 일방적인 관점을 해석한다. 바르트의 견해에 의하면, 언약은 예수 그리스도를 통한 창조에 의해서 맺어진 하나님과 인간 사이의 관계다(또한 참조. § 14.3). 바르트의 입장에서 이 언약 관계를 하나님의 형상의 독점적인 내용으로 만드는 것은 대담하고 예리한 조치다. 남편과 아내는 자신들의 결혼 언약에서 이런 관계를 반영해야만 한다. 바르트의 해석이 가진 문제는 결혼으로 이루어진 남편과 아내에게만 한정되지 않는다는 데 있다. 그는 하나님의 형상을 주저 없이 인간들 사이의 관계로 확대한다(Berkouwer, 1962, 72 이하). 이것은 놀라운 게 아니다. 바르트의 신학에서 관계와 관련된 사고가 우위를 차지하기 때문이다. 창조로부터 얻는 지식은 바르트에게 부차적인 역할을 한다. 언약 관계가 우위를 차지한다. 이렇게 우리는 남편과 아내의 관계로부터 인간 상호

---

62 해방과 세속화에 대해 앞서 언급한 논문집에서 다음 논문을 보라. J. Verkuyl, by H. Berkhof, "해방, 세속화 및 교회의 선교"(Emantipatie, secularisatie en de zending van de kerk). 이 논문은 이제 다음 책에 포함되어 있다. H. Berkhof, 『다리와 교두보들』(*Bruggen en bruggehoofden*), 1981, 176-188. 이 논문에서 Berkhof는 1965년의 Verkuyl의 취임 강연에 반응한다.

63 역사적·문화적·사회적 존재로서 인간에 대해 광범위하게 다루는 것은 Niebuhr, 1957, 특히 제2장에서 발견할 수 있다. 인간학에 대한 더 최근의 입문서로서 Thielicke, 1976 및 Pannenberg, 1983, 특히 제2장 및 3장을 참조하라. 그리고 인간학에 대해 더욱 평이하게 소개하는 것으로서 Noordegraaf, 1981을 보라.

64 Barth, *C.D.*, 3.1.186; Van Niftrik, 1951, 218 이하.

관계로 변화하는 것에서 바르트 신학의 전체적인 긴장이 표현되는 것을 알 수 있다. (남자와 여자로) 창조된 것은 (사람들 사이의) 언약에 종속된다.

우리는 하나님의 형상이라는 개념의 관점에서 인간 존재들의 관계, 곧 다른 사람과 맺는 관계를 바라보아야 한다고 주장했다. 이후 이 관계는 결혼으로 이루어진 남편과 아내 사이의 특별하고 배타적인 관계에 적용된다. 하지만 이 결혼 관계는 하나님의 형상이라는 개념이 유일무이하게 적용된 것이 아니다. 그것은 하나님의 형상이란 개념을 다른 사람들과 맺는 관계에 적용한 것에 포함된 하나의 측면이다. (인간의) 전체성은 인간이 이 땅에서 하나님을 어떻게 대표하는지를 잘 보여준다.

첫째, 이것은 남성과 여성이 동등한 가치를 갖고 있다는 사실을 함의한다. 우리는 이런 맥락에서 가치의 동등성이라는 용어에 대해 살펴보고자 한다. 남성과 여성은 다양한 차이점을 지니고 있으므로 서로 구별되지만 그럼에도 동등한 가치를 갖고 있다. 여성은 암컷이고, 남성은 수컷이다. 그들은 신체 조건 및 특성과 관련해서 서로 다르다. 하지만 이것은 남녀가 동등한 가치를 지니고 있다는 것을 결코 손상하지 않는다. 바울은 다음 두 가지 측면을 모두 존중한다. 그는 아담이 먼저 지음을 받고 그다음에 하와가 지음을 받았다고 말한다(딤전 2:13). 또한 그는 갈라디아서 3:28에서 남녀평등을 강조한다.

벤첼은 성경이 여성 차별에 대해서 전혀 알지 못한다고 주장한다 (*Dogm.*, 3a:634). 우리는 특히 남자와 여자 모두 하나님의 형상대로 지음을 받았다는 사실을 강조하고자 한다. 남녀가 차별이 없다는 원리는 바로 하나님의 형상이라는 것에 기초한다. 그것은 문화 명령도 포함한다.

벤첼(*Dogm.*, 3a:636 이하)은 페미니즘과 우리가 근본주의라고 부르는 것의 중간 입장을 추구한다. 그가 제시하는 해결책은 일반 규칙(예를 들면, 남편과 아내 간에 서로 합의된 사항들)과 그 시대의 풍습에 이 일반 규칙을 적용하는 것을 구별하는 것이거나(3a:637) 또는 리델보스가 질서 그 자체와 다양한 문화에 그 질서를 표현한 것이다(Ridderbos, *Paul*, 460-463).

그럼에도 벤철은 자신의 입장을 독자들에게 알려주지 않는다. 이것은 여성도 그리스도의 교회에서 목회자 직분을 가질 수 있는가라는 물음과 관련해서 분명해진다(3a:632-637). 벤철이 이 문제의 해결책을 찾기 위해서 제시한 일곱 가지 고려 사항에 비추어볼 때, 우리는 그가 남성과 여성은 어떤 근본적인 차이점을 가진 것으로 계속 이해했다고 결론을 내린다. 하지만 이런 이해는 그가 그리스도의 교회에서 여성이 목회자 직분을 갖는 것을 거부했다는 것으로 이어지지는 않는다. 하지만 우리는 벤철이 제시하는 차이점이 지니고 있는 실질적인 함의들을 추측하기가 어렵다. 이 차이점은 적어도 타당성 있는 기능을 수행하지 못한다.[65]

2. 남녀평등과 남녀 간의 차이점은 성경적 개념으로 다음과 같이, 곧 "그(아담)를 위하여 **돕는 배필**(ezer, 창 2:18)이라고 표현된다. 하나님 자신도 이스라엘을 도우시는 분이라고 불리기 때문에(참조. 시 121:1-2; 146:5), 도움을 주는 대상이 도움을 받는 대상보다 열등하다고 설명할 수는 없다. 오히려 정확하게 말하면, 도움을 받는 이스라엘은 도움을 주시는 하나님보다 열등하다.

"돕는 배필"은 남자와 여자가 서로 보완해주고 지원해주는 관계라는 것을 말한다. 하나님과 인간의 관계에서는 하나님만이 도움을 주신다. 물론 인간들 간의 관계는 이와 다르다.

창세기 2:18에 나오는 "그를 위하여 돕는 배필"이라는 구절은 결국 우리가 결혼의 "대헌장"이라는 불리는 것이 된다. 결혼 관계에서 상대방의 배필이 되는 일은 매우 배타적인 혹은 독점적인 내용으로 채워진다. 그것은 세 개의 동사로 표현된다. 곧 남자는 아버지와 어머니를 떠나서, 그의 아내와 결합하여, 한 몸을 이룬다(창 2:24). 오스터호프는 "한 몸을 이루는

---

[65] Wentsel의 견해가 지니고 있는 다양한 측면에 대한 논의를 참조하라. Noordegraaf, 1990, 43은 M. H. Bolkestein의 입장을 따른다. 또한 이 논의 전반에 대해 로마 가톨릭 신학에서의 입장을 알려주는 것으로서 다음 논문집을 보라. Schneider (ed.), 1989.

것"은 **전체적으로** 남편과 아내라는 부부 관계에 적용된다고 주장했다. 따라서 그것은 신체적인 것뿐만 아니라 영적인 것에도 적용된다. 오스터호프는 마태복음 19:5의 예수의 말씀을 언급하면서 다음과 같이 주장한다. 곧 혼인한 부부는 더 이상 두 명의 개인으로 존재하지 않을 정도로 서로의 소소한 부분까지 관련을 맺는다. 곧 그들은 "더 이상 자유롭고 독립적인 개인으로 서로 마주보고 서 있는 게 아니라, 서로 완전히 의존하며, 서로 완벽하게 결합되어 있다"(Oosterhoff, 1972, 161).

마태복음 19:5이 자손에 대해 언급하지 않는다는 점은 주목할 만하다. 여기서 자녀를 갖는 것은 명백하게 언급되지 않는다. 따라서 우리의 해석에 의하면, 이것은 남편과 아내 사이의 성관계가 전적으로 자녀를 낳는 것만(생육의 측면)을 의미하지 않는다는 것을 의미한다. 창세기 1:28은 사실상 이것을 언급한다. 반면에 창세기 2:24은 이 점을 말하지 않는다. 만약 우리가 창세기 2:24을 결혼에 대한 규정으로 받아들인다면(이 구절은 신약성경에서 여러 곳에서 나타남) 성관계는 오직 자녀를 낳기 위해서 이루어지는 것만은 아니다. 그것은 남편과 아내의 관계에서만 이루어지는 고유한 일이다. 바울은 고린도전서 7:3에서 이 점을 언급한다.

남편과 아내가 완벽하게 동등한 가치를 갖고 있다는 사실은 주목할 만하다. 칼뱅은 고린도전서 주석에서 이 구절과 관련하여 남편과 아내가 완전히 동등한 가치를 가졌다고 말하는데, 그것은 주목할 만하다. 그는 결혼 언약을 신실하게 지켜야 하는 것을 분명하게 언급하지만, 그는 이것보다 우선 잠자리의 하나 됨(*coniunctio*)을 먼저 언급한다. 그의 말은 의심할 여지없이 남편이 아내의 몸을 지배할 수 없다는 것을 의미한다. 남편과 아내는 상호 호혜적 관계로 결합되어 있다.

성에 대한 칼뱅의 관점을 새롭게 이해한 내용을 살펴보고자 한다면, 크네이프(De Knijff, 1987, 174-181)의 연구서를 보라. 그는 우리가 성에 대한 개념들의 혁신에 대해 말할 수 있다고 지적한다. 이것은 독신을 선호하는 것에 대한 정당화를 배제한다. 결혼은 정상적인 것이고, 특히 종교적인 측면을 참으로 갖고 있다. 또한 이것이 가정의 역할을 결정한다(그리고 크네이프의 연구서의 180 이하에서 제시된 훌륭한 요약을 참고하라).

3. 우리는 **인간이 다른 사람들하고 함께 살아가면서 사랑하도록 부름을 받았다**는 사실을 강조하고자 한다. 구약성경에서 기원하는 사랑에 대한 명령은 예수 그리스도의 인격과 사역 안에서 가장 높고 넓고 깊은 계시에 도달한다(요일 4:11).

사랑에 대한 명령은 예수 그리스도 안에서 우리에게 계시된 하나님의 사랑에 근거한다(요 3:16). 이것은 사랑으로 함께 살고 있는 사람들에게 가장 중요한 근거다. 이것은 남편과 아내의 모든 관계를 포함한다. 어떤 에로틱한 측면들이 이것에 포함되어 있든지 간에 말이다. 교회를 향한 그리스도의 사랑이 이제는 결혼 관계의 근본 원리다(엡 5:25-28). 분명히 이 사랑은 결혼 관계에서뿐만 아니라 그 관계를 초월해서 남자와 여자의 평등을 강조한다. 에로스는 아가페 같은 사랑에 의해 밀려나거나 일소되면 안 된다. 노르트호라프(1990, 106)의 표현을 빌려서 말하자면, 에로스는 아가페에 의해서 퍼지고 견고해진다. **아가페**는 결혼 관계를 초월해서 사람들 간(남성과 여성)의 관계의 특징을 나타내준다는 사실은 주목할 만하다. 이것은 남편과 아내의 관계가 어떻게 사회를 보여주어야 하는지도 함의한다. 결혼 관계는 특별한 사건이다. 그것은 유일무이하며 배타적인 특성을 지니고 있기 때문이다.

이 사랑은 자비와 공의를 대신하는 게 아니다. 이것은 자비와 공의를 잠정적으로 대신하는 일종의 응급조치가 아니다. 아가페는 결코 자비와 공의를 대신할 수 없다. 사랑은 자비와 공의 안에서 자기의 참 모습을 드러낸다(참조. 마 6:33; 25:31-46). 사랑은 자비와 공의를 구체적으로 나타낸다. 자비와 공의는 사랑에 의해서 실현된다.

그리스도의 교회는 이 사랑을 구체적인 섬김을 통해서 반드시 실천해야만 한다. 특히 우리는 교회의 구성원들에게 이 사랑을 최대한 실천해야만 한다. 그뿐 아니라 우리는 교회 바깥에 있는 사람들에게도 사랑을 실천해야만 한다. 이는 그리스도의 교회가 지상에서 선교한다는 것을 알리는 것이고, 하나님의 사랑을 가지고 이 세상에 적극적으로 참여한다는 것을 보여주는 것이다.

교회는 교회 바깥에서 일어나는 다양한 형태의 도움을 하나님이 모든 사람에게 선을 베푸신다는 표지로 이해할 것이다. 또한 이런 선은 사람들이 예수 그리스도 안에서 하나님 자신을 알지도 인정하지도 않는 곳에서 경험되고 실행된다.

이 사실은 우리가 그리스도 안에서 하나님의 사랑을 모든 이웃 사랑과 섬김의 원천으로 계속해서 강조하게 한다. 하나님의 형상인 그리스도가 우리를 하나님의 형상에 일치하도록 만든다. 우리는 이 복음적 토대가 사라진 곳에서도 하나님이 원래 의도하신 잔여물을 여전히 만날 수 있다. 그런 활동의 모든 토대와 영감 및 목적은 인간에게 남아 있다. 인간은 반드시 그것을 실천해야만 한다. 오직 인간만이 그런 일을 할 수 있다. 불행하게도 우리가 이번 장에서 **하나님의 사람**(the man of God)에 대해 제시한 모든 것이 부족하다. 이것은 하나님의 사람의 모호하며 단편적이며 잠정적인 특성을 드러내준다. 하지만 우리는 다른 확실한 근거를 갖고 있다. 우리는 결코 감소하지 않는 영감의 원천을 갖고 있다. 그것은 다음과 같은 선을 실천하라는 그리스도인과 그리스도의 교회의 소명이다. 곧 그것은 우리가 다른 사람과 맺는 관계에서, 그리고 결혼 관계와 그것을 초월한 관계에서, 또한 자기 가정에서 가깝고 먼 곳에서 다시 한번 하나님의 형상이 되라는 소명이다.

4. 또 다른 질문은 과연 우리는 **우리 자신을 사랑하는** 것에 대해 합법적으로 말할 수 있는가이다. 성경은 이 질문에 대해 긍정적으로 대답한다. 자기 자신에 대한 사랑은 비난 받지 않는 사실로서 성경의 여러 곳에서 전면에 등장한다. 우리는 마태복음 22:39, 로마서 13:9, 갈라디아서 5:14 및 야고보서 2:8 등을 예로 들 수 있다. 그리고 이 모든 구절은 레위기 19:18에 기초한다. 또한 다윗과 요나단의 우정도 자기 사랑에 대한 하나의 실례

다(삼상 18:1, 3: "요나단이 그를[다윗을] 자기 생명 같이 사랑하니라").

그러므로 이 질문을 다음과 같이 표현하는 것이 더 좋다. 곧 사람은 반드시 자기 자신을 사랑해야만 하는가? 과연 그것은 하나의 명령인가? 적어도 인간은 저마다 자기 자신과 관계를 맺고 있다고 말할 수 있다. 이것은 인간의 자기의식에서 드러난다. 우리는 헤인스(*Dogm.*, 1978, 134)를 따라서 자기에 대한 지식, 자기비판, 자기 발전 등과 자기만족 및 자아 존중에 대해 생각해보고자 한다. 이 단어들은 인간이 저마다 자기 자신에 대해서 숙고하고 판단하며, 자기 자신을 격려하고 자기 자신에게 말하며, 또한 동기를 부여한다는 것을 가리켜준다. 또한 때때로 인간은 자기 자신을 잊어버리고 속이며, 자기 자신에게 상처를 입히고, 또한 심지어 죽이기까지 한다는 것을 알려준다.

우리는 자기 자신과 맺는 이 관계를 "나와 너"의 관계라고 묘사할 수 있을까? 이 모든 용어들이 "자기"를 포함하는 합성어들이라는 사실은 주목할 만하다. 따라서 자기 자신과 맺는 관계는 "나와 너", "나와 그것"의 관계가 아니라 "나와 자신"의 관계다. 나는 다른 모든 사람과 다른 존재이기 때문에, 나 자신은 결코 "너"가 아니다. 따라서 나-자신을 나-너와 비교하려는 모든 시도는 성립되지 않는다. 나-자신의 관계에는 나-너의 관계와 근본적인 의미에서 서로 다른 어떤 관계가 들어 있다. 그렇지만 우리는 자기 자신을 판단한다는 것에 대해서 또는 자기 자신에게 책임을 지고 있다는 것에 대해서 말할 수 있다. 자기에 대한 지식은 내가 나 자신 바깥으로 발을 내디딜 수 있고, 나 자신에 대해 숙고할 수 있으며, 또한 나 자신을 변호할 수 있다는 것을 전제한다. 동물은 이와 같은 것을 할 수 없다. 동물에게는 자의식이 없고, 오직 의식만 있기 때문이다. 우리의 자의식은 우리가 다른 사람들에게만 책임이 있는 것이 아니라 우리 자신에게도 책임을 진다는 것을 함의한다. 자기 자신을 위해서 또한 자기 자신에 대해서 책임이 있는 사람은 자기 자신에 대해서 설명할 수 있어야 한다. 사실상 자기의식의 최고의 형태는 당신이 하나님이 주신 선물로 자기 자신을 받아들이는

것이다. 따라서 인간은 자기 자신에 대해서 책임뿐만 아니라 의무도 지닌
다(참조. Velema, 1988, 140-150).

어떤 이들은 이 개념을 받아들이지 않는다. 왜냐하면 그들은 자기 자신
에 대한 사랑이 자기 부인 및 자기희생과 서로 양립할 수 없다고 간주하기
때문이다. 그 증거로서 그들은 마태복음 10:39과 요한복음 12:25을 예로
든다.

그러나 이 반대는 옳지 않다. 우리는 그릇된 성품에서 비롯되는 자기
사랑과 관련해서 반드시 자기를 부인해야 한다. 하지만 하나님의 창조물
로서 인간은 자기 자신을 미워해서는 안 된다. 심지어 이것은 하나님의 명
령에도 어긋난다. 인간은 자기 자신 안에 있는 죄와 자신의 죄악된 마음을
반드시 미워하고 또한 그것에 대항해야만 한다. 옛 성품은 벗어버려야만
한다. 성경에서 자기 자신에 대한 사랑은 언제나 하나님 사랑과 이웃 사랑
이라는 맥락에서 언급된다는 것은 매우 주목할 만하다. 우리 자신에 대한
사랑이 하나님 사랑과 이웃 사랑이라는 관계로부터 멀어져서 그 자체가
절대화될 때, 우리는 이런 자기 사랑을 우리 자신에 대한 그릇된 사랑이라
고 말한다. 자기에 대한 그릇된 사랑은 하나님과 이웃에 대한 사랑을 희생
하는 데서 비롯된다.

그뿐만 아니라 우리는 다음과 같이 말할 수 있다. 곧 어떤 사람이 자기
자신이 아니라면, 그는 "나"가 아니며 "나"로서 기능할 수도 없다. 어떤 사
람이 하나님과 이웃에 대한 사랑을 희생시킨 채 자기 자신을 더 사랑한다
면, 루터의 표현을 빌려서 그에 대해서 말한다면, 그는 자기 자신 안으로
기울어진 사람(*incurvatus in se*)이다. 이것은 오직 자기 자신에게만 이기주
의적으로 초점을 맞추는 것이다.

나 자신에게 적용되는 것은 내가 지니고 있는 것, 곧 재능, 가정, 친척,
재산 및 문화 등에도 똑같이 적용된다. 어떤 사람이 다른 사람들을 희생시
킨 채 이와 같은 모든 측면에서 자기 자신만을 추구한다면, 그는 하나님이
주시는 것을 남용하는 것이다. 반면에 어떤 사람이 이와 같은 요소들을 하

개혁교회 교의학

나님의 선물로 받아들이고 자기 자신도 그것들을 즐기며 또한 다른 사람들과 함께 나눈다면, 그는 그것들을 올바르게 사용하는 것이다. 우리는 다른 사람들과 나누기 위해서 무엇인가를 소유해야만 한다. 어떤 사람이 자신이 받은 모든 것을 오직 자기 자신만을 위해서 보관하고 있다면, 그의 자세는 **자기 자신 안으로 기울어진** 것이다. 나아가 그는 그것을 통해서 죄를 짓는 것이다. 또한 여기서도 판단 기준은 다음과 같다. 곧 과연 우리는 우리에게 맡겨져 있는 것으로 [하나님과 다른 사람들을] 섬기기를 원하는가이다. 이것은 우리에게 청기지 직분을 균형 있게 수행할 것을 요구한다.

앞서 언급한 자아상에 대한 개념은 오늘날의 심리학에서 중요한 탐구 대상이다. 우리는 활기찬 자아 발전을 위해서 이 개념을 중요한 것으로 간주한다. 이 자아 발전은 양육, 교육 및 자아 형성에 의해서 도움을 받아야만 한다. 어떤 사람이 이 자아상에 대해서 어떻게 생각하고 글을 쓰는지는 중요하다. 앞서 말한 것에 비추어서, 우리는 자율적인 자아상을 거부한다. 또한 우리는 성령의 도움을 받지 않고 사람들이 자기 스스로 자신들의 운명을 성취할 수 있다는 견해를 반대한다. 이와는 반대로 성령은 그의 권능으로 사람들이 자신들이 가야 할 길을 찾아가도록 이끌어준다.

다음 사건들은 자아상의 핵심적 부분을 형성한다. 곧 인간은 죄로 말미암아 하나님을 반역했고, 그분의 명령에 불순종했으며, 또한 이웃을 올바르게 사랑하는 데 실패했다. 죄악의 성향을 지니고 있는 자아에게 초점을 맞추는 것은 하나님과 자기 이웃을 속이는 것을 암시한다. 하지만 예수 그리스도를 믿고 성령이 자기 안에 거하는 사람은 새로운 창조물이다. 그는 자기 자신을 죄에 대해서는 죽은 사람이지만, 그리스도 안에서 하나님에 대해서는 살아 있는 사람으로 여겨야 한다(참조. 롬 6:11). 이것은 단순히 이론이 아니다. 신자들에게 이것은 성령 안에서 실재다. 이것은 어떤 사람이 예수 그리스도와 자신의 관계에 기초하여 믿음 안에서 자기 자신에 대해 선언하는 하나의 판단이다.

불행하게도 성령 안에서의 실재가 신자들이 처한 현실적인 상황을 모두 말해주는 것은 아니다. 신자들 안에는 여전히 죄의 권세가 남아 있으며, 심지어 그것이 강력하게 작용하기도 한다. 그래서 바울은 로마서 6:12에서 "그러므로 너희는 죄로 너희 죽을 몸을 왕노릇하지 못하게 하여 몸의 사욕을 순종치 말고"라고 말한다. 죄에 대해 죽었다는 표현이 지금 죄 자체가 사실상 죽었다는 것을 암시하지 않는다는 사실은 주목할 만하다. 만약 죄가 실질적으로 죽었다면, "죄로 너희 죽을 몸을 왕노릇하지 못하게 하라"는 것은 더 이상 문제점을 제공하지 않는다. 그러므로 신자가 지니고 있는 자아상은 성령 안에서의 실재가 날마다 죄에 대항하며 그것과 싸우는 것을 통해서 반드시 그 능력을 보여주어야 한다는 사실을 포함한다.[66]

후크마는 형상의 파괴와 새로워짐에 대한 책을 저술했다(1986, 104-111). 하지만 우리는 "옛 사람"과 "새 사람"이라는 용어들을 사용하는 것을 선호한다. 비록 우리가 옛 사람을 벗어버리라고 부름 받았지만, 우리는 새로워진 사람 안에 옛 사람과 새 사람이 동시에 존재하는 것으로 이해한다. 우리는 우리의 죄악 된 성품을 날마다 부인해야 한다. 또한 새 사람이 되었다는 것은 선한 것들을 선택한다는 것을 의미한다. 또한 § 42.2을 보라.

25.4. 인간과 환경

1. 칼뱅은 창세기 2:15에 대한 주석에서 인간을 청지기라고 말한다. 하나님이 우리에게 누리도록 주신 물질적인 소유물과 관련해서, 칼뱅은 검소와 근면에 대해 말하면서 인간을 청지기라고 말한다. 이것은 청지기 직분에 대한 칼뱅의 견해에서 특징적인 것이다. 청지기 직분은 우리가 하나님

---

66 "성령 안에서의 실재"(pneumatic reality)라는 용어에 대해서 Velema, 『그리스도의 형상을 닮기』(*Aan Christus gelijkformig*), 1988을 보라.

에게서 받은 것을 절도 있고 책임감을 느끼며 헌신적인 자세로 관리하는 것과 관련이 있다.

청지기의 관리는 환경 및 창조세계 전체와 관련이 있다. 곧 그것은 자연과 문화와도 관련이 있다. 문화는 하나님이 우리에게 주신 창조세계 안에 있는 모든 것을 재배하고 사육하는 것을 의미한다. 그것은 우선적으로 땅을 경작하는 것이다. 하지만 "콜레레"(*colere*)라는 라틴어 동사는 이런 의미 이상을 의미한다. 그 단어는 재배하고 보호하는 것 이외에도 치장하고 돌보는 것을 뜻한다. 문화는 더 제한된 의미에서 이해될 수도 있다. 이 경우에 문화는 문명, 발전, 영적 및 도덕적인 삶의 개선, 또한 각각의 측면에서 성취된 문명의 현재 상태 등을 의미한다.[67] 문화라는 단어를 가장 광범위한 의미로 이해한다면, 인간 활동의 모든 측면—신체적·지적·경제적·기술적·학문적·사회적·도덕적 활동—은 문화적 참여에 해당한다.

오늘날 사람들은 인간과 환경 사이의 관계에 대해 많은 문제를 제기했고, 많은 연구서를 출간했다. 우리는 여기서 마넨스케인(Manenschijn)의 연구서(『약탈당하는 지구, 도전받는 하늘』(*Geplunderde aarde gretergde hemel*, 1988)를 언급하고자 한다.

마넨스케인은 "요구된 계획"이라는 제목 아래 몇 가지 설명을 제공해준다. 자연은 인간이 개입하지 않은 상태 그대로 있는 것이다(97 이하). 우리는 이것과 관련해서 **자연 환경**(natural environment)에 대해 말할 수 있다. 사람들이 만들어낸 것은 아니지만, 이 자연 환경은 생명체에 필요한 다양한 조건들에 부합한다.

또한 **인위적 환경**(artificial environment)이 있다. 이 인위적 환경은 인간이 그 안에서 살기 위해 만들어낸 것이다(집, 의복, 도구 및 농경 등).

마지막으로 **사회적 환경**이 있다. 이것은 관습, 법, 도덕 및 종교와 같은 것으로서 인간의 삶과 관련이 있는 제도적 측면이다. 이와 같은 구분들은 성경에서 사용

---

67 Van Dale, 『네덜란드어 대사전』(*Grootwoordenboek der Nederlanse taal*), 1985[11], 545.

되는 용어들을 상당히 확장한 것이다. 성경의 제한된 용어들에 대해서는 후트만 (Houtman, 1982) 및 두마(Douma, 1989)의 연구서를 보라.

성경의 관점에서 알고 있는 두 가지 사실은 오늘날의 문제들에 접근해서 오늘날 제기되는 다양한 질문을 성경과 연결하는 데 결정적으로 중요하다는 것이다.

먼저 인간에게는 명령이 주어져 있다. 동시에 그 명령은 물고기, 새들과 가축 및 온 땅에서 기어 다니는 모든 것을 다스리는 권리이자 특권이다(창 1:26-28). 앞서 이미 언급했듯이, 이것은 시편 8편에서 시적으로 묘사되고 있다. 창세기 2:15에서 경작하며 지키게 하라는 명령은 이것과 직접적으로 관련이 있지만, 다소 다르게 표현되어 있다. 우리는 다스리다 (radah), 경작하다(abad) 및 지키다 또는 돌보다(shamar)라는 세 동사들을 서로 밀접하게 연결해서 이해해야만 한다. 곧 다스리는 것은 경작하고 돌보는 상황에서 발생한다. 경작하는 것과 돌보는 것(지키는 것)은 다스리는 것에 속한다.

이 세 가지 동사들은 인간이 죄로 타락하기 이전의 상황에 적용된다. 이것은 타락 사건 이후에 사람들이 창조세계를 오용한 것은 하나님이 사람에게 주신 명령 안에 분명히 포함되어 있지 않다는 것을 의미한다. 사람들이 창조세계를 올바르게 사용했다면, 이와 같은 오용은 분명히 일어나지 않았을 것이다. 오용은 하나님이 선하게 창조하신 창조세계를 부당하게 사용하는 것이다.

노동은 낙원에 있던 가정에 주어진 하나님의 명령이다. 그것은 죄로 타락한 이후에 처음으로 등장하지 않았다. 돌보는 것은 하나님께 적대적인 세력을 확실하게 물리치는 것이다. 이것은 하나님이 선하게 창조하신 것을 돌보는 것을 의미한다. 다스림, 경작 및 지킴이 서로 결합된 것은 왕이신 하나님의 자녀로서 인간이 창조세계에 대해 가진 임무를 수행하는 것을 포함한다.

창조세계의 착취―그것으로 인한 환경 위기―를 성경적 사실에 돌리는 이론과 관련해서는 스퀴르만(Schuurman)이 저술한 간략하지만 내용이 충실한 소책자 『기술의 낙원』(Het "technische paradies")을 참고하라. 그는 기술만능주의(technicism, 이 용어에 대한 정의는 12에 나온다)가 환경 위기의 이면에 있는 원동력이라고 알기 쉽게 설명한다. 또한 그리스도인들도 자신들이 기술만능주의에 의해서 이끌렸다는 사실을 자각해야 한다.

우리는 그 어떤 경우에도 생태계 위기를 성경적 개념들이 자연 세계에 적용된 탓으로 돌릴 수 없다. 오히려 생태계 위기는 이와 정반대다. 죄인인 인간이 성경의 개념들을 그것들이 가르치는 것과 완전히 다르게 잘못 적용했다. 바로 이것이 환경 위기를 불러왔다. 또한 이것은 다음과 같은 사실에도 함의되어 있다. 곧 *abad*라는 히브리어 동사는 땅을 경작하는 것뿐만 아니라 하나님을 예배하는 것을 가리키는 전문용어다. 그것은 창조세계를 하나님을 섬기는 형식으로 하나님의 명령에 따라서 사용해야 한다는 것을 의미한다.

2. 우리는 이와 관련해서 다음과 같은 질문을 제기할 필요가 있다. 과연 우리는 성경이 가르치는 이런 지식에 기초해서 **문화 명령**(*cultural mandate*)에 대해 말할 수 있을까? 스킬더와 개혁파 교회(Gereformeerde Kerken [Vrijgemaakt])가 이 용어를 처음으로 사용했고 그들의 동료들이 이 용어를 반대했으며, 그 용어가 성경에 근거하는지에 관한 문제를 제기했다. 우리는 지금 지면 관계상 반론들에 대해 자세하게 논할 수는 없다. 다만 인간은 동물의 세계만 다스리는 것으로 계획되었다는 주장은 창세기 2:15에서 확인할 수 있는 책임을 부인하는 것을 함의한다. 시편 8편은 이 문제에 대해 어떤 것도 말하지 않는다는 생각은―이 시편은 그리스도만이 오직 그것을 성취한다고 생각하기 때문이다―그리스도에게만 이 시편이 적용된다는 것을 전제한다. 하지만 이것은 시편 8편을 매우 협소하고 부당하게 해석한다는 것을 드러내준다.

우리는 문화에 대한 스킬더의 전반적인 개념을 받아들이는 것을 원하지 않는다. 비록 우리가 창조세계를 다스리는 것도 하나님의 형상으로서 인간에게 주어진 명령의 일부분이라고 인정하지만 말이다.

우리는 창세기의 시작 부분에서 하나님이 인간에게 땅을 경작하고 지키며, 후손을 통해 역사를 만들라고 주신 명령을 읽을 수 있다. 우리는 창세기의 처음 몇 장이 문화에 대한 광범위한 이론을 제시한다고 기대할 수 없다. 하지만 우리는 여기서 창조세계 안에서의 인간의 위치와 그것에 관한 인간의 통치를 나타내주는 본질적인 요소들을 만난다고 말할 수 있다. 이 명령의 실행에는 한계가 있다. 이 땅은 하나님의 창조물이다. 우리는 그것을 망가뜨려서는 안 된다. 비록 인간이 왕이신 하나님의 자녀로서 창조세계의 중심에 있지만, 그가 규범은 아니다. 그는 규범으로서의 하나님의 명령에 순종해야 한다. 이 명령의 실행을 묘사하는 데 필요한 용어들을 찾고자 하는 이들은 다음과 같은 표현들을 사용해야 한다. 곧 감사함으로 사용하라, 발전시켜라, 배려하는 마음으로 돌보고 지키라. 다시 말해서 하나님을 섬기고 창조세계를 동등하게 대하라.

오늘날 특정 집단들은 문화 명령을 수정하는 것으로서 **자연 명령**(*nature mandate*)에 대해 말한다.[68] 우리는 이 자연 명령에 대해 두 가지 기본적인 반대 의견을 제시한다. 첫째, 이른바 문화 명령은 정의에 의하면 자연과 관련된 명령이다. 문화는 자연에서 비롯된다. 둘째, 방금 앞서 언급한 것을 거꾸로 말하는 것이다. 곧 누구든지 자연과 더불어 일하는 사람은 그것을 경작하고, 그것을 지키고자 한다. 또한 자연과 더불어 어떤 일을 하든지, 그는 자연과 더불어 문화적인 일에 참여하는 것이다. 따라서 자연 명령과 문화 명령을 서로 대조하는 것은 결코 지지받을 수 없다. 자연과 관련된 명령은 문화와 관련된다. 그리고 문화는 자연에서 비롯된다. 따라서 인

---

68 F. Pansier, "문화 명령과 성경"(Cultuurmandaat en de Schrift), in *Cultuurmandaat* (Amersfoorte Studies No 6), 5-17. 또한 이 간행물에는 다른 참고 문헌들도 포함되어 있다.

간에게는 오직 하나의 명령이 주어져 있다. 이 명령에는 두 개념이 있으며, 그 두 개념은 그 명령에서 각각의 고유한 위치를 차지한다.

하지만 이 문화 명령은 또 다른 측면을 지닌다. 자연은 경작하라고 인간에게 주어졌다. 그것에는 신적인 것이 아무것도 없다. 한때 성행했던 고대 이교주의의 자연 숭배는 오늘날 자연에 대한 범신론적 신비주의의 형태로 되돌아왔다. 뉴에이지 운동은 냉철한 합리주의를 반대하며 인간과 세상을 하나의 전체로 간주한다. 뉴에이지 운동에서 자연은 신성화되었다. 인간은 자연의 일부다. 이것은 인격적이신 하나님, 하늘과 땅의 창조자, 예수 그리스도의 아버지를 포기함으로 말미암아 생겨난 공백을 채우려는 시도다. 뉴에이지 운동은 전형적인 후기 기독교 시대에 고대의 이교주의가 다시 살아난 것에 지나지 않는다.[69]

창조세계와 관련한 명령 개념은 우리가 자연을 올바르게 이해하도록 해준다. 곧 하나님이 자연을 창조하셨다. 우리는 다음과 같은 것을 명심해야만 한다. 곧 창세기에 의하면 천체는 사계절을 주관하면서 인간을 섬기도록 창조되었다. 더 나아가 우리는 창세기 1:26-28과 2:15에서 살펴보았던 것처럼, 인간은 자연을 경작하고 지키며 통치하도록 부름 받았다. 인간과 자연의 차이점은 창세기의 처음 몇 장들에서 분명하게 드러난다. 우리는 그런 차이점이 하나님과 사람 간의 차이점을 반영하는 것이라고 말할 수 있다(우리가 시편 8편과 관련해 § 23.2에서 제시한 것을 보라).

3. 우리는 이와 관련해서 **세속화**(secularization)에 대해서도 언급할 필요가 있다. 세속화는 사실상 하나님의 절대 주권에서 벗어나려는 운동이다. 이것은 세상에 대한 하나님의 주권을 인정하지 않는 것을 의미한다. 물

---

69 이 운동에 대한 비판적인 논의에 대해 다음 연구서들을 참조하라. P. J. van Kampen, 『서클과 십자가』(*De cirkel en het kruis*), 1989; 『뉴에이지 운동』(*De New Age beweging*), 1989.

론 우리는 다음과 같은 의미에서도 세속화에 대해 말할 수 있다. 곧 세속화는 창조세계에서 나오는 신성한 분위기를 제거하고(비신성화) 우상숭배의 지배로부터 자연 세계를 해방해서 그것을 창조물로 만드는 것이다.

하지만 세속화에는 실재의 비신성화로 이어지는 기독교 신앙의 영향보다 그 이상의 것이 있다. 세속화는 계몽주의의 산물로서 창조세계를 우상으로 숭배하는 것을 거부할 뿐만 아니라 하나님의 통치도 거부한다. 특히 스퀴르만(Schuurman)은 문화 철학을 다루는 자신의 책에서 과학과 기술만능주의 이면에 있는 영적 원동력을 밝힌다. 그는 이와 관련해서 기술만능주의에 대해 말한다.

우리는 다음과 같은 주장을 하면서 우리의 판단을 요약하고자 한다. 곧 세속화는 하나님 대신에 인간을 창조세계의 왕으로 높인다. 결과적으로 창조세계를 감사하는 마음으로 사용한다는 개념은 약화되었다. 그것은 어떤 한계도 인정하지 않는 자기중심적 체제로 대치되었다. 성경은 바로 이것에 대해 경고한다. 성경의 메시지에도 불구하고, 의심의 여지없이 이와 같은 우상숭배 체제에 굴복한 그리스도인들이 있다. 노르트흐라프는 이 점에 대해 (정확하게) 확인해준다. 곧 기독교 신학은 대체로 창조세계에 대한 보존이라는 개념보다 경작이라는 개념에 더 많은 관심을 기울였다(Noordegraaf, 1990, 49).

우리는 인간을 세상의 형상(*imago mundi*)이라고 말한 몰트만의 제안을 독자들에게 상기해주고자 한다. 그는 세 개의 동심원과 관련해서 이 명칭을 설명한다(Moltmann, 1985, 196 이하). 하나님이 안식하시기 전에 마지막으로 창조하신 창조물로서 인간은 다른 모든 창조물을 구체화한다. 인간은 자기 자신 안에 온갖 진화적인 체계를 지니고 있다. 또한 그는 대우주를 나타내는 소우주다. 인간은 소우주로서 창조세계라는 공동체에서 하나님을 대변한다. 그는 하나님의 영광을 나타낸다. 그는 하나님께 창조세계를 보여주고 창조세계에는 하나님을 보여주면서 자신의 제사장적 사명을 발견한다. 인간은 창조세계와 완전히 동일시되지 않지만, 그것으로부터 분리될 수도 없다. 몰트만의 견해에 의하면, **세상의 형상**은 오직 하나님의 형상과 연결되어야만 지지를 받을 수 있다.

우리는 몰트만이 인간에게 지우는 책임을 인정한다. 이 책임은 어떤 한계에 직면해 있다. 하지만 우리는 몰트만이 마넨스케인과 마찬가지로 자신의 견해를 전개하는 데 사용하는 진화론적인 구조를 반대한다. 우리는 이와 관련해서 **형상**이라는 용어에 서로 다른 의미, 곧 세상의 형상과 하나님의 형상이라는 의미를 부여할 수 있는지 질문하고자 한다. **세상의 형상**이라는 용어는 몰트만의 창조론이 지니고 있는 진화론적인 구조에서 부분적으로 영감을 받은 것은 아닌가? 만약 인간이 창조세계를 통치하는 것과 관련해서 **하나님의 형상**이어야 한다면, 그는 동시에 **세상의 형상**일 수 없다.

우리는 § 25.4을 시작할 때 사용했던 "청지기"라는 용어와 더불어 이 부분을 마무리하고자 한다. 우리는 이 용어에서 부르심의 개념을 인식한다(Velema, 1988², 83-109을 보라). 이 부르심은 인간의 사명에 범위와 한계를 제공해준다. 그것은 인간이 경제, 기술, 사치 및 자본의 노예가 되는 것을 결코 용납하지 않는다. 인간은 책임 의식을 갖고 창조세계를 통치하도록 부름 받았다.

4. 우리는 이 점과 관련해서 두 가지 추가적인 언급을 하고자 한다. 문화 명령과 관련해서 **순례의 삶**(the pilgrim life)이라는 개념이 제기되었다.[70] 두마는 자신의 입장을 다소 바꾸었다. 비록 두마는 순례의 삶이라는 개념을 유지하기를 원하지만, 그는 (문화 명령을 선택해야 하는가 아니면 순례의 삶을 선택해야 하는가라는 의미에서) 문화 명령과 순례의 삶을 대조하지 않을 뿐만 아니라, 더 이상 이 두 가지를 병렬하지도 않는다. 그는 문화 명령의 결과로서 순례의 삶을 이해한다. 그래서 그는 "문화 명령 **그리고** 순례의

---

[70] 각주 62에서 언급한 Berkhof의 논문을 보라. 또한 다음 논문집을 참조하라. G. Dekker and K. U. Gäbler (ed.), *Secularisatie in theologisch perspectief* (1989).

삶"(Douma, 1990, 195)이라고 쓴다. 그는 이전의 논쟁을 회고하면서 여전히 스킬더에게 이의를 제기할 수 있다고 생각한다.

하지만 순례 개념은 다음과 같은 사실에 의해 주어졌다는 것이 우리에게 매우 중요하다. 곧 그것은 예수가 하늘로 승천했고 그가 하늘 보좌로부터 이 땅에 세워진 그의 교회 안에서 또한 그의 교회를 통해서 자신의 일을 계속 수행하고 있다는 사실이다. 우리는 문화 명령에 대한 스킬더의 이론에서 이와 같은 성령론적인 배경을 찾아볼 수 없다. 스킬더는 맨 처음으로 되돌아가고 이것에 근거해서 인간이 창조세계에서 일하게 한다. 순례의 삶이라는 개념은 아직 완성되지 않은 창조의 프로그램을 위해서 아무런 영역도 제공해주지 않는다. 창조에 대해 이와 같은 프로그램에 기초해서 설명하는 것을 두마가 예리하게 비판하는 것을 참조하라(Douma, 1990, 198 이하). 두마가 문화 명령에 대한 자신의 수정된 관점에 기초해서 순례의 삶에 대한 개념을 소개할 때, 그는 거기에 이전의 몇 년 동안의 논의들을 포함시킨다.[71] 하지만 이런 관점들은 스킬더 이후의 시대에서 유래한 것이다. 우리의 견해는 다음과 같다. 곧 우리가 그리스도가 다시 올 때까지 하나님의 형상으로서 그리스도인의 삶을 살고 문화 명령을 수행하는 것은 순례의 삶에 의해서 결정된다. 이것은 두마가 카이퍼와 스킬더의 저서들에 나오는 것을 올바르게 비판하는 프로그램적인 측면이다(Douma, 1990, 198).

5. 마지막으로 우리는 **미래**에 대해 살펴보고자 한다. 하지만 우리는 그리스도의 재림 사건 이전에 일어날 사건들에 대해서 구체적으로 언급하지 않을 것이다. 오히려 이것은 바울이 로마서 8:19-21에서 말한 것을 정당하게 평가하는 것과 관련이 있다. 창조세계 자체도 썩어짐의 종노릇 하

---

71 Douma, 1989, 50-59에서 그는 이 질문들에 대해서 논의한다. 또한 그는 자신의 논문 "Christ and culture," in K. Schilder, 『그의 연구의 다양한 측면』(*Aspecten van zijn werk*), 1990, 169-201에서 해당 주제를 요약적인 형태로 논의한다.

　　　　　　　　　　　　　　　　　　개혁교회 교의학

는 데서 해방되어 하나님의 자녀들의 영광의 자유에 이를 것이다.[72] 창조세계의 운명은 인간의 행위와 연결되어 있다. 여기서 궁극적인 구속(영광의 자유)을 통해 하나님의 자녀에게 적용되는 것이 창조세계 자체에도 돌려지는 것을 주목하라. 만물의 완성이라는 궁극적인 시점에 이를 때, 사람들의 구속이 창조세계에 어떤 결과들을 가져오는지가 명백하게 드러날 것이다. 결국 하나님의 형상으로서 인간은 창조세계 위에 위치해 있다. 인간이 이 형상을 궁극적으로 또한 영속적으로 회복할 때, 창조세계는 유익한 결과들을 경험하게 될 것이다. 이 점과 관련해서 로마서의 해당 본문에 대한 칼뱅의 주석을 보라. 인간과 창조세계, 형상과 유익한 통치 사이의 관계는 에스카톤(eschaton), 곧 만물이 완성되는 시점까지 유지될 것이다. 그리스도는 "그의 아버지 하나님을 위하여 우리를 나라와 제사장으로" 삼으셨다(계 1:6). 이것은 하나님의 형상이 완전하게 된 상태다(참조. 계 5:10).

이번 장에서 우리는 지면 관계상 인간과 관련된 종말론에 대해 상세하게 설명할 수 없다. 이것에 대해서는 제15장을 보라. 인간이 영원한 미래를 지니고 있다는 것은 명백하다. 인간의 구속은 장차 최종적으로 이루어질 것이다. 이 기대감이 인간으로 하여금 이 땅에서 자기의 위치와 사명으로부터 멀어지게 하지는 않는다. 오히려 그것은 인간을 격려한다. 특히 요한1서 3:2-3과 고린도후서 5:6-10을 보라.

인간이 부르심을 받은 것은 여전히 유효하다. 그 임무는 우리에게서 제거되지 않았다. (앞서 논의한) 고린도후서 3:18, 골로새서 3:10과 에베소서 4:24과 같은 성경 구절들은 성령의 새롭게 하는 사역이 죄를 대항하는 싸움에서 구체적인 역할을 한다는 것을 보여준다.

중요한 사항으로서 우리는 곧 하늘나라에서 인간의 형상을 지니게 될 것이다. 그것은 창조 시에 인간에게 주어진 인간 존재에 대한 단순한 복제

---

72 J. P. Versteeg, "미래의 도래"(Het heden van de toekomst), 1969 및 "창조세계의 미래"(De toekomst van de schepping), in 『성령, 직무 및 전망』(Geest, ambt en uitzicht), 1989, 117-138, 139-154.

가 아닐 것이다. 그것은 낙원에서의 창조물로서 인간 존재보다 훨씬 더 부요한 것일 것이다. 왜냐하면 마지막 아담─생명을 주는 영─은 첫 번째 사람보다 훨씬 더 영광스러운 존재이기 때문이다.

새 예루살렘에서 어린 양은 사라지지 않을 것이다. 어린 양은 그곳에서 한가운데 있다. 그리고 우리는 그리스도의 영광의 몸의 형체와 같이 변화될 것이다(빌 3:21). 새로운 땅에서 하나님의 형상의 회복은 우리를 그리스도께 향하도록 할 것이다. 판 룰러와 함께 단순히 메시아적 간주곡(intermezzo)에 대해 말하는 이들은 이 종말론적이며 인간론적인 실재를 정당하게 평가하는 것이 아니다.[73] 인간 존재는 그리스도에 의해서 구속된다. 하나님의 형상으로서 인간은 그리스도를 닮아가야 한다. 특히 그리스도의 재림 이후에, 인간은 그리스도의 영광스러운 몸과 같은 형상으로 변화될 것이다. 그때서야 비로소 인간은 완전한 존재가 되며, 또한 그리스도의 형상에 완전히 상응하게 될 것이다.

---

73 이 문제와 관련해서 § 41.5.5와 그 부분의 각주 73을 보라.

개혁교회 교의학

간략한 참고 문헌

J. T. Bakker et al., *L. Feuerbach. Profeet van het atheisme*, 1972.

O. Bardenhewer et al., 『교부 문헌: 교부 저서 선집 [독일어 번역본])』(*Bibliothek der Kirchenväter. Eine Auswahl patristischer Werke in deutscher Übersetzung*), 1. und 2. 1912.

J. H. Bavinck, 『종교적인 인식과 기독교 신앙』(*Religieus besef en christeliek geloof*), 1989[2].

J. H. Becker, 『구약성경에서의 네페쉬 개념』(*Het begrip nèfèsj in het Oude Testament*), 1942.

H. Berkhof, 『길을 걸어가고 있는 인간』(*De mens onderweg*), 1960.

H. Berkhof and A. S. van der Woude (ed.), 『당신은 인간에 대해서 어떻게 생각하는가?』(*Wat dunkt u van de mens?*), 1970.

G. C. Berkouwer, *Man: The Image of God*, 1962.

Ch. de Beus, 『구약 및 신약성경에서 하나님의 형상으로서의 인간』(*De mens als het beeld Gods in de Oude en Nieuwe Testament*), 1968.

E. Brunner, 『모순 안에 있는 인간』(*Der Mensch im Widerspruch*), 1941.

D. Cairns, *The Image of God in Man*, 1953.

J. Douma, "그리스도와 문화"(Christus en cultuur) in J. Douma (ed), 『스킬더 저서의 다양한 측면』(*K. Schilder. Aspecten van zijn werk*), 1990, 169-201.

J. Douma, 『환경과 착취』(*Milieu en manipulatie*), 1989.

J. Faber, "Imago Dei in Calvin: Calvin's Doctrine of Man as the Image of God in Connection with Sin and Restoration," in J. Faber, *Essays in Reformed Doctrine*, 1990, 251-281.

J. Faber, "Imago Dei in Calvin: Calvin's Doctrine of Man as the Image of God by Virtue of Creation," in J. Faber, *Essays in Reformed Doctrine*, 1990, 227-250.

C. Gestrich, 『세상에서 영광의 되돌아옴』(*Die Wiederkehr des Glanzes in der Welt*), 1989.

F. J. A. de Grijs, 『인간에 대한 하나님의 계획』(*Goddelijk mensontwerp*), part 1 and 2, 1967.

A. A. Hoekema, *Created in God's Image*, 1986.

G. J. Hoenderdaal, 『불화 안에 있는 인간』(*De mens in tweestrijd*), 1965.

C. Houtman, 『세상과 반 세상』(*Wereld and tegenwereld. Mens en milieu in de Bijbel*), 1982.

Ph. E. Hughes, *The True Image*, 1989.

J. Kamphuis, 『손실로부터 얻는 유익』(*Uit verlies winst*), 1985.

H. W. de Knijff, 『억압받는 비너스』(*Venus aan de leiband*), 1987.

A. König, "부요와 다양성: 에큐메니칼 인간론의 시도"(Rykdom en verskeidenheid. 'n
   Poging tot 'n ekemenise anthropologie), in 『시간 안에서 한마디의 말』('n Woord
   op sy tyd). 『요한 헤인스를 위한 기념 논문집』(*Feestbundel voor Joh. Heyns*),
   1988, 77-87.

E. S. Klein Krannenburg, *Trialoog*, De Derde in het pastorale gesprek (Den Haag;
   1988).

W. Krusche, 『칼뱅의 신학에서의 성령의 사역』(*Das Wirken des Heiligen Geistes nach
   Calvin*), 1957.

A. Kryuswijk, 『어떤 [하나님의] 형상도 새기지 말라』(*Geen gesneden beeld…*), 1962.

R. C. Kwant, 『인간의 형상들: 다양한 형태의 사회에서의 철학』(*Mensbeelde. Filosofie in
   een pluriforme samenleving*), 1975.

G. van Leeuven, *Christologie en anthropologie*, 출간 연도 미상.

G. van Leeuven, 『인간으로 존재하는 것』(*Om mens te zijn*), 1975.

C. H. Lindijer, 『바울 신학에서의 "사르크스" 개념』(*Het begrip sarx bij Paulus*), 1952.

G. Manenschijn, 『약탈당하는 지구, 도전받는 하늘: 기독교 환경 윤리학 개론』
   (*Geplunderde aarde, getergde hemel. Ontwerp voor een christelijke milieu-ethiek*),
   1988.

J. Moltmann, 『인간론』(*De mens*), 1972.

J. Moltmann, 『창조 안에서의 하나님』(*Gott in der Schöpfung*), 1985.

J. Moltmann, 『삼위일체와 하나님 나라』(*Trinität und Reich Gottes*), 1980.

L. W. Nauta, 『인간의 가변성』(*De veranderbaarheid van de mens*), 1973.

R. Niebuhr, 『인간의 본질과 운명』(*Wesen en bestemming van de mens*), 1, 1951; 2, 1957.

G. C. van Niftrik, 『인간의 진보』(*De vooruitgang der mensheid*), 1966.

G. C. van Niftrik, 『그 사람을 보라!』(*Zie de mens!*), 1951.

A. Noordegraaf, 『하나님 앞에서의 삶』(*Leven voor Gods aangezicht*), 1990.

B. J. Oosterhoff, 『창세기 2장 및 3장을 어떻게 이해해야 하는가?』(*Hoe lezen wij Genesis 2 en 3?*), 1972.

W. Otten, *The Anthrology of Johannes Scottus Eriugena*, 1991.

W. J. Ouweneel, *Psychologie*, 1984.

W. Pannenberg, *Anthrologie in theologischer Perspecktive*, 1983.

W. Pannenberg, 『인간의 운명』(*Die Bestimmung des Menschen*), 1978.

A. Peters, 『인간』(*Der Mensch*), 1979.

C. A. van Peursen, 『몸-영혼-영』(*Lichaam-ziel-geest*), 1956.

J. J. Rebel, 『성령론적인 관점에서의 목회의 직분』(*Pastoraat in pneumatologisch perspecktief*), 1981.

A. de Reuver, "하나님의 형상을 지닌 인간"(De mens naar Gods beeld), *Th. Ref.* 23 (1980): 246-260.

M. J. Rouët de Journel S. I., *Enchiridion patristicum. Loci ss. patrium, doctorum scriptorum ecclesticorum*, 1958[20].

Th. Schneider (ed.), 『남자와 여자: 신학적 인간학의 근본 문제』(*Mann und Frau. Grundproblem theologischer Anthropologie*), 1989.

E. Schroten, "De anthropologie bij Calvin," in 『진리, 지혜 및 삶』(*Waarheid, wijsheid en leven*), 『기념 논문집』(*feestbundel voor J. severijn*), 1956, 47-62.

E. Schuurman, 『기술만능주의의 낙원: 전체 창조세계의 상처에 대해서』(*Het "technische paradijs." Om de gebrokenheid van heel de schepping*), 1989.

J. Severijn, 『…에 대한 확인』(*"Bevestigt dat…"*); "Imago Dei," 24-41.

H. Thielicke, 『인간으로 존재하기: 인간되기』(*Mensch sein: Mensch werden*), 1976.

T. F. Torrance, 『칼뱅의 인간론』(*Calvins Lehre vom Menschen*), 1949.

B. van 't Veld, 『풀처럼…』(*"Gelijk het gras…"*), 1989.

W. H. Velema, 『거룩한 삶으로 부름 받음』(*Geroepen tot heilig leven*), 1988[2].

W. H. Velema, 『율법과 복음』(*Wet en evangelie*), 1987.

J. Verburg, *Adam*, 1973.

J. P. Versteeg, 『그리스도와 성령』(*Christus en de Geest*), 1971.

J. M. Vlijm, 『칼 바르트의 종교관』(*Het religie-begrip van Karl Barth*), 1956.

『진리, 지혜 및 삶』(*Waarheid, wijsheid en leven*), 1956.

H. W. Wolff, 『구약성경의 인간론』(*Anthropologie des Alten Testaments*), 1974[2].

L. van der Zanden, 『하나님의 형상으로서의 인간』(*De mensch als beeld Gods*), 출간 연도 미상.

제9장

❧

죄론

§ 26. 죄의 기원과 본질

26.1. 교의학에서 죄론의 위치
26.2. 성경의 자료들
26.3. 죄의 본성

26.1. 교의학에서 죄론의 위치

1. "그것은 죄다"라는 표현은 요즘 시대의 사람들이 죄를 인식하고 논의하는 매우 전형적인 방법이다. "죄"라는 단어는 사람들이 사용하는 어휘에 여전히 포함되지만, 그 단어의 중요성은 상당히 약화되었다. 그것은 단순히 무언가가 마음에 들지 않거나 유감스러운 것을 대체로 의미한다. 이 단어가 가진 깊은 성경적 중요성은 대중적인 용례에서는 사라졌다.

이것은 사람들이 죄라는 개념에 대해 천박하게 생각할 뿐만 아니라, 반감이나 혐오감이 증대되었다는 사실을 반영한다. 나아가 그것은 우리 사회의 많은 사람이 지니고 있는 복음에 대한 거부감과 관련이 있다. 죄는 우울함 및 절망과 연결된다. 성적인 금기 사항들을 죄와 연결하는 이들은 교회가 성욕 및 성생활을 억압한다고 비난한다. 이 비난은 대체로 [성적인 문제들과 관련된] 죄를 모두 거부하려는 의도다.

개혁교회 교의학

우리는 여기서 오늘날 사람들이 죄에 대해 어떻게 생각하는지 자세하게 설명하려는 의도를 갖고 있지 않다. 죄에 대한 간략한 개관이 후크(Hoek, 1988, 9-11)의 저서에 나온다. 우리는 단지 다음 두 가지 요소를 강조하고자 한다. 첫째, 페미니즘이 죄에 대한 성경적 개념을 날카롭게 비판한 것은 주목할 만한 가치가 있다. 사람들은 여성들이 심각하게 인정을 받지 못하는 것으로 생각한다. 또 어떤 이들은 죄에 대한 선입관은 지기실현과 욕망을 만족시키는 것을 위축시켜왔다고 생각한다. 둘째, 기독교 가정에서 자라난 현대의 몇몇 소설가들에 대해서도 언급할 필요가 있다. 그들이 기독교 신앙을 포기한 이유는 그들이 죄에 대한 성경적 개념을 거부한 것으로 종종 드러나거나, 조롱으로 뒤덮여 있다.[1]

이와 같은 상황과 다르게 죄의 개념이 『기독교 신앙의 핵심 용어들』(*Kernwoorden in het christlijke geloof*)과 『논쟁의 대상이 되고 있는 기독교의 일곱 가지 단어들』(*Zeven weerbarstige woorden uit het Christendom*)에서는 진지하게 관심을 받고 있다는 사실은 주목할 만하다. 저자들의 견해들과는 상관없이, 적어도 저자들은 죄라는 용어가 "핵심 단어"로 인정할 만한 가치가 있다고 이해한다.

2. 은혜, 용서, 속죄, 구속 및 새로워짐과 같은 기독교 신앙의 핵심 개념들은 죄를 언급하지 않고서는 설명될 수 없다. 이런 이해는 다음과 같은 방법론적 문제를 즉시 드러낸다. 곧 그렇다면 **은혜의 관점에서 우선적으로 그리고 전적으로 죄를 논하는 것이** 더 낫지 않을까? 독립된 하나의 장에서 죄를 논하는 것은 죄를 매우 지나치게 중요하게 다루는 것이 아닐까? 구속에 대한 성경 메시지의 관점에서 구속자와 구속, 곧 기독론과 구원론에 앞서서 죄에 대해 논하는 것이 진정으로 타당한 것일까? 그것은 죄를 지나치게 고립시키는 것은 아닐까? 그렇다면 우리는 죄의 분명한 본성을 가지고 우리 자신을 죄인으로 만드는 게 아닐까? 즉 우리는 우리 자신을 하나님, 그

---

1   S. W. Couwenberg는 자신의 저서 『가톨릭주의와 자유주의』(*Catholicism and liberalism*), 1990, 103에서 Max Scheler의 입장에 동의한다. 그의 인용에 의하면 Max Scheler는 자신의 가장 심각한 대적, 곧 죄에 대한 그의 선입관으로부터 벗어나기를 바란다고 말했다.

분의 말씀 및 그분의 일에서 독립된 것으로 만드는 게 아닐까?

특히 칼 바르트는 교의학을 근본적으로 재구성하면서 죄에 대해 별도의 장을 할애하지 않았다. 칼 바르트의 입장을 따라서, J. M. 하세라르(Hasselaar)도 자신의 교의학에서 죄론에 대해 독립적인 별도의 장을 할애하는 것을 거부한다(1953, 285).

하세라르는 제8장의 각주 8(355)에서 다음과 같은 견해를 놀랍게도 피력한다. 곧 그는 판 니프트릭이 바르트의 인간론을 묘사하면서 "바르트의 죄론을 설명하는 별도의 한 장을 적절하게 할애했다"고 말한다. 비록 죄가 하나의 구별된 교의 주제로 다루어지지 않았지만, 그것은 적어도 별도의 구별된 장에서 논의되었다.

우리는 위에서 제기된 반대 의견에 대한 반응으로 **율법과 복음**(law and gospel)의 순서를 언급한다(§ 14.2, 제3번을 보라). 이 두 가지 개념들의 관계는 우리에게 동일한 문제를 제시해준다. 창조, 타락, 구속의 역사적 순서에 기초해서, 창조에 대한 교의와 구속에 대한 교의 사이에서 인간의 죄를 별도의 장에서 다루는 것은 논리적이고 또한 타당하다. 그뿐만 아니라 바르트가 『교회교의학』에서 인간의 죄를 별도의 장에서 다루지 않은 것은 죄가 그에게는 부차적인 중요성을 지니고 있다는 사실을 입증해준다. 그의 견해에 의하면, 죄는 하나님의 은혜의 탁월함에 의해 무색해진다.[2]

우리는 구속에 대한 교리를 다루기 전에 별도의 장에서 인간의 죄를 논하는 것이 알맞다고 생각한다. 그것은 죄를 높은 지위에 올려놓는 것도 아니고, 죄와 구속과의 연관성을 시야에서 사라지게 하는 것도 아니다. 이 접근 방법의 장점은 이번 장에서 죄에 대한 인식을 다루면서 명백하게 드러날 것이다.

---

2   Barth에게 상당히 많은 영향을 받은 덴마크의 신학자 N. H. Soe는 *Christliche Ethik*, 1965, 3 제32항에 이르러 본문의 본론에서 마지막 주제로 죄를 논한다.

                                         개혁교회 교의학

3. 이 별도의 장에서 **우리는 죄에 대해 설명하려고 시도하지 않는다.**

특히 베르카우어는 자신이 죄를 설명하는 모든 시도를 거부하는 열렬한 반대자라는 것을 보여주었다. 그는 다음과 같은 것, 곧 죄론의 성경적 전제는 하나님이 결코 죄의 창시자가 아니시고, 또한 원인 제공자도 아니시라는 것이어야만 한다는 것을 강조한다(*"Deus non est auctor, causa peccati"*, *Sin*, 1971, 27[참조. 「벨기에 신앙고백서」 제13조]). 베르카우어는 죄의 원인(*causa*)에 대해 말하는 것을 전적으로 거부한다. 하나님은 십자가의 방법을 통해서 죄를 저주 아래 두셨다. 이것은 분명히 무의미하고 부당하며 불법적인 죄의 특성을 드러내준다(*Sin*, 47). 하나님은 죄를 전적으로 거부하신다. 그분이 죄를 원하셨다고 말하는 것은 전혀 이치에 맞지 않는다(*Sin*, 54). 결론적으로 베르카우어는 죄와 하나님의 경륜의 관계를 전적으로 무시한다. 그는 하나님이 죄의 의도들과는 반대로 죄를 사용하시고, 그것을 좌절시키시며 저주하시고 구속하신다고 시인한다(*Sin*, 55). 죄는 수수께끼와 같은 것이다. 죄에 대한 고백은 죄는 설명 불가능하다고 말하는 것을 반대로 말하는 것이다.[3]

우리는 이제 다음과 같은 질문에 직면해 있다. 곧 우리는 교의학 전체의 틀 안에 있는 이 장에서 무엇을 성취하고자 하는가? 특히 "죄의 기원과 본질"(§ 26의 제목)에 대해 고찰하면서 말이다. 하지만 우리는 죄의 원인에 대한 해석을 추구하려는 의도를 갖고 있지 않다. 무엇인가 무의미하고 또한 전적으로 불법적인 것은 이치에 꼭 들어맞게 설명될 수 없다. 그것은 긍정적인 요소 및 전개 과정과 관련해서 연결 고리가 될 수 없다.

다른 한편으로 우리는 반드시 성경이 역사적이고 현재적 의미에서 죄의 실재와 현상을 언급한다고 주장해야만 한다. 성경은 죄로부터의 구속과 완전한 자유에 대한 기대라는 틀 안에 죄를 위치시킨다.

---

3 Hoek, 1988, 40 이하를 보라. Berkhof는 Berkouwer의 대안—죄에 대해서 자백하는 것과 동시에 죄에 대해서 설명하는 것—을 인위적인 것이라고 주장하면서 받아들이지 않는다 (Berkhof, *C.D.*, 202).

죄의 기원과 본성, 그리고 죄로부터의 구속을 다시 살펴보면서 성경을 따르는 것이 우리의 목적이다. 베르카우어는 죄의 실재와 현상의 원인에 대해 설명하기를 거부한다. 그와 같은 그의 입장은 옳다. 성경의 전반적인 메시지 안에서 무엇인가 다른 것을 말할 수 있는가라는 질문에 대한 대답은 이번 장의 마지막 부분에서 제시될 것이다.

26.2. 성경의 자료들

1. 우리는 성경의 자료들에 대한 논의를 성경의 시작 부분, 곧 **낙원**에서 시작하고자 한다.

우리가 하나님의 권위 있는 말씀이라고 믿고 있는 성경은 죄의 기원과 관련해서 다음과 같이 증언해준다. 곧 하나님이 인간을 선하게 창조하셨지만, 그 후 인간이 낙원에서 하나님의 명령에 불순종했다. 「하이델베르크 교리문답」제7주일의 답변과 「벨기에 신앙고백서」제14조를 참조하라. 이 두 문서는 해당 부분에서 모두 "생명의 계명"을 언급한다.

바울은 아담과 그리스도를 서로 대조한다(롬 5:12-21). 또한 그는 부활을 가르치면서 아담과 그리스도를 서로 대조한다(고전 15:20-22, 45-49).

커이터르트는 아담에 대한 이야기를 단순히 교육을 위해 고안해낸 것으로 묘사한다. 퍼스테이크는 이 묘사에 대해 반응하면서 중요한 논문을 저술했다(1969², 29-70). 여러 신학자들이 자신들의 분석의 중요한 관점들에서 이 논문을 참조했다(예를 들면, Hoekema, 1986, 116, 117; Wentsel, *Dogm*., 3a:719; Hoek, 1988, 70 등이다).

어떤 이들은 낙원의 역사성 및 아담과 하와가 죄로 타락한 사건의 역사성을 부인한다. 이것은 교의학의 다양한 측면에 광범위한 결과들을 초래했다. 이 점은 지속적으로 입증되고 있다. 우리는 지면 관계상 이 문제에 대한 모든 측면을 탐구할 수 없다. 하지만 우리는 아담이 성경에 제시된 족보들 안에서 역사적인 인물로 나타난다는 점을 지적하고자 한다(창 5:1, 3-5; 대상 1:1; 눅 3:38). 또한 아담이라는 이름은 성경의 다른 곳들에서도 등장한다(창 4:25; 욥 31:33; 호 6:7). (마 19:4-6 및 막 10:6-8을 보면) 예수가 창세기 1:27 및 2:24에 대해 말하는 것은 최초의 인간으로서 아담이 역사적인 인물이라는 것에 기초한다. 또한 디모데전서 2:13을 보라. 이 언급들은 앞서 다루었던 로마서 5:12-21과 고린도전서 15:20-22, 45-49과도 완벽하게 일치한다.

퍼스테이크는 자신의 논문의 결론에서 다음과 같은 사실을 언급한다. 곧 아담을 역사적인 인물이 아니라 단순히 교육 목적을 위한 고안으로 다루는 것은 죄, 구속 및 구속자에 대해 어떤 특이한 견해를 가져온다(1969, 66-69).

베르크호프는 성경의 권위를 네 가지 단계로 구분한다(참조. § 8.2, 제4번). 그의 견해에 의하면, 사탄에 대한 묘사는 세 번째 또는 네 번째 단계에 속한다. 그것은 실질적인 정보로서 동시대의 사람들이 묘사한 것에서 유래한 것이지만, 그것은 어떤 규범적 의미가 없는 것으로 간주된다. 사탄에 대한 묘사는 단순히 죄의 미혹하는 능력을 전달해주는 역할을 한다. 하지만 성경의 권위를 이와 같은 단계들로 구분하는 것은 우리에게 전적으로 인위적인 것으로 보인다. 게다가 세 번째 및 네 번째 부류의 묘사들은 첫 번째 부류 안에서도 사용되기 때문에, 그것들은 성경의 핵심 메시지의 전달에 영향을 미친다.

2. 어쨌든 우리는 아담과 하와의 삶에서 죄가 시작된 것과 관련해 창세기 3장에서 다음과 같은 사실들을 알게 된다.

사람은 유혹을 받아서 죄를 짓게 되었다. 이것은 아담이 죄로 타락하기 이전에도 이미 악이 존재하고 있었다는 것을 암시해준다. 악은 죄를 짓도록 미혹하는 권세로서 하나님께 적대감을 품게 하여, 하나님의 명령에 불순종하도록 유혹하는 것을 통해 드러났다. 따라서 최초의 죄 그 자체는 마귀에게 돌려져야 한다.

예수는 뱀을 마귀와 동일시한다(요 8:44). 마귀가 하는 일은 속이고 죽이는 것으로 묘사된다. 또한 우리는 구약성경의 여러 곳에서 마귀를 속이는 영으로 만난다. 그의 유혹들은 거짓말들로 포장되어 있다. 마귀는 그것들을 통해 사람들을 속이려고 시도한다(참조. 왕상 22:22). 그는 죄를 짓도록 사람들을 부추긴다(대상 21:1). 그는 하나님의 대적자다(욥 1, 2장; 슥 3:1-2). 마귀는 요한계시록 12:9과 20:2에서 "옛 뱀"이라고 불린다. 신실하지 않은 천사들의 불순종과 그들의 심판에 대해 유다서 6과 베드로후서 2:4을 보라.[4] 또한 §19.2에서 제3번을 보라. 판 하우웰링언은 바빙크를 언급하면서 대체로 학자들은 교만이 하나님께 불순종하도록 천사들을 부추겨서 하나님을 배반하게 했다고 추측한다고 지적한다.

아담과 하와의 유혹에는 상상도 포함되어 있다. 그들의 상상은 하나님의 금지 명령에 의문을 제기하는 것으로 야기되었다. 이 금지 사항에 대한 토론은 그들의 상상에 날개를 달아주었다. 뱀의 도움을 빌려서 사탄은 동산 중앙에 있는 나무의 열매가 지니고 있는 매력에 호소했다. 이와 같이 상상과 욕망은 서로를 강화시켜준다(참조. 약 1:15).

3. **인간이 유혹을 받았다는 사실은 그의 죄책을 경감시키지 않는다.** 우리는 사탄이 예수까지도 유혹했다는 사실을 알고 있다(예. 마 4:1-11; 27:40-44). 이런 유혹은 신자들이거나 신자들이 아니거나 모든 사람에게 동일한 정도로 사실이다(참조. 고전 10:12 이하; 약 1:13-16. 또한 주기도의 맨 마지막 간구로서 마 6:13을 보라). 비록 유혹은 죄를 짓지 않는 것을 더 어렵게 만들 수 있지만, 그것은 죄를 범한 것에 대한 책임을 줄여주지 않는다. 순종을 통해 시련을 견디어내는 것은 유혹을 물리치는 것으로 입증된다(참

---

4   벧후 2:4과 관련해서 P. H. R. van Houwelingen, 『둘째 나팔』(*De tweede trompet*), 1988, 166-168과 Calvin의 주석서를 참고하라. Van Houwelingen도 Calvin의 주석을 언급한다.

조. 약 1:12).

4. 아담의 죄는 **하나님의 금지 명령을 어긴 것**에 있다. 아담과 하와는 "선악을 알게 하는 나무의 열매는 먹지 말라"는 명령을 받았다(창 2:17). 창세기 2장 및 3장의 모든 측면에 대해 성경 주석가들의 해석은 실제적으로 일치하지 않는다. 다양한 해석의 입장들과 세부적인 논점들의 모든 측면에 대해 서로 비교하고 대조하는 것은 이 교의학의 범위와 한계를 넘어서는 것이다.

우리는 여기에 나오는 **지식**이 결심하고 확인하며 결정하는 것을 언급한다고 생각한다(더 세부적인 개관을 알려면, 오스터호프[1972, 142-151]를 참조하라). 인간에게는 무엇이 선하고 무엇이 악한지에 대해 자기 스스로 결정하는 것이 금지되어 있다. 그는 하나님이 구별하시고 정하신 것은 무엇이든지 받아들여야 한다. 그는 하나님이 제시하신 이 규칙에 순종해야 한다. 이것은 아담과 하와가 따먹은 열매에 의해서도 입증된다. 인간은 오직 하나님께만 주어져야 할 것을 도용했다. 그는 자신이 하나님과 동등하다고 주장했다. 창세기 3:22을 보면, 하나님은 이것을 비웃으시거나 비꼬지 않으시고 하나의 사실로 받아들이신다. 인간은 하나님의 위치를 불법으로 빼앗으려고 시도했다. 그는 하나님의 왕관에 손을 뻗어, 오직 하나님에게만 합당한 것을 요구했다. 오스터호프(1972, 152)는 다음과 같이 주장한다. 곧 인간은 하나님의 권위와 율법으로부터 물러나서 스스로 독립하려고 시도했다. 그래서 인간은 하나님의 뜻을 거슬러서 자기 자신의 운명을 스스로 개척해나가려고 시도했다. 하지만 하나님은 선악을 알게 하는 나무의 열매를 먹지 말라고 선언하시면서 그분의 뜻을 인간에게 미리 알려주셨다.

5. 여기서 우리는 (마귀의 경우와 마찬가지로) **불신앙과 불순종**뿐만 아니라 **교만의 형태로 나타나는 죄**를 만난다. 우리는 죄와 관련된 이 특성들에 대해 나중에 다룰 것이다. 하지만 여기서 한 가지 지적할 필요가 있는 사항은 하나님이 이 죄에 대해 벌을 내리시는 것은 먹지 말라고 금지한 생명나무의 열매를 먹은 것과 관련이 있다는 점이다. 이 나무는 하나님과의 교

제 안에서 참되고 영적인 생명을 소유하고 누린다는 의미에서 인간의 영원한 생명을 가리켜주고 또한 그것을 확인해준다(Oosterhoff, 1972, 130). 죄는 인간에게 죽음을 가져다주었다. 따라서 인간은 스스로 손상시킨 영원한 생명을 나타내주는 표징에 접근하는 것이 거부되었다!

6. 죄는 그저 **형식적인 행위가 아니다**. 그것은 때때로 다음과 같이 묘사되듯이, 곧 죄는 "단순히 사과를 한 입 떼어 먹은 것"과 같은 결코 사소한 사건이 아니다. 만약 죄가 이와 같은 경우라면, 사람들은 "누구나 한 번쯤은 실수한다. 적어도 그와 같이 사소한 문제와 관련해서 실수한다"고 생각할 것이다.

이와는 정반대로, 해당 문맥은 핵심 질문이 인간이 하나님을 하나님으로 인정하는지, 그는 하나님이 정하신 경계선을 존중하는지를 보여주고, 그리고 그가 이 경계선을 넘어가서 자신이 하나님과 동등하다고 주장한 것을 보여준다. 사실상 마지막의 주장은 인간이 마귀와 함께 속이고 (죽이는 데) 공모한다는 것을 암시해준다! 생명나무와 선악을 알게 하는 나무는 모두 성례적인 의미를 갖고 있다. 곧 거기에는 인간이 선악을 알게 하는 나무의 열매가 가진 "사악한 즐거움"을 거부하면서 악을 멀리해야 하는 "성례"가 있다.

이것은 하나님과 인간이 맺는 관계와 관련한 결정에 인간이 직면하도록 한다. 낙원에서의 시험은 과연 인간이 진정으로 하나님을 하나님으로 인정하는지 확인하는 데 사용되었다.

7. 하나님이 정하신 경계선을 인정하는 것은 하나님에 대한 **자발적인 사랑과 순종**을 나타내도록 의도된 것이다. 이것은 단지 어떤 형식적인 행위도 아니며 형식주의도 아니다. 그것은 삶 또는 죽음과 직결된 중대한 사항이다. 그래서 「벨기에 신앙고백서」 제14조는 이것에 대해 "생명의 계명"이라고 예리하게 지적한다. 우리는 "생명의 계명"이라는 표현을 아우구스티누스가 처음으로 주장한 [자격 요건에 대한] "심사 계명"이라는 개념을 참으로 또한 본질적으로 수정해서 표현한 것으로 간주한다. 하나님이 인간을 시험하신다는 아우구스티누스의 주장은 옳다. 이 시험은 전적으로

상징적인 의미를 지니고 있다. 그 시험의 목적은 하나님이 인간의 순종에 기초해서 그에게 생명을 허락하시려는 것이다. 그 경계선을 인정하는 것은 사느냐 또는 죽느냐와 관련된 문제다. 만약 인간이 그 경계선을 넘는다면, 그에게는 죽음이 반드시 뒤따를 것이다. 인간은 (선악과의 열매에 손을 대는 것을 통해서) 자신의 생명을 자기 손으로 취했다. 그는 무엇이 선하고 무엇이 악한지에 대해 스스로 결정하기를 원한다. 이것은 사실상 하나님이 죄라고 부르는 것을 인간은 선한 것이라고 간주한다는 것을 암시해 준다! 죄는 바로 이와 같은 과정을 통해서 시작되고 전개된다. 생명에 이르는 길과 생명의 계명을 거부하는 사람은 생명 대신에 죽음을 얻는다. 하나님이 아담을 시험하셨을 때, 과연 그가 죽음을 피할 수 있는지의 성패가 걸려 있었다. 아담은 그 시험에서 실패했다. 바로 이것이 죄로의 타락에 대한 역사적 사실이다.

8. **성경의 나머지 부분은 이 시작에 대해 확인해준다.** 우리는 아직 어떻게 죄가 널리 퍼지게 되었는지에 대해서는 논하지 않을 것이다. 그 대신 우리는 먼저 성경에서 죄를 묘사하는 데 사용된 용어들에 초점을 맞추고자 한다. 그 용어들은 매우 다양하다. 비록 그 용어들 사이에 공통적인 요소들이 있지만, 우리는 상당히 많은 의미상의 미묘한 차이점에 직면한다. 비록 우리가 죄와 관련된 다양한 강조점을 면밀하게 살펴보겠지만, 우리는 죄 자체의 무의미하고 비관적인 현상을 결코 놓치지 않을 것이다.[5]

우리는 야웨를 경외하는 것에 대한 긍정적인 의미를 상기시켜주는 것에서 시작하고자 한다. 야웨를 경외하는 것은 악을 멀리하는 것과 짝을 이루는 것으로서 지혜를 의미한다(욥 28:28). 지혜는 생명의 열쇠다(잠 4:22; 9:11; 10:11; 14:27). 불순종은 죽음을 의미한다(잠 8:36). 오스터호프

---

5   R. Knierim, *THAT*, 1:547은 다음과 같은 사실을 언급한다. 곧 *chata, ra'a, "awoon and pesha"* 는 공식적인 개념들로 선호된다. 이 용어들은 죄와 관련해서 무엇이 포함되어 있는지 요약해주는 경향을 지니고 있다. *Ra'a*는 대체로 독립적으로 사용된다. 다른 세 단어들은 서로 다양하게 짝을 이루며 나타난다.

(1972, 154)는 잠언 1장의 마지막 부분이 마치 낙원에서의 이야기를 염두에 두고 기록된 것 같다고 지적한다. 잠언 1:29-33을 보라.

9. 우리는 죄를 가리키는 단어들 안에서도 이와 같은 의미심장한 대조를 발견할 수 있다. 먼저, "죄를 짓다"(*chata*)와 "죄"(*chattaat*)라는 용어가 나온다. 이 용어들은 어떤 표적을 맞추지 못한 것을 언급한다. 잠언 19:2에서 그 동사는 실수하는 것을 언급한다. 여기서 우리는 하나님이 정하신 질서를 어기는 것이나, 더 정확하게 말하자면 우리가 언약을 맺은 어떤 대상을 배반하는 의미로서 죄를 마주한다(참조. 왕상 8:46; 렘 16:10-13). 이 단어는 종종 하나님의 백성으로서 이스라엘이 죄를 범한 것을 묘사하는 데 사용된다(참조. 출 32:31; 호 4:7; 시 78:32).

이 특별한 죄는 역동적인 영향력을 지니고 있다. 그것은 죄에 대한 하나님의 심판의 결과로서 사람들에게 퍼지기 쉽고 파괴적인 재앙을 빚어낸다(수 7:11; 호 7:1). 특히 열왕기상 13:34을 보라. 다윗은 시편 51:4에서 이 용어를 사용한다. 예언자 미가는 자신이 부르심을 받고 야웨의 영으로 말미암아 용기를 얻었다고 느끼면서 이스라엘 백성에게 그들의 죄를 책망한다(미 3:8). 우리는 예언자들의 말들에서 죄를 의미하는 이 히브리어 명사를 발견할 수 있다(사 30:1; 5:18; 렘 16:18; 17:3). 이 모든 구절은 이스라엘이 언약의 하나님을 배반한 것을 떠올려준다. 이 배반 행위는 율법의 둘째 판에 기록되어 있는 계명들을 어긴 것에서 명백하게 드러난다. 특히 이스라엘은 첫째 판에 기록된 계명들과 관련해서 다른 신들을 섬기고 또한 다른 나라들(의 신들)을 의지하는 죄를 범했다.

우리가 만나는 다음 단어는 "아본"(*awoon*)이라는 히브리어다. 이 히브리어 단어는 굽어진 것, 그릇된 것과 바른 길에서 벗어난 것 등을 의미한다. 이 단어는 사악한 의도, 불충실 및 내면적으로 그릇된 것 등을 표현한다. 그것은 적대 감정을 나타낸다. 이 단어가 사용되는 구절들의 삼분의 이가 시편, 욥기 및 잠언에서 나타난다는 점은 주목할 만하다. 우리는 몇몇 구절만 언급하고자 한다(예. 시 5:5; 14:4; 36:12; 94:4, 16; 욥 31:3; 34:8, 22; 잠

10:29 등). 또한 이 단어도 우리에게 재난을 불러일으키는 죄의 영향력을 떠올려준다! 그것은 죽음과 그 결과를 표현해준다(시 55:3; 사 59:4, 6). 우리는 이 단어의 용례를 통해서 죄의 심각한 측면과 마주한다.

악한 의도와 재난을 불러오는 행위는 서로 분리되지 않는다는 것이 구약성경의 전형적인 가르침이다. 죄의 심각성은 그것이 미치는 범위를 결코 축소하지 않는다.

우리는 세 번째 단어로서 "페샤"(*pesha*)를 언급하고자 한다. 이 단어는 합법적인 권위에 반항하고, 혁명을 일으키며, 배반하는 것을 의미한다. 우리는 시편에 묘사된 이 죄의 전개 과정을 볼 수 있다. 또한 바울도 로마서 5:19에서 이 죄를 언급한다. 우리는 이사야 1:2에서 이 죄, 곧 언약의 하나님이신 야웨에게 등을 돌리고 그분을 배반하는 것에 대한 묘사를 발견할 수 있다. 또한 호세아 8:1을 보라. 우리는 이 단어와 관련해서 죄의 수직적인 측면, 곧 교만과 방자함에 대해 말할 수 있다. 그것은 인간을 언약의 하나님의 권리 및 요구 사항들을 거역하게 만든다. 그것은 부차적인 규정을 거역하는 것이 아니라 하나님의 백성의 형통을 추구하는 하나님의 규정을 거역하는 것이다. 바로 이것이 이와 같은 유형의 반역이 그토록 파괴적인 특성을 지닌 이유다.

죄는 사람들의 눈을 멀게 하고 그들의 마음을 무디게 한다. 이것이 죄가 사람들이 실수하게 하는 이유다. "샤가"(*shaga*)라는 히브리어 동사는 길을 잃다 또는 실수하다를 의미한다. 이 단어는 의도적으로 짓지 않은 죄를 가리킨다(민 35:15, 22). 비록 사무엘상 26:21에서 틀림없이 사울 왕은 자신이 모르고서 죄를 지었다고 호소하지 않았겠지만, 그가 다윗에게 자신의 죄를 자백할 때, 해당 구절에서 이 단어가 사용되고 있다. 특히 이 구절의 결론을 보라.

어떤 사람이 어떤 죄에 대해 인식했는가 아니면 그렇지 않았는가에 따라서, 죄 안에서도 등급의 차이가 있다. 또한 그 행동이 의도적이었는가 아니면 그렇지 않았는가에 따라서도 등급의 차이가 있다. 우리는 이 개념에 대해서 나중에 다루고자 한다. 그러므로 [선악에 대한] 무지와 분별력이 없는 것은 모두 죄의 결과다. 무지 및 실수로 말미암는 죄의 결과는 모든 죄의 뿌리를 연상시켜주지 않는가? 이 점을 부인하는 이들은 죄보다는 비극이라는 관점에서 말해야만 할 것이다.

"하마스"(*chamaas*)는 어떤 폭력 행위, 특히 동료에게 가한 부당한 형태의 폭력을 가리킨다. 스바냐 3:4을 보면, 여기서 폭력은 율법 자체를 겨냥하고 있다. 예레미야 22:3, 이사야 59:6 및 에스겔 7:26은 사람들에게 지은 죄, 곧 온 나라에 널리 퍼져 있던 피 흘린 죄를 언급한다. 또한 이 단어는 레바논에 저지른 폭력(합 2:17a)과 환경을 포함해서(창 6:11, 13) 창조 세계 자체에 적용된다. 시편 72편은 이와 같은 폭력과 정반대되는 방법으로 통치할 메시아 왕을 묘사한다.

"라아"(*Ra'a*)는 선함(*tob*)을 뜻하는 히브리어 단어의 반대어다. 슈퇴베(H. J. Stoebe, *THAT*, 2:796)가 지적했듯이, 이 단어는 세속적 및 신학적 의미들을 지니고 있다. "라아"가 인간의 행위의 결과를 가리킬 때, 그것은 능동적이며 또한 매우 광범위한 의미와 관련된 악한 것을 나타낸다. 나아가 그것은 사악한 성질에서 야기되어 다른 사람에게 가해진 어떤 파괴적인 행위를 언급한다(시 34:7; 잠 3:7; 신 28:20; 사 1:16).

또한 "라아"는 무엇인가 악하고 끔찍한 불행을 초래하는 것을 나타낸다. 그것은 의도와 행위가 일치하는 것을 반영한다. 이런 내면적 악은—말하자면—마음 바깥에서 일어나는 행동에서 그 자체를 표현한다.

신약성경에도 죄악에 대한 묘사들은 구약성경의 경우와 거의 동일하다. 신약성경에서 죄를 저지르다를 가리키는 데 가장 널리 사용되는 용어는 "하마르타노"(*hamartano*)라는 그리스어 동사이고, 죄에 상응하는 단어는 "하마르티아"(*hamartia*)다. "하타"(*chata*)와 같이, 그것은 문자적으로 과녁의 표적에서 벗어나는 것을 가리킨다. 추가적으로 우리는 요한이 죄를 가리킬 때 특징적으로 사용하는 "아노미아"(*anomia*, 불법 또는 불의)라는 그리스어 명사를 언급하고자 한다(참조. 요일 3:4; 5:17). 또한 요한복음에서

예수는 죄를 짓는 자마다 모두 죄의 종이라고, 곧 죄에 사로잡혀서 행동한다고 말한다(요 8:34).[6]

하나님이 정하신 규정에 대한 위반, 언약을 지키지 않는 것, 하나님에 대한 적대감, 또한 동시에 죄인의 내면적인 부패라는 측면에서 판단할 때, 죄의 전형적인 특성은 불순종이다. 죄는 사악함과 끔찍한 불행을 초래한다. 죄는 다른 사람들뿐만 아니라 죄인 자신에게도 사악한 결과들을 가져온다. 죄는 하나님 앞에서 사람을 범죄자로 만들며, 인간을 포로로 삼는다. 그래서 인간은 하나님이 그에게 선물하신 자유를 잃어버린다. 나아가 죄는 인간을 사악함에 얽매이게 한다. 이 점은 하나님에게 적대감(*echthra*, 롬 8:7)을 품는다는 묘사를 통해서 명백하게 드러난다. 여기서 사용되는 몇몇 용어들에 대해 곧 자세하게 설명할 것이다.

26.3. 죄의 본성

1. 우리가 성경의 자료들을 제시했다면, 이제는 죄의 본성에 대한 체계적인 분석에 관심을 기울이고자 한다. 우리는 이 분석 과정에서 성경의 다른 자료들뿐만 아니라 앞서 언급했던 자료들도 언급할 것이다. 우리는 심판과 속죄에 관한 논의와 따로 분리해서 죄의 본성을 논리 정연하게 주장할 수 있을까? 속죄의 관점에서 죄의 본성과 징후에 대한 성경의 자료들을 해석하는 것이 더 편협한 결론을 도출할 것이다. 이것은 죄에 대한 승리, 곧 죄의 결과들을 제거하는 것만이 우리를 죄의 핵심으로 이끈다는 사실을 함의한다. 그러므로 우리는 중간도 아니고, 맨 마지막도 아닌 맨 처음부터 시작하기를 원한다! 죄의 본성은 죄가 맨 처음 시작된 관점에서 출발하여 죄에 대한 전반을 살펴보는 것을 통해서 밝혀질 수 있다. 우리는 죄에 대한 하나님의 심판과 죄의 속죄에 대해 논하면서 앞서 제시한 요소들 외에

---

6   죄에 대한 신약성경의 관점에 대해서 Pop, 1972, 613-623을 참조하라.

다른 어떤 요소들을 발견할 수 없을 것이다. 우리는 앞서 제시한 개관에서 죄의 실재, 곧 죄의 파괴적인 행위가 지니고 있는 막강한 힘을 간파한 것을 상기할 필요가 있다.

이제 우리는 죄의 본성에 대해서 다루고자 한다. 우리는 죄의 현상이라는 범위와 심각함 및 절정의 상호 연관성을 추적하면서 성경의 자료들을 체계화한다.

2. 중요한 질문은 죄가 **언약의 파기**로 불려야만 하는지 아닌지다. 이것은 은혜언약 아래서 살고 있는 사람들에게 해당된다. 할례와 세례는 각각 옛 언약과 새 언약에서 언약에 대한 표징이자 인장이다. 언약의 파트너들이 행하는 모든 죄악은 언약의 파기를 암시한다.

또한 이것은 은혜언약을 맺지 않은 사람들에게도 적용될까? 나아가 이것은 아브라함 이전에 살았던 아담과 모든 사람에게도 동일하게 적용될까? 그들은 에노스와 같이(창 4:26) 하나님을 알았고, 그분의 이름을 부르지 않았는가?

여기서 우리는 널리 알려진 것으로서 행위언약(covenant of works)이라는 개념을 살펴보고자 한다. 성경에 기초한 이 관점을 받아들이는 이들은 아담의 죄는 이미 언약을 파기한 것이라고 이해하는 데 아무런 어려움을 느끼지 않을 것이다.

행위언약 개념을 반대하는 가능한 의견들은 그 언약의 이름뿐만 아니라(마치 그 언약이 일종의 노동-임금의 관계와 관련된 것처럼[참조. 단체 노동 협약]), 창세기 1-3장은 어떤 공식적인 언약 체결도 언급하지 않는다는 사실을 포함한다. 나중에 하나님이 노아(창 9:8-17), 아브라함(창 17:1-27 및 창 15:1-21에서 해당 언약에 대한 예비적인 단계), 이스라엘(출 24:1-8)과 맺으신 언약들에서는 사실상 그 명칭과 내용이 구체적으로 언급된다.

우리는 구약성경에 나오는 "베리트"(*berit*, 언약)는 다음 사항을 의미한다고 말할 수 있다. 곧 언약은 "하나님과 그분의 백성(또는 인류)이 맺는 교제의 사실을 분명하게 인정하고, 이러한 교제를 자신의 절대 주권으로 세우고 이끄시는 하나님—거룩한 분—에 대한 완전한 인정, 그리고 하나님이 제정하신 언약의 규정들에 대한 분명한 인정"을 의미한다.

이것은 야웨와 이스라엘 사이에 이미 존재하던 관계에 기초해서 엄숙하게 제정되고 받아들여진 친교에 대해 잘 묘사해준다. 언약의 제정 및 체결은 전적으로 야웨에게 돌려야 한다. 그분의 백성이 해당 언약을 받아들이는 것은 그들이 구속자, 보호자, 통치자로서 야웨의 지위를 인정하는 것을 반영한다. 그 언약은 하나님의 은혜에 기초한 선물 및 그분의 약속과 계명들을 받아들이는 것을 포함한다. 언약이 지니고 있는 특권들 및 그것에 대한 책임과 더불어, 그 새로운 친교는 다음과 같은 말로 설득력 있게 요약되어 있다. 곧 "나는 너희의 하나님이 되고, 또한 너희는 내 백성이 될 것이다"(Loonstra, 1990, 202).

아브라함에 관한 이야기가 나오기 전까지 성경에서 그와 같은 언약은 세부적으로 묘사되지 않는다. 창조세계의 존속과 관련해서 하나님과 노아 사이의 약속이 언약이라고 불린다는 사실은 주목할 만하다. 이 언약의 핵심은 하나님이 이 땅을 (또다시) 파괴하지 않으시고, 인류를 위해 그것을 보존하신다는 약속이다. 그러므로 하나님의 입장에서 볼 때, 무지개는 (인간이 개입할 수 없는 것으로서 창조세계의 하나의 현상으로서) 하나님이 인류와 맺으신 그 언약을 확증해주는 표징이다. 다시 말해서, 하나님이 아브라함이나 이스라엘과 맺으신 은혜언약 이전에도 사실상 성경은 언약에 대해 언급한다.

이제 우리는 하나님과 최초의 인류의 관계에 대해서 성경이 무엇을 말하는지에 관심을 기울이고자 한다. 창세기 1장은 어떤 약속이 결부되어 있는 하나의 명령으로 창조세계와 최초의 인류에 대해 묘사한다(참조. § 23.2). 우리는 창세기 2:17에서 제재 규정이 덧붙여진 한 가지 금지 명령을 읽을 수 있고, 반면에 생명나무는 최초의 인류에게 주어진 생명의 축복을 우리에게 떠올려준다. 만약 그들이 금지 명령에 불순종하지 않는다면,

그들은 그 축복을 누릴 수 있었다(참조. §26.2, 제5번). 비록 생명의 선물이 많은 말로 묘사되지는 않았지만, 우리는 이어지는 사건들을 통해 그 선물을 구체적으로 추론할 수 있다. 곧 최초의 인류가 하나님이 제시하신 금지 명령을 어기면, 그들은 생명의 축복을 잃어버린다.

우리는 창세기 2:17에서 창조자로서 하나님이 그분의 절대 주권에 기초해 제시하신 한 가지 명령을 만난다. 그리고 거기에는 하나님과의 친교 안에서 누리는 생명의 선물도 나온다. 생명의 선물은 만약 불순종하는 경우에 처하는 죽음의 위험과 정반대된다. 죽음의 위험도 명백하게 언급된다. 생명의 선물은 아담과 하와가 낙원으로부터 쫓겨난 다음에 인간에게서 사라졌고, 아담의 후손은 죽음에 직면하게 되었다. 하나님의 명령을 받아들이고 하나님을 인정해서, 죽음이라는 벌이 자신들에게 시행되는 것을 경험하지 않는 것이 최초의 인류에게 절대적으로 중요한 사항이었다. 하나님의 목적은 인간이 그분과 친밀하게 사귀면서 생명을 누리는 것, 곧 "생명의 계명"을 주는 데 있다. 하나님은 자신이 아담과 그의 가정의 하나님으로 존재하길 바라셨다. 아담과 그의 가족은 하나님의 형상을 나타내는 것을 통해 하나님의 가족에 속해 있었다.

인간이 하나님의 형상이라는 것은 하나님과 인간의 관계가 임의적이거나 선택적이 아니라는 것을 암시해준다. 비록 하나님의 형상과 관련된 묘사에서 언약이라는 명칭이 사용되지는 않지만, 그것으로부터 뒤따르는 모든 것은 언약의 특성을 지니고 있다고 결론지을 수 있다. 인간이 하나님의 명령에 순종하고 불순종의 유혹을 거부해야만 하는 것은 창세기 1:26-28에서 맺어진 관계에 기초한다. 우리는 창세기 2장이 어떤 새로운 주제를 소개한다기보다 오히려 이 점을 더 자세하게 설명하는 것으로 이해한다. 인간이 지음 받은 것에 대한 이야기가 두 번 소개되는 것과 마찬가지로, 창조주와 그분의 창조물로서 인간의 관계에 대해서도 똑같이 두 번 언급된다.

우리의 판단에 의하면, 이것 자체가 하나님과 인간의 관계가 본질적으로 언약 관계라고 말할 수 있는 충분한 근거가 된다. 비록 언약과 관련된 모든 요소(내용)가 나타나지만, 그것은 언약이라는 명칭을 지니고 있지 않다. 창세기 1장 및 2장에서 확인되는 이 요소들은 우리가 인위적으로 만들어낸 것이 아니다. 그와는 반대로 우리는 단순히 성경에서 제시되는 취지들을 찾아서 연결하는 것이다. 우리는 행위언약보다 오히려 **생명언약**이라고 말하는 것을 선호한다.[7]

3. **앞서 제시한 논증을 강화해주고 또한 보완해주는 한 가지 추가적인 측면이 있다.** 이 추가적인 측면은 바로 아담의 **신분**이다. 바울은 아담의 신분을 그리스도의 신분과 비교한다. 우리는 다음 항목에서 로마서 5장을 자세히 논할 것이다. 지금은 그리스도가 자신에게 속한 이들을 대표하는 것처럼 어떤 의미에서 아담은 그의 후손과 관련해서 근본적인 위치를 차지한다고 말하는 것으로 충분하다! 우리는 언약을 말하지 않고 그리스도의 구속 사역에 대해 말할 수 없다. 인류와 관련한 아담의 지위는 하나님이 그를 통해 인류를 상대하신다는 것을 고려하지 않고서는 상상도 할 수 없다. 이것은 아담과 그의 후손이 언약 관계에 있다는 것을 암시한다. 여기서 하나님은 오직 한 사람과 관계를 맺으시는 것이 아니다. 그분은 아담을 통해서 모든 사람과 관계를 맺으신다. 이후 세대의 삶에서 드러나는 교제의 개념은 언약에 대한 성경적 개념이 지닌 특징이다. 로마서 5장에 의하면, 이런 원리는 하나님이 아담에게 생명과 죽음에 대해 말씀하실 때 이미 나타난다.

따라서 우리는 하나님과 아담의 관계는 언약 관계의 특성을 갖고 있다는 사실을 주장하는 데 망설이지 않는다. 하나님이 명백하게 구별해서 노아와 맺은 언약을 아브라함 언약과 비교해보면, 노아 언약이 그 자체의 고

---

7 "생명언약"이라는 용어는 또한 「웨스트민스터 소요리문답」에서도 발견된다. 참조. Muller, *Bek.*, 644. 그리고 역사적인 측면에서의 세부적인 평가를 포함하고 있는 다음 연구서는 매우 유익하다. N. Diemer, 『아담과의 창조 언약』(*Het scheppingsverbond met Adam*), 출간 연도 미상.

유한 특성을 지니고 있는 것처럼, 아담 및 그의 후손과 맺은 언약을 노아 언약과 그 이후의 언약 관계들과 비교해보면, 아담 및 그의 후손과의 언약도 그 자체의 고유한 특성을 지니고 있다.

우리는 죄란 언약을 어기는 것이라고 결론을 내린다. 이 관점은 죄가 공식적인 규정들을 단순히 위반하는 것만을 의미하지 않는다는 것을 암시해준다. 죄는 훨씬 심각한 측면을 지니고 있다. 그것은 절대 주권을 지니신 창조주를 거역하는 것이다. 창조주 하나님은 생명을 창조하실 뿐만 아니라 하나님의 백성이 그분과 지속적으로 친교를 나누기를 바라신다. 따라서 죄는 인간에게 생명을 선물로 주신 창조주를 거역하는 것이다.

사람들이 유일무이한 아들 예수 그리스도를 내어주신 하나님을 거역했을 때, 죄는 더욱더 강렬해졌다. 하나님이 원래 베푸신 호의와 선하심을 거스른 죄는 하나님의 은혜를 거부한 것에 의해서 가중되었다. 이와 같은 방법으로 죄의 본성은 변하지 않았고, 오히려 더욱더 완악해졌다. 이처럼 죄는 하나님의 원래의 선하심뿐만 아니라 그분의 은혜를 거부한다. 하나님의 은혜는 인간을 그의 죄책과 죄의 사악한 결과들로부터 구속하시려는 의도를 지니고 있다.

4. 우리는 앞서 기술한 것을 통해 죄의 핵심을 보여주었다. 하지만 **죄에 대해 말해야 할 것이 더 있다.** 우리는 죄가 지니고 있는 추가적인 측면들을 확인할 수 있고, 또한 다양한 뉘앙스에 대해 묘사할 수 있다. 성경은 다양한 용어를 사용하면서 이와 같은 측면과 뉘앙스에 대해 알려준다.

우리는 언약을 어기는 것으로 "죄"를 정의했는데, 우리가 죄와 관련해서 구별해야 할 주요한 사항은 다음과 같은 질문이다. 곧 죄는 불신앙 또는 불순종의 특징을 나타내는가? 우리는 이 질문에 답변한 이후에 **결여**(*privatio*)로서의 죄에 대해 다루고자 한다. 한편 헤페(Heppe, *Dogm.*, 254)는 죄에 대한 자신의 분석을 결여라는 단어와 시작한다. 그럼에도 그는 자신의 논의 처음 부분에서 사실상 율법의 관점에서 죄에 초점을 맞춘다. 그의 분석은 무법 상태로서의 죄에 초점이 맞추어져 있다.

죄는 하나님의 형상으로서 인간이 항상 저지르는 죄다. 따라서 우리는 하나님과의 관계를 논하지 않고, 그리고 죄인을 그 관계에 포함하지 않고 죄에 대해 논할 수 없다. 결국 죄를 지은 인간은 하나님의 형상이다.

죄는 진정으로 **불신앙**이다. 아담은 생명의 말씀으로서 그에게 금지 명령으로 주어진 하나님의 말씀을 믿지 않았다. 그는 그 말씀을 참되고 믿을 만하거나 강제력이 있는 것으로 간주하지 않았다. 칼뱅의 견해에 의하면, 죄는 이와 같은 특성을 지니고 있다. "그러므로 불신앙은 하나님에 대한 반역의 뿌리였다. 이것은 다시 야망과 교만으로 이어졌으며, 감사하지 않음과 결합했다. 아담은 자신에게 허락된 그 이상을 탐했고, 하나님이 그에게 주신 위대한 선함을 경멸했기 때문이다"(Calvin, 『기독교강요』 2.1.4).

칼뱅은 이 이유에 근거해서 죄를 불신앙으로 정의하는 것을 선호하고, 죄를 불신앙으로부터 말미암는 다른 특성들과 결합한다. 또한 그는 해당 항목의 앞부분에서 아우구스티누스가 교만이 모든 재앙의 시작이라고 말한 것은 틀리지 않았다고 주장한다. 하지만 그는 아우구스티누스의 말에서 멈추지 않는다.

이 점과 관련해서 특히 신약성경이 (불신과 의심이 짝을 이루면서) 불신앙에 대해 경고한다는 것을 지적하는 게 좋다(예. 마 13:58; 17:17; 요 20:27; 행 28:24; 롬 11:20; 고후 4:4; 히 3:19; 계 21:8). **불순종**도 불신앙에 해당한다. 그것은 하나님의 명령을 위반하는 것이다(창 3:6; 롬 5:12-21; 고후 10:6; 히 2:2).

이 두 가지(불신앙과 불순종) 중 하나만을 선택하는 것은 어렵다. 죄는 마음으로부터 비롯되는 행위다(잠 4:23; 마 5:18-19; 마음에서 비롯되는 죄와 반대되는 것은 마음의 청결함이고, 그것에는 복이 뒤따른다. 참조. 마 5:8). 자신의 마음속에서 하나님을 거스르는 것을 선택하는 사람은 불신앙과 불순종에 관여한다. 불신앙과 불순종은 동전의 양면과 같다. 죄인은 믿음을 요구하는 하나님의 말씀을 받아들이지 않는다. 그는 순종을 요구하는 하나님의 명령을 거부한다.

우리는 죄에 대한 세 번째 특성으로 **교만**을 언급한다. 또한 교만은 잘난 체 하는 것으로도 표현되었다.[8] 교만은 구약성경과 신약성경에서 모두 언급되는 겸손 또는 온유함과 반대된다(특히 빌 2:3 및 마 11:29을 보라. 또한 이 주제에 대해 언급하는 잠언의 많은 구절들을 참고하라. 예. 잠 15:33). 교만과 관련해서는 잠언 8:13, 14:3, 15:25을 보라. 종말의 때에 큰 성 바빌론이 교만으로 상징되는 것처럼(계 17-18장) 바빌론의 왕들은 전체적인 관점에서 교만을 상징한다(사 13-14장; 렘 50-51장).

또한 죄는 하나님과 자기 이웃을 미워하는 것과 관련이 있는 게 분명하다. 이 미움은 하나님이 율법에 명시하신 사랑의 계명에 정반대되는 것이다. 특히 출애굽기 20:5과 레위기 19:17을 보라. 미움이 살인의 근원이라는 사실은 창세기 4:5-9과 로마서 3:11-16에서 명백하게 드러난다.[9]

5. 이제 우리가 앞서 언급한 다양한 특성들을 비교해볼 때, 죄는 **언약을 어기는 것**으로 명백하게 드러난다. 우리는 죄의 전반적인 특성을 가장 훌륭하게 묘사하는 것으로 이것을 간주한다. 이것은 인간이 하나님의 형상으로 지음 받은 것과 직접적으로 관련이 있다.

언약을 어기는 것은 다양한 형태로 그 모습을 드러낸다. 곧 그것은 불신앙과 불순종이다. 또한 죄는 교만과 미움을 통해서도 그 모습을 나타낸다. 우리는 죄와 관련된 이 네 가지 특징의 순위를 정하거나 일련의 인과관계에서 그런 특징이 일어나는 것으로 설명하지 않고자 한다. 이 네 가지 요소는 저마다 죄의 본성이 무엇인지 고유한 방법으로 알려준다. 인간은 온갖 다양성을 지니고 있는 창조물이다. 따라서 죄와 관련된 오직 한 가지 특성만을 인간에게 적용하는 것은 적절하지 않다. 사랑이 없는 것에 초점

---

8   Wentsel, *Dogm*., 3a:719 이하에서 교만의 다양한 측면에 대해 간략하게 묘사하는 것을 참고하라.

9   Berkouwer(1960, 18-27)는 특히 사랑의 이중 계명에 분순종하는 것이라는 관점에서 죄의 본성에 대해 논의한다. 이것은 하나님의 형상을 **사랑의 유비**(*analogia amoris*)로 이해하는 그의 견해를 반영한다(1957, 122).

을 맞추고자 하는 이들은 그것이 불신앙과 매우 밀접하게 관련이 있다는 사실을 잊지 말아야 한다. 신앙이 없으면, 사랑도 존재할 수 없다. 또한 그 반대의 경우도 참이다. 이 점은 교만과 불순종에 대해서도 동일하게 적용된다. 불순종하는 사람은 자신을 하나님보다 높이려고 시도한다. 하나님보다 자신을 높이려는 사람들은 진정으로 하나님께 불순종하는 사람들이다. 우리는 이와 같은 방법으로 더 많은 짝들로 결합할 수 있을 것이다.

이 네 가지 죄는 마음에서 시작한다. 그것들은 곧바로 언약을 어기는 생각이나 행위로 이어진다. 바꾸어 표현하자면, 이 네 가지 특성이 나타나는 것은 언약이 이미 깨어졌다는 것을 암시한다.

우리는 이것으로 죄의 특성에 대해 다루는 것을 마무리하고자 한다. 우리는 이어지는 항목에서 죄가 일으킨 몇몇 결과들에 대해 다루고자 한다. 우리는 이 항목보다 다음 항목에서 그 결과들에 대해 논하는 것을 선호한다. 이것은 벤철의 접근 방법과 대조된다(Wentsel, *Dogm*., 3a:719 이하). 죄와 악에 대한 철학적 논의와 관련해서는 플랜팅가(Plantinga, 1974)와 크루선(Kroesen, 1991)을 참고하라

이제 우리는 죄의 특성에 대한 칼 바르트의 관점을 살펴보고자 한다. 칼바르트는 "교만"과 "지연" 및 "자만심"이라는 용어들을 사용한다(Barth, *C.D.*, 4.1.413-478, 4.2.403-483, 4.3.434-461). 이 용어들은 그리스도의 삼중직, 곧 왕과 제사장과 예언자에서 유래했다. 우리는 자만심 대신에 불신앙을 사용하고, 지연 대신에 불순종이라는 용어를 사용하는 것을 선호한다. 바르트가 죄의 특성을 이와 같이 규정하는 것은 율법이 복음에 선행하지 않는다는 그의 생각을 반영하는 것이다. 그는 은혜의 탁월함이라는 관점에서 죄의 특성을 규정짓는다. 우리의 판단에 의하면, 이것은 순서가 뒤바뀌었다(참조. Velema, 1987, 3-41 및 Barth, *C.D.*, 4.2.4).

비록 임밍크(Immink)는 바르트가 제안하는 죄의 특성들에 대해 논하지 않지만, 그리스도의 삼중직과 관련해서는 그의 연구서(1990)를 참고하라.

베르카우어는 과연 바르트가 제시하는 이 세 가지 특성이 죄를 묘사하는 데 가

장 적합한 용어들인가라고 질문한다. 그리고 그는 그것들 대신에 성경적인 다른 표현들을 사용할 수 없는 것인가라고 의문을 품는다(Berkouwer, *Sin*, 282). 그러면서 그는 하인리히 포겔(H. Vogel)도 은혜로부터 죄에 대한 자신의 논의를 시작한다고 언급한다. 하인리히 포겔은 죄에 대해 기독교가 이해하는 특성으로서 감사하지 않음을 제안한다. 그리고 베르카우어는 바르트가 죄에 대한 자신의 세 가지 정의를 그리스도의 삼중직에서 직접 추론하는 것이 아니라 구약성경과 신약성경에서 언급되는 예들을 제시하며 그 세 가지를 입증한다고 지적한다. 그러면서 그는 다음과 같이 덧붙여 말한다. "죄라는 중심 관점에서 하나님에 관한 성경적인 모든 표현은 죄의 칠흑과 같은 어둠에 비치는 단 한줄기 계시의 빛에 지나지 않는다"(*Sin*, 283). 우리는 죄가 지니고 있는 이와 같은 특성들과 죄가 다양한 형태로 나타나서 확산되는 것을 서로 구분하는 것을 선호한다. 우리는 이 점에 대해 곧 다룰 것이다.

우리는 죄에 대해 논의하는 비어싱하(Wiersinga)의 저서에서 상당히 다른 접근 방법을 발견할 수 있다. 그 책의 부제목은 "운명 또는 행위"(Doom or Deed)다. 이것은 그가 직면하고 있는 딜레마를 암시해준다. 그는 개혁파 교회의 신앙고백서들과 신학의 관점을 일종의 운명론의 형태라고 특징짓는다. 그는 운명과 같은 죄의 본성과 다르게 행위로서 죄의 본성에 강조점을 둔다.

이것이 그가 주장하는 모든 것은 아니다. 그는 죄에 대해 저항하는 문을 열고 죄에서 자유롭게 되기 위해서 행위로서 죄의 본성을 강조한다! 그는 죄에 대한 고전적인 교리와 연결되어 있는 모든 것을 거부한다. 예를 들면 그는 불순종하며 거역하는 인간이 하나님을 반대한다는 개념을 무시한다. 사실상 그의 입장은 전적으로 다른 관점을 드러낸다. 그의 견해에 의하면, 죄는 세상에서 마주친 사악함을 의미한다. 인간은 그것과 싸울 필요가 있다. 비어싱하에 의하면, 죄에 대한 고전적인 교리는 인간이 죄를 참고 견뎌야만 하는 것을 암시한다. 인간은 자신이 죄인이라는 사실을 어쩔 수 없이 받아들여야만 한다. 그래서 죄는 인간의 제2의 본성이 되었다. 그는 이와 같은 이해에 근거해서 죄의 자연화에 대해 말한다. 이것은 죄의 중립화로 이끈다. 그래서 사람들은 더 이상 죄에 대해 아무것도 하지 않는다. 그들은 중립화된 죄 안에서 침묵하며, 또한 그것과 더불어 살아간다. 그는 원죄(유전죄)라는 개념은 이와 같은 자세를 가장 운명론적이며 웅변적으로 묘사해준다고 생각한다.

죄의 자연화는 죄의 사유화를 의미한다. 그래서 사람들은 죄와 관련된 다양한 연관성과 구조들에 대한 흔적을 파악하지 못한다. 만약 비어싱하가 그의 책을 오늘날 저술했다면, 그는 틀림없이 생태학(ecology)도 포함시켰을 것이다.

비어싱하가 주장한 죄론의 핵심은 우리가 죄를 제거할 수 있으며, 우리는 단순히 그것에 저항해야 한다는 것이다. 그와 같이 하지 않는 사람들은 가장 나쁜 죄, 곧 공모와 협력의 죄를 짓는 것이다. 죄에 대한 사회적·정치적 공격이 시도되어야 한다. 제도화된 탐욕의 집단적인 폭력으로 말미암아, 이와 같은 공격이 필요하다. 가장 나쁜 죄는 변화가 불가능하고 희망을 잃어버리는 것이다. 예수는 낙심한 채 묵종하지 않았기 때문에 그에게는 죄가 없었다. 이제까지 우리는 비어싱하의 저서에 기초해서 죄에 대한 그의 몇 가지 관점을 다루었다(또한 참조. Wiersinga, 1978a, 83-86).

우리는 비어싱하가 기꺼이 죄 및 그것의 결과들과 싸울 준비가 되어 있다는 점을 인정한다. 이 측면은 종종 간과되었다. 하지만 우리가 죄에 대한 우리의 논의를 죄와 관련해서 무엇을 할 수 있는지 숙고하는 것에만 제한한다면, 그것은 성경의 관점을 정당하게 다루는 것이 아니다. 자기 해방은 죄가 결국 하나님께 대항하는 것이라는 사실을 부인하는 것에 해당한다. 비어싱하의 견해에 의하면, 가장 나쁜 것은 우리가 죄를 범했다는 것이 아니라, 우리가 그것에 대해 무엇인가를 해야 한다는 용기와 희망을 갖지 않는 것이다. 우리는 그의 이와 같은 관점을 펠라기우스(Pelagius)의 입장의 극단화로 부르고자 한다.

6. 우리는 이제 **선의 결여**(*privatio boni*)에 초점을 맞추고자 한다. 우리는

이 용어가 교의학에서 그와 같이 중요한 역할을 해왔다는 것은 "이상한 것처럼 보일 수 있다"는 베르카우어의 주장에 동의한다(Berkouwer, *Sin*, 256).

아우구스티누스가 이 용어를 사용한 것과 관련해서는 『신앙편람』(*Enchiridion*), 4.11과 『고백록』 8:8, 22을 보라. 개혁파 신학자들과 관련해서는 헤페(Heppe, *Dogm.*, 255)를 참조하라. 헤페는 그의 교의학에서 **단순한 결여**(*mera privatio*)와 대조하면서 **구체적인 결여**(*actuosa privatio*)라는 용어를 사용한다(참고. Polanus and Heidegger, 262).

결여라는 개념은 결코 죄가 독립적으로 존재할 수 없다는 것을 강조하려는 의도를 지니고 있다. 죄는 그 자체의 고유한 본성을 전혀 지니고 있지 않다. 그것은 하나님이 말씀하시고 실행하시는 것과 부정적으로 관련을 맺고 있다. 죄는 그와 같이 지음 받은 것이 아니다. 그것은 단지 파괴에 지나지 않는다. 따라서 그것은 거짓말이며, 하나님의 선한 말씀과 행위에 대한 거부다. 죄는 지음 받지 않은 것이며, 무의미한 것이다. 죄의 본성은 완전히 철저하게 부정적인 것이다.

바빙크는 신중한 입장을 취하면서도 **결여**라는 용어를 다음과 같이 명백하게 옹호한다. "여기서 불충분하게 묘사되었다"(Bavinck, *C.D.*, 3:136-137). 그리고 "그 용어를 반대하는 견해들은 오해에 기초한다"(*C.D.*, 3:140-141).

베르카우어는 칼뱅이 죄에 대한 부정적인 용어들을 사용하는 데 망설이지 않았다고 우리에게 다음과 같이 환기해준다. 곧 "결여라는 개념의 타당성은 전후문맥 및 배경에 의해서 밝혀진다"(Berkouwer, *Sin*, 260n84).

우리의 판단에 의하면, 죄를 **결여**로 특징짓는 것은 진리의 중요한 요소를 포함하고 있다.[10] 하지만 그것은 단지 위에서 제시한 특성들과 직접적으

---

10 Berkouwer는 이것을 종교적인 주제로 언급하며, 논쟁적인 측면에 포함시킨다(Berkouwer, 1960, 34).

개혁교회 교의학

로 연결할 때만 그 의미를 이해할 수 있으며, 또한 그것을 온전히 정당하게 다루는 것이다. 불신앙과 불순종, 교만과 사랑 없음이라는 부정적인 특성은 **구체적인 결여**라고 올바르게 묘사되었다. 하지만 하나님과 인간의 관계라는 관점에서 **결여**를 이해하는 것은 중요하다. 그것은 어떤 중립적이거나 고도로 일반화된 **부정**(negatio)이 아니기 때문이다. 그것은 하나님과의 관계 안에서 결국 인간이 하나님을 부정하는 것으로 귀결된다. 이 부정은 결국 인간이 하나님을 부정하는 것이다.[11]

앞서 우리는 죄로의 타락 이후에 인간을 부정적인 측면에서 하나님의 형상이라고 묘사했다는 것을 독자들에게 상기하고자 한다. **이 부정적인 측면은 부정**(negatio)**으로도 묘사될 수 있다.** 그것은 죄의 매우 심각한 본성을 특징짓는 것이다.

여기서 우리는 바빙크가 제시한 죄의 특성들에 대해 언급하고자 한다. 곧 죄는 불법적이고 비합리적이며 어리석고 또한 터무니없는 것이다(Bavinck, *R.D.*, 3:70). 그것은 율법에 어긋나는 것이다(*R.D.*, 3:74). 그것은 자기의 고유한 원리가 없으며 또한 그 자체로서 독립적으로 존재할 수 없다(*R.D.*, 3:138). 죄의 목적은 모든 선한 것을 파괴하는 것이다(*R.D.*, 3:319). 그것은 이해하기가 매우 어려운 신비이자 동기가 부여되지 않은 채 이 세상 안으로 들어왔다(*R.D.*, 3:145).

우리는 위에 나오는 모든 묘사에서 죄에 대한 기본적인 개념들로서 앞서 논의한 특성들을 만날 수 있다. 왜냐하면 그 개념들은 하나님을 반역하는 어리석음을 표현하기 때문이다. 죄는 이치에 맞지 않으며, 또한 창조

---

11 참조. M. Honecker, 『신학적 윤리학 입문』(*Einführung in die theologische Ethik*), 1990, 52. Honecker는 선과 악의 구별은 기독교 윤리학과 비기독교 윤리학의 차이점을 나타내는 것이 아니라고 지적한다. 오히려 그 차이점은 기독교 윤리학이 악을 하나님 앞에서(*coram Deo*)의 죄, 곧 하나님에 대한 죄로 이해한다는 것이다. 이와 같이 기독교 윤리학은 악을 하나님과의 관계 안에서 정의한다.

세계를 대적한다. 죄는 이성적이지 않다. 그것은 비이성적이다. 그것은 율법을 거스르며, 납득할 만한 설명을 제시하지 못한다. 하나님의 선한 율법을 멸시하고 선함에서 벗어나는 사람들은 결국 죽음을 선택한다. 이런 선택은 어리석고 무분별하며 이해할 수 없고 부당하며 또한 상상할 수 없는 것이다. 죄는 하나님께 "아니요"라고 말하고, 결국 무(Das Nichtige)로 사라진다.

우리는 무에 대한 바르트의 교의가 앞서 바빙크가 제시한 죄에 대한 특성과 동등하다는 견해를 받아들이지 않는다(Berkouwer, *Sin*, 281n145). 바빙크와 바르트의 핵심적인 차이점은 다음과 같다. 곧 바빙크는 죄에 대한 주제와 관련해서 낙원의 상황에서 시작하지만, 바르트는 은혜의 탁월함이라는 관점에서 죄를 무(무효)로 특징 짓는다.

§ 27. 죄의 확산과 진행 과정

27.1. 죄의 확산
27.2. 죄의 진행 과정

27.1. 죄의 확산

1. **죄는 확산된다. 이것이 바로 죄의 특성이다.** 죄는 계속해서 확산하려고 한다. 그것은 단 하나의 범죄 행위에 만족하지 않고, 죄를 범하는 한 사람에게만 한정되지도 않는다. 죄는 하나님을 반역하는 것으로서 제국주의적이고 전체주의적인 특성을 갖고 있다. 그런 의미에서 반역으로서의 죄라는 개념은 모든 사람에 대한 하나님의 은혜로운 통치가 갖는 부정적인 이미지라 할 수 있다.

죄는 타락한 천사들의 영역에서 아담과 하와에게 전달된다. 또한 온 인류의 부모인 아담과 하와의 죄는 그들의 모든 후손에게 전달되었다. 창세기 3장에 이어서 4장에서는 가인이 아벨을 죽인 사건이 언급된다. 이 행위에서 죄악된 동기들, 곧 질투와 시기 그리고 미움이 부정적 영향력을 행사한다. 따라서 그런 동기들은 다른 사람의 생명을 시샘한다. 이 사건은 낙원에 대한 이야기 이후에 발생한다.

우리는 성경을 계속 읽으면서 죄가 얼마나 광범위하고 심각하며 맹렬하게 확장되는지 이해할 수 있다. 우리는 인간이 저지른 악의 범위를 창세기 6:5, 11-12에 묘사된 것처럼 언급할 수 있다. 우리는 이 단계에서 원죄와 관련해서 항상 언급되는 구절에 중점을 두려는 게 아니라, 그저 인류 역사의 한 가지 현상으로서 죄의 광범위함과 보편성 및 자명함을 언급하고자 한다(참조. 시 14편; 53편; 130:3; 143:2; 잠 20:9; 전 7:20; 갈 3:22; 요일 1:8; 5:19). 욥과 다윗은 모두 그들의 젊은 시절의 죄와 허물에 대해 숙고하고 있다(욥 13:26; 시 25:7. 또한 참조. 시 58:4; 사 43:27; 48:8; 57:3; 엡 2:3).

이 개관은 완벽하지는 않지만, 죄가 전반적·보편적·전체적이라는 것을 보여주기에는 충분하다. 죄는 이 세상과 이 세상 사람들을 통제하는 데 성공했다. 우리가 죄를 찾아볼 수 없는 사람이나 상황 및 역사는 전혀 없다. 우리는 죄의 격렬함의 정도 및 억제력에 대해 언급할 필요가 있다. 하지만 이 두 가지 측면은 죄의 보편성으로부터 결코 눈을 다른 곳으로 돌리게 하지 않는다. 죄의 격렬함의 정도 및 억제력은 사실상 죄가 언제 어느 곳에서나 사악함의 최대한도를 성취하는 것은 아니라는 점을 알게 해준다.

2. 우리는 지금까지 죄의 보편성 및 범위에 대해 묘사했고, 이제는 **원죄와 관련된 문제**에 대해 논하고자 한다. 죄를 다루는 책들 중 이 주제를 언급하지 않은 책은 없다.

우리는 아우구스티누스와 함께 원죄에 관한 논의를 시작하고자 한다. 판 헨더렌은 다음과 같은 사실을 언급한다. 우리는 아우구스티누스 이전에는 교회론의 중요성을 말하는 신학자를 거의 만날 수 없다(Van Genderen, 1987, 33). 아우구스티누스는 성경에 기초해서 원죄 교리를 광범위하고 깊이 있게 탐구한 최초의 신학자였다. 그는 원죄에 관한 펠라기우스의 입장에 반발하면서 이런 탐구를 시작했다. 아우구스티누스는 펠라기우스와 반대로 인간의 본성은 죄로 인해 근본적으로 타락했다고 고백했다. 그가 과거에 마니교를 신봉해서 인간을 부정적으로 이해한다고 해석하는 것은 올바른 해석이 아니다. 아우구스티누스는 이른바 인간에 대한 비관주의적인 관점이라고 이름 붙여진 마니교의 가르침을 교회 안으로 가져오지 않았다. 그는 마니교에서 배웠던 가르침─또는 기독교의 가르침과 완전히 다른 이원론적 세계관─을 성경적 관점에서 새롭게 개정했다. 그는 특별히 바울의 가르침(롬 5:12)을 통해서 인간은 근본적으로 부패했다고 고백할 수 있었다. 아우구스티누스부터 시작해서, 교회와 신학은 죄를 평가하는 일에 죄를 특징짓는 인간의 자기 사랑과 교만을 이용했다.

펠라기우스는 오로지 죄의 행위에만 초점을 맞추었다. 그는 기껏해야 인간의 의지와 능력이 약간 약하다고 인정했다. 하지만 그의 견해에 의하면, 인간은 자기 자신을 구원할 수 있다. 비록 그가 하나님의 도움을 받기는 하지만 말이다. 펠라기우스는 인간의 본성이 새롭게 되어야 할 필요성을 이해하지 못했고, 그저 인간의 행위만 새로워져야 한다고 이해했다. 아우구스티누스와 펠라기우스의 견해 사이에 드러나는 차이점과 불일치는 그 이후 오랜 시기 동안 지속되었다. 원죄의 개념은 인간의 본성이 근본적으로 타락했다는 아우구스티누스의 견해를 지지해준다.

이 두 가지 입장에 대한 교의적 서술을 위해서는 중요한 참고 문헌을 포함하고 있는 안드레센이 편집한 『핸드북』(*Handbuch*)에 실린 밀렌베르크의 기고문을 참조하라(Andresen, 1:445-463). 밀렌베르크는 죄와 은혜에 대한 아우구스티누스의 교의가 발전한 것을 네 단계로 묘사한다. (많은 참고 문헌을 포함해) 원죄와 관련한 그의 견해를 자세히 이해하기 위해서는 다음 교의학 저서를 참고하라. R. Seeberg, 『교과서』(*Lehrbuch* 2:504-506)과 Leo Scheffczyk, 『핸드북』(*Handbuch*) 2(3a):204-209(요약은 224에서 시작한다). 아우구스티누스가 "욕망"(*concupiscientia*)을 성적 욕망으로

 개혁교회 교의학

해석한 것은 그의 원죄 교리에 오점으로 남아 있다. 우리는 이 "탈선"에 관한 부분적인 책임이 아우구스티누스의 전기에 있다고 생각한다. H. W. 크네이프는 『억압받는 비너스』(*Venus aan de leiband*), 1987, 108-111에서 "아우구스티누스의 종합"이라는 표현을 사용한다. 이 표현은 고대 교회의 다양한 주제가 아우구스티누스의 신학으로 수렴되었다는 사실을 의미한다.

많은 이들이 원죄(유전죄)라는 용어를 반대한다. 베르카우어는 "원죄"라는 표현 자체는 죄악의 실재에 대한 전반적인 관점을 제공해줄 수 없다고 지적한다(Berkouwer, *Sin*, 532). 그가 자신의 반대를 이렇게 표현한 것은 그의 입장을 전형적으로 드러내준다. 그는 사람들이 일반적으로 원죄 문제라고 언급한 것의 핵심에는 하나님을 비난하는 것과 인간이 자신의 죄책을 고백하는 것이 있다고 생각한다. 간략하게 말해서, 다양한 시나리오에 관한 그의 연구는 다음과 같은 결론으로 이어진다. 곧 그런 시나리오는 죄악의 실재를 약화시킨다. 비록 그것들이 때때로 의도하지 않고 실수로 그렇게 하지만 말이다.

또한 후크도 "원죄"라는 용어를 거부한다. 그는 원죄(*peccatum originale*)라는 용어를 유전죄(hereditary sin)로 번역하는 것은 문제가 있다고 생각한다. 그는 그 용어가 의미하는 것은 받아들이지만, 그 용어 자체는 오해로 이어질 수 있다는 사실을 발견한다(Hoek, 1988, 73). 베르카우어도 그의 견해에 동의한다. 판 더 베이크도 마찬가지다. 그는 다음과 같이 주장한다. "만약 우리가 원죄를 부인한다면, 우리는 인류가 가진 집단성의 측면을 무시하게 되고, 이것은 우리가 각 개인의 완전한 무죄를 주장하면서 우리의 손을 씻는 첫걸음이 된다"(A. van de Beek, 1984, 140 이하). 더욱이 우리는 벤철(Wentsel, *Dogm.*, 3a:724-726)과 에밀 브룬너를 언급할 수 있다. 하지만 브룬너는 원죄라는 주제와 관련해서 매우 부정적으로 표현한다(Brunner, *Dogmatics*, 2:113-117). 이들이 이와 같이 의견의 일치를 보인다는 점은 주목할 만하다. 하지만 여전히 다음과 같은 질문, 곧 과연 이 모든 저자가 원죄에 대해 동일한 것을 주장하는지, 그리고 어떻게 그들이 각자의 결론에 도달하는지의 질문이 남아 있다.

원죄(유전죄)에 관한 논의에서는 죄를 진정으로 물려받을 수 있는가라는 질문이 제기된다. 어떤 사람이 어떤 것을 상속받을 때, 그 상속받은 것은 그의 재산이 된다. 비록 그가 그것을 위해서 아무런 노력을 하지 않았더라도 말이다. 그것은 선물이다. 이것이 바로 유산의 본질이다. 상속자는 유언자가 죽으면 그의 유산을 물려받는다. 하지만 이것은 죄와 관련된 상황에는 전혀 어울리지 않는다. 죄를 물려받는 것은 마이너스 통장을 물려받는 것을 암시한다. 그것은 개인이 잘못해서 발생한 빚이 아니다. 그것은 기껏해야 물려받은 빚, 곧 양도받은 빚이다. 하지만 이런 이해는 성경이 죄인이라고 말하는 것의 성경적 개념에 반대된다! 우리는 오직 자신이 저지른 죄에 의해서만 하나님 앞에서 죄인일 수 있다.

3. 이와 같은 견해는 **실재론**(realism) 대 **언약론**(federalism)의 문제를 보여준다. 우리는 이 용어들을 설명하기에 앞서 독자들에게 다음과 같은 사실을 상기시키고자 한다. 곧 우리는 영혼 창조설과 영혼 유전설의 개념에서 이와 비슷한 문제를 만났다(참조. § 25.1, 제5번).

실재론은 우리가 아담 안에서 그리고 아담과 함께 죄를 분명하게 저질렀다고 주장한다. 우리가 죄를 저지르지 않았다면, 하나님이 우리를 아담 안에 있는 죄인으로 간주하시는 것은 정당하지 않은 일이다. 죄는 각 개인이 실제로 저지른 죄라는 상황과 관련해서만 성립한다. 만일 우리가 아담 안에서 그리고 그와 함께 실제로 죄를 저질렀다면, 아담과 우리의 관계는 우리를 죄인으로 만들 수 있다.

우리가 비웃지 않고 솔직하게 질문하고자 하는 것은 다음과 같다. 우리가 선재적으로, 곧 이 세상에 태어나기 전에 아담 안에서 그리고 그와 함께 이미 죄를 지었는가? 이런 방식이 베르카우어가 원죄에 대해 질문하는 방식이다(Berkouwer, *Sin*, 440). 베르카우어는 스킬더가 히브리서 7장에 근거해서 주장하는 것을 원죄 교리에서 보조적인 조항이라고 부른다. 레위는 아브라함 안에서 십일조를 받았을 것이다. 스킬더는 레위가 아브라함 안에서 이미 진짜로 존재했다고 주장한다. 하지만 베르카우어는 이런 계보학적인 관점은 아브라함 안에 있는 실재론적인 선재의 원리를 인간론적으로 정당화하지 못한다고 생각한다(Berkouwer, *Sin*, 442-444).

바빙크는 "특정한 의미에서"라는 표현으로 실재론을 완화한다(Bavinck, *R.D.*, 3:102). 이것은 실재론을 상당히 약화시킨다.

언약론은 실재론과 다르게 다음과 같이 주장한다. 곧 하나님은 아담 안에서 모든 사람을 죄인으로 간주하시고 그에 알맞게 그들을 대우하신다. 이런 대우는 그들이 아담이 저지른 죄에 실제로 동참한 사실에 근거한 것이 아니라, 그들이 아담이 저지른 죄를 갖고 있다는 사실에 기초한 것이다. 이 언약의 상황은 언약의 머리인 아담과 그의 모든 후손의 관계라는 관점에서 모든 사람을 죄인으로 만든다.

베르카우어는 다음과 같은 이유로 언약론을 반대한다. 곧 언약론은 죄와 처벌을 연결하지 못한다. 전가된 죄를 처벌하는 것은 하나님의 공의로운 심판과 모순된다. 오직 죄를 범한 사람만이 죄인이고, 그런 죄인만이 처벌받을 필요가 있다. 이것이 바로 바르트가 원죄 개념에 대해 곤란함을 느끼는 이유다(Barth, *C.D.*, 4.1.500 이하).

언약론은 다음과 같은 의미를 벗어날 수 없다. 곧 아담의 후손들은 다른 사람의 죄(*peccatum alienum*)에 근거해서 지체 없이 죄인으로 간주된다. 원죄는 원죄의 오염을 가져온다. 사실 이것은 이중적인 죄책을 함의한다. 비록 언약론의 지지자들이 아담 안에서 존재하는 결과로써 즉각적으로 전가된(*imputatio immediata*) 죄책과 실제로 우리에게 죄를 일으킨 죄의 오염을 거부하지만 말이다. 언약론은 (원)죄와 원죄의 오염 사이의 인과관계를 인지한다. 이런 (**인과적으로 연결된**) 한 쌍의 개념은 매우 낯선, 곧 (다른 이에게 물려받은) 원죄의 죄책(*peccatum alienum*)을 암시한다. 그것은 운명론과 결정론을 함의한다. 인간은 자신이 저지른 죄에 근거해서 죄인으로 간주되지 않고, 자신이 태어난 상황 때문에, 곧 그는 아담이 하나님과 맺은 언약의 일부분이 되는 결과로 인해 죄인으로 간주된다.

어떤 이들은 개인의 죄(*peccatum proprium*)라는 개념을 유지하기 위해서 **원죄의 오염을 원죄의 설명**으로 간주하자고 제안했다. 그렇다면 개인의 죄는 인간의 본성이 지니고 있는 죄성(sinfulness)을 반영하는 것이다. 우리가 이 본성을 물려받았다고 해서 실질적으로 죄인이 되는 것은 아니다. 우리가 실제로 죄를 저지를 때 죄인이 된다. 이런 이해는 펠라기우스의 입장(모방하면서 죄를 지음)과 위에서 제시한 입장들 사이에 있는 중간 입장이다. 동기가 어떻든 간에 두 견해는 모두 죄책에서 시작한다(Berkouwer, 1960, 239-243).

4. 그렇다면 이런 딜레마로부터 **벗어나는 길**이 있을까? 베르카우어는 실재론과 언약론을 모두 거부한다. 그는 「벨기에 신앙고백서」 제14조에서도 발견하지 못하고, 칼뱅의 신학에서도 발견하지 못하는 원죄와 원죄의 오염 사이의 차이점을 발견할 수 있다고 강조한다(Berkouwer, *Sin*, 472-484, 특히 483 이하).

베르카우어의 주장은 그가 찾고 있는 해결책이 어디로 향하고 있는지 가리켜준다. 그는 다음과 같은 주장을 한다. 곧 바울은 로마서 5장에서 "죽음과 죄는 부인할 수 없을 정도로 서로 결합과 조합을 맺고 있다는 사실에 초점을 맞춘다." 하지만 베르카우어는 바울이 그곳에서 죽음과 죄의 관계의 문제에 대해 "매우 논리 정연하게 진술하지는 않는다"고 주장한다. 그는 이와 관련해서 실재론이나 언약론까지 나아가지 않는 어떤 **조합적 관점**(corporate perspective)을 언급한다(*Sin*, 517-518). 어쨌든 그는 원죄라는 개념은 죄의 실재에 대한 전체적인 그림을 제시해주지 못한다고 생각한다(*Sin*, 532).

죄책에는 연대가 있다. 비록 우리는 어떻게 이런 연대가 발생하는지를 설명할 수 없지만 말이다. 우리의 견해에 의하면, 베르카우어가 강조하는

개혁교회 교의학

하나님의 기소는 죄책의 연대가 개인의 죄를 배제한다는 것을 의미하지 않는다.

우리는 베르카우어가 필연적으로 조합론(corporatism)과 실재론의 결합으로 결말을 내야만 한다고 생각한다. 비록 그가 개인적으로는 조합론의 관점을 넘어서길 원하지만 말이다.

만약 조합적 관점이 하나님의 기소를 손상시키지 않는다면, 그것은 실질적으로 죄를 범한 것에 기초해야만 한다. 하나님의 기소는 인간의 개별적인 죄에 초점을 맞추시기 때문이다(*peccatum proprium*). 이것이 바로 베르카우어가 죄와 관련해서 논증한 논의의 핵심이다. 이 핵심은 그의 해결책과 관련해서 고려되어야 한다.

베르카우어가 자신의 조합적 관점을 어떻게든 실재론과 연결하는 것을 원하지 않는다면, 우리는 다음과 같이 결론을 내려할 것 같다. 곧 그는 죄의 조합적 개념만을 가지고 죄의 보편성을 표현하려고 한다. 이것은 사실상 베르카우어가 원죄의 본래적 특성, 즉 우리의 죄와 아담의 죄가 어떻게 관련이 있는지의 문제를 무시한다는 것을 함의한다. 솔직히 말하자면, 우리는 그의 추론이 이 문제를 무시하면서 이점을 얻는다는 사실을 인정해야만 한다. 그에게 문제가 되는 유일한 것은 실제로 일어난 죄와 관련한 하나님의 기소다. 이런 경우에 베르카우어는 자신(과 다른이들)에게 원죄의 개념이란 단순히 죄의 보편성을 포착하는 것일 뿐이라고 더 분명하게 말해야 했다! 하지만 이런 주장은 원죄로부터 원죄의 본질적인 핵심을 제거하는 것이다.[12]

5. 이제 우리는 성경에 기초한 **우리의 입장**을 제시하고자 한다. 우리는 가장 먼저 죄가 얼마나 멀리 퍼져 있는지 살펴보았다(곧 죄의 보편성 및 전체성).

우리는 모든 인간은 자신의 존재가 시작할 때부터 타락했고 죄인이라

---

12 다음 논문은 우리의 관심을 끈다. Randall E. Otto, "The Solidarity of Mankind in Jonathan Edwards's Doctrine of Original Sin," *EQ 62*, no. 3 (1990): 205-221. Otto는 다양한 논점에 근거해서 Jonathan Edwards의 실재론을 비판한다. Otto 자신은 연대주의(solidarism)을 지지한다.

는 사실을 알려주는 성경 구절들을 아직 언급하지 않았다.

이 시점에서도 우리는 가장 많이 이야기되는 성경 구절을 계속해서 언급하지 않고자 한다. 솔로몬은 성전을 봉헌하는 기도에서 다음과 같이 말한다. "범죄하지 아니하는 사람이 없사오니"(왕상 8:46; 또한 참조. 시 143:2 및 전 7:20). 시편 130:3은 하나님 앞에서 의로운 사람은 아무도 없다고 알려준다. 욥기 14:4은 아무도 더러운 것으로부터 깨끗한 것을 낼 수 없다고 말한다. 그리고 시편 51:5에서 다윗은 자신이 세상에 태어날 때 죄악 중에서 출생했다고 고백한다.

후크는 이 점을 올바로 지적한다(Hoek, 1988, 20). 하지만 그가 다음과 같은 것을 추가적으로 주장하는지는 우리에게 분명하지 않다. 곧, 우리는 시편 51:5에서 원죄를 추론할 수 없지만, 그 구절은 교회가 원죄 교리를 나타낼 수 있는 구성 요소를 제공해준다. 다시 말해서 그것은 죄의 근본적인 본성을 강조한다. 교의는 성경적 자료에 기초한 이해에서 형성된 것이다. 교의는 성경에 기록된 단 하나의 구절에서 이미 만들어진 것으로 결코 발견되지 않는다. 후크는 다음과 같이 정확하게 주장한다. 교회가 원죄와 관련해서 고백한 것의 본질은 시편 51:5에 포함되어 있다.

리델보스는 다음과 같이 올바르게 주장한다. "이것[시 51:5]은 원죄를 분명하게 다루는 구약성경의 본문 중 하나다"(H. N. Ridderbos, *K.V.*, 1973, 174).

크라우스는 시편 51:5을 다음과 같이 해석한다. "나의 존재의 원초적인 근거와 뿌리는 멸망에 의해서 철저하게 영향을 받고 있다"(Kraus, *Psalmen*, 1961^2, 387).

우리는 이 본문들에 앞서 언급했던 구약성경의 다른 본문들, 곧 창세기 6:12, 욥기 15:14, 시편 58:4과 잠언 20:9 및 6을 추가하고자 한다. 요한복음 3:3-5은 모든 사람이 위로부터 새롭게 태어날 필요가 있다고 말한다.

로마서 5:12-21은 원죄에 대한 논의와 관련해서 중요한 본문이다. 우리는 이 단락에 대해 어느 정도 자세하게 살펴보고자 한다. 베르카우어는

  개혁교회 교의학

이 단락을 상당히 철저하게 다룬다(Berkouwer, *Sin*, 490-519). 또한 그는 고린도전서 15:22도 언급한다. 이 구절은 죄에 대해 명백하게 말하지는 않지만 모든 인간은 아담 안에서 죽음에 이르렀다는 사실을 분명하게 보여준다. 베르카우어는 고린도전서 15:22이 로마서 5장과 연결된다고 지적하면서 우리가 다음과 같이 질문할 수 있을지 궁금해한다. 우리는 로마서 5장이 "아담 안에서 모든 사람이 죄를 지었다"고 말하는 반면에 고린도전서 15:22은 "아담 안에서 모든 사람이 죽는 것"에 초점을 맞추고 있다고 주장할 수 있을까?(Berkouwer, *Sin*, 491).

우리가 로마서 5장에 대해 논하기 전에, 우리는 위에서 언급한 본문들이 죄의 보편성을 아담과 명백하게 연결하지 않는다는 사실을 인정해야 한다. 하지만 우리는 다음과 같이 생각한다. 곧 로마서 5장은 (창세기 3장과 고린도전서 15:22을 연결해서) 죄의 보편성에 대한 성경적 개념의 근원으로 해석해야 한다.

비록 로마서 5장이 원죄 교리와 관련해서 특별한 중요성을 갖고 있을 수 있지만, 앞서 언급한 성경 구절들도 고려 대상에서 제외되면 안 된다. 그 모든 구절은 시편 51:5을 포함해서 로마서 5장을 설명한다. 로마서 5장은 창세기 3장에서 시작하는 다른 모든 성경 구절 및 사실들을 해석하는 근원이자 토대다.

이제 우리는 여기서 로마서 5:12-21에 대한 몇 가지 주해를 제시하고자 한다. 하지만 이 단락의 모든 측면에 대해서는 자세하게 설명하지 않을 것이다.

(1) 로마서 5:12은 아담과 그의 모든 후손을 언급한다. "이러므로 한 사람으로 말미암아 죄가 세상에 들어오고 죄로 말미암아 사망이 왔나니 이와 같이 모든 사람이 죄를 지었으므로 사망이 모든 사람에게 이르렀느니라." 여기서 "(모든 사람이 죄를) 지었으므로"라는 번역과 관련해서, (그) **안에서**와 **왜냐하면**(~했으므로) 중 어떤 번역이 더 좋은지에 대해서 많은 논쟁이 벌어졌다. 우리가 다른 많은 학자를 따라서

(참조. Berkouwer, *Sin*, 492 이하) 어떤 번역을 받아들인다고 하더라도, **좌우간에** 바울은 아담이 죄를 지었을 때 모든 사람이 죄를 지었다고 말한다.

이 연관성을 어떻게 해석해야 하는가는 "왜냐하면"이라는 용어에서 밝혀지는 게 아니다. 또한 "(그) 안에서"라는 표현도 어떻게 모든 사람이 아담 안에서 죄를 지었는지에 대해 분명하게 설명하지 않는다.

"그 안에서"는 "그 안에 포함되어 (있다)"는 것을 반드시 의미해야만 한다. 반면에 "왜냐하면"이라는 용어는 모든 사람이 그 안에 포함되어 있는 경우에만 논리적으로 의미가 있다. "왜냐하면"이라는 번역을 선호하는 이들이 이것을 수용해야만 한다. 하지만 이와 같은 번역의 차이는 결정적으로 중요한 게 아니다.

(2) 우리는 다음과 같은 리델보스의 일단의 사고를 지지한다. 그는 다음과 같은 사실을 강조한다. 곧 (사람에게 죄가) "들어왔다"는 동사와 구분되는 (사람에게 사망이) "이르렀다"는 동사는 어떤 것, 곧 한 사람이 많은 사람에게 전해준 어떤 것을 언급한다. "한 사람을 통해 모든 사람에게"라는 원리(principle of "all through one")가 모든 사람이 죽음에 처하면서 (처음에는 아담에게) 인류에게 나타난다(Ridderbos, 1959, 131 이하).

이 동사가 지니고 있는 연속성은 다음과 같은 것을 분명하게 한다. 곧 여기서의 핵심 사항은 아담의 후손이 가진 악한 행위들이나 그들에게 전가된 악한 성품이 문제가 아니라는 것이다. 아담의 모든 후손은 아담이 저지른 악한 행위에 동참한다. 이것이 아담과 그의 후손이 자기들에게 죽음을 초래한 방법이다. "마침내 여기서 '모든 사람'과 '한 사람'의 연관성이 지닌 진정한 본질이 밝혀진다." 성경의 다른 구절들에서 이것은 "~안에서"라는 전치사를 통해서 언급된다. 고린도전서 15:22에서 "아담 안에서"와 "그리스도 안에서"라는 표현이 사용되는 것을 참고하라.

또한 리델보스는 다음과 같이 추가적으로 주장한다. "이 관계를 묘사하기 위해서 다양한 시도들이 제시되었다. 다른 곳에서 그리스도의 몸에 대해 언급한 것을 고려하면서(예. 롬 12:5 및 고전 12:12), 여기서는 아담과 그의 후손이 모두 한 몸으로 연합되어 있다고 말하는 것이 이치에 맞다. 이런 연합의 본성이 함의하는 것처럼 이것은 육신의 후손과 연대를 반영할 뿐만 아니라 하나님이 정하신 것으로서 창조세계의 구조와 인류의 구속도 반영한다"(Ridderbos, 1959, 114).

비록 우리가 "왜냐하면"이라는 번역을 선호하지만, 이 번역이 의미하는 것은 "그 안에서"가 의도하는 것에 상응한다는 사실을 재차 강조하고자 한다. 고린도전서 15:22의 "아담 안에서"와 "그리스도 안에서"라는 표현도 이 점을 확인해준다.

(3) 칼뱅의 견해는 상당히 미묘하다. 그는 모든 사람이 죄를 지었다는 개념을 실질적으로 죄를 지은 것을 가리킨다고 해석한다. 동시에 그는 본성의 타락이 영혼의 모든 부분에 골고루 퍼졌다고 주장한다. 따라서 우리 모두는 불의하고 사악하다. 그는 이와 관련해서 우리가 태어날 때 가진 부패와 우리가 물려받은 부패에 대해 말한다. 이 부패한 본성이 우리 모두를 불의하게 만든다.

만약 우리가 칼뱅의 견해를 올바로 이해한다면, 그는 원죄의 오염과 원죄 사이에 직접적인 연관성이 있다고 이해한다. 그는 우리가 원죄의 감염(original contagion)의 결과로 죄를 범해 그것으로 인해 죄책을 획득했다고 생각하지 않는다. 이 경우에 원죄의 죄책은 원죄의 오염에 의해서 야기된 죄의 결과일 것이다.

그렇지 않다. 부패한 존재라는 것은 우리가 이미 하나님 앞에서 정죄 받았다는 것을 암시한다. 칼뱅은 아담과 우리의 관계로 말미암아 우리가 타락했으며 또한 우리가 죄인이라고 강조한다.

우리는 이 해석과 관련해서 칼뱅의 『기독교강요』 2.1.8을 언급하고자 한다. "우리는 아담의 범죄로 말미암아 저주 아래 놓이게 되었다. 곧 아담은 우리를 죄에 대한 책임이 있는 것으로 만들었다. 하지만 아담으로부터 우리에게 주어진 것은 죄에 대한 징벌뿐만 아니라 또한 우리 안에 거하는 오염도 포함된다. 그것은 우리를 징벌을 받아 마땅한 존재로 만드는 것이다." 그리고 칼뱅은 아우구스티누스가 이것을 가리켜서 "다른 사람의" 죄라고 말하지만, 그것은 또한 "각 사람에게도 고유한" 것이라고 지적한다. 그는 조금 뒤에 아담의 모든 후손이 "원죄 안에 둘러싸여 있고 또한 그 얼룩들로 더러워졌다"고 주장한다. 그리고 우리의 본성은 "하나님에게 혐오스럽고 가증스러운 것이다. 그러므로 결국 이것은 하나님 앞에서 마땅히 죄로 간주된다. 왜냐하면 죄에 대한 책임이 없다면, 정죄도 없을 것이기 때문이다."

우리는 칼뱅에게 최초의 오염과 원죄는 동일한 것이라고 결론짓는다. 시간적인 측면에서 볼 때, 이 두 가지는 서로 구분될 수 없다. 우리는 죄책이 오염에서 비롯된다고 주장할 수 없다. 왜냐하면 사실상 오염은 죄(책)이며, 또한 죄(책)는 오염이기 때문이다.

칼뱅은 우리의 죄악된 본성은 진정으로 하나님의 심판을 받아야 마땅하다는 견해를 지니고 있다. 로마서 5:12에 대한 그의 해석도 이 점을 확인해준다. 곧 심지어 갓난아기들이 아직 죄를 구체적으로 짓지 않았지만, 그들도 정죄 받은 채 태어난다. 오스터호프(1972, 83)가 지적하듯이, 칼뱅은 **특별히** 갓난아기들에 대해서만 구체적으로 생각하지 않는다. 하지만 그는 갓난아기들도 염두에 두고 있다. 칼뱅은 『기독교 강요』 2.1.8에서 어떤 조건을 붙이지 않은 채 갓난아기들도 포함시킨다("갓난아기들도 그들의 본성 전체가 죄의 씨앗이기 때문에, 그들도 자기 자신의 죄책을 저지른다").

「벨기에 신앙고백서」는 우리에게 생명언약을 상기해준다. 인간은 생명언약을 어겼기 때문에 "하나님에게서 받은 탁월한 은사들을 잃어버렸다"(「벨기에 신앙고백서」, 제14조). 또한 "아담의 불순종으로 말미암아, 원죄가 모든 인류에게 확장되었다. 그것은 인간의 본성 전체가 부패했다는 것을 가리킨다. 또한 인간은 부패한 본성을 물려받는다. 심지어 그것은 어머니의 뱃속에 있는 아이들도 감염시킨다. 또한 부패한 본성은 사람 안에 뿌리를 내리고 있으며, 온갖 종류의 죄를 짓게 한다. 따라서 그것은 하나님이 보시기에 대단히 악하고 혐오스러운 것이다. 그래서 모든 인류는 정죄 받아 마땅하다"(「벨기에 신앙고백서」, 제15조). 이 신앙고백서는 우리의 내면의 부패는 우리가 하나님의 저주를 받기에 마땅한 존재라고 밝혀준다. 그리고 「도르트 신조」 3-4, 2-3 및 「하이델베르크 교리문답」 제7주일의 답변에서도 동일한 신앙이 고백된다. 또한 「네덜란드 신앙고백서」에 대한 폴만(Polman, *Ned. Gel*, 2:171-175)의 해설을 참조하라.

(4) 아담의 후손은 아담과 동일한 방법으로 죄를 지은 게 아니다. 바울은 그렇게 말했다. 그들은 아담이 하나님에게서 받았던 금지 명령을 받은 것이 아니기 때문이다. 아담의 후손을 하나님 앞에서 죄인으로 만든 것은 그들의 죄악된 본성이다. 칼뱅은 자기 자신을 경멸하면서 자신의 눈먼 것과 완악함을 억제할 수 없다는 사실을 말한다. 그는 눈먼 것과 완악함에 대해 우리의 죄악된 본성과 그것에서 나오는 모든 것

　　　　　　　　개혁교회 교의학

을 나타낸다. 우리의 본성은 너무 타락해서 우리는 하나님의 심판을 받아 마땅하다.

하나님의 심판을 받지 않는 우리의 죄악된 본성**과** 하나님의 심판을 받는 우리의 죄악된 행위의 구분은 칼뱅이 분명하게 보여준 일련의 사유에 어긋나는 것이다.

또한 우리도 그와 같은 구분을 거부한다. 만약 이 구분이 옳다면, 아담의 후손은 아담과 자신의 관계로 말미암아 각자의 죄책을 가졌다. 그는 아담으로부터 타락한 본성은 물려받는다. 하지만 그가 실질적으로 죄를 범하기 전까지 그에게는 죄책이 없다.

사실 이 접근은 해당 문제를 해결하지 못한다. 인간의 죄는 유지된다. 죄악된 행위들의 배후에는 인간이 아담에게서 물려받은 죄악된 본성이 놓여 있다. 우리가 죄악된 본성을 갖고 있지 않았다면, 우리는 어떤 죄도 저지르지 않을 것이다. 우리는 왜 이런 접근이 우리 전반에 걸친 그리고 우리 내면에 있는 부패를 무시하는지 모르겠다.

이런 종류의 추론을 하게 될 경우에는 칼뱅이 실재론에 접근하는 핵심은 사라진다. 그런 접근은 실재론에 있는 진리의 요소를 완전히 무시한다. 덧붙여 설명하자면, 그런 접근은 언약론에 있는 진리의 요소도 무시한다. 이것은 실재론도 언약론도 정당하게 다루지 못한다.

(5) 이제 우리는 로마서 5:19을 살펴보고자 한다. 우리는 (많은 사람이) "죄인 된 것 같이"를 어떻게 해석해야 할까? 바울은 우리가 죄인은 아니지만 우리를 죄인으로 선언했다는 것을 표현했을까? 이 경우에 "된 것 같이"는 우리가 이전에는 갖고 있지 않았거나 그렇지 않았던 무언가를 우리에게 돌리는 것이다. 그렇다면 "죄인이 된 것 같이"의 경우는 인위적으로 종합한 법적 판단이 될 것이다.

이 해석은 받아들일 수 없다. 이것은 예수의 의로움을 신자들에게 돌리는 경우에 가능하다. 하나님의 은혜로 예수의 의로움이 신자들에게 돌려지고 또한 주어졌다. 하지만 아무도 죄를 어떤 사람에게 전가해서 그를 죄인으로 만들 수는 없다. 이것은 위반과 잘못에 대한 책임으로서의 죄의 특성을 부인하는 것이다.

베르카우어는 이 점과 관련해서 올바르게 지적한다(Berkouwer, *Sin*, 500). 곧 우리가 실제로 저지르지 않은 범죄를 우리에게 전가하는 것은 필연적으로 흐레이다누스(Greijdanus)의 질문들을 제기한다. "1906년 이후로 아직까지 그 질문들에 대해 만족스러운 답변이 이루어지지 않았고, 이 질문과 관련해서 성경적인 관점은 부정될 수 없다"(*Sin*, 500).

우리는 "죄인이 된 것 같이"를 하나님이 우리를 정말로 사실상의 죄인들로 묘사하시는 판결로 해석한다. 모든 인류는 진정으로 아담 안에서 그리고 아담과 함께 죄인이자 죄책을 가졌다. 이것은 언약론에 실재론적 측면을 더해준다. 달리 말해서 실재론과 관련된 이런 진리의 측면은 아담과 맺은 언약론의 관점을 고려하지 않고서는 생각될 수 없다. 따라서 언약론과 실재론의 상호보완적 의미는 아담의 후손이 선재적으로 아담의 죄에 동참했다고 생각할 필요를 없앤다.

모든 인간은 아담 안에서 부패했고 바로 이런 부패 **그 사실 자체 때문에** 죄인이 되었다. 하나님이 보시기에 우리는 타락한 존재다. 이것은 우리에게 죄책이 있다는 사실을 함의한다. 이것이 아담의 행위가 모든 사람에게 결정적인 이유다. 그러므로 우리는 대표론(언약론)과 실재론을 결합하는 것을 선호한다. 우리 모두가 하나님 앞에서 죄인이라는 사실은 아담이 우리 모두를 대표한다는 사실을 반영해준다. 이것이 "모든 사람을 위한 한 사람"과 "한 사람을 통해서 그리고 한 사람 안에서 모든 사람"이라는 표현이 의미하는 중요한 의미다.[13]

6. 그렇다면 **이것은 원죄에 대해 "설명하는가"**? 그것은 "설명하다"를 어떻게 정의하는가에 달려 있다! 잘 알려져 있듯이 베르카우어는 원죄에 관한 모든 설명이 만족스럽지 못하다고 강하게 주장한다. 그는 "공동체의 관계에서 인과관계를 찾으면서 자신을 변명하는 것은 전적으로 부당하다"고 말한다(Berkouwer, *Sin*, 518). 하지만 이것은 우리의 의도와 상당히 다르다. 엄밀히 말해서, 우리가 실재론과 언약론의 결합을 강조하는 것은 우리 자신이 전적으로 무죄하다는 것을 부인하려는 데 그 목적이 있다. 우리는 특정한 관계를 말하면서 어떤 외적 원인을 찾을 수 있는 방식으로 원죄에 대

---

13   참조. Stanley F. Porter, in "The Pauline Concept of Original Sin in Light of Rabbinic Background," *Tyndale Bulletin* 41, no 1 (1990); 3-30. Porter는 랍비들이 사용했던 방법과 전적으로 대조적으로 바울은 자기의 고유한 방법대로 인류의 죄의 기원에 대해 말하고 있다고 주장한다.

    개혁교회 교의학

해 결코 생각할 수 없다. 우리는 이런 원인을 밝히면서 우리 자신을 변명한다. 우리는 그와 같은 접근 방법은 전적으로 부당하다는 베르카우어의 견해에 동의한다.

성경 자체가 확립한 관계들을 보여주는 것은 앞서 언급한 것과 매우 다른 것이다. 만약 우리가 이런 관계들을 기피한다면, 우리는 성경적 기준에 이르지 못할 것이다.

이 점과 관련하여 "모든 사람을 위한 한 사람"과 "한 사람 안에서 모든 사람"이라는 성경적 관점은 우리의 견해와 관련해서 결정적인 역할을 한다. 우리는 모두 아담 안에 포함되어 있다. 왜냐하면 하나님이 그와 같은 상호 의존적인 관계를 특별히 미리 설정해놓으셨기 때문이다. 아담은 최초의 죄인이다. 그뿐만 아니라 그는 모든 죄의 기원이다. 인류의 머리로서 아담이 지니고 있는 유일무이한 신분으로 말미암아, 우리 모두의 온갖 죄는 그에게 거슬러 올라가며, **그리고 그의 죄는 우리 모두에게 전해진다!**

원죄(유전죄)라는 **용어**에 대해서 많은 반대 의견이 제시될 수 있다! 죄를 물려받는다고 생각하는 것은 이치에 맞지 않는다. **그뿐만 아니라 죄를 물려받는다는 용어 자체는 우리가 아담의 죽음을 통해서가 아니라 아담의 행위를 통해서 죄인이 된다는 사실을 부정한다.** 사실상 아담의 죄는 그가 죽은 다음에 그의 후손에게 전달된 것이 아니라 그가 살아 있던 동안에 이미 전달되었다!

원죄의 **개념**에 들어 있는 진리는 아담의 죄가 모든 죄와 모든 사람이 저지른 죄의 기원이라는 것이다.

핵심은 우리가 어느 정도 죄의 분량을 물려받고 그 분량에 우리 자신의 죄를 약간 덧붙인다는 게 아니다. 이것은 받아들일 수 없는 이분법을 함의한다. 핵심은 우리의 죄, 곧 우리가 죄인이고, 죄를 범했으며, 죄책을 가졌다는 것은 우리의 머리의 신분을 가진 아담의 죄와 분리된 채 생각될 수 없다는 것이다.

우리는 이와 관련해서 죄인이라는 것과 죄를 범하는 것의 연관성 및 차이점을 명심할 필요가 있다. 죄인이라는 것은 모든 종류의 죄를 범했다는 것을 필연적으로 암시하지 않는다. 반대로 어떤 구체적인 죄들을 범했다는 사실은 죄를 지은 사람의 죄악된 본성까지 거슬러 올라가서 항상 살펴보아야만 한다.[14] "죄"라는 단어가 단수로 사용되는 것은 어떤 사람이 죄인이라는 맥락에서 흔히 사용된다.[15]

우리는 위의 주장과 관련해서 우리의 죄들에 대한 어떤 변명이 될 만한 것을 함의하지 않는다. 비록 누군가 우리의 죄책에 대해 비난할 수 있지만 말이다. 우리는 죄가 없는 게 아니다. 우리는 아담 안에서 죄를 지었다. 변명의 여지가 전혀 없다. 어떤 이들은 아담과 우리의 관계가 지니고 있는 본성을 설명하지 않고 단지 공동의 유대 관계만 인정하고자 한다. 그들은 죄가 보편적이라는 사실만을 단순히 언급하고자 한다. **집단적**(corporate)라는 용어가 암시하는 것처럼 말이다.

이 견해에는 아담의 죄와 우리의 죄 사이의 관계에 대해서 아무것도 말하지 않는다는 문제가 있다. 우리는 이 견해에 대해서 다음과 같은 결론을 내리는 것보다 더 잘 설명할 수 없을 것이다. 곧 **집단성은 대표성과 똑같은 것을 의미하지 않는다.**

성경은 아담의 죄가 우리 모두의 죄의 기원이라는 것과 관련해서 다음과 같은 심도 있는 가르침을 우리에게 가르친다. 곧 하나님은 우리가 우리의 본성의 죄된 부패함으로 인해 아담과 함께 죄책을 저질렀다는 그런 방식으로 우리의 상호 관계를 구성하셨다.

---

14 참조. Brunner, *Dogmatics*, 2:121-124.

15 죄인이라는 것(바울이 육신이라는 용어로 그 특성을 나타내는 것)은 우리에게 바울의 죄론을 축약적으로 나타내주는 표현인 것처럼 보인다. Ridderbos는 이 점과 관련해서 개인을 초월하는 어떤 존재 방식을 언급한다(Ridderbos, 1975, 93). 우리는 인간의 삶의 배경 안에서 동참한다는 오직 한 가지 사실을 통해서 그 존재 방식에 동참한다. Ridderbos는 그 과정에서 인간으로서 우리의 존재가 죄에 의해 영향을 받았다는 것에 이의를 제기한다. 하지만 우리는 그의 이와 같은 견해에 동의하지 않는다.

퍼스테이크는 "집단적 인격"(corporate personality)이라는 개념은 대표성에 그 어떤 여지도 남겨놓지 않는다고 주장하면서 그 개념을 정당하게 반대한다. 집단적인 연합이라는 개념은 쌍방향의 상호 작용을 함의한다. 한 사람에 대해 말하는 것은 무엇이든지 다른 많은 사람들에 대해서도 말할 수 있다. 또한 많은 사람들에 대해 이야기할 수 있는 것은 무엇이든지 한 사람에 대해 말할 수 있다는 것도 사실이다(Versteeg, 1969^2, 46). 하지만 집단적인 연합이라는 개념은 단지 보편성만 암시해준다. 그것은 우리가 아담이 행한 것을 모두 행할 수 있으며, 아담도 우리가 행하는 모든 것을 할 수 있다고 암시해준다. 그러나 거기에는 하나님이 정해주신 관계, 곧 대표성의 관계가 결여되어 있다!

이 관계는 그리스도 안에서 계시된 은혜를 중심으로 한다. 이 은혜는 그리스도의 생명이 아담과 그리고 그 안에 있는 우리 모두가 받아 마땅한 죽음을 초월한다는 것을 고려할 때 더욱더 위대해진다.

죽음은 아담이 하나님과 맺은 생명의 언약을 위반하면서 우리 모두에게 임한다(§ 26.3). 그리스도가 얻은 생명은 그에게 속한 모든 사람이 받아 마땅한 죽음을 생명으로 바꾼다. 이것이 죽음 및 생명과 관련된 이야기의 전체는 아니다. 그리스도 안에서 하나님의 은혜로 그리스도께 속하는 모든 사람은 (새로운 또한 영원한) 생명을 얻는다. "모든 사람을 위한 한 사람"이라는 구조는 "한 사람을 통해서 모든 사람"이라는 구조와 동일하다. 그것의 결과는 그리스도가 얻은 생명은 아담이 초래한 죽음을 무색하게 만들 정도까지 훨씬 더 풍요롭다.

마지막으로 독자들은 다음 사실을 상기할 필요가 있다. 앞서 우리는 우리에게 전가된 죄, 곧 다른 사람의 죄(*peccatum alienum*)와 우리 자신의 죄(*peccatum proprium*) 사이에서 한 가지를 선택하는 입장을 취하지 않았다. [죄가] 전가된다는 측면은 대표성의 원리를 통해서 이루어진다. 우리는 모두 아담 안에 포함되어 있다. **따라서** 아담의 죄와 죄책은 우리 자신의 죄와 죄책이기도 한다. [죄의] 전가와 죄책을 실제로 지닌 것, 곧 죄인이라는 것은 서로 밀접하게 연결되어 있다. 이 문제와 관련해서는 「도르트 신조」 3-4.2와 죄의 전가에 대한 존 머레이(J. Murray, 1959, 42-95)의 연구서를 참조하라.

원죄에 대한 로마 가톨릭 신학자들의 새로운 견해는 널리 공유되고 있는 관점으로서 죄의 보편성을 반영한다. 우리는 스코넌베르크의 저서에서 이와 같은 견해를 만날 수 있다. 그는 원죄를 어떤 상황으로 이해한다. 우리 모두는 그 상황 안에서 우리 자신을 발견한다. 그는 이 상황에 대한 물리적인 개념과 심리적인 개념을 서로 구분한다(Schoonenberg, 1962, 151). 그의 견해에 의하면, **상황**에 대한 이 개념은 원죄의 실재를 부인하지 않는다. 하지만 그 실재는 특별한 방법에 의해서 설명된다. 그 실재는 "인간은 어떤 종류의 사랑도 가능하지 않은 특징을 가진" 상황으로 묘사된다. "인간은 하나님과 맺은 언약을 죄악된 방법으로 모두 탕진해버린 세상에 태어난 존재라는 사실의 결과로서 자신이 이런 상황에 처해 있음을 발견한다"(1962, 151).

트로스터르(Trooster)는 『원죄론 안에서의 진화』를 저술했다. 이 책의 제목은 그가 원죄론을 진화론의 맥락에 위치시켰다는 사실을 반영한다. 그는 로마서 5장을 다음과 같이 해석한다. 아담의 죄는 연대기적인 측면에서 최초의 사람의 죄라고 이해될 수 없다(Trooster, 1965, 100). 그의 기본 전제는 종말이 이미 태초의 시간 안에 존재한다는 것이다(1965, 74). 그가 성경의 자료들에 새로운 해석을 부여하면서 자신의 논리를 전개하기 시작한다는 사실은 주목할 만하다. 트로스터르는 역사에 대한 자신의 평가에 기초해서 다음과 같이 결론을 내린다. 원죄론에 대한 전통적인 묘사는 자신이 "성경적 관점"이라고 부르는 것의 도움을 받아서 수정될 필요가 있다. 이것은 이 세상에 존재하는 모든 인류는 결국 재앙의 보편적 상태에 처한다. 곧 모든 인류는 맨 처음의 죄와 재앙에 있는 유대 관계라는 신비에 처한다(1965, 154). 하지만 판더벨더(Vandervelde)는 스코넌베르크와 칼 라너의 새로운 관점은 거룩하게 만드는 은혜(*gratia sanctificans*)를 빼먹어서 원죄를 다시 설명할 필요가 있다고 결론을 내린다. 원죄에 대한 로마 가톨릭 신학자의 해석 중 또 다른 관점은 죄의 심각한 측면에 대한 것이다. 판더벨더는 원죄론에 대한 이와 같은 인간론적·존재론적 재해석은 결

개혁교회 교의학

함을 지닌 것으로 간주한다(Vandervelde, 1975, 300-311, 특히 324-326).

7. 우리는 우리의 입장을 나타내는 몇몇 주장의 방식을 탐구하면서 얻은 결과를 요약하고자 한다.

(1) 로마서 5장과 고린도전서 15장은 아담과 그의 후손은 어떤 중요한 관계를 맺는다는 사실을 함의한다.

(2) 이 관계의 근본적인 특성은 그리스도와 그의 백성들의 관계에 의해서 더 분명하게 밝혀지고 대체된다. 그것은 모든 사람을 위한 한 사람—한 사람을 통해서 모든 사람이라는 원리다.

(3) 그 평행 관계는 이 구조로 마무리된다.

(4) 아담의 후손은 모두 아담의 죄책과 그 죄책의 오염을 공유한다. 이것은 아담의 모든 자손이 죄를 범했을 정도로 사실이다.

(5) 아담의 후손들은 선재적 방법으로 아담 안에서 죄를 지은 것으로 간주되지 않는다.

(6) 아담의 후손들에게 죄책이 있다는 실재는 아담이 그들을 대표하며 그들은 아담 안에 포함되어 있다는 사실에 기초한다.

(7) 제6번의 입장은 언약론과 실재론에 있는 진리의 요소들을 결합한 것이다. 우리는 "진리의 요소들의 결합"이라는 표현을 지지한다. 실재론이나 언약론만 지지할 경우에, 그것은 제기되는 질문들에 만족스러운 대답들을 제시하지 못한다.

(8) 칼뱅은 원죄와 원죄에 의한 오염과 관련해서 시간적 구분이나 순차적 구분을 하지 않는다.

(9) 언약적 관계(생명언약)의 결과로서, 죄책의 오염과 죄책은 하나다. 우리는 모두 아담 안에서 우리 자신의 죄책에 대해 개인적으로 책임을 져야 한다.

(10) 실재론은 아담과 그의 후손 사이에 언약론의 관계가 있다는 것을

부인한다. 언약론은 칭의와 연결되어 있는 전가에 그 자체를 제한하지만, 인간이 아담 안에서 죄인이 되었다는 것에 전가를 연결하지 않는다.

(11) 우리는 실재론과 언약론을 단순히 결합하는 것 대신에 오히려 그 두 가지 모두를 정당하게 대하기를 원한다. 우리는 각각의 견해가 지니고 있는 진리의 요소를 모두 정당하게 대해야 한다. 그것은 오직 두 견해를 새로운 구조로 결합할 때만 실현 가능하다.

27.2. 죄의 진행 과정

1. 앞서 우리는 아담의 죄와 그의 후손의 죄의 관계를 성경의 자료들에 기초해서 논했다. 이제 우리는 **죄의 파괴적인 진행 과정**에 초점을 맞추고자 한다. 그 질문은 어떻게 죄가 전개되고 죄의 영향은 무엇인지였다.

이 질문은 우리를 어떤 문제에 직면하게 한다. 죄는 본질적으로 율법을 어기는 것이다. 죄는 자율적이기를 추구하며, 자율적으로 행동하기를 원한다. 하지만 죄는 하나님의 심판을 받을 수밖에 없다. 죄는 진행 과정에서 하나님이 죄에 대해 선언하시는 판결을 받는다. 그것은 심지어 죄의 부정적인 존재 방식에서조차도 하나님의 율법에 종속된다.

이것은 죄의 전개 과정에 이중의 결과를 초래한다. 한편으로 죄는 부정적인 영향력을 전파하고 강화한다. 다른 한편으로 하나님은 죄에 대해 심판을 실행하신다. 하나님은 죄가 자신의 잠재적 세력을 행사하는 것을 허락하신다. 곧 죄는 죽음에 이르게 하는 파괴적 세력이 된다. 죄 위에 또한 죄로 말미암아 사망 선고가 내려진다. 하나님이 그분의 사랑 안에서 우리에게 제공하시는 생명을 거부하는 사람은 스스로 죽음을 선택하는 것이다(신 30:19). 죽음이 점점 더 세력을 얻는 것은 바로 죄에 대해서 하나님이 심판하시는 것이다. 어떤 사람이 스스로 원하는 경우에, 하나님은 그를 죄에 넘겨주시기도 한다(참조. 롬 1:24, 26, 28).

개혁교회 교의학

따라서 우리는 죄의 진행 과정에 대한 논의에서 하나님이 죄를 심판하시는 것을 마주한다. 우리는 하나님에게서 오는 징벌로서 이 심판에 대해서는 다음 항목에서 다룰 것이다. 여기서 우리는 죄의 전개 과정에 초점을 맞추어 논의하고자 한다. 죄는 본질적으로 부정적인 것이다(*negatio, privatio*). 죄의 본질이 암시해주듯이, 죄는 오직 무엇인가 부정적인 것만 만들어낸다. 이것은 하나님이 죄를 어떻게 심판하시는가를 잘 드러내준다.

이제 우리는 하나님이 죄가 발전하는 것을 허락하신다는 사실에 초점을 맞추고자 한다.

2. 우리가 죄에 대해 살펴보아야 할 첫 번째 사항은 다음과 같은 것이다. 곧 **죄는 그 자체 안에 죽음을 지니고 있고, 점점 더 강력하게 죽음을 초래한다.** 어떤 사람은 바로 앞에 굵은 글씨로 표기된 진술이 어떤 모순을 포함하고 있는 것은 아닌가라고 질문할 수도 있다. 결국 죽음은 죽음이다. 더 이상 이야기할 게 없다!

죄와 관련해서 소름끼치는 것은 다음과 같은 것이다. 죄는 생명을 반대하고, 모든 긍정적인 것을 파괴한다. 하지만 죄는 이와 같은 부정적인 측면에서 매우 끈질기며 지속적이다. 바울은 이 점과 관련해서 에베소서 2:1-2에서 "그는 허물과 죄로 죽었던 너희를 살리셨도다. 그때에 너희는 그 가운데서 행하여 이 세상 풍조를 따르고"라고 말한다. 분명히 이와 같은 죽음의 상태는 매우 능동적 사건이다. 죄인의 생애의 모든 과정은 죽음으로 묘사될 수 있다. 왜냐하면 "육신의 생각은 사망"(롬 8:6)이기 때문이다. 따라서 죄의 전개 과정은 사실상 죽음을 향해서 나아가는 것이다.[16]

우리는 다음 항목에서 특히 죄에 대한 징벌로서 신체적 죽음 및 영원한 죽음에 대해 언급하고자 한다. 지금은 하나님이 인간에게 제공하시는 사랑과 생명을 거부한 결과로서 죄는 죽음을 암시한다고 말하는 것으로

---

[16] 사도 바울은 이와 같은 죽음의 상태를 육신(flesh)이라고 부른다. 롬 8:7-8 및 갈 5:13-26을 보라. 다른 명칭들에 대해서 렘 17:9; 막 7:21-23; 요 5:42; 롬 7:18; 딛 1:15-16을 보라.

충분할 것이다. 우리는 이 죽음을 영적인 죽음이라고 말한다. 이렇게 말하는 것은 신체적 죽음 및 영원한 죽음과 그것을 구별하기 위해서다. 영적인 죽음은 하나님과의 살아 있는 관계를 잃어버린 것이다. 이것은 우리를 점점 더 죽음의 손아귀에 빠지게 한다.

우리는 이 점에 비추어서 다음과 같은 질문을 제기할 수 있을 것이다. 곧 죄는 자기 자신을 벌한다고 말한다면, 그것은 옳은 것인가? 하나님은 율법을 제정하셨다. 또한 하나님은 그분의 율법을 어긴 것에 대한 제재를 결정하신다. 이와 관련해서 펠레마의 『징벌의 정당화』(*Rechtvaardiging van de straf*, 1978, 13-35)를 보라. 펠레마는 이 연구서의 21에서 과연 구약성경은 보복에 대해서 가르치는가에 대한 코흐(K. Koch)의 널리 알려진 논문에 대해 언급한다.

죄에 대한 벌은 죄의 부정적인 전개가 강화되어간다는 것을 포함한다. 이런 의미에서 우리는 죄인이 자기 자신을 벌한다고 말할 수 있다. 죄인은 자기 자신을 죄의 사로잡는 세력에 내맡기며, 또한 점점 더 그 세력에 사로잡히게 된다(롬 7:14).

이 전개 과정은 자연법을 따르지 않는다. 그것은 하나님의 거룩한 율법을 어긴 것에 대한 제재에 기초해서 진행된다.

후크마는 전적인 타락 대신에 침투력이 있는 타락에 대해 말하자고 제안한다(Hoekema, 1986, 150). 그는 이 제안을 통해서 인간의 근본적인 타락을 부정하거나 약화시키려는 것을 결코 의도한 게 아니다. 그는 인간의 근본적인 타락을 온전히 인정한다. 하지만 그는 죄가 각 사람에게 동일하게 극단적인 영향을 미치지 않는다는 사실을 강조하고자 한다. 동시에 침투력이 있는 타락이라는 표현은 죄로 말미암은 내면의 타락의 역동적인 전개 과정을 가리켜준다! 우리 자신은 침투력이 있는 타락과 전적인 타락을 서로 보완해주는 용어들로 간주한다.

전적인 타락은 우리가 "전적으로 부패했기 때문에 어떤 선한 행위도 할 수 없으며, 또한 온갖 악한 것으로 기울어지는 성향을 지니고 있다"는

개혁교회 교의학

것을 가리킨다(「하이델베르크 교리문답」 제3주일, 제8질문). 후크마는 이것을
사실로 믿는 사람들에게 죄와 악이 점점 더 강력해진다는 점은 충분히 상
상할 만한 것이라고 올바르게 지적한다.

3. 여기서 우리는 에베소서 4:18을 언급하고자 한다. "그들의 총명이
어두워지고 그들 가운데 있는 무지함과 그들의 마음이 굳어짐으로 말미
암아 하나님의 생명에서 떠나 있도다." 죄의 전개 과정을 통해서 나타나는
가장 나쁜 것 중 하나는 **영적인 어둠**, 곧 **내면적인 무지**다. 우리는 구약성경
의 관점에서 어리석음에 대해 말할 수 있다. 어리석음은 잠언 9:13-18에
서 의인화되고, 어리석음으로 인해 다른 사람들을 속이는 것이 잠언의 여
러 곳에서 묘사된다. 에베소서 4:18에서 마음의 굳어짐이 "하나님의 생명
에서 떠나 있도다"와 4:19에서 "자신을 방탕에 방임하여"라는 표현과 직접
적으로 연결되는 것은 주목할 만하다(참조. 롬 1:21).

죄의 전개 과정에서 나타나는 또 한 가지는 **인간 마음의 거짓됨**이다(렘
17:9). 이 거짓됨은 무엇을 가리키는가? 그것은 자기 자신에 대한 변명을
통해서 자기를 정당화하며, 자신의 잘못을 다른 사람들에게 전가하는 것
이다. 이와 같이 자기 자신을 정당화하는 것은 하나님이 인간의 마음을 살
피시고 "양심을 감찰하신다"는 사실과 대립된다(시 139:23; 시 7:9).

4. 죄의 전개 과정에서 나타나는 또 다른 특징은 **사탄의 지배권**과 관련
된 것이다(참조. 요 12:31). 우리는 사탄이 "이 세상의 임금"으로 불리는 것
을 성경에서 본다(요 12:31). 이런 명칭이 "귀신의 왕"(마 9:34; 12:24)으로
나타나는 것은 우연이 아니다.

사탄은 이 세상의 왕이다. 그는 거짓과 강탈, 곧 불법적으로 이 지배권
을 얻었다. 이런 입장에서 마귀는 지극히 높은 산에서 예수를 유혹하며, 자
신이 그에게 "천하만국과 그 영광"에 대한 통치권을 줄 수 있다고 주장했
다(마 4:8-9). 예수는 십자가의 길이 아닌 마귀의 속임수와 강탈에 참여해
서 이 통치권을 얻을 수 있었다. 예수가 마귀의 방식을 따랐다면, 그는 마
귀의 나라에 속했을 것이다. 하지만 예수는 오직 하나님만 경배하고 또한

그분만을 섬기라는 하나님의 명령을 인용하고 언급하면서 마귀를 물리쳤다(마 4:10).

한편 "이 세상의 임금"이라는 명칭은 다음 사실을 가리켜주기도 한다. 곧 하나님은 장차 마귀의 권세를 무력화해서 그의 지배력을 결정적으로 끝장내실 것이다(고전 15:25; 골 2:15). 비록 사탄의 통치권이 불법적인 것이기는 하지만, 하나님은 그것을 당분간 묵인하신다. 이 묵인은 종종 사람들이 죄를 짓는 것을 하나님이 허용하시는 것과 짝을 이룬다. 앞서 언급한 성경 구절들 외에, 또한 하나님이 어떻게 이스라엘을 대적들에게 넘겨주시는가와 관련해서 사사기 6-7장과 사무엘상 28-31장을 참고하라.

또한 사탄의 권세로부터 사람들이 구원받는 것과 관련해서 사도행전 26:18과 골로새서 1:13을 보라.

우리는 이 점과 관련해서 마지막으로 창조물이 허무(*futility*)에 굴복하고 있는 것을 언급하고자 한다(롬 8:20-21). 의심할 여지없이 로마서의 해당 본문은 창세기 3:17을 언급한다. 땅에 저주가 임한 것은 인간의 불순종으로 말미암은 것이다. 또한 인간에게 내려진 하나님의 심판도 창조세계에 그 영향력을 미친다. 죄의 다양한 결과는 창조세계 전체에 미치고 있다. 인간은 의도적인 행위를 통해서 또는 간접적으로 창조세계에 대한 통치자(청지기)로서 자신이 초래한 저주를 통해 창조세계 안에서 나타나는 부정적인 요소들에 책임이 있다.

5. 우리는 바로 앞서 언급한 것에 비추어서 **죄의 점진적 진행과 다양성**에 대해 살펴보고자 한다.

죄의 내적인 역동성에도 불구하고 하나님의 선하심으로 말미암아 **죄의 완화**도 있다. 베르카우어는 "급진성과 점진적 진행"이라는 제목이 붙여진 장에서 이 문제를 다룬다(Berkouwer, *Sin*, 285-323). "점진적 진행"—이 용어는 동시에 일시적인 완화도 암시함—이라는 용어를 사용하는 것이 근본적인 부패와 죄의 보편성을 부인하는 것은 아니다. 이 완화는 죄 또는 죄인으로부터 말미암는 것이 아니라 하나님으로부터 말미암는 것이다. 하나

개혁교회 교의학

님은 그분의 율법의 선함이 생명(공동체)에 영향을 미치게 하신다. 로마서 2:14-15을 보라.

두마는 관련된 본문들에 대해서 철저하게 논의한다. 그의 저서(1966, 320-324)를 보라. 그는 시편 145:9, 요나서 4:2, 마태복음 5:44 이하, 누가복음 6:35, 사도행전 14:16-17, 17:30, 베드로전서 3:20 및 디모데전서 4:10 등에 대해서 다룬다. 또한 두마가 자신의 저서 314-340에서 이 자료를 추가적으로 다루는 것을 참고하라.

이처럼 죄를 억제하는 과정에서 일반계시가 영향을 끼치는 것과 관련해서는 베르카우어의 『일반계시』(*General Revelation*, 197-206)와 칼뱅, 카이퍼 및 스킬더에 대해서 다루는 벤철의 『교의학』(2:226-232)을 참고하라.

선하신 하나님은 그분의 율법이 최고의 능력을 발휘할 수 있는 여지를 제공하신다. 그 결과로 인간다움(humanness)이 나타난다. 하지만 이것은 근본적인 부패를 평가 절하하는 것이 아니다. 오히려 이것은 하나님이 죄가 언제 어느 곳에서나 자기의 잠재력을 완전하게 실현하는 것을 허락하지 않으신다는 것을 의미한다. 그럼에도 성경은 종종 불의가 이 세상에 만연해 있는 것에 대해서 말한다(창 6:11; 마 23:32). 야고보서 1:15과 마태복음 24:12 등에서 죄의 점진적인 진행 과정이 분명하게 언급된다. (동시에 이것과 긍정적인 측면에서 상반되는 것으로서 살후 1:3에서 믿음이 자라고 사랑이 풍성해진다는 것도 언급된다).

우연히 실수로 죄를 범한 것과 사전에 계획해서 의도적으로 죄를 범한 것 사이에는 차이점이 있다(참조. 레 4:1-2; 5:15 및 민 15:30). 다른 사람을 실수로 죽인 사람을 위한 도피 장소로서 도피성이 지정된 율법 규정과 비교해보라(참조. 민 35:15). 하지만 계획적으로 다른 사람을 죽인 사람이 도피성으로 피신했다고 하더라도, 그는 반드시 죽임을 당해야 했다(참조. 민

35:30-31).

이와 비슷하게 주인의 뜻을 알고 있던 사람들과 모르고 있던 사람들에 대한 심판도 서로 차이가 있다. 주인의 뜻을 알고 있었지만, 그 뜻을 실행하지 않은 사람들은 더 많은 매를 맞을 것이다(눅 12:47-48). 이와 관련해서 예수의 말씀을 받아들이기를 거부하는 도시에 대해 생각해보라. 장차 소돔과 고모라가 받을 심판은 그와 같은 도시가 받을 심판보다 더 가벼울 것이다(마 10:15; 11:20-24). 그 도시의 주민들은 더 큰 책임을 지고 있다. 더 많이 받은 사람들에게는 더 많은 것이 요구된다. 또한 이것은 복음을 알고 있던 것과 그것을 모르고 있던 것과 관련해서도 동일하게 적용될 것이다.

우리는 이와 관련해서 히브리서 5:2을 읽을 필요가 있다. 히브리서 저자는 해당 구절에서 잘 모른 채 실수한 사람들을 동정할 수 있는 대제사장에 대해 말한다(참조. 히 9:7).

6. 이것은 로마 가톨릭교회가 **죽음을 면할 수 없는(용서받을 수 없는) 죄와 사소한(용서받을 수 있는)죄를 서로 구분하는 것과 관련이 있는가?**

트리엔트 공의회는 이 차이점에 대해서 자세하게 설명한다. 어떤 사람이 일상생활에서 반복적으로 짓는 죄는 그를 하나님의 은혜로부터 분리하지 않지만, 치명적인 죄는 그를 하나님의 은혜로부터 분리한다(*DS*, 917). (이것은 모든 죄는 영원한 징벌을 받아야 마땅하다는 바이우스(Baius)의 주장을 거부하는 것이다. *DS*, 1020.) 이 두 가지 종류의 죄가 지닌 차이점은 다음과 같다. 곧 죽음을 면할 수 없는 죄는 그 죄를 범하는 사람에게서 하나님과 결합되어 있는 사랑의 끈뿐만 아니라 거룩하게 하는 은혜와 다른 초자연적인 은사들을 앗아간다.

브링크(H. Brink)의 『신학 사전』(*Theol. Woordenboek*, 1952)과 드레버만(E. Drewermann, "Sünde/Schuld" 〔죄와 죄책〕, in *Neues Hanbuch*, 1985, 4:149)을 참조하라. 드레버만은 죄에 대해서 칭의의 은혜를 잃어버린 것과 하나님 나라에서 제외된 것으로 논의한다. 또한 그는 다음과 같은 역설에 대해서 말한다. 곧 하나님에 대한 배반은 내 존재의 일부분이다. 따라서 그것은 피할 수 없다. 하지만 그것은 하나의 자유로운 행위다. 그렇지 않다면, 죄와 죄책은 하나님이 창조하신 것의 일부분이다!

베르카우어는 비록 종교개혁이 죄를 용서받을 수 없는 것으로 간주하지 않지만, 「도르트 신조」(5.5)는 죽음에 이르게 하는 죄[*reatum mortis incurrunt*]에 대해서 말한다고 우리에게 상기해준다. 그래서 "용서받을 수 있는 죄"라는 용어는 거부될 수 없다(Berkouwer, *Sin*, 305n82). 하지만 그것은 죽음을 면할 수 없는 죄와 구별되는 서로 다른 범주로서 거부되어야 한다. 이 구분은 분명히 인간론에서 유래된 것이다(참조. § 24.1).

용서받을 수 있는 죄와 죽음을 면할 수 없는 죄를 서로 구분하는 것은 죄의 정도에 대한 성경적 개념을 파악하려는 의도에서 비롯된 것은 아니다. 또한 그것은 칼뱅이 사용한 대로 가벼운 과실과 파렴치한 범죄로 구분하는 것에 정당성을 부여하려는 의도를 갖고 있지 않다(『기독교강요』 4.12.4). (칼뱅은 파렴치한 범죄 행위에 대해서 출교는 타당한 조치이며, 가벼운 과실에 대해서는 훈계나 책망이면 충분하다고 주장한다).

인간론적인 관점에서 이 구분은 어떤 죄들을 가벼운 것으로 여기지만, 다른 죄들을 더욱 심각한 것으로 간주하려는 것이다. 이와 관련해서 빚어지는 실수는 죄들을 율법의 수여자이신 하나님에게 초점을 맞추어서 판단하지 않고 인간의 본성에 비추어서 판단한다는 것이다. 이 경우에 인간은 더 이상 하나님 앞에서 죄를 짓는 것이 아니고, 또한 그의 행위는 하나님 앞에서 심판받는 것이 아니다. 인간의 본성 그 자체는 지금 하나님과 인간의 관계와 상관없이, 죄의 결과와 관련해서 고려의 대상이 되고 있다.

하나님 앞에서(*coram Deo*) 죄의 본성을 고려한다면, 어떤 죄는 하나님의 은혜를 잃어버리지만, 다른 죄는 그렇지 않다고 구분할 수 없을 것이다. 그와 같이 구분하는 것은 바로 사변적이며 이원론적 인간론이다. 그런 인간론은 추상적이며 세분화하는 특성을 지닌 죄에 대한 관점을 가르친다. 하나님의 형상으로서 인간이 하나님 앞에서 존재하고 행동하는 특성을 지니고 있다고 이해한다면, 어떤 죄가 다른 죄보다 질적인 측면에서 덜 심각하고 또한 더 적게 비난받아야 한다고 간주하지 않는다.

사실상 죄와 징벌에 대해 성경이 정도의 차이를 두지만, 그것이 죄에 대한 변명의 여지를 전혀 제공하지 않는다는 점은 주목할 만하다. 베르카우어는 더 뛰어난 지식 및 능력과 일치하는 것으로서 더 큰 죄는 더 큰 책임을 지니고 있다고 올바로 지적한다(Berkouwer, *Sin*, 311). 죄에 대한 로마 가톨릭 신학의 구분은 죄의 심각성을 최소화한다. 개혁파 교의학은 죄의 심각성을 최대화한다.[17]

마지막으로, 이와 같은 구분은 또한 율법에 대한 로마 가톨릭교회의 관점과도 관련이 있다고 지적할 수 있다. 이 구분은 로마 가톨릭의 윤리학에서 흔히 볼 수 있는 것으로서 결의론(casuistry)에 해당하는 분류 방법을 포함한다.[18]

우리는 이와 같이 율법을 세분화해서 각각 분리된 명령들로 만드는 것을 반대하는 것의 근거로 마태복음 5:17, 갈라디아서 5:10과 야고보서 2:11 등과 같은 성경 본문들을 언급한다.[19]

7. 우리는 여전히 **용서받지 못하는 죄, 곧 성령을 거스르는 죄**라고 불리는 것을 다룰 필요가 있다. 마가복음 3:28-29은 용서받지 못하는 죄와 관련된 적절한 성경 본문 중에 포함되어 있다. "사람의 모든 죄와 모든 모독하는 일은 사하심을 얻되, 누구든지 성령을 모독하는 자는 영원히 사하심을 얻지 못하고 영원한 죄가 되느니라." 이 본문의 평행 본문들은 마태복음 12:22-32과 누가복음 11:14-23이다. 누가복음 12:10은 해당 내용

---

17 또한 모든 종류의 구분에 대해서 Heppe, *Dogm.*, 257을 참조하라. 1615년에 작성된 「아일랜드 신조」에 대해서는 Müller, *Bek.*, 529를, 또한 1647년에 작성된 「웨스트민스터 신앙고백서」에 대해서는 Müller, *Bek.*, 557을 보라.

18 참조. B. Häring, 『그리스도의 법』(*Das Gesetz Christi*), 1961, 7. 또한 Häring의 입장이 바뀐 것에 대해 다음 기독교 윤리학 입문서를 보라. Velema, *Oriëntatie in de christelijke ethiek*, 1990, 95 이하.

19 M. Honecker(172n11)는 제2차 바티칸 공의회 이후로 로마 가톨릭 신학의 윤리학의 원리 및 방법론에 완전히 다른 접근 방법이 제시되었으며, 또한 그 결과로 이 점은 결의론에도 마찬가지라고 지적한다.

　　　　　　　　　　　　　　　　　　개혁교회 교의학

에 대한 요약이다. 그리고 학자들은 히브리서 6:4-6, 10:26-27과 요한1
서 5:16에서도 동일한 죄를 가리킨다고 생각했다. 우리는 히브리서와 요
한1서의 해당 본문들에서 성령을 거스르는 죄에 대한 명백한 표현을 발
견할 수 없다. 하지만 이 본문들에서는 사망에 이르는 죄, 곧 하늘의 빛
을 받고 진리를 깨닫고 나서 타락하여 의도적으로 죄를 짓는 것이 언급
된다.

이 죄와 그것의 영원한 징벌―죄 사함은 전혀 가능하지 않다―에 대한
성경의 언급은 많은 사람들에게 두려움을 줄 것이다. 특히 우울증에 시달
리고 있는 사람들은 자신들이 이 죄를 범했고, 따라서 용서받을 수 없다고
예상하며 두려워할 가능성이 있다.

우리는 이 죄가 용서받을 수 없다는 관점과 관련해서 이 죄에 대해 간
략하게 말하고자 한다. 이 죄의 유일무이성은 이 죄의 의도적인 특성에 놓
여 있지 않다. 또한 이 죄가 모욕을 포함하고 있다는 사실에 놓여 있는 것
도 아니다. 왜냐하면 이 두 가지 요소는 이 죄의 전형적인 특성이기 때문
이다. 나아가 이 죄가 성령과 관련이 있다는 것도 결정적인 게 아니다. 모
든 죄는 삼위일체 하나님을 거스르는 것이기 때문이다. 이 점은 모든 죄가
성령을 거스른다는 것을 암시해준다!

이 특별한 죄가 지니고 있는 신랄함, 곧 극악무도한 특성은 야만적인
거부, 곧 처음에는 성령에 의해 그리스도 안에 있는 하나님의 진리에 관
해서 설득당한 이후에 의도적으로 그리스도를 거부하는 것이다. 이 죄는
다음과 같은 사람이 짓는 죄를 가리킨다. 곧 어떤 사람이 처음에 빛을 받
았지만, 그럼에도 빛보다 오히려 어둠을 선택할 뿐만 아니라 **빛 그 자체
를 어둠이라고 부른다**. 이 죄의 특성은 하나님께 전적으로 반항할 뿐만 아
니라 하나님의 사역을 전혀 인정하지 않는다. 곧 이 죄는 하나님이 행하
시는 일을 마귀가 하는 일이라고 이해한다. 이 점은 왜 이 죄가 용서받을
수 없으며 왜 내면적인 뉘우침과 회개가 가능하지 않은지에 대해 설명해
준다.

우리는 예수 자신이 바리새인들과 논쟁하면서 이와 같은 모욕죄에 대해 언급했다는 사실을 기억하고 있다. 우리는 우리 자신에게 다음과 같이 질문하고자 한다. 예수가 산헤드린에서 심문을 받을 때, 대제사장이 예수가 하나님을 모독했다고 비난한 것은 과연 그가 이 죄, 곧 성령 모독죄를 범했다고 주장하는 것인가(마 26:65)? 이전에 유대 지도자들이 산헤드린에서 모의한 결론에 의하면(요 11:53), 예수는 죽임을 당해야 했다. 이와 같이 예수에 대한 사형 판결은 어떤 공식적인 고소가 제기되기 이전에 이미 결정되었다. 그에 대한 사형 판결은 예수가 하나님을 모독했다는 확신에 근거해서 최종적으로 선언되었다. 성경이 인정하는 메시아가 하나님의 모독자로서 사형에 처해졌다는 것은 그를 통한 하나님의 구속 사역을 거부했다는 것을 가리킨다. 이것은 모든 죄의 최절정이다. 이것은 구속자로부터 자신을 떼어놓는 가장 급진적인 방법이다. 하나님의 구속자는 이 재판을 통해서 마귀로 선언된다. 메시아는 하나님의 모독자로서 사형 판결을 받고 십자가 위에서 처형된다.

그리스도는 자기 자신을 메시아라고 계시하셨으며 또한 자신이 메시아라는 것을 보여주셨다. 하지만 그는 마귀의 아들로서 제거되셨다. 이것은 하나님의 은혜를 가장 극단적이며 극심한 형태로 거부하는 것에 해당한다. 우리는 이 판결이 그리스도가 마태복음 12:32에서 경고하는 죄를 범한 것이라고 이해한다. 그 당시 산헤드린에 모였던 이들은 이 죄를 범하기 바로 직전에 있었다. 말하자면, 이미 그 죄는 그들이 손을 뻗어서 잡을 수 있는 위치에 있었다. 산헤드린 공회가 예수에게 유죄를 선고하므로, 그 회원들은 공회의 의장의 판단을 시인한 것이다. 그들은 바로 이 시점에서 다음과 같은 거부에 자신들을 내맡긴 것이다. 곧 예수는 마귀이며, 따라서 그는 반드시 죽어야 마땅하다는 판결 말이다.

그들은 예수를 반대하는 것을 통해서 자신들의 완고함과 완악함을 극명하게 보여주었다. 이것은 결과적으로 예수의 사형 선고를 초래했다. 그들은 이와 같은 방법으로 예수를 제거할 수 있다고 믿었다. 하지만 사실상 그들은 하나님이 제시하시는 구속에서 자신들을 차단했다. 그들은 예수의 설교를 통해 메시아로서 그가 자신들을 장차 심판할 것이라고 호소하는 것을 들었다. 그러나 그들은 예수에게 굴복하지 않았고 지속적으로 예수를 거부했다. 특히 그들은 예수가 부활했다는 사실을 거짓말이라고 날조하기까지 하면서 그를 끝까지 거부했다(마 28:13-15).

성령에 대한 모욕죄는 마귀의 편에 서는 것이며, 하나님이 하시는 일을 마귀가 하는 일이라고 선언하는 것이다. 그 죄를 범하는 이들은 하나님의 구속 사역을 마귀의 사역이라고 해석한다. 이것은 하나님이 제시하시는 구속의 메시지에 대해 사람이 할 수 있는 것 중 가장 악한 일이다. 우리는 다음과 같은 질문을 제기할 수 있다. 사탄은 자신이 훔친 세상의 온갖 보화에 대한 통치권을 얻기 위해서 예수가 자기에게 경배하도록 유혹했다. 그는 이 유혹을 통해서 예수에게 성령을 거스르는 죄를 짓게 하려고 시도한 것이 아닐까?(마 4:8-10). 하지만 사탄의 이와 같은 유혹은 실패로 돌아갔다.

예수는 산헤드린 공회가 성령을 거스르는 죄를 범한 결과로 마침내 죽임을 당하신다. 지금 성령의 죄를 되돌릴 방법이 없는 이유가 분명해졌다. 결국 이 죄는 그리스도 안에서 계시된 구속의 빛을 사탄이 이 세상에 가져온 어둠과 동일시하는 것이다. 이 죄를 범하는 이들은 자기 자신을 어둠에 넘겨주고 빛을 소멸하려고 한다. 이것은 하나님을 가장 극단적으로 반대하는 것으로서 가장 사악한 죄다. 왜냐하면 이 죄는 무엇이 선하고 무엇이 악한지를 스스로 결정했던 아담의 죄를 단순히 반복하는 것에 그치는 것이 아니라 빛을 어둠이라고 제시하는 것이기 때문이다. 이것은 하나님의 구속 사역을 마귀가 하는 일이라고 선언한다. 이것은 모든 전기차단기를 내리는 행위이며, 또한 어둠을 결정적으로 절대화하는 것이다.[20]

---

20   다음 책에서 죄에 대한 목회적인 논의를 참조하라. D. Rietdijk, 『성령을 거스르는 죄』(*De zonde tegen de Heilige Geest*), 1990.

8. 여기서 우리는 죄의 또 한 가지 측면에 초점을 맞추고자 한다. 과연 우리는 **구조적 죄**(structural sin)에 대해서도 말할 수 있을까? 이 질문은 죄에 의해서 너무 심각하게 영향을 받고 죄가 만연되어 있는 구조들에 집중되어 있다. 그 구조들은 사람들을 탄압하고 인간성을 손상시키며, 사람들로부터 신앙의 자유를 빼앗고, 종종 심지어 신체적인 자유마저도 빼앗는다.

구조적인 죄라는 용어와 니버(Niebuhr), 레만(P. Lehmann), 스카윌(R. Schaull)과 같은 신학자들에 대해서는 퍼퀴일의 『책임을 지는 혁명』(*Verantwoorde revolutie*, 1970, 2:52-54)을 참고하라. 두마의 관점도 이 개념에 매우 열려 있다(Douma, 『개인 윤리 명령』[*De omnisbaarheid van de personele ethiek*], 1970, 18). 그는 인간이 진정으로 회개할 때 구조들도 변화된다고 주장한다. 하지만 구조들이 더 좋은 상태로 바뀔 때, 그 구조들이 반드시 회개가 일어났다고 암시해주는 것은 아니다.

우리는 집단적·제도적·구조적 죄라는 개념을 반대한다. 오직 하나님 앞에서 책임을 질 수 있는 존재만 죄를 지을 수 있다. 죄를 짓는 사람들은 반드시 회개해야 한다. 구조와 제도들 자체는 회개할 수 없다. 이와 같은 구조들과 제도들을 유지시키는 사람들이 그것들에 책임이 있다. 그 구조들은 바뀌어야 한다. 곧 인류를 위한 하나님의 계획을 이루는 데 사용되도록 해야 한다.[21]

그러나 우리는 사람들이 자신들의 죄악된 목적들을 이루기 위해서 어떤 구조들을 조작한다는 것을 인정한다. 그래서 이 구조들은 결국 죄악된 행위들이 일어나게 하는 데 사용된다. 이 구조들은 죄의 드러남이자 죄의 지배를 조장한다. 우리는 죄와 이 구조들 사이에 밀접하고 다양한 연관성이 있다는 것을 결코 부정하지 않는다. 하지만 이 구조들 자체는 스스로

---

21   Velema, 1985, 151-167을 보라.

또한 자기 힘으로 죄를 짓지 않는다. 그 구조들은 사람들이 고안해낸 것이며, 사람들이 조직한 것이다. 하지만 죄악된 성품을 지닌 사람들이 죄를 섬기는 그런 방식으로 이 구조들을 만들고 조직한다! 이 구조들은 스스로 회개할 수 없다. 오히려 그 구조들을 조종하고 통제하는 사람들이 반드시 회개해야 한다. 만약 그들이 회개하면, 그 구조들도 썩어짐을 위해 종노릇 하는 것에서 해방되어 하나님의 자녀들의 영광의 자유에 이르게 될 것이다(참조. 롬 8:21). 우리는 어떤 구조들 안에서는 죄가 혈과 육이 되었다고 기꺼이 주장하고자 한다. 우리는 몇몇 간행물과 미디어 프로그램에 대해서도 동일한 주장을 제시할 수 있다. 하지만 "죄악된 구조"(sinful structure)와 "구조적인 죄"(structural sin)는 동일한 게 아니다. 우리는 "죄악된 구조"라는 표현은 받아들이지만 "구조적인 죄"라는 용어는 거부한다.

§ 28. 죄에 대한 징벌과 지식

28.1. 죄에 대한 징벌
28.2. 죄에 대한 지식

28.1. 죄에 대한 징벌

1. **하나님은 그분의 계명을 위반하는 것에 징벌을 내리신다.** 이미 낙원에서 하나님은 사형에 대해 예고하셨다(창 2:17). 아담과 하와가 죄를 범하자, 하나님은 그들에게 죽음으로 벌하셨다(창 3:19). 창세기 5장에 제시되어 있는 족보를 보라. 이 족보는 사망자 명부로 불릴 수도 있다.

죽음은 죄에 대한 가장 극단적인 징벌이다. 결국 죽음은 삶의 종말을 의미한다. 이것은 신체적인 죽음에 대해서 사실이다. 하지만 이것은 죄에 대한 영원한 징벌로서의 죽음에 대해서는 결코 사실이 아니다. 우리는 이 주제에 대해서 나중에 다룰 것이다. 우리는 아담과 하와가 실질적으로 죄를 짓고 난 다음에 사형 판결이 곧바로 집행되지 않았다는 사실을 지적하고자 한다. 만약 그들이 죄를 지은 바로 그 순간에 사형이 집행되었다면, 아담의 인류의 역사는 그들이 죄를 지은 바로 그날에 끝났을 것이다.

2. 많은 학자가 **사형 선고가 곧바로 집행되지 않았다**는 사실을 하나님이 그분의 은혜를 나타내신 것이라고 이해한다.[22] 우리는 이것을 주로 하나님이 그분의 오래 참으심을 나타내신 것으로 이해하는 것을 선호한다. 야웨 하나님은 판결의 집행을 미루셨다. 그분은 죄인들에 대해서 오래 참으신다. 하나님의 오래 참으심은 역사 안에서 사람들에게 구속을 위한 기초를 놓는 여지를 제공한다. 여기서 우리는 일반은총과 관련된 문제에 대해서 자세하게 논할 수 없다. 그 대신 일반은총은 죽음에 대한 판결을 누그러뜨린다고 말하는 것으로 충분할 것이다. 일반은총은 역사적인 기초를 마련한다. 그 기초 위에서 용서, 구속 및 새롭게 됨의 은혜가 나타난다. 하나님의 이와 같은 은혜 또는 오래 참으심은 사형 집행을 받아야 마땅한 죄인들에게 하나님의 선하심을 계시하시는 것을 통해서도 나타난다. 그러므로 하나님의 오래 참으심은 다음 두 가지 측면을 지니고 있다. 곧 한편으로, 죄인들에 대한 하나님의 심판을 늦추는 것과, 다른 한편으로, 늦추어지는 동안에 죽임을 당해야 마땅한 사람들에게 하나님의 선하심을 나타내는 것이다.

우리는 창세기 3장에서 역사의 유형에 대한 어떤 틀을 보며, 또한 다음과 같은 측면들을 확인할 수 있다.

하나님의 판결은 곧바로 집행되지 않는다. 하지만 그 효력은 여전히 지속된다. 집행 연기는 하나님의 구속 계획에 대한 여지를 제공해준다.

구속자가 선언된다. 그러나 역사의 과정을 형성하게 될 두 가지 추가적인 요소들이 제시된다. 구속자에 대한 약속과 관련해서 구속자의 자녀와

22　특히 다음 연구서를 보라. A. Kuyper, 『일반은총』(*De gemeene gratie*), 2.1.94 및 1.228 이하, 243; 2.86. 참조. Douma, 1966, 21 및 S. J. Ridderbos, 『문화에 대한 아브라함 카이퍼의 신학적 견해』(*De theologische cultuurbeshouwing van Abraham Kuyper*), 1947, 31 이하.

마귀의 자녀 사이에 대립이 있을 것이다.[23] **역사는 두 왕국 사이의 대립이라는 특징을 드러낼 것이다.** 그뿐만 아니라 땅은 저주를 받았다. 창조세계 안에서 인간의 노동과 관련된 인간의 삶, 사람들의 상호 관계와 또한 사람들과 그들의 후손과의 관계는 모두 **저주 아래 놓여 있다.** 이것은 저주가 실행되는 과정에서 아무것도 할 수 없다는 것을 의미하지 않는다. 하나님은 저주 아래 놓여 있는 사람들에게 그분의 구속 사역을 이루어가신다(갈 3:13). 또한 하나님은 그분의 선하심과 오래 참으심을 보여주면서 그 저주를 누그러뜨리신다.

하지만 땅과 그 위에 살고 있는 사람들이 저주 아래 놓여 있다는 것은 사형 집행의 연기가 인류를 징벌로부터 면제해주는 것이 아니라는 사실을 암시해준다. 비록 형벌의 집행이 가장 강력한 형태로 곧바로 집행되지는 않지만, 하나님은 저주를 통해서 인간과 땅에 그분의 벌을 선언하신다. 그 저주는 죄에 대한 하나님의 판결에 대한 집행이 시작된 것을 나타낸다. 그것의 온전한 집행은 죽음을 의미한다.

우리는 역사 안에서 다음 두 가지가 전개되고 있음을 인정한다. 먼저, 우리는 여인의 후손과 뱀의 후손, 빛의 왕국과 어둠의 왕국, 은혜와 죄, 용서와 죄책, 또한 새롭게 됨과 죽음에 이르게 하는 분리 사이에서 대립이 전개되는 것을 본다. 그다음, 우리는 죽음에서 절정을 이루는 저주가 실행되는 것과 또한 하나님의 오래 참으심으로 저주가 완화되는 것을 본다. 이 두 가지 관점에서 바라볼 때, 역사의 전개 과정 속에 싸움과 반목이 있다. 이것은 인류의 역사와 그 안에서 개개인의 삶에 강력한 영향을 미친다. 따라서 역사의 과정 속에 정체는 전혀 없고 오직 전개 과정만 있다. 또한 그 과정 속에 또 다른 힘이 나타난다. 곧 하나님의 선하심과 오래 참으심이다. 이 단락에서 제시한 관점들은 창세기 3장에 기초해서 얻은 결론들이다. 이

---

23 이것이 바로 두 왕국의 기초다. 두 왕국에 대한 Augustinus의 견해와 관련해서 다음 연구서들을 보라. J. Oort, *Jeruzalem en Babylon*, 1986. 또한 W. H. Velema, 『유대와 반목. 신학적인 한 가지 분석』(*Solidariteit en anthithese. Een theologische peiling*), 1978.

결론들은 우리가 죽음에서 절정을 이루는 하나님의 징벌에 대한 예비적인 집행으로 그 죽음을 해석해야 한다고 알려준다. 곧 **그 저주는 바로 죽음의 전조다.**

아담과 하와의 최초의 범죄 행위로부터 다음 사실이 명백하게 드러난다. 곧 그들이 하나님의 명령을 어긴 것은 인간에게 저주를 초래했다. 또한 이 저주는 땅에도 부정적인 영향을 미쳤다. 이 사실은 인간이 창조세계에서 중심을 차지한다는 것을 드러내준다(참조. § 23.2). 하나님의 징벌에는 다양한 형태가 있다.

3. **왜 인간은 죄 때문에 벌을 받을까?** 하나님이 그렇게 정해놓으셨기 때문이다. 그렇다면 다음과 같은 질문을 제기하지 않을 수 없다. 왜 하나님은 그렇게 정하셨을까? 우리는 이 질문과 관련해서 하나님의 공의를 언급하고자 한다. 우리는 성경에서 하나님은 "모든 행악자"를 미워하신다는 사실을 확인한다(시 5:5). "여호와는 질투하시며 보복하시는 하나님이시니라. 여호와는…자기를 대적하는 자에게 진노를 품으신다"(훔 1:2). 또한 하나님은 벌을 면제하지 않으신다(출 34:7. 또한 참조. 출 20:5; 민 14:18; 신 7:9-10). 그리고 그분은 오만한 자들을 벌하신다. 왜냐하면 하나님은 온 땅의 재판관이시며 의인들을 보살피시기 때문이다(시 7:11; 11:5-7; 사 5:16; 10:22; 59:16-18; 단 9:14. 또한 계 16:5-7; 참조. § 13.9).

우리는 이 모든 구절에서 우리를 공의롭게 판단하시며 공의를 실행하시는 하나님을 만난다. 야웨는 거룩하신 분이고, 그분은 죄를 미워하시며, 원수들도 물리치신다(출 15:11-14; Velema, 1988[2], 26-31). 또한 하나님의 공의는 하나님이 그분의 율법을 어기는 사람들을 벌하신다는 사실을 통해서도 드러난다. 하나님은 그분의 약속의 말씀을 지키신다. 하지만 죄인들의 입장에서 볼 때, 이것은 심판의 말씀이다(「하이델베르크 교리문답」 제4주일).[24]

---

24 하나님의 거룩한 사랑을 무시하는 것에 대한 반응으로서 하나님이 진노하시는 것에 대해 H. M. Ohmann, 『누가 하나님의 진노를 아는가?』(*Wie kent uw toorn?*), 1988, 21-33.

 개혁교회 교의학

왜 하나님은 죄인들을 심판하실까? 성경은 하나님의 복수에 대해서 말한다(시 94:1; 사 34:8; 35:4; 63:4; 렘 46:10; 11:20; 20:12). 복수와 보복이 동시에 언급되기도 한다(신 32:35—히브리어 원문 참조). 하나님의 복수는 항상 죄와 연결된다. 이것은 자기 과시욕에 의해서 부추김을 받는 감정적인 앙갚음이 결코 아니다. 하나님의 복수는 사람들이 하나님이 정하신 규율들을 어겨서 빚어진 상황들에 적용된다. 하나님의 의로우심(*mišpat* = 공의롭게 심판함, 공의를 실행함; *ṣedaqa* = 공의로운 관계)은 하나님이 그분의 말씀, 약속들 및 경고들에 따라서 행동하신다는 것을 가리켜준다. 따라서 하나님의 복수는 하나님의 명령들을 어기고 언약을 깨뜨린 것에 대해 벌을 내리는 것이다.

우리는 죄가 불신앙과 불순종, 교만과 미움을 포함한다는 사실을 살펴보았다. 이것들은 하나님의 거룩하심과 영광에 위배된다. 인간은 오직 하나님께만 속하는 자리를 불법으로 사용한다. 인간은 스스로 오직 하나님께만 합당한 자리를 차지하려고, 그 자리에서 하나님을 내몰려고 시도한다. 하나님은 이와 같은 위반과 불복종을 심판하시고 그것을 벌하신다. 그분은 인간을 창조하시고 그분의 선하심과 사랑을 그에게 베푸시고자 했다. 하지만 하나님의 이와 같은 호의를 거부하는 것은 의도적인 죽음을 선택하는 것이다(참조. § 26.2). 인간의 이와 같은 선택은 하나님의 징벌을 피할 수 없다.[25] 인간은 자신의 죄악의 행위를 통해서 스스로 요청한 것을 받는다. 그것은 의도적인 선택이다. 그는 하나님께 등을 돌리고, 멀리 떠나간다. 하지만 인간이 하나님의 사랑 안에서 누리는 삶의 영광을 거부하면, 그는 반드시 벌을 받는다. 하나님의 사랑을 거부하는 사람은 하나님의 미움을 반드시 직면한다. 인간이 자신의 오만으로부터 하나님을 지속적으로 거부하며 돌이키지 않으면, 그에게는 하나님의 복수와 보복이 반드시 뒤따른다.

---

25 Wiersinga는 하나님의 공의로운 징벌이라는 개념을 전적으로 부인한다. 참조. Wiersinga, 『신학적 분석 안에서의 구속』(*De verzoening in de theologische diskussie*), 1971.

이와 관련해서 하나님이 벌을 내리시는 목적은 죄로 말미암아 손상된 하나님의 공의를 회복하는 것이라고 주장하는 게 일반적이다(Bavinck, *R.D.*, 3:161). 우리는 하나님이 징벌을 통해서 그분의 공의를 유지하신다는 사실을 강조하고자 한다. 하나님은 그분의 공의를 보존하신다. 그분은 인간에게 결코 굴복하지 않으신다. 심지어 인간이 하나님을 배반할 때조차도, 하나님은 여전히 하나님이시다. 또한 그분은 언제나 변함없이 하나님이시다.

하나님의 공의의 회복은 구속을 통해서 일어난다. 이것은 사람들이 다시 한번 하나님의 명령에 복종한다는 것을 의미한다. 사람들은 하나님 앞에서 자신들의 합당한 신분으로 회복되고 그분의 정의를 다시 한번 인정한다.

우리는 다음과 같은 베르크호프의 주장은 그릇된 주장이라고 생각한다. 곧 그는 하나님과 적대적인 인류의 만남은 하나님 안에서의 갈등을 암시하는 것 같다고 주장한다(Berkhof, *C.F.* 133). 베르크호프는 이것을 하나님 안에서의 갈등으로 인식했기 때문에 한 가지 해결책을 제시하지 않으면 안 되었다. 그것은 사랑이 승리한다는 것이다(*C.F.* 134). 이것은 인류 역사를 위해서 바람직한 결말을 위한 기초를 제공한다.

인간이 하나님의 공의와 그분의 상처받은 사랑 사이에 갈등을 초래했다는 것은 오해에 지나지 않는다. 만약 인간이 하나님을 배반하지 않았다면, 하나님의 진노나 복수와 같은 개념들은 타당성을 지니지 않았을 것이다! 하지만 심지어 인간이 죄를 짓기 이전에도, 하나님이 이미 죄에 대한 제재와 징벌에 대해서 말씀하신다는 사실은 주목할 만하다. 물론 인간이 실질적으로 죄를 짓기 이전까지, 하나님은 사실상 그분의 진노를 드러내지 않으셨다. 인간이 하나님을 배반하기 이전에도, 하나님이 진노하실 수 있다는 것은 이미 고려되었다. 또한 하나님은 인간의 배반에 대해 벌하실 것이라고 예고하셔서 그분이 진노하시는 것을 피하시고자 했다. 사실상 하나님의 진노는 인간에 의해서 촉발된 것이다. 하지만 그것은 인간의 반역적이며 교만한 행위에 대한 하나님의 반응을 나타내는 것이다. 하나님은 그분의 사랑에 일치해서 행동하신다. 그분은 반역하는 인간에 대해 그분 자신을 지키시는 것을 통해서 그분의 사랑을 입증하신다. 하나님이 그분 자신을 지키신다는 바로 이 개념은 하나님 안에

개혁교회 교의학

어떤 갈등이 있다고 상상할 수 없게 만든다. 하나님의 온전성은 하나님이 그분 자신 안에서 진노를 극복해야 한다는 것을 요구하지 않는다. 그래서 그분의 사랑이 승리하도록 해서, 그것이 가장 두드러지게 나타나야 한다는 것을 요청하지 않는다. 하나님은 그분의 사랑 및 진노와 완전히 일치하신다. 따라서 우리는 두려움을 자아내는 하나님의 진노의 특성을 평가 절하하려고 해서는 안 된다.

우리는 하나님의 사랑은 위대하고 두려움을 자아내며 그리고 거룩하다는 것을 동일하게 말해야 한다. 오늘날 하나님의 진노에 대해 교묘하게 설명해서 그것으로부터 벗어나려고 시도하는 것은 하나님의 인간화(humanization)로부터 비롯된 것이다. 그것은 근본적으로 하나님을 파트너로 인식하는 개념에 기초한 것이다. 베르크호프는 이 개념에 기초해서 하나님에 대한 자신의 관점의 전체적인 전개 과정과 하나님, 인간 및 세상 역사의 절정을 설명한다(참조. Velema, 1991, 79).[26] 우리는 하나님의 자비와 그분의 공의가 하나 됨을 이루고 있다고 고백한다(「하이델베르크 교리문답」 제4주일, 제11답변; 또한 참조. Immink, 1990, 58 이하).

4. 우리는 앞서 제시한 입장과 함께 하나님이 요구하시는 공의는 하나님의 구속하는 공의를 촉진한다는 다음과 같은 견해를 반대한다(Loonstra, 243).

결국 하나님의 구속하는 공의를 촉진한다는 것은 그 공의가 펼쳐지고 성취되는 것을 지지한다는 것을 암시한다. 구원하는 공의가 지배하고 승리한다. 이를 위해서 구원하는 공의는 엄격한 공의여야만 한다. 그것은 상당히 힘든 공의의 길을 반드시

---

26 Immink, 1990, 59은 다음과 같이 적절하게 질문한다. 과연 Berkhof는 하나님과 인간의 만남에서 일어나는 모든 역동성을 제거하면서 생각하는 방식을 미리 바꾼 것일까? 이것은 본질적으로 견고히 조화를 이루는 하나님과 인간의 상호 관계라는 결과를 빚어냈다. Berkhof는 하나님이 그분 자신 안에서 그 갈등을 해결하신다고 묘사하므로 이와 같은 결과를 이끌어냈다. 하나님은 그분 안에서 그 갈등을 해결하셔야 했고 그렇게 하는 것을 원하셨다.

따라야만 한다.

우리는 어떻게 생명의 계명과 그와 관련된 처벌이 구원하는 공의를 돕는 것으로 이해될 수 있는지 분명하게 이해하지 못한다.[27]

엄격한 공의, 곧 처벌하는 공의는 인간이 하나님의 요구를 만족시키지 못할 때 실행된다. 그것은 하나님의 공의를 위반한 것에 대한 처벌이다. 그것은 생명을 제공하는 하나님의 공의에 기초하는 요구와 어두운 대조를 이룬다. 결국 그것은 구원, 긍정적인 보상 또는 구속을 가져오지 못한다. 그것은 재앙과 죽음을 가져온다. 인간 자신이 하나님의 구속하는 공의를 거부하면서 재앙과 죽음을 만들어낸다. 우리가 구원하는 공의를 돕는 것으로 엄격한 정의를 생각한다면, 우리는 하나님이 죄에 대한 그분의 비난에서 그분 자신을 지키신다는 사실을 간접적으로만 허용할 수 있다.

다음과 같은 사실을 기억하는 것이 중요하다. 곧 처벌은 사람들이 율법을 존중하고 위반하지 않도록 하는 의도를 갖고 있다. 우리는 이것을 처벌의 예방적 의도라고 말한다. 신명기 13:11, 17:13, 19:20, 21:21을 보라.

바빙크는 이런 맥락에서 하나님의 징벌이 지니고 있는 이중 목적에 대해서 말한다. 하나님의 징벌은 과거뿐만 아니라 미래에도 적용된다. 이미 저질러진 범죄는 교정될 필요가 있다. 미래의 범죄는 예방될 필요가 있다(Bavinck, *R.D.*, 3:161). 이런 두 가지 의도는 공의의 두 가지 측면, 즉 징벌과 회복 그리고 치유를 표현한다.[28]

5. 이제 우리는 우리가 성경에서 마주치는 다양한 징벌에 대해 세부적으로 살펴보고자 한다. 순종에 대한 축복과 대조되는 것으로서 특히 주목할 만한 것은 불순종에 대한 저주를 다루는 장들이다(신 11장; 27-28장; 왕

---

27 우리는 **구속하는 공의**라는 표현을 채택하는 데 있어 사람들이 타락하기 전에 그들의 생명과 행복 그리고 번영을 추구하시는 하나님의 공의를 나타내기 위해서 그 표현을 사용한다.

28 Velema, 1978, 29-35 및 다른 많은 곳. Velema는 형법과 관련해서 공의에 대한 성경의 개념은 죄를 범한 자를 징계하는 것뿐만 아니라 그가 공동체로 다시 돌아오게 하려는 의도를 지니고 있다는 사실을 지적한다.

상 8장; 잠언 8장; 9장; 16장; 17장). 또한 예언서 중 많은 구절도 언급할 수 있다. 하나님의 징벌은 (사람들이 다른 이들의 손에서 고통을 겪는 악을 통해) 사람들의 물리적·역사적 실존에 타격을 준다. 그것은 오늘날 환경과 연결된다(예. 가뭄, 기근, 자연 재해 등).[29]

오늘날 많은 사람이 하나님이 재앙과 질병 및 사람들이 다른 사람들에게 행하는 온갖 종류의 사악함을 통해 죄를 벌하신다는 개념을 거부한다. 유대교 랍비인 해롤드 쿠쉬너(Harold Kushner)는 자신의 베스트셀러 『착한 사람들에게 나쁜 일들이 일어날 때』(*When Bad Things Happen to Good People*)에서 이와 같은 거부를 예리하게 또한 웅변적으로 묘사한다. 그의 책은 이와 같은 거부가 단지 죄론에만 국한되지 않았다는 사실을 분명하게 보여준다. 또한 쿠쉬너는 신론에 함의되어 있는 사실, 곧 하나님은 사람들이 고통받는 것에 직면해서 그들을 가엾게 여기시면서도 도움을 주실 수 없다는 사실을 알고 있다.

우리는 후자와 관련해서 인간이 하나님의 형상대로 지음을 받았다는 사실에 비추어서 인간과 땅의 관계에 대해 다시 한번 언급할 것이다. 인간이 창조세계에 대해 청지기 직분을 지녔다는 것은 땅이 인간의 타락으로 말미암아 저주를 받았다는 것을 암시해준다. 이 점과 관련해서는 특히 로마서 8:19-23을 참고하라. 이 구절은 창세기 1-3장과 연결해서 숙고하지 않는다면 올바르게 이해될 수 없다.

각각의 자연 재해는 (어떤 특정한 나라 또는 어떤 집단의 사람들이 저지른) 어떤 특별한 죄와 관련된 것이라는 사실을 반드시 수반하지 않아도, 다음과 같은 사실은 분명하다. 곧 성경은 자연과 땅과 관련해서 일어나는 일과 인류의 죄들 사이에는 서로 밀접한 관련이 있다고 생각한다. 몇몇 경우들에서 이 연관성은 매우 분명하게 드러난다. 우리는 자연의 남용과 환경오

29　Wentsel, *Dogm.*, 3a: 728-732은 인간의 통치와 관련해서 저주가 지닌 함의들에 대해 자세하게 묘사한다.

염 및 다른 나라들에 대한 관심과 책임 의식을 전혀 갖지 않은 채 경제적 부를 무제한으로 추구하는 것 등을 머릿속에 떠올릴 수 있다.[30]

또한 그 연관성은 간접적일 수도 있다. 하나님은 인간이 땅에 대해 책임이 있다고 생각하신다. 땅과 관련해서 무엇인가 잘못되어가는 모든 것은 하나님이 땅에 대해 선언한 저주와 관련이 있다. 또한 이것은 어떤 특정한 집단의 사람들이 저지른 어떤 특별한 죄가 환경, 자연, 경제 또는 농업에서 일어나는 어떤 사건들의 원인이 아니라고 하더라도 사실이다. 사람들의 죄책에 어느 정도의 상호 연관성이 있는 것과 마찬가지로, 사람들의 죄책과 창조세계 및 역사 안에서 일어나는 일들 사이에도 연관성이 있다. 또한 인간이 벌을 받는 것도 창조세계의 영역에 영향을 미친다.

우리는 § 27.2에서 죄가 전개되어가는 다양한 방법에 대해 이미 논했다. 우리는 이 전개 과정 그 자체를 죄에 대한 징벌로 이해할 수 있다고 지적했다. 하나님의 징벌에는 부분적으로 하나님이 죄에 무제한의 자유를 허용하신 것이 포함된다. 죄가 다양한 방법으로 전개되어가는 것은 하나님의 징벌의 일부분을 형성한다. 하나님이 정하신 대로, 그 방법들은 죄 자체와 밀접하게 연결되어 있다. 이것이 우리가 죄의 전개 과정이라는 맥락에서 그 방법을 묘사한 이유다. 우리는 그것들을 여기서 다시 반복하지는 않을 것이다.

우리는 완벽하게 설명하기 위해 죄에 대한 징벌은 특히 그리스도의 삶, 고난 및 죽음을 통해서 명백하게 드러났다는 것을 지적하고자 한다. 그리스도는 하나님의 예정에 따라서 살았고 고난을 받았다(예. 눅 2:49; 24:7, 26, 44-47; 히 5:7-9).

우리는 낮아짐을 통한 그리스도의 사역에 대해서는 특히 § 30에서 언

---

30 참조. B. Goudzwaard, 『자본주의와 번영』(*Kapitalisme en vooruitgang*), 1976; 『선한 존재가 되도록 강요받음』(*Genoodzaakt goed te wezen*), 1981; 『우리는 청지기들이다』(*Wij rentmeesters*), 1983. Douma는 『환경과 조작』(*Milieu en manipulatie*), 1990, 9-34에서 Meadows(1974)가 작성한 로마 클럽의 보고서뿐만 아니라 이런 많은 자료를 결합해서 논했다.

급할 것이다. 그 항목에서 그리스도의 사역과 관련해서 그리스도의 낮아짐에 대한 개념을 더 구체적으로 논할 것이다. 여기서 우리는 다음과 같은 진술에 우리 자신을 제한하고자 한다. "그리스도께서 우리를 위하여 저주를 받은 바 되사 율법의 저주에서 우리를 속량하셨으니"(갈 3:13). "저주"라는 단어는 죽음에 이르게 하는 심판이라는 징벌의 개념을 명백하게 드러내준다. **만족을 통한 화목**(reconciliation through satisfaction)이라는 널리 알려진 개념(참조. 「벨기에 신앙고백서」 제21조 및 22조; 「도르트 신조」 2.2-4)은 우리가 예수 그리스도에게 적용되는 것으로 죄의 형벌에 대해 말하는 모든 것을 적절하게 묘사해준다.

6. **이제 우리는 죽음에 대해서 자세하게 다루고자 한다.** 그것은 이미 생명에 대한 반대, 곧 하나님과의 분리라고 언급되었다(§ 27.2). 이제 우리는 성경이 죽음을 죄에 대한 하나님의 심판이라고 묘사한다는 것을 상기하고자 한다(창 2:17. 또한 특히 롬 6:23 및 히 9:27). 성경은 죽음의 원인이 죄라는 사실을 분명히 밝힌다.

판트 벨트는 해당 성경 구절들에 대한 해석에 기초해서 죽음은 하나님의 선한 창조에 속하지 않는다는 결론을 내린다(B. van 't Veld, 1989, 94). 이 연구서는 1985년에 완성한 그의 박사학위 논문을 더 자세하게 설명한 것이다. 또한 대중적인 연구서로서 후크의 『죽음은 창조의 일부가 아니다』(*De dood hoort er niet bij*)를 참조하라. 후크는 몇몇 개신교 신학자들에 대해서 다룬다(그의 연구서에 로마 가톨릭 신학자들은 포함되어 있지 않다). 그는 성경을 언급하면서 우리가 여기서 제시하는 것과 동일한 관점을 지지한다. 한편 커이터르트는 개혁파 신학의 다른 진영에 위치해 있다. 그는 죽음을 자연 현상이라고 간주하는 해석과 관련해서 선구자 역할을 한다(Kuitert, 1970). 그는 바르트와 칼 라너의 관점에 호소하면서 그와 같이 주장한다.

인간이 낙원에서 죽을 가능성이 있었다는 사실을 깨닫는 것은 중요하다. 이것은 인간이 낙원에서 반드시 죽을 수밖에 없었다고 말하는 것이 아니다. 우리는 성경에서 마귀 및 죄와 짝을 이루고 있는 죽음을 마주한다. 이것은 창세기 3장에서 이미 시작한다. 바울의 관점에 의하면, 마지막으로 멸망 받을 원수는 바로 죽음이다(고전 15:26).

죽음은 세속화로 말미암아 이제 당연한 것으로 여겨지고 죽음은 인류의 원수라는 함의를 잃어버렸다.[31] 죽음은 생명과 하나로 결합한 것이거나(죽음을 향한 존재[Sein zum Tode], Heidegger), 또는 심지어 유익한 것으로 간주된다. 죽음은 다음과 같이 긍정적으로 해석된다. 곧 죽는 사람들은 다른 사람들을 위해서 공간을 마련해주고 다른 이들에게 더 이상 짐이 되지 않는다. 또는 죽음은 다음과 같은 전제의 결과로 이해된다. 곧 결국 인간에게는 살아야 할 생물학적 정당성만 주어져 있다. 하지만 이것이 살아야 할 유일한 이유라면, 인간의 생명은 진정한 가치를 잃어버릴 것이다(Kuitert, 1989, 50).

요한계시록 20:14 및 21:8에서 영원한 죽음은 "둘째 사망"으로 묘사된다(또한 계 2:11 및 20:6을 보라). 이 죽음은 최종적이며 영원한 효력을 지닌 심판의 집행이다. 우리는 영원한 멸망을 의미하는 것으로 이 선언을 간주한다. 베르크호프의 견해는 잘 알려져 있다. 그는 지옥이 정화를 위한 형태가 될 수 있는 것으로 희망할 여지가 있다고 생각한다(Berkhof). 우리는 이 책의 마지막 장에서 인류 역사의 이중적인 종말에 대해 더 자세하게 다룰 것이다. 우리는 성경의 관점을 모든 인류를 위한 호의적인 결말을 예고하는 것으로 해석하는 것을 결코 받아들일 수 없다. 온 세상에 복음이 전파된다는 것은 보편구원을 위한 그 어떤 여지도 제공해주지 않는다. 그와 같은 해석은 죄에 대한 성경의 가르침이 제공하는 기초를 손상시킨다.

우리는 독자들이 『천국 또는 지옥, 우리의 영원한 목적지』(*Hemel of hel, onze*

---

31 Bergmann(1991)이 편집한 논문집은 이 점에 대한 명백한 예를 보여준다.

eeuwige bestemming)라는 제목으로 수집된 대중적인 논문집을 참고할 것을 제안한다. 그리고 폰테인(H. G. Fonteyn)은 베르크호프의 입장을 대중적으로 번안해서 『지옥의 실재 또는 실재하지 않음에 대한 최종적인 (불)가능성』(*Laaste (on)mogelijkheid over de (on)werkelijkheid van de hell*)이라는 소책자를 출간했다.

폰테인은 소책자에서 궁극적인 가능성으로서 하나님이 영원히 포기하신 것에 의문을 제기하는 권리로서 하나님의 은혜의 승리를 설명한다. 그는 최후의 심판 이전에 마지막 가능성이 있다고 생각한다. 비록 그가 지옥이 하나님에 대한 지속적인 거부와 무관심의 결과라고 인정하지만 말이다. 하지만 이 입장은 정경에 포함된 예언자 및 선견자들의 관점과 일치하지 않는다. 그리고 그것은 밤이 낮으로 바뀔 것이라는 사실을 암시해준다. 하지만 요한계시록까지 포함해서 영원한 어둠이 지속적으로 언급된다. 따라서 다른 견해를 가르치는 오늘날의 "선견자와 예언자들"은 성경을 올바로 해석하지 않는다.

28.2. 죄에 대한 지식

1. 매우 이른 시기부터 율법은 **우리의 죄와 비참함을 알게 해주는 핵심 자료**로 인정받았다(「하이델베르크 교리문답」 제3답변). 하지만 이것이 모든 문제점을 해결해주지는 않는다.[32]

율법은 복음이라는 맥락에서 우리에게 온다. 하나님은 이스라엘 백성이 이집트에서 빠져나온 사건 이후에 광야에서 그들에게 율법을 주셨다. 율법의 서문(십계명)은 분명히 구속에 대해 말한다. 칼 바르트는 이 율법이 속죄소로 덮여 있는 언약궤 안에 놓여 있었다는 사실을 언급한다.[33]

이것은 사람이 속죄의 피를 통해서만 율법에 다가갈 수 있다는 것을

---

32 이 항목은 저자의 다음 연구서에 기초하고 있다. W. H. Velema, 『율법과 복음』(*Wet en evangelie*), 1987.

33 K. Barth, 『율법과 복음』(*Gesetz und Evangelium*), 1935. 또한 참조. Velema, 1987, 10-12은 Barth의 다른 간행물뿐만 아니라 그의 견해에 대한 다른 학자들의 반응도 언급한다.

의미한다. 죄에 관한 지식의 원천으로 율법을 말하는 이들은 다음과 같은 사실, 곧 하나님의 율법이 복음 안에서 우리에게 계시되었다는 사실을 무시할 수 없다. 우리는 이 사실을 우리의 논의의 시작 부분에서 언급하고자 한다. 우리는 율법에 대한 언급이 복음과 모순되는 율법주의적 인상을 준다는 생각을 피하고자 한다. 하지만 "복음의 맥락에 놓여 있는 율법"이라는 언급이 모든 문제를 해결해주는 것은 아니다. 그렇지만 이것은 논의를 위한 기본 구조를 제공해준다(참조. § 50.3).

「하이델베르크 교리문답」의 제3 및 115답변에서 율법은 인간의 비참함에 대해 알려주는 핵심적인 원천으로 이해된다. 율법은 하나님의 뜻을 계시해주며, 인간의 행위에 대한 규범을 제공해준다. 하나님은 그분의 뜻에 순종해서 그분께 영광을 돌리도록 인간을 창조하셨다. 이것은 죄에 대한 모든 지식은 하나님의 율법의 도움으로 얻을 수 있다는 것을 암시해준다. 하나님의 율법의 목적은 인간에게 삶의 방식(언약에 기초한 삶)을 적극적으로 알려주려는 것이다. 동시에 율법은 인간이 하나님의 뜻을 위반했는지 확인하는 데 규범을 제공해준다. 그것은 이와 관련해서 특히 계시적인 특성을 지니고 있다. 베르카우어는 다음과 같이 올바르게 지적한다. 곧 우리는 지시하고 세워주는 율법의 기능(*usus normativus*)과, 드러내어 밝혀주는 율법의 기능(*usus elenchticus*) 사이에 서로 갈등이 있다고 이해해서는 안 된다. "그것은 결국 하나님의 율법이 지니고 있는 본질과 특성이다. 하나님의 율법은 이 두 가지 기능을 동시에 실행한다. 또한 하나님의 계명은 개별적으로 죄를 지적하고 거부할 뿐만 아니라 순종의 길도 가리켜준다"(Berkouwer, 1958, 159).

하나님의 입장에서 이와 같은 통일성은 의도적인 것이다. 하지만 죄의 특성은 바로 하나님이 결합하신 것을 분리하고자 한다. 율법의 규범적인 기능을 거부하거나 부인하는 이들은 율법의 드러내고 고소하는 기능 아래 놓이게 된다. 심지어 그들이 이 점을 부인한다고 하더라도 그것은 사실이다. 하나님의 율법은 이 두 가지 기능 안에서 효력을 지니고 있다. 죄는 이 두 가지 기능을 모두 공격한다. 우리는 율법이 모든 죄에 대한 평가 기준이라고 결론짓는다.

2. 우리는 **죄에 대한 지식이 율법을 통해서만 얻을 수 있는 것이 아니라는 사실**을 지적해야만 한다. 베르카우어는 이 점과 관련해서 다음과 같은 바빙크의 말을 적절하게 인용한다. "참된 회개, 죄에 대한 진정한 슬픔 및 하나님께 돌아가서 그분을 섬기는 것은 분명히 율법을 통해서뿐만 아니라 **심지어 더욱더** 복음을 통해서도 일어난다"(Berkouwer, 1958, 181). 여기서 바빙크가 "~할 뿐만 아니라 심지어 더욱더 ~하다"라고 비교하는 것은 주목할 만하다. 그는 이와 같은 비교 용법을 통해 무엇을 전달하고자 하는가? 우리가 생각하기에 바빙크는 복음도 우리의 비참함에 대해 알려주는 한 가지 원천이라는 사실을 전달하려는 의미로 그런 비교 용법을 사용했을 것이다. 왜 그런가? 왜냐하면 복음은 끊임없이 우리가 율법을 대면하도록 이끌기 때문이다. 복음은 그리스도가 율법의 모든 요구를 성취했다고 알려주는 기쁜 소식이다. 율법의 요구를 성취하는 것은 하나님의 명령들을 실천하고 **또한** 율법의 저주를 받아들이는 이중적인 순종으로 이루어져 있다.[34] 그리스도의 사역이 지니고 있는 다양한 측면에 대한 논의를 참조하라(§ 32).

그리스도의 십자가는 죄가 얼마나 심각한 것인지 명백하게 보여준다. 죄는 너무나도 심각한 것이기 때문에, 오직 그리스도의 목숨을 희생제물로 드리는 것, 곧 십자가 위에서의 죽음만 구속을 성취할 수 있다(롬 3:25 이하 및 갈 3:13). 우리의 비참함에 대한 생생한 예증은 바로 "슬픔을 당하는 사람"(Man of Sorrows)이다. 곧 하나님은 모든 사람의 모든 불의를 그가 담당하게 하셨으며, 또한 그에게 죄에 대한 형벌을 내리셨다. "그가 살

---

34 율법의 저주를 받아들인다는 개념은 Berkhof의 교의학의 구조 안에서 차지할 수 있는 공간이 전혀 없다. 다음 논문을 보라. W. H. Velema, "칭의와 성화"(Rechtvaardiging en heiliging) in 『답변』(*Weerwoord*). 『베르크호프의 기독교 신앙에 대한 논평』(*Reacties op dr. H. Berkhof's christlijk geloof*), 1974, 174-183.

아 있는 자들의 땅에서 끊어짐은 마땅히 형벌 받을 내 백성의 허물 때문이라"(사 53:8; 참조. 사 53:6-8). 따라서 우리는 복음을 이해하기 위해서는 항상 율법을 통해 복음에 다가갈 필요가 있다. 복음이 알려주는 위대한 사실은 율법의 요구가 그리스도를 통해 이미 성취되었고, 또한 그것이 우리에게도 유효한 것으로 간주된다는 것이다. 그리스도의 고난은 율법의 저주가 인간에게 얼마나 심각하게 임하는지 알려주며, 하나님이 죄를 결코 무시하시지 않는다는 것을 계시해준다. 그리스도는 자신의 고난을 통해서 하나님 아버지의 뜻과 율법을 성취하는 데 몰두했다. (신약성경에 의하면) 그리스도가 맨 처음으로 한 말과 마지막으로 말한 것은 모두 하나님 아버지와 관련이 있다(참조. 눅 2:49; 23:46). 예수 그리스도는 그의 아버지의 뜻과 율법을 성취하는 데 몰두해 있었다. 이 점은 왜 복음서가 구속에 대한 지식뿐만 아니라 죄에 대한 지식의 원천인지도 밝혀준다. 그리스도의 십자가는 하나님의 사랑뿐만 아니라 그분의 거룩함과 공의도 계시해준다(요일 1:7, 9; 4:10).

3. 과연 우리는 율법이 인간 안에서 죄에 대한 지식을 효과적으로 작동하도록 하는 가장 뛰어난 수단인가에 대해 숙고해보아야 한다. 우리는 경건주의와 제2차 종교개혁(Second Reformation)의 몇몇 대표자들에게서 이 개념을 만날 수 있다.[35]

우리는 이 견해와 대립되는 것으로서 다음 두 가지 명백한 관점들을 제시하고자 한다. 먼저 우리는 바울이 율법은 "육신으로 말미암아 연약하다"고 선언한다(참조. 롬 8:3)는 사실을 상기하고자 한다. 우리는 해당 구절에서 바울이 우리가 여기서 언급하는 것과는 다른 배경에서 이와 같이 말한다는 것을 알 수 있다. 하지만 거기에는 어떤 유사점이 있다. 율법을 통해서 할 수 없다는 것은 진정한 회개의 일부분을 이룬다. 그것은 옛 본성의 종말이라고 이해할 수 있다. 만약 율법이 복음보다 앞서서 또한 복음과

---

35   참조. § 50.3, 제2항. 또한 Berkouwer, 1958, 183; Velema, 1987, 125, 135.

분리된 채 인간을 구해줄 수 없었다면, 그것은 율법의 입장에서 스스로 노력한 것이다. 하지만 율법 그 자체는 인간의 죄악된 마음을 변화시킬 수 없다. 율법의 일들은 하나님을 기쁘게 하지 못한다. 오히려 죄인은 율법을 사용해서 자기 자신을 정당화하려고 한다. 따라서 율법 그 자체는 인간을 하나님 앞에서 겸손하게 만들지 못한다.

오히려 율법은 죄 안에서 더욱더 완악해지는 상황으로 이끈다. 바울은 죄를 증가시키는 율법의 이와 같은 성향을 명백하게 확인해준다(롬 3:20; 5:20). 그는 이 점과 관련해서 하나님의 심판이 임한다고 인정한다. 죄인은 율법을 사용하여 하나님 앞에서 자기 자신을 정당화하려고 한다. 그는 이것을 통해 자신의 죄가 더 많아지게 한다. 그는 율법을 이와 같이 남용한다.

우리는 [복음과 분리된 채] 오직 율법에 대해서만 설교하려고 해서는 안 된다. 우리는 하나님의 말씀 전체에 대해 설교해야 한다. 하나님의 말씀은 율법뿐만 아니라 복음으로 이루어져 있기 때문이다. 그 누구도 율법이 고소하는 것을 전적으로 무시한 채 오직 복음에 대해서만 설교할 수 없다. 신학적인 측면에서 율법을 통한 고소가 먼저 온다. 율법을 통한 고소가 제기되기 이전에, 어떻게 그것에 대한 무죄가 선포될 수 있겠는가?

율법은 죄에 대한 고소로서 언제나 복음 선포에 선행하며 그것을 통해서 울려 퍼진다. 하지만 만약 우리가 율법의 고소를 전달하는 것에만 우리 자신을 제한한다면, 그것은 하나님의 말씀을 전파하라는 명령을 온전히 수행하지 않는 것이다. 반면에 만약 우리가 율법의 말씀을 선포하고 난 후 거기서 멈춘다면, 우리는 복음을 두 동강이 나게 하는 것이다. 곧 복음이 지니고 있는 구원하는 관점과 정결하게 하는 관점을 제거하는 것이다. 그것은 죄인에게 하나님께로 나아가는 길을 가리켜주지 않은 채 그를 절망 가운데 놓아두는 것이다.

4. **어떻게 성령이 죄와 의와 심판에 관해 인간을 깨우쳐주는가에 대해서 정확하게 결정하는 것은 우리에게 달려 있지 않다**(요 16:8). 하지만 우리는

요한복음 16:8에 기초해서 성령이 복음을 사용한다는 것을 분명하게 알 수 있다. 결국 여기서 언급되는 죄는 사람들이 복음을 듣고 나서도 그리스도를 믿는 것을 거부하는 것을 가리킨다(요 16:9).

어떻게 성령이 그의 일을 하는지 규정하는 것은 우리에게 적합하지 않다. 우리는 (율법의 고소로부터 면제되는 것으로서, 곧 율법 및 그것의 고소와 관련해서) 복음을 전파하라는 명령을 받았다. 어떤 사람들에게는 율법을 통한 고소가 가슴에 와닿을 것이다. 반면에 다른 사람들에게는 죄인을 위한 하나님의 은혜와 사랑이 가슴에 와닿을 것이다. 하지만 이 두 가지가 모두 선포되어야 한다. 곧 모든 사람에게 죄와 구속, 형벌과 용서, 심판과 은혜가 함께 선포되어야 한다.

이것을 어떻게 사용하는지는 성령이 주도권을 갖고 있다. 우리는 성령이 어떤 사람을 회개에 이르게 하는 방법을 체계화할 필요가 없다. 우리는 그렇게 할 수도 없으며, 또한 그렇게 하려고 해서도 안 된다. 어떻게 사람들이 죄에 대한 지식에 이르는지와 관련해서 다양한 예들이 있다. 어떤 사람들은 회심할 때 자신이 죄인이라는 것을 깨닫는다. 반면에 다른 사람들은 하나님과 더 깊은 관계에 들어가면서 죄와 관련된 사항들을 더 분명하게 인식하게 된다. 이것을 가르쳐주는 분은 언제나 성령이다. 성령은 오로지 "하나님의 말씀"만을 사용한다. 그리고 그 말씀은 율법과 복음으로 설명되고 선포된다.

펠레마(『율법과 복음』[*Wet en evangelie*], 1987)는 이 두 관점들의 관계에 대해 매우 깊이 있게 논의한다. 또한 그는 이 문제에 대한 칼뱅의 가르침에 대해서도 광범위하게 서술한다. 칼뱅은 다음 사항에 대해 강조하며 지적한다. 곧 복음서들에서 회개하라고 초대하는 것은 [예수 그리스도를 통해서] 하나님 나라가 와서 구원이 가까이 이르렀다는 것에 기초한다.

개혁교회 교의학

간략한 참고 문헌

H. J. Adriaanse et. al.,『하나님, 선과 악』(*God, goed en kwaad*), 1977.

J. T. Bakker, "죄와 죄책"(Zonde en schuld), in G. C. Berkouwer, A. S. van der Woode (ed.),『기독교 신앙의 핵심 용어』(*Kernwoorden in het christelijk geloof*), 1970, 22-29.

A. van de Beek,『왜? 고통, 죄 및 하나님에 대해서』(*Waarom? Over lijden, schuld en God*), 1984.

A. van de Beek, "죄"(Zonde), in J. Firer (ed.),『기독교 신앙의 일곱 가지 난제)』(*Zeven weerbarstige woorden uit het Christendom*), 44-60.

R. L. P. Bergmans,『명령 안에서의 죽음』(*De dood in beheer*), 1991.

G. C. Berkouwer, *Man: The Image of God*, 1962.

G. C. Berkouwer, *General Revelation*, 1955.

G. C. Berkouwer, *Sin*, 1971.

G. C. Berkouwer, A. S. van der Woode (ed.),『기독교 신앙의 핵심 용어』(*Kernwoorden in het christelijk geloof*), 1970.

J. Douma,『일반은총』(*Algemene genade*), 1966.

P. Eicher (ed.),『신학의 기본 개념들에 대한 새로운 해설서』(*Neues Handbuch theologischer Grundbegriffe*), 4. 1985.

J. Faber, "Imago Dei in Calvin," Two essays in idem, *Essays in Reformed Doctrine*, 1990, 227-281.

J. Firet,『기독교 신앙의 일곱 가지 난해한 용어들: 그 용어들은 오늘날에도 의미가 있는가?』(*Zeven werbarstige woorden uit het Christendom. Zijn zig nog mogelijk?*), 1986.

J. van Genderen, "죄론의 발전 과정"(De ontwikkeling van de leer van de zonde), in A. G. Knebel (ed.),『죄』(*Zonde*), 1987, 32-39.

J. van Genderen,『하나님의 선물로서의 칭의』(*Gerechtigheid als geschenk*), 1988.

C. Gestrich,『세상에 다시 비치는 광채』(*Die Wiederkehr des Glanzes in der Welt*), 1989.

J. M. Hasselaat, 『원죄와 자유』(*Erfzonde en vrijheid*), 1953.

J. van Heerde, 『죄가 있다는 것이 바로 죄다』(*Zonde dat er zonde is*), 1985.

H. J. Heering, 『악에 대해서: 권세와 실재로서』(*Over het boze. Als macht en als werkelijkheid*), 1974.

J. Hoek, 『죽음은 그것에 속하지 않는다』(*De dood hoort er niet bij*), 1983.

J. Hoek, 『죄: 하나님의 은혜에 대한 배반』(*Zonde: opstand tegen de genade*), 1988.

A. Hoekema, *Created in God's Image*, 1986.

Ph. E. Hughes, *The True Image*, 1989.

F. G. Immink, 『예수 그리스도: 예언자, 제사장, 왕』(*Jezus Christus, profeet, priester, koning*), 1990.

A. G. Knevel (ed.), 『칼 바르트의 신학 사상』(*Visie op Karl Barth*), 1987.

A. G. Knevel (ed.), 『죄』(*Zonde*), 1987.

J. Kroesen, 『악과 의미: 악의 문제에 대한 에마뉘엘 레비나스의 철학의 중요성에 대해서』(*Kwaad en zin: Over de betekenis van de filisofie van Emmanuel Levinas voor de theologische vraag van het kwade*), 1991.

H. M. Kuitert, 『다르게 표현하기』(*Anders gezegd*), 1970.

H. M. Kuitert, 『할 수 있다면 모든 것을 할 수 있는가?』(*Mag alles wat kan?*), 1989.

H. S. Kushner, *When Bad Things Happen to Good People*, 1983.

B. Loonstra, 『선택, 구속, 언약』(*Verkiezing-verzoening-verbond*), 1990.

J. Murray, *The Imputation of Adam's Sin*, 1959.

B. J. Oosterhoff, 『어떻게 우리는 창세기 2장과 3장을 이해해야 하는가?』(*Hoe lezen wij Genesis 2 en 3?*), 1972.

A. C. Plantinga, *God, Freedom, and Evil*, 1974.

F. J. Pop, 『성경의 단어들과 그것들이 지니고 있는 비밀』(*Bibelse woorden en hun geheim*), 1972.

H. Ridderbos, 『로마서 주석』(*Aan de Romeinen*), 1959.

H. Ridderbos, *Paul*, 1975.

P. Schoonenberg, S.J., 『죄의 권세』(*De macht der zonde*), 1962.

S. Trooster, S.J., 『진화와 원죄론』(*Evolutie en erfzondeleer*), 1965.

G. Vandervelde, *Original Sin*, 1975.

B. van 't Veld, "풀처럼…"(Gelijk het gras…), 1989.

W. H. Velema, "하늘과 지옥에 대한 베르크호프의 견해"(Berkhof over hemel en hel), in A. G. Knevel, 『천국 또는 지옥, 우리의 영원한 목적지』(Helel of hel, Onze eeuwige bestemming), 1991, 75-82.

W. H. Velema, "새로운 죄론에 영향을 받은 윤리학"(Ethiek on invloed van de nieuwere zondeleer), in A. G. Knevel (ed.), 『죄』(Zonde), 1987, 79-87 (1987a).

W. H. Velema, 『거룩한 삶으로 부름 받음』(Geroepen tot heilig leven), 1988².

W. H. Velema, "죄의 끝: 지금 또는 나중에"(Het einde van de zonde: vooruitgrijpen of afwachten), in A. G. Knevel (ed.), 『죄』(Zonde), 1987, 97-105 (1987a).

W. H. Velema, 『형벌에 대한 칭의』(Rechtvaardiging van de straf), 1978.

W. H. Velema, 『율법과 복음』(Wet en evangelie), 1987.

J. P. Versteeg, "신약성경은 아담을 교육을 위한 모델로 사용하는가?"(Is Adam in het Nieuwe Testament een 'leermodel'?), in 『말씀과 교회』(Woord en kerk), 1969, 29-70.

J. A. D. Weima, "The Function of the Law in Relation to Sin," in Novum Testamentum, 1990.

H. Wiersinga, 『운명 또는 죽음』(Doem of daad), 1982.

H. Wiersinga, 『고통과 화목하기?』(Verzoening met het lijden?), 1975.

제10장

중보자 그리스도

§ 29. 그리스도의 위격

29.1. 그리스도의 위격과 사역

그리스도에 대한 신앙은 교회의 신조의 핵심이다. 그것은 **기독교 신앙의 심장**이다. 기독론은 이런 이유로 인해 교의학에서 가장 핵심 교리 중 하나다.

이번 장은 이전의 장들에서 제시된 관점과 연결해서 반드시 이해해야만 한다. 우리는 계시에 대한 교리를 염두에 두고 있다. 왜냐하면 구원에 대한 계시는 그리스도 안에서 하나님이 계시해주시는 것이기 때문이다. 또한 우리는 인간의 죄에 대한 교리를 염두에 두고 있다. 죄로 말미암아 그리스도가 구속자로서 이 세상에 오는 것이 필요했기 때문이다. 이번 장 이후에 이어지는 장들도 반드시 이번 장의 관점에 기초해서 이해되어야 한다. 곧 그리스도는 은혜언약에 대한 교리에서 중보자다. 구원에 대한 교리에서 그리스도는 그 구원을 성취해서 얻었다(제12장). 그는 교회에 대한 교리에서 바로 교회의 머리다(제13장). 그리스도의 영은 은혜의 수단에 대한 교리에서 은혜를 수단으로 사용한다(제14장). 그리고 만물의 완성에 대한 교리에서 한가지 필수적인 부분은 모든 사람을 심판하기 위해 그리스도가 다시 온다는 것을 다룬다(제15장).

그러므로 그리스도와 관련된 모든 주제를 기독론에 대해 다루는 장에서 다룰 필요는 없다. 이 장에서는 주로 다음 두 가지 질문에 대해 대답하고자 한다. 첫째, 예수 그리스도는 누구인가? 둘째, 그가 하는 일은 무엇인가?

기독론은 흔히 다음과 같이 세부적으로 구분된다. 곧 1. **그리스도의 위격**, 2. **그리스도의 사역**이다. 그리스도의 사역은 사실상 교의학의 거의 모든 주제와 관련이 있다. 따라서 그리스도의 사역에 대해 다음과 같이 연속적으로 다루는 것이 좋을 것이다. 곧 낮아짐 안에서의 그리스도의 사역(§ 30), 높아짐 안에서의 그리스도의 사역(§ 31)과 그리스도의 사역의 주요한 측면들(§ 32)이다.

그리스도의 위격과 그리스도의 사역이라는 두 주제는 서로 분리될 수 없다. 예수는 자기가 선한 목자(요 10:11)이며, 길과 진리와 생명(요 14:6)이라고 말씀하셨을 때, 그의 말씀에는 이 두 가지 측면이 모두 포함되어 있다. 성경의 수많은 구절은 예수의 위격이 지니고 있는 영광과 그의 사역의 풍성함에 대해 증언한다. 예수에 대한 "소테르"(soter, 구원자)라는 그리스어 명칭은 과연 예수 그리스도가 누구인지 또한 그가 무엇을 하는지 알려준다. 우리는 예수 그리스도의 사역을 숙고하지 않으면서, 단지 그의 위격에 대해서만 논할 수 없다. 또는 우리는 그의 위격을 무시한 채 그의 사역에 대해서 깊이 생각할 수 없다.

어떤 신학자들은 한 위격으로서의 예수에게 관심을 거의 기울이지 않았다. 하르나크(A. von Harnack, 1851-1930)는 예수가 복음을 가르칠 때 복음서 안에서 하나님의 아들이 아니라 오직 하나님 아버지만 두드러지게 나타났다고 주장한다. 그는 다음과 같은 리츨의 견해에 영향을 받았다. 곧 리츨은 "가치에 대한 판단들"과 현저히 다르게 "존재에 대한 판단들"(경험적으로 입증할 수 있는 진술들)은 중요하지 않다고 생각했다. 그는 성자의 신성에 대한 선언들은 지나치게 사변적이라고 생각했다.

멜란히톤은 『신학의 핵심 주제들』(*Loci*, 1521)에서 그리스도에 대한 지식을 그가 제공하는 유익들에 관한 지식에 제한했는가? 그의 분석에 의하면, 그는 그리스도의 본성과 그가 제공하는 구속의 유익들을 서로 구분하는 것 같다.[1] 멜란히톤은 아무런 실질적인 목적들을 지니고 있지 않은 스콜라적인 사변과 세세한 구분을 사실상 거부했다. 그렇지만 그는 교회의 전통적인 가르침을 무시하지 않았다. 그의 말의 목적은 그리스도에 대한 교리와 구속에 대한 교리는 서로 분리될 수 없다는 사실을 알리는 데 있다. 그리스도에 대해 말하는 것은 우리의 구원자와 우리가 그에게서 얻는 구원을 말하는 것을 의미한다. 루터와 칼뱅이 주장한 다양한 선언들은 그 두 종교개혁가들이 주 예수 그리스도가 누구인지를 우리에게 보여주고 싶어 했다는 것을 함의한다.

예수는 어느 날 그의 제자들에게 질문하셨다. "너희는 그리스도에 대하여 어떻게 생각하느냐?"(마 22:42). 예수가 이 땅에 게셨을 때, 이 질문에 대해서 다양한 답변이 제시되었다. 이 점은 오늘날도 여전히 사실이다.

1. 어떤 이들은 예수를 모범적인 인물로 이해한다. 그들에게 중요한 사항은 예수가 우리에게 과연 무엇을 모범적으로 보여주었는가라는 것이지, 그가 우리를 위해서 무엇을 성취했는가가 아니다.

2. 다른 이들은 예수를 인류의 가장 위대한 스승 중 한 분으로 생각한다. 하지만

---

1   Melanchthon은 다음과 같이 주장한다. "Hoc est Christum cognoscere, beneficia eius cognoscere, non, quod isti docent eius naturas, modos incarnationis contueri," 『멜란히톤 선집』(*Werke in Auswahl*), ed. R. Stupperich, 2:1, 7. 참조. Berkouwer, 1954, 102. "그리스도를 인식하는 것은 그의 유익들을 인식하는 것이다. 그것은 학자들이 종종 가르쳐왔듯이, 그의 본성들이나 그의 성육신의 방법을 인식하는 것이 아니다."

그들은 예수의 가르침이라고 주장되는 것이 예수 자신이 가르치는 것과 반드시 일치한다고 생각하지 않는다. 그들은 예수가 자기 자신에 대해서 주장하는 것이 종종 무시될 때 그런 가르침은 그의 가르침이 분명히 아니라고 생각했다.

3. 해방 신학은 예수를 가난한 사람들과 박해받는 사람들의 옹호자라고 강조한다. 따라서 메시아는 정치적인 인물로 이해된다.

4. 많은 사람이 하나님은 인간 예수를 통해서 사람들과 세상에 대한 그분의 동정심을 나타내신다는 묘사에 커다란 매력을 느낀다.

사람들이 예수에 대해 지니고 있는 다양한 이미지는 어떤 특정한 시대의 특징을 드러내는 시대정신을 반영한다.[2] 합리주의가 지배했을 때, 예수는 주로 위대한 스승으로 이해되었다. 그리고 도덕주의(moralism)는 예수를 어떤 모범적인 인물로 이해했다. 오늘날 박해하는 세력들에 저항하는 이들은 특히 예수를 어떤 해방자로 이해한다.

오늘날 기독교인과 유대인들 사이에 다양한 대화가 시작되었다. 많은 그리스도인들, 특히 기독교 신학자들은 유대교의 관점에 자신들이 영향을 받는 것을 기꺼이 허락한다. 이것은 최근에 일어나는 현상이다(참조. Vlaardingerbroeck, 1989). 유대교 신학자 라퍼데(P. Lapide)와 개신교 신학자 몰트만 사이의 대화는 널리 알려져 있다. 그들은 대화를 통해 서로가 갖고 있던 견해의 차이점들을 좁히고, 어떤 부분들에서는 의견의 일치를 이루었다. 라퍼데의 견해에 의하면, 예수는 단지 다음과 같은 의미에서만 하나님의 아들이다. 곧 하나님의 영에 의해서 인도함을 받는 모든 사람은 하나님의 아들들이다(참조. 롬 8:14).[3]

---

2   M. Kähler는 예수의 생애 연구에 대해서 다음과 같이 예리하게 비판한다. "어떤 사람들이 예수에 대해서 묘사하는 것에는 대체로 그들 자신들의 생각이 반영되어 있다"(Es ist zumeist der Herren eigener Geist, in dem Jesus sich spiegelt), 『이른바 역사적 예수와 사실적 및 성경적인 그리스도』(Der sogenannte historische Jesus und der geschichtliche, biblische Christus), 1986². 57.

3   P. Lapide and J. Moltmann, 『너희의 주 하나님은 한 분이시다』(De Heer uw God is one), 1985,

몇 년 전에 판 룰러는 오늘날 "예수 메시아"에 대해서 말하는 그리스도인의 방식은 신약성경의 메시지와 기독교 신앙의 내용을 부분적으로 잘라내거나 부인하는 것을 교묘하게 위장하고 있다고 비판했다. 그는 기독교의 관점을 현대의 유대교의 관점으로 대치하는 것에 대해서 경고한다. 또한 그는 기독교의 관점을 인간 중심적인 관점으로 대치하는 것에 대해서도 경고한다. 후자의 경우는 기독교를 본질적으로 순전한 인본주의로 만드는 것이다(Van Ruler, *Ik geloof*, 56 이하).

그리스도인들과 유대인들의 만남에서 제기되는 질문은 과연 예수는 누구인가이다. 하지만 이 질문은 네덜란드와 다른 나라들의 기독교 신학에서 제기된 중요한 논쟁 중 하나다. 예를 들면 베르크호프의 기독론에는 엄밀하게 평가하고 비판해야 할 쟁점들이 많이 있다. 우리는 그것에 대해서 곧 다룰 것이다. 베르크호프의 관점에 대한 다양한 반응을 포함하고 있는 논문집이 간행되었다. 그 논문집에 기고한 어떤 저자는 다음과 같이 주장한다. "심지어 예수의 신성이 부인된다고 하더라도, 우리는 하나님이 사랑하시는 아들 예수 안에서 또한 그를 통해서 하나님이 우리에게 제공하신 유익들을 여전히 온전하게 확인할 수 있다"(Flesseman-van Leer, 1985, 94). 하지만 우리는 이와 같은 입장을 가장 강력하게 반대한다.

만약 그리스도가 하나님의 유일무이한 아들이 아니라면, 또한 만약 성경과 교회의 신앙고백이 그를 하나님의 유일무이한 아들이라고 잘못 말했다면, 우리는 그리스도뿐만 아니라 그가 행한 사역도 다르게 대우해야 할 것이다. 베르크호프와 플레스만-판 레이어(Flesseman-van Leer)의 저서들은 그들도 구원에 대한 성경의 언급들을 재해석한다는 사실을 분명하게 보여준다.

우리는 그리스도의 위격과 사역은 서로 결코 나눌 수 없는 관계라고 주

---

62. Lapide는 "나로 말미암지 않고는 아버지께로 올 자가 없느니라"(요 14:6)는 예수에 말에 "이미 아버지와 함께 있는 이들, 곧 유대인들은 제외하고"(같은 책, 52)라고 덧붙인다.

개혁교회 교의학

장한다. 그리스도의 사역의 중요성은 그 사역이 바로 그리스도라는 인물이 행한 일로 이해될 때만 그것을 올바르게 이해할 수 있다. 또한 그리스도의 위격이 지니고 있는 중요성은 그의 모든 사역 안에서 나타난다.

예수는 그의 공생애 기간 중 제자들에게 "너희는 나를 누구라 하느냐?"(마 16:15; 막 8:29)라고 질문하셨다. 사도들과 복음서 저자들은 그의 질문에 다음과 같이 대답했다. "주는 그리스도시요 살아 계신 하나님의 아들이시니이다"(마 16:16). 이 대답은 하나님의 계시로 말미암은 것이었다. 그리스도의 교회는 그리스도의 이 질문에 다르게 대답할 수 없다. 교회도 하나님의 말씀에 기초해 믿음 안에서 그리스도의 질문에 동일한 대답을 제시한다.

이것은 성경 이외에 예수에 대해 증언하는 다른 자료들이 전혀 가치가 없다는 사실을 함의하지 않는다. 우리는 타키투스, 요세푸스와 탈무드 등이 예수에 대해 말하는 것을 떠올리고 있다. 하지만 예수의 지상 생활에 대한 기록으로서 사복음서는 이른바 "비교적 텅 비어 있는 저지대에 우뚝 솟아 있는 네 개의 높은 정보의 산들"이다(Van Bruggen, 1987, 23-37).

역사비평 및 문학비평은 예수에 대해 알려주는 자료들로서 복음서들을 사용하는 데 이의들을 제기했다. 이 문서들이 실제 그대로의 사실을 반영하기보다는 오히려 교회의 신앙을 반영한다고 생각되었기 때문이다.

사복음서의 저자들이 단순히 역사를 기록하는 것 이상을 제시하기를 원했다는 것은 명백한 사실이다. 그들은 예수의 생애 및 사역에 전적으로 몰두하고 있다. 복음서들은 처음부터 끝까지 예수에 대한 그들의 신앙을 증언해준다. 요한복음 저자는 자신의 저술 목적에 대해서 다음과 같이 언급한다. "오직 이것을 기록함은 너희로 예수께서 하나님의 아들 그리스도이심을 믿게 하려 함이요, 또 너희로 믿고 그 이름을 힘입어 생명을 얻게 하려 함이니라"(요 20:31). 이것은 또한 다른 복음서 저자들의 저술 목표이기도 하다. 복음서들의 이와 같은 선호 또는 강조점은 그것들의 진정성과 신뢰성을 결코 손상시키지 않는다.

마태, 마가, 누가 및 요한은 그들이 예수의 역사에 대해 개인적으로 경험한 것과 또한 직접적인 관련이 있는 증인들로서 그들이 알게 된 것을 우리에게 말해준다. "우리는 명백하며 한 목소리를 내는 믿을 만한 어떤 전승에 기초하여 사복음서는 그것의 저자들이 직접 귀로 듣고 눈으로 본 증인들로 이루어진 공동체에서 유래된 것으로 간주할 수 있다." 우리는 각각의 복음서를 통해서 그리스도에 대해 알 수 있다. 하지만 우리가 사복음서를 결합하면, 우리는 그리스도에 대해서 더욱 분명하게 알 수 있다(Van Bruggen, 1987, 56-58).

29.2. 그리스도에 대한 명칭들

1. 예수라는 이름과 구속자라는 명칭. 교의학 저서들은 흔히 주 예수 그리스도의 이름들에 대한 논의를 포함한다. 교의학에서 제시되는 그와 같은 논의는 결코 그 주제에 대해 다루는 어떤 연구서만큼 자세하고 철저하게 다룰 수 없다.[4] 어쨌든 신약성경과 교회의 신조에서 나타나는 그리스도에 대한 명칭들, 예를 들면 **예수 그리스도, 하나님의 유일무이한 아들, 우리의 주**에 대해 고찰하는 것은 필수 과제다. 예수는 신약성경에서 하나님이라고 언급된다. 그는 태초부터 하나님과 함께 있었던 그 말씀이다(요 1:1). 이 명칭들에 대해서는 나중에 논할 것이다(§ 29.4).

예수라는 이름과 구속자라는 이름은 그리스도에 대해 계시해주는 것과 관련해서 커다란 중요성을 지니고 있다. 그리스도는 그의 이름들이 그에 대해서 선언해주는 존재다.

"예수"(Jesus)는 **예슈아**(*Jeshua*)의 그리스어 형태다. 또한 예슈아는 **여**

---

4 그와 같은 연구서에 대해 몇 가지 예를 들면 다음과 같다. V. Taylor, *The Names of Jesus*, 1953. O. Cullmann, 『신약성경의 기독론』(*Die Christologie des Neuen Testaments*), 1958[2]. F. Hahn, 『그리스도에 대한 존귀한 호칭들』(*Christologische Hoheitstitel*), 1966[3]. Hahn의 논문은 더 비판적인 측면에서 저술된 연구서다.

개혁교회 교의학

호수아(*Jehoshua*)의 단축형이다. 여호수아라는 이름에서 우리는 야웨(*YHWH*; 참조. § 11.2)라는 이름과 "돕다", "구원하다", "구속하다", "구원에 이르게 하다"를 의미하는 동사 형태를 인식할 수 있다. 우리는 예수라는 이름에서 야웨가 구속하신다는 것을 알게 된다.

구약성경을 보면 두 명의 위대한 인물이 여호수아라는 이름을 지녔다. 곧 모세의 후계자 여호수아와 대제사장 여호수아(슥 3장)다. 나사렛 예수와 같은 시대에 살았던 사람들 중에서도 예수라는 이름을 지녔던 이들이 종종 있었다. 하지만 그 시대 이후로 유대인들 사이에서 예수라는 이름은 사라졌다. 한편 그리스도인들은 자기 아들에게 예수라는 이름을 지어주거나 또는 자신이 이 이름으로 불리는 것을 합당하지 않다고 생각했다.

우리의 주님은 예수라는 이름을 받았다. 왜냐하면 그는 그의 백성을 그들의 죄에서 구원하기 때문이다(마 1:21). 이것은 우선적으로 우리가 무엇으로부터 구속받을 필요가 있는지 설명해준다. 하지만 예수가 베푸는 구원은 이것 이상을 포함한다. 전통적으로 예수는 우리를 가장 극악한 악으로부터 구원하고 또한 우리에게 가장 좋은 것을 준다고 언급된다. 우리는 여전히 이와 같이 말할 수 있다.

"소테르"(구원자)라는 이름은 이방인들의 용례에서 유래되었다고 종종 주장되었다. 사실상 이방의 모든 나라에서 구원에 대한 온갖 종류의 기대감과 구속자들에 대한 다양한 이미지들이 발견된다. 하지만 지금 우리는 구약성경의 관점을 실제로 마주한다. 구약성경에서 하나님은 그분의 백성의 구원자라고 묘사된다(참조. 눅 1:47). 예수는 이 땅에서 하나님의 구속 사역을 성취하는 구원자다(눅 2:11).

어떤 이들은 "구주"라는 성경의 명칭은 예수가 행하는 치유 이적들을 가리킨다고 믿는다. 반면에 다른 이들은 그 명칭이 예수의 사역 전체에 적용된다고 올바로 지적한다. 구약성경의 관점에서 볼 때, 예수가 가져오는 구원은 지금뿐만 아니라 미래에도 적용되는 것으로서 죄와 죽음으로부터의 구원이다(롬 3:24; 살전 1:10; 빌 3:20-21). 사도 바울의 다음과 같은 말에는 구원과 관련된 다양한 측면이 결합되어 있다.

"우리의 크신 하나님 구주 예수 그리스도의 영광이 나타나심을 기다리게 하셨으니, 그가 우리를 대신하여 자신을 주심은 모든 불법에서 우리를 속량하시고 우리를 깨끗하게 하사 선한 일을 열심히 하는 자기 백성이 되게 하려 하심이라"(딛 2:13-14).

2. 그리스도라는 이름과 인자 및 다윗의 아들이라는 이름. 기름 부음을 받은 자를 의미하는 "마쉬아흐"(*meshiach*)라는 히브리어 명칭은 "크리스토스"(*Christos*)라는 그리스어로 번역되었다. 구약성경에서는 제사장들이 기름 부음을 받았으며, 또한 종종 예언자들도 기름 부음을 받았다. 하지만 우리는 이 의식과 관련해서 무엇보다도 왕들이 기름 부음을 받은 것을 머릿속에 떠올려야 한다. 시편 2편에는 야웨와 그의 기름 부음 받은 자가 동시에 언급된다. 유대교의 성경 해석가들은 여기서 기름 부음 받은 자가 메시아, 다윗의 위대한 자손을 가리킨다고 해석했다(참조. Edelkoort, 1941, 305-311).

이스라엘은 왕으로서의 메시아를 고대했었다. 그런 기대는 나단을 통해서 주어진 하나님의 예언에 기초한다(삼하 7:12-16). 예수 당시의 유대인들 사이에서는 메시아에 대한 다양한 개념이 널리 퍼져 있었다. 하지만 대체로 메시아는 어떤 정치적인 인물로 묘사되었다.

아마도 이런 이유로 말미암아 예수는 자기 자신이 약속된 메시아라고 선언하는 것을 회피했을 것이다. 이미 사람들은 예수를 왕이라고 선포하지 않았는가! 예수가 자신을 그와 같이 제시하지 않았다는 사실에 근거해서, 많은 이들은 예수가 스스로를 메시아로 간주하지 않았다는 그릇된 결론을 이끌어냈다. 하지만 예수가 자신을 분명히 메시아라고 주장했다는 것을 입증해주는 증거들이 충분히 있다. 예를 들면 예수는 대제사장 가야바 앞에서 자신이 그리스도(메시아)라고 분명하게 말했다(마 26:63-64).

예수는 사실상 자기 자신에 대해서 3인칭으로 **인자**라고 언급하셨다. 또한 종종 어떤 신학자들은 이 용어가 가리키는 것과 관련해서 이의를 제기했다. 비록 콜페는 비평적인 접근을 시도하고 있지만, 그는 인자라는 명칭과 관련해서 예수의 다양한 말들은 예수 자신이 말한 것이며 그에게 적용된다고 시인한다(C. Colpe, *TDNT*, 8: 430 이하). 또한 어떤 신학자들은 이 용어가 나타나는 어떤 성경 구절들의 역사적인 사실성에 이의를 제기했다. 하지만 이와 같은 의문점을 논박하는 것은 어렵지 않다(참조. Sevenster, 1948[2], 91-96; Kim, 1983). 어떤 학자들은 복음서 저자들이 인자라는 용어를 예수가 말한 것처럼 의도적으로 묘사했으며, 그들은 이른바 "교회의 신학"에 기초해서 그와 같이 시도했다고 주장한다. 그러나 초기 기독교에서 인자라는 예수에 대한 명칭이 결코 널리 사용되지 않았다는 단순한 사실은 그와 같은 견해가 지지받을 수 없다는 것을 입증해준다. 이 가설은 다음과 같은 질문에 납득할 만한 설명을 제시하지 못한다. 왜 복음서 저자들은 예수가 자기 자신에 대해서 말하는 것을 묘사할 때만 이 명칭을 사용하는가?(참조. Cullmann, 1958[2], 158).

"인자"라는 명칭은 사람을 의미하는 아람어 표현에서 유래되었고 그 특정한 사람을 가리킬 수도 있다(참조. Kim, 1983, 32-37).

초기의 개혁파 신학에서 "인자"라는 명칭은 그리스도의 인성(human nature)과 연결되었다. 하지만 성경에 기초해서 판단할 때, 이 해석은 지지받을 수 없다. 그 명칭은 왕적인 지위에 있는 인물을 가리키기 때문이다! 예수는 다니엘 7:13에서 언급되는 인자다.[5] 예수는 산헤드린 공회 앞에서 심문을 받았을 때 자신을 인자라고 선언하셨다. 그 선언은 다니엘 7:13과 시편 110편에 기초한다. 그때 공의회 회원들은 틀림없이 그 용어가 메시아적인 특성을 지닌 것으로 이해했을 것이다. 그래서 예수는 하나님의 이름을 모독했다고 고소당하셨고, 사형에 해당한다고 정죄 받으셨다(막 14:61-64).

유대인들이 메시아에 대해 기대했던 것과 커다란 차이점을 보이는 것으로서 신약성경에 의하면 인자는 자기 목숨을 대속물로 내어주어서 그의 백성을 구속하려고 이 땅에 왔다(막 10:45). 이것에 대한 예수의 말씀은 이

5　참조. J. de Vuyst, 『인자, 인간의 수, 인간의 영혼, 인간의 측량』(*Mensenzoon, mensengetal, mensenzielen, mensenmaat*), 1988, 6-12.

사야 53:10-12과 분명하게 연결된다. 인자는 바로 야웨의 고난받는 종이다. 예수가 걸어가는 길은 고난을 통해서 영광으로 나아가는 길이다(참조. 눅 24:26). 이제 부활하여 승천한 예수는 하나님의 오른쪽에 앉아 있다(행 7:56). 왜냐하면 하나님은 그에게 다니엘서의 예언이 언급하는 통치권을 주셨기 때문이다.

약속된 메시아로서 예수는 다윗의 자손이다. 이 명칭은 특히 그가 왕의 신분(sovereignty)을 지니고 있다는 것을 가리킨다. 예수가 태어날 때, 주 하나님은 가브리엘 천사를 통해서 그에게 그의 조상 다윗의 왕위를 줄 것이라고 선언하셨다(눅 1:32). 예수는 다윗의 후손이다. 하지만 다윗에게 주어진 하나님의 약속이 그를 통해서 성취될 것이다(삼하 7:12-16). 다윗의 위대한 후손으로서 예수는 동시에 다윗의 주님이다(막 12:35-37).

그리스도라는 명칭은 구약성경의 기대와 신약성경에서 그 기대가 성취되는 것 사이에 연속성이 있다는 것을 가리켜준다. 그리스도 안에서 구약성경의 예언적인 전승, 제사장 직분 및 제도와 메시아적인 왕의 전망이 성취되었다(참조. Pannenberg, *Jesus—God and Man*, 1968, 224-225).

비록 메시아와 그리스도라는 명칭들이 동일한 것을 의미하지만, 신약성경에서 그리스도라는 명칭에 더욱 중대한 내용이 주어졌다. 단순히 "메시아 예수" 또는 "예수 메시아"라고 언급하는 것은 이 점을 무시할 수 있는 위험성을 지니고 있다. "예수가 바로 그리스도다! 그가 바로 기름 부음을 받은 분이다! 그는 그리스도의 직분을 지니고 있는 분이다. 그는 이 땅에서 하나님의 위대한 일, 곧 궁극적인 구원 사역을 실행 및 성취하려고 오신 분이다"(A. A. van Ruler, *Ik geloof*, 57).

특히 (눅 24:26과 롬 9:5의 경우와 같이) 그리스어 표현에서 그리스도라는 명칭 앞에 정관사가 나오거나 또는 "그리스도 예수"라고 언급되는 경우에, 그리스도라는 명칭은 그리스도의 직분을 지닌 분으로서 그의 사역을 가리킨다. 또한 하나님은 그에게 성령으로 기름을 부으셨다(눅 4:18-19). 성경에서 어떤 사람에게 기름을 붓는 것은 그를 어떤 직분에 임명하고 그

개혁교회 교의학

에게 사명을 부여하는 것을 상징한다. 하나님 아버지는 그리스도에게 어떤 위임 명령과 더불어 그것에 상응하는 권위를 부여하셨다. 전통적인 표현에 의하면, 그리스도의 직분은 예언자, 제사장 및 왕의 직분으로 이루어져 있다. 이것에 대해서는 § 30.2에서 설명할 것이다.

3. 하나님의 아들. 구약성경에서 이 명칭은 신정국가적인 의미에서 이스라엘의 왕뿐만 아니라 이스라엘 백성에게 사용되었다.[6] (이스라엘과 관련해서 호 11:1, 또한 이스라엘의 왕과 관련해서 삼하 7:14 및 시 2:7을 참고하라). 신약성경에 의하면 예수는 하나님의 **유일무이한** 아들이시다. 따라서 그는 하나님 아버지와 직접적으로 가장 밀접하게 관련이 있다.

또한 하나님의 아들이라는 명칭은 다른 기원을 갖고 있을 가능성이 있을까? 그리스 세계에서 위대한 인물들, 통치자들 및 현자들은 신적인 존재들이라고 불렸으며, 또한 그들에게는 어떤 신의 아들이라는 칭호가 주어졌다. 어떤 이론에 의하면, 예수의 추종자들 중에서 헬레니즘의 영향을 받은 이들이 예수를 높이 떠받들려고 그에게 하나님의 아들이라는 칭호를 주었다. 그 이론에 의하면, 신약성경의 몇몇 구절들에서는 그리스도와 하나님의 아들이 동일한 의미를 지니고 있다(참조. 눅 4:41; 22:67, 70).

하나님의 아들이라는 명칭이 지니고 있는 메시아적인 관점은 종종 그 관점 자체를 넘어서 존재론적인 측면에 대해 언급한다. 곧 하나님 아버지와 하나님의 아들 사이의 관계에 대해 말한다(참조. Korff, 1942², 1:137). 신약성경에서 이 명칭이 이와 같은 추가적인 함의를 지닌 구절들이 있다. 그 경우는 그리스도가 절대적인 의미에서 자기 자신을 언급할 때다. 곧 예수는 그 아들이다. 마태복음 11:27과 28:19과 같은 성경 구절들은 이와 같

---

6   한편 욥 1:6, 38:7에서는 천사들에게 이 명칭이 사용된다.

은 배경에 꼭 들어맞는다. 비록 오늘날의 성경비평은 이 점에 의문을 제기하지만, 이 구절들은 예수 자신이 말한 것이며, [하나님] 아버지와 [하나님의] 아들의 하나 됨에 대해서 언급한다(참조. Sevenster, 1948², 101; Cullmann, 1958², 294).[7]

특히 요한 문헌과 바울 서신에서 존재와 관련해서 하나님 아버지와 하나님의 아들은 분명히 하나 됨을 이루고 있으며, 또한 하나님의 아들의 선재성이 명백하게 언급된다. 곧 하나님의 아들은 천지창조 이전부터 하나님 아버지와 함께 존재하고 있었다. 그 아들은 "하나님의 독생자"다(요 1:18; 3:16; 요일 4:9). 따라서 예수를 하나님의 아들로 믿는 것은 핵심적인 중요성을 지니고 있다(요 20:31; 요일 4:15).

"하나님의 독생자"에 대한 요한의 언급과 평행을 이루는 표현은 하나님의 "자기 아들"에 대한 바울의 언급이다(롬 8:32). 또한 우리는 히브리서에서 "그 아들"이라고 표현하는 것을 언급할 수 있다(특히 히 1:1-3, 8을 보라). 하나님은 그분의 아들을 통해서 세상을 창조하셨다. 그리고 히브리서에는 하나님의 아들이 하나님 아버지와 하나 됨을 이루고 있으며 또한 그 아들이 신성을 지니고 있다는 것이 명백하게 표현되어 있다(참조. Cullmann, 1958², 312). 하나님의 아들, 주님 및 하나님과 같은 기독론적인 명칭들은 예수의 사역이 지니고 있는 특별한 중요성을 강조하기 위해 그리스도의 본질에 대해서 말한다. 우리는 우리의 구속을 위해 이 그리스도를 전적으로 신뢰할 수 있다. 그리스도는 하나님의 구속 사역을 성취하며 그는 자신의 존재 안에서 하나님 아버지와 가장 밀접하게 관련이 있다는 것이 확인된다(참조. Sevenster, 1948, 256).

판 룰러는 예수 그리스도가 하나님 아버지의 유일무이한 아들이라는 교회의 신앙고백에 대해서 다음과 같이 말한다. 우리는 그의 주장에 전적

---

7 또한 Ridderbos(*Paulus en Jezus*, 1952, 103)가 예수의 세례 사건(마 3:17) 및 변화산 사건(마 17:5)에서 하나님 아버지가 예수에게 말씀하신 것에 대해 설명하는 것을 보라.

개혁교회 교의학

으로 동의한다. "교회는 교의에 대한 열띤 논쟁 과정을 통해서 이와 같이 표현한 것이 아니다. 그 표현은 기독교의 가장 초기 전승에서 유래한 것이다. 그것은 복음서들, 특히 요한복음에서 직접적으로 온 것이다"(Van Ruler, *Ik geloof*, 58).

4. 주(님). 70인역에서 주는 **아도나이**(*Adonai*)라는 히브리어 단어를 번역한 것이다. 또한 주는 흔히 야웨(*YHWH*)라는 이름을 나타낼 때 사용된다(참조. § 11.2). 이 명칭은 하나님의 권능, 주권 및 권위를 가리킨다.

그리스 세계에서 "주"는 주로 황제 숭배에서 신들과 황제들에 대한 칭호로 사용되었다. 도미티아누스 황제는 "주와 신"이라고 불렸다. 바울은 고린도 교인들에게 보낸 편지에서 이렇게 쓰고 있다. "비록 하늘에나 땅에나 신이라 불리는 자가 있어 많은 신과 많은 주가 있으나 그러나 우리에게는 한 하나님 곧 아버지가 계시니 만물이 그에게서 났고 우리도 그를 위하여 있고 또한 한 주 예수 그리스도께서 계시니 만물이 그로 말미암고 우리도 그로 말미암아 있느니라"(고전 8:5-6). 아마도 바울은 여기서 [고대 그리스 및 로마에서] 종종 주와 신이 이와 같은 칭호로 사용된 것을 암시할 것이다. 따라서 그리스도가 우리의 주님이라는 신앙고백은 논쟁적인 함의를 지니고 있을 수 있다. 곧 다른 어떤 대상이 아니라 오직 예수 그리스도만이 우리의 주님이다.

부세(W. Bousset)나 불트만 및 다른 신학자들이 주장했던 것과는 달리, "퀴리오스"라는 명칭은 헬레니즘의 배경에서 빌려온 것이 아니다. 고린도전서 16:22에서 "마라나타"라는 아람어 단어가 사용되고 있는 것에 근거할 때, "주"라는 명칭은 틀림없이 그 표현을 사용했던 그리스도인들에게서 유래되었을 것이다. 팔레스타인 지역에 위치했던 가장 초기의 교회들에서 그리스도는 이미 주님으로 인식되고 있었다. 따라서 그리스도인들은 하나님에 대한 구약성경의 이 명칭을 자신들이 예수를 주님이라고 언급하는 데 사용했을 것이다. 그들은 이와 같이 부르는 것을 통해서 예수의 신성을 고백했다. 구약성경에서 하나님은 예언자 이사야를 통해 다음과 같이 말씀하신다. 곧 하나님에게 "모든 무릎이 꿇겠고 모든 혀가 맹세하리라.⋯내게 대한 어떤 자의 말에 '공의와 힘은 여호와께만 있나니'"(사 45:23-24). 신약성경에서 이 말은 다음과 같이 그리스도에게 사용된다. "모든 입으로 예수 그리스도를 주라 시인하여 하나님 아버지께 영광을 돌리게 하셨느니라"(빌 2:11; 참조. 빌 2:9-11).

사도행전 2:36과 빌립보서 2:11의 경우처럼 "주"라는 명칭에는 온전한 의미가 부여되었다. 곧 그 명칭은 부활하여 승천한 그리스도에게 주어졌다. 예수 그리스도는 맨 처음부터 주였지만(눅 2:11), 그의 영광은 특히 부활 사건 이후에 계시되었다. 부활한 예수는 [하나님 아버지께서] "하늘과 땅의 모든 권세를 내게 주셨으니"(마 28:18)라고 선언한다.

사도들은 복음을 전파하면서 그리스도를 주라고 선포한다(고후 4:5). 우리는 우리의 구원과 관련해서 핵심적으로 중요한 것으로서 예수를 주라고 고백하며, 또한 하나님이 그를 죽은 자들 가운데서 살리셨다는 것을 믿는다(참조. 롬 10:9). 또한 "성령으로 아니하고는 누구든지 예수를 주시라 할 수 없느니라"(고전 12:3).

이와 같이 사도들의 가르침에 기초한 교회는 예수를 주라고 고백한다. 믿음 안에서 이 사실을 시인하는 이들은 그리스도의 통치권을 인정한다. 곧 부활 및 승천한 그리스도는 모든 사람과 만물을 통치한다(참조. 계 19:16). 그리고 주라는 명칭은 도마가 "나의 주님이시요, 나의 하나님이시니이다"(요 20:28)라고 고백하는 것처럼 신자들이 그리스도와 인격적인 관계를 맺는다는 것을 암시해준다. 도마의 그 신앙고백은 이른바 복음서 전체의 절정이다(참조. Cullmann, 1958, 239). 사도 바울은 지속적으로 그리스도를 "우리 주"라고 언급한다.

또한 우리는 사도신경에서도 이와 같은 신앙고백을 볼 수 있다. 사도신경에서 예수는 "그(하나님)의 외아들"이라고 언급된다. 이 표현은 하나님의 아들과 하나님 아버지 사이의 밀접한 관계를 가리켜준다. 또한 그는 "우리 주"라고 고백된다. 이것은 우리와 예수의 관계에 대해 표현해준다. 그러므로 그는 하나님의 아들이며 또한 우리의 주가 되었다. 이 순서는 서로 뒤

 개혁교회 교의학

바뀔 수 없다.

그리고 일반적인 신앙고백서는 개인적인 요소를 포함한다. 이것은 종교개혁의 전통에 서 있는 신앙고백서들에서 명백하게 표현되어 있다. 루터는 다음과 같이 말한다. "나는 예수 그리스도가 나의 주님이라고 믿는다. 그는 길을 잃고 정죄 받은 인간인 나를 구속했다. 그래서 나는 그의 소유가 되었고, 그의 통치 아래 살고 있으며, 또한 그의 왕국 안에서 그를 섬기고 있다"(*BSLK*, 511). 그리고 우리는 「하이델베르크 교리문답」 제1주일 문답에서 "예수 그리스도는 나의 주님이시다"라는 신앙의 선언을 읽을 수 있다(참조. 제13주일).

우리의 주님으로서 예수 그리스도는 우리의 생명에 대한 주권을 갖고 계신다. 우리는 그에게 영원히 속한다. 바울은 "그러므로 사나 죽으나 우리가 주의 것이로다"(롬 14:8)라고 말한다. 우리는 주님을 섬기며(골 3:24), 그가 다시 오는 것을 고대한다(계 22:20). "기독교의 모든 것과 기독교가 가지고 있는 모든 것은 기독교가 예수 그리스도에게 속하고 또한 그는 우리의 주님이라는 것을 의미한다"(참조. *TDNT*, 3:1091).

29.3. 그리스도에 대한 교회의 가르침

1. 초기의 몇 세기들. 사도신경이 형성된 역사를 살펴보면, 우리는 초기 교회의 신자들이 이미 기원후 2세기 중엽부터 예수 그리스도를 가리켜 하나님의 "외아들, 우리 주"라고 자신들의 신앙을 고백했다는 사실을 알 수 있다. 하지만 이것보다 선행했던 다른 어떤 진술이 있었는지 또는 이와 같은 방식으로 표현하는 것에 대한 어떤 논쟁이 있었는지 가리켜주는 것은 전혀 없다.

우리는 사도신경에 이어 교회의 표준적인 신앙고백으로서 「니케아―콘스탄티노플 신조」를 언급한다. 이 신조의 핵심은 하나님의 아들은 성부와 동일한 본체(substance) 또는 성부와 한 본체라는 것이다. (그리스어 원문에서 본체라는 단어는 "동일한 본체" 또는 "한 본체"에 해당하는 표현인 "호모우시오스"[*homoousios*]다). 또한 이 공의회의 중요한 신앙고백에서 교회는 다음과 같이 선언한다. "나는 주 예수 그리스도, 하나님의 독생자, 모든 세대들 이전에 성부에게서 나신 분을 믿습니다. 그분은 하나님에게서 나신 하나님, 빛에서 나신 빛, 참 하나님에게서 나신 참 하나님으로서, 창조되지 않고 나시었습니다." 그리고 "그분은 우리 인간과 우리의 구원을 위해 하늘에서 내려오셨습니다. 또한 그분은 성령에 의해 동정녀 마리아에게서 육신을 취하고, 인간이 되셨습니다."

이와 같이 콘스탄티노플 공의회는 381년에 「니케아 신조」(325)의 표현과 일치하는 방법으로 그리스도에 대한 신앙을 표현했다. 이 시기에 교회는 아리우스와 그의 추종자들의 그릇된 가르침―비록 예수가 창조물 가운데서 가장 뛰어난 존재이기는 하지만, 지음을 받은 존재라고 묘사함―에 맞서 하나님의 아들 자신이 우리를 구속하기 위해서 성육신했다고 자기의 신앙을 명백하게 표현했다(또한 참조. § 12.2).

사람들은 대체로 신조에 동의할 수 있었다. 그럼에도 어떤 사람들의 기독론으로 말미암아 또다시 공의회가 소집될 필요가 있었다. 작은 아폴리나리스(Apollinaris the Younger, 대략 310-390)가 이 경우에 해당한다. 그는 다음과 같이 믿었다. 비록 그리스도가 참 인간이지만, 그는 인간의 영혼 또는 영을 지니고 있지 않았기 때문에 모든 면에서 우리와 같지 않았다. 또한 다른 이들도 있었다. 그들의 주장에 의하면, 말씀이 육신의 모습으로 나타났지만, 말씀이 원래 지니고 있던 찬란한 영광과 비교해볼 때, 지상에서 예수의 삶은 그 빛을 다소 잃었다.

예수의 신성과 인성의 관계에 대해 대단히 많은 논쟁이 일어났다. 이레나이우스(Irenaeus)는 "예수는 참 하나님이며 참 인간이다"라고 말했다. 그와 동시대의 사람으로서 테르툴리아누스(Tertullianus)는 새로운 개념들을 소개했으며, 그리스도의 한 위격(person) 안에서 신성과 인성이 하나 됨을 이루고 있다고 말했다(참조. Gilg, 1955, 31-44). 한동안 알렉산드리아 학파와 안디옥 학파는 특히 기독론과 관

개혁교회 교의학

련해서 서로 대립 관계에 있었다. 알렉산드리아 학파는 하나님으로서 인간의 본성을 입고 이 세상에 왔다고 그리스도를 묘사했다. 반면에 안디옥 학파는 하나님이 마치 성전 안에 거하시는 것처럼 그리스도라는 인간 안에 거하신다고 이해했다.

또한 교회는 유티케스(Eutyches)와 네스토리우스(Nestorius)의 견해들도 거부했다. 유티케스는 알렉산드리아 학파의 관점에 기초해서 그리스도의 두 본성이 하나로 결합되어 있다고 가르쳤다. 반면에 안디옥 학파에 속했던 네스토리우스는 그리스도의 위격 안에서 신성과 인성이 하나 됨을 이루고 있다는 것이 의문의 여지가 전혀 없는 것은 아니라고 주장했다. 칼케돈 공의회(451)의 교리적인 입장에는 이 두 견해들에 대한 논박이 암시되어 있다. 칼케돈 공의회는 그리스도의 신성과 인성이 하나 됨을 이루고 있는 것에 대해 다음과 같이 묘사한다. 곧 그리스도의 신성과 인성은 "[유티케스파의 견해와 달리] 서로 섞이지 않고, 변하지 않으며, [네스토리우스파의 견해와 대조적으로] 서로 나뉘지 않고, 분리되지 않는다."

그리스도의 신성과 인성에 대해 이와 같이 규정하는 것이 순전히 부정적인 것이며 또는 추상적인 것이라고 주장할 이유는 전혀 없다. 이 공의회의 관점에 의하면, 기독론은 이론적이거나 사변적인 사항이 아니었다. 그 목적은 우리 주 예수 그리스도의 한 위격이 지니고 있는 신비를 보존하려는 것이었다. 그는 하나님인 동시에 인간이다. 곧 인간을 구원하기 위해 인간의 영혼과 몸을 취해서 이 세상에 오신 하나님이다.

칼케돈 신조에 의하면, 그리스도는 참 하나님이며 참 인간이시다. 그의 신성은 완전하며, 그의 인성도 완전하다. 그리스도는 신성과 관련해서 하나님 아버지와 동일한 본질이며, 인성과 관련해서는 우리와 동일한 본질이다. 그리고 그의 신성과 인성은 한 위격 안에서 하나 됨을 이루고 있다.

그리스도에 대한 교회의 이 공식적인 교리는 후시대에 지속적으로 중요한 역할을 해왔다. 우리는 우리 구주의 신성과 인성을 온전히 합당하게 대해야 한다는 사실을 반드시 지속적으로 기억해야만 한다.[8] 두 본성 중에

---

8 바로 이 이유에서 제3차 콘스탄티노플 공의회(680-681)는 교회의 신앙을 다음과 같이 고

서 하나를 올바로 이해하지 못한다면, 다른 하나도 올바로 이해할 수 없다 (또한 참조. 「아타나시오스 신조」[*Symbolum Quiqumque*]).

2. 종교개혁 시대. 우리는 길그(Gilg)와 함께 다음 사실에 감사할 수 있을 것이다. 곧 교회가 필요로 했던 그리스도에 대한 참된 지식을 얻기 위해서 초기 교회가 헛되게 논쟁한 것은 아니며 우리 시대는 여전히 그 지식을 필요로 한다(Gilg, 1955, 99). 종교개혁의 전통에 서 있는 교회는 초기 교회의 이 교리를 성경의 빛에 비추어 해석했으며, 또한 초기 교회의 모든 가르침에 그 해석을 고정시켰다. 비록 종교개혁에 기초한 교회의 기독론이 새로운 것은 아니었지만, 그 교회는 기독론에 새로운 강조점들을 제시했다.

루터의 신학은 그리스도 중심적인 강조점을 지니고 있다. 루터는 그리스도를 성경의 심장으로 이해한다. 그의 견해에 의하면, 그리스도를 통하지 않으면 하나님에게 나아갈 수 없다. 루터는 그리스도에 대해 증거하면서 핵심적인 질문은 바로 나를 위한(*pro me*) 그는 과연 누구인가라는 질문을 강조한다. 그러면서 그는 그리스도에 대한 신앙을 곧바로 칭의와 연결한다.

루터는 그리스도의 신성 및 인성과 그것의 상호 관계와 관련해서 자기 자신의 독특한 견해를 지니고 있다. 만약 예수가 오직 인간이기만 했다면, 그는 우리를 구원할 수 없었을 것이다. 또한 그리스도의 신성을 부인하는 이들은 기독교 신앙 전체를 포기하는 것이다(*WA*, 40-44). 동시에 루터는 중보자가 지니고 있는 진정한 인성에 대해 매우 예리한 입장을 지니고 있다. 그는 자신의 설교에서 우리의 형제가 된

백했다. "또한 그리스도는 인간의 의지(will)도 지니고 있었다. 하지만 그의 인간 의지는 그의 신성이 지니고 있는 신적이며 전능한 의지를 결코 거스르지 않았다"(*DS*, 556). 그리고 기독론의 발전 과정과 칼케돈 공의회의 교리에 대해 다음 교리서들을 참고하라. Grillmeier, 1, 1979 및 A. M. Ritter in Andresen, *Handbuch*, 1:222-283. 한편 칼케돈 공의회 이후로 교회가 직면한 문제들과 관련해서 Grillmeier, 2/1 and 2/2 (1986/1989)를 보라.

개혁교회 교의학

예수의 진정한 인성에 대해 매우 구체적으로 언급한다. 그리고 루터는 중보자의 한 위격 안에서 하나님과 인간이 하나 됨을 이루고 있다는 것을 대단히 강조한다(참조. Lienhard, 1980, 274-282).

루터의 기독론은 성만찬에 대한 자신의 교리에 영향을 받았고 또한 그 역도 사실이다. 루터는 성만찬과 관련된 논쟁에서 예수의 인성 밖에서 하나님을 만날 수 있다고 믿었던 자신의 논쟁 상대자들을 비판했다. 그들은 성만찬에서 그리스도는 오직 신성으로만 임재한다고 주장했다. 루터의 관점에 의하면, 그리스도가 또한 물리적으로도 성만찬에 임재한다는 것은 믿음과 관련된 중요한 문제였다. 루터에 의하면, 성만찬에서 그리스도의 임재는 물리적인 임재를 포함하여 신성과 인성이 모두 실질적으로 임재하는 것을 의미했다. 왜냐하면 예수 자신이 "이것은 내 몸이다"라고 말했기 때문이다.

하지만 그리스도가 진정으로 어느 곳에나 물리적으로 존재할 수 있을까? 루터는 이 질문과 관련해서 자신의 입장을 다음과 같이 변호한다. 곧 말씀의 성육신 사건을 통해서 그리스도의 인성은 어느 곳에나 존재할 수 있는 신적인 속성을 얻었다.

개혁파의 신학적인 전통은 루터파의 이 견해에 항상 문제점을 제기해왔다. 칼뱅은 루터파의 이 개념을 거부했다. 그는 누가복음 2:40에 대한 주석에서 다음과 같이 주장한다. "비록 그리스도가 한 위격 안에 신성과 인성을 모두 지니고 있지만, 그의 인성이 신성에게 고유한 모든 것을 받은 것은 아니다." 칼뱅의 관점에 의하면, 그리스도의 신성과 인성은 모두 한 중보자에게 속한다. 그리스도는 우리가 그와의 사귐을 맺게 하기 위해 성만찬에서 물리적으로 임재할 필요가 없다. 그는 그의 영과 은혜를 통해서 진정으로 성만찬에 임재한다(참조. § 53.3).

하나님 자신은 그분의 독생자의 위격 안에서 우리의 구속자가 되셨다. 만약 그 중보자가 오직 하나님이기만 했다면, 그는 우리를 위해 죽음이라는 고난을 받을 수 없었을 것이다. 만약 그 중보자가 오직 사람이기만 했다면, 그는 죽음을 극복할 수 없었을 것이다(Calvin, 『기독교강요』 2.12.2-3).

「하이델베르크 교리문답」 제5주일 문답은 전적으로 칼뱅의 관점에 기초해서 다음과 같이 질문하고 답변한다. "우리는 어떤 중보자와 구원자를 찾아야만 합니까? 참 사람이면서 완전히 의로운 사람이어야 합니다. 또한 모든 창조물보다 권능 있는 존재이어야만 합니다. 곧 참 하나님이어야만 합니다." 이것은 결코 어떤 중보적인 인물에 대한 이론이 아니다. 창조물인 인간으로서 우리는 그 중보자가 어떤 조건들을 갖추어야 하는지 결정할 수 있는 권한을 전혀 지니고 있지 않다. 그 교리문답은 이와 같은 배경에서 왜 그 중보자가 참 하나님이며 또한 참 사람이어야 하는지 질문한다(제6주일). 그는 바로 우리의 "신실한 구주 예수 그리스도다." 예수 그리스도의 이름은 개혁파 교회의 표준적인 신앙고백서인 「하이델베르크 교리문답」 제1주일 문답의 첫 번째 대답에서 이미 고백되었다.

29.4. 그리스도의 신성

1. 비판적인 견해들 및 새로운 해석들. 그리스도에 대한 교회의 가르침이 사람들의 비판에서 벗어난 것은 아니었다. 18세기 이후로 그리스도의 신성과 인성이 한 위격 안에서 하나 됨을 이루고 있다는 교리에, 특히 예수가 참 하나님이라는 교리에 대해 수많은 반대 의견들이 제기되었다.

술라이어마허는 자신의 신학에서 예수를 기꺼이 한 가운데 위치시켰지만, "원형"(Urbild)으로서만 위치시켰다. 그는 그리스도의 신성 대신에 그리스도 안에 있는 신적인 것을 언급했다. 이것은 그리스도가 지니고 있는 "하나님에 대한 의식"(Gottesbewusstsein)의 지속적인 힘을 의미했다.

리츨은 그리스도를 **어떤 모범적인 인물**로 이해했다. 그는 하나님 나라를 도덕적인 가치들의 영역으로 확립했다. 그리스도가 하나님으로 언급될 때, 이것은 그리스도의 의지가 하나님의 의지와 완전히 일치하는 것에 근거한다. 그리고 이것은 교회의 가치 판단이다(참조. McGrath, 1986, 9-58).

우리는 자유주의 신학 안에서 이른바 교회의 기독론에 대한 다양한 형태의 비판을 만날 수 있는데 그중에서 모더니즘의 우파에 속하는 헤링(G. J. Heering)의 입장은 주목할 만하다. 헤링은 예수 그리스도가 거룩하며 신적인 특성을 지니고 있다고 고백했지만, "신성"(Godhead)이라는 용어는 그에게 삼위일체의 두 번째 위격을 지나칠 정도로 연상시켜준다고 생각했다. 오히려 "예수 그리스도는 한 거룩한 실재이며, 하나님은 그 안에서 우리에게 다가오셨다. 하나님은 그 안에서 우리 가까이 계신다."[9]

현대의 기독론을 고안해내는 시도들에서 교리에 대한 비판과 성경에 대한 독특한 해석은 서로 밀접하게 연결되어 있다. 이것은 특히 불트만의 경우에 해당한다. 불트만은 자신의 실존주의적 해석을 통해서 많은 추종자를 얻었다. 그는 매우 비판적인 방법으로 신약성경에 접근해서 그것을 분석한다. 그의 견해에 의하면, 세상과 구속 역사에 대한 신약성경의 개념은 신화다. 현대인들은 신화적인 요소들을 해결해야만 한다. 하지만 우리는 그 요소들을 단순히 제거할 수 없으며 그것들을 반드시 해석해야만 한다. 여기서 중요한 것이 케리그마(kerygma)다. 〔하나님의 메시지는〕 케리그마를 수단으로 해서 우리에게 전달되며, 우리는 그것을 듣고 나서 과연 신앙을 갖고 은혜로 살 것인지, 그렇지 않은지를 결정해야 한다.[10]

불트만의 신학은 상당한 반대와 이의 제기를 불러왔다. 그 과정에서 "다른 복음은 결코 없다"(Kein anderes Evagelium)는 신앙고백 운동(Bekenntnis-bewegung)이 일어났다. 뒤셀도르프 선언문은 교회가 그리스도에 대한 신앙고백과 더불어 바로 서거나 또는 허물어질 수 있다고 다음과 같이 선언했다. "우리는 영원한 하나님의 아들이 나사렛 예수 안에서 사람이 되었으며 또한 동시에 하나님으로 머물러 있었다는 복음을 고백한다"(Wir bekennen das Evangelium, dass der ewige Sohn Gottes in dem geschichtlichen Jesus von Nazareth Mensch wurde und zugleich Gott blieb).[11]

---

9 G. J. Heering, 『믿음과 계시』(*Geloof en openbaring*), 1944[2], 348 이하.

10 우리는 Bultmann의 저서 중 널리 알려진 그의 다음 저서들을 참고 문헌으로 언급하고자 한다. *Neues Testament und Mythologie*(1941), 또한 간략한 개요서로서 *Jesus Chsistus und die Mythologie*, 1958. 그리고 Bultmann과 다른 신학자들에 대해서는 J. M. de Jong, *Kerygma*, 1948을 참조하라.

11 참조. H Steubing (ed.), 『교회의 신앙고백서들』(*Bekenntnisse der Kirche*), 1970, 110-112.

현대의 기독론의 발전을 특징짓는 다양한 관점들은 1973년에 간행된 베르크호프의 대표적 저서 안에서 수렴된다. 그의 견해들은 그 이후의 판본들에서 다소 수정되기는 했지만, 최초의 간행본과 근본적인 차이점은 없다.

베르크호프는 계몽주의와 함께 강력하게 나타난 세상적인 접근 방법을 선호한다. 특히 1960년대 이후로 인간의 경험 세계를 강조하는 경향이 (또다시) 나타났다. 많은 학자들은 더 이상 (요한복음의 모델인) 말씀의 성육신에 기초하지 않고, 공관복음서의 모델을 받아들여, 이른바 역사적 예수에 기초해서 자신들의 관점들을 전개했다. 비록 종종 고전적인 삼위일체론적 접근 방법으로의 방향 전환도 있었지만 말이다.

예수 당대의 사람들은 그들 자신의 경험 세계와 관련해서 예수를 해석했다는 베르크호프의 주장은 설득력이 거의 없다. 베르크호프의 견해에 의하면, 마태복음 1장과 누가복음 2장에 들어 있는 구절들은 어떤 중요한 역할도 하지 않는다.

베르크호프는 예수의 아들 됨은 그가 전적으로 순종해서 사랑을 받는 언약의 파트너라고 암시해준다는 견해를 유지한다. 하지만 그는 예수가 하나님의 창조의 새롭고 유일무이한 행위의 결과로 하나님의 아들이 되었다고 덧붙여 말한다(Berkhof, *C.F.*, 286 이하). 또한 그의 견해에 의하면, 신약성경에서 예수는 몇 차례 "하나님"이라고 불렸다. 그 이유는 그 안에서 하나님과 인간이 매우 밀접하게 결합되어 있기 때문이다(참조. 요 20:28; 딛 2:13; 요일 5:20). 또한 그는 이렇게 주장한다. "우리가 이 구절들에서 대하는 것은 언약적인 기능이다." 성경에 대한 편견이 없는 해석에서 하나님의 아들의 선재성을 입증해준다고 인정되는 본문 중 남아 있는 성경 구절들은 전혀 없거나 조금 밖에 없다. 빌립보서 2장에서 언급되는 선재성은 신적인 주도권을 암시한 것으로서 하나님의 아들이 아니라 인간 예수에게 적용된다.

그렇지만 사도 바울은 그가 "하나님의 본체"를 지녔으며 "하나님과 동등"한 존재라고 말한다(빌 2:6).

골로새서 1:15-20은 역사적 예수가 창조 사역에서 하나님과 협력한 것을 언급하는 것으로 추정된다(Berkhof, *C.F.* 293-298). 베르크호프는 이것에 대해서 어떻게 묘사하는가?

　　　　　　　　개혁교회 교의학

베르크호프에 의하면, 예수는 인간, 궁극적인 언약 관계에 있는 인간, 그 새로운 인간(New Human Being), 또한 종말론적인 인간이다. "자유의지를 지니고 있는 인간 예수의 '나'는 하나님의 '나'에 의해서 온전히 그리고 철저하게 스며들어 있다. 그는 이 스며듦에 의해서 하나님 아버지의 그 대리자가 되었다." 이것은 하나님과 인간의 일종의 새로운 결합을 의미한다. 그 결합은 역사를 통해 전달되며 그 과정에서 인간다움은 제기되지 않고 오히려 최상으로 성취된다(*C.F.* 291 이하).

베르크호프는 슐라이어마허가 인간의 편에서 시작하여 영원 전에 하나님이 상상하신 진정한 인간다움의 **원형**으로서 예수를 묘사한다고 주장한다. 하지만 베르크호프 자신도 슐라이어마허와 똑같은 작업을 하고 있다! 비록 많은 이들이 베르크호프의 기독론은 무엇인가 새로운 것을 지니고 있다고 주장하지만, 이와 같은 의미에서 판단할 때, 그의 기독론은 새로운 게 아니다. 베커와 하세라르(Beker and Hasselaar, *Wegen*, 3:248 이하)의 견해에 의하면, 베르크호프의 출발점은 슐라이어마허 기독론의 출발점과 본질적으로 동일하다. 곧 복음서 저자들은 자기에 대한 구속자의 의식이 하나님에 대한 의식으로 고취된 것으로 묘사한다. 그렇다면 예수 그리스도라는 이름은 하나님과 인간 사이의 언약의 신비에 대한 어떤 표지, 상징, 예증 이상을 의미하는가?

베르크호프는 예수가 결코 이중적인 존재(dual being)가 아니라고 주장한다. 그것은 무엇보다도 "인간 그리스도 예수"가 "하나님과 사람들 사이의 중보자"라는 사실을 말한다. 하지만 우리는 다음과 같이 디모데전서에서 언급되는 말씀을 무시해서는 안 된다는 것을 지적하고자 한다. "그는 육신으로 나타난 바 되시고"(딤전 3:16). 다시 말해서 베르크호프는 중보자 예수 그리스도가 신성과 인성을 지녔다는 것을 받아들이기를 거부한다. 하지만 그는 사실상 예수라는 인물이 지니고 있는 구조의 이중성(duality of structure)을 인정한다. 곧 인간 예수는 심지어 죽음에 이르기까지 하나님께 전적으로 순종했기 때문에, 그는 하나님의 생명과 통치에 참여할 수 있다(Berkhof, *C.F.*, 291-293). 그러나 만약 그의 주장이 사실이라면, 예수는 신격화된 사람(demigod)이다! 초기 교회가 아리우스와 그의 가르침에 뿌리내리고 있던 다신교(polytheism)를 맹렬하게 반대했던 것으로부터 명백하게 알 수 있듯이, 초기 교회는 바로 이와 같은 견해를 반대했다.[12]

베르크호프는 자기 자신이 선택한 어떤 구조에서 자신의 기독론을 전개한다. 그는 어떤 언약 구조에서 신적인 파트너인 하나님 아버지와 마주하는 인간 대표자로서 그리스도를 묘사한다(Berkhof, *C.F.*, 331-332). 이것은 바로 삼위일체에 대한 교회의 신앙고백을 폐지하는 것이다(참조. § 12.2). 하지만 우리는 언약의 배경에서 그리스도가 중보자 직분을 지니고 있다는 사실을 기억해야 한다. 그 직분은 하나님의 경륜으로부터 비롯된 것이다. 하나님 아버지의 영원한 아들은 바로 우리의 중보자가 되기 위해서 성육신하셨다(참조. § 15).

베르크호프의 기독론은 그의 교의학 전체와 밀접하게 연결되어 있다. 아래 부분에서 우리는 더 이상 그리스도의 진정한 인성에 대해서 말할 수 없다는 그의 암묵적인 주장을 살펴보고자 한다.

베르크호프는 그리스도의 사역과 그를 통한 구원을 재해석한다. 예수가 새롭고 모범적인 인간이라는 그의 견해에 비추어볼 때, 그는 분명히 그리스도의 새로운 인성에 초점을 맞추고 있다.

플레스만-반 레이어는 베르크호프의 입장을 온전히 지지하는 학자들 중 한 명이다. 그녀가 자신의 저서에서 기독론에 대한 오늘날의 논의를 요약해주며 또한 다른 신학자들의 다양한 반응들에 대해 간략하게 답변해주는 것은 이 점을 명백하게 밝혀준다. 적어도 그녀의 입장은 분명히 베르크호프의 견해들과 일치한다. 우리는 그녀의 저서에서 하나님의 아들이 하나님과 동등한 존재로서 인간 예수로서의 삶을 시작하기 이전에 영원 전부터 선재했다는 것을 부인하는 입장을 발견할 수 있다.

---

12   참조. B. Lohse, 『교리의 역사 안에서 나타나는 중대한 시기들』(*Epochen der Dogmengeschichte*), 1986⁵, 55-57.

 개혁교회 교의학

또한 그녀의 저서에서 말씀의 성육신과 삼위일체에 대한 교리들은 제외된다. 그녀는 하나님이 예수 안에서 그분의 사랑을 계시하신다고 인정한다. 하지만 그녀의 견해에 의하면, "예수 그리고 오직 예수만이 참된 인간다움을 계시하고 명백히 나타낸다"라는 사실이 예수에게 더욱 중요한 사항이다(Flesseman-van Leer, 1985, 85-94).

이와 같은 입장은 베르카우어가 기독론에 대한 교리를 옹호하면서 저술한 것과 대조를 이룬다. 곧 그의 견해에 의하면, 신약성경 전체가 입증해주듯이, 그리스도의 선재성에 대한 신앙고백은 결코 신학적으로 지어낸 것이 아니라 그 선재성과 더불어 하나님의 구속을 지지하는 주사위는 이미 던져졌다. 만약 이 신앙고백을 포기한다면, 사도적인 증언에 대한 모든 개요는 모호해지고 그 메시지로부터 핵심 내용이 제거된다(Berkouwer, 1954, 182 이하).

2. 성경의 출발점과 신학적인 고려 사항들. 신약성경에는 예수에 대해서 다음과 같이 말하거나 또는 예수 자신이 말한 것이라고 인용하는 구절들이 많이 있다. 곧 하나님 아버지가 예수를 이 세상으로 보내셨고, 예수는 하나님 아버지의 뜻을 실행하고 성취하려 오셨으며, 하나님 아버지는 예수보다 더 크신 분이다. 그런데 아리우스로부터 여호와의 증인들에 이르기까지 교회 역사 전체를 통해서 그리스도의 신성을 부인하는 이들이 이런 성경 구절들을 인용해왔다. 또한 오늘날 헤링과 베르크호프 같은 신학자들도 이 성경 구절들을 인용한다.

그러나 우리는 여기서 그리스도가 중보자와 야웨 하나님의 종으로서 차지하는 위치에 대해 다루고 있다는 개념을 꼭 붙잡고 있어야만 한다(참조. Berkouwer, 1954, 184-189). 우리는 구속언약에 대한 교리와 관련해서 이전에 이 주제에 대해 이미 다루었다(참조. § 15.2).

이전의 신학은 그리스도에 대해 다음과 같이 지적했다. 곧 그리스도의 신성은 그가 지니고 있는 이름들, 그가 드러내는 자신의 신적인 속성들, 그가 행하는 하나님의 일들 및 그가 받는 신적인 존귀함에 의해 계시되었다.

a. 신성을 드러내는 이름들. 어떤 이들은 그리스도의 신성에 대한 교리는 오직 신약성경의 세 구절(요 20:28; 딛 2:13; 요일 5:20)에만 근거한다고 생각한다. 베르크호프도 이 구절들을 언급하지만 그는 자신의 해석을 통해 이 구절들에서 핵심 내용을 제거한다. 불트만은 요한복음 1:1과 20:28을 언급한다. 나아가 그는 아마도 다른 세 구절(살후 1:12; 딛 2:13; 벧후 1:1)도 고려 대상에 포함해야 할 것이라고 생각한다.[13] 문법적·성경 해석학적 측면에서 디도서 2:13과 베드로후서 1:1도 그리스도의 신성과 관련해서 고려 대상에 포함해야 할 이유는 충분히 있다(참조. Cullmann, 1958[2], 322).

우리는 신약성경을 비판적으로 다루는 이들의 연구를 반드시 비판적으로 다루어야 한다. 그러면 우리는 얼마나 그들이 종종 자신들의 연구에 임의적으로 접근하는지 간파할 수 있을 것이다. 요한복음 1:1이 말씀의 신성을 입증해주지 못한다고 해석하는 수많은 시도가 제기되었다. 하지만 요한복음 1:14에 의하면 육신을 취한 그 말씀이 하나님이라고 언급된다는 것은 부인될 수 없다. 비록 그 말씀이 계속해서 하나님과 구별되는 존재이기는 하지만([그] 말씀이 하나님과 함께 계셨으니) 말이다. 또한 벤철(Wentsel, *Dogm.*, 1:298)의 입장을 참조하라.

이미 우리가 살펴보았듯이(§ 29.2), "하나님의 아들"과 "주"는 신약성경의 여러 곳에서 신적인 존재를 가리키는 이름들이다. 그리고 "[그] 말씀"(요 1:1, 14; 요일 1:1; 참조. Guthrie, *N. T. Theol.*, 321-329)과 "하나님의 형상"(골 1:15; 참조. 빌 2:6; 참조. Wentsel, *Dogm.*, 1:299)도 마찬가지다. 우리는 이 점과 관련해서 히브리서 1:3도 지적할 수 있다. 왜냐하면 해당 구절에서 그 아들은 "하나님의 영광의 광채시요, 그 본체의 형상이시라"고 언급되기 때문이다.

b. 신적인 속성들. 성부는 성자에게 생명을 주었다. 그래서 성자는 자기

---

13   R. Bultmann, *Theologie des Neuen Testaments*, 1958[3], 131.

자신 안에 생명을 지니고 있다(요 5:26). 그는 천지창조 이전부터 존재한다. 성자의 선재성은 4복음서에서 핵심적인 진리다(참조. 요 1:1-3; 17:5 및 다른 구절들).[14] 또한 그의 선재성은 바울의 편지들(빌 2:6; 골 1:15)뿐만 아니라 히브리서에서도 나타난다(히 1:2). 이 문제와 관련해서 특히 베르카우어(1954, 162-16, 179-184)의 기독론을 참고하라. 따라서 성경이 성자의 선재성에 대해 말하는 모든 것을 일종의 "개념적인 선재성", 곧 하나님의 아들이 오직 하나님 아버지의 마음속에서만 천지창조 이전부터 존재했었다는 것으로 바꾸는 것은 불가능하다.

예수는 "나와 아버지는 하나이니라"(요 10:30)고 말씀하신다. 예수의 이 말씀을 능력이나 성향과 관련해서 하나 됨을 이루고 있다고 생각한다면, 그것은 충분하지 않다. 성부와 성자는 두 위격이지만, 서로 완전히 하나 됨을 이루고 있다.

c. 하나님의 일들. 예수는 죄 사함을 베푸신다. 이것은 오직 하나님만 할 수 있는 일이다. 유대인들도 그 사실을 인식했다(막 2:5-7). 또한 성부와 마찬가지로, 성자도 자기가 원하는 사람들에게 생명을 주신다. 그리고 성부는 모든 심판을 성자에게 맡기셨다(요 5:21-22). 나아가 성자는 성부가 자기에게 주신 모든 사람에게 영원한 생명을 주신다(요 17:2).

d. 신적인 존귀함. 모든 사람은 성부를 공경하는 것처럼 성자도 반드시 공경해야 한다(요 5:23). 모든 창조물은 하나님께 하는 것처럼 예수에게 무릎을 꿇어야 하며, 모든 사람은 입으로 예수 그리스도를 주라 시인해야 한다(빌 2:10-11; 참조. 사 45:23-24). 따라서 하나님을 경배하는 것과 어린 양을 경배하는 것에는 본질적인 차이점이 전혀 없다(계 5:12-13).

---

14 참조. Ch. de Beus, 『그 말씀에 대한 요한의 증언』(*Johannes getuigenis van het Woord*), 1973, 158-161.

그리스도의 신성을 거부하는 이들은 그가 교회의 신앙 안에서 신격화되었다고 주장해야만 한다. 이와 같은 관점을 설명하려는 몇몇 이론들이 있다. 하지만 그와 같은 가설들을 하나하나 면밀하게 검토해보면, 어떤 것도 타당하지 않다.

교회 안에 여전히 존속하는 그리스도의 신성에 대한 설명은 오직 하나밖에 없다. 곧 그리스도의 계시가 증거하는 것이다. 유대 지도자들은 예수가 안식일을 어겼을 뿐만 아니라(요 5:8) 그가 하나님을 자기 아버지라고 언급해서 자기 자신을 하나님과 동등한 존재로 만들었기 때문에 그를 죽이려고 했다. 그들은 그가 하나님을 모독했다고 판단해서 돌을 던져 예수를 죽이고자 했다. 왜냐하면 예수가 단지 인간에 지나지 않으면서 스스로를 하나님이라고 선언했기 때문이다(요 10:33). 또한 그들은 예수의 죽음을 요구했다. 왜냐하면 예수가 스스로를 하나님의 아들이라고 선언하셨기 때문이다(요 19:7). 복음서들에 의하면, 유대 지도자들은 예수가 이와 같은 죄들을 범했다고 주장한다. 이것은 예수가 하나님의 아들이며 그리스도라고 믿는 것과 대조를 이룬다(요 20:31).

성경의 증언은 너무나도 명백하기 때문에 자유주의 진영에 속하는 몇몇 신학자들도 더 이상 그것을 반박하지 못한다. 그들 중 드 포스(H. de Vos)가 포함되어 있다. 그는 예수 그리스도의 위격의 하나 됨 안에 하나님과 인간이 동시에 존재한다고 생각한다.[15]

세벤스터르는 신약성경의 기독론에 대한 그의 분석의 결론 부분에서 다음과 같이 주장한다. 곧 오늘날의 기독론들에서 흔히 무시되고 있지만 오히려 강조되어야 마땅한 사항으로서 예수 그리스도는 우리에게 신앙의 대상일 뿐만 아니라 경배의 대상이다. 또한 이 점은 더 이른 시기의 교회의 공식적인 가르침에서 더 공정하게 다루어졌다(Sevenster, 1948², 363).

---

15 H. de Vos, 『기독교 신앙』(*Het christelijk geloof*), 1948, 191 이하.

최근의 신학에서 그리스도의 신성은 인간 예수의 신성함(divineness)으로 대치되었다. 하지만 이것은 "단지 성경의 증언과 심각한 균열을 빚어내는 것"이라고 설명하지 않을 수 없다(Berkouwer, 1954, 170). 동시에 이와 같은 신학을 추구하는 이들은 인간 예수를 신격화하는 죄를 범한다. 칼 바르트는 이 점과 관련해서 다음과 같이 맹렬하게 비판한다. "만약 어떤 사람이 예수 그리스도는 하나님의 독생자이며 따라서 하나님의 계시 전체와 인간에 대한 하나님의 구속이 그 안에 포함되어 있다는 성경의 가르침을 거부하면서 여전히 그가 예수 그리스도에 대한 신앙을 지니고 있다고 말한다면, 그는 실질적으로 어떤 신격화된 사람을 믿는다. 이 경우에 그는 은밀히 다신론에 빠진다."[16]

우리는 신격화된 사람에 의해서가 아니라 그리스도 안에서 우리에게 오신 하나님 자신에 의해서 구속받는다. 말씀이 육신이 되었다.

그리스도의 사역과 관련해서, 그가 "참 사람"일 뿐만 아니라 "참 하나님"이라는 것은 근본적으로 중요하다. 우리의 구원은 바로 이것에 달려 있다!

29.5. 그리스도의 인성

1. 사람들 중 한 사람으로서의 예수. 먼저 예수 그리스도의 신성에 초점을 맞추고 이어서 중보자의 인성에 초점을 맞추는 것은 교회에서 기독론이 발전되어온 과정과 일치한다. 최초의 공의회(니케아, 325)는 그리스도가 참 하나님이라고 고백했다. 니케아 공의회는 그가 참 사람이라는 것을 덧붙이지 않았다.

예수 그리스도의 위격이 지니고 있는 신비를 가리키는 것으로서 "참 사람과 참 하나님"(*vere homo vere deus*)이라는 표현은 이레나이우스의 저서(Irenaeus, *Adv. Haer.*, 4:6-7)에서 맨 처음 등장난다. 이레나이우스 이전에 이그나티우스(Ignatius)도 이미 예수의 인성의 중요성을 강조했다. 이것은

---

16 K. Barth, *Credo*, 1946 (1935), 46.

그 당시에 나타난 가현설(Docetism)과의 갈등을 반영할 뿐만 아니라 무엇보다도 신약성경이 그의 인성을 명료하게 가르친다는 것을 반영한다.

우리는 복음서 저자들의 묘사에서 예수가 진정으로 인간이었다는 것을 계시해주는 특성들을 종종 발견한다. 그는 마리아의 첫 번째 아들로 베들레헴에서 태어났다. 복음서에는 족보들이 제시되어 있다. 그 안에는 예수와 관련이 있는 사람들과 조상들의 이름들이 포함되어 있다. 세례 요한이 다른 곳에서 성장한 것과 마찬가지로(눅 1:80) 예수도 나사렛에서 성장하셨다(눅 2:39-40). 어린 사무엘이 "점점 자라매 여호와와 사람들에게 은총"을 더욱 받았던 것과 마찬가지로(삼상 2:26) 예수도 "지혜와 키가 자라가며 하나님과 사람에게 더욱 사랑"(눅 2:52)을 받으셨다. 예수는 그의 부모에게 순종했다. 그는 목수의 아들이라고 언급되었을 뿐만 아니라 "마리아의 아들 목수"(막 6:3)라고도 불렸다.

예수는 피곤도 느끼셨다. 그는 광야에서 시험을 받는 동안 배고픔을 느끼셨다. 그리고 그는 골고다 언덕에서 십자가 위에 달려 있었을 때 목마름도 호소하셨다. 그는 행복을 느끼셨지만, 공의로운 화도 내셨고 슬퍼하기도 하셨다. 예수는 나사로의 무덤 앞에서 눈물도 흘리셨다. 십자가의 죽음을 앞두고 겟세마네 동산에서 극심한 고통에 빠져드는 슬픔을 겪으셨다. 그리고 그는 십자가 위에 달렸을 때 자신이 하나님과 사람들에게 버림받았다고 느끼셨다.

복음서 저자들은 예수가 진정한 인성을 지녔다고 묘사하는 데 아무런 어려움을 느끼지 않았다. 이 점은 신약성경 전체에서도 사실이다. 사도행전 1:21에서는 "주 예수께서 우리 가운데 출입하실 때"라고 언급된다. 예수는 인간의 일상생활에 전적으로 동참하셨다. 하나님은 예수를 "여자에게서 나게 하시고 율법 아래에 나게"(갈 4:4) 하셨다. 예수는 "사람들과 [똑]같이" 되셨다(빌 2:7). 특히 히브리서에서 그리스도의 인성이 명백하게 묘사된다. 그는 인간의 몸과 피를 공유하셨다(히 2:14). 또한 그는 모든 점에서 그의 형제자매들과 똑같이 되셨다(히 2:17. 또한 참조. 히 4:15; 5:7-8).

요한1서 4:2-3에서 예수의 성육신을 부인하는 그릇된 가르침은 "적그리스도의 영"에 속한 것이라고 언급된다.

"말씀이 육신이 되어 우리 가운데" 사셨다(요 1:14). 여기서 "육신"이라는 단어는 태초부터 존재하던 말씀이 지음을 받은 존재인 인간으로서 존재하게 되었다는 것을 가리킨다. 또한 이 용어는 타락 이후 인간 본성의 연약함 및 의존성과 유한성 및 변화무쌍함을 나타낸다. 그런데 하나님과 동등한 신분을 지닌 말씀의 영광이 육신 안에서 그 모습을 드러낸 것이다.[17]

예수는 인간의 일상생활에 속하는 모든 것과 친숙해지셨다. 하지만 동시에 그는 분명히 사람들 중 어떤 한 사람 이상의 존재시다. 그는 하나님과의 가장 친밀한 관계 안에서 유일무이한 방법으로 자신의 삶을 사셨다. 또한 그는 언제나 자기를 보내신 분의 뜻을 실행하셨다. 그리고 예수는 하나님이 원래 인간에게 의도하셨던 사람 그 자체셨다.

2. 그리스도의 진정한 인성을 거부하는 견해들에 대한 논박. 교회는 예수가 하나님인 동시에 사람이라고 신앙을 고백하지만 그가 참 하나님과 참 사람이라고 고백한다. 교회 역사 속에서 참 하나님이라는 문제뿐만 아니라 참 사람이라는 문제에 대해서도 많은 논쟁이 빚어져왔다. 여기서 우리는 가현설과 단성론(Monophysitism)을 만나게 된다.

우리는 이그나티우스가 가현설에 대해 경고한 것으로부터 그의 논쟁 상대자들이 구속의 역사의 사실성에 대해 의심했다고 추론할 수 있다. 그는 예수 그리스도에 대해 다음과 같이 묘사한다. 곧 예수는 다윗의 가문에 속하고, 진정으로 마리아에게서 태어났으며, 먹고 마셨고, 본디오 빌라도 치하에서 진정으로 심문을 받고 유죄 판결을 받았으며, 또한 진정으로 십자가 처형을 받고 죽었다. 하지만 그는 진정으로 죽은 사람들 가운데서 다

---

17 참조. H. Ridderbos, 『그 말씀이 육신이 되었다』(*Het Woord is vlees geworden*), 1979, 8-12.

시 살아났다(Ignatius, *Ad. Trall.*, 9-10).

이그나티우스는 영지주의에 기초한 가현설의 두 가지 형태와 싸워야 했다. 어떤 이들은 그리스도가 단지 고난을 받은 것처럼 보이기만 했다고 생각했다. 다른 이들은 그리스도가 물리적인 사실로 나타난 게 아니라 환영(*dokesis*)으로 나타났다고 생각했다.

마르키온(Marcion)도 지지했던 개념, 곧 하나님의 아들이 이 땅에 비물질적인 몸으로 왔다는 개념은 이원론에 기초한다. 다시 말해서, 그 견해에 의하면 천상의 현상과 지상의 현상은 서로 결합할 수 없다.

이레나이우스 및 테르툴리아누스와 같은 교부들의 판단에 의하면, 이 논쟁에는 모든 것이 걸려 있었다(참조. Grillmeier, 1979, 1:212-219, 240-257).

교회가 가현설을 공식적으로 거부한 이후에도, 여전히 교회 안에 가현설의 경향을 지닌 견해들이 존재했다. 작은 아폴리나리스의 견해에 의하면, 그리스도가 모든 면에서 우리와 같은 것은 아니다. 유티케스는 그리스도의 인성의 신성화에 대해서 말했다. 그들의 견해들은 콘스탄티노플 공의회(381)와 칼케돈 공의회(451)에서 이단적인 가르침으로 정죄되었다.

단성론은 하나의 중요한 운동이었다. 그 이름이 가리켜주듯이, 그것은 그리스도가 오직 하나의 본성, 곧 신적인 인간의 본성만을 지녔다고 주장했다. 칼케돈 공의회(451)는 그리스도의 두 본성을 분명하게 언급하면서 단성론을 위한 여지를 조금도 남겨두지 않았다. 그 당시 교회는 신학적으로 제기된 모든 질문에 대해서 답변하지 못했다. 칼케돈 공의회는 기독론에 대해 더 숙고할 필요성이 있는 모든 것을 제거하지 못했다. 하지만 그 공의회는 공식적으로 매우 중요한 결정을 내렸다.

새로운 형태의 가현설이 재세례파의 운동에서 출현했다. 재세례파와 메노파에서 기독론은 자연과 은총, 창조와 재창조의 이원론에 의해 영향을 받았다. 하나님의 말씀이 마리아 안으로 들어가 그녀 안에서 성육신했다. 재세례파의 견해에 의하면, 하나님의 아들은 마리아에게서 인성

 개혁교회 교의학

을 받을 수 없었다. 만약 그렇다면, 그 인성은 죄에 오염된 본성이기 때문이다.[18]

재세례파 운동과 논쟁을 벌인 결과로 기독론과 관련된 개혁파 교회의 신앙고백은 다음과 같이 몇 가지 강조점을 얻게 되었다. 곧 하나님의 아들은 하늘로부터 그의 인성을 가져온 것이 아니라 마리아에게서 태어나면서 그것을 받았다. 그는 "죄를 제외하고, 모든 면에서 그의 형제자매들과 똑같이 되었다"(「하이델베르크 교리문답」 제14주일). 그는, 몸뿐만 아니라 영혼도 타락했기 때문에 인간의 몸과 영혼을 모두 구원하기 위해서 그 두 가지를 모두 받아야만 했다. 따라서 그는 진정으로 우리의 임마누엘, 곧 "하나님이 우리와 함께" 한다(마 1:23;「벨기에 신앙고백서」 제18조).

또한 현대의 가현설도 있다. 불트만은 우리가 예수의 생애와 존재에 대해 조금 밖에 또는 전혀 알지 못하며, 우리에게 물리적인 그리스도는 필요가 없다고 주장했을 때, 그는 고린도후서 5:16에 기록되어 있는 바울의 말에 호소할 수 없었다. 바울은 "육신을 따라 알았다"라는 표현을 사용했을 때, 그 표현은 순전히 인간의 기준들에 기초해서 알고 판단한다는 사실을 의미한다. 예수의 진성한 인성은 사도 바울에게 크게 중요하지 않는 게 아니었다.[19]

우리는 이와 같은 배경에서 베르크호프에 대해서도 말할 필요가 있다. 우리는 앞서 그의 기독론을 원칙적으로 거부했다. 그의 기독론에 의하면, 교회의 신조에서 그리스도를 "참 하나님"이라고 표현한 것은 옳지 않다. 또한 "참 사람"도 마찬가지다. 베르크호프의 견해에 의하면, 예수의 "나"라는 인간은 신적인 것으로써 완전히 스며들어 있는 것으로 생각된다. 그는 어떤 역사에 대해 묘사한다. 그 역사에서 인간 예수는 나사렛에 살고 있던

---

18 참조. H. J. Wessel, 『18세기 네덜란드의 개혁파 교회와 침례파 교회 사이의 교리 논쟁』(*De leerstellige strijd tusschen Nederlandsche Gereformeerden and Doopsgezinden in de zestiende eeuw*), 1945, 169-202.

19 참조. J. M. de Jong, *Kerygma*, 1948, 130.

목수의 아들로서 언약 안에서 자신의 역할을 시작했다. 그에게 "하나님의 생명과 통치에 동참하는 것"이 허용되었다. "왜냐하면 그가 심지어 죽음에 이르기까지 순종했기 때문이다." 베르크호프는 이 점과 관련해서 양자론(Adoptianism)과 단성론 간에 상대적인 유사성이 있다는 사실을 암시해준다(Berkhof, *C.F.*, 292-294).

이것은 인간 예수를 점차적으로 신성화한다는 것을 암시해준다. 하지만 그것은 교회의 신조와 일치하지 않을 뿐만 아니라 성경의 가르침에도 어긋난다(Graafland, 연대 미상, 96-100의 비판을 참고하라).

3. 그리스도: 참되고 공의로운 인간. 우리는 다음 질문에 대답할 필요가 있다. 우리가 우리 자신의 인성과 그리스도의 인성을 비교할 때, 과연 그리스도의 인성은 어떤 차이점이 있는가? 우리에게 잘 알려진 신학 용어는 신약성경에서 사용되는 언어보다 더 추상적이다. "인성"(human nature)이라는 개념은 모든 사람이 공통적으로 지니고 있는 어떤 것을 의미하는 것으로 해석될 수 있다. 그렇다면 예수는 여전히 다른 사람들과 자신을 구별해주는 속성들을 지닐 수 있을까?

예수는 사람일 뿐만 아니라 자기 자신에게만 고유한 어떤 정체성을 지니고 계셨다. 그의 몸은 그에게 적합했던 몸이었다. 사람들은 예수의 얼굴 표정과 목소리에 근거해서 그를 인식할 수 있었다. 그는 인간적인 상상력, 감정 및 의지를 지니고 있었다. 모든 사람은 저마다 져야 할 책임이 있다. 예수도 하나님과 그분의 창조물에 대해서 자신이 져야 할 책임을 잘 알고 있었다. 우리는 그의 말과 행동을 통해서 이 점을 명백하게 알 수 있다.

우리는 하나님의 아들이 인간이 되었다고 신앙을 고백한다. 하지만 이 신앙고백은 예수가 우리에게 참된 인간의 모범을 보여주기 위해서 이상적인 사람이 되었다는 것을 의미하지 않는다. 예수는 오늘날의 신학에서 종종 이와 같이 묘사된다.

또한 우리가 예수의 인성에 기초해서 그가 단지 우리 혹은 모든 사람

   개혁교회 교의학

과 결속되어 있을 가능성이 있다고 이해하는 것만으로는 충분하지 않다. 예수와 그의 백성 사이에 사실상 어떤 거룩한 형제자매 관계가 있다. 만약 그가 "우리 가운데 한 사람"이라면(Calvin), 그는 우리의 상황에 자신을 위치시킬 뿐만 아니라 우리를 대신한다. 칼뱅은 이 점과 관련해서 다음과 같이 말한다. "우리 주님은 다음과 같은 일을 이루시려고 참 사람으로 오셨다. 곧 그는 아담의 인격과 이름을 취하셔서, 아담을 대신해서 하나님 아버지에게 순종을 이루시며, 또한 우리의 육체를 대표하셔서 하나님의 의로운 심판을 만족시키는 값으로 내어놓으셨다. 우리 주님은 우리와 동일한 그의 육체를 통해서 우리가 마땅히 받아야 할 형벌을 대신 받으셨다"(Calvin, 『기독교강요』, 2.12.3).

개혁파 교회의 신앙고백서는 그리스도가 완전히 의롭고 죄가 전혀 없는 사람이었다는 사실을 강조한다. "죄인 스스로는 다른 죄인들을 위해서 죗값을 치를 수 없기 때문이다"(「하이델베르크 교리문답」 제6주일).

여기서 우리의 중보자 예수 그리스도가 죄가 전혀 없었다고 말하는 성경 구절들을 언급할 필요가 거의 없을 것이다(참조. 요 8:46; 고후 5:21; 히 4:15; 7:26; 벧전 2:22; 3:18; 요일 3:5).

바울은 하나님이 죄를 대속해주시려고 "자기 아들을 죄 있는 육신의 모양으로 보내어 육신에 죄를 정하사"(롬 8:3)라고 말한다. 사도 바울이 그리스도가 죄에 오염된 육신을 취했다고 말하지 않고, 그가 육신을 취한 것에 대해 이와 같은 방법으로 표현하는 것은 주목할 만하다. 그리스도의 인간적인 존재와 우리의 존재 사이에 온갖 유사점이 있는 데도 불구하고, 이와 같은 근본적인 의미에서 분명히 차이점이 있다(*TDNT*, 5:195 이하). 우리는 모두 죄인이다. 하지만 예수 그리스도는 전혀 그렇지 않다.

최근의 신학에서는 그리스도의 육신에 더 관심을 기울이는 경향이 있다. 이 신학적인 경향은 루터가 말한 것(*WA*, 10.1.1, 68)을 언급하면서 종종 다음과 같이 표현된다.

콜브루게(Kohlbrugge)는 자기에게 성육신이 무엇을 의미하는지에 대해 다음과 같이 말한다. 곧 육신은 하나님으로부터 전적으로 소외되어 있는 인간을 묘사한다. 말씀이 그와 같은 육신을 취했지만, 흠도 없고 점도 없는 어린 양으로 머물러 있다 (참조. 요 1:14, 특히 마 1장에 대한 그의 주석 참조). 심지어 콜브루게는 그리스도가 죄 있는 육신을 받아들였다고 주장하기까지 한다. 죄는 자기 자신을 확장시켜야 했으며 그리스도의 육신에서 제거되어야 했다.

우리는 콜브루게가 그리스도에게 죄가 전혀 없었다는 사실을 부인한 것은 아닌지 의심해서는 안 된다. 비록 그리스도가 우리의 죄악된 존재를 받아들이기는 하셨지만, 그는 여전히 거룩한 사람으로 머물러 계신다. 여기서 우리가 콜브루게가 사용한 강력한 표현들을 인용할 수는 없지만, 그는 그와 같은 표현들을 통해서 그리스도를 가능한 한 우리에게 가까워지게 하려고 시도한다.[20]

한편 어떤 이들은 그리스도가 광야에서 받은 시험에 대해 신약성경이 묘사하는 것에 기초해서 종종 다음과 같이 추론한다. 곧 비록 그리스도가 그 시험에서 사실상 죄를 짓지는 않았지만, 그와 같은 가능성은 존재했다.[21]

하지만 우리는 그리스도가 죄를 짓지 않으셨고 또한 죄를 지을 수도 없으셨다는 입장을 지지한다. 우리의 구주가 실질적으로 죄를 짓지 않으셨다는 것은 그의 신적인 위격을 반영하는 것이다. 그의 인성은 그의 신성과 완전하게 하나 됨을 이루고 있어서, 그가 죄를 지을 수 있다고 생각하는 것은 가능하지 않다. 그는 하나님의 거룩한 아들이시고, 성령에 의해 잉태되셨으며, 언제나 성령에 의해 인도함을 받으셨다. 따라서 그는 결코 죄를 짓는 것을 바라지도 않으셨고, 죄를 지을 수도 없으셨다.

하지만 이와 같은 관점은 예수가 물리치신 시험의 심각성을 결코 평가 절하하지 않는다. 이 점으로 말미암아, 예수와 죄 사이의 싸움은 조금도 약화되지 않았다. 참되고 의로운 인간으로서 예수는 그의 시험에 내포된 사탄적인 특성으로부터 고통을 겪으셨다. 또한 그는 죄가 얼마나 끔찍한 것인지 누구보다도 더 절실하게 경험하셨다.

---

20 이 문제에 대해 더 자세하게 알려면, 다음 논문을 보라. J. van Genderen, "참 사람"(Waarachtig mens, II), *Homiletica biblia 24* (1965): 249-252.

21 참조. H. Windisch, 『히브리서 주석』(*Der Hebräerbrief*), 1931, 39 이하.

29.6. 그리스도의 위격의 하나 됨

우리는 그리스도의 신성과 인성이 한 위격 안에서 연합되어 있다는 사실을 고백한다(「벨기에 신앙고백서」 제19조). 하지만 이 신앙고백은 모든 질문에 명백한 대답을 제시해주지 않는다.

칼케돈 공의회가 명시해준 경계선(참조. § 29.3)을 존중하는 이들 사이에서도 교리적 차이점들이 지속적으로 존재한다. 우리는 기독론에 대한 개혁파 교회의 교리를 루터파 교회 및 로마 가톨릭교회의 교리와 비교해볼 때 이 차이점들을 인식할 수 있다. 이 세 교회는 **속성들의 교류**(*communicatio idiomatum*)와 관련해서 서로 다른 관점들을 여전히 지니고 있다.

개혁파 교회의 관점에 의하면, 중보자 예수 그리스도의 위격은 참 하나님과 참 사람으로서 그가 지니고 있는 속성들의 근거이자, 참 하나님과 참 사람으로서 그가 행하는 일들의 근거다. 하지만 루터파 교회의 입장은 다소 차이가 있다. 곧 신성과 인성의 속성들은 모두 그리스도의 한 위격과 연합되어 있으며, 신적인 속성들도 그리스도의 인간적인 본성과 연합되어 있다. 따라서 그리스도의 인성도 전능하며 모든 곳에 존재하는 것으로 간주되어야 한다.

루터는 츠빙글리의 관점들에 민감하게 반응했다. 이 점과 관련해서 루터파 교회의 신앙고백은 루터의 입장을 따르고 있다. 츠빙글리는 그리스도가 우리를 위해서 고난을 받았다는 데 동의한다. 하지만 그의 견해에 의하면, 오직 그리스도의 인성만 우리를 위해서 고난을 받았다. 루터는 이 경우에 과연 하나님이 우리를 진정으로 구속하실 수 있는 것인지에 대해 다음과 같이 의문을 제기했다. "하나님이 우리를 위해서 죽으신 것이 아니라, 오직 한 사람이 우리를 위해서 죽었다고 말해야 한다면, 우리는 구원받지 못할 것이다"(*WA*, 50:590; 참조. *BSLK*, 1030 이하). 다시 말해서 츠빙글리의 관점에 대한 루터의 반대는 일종의 종교적 특성을 지니고 있다.

루터파 신학자들에 의하면, 성경은 그리스도의 인성이 그의 신성과 하나 됨을 이루고 있기 때문에 그의 인성에도 위엄, 영광 및 권능이 주어져 있다고 가르친다. 새빨갛게 달아오른 철이 열을 뿜어내는 것과 똑같이 그리스도의 인성도 그의 신성을 발휘한다. 그리스도가 자기 자신을 낮추었던 기간에 이 효력은 감추어져 있었지만, 그가 높아진 상황에서 그의 위엄은 그의 인성 안에서도 나타난다. 그래서 그는 자신이 받아들인 인성을 통해서도 자신이 원하는 곳이면 어느 곳이든지 임재할 수 있다. 또한 그는 성만찬에서도 물리적으로 임재한다. 그리스도의 몸의 이 편재성 또는 무소부재성(*ubiquitas*)은 성만찬에 대한 루터파의 교리와 불가분의 관계에 있다(참조. *BSLK*, 1042-1044).

개혁파 신학자들은 이 견해 안에 가현설적인 요소가 들어 있음을 간파했다(Bavinck, *R.D.*, 3:309). 왜냐하면 이 견해는 그리스도의 진정한 인성을 훼손시키기 때문이다.

한편 루터파 신학자들과 로마 가톨릭 신학자들은 그리스도의 신성과 인성의 상호내주(*perichoresis*)에 대해서 언급한다. 곧 그리스도의 신성이 그의 인성 안으로 골고루 스며든다. 로마 가톨릭 신학은 이것을 그리스도의 인성의 높아짐, 영화 및 신성화라고 해석한다. 따라서 상호내주 개념에 대한 로마 가톨릭 신학의 관점은 루터파의 기독론 안에 포함되어 있는 관점과 서로 의미상의 차이점이 있다.

로마 가톨릭교회는 이 점과 관련해서 그리스도의 신성화된 육신과 인간의 의지에 대한 제6차 공의회(680-681)의 몇몇 선언들을 언급한다(*DS*, 556).

로마 가톨릭교회의 기독론과 종교개혁의 전통에 서 있는 기독론의 차이점들을 분석해보면, 기독론은 어떤 개별적인 교리가 아니라는 것이 밝혀진다. 비록 하나님의 아들의 성육신에서 신적인 영역과 인간적인 영역이 서로 구별될 수 있다고 하더라도, 그 두 영역은 서로 떼어놓을 수 없을 정도로 밀접하게 교류한다. 하나님의 은혜의 본질에 대한 모든 언급은 이 핵심적인 개념과 연결될 수 있다. 그러므로 그리스도의 구속 사역을 통해 우리에게 주어지는 구원은 그의 성육신의 관점에서 묘사될 수 있다.[22]

---

22 A. Hulsbosch, "신약성경에서의 은혜"(De genade in het Nieuwe Testament), in 『은혜와 교

이것은 맨 먼저 마리아의 신분에 영향을 미친다. 만약 이와 같은 신성화에 참여할 수 있다고 생각되는 유일한 사람이 있다면, 아마도 그 사람은 마리아일 것이다. 우리는 이 점에 기초해 최근의 로마 가톨릭교회에서 마리아에 대한 교리가 발전되어간 과정을 설명할 수 있을 것이다.

로마 가톨릭의 견해와 칼뱅의 가르침에 기초한 견해의 핵심적인 차이점과 관련해서 이 문제가 지니고 있는 중요성은 훌스보스(Hulsbosch)의 다음과 같은 진술에서 명백하게 나타난다. 곧 "칼뱅의 가르침에 기초한 견해는 어떤 형태의 **신성화**—그리스도의 인성이나 또는 신자들에 대한 신격화—도 거부한다.[23]

칼뱅은 루터파의 견해에 진지한 반론을 제기했다. 그리스도는 모든 점에서 우리와 같이 되셨다. 하나님의 아들이 인성을 취하셨을 때, 그는 창조 시에 제시된 한계들을 초월하는 것으로 그 인성을 높이지 않으셨다. 「벨기에 신앙고백서」 제19조에서도 동일한 취지에서 다음과 같이 말한다. 하나님의 아들의 "인성은 그것이 지니고 있는 속성들을 잃어버리지 않았다. 오히려 그것은 창조물로 머물러 있었다. [···] 곧 본질적으로 유한했으며, 어떤 실질적인 몸의 모든 속성을 지니고 있었다."

최근의 개혁파 신학은 **로마 가톨릭의 견해**를 이전보다 더욱더 강력하게 거부한다. 이것은 그리스도의 인성의 높아짐과 신성화의 개념에 대한 세부적인 설명과 관련이 있다. 우리는 스케이번(M. J. Scheeben), 라너(K. Rahner), 훌스보스 및 다른 로마 가톨릭 신학자들을 언급할 수 있다. 벤철은 다음과 같은 사실을 언급한다. 그리스도는 신성이 인성으로 침투하고 인성과 신성이 서로 파트너 관계에 놓이게 하는 데 원형의 역할을 하신다(Wentsel, *Dogm.*, 1:337). 라너의 기독론을 연구해보면, 우리는 다음과 같은 결론에 이른다. 곧 우리는 라너의 신학에서 예수의 인성의 관점으로부터 중보자와 그의 중보 사역에 관한 논의가 매우 적다는 것을 알 수 있다.[24]

회』(*Genade en kerk*), 1953, 47 이하, 86, 96.

23 A. Hulsbosch, 23n22.

24 I. Schellevis, 『예수의 인성의 중요성』(*De betekenis van Jesus' mensheid*), 1978, 97 이하. 또한 특히 G. C. Berkouwer, *Conflict met Rome*, 1949², 254-282을 참고하라.

그리스도의 신성과 인성이 하나 됨을 이룬 결과로서 그리스도의 인성이 변화되거나 또는 신성화된다는 견해는 받아들일 수 없다.

하지만 개혁파의 관점에 반대하는 견해들이 제기되었다. 그리스도의 인성에 대한 개혁파 신학의 이해에 대한 비판이 제시되었다. 어떤 이들은 개혁파의 기독론이 네스토리우스주의의 경향을 포함하고 있다고 더 심각하게 비난했다(참조. Korff, 1942^2, 1:262). 그렇지만 칼뱅과 그의 추종자들이 그리스도의 신성과 인성을 강조하면서 그들의 기독론적인 교리에서 벗어나는 위험성을 지니고 있다는 것은 사실이 아니다(참조. Emmen, 1935, 37-45). 칼뱅의 견해에 의하면, 네스토리우스 이단은 두 분의 그리스도를 만들어냈다(『기독교강요』, 2.14.4).

성경을 읽으면서, 우리는 어떤 것들이 그리스도의 인성에 포함되는지 또는 그의 신성에 포함되는지 구분할 필요가 있다. 칼뱅의 견해에 의하면, 그리스도가 "아브라함이 나기 전부터 내가 있느니라"(요 8:58)고 말했을 때, 그는 자기의 인성을 언급하지 않았다. 또한 칼뱅은 이렇게 말한다. "그렇다면 우리가 올바로 이해하기 위한 열쇠로 삼아야 할 것은 다음과 같은 것이다. 곧 중보자의 직분에 적용되는 사항들은 그리스도의 신성이나 인성 중 어느 하나에 속하는 것으로 단순하게 말하지 말아야 한다"(『기독교강요』, 2.14.3).[25] 중보자의 위격은 하나이며, 그의 사역도 하나다. 그는 "모든 사람을 위하여 자기를 대속물로" 주었다(딤전 2:5-6).

그리스도의 신성과 인성은 각각 고유한 특성들을 지니고 있다. 따라서 그 말씀과 그의 인성이 서로 하나 됨을 이룬 것은 인성의 신성화를 암시하지 않는다. 또한 그 하나 됨은 하나님과 함께 있었으며, 하나님과 동등한 신분을 지니고 있었던 말씀의 인간화를 암시하지 않는다.

---

[25] 신학에서 마침내 교류(*communicatio*) 또는 선포(announcement)에 대한 네 가지 유형이 구분되었다. 곧 속성, 은사, 사역 및 경배이다(참조. Heyns, *Dogm.*, 249 이하).

  개혁교회 교의학

우리는 다음과 같은 질문을 제기할 수 있을 것이다. 곧 그리스도의 신성과 인성의 관계는 다른 어떤 관계와 비교할 수 있을까? 아타나시오스의 이름을 따라서 불리는 신조는 다음과 같은 이미지를 사용한다. 지성을 지닌 어떤 영혼이 몸과 하나 됨을 이루는 것과 마찬가지로, 하나님과 사람의 하나 됨은 오직 하나의 그리스도로 존재한다. 또한 칼뱅도 이 이미지를 사용한다(『기독교강요』, 2.14.1). 하지만 바르트는 이 이미지가 타당하지 않다고 올바로 지적했다(Barth, *C.D.*, 4.2.53). 그리스도의 신성과 인성의 하나 됨과 견줄 수 있는 유비들은 없다.

학자들은 그리스도의 신성과 인성의 하나 됨의 유일무이한 특성을 표현하거나 가리키는 개념들을 찾으려고 시도해왔다. 이 두 본성이 서로 구별되는 두 사람에게 속할 수 없다는 생각은 마침내 인성의 인격성을 부인하게 되었다. 그래서 이 본성은 비인격적인(anhypostatic) 것으로 언급되었다.

하지만 이 견해는 인간으로서의 그리스도의 온전성을 훼손한다. 그러므로 우리는 다음과 같이 말하는 것을 선호한다. 곧 그리스도의 인성은 육신이 된 말씀 안에서 인격적으로 존재한다. 그리스도의 이와 같은 측면을 묘사하기 위해서 "인격 안에 있는"[26](enhypostatic)이라는 용어가 선택되었다. 곧 이 용어를 통해서 그리스도의 인성으로부터 아무것도 훼손시키지 않으므로 가현설을 피하고자 하며, 또한 그리스도의 인성을 자율적인 것으로 이해하지 못하게 해서 네스토리우스적인 경향으로부터 보호하고자 하는 것이 중요한 의도였다(참조. Berkouwer, 1954, 312 이하).

그리스도의 인성은 독자적으로 존재하는 게 아니다. 하지만 이 점은 그리스도의 인성을 비인격적이거나 일반적인 것 또는 추상적인 것으로 만들지 않는다(참조. Schilder, *H.C.*, 3:37-49, 95). 그의 인성은 독자적이지 않다고 말할 수 있다. 그의 인성은 한순간도 자기 자신만을 위해서 존재하지

---

26 이 용어는 (6세기에) 비잔티움의 Leontius가 사용한 것으로 추정된다. Schillebeeckx는 "enhypostasis"는 "하나님 안에, 하나님에게서 및 하나님을 통해서" 존재하는 인간을 가리키는 합성어라고 간주한다. 곧 하나님의 "인격(person)" 안에 포함되어 있는 어떤 인간의 "인격"을 가리킨다.

않았다. 그것은 "잉태된 순간부터 하나님의 아들의 인격과 하나 됨을 이루고 있었으며, 서로 연합되어 있었다"(Bavinck, *R.D.*, 3:307).

우리는 어떤 이미지들이나 개념들로 말씀의 성육신이란 기적을 완전히 명백하게 설명할 수 없다. 왜냐하면 그리스도의 신성과 인성의 하나 됨은 인간의 사고력과 표현력의 한계를 초월하기 때문이다.

우리는 우리의 중보자가 한 인격 안에서 참 하나님 및 참 사람이라고 믿는다. 또한 이 사실은 우리가 진지하게 묵상해야 할 신비로운 진리로 머물러 있다. 하나님이 육신으로 이 세상에 오셨다는 것은 위대한 경건의 신비다(참조. 딤전 3:16).

§ 30. 낮아짐을 통한 그리스도의 사역

30.1. 들어가는 말
30.2. 그리스도의 삼중직
30.3. 그리스도의 이중 상태
30.4. 말씀의 성육신
30.5. 그리스도의 고난과 죽음
30.6. 무덤에 묻힘 및 지옥에 내려감

30.1. 들어가는 말

성경과 교회의 신앙고백은 그리스도의 사역이 대단히 많고 다양해서 매번 그것을 묘사하는 데 서로 다른 용어들을 사용한다. 어떤 이가 성경의 특정한 구절들에 호소하면서 그리스도의 사역 중 단지 한 가지 단면―예를 들면 그리스도가 성부의 뜻에 순종함이나 또는 하나님의 사랑에 대한 그의 선포―만 분리해서 그것을 강조한다면, 그는 그리스도의 사역 전체를 공정하게 다룰 수 없다. 교회 및 신학의 역사는 그와 같은 접근 방법은 종종 한편으로 치우치거나 그릇된 결론으로 이어진다는 것을 입증해준다.

신학의 발전 과정을 통해 다수의 핵심적인 신학 개념들이 고안되었다. "만족"(satisfaction)이라는 개념이 그중 하나의 예다. 하지만 우리는 그 개념 자체를 출발점으로 사용하지 않을 것이다. 그 대신 성경이 중보자와 그리스도의 중보 사역에 대해 말하는 것을 출발점으로 사용하고자 한다.

그리스도는 하나님과 사람 사이의 중보자(*mesites*)라고 언급된다(딤전 2:5). 그는 중보자로서 사람들에게 하나님을 대신하시며, 하나님께 사람들을 대신하신다(*TDNT*, 4:619). 또한 그는 새 언약 또는 더 좋은 언약의 중보자시다(히 9:15; 12:24; 8:6). 예수 자신도 이 점에 대해서 다음과 같이 말씀하신다. "내가 곧 길이요 진리요 생명이니 나로 말미암지 않고는 아버지께로 올 자가 없느니라"(요 14:6). 베드로도 다음과 같이 고백한다. "다른 이로써는 구원을 받을 수 없나니 천하 사람 중에 구원을 받을 만한 다른 이름을 우리에게 주신 일이 없음이라"(행 4:12).

중보자로서 그리스도는 하나님과 우리 사이에 서 계실 뿐만 아니라 그 사이에서 중재의 역할을 하신다. 중보 또는 중재라는 단어는 다음 사실을 전제한다. 곧 하나님과 사람들 사이에 넓고 깊게 갈라진 틈이 있어서 그 위에 다리가 놓이고, 죄책이 있어서 그것은 속죄되며, 또한 불화가 있어서 그것은 종결되어야 한다.

구약성경에 의하면, 중보자는 하나님 앞에서 죄를 범한 사람을 위해 중보 기도나 또는 자기 자신을 희생하는 것을 통해 도와주는 역할을 할 수 있었다(참조. 출 32:30-32; 사 53장). 중보자에 대한 구약성경의 관점은 장차 중보자 그리스도를 통해서 이 중보자 직분이 온전히 성취된다는 것을 알려준다(*TDNT*, 4:615).

그리스도의 중보자 직분의 배후에는 하나님의 영원한 구원의 경륜, 곧 구속언약이 놓여 있다(참조. § 15). 비록 중보자로서 그리스도의 사역은 그가 이 세상에 올 때 시작되지만, 그 사역의 타당성과 능력은 그가 태어나기 이전에 이미 나타난다. 교회는 "중보자와 선택 받은 사람들의 머리와 구원의 기초"가 되게 하려고, 하나님이 그분의 유일무이한 아들을 주셨다고 공식적으로 신앙을 고백한다(「도르트 신조」 1.7). 우리는 바빙크와 함께 "중보자"라는 용어가 예수의 위치와 사역의 특성을 묘사하는 데 매우 잘 어울린다고 말할 수 있다(Bavinck, *R.D.*, 3:363).

중보자의 사역의 하나 됨을 가리켜주는 두 번째 용어는 구속자 또는 구원자다. 하지만 가장 잘 알려진 용어는 그리스도다. 특히 신약성경이 그리스도 또는 그리스도 예수에 대해서 말할 때, 그리스도는 하나님이 기름을 부으신 이를 가리키는 이름이다. 그는 하나님에 의해서 성령으로 기름부음을 받았다. 그래서 그리스도가 우리를 위해 예언자, 제사장 및 왕이 되게 하려는 것이다(「하이델베르크 교리문답」 제12주일).

우리는 그리스도의 삼중직(§ 30:2)과 별도로 이 부분에서 그리스도의 이중 상태에 관심을 기울일 필요가 있다. 곧 그리스도의 낮아짐과 높아짐의 상태에 대해서다(§ 30:3).

30.2. 그리스도의 삼중직

1. 그리스도의 유일무이한 사역의 세 가지 측면. (요 1:5에 대한 칼뱅의 주석에 의하면) "새로운 직분"은 하나님의 아들이 스스로 중보자의 직분을 떠맡은 것이다. 이것은 세 가지 요소로 이루어져 있다(『기독교강요』 2.15.1). 이 요소들은 세 직분(three offices)인가 아니면 삼중직(threefold office)인가? 그리스도의 세 직분에 대해 말하는 이들은 그것을 통해서 그의 사역의 다양성을 강조한다. 반면에 "삼중직"이라는 표현을 사용하는 이들은 우리에게 특별히 그리스도의 사역의 통일성을 일깨워준다. 우리는 후자를 선호한다. 곧 삼중직이라는 표현은 중보자의 하나의 사역이 지니고 있는 세 가지 측면에 초점을 맞춘다.

직분과 직업은 서로 분명하게 구별된다. 직분은 사람이 부여받은 권위를 행사하는 역할을 나타내고 그를 임명한 이에게 책임이 있다는 사실을 알려주기 때문이다. 그래서 어떤 일을 하거나 직업을 갖는 것은 어떤 공적인 직분을 지니고 있는 것과 다른 것이다. 직분은 그 직분에 임명되는 것을 포함한다(참조. Wentsel, *Dogm.*, 3b:69).

따라서 하나님이 그리스도를 임명하시고, 그리스도의 사역을 위해 사용된 "직분"이라는 용어는 그리스도의 사역을 나타내는 데 적합하다. 그리스도는 "아버지께서 내게 하라고 주신 일을 내가 이루어 아버지를 이 세상에서 영화롭게 하였사오니"(요 17:4)라고 말씀하신다. 성경은 아론이 하나님의 부르심을 받아서 대제사장 직분을 취하게 되었다고 말한다. 또한 성경은 "이와 같이 그리스도께서 대제사장 되심도 스스로 영광을 취하심이 아니요"라고 언급한다. 곧 하나님이 그리스도에게 그 직분을 맡겨주셨다는 것이다(히 5:4-6; 참조. 히 3:2).

기원후 2세기부터 그리스도는 흔히 제사장과 왕으로 언급되었다. 이것은 순교자 유스티누스(Justin Martyr, 기원후 100-165)에게서 유래했다. 그런데 유세비오스(Eusebius, 기원후 265-339)는 그리스도의 삼중직, 곧 대제사장과 왕 그리고 예언자의 직분에 대해서 말했다.

그리스도의 삼중직에 대한 교리는 맨 먼저 칼뱅의 저서에서 찾을 수 있다. 그는 그리스도의 이름에 대해 다음과 같이 설명한다. 곧 "그는 하늘 아버지에 의해서 왕, 제사장 및 예언자로 임명되었다"(「제네바 교리문답」). 그의 왕국은 영적인 왕국이다. 그의 제사장 직분은 그가 자신을 희생제물로 드린 것을 특별히 암시한다. 그리스도를 예언자라고 말하는 것은 그가 성부 하나님의 메시지 전달자 및 권위를 부여받은 대리자라는 것을 나타낸다. 하나님의 메시지 전달자 및 대리자로서 그리스도는 사람들에게 성부의 뜻을 온전히 알려주며, 또한 그것을 통해서 모든 예언과 계시를 정점에 이르게 한다(히 1:2). 칼뱅은 『기독교강요』 2:15에서 이 점에 대해 더 자세하게 설명한다.

칼뱅으로 말미암아, 그리스도의 삼중직에 대한 교리는 개혁파의 여러 신앙고백서에 포함되었다. 가장 잘 알려진 것으로서 「하이델베르크 교리문답」 제12주일의 문답을 예로 들 수 있다. 또한 다른 교파들도 이 개념을 받아들였다. 그래서 17세기에 이 교리는 루터파 교의학에서도 공통적인 요소 중 하나로 채택됐다. 『로마 교리서』(*Catechismus Romanus*, 1566)에서도 이와 같은 구분은 잘 알려져 있다. 그리고 이것은 최근의 로마 가톨릭 신학에서도 자주 나타난다(참조. *M.S.*, 3/1. 677-708).

2. 그리스도의 삼중직에 대한 교리의 기초와 중요성. 그리스도가 삼중직을 지니고 있다는 것은 일반적으로 받아들여지고 있다. 그렇다면 그것에 대한 성경의 기초는 무엇인가? 또한 이 교리가 지니고 있는 교리적·실천적 중요성은 무엇인가?

이 교리는 신학적인 체계화에 대한 열망에서 비롯된 것이 아니라 성경이 말하는 것에 대한 숙고에서 나온 것이다. 그리스도의 이름을 언급하는 많은 본문 중 어떤 구절들은 그가 약속되었으며 이스라엘이 고대해왔던 메시아라고 말한다(마 1:16; 16:16; 눅 2:11; 24:26; 행 9:22).

예수가 요단강에서 세례 받은 사건은 하나님 아버지가 그를 메시아(그리스도)로 분명하게 임명하고 공적으로 직분을 주었다는 특징을 보여준다(참조. 요 1:33; 마 3:16-17).

또한 "기름 부음"에 대해서 명백하게 말하는 성경 구절들도 있다. "주의 성령이 내게 임하셨으니 이는 가난한 자에게 복음을 전하게 하시려고 내게 기름을 부으시고"(눅 4:18). 예수 그리스도는 하나님의 기름 부음을 받은 자다. 곧 하나님 자신이 그에게 기름을 부으셨다(참조. 눅 4:18-21; 사 61:1-2; 행 4:26-27; 10:38; 히 1:9). 기름 부음은 하나의 상징 행위로서 구약성경에서 자주 언급된다. 대제사장들을 비롯해서 다른 제사장들과 마찬가지로, 왕들도 기름 부음을 받았다. 또한 때때로 예언자들도 기름 부음을 받았다(*TDNT*, 9:485-489). 기름 부음은 하나님이 특별한 임무를 위해서 부르신 이들을 임명하고 또한 그들에게 권능을 부여하신다는 것을 나타낸다.

신약성경은 우리가 다음과 같이 말하도록 설득한다. 곧 하나님이 구약시대의 언약에서 그분의 종들에게 기대하셨던 왕, 제사장, 예언자의 임무는 그리스도의 왕, 제사장, 예언자의 직분에서 절정을 이룬다(참조. Wentsel, *Dogm.*, 3b:62-82).

개혁교회 교의학

그리스도의 예언자적인 임무가 두드러지게 나타난다고 제안하지는 않지만, 우리는 그리스도가 우리의 **예언자**라고 생각하도록 종용하는 성경 구절들이 있다는 것을 언급하면서 시작하고자 한다. 유대인들은 종말에 위대한 예언자가 올 것이라고 고대했다. 신명기 18:15은 그것을 지지해주는 한 가지 중요한 본문이었다. 신약성경은 우리에게 다음과 같은 것, 곧 하나님이 모세와 같은 예언자 하나를 세우실 것이라고 모세에게 말씀하셨는데, 그 예언자가 바로 예수라고 증언해준다(행 3:22). 예수도 종종 자신을 예언자들과 비교하셨다. 구약시대의 예언자들과 같이 예수도 하나님의 말씀을 선포하시지만, 그는 어떤 예언자보다도 더 위대한 존재시다. 히브리서 1:1-2은 이 점을 명백하게 밝혀준다. 하나님은 그리스도의 말씀뿐만 아니라 그의 행위로도 하나님 자신을 계시해주신다. 그리스도는 하나님이 그에게 주신 사람들에게 하나님의 이름을 계시해주셨다(요 17:6). 그는 하나님 아버지의 품속에 있던 독생하신 하나님이 어떤 분이신지 드러내 보여주셨다(요 1:18).

그리스도는 **제사장**이시다. 히브리서에는 다음과 같이 그리스도가 대제사장이라는 개념이 스며들어 있다. 곧 "우리가 믿는 도리의 사도이시며 대제사장이신 예수를 깊이 생각하라. 그는 자기를 세우신 이에게 신실"하셨다(히 3:1-2). 그리스도는 아론보다 더 높은 대제사장이시다. 그는 "영원한 제사장이다"(히 7:21, 24). 이 제사장은 동시에 희생제물이다. 그리스도는 "많은 사람의 죄를 담당하시려고 단번에 드리신 바" 되셨다(히 9:28). 그리고 그는 "우리 죄를 위한 화목제물"일 뿐만 아니라 "아버지 앞에서 우리를 위한 대언자"시다(요일 2:2, 1).

그리스도는 **왕**이시다. 이미 예수의 탄생에 대한 천사의 예고에서, 그는 왕으로 통치하실 것이며 그의 나라는 무궁할 것이라고 언급되었다. 또한 그는 다윗의 위대한 자손이시다(눅 1:32-33; 참조. 삼하 7:12-16). 이사야서의 예언은 그리스도와 그의 나라를 통해서 성취된다(사 9:6-7). 그에게 "하늘과 땅의 모든 권세"가 주어졌다(마 28:18). 그의 이름은 "만왕의 왕이요 만주의 주"다(계 19:16).

신약성경에 비추어볼 때, 이스라엘의 대제사장의 직분 및 다윗과 같은 왕의 직분은 그리스도의 직분을 미리 보여주는 것으로 이해할 수 있다. 우리는 유비적인 측면에서 구약성경의 예언을 그리스도의 사역을 미리 보여주는 것으로 생각할 수 있다. 이것은 구원에 대한 구약성경의 기대와 그리스도 안에서의 구원의 성취가 서로 밀접하게 연결되어 있다는 것을 밝혀준다.

그리스도는 세 직분을 결합하신다. 그는 제사장적이며 왕적인 방법으로 예언자시다. 또한 그는 예언자적이며 왕적인 방법으로 제사장이시고, 예언자적이며 제사장적인 방법으로 왕이시다(Heyns, *Dogm*., 270). 그런데 이 해석을 어떤 한 가지나 또는 다른 한 가지에 국한시킨다면, 그것은 편협하고 비성경적인 개념들로 이어진다. 예를 들면 그리스도를 합리주의적인 측면에서 어떤 선생으로, 경건주의적 및 감성적 측면에서 고통받는 자로, 또는 정치적·사회적 측면에서 왕으로 이해하고자 한다면, 그와 같은 결과를 빚어낼 것이다(참조. Noordmans, *V.W*., 2:273).

우리는 잘 알려진 방법대로 그리스도의 사역을 그의 낮아짐의 상태와 높아짐의 상태로 구분한다(§ 30.3을 보라). 이 구분은 그가 두 상태에서 동시에 예언자, 제사장, 왕이시라는 것을 암시해준다. 그리스도가 이 땅 위에 있으면서 복음을 선포할 때에도, 그는 예언자시다. 그뿐만 아니라 그는 자신의 부활 이후에도 그는 예언자적인 사역을 계속해서 하신다. 왜냐하면 사도들의 설교와 복음 사역자들의 말씀 선포를 통해 진리의 영으로서 그의 성령은 교회에게 나아가야 할 길을 가리켜주시기 때문이다(참조. 요 16:13). 또한 그리스도의 제사장 직분은 그가 십자가 위에서 자신의 몸을 희생제물로 드리는 것에만 국한하지 않는다. 왜냐하면 지금 그는 하늘에서 하나님 아버지와 함께 계시면서 자신의 제사장 직분을 계속 수행해 나가시기 때문이다. 그는 항상 살아 계시면서 그의 백성을 위해서 간구하신다(히 8:1-2; 7:25). 그리스도는 왕이시다. 하지만 그의 왕국은 이 세상에

개혁교회 교의학

속한 것이 아니다(요 18:36-37). 그리고 그는 "모든 원수를 그[의] 발 아래에 둘 때까지 반드시 왕 노릇"하실 것이다(고전 15:25).

우리는 그리스도의 사역에서 사실상 예언자적·제사장적·왕적 측면들이 번갈아 가면서 두드러지게 나타나는 것을 본다. 특히 그의 복음 전파에서는 예언자적인 측면이, 그가 자신을 희생제물로 드리는 것에서는 제사장적인 측면이, 또한 그가 하나님의 오른쪽에 앉아 있는 것에서는 왕적인 측면이 두드러지게 나타난다. 이 점은 헤인스로 하여금 다음과 같이 묘사하게 한다(Heyns, *Dogm.*, 270). 곧 그리스도는 예언자로서 구속에 대해 선포하신다. 그는 제사장으로서 구속을 얻으신다. 또한 그는 왕으로서 구속을 완성하신다. 그는 예언자로서 하나님 나라를 선포하시고, 제사장으로서 하나님 나라를 얻으신다. 또한 그는 왕으로서 하나님 나라를 확장하신다.

우리는 이 점에 대해 다소 다르게 묘사할 수 있을 것이다. 하지만 「하이델베르크 교리문답」 제12주일의 답변은 이 점에 대해 다음과 같이 매우 훌륭하게 묘사한다. "성자 하나님은 성부 하나님에게서 임명을 받고, 성령 하나님에게서 기름 부음을 받았습니다. 그래서 그는 우리의 으뜸가는 예언자와 교사로서 우리에게 우리의 구원에 대한 하나님의 은밀한 계획과 뜻을 온전히 계시해주십니다. 또한 우리의 유일무이한 대제사장으로서 자기의 몸을 단 한 번의 희생제물로 드려서 우리를 구속했으며, 하나님 아버지 앞에서 항상 우리를 위해 간구하십니다. 그리고 우리의 영원한 왕으로서 그의 말씀과 성령으로 우리를 다스리며, 나아가 그의 말씀과 성령으로 우리를 위해서 얻은 구원 안에 우리가 머물러 있도록 우리를 지켜줍니다." 따라서 여기서 고백되는 신앙은 다음과 같은 것을 의미한다. 곧 그리스도는 예언자로서 우리에게 구속의 길을 보여주시고, 제사장으로서는 우리의 구속을 성취하시며, 또한 왕으로서는 구속 안에서 우리를 끝까지 지켜주신다.

그리스도의 삼중직이 초점을 둔 것은 우리의 구속이다. 따라서 우리는 그의 삼중직을 다음과 같이 인간학에 기초해서 설명하려고 시도해서는 안 된다. 인간학에 기초한 설명에 의하면, 그리스도는 다음과 같은 이유에서 예언자, 제사장 및 왕이 되어야 했다. 곧 인간은 자기의 창조자를 알기 위해서 머리를 지닌 존재로, 자기의 창조자를 섬기기 위해서 마음을 지닌 존재로, 또한 자기의 창조자의 영광을 위한 통치를 하기 위해서 손을 지닌 존재로 지음을 받았다(Honig, *Handboek*, 485).

하지만 중보자의 삼중직과 죄의 본성 사이에 어떤 연관성이 있다고 이해하는 것이 더 설득력이 있다. 곧 그리스도의 사역은 그의 백성을 죄와 거짓과 어리석음(마 1:21) 그리고 죄책과 죄의 권세로부터 구원하는 것이다.

그리스도의 삼중직에 대한 교의는 로마 가톨릭 신학에 맞서서 논쟁적으로 사용할 수도 있다(참조. Berkouwer, 1952, 82-90). 「하이델베르크 교리문답」 제12주일의 답변에 있는 "우리의 유일무이한 대제사장"이라는 표현에서 "유일무이한"이라는 단어에는 제사장 직분 및 미사의 제사적인 특성에 대한 로마 가톨릭교회의 교리를 거부하는 것이 암시되어 있다(또한 참조. 「하이델베르크 교리문답」 제30주일 문답과 「벨기에 신앙고백서」 제21조 및 26조). 또한 우리는 교황이 그리스도의 대리자라는 로마 가톨릭교회의 교리도 반대한다. 그리스도는 무오하다고 인정될 수 있는 대리자(*vicarius*)를 지니고 있지 않으신다. 교황에게 부여된 수위권은 그리스도의 왕적인 직분 또는 로마 가톨릭교회가 때때로 그것을 그리스도의 사목 직분이라고 부르는 것을 훼손한다.

그리스도는 자신의 지속적인 사역을 통해서 사람들을 불러 그들을 복음 사역자들로 세워서 사용하신다. 그리고 그는 그들에게 임무를 부여하신다. 하지만 그는 결코 그들에게 그들의 임무를 뒷받침하는 권위를 개인적으로 부여하지 않으신다. 그리스도는 교회의 공적인 직분에게 독립적이며 합당한 권위를 부여하신다.

또한 그리스도의 삼중직에 대한 교리는 **실천과 관련된 의미들을** 지니고 있다. 노르트만스는 이것은 예수가 말씀하시고 고난당하시며 행동하시는 모든 것에 구원하는 능력이 있다는 것을 의미하는 것이라고 지적했다

개혁교회 교의학

(Noordmans, *V.W.*, 2:275). 이것은 성경에 대한 우리의 통찰력을 풍성하고 깊게 해준다. 우리는 이것으로 그리스도의 모든 말씀과 행위가 세 직분으로 나뉠 수 있음을 의미하는 게 아니라, 우리가 그의 삼중직 안에서 언제 어느 곳에서나 그를 만날 수 있음을 의미한다. 스킬더는 이 점을 지적하고 매우 강조했다.[27]

칼뱅은 기독론의 이와 같은 측면에 대해 광범위하고 자세하게 논하면서 그리스도의 왕 직분, 제사장 직분 및 예언자 직분의 열매와 능력이 신자들에게 분배된다는 사실을 논증한다. 이 점은 「하이델베르크 교리문답」의 제12주일의 답변에서 간결하고 명료하게 표현되어 있다. 신자는 이 문답서에서 다음과 같이 대답한다. "믿음으로 나는 그리스도의 한 지체가 되었습니다. 나는 그것을 통해서 그리스도의 기름 부음에 참여하고 있습니다. 그래서 나는 그리스도의 이름을 고백하며, 나 자신을 그리스도에게 감사의 산 제물로 드립니다. 또한 나는 이 세상에서 죄와 마귀에 맞서 선한 싸움을 싸웁니다." 성경 본문들 중 그리스도의 삼중직이 지니고 있는 실천과 관련된 측면은 특히 베드로전서 2:9에 기초한다. "그러나 너희는 택하신 족속이요 왕 같은 제사장들이요 거룩한 나라요 그의 소유가 된 백성이니 이는 너희를 어두운 데서 불러내어 그의 기이한 빛에 들어가게 하신 이의 아름다운 덕을 선포하게 하려 하심이라."

30.3. 그리스도의 이중 상태

사도신경은 그리스도의 낮아짐뿐만 아니라 그의 높아짐에 대해서도 묘사한다. 「니케아—콘스탄티노플 신조」에서 그의 낮아짐은 다음과 같이 더 정확하게 묘사되었다. 곧 "그는 우리와 우리의 구원을 위해서 하늘로부터 내

---

27 참조. K. Schilder, 『고난 속에서의 그리스도』(*Christus in zijn lijden*), 1930, 1:5. 또한 참조. J. J. C. Dee, 『스킬더: 그의 생애와 저서』(*K. Schilder: zijn leven en werk*), 1990, 1:182-205.

려왔다."

종교개혁 시대에 사람들은 그리스도의 이중 상태(*status duplex*)에 대해 언급하기 시작했다. 비록 이 교리가 루터파 신학에서 유래했지만, 이것은 개혁파 신학에서 다소 다르게 표현되었다(이미 올레비아누스[Olevianus]의 저서에서 그것을 발견할 수 있다). 루터파 신학자들이 그리스도의 낮아짐의 상태와 높아짐의 상태를 서로 구분하는 것은 결코 놀라운 일이 아니다. 우리가 이미 앞서 살펴보았듯이(§ 29.6), 루터파의 기독론은 그리스도의 한 위격 안에서 하나 됨을 이루고 있는 신성과 인성 사이에 속성들의 공유를 주장했다. 따라서 편재성이나 전능함과 같은 그리스도의 신적인 속성들은 또한 그의 인성에도 속한다. 그렇다면 그리스도가 이 땅에 있었을 때, 왜 그는 그의 몸을 어느 곳에서나 나타내지 않았을까?

이 질문과 관련해서 다음과 같은 답변이 제시되었다. 비록 그리스도의 인성은 사실상 이와 같은 신적인 속성들을 지니고 있었지만, 그는 일시적으로 곧 그의 낮아짐 또는 자기 비움의 상태에서 그것들을 사용하는 것을 자제했다. 말씀의 성육신은 자기 비움(*kenosis*)으로 이해되는 대신에 그의 신적인 속성들을 사용하는 것에 대한 자제로 이해되었다(어떤 특정한 학파의 관점에 의하면, 그리스도는 그 속성들을 공공연하게 사용하지 않았다).

루터파의 이 교의는 그리스도의 인성을 신성화하는 어떤 경향을 드러내준다(§ 29.6). 19세기에 루터파 교회 안에서는 정반대의 극단으로 나아가는 어떤 신학 이론이 등장한다. 곧 그리스도의 신성을 인간화하는 것이었다. 이것은 이른바 자기 비움의 기독론(kenotic Christology)이다. 이 기독론은 초기에 독일에서 많은 추종자들을 얻었으며, 그 후에는 특히 영국에서 많은 지지자들을 얻었다. 또한 네덜란드에서도 몇몇 신학자들이 이 기독론에 동조했다.

하나님의 아들이 인간의 몸을 취하셨을 때, 그는 자신의 신적인 속성들을 완전히 또는 부분적으로 포기했거나 그 속성들을 단지 잠재적인 형태로 지니고 계셨다. 이 기독론과 관련된 첫 번째 중요한 주제는 자기 자신을 내어주고, 자기 자신을 부인하며, 또한 자기 자신을 억제하길 원하는 하나님의 사랑이다. 때때로 하나님은 이미 창조 시에 이미 자기 자신을 제한하셨고, 심지어 그분은 성육신 사건에서 더욱더 자기 자신을 제한하신 것으로 여겨진다. 이 기독론과 관련된 두 번째 중요한 주제는 지상에서 누린 예수의 삶을 순전히 인간의 삶으로 해석하려는 경향이다(참조. Korff, 1942², 1:270-291; Pannenberg, 1968, 325-344).

우리는 이와 같은 자기 비움의 기독론을 받아들일 수 없다. 왜냐하면 이 기독론은 하나님의 아들을 사실 그대로와 다르게 생각하기 때문이다. 이 기독론은 그의 신성의 (부분적인) 포기나 또는 그의 신적인 존재의 일시적인 포기를 암시하기 때문이다. 우리는 코르프의 다음과 같은 견해에 동의한다. 곧 하나님은 진정으로 우리에게 **오신다**. 또한 하나님은 우리에게 오시면서 진정으로 하나님으로 **머물러 계신다** (Korff, 1942², 1:290).

개혁파 신학의 전통은 말씀의 성육신을 신적인 영광을 일시적으로 포기하는 것이거나 또는 감추는 것이라고 해석했다. 이 개념은 빌립보서 2:6-7에 기초한다. 곧 "그는 근본 하나님의 본체시나 하나님과 동등 됨을 취할 것으로 여기지 아니하시고 오히려 자기를 비워 종의 형체를 가지사 사람들과 같이 되셨고." 또한 이 개념은 사도들의 가르침에 기초한 다음과 같은 또 다른 메시지와 결합된다. "율법이 육신으로 말미암아 연약하여 할 수 없는 그것을 하나님은 하시나니 곧 죄로 말미암아 자기 아들을 죄 있는 육신의 모양으로 보내어 육신에 죄를 정하사"(롬 8:3).

"자기를 낮추시고 죽기까지 복종하셨으니 곧 십자가에 죽으심이라"(빌 2:8)는 "종의 형체를 가지사"(빌 2:7)를 넘어서는 것이다. 따라서 비록 종의 형체를 갖는 것은 자기를 낮추고 십자가에 죽는 것을 암시해주며, 그것과 서로 밀접하게 연결되어 있지만, 이 두 가지는 서로 구별되어야 한다. 이 두 가지는 동일한 길 위에서 연속적으로 일어나는 사건들로서 그리스도의 낮아짐에 대해 묘사해준다.

비록 빌립보서의 해당 본문이 그리스도의 이중 상태에 대한 교리를 지지하는 성경적인 유일한 근거는 아니지만, 이 본문은 우리에게 많은 것을 말해준다. 이 본문은 원래 그리스도의 존재와 사역에 초점을 맞춘 하나의 찬송이다.[28] "그는 근본 하나님의 본체시나 하나님과 동등 됨을 취할 것으로 여기지" 않으셨다(빌 2:6). 여기서 "취하다"(빼앗다)라는 개념은 다양하게 해석되었다. 아마도 이것은 어떤 이가 자신의 개인적인 유익을 위해서 어떤 것을 반드시 취하려고 고집을 부리지 않는다는 개념을 반영할 것이다. 또 다른 해석은 어떤 이가 자신이 소유하고 있는 것을 포기한다는 것이다. 하나님의 아들이 자기 자신을 비우고 스스로 종(노예)의 신분을 취했을 때, 바로 이와 같은 것이 일어났다.

이 자기 비움은 하나님의 아들이 자기 자신을 포기했다는 것을 의미하지 않는다. 오히려 그가 천지창조 이전에 하나님 아버지와 함께 지니고 있던 자기의 영광을 포기하셨다는 것을 의미한다(참조. 요 17:5). 이 땅에서의 그의 삶은 낮아짐의 삶이었다. 그는 하나님과 그분의 율법에 순종해서(참조. 갈 4:4) 심지어 가장 굴욕적으로 낮아지는 것, 곧 십자가의 죽음도 받아들이셨다.

우리는 그의 낮아짐의 두 가지 측면을 다음과 같이 요약적으로 제시할 수 있다.

* 그는 자기 자신을 비우셨다. 그는 자신이 인간이 되기 이전에 지니고 있던 영광을 포기하셨다. 그리고 그는 기꺼이 사람들과 똑같이 되고자 하셨다(참조. 히 2:17; 4:15).
* 이와 같이 그는 자기 자신을 낮추셨다. 그의 낮아짐은 하나님 아버지의 뜻에 그가 기꺼이 순종하는 것을 통해서 명백하게 드러났다. 곧 그의 낮아짐은 그를 극한까지 이르게 해서 그를 십자가 위에 달리게 했다.

---

28 참조. R. P. Martin, *Carmen Christi*, 1967.

　　　　　　　　　　　　　　　　　　　　　　개혁교회 교의학

이와 같이 하나님의 아들이 자기 자신을 가장 굴욕적으로 낮추신 이후에, 하나님은 그 중보자를 높은 하늘로 들어 올리셨다. 성경은 이 점에 대해서 다음과 같이 말한다. "이러므로 하나님이 그를 지극히 높여 모든 이름 위에 뛰어난 이름을 주사"(빌 2:9). 빌립보서의 해당 본문은 먼저 그리스도가 행하신 것을 설명하고 그다음에 하나님이 행하신 일을 밝혀준다.

높아짐은 낮아짐에 뒤따라 일어난다. 여기서 "그 이후에"가 아니라 "이러므로"라고 언급된다. 그리스도의 낮아짐과 높아짐을 이와 같이 연결하는 것은 하나님의 행위들의 연속적인 과정을 반영한다. 따라서 그것은 반드시 하나님의 구원 계획에 비추어서 이해되어야 한다. 예언자들은 이것을 이미 예언했다(참조. 눅 18:31-33). 특히 우리는 야웨 하나님의 종에 대한 네 번째 예언을 머릿속에 떠올린다(사 52:13-53:12). 예수는 그리스도가 이런 고난을 반드시 받고 "자기의 영광에 들어가야 할 것"이라고 말씀하셨다. 그가 기꺼이 십자가를 지고서도, 그것의 부끄러움을 개의치 않은 것은 그 앞에 놓여 있는 영광을 내다보셨기 때문이다(참조. 히 12:2).

1. 그리스도의 이중 상태에 대한 교리는 많은 학자들의 비판에 직면했다. 19세기에는 슐라이어마허가 이 교리를 비판했고, 20세기에는 불트만이 이 교리를 비판했다. 불트만은 자신이 빌립보서 2장에서 (또한 고후 8:9 및 엡 4:8-10에서도) 영지주의적인 신화를 찾아냈다고 믿었다. 하지만 우리의 판단에 의하면, 불트만의 견해는 타당성이 없다.[29]

우리는 이와 같은 비판들을 거부하면서 이 교의를 지지해주는 성경 구절들이 상당히 많다는 것을 지적하고자 한다. 예수는 인자가 고난을 거쳐서 영광에 이를 것이라고 말했다(참조. 막 10:33-34 및 고난에 대한 그의 다른 예고들). 예수의 이와 같은 말은 영지주의와 전혀 관계가 없다. 또한 사도행전에 기록되어 있는 사도적인 설교도 전혀 상관이 없다(참조. 행 2:23-

---

29   R. Bultmann, *Theologie des Neuen Testaments*, 1958³, 179.

24; 17:3). 그리고 신약성경 전체도 그리스도의 고난과 영광에 대해서 말한다(참조. 히 2:9-10; 벧전 1:11).

2. 칼 바르트는 그리스도의 낮아짐과 높아짐의 교리에 대해서 자기 자신의 해석을 제시한다. 그는 이 교리를 근본적으로 다르게 설명한다. 그의 견해에 의하면, 그리스도의 낮아짐은 신적인 영광을 포기하거나 감춘 것이 아니다. 예수 그리스도가 지니고 있는 신성의 영광은 바로 그의 낮아짐 안에 있다. 그것은 바로 "하나님의 존재 안에 기초한 낮아짐"이다(Barth, *C.D.*, 4.1.193).

바르트의 견해에 의하면, 그리스도의 하나의 사역은 연속적인 단계들로 나뉠 수 없다. 그는 서로 이어지는 두 상태를 인정하지 않는다. 그 대신 그는 그리스도 안에서 이루어지는 하나님과 사람들 사이의 화목에 대한 두 가지 측면 또는 나타남에 대해서 말한다. 그는 신성 및 인성의 두 가지 본성과 두 상태가 결합된 것으로 이해한다. 왜냐하면 그리스도는 하나님이 자기 자신을 낮추는 것이며, 또한 동시에 그는 높임을 받은 인간이기 때문이다. 따라서 바르트의 기독론의 첫 번째 주제는 "종으로서의 주님"(Der Herr als Knecht)이다. 그는 요약적으로 다음과 같이 주장한다. "화목 교리의 내용은 예수 그리스도에 대한 지식이다. 그는 참 하나님으로서 자기 자신을 낮추므로 화목을 이루는 하나님일 뿐만 아니라, 참 인간으로서 하나님에 의해 높임을 받고 화목되었다. 그리고 그는 하나님과 사람의 하나 됨 안에서 우리의 속죄에 대한 보증이며 증인이다"(Barth, *C.D.*, 4:1.79).

이와 같이 바르트에게서 그리스도의 이중 상태는 화목의 두 가지 측면으로 대체되었다. 곧 하나님은 자기 자신을 낮추시며, 인간은 높임을 받는다. 이와 같은 변증법적 신학의 관점에서는 하나님이 그리스도 안에서 행하신 일이 그리스도가 하나님과 인간 사이에서 중보자로서 행하신 일보다 더 많이 강조된다. 이것은 우리가 나중에 논하려는 몇몇 결과를 도출한다(참조. § 32.1). 바르트는 낮아짐의 상태에서 높아짐의 상태로 바뀌는 것을 인정하지 않는다. 오히려 그 두 상태에는 완벽한 동시성이 있을 뿐이다.

하지만 성경은 분명한 경계선과 더불어 낮아짐과 높아짐의 전개 과정에 대해 언급한다. 우리는 이 점과 관련해서 빌립보서 2:8-9 안에서 언급되는 변천과 자신의 고난에 대한 그리스도의 예고 및 사도적인 설교를 지적하고자 한다(제1항에서 언급된 성경 구절들을 참고하라).

3. 그리스도와 관련해서 낮아짐의 상태뿐만 아니라 높아짐의 상태도 있다. 여기서 "상태"(*status*)는 어떤 상황뿐만 아니라, 어떤 법적인 신분도 가리킨다. 그 핵심은 어떻게 중보자 그리스도가 이 두 가지 상태에서 하나님 아버지 앞에 서 있는가다. 참 하나님이자 참 사람인 그 중보자는 낮아짐과 높아짐 안에서 자기의 직분이 지니고 있는 기능들을 수행한다.

그는 그리스도의 낮아짐의 상태에서 자기 백성을 위해 의로움을 얻으신다. 또한 그는 높아짐의 상태에서 그 의로움을 적용하신다(「하이델베르크 교리문답」 제17주일). 이 두 가지 상태에서 다양한 **단계들 또는 과정들**을 구별할 수 있다. 그리스도의 낮아짐의 상태는 그의 겸허한 출생, 고난과 죽음, 무덤에 묻힘 및 지옥으로 내려감 등으로 이루어져 있다. 그리고 높아짐의 상태는 그의 부활, 승천, 하나님 아버지의 우편에 앉음 및 심판을 위한 재림 등으로 이루어져 있다.

4. 그리스도의 삼중직에 대한 교리와 마찬가지로 이중 상태에 대한 교리도 실천과 관련된 의미들을 지니고 있다. 교회의 공식적인 설교에서 두드러지게 나타나는 몇 가지 요소들 안에는 어떤 연속성이 있다. 노르트만스는 이 구분이 기독교의 절기들에 대한 설교에 도움을 준다고 말한다(Noordmans, *V.W.*, 2:276).

우리의 신앙은 그리스도가 걸어가신 길, 곧 그가 자기 자신을 얼마나 낮추셨는지 또한 그가 얼마나 높이 들림을 받으셨는지에 초점을 맞추고 있다. 그는 "우리가 범죄한 것 때문에 내줌이 되고 또한 우리를 의롭다 하시기 위하여 살아나셨느니라"(롬 4:25). 그는 우리를 하늘로 들어올리기 위해서 땅속 깊은 곳까지 내려가신 것이다(Calvin, *C.O.*, 22, 54).

우리는 그리스도의 낮아짐과 높아짐의 모든 단계에서 그것의 중요성, 유익 및 위로에 대해 탐구할 수 있을 것이다(참조. 「하이델베르크 교리문답」 제11-22주일). 우리는 그리스도의 낮아짐과 높아짐에서 일어나는 그의 사역을 믿음으로 묵상하면서 끊임없이 다음 사실을 깨달아야 한다. 곧 이것은 우리를 위해서(*pro nobis*) 행해진 것이다. 성만찬의 전통적인 예식에서 지적하는 것처럼 말이다.

30.4. 말씀의 성육신

1. 약속의 성취. 하나님이 그리스도의 인격과 사역을 통해서 우리에게 오셨다는 신앙고백은 기독교 신앙의 핵심 내용이다. 우리는 구약시대의 언약 아래에서 하나님이 예비적으로 오신 것과, 신약성경이 증언해주듯이 신약시대의 언약 아래에서 하나님이 결정적으로 오신 것을 구분할 수 있다(Korff, 1942², 2:50). 구약성경은 "메시아에 대한 예언들"과 더불어 메시아가 오는 것에 대한 기대감으로 가득하다.

여기서 우리는 구약성경에 대한 역사비평의 해석 원리 및 방법을 받아들이는 학자들의 관점을 다루지 않을 것이다. 그들은 구약성경 안에 종말론적인 기대가 있다는 것은 인정하지만, 그리스도와 관련된 것은 아무것도 인정하지 않는다. 우리는 에델코르트(Edelkoort, 1941, 11)의 다음과 같은 견해에 동의한다. 곧 고대 이스라엘의 예언들은 메시아가 오는 것과 더불어 하나님이 궁극적으로 왕으로서 통치하시는 것과 밀접하게 연결되어 있다. 또 다른 극단적인 견해로서 다음과 같은 기독론적인 해석이 있다. 이 해석은 "그리스도에 대한 증언"(Christuszeugnis)을 지지하면서 구약성경이 지니고 있는 역사적인 측면을 무시한다. 비셔(W. Vischer)의 견해에 의하면, 구약성경은 그리스도가 무엇을 하는지 설명해주며, 신약성경은 그리스도가 누구인지 설명해준다. 그의 견해에서 구속 역사적인 관점은 증언의 공동체로 대체되었다(Berkouwer, 1952, 101).

메시아에 대한 기대는 포로기 이후의 시대에 나타났을까 아니면 왕들이 통치하던 시대에 나타났던지 또는 이미 족장들의 시대에 나타났을까? 아니면 그 기대는 이미 낙원에서 시작되었을까? 메시아에 대한 개념은 몇몇 상황들로 말미암아 사람들에게 생겨난 것일까? 아니면 그 개념은 구원에 대한 하나님의 약속에 의해서 그 이전에 생겨난 것일까? 우리는 에델코르트(1941, 101-107)와 함께 그 개념이 "원 약속"(mother promise)에서 비롯되었다고 결론짓는다(창 3:15). 기독교의 전통은 맨 처음부터 원 약속을 "최초의 복음", 구세주가 오는 것에 대한 최초의 선언이라고 여겨왔다[30](「벨기에 신앙고백서」 제17조).

창세기 3:15 이외에도 아브라함에게 주어진 약속(창 12:2-3)과 다윗에게 주어진 약속(삼하 7:11-16; 23:1-4)도 핵심적으로 중요하다(참조. Edelkoort, 1941, 158-170). 메시아에 대한 약속들은 구약성경 전체를 통해서 끊이지 않고 이어진다. 그리고 메시아에 대한 기대는 그것에 믿음으로 반응하는 것이다.

특히 이사야서에는 그리스도 안에서 성취되는 예언들이 선포되어 있다. 예를 들면, 임마누엘에 대한 예언(사 7:14; 참조. 마 1:23)과 이새의 줄기에서 한 싹이 날 것에 대한 예언 등이다(곧 야웨의 영이 그 왕 위에 머무를 것이며, 또한 그를 통해서 평강의 나라가 올 것이다[사 11:1-10; 참조. 롬 15:12]). 그리고 예언자 이사야는 "한 아기가 우리에게 났고 한 아들을 우리에게 주신 바 되었는데"(사 9:6)라고 예언한다. 비록 아직 이 아기가 태어나지 않았지만, 그는 예언자적인 관점에서 그 아기가 이미 온 것으로 이해한다. 하나님의 약속들은 바로 이와 같은 특성을 지니고 있다. 그리고 여기서 메시아의 이름 중 하나는 "전능하신 하나님"이다. 곧 "메시아를 통해서 하나님 자신이 사람들에게 오실 것이다." 그는 사람들을 구속하기 위해서 온다. 그가 제공하는 구속은 완전할 것이다. 왜냐하면 그는 전능하신 하나님이기 때문이다.[31] 야

---

30 창 3:15을 "원 복음"(proto-gospel)이라고 해석하는 것(예를 들면, G. Ch. Aalders, 『창세기의 처음 세 장에서의 하나님의 계시』[*De goddelijke openbaring in de eerste drie hoofdstukken van Genesis*], 1932, 513-525; K. Schilder, *H.C.*, 2:276-293)과 대조적으로, 뱀과 사람들 사이에서의 지속적인 갈등을 강조하는 또 다른 해석도 있다(참조. C. Westermann, *Genesis*, 1974, 1:349-359).

31 B. J. Oosterhoff, *Israëls profeten*, 출간 연도 미상, 91.

웨의 종에 대한 예언자 이사야의 예언과 특별히 고난받은 종에 대한 예언(사 52:13-53:12)은 그리스도에 대한 예언들로서 신약성경의 빛으로 반드시 이해해야만 한다(마 8:17; 행 8:32-35; 벧전 2:22-24).

예수는 자기가 걸어가야 할 길이 성경 안에 분명하게 설명되어 있다고 이해했다. 성경은 그에 대해서 증언해준다(요 5:39). 또한 그는 "이 글이 오늘 너희 귀에 응하였느니라"(눅 4:21)고 말한다. 또한 부활한 예수는 두 제자에게 나타나서 "모세와 모든 선지자의 글로 시작하여 모든 성경에 쓴 바 자기에 관한 것을 자세히 설명"해 주었다(눅 24:27).

마태복음의 저자는 구약성경에 언급된 예언의 "성취에 대한 인용 구절들"을 통해 구약성경에서 약속되고 기대된 것과 그리스도 안에서 성취된 것 사이에 많은 연관성이 있다는 것을 알려준다. 마태복음이 족보에서 시작한다는 것은 매우 중요한 의미를 지니고 있다. 그 족보는 그리스도라고 불리는 예수가 다윗의 자손과 아브라함의 자손이라고 밝혀준다.[32] 마태복음의 족보는 예수를 아브라함의 자손이라고 밝혀서, 예수와 이스라엘의 역사 사이의 연관성을 강조한다. 반면에 누가복음에 제시된 족보(눅 3:23-38)는 하나님의 아들, 아담의 이름을 포함한다. 선교적인 특성[33]을 지닌 누가복음은 모든 인류를 위한 예수의 중요성을 강조한다.

"때가 차매 하나님이 그 아들을 보내사"(갈 4:4). 이것은 우리가 왜 그 일이 다른 시점이 아니라 바로 그 시점에 일어났는지를 이해할 수 있는 정확한 시기를 의미하지 않는다. 하나님이 그분의 아들을 이 세상으로 보내야 할 정확한 시기를 결정하신다(참조. 갈 4:2—하나님 아버지는 그때를 미리 정해놓으셨다). 마가복음 1:15의 경우와 마찬가지로, 갈라디아서에서 언급되는 때는 구원의 때다. 바로 이때 하나님의 약속들이 성취된다. 사도 바울

---

32 마리아는 요셉과 정혼했으며, 요셉은 다윗의 후손이기 때문에, 예수는 요셉의 아들로 간주된다. 따라서 예수도 다윗의 가문에 속한다.

33 참조. J. P. Versteeg, 『사중 복음』(*Evangelie in viervoud*), 1980, 21-25, 85-89.

은 그리스도가 오는 것과 그의 사역은 역사 안에서 하나님이 그분이 약속하신 것들을 성취하신다는 것을 드러내주며, 또한 구원의 위대한 때가 획기적으로 전개된다는 것으로 이해한다(참조. Ridderbos, *Paul*, 44).

2. 그리스도의 탄생 이적. 우리의 주 예수 그리스도의 탄생은 진정으로 한 사람이 태어나는 사건이었다. 누가복음의 저자는 그의 탄생에 대해 이렇게 묘사한다. "거기 있을 그때에 해산할 날이 차서 첫아들을 낳아 강보로 싸서 구유에 뉘었으니 이는 여관에 있을 곳이 없음이러라"(눅 2:6-7).

그때 일어났던 일은 매우 정상적이었던 것처럼 보인다. 하지만 그것은 상상해볼 수 있는 것 중에서 가장 위대한 기적이었다. 예수의 탄생에 대해 묘사하는 누가복음 2장의 내러티브에 앞서 누가복음 1장에서 다음과 같이 예수의 탄생이 예고된다. "성령이 네게 임하시고 지극히 높으신 이의 능력이 너를 덮으시리니 이러므로 나실 바 거룩한 이는 하나님의 아들이라 일컬어지리라"(눅 1:35). 마태복음에서는 이렇게 소개된다. "그의 어머니 마리아가 요셉과 약혼하고 동거하기 전에 성령으로 잉태된 것이 나타났더니"(마 1:18). 또한 주의 천사는 요셉에게 다음과 같이 알려주었다. "그에게 잉태된 자는 성령으로 된 것이라"(마 1:20). 그러므로 교회는 사도신경에서 그리스도가 "성령으로 잉태하사 동정녀 마리아에게 나시고"라고 신앙을 고백한다.

성령은 마리아가 잉태하도록 했을 뿐만 아니라 거룩하게 하고 예비시키는 일을 하셨다. 이것은 예수에게 죄악된 성품 및 행위가 없는 이유가 그가 성령으로 잉태되었기 때문이라는 것을 의미하지 않는다. 예수는 신성을 지닌 존재로서 진정으로 모든 인류가 지니고 있는 죄를 초월하셨다. 그는 인류 안에서 나타난 것이 아니라 바깥으로부터 곧 하늘로부터 와서 인류 안으로 들어가신 것이다. 곧 "하나님이 그 아들을 보내사 여자에게서 나게" 하신 것이다(갈 4:4).

예수가 "임마누엘"이라는 이름으로 불리는 것은 정당하다. 그 이름은 예수 안에서 "하나님이 우리와 함께 [계신다]"는 것을 암시해준다.[34] 예수 그리스도 안에서 그 기적—하나님이 우리와 함께 계신다—은 현실이 되었다.

제4복음서의 핵심 구절 중 하나는 다음과 같이 말한다. "말씀이 육신이 되어 우리 가운데 거하시매 우리가 그의 영광을 보니 아버지의 독생자의 영광이요 은혜와 진리가 충만하더라"(요 1:14). 하나님과 가장 친밀한 사귐을 맺었고 하나님과 동등한 존재였던 로고스가 육신(*sarx*)이 되신 것이다. 이것은 로고스가 연약하고 공격에 노출되어 있으며 죽을 수밖에 없는 특성을 지니고 있는 새로운 존재 방식을 취했음을 의미한다.[35]

구약성경은 여러 차례에 걸쳐 하나님이 그분의 백성 사이에 거하시며 그분의 영광을 나타내신다고 언급한다. 지금 하나님은 육신이 되신 말씀으로 그분의 백성들에게 오셨다. 이 말씀이 그분의 백성들 가운데 거하는 것은 새로운 가까움을 나타낸다.

바울은 "[하나님이] 자기 아들을 죄 있는 육신의 모양으로" 보내셨다고 말한다(롬 8:3). "그러므로 그리스도는 연약하고 유한한 인간의 상태로 오셨다. 하지만 그는 인류의 죄에 동참하지 않으셨다"(Ridderbos, *Paul*, 65).

그리스도 안에서 하나님이 나타나신 것은 육신을 통해 나타나신 것이다. 또한 이 점은 다음과 같은 말로 시작되는 사도 바울의 찬송 안에서도 표현되어 있다. "크도다! 경건의 비밀이여, 그렇지 않다 하는 이 없도다"(딤전 3:16). 이 찬송의 맨 첫 구절은 "그는 육신으로 나타난 바 되시고"라고 언급된다. 이것은 그리스도가 그의 성육신뿐만 아니라 그의 지상 생애 전

---

34 마 1:23은 사 7:14을 인용한다. 사 7:14의 예언에는 "젊은 여인"이라고 번역할 수 있는 히브리어 단어가 포함되어 있다. 이 예언은 아하스 왕이 통치하던 시기에 성취되었을 것이다. 그래서 "임마누엘"이라는 이름을 지닌 아기가 태어나는 것은 하나의 징조를 보여주는 것이다. 마태복음 저자는 70인역에서 제시된 본문을 사용했다. 그 본문은 "젊은 여인"이 아니라 "처녀"라고 언급한다. 그러므로 예수의 탄생은 임마누엘에 대한 이사야의 예언에 새로운 빛을 비추어준다. 곧 예수 그리스도 안에서 이사야서의 해당 예언이 성취되었고, 그 안에서 하나님이 우리와 함께 계신다.

35 H. Ridderbos, 『그 말씀이 육신이 되었다』(*Het Woord is vlees geworden*), 1979, 9.

체를 통해서 인간의 몸을 입고 나타나신 것을 언급한다.[36]

그때 계시된 하나님의 위대한 비밀을 깨달은 우리는 하나님의 구원 계획에 놀라움을 금하지 못하며, 또한 그분의 거룩한 사랑을 찬송한다. 따라서 그리스도의 탄생을 축하하는 기독교의 절기는 찬양의 노래들로 송축된다!

하나님은 영원 전부터 이 영광스러운 인물, 곧 그리스도가 우리를 위해서 하나님의 구원 계획을 성취하는 것을 기뻐하셨다. 사실상 그리스도는 그 계획을 성취하셨다. 이 사실을 진정으로 깨닫는 사람들 중에서, 그의 마음속에 기쁨이 넘치지 않을 이가 과연 있겠는가? 이와 같은 상황에서 누가 하나님을 사랑하고 찬양하며 그분께 감사하지 않겠는가?(Luther, *W.A*, 17.2.244 이하).

하나님의 아들의 성육신은 [그] 말씀의 성육신이다. "우리 주 예수 그리스도의 은혜를 너희가 알거니와 부요하신 이로서 너희를 위하여 가난하게 되심은 그의 가난함으로 말미암아 너희를 부요하게 하려 하심이라"(고후 8:9). "그는 근본 하나님의 본체시나…오히려 자기를 비워 종의 형체를 가지사 사람들과 같이"되었다(빌 2:6-7).

하나님의 "아들에 관하여 말하면 육신으로는 다윗의 혈통에서" 태어나셨다(롬 1:3). 하지만 다윗의 가문은 빛과 영광을 잃어버렸다. 하나님의 아들은 이 땅에 가난하게 오셨다. 그는 왕궁 안에서 태어나지도 않으셨다. 그가 태어나자, 그는 가축의 먹이를 담아놓는 그릇인 구유에 누여 있었다. 또한 헤롯왕으로 말미암아 이 아기의 목숨이 위태롭게 되자, 요셉과 마리아는 이집트로 달아나야 했다. 이처럼 십자가의 그림자는 이미 베들레헴의 구유 위에도 드리웠다. 이전의 어떤 크리스마스 찬송가는 이 점에 대해서 다음과 같이 묘사한다.

---

36 참조. J. P. Versteeg, 『그리스도와 성령』(*Christus en de Geest*), 1971, 131-175; W. Metzger, *Der Chtistushymnus 1. Timotheus, 3.16*, 1979, 62-82.

그를 보라. 그는 말씀이지만, 말없이 구유 위에 누워 있다.

그를 보라. 그는 왕이지만, 지금 그에게 휘황찬란함이 전혀 없다.

그를 보라. 그는 빛이지만, 어둠속에 있다.

그를 보라. 그는 선하고 지극히 사랑스럽지만 거부당하고 멸시받았다.

(교회 찬송가[Liedboek voor de kerken], 139)

또한 우리는 이것을 성만찬의 전통적인 예식에서 사용되는 말로 표현할 수 있을 것이다. 곧 "그는 우리의 몸과 피를 취하셨다." 이 표현은 그가 가능한 한 우리에게 가장 가까이 오셨다는 것을 의미한다. 그가 취한 인간의 본성은 연약하고 손상에 노출되어 있었다. "우리가 그리스도의 본성과 육신에 더 가까이 다가갈수록, 그것은 우리에게 더욱더 커다란 위로를 가져다준다(Luther, *W.A*, 10.1.1, 68).

하지만 많은 이들이 그리스도의 동정녀 탄생을 하나의 진정한 기적이라기보다 어떤 지어낸 이야기이고, 경건의 위대한 비밀이라기보다 커다란 문제점을 제공한다고 생각한다.

비판적인 반응들이 합리주의와 이신론의 시대에 제기되었다. 하르나크(A. von Harnack)가 사도신경의 일부분을 형성하는 그리스도의 동정녀 탄생의 조항을 거부하는 것과 더불어 비판의 새로운 국면을 시작했다. 이것은 1892년에 이른바 "사도신경 논쟁"(Apostolikumstreit)을 초래했다.[37] 그 시기 이후로 해당 주제에 대한 문헌이 쏟아져나왔다.

우리는 4세기 이후 사도신경에 포함되어 있는 형태를 통해서 이 교리를 알고 있다. 하지만 이미 2세기 중엽부터 다음과 같은 것이 고백되었다. 예수 그리스도가 "성령과 동정녀 마리아에게서 태어나셨다." 사실상 이 고백이 어떤 초자연적인 사

---

37 Y. Feenstra는 자신의 연구서에서 새로운 평가를 제시했다. 참조. 『20세기에서의 사도신경』 (*Het Apostolikum in de twinitigste eeuw*), 1951, 49-62.

    개혁교회 교의학

건을 가리켰지만, 그럼에도 이 표현은 오해를 불러일으킬 수 있었다. 성령의 사역과 동정녀 마리아의 역할의 차이는 다음과 같은 표현에서 더 분명하게 표현되었다. "성령으로 잉태하사 동정녀 마리아에게 (태어)나시고." 이 조항 바로 앞에서 언급되는 그리스도가 "그[의] 외아들"이라는 신앙고백과 관련해서, 그 누구도 그가 이 땅에 오셨을 때부터 아들의 신분이 시작되었다고 주장할 수 없다. 따라서 우리는 다음과 같은 사실을 이해할 수 있다. 곧 이 신앙고백의 조항은 8세기에 마리아의 아들인 인간 예수가 입양되어 하나님의 아들과 하나 됨을 이루게 되었다는 견해(양자론[Adoptianism])를 논박하는 데 사용되었다.[38] 또한 이 신앙의 조항은 오늘날 양자론자들의 이론들을 물리치는 데에도 중요한 역할을 한다.

그리스도가 성령에 의해 잉태되셨고 동정녀에게서 탄생하셨다는 신앙고백을 반대하는 중요한 견해들은 다음과 같다(이 문제와 관련해서는 특히 다음 저서들을 참조하라. Brunner, *Dogmatics*, 2:350-356; Pannenberg, *Jesus—God and man*, 1968, 141-150). 1. 마태복음 1장과 누가복음 1장에서 제시된 이야기들은 신화와 같은 특성을 지니고 있다. 2. 이 기적에 대한 생물학적인 설명은 예수의 진정한 인성을 훼손한다. 3. 그것은 요셉과 마리아의 결혼에 결격 사유를 제공해준다. 4. 그것은 처녀성의 이상화를 고무하고 또한 마리아에 대한 숭배를 조장한다. 5. 그것은 현대의 그리스도인들에게 호소력이 없는 사건들에 대한 신화적인 묘사다. 또한 그것은 합리적이며 논리 정연한 사고를 가로막는다. 6. 신앙은 그것에 관심이 없다.

이 반대 의견들 중에서 일부는 이미 폐기되었다. 예를 들면, 두 번째 반대 논점과 관련해서 다음과 같은 사실은 주목할 만하다. 곧 가현설을 근본적으로 거부했던 이그나티우스는 예수가 정말로 처녀에게서 태어났다고 말했다(Ignatius, *Ad. Sm.*, 1). 세 번째 반대 논점은 입증되지 않았다. 또한 네 번째 반대 논점과 관련해서 마리아 숭배가 이 신앙 조항에 기초한다고 비난할 수 없다.[39] 그리고 다섯 번째 반대 논점과

---

38 참조. J. N. D. Kelly, *Early Christian Creeds*, 1972³, 376-378.
39 이 신앙 조항은 마리아론과 관련된 신앙고백이 아니라, 오히려 기독론과 관련된 신앙고백이다. J. van Genderen은 다음 논문에서 마리아 숭배의 확장과 더불어 마리아론의 발전 과정에 대해서 어느 정도 자세하게 논한다. 참조. "새 교리"(Nieuwe dogma), in A. G. Knevel

관련해서 반인반신들에 대한 이방 세계의 이야기들과 성령의 창조적인 권능에 대해 성경이 말하는 것 사이에는 세계관의 차이점이 있다는 점을 지적할 수 있다.

우리는 첫 번째 반대 논점과 관련해서 다음과 같은 것을 주장한다. 곧 마태복음 1장과 누가복음 1장은 어떤 역사적인 사실을 다루고(참조. Guthrie, *N.T. Theol.*, 365-374), 또한 해당 장들은 해당 복음서들에서 필수적인 부분을 형성한다. 우리는 왜 신약성경의 나머지 부분들이 이 점과 관련해서 침묵하고 있는지 알지 못한다. 하지만 이 사실들이 반드시 다른 곳에서도 언급되어야만 하는 것은 아니다. 나아가 마태복음 1장과 누가복음 1장에서 언급되는 것은 우리가 요한 문헌과 바울 서신에서 읽는 내용과 서로 어긋나지 않는다.

이 특별한 신앙 조항은 오직 참 하나님이자 참 사람인 예수 그리스도에게만 어울린다. 엄밀하게 말해서 그가 하나님이시기 때문에, 성령은 그가 이와 같은 방법으로 성육신하게 하려고 자기의 능력을 사용하셨다. 그래서 그는 참으로 인간이 되셨다. 또한 그는 마리아의 아들로 태어나셨다. 바울은 이 사실에 대해 이 두 복음서 저자와 상당히 다르게 묘사하지만 그의 다음과 같은 말은 그들의 증언과 조화를 이룬다. 곧 "때가 차매 하나님이 그 아들을 보내사 여자에게서 나게 하시고 율법 아래에 나게" 하셨다(갈 4:4).

우리는 다음과 같은 펜스트라의 주장에 동의할 수 있다. 곧 동정녀 탄생을 가장자리로 내밀면서 그것을 강력하게 부인하는 이들은 자신들이 순진한 게임이나 또는 전혀 해롭지 않은 게임에 동참하는 것이 아니라는 사실을 반드시 깨달아야만 한다. 그들은 우리에게 이런 형식으로 제시되고 우리는 이런 형태로만 알 수 있는 우리 구주의 탄생의 복음을 가지고 장난한다.[40]

칼 바르트는 자신의 『교회교의학』에서 그리스도의 동정녀 탄생에 대해 지면을 할애한다. 하지만 그는 오직 하나의 표적으로서 그것을 다룬다. 그는 성육신 안에서 나타나는 하나님의 계시를 수반하는 어떤 표적으로서 동정녀 탄생을 해석한다. 하

(ed.), *Maria*, 1988, 45-53.
40　Y. Feenstra, 『동정녀에게서 태어남』(*Geboren uit een maagd*), 1959, 78.

나님의 아들이 인간의 본성을 자기 자신과 결합시키는 것은 바로 하나님의 은혜의 기적이다. 그것이 보여주는 표적은 인간을 배제한다. 인류는 단지 동정녀 마리아라는 사람 안에 포함되어 있다. 동정녀 마리아는 인류의 형태로서 자신에게 행해지는 것을 오직 수용하고 받으며 허락할 수밖에 없다(Barth, *C.D.*, 1.2.191). 이것은 동정녀 탄생의 중요성을 손상시키는 것을 암시해준다(참조. Berkouwer. 1953, 116). 예수 그리스도의 탄생에는 어떤 표적 이상이 포함되어 있다. 우리의 신앙고백은 말씀이 육신이 된 신비로운 방법에 관심을 기울이고 있다.

우리는 그리스도의 초자연적인 탄생에 대한 교리는 최상의 중요성을 지니고 있다는 바빙크의 견해에 동의한다(Bavinck, *R.D.*, 3:291).

그리스도는 우리와 똑같이 시작하고자 하셨다. 곧 그는 갓난아기로서 시작하기를 원하셨다. 하지만 그리스도와 우리의 근본적인 차이점은 그가 이 땅에서 그의 생명을 시작하시는 순간부터 생겨났다.

a. 우리는 우리의 삶을 시작하는 맨 처음 순간부터 죄인들로 구성된 인류의 한 사람이다. 우리는 구속받아야만 한다. 하지만 그리스도는 그럴 필요가 없으시다. 우리는 모두 아담 안에 포함되어 있다. 하지만 그는 포함되어 있지 않으신다. 우리는 모두 하나님의 심판 아래 놓여 있다. 하지만 그는 그렇지 않으신다. 그리스도는 하나님의 심판을 자기 자신이 스스로 떠맡으려고 이 세상에 있는 우리에게 오셨다.

b. 우리는 아담 안에서 또한 아담과 함께 모두 하나님께 등을 돌렸다. 새로운 인류의 머리인 둘째 아담의 순종은 옛 인류의 머리인 최초의 인간의 불순종과 대조되며, 또한 그것을 극복한다(롬 5:12-21). 하나님은 그리스도와 더불어 전적으로 새롭게 시작하신다. 우리는 바로 이런 이유로 말미암아 그리스도가 꼭 필요하다.

우리는 믿음 안에서 다음과 같이 말할 수 있다. "그리스도는 우리의 중보자이십니다. 그는 죄가 없으며 완전히 거룩한 분입니다. 그러나 나는 죄 가운데 태어나서 이제까지 수많은 죄를 지었습니다. 하지만 그리스도는 나

의 모든 죄를 하나님 앞에서 덮어줍니다"(「하이델베르크 교리문답」 제14
주일).

우리가 하나님께 돌아가는 길은 오직 그리스도를 통해서 가는 길 밖에
없다. "그는 우리 인간을 위해 또한 구원을 위해 하늘에서 내려오셨다. 그
는 성령에 의해 잉태되어 동정녀 마리아에게서 혈육을 받아 사람이 되셨
다"(「니케아-콘스탄티노플 신조」).

3. 성육신의 이유와 목적. 왜 말씀이 육신이 되셨는가라는 질문에 대해
교회의 신조는 "우리를 위해서 또한 우리의 구원을 위해서"라고 대답했다.
말씀의 성육신은 바로 우리의 구원(*soteria*)을 위해서였다. 이것은 이중 목
적으로, 곧 먼저 "우리를 위해서" 그다음에 "우리의 구원을 위해서"로 분리
되어서는 안 된다. 하지만 적지 않은 신학자들이 그와 같은 견해를 지니고
있다. 그들의 견해에 의하면, 성육신의 목적은 단순히 구원론적인 측면만
지니고 있는 것은 아니다. 그들의 견해에 의하면, 인간이 타락한 것과 상
관없이 성육신 사건이 일어났다. 그렇다면 우리가 죄책으로부터 구속받는
것과 우리가 멸망으로부터 구원받는 것은 우연히 동시에 일어나는 것으로
이해될 수도 있을 것이다.

이와 같은 맥락에서 질문이 다음과 같이 다양한 형태로 표현되었다. 만약 죄
가 이 세상에 들어오지 않았다면, 과연 하나님의 아들의 성육신 사건이 일어났겠
는가?(Osiander, 1550). 성육신의 이유는 어디서 찾아야 하는가? 인간에게 구속이
필요하기 때문인가 아니면 그것과 상관없는 하나님의 목적들 때문인가?(Haubst,
1969).

이 문제와 관련해서 둔스 스코투스와 토마스 아퀴나스, 오시안더와 칼뱅, 훈닝
(J. H. Gunning)과 카이퍼, 판 더 레이우와 노르트만스, 베르크호프와 판 룰러 등은
서로 맞서서 논쟁했다. 베르크호프의 견해에 의하면, 예수 그리스도의 위격 안에서
하나님과 사람 사이의 유일무이한 예언자적인 연합은 단순히 죄로 말미암아 꼭 필

요했던 긴급 조치가 아니었다. "긴급 조치"(noodmaatregel)라는 용어는 판 룰러에게서 비롯되었다. 그는 다음과 같이 주장한다. "예수 그리스도 안에서 구속 사역은 그저 발생한 것이다. 그래서 창조세계는 또다시 하나님 앞에 존재할 수 있었다. 따라서 그것은 하나님의 한 가지 경륜과 사역 안에서 오직 하나의 사건, 하나의 긴급 조치였다."[41]

우리는 인간적인 추론에 기초한 사고들이 아니라 성경의 선언들에 의해서 인도함을 받아야 한다. 신약성경의 많은 구절이 예수 그리스도가 이 세상에 오신 목적을 언급한다(참조. 마 1:21; 20:28; 눅 19:10; 롬 8:3; 갈 4:4-5; 딤전 1:15; 히 2:17). 요한은 다음과 같이 말한다. "하나님이 자기의 독생자를 세상에 보내심은 그로 말미암아 우리를 살리려 하심이라." 또한 "하나님이…우리 죄를 속하기 위하여 화목제물로 그 아들을 보내셨음이라"(요일 4:9-10). 이와 반대되는 입장을 지지해주는 성경 구절들은 전혀 없다.

성경이 지지하지 않는 시나리오들을 추구하는 이들은 순전히 상상에 몰두하는 것이다. 구속을 위한 성육신으로부터 하나님과 인간의 결합에 대한 어떤 보편적인 원리나 또는 교회에게 연장시키는 어떤 성육신의 개념을 추론하는 것은 그릇된 것이다.[42] 그와 같은 성육신의 신학은 다음 두 가지 방향으로 전개될 가능성이 있다. 한편으로 그것은 하나님의 은혜를 통해서 자연을 영화스럽게 하는 데 사용될 수 있다. 또는 다른 한편으로 그것은 구원을 인간화하거나 세속화하는 데 사용될 수도 있다.[43]

노르트만스는 성경과 신조 안에서 성육신은 십자가 위에서의 그리스

41　참조. J. van Genderen, "성육신의 신학 또는 십자가의 신학"(Theolgie van de incarnatie of theologie van het kruis), *Th. Ref.* 14 (1971), 277-291. 또한 참조. Wentsel, *Dogm.*, 3b:171-182.

42　참조. G. C. Berkouwer, Conflict met Rome, 1949[2], 272-282.

43　참조. J. van Genderen(각주 41), 283-289.

도의 고난을 위한 필수 조건이라고 올바로 지적한다. "하나님의 아들은 자신이 죄와 죽음에 온전히 관여하며, 또한 하나님 앞에서 죄와 죽음을 덮어 그것들을 없애기 위해서 그의 인성이 꼭 필요하다. 그리스도는 바로 이와 같은 방법을 통해서 우리의 중보자시다"(Noordmans, *V.W.*, 2:498-502).

그렇지만 구속은 단지 죄로부터의 구속에만 국한되어서는 안 된다. 우리의 구원은 구속, 용서, 새로워짐 및 성화를 포함하고 또한 그리스도 안에서 우리에게 영원한 생명이 주어진다(참조. Van Ruler, *T.W.*, 1:164).

30.5. 그리스도의 고난과 죽음

그리스도의 고난은 그것에 대해 증언하는 이들이 관찰한 것보다 훨씬 더 많은 것을 포함하고 있다. 그의 고난 및 죽음과 관련해서 적어도 다음 세 측면을 확인할 수 있다.

1. 맨 먼저 우리는 **그리스도가 십자가 위에서 처형당하는 것을 바랐던 사람들이 그에게 무엇을 행했는가**에 대해 생각해보고자 한다. 사복음서 저자들은 모두 그들의 죄책에 대해 명백하게 묘사한다. 또한 사도행전에서도 "그가…내준 바 되었거늘 너희가 법 없는 자들의 손을 빌려 [그를] 못 박아 죽였으나"라고 언급된다(행 2:23; 참조. 5:30). 이와 같이 사람들은 그리스도를 거부했고, 그를 십자가 위에서 처형했다. 이것은 사람들의 본성, 곧 하나님과 그분의 기름 부음 받은 자에 대한 적대감을 드러내준다. 예수는 자신이 사람들의 손에 넘겨진다는 것을 미리 알고 계셨다. 대제사장들과 서기관들은 그를 정죄해서 죽게 할 것이다. 이방인들은 그를 조롱하고, 그의 얼굴에 침을 뱉으며, 그를 채찍질하고, 마침내 죽일 것이다(막 10:33-34). 또한 예수는 그의 편에 있던 사람들로 말미암아 많은 고통을 겪으셔야 했다. 한 제자는 예수를 배반했다. 다른 제자는 그를 모른다고 세 번이나 부인했다. 예수는 거의 대부분의 사람들에게 버림을 받으셨다. 이 요소

들은 예수의 고난의 잔 안에 들어 있던 쓰디쓴 물방울들이었다.

2. 그리스도가 겪으신 고난에는 더 깊은 차원이 있다. **또한 그의 고난에는 하나님 아버지의 손길이 있으며, 하나님의 경륜은 그의 고난을 통해서 성취되었다.** 이것은 하나님이 그것을 미리 아셨다고 언급하는 것만으로는 결코 충분하지 않다. 왜냐하면 그리스도의 고난과 죽음은 하나님 아버지의 계획 속에 들어 있었기 때문이다. 그는 "하나님께서 정하신 뜻과 미리 아신 대로 내준 바" 되셨다(행 2:23).

사람들, 곧 가룟 유다, 유대 지도자들, 빌라도는 예수를 죽음에 내어주었다(마 26:16; 27:2, 26). 그런데 사도 바울은 하나님이 자기 아들을 우리를 위해 내어주셨다고 말하면서 동일한 동사를 사용한다(롬 8:32). 야웨의 종이 고난을 받을 것이라고 예언된 것이 예수에게 일어났다. 곧 예수는 사람들에게서 곤욕을 당하셨으며, 야웨는 그가 상함을 받는 것을 원하셨다(사 53:7, 10).

예수는 고난과 죽음에 직면해서도 자신이 하나님 앞에 서 있다는 것을 지속적으로 알고 계셨다. 그는 하나님 아버지의 손으로부터 그 잔을 받으셨다(눅 22:42). 십자가 위에서 왜 자기를 버리셨냐고 외치며 자기의 영을 아버지의 손에 맡기면서, 예수는 자기 아버지를 의지하셨다. 예수가 자기의 고난을 예고하시는 언급들에서 "반드시 ~해야 한다"라는 단어가 반복적으로 나타난다. 이것은 비어싱하(Wiersinga, 1971, 169)가 생각하는 것처럼 예수가 고난받으시는 것이 인간의 관점이 아니라 하나님의 관점에서 반드시 일어나야 한다는 사실을 의미한다. 누군가 그 단어를 예수가 자신과 유대인들의 갈등이 결국 자신의 죽음을 초래할 것이라고 예감하셨다는 암시로서 해석하는 일은 이 단어가 전달하려는 강조점을 없앨 수 있다.

예수는 반드시 고난을 받고 죽임을 당하셔야 했다. 왜냐하면 그에 대한 성경의 예언들이 반드시 성취되어야 했기 때문이다(마 26:54; 눅 24:25-27). 그것은 신적인 "필연성"이다. 왜냐하면 그것은 하나님의 구원 계획으로부터 빚어진 결과이기 때문이다. 예수는 자신의 전 생애와 모든 행위를 통해서 그렇게 했듯이 자신의 고난과 죽음에서도 자기 자신을 전적으로 하나님 아버지의 거룩한 뜻에 내어맡기신다(참조. *TDNT*, 2:21-25).

3. 이것은 우리를 세 번째 차원으로 이끌어준다. 하나님의 뜻은 동시에 그리스도의 뜻이기도 하다. **그는 그의 고난과 죽음을 의식적으로 또한 자발적으로 받아들이셨다.** 예수는 자신을 인자라고 종종 말씀하셨다. 그러면서 그는 인자가 사람들에게 넘겨지지만 또한 스스로 자신을 내어준다고 말씀하신다. 그는 "자기 목숨을 많은 사람의 대속물로" 내어주신다(막 10:45). 그는 다음과 같이 선언하신다. "내가 내 목숨을 버리는 것은 그것을 내가 다시 얻기 위함이니…이를 내게서 빼앗는 자가 있는 것이 아니라 내가 스스로 버리노라"(요 10:17-18). 이와 같이 예수의 죽음은 하나의 행위다. 그는 순교자가 아닌 중보자시다.

그리스도의 전 생애는 고난이었다. 그가 죄악으로 가득한 이 세상에 사셔야만 했다는 것 그 자체가 그에게는 고난을 의미했다. 자신에 대한 거부와 불신앙에 직면하는 것은 그에게 고통스러운 경험이었다. 하지만 그리스도는 예루살렘 주민들에게 다음과 같이 말씀하셔야만 했다. "암탉이 제 새끼를 날개 아래에 모음 같이 내가 너희의 자녀를 모으려 한 일이 몇 번이냐? 그러나 너희가 원하지 아니하였도다"(눅 13:34).

예수의 고난은 이 땅에서의 그의 삶의 맨 마지막 단계에서 최절정에 이른다. 사람들은 그에게 등을 돌렸다. 그의 제자들도 그를 버렸다. 심지어 그의 아버지, 곧 하나님 아버지도 그를 버렸다. 그리스도가 겪으신 고난 속에는 우리가 미처 상상할 수 없는 심오한 요소들이 있다. 우리는 그리스도가 겪으신 고난과 관련해 겟세마네 동산과 골고다 언덕에서 일어난 사건들과 또한 그 과정에서 예수가 자신의 마음속에 있던 것을 말로 표현하신 것 등에 대해서 생각할 것이다.

그리스도가 겪으신 고난은 다른 어떤 고난과 비교할 수 없을 정도로 극심한 것이었다. "그리스도는 온 인류에 대한 하나님의 진노를 자신의 몸과 영혼으로 짊어지셨습니다"(「하이델베르크 교리문답」 제15주일). 하나님의 진노는 죄에 대해서 하나님이 반응하시는 것이다. 그것은 죄악된 모든 것과 죄를 범하는 모든 사람에 대한 그분의 거룩한 혐오를 나타낸다. 예수는 바로 하나님의 이 진노를 기꺼이 경험하고자 하셨다.

우리는 "하나님 앞에서 [우리 자신을] 미워하며 [우리 자신을] 반드시 낮추어야 한다. 죄에 대한 하나님의 진노가 너무 커서, 하나님은 그것을 벌하시지 않은 채 그냥 두실 수 없으셨지만, 우리를 대신해서 하나님은 그분의 사랑하시는 아들 예수 그리스도가 십자가 위에서 고통스럽고 부끄러운 죽음을 겪게 하는 것을 통해 그것을 벌하셨기 때문이다." 우리는 하나님께 감사해야 한다. 왜냐하면 하나님은 "우리의 모든 죄에 대한 중보자와 희생 제물로 그분의 외아들을 우리에게 주셨기 때문이다"(성만찬 예식서).

만약 예수가 단지 인간이기만 하셨다면, 그는 이 중보 사역을 수행할 수 없으셨을 것이다. 예수는 그의 신성의 능력으로 하나님의 진노의 무거운 짐을 자신의 인성에 짊어지실 수 있었다(「하이델베르크 교리문답」 제6주일).

그 중보자는 하나님인 동시에 또한 사람이다. 하지만 우리는 이 진리로부터 예수가 고난을 받을 때 하나님 자신도 고난을 받았다고 추론해서는 안 된다. 또는 예수가 자신을 죽음에 내어줄 때, 하나님도 그분 자신을 죽음에 내어주셨다고 추론해서도 안 된다. 바르트[44]와 몰트만[45]과 같은 신학자들은 이와 같이 표현하는 데 주저하지 않는다. 하지만 성경은 우리를 이 방향으로 이끌어주지 않는다. 고난과 죽임을 당한 대상은 바로 그 중보자였다. 그는 야웨의 종으로서 하나님 아버지가 자기에게 맡겨주신 바로 그 일을 성취했다(참조. 요 17:4).

---

44 G. C. Berkouwer, 『칼 바르트의 신학에서의 은혜의 승리』(*De triomf der genade in de theologie van Karl Barth*), 1954, 294-324에서 "하나님의 고난"(Passion Gottes)에 대한 Barth의 관점 및 그것에 대한 비판을 참조하라.

45 J. Moltmann, 『십자가에 달리신 하나님』(*Der gekreuzigte Gott*), 1972. § 32.1에서 제5번을 참조하라.

성경이 전해주는 메시지는 하나님의 아들이 자기를 희생제물로 드린 사건을 통해 나타난 하나님의 사랑의 위대함에 대해 다음과 같이 묘사한다. "사랑은 여기 있으니 우리가 하나님을 사랑한 것이 아니요, 하나님이 우리를 사랑하사 우리 죄를 속하기 위하여 화목제물로 그 아들을 보내셨음이라"(요일 4:10). "자기 아들을 아끼지 아니하시고 우리 모든 사람을 위하여 내주신 이가 어찌 그 아들과 함께 모든 것을 우리에게 주시지 아니하겠느냐"(롬 8:32). 만약 하나님이 그분의 외아들을 아끼지 않으셨다면, 또한 그분은 자기 자신을 아끼지 않으신 것이다. 우리는 우리의 중보자의 피와 눈물을 통해서 구속받았다. 하나님은 우리의 구속을 위해서 최상의 대상을 이와 같이 내어주셨다.

예수는 "본디오 빌라도에게 고난"을 받으셨다(사도신경). 그는 "우리를 위해 본디오 빌라도 치하에서 고난을 받으셨다"(「니케아콘스탄티노플 신조」). 이와 같이 빌라도의 이름이 교회의 신조들에 포함되어 있는 것은 그가 모든 사람 중에서 가장 많은 죄를 지었기 때문은 아니다. 예수는 "나를 네게 넘겨 준 자의 죄는 더 크다 하시니라"(요 19:11)고 말씀하신다. 아마도 그가 십자가 처형을 받은 사건을 시간 속에 확정하려는 의도에서 빌라도의 이름이 언급되었을 것이다. 곧 그리스도의 고난과 죽음은 역사 안에 기록될 수 있었다. 루피누스(Rufinus, 345-410)와 다른 이들이 이와 같이 해석했다. 바르트는 이 해석에 동의하면서 다음과 같은 관점을 덧붙인다. "이때, 곧 세상의 때는 본디오 빌라도 및 그와 같은 부류의 사람들에 대한 언급과 더불어 기록되었다. 이때는 오직 하나님 아버지의 외아들의 고난의 때일 수밖에 없다."[46]

더 많은 지지를 받는 다른 해석이 있다. 빌라도는 유대 지역에서 로마 제국을 대표하는 인물이었다. 또한 재판관으로서 그의 권위는 인정되어야 했다. 예수는 그에 대해서 다음과 같이 말했다. 곧 "위에서 주지 아니하셨더라면 나를 해할 권한이 [너에게] 없었으리니"(요 19:11). 비록 빌라도는 예수에게 죄가 없다고 선언했지만, 그

---

46   K. Barth, *Credo*, 1946 (1935), 73.

럼에도 그는 예수가 십자가 처형을 받는 것을 허락했다. 인류는 하나님의 아들 예수에게 가장 커다란 불의를 행했다. 하지만 우리는 기독교가 항상 이 가장 불공정한 사건의 전개 과정에서 구원의 신비에 대해 무엇인가를 인식해왔다는 판 룰러의 다음과 같은 견해에 동의한다. "예수는 죄가 전혀 없으면서도 고난을 당하셨다. 나아가 그는 아무런 죄도 짓지 않았지만 죽임을 당하셨다. 따라서 구속의 위대한 실체는 예수가 우리를 위해서 우리의 모든 죄책을 스스로 짊어지고 고난당하고 죽임을 당하셨다는 데 있다"(*Ik geloof*, 86 이하). 그리고 예수는 본디오 빌라도 치하에서 고난을 당하셨다. "비록 그리스도는 죄가 없으시지만, 이 세상의 재판장에게 정죄 받으셨다. 그는 그것을 통해서 우리가 받아야 마땅한 하나님의 준엄한 심판으로부터 우리를 자유롭게 해주셨다"(「하이델베르크 교리문답」 제15주일).

유대 지도자들은 예수가 사형에 해당하는 죄를 범했다고 판결했다. 하지만 그들은 예수를 로마 당국에 넘겨주었다. 그 당시 유대 지역에서 오직 로마 당국만이 사형을 집행하는 권한을 지니고 있었기 때문이다. 그래서 예수는 돌에 맞아 죽임을 당하는 대신 로마의 방식대로 십자가 처형을 받았다.

십자가 처형은 가장 잔인하고 혹독한 사형 집행 방법으로 널리 알려져 있었다(*TDNT*, 7:573). 로마인들은 오직 노예들이나 이방인 범죄자들에게만 십자가 처형을 집행했다. 하지만 성경에 비추어볼 때, 우리는 그것 이상에 대해서 말할 수 있다. 나무에 달려 있는 시체는 하나님께 저주를 받은 것이므로(신 21:23), 예수가 십자가 처형을 받았다는 것은 그가 하나님의 저주의 대상이 되었다고 말할 수 있다. 이것은 예수가 자신에게 일어날 수도 있었던 것 가운데서 가장 나쁜 일을 겪었다는 사실을 암시해준다. 그래서 바울은 이렇게 말한다. "그리스도께서 우리를 위하여 저주를 받은 바 되사 율법의 저주에서 우리를 속량하셨으니 기록된 바 '나무에 달린 자마다 저주 아래에 있는 자라' 하였음이라"(갈 3:13). 이것은 다음과 같은 신앙고백의 기초를 제공해준다. "나는 내가 몸소 당해야만 하는 저주를 그리스도가 나를 대신해서 떠맡으셨다고 확신합니다. 왜냐하면 십자가에 달려서 죽은 사람은 하나님께 저주를 받은 것이기 때문입니다"(「하이델베르크 교리문답」 제15주일).

또한 교회의 신앙고백은 "왜 그리스도가 반드시 자기 자신을 낮추어 죽기까지 하셨습니까?"라고 질문한다. 그리고 그 질문에 이렇게 대답한다. "우리의 죗값을 치를 수 있는 다른 방법은 전혀 없고, 오직 하나님의 아들의 죽음을 통해서만 우리의 죗값이 모두 치러질 수 있기 때문입니다"(「하이델베르크 교리문답」 제16주일).

하나님의 공의와 하나님의 말씀에 일치하는 것으로서(창 2:17) 죄는 반드시 사형을 요구한다. 하나님은 죄를 벌하지 않으실 수 없다. "죄의 삯은 사망"(롬 6:23)이기 때문이다(참조. § 28.1.)

그렇다면 왜 죄를 전혀 알지 못했던 예수가 죽어야만 했는가? 사도 바울은 "하나님이 죄를 알지도 못하신 이를 우리를 대신하여 죄로 삼으"(고후 5:21)셨다고 말한다. 그는 우리의 죄가 예수에게 돌려졌기 때문에 그가 우리를 대신해서 죄인으로 취급되었다고 암시해준다. 맨 처음부터 교회는 "성경대로 그리스도께서 우리 죄를 위하여" 죽으셨다(고전 15:3)고 신앙을 고백해왔다.

우리의 죗값을 대신 갚아야 했으며 또한 스스로 그렇게 하기를 원했던 예수 그리스도에게는 심지어 십자가의 죽음을 벗어나는 것도 허용되지 않았다. 그의 십자가 죽음은 그를 영접하는 모든 사람에게 구원을 보증해준다. 「도르트 신조」에서는 이 점이 다음과 같이 표현되어 있다. "하나님의 아들의 죽음은 죄에 대한 유일무이하고 가장 완벽한 희생제물이자 채무 이행이다. 그의 죽음은 무한한 가치를 지니고 있어서 온 세상의 모든 죄를 속죄하기에 충분하고도 남는다"(「도르트 신조」 2.3).

30.6. 무덤에 묻힘 및 지옥에 내려감

1. 그리스도가 무덤에 안치됨. 「하이델베르크 교리문답」은 "왜 그리스도는 무덤에 묻히셔야만 했습니까?"라는 질문에 대해 가현설적인 요소를 반대하는 답변을 다음과 같이 포함한다. 곧 "그것은 그리스도가 진정으로 죽으셨다는 사실을 입증합니다"(제16주일의 답변). 비록 이 답변이 그릇된 것은 아니지만, 그것만으로는 완벽하지 않다.

이 선언이 완벽한 답변은 아니지만 매우 중요하다. 고리도전서 15:3-4과 마찬가지로 복음서들은 하나의 역사적 관점에서 그리스도의 죽음, 무덤에 안치됨 그리고 부활을 이해한다. 이 사건들은 역사적 사실이다. 교회는 그 사실에 의해서 존속한다. 많은 사람이 예수 그리스도가 육체로 부활했다는 사실을 의심한다. 이런 의심에 직면해서 다음과 같은 사실을 깨달을 필요가 있다. 곧 무덤에 안치되고 부활한 사건은 동일한 예수와 관련이 있고, 따라서 그의 몸과도 관련이 있다. 포프는 이 점에 대해 다음과 같이 주장한다. "한편으로 예수의 무덤은 그의 죽음에 관한 확실한 표징이자 확증이다. 다른 한편으로 그것은 역사적이며 지리적인 장소로서, 하나님은 그곳에서 예수를 죽은 사람들 가운데서 다시 일으키시는 데 개입하셨다."[47]

「하이델베르크 교리문답」의 제16주일에 제시된 답변은 다음과 같은 의미에서 불완전하다. 곧 그 답변은 그리스도가 무덤에 안치된 것이 중보자로서의 그의 사역의 일부분이라는 측면을 제대로 설명해주지 못한다. 그것은 그리스도의 낮아짐에 속하는 한 단계다. 그리스도는 죽은 사람들 가운데 계셨다. 그는 모든 사람의 죄에 대한 형벌을 가장 완벽하고 완전하게 받으셨다.

예수가 무덤에 있다가 다시 살아나서 그곳을 떠나셨기 때문에, 그를 믿

47　F. J. Pop, 『바울의 고린도전서 주석』(*De eerste brief van Paulus aan de Corinthiërs*), 1965, 350.

는 사람들에게 무덤과 죽음은 그것이 지닌 공포감을 잃어버렸다. 그리고 그리스도가 신자들을 위해서 죽었다가 다시 살아나셨기 때문에, 죽음의 특성은 그들에게 다른 것으로 바뀌었다. 곧 신자들에게 죽음은 영원한 생명으로 나아가는 통로다. 그들에게 무덤은 부활과 영원한 생명을 기다리는 장소에 지나지 않는다.

2. 그리스도가 지옥에 내려감. 사도신경에는 예수 그리스도가 "지옥에 내려가셨다" 또는 "죽음의 영역으로 내려가셨다"는 내용이 포함되어 있다 (한국 개신교의 사도신경에는 이 내용이 생략되어 있음—옮긴이). 이 구절은 후대에 덧붙여진 것으로 추정된다. 이 구절이 원래 무엇을 의미하는지 확인하는 것은 쉽지 않다. 수 세기에 걸쳐 이 구절에 대한 "다양한 해석의 유형들"이 제시되었다.[48]

a. 아마도 가장 오래된 해석은 이 구절을 다음과 같이 이해한다. 곧 그리스도가 죽은 다음에 죽은 사람들이 거주하는 장소(*ta katachthonia*)로 가셨다. 어떤 해석에 의하면, 그리스도가 그곳으로 가서 자기보다 먼저 그곳으로 온 신자들을 구속하셨으며, 또한 그들에게 하늘에 있는 낙원의 문을 열어주셨다. 다른 해석에 따르면, 그는 이방인과 불신자들에게 복음을 전파하기 위해서 지하 세계로 가셨다. 곧 이 해석은 죽음 이후에도 회개의 가능성이 남아 있다는 것을 암시해준다.

로마 가톨릭교회는 첫 번째 해석에 만족했다(참조. 『로마 교리서』[*Catechismus Romanus*]). 종교개혁에 기초한 신학은 예수 그리스도보다 먼저 존재했던 믿음의 조상들이 이와 같은 방식으로 구원받은 것이 아니라고 주장하면서, 첫 번째 해석을 올바르게 반대했다. 종교개혁가들은 죽은 사람들에게 복음을 전파한다는 개념을 명백하게 거부했다. 또한 베드로전서 3:19-20도 그와 같은 주장을 하지 않는다. 비록 베드로전서의 해당 본문이 무엇을 의미하는지 정확하게 해석하기가 매우 어렵지만,

---

48 참조. G. P. Harvelt, *Patronen van interpretatie*, 1966, 5-10.

우리는 그 본문이 보편구원을 지지하는 것이 아니라고 말할 수 있다. 많은 이들이 베드로의 이 말에 호소하면서 보편구원을 주장한다(참조. Wentsel, *Dogm*., 3b:222-232). 볼커슈타인(Bolkestein)은 가장 탁월한 해석들에 대한 개관을 명료하게 제시해준다. 그도 해당 본문이 보편구원을 지지한다는 해석을 거부하고 다른 해석을 제시한다. 곧 "그리스도의 주권은 어떤 한계도 지니고 있지 않다. 땅 위에서나 또는 땅 아래에서도 그가 통치하지 않는 곳은 아무 곳도 없다. 심지어 그는 어떤 사람도 자신의 통치력을 행사할 수 없는 장소, 곧 죽은 사람들의 영역에 대한 통치권도 지니고 있다."[49]

b. 루터가 토르가우(Torgau)에서 설교한 것에 호소하면서, 루터 교회의 신앙고백서 중 하나인 「일치 신조」(*Formula Concordiae*)는 다음과 같이 말한다. 곧 그리스도는 장사된 이후에 지옥으로 내려가서 마귀를 정복하시고 그리고 지옥의 권세를 파괴하시며, 나아가 마귀의 권세를 제거하셨다. 이 사건의 본질과 이 사건이 주는 위로는 지옥이나 마귀가 그리스도를 믿는 모든 이들을 가두거나 해칠 수 없다는 것이다(*BSLK*, 1053). 이 해석에 비추어볼 때, 그리스도가 지옥으로 내려가신 것은 그의 낮아짐의 최저점이 아니라 오히려 그의 높아짐의 시작이다.

c. 하지만 우리는 루터의 저서에서 또 다른 견해를 발견할 수 있다. 그 견해는 그의 십자가 신학과 상응한다. 루터는 이런 맥락에서 그리스도가 겟세마네 동산과 골고다 언덕에서 참아야만 했던 끔찍한 고통을 연상하고 있다(참조. Du Toit, 1971, 14-25).

루터의 이 견해는 칼뱅의 해석과 일치한다. 칼뱅에 의하면, 예수 그리스도가 지옥에 내려가셨다는 신앙고백 조항은 그리스도가 마귀의 권세와 싸우는 것, 죽음에 대한 두려움과 지옥의 아픔과 슬픔을 겪으셨던 것을 가리킨다. 또한 칼뱅은 하나님

---

49   M. H. Bolkestein, 『베드로전후서 및 유다서 주석』(*De brieven van Petrus en Judas*), 1963, 147. 한편 어떤 개혁파 신학자들은 벧전 3:19에서 그리스도가 [옥에 있는 영들에게] "갔다"는 표현과 관련해 3:22에서도 동일한 그리스어 단어가 사용된 것에 주목하면서 그리스도가 하늘로 간 것은 갇혀 있던 영들에게 복음을 전파하고 또한 자신의 승리를 선포하기 위한 것이라고 주장한다(참조. Bavinck, *R.D*., 3:479; P. H. R. van Houwelingen, *1 Petrus*, 1991, 130-140.

아버지에 의해서 그리스도가 버림받은 것에 대한 뼈저린 아픔과 그의 영혼의 고뇌를 언급한다. 그는 이 점과 관련해서 "사망의 고통"(행 2:24)에 대해서 생각한다(「제네바 교리문답」 65-70). 그리고 우리는 이 견해를 「하이델베르크 교리문답」(제16주일)에서도 발견할 수 있다. 곧 그리스도가 "지옥에 내려가셨다"는 것은 "극심한 유혹을 받을 때, 내가 다음 사실에 대해서 확신하게 하려는 것입니다. 곧 나의 주 예수 그리스도는 자신의 영혼으로 특별히 십자가 위에서 또한 그 이전에도 이루 말할 수 없는 두려움과 고통과 무서움을 겪으셨습니다. 그리스도는 그것을 통해서 지옥의 두려움과 고통으로부터 나를 구원하시려는 것입니다."

d. 웨스트민스터 신앙고백과 대요리문답에서는 그리스도가 지옥에 내려간 것이 다르게 해석된다. 예수의 낮아짐은 그가 죽으시기 이전에 일어난 것이 아니라 오히려 그다음에 일어난 것이다. 곧 그는 장사되셨으며, 제삼 일에 이르기까지 죽은 사람들의 영역과 죽음의 권세에 머물러 계셨다(참조. Du Toit, 1971, 37 이하).

우리가 성경에 비추어서 그리스도가 지옥에 내려가신 것에 대한 이와 같은 해석들을 살펴볼 때, 그가 지옥에 내려가신 것에 대한 루터파의 교의를 지지해주는 성경적인 근거는 전혀 없다. 예수 그리스도가 죽으셨을 때, 그는 자기의 영을 하나님 아버지의 손에 맡기셨다.

칼뱅과 「하이델베르크 교리문답」의 입장을 따르는 이들은 지옥으로 내려갔다는 표현에서 그리스도가 가장 낮아지셨다는 것과 또한 그의 영혼이 가장 극심한 고통을 겪으셨다는 것을 인식한다. 그리스도는 자신의 구속 사역을 성취하기 위해 그의 백성을 대신해서 모든 고뇌와 고통을 겪는 것을 스스로 원하셨다. 그리스도가 십자가 위에서 자신의 가장 극심한 수치스러움에 이르기까지 자기 자신을 낮추셨고 또한 몸과 영혼으로 지옥의 고통을 겪으셨다는 것은 성경의 가르침에 기초한 진리다. "그는 십자가 위에서 '나의 하나님, 나의 하나님 어찌하여 나를 버리셨나이까?'라고 외치셨다. 그것은 하나님이 우리를 받아들이시고, 더 이상 우리를 버리지 않게

                                                        개혁교회 교의학

하려는 것이었다"(성만찬 예식서).

하지만 역사적인 관점에서 "지옥에 내려가셨다"는 조항에 대한 이와 같은 해석이 대단히 견고한 것은 아니다. 웨스트민스터 총회의 견해를 지지하는 사례도 많이 있다.[50] 몇몇 개혁파 신학자들은 그 견해가 「하이델베르크 교리문답」의 입장과 일치한다고 간주한다(예. *Synopsis*, 27, 32).

그러므로 그리스도가 "지옥에 내려가셨다"는 신앙고백의 조항은 그가 죽으셨을 뿐만 아니라 일시적으로 죽음의 상태 또는 죽은 사람들의 영역에 머물러 계셨다는 것을 가리켜준다. 그뿐만 아니라 이것은 그의 낮아짐의 일부분이다. 그는 죽음이 무엇을 의미하는지 알았고, 또한 그는 몸소 그것을 경험했다. 하지만 그는 죽음의 권세에 내버려지지 않았다. 따라서 그리스도를 믿는 이들도 죽음을 두려워해서는 안 된다.

「네덜란드 신앙고백서」(1983)에 수록된 사도신경에서는 "그가 죽음의 영역으로 내려가셨다"는 의미로 제시되어 있다. 이 개념을 지지하는 성경적인 기초 또는 적어도 베드로의 말에서 성경적인 선례가 있다(행 2:24-31). 곧 그리스도는 "사망에 매여 있을 수 없으셨다." 우리는 그리스도가 지옥에 내려가신 것을 죽음의 상태라고 생각할 수 있다. 그가 죽으신 다음에 다시 일어나기까지 그는 그 상태에 머물러 계셨다. 또한 그는 이 상태에서도 우리의 중보자시다. 그는 죄에 대한 우리의 형벌을 끝까지 지고 가셨다. 그래서 우리를 죄로부터 구속하려고 하셨다(Bavinck, *R.D.*, 3:416).

---

50 아마도 몇몇 고대의 문헌에서 어떤 연관성을 발견할 수 있을 것이다. 참조. J. N. D. Kelly, *Early Christian Creeds*, 1972[3], 383.

§ 31. 높아짐을 통한 그리스도의 사역

31.1. 그리스도의 부활
31.2. 그리스도의 승천
31.3. 그리스도가 하나님의 우편에 앉음
31.4. 그리스도의 재림

31.1. 그리스도의 부활

1. 부활의 사실성 및 확실성

a. 신약성경은 그리스도의 다시 일어남 또는 부활, 그의 승천 또는 그가 하늘로 올라감, 그가 하나님의 우편에 앉음 및 그의 주권 등에 대해서 말한다. 이 모든 것은 "높아짐"이라는 한 단어로 요약할 수 있다(*TDNT*, 8:611). 이것은 그리스도의 부활, 승천 및 통치 사이에 있는 차이점들을 무디게 하려는 의도를 갖고 있지 않고, 오히려 그리스도의 낮아짐에 전개 과정이 있는 것과 똑같이 그의 높아짐에도 전개 과정이 있다는 것을 밝혀주려는 의도가 있다.

우리는 그리스도의 죽음과 고난과 관련해서 역사적 사실을 다루고 있다는 것을 자세하게 설명할 필요는 없다. **하지만 우리는 그리스도의 부활과 관련해서는 사실성을 확증하는 것에서 시작해야만 한다.** 신학적으로 부활에 대한 믿음과 부활 사건 자체와 관련해서 매우 다양한 문제가 있다(참조. Künneth, 1951⁴, 17-61).[51] 그럼에도 부활에 대해 회의적인 관점을 채택하는 신학자들조차도 다음과 같은 사실을 인정해야만 한다. 곧 그리스도인들이 사실이라고 주장한 가장 초기의 사건 중 하나는 예수가 죽은 사람들 가운데서 다시 살아났다는 믿음이다(H. J. de Jonge in 『진정으로 다시 살아났는가?』[*Waarlijk opgestaan?*], 1989, 31).

신약성경 전체는 그리스도의 부활에 대해 증언해준다. 사복음서에서

---

51 참조. W. Marxen, 『예수 그리스도에 대한 믿음을 위한 부활의 복음의 중요성』(*Die Bedeutung der Auferstehungsbotschaft für den Glauben an Jesus Christus*), 1967⁵, 9-39; F. O. van Gennep in 『진정으로 다시 살아났는가?』(*Waarlijk opgestaan?*), 1989, 9-23.

각각의 경우마다 그 사건은 이야기의 절정을 이루고 있다. 비록 부활에 대한 기사가 각각의 복음서에서 한결같이 맨 마지막 부분에서 제시되고 있지만, 그럼에도 그 사건은 복음서 저자들의 출발점으로 간주될 수 있다. 왜냐하면 사복음서 저자들은 모두 예수의 전 생애와 사역을 그의 부활의 관점에서 이해하고 있기 때문이다. "이를테면 부활 사건은 예수의 생애가 지니고 있는 본래의 다양한 색상을 밝게 비추어주는 프리즘이다."[52]

우리는 사도행전에서 강조하는 것처럼 부활에 대한 사도적인 설교로서 사도행전 2:22-36, 4:8-12, 10:34-43, 17:29-31 등을 가리킬 수 있다. 비록 고린도전서 15장이 독립적으로 위치하고 있지는 않지만, 바울은 그 장에서 부활을 훌륭하게 묘사한다. 부활은 그에게 본질적으로 중요한 의미를 지닌다. 베드로는 다음과 같은 영광스러운 찬송으로 그의 편지를 시작한다. "우리 주 예수 그리스도의 아버지 하나님을 찬송하리로다. 그의 많으신 긍휼대로 예수 그리스도를 죽은 자 가운데서 부활하게 하심으로 말미암아 우리를 거듭나게 하사 산 소망이 있게 하시며"(벧전 1:3). 또한 요한은 "충성된 증인으로 죽은 자들 가운데서 먼저 나시고 땅의 임금들의 머리가 되신 예수 그리스도"(계 1:5)라고 소개하고 있다.

이와 같은 사도들의 선언들과 별도로, 우리는 신약성경 안에서 그리스도 교회의 찬송과 신앙고백들을 발견할 수 있다. 종종 그것들은 편지 형식으로 신앙을 표현한다. 예를 들면 로마서 10:9이다. 때때로 우리는 고린도전서 15:3-5과 같이 더 긴 형태로 된 신앙고백을 대할 수도 있다. "내가 받은 것을 먼저 너희에게 전하였노니 이는 성경대로 그리스도께서 우리 죄를 위하여 죽으시고 장사 지낸 바 되셨다가 성경대로 사흘 만에 다시 살아나사 게바에게 보이시고 후에 열두 제자에게와."

바울은 자신이 그리스도의 부활에 대해 전해들은 것을 다른 사람들에게 전해주었다. 그것은 [초기 교회의] 기본적인 전승 중 일부분이다. 여기

---

52 K. Runia, 『우리 시대의 의문점들』(*Vragen van deze tijd*), 출간 연도 미상, 37.

서 "죽으시고"와 "다시 살아나사"라는 단어들이 뚜렷하게 드러난다. 또한 "보이시고"라는 동사는 "다시 살아나사"와 연결되어 있다. 그 단어들은 그와 같은 연결을 통해서 그리스도의 부활의 확실성을 입증해준다. "사흘 만에"라는 시간에 대한 언급은 역사에서 일어난 사건으로 알려진 사실로서 그리스도의 부활을 확증한다. 비록 그리스도가 부활하시는 장면을 직접 목격한 사람은 아무도 없었지만 말이다.

고린도 교회에는 죽은 사람들이 결코 부활하지 않는다고 주장하는 이들이 있었다. 그들은 죽은 사람이 신체적으로 다시 살아난다는 것은 믿을 수 없는 일이라고 십중팔구 생각했을 것이다. 반면에 어떤 사람들은 영적인 부활과 관련해서 부활의 개념을 이해했을 것이다. 그들은 이미 그것을 경험했다고 간주했다. 하지만 이것은 영지주의적인 견해다. 그뿐만 아니라 우리는 다양한 비문들에 근거해서 그 당시에 많은 사람이 죽음을 마지막이라고 믿었다고 추론할 수 있다.

사도 바울은 이와 같은 맥락에서 그리스도의 부활은 그리스도에 대한 신앙에서 근본적으로 중요한 것이라고 분명하게 강조한다(고전 15:14-20을 보라). 부활은 이런 맥락에서 어떤 신체적인 부활과는 다른 것이라고 의도할 수밖에 없었을 것이다. 사실상 신약성경은 영적인 몸에 대해서 말한다. 그것은 육적인 몸과 서로 다른 것이다(고전 15:44). 또한 신약성경은 그리스도의 영광의 몸에 대해서도 언급한다(빌 3:21). 비록 이 영광의 몸은 육적인 몸과 다른 것이지만, 그것은 그의 몸이다. 제자들이 고난을 당하고 나서 다시 살아난 그리스도를 인격적으로 확인한 것은 그가 지니고 있던 어떤 신체적인 동일성과 연관되어 있었다(참조. Vos, 1990, 143 이하). 비록 제자들이 부활한 예수를 언제나 곧바로 인식했던 것은 아니며 또한 어떤 제자들은 의심을 품기도 했지만(참조. 마 28:17), 그들은 그가 지니고 있던 새로운 몸에 기초해서 그를 인식할 수 있었다.

나중에 우리가 살펴보겠지만, 부활한 구세주가 나타난 것은 그의 부활을 사실이라고 믿는 것과 관련해서 매우 중대한 의미를 지니고 있다. 빈

 개혁교회 교의학

무덤의 말 없는 증거도 이 사실을 강화해준다. 또한 이것은 그리스도가 실질적으로 부활했다고 믿는 것을 위해서도 의미심장한 것이다. 우리는 빈 무덤을 독립적으로 이해해서는 안 되고 천사의 메시지와 부활한 그리스도가 여러 차례 나타난 것들에 비추어서 그것을 이해해야 한다. 빈 무덤은 예수 그리스도가 살아 있다는 것뿐만 아니라 그의 부활이 일종의 신체적인 부활이라는 것도 우리에게 말해준다.

b. 18세기 이후로 우리는 그리스도의 부활의 사실성을 훼손하는 수많은 이론과 논쟁해야만 했다.

① 어떤 합리주의적은 설명은 예수의 죽음이 단순히 어떤 외관상의 죽음이었다는 것을 암시해주는 것이라고 주장한다. ② 주관적인 환상 이론에 의하면, 제자들은 예수가 죽은 이후에 환상들을 통해서 그를 보았으며, 그들은 그것들에 기초해서 그가 살아 있다고 생각했다. ③ 또한 객관적인 환상 이론도 있다. 이 이론에 의하면, 그리스도는 이른바 영적으로 계속해서 살아 있었고, 그는 환상들을 통해서 자기의 제자들에게 자신이 살아 있다는 확신을 불어넣었다. 그는 "하늘로부터 그들에게 소식"을 보냈다. 하늘로부터 전달된 그와 같은 메시지는 빈 무덤에서 부활한 것과 마찬가지로 이적적인 것이었다! 하지만 부활한 그리스도가 나타난 것들을 환상으로 해석해서는 안 된다. ④ 이와 같은 환상 이론들 이외에도, 불트만과 그의 추종자들의 실존주의적인 해석은 커다란 영향을 끼쳤다. 불트만의 견해에 의하면, 예수의 부활은 역사적 사실로서의 사건이 아니며, 그것에 대한 이야기는 신화다. 그에 의하면, "부활"은 예수의 십자가가 의미를 지니고 있다는 것을 가리켜준다. 다른 이들의 견해에 의하면, 부활에 대한 신앙은 예수가 죽은 다음에 사람들이 경험한 것에 대한 일종의 해석이다. 여기서 중요한 것은 예수가 살아 있다는 전승을 보존하는 것이다. 예수는 교회의 활동 안에서 교회가 전하는 메시지 안에서 계속해서 살아 있다.[53] 또

---

53 W. Marxen, 『예수와 관련된 일은 계속된다』(*Die Sache Jesu Geht Weiter*), 출간 연도 미상;

한 우리는 다음과 같은 개념도 만날 수 있다. 곧 베드로를 비롯해서 다른 제자들은 새로운 경험을 했다. 예수를 통해 경험한 해방감은 영향력이 매우 강해서, 그 이후에 그들은 나사렛 예수에 대한 이야기를 자신들을 해방해준 어떤 자유로운 인간에 대한 이야기로 말했다.[54] 그리고 드 용흐(H. J. de Jonge)과 같은 이들은 다음과 같이 주장한다. 곧 그들은 이미 확립된 질서와 서로 모순되지 않는 것만 받아들일 수 있으며 "일상생활에서 초자연적인 간섭"이 일어난다는 것은 믿을 수 없다. 또한 그들은 그리스도의 부활을 단지 일종의 해석으로서만 이해할 수 있다. 곧 그의 부활은 예수의 추종자들이 그가 죽은 다음에 "그의 이전의 삶과 가르침과 행위 및 죽음에" 부여한 해석이다. 오늘날 우리에게 그것은 다음과 같은 의미를 제공한다. 곧 "나는 하나님이 예수에게 역사 안에서 어떤 근본적인 역할을 주었다고 믿는다. 또한 나는 하나님이 예수가 역사 안에서 하나님의 통치를 출범시키기를 원했다고 믿는다"(H. J. de Jonge in 『진정으로 다시 살아났는가!』[*Waarlijk opgestaan!*] 1989, 31-50).

우리는 노르트만스의 다음과 같은 진술(Noordmans 1947)을 계속해서 기억할 필요가 있다. "자유주의 진영과 정통주의 진영 사이의 분기점은 기독교의 모든 축제일을 재검토하는 것이지만 특히 그리스도의 부활을 재검토하는 것이다"(Noordmans, *V.W.*, 2:94). "부활"이라는 단어는 계속해서 사용되고 있지만, 그 단어에 새로운 의미가 부여되고 있다는 점은 주목할 만하다. 여기서 우리는 더 보편적인 한 가지 현상을 마주한다. 복음의 위대한 단어들은 비교할 수 없는 호소력을 가졌다. 곧 그것들은 진귀한 금처럼 반짝인다. 그 단어들을 지속적으로 사용하는 것은 진리에 호소한다는 것을 확인해준다. 하지만 사람들이 자신들의 호소에 실질적으로 복종하지 않는다면, 그 단어들은 단지 남용되는 것에 지나지 않는다(참조. Korff, 1942, 2:266 이하).

---

idem in 『그 의미』(*Die Bedeutung*; 각주 51), 38.
54　P. van Buren, *The Secular Meaning of the Gospel*, 1963, 126-134.

부활의 사실은 다양한 독창적인 방법을 통해서 무엇인가 다른 것을 의미하는 어떤 "부활"로 대체되었다. 그렇다면 부활절의 기적은 역사적인 사실로서의 그리스도의 부활이 아니라, 오히려 그의 부활에 대한 신념이다. 하지만 만약 이 신념이 어떤 실질적인 부활에 기초하고 있지 않다면, 그것은 기적이기보다는 수수께끼와 같은 말이다!

사실성에 관해 상당히 제한된 개념은 그리스도의 부활이 사실이라고 믿는 데 방해 요인이 된다. 어떤 이는 "부활"과 유사한 어떤 것을 꼭 붙잡고 있고자 애쓰면서 부활의 의미를 찾으려고 한다. 이 경우에 거의 오늘날의 신학자들의 숫자만큼이나 부활에 대한 수많은 해석이 존재한다. 하지만 부활이 더 이상 역사적인 사실이 아니라고 이해될 때, 그것의 진정한 의미가 얼마나 남아 있겠는가? 진정으로 일어나지 않은 어떤 것이 어떻게 여전히 사실일 수 있겠는가?

바르트는 다음과 같은 사실, 곧 어떤 것이 "역사적으로" 증명이 가능한 경우에만 그것은 시간 속에서 실제로 일어난 것으로 믿는 것은 결국 미신과 같다고 주장했다(Barth, *C.D.*, 3:2.446). 객관성 또는 사실성과 객관화 할 수 있음 또는 기록할 수 있음을 서로 구분하는 것이 도움이 될 것이다. 퀸네트(Künneth)는 푹스(Fuchs)에게 다음과 같이 말한다. "부활의 사실성은 객관화할 수 없다. 그것은 사진으로 찍어서 남겨놓을 수 없다. 그럼에도 그것은 하나의 사실이다."[55]

그리스도의 부활은 그것과 평행을 이루는 것이 전혀 없는 하나의 사실(*sui generis*), 곧 유일무이한 사건이다. 바로 이런 이유로 말미암아, 역사학과 물리학은 부활을 사실로 받아들이는 데 어려움을 지니고 있다. 비록 우리는 신학자들의 편에서 제시되는 어떤 다른 입장을 기대할 수도 있지만, 어떤 이들은 하나님이 사건들이 일어나는 과정에 관여하시지 않는다고 또

---

55 1964년에 지텐젠(Sittensen)에서 개최된 부활에 대한 다음 신학 논쟁을 참조하라. E. Fuchs and W. Künneth, 『죽은 자들 가운데서 예수가 다시 살아남』(*Die Auferstehung Jesu Christi von den Toten*), 1973, 67.

는 관여하실 수 없다고 믿고 있다. 그렇지만 그리스도 안에서 하나님의 계시를 믿는 이들은 그와 같은 개입(관여)을 의심할 이유를 전혀 갖고 있지 않다. 우리의 주님은 참으로 다시 살아나셨다.

c. 부활의 확실성은 다양한 방법으로 탐구된다. 우리는 이 질문에 관해 자세하게 탐구한 두 신학자들, 곧 판넨베르크와 스킬러베익스(Schillebeeckx)에 대해서 간략하게 다루고자 한다.

판넨베르크에 의하면, 부활과 관련해서 현대의 사고는 분명히 도전에 직면해 있다. 그러므로 그는 역사적인 분석을 위한 확실한 기초를 확립하기 위해서 복음서들로부터 시작해서는 안 되며, 오히려 다마스쿠스로 가던 도중에 바울이 경험한 것—그것은 일종의 환상으로 묘사되어 있다—에서 시작해야 한다고 믿는다. 바울은 이와 같은 방법으로 전혀 다른 세계를 경험했다. 죽음 사람들 가운데 다시 살아난 어떤 인물을 만났다는 그 개념은 단지 종말의 때에 죽은 사람들이 부활할 것이라고 기대했던 유대교의 배경 안에서만 설명될 수 있다. 이와 같은 방법에 의해서 예수의 부활은 죽은 사람들의 보편적인 부활에 대한 기대로 이해될 수 있다.

그 당시 타당했던 것은 오늘날에도 여전히 타당하다. 부활에 대한 메시지가 믿을 만한가는 과연 죽은 사람들의 부활을 기대할 수 있는가라는 보편적인 질문과 연결되어 있다. 판넨베르크에 의하면, 이 개념은 오늘날의 인간학적인 다양한 통찰의 배경에서도 타당성이 있다. 비록 전적으로 확실하지는 않지만, 그는 부활의 개연성이 매우 높다고 간주한다(Pannenberg, 1968, 88 이하, 109).

우리의 견해에 의하면, 신앙은 단지 어떤 개연성에 만족할 수 없다. 심지어 어떤 역사적인 탐구가 이끌어내는 결론으로서 거의 확실성에 가깝다는 어떤 개연성에도 우리의 신앙은 만족할 수 없다(참조. McGrath, 1986, 174-177). 신앙은 절대적인 확실성을 요구한다. 우리는 오직 성경의 증언에 기초해서만 그와 같은 확실성을 얻을 수 있다.

우리는 스킬러베익스의 신학에서 부활에 대해 다른 각도에서 접근하는 또다른 시도를 인식할 수 있다. 부활과 관련해서 그의 핵심 개념들은 경험과 그것에 대한 해석이다. 경험을 이해하는 열쇠는 그것 자체 안에 있다. 그는 이 개념을 이른바 "부활 경험"에도 적용한다. 무엇이 예수가 다시 살아났다고 제자들을 믿게 했는가? 스킬러베익스의 견해에 의하면, 제자들이 모여 있던 교회의 한가운데 다시 살아난 예수가 새롭게 나타난 것에는 회심의 경험이 중심을 차지하고 있다! 이 회심 경험이 일종의 부활로 묘사되었다(Schillebeeckx, 1975³, 319-324; 1978, 84-89).

스킬러베익스의 견해에 의하면, 기독교 신학은 지속적으로 다음 두 가지 자료에 기초한다. 한편으로, 유대교 및 기독교의 위대한 운동의 경험에 기초한 전반적인 전승과, 다른 한편으로, 오늘날의 기독교인들뿐만 아니라 비기독교인들의 새로운 인간적인 경험들이다(Schillebeeckx, 1978, 13). 그는 계시를 희생시키면서 이 새로운 경험들에 더 큰 비중을 부여한다. 그는 부활 그 자체에 대한 경험을 희생시키면서 단지 부활 **경험**을 강조한다.

스킬러베익스는 로마 교황청의 신앙교리성(Congregation for the Doctrine of the Faith) 앞에서 자신의 신학적인 입장에 대해 변호해야만 했다. 그중 한 가지 문제는 예수의 부활의 객관적 사실에 대한 것이었다. 그는 자신의 신학적인 견해에 대한 비판에 맞서 스스로를 변호하면서 내적인 구원을 위한 예수의 부활의 중요성에 대한 하나의 단락을 언급했다. 그 단락은 그가 이전에 저술한 것에 덧붙인 것이었다(Schillebeeckx, 1978, 85; 1975, 528 a-e).

스킬러베익스는 그리스도의 부활에 대한 경험을 회심 경험이나 또는 회심 과정으로 해석하려고 시도한다. 모든 그리스도인은 이와 같은 것을 경험해야 한다. 하지만 이 해석은 신약성경에서 그리스도의 부활에 대한 목격자들이라고 언급되는 이들의 고유한 입장을 무시하는 것이다(참조. 행 2:32; 3:15; 10:41-42).

d. 왜 우리는 주님이 진정으로 다시 살아났다고 믿고 고백하는가? 우리는 이 질문에 답하기 위해 역사적인 탐구나 인간적인 경험에 의존하지 않고 성경의 증언에 호소한다. 만약 우리가 부활에 대한 성경의 증언을 포기한다면, 그것에 대한 의심은 지속적으로 우세한 입장을 차지할 것이다.

신약성경은 빈 무덤에 대해서 말한다. 또한 신약성경은 천사들이 그리스도가 부활했다고 알려주었고 또한 그리스도가 제자들에게 여러 차례 나타났다고 말한다.

사복음서 전체에서 그리스도의 부활에 대한 메시지는 예수가 죽은 지 제삼 일에 그의 무덤이 비어 있는 상태로 발견되었다는 사실을 포함하고 있다. 우리는 부활의 실재성에 대해 말하면서, 동시에 예수가 죽은 사람들 가운데서 다시 살아나셨는 것을 부인할 수 없다. 만약 관련된 모든 사람이 예수의 무덤이 비어 있다고 확신하지 않았다면, 그들은 그것에 대해 예루살렘에서 단 하루 동안 또는 단 한 시간도 전파할 수 없었을 것이라는 지적은 옳은 것이다(참조. Pannenberg, 1968, 103).[56]

그러므로 우리는 흔히 주장되는 것으로서 빈 무덤에 대한 보고는 부차적인 중요성을 지니고 있다는 견해를 받아들이지 않는다. 또한 우리는 교회와 외부인들의 편에서 오해의 여지가 있다는 관점에 비추어서 더 이상 신체적인 부활에 대해 말해서는 안 된다는 이론을 거부한다(F. O. van Gennep in *Waarlijk opgestaan!*, 1989, 9-23).

예수와 친밀한 관계에 관련이 있던 사람들은 단지 빈 무덤에만 근거해서 그가 다시 살아났다고 확신하지 않았을 것이다. 그것에 대한 몇 가지 해석들이 가능했을 것이다. 예수의 무덤만 비어 있었던 것이 아니라 또한 그의 수의도 그곳에 놓여 있었다. 이 점은 매우 중요하다(참조. Van Bruggen, 1987, 247 이하).

부활에 대한 메시지에서 무덤이 비어 있었다는 사실과 예수가 다시 살아나셨다는 이적은 다음과 같이 서로 떼어놓을 수 없을 정도로 밀접하게 연결되어 있다. "그가 여기 계시지 않고 그가 말씀 하시던 대로 살아나셨느니라. 와서 그가 누우셨던 곳을 보라"(마 28:6).

56　또한 참조. W. L. Craig, "The Historicity of the Empty Tomb of Jesus," *New Testament Studies*, 31 (1985): 39-67.

또한 부활한 예수가 제자들에게 나타난 사건들에서 듣는 것은 보는 것과 연계된다. 예수의 이름이 "오프테"(*ophthe*)라는 그리스 단어의 여격과 함께 문장에서 사용되는 경우에 그 단어는 예수가 사람들에게 "보였다"는 것이 아니라, 그가 "나타났다"를 의미한다(참조. *TDNT*, 5:358-362). 이 그리스어는 부활하신 예수가 나타나는 사건들에서 그가 주도권을 지니고 있다는 점을 강조해준다(Weber, *Foundations*, 2:72). 그 사건들은 부활하신 예수가 실질적으로 나타난 것을 가리키는 것이지, 사람들이 환상을 본 것을 의미하지 않는다. 따라서 여인들과 제자들은 단순히 예수에 대한 어떤 인상을 받거나 또는 단지 그에 대한 어떤 이미지를 본 것이 아니다. 그들은 예수 자신을 만났다. 그는 제자들에게 자신의 몸에 있던 못 자국들을 보여주기도 하셨다. 또한 그는 제자들과 함께 음식을 드셨다. 부활한 예수는 이와 같이 나타남을 통해서 자기 자신을 계시해주셨다(참조. 요 21:1, 14). 그는 사도들에게 자신이 살아 있다는 것을 직접 보여주셨다(행 1:3).

부활한 예수가 나타난 사건들에 대한 복음서들의 보고는 획일적이지 않다. 어떤 이들은 이 점에 기초해서 그 보고의 사실성을 종종 의심하지만, 이것은 그것들에 대해서 의문을 제기할 만한 아무런 근거도 제시하지 않는다. 복음서는 이전에 일어난 사건들을 연대순으로 엄밀하게 기록한 책이 아니다. 자신의 복음서를 저술하면서, 복음서 저자들은 저마다 자료들을 취사선택했다. 이것은 종종 그들의 저술 목적을 반영했다. 따라서 사실들에 대한 복음서 저자들의 묘사에는 차이점들이 있다. 하지만 그 차이점들을 비교하고 분석하면, 다음과 같은 결론에 이르게 된다. "이것은 사후 재구성(after-Hu-fact construction)의 흔적을 보여주는 것이 아니라 오히려 그 사건을 직접 보고 나서 아연실색한 사람들에 의한 목격자의 보고서다"(Van Bruggen, 1987, 239).

부활한 예수는 그가 자기 제자들에게 인격적으로 나타날 필요성이 있다는 것을 알고 계셨다. 그래서 그들이 그의 부활에 대해 기뻐하도록 하고자 했다. 그는 베드로에게 따로 나타나셨다. 그는 엠마오로 향해서 가던 두 제자들이 그들의 집에 이를 때까지 그들과 동행하기도 하셨다. 또한 그는 도마가 "나의 주님이시요, 나의 하나님이시니이다"(요 20:28)라고 고백하도록 이끌었다. 부활한 예수가 이와 같이 제자들에게 나타난 사건들은 일종의 중대한 "전환기적인 사역"(crisispastoraat)을 나타낸다(Vos, 1990, 55). 우리는 이 사건들에서 특히 구속사적인 측면을 소홀히 해서는 안 될 것이다. 그리스도의 부활 이후의 사십 일은 일종의 전환기다. 이 기간에 예수는 제자들에게 왔다 가는 것을 여러 차례 반복하셨다. 그는 막달라 마리아에게 다음과 같이 말씀하셨다. "나를 붙들지 말라. 내가 아직 아버지께로 올라가지 아니하였노라"(요 20:17). 또한 그는 자기의 승천에 대해서 예고하셨다. 그리고 그는 그의 제자들에게 교회와 하나님 나라에서 해야 할 일들을 준비시키셨다.

맨 먼저 사도들은 부활의 사실에 대해서 명백하게 확신할 필요가 있었다. 왜냐하면 모든 시대의 교회는 그들의 증언에 의존할 것이기 때문이다. 오늘날 그리스도의 부활에 대한 소식을 전하기 위해 천사들이 하늘에서 내려오지는 않는다. 또한 부활한 예수는 자신의 모습을 오늘날에도 반복적으로 나타내지 않으신다. 하지만 그리스도의 부활에 대한 사도들의 증언과 그들의 증언에 기초한 교회의 선포는 우리에게 충분한 것이다.

자신들의 권위 있는 선포와 더불어, 그리스도가 임명한 사도들은 교회의 기초를 형성한다. 그리고 교회는 자신의 공적인 신앙고백을 통해서 부활에 대한 사도들의 증언을 받아들인다.

다음과 같은 바울의 말에는 놀라운 확실성이 표현되어 있다. "그러나 이제 그리스도께서 죽은 자 가운데서 다시 살아나사 잠자는 자들의 첫 열매가 되셨도다"(고전 15:20). 하나님이 성취하신 것은 그것이 지니고 있는 모든 영광과 더불어 사도들의 설교를 통해 우리에게 제시되며 또한 효력을 나타낸다. 그것을 믿음으로 받아들이는 사람들은 그것의 사실성을 진정으로 경험할 것이다. 그리고 그들은 부활의 능력에 의해서 살아갈 것이다.

2. 부활의 중요성

a. 그리스도의 부활에 대한 다양한 관점들. 부활절이 교회의 가장 오래된 절기라는 것은 중요한 의미를 지니고 있다. 한 주간의 첫 번째 날은 매우 이른 시기부터 특별한 날로 기념되었다(행 20:7; 고전 16:2). 그날은 "주의 날"이라고 불렸다(계 1:10). 어디든지 가능한 곳마다, 교회는 이 날에 모여서 예배를 드렸다.

오늘날에도 여전히 일요일(주일)마다 우리는 부활의 사실과 그것의 지속적인 중요성을 머릿속에 떠올린다. 바울은 디모데에게 보낸 편지에서 다음과 같이 말한다. "내가 전한 복음대로…죽은 자 가운데서 다시 살아나신 예수 그리스도를 기억하라"(딤후 2:8). 그는 디모데가 그의 모든 삶과 사역을 통해서 예수가 살아 있다는 사실을 기억해야 한다고 넌지시 알려준다. 신자들에게 그리스도의 부활의 빛이 꺼지는 날은 단 하루도 없다.

그리스도인들은 그리스도의 부활과 이스라엘의 유월절이 서로 밀접하게 연결되어 있다는 것을 잘 알고 있다. 기원후 2세기에 사데(Sardes)의 멜리토(Melito) 주교의 설교에서도 이 점은 명백하게 드러난다. 유월절의 출발점은 출애굽기 12장이다. 유월절 사건은 그리스도 안에서 성취되었다고 간주된다. "그리스도는 구원을 위한 유월절 양입니다. 그 어린 양은 여러분 자신, 여러분의 구속, 여러분의 생명, 여러분의 부활, 여러분의 빛, 여러분의 구원, 여러분의 왕이신 하나님을 위해서 희생제물로 드려졌습니다."[57]

원래 교회의 부활절은 그리스도의 고난, 죽음 및 부활에 초점이 맞추어져 있었다. 하지만 나중에 부활절에 앞서 그날을 준비하는 사순절이 도입되었다. 부활절 이후의 일곱 주간은 기쁨의 기간이다. 이 기간은 오순절에서 그 절정에 이른다. 그리고 교회는 관습적으로 부활절 전날 밤에 세례 의식을 거행해왔다. 그 의식은 예수 그리

---

57 참조. J. J. Thierry, 『초기 교회에서의 부활 신앙』(*Opstaandingsgeloof in de vroegchristelike kerk*), 1978, 63.

스도의 사역에 의해서 성취된 구속으로 말미암는 새로운 삶에 초점이 맞추어져 있었다.

우리는 "그리스도의 부활이 유일무이한 사건이라는 사실에 대해서 진지하게 생각해야 한다. 곧 예수가 다시 살아났다는 것뿐만 아니라, 또한 교회와 세상, 개개인과 공동체의 구원을 위한 부활의 중요성, 그것의 열매 및 목적에 대해서 진지하게 숙고해야 한다." 이와 같이 그리스도의 부활은 새로운 관점을 제공해준다.[58]

b. 부활의 신학적인 중요성. 부활은 그리스도 안에서 구원을 받는다는 신약성경의 선포에서 하나의 핵심적인 요소다. 자신들이 성경에 의해서 인도함을 받기를 허락하는 이들은 부활이 여러 가지 측면에서 대단히 중요하다는 사실을 깨달을 것이다.

맨 먼저 부활의 신학적인 중요성을 다루어야 한다. 부활은 하나님이 예수를 죽은 사람들 가운데서 일으키시는 행위를 통해 자기 자신을 나타내셨다는 것을 의미한다. 우리는 흔히 예수가 죽은 사람들 가운데서 다시 일어났다고 말한다. 하지만 그의 부활에 대한 메시지는 사실상 다음과 같다. 곧 그리스도는 [죽음에서] 일으킴을 받은 것이다. 하나님이 그를 [죽음에서] 일으키신 것이다. "아버지의 영광으로 말미암아 그리스도를 죽은 자 가운데서 살리심과 같이"(롬 6:4). 이와 같이 하나님이 그리스도를 일으키셨기 때문에, 그는 일어났다.

신약성경의 여러 구절들에서 하나님은 예수를 죽은 자들 가운데서 살리신 분이라고 불린다(참조. 롬 8:11; 갈 1:1; 벧전 1:21). 하나님이 출애굽 사건을 계획하시고 주도하신 것과 마찬가지로, 예수를 죽은 자들 가운데서 일으키셨다. 이와 같이 하나님은 그분의 거룩한 사랑의 권세를 통해서 이전보다 자기 자신을 훨씬 더 영광스럽게 계시하셨다.

---

58 참조. A. Noordegraaf, 『그리스도의 부활은 새로운 관점을 제공해줌』(*Pasen geeft perspektief*), 1988, 5-14.

개혁교회 교의학

신약성경은 예수의 부활이 그를 기뻐하시는 하나님의 행위라고 가리켜주는 다양한 표현들을 포함한다(참조. 행 2:24; 5:30). 하나님 아버지는 사람들에게 버림받고 십자가 처형을 받은 그분의 아들이 옳았다고 선언하셨다. 시편 118:22-23의 말씀은 그 안에서 성취되었다. 곧 "건축자가 버린 돌이 집 모퉁이의 머릿돌이 되었나니 이는 여호와께서 행하신 것이요, 우리 눈에 기이한 바로다"(참조. 행 4:11; 벧전 2:6-8).

그리스도가 다시 살아난 것은 중보자로서 그의 사역을 하나님이 시인하셨다는 것을 의미한다. 우리는 그 사건 안에서 "다 이루었다"라는 성자의 말에 성부가 "아멘"이라고 응답하는 것을 듣는다.

c. 부활의 기독론적인 중요성. 부활은 십자가 처형을 받은 예수 그리스도가 다시 살아나신 것이다. 천사는 무덤에 있던 여인들에게 이렇게 말했다. "너희가 십자가에 못 박히신 나사렛 예수를 찾는구나 그가 살아나셨고 여기 계시지 아니하니라"(막 16:6). 우리는 부활의 빛에 비추어서 십자가를 이해하고, 또한 십자가에 비추어서 부활을 이해할 필요가 있다(참조. Calvin, 『기독교강요』 2.16.13). 이것은 성찬예식을 거행하면서 예수가 자신을 희생제물로 드린 것을 기념하며 또한 그의 죽음을 선포하는 것은 그의 사역 전체에 적용된다는 것을 의미한다(고전 11:25-26). 교회로서 우리는 그리스도의 죽음을 선포하지만, 우리의 주님은 높임을 받으셨고 또한 영화롭게 되셨다. 그의 부활은 그가 권능으로 하나님의 아들로 선포되었다는 것을 입증해준다(참조. 롬 1:4).

부활은 그리스도의 높아짐에서 첫 번째 단계다. 하지만 그것이 유일한 단계는 아니다. 중보자로서 그의 사역 안에서 전개 과정이 있다. 바울은 이렇게 말한다. "죽으실 뿐 아니라 다시 살아나신 이는 그리스도 예수시니, 그는 하나님 우편에 계신 자요 우리를 위하여 간구하시는 자시니라"(롬 8:34).

예수 그리스도는 죄로 말미암아 이 세상 안으로 들어온 죽음을 정복하셨다. 만약 그가 단순히 죽음을 모면하기만 했다면, 죽음의 권세는 지속적으로 그 효력을 나타낼 수 있었을 것이다. "이제는 우리 구주 그리스도 예수의 나타나심으로 말미암아 나타났으니, 그는 사망을 폐하시고 복음으로써 생명과 썩지 아니할 것을 드러내신지라"(딤후 1:10). 이것은 중대한 결과들을 초래한다.

그리스도는 "죽은 자들 가운데서 먼저 나신 이"시다(골 1:18; 참조. 계 1:5). 그는 자기의 모든 백성을 위해 죽음에서 생명에 이르는 길을 여셨다. 그의 부활은 하나님 나라의 권세가 힘차게 꿰뚫고 나온 것이다.

d. 부활의 구원론적인 중요성. 예수는 "나는 부활이요 생명"이라고 말씀하신다(요 11:25). 예수는 우리가 그 안에서 생명을 찾고 발견하기를 바라신다. 그는 생명을 지니고 있고, 또한 생명을 준다. 왜냐하면 그가 바로 생명 그 자체이기 때문이다. 예수가 나사로의 무덤 앞에서 "나는 부활이요 생명"(요 11:25)이라고 말씀하신 것은 그가 자신의 추종자들을 언젠가 죽음으로부터 일으킬 뿐만 아니라 지금 그들에게 이미 영생을 주셨다는 것을 의미한다. 그래서 그는 이렇게 선언하신다. "나를 믿는 자는 죽어도 살겠고 무릇 살아서 나를 믿는 자는 영원히 죽지 아니"할 것이다(요 11:25-26). 다음과 같은 바울의 말도 매우 의미심장하다. "우리 생명이신 그리스도께서 나타나실 그때에 너희도 그와 함께 영광 중에 나타나리라"(골 3:4). 또한 "내게 사는 것이 그리스도니 죽는 것도 유익함이라"(빌 1:21).

그리스도는 요한에게 다음과 같이 자기 자신을 계시해주신다. "[나는] 살아 있는 자라. 내가 전에 죽었었노라. 볼지어다! 이제 세세토록 살아 있어 사망과 음부의 열쇠를 가졌노니"(계 1:18). 그리스도는 다음과 같은 취지로 말씀하신 것이다. "이전에 나는 너희를 위해서 죽었다. 그리고 이제 나는 너희를 위해서 살아 있다." 그리스도 안에서 그의 백성의 구원은 영원히 안전하게 보장되어 있다. 그들은 그리스도로부터, 그를 통해서, 또한

개혁교회 교의학

그와 함께 생명을 지니고 있다.

그리스도의 부활로 말미암는 우리의 구원은 세 가지 중요한 측면을 지니고 있다. 곧 칭의와 새로워짐과 영화다. 이 세 가지 측면은 「하이델베르크 교리문답」 제17주일의 문답에 언급되어 있다.

맨 먼저, 그리스도의 죽음과 부활로부터 말미암는 **칭의다**(롬 4:25). 그는 자신의 죽음을 통해 우리를 위해서 의로움을 얻었다. 그리고 그는 우리가 그 의로움에 참여하게 한다.

둘째, **새로워짐**이다. 그리스도는 그의 권능으로 우리를 새로운 생명으로 일으키신다. 그래서 신자들은 다음 사항에 대해 확신할 수 있다. "너희도 너희 자신을 죄에 대하여는 죽은 자요, 그리스도 예수 안에서 하나님께 대하여는 살아 있는 자로 여길지어다"(롬 6:11). "그리스도는 우리를 자신의 피로 구속하셨습니다. 또한 그는 자신의 영으로 자기의 형상을 본받도록 우리를 새롭게 하셨습니다"(「하이델베르크 교리문답」 제32주일).[59]

셋째, **영화다**. 그리스도의 부활은 신자들도 장차 영광 가운데 부활한다는 것을 보증해준다(참조. 롬 8:11). 그들의 구속에는 그들의 몸도 포함되어 있다. 왜냐하면 몸의 부활과 관련해서도 그리스도의 부활과 그에게 속한 사람들의 부활은 서로 분리될 수 없기 때문이다. 그리스도는 "죽은 자 가운데서 다시 살아나사 잠자는 자들의 첫 열매"가 되셨다(고전 15:20). 그러므로 이제 그에게 속한 사람들은 잊힌 채 버려진 것이 결코 아니다(참조. 고전 15:49; 빌 3:21).

e. 부활의 교회론적인 중요성. 그리스도의 부활은 신자들 개개인뿐만 아니라 신앙 공동체로서의 교회를 위해서도 대단히 중요한 의미를 지니고 있다. 교회는 바로 부활의 신앙 공동체다! 그리스도의 부활이 없다면, 교회가 존속한다는 것은 하나의 수수께끼일 것이다. 그리스도의 부활로 말미암는

---

59 참조. W. H. Velema, 『그리스도의 형상을 닮아감』(*Aan Christus gelijkvormig*), 1988.

구속이 없다면, 교회는 존재하지 않을 것이다!

그리스도가 부활한 바로 그날 구세주는 이미 그의 제자들을 모으고 있었다. 오늘날도 그는 자기의 교회를 모으는 일을 계속하고 계신다. 부활의 왕은 참된 신앙의 하나 됨 안에서 그의 교회를 모으신다.

모든 권세를 지니고 있는 그리스도는 모든 민족을 자신의 제자로 삼으라고 명령하신다(마 28:18-19). 그러면서 그는 다음과 같이 덧붙여 말씀하신다. "볼지어다! 내가 세상 끝날까지 너희와 항상 함께 있으리라"(마 28:20). 이 명령은 반드시 기독론의 맥락 안에서 이해되어야 한다. 교회는 그리스도의 이 명령을 실행하는 과정에서 성령을 의존한다(참조. 요 20:22; 행 1:8). 사도들은 성령을 의존하면서 "큰 권능으로" 주 예수의 부활에 대해 증언한다(행 4:33).

구원에 대해 선포하라고, 부활한 그리스도가 우리에게 제시한 명령은 "항상 주의 일에 더욱 힘쓰는 자들이 되라"(고전 15:58)는 권면에서 절정을 이룬다. 구원에 대한 선포는 주님의 일이다. 왜냐하면 그는 그 일의 배후에 있으시며 그 일은 그의 명령에 따라서 실행되는 것이기 때문이다. 우리는 그 일이 주님 안에서 헛되지 않다는 것을 알고 있다.

f. 부활의 종말론적인 중요성. 그리스도의 부활은 우리의 미래를 위해서 결정적으로 중요하다. 그리스도 안에서 우리의 진정한 미래는 이미 시작되었다. 종말의 때는 이미 시작되었다. 하지만 하나님의 모든 약속이 아직은 온전히 실현되지 않았다. 우리가 그리스도 안에서 소망하는 것은 단지 이 세상의 삶과 관련된 것만이 아니다(고전 15:19). 하지만 우리가 고대하는 것은 견고한 기초 위에 서 있다.

그리스도의 높아짐은 그것의 맨 처음 단계부터 마지막 단계에 이르기까지 계속해서 진행되고 있다. 그는 장차 영광 가운데 나타나실 것이다. 하나님은 그리스도를 죽은 사람들 가운데서 다시 살리셨다. 또한 하나님은 장차 그를 통해서 세상을 심판하실 것이다(행 17:31).

요한은 "그[그리스도]가 나타나시면 우리가 그와 같을 줄을 아는 것은 그의 참모습 그대로 볼 것이기 때문이니"라고 말한다(요일 3:2). 그때 모든 것이 새로워질 것이다! 새로워진 사람들, 새로운 세상, 죽음을 피할 수 없었던 신자들의 몸의 부활이 있게 될 것이며, 또한 "피조물도 썩어짐의 종 노릇 한 데서 해방되어 하나님의 자녀들의 영광의 자유"에 이르게 될 것이다(롬 8:11, 21). "우리는 그의 약속대로 의가 있는 곳인 새 하늘과 새 땅을" 고대하고 있다(벧후 3:13). 그리고 장차 땅과 하늘은 부활의 옷과 오순절의 겉옷을 입을 것이다(Luther).[60]

31.2. 그리스도의 승천

1. 구속 사건으로서의 그리스도의 승천

여기서 예수의 승천이라는 사실로부터 시작하려는 이유는 예수가 하늘로 올라가시는 것을 제자들이 보았다는 이야기는 복음서 저자인 누가가 지어 낸 것이라는 널리 알려진 견해를 반박하려는 것이다.

사람들은 왜 누가가 신약성경의 여러 곳에서 언급되는 것처럼 예수가 하나님에 의해서 하늘로 높임을 받았다는 개념에 자신을 국한시키지 않았는지에 대해 의아하게 생각한다. 어떤 이들은 누가가 중요한 인물들(에녹, 엘리야, 모세, 아론)이 하늘로 올라갔다는 것과 관련해서 구약성경과 유대교의 전승들을 염두에 두고 있었을 것이라고 생각한다. 다른 이들에 의하면, 누가는 승천에 대한 "이미지"를 사용해서, 예수의 승천을 이해할 수 있는 것으로 만들고자 했다. 왜냐하면 누가 자신과 그의 독자들은 중요한 인물들이 더 높은 세계로 올라간다는 이야기들에 친숙해 있던 헬레니즘 문화에 의해서 영향을 받았기 때문이다(Den Heyer, 1991, 3:127 이하).

두 번째 설명을 받아들이지 않는 성경 주석가와 조직신학자들 중 어떤 이들은

---

60 참조. J. Köstlin, *Luthers Theologie*, 1901[2], 2:348.

종종 예수가 하늘로 올라갔다는 것에 대한 기록을 누가의 개인적인 해석이라고 간주한다. 그들의 견해에 의하면, 그 해석은 신학 연구에 중요한 의미를 제공해주지 않으며, 또한 신앙에도 별로 도움을 주지 않는다.

우리는 예수의 승천을 비판하는 학자들 가운데 맨 먼저 하르나크를 언급하고자 한다. 하르나크는 사도신경에 그리스도의 복음의 핵심에 속하지 않는 것으로서 "하늘에 오르사"라는 조항을 포함시키고 보존한 것은 교회의 잘못이라고 생각했다. 그 조항은 기껏해야 하나의 설명이며 교육을 위해서 고안해낸 것이다. 하지만 그것은 우리 시대의 많은 사람들에게 장애물 역할을 한다.[61] 약 반 세기 이후에 불트만은 다음과 같이 주장하면서 그와 같은 비판에 활력을 불어넣었다. 곧 예수의 승천에 대한 역사는 고대의 세계관으로 그것의 중요성을 잃어버렸다.[62] 그 이후에 전개된 논쟁에서 그리스도의 승천은 어떤 세계관에 의존한 것이 아니라고 올바로 지적되었다. 브룬너는 현대의 세계관에 동의하기는 하지만, 교회의 전통적인 가르침들을 포기하는 세속적인 이론은 자신을 설득하지 못한다고 주장한다. 그의 견해에 의하면, 그와 같은 추론은 결코 결정적인 것이 아니다. 그렇지만 주요한 사항은 누가가 제시하는 고유한 묘사가 그리스도의 부활이 그의 높아짐의 일부분을 이룬다는 바울과 요한의 해석과 일치하지 않는다는 것이다(Brunner, *Dogmatics*, 2:373 이하).

우리는 브룬너 및 알트하우스와 함께 과학적인 반대 의견들은 결정적인 것이 아니라는 데 동의한다. 하지만 알트하우스와 몇몇 다른 루터파 신학자들은 예수가 물리적으로 그리고 눈에 보이는 방법으로 하늘로 올라갔다는 이야기를 일종의 신화로 취급한다. 그 신화는 예수가 부활을 통해서 하늘로 높임을 받았으며, 또한 지금 하나님 아버지와 함께 있다는 신앙에 대한 확신을 표현해준다(Althaus, *C.W.*, 489 이하).

신약성경에 묘사된 그리스도의 승천과 관련해서 또한 [네덜란드의] 로마 가톨릭교회에서도 종종 회의적인 관점이 제시된다. 그 관점은 다음과 같이 요약될 수 있다. "예수는 그의 부활의 결과로 이제 하나님 아버지와 함께 있다. 그가 마지막으로

---

61 A. von Harnack, 『사도신경 해설』(*Das Apostolische Glaubensbekenntnis*), 1892, 40.

62 R. Bultmann, "Neue Testament und Mythologie," in H.-W. Bartsch (ed.), *Kerygma und Mythologie*, 1960⁴, 1:17.

개혁교회 교의학

나타난 이야기는 이것을 상징적인 방법으로, 곧 승천이라는 방법으로 보여준다"(*The New Catholicism*, 1966, 226).

이와 같은 상황을 고려할 때, 성경에 귀를 주의 깊게 기울이는 것이 중요하다. 비록 오직 누가복음만 예수의 승천에 대해서 묘사하지만, 이것은 그의 증언에 대한 신빙성을 떨어뜨리지 않는다. 요한복음 20장에서 부활과 승천은 서로 동일시될 수 없다는 것이 분명하게 언급된다. 그래서 예수는 마리아에게 다음과 같이 말한다. "나를 붙들지 말라. 내가 아직 아버지께로 올라가지 아니하였노라"(요 20:17). 또한 신약성경에서 몇몇 다른 구절들도 예수의 승천에 대해서 간접적으로 언급한다.[63] 그리고 신약성경의 다음과 같은 구절들도 이 주제에 대해서 다룬다. 예를 들면, 에베소서 4:10, 디모데전서 3:16("영광 가운데서 올려지셨느니라"), 히브리서 9:24, 베드로전서 3:22(참조. Guthrie, *N.T. Theol.*, 391-401; Wentsel, *Dogm.*, 3b: 286-292).

누가복음 24장을 읽으면, 우리는 그리스도의 승천이 부활에 이어서 곧바로 일어났다는 인상을 받을 수도 있다. 하지만 동일한 저자는 그리스도의 부활과 승천 사이에 사십 일이라는 기간이 있었다고 언급한다(행 1:3). 사실상 그리스도의 승천은 부활의 관점에서 다루어지며, 또한 그것은 부활한 그리스도가 이 땅에서 제자들에게 마지막으로 나타난 사건과 직결되어 있다. 그렇지만 그의 승천은 어떤 "진지하고 장엄한 마지막 화음"을 훨씬 뛰어넘는 사건을 가리킨다(Van Niftrik, *KLD.*, 214). 부활과 마찬가지로, 그리스도의 승천도 우리의 구속과 관련이 있는 하나의 사실이다. 우리는 이 점과 관련해서 베르크호프의 입장에 반대한다(Berkhof, *C.F.*, 323 이하).

사도신경이 작성된 맨 처음 단계에서 이미 그리스도의 승천에 대한 신앙고백이 포함되어 있었다. [우리 주 예수 그리스도가] "하늘에 오르사"라는 표현을 묵상하는 것은 대단히 중요한 의미를 지니고 있다.

63　C. Stam, 『신약성경 안에서 하나님의 계시에 근거한 주님의 승천』(*De hemevaart des Heren in de Godsopenbaring van het Nieuwe Testament*), 1950, 24-37.

2. 그리스도의 승천의 중요성

a. 기독론적인 측면. 무엇보다도 승천은 그리스도 자신을 위해서도 중요성을 지니고 있다. 그는 죽은 사람들 가운데서 일으킴을 받아서 일어난 것과 똑같이 들림을 받아서 하늘로 올라갔다. 특히 누가복음 24:50-53의 예수의 승천 사건에 대한 묘사에는 "하나님을 찬송하니라"는 찬송의 요소가 포함되어 있다. 하늘로 들어 올림을 받은 주님으로서 그리스도는 하늘에 있다. 그곳은 하나님의 영광이 가득하다. 부활 및 승천한 예수 그리스도는 "영광과 존귀로 관"(히 2:9)을 쓰고 있다.

승천은 그리스도의 높아짐의 상태에서 하나의 새로운 단계다. 그가 하나님의 우편에 앉아 있는 것은 그의 부활보다 더 위대한 것이다(참조. 롬 8:34). 부활 사건 이후에 승천 사건이 일어났다. 우리의 중보자는 하늘 높이 들림을 받았다.

b. 구원론적인 측면

① 예수는 자기 제자들을 축복하시면서 그들을 떠나 하늘로 올라가셨다. 이 떠나감은 예수와 제자들 사이의 친밀한 교제를 결코 깨뜨리지 않았다. 우리는 예수가 제자들을 축복하면서 그들을 떠나갔다는 사실을 결코 잊어서는 안 될 것이다. 예수에 대해 생각할 때, 우리는 그때와 마찬가지로 지금도 제자들과 신자들을 축복하는 구주를 그려볼 수 있을 것이다. "그리스도는 그의 인성과 관련해서는 지금 더 이상 이 땅에 있지 않습니다. 그러나 그는 신성과 위엄과 은혜와 성령으로 단 한 순간도 우리에게서 떠나 있지 않습니다"(「하이델베르크 교리문답」 제18주일).

② 「하이델베르크 교리문답」(제18주일의 49번)은 "그리스도가 하늘로 올라간 것은 우리에게 어떤 유익을 줍니까?"라고 질문하고 그 질문에 이렇게 대답한다. "첫째 그리스도는 하늘에 계신 하나님 아버지 앞에서 우리의 대언자로서 우리를 위해 간구하십니다." 그는 바로 우리의 대언자시다(요일 2:1). 여기서 "대언자"라고 번역된 "파라클레토스"(*Paracletos*)라는 그리

 개혁교회 교의학

스어 명사는 도움을 베푸는 이, 간구자, 변호사 등을 의미한다. 또한 그리스도의 중보기도와 관련해서는 로마서 8:34 및 히브리서 7:25을 비롯해서 다른 구절들을 참조하라.

그리스도가 우리를 위해 기도하신다는 것은 그리스도에 대한 우리의 믿음에서 매우 중요한 한 부분이다. 그리스도가 하늘로 높임을 받기 이전에, 이미 그는 그렇게 하셨다. 그리스도는 자신을 믿는 모든 이들을 위해 그들이 그 안에서 하나 됨을 이루도록 기도하신다(요 17:20-21). 그는 그의 제자들의 믿음이 떨어지지 않도록 기도하신다(눅 22:32). 그는 "바로 그 하늘에 들어가사 이제 우리를 위하여 하나님 앞에" 나타나신다(히 9:24).

「하이델베르크 교리문답」뿐만 아니라 「도르트 신조」(5.8)와 「벨기에 신앙고백서」(제26조)도 그리스도의 중보 기도에 초점을 맞추고 있다. 「도르트 신조」의 세부적인 특성은 로마 가톨릭교회와의 갈등을 반영해준다. 그것은 여전히 타당성이 있다. 로마 가톨릭교회의 두 가지 새로운 교리(1854: 마리아의 무염시태[immaculate conception]; 1950: 성모 승천)는 예수와 마리아를 매우 유사하게 다루고 있다는 것을 암시해주기 때문이다. 로마 가톨릭교회가 성경에 의해서 지지받을 수 있는 것보다 훨씬 더 큰 명예를 마리아에게 부여하는 것은 중보자로서의 그리스도의 사역을 손상시키는 것이다. 종교개혁가들은 마리아에 대한 하늘의 여왕, 공동 구속자 및 매우 강력한 중보자라는 개념을 받아들이지 않았다. 왜냐하면 이 개념은 예수 그리스도가 지니고 있는 유일무이하며 절대적인 중요성을 훼손하는 것이기 때문이다.[64]

그리스도는 우리의 유일한 중보자이며 대언자시다. 우리는 그리스도를 통하지 않으면 하나님께 가까이 나아갈 수 없다. [이미 죽은] 어떤 성인들에게 중보 기도를 요청하는 이들은 그리스도를 온전히 신뢰하지 않는 것

---

64 이 문제에 대한 더 자세한 내용을 알려면 다음 논문을 참조하라. J. van Genderen, "마리아에 대한 진전된 새로운 관점들"(Nieuwe ontwikkelingen rond Maria), in A. G. Knevel (ed.), *Maria*, 1988, 54-61.

이다. 우리는 다른 중보자를 찾을 필요가 전혀 없다. "왜냐하면 하늘이나 땅 위에서 예수 그리스도보다 우리를 더 사랑하는 이는 결코 없기 때문이다"(「벨기에 신앙고백서」 제26조).

비록 다른 부분들에서도 논의할 수도 있지만, 여기서 우리는 기도에 대해 언급할 수 있다.[65]

이와 같은 배경에서 기도를 통해 하나님에게 나아갈 때, 우리가 중보자를 얼마나 절실하게 필요로 하는지가 분명하게 드러난다. 신자들의 기도는 그 중보자의 피로 깨끗이 씻긴다. 다른 방법으로는 우리의 기도가 부정함에서 벗어날 수 없다(Calvin, 『기독교강요』 3.20.18). 예수가 그렇게 하기를 우리에게 바랐던 바와 같이, 우리는 그가 승천한 이후에 곧바로 그의 이름으로 기도한다(참조. 요 16:24). 기도는 단지 개인적인 요청들을 제시하는 것만은 아니다. 기도는 우리가 하나님을 의지하고 또한 그분을 신뢰한다는 것을 표현하는 것을 의미한다. 기도는 하나님을 극진히 공경한다는 것을 뜻한다. 또한 기도는 다른 사람들을 위해서 간청한다는 것을 의미한다. 신자들이 자신들과 다른 사람들을 위해서 간구할 때, 그들은 전적으로 그리스도의 중보 기도에 의존한다. 우리는 그리스도를 통해서 끊임없이 하나님께 찬양의 예물을 드려야 한다. 하지만 칼뱅의 관점에 의하면, 우리의 대제사장이신 그리스도가 우리를 깨끗하게 해주지 않으신다면, 우리의 입술은 하나님을 영화롭게 할 만큼 충분히 깨끗하지 않다(『기독교강요』 3.20.27-28). 그리고 예수가 우리에게 가르쳐주신 "주의 기도"는 우리의 기도를 위한 모범과 규칙이다(참조. 「하이델베르크 교리문답」 제45주일).

---

65 Calvin은 구원론과 연결시키면서 기도에 대해 자세히 논의했다(『기독교강요』 3.20). 또한 Wentsel도 그리스도의 승천과 연결하면서 기도에 대해서 언급한다(Wentsel, *Dogm.*, 3b: 296-325). 20세기에 Barth, Brunner와 Berkhof 및 몇몇 다른 신학자들도 자신들의 교의학에서 기도에 관심을 기울이며 그 주제에 대해 다루었다. 또한 기독교 윤리학에서 하나의 개별적인 주제로서 기도에 대해 다루는 것도 바람직할 것이다. 이 주제와 관련해서 다음을 참조하라. L. Doekes, in C. Trimp (ed.), 『기도하는 교회』(*De biddende kerk*), 1979, 43-83; J. Douma, 같은 책, 84 이하.

개혁교회 교의학

우리의 유일한 중보자이신 그리스도를 통해서 "우리는 하늘에 계신 아버지를 부른다." 또한 "우리가 예수 그리스도의 이름으로 무엇이든지 하나님 아버지께 간구하면, 그것이 우리에게 주어질 것이라고 확신한다"(「벨기에 신앙고백서」 제26조). 그리스도의 구속 사역은 우리의 기도의 응답에 확실한 기초를 제공해준다. 우리의 기도는 그리스도의 중보 기도를 통해서 성취된다. 그렇다면 우리는 "하나님이 놀라운 방법으로 응답하신다는 언약의 무지개 아래서" 기도하는 것이다(Wentsel, *Dogm*., 3b: 314).

③ 그리스도는 하나님이시자 인간으로서 하늘에 계신다. 그는 그의 몸인 교회의 머리시다. 우리는 믿음으로 우리보다 앞서 하늘로 올라가신 그리스도를 고대하고 있다. 지금 그는 우리의 인성을 지닌 채 하늘에 계신다. 우리는 그가 우리의 머리로서 그의 몸의 지체를 이루고 있는 우리를 그와 함께 있게 하려고 하늘로 데려갈 것이라고 확신한다.

우리는 이와 같은 배경에서 하나님 아버지의 집에는 있을 곳이 많다는 그리스도의 말을 기억한다. 그는 자기를 따르는 이들을 위해서 그들이 있을 곳을 마련하려고 하늘로 가셨다(요 14:2-3). 하나님은 우리의 중보자가 들어오도록 하늘을 여셨다. 하늘은 그리스도에게 속한 사람들을 위해서 닫히지 않은 상태로 머물러 있다(참조. 엡 2:6). 하지만 지금 그들은 이미 하늘나라의 시민이며, 또한 그들은 그들의 구속자이신 그리스도가 하늘로부터 오시는 것을 고대하고 있다(참조. 빌 3:20-21).

④ 그리스도는 우리에게 보증으로서 그의 성령을 보내신다. 성령이 오시는 것은 그리스도가 제자들을 떠나가신 것과 밀접하게 연결되어 있다(요 16:7). 그리스도가 제자들에게 약속하신 것(요 15:26-27)은 오순절에 성취되었다(행 2:33). 우리는 그리스도가 우리에게 계속해서 그의 성령을 주실 것이라고 기대할 수 있다. 우리는 성령의 능력을 통해서 위에 있는 것들을 추구한다. 거기서 그리스도는 하나님의 우편에 앉아 계신다(골 3:1). 하지만 이것은 우리가 이 땅의 현실에 등을 돌리거나 또는 여기서 지

금 우리에게 맡겨진 일들을 소홀히 하는 것을 결코 의미하지 않는다. 오히려 그것은 우리가 모든 것을 더 높고 밝은 빛으로 본다는 것을 뜻한다.

c. 종말론적인 측면. 그리스도가 승천하신 이후에도 그의 중보 사역은 지속된다. 그것은 하나님 나라가 장차 모든 영광과 더불어 오는 것에 초점이 맞추어져 있다.

사도들은 감람산에서 예수가 승천하시는 모습을 응시하고 있었다. 그때 그들은 두 명의 천사들로부터 다음과 같은 말을 들었다. 곧 "너희 가운데서 하늘로 올려지신 이 예수는 하늘로 가심을 본 그대로 오시리라"(행 1:11). 그러므로 예수가 하늘로 올라가셨다는 신앙은 그가 다시 오신다는 신앙과 조화를 이룬다. 교회는 그리스도의 승천과 그의 재림이라는 기간 사이에 존재하고 있다. 그래서 교회는 "복스러운 소망과 우리의 크신 하나님 구주 예수 그리스도의 영광이 나타나심"을 기다리고 있다(딛 2:13).

이 중간 시기에 우리는 주 예수 그리스도가 하늘에 거하시는 것을 우리의 눈으로 직접 볼 수 없다. 그럼에도 그는 분명히 그곳에 계신다. 그는 하늘로부터 그의 은사들을 우리에게 베풀어주시고 우리를 축복하신다.

그리스도는 하늘에 거하시지만, 그의 백성은 이 땅 위에 있다. 하지만 이와 같은 상태는 영원히 지속되지 않는다. 하늘과 땅, 곧 하나님이 계신 곳과 우리가 살고 있는 곳은 물리적으로 멀리 떨어져 있지만, 하나님과 우리는 그리스도 안에서 서로 밀접하게 연결되어 있다. 지금 우리는 새 하늘과 새 땅을 향해서 나아가고 있다. 하나님은 그곳에서 그분의 백성과 영원히 함께 거하실 것이다(계 21:1-3). 그리스도의 승천은 우리를 이와 같은 미래로 더욱더 가까이 이끌어준다.

그리스도가 하늘로 올라갔으므로, 우리는 눈을 들어 하늘을 바라보며 "[너희의] 마음을 드높이"(*sursum corda*)라고 외친다. 또한 우리는 그리스도의 재림을 고대하며 다음과 같이 말한다. 마라나타! 오 주여, 오소서!

개혁교회 교의학

31.3. 그리스도가 하나님의 우편에 앉음

1. 그리스도는 하나님의 영광과 절대 주권을 공유함

그리스도는 승천하시고 나서 하나님의 우편에 앉아 계신다. 이것은 그리스도의 높아짐에서 부활 및 승천 다음에 이어지는 단계다. 그리스도가 하나님의 우편에 앉아 계신다는 것은 우리의 신앙고백에서 중요한 위치를 차지하고 있다.[66] 신약성경은 때때로 시편 110편을 언급하면서 종종 그리스도가 하나님 우편에 앉아 계신 것에 대해 말한다(행 2:34-35; 고전 15:25; 히 1:13 등. 참조. Cullmann, 1958², 230). 시편 110편과 신약성경에서는 인간관계에서 유래된 하나의 이미지가 비유적으로 사용된다. 그 이미지는 어떤 대상에게 존귀와 권세가 주어지는 것을 암시해준다. 제왕시로 분류되는 시편 110편은 메시아의 빛에 비추어서 왕을 이해한다(Edelkoort, 1941, 330-340). 그리고 교회는 타당하게도 시편 110편의 해당 말씀을 예수 그리스도에게 적용했다.[67] 그리고 그 적용은 신약성경 안에서 다음과 같이 다양하게 표현되어 있다. 곧 하나님은 그리스도를 그분의 우편에 앉히셨다. 그리스도는 하나님의 우편에 앉아 계신다. 그는 하나님의 우편에 서 계신다(참조. 엡 1:20; 히 1:3; 골 3:1; 행 7:56).

우리의 사고방식에 의하면, 어떤 사람의 오른쪽은 명예스러운 위치를 의미한다(참조. 왕상 2:19). 하지만 시편 110편의 배경에서 이해한다면, 그 장소는 최상의 권세와 관련해서 생각하는 것이 가장 좋을 것이다.

하나님께서 통치하시지만, 그리스도도 통치하신다. 이것은 그리스도가 하나님을 대신해서 통치하시며, 하나님은 그를 통해서 통치하신다는 것을

---

66 우리는 H. Wiersinga의 견해를 전적으로 거부한다. 그의 견해에 의하면, 예수의 사역 안에는 개별적인 사건들의 단계적인 전개 과정이 없다. 그 대신 예수의 영광에 대한 다양한 개념이 있다. 심지어 Wiersinga는 예수의 낮아짐과 높아짐도 동일한 것으로 이해한다. 그래서 그는 다음과 같이 주장한다. "사람들 곁에 서 있는 것은 하나님의 옆에 앉아 있는 것을 의미한다." 『믿는 것이 더 좋다』(*Je kunt beter geloven*), 1978, 85 이하.

67 J. de Groot, 『시편 주석』(*De Psalmen*), 출간 연도 미상, 151 이하.

의미한다. 칼뱅은 이것에 근거해서 "그리스도가 아버지의 권세와 위엄과 영광으로 통치하신다"라고 말한다(『기독교강요』 4.17.18). 또한 「하이델베르크 교리문답」은 이 점에 대해 다음과 같이 훌륭하게 표현해준다. "하나님은 그리스도를 통해서 만물을 다스리십니다"(제19주일).

우리는 다음과 같은 예수의 말씀을 기억한다. "내 아버지께서 모든 것을 내게" 주셨다(마 11:27). 또한 아버지께서 "하늘과 땅의 모든 권세를 내게 주셨으니"(마 28:18). 이처럼 그리스도에게 절대적이며 무한한 권세가 주어졌다! 이 권세는 이 세상 사람들에게 부여된 권세와는 전적으로 다른 것이다. 세상의 권세자들은 종종 그것을 사용해서 다른 사람들을 위협한다. 여기서 그리스도에게 마땅히 주어진 권세(*exousia*)는 권위, 전권, 권능 등을 의미한다. 그리스도는 "땅의 임금들의 머리"(계 1:5)이시며 또한 "만왕의 왕이요 만주의 주"(계 19:16)시다.

그러므로 사도신경은 단지 승천한 이후에 우리의 중보자가 있는 장소만을 가리키는 것이 아니다. 지금 우리의 대제사장은 "하늘에서 지극히 크신 이의 보좌 우편에" 앉아 계시므로, 그는 "성소"에서 섬기고 계신다(히 8:1-2). 이것은 그가 하늘에서 중보자로서 자신의 사역을 계속해서 수행하고 계신다는 것을 의미한다.

그리스도는 존재하는 모든 것의 머리로서 지금 하나님의 보좌 우편에 앉아 계신다. 그는 그의 몸인 교회를 주셨다(엡 1:20-23). 또한 그는 교회의 머리시다(골 1:18, 「하이델베르크 교리문답」 제19주일). 따라서 그는 우주의 머리일 뿐만 아니라, 교회의 머리시기도 하다(Du Plessis, 1962). 하지만 거기에는 차이점이 있다. 곧 교회는 그의 몸이지만, 반면에 우주는 그의 몸이 아니다. 교회에 대한 그의 통치는 적법한 통치다. 그는 교회를 사랑으로 통치하신다. 교회의 관점에서 볼 때, 그리스도와 교회의 관계는 완벽한 의존과 사랑을 주고받는 가장 친밀한 사귐의 관계다.

우리는 요한계시록 5장에서 다음과 같은 것을 읽는다. 어린 양은 하나님의 오른

손에서 두루마리를 취한다. 이것은 그 두루마리가 하나님의 어린 양인 그리스도에게 주어졌다는 것을 의미한다. 이제 그는 두루마리의 인봉을 떼려고 그것을 자기의 오른손에 쥐고 있다. 그 두루마리는 일종의 유언장과 같다. 유언장을 공개하는 것은 단순히 그것을 면밀하게 읽고 그 내용을 확인하는 것 이상을 의미한다. 또한 그것은 유언장에 제시된 조항들을 그대로 실행하는 것을 뜻한다. 이와 같이 하나님의 경륜에 기초해서 결정하신 모든 것은 그리스도에 의해서 그대로 실행될 것이다. 그리스도에게는 그것을 실행할 수 있는 권능이 주어져 있다.

그리스도는 이전에 죽임을 당했지만 다시 살아난 다음에 그곳에 서 있는 어린 양으로서 이 권능을 받는다(계 5:6). 그 어린 양은 자기의 목에 칼자국을 지니고 있다. 그 어린 양은 치명적인 상처를 입었지만 죽지 않았다. 왜냐하면 그는 살아서 그곳에 서 있기 때문이다. 요한계시록의 상징적인 언어에 의하면, 이것은 다음과 같은 것을 의미한다. 곧 세상의 모든 죄를 지고 가는 하나님의 어린 양으로서(요 1:29) 그리스도는 자기에게 속한 사람들을 위해 자기 자신을 희생제물로 드렸다. 그는 모든 권세를 지니고 있다. 우리는 이 권세가 자기에게 속한 사람들을 끝까지 극진히 사랑하는 그리스도에게 주어졌다는 것에 대해 깊이 생각해볼 필요가 있다.

우리는 요한계시록 5장의 환상에 기초해서 하나님 아버지가 그분의 보좌를 그분의 아들에게 내어주고 자신은 물러났다고 추론해서는 안 된다. 하나님 아버지는 이 권세를 포기하지 않으셨다. 오히려 그분은 그리스도에게 교회와 온 세상을 통치하라는 명령을 부여하셨다. 그리스도는 아버지 대신에 통치하는 것이 아니라 오히려 자기 아버지의 이름으로 통치한다. 「하이델베르크 교리문답」은 바로 이 점과 관련해서 성부가 성자를 통해 만물을 다스린다고 말한다. 그러므로 판 룰러는 "하나님은 그리스도의 방법으로 세상을 통치하신다"고 주장한다. 그리고 그는 이 점과 관련해서 현대적인 이미지를 사용하며 다음과 같이 표현한다. "하나님의 통치가 지니고 있는 고도의 긴장감은 중보의 중재자로서 그리스도의 사역으로 전환되어 전달된다"(Van Ruler, *Ik geloof*, 115).

하나님의 통치와 그리스도의 통치의 상호 관계에 대해 몇몇 견해들이 제시되었다. 여기서 우리는 다음 세 가지 견해에 주목하고자 한다.

1. 아브라함 카이퍼는 이후에 간행된 자신의 저서에서 모든 것을 포함하는 그리스도의 통치권을 부인하지 않는다. 그는 1880년에 네덜란드 자유대학교의 개교기념 강연(제목: "영역 주권")에서 그 문제에 대해 매우 탁월하게 옹호했다. 그러면서 그는 그 강연에서 다음 두 가지의 왕권이 있다고 주장했다. 첫째, 세상에 대한 왕권이다. 이것은 하나님에게서 직접 나오며, 이 땅에 정부의 권위를 확립한다. 둘째, 그리스도의 왕권이다. 이 왕권은 이 세상에 속한 것이 아니며 다른 분야를 통치한다. 한편 그의 저서 『일반은총론』(*De Gemene Gratie*, 1902-4)은 이 구분에 대해서 광범위하고 상세하게 설명한다.

2. 오스카 쿨만에 의하면, 그리스도의 왕적인 통치가 있다. 그 통치는 모든 창조 세계에 영향을 미친다. 하지만 그리스도의 나라는 하나님 나라와 동일시될 수 없다. 그리스도의 나라는 그의 승천 이후에 존재한다. 하지만 하나님 나라는 전적으로 미래를 향하고 있다. 바울이 고린도전서 15장에서 설명하는 것처럼 하나님 나라가 시작되면, 그리스도의 나라는 그가 자신의 나라를 하나님 아버지에게 건네주는 것으로 막을 내린다.[68]

3. 판 룰러는 시간적으로 구분하는 것에 대해 유보적인 입장을 취한다. 하나님 나라와 그리스도의 나라는 단지 양태의 관점에서만 구분될 수 있다. 그리스도의 나라는 하나님의 숨겨진 나라다.[69]

우리는 카이퍼, 쿨만, 판 룰러 및 그 밖의 다른 학자들보다 더욱더 하나님 나라와 그리스도의 나라의 하나 됨을 고수해야만 한다. 신약성경은 대체로 하나님 나라에 대해서 말하지만, 또한 때때로 그리스도의 나라에 대해서도 언급한다. 곧 "그의 사랑의 아들의 나라"(골 1:13), 또는 "예수 그리

---

68 O. Cullmann, 『신약성경 안에서의 왕의 통치와 교회』(*Königherrschaft und Kirche im Neuen Testament*), 1950³, 11-14.

69 A. A. van Ruler, 『율법의 완성』(*De vervulling van de wet*), 1947, 89. 한편 다른 견해들도 있다. 예를 들면, E. Brunner는 그리스도의 통치권을 예수 그리스도를 자신의 주님으로 고백하는 이들에게만 한정한다(E. Brunner, *Dogmatics*, 2:301).

개혁교회 교의학

스도의 영원한 나라"(벧후 1:11) 등이다. 그러므로 그 나라는 "그리스도와 하나님 나라"다(엡 5:5).

우리는 다윗과 함께 다음과 같이 고백한다. 곧 "천지에 있는 것이 다 주의 것이로소이다. 여호와여, 주권도 주께 속하였사오니 주는 높으사 만물의 머리이심이니이다"(대상 29:11). 하지만 그리스도의 능력의 범위 바깥에 있는 것은 아무것도 없다. 마침내 하나님은 만물을 그리스도의 발 아래 두셨다(참조. 고전 15:27). 사도 바울은 에베소서 1:22에서도 동일한 것을 말한다. 칼뱅은 이와 같은 맥락에서 만물에 대한 절대적인 권능과 통치권이 교회의 머리인 그리스도께 맡겨져 있다고 지적한다.

하나님의 주권은 영원히 지속되는 주권이다. 또한 그리스도의 통치와 관련해서도 그의 나라는 끝이 없을 것이라고 언급된다(눅 1:33). 이것은 「니케아-콘스탄티노플 신조」에서도 언급된다.

그리스도의 무궁한 통치권에 대해 언급하는 특별한 이유가 있다. 왜냐하면 앙카라의 마르켈루스(Marcellus of Ancyra)는 로고스에 대해 다음과 같이 가르쳤기 때문이다. 곧 그는 로고스가 창조 사역과 구속 사역을 위해 성부에게서 나왔지만, 구원을 성취한 다음에 자기 자신을 거두어들여서 하나님 안에 포함된다고 주장했다(참조. Andresen, *Handbuch*, 1:157-163). 마르켈루스는 성자는 성부에게 복종하며 또한 자기의 나라를 성부에게 바친다는 바울의 말(참조. 고전 15:23-28)에 기초해서 이와 같이 주장할 수 있다고 믿었다. 그는 이것을 그리스도가 왕으로 통치하는 것이 끝나는 것으로 이해했다.

우리는 어떻게 이 성경 본문을 해석해야 하는가라는 질문이 제기된다. 판 룰러와 같은 신학자는 그 본문을 다음과 같은 의미로 해석한다. 곧 그리스도의 중보자 직분은 하나의 간주곡이며, 또한 성육신은 만물의 마지막 때 폐지된다(이 개념에 대해서는 § 31.4, 제2번을 보라).

2. 교리적인 차이점

루터파의 견해에 의하면, 하나님의 우편은 모든 곳을 가리킨다. 그것은 하늘에 있는 어떤 장소가 아니라 하늘과 땅을 가득 채우는 하나님의 전능한 능력을 가리킨다(*BSLK*, 1026). 그리스도가 하나님의 우편에 있기 때문에, 또한 그는 물리적인 측면에서도 모든 곳에 존재한다. 이것이 바로 루터파의 성만찬 교리에서 필수적인 요소인 그리스도의 **편재성**(*ubiquity*)이다. 루터와 그의 추종자들의 견해에 의하면, 기독론과 성만찬 교리 사이에는 상호 관련성이 있다. 그리스도가 승천했기 때문에 단지 하늘의 어떤 장소에만 신체적으로 존재하고 있다고 이해하는 것은 잘못된 것이다. 그렇다면 그리스도는 성만찬에 그의 몸으로써 진정으로, 실질적으로 임재할 수 없다(*BSLK*, 1013).

그리스도의 편재성을 탁월한 방법으로 계시해주는 것으로서 그리스도가 이 영광과 능력을 나타내는 것은 그리스도의 높아짐을 반영하며, 또한 그의 인성은 신성과 인성의 하나 됨을 통해서 이미 동일한 속성들을 지니고 있다. 이것이 바로 루터파 교회와 신학이 주장하는 **속성들의 교류**(*communicatio idiomatum*)다(참조. § 29.6).

개혁파 교회와 신학은 루터파의 이 견해를 반대했다. 개혁파 교회는 각각의 본성은 저마다 고유한 속성들을 지니고 있다는 칼케돈 공의회(451)의 신조에 동의한다. 진정으로 그리스도는 높아졌으며 영화롭게 되었다. 하지만 그의 인성은 신성화되지 않았다. 「벨기에 신앙고백서」 제19조는 다음과 같이 말한다. "비록 부활을 통해서 그리스도에게 불멸이 주어졌지만, 그럼에도 그의 인성의 실체는 변화되지 않았다. 왜냐하면 구원과 부활은 또한 그의 몸의 실체에 의존하고 있기 때문이다."

개혁파 교회의 견해는 「하이델베르크 교리문답」의 다음과 같은 신앙고백과 일맥상통한다. 곧 "그리스도의 신성은 어느 곳에나 있습니다. 따라서 그리스도의 신성은 그가 받으신 인성의 밖에서도 있을 수 있습니다. 그렇지만 동시에 그리스도의 신성은 그의 인성 안에도 있습니다. 그러므로 그리스도의 위격 안에서 그의 신성과 인성은 서로 하나 됨을 이루고 있습니다"(제18주일). 여기서 우리는 이른바 "엑스트라-칼비니스티쿰"(extra-Calvinisticum; 하나님의 영원한 성자는 성육신하신 이후에도 인간 본성과 연합하여 한 인격을 이루었으나 육체에 제한되지 않는다는 교리―옮긴이 주)을 만날 수 있다(참조. Calvin, 『기독교강요』 2.13.4; 4.17.30). 이 호칭은 비판의 여지가 있다. 왜냐하면 칼뱅은 이 점과 관련해서 교회의 전반적인 전통과 보조를 같이 하기 때문이다(참조. Weber, *Foundations*, 2:132, 147).

루터파 교회와 신학은 개혁파가 그리스도의 승천 이후 그의 인성에서 아무런 유익도 인정하지 않는다고 이 견해를 비판해왔다. 우리는 히브리서에 근거해서 이 비난에 대응할 수 있다. 곧 "우리에게 큰 대제사장이 계시니 승천하신 이 곧 하나님의 아들 예수시라…[그는] 모든 일에 우리와 똑같이 시험을 받으신 이로되 죄는 없으시니라"(히 4:14-15). 지금 이 예수는 우리의 중보자로서 하나님 아버지와 함께 있다. 그는 우리를 위해서 사람이 되었으며 여전히 사람으로 머물러 있다. 그러므로 우르시누스(Ursinus)는 다음과 같이 말한다. "우리는 그리스도가 신성과 인성을 지니고 있는 그의 영과 뜻으로 그의 교회를 돌보고 보존하며 보호한다고 가르친다."[70] (우르시누스도 올레비아누스[Olevianus]처럼 1564년에 마울브론[Maulbronn]에서 벌어진 성만찬에서의 그리스도의 임재에 대한 논쟁에서 루터파 신학자들과 논쟁을 벌였다).

3. 그리스도는 교회뿐만 아니라 세상도 통치한다

a. "우리의 머리이신 영광의 그리스도는 우리에게 어떤 유익을 줍니까? 첫째, 그리스도는 성령을 통해 자신의 지체들인 우리에게 하늘의 은사들을 부어줍니다. 둘째, 그는 자신의 권능으로 우리를 모든 원수에게서 보호하고 지켜줍니다"(「하이델베르크 교리문답」 제19주일). 이 교리문답은 가장

---

70 Z. Ursinus, *Opera*, 1612, 2:521. 참조. K. Schilder, *H.C.*, 4:174-213.

기본적인 것을 설명해준다.

우리는 첫 번째 사항과 관련해서 특히 성령의 은사에 대해 생각해보고자 한다. 비록 그리스도의 승천과 오순절 성령 강림 사건이 동시에 일어난 것은 아니지만, 이 두 가지는 서로 밀접하게 연결되어 있다. 그리스도가 높임을 받으시고 하나님의 우편에 앉으신 이후에 그는 성부에게서 약속하신 성령을 받아 제자들에게 성령을 부어주셨다(참조. 행 2:33). 또한 그리스도의 성령은 영적인 은사들 또는 은혜의 은사들(charismata)을 부어주신다. 그래서 그리스도의 몸의 지체들인 신자들은 성령의 은사들로 무장된다(고전 12 및 14장). 그리스도는 "모든 하늘 위에 오르신 자"로서 "만물을 충만하게" 할 것이다. 또한 그는 "어떤 사람은 사도로, 어떤 사람은 선지자로, 어떤 사람은 복음 전하는 자로, 어떤 사람은 목사와 교사로 삼으셨으니 이는 성도를 온전하게 하여 봉사의 일을 하게 하며 그리스도의 몸을 세우려 하심이라"(엡 4:10-12). 그러므로 직분들과 다양한 봉사는 승천한 그리스도가 땅 위에 있는 그의 교회에게 베풀어주신 은사들이다.

우리는 신자들의 보호라는 문제와 관련해서 주님이 제자들을 지켜주신다고 말한 것들을 머릿속에 떠올릴 수 있다. 부활 및 승천한 예수는 다음과 같이 약속하셨다. "네가 나의 인내의 말씀을 지켰은즉, 내가 또한 너를 지켜 시험의 때를 면하게 하리니"(계 3:10). 또한 예수는 아무도 아버지의 손에서 그를 따르는 이들을 빼앗을 수 없다고 우리에게 확신을 준다(참조. 요 10:28). 예수는 교회에 사명을 주실 뿐만 아니라 그것을 실행하도록 교회를 끝까지 지켜주신다.

말해야 할 것이 더 있다. 우리는 예수가 영원한 왕이시라고 고백한다. 왕은 백성이 없이 존재할 수 없다. 영원한 왕 예수는 교회의 유일무이한 머리시다(「벨기에 신앙고백서」 제27조 및 31조). 이것은 교회의 통치 형태에 영향을 미친다. 우리가 교황 제도 안에서 구체화된 것을 볼 수 있듯이, 이것은 교회가 유일한 수장을 지니거나 또는 성직자들로 이루어진 계급 구조를 지닐 수 없다는 것을 의미한다. 또한 이것은 교회가 어떤 민주주의

 개혁교회 교의학

체제가 아니라 오히려 오직 그리스도 중심적인 통치 체제라는 것을 암시해준다. 그러므로 우리는 오직 그리스도가 교회를 통치한다는 원리에 어긋나는 모든 것을 거부한다.

교회의 머리로서 그리스도는 말씀과 성령으로 자신의 사역을 지속적으로 수행하고 계신다. 우리는 이 점과 관련해서 요약적으로 다음과 같이 말할 수 있다. 곧 그는 교회를 모으고 보호하시며, 교회에 자기의 은사들을 나누어주시며, 교회를 인도하며 통치하신다. 칼뱅은 다음과 같이 말한다. "그리스도의 통치의 특성으로서, 그는 자신이 하나님 아버지에게서 받은 모든 것을 우리에게 나누어주신다"(『기독교강요』 2.15.4). 「스코틀랜드 신앙고백서」(1560)는 그리스도가 하나님의 우편에 앉아 계신 것을 다음과 같이 위로에 관한 것으로 해석한다. "우리를 위로하기 위해 그는 하늘과 땅에서 모든 권세를 받으셨다"(제11조).

b. 그리스도의 주권은 단지 교회에만 국한되어 있지 않다. 왜냐하면 그는 온 우주 또는 온 세상을 다스리는 주님이시기 때문이다. 그는 "만유의 주"시다(행 10:36). 하나님은 "모든 무릎을 예수의 이름에 꿇게 하시고 모든 입으로 예수 그리스도를 주"라고 시인하게 하셨다"(빌 2:9-11).

아직까지는 이와 같은 단계에 이르지 않았다. 우리는 지금 만물이 그에게 복종하고 있는 것을 보지 못한다(히 2:8). 여전히 이 세상은 그리스도가 통치하시는 세상이다. 하지만 "이 세상의 임금"이 있다(요 12:31). 마귀는 이 세상을 점령하고, 마치 자기가 이 세상에 대한 정당한 통치권이 있는 것처럼 행동한다. 또한 이 세상에는 이 세상의 신에 의해서 마음이 혼미해지고 어두워진 사람들이 있다(참조. 고후 4:4).

하나님의 통치는 관용을 드러낸다(Van Ruler, *Ik geloof*, 115)라는 말이 부정확한 표현은 아니다. 하지만 그리스도는 거룩한 싸움을 싸우며 통치한다고 덧붙여 말해야만 한다. 그는 그의 원수들의 한가운데서 통치하신다(참조. 시 110:2). 그리스도는 악한 세력과 맞서는 싸움에서 그의 백성을 동원하신다. 따라서 교회를 "전투하는 교회"(*ecclesia militans*)라고 부르는 것은 근거가 없는 것이 결코 아니다.

어떤 사람들은 다음과 같이 질문하고자 할 것이다. 과연 우리는 이 세상에서 그리스도가 모든 사람과 모든 것을 다스린다는 것을 볼 수 있는가? 모든 것이 사람들에게 달려 있는 것처럼 보인다. 사람들은 저마다 하고 싶은 대로 행동한다. 우리가 도저히 거부할 수 없는 세력들이 있다. 그렇지만 판 룰러는 다음과 같이 지적한다. 곧 비록 현실에서 그리스도가 주관하고 있다는 것에 대한 많은 증거가 있지만, 중요한 것은 우리가 사도들이 전해준 복음에 기초해서 이것을 사실로 믿어야 하며 또한 그와 같은 신앙으로 살아야 한다(Van Ruler, *Ik geloof*, 116)는 것이다. 한편으로 이 세상에는 그리스도의 주권이 악한 세력들을 통제하고 있다고 증거해주는 표적들이 있다. 다른 한편으로 이 세상에는 그리스도와 그의 나라를 완강하게 반대한다는 것을 증거해주는 표적들도 있다. 하지만 이 반대는 궁극적으로는 완전히 헛된 것으로 드러날 것이다.

또한 그리스도의 주권의 중요성은 과연 우리가 이 왕에게 무릎을 꿇고 절을 하는가 아니면 그렇지 않은가에 달려 있다. 칼뱅은 이 점과 관련해서 다음과 같이 말한다. "한편으로 이제 그리스도는 기꺼이 복종하며 순종하는 경건한 이들에게 왕과 목자의 임무들을 수행한다. 다른 한편으로 우리는 그가 철장으로 악한 자들을 깨뜨리며 질그릇 같이 산산이 부숴버린다(참조. 시 2:9)는 말도 듣고 있다"(『기독교강요』.2.15.5).

우리는 그리스도의 영광과 주권에 대해 깊이 생각하면서 그가 교회의 머리와 모든 왕들의 왕 및 모든 주들의 주님으로 인식되기를 원한다는 사실을 기억할 필요가 있다. 우리는 먼저 내면적으로 이것을 인식해야 한다. 동시에 우리는 그와 같은 인식을 저마다의 삶을 통해서 구체적으로 드러내야 한다. 그래서 우리는 그리스도의 나라에 대해 감사하고 순종하는 시민이 되어야 한다. 우리는 그리스도인들로서 그리스도의 왕적인 통치를 지지해야 하는 공동의 책임을 지니고 있다. 또한 우리도 초기 그리스도인들이 자신들에게 적대적인 세상에서 고백했던 다음과 같은 신앙고백을 굳게 지켜야 한다. 곧 하나님은 "모든 입으로 예수 그리스도를 주라 시인하여 하나님 아버지께 영광을 돌리게 하셨느니라"(빌 2:11).

31.4. 그리스도의 재림

1. 그리스도의 재림 장소와 중요성. 그리스도의 재림은 그의 높아짐의 사역 중 일부분이다. 이것은 기독론에서뿐만 아니라 종말론에서도 논의된다. 종말론은 그리스도가 다시 오는 것에 대해서 다루며, 또한 그것이 한 번인가 아니면 두 번인가에 대해서 질문한다(천년왕국설).

기독론과 종말론은 서로 밀접하게 연결되어 있다. 종말론의 핵심은 그리스도의 재림에 대한 고대이다. 기독론은 종말론에 대해서 근본적인 중요성을 지니고 있다. 또한 기독론은 종말론에서 더 자세하게 설명되며 또한 더욱더 세부적으로 전개된다.

여기서 우리는 먼저 다음 사실을 지적하고자 한다. 곧 만약 하나님의 우편에 앉아 있는 그리스도가 다시 오시지 않는다면, 중보자로서 그의 사역은 완성되지 않는다. 그리스도의 높아짐 전체는 그의 영광스러운 재림을 기다리고 있다. 또한 그의 부활, 승천, 하나님의 우편에 앉아 있음 등과 관련해서도 이 점은 사실이다(참조. 행 17:31; 1:11; 마 26:64). 요한계시록은 어떻게 요한에게 자신의 영광을 계시해준 그리스도가 모든 것을 궁극적인 완성을 향해서 이끌어가는지를 우리에게 보여준다.

그리스도의 재림은 이전의 그의 사역을 완성시키며 또한 그것의 영광스러운 마지막을 장식해줄 것이다. 나아가 그것은 그의 높아짐의 최종적이며 최절정의 단계가 될 것이다(Bavinck, *R.D.*, 4:685).

하나님의 아들은 "능력과 큰 영광으로" 오실 것이다(마 24:30). "주께서 호령과 천사장의 소리와 하나님의 나팔 소리로 친히 하늘로부터 강림"할 것이다(살전 4:16). "볼지어다! 그가 구름을 타고 오시리라. 각 사람의 눈이 그를” 볼 것이다(계 1:7). 사도행전 1:11은 제자들이 직접 보는 가운데 예수가 하늘로 올라가신 것 같이, 또한 그가 다시 오시는 것도 눈으로 직접 볼 수 있을 것이라고 알려준다. 그래서 그리스도를 알고 있는 이들은 “바로 주님이다”라고 말할 수 있을 것이다.

그리스도의 재림은 **구속 사건**이다. 다른 구속 사건들과 이 구속 사건의 차이점은 우리가 이것을 지속적으로 기다린다는 것이다. 사도신경에서는 구속 사건들을 언급하면서, 맨 먼저 과거 시제가 사용된다. 그다음 “하나님의 우편에 앉아 계시다가”라는 구절에서 현재 시제가 사용된다. 마지막으로 “오시리라”는 표현에서 미래 시제가 사용된다.

그리스도 자신이 자기가 다시 올 것이라고 선언하셨다. 그는 이렇게 말씀하신다. “번개가 동편에서 나서 서편까지 번쩍임 같이 인자의 임함도 그러하리라”(마 24:27). 여기서 “임함”이라고 번역된 “파루시아”(*parousia*)라는 그리스어 명사는 “임재”뿐만 아니라 또한 어떤 사람의 임재가 시작되는 것, 곧 어떤 사람이 나타나는 것이나 온 것을 가리킨다(참조. 고전 16:17). 신약성경의 세계에서 절대적인 권력을 지닌 어떤 통치자가 어떤 지역을 공식적으로 방문할 때 그의 도착은 “파루시아”라고 언급되었다. 그 지역의 주민들이 그를 영접하는 것은 그들에게 커다란 영예였을 뿐만 아니라 그들은 그가 자신들에게 다양한 특권을 허용하는 것을 기대할 수 있었다. 그와 같은 통치자가 어떤 도시를 장엄한 행렬과 더불어 들어갈 때마다, 사람들은 그에게 자신들의 다양한 청원을 제시할 수 있었다. 따라서 사람들은 통치자의 예고된 “파루시아”를 기대감을 가득 품고 고대했다. 그의 “파루시아”는 새로운 시대를 열어주었다!

이것이 바로 우리의 왕이 올 때 일어날 일들에 대해 생생하게 묘사해주는 것이다. 우리는 그가 영광과 함께 나타나는 것을 고대하고 있다. 그의 나타남은 그의 백성을 유익하게 할 것이다. 그것은 선례가 없던 새로운 영광의 시대를 시작할 것이다.

또한 그리스도가 다시 오시는 것을 가리켜주는 다른 표현들도 있다. 주 예수 그리스도는 나타나실 것이다(참조. 딤전 6:14). 그는 영광스럽게 나타나실 것이다(참조. 딛 2:13). 또한 신약성경에서 그리스도의 나타남은 "계시"를 의미하는 "아포칼립시스"(*apocalypsis*)라는 그리스어 명사로 묘사되기도 한다(살후 1:7). 그뿐만 아니라 "오다"를 뜻하는 동사로도 표현된다. 이와 같이 주께서 오실 것이며 또한 주의 날이 올 것이라는 예언들이 성취될 것이다. 이 점과 관련해서 주의 재림은 종종 그의 초림의 관점에서 이해되었다. 이와 같은 축약적 또는 요약적인 형태의 표현 방식은 또한 예언적인 관점이라고 언급되었다.

신약성경은 예수의 초림과 재림을 명백하게 구분한다. "이와 같이 그리스도도 많은 사람의 죄를 담당하시려고 단번에 드리신 바 되셨고 구원에 이르게 하기 위하여 죄와 상관없이 자기를 바라는 자들에게 두 번째 나타나시리라"(히 9:28). 따라서 그리스도가 오시는 것에 대한 우리의 고대는 그의 재림이다. 이 점에 대해 예수 자신도 다음과 같이 말씀하신다. 곧 "가서 너희를 위하여 거처를 예비하면 내가 다시 와서 너희를 내게로 영접하여 나 있는 곳에 너희도 있게 하리라"(요 14:3).

우리는 종말론을 다루는 장에서는 만물의 완성과 하나님 나라가 영광 가운데 온다는 관점에서 그리스도의 재림을 묘사할 것이다. 기독론은 적어도 그리스도의 재림과 관련된 핵심 측면들 중 한 가지를 다루어야 한다. 곧 **그는 심판하기 위해서 올 것이다.** 그리스도께서 인자이기 때문에 성부가 성자에게 심판에 대한 전권을 주었으며 또한 그에게 심판을 행하는 권한을 주었다(요 5:22, 27)는 사실은 그리스도의 높아짐의 범위를 최대한으로 강조해준다. 죽은 사람들의 부활은 이 심판과 연결되어 있다(요 5:28-29). 인자는 자기의 영광으로 모든 천사와 함께 올 것이다. 그리고 그는 자기의 영광의 보좌에 앉을 것이다. 그때 그는 모든 민족을 자기 앞에 모으시고, 모든 사람을 두 그룹으로 구분하실 것이다(마 25:31-46).

그리스도가 다시 오시면, 죽은 사람들이 부활하고 최후의 심판이 집행되며, 또한 높임을 받은 그리스도의 영광이 완전하게 드러날 것이다.

「니케아-콘스탄티노플 신조」는 그리스도의 초림에 대해 "우리 인간을 위하여 또한 우리의 구원을 위하여 [그가] 하늘에서 내려오셨다"고 말한다. 또한 그리스도의 재림에 대해 "살아 있는 사람들과 죽은 사람들을 심판하려고 [그가] 영광 가운데 다시 오실 것이다"라고 말한다. 이와 같이 그의 초림과 재림 사이에는 분명한 차이점이 있다.

최후의 심판은 모든 사람이 저마다 자기 자신의 행위에 대해 정산을 해야 한다는 점을 암시해준다. 그러므로 우리는 심판하기 위해서 다시 오시는 그리스도의 사역이 과연 그의 구원 사역의 일부분을 형성하는지, 어떤 범위 안에서 그것을 형성하는지 질문할 수 있다. 모든 사람은 심판을 받을 것이다. 의인들은 영생으로 들어가고, 악한 사람들은 영원한 형벌에 처해질 것이다(마 25:31-46). 최후의 심판은 두 가지 측면을 지니고 있다. "최후의 심판에 관한 숙고는 악하고 불경건한 사람들에게 진정으로 두렵고 무서움을 불러일으키지만, 의롭고 선택받은 사람들에게는 매우 바람직하고 또한 커다란 위로를 줄 것이다"(「벨기에 신앙고백서」 제37조). 그리스도 안에서 사람과 하나님의 관계가 결정적인 역할을 한다. 문제는 우리가 그리스도를 어떻게 생각하는가다. 우리가 그를 우리의 구원자라고 믿는다면, 우리는 그 심판자를 두려워할 필요가 전혀 없다.

「하이델베르크 교리문답」은 우리가 그리스도의 재림에 관해 무엇을 알고 있는지에 대해서 질문하지 않는다. 그 대신 "살아 있는 사람들과 죽은 사람들을 심판하려고 그리스도가 다시 오신다는 것이 당신에게 어떤 위로를 줍니까?"라고 질문한다. 그 대답은 다음과 같이 개개인과 관련된 요소를 지니고 있다. 곧 "나는…하늘로부터 올 심판자를 고대합니다. 이전에 그리스도는 나를 대신해서 하나님에게 심판을 받으려고 자기 자신을 내어주었습니다. 그는 그것을 통해 나에게서 모든 저주를 없애주었습니다." 또한 그는 "선택함을 받은 모든 사람들과 함께 나를 하늘의 기쁨과 영광으로 이끌 것입니다"(「하이델베르크 교리문답」 제19주일).

그러므로 그리스도의 교회는 교회의 주님이자 구원자인 그리스도가 다시 오는 것을 고대하고 있다. 「벨기에 신앙고백서」는 다음과 같은 고백으로 마무리된다. "따라서 우리는 우리 주 그리스도 예수 안에서 하나님의 약속들을 온전히 누리기 위해 그 위대한 날을 간절히 고대하고 있다.”

그리스도가 다시 오면, 하나님의 모든 약속들이 성취될 것이다. 그러면 “하나님이 만유의 주로서 만유 안에” 계실 것이다(고전 15:28).

2. 그리스도가 왕으로서의 통치권을 성부에게 넘겨줌. 우리는 그리스도가 다시 오시면 그의 중보자 직분은 끝나게 될 것이라는 판 룰러의 견해를 이미 언급했다(§ 31.3, 제1번). 그는 성자가 성부에게 왕으로서의 통치권을 최종적으로 넘겨준다는 것이 암시하는 모든 것을 숙고해야만 한다고 생각한다. “그것은 메시아의 궁극적이며 최절정의 행위다. 그 이후에 성자는 메시아이기를 그만 두실 것이다.”[71]

판 룰러는 고린도전서 15장에 나오는 바울의 말에 대해 많은 것을 언급했다. 그리스도는 영원히 왕인가 아니면 그렇지 않은가? 그리스도의 삼중직은 사라질까? 그는 자신의 인성을 포기할까? 그 결과 성육신은 일시적인 실체인가? 판 룰러는 이것에 대해서 메시아적 간주곡(messiaans intermezzo)이라고 부른다.

비록 칼뱅은 몇 가지 “더듬어 찾고자 하는 표현들”을 벗어나지는 않았지만,[72] 우리는 판 룰러의 입장에 있는 과감한 표현과 대담한 주장들을 만나게 된다. 그는 다음과 같이 주장한다. “성육신은 마지막 날에 사라지고 그다음에 우리는 (하나님 나라에서) 오직 삼위일체 하나님과 순전하고 (동시에) 구원받은 상태에 있는 것들과 함께 있을 것이다”(Van Ruler, *V. W.*, 1:171).

우리는 과연 판 룰러의 이와 같은 견해를 지지해주는 성경적인 근거들이 존재하는가라는 질문을 제기하지 않을 수 없다. 우리는 그리스도가 자신이 취한 인성을 장차 포기할 것이라고 해석하는 것을 지지해주는 구절을 성경의 어느 곳에서도 찾을 수 없다. 어린 양은 새 예루살렘 안에 있다(계 21:22-23; 22:3). 어린 양은 하나님의

---

71   A. A. Van Ruler, 『율법의 완성』(*De vevulling van de wet*), 1947, 95, 107.
72   G. C., Berkouwer, 『그리스도의 재림』(*De wederkomst van Christus*), 1963, 2:246.

성에서 등불이 될 것이며, 또한 하나님의 영광이 그 성을 밝혀줄 것이다. 어린 양은 메시아적인 속성들을 영광 가운데 계속해서 지니고 있을 것이다.[73] 또한 그리스도의 중보자 직분은 결코 종말을 맞이하지 않을 것이다. 그는 "우리의 영원한 왕이다"(「하이델베르크 교리문답」 제12주일). "그[그리스도]의 나라는 끝이 없을 것이다"(「니케아콘스탄티노플 신조」; 참조. 눅 1:33).

그리스도는 그의 나라를 하나님 아버지께 넘겨드릴 것이다. 이것은 그것에 선행하는 하나님 아버지의 명령을 반영한다. 신약성경에서 성자는 성부에게 순종하실 뿐만 아니라 또한 복종하신다고 언급된다. 하나님 아버지의 명령은 낮아짐을 통한 그리스도의 사역에 의해서 완성되었다. 곧 그것은 모두 이루어졌다. 이와 비슷하게 그리스도의 높아짐을 통한 그의 사역으로서 하나님이 명령하신 것이 있다. 그 명령은 그것이 완성되는 절정을 향해서 진전되어간다.

현재의 상태에서 그리스도의 나라는 하나님의 원수들과 하나님의 백성 사이의 전쟁이라는 특징을 지니고 있다. 마지막 때 어느 날 이 상태는 완전히 바뀔 것이다. 그때 하나님의 원수들은 모두 멸망할 것이다.

신학은 "미래의 현재"[74]와 "현재의 미래" 사이의 차이점을 가리켜주는 개념들을 찾고자 했다. 그래서 신학은 은혜의 왕국은 영광의 왕국으로 변화될 것이라고 말해왔다. 바빙크는 화목을 위한 중보자의 직분은 막을 내리게 될 것이라고 믿는다. 그래서 남게 되는 것은 하나 됨의 중보자 직분이다(Bavinck, *R.D.*, 3:482).

하지만 과연 이와 같이 주장할 수 있는 것인지는 의심스럽다. 왜냐하면 하나님과의 사귐은 언제나 화목에 기초하고 있기 때문이다. 또한 우리는 어린 양으로 묘사되는 그리스도를 만난다. 우리는 그리스도 안에서 하나

---

73 참조. W. H. Velema, *Confrontatie met van Ruler*, 1962, 94-101.

74 이 개념은 J. P. Versteeg에게서 유래되었다. 그의 취임 강연(『미래의 현재』[*Het heden van de toekomst*], 1969)을 참조하라.

님을 만난다.

그리스도는 교회의 머리시다. 또한 그는 앞으로도 계속해서 교회의 머리일 것이다. 높임 받고 영화롭게 된 중보자는 새로운 인류의 머리시다. 또한 그는 영원히 그럴 것이다. 캄프하위스의 다음과 같은 주장은 옳다. "성자는 은혜언약의 중보자가 되셨다. 그는 구속을 성취하셨다. 그는 앞으로도 계속해서 하나님과 교제하는 것으로 이끄는 구원을 선포하고 베푸실 것이다."[75]

성자가 왕권을 성부에게 넘겨주는 것은 그리스도의 높아짐 안에 있는 그의 사역 일부분인가라는 질문에는 그렇다는 답변이 주어질 것이다. 이 "복종"은 성부가 성자에게 맡겨준 일을 성자가 모두 성취했다는 것을 가리켜주는 하나의 표징이다(참조. 요 17:4). 장차 그리스도가 그의 모든 백성과 함께 하나님 아버지 앞에 서게 될 때, 그는 자신이 다음과 같이 말한 것을 완전히 성취한 것이다. 곧 " 아버지여, 내게 주신 자도 나 있는 곳에 나와 함께 있어 아버지께서 창세 전부터 나를 사랑하시므로 내게 주신 나의 영광을 그들로 보게 하시기를 원하옵나이다"(요 17:24). 그리스도의 모든 사역은 미래의 영광을 고대하고 있다. 바울은 이 점과 관련해서 이렇게 말했다. "만물을 그에게 복종하게 하실 때에는 아들 자신도 그때에 만물을 자기에게 복종하게 하신 이에게 복종하게 되리니, 이는 하나님이 만유의 주로서 만유 안에 계시려 하심이라"(고전 15:28).

---

75 J. Kamphuis, "Het Lam in het Nieuwe Jeruzalem," in *Almanak van het Corpus Studiosorum in Academia Campensi "Fides Quadrat Intellectum,"* 1987, 214.

§ 32. 그리스도의 사역의 다양한 측면

32.1. 속죄 또는 화목
32.2. 승리

32.1. 속죄 또는 화목

1. 그리스도의 사역과 우리의 구원

우리는 이 항목에서 성경이 많은 곳에서 언급하는 한 가지 주제에 대해 다룰 것이다. 성경은 이 주제를 언급하면서 매우 다양한 용어와 이미지들을 사용한다. 우리는 어떤 요약된 형태의 유형이 성경의 메시지를 전하는 한계로부터 성경의 메시지의 풍부함을 보호해야만 한다. 특히 우리는 오늘날 사람들이 너무 지나칠 정도로 행동하는 것처럼 성경의 자료들을 주관적으로 선택해서 취급하지 않도록 유의해야 한다.

다음과 같은 위험성은 실제적이다. 곧 우리가 변하는 것처럼 인간 현상으로서 변할 수 있는 구원에 관한 우리의 관점이 그리스도 안에서 이루어지는 구원에 대한 논의의 규범이 될 수 있다. 그래서 어떤 이들은 일상적인 상황을 살아가는 사람들을 설득하는 방식으로 예수의 구원이 오늘날의 세계에서 의미하는 게 무엇인지에 대해서 다시 정의해야 한다고 생각한다.[76]

그렇다면 기독론은 구원론의 한 가지 기능이며, 그리고 다시 구원론은 인간론의 한 가지 기능이다! 따라서 우리는 판넨베르크의 다음과 같은 경고(1968, 38-49)를 기억할 필요가 있다. 곧 구원에 대한 우리의 개인적인 관심은 기독론의 기초가 될 수 없다. 또한 우리는 먼저 그리스도의 사역과 그다음 우리의 구원에 초점을 맞추어야 한다. 이 순서가 뒤바뀌어서는 안 된다.

---

76 Kuitert가 이와 같은 주장을 한다. 참조. H. M. Kuitert in H. M. Kuitert and E. Schillebeeckx, 『나사렛 예수와 세상의 구원』(*Jesus van Nazareth en het heil van de wereld*), 1975, 9, 13-17.

개혁교회 교의학

우리는 그리스도의 사역의 다양한 측면과 관련해서 "속죄"와 "승리"라는 핵심 개념들을 숙고하고자 한다. 하지만 이 두 가지 개념이 그의 사역의 다양한 측면을 모두 말해주는 것은 아니다. 하지만 사실상 이 두 개념에 상당히 많은 것을 연결할 수 있다. 예를 들면, 속죄는 그리스도가 자신을 희생제물로 바치는 것과 십자가 위에서 죽음에 이르기까지 순종하는 것을 포함한다. 또한 그리스도의 승리는 마귀의 일을 멸하는 것, 어둠의 권세에서 해방하는 것과 모든 권세에 대한 통치 등을 포함한다.

어떤 측면을 숙고해본다고 하더라도, 그리스도의 사역과 그의 백성의 구원은 항상 직접적으로 연결되어 있다. 그는 무엇보다도 자신이 행하는 모든 일과 관련해서 중보자이자 구속자다. "[그는] 우리 인간과 우리의 구원을 위하여 하늘에서 내려왔다." 또한 그는 "본디오 빌라도 치하에서 우리를 위해서 고난을 받고, 십자가에 못 박혔다"(「니케아-콘스탄티노플 신조」). 그리고 "우리를 위하여"(*pro nobis*)라는 표현은 종교개혁의 전통에 기초한 신앙고백서들에서 종종 나타난다(참조. 「벨기에 신앙고백서」 제20조 및 22조; 「하이델베르크 교리문답」 제16-17주일; 「도르트 신조」 2.2). 이 신앙고백서들은 "우리를 위하여"뿐만 아니라 "우리의 죄를 위하여"에 대해서도 말한다.

이 모든 것은 성경에 직접 기초한다. 여기서 우리는 이 점과 관련이 있는 몇몇 성경 구절들을 단순히 인용하고자 한다. 그 구절 중 일부에 대해서는 나중에 논할 것이다. 예수는 "자기 목숨을 많은 사람의 대속물로 주려"고 오셨다(마 20:28). 그는 "죄 사함을 얻게 하려고 많은 사람을 위하여" 피를 흘리셨다(마 26:28). 그는 "우리가 범죄한 것 때문에 내줌이 되고 또한 우리를 의롭다 하시기 위하여 살아"나셨다(롬 4:25). "성경대로 그리스도께서 우리 죄를 위하여" 죽으셨다(고전 15:3). "하나님께서 그리스도 안에 계시사 세상을 자기와 화목하게 하시며 그들의 죄를 그들에게 돌리지" 않으셨다(고후 5:19). "그리스도께서 우리를 위하여 저주를 받은 바 되사 율법의 저주에서 우리를 속량"하셨다(갈 3:13). "그리스도께서 너희를 사랑하신 것 같이 너희도 사랑 가운데서 행하라. 그는 우리를 위하여 자신을 버리사 향기로운 제물과 희생제물로 하나님께 드리셨느니라"(엡 5:2). "죽음의 고난받으심으로…예수를 보니, 이를 행하심은 하나님의 은혜로 말미암아 모든 사람을 위하여 죽음을 맛보려 하심이라"(히 2:9). "그리스도께서도 단번에 죄를 위하여 죽으사 의인으로서 불의한 자를 대신하셨으니 이는 우리를 하나님 앞으로 인도하려 하심이라"(벧전 3:18). "하나님이 우리를 사랑하사 우리 죄를 속하기 위하여 화목제물로 그 아들을 보내셨음이라"(요일 4:10). "우리를 사랑하사 그의 피로 우리 죄에서 우리를 해방하시고"(계 1:5) 또한 "우리를 나라와 제사장으로 삼으신 그[그리스도]에게 영광과 능력이 세세토록 있기를 원하노라"(계 1:6).

속죄의 관점은 신약성경 전체를 꿰뚫고 있지만, 그것은 이미 구약성경에서 분명하게 나타난다. 우리는 이 점과 관련해서 특히 야웨의 종이 하나님께 자기 자신을 희생제물로 내어놓은 것과 그의 고난에 대한 예언을 머릿속에 떠올릴 수 있다(사 53장).

하지만 속죄라는 주제는 20세기 후반에 인기 있는 주제였다(참조. van Genderen, 1988, 61 이하). 하지만 우리는 더 최근의 신학적인 견해들에서 우리의 논의를 출발하지 않고 오히려 성경에서 출발하고자 한다(제2번 및 3번).

사람들은 수 세기에 걸쳐 그리스도가 우리를 위해서 죽으셨다는 것이 무엇을 의미하는지 생각했다. 그것은 우리에게 유익이 되는 것 이상을 포함하는가? 그리스도가 "우리의 죄를 위해서" 또는 "우리의 죄 때문에" 죽으셨다는 사실은 그가 우리의 죄에 대한 형벌을 몸소 담당하셨으며, 그 결과 우리가 하나님과 화목하게 되었다는 것을 넌지시 알려주는가? 우리는 이와 같은 질문들과 관련해서 다양한 견해 및 이론들에 대해 논할 필요가 있다(제4번).

나아가 다음과 같은 질문이 제기된다. 그리스도가 우리를 위해서 죽으

     개혁교회 교의학

셨다는 성경의 메시지는 그가 모든 사람을 위해서 죽으셨다는 것을 암시하는 것인가? 이 견해를 지지하며 속죄의 보편성을 강조하는 이들은 새로운 문제에 직면한다. 곧 이것은 모든 사람이 그리스도에 의해서 구원받는다는 것을 암시하는가 또는 그렇지 않은가? 이 질문과 관련해서 상대적인 보편구원론 및 절대적인 보편구원론, 보편적인 속죄 교의 및 보편주의 속죄 등 다양한 이론들이 있다. 그리고 속죄의 범위는 어디까지인가(제5번)?

2. 구약성경의 증언

속죄를 의미하는 히브리어 단어는 "키페르"(*kipper*)다. 이 단어의 원래 의미는 "덮다" 또는 "닦아내어 없애버리다"이다. 이 단어는 대체로 제사 의식에서 희생제물의 역할과 연결되어 있다.

희생제물을 드리는 것은 하나님을 진정시키려고 시도하는 게 아니다. 왜냐하면 하나님은 이스라엘에게 다음과 같이 속죄는 하나님으로부터 말미암는 것이라고 분명히 말씀하시기 때문이다. "육체의 생명은 피에 있음이라. 내가 이 피를 너희에게 주어 제단에 뿌려 너희의 생명을 위하여 속죄하게 하였나니, 생명이 피에 있으므로 피가 죄를 속하느니라"(레 17:11). 이와 같이 이해할 때, 속죄는 **하나님의 선물**이다.

사람들은 하나님을 단지 희생제사의 시여자이시자 관련 당사자로만 종종 이해했다(참조. Wiersinga, 1971, 137, 144). 하지만 이 견해는 옳지 않다. 희생제사는 "하나님 앞에서" 드려지는 행위이기 때문이다(참조. 레 4:4-7). 죄는 하나님을 거스르는 죄로 반드시 이해되어야 한다. 또한 죄는 하나님 앞에서 반드시 제거되어야 한다. 희생제사를 통한 속죄는 하나님의 선물일 뿐만 아니라 하나님이 요구하시는 것이다(히 9:22을 보라).

율법에 의하면, 대속죄일은 이스라엘의 예배에서 최절정에 위치해 있다. 그날에 대제사장은 희생제물의 피를 언약궤 위에 있는 속죄소의 위와 앞에 뿌렸다. 또 다른 동물은 이스라엘 백성의 죄를 짊어진 채 광야로 추방되었다. 그곳에서 그 동물은 죽게 된다. 먼저 대제사장은 숫염소의 머리 위에 자기의 두 손을 얹고 이스라엘 백성의 모든 죄악을 고백해야 했다. 그리고 그 숫염소와 더불어 모든 죄악을 광야로 내보내야 했다(레 16:21-22). 이것은 단지 죄악의 마술적인 전가라는 개념을 인식할 수 있는 고대의 한 가지 의식에 지나지 않는 것이 아니다. 죄 및 죄책에 대한 전가와 대속에 대한 가능성은 어떤 심오한 신비로운 진리를 반영해준다. 그 신비로운 진리는 그리스도 안에서 온전히 성취된다. 따라서 구약성경에 의하면, 이스라엘 백성은 속죄에 자동적으로 동참한 것이 아니다. 오히려 그들은 하나님 앞에서 회개하며 희생제물을 통한 대속을 통해 자기 자신을 정결하게 했다(참조. 레 16:29-31).

프리쩐은 다음과 같이 말한다. "이사야 53장은 속죄의 다양한 측면에 대한 가장 심오하고 영적인 요약을 제시해준다. 여기서 사실상 모든 선이 모여서 더 커다란 전체로 결합된다"(Vriezen, 『주요한 관점들』[*Hoofdlijnen*], 294).

사도행전에서 에티오피아 내시는 빌립에게 이렇게 질문했다. "그 내시가 빌립에게 말하되, '청컨대 내가 묻노니 선지자가 이 말한 것이 누구를 가리킴이냐? 자기를 가리킴이냐 타인을 가리킴이냐?'"(행 8:34). 이 질문은 지속적으로 많은 논쟁을 불러일으키고 있다. 이 질문에 대한 대답으로서 어떤 집단뿐만 아니라 개인도 제시되었다. 그와 같이 많은 고난을 겪어야 하는 그 종은 이스라엘 민족 전체를 가리키는가? 아니면 그 민족 가운데 신실한 일부 사람들만 가리키는가? 아니면 단지 어떤 개인을 가리키는가? 그렇다면 그 개인은 과연 누구인가? 과연 에티오피아 내시의 질문은 다양한 해석의 가능성을 제공하는가?

단지 이스라엘 민족이나 또는 예언자 이사야가 살던 시대나 아니면 그 이전 시대의 어떤 하나님의 종에 대해서만 생각한다면, 그것은 사도행전 8:34을 온전히 정당하게 다루는 것이 아니다. 여기서 고난받는 종에 대해 말하는 것은 이스라엘이나 예언자 이사야 자신에 대해서 말할 수 있는 것을 훨씬 초월한다. 그뿐만 아니라, 그리스도 안에서 그 예언이 성취되는 것은 이사야 53장이 의미하는 바를 가장 깊이 조명해준다. 이 예언의 말씀은 그리스도와 그의 사역이 지니고 있는 중요성을 명백하게 밝혀주려고 신약성경에서 반복적으로 사용되고 있다(참조. **Wolff**, 1984; **Guthrie**, *N.T. Theol.*, 258-268).

이 구절은 하나님이 그분의 종이 고난받는 데 직접 관여하신다고 명백하게 말한다(참조. 사 53:6, 10). 이것은 사람들 사이에 널리 알려진 "형벌(retribution)에 대한 교의"가 결코 아니다(Wiersinga, 1971, 158 이하에서 언급하는 입장에 반대됨). 그종은 자기 자신을 "속건제물"(사 53:10)로 내어놓는다. 그는 다른 사람들을 대신해서 고난받는다(사 53:5). 그는 다른 사람들이 받아야 할 형벌을 스스로 떠맡으며(사 53:8), 또한 자기 목숨을 그들을 위해서 하나님에게 희생제물로 드린다(사 53:12). 그가 많은 사람의 모든 죄를 스스로 짊어지고 나서 그들을 의롭게 하는 것은 그와 그들 사이의 특별한 유대 관계를 입증해주는 것으로서 단순히 동정심을 나타내는 것을 의미하지 않는다(Wiersinga, 1971, 158에서 언급하는 입장에 반대됨). 네덜란드 개혁교회 총회는 목회 서신을 통해서 희생, 속죄, 죄의 전가 및 대속이라는 개념들은 야웨의 종에 대한 이사야 53장의 예언에서 매우 명백하게 표현되어 있다고 선언한다. 그 선언은 성경의 견고한 기초에 근거한다.[77]

이와 같이 하나님이 미리 정하신 이가 자신을 희생제물로 드리며 다른 사람들을 대신해서 고난과 죽음을 당하는 것을 통해 속죄를 이룬다는 구약성경의 선포와 그리스도를 통한 신약성경의 속죄의 복음은 서로 불가분의 관계에 놓여 있다.

3. 신약성경의 증언. 그리스어로 쓰인 신약성경에서 화목을 의미하는 단어들은 두 가지가 있다. 첫 번째 단어는 "카탈라쏘"(*katallasso*)다. "[하나님이] 그리스도로 말미암아 우리를 자기와 화목하게" 하셨다(고후 5:18). 두 번째 단어는 "힐라스코마이"(*hilaskomai*)다. 곧 "그러므로 그가 범사에 형제들과 같이 되심이 마땅하도다. 이는 하나님의 일에 자비하고 신실한 대제사장이 되어 백성의 죄를 속량하려 하심이라"(히 2:17). 이 두 그리스

---

77 『내부의 벽이 무너짐』(*De tussenmuur weggebrokken*), 1967, 37. 사 53장에 대해 다루는 문헌은 상당히 많이 있다. 참조. H. W. Wolff, 『초기 기독교 안에서의 이사야 53장』(*Jesaja 53 im Urchristentum*), 1984⁴. 또한 다음 주석서를 보라. J. L. Koole, *Jesaja II*, 1990, 2:199-274.

어 단어들은 동의어가 아니다. 네덜란드어로 이 두 단어들의 차이점을 설
명하는 것은 다른 언어들의 경우보다 더 어렵다. 독일어에서 첫 번째 단
어는 "화목하게 하다"(versöhnen)로, 두 번째 단어는 "속죄하다 또는 대속
하다"(sühnen)으로 번역된다. 영어에서 첫 번째 단어는 "reconcile"로, 두
번째 단어는 "propitiate" 또는 "expiate"로, 프랑스어에서 첫 번째 단어는
"réconcilier"로, 두 번째 단어는 "expier"로 번역된다.

첫 번째 단어는 하나님과 인간의 관계가 회복되는 것을 가리킨다. 이
것은 골로새서 1:21-22에서 명백하게 언급된다. 두 번째 단어는 제사
의식과 관련이 있는 용어이고, 구약성경에서 사용되는 "키페르"(kipper)
에 상응한다. 하나님이 죄를 속죄하기 위해서 요구되는 희생제물을 스스
로 마련하셨던 것과 마찬가지로, 그분은 그리스도 안에서 죄인들을 속죄
하신다. 우리는 다음과 같은 퍼스테이크의 견해에 동의한다. 곧 "카탈라
게"(katallage)와 "힐라스모스"(hilasmos)라는 그리스어 단어는 모두 속죄라
는 하나의 실재를 표현해준다. 화목은 서로 대립 관계에 있는 두 당사자를
서로 화해시켜주는 것을 암시한다(katallage). 속죄는 죄와 허물을 덮어주
는 희생제물에 의해서 이루어진다(hilasmos).[78]

그것은 만족을 통한 화목이다. 이와 같이 우리는 속죄에 대한 성경의
가르침의 핵심을 묘사하고자 한다. 그것은 속죄를 위한 그리스도의 희생제
물을 통해 하나님과 화목하는 것에 대해서 다룬다(롬 5:10-11을 보라).

그리스도의 희생제사를 통해서 속죄가 이루어진다는 교의는 모든 측면에서 입
증된다. 그러므로 우리는 성경이 그것에 대해서 무엇을 말하고 있는지 더욱더 주의
를 기울일 필요가 있다.

캐제만과 베르크호프의 다음과 같은 견해들에 동조하는 이들이 있다. 캐제만
은 희생제물에 대한 바울의 개념은 실질적인 중요성을 전혀 지니고 있지 않다고 주

---

78   J. P. Versteeg, 『성경 용어 해설』(Bijbelwoorden op de man af), 1982, 31.

                                          개혁교회 교의학

장한다. 베르크호프는 예수의 죽으심은 우선적으로 또한 전적으로 바울의 법적이며 제의적인 개념들을 따라서 해석해야 할 뿐만 아니라 또한 "사랑, 순종 및 영화에 대한 요한의 개념들"과 더불어 해석해야 한다고 주장한다(Berkhof, *C.F.*, 311). 또한 어떤 이들은 예수의 희생제물에 대속은 없으며 단지 나쁜 영향들을 몰아내려는 반대 방향만 인정한다(A. M. Brouwer). 또는 다른 이들은 예수가 자신을 희생제물로 제시하신 것은 인간을 향한 것이지 하나님을 향한 것이 아니라고 믿는다. 그래서 그 희생제물은 하나님 안에서의 변화가 아니라 인간 안에서의 변화를 가져온다(H. Wiersinga; 참조. van Genderen, 1972, 17-19).

하지만 신학적인 논쟁을 통해서 그리스도의 속죄를 무효화하거나 제거할 수 없다는 것을 지지하는 성경 구절들도 있다. 우리는 이와 관련해서 여기서 몇몇 구절들을 언급하고자 한다. 에베소서 5:2은 "그리스도께서 너희를 사랑하신 것 같이 너희도 사랑 가운데서 행하라. 그는 우리를 위하여 자신을" 내어주셨다고 말한다. 히브리서 9:14은 그리스도는 "영원하신 성령으로 말미암아 흠 없는 자기를 하나님께" 드렸다고 언급한다. 이것은 속죄 교의를 제시하는 한 문서에서도 명백하게 진술되어 있다(참조. Lekkerkerker, 1966, 119). 바울과 관련해서는 그리스도의 피에 대해서 다루는 구절들을 생각해볼 필요가 있다(롬 3:25; 5:9; 고전 10:16; 11:25. 또한 참조. 엡 1:13; 골 1:14, 20). 요한의 경우에는 다음과 같은 예수의 말씀들을 생각할 필요가 있다. 곧 "세상 죄를 지고 가는 하나님의 어린 양"(요 1:29), 예수가 줄 떡은 "세상의 생명을 위한 내 살"이며(요 6:51), 또한 "한 알의 밀이 땅에 떨어져 죽지 아니하면 한 알 그대로 있고 죽으면 많은 열매를 맺느니라"(요 12:24) 등이다. 우리는 요한1서와 요한계시록에서도 많은 구절을 추가할 수 있을 것이다.

우리는 여전히 고린도후서 5:21과 갈라디아서 3:13이 의미하는 바를 숙고해볼 필요가 있다. 바울의 이 말들은 우리에게 경외심을 불러일으킨다.

"하나님이 죄를 알지도 못하신 이를 우리를 대신하여 죄로 삼으신 것은 우리로 하여금 그 안에서 하나님의 의가 되게 하려" 하신 것이다(고후 5:21). 이것은 그분이 그리스도를 죄인처럼 다루었다는 것을 의미한다. 왜냐하면 하나님은 우리의 모든 죄를 그리스도에게 넘겨씌우셨기 때문이다. 우리는 믿음을 통해, 죄가 우리의 것으로 돌려지지 않는다는 사실을 바로 이런 이유에서 인식한다(참조. 롬 4:8). 그래서 우리는 의인이라고 선언 받았다. 이것이 바로 "경이로운 교환"이다(Luther).

"그리스도께서 우리를 위하여 저주를 받은 바 되사 율법의 저주에서 우리를 속량하셨으니 기록된 바 '나무에 달린 자마다 저주 아래에 있는 자라' 하였음이라"(갈 3:13). 비어싱하(1971, 35 이하)의 견해에 의하면, 이것은 하나님의 저주가 아니라 율법의 옹호자들인 유대 관헌의 저주다. 하지만 이 구절 자체와 바울의 메시지의 전후문맥을 살펴보면, 그 저주는 하나님이 내리신 저주를 분명히 가리킨다. 사도 바울은 하나님의 율법과 하나님의 저주에 대해서 말하고 있다(참조. Ridderbos, 1972, 28-32).

로마서 8:3도 이와 관련해서 하나님이 "육신에 죄를 정하사"라고 중요한 언급을 한다. 하나님의 심판은 그리스도의 인간적인 존재 안에서 실질적으로 실행되었다. 이것은 다음 사실을 암시해준다. 곧 우리는 우리의 죄로 말미암아 하나님께 정죄를 받아야 마땅했지만, 그리스도가 우리를 대신해서 정죄를 받으신 것이다. 이것은 하나님의 공의로운 심판을 의미한다. 하나님의 공의는 형벌을 내리는 공의이기도 하다. 사도 바울은 로마서 3:25에서 이 점에 대해 언급하고 있다. 곧 하나님은 그리스도 예수 안에서 이루어지는 구속을 허락하셨다. 그래서 하나님은 예수 그리스도를 "화목제물"(*hilasterion*)로 세우셔서 "자기의 의로움"을 나타내셨다(참조. Ridderbos, 1972, 28 이하).

이 개념들은 단지 바울의 편지들 안에서만 찾을 수 있고 신약성경의 다른 편지들에서는 다소 약화된 형태로 나타난다고 믿는 이들은 마태복음 20:28(막 10:45)과 마태복음 26:28 및 이 구절의 평행 텍스트들을 소홀히 해서는 안 될 것이다.

현대 신학은 종종 과연 예수가 사람들의 구원을 위한 자신의 죽음이 지니고 있는 중요성을 알려주셨는지 또는 심지어 그것을 예견하셨는지에 대해서 의문을 품는다. 하지만 그와 정반대로 예수는 사실상 자신이 그의 백성을 위해서 반드시 죽어야 한다고 기대하셨을 뿐만 아니라, 또한 분명히 그것에 대해서 제자들에게 미리 말씀하셨다. 그는 "자기 목숨을 많은 사람의 대속물로 주려"고 이 세상에 오셨다(마 20:28). "속전"(ransom)이라는 용어는 성경의 다른 곳에서도 나타난다. 이스라엘에서 채무자, 채권자, 채무 불이행에 대한 형벌 또는 그것에 상응하는 보상 등이 이 용어와 연결되어 있다. 어떤 사람을 죽음에 이르게 한 죄책에 대하여 속죄금을 내는 것이 허용되었다(출 21:30). 예수가 많은 사람을 위해서 자신의 목숨을 속전으로 내어주신 것은 그들의 생명이 걸려 있기 때문이다. 그 상황은 너무나도 심각한 것이어서 그것 이외에 다른 대안이나 방법은 없다. 마태복음 20:28에서 "안티"(anti, [많은 사람을] 위해서)라는 그리스어 전치사와 관련하여 예수가 말씀하시는 것의 전반적인 취지는 실질적인 대속을 가리킨다(참조. TDNT, 4:343). 예수의 죽음은 많은 사람의 구원을 의미한다. 왜냐하면 예수는 자신의 사랑의 사역을 통해서 죄인들 대신에 자기 자신을 내어주시며, 또한 그들의 죄책을 대속하기 위해서 자기의 목숨을 버시리기 때문이다(참조. Wentsel, Dogm., 3b: 452-456).

또한 최후의 만찬에서의 예수의 말도 예수가 자신을 희생제물로 바치신다는 것을 언급한다. 예수가 자신의 목숨을 많은 사람을 위한 속전으로 내어주시는 것과 마찬가지로 그의 피는 "죄 사함을 얻게 하려고 많은 사람을 위하여 흘리는" 것이다(마 26:28). "많은 사람을 위하여"라는 표현은 이사야 53:11-12을 돌아보며 언급하는 것이다. 예수는 많은 사람 대신에 자신을 내어주시며, 그들의 모든 죄를 스스로 짊어지고 그들을 위해서 속죄하신다. 그는 이것을 통해서 하나님과 그분의 백성 사이에 새로운 친교가 일어나게 하신다. "예수는 복음에 대한 선포 전체를 속죄를 위한 자신의 희생제물이라는 극도로 축약된 한 가지 형태로 제시하신다"(Ridderbos, 1972, 51). 이것은 우리가 기념하는 성찬예식에서 다음과 같이 표현되어 있다. "우리는 그리스도가 우리의 신앙을 이끌어서 그의 완전한 희생제물을 신뢰하게 하신다는 것을 깨닫는다. 그는 우리 구원의 유일한 기초이자 근거로서 자기 자신을 십자가 위에서 단 한 번의 희생제물로 드리셨다."

그리스도의 사역에 대해 묘사해주는 **화목, 희생제물** 및 **대속물**이라는 용어들 이외에도 신약성경에서 다른 단어들도 사용된다. 예를 들면, **순종**이라는 단어다.

이 단어는 더 최근의 신학에서 잘 알려진 단어다. 베르크호프의 견해에 의하면, 성부에 대한 예수의 순종과 예수와 사람들 사이의 유대 관계는 **대표성**과 연결되어 있다. 그는 대표성을 한 가지 핵심적인 개념으로 간주한다. 왜냐하면 그 개념은 우리의 구원의 핵심을 포함하고 있기 때문이다. 예수는 단순히 죽기 위해서 이 세상에 오신 것이 아니라 살기 위해 오셨다. 그것은 이 세상에서 반드시 죽을 수밖에 없는 상황과 연결되어 있다. 예수는 새로운 인류가 나타나게 하려고 이 세상에 오셨다. 그 **새로운 인류**는 오직 그의 희생을 통해서만 존재한다. 예수는 자신의 생애의 마지막 순간까지 성부에게 순종하셨고 자신에게 무관심하며 적대적인 사람들과의 유대 관계를 유지하셨다. 그의 고난과 죽음은 그가 하나님을 위해 지속적으로 그리고 완전한 관계를 사람들과 맺고 있고, 또한 사람들을 위해서는 하나님과 관계를 맺는다는 것을 의미한다(Berkhof, *C.F.*, 204-312).

예수의 진정한 인성—성부에 대한 그의 절대적인 순종과 사람들과 그의 완전한 연대—은 우리에게 유익을 준다. 하지만 베르크호프에 의하면, 그와 같은 그의 인성은 그리스도가 우리의 모든 죄에 대한 형벌을 우리 대신에 떠맡아서 우리를 하나님과 화목하게 하신다는 것을 암시하지 않는다.[79]

비어싱하에 의하면, 예수는 순종하는 자이시다. 그는 자신의 행위들을 통해

---

[79] 참조. W. H. Velema, "칭의와 성화"(Rechtvaardiging en heiliging), in 『응답』(*Weerwoord*), 1974, 175-179.

죄에 의해서 희생되셨다. 사람들이 이것에 직면하면 그들은 변화될 수밖에 없다 (Wiersinga, 1972, 25-32, 41).

그 구원자는 "모든 의"를 성취해야만 했다(마 3:15). 예수의 순종은 단순히 그가 사람들에게 하나님을 대표하면서 하나님이 원하시는 것 이외에 아무것도 원하지 않는다는 사실을 단순하게 함의하는 게 아니라, 자기를 낮추어서 죽기까지 복종한 것, 곧 십자가 위에서 죽은 것을 함의한다(빌 2:8). 바울은 이 점과 관련해서 이렇게 말한다. "한 사람이 순종하지 아니함으로 많은 사람이 죄인 된 것 같이 한 사람이 순종하심으로 많은 사람이 의인이 되리라"(롬 5:19). 이것은 경건하지 않은 사람들을 위해서 그리스도가 죽으셨으며, 또한 그의 죽음을 통해서 죄인들이 하나님과 화목하게 되었다고 말하는 바로 앞의 단락과 불가분의 관계로 연결되어 있다(참조. 롬 5:6-11).

교의학은 그리스도의 **능동적인 순종**과 **수동적인 순종**을 구분하게 되었다. 비록 그의 순종이 분리되지 않지만, 그것은 이 두 가지 측면을 지니고 있다. 그리스도는 그의 백성 대신에 하나님의 율법이 요구하는 모든 것을 성취하셨으며, 또한 그들의 모든 죄를 떠맡으셨다. 전자는 예수가 행하신 것을 강조하며, 후자는 그가 고난을 받으신 것을 밝혀준다. 하지만 이것은 그리스도가 고난과 관련해서 수동적인 태도를 취하셨고, 이런 고난은 그에게 단순히 일어난 것을 결코 의미하지 않는다.[80]

수 세기 이전에 피스카토르(J. Piscator)는 그리스도의 능동적인 순종은 우리에게 단지 간접적인 중요성을 지니고 있다고 주장했다. 그의 이와 같은 개념은 마땅히 거부되어야 했다(참조. van Genderen, 1972, 21). 이제 우

---

[80] 그리스도의 순종의 중요성을 대단히 강조한 신학자 중 한 사람이 K. Schilder다. 그는 순종에 대해 논하면서 맨 처음 단계까지 거슬러가며 언급한다. 곧 천지창조, 낙원 및 아담 언약에 대해서 말한다. 그는 성경에 기초해서 자신의 논의를 전개하고자 한다(참조. 롬 5:19). 또한 J. J. C. Dee, *K. Schilder*, 1990, 1:201-205을 참조하라.

리는 더 최근의 견해들을 반대할 필요가 있다. 그 견해들에 의하면, 그리스도의 고난과 죽음은 더 이상 하나님의 뜻의 성취가 아니라 단지 그가 하나님께 순종한 결과로서 빚어진 것으로 이해되어야 한다. 만약 그렇다면 과연 그의 죽음이 본질적인 중요성을 여전히 지니고 있는가라는 질문이 제기될 수밖에 없다(참조. Immink, 1990, 12).

4. 다양한 견해들

a. **속전 이론.** 오리게네스, 니사의 그레고리오스와 다른 교부들이 제기한 속전 이론(ransom theory)은 그리스도의 사역에 대한 매우 오래된 표현이다. 이 이론의 출발점은 다음과 같다. 곧 마귀는 세상에 대한 지배권을 행사하며, 사람들은 마귀의 지배 아래 있다. 어떤 학자들의 견해에 의하면, 마귀는 이 권세를 실질적으로(*de facto*) 지니고 있다. 다른 학자들의 견해에 의하면, 마귀는 이 권세를 단지 법적으로만(*de jure*) 지니고 있다. 이 이론에 의하면, 그리스도가 자기 자신을 속전으로 내어놓았기 때문에, 마귀와 더불어 일종의 "법적인 해결"이 이루어졌다. 그래서 마귀는 자기가 지배하던 백성을 풀어주었다(참조. Korff, 1942, 2:67).

이것은 유치한 이론으로 언급되었다. 그럼에도 이 이론은 성경적으로 중요한 주제들을 포함한다.

안셀무스(Anselm)는 하나님이 마귀와 협상하지 않으신다는 사실을 지적했다. 하나님은 사람들을 해방시키려고 단지 그분의 권세를 사용하셨을 가능성이 있다. 속전 이론에 대한 또 하나의 심각한 반대 견해로서 하나님과 인간의 화목은 이 이론이 제시하는 그림에서 찾아볼 수 없다. 대체로 초기 교회, 특히 동방에 위치한 교회들은 죄책에 대한 속죄보다 오히려 마귀의 권세로부터 해방되는 것에 더 많은 관심을 기울였다.

b. **안셀무스의 속죄 이론.** 안셀무스가 제시하는 이론의 핵심은 **충족**(satisfaction) 개념이다. 교부 문헌에 비추어볼 때, 이 개념은 새로운 것이라

고 말할 수 없다(참조. Korff, 19422, 2:69). 하지만 안셀무스 이전까지 이 개념은 체계적으로 다루어지지 않았다. 그는 자신의 널리 알려진 『왜 하나님은 사람이 되셨는가?』(*Cur Deus Homo?*, 1198)에서 왜 성육신과 충족이 필요한지에 대해 합리적인 방법으로 명백하게 설명하려고 시도했다. 인간의 죄는 하나님의 질서를 깨뜨린다. 죄는 우리가 하나님에게 마땅히 드려야 하는 것을 드리지 않는다. 곧 죄는 하나님에게 마땅히 돌려야 할 영예를 그분께 드리기를 거부한다. 그렇지만 하나님은 그분의 영예를 스스로 유지시켜야 한다. 그분은 죄를 단순히 용서하실 수 없다. 하나님의 영예가 회복되든지 아니면 죄가 반드시 벌을 받든지 해야 한다.

하지만 만약 하나님이 인간이 받아야 마땅한 형벌을 집행하신다면, 인간을 위한 하나님의 구원 계획은 어떻게 실현될 수 있겠는가? 따라서 하나님은 죄를 벌하시는 대신에 그것을 충족시키는 방법을 마련하셨다. 그와 같은 충족은 무한한 가치를 지녀야만 했다. 왜냐하면 인간의 죄책은 무한히 크기 때문이다. 그런데 오직 인간에게만 [죄에 대한 형벌을] 충족시켜야 하는 것이 요구된다. 하지만 오직 하나님만이 그것을 성취하실 수 있다. 그렇다면 이 문제점에 대한 합리적인 해결 방법은 무엇인가? 그것은 하나님이 인간이 되시는 것이다. 참 하나님인 동시에 참 인간인 존재만이 그것을 성취할 수 있기 때문이다. 이 점과 관련해서 결정적으로 중요한 것은 예수의 거룩한 삶이 아니다. 왜냐하면 인간으로서 그는 이미 스스로 하나님께 순종하셨기 때문이다. 그러므로 결정적으로 중요한 것은 예수가 스스로 자기의 목숨을 내어놓는 것이다. 하나님은 이와 같은 사랑의 행위에 응답하시지 않을 수 없다. 왜냐하면 하나님은 그분의 유일무이한 아들에게 그가 이미 소유하고 있던 어떤 것을 주실 수 없기 때문이다. 하나님의 아들의 공로는 이와 같은 방법을 통해서 사람들에게 유익을 가져다준다.

몇몇 예외를 제외하고, 신학자들은 이와 같은 안셀무스의 가르침을 매우 회의적으로 평가한다. 하지만 우리는 안셀무스가 하나님과 인간의 관계에 대해 진지하게 다룬다는 사실을 인정해야 한다. 우리의 죄악의 심각성과 관련해서 어떤 조치가 반드시 필요하다. 그렇지만 이와 같은 스콜라적인 유형의 추론 과정에서 속죄에 대한 복음은 충분할 만큼 정당하게 다루어지지 않는다. 안셀무스는 중보자로서 그리스도가 자신의 사역 안에서 그의 백성을 대표하며, 따라서 그의 백성은 그의 사역 안에 포함되어 있다는 사실을 이해하지 못했다.

c. **충족을 통한 속죄에 대한 종교개혁의 가르침**. 우리는 이 부분에서 여전히 속죄에 대한 종교개혁의 가르침에 초점을 맞출 필요가 있다. 여기서 우리는 단순히 여러 종교개혁자의 견해들이 본질적으로 서로 다르지 않다는 점을 지적하고자 한다. 우리가 종교개혁의 전통에 서 있는 가르침으로서 칼뱅의 저서와 개혁파 교회의 신앙고백서들 안에서 발견할 수 있는 교의는 안셀무스의 입장과 같은 것으로 종종 간주된다. 하지만 한 가지 중요한 차이점은 칼뱅이 성경의 다음과 같은 메시지에 기초하는 것이다. 곧 하나님은 우리를 위해 자신의 아들의 생명을 주시고 죄와 관련된 우리의 모든 빚을 온전히 갚기 위해서 자신의 아들을 중보자와 보증(Surety)으로서 우리에게 주셨다. 또한 그리스도가 우리를 위해서 또한 우리를 대신해서 무엇을 하셨는지에 관한 신앙을 고백하는 「도르트 신조」 2.2를 참조하라. 「하이델베르크 교리문답」 제5주일 및 제6주일의 가르침은 종종 안셀무스의 것으로 돌려졌다. 그럼에도 그 가르침은 이 중세신학자가 주장하는 이론과 서로 다르다. 그 가르침은 중보자로서의 그리스도를 어떤 인위적인 구조 안에 적합하게 만든 것이 아니다. 오히려 그것은 하나님이 우리의 신실한 구원자인 그리스도 안에서 우리에게 계시해주신 것을 믿음으로 묵상한 것에 기초한 것이다(「하이델베르크 교리문답」의 제1주일의 내용은 제5주일 및 제6주일의 내용보다 먼저 다루어진다!).[81]

d. **주관적인 속죄 이론**. 신학자들은 다양한 이유로 충족을 통한 속죄 교

의에 의문점을 제기해왔다. 소키누스파는 속죄 교의를 열렬하게 반대했다(참조. Bavinck, *R.D.*, 3:348 이하). 우리는 그들의 비판이 영향을 미친 것을 속죄에 대한 항변파와 합리주의자들의 견해에서 인식할 수 있다(참조. Wenz, 1984, 1:87-275). 또한 19세기의 흐로닝겐 학파(Groningen School)와 모더니즘은 충족에 대한 교의와 개혁파의 신앙고백 형태에 있는 교의를 거부했다.

주관적인 속죄 이론(The doctrine of subjective atonement)―이 이론은 이미 아벨라르두스(Abelard, 1079-1142)가 주장함―은 점차적으로 지지 세력을 얻었다. 우리는 맨 먼저 리츨을 머릿속에 떠올릴 수 있다. 아벨라르두스는 우리가 그리스도의 사랑에 의해서 구원받는다고 믿었다. 왜냐하면 그것은 우리에게서 사랑이 일어나게 하기 때문이다. 아벨라르두스와 마찬가지로 리츨도 자신의 『칭의와 화목에 대한 기독교의 가르침』(*Die christliche Lehre von der Rechtfertigung und Versöhnung*, 1888-1889³)에서 그리스도는 우리가 하나님을 신뢰하도록 이끌어서 우리를 구속한다고 주장했다. 리츨의 견해에 의하면, 하나님이 우리에게 진노하신다는 것은 우리가 오해하는 것이다. 그리스도는 이것으로부터 우리를 해방시킨다. 왜냐하면 그는 하나님의 사랑을 알도록 우리를 가르치기 때문이다. 따라서 그의 견해에 의하면, 속죄는 우리 안에서 일어나는 하나의 변화다.

네덜란드에서 헤링(G. J. Heering)은 주관적인 속죄 이론의 대표적인 옹호자였다. 그리스도의 십자가는 그에게 하나님의 사랑의 핵심 원리다. 그것은 우리에게 "여기에 하나님의 거룩한 이가 당신의 손에 의해서 죽었다"고 말한다. 동시에 그리스도는 신적인 몸짓을 하며 그의 팔을 펼치고 다음과 같이 말한다. "또한 나도 당신의 눈을 열어서 당신이 하나님 아버지의 사랑을 확신하게 하고, 또한 그분의 자비를 받기 위해서 당신이 그분 앞에

---

81 참조. W. Metz, 『충족의 필요성?』(*Necessitas satisfactionis?*), 1970, 168-173.

무릎을 꿇게 하려고 당신을 위해 마지막으로 이와 같이 행동했다."[82]

비어싱하는 자신의 박사 학위 논문과 그 이후에 간행된 저서들에서 또 다른 속죄 이론을 제시했다. 그의 이론은 많은 반대에 부닥쳤다. 그것은 주관적인 속죄 이론의 또 다른 형태로 이해될 수 있다. 비어싱하의 견해에 의하면, 충족, 공로 및 대속은 성경적인 용어들이나 사고 전개가 아니다. 그래서 그 용어들은 폐기될 필요가 있다(Wiersinga, 1971, 202). 십자가 처형을 받은 이의 피는 우리를 뉘우침과 회개로 부른다. 그 음성에 맨 처음으로 충격을 받은 사람은 가룟 유다이고, 두 번째 인물은 베드로다. 처음 받은 충격은 회개로 이어지며, 그다음 충격은 새 생명으로의 부활로 연결된다. 여기서 중요한 것은 효과적인 속죄, 곧 사람들 안에서의 변화다. 이 변화는 세상에 널리 영향을 미친다(Wiersinga, 1971, 189-194). "효과적인 속죄는 변화를 암시한다"(Wiersinga, 1972, 55). 비어싱하의 견해에 의하면, 우리는 그리스도가 속죄를 발생시킨다고 말할 수 없다. 오히려 그는 속죄를 처음으로 실행했다.

우파에 속한 현대 신학자인 헤링은 바울이 그리스도가 속죄와 대속을 위한 고난과 죽음을 염두에 두고 있다는 것을 시인한다. 하지만 그는 자신이 사도 바울의 이 가르침을 고수해야 한다고 생각하지 않는다. 비어싱하는 속죄 이론에 대한 자신의 대안에 기초해서 성경을 해석하려고 시도했다. 하지만 그의 주해가 중요한 몇 가지 측면에서 완전히 틀렸다고 입증하는 것은 어렵지 않다(특히 Ridderbos, 1972을 참조하라).

주관적인 속죄 이론은 다양한 형태로 나타난다. 그 이론의 옹호자들은 하나님의 공의나 또는 우리의 죄에 대한 하나님의 거룩한 진노가 그리스도의 희생제물을 요구한다는 것에 이의를 제기한다. 그들은 사람들이 원했기 때문에 예수가 죽어야만 했다고 주장한다. 따라서 그들은 하나님의

---

82 G. J. Heering, 『믿음과 계시』(*Geloof en openbaring*), 1944[2], 363.

구원 계획에 따라서 우리를 하나님과 화목하게 하려고 예수의 죽음이 필요했다는 것을 부인한다. 그들은 그리스도가 죄로 말미암아 희생되었다고 이해한다. 하지만 그들은 그의 죽음이 속죄를 위한 희생제물이라는 사실을 인정하지 않는다.

네덜란드의 개혁파 교회의 총회는 비어싱하의 속죄 이론과 관련해서 교회의 입장을 공식적으로 공표해야 할 의무감을 느꼈다. 그 총회는 1976년에 하나님이 속죄를 이루기 위해서 다음과 같이 정하셨다고 선언했다. 곧 사람들의 손에 의해서 죽임을 당한 예수 그리스도는 자신의 고난과 죽음을 통해 우리 대신에 인간의 죄에 대해서 하나님의 심판을 받았다. 해당 총회는 교회의 신앙고백의 이 측면을 근본적으로 중요한 것으로 간주했다. 그래서 그 측면은 축소되거나 거부될 수 없다는 입장을 밝혔다.[83] 그럼에도 그 총회는 비어싱하의 견해를 다루었던 해당 총회의 재판국이 그의 견해가 신앙고백의 범위 안에서 용인될 수 있다는 사실을 순순히 받아들였다(참조. Immink, 1990, 11).

e. 속죄 교의에서 제기되는 하나님의 고통당하심에 대한 경향들(바르트와 몰트만)

바르트는 주관적인 속죄 이론의 옹호자들과는 전혀 다른 방법으로 속죄에 접근한다. 바르트에 의하면 핵심은 하나님이 그리스도 안에서 무엇을 하셨는가에 놓여 있다.

속죄는 언약에서 시작된다. 곧 그것은 예수 그리스도 안에서 인간과 맺으시는 하나님의 영원한 언약에서 시작된다. 속죄는 하나님이자 인간인 예수 그리스도 안에서 제공된다. 왜냐하면 그 안에서 하나님은 자지 자신을 낮추시며, 또한 그 안에서 인간이 높임을 받기 때문이다(참조. § 30.3).

우리는 그리스도의 인격과 사역에서 하나님 자신을 대한다. 그리스도가 하시는 일은 하나님 자신의 일이다. 그렇다면 순종의 행위로서 예

---

83 *Acta van de Generale Synode van Maastricht* 1975/1976, article 189.

수 그리스도의 낮아짐은 하나님 자신에게 낯선 것일 수 없다(Barth, *C.D.*, 4.1.193). 바르트는 여러 곳에서 하나님의 순종을 언급한다. 그는 예수 그리스도의 행위와 고난을 하나님 자신의 행위와 고난으로 해석한다. 그는 하나님이 자기 자신을 단념하신다고 말하기까지 한다(*C.D.* 4.1.246, 72). 이것은 새로운 성부 수난설(theopaschitism)이라고 종종 언급되었다.

대속과 충족이라는 개념들은 바르트의 교의학에서는 종교개혁의 전통에 서 있는 신학과 서로 다른 배경에서 또한 서로 다른 의미로 나타난다. 그리스도의 사역은 대속적인 특성을 지니고 있다. 심판관은 우리 대신에 심판받으신 바로 그분이다(*C.D.* 4.1.211). 그렇다면 과연 그리스도는 우리 대신에 하나님의 공의가 요구하는 것을 충족시켰는가? 바르트의 입장에 의하면, 충족이라는 개념은 문제점을 지닌 개념이다. 바르트는 다음과 같이 주장하면서 그 용어에 새로운 의미를 부여한다. 하나님은 예수 그리스도의 고난 속에서 또한 하나님의 아들을 죽음에 내어주는 사건 안에서, 죄에 대해 승리하는 싸움에서 충족해야 하는 것을 행하셨다(*C.D.* 4.1.254).

바르트의 이 교리에서 주목할 만한 특징은 그것이 지니고 있는 포괄적인 특성이다. 곧 하나님이 그리스도 안에서 행하신 것은 모든 사람에게 적용된다. 그리스도 안에서 우리 모두를 위한 결정이 이미 내려졌다. 아무도 그것을 취소할 수 없다. 그리스도의 죽음은 모든 백성의 죽음, 곧 모든 그리스도인뿐만 아니라 모든 유대인과 이방인들의 죽음을 포함한다. 그들이 하나님 나라에 대한 메시지를 듣고 그것을 받아들였든지 아니면 그것을 거부했든지 상관이 없다. 그리스도는 자기 자신의 인격 안에서, 자기 자신을 죽음에 내어주는 행위에서 사실상 죄인을 사라지게 하셨다(*C.D.* 4.1.295 이하). 어떤 사람의 죄와 죽음도 그리스도의 죽음에 포함되지 않은 것은 없다. 어떤 사람의 죄와 죽음도 그가 십자가 위에서 제거하지 않은 것은 결코 없다. 그리스도 안에서 충분히 전적으로, 결정적으로 의롭게 되지 않은 사람은 아무도 없다!(*C.D.* 4.1.629 이하).

바르트가 이와 같은 주장을 통해서 과연 보편구원론(*apokatastasis*)에 이르렀는가에 대해서는 많은 논쟁이 있었다. 이 점과 관련해서 바르트의 최종적인 주장 중 하나는 다음과 같다. 곧 비록 우리가 그것(만인구원)을 신뢰할 수는 없지만, 우리는 적어도 그것을 기대할 수 있다(*C.D.* 4.3.477 이하). 여기서 우리는 이 주제에 대한 논의를 멈추고자 한다. 하지만 우리는 종말론과 관련된 질문들에서 이 주제를 다시 언급할 것이다(참조. § 57.3).

바르트는 속죄에 대한 교의에서 하나님이 그리스도 안에서 행하신 일과 어떤 사람이 그것을 믿든지 믿지 않든지 간에 하나님이 그것을 그에게 허락하신다고 강조한다. 따라서 바르트의 이 교의는 우리에게 매우 **객관주의적 인상**을 준다. 이것은 우리가 반대하는 것 중 하나다.[84]

이제 우리는 성부 수난설과 연결되는 경향에 초점을 맞추고자 한다. 하나님은 화목의 근거시다(고후 5:19). 하지만 성경은 어느 곳에서도 하나님의 순종과 고난에 대해 언급하지 않는다. 우리의 죄를 위해서 고난당하고 죽임을 당하는 이는 바로 우리의 중보자다. 그는 하나님 아버지 앞에서 야웨의 종으로 서 있다. 하나님이 우리가 받아야 마땅한 심판을 그에게 실행하실 때, 그것은 하나님이 그분 자신에게 심판을 실행하신다는 것을 의미하지 않는다. 바울은 그리스도의 고난과 죽음이 하나님께 아주 많은 영향을 미친다고 하더라도 그것에 대해서 다음과 같이 말한다. 곧 하나님은 "자기 아들을 아끼지 아니하시고 우리 모든 사람을 위하여" 내어주셨다"(롬 8:32). 그렇지만 성경은 어는 곳에서도 하나님이 우리 대신에 그분 자신을 내어주셨다고 말하지 않는다. 그러므로 성경으로부터 그리스도의 사역은 바로 그리스도 안에서의 하나님의 사역이라고 추론한다면, 그것은 그릇된 것이다.

몰트만의 신학에서 성부 수난설의 경향은 더 강하게 나타난다. 이것은 『십자가에 달리신 하나님』(*Der gekreuzigte Gott*, 1972)에서 명백하게 드러난

---

84 참조. J. van Genderen in A. G. Knevel (ed.), *Karl Barth*, 1987, 62.

다. 몰트만은 이 책에서 십자가와 관련된 삼위일체 신학을 제시하려고 시
도했다. 또한 이와 같은 배경에서 그 후에 출간된 그의 저서 중 특별히 언
급해야 할 책은 『예수 그리스도의 길』(*Der Weg Jesu Christi*, 1989)이다.

몰트만은 그리스도가 자신을 내어주시는 것에 대해 다루면서 "내어주
다"라는 용어를 포함하는 구절들에 기초해서 논의한다. 그러면서 그는 비
록 동일한 정도는 아니지만, 하나님 아버지가 그분의 아들을 내어주시면
서 자기 자신도 내어주신다고 주장한다. 예수는 자신이 버림받았다고 느
끼면서 자신의 죽음을 경험하셨다. 자기 아들을 내어주시고 버리신 하나
님 아버지는 사랑의 무한한 슬픔과 더불어 예수의 죽음을 경험하셨다. 이
것은 성부 수난설(patripassianism)이나 절대적인 하나님 수난설(absolute
theopaschitism)은 아니다(Moltmann, 1972, 230; 1989, 195).

하나님이 그리스도 안에 계셨다(고후 5:19)는 사실로부터 시작하면서,
몰트만은 예수의 연약함은 또한 하나님의 연약함이며, 예수의 고난은 또
한 하나님의 고난이라고 주장한다. 그는 하나님의 사랑은 "고난받을 수 있
으며 또한 고난받을 준비가 되어 있다"(leidensfähig und leidensbereit)고 말
한다. 그리스도의 고난은 또한 성령의 고난이기도 하다(Moltmann, 1989,
194-199).

그리스도의 고난의 신적인 측면은 유대와 대속과 거듭남이다. 그리스
도는 우리와 함께 그리고 우리를 위해서 존재한다. 또한 우리는 그리스도
안에서 새로운 창조물이다. 그리스도의 대속은 우리가 스스로 결코 설 수
없는 장소에서 그리스도가 우리를 구원한다는 것을 의미한다. 하지만 그
것은 속죄의 희생제물이라는 개념과 연결되지 않는다. 그 대신 몰트만은
하나님은 고통받는 것을 통해서 그분의 백성 및 그분의 모든 창조물과 유
대 관계를 맺으신다고 강조한다(Moltmann, 1989, 202-211).

몰트만이 주장하는 것처럼 하나님의 고통당하심은 자동적으로 보편구
원론의 영역으로 이동한다. 하지만 그것은 사변적인 특성을 지닌 것이며
그것을 지지하는 성경적 근거는 부족하다. 몰트만은—부분적으로 캐제만

의 영향을 받아—하나님 자신이 그리스도 안에 계신다는 것을 출발점으로 선택하면서 하나님과 인간의 중보자로서 그리스도의 속죄하는 희생제사와 그리스도의 사역을 다루고 있는 성경 본문들을 숙고의 대상으로 삼지 않는다(Moltmann, 1989, 209).

하나님이 고통당하신다는 이론을 지지하는 이들은 19세기 말엽 이후로, 특히 제1차 및 제2차 세계대전 이후로 점차 늘어났다.[85] 이런 현상을 설명하는 요인 중 하나는 사람들이 종교개혁의 전통에 기초한 속죄 교의와 주관적인 속죄 이론보다 이 해석을 더 선호한다는 것이다(B. Wentsel, *Dogm*., 3b:414. 또한 참조. 405 – 422).

하나님의 고통당하심을 주장하는 신학 이론에 대한 대안은 하나님은 고통당하실 수 없다는 개념이라고 추측하는 것은 옳지 않다. 결국 중보자로서 그리스도의 사역 전체는 하나님이 우리에게 공감하시고 우리를 위해서 모든 것을 포기하실 준비가 되셨다는 사실을 증언한다. 하나님 아버지는 그분의 아들의 고난과 죽음으로부터 멀리 떨어져 계시지 않는다. 오히려 성부는 성자의 고난과 죽음에 전적으로 관련을 맺으신다. 하지만 성경은 하나님 자신의 죽음은 물론이거니와 하나님 자신이 고통을 겪는다고 생각하는 것을 우리에게 허락하지 않는다.

5. 충족을 통한 속죄

제4번에서 우리는 다양한 견해에 대해 논했다. 여기서 우리는 종교개혁의 전통에 서 있는 속죄 교의에 대해 더 자세하게 다루고자 한다. 그 교리는 흔히 **충족을 통한 속죄**(Atonement through satisfaction)라고 적절하게 묘사된다. 두 번째 특징으로서 그 교의는 대리충족(*satisfactio vicaria*)이라고 언급된다.

이 두 가지 표현은 모두 충족과 대속이 개혁파 교의의 본질적 요소들

---

85 참조. Van Egmond, 1986, 특히 22–34; Feitsma, 1956, 15–27.

이라는 것을 묘사해준다. 이 교의를 부인하는 이들—예를 들면 비어싱하 (1971, 202)—은 개혁파 신학뿐만 아니라 개혁파 신앙고백과도 부닥친다. 왜냐하면 그리스도의 희생제사를 통한 하나님과 인간의 화목은 개혁파 신학과 신앙고백에서 핵심적인 것이기 때문이다.

"하나님은…불순종한 인간의 인성을 취하게 하려고 그분의 아들을 보내셨다. 그래서 하나님은 그 아들이 인성으로 [인간의 불순종을] 충족하게 하셨고 죄에 대한 형벌을 담당하게 하셨다." "그리스도는…우리 대신에 자기 자신을 하나님 아버지 앞에 드리셨다. 곧 그는 십자가의 나무 위에 자기 자신을 희생제물로 드림으로써 온전한 충족을 통해 하나님의 진노를 누그러뜨리셨다." 우리는 "오직 한 번 드려진 이 희생제사를 통해 하나님과 화목하게 되었다." 그리스도는 우리를 위해서 또한 우리를 대신해서 그의 거룩한 사역들을 수행하셨다(「벨기에 신앙고백서」 제20-22조). "다른 방법은 전혀 없고, 오직 하나님의 아들의 죽음을 통해서만 우리의 죗값이 충족될 수 있다"(「하이델베르크 교리문답」 제16주일). "그는 우리의 보증을 위해 그에게 죄를 돌리셨으며, 또한 우리를 위해 우리 대신에 저주가 되셨다. 그래서 그는 우리를 위해 하나님의 공의를 충족시키셨다"(「도르트 신조」 2.2). 우리는 성찬예식에서 사용되는 전통적인 표현으로 다음과 같이 신앙을 고백한다. "그[그리스도]는 우리를 위해 하나님의 진노를 짊어지셨습니다. 우리는 하나님의 진노로 말미암아 영원히 죽을 수밖에 없었습니다.… 하지만 그는 우리 모두를 위하여 하나님의 율법에 순종하셔서 그것의 공의를 성취하셨습니다."

우리는 우리 자신에 대해 무엇인가를 말하지 않고 위와 같은 것에 대해서 말할 수 없다. 신앙고백은 동시에 죄에 대한 고백이다. 충족의 필요성에 대한 강조는 우리의 죄에 대해서 하나님이 진노하신다는 것에 대한 끔찍한 실재를 깊이 자각하는 것과 관련이 있다. 우리는 죄로 말미암아 하나님과 멀어져 있다. 그래서 우리는 하나님께로 돌아가야 하는 길을 찾아야만 한다. 또한 죄로 말미암아 하나님과 우리 사이에는 커다란 틈이 벌어져 있다. 우리는 그 틈을 연결하는 다리를 스스로 놓을 수 없다. 이 거대한 틈은 메꿔져야 한다. 만약 하나님과 우리 사이의 관계가 회복되지 않으면, 우리는 하나님과 친밀한 교제를 맺으며 살아갈 수 없다.

하나님은 선하신 분이다. 그래서 그분은 자신과 우리가 화목하게 되는 것을 원하신다. 따라서 하나님은 그분의 아들을 우리에게 내어주셨다. 하나님의 아들은 우리가 도저히 충족시킬 수 없던 율법의 요구를 충족시키셨다. "그리스도께서 우리를 위하여 저주를 받은 바 되사 율법의 저주에서 우리를 속량"하셨다(갈 3:13). "이제 우리가 그의 피로 말미암아 의롭다 하심을 받았으니 더욱 그로 말미암아 진노하심에서 구원을 받을 것"이다(롬 5:9).

우리는 우리의 죄를 다른 어떤 사람에게도 떠넘길 수 없다. 하지만 그리스도는 이 세상에 와서 스스로 우리에게서 죄를 가져가셨고, 또한 그것에 대한 벌을 받으셨다. 칼뱅은 이렇게 말한다. "우리를 짓누르고 있던 짐이 그리스도에게 지워졌다.…그래서 우리는 믿음으로 그리스도가 정죄 받으신 것 안에서 죄에 대한 사면을 얻으며, 그의 저주 안에서 축복을 얻는다"(『기독교강요』 2.16.6). 루터는 이것에 대해서 기이한 교환이라고 말한다. 또한 칼뱅도 그와 같이 말한다.[86] 우리는 성찬예식에서 사용되는 다음과 같은 말을 기억한다. "그[그리스도]는 죄가 전혀 없지만 정죄 받았습니다. 그래서 우리가 하나님의 심판대 앞에서 죄가 없다고 선고받게 하려는 것입니다.…그는 우리의 저주를 스스로 자기 위에 짊어지셨습니다. 그래서 우리가 그의 축복으로 충만하게 하려는 것입니다." 갈라디아서 3:13 외에도, 또한 고린도후서 5:21과 베드로전서 2:24 같은 본문들도 이와 같은 사고의 전개 과정의 배후에 놓여 있다.

주관적인 속죄 이론의 옹호자들은 종교개혁의 전통에 서 있는 속죄

교의가 객관주의로 나아갈 위험성이 있다고 염려한다. 그들은 그리스도가 우리의 죗값을 지불했다고 말해서는 안 된다고 믿는다. "지불 이론"(payment theory)은 죄책을 떠넘기는 것을 일종의 사업상의 거래로 만들 것이다.

이에 관한 우리의 대답은 다음과 같다. 신약성경에서 재정과 관련된 이미지가 사용되었기 때문에(참조. Lekkerkerker, 1966, 124 이하), "지불"이라는 용어를 사용하는 것을 거부할 수 없으며, 또한 그 용어는 죄를 죄책으로 해석한다. 그리스도는 자기의 목숨을 "많은 사람의 대속물로 주려"고 오셨다(마 20:28).

그리스도는 인간으로서 자기 자신을 우리의 상황에 놓으셨고, 우리를 대신해서 자기 자신을 보증으로 제시하셨다. 그는 우리가 받아야 할 형벌을 우리 대신에 떠맡으셨다. 그래서 우리는 자유롭게 될 수 있었다. 또한 그는 우리로 하여금 자기 자신과 결코 끊어질 수 없는 관계를 맺으셨다. 그래서 우리는 그와 연합되었다. 따라서 우리는 믿음으로 그리스도가 지니고 계시는 모든 것이 우리에게 유익을 가져다준다고 고백할 수 있다.

어떤 이들은 충족을 통한 속죄 교의에 반대하면서 그리스도가 성부를 충족시켜야만 했다는 것에 이의를 종종 제기했다. 하지만 하나님은 사랑의 하나님이 아니신가? 또한 속죄는 하나님이 시작하신 것이 아닌가?

신학은 그리스도가 죄인들을 자비롭게 대하시도록 하나님이 아버지를 설득했다고 추측하게 하는 것처럼 보이는 표현들을 종종 사용한다. 또한 이와 같은 개념은 전통적인 설교나 신앙 체험을 통해 등장할 수도 있다. 하지만 개혁파 교의는 죄에 대해 진노하시는 하나님은 그리스도의 희생제물로 말미암아 그분의 마음 또는 생각을 바꾸었다(Umstimmung)고 말하지 않는다. 그것은 단지 개혁파의 속죄 교의에 대해 우스꽝스럽게 묘사하는 것에 지나지 않는다. 베르카우어는 이 점과 관련해서 다음과 같이 지적한다. 곧 "처음에 충족이 원시적인 '마음 또는 생각의 변화'로 해석되고 나서, 그 후 화목에 대한 새로운 교의에서 하나님이 고난당하신다는 신학

                                          개혁교회 교의학

적 경향은 충족에 대한 정통 교의에 맞서 큰 위력을 떨치는 이론이 되었다"(Berkouwer, 1965, 267).

일단 하나님의 공의에 대한 요구가 충족되고 나서, 하나님이 사랑의 행위를 시작하시는 것이 아니다. 하나님이 우리와 다른 창조물을 그분 자신과 화목하게 하실 때, 성경이 말하듯이(고후 5:19; 골 1:21-22) 하나님이 그것에 대한 주도권을 갖고 계신다. 그리스도 안에서 속죄가 실질적으로 이루어진다는 것을 하나님의 공의(참조. Ridderbos, *Paul*, 167 이하)와 하나님의 사랑의 빛에 비추어서 이해할 수 있다(참조. 롬 3:25; 요일 4:10). 동시에 교회는 그리스도를 통한 충족의 필요성을 강조하면서 신앙고백을 통해 다음과 같이 말한다. "하나님은 그분의 무한한 자비로 우리의 보증을 위해서…그분의 아들을 [주셨다]"(「도르트 신조」 2.2). 종교개혁의 전통에 서 있는 교회들이 그렇게 했듯이(참조. 「벨기에 신앙고백서」 제22조; 「도르트 신조」 5.8), 교회의 이 신앙고백을 붙잡고 있는 이들은 그리스도의 다양한 공로에 대해서도 말할 수 있다. 왜냐하면 그 신앙고백서들은 그리스도가 자기의 희생제사를 통해 성취하신 것에 대해 신앙을 고백하기 때문이다.

구약성경의 속죄의 경우와 마찬가지로, 그리스도를 통한 속죄에서도 두 가지 방향이 있다(Wentsel, *Dogm.*, 3b:445-447). 속죄의 희생제사는 하나님을 향하고 있다. 이 속죄의 희생제사에 기초한 하나님과의 화목은 사람들에게 주어진다. "[그리스도의] 수난 역사의 핵심적인 본질은 우리를 향하고 있다"는 코르프의 주장(1942[2], 2:187)은 다음과 같은 주장을 통해서 올바르게 논박될 수 있다. 곧 "하나님의 사랑에서 비롯되는 속죄의 핵심적인 본질은 그리스도의 사역 안에서 지속된다. 또한 속죄의 핵심적인 본질은 예수 그리스도로부터 하나님께로 전해진다"(Van der Zanden, 1950, 36).

대속은 삼위일체의 구조에도 들어맞는다. 왜냐하면 그리스도는 영원하신 성령을 통해서 흠 없는 자기를 하나님 아버지께 드리셨기 때문이다(히 9:14). "다양한 충족은 삼위일체 하나님의 경륜 안에, 곧 삼위일체 하나님

의 최상의 완전하고 영원한 사랑의 삶 안에, 또한 깨어질 수 없는 구속언
약 안에 그 뿌리를 내리고 있다"(Bavinck, *R.D.*, 3:406).

6. 속죄의 범위

이제 우리는 속죄의 범위가 어디까지인가라는 질문에 대해 다루고자
한다. 과연 속죄의 보편성(만인구원론)을 지지하는 근거들이 있는 것인가?

우리가 바르트의 견해와 관련해서 이미 지적했듯이(§ 32.1, 제4번, e),
우리는 **절대적 보편구원론** 또는 **보편구원론**을 차치할 것이다. 하지만 어떤
이들은 성경의 몇몇 구절들이 이 방향을 가리켜준다고 생각한다. 우리가
보편적인 속죄 교의의 형태에서 마주치는 **상대적 보편구원론**도 이 구절들
에 대체로 호소한다. 여기서 우리는 특히 이와 같은 형태의 보편구원론과
그 이론이 제시하는 근거들에 대해 다루고자 한다.

보편적인 속죄 교의는 광범위한 지지를 받고 있다. 로마 가톨릭교회에 의하면,
그리스도는 모든 사람을 위해서 죽었지만 각 사람마다 그의 죽음으로부터 주어지는
유익을 받는 것은 아니다(*DS*, 1523). 제2차 바티칸 공의회는 하나님의 아들이 그의
성육신을 통해 어떤 의미에서 각 사람과 결합되어 있다고 가르친다. 그는 자신의 고
난을 통해 우리를 위해서 길을 만들었다. 그리스도인은 하나님의 아들과 결합하는
것을 통해 부활을 향해 힘차게 나아간다. 이것은 선한 의도를 지니고 있는 모든 사람
에게도 동일하게 들어맞는 말이다. 하나님의 은혜는 그들의 마음속에서는 눈에 보
이지 않는 방법으로 역사한다. 사실상 그리스도는 모든 사람을 위해서 죽은 것이다
(참조. 롬 8:32).[87] 로마 가톨릭교회에 의하면, 구원의 보편성은 오늘날 종종 계시의
보편성과 관련을 맺는다(참조. Wentsel, *Dogm.*, 2:91-102; 3b:517-519).

항변파의 속죄 교의는 로마 가톨릭교회의 입장과 공통점을 상당히 많이 갖고 있
다. 왜냐하면 구원의 가능성 및 실현에 대한 구조가 해당 교리에서 핵심을 이루고 있

---

87 현대 세계의 교회에 관한 사목 헌장 『기쁨과 희망』(*Gaudium et Spes*), no. 22.

개혁교회 교의학

기 때문이다. 구원의 가능성은 그리스도 안에서 하나님의 은혜에 의해 주어진다. 이 가능성이 실현되는지 실현되지 않는지는 각 사람의 반응에 달려 있다. 즉 하나님의 은혜에 협력하는가 아니면 그렇지 않은지는 인간의 자유의지에 최종 결정권이 있다. 항편파는 『항변서』(*Remonstrance*, 1610)에서 다음과 같이 주장한다. 세상의 구주인 예수 그리스도는 모든 사람과 또한 개별적으로 각 사람을 위해서 죽으셨다. 그리스도는 그들 모두를 위해서 속죄와 죄 사함을 얻으셨다. 하지만 오직 신자들만 죄 사함을 누릴 수 있다(요 3:16; 요일 2:2). 항변파의 견해에 의하면, 그리스도가 우리를 위해서 죽으셨다는 것은 그가 우리를 위해서 또한 우리의 유익을 위해서 죽으셨지만, 우리를 대신해서 죽으신 것은 아니다.

바빙크는 다음과 같이 지적한다. 곧 어떤 사람이 속죄와 관련해 그리스도가 모든 사람을 위해서 죽으셨고 그들을 위해서 모든 것을 충족시키셨는가 아니면 단지 선택된 사람들만을 위해서 그렇게 하셨는가라고 질문한다면, 그 질문은 옳지 않거나 또는 적어도 완벽하지 못한 질문이다. 「도르트 신조」에 의하면, 그 문제는 사실상 그리스도의 희생제사의 가치와 능력 및 구원 사역의 본질에 관심을 기울이는 것이다. 바빙크는 이 점과 관련해서 「도르트 신조」 2.8을 언급한다(Bavinck, *R.D.*, 3:467).

존 웨슬리(J. Wesley, 1705-1791)의 발자취를 따르는 감리교인들은 보편 속죄를 가르치는 제3의 그룹을 형성한다. 웨슬리의 "복음주의적인 아르미니우스주의"(evangelical Arminianism)와 항변파의 교의 사이에는 차이점이 있다. 그럼에도 웨슬리의 견해에 의하면, 구원에 대한 결정은 인간에게 달려 있다.[88]

보편구원론과 관련해서 감리교회가 미친 영향은 구세군의 교리적인 입장에서도 간파할 수 있다. 또한 감리교회의 보편구원론은 부흥을 강조하는 다양한 운동들에도 영향을 미쳤다. 어쨌든 성결을 추구하는 운동과 오순절 교파는 분명히 웨슬리의 감리교에 영향을 받았다.

소뮈르(Saumur) 학파의 **잠정적 보편구원론**은 별도로 언급할 필요가 있다. 존 캐

---

88 참조. Ch. Hodge, *Systematic Theology*, 1888, 2:329-331.

머런(J. Cameron, 1580-1625)과 아미랄두스(M. Amyraut, 1596-1664) 같은 사람
들은 도르트 총회에서 서명된 칼뱅주의와 항변파의 견해 사이에서 중도적인 입장을
취하려고 시도했다. 이 보편구원론은 프랑스에서 상당한 갈등을 불러일으켰다. 소
뮈르는 다음과 같이 가르쳤다. 곧 그리스도는 모든 사람을 위해서 죽으셨지만 이 보
편적인 속죄는 단지 그를 믿는 사람들에게만 실질적으로 주어진다. 맨 먼저 하나님
은 그리스도 안에서 보편적인 속죄를 정하셨다. 하나님의 두 번째 계획에 의하면, 일
부의 사람들만 그리스도의 구속에 참여하는 전제 조건으로서 믿음을 받아들인다.
각 사람에게 보편구원론을 전파할 수 있지만, 단지 일부 사람들만이 믿음을 받아들
이도록 예정되어 있고 다른 사람들은 그렇지 않다. 따라서 아미랄두스는 하나님의
뜻을 이중적으로 구분한다. 곧 한편으로 하나님은 모든 사람의 구원을 추구하시지
만, 다른 한편으로 하나님은 단지 인류의 일부분만을 구원으로 인도하신다.

　　신학적인 관점에서 판단할 때, 그 견해는 그리스도의 속죄 사역과 성령의 사역
을 서로 구별한다. 곧 그리스도의 속죄 사역은 모든 사람을 대상으로 삼지만, 믿음을
허락하는 성령의 사역은 보편적이지 않다. 아미랄두스는 칼뱅이 자기의 입장을 지
지한다고 생각한다. 하지만 흐라프란트의 견해에 의하면, 아미랄두스는 아르미니우
스의 입장에 더 가깝다.[89]

　　보편적 속죄 교의에 대한 우리의 첫 번째 반대 의견은 다음과 같다. 이
교의를 따른다면, 그리스도의 사역은 실질적으로 구원을 받는다는 것을
보증해주지 않으면서 그저 모든 사람이 **구원을 받을 수 있다는 가능성**을 암
시해준다. 따라서 구원의 성취와 적용은 서로 분리된다. 하지만 이것은 성
경에 기초한 가르침이 아니다.

　　자기에게 속한 양에 대한 예수의 말씀(요 10:27)은 서로 대조가 되는
것을 암시해준다. 각 사람이 모두 예수의 양은 아니다. 예수는 그들을 위

89　참조. A. Schweitzer, *Die protestantische Centraldogmen*, 1856, 2:225-503; C. Graafland, *Van Calvin tot Barth*, 1987, 181-197; F. P. van Stam, *The Controversy over the Theology of Saumur*, 1635-50, 1988.

해서 자기 목숨을 버리신다. 그는 자기의 양들을 알고 계신다. 또한 그들도 그를 안다(요 10:14-15). 예수는 자기에게 속한 이들을 위해서 자기 목숨을 내어주실 뿐만 아니라 그들에게 다음과 같이 구원에 대한 확신을 주신다. "내가 그들에게 영생을 주노니 영원히 멸망하지 아니할 것이요, 또 그들을 내 손에서 빼앗을 자가 없느니라"(요 10:28).

바울의 말에서도 구원의 성취와 적용이 서로 불가분의 관계에 있다는 것이 명백하게 드러난다. 곧 "우리가 생각하건대 한 사람이 모든 사람을 대신하여" 죽었으며(고후 5:14), "누구든지 그리스도 안에 있으면 새로운 피조물이라"(고후 5:17). 바울의 말은 그리스도가 한 사람의 예외도 없이 모든 사람을 위해서 죽으셨다는 것을 의미하지 않는다. 만약 그렇다면, 모든 사람은 죽은 후 그리스도와 함께 다시 일어나서 그리스도 안에 있게 될 것이기 때문이다. 단지 그리스도 안에 있는 사람만이 새로운 창조물인 것이다. 그렇지만 각 사람이 모두 그리스도 안에 있는 것은 아니다.

우리의 두 번째 반대 의견은 다음과 같다. 그리스도의 희생제물이 한 사람의 예외도 없이 모든 사람에게 유효한 것이라면, 그것은 성경이 선언하는 것과 **다른 해석**을 제시하는 것이다. 코르프 같은 신학자는 다음과 같은 견해를 지니고 있다. 곧 신약성경에 의하면, 그리스도는 모든 사람을 위해서 죽으셨지만 그의 죽음은 충족을 성취하지 않았다(Korff, 1942[2], 2:201).

그리스도가 성취하신 속죄는 복음이 광범위한 대상에게 적용되기 때문에 의미가 약해진다. 그리스도의 속죄가 보편적인 것으로 고려될 때마다, 그 내용은 평가 절하된다(Murray, 1955, 74). 그렇다면 속죄는 더 이상 충족을 통한 속죄가 될 수 없다. 우리는 다음과 같은 바빙크의 주장에 동의한다. "만약 예수가 진정으로 구주시라면, 그는 반드시 그의 백성을 **진정으로** 구원하셔야만 한다. 그리고 그는 잠정적으로가 아니라 실질적으로, 참으로 완전하게 또한 영원히 구원하셔야 한다"(Bavinck, *R.D.*, 3:467). 만약 그렇지 않다면, 무게의 중심은 그리스도에게서 그리스도인으로 옮겨진다. 또한 신앙의 본질도 바뀐다. 사람들은 그리스도 안에서의 구원과 관련해서 더 이상 구원을 믿음으로 받아들이는 게 아니라 구원을 효과적으로 만들기 위하여 스스로 일종의 창조적인 역할을 하기 때문이다. 그렇다면 믿음은 그리스도가 성취하신 사역에 무엇인가를 덧붙일 필요가 있는 일이 된다. 하지만 그리스도는 우리를 위해서 이미 모든 것을 성취하셨다.

그러나 보편 속죄를 지지하는 이들은 이 점과 관련해서 일치된 견해를 지니고 있지 않다. 그들 중 어떤 이들은 계속해서 신앙을 하나님의 은사로 이해하려고 한다. 이 경우에 바로 앞서 제기했던 논박은 적용되지 않는다. 그런데 다른 반대 의견도 나타난다. 곧 그리스도가 모든 사람을 하나님과 화목시키셨다고 하더라도, 성령은 모든 사람에게 믿음을 제공하지 않으신다. 이 경우에 성령의 사역은 그리스도의 사역 위에 놓여 있는 것이다. 그렇다면 이것은 삼위일체 하나님 안에 어떤 긴장 또는 갈등이 있다는 것을 암시하는 것이 아닌가?

하지만 구원을 얻는 것이 인간에게 달려 있다고 생각한다면, 바로 앞서 제기한 논박은 타당한 것이다. 이것은 다음과 같이 주장하는 것이기 때문이다. 곧 하나님은 그리스도의 희생제사를 통해 그분이 해야 하는 몫을 하셨지만, 이제 인간은 그것에 자기가 해야 하는 몫을 첨가해야 한다. 이것은 구원과 관련된 사실들에 대해서 성경의 가르침과 어긋나게 해석하는 것이다.

개혁파 신학의 속죄 교리에 대한 가장 심각한 반대 중 하나는 복음이 모든 사람에게 전파되어야 한다는 사실을 위협한다는 것이다. 항변파는 이 점을 매우 강조했다. 만약 그리스도의 속죄가 보편적이지 않다면, 모든 사람에게 전파되어야 할 복음도 없다!

도르트 총회(1618-1619)는 이와 같은 반대 의견에 다음과 같이 분명하게 대답했다(「도르트 신조」 2.5). "복음의 약속은 회개하고 [예수를 자신의 구주로] 믿으라는 명령과 함께…아무런 차별 없이 모든 사람에게 선포

　　　　　　　　　　　　　　　　　개혁교회 교의학

되고 전달되어야 한다." 그러므로 복음을 전파하는 것은 허용된 것일 뿐만 아니라 반드시 담대하게 기쁨으로 실행되어야 한다!

그렇지만 교회는 모든 사람에게 동일하게 다음과 같이 선언하라는 위임 명령을 지니고 있지 않다. 곧 그리스도는 당신 대신에 당신을 위해서 죽으셨다. 그래서 당신의 모든 죄는 속죄되었고, 당신은 죄 사함을 받았다(참조. Bavinck, *R.D.*, 4:36). 사도들의 가르침에 기초한 복음 선포는 다음과 같다. "하나님께서 그리스도 안에 계시사 세상을 자기와 화목하게 하시며 그들의 죄를 그들에게 돌리지 아니하시고 화목하게 하는 말씀을 우리에게 부탁하셨느니라. 그러므로 우리가…그리스도를 대신하여 간청하노니 너희는 하나님과 화목하라"(고후 5:19-20).

그 누구도 속죄의 복음에서 그리스도가 각 개인과 하나님을 지체 없이 화해시키셨다고 결론내릴 수 없을 것이다. 하나님과의 화목은 다음과 같이 오직 믿음으로만 고백할 수 있다. "하나님은 나의 공로가 전혀 없음에도 불구하고, 순전한 은혜로 그리스도의 완전한 충족과 의로움과 거룩함을 나에게 선물로 주십니다.…나는 오직 믿음으로만 이와 같은 하나님의 선물을 받는 것입니다"(「하이델베르크 교리문답」 제23주일). 이것은 성경의 가르침과 일치한다. 우리는 다음과 같이 성경에서 일인칭 단수 또는 일인칭 복수로 자신의 신앙을 고백하는 것을 종종 읽을 수 있다. "이제 내가 육체 가운데 사는 것은 나를 사랑하사 나를 위하여 자기 자신을 버리신 하나님의 아들을 믿는 믿음 안에서 사는 것이라"(갈 2:20). "그뿐 아니라 이제 우리로 화목하게 하신 우리 주 예수 그리스도로 말미암아 하나님 안에서 또한 즐거워하느니라"(롬 5:11).

속죄에 대한 복음은 보편적인 중요성을 지니고 있다. 그것은 온 세상에 관심을 기울이며, 모든 사람을 개별적인 대상으로 삼고자 하는 의도를 지니고 있다. 그리스도는 참으로 "세상의 구주"시다(요 4:42; 요일 4:14). 그는 "세상 죄를 지고 가는 하나님의 어린 양"이시다(요 1:29; 참조. 요일 2:2). 그래서 「도르트 신조」는 다음과 같이 말한다. "하나님의 아들의 죽음은 죄에 대한 유일하고 완전한 희생제물이며 충족이다. 그의 죽음은 무한한 가치를 지니고 있다. 그래서 그것은 온 세상의 모든 죄를 속죄하기에 충분하다"(2.3).

이처럼 복음 전파의 보편성과 일치하지 않는 보편구원론은 하나님의 사역의 하나 됨을 부인하는 것이다. 그 하나 됨 안에는 선택에서 구원을 거쳐, 또한 구원의 완성에 이르기까지 모든 것이 포함되어 있다.

하지만 서로 분리될 수 없는 이 하나 됨은—때때로 제기되는 주장처럼—복음을 단지 구원에 동참하게 될 사람들에게만 선포해야 한다는 제안에 대해서 충분한 근거를 제공해주지 않는다(참조. Wentsel, *Dogm.*, 3b: 495 이하 및 524 이하). 복음의 보편성을 강조하는 것을 두려워한다면, 그것은 보편 속죄의 교의나 또는 적어도 항변파적인 경향으로 이끌 것이다(또한 참조. § 16.8).

신약성경에는 보편구원론을 지지하는 것처럼 보이는 언급들이 있다. 이와 관련해서 우리는 로마서 5:18 및 8:32, 디모데전서 2:6, 요한1서 2:2과 골로새서 1:19-20 등을 예로 들 수 있을 것이다. 이와 같은 방향을 가리켜주는 성경의 다른 구절들도 있다(참조. Bavinck, *R.D.*, 3:465).

로마서 5:18. 언뜻 판단하기에 이 구절은 보편적인 속죄의 교의나 심지어 만인구원론을 강력하게 증언하는 성경 본문처럼 보인다. 이 구절에는 "모든 사람"(개역개정에서는 많은 사람)이라는 표현이 두 번 등장한다. 이 표현은 문법적인 측면에서 아무런 구별이 없이 각 사람 또는 모든 사람이라고 번역될 수 있다. 하지만 두 번째 나타나는 "모든 사람"도 첫 번째 나타나는 해당 표현과 동일한 내용과 범위를 지닌 것으로 이해해야만 하는가? 사도 바울은 첫 번째 경우와 관련해서는 아담의 모든 후손을 가리키며, 죄의 실재와 그 결과들에 초점을 맞추고 있다(참조. 롬 5:12). 그는 두 번째 경우와 관련해서 새로운 생명에 이르게 하는 칭의를 언급한다. 그의 관점에 의하면, 우리는 오직 믿음으로만 이 칭의에 동참할 수 있다. 그러므로 첫 번째 사용되는 "모든 사람"은 인류 전체를 가리키지만, 두 번째로 사용된 표현은 새 사람이 된 사람들, 곧 그리스도 안에 있는 사람들을 가리킨다.[90]

로마서 8:32. 하나님은 "자기 아들을 아끼지 아니하시고 우리 모든 사람을 위하여" 내어주셨다(롬 8:32). 여기서 "우리 모든 사람"은 "우리"(롬 8:31, 34, 35절)와 "하나님께서 택하신 자들"(롬 8:33)을 가리킨다. 이런 맥락에서 "우리"는 사도 바울이 [하나님의] "뜻대로 부르심을 입은 자들"(롬 8:28)과 "미리 아신 자들" 및 "그 [의] 아들의 형상을 본받게 하기 위하여 미리 정하신" 자들(롬 8:29)이라고 일컫는 이들을 가리킨다.

여기서 선택, 속죄 및 구속은 동일하게 멀리까지 펼쳐진다. 하나님에 의한 선택 은 보편적인 선택이 아니다(§ 16). 또한 성령의 사역을 통해서 구원을 얻는 것도 보 편주의적인 것으로 이해할 수 없다. 그리고 그리스도에 의한 속죄도 보편적인 속죄 가 아니다. 아브라함 카이퍼는 (그의 저서 중 한 권의 제목에서) 다음과 같이 표현했 다. "은혜는 특별한 것이다"(1909²). 그의 주장은 옳다.

디모데전서 2:6. 어떤 이들은 이 구절에서 "모든 사람"이라는 표현이 보편구원론 적인 특성을 지닌 것으로 이해할 수 있다고 생각한다. 하지만 우리는 두 가지 서로 다른 해석에 대해 살펴볼 수 있을 것이다. 첫 번째 해석으로서 "하나님은 모든 사람 이 구원을 받으며 진리를 아는 데에 이르기를 원하시느니라"는 디모데전서 2:4은 베드로후서 3:9과 동일한 맥락에서 해석될 수 있다. 우리가 복음서들을 통해서 알 수 있듯이, 이것은 하나님의 뜻과 관련이 있다. 어떤 사람이 멸망하는 것은 하나님께 서 뜻하는 것이나 또는 바라는 것이 아니다. 하나님의 말씀은 하나님이 "악인이 죽 는 것을 기뻐하지 아니하고 악인이 그의 길에서 돌이켜 떠나 사는 것을 기뻐"하신다 고 알려준다(겔 33:11; 또한 참조. 겔 18:23). 두 번째 견해는 아우구스티누스와 칼 뱅의 입장으로서 또 하나의 존중할 만한 해석적인 전통이다. 곧 "모든" 또는 "모든 사람"은 모든 부류의 사람으로 해석된다(참조. 딤전 2:1). 구원은 모든 범주의 사람 들을 위한 것이며, 인간적인 모든 구분과 제한 조건을 초월한다. 사도 바울은 유대인

---

90 참조. Ridderbos, 『로마서 주석』(*Aan de Romeinen*), 1959, 121.

들이나 유대주의자들과 끊임없이 부닥치며 논쟁을 벌였던 상황에 기초해서 이 점을 강조한다(참조. Ridderbos, *Paul*, 339 이하).

요한1서 2:2. "그는 우리 죄를 위한 화목제물이니 우리만 위할 뿐 아니요 온 세상의 죄를 위하심이라." 그리스도를 통한 속죄와 화목의 효과는 예수와 가장 가까운 제자들 그룹과 그들과 친밀한 교제를 나누던 신자들에게만 국한된 것은 아니다(참조. 요일 1:1-4). 그 속죄와 화목은 그들을 넘어서 이루 말할 수 없이 광범위한 대상들에게도 미친다(참조. Murray, 1955, 82-84).

골로새서 1:19-20. 이 구절들은 하나님 아버지께서 "그[그리스도]의 십자가의 피로 화평을 이루사 만물 곧 땅에 있는 것들이나 하늘에 있는 것들이 그로 말미암아 자기와 화목하게 되기를 기뻐하심이라"고 언급한다. 하지만 이 구절은 모든 사람 또는 모든 창조물이 하나님과 화목하게 된다고 언급하지 않는다. 이 인용구는 그리스도의 영광과 통치에 대해서 말한다. 이 문맥에서의 초점은 그리스도의 피를 통한 화평과 만물에 대한 그것의 중요성에 맞추어져 있다. 이것은 바로 속죄의 우주적 측면을 가리킨다. 그것은 장차 지금 모든 창조물이 고통을 겪고 있는 부조화를 제거할 것이다. 우리는 "종말론적인 화평", 곧 그리스도의 재림 이후 온전히 실현될 화평에 대해서 생각할 수 있을 것이다(Ridderbos, *Paul*, 184).

그렇다면 누가 십자가의 피로 말미암는 화평에 참여하는가? 골로새서 1:13-14 및 21-23은 어떤 사람들이 그리스도 안에서의 구속 곧 죄 사함에 참여하며, 또한 누가 그리스도를 통해서 하나님과 화목하게 되는지 알려준다. 사도 바울은 해당 구절들에서 신자들과 관련해서 말하고 있다.

속죄에는 화목하게 하는 직분이 수반된다(참조. 고후 5:18). 이 직분은—우리가 목회자로 세움을 받았거나 아니면 평신도이거나 상관없이—우리에게 주어졌다. 이 직분은 그리스도의 우주적인 통치의 관점에서 이해되어야 한다. 하늘과 땅의 모든 권세를 부여받은 예수 그리스도는 다음과 같이 명령하신다. "너희는 가서 모든 민족을 제자로 삼아 아버지와 아들과 성령의 이름으로 세례를 베풀고 내가 너희에게 분부한 모든 것을 가

개혁교회 교의학

르쳐 지키게 하라. 볼지어다! 내가 세상 끝날까지 너희와 항상 함께 있으리라"(마 28:19-20).

따라서 그리스도를 통한 속죄는 보편적인 게 아니다. 그것은 하나님과 화목하게 된 사람들의 마음보다 훨씬 더 광범위한 영역과 관련이 있다.[91]

비록 "화목"이라는 단어가 우선권을 차지하고 있지만(고후 5:19), 우리는 "화목하게 하는 직분"이 더 광범위한 영역을 지니고 있다는 것을 깨닫는다. 먼저 사람들은 하나님과 화목하라는 부르심에 주의를 기울여야 할 필요가 있다. 그다음 하나님과의 화목은 그들의 삶에 영향을 미칠 것이다.

하나님의 사랑은 그리스도의 속죄를 통해서 우리에게 계시되었다. 그리고 하나님의 사랑은 우리를 사랑 안에서 살도록 이끈다. 속죄는 그것의 결과로서 화평을 빚어낸다. 하나님과의 화목과 개인의 내적인 평안 외에도, 서로 갈라져서 반목하던 사람들 사이의 화목도 있다. 또한 이 화목도 그리스도의 속죄에 기초한다(엡 2:14-16). "속죄(화목)의 열매로 살고 있는 사람들은 또한 화목을 이루어나가라는 부르심을 받았다. 곧 하나님이 우리를 위해 행하신 것에 기초해서, 그들은 사회의 한가운데서, 또한 사람들과 그룹들과 나라들 사이의 관계에서, 나아가 우리가 숨을 쉬고 있는 세계 안에서 화목을 이루어나가야만 한다."[92]

우리는 속죄(화목)가 다양한 함축적인 의미들을 지니고 있다고 믿는다. 우리는 아직 이 모든 측면을 목격하고 있지 않다. 우리가 때때로 생각하는 것보다 속죄(화목)는 훨씬 더 넓은 범위를 지니고 있다. 하지만 이 세상에서 대부분의 사람들은 여전히 그리스도 안에서 하나님이 베푸시는 화목에 대해 듣는 것을 원하지 않는다. 하지만 우리는 하나님 나라가 오는 것을

---

91 B. Wentsel, 『수평적인 시대 안에서 교회가 나아가야 할 길』(*De koers van de kerk in een horizontalistisch tijdvak*), 2:91.

92 참조. 『하나님과 사람들 사이의 화목: 네덜란드 개혁파 교회 총회의 목회 서신』(*Verzoening met God en met mensen. Herderlijk schrijven van de Generale Synode van De Geregormeerde Kerken in Nederland*, 1976), 62-68.

고대하고 있다. 그 나라 안에서 그리스도의 화목 사역의 열매는 새로운 인류와 새로운 세상에서 온전히 나타날 것이다.

32.2. 승리

그리스도의 사역에 대해 숙고하고자 할 때, 우리는 승리의 측면을 간과해서는 안 될 것이다. 승리는 싸움을 암시해준다. 특히 믿음을 실천하도록 동기를 부여하는 데 초점을 맞추고 있는 신학은 싸움과 승리의 주제에 우선권을 부여한다. 왜냐하면 루터의 경우를 제외하면, 이 주제는 거의 주목받지 못했기 때문이다.

우리는 여기서 룬드(Lund) 학파에 대해 살펴보고자 한다. 그 학파에서 가장 널리 알려진 대표적인 신학자는 구스타프 아울렌(G. Aulén, 1879-1978)이다. 그는 속죄를 주제로 삼은 자신의 저서에서[93] 안셀무스의 입장과 리츨의 입장 사이에 존재하는 차이점들을 극복하고자 시도했다. 안셀무스는 그리스도의 희생제사에 집중하는 속죄에 대한 객관적인 교의를 주장했다. 반면에 리츨은 인간의 성향 안에 있는 변화들에 초점을 맞추고 있는 속죄에 대한 주관적인 교의를 전개했다.

안셀무스의 **스콜라적인 접근**은 속죄를 법정이라는 구조에 위치시킨다. 반면에 리츨의 **윤리적인 접근**은 속죄를 한 인격체 안에서 일어나는 어떤 기능으로 만든다. 그리고 세 번째 방법은 **극적인 접근**(dramatic approach)이다. 이레나이우스와 오리게네스 같은 교부들이 세 번째 접근 방법을 지지했다. 여기서 그리스도는 타락, 죄, 죽음 및 마귀의 권세와의 싸움에서 승리자로 묘사된다. 아울렌은 속죄에 대한 이 교의를 고전적 교리라고 불렀다. 루터는 이 교리를 다시 활성화하며 그것을 확장했다.

아울렌의 견해에 의하면, 속죄에 대한 스콜라적인 이론은 법적인 특성을 지니고

---

93 G. Aulén, 『대속에 대한 기독교의 관점』(*De christlelijke verzoeningsgedachte*), 1931. 이 저서와 관련해서 다음 연구서를 참조하라. H. Alpers, 『그리스도를 통한 대속』(*Die Versöhnung durch Christus*), 1964.

개혁교회 교의학

있다. 왜냐하면 이 이론에서는 충족에 대한 요구가 전제되며 또한 인간의 구원을 위해서 그리스도의 공로가 요구되기 때문이다. 그리고 그 구원은 전적으로 그리스도의 인성에 기초한 그의 사역에 의존한다. 아울렌의 고전적인 견해에 의하면, 속죄는 하나의 드라마다. 이 드라마 안에서는 하나님의 사랑과 권능의 행위들이 핵심적인 역할을 한다.

아울렌은 속죄에 대한 루터의 사상에서 극적인 교리가 지배한다는 것을 입증하고자 루터의 언급 중에서 상당히 많은 것을 인용한다. 그에 따르면, 루터가 작사 및 작곡한 "내 주는 강한 성이요"는 이 견해를 지지해주는 명백한 증거다. 이 종교개혁가는 사도 바울의 발자취를 따라서 죄, 사망 및 마귀로 이루어진 세 가지에 율법과 하나님의 진노를 덧붙였다. 그리스도는 우리를 율법으로부터도 구속해야 했다. 그리스도 안에서 하나님의 진노는 신적인 사역을 통해서 극복되었다.

신약성경도 이와 같은 개념을 지지해준다. 복음서들, 바울 서신, 요한 서신, 히브리서 및 다른 책들은 모두 하나님과 마귀의 세력 사이의 큰 싸움에 대해 언급한다. 이 이원론적 및 극적인 주제는 신약성경 전체에 스며들어 있다.

아울렌을 비롯해서 몇몇 루터파 신학자들의 저서들에 의해서―그리고 독일과 북미에서―촉발된 논쟁은 다음 질문들에 초점이 맞추어져 있다. 과연 루터의 해석은 지나치게 편협한 것인가? 또한 아울렌이 성경의 메시지를 더 정당하게 다루고 있기 때문에 과연 그의 고전적인 견해는 선호할 만한 것인가?

우리는 첫 번째 질문과 관련해서 일반적인 견해(*communis opinio*)를 다루고 있다. 우리는 루터의 저서에서 아울렌의 입장을 지지해주는 것처럼 보이는 수많은 언급을 발견할 수 있다. 하지만 속죄에 대한 루터의 가르침은 다른 요소들도 포함하고 있다. 하지만 극적인 묘사는 죄책에 대한 속죄의 필요성을 거의 고려하지 않는다. 그것은 죄와 사악한 자의 권세로부터 구속되는 것에 거의 대부분의 관심을 집중시킨다. 루터의 경우는 이와 같지 않다. 그는 우리가 우리의 칭의를 무엇보다도 그리스도의 사역에 빚지고 있다고 가르친다. 우리는 우리의 죄책으로부터 자유롭게 되었다! 루터는 자신이 지은 찬송가의 내용과 똑같이 기본적인 것으로서, 예수 그리스도의 직분 및 사역과 우리의 구속과 관련해「슈말칼덴 신조」(Schmalkaldischen Artikel, 1537)에서 다음과 같이 말한다. "첫 번째로 중요한 것으로서 예수 그리스도, 우리의 하나님과 주님은 우리의 죄를 위해서 죽었으며 또한 우리의 칭의를 위해서 다시 살아났다(롬 4:25). 또한 오직 예수 그리스도만이 세상 죄를 지고 가는 하나님의 어린 양이다(요 1:29)"(*BSLK*, 415).

루터는 다른 많은 신학자보다 더욱더 강하게 그리스도와 사탄의 싸움의 극단적인 심각성을 잘 인식하고 있었다. 그는 회화적인 묘사를 즐겨 사용했으며,[94] 또한 그리스도에 의해서 마귀가 정복당했다거나 또는 부끄러움을 당하고 나서, 마귀가 포로로 삼은 대상을 풀어주었다는 표현을 반복적으로 사용했다. 루터는 이와 같은 방법으로 고대의 속전 이론을 받아들였다(§ 32.1, 제4번).

하지만 아울렌과 그의 학파의 해석은 정확하지 않다. 왜냐하면 그리스도와 마귀의 싸움은 루터의 사상 체계에서 큰 그림의 일부분에 지나지 않기 때문이다. 또한 그리스도는 우리를 위해서 율법과 하나님의 진노를 정복했다. 이것은 우리의 구속이 무엇보다도 먼저 하나님과 우리의 관계에 적용된다는 것을 말해준다.[95] 현저하게 "고전적인" 요소들에도 불구하고 거기에는 하나의 "스콜라적인" 이해가 있다(참조. Alpers, 1964, 184-186).

극적인 관점을 지지하는 아울렌의 입장은 그가 충족에 대한 교의에 만족하지 않는 것과 직접적으로 연결되어 있다. 하지만 우리는 성경의 빛에 비추어볼 때 그리스도의 싸움과 승리의 중요성을 무시할 수 없다.

예언서에서 메시아는 전능하신 하나님과 평강의 왕이라고 언급된다. 이 이름들은 심판과 공의로 세워지는 통치권 및 왕국과 관련이 있다(사 9:5-7).

예수의 삶은 갈등으로 특징지어진다. 예수가 공생애 사역을 시작하시기 전 그가 마귀에게 시험을 받으셨다는 것은 매우 의미심장하다. 예수는

---

94 H.-M. Barth, *Del Teufel und Jesus Christus in der Theologie Martin Luthers*, 1967, 91.
95 참조. M. van Rhijn, *Ritschl en Luther*, 1946. 72.

   개혁교회 교의학

귀신들을 쫓아내는 것을 통해 사악한 자와 그의 나라를 물리치셨다. 그가 병자들을 고쳐준 것은 그가 신적인 권능을 지니고 계셨고 또한 사람들을 불쌍히 여기신다는 것을 입증해준다. 그는 죽은 사람들을 다시 살리는 이적 사건을 통해 자신이 누구인지 증명해주셨다. 사탄이 가룟 유다 안으로 들어갔을 때(눅 22:3), 예수와 사탄의 싸움은 극도로 고조되었다. 예수는 이와 같은 상황에서 사탄이 제자들을 밀 까부르듯 하려고 그들을 요구했다고 말씀하셨다(눅 22:31).

예수의 사역은 무엇보다도 먼저 사탄의 세력으로부터 사람들을 구원해주는 특징을 지니고 있다고 주장되었다. 복음서들은 요한1서의 다음 말씀이 진리라는 것을 드러내준다. "하나님의 아들이 나타나신 것은 마귀의 일을 멸하려 하심이라"(요일 3:8). 예수가 심지어 위대한 싸움을 싸우기 이전에도 그는 이미 승리자였다(요 16:33). 바울은 그리스도의 사역을 우주적인 위대한 싸움으로 간주했다. 그 싸움에서 최종적인 결과는 이미 예수의 승리로 결정되었다. 하지만 많은 전쟁터에서 그 싸움은 여전히 지속되고 있다(참조. Sevenster, 1948², 108 이하, 164 이하, 235). 그리스도는 "통치자들과 권세들을 무력화하여 드러내어 구경거리로 삼으시고 십자가로 그들을 이기셨느니라"(골 2:15). 이 구절은 고대에 군대의 총지휘관이 전쟁에서 승리를 거두고 개선 행진을 하며 수도 안으로 들어오던 이미지를 배경으로 삼고 있다. 신자들도 하나님이 주시는 무기로 전신 무장을 해서 마귀의 간계들을 물리쳐야 한다(엡 6:11). 또한 그리스도의 승리는 요한계시록에서 매우 인상적인 방법으로 묘사된다(참조. 계 12:10; 17:14; 19:11-16).[96] 사탄과 그의 추종자들의 모든 세력을 정복할 어린 양은 만왕의 왕이며 만주의 주이다(참조. *TDNT*, 1:341).

이 모든 것을 서로 분리해서 다루어서는 안 된다. 마귀의 일들을 멸하려고 온 그리스도와 "자기 목숨을 많은 사람의 대속물로"(마 20:28) 주려고

---

96 참조. J. de Vuyst, 『요한계시록 주석』(*De Openbaring van Johannes*), 1987, 122-133.

온 그리스도를 대립시켜서는 안 된다. 그리스도는 자기의 사역을 수행하며 자신을 희생제물로 드리는 과정을 통해서 마귀의 일들을 멸하는 것이기 때문이다. 그의 사역과 그의 싸움은 근본적으로 하나이며 동일한 것이다(참조. Berkouwer, 1965, 335).

예수는 "다 이루었다"(요 19:30)고 말했다. 이것은 싸움이 끝나고, 승리가 확보되었다는 것을 의미한다. 칼뱅은 다음과 같이 주장한다. "사도 바울은 마치 십자가가 승리의 전차로 변화된 것 같이 그리스도가 십자가 위에서 얻은 승리에 대해 영광스럽게 찬송한다"(『기독교강요』 2.16.6). 그는 골로새서 2:14-15을 염두에 두고 이와 같이 주장했을 것이다. 이 구절들에서 통치자들과 권세들에 대한 승리는 하나님이 "우리를 거스르고 불리하게 하는 법조문으로 쓴 증서"를 지우시고, 우리의 모든 죄와 허물을 용서하셨다는 것과 연결된다. 이 점은 죽음의 세력을 잡은 자, 곧 마귀를 멸하며, 또한 그리스도가 자기 백성의 모든 죄를 속량하려고 대제사장으로서 자신을 희생제물로 드린 것에도 동일하게 적용된다(참조. 히 2:14-18). 여기서 그리스도는 자신의 죽음을 통해 마귀를 멸하셨다고 언급된다. 예수 그리스도가 대제사장으로서 자신을 하나님에게 내어주신 것과 왕으로서 악한 세력들을 굴복시킨 것은 서로 분리될 수 없다.

그리스도의 부활은 그의 승리를 가장 명백하고 훌륭하게 입증해준다. "그리스도는 부활을 통해 죽음을 이기셨습니다. 그리스도의 권능으로 말미암아 우리 역시 지금 새로운 생명으로 다시 살아났습니다"(「하이델베르크 교리문답」 제17주일).

그리스도의 사역은 한 가지 측면 이상을 지니고 있다. 그리스도의 사역에 기초한 우리의 구원도 마찬가지다. 곧 구원은 그리스도의 희생제사와 승리를 통한 화목과 구속이다. 「하이델베르크 교리문답」 제1주일은 이 점에 대해 다음과 같이 요약해준다. "그리스도는 자신의 보배로운 피로 나의 모든 죗값을 완전히 치르셨습니다. 또한 그는 나를 마귀의 모든 권세에서 풀어주셨습니다."

아울렌의 독특한 강조점은 속죄에 대한 가르침을 바로잡는 역할을 할 것이라고 때때로 주장되었다(참조. Wenz, 1986, 2:468). 만약 우리가 대속을 통해 하나님과 우리의 관계가 회복되는 것을 그리스도의 사역과 관련된 이야기의 전체라고 이해한다면, 그 주장은 사실일 것이다. 하지만 그리스도의 사역은 이 측면보다 더 많은 것들로 이루어져 있다. 우리는 또한 어둠의 세력으로부터 자유롭게 될 필요가 있다. 만약 그렇지 않다면, 우리는 결국 우리의 사악한 선택을 통해 악한 자에게 사로잡히고 말 것이다. 우리는 폭군처럼 우리 위에 군림하고 있는 사악한 세력들로부터 우리 자신을 스스로 구원할 수 없다. 바로 예수 그리스도가 우리를 위해서 이 일을 하신다. 곧 자신의 목숨을 하나님 아버지께 희생제물로 드려서 그리스도는 우리를 그의 은혜로운 통치 아래로 데려가신다.

아울렌의 묘사에서 하나님의 사랑의 권세는 진정으로 그리스도의 사역 안에서 나타난다. 하지만 그의 묘사에서 하나님의 공의는 무시된다. 하지만 충족이 없으면 우리를 위한 속죄도 없고, 속죄가 없으면 우리를 위한 구속도 없다.

우리는 이 점과 관련해서 다음의 사실, 곧 우리를 하나님과 화목하게 하려고 또한 우리를 사악한 자의 권세에서 해방시키려고, 그리스도가 큰 값을 치러야만 하셨다는 사실을 간과해서는 안 될 것이다. 우리는 바울과 함께 믿음으로 "이 모든 일에 우리를 사랑하시는 이로 말미암아 우리가 넉넉히 이기느니라"(롬 8:37)고 고백할 수 있다. 또한 바울은 이 단락에서 그리스도에 대해 다음과 같이 말한다. "누가 정죄하리요? 죽으실 뿐 아니라 다시 살아나신 이는 그리스도 예수시니, 그는 하나님 우편에 계신 자요 우리를 위하여 간구하시는 자시니라"(롬 8:34). 그러므로 로마서에는 승리주의(triumphalism)를 내세우는 것을 지지해주는 근거가 전혀 없다. 사악한 자를 이기는 그리스도인들은 자기 자신의 힘으로 그렇게 할 수 없다. 그들은 오직 "어린 양의 피"(계 12:11)로써 사악한 자를 이긴다.

우리가 승리주의에 도취할 수 없는 또 한 가지 이유는 그 싸움이 아직 모든 싸움터에서 완전히 끝나지 않았기 때문이다. 사실상 사악한 원수는 패배했다. 하지만 그는 계속해서 남은 세력을 모아 마지막으로 발악하고 있다.

바르트와 다른 신학자들은 바로 앞서 언급한 문제를 경시한다는 비난을 받아왔다. 우리는 예수가 승리자라는 신앙고백에서 조금도 양보할 수 없다.[97] 하지만 의심할 여지없이 신약성경은 마귀들의 위협이 현실에서 실재한다는 것을 매우 진지하게 다루고 있다.[98]

우리는 이 싸움의 결과들에 대해 다시 한번 숙고할 필요가 있다. 사악한 자가 공격하는 것은 패배한 원수가 공격하는 것이다. 사악한 세력들은 지속적으로 통제되고 있다. 그 세력들이 최종적으로 전멸되는 것은 단지 시간 문제에 지나지 않는다. 그리스도는 "모든 통치와 모든 권세와 능력을" 곧 멸하실 것이다. 또한 만물은 그리스도의 발아래 놓이게 될 것이다. 그리고 "맨 나중에 멸망 받을 원수는 사망"이다(고전 15:24-27). 그러면 "사망을 삼키고 이기리라"(고전 15:54)고 기록된 말씀이 참이라고 밝혀질 것이다.

그리스도가 사악한 권세들을 억제한다는 것은 그의 복음이 지니고 있는 정복하는 능력과 연결되고 서로 관련이 있다. 그리스도는 자기의 영을 통해 그의 나라 안에서 실행되는 일을 승리의 대열로 이끌어주신다(참조. 고후 2:14). 또한 그리스도의 교회도 기도를 통해서 동참한다(참조. 행 4:24-31).

성경은 영적인 전쟁에서 기도의 중요성을 끊임없이 언급한다. 우리는 이 점과 관련해 특히 이 땅 위에서 하나님의 일이 지속적으로 전개되어가는 것과 또한 하나님 나라가 오는 것에 초점을 맞추어 간구해야 할 것이

97　Barth는 "예수는 승리자"라는 J. C. Blumhardt의 입장에 강조하면서 동의한다(Barth, *C.D.*, 4.3.1, 168-171).

98　참조. G. C. Berkouwer, 『칼 바르트의 신학에서의 은혜의 승리』(*De triomf der genade in de theologie van Karl Barth*), 1954, 371-381.

다. 우리는 영적인 싸움의 한가운데서도 믿음으로 승리를 확신할 수 있다.
그리스도는 승리자시다!

간략한 참고 문헌

W. J. Aalders, 『성육신』(*De incarnatie*), 1933.

H. Alpers, 『그리스도를 통한 속죄』(*Die Versöhnung durch Christus*), 1964.

A. van de Beek, 『그리스도의 인성』(*De menselijke person van Christus*), 1980.

G. C. Berkouwer, *The Person of Christ*, 1954.

G. C. Berkouwer, *The Work of Christ*, 1965.

C. Breytenbach, 『속죄』(*Versöhnung*), 1989.

J. van Bruggen, 『이 땅 위에서의 그리스도』(*Christus op aarde*), 1987.

E. Brunner, 『중보자』(*Der Mittler*), 1930².

O. Cullmann, *Die Christologie des Neuen Testaments*, 1958².

W. S. Duvekot, 『우리가 예수를 알 수 있을까?』(*Kunnen wij Jezus kennen?*), 출간 연도
　　미상.

A. H. Edelkoort, 『구약성경 안에서의 그리스도에 대한 기대)』(*De Christusverwachting in
　　het Oude Testament*), 1941.

A. van Egmond, 『19세기 영국 신학에서 논의된 고통당하시는 하나님』(*De lijdende God
　　in de Britse theologie van de negeniende eeuw*), 1986.

E. Emmen, *De christologie van de Calvijn*, 1935.

M. Feitsma, *Het theopaschitisme*, 1956.

E. Flesseman-van Leer, *Wie toch is Jezus van Nazareth?* 1985.

J. van Genderen, 『신앙에 대한 오늘날의 논쟁 주제들』(*Actuele thema's uit de geloofsleer*),
　　1988.

J. van Genderen, 『우리를 대신하는 그리스도』(*Christus in onze plaats*), 1972.

A. Gilg, 『고대 교회 기독론의 방법론과 의미』(*Weg und Bedeutung der altkirchlichen
　　Christologie*), 1955.

C. Graafland, 『사람들은 인자가 누구라고 하는가?』(*Wie zeggen de mensen dat ik ben?*), 출
　　간 연도 미상.

M. Green (ed.), *The Truth of God Incarnate*, 1977.

S. K. Greijdanus, 『성육신과 낮아짐』(*Menschwording en vernedering*), 1903.

A. Grillmeier, 『교회의 신앙 안에서의 예수 그리스도』(*Jesus der Christus im Glauben der Kirche*), 1-2/4, 1979-90.

F. W. Grosheide (ed.), 『구원자 그리스도』(*Christus de Heiland*), 1948.

C. Harinck, 『속죄의 범위』(*De uigestrektheid van de verzoening*), 1989.

R. Haubst, 『성육신의 의미』(*Vom Sinn der Menschwerdung*), 1969.

C. J. den Heyer, 『메시아의 길』(*De messiaanse weg*), 3 vols., 1983-1991.

F. G. Immink, 『예언자와 제사장과 왕으로서의 예수 그리스도』(*Jezus Christus, profeet, priester, koning*), 1990.

M. de Jonge, *Christology in Context*, 1988.

W. D. Jonker, 『중보자 그리스도』(*Christus, die Middelaar*), 1977.

H. Karpp, 『고대 교회의 기독론』(*Textbuch zur altkirchlichen Christologie*), 1972.

W. Kasper, *Jesus der Christus*, 1975^2.

S. Y. Kim, *The "Son of Man" as the Son of God*, 1983.

B. Klappert (ed.), 『십자가와 부활에 대한 논쟁』(*Discussion um Kreuz und Auferstehung*), 1971^4.

F. W. A. Korff, *Christologie*, 2 vols., 1942^2.

W. Künneth, 『부활 신학』(*Theologie der Auferstehung*), 1951^4.

A. Kuyper, 『말씀의 성육신』(*De Vleeschwording des Woords*), 1887.

A. F. N. Lekkerkerker, 『속죄에 대한 복음』(*Het evangelie van de verzoening*), 1966.

J. Liébaert, 『교리사 III』(*Christologie: Handbuch der Dogmengeschichte*, 1a), 1965.

M. Lienhard, 『기독론에 대한 마르틴 루터의 증언』(*Martin Luther's christologische Zeugnis*), 1980.

E. Lohse, 『순교자와 하나님의 종』(*Märtyrer und Gottesknecht*), 1963^2.

I. H. Marshall, *The Work of Christ*, (1969), 1981.

A. McGrath, *The Making of Modern German Christology*, 1986.

J. Moltmann, 『십자가에 달리신 하나님』(*Der gekreuzigte Gott*), 1972.

J. Moltmann, 『예수 그리스도의 길』(*Der Weg Jesu Christi*), 1989.

J. Murray, *Redemption, Accomplished and Applied*, 1955.

K.-H. Ohlig, *Christologie*, 2 vols., 1989.

W. Pannenberg, *Jesus-God and Man*, 1968.

I. J. du Plessis,『교회와 우주의 머리인 그리스도』(*Christus as hoof van kerk en kosmos*), 1962.

C. H. Ratchow, *Jesus Christus*, 1982.

K. H. Rengstorf,『예수의 부활』(*Die Auferstehung Jesu*), 1960[4].

H. N. Ridderbos,『말씀이 육신이 되다』(*Het Woord is vlees geworden*), 1979.

H. N. Ridderbos,『우리는 그릇된 길 위에 있는가?』(*Zijn wij op de verkeerde weg?*), 1972.

H. Ristow/K. Matthiae (ed.),『역사적 예수와 케리그마의 그리스도』(*Der historische Jesus und der kerygmatische Christus*), 1962[3].

E. Schillebeeckx,『살아 있는 이, 예수에 대한 이야기』(*Jezus, het verhaal van een levende*), 1975[3].

E. Schillebeeckx,『예수에 대한 두 책 사이의 이야기』(*Tussentijds verhaal over twee Jezus boeken*), 1978.

H. Schroten,『중보자 그리스도에 대한 칼뱅의 이해』(*Christus, de Middelaar, bij Calvijn*), 1948.

G. Sevenster, *De Christologie van het Nieuwe Testament*, 1948[2].

P. Stuhlmacher,『속죄, 율법 및 의롭게 됨』(*Versöhnung, Gesetz und Gerechtigkeit*), 1981.

V. Taylor, *The Atonement in New Testament Teaching*, 1958[3].

D. A. du Toit,『지옥에 내려감』(*Neergedaal ter helle…*), 1971.

J. Veenhof,『이중 예수』(*De dubbele Jezus*), 1985.

J. P. Versteeg,『사중 복음』(*Evangelie in viervoud*), 1980.

J. Vlaardingerbroeck,『유대인과 그리스도인 사이에서의 예수 그리스도』(*Jezus Christus tussen Joden en Christen*), 1989.

A. Vos,『주님이시다!』(*Het is de Heer!*), 1990.

B. Wentsel,『그는 우리를 위해서, 우리는 그를 위해서』(*Hij is voor ons, wij voor Hem*), 1973.

G. Wenz,『현대 개신교 신학에서 속죄 교의의 역사』(*Geschichte der Versöhnungslehre in der evangelischen Theologie der Neuzeit*), 2 vols, 1984-86.

H. E. Wevers,『예수 그리스도는 어디서 오는가?』(*Jezus Christus vanwaar kommt hij?*), 1986.

H. Wiersinga,『속죄에 대한 신학 논쟁』(*De verzoening in de theologische diskussie*), 1971.

H. Wiersinga,『변화로서의 속죄』(*Verzoening als verandering*), 1972.

H. W. de Wolff, 『초기 기독교에서 이사야 53장에 대한 이해』(*Jesaja 53 im Urchristentum*), 1984[4].

L. van der Zanden, 『속죄의 본질』(*De spits der verzoening*), 1950.

제11장

❧

은혜언약

§ 33. 언약 교의의 발전 과정

33.1. 머리말
33.2. 언약 교의의 등장
33.3. 언약 교의에 대한 과거의 논쟁
33.4. 언약 교의에 대한 오늘날의 논쟁

33.1. 머리말

개혁파 신학자들은 그리스도의 위격과 사역에 대한 교의에 앞서 은혜언약에 대한 교의를 종종 논한다. 케르스턴(Kersten)과 같이 생각하는 이들은 그런 순서로 논하는 것이 타당하다고 생각한다. 왜냐하면 그것은 은혜언약과 구속언약을 더 쉽게 연결해주기 때문이다. 케르스턴의 견해에 의하면, 이 두 가지 언약은 오직 하나의 실재를 형성한다. 그래서 그다음에 나오는 기독론에서 논의의 초점은 선택받은 이들의 구원에 맞추어진다(Kersten, *R.D.*, 1:233, 259). 하지만 우리는 다음과 같은 질문을 제기할 수 있다. 과연 이 접근 방법은 하나님이 우리와 시간 속에서 맺으시는 언약을 공정하게 다루는 것인가?

우리는 정반대의 순서를 선호한다. 하나님의 영원한 구원 계획뿐만 아니라 그리스도에 의한 구원의 성취도 언약의 기초를 형성하기 때문이다.

하나님은 이 언약에서 구원의 약속과 더불어 우리에게 오신다. 그렇다면 구원의 다양한 측면은 구원에 대한 교의 안에서 논의되며, 그것에 이어서 곧바로 언약에 대한 교의가 다루어진다(참조. Ten Hoor, *Comp.*, 119).

머리말 부분에서는 은혜언약에 대한 교의의 기원을 간략하게 다루는 것이 유익하다. 그리고 이어지는 부분들에서 언약 교의의 발전 과정에 대한 광범위한 개요를 다루고자 한다.

교부 시대와 중세 시대에 언약 교의와 같은 것은 아직 존재하지 않았다. 하지만 이 주제에 관한 아우구스티누스의 사색과 "협약"(*pactum*)에 대한 중세의 개념은 언약 교의의 발전에 약간의 영향을 미쳐왔다.[1] 그러나 종교개혁 이후에 비로소 교회는 언약 개념이 지니고 있는 풍성한 의미를 발견했다. 여기서 우리는 특별히 다양한 개혁파 교회들을 머릿속에 떠올릴 수 있다. 왜냐하면 루터파 교회와 신학자들은 언약의 중요성을 거의 언급하지 않았기 때문이다(참조. Vos, 1939, 5). 하지만 개혁파 교회들과 신학자들이 언약 개념에 대해 모두 동일한 방향으로 생각했던 것은 아니었다. 언약 개념과 관련해서 개혁파 안에서도 다양한 견해가 있었을 뿐만 아니라 또한 많은 논쟁이 빚어졌다.

33.2. 언약 교의의 등장

루터가 그의 초기의 몇몇 저서들에서 약속과 신앙에 대해서 또한 유언, 협약 또는 언약을 통한 약속의 확인 등에 대해서 언급했다(참조. Beyer, 1971, 161, 225)는 것은 참으로 중요한 의미를 지니고 있다. 하지만 그것은 언약 신학의 등장으로 이어지지 못했다. 이것을 다루기 위해서 우리는 반드시 츠빙글리(Zwingli)나 불링거(Bullinger)를 언급해야 한다. 츠빙글리는 재세

---

1   B. Loonstra, "언약 교의의 역사적 기원"(De historische wortels van de leer aangaande het verbond), *Th. Ref.* 30 (1978): 46-63.

례파를 논박하는 자신의 저서들에서 유아세례의 타당성을 매우 강력하게 옹호했다. 그는 이것을 논증하기 위해서 아브라함 언약까지 거슬러 올라간다. 아브라함 언약에서 할례는 언약을 증거해주는 표징이었다. 하나님은 아브라함 및 그의 자손과 언약을 맺으셨다. 그래서 하나님은 그들의 하나님이 되셨다. 츠빙글리는 자신의 저서 『믿음에 대한 해설』(*fidei ratio*, 1530)에서 세례도 할례와 마찬가지로 신앙고백이나 또는 언약, 곧 약속을 요구한다고 말한다(Müller, *Bek.*, 86). 하나님의 약속은 언약에서 가장 필수적인 측면이다. 성례들(sacraments)은 하나님의 언약에 대한 눈에 보이는 표징들이다.

언약에 대한 이와 같은 종교개혁 초기의 사상은 우리에게 언약에는 더 많은 요소들이 포함되어 있다는 것을 밝혀준다. 곧 구약성경과 신약성경의 통일성, 하나님의 백성의 하나 됨과 성례들의 역할 등이다.

놀라울 정도로 이른 시기에 불링거는 언약에 대한 연구서인 『하나님의 유일하고 영원한 증거 또는 언약』(*De testamento seu foedere Dei unico et aeterno*, 1534)을 출간했다. 수 세기가 지났지만, 우리는 여전히 이 연구서의 진가를 인정하면서 그것을 읽을 수 있다. 주로 취리히에서 활동했던 이 신학자는 하나님이 죄인이며 죽음을 피할 수 없는 사람들과 맺으신 언약과 임마누엘― 하나님이 우리와 함께―이라는 이름을 지닌 그리스도가 오는 것 사이에 어떤 직접적인 연관성이 있다고 이해했다. 또한 불링거는 언약의 통일성에 대해서 매우 강조했다. 구약성경에서 새 언약(렘 31장)이 언급될 때, 그것은 언약의 구성 요소나 또는 본질에 초점이 맞추어져 있지 않다. 하나님이 우리와 맺으시는 언약은 어떤 협약의 일부분을 형성하는 조건과 규정들을 포함한다. 먼저, 하나님은 그분이 무엇을 하시고자 하는지 또한 우리가 그분에게서 무엇을 기대해야 하는지 밝히신다. 그다음 그분은 우리에게 무엇을 요구하시는지 또한 우리가 무엇을 해야 하는지 알려주신다. 전자는 언약의 약속으로 이루어져 있으며, 후자는 언약의 의무 사항으로 이루어져 있다. 누구든지 언약을 깨뜨리면, 그는 언약과 그것의 유산으로부터 제외된다(Bullinger, 1923, 41-48, 31-36).

불링거는 이 연구서에서 하나님과 아브라함 사이의 언약으로부터 자신의 논의를 전개한다. 하지만 그는 『옛 신앙』(*Der alte Glaube*, 1529)에서 아브라함 언약 이전까지 거슬러 올라간다. 왜냐하면 그는 타락과 은혜에 대한 약속을 매우 자세하게 다루었기 때문이다. 그의 견해에 의하면, 창세기 3:15은 최초의 복음이다. 또한 족장들도 그리스도 안에서 믿음으로 구원받았다. 불링거도 츠빙글리와 마찬가지로 언약의 역사에 관심을 가졌다. 하나님이 아담과 맺으신 언약은 이어서 노아 언약과 그 후에 아브라함 언약으로 새롭게 되었다. 하지만 그 언약은 모두 한 가지 약속, 한 명의 구원자와 오직 하나의 믿음에 대해서 말한다(Bullinger, 1923, 86-101).

칼뱅도 자신의 선구자들과 마찬가지로—우리는 그들 가운데 반드시 부처도 언급해야 한다(참조. 『세례예식과 관련해서』[W. van 't Spijker in *Rondom de doopvont*], 1983, 248-262)—재세례파에 맞서서 은혜언약의 통일성을 변호했다. 은혜언약은 본질적으로 하나님의 은혜로 하나님의 자녀로서 입양되는 것이다. 하나님이 믿음의 조상들과 맺으신 언약은 하나님이 우리와 맺으신 언약과 결코 다른 것이 아니다. 그것은 동일한 언약이다. 단지 언약의 실행(administration)과 분배(dispensation)에 있어서 차이점이 있다. 하나님의 언약에 기초한 구원의 계시에는 어떤 발전 과정이 있다(Calvin, 『기독교강요』 2, 10-11; 참조. Wolff, 1958; Graafland, 1978, 22-42). 구약성경에서도 언약의 기초는 바로 그리스도였다. 동시에 그는 언약의 성취(*complementum*)를 의미한다.

칼뱅은 그리스도의 죽음을 통해서뿐만 아니라 또한 믿음을 통해 언약이 확인 및 실증되는 것에 대해서 말한다. "결국 우리가 믿음으로 하나님이 약속하시는 것을 받아들일 때 하나님의 언약은 확인되고 실증된다"(창 17:14에 대한 칼뱅의 주석). 이것은 단지 우리가 하나님의 약속들을 믿을 때, 언약이 법적인 타당성을 지닌다는 것을 의미하지 않는다. 반면에 우리에게 믿음이 없으면, 언약은 우리 안에서 그 목적을 성취하지 못한다는 것을 의미한다. "우리가 하나님의 약속들을 믿음으로 받아들이기 이전까지 그 약속들은 그것들이 의도하는 결과(*efficases esse*)에 이르지 못한다는 것을 우리는 알고 있다"(Calvin, 『기독교강요』 3.24.17).

칼뱅은 "조건"이나 "규정"과 같은 용어들을 사용했다. 또한 우리는 해당 문맥에서 "직무"(ministry)라는 단어와 마주치기도 한다. 하나님이 우리에게 요구하시는 신앙과 순종은 또한 그분이 우리에게 약속하시는 선물들이기도 하다. 언약을 위배하고 깨뜨리는 것에 대해 반복적으로 경고하는 것은 인간의 책임에 대해서 강조할 필요가 있음을 넌지시 알려준다.

칼뱅은 이중 선택, 이중 입양 및 이중 부르심을 서로 구분하는 것과 마찬가지로 하나님의 자녀에 대해서도 이중적인 방법으로 말한다. 그는 해당 주제들에 대한 구분을 설명하기 위해서 일반적인 계획과 특별한 계획이라는 구조를 사용한다. 아브라함의 모든 자손은 하나님의 부르심에 의해서 하나님의 자녀로 간주된다. "하지만 하나님의 지성소 안에서는 단지 언약의 약속을 믿음으로 받아들이고 인정하는 이들만 하나님의 자녀로 간주된다"(창 17:7에 대한 칼뱅의 주석). 신자들은 하나님의 참된 자녀다. 칼뱅의 견해에 의하면, 단지 신자들과 선택된 이들에게만 해당하는 약속들이 있다. 이 말은 그 약속들이 오직 그들에게만 성취된다는 것을 의미한다 (Van der Vegt, 출간 연도 미상, 75).

칼뱅은 언약에 대해 가르치면서 예정을 무시하지 않는다. 하지만 그의 견해에 의하면, 언약은 예정에 의해서 지배되지 않는다. 칼뱅은 언약에 대한 가르침에서 하나님의 선택에 대해 숙고하기는 하지만, 선택이 언약을 주도하는 것을 허용하지 않는다.

33.3. 언약 교의에 대한 과거의 논쟁

16세기 후반에 은혜언약의 조건적인 측면과 무조건적인 측면을 첨예하게 강조하는 특성을 지닌 언약에 대한 견해가 나타났다. 심지어 그 견해는 이

개혁교회 교의학

중 언약론으로 전개되었다. 곧 그것은 선택된 이들과 관련된 무조건적인 언약과, 하나님이 이스라엘 백성과 맺으신 것과 같은 조건적인 언약이다. 무조건적인 언약에서 선택된 사람의 역할은 언약을 받아들이는 것이며, 조건적인 언약에서 인간의 반응은 각 사람의 경우마다 개별적으로 고려되어야만 한다는 것이다.

그리고 학자들은 일반적으로 하나님과 원래의 의로움의 상태에 있던 아담의 언약에 대해서 말하게 되었다. 우르시누스와 올레비아누스가 언약론을 이와 같이 확대시키는 데 기여했다. 하나님과 인간과의 원래의 언약은 종종 자연언약 또는 율법언약으로 불렸다. 그리고 이 최초의 언약과 시내산 언약(출 19-24장) 사이에서 몇 가지 유사점을 찾고자 했다. 십계명은 자연 율법 또는 행위언약에 기초한 율법이라고 묘사되었다. 언약 개념이 이와 같이 발전된 것과 관련해서, 우리는 영국에서는 퍼킨스(W. Perkins, *A Golden Chain*, 1591)와 네덜란드에서는 고마루스(F. Gomarus, 『언약에 대해서』[*De Foedere*], 1594) 등을 언급할 수 있다. 또한 베이커(Baker, 1980)의 연구서 205-207을 참고하라.

그렇다면 은혜언약 자체는 조건적이거나 또는 외적인 언약이 아니다. 반면에 그 언약은 무조건적이거나 또는 내적인 언약이다. 은혜언약에서는 하나님이 은혜를 베푸시는 것과 그것을 회개와 믿음을 통해서 받아들이는 것이 요구된다. 반면에 조건적인 언약에서는 하나님이 선택된 이들에게 믿음과 영생을 약속하신다.

「웨스트민스터 신앙고백서」(1647)는 한 장을 할애해서 언약에 대해 다룬다. 그 장은 행위언약과 은혜언약에 대한 묘사를 포함하고 있다. 그 신앙고백서는 은혜언약과 관련해서 다음 두 가지를 구별한다. 한편으로 하나님은 죄인들에게 은혜로 무엇인가를 제공하신다. 죄인들에게는 그것을 믿음으로 받아들이는 것이 요구된다. 다른 한편으로 하나님은 선택된 이들에게 무엇인가를 약속하신다(Müller, *Bek.*, 558 이하). 하나님의 선택에 대한 교의가 언약에 대한 교의에 어느 정도로 영향을 미쳤는지는 웨스트민스터 대요리문답의 다음 항목에서 명백하게 드러난다. 곧 "은혜언약은 둘째 아담인 그리스도와 더불어 맺어졌다. 또한 그 언약은 그리스도 안에서 그의 씨로서 모든 선택된 이들과 맺어졌다"(Müller, *Bek.*, 615).

콕세이우스(Cocceius, 1603-1669)는 스콜라적인 사고방식에서 벗어나서 성경에 기초한 신학을 제시하기 위해서 의미심장한 시도를 했다. 그에게 하나님의 언약은 가장 중요한 신학적인 주제였다. 콕세이우스는 언약신학의 가장 탁월한 대표자였다. 언약신학 안에서 성부와 성자 사이의 언약(*pactum*)은 견고하게 자리를 잡고 있다(참조. Loonstra, 1990, 80-139). 또한 콕세이우스는 다양한 언약들의 상호 관계에 대해 숙고했다. 예를 들면 행위언약과 은혜언약의 상호 관계 및 은혜언약과 영원한 구속언약의 상호 관계 등이다(참조. Van Asselt, 1988, 98-123).

콕세이우스의 언약신학은 다음과 같은 특징, 곧 행위언약은 점진적으로 폐지되며, 또한 구원을 베푸는 것과 관련해서 구약성경과 신약성경 사이에는 서로 커다란 차이점이 있다는 것을 주장하는 특징을 지니고 있다. 푸치우스파와 콕세이우스파 사이의 신학적인 갈등은 이 특징과 직접적으로 연결되어 있다. 언약신학과 관련해서 이 두 진영 사이의 논쟁은 오랜 세월 동안 지속되었다.

33.4. 언약 교의에 대한 오늘날의 논쟁

오늘날 은혜언약이 과연 예정에 종속되는가라는 질문은 중요한 논쟁 주제다. 우리는 언약에 대한 교의에서 하나님의 선택이라는 개념으로부터 시작할 수 있으며 또한 어쩔 수 없이 그렇게 해야 한다.

언약 및 선택과 관련해서 여러 학자들은 서로 차이점이 있는 두 가지 견해를 확인했다. 이 두 견해는 서로 다른 신학적인 접근 방법으로 이어졌다(참조. Van Teylingen, 출간 연도 미상, 9 이하; Harnick, 1986, 207).

우리가 언급하고자 하는 첫 번째 견해는 하나님이 시간 속에서 신자들 및 그들의 자녀들과 맺으신 언약에 기초한다. 우리는 이와 같은 관점을 불 링거의 저서와 또한 본질적으로 칼뱅의 저서에서도 만날 수 있다.[2] 하나님 의 약속들과 더불어 그분의 언약에 신실해야 한다는 요구가 신자들과 그 들의 자녀들에게 주어져 있다. 신앙과 회개는 조건들로 확인될 수 있지만, 동시에 그것들은 하나님의 선물이다. 우리는 오늘날 이와 같은 사고의 흐 름을 다양한 교파들에 속하는 몇몇 신학자들에게서 인식할 수 있다. 예를 들면, 스킬더(K. Schilder),[3] 불더링크(J. G. Woelderink; 참조. van Genderen, 1983, 82-87)와 판 더 스카위트(J. J. van der Schuit, 1982²) 등이다.

언약에 대한 두 번째 견해는 언약이 영원 전부터 하나님이 선택하신 것이라는 이해에 기초한다는 특징을 지니고 있다. 사실상 그 초점은 오 직 선택받은 이들에게 맞추어져 있다. 그렇다면 은혜언약의 가장 본질적 인 측면은 구원에 대한 하나님의 무조건적인 약속인 것이다. 그 약속은 선 택에 기초하여 하나님의 자녀들의 삶 안에서 성취된다. 우리는 이와 같 은 관점과 관련해서 퍼킨스, 위트시우스(Witsius), 보스턴(Boston)과 콤리 (Comrie) 등을 언급할 수 있을 것이다. 하지만 이들 이외에도 더 많은 학자 들이 있다. "언약에 대한 스코틀랜드의 교의"(참조. Harinck, 1986)는 스코 틀랜드의 영토 안에만 머물러 있지 않았다.

학자들은 두 번째 견해를 따라가면서 다양한 방향으로 나아갔다. 네 덜란드의 학자들은 본질적으로 카이퍼와 케르스턴의 관점 사이에서 자 신의 입장을 선택할 수 있었다. 네덜란드의 개혁파 교회(the Gereformeerde Kerken)에 속한 많은 이들은 카이퍼의 관점을 따랐다. 반면에 네덜란드와 북미의 네덜란드 개혁파 총회(Netherlands Reformed Congregations)에 속한

---

2   Baker(1980, 193-198)는 Bullinger를 Calvin과 대립시킨다. Baker는 A. A. Hoekema의 관 점을 반대하지만, Hoekema는 다음 논문에서 언약에 대한 Calvin의 가르침을 더 잘 제시하 고 있다. "The Covenant of Grace in Calvin's Teaching," *C. Chg.* 2 (1967): 133-161.

3   K. Schilder의 언약론에 대해 다음 논문을 참고하라. S. A. Strauss, "모든 것 아니면 아무것도 아님"(Alles of niks), 1982.

이들은 케르스턴의 관점을 따랐다. 우리는 각각 1942-46년과 1931년에 공표된 해당 총회의 교리 문서에서 그 결과를 인식할 수 있다. 카이퍼의 관점을 따르는 이들은 교회에 대해 전적으로 또는 몇몇 핵심적인 측면에서 언약에 기초한 교회일 뿐만 아니라 또한 선택된 이들의 총회라고 이해한다. 다른 경우에 이것은 일반화되지 않고 개별화된다. 선택에 대한 표징들이 확인될 때마다, 언약의 본질이 존재한다는 것이다. 이것은 실천적인 측면에서 중대한 차이점을 빚어낸다. (이 문제에 대해 더 상세하게 알려면, 판 헨더렌[van Genderen, 1983, 8-33]을 참조하라).

우리가 첫 번째로 언급한 견해―용커르(Jonker, 1989, 91-101)의 표현으로는 "두 번째 유형 또는 B 유형"―에 따르면, 선택과 언약의 구분은 지속적으로 기억하고 있어야 한다. 은혜언약 안에서는 역사적인 측면이 구체적으로 강조된다.[4]

언약에 대한 이해와 관련하여 관점의 다양한 차이점은 개혁파 교회들 안에서 신학적 측면 및 교회적 측면에서 상당한 논쟁과 갈등을 불러왔다. 하지만 언약과 관련해서 개혁파의 견해들과 현대 신학자들의 개념들은 더욱 극심하게 대조된다.

칼 바르트에게 언약은 주요한 주제다. 언약은 그의 신학적인 분석에서 근본적인 역할을 한다. 바르트의 창조론이 기초하고 있는 두 번째 명제에서 분명하게 드러나듯이, 언약은 창조의 내적인 기초를 형성한다(이 명제의 결과들에 대해서 § 17.3 제 7 번을 참조하라).

바르트의 견해에 의하면, 하나님은 특별한 사람들, 예를 들면 신자들과 그들의 자녀들이나 또는 인류의 일부분과 언약을 맺으신 게 아니라 모든 사람과 언약을 맺

4　다음 보고서를 참조하라. 『개혁파 교회에 대한 1934년의 총회의 답변서의 근거에 관한 더 상세한 묘사』(*Breedere omschrijving van de gronden waarop het antwoord van de Synode van 1934 aan de Gereformeerde Kerken rust*. 또한 in *Acta van de Generale Synode der Christlijke Gereformeerde Kerk in Nederland*), 1937, 131-170. 또한 참조 『견해들에 대한 설명』(*Verklaring van gevoelen"*), 1943. 그리고 in Veenhof, *Om de "Unica Catholica,"* 1949, 441-446.

으셨다. 언약은 하나님이 우리와 함께 계시다는 것을 의미한다. 이것은 우리가 하나님과 함께 있다는 것을 넌지시 알려준다. 예수 그리스도는 하나님의 영원한 뜻의 내용이며 또한 하나님과 인간 사이의 영원한 언약의 내용이다. 인간이 존재하기 이전부터 인간은 하나님의 영원한 뜻 안에서 하나님의 아들의 형제자매와 하나님의 자녀가 되기로 정해졌다. 예수 그리스도에 대한 모든 말은 모든 사람에 대한 진술, 곧 모든 불신자들을 포함해서 모든 사람에 대한 존재론적 선언이다(참조. Barth, *C.D.*, 4.1.54, 63; 4.2.275). 그 결정은 예수 그리스도 안에서 모든 사람을 위해 내려졌다. 또한 하나님의 선택은 하나님의 명령과 매우 밀접하게 연결되어 있다. 그 선택은 언약과 함께 주어지는 책임을 가리킨다. 인간은 언약의 파트너로서 하나님의 관점에서 이야기한 것에 반응하고 그 말씀대로 살아야 한다.

네덜란드의 신학자들인 커이터르트와 베르크호프는 언약에 대한 바르트의 관점들을 받아들였다. 하지만 그들은 각자 그 관점들을 자신들의 언약론으로 전개 및 발전시켰다.

커이터르트의 견해에 의하면, 하나님으로서 하나님의 존재는 단지 그분이 언약의 파트너라는 것 안에서 찾아야 한다. 또한 이것은 언약의 파트너로서 특징지을 수 있는 인간 존재를 전제한다.[5] 커이터르트에 의하면, 언약의 파트너로서 인간은 스스로 담당해야 할 매우 넓은 범위를 지니고 있다.[6]

베르크호프의 견해에 의하면, 언약은 하나님이 베푸시는 은혜로운 수단이다. 그 언약에는 두 파트너가 관련되어 있으며, 그들은 각자 주체로서 서로 밀접하게 관련이 있다. 또한 그들의 자세와 행위는 서로 협의하고 결정하는 특성을 지니고 있다(Berkhof, *C.F.*, 252).

바르트는 하나님과 인간 예수 그리스도 사이의 언약이라는 개념에서 자신의 언약 사상을 전개한다. 또한 그 언약은 모든 사람과 연결되어 있다. 반면에 베르크호프는 하나님과 이스라엘 사이의 언약에서 시작해서 모든 사람에게 이른다. 그에 의

---

5   H. M. Kuitert, 『하나님의 인간적인 형상』(*De mensvormigheid God's*), 1962, 228-233.
6   참조. W. H. Velema, 『적용된 신학』(*Aangepaste theologie*), 1971, 173.

하면, "실험의 정원으로서 이스라엘"은 온 인류를 대신하는 역할을 한다(Berkhof, *C.F.*, 248 이하). 그렇지만 이스라엘이 하나님에게 신실하지 못함으로 말미암아 그 언약은 실패로 돌아간다. 하지만 하나님은 신실하시기 때문에 소망이 있다. 신실함과 불신실함의 변증법적인 대립은 오직 인간 예수를 통해서 균형을 얻을 수 있다. 인간 예수는 하나님의 신실한 인간 파트너이며, 완전한 언약적인 관계에 의해서 성령으로 충만하다(Berkhof, *C.F.*, 291 이하). 예수로부터 우리의 삶 안으로 어떤 바람이 불어오기 시작한다. 예수는 유일무이한 사람이며, 동시에 첫 열매다. 성령은 자신의 근원인 그리스도로부터 우리에게 해야만 하는 것이 있다. 그것은 우리를 자발적인 복종과 참여로 이끄는 것이다. 이는 우리가 성자의 형상을 닮도록 하기 위해서다(Berkhof, *C.F.*, 328-332 이하).

바르트의 신학과 마찬가지로, 베르크호프의 신학도 보편구원론으로 향하는 경향을 지니고 있다. 이스라엘은 하나님과 인간의 관계에서 시험의 무대로 이해된다. 베르크호프는 "하나님이 모든 사람을 순종하지 아니하는 가운데 가두어 두심은 모든 사람에게 긍휼을 베풀려 하심이로다"(롬 11:32)는 바울의 말을 온 인류에게 적용한다. 우리는 인간의 불신실함보다 하나님의 신실함을 더욱 높이 평가해야 한다(Berkhof, *C.F.*, 536). 학자들은 언약에 대한 베르크호프의 견해에 대해서 다음과 같이 올바로 지적해왔다. 곧 그의 견해에 의하면, 언약은 결국 하나님이 어떤 사람들과 맺으신 것이 아니라 모든 사람과 관계를 맺으시는 **행동 방식**(*modus operandi*)이다. 또한 베르크호프의 분석에서 하나님의 선택은 언약의 뒤로 사라진다(Jonker, 1989, 178, 186).

우리는 언약에 대한 신학적인 새로운 사고방식을 다음 세 가지 특징으로 묘사할 수 있다.

1. 여기서 은혜언약은 하나님이 인간과 맺으신 원래의 유일한 언약이다. 왜냐하면 원래의 의로움의 상태나 죄로의 타락이 결코 그 언약에 선행하지 않았기 때문이다.

2. 언약에 대한 가르침은 보편적인 특성을 지니고 있다. 왜냐하면 인간 예수와 언약 관계에 있는 하나님은 동시에 모든 사람의 언약 파트너이시기 때문이다.

3. 기독론적인 관점에서 볼 때, 인간은 하나님의 파트너로 이해된다. 이것은 인

간이 저마다 어떤 결정적인 역할을 한다고 넌지시 알려준다.[7]

§ 34. 성경에서의 언약

34.1. 구약성경에서의 언약
34.2. 신약성경에서의 언약

34.1. 구약성경에서의 언약

1. 개관. 언약은 구약성경에서 특별히 중요한 위치를 차지한다. 하나님과 그분의 백성의 관계를 숙고하는 이들과 또한 무엇보다도 구약성경에 의해서 인도함을 받고자 하는 이들은 모두 이 사실을 간파할 수 있다.

구약성경에서 "베리트"(*berit*)라는 히브리어 단어는 거의 300번 나타난다. 하지만 그 단어의 어원은 분명하지 않다. 70인역은 이 히브리어 단어를 "디아테케"(*diatheke*, 협약, 계약 등을 의미함)라고 번역했다. 하지만 70인역은 해당 단어를 협정 또는 조약을 의미하는 용어로 번역하지는 않았다. 그렇다면 "언약"은 "베리트"라는 히브리어 단어를 올바르게 번역한 것인가? 쿠취가 이와 같은 질문을 특별히 제기한다. 그는 이 단어를 "의무"로 번역하는 것을 선호한다(Kutsch, 1973, 203 이하; *THAT*, 1:339-352). 그렇다면 이 단어는 하나님이 그분 자신에게 지우는 의무를 의미할 수 있다(Selbstverpflichtung). 아니면 하나님이 사람에게 부여하는 의무를 가리킬 수도 있다(Fremdverpflichtung). 사람들 사이의 관계에서는 사실상 상호 의무와 책임이라는 의미에서 어떤 "베리트"가 있다. 하지만 쿠취의 견해에 의하면, 신학적인 측면에서 우리는 "언약"이라는 용어와 언약에 대한 개념을 포기해야 한다(*TRE*, 7:399). 페르리트(Perlitt)와 다른 구약 학자들은 이 견해에 대해서 논쟁을 벌였다.

---

7   Flesseman-van Leer는 이 점을 한층 더 강조한다. 이 점과 관련해서 van Genderen, 1983, 88-92을 보라.

우리는 이것으로부터 "베리트"라는 용어가 다양한 측면을 지니고 있는 복합적인 개념이라는 것을 이끌어낼 수 있다. 그 개념에는 무엇보다도 약속과 요구라는 개념이 포함되어 있다.

우리는 매카시(McCarthy)의 다음과 같은 견해에 동의할 수 있다. 곧 이와 같은 최근의 견해들은 진리의 요소들을 포함하고 있지만, **언약**을 **의무**로 바꿀 이유는 없다(참조. Weinfeld in *TWAT*, 1:781 이하). "베리트"는 다양한 의무들뿐만 아니라 상호 관계도 포함한다. 사람들이 서로 협정하는 어떤 계약은 협상 내용, 관계에 대한 묘사와 서명 또는 의식(ritual)을 포함한다. 구약성경에는 이것에 대한 많은 사례가 나온다.

여호수아 시대에 야웨 하나님과 이스라엘 사이의 언약 갱신과 그것에 대한 확인을 다루는 역사에는(수 24장) 언약의 전반적인 특징을 드러내는 것이 많이 나타난다.[8] 여기서 언약 관계는 엄숙한 방식으로 이야기될 필요가 없었다. 하나님이 다음과 같이 말씀하시기 때문에 그 관계는 존속된다. 이른바 **언약 문구**(*covenant formula*)로서 하나님은 "나는 너희의 하나님이며, 너희는 내 백성이다"라고 선언하신다. 이 문구는 종종 "베리트"와 직접적으로 연결된 채 나타나기도 하고 때때로 언약이라는 용어가 언급되지 않은 채 나타나기도 한다. 그 관계는 "나는 네 하나님 여호와니라"(출 20:2; 레 19:3)는 말에 암시되어 있다. 이 점과 관련해서 또한 매카시(McCarthy, 1981, 16-22)를 참조하라.

언약이 언제나 서로 동등한 파트너들을 포함하고 있는 것은 결코 아니다. 상대방이 언약을 맺을 필요성을 전혀 인식하지 못하는 데에도 불구하고, 어떤 사람은 주도권을 갖고 해당 언약을 체결하도록 이끌 수 있다. 어떤 통치자는 피지배자에게 언약을 강요할 수 있다. 이와 같은 언약은 종종 고대 근동의 종주국과 종속국 사이의 협약(suzerainty treaties)과 비교되었다.

하나님이 그분의 백성과 언약을 맺으시는 경우에, 사실상 두 당사자는 전혀 동등하지 않다. 하나님은 "우리가 언약을 맺자"라고 결코 말씀하시지 않고 오히려 "내

---

8   수 24장과 관련해서 특히 W. T. Koopmans, *Joshua 24 as Poetic Narrative*, 1980을 보라.

가 내 언약을 나와 너 사이에"(창 17:7) 세울 것이라고 선언하신다. 이 언약은 바로 하나님의 언약이다. 언약을 맺는 과정에서 이 언약은 **일방적**(unilateral)이다. 곧 그 언약은 오직 하나님에게서 비롯된다. 하지만 그 언약은 곧바로 두 당사자, 곧 하나님과 그분의 백성(개인, 그룹 또는 전체)과 관련이 있다. 이 점에서 그 언약은 **쌍방적인**(bilateral) 특성을 지니고 있다. 하지만 이 언약은 하나님이 그분의 백성을 그분의 율법으로 대하시는 것과 차이점이 있다. 언약 안에서는 어떤 요구 사항들을 동반하는 약속이 우선권을 지니고 있다. 하나님은 보잘 것 없는 죄인들인 그분의 백성과 언약을 맺으시는 것이다. 그러므로 창세기 1장과 2장의 기사에 의하면, **언약은 그 기원 및 존속과 관련해서 하나님의 은혜에 대해 증거해준다**.

언약과 관련해서 하나님이 행하시는 것은 다음과 같은 단어들, 곧 주다, 맺다, 확인하다, 명령하다 및 지키다 등의 단어들로 묘사된다. 또한 언약 관계에서 인간에게 요구되는 것은 언약을 지키다, 보존하다, 굳게 잡다와 언약에 따라서 행동하다 등이다(참조. 창 17:9; 출 19:5; 사 56:4; 대하 34:32). 하지만 사람들은 하나님과 자신들이 맺은 언약을 잊거나, 버리거나, 위반하거나, 어기거나 또한 깨트릴 수 있다. 이 점과 관련해서 신명기는 특별히 진지한 경고들을 포함하고 있다(참조. 신 4:23-24; 29:25-28; 31:16-17). 그분의 백성과 언약을 맺으신 하나님은 그들에게 그분의 신실함(*'emet*)과 자비(*chesed*)를 나타내신다. 그리고 하나님은 그분의 백성에게서도 그분에게 신실할 것을 기대하신다(참조. 미 6:8).

2. 창세기에서 언급되는 언약. 하나님의 언약은 역사 과정을 통해서 이어진다. 우리는 그 언약에서 다양한 단계들을 구별할 수 있다(참조. Francke, 1985, 19-190).

성경에서 "언약"(*berit*)이라는 단어는 창세기 6:18에서 맨 처음으로 언급된다. 그곳에서 하나님은 노아에게 "그러나 너와는 내가 내 언약을 세우리니 너는 네 아들들과 네 아내와 네 며느리들과 함께 그 방주로 들어가고"라고 말씀하신다. 이것은 하나님이 특별한 목적을 갖으시고 한정된 기간 동안 일방적으로 결정하신 것이다. 창세기 9:8-17에서 언급되는 언약은 흔히 노아 언약이라고 불린다. 이 언약에서 제시되는 약속은 은혜언약의 특성을 지니고 있다(참조. Francke, 1985, 37-42; Van der Waal, 1990, 36-41). 스킬더는 이 점과 관련해서 모든 "창조세계"가 하나님의 "교회의 기초"를 놓기 위한 하나님의 "작업장"이 된다고 지적한다.[9]

하나님과 아브라함 사이의 언약은 핵심적인 위치를 차지한다. 하나님은 아브라함과 언약을 맺으시면서 맨 먼저 그에게 다음과 같이 약속하신다. "내가 내 언약을 나와 너 및 네 대대 후손 사이에 세워서 영원한 언약을 삼고 너와 네 후손의 하나님이 되리라"(창 17:7).

이것이 하나님이 구원에 대해 첫 번째로 약속하시는 것은 아니다. 창세기 3장은 이미 하나님이 그분의 은혜로 죄를 지은 인간에게 구원의 손길을 뻗치신다는 것을 우리에게 말해준다(참조. 「벨기에 신앙고백서」 제17조). 또한 창세기 3:15에서 하나님은 죄를 지은 인간에게 구속을 약속하신다. 바빙크는 그 성경 구절이 실질적으로 복음 전체, 은혜언약 전체를 포함하고 있다고 주장한다(Bavinck, *R.D.*, 3:200). 그 약속은 바로 온 인류에게 영향을 미치는 것이다.

"땅의 모든 족속이 너로 말미암아 [또는 너와 더불어] 복을 얻을 것이라"(창 12:3)는 하나님의 약속은 본질적으로 메시아와 관련된 특성을 지니고 있고, 그리스도가 오는 것을 통해 성취되며, 또한 그를 통해 유대인들뿐만 아니라 이방인들도 믿음으로 구원받는다.[10] 아브라함에게 주어진 약속은 나중에 반복되었으며, 또한 그것에 대한 한 가지 표징이 수반되었다. 창세기 15:18은 "그날에 여호와께서 아브람과 더불어 언약을 세워 이르시되"라고 언급한다.

창세기 17장에서 구원에 대한 약속은 언약의 형태를 취하고 있다. 여

---

9 K. Schilder, 『하늘은 무엇인가?』(*Wat is de hemel?*), 1954, 187 이하.

10 참조. A. H. Edelkoort, 『구약성경 안에서의 그리스도에 대한 기대』(*De Christusverwachting in het Oude Testament*), 1941, 95 이하; B. J. Oosterhoff, 『족장들에게 주어진 약속』(*De beloften aan de aardsvaders*), 1973, 39.

기서 하나님은 아브라함과 그의 자손에게 그들의 하나님이 되시겠다고 말씀하신다. 그 언약은 대대로 지속될 것이다. 곧 이삭과 야곱도 하나님에게서 동일한 약속을 받는다. 그리고 언약을 입증해주는 표징으로서 할례가 베풀어진다. 아브라함의 집에 속하는 모든 남자들은 할례를 받아야 했다. 심지어 종이든지 이방인이든지 아브라함의 집에 속한 남자들은 모두 할례를 받아야 했다(창 17:9-14).

3. 시내산 언약. 우리는 바빙크와 더불어 하나님이 족장들과 맺으신 언약은 시내산 언약의 기초이자 핵심이라고 말할 수 있다(참조. Bavinck, *R.D.*, 3;220). 하나님이 시내산 언약을 맺으시는 동기는 그분이 족장들에게 약속하신 것을 지키시는 것이라고 언급된다(신 7:8). 여기에는 연속성이 있다. 따라서 하나님이 이스라엘 백성과 맺으시는 이 언약도 은혜언약의 특성을 지니고 있다. 비록 언약에 대한 역사의 이 단계에서 하나님의 계명들을 지키는 것이 상당히 강조되고 있지만, 그 특성은 출애굽기 20:2에서 분명하게 나타난다.

종종 하나님이 아브라함과 맺으신 언약과 시내산에서 이스라엘과 맺으신 언약의 차이점은 거의 그 두 언약을 서로 대조하는 것으로 바뀐다. 따라서 비록 시내산 언약이 행위언약은 사실상 아니지만, 그것은 행위언약을 강하게 연상시켜주는 형태로 제시되었다(Aalders, 1939, 179). 우리는 하나님이 그분의 백성에게 요구하시는 것에 대한 강조점은 우리를 행위언약의 영역으로 데려가지 않는다고 반박할 수 있다. 신명기에서 언급되는 핵심 개념은 하나님의 백성이 언약을 지켜야 한다는 것이다. 축복과 저주는 이것에 달려 있다(신 27-30장). 하지만 그것은 하나님의 백성이 언약을 실행해가는 하나님의 사랑에 의무적으로 반응해야 한다는 것을 가리킨다(참조. 신 6:4-5; 7:6-8; 30:19-20). 율법은 **토라**다. 그것은 언약 안에서 어떤 역할을 담당한다. 곧 그것은 하나님의 백성이 언약에 부합해서 살아가도록 필요한 가르침을 제공해준다. 그래서 토라는 언약의 규칙이라고 부를 수 있다. 야웨 하나님이 아브라함에게 나타나셨을 때, 하나님은 그에게 "너는 내 앞에서 행하여 완전하라"고 명령하셨다(창 17:1). 이와 마찬가지로, 이스라엘에게 주어진 율법은 다음과 같은 명령에 관한 더 깊고 자세한 설명이다. "너는 내 앞에서 행하여 완전하라"(참조. Bavinck, *R.D.*, 3:222).

4. 새 언약. 하나님이 이스라엘 백성과 곧 맺으실 새 언약 또는 영원한 언약에 대한 예언들과 관련해서(렘 31:31-34; 32:37-41; 겔 37:24-28) 다음과 같은 질문이 제기된다. 과연 이 언약은 하나님이 이스라엘과 맺으신 언약과 다른 것인가? 아니면 우리는 하나님이 그 언약을 새롭게 하는 것에 대해 생각해야 하는가?

몇몇 신학자들은 시내산 언약을 새 언약과 대조한다. 시내산 언약에서 하나님과 하나님의 백성과의 관계는 순전히 외적이며 국가적이다. 반면에 새 언약에서의 그 관계는 순전히 내적이며 영적이다. 오늘날 우리는 새 언약을 다루어야 한다. 새 언약의 구성원들은 그리스도의 살아 있는 지체들로서 보이지 않는 교회의 구성원들이다(Aalders, 1939, 158 이하). 중요한 한 가지 결론으로서 언약과 선택은 질적인 측면에서 동일하다. 언약의 구성원들의 숫자는 선택받은 이들의 숫자와 똑같다. 언약은 적법하지 않은 구성원들도 포함하고 있는 것처럼 보인다. 하나님은 그들에게도 자신이 그들의 하나님이 되시겠다고 말씀하시면서 그들과 언약을 맺으셨다. 하지만 그들은 하나님을 자신들의 하나님으로 인정하는 것을 거부했다. 이것은 그들이 스스로 언약을 깨트린 것이라고 해석할 수 있다(Aalders, 1939, 193, 222).

레일링(Reiling)에 의하면, 새 언약에 대한 예언은 옛 언약이 더 이상 존속하지 않는다는 것을 암시한다. 이스라엘 백성이 옛 언약을 깨뜨렸기 때문에, 그것을 회복시키거나 또는 새롭게 할 만한 것이 전혀 남아 있지 않다. 단지 하나님이 언제나 그분 자신으로 머물러 계신다는 범위 안에서 옛 언약과 새 언약은 동일한 언약에 해당한다. 그렇지만 우리는 언약의 백성과 관련해서 근본적으로 서로 다른 두 언약에 대해 말해야 한다.[11]

알더스(Aalders), 레일링과 다른 신학자들은 하나님이 이스라엘과 맺으신 언약과 새 언약 사이에 있는 불연속성을 강조한다. 반면에 또 다른 신학자들은 연속성을 향한다. 이 두 언약을 구별해주는 것은 옛 언약은 단지 외적인 특성을 지니고 있으며, 반면에 새 언약은 내적인 특성을 지니고 있다는 것이 아니다. 만약 그렇다면, 그것은 일종의 본질적인 차이점에 해당할 것이다. 판 더 메이던(Van der Meiden, 1955, 35)은 그와 같은 구별을 논박한다. 오히려 그 차이점은 전적으로 구속 역사의 전개 과정 안에 놓여 있다(Wiskerke, 1955, 173).

우리는 옛 언약(시내산 언약)과 새 언약(렘 31장) 사이의 차이점과 관련해서 그 두 언약이 지니고 있는 **유사점들**뿐만 아니라 **특징들**도 기억하고 있어야 한다.

a. 그것은 본질적으로 하나님이 그분의 백성과 맺으신 하나의 언약이다. 하나님은 처음에 아브라함과 언약을 맺으셨다. 나중에 그 언약은 시내산에서 하나님이 이스라엘과 맺으신 언약에 의해서 확인되고 또한 더 구체화되었다. 그 언약은 **은혜**언약의 특성을 지니고 있었다. 예레미야 31장은 놀랄 만큼 새로운 방법으로 하나님이 전혀 그럴 만한 자격이 없는 그분의 백성에게 은혜를 베푸시며 또한 그분의 신실하심을 나타내신다는 것을 넌지시 알려준다(참조. 렘 31:32). 곧 하나님은 그분의 백성과 맺으신 언약을 새롭게 하실 것이다.

b. 새 언약은 다른 언약이 아니라 바로 옛 언약이다. 마음에 기록되어야 할 율법은 이전에 시내산에서 주어진 율법과 동일한 것이다. "나는 그들의 하나님이 되고 그들은 내 백성이 될 것이라"(렘 31:33)는, 모든 것을 포괄하는 약속은 모세 시대에 주어진 다음과 같은 약속과 동일한 것이다. "나는…너희의 하나님이 되고 너희는 내 백성이 될 것이니라"(레 26:12). 우리는 예레미야 31:33-34로부터 다음과 같이, 곧 이전에는 율법이 마음에 기록되지

11　J. Reiling, *Verbond, oud en nieuw*, 1976, 11 이하.

않았다거나 또는 그때에는 죄 사함이나 야웨 하나님에 대한 지식이 없었다고 주장할 수 없다. 이른바 이 "내면화"[12]는 이미 모세의 책들에도 약속되어 있었다(신 30:6). 이전에도 하나님의 율법은 경건한 사람들의 마음에 기록되어 있었으며, 또한 하나님 앞에서 거룩한 삶을 살던 이들은 그분과 올바른 관계를 맺고 있었다.

c. 하나님이 새 언약에서 그분의 백성을 다루는 방법은 바뀌지 않았다. 하나님은 예레미야 31:31-34에서 표현된 것과 같은 것을 약속하신다. 하지만 하나님은 그 약속들을 단순히 영원한 생명으로 선택하신 사람들에게 주시는 것이 아니다. 창세기 17장 및 19장에서 언급되는 약속들과 마찬가지로, 그 약속들도 사람들에게 믿음으로 반응할 것을 요구한다.

d. 그럼에도 언약의 역사에는 명백한 발전이 있다. 언약의 역사는 동시에 구속의 역사다. "여호와의 말씀이니라. 보라! 날이 이르리니 내가…새 언약을 맺으리라"(렘 31:31). 새 언약에 근거해서 미래에 더 많은 축복들을 기대할 수 있을 것이다. 본질적인 측면에서 옛 언약 아래에서 주어졌던 것은 새 언약 아래에서 더 온전하고 풍부하게 주어질 것이다. 그러므로 사실상 두 언약 사이에는 정도의 차이가 있다(참조. Van der Meiden, 1955, 41).

e. 새 예언의 성취와 관련해서 어떤 이들은 바빌론 포로 시대 이후에 그것이 성취된다고 주장한다. 왜냐하면 새 예언은 포로 생활을 하던 이스라엘 백성이 돌아오는 것을 배경으로 삼고 있으며(렘 31:23-25), 또한 돌아온 백성은 당연히 율법 연구에 몰두할(참조. 9:38-10:31) 것이기 때문이다. 하지만 우리의 관점에 의하면, 새 언약과 관련된 약속들은 오히려 하나님이 해당 언약에 기초해서 새 시대에 새롭게 또한 지속적으로 은혜를 베푸시는 것을 가리킨다. 그리스도가 중보자로서 그의 사역을 성취했을 때, 또한 그의 성령이 주어졌을 때, 이 새로운 시대는 왔다(참조. 히 8:6-13; 고후 3:6). 이스라엘 백성을 비롯해서 또한 세상의 모든 나라들로부터 신자들이 생겨

---

12   참조. E. Malatesta, *Interiority and Covenant*, 1978, 68-77.

났다는 사실은 하나님이 그분의 약속들을 성취하고 계신다는 것을 입증해 준다(참조. 롬 9:24-26; 고후 6:16-18). 따라서 그리스도의 교회는 새 언약의 백성에 해당한다.

34.2. 신약성경에서의 언약

1. 언약과 약속. 신약성경은 언약(*diatheke*)과 관련해서 하나님이 주시고 요구하시며 행하신다는 것을 강조한다. 종종 이 그리스어 단어는 계약과 유언을 의미한다(갈 3:15; 히 9:16-17). 하지만 신약성경의 다른 구절들에서 이 단어는 하나님과 그분의 백성이 맺은 언약을 가리킨다. 구약성경의 경우와 마찬가지로, 그 구절들은 하나님의 경륜에 의해서 언약 및 언약의 관계가 존재한다는 것을 명백하게 알려준다.

신약성경은 하나님이 언약 안에서 약속하신 것들과 더불어 우리에게 다가오신다고 분명하게 말한다. 누가복음 1:72에서 언약은 하나님이 아브라함에게 맹세하신 것과 유사하며, 또한 구원에 대한 약속을 가리켜준다. 그 약속은 언약에 있는 필수 요소 중 하나다(참조. 행 3:25; 롬 9:4; 갈 3:16; 엡 2:12; 히 8:6). 갈라디아서 4:24은 "두 언약"에 대해 말한다. 한 언약은 약속에 의해서 특징지어지고, 다른 언약은 율법에 의해서 특징지어진다. 여기서 우리는 서로 구별되는 두 가지 언약이 실행되는 것을 머릿속에 떠올릴 수 있다. 곧 아브라함 언약과 시내산 언약이 실행되는 것이다. 그리고 해당 구절은 각각의 언약이 실질적으로 기능하는 것에 초점을 맞추고 있다(참조. De Vuyst, 1964. 64).

2. 새 언약. 신약성경에는 새 언약에 적용되는 다양한 구절들이 있다 (예. 눅 22:20; 고전 11:25; 고후 3:6; 히 8:6-13; 10:15-17).

성만찬을 제정하는 예수의 말씀(눅 22:20; 고전 11:25)은 시내산 언약이 맺어지는 것을 연상시켜준다. 예수는 자기의 목숨을 희생제물로 내어놓은 것에 기초해서 새 언약을 세운다. 출애굽기 24:8에서 언약의 피는 시내산 언약을 체결하는 피다. 반면에 복음서(참조. 마 26:28)는 새 언약을 맺는 피에 대해 말한다. 이것은 예레미야 31장에서 언급되는 새 언약이다. 피라는 단어는 해당 장에서 언급되지 않지만, 예수의 말에 의하면, 새 언약의 효능과 확실성은 그리스도의 희생제사에 기초한다.

고린도후서 3:6에서 옛 언약과 새 언약이 대조된다. 옛 언약은 모세의 이름과 연결되어 있다(고후 3:15). 그것은 율법 조문(문자)에 기초한 언약이다. 따라서 그것은 모세 율법의 어떤 특정한 측면을 가리켜준다. 곧 율법의 조문이 단지 조문으로 머물러 있다면, 또한 바울의 대적자들이 그랬던 것처럼 율법이 단지 율법주의적으로 해석된다면, 그 조문은 [관련된 사람을] 죽인다. 반면에 새 언약은 성령의 언약이라고 특징지어진다. 이것은 성령이 옛 언약 아래에서 역사하지 않았다는 것을 배제한다. 하지만 오순절 성령 강림 사건 이후로 성령은 교회의 한가운데 거한다. 새 언약은 그리스도와 성령의 역사를 통해 그것이 지니고 있는 영광에서 옛 언약을 능가한다. 그러므로 지나가는 것은 무엇이고 영속적인 것은 무엇인지 참작할 필요가 있다. 이와 같이 옛 언약과 새 언약을 대조하는 것은 구속사적인 특성을 지니고 있다.

히브리서는 새 언약에 대해 다른 방법으로 말한다. 여기서 새 언약은 첫 번째 언약과 대조된다. 레위 자손의 제사장 직분과 짝을 이루고 있는 첫 번째 언약은 완전함에 이르게 하는 데 실패했다. 새 언약은 더 뛰어난 언약이다. 그 언약의 법적인 타당성은 더 좋은 약속에 기초하고 있다(히 8:6). 이것은 이 약속들이 서로 다르다는 것을 의미하지 않는다. 오히려 그 약속들은 더 효과적이다. 첫 번째 언약은 흠이 없는 것이 아니었다. 그 언약은 낡은 것이 되고 말았다. 왜냐하면 성경에서 예언된 것처럼 첫 번째 언약은 두 번째 언약에게 자리를 내어주었기 때문이다(히 8:7; 10:15-17). 새 언약의 약속들이 더 좋은 약속들인 것과 마찬가지로, 또한 새 언약의 부르심은 더 강력하고 또한 더 위대한 책임과 연결되어 있다(참조. De

     개혁교회 교의학

Vuyst, 1964, 239 이하).

3. 언약의 백성. 여기서 핵심 질문은 다음과 같다. 하나님이 언약을 맺으신 그분의 백성은 과연 하나님 앞에서 어떻게 행동해야 하는가? 그들은 하나님과 맺은 언약에 지속적으로 신실해야 하며 또한 하나님을 사랑해야 하는가?(참조. 출 20:5-6; 신 7:9-10) 구약성경은 언약 백성이 두 그룹으로 구별된다는 것을 우리에게 반복적으로 보여준다. 또한 신약성경에서 언약이 실행되는 것에서도 이와 같은 구별을 볼 수 있다. 로마서 9:6에서 바울은 이스라엘에 초점을 맞춘 채 이 점에 대해 말한다. 이미 시므온이 예언을 통해서 말한 것처럼(눅 2:34), 모든 사람은 저마다 그리스도 앞에서 자신의 입장을 결정해야 한다. "동 서로부터 많은 사람이 이르러" 하나님 나라에서 함께 자리에 앉을 것이며, 또한 먼저 아브라함과 그의 자손에게 약속된 구원에 참여할 것이다(마 8:11). 하지만 "그 나라의 본 자손들은 바깥 어두운 데"로 쫓겨날 것이다(마 8:12). 하지만 또한 보다 더 깊은 의미에서 어떤 사람은 그 나라에 속할 수 있다(마 13:38). 따라서 "그 나라의 자손들"이라는 표현은 서로 다른 두 방향으로 해석될 수 있다. 예수는 유대인들에게 이렇게 말한다. "하나님이 너희 아버지였으면 너희가 나를 사랑하였으리니"(요 8:42). "하나님께 속한 자는 하나님의 말씀을 듣나니, 너희가 듣지 아니함은 하나님께 속하지 아니하였음이로다"(요 8:47). 요한복음의 프롤로그에서도 불신앙의 수수께끼와 신앙의 이적은 이미 서로 대조되고 있다(요 1:10-13). 하나님은 언약의 백성인 이스라엘에게 경고의 말씀을 수없이 들려주셨다. 그 경고의 말씀은 또한 교회에게도 그대로 적용된다(참조. 히 3:7-4:13).

히브리서에서 "언약"이라는 단어는 신약성경의 다른 책들보다 더 자주 나타난다. 히브리서에서 그 단어의 초점은 특별히 새 언약과 자신의 희생 제사에 대한 중보자와 보증인으로서의 그리스도에게 맞추어져 있다. 그의 피는 영원한 언약의 피다(히 13:20) (이 점과 관련해서 또한 § 35.2을 보라.)

신약성경에 의하면 옛 언약과 구별되는 것으로서 새 언약이 실행되는 것은 **보편적인** 특성을 지니고 있다. 새 언약은 더 이상 이스라엘 한 나라에게만 국한되어 있지 않다(참조. 행 2:17, 39; 롬 9:24-26; 엡 2:12, 19). 하지만 우리가 바르트의 신학에서 마주치는 언약 개념을 지지해주는 성경적인 근거는 전혀 없다. 곧 바르트의 견해에 의하면, 언약은 예수와 함께 맺어졌으며, 또한 그 언약은 모든 사람과 맺어진 것이다(참조. § 33.4).

그리스도가 자신의 사역을 성취한 것과 그것에 기초해서 성령이 더욱더 풍부하게 사역하는 것으로 말미암아(참조. 요 14:12), 새 언약은 옛 언약보다 더 큰 영광을 지니고 있을 뿐만 아니라 그 범위도 훨씬 더 넓다.

§ 35. 은혜언약 안에서의 그리스도의 위치

35.1. 구약성경
35.2. 신약성경
35.3. 과연 그리스도는 언약의 머리이신가?

35.1. 구약성경

구약성경에는 야웨의 종에 대한 놀라운 언급들이 들어 있다. "나 여호와가 의로 너를 불렀은즉, 내가 네 손을 잡아 너를 보호하며 너를 세워 백성의 언약과 이방의 빛이 되게 하리니"(사 42:6).

"백성의 (또는 백성을 위한) 언약"이라는 표현은 백성을 위한 언약의 중보자를 의미할 수도 있다.[13] "하나님이 그 중보자 안에서 그분의 백성과 맺으신 언약은 그것의 인격화와 보증을 발견한다." 동시에 이사야서의 해당 예언은 야웨의 종이 이방 나라들의 빛이 될 것이라고 알려준다. 그 종의 중요성은 이스라엘의 영역을 벗어나서 온 세상으로 확장한다. 그 예언은 메시아에 대해 말한다. 메시아는 다윗의 위대한

---

13   W. Zimmerli, 『구약 신학 개관』(*Grundriss der alttestamentlichen Theologie*), 1975, 198.

개혁교회 교의학

자손이며, 온 땅에 공의와 구원을 베풀 것이다.[14]

우리가 신약성경의 빛으로 이사야 53장을 읽을 때—구원에 대한 계시의 통일성에 기초해서 우리는 그렇게 할 수 있다—우리는 야웨의 종에 대한 이 예언이 언약과 관련해서도 중요하다는 사실을 간파할 수 있다. 비록 "언약"이라는 단어가 그 장 안에서 나타나지는 않지만 말이다. 예수는 성만찬을 제정할 때 "이것은 죄 사함을 얻게 하려고 많은 사람을 위하여 흘리는 바 나의 피 곧 언약의 피니라"(마 26:28)고 말한다. 그는 자신의 희생제사를 통해서 이사야 53:12을 성취한다는 것을 간파하고 있다. 히브리서의 저자는 예수를 새 언약의 중보자라고 부르며(히 9:15), 또한 그에 대해서 "많은 사람의 죄를 담당하시려고 단번에 드리신 바 되셨고"라고 말한다(히 9:28). 그러므로 우리는 언약의 중보자의 사역에 대한 우리의 이해를 위해서 과연 이사야 53장이 무엇을 기여하는지에 대해 숙고해야만 한다.

우선적으로 포로 생활을 하던 이스라엘 백성을 위로하기 위해서 주어진 다음과 같은 약속은 주목할 만하다. "내가 너희를 위하여 영원한 언약을 맺으리니 곧 다윗에게 허락한 확실한 은혜이니라"(사 55:3). 이사야서의 이 말씀은 사무엘하 7:12-16 및 23:5과 명백하게 연결되어 있다. 사무엘하의 해당 구절들에서 하나님은 다윗에게 그의 왕국이 영원히 지속될 것이라고 언약의 형태로 약속하셨다. 우리는 이사야서의 이 예언을 다음과 같은 의미로 해석할 수 있다. 곧 하나님은 그분의 백성 및 다윗의 집과 더불어 새로운 시작을 전개하실 것이고, 영원한 언약을 통해서 그분의 은혜와 신실하심을 나타내실 것이다. 메시아와 연결하는 이런 해석은 다른 어떤 해석보다 선호할 만하다. 우리는 이 해석을 사도행전 13:34에서 언급되는 사실과 연결할 수 있다. 곧 해당 구절은 그리스도의 부활을 통해서 이 약속이 성취되었다고 말한다.[15] 은혜언약의 구조 안에 들어 있는 아브라함 언약과 다윗 언약은 모두 메시아를 고대하고 있다. 그 메시아는 다윗의 자손이며 또한 아브라함의 자손이다(마

---

14 참조. B. Oosterhoff, "구약 신학 개관"(Tot een licht der volken), in 『종』(De knecht), 『제2 이사야서 연구』(Studies rondom Deutero-Jesaja), 1978, 161-172,

15 참조. Aalders, 1939, 127-139; J. L. Koole, Jesaja II, 1990, 2:324-328; B. Loonstra, 1990, 102-105, 218 이하.

1:1).[16]

그리고 에스겔서의 두 본문—곧 에스겔 34:21-30 및 37:24-28—도 추가적으로 언급할 수 있을 것이다. 이 예언들은 메시아가 온다는 것을 예언한다. 또한 그 메시아는 왕적인 인물이며 다윗이라고 불린다. 그리고 그 야웨의 종은 장차 하나님의 백성의 목자가 될 것이다. 그리고 하나님은 그분의 백성과 평화의 언약을 맺어 그것을 영원한 언약으로 삼으실 것이다.

이 약속들에 기초해서 메시아에 대한 고대와 평화**와** 구원을 가져오는 언약에 대한 기대는 서로 아주 밀접하게 연결되어 있다. 하지만 해당 구절들에서 이 연관성이 지니고 있는 특성은 상세하게 묘사되지 않는다.

35.2. 신약성경

신약성경은 그리스도를 "새 언약의 중보자"(히 9:15; 12:24) 또는 "더 좋은 언약의 중보자"(히 8:6)라고 부른다. 나아가 그는 "더 좋은 언약의 보증"(히 7:22)이시다.

중보자를 의미하는 그리스어 명사는 두 당사자들 사이에서—예를 들면 어떤 계약을 맺는 경우 등—중재하는 역할을 하는 이를 가리킨다. 또한 중보자는 어떤 협정이 결론에 이르게 하는 역할을 한다. 그리고 그는 분쟁 조정자 또는 평화 협상자로서 유익한 역할을 수행할 수도 있다.

언약의 중보자에 대한 언급들은 구약성경에서 경험되는 것을 연상시켜준다. 구약성경은 이스라엘 백성에게 하나님을 대리하는 중보자와 또한 이스라엘 백성을 대표해서 하나님에게 나아가는 중보자를 언급한다(참조. § 30.1).

그리스도는 언약의 중보자이자 보증이다. 이 둘은 동일한 기능들을 지니고 있지 않다. 하지만 이 두 가지 사이의 차이점은 크지 않다. 보증인은 법적인 다양한 의무

---

16   또한 렘 30:21-22을 보라. 참조. Loonstra, 1990, 204.

                                          개혁교회 교의학

와 책임을 떠맡는다. 그가 떠맡아야 하는 부채는 막대한 대가를 치를 수도 있다. 심지어 그것은 그의 목숨을 요구할 수도 있다(참조. *TDNT*, 2:329).

새롭고 더 좋은 언약의 **중보자**로서 그리스도는 모세와 아론의 중보자 직분이 더 이상 필요하지 않게끔 만들었다. 그들이 지니고 있던 중보자 직분의 일시적인 특성은 그리스도의 중보자 직분을 미리 보여주는 것이었다. 새 언약의 중보자는 "흠 없는 자기를 하나님께" 드렸으며(히 9:14), 또한 "자기를 단번에 제물로 드려 죄를 없이 하려고 세상 끝에" 나타났다(히 9:26). 그래서 그는 자기의 백성을 위해서 하나님께 나아가는 길을 만들어주었다(히 10:19-23).

그리스도는 **보증**으로서 새 언약과 그것의 실현을 보증해주신다. 그 언약은 그리스도 안에서 안전하고 신뢰할 만하다(참조. Bavinck, *R.D.*, 3:228). 바로 그리스도가 그 언약을 보증해주신다(De Vuyst, 1964, 221). 우리는 이 개념을 교회의 몇몇 공식적인 문서에서 찾을 수 있다. 「도르트 신조」 2.8 은 "십자가의 피로…그[그리스도]가 새 언약을 확증했다"라고 언급한다. 또한 우리는 「성만찬 예식서」에서 다음과 같은 것을 본다. "[그리스도가] '다 이루었다'라고 말씀하셨을 때, [그는] 자신의 죽음과 자신이 흘린 피로 새롭고 영원한 언약, 곧 은혜와 화목의 언약을 확증해주셨다."

그 언약은 그리스도 안에 기초한다. 칼뱅은 그리스도가 언약의 기초이자 성취(*fundamentum et complementum*)라고 주장한다. 성경에 근거해서 말하자면, 성취라는 개념은 그리스도 안에서 또한 그를 통해서 언약의 약속들이 성취되었다는 의미로 이해될 수 있다.

우리는 그리스도가 기초라는 개념과 관련하여 과연 그것은 구약성경에서 제시되는 언약과 관련해서도 동일하게 참인지를 질문할 수 있다. 우리는 이 질문과 관련해서 다음 사실에 대해 숙고해야 한다. 곧 언약의 역사 안에 다양한 단계들이 있지만, 그럼에도 그것들은 하나의 동일한 언약을 언급한다. 그리스도의 중보 사역은 하나님이 아브라함과 맺으신 언약,

이스라엘과 맺으신 언약 및 우리와 맺으신 언약에서 근본적인 중요성을 지니고 있다(참조. Loonstra, 1990, 294 이하).

35.3. 과연 그리스도는 언약의 머리이신가?

그리스도는 신약성경에서 교회의 머리이시다. 또한 그는 개혁파 교회의 신앙고백서에서 "선택된 이들의 중보자와 머리"라고 언급된다(「도르트 신조」1.7).

이전의 신학자들은 종종 그리스도를 언약의 머리라고 불렀다. 하지만 그들은 그것에 대한 근거들을 자세하게 제시하지 않았다. 언약을 행위언약과 은혜언약으로 구분하는 것이 일반화되면서, 많은 이들은 더욱더 의식적으로 그리스도가 언약의 머리라고 언급했다. 곧 죄로 타락하기 이전에는 행위언약이 맺어졌으며, 그 언약의 머리는 아담이다. 아담이 행위언약을 깨뜨린 다음에는 은혜언약이 뒤따랐으며, 그 언약의 머리는 둘째 아담인 그리스도다. 20세기의 몇몇 신학자들은 그리스도가 은혜언약의 (대표적인) 머리라고 강력하게 주장했다. 이 개념은 언약에 대한 그 신학자들의 가르침에서 어떤 분리된 요소가 아니었다. 오히려 그것은 신학적·실천적 측면에서 다양한 함의들을 지니고 있다.

이와 관련해서 알더스, 폴만 및 다른 몇몇 신학자들은 로마서 5:12-21을 언급한다. "여기서 성경은 **행위언약** 안에서 아담이 차지했던 위치를 **은혜언약** 안에서 그리스도가 차지했다고 분명하게 계시해준다." 은혜언약은 그리스도와 더불어 또한 그 안에서 그에게 속한 모든 사람과 맺어졌다. "그 언약의 구성원의 숫자는 선택받은 이들의 숫자와 동일하다"(Aalders, 1939, 175 이하, 193).

폴만은 언약의 구성원들은 개인들의 집합이 아니라 오히려 언약의 머리이신 그리스도와 한 몸을 이룬다고 주장한다. "낙원에서 아담이 모든 인류의 대표자였던 것과 마찬가지로 그리스도도 자신 안에 속해 있는 모든 사람의 대표자다." 그리스도는 구약성경뿐만 아니라 또한 신약성경에서도 실질적인 머리이고, 하나님은 그리스도 안에서 이 은혜언약을 맺으셨다. 하지만 그리스도는 이 언약의 머리일 뿐만 아니라 또한 중보자다[17] (또한 참조, Honig, *Handboek*, 430).

개혁파가 아닌 다른 교파들에 속한 신학자들도 그리스도가 은혜언약의 머리라는 관점을 강력하게 지지한다. 그렇지만 그리스도가 이 언약의 중보자와 보증이라는 것은 대체로 그가 그 언약의 머리라는 개념에 종속되었다. 바울은 "로마서 5:12-19에서 두 언약의 머리들에 대해 다루고 있다"(Kersten, *C.D.*, 1:325).

만약 그리스도가 은혜언약의 머리라면, 그것은 그 언약이 그와 더불어 영원 전부터 맺어졌다는 것을 명백하게 알려준다. 사실상 케르스턴은 그와 같이 이해하고 있다. 그는 다음과 같이 주장한다. "은혜언약은 구속언약을 실행한다. 또한 은혜언약은 그리스도 안에서 선택받은 이들과 함께 영원 전에 맺어졌다. 그리스도는 그들의 대표자로서 그 언약의 머리다"(Kersten, 1:308).

이 견해에 의하면, 은혜언약은 영원 전부터 그리스도와 더불어 또한 그리스도 안에서 선택받은 사람들과 함께 맺어졌다. 그리고 선택받은 사람들이 거듭남과 믿음으로 그 언약에 참여할 때, 그 언약은 시간 속에서 그들과 함께 맺어진다. 하나님은 그 언약을 아브라함과 그의 영적인 자손, 곧 선택받은 사람들과 더불어 맺으신다. 그 언약이 누구를 대상으로 하는지를 가리켜주는 사도행전 2:39에서 베드로의 설교는 한 가지 구체적인 조건과 연결되어 있다. 곧 그 약속은 "주 우리 하나님이 얼마든지 부르시는 자들에게 하신 것이라." 여기서 하나님이 부르시는 사람은 선택된 사람들을 의미한다. 다른 해석을 제시하는 이들은 언약 교의를 무효로 만드는 것이다 (Kersten, 1:323-328).

우리는 케르스턴이 자신의 교의학에서 전개시키는 이와 같은 추론을 이미 네덜란드의 개혁파 교회 총회가 1931년에 공표한 은혜언약에 대한 "여섯 가지 중요한 진술"에서도 발견할 수 있다.

알더스, 폴만 및 몇몇 다른 신학자들은 언약에 대한 이와 같은 유형의 가르침은

17　A. D. R. Polman, 『말씀과 신앙고백』(*Woord en belijdenis*), 출간 연도 미상, 1:304 이하.

"논쟁의 여지가 없는" 것이라고 생각했다. 네덜란드의 개혁파 교회에 속한 많은 이들도 한동안 이 견해에 동조했다. 또한 그 견해는 총회의 여러 가지 중요한 문서들에 흔적을 남겼다(참조. van Genderen, 1983, 8-33).

아담이 첫 번째 언약의 머리였던 것처럼 그리스도가 은혜언약의 머리시라는 것은 참인가? 과연 이것은 알더스가 자신의 교의학에서 주장하는 바와 같이 개혁파 신학의 노선을 따라서 생각하는 모든 이들의 일치된 신앙고백인가?

이 개념이 성경이나 우리의 신앙고백 문서의 어느 곳에서도 언급되지 않는다는 것 자체가 이미 중요성을 내포한다. 그렇다면 로마서 5장의 입장은 과연 무엇인가? 로마서 5:12-21에 의하면, 그리스도와 아담 사이에는 서로 대립되는 평행 관계가 있는 것이지, 그것은 서로 완벽하게 일치하는 평행 관계가 결코 아니다(참조. § 27.1).

우리는 로마서 5:12-21에서 이끌어낸 결론들에 유의해야만 한다. 해당 단락에서 "언약"이라는 용어는 전혀 언급되지 않기 때문이다. 자신에게 속해 있는 모든 사람의 머리로서, 그리스도는 아담과 아담에게 속해 있는 모든 사람과 대립 관계에 있다. 아담은 옛 인류의 머리이지만, 그리스도는 새 인류의 머리다. 왜냐하면 그리스도에게 속해 있는 사람들은 그 안에서 선택되었으며, 또한 하나님 아버지는 그들을 그리스도에게 주셨기 때문이다(엡 1:4; 요 17:6). 그리고 교회도 「도르트 신조」(1.7)에서 이와 같이 공식적으로 신앙을 고백한다.

이 주제에 대한 논의는 언약과 선택의 관계를 가르쳐준다. 따라서 우리는 **선택과 언약이 한 가지 이상의 측면에서 서로 구별된다**는 것을 지적해야만 한다.

1. 하나님은 천지창조 이전에 그분의 백성을 선택하신다. 하지만 그분

은 시간 속에서 언약을 맺으시고, 그 언약은 역사 과정을 통해서 전개된다.

2. 선택은 하나님이 그분의 잃어버린 백성과 관련해서 은혜로운 결정을 내리시는 것이다. 반면에 은혜언약은 하나님이 신자들 및 그들의 자녀들과 더불어 추구하시는 복된 관계다.

3. 하나님의 은혜와 선택은 숫자적인 측면에서 동일하지 않다. 왜냐하면 언약의 모든 자녀가 하나님이 그분의 백성으로 선택하시는 사람들에게 허락하시는 그분과의 친밀한 사귐에 동참하는 것은 아니기 때문이다.

우리는 위에서 지적한 고려 사항들에 기초하여 구속언약과 은혜언약은 서로 동일시될 수 없다고 결론짓는다.

1. 구속언약과 대조되는 것으로서(참조. § 15.2), 은혜언약에 있는 언약의 파트너들, 곧 하나님과 죄인은 전혀 동등하지 않다.

2. 구속언약은 그리스도를 필요로 한다. 그리스도는 자기 백성을 위해서 그들의 형벌을 그들 대신에 떠맡고 또한 하나님의 율법을 성취하기 때문이다. 반면에 은혜언약은 우리에게서 믿음과 회개를 요구한다. 그리스도가 우리를 대신해서 그것들을 행하지 않기 때문이다(이 문제에 대해 더 상세한 내용을 알려면, 판 헨더렌[1983, 52-56]을 참조하라).

그리스도가 은혜언약의 머리이며, 본질적으로 그 언약은 단지 그리스도 안에 속한 사람들에게 중요성을 지니고 있다는 개념은 몇 가지 함의들을 지닌다. 이것과는 별도로 여전히 은혜언약이 외적으로 나타나거나 또는 실행될 수도 있지만, 은혜언약의 약속들과 이 약속들을 보증해주는 그 언약의 보증들 또는 성례들은 실질적으로 오직 선택받은 사람들을 대상으로 삼고 있다.

이 견해는 다음과 같은 한 가지 결론을 수반한다. 곧 은혜언약의 온전한 실재, 그 언약이 제시하는 약속들의 유효성 및 그 언약에 기초한 성례들의 진정성은 외형적인 측면에서 교회 전체를 대상으로 주장할 수 없다. 이 견해가 중대한 반대에 부닥치며, 또한 많은 논쟁의 대상이 되고 있다는 것은 결코 놀랄 만한 일이 아닐 것이다(참조. Kamphuis, 1984, 6 이하).

어떤 이들은 은혜언약이 단지 선택된 사람들과 맺어진 것이며, 또한 그들의 머리로서 그리스도가 그들을 대표한다는 것을 받아들이지 않는다. 하지만 그들의 이와 같은 입장에 대해 종종 다음과 같은 반론, 곧 그들은 언약의 자녀들에 대해서 기독론적인 자격 요건을 암시하는 것처럼 보이는 다음과 같은 바울의 말을 충분히 고려하지 않는다는 반론이 제기되었다. "이 약속들은 아브라함과 그 자손에게 말씀하신 것인데, 여럿을 가리켜 그 자손들이라 하지 아니하시고 오직 한 사람을 가리켜 네 자손이라 하셨으니 곧 그리스도라"(갈 3:16). 바울의 말에 의하면, 우리는 하나님이 아브라함에게 말씀하신 것(창 17:7)은 오직 그리스도와 신자들을 가리키는 것 같다는 인상을 얻을 수도 있을 것이다.

그러나 사도 바울은 여기서 언약의 자녀들의 그룹을 선택받은 사람들을 위해 축소하지 않는다. 바울은 축소하는 것이 아니라 오히려 집중한다. 그는 언제나 하나님이 아브라함과 모든 이스라엘 백성에게 약속하신 것들의 실재로부터 그의 논의를 시작한다. 하지만 그리스도는 아브라함의 진정한 자손이며 또한 그 약속들의 실질적인 상속자다. 만약 이 약속들이 유효하고 성취되려면, 그리스도는 반드시 와야 한다. 왜냐하면 하나님은 그리스도 안에서 또한 그를 통해서 그분의 구원의 약속들을 성취하실 것이기 때문이다.[18] 이 개념은 사도 바울이 다른 편지에서 다음과 같이 말하는 것과 동떨어진 것은 아니다. "하나님의 약속은 얼마든지 그리스도 안에서 예가 되니, 그런즉 그로 말미암아 우리가 아멘 하여 하나님께 영광을 돌리게 되느니

---

18 참조. S. Greijdanus, 『갈라디아서 주석』(*De brief van den apostel Paulus aan de Gemeeten in Galatie*), 1936, 224.

개혁교회 교의학

라"(고후 1:20).

비록 갈라디아서 3:16에서 그리스도의 이름이 언급되지만, 그것은 언약의 약속들을 선택받은 사람들에게만 국한시키는 의도를 지니고 있지 않다. 해당 문맥에 의하면, 이 구절은 우리가 율법을 행함으로가 아니라 오직 그리스도를 믿음으로 하나님이 그분의 언약을 통해서 우리에게 약속하신 것에 참여할 수 있다고 말하는 것이다. 바울의 이 말은 유대인이든지 또는 이방인이든지 또한 남녀노소를 불문하고 각 사람에게 적용된다. "너희가 그리스도의 것이면 곧 아브라함의 자손이요, 약속대로 유업을 이을 자니라"(갈 3:29).

§ 36. 언약 관계

36.1. 언약 관계의 맨 밑바닥에 놓여 있는 하나님의 경륜
36.2. 약속과 요구
36.3. 하나님과 그분의 백성

36.1. 언약 관계의 맨 밑바닥에 놓여 있는 하나님의 경륜

언약은 왜 존재하는가? 그것은 하나님께서 언약을 그와 같이 정해놓으셨기 때문이다. 인간으로서 우리가 그것을 요청했기 때문이 결코 아니다.

사람들은 서로 계약을 하거나 협상을 한다. 하지만 하나님이 인간과 맺으시는 언약에는 아무런 협상도 포함되어 있지 않다. **하나님과 인간은 동등한 파트너가 결코 아니다.** 우리가 오늘날의 언약에 대한 다양한 견해들을 반대하는 것은 바로 이런 이유 때문이다.

언약은 하나님과 사람 사이에 맺어지는 일종의 관계일 것이다. 만약 어떤 대상이 다른 대상의 태도나 행위에 의해서 지속적으로 영향을 받는 것을 허락한다면 말이다. 만약 그렇다면, 하나님은 본질적으로 우리를 필요로 할 것이다.[19] 만약 하나님

---

19   참조. Berkhof, *C.F.*, 255; E. Flesseman-van Leer, "언약의 호혜적인 특성에 대해서"(Over de

의 본성이 언약의 파트너라는 데 있고, 또한 하나님과 인간의 관계가 그분의 본성을 구성하는 필수 불가결한 일부분이라면,[20] 이것은 인간이 하나님 없이는 생각할 수 없을 뿐만 아니라, 또한 하나님도 인간 없이는 생각할 수 없다는 것을 암시한다. 이와 같은 사고의 결과로 어떤 이들은 종종 하나님에 대한 새로운 개념에 도달한다. 그렇다면 하나님은 "사람들과 함께하시며 사랑과 신실함으로 그들을 돌보시는 이성적인 하나님이며, 또한 창조세계 안에도 임재하신다."[21]

현대 신학의 언약 개념에는 언약 관계의 상호 의존성—언약 파트너의 도움을 필요로 하든지 아니면 도움을 필요로 하지 않든지—을 강조하는 경향이 분명히 있다. 하지만 성경은 하나님의 절대 주권에 기초한 그분의 은혜를 우선적으로 강조한다. 개혁파 교회의 언약에 대한 교의에서는 이 점이 명백하게 표현되어 있다. 동시에 그 교의는 언약과 관련해서 인간의 책임을 결코 무시하지 않는다.

여기서 우리는 다음 사항에 대해 살펴보고자 한다. 곧 하나님과 그분의 백성 사이의 언약은 기원과 관련해서는 일방적이며, 실행과 관련해서는 쌍방적이다. 인간은 그 언약을 의식적·자발적으로 받아들이며, 또한 하나님이 주시는 능력을 통해서 그 언약을 지켜야 한다(참조. Bavinck, *R.D.*, 3:230).

하나님과 언약을 맺는 바로 그 순간부터 하나님과 우리 사이에 어떤 관계가 형성된다. 그렇다면 어떻게 이 언약 관계를 묘사할 수 있을까?

하나님은 아브라함과 언약을 맺으시면서 이렇게 말씀하신다. "내가 내 언약을 나와 너 및 네 대대 후손 사이에 세워서 영원한 언약을 삼고 너와 네 후손의 하나님이 되리라"(창 17:7). 또한 그분은 이스라엘 백성에게 다

---

tweezijdigheid van het verbond), in 『답변』(*Weerwoord*), 1974, 36.

20 다음의 책을 보라. H. M. Kuitert, 『하나님의 인간적인 형상』(*De mensvormigheid Gods*), 1962, 228, 265.

21 다음 논문을 보라. C. M. Halke, "온 땅과의 언약 및 상호 언약"(Verbond met heel de aarde en elkaar…), in 『언약에 대한 새로운 이해』(*Sleutelen aan het verbond*), 1989, 162.

   개혁교회 교의학

음과 같이 말씀하신다. "나는 너희 중에 행하여 너희의 하나님이 되고 너희는 내 백성이 될 것이니라"(레 26:12). 신약성경에서도 하나님의 말씀이 동일하게 언급된다(참조. 고후 6:16; 히 8:10). 하나님은 이와 같은 말씀과 더불어 그분의 백성과 관련해서 스스로 자신에게 의무를 부여하시고 그분의 백성을 자기 자신과 연결하신다.

하나님의 약속은 이와 같은 상호 관계에서 전적으로 중요하다. 하나님은 구원에 대해 이전에 약속하신 것을 아브라함, 이스라엘 백성 및 교회에게 언약의 형태로 다시 말씀하셨다.

언약의 당사자들, 곧 하나님과 사람은 절대 같지 않다. 하나님은 하나님이시지만, 인간은 죄인이다. 하나님이 언약을 맺으시는 그분의 백성은 언제나 죄인들로 이루어져 있는 백성이다. 여호수아는 세겜에서 언약을 갱신하는 의식을 거행하면서 이스라엘 백성에게 다음과 같이 말해야 했다. "너희가 여호와를 능히 섬기지 못할 것은 그는 거룩하신 하나님이시요 질투하시는 하나님이시니 너희의 잘못과 죄들을 사하지 아니하실 것임이라"(수 24:19). 출애굽기 24장에서 언급되는 언약을 맺는 의식에서는 다음과 같이 묘사된다. 곧 모세는 희생제물의 제단과 이스라엘 백성에게 피를 뿌리며 이렇게 말한다. "이는 여호와께서 이 모든 말씀에 대하여 너희와 세우신 언약의 피니라"(출 24:8). 히브리서 9:18-20은 해당 언약의 의식과 관련해서 "첫 언약도 피 없이 세운 것이 아니니"라고 말한다. 그리스도는 새 언약의 중보자이며 또한 그의 피는 "아벨의 피보다 더 나은 것을 말하는 뿌린 피"다(히 12:24). 예수 자신도 "[그의] 피로 세우는 새 언약"(눅 22:20)에 대해서 말한다. 이와 같이 새 언약 또는 새 언약의 제시 및 실행과 관련해서 참인 것은 구약성경에서 언급되는 언약에도 적용된다. 왜냐하면 새 언약은 본질적으로 동일한 언약이기 때문이다(§ 34.1-2을 보라).

구약 및 신약성경에서 하나님이 죄인들과 맺으시는 언약의 본질은 은혜언약이라는 것을 넌지시 알려준다. 은혜언약은 중보자로서 그리스도와 함께 맺는 언약이며, 그리스도는 우리를 하나님과 연결시켜준다. 앞서 우리가 살펴보았듯이(§ 35.1), 구약성경은 이미 그리스도의 중보 사역을 가리키는 요소들을 포함하고 있다. 그리스도의 중보자 직분과 그의 속죄의 피는 언약의 필수적인 측면들이다. 하나님은 그리스도 안에서 우리와 함께 계신다. 그리스도가 없다면, 하나님이 우리와 함께 계신다는 것은 불가능하다.

은혜언약은 하나님이 신자들 및 그들의 자녀들과 관계를 맺으시는 것이라고 묘사할 수 있다. 그 언약은 하나님이 그분의 은혜에 기초해서 맺으시는 것이다. 하나님은 이 언약을 통해 그분 자신을 그들과 연결하여 그들의 하나님이 되신다. 또한 하나님은 언약의 중보자인 예수 그리스도를 통해서 그들을 그분 자신과 연결하여 그들을 그분의 백성으로 삼으신다. 따라서 은혜언약의 관계는 지극히 복된 관계다.

36.2. 약속과 요구

위에서 묘사한 것은 하나님의 약속이 먼저 오지만, 그 약속이 언약의 유일한 요소는 아니라는 것을 암시해준다. 곧 하나님의 약속은 하나님의 요구와 짝을 이루고 있다. 왜냐하면 하나님은 그분이 우리의 하나님이실 뿐만 아니라 또한 우리가 그분의 백성이라고 말씀하시기 때문이다. 하나님의 약속은 우리를 하나님과 연결한다. 하나님은 그분 자신을 우리에게 주시며, 또한 우리도 우리 자신을 그분께 드리기를 바라신다. 세례 의식의 전통적인 형식은 이 점을 명백하게 드러내준다. 우리는 삼위일체 하나님의 약속으로서 언약의 약속이 지니고 있는 내용에 대한 설명에 이어서 다음과 같은 표현을 읽는다. 우리는 "새로운 순종에 대해서 권면을 받고 그것에 대한 의무를 지니고 있습니다. 곧 우리는 성부, 성자, 성령이신 한 분 하나님과 굳게 결합되어 있습니다. 우리는 그 하나님을 신뢰하고 사랑합니다."

은혜언약의 약속에서 구원은 우리에게 묘사될 뿐만 아니라 우리에게 제공되고 주어진다. 그래서 우리는 그 약속에 근거하여 구원받을 권리를

 개혁교회 교의학

갖는다. 그 구원은 그리스도로 말미암아 우리의 것이 된다. 곧 구원은 하나님의 은혜로 주어지며, 우리는 그리스도를 믿음으로 구원받을 권리를 갖는다. "우리는 그리스도 안에서 [구원을] 얻는다"(세례 예식서).

주 우리 하나님의 약속은 "아멘"으로 화답하는 믿음을 요구한다(고후 1:20). 아무도 자신이 하나님과 올바른 관계를 맺는 데 있어 마치 자신의 신앙이 기여를 한 것처럼 생각해서는 안 된다. 하나님이 요구하시는 신앙은 또한 하나님이 우리에게 약속하신 것이다(참조. 「하이델베르크 교리문답」 제27주일). 하나님은 말씀과 성령의 역사를 통해 우리에게 믿음이 생기게 하시며, 또한 성례를 통해 그 믿음을 확증해주신다(참조. 「하이델베르크 교리문답」 제25주일). 하나님은 은혜언약에서 그분이 요구하시는 것을 약속하시며, 또한 그분이 약속하시는 것을 요구하신다. 이와 같이 하나님의 약속과 요구는 서로 밀접하게 연결되어 있다. 하지만 은혜언약에서 하나님의 약속과 요구는 균형을 결코 이루고 있지 않다. 오히려 약속이 훨씬 더 우세하다. "우리는 이 약속에 근거해서 우리의 주 하나님이 우리에게 요구하시는 것을 공급해주신다는 것을 그분에게 기대할 수 있다. 사람들은 종종 하나님께 신실하지 않지만, 하나님은 그 언약 안에서 그들의 불신실함에 대해 계속해서 승리를 거두신다"(van Genderen, 1983, 62).

은혜언약이 약속하는 것은 그것이 요구하는 것에 앞서고 뒤따르며, 또한 그것을 지지하며 그것과 동행한다. 이 언약에 있는 모든 것은 하나님의 은혜다. 믿음과 회개에 대한 요구를 포함해서 말이다.

"약속"과 "요구"라는 단어들이 언약의 구조 안에서 하나님이 그분의 백성을 다루시는 것에 대한 이야기의 전부를 말해주는 것은 아니다. 약속과 명령들뿐만 아니라 그 이야기 안에는 위협들도 있다. 구약성경은 수많은 곳에서 하나님의 백성이 불신실하며 불순종할 경우에 하나님이 분명히 그들을 벌하실 것이라고 강조한다. 언약은 "축복들"뿐만 아니라 또한 "저주들"도 가져온다(참조. 신 28-29장). 구약성경은 언약 관계라는 배경에서 종종 하나님의 복수에 대해 말한다. 하나님은 이른바

"성결 법전"의 맨 끝 부분에서 이스라엘 백성에게 또다시 언약을 진지하게 받아들이라고 요구하신다. 만약 이스라엘 백성이 하나님의 말씀에 귀를 기울이지 않고 언약을 깨뜨린다면, 하나님은 그들에게 그분의 얼굴을 돌리시고 그들을 채찍질하실 것이다. 만약 그들이 하나님의 명령들을 멸시한다면, 또한 하나님도 그들을 멸시하실 것이다(레 26:14-18, 30). 하나님은 칼을 가져다가 "언약을 어긴 원수"를 갚으실 것이다(레 26:15). 언약을 어기는 것에 대한 이와 같은 복수는 형벌뿐만 아니라 징계의 수단을 의미한다. 그것은 이스라엘 백성이 자신들의 죄악과 불신실함을 하나님 앞에 "고백"하게 하는 역할을 한다. 그러면 야웨 하나님은 그분이 아브라함과 이삭과 야곱과 맺으신 언약을 다시 "기억"하실 것이다. 하나님은 언약을 결코 깨뜨리지 않으신다. 왜냐하면 그분은 "야웨 그들의 하나님"이시기 때문이다(레 26:40-45).

신약시대의 새 언약 아래서 하나님의 언약과 그분의 교회에 속해 있다는 것에 포함된 책임은 구약시대의 옛 언약 아래에 포함된 것보다 훨씬 더 크다. 이것은 특히 히브리서 10:29-31 및 12:25-29에서 명백하게 나타나 있다. 이 경고들은 다음과 같이 암시해준다. 새 언약의 말씀을 "전달받은 이들, 곧 그리스도의 새 언약의 피로 거룩하게 된 이들에게는 그것을 멸시할 위험이 도사리고 있다. 그래서 만약 그들이 새 언약을 깨뜨린다면, 그들은 스스로 언약에 언급된 하나님의 복수를 불러올 것이다"(De Vuyst, 1964, 238).

언약은 지켜야 할 의무들을 넌지시 알려준다. 어느 누구도 의무 또는 언약 의무와 같은 용어들을 반대하려고 하지 않을 것이다. 그 용어들은 이전의 신학에서도 발견된다. 하지만 "조건들"이라는 용어가 문제점을 지니고 있다고 간주하는 몇몇 신학자들이 있다. 먼저 어떤 신학자들은 어떤 조건들을 반드시 충족시켜야 한다는 오해를 불러일으키지 않으려고 신중을 기한다는 측면에서 이 용어를 사용하지 않는다. 반면에 다른 신학자들의 견해에 의하면, 하나님과 이스라엘 백성 사이의 언약에는 사실상 조건들이 덧붙여 있지만, 새 언약의 구원에 대한 약속은 무조건적이다.

우리는 불링거, 칼뱅 및 다른 신학자들과 더불어 하나님이 그분의 백성에게 조건적인 형태의 표현 방식을 사용하신다는 것을 인식할 필요가 있다. 우리는 이 점을 구약성경뿐만 아니라 신약성경에서도 발견한다. 신약성경 안에는 그것에 대한 많은 예들이 있다(참조. 롬 11:22; 딤후 2:12-13; 히 3:6; 4:7; 계 2:5; 3:20). 하지만 이 것은 언약을 맺는 데 필요한 조건들이 아니라 오히려 언약의 하나님으로서 야웨가 채택하신 조건적인 형태의 표현 방식이다. 그것은 하나님이 그분의 백성에게 무엇을 기대하시는지 분명하게 알려주는 역할을 한다.

앞서 말한 것은 우리가 언약의 약속을 "선택받은 사람들에게 구원에 대해 무조건적으로 약속해주는 것"으로 이해해서는 안 된다는 것을 암시해준다(참조. § 33.4).

하나님과 그분의 백성 사이의 언약에서 약속과 요구를 나란히 놓는 것은 그 약속이 예언이 아니라 맹세라는 것을 가리켜준다. 스킬더는 이 점을 특별히 세례에 적용한다. 그는 다음과 같이 주장한다. 곧 하나님은 세례 의식에서 모든 것을 약속하시지만, 아무것도 예언하지 않으신다(Schilder, 1946, 60).

하나님의 자녀들은 언약이 제시하는 약속을 저마다 자기 것으로 반드시 만들어야 한다. 우리는 이 점에 관해 묘사하기 위해 다른 용어들을 사용할 수도 있다. 예를 들면 승인되다(받다)와 주어지다(참여하다)와 같은 표현들이다. 이 용어들은 「하이델베르크 교리문답」 제25주일 및 제20주일 문답에서 유래된 것이다. 이것은 하나님의 자녀들이 언약의 약속을 받을 때, 그들은 자신들이 약속된 구원에 참여하는 것을 확인하거나 또는 심지어 추측할 수 없다는 것을 의미한다[곧 그들은 각자 믿음과 순종으로 그 약속을 자기 것으로 만들어야 한다].

신약성경에서 그 약속은 종종 약속된 구원을 가리켜준다(참조. Ridderbos, 출간 연도 미상, 8). 하지만 구약성경과 신약성경의 많은 곳에서는 약속된 구원과 명백하게 대조되는 것을 언급하기도 한다. 히브리서 3:7-4:13은 비록 하나님의 안식에 들어가는 약속이 남아 있을지라도, 그 안식에 들어가지 못할 가능성이 있다고 주장한다. 어떤 이들은 복음의 말씀을 들었지만, 그 말씀에 자신의 믿음을 결부하지 않았기 때문에 결국 하나님의 안식에 들어가지 못했다. 그들은 자신들의 불신앙으로 말미암아 그 안식에 들어갈 수 없었다. 따라서 우리는 하나님이 베푸시는 안식에 들어가는 것에 대해 진지하게 생각하고, 언약의 말씀에 순종하며 잘 인내해야 한다. 그래서 우리는 불순종한 사람들의 사례를 결코 따라가지 말아야 한다. 이것은 바로 하나님이 약속하신 것을 받는 것과 관련된 중대한 문제다(히 10:36).

여기서 우리는 언약과 관련해서 개혁파 교단들 사이의 중요한 차이점에 대해 살펴보고자 한다. 1905년에 공표된 신조(Formula)는 오랫동안 네덜란드의 개혁파 교회 안에서 효력을 지니고 있었다. 그 신조는 하나님의 약속으로 말미암아 언약의 자녀들은 거듭나며 또한 그들은 그리스도 안에서 거룩하게 된다는 것을 전제해야 한다고 주장한다. 그것은 그들이 성장해서 자신들의 행위나 주장으로부터 정반대의 경우를 명백하게 나타내기 이전까지 유효하다. 그리고 1946년에 대체 신조(Replacement Formula)가 채택되었다. 그것은 1959년까지 구속력이 있는 공식적인 권위를 지니고 있었다. 대체 신조는 다음과 같이 주장한다. 곧 자녀들이 스스로 자신들을 불신자들로 명백하게 드러내기 이전까지, 교회는 하나님의 약속에 기초해서 또한 성경의 가르침과 조화되는 것으로서 반드시 성령의 거듭나게 하는 은혜 안에 동참하는 이들로서 자녀들을 이해하고 또한 그렇게 간주해야 한다. 그리고 덧붙여져 있는 한 가지 각주에 의하면, 이 대체 신조는 거듭남이나 또는 적어도 선택을 전제한다는 것을 암시해준다.[22]

우리는 이 신조 안에서 언약 관계가 지나칠 정도로 긴장되어 있는 것을 볼 수 있다(참조. Cremer, 1955, 13). 그렇다면 언약의 약속이 안전하다고 그릇되게 확신할 수 있는 위험성은 단지 상상에 머무르는 것만은 아니다.

언약에 대한 교의를 다루는 이들이 선택의 관점에서 출발하며 또한 선택받은 이

22　*Acta*, 1905, article 158. 『총회의 특별 헌장』(*Acta buitengewone Generale Synode*), 1946, article 197.

　개혁교회 교의학

들에게 구원의 약속은 무조건적이라는 입장은 교회에 대한 이해와 관련해서 서로 완전히 다른 견해에 도달할 수 있다는 것은 주목할 만하다. 여기서 언약의 본질에 속하는 약속은 제한된 중요성을 지니고 있다. 왜냐하면 그 약속은 교회의 구성원 중에서 단지 선택받은 이들에게만 중요하기 때문이다. 1931년의 교의 선언에서 분명하게 알 수 있듯이, 이것이 바로 개혁파 교회 연합(Gereformeerde Gemeenten)의 공식적인 견해다. 이 견해에 의하면, 하나님의 약속들은 교회 전체를 위한 간청의 근거가 될 수 없으며, 반면에 단지 진정한 신자들과 그들의 자녀들만을 위한 것이다.

36.3. 하나님과 그분의 백성

하나님이 그분의 백성(단체 또는 개인)과 다양한 시기에 맺으신 모든 언약은 본질적으로 은혜언약이기 때문에, 우리는 야웨 하나님이 어떤 대상과 언약을 맺으셨는가라는 질문에 대답하기 위해 구약성경에서 이 점과 관련하여 명백하게 언급되는 자료들과 더불어 논의를 시작하고자 한다.

청세기 17장뿐만 아니라 또한 그 이후의 언약의 역사는 하나님과 맺은 언약이 세대들을 통해서 지속된다는 것을 넌지시 알려준다. 하나님은 신자들뿐만 아니라 그들의 자녀들의 하나님이시다. 창세기 17장에서 하나님은 아브라함의 하나님이시자 또한 그의 온 가족의 하나님이시다.

아브라함 시대 이후에 시내산 언약의 시대가 뒤따른다. 하나님은 "내 언약은 내가 내년 이 시기에 사라가 네게 낳을 이삭과 세우리라"고 말씀하신다(창 17:21). 이 말씀은 이스마엘이 그 언약의 바깥에 위치하고 있다는 것을 가리킨다기보다, 그 언약이 이삭과 그의 자손을 통해서 실행된다는 것을 의미한다.

이스라엘은 수 세기 동안 이 특권을 누렸다. 반면에 이방 나라들은 언약에 기초한 하나님의 계시들을 받지 못했다. 이 사실을 기억할 때, 그 언약이 예수 그리스도와 맺어진 것이기 때문에 모든 사람과 맺은 언약이라고 주장하는 것은 가능하지 않다. 바르트의 이 견해는 성경의 가르침에 어긋나는 것이다(참조. § 33.4). 어떤 이들은 옛 언약과 구별하기 위해서 새 언약의 보편성에 대해서 말한다. 하지만 그와 같은 주장은 언약의 보편주의(covenant universalism)를 가르치는 데까지 전개되어서는 안 된다. 왜냐하면 언약에는 명백한 경계선이 있기 때문이다.

하나님은 어떤 대상과 언약을 맺으셨는가? 이 질문에 대해 옛 시대의 언약이나 새 시대의 언약과 관련해서 서로 다른 대답을 제시해서는 안 된다. 그 언약은 모든 사람과 맺어진 것이 아니다. 또한 그 언약은 단지 하나님이 선택하신 사람들과 맺어진 것은 아니다. **반면에 그것은 신자들과 또한 그들의 자녀들과 맺어진 것이다.**

우리는 성경의 증거를 얻기 위해서 맨 먼저 베드로의 말을 언급하고자 한다. "이 약속은 너희와 너희 자녀와 모든 먼 데 사람 곧 주 우리 하나님이 얼마든지 부르시는 자들에게 하신 것이라"(행 2:39). 이 말에는 창세기 17장에서 제시된 언약의 약속이 다시 등장하지만, 새 언약의 시대가 시작되는 것과 더불어 그 대상이 확대된다. 베드로는 오순절 성령 강림 사건에 곧바로 이어서 이와 같이 말했다. 먼 곳에 살고 있는 사람들에게도 머지않아 그 언약이 미칠 것이다. 하지만 이것은 이제 이스라엘이 그 언약의 범위에서 제외된다는 것을 의미하지 않는다. 또는 이제 하나님의 이전 백성에게 남아 있는 약속들이 전혀 없다는 것을 가리키지 않는다. 베드로는 오순절에 성령 강림 사건이 일어난 이후 솔로몬 행각에서 행한 설교에서 다음과 같이 말했다. "하나님이 그 종을 세워 복 주시려고 너희에게 먼저 보내사 너희로 하여금 돌이켜 각각 그 악함을 버리게 하셨느니라"(행 3:26).

구약성경에서 이스라엘은 하나님의 백성으로서 거룩한 나라와 거룩한 백성이 되라고 부름을 받았다(출 19:5-6; 신 14:1-2). 신약성경은 신자들과 그들의 자녀들로 성도가 구성되어 있는 교회에 대해서 말한다. 고린도전서 7:14은 이 점과 관련해서 직접적인 타당성이 있는 성경 구절 중 하나다.

하나의 국가로서 이스라엘은 하나님의 거룩하게 하시는 행위에 의해서 거룩하다. 이 말은 하나님과 이스라엘 백성의 관계를 나타낸다. 우리는 몇몇 이전의 개혁파 신학자들과 더불어 언약에 기초한 거룩함에 대해서 말할 수 있다.

고린도전서 7:14에서 "거룩함"은 동일한 의미를 지니고 있다. 부모가 신자들이기 때문에 또는 부모 중 한 명이 신자이면 다른 한 명도 거룩해지기 때문에 그들의 자녀들도 거룩하다고 불린다. 칼뱅과 더불어(『기독교강요』 4.16.6), 우리는 그들이 언약의 상속자들이라는 사실을 기억해야 한다. 고린도전서 7:14에 대한 주해에서 칼뱅은 로마서 11장에 대한 그의 해설을 언급한다. 그는 그 해설에서 유대인들의 거룩함은 언약으로부터 말미암는다고 말한다(롬 11:16).

이스라엘은 거룩한 나라였다. 하지만 이스라엘은 종종 하나님이 그들에게 정당하게 기대하셨던 기준에 이르는 데 실패했다. 구약성경은 이스라엘이 언약을 어겼다는 것을 반복적으로 말한다.

이 점과 관련해서 언급할 수 있는 성경 본문 중 하나는 예레미야 3장이다. 그곳에서 이스라엘은 "배역한 이스라엘"이라고 불린다. 왜냐하면 북이스라엘 왕국은 야웨 하나님에게서 멀어졌기 때문이다. 또한 유다는 "그[이스라엘]의 반역한 자매 유다"라고 불린다. 왜냐하면 남유다 왕국도 야웨 하나님에게 불신실하고 또한 그분과 맺은 언약을 깨뜨렸기 때문이다. 하지만 하나님은 그 백성에게 다음과 같이 회개하라고 촉구하신다. "배역한 자식들아, 돌아오라. 나는 너희 남편임이라"(렘 3:14). 이 말씀은 하나님과 이스라엘 백성이 언약을 맺었으며, 또한 서로 언약 관계에 있다는 것에 초점을 맞추고 있다. 이스라엘 백성은 바로 하나님의 백성이며 그들은 하나님의 소유다.[23]

우리는 구약성경뿐만 아니라 신약성경이 하나님의 백성에 대해서 말하는 것으로부터 언약에 신실한 자녀들도 있지만, 반면에 불신실한 자녀들도 있다고 추론할 수 있다. 믿는 마음으로 언약의 약속을 받아들이는 이들도 있지만, 반면에 그렇지 않은 사람들도 있다. 바울은 이 점과 관련해

23　참조. B. J. Oosterhoff, *Jeremiah*, 1990, 1:141-152.

서 "이스라엘에게서 난 그들이 다 이스라엘이 아니요"라고 말한다(롬 9:6). 포도나무에는 열매를 맺지 못해서 잘라내어 버려야 하는 가지들도 있다 (요 15:6). 칼뱅은 로마서 9:6에 대한 주해에서 아브라함에게 주어진 구원의 약속은 그의 모든 후손에게 제시된다고 지적한다. 왜냐하면 그 약속은 예외 없이 모든 사람에게 제공되기 때문이다. 그들은 언약의 상속자들이며 또한 약속의 자녀들이다. 동시에 사실상 약속의 능력과 효력이 명백하게 나타나는 이들이 진정한 의미에서 하나님의 자녀들이라고 불린다. 여기에 중요한 차이점이 있다. 구원의 약속은 모든 사람에게 제시된다. 하지만 그 약속은 모든 사람에게서 성취되지 않는다. 많은 사람이 감사함으로 자신의 양자 됨을 받아들이기를 거부하기 때문이다. 따라서 우리는 하나님의 언약 안에 받아들여지지 않는 사람들과 관련해서 먼저 그들의 개별적인 책임과 잘못을 지적해야만 한다. 반면에 우리는 그 약속을 받아들이는 것과 관련해서 하나님의 은혜를 인정해야만 한다. 이것은 예정의 "감추어진 은혜"가 백성의 일부분에 제한되어 있다는 것을 의미한다.[24]

우리는 크레머(Kremer, 1955, 19)와 더불어 언약 공동체의 다양한 측면들을 확인할 수 있다. 이것과 관련되어 있는 차이점을 가리키려고 **약속에 기초한 결합**(promissory bond)과 **실질적인 교제**(vital communion) 같은 용어들이 사용되었다. 이것은 이중 언약을 가르치는 것이 아니라, 언약 그 자체가 무엇이며 또한 언약 안에서 성취되는 것이 무엇인지 구별하는 것이다. 언약 안에 있다는 것은 거듭난다는 것과 동일하지 않다. 언약의 본질은 삶 속에서의 친밀한 교제가 아니라, 약속에 기초한 관계다. 삶 속에서의 친밀한 교제의 목적은 하나님과 신자들 사이의 실질적·인격적·영적·능동적 삶의 관계를 이루는 데 있다. 그것은 성령의 역사에 의해서 언약의 중보자인 그리스도를 통해 이루어진다(참조. Ten Hoor, *Comp.*, 178-180, 186

---

24 또한 창 17:7에 대한 Calvin의 주해를 참조하라. 여기서 Calvin은 눈에 보이는 교회 안에 두 부류의 자녀들(*duplex filiorum ordo in ecclesia*)이 있다고 그들을 구분한다. Calvin, *C.O.*, 23, 238.

이하).

만약 이와 같은 삶의 교제가 결여되어 있다면, 언약 관계는 아직 그것이 마땅히 도달해야 할 관계에 이른 것이 아니다. 따라서 언약 관계는 언약에 기초한 결합과 약속에 대한 믿음의 순종을 포함한다. 신자들에게 은혜언약은 다음과 같은 사항을 수반한다. 곧 하나님은 그분의 은혜로 신자들을 그분과 친밀하게 교제하도록 승인하셨다. 또한 그분은 그리스도 때문에 그들을 항상 자신의 호의에 참여하게 하실 것이다.

하나님은 신약성경과 구약성경에서 반복적으로 다음과 같이 약속하셨다. "나는…너희의 하나님이 되고 너희는 내 백성이 될 것이니라"(레 26:12; 렘 31:33; 히 8:10). 또한 하나님은 역사를 통해서 신자들에게도 그와 같이 약속하셨다. 따라서 그분의 약속은 헤아릴 수 없이 많은 사람들에게 제시된다. 마침내 요한계시록 21:3에서 이렇게 언급된다. "보라! 하나님의 장막이 사람들과 함께 있으매. 하나님이 그들과 함께 계시리니 그들은 하나님의 백성이 되고 하나님은 친히 그들과 함께 계셔서." 그리고 몇 구절 뒤에 다음과 같은 언급이 뒤따른다. "이기는 자는 이것들을 상속으로 받으리라. 나는 그의 하나님이 되고 그는 내 아들이 되리라"(계 21:7).

요한계시록은 신자들과 하나님과의 완전한 교제에 대해서 이와 같은 표현과 다른 많은 이미지를 사용해 묘사해준다. 하나님과의 완전한 교제에 근거해서 살펴볼 때, 우리는 하나님이 언약 안에서 우리를 그분의 백성으로 만드시는 목적이 무엇인지 이해할 수 있다. 하나님은 거룩함이라는 단어가 지니고 있는 가장 심오한 의미에서 거룩한 백성, 곧 하나님께 전적으로 속해 있는 백성을 찾으신다.

언약 안에는 부요함이 있다. 그 모든 것은 하나님의 은혜다. 이 사실은 우리로 하여금 우리 주 야웨 하나님을 찬양하도록 이끌어준다. 곧 언약의 노래들인 시편의 저자들을 따라서 우리가 하나님을 찬양하게끔 한다.[25]

---

25   참조. A. Janse, 『언약의 노래들로서 시편의 영광』(*De heerlijkheid der Psalmen als liederen des*

여호와의 인자하심은

　자기를 경외하는 자에게

영원부터 영원까지 이르며

　그의 의는

자손의 자손에게 이르리니

　곧 그의 언약을 지키고

그의 법도를 기억하여 행하는 자에게로다(시 103:17-18).

여기서 "인자하심"이라는 단어는 "헤세드"라는 히브리어 명사를 번역한 것이다. 이 단어는 야웨가 그분의 백성에게 얼마나 선하신 분인지를 나타내준다. 이것은 하나님이 그들에게 다가와서 은혜와 사랑을 한결같이 넘치도록 베푸시는 것을 의미한다(*TWAT*, 3:69). 하나님은 그분의 백성에게 그분의 "헤세드"가 얼마나 위대한지를 보여주신다. 이 히브리어 단어는 언약에 기초한 신실함이라고 종종 해석되기도 한다(참조. *TDNT*, 2:479-487; 9:376-387). 하지만 학자들은 점차 이 해석을 취하지 않는다.[26]

모세는 이스라엘 백성에게 이렇게 말한다. "오직 네 하나님 여호와는 하나님이시요 신실하신 하나님이시라. 그를 사랑하고 그의 계명을 지키는 자에게는 천 대까지 그의 언약을 이행하시며 인애를 베푸시되"(신 7:9; 참조. 왕상 8:23; 느 1:5; 단 9:4).

하나님이 그분의 인자하심을 보이실 때, 그분은 구원을 베푸신다(시 85:7). 시편 25편에서 저자는 자신이 의지하는 하나님에게 다음과 같이 간청한다. 곧 그는 하나님이 그분의 "긍휼하심"과 "인자하심"으로 자기를 기

---

verbonds), 출간 연도 미상, 9-16.

26　참조. 한편으로, N. Glueck, *Das Wort hesed*, 1972; W. Baumgartner, *Lexikon in Veteris Testamenti Libros*, 1953, 318. 다른 한편으로, *THAT*, 1:600-621; Romerowski, "Qui signifie le mot *HESED*?" *Vetus Testamentum* 60 (1990): 89-103.

　　　　　　　　　　　　　　　　　　　개혁교회 교의학

억해주시고, 또한 그분의 "자비로우심"을 따라 자기를 기억해달라고 간
청한다(시 25:6-7). 나아가 그는 "여호와의 친밀하심이 그를 경외하는 자
들에게 있음이여, 그의 언약을 그들에게 보이시리로다"라고 말한다(시
25:14). 시편 138:2에서 저자는 "내가…주의 인자하심과 성실하심으로 말
미암아 주의 이름에 감사하오리니 이는 주께서 주의 말씀을 주의 모든 이
름보다 높게 하셨음이라"고 고백한다. 그리고 시편 136편 전체에는 하나
님의 인자하심에 대한 찬송이 울려 퍼지고 있다.

이와 같이 언약의 하나님은 다음과 같이 그분의 백성에게서 사랑과 경
배를 받으신다. "너희 모든 성도들아, 여호와를 사랑하라"(시 31:23).

하나님이 약속하신 구원자가 이 땅에 왔을 때, 이 찬송시들은 절정에
이른다. 누가복음 1장에는 "헤세드"라는 히브리어 명사에 상응해서 "엘레
오스"(*eleos*)라는 그리스어 명사가 사용된다. 이 그리스어 명사는 흔히 다
음과 같이 "긍휼하심"으로 번역된다. "그 이름이 거룩하시며 긍휼하심이
두려워하는 자에게 대대로 이르는도다"(눅 1:49-50; 참조. 눅 1:54-55, 72-
73).

§ 37. 은혜언약의 중요성

37.1. 언약과 교회
37.2. 언약과 성례
37.3. 은혜언약과 언약의 말씀에 대한 선포
37.4. 은혜언약과 신앙생활

37.1. 언약과 교회

은혜언약에서 모든 것은 야웨 하나님에게서 비롯된다. 언약에 속한 것은
바로 하나님의 은혜로 말미암는 것이다. 또한 언약의 온갖 축복과 유익에
참여하는 것도 하나님의 은혜다. 그리고 하나님과 우리가 서로 언약을 맺
었다는 것은 그 언약 관계와 더불어 우리에게 커다란 책임들이 뒤따른다

는 것을 의미한다.

은혜언약은 교의학에서 고유한 위치를 차지하고 있지만, 동시에 다른 구성 요소들과도 서로 밀접하게 관련이 있다. 벤철은 은혜언약을 한 가지 핵심 개념이라고 부르고, 그 개념이 교의학의 모든 부분에서 숙고될 필요가 있다고 주장한다(Wentsel, *Dogm*., 3a:220-223, 251). 우리는 적어도 은혜언약이 다음 네 가지 주제와 밀접하게 관련이 있다는 것을 확인할 수 있다.

언약과 교회. 언약의 중보자인 그리스도는 또한 교회의 머리다. 따라서 언약과 교회는 서로 밀접하게 연결되어 있다.

나중에 우리가 자세하게 살펴보겠지만(§ 44), 교회는 하나님의 백성으로 이루어져 있다. 그 백성은 하나님께 속한다. 이 개념은 언약론의 구조 안에 잘 들어맞으며, 또한 교회론에서도 중요한 역할을 한다. 구약시대에 맺어진 언약에서 이스라엘은 언약의 백성인 동시에 언약의 교회이기도 하다. 이스라엘은 야웨를 위해서 "제사장들의 나라와 거룩한 나라"가 될 것이다. 이것에 대한 근거는 바로 하나님이 이스라엘과 맺으신 언약이다. 그리고 이스라엘 백성은 그 언약을 지켜야 했다(출 19:5-6). 이와 비슷하게 신약성경의 교회도 언약 위에 세워졌다. 또한 교회에게는 언약과 더불어 약속들과 지켜야 할 사항들도 주어졌다(벧전 2:9-10을 보라).

「하이델베르크 교리문답」(제27주일)은 언약과 교회의 관계에 대해 말한다. 이 교리문답에서 교회는 하나님의 언약의 교회다. 그 교회에는 신자들뿐만 아니라 그들의 자녀들도 속해 있다. 하지만 교회와 언약이 동일한 것은 아니다. 하나님의 아들 그리스도는 참으로 말씀과 성령으로써 교회를 자기에게로 모은다(「하이델베르크 교리문답」 제21주일). 하지만 그리스도는 언약의 모든 자녀가 아니라 참된 믿음으로 하나 됨을 이루는 신자들을 모아서 그들이 하나의 신앙 공동체가 되게 한다. 교회는 참된 신자들로 이루어진 하나의 거룩한 보편적인 신앙 공동체에 대한 신앙을 고백한다(「벨기에 신앙고백서」 제27조).

우리는 언약의 경우와 마찬가지로 교회와 관련해서도 우리의 논의를

개혁교회 교의학

인간에게서 시작할 수 없다. 언약의 하나님은 우리의 마음이 다른 곳으로 끌리더라도, 우리가 그 자리를 떠나지 않게 하시려고 우리에게 교회 안에 한 자리를 내어주신다.

교회의 모든 개혁의 배후에는 그분의 언약을 기억하시는 하나님의 신실하심이 있다. 요시야 왕 시대의 개혁과 마찬가지로(대하 34:29-33), 모든 진정한 개혁은 언약으로 돌아가는 것을 포함한다. 신실하신 하나님은 그분의 백성이 자기에게 신실할 것을 요구하실 뿐만 아니라 그들이 그분의 언약의 약속들과 요구들에 따라서 신실하게 살도록 이끄신다.

37.2. 언약과 성례

세례와 성찬은 복음의 약속을 우리에게 분명하게 밝혀주며 또한 그것들을 인증해준다. 이 약속들은 언약의 모든 약속을 포함한다.

한동안 언약의 표지이자 인증이었던 할례는 세례를 통해서 성취되었다. 세례는 "그리스도의 할례"를 의미한다(참조. 골 2:11-12). 또한 「벨기에 신앙고백서」 제34조를 보라.

만약 우리가 언약의 약속이 신자들뿐만 아니라 그들의 자녀들을 위한 것이라고 확신하지 않는다면, 우리는 유아세례의 타당성에 대해서 의문을 제기하지 않을 수 없을 것이다. 그러나 그 약속은 교회의 자녀들을 위한 것이기도 하다. 따라서 유아들은 세례를 받을 "수" 있을 뿐만 아니라 또한 받아야 "마땅하다"(유아세례에 대한 교회의 공식 문서에서).

유아세례를 거부하는 이들은 유아들이 은혜언약에 대해서 전혀 이해하지 못한다는 것을 입증하고자 한다. 유아세례의 반대자들은 대체로 개인주의적인 관점에 초점을 맞춘 채 언약이 계속해서 이어지는 세대들을 통해 역사 안에서 실행된다는 측면을 무시한다. 반면에 그들은 개개인이 신앙을 가져야 할 필요가 있다는 것을 강조한다.

여기서 옛 언약과 새 언약의 하나 됨은 위험에 처한다. 은혜언약은 구약시대 및·신약시대를 통해서 오직 하나의 언약이다. 하나님의 은혜는 새 언약의 시대에 더욱더 풍성하게 나타났다. 그렇지 않다면, 하나님의 은혜는 이전에 이스라엘에게 주어진 것보다 우리에게 더욱 희미해지고 덜 분명해질 것이다. 따라서 그리스도를 극심하게 비방하는 것을 초래하지 않고서는, 아무도 이와 같이 주장할 수 없을 것이다(참조. Calvin, 『기독교강요』 4.16.6).

주의 식탁(고전 10:21)인 성찬은 또한 언약의 식탁이라고도 불린다. 그것은 언약의 식사이며, 우리의 죄 사함을 위해서 드리는 그리스도의 희생제사 안에 뿌리를 내리고 있다(마 26:28을 보라).

세례는 모든 구원이 하나님의 언약에서 유래된다는 것을 분명하게 밝혀준다. 심지어 우리가 유아들이 아니고 성인들이라고 하더라도, 우리는 세례를 받는다. 우리는 성찬에서 언약에 기초해 교제하는 양쪽을 본다. 하나님은 우리와 언약을 맺으시고 우리와 친밀하게 교제하기를 원하셨다. 바로 이런 이유에 근거해서 텔링크(Teellinck)와 어떤 학자들은 성찬을 기념하는 것을 통해 이루어지는 언약의 갱신에 대해 말한다(참조. van Genderen, 1983, 65 이하).

37.3. 은혜언약과 언약의 말씀에 대한 선포

하나님의 언약에 대한 말씀은 교회에 반드시 선포되어야 한다. 왜냐하면 교회는 하나님의 언약에 기초해서 세워졌기 때문이다. 은혜언약으로서의 언약의 특성과 일치해서, 언약의 약속의 말씀은 교회 안에서 반드시 강조되어야 한다.

언약의 말씀에 대한 선포는 "화목하게 하는 직분"이고(고후 5:18), 언약에 기초한 사역이다. 말씀의 수단에 의한 부르심은 언약에 기초한 사역에서 필수적인 한 가지 요소다(참조. Heppe, *Dogm.*, 298).

우리는 트림프(Trimp)와 더불어 하나님과 우리의 언약 관계에서 말씀 선포는 중심적인 사건이라고 말할 수 있다.[27] 중요한 것은 우리가 말씀을 통해서 듣는다는 것이다. 인간—현재의 모습 그 자체로서 또는 반드시 되어야만 하는 존재로서 혹은 될 수 있는 존재로서—은 관심의 초점이 될 수 없다. 가장 중요한 것은 우리의 주 하나님이 어떤 분이시고, 그분이 무엇을 행하시며, 무엇을 베푸시고 또한 무엇을 요구하시는가에 대한 것이다. 우리의 하나님은 우리가 그분의 은혜로 그분의 영광을 위해서 살기를 바라신다.

언약에 대한 우리의 관점에 의하면, 하나님의 약속들은 교회의 일부분이 아니라 전체 교회에 반드시 선포되어야 한다. 만약 언약의 약속들이 미래에 일어날 일들에 대한 관점을 제공한다면, 우리는 그 약속들이 성취되는 것을 기대해야 한다. 왜냐하면 그것들은 하나님의 약속들이므로, 우리는 믿음으로 그것들을 받아들이고 우리의 것으로 만들어야 하기 때문이다.

약속들을 선포하는 것은 언약의 중보자와 보증이신 그리스도를 선포하는 것이다. 그리스도 안에서 구원에 대한 선포는 그의 교회 안에서 반드시 반향을 불러일으켜야 한다. 또한 그렇게 될 것이다. 언약의 약속과 복음에 대한 선포는 "회개하고 믿어라"는 명령과 함께 각 사람에게 미쳐야 한다(「도르트 신조」 2.5).

우리는 언약의 교회 안에 있는 언약의 자녀들이 한 사람의 예외도 없이 모두 구원의 약속에 동참하는 것은 아니라는 사실을 진지하게 고려해야만 한다. 언약의 교회에는 진정으로 회개하지 않는 이들도 있다. 언약에 대한 성경의 가르침은 교회에 대한 이상주의적인 관점으로 이끌지 않는다! 언약의 백성 안에서 서로 양분되는 사건이 일어날 것이다. 그것은 그리스도가 그의 복음을 통해 부르는 것에 각 사람이 어떻게 반응하는가에 달려 있다. 그러므로 복음 선포는 진정한 신자와 거짓 신자들을 구별하는

---

27   C. Trimp, 『음성과 메아리』(*Klank en weerklank*), 1989, 52.

요소를 지니고 있다.[28]

37.4. 은혜언약과 신앙생활

하나님은 언약 안에서 먼저 우리에게 다가오시며, 언제나 가장 중요한 대상으로 머물러 계신다. 『은혜로 사는 삶과 은혜언약』이라는 제목을 지닌 책이 있다(Moerkerken, 출간 연도 미상). 원칙적으로 『은혜언약과 은혜로 사는 삶』이라는 순서를 따른 제목이 더 타당할 것이다. 브라컬의 견해에 의하면, 하나님의 은혜로 살아가는 삶은 하나님의 약속들로부터 살아가는 삶, 곧 약속들에 근거해서 믿음으로 사는 삶이다(Brakel, *R.S.*, 2:601-638).

하나님의 약속들은 우리의 믿음에 앞서며 또한 그것에 기초를 제공해준다. 그 약속들은 믿음에 초점을 맞추고 있고, 또한 믿음도 그 약속들에 초점을 맞추고 있다. 칼뱅은 하나님의 은혜로 살아가는 삶은 하나님의 약속에서 시작하고, 그 약속들 위에 머물러 있으며, 또한 그 약속들 안에서 마무리된다고 말한다(『기독교강요』 3.2.29). 우리는 하나님이 복음 안에서 약속하시는 것들을 반드시 믿어야 한다. 우리는 「하이델베르크 교리문답」(제7주일) 제22번의 질문과 답변을 기억한다. 곧 "그리스도인은 무엇을 믿어야 합니까? 하나님이 복음을 통해서 우리에게 약속하신 모든 것을 믿어야 합니다." 이어서 제22번 답변은 기독교 신앙고백의 핵심 조항들(사도신경)이 그것에 대해 요약해준다고 가르친다. 여기서 우리가 믿어야 하는 것은 복음이 명백하게 약속해주는 것들뿐만 아니라 또한 복음에 기초해서 하나님이 우리에게 가르쳐주시고자 하는 모든 것을 의미한다.

인간 사이의 통상적인 약속들과 관련해서, 일단 그 약속들이 성취되었다면, 우리는 그것들은 더 이상 우리에게 직접적인 중요성을 지니고 있지

---

28 참조. W. Kremer, 『예언자적인 선포』(*Priesterlijke prediking*), 1976, 61-68; W. H. Velema, "복음 선포를 통해서 구원이 다가온다"(De toeeigning van het heil in de prediking), in W. H. Velema (ed.), 『구원에의 동참』(*Delen in bet heil*), 1989, 57-64.

않다고 말한다. 하지만 하나님의 약속들과 관련해서 이 점은 전혀 다르다. 하나님은 그분의 말씀을 통해서 반복적으로 이렇게 말씀하신다. "이 약속은 너(희)를 위한 것이다." 신자들은 이 점에 근거해서 다음과 같이 확신하며 말할 수 있다. "오직 하나님의 은혜와 그리스도의 공로로 말미암아, 이 구원은 다른 사람들뿐만 아니라 또한 나에게도 주어진 것입니다"(참조. 「하이델베르크 교리문답」[제7주일]).

우리는 하나님의 언약의 약속들을 영원히 꼭 붙들고 있어야 한다. 그 약속들은 그리스도 안에서 "예"가 되었다. 우리는 오직 그리스도를 통해서 또한 성령의 역사를 통해서 이 사실에 아멘이라고 지속적으로 대답할 수 있다(참조. 고후 1:20). 그럴 때 우리는 계속해서 믿음의 삶을 살아갈 수 있다.

간략한 참고 문헌

G. Ch. Aalders, 『하나님의 언약』(*Het verbond Gods*), 1939.

W. J. van Asselt, 『하나님과의 친교』(*Amicitia Dei*), 1988.

J. W. Baker, *Heinrich Bullinger and the Covenant*, 1980.

O. Bayer, *Promissio*, 1971.

H. Bullinger, I. 『유일하고 영원한 계약, 또는 하나님의 언약: 옛 신앙』(*Het eenige en eeuwige testament of verbond Gods: II. Het oude geloof*), 네덜란드어 번역본 H. A. J. Lütge and G. Oorthuys, 1923.

J. Cocceius, 『언약에 대한 가르침과 하나님의 언약』(*De leer van het verbond en het testament van God*), tr. W. J. van Asselt and H G. Renger, 1990.

L. Doekes, 『거룩하신 분』(*Der Heilige*), 1960.

J. Francke, 『빛을 비추어주는 상호 관계』(*Lichtende verbintenissen*), 1985.

J. van Genderen, 『언약과 선택』(*Verbond en verkiezing*), 1983.

C. Graafland, 『견고한 언약』(*Het vaste verbond*), 1978.

C. Harinck, 『스코틀랜드의 언약론』(*De Schoste verbondsleer*), 1986.

W. D. Jonker, 『오직 은혜로』(*Uit vrye guns aleen*), 1989.

J. Kamphuis, 『영원한 언약』(*Een eeuwig verbond*), 1984.

B. Klappert, 『약속과 언약』(*Promissio und Bund*)), 1986.

W. Kremer, 『은혜언약에 참여하는 자들의 입장에 적용할 수 있는 것으로서 신약성경의 계시에서 하나님의 말씀에 대한 몇 가지 진술』(*Enkele opmerkingen over het spreken Gods in de openbaring onder het Nieuwe Testament, bepalend voor de positie der bondelingen in het verbond der genade*), 1955.

E. Kutsch, 『약속과 율법』(*Verheissung und Gesetz*), 1973.

B. Loonstra, 『선택-대속-언약』(*Verkiezing-verzoening-verbond*), 1990.

D. J. McCarthy, *Treaty and Covenant*, 1981.

T. E. McComisky, *The Covenant of Promise* (repr.), 1988.

L. H. van der Meiden, 『새 언약』(*Het nieuwe verbond*), 1955.

A. Moerkerken, 『은혜로 살아가는 삶 및 은혜언약』(*Genadeleven en genadeverbond*), 출간 연도 미상.

L. Perlitt, 『구약성경의 언약신학』(*Bundestheolgie im Alten Testament*), 1969.

H. N. Ridderbos, 『은혜언약의 약속』(*De belofte van het genadeverbond*), 출간 연도 미상.

J. van Rohr, *The Covenant of Grace in Puritan Theology*, 1986.

『세례의 못가에서』(*Rondom de doopvont*), ed. W. van 't Spijker et. al., 1983.

K. Schilder, 『빈 백묵』(*Looze kalk*), 1946.

G. Schrenk, 『초기 프로테스탄트 신학에서의 하나님 나라 및 언약, 특히 요한 콕세이우스를 중심으로』(*Gottesreich und Bund im älteren Protestantismus vornehmlich bei Johannes Coccius*), 1923.

J. J. van der Schuit, 『구속언약』(*Het verbond der verlossing*), 1982².

E. Smilde, 『언약 및 세례에 대한 한 세기의 논쟁』(*Een eeuw van strijd over verbond en doop*), 1946.

S. A. Strauss, 『모든 것 또는 무:스킬더의 언약론』(*Alleos of niks": K. Schilder oor die verbond*), 1946.

S. Strehle, *Calvinism, Federalism and Scholasticism*, 1988.

E. G. van Teylingen, 『개혁파 교회들 안에서의 차이점의 특성과 배경』(*Aard en achtergrond van het geschil in de Gereformeerde kerken*), 출간 연도 미상.

『견고하고 확실함!』(*Vast en zeker!*), 1974.

W. H. van der Vegt, 『은혜언약』(*Her verbond der genade*), 출간 연도 미상.

G. Vos, 『개혁파 신학의 언약론』(*De verbondsleer in de Gereformeerde theologie*), 1939.

J. de Vuyst, 『히브리서에서의 옛 언약과 새 언약』(*"Oud en nieuw verbond" in de brief aan de Hebreeen*), 1964.

C. van der Waal, 『언약에 기초한 복음』(*Het verbondsmatig evangelie*), 1990.

D. A. Weir, *The Origins of the Federal Theology in Sixteenth-Century Reformation Thought*, 1990.

J. R. Wiskerke, 『하나님이 선택하신 백성』(*Volk van Gods keuze*), 1955.

H. Witsius, 『하나님이 사람들과 맺으신 다양한 언약들에 대한 네 가지 책들』(*De oeconomia foederum Dei cum hominibus libri quator*, 1694), tr. M. van Harlingen, 1696.

J. G. Woelderink, 『세례의 형식』(*Het doopsformuliert*), 1938.

J. G. Woelderink, 『언약과 경험』(*Verbond en bevinding*), 1974.

H. H. Wolff, 『언약의 통일성』(*Die Einheit des Bundes*), 1958.

제12장

❧

구원에 대한 교의

§ 38. 구원의 서정이라는 용어에 대해서

1. 이번 장의 내용은 교의학에서 고정된 위치를 차지한다. 적어도 부르심, 거듭남, 믿음, 회심, 칭의, 성화와 같은 개념들이 언급되지 않는 교의학 교재는 전혀 없다.

그러나 이 개념들이 논의되는 순서는 서로 다르다. 또한 교의 신학자들은 추가적인 개념들을 이 개념에 포함하기도 한다. 또 그들은 이 모든 개념을 하나로 다루기는 하지만, 그것을 하나로 엮는 제목을 동일하게 사용하지는 않는다.

우리는 교의학 저서들에서 마주치는 몇 가지 용어를 언급하고자 한다. 바빙크는 이른바 "구원의 서정"(order of salvation)에서 광범위한 항목들을 제시한다(Bavinck, *R.D.*, 3:485-597). 호닉은 그의 저서에서 이 장의 제목을 "구원론: 언약의 유익들"(Honig, *Handboek*, 14)이라고 제시한다. "구원의 서정"은 세 번째의 도입 부분인 것처럼 나타난다(534-536).

베르카우어는 그의 교의학의 첫 번째 책에서 "구원의 길"이라는 장을 할애하고 있다(Berkouwer, 1954, 25-36). 그는 "구원의 서정"이라는 주제에 그와 같은 제목을 붙였다. 후크마(Hoekema, 1989, 15)도 베르카우어의 제목을 따르고 있다. 그러면서 그는 하나님의 은혜로 말미암는 이 놀라운 사역은 다양한 측면으로 구분할 수 있다고 덧붙여 말한다.

베르크호프는 "인간의 새로워짐"이라는 제목에서 이 자료를 다룬다(Berkhof, *C.F.*, 427-501). 그리고 그는 (책의 처음 부분이 아닌) 467에서 흔히 종교개혁의 전통에 서 있는 교의학에서 사용되는 "구원의 서정"이라는 개념에 대해 간략하게 언급한다.

헤인스는 구원의 서정에 대해 논의하는 장을 "성령의 위격과 역사"라고 부른다(Heyns, *Dogm*., 291-328).

바르트는 구원의 서정에 대해 작은 글씨체로 제시하며 매우 비판적으로 논의한다. 심지어 그는 존 번연의 『천로역정』을 언급하기도 한다. 그러면서 그는 우리가 원칙적으로 이와 같은 종류의 모험에 자신을 내맡겨서는 안 된다고 결론짓는다(Barth, *C.D.*, 4.3.541 이하).

헤름스는 뮌헨에서 구원론을 주제로 교수 취임 강연을 했는데, 그 강연의 제목을 "신앙의 실재"라고 했다(E. Herms, 1982).

호라프란트는 칼뱅은 어떤 특별한 구원의 서정을 가르쳤는가라고 질문하면서 그것에 관한 논문을 썼다(Graafland, 1983).

바로 앞서 묘사한 문제는 세 가지 측면을 지니고 있다. 첫째, 이번 장에 **어떤 제목을 붙여야 하는가?** 둘째, **"구원의 서정"**(*ordo salutis*)**이라는 용어는 정확하게 무엇을 의미하는가?** 마지막으로, 이번 장과 이어지는 장에서 **어떤 주제들을 다루어야 하는가?**

2. 이번 장에서 우리는 성령의 사역(성령론)이라는 주제를 마주한다. 우리는 헤인스처럼 이번 장의 제목에 성령을 포함한 것에 대해 설명할 필요가 있다.

우리는 다음 두 가지 이유에서 그렇게 하지 않는다. 첫째, 성령은 이미 § 12.3-4

에서 논의되었다. 지금 우리는 그리스도의 사역의 열매들에 초점을 맞추고 있기 때문에, 성령론에 대해 (또다시) 명백하게 언급하는 것은 타당하지 않다. 두 번째 반대이유는 다음과 같다. 곧 만약 그와 같이 한다면, 우리는 성령의 우주적인 사역에 대해서도 언급해야 할 것이다. 이 주제도 이미 앞서 논의했다(§ 17.3; § 21.1).

우리는 그리스도의 사역의 열매로서 이번 장의 내용을 다룬다. 그의 이름은 구원자(*soter*: 눅 2:11; 딤후 1:10; 딛 1:4; 2:13)다. 그리고 그리스도가 사람들을 위해서 행하신 일은 구원(*soteria*: 특히 요 4:22; 행 4:12; 엡 1:13; 히 1:14; 계 12:10)이라고 언급된다.

우리는 구원이라는 개념을 매우 중요하게 생각하기 때문에 이번 장의 제목에 그것을 사용하기로 결정했다. "그리스도가 주시는 유익들"이라는 표현은 동일한 것을 언급한다. 하지만 우리는 이 표현 자체에서 "구원" 및 "구원자"라는 용어들과의 연관성을 찾을 수 없다. 또한 "언약이 주는 유익들"이라는 표현에 대해서도 동일한 것을 말할 수 있다. 그 표현이 타당하지 않은 것은 아니다. 하지만 우리는 "구원에 대한 교의"(*soteriology*)가 더 타당하다고 생각한다. 왜냐하면 이 용어는 그리스도의 사역뿐만 아니라 그가 주시는 유익들을 반영해주는 그리스도의 칭호를 언급하기 때문이다.

또한 이번 장이 다루는 주요 내용은 그리스도가 주시는 유익들의 적용이라고 언급되어오기도 했다. 반면에 기독론은 그 유익들을 성취하는 것에 초점이 맞추어져 있다. 성취와 적용의 차이점은 그리스도의 사역과 성령의 사역의 차이점의 특성을 잘 나타내준다. 하지만 이번 장은 그 유익들의 적용에 초점을 맞출 뿐만 아니라 그 유익들 자체에 대해서도 논할 것이다. 따라서 이 주제를 "성령"이라는 제목 아래 다룬다면, 그것은 다소 정확하지 않을 것이다. 그렇지만 우리는 이번 장에서 성령론(*pneumatology*)의 영역 안에 머물러 있을 것이다.[1]

우리는 칼뱅이 그의 『기독교강요』 제3권에서 제목으로 제시한 것, 곧

 개혁교회 교의학

"그리스도의 은혜를 받는 길: 그 유익들과 효과들"은 해당 문제를 타당하게 표현했다고 생각한다. 제3권의 제1장은 그리스도의 유익들이 성령의 은밀한 사역을 통해 우리에게 주어진다는 것에 대해서 말한다. 우리는 제3권의 제목이 이 장에서 다루는 데 타당하며 필수적인 요소들을 모두 포함하고 있다고 생각한다. 곧 그리스도의 **은혜**, 우리가 그것에 동참하는 **방법**, 그것의 **유익들**(열매들) 및 **효과들**이다. 이 네 가지 핵심 단어는 이번 장의 내용뿐만 아니라 언급할 필요가 있는 문제들의 특성을 잘 드러내준다.

3. "구원의 서정"이라는 용어는 무엇을 의미하는가? 우리는 이 용어가 실질적으로 서로 다르지만 분리할 수 없는 두 가지 관점을 가리켜준다는 것을 지적하고자 한다. 첫째, 그리스도가 그의 백성을 위하여 성취하신 구원이 있다. 둘째, 그리스도는 성령을 통해서 자신이 얻은 유익들에 우리가 동참하도록 허락하신다. 칼뱅은 유익들과 효과들을 서로 구분한다. 비록 이 구분이 타당하기는 하지만, 그 효과들은 열매들이 아니라는 인상을 우리에게 주어서는 안 될 것이다.[2]

사실상 그 효과들도 열매들이다. 그리스도의 사역의 열매들이라는 표현은 그가 성령을 통해서 그것들을 우리에게 주신다는 사실을 포함한다. 성령의 이와 같은 사역이 없다면, 이 열매들은 우리와 아무 상관이 없을 것이다. 우리는 하나님과 동행하는 삶을 살고, 또한 그리스도 안에 있는 구원을 깨닫고 그것을 받기 위해서는 성령을 통해 반드시 새롭게 되어야 한다.

여기서 우리는 종종 "우리를 위한 또한 우리 안에 있는"(*pro nobis et in nobis*) 그리스도라고 불리는 문제에 직면한다. 여기서 우리는 해당 주제들

---

1   Beker/Hasselaar, 『길들』(*Wegen*)은 이 자료를 제4부 1항에서 다루었다. 그 부분은 성령에 대해 논의했지만, 이 주제와 관련된 요소들은 또한 5.1 A., "교회, 예를 들면, 부르심"(De kerk)과 5.2., "완성, 곧 신앙과 소망"(De voleinding)에서도 언급되었다. 그리고 기독론과 성령론의 차이점에 대한 논의로서 Van Ruler의 논문, *T.W.*, 1:175-190은 여전히 참고할 만한 가치가 있다.

2   역사적인 측면에서 이 두 가지 측면은 분명하게 언급되었다. 예를 들면 Seeberg, *PRE 9*, 594 및 Faulbusch, 1989^3, 472 이하.

안에서 나타나는 이 두 가지 측면을 논하고자 한다.[3] "구원의 서정"의 의미
는 이런 이중적인 관점으로 인해 분명하게 드러나지는 않는다.

　　흐라프란트는 **구원의 서정**은 신학적인 교의일 뿐만 아니라 신앙을 경험하는 방
법이라고 밝힌다(Graafland, 1983, 110). 그는 자신의 논문의 결론에서 구원이 적용
되는 순서 또는 절차에 대해 언급한다(127). 이 묘사는 열매들보다 오히려 효과들
에 대해 언급한다. 그럼에도 흐라프란트는 칼뱅이 그리스도와 성령의 사역으로서의
신앙을 한가운데 위치시켰기 때문에 구원의 적용에서 그 순서는 부차적인 중요성을
지니고 있다고 인정한다. 그래도 여전히 "칼뱅의 가르침에서 몇몇 요소들이 나타난
다. 그 요소들은 나중에 다소 체계화된 **구원의 서정**으로 발전하는 데 필요한 역할을
한다. 이 체계화는 칼뱅에게서 직접적으로 유래된 것이 아니라 스콜라적인 사고 전
개 방식의 도움을 받은 사람들에게서 나온 것이다. 그것은 이미 칼뱅이 활동하던 시
기에 중요한 역할을 했지만, 특히 그가 죽은 다음에 개혁파의 정통 교의 안에서 더
중요한 역할을 했다"(Graafland, 1983, 127).
　　루터파의 신학에서도 초점의 이동이 비슷하게 일어났다. 파울부쉬(E. Faulbusch)
에 의하면, 구원의 서정은 성령의 역사로 말미암는 신자들의 신앙생활의 다양한 단
계에 대해 묘사해주는 전문 용어가 되었다. 은혜의 역사는 영혼 안에서 일어나는 하
나의 과정으로서 더 세부적으로 묘사되었다. 따라서 구원이라는 객관적인 토대에
주관적인 평형추(counterweight)가 주어졌다. 이것은 루터파의 정통 교의로 이동하
는 것을 가리켜준다. 더 세부적인 논의와 관련해서는 펠레마(Velema, 1987, 125-
131)를 보라.

　　이제 우리는 과연 구원의 서정이 무엇을 의미하는지 질문하고자 한다.
우리는 이 문제들에 대한 해결책을 찾고자 한다. 그것들은 우리가 이번 장
에 선택해서 붙인 제목과 일치하며, 우리는 앞서 그것들에 대해 간략하게

3　　더 세부적인 내용을 알려면, Velema, 1989, 41-45을 보라.

언급했다. 곧 **우리는 주로 그리스도의 사역의 열매들에 초점을 맞출 것이다.
또한 그 열매들은 우리 안에 임재하는 성령의 역사들을 포함한다.** 우리는 인
간과 그의 경험, 인간이 추구하는 확실성, 또는 그가 그 확실성을 얻는 방
법으로부터 우리의 논의를 시작하지 않을 것이다. 오히려 우리는 주로 다
음 사항에 초점을 맞출 것이다. 곧 구원자로서 그리스도는 그의 백성을 위
해 무엇을 성취하셨는가? 또한 어떻게 그리스도는 이것을 그의 백성에게
적용하시는가? 열매들과 효과들은 그리스도가 주시는 유익들에 속한다.
우리는 특히 이와 같은 구분에 비추어볼 때 "구원의 서정"이라는 용어가
어떤 연대기적 순서나 순차적으로 일어나는 경험들을 암시하는 것으로 이
해하는 것은 타당하지 않다고 생각한다. 그러므로 우리는 이 용어에 대한
정교회의 해석을 받아들이지 않는다.

그럼에도 우리는 계속해서 순서에 대해 말할 것인데, 이는 베르카우어
를 포함해 다른 신학자들이 사용한 "구원의 길"이라는 용어의 차별성을 강
조하기 위해 의도적으로 취하는 방법이다. "길"이라는 용어는 마치 우리가
회심의 길에 대해서 다루고 있는 것처럼 우리를 또다시 정교회적인 교의
의 방향으로 이끌어갈 우려가 있기 때문이다. 한편 베르카우어는 사실상
구원의 길을 따라가면서 경험을 구조화하는 데는 아무런 관심이 없을 것
이다.[4]

우리는 그리스도로 말미암는 다양한 유익들 사이에 내적인 일관성이
있다는 것을 언급하기 위해 "순서(서정)"라는 용어를 사용한다. 이런 일관

---

4   A. König(1982)는 구원의 서정이라는 개념을 전적으로 거부했다. 그는 구원의 길을 구원
에 대한 경험으로 이해하는 것을 선호했다. 신자는 그 경험을 통해서 구원에 동참하는 자
가 된다는 것이다. 이것은 구원의 길과 구원 그 자체를 구분하는 것을 요구했다. 반면에 O.
Weber는 정반대의 방향으로 나아갔다. 그는 자신의 교의학의 제8장에서 성령의 역사에 대
해 논의하면서, 의롭다고 칭함을 받은 사람과 하나님의 사람에게 초점을 맞춘다(O. Weber,
Foundations, 2:229-407). 한편 Beker/Hasselaar의 관점은 Barth와 Weber 사이에서 중간의
입장을 취하는 것으로 이해될 수 있을 것이다.

성은 로마서 8:29-30, 마가복음 1:15 및 고린도전서 6:11과 같은 본문들에서 명백하게 나타난다. 「도르트 신조」1.7은 그리스도에게 중심적인 위치를 부여하면서 이 유익들에 대해 요약해준다. 신자들은 그리스도와 친밀한 교제를 나누면서 모든 유익을 누린다.

순서와 관련해서 예를 들면, 성화는 칭의를 앞서지 않고 그것에 뒤따른다. 하지만 이 두 가지는 서로 떼어놓을 수 없을 정도로 밀접하게 연결되어 있다. 회심은 부르심에 뒤따른다. 그 순서는 서로 뒤바뀔 수 없다. 견인은 구원의 과정에서 맨 처음이 아니라 맨 뒤에 연결되어 있다. 여기서 주목할 만한 사항은 그리스도로 말미암는 다양한 유익들을 임의적인 순서대로 다룰 수 없다는 것이다. 그 유익들의 상호 관계는 이것을 배제한다.

또한 우리는 이 순서를 일련의 연속적인 경험들로, 곧 연대기적 순서로 바꾸는 것을 원하지 않는다. 우리의 관심은 그 유익들의 신학적인 일관성에 초점이 맞추어져 있다. 곧 그 은사들과 그것들이 베풀어지는 것은 구원론적인 일관성을 지니고 있다. 우리는 어떤 고정된 순서를 규정하려는 게 아니다. 하지만 우리가 내적인 일관성과 관련해서 구원을 숙고할 때는 어떤 순서가 있다는 것을 인정한다(Kremer, 1976, 24 이하를 보라). 우리는 칼뱅의 입장에서 구원의 서정에 대해 말할 수 있는 것은 바로 이와 같은 의미라고 확신한다.

4. **구원에 대한 교의에서는 어떤 주제들을 다루어야 하는가?** 우리는 이미 가장 흔히 다루어지는 주제들에 대해서 언급했다. 하지만 우리가 언급해야 할 다른 주제들도 있다.

데이크(Dijk, 1958[2], 3:414)는 다른 학자들을 언급하면서 다음과 같은 목록, 곧 죄 사함, 하나님의 자녀로 받아들여짐, 율법으로부터의 구속, 소망, 사랑, 평안, 기쁨, 위로, 인정받음, 경험, 영화를 제시한다.

우리는 바로 앞서 언급한 이 주제들이 성령을 통해서 우리에게 주어지는 그리스도의 열매들에 속한다는 것에 동의한다. 하지만 이 목록은 우리가 이 개념들을 하나하나 개별적으로 다루기에는 너무 많은 주제를 제시한다.

우리는 이 개념들을 이전에 언급한 주요 주제들에 포함시켜 분류할 수 있다고 믿는다. 우리는 데이크가 제시하는 몇몇 용어들은 성화와 관련해서 논할 수 있다는 것을 밝히고자 한다. 하지만 그 용어들이 기독교 윤리학의 논의에서 무시되어서는 안 될 것이다. 기독교 윤리학이 지니고 있는 특성은 이 개념들을 면밀하게 살펴보는 것을 통해 밝혀질 것이기 때문이다.

우리는 어떤 구조를 고수해야 하는가? 바빙크는 그리스도로 말미암는 유익들을 네 부분으로 구분해서 언급한다. 1. 부르심, 거듭남, 믿음 및 회개. 이것은 언약의 축복을 받을 수 있도록 사람을 준비시킨다. 2. 인간의 지위의 변화와 그의 죄에 대한 구속으로서 칭의. 3. 인간의 상태의 변화로서 성화. 4. 영화. 그다음 바빙크는 성령의 역사를 통해 주어지는 유익들에 대해 구분한다(Bavinck, *R.D.*, 3:595).

한편 데이크는 다음 세 가지 영역으로 구분한다. 곧 시작과 과정 그리고 완성이다(Dijk, 1958², 3:414). 데이크의 구분이 지니고 있는 문제점은 칭의를 무시한다는 것이다. 우리는 다음과 같이 흔히 사용되는 순서를 고수하고자 한다. 곧 **부르심과 거듭남, 신앙과 회심, 칭의, 성화와 견인이다**. 또한 여기서 영화도 언급할 수 있을 것이다. 하지만 우리는 이번 장에서 영화에 대해 자세하게 논하지 않을 것이다. 왜냐하면 그것에 대해서는 제15장에서 자세하게 다룰 것이기 때문이다. 그것은 앞서 언급한 모든 유익이 성취되는 것을 가리킨다. 그리고 견인은 전체 장의 관점이다.

§ 39. 부르심과 거듭남

39.1. 일반적인 의미에서의 부르심

하나님은 먼저 부르신다. 그분은 존재하도록 부르시면서 창조하신다. 지혜는 "여호와께서 그 조화의 시작 곧 태초에 일하시기 전에 나를 가지셨다"고 말한다(잠 8:22). 하나님은 이스라엘을 부르셔서 그들을 세우셨다(참조. 사 44:7).

창세기 1장은 하나님이 말씀을 통해 천지를 창조하셨다고 우리에게 알려준다(창 1:3, 6, 9, 14 등). 또한 "여호와의 말씀으로 하늘이 지음이 되었으며 그 만상을 그의 입 기운으로 이루었도다.…그가 말씀하시매 이루어졌으며, 명령하시매 견고히 섰도다"(시 33:6, 9).

하나님의 부르심은 집중되고 초점을 맞추어 말하는 형식을 취한다. 하나님은 다양한 방법으로 말씀하시기 때문에, 또한 다양한 방법으로 부르신다(참조. § 5.1). 하나님은 창조세계를 통해서도 말씀하신다. 창조세계 안에서 드러나는 하나님의 위대하심을 찬양하는 시편들을 보라(시 8:1, 9; 19:1-6; 29:3-9; 147:15). 또한 하나님은 역사를 통해서도 말씀하신다(행 14:16-17; 17:26). 로마서 1:18-23과 2:14-15과 같은 성경 본문들은 오직 이런 관점에서만 이해될 수 있다.

우리는 이것을 **일반적인 의미에서의 하나님의 부르심**이라고 언급하고자 한다. 헤인스는 이 책의 이 항목(§ 39.1)에서 다루는 부르심을 비인격적인 부르심이라고 말하며, 다음 항목(§ 39.2)에서 논의하는 것을 성경적인 부르심이라고 언급한다(Heyns, *Dogm*., 304). 하지만 우리는 창조와 (역사를 포함하여) 섭리의 관점 및 예수 그리스도 안에서의 구원의 관점에서 하나님의 부르심을 구분하는 것을 선호한다.

비록 이 항목이 그 구분에 대해 매우 간략하게 다루기는 하지만, 우리는 다음 두 가지 이유에서 그것을 강조한다. 첫째, 하나님이 구원을 받도록 부르시는 것에서도 그분은 창조세계 및 섭리를 통한 부르심의 경우와 마찬가지로 동일한 접근 방법을 취하신다. 단지 부르심의 내용과 그 효과들이 서로 다르다. 구원에 대한 교의에서 언급되는 부르심은 우리가 이제까지 한 번도 다루지 않았던 새로운 주제는 아니다.

둘째, 우리는 다음과 같은 사실을 지적하고자 한다. 곧 **일반적인 의미에서의 부르심과 구원을 위한 부르심을 서로 구분하는 것은 창조와 구속의 연관성에 초점을 맞추고 있다.** 이것은 다음과 같이 말하는 것을 통해 더 강력하게 진술될 수 있을 것이다. 하나님의 섭리는 창조와 구속을 서로 연결해 주는 끈이며, 또한 그 연관성은 무시되어서는 안 된다. 우리는 일반적인 의미에서의 부르심이 구원을 위한 부르심을 준비하는 것이라고 언급하는 대신에, 그 두 가지 부르심이 서로 유비적 관계에 있다고 이해하는 입장을 선호한다. 헤인스는 "어떤 의미에서"라는 표현을 덧붙이며 이 관계를 유보적으로 인정한다(Heyns, *Dogm.*, 304). "유비"라는 용어는 어떤 연관성을 알려준다. 우리는 여기서 이 용어에 대해 더 이상 탐구하지 않을 것이다(하지만 § 5.1을 참조하라).[5]

39.2. 구원으로의 부르심[6]

1. 특히 신약성경에는 구원을 위한 부르심에 대해 언급하는 구절들이 많이 있다. 하나님이 그분의 아들을 이집트로부터 불러내셨다(호 11:1의 성취로서 마 2:15)는 언급은 우리가 다른 곳에서 읽을 수 있는 것으로서 사람들이

---

5 Beker/Hasselaar, 『길들』(*Wegen*), 5, 42은 **일반적인 부르심**(*vocatio generalis*)**과 특별한 부르심**(*vocatio specialis*)이라고 구분한다. 그들은 특별한 부르심을 하나의 일반적인 부르심이라고 부른다. 해당 문맥은 그들의 이와 같은 이해는 창조세계에 대한 기독론적인 견해와 관련이 있다는 것을 추측하게 한다.

6 *Synopsis*, 30:2은 일반적인 부르심과 특별한 부르심을 서로 구별했다. 또한 특별한 부르심은 구원으로의 부르심이나 복음 선포를 통한 부르심이라고도 언급되었다.

구원을 받도록 부르심을 받는 것을 (미리 비유적으로) 보여주는 것이다. 우리는 세례 요한을 "부르는 자 요한"이라고 부를 수 있을 것이다(사 40:3의 성취로서 마 3:3). 예수는 자신의 사역을 "나는 의인을 부르러 온 것이 아니요 죄인을 부르러 왔노라"(마 9:13; 더 자세한 것은 눅 5:32)는 말로 특징짓는다. 예수는 열두 제자들을 자기 곁으로 불렀다(마 10:1). 사도 바울은 그가 쓴 편지들에서 자신이 사도로 부르심을 받았다고 소개한다(롬 1:1; 고전 1:1 및 다른 구절들). 혼인 잔치에 초대하는 예수의 비유(처음에는 마 22:3; 나중에는 계 19:9)는 구원과 부르심이 서로 밀접한 관계에 놓여 있다는 특성을 분명하게 밝혀준다.

우리는 부르심과 구원을 서로 연결하는 몇몇 구절들을 추가로 언급하고자 한다. 곧 에베소서 1:4-14, 히브리서 3:1, 베드로후서 1:10, 로마서 8:30 등이다. 로마서 8:30은 구원과 관련된 과정을 순서대로 언급하면서 부르심에 대해 말한다. 부르심이 없으면, 결코 구원에 동참할 수 없다.[7] 바로 이것이 구원을 이루어가시는 하나님의 방법이다.

2. 중요한 질문은 왜 사람들은 그 부르심에 다양한 반응을 보이는가다. 어떤 사람은 그 부르심에 믿음으로 반응한다. 반면에 다른 사람은 그 부르심에 불신앙으로 반응한다. 씨 뿌리는 자와 씨에 대한 예수의 비유에 근거하면, 그 부르심은 어떤 사람에게 처음에는 긍정적인 반응을 이끌어내지만, 지속적으로 신앙의 열매를 맺지 못할 가능성도 충분히 있다. 이 경우는 그 씨가 돌밭에 뿌려졌다는 것을 드러내준다(마 13:20-21).

사람들이 보여주는 다양한 반응들은 오직 한 가지 유형의 부르심과 조화를 이루는 것인가? 아니면 두 가지 결과는 부르심이 지니고 있는 어떤 차이점으로 말미암는 것인가? 우리는 이와 같은 질문들과 관련해서 다음

---

7   Pop, 『성경 용어 사전』(*Bijbelse woorden*), 437. 이 사전은 믿음이 생기는 것과 관련해서 하나님의 부르심과 복음 선포가 서로 직접적인 연관성을 지니고 있다고 지적한다.

                                              개혁교회 교의학

과 같은 질문도 제기할 필요가 있다. 곧 우리가 선택받았는지 또는 그렇지 않은지에 따라서 부르심은 차이가 있는 것인가?

바로 앞서 언급한 차이점은 종종 **외적** 부르심과 **내적** 부르심 사이의 차이점이라고 묘사되었다. 외적 부르심은 믿음으로 이어지지 않는다. 믿음으로 반응하는 부르심은 내적인 부르심이다.

이 구분에 대한 반론들은 명백한 논리를 지니고 있다. 이른바 믿음으로 이어지지 못하는 외적인 부르심은 단지 외적인 것에 지나지 않으며 또한 내적인 부르심보다 열등한 가치를 지니고 있기 때문에, 우리는 그것을 일축할 수 있을 것이다. 외적인 부르심이 가져다주는 유익은 과연 무엇인가? 어떻게 이 부르심의 내용이 내적 부르심의 내용과 다를 수 있는가? 과연 이 두 가지 부르심은 동일한 내용을 지니고 있는가? 만약 그 내용이 서로 다르다면—그 결과에 차이가 있다는 점에 비추어볼 때—그렇다면 외적 부르심은 부르심이라는 단어가 의도하는 진정한 의미에서 부르심이라고 부를 수 있는 것인가?

바로 앞서 제기한 질문과 관련해서 선택과 부르심의 관계는 근본적인 중요성을 지니고 있다. 선택과 부르심이 서로 밀접한 연관성을 지니고 있다는 사실은 요한계시록 17:14에서 명백하게 나타난다. 이 구절에서 부르심을 받은 이들은 또한 (믿고) 선택함을 받은 이들이라고 언급된다. 우리는 바울의 편지들에서도 선택과 부르심이 서로 연결되어 나타나는 것을 발견할 수 있다(살후 2:13-14; 딤후 1:9; 롬 8:30). (또한 롬 10:14-15은 복음 전파와 하나님의 은혜의 자유의 연관성과 관련해서 중요한 역할을 한다. 이 본문들에 대한 논의에 대해서는 헨더렌[van Genderen, 1969, 109]의 연구서를 참조하라.)

「도르트 신조」가 약속에 대한 선포와 선택 사이에 연관성이 있다고 지적하는 것은 중요성을 지니고 있다. 우리는 성경뿐만 아니라 「도르트 신조」에서도 선택에 대한 신앙고백에 기초해서 복음 선포와 나아가 구원에 대한 부르심을 제한하는 것을 전혀 발견할 수 없다. 그와는 정반대로 이 두 가지는 서로 밀접하게 연결되어 있다. 왜냐하면 그 두 가지는 그리스도를 한가운데 위치시키고, 또한 하나님 아버지에게서 비롯된 것이기 때문이다.「도르트 신조」1.7; 1.3을 보라.

이와 같은 밀접한 연관성은 그것들이 동일한 것이라고 암시해주지 않는다. 부르심을 받은 모든 이들이 사실 그대로 선택받은 이들은 아니다. 하지만 부르심은 하나님의 선택이라는 관점에서 논의되어서는 안 된다. 주 예수는 모든 민족에게 복음을 전파해서 그들을 제자로 삼으라고 명령하면서 하나님의 선택이나 또는 선택받은 이들에 대해 말하지 않았다. 그럼에도 하나님의 선택은 그리스도를 통해 구원받는 것과 관련된 한 가지 필수적인 측면이다(엡 1:3-14).

성경이나 교회의 신앙고백서에서 선택에 대한 교의를 선포하는 것과 구원에 대한 부르심 사이에 서로 갈등이 존재한다고 지적하는 곳은 전혀 없다. 바울이 그의 편지들의 중요한 본문들에서 표현하듯이(참조. 롬 8:29-30) 부르심을 통해 선택이 실현된다(우리가 하나님의 선택의 목적을 실행하는 것으로서 부르심을 이해하지 않는다면, 우리는 엡 1:4-13을 제대로 이해할 수 없을 것이다).

「도르트 신조」는 부르심을 받은 이들은 매우 진지하게 부르심을 받은 것이라고 올바로 지적한다(3-4, 8). 선택으로 말미암아 부르심의 범위가 제한받아야 하는 곳은 어디에도 없다. 칼뱅은 "선택은 하나님의 부르심에 의해서 확정된다"는 제목이 붙여진 항목에서 "우리는 하나님의 부르심을 반드시 출발점으로 삼아 거기서 시작하며 또한 그것을 종착점으로 삼아 거기서 마쳐야 한다"고 지적한다(Calvin,『기독교강요』3.24.4).

3. 하나님의 부르심은 보편적이다. 구원으로의 부르심은 제한되어 있지 않다. 그것은 복음이 아무런 차별 없이 모든 나라와 사람들에게 선포되어야 한다는 하나님의 기쁘신 뜻과 일치한다(「도르트 신조」2.5).

그렇다면 그 부르심은 언제 어느 곳에서나 동일한 부르심인가? 우리가 이제까지 탐구한 자료들에 의하면, 우리는 부르심의 내용이 이 사람 저 사람에 따라서 차이가 있다고 결코 해석할 수 없다. 모든 사람에게 선포되어야 하는 부르심의 보편적인 범위는 그 내용을 결코 제한하지 않는다. 만약 선택받은 사람들과 그렇지 않은 사람들에게 부르심의 내용이 서로 다르다면, 그것의 보편적인 특성은 사그라지고 말 것이다.

그렇다면 과연 부르심의 내용은 무엇인가?

우리는 이 점에 대해 논하면서 바르트의 견해를 그냥 지나칠 수 없을 것이다. 그의 견해에 의하면, 우리는 모든 사람에게 그들이 영원 전부터 예수 그리스도 안에서 선택되었다고 말할 수 있다. 그렇다면 부르심은 인간에 대해서 이미 결정된 것을 선포하는 것이 된다. 사람들 중에는 아직 이것을 모르는 이들이 있다. 이 무지는 교회가 선교 활동을 하도록 고무한다. 바르트가 선택의 교의에 대해 다루는 부분으로서 특히 그의 『교회교의학』 3.2.607을 보라. 여기서 우리는 바르트가 하나님의 약속에 부여하는 것으로서 매우 독특한 의미를 지니고 있는 한 문장을 인용하고자 한다. "선택받은 사람으로서 인간은 자신의 존재를 위해서가 아니라 오히려 자신의 삶을 위해서 그 약속을 듣고 믿어야 한다"(Barth, *C.D.*, 2.2.321). 여기서 **존재**와 **삶**이 서로 두드러지게 구분된다. 바르트의 견해에 근거하면, 우리는 모든 사람의 **존재**가 그리스도 안에 있다고 결론지을 수밖에 없다. 하지만 신자로서의 **삶**을 위해서 하나님의 약속을 선포하는 것이 필요하다.

바르트의 이 견해와 카이퍼의 견해 사이에는 주목할 만한 유비가 있다. 카이퍼에 의하면, **존재**를 의식으로 연결하기 위해서 선포가 필요하다(참조. Velema, 1957, 119, 158). 분명히 이 유비는 전혀 다른 사고의 틀을 반영한다. 하지만 우리는 여전히 유비와 관련해서 생각하고자 한다. 왜냐하면 사실상 이 두 신학자들의 이론은 저마다 사변에 기초하고 있기 때문이다.

바르트가 부르심(die Berufung)을 다음과 같은 것으로 해석하는 것은 주목할 만하다. 곧 "하나님은 부르심을 통해 인간을 깨우쳐서 진리에 대한 능동적인 지식을 갖게 하신다. 이와 같이 그분은 인간을 그리스도인의 새로운 신분으로 받아들이신다. 곧 인간이 하나님 자신과 특별한 교제를 갖도록 이끄신다. 또한 하나님은 인간이 고통을 당하지만 그를 잘 무장된 증인으로 세워서 그분의 예언자적인 사역을 섬기도록 강권하신다"(Barth, *C.D.*, 4.3:481).

부르심에 대한 성경적인 내용을 무력화시킨 배경에서 바르트의 선택에 대한 교의를 간단명료하게 잘 조명해주는 것으로 헨더렌(1987)의 연구서, 특히 46-48을 보라. 그는 선택에 대한 바르트의 교의를 객관주의적이며 보편주의적인 것이라고 특징짓는다.

베르카우어의 『칼 바르트의 신학에서 은혜의 승리』(*De triomf der genade in de theologie van Karl Barth*, 1954, 271-278)는 바르트가 다룬 하나님의 선택에 대한 교의에 대해 논한다. 그것은 바르트 신학의 해당 주제에 대해서 훌륭하고 엄밀하며 비판적인—본질적으로 낮게 평가하는—논의를 제시한다. 또한 그것은 바르트의 신학에 케리그마에 대한 호소가 결여되어 있다는 비판을 포함한다(1954, 276).

퍼밀런(C. Vermeulen, 1986)은 바르트의 신학에는 진정으로 신앙을 요구하는 케리그마를 위한 여지가 있다는 것을 입증하려고 시도했다. 하지만 우리는 퍼밀런이 그 점을 제대로 입증하지 못했다고 판단한다. 그는 다음 사실을 시인한다(Vermeulen, 1986, 185). 곧 바르트 신학의 어떤 측면에는 하나님의 아들의 사역과 하나님의 영의 사역을 더 이상 명백하게 구분하는 것이 가능하지 않다. 또한 성령의 고유한 **특성**(*proprium*)은 메시아에 대한 묘사와 일치하는 것으로 제시된다. 그리고 그리스도의 예언자적 직분과 관련해서 성령론적인 기독론에서는 결과적으로 그리스도와 성령이 서로 바꿀 수 있는 주체들로 제시된다.

우리는 복음의 약속에 기초해서 그리스도를 제시할 수 있다. 칼뱅은 복음의 약속, 곧 그리스도를 내용으로 하는 복음의 약속과 복음의 약속의 내용을 믿음으로 받아들이는 것을 분명하게 구분한다.

칼뱅은 약속들이 우리 안에 있는 믿음을 발견할 때에만 발생하는 그 약속들의 효력에 대해서 말한다.

동시에 그는 하나님의 약속들의 효용성과 고유한 특성은 우리의 불신앙이나 배은망덕으로 인해 결코 없어지지 않는다고 덧붙여 말한다(『기독교강요』 3.2.32).

그의 이 말은 하나님의 부르심과 그 부르심을 구성하는 것은 하나 됨을 이룬다는 것을 명백하게 밝혀준다. 그 부르심은 그리스도께로 나아와서 그를 통해 구원을 받게 하는 초대다. 또한 그 부르심은 "회개하고 믿으라는 명령"과 연결되어 있는 호소다(「도르트 신조」 1.3; 2.5; 또한 참조. 3-4.8).

이 호소는 각 사람에게 동일한 방법으로 또한 동일한 내용으로 다가온다. 그럼에도 그 호소에 대한 반응은 다양하다. 사람들의 불신앙은 그들이 자신들에게 선포된 구원을 멀리하게 만든다(마 13:58; 막 6:6; 히 3:19).[8]

우리는 불신앙과 관련해서 인간의 죄책을 지적하지 않을 수 없다. 그것은 구원뿐만 아니라 구원의 원천으로서 하나님의 은혜를 받아들이지 못하도록 하는 데 원인을 제공한다. 구원을 받는 것과 받지 못하는 것은 결코 서로 조화를 이루지 못한다. 또한 하나님에 의해서 선택을 받는 것과 버림을 받는 것도 결코 서로 조화를 이루지 못한다. 「도르트 신조」는 구원의 원천으로서 하나님을 언급하며, 반면에 인간의 죄책으로서 불신앙을 언급한다. 이 언급은 동시에 하나님의 절대 주권을 인정한다(「도르트 신조」 3-4, 8-10). 이것은 "영생을 주시기로 작정된 자는 다 믿더라"(행 13:48)는 성경 말씀과도 일치한다.

우리는 이 점과 관련해서도 "청함을 받은 자는 많되, 택함을 입은 자는 적으니라"는 잘 알려져 있는 마태복음 22:14을 언급하고자 한다. 이 구절은 "부르다"(*kalein*)라는 표현을 사용하고 있다.

우리는 이 구절의 다양한 해석에 대해 다른 곳에서 광범위하게 논의했다(van

---

8 A. C. de Jong, *The Well-Meant Gospel Offer*, 1954, 171-176은 케리그마의 보편성에 대해서 말한다.

Genderen, 1969, 114 이하). 여기서는 이 구절이 지니고 있는 핵심 개념에 대해 말하는 것으로 충분할 것이다. 곧 그 부르심은 보편적인 특성을 지니고 있다. 그 부르심에서 제외되어야 할 사람은 한 명도 없다. 하지만 사실상 모든 사람이 그 부르심에 긍정적으로 반응하지는 않는다. 진정으로 매우 적은 사람들이 긍정적인 반응을 보일 것이다. 긍정적인 반응은 구원받도록 하나님에 의해서 선택되었다는 것을 암시해준다. 그렇지만 그 부르심의 결과는 그 부르심이 지니고 있는 심각하고 진지한 특성을 결코 평가 절하하지 않는다. 이 견해와 다르게 믿는 이들은 그 부르심 앞에서 모든 사람이 평등하다는 것을 모호하게 만든다.

리델보스(Ridderbos, 『마태복음 주석』[*Mattheüs*])는 사실상 그 부르심은 수없이 많은 사람에게 전달되었다고 말한다. 하지만 "그 숫자를 비교해볼 때, 단지 적은 무리의 사람들만이 각자의 회개와 믿음을 통해 자신들이 하나님께 구원받도록 예정되었다는 것을 입증한다"고 주장한다. 또한 § 16.2, 제3번을 보라.

우리는 마태복음 22:14로부터 다음 세 가지 결론을 이끌어낼 수 있다.

(1) 하나님의 선택은 부르심을 제한하거나 부르심을 추진하는 힘을 제거하지 않는다.
(2) 부르심은 매우 진지한 의미를 지니고 있다. 그것에 대한 거부는 죄책을 암시한다.
(3) 부르심은 선택과 일치하지 않는다. 씨 뿌리는 자와 씨의 비유에 의하면, 부르심이 먼저다. 선택은 부르심에 대한 결과로부터 추론할 수 있다.

선택과 부르심의 관계에 대해서는 § 16.8뿐만 아니라 바빙크의 교의학(Bavinck, *R.D.*, 2:402-403)을 보라.

4. 우리는 이 배경에서 외적 부르심과 내적 부르심(*vocation externa et*

interna) 사이의 차이점에 대해 논하고자 한다. 이것은 사람들에 의해서 구원이 선포될 뿐만 아니라 이 선포를 통해서 성령이 그것을 받아들이는 사람들로 하여금 그리스도와 사귐을 맺게 한다는 것을 암시해준다(Heppe, *Dogm.*, 404 이하). 원래 이 구분은 부르심의 내용에 차이점이 있다는 것을 암시하지 않는다. 이것은 한 종류의 부르심을 다른 종류의 부르심과 대조하려는 의도를 지니고 있지 않다.[9] 오직 하나의 부르심만 있다.[10] 이것은 오직 하나의 부르심이 두 가지 결과로 나타난다고 확인해주는 것이다. 「도르트 신조」는 "진지하게"(*serio*, 3-4, 8) 또한 "효과적으로"(*efficater*, 3-4, 10) 부르심을 받는 것에 대해 말한다. 내적 부르심은 다른 부르심이 단지 외적으로만 온다는 것을 의미하지 않는다. 그래서 그 부르심은 덜 진지하고 덜 효과적이라는 것을 뜻하지 않는다. 만약 그리스도 자신이 그 부르심의 내용이라면, 어떻게 덜 진지하고 덜 효과적인 부르심이 있을 수 있겠는가? "내적"이라는 용어는 어떤 사람에게 긍정적 반응이 일어나기에 앞서 그의 마음의 내면에 무엇인가 일어나야 할 필요가 있다는 것을 암시해준다. 따라서 내적인 부르심의 직접적인 결과는 거듭남이다(Heppe, *Dogm.*, 407).

이 점과 관련해서 트림프의 논문("복음 선포는 외적인 것인가?"[Is de prediking uiterlijk?]; in 『영감된 배경』[*Bezield verband*], 1984, 220-230)을 참조하라. 그는 "외적"이라는 표현은 심령술적인(spiritualistic) 입장을 반대하는 의도를 지니고 있다는 점을 강조한다. 오히려 그 표현은 성령의 역사에 관심을 기울이고 있다. "내적"이라는 표현은 성령이 영향을 미치는 특별한 영역을 가리킨다(224). 한편 "외적인 부르심"이라는 표현은 그 부르심이 지니고 있는 효능을 축소하려는 의도를 전혀 지니고

---

9   *Synopsis*, 30:46은 두 가지 유형의 부르심에 대해 논의한다. 곧 **효력 없는 부르심**과 **효력 있는 부르심**(*tam inefficaci, quam efficaci*)이다.

10   W. J. Aalders, 『부르심과 직업에 대한 칼뱅의 견해』(*Roeping en beroep bij Calvijn*), 1943. 이 연구서는 칼뱅의 신학에서 언급되는 구원을 위한 하나의 부르심과 일상생활 속에서 하나님의 다양한 부르심에 대해 훌륭하게 분석해준다.

있지 않다.

또한 우리는 엑살토(Exalto, 1978)의 연구서를 언급하고자 한다. 그는 루터, 칼뱅 및 몇몇 신앙고백서에 기초해서 선택과 부르심을 서로 충돌하는 관계에 놓이게 해서는 안 된다고 주장한다. 엑살토의 연구서는 루터와 칼뱅에 대해 대단히 많이 언급하며 그들의 관점을 다루고 있다는 점에서 가치가 있다.

베버는 선포가 오직 한 번의 선언이 아니라고 강조한다. 그것은 [이미 성취된 것으로부터] 사회적으로 실행되는(*ex opere operato*) 것이 아니다. 심지어 그것은 본질적으로 그것이 아닌 것으로, 곧 "사망으로부터 생명에 이르는 냄새"(고후 2:16)로 바뀔 수도 있다. 선포는 모호한 것이 아니다. **내적 부르심**은 인간이 성령의 능력 안에서 자기의 "예"를 분명하게 선포하게 해준다. 그는 무엇인가 새로운 것을 만들어내는 것이 아니라 모든 것을 받아들인다.

베버는 칼뱅이 이 점과 관련해서 선택받은 것을 입증해주는 "이후의 표징들"(*signa posteriora*)에 대해 언급한다고 주장한다. "이후의"라는 표현은 선택에 속하는 표징들과 관련된 것이다(Calvin, 『기독교강요』 3.24.4; Weber, *Foundations*, 2:501-504, 특히 539). 또한 참조. 니젤의 『칼뱅의 신학』(*Die Theologie Calvins*, 1957, 173 이하)을 참조하라. 한편 크루쉐는 『칼뱅의 신학에서의 성령의 역사』(*Das Wirken des Heiligen Geistes nach Calvin*, 1957)에서 다른 접근 방법을 취한다. 곧 그는 성령의 역사에 의해 결정된 것으로서 부르심의 내용에 대해 숙고한다(특히 해당 논문 239-241을 보라).

우리는 이미 『율법과 복음』(*Wet en Evangelie*, 190n42)에서 확증하는 용법(*usus elentichticus*)과 성령의 관계에 대해 접근하는 크루쉐의 방법론을 비판했다.

하나님의 부르심은 진지한 의도를 지닌 채 전달된다. 따라서 우리는 어떤 사람들이 그 부르심을 거부하는 것을 결코 그것이 지닌 외적인 특성으로 돌려서는 안 된다. 우리는 이 두 가지를 강조하면서 § 39.2을 마무리하고자 한다. 만약 그 부르심이 어떤 사람의 [마음속으로 들어가지 않고] 외부에 머물러 있다면, 그 내용, 곧 그리스도 자신은 그 사람 자신의 잘못에

개혁교회 교의학

의해서 거부되는 것이다. 부르심(*vocatio*)이 마음속으로 들어가는 것을 가로 막는 것은 바로 불신앙이다. 어떤 사람이 성령의 역사를 통해 그 부르심을 받아들일 때, 그것은 내적(*interna*) 부르심이라고 불린다. 성령은 그리스도의 영으로서 부르심을 통해 우리에게 다가오는 약속들의 내용 중 일부분이다. 따라서 인간의 불신앙은 결코 변명으로 사용될 수 없다.

39.3. 거듭남

1. 우리는 "거듭남"(중생)이라는 단어를 신약성경의 여러 곳에서 만날 수 있다. 하지만 우리는 그 단어가 지닌 실질적이며 성령론적인 내용을 구약성경에서도 찾을 수 있다. 디도서 3:5은 거듭남과 관련해서 매우 중요하다. 바울은 거기서 이렇게 말한다. "우리를 구원하시되…중생의 씻음과 성령의 새롭게 하심으로 하셨나니." 여기서 거듭남은 구원 및 성령의 역사와 직접적으로 연결되어 있다. 이 구절은 거듭남에 대해 정의해준다. 곧 거듭남은 성령의 열매이며 구원의 일부분이다.

비록 야고보서 1:18은 거듭남에 대해 명백하게 언급하지 않지만, 사실상 그 구절은 이 땅에서 우리가 처음으로 태어나는 것에 뒤따르는 또 다른 태어남에 대해 말한다. 이 거듭남은 예수가 요한복음 3:3, 5에서 말하는 거듭남과 동일한 것이다. 예수는 이 구절들에서 "거듭나는 것"과 "물과 성령으로 새로 태어나는 것"에 대해 말한다. 디도서 3:5에서 바울도 요한복음의 해당 구절들의 표현을 매우 가깝게 따르고 있다. 베드로도 베드로전서 1:23에서 거의 똑같이 말한다.

비록 "거듭남"이라는 단어가 명백하게 언급되지는 않지만, 우리는 "새 사람을 입으라"(엡 4:23 이하; 또한 참조. 골 3:10)는 표현과 함께 "그리스도와 함께 살리셨고"(엡 2:5)라는 표현에서도 그 개념을 만날 수 있다. 그리고 다음과 같은 표현들도 이 배경에 잘 들어맞는다. "새로운 피조물"(고후 5:17), "우리는 그가 만드신 바라"(엡 2:10), "오직 마음을 새롭게 함으로 변화를 받아"(롬 12:2), "우리의 속사람은 날로 새로워지도다"(고후 4:16) 등이다. 우리는 구약성경에서 새 언약의 선물로서 성령의 역사와 관련된 이 실재를 만난다. 곧 마음속에 율법이 기록된다(렘 31:31-34). 예언자 에스겔도 에스겔 36:25-28에서 이것에 대해 말한다. 거기서 그는 우리가 모든 더러운 것에서 정결하게 되며 또한 우리 안에 새 영이 주어진다고 언급한다. 그리고 신명기 30:6은 마음에 할례가 베풀어지는 것에 대해 말한다.

바로 위에서 언급한 성경 본문 중 몇몇 구절들이 하나님의 형상(의 회복)에 대한 논의에서도 중요한 역할을 한다는 사실은 주목할 만하다(§ 23.6을 보라).

우리는 거듭남과 하나님의 형상의 회복의 상호 연관성과 관련해서 이 모든 구절이 드러내주는 특성들을 다음과 같이 간략하게 제시할 수 있을 것이다.

(1) 거듭남은 그리스도 안에서 이루어지는 구원의 일부분이다.

(2) 거듭남은 특별히 성령의 열매다. 그것의 기원은 궁극적으로 하나님이다.

(3) 성령은 하나님의 말씀을 수단으로 사용한다.

(4) 거듭남은 하나님 앞에서 우리의 인성이 내적으로 완전히 새로워진다는 것을 암시해준다. 거듭남은 그와 같은 과정에서 시작이지만, 그것은 결코 맨 처음의 순간에 한정되어 있지 않다. 새로운 삶은 거듭남의 열매로서 거듭남 이후에도 지속적으로 그와 같은 삶을 보여준다.

따라서 거듭남은 그리스도의 선물로서 우리에게 주어진 하나님의 영을 통해 내면적으로 새로워지는 것이다. 이 선물과 관련해서 다른 추가적인 명칭들도 있다. 거듭남은 하나님이 인간 안에서 행하시는 그분의 절대 주권적인 사역을 연상시켜준다. 흔히 거듭남이 (내적) 부르심(*vocatio*

 개혁교회 교의학

interna)의 첫 열매라고 불린다는 것은 놀라운 일이 아니다. 이것은 앞서 언급한 처음의 몇 구절들에 암시되어 있다.[11]

2. 좁은 의미에서의 거듭남과 넓은 의미에서의 거듭남의 차이점을 지적할 필요가 있다. 좁은 의미에서의 거듭남은 새로운 삶(생명)의 시작을 의미한다. 신체를 지니고 태어나는 것이 이 세상에 도착했다는 것을 알려주고 이 세상에서 그 삶이 전개되는 것을 알려주는 것처럼, 거듭남을 새로운 삶의 시작이라고 생각하는 어떤 이들이 있다. 다른 이들은 그 이후에 새 생명이 전개되고 성장하는 것을 거듭남에 포함시킨다. 칼뱅은 거듭남을 회개라고 묘사하고(『기독교강요』 3.3), 회개는 신자의 전체 생애 동안 일어나야 하는 것으로 묘사한다. 특히 이것은 『기독교강요』 3.3.5에서 다소 자세하게 언급된다. 칼뱅은 회개 및 거듭남과 하나님의 형상의 회복 사이에 연관성이 있다고 생각한다(『기독교강요』 3.3.9). 또한 그는 믿음과 거듭남의 연관성에 대해서도 매우 강조한다(『기독교강요』 3.3). 이 점은 「벨기에 신앙고백서」 제24조에서도 마찬가지다.

우리는 「도르트 신조」에서 새로운 생명의 시작으로서의 거듭남을 만난다(3-4.11-12). 하지만 그 신조의 3-4.13은 새로운 삶을 사는 것과 관련해서 다음과 같은 방향을 제시해준다. 이것을 기억하는 것은 중요하다. "신자들은 이 세상에서 살면서 새 생명이 실행되는 방법을 온전히 이해할 수 없다. 그럼에도 그들은 하나님의 은혜로 자신들의 구주를 마음으로 믿고 사랑할 수 있다는 것을 알고 경험하는 것에 만족해한다." 그리고 「도르트 신조」에 의하면, 거듭남의 열매는 바로 그리스도를 사랑하는 것이다.

폴만은 칼뱅(및 또한 다른 이들)과 「도르트 신조」가 서로 모순된다고 말할 수 없다고 명백하게 밝혀주었다. 이 두 견해들은 서로 양립할 수 있다. 그 견해들은 거듭

---

11 개혁파 신학의 전통에서 세례와 거듭남의 관계에 대해 광범위한 논의가 벌어졌다. § 33, 36, 52를 보라.

남이 성령의 열매이며 또한 하나님의 은혜의 선물이라는 데 동의한다. 거듭남은 인간의 내면에서 일어나는 영적인 일이다(「벨기에 신앙고백서」 3.113-120).

바빙크는 별도의 연구서(1903)에서 부르심과 거듭남의 관계에 대해 광범위하게 다룬다. 브렘머는 "교의학자로서의 헤르만 바빙크"(1961)라는 제목의 논문에서 바빙크의 해당 연구서의 관점을 매우 상세하게 탐구한다. 우리는 바빙크의 논점을 요약한 12 명제 중에 몇 가지를 제시하고자 한다. 곧 바빙크는 원칙적으로 거듭남과 믿음이라는 순서를 따른다. 그는 거듭남을 믿을 수 있는 능력이 주어지는 것으로 해석한다. 이 능력을 활성화하기 위해서 말씀이 필요하다. 그는 이 점에서 카이퍼의 견해를 따른다(참조. Velema, 1957, 특히 149-158). 바빙크는 좁은 의미에서의 거듭남과 넓은 의미에서의 거듭남 사이의 차이점을 알고 있다. 하지만 그는 전자를 선호하면서 「도르트 신조」 이후의 신학자들의 입장을 따른다. 그는 거듭남이 말씀 아래에서 말씀과 함께 일어난다고 주장한다. 하지만 거듭남이 말씀을 통해서 일어난다고 주장하지는 않는다. 그는 재세례파와 항변파의 주장에 맞서 이 순서와 해석을 지지한다.

한편 카이퍼가 도입한 용어는 거듭남이 오랜 시기 동안 휴면기에 머무는 가능성을 열어주었다. 이 개념 자체와 카이퍼의 구조에 적합한 개념에 대한 논의와 관련해서는 펠레마(1957, 152 이하)를 참조하라.

우리는 (「도르트 신조」 3-4.11이 가르쳐 주듯이) "거듭남"이라는 용어를 새 생명의 시작을 가리키는 데 사용하는 것이 옳다고 생각한다. 하지만 우리는 이 용어를 단지 새 생명의 시작에만 국한하는 것을 원치 않는다(참조. 「벨기에 신앙고백서」 제24조). 우리는 동일한 논거에 기초해 거듭남이 말쓰 선포의 지배를 받는, 그리고 말씀 선포를 통한 성령의 사역이라고 간주한다. 우리는 카이퍼의 견해와 직결되는 바빙크의 견해를 칼뱅과 보조를 맞추기보다 오히려 한 걸음 뒤로 물러난 것으로 간주한다. 또한 우리는 바빙크의 접근 방법이 카이퍼의 접근 방법보다 더 미묘한 차이를 포착한다는 것을 인정한다.

3. 동시에 이것은 **직접적인 거듭남과 간접적인 거듭남**의 차이점에 대해서 숙고한다. 비록 호닉은 카이퍼의 입장에 서 있지만(Honig, *Handboek*, 549 이하), 그는 휴면기에 머무는 거듭남이라는 개념을 거부한다. 우리는 거듭남과 말씀의 선포, 특히 부르심이 서로 밀접하게 직접적으로 관련이 있다고 생각한다.

하나님이 그분의 성령을 통해 아직 논리적으로 사고할 수 없는 어린아이들도 구원하실 수 있다는 사실은 성경이 가르치는 대로 부르심과 거듭남이 서로 명백하게 연결되어 있다는 것을 훼손하지 않는다. 우리는 거듭남에 대한 제한된 해석에 근거해서 부르심의 개념을 수정하지 않을 것이다. 하나님은 그분의 성령의 역사에서 절대 주권을 지니신 채 일하신다. 우리는 이 점과 관련해서 하나님의 말씀이 우리에게 가르치는 것을 반드시 꼭 붙잡고 있어야 한다. 그렇다면 우리는 이 항목의 시작 부분에서 논의한 성경 본문들을 단지 넓은 의미에서의 거듭남과 관련된 것으로 해석하는 것을 허용하지 않는다. 또한 우리는 부르심과 거듭남을 좁은 의미에서의 거듭남이 아니라 다른 어떤 관계와 연결하는 것도 허용하지 않는다.

4. **거듭남은 사람들을 신체적으로 변경시키지 않는다. 오히려 거듭남은 사람들과 하나님과의 관계 및 사람들과 사람들 사이의 관계를 변화시킨다.** 거듭남의 핵심은 하나님의 형상의 회복이다. 인간은 이 회복을 통해 새로운 지식, 통찰력 및 성향을 얻는다. 죄에 의해 영향을 받은 인간의 본성은 깨끗해지고 새로워진다. 거듭남은 마음의 변화로 묘사될 수 있다. 거듭남은 이제 사랑 안에서 하나님과 동료 인간을 향한다(「도르트 신조」 3-4.11, 12). 바로 이런 이유로 말미암아 그리스도는 우리의 생명이라고 불린다(골 3:4. 또한 참조. 갈 2:20; 빌 1:21).

이 생명은 말씀을 통해 잉태되고 양육된다(벧전 1:23; 참조. 고전 4:15). 또한 성장은 새 생명이 지니고 있는 특징 중 하나다.[12]

---

12 영적인 성장의 다양한 측면에 대해서는 다음 연구서를 참조하라. W. H. Velema, 『교회의 영

5. 마지막으로 거듭남을 우주, 곧 하늘과 땅을 새롭게 하는 것과 연결시키는 성경 구절이 하나 있다(마 19:28). 반 브루겐(Van Bruggen, 1990, 369)은 거듭남이 사람들과 세상을 회복하는 데 관심을 갖는 것이라고 올바르게 지적한다. 우주론적인 실재는 민족들이란 실재 없이 존재하지 않는다. 또한 세상은 교회 없이 존재하지 않는다. 그리고 하늘에 거주할 대상들이 없다면, 하늘은 존재하지 않는다. 이와 같이 우주 및 (이스라엘에 대한 언급과 함께) 교회의 새롭게 됨은 거듭남에서 시작된 새로움의 절정을 나타낸다.[13]

이 항목의 마지막은 놀랍게도 이 항목의 시작과 밀접하게 연결되어 있다. 우리는 일반적인 의미에서의 부르심이라는 개념에서 시작했다. 우리는 인격적인 측면에서 새롭게 됨을 거쳐 세상과 하나님의 백성이 참여하게 될 거듭남으로 마무리한다. 시작 부분의 광범위한 관점은 끝부분에서 조금도 좁아지지 않는다. 우리는 구속자 예수 그리스도에게 초점을 맞춘 채, 우리가 가야 할 궁극적인 목적지로서 하나님의 백성으로서의 교회의 새롭게 됨뿐만 아니라 우주 전체의 새롭게 됨을 내다본다. 우리는 이와 같이 이른바 **구원의 서정**(*ordo salutis*) 안에서 구원의 광대함을 인식한다.

§ 40. 믿음과 회개

40.1. 믿음
40.2. 회개

40.1. 믿음

1. 우리는 믿음을 먼저 논의했어야 하지 않는가라고 혹시 질문할 수도 있다. 믿음을 먼저 논의한 이후에 곧바로 부르심에 대해서 논의하는 것이 더 바

적인 성장』(*De geestelijke groei van de gemeete*), 1966.
13　또한 König(1982)도 모든 창조세계의 새롭게 됨에 덧붙여 인격적인 차원의 새롭게 됨을 지적한다. 그는 이와 관련해서 롬 8:18 이하를 언급한다.

　　　　　　　　　　　　　　　　　　개혁교회 교의학

람직한 순서가 아닐까? 우리는 이전 항목에서 이 질문을 다루지 않았기 때문에 지금 이 질문을 다룰 필요가 있다.

믿음과 부르심은 사실상 함께 발생한다는 게 사실이다. 믿음은 사람이 복음의 부르심에 긍정적으로 반응하는 것이다. 이런 관점에서는 부르심과 믿음을 동일한 항목에서 다루는 이유에 대해 설명이 필요했다.

하지만 우리는 그와 같이 하지 않았다. 말씀과 성령을 통한 부르심은 어떤 사람에게서 내적인 완전한 변화를 빚어내며, 그 변화는 믿음 안에서 나타나기 때문이다. 이 내적인 새로움, 곧 거듭남이 없으면 믿음은 나타나지 않는다. 우리는 바로 앞 항목에서 부르심은 마음을 움직여야 할 뿐만 아니라 마음을 변화시켜야 한다고 강조했다. 부르심과 내적인 변화는 성령의 사역과 연결되어 있기 때문에, 우리는 부르심을 다루는 배경에서 거듭남을 논했다.

우리는 제38항에서 경험에 기초한 연대기적인 순서로 구원의 서정을 구성하는 요소들을 논하지 않는다고 분명하게 밝혔다. 오히려 우리는 **신학적** 관점에서 구원의 유익들에 대해 논한다. 곧 우리는 하나님의 영적인 선물 중 분별할 수 있는 내적인 연관성에 기초해서 그것들에 대해 논한다. 우리는 이 신학적인 관점에서—또한 그 길을 걸어간 다른 많은 이들과 더불어—부르심과 거듭남을 하나의 주제로 논하는 것이 매우 정당하다고 간주한다.

「벨기에 신앙고백서」 제24조는 다음과 같이 말한다. "이 참된 신앙은 하나님의 말씀을 듣는 것과 성령의 사역에 의해서 생긴다. 그 신앙은 사람을 거듭나게 하고 그를 새 사람으로 만들어서 그가 새로운 삶을 살도록 이끈다." 우리는 「벨기에 신앙고백서」 제24조에 근거해서 믿음에 이어 곧바로 거듭남을 다룰 수 있을 것이다. 이 경우에 부르심, 믿음 및 거듭남은 한 항목에서 논의될 수 있을 것이다.

우리는 부르심과 거듭남을 다루고 나서 믿음과 회개에 대해 다루기로 결정했다. 그것은 믿음 안에 있는 하나님의 은혜의 측면을 강조하고자 하는 동기에서 비롯된 것이다. **부르심에 대한 인간의 긍정적인 반응은 믿음과 회개를 빚어낸다. 그것은 바로 성령의 열매다.** 우리는 부르심에 대한 논의에서 이 점을 강조한다. 나아가 이것은 부르심 다음에 곧바로 거듭남을 다루는 것을 통해서 강조된다. 이것은 우리가 믿음으로 거듭난다는 신앙고백을 거부하는 것이 아니다. 우리는 「벨기에 신앙고백서」에 사용된 표현으로부터 다음과 같이 결론지을 수 있다. 곧 믿음 그 자체는 참으로 성령의 열매다. 이런 의미에서 믿음은 거듭남의 열매다.[14]

우리가 여기서 간결하게 제시한 양면의 접근 방법을 사용하는 것은 정당한 것이다. 왜냐하면 우리는 경험에 기초한 연속적인 순서가 아니라 하나님이 우리 안에서 일하시는 것과 그것에 뒤따르는 우리의 긍정적인 반응을 묘사하기 때문이다. 부르심에 비추어볼 때, 믿음이 없으면 거듭남도 없다. 또한 거듭남이 없으면 믿음도 없다.

2. **믿음이란 무엇인가?** 바빙크는 한편으로 믿음과 지성 사이에 밀접한 연관성이 있다고 이해한다. 다른 한편으로 그는 회개와 의지가 서로 밀접하게 연결되어 있다고 이해한다(Bavinck, *R.D.*, 4:132). 이 구분은 인간론에 기초한 것이다. 우리는 성경적인 의미에서 믿음과 회개의 중요성을 입증하는 데 인간론이 판단 기준이라는 입장에 동의하지 않는다. 따라서 믿음과 회개가 무엇을 의미하는지는 성경 자체에서 추론해야 한다.

지금 우리는 믿음이 구원론에서 특별한 내용으로 다루어지는 인간의 보편적 속성인지 질문할 수 있다. 우리는 특히 다음과 같은 견해를 머릿속에 떠올리며 이 질문을 제기한다. 곧 개혁주의 철학(Reformational philosophy)은 현실에 대해 분석하면서 모든 사람이 공통적으로 지니고 있다고 생각되는 어떤 믿음의 기능(pistic function)을 인정한다.[15] 이 철학은 이와 관련해서 다음과 같은 카이퍼의 입장을 따른다. 곧 카

---

14 Calvin은 여러 곳에서 거듭남이 믿음보다 앞선다고 주장했다. 특히 요 1:12-13 및 눅 17:13에 대한 그의 주해를 보라. 또한 De Groot, 1952, 188-190을 참조하라.

15 참조. L. Kalsbeck, 『법개념의 철학』(*De wijsbegeerte der wetsidee*), 1970, 특히 130-135. M.

이퍼는 일반적인 의미에서의 믿음과 특별한 의미에서의 믿음을 서로 구분한다. 특별한 의미에서의 믿음은 죄인에게 심어진 것이다. 반면에 일반적인 의미에서의 믿음은 의식의 기능으로 생각된다. 하나님의 형상대로 지음을 받은 인간은 의식의 기능을 수단으로 하여 하나님을 하나님으로 인정한다(Kuyper, *De Salute*, 98).

우리는 이 견해를 반대하면서 성경이 어느 곳에서도 인간이 죄로 타락하기 이전에 어떤 믿음의 기능을 지니고 있었다고 언급하지 않는다는 점을 지적하고자 한다. 그럼에도 인간의 불신앙은 반복적으로 언급된다(민 14:11; 왕하 17:14; 시 78:22, 32; 사 7:9; 마 13:58; 막 6:6; 히 3:19). 우리는 창세기에서 사람들의 생각이 헛되고, 그들의 이해력이 무디며, 또한 그들이 하나님으로부터 멀어진 삶을 산다고 말하는 것을 읽는다. 왜냐하면 그들이 영적으로 무지하고, 그들의 마음이 완악하기 때문이다(엡 4:17-18; 참조. 롬 1:21).

우리는 성경의 어느 곳에서도 인간이 죄로 타락하기 이전에 믿음, 곧 성령의 은총에 의해 부정적인 상태에서 긍정적인 상태로 변화되어야 하는 믿음을 소유했다는 생각을 찾을 수 없다. 성경은 인간이 하나님의 형상대로 지음을 받았다고 말한다(§ 23.2을 보라). 이것은 하나님과의 관계를 포함한다. 하지만 이 관계는 죄로의 타락으로 말미암아 훼손되었다. 우리는 이 정도까지만 언급하고자 한다. 이것은 바울이 "그들의 총명이 어두워지고 그들 가운데 있는 무지함과 그들의 마음이 굳어짐으로 말미암아 하나님의 생명에서 떠나 있도다"(엡 4:18)라고 말하는 것과 전적으로 일치한다. 이 소외는 인간이 가진 믿음이 부정적으로 작용할 수 있다고 표현한 것보다 훨씬 더 심각하고, 하나님과 인간의 최초의 관계보다 더욱더 첨예하게 대조를 이룬다. 죄는 인간의 전 존재와 마음에 부정적인 영향을 미친다. 그것은 (영적인) 죽음을 함의한다(참조. § 27.2).

E. Verburg, *Herman Dooyeweerd*, 1989, 175-178. J. Douma, *Kritische aantekeningen bij de wijbegeerte der wetsidee*, 1976, 특히 26-32은 이 믿음의 기능을 비판한다.

성경에서 믿음을 하나님과 인간 사이의 관계가 회복된 것으로 말하고, 불신앙을 하나님의 말씀에 대한 거부로 묘사하는 것은 결코 놀라운 것이 아니다.

믿음은 하나님과 인간이 맺은 모든 관계와 하나님 앞에서의 인간의 실존 전부를 포괄한다. 바빙크는 구약성경에 "지금 기독교가 믿음이라고 부르는 것에 상응하는 전문 용어가 나타나지 않는다"고 지적한다(Bavinck, *R.D.*, 4:104). 그는 믿음이라는 전문 용어가 오직 신약성경 안에서만 나타난다고 주장하지만, 우리는 "믿음"이라는 명사가 사실상 하박국 2:4에서 사용되며, 그것에 상응하는 동사는 여러 곳에서(창 15:6; 출 14:31; 시 116:10; 욘 3:5) 나타난다는 것을 지적할 수 있을 것이다. 우리는 해당 구절들에서 "아만"(*'aman*)이라는 히브리어 동사의 다양한 형태를 만난다.

3. 우리는 **믿음이 하나님과의 올바른 관계를 회복하기 위해 꼭 필요한 것**이라고 지적하면서 믿음에 관해 더 자세한 논의를 시작하고자 한다. 히브리서 11:6은 "믿음이 없이는 하나님을 기쁘시게 하지 못하나니"라고 말하는 것을 통해 이 점을 명백하게 밝혀준다. 우리는 에녹의 믿음이 지니고 있는 본질적인 측면으로서 그가 하나님과 동행했다는 것을 기억해야 한다(또한 롬 3:22 및 갈 3:11을 보라). 또한 우리는 요한복음 20:31에서 다음과 같이 믿음과 생명을 서로 연결하는 것을 만난다. "오직 이것을 기록함은 너희로 예수께서 하나님의 아들 그리스도이심을 믿게 하려 함이요 또 너희로 믿고 그 이름을 힘입어 생명을 얻게 하려 함이니라."

우리는 디모데후서 3:15을 통해 성경에서 믿음의 초점이 그리스도께 맞추어져 있음을 알 수 있다. 믿음과 그리스도의 관계는 본질적인 것이다(참조. 요 3:16; 행 3:16; 갈 2:20; 3:22). 이것에 대한 확대는 오직 믿음으로 하나님 앞에서 의롭다고 인정을 받는 것이다(롬 3:26; 4:5; 9:30; 갈 2:16; 3:11, 22, 24). (또한 § 41과 베르카우어[Berkouwer], 1954, 187, 특히 제7장을 참고하라).

믿음은 하나님의 말씀 또는 복음을 듣는 것으로부터 온다(롬 10:17).

이것은 성경이 지니고 있는 중심적인 역할에 반영되어 있다(딤후 3:16). 그리고 성령은 각 사람이 믿음을 갖도록 성경과 복음 선포를 사용한다. 하나님의 말씀을 읽고 듣는 것과 믿음을 갖는 것은 서로 뗄 수 없는 관계에 놓여 있다. 이 점과 관련해서 요한계시록 1:3과 골로새서 4:16을 보라. 하나님은 바로 성경과 복음 전파를 수단으로 사용하셔서 사람들이 예수 그리스도에 대한 믿음을 갖도록 부르신다.

우리는 믿음이 구원을 받는 데 필수적이며, 예수 그리스도께 초점이 맞추어져 있다는 사실을 살펴보았다. 우리는 믿음이 하나님의 선물이라는 것을 덧붙여 말하고자 한다(특히 참조. 행 10:44; 16:14; 빌 1:29). 구원의 메시지가 삼위일체적인 개념을 지니고 있는 것과 관련해서는 갈라디아서 4:4-6을 참고하라. 우리는 믿음을 묘사할 때 **구원을 받는 데 꼭 필요한 것**, **구원의 선물**이라는 표현들을 사용할 수 있다.

4. **믿음은 무엇으로 이루어져 있는가?** 우리는 믿음이 하나님 앞에서의 삶과 관련이 있다는 사실을 이미 살펴보았다(요 20:31; 또한 참조. 요 11:25-26). 믿음의 실천과 구성 요소에 대해 말할 것이 더 있을까? 우리는 이 질문과 관련해서 「하이델베르크 교리문답」의 제21답변에서 언급되는 **지식**과 **확신**의 요소들을 생각하고 있다.

개혁파의 교의학에는 이와 관련해서 강조점의 차이가 있었지만, 나중에 그것은 견해의 차이로 발전했다. 칼뱅은 자신의 널리 알려진 설명에서 우리를 향한 하나님의 선하심에 대한 확고하고 확실한 지식을 강조한다. 그는 그 지식이 성령을 통해 우리 지성에 계시되고 우리 마음에 새겨졌다고 말한다(『기독교강요』 3.2.7).

데이(S. P. Dee, 1917, 특히 13-44)는 자신의 논문에서 칼뱅의 이 정의는 믿음을 지성에 국한한다고 주장한다. 그 정의에는 확신을 위한 공간이 전혀 없다. 이 주장에 대한 간략한 논의에 대해서는 호닉(*Handboek*, 517 이하)을 보라(또한 참조. Van der Spek, 1942, 특히 143-152 및 van Genderen, 1982, 특히 12-21).

과연 믿음은 지식과 확신이라고 묘사될 수 있을까? 또한 이 두 가지 요소는 어떻게 서로 관련이 있을까? 특히 두 번째 질문은 인간론적인 동기에서 제기된다. 그 질문은 지성과 의지가 서로 구분된다는 것을 반영한다. 곧 지식은 지성과 연결되고, 확신은 의지와 연결된다.[16] 이 문제와 관련해서는 바빙크의 개관을 보라(Bavinck, *R.D.*, 4;112-115). (판 더 스페이크[Van der Spek, 1942, 145-149]는 그의 개관을 채택함).

멜란히톤은 믿음에 있는 세 가지 요소, 곧 지식(*notitia*), 동의(*assensus*), 확신(*fiducia*)을 구분한다. 믿음에 대한 루터의 견해에 의하면, "인간이 구원을 받아들이는 것뿐만 아니라 인간 안에 있는 구원의 선물"이 그리스도와 직접적으로 연결되어 있다(참조. Slenczka, *TRE 13*, 1984, 특히 322-324 및 W. van 't Spijker, 『루터, 약속과 경험』(*Luther, Belofte en ervaring*), 1983, 특히 189-191).

개혁파 신학에서 지식과 확신의 관계에 대한 논의는 지속되었다. 다양한 강조점이 제시되었다. 헤페가 믿음에 대해서 별도의 구별된 장을 할애하지 않는다는 것은 주목할 만하다. 그는 부르심(Heppe, *Dogm*., 408, 421, 423) 및 칭의(441)와 연결해서 믿음을 다룬다. 헤페의 논의의 초점은 다음과 같은 인간론적인 질문, 곧 과연 우리는 지식(*cognitio*)과 의지(*affectus*)라는 영혼의 두 가지 기능을 서로 구분할 수 있는가에 대한 질문에 맞추어져 있다. 특히 판 더 스페이크는 이 문제에 대해 자신의 논문의 맨 마지막 장에서 언급한다(Van der Spek, 1942, 49).

퍼봄(『종교개혁과 제2차 종교개혁의 기본적인 신앙고백』[*De catechese van de Reformatie en de Nadere Reformatie*], 1986)은 루터, 멜란히톤, 칼뱅 및 「하이델베르크 교리문답」이 사용한 지식의 개념에 대해서 분석한다. 그는 「하이델베르크 교리문답」과 관련해서 두 가지 서로 다른 관점들을 인정한다(173-183, 특히 182). 제2차

---

16 Buber는 유대교와 기독교의 차이점을 확신과 믿음의 차이로 파악하려고 시도했다. 그의 저서 『믿음의 두 가지 방법』(*Zwei Glaubensweisen*), 1930을 참조하라. 한편 우트레히트에서 행한 강연—『믿음과 신뢰』(*Geloven en vertrouwen*)—에서 Th. C. Vriezen은 Buber의 이와 같은 입장에 대해 비판적으로 논평한다.

종교개혁에서 지성적인 지식의 역할과 관련해서는 § 246-257을 보라.

바빙크는 이 역사적 발전을 객관적으로 일목요연하게 묘사한다. 그는 많은 신학자가 믿음은 두 가지 서로 다른 능력을 사용하는 것으로 이루어져 있다고 간주하는 것에 대해 설명한다. 믿음을 특징짓는 세 가지 단어들을 사용하는 멜란히톤은 믿음이 지니고 있는 더 많은 행위들(*actus*)을 확인하도록 신학자들을 권면한다. 투레티누스(Turretin)는 일곱 가지를, 위트시우스(Witsius)는 무려 열 가지나 구분한다. 그리고 위트시우스는 이 행위들을 세 가지 범주, 곧 (믿음의 열매와 관련해서) 이전의 범주, 동시적인 범주, 이후의 범주로 세분화한다. 그리스도를 인정하고 영접하는 것은 믿음의 이 모든 행위에서 핵심적인 것으로 이해된다.

또한 우리는 윌헬무스 아 브라컬을 언급하고자 한다. 그는 구원하는 믿음이 복음의 약속들에 대한 동의, 곧 지식이라고 이해하지 않는다. 오히려 그는 확신이라고 이해한다. 또한 그는 지성이 아니라 의지가 믿음에서 중심 역할을 하는 것으로 이해한다(Wilhelmus à Brakel, *R.S.*, 1:277-296). "믿음은 온 마음으로 그리스도를 신뢰하는 것이고 그리스도를 통해서 하나님을 신뢰하는 것이다. 신자는 믿음으로 의롭다고 여김을 받고, 거룩해지며, 영화롭게 된다. 또한 신자는 믿음으로 그리스도가 자발적으로 자기 자신을 희생제물로 드린 것과 그의 약속들을 의지하고, 그리스도는 자기를 영접하고 그 목적을 위해서 자기를 의지하는 이들에게 그 약속들을 실행할 것이라는 것을 의지한다"(*R.S.*, 2:295).

브라컬의 이와 같은 견해에 대한 비판적인 논의와 관련해서는 로스(F. J. Los, *Wilhelmus à Brakel*, Leiden 1991², 247 이하)를 참고하라. 로스는 브라컬과 라바디파(Labadists) 사이에 유사점이 있다고 지적한다. 판 헨더렌(J. van Genderen, "Wilhelmus à Brakel," in 『제2차 종교개혁』(*De Nadere Reformatie*), 1986, 178 이하)은 브라컬의 견해에 공감하며 그것을 상당 부분 인정한다. 이 논문은 믿음에 대한 브라컬의 관점이 반지성적이라고 지적한다. 믿음의 본질을 마음의 확신에서 찾으려고 하면서, 믿음에 대한 이 관점은 참 신앙과 역사적인 신앙을 구분한다. 판 헨더렌은 브라컬이 지니고 있는 복음주의적 온유함을 지적한다. 또한 아메시우스(Amesius)도 믿음의 중심 자리를 의지 안에서 찾는다.

브라컬과 관련해서 또한 스피커(W. van 't Spijker, 『성령의 인침』[*De verzegeling met the Heilige Geest*], 1991, 109-133)의 논문을 보라. 그는 이 주제와 관련해서 브라컬의 믿음에 대한 관점에 대해서도 논의한다(특히 113-116을 보라).

콤리는 (위트시우스가 제시하는 아홉 가지 행위를 부인하면서) 고전적인 관점으로서 믿음이 지니고 있는 세 가지 행위를 받아들인다.[17]

5. 믿음의 본질을 명확하게 구분하려는 다양한 시도들이 과거에 있었다. 우리의 견해에 의하면, 이 시도들이 지니고 있는 난점 중 일부분은 그 시도들이 인간과 그의 다양한 능력들을 출발점으로 삼았다는 것이다. 다른 한편으로 이 시도들은 믿음의 총체성을 인정했다. 이 표현과 관련해서 우리는 믿음이 인간의 내면이 지니고 있는 전체를 포함한다는 것을 의미함을 인정한다. 곧 믿음은 마음의 문제다. 믿음은 단지 어떤 주장들을 지적으로 받아들이는 것이나 또는 몇몇 진리들에 대한 지성적 동의 이상을 포함한다.

또다시 우리는 믿음과 삶의 관계에 관심을 기울이고자 한다(요 20:31). 믿음을 지닌다는 것은 **복음의 약속들을 받아들이는 것을 통해서 생명을 얻는다**는 것을 의미한다. 이것은 바로 믿음으로 우리가 거듭난다는 것을 나타낸다.

우리는 믿음이 몇 가지 독립적인 요소들로 구성되며, 또한 단순히 이 요소들을 결합하는 것을 통해 믿음의 본질을 파악할 수 있다는 관점을 버려야 한다.

믿음은 궁극적으로 마음의 행위다. 그것은 지성과 의지와 감정을 포함하여 우리의 전 존재를 포괄한다. 이 내면적인 속성들 중에서 단지 한 두 가지가 믿음의 중심을 이룬다고 생각한다면, 믿음의 개념은 모호해진다. 우

---

17   참조. Honig, *Alexander Comrie*, Leiden, 1991², 211-219. 또한 참조. Graafland, "Alexander Comrie," in 『제2차 종교개혁』(*De Nedere Reformatie*), 1986, 327 이하.

                                                   개혁교회 교의학

리는 우리의 마음으로 믿는다. 우리는 믿음을 통해 하나님과 관계를 맺는다. 하나님은 그분의 약속을 통해 그분 자신을 우리에게 계시해주신다. 우리가 하나님의 약속을 알지 못하면, 우리는 하나님을 믿을 수 없다. 하지만 우리가 이 지식이 믿음의 일부분을 구성한다고 믿는다면, 우리는 잘못 생각하는 것이다. 믿음을 영혼이 지니고 있는 다양한 속성들로 나누는 이들은 믿음을 양적으로 세분화하는 것이며, 믿음의 본질과 고유한 특성을 빼앗는 것이다.

우리는 다른 각도에서 이 문제에 접근할 수도 있다. 우리는 죄를 불신앙, 불순종, 교만 및 미움으로 특징지었다(§ 26.3). 믿음은 우리가 죄와 그것의 모든 결과들로부터 구속받았다는 것을 의미한다. 그것은 우리와 하나님과의 관계를 회복한다. 이것은 우리가 하나님의 말씀을 받아들이고, 말씀에 계시된 약속의 내용을 우리의 것으로 확신하게 하며, 우리를 순종하게 하며 겸손하게 한다. 그 결과 우리는 우리의 교만을 죄라고 인정하며, 우리의 죄에 대해 회개한다.

믿음은 인간이 또다시 하나님의 사람이 되고, 자신의 창조주 및 구원자와 긍정적인 관계로 회복되었다는 것을 의미한다. 우리는 이 믿음을 통해서 새로워졌으며 또한 온갖 죄(불신, 불순종, 교만 및 미움 등)로부터 구속받았다. 또한 우리는 그리스도의 형상으로 재창조되었다. 바로 이런 이유로 말미암아 믿음은 그리스도께 초점이 맞추어져 있다.

6. 우리는 이것에 비추어 **회개, 내면적인 아픔 및 죄책감이 없으면 믿음도 없다**는 것을 이해할 수 있다. 인간이 거듭나서 하나님 앞에서 겸손해질 때, 그는 죄에 대한 책임을 자각한다.

인간의 내면적인 관점에서 이 다양한 측면들이 어떻게 시간적인 순서대로 우리에게 일어나는지에 대해 정확하게 결정하는 것은 중요하지도 않고 가능하지도 않다. 믿음은 마음의 행위다. 믿음은 우리의 전 존재를 포괄한다. 그것은 우리의 영혼과 관련된 모든 속성에 영향을 미친다. 믿음의 한 가지 행위를 다양한 요소로 구분하는 것은 가능하다. 우리는 그것을 믿음의 한 가지 행위가 지니고 있는 다양한 측면들이라고 이해한다. 거기에는 우리에게 자신을 계시해주시는 하나님에 대한 지식도 있고 그분에 대한 확신도 있다. 나아가 죄악된 성향으로 가득한 교만이나 자기중심주의와 대조를 이루는 겸손도 있다.

믿음은 말씀의 하나님과 친밀하게 교제하기 위해서 하나님의 말씀을 신뢰하는 것이라고 종종 설명되었다. 사실상 이것은 하나의 훌륭한 관점이다. 하나님의 말씀과 말씀의 하나님! 이 둘은 결코 분리될 수 없다. 합리주의자들은 하나님의 말씀에 만족해한다(하지만 그들은 하나님의 말씀의 범위를 한정한다). (어떤 유형이든지 또는 어떤 단체에 속해 있든지) 신비주의자들은 하나님의 말씀과 별도로 하나님을 의지한다. 이것은 본질적으로 신령주의다. 개혁파 교회와 신학의 전통은 말씀의 하나님뿐만 아니라 하나님의 말씀도 믿음의 "대상"으로 이해한다. 합리적인 이해만으로는 충분하지 않다. 또한 하나님의 말씀에 대한 지식이 없이 하나님과 친밀한 관계를 맺는 것은 가능하지 않다. 이 지식은 하나님과 생생한 교제를 나누는 것에 뿌리내리고 있다. 하나님의 약속들이 진실하며 믿을 수 있다고 확신하는 것과 나아가 이 약속들의 하나님을 확신하는 것은 지식과는 별도로 중요한 위치를 차지한다. 동시에 이 확신은 겸손히 하나님을 의지하며 하나님 앞에서 자신을 낮추는 것을 통해 나타난다. 또한 이 확신은 하나님을 불신하고 그분에게 불순종하며 교만한 태도를 지니는 것으로부터 철저하게 돌이키는 것을 통해서 드러난다.

앞서 묘사한 것은 믿음과 회개가 서로 직접적으로 관련이 있고 동일한 배경에서 이 두 가지 주제를 반드시 함께 논해야 한다는 것을 밝혀준다.

7. 우리는 이와 관련해서 **믿음의 확실성**에 의문을 제기하는 것에 대해 논할 수 있다. 믿음은 본질적으로 하나님의 선하신 의도에 기초한 확실함이라는 특성을 지닌다. 이 확실함은 하나님 자신과 그분의 말씀이 진실하며 믿을 수 있다는 것에 기초한다.

우리는 믿음의 행위와 믿음의 대상의 차이점을 기억하고 있다. 이 차이는 믿음의 행위(*fides qua*)와 믿음의 내용(*fides quae*)을 구분하는 것으로 잘 알려져 있다. 믿음은 하나님의 말씀과 말씀의 하나님이 지니고 있는 확실성과 신뢰성으로 인해 확실성을 갖는다. 곧 그 확실성은 믿음 자체 때문이 아니라 우리가 믿는 하나님께 있다.

물론 신자는 자신의 믿음의 행위(*fides qua*)와 더불어 다양한 신앙 경험을 할 수 있다. 그는 내적으로 또한 외적으로 어려운 처지에 놓일 수 있다. 그는 귀신들린 어떤 아이의 아버지처럼 "내가 믿나이다. 나의 믿음 없는 것을 도와주소서"(막 9:24)라고 말할 수 있다. 우리는 연약한 믿음과 작은 믿음에 대해서는 나중에 다시 다루고자 한다.

이와 같은 신앙 경험의 가변성은 신자 자신에게 달려 있다. 믿음은 일정 기간 성장을 멈출 수도 있다. 하지만 이것은 믿음 자체가 불확실하다고 선언하는 것과는 다른 것이다. 믿음이 본질적으로 불확실하거나 또는 여전히 확실함을 향해서 나아가는 과정에 있는 것으로 여기고, 확실성을 믿음의 내용(*fides quae*)에 함축되어 있는 것으로 생각하지 않는 이들은 믿음의 본질을 훼손하는 것이다.

우리는 구약성경에서 믿음은 "아만"(*'aman*)이라는 히브리어 동사와 관련이 있다는 것을 이미 지적했다. 이 단어는 확실성과 보증을 암시해준다. 우리는 종종 **신뢰하다**와 **기대하다**라는 표현에서 믿음의 행위를 만난다. 바빙크는 다음과 같은 동사들, 곧 섬기다, 붙잡다, 의지하다, 기대다, 희망하다, 기다리다 등을 추가하며 이 목록을 확대한다(Bavinck, *R. D.*, 4:104 및 3:491 이하). 이 동사들에 불확실성의 요소를 혼합하는 이들은 그것들이 지니고 있는 효력뿐만 아니라 본질적인 내용을 강탈하는 것이다. 불확실성의 본질과 이 동사들을 동일시하는 것은 그것들에 부정적인 의미를 부여하는 것을 함의한다. 확실성은 예언의 말씀(참조. 벧후 1:19)과 그것이 증언하는 구원(참조. 롬 8:16; 히 10:19, 22)으로부터 온다. 구원은 개인적인 확신으로 이끌어준다(롬 8:38-39; 요일 3:14). 이 확실성은 성령을 통해 보증으로서 우리의 마음에 새겨져 있다(고후 1:22; 5:5).

8. 믿음은 하나님의 부르심의 열매이자 하나님의 선물일 뿐 아니라, 또한 **인간의 행위다**. 바로 이런 이유로 믿고 (회개하라는) 부르심이 끊임없이 울려 퍼진다(사 55:6; 렘 3:22; 막 16:16; 요 3:16; 행 2:38-39; 16:31). 이 배경에서 죄가 실질적으로 불신앙이라는 사실이 얼마나 심각한 것인지, 또한 어떻게 불신앙이 사람을 하나님 앞에서 죄인으로 만드는지 쉽게 이해할 수 있다(왕하 17:14, 19; 시 78:22; 사 7:9; 마 13:58; 막 6:6; 히 3:19).

상호 주체성(inter-subjectivity)이라는 맥락에서, 베르크호프는 우리가 언약 안에서 행하는 결정적인 역할을 강조한다. 우리의 믿음의 행위의 이 기본적인 측면을 무시하는 이들은 언약의 실재를 무시하는 것이다. 베르크호프는 믿음이 아무것도 아닌 동시에 모든 것이며, 수동적인 동시에 능동적인 것이라고 주장한다. 한편으로 믿음은 순전히 도구적인 것으로서 받는 것에 지나지 않는다. 다른 한편으로 믿음은 영감의 원천, 활동의 중심이다(Berkhof, *C.F.*, 443-439).

이제 우리는 **믿음의 내용과 특성**에 대해 다루고자 한다. **믿음을 하나의 도구**라고 묘사하는 것(「벨기에 신앙고백서」 제22조)은 어떤 방법론적이고 습관적인(mechanical) 느낌을 갖게 하는가?

그렇게 생각하는 이들은 명백한 오류를 범하는 것이다. 해당 신조의 제22조항은 그리스도의 의로움과 그리스도와의 교제라는 배경에서 나타난다. 곧 그 조항은 그리스도와 우리를 지속적으로 밀접하게 연결해주고, 또한 그의 모든 보화와 은사들을 받게 하는 것으로서 믿음을 하나의 도구로 언급한다.

앞서 우리는 믿음 그 자체가 우리를 의롭게 만들지 않는다고 고백했다. 믿음은 단지 하나의 도구로서, 우리는 이 도구를 통해 우리의 의로움이 되는 그리스도를 영접하기 때문이다. 이 표현은 믿음의 중요성뿐만 아니라 믿음이 자기 공로의 특성을 전혀 지니고 있지 않다는 점을 명백히 밝혀준다.

베르카우어는 믿음의 가치에 대해서 철저하고 광범위하게 다루었다

 개혁교회 교의학

(Berkouwer, 1954, 제7장). 또한 그는 자신의 가치를 배제하는 것을 통해서 참된 믿음의 진정한 특성이 드러난다는 점을 강조한다(1965, 189). 믿음은 공허하지 않다. 그것은 어떤 습관적인 도구가 아니다. 믿음은 하나님과 맺는 관계, 곧 신앙인이 자기 자신으로부터 완전히 시선을 돌리고, 하나님이 그리스도 안에서 그리고 그리스도를 위해 그 신앙인에게 주시는 것에 의해서 사는 것이다. 비록 믿음 그 자체에는 공로가 전혀 없지만, 그것은 중요하다. 믿음은 하나님의 은혜로운 선물을 받는 데 필수 불가결한 것이다. 우리는 믿음을 통해서 그리스도의 의로움을 받는다. 믿음 그 자체도 하나님으로부터 오는 은사라는 사실은 믿음이 그 자체로서 또한 그것 안에 아무런 공로도 지니고 있지 않다는 것을 가리켜준다. 믿음은 하나님 자신이 준비하시는 길이다. 하나님은 우리가 이 길을 통해서 그분의 구원에 동참하게 하신다.

우리는 이와 관련해서 믿음과 의로움의 관계를 상호 관계(correlation)로 특징지으려 하지 않는다. 상호 관계는 서로 의존하고 영향을 미치는 관계라는 것을 넌지시 알려준다. 우리의 믿음은 철두철미 수용적인(receptive) 특징을 지니기 때문에 상호 의존과 상호 영향에 대해 말하는 것이 불가능하다. 상호 의존과 상호 영향은 두 상대방이 서로 동등한 관계에 있다는 것을 암시한다. 또한 그 관계는 각자가 서로 주체성을 지니고 있는 관계라고 묘사할 수 있다. 따라서 우리는 (계속해서) 믿음과 믿음의 대상의 관계, 곧 신앙인과 하나님의 관계에 대해 말하는 것을 선호한다. 하나님은 그분의 약속 안에서 자기 자신을 계시해주시고, 우리가 믿음을 통해 그분을 알고 인정하기를 바라신다.

믿음은 인간의 공로와 아무런 상관이 없다. 또한 믿음은 텅 비어 있는 무의미한 것이 아니다. 그것은 그리스도와 친밀하게 교제하도록 하는 하나의 도구다. 믿음 그 자체는 이 교제의 일부분이며, 또한 그 교제 안에서 작동한다.

믿음이 텅 비어 있는 무의미한 것이 아니라는 사실은 칼뱅의 고전적인 진술에 의해서도 분명하게 드러난다. 곧 비록 우리가 오직 믿음으로 구원받는다는 것이 사실이지만, 믿음은 오직 혼자 머물러 있지 않다(Calvin, *C.O.*, 7:477).

9. 마지막으로 우리는 **신앙인이 처할 수 있는 다양한 상황**에 대해 언급하고자 한다. 이것은 믿음의 실천과 관련이 있다. 어떤 신앙인을 묘사할 수 있는 다양한 방법은 그의 믿음이 어떻게 기능하는가를 반영한다.

주 예수는 가버나움에 살고 있던 어떤 백부장이 **큰 믿음**을 지니고 있다고 말씀하신다(마 8:10; 눅 7:9). 그의 믿음은 다음과 같은 특성을 지닌다. 그는 예수에게 모든 것을 기대한다. 그는 예수가 자기에게 호의를 베풀 것이라고 확신하고 자신의 무가치함을 인정한다. 또한 그는 예수의 말씀이 지니고 있는 능력을 믿는다. 이 네 가지 특성은 예수가 "크다"라고 칭찬하신 믿음이 어떤 것인지를 규정한다. 이러한 백부장의 믿음이 바로 그 시대의 이스라엘 사람 중 어떤 사람에게서도 발견될 수 없었다는 사실은 더욱 더 놀랄 만한 것이었다(마 8:10).

예수는 베드로와 관련해서 **작은 믿음**에 대해 말한다. 그는 예수 대신에 큰 물결을 바라보며 무서워했다(마 14:31). 또한 예수는 제자들이 거센 풍랑에 놀랐을 때에도 그들의 **작은 믿음**에 대해 언급한다(마 8:24-26). 후자의 경우에 그들은 배 안에서 잠자던 예수를 깨우기까지 했다. 그들은 예수의 능력을 신뢰하는 것보다 거대한 풍랑을 더 무서워했다. 우리는 마태복음 17:20에서도 비슷한 상황을 마주한다. 그리고 그들의 "작은 믿음"은 먹고 마시고 입는 것에 대한 염려에 기인한다(마 6:30). 그들의 작은 믿음은 사실상 예수에게 초점이 맞추어져 있다. 하지만 그것은 예수의 말씀과 능력을 온전히 믿지 않는다. 그들의 믿음이 작다는 것은 단순히 그 크기가 제한되어 있다는 것을 암시하지 않는다(참조. 마 17:20). 오히려 그것은 그들의 기대와 확신이 작다는 것을 가리킨다. 작은 믿음은 그것이 만들어놓은 장벽에 스스로 부닥친다. 그러자 예수는 자신의 충고를 통해서 그 장벽을 무너뜨린다.

우리는 우리가 **연약한 믿음**이라고 부르는 것을 마가복음 9:24에서 만난다. 그와 같은 믿음은 그 자신의 한계를 의식한다. 연약한 믿음은 어떤 사람이 내적으로 무능력해서 어찌할 바 모른다는 것을 반영한다. 또한 그것은 자기의 부족함과 결함을 인식한다. 그와 같은 믿음이 작은 믿음과 아주 다른 게 아니다. 하지만 작은 믿음은 자기의 부족함과 결함을 알지 못하여서 예수로부터 책망받아야만 했던 반면, 연약한 믿음은 자기의 부족함을 극복하려고 애쓴다.

종종 사람들은 **피난처를 찾는 믿음**을 언급하며 다음과 같이 주장한다. 그것은 마치 하나님이 마지막으로 의지할 수 있는 대상인 것처럼 여기며, 절망 속에서 몸부림치는 한 가지 행위로써 하나님에게서 피난처를 발견하고자 한다. 만약 다른 어떤 것도 의지할 수 없다면, 아마도 이것을 의지하는 게 유익할 수 있다!

하지만 이것은 피난처에 대한 올바른 묘사가 아니다. 성경에서 하나님은 종종 피난처라고 언급된다(시 14:6; 46:1; 59:16; 62:7-8; 71:7; 90:1; 94:22; 142:5). 룻은 믿음을 갖고 이스라엘의 하나님의 날개 아래서 보호를 받고자 한다. 보아스는 룻의 그와 같은 믿음의 행위를 칭찬한다(룻 2:12; 참조. 시 57:1; 61:4; 118:8-9). 피난처를 찾는 믿음은 하나님이 분명히 도와주시고 구원해주신다는 것을 온전히 의지한다. 피난처를 찾는다는 말은 신앙인의 내면의 연약함을 암시하는 게 아니라, 오히려 외적인 상황이 위협적이라는 것과 신앙인이 겪는 고통이나 그가 직면해 있는 고통스러운 상황을 함축한다. 따라서 피난처를 찾는 믿음은 절망 속에서 몸부림치는 행위가 아니라, 오히려 매우 어렵고 절망적인 상황에서도 확신을 갖고 하나님께 도움을 기대하는 것이다.

일시적인 믿음, 역사적인 믿음 및 기적을 추구하는 믿음은 본질적으로 불신앙을 드러내는 것이다. 이와 같은 믿음은 그리스도 안에서 하나님과의 인격적인 친밀한 교제가 없다는 것을 암시해준다. 따라서 그것은 (내적인) 내용이 없이, 단지 (외적으로만) 나타나는 믿음이다.

기적을 추구하는 믿음은 예수를 자기 자신의 구주로 믿지 않고 따라서 구원이 무엇인지를 알지 못하면서 기적이 일어나는 가능성을 수용한다(참조. 요 6:26, 66; 행 8:13a). 이 믿음은 일종의 미신, 곧 외적이며 비본질적인 사항들을 믿는다.

일시적인 믿음은 짧은 기간 동안 지속된다(마 13:21). 하지만 그것은 분명히 오래 지속되지 않는다. 비록 믿음의 모양은 지니고 있지만, 그것은 참된 믿음의 본질을 결여하고 있기 때문이다.

역사적인 믿음은 구원과 관련된 사건들이 사실이라는 것과 그 개념들을 받아들인다(참조. 행 26:27-28). 하지만 이것은 그 사건들의 배후에 계시는 하나님과 내적인 친밀한 관계를 맺지 않는다. 우리는 이 점과 관련해 마태복음 7:21-23에서 예수가 가리키는 사람들을 머릿속에 떠올릴 수 있을 것이다. 예수는 그들에 대해서 다음과 같은 취지로 말한다. 곧 비록 그들이 겉으로는 신자들이라는 표시를 지니고 있지만, 그들에게는 믿음의 실질적인 내용이 없다(참조. 딤후 3:5). 그들은 말씀의 하나님과 인격적인 친밀한 관계가 결여된 채 그저 형식적인 믿음만 지니고 있다.

이와 같은 모든 현상은 본질적으로 불신앙의 형태를 보여준다. 우리는 이 현상들을 참된 믿음의 예비적 단계로 해석하지 않도록 주의해야 한다. 이 현상들의 내적인 특성, 구조, 내용 및 의도에 근거해서 판단할 때, 그것들은 절대로 참된 믿음의 예비적인 단계가 아니다. 참된 믿음은 살아 있는 믿음이다. 곧 [참되고 영원한] 생명을 아는 믿음이다.

40.2. 회개

1. 믿음과 회개를 동시에 언급하는 성경 구절들에서 종종 두 단어들은 서로 가까운 곳에 위치한다(막 1:15; 「도르트 신조」 1.3; 2.5). 우리는 다음과 같은 질문들을 제기할 수 있을 것이다. 믿음과 회개의 차이점은 무엇인가? 또한 거듭남과 회개의 차이점은 과연 무엇인가? 거듭남과 회개는 동일한

것을 묘사하는 게 아닌가? 따라서 이 두 단어들을 성령으로 말미암는 내면적인 새로움을 가리키는 동의어로 간주할 수 있는가?

우리는 카이퍼가 회개를 주로 의지와 관련시키고, 믿음을 지성과 관련시킨다는 것을 이미 살펴보았다. 바빙크도 카이퍼의 입장을 따른다. 한편 호닉은 이 두 신학자들의 관점을 비판한다(Honig, *Handboek*, 553 이하).

거듭남과 회개의 차이점과 관련해서, 우리는 거듭남은 구원에 이르는 필수 과정일 뿐만 아니라 구원의 일부분이라고 지적할 수 있을 것이다. 하지만 우리는 성경의 어느 곳에서도 "거듭나라"는 명령을 발견할 수 없다. 어떤 이들은 수동태로 사용되는 동사의 경우에 그와 같은 명령법(*imperativus*)은 가능하지 않다고 이의를 제기한다. 하지만 그들은 에베소서 5:18에서 "충만함을 받으라"는 수동태가 명령으로 사용되고 있다는 것을 상기할 수 있을 것이다.

회개는 하나님의 선물이며 성령으로 말미암는다. 그것은 말씀의 수단에 의해 발생하며 부르심의 결과로 나타난다. 부르심에 대한 반응은 앞서 우리가 믿음과 회개로 묘사한 다음 두 가지 활동으로 이어진다. 거듭남은 하나님의 선물로서 주어지는 새로운 삶의 특성을 강조하는 하나의 개념이다. 인간은 거듭남과 관련해서 수동적인 역할을 한다. 하지만 그는 계속해서 수동적으로 행동하지 않는다. 믿음과 회개는 이 새로운 삶에서 자신들을 나타낸다. **거듭남이 없는 회개는 결코 없다. 또한 회개를 통해서 자신을 드러내지 않는 거듭남도 결코 없다.**

믿음과 회개는 거듭남이 빚어내는 열매들이다. 또한 믿음과 회개는 거듭난 삶을 구체적으로 나타내는 것이다. 두 번째 문장의 표현은 첫 번째 문장의 표현보다 더 설득력이 있을 것이다. 믿음과 회개를 통해 자신을 구체적으로 나타내지 않는 새 생명은 결코 없다. 거듭난 삶은 믿음과 회개로부터 인식될 수 있다. 믿음과 회개의 뿌리는 거듭남이다. 하지만 믿음과 회개를 통해 분명하게 드러나지 않는다면, 이 뿌리는 보이지 않는다. 이것은 신앙인 안에서 성령의 사역이 나타나는 것이다. 성령에 의한 이 사역의 뿌리는 거듭남이다. 또한 받아들이고 반응하는 인간의 행위는 믿음과 회개로 이루어져 있다. 우리는 이와 같은 방법으로 성령의 사역으로서의 거듭남의 진정한 특성에 대해서 묘사했다. 인간은 그 사역을 받아들이고 경험한다. 동시에 우리는 이런 성령의 사역이 인간을 행동하도록 이끈다고 분명하게 밝혔다. 성령의 사역을 받아들이는 것은 거듭난 사람 편에서의 반응이 없으면 일어날 수 없다. 따라서 실천적인 측면에서, 한편으로 거듭남과 다른 한편으로 믿음과 회개를 구별할 이유가 충분히 있다. 성경이 사용하는 표현 그 자체도 이 구분을 지지해준다. 그렇지만 그것은 이분법으로 이해되어서는 결코 안 된다.

2. **믿음과 회개의 차이점은 무엇인가?** 우리는 종종 이 두 가지 개념들을 함께 만나기도 하지만 따로따로 만나기도 한다. 이것은 이 두 개념이 서로 동일시될 수 없다는 것을 암시한다. 우리는 서로 다른 내면적·심리적 능력과 연결해서 이 두 개념의 차이점을 제시하려고 시도하지 않는다. 이와 같은 방법을 취하는 이들은 하나님의 사역을 나누어 분리하고, 믿음과 회개의 포괄적인 특성을 부인하는 것이다. 우리는 포괄적인 특성이라는 표현이 신앙뿐만 아니라 회개도 전 인격을 포함하며, 따라서 마음도 포함한다는 사실을 의미하는 것으로 이해한다.

우리는 성경에 근거해서 믿음과 회개의 차이점을 다음과 같이 묘사할 수 있다. 인간은 믿음을 통해 자신을 하나님께 맡기며 하나님의 약속을 의지한다. 믿음은 하나님의 은혜가 넘치는 호의―예수 그리스도의 복음을 통해 우리에게 선포되고 나타남―를 받아들이고, 자기의 마음을 그분에게 내맡기는 것이다.

회개의 행위는 믿음의 행위와 다르지 않다. 죄로부터 돌이키지 않는다면, 하나님께로 돌아가는 것은 가능하지 않다. 회개는 인간 존재의 전 영역에서 하나님과 인간의 관계가 회복되는 것을 말한다.

죄는 부분적으로 우리에게 지배력을 행사함으로써 분리를 초래한다(§ 27.2을 보라). 확신을 갖고 하나님께로 나아가서 그분에게 자기 자신을 맡기는 이들은 죄의 권세로부터 구원을 받는다. 그래서 그들과 죄의 결합은 깨어졌다. 인간은 회개를 통해 온 마음으로 또한 온 힘을 다해서 하나님께로 돌아간다.

회개는 이 땅 위에서 하나님의 백성으로서 그분의 명령에 순종하면서 또다시 하나님과 동행하는 삶을 사는 것을 암시한다. 이것은 두 가지 측면을 지닌다. 곧 죄로부터 자유롭게 되는 것과 하나님을 사랑하고 그분에게 순종하며 그분을 섬김으로 하나님께 초점을 맞추는 것이다. 이 두 가지 측면은 "옛 사람이 죽고, 새 사람으로 사는 것"(「하이델베르크 교리문답」 제33주일)이라고 언급되었다. 따라서 회개는 특히 하나님께 순종하고 하나님 앞에 겸손한 자세를 취하는 것이다. 이것은 악한 불순종과 교만을 대신한다. 믿음은 특히 하나님을 신뢰하고 그분에게 자기 자신을 내어맡기며 또한 그분의 은혜가 넘치는 호의를 받아들이는 것이다.

믿음과 회개는 함께 일어나며 서로 밀접하게 연결되어 있다. 그것들은 우리 안에서 일어나는 하나님의 동일한 역사를 가리킨다. 또한 그것들은 하나님과 우리의 관계 안에서, 그리고 우리의 삶 안에서 일어나는 하나의 동일한 변화를 가리켜준다. **믿음이 없이 회개는 일어나지 않는다. 믿음은 반드시 회개를 통해서 그 모습을 나타낸다.**

3. "슈브"(*shub*)라는 히브리어 동사와 이 동사의 명사형인 "테슈바"(*teshubah*)는 각각 "회개하다"와 "회개"를 의미한다.

회개는 다음과 같은 특성을 지닌다.

(1) 회개는 하나님의 음성에 귀를 기울이며, 삶의 모든 영역에서 마음을 다하고 뜻을 다하여 하나님의 명령들을 실천하는 것이다(신 30:2).

(2) 회개는 뉘우치며 하나님께로 돌아가는 것이다. 그것은 자기의 마음을 야웨 하나님께로 향하고 오직 그분만을 섬기는 것이다(삼상 7:3). 단지 우리의 입술만으로 하나님께 나아가는 것이 아니라 온 마음으로 그분께 나아가는 것이다. 또한 이사야 29:13을 보라.

(3) 회개는 자신의 죄악과 잘못을 고백하고 겸손히 자기를 낮추는 것
과 관련이 있다. 사람들은 종종 온종일 참회했다. 그들은 물을 길어
다가 야웨 앞에 쏟아붓고 금식하며 자신들의 죄악을 낱낱이 고백
했다(삼상 7:6).

(4) 회개는 하나님 없는 삶과 그분의 명령들에 불순종하던 것으로부터
돌이켜 하나님과 함께하면서 그분의 말씀에 순종하는 것으로 항
상 나아가는 것이다. 따라서 회개는 두 가지 측면을 늘 지닌다. 곧
~으로부터 돌이켜서, ~을 향해서 돌아가는 것이다. 자신을 겸손히
낮추고 자기의 죄를 고백하는 것이 없다면, 이 두 가지는 결코 생각
해 볼 수 없는 것이다(눅 15:17-20).

(5) 회개는 원칙적으로 하나님의 은혜의 약속과 항상 밀접하게 연결되
어 있다(삼상 7:3; 왕상 8:33-34). 종종 하나님의 은혜에 기초한 약
속이 회개를 향한 부르심에 기초를 제공한다. 마태복음 3:2을 보라.
우리는 이 점과 관련해서 죄책, 심판에 대한 선언 및 죄 사함에 대
한 약속과 회개를 향한 부르심이 서로 밀접하게 관련이 있다는 것
을 생각할 수 있다(사 41-44:20; 참조. Velema, 1987, 139-142).

(6) 특히 이사야(41-44:20), 아모스(9:11-14) 및 호세아(2:14-23;
11:8-11; 14:2-8) 등에서 이스라엘 백성이 심각한 배교로부터 돌이
키라고 부르는 것은 구원의 때에 대한 선언과 연결되어 있다.

(7) 야웨 하나님 자신이 그분의 백성을 회개로 이끄신다(호 14:4; 참조.
렘 30:17). 또한 어떻게 야웨가 이스라엘 백성의 입술에 자신들의
죄악에 대해서 회개하는 말들을 주시는지 주목하라. 또한 이것은
예레미야 3:21-25에서도 일어난다. 예레미야애가 5:21에서 저자
는 하나님께로부터 오는 은사로서 회개를 애절하게 간구한다.

지금 우리는 지면 관계상 이 성경 본문들의 구원사적인 배경을 다룰
수 없다. 또한 오직 남은 사람들만 자유롭게 되어 하나님께 돌아온다는 개

념에 대해서도 탐구할 수 없다(참조. 사 10:20-22).

4. 우리가 신약성경에서 "회개"라는 개념을 "메타노이아"(*metanoia*, 22번 사용됨), "에피스트로페"(*epistrophe*, 1번), "메타노에오"(*metanoeo*, 34번), "에피스트레포"(*epistrepho*, 15번)라는 그리스어 단어에서 만난다(Pop, 『성경 용어 사전』[*Bijbelse woorden*]). 그리고 세례 요한의 설교(마 3:2, 8)와 예수의 설교(참조. 눅 5:32)는 사람들을 회개로 초청하는 특성을 지니고 있었다.

구원과 심판이 임박해 있다. 구원과 심판이 지니고 있는 심각한 특성을 고려하여, 회개하라는 부르심이 선포되었다. 그 선포는 죄에 대한 고백과 새로운 삶을 포함한다. 새로운 삶은 회개에 합당한 열매를 맺는 것이다. 세례는 죄 사함을 받고 새로워진 것을 나타내는 표징이다(막 1:4; 참조. 행 2:38). 누가복음 3:14-18은 곧 다가올 하나님 나라를 선포하는 것에 대한 반응으로서 하나님께 회개하는 것을 구체적으로 묘사한다(참조. 마 3:2-3). 세례 요한은 사람들에게 단순히 도덕적인 변화를 요구하지 않는다. 단순한 도덕적인 변화는 도덕주의(moralism)에 지나지 않을 것이다. 오히려 죄 사함을 위한 세례는, 구약성경의 경우와 마찬가지로 회개가 하나님에게로 돌아서는 것이라는 사실을 알려준다. 그것은 다가오는 하나님 나라에 들어가도록 해준다.

회개를 요구하는 예수의 설교는 세례 요한의 설교와 동일한 관점에서 비롯되고, 동일한 목적을 지닌다(눅 5:32; 13:3, 5; 15:7, 10; 참조. 마 11:20; 12:41). 회개는 하나님 나라에 들어가기 위한 필수 전제 조건이다(이스라엘에 대해서 마 4:12; 이스라엘의 경계를 넘어서 눅 24:47).

공관복음서에서 회개는 예수의 설교 내용의 일부분이며, 또한 구원에 대한 하나님 나라의 관점에서 핵심적인 역할을 한다. 회개는 구원의 일부분일 뿐만 아니라 구원에 이르는 길을 알려준다.

또한 우리는 복음서들 외에 신약성경의 다른 곳에서도 구원에 이르는 길로서 회개에 대한 언급들을 찾을 수 있다(행 3:19-20; 5:31; 9:35; 11:18, 21을 보라. 또한 참조. 행 17:30; 20:21; 26:18).

그리고 회개는 미처 회개하지 않아서 남아 있는 죄 또는 회개 이후에 행한 그릇된 행위들에도 적용된다(고후 12:21; 딤후 2:25 이하; 히 6:6).

이 회개는 특히 복음을 통해서 하나님께로 돌아오게 한다. 곧 그것은 빛에 대한 지식을 가져다주며, 또한 사탄의 권세로부터 벗어나게 해준다(행 26:18). 또한 회개는 주 예수 그리스도께로 돌아오는 것을 의미한다(행 9:35; 11:21).

우리는 고린도후서 7:10에서 하나님의 뜻에 맞는 슬픔과 세상적인 슬픔을 구별하는 것을 본다. 세상적인 슬픔은 회개하기를 거부하며 여전히 이전의 삶의 형태를 지닌다. 하나님의 뜻에 맞는 슬픔은 죄에 대해서 슬퍼하는 것이며, 하나님께 순종하려는 열망을 표현해준다. 여기서 우리는 회개의 두 가지 측면을 모두 만난다. 한편으로는 죄에 대한 고백, 죄에 대한 내면적인 슬픔, 죄악의 행위들에 대한 혐오 그리고 다른 한편으로는 하나님의 뜻에 순종하려고 하나님께로 돌아감이다. 히브리서 6:1, 6 및 베드로전서 2:25에 대해서도 동일한 것을 말할 수 있다.

『신약신학 사전』(*TDNT*, 4:989-1009)에서 벰(Behm)은 구약성경에서 사용되는 "슈브"라는 히브리어 단어가 신약성경에서는 "메타노에오"라는 그리스어 단어로 번역되었다고 알려준다. 심지어 "메타노이아"라는 단어가 항상 명백하게 사용되지는 않지만, 그는 예수의 모든 가르침을 "메타노이아"에 대한 선포라고 주장한다(*TDNT*, 4:1002).

또한 회개의 개념은 신약성경에서 지속적으로 나타난다(*TDNT*, 4:1005). 포프(Pop, 『성경 용어 사전』[*Bijbelse woorden*], 86)와 베르트람(Bertram, *TWNT*, 7:727-28)은 모두 동일한 구절에서 "메타노에오"와 "에피스트레포"라는 그리스어 동사가 사용될 경우에(행 3:19; 26:20), 그 단어들은 의미상의 차이점을 지닌다고 지적한다. 곧 "메타노에오"는 특히 내적인 성향(내면적인 슬픔)을 의미하며, "에피스트레포"는 회개의 목적을 나타낸다. 이 경우를 제외하면, 두 단어들 사이에 의미상의 차이점은 거의 없다.

    개혁교회 교의학

맨 처음의 회개(「도르트 신조」 3-4.12)와 지속적인 회개(「하이델베르크 교리문답」 제33주일) 사이에는 차이점이 있다(또한 참조. Honig, *Handboek*, 554 이하; Kuyper에 대해 Velema, 1957, 160 이하). 비록 이 구분이 타당성을 지니고 있지만, 그것을 서로 대치되는 것으로 이해해서는 안 된다. 그것은 좁은 의미와 넓은 의미에서 회개에 대해 언급하는 것과 주목할 만한 유사점을 보여준다(§ 39.3, 제2번).

결론적으로 우리는 다음과 같이 말할 수 있다.

(1) 회개는 죄와 거짓된 신들로부터 돌이켜서 살아 계신 하나님께로 돌아가는 것을 가리킨다.

(2) 회개는 언제나 긍정적인 주안점을 지니고 있다. 그것은 하나님의 명령들에 순종하며 하나님을 섬기는 것을 통해서 드러난다.

(3) 회개는 내면의 슬픔과 죄에 대한 고백과 밀접하게 연결되어 있다. 종종 회개에는 참회의 요소(예. 금식, 참회 기간)가 들어 있다.

(4) 회개는 복음 전파를 통해서 비롯되며, 하나님이 죄인들의 삶 안에서 일으키시는 사역이다.

(5) 회개의 긍정적인 특성에 비추어볼 때, 회개는 하나님의 (약속의) 말씀에 대한 믿음이 없으면 일어날 수 없다. 비록 그러한 믿음이 항상 명시적으로 언급되는 것은 아니지만 말이다.

5. 우리는 개혁파 신앙과 신학의 전통에서 특히 칼뱅 이후로 회개를 묘사하는 두 단어들을 만난다. 곧 **죽임**(*mortifacatio*)과 **살림**(*vivificatio*)이다. 칼뱅은 죄를 미워하는 것, 죄악된 삶을 슬퍼하며, 내면적인 기쁨으로 하나님께로 돌아가는 것 및 하나님의 명령들에 관한 순종을 의미하는 것으로 이 두 단어를 사용한다.[18] 「하이델베르크 교리문답」도 제33주일의

18　트리엔트 공의회는 종교개혁의 이 입장을 거부했다. 트리엔트 공의회가 제정한 규정들에

내용에서 동일한 개념을 따르고 있다. 해당 문답에서도 "죽임"과 "살림"이라는 용어들을 사용하며 회개에 대해 묘사한다. 그리고 그 묘사는 현재 시제로 표현된다. 이것은 그리스도인의 삶 안에서의 지속적인 과정을 암시해준다.

도일(Robert C. Doyle)은 녹스(D. B. Knox)에게 헌정된 『기념 논문집』(*God Who Is Rich in Mercy*, 1986, 287-321)에 "장 칼뱅의 회개에 대한 설교. 그리스도 안에서의 회개와 연합"이라는 논문을 기고했다. 그는 이 논문에서 회개가 그리스도 안에서의 연합과 직접적으로 관련이 있다는 것을 밝혀준다. 그것은 종말론적인 측면을 지닌다. 또한 그것은 오는 세상에서의 삶에 초점이 맞추어져 있다. 그리고 그는 루터와 칼뱅의 차이점을 언급한다. 루터는 내면적인 슬픔을 율법에 대한 지속적인 선포와 연결한다. 반면에 칼뱅은 회개를 새로운 생명 안에서 일어나는 지속적인 요소로 이해한다(『기독교강요』 3.3.2). 그래서 「하이델베르크 교리문답」 제33주일의 문답과 마찬가지로 "죽이는 것"과 "살리는 것"은 그리스도인의 전 생애에 적용된다. 이 견해는 오는 세상에서의 삶에 대한 초점, 곧 회개와 참회에 대한 칼뱅의 가르침의 종말론적인 초점을 강화해준다.

우리는 역사적인 측면에 대한 이 간략한 언급과 더불어 다음과 같은 문제들에 관해서 우리의 입장을 밝혔다. 곧 죄에 대해 슬퍼하는 것은 우선적으로 율법의 선포를 통해서 비롯되며, 새로운 순종은 주로 복음의 선포로 말미암는다.

우리는 『율법과 복음』(*Wet en evangelie*, 1987)에서 루터와 칼뱅의 언급들을 참조하며 이 질문들에 대해 자세하게 논했다. 우리는 율법과 복음

대한 분석과 그 결정들이 지니고 있는 논쟁적인 특성에 대해서는 다음 논문을 참고하라. G. J. Spykman, *Attrition and Contrition at the Council of Trent*, 1955. Spykman은 이 두 가지 용어와 관련해서 트리엔트 공의회의 선언들을 혼합주의(syncretism)라고 특징짓는다. 하지만 우리의 견해에 의하면, 그것은 신인협력설(synergism)이다.

을 서로 대치시켜서는 안 된다는 결론을 제시했다. 사실상 칼뱅은 루터가 했던 것보다 회개를 복음의 선포와 더욱 밀접하게 연결한다. 그는 율법에 상대적인 독자성을 부여하면서 회개는 단지 율법의 선포에만 돌려질 수밖에 없다는 오해를 피하고자 했다. 복음을 통하지 않고서는 율법을 알 수 없다. 율법은 복음의 관점이 없이 선포될 수 없다. 다른 한편으로 율법이 지니고 있는 상대적인 독자성은 복음 선포를 통해서 율법이 폐기되지 않는다는 사실을 보장해준다(*Wet en evangelie*, 1987, 특히 제5장). 율법과 복음의 연관성은 회개의 선포에 의미가 있으며, 구원의 서정에 맡겨진 역할이 있음을 지지해준다. 율법의 선포와 그리스도를 믿는 믿음보다 앞서는 회개는 율법의 일이다. 로마서 8:3에서 바울은 예수 그리스도의 복음(선포)과 율법을 비교할 때 율법의 일을 연약한 것이라고 거부했다.[19]

바르트는 칼뱅이 회개를 "회심으로 일깨우는 것"(Erweckung zur Umkehr)으로 묘사한다고 지적한다. 그는 "회개"라는 용어를 사용하는 것을 거부한다. 그 단어는 우리가 삶에서 경험하는 일시적인 사건들을 연상시키거나 또는 경건주의가 주장하는 것처럼 회심에 대한 개인적인 경험을 불러일으키기 때문이다(Barth, *C.D.*, 4.2.566-570, 특히 566-567).

바르트는 "살리는 것"과 "죽이는 것"(*mortificatio et vivificatio*)이라는 표현을 우리에게 단지 간접적으로 적용하기를 원한다(Barth, *C.D.*, 4.2.583).

우리는 덴 될크(M. den Dulk)의 논문("두 사람이 말할 때: 바르트의 성화론을 해석하는 한 가지 방법"[*Als twee die spreken. Een manier om de heiliginsleer van Barth te lezen*], 1987)에 비추어서 바르트가 칼뱅의 회개(*poenitentia*) 개념을 어떻게 다루는지 탐구했다. 우리는 "회심으로 일깨우는 것"이라는 바르트의 또 다른 표현은 우리가 그리스도 안에 존재하는 것과 관련해서 그리스도의 계시를 통한 단 한 가지 설명에 지나지 않

19　C. G. Vreugdenhil은 목회와 관련된 실천신학 연구서(『모든 것이 그분으로부터: 구원의 서정에 대해서』[*Alles uit hem. Over de orde des heils*], 1990)에서 회개는 믿음보다 앞서지 않는다고 강조한다. 곧 회개는 믿음의 결과로서 일어난다(84).

는다고 결론지었다. 다음 논문을 참조하라. "칼뱅과 칼 바르트의 성화론"(De leer van de heiliging bij Calvijn en Barth), in *Th. Ref.* 32 (1989):117-139, 특히 124-131.

6. 마지막으로 우리는 회개와 관련해서 "진정한" 또는 "참된"이라는 형용사를 사용할 수 있다는 것을 주장하고자 한다(참조. 「하이델베르크 교리문답」 제33주일). 야웨 하나님은 이스라엘 백성을 향하여 온 마음으로 온 힘을 다하여 회개하며 그분을 찾으라고 끊임없이 부르신다. 분명히 이스라엘이 단지 부분적으로만 하나님께 돌이킬 가능성이 충분히 있다(참조. 약 1:6-8). 부분적인 회개는 다양한 형태의 불신앙에 해당할 것이다. 우리는 앞서 그와 같은 믿음을 지성적인 믿음, 기적을 추구하는 믿음, 일시적인 믿음 등으로 규정했다.

우리는 회개의 실천적인 측면을 성화의 일부분으로 논할 것이다.

§ 41. 칭의

41.1. 이 주제에 대한 탐구 및 정의
41.2. 성경적 관점들
41.3. 은혜, 그리스도, 칭의의 배경 안에서의 믿음
41.4. 의견의 일치 및 대립
41.5. 더 광범위한 함의들

41.1. 이 주제에 대한 탐구 및 정의

1. 우리는 칭의라는 주제와 함께 **복음의 핵심에 다가간다.** 성경의 메시지는 궁극적으로 죄인들(불경건한 사람들)이 의롭다고 여김을 받는 것(칭의)이라고 요약될 수 있다. 이것은 이 주제가 예수 그리스도의 인격과 사역(기독론)을 중심적인 위치로부터 끌어내리는 것을 의미하지 않는다. 오히려 그것은 세상의 구원을 위한 그리스도의 중요성(구원론)은 칭의에 대한 교리에서 주안점을 발견하고 절정을 이룬다는 것을 의미한다. 16세기의 신학적 갈등은 칭의론과 관련해서 촉발되고 또한 정착되었다는 사실은 놀랄

만한 일이 아니다. 오직 하나님의 은혜에 믿음으로 반응해서 구원받는 것인가, 아니면 하나님의 은혜와 더불어 어느 정도 인간의 협동을 필요로 하는 것인가라는 질문에 대한 답변은 칭의에 대한 교리에서 제시되었다.

왜 칭의론은 교의학에서 그와 같이 핵심적인 역할을 하는가? 그것은 다음 사실을 반영한다. 곧 칭의론에서는 어떻게 **하나님과 죄로 말미암아 근본적으로 혼란에 빠져 있는 인간**의 관계가 회복되는지가 논의되기 때문이다. 하나님과 인간의 관계는 기독교 신앙의 핵심 주제 중 하나다. 성경은 이 관계의 다음 세 가지 측면을 알려준다. 첫째, 이 관계는 맨 처음에 좋은 관계로 시작되었다. 그것은 하나님이 인간을 의롭게 창조하셨으므로 원래 의로운 관계였다. 둘째, 그 관계는 인간이 하나님을 거슬러서 죄를 지음으로 말미암아 변질되었다. 셋째, 그것은 [하나님의 구원 사역을 통해서] 회복되었다.

이 세 가지 용어들—원래의 의로움, 변질 및 회복—은 이 개념의 높이와 깊이, 길이와 넓이를 알려준다(참조. 엡 3:19).

어떻게 내가 은혜로우신 하나님을 만날 수 있는가? 어떻게 내가 하나님 앞에서 의로워지는가? 이것은 진정으로 종교개혁의 핵심 질문이다(특히 루터에게는 더욱 그렇다). 이 질문은 (인간 중심적인 관점에서) 인간이 제기할 수 없다는 게 이해될 때 타당한 질문이 된다. 이 질문은 (하나님 중심적인 관점에서) 하나님 자신이 인간에게 불러일으킨 질문으로 이해되어야만 한다. 어떻게 인간이 또다시 하나님의 사람이 될 수 있을까? 어떻게 인간이 죄와 그것의 오염으로부터 벗어나 하나님 앞에서 자신의 신분을 되찾을 수 있을까? 한마디로 말해서, 어떻게 하나님과 인간의 관계가 성경적인 의미에서 또다시 "좋게" 될 수 있을까(참조. 창 1:31)?

칭의에 대해 다루는 이 항목은 이 질문에 대답할 것이다.

칭의론은 서방 교회에서 수 세기 동안 근본적인 중요성을 지니고 있는 한 가지 주제였다. 서방 교회의 칭의론과는 달리 동방 교회와 제2차 세계대전 이후에 아프리카와 남미의 교회들에서는 다른 강조점들이 제시되었다. 특히 아프리카와 남미의 교회들은 자신들의 고유한 관점들을 통해서 신학적인 사고에 기여하기 시작했으며 또한 자신들의 고유한 신앙고백서를 작성하기 시작했다. 그 교회들이 가진 신앙의 주요 관점은 생명, 해방 및 다양한 금기들을 타파하는 것이다.

하나님과 사람의 관계가 법적인 측면에서(예. 안셀무스의 『왜 하나님이 사람이 되셨는가?』) 이해된다는 사실은 근동의 사고방식에서 비롯되는 것으로 해석된다. 그리고 이것은 배경에 의해서 결정된다.[20] 이 관계는 다른 시기들과 문화적으로 다른 배경에서 다르게 표현되는데, 일례로 구원론의 무게 중심이 인간의 법적인 신분에서 그의 운명으로 이동할 수 있다. 그럴 경우 핵심 문제는 더 이상 인간의 죄가 아닌 오히려 어떻게 인간이 그렇게 많은 혼란스러운 경험들의 한가운데서 자기 자신을 보존하고, 하나님에 대한 신앙을 계속해서 지닐 수 있는가라는 것으로 바뀐다.

우리는 이 항목의 결론 부분에서 이 문제를 다시 언급할 것이다. 우리는 거기서 과연 (법적인 측면에서 강력하게 표현된) 칭의에 대한 교리가 배경 및 문화에 의해서 결정되는가 아니면 우리는 이 교리가 기독교 신앙에 없어서는 안 되는 필수 불가결한 것(*sine qua non*)이라고 말해야 하는가라는 질문에 직면할 것이다. 이와 같은 상황에서는 칭의론에 대한 간략한 교리사적인 개관이 꼭 필요하다.

2. 이 주제에 대한 논의는 몇 가지 당혹스러운 문제들을 피할 수 없다. 지금 우리는 이 문제들을 임의적인 순서로 제시하고자 한다. 이 문제들에 관한 각각의 논의는 우리의 주제에 관한 이후의 논의에서 연속적으로 다루고자 한다.

(1) 칭의는 예수로 말미암아 일어난다. 우리는 어떻게 칭의라는 개념에서 그리

---

20 예를 들면 다음 연구서를 보라. W. Pannenberg, *Christliche Spiritualität*, 1986. 그리고 이 연구서에 대한 논의는 다음을 참조하라. Velema, 『개혁파 영성에 대한 새로운 관점』(*Nieuw zicht op Gereformeerde spiritualiteit*), 1991, 49-52.

스도와 우리의 관계를 이해해야 하는가? 그리스도는 어느 정도로 우리를 소유했는가? (또한 우리는 어느 정도 그를 소유했는가?) 우리 안에 나타나서 우리를 변화시킨 그리스도의 의로움이 우리의 칭의에 대한 근거를 제공하는가? 아니면 우리 바깥에 있는 그리스도의 의로움이 칭의의 근거인가?

(2) 이런 맥락에서 칭의와 관련해 믿음의 중요성, 위치 및 가치는 무엇인가? 믿음은 필수 불가결한 것이고 따라서 어떻게든 우리 인간이 칭의에 기여하는 것이 있는가? 만약 믿음이 칭의를 위한 한 가지 구성 요소가 아니라면, 그것은 부수적인 것으로서 중요성이 다소 떨어지는 것인가?

(3) 앞서 제기한 질문들은 칭의와 내면적인 변화의 관계를 포함한다. 칭의가 내면적인 변화보다 먼저 일어나는가? 만약 그렇다면, 칭의에 앞서 거듭남과 회개에 대해 논하는 것은 타당한 것인가?

(4) 칭의 **이전에** 또한 칭의 **이후에** 율법의 역할은 무엇인가? 칭의는 율법이 그리스도인의 삶에서 더 이상 중요성을 지니지 않는다는 것을 의미하는가?

(5) 신약성경에는 다양한 관점이 포함되어 있지 않은가? 예를 들면 바울의 관점과 야고보의 관점 등을 포함하고 있지 않은가?

우리는 칭의에 대해 전반적으로 논하면서 이 질문들에 대답을 제시할 것이다.[21]

41.2. 성경적 관점들

1. 우리는 이 항목에서 **성경이 의롭게 함과 칭의에 대해 무엇이라고 말하는지 특별한 관심을 기울이고자** 한다. 우리는 이와 관련해서 그리스도의 희생제사와 우리의 믿음의 역할에 대한 논의를 다루지 않을 수 없다. 우리는 그리스도의 희생제사와 믿음의 역할에 대해 § 41.3에서 다룰 것이다. 여

---

21 우리의 논의는 van Genderen(1988)의 연구를 충실하게 따른다. 하지만 이 논의는 Genderen의 연구에 대한 요약이 아니다.

기서 우리는 논의를 위한 기초, 곧 성경에 근거한 해석학적인 관점을 제시하고자 한다.

우리는 죄인이 예수를 믿음으로 의롭게 된다(롬 3:26)는 바울의 핵심 진술에서 시작하고자 한다. 심지어 바울은 하나님이 예수를 믿는 사람을 의롭게 만드신다고 말하기도 한다. 그는 로마서 3:28에서 사람이 의롭다 하심을 얻는 것은 **믿음으로** 되는 것이라고 말한다. 곧 믿음으로 얻는 의로움은 율법의 행위에 기초한 의로움과 대조된다. 의로움은 율법 그 자체를 통해 오지 않는다. 바울은 심지어 3:21에서 율법과는 상관없이 하나님의 의가 나타났다고 말한다. 그러므로 의로움은 결코 우리 자신으로부터 말미암는 것이 아니라 그리스도를 믿는 믿음에 근거하여 하나님께로부터 오는 것이다(빌 3:9).

믿음은 우리를 예수 그리스도와 연결해준다. 앞서 인용한 성경 본문은 이 점을 분명하게 밝혀준다. 왜 그리스도가 포함되어야 하는가? 그것은 그리스도가 우리의 칭의의 기초이기 때문이다. (『교의신학 개관』[*Synopsis*, 33:13]에서 그리스도는 외부에서 공로를 제공하는 원인[*impulsiva externa et meritoria*]이라고 언급되었다). 예수 그리스도와 이 관계를 맺지 않으면 구원은 결코 없다. 우리는 특히 로마서 4:25, 곧 "예수는 우리가 범죄한 것 때문에 내줌이 되고 또한 우리를 의롭다 하시기 위하여 살아나셨느니라"라는 말씀에서 이것을 발견할 수 있다. 우리는 "그리스도 예수 안에 있는 속량으로 말미암아 하나님의 은혜로 값없이 의롭다 하심을 얻은" 것이다(롬 3:24). 또한 우리는 "그리스도의 피로 말미암아 의롭다 하심"(롬 5:9)을 받았다.

우리는 그리스도의 피와 믿음으로 의롭다 하심을 받았다는 평행 구조에 주목할 필요가 있다. 우리는 이 이중 관계를 하나의 연합으로 이해할 수 있다. 곧 우리는 우리를 위해서 자신의 피를 흘린 예수 그리스도와 믿음으로 연결된다. 따라서 그리스도를 믿는 것은 우리를 위해 하나님 아버지께 드린 그리스도의 희생제사로부터 살아가는 믿음이며, 또한 그것으로부터 힘을 얻는 것이다.

2. 이제 우리는 앞서 언급한 관점들을 일관성 있는 모습으로 묘사하고자 한다.

어떤 사람을 의롭다고 하는 것은 그가 의롭다고 선언하는 것이다. 이 동사는 법정에서 사용되는 법적인 함의들을 지니고 있다(법정의 판결을 참조하라).

어떤 사람을 의롭다고 선언하는 것은 그에게 죄가 있다고 선언하는 것, 곧 그에게 형벌을 내리는 것과 반대된다. 이것은 로마서 8:33-34에서 명백하게 나타난다. 해당 구절들을 보면, 어떤 사람을 정죄하기 위해 그를 고발하는 것은 하나님에 의해서 의롭다고 여김을 받는 것과 명백하게 대조된다. 또한 어떻게 하나님이 의롭다고 하시는 것과 정죄하시는 것이 대조되는지 마태복음 12:37과 로마서 5:16 및 18 등을 참조하라.

어떤 사람을 의롭다고 하는 것은 그가 무죄 선고를 받아서 그에게 아무런 죄가 없다고 선언하는 것이다. 또한 어떤 사람을 의롭다고 하는 것은 그가 의로운 사람이라고 말하는 것을 의미한다. 바로 이것이 이 법정 선언의 본질이다.

3. 그럼에도 칭의에 대한 복음적인 내용을 명료화하기 위해서 무엇인가 덧붙여야 한다. 이 칭의는 하나님의 **선물**이다. 의롭다고 선언된 사람들은 유죄 판결을 받아야 마땅한 존재들이었다. 그들은 심판과 저주를 받아야 마땅한 사람들이었다(참조. 롬 5:1).

사도 바울에 의하면, 바로 이런 이유로 말미암아 칭의는 항상 두 가지 관점에 의해 특징지어진다. 한편으로 칭의는 율법의 배경에서 반드시 이해되어야 한다. 율법은 우리를 고소하고 정죄한다. 다른 한편으로 우리는 율법의 요구들을 성취한 그리스도를 본다. 그리스도는 그의 백성을 율법의 저주에서 속량하기 위해 자기 자신이 몸소 그 저주를 감당했다(갈 3:13).

성경의 관점에서 칭의는 율법에 의해 사람들이 정죄 받은 것을 배경으로 발생한다. 사람들은 결코 자신들이 스스로 율법에 순종하는 것에 기초해서 의롭다함을 얻거나 의로움을 주장할 수 없다. 오히려 율법은 그들을 정죄하고 저주한다.

칼뱅은 로마서 3:24의 언급과 관련해서 아마도 의로움의 능력을 이 구절보다 더 명백하게 계시해주는 성경 구절은 없을 것이라고 주장한다. 그 의로움의 능력은 하나님의 은혜에 의해서 나타난다. 그것의 내용은 그리스도의 피다. 우리는 그것을 하나님의 말씀에 기초해서 믿음으로 받는다. 마지막으로 그것의 주요 목적은 하나님의 의로움과 선하심이다.

다른 한편으로 그리스도가 있다. 그리스도는 율법의 심판을 자기 자신이 떠맡는다. 그는 그것을 통해 죄인들의 것으로 돌려지는 의로움을 성취한다. 바울의 편지들에서 어떤 사람을 의롭게 한다는 것은 언제나 **그리스도의 희생제사로 얻은 의로움을 그의 것으로 돌려서, 그를 의롭다고 선언하는 것**을 의미한다. 바로 이런 이유에서 어떤 사람을 의롭다고 하는 것은 언제나 그를 의롭다고 간주하는 것이다(롬 4:5-6). 여기서 그 사람의 믿음이 의로움으로 간주된다. 우리는 어떻게 믿음이 의로움으로 간주될 수 있는지에 대해 나중에 다시 언급할 것이다.

여기서 어떤 사람에게 의로움을 돌리는 것은 그에게 죄가 있다고 간주하는 것과 대조되고 또한 정반대된다. 그에게는 죄가 있다고 기대되었고, 그것은 정당했다.

어떤 사람에게 죄를 돌리지 않는다는 의미에서 그를 의롭다고 칭하며, 또한 다른 사람의 의로움(*iustitia aliena*)을 그에게 돌리는 것을 통해 그를 의롭다고 선언하는 것은 항상 자유롭게 하시는 하나님의 은혜에 대한 함축적인 의미를 지닌다.

따라서 어떤 사람을 의롭다고 칭하는 것은 하나님의 심판의 보좌 앞에서 그를 의롭다고 선언하는 것이다. 하지만 이것은 감히 기대하지도 못했던

개혁교회 교의학

일이 일어나는 것이다. 하나님의 이 심판에는 받을 자격이 없으며 또한 기대하지 못했던 사건들의 전환이 일어난다. 왜냐하면 그 심판에서는 불의한 어떤 사람이 정죄 받아야 마땅함에도 오히려 의롭다고 선언되기 때문이다.

슈렝크는 바로 이런 이유에 근거해서 "구원하는 칭의"에 대해 말한다. 그것은 무죄 판결과 죄 사함에 해당된다. 슈렝크는 이것을 공관복음서의 저자들과 연결한다(눅 18:14; *TDNT*, 2:215). 이것은 바울에게도 사실이다.

슈렝크는 우리에게 "의롭게 하다"라는 동사의 법적인 용법이 신약성경의 모든 본문에서 명백하게 언급되는 것은 아니라고 환기시켜준다. 하지만 심판의 개념과 (하나님의) 공정한 행위는 모든 경우에 반영된다는 것을 부인할 수 없다. 예를 들면 로마서 3:20과 갈라디아서 3:11을 보라 (*TDNT*, 2:216).

바울은 칭의가 현재 일어난다고 이해한다. 이와 대조적으로 랍비 전승은 의롭게 되는 것을 최후의 심판과 연결한다. 하지만 의롭게 되는 것은 예수 그리스도를 통한 구원 행위(Heilstat)와 연결되어 있기 때문에, 그것은 현재에도 일어날 수 있다. 여기서 우리는 다음과 같은 질문에 직면한다. 곧 어떻게 현재에 의롭게 되는 것(에 대한 경험)이 과거에 그리스도에게 일어났던 사건과 연결되는가? [의롭게 되는 것과 관련된] 모든 것을 현재에 집중하는 이들은 그것의 객관성을 훼손할 수 있다. 이와 정반대의 극단적인 입장으로서, (거기서 그때의) 과거를 지나치게 강조하는 것을 통해서도 똑같이 객관성을 위태롭게 할 수 있다. 과거를 지나치게 강조할 때, 의롭게 됨의 유익이 지니고 있는 케리그마적인 특성은 그것의 근본적인 중요성을 잃어버린다. 우리는 이것의 반대와 더불어 [의롭게 되는 것과 관련해서] 과거를 지나치게 강조하면 분명히 부르심과 의롭게 됨(칭의) 사이의 연관성이 심각하게 분리된다는 것을 지적하고자 한다.

4. 칭의는 **죄 사함**을 포함한다(롬 4:5-8). 이 용서는 법정에서의 판결에 기초하고 있는 것처럼 보인다. 죄 사함은 바로 최고의 재판관이신 하나님의 행위다. 용서로서의 칭의는 하나님의 공의에 어긋나는 것이 아니다. 또

한 하나님은 이를 통해 자신을 공의로운 재판관으로 증명하신다(롬 3:26). 하지만 우리는 이것과 관련해서 곧바로 하나님의 의로우심(공의)은 죄인들을 속량하는 하나님의 은혜의 특성을 지니고 있다고 덧붙여 말해야 할 것이다. 칭의는 바로 주어진 의로움, 곧 의롭다고 간주된 것이다. 따라서 그것은 우리의 행위들을 고려하지 않은 것이다. 행위들로 간주되어야 할 것이 고려되지 않은 것이다(롬 4:6, 8).

칭의는 하나님의 은혜의 관점에서 단순히 죄를 용서해주고 또한 죄에 대한 책임을 법적으로 면제해주는 것 이상을 의미한다. **그것은 의롭다고 선언된 사람이 하나님과 긍정적인 관계를 맺는 것과 더불어 그의 신분이 변화되는 것(죄인에서 의인으로)과도 연결된다.** 바울은 하나님과의 이와 같은 새로운 관계를 화평이라고 특징짓는다(롬 5:1). 그것은 화목, 곧 적대 관계가 제거된 것을 나타낸다(롬 5:9-10). 화평은 해당 단어가 지니고 있는 긍정적인 의미에서의 화목, 곧 하나님이 허락하시는 구원에 참여하도록 허락된 것을 의미한다(Ridderbos, 1959, 105).

법적인 용어들로 표현된 이와 같은 관점에서 이해할 때, 칭의는 신앙인과 하나님의 관계가 회복된 것을 의미한다. 칭의는 법적인 선언이다. 죄인이 그 선언에 의해 그의 죄책에서 면죄되고 의롭다고 간주된다. 왜냐하면 그리스도의 의로움이 그에게 돌려졌기 때문이다. 이 칭의는 하나님과의 관계가 올바로 회복되었다는 것을 함의한다. 곧 그 죄인은 하나님의 자녀의 신분으로 회복된 것이다. 그 회복은 우연히 주어지는 것이 아니라 칭의를 구성하는 한 가지 본질적인 측면이다. 그것은 칭의 안에 내포되어 있는 하나님과의 화목에 함의되어 있다. 이 화목은 죄의 대속을 포함한다. 신앙인은 그것을 통해 죄와 결별하고 하나님 아버지의 집으로 돌아가서 그분과 동행하는 삶을 산다.

칭의 안에서 하나님은 생명언약과 관련해 자신의 마음속에 있던 것을 죄인에게 주신다. 그에게 생명이 허락되고 양자 됨이 선포된다(영생에 대한 권리를 얻고 영생의 상속자가 됨으로써, 롬 8:19). 이것은 모두 하나님의 법적인 선포로 말미암는 것이다. 그리스도는 율법의 순종과 직결되어 있는 의로움을 얻었고, 칭의 안에서 죄인에게 그 의로움을 전가했다. 죄인은 칭의로 인해 의롭다고 여겨지고 생명언약을 위해서 원래부터 의도되었던 축복에 동참한다. 이는 죄인의 행위에 기초한 것도 아니고 그가 스스로 율법에 순종했기 때문도 아니라, 죄인이 그리스도를 믿음으로써 하나님이 그에게 은혜로 주시는 것이다. 따라서 이 생명언약은 이제 기독론적으로 결정된다. 곧 그것은 바로 은혜언약이다.[22]

5. 이제까지 우리는 주로 신약성경에 초점을 맞추어 논의했다. 판 헨더렌(1988, 19)은 **구약성경에서 "칭의"라는 단어는 거의 나타나지 않는다**고 우리를 일깨워준다. 그는 그 단어가 시편 69:27-28, 이사야 45:25 및 가능성이 있는 것으로서 이사야 1:18 등에만 한정되어 나타난다고 말한다.

그럼에도 우리는 시편의 참회시들을 언급할 수 있을 것이다. 예를 들면 시편 143편[23]과 32편 등이다. 해당 시편들은 요한1서 1:9의 내용에 상응하는 구약성경의 표현으로 이해할 수 있을 것이다. 또한 시편 130편은 하나님의 은혜를 통해 죄 사함을 받는 것에 대해 다루고 있다. 분명히 그리스도의 이름은 구약성경에서 언급될 수 없다. 심지어 누가복음 18:14에서도 그리스도의 이름은 나타나지 않는다. 그렇지만 예수 자신은 불경건한 자들(죄인들)이 의롭다고 여김을 받은 것을 선포한다. 이미 예수는 방탕한 둘째 아들을 다시 받아들이는 어떤 아버지의 비유를 통해서 하나님 아버지와 죄인의 관계가 회복된다는 것을 선언하신다(눅 15:11-24).

이사야 53:10-12에서 하나님이 사람들을 의롭게 하시는 것은 야웨의 종이 고난당하는 것과 밀접하게 연결되어 있다.

---

22 생명언약과 은혜언약의 관계에 대한 간략하며 실제적으로 유익한 논의로서 다음 연구서를 참조하라. E. Fisher, *Marrow of Modern Divinity*, 1978년에 다시 간행됨.

23 Kraus(*Psalmen*, 1961², 2:937)는 시 143:2이 **죄인들의 의롭게 됨**(*iustificatio impii*)을 선언한다고 지적한다.

이 메시아적(기독론적)인 해석이 도전을 받아오지 않은 것은 아니다. 이 점과 관련해서 에델코르트는 그리스도를 고대하는 것에 대해 말한다(Edelkoort, 1941, 424). 그는 고난받는 야웨의 종을 메시아라는 이름과 연결시키는 것을 원하지 않는다. 결국 그 메시아는 왕이다. 하지만 고난받는 종은 왕으로 묘사되지 않는다.[24] 우리는 의롭게 됨이 어쨌든 고난 받는 종의 구원 사역 가운데서 일부분을 차지한다고 결론짓는다.

우리가 칭의를 통해 받는 구원을 또한 우리는 구약성경 안에서도 만난다. 이사야 53장을 제외하고, 그리스도와 그의 희생제사의 관계는 구약성경에서 그렇게 명백하게 표현되어 있지 않다(하지만 그것은 여전히 그림자의 형태로 묘사되어 있다). 앞서 묘사한 것처럼 우리는 구약성경 안에서 칭의와 관련된 용어들로 분명하게 묘사되는 온전한 계시를 만나지 못한다. 그렇지만 그 개념 자체는 분명하게 나타난다.

6. 구약성경은 하나님의 의로우심(공의)에 대해 종종 말한다.[25] 우리는 이 의로움이 벌을 내리는 의로움이라는 사실을 부인할 수 없다(참조. 대하 12:6; 시 7:11; 11:5-7; 94:2; 사 10:22; 애 1:18; 단 9:14). 하지만 하나님의 의로움은 다른 방법으로도 언급된다. 곧 하나님의 의로움은 하나님의 백성이 도움과 구원을 위해 하나님께 탄원하면서 기도하는 근거이기도 하다(시 31:1; 35:24; 71:2; 143:11).

야웨 하나님은 그분의 말씀을 지키신다. 그러므로 하나님이 찾아오시는 것을 고대하고 있는 이들은 복된 사람들이라고 불린다. 하나님은 말씀

---

24 그 종을 메시아-왕으로 이해하는 것과 관련해서 다음 논문과 참고 문헌을 보라. J. L. Koole, *Jesaja*, 53, 1969. E. Käsemann을 기념하는 논문집에 수록된 "칭의"(*Rechtfertigung*)라는 글에서 W. Zimmerli는 특히 사 53장을 언급하면서 "그 예언은 죄인들의 의롭게 됨을 미리 내다보고 있다"고 주장한다.

25 H. J. Kraus는 『하나님의 나라: 자유의 나라』(*Reich Gottes: Reich der Freiheit*, 1975, 307-316)에서 "의로움"과 "칭의"라는 용어들에 대해 설명하며 그것과 관련된 해석학적인 문헌들을 제시한다. 조직신학과 관련된 문헌은 § 41.4에서 살펴볼 것이다.

                                                  개혁교회 교의학

하시는 대로 행하신다(민 23:19; 삼상 15:29; 시 89:35). 바로 이 점에 기초해서 하나님의 구원은 공의로 선포된다(사 46:13). 야웨 하나님은 메시아에 대해 선포하면서 그분의 의로움(공의)을 나타내실 것이다(렘 23:6). 바로 이것을 위해서 하나님의 의로움은 고난받는 종을 통해 드러날 것이다(사 42:1). 메시아 왕은 가난한 사람들을 공의로 심판할 것이다(사 11:1-5).

이와 같은 맥락에서 이제 우리는 "하나님의 의"(롬 1:17; 3:21)에 대해 논하고자 한다. 이 주제에 대해 적어도 다섯 가지 설명이 제시되었다. (때때로 한 범주 안에 미세한 구분도 들어 있다). 판 헨더렌은 (롬 3:21-25; 고후 5:20; 빌 3:9-10을 언급하면서) 기독론적인 해석의 정당함을 입증한다. 그렇다면 의로움은 하나님이 그리스도 안에서 우리에게 베푸시는 구원을 의미한다. 의로움은 이와 같이 구원과 동일시된다. 판 헨더렌은 이 견해에 "종말론적"이라는 명칭을 붙이는 것이 전적으로 타당한 것이라고 간주하지 않는다(van Genderen, 1988, 26).

우리는 이와 같은 기독론적인 해석이 옳다고 여긴다. 우리는 하나님의 의로움에 대한 구약성경의 관점을 확장하는 것으로 의로움의 개념을 해석하는 것은 충분히 이치에 맞는다고 덧붙여 말하고자 한다. 그렇다면 [하나님의] 의로움은 그리스도 안에서의 구원을 뜻한다. 구원에 대한 이와 같은 기독론적인 정의는 야웨 하나님이 그분의 말씀에 신실하시다는 사실을 나타낸다. 하나님은 그분이 약속하신 것을 온전히 이루신다. 그분은 예레미야 23:5에서 언급되는 메시아에 대한 이름을 확증해주신다. 또한 그분은 그분의 은혜와 공의에 기초해서 죄인을 의롭다고 인정하시며 선언하신다(참조. 롬 3:25-26).

그렇다면 "하나님의 의"라는 표현은 그리스도 안에 있는 모든 구원을 포함한다. 하나님은 자신의 공의에 기초해서 자기 백성에게 의로움을 약속하시고 적용하신다. 우리는 이 해석을 기독론적이며 동시에 구속사적인 해석이라고 부를 수 있을 것이다. 하나님은 이 의로움 안에서 구원에 대한 구약성경의 약속들을 성취하신다. 우리는 구약성경에서 이 구원에 대한 윤곽을 보았다. 하지만 이제 우리는 구원의 구체적인 성취를 본다. 그리스도는 칭의에서 중심을 차지한다. 그러므로 우리는 그리스도 예수 안에 있는 하나님의 의에 대해 말할 수 있다.

7. 마지막으로 우리는 야고보가 칭의에 대해 바울이 말하는 것과 다르게 말하는가라는 질문에 대해 논하고자 한다.[26] 로마서 3:28과 야고보서 2:24은 종종 서로 조화될 수 없는 대립 관계에 있다고 논의되었다. 이 두 구절이 각각 아브라함을 언급하면서 바울은 오직 믿음으로 의롭게 된다고 말하는 반면 야고보는 믿음뿐만 아니라 **또한** 행함으로 의롭게 된다고 말하기 때문이다.

하지만 많은 사람이 쉽게 동의하려고 하지 않지만, 이 난제에 대한 해결책은 오히려 간단하다.[27] 바울은 행함에 의존하고 있는 율법주의(nomism)와 논쟁하고 있었다. 이와 같은 논쟁의 배경에서 선한 행위들은 주요 관심사가 아니었다. 그럼에도 바울은 다음 사실에 대해서도 잘 알고 있다. 곧 오직 믿음으로 [하나님에게서] 의롭다 하심을 얻는다는 주장과 관련해서, 이 믿음은 오직 믿음 그 자체로만 머물러 있는 것이 아니라 그 믿음을 행동으로 옮기며 또한 사랑으로 표현한다(갈 5:6). 바울은 이 점과 관련해 다른 곳에서 성령의 열매에 대해 말한다(갈 5:22-23).

야고보의 관점에서 볼 때, 믿음은 단지 말로 고백하는 것에 지나지 않는 것이 결코 아니다. 믿음에는 그 이상이 있다! (모세가 받은 것과 같은 살아 있는 말씀과 대조적으로[행 7:38]) 의롭다고 여김을 받는 것을 단지 냉담하고 생명력이 없는 말들에만 국한시키는 사람들은 [하나님에게서] 거부

---

26 이 주제에 대한 다양한 해석들의 개관에 대해서는 van Genderen, 1988, 27-29을 보라.

27 V. Subilia, 『믿음으로 의롭다고 여김을 받음』(*Die Rechtfertigung aus Glauben*), Göttingen, 1981, 41은 바울과 야고보의 관점이 서로 대립된다고 주장한다. 그의 주장은 아마도 신약성경 안에서의 "신앙고백의 다양성"(die Vielzahl von Konfessionen)이라는 Käsemann의 이론을 확인하려는 의도를 갖고 있을 것이다

당할 것이다.

무스너(Mussner, 『야고보서 주석』[*Der Jakobusbrief*], 1975, 18)는 다음과 같이 올바르게 지적한다. 야고보는 믿음과 선한 행위의 딜레마가 아니라 오히려 살아 있는 믿음에 초점을 맞추고 있다. 그는 **좋은 신앙**(*bona fide*)이든지 아니면 **나쁜 신앙**(*mala fide*)이든지 바울의 입장에 대한 그릇된 해석을 논박한다. 그런데 무스너가 일종의 믿음과 행함의 종합을 제시하지만, 그것은 신인협력설이다(Mussner, 1975, 141).

41.3. 은혜, 그리스도, 칭의의 배경 안에서의 믿음

우리는 이 항목에서 세 개의 명사(은혜, 그리스도, 믿음)를 살펴볼 것이다. 우리는 칭의의 맥락에서 이 명사들을 이미 만났다. 이 세 단어—("그리스도"는 그의 인격과 사역을 가리킴)—는 칭의에 대한 성경의 가르침의 특징을 잘 나타내준다. 그 용어들은 칭의 교리가 함의하는 것과 의도하는 것을 결정하고 칭의와 관련된 삶을 언급한다.

1. **칭의 안에서 하나님의 은혜**(롬 3:24)**는 하나님의 선물로서 칭의의 특성을 보여준다.** 그것이 선물이라는 것은 대단히 의미심장하다. 왜냐하면 그것이 사람들이 기대하거나 그들에게 마땅히 주어져야 하는 것과 정면으로 대치되기 때문이다. 하나님은 그분의 율법에 불순종하는 사람들에게 저주를 선언하신다(신 27:26). 또한 바울은 로마서 5장에서—바로 이곳에서!—죄에 대한 하나님의 진노에 대해 말한다(또한 참조. 「도르트 신조」 3-4, 5).

율법에 대해 숙고하지 않으면, 우리는 칭의 안에서 베풀어지는 하나님의 은혜의 개념을 이해할 수 없다. 하나님의 은혜는 율법을 어긴 사람들에게 베풀어진다. 따라서 하나님의 은혜와 칭의의 법적인 특성 사이에는 내적인 연관성이 있다. 칭의는 하나님의 은혜가 베풀어지는 바로 그곳에서,

곧 하나님의 심판의 보좌 앞에서 일어난다.

우리는 이 점에 대해 다음과 같이 강조하며 묘사하고자 한다. 어떤 이들은 (아마도 심지어 많은 이들은) 하나님의 은혜가 칭의의 법적인 측면과 아무런 상관이 없다고 믿는다. 은혜는 죄인들에게 베푸시는 하나님의 호의다. 우리는 이 견해에 전적으로 동의한다. 하지만 하나님의 은혜는 우리에게 율법을 통해서 나타난다. 오직 율법을 어긴 사람들만이 하나님의 은혜, 곧 그리스도 안에 있는 하나님의 은혜를 필요로 한다. 모든 사람에게 베푸시는 하나님의 호의는 그리스도 안에 있는 하나님의 은혜와 동일한 것이 아니다. 하나님의 은혜는 죄책을 지니고 있는 인류를 향해서 하나님이 나타내시는 호의의 절정이다. 그러므로 하나님의 은혜는 항상 아무런 공로 없이 받는 어떤 것이라는 특성을 지니고 있다. 우리의 죄로 말미암아, 하나님의 은혜는 우리가 받아야 마땅한 것과 정반대되는 것이다.

또한 우리는 하나님의 은혜로서의 칭의의 특성에서 칭의의 법적인 측면을 만난다. 바울이 "하나님의 의"라는 표현을 "하나님의 진노"와 직접 연결하고 서로 대조하는 것은 결코 우연이 아니다. 하나님의 진노는 "불의로 진리를 막는 사람들의 모든 경건하지 않음과 불의에 대하여 하늘로부터" 나타난다(롬 1:17-18).

칭의에 있는 은혜의 측면은 하나님이 자신과 인간의 관계에 확립한 원래의 질서에 영향을 미지치 않는다. 그와는 반대로 그 은혜의 측면은 이 질서를 확인해준다. 곧 하나님의 은혜는 죄인들에게 나타나는 하나님의 호의다.

2. 이것은 다음 두 가지 질문으로 이어진다. **어떻게 하나님은 죄인들에게 자신의 호의를 베푸시는가? 또한 다른 측면에서 만약 하나님이 죄인들에게 유죄 판결을 내리시지 않고 오히려 그들에게 무죄를 선고하신다면, 어떻게 하나님은 공의로우실 수 있을까?**

이 질문들은 칭의의 핵심인 그리스도께로 우리를 안내해준다. 만약 우리가 칭의에 대해 설교하면서 단순히 다음과 같이, 곧 "하나님은 죄를 무

 개혁교회 교의학

효화하신다. 그분은 사람들에게 죄에 대한 책임을 묻지 않으신다. 죄인들은 곧바로 죄가 전혀 없다고 선언된다"고 주장한다면, 그것은 성경 전체가 전달하는 메시지를 파괴하는 것이다. 성경의 많은 구절은 이와 같은 주장을 곧바로 거부한다(예. 출 34:7; 민 14:18; 신 7:9-10). 만약 하나님이 죄를 벌하시지 않는다면, 다시 말해서 만약 하나님이 단순히 죄인들을 의인들이라고 선언하신다면, 죄에 대한 구체적인 제재 조항들과 더불어 하나님의 율법 전체는 완전히 무효화될 것이다. 그렇다면 생명언약도 완전히 무효화될 것이다. 하나님과 사람의 원래의 관계도 완전히 깨어질 것이다.

따라서 단순히 죄를 무시하는 것은 정당하지 않은 것이다. 그렇다면 하나님은 더 이상 그분 자신이 경고, 저주 및 심판으로서 말씀하신 그분의 말씀에 신실하시지 않은 것이다.

3. 바울은 하나님이 예수를 믿는 사람은 누구나 의롭게 해주는 것이 불의한 것은 아니라고 말한다(롬 3:25-26). 우리는 이제 **칭의 안에서의 그리스도의 위치와 그의 사역의 중요성**에 대해 말해야 한다. 우리는 두 가지 서로 다른 방법으로 이것에 대해 말하고자 한다. 첫째, 우리는 그리스도로 말미암아 의롭다고 여김을 받았다. 둘째, 칭의 안에서 그리스도의 의로움이 우리에게 돌려졌다. 그리스도는 그의 죽음으로 우리의 죗값을 모두 치렀다. 「벨기에 신앙고백서」 제20-23조를 보라. 특히 제23조("하나님 앞에서의 우리의 칭의")에는 대속과 은혜로운 전가의 사상이 스며들어 있다. 그 조항들은 칭의에 초점이 맞추어져 있으며, 또한 칭의와 관련된 여러 가지 사항들을 다루고 있다. 예수 그리스도는 "우리의 의로움이다.…그는 그의 모든 공로를 우리에게 전가한다. 그래서 그는 우리를 위하여 우리 대신에 자신이 행한 모든 거룩한 일들을 우리의 것으로 돌린다"(「벨기에 신앙고백서」 제22조). 또한 「슈말칼덴 신조」(Articles of Schmalkalden, 1537)[28]와 「아우크

---

28 우리는 그 신조의 첫 번째 조항 두 번째 부분을 언급한다.

스부르크 신앙고백서」(1530)[29]를 참조하라.

예수 그리스도는 속죄의 수단이다(롬 3:25). 칭의는 그리스도의 피로 말미암아 일어난다(롬 5:9-10). 이 피는 희생제물을 상징한다. 희생제물(피 흘림)이 없으면, 죄 사함도 없다(히 9:22-28). 죄를 벌하시는 하나님의 의로움은 그리스도 안에서 실행되었다. 그리스도는 우리를 대신해서 율법의 저주를 받았다(갈 3:13). 그러므로 불경건한 자들(죄인들)을 의롭다고 인정하실 때, 하나님은 자신의 공의를 무시하지 않으신다. 그와는 정반대로, 하나님은 그분의 공의와 율법을 지지하신다. 이것은 그리스도의 십자가를 통해서 명백하게 입증되었다(§ 32.1, 제5번을 보라).

바울은 이 점에 대해 고린도후서 5:21에서 명백하게 설명한다. 곧 "하나님이 죄를 알지도 못하신 이를 우리를 대신하여 죄로 삼으신 것은 우리로 하여금 그 안에서 하나님의 의가 되게 하려 하심이라"(이 구절에서 고후 5:18-19에서 전개되는 내용은 절정을 이룬다).

여기서 교환이 분명하게 언급된다. 곧 그리스도는 우리를 대신했다. 우리는 그리스도가 얻은 것을 받는다. 그리스도가 죄에 대해 우리가 받아야 할 형벌을 우리를 대신해서 담당했기 때문에, 우리는 무죄 선고를 받는다.

그리스도 안에서의 하나님의 구원 역사의 특성을 가리키는 것으로서 하나님의 공의는 죄인들의 칭의와 관련해 하나님이 공의로우신 분이며 또한 여전히 공의로우신 분이라는 것을 입증해준다. 동시에 우리에게 전가되는 의로움은 우리 안에서 비롯되는 것이 분명히 아니며, 또한 우리의 공로로 얻는 것도 아니다. 그것은 바로 그리스도에게서 오는 것이다.

우리는 그리스도가 칭의의 핵심이며 신비라고 언급했다. 하지만 우리는 그리스도로부터 하나님 아버지께로 돌아가야 한다. 하나님 아버지는 자신의

---

29 「아우크스부르크 신앙고백서」 제4조를 참조하라. 한편 칭의와 관련해서 이 신앙고백서의 신학적인 목적에 대해서는 다음 연구서와 (분명히 다소 오래전에 저술된 것들도 포함되어 있지만) 거기에 제시된 방대한 참고 문헌을 참조하라. E. Schlink, 『루터 교회의 신앙고백서의 신학』(*Theologie der lutherischen Bekenntnisschriften*), 1940, 134-141.

아들을 보내셨고 또한 주셨다. 칭의는 하나님의 마음의 한가운데서 비롯된 것이다(요 3:16; 롬 8:32; 갈 4:4-6).

우리는 여전히 로마서 4:25에 초점을 맞출 필요가 있다. 곧 "예수는 우리가 범죄한 것 때문에 내줌이 되고 또한 우리를 의롭다 하시기 위하여 살아나셨느니라." 여기서 우리는 다음과 같은 질문을 제기할 수 있을 것이다. 그렇다면 칭의는 그리스도의 부활에 돌려져야 하는 것인가? 우리는 이미 이 구절에 대해 다른 곳에서 논했다. 여기서 우리가 내린 결론을 반복해서 언급할 필요가 있다. 곧 예수의 부활은 그의 죽음을 확증해준다는 것이다. 이 확증이 없다면, 예수가 십자가 처형을 받은 것은 단순히 그가 죽은 것에 지나지 않을 것이다. 사실상 바울은 칭의가 그리스도의 죽음 때문에 주어지는 것이라고 말하지 않는다. 그는 칭의가 그리스도의 부활이 없다면 생각해볼 수조차 없는 것이라고 말한다. 우리의 구원을 위한 예수의 죽음과 부활의 일관성과 연속성이 바울의 편지들에서 로마서 4:25보다 더 명백하게 표현되어 있는 곳은 찾을 수 없다(Velema, 1987, 25; 또한 참조. van Genderen, 1988, 645 이하)

4. **어떻게 죄인이 그리스도의 의로움을 얻을 수 있는가?** 칭의에 대한 근거는 결국 인간 안에서 찾아야 하는가? 믿음으로 그리스도의 의로움을 얻는 인간은 하나님에 의해서 의롭게 되는 것을 요구할 근거와 권리를 자기 자신 안에 지니고 있는가?

이 질문들에 대답하는 것을 통해, 우리는 **칭의에서 믿음의 역할이라는 문제**에 이른다. 우리는 이 문제점을 다음과 같은 질문들로 요약할 수 있다. 만약 아브라함의 믿음이 그를 의롭게 여겨지게 했다면, 또한 그가 믿음에 기초해서 의롭게 되었다면(롬 4:3-5[창 15:6을 반영함]; 또한 참조. 갈 3:6 및 약 2:23), 그렇다면 아브라함은 자기 자신 안에 의로움에 대한 어떤 근거를 지닌 것은 아닌가? 다시 말해서 그의 믿음이 하나님의 약속을 받아들인 것은 아닌가? 아니면 그는 그리스도의 의로움을 받아들여 자기 것으로 만드는 믿음 안에 그 근거를 지니고 있는 것인가?

이 질문에 대한 대답은 과연 믿음은 무엇인가에 의해서 결정된다. 믿음은 인간이 성취한 것이 아니며 인간이 지니고 있는 특성도 아니다. 그래서 믿음은 공로와 비교될 수 없다. 믿음은 율법을 성취함으로 말미암는 선한 일로서 인간에게 돌려질 수 있는 어떤 행위가 아니다. 사실상 성경은 믿음을 어떤 "일"이라고 언급한다. 곧 요한복음 6:29에서 믿음은 "하나님의 일"이라고 언급된다. 예수와 유대인들 사이의 대화는 이 일이 지니고 있는 유일무이한 특성을 계시해준다. 곧 믿음은 하나님의 은혜를 받아들이는 것을 통하여 개인적인 성취로서의 일과 대조된다. 이 논쟁(요 6:22-59)의 초점은 어떤 사람이 예수가 제공하는 생명의 떡을 받아들이는가 아니면 그렇지 않는가에 맞추어져 있다. 어떤 사람에게 [예수에 대한] 믿음이 없으면, 그는 이 생명의 떡을 받아먹을 수 없다.

아브라함이 믿음으로써 의롭다고 여김을 받았다는 것은 그의 믿음이 그에게 하나의 성취로 돌려진다는 것을 의미하지 않는다. 바울은 창세기 15:6을 인용하면서 다음과 같이 주장하고자 한다. 곧 아브라함이 믿음으로 받은 의로움은 그가 의롭다고 여김을 받은 것에 대한 근거다. 바울은 이 점에 대해 많은 말로 설명하지 않는다. 그는 믿음 안에서(in faith) 받아서 자기의 것이 된 의로움을 알려주기 위해 "믿음으로"(by faith)라는 표현을 사용하며 이 관점을 요약해준다.

믿음은 어떤 창조적인 행위가 아니라 **받아들이는** 행위다(참조. § 40.1 및 Berkouwer, 1954, 176-179). 따라서 믿음은 공로를 지니고 있는 것이 아니라 단순히 하나님의 약속이 가득 담겨 있는 손이다. 그리스도의 의로움을 받기 위해서 믿음으로 손을 내미는 것이다. 누가 이와 같은 방법으로 그 의로움을 받는 것을 감히 성취라고 주장하겠는가? 더욱이 우리가 앞서 이미 살펴본 바대로, 믿음 그 자체는 하나님의 선물로서 성령에 의해 주어

 개혁교회 교의학

지는 것이다.

하지만 앞서 언급한 것은 어떤 사람이 **의롭다고 여김을 받기 위해서는 그리스도의 의로움을 자기 것으로 반드시 만들어야 한다**는 것을 암시한다. 칭의 안에서 그리스도의 의로움은 우리에게서 멀리 떨어져 있지 않다. 또한 우리도 그의 의로움으로부터 멀리 떨어져 있지 않다. 칭의에 있는 그리스도의 의로움은 그것이 우리로부터 멀리 떨어져 있는 동안 우리에게 적용되는 것이 아니다. 칭의는 그리스도가 성취한 것에 기초해서 일어난다(다른 사람의 의로움[*iustitia aliena*]). 우리는 믿음 안에서 이 의로움을 받을 수 있다. 그러므로 칭의에서 믿음은 하나의 필수 요소다. 그것은 공로를 통해서 얻거나 어떤 자격 증서를 필요로 하지 않는다. 오히려 그것은 우리에게 제공되는 의로움을 [믿음으로] 받아들이는 것이다. 따라서 그 누구도 믿음이 없이 의롭다고 여김을 받지 못하고, 믿음과는 별도로 [다른 어떤 것으로] 또는 믿음을 갖기 이전에 의롭다고 여김을 받지 못한다.

앞서 인용한 성경 구절들은 칭의와 믿음이 서로 분리될 수 없을 만큼 하나 됨을 이루고 있다고 가리켜준다. 우리는 믿음이 그것의 내용을 통해서 정당성을 주장한다는 견해에 동의한다(van Genderen, 1988, 68). 다시 말해서, 믿음이 없으면 칭의도 없지만, 믿음 그 자체가 칭의의 근거는 아니다.

우리는 이 진술과 더불어 불더링크와 야거 같은 신학자들의 견해와 반대되는 입장을 선택한다(참조. Woelderink, 특히 210; Jager, 1939, 101-105. 야거는 이 부분에서 불더링크를 언급함). 이 신학자들은 우리가 앞서 [믿음과 칭의에 대해] 간략하게 진술한 견해에 반대한다. 사실상 그들은 인간 안에 있는 "어느 곳에서" 자격 요건을 찾는다.

5. 우리는 다음과 같은 질문을 제기하면서 이 문제에 초점을 맞추고자 한다. **사실상 존재하지 않는 어떤 것이 요구되는 것은 아닌가?** 실재하지 않은 게 일어났다고 이야기하는 것은 허구(불더링크는 이 용어를 사용함, 210)가 아닌가? 과연 하나님은 "마치 ~을 하신 것처럼" 일을 하실까?

우리는 다른 신학자들과 함께 이것은 사실을 완전히 그릇되게 묘사하는 것이라는 설명에 동의한다(참조. Berkouwer, 1954, 84-88; van Genderen, 1988, 68). 하나님은 하시지 않은 일을 하신 것처럼 거짓말을 하지 않으신다. 하나님을 이렇게 이해하는 것은 그리스도의 의로움을 거부하는 것일 것이다.

중요한 것은 **그 관계가 지니고 있는 본성**이다. 이 본성은 그 관계가 "믿음으로" 되는 것이라고 묘사된다. 따라서 믿음은 허구를 자기의 것으로 전용하지 않는다. 믿음은 [그리스도의 의로움을] 받아들이는 것이다. 따라서 그것은 공로가 결코 아니다. 그리스도의 의로움과 적극적으로 연결되어 있는 믿음 그 자체가 우리의 주관적인 의로움이거나 또는 이와 같은 생각과 같은 것이라고 주장한다면, 그것은 믿음의 본성에 어긋나는 것이다. 이와 같이 주장하는 이들은 무엇보다도 자신 안에 있는 어떤 것에 칭의를 기초하는 것이다. 그들은 자기중심으로부터 벗어나는 (자기 자신을 거부하는) 믿음의 본성을 인식하지 못한다. 믿음은 전적으로 그것이 받아들이는 것에 속한다. 그럼에도 믿음으로 받아들이는 것은 믿음의 소유물이라고 부를 수 있다. 그렇지만 어떤 소유물에는 그것이 누구에게서 온 것인가라는 표시가 있다. 곧 그것은 다른 사람의 의로움(*iustitia aliena*)에서 온 것이다. 그렇다면 우리는 믿음을 통해서 다른 사람의 의로움이 나 자신의 의로움이 되었다고 말할 수 있다.

이것은 실질적으로 "나의 하나님"이라는 믿음의 표현과 비슷하다. 하나님은 하나님이시다. 하나님은 언제나 그분 자신이시다. 우리는 그분을 우리의 마음대로 결코 다룰 수 없다. 그러나 하나님은 나의 하나님이 되실 준비가 되어 있으시다. 그렇지만 하나님은 그분 자신으로 머물러 계신다. 또한 "나의 의로움"이라는 표현도 나와 동일하지는 않지만 나와 연합되어 있는 것, 나와 하나 됨을 이루면서 나와 구별되는 것을 암시한다. 믿음은 바로 이 방법으로 다른 사람, 곧 그리스도의 의로움을 가리켜준다. 바로 이것이 어떻게 자기 자신을 위해서 의도된 것으로서 다른 사람의 의로움을

  개혁교회 교의학

받아들이는가라는 질문에 대답해준다. 하나님은 칭의 안에서 다른 사람의
의로움을 받아들이는 사람의 의로움을 그의 것으로 간주하신다.

이것은 칭의에 대한 어떤 분석적인 또는 종합적인 교의인가? 우리는
우리가 받아서 지니고 있는 것에 근거해서 의롭다고 여김을 받는가? 아니
면 우리는 (야거나 불더링크의 주장과 같이) 우리 자신의 신분에 근거해서
의롭다고 인정받는가? 그리스도의 의로움이 우리의 것으로 돌려진다는 것
은 우리가 칭의에 대한 일종의 **종합적인** 교의를 다루고 있다는 것을 암시
해준다.[30] 자기의 것으로 전가된(돌려진) 것은 이제는 다른 사람의 것이 아
니다. 이 진술과 더불어 종합적인 진술은 분석적인 진술이 되지 않는다. 우
리는 단지 (믿음으로) 다른 사람의 이 의로움이 내 자신의 의로움이 되었다
고 말할 수 있다. 이것은 믿음이 칭의를 위해서 꼭 필요한 것일 뿐만 아니
라, 믿음은 공로로 얻어지는 게 아니라는 것을 강조한다.[31] 칭의는 우리의
소유가 되는 어떤 선물을 포함한다. 하지만 우리가 믿음으로 그 선물을 받
아들이지만, 또한 믿음 자체도 선물이다. [그리스도의] 의로움은 우리에게
서 멀리 떨어져 있거나 또는 다른 사람의 것이 아니다. 다시 말해서 그 의
로움은 우리를 초월해서 존재하는 것이 아니다. 비록 그 의로움이 우리의
것이 되지만, 그것은 여전히 선물이다(이것은 공로로 얻는 것과 반대된다).
"믿음으로"라는 표현이 의미하는 것이 바로 이것이다.

우리는 이 입장과 더불어 칭의의 주관화와 객관화에 유의하고자 한다.
믿음의 사건과 경험이 칭의의 근거가 될 때, 주관화가 일어난다. 반면에 그
리스도 안에서 구원의 사건이 (언제 그리고 어디서) 발생했는지가 칭의의

---

30 이 용어들이 지니고 있는 (교리사적인) 중요성에 대해 다음을 참조하라. A. J. Venter,
   Analities of sinteties? 1959. 그의 세 번째 주장, 곧 Karl Holl은 그리스도의 대속 사역의 범위를
   충분히 살펴보지 않았기 때문에, 전가의 개념을 거부했다는 주장은 우리의 흥미를 끈다.
31 E. Böhl, *Dogmatik*, 1887, 483과는 달리, 우리는 "*conditio sine qua non*"에 대해 말하고자 하
   지 않는다. 꼭 필요한 방법이 "필수 불가결한 조건"은 아닌 것이다. Böhl은 다음과 같은 의
   미심장한 주장을 했다. 곧 의로움이 믿음에게 전가된다고 말할 때, 그것은 예수 그리스도에
   대한 믿음을 축소시켜 표현하는 것이다.

근거가 되고, 지금 여기서 믿음이 아무런 역할을 하지 않을 때 객관화가 발생한다. 어떤 사람은 과거를 조사해서 믿음이 없이 과거에 일어난 일을 오늘 일어난 것으로 결론들을 도출할 수 있다. 후자의 경우에 칭의는 과거에 얻은 의로움을 현재에 선포하는 것에 지나지 않는다. 이것에 관해 더 분명하게 말하자면, 과거에 의롭다고 여김을 받았다고 듣는 이들은 이와 같은 과거에 결부된 것을 선포하는 것에 지나지 않는다. 이것이 전부다.

결론적으로 우리는 다음과 같이 말하면서 마무리하고자 한다. 의인이 아니라 (비록 하나님의 은혜로 의인이 되었다고 하더라도) 불경건한 사람이 의롭다고 여김을 받는다. 이 불경건한 사람은 그리스도로 말미암아 의롭다고 여김을 받는다. 그가 진정으로 (또한 부분적으로) 의롭게 되어가는 것은 성화와 관련된 문제다. 칭의는 그리스도의 의로움을 받아들이는 불경건한 사람에 대해서 하나님이 내리시는 판결이다.

비록 믿음이 구원을 받기 위한 필수적인 전제 조건은 아니지만, 그것은 구원을 받기 위해서 필요한 조건 중 하나다. 왜냐하면 믿음은 구원과 하나이기 때문이다.[32]

6. 이 배경에서 우리는 몇몇 학자들이 주장하는 **영원 전부터의 칭의교의**에 대해 논할 수 있다.

여기서 지면 관계상 해당 신학자들의 저서를 상세하게 논평할 수는 없다.

카이퍼와 관련해서는 다음의 책들을 보라. *De Salute*, 94, 62-64; *E voto Dordraceno*, 1892, 2:340-342; 『성령의 사역』(*Het werk van de Heilige Geest*), 1927, 462. 또한 참조. Comrie, 『죄인들의 칭의에 대한 편지』(*Brief over de*

---

32 우리는 Johannes van der Kemp의 『칭의에 대한 경험에 바탕을 둔 세 편지』(*Drie bevindelijke brieven over de rechtvaardigmaking*, 1991)에 대해 나중에 언급할 것이다. 이 자료는 목회적인 관점에서 칭의에 대해 다룬다.

rechtvaardigmaking des zondaars), 1832, 2, 74-86, 88, 125. 그리고 Honig,
Alexander Comrie, 232-246.

콤리는 다양한 구성 요소들에 대해 말한다. 그리고 카이퍼는 단계들에 대해 언급하고 영원 속에서 일어나는 것과 인간이 시간 안에서 의식하는 것을 강조한다. 칭의에 대한 이 특별한 관점은 카이퍼의 모든 신학적인 접근 방법에서 특징적인 것이다.

콤리는 다양한 구성 요소의 상호 연관성에 대해 말한다. 하나님의 심판의 보좌 앞에서의 칭의는 영원 전부터의 칭의와 상응한다. 그는 믿음에 **앞서는** 칭의에 덧붙여 믿음으로 의롭게 되는 것을 구분한다(Comrie, *Brief*, 88, 127).

우리가 이와 같은 견해를 반대하는 주요한 이유는 영원 전부터의 칭의를 지지해주는 성경적인 근거가 전혀 없다는 데 있다. 성경에서 칭의는 언제나 믿음과 연결되어 있다. 이 믿음은 영원 전으로 투영될 수 없다. 믿음은 카이퍼와 콤리가 구분하는 것처럼 **가능성**(potency)과 **현실성**(actuality)으로 구분될 수 없다. 믿음의 **가능성**은 시간 속에서 나타나는 것이지, 영원 전부터 존재하는 게 아니다.

이 두 신학자들은 칭의란 우리의 믿음에 달려 있는 게 아니라고 강조한다. 하지만 영원 전부터의 칭의를 생각해내는 것보다 이 진리를 설명하는 다른 방법들이 있다. 칭의의 본질은, 의롭게 하시는 분은 바로 하나님이라는 사실이다. 따라서 우리의 믿음이 칭의의 본질은 아니다. 우리는 콤리와 카이퍼의 견해들이 지니고 있는 동기는 옳다고 생각하지만, 그들의 지나치게 세부적인 교리적 설명은 성경에 기초해서 판단할 때 타당하다고 인정받을 수 없는 인위적인 이론이다.

우리는 몇 가지 반대들을 추가적으로 제시하고자 한다. 위에서 언급한 견해에서 칭의의 역사적인 사건은 하나님이 영원 전에 결정하신 것이 시간 속에서 결과를 나타내는 것을 지지하기 위해서 무기력하게 된다. 그렇다면 역사는 단순히 하나님의 계획들을 펼쳐놓는 것으로 이해된다. 칭의와 관련해서 이것은 인간이 마침내 하나님이 그에 대해 이미 결정해놓으신 것을 의식한다는 것을 의미한다.

콤리와 카이퍼가 추구하는 진리의 요소는 하나님이 그분의 백성을 그리스도에게 건네주신다는 작정 안에 충분히 표현되어 있다. 칭의는 하나님의 작정이 실행되는 것의 일부분으로 이해되어야 한다. 이와 같이 말하는 것은 칭의가 이미 영원 전에 일어났다고 말하는 것과는 다른 것이다.

7. 우리는 영원 전부터 일어난 칭의에 대한 이론을 거부하는 것과 더불어 **양심의 법정에서의 칭의**에 대한 개념도 거부한다. 이것은 하나님이 인간에게 무죄 판결을 선언하시는 순간을 가리킨다(Comrie, *Brief*, 128-141).

우리는 카이퍼의 저서들에서 볼 수 있는 것처럼 우리의 양심의 법정 앞에서 칭의를 만나지 않는다. 그 대신 카이퍼는 다음과 같이 주장한다. "선택된 사람들은 믿음의 가능성이 심어진 것을 통해서 칭의를 잠정적으로 자기 것으로 사용한다"(아홉 단계 중 다섯 번째). 그다음 (여섯 번째 단계에서) 칭의는 복음 선포를 통해서 선택된 사람들의 양심에 주관적으로 나타난다. 다른 학자들은 칭의를 양심의 법정에서 이전에 일어난 사건이라고 언급하지만, 카이퍼는 그것을 믿음의 가능성이 심어지는 것이라고 주장한다(Kuyper, *De salute*, 45).

사실상 어떤 사람들은 자신의 삶에서 처음으로 하나님이 자신을 의롭게 여기신다는 것을 개인적이며 심오한 방법으로 매우 의식적으로 경험한다. 하지만 이와 같은 몇몇 사람들의 경험을 모든 사람에게 적용하는 모델로 규정하는 것은 옳지 않다. 그런 경험이 옳다면, 그런 경험을 하지 못한 이들은 이 특별하고 압도적인 경험을 기다려야 한다. 그리고 그들은 그런 경험이 일어나기 전—단기간 또는 장기간 동안—그리스도가 우리의 의로움이라는 약속을 받지 못한다. 이 약속에 대한 믿음은 다음과 같은 생각에 의해 방해를 받는다. 곧 우리가 그리스도를 "나의 의로움"이라고 말하기 전에, 칭의는 먼저 극적인 방법으로 반드시 경험되어야 한다. 이 도식에 의하면 그리스도의 중요성은 이런 유일하고 특별한 순간의 경험과 동일시된다. 이것은 하나님의 약속을 의심하면서 끊임없이 숙고하고 그리스도 안에서의 소망과 관련해서 영적으로 성장하는 여지를 남겨놓지 않는다. 이 도식에는 단지 한 번의 특별한 순간에 대한 특정되지 않은 기다림만 있다. 믿음 안에서 그리스도와의 모든 접촉은 칭의의 자유롭게 하는 능력으로 특징지어진다. 칭의에 대한 확신은 어떤 유일무이한 경험의 형태에 국한되지 않고, 우리의 의로움이 되기를 원하는 그리스도와의 모든 접촉으로 특징지어진다. 이 특별한 (유형의) 경험이 칭의의 필요조건이 되려는 위험이 있다. 이런 방식은 믿음에 어떤 기능적인 역할보다 그 이상의 것을 부여하고자 한다.

우리는 믿음의 중요성을 강조하면서도 오직 복음 전파를 통해서만 칭의를 경험할 수 있다는 것을 재진술하면서 이 항목을 마무리하고자 한다. 구원은 칭의를 포함해 복음 전파를 통해서 전달된다.

41.4. 의견의 일치 및 대립

여기서 우리는 초기 교회의 역사와 종교개혁 및 오늘날의 신학에서의 몇 가지 교의적인 발전들에 초점을 맞추고자 한다. 우리는 평소처럼 주요 논점들만 살펴보고자 한다.

1. **동방 교회**는 서방 교회보다 기독교 신앙의 다른 측면들에 초점을 맞추고 있다.[33] 인간의 신성화는 아타나시오스의 신학적인 사고에서 한 가지 핵심 주제다. 곧 "우리는 성령을 통해서 하나님과 그분의 신적 성품에 동참한다." "그는 인간이 되었다. 그래서 우리도 신과 같이 될 수 있다."[34] 아

---

[33] 다음 연구서들에서 이 주제에 대한 개관을 볼 수 있다. A. Kalles, *Orthodoxie Was ist das?* 1979, 79-82; K. Ware, *The Orthodox Way*, 1979, 140-177, 특히 166-169. Normann의 다음 연구서는 고대 교회의 구원론에 대해 논의한다. F. Normann, 『"참여" 교부 신학의 한 가지 핵심 단어』(*Teilhabe, ein Schlüsselwort der Vätertheologie*), 1978.

[34] Athanasius, 『말씀의 성육신』(*De menswording des Woords*). 또한 *Enchiridion patristicum*, 1958 안에 들어 있는 단편 no. 787을 참고하라. 또한 참조. A. M. Ritter는 Andresen,

타나시오스는 바울에 호소하면서 구속의 영적인 특성을 강조한다. 이것은 신체적인 구속에 대한 교의가 아니다.

하나님의 형상이 구속을 통해 회복되었다고 이해하는 것은 다마스쿠스의 요한네스(John of Damascus)의 신학적인 사고의 특징이다. 인간은 구속을 통해 (또다시) 신성에 동참하며 낙원으로 돌아간다. 이것이 인간이 불멸을 얻는 방법이다.[35]

동방 교회의 구원론은 칭의에 핵심적인 역할을 부여하지 않는다. 그 구원론에서는 생명을 다시 얻는 것이 근본적으로 중요하다.[36] 이 모든 것은 기독론적으로 결정된다. 새로운 생명은 먼저 인간의 의지에 영향을 미친다. [동방 교회의 신학에서] 구속의 과정은 신인협력적인 특성을 지니고 있다.

2. **아우구스티누스**가 커다란 명성을 얻은 주요한 이유 중 하나는 하나님의 은혜에 대한 그의 가르침 때문이다. 사실상 그는 "은혜 박사"(*doctor gratiae*)라고 불려왔다. 그는 하나님의 은혜의 은사적인 특성을 강조했다. 아우구스티누스는 펠라기우스와 신학적인 논쟁을 벌이던 배경에서 이 특성을 강조했다. 펠라기우스의 주장은 아우구스티누스가 자신의 관점과 표현을 더 명확하게 가다듬는 데 원인을 제공해주었다. 뮐렌베르크 (Mühlenberg, in Andresen, *Handbuch*, 1:446)는 아우구스티누스의 사생활이 그의 은혜 교리가 발전하는 데 영향을 미쳤다고 지적한다. 다른 한편으로, 심지어 펠라기우스의 가르침이 이단으로 정죄 받은 이후에도 실천적인 문제들은 하나님의 은혜와 관련된 논쟁들을 사라지게 하지 않았다. 아우구스티누스가 이 문제에 몰두하게 된 데에는 그의 자서전적인 요소도 포함

Handbuch, 1:178-185, 특히 184에서 명료한 개관을 제공해준다.

35　Klaus Wessel in Andresen, *Handbuch*, 1:318-325, 특히 324. 또한 참조. Van Genderen, 1988, 30.

36　Gerald Bray, "Justification and the Eastern Orthodox Churches," in J. I. Packer et al., *Here We Stand: Justification by Faith Today*, 1986, 107. Bray는 "[동방 교회의 신학에서] 칭의라고 이해되는 개념은 성화와 그리스도 안에서의 만물의 최종적인 재창조에 동화되었다"고 주장한다.

되어 있다. 만약 우리가 은혜와 관련해서 아우구스티누스의 견해를 네 가지 단계로 구분하는 것을 받아들인다면, 펠라기우스는 아우구스티스 인생의 일부분일 것이다. 우리의 견해에 의하면, 우리는 내면적인 역사와 외적인 역사를 구분할 수도 있다. 이 두 가지 측면은 모두 아우구스티누스의 전기 안에서 중요한 역할을 했으며, 그의 은혜 교의가 발전하는 데 영향을 미쳤다.

아우구스티누스를 해석하는 데 있어 한 가지 어려운 점은 다음과 같은 것이다. 간단하게 이야기하면, 그는 은혜를 치유로 여긴다. 치유는 칭의뿐만 아니라 회복, 성화 및 때때로 심지어 신성화를 포함한다. 판 헨더렌(1988, 32 이하)에 의하면, 아우구스티누스는 은혜의 다양한 측면을 이 과정으로 강조한다. 비록 이 과정이 우리의 의지를 무시하지 않지만, 그는 이 과정을 하나님이 우리 안에서 하시는 일로 이해한다.

아우구스티누스는 펠라기우스와는 대조적으로 인간의 의지가 반항적이라는 것을 강조한다. 따라서 인간의 의지는 변화될 필요가 있다. 아우구스티누스는 은혜의 열매로서 사람들의 삶에서 이 변화가 일어난다고 이해한다. 그는 바로 이 점에 근거해서 그 과정이 칭의와 성화를 모두 포함한다고 생각한다. 이 과정에서 은혜의 요소는 다음 사실을 통해서 나타난다. 곧 상은 행위들 그 자체에 적용되는 것이 아니라 그 행위들을 낳는 은혜에 적용된다.[37]

---

37 Augustinus의 칭의론에 대한 개관으로서 다음 연구서를 참조하라. A. F. N. Lekkerkerker, 『아우구스티누스의 칭의론에 대한 연구』(*Studiën over de rechtvaardiging bij Augustinus*), 1947. 이 연구서에서 구원의 단계들은 13과 해당 연구서 전체에서 Augustinus의 수많은 인용문에 언급되어 있다. 과연 이 해석은 일방적인가라는 의문점이 제기된다. 다음 연구서에 대해서도 동일하게 말할 수 있다. G. de Ru, 『아우구스티누수의 칭의론』(*De rechtvaardigmaking bij Augustinus*), 1966. 어쨌든 우리는 이 두 연구서에서 많은 중요한 언급들을 발견할 수 있다. 또한 우리는 다음 두 가지 연구에서 더 많은 자료를 얻을 수 있다. Mühlenberg, in Andresen, *Handbuch*, 1:445-463. 또한 A. F. McGrath, *Iustitia Dei: A History of the Christian Doctrine of Justification*, 2 vols, 1986. 또한 1988년에 간행된 그의 저서 *Justification by Faith*도 중요하다.

3. 루터와 칼뱅이 언급하는 아우구스티누스의 구원에 대한 교의 안에
는 중요한 요소들이 들어 있다.[38]

또한 종교개혁의 이 두 대표자들이 성취한 것에 의하면, 아우구스티누
스의 구원에 대한 교의 안에는 명료성과 내적인 일관성을 지니지 않은 요
소들도 포함되어 있다. 아우구스티누스의 해당 교의에서 명료성이 결핍되
어 있는 한 가지 측면은 구원에 대한 확신이다. 루터는 아우구스티누스가
바울에 대한 가장 신뢰할 만한 해석자라고 지적했다. 나아가 그는 다음과
같이 주장하기도 했다. 비록 아우구스티누스가 모든 스콜라 신학자들보다
바울의 가르침의 본질에 더 가까이 접근하기는 했지만 그 본질을 아주 명
확하게 파악하지는 못했다.[39]

아우구스티누스의 경우와 비슷하게 루터의 개인적인 역사도 그의 신학에 상당
부분 영향을 미쳤다. 그는 가능한 모든 방법을 통해서 하나님의 의로움을 얻으려고
추구했다. 그의 삶은 참회와 고행으로 가득했다. 그는 그 과정에서 과연 자신의 뉘우
침이 충분히 진실하고 진지한 것인가라고 의문을 품으면서 괴로워했다.[40]

마침내 루터는 "의로움"이라는 성경의 용어를 인정된 의로움, 곧 하나님이 인정
하신 의로움이라는 것을 깨달았다. 그 의로움은 우리가 율법에 순종하는 경건한 행
위들과 참회와 고행을 통해서 얻는 것이 아니었다.

루터 전집의 서문에는 루터가 해당 장면을 회상하는 설명이 제시되어 있다(*WA*,
54; 1545년 3월 5일; 또한 참조. *WAT*, 5,26). 루터에게 그것은 마치 낙원의 문 안으
로 들어간 것 같은 경험이었다. 이 발견이 바로 루터의 종교개혁의 비밀과 핵심이다.

---

38 J. Koopmans, 『칼뱅의 관점에서의 고대 교회와 종교개혁의 교리』(*Het oud kerkelijk dogma en de Reformatie bepaardelijk bij Calvin*), 1938 (19832), 특히 94-97.

39 Van Genderen, 1988, 35. 또한 다음 논문은 매우 유익하다. W. van Loewenich, "아우구
스티누스와 루터의 은혜론 비교"(Zur Gnadenlehre bei Augustinus und bei Luther), in *Von Augustinus zu Luther*, 1959, 75-87, 특히 83 이하.

40 H. A. Oberman, *Luther, Man Between God and the Devil*, 1989, 특히 4:119-158. 또한 W. van 't Spijker, 『약속과 경험』(*Luther, belofte en ervaring*), 1983, 1:10-22.

우리는 루터에 대한 많은 연구서에서 하나님의 의로움의 중요성에 대해 읽을 수 있다. 이것은 루터가 저술한 갈라디아서 주석에서 특히 잘 드러난다.[41]

결론적으로 비록 루터가 율법과 복음 사이에 명백한 긴장 관계를 조성하지만, 그가 율법을 복음에서 분리하지 않는다는 것이 중요하다.

칭의, 곧 믿음으로 의롭게 된다는 교의는 루터의 신학에서 핵심 주제다. 이 교의는 행위로 의롭게 된다는 교의와 대조된다. 믿음은 그 자체의 어떤 공로도 지니고 있지 않다. 인간은 율법에 의해 완전히 압도되었기 때문에 어떤 공로도 단념해야 한다. 그는 자신의 빈손을 하나님 앞에 내민 채, 그 손이 그리스도의 의로움으로 채워지는 것을 바라보아야 한다.

우리는 루터의 저서에서 칭의에 대한 교리가 고백되고 묘사되는 몇몇 핵심적인 부분들을 언급하고자 한다. *WA*, 2, 13; 2, 720-721; 18; 50, 624, 643-644, 766; 56, 269 이하, 271 이하.

칭의에 대한 루터의 신학에서 전가는 점점 더 두드러진 역할을 한다. 우리는 그리스도로 말미암아 믿음으로 의롭다고 선언된다. 우리가 육신으로 지은 과거와 현재의 어떤 죄도 우리에게 전혀 돌려지지 않는다(*WA*, 39, 1, 83). 우리는 우리가 의롭기 때문에 의롭게 된 게 결코 아니다. 오히려 우리가 의롭다고 선언되었기 때문에, 우리가 의롭다고 여김을 받는다. 이 칭의는 우리의 삶에 함의들을 지닌다.[42]

---

41 van Genderen은 자신의 논문 "율법과 복음에 대한 루터의 견해"(Luther's visie op wet en evangelie), in W. Balke et al., 『루터와 개혁파 프로테스탄티즘』(*Luther et het Gereformeerd Protestantsme*), 1982, 249-282에서 이 주석서에 대해 논평한다. 또한 Velema, 1987, 146-150을 보라. 그리고 다음 연구서들을 참조하라. W. van Loewenich, *Martin Luther*, 1982, 69-102; B. Lohse, *Martin Luther*, 1981, 특히 152-160; O. H. Pesch, 『루터 입문』 (*Hinführung zu Luther*), 1983², 특히 1:285-370. 우리는 이 세 연구서에 언급된 곳에서 Luther의 경험에 대한 서로 다른 다양한 측면을 부각시켰다.

42 J. T. Bakker가 번역하고 논의한 것으로서 이중 칭의에 대한 Luther의 설교를 보라. 『루터 탄생 500주년』(*Luther na 500 jaar*), 1983, 30-57 (*WA*, 2:145 이하에 제시된 텍스트에 근거해서 번역됨).

우리는 루터의 저서에 나오는 율법과 복음의 관계에 대해 다른 곳에서 더 상세하게 논했다(Velema, 1987, 146-150. 칼뱅과 루터의 관점을 비교하는 것에 대해서는 150-153을 보라).

우리는 우리 자신 안에 그리고 우리 자신 스스로가 가진 것이 아니라, 선물로서 믿음의 확실성을 지적하고자 한다. 개인적인 위기와 유혹은 이 확실성에 영향을 미칠 수도 있지만, 그것을 없애버리지 않는다. 비록 자기 확신(*securitas*)은 지속적인 존속을 보증해주지 못하지만, 믿음의 확신(*certitudo*)은 견고하게 끝까지 지속된다. 결국 자기 확신은 겸손의 결과로서의 믿음의 확신과 대조된다.[43]

마지막으로 우리는 루터 신학에서 널리 알려진 한 가지 주제를 독자들에게 상기하고자 한다. 곧 의인인 동시에 죄인(*simul iustus et peccator*)이라는 주제다.[44] 이 핵심 개념은 완전히 의롭다고 (선언된) 죄인들은—사실상 죄인들로 머물러 있지만—점차 경건해지고 의로워지는 과정에 있다는 것을 의미한다.

여기서 또다시 이중적인 의로움이 나타난다. 또한 우리는 다음과 같이 말할 수 있을 것이다. 의로움의 첫 번째 측면은 법적인 판결과 관련이 있다. 곧 완전히 의롭다. 반면에 두 번째 측면은 그 영향과 관련해서 효과적이며 부분적이다. 예스트(Joest)는 루터의 칭의 교의를 과정의 결과로 해석하는 홀(Holl)의 입장에 동의하지 않는다. 그는 의롭다는 선언을 예기적인 것(anticipatory)으로 해석한다. 따라서 그것은 분석적이다.[45]

---

43 Luther 신학에서의 "겸손"에 대해 다음 논문을 보라. Th. M. M. A. C. Bell, "마그니피카트의 독일어 번역 및 해설"(Das Magnificat verdeutscht und ausgelegt), 1521, in Bakker (각주 42), 78-98.

44 W. Joest, 『율법과 자유』(*Gesetz und Freiheit*), 1968², 특히 제2장 55-82.

45 다음 논문을 보라. Holl, 『논문 모음집』(*Gesammelte Aufsätze*), 1927⁴, 1:111-154, 특히 124n2. 한편 하나님의 의로움의 발견에 대한 Holl의 관점에 대해서는 *Gesammelte Aufsätze*,

우리는 "의인인 동시에 죄인"이라는 교의는 아우구스티누스와 루터 사이의 특징적인 차이점을 반영한다고 말할 수 있다.

루터 신학에서 다른 핵심적인 주제들은 하나의 고전적인 교의로서 믿음으로 의롭게 된다는 것과 직접적으로 연결되어 있다는 것은 널리 알려져 있다. 우리는 지면 관계상 이 주제에 대해서 자세하게 논할 수 없다.[46]

마지막으로 우리는 로마 가톨릭 신학자들도 칭의에 대한 루터의 교의를 고전적인 교의로 인정한다는 것을 언급하고자 한다. 곧 그것은 하나님의 은혜에 대한 교의의 역사에서 새로운 시대를 열었다는 것이다.[47]

또한 우리는 한때 큰 화제를 일으켰던 한스 큉의 저서 『의화론』(*Justification*, 1964)을 언급하고자 한다(칼 바르트가 이 연구서에 권두사를 기고했다). 비록 학자들은 이 연구서를 일치된 입장에서 받아들이지 않았지만, 해당 연구서는 커다란 영향을 끼쳤다. 한편 페쉬는 루터의 신학에 또 다른 방법으로 접근한다(O. H. Pesch, *Theologie der Rechtfertigung bei Martin Luther und Thomas von Aquin*, 1967). 페쉬도 그의 저서를 통해서 상당히 많은 논쟁을 불러일으켰다. 또한 다음 보고서를 참고하라. U. Kühn, O. H. Pesch, 『토마스 아퀴나스와 루터의 대화에서의 칭의론』(*Rechtfertigung im Gespräch zwischen Thomas und Luther*), 1967 (베를린에서 개최된 신학 심포지엄의 보고서). 큉의 입장에 대한 반응으로서 다음을 참조하라. Van Genderen, 1966, 13-15 및 G. Müller, 『칭의론』(*Die Rechtfertigung*), 1977, 113-116. 이 책은 많은 참고 문헌을 수록하고 있다. 또한 페쉬에 대해서는 다음 연구서들도 참조하라. 『믿음으로 의롭게 됨: 루터가 교회에 제기하는 질문』(*Gerechtfertigt*

1928, 3:171-188을 보라.

46 우리는 세속화의 결과로서 오늘날 두 왕국에 대한 Luther의 교의가 그의 원래의 가르침과는 전적으로 다르게 해석되고 있다는 사실에 비추어서 이 점을 강조하고자 한다. 이 주제에 대한 특별한 논문으로 다음을 보라. J. T. Bakker, "세속적인 거룩함: 루터의 산상설교 해설"(Wereldse heiligheid: Luther over de Bergrede), in 『사고로 이끄는 신앙』(*Geloof dat te denken geeft*), H. M. Kuitert를 위한 기념 논문집, 1989, 9-24.

47 참조. Martin Palma in 『교리사 입문』(*Handbuch der Dogmengeschichte*), 3, 5h, 1980, 8. 또한 많은 참고 문헌과 더불어 Luther에 대해 다루고 있는 7-21을 보라.

aus Glausben, *Luthers Frage an die Kirche*), 1982. 그리고 페쉬와 페터스(A. Peters)가 공저한 것으로서『은혜 및 칭의에 대한 입문서』(*Einführung in die Lehre von Gnade und Rechtfertigung*), 1981.

또한 루터는 (종말론적인 측면에서) 칭의를 하나님의 심판의 보좌[48] 앞에 나타나는 관점 안에 위치시켰다.[49]

4. 칭의에 대한 **칼뱅**의 교의는 루터의 교의와 기본적으로 동일하다.[50] 하지만 우리는 칼뱅의 칭의론을 언급하지 않은 채 다음 문제로 넘어가고 싶지는 않다. 왜냐하면 그는 개혁파 신앙고백에 강력하게 영향을 끼쳤기 때문이다. 우리는 그의 저서를 구체적으로 언급하면서 그의 몇 가지 기본적인 관점들을 살펴보고자 한다.

칼뱅은 칭의에 대한 교의를 사돌레토(Sadoleto, *O.S.*, 1:457-489)에 대한 그의 답변에서 핵심으로 삼는다. 그는 믿음을 떠받치는 주요한 기초라고 칭의를 부른다.[51]

---

48 이것에 대한 배경의 한 가지 측면으로서 Peters, 1984, 33은 중세 시대의 참회 관습을 언급한다. 그러나 우리의 관점에 의하면, 우리는 적어도 칭의가 성경에 그 기원을 두고 있다는 것에 신뢰성을 두어야 한다. Hartvelt, 1991, 171는 Peters의 논평을 언급하며, 그와 더불어 해당 주제가 Luther 연구에서 충분히 고려되지 않았다는 주장에 동의한다. 또한 다음 논문을 참고하라. "종말론으로서의 칭의론"(Die Rechtfertigungslehre als Eschatologie), in W. Härle, E. Helms, *Rechtfertigung*, 1979, 198-221.

49 또한 우리는 H. E. Weber를 언급하고자 한다. 그는 다음 논문에서 종교개혁과 로마 가톨릭의 신학적인 사고를 비교하며 대조한다. H. E. Weber, in *Reformation, Orthodoxie und Rationalimus*, 1966, 1.1:1-64. 그는 루터파 신학자들의 교의에 대해 65-130에서 자세하게 묘사하고 있다.

50 이 두 신학자들의 칭의 교의의 기본적인 유사점에 대해 다음 연구서를 보라. W. van 't Spijker, *Luther en Calvijn*, 1985, 12-14. 또한 참고 문헌에 대해 5을 보라. 그리고 칼뱅의 칭의에 대한 교의에 대해 W. Niesel, *Die Theologie Calvins*, 1957², 121-138 및 Peters, 1984, 90-105을 참조하라.

51 참조. Calvin, 『기독교강요』 3.11.1(*O.S.*, 4:182: *praecipuus sustinendae religionis cardo*). 한편 Peters, 1984, 91은 "믿음을 보존하는 결정적인 축"(entscheidende Angelpunkt zur Erhaltung der Religion)이라고 번역한다.

개혁교회 교의학

페터스는 칼뱅이 칭의에 대한 그의 설명 전체의 요약으로서 자신의 『기독교강요』 3.11에서 몇 가지 핵심적인 견해들을 제시한다고 말한다.[52]

칼뱅은 칭의를 전적으로 법적인 측면에서 해석한다. 그는 칭의를 하나님이 우리를 그분의 호의 안으로 받아들여서 우리를 의롭다고 간주하는 것으로 해석한다. 그것은 죄 사함과 그리스도의 의로움의 전가로 이루어져 있다(『기독교강요』 3.11.2). 또한 칼뱅이 죄인을 의로움으로 이끄는 것을 삼위일체 하나님과 연결해서 훌륭하게 묘사하는 것을 보라. 그리스도는 칭의의 기초로 묘사된다(『기독교강요』 3.15.5). 또한 칼뱅은 칭의의 순서(ordo iustificationis)에 대해서도 묘사한다(『기독교강요』 3.11.16).[53]

우리는 칼뱅이 『기독교강요』 3. 14.17에서 서로 다른 용어를 사용한다는 것을 지적하고자 한다. 이 부분에서 그는 네 가지 원인(causae)을 확인해준다.[54] 이 스콜라주의적(칼뱅: "철학적인")인 용어가 하나님의 은혜에 대한 종교개혁의 가르침의 깨끗한 물을 담기에 적합하지 않은 그릇이라고 주장할 수는 없을 것이다. 이와 반대로, 칼뱅은 복음의 충만함과 다양성을 정확하게 나타내기 위해서 다양한 원인과 관련된 이 네 가지 구분을 사용한다.

스피커는 우리가 칭의에 대한 교의의 배경에서 그리스도와의 친밀한 교제를 염두에 두고 있어야 한다고 강조한다. 우리는 그리스도와의 친밀한 교제를 통해서 이

---

52 우리는 Calvin의 『기독교강요』 3.11이 3.15에서 계속되고 3.16-19에서는 다른 각도에서 다루어진다는 것을 기억해야 한다.

53 Peters, 1984, 93은 Calvin이 칭의와 관련된 이 순서의 네 가지 구성 요소를 단지 느슨하게 표현했다고 주장한다. 우리의 견해에 의하면, 이 순서가 지니고 있는 "느슨한" 특성은 이것이 해당 요소들을 시간적인 순서대로 엄밀하게 경험하는 것이 아니라는 점을 암시해주는 것이다.

54 스콜라주의적인 용어에서 하나님 아버지가 베푸시는 분에 넘치는 사랑은 작용인(causa efficiens), 그리스도의 순종은 질료인(causa materialis), 믿음은 형상인/도구인(causa formalis/instrumentalis), 또한 하나님의 의로움을 나타냄 및 그분의 선하심에 대한 찬양은 목적인(causa finalis)으로 불렸다.

중적인 은혜를 받는다. 곧 죄 사함과 그리스도의 의로움이 우리에게 돌려진다. 스
피커의 다음 논문을 보라. W. van 't Spijker, "칼뱅에 대한 논의"(Calvijn in gesprek)
in 『1989 학회 논문』(*Congresbundel 1989*), Reformatie-studies, 1990, 28-47, 특히
39-41. 우리는 그리스도와의 친밀한 교제를 강조하면서 언제나 그 교제가 믿음과
더불어 지니고 있는 함의들을 기억해야 한다. 우리의 견해에 의하면, 이것은 **그리스
도와의 연합**(*unio cum Christo*)에 대한 칼뱅의 교의가 특별히 기여한 것이다.

베르카우어(Berkouwer, 1958, 206)는 성도의 견인의 배경에서 다음과 같이 올
바로 지적한다. 곧 만약 어떤 이가 여기서 "인과관계"라는 용어를 사용하기를 원한
다면, 그는 이 인과관계가 구속의 신비와 관련해서 종교적으로 국한된 것이라는 점
을 인정해야 한다. 따라서 이런 인과관계는 오직 믿음으로만 이해되고 받아들일 수
있다. 또한 이것은 이 문맥에서 언급된 "원인들"에 대해서도 참이다.

이제 우리는 칼뱅의 가르침에서 나타나는 칭의와 성화의 연합에 대해
언급하고자 한다.[55] 여기서 우리는 여전히 성령으로 말미암은 그리스도와
의 연합(하나 됨)에 대해 말하고자 한다.

페터스(1984, 97)는 칼뱅이 오시안더와 대립한 것은 그가 아우구스티누스와 베
르나르두스(Bernard de Clairvaux)를 의존하지 않았다는 사실을 약화시키기보다는 더
명백하게 보여준다고 지적한다. 성령은 하나 됨을 이루게 하는 띠다. 이것은 선택받
은 이들과 그리스도가 강력하게 하나로 연합되어 있다는 것을 함의할 뿐만 아니라
그리스도의 본성이 그들과 섞여 있다는 견해를 분명하게 거부한다(Calvin, 『기독교강
요』 특히 3.11.5, 6-7).[56]

---

55 참조. Tj. Stadtland, 『칭의와 성화에 대한 칼뱅의 사상』(*Rechtfertigung und Heiligung bei
    Calvin*, 1972, 27 이하, 46 이하. R. S. Wallace, *Calvin's Doctrine of the Christian Life*, 1959,
    11-100; 또한 W. H. Velema, "칼뱅의 윤리학"(Ethiek bij Calvijn), in D. H. Borgers et al.,
    『종교개혁의 목소리, 과거와 현재』(*Reformatorische stemmen, verleden en heden*), 1989, 193-
    222, 특히 198-200.
56 참조. W. Kolfhaus, 『그리스도와의 연합에 대한 칼뱅의 관점』(*Christusgemeinschaft bei*

여기서 우리는 믿음의 삼단 논법에 대해 언급하고자 한다. 우리는 다음 논문들을 참고 문헌으로 제시하고자 한다. W. H. Velema, "믿음과 행위"(Geloof en handeln), in *Septuagesimo anno*, 1973, 270-298 및 Hartvelt, 1991, 193-203, 최근의 문헌에 초점을 맞추고 있는 것으로서 특히 202. 또한 베버의 초기의 논문을 참고하라. 하지만 하르트펠트는 오늘날의 이론과 실천 논쟁에 대해서 다루지 않는다. 그 논쟁은 이 배경에서 언급할 수도 있을 것이다. 왜냐하면 사실상 그것은 실천의 관점에서 복음의 신뢰성을 평가하기 때문이다. 예를 들면 어떤 이들은 복음은 해방 신학과 더불어 세워지거나 아니면 넘어진다고 생각한다. 용커르는 칼뱅의 저서에 나오는 삼단 논법에 대해 다음 논문에서 말한다. W. D. Jonker, "비판적인 관계?"(Kritische verwantschap?) in E. Brown (et al.), *Calvijn aktuell?*, 1982, 83. 판 헨더렌의 다음 논문도 이 배경에서 참고할 만하다. J. van Genderen, 『말씀에 대한 섬김』(*Ten dienste aan het Woord*), 1991, 109-126.

5. 앞서 우리는 로마 가톨릭교회의 입장과 대립해서 [종교개혁의 전통에 서 있는 교회들이] 의견의 일치를 보았던 한 가지 요소에 대해 언급했다. 트리엔트 공의회는 그와 같은 대립을 추구했다. 트리엔트 공의회는 종교개혁이 성취한 유익한 관점들을 근본적으로 거부했다. 그리고 그 공의회는 신인협력설의 형태 안에서 하나님과 인간의 종합을 확인했다. 오랑주 공의회(Council of Orange, 529) 이후로 하나님의 은혜와 인간의 믿음의 관계를 다루는 것과 관련해서 공백이 길었다.[57] 그 공의회의 선언문은 하나님의 호의로서 하나님의 은혜를 다루지 않고, 그것을 "능력"과 "일들"의 관계로 묘사한다. 베르카우어에 의하면, 그 공의회 문헌은 칭의와 무죄 선고

Johannes Calvin), 1939, 24-53; W. Krusche, 『칼뱅의 신학에서의 성령의 역사』(*Das Wirken des Heiligen Geistes nach Calvin*), 1957, 265-272. Osiander에 대해 다음 연구서를 보라. M. J. Arntzen, 『신비적인 칭의론』(*Mystieke rechtvaadiginsleer*), 1956.

57 Berkouwer는 자신의 저서 *Conflict met Rome*, 1948, 제4장("은혜에 대한 논쟁"[*De strijd om de genade*])의 논의에서 이 용어를 사용했다.

에 대해 언급하지 않는다. 트리엔트 공의회는 종교개혁의 가르침을 거부하고 나서 이 공백을 채웠다.

우리는 트리엔트 공의회의 결정 사항들을 *DS*, 1500-1846에서 발견할 수 있다. 또한 거기에 수반되는 교황의 교리들은 *DS*, 1847-1870에 수록되어 있다. 칭의에 대한 조항들은 33개의 저주(anathema)를 선언한다. 이것들은 특히 종교개혁의 가르침을 반박한다(*DS*, 1551-1583).

하나님의 은혜가 아니면 아무도 의롭게 될 수 없다는 것은 사실이다. 하지만 트리엔트 공의회는 나아가 아담이 범죄함으로 말미암아 인간이 자유의지를 잃어버렸거나 소멸되었다고 주장하는 모든 이들에게 저주를 선언한다(canon 5, no. 155). 인간은 이 저주 선언에 의해서 하나님의 은혜와 협력해야 할 가능성과 필요성이 암시된다(canon 4, no. 1554). 이것은 인간이 자신의 자유의지로 하나님의 은혜에 동의하고 협력하는 것을 통해 자기 자신을 의롭게 한다는 것을 암시한다(cap. 5, n0. 1525). 이런 습성(*dispositio*) 또는 마음가짐(*praeparatio*)에 곧바로 의롭게 됨이 뒤따른다. 인간은 하나님의 은혜와 선물들을 **자발적으로** 받아들이는 것을 통해서 의롭게 된다. 의롭게 됨은 **그저** 죄 사함뿐만 아니라 성화와 인간의 내면이 새로워지는 것이다. 그래서 불의한 인간은 의인이 되며, 원수는 친구가 된다(cap. 7, n0. 1528; 강조는 첨가된 것임).

또한 여기서 네 가지 원인에 대해 말한다는 것은 주목할 만하다. 곧 자비로우신 하나님은 작용인(*causa efficiens*)이시다. 그리스도는 공로인(*causa meritoria*)이다. 하나님 및 그리스도의 영광과 영생은 목적인(*causa finalis*)이다. 여기서 세 번째 원인은 칼뱅이 제시하는 것과 차이가 있다. 그리고 가장 중요한 차이점은 도구인(*causa instrumentalis*)에 놓여 있다. 세례와 의로움을 받는 것이 도구인에서 언급된다. 우리는 성령에 의해 주어지고 **또한** 각 사람이 무장되고 협력하는 것에 따라서 의롭다고 선언될 뿐만 아니라 실질적으로 의롭다(cap. 7, no. 1529). 죄에도 불구하고 인간이 보유한 능력들에 기초한 신인협력설이 지금 명백하게 공언된다.

이 교령들의 핵심은 의롭게 됨이 인간의 내면의 새로워짐이며, 또한 성화와 의롭게 됨은 동시에 진행된다는 것이다. 의롭게 됨은 전가되는 것으로 이해되지 않고, 하나님의 은혜와 인간의 성향 및 마음가짐을 통해서 얻는 것으로 이해된다. 또한 의롭게 됨은 선한 행위들과 비례해서 증대되는 것으로 이해된다. 이 입장은 하나님의 은혜를 공로 없이 받아들이는 것으로서 의로움의 전가와 믿음을 거부한다는 것을 암시해준다.

그 공백은 하나님의 은혜와 더불어 준비하고 협력하는 것으로 채워졌다(또한 참조. cap. 8, no. 1532. 선한 행위들에 대해서 cap. 16, no. 1545).

하나님의 은혜는 성례들과 연결되어 있다. 이것은 은혜의 객관화를 의미한다. 이상하게도 그것은 신인협력설의 주관화로 보충된다. 이 결합은 신자들에게서 종교개혁의 가르침에 기초한 구원에 대한 확신을 빼앗는다(특별계시를 통하는 것을 제외하고, cap. 9, no, 1533).[58]

우리는 진정으로 종교개혁의 전통에 서 있는 교회들과 로마 가톨릭교회의 입장 간의 대립과 심지어 사용되는 용어에 대해 말할 수 있다.

교리사적인 개관에 대해서는 다음을 참고하라. H. Jedin, 『트리엔트 공의회의 역사』(*Geschichte des Konzils von Trient*), 1957, 2:201-268. Dantine in Andresen, *Handbuch*, 2:437-464. 단티네는 464에서 인간은 자신의 구원과 관련해서 결정에 반드시 참여해야 한다고 결론짓는다. 인간은 이와 같이 함께 결정하는 것(Mitbestimmung)에 책임이 부분적으로 있다.[59]

---

58 이번 장의 제목은 "이단들의 공허한 확신(*ianis fiducia*)에 대한 반대"라고 붙여져 있다. 또한 참조. canon 16, no. 1566.

59 더 최근의 견해들에 대해 다음 논문을 참고하라. H. J. Kouwehoven, 『최근의 로마 가톨릭 신학 안에서의 의인인 동시에 죄인』(*Simul iustus et peccator in de nieuwe Rooms-Katholieke*

6. 이제 우리는 **칭의에 대한 최근의 몇몇 견해들**을 살펴보고자 한다.

자우터(G. Sauter)가 1989년에 출간한 논문 모음집인 『칭의』(*Rechtfertigung*)의 머리말에서, 우리는 기독교 신앙에서 칭의가 차지하던 중심적인 위치가 바뀐 것에 대한 개관을 발견할 수 있다.

자우티는 1963년 헬싱키에서 개최된 제4차 루터교 세계교회 총회의 폐회식 메시지를 언급한다. 그 총회에서 새롭게 인식한 바에 의하면, 중심적인 질문은 더 이상 "어떻게 내가 하나님과 더불어 평안을 얻을 수 있는가?"가 아니라, "하나님이여, 당신은 어디 계십니까?"이다. 현대인은 더 이상 하나님의 진노로 말미암아 고통당하지 않고, 오히려 하나님의 부재로부터 고통을 겪는다. 죄는 더 이상 극복해야 할 어떤 사악한 것이 아니라 존재의 무의미다.[60]

의미를 추구하는 것에 대답하는 것을 통해서 칭의 교의 그 자체가 정당화될 필요가 있다. 칭의 교의는 더 이상 불경건한 자들이 의롭다고 선언되는 문제가 아니라, 하나님이 인간을 받아들이시는 것에 대한 문제다.

이것은 신학 안에서 근본적인 변화가 일어난다는 것을 의미한다. 우리는 이것을 초점의 이동이라고 특징짓는다. 곧 하나님으로부터 초점을 움직여서, 그것을 질문하고 추구하고 또한 고통당하는 인간에게 맞추는 것이다.[61] 인간의 그와 같은 질문들에 대답해야 할 필요가 있다. 인간의 그와 같은 문제들은 해결되어야 할 필요가 있다. 이것은 교의 및 존재에 대한

---

theologie), 1969.

60 참조. Sauter, 1989. 또한 참조. Van Genderen, 1966, 3-5(헬싱키 문서와 다른 참고 문헌).

61 다른 배경에서 Jüngel은 신학적인 사고의 방향 전환에 대해 말한다. 인간은 하나님을 포함해서 전체성에 초점을 맞춘다. 참조. E. Jüngel, 『기독교인의 자유를 위해서』(*Zur Freiheit eines Christenmenschen*), 1991³, 21n14. 한편 Gestrich는 이와 같이 호기심으로 가득한 방법으로 자신의 삶의 의미를 인간적으로 탐구하는 것을 반대한다. 참조. Chr. Gestrich, 『세상 안에 영광의 빛이 돌아옴』(*Die Wiederkehr des Glanzes in der Welt*, 1989, 205). 그는 죄의 본질을 인간 자신의 정당화라고 특징짓는다. 비록 부정적인 방법이기는 하지만 이 견해도 인간의 주도권을 포함하고 있다. 하나님은 죄가 들어오기 이전에는 그분의 율법을 주지 않으셨다 (202).

탐구에서 180도 회전한다는 것을 암시한다.

루터는 "어떻게 내가 은혜로우신 하나님을 만나는가?"라는 질문에 초점을 맞추어서 인간중심주의(anthropocentrism)라는 비판을 받았다. 하지만 그는 하나님의 의로움을 강조한다. 이 점은 루터의 신학이 인간에 기초한다고 주장할 수 없다는 것을 암시해준다. 루터의 신학은 그 주장과 정반대다. 그럼에도 루터의 신학에는 인간을 위한 여지와 인간에 대해 질문을 제기할 여지가 충분히 있다. 그렇지만 그와 같은 질문에 대한 대답은 위로부터 온다. 바로 이것이 루터의 신학 전체를 특징짓는다.

(설교를 포함하여) 삶과 신학에 대한 이해와 관련해서 최근에 경험된 방향 전환은 대단히 혁명적이며 또한 매우 광범위하다. 그래서 많은 이들은 인간에 대한 질문에 만족할 만한 대답을 제시하기 위해서 신학의 모든 분야가 재구성되어야 할 필요가 있다고 생각한다.

우리는 두 가지 추가적인 논평을 제시하고자 한다. 첫째, 로마 가톨릭 신학자들과 개신교 신학자들이 칭의 교의와 관련해서 서로 화해하고자 시도하는 것은 부분적으로 이와 같은 급격한 방향 전환의 결과로부터 비롯된 것이다. 로마 가톨릭교회와 종교개혁의 전통에 기초한 교회들 사이에는 언제나 근본적인 차이점들이 있었다(위 참조). 오늘날 두 진영 사이에 화해가 형성되고 있다는 사실은 부분적으로 인간이 관심의 초점이 되었다는 것을 반영한다. 우리는 이 화해의 시도가 완전한 의견의 일치에 이르지 못했다는 사실을 잘 알고 있다. 여전히 논의해야 할 많은 문제가 남아 있다. 그렇지만 의견의 일치에 이르는 어떤 방향을 가리켜주는 관점들이 있다. 이런 관점은 인간에 관한 질문들이 교의학을 접근하는 데 출발점을 제공한다는 사실에 의해 권장되고 정당화된다. 그뿐만 아니라 현대의 해석학도 이 과정에서 중요한 역할을 한다.

우리는 레만과 판넨베르크가 공동 편집한 영향력 있는 논문 모음집인 『교회들의 공적인 가르침에 기초한 저주 선언들: 과연 교회들을 분리시킬 만한 것인가?』 (*Lehrverurteilungen: Kirchentrennend?*, 1987[2])에 대해 언급하고자 한다. 이 논문 모음집의 부제목은 "종교개혁 시대와 오늘날에서의 칭의, 성례 및 직분들"이다. 제1부는 오십 명이 넘는 신학자들이 편찬한 문서를 포함한다. 이 문서는 교회들의 입장들을 요약적으로 제시하고, 의견의 일치를 가능케 하기 위한 토대를 마련해준다. 이것은 교회들이 서로 간의 오해들 및 신앙고백적인 선언들뿐만 아니라 이전에 서로 상대방에게 선언한 저주들을 취하할 필요가 있다고 주장한다. 그럼에도 이 문서는 칭의와 관련한 용어들에만 국한되지 않는 차이점들이 존재한다고 분명하게 지적한다 (1:75). 하지만 이 현존하는 차이점들이 칭의의 본질에 영향을 미친다고 주장할 수 없다. 특히 칭의에 초점을 맞추고 있는 제2부(1989)는 이 교의가 지니고 있는 다양한 측면과 이 교의를 어떻게 명백하게 표현해야 하는지에 대해 논한다.

판넨베르크는 (칭의 교의를 포함한) 핵심적인 요소들과 관련해서 비록 다른 사소한 차이점들이 여전히 남아 있지만 이제까지 도달한 의견의 일치는 교회들이 서로 분리된 채 행동하는 것을 더 이상 정당화하지 않는다고 결론짓는다(2:17-31, 특히 30).[62]

도덕과 관련해서 비슷한 프로젝트를 만난다는 것은 흥미로운 일일 것이다. O. Beyer (et al.), 『두 교회들: 하나의 도덕?』(*Zwei Kirchen: eine Moral?*), 1986.

한편 랑에(Lange, 1991)는 괴팅겐 대학교의 개신교 신학부를 대표해서 칭의, 성찬 및 교회의 직분들과 관련된 서로 대조되는 견해들에 대해 논의한다. 그가 제시하는 결론은 앞서 언급한 저자들이 제시하는 결론과 전적으로 대립된다. 그는 기본적인 문제들과 관련해서 부정적인 의견을 제시한다(134).

---

62 또한 참조. G. Müller/V. Pfnür, "칭의-믿음행위들"(Rechtfertigung-GlaubeWerke), in 『하나의 믿음에 대한 신앙고백』(*Confessio Augustana. Bekenntnis des einem Glaubens*), 1980, 105-138. 또한 Berkhof(*C.F.*, 441)는 칭의와 관련해서 의견의 일치가 점차 증대된다고 말한다. 그는 부분적으로 동일한 저자들이 저술한 다른 논문들도 언급한다. 한편 설교를 위해 칭의에 대한 오늘날의 견해를 목회적인 측면에서 적용하는 것에 대해서는 다음 논문집을 보라. A. Beutel (ed.), 『자유를 위해서 해방됨. 칭의에 대한 설교들』(*Zur Freiheit befreit. Predigten über Rechtfertigung*), 1989.

두 번째 논평은 이와 같은 위치 이동에 직면해서 다음과 같은 질문에 대한 것이다. 중심적인 주제로서 칭의(의화)의 포기와 이른바 "하나님의 상실"(Divine eclipse), 곧 하나님의 부재에 대한 경험 간에는 어느 정도의 연관성이 있는가?

지면 관계상 이 주제를 깊게 다룰 수는 없다. 우리는 다음과 같은 견해를 지닌다. 곧 중심적인 주제로서 칭의를 포기하는 것은 적어도 하나님과 인간의 관계에 대한 성경의 조명을 흐릿하게 한다는 것이다. 이 문제와 관련해서 다음 연구서들을 보라. C. Graafland, 『하나님을 찾는 개혁파』(*Gereformeerden op zoek naar God*, 1990) 및 W. H. Velema, 『개혁파의 영성에 대한 새로운 관점』(*Nieuw zicht op Gereformeerde spiritualiteit*, 1990).

7. 여기서 우리는 **페터 슈툴마허**가 하나님의 의로움을 어떻게 이해하는가에 주목하고자 한다. 그는 그 의로움을 창조자로서의 하나님의 권능을 나타내는 것이라고 이해한다. 그는 하나님의 의로움이 인간에게 전가되는 것에 그 의로움을 연결하기보다는, 하나님의 행위에 더 많이 연결한다. 그래서 그는 다음과 같이 주장한다. "심판에서 자신의 의로움을 입증하는 이는 바로 자신의 효과적인 능력을 행사하는 창조자 하나님이시다"(Wer im Gericht zu seinem Recht kommt, ist Gott der Schöpher in seinem wirksamen Macht: Peter Stuhlmacher, 1966[2], 239). 그의 견해에 의하면, 하나님, 그분의 의로움이나 심지어 그분의 공의에 대해 말하는 것은 너무 틀에 박힌 것이다. 아마도 그는 이와 같이 말하는 방식이 구원을 가져오는 하나님의 창조적인 행위로부터 부당하게 분리되었다는 것을 주장하고자 했을 것이다.

단지 자유롭게 하시는 하나님의 공의의 전반적인 배경을 염두에 둔다면, 칭의는 신학의 **움직이는** 핵심으로 머물러 있을 수 있다(Peter Stuhlmacher, 1966[2], 240). 슈툴마허는 복음서들의 수많은 구절을 검토하고 나서 다음과 같이 결론짓는다. 곧 예수는 하나님의 의로움에 대해 결코 말하지 않았다. 그 대신 하나님이 그분의 사랑으로 다스리시는 영역으로서의 하나님 나라가 예수의 메시지의 핵심이다(1966², 251). 하나님의 사랑의 통치는 사람들에게 순종의 형태로서 어떤 긍정적인 반응을 요구한다. 왕으로서의 통치는 다음과 같은 관점을 지니고 있다. 곧 예수는 그 통치에서 하나님의 사랑을 나타내고 선포한다("실행과 선언"). 그리고 이것은 주님의 기도(Lord's Prayer)에서도 명백하게 나타난다(1966², 252).

인간은 (예수 그리스도 안에서 우리에게 나타나고 확증된) 하나님의 의로움을 통해서 확신을 갖고 두려움으로부터 해방되어 자유의 주요한 특성인 기쁨을 누리며 하나님과 동행하는 삶을 살라고 부르심을 받는다(1966², 258).

슈툴마허는 이와 같은 방법을 통해서 자신이 브라운, 불트만, 콘첼만 등이 지지했던 칭의에 대한 실존적인 해석을 피할 수 있다고 생각한다(1966², 344). 이 학자들의 견해에 의하면, 칭의는 자기에 대한 믿을 만한 지식의 표현(*chiffre*)이다. 슈툴마허와 그의 스승이었던 캐제만(1965²)의 견해에 의하면, 의로움은 하나님의 창조적인 행위를 가리킨다.

인간은 이와 같은 방법으로 그의 운명에 결국 도달한다. 의미에 대한 탐구는 그분의 창조물에 대한 하나님의 신실하심을 가리켜주는 것으로 답변을 얻는다. 구원의 과정은 하나님의 의로움을 나타내는 것이다. 따라서 그것은 하나님에 의한 정당화다. 슈툴마허의 이 견해는 어느 정도 신약성경을 실존적으로 해석하는 불트만의 입장에 대한 반응으로 평가할 수 있다. 하지만 그의 견해는 칭의에 대한 개혁파의 고전적인 교의를 가르치는 게 아니다.[63]

---

63 또한 다음 개관을 참고하라. D. Lührmann, "의로움"(Gerechtigkeit III), *TRE* 12:414-420, 특히 416.

슈툴마허는 하나님의 의로움에 관한 문제점에 대한 오늘날의 표현 방식을 자신의 논의의 출발점으로 사용한다. 그러면서 그는 여전히 신학의 핵심적인 한 부분으로서 칭의를 유지하는 것을 지지하는 입장을 내세운다. 그런데 그가 어떤 **움직이는** 핵심에 대해 말하는 것은 놀라운 일이 아니다.[64] 우리의 관점에 의하면, 이 움직이는 특성은 그 개념 자체가 지니고 있는 특성이다.[65]

8. 인간 중심적인 칭의론의 청사진은 **폴 틸리히**(1886-1965)의 저서에서도 발견된다. 우리는 그의 신학과 그의 전기에 대해 자세하게 논하지 않을 것이다. 하지만 폴 틸리히의 흥미로운 전기는 그의 신학의 발전을 이해하는 데 필요할 수도 있다.

『존재의 용기』(*The Courage to Be*)[66]는 자신이 이미 받아들여졌다고 믿는 용기를 갖는 것과 같다. 모든 확신은 자신이 이미 받아들여졌다고 인정하는 것에 달려 있다. 이 배경에서 "자기 긍정"도 중요한 역할을 한다. (자신이 이미 받아들여졌다는) 신념은 자기 긍정을 암시한다. 이것은 절대적인 믿음으로 언급된다. 그것은 신비적인 경험과 인간이 하나님을 만나는 것을 초월한다. 그것은 바로 존재의 힘이다. 인간은 이것을 통해서 받아들여진다. 믿는다는 것은 이것이 참이라고 말하며 또한 투영하는 것이다.

---

64 O. H. Pesch가 "칭의"(Rechtfertigung)에 대한 기고문에서 그 개념을 정의하면서 최근의 로마 가톨릭 신학의 다양한 통찰과 개신교 신학의 다양한 통찰을 의도적으로 결합하는 것은 주목할 만하다. O. H. Pesch in 『신학의 기본적인 개념들에 대한 새로운 사전』(*Neues Handbuch theologischer Grundbegriffe*), 1985, 3:454.

65 Sauter, 1989의 논문집은 영향을 많이 미치지 못했다. Dantine, 『칭의로서의 의로움』(*Recht als Rechtfertigung*), 1982의 논문집—특히 처음 두 논문, 1-58—은 더 많은 영향을 끼쳤다. 또한 그의 다음 논문을 참조하라. "오늘날의 개신교 신학에서의 칭의론"(Die Rechtfertigungslehre in der gegenwärtigen systematischen Arbeit der evangelschen Theologie), *Ev. Th.* (1963): 245-265.

66 우리는 이 책의 독일어 역본(*Der Mut zum Sein*, 1965)을 사용했다. 특히 제2장과 제6장: "긍정된 대상으로서 자기 자신을 긍정하는 용기"(Der Mut sich zu bejahen als bejaht). 이 개념과 Hans Küng의 개념인 『과연 하나님은 존재하시는가?』(*Existiert Gott?*, 1978, 471-528)의 유사점은 참으로 매우 놀랍다. 곧 허무주의에 대한 대안으로서 존재에 대한 긍정의 개념이다.

이 개념은 틸리히의 『조직신학』(*Systematic Theology*)에서 또다시 예수 그리스도 안에 있는 존재와 연결된다. 인간은 예수 그리스도를 통해 이 새로운 존재에 참여한다는 것이, 곧 그가 받아들여졌다는 것이 밝혀진다. 이것은 인간 존재의 주요 동기로부터 소외된 것을 없애준다. 이 소외는 궁극적인 죄다. 죄는 인간을 존재로부터 분리시킨다. 사실상 이것은 자기 자신으로부터의 분리를 의미한다. 우리는 우리가 하나님으로부터 이미 받아들여졌다고 믿을 수 있다. 우리는 바로 이것을 통해서 우리 자신을 다시 얻는다.

폴 틸리히의 견해에 의하면, 칭의는 자신이 하나님께 이미 받아들여졌다는 것을 받아들이는 것을 의미한다. 하나님은 우리가 받아들여진 것에 대한 원인이시다. 믿음은 단지 이 목적을 위한 수단이다.[67]

절대적인 믿음은 사실상 하나님의 선물로 언급된다. 하지만 그것은 궁극적으로 자기 자신에 대한 신뢰에 지나지 않는다. 곧 자신이 존재하도록 허락되었으며 또한 있는 그대로의 존재가 바로 자기 자신이라고 믿는 것이다. 자기를 받아들이는 것은 자기 긍정과 동등한 것이다. 여기서 하나님은 우리에게서 떨어져서 존재하는 인격적인 존재가 아니다. 오히려 그는 우리의 존재의 심연과 관련된 차원이다.

우리는 우리 자신을 믿도록 부름을 받았다. 따라서 우리는 내적인 치유와 통합을 위한 능력을 동원해서 사용해야 한다.

이 "신학"은 미국에서 널리 실행되고 있는 심리 치료에 대한 인간론적인 기초를 제공해준다.[68]

이런 맥락에서 정당화(justification)를 잃지 않으려면, 인간은 오직 자기 자신을

---

67 P. Tillich, *Systematic Theology*, 1968, 2:205 이하. 이 개념은 3:235–243에서 더 자세하게 언급된다.

68 참조. W. Zijlstra, 『새로운 지평을 찾아서』(*Op zoek naar een nieuwe horizon*), 1989. 특히 Zijlstra는 자기와 세상의 궁극적인 양극화라는 관점에서 Tillich를 논의한다. 이 운동의 역사에서 Tillich가 차지하는 위치에 대해 W. Zijlstra, 『임상 목회 교육』(*Klinische patorale vorming*), 1969, 1973² 및 D. Stollberg, 『심리치료 목회』(*Therapeutische Seelsorge*), 1970을 참조하라.

꼭 붙잡고 있어야 한다. 그는 자기 자신을 구원하고 정당화하기 위해서 내면적인 혼란으로부터 자기 자신의 힘을 해방시키는 일을 해야 한다. 하지만 이것은 성경이 가르치는 칭의에 대한 교의와 정반대된다. 하지만 성경이 가르치는 칭의는 앞서 묘사한 신학적인 사고에서 방향 전환을 시도하는 것으로부터 출발하는 모든 신학의 기본적인 관점이다.[69]

9. 우리는 현재의 맥락에서 **칼 바르트**를 언급하고자 한다. 우리는 이미 그의 관점에 대해 이전에 논의했다. 우리는 바르트의 칭의론에서 종교개혁의 기본적인 요소들이 수정된 구조에서 작동하는 것을 본다. 하나님은 공의를 실행하신다. 이것은 인간과의 갈등을 암시한다. 죄인인 인간은 공의로우신 하나님 앞에 존재할 수 없다. 여기서 우리는 바르트의 주요 논제를 만난다. 그는 하나님의 은혜에서 시작한다. 하나님은 인간과 적대적으로 존재하실 뿐만 아니라, 그분 자신을 극복하시며 인간을 위해서 존재하신다. 그분은 우리 대신에 정죄를 받은 유일무이한 재판관이시다.

우리는 바르트의 칭의 교리를 특히 『교회교의학』 4.1.515-642에서 발견한다. 우리는 다음과 같은 이 항목의 주요 논제를 인용하고자 한다. "하나님의 의로움은 예수 그리스도의 죽음 안에서 세워진다. 또한 하나님의 의로움은 인간의 실수를 무릅쓰고 그의 부활을 통해서 선포된다. 그와 같은 것으로서 그 공의는 인간의 새로우며 그것에 상응하는 권리의 기초다. 예수 그리스도 안에서 인간에게 약속되고, 그 안에서 감추어지고, 또한 단지 그 안에서만 계시될 수 있는 것으로서 하나님의 의로움은 인간의 어떤 생각이나 노력이나 성취로도 결코 얻을 수 없다. 하지만 그것의 실재는 적합한 인정과 소유와 적용으로서 각 사람에게 믿음을 요구한다"(514).

---

69 칭의에 대한 교의의 완전한 수정의 배경에서, Luther가 Tillich의 사상을 지배했다는 Sperna Weiland(*Oriëntatie*, 1966, 55)의 주장은 주목할 만하다. 그의 주장은 인위적으로는 그런 것처럼 보일 수 있다. 하지만 내용과 관련해서 Luther와 Tillich의 사상은 우리가 상상할 수 없을 만큼 서로 극명하게 대조된다.

우리는 이 항목의 부제목인 "인간의 칭의"(Des Menschen Rechtfertigung)
에 기초해서 다음과 같이 결론짓는다.

(1) 인간의 칭의는 인간의 불의에 직면해서 하나님의 공의에 대한 선
　　포와 관련된 사항이다.
(2) 하나님의 공의는 인간이 받는 새로운 공의의 기초다.
(3) 이 공의는 예수 그리스도 안에서 인간에게 약속되었다. 하지만 그
　　공의는 감추어져 있었고, 예수 그리스도를 통해 계시되었다.
(4) 인간은 믿음으로 이 공의를 인정하고, 그것을 자기의 소유로 삼으
　　며, 그것을 확인하도록 부르심을 받는다.
(5) 해당 문제는 인간이 믿음으로 의롭다고 여김을 받아야 한다는 것
　　이 아니다. 오히려 하나님의 공의가 선포되는 것을 통해 객관적이
　　며 보편적인 칭의가 생겨났다. 인간은 믿음으로 그것을 인정하고
　　받아들이며 경험해야 한다.

이 부분에서 "객관적" 및 "보편적"이라는 용어들이 과연 올바르게 사용된 것인
가에 대해 의문을 품는 이들은 『교회교의학』 4.1.295를 읽을 필요가 있다. 여기서
바르트는 다음과 같이 주장한다. 어떤 사람이 그리스도에 대한 선포를 받아들이고
인정했는가와 상관없이, 모든 사람은 그리스도 안에서 죽었다. 바르트의 견해에 의
하면, 각 사람이 그리스도에 대해 취하는 입장과 상관없이 그리스도의 죽음은 우리
모두에게 적용된다.

우리는 요약해서 다음과 같이 말할 수 있다. 바르트의 견해에 의하면,
칭의는 그리스도 안에서 인간과 창조세계를 위해 실제가 된 하나님의 공
의에 대한 선포다. 믿음은 이 실재를 확인하는 것이다. 이 견해는 진정한
내면적인 변화, 곧 우리가 하나님 앞에서 우리 자신의 권리들을 단념하고,
개인들이 죄인들로서 하나님의 용서를 간청할 수 있는 진정한 내면적인

변화를 완전히 간과한다. 바르트의 칭의론에서 칭의는 이미 일어난 결론으로서 제시된다. 사실상 바르트는 칭의가 선포된 다음에 믿음을 (가져야 할 필요성에 대해) 언급한다. 하지만 그가 말하는 믿음은 「하이델베르크 교리문답」 제7주일 문답에 묘사된 믿음과 일치하는 믿음이 결코 아니다. 그 교리문답에서 말하는 믿음과 상관없이, 하나님의 공의가 선포된 것은 그 자체로서 타당성을 지니고 있다. 우리는 이 믿음을 단지 지적으로 이해된(noetical) 실재에 지나지 않는 것이라고 생각하지 않을 수 없다. 그것은 구속이나 구원을 위해서 각 사람에게 믿음을 필수적으로 요구하지 않는다(§ 39.2, 제3번).

10. 우리는 **베르크호프**의 칭의론을 외면하지 않을 것이다. 왜냐하면 그의 교의학은 적어도 네덜란드어를 말하는 지역에서 널리 받아들여졌기 때문이다. 그뿐만 아니라 예수에 대한 베르크호프의 독특한 관점도 그의 칭의론에서 명백하게 표현되어 있기 때문이다. 그의 견해에 의하면, 예수는 새 사람이자 탁월한 언약의 파트너다.

베르크호프의 기독론에 대한 판 헨더렌(§ 29)의 논평을 참조하라. 판 게더렌은 다음과 같이 설명한다. 베르크호프는 그리스도가 참 하나님(vere Deus)이라는 신앙고백을 더 이상 지지하지 않는다.

베르크호프는 사실상 대속을 언급한다. 하지만 그는 대속을 그리스도가 율법에 순종해서 우리 대신에 자기 자신을 희생제물로 드리는 것에서 찾지 않는다. 그는 구속의 핵심을 새 사람 예수가 하나님의 율법에 순종하고 또한 우리가 그것에 동참하는 것에서 찾는다.

베르크호프가 칭의라는 개념을 무엇이라고 이해하는지 면밀히 살펴보면, 우리는 앞서 언급한 견해를 올바르게 평가할 수 있다. 그는 언약의 배경에서 칭의에 대해 논한다. 인간은 하나님에게서 소외되었다. 그래서 회심이 필요하다. 하나님이 인간을 향해 은혜로 다가오시는 것은 인간이 방향을 돌이켜서 하나님께로 나아가는 것을 요구한다. 베르크호프는 "칭의"와 "성화"라는 용어들을 하나님이 인간을 향해서 다가오시고 또한 인간이 방향을 돌이켜서 하나님을 향해 나아가는 것을 가리키는 데 사용한다.

또한 베르크호프도 바울에게서 유래한 재판과 관련된 비유적인 표현을 사용한다. 그 표현은 랍비들의 전통에 기초한 유대교에서 비롯되었다. 어떻게 인간이 하나님 앞에서 의롭다고 여김을 받는가? 현대인은 이 특별한 형태로 제기되는 이 질문을 더 이상 이해할 수 없다. 왜냐하면 그 질문은 그에게 더 이상 문제가 되지 않기 때문이다. 현대인에게 칭의보다 죄 사함이 더욱 부정적이고 이해하기가 더 어려운 표현이다. 이전에 베르크호프가 그렇게 했던 것과 같이 결국 정죄에 대해서 말하고자 하는 이들은 칭의와 무죄 판결이라는 대조되는 개념들을 사용할 필요가 있다.

재판과 관련된 비유적인 표현은 언약 관계의 실재들, 곧 권리들과 의무들, 죄에 대한 책임 및 은혜를 받는 것, 판결을 내리는 것과 새로운 관계가 맺어짐 등을 표현하는 데 도움을 준다. 하지만 신학은 자신을 법적인 언어에만 국한해서는 안 된다. 그와 같은 언어는 언약에 기초한 상호 교제의 필수적인 요소들인 사랑, 내면의 삶 및 복종 등에 대해서 충분히 묘사해주지 못한다.

베르크호프는 이런 이유로 말미암아 다른 단어들을 사용하고자 한다. 그는 다음과 같이 주장한다. "하지만 이 용어들 중에서 어떤 것도 "칭의"라는 용어만큼 포괄적이지 않다"(Berkhof, *C.F.* 437).

베르크호프는 기독론 안에서 인간—화목—영화에 대해 말한다. 그리스도의 대속이 의미하는 것은 우리의 칭의다. 우리는 대속의 사역으로 말미암아 의인, 하나님의 자녀 및 언약의 동반자라고 불린다. 우리 자신은 그런 존재가 아니었지만 말이다.

새로운 존재 방식이 우리에게 전가되었다. "우리는 새로운 이름을 받는다. 성령은 예수의 영화된 인성을 우리의 것으로 돌리는 것을 통해서, 곧 전가의 방법으로 우리를 예수의 진정한 아들 됨과 결합하기 때문이다." "우리가 믿음으로 이 도움을 받아들일 때, 이 사건은 맨 처음으로 일어난다. 하지만 이것은 끊임없이 다시 일어나는 사건이다." 칭의는 **우리의 새로워짐의 근거**다. 우리는 더 이상 우리 자신을 증명할 필요가 없다. 우리는 우리의 "행위들"과 별도로 이미 받아들여졌다. 우리는 다른 사람들과 더불어 미래를 위해서 하나님 앞에 존재한다. "칭의는 이전에 들어보지 못한 견고함과 강인함을 우리에게 전가해준다. 동시에 그것은 하나의 원천이다. 우리는 그 원천으로부터 죄와 맞서 싸우고 인내하고 섬기는 힘을 얻는다"(Berkhof, *C.F.*, 437).

칭의는 우리의 경험 안에서 일어나는 하나의 사건이다. 칭의의 기원은 우리 바깥에, 곧 그리스도 안에 있다(*C.F.*, 437). 또한 그것은 지속적으로 우리에게 주어진다. 왜냐하면 우리에게 그와 같이 약속되었기 때문이다.

앞서 제시한 요약 설명은 베르크호프의 칭의론이 전통적인 요소들(분석적인 전가가 아니라 종합적인 전가; 우리는 우리가 아닌 것이 된다)을 새로운 구조, 즉 예수가 언약의 탁월한 파트너가 되는 언약 관계 안으로 통합시켰다는 것을 알려준다.

베르크호프는 법적인 관점을 지지하지만, 칭의를 진정한 인성의 전가로 해석하면서 그 관점을 수정한다. 칭의는 하나님의 판결—그리스도의 희생제사에 기초한 의로움이 죄인에게 전가됨—과 관련된 문제가 아니라 내면의 변화를 암시한다. 그리고 그 변화는 약속과 더불어 시작되고 그리스도로 말미암아 얻은 인성 안에서 실현되며, 그 이후에도 지속적으로 경험되고 실행된다.

사실상 베르크호프는 우리가 십자가 안에서 죄의 결과들을 해결한다고 시인한다(*C.F.*, 305 이하). 예수의 희생제사는 새로운 인성의 완성과 계시를 의미한다. 예수는 그것을 가져오려고 이 세상에 왔다(*C.F.*, 303). 그러므로 구속이 구속받은 공동체 안에서 또한 구속받은 사람들 사이에서 실현되지 않으면, 구속은 미완성으로 남아 있다. 구속받은 공동체와 사람들은 자신들 안에서 화목을 이루며 또한 그것을 외부로 확장한다(*C.F.*, 300).

베르크호프의 칭의론은 종합적 및 분석적 판결(synthetic and analytic judgment)의 결합을 드러낸다. 우리에게 전가된 인성의 실현과 경험이 없다면, 전가는 전혀 존재하지 않으며, 아무런 효력을 지니고 있지 않다. 따라서 종합적 판결은 우리의 삶 속에서 실행되고 지속되지 않으면, 그것은 존재하지 않는 것이다. 이 지속성은 칭의의 일부분이다. 바로 이런 이유에서 베르크호프는 종합적으로 의도된 칭의론을 분석적인 함의들과 결합시키려고 한다. 그는 다른 배경에서 바로 이런 위험성을 지적한다. 곧 어떤 사람은 종합적으로 시작하고 나서, 결국 분석적으로 끝낸다는 것이다(Berkhof, 1954, 87).

베르크호프의 칭의론이 제시하는 이 종합—언약 파트너들 사이의 협력—에는 신약성경 안에서 칭의의 본질을 구성하는 한 가지 측면이 결여되어 있다. 곧 베르크호프는 그리스도의 희생제사에 기초한 의로움과 또한 그것에 기초한 무죄 판결이 죄인에게 전가된다는 점을 올바르게 인식하지 못한다. 그의 견해에 의하면, 용서는 예수의 진정한 인성을 얻는 것을 통해서 온다. 그것은 우리가 새로 시작할 수 있게 해준다. 이 새로운 시작은 칭의의 본질적인 일부분이다. 하지만 그 시작은 지속성을 필요로 하고, 그것이 없으면, 칭의는 완전한 것이 아니다.[70]

베르크호프는 칭의 교의와 관련해서 종교개혁의 전통에 기초한 의견의 일치에서 벗어나 있는 게 분명하다. 그는 그런 의견에 비판적으로 대응하면서 그것을 반대하는 입장을 결국 지지한다.

11. 마지막으로 우리는 **비어싱하**(H. Wiersinga)에 대해 다루고자 한다. 비어싱하는 자신의 박사학위 논문부터 시작하여 자신의 모든 저술에서 개혁파의 신앙고백을 근본적으로 재해석하는 입장을 옹호한다. 그가 제시하는 혁신은 사실상 새로운 구성에 해당한다. 우리는 이번 장에서(그의 죄론에 대해서는 § 26.3 참조) 과연 인간은 그리스도의 의로움이 그에게 전가되어 의롭다고 여김을 받는가라는 질문에 국한해서 논하고자 한다. 우리는 다른 학자들[71]의 논평들을 참조하면서 비어싱하가 속죄의 교의에서 충족(*satisfactio*)의 개념을 완전히 없애려고 시도한다는 것을 단순히 언급하고

---

70 우리는 앞서 1974년에 발표한 것으로서 Berkhof의 칭의론을 반대하는 우리의 논문을 요약적으로 제시했다. 『응답』(*Weerwoord*), 1974, 174-183을 보라.

71 J. van Genderen, 『우리를 대신하는 그리스도』(*Christus in onze plaats*), 1972; B. Wentsel, 『그는 우리를 위해서, 우리는 그을 위해서』(*Hij voor ons; wij voor hem*), 1973; 또한 특히 다음 주해 참조. H. N. Ridderbos, 『과연 우리는 그릇된 길 위에 있는가?』(*Zijn wij op de verkeerde weg?*), 1972.

자 한다. 그의 견해에 의하면, 속죄는 하나님이 아니라 인간에게 초점이 맞추어져 있다. 희생제물은 사람들을 위한 하나님의 일이다(Wiersinga, 1971, 137 이하; 그리스도의 희생제사와 그의 피에 대해 139-155). 비어싱하 자신이 어떤 대안으로서의 속죄 이론과 효과적인 속죄 이론에 대해 주장한다는 것은 잘 알려져 있다(1971, 191). 판 헨더렌(1972, 17-21)을 참조하라. 사실상 비어싱하는 변화로서의 구속은 지지하지만(1972), 불경건한 사람들이 의롭다고 여김을 받는다는 것은 거부한다.

변화가 그의 대속 및 칭의론에서 중심적인 위치를 차지한다는 것은 죄에 대한 그의 견해와 관련이 있다(나중에 자세하게 설명하고자 한다). 하나님은 자기 자신을 자유롭게 하려는 인간을 자유롭게 하신다. 인간은 죄로부터 자유롭게 되고자 자기 자신과 자기 이웃들과의 관계를 의지한다. 하나님의 용서는 나에게 실제로 적용되지 않는다. 나의 가까운 사람이 나를 용서하기 전까지는 말이다. 따라서 성화의 모든 과정은 우리가 다른 사람들에게 무엇을 하고 또한 다른 사람들이 나에게 무엇을 하는가에 달려 있다. 하지만 이것은 대속이 아닌 서로 간의 위치를 거래하는 것이다. 인간이 하나님의 위치를 차지한다. 하나님은 그분 자신을 인간에게 적응하신다. 판 헨더렌은 이것은 바로 우리의 믿음의 기초에 영향을 미치는 어떤 전환을 암시한다고 올바로 지적한다(van Genderen, 1988, 66).

12. 여기서 우리는 **이 논평의 결과들을 몇 가지로 요약해서** 제시하고자 한다. 우리는 이를 통해서 이 신학자들의 칭의론이 종교개혁 전통에 기초한 신앙고백과 어떤 차이점들을 지니고 있는지 조명하고자 한다.

(1) 종교개혁 전통에 기초한 내용은, 죄에 관한 의문을 의미에 대한 탐구로 대체하면서 칭의에서 제거된다.
(2) 칭의는 하나님의 행위다. 하나님은 이 행위를 통해 상황을 바로잡으시고 인간을 개선하신다. 인간의 의문은 동시에 답변된다.

(3) 바르트는 객관주의적·보편주의적 접근 방법을 취한다. 베르크호프는 그와 정반대의 방법을 취한다. 인간은 예수가 전가해준 인성을 삶 속에서 반드시 실천해야 한다. 비어싱하는 충족의 개념을 인정하지 않는다. 인간은 자기의 동료들과 더불어 스스로 그것을 실천해야 한다.

(4) 우리는 앞서 검토한 개념들에는 성경적인 내용이 부분적으로 들어 있다는 사실을 주목했다. 어떤 신학자는 성경적인 내용을 다소 더 많이 포함하고, 다른 신학자는 그것을 거의 포함하지 않았다.

(5) 죄인은 그리스도가 자신의 죽음으로 성취한 의로움을 의존한다는 사실이 사라졌다. 이 주장은 기독론적·성령론적 측면을 지닌다. 그리스도는 우리를 대신해서 하나님의 심판에 자기 자신을 내어주었다. 이를 통해 얻어진 그리스도의 의로움은 우리에게 전가되었다. 이것은 경이로운 교환 또는 행복한 거래라고 이야기된다. 다른 한편으로 우리는 믿음을 갖지 않고서는 이 의로움에 참여할 수 없다. 우리의 빈손이 채워져야만 한다. 동시에 그것은 우리의 마음에 침입한다. 그리스도의 의로움을 받는 것은 하나님을 향해서 마음을 돌이키는 것이 없으면 일어날 수 없다. 죄인이 하나님께로 돌이키는 것은 그가 행한 공로가 결코 아니다. 의로움이란 우리에게 주어진 하나님의 선물인 것처럼, 성령은 하나님의 의로움을 선포하시면서 우리가 아멘이라고 말하고 이 의로움을 받아들이는 믿음을 우리 내면에 창조하신다. 이것은 처음부터 끝까지 하나님이 하시는 일이다.

(6) 칭의론에서 일어난 변화들은 칭의에 대한 문제점을 표현하는 데 어떤 전환이 있다는 것을 반영한다. 어떤 신학자들은 종교개혁이 그 당시의 상황과 관련된 사건이라고 생각한다. 이는 오늘날 우리가 처해 있는 상황은 이 핵심 교의를 철저하게 다시 조명할 것을 요구한다는 생각이다. 칭의는 오직 철저한 재조명을 통해서만 신학과 설교에서 계속해서 보존될 수 있다. 동시에 이와 같은 재조명은 교

회의 분열을 정당화하지 않는다.

(7) 하지만 우리는 칭의 교의에 관한 성경의 가르침—형벌을 받아야 마땅한 죄인이 하나님에 의해서 무죄 판결을 받음—이 꼭 필요한 것이라고 생각한다. 칭의 교의는 상황과 관련된 문제가 아니다. 그것은 복음에 근거한 가르침이다.

(8) 칭의는 의롭다고 여김을 받은 사람들의 삶 속에서 그 결과들이 구체적으로 나타나야 한다. 이 결과들이 삶 속에서 구체적으로 드러나지 않는다면, 칭의는 부인된다.

41.5. 더 광범위한 함의들

우리는 이번 장의 결론에서 의로움에 대한 성경적 개념이 지닌 더 광범위한 함의들을 언급하고자 한다. 물론 이 함의들에 관한 아주 세부적인 설명을 제시하려는 것은 아니다. 이 함의 중 어떤 것들은 다른 주제들을 다루는 논의에서 더 주목을 받을 것이다. 그렇지만 우리는 이 함의들을 무시하는 것을 원하지 않는다. 중요한 것은 우리가 칭의를 통해서 얻은 의로움은 우리 삶의 모든 것에 영향을 미친다는 사실이다. 칭의는 어떤 고립된 사건이 아니다. 비록 칭의가 우리의 삶에 어떤 분명한 표시를 남기지 않고, 우리가 삶을 살 수 있지만 말이다. 의롭다고 여김을 받은 삶은 그리스도 안에서 하나님의 자녀가 됨으로써 우리 안에 거하는 성령(양자의 영)에 의해 점점 더 거룩해져 가는 삶이다. 그 과정에서 우리는 영적인 자유를 누리고 미래를 고대하며 살아간다. 마지막으로 우리는 이와 관련해서 교회가 해야 할 역할을 지적하고자 한다. 곧 교회는 설교(복음 전파), 교육 및 목회 활동을 통해서 칭의의 복음을 지속적으로 옹호해야 한다.

1. 칼뱅은 **이중** 은혜에 대해 말한다. 어떤 이는 성화와 칭의를 분리하면서, 즉 성화와 칭의가 매우 밀접하게 연결되어 있다는 사실을 언급하지

않고 성화를 고립된 것으로 묘사하면서 그리스도를 나누려 한다. 우리는 이어지는 항목(§ 42)에서 서로 분리할 수 없는 이 두 가지 요소를 성화의 관점에서 더 자세하게 다루고자 한다. 지금 우리는 칭의의 관점에서 이 두 요소를 살펴보고자 한다.[72]

칼뱅은 다음과 같이 주장한다. "그리스도가 둘로 나뉠 수 없는 것처럼, 우리는 그리스도에게 받은 두 가지 유익, 곧 칭의와 성화를 서로 분리할 수 없다. 왜냐하면 우리는 칭의와 성화를 동시에 또한 서로 결합된 채로 받기 때문이다. 따라서 하나님은 그분이 은혜로 받아들이시는 모든 사람에게 양자의 영을 베푸신다. 그리고 성령의 능력을 통해서 하나님은 그들을 그분의 형상으로 다시 만들어가신다"(『기독교강요』 3.11.6).

앞서 인용한 칼뱅의 글은 칭의와 성화가 서로 분리할 수 없도록 밀접하게 연결되어 있다고 분명하게 밝혀준다. 칼뱅은 하나님이 성화의 과정을 통해서 베푸시는 은혜를 언급하지 않은 채, 칭의는 신자들의 삶 속에서 논의될 수 없다고 주장한다. 비록 칭의와 성화가 하나님의 동일한 은혜의 두 측면이지만, 그 두 가지는 하나로 결합되어 있고, 제각기 따로 경험될 수 없으며, 그 순서는 뒤바뀔 수 없다.

2. 칼뱅의 견해에 의하면, 성화는 **양자의 영**에 의해서 빚어진다. 성화와 양자 됨은 서로 함께 속해 있다. 거룩하게 된 이들은 외인으로 머물러 있지 않다. 그리스도의 영은 신자들을 하나님의 자녀로 받아들이는 양자의 영이다(롬 8:15-16). 거룩하게 된 이들은 모두 하나님의 자녀로서 이 선물을 받는다. 성령이 우리 안에서 또한 우리에게 거룩하게 하는 사역을 하지 않는다면, 우리는 하나님의 자녀일 수 없다.

3. 우리는 **성화의 목적은 우리 안에서 하나님의 형상이 회복되는 것**이라고 이해한다. 우리가 하나님의 형상으로 회복되지 않는다면, 성화는 결코

---

72 Velema, 1985, 특히 제3장을 보라.

                                        개혁교회 교의학

없다(참조. § 23.5). 그래서 성화는 하나님의 형상의 회복에 초점이 맞추어져야 한다.

칭의는 영생에 대한 권리를 받았고 따라서 **생명언약**에 따르는 운명을 받았다는 사실을 의미한다(참조. § 26.3). 이 운명은 성화의 은혜를 통해 하나님의 형상을 또다시 점점 더 닮아간다는 것을 포함한다. 생명언약에 따르는 운명을 칭의에 국한하고 그것을 칭의와 동일시하는 이들은 죄의 결과들을 무시한다. 그렇다면 그것은 단지 죄책으로만 이루어져 있고, 죄의 흔적은 배제할 것이다. 또한 그들은 구속의 범위를 온전히 인식하지 못한다. 그렇다면 그것은 단지 내면적인 새로워짐만을 암시할 것이다. 반면에 그것은 구원론의 모든 측면을 포함한다. 구원론은 이 모든 측면의 한두 가지에 제한될 수 없다. 그리스도는 지혜와 의로움과 거룩함과 구원함을 위해서 우리에게 주어졌다(참조. 고전 1:30). 하나님의 은혜가 가져다주는 다음과 같은 유익의 목록도 이 내면적인 결합을 암시해준다. 곧 "[너희는] 주 예수 그리스도의 이름과 우리 하나님의 성령 안에서 씻음과 거룩함과 의롭다 하심을 받았느니라(고전 6:11; 성령에 대해서 또한 고전 12:13 참조).

칭의와 성화 간의 가장 두드러진 차이점은 다음과 같다. 곧 우리는 성화에서 주체들로서 그 과정에 능동적으로 참여한다(참조. 특히 벧전 1:16; 히 12:14). 우리는 "하나님을 두려워하는 가운데서 거룩함을 온전히 이루어"가야 한다(고후 7:1). 다른 한편으로 거룩하게 됨은 하나님으로부터 주어지는 선물로 언급된다. 그리스도 또는 성령은 신자들을 거룩하게 한다(살전 5:23; 히 13:22; 고전 6:11).

우리는 칭의도 선물이라고 말할 수 있다. 하지만 그것은 우리에게 과제로서 주어지는 것이 결코 아니다. 믿음이 하나의 주제로 간주될 때조차도, 우리는 믿음이 어떤 사람을 의롭게 한다고 결코 말할 수 없다. 우리가 이미 살펴본 것처럼 믿음은 하나의 도구이지 그 이상도 그 이하도 아니다. 신자들로서 우리는 진정으로 믿음에 능동적으로 참여한다. 하지만 언제나 동사의 수동태 시제로 사용된다. 칭의의 주체는 하나님이시며 또한 하나님으로 머물러 있다. 하지만 성화의 경우에는 그렇지 않다. 칭의와 성화의 또 다른 차이점은 칭의는 이 세상의 삶에서 완성된다는 것이다. 반면에 우리는 성화에 대해 다음과 같이 반드시 말해야 한다. "이 세상에서의 삶이 끝난 다음에 우리는 완전하게 되는 목표에 이르게 됩니다"(「하이델베르크 교리문답」 제115 답변).

우리는 칼뱅이 『기독교강요』 제3권에서 이 주제를 다루는 순서를 다루지는 않는다(참조. Velema, 1985, 55-57; van Genderen, 1987, 97-100). 칭의(『기독교강요』 3.11)를 다루기 전에 회개(3.3)와 그리스도인의 삶(3.7)을 분명하게 다루는 칼뱅의 두드러진 방식은 구속과 구원이 가진 유익들에 관한 내적인 통일성의 광범위함과 관련된 게 분명하다. 하지만 칼뱅은 먼저 성화에 대해 (부분적으로) 논하면서 칭의를 약화시키지 않았다. 그는 성령의 역사에 대해(3.1) 설명한 이후 믿음에 대해(3.2) 논하면서 『기독교강요』 제3권을 시작한다. 제3권에서 다루어지는 모든 유익은 **오직 믿음으로**(*sola fide*)와 **오직 은혜로**(*sola gratia*)의 관점을 반영한다.

4. 이제 우리는 **그리스도인의 자유**를 다루어보자. 칼뱅은 칭의에 대한 부록으로서 이 주제를 다룬다(『기독교강요』 3.19.1). 이 주제는 칭의에 대한 우리의 이해를 상당히 도와준다. 그 주제가 부록으로서 덧붙여졌다는 것은 그것이 결코 중요하지 않다는 것을 의미하지 않는다. 이른바 그리스도인의 자유는 칭의론에 대한 종교개혁의 내용을 시험하는 시금석이다.

우리가 생명언약의 배경에서 그리스도인의 자유를 다룰 때, 우리는 그리스도인의 자유를 비로소 이해할 수 있다. 칼뱅은 그리스도인의 자유가 세 가지 측면으로 이루어져 있다고 언급한다(『기독교강요』 3.19.2-9; 3.19.9에서 그 자유는 "영적인 것"으로 언급됨).

칭의의 결과로서 그리스도인의 자유는 율법의 저주에서 우리를 해방한다. 마치 우리가 생명언약 아래서 여전히 살고 있는 듯이, 그 자유는 우리를 율법에 대한 순종으로부터 해방한다. 그것은 우리를 미성숙한 자녀를 특징짓는 편견과 협소함 그리고 염려로부터 해방한다. 성령을 통해 하나님의 형상으로 거듭났다는 것은 삶의 모든 영역에서 하나님을 섬기도록 부르심을 받았다는 것에 대한 내면적인 자각을 암시한다. 또한 그것은 하늘의 아버지가 공급하시는 온갖 좋은 것과 은사를 사용하고 누리는 것을 암시한다. 그것들은 결국 하나님의 말씀과 기도로 거룩해진다(딤전 4:5). 이 배경에서 하나님의 자녀는 자신들이 여전히 〔하나님의 영원한 나라를 향해서 나아가는〕 과정에 있다는 것을 온전히 자각할 필요가 있다. 또한 그들은 "마귀가 우는 사자 같이 두루 다니"는 것은 물론이거니와 나아가 온갖 적들이 자신들을 뒤쫓고 있다는 사실을 인식할 필요가 있다(벧전 5:8; 계 12:13).

자유는 칭의와 성화의 긴장에서 발견된다. 또한 자유는 바울이 말하듯이 육체의 욕망과 성령 간의 싸움에서(갈 5:13-26) 지속적인 성화를 계속 요구한다. 우리는 육체의 욕망과 관련해서 우리의 자유를 남용하라고 부추기는 유혹을 계속해서 받는다. 이런 일이 어떤 형태로나 방법으로든지 일어나는 곳에는 사랑이 결핍되고 위축된다. 이것은 (또다시) 하나님의 형상을 공격하는 것이다. "처음부터 살인한 자"(요 8:44)는 하나님의 회복된 형상을 (또다시) 죽이려고 시도하는 것을 멈추지 않는다. "육신의 생각은 사망이다"(롬 8:6).

이 자유는 불법과 반대되는 것이다(요일 3:4). 자유는 그리스도의 계명을 지키는 것과 밀접하게 연결되어 있다(참조. 요 14:21). 우리는 그리스도를 이 자유 안에서 만난다. 그리스도는 바로 이 공간 안에서 자기 자신을 계시한다(참조. 요 16:22-23). 칭의는 하나님의 자녀의 자유를 암시해준다. 그 자유는 하나님의 명령에 따라서 하나님을 섬기는 데 초점이 맞추어져 있다. 이렇게 인간은 하나님이 인간을 창조하시고 나서 그에게 바라시던 것에 이른다. 그는 더 이상 생명언약의 구조 안에 있는 자녀가 아니다. 그는 하나님의 은혜에 의해, 곧 칭의와 성화에 의해 거기에 이른다. 비록 그 배경은 달라졌지만, 하나님이 인간에게 의도하시는 목적은 동일하다. 이것은 칭의에 대한 성경의 가르침의 일부분이다.

5. 또한 우리는 **칭의가 지니고 있는 종말론적인 측면**을 지적하고자 한다. 바울은 이것에 대해 갈라디아서 5:5에서 "우리가 성령으로 믿음을 따라 의의 소망을 기다리노니"라고 말한다. 의로움은 우리가 소망해야 하는 대상이다.

요한계시록 5:10에서 언급되는 새 노래는 제사장들과 왕들에 대해 말한다. 제사장들과 왕들로 불리는 하나님의 자녀들은 완전히 새로워져서 하나님의 형상으로서 자신들의 고유한 임무를 수행한다. 그들이 지니고 있는 제사장적인 왕권과 왕적인 제사장 직분은 어린 양의 피로 산 것과 그 피로 의롭게 된 것의 최절정을 반영한다(계 5:9).

요한계시록에서 어린 양은 무대의 한가운데 있다.[73] 이 비유적인 표현은 새 하늘과 새 땅에서 그리스도로 말미암아 칭의가 어떻게 지속적으로 역사하고 있는지 밝혀준다. 칭의는 단지 종말론적인 새로워짐 안에서 그것의 성취와 절정을 발견하는 것만은 아니다. 또한 그 반대의 경우도 참이다! 곧 이 절정은 그리스도로 말미암은 칭의를 끊임없이 기억하며 또한 그것에 초점을 맞추고 있다. 그리스도의 신부는 어린 양의 피에 자기 옷을 씻었기 때문에 순결하다(계 7:14).

칭의는 교회가 모든 세기 동안에 관심을 기울이는 초점일 뿐만 아니라 영원히 지속적으로 전달된다. 하나님의 자녀는 칭의에 대해 영원히 묵상하고 그것에 대해 영원히 감사하며 [삼위 하나님을] 찬양한다. 우리는 칭의가 영원 전부터 구성된 것이라는 견해와 대조적으로 칭의가 영원으로 열매를 맺는다고 고백한다. 따라서 우리는 하나님의 약속과 관련해서 의로움이 깃들어 있는 새 하늘과 새 땅을 기다린다(참조. 벧후 3:13). 이 의로움은 이 항목에서 논의한 모든 것이 성취되는 것에 해당한다.

6. 따라서 **칭의는 교회가 전하는 메시지의 핵심**이다. 우리는 성향들과

73　참조. W. H. Velema, 『판 룰러와의 논쟁』(*Confrontatie met Van Ruler*), 1962, 94-96.

인생의 부침에서 발생하는 변화의 결과에 의해 대체되는 상황적 행동 계획과 같은 것으로 칭의를 양도할 수 없다.

구속사의 핵심뿐만 아니라 성경의 시작 및 끝은 칭의라는 복음과 관련이 있다. 칭의는 바로 구원의 기초다. 왜냐하면 칭의는 영원으로 그 열매를 맺기 때문이다. 이 복음은 모든 시대 동안에 교회가 지속적으로 존재하도록 보증해준다. 곧 칭의는 교회의 기초이자 미래이며, 교회의 기원이자 구원이다.

§ 42. 성화

42.1. 성화는 삼위일체 하나님의 선물
42.2. 믿음으로 경험하는 성화
42.3. 성화 및 자유와 율법과의 관계
42.4. 그리스도를 본받으므로 성화를 이루어감
42.5. 환경과 사회의 광범위한 배경 안에서의 성화
42.6. 종말론적인 관점으로서의 보상

42.1. 성화는 삼위일체 하나님의 선물

1. 성화는 칭의를 곧바로 따른다. 칭의와 성화는 **밀접하게 연결되어 있을 뿐만 아니라 명백하게 구별된다.**

칭의와 성화의 가장 두드러진 차이점은 다음 사실에 놓여 있다. 곧 칭의는 죄인에게 주어지는 것이다. 하지만 의롭다고 여김을 받은 인간은 성화의 과정에 능동적으로 참여한다(참조. § 41.5, 제3번). 우리는 믿음이 없으면 칭의가 일어나지 않는다고 이미 지적했다. 이것은 성화와 관련해서도 마찬가지다. 성화와 연결되는 행위는 믿음을 갖는 것뿐만 아니라 자기 자신을 죄악으로부터 구별하며 그런 구별된 삶을 사는 것이다. 레위기 19:2은 "너희는 거룩하라. 이는 나 여호와 너희 하나님이 거룩함이니라"고 말한다. 이 말씀은 신약성경에서도 똑같이 인용된다(벧전 1:16).

이 구절은 교회의 거룩함을 하나님 자신의 거룩함과 직접적으로 연결한다. 하나님의 거룩함은 신자들의 거룩함의 원천이자 목표이며, 또한 기초이자 이유다. 하나님의 백성은 하나님에게 속한다. 따라서 그들은 거룩한 삶을 반드시 살아야 한다. 그들의 거룩함은 하나님의 거룩함을 계시해준다.

2. 다음과 같은 묘사는 하나님의 백성의 특성을 "거룩함"이란 용어로 잘 보여준다. 곧 **거룩함은 ~로부터 분리되고 ~를 위해 구별된 것을 의미한다.** 거룩하신 하나님은 그분에게 속하고 그분을 섬기는 백성을 찾으신다. 그분은 그들이 그분의 명령들을 지키며 그분의 뜻을 행하기를 바라신다. 하나님은 거룩한 분이시기 때문에 그분의 백성도 반드시 거룩해야 한다.

비록 상세히 설명되지는 않았지만, 여기서 우리는 인간이 하나님의 형상대로 지음받았다는 개념을 만난다. 거룩하신 하나님의 형상은 오직—또다시—거룩하다고 불리는 하나님의 백성 안에서만 드러날 수 있다. 칼뱅이 성화의 목적을 하나님 형상의 회복이라고 이해하는 것은 성화에 대한 칼뱅의 견해가 지닌 특징이다.[74]

3. **성화는 하나님의 형상을 회복하는 것이다.** 그래서 이전에 죄로 말미암아 하나님께 등을 돌리고 하나님의 생명에서 소외되었던(엡 4:18) 사람들이 하나님과 순결하고 좋은 관계를 또다시 맺으면서 살아갈 수 있다.

이 성화는 특히 **죄의 흔적과 힘**을 표적으로 삼는다. 죄의 흔적과 힘은 성화를 통해 제거된다. 성화에 대한 요구는 성령의 능력을 통해 죄를 거부하고 하나님의 명령들에 순종하며 하나님을 사랑하는 삶을 살라는 요구를 의미한다. 칭의는 인간의 죄책 및 하나님 앞에서의 그의 신분과 관련이 있다. 반면에 성화는 죄의 흔적 및 능력에 관심을 갖는다. 성화는 우리가 이것들로부터 구속받았고, 하나님의 형상을 따라 내면이 새로워져 하나님의 영광을 위해 사는 것을 의미한다.

성화는 우리의 내면적인 동기와 우리의 외적인 행위에 영향을 미친다. 인간은 성화 과정을 통해 자신의 말과 행위를 포함하여 모든 면에서 하나

---

74 Calvin, 『기독교강요』 3.3.9. Calvin은 이 부분에서 회개에 대해 논한다. 그는 그것을 거듭남이라고 해석한다.

님과 자신의 관계가 회복되는 것을 경험한다. 자신에게 죄가 없다고 선언된 것과, 자신이 하나님의 자녀로 입양된 되었다는 사실은 성화 과정 안에서 드러난다. 성화는 이 사람이 하나님께 속해 있고, 그는 자신의 자세 및 행위와 관련해서 하나님을 향하고 있다는 것을 입증해준다.

성화는 하나님에게서 온다. 또한 그것은 하나님을 향한다. 우리는 성화가 죄를 미워하며 그것을 거부하는 특성을 지니고 있다고 말할 수 있다. 이것은 성화의 핵심적인 측면 중 하나다. 하나님의 거룩함은 그분이 죄를 거부하고 정죄하는 것 이상을 의미하는 것처럼, 하나님의 자녀가 거룩해져(성화되어)간다는 것은 그가 죄에서 해방되었다는 것 이상을 뜻한다. 거룩하다는 것은 우리가 마음속 깊이 바라는 것에서, 그리고 다른 사람들과의 상호 관계에서, 또한 우리가 몹시 열망하는 것에서 하나님을 향한다는 것을 의미한다. 성화는 하나님의 형상으로서 진정한 삶을 또다시 산다는 것을 의미한다. 성화의 본질은 하나님을 영화롭게 하고 사랑 안에서 그분을 섬기는 것이다.

4. 의심할 여지없이 하나님의 거룩함은 그분이 죄를 미워하시며 또한 죄인들을 심판하신다는 것을 암시한다(삼상 2:2; 6:20; 슥 8:17). (하나님의 거룩함과 죄에 대한 심판의 상호 관계에 대해 겔 36:20-23을 보라).

그럼에도 하나님의 거룩함에는 추가적인 측면들이 있다. 예를 들면 하나님은 그분의 언약을 신실하게 지키시고, 심판을 통해서 그분의 백성을 구속하신다는 것이다(특히 참조. 겔 36:23. 또한 출 15:11; 호 11:9).

하나님은 거룩한 분이시다. 곧 죄인인 인간이 가까이 다가갈 수 없는 분이시다(사 6:3; 딤전 6:16). 또한 사람들을 다루시는 하나님의 방법도 거룩하다고 불린다(시 77:13).

하나님의 거룩함은 이스라엘의 하나님이 전적으로 특별하며 유일무이한 본성을 지니셨다는 것을 의미한다. 하나님의 거룩함은 그분이 죄를 몹시 미워하실 뿐만 아니라 그분의 백성에게 신실하시다는 것을 계시해준다. 하나님의 거룩함은 심판뿐만 아니라 은혜도 포함한다. 나아가 그분의 거룩함은 자비뿐만 아니라 정죄도 포함한다. 하나님은 그분 자신을 계시하시는 것을 통해서, 또한 하나님이 존재하시는 방법 그 자체를 통해서 거룩한 분으로 선포된다. 그리고 하나님은 그분에게 속한 사람들을 찾으신다.[75]

노르트제이(A. Noordtzij)는 하나님의 거룩함과 관련해서 성경 전체를 관통하는 황금의 실과 같은 것으로 하나님의 "유일무이함"에 대해 말한다. 하나님은 "티 하나 없이 순결한 그분의 존재가 거룩한 백성 안에서도 반영되기를 원하신다. 따라서 이스라엘 백성의 삶은 하나님이 보여주시는 예를 따라야 한다. 이것은 모호한 신비주의가 아니라 오히려 일상적으로 반복되는 것이다. 그것은 특별한 생활 방식을 필요로 하고 또한 신자들에게서 어떤 감동을 불러일으킨다."[76]

이런 언급은 레위기에 나오는 제사 의식의 거룩함은 윤리적인 거룩함이 이스라엘 백성의 삶에 외적으로 나타나야 한다는 사실을 분명하게 보여준다. "레위기 19:2의 권면은 한편으로 제사 의식과 관련이 있고, 다른 한편으로 윤리와 관련이 있는 삶의 자세에 대한 요약이다. 따라서 그 권면은 삶의 모든 영역에 적용되어야 한다. 예언자들이 활동했던 시대에 이 두 가지 측면이 분리되었을 때, 예언자들은 그 두 측면이 하나로 결합되어 있으므로 서로 분리되어는 안 된다고 강조했다."[77]

우리는 구약성경이 제사 의식과 관련된 거룩함을 요구하지만, 신약성경은 윤리적인 거룩함만을 요구한다고 주장할 수 없다. 예루살렘 성전이 사라질 때, 강조점은 점점 더 삶의 모든 영역으로 이동한다. 그리고 삶의

---

[75] 특히 다음 도서를 참조하라. Vriezen, 『주요한 관점들』(*Hoofdlijnen*), 324. C. Westermann 과 W. Zimmermann은 하나님의 거룩함을 덜 근본적인 것으로 간주한다. 그럼에도 Zimmermann은 자신의 『구약 신학』에서 하나님의 거룩함을 "주권적 통치"(Herrentum)와 "배타성"(Ausschliesslichkeit)이라고 주장한다. 또한 참조. Velema, 1985, 26-31 및 관련 각주. L. Doekers, 『그 거룩한 분』(*Der Heilige*), 1960. 이 연구서는 하나님의 거룩함이라는 개념에 대한 교의적인 발전 과정을 이해하는 데 유익하다.

[76] A. Noordtzij, *Leviticus*, 1940, 193.

[77] 같은 책.

모든 영역에서 인간의 마음은 결정적인 출발점이다. 따라서 삶의 내면적·외면적 측면들이 서로 경쟁하는 관계에 놓여 있어서는 결코 안 된다.[78]

거룩함은 하나님에게서 온다. 또한 하나님은 우리에게 거룩할 것을 요구하신다. 우리는 앞서 이미 언급한 성경 본문들에 덧붙여서 데살로니가전서 4:7-8을 언급한다. 이 본문은 하나님이 우리를 부르신 것은 거룩하게 살라고 부르신 것이고, 우리에게 하나님의 영을 주셨다고 말한다. 거룩함이 없으면, 그 누구도 장차 주님을 볼 수 없을 것이다(히 12:14; 참조. 마 5:8).

이스라엘의 거룩하신 분은 그분의 백성에게서 거룩함을 요구할 수 있는 권리를 갖고 계신다.

5. **성화와 그리스도 사이에는 명백한 관계가 있다.** 이것은 우리가 그리스도의 형상으로 새로워졌다는 사실에 함축되어 있다.

하나님이 우리에게 선물로 주시는 성화는 그리스도의 사역에 기초한다. 이 점은 칭의의 경우와도 매우 비슷하다. 하나님은 우리의 지혜와 의로움과 거룩함과 구속을 위해서 우리에게 그리스도를 주셨다(고전 1:30).[79] 또한 고린도전서 6:11에서도 성화와 그리스도의 관계가 표현되어 있다. 우리가 이 구절에서 죄로부터 깨끗이 씻기고 거룩해지며 의롭다고 여김을 받는 것은 예수 그리스도의 이름 및 우리 하나님의 성령과 연결되어 있다.

히브리서 10:10과 13:12에는 성화와 그리스도의 희생제사 간의 관계가 언급되어 있다. 성화는 그리스도로 말미암는다. 히브리서 전체의 내용에 의하면, 그리스도는 구약성경의 희생제도 및 그 사역을 온전히 성취했다.

우리는 "그[그리스도]가 거룩하게 된 자들을 한 번의 제사로 영원히 온전하게" 했다는 것을 주목해야 한다(히 10:14). 따라서 그리스도의 희생제사가 지니고 있는 유일무이한 특성은 성화뿐만 아니라 칭의에도 적용된다.

---

78 우리는 "거룩한"이라는 형용사가 무엇을 가리키며 또한 무엇을 의미하는가에 대한 광범위한 개관을 다양한 참고서들에서 발견할 수 있다.

79 이 주제에 대한 세부적인 논의와 참조해야 할 성구들에 대해 Velema, 1985, 31-34을 보라.

로마서 6:19(뿐만 아니라 또한 6:22)은 거룩함을 하나님의 요구 사항으로서 다음과 같이 말한다. "이제는 너희 지체를 의에게 종으로 내주어 거룩함에 이르라." 이 두 구절은 바울이 로마서 6:4-7에서 말하는 것에 기초해서 행동으로 옮겨져야 하는 결과들을 포함한다. 바울은 로마서 6:4-7에서 그리스도와 신자들의 관계에 대해 말한다. 곧 신자들은 그리스도와 함께 장사되고, 그와 함께 일으킴을 받는다. 이것은 "죄의 몸을 멸해서" 우리가 "새로운 생명 가운데서 살아가게 하려는 것"이다(롬 6:4).

성화의 신비는 그리스도의 희생제사다. 사실상 우리는 이것을 더 분명하게 표현할 필요가 있다. 곧 성화의 비밀은 그리스도의 죽음과 부활에 근거한 믿음의 요구다.

물론 이 점은 칭의의 경우에도 마찬가지로 사실이다. 비록 서로 다른 방법이 적용되기는 하지만, 그것은 성화에서도 진정으로 참이다.

우리는 성화와 관련해서 다음과 같은 것을 의미한다. 곧 **우리는 진정으로 그리스도 안에서 거룩하게 되었다. 하지만 동시에 우리는 더욱더 거룩해지는 것을 지속적으로 추구해 나가야 한다.**

바로 앞서 언급한 것과 관련해서 데살로니가전서 4:3-7, 히브리서 12:14 및 베드로전서 1:16을 보라. 여기서 우리는 다음과 같은 질문을 제기할 수 있다. 성화는 그리스도에게서 오는 선물로서 우리에게 주어졌는데, 어떻게 우리는 동시에 성화를 계속해서 추구할까? 우리는 다음 항목에서 이 질문에 대해 답변하고자 한다. 우리는 믿음을 언급하지 않은 채 그 질문에 관한 답변을 논할 수 없다.

6. **또한 성령도 성화와 명백하게 연결되어 있다.** 우리는 이와 관련해서 고린도전서 6:11, 데살로니가후서 2:13과 베드로전서 1:2 (또한 4:14) 등을 염두에 두고 있다.[80] 성령의 열매로서 성화의 열매에 대해서는 갈라디

---

80 참조. W. Schrage, *The Ethics of the New Testament*, 1982, 270 이하. 베드로전서의 본문들에

  개혁교회 교의학

아서 5:22의 목록을 보라. 또한 에스겔 36:25-26의 결론으로서 36:27을 보라.

7. 우리는 이 항목을 마무리하면서 추가적인 두 가지 사실을 집중적으로 조명하고자 한다. 첫째, **우리는 칼뱅의 저서에서 이른바 구원의 서정을 이루는 하나의 분리된 구성 요소로서 성화를 만나지 않는다.** 그는 『기독교강요』 제3권의 여러 장과 항목에서 성화에 대해 말한다. 특히 제3권 제3장(회개에 대해서)은 칼뱅의 성화론의 기초를 제공해준다.

또한 『순수 신학 개관』(*Leiden Synopsis*, 1625)이 이 용어를 사용하지 않은 것도 주목할 만하다. 우리는 이 책에서 선한 행위들에 대해 다루는 장을 발견할 수 있다. 또한 그것에 이어서 그리스도인의 자유에 대한 논의가 뒤따른다(*Synopsis*, 34-35). 비록 "성화"라는 용어는 자주 사용되지만—특히 3.11.6에서—그것은 이 주제에 대해서 언급하는 것으로 사용되지 않는다.

나아가 우리는 바르트가 성경의 자료들을 자기 자신의 방법대로 다룬다는 것을 지적하고자 한다. 바르트는 성화가 신자들에게 개별적인 측면보다 오히려 신앙 공동체로서 적용된다고 강조한다(Barth, *C.D.*, 4.2.513). 바르트는 이와 관련해서 우리는 우리 안에서 이미 성취된 거룩함에 대해 아무것도 듣지 못한다고 주장한다(참조. Weber, *Foundations*, 2:334n1에서 "매우 인상적으로 제시된 것으로서" 언급됨). 오히려 우리는 당연히(sollen) 거룩해야 한다(*C.D.*, 4.2.416 이하). 하지만 바르트의 이 거침없는 선언은 위에서 제시한 성경적인 관점을 정당하게 다루지 않는 것이다. 바르트의 일방적인 견해는 예수 그리스도가 다른 이들과 비교할 수 없을 정도로 탁월하게 거룩한 자라는 그의 관점을 반영하고 있다. "**사실적으로**(*de facto*) 그[그리스도]에게 일어난 것은 **법적으로**(*de jure*) 모든 사람에게 일어났다"(*C.D.*, 4.2.511). 우리의 성화는 "예수 그리스도의 은혜에 대한 효능과 계시에 기초한 것으로서 우리가 그

대해 논의하면서, Schrage는 그리스도인의 삶이 성령 및 그의 역사와 관련되어 있으며 또한 은사적인 특성을 지니고 있다는 것에 대해 말한다.

의 거룩함에 참여하는 것이다"(*C.D.*, 4.2.517). 비록 자신의 입장을 극단적으로 표현하지는 않지만, 또한 베버도 바르트의 입장을 따른다(Weber, *Foundations*, 2:329-336). 하지만 그가 사용하는 용어는 바르트의 입장을 강력하게 연상시킨다.

우리는 베버의 다음과 같은 입장을 이해하기가 어렵다. 한편으로 베버는 [기독교 윤리와 관련해서] **직설법**과 **명령법**이 하나로 결합되어 있는 것은 성령론에 기초해서만 이해될 수 있다고 생각한다. 다른 한편으로 그는 바르트의 견해를 인용하며 이끌어낸 결론에서 **직설법**과 **명령법**은 실질적으로 분리될 수 없다고 주장한다(*Foundations*, 2:334). 하지만 성령론에서 직설법과 명령법의 차이점은 명확하게 구분된다. 이와 같은 구분을 받아들인다면, 우리는 그 두 가지를 하나의 기능적인 동일성으로 여길 수 없다. 베버는 직설법과 명령법의 결합을 정당화하려고 성령론을 끌어들인다. 그렇지만 우리의 관점에 의하면, 직설법과 명령법의 차이점은 명확하게 성령론에 기초한다.

42.2. 믿음으로 경험하는 성화

1. 베르카우어는 자신의 저서 중 한 권에 『믿음과 성화』(*Faith and Sanctification*, 1952)라는 제목을 붙였다. 하지만 의아스럽게도 그는 해당 저서의 장들에 붙여진 제목들에서 믿음이라는 용어를 전혀 사용하지 않는다. 대신에 그는 제2장의 제목을 "'솔라 피데'(*Sola Fide*)와 성화"라고 붙인다.

이것은 아마도 우리가 "믿음으로 의롭다고 여김을 받는다"라는 표현과 일치하는 것을 성경에서 만나지 못한다는 것을 반영한다. 우리가 앞서 묘사한 복합적인 상황은 "믿음으로 거룩하게 되었다"라고 명백하게 표현하는 것을 가로막는다. 우리는 성화—적어도 그 내용이 곧 우리의 행위들과 관련해서—라는 개념이 죽은 믿음에 대해 경고하는 데서 나타난다는 것을 지적할 필요가 있다(약 2:14; 약 1:26의 배경에서 혀로 죄를 지음; 약 2:2 이하의 배경에서 가난한 자들을 무시함. 또한 특히 요 3:2, 15 및 18을 참조). 그럼에도 우리는 신약성경에서 "믿음으로 거룩하게 되었다"라는 표현을 찾을 수 없다. 우리는 성화와 믿음의 성경적인 관계와 관련해서 믿음에 수반되는 거듭남을 언급하고자 한다(요 3:16 및 「벨기에 신앙고백서」 제24조와 연결해서 요 3:5을 보라).

우리는 성화가 그리스도 안에서 하나님으로부터 오는 선물로서 오직 그리스도를 믿음으로 받을 수 있고 경험될 수 있다는 점을 강조하고자 한다. 그리스도를 받아들이는 것은 그리스도가 우리의 생명일 뿐만 아니라 우리의 거룩함이라는 것을 가리켜준다(골 3:4; 빌 1:21). 위에서 언급한 성경 본문들(고전 1:30; 6:11; 히 10:14; 12:14)은 그리스도가 우리의 거룩함이며 우리는 그의 희생제사를 통해 하나님 앞에서 거룩해졌다는 것을 암시해준다.

또한 바울은 로마서 6:4에서 그리스도 안에서 하나님의 은혜가 현실에서 동일한 원리와 방법으로 나타나는 것을 지적한다. 곧 바울은 우리의 옛 본성이 죽고(그리스도와 함께 장사됨) 우리가 새로운 본성을 지니는 것에 대해 말한다. 그는 여기서 히브리서 저자가 10장에서 사용하는 비유적인 표현과 서로 다른 표현을 사용하지만, 그 표현의 의미는 동일하다. 분명히 우리는 오직 믿음을 통해서만 그리스도의 죽으심과 부활에 동참할 수 있다. 이 점과 관련해서 갈라디아서 2:20-21과 에베소서 2:5-8을 보라. **성화의 실재는 믿음의 실재다.**

이것은 로마서 6:11에서 분명하게 언급된다. 곧 "이와 같이 너희도 너희 자신을 죄에 대하여는 죽은 자요, 그리스도 예수 안에서 하나님께 대하여는 살아 있는 자로 여길지어다." 우리는 "여길지어다"를 의미하는 그리스어 동사(*logizomai*)가 로마서 3:28에서 믿음으로 의롭다 하심을 받는다는 것과 8:18에서 (믿음이라는 단어가 분명하게 언급되지 않지만) 종말론적인 고대와 관련해서 사용된다는 것을 발견할 수 있다.

따라서 믿음은 선물일 뿐만 아니라 의무다(롬 6:11의 직설법적에 표현에 기초한 명령[법]으로서 6:12-23). 그러므로 선물로 받은 믿음은 믿음에 기초한 행동을 요구한다. 이것은 성화는 오직 믿음으로 이루어나갈 수 있다는 것을 의미한다. 결국 그리스도가 성화의 원천, 힘, 기초 및 범위다. 성화는 오직 그리스도와의 믿음의 관계를 통해서만 경험되고 수행될 수 있다.

따라서 **우리는 칭의는 전적으로 하나님이 하시는 일이지만, 성화는 전적으로 우리의 책임이라고 결코 주장할 수 없다.** 성화가 전적으로 우리의 책임이 아니라는 것은 명백한 사실이다. 비록 지금 우리가 성화와 관련해서 칭의의 경우와 다른 관점을 제시하지만, 성화는 참으로 오직 하나님이 하시는 일만도 아니다. 칭의와 구별되는 것으로서 이 다른 관점은 성화의 특성에 의해 암시된다.

베르카우어는 『믿음과 칭의』 전체에서 이 주제에 대해 다룬다. 성화는 단지 인간의 노력이 아니라 칭의처럼 상당 부분 믿음과 관련된 문제다. 베르카우어는 바빙크의 "복음적인 성화"라는 표현을 언급한다(Bavinck, *R.D.*, 4:248을 언급하면서 1952, 21 이하). 비록 그는 카이퍼의 어떤 (인간론적이며 인간화하는) 표현들에 의구심을 품기도 하지만, 그는 바로 이 이유 때문에 그를 지지한다. 곧 카이퍼는 성화에서 어떤 공로도 배제하면서 은혜를 강조한다(1952, 89-90).

2. 성화와 믿음의 관계를 강조하는 것이 왜 중요한가를 지지해주는 두 가지 이유가 있다. **첫째, 그 관계는 성화가 시작될 때 어떤 역할을 담당한다.** 성화는 상한 마음보다 오히려 **믿음과 함께** 시작한다. 칼뱅은 회개가 믿음에서 나오고, 곧바로 믿음을 뒤따른다고 강조한다(『기독교강요』 3.3.1). 이것은 비록 통회와 믿음이 사실상 서로 함께 속하지만 그 두 가지를 기독론적으로 분리하는 (칼뱅의 동시대와 그 이후의 신학자들이 주장하는) 다양한 견해들과 대조된다.[81]

비록 회개는 믿음의 일부분이지만, 그것은 믿음과 관련이 있는 부분이다. 회개는 믿음의 열매이며, 믿음을 곧바로 뒤따른다. 이것은 하나님의 거룩함과 인간 자신의 무가치함에 대한 정서적인 반응이 믿음을 앞설 수 있다

---

81 Velema, 1985 및 1987, 134-137을 보라.

는 것을 부인하지 않는다. 진정한 회개는 죄에 대해 죽는 것으로서 믿음의 열매다. 성화는 믿음과 함께 시작한다. 성화가 없다면, 믿음도 없다.

이것은 우리가 다음 사실을 이해할 수 있게 한다. 곧 그리스도의 의로 움이 믿음을 통해서 우리의 것이 되는 것과 동일한 방법으로, 또한 그리스 도의 거룩함도 믿음을 통해서 우리의 것이 된다. 그리스도의 의로움뿐만 아니라 그의 거룩함도 우리에게서 결코 멀리 떨어져 있지 않다.

그리스도의 거룩함이 구원의 직설법(칭의 및 성화)에 근거해서 우리의 것이 될 때, 우리는 곧바로 다음과 같은 명령을 받는다. 곧 "너는 거룩해야 하며, 거룩해지는 것을 끊임없이 추구하라. 이 땅에 속해 있는 너의 지체들 을 죽여라!"

직설법적인 표현에 근거해서 구원을 받아들이는 것과 마찬가지로, 또 한 이 명령을 성취하는 것은 똑같이 믿음과 관련된 사항이다.[82]

성화가 지속되는 것도 믿음과 관련된 사항이다. 그것은 믿음을 절정에 이 르게 한다. 이것은 성도의 견인에 대해 다루는 다음 항목의 초점이다. 로마 서 6장에서 우리는 예수 그리스도 안에서 시작하는 믿음의 관점에서 묘 사되는 성화의 시작(롬 6:4-11), 지속적인 전개 과정(6:12-20) 및 그 결과 (6:22-23)를 발견할 수 있다. 요한1서 3:2에서는 그 순서가 거꾸로 제시된 다. 이 구절에서 종말을 고대하는 사람들의 삶 속에서 일어나는 성화는 성 취의 관점에서 이해된다. 요한1서 2:28-3:10은 분명히 현실에서의 믿음 이 어떠해야 하는지에 대해 묘사한다.

3. 이것은 **완전주의**(perfectionism) **개념 및 실천에 맞서는 싸움에서 광범 위한 중요성을 지니고 있다.** 완전주의—신자가 완벽한 삶을 살 수 있다는 생각—를 반대하는 결정적인 논점은 다음과 같다. 곧 어떤 사람이 스스로

---

82 F. Floor는 의문점을 풀어주는 그의 논문에서 이 점을 강조했다. "설교에서의 직설법과 명령 법"(Die indikatief en die imperatief in die prediking), *Th. Ref.* 17 (1974), 19-33, 특히 26 이하.

완전한 삶을 추구한다면, 사실상 그것은 자기 자신의 힘으로 사는 것이지, 더 이상 믿음으로 사는 것은 아니다.

잘 알려져 있듯이, 웨슬리와 그의 추종자들은 성화에 대한 그들의 완전주의 개념과 관련해서 **두 번째 축복**(second blessing)에 대해 언급했다. 이 축복(또는 단계)은 칭의 다음에 주어진다. 신자들은 이 **두 번째 축복**에 기초해서 죄를 짓지 않는 삶을 살 수 있다. **두 번째 축복**이 칭의의 시기 뒤에 오는 다른 시기를 시작하게 하는 것처럼, 믿음은 이 시기 동안에 더 이상 똑같은 중요성을 지니지 않는다. 믿음이 **첫 번째 축복**의 시기 동안에 중요성을 가진 것만큼 말이다.

다양한 저자와 그들의 서로 일관되지 않는 관점들에 대한 개관으로서 후크마의 저서(Hoekema, 1989, 214-225)를 보라. 여기서 "서로 일관되지 않는 관점들"이라는 표현은 이 저자들이 완전주의 이론들을 옹호하기 위해서 정상 참작의 여지를 두는 다양한 상황과 특성들을 끌어들인다는 것을 암시한다. 따라서 그들은 어떤 죄들이 지니고 있는 심각성을 약화시키고, 동시에 자신들이 그와 같이 약화된 기대들을 충족시킬 수 있다고 주장한다. 그들은 이 과정에서 두 가지 오류를 범한다. 첫째, 그들은 죄의 심각성을 약화시킨다. 둘째, 그들은 인간이 하나님의 요구들에 온전히 순종하는 것에 다소 미치지 못한다고 하더라도 [하나님의 형벌을] 피할 수 있다는 사실을 암시한다. 이들은 하나님의 요구들과 죄의 사악함을 과소평가한다. 이와 같은 사고방식과 17세기의 로마 가톨릭교회의 결의론(casuistry) 사이에는 상당한 유사점이 있다(참조. W. H. Velema, 『기독교 윤리학 개론』[*Oriëntatie in de christlijke ethiek*], 1990, 94-97. 또한 웨슬리에 대해서는 van Genderen, 1988, 101 이하를 보라).

웨슬리의 칭의론에 대한 개관으로서 디터의 논문(M. F. Deter, "The Wesleyan View," in *Five Views on Sanctifications*, 1987, 11-46)을 보라. 웨슬리는 성화가 믿음과 관련되어 있다고 어떤 설교에서 설명한다(참조. Th. A. Langford, *Wesleyan Theology, A Sourcebook*, 1984, 2-10). 이 설교의 본문은 에베소서 2:8이다. 그리고 완전에 대한 그의 견해는 다른 어느 곳보다도 히브리서 2:8에 대한 그의 설교에서 발견된다(참

    개혁교회 교의학

조. *The Works of John Wesley*, 1972, 5:410-424. 또한 참조. H. Lindström, *Wesley and Sanctification*, 1980).

이제 우리는 완전주의를 반대하는 몇 가지 성경적인 논점들을 제시하고자 한다. 완전주의를 지지하는 논점들은 후크마(1989, 216-220)의 저서에서 발견할 수 있다. 이와 반대로 우리의 논점들은 모두 다양한 측면에서 완전주의가 우리의 성화인 그리스도에 대한 믿음을 포기한다는 사실을 드러내준다. 동시에 우리의 논점들은 그리스도를 높이고 그에게 감사하며 우리가 선한 일들을 한다는 관점을 지지한다. 그것은 우리 자신의 행위는 하나님의 은혜를 통해서 가능하다는 것을 지지하며, 우리의 행위 그 자체와 관련해서 오직 믿음으로(*sola fide*)의 관점을 포기한다.

완전주의를 반대하는 우리의 논점들은 다음과 같다.

(1) 완전주의는 그리스도를 부당하게 대한다. 왜냐하면 우리의 성화는 처음부터 끝까지 우리에게 주어지는 그의 선물이고 그가 우리 안에서 일하는 것이기 때문이다.

(2) 완전주의는 우리가 행하는 모든 것이 하나님의 용서를 지속적으로 필요로 한다는 것을 평가 절하한다. 성경은 우리에게 이것을 위해 기도하라고 분명히 가르친다(참조. 왕상 8:46-51; 시 130:3; 잠 20:9; 약 3:2; 또한 주의 기도에서 네 번째 간구).

(3) 완전주의는 성경이 신자들에 대해 묘사하는 것과 어긋나고, 완전주의는 성경의 저자들이 자신들에 대해 묘사하는 것과도 일치하지 않는다(참조. 롬 7:13-25[83] 및 빌 3:12-14; 또한 욥 42:6; 시 130:3-4; 단 9:15-16; 미 7:18-19).

(4) 완전주의는 성경이 명백하게 선언하는 것들과 어긋난다(롬 6:12; 고전

---

[83] 이 단락에 대해 다음 해석을 참조하라. Velema, 1985, 78-82.

10:12-13; 요일 1:8-9). 또한 완전주의는 보편적이며 지속적인 중요성
을 지니고 있는 성경의 권면과도 어긋난다(엡 4:25-32; 골 3:5-7).

(5) 완전주의는 성경이 육적인 것과 영적인 것 또는 육신이 행하는 것
과 성령을 통해서 행하는 것을 명백하게 대조하는 것을 모호하게
만든다(롬 8:1-11; 갈 5;24; 약 4:4-10).

(6) 완전주의는 모든 창조물에 대한 하나님의 목적이 완전히 성취되는
시점을 고대하는 것을 약화시킨다. 그 대신 완전주의는 그것 자체
와 또한 그것 자체를 위해서 싸울 것을 요구한다.

우리는 「하이델베르크 교리문답」 제115 답변에서 율법의 선포를 통
해 신자들이 끊임없이 회개할 필요성을 마주한다. 여기서 신자들은 자신
의 죄악된 본성, 죄 사함을 위한 간구, 성령을 통해서 주어지는 은혜를 위
한 기도 및 하나님이 약속하신 완전함에 이르는 것에 대한 열망 등을 깨달
으며, 자신들에게 하나님의 은혜가 반드시 필요하다고 고백한다.

지금 우리는 "하나님께로부터 난 자마다 죄를 짓지 아니하나니"라는
요한1서 3:9의 말씀을 언급할 필요가 있다. 우리는 이 구절이 거듭나서 하
나님의 자녀가 된 사람에게 적용된다고 해석할 수 있다(M. de Jonge, 『요한
서신 주석』[*De brieven van Johannes*], 1968, 144 이하). 여기서 죄를 짓지 않는
것 또는 죄를 지을 수 없는 것은 그리스어 동사의 현재 시제로 표현되어
있다. 이것은 아무것도 일어나지 않은 것처럼 가장하면서 계속해서 죄를
짓는 것을 가리킨다. 그리스도인이 믿음을 갖기 이전에 살았던 것과 똑같
은 모습으로 계속 산다는 것은 불가능하다(Greijdanus, 『베드로 서신, 요한 서
신 및 유다서 주석』[*De brieven van de apostolen Petrus en Johannes, en de brief van
Judas*], Bottenburg, 1929). 이것은 육신과 성령의 싸움이 이미 끝났다는 것
을 의미하지 않는다. 만약 요한이 이 싸움이 끝났다는 것을 가리킨다면, 그
는 바울뿐만 아니라 자기 자신과도 갈등을 빚을 것이다(참조. 요일 1:8).

 개혁교회 교의학

또한 이런 강조점은 육신과 성령의 관점에서 인간을 바라보는 함의들을 지니고 있다.

후크마는 (존 머레이에게 호소하면서) 우리의 옛 본성이 거듭날 때 완전히 죽는다고 주장한다. 오직 우리의 새로운 본성만이 남아 있다. 후크마는 "옛 자아"와 "새로운 자아"에 대해서 말하는 것을 거부한다(1989, 209-214).[84] 그는 특히 에베소서 4:20-24에 호소한다. 그의 견해에 의하면, 해당 구절들은 로마서 6:6과 연결된다. 바울은 이 구절에서 우리의 옛 사람이 예수와 함께 십자가에 못 박혔다고 말한다. "그런즉 누구든지 그리스도 안에 있으면 새로운 피조물이라. 이전 것은 지나갔으니, 보라! 새 것이 되었도다"(고후 5:17).

사실상 후크마는 신자들이 계속해서 죄를 짓는다고 시인한다. 에베소서 4:23 및 골로새서 3:10에 의하면, 신자들이 새롭게 되는 것은 한평생 지속된다.

우리는 후크마의 의도에 공감한다. 우리의 판단에 의하면, 그는 옛 것과 새 것이 동등한 조건으로 공존하지 않는다는 것을 밝히고자 하는 것 같다. 그는 인간론적인 측면에서도 은혜의 우위를 명백하게 드러내고자 한다. 우리는 바울이 로마서 7:17에서 "이제는 그것을 행하는 자가 내가 아니요 내 속에 거하는 죄니라"고 말하는 것을 지적하고자 한다. 또한 바울은 로마서 6:6에서 "죄의 몸이 죽는 것"에 대해 말한다. 그는 이와 같은 방법으로 신중히 구분한다. 그럼에도 우리는 후크마의 입장에 동의할 수 없다. 그의 입장이 지니고 있는 함의(와 아마도 의도)는 "새로운 자아" 안에는 옛 자아가 전혀 남아 있지 않아서 더 이상 죄에 속박되지 않는다는 것이다. 사실상 후크마는 옛 본성을 언급한다. 하지만 우리가 파악할 수 있는 바에 의하면, 그는 그것을 "새로운 자아"와 전적으로 분리되어 있는 것으로 이해한다. 하지만 우리는 그의 이와 같은 입장에 의문점을 갖지 않을 수 없다.

누가 옛 본성에 책임을 져야 하는가? 인간의 "자아" 곧 "새로운 자아"가 책임을 져야 하지 않는가? 그러므로 인간의 새로운 자아는 육신의 흔적, 곧 옛 본성의 흔적

---

[84] 또한 그의 다음 저서들을 참고하라. *Created in God's Image*, 1986 및 *The Christian Looks at Himself*, 1975.

을 지니고 있다.

후크마의 구분은 카이퍼가 핵심적인 것과 주변적인 것을 구분하는 것을 머릿속에 떠오르게 한다. 카이퍼는 이중 자아 구조로 끝맺는다. 후크마는 거기까지 나아가지는 않는다. 그는 옛 본성이 남아 있다고 사실상 시인한다. 하지만 그는 옛 본성이 그 "자아"(곧 "새로운 자아")와 서로 어떻게 연결되어 있는지에 대해서 설명하지 않는다. 또한 그 반대의 경우도 마찬가지다.

우리는 [옛 것과 새 것에 대한] 이런 인간론적인 구분이 그것을 명료하게 해준다기보다 더 모호하게 만든다고 생각한다. 신자의 마음속에 옛 것과 새 것이 공존하는 것에 대한 문제는 인간론적·용어적으로 명백하게 밝힐 수 없다(우리는 카이퍼의 입장에 대한 베르카우어의 비판에 동의한다. 참조. Berkouwer, 1952, 88 이하). 우리는 이 문제에 대해 다음과 같이 평가하고자 한다. 곧 완전히 "새로운 자아"와 여전히 남아 있는 옛 본성의 결합은 **의인인 동시에 죄인**(*simul iustus et peccator*)이라는 표현에 암시된 전체성을 훼손하면서, 인간의 내면이 양분되어 있다는 인상을 줄 수 있다(참조. Berkouwer, 1952, 74).

42.3. 성화 및 자유와 율법과의 관계

1. **성화의 삶은 율법이 없는 삶이 아니다**. 율법은 거룩하게 된 삶 안에서는 아담이 범죄하기 이전의 경우와 다른 역할을 한다. 우리는 자유에 대한 칼뱅의 견해를 언급하면서 이것에 대해 이미 살펴보았다(§ 41.5, 제4번).

생명언약이 은혜언약으로 대체된 이후로, 율법은 더 이상 생명에 이르게 하는 길이 아니다. 하지만 율법은 하나님과 사람의 행위 규범으로서 여전히 타당한 것으로 남아 있다. 아담이 범죄하기 이전의 상황과 그리스도에 의해 구속받은 상황 이후의 차이점은 언약과 관련이 있다. 은혜언약이 생명언약을 대체한 것과 마찬가지로, 또한 그리스도에 의해 구속받고 나서 하나님이 요구하시는 순종이 지니고 있는 특성도 변화되었다. 이것은 율법에 순종하는 것이 더 이상 필요하지 않거나 또는 율법이 그것이 지니고 있는 타당성을 잃어버렸다고 주장하는 게 아니다. 구속 사건에서도 율법이 옹호되었던 것과 마찬가지로(그리스도는 율법의 저주 아래 죽은 것이다) 구속 사건 이후에도 그것은 계속해서 옹호된다. 하지만 이제 율법은 우리의 마음속에 기록되었다(렘 31:33; 참조. 히 8:8-12). 율법에 대한 순종은 야웨 하나님을 더 새롭고 완전하게 알게 되었다는 관점에서 이제 마음과 관련된 사항이다.[85]

우리는 믿음을 통해 [야웨 하나님에 대한] 지식으로 가득 채워져서, 이제는 완전히 자발적으로 순종한다(참조. 시 110:3). 우리는 이와 관련해서 다음과 같이 새로워진 상황을 고려해야 한다. "내가 나의 법을 그들의 속에 두며 그들의 마음에 기록하여 나는 그들의 하나님이 되고 그들은 내 백성이 될 것이라"(렘 31:33).

우리는 바울의 편지들에서 율법이 그것의 타당성을 잃어버렸다고 주장하는 듯한 표현들을 만날 수 있다. 바울은 로마서 6:14에서 "죄가 너희를 주장하지 못하리니 이는 너희가 법 아래에 있지 아니하고 은혜 아래에 있음이라"고 말한다. 여기서 그는 (율)법에 대한 것을 율법에 의한 정죄와 율법의 저주를 의미하는 것으로 사용한다. 그가 갈라디아서 3:10에서 주장한 것처럼 말이다. 그리스도는 우리를 율법의 저주로부터 속량해주었다(갈 3:13). 이것이 아브라함의 축복이 이방인들에게 확장된 방법이다.

그럼에도 바울은 율법의 요구를 성취하는 것, 곧 율법이 우리에게 무엇을 요구하는지에 대해 말한다(롬 8:4). 그는 육신을 따라서 살지 않고 성령을 따라서 행하는 이들이 율법의 요구를 이루는 것에 대해 언급한다.[86] 그 이후에 이어지는 구절들은 육신을 따라서 사는 이들은 율법에 복종할 수 없다고 명백하게 밝혀준다. 하지만 하나님의 영 안에 있는 이들은 분명히 율법에 순종한다(롬 8:7-9).

---

85 참조. J. de Vuyst, 『히브리서에 기초한 옛 언약과 새 언약』(*Oud en nieuw verbond in de brief aan de Hebreeën*), 1964, 137-165, 특히 143.

86 참조. W. Schrage, *Die konkreten Einzelgeboten in der paulinischen Paränese*, 1964, 76, 232.

2. 여기서 우리는 칼뱅이 **율법의 세 번째 기능**을 언급하는 것을 만난다. 이 기능이 칼뱅에게 가장 중요한 율법의 기능이다. 그는 율법의 이 측면에 대해 논하면서 율법의 진정한 목적에 더 가까이 다가간다. 그는 바로 이 지점에서 다음과 같이 신자들의 마음속에서 통치하는 성령을 언급한다. "성령은 날마다 신자들이 사모하는 주의 뜻의 본질을 더욱더 철저하게 배우도록 그들에게 영감을 불어넣고, 그 뜻을 깨닫고 확증하 해준다. 그는 이런 일과 관련해서 그들에게 최고의 도구다"(『기독교강요』 2.7.12). 이스라엘 백성이 시내산에서 하나님의 백성으로 받아들여졌을 때, 그들에게 십계명이 주어졌다. 그들을 이집트에서 해방시키신 하나님은 십계명을 그들에게 선물로 주셨다. 이것은 은혜와 율법이 서로 배타적이지 않다는 것을 암시해준다. 유대인들이 자신들의 의로움을 성취하려고 율법을 남용할 때, 은혜와 율법은 서로 배타적인 관계가 된다. 이 경우에 그것은 이것인가 아니면 저것인가의 문제, 곧 율법의 길을 선택하는가 아니면 은혜의 길을 선택하는가의 문제가 된다.

구약성경에서 시편 19편 및 119편 등은 율법의 영광을 노래한다. 바울의 편지들에서도 그 노래의 메아리를 들을 수 있다. 특히 그는 로마서 7:12에서 다음과 같이 말한다. "이로 보건대 율법은 거룩하고 계명도 거룩하고 의로우며 선하도다."

3. 우리는 다른 곳에서 **예수가 율법을 성취하면서 그것을 보존했다**는 것에 대해 세부적으로 논했다(Velema, 1987, 80-86). 예수는 사랑에 대한 계명으로 모든 율법을 요약해준다(마 22:37-40). 바울은 이와 관련해서 예수를 따른다(롬 13:8-10). 또한 요한복음 13:34과 야고보서 2:8을 보라.

우리는 다음과 같은 것을 분명하게 밝혔다. 곧 율법의 성취로서 사랑은 계명들을 무효화하거나 또는 그것들을 열등한 가치를 지닌 것으로 간주한다는 것을 의미하지 않는다(Velema, 1987, 86-89). 따라서 우리는 이 모든 성경 본문에서 성령에 의해 인도함을 받는 이들은 더 이상 율법과 아무런 상관이 없다는 결론을 결코 이끌어낼 수 없다.

정반대의 경우가 참이다. 사도 바울은 흥미롭고 변증적인 방법으로 자기 자신의 선교 활동과 관련해 고린도전서 9:20-21에서 이 점을 명백하게 밝힌다.

우리는 이 모든 것이 신약성경에서 **그리스도의 법의 성취**라는 표현에 요약된 것을 본다(갈 6:2). "그리스도의 법"은 "그리스도가 매우 진지하게 받아들인 하나님의 율법이고, 그것은 그의 말과 행동을 통해서 그것의 타당성이 온전히 성취되었다"는 것을 뜻한다(Velema, 1985, 103). 그리스도의 법은 사랑의 계명을 통해서 십계명의 근본적인 취지를 부각시킨다. 주 예수는 산상수훈에서 그것에 대한 몇 가지 놀라운 예들을 제시한다.

이와 같이 이해된 율법은 야보고서에서 자유롭게 하는 율법(1:25)과 자유의 율법(2:12)이라고 불린다. 야고보는 율법이 그리스도인들을 속박하지 않는다는 의미로 이 표현을 사용한다. 율법에 순종하는 것은 그리스도인의 자유의 관점에서 일어난다.

인간이 율법을 무시한다면, 그가 하나님의 형상이 되는 것은 또다시 가능하지 않다. 성화는 자율적인 사람들을 만드는 게 아니라, 자신들이 율법에 매여 있다는 사실을 알면서 자신들의 자유를 행사하는 사람을 만든다. 율법을 어떻게 이해해야 하는가라는 질문은 이 항목의 영역 바깥에 놓여 있다. 그 질문은 율법에 대한 전문전인 해석을 요구한다.

콜브뤼게는 율법을 감사로 이끄는 안내자라고 주장한다. 그의 입장을 명확하게 파악하는 것은 쉽지 않다. 판 롱크휘쩐(J. van Lonkhuyzen, 『헤르만 프리드리히 콜브뤼게와 그의 설교』[*Hermann Friedrich Kohlbrugge en zijn prediking*], 1905, 463)은 다음과 같은 것을 주장한다. 콜브뤼게는 율법을 삶의 규범으로 받아들이지 않는 것을 일관적으로 추구하지 않는다. "특히 콜브뤼게는 그의 만년의 설교들에서 삶의 규범으로서 율법을 더욱 강조한다." 콜브뤼게의 저서들은 그리스도인이 율법에 따라서 살아야 한다고 인정한다. 그는 자신의 『하이델베르크 교리문답 해설』(*Vragen en antwoorden tot opheldering en bevesting van den Heidelbergsche Catechismus*, 1930, 제7

차 개정판)에서 다음과 같이 말한다. "우리는 율법에 전적으로 동의해야만 한다. 또한 우리는 이 목적을 위해서 그리스도와 그의 은혜를 꼭 붙잡아야 한다.…이와 같이 우리는 그리스도가 성취한 율법에 따라 행해야 한다." 다른 한편 그는 다음 사항을 점점 더 강조한다. 곧 우리는 율법 앞에 죄인으로 서 있고, 모든 자기의 의를 제거해야만 한다. 예를 들면 그의 『하이델베르크 교리문답 요약 해설』(*De eenvoudige Heidelberger*, 1941, 83, 182 및 334)을 보라. 그는 이 책에서 오직 믿음에 강조점을 둔다. 우리는 『성경 해설』(*Schriftauslegungen*, 1909, 11:108)에서 잘 알려진 내용을 언급하고자 한다. 여기서 그는 "그러므로 땅에 있는 지체를 죽이라"(골 3:5)는 바울의 권면과 관련해서 지체가 죽었다는 의미로 해석한다. 또한 그는 『다 코스타와 주고받은 편지 선집』(*Hoogst belangrijke briefwisseling met Da Costa*, 1880, 1933^4, 46)에서 율법은 유지되어야 한다고 주장한다. 하지만 콜브뤼게는 그리스도의 의로움에 대한 교의 이후에 나오는 특별한 교리로서 성화를 다루는 것에 대해 정당화하는 그 어떤 것도 성경에서 발견하지 못한다. 반면에 그는 감사와 선한 행위에 대한 교의를 제시한다. 또한 콜브뤼게는 빌립보서 1:11에 대한 설교에서(열두 그룹 중 세 번째 및 네 번째 그룹, 1846-47년에 설교함, 1911, 445-470, 특히 468) 율법에 대해 긍정적으로 말한다.

스케어스(G. Ph. Scheers, 『콜브뤼게, 그의 생애, 설교 및 저서』[*H. F. Kohlbrugge, zijn leven, zijn prediking en zijn geshciriften*], 1976, 134)는 다음과 같이 주장한다. 칼뱅과 비교할 때 콜브뤼게는 율법의 중요성을 아주 많이 축소시켰다. 비록 그가 율법을 전적으로 무시하지는 않았지만 말이다. 그러면서 스케어스는 "콜브뤼게는 율법에 대한 문제를 어떻게 다루어야 할지 정확하게 알지 못했다는 인상을 지울 수 없다"고 결론짓는다.

콜브뤼게에 대한 우리의 관점은 다음과 같다. 비록 콜브뤼게가 신자의 삶 안에서의 율법의 역할을 정확하게 이해하지 못했지만(감사로 이끄는 안내자로 이해함), 그는 실천적인 측면에서 그리스도를 직접적으로 언급한다. 곧 우리는 그리스도 안에서 모든 것을 지니고, 그리스도는 우리에게 사랑하라고 가르친다. 우리는 콜브뤼게가 칭의를 성화의 일부분으로 이해한다는 헤르슨(S. Gerssen, 『교회와 이스라엘 사이의 경계선』〔*Grensverkeer tussen kerk en Israel*〕)의 견해에 동의하지 않는다. 콜브뤼게의 저서에서 칭의가 중심적인 역할을 한다는 점은 헤르슨의 견해에 타당성을 부여하지 않는다.

마지막으로 우리는 노르트만스(Noordmans, *V.W.*, 3:523)의 주장을 언급하고자 한다. 그는 콜브뤼게의 저서에서 다루어진 성화와 관련해서 상당히 모순되는 몇 가지 요소를 확인해준다. 노르트만스(3:514)는 어느 곳에서 새로운 인간 존재가 이 언약 시대(dispensation) 안으로 들어가는지에 대해 말하는 것은 어렵다고 지적한다. "그에게 떠나는 것이 허락되지 않은 장소는 지금 그리스도 안에서 제거되었기 때문이다."

우리는 여기서 어떤 긴장을 진정으로 인식한다. 곧 콜브뤼게는 실천적인 질문들에 직면하자마자 또다시 곧바로 그리스도를 언급한다. 또한 판 헨더렌(1988, 103-105)이 제시하는 개관을 참고하라.

42.4. 그리스도를 본받으므로 성화를 이루어감

성화는 내용을 지니고 있다. 또한 성화는 어떤 유형을 드러낸다. 결국 성화의 핵심 개념은 하나님의 형상의 회복이다. 이제 우리는 성화에 대해 더 구체적으로 묘사하고자 한다. 하지만 지면 관계상 그것에 대해 철저하고 포괄적인 방법으로 다룰 수는 없다. 신약성경의 복음서와 서신들에 나오는 모든 권면은 성화와 관련이 있다.

1. 우리는 성화의 기본적인 유형에 대해 간략하게 묘사하고자 한다. 우리는 그 이유에 대해 베드로전서 2:21-24을 언급하고자 한다. 그리스도는 그의 발자취를 따라오게 하려고 그의 제자들에게 본보기를 남겨주었다(참조. 벧전 2:21).

예수의 제자도는 그의 발자취를 따르는 것을 요구한다. 그다음 베드로는 예수가 보여준 본보기에 대해 몇 가지를 언급한다. "그는 죄를 범하지 아니하시고 그 입에 거짓도 없으시며 욕을 당하시되 맞대어 욕하지 아니하시고 고난을 당하시되 위협하지 아니하시고 오직 공의로 심판하시는 이에게 부탁하시며 친히 나무에 달려 그 몸으로 우리 죄를 담당하셨으니 이는 우리로 죄에 대하여 죽고 의에 대하여 살게 하려 하심이라"(벧전 2:22-24).

우리는 이 본문에서 **예수가 우리를 위해 행하신 것과 또한 그가 우리에게 본으로 보여주신 것**이 놀랍게도 결합되어 있다는 사실을 알 수 있다. 우리는 이것에 대해 칭의와 성화가 서로 분리할 수 없을 만큼 하나로 결합되어 있다고 말할 수 있다.

예수를 본받는 것은 그를 모방하거나, 그를 그저 닮거나, 선한 모습을 추구하는 것을 결코 의미하지 않는다. 그것은 도덕주의 문제나 사람들에게 존경을 받기 위해 행하는 외적 경건과 관련된 문제가 아니다.

성화의 표현으로서 예수를 본받는 것 자체가 구원의 일부분이다. 그것은 그리스도가 우리를 위하여 행하신 것에 대해 우리가 보이는 최상의 반응이 아니고, (만약 그와 같은 것이 가능하다면) 우리가 그리스도께 감사하는 마음에서 보답하는 일도 아니다. 성화가 구원에 대한 교의(및 서정)의 일부분인 것과 마차가지로 예수를 본받는 것 자체가 구원의 일부분이다. 앞서 우리는 실천에 대한 명령은 자신의 신앙에 대한 경험을 표현하는 것이라는 결론을 이끌어냈다. 예수를 본받는 것은 우리가 우리 자신의 힘을 의지하도록 하는 게 아니라 그를 주목하는 것이다. 곧 우리는 그리스도 안에 즉시 머무르면서 그를 따른다. 우리는 오직 그리스도의 구속 사역의 권능을 통해서만 우리의 구원자의 형상을 나타낼 수 있다.

요한복음 13:34은 다음과 같이 이 점을 분명하게 알려준다. "내가 너희를 사랑한 것 같이 너희도 서로 사랑하라." 여기서 "~것 같이"라는 표현은 예수의 사랑의 본보기와 근본적인 중요성을 가리켜준다.[87] 우리는 예수의 사랑에 몸소 동참하지 않고서는 이 사랑을 결코 보여줄 수 없다. 대속의 죽음에서 절정에 이르는 예수의 사랑

---

87   R. Schnackenburg, 『요한복음 주석』(*Das Johannesevangelium*), 1976², 3:59 이하.

개혁교회 교의학

(요일 4:10)은 우리의 믿음의 형제자매와 (다른 사람들을 향한) 우리의 사랑의 기초다. 그의 사랑은 그것에 대한 청사진이다.

예수는 자신의 고난에 대해 맨 처음 예고하시고 나서 곧바로 자기를 따르는 것에 대해 다음과 같이 의미심장하게 말씀하셨다(또한 여기서도 성화와 구원의 연관성을 주목하라). "누구든지 나를 따라오려거든 자기를 부인하고 자기 십자가를 지고 나를 따를 것이니라"(마 16:24; 참조. 10:38-39).

본회퍼의 저서 『나를 따르라』(*Nachfolge*)[88]가 출간된 이후 제자도의 개념이 개신교 신학에서 널리 알려지고 사용되었다.[89] 베르카우어는 제자도(그리스도를 본받기)가 어떤 도덕적인 이상을 끊임없이 추구하는 것이 아니라 그리스도와의 친밀한 교제 안에서만 존재할 수 있는 삶이라고 요약한다(Berkouwer, 1952, 147).

그리스도의 사랑은 제자도의 중심이고, 우리 죄의 대속에서 절정을 이룬다. 이것의 배후에는 원천으로서 하나님의 자비가 있다. 그리스도를 따른다는 것은 제자도를 실천한다는 것을 암시한다. 오직 예수를 따라가는 이들만이 그의 제자들이다. 이 제자도는 예수의 말씀과 그의 가르침을 주의 깊게 듣고, 그의 발자취를 따라가는 것이다.

이제 우리는 바울이 자주 사용했던 표현을 언급하고자 한다. 곧 바울은 신자들이 예수를 따르는 이들이 되어야 할 뿐만 아니라 바울 자신을 따르는 이들이 되라고

---

88 D. Bonhoeffer, 『나를 따르라』(*Nachfolge*), 1971, 10. Bonhoeffer에 대해서는 다음 윤리학 연구서를 참조하라. Chr. Frey, 『종교개혁에서 현대까지의 프로테스탄트 윤리학』(*Die Ethik des Protestantismus von der Reformation bis zur Gegenwart*), 1989, 211-226.

89 로마 가톨릭 신학에서는 Thomas à Kempis의 저서 『그리스도를 본받아』가 출간된 이후 제자도의 개념이 널리 알려졌다. 이 책과 제자도의 개념에 대해 다음을 참조하라. Berkouwer, 1952, 제7장, 특히 136-139; 또한 Velema, 1985, 114-130. 그리고 R. Strunk, *Nachfolge Christi*, 1981은 제자도의 주제에 대해 다양한 측면에서 논의한다. 그는 그 책에 "복음적 분개의 회상"(Erinnerungen an eine evagelische Provokation)이라는 부제목으로 붙였다. 이 책의 핵심 내용은 Thomas à Kempis보다 Bonhoeffer를 더 높이 평가하는 것으로서 불의한 제도에 복종하기를 거부하는 신앙생활의 자세다.

권면한다. 바울이 자기 자신을 사람들이 본받아야 할 대상으로 생각한다는 사실은 매우 놀랍다. 바울은 자기 자신이 그리스도를 따르는 맥락에서 이것을 일관적으로 말한다(고전 4:16; 갈 4:12; 빌 3:17; 살전 1:6; 살후 3:7-9).[90] 드 부어에 따르면, 그의 목적은 신자들이 그를 본받게 하려는 것이 아니라 그들이 자신들의 영적인 아버지와 스승인 그를 통해서 그리스도를 본받게 하려는 데 있다(de Boer, 1962, 214). 바울은 신자들을 영적으로 굳세게 세우려고 이 개념을 사용한다. 그는 "자신을 따르는 이들에게 그리스도의 본보기를 보여주는 것은 신자들이 구원과 변화에 동참하도록 격려하려는 것이었다. 신자들이 자신들의 구원자 및 주님과 연합해서 살아가는 것에 의해 그 구원과 변화는 그들 안에서 일어나고 있었다"(de Boer, 1962, 212).

드 부어가 그리스도를 따라가는 것에 대한 언급과 관련해서 제시하는 결론은 미카엘리스의 결론과 차이가 있다.[91]

2. 드 부어는 **본받는 것을 특별한 내용을 지닌 것으로** 이해한다. 그는 그리스도의 겸손, 자기 부인, 사람들의 구원을 위해 자기 목숨을 내어주어 희생제물로 드린 것 등을 가리킨다(de Boer, 1962, 특히 65-70).

우리는 드 부어가 사용한 특성들을 사용해서 본받는 것에 대한 개념을 묘사할 수 있다고 믿는다. 하지만 우리는 이와 같은 묘사가 예수의 생활방식과 행동을 축약적으로 가리켜준다는 사실을 염두에 두어야 한다. 베드로는 이와 같은 광범위하며 특징적인 묘사로 나타낼 수 있는 예수의 삶에서 몇 가지 구체적인 예들을 언급한다.

본받는 것은 그리스도가 우리 안에 나타나셨다는 것을 의미한다. 우리는 하나님의 형상이 또다시 될 수 있다. 그 하나님의 형상은 어린 양의 특성들

---

90 W. P. de Boer의 박사학위 논문(*The Imitation of Paul*, 1962)은 이 텍스트들에 대한 해석에 몰두한다. 우리는 그의 논문 50-70에서 그리스도를 본받는 것에 대한 논의를 발견하며, 또한 71-80에서는 하나님을 본받는 것에 대한 논의를 발견한다.

91 W. Michaelis, *TDNT*, 4:666-674, 특히 668 및 672. 해당 부분에서 제자도는 어떤 사람의 명령에 순종하는 것으로 이해된다.

을 보여준다. 모든 창조물에 대한 하나님의 계획이 성취되고 나서도 그 어린 양은 끊임없이 찬양과 경배를 받을 것이다. 우리는 성화에 대한 논의에서 하나님의 형상의 회복을 위한 그리스도의 중요성을 만난다. 이 중요성은 근본적이며 또한 구체적이다.

우리는 이것보다 더 나아가서 바울이 종종 사용하는 개념인 **그리스도와 함께 십자가 위에서 죽고 그와 함께 다시 일어나는** 개념과 제자도를 연결하고자 한다(여기서 우리는 단지 몇몇 구절들만 언급하고자 한다. 롬 6:4-6; 갈 2:19-20; 엡 2:6; 골 3:1-3; 또한 참조. 빌 3:10-11).[92] 우리는 이 구절들은 그리스도가 고난을 받은 것뿐만 아니라 그의 죽음과 부활을 통해 그의 백성을 위해서 행한 것을 언급한다는 사실을 보여주고자 했다. 바울은 과거 시제를 사용하면서 신자들을 주어로 묘사한다. 이것은 신자들이 십자가 위에서 죽은 다음에 다시 살아난 그리스도를 믿음으로 그들이 이미 영적인 실재로서 죽음과 부활을 경험하고 있다는 사실을 암시한다. 그들은 이미 오래전에 일어난 사건에 믿음으로 동참한다. 그리스도의 죽음과 부활이 지니고 있는 대속적인 중요성은 그의 죽음과 더불어 옛 사람이 죽고(*mortificatio*) 그의 부활과 더불어 새 사람이 다시 사는 것(*vivificatio*)을 믿음과 함께 시작한다. 이것은 성화에 관한 특징을 보여주는 용어다. 우리는 이 두 요소와 함께 이 항목에 대한 논의를 시작했다. 곧 우리는 죄의 오염과 권세로부터 구속받았고, **또한** 하나님의 명령에 순종하여 하나님을 섬기며 그분의 영광을 위해서 살도록 새롭게 변화되었다. 그리고 이 두 요소는 칼뱅이 사용한 용어, 곧 옛 사람을 죽이는 것(*mortificatio*)과 새 사람을 살리는 것(*vivificatio*)이란 용어로 적절하게 묘사된다.

우리는 제자도의 개념과 이 두 용어 사이에 직접적인 연관성이 있다고

---

92 이 구절들과 관련해서 W. H. Velema, 『그리스도의 형상과 같이 됨』(*Aan Christus gelijkvormig*), 1988.

인정할 수 있다. 제자도는 그리스도와 함께 죽고 다시 사는 것을 통해서 경험되고 실천된다. 그 반대의 경우도 참이다. 곧 예수를 따라가는 삶에서 그리스도의 죽음과 부활이 구체적으로 드러나지 않는다면, 그것은 진정한 제자도가 아니다. 제자도는 이와 같이 성화를 구체적으로 나타내는 것으로서, 그것이 지니고 있는 가장 심오한 본질에서 그리스도와 연결되어 있다. 그리스도는 자신의 죄 때문에 죽은 것이 아니라 그의 백성의 모든 죄 때문에 죽으셨다. 우리 자신도 그의 죽음과 부활의 권능을 통해서 우리 죄에 대해 죽었다. 이것은 부활의 아침에 골고다에서 단 한 번 일어났다(이것은 롬 6:11에서 간결하고 적절하게 묘사되었다). 이것은 우리에게 전가되었다. 그래서 그것은 우리에게도 사실이 되고 우리의 것이 된다. 또한 이것은 성령을 통해서 우리에게 실질적으로 일어난다.

우리는 이제 결론을 맺고자 한다. 그리스도와 함께 죽었다가 다시 살아났다고 말하는 신약성경의 본문들은 구원과 관련된 전체, 곧 칭의 및 성화를 포함한다. 칼뱅은 이것을 이중 은혜(*duplex gratia*)라고 말한다. 어떤 이들은 이 본문들에서 오직 칭의만 인정하고 성화는 제외시킨다. 그들은 칭의와 성화가 서로 밀접하게 연결되어 있고 하나님의 은혜가 이중적인 특성을 지니고 있다는 사실을 무시한다.

우리는 오직 성령의 역사를 통해서만 이 본문들의 내용을 경험하고 우리의 것으로 만들 수 있다. 그 본문들은 기독론적인 내용을 지니고 있다. 그 내용을 경험하는 것과 관련해서 그 본문들은 성령론적인 요소를 지니고 있다. 하지만 기독론적인 내용과 성령론적인 요소는 서로 밀접하게 연결되어 있다.

헤인스는 자기 부인을 자기 확장이라고 주장한다(Heyns, *Dogm.*, 321 이하). 우리는 그의 견해에 동의할 수 없다. 물론 죄가 우리 자신을 포위하고 있다는 것은 사실이다. 우리는 이런 포위를 파괴하고 나갈 필요가 있다. 하지만 이것은 자기 확장과 동일하지 않다. 오히려 우리는 본래의 우리의 운명을 실현하는 것이라는 표현을 선

 개혁교회 교의학

호한다. 우리가 죄로 타락한 이후 우리의 운명은 오직 우리 자신을 해방하고 부인하는 것을 통해서만 실현될 수 있다. 이것은 본래의 우리의 운명을 실현하기 위해서 하나님이 우리에게 허락하신 방식이다. 그리스도에게 순종하고 그를 따르는 것을 통해서 일어난다는 사실은 생명언약이 더 이상 선택 사항이 아니라는 것을 분명하게 암시해준다. 이제 우리는 은혜언약의 중보자이신 그리스도를 통해 우리의 목표를 얻을 수 있다. 바로 이런 이유로 말미암아 그는 우리의 성화를 보증해준다. 그리고 이것은 바로 복음을 통해서 일어난 실재가 지니고 있는 심오한 의미이고, 그것의 실제적인 결과다. 곧 그리스도는 우리의 생명일 뿐만 아니라 우리의 거룩함(성화)이다(참조. 골 3:4).

이와 관련해서 바르트가 죽이는 것에 대한 칼뱅의 강조를 비판하는 것은 정당화될 수 없다. 칼뱅은 죽이는 것과 살리는 것의 두 측면을 충분히 정당하게 다루려고 시도했다. 그가 『기독교강요』 제3권에서 성화(의 다양한 측면들)에 대해 광범위하게 다루는 것을 읽어본 이들은 그가 죽이는 것을 부각시켜 살리는 것을 약화시킨다고 주장할 수 없을 것이다.

그러므로 우리는 칼뱅의 성화론에 대한 바크르의 비판에도 동의하지 않는다(Bakker, 1991, 제4장, 특히 82-88). 하지만 우리는 덴 뒬크(den Dulk)의 박사학위 논문에 대한 그의 비판은 반대하지 않는다(같은 책, 90). 이 부분을 포함해서 바크르의 책 전체는 바르트의 "은혜의 승리"의 관점에서 저술되었다. 바크르는 바르트의 출발점을 공유하지 않거나 또는 (덴 뒬크의 경우처럼) 다른 측면들을 강조하는 이들을 비판한다. 우리는 바르트가 근본적으로 자신의 예정론에 기초해서 칼뱅의 구원론을 반대한다는 것을 기억할 필요가 있다.[93] 베커/하세라르(Beker/Hasselaar, *Wegen*, 472-474)는 바르트의 입장을 반대하며 칼뱅의 입장을 지지한다.

---

93 Barth, *C.D.*, 4.2.530 이하. Den Dulk의 박사학위 논문에 대한 중요한 비평으로서 다음 논문을 참조하라. W. H. Velema, "칼뱅과 바르트의 성화론 비교"(De leer van de heiliging bij Calvijn en Berth), *Th. Ref.* 32 (1989): 117-139.

42.5. 환경과 사회의 광범위한 배경 안에서의 성화

1. 성화는 단순히 사람들 사이의 인격적인 상호 관계이거나 어떤 개인과 사회 전체 사이의 상호 관계가 아니다. **성화는 창조세계 및 사회 안에서의 생명을 포함하여 생명 전반에 영향을 미친다.**

우리는 방금 언급한 방식으로 이것을 의도적으로 표현하고자 한다. 왜냐하면 우리는 하나님이 창조세계 및 사회에 대한 대리자로 인간을 임명한 것으로 생각하기 때문이다(참조. § 23.2).

최근에 인간 중심적인 이런 관점을 인간에 대한 외부 중심적인 견해(ex-centric view of man)로 바꾸자는 시도가 제기되었다. 각 사람은 저마다 (단지 동료 인간뿐만 아니라 또한) 모든 창조물의 좋음(well-being)을 고려해야 한다. "그것이 번성하도록 도와줘라." 이 견해는 레비나스(Levinas)에게 호소하면서 지지를 받는다. 이 견해는 자기중심적인 특성과 인간 중심적인 특성으로 이루어진 인간의 지배권을 없애자는 것이다. 인간은 하나님이 그에게 부여하신 방법대로 반드시 윤리적인 규범에 따라서 행동해야 한다.[94] 이 견해는 인간이 모든 창조세계에 대한 책임을 질 것을 요구한다. 이런 주장은 우리에게 호소력이 있다. 왜냐하면 이 책임은 하나님의 형상으로서 인간에게 주어진 명령에 포함되어 있기 때문이다. 하지만 이 견해는 다음과 같은 의문을 품게 한다. 혹시 인간이 다른 창조물과 지나치리만큼 동등하게 간주되어 창조세계에 대한 그의 유일무이한 책임이 무시되는 것은 아닌가? 바울은 로마서 8:20-21에서 다른 모든 창조물에 대한 인간의 우위성을 명백하게 확인해준다.

성화는 창조세계를 관리하는 목적과 관련해서 사람들과 창조세계의

94　P. Leenhouwers, "모든 창조물을 정당하게 대하라"(Gerechtigheid doen aan heel de schepping), in W. Derkse (ed.), 『정의와 사회 정의』(Gerechtigheid en sociale rechtwaardigheid), 1991, 63-91. 우리는 과연 이 저자가 Levinas에게 올바르게 호소하고 있는지 의심스럽다. 혹시 그는 Levinas의 견해를 부당하게 확대시킨 것은 아닌가?

상호작용에 중대한 영향을 미친다. 환경과 관련된 모든 문제는 궁극적으로 인간이 그에게 주어진 명령을 어떻게 실행하는지와 연결된다. 인간은 인간 중심적인 접근 방법을 사용하는가? 곧 인간이 지정학적·시대적 측면에서 자기 자신과 멀리 떨어져 있는 사람들에게 관심을 조금도 기울이지 않은 채 사용하는 방법은 오직 자기 자신의 관심이나 이익 및 쾌락에만 초점이 맞추어져 있는 것은 아닌가? 우리는 지배 또는 다스림(*dominium*)의 개념을 인간 중심적으로 정의하지 않는다. 우리는 이전에 그 개념을 하나님의 형상의 일부분으로 묘사했다. 사실상 인간은 자기에게 주어진 임무를 인간 중심적으로 실행할 수도 있다. 하지만 이것은 그에게 주어진 명령을 남용하는 것이다. 인간이 그저 자기 자신만을 생각할 때 이와 같은 경우가 발생한다. 곧 인간이 다른 사람들과 하나님이 창조세계를 돌보기 위해서 그에게 주신 규범들을 무시할 때 그와 같은 일이 일어난다.

우리는 인간이 자기 이웃을 사랑해야 한다는 것뿐만 아니라 하나님이 창조하신 창조세계를 그분이 행하시는 방법대로 존중해야 한다는 것도 강조한다. 하나님이 창조하신 모든 창조세계의 진정한 특성을 남용하고 위반하며 무시하는 것에 대한 책임은 궁극적으로 인간에게 있다.

우리는 스퀴르만(Schuurman)의 관점에 동의하면서 그의 저서를 언급하고자 한다. 그는 이 책(1989, 56)의 마지막 부분에서 창조세계 안에서의 규범적인 구조들에 대해 말한다. 또한 우리는 다음과 같은 규칙들에 대해서도 생각한다. 곧 기술은 건설 및 보존을 위한 규칙들을 따라야 한다. 학문은 지식의 발전을 위한 규칙들을 따라야 한다. 농업은 추수하고 보살피며 돌보는 규칙들을 따라야 한다. 건강관리는 질병의 예방과 치료를 위한 규칙들 그리고 죽음을 눈앞에 두고 있는 사람들을 긍휼히 여기고 돌보는 규칙들을 따라야 한다. 경제는 책임 있는 청지기 직분을 위한 규칙들을 따라야 한다. 그리고 정치는 시민을 섬기고 법과 공의를 공정하게 실행하는 규칙들을 따라야 한다.

1983년에 개최된 세계교회협의회(WCC)의 회의에서 시작된 화해 운동 (conciliatory process)은 기독교뿐만 아니라 온 세상에 창조세계와 환경에 대한 책임을 일깨우려고 했다.

우리는 이 점과 관련해서 인격적·구조적 측면들을 지적할 수 있다. 우리는 개인적인 성화와 관련해서 자기 절제, 섬김의 자세 및 나눔뿐만 아니라 설교를 통해 성화의 일부분으로서 그와 같은 태도를 지닐 것을 강조하는 교회의 역할에 대해서도 언급했다. 또한 우리는 교회 교육과 섬김에서 그 실행 과정은 삶의 성화로부터 상호 화해로 전개되어야 한다고 지적했다. 그 반대의 경우로 전개되어서는 안 된다.[95] 우리는 두 번째 논문(W. H. Velema, 1990, 105-113)에서 십자가가 중심에 놓여야만 한다고 주장했다. 만일 교회가 화해 운동(과 관련된 주제들)을 하나님 나라와 연결하고자 한다면 말이다.

교회는 환경과 관련된 문제들을 단지 세상적인 측면에서만 다루고자 하는 정당이나 사회운동 단체가 아니다. 교회의 역할은 복음을 선포하는 것이다. 성화는 구원의 일부분이다. 이것은 개별적이고, 연대해서, 사회 구조적 배경에서 환경에 대한 책임을 포함한다.

성화의 관점에서 교회는 명료함과 격려와 관련하여 분명한 입장을 취해야 한다. 환경 문제의 해결과 구원 간에는 직접적인 연관성이 없다. 그것들은 오직 십자가(죽음과 부활)를 통해서만 연결되어 있다. 환경에 대한 책임은 그리스도의 죽음과 부활의 관점에서 나와야만 한다. 이것은 성화에 의해 영향을 받는 사회에 대해서도 마찬가지다.[96]

---

95 W. H. Velema, 1990, 특히 100-104.

96 객관적인 성화와 Kuyper가 말하는 "기독교적인" 문화—여기서 이 단어는 광범위한 의미로 사용됨— 간에는 놀라울 만큼 유사성이 있다. 문화는 보편적인 은혜의 산물로서 하나님의 말씀의 영향을 받는다. 참조. Ridderbos, 『아브라함 카이퍼의 신학적 문화관』(De theologische cultuurbeschouwing van Abraham Kuyper, 1947), 196-198. 이 책은 『일반은총론』(De gemeene gratie, 제4판, 2:680) 안에 제시된 Kuyper의 견해에 관심을 기울인다. 또한 이 점과 관련해서 다음 논문을 보라. W. H. Velema, "유기적인 조직체로서의 교회에 대한 카이퍼의

2. 우리는 성화가 개개인뿐만 아니라 단체, 그룹, 정치적·사회적 조직체 등을 통해서 **사회에 영향을 반드시 끼쳐야 한다**고 믿는다. 후자와 관련해서 그것들의 목적은 구조들을 바꾸는 것이어야만 한다. 우리는 조직체들 자체가 회개할 수 있다고 주장하는 것이 아니다. 단지 조직체들을 유지하고 발전시키는 데 책임을 지고 있는 사람들만이 회개할 수 있고 또한 필요한 경우에 회개해야 한다. 하지만 조직체들은 거룩해질 수 있다. 이것은 그것들이 하나님이 우리의 이웃들에게 우리가 제공하기를 바라시는 섬김을 위한 통로들에 해당한다고 말하는 것이다. 이와 같은 배경에서 **인간화**라는 용어는 하나님이 지시하신 관점에서 그분이 바라시는 인류에 대한 섬김이라는 의미로 사용될 수 있다(참조. § 23.7). 하나님과 관련된 제한 조건을 무시하는 이들은 인간화라는 용어를 인본주의적·인간 중심적 방법으로 사용한다.

여기서 성화는 하나님이 어떤 일들에 역할을 정하셨고, 그것들은 인간을 도와주고 그의 발전에 유익을 가져다줄 수 있다는 사실을 의미한다. 이 성화의 과정은 하나님이 이 땅 및 창조세계 안에서의 정치적·사회적으로 다양한 상황에 대해 무엇이라고 말씀하시는지를 탐구해야만 한다(**사회 윤리**).[97]

또한 여기서 정의된 것처럼 성화의 결과는 아니지만 인류에게 일어나는 많은 좋은 일이 있다. 우리는 이와 같은 모든 활동에서 하나님의 보편

개념에 대한 비판"(Kuyper's concept van de kerk als organisme kritisch bekeken), *Th. Ref.* 34 (1991): 295-309.

[97] 개혁파 신학의 입장에서 시도하는 사회 윤리에 대한 한 가지 예로서 다음을 참조하라. J. A. Heyns, 『신학적 윤리학』(*Teologiese ethiek*), 2/1, 1984, 2/2, 1989. 영국과 북미의 복음주의 신학자들도 사회 윤리(의 분야)에 참여하고 있다. 또한 Hoekema, 1989, 231n102의 관점과 그가 제시하는 참고 문헌을 보라. 그리고 사회 윤리에 대한 역사적인 개관으로서 다음 연구서를 보라. E. M. van der Poll, 『사회적 각성: 복음주의자들의 사회 참여의 과거와 현재』(*Sociaal reveil. Evangelischen in de samenleving, vroeger en ne*), 1984. 한편 Wesley의 사회 윤리에 대해 다음 연구서를 보라. M. Marquardt, 『존 웨슬리의 사회 윤리의 실천 및 기본 원리들』(*Praxis und Prinzipien der Social-ethik John Wesley's*), 1986².

적인 선이 역사한다는 것을 본다. 심지어 사람들이 하나님의 규정들과 율법을 의존해야 한다는 것을 깨닫지 못한다고 하더라도, 그와 같은 일들은 사람들이 실행하는 것을 보존하고 지지하며 권면하고 강화해준다.

우리는 이와 같은 배경에서 성화에 대해 말하지 않을 것이다. 결국 성화는 예수 그리스도 안에서 일어나는 구원의 일부분이다. 우리는 예수 그리스도를 거부하는 어떤 이들이 그의 성령에 의해서 일어나는 성화에 동참하고 있다고 생각할 수 없다. 그럼에도 신자들이 하나님의 보편적인 선의 결과로서 이 땅에서 일어나는 일들에 대해 주의 깊게 듣고 살펴보는 것은 중요하다. 신자들은 그것들을 무시하거나 부인해서는 안 된다.

42.6. 종말론적인 관점으로서의 보상

1. 우리는 성화에 대한 논의의 마지막 부분에서 세 가지 추가적인 요소, 곧 성도의 견인, 종말의 완성 및 보상을 여전히 언급할 필요가 있다.[98] 우리는 다음 항목인 § 43에서는 성도의 견인을 다룰 것이고, § 57.4에서는 종말의 완성에 대해 다룰 것이다.

여기서 우리는 보상에 대해 논하고자 한다. **성경은 보상을 성화 안에 포함되어 있는 노력과 연결한다.** 많은 사람이 보상에 대한 개념을 파악하는 데 어려워하기 때문에 우리는 이 주제를 면밀하게 살펴보고자 한다.

한편으로 보상 개념은 성화의 동기로서 명백하게 표현되어 있지 않다.[99] 다른

---

98 또한 참조. Velema, 1985, 제8장: "성화와 종말의 완성"(Heiliging en voleinding), 168-179. Brunner는 성화의 배경 안에서 종말론적인 상황에 대해 말한다(Brunner, *Dogmatics*, 3:304 이하).

99 참조. P. H. van Harten, 『에벤에제르와 랄프 엘스키네의 설교 비교』(*De prediking van Ebenezer en Ralph Erskine*), 986. 이 박사학위 논문에서 Harten은 Velema(1985)가 그의 저서에서 성화를 위한 동기로서 신약성경의 보상 개념에 충분히 주목하지 않았다고 비판한다.

개혁교회 교의학

한편으로 보상의 동기를 전적으로 무시하는 것은 어려운 것처럼 보인다.[100] 헤인스(*Dogm*., 319-324)는 보상 개념에 대해 전혀 언급하지 않는다. 존 머레이(1955, 177-324)도 마찬가지다. 비록 베르카우어(1952)는 그 개념을 명백하게 언급하지 않지만, 몇몇 부분에서 그것에 대해 넌지시 다룬다. 이 점은 후크마(1989, 제12장)의 경우도 마찬가지다. 비록 그가 사실상 미래에 대해 논하기는 하지만, 그는 보상의 관점에서 그 주제에 대해 말하지 않는다.

우리는 모두 「하이델베르크 교리문답」의 제63답변을 잘 알고 있을 것이다. 곧 "선한 행위에 대한 우리의 상은 공로로 주어지는 것이 아니라 하나님의 은혜로 주어지는 것입니다." 우리는 은혜언약 아래에서 살고 있기 때문에 우리의 공로에 큰 기여를 하지 않는다. 우리가 우리의 선한 행위를 포함해서(엡 2:10) 하나님께로부터 받는 모든 것은 하나님이 우리에게 선물로 주시는 것이다. 그렇다면 우리는 어떻게 선한 행위에 대한 보상이라는 개념에서 성화에 대한 동기를 추론할 수 있을까? 이것은 우리가 열심히 일하면 하나님이 우리를 통해서 일하시는 그분의 일에 보상하신다는 것을 암시한다.

"하나님의 은혜는 너무나도 압도적이며 모든 것을 포괄하는 선물이라서, 은혜를 간청하는 것은 그것의 규모를 증대할 수 없다. 하나님의 영광과 우리 자신의 유익을 추구하는 것은 너무나도 압도적이며 삶을 충만하게 하는 것이라서, 거기에 보태어야 할 것은 아무것도 없다."[101]

또한 이 결론은 「벨기에 신앙고백서」 제24조의 다음과 같은 신앙고백에 기초한다. "우리는 선한 행위들을 한다. 하지만 그것들을 통해서 공로를 쌓으려는 것이 아니다. (우리가 무엇을 위해서 공로를 쌓겠는가?) 결코 아니다. 우리는 우리가 행하는 선한 일들을 하나님께 빚지고 있다. 하나님이 우

---

100 Velema, 1989a, 109 이하에서 Harten의 이론에 대한 반대 의견들을 제시하는 것을 보라.
101 Velema, 1989a, 110.

리에게 그것에 대해 빚지신 것이 아니다." 이 신앙고백은 누가복음 17:10
을 참고 성구로 제시한다. 이 구절에서 하나님께 보상을 바라는 동기에서
선한 행위를 하는 것은 철저하게 거부된다.

우리는 우리의 전 생애를 하나님을 찬양하는 데 드려야 한다. 거기에
요구되는 우리의 열정은 하나님의 공의와 은혜, 그분의 사랑과 자비로부터
흘러나온다. 우리가 선한 일들을 행하는 데 있어 하나님에게서 나오는 덕
들 외에 다른 동기들은 결코 없다. 추가적인 동기로서 보상에 기초한 동기
는 하나님과 우리의 관계를 전반적으로 일그러지게 할 것이다.

2. 그럼에도 **보상에 대한 약속이 있다.** 바빙크는 이에 대해 간략하지
만 설득력 있게 논한다(Bavinck, *R.D.*, 4:236 이하). 그는 보상에 대한 약속
을 "신자들이 거룩한 삶을 살도록 권면해주는 설득력 있는 이유 중 하나"
로 언급한다. 그는 각 사람의 행위에 대한 보상을 언급하는 성경 구절들로
서 로마서 2:6-11, 14:12, 고린도전서 3:8, 고린도후서 5:10, 갈라디아서
6:5, 요한계시록 2:23, 20:12 등을 제시한다. "경건은 범사에 유익하니 금
생과 내생에 약속이 있느니라"(딤전 4:8). "하나님께 나아가는 자는 반드시
그가 계신 것과 또한 그가 자기를 찾는 자들에게 상 주시는 이심을 믿어야
할지니라"(히 11:6). 모세는 "그리스도를 위하여 받는 수모를 애굽의 모든
보화보다 더 큰 재물로 여겼으니 이는 상 주심을 바라봄이라"(히 11:26).
다른 참조 성구들은 고린도전서 9:18, 골로새서 3:24, 디모데전서 6:19,
디모데후서 4:8과 히브리서 10:35 등이다.

심지어 바빙크는 특별한 상급(고전 3:12-15; 9:16-17)과 상급의 등급(마
10:41; 18:4; 20:16; 25:14)에 대해 말하는 성경 구절들도 언급한다. 그는 이 본문
들과 (또한 앞서 언급한 본문들에 기초해서) 성화와 영화 사이에 서로 밀접한 연관성이
있다고 결론짓는다. 우리가 이 세상에서 심은 것은 영원 속에서 거두게 될 것이다(마
5:8; 히 12:14). (또한 참조. Bavinck, *R.D.*, 4:265 이하).

프라이스커(Preisker, *misthos*, *TDNT*, 4:695-706)는 "보상"이라는 용어와 관련

  개혁교회 교의학

해서 유대교에서는 인간이 [하나님에게] 보상을 요구할 수 있다고 생각하는데, 이 개념은 신약성경의 가르침과 전적으로 동떨어진 것이라고 단호하게 말한다(722 이하, 698이하).

신약성경은 선한 행위의 역할에 대해 매우 명백한 관점을 제시한다. 곧 선한 행위는 하나님의 은혜에 기초한 행위다. 따라서 자신들이 선한 행위에 대한 보상을 받을 것이라고 추측하는 이들은 매우 위선적이고 자기중심적이라서 하나님의 은혜와 사랑을 받지 못한다(Preisker, *TDNT*, 4:699 이하).

드 필리어스(J. L. de Villiers, 『신약성경에서의 보상 개념』[*Die loongedagte in die Nuwe Testament*], 1957, 53 이하)는 특히 복음서들에서 보상 개념은 하나님 나라가 가까이 다가온 것에 대한 (선포와) 연결되어 있다고 지적한다.

3. 보상은 하나님 나라의 시민들이 장차 그 나라에 들어간다는 사실을 가리킨다. 그들의 거룩한 삶은 하나님 나라에 대한 하나의 표징이며 그 나라를 보여주는 것이다. 하나님 나라를 위한 모든 수고와 그 나라의 대적자(들)와 맞서 싸우는 모든 싸움은 헛되지 않을 것이다.

신약성경에 나오는 "보상"이라는 단어는 **하나님은 그분이 약속하신 것을 성취하신다**는 것을 의미한다. 하나님과 그분의 일을 위해 자기를 바친다는 것은 무의미한 일이 결코 아니다. 이것을 위해 최선을 다해서 수고하는 이들은 승리와 영광에 동참할 것이다. 부정적인 측면에서, 보상 개념은 신자가 어둠의 세계의 시민으로 살 수 없고, 또한 그렇게 살아서는 안 된다는 것을 암시한다. 긍정적인 측면에서, 그 개념은 하나님 나라를 섬기는 삶을 살고 또한 그 나라를 위해서 싸우는 이들은 헛되이 그와 같은 일을 하는 것이 아니라고 말해준다. 그는 장차 그 수고에 대한 열매를 거둘 것이다(참조. § 57).

어느 날 신자들은 저마다 이렇게 말할 것이다. "내 믿음, 영적인 싸움, 나의 사랑과 기도는 결코 헛되지 않았다. 하나님은 그분의 약속을 성취하셨다. 이것이 바로 내 믿음과 삶의 목표였다."

보상 개념은 거룩한 삶을 사는 것이 꼭 필요하고 중요하다는 사실을 강조한다. 우리는 그와 같은 삶을 살도록 하나님의 부르심을 받았다. 우리가 이번 장에서 여러 관점에서 살펴보았듯이, 보상 그 자체는 구원의 일부분이다. 보상에 대한 성경적 개념은 끝까지 인내하라는 하나님의 권면에서 비롯된다. 우리는 인내하는 것을 통해서 모든 창조물의 완성에 이르게 될 것이다. 그것은 전적으로 하나님의 은혜로 말미암는 보상이다. 하나님은 그분의 일을 계속해서 실행하시며 또한 그것을 완성하신다. **오직 은혜로**(*Sola gratia*).

§ 43. 성도의 견인

43.1. 구원의 한 측면으로서의 견인
43.2. 삼위일체 하나님의 선물로서의 견인
43.3. 깨어서 기도하라는 부르심

43.1. 구원의 한 측면으로서의 견인

1. 견인은 구원의 서정의 일부분이다. 이것은 **하나님 나라를 향해 가는 과정에서 끝까지 참고 견디는 것**으로 이해할 수 있다. 신자들은 **만물의 완성을 향해 나아가고 그것에 이르는 동안 이 세상에서 보존된다.** 다시 말해서 우리는 그 과정에서 **일어나는 것**이나 또는 그 과정의 **정점**을 강조할 수 있다. 이 구분은 서로 대립되는 것으로 이해되어서는 안 된다. 정점에 이르는 과정은 최종 목적지로부터 분리될 수 없다. 또한 최종 목적지도 그 과정으로부터 분리될 수 없다.

우리는 이 두 측면을 모두 강조한다. 그래서 우리는 성도의 견인에 대한 교의가 지니고 있는 역동적인 관점을 잃어버리지 않고자 한다. 성도의 견인과 관련해 가장 큰 위험은 의롭다고 여김을 받고 거룩하게 사는 이들은 자동적으로 만물의 완성이라는 정점에 이른다고 생각하는 것이다. 이런 경우 우리는 그 과정에서 나타날 수 있는 다양한 위험 요인을 무시한다. 우리는 유혹들을 과소평가한다. 또한 우리는 당연한 과정으로 간주해서, 곧 아무런 방해도 받지 않고 확실하게 만물의 완성에 이른다고 추측해서 칭의와 만물의 완성을 곧바로 연결한다.

우리는 또 다른 극단적인 측면에서 오늘날 경험하는 것을 지적하고자 한다. 곧 많은 이들이 교회와 자신들의 관계를 끊고, 교회를 떠나간다. 그들은 교회에 등을 돌리면서 하나님과 그분의 말씀도 거부한다. 이들 중에는 교회 안에서 중요한 역할을 했던 사람들이 종종 있다. 그들은 교회 안에서 중요한 직분들을 맡았던 사람들이었다. 또한 그들은 사람들이 그들을 의지할 수 있다고 믿었던 사람들이었다. 하지만 이제 그들은 기독교 신앙을 버리고 교회에 등을 돌린 채 교회를 떠나간다. 그렇다면 그들의 신앙은 진정한 것이 아니었는가? 그들이 교회에서 헌신적으로 활동하던 시기에 그들은 의도적으로 위선자 역할을 했던 것인가? 누가 이 사람들에게 그와 같은 판단을 감히 내릴 수 있겠는가? 누가 지금도 여전히 열정적으로 봉사 활동에 참여하고 있는 사람들에게 똑같은 일이 일어나지 않는다고 보장할 수 있겠는가? 또한 누가 우리에게 그와 똑같은 일이 일어나지 않는다고 보증할 수 있겠는가?

만물의 완성에 이르는 길은 단순히 통계에 기초해서 주장할 수 있는 게 아니다. 그곳을 향해 나아가는 길에 다양한 도전이 없는 것은 결코 아니다. 「도르트 신조」 제5장은 "성도의 견인"에 대해 말한다. 제3조에는 다음과 같이 표현되어 있다. "우리 안에 남아 있는 이와 같은 죄들로 말미암아, 또한 이 세상과 사탄의 유혹으로 말미암아, 회심한 이들도 만약 자신들의 힘만을 의지한다면 하나님의 은혜 안에서 끝까지 참고 견디지 못할 수도 있다. 하지만 하나님은 신실하시다. 그분은 그들에게 은혜를 베푸셔서, 그 과정에서 그들을 끝까지 그분의 자비로 붙잡으시고 또한 그분의 능력으로 보존하신다."

여기서 두 가지 사항을 분명하게 지적할 필요가 있다. (1) 회심한 사람들은 자기 자신의 힘으로 스스로를 보존할 수 없다. 그들 자신이 지닌 힘의 한계를 고려할 때, 그들은 스스로 끝까지 참고 견딜 수 없다. 그들은 거센 바람과 높은 파도를 보고 겁을 먹어 물속에 빠졌던 베드로처럼(마 14:30) 비슷한 경험을 할 것이다. (2) 하나님은 신실하시다. 그분은 자신의 권능으로 그들을 끝까지 보존하신다. 따라서 비록 우리는 종종 하나님에게 신실하지 않지만, 성도의 견인은 하나님의 신실하심과 곧바로 연결되어 있다(제4조). 제5조는 신자들이 하나님을 진노하게 하고 성령을 근심하게 하는 것에 대해 말한다.

비록 성도의 견인이 하나님에게서 오는 선물이지만, 그것은 죄가 없다는 것을 보증해주지 않으며, 또한 부주의하고 경솔한 삶을 정당화해주지 않는다. 또한 일단 하나님의 은혜를 받고 나면, 우리는 그것을 결코 다시 잃어버릴 수 없다고 추측해서는 안 된다. 이미 일어난 칭의의 결과로서 은혜를 잃어버리는 것은 가능하지 않다고 간주하는 이들은 믿음의 역할을 무시하는 것이다. 이것은 근본적으로 잘못 생각하는 것이다. 하나님의 은혜와 우리의 믿음의 긴장 관계를 무시하는 이들은 더 이상 자신들의 힘을 믿음 안에서 찾지 않고, 그 대신 자기 자신이나 또는 자신의 경건에서 찾는다. 심지어 어떤 사람이 신앙인이라고 하더라도, 이 경우에 그의 모든 상황은 그릇된 방향으로 전개된다.

2. 『순수 신학 개관』은 성도의 견인을 구원하는 믿음과 연결한다(30:33). 성도의 견인에 대한 확신은 참된 믿음의 대상뿐만 아니라 그 믿음의 주체 안에도 존재해야 한다. 만약 그렇지 않다면, 구원하는 믿음이나 의롭다고 하는 믿음은 전혀 없을 것이다. 왜냐하면 믿는 사람뿐만 아니라(막 16:16) 끝까지 견디는 사람이 구원을 받을 것이기 때문이다(마 24:13).

그렇다면 이중 확신도 있는가? 이것은 고려할 가치가 없다. 신앙인의 확신은 믿음의 대상이 지니고 있는 확실성이 분명하다. 그 반대의 경우, 곧

  개혁교회 교의학

믿음의 대상과 관련한 확실성은 신자들이 공유하는 것이다.

하지만 우리는 확신에 대한 근거를 어디서 찾아야 하는가? 우리는 그 근거를 믿음의 대상을 통해 우리 안에서, 곧 우리의 믿음 안에서 찾아야 하는가? 아니면 우리는 믿음의 대상과의 관계에 기초해서 우리의 믿음 안에서 찾아야 하는가? 이 질문들은 우리가 이 항목에서 대답하려는 것들이다.

우리는 구원에 대해서 다루고 있다. 그 구원은 하나님의 은혜로 말미암는다. 이 구원은 하나님에게서 오며, 하나님에 의해서 베풀어지며, 우리 안에서 효과적으로 일어난다. 따라서 우리의 구원을 끝까지 보존하는 것이 전적으로 우리의 책임만은 아닐 것이다. 만약 그렇다면, 그것은 구원의 본질을 변질시킬 것이다. 만약 그렇다면, 그것은 더 이상 하나님의 선물일 뿐만 아니라 우리의 행위에도 달려 있을 것이다.

사람들에 대해 무엇이라고 말하든지 간에, 그들은 구원의 보존을 자신들의 공로로 돌릴 수 있을 만큼 구원의 수호자들이 결코 될 수 없다. 그들은 사실상 주체들로서 구원을 보존하는 데 능동적으로 참여한다. 하지만 그들은 믿음의 방법을 통해 참여한다. 이번 장에서 성도의 견인에 이르기까지 또한 그것을 포함해서 믿음에 대해 말한 모든 것은 여전히 참이다. 믿음의 역할은 하나님의 은혜를 받아들이고 그것을 높이는 것이다. 또한 이 점은 성도의 견인에 대해서도 참이다. 성도의 견인은 하나님의 선물이다. 그것은 선물로서 구원의 일부분에 속한다.

우리는 성도의 견인을 성화의 삶이 지속되는 것과 연결하려고 하지 않는다(Heyns, *Dogm.*, 325). 오히려 우리는 그것을 신자들의 삶 안에서의 구원의 전개 과정 및 하나님의 은혜에 의한 구원 안에서 그들의 삶이 지속되는 것과도 연결시키고자 한다. 우리는 이 방법으로 성도의 견인을 (선물과 부르심이라는) 두 측면으로 구분한다. 하지만 우리는 이 두 측면을 서로 분리시키지 않는다. 이 두 측면이 하나 됨을 이루고 있다는 것은 하나님의 자녀들에게 오래 참으시는 하나님의 은혜의 특성을 반영해준다. 하나님은 계속해서 하나님의 자녀들을 부르시고, 그분의 자녀들에게 계속해서 은혜를 베푸신다.

그러므로 성도의 견인은 우선적으로 하나의 선물이다. 하나님은 이 선물을 지속적으로 주신다. 하나님의 부르심에 신실하게 반응하는 것을 통해서 이 선물은 우리의 것이 된다.

성도의 견인에서 신앙인이 가진 영적인 힘이 확신의 기초는 결코 아니다! 그 초점은 하나님의 은혜의 본질에 맞추어져 있다. 헤인스는 다음과 같이 올바로 말한다. "[하나님의] 은혜를 받는 것이 은혜인 것과 마찬가지로, 또한 은혜 안에 계속해서 머물러 있는 것도 은혜다"(Heyns, *Dogm.*, 325).

우리는 특히 베드로전서 1:4-5에서 이것을 볼 수 있다. 곧 하나님은 "썩지 않고 더럽지 않고 쇠하지 아니하는 유업을 잇게 하시나니 곧 너희를 위하여 하늘에 간직하신 것이라. 너희는 말세에 나타내기로 예비하신 구원을 얻기 위하여 믿음으로 말미암아 하나님의 능력으로 보호하심을 받았느니라." 이 구절들 바로 뒤에 나오는 1:6에서 "여러 가지 시험 속에서 기뻐하"다라는 언급은 주목할 만하다. 곧 하나님이 신자들을 이 세상에서 보호하시고 지키시는 것은 긴장이 전혀 없는 과정이 아닌 것이다.

베드로전서의 해당 본문은 보존이 두 가지 측면을 지니고 있음을 가리켜준다. 곧 유업 그 자체와 유업을 받을 대상이다. 이 두 측면은 믿음으로 매우 밀접하게 연결되어 있다. 그 유업은 신자들에게 의도된 것이다. 신자들 자신은 그 유업을 받기 위해서 보호받는다. 그들은 이 점에 대해서 알고 있다. 또한 신자들은 믿음을 통해서 자신들이 그것과 연결되어 있다고 이해한다.

3. **믿음은 확신의 근거가 아니다.** 그 근거는 바로 하나님이시다. 하나님께서 이 유업을 마련하셨고, 그것을 보존하신다. 믿음이 신자들을 끝까지 지켜주는 것은 아니다. 그것은 결국 하나님의 이중적인 보존 행위인 것이다. 곧 하나님은 유업뿐만 아니라 유업의 상속자들도 끝까지 보존하신다. 그분은 신자들의 믿음을 통해서 그들이 유업을 받도록 이끄신다. 믿음은

하나님과 신자의 관계에 기초해서 이 유업을 요구할 수 있다. 하나님은 이 유업을 마련하셨고 그 유업을 보존하시며 그것의 상속자들을 보전하신다. 믿음은 도구다. 신자들은 이 도구를 통해서 하나님이 베푸시는 다음과 같은 은혜를 받는다. 곧 하나님은 그분의 은혜로 유업을 마련하셨을 뿐만 아니라 그 유업을 보존하시고 그것의 상속자들을 보전하신다.[102]

43.2. 삼위일체 하나님의 선물로서의 견인

이 보존에 대해 더 깊이 탐구해보면, **이 보존은 삼위일체 하나님의 공동 사역이다.** 로마서 8:29에 의하면, 하나님의 선택은 성도의 견인의 기초다. (롬 8:29-30에서 언급되는) 은혜의 선물과 하나님의 부르심은 철회되지 않는다(롬 11:29). 또한 빌립보서 1:6도 하나님은 그분이 신자들 안에서 시작하신 일을 완성하신다고 말한다. 그 일이 완성되는 것은 바로 **예수 그리스도가 다시 오는 날이다.**

요한복음 10:28에서도 이것이 언급된다. 예수는 하나님 아버지가 그에게 주신 양들 중 그 어느 것도 잃어버리지 않을 것이다. 아무도 예수의 손으로부터 그들을 빼앗아가지 못할 것이다. 이 확실성의 기초는 하나님 아버지와 그분의 아들이 하나 됨을 이루고 있다는 것이다(요 10:30). 하나님 아버지의 일은 그분의 아들의 일과 하나 됨을 이루고 있다는 사실에 의해서 그 일의 연속성이 보증된다. 왜냐하면 그 일은 목적, 실행 및 완성과 관련해서 하나이기 때문이다. 또한 예수는 다른 곳에서 제자들을 지켜주는 자신의 사역과 하나님 아버지의 그와 같은 사역에 대해 말씀하신다(요 17:12, 11, 15). 예수가 베드로의 믿음이 떨어지지 않도록 기도하는 것과 마찬가지로(눅 22:32), 요한복음 17장에서도 예수는 제자들을 위해 기도

---

102 모든 주석은 서로 다른 두 가지 동사가 사용되었다고 지적한다. 곧 유업은 보존되고, 상속자들은 보호된다. 여기서 "보호되다"라는 동사는 군사적인 함의를 지니고 있다.

하면서 그와 같이 말씀하신다.

신약성경은 여러 곳에서 예수의 중보 기도에 대해 언급한다(롬 8:34; 히 7:25; 8:1; 9:24; 요일 2:1). 히브리서 7:25은 특히 주목할 만한 필요가 있다. 신자들의 구원은 이 땅 위에서의 그리스도의 사역뿐만 아니라 하늘에서의 그의 중보 기도에 의존하고 있다는 것이 이 구절에서 밝혀진다. 또한 이 구절들은 성도의 견인이 얼마나 많이 예수의 끊임없는 중보 기도에 의존하고 있는지를 보여준다. 예수의 중보 기도는 이 땅 위에서의 그의 사역과 분리되지 않는다. 그것은 하늘에서 그의 사역을 성취한다. 그리고 잘 알려진 로마서 8장의 결론 부분도 그리스도의 중보 기도와 분리해서 생각할 수 없다. 그리스도의 사랑은 대제사장으로서의 그의 간구 안에 나타나 있다. 로마서 8:38-39은 반드시 요한복음 17:15-17 및 히브리서 7:25과 연결해서 이해해야만 한다(참조. 「벨기에 신앙고백서」 제26조).

또한 **성령**도 제자들을 보전하는 일에 동참하신다. 특히 요한복음 14:16을 보라. 우리는 하나님의 아들의 중보 기도와 구별되는 것으로서 로마서 8:26에 나오는 성령의 간구에 대해 읽을 수 있다. 성령의 간구는 우리 안에서 성령이 증언하시는 것과 분리할 수 없다(롬 8:16-17). 이 보전 사역은 성령의 인치심의 사역(참조. 엡 1:13 및 4:30)뿐만 아니라 성령의 보증에 대한 이미지(고후 1:22; 5:5)에도 반영되어 있다.[103] 따라서 성도의 견인은 삼위일체 하나님의 선물이다.

이 점은 신앙고백서들 안에서도 분명하게 나타나 있다. 우리는 「도르트 신조」 5.3을 이미 언급했다. 또한 이 신조의 5.14도 참조하라. 참 신자들은 삼위 하나님의 은혜 안에서 그와 같이 위대한 능력을 통해 보전되기 때문에, 그들은 육신에 의해서 압도되지 않는다. 또한 은혜는 「도르트 신조」 5.6에서도 언급된다.

---

103 이런 이미지들이 지니고 있는 구속사적인 중요성에 대해서는 다음 연구서를 참조하라. J. P. Versteeg, 『미래의 현재성』(*Het heden van de toekomst*, 1969).

은혜에 대한 이와 같은 강조는 인간 자신의 행위로서 인간의 믿음에 기초한 보존에 대한 신앙을 배제한다(베르카우어도 이 점을 올바로 지적한다, 1958, 30). 신자들을 보전하는 것은 믿음 그 자체가 아니다. 바로 신자들이 꼭 붙잡고 있는 하나님의 은혜가 믿음 안에서 그들을 끝까지 보전한다.

또한 「갈리아 신앙고백서」(*Confessio Gallicana*) 제12조를 보라. 여기서 성도의 견인은 은혜에 대해 다루는 항목 안에 위치해 있다.[104]

「에어라우탈 신앙고백서」(*Erlauthaler Bekenntnis*, 1562)는 혹시 신자들이 선택, 구속, 영원한 생명, 하나님의 자녀 됨, 하나님 나라의 상속자 신분 등에 대해 의심해야 하는가라는 질문을 제기한다. 그 대답은 분명히 "아니요"다. 그것에 대한 확실성의 근거로서 다음 목록이 제시되어 있다. 곧 그리스도가 이 땅으로 파송받음 및 성육신, 하나님의 말씀 안에 계시된 하나님의 뜻, 성례(세례 및 성찬), 우리 안에 거하는 성령과 마지막으로 예언자들, 사도들 및 교회의 교사들이 세워짐 등이다(Müller, *Bek.*, 328). 그 핵심은 그리스도 안에 있는 하나님의 은혜다. 그 은혜는 말씀 안에서 우리에게 선포되었고, 성령에 의해서 우리에게 인이 쳐졌다.

그리스도와 그의 말씀 및 성령의 상호 연관성과 하나님의 은혜로부터 최종적으로 또한 전적으로 떨어져 나가는 것이 불가능하다는 것은 「웨스트민스터 대요리문답」(1643, 제79질문; Müller, *Bek.*, 622)에서 훌륭하게 고백되어 있다. 특히 우리는 「웨스트민스터 신앙고백서」(1647)에서 선택의 은혜(제4장; Müller, *Bek.*, 551 이하)와 겸손에 대한 요구[105](제11장, 칭의에 대한 고백의 맨 마지막 부분; Müler, *Bek.*, 668 이하)를 동일하게 강조하는 것을 발견할 수 있다. 또한 이 점은 「도르트 신조」의 경

---

104 Müller, *Bek.*, 226. "바로 하나님이 시작하시기 때문에, 그것을 성취하는 것도 그분에게 달려 있다"(Car comme c'est Dieu de faire le commencement, aussi c'est à lui de parachever). 또한 22조, 226 이하를 보라.

105 Hartvelt, 1991, 131은 승리주의(triumphalism)가 「도르트 신조」를 이끄는 것이 아니라고 지적한다. 그는 타락이전 선택설과 타락이후 선택설의 지지자들이 칼뱅주의에 불명예를 안겨주었다고 믿는다. 「도르트 신조」는 이와 같은 배경과 관련해서 규범적이며 어느 정도 옳다고 평가되어야 한다. 하지만 우리의 관점에 의하면, 「도르트 신조」에 기초해서 해당 신학자들을 판단하는 것은 타당하지 않다.

우에서도 마찬가지다.[106]

이 신앙고백은 분명히 항변파 및 트리엔트 공의회의 신앙고백과 일치하지 않는다. 이것에 대한 더 자세한 설명은 필요하지 않을 것이다.

루터파의 입장과 관련해서, 베르카우어는 이 신앙고백서가 비사변적인 특성에 대해 더 잘 이해하고 있다고 지적한다.[107] 칼뱅은 중립적인 인과 관계(neutral causality)의 관점에서 시작하거나 추론하지 않는다. (베르카우어 [1958, 78]에 의하면, "실질적으로 [그렇게 하지] 않는다").[108] 또한 칼뱅은 선한 일을 시작하신 하나님이 그것을 이루신다고 인정하면서, 하나님의 은혜에 초점을 맞추고 있다(특히 참조.『기독교강요』2.3.9). 그는 이 점과 관련하여 하나님이 신자의 열심과 노력을 머뭇거리지 않고 앞으로 나아가게 해서, 해야 하는 일을 마침내 성취하게 하신다고 지적한다.[109]

43.3. 깨어서 기도하라는 부르심

우리는 이제 신자들이 길을 벗어나거나 또는 중도에 어느 곳에서 멈추어 서지 않고, 끝까지 인내하라고 권고하는 권면과 경고들에 초점을 맞추고자 한다. 이 점과 관련해서, 우리는 신약성경에서 달리기 경주를 언급하는 본문들(빌 3:12-14; 히 12:1-3)과 또한 종말론적인 배경에서 끝까지 견디라고 권면하는 본문(마 24:13)을 머릿속에 떠올릴 수 있을 것이다.

또한 우리는 로마서 5:3-5을 예로 들 수 있다. 이 구절들은 성도의 견인과 관련해서 연속적으로 이어지는 개념들을 다른 방법으로 묘사해준다.

---

106 신앙고백서들을 더욱 광범위하게 다루는 것으로서 Berkouwer, 1958, 33-36을 보라.

107 Van Genderen, 1977, 10은 루터파가 성도의 견인을 연속적이라기보다 오히려 비연속적이라고 간주한다고 지적한다.

108 J. Moltmann의 『예정과 성도의 견인』(*Prädestination und Perseveranz*, 1961, 13)에 의하면, Berkouwer의 연구는 그 당시까지 믿음의 견인에 대해서 다루는 유일한 연구서다.

109 또한 빌 2:13에 대한 Calvin의 주해를 보라.

또한 베드로후서 1:5-11(특히 1:5-7)에서도 비슷한 접근 방법이 사용되는 것을 발견할 수 있다.

그리고 우리는 베드로전서 1:6-7뿐만 아니라 야고보서 1:12-15에서도 시험을 받으면서 인내하며 기뻐하는 것에 대해 말하고자 한다. 시험은 신자들을 굳세게 해주고 담대하게 만들어준다. 또한 우리는 로마서 15:4에 대해 생각해보고자 한다. 곧 "무엇이든지 전에 기록된 바는 우리의 교훈을 위하여 기록된 것이니, 우리로 하여금 인내로 또는 성경의 위로로 소망을 가지게 함이니라."

우리는 앞서 인용한 신약성경의 본문들에 기초하여 성도의 견인이 권면으로 둘러싸여 있다고 결론 내리고자 한다. 이 권면은 마치 하나님과 우리가 동시에 협력해서 일하는 것을 통해 만족스러운 결과가 빚어지는 것처럼 우리에게 견인을 위한 노력을 요구하지 않는다. 오히려 우리의 노력, 믿음, 영적인 싸움 및 기도는 전적으로 하나님의 은혜와 사랑에 초점이 맞추어져 있다. 이것은 하나님의 사랑 안에서 자신을 지키라는 요구에서도 명백하게 드러난다(유 21).

성도의 견인은 믿음 안에서 또한 믿음을 통해서 끝까지 인내하는 것이다. 믿음은 우리 자신의 자질과 성취를 인정하지 않는다. 그것은 개인적인 성취에 의존하거나, 그것에 호소하지 않는다. 오히려 믿음은 하나님의 은혜에 초점을 맞추며 또한 그것에 의존한다.

어떻게 우리는 현실에서 견인의 위로를 즐기며 그것을 경험할 수 있는가? 우리는 믿음 안에서 하나님의 은혜를 바라보며, 또한 그것을 꼭 붙잡고 있어야 한다. 따라서 믿음은 우리를 초월하는 하나님의 은혜에 힘입어서 앞을 향해 나아가는 것이다.

오직 하나님의 은혜를 깨닫는 이들만이 하나님과 그분의 은혜가 자신들을 꼭 붙잡고 있다고 믿을 수 있다. 우리가 우리 자신을 의지하며 하나님의 은혜로부터 멀어지자마자, 끝까지 인내하는 것 안에서의 우리의 영광은 사라지며, 또한 우리는 그것이 주는 위로를 잃어버린다.

성도의 견인에 대한 우리의 신앙고백은 하나의 해로운 순환 논리이며 따라서 일종의 자기기만인 것인가? 결코 그렇지 않다. 지속성과 특성의 측면에서 하나님의 은혜는 근본적이며 견인과 관련된 모든 것을 포괄한다. 우리가 성도의 견인을 믿는다고 말할 때, 우리는 우리의 신앙으로서 이것을 고백하는 것이다.

이 마지막 단계에서 구원은 우리에게 달려 있다는 주장은 그릇된 것이다. 우리의 구원은 맨 처음부터 맨 마지막에 이르기까지 하나님의 은혜다. 또한 만물의 완성도 하나님이 주시는 선물의 일부분이다. 따라서 우리는 믿음 안에서 성도의 견인에 대해 말한다. 하나님은 우리를 위한 유업을 보존하시고, 그 유업을 받도록 우리를 보전하신다. 또한 하나님은 그것을 위해서 우리에게 기도하라고 권면하신다. 그분은 이와 같은 방법으로 예수 그리스도가 다시 오는 날까지 그분의 일을 이루어가신다.

간략한 참고 문헌

N. T. Bakker, 『무시된 은혜』(*Miskende gratie*), 1991.

H. Bavinck, 『부르심과 거듭남』(*Roeping en wedergeboote*), 1903.

G. C. Berkouwer, *Faith and Justification*, 1954.

G. C. Berkouwer, *Faith and Perseverance*, 1958.

G. C. Berkouwer, *Faith and Sanctification*, 1952.

J. van Bruggen, 『마태복음 주석』(*Matteüs*), 1990.

S. P. Dee, 『믿음에 대한 칼뱅의 관점』(*Het geloofbegrip bij Calvijn*), 1917.

K. Dijk, "구원의 서정"(Heilsorde), in *Chr. Enc.*, 1958^2, 3:414 이하.

A. H. Edelkoort, 『구약성경 안에서의 그리스도에 대한 기대』(*De Christusverwachting in het Oude Testament*), 1941.

K. Exalto, 『부르심에 대한 개혁파의 관점』(*De roeping. Een reformatorische bezinning*), 1978.

E. Faulbusch, "구원의 서정"(Heilsordnung), in *E. K. L.*, 1989^3, 2:471-474.

J. van Genderen, 『우리를 대신하는 그리스도』(*Christus in onze plaats*), 1972.

J. van Genderen, 『믿음과 교회의 연속성』(*De continuïteit van geloof en kerk*), 1977.

J. van Genderen, "De leer van de verkiezing bij Karl Barth" (칼 바르트의 선택 교의) in A. G. Knevel (ed.), 『칼 바르트에 대한 이해 및 비판』(*Visie op Karl Barth*), 1987, 41-48.

J. van Genderen, 『믿음에 대한 지식과 믿음에 대한 기대』(*Geloofskennis en geloofsverwachting*), 1982.

J. van Genderen, 『선물로서의 칭의』(*Gerechtigheid als geschenk*), 1988.

J. van Genderen, 『오늘날의 신학에서의 칭의와 성화』(*Rechtvaardiging en heiliging in het theologie van deze tijd*), 1966.

J. van Genderen, "부르심과 예정"(Roeping en verkiezing), in 『말씀과 교회』(*Woord en kerk*), 1969, 97-117.

C. Graafland, "과연 칼뱅은 특별한 구원의 서정을 가르쳤는가?"(Heeft Calvijn een

bepaalde orde des heils geleerd?), in 『기념 논문집』(*Verbi divini minister. Opstellen voor L. Kievit*), 1983, 109-128.

D. J. de Groot, 『거듭남』(*De wedergeboorte*), 1952.

G. P. Hartvelt, 『상징: 기독교 신앙고백의 핵심 개념들에 대한 하나의 해석』(*Symboliek. Een beschrijving van kernen van christelijk belijden*), 1991.

E. Herms, "신앙의 실재: 구원의 서정 교의에 대한 고찰"(Die Wirklichkeit des Glaubens. Beobachtungen und Erwägungen zur Lehre von ordo salutis), *Ev. Th.* 42/6 (1982): 541-566.

A. A. Hoekema, *Saved by Grace*, 1989.

H. J. Jager, 『칭의와 신앙에 대한 확신』(*Rechtvaardiging en zekerheid des geloofs*), 1939.

E. Käsemann, "하나님의 의로움에 대한 바울의 관점"(Gottesgerechtigkeit bei Paulus), in 『해석학적 시도와 고찰』(*Exegetische Versuche und Besinnungen*), 1965, 181-193.

A. König, 『구원과 구원의 길』(*Heil en heilsweg*), 1982.

W. Kremer, 『제사장적인 설교』(*Priesterlijke prediking*), 1976.

A. Kuyper, 『구원론』(*De salute*, 교의학 강의), 출간 연도 미상, 4.

D. Lange, 『쓸모없는 저주?』(*Überholte verteilung?*), 1991.

J. Murray, *Redemption, Accomplished and Applied*, 1955.

A. Peters, 『칭의』(*Rechtfertigung*), 1984.

H. Ridderbos, 『로마서 주석』(*Aan de Romeinen*), 1959.

G. Sauter, 『개신교 신학의 핵심 개념으로서의 칭의』(*Rechtfertigung als Grundbegriff evangelischer Theologie*), 1989.

E. Schuurman, 『기술의 낙원』(*Het "technische paradies"*), 1989.

P. van der Spek, 『성경에 계시된 신앙에 대한 사도 요한의 관점』(*De geloofsbeschouwing in de Schriftopenbaring door de apostel Johannes*), 1942.

P. Stuhlmacher, 『하나님의 의로움에 대한 바울의 관점』(*Gerechtigkeit Gottes bei Paulus*), 1966².

W. H. Velema, 『아브라함 카이퍼의 성령론』(*De leer van de Heilige Geest bij Abraham Kuyper*), 1957.

W. H. Velema, "구원을 받는 것에 대한 설교"(De toeëigening van het heil in de prediking), in dem (ed.), 『구원에의 동참』(*Delen in het heil*), 1989, 41-65.

W. H. Velema, "Ethics and the Reformed Confessions," *Free Reformed Theological Journal* 6, tr. L. Bilkes (fall 2002): 8-23.

W. H. Velema, "윤리와 신앙고백"(Ehiek en confessie) in 『강한 성: 엑살토 박사 기념 논문집』(*Een vaste burcht. Festbundel voor Drs. K. Exalto*), 1989, 99-114, 1989a.

W. H. Velema, 『거룩한 삶을 위해서 부름 받음』(*Geroepen tot heilig leven*), 1988².

W. H. Velema, "화목의 과정과 개별적인 성화"(Het conciliair proces en persoonlijke levensheiliging) and "기독교 신앙과 하나님 나라"(Het christelijke geloof en het koninkrijk Gods), in A. G. Knevel (ed.), 『화목의 과정』(*Het conciliar proces*), 1990, 97-104 및 105-113.

W. H. Velema, 『율법과 복음』(*Wet en evangelie*), 1987.

C. Vermeulen, 『교회의 심장: 칼 바르트의 신학에서 성령의 위치』(*Het hart van de kerk. De plaats van de Heilige Geest in de theologie van Karl Barth*), 1986.

S. Voolstra, 『자유와 완전함: 재세례파의 관점에서의 칭의와 성화』(*Vrij en volkomen. Rechtvaardiging en heiliging in Dpoers perspektief*), 1985.

H. Wiersinga, 『신학 논쟁에서의 칭의』(*De verzoening in de theologische diskussie*), 1971.

H. Wiersinga, 『변화로서의 대속』(*Verzoening als verandering*), 1972.

W. A. Wiersinga, 『우리 안에서 일하시는 하나님』(*Gods werk in ons*), 출간 연도 미상.

J. G. Woelderink, 『오직 믿음으로 얻는 칭의』(*De rechtvaardiging uit het geloof alleen*), 출간 연도 미상.

제13장

교회

§ 44. 성경의 빛 안에서의 교회

44.1. 머리말
44.2. 구약성경의 자료
44.3. 신약성경의 자료
44.4. 몇 가지 핵심적인 강조점

44.1. 머리말

성경은 건전한 교회론(*ecclesiology*)을 형성할 수 있는 중요한 자료들을 충분히 갖고 있다. 물론 우리는 지금 그 모든 자료를 여기서 논할 수는 없다. 또한 구약성경과 신약성경의 자료들 사이에는 명백한 차이가 있다. 과연 성경은 교회에 대해서 무엇이라고 말하는가? 우리가 이 질문에 대답하기 위해서는 특히 신약성경에 귀를 기울일 필요가 있다. 우리가 그리스도의 교회에 대해 알고 있는 것이 신약성경에서 유래되었다는 것은 우리를 놀라게 하지 않는다. 왜냐하면 교회는 그리스도께 속하기 때문이다. 그렇지만 우리는 구약성경이 말하는 것을 무시할 수 없다. 신약성경의 교회는 구약성경의 이스라엘 공동체 또는 하나님의 백성과 서로 분리해서는 안 될 정도로 긴밀히 연결되어 있다.

몇몇 언어에서 "교회"와 "공동체"(congregation)라는 단어는 서로 맞바꾸어 사용되기도 한다. 어원론적인 측면에서 "교회"라는 단어는 주님께 속한다는 개념(*kuriake* 또는 *kuriakon*)을 포함하고 있다. 루터는 "교회"라는 용어를 좋아하지 않았고 이해하기가 모호하고 불분명한 단어라고 말했다(Luther, *WA*, 50, 625). 루터만 그렇게 생각한 것은 아니었다. 이미 종교개혁이 일어나기 이전에 교회의 신조를 묘사하기 위해서 "기독교 세계"(Christenheid)라는 용어가 사용되었다.[1]

네덜란드에서 몇몇 윤리 신학자들은 "교회"의 개념에 대해 논했다. 그들은 교회를 공식적인 교회, 수많은 법규를 지니고 있는 교권주의적인 제도로 이해했다. 팔레톤(J. J. P. Valeton)의 견해에 의하면, 우리는 교회의 회복을 위해서 힘쓸 필요가 없다. 중요한 것은 하나님의 생명이 교회 안에서 점점 더 힘차게 드러나는 것이다. 리멘스(J. Riemens)의 견해에 의하면, "교회"라는 단어는 결코 만들어져서는 안 되는 것이었고 우리는 그 단어 대신에 항상 "공동체"라는 용어를 사용해야 했다. 리멘스는 공동체(공회)를 사도신경에서 언급된 기독교인들의 이상적인 모임(총회)으로 이해했다(참조. Honig, *Handboek*, 692-706).

교의학자들의 관점에서 볼 때, "교회"와 "공동체"를 서로 구분할 특별한 이유는 없다. 일반적으로 말할 때, "공동체"는 종종 지역 모임을 가리키고, "교회"는 더 광범위한 의미로서 교회 전체를 말한다. 하지만 우리가 지역 모임과 전체 교회를 구분해서 표현하기 위해 "교회"(kerk)라는 단어의 단수와 복수를 사용할 수도 있을 것이다.

우리는 어떤 단어들이 몇 가지 다양한 의미를 지니고 있다는 것을 무시할 수 없다. "공회"에 해당하는 네덜란드어는 어떤 시민 공동체를 가리킬 수 있고, "교회"라는 단어는 교회 건물이나 교회 봉사 등을 의미할 수 있다. 하지만 우리의 출발점은 성경이 말하는 것이므로(성경에는 두 용어가 모두 사용됨〔구약성경에는 "회중 또는 공동체가" 사용되고, 신약성경에는 "교회"가 사용된다〕), 우리는 "교회"와 "공동체"를 서로 바꾸어 사용하는 것을 반대하지 않는다.

---

1   참조. J. N. Bakhuizen van den Brink, in 『네덜란드 개혁파 교회의 교회법 제10조에 따른 신앙고백서들』(*De belijdenisgeschriften volgens artikel X van de kerkorde van de Nederlandse Hervormde Kerk*), 1966², 242 이하.

44.2. 구약성경의 자료

구약성경에는 이스라엘을 가리킬 때는 "암"(*am*)이라는 히브리어 명사가 한정적으로 사용되고, 다른 나라들을 가리킬 때는 "고임"(*goyyim*)이라는 히브리어 명사가 사용되는 경향이 있다. 우리는 서로 다른 표현을 통해 이스라엘과 다른 나라들을 구분하려는 이 같은 경향이 70인역에서 더욱 분명하게 드러난다는 사실을 알 수 있다("*laos*" 대 "*ethne*"; 참조. *TDNT*, 4:29 이하).

"하나님의 백성"이라는 개념에는 하나님의 백성이 특별한 방법으로 하나님과 관련이 있다는 사실이 내포되어 있다. 신명기 14:2과 같은 본문은 이 점을 명백하게 드러내준다. "너는 네 하나님 여호와의 성민이라. 여호와께서 지상 만민 중에서 너를 택하여 자기 기업의 백성으로 삼으셨느니라"(참조. 신 26:16-19).

하나님은 이스라엘에게 이와 관련된 의무 조항을 반복적으로 말씀하셨다. "너희는 나에게 거룩할지어다. 이는 나 여호와가 거룩하고 내가 또 너희를 나의 소유로 삼으려고 너희를 만민 중에서 구별하였음이니라"(레 20:26). 이스라엘 사람들은 하나님의 백성이다. 하나님은 이스라엘 백성이 하나님의 백성이 되도록 예정하셨고, 그들과 언약을 맺으셨다. 이것의 목적은 그들이 하나님을 알고 섬기며 사랑하고 또한 그들이 언제나 하나님께 신실해야 하는 데 있다.

우리는 구약성경을 읽으면서 다음과 같은 인상, 곧 하나님이 모든 민족 중 이스라엘에게만 하나님의 백성이 되는 특권을 주는 것으로 의도하셨다는 인상을 얻을 수도 있다. 하지만 예언서들에서는 다른 나라들도 그 대상으로 언급된다. " 그날에 많은 나라가 여호와께 속하여 내 백성이 될 것이요, 나는 네 가운데에 머물리라"(슥 2:11; 또한 참조. 사 45:23; 56:6-8).

구약성경은 공동체를 묘사하는 데 있어 "카할"(*qahal*)과 "에다"(*eda*)라는 두 가지 히브리어 명사를 사용한다. 이 단어들은 종교 공동체, 하나님께 예배와 제사를 드리기 위해서 모인 회중을 가리킨다. "카할"은 시내산 (신 5:22, "총회")과 예루살렘 성전 봉헌식(왕상 8:22, "회중")에서 모였다. 그뿐만 아니라, "카할"이라는 용어는 전쟁에 참전하려고 나가는 사람들 및 종종 공의를 집행하기 위해 모인 사람들과 관련해서도 사용되었다(Dahl, 1963², 2-12). 하지만 이런 용례는 종교 공동체를 강조하는 개념에서 분리되면 안 된다.

이스라엘 백성이 하나님을 섬기기 위해 모이는 것은 다음과 같은 몇 가지 구성 요소를 지니고 있다. 회중(또는 공동체)은 야웨 하나님이 이스라엘 백성을 부르셨기 때문에 존재한다. 따라서 회중은 야웨에게 속한 백성의 총회다. 그것은 야웨 하나님을 중심으로 모인다. 하나님은 그들의 한가운데 계신다. 이것이 이스라엘 백성이 광야에서 지파 별로 회막 둘레에 진을 친 이유다. 야웨는 회중의 한가운데서 그분 자신을 계시해주신다. 이 회중은 예배와 제사 의식을 거행하기 위해 모인다. 또한 그것은 희생제사를 통한 대속의 사역을 통해서 점점 더 거룩해진다(참조. *M.S.*, 4.1.41).

회중은 하나님 앞에서 모인 이스라엘 백성으로 구성된다. 그것은 하나님 백성의 총회다. 회중은 하나님을 찬양한다(시 22:22, 25). 느헤미야 8:3에 근거해서 분명하게 알 수 있듯이, 여인과 어린아이들도 이 회중에 속한다. 하나님이 주신 율법은 이 회중에 속할 수 있는 사람들과 속할 수 없는 사람들에 대해 언급한다(신 23:1-8). 구약성경에서 이스라엘 백성과 그들로 이루어진 회중이 서로 아무리 밀접하게 연결되어 있다고 하더라도, 그럼에도 그 회중은 이스라엘 자체와 동일시 될 수 없다 (Kritzinger, 1957, 145 이하).

바빌론 포로기 이후에 이스라엘 백성은 회당(synagogue)에서 모였다. 회당을 의미하는 "쉬나고게"라는 그리스어 단어는 사실상 모임을 가리킨다. 이것은 이 단어에 상응하는 아람어 단어도 마찬가지다. 또한 이 그리스어 명사는 회중뿐만 아니라 모임을 위한 시설이 구비된 건물을 가리키기도 한다. 대체로 회당 공동체는 이스라엘 전체 공동체에 속하는 지역 대표로 간주되었다. 회당은 교육을 위한 공간이었을 뿐만 아니라 기도의 집이기도 했다. 회당에서 이스라엘 공동체는 신앙 공동체로 모였다(참조. Dahl, 1963², 61-72).

44.3. 신약성경의 자료

1. 복음서들. 신약성경에서 공동체(교회)를 가리키는 (코이네) 그리스어 단어는 "에클레시아"(*ekklesia*)다. 이 단어는 군중집회를 가리키는 데 사용되기도 한다(참조. 행 19:41). 70인역은 "카할"이라는 히브리어 명사를 "에클레시아"라는 그리스어 단어로 대체로 번역했다. 그 이후로 이 보통 명사는 성경적인 내용을 지니게 되었다.

"에클레시아"는 복음서들에서 매우 드물게 나타난다(단지 마 16:18과 18:17에서만 사용됨). 신학자들은 종종 "과연 예수가 직접 이 단어를 사용하셨을까?"라고 의문을 품었다. 예수는 단지 하나님 나라가 가까이 왔다고 선포하셨지만, 교회를 세우는 것에 대해 생각하시지는 않았을 것이기 때문이다. 한스 큉의 견해에 의하면, 예수가 이 땅 위에 계셨을 때, 그는 교회를 세우지 않으셨다. 그 대신 교회는 예수의 부활 사건 이후에 나타난 현상으로 이해해야 한다. 하지만 예수가 이 땅에 없으셨다면 교회도 결코 없었을 것이다. 예수는 복음 전파와 그의 사역을 통해서 그것에 대한 기초를 놓으셨기 때문이다(Küng, 1967, 92 이하).

몇몇 유명한 신약학자들은 과연 예수가 교회를 세웠는가라는 질문에 부정적인 답변을 제시했다. 하지만 마태복음의 해당 본문들(마 16:18 및 18:17)의 진정성을 의심할 근거는 전혀 없다.

하나님 나라와 교회를 대조하는 주요한 동기 중 하나는 예수가 전파한 복음은 단지 미래의 하나님 나라에만 해당한다는 개념이다. 하지만 하나님 나라는 복음서들이 가르치는 것처럼 이미 와 있다고, 곧 그것을 그리스도 안에서의 하나님의 은혜로운 통치로 이해하는 사람들은 이런 하나님

 개혁교회 교의학

나라와 교회를 대조하는 것이 타당하지 않다고 생각한다. 하지만 **하나님 나라와 교회 사이에는 직접적인 관련이 있다.**

과거에 종종 그랬던 것처럼 교회를 하나님 나라와 **동일시하는 것은** 그릇된 것이다. 하나님 나라는 교회보다 훨씬 더 광범위한 것을 포함한다. 그리고 우리는 교회가 하나님 나라를 **대치한다**고 주장할 수도 없다. 우리가, 교회가 하나님 나라를 대치한다고 주장한다면, 이런 주장은 하나님 나라를 도래하게 한 예수는 단지 교회만을 지니고 있다는 결론에 이르기 때문이다. 이것은 "교회의 전망과 사역과 관련한 모든 측면에서 교회를 망라하는 지속적인 종말론적 관점"을 부인하는 것이다(Ridderbos, 1950, 307).

하나님 나라는 메시아적 왕국이다. 그리스도의 교회는 메시아의 백성으로 구성되어 있다. 메시아는 자신에게 속하는 백성을 갖고 있다. 그는 "자기 백성을 그들의 죄에서 구원"하려고 왔다(마 1:21). 또한 메시아는 자기에게 속하는 교회를 갖고 있다. 그는 자기의 교회를 세울 것이다(마 16:18). 그는 제자들에게 "너희 아버지께서 그 나라를 너희에게 주시기를 기뻐하시느니라"(눅 12:32)고 말했다. 리델보스는 다양한 측면에서 교회가 사방에서 충돌하고 있지만, 하나님 나라에 대한 계시와 그 나라가 세워져가는 것과 그 나라에 대한 전망에 의해서 동력을 얻고 있다고 지적하며(Ridderbos, 1950, 308) 이 점에 대해 요약해준다(참조. Ridderbos, 1950, 296-308; Lindijer, 1962, 180-202).

예수는 다양한 비유를 사용하면서 하나님의 백성을 불러서 그들을 모으는 것에 대해 말씀하신다.[2] 그 본문들이 주장하는 바는 명확하다. 그리스도 자신이 자기 교회를 세우실 것이고, 그 교회의 미래도 보장해주실 것이다. 교회는 그리스도가 이런 것을 하실 것이라고 고백할 것이다(마 16:18). 믿음의 형제자매들의 관계가 죄로 말미암아 깨지고, 당사자가 권고를 무시할 때, 이런 것이 교회에 말해져야 한다(마 18:17). 이것은 교회와 관련

---

2   참조. J. Jeremias, *New Testament Theology*, 1971, 1:167-170.

된 함의들을 지니고 있다.

그리스도는 그의 사도들에게(마 16:18에서는 오직 베드로만 언급됨) 모든 민족을 제자로 삼으라고 명령하신다(마 28:19). 따라서 그의 백성을 모으는 일은 단지 이스라엘에만 국한되지 않는다. 이것은 그리스도의 한 가지 개별적인 말이 아니라, 그가 다른 많은 곳에서 말한 것과도 일치한다(마 8:11; 21:43; 눅 24:46-47; 요 10:16; 11:52).

복음서 저자들은 어떻게 예수가 그의 교회를 이스라엘 백성으로부터 불러 모으시는지 우리에게 보여준다. 그의 교회를 세우는 일은 이미 시작되었다! 제자들을 불러 모은 것 자체가 교회를 세우고 있음을 의미하지 않는다. 왜냐하면 그 당시에 랍비들도 제자들을 불러 모았기 때문이다. 하지만 예수는 자기를 따르는 이들에게 자신의 가르침을 들려주셨을 뿐만 아니라, 더욱더 중요한 것으로서 그들로 하여금 자기 자신과 가장 밀접하게 관계를 맺게 하셨다. 예수가 자신과 친밀하게 교제하려고 불렀던 사람들이 지닌 특성은 바로 그들이 예수를 믿었다는 것이다. 메시아로서 그는 **그의** 교회에 대해 말했고, 선한 목자로서 **그의** 양들에 대해 말했다.

이스라엘 사람 중 오직 예수를 믿은 사람들만이 메시아의 교회를 구성한다. 우리는 리델보스(1950, 306)와 더불어 하나님의 백성은 바로 메시아의 백성이라고 말할 수 있다. 이와 반대로, 예수를 메시아로 고백하는 이들은 바로 새로운 이스라엘이다. "이와 같이 에클레시아는 하나님의 참된 백성으로서 하늘나라의 선물들을 받은 사람들이 모여 서로 친밀하게 교제하는 곳이다." 열두 사도는 이 하나님의 백성의 대표자들이다. 예수가 자신에게로 불러 모으는 새로운 이스라엘은 그를 거부하는 이스라엘의 나머지 사람들과 서로 극명하게 대조된다. 이 균열은 이미 복음서들 안에서도 나타나기 시작했다(참조. 마 12:20; 요 9:34; 10:26-27; 16:2).

어떤 학자들은 종종 제4복음서가 교회에 대한 여지를 전혀 남겨 놓지 않는다고 주장해왔다. 하지만 이것은 추측에 지나지 않는다. 교회의 본질적인 특성들—곧 교회가 그리스도와 관련이 있고 또한 그의 성령과 말씀에 의해서 인도된다는 것 등—
은 다른 어느 곳보다도 요한복음 10장(목자와 양떼)과 요한복음 15장(포도나무와 가
지들)에서 매우 두드러지게 나타난다. 예수의 목소리를 듣고, 그를 따르며, 그 안에
계속 머무르고 열매를 많이 맺는 것이 중요하다. 예수에게 속하는 이들은 저마다 예
수에 대한 자신의 신앙을 고백하는 공동체를 구성한다(요 6:68). 그 공동체의 구성
원들은 서로 사랑한다(요 15:9-17). 하지만 세상은 그들을 미워한다(요 15:18-27).

2. 사도행전. 그리스도가 성령과 말씀으로 사람들을 모아서 만든 신앙
공동체가 교회이고, 사도행전은 이런 지식을 전달하는 매우 중요한 책이
다. 성령 강림 사건이 아무리 중요한 의미를 지니고 있어도, 오순절은 교회
의 탄생을 나타내는 게 아니다. 오순절에 교회는 이미 존재했다. 교회는 그
리스도가 불러 모은 신앙 공동체이기 때문이다(행 1:14-15). 하지만 교회
는 오순절에 자신의 부르심을 성취할 수 있도록 성령으로 무장되었다. 교
회는 성령의 능력을 통해서 예수 그리스도를 증언하는 교회로 변화되었
다. 선교 활동은 단지 사도들에게만 국한된 것이 아니다. 교회 전체가 복음
전파 사역에 동참했기 때문이다(행 8:4; 참조. Van Swigchem, 1955, 38 이하).

그리스도의 교회의 특성은 다음과 같다. 곧 "사도의 가르침을 받아 서
로 교제하고 떡을 떼며 오로지 기도하기를 힘쓰니라"(행 2:42). 해당 문맥
은 "교제"가 무엇을 의미하는지 가르쳐준다. 곧 이 교제는 영적인 측면과
물질적인 측면을 모두 갖고 있다. 그것은 교회 안에 거하는 그리스도의 영
에게 은혜를 입은 사귐(*koinonia*)이다(참조. van Genderen, 1986, 20-22).

사도들과 다른 사람들이 교회를 이끌고, 이들 가운데는 어떤 특별한 위
치를 차지하는 장로들도 있다(참조. 행 15:22-29; 20:28). 교회는 성령의 도
우심과 이끄심으로 말미암아 성장해간다. "주께서 구원받는 사람을 날마
다 더하게 하시니라"(행 2:47; 참조. Noordegraaf, 1983, 20-77).

사도행전은 주 예수로 인해 존재한 교회가 주의 사역에 의해 발전되어
가는 것을 묘사한다. 복음은 예루살렘에서 로마까지 전달된다! 초기에 교

회의 구성원들은 그리스도를 믿고 세례를 받은 유대인들과 유대교 개종자들로 구성되어 있었다. 하지만 이런 경계선은 확장되었고 유대 지역을 넘어서 유대인들뿐만 아니라 주변에 위치한 나라들의 백성들도 그리스도의 교회 안으로 들어왔다(참조. Noordegraaf, 1983; idem, *The Church*, 1990, 37-45).

3. 바울. 우리가 신약성경과 관련해서 교회론을 말하고자 한다면, 그것은 사도 바울의 편지들에서 발견된다(참조. *TDNT*, 3:506). 바울에게도 교회는 구약성경에서 이스라엘에 전달되었던 경고뿐만 아니라 약속들도 적용되는 **하나님의 백성**이다(참조. 고후 6:16-18; 고전 10:1-11). 이방 세계의 신자들은 신약성경의 하나님의 백성에 속한다(참조. 롬 3:29; 9:24-26; 갈 3:28-29; 엡 2:11-22).

교회의 새로운 측면, 적어도 교회에 대한 명칭과 관련한 것은 교회가 그리스도의 몸이라는 사실이다. 이것은 비유적인 표현이다. 바울은 이런 표현에 "하나님의 밭", "살아 계신 하나님의 성전", "성령 안에서 하나님이 거하실 처소" 및 "하나님의 집"과 같은 표현을 덧붙였다(고전 3:9; 고후 6:16; 엡 2:22; 딤전 3:15).

교회가 그리스도의 몸이라고 불릴 때 이것의 의미는 무엇인가라는 질문에 대한 답변은 이후의 항목에서 제시될 것이다(§ 46.2, 제2번). 여기서는 바울이 로마서와 고린도전서에서 사용한 몸이라는 이미지를 에베소서 및 골로새서에서는 다소 다르게 사용한다는 것을 말하는 것으로 충분하다. 그는 로마서와 고린도전서에서는 교회의 하나 됨에 초점을 맞추어 그리스도의 몸이라는 이미지를 사용하며, 이런 하나 됨에서 나타나는 다양성은 부차적인 역할을 한다. 반면에 그는 에베소서와 골로새서에서는 그리스도와 교회의 관계에 초점을 맞추어 그리스도의 몸이라는 이미지를 사용한다. 교회의 본질과 생명을 위해서는 그리스도가 교회의 머리라는 사실이 결정적으로 중요하다.

개혁교회 교의학

또한 바울이 **성령 안에서 하나님이 거하시는 처소**(엡 2:22 및 평행 본문들)로서 교회를 언급하는 것은 매우 중요한 의미를 지니고 있다. 교회는 성령이 거하고 그가 모든 것을 결정하는 곳이다. 교회에서는 모든 것이 성령의 인도함에 따라 실행될 수 있고 또 실행되어야만 한다. 우리는 § 46.2, 제3번에서 교회의 이런 측면에 대해 언급할 것이다.

바울의 편지들은 교회가 세워져가는 데 초점이 맞추어져 있고, 특히 믿음의 지식이 자라고 사랑에 기초한 섬김 및 하나님 나라를 고대하는 것에 초점이 맞추어져 있다. 그것들은 주 예수가 교회 안에서 행하시는 일에 관심을 기울인다. 바울은 이런 일을 반복적으로 말하고, 그 일이 실행될 수 있도록 끊임없이 기도한다. 주 예수는 어떤 일을 수행하도록 사람들을 불러 모으셔서 그들이 그 일에 참여하게 하신다. 교회 안에는 다양한 직분이 있고 또한 다양한 사역이 있다. 그리스도는 이것들을 위해 사람들에게 필요한 은사들을 준다. 은사들(*charismata*)과 직분들은 서로 대치되는 관계가 아니라 서로 협력해서 조화를 이루도록 교회에 주어진 것이다. 하지만 교회의 직분들이 올바른 규율과 질서에 기초하지 않으면, 교회의 다양한 사역은 성취될 수 없다(참조. Noordegraaf, *The Church*, 1990, 46-56).

4. 신약성경의 다른 저서들. 신약성경을 구성하는 책들 중에서 교회에 관한 우리의 이미지에 타당한 자료를 포함하지 않은 책은 없다.

히브리서는 교회를 영원한 도성 또는 본향을 향해서 나아가는 길 위에 있는 하나님의 백성이라고 묘사한다.[3] 하나님의 백성이 도상에 있다는 것 및 그것과 관련된 권고 및 경고를 다루는 본문들로서 히브리서 4:1-11, 11:13-16, 12:1-13, 13:14 등을 보라. 또한 교회는 "하나님의 집"으로서 그리스도는 그 집의 큰 제사장 또는 대제사장이시다(히 10:21). 신자들에

---

3   이 표현은 지금 E. Käsemann(『순례의 과정에 있는 하나님의 백성』[*Das wandernde Gottesvolk*], 1959)이 제시한 함의들을 지니지 않은 채 사용되었다.

게 끝까지 견디라는 간곡한 요구는 주의 날이 가까이 다가오고 있다는 언급을 통해서 강화된다(히 10:23-25).

비록 "에클레시아"라는 단어가 **베드로전서**에서 사용되지는 않지만, 베드로전서는 신자들에게 매우 중요한 것들을 권면한다. 우리는 베드로전서 2:4-10을 특히 머릿속에 떠올릴 수 있다. 이 편지에서 교회는 집과 비교된다. 그 집의 "모퉁잇돌"은 바로 예수 그리스도다. 하나님의 백성은 그들을 "어두운 데서 불러내어 그의 기이한 빛에 들어가게 하신 이의 아름다운 덕을 선포"해야 한다(벧전 2:9). 또한 베드로전서는 신자들을 "거류민과 나그네 같은" 사람들이라고 말한다(벧전 2:11). 그들은 이 세상에서 "그리스도의 고난에 참여하는" 이들이며, 또한 그들을 "연단하려고 오는 불 시험"을 당해야만 한다(벧전 4:12-13).

우리는 **요한계시록**의 처음 몇몇 구절들에서 그리스도가 "일곱 금 촛대" 사이에 있는 것을 본다(계 1:12-13). 일곱 금 촛대는 "일곱 교회"를 상징하고(계 1:20), 신약성경의 전체 교회도 대표한다. 그 교회들은 서로 밀접하게 연결되어 있다. 그것들은 한 분이신 동일한 주님께 속해 있기 때문이다. 모든 교회는 그리스도에게 속해 있다. 사실상 그것들은 많은 다양성을 지니고 있지만 진정으로 그리스도께 속해 있어야 한다. 에베소 교회는 서머나 교회가 아니고, 사데 교회는 빌라델비아 교회가 아니다! 우리는 일곱 교회들과 관련해서 믿음과 사랑에 대해 듣지만, 배교와 신자들을 위협하는 다양한 위험 요소들에 대해서도 듣는다. 주님의 교회와 사탄의 회당은 극명하게 대조된다(계 2:9; 3:9). 또한 거짓 예언자들에게는 경고가 주어진다. 교회는 사탄의 지원을 받고 있는 세상으로부터 미움과 박해에 직면해 있다. 신자들이 끝까지 견디는 것이 매우 중요하다. 심지어 그들이 순교한다고 하더라도 말이다. 교회는 어린 양의 신부이며, 혼인 잔치를 고대하고 있다. "성령과 신부"는 "오라"고 말한다(계 22:17). 이와 같이 요한계시록은 교회를 종말론적인 관점 안에 위치시킨다.

   개혁교회 교의학

5. 교회와 교회들. 신약성경에서 "에클레시아"는 교회 전체뿐만 아니라 지역 교회 또는 지역 공동체의 모임을 가리킨다는 사실은 주목할 만하다(참조. 마 16:18 및 18:17; 엡 3:10 및 살전 1:1; 골 1:18 및 골 4:16). 그리고 "에클레시아이"(*ekklesiai*)라는 그리스어 복수 형태도 교회 전체를 가리킬 수 있다(고전 11:16). 이것은 교회의 총체성이 모든 교회의 총합이 아니라는 것을 밝혀준다. 교회는 지역 분회들의 총연맹과 같은 것이 아니다! **에클레시아는 양적 개념이 아니라 질적 개념이다**(참조. *TDNT*, 3:505). 어떤 신앙 공동체의 규모가 작다고 하더라도 그것이 그 공동체의 중요성을 감소시키지 않는다(참조. 계 3:8). 어떤 동네, 지역, 국가 또는 전 세계를 불문하고 주님이 그의 백성을 모으는 곳마다 그곳에는 교회가 존재한다. 보편 교회(universal church)뿐만 아니라 지역 교회에도 그리스도와 해당 교회 간의 관계가 결정적으로 중요하기 때문이다. 여기서 우리는 다음과 같은 예수의 말에 대해 생각해볼 수 있을 것이다. "두세 사람이 내 이름으로 모인 곳에는 나도 그들 중에 있느니라"(마 18:20).

바울은 고린도 교회에 첫 번째 편지를 보내면서 "고린도에 있는…성도라 부르심을 받은 자들과 **또** 각처에서 우리의 주 곧 그들과 우리의 주 되신 예수 그리스도의 이름을 부르는 모든 자들에게"(고전 1:2)라고 인사말을 한다. 바울의 이 인사말은 다양하게 해석되었다. 하지만 가장 타당성이 있는 해석은 다음과 같다. 곧 고린도에 위치한 하나님의 교회는 그리스도가 그들의 주님이라고 고백하는 모든 사람과 친밀하게 교제하며 존재하고 있다는 해석이다. 이것은 하나님의 새로운 백성 중 일부분은 고린도라고 불리는 도시에 거주하고 있지만, 그들은 이 백성에 속하는 모든 사람—그들이 어느 곳에 살고 있든지 불문하고—과 하나 됨을 이루고 있다는 것을 의미한다(Van Stempvoort, 1950, 51 이하를 보라). 따라서 바울은 고린도에 위치한 교회를 따로 분리된 독립적인 교회로 이해하지 않았다. 우리가 오늘날 알고 있는 것과 같은 지역 교회들의 연합이 이 초기 단계에서는 아직 존재하지 않았다. 하지만 그리스도 안에서 모든 교회가 서로 결합되어 있다는 것은 맨 처음부터 교회의 특성 중 일부분이었다.

44.4. 몇 가지 핵심적인 강조점[4]

1. 교회(공동체)의 기원과 존재는 하나님의 사역에 기초한다. 하나님은 그분을 섬기게 하시려고 그분의 백성을 불러 모으신다.

2. 교회의 구성원은 처음에는 이스라엘 사람 중 예수를 믿은 사람들로 이루어져 있었고 그 후에는 이스라엘뿐만 아니라 다른 나라들에서 예수를 믿은 사람들로 구성되었다.

3. 신약성경은 하나님 나라에 비추어서 교회를 제시한다. 하나님 나라는 이미 왔지만, 또한 앞으로 올 것이다. 교회는 하나님 나라의 선물들에 의해서 존속하고, 영광 가운데 오게 될 하나님 나라를 고대한다.

4. 신약성경에서 교회는 다양한 이름으로 불린다. 곧 "하나님의 백성", "그리스도의 몸" 및 "성령의 전" 등이다. 이 이름들은 교회가 삼위일체 하나님의 공동 사역에 기초해서 세워졌다는 것을 나타내준다. 이것은 교회에 미래가 있음을 보증해준다. "그리스도의 몸"이라는 명칭은 신자들이 그리스도와 영원히 하나로 결합되어 있다는 것을 말한다. 그리스도는 교회의 머리다. 또한 그는 그의 성령과 말씀을 통해서 교회를 다스린다.

5. 그리스도와의 교제는 성령을 통한 교제이고, 이것은 교회의 구성원들이 서로 친밀하게 교제하는 것을 초래한다.

6. 교회의 모든 직분과 사역들은 교회가 덕을 세우고 이런 일을 준비하기 위한 것이다.

7. 교회가 하나님께로부터 받은 은사들은 그리스도인들이 하나님의 거룩한 백성으로 이 세상에서 살라는 부르심과, 주님의 증인이자 다른 이들이 그분을 섬기도록 설득하는 부르심과 관련이 있다.

---

4   참조. A. Noordegraaf in 『교회』(*De kerk*), 1990. 62.

    개혁교회 교의학

§ 45. 교회에 대한 다양한 관점

45.1. 보편교회와 로마 가톨릭의 교황 중심적 교회 제도

이른 시기부터 나타난 보편 교회라는 개념은 무게 중심이 교회의 통치가 주교 중심적인 형태로 이동했다는 특징을 나타낸다.

교회의 중요성은 다음과 같이 대단히 크다. "교회가 있는 곳에 하나님의 영이 있다. 하나님의 영이 있는 곳에 교회와 모든 은혜가 있다. 그렇지만 성령은 진리다"(Irenaeus, *Adv. haer.*, 3.24.1). 키프리아누스(Cyprian, 258년 사망)는 교회의 하나 됨(통일성)과 관련해서 주교의 직분을 강조했다. 로마 주교가 우선권을 지니고 있지만, 법적인 우선권을 갖고 있지는 않다. 또한 키프리아누스는 신자들이 교회에 속해야 할 필요성을 다음과 같이 강조한다. 곧 "어머니로서 교회를 모시고 있지 않은 사람은 아무도 아버지로서 하나님을 모시고 있지 않다"(*De cath. eccl. unitate*, 6).

아우구스티누스(430년 사망)에 의하면, 교회의 개념은 더 복합적이다. 교회는 우선적으로 영적인 공동체이고 성령이 다스리는 교회다. 성령이 다스리는 교회에는 사랑이 거주한다. 또한 교회는 그리스도의 몸으로서 그에게 속하는 모든 사람은 그의 몸의 일부분을 형성한다. 오직 하나님만이 누가 진정한 신자들인지 아신다. 반면에 교회에는 제도적인 측면도 있다. 신자들은 교회 안에서 은혜의 수단들에 동참하고 구원을 얻는다. 그리고 교회는 교회에 주어진 권위에 기초해서 말한다(참조. J. van Oort in 『교회』[*De kerk*], 1990, 65-94).

중세신학에서 교회론은 거의 발전하지 않았다. 공식적인 교리 선포가, 예를 들면 교황 보니파티우스(Boniface) 8세(1302)의 교리 선포와 피렌체 공의회(1439) 등이 이 시기에 사실상 이루어졌다. *D.S*, 875과 1307을 보라. 이것은 교황권이 증대되었다는 것을 의미한다. 교회는 타당한 이유와 함께 이제 하나의 제국이 되었다고 언급되었다(참조.*M.S*., 4.1.235).

성품 성사와 관련해서 트리엔트 공의회(1536)의 결정과 규정들은 교회의 직분을 사실상 전적으로 성체성사와 나머지 성사들(sacraments)을 집전하는 것과 연결했다. 교회의 이미지는 강력한 교권주의의 특성을 지니고 있다. 곧 교회의 직분은 교황, 주교들, 사제들, 부사제들, 신실한 평신도 등의 등급과 지위로 구분되었다(Schillebeeckx, 1980, 75-80).「트리엔트 신앙고백」(1564)에는 다음과 같은 매우 중요한 내용이 포함되어 있다. "나는 거룩하고 보편적이며 사도적인 로마 교회를 인정한다. 교회는 모든 교회의 어머니이자 교사다. 나는 복된 베드로의 후계자이자, 사도들의 수장이며, 예수 그리스도의 대리자인 로마 교황에게 진정한 충성을 약속하고 서약한다"(*DS*, 1868).

16세기 로마 가톨릭교회의 주요한 신학자들은 교회의 수장이 교황이라는 것을 전혀 의심하지 않았다. 교회는 프랑스 왕국이나 베네치아 공화국과 마찬가지로 눈으로 볼 수 있는 대상이었다(Bellarmine).

로마 가톨릭교회의 교회관은 다음과 같은 특징들을 지닌다. 1. 교회는 구원을 위한 유일한 조직체로서 눈으로 볼 수 있다. 2. 사제들은 평신도보다 높은 지위에 있다. 또한 사제들 내에서도 주교들이 중요 인물들이다. 3. 위계주의적인 교회 제도에서 수장인 교황이 전체 교회를 다스린다.

45.2. 두 가지 중요한 공의회: 제1차 및 제2차 바티칸 공의회

비록 제1차 바티칸 공의회(1869-1870)는 많은 문제를 해결하려는 의도를 가졌지만, 여러 가지 상황은 단지 교황 수위권에 대한 교리가 최종적으로 의결되는 것만을 허락했다. 교황 수위권의 몇 가지 핵심 사항은 다음과 같다. 1. 교황은 신자들에 대한 최상의 통치권을 지닌다. 2. 그는 최상의 교도권을 지닌다. 3. 교황이 모든 그리스도인의 최고 목자와 교사로서 교좌 선언(*ex cathedra*)을 할 때, 그리고 전체 교회를 위해서 신앙과 도덕에 관한 문제에 최종 단안을 내릴 때도, 그는 베드로 안에서 그에게 약속된 신적인 도움으로 말미암아 무류하다. 이것은 하나님에 의해서 계시된 교리로 간주되었다(*DS*, 3074).

제1차 및 제2차 바티칸 공의회 사이에 로마 가톨릭의 교회론은 발전될 수 있었다. 그것은 부분적으로 교회에 대한 교리가 불완전하게 남아 있었기 때문이다. 그래서 교회론과 관련해서 다양한 신학적인 경향이 있었다(참조. Valeske, 1962, 1-253). 하지만 공적인 관점에서 볼 때, 1943년에 교황 비오 12세가 그리스도의 신비로운 몸으로서 교회에 대한 교황 회칙을 공표한 것은 더 커다란 중요성을 지니고 있다. 이 회칙에서 그리스도의 몸은 전적으로 로마 가톨릭교회와 동일시된다. 그리스도는 이 교회를 통해 자신의 사역을 계속해서 수행하고, 성령은 그리스도의 신비로운 몸, 곧 교회의 영혼이다.

제2차 바티칸 공의회(1962-1965)의 교회에 관한 교의 헌장인 「인류의 빛」(*Lumen Gentium*, 1964)과 다른 문서들은 교회에 대한 교리가 주요한 주제라는 것을 드러낸다. 여기서 교황과 주교들의 관계가 핵심적으로 중요하다.

이미 제1장에서 중대한 선언들이 제시되었다. 곧 교회는 복합적인 실재로서 인간적·신적 요소들로 구성된다. 성육신한 말씀의 신비와 교회 사이에는 한 가지 중요한 유비가 있다(참조. *Lumen Gentium*, 제52번: 교회 안에서 성육신이 지속됨). 교회는 믿음의 대상으로서 모든 주교와 연합한 베드로의 후계자가 다스리는 로마 가톨릭교회에서 발견된다. 그것은 바로 이 교회에서 구체적으로 현존한다.

제2장은 하나님의 백성에 대해 다룬다. 우리가 다른 것과 비교해서 말한다면, 우리는 이 부분에서 매우 성경적인 개념들을 발견할 수 있다. 하지만 그 개념들에는 로마 가톨릭교회의 전형적인 관점들이 덧붙여져 있다. 예를 들면 성사(성례)들의 집전에서 제사장적인 하나님의 사람들, 곧 사제

들을 의존해야 하는 것 등이 덧붙여져 있다.

「인류의 빛」의 핵심은 교회의 위계주의적인 구조, 특히 주교직에 대해서 다루는 장이다. 여기서는 전통이 최종적으로 승인한다. 위계주의적인 구조는 교회의 본질에 속한다. 주교들은 주교단의 권력과 협력을 강조하는 단체성(collegiality)을 준수한다. 교황의 수위권과 무류성은 이런 주교단의 단체성과 관련해서 충분히 언급되지는 않지만, 그럼에도 "머리말의 설명"은 이번 장—바오로 6세 자신의 권위에 대해—에 덧붙여졌다. 그리고 여기서 주교들의 단체성은 더 많은 제한 조건에 의해 제약되었다.

교회에 관한 교의 헌장은 마리아론으로 결론을 맺는다. 마리아는 그리스도의 곁에 서 있으면서 구원에 대해 협력하며 중보 기도를 한다. 동시에 그녀는 교회의 전형으로 묘사되어 있다. 교회는 자기의 어머니로서 마리아를 사랑하고 존경하며 본받아야 한다. 교황은 제2차 바티칸 공의회에서 마리아를 교회의 어머니로 선포했다.

전통적인 교리가 이 바티칸 공의회의 교회론에서 두드러지게 나타난다. 비록 그것이 최근의 (로마 가톨릭) 신학의 몇 가지 관점도 포함하지만 말이다. 이것은 다양한 해석을 제시하는 하나의 절충이다.[5]

45.3. 교회에 대한 종교개혁의 관점

로마 가톨릭교회는 "교회가 있는 곳에 그리스도가 있다"고 가르친다. 종교개혁의 견해는 정반대다. 곧 "그리스도가 있는 곳에 교회가 있다." 신자들은 그리스도와 연합하고 또한 그리스도 안에서 서로 간에 연합한다. 그리

---

5   로마 가톨릭의 관점에서 저술된 것으로서 다음을 참조하라. G. Barauna (ed.), *De kerk in Vaticanum II*, 2 vols., 1986; *Lexikon für Tehologie und Kirche, Das Zweite Vatikanische Konzil*, 1966, 1:137-359. 개신교의 관점에서 저술된 것으로서 다음을 참조하라. H. Berkhof and A. J. Bronkhorst in *Protestantse verkenningen na Vaticanum II*, 67; G. C. Berkouwer, 『공의회에 대한 회고』(*Nabetrachting op het concilie*, 1968); B. Wentsel in 『교회』(*De kerk*), 1990, 231-245.

                                          개혁교회 교의학

스도는 하나님의 말씀이 선포되고 그 말씀을 믿는 곳에서 그의 교회를 모으는 일에 참여한다.[6]

루터에게 있어 교회는 본질적으로 신자들의 모임이다. 이 영적이고 내적인 기독교 세계와는 별개로 위선적인 그리스도인들이 속한 기독교 세계도 있다. 하나님의 거룩한 백성의 특성들 가운데서 하나님의 거룩한 말씀을 선포하는 것이 가장 우선시된다. "하나님의 백성이 없으면, 하나님의 말씀은 존재할 수 없다. 또한 하나님의 백성은 하나님의 말씀과 별도로 존재할 수 없다"(*WA*, 50, 629). 교회를 확인할 수 있는 주요한 표지들은 복음, 세례 및 주의 만찬이다. 복음이 존재하지 않는 곳에는 교회도 없다. 루터는 구원에 대한 눈에 보이는 기구가 로마 가톨릭교회라는 관점을 비판하면서 교회와 성도들은 감추어져 있다고 주장한다. 이런 주장은 교회가 명백하게 인식될 수 있다는 사실을 손상시키는 것이 아니다. 루터는 「슈말칼덴 신조」(Schmalkaldische Artikel, 1537)에서―하나님께 감사하게―일곱 살된 어린아이도 교회가 무엇인지 안다고 말한다. 곧 교회는 거룩한 신자들이 자신의 어린 자녀들과 함께 그들의 목자의 음성을 듣는 곳이다(*BSLK*, 459).

교회에 대한 이 새로운 관점은 「아우크스부르크 신앙고백서」(제7조)에서 명백하게 표현되어 있다. 곧 교회는 성도들의 모임(*congregatio*)이고, 이 모임에서는 복음이 순결하게 가르쳐져야 하며, 성례들(세례와 성찬)이 올바로 베풀어져야 한다(참조. 루터에 대해서 무엇보다도 K. Exalto in *De kerk*, 1990, 95-110).

칼뱅의 교회론은 커다란 영향을 끼쳤다. 칼뱅은 당대의 많은 가치 있는 개념, 특히 부처의 관점을 자신의 교회론에 받아들였다.[7]

---

6   참조. W. H. van de Pol, 『종교개혁의 증언』(*Het getuigenis van de Reformatie*), 1960, 188 이하. Pol은 로마 가톨릭교회와 종교개혁의 중요한 차이점이 다른 어느 곳보다도 교회론에서 나타난다고 주장한다.

7   Calvin의 교회론에 대한 참고 문헌은 상당히 많이 있다. 그중에서 다음을 참조하라. P.

칼뱅은 우선 예정과 교회를 연결한다. 사도신경이 언급하는 교회는 선택받은 신자의 전체 숫자를 포괄한다. 선택은 그리스도 안에서 일어나기 때문에, 우리는 다음과 같이 말할 수 있다. 곧 우리가 그리스도와 친밀한 교제를 나눌 때, 우리는 우리가 하나님께 선택받은 사람들 안에 포함되고 교회에 속해 있다는 명백한 증거를 충분히 지닌다(『기독교강요』 1536, *C.O.*, 1:72-74).

칼뱅은 그의 대표 저서인 『기독교강요』의 제2판부터 눈에 보이는 교회에 더 많은 관심을 기울인다. 교회는 신자들의 어머니다. 성경이 교회에 대해 두 가지로(*bifariam*) 말하기 때문에, 칼뱅은 하나님의 관점(*coram Deo*)에서 본 교회와 사람들이 바라보는(*respectu hominum*) 교회를 서로 구분한다. 이 점에 관한 더 자세한 내용에 대해서는 § 46.3을 보라.

또한 칼뱅은 교회에 대한 다른 묘사들도 사용한다. 곧 교회는 성도들의 공동체이고 하나님의 백성이다. 어린아이들도 교회에 속한다. 교회는 그리스도가 자신의 말씀과 성령으로 다스리는 곳이다. 반면에 교황 제도는 합당한 교회의 형태를 지니고 있지 않다.

칼뱅이 교회를 얼마나 중요하게 생각하는지는 그의 『기독교강요』 제4권의 제목이 밝혀준다. 교회는 성례들과 더불어 외적인 수단들에 속한다. 하나님은 이 외적인 수단들을 통해서 우리를 그리스도와 친밀하게 교제하도록 초대하시고 우리를 지켜주신다.

또한 제네바의 종교개혁자 칼뱅은 하나님이 요구하시는 교회의 질서를 유지해야 한다고 확신한다. 성경은 어떻게 교회에 생명력을 불어넣어야 하는지를 우리에게 말해준다.

우리는 이러한 설명으로 교회에 관한 종교개혁의 관점을 마무리하고

J. Richel, 『칼뱅의 교회관』(*Het kerkbegrip van Calvijn*), 1942; A. Ganoczy, 『섬기는 교회』(*Ecclesia ministrans*), 1968; B. C. Milner, *Calvin's Doctrine of the Church*, 1970; C. Graafland, 『어머니의 어린아이들』(*Kinderen vanéén moeder*), 1989; W. van 't Spijker in *De kerk*, 1990, 143-162.

 개혁교회 교의학

이어지는 항목들에서 교회에 대한 칼뱅의 관점을 다시 살펴보고자 한다.

「벨기에 신앙고백서」가 교회에 대해 말하는 부분(제27-32조)은 칼뱅의 영향을 분명히 반영한다. 비록「하이델베르크 교리문답」은 교회에 대해 다소 다르게 표현하기는 하지만, 이 교리문답도 칼뱅의 관점을 반영한다.

45.4. 교회에 대한 네덜란드 신학자들의 관점

1. 아브라함 카이퍼. 우리는 이번 항목에서 몇몇 영향력 있는 개념들에 초점을 맞추고자 한다.[8] 우리는 카이퍼와 스킬더를 무시할 수 없다. 그들은 개혁파 신학자들로서 네덜란드의 신학과 교회에 중대한 영향을 끼쳤기 때문이다. 우리는 카이퍼가 없었다면 "애통파"(*Doleantie*)도 없었을 것이라고 주장할 수 있다("돌레안치"는 1886년에 네덜란드 개혁파 교회가 분리된 것을 가리킨다. 이 분리로 말미암아 네덜란드 개혁과 교회[Gereformeerde Kerk]가 세워지게 되었다). 또한 스킬더가 없었다면, "해방파"(Vriemaking)도 없었을 것이다("해방파"는 1942년에 네덜란드의 네덜란드 개혁과 교회에서 분리되었다).

아브라함 카이퍼에게 교회는 본질적으로 보이지 않는 교회다. 카이퍼는 눈에 보이는 교회와 눈에 보이지 않는 교회라는 전통적인 구분과 관련해서 논리를 전개하는데, 눈에 보이지 않는 교회는 **유기체**(organism)로서의 교회와 **제도**(institution)로서의 교회 사이 어딘가에 위치한다. 유기체로서의 교회는 눈에 보이는 측면과 눈에 보이지 않는 측면을 지니고 있다. 그것이 교회의 새로운 머리이신 예수 그리스도 아래에 거듭난 모든 사람으로 이루어져 있다는 사실이 눈에 보이지 않는 측면이다. 그리스도의 이 신비로운 몸에는 이것을 눈에 보이도록 드러나게 하라는 어떤 강렬한 권고가 있다. 곧이어 이 본질은 현실에서 구체화된다. 거듭난 사람들의 활동

---

8   Berkhof(*C. F.*, 348)는 1936년부터 단행본으로 간행된 것으로서 교회론에 대한 아홉 가지 연구서가 있다고 말한다.

은 기독교 가정, 기독교 학교 및 다양한 기독교 조직과 단체 등으로 그 모습을 사회에 드러낸다. 교회의 제도는 신자들의 양심에 호소하는 말씀 선포를 통해 유기체로서의 교회를 섬긴다. 그것은 교리와 통치를 통해 그릇된 모습으로 변형되어서는 안 된다. 그럼에도 심지어 교회의 모든 제도가 부패했다고 하더라도, 교회 안에 진정으로 살아 있는 구성원들이 있다면, 교회는 자기의 본질을 지속적으로 보존해나간다.[9]

카이퍼의 교회론과 관련해서 눈에 띄는 한 가지 요소(이것은 상당한 논쟁을 불러일으켰다)는 교회의 다원성(pluriformity)에 대한 그의 이론이다.[10] 눈에 보이는 교회에는 통일성에서 다원성으로 바뀌는 과정이 있다. 다원성은 그리스도의 교회가 눈에 보이는 영역에서 나아갈 수밖에 없는 발전적인 단계다. "무한성은 하나의 유한한 형태에서 적합하게 표현될 수 없다."[11]

우리는 카이퍼의 교회론에서 성경이 교회에 대해 말하는 것을 상당히 적은 분량만 찾을 수 있다. 또한 카이퍼는 개혁파 신앙고백서들의 가르침에 충분히 관심을 기울이지 않는다.

카이퍼의 견해는 교회와 국가 및 사회에 매우 흥미를 끄는 영향을 끼쳤고, 장점도 지니고 있다(참조. C. Trimp in *De kerk*, 1990, 192 이하). 하지만 제도로서의 교회가 "유기체로서의 교회"의 그림자 안에 위치해 있다는 것은 옳지 않다. 이 견해는 교회에 대한 개념을 틀림없이 약화시킬 것이다. 신자들이 모이는 곳마다 혹은 신자들이 관여하는 곳이 교회가 아니다(참조. Heyns, *Dogm.*, 387). 교회의 다원성이라는 카이퍼의 이론은 성경적 근거를 지니고 있지 않지만, 그에게 매우 친숙한 이상주의적 사고방식을 반영한다.

---

9   참조. W. H. Velema, 『아브라함 카이퍼의 성령론』(*De leer van de Heilige Geest bij Abraham Kuyper*), 1957, 196-199.

10   참조. P. A. van Leeuwen, 『아브라함 카이퍼의 신학에 있는 교회관』(*Het Kerkbegrip in de theologie van Abraham Kuyper*), 1946, 209-236.

11   A. Kuyper, 『일반은총』(*De gemeene gratie*), 1904, 3:227-234.

2. 스킬더. 스킬더는 카이퍼와 다르게 자신의 교회론을 체계화하는 데 있어 교회의 모임을 위한 계시된 규범에서 출발한다. 이것은 그의 사고에서 핵심적인 강조점 중 하나다. 카이퍼의 개념에는 이상주의의 요소가 특징을 이루지만, 스킬더의 접근 방법에는 규범적인 관점이 두드러진다.

「하이델베르크 교리문답」 제21주일 문답에 의하면, 교회는 하나님의 아들 그리스도가 그의 말씀과 성령을 통해서 모으기 때문에 교회로 존재한다. 이것은 현재 시제로 계속 진행되는 활동이다. 그리스도는 이를 통해서 교회를 세운다. 교회는 모임 공동체(*coetus*)이자 회중(*congregatio*)이다 (이 용어들은 「벨기에 신앙고백서」 제27조의 라틴어 원문에서 유래된 것이다). 첫 번째 용어는 능동적인 요소(함께 모임)를 포함하고, 두 번째 용어는 수동적인 요소(모여진 공동체)를 포함한다.[12] 우리는 마태복음 12:30이 말하듯이 그리스도와 함께 모여야 한다. 우리는 이미 존재하는 기관으로서 우리 자신의 교회에만 신실하게 머물러 있는 것이 우리의 임무가 아니다. 반면에 우리는 교회를 세워나가는 일에 신실해야 한다. 하나님의 제도는 하나님의 명령들에 순종하는 것을 통해서 세워진다. "순종은 제도를 세운다(institutes)." 다른 한편으로 어떤 이들은 기존 교회에 여전히 몇몇 훌륭한 목회자와 진정한 신자들이 존재하고, 따라서 자신의 교회를 자신의 어머니로 이해하여 교회를 버려서는 안 된다는 사실에 동의하지 않을 수도 있다. 심지어 로마 가톨릭교회도 우리 안에는 여전히 많은 신자가 있다고 주장한다. "여전히"라는 단어가 결정적이다![13]

스킬더는 다음 두 가지 중요한 관점에 근거해서 카이퍼의 교회관을 거부한다. 이미 세워진 교회와 앞으로 세워질 교회는 "유기체로서의 교회"에 종속될 수 없다. 카이퍼의 다원성 이론은 교회의 상대주의로 이어지고, 교회의 분열을 묵인한다.

---

12 K. Schilder, 『논문집, 교회』(*Varzamelde werken, de kerken*), 1960. 1:55–60.
13 같은 책, 1962, 2:203, 229 이하, 189–191.

스킬더는 교회 일치의 지지자였다. 그는 그것을 매우 소중하게 여겼다. 그는 바로 이런 이유에 근거해서 다른 이들보다 해당 문제들에 대해서 더 예리하게 표현했다. 그는 종종 자신의 사고들을 논쟁적인 설명들을 통해 발전시켰다. 우리는 그와 같은 그의 진술로부터 다음과 같이 추론할 수 있다. 곧 그의 관점에 의하면, 어떤 시기에 어떤 장소에는 그리스도의 오직 하나의 참된 교회가 있을 수 있다. 또한 성경 및 신앙고백서들의 표준에 기초할 때, 네덜란드에서 유일하고 참되며 합법적인 교회는 바로 네덜란드 개혁파 교회(Gereformeerde Kerken in Nederlands)다. 그리스도는 그의 명령을 어떤 도시나 마을에 있는 다양한 교회에 나누어주지 않는다. 하나의 교회 주변에 "교파들"(sects)이 설립된다. "나는 네덜란드에서 개혁파 교회 외에는 다른 어떤 유일한 교회를 알지 못한다. 개혁파 교회는 하나님의 말씀을 순전히 선포하고, 성례들을 올바로 집전하며, 권징을 신실하게 실행한다."[14]

스킬더에 의하면, 그리스도와 더불어 모이는 것이 교회의 가장 중요한 특징이 된다. 곧 (그리스도와 더불어 모이는 것이) "교회의 가장 우선하는 것, 곧 법이다."[15] 어떻게 이 특징이 신앙고백적인 특성과 관련이 있는가? 교회의 네 번째 표지가 추가되는 것인가? 우리는 하나의 요소를 취해 그것을 넓게 "펼쳐서 양날의 칼처럼 기능하게 해서 마땅히 네덜란드의 교회를 모든 거짓된 교회 **한가운데** 서 있는 하나의 참된 교회로 분리해야만 할까?"[16] 더욱이 다음과 같은 질문, 곧 교회에 대한 이런 접근 방법과 관련해서 신자들의 모이는 활동이 참 신자들이 모이고 함께하는 것보다 더 많은 무게를 갖는 것은 아닌지 하는 질문이 제기된다. 결국 교회는 **참된 신자들의 모**

---

14 같은 책, 1960, 1:187 이하, 183, 374.

15 같은 책, 1962, 2:245-250.

16 H. D. J. Smit는 이와 같은 의문점을 제기했다. 그럼에도 그는 교회에 대한 Schilder의 개념을 교회론적인 사고에서 기념비적인 것이라고 간주한다. 참조. "순종하며 그리스도를 따르라!"(Gehoorzamen: achter Christus aan!) in Douma et al., K. Schilder, 1990, 81-89. 또한 참조. C. Trimp in 『교회』(De kerk), 1990, 187-201.

임이다.

3. 후켄데이크. 우리는 후켄데이크(J. C. Hoekendijk)와 더불어 다음과 같은 교회관을 우연히 만난다. 곧 교회는 선교와 복음 전파를 통해 경험된 것으로서 비기독교적인 세상 안에 위치한다. 크래머(H. Kraemer, 1965년 사망)는 교회의 기능을 강조했다. 교회는 세상 안에서 증언하고 섬기는 역할을 해야 한다. 기능적인 교회론은 특히 후켄데이크(1975년 사망, 1965년부터 미국에서 강의함)의 저서 안에서 발견된다. 교회는 하나님 나라와 세상보다 덜 중요하다. 교회의 기능은 사도적인 직분을 수행하는 것이다. 교회의 구조는 반드시 변화되어야 한다. 곧 교구들(parishes) 대신에 어떤 부류들(categories), 그룹들과 가정 교회들로 나뉘어야 한다. 그뿐만 아니라 신앙고백적이고 교파적인 차이점들은—그것들이 어떤 타당성을 지니고 있다면—단지 소규모로 일부분만 보존될 것이다. 이것은 대화의 개방을 요구한다. 본회퍼에 호소하면서, 후켄데이크는 타자를 위해 존재하는 교회관(pro-existence of the church)을 지지한다.[17]

교회 일치 운동은 이와 같은 사고의 유형에 의해서 강한 영향을 받았다. 후켄데이크는 진정으로 "타자를 위한 교회"(The Church for Others)라는 보고서에 관여했다. 그 보고서는 세상은 교회를 위해서 해야 할 일들을 제시할 수 있다고 주장한다. 그것은 [세계교회협의회의] 웁살라 총회(1968)에 주요한 영향을 끼쳤다.[18]

후켄데이크의 생각에는 많은 사람에게 호소하는 무엇인가가 있다. 그는 정적인 교회가 아니라 동적인 교회를 마음에 그린다. 또한 그는 오직

---

17 참조. J. C. Hoekendijk, 『안에서 밖으로 나가는 교회』(*De kerk binnenste buiten*), 1965, 51, 99 이하; "교회의 선교적 구조"(De missionary struktur van de gemeente), *G. T. T.* 63 (1963), 225-238.

18 참조. P. van Gurp, 『교회와 선교』(*Kerken en zending*) *in de theologie van Johannes Christian Hoekendijk* (1912-1975), 1989, 246-262. 또한 참조. K. Runia, *De kerk*, 1990, 252-256.

내부로만 시선을 집중하는 교회가 아니라 오히려 시선을 밖으로 돌리는 교회를 내다본다. 이것은 기능적인 교회론이라고 말할 수 있다. 하지만 후 컨데이크의 경우에 그것은 기능주의(functionalism)에 해당한다. 그의 경우에 교회는 단지 세상만을 위해서 존재한다. 여기서 우리는 성경이 교회에 대해 말하는 것, 곧 하나님 백성의 공동체 및 그리스도의 몸과 같은 개념들을 발견하지 못한다.

베르크호프의 견해에 의하면, 그와 같은 교회론의 취약점은 성경신학적·교의학적 사색이 심각하게 결여되어 있다.[19] 베르크호프는 교회와 주님의 관계는 세상을 향해서 방향을 바꾸기 위한 영감, 내용 및 규범의 원천이다.

4. 베르크호프. 베르크호프 자신은 교회에 대한 상당히 많은 질문에 몰두했다. 그것은 어느 정도 교회 일치 운동 안에서의 그의 적극적인 활동을 반영한다. 베르크호프가 새로운 공동체에 대해 논하는 것이 그의 교회론에서 가장 중요한 연구이고, 이 연구는 그의 유명한 저서의 일부분을 이루고 있으며, "사람의 새로워짐"을 다루는 장 앞에 위치한다. 그것은 간략한 머리말 다음에 제도로서의 교회, 그리스도의 몸으로서의 공동체, 열매들로서의 하나님의 백성을 다루는 항목들이 이어진다. 여기에는 칼 바르트의 세 가지 관점과 유사한 내용이 발견된다(Berkhof, C.F., 349).

이 교회론은 종합(synthesis)의 특징을 지니고 있다. 거기에는 보편 교회의 유형과 자유 교회의 유형이 있다. 개혁파 교회 유형은 보편 교회의 딸이자, 자유 교회의 어머니다(C.F., 345-346). 여기서 핵심 사항은 한편으로는 권위와 제도의 연관성과 다른 한편으로는 공동체, 자유 및 개인적인 결정의 연관성이다. 베르크호프의 견해에 의하면, 두 관점들의 부분적인 진리들은 더 높은 종합으로 결합되어야 한다. 또한 우리는 오순절 운동에서

---

19 H. Berkhof, "Tweerlei ekklesilogie," *K. en Th.* 13 (1962): 148 이하.

가능한 한 많이 배울 준비가 되어 있어야 한다.[20]

베르크호프는 후컨데이크가 옹호하는 기능적인 교회론을 비판하지만, 자신의 교회론에서 기능적인 접근 방법을 종합할 수 있고, 다양한 기능적 개념을 사용할 수 있다고 생각한다. 이와 같은 사례는 그가 다음과 같은 질문들에 우선권을 부여하는 것이다. 곧 그는 어떤 활동들이 구원에 참여하는 것을 가능하게 하고, 말하자면 어떤 활동이 그리스도와 사람들의 "중재" 역할을 하는지(C.F., 350), 언제 교회가 끊임없는 운동과 가교 역할을 하는 사건으로 보이는지(C.F., 415), 그리고 그리스도가 세상을 도우라고 말할 때, 교회는 이런 것에 의해서 새로운 인류가 형성되는 실험적인 동산, 곧 교회의 핵심 표지가 되는지 등이다(C.F., 419, 422).

나아가 베르크호프는 교회론에 사회학적 방법을 채택해야 한다고 생각한다. 그의 교회론에는 이런 생각이 일관되게 유지된다(cf. C.F., 348, 386, 392)

베르크호프의 교회론에는 흥미로운 내용들이 많이 있지만 성경의 내용과는 부합하지 않는다. 베르크호프는 중요한 부분에서 성경의 권위를 충분히 인정하지 않는다. 이것은 그의 성경에 관한 이해에서 도출되는 결과다(참조. § 8.2, 제4번). 이런 이유로 교회는 제도적인 매체라고 말할 수 있다. 성경의 언급이 교회를 인정하는 데 어떤 도움과 조언을 줄 수 있지만, 교회의 인정은 성경이 그것을 인정하는지에 달려 있지 않다(C.F., 393). 그는 이런 견해와 조화를 이루어서 교회에 대한 개혁파의 특징은 비판 능력을 잃어버렸고, 세상을 향해서 방향을 바꾸는 것이 이제 [교회의] 핵심적인 특징으로 결코 무시되어서는 안 된다고 생각한다(C.F., 3413, 422).

---

20 H. Berkhof, *The Doctrine of the Holy Spirit*, 1964, 68, 93.

§ 46. 교회의 본질

46.1. 하나님의 역사로서의 교회
46.2. 삼위일체의 관점에서의 교회
46.3. 가시적 교회와 비가시적 교회
46.4. 교회의 속성들
46.5. 교회의 표지들

46.1. 하나님의 역사로서의 교회

교회는 사람들의 공동체 혹은 조직으로서 우리에게 그 모습을 나타낸다. 그러한 자격으로 교회는 예를 들어 "현대 사회 안에서의 교회"라고 묘사될 수 있는 사회학적 실재다. 교회는 어떤 단체와 약간의 유사점을 지니고 있다. 어떤 단체는 구성원들을 초대해서 모임을 갖는다. 또한 교회는 어떤 협회나 기관과도 부분적으로 비슷한 점을 지니고 있다. 우리는 교회 정치와 교회 정책이 존재한다는 점을 고려하면서 국가의 영역에서도 어떤 유사점들을 찾을 수 있다.

하지만 우리가 교회라고 불리는 현상을 분석하고 다양한 사회 그룹과 교회의 구조들을 비교하면서 교회의 본질이 무엇인지를 밝혀낼 수는 없다. 우리는 성경을 통해 교회가 바로 **하나님의 교회인 동시에 그리스도의 교회**라는 사실을 안다. 우리는 하나님이 그리스도 안에서 무엇을 하셨는가에 비추어서 교회를 이해해야만 한다. 따라서 첫 번째 질문은 우리가 교회에 대해 무엇을 관찰하는가가 아니라 우리가 교회에 대해 무엇을 믿는가다. 이와 같이 교회는 믿음과 관련이 있다. 그래서 사도신경은 "교회(거룩한 공회)를 믿사오며"(*credo ecclesiam*)라고 고백한다.

교회에 대한 신학적인 접근 방법은 인류학적인 접근 방법에 반대된다. 슐라이어마허는 후자의 접근 방법에 대한 한 가지 예를 제시한다. 곧 "그리스도의 교회는 질서 있는 상호 작용과 상호 협력을 위해서 거듭난 개인들이 함께 모이는 것으로 구성된다"(Die christliche Kirche bildet sich durch das Zusammentreffen der einzelnen Wiedergeborenen zu einem geordneten Aufeinanderwirken und Miteinanderwirken).[21] 그렇다면 거듭난 백성이 무엇을 하고자 하는가가 결정적인 것이다!

교회와 관련된 부분에서 사도신경의 옛날 네덜란드어 번역은 다음과 같은 의미로 번역된다. "나는 하나의 보편적이고 거룩하며 하늘의 메시지를 통해서 모인 공동체(genootschap)를 믿는다"(1773). 하지만 "공동체"라는 단어는 어떤 사회단체, 예를 들면 예술이나 학문을 장려하는 데 관심을 기울이는 단체를 가리킬 수도 있다. 그러나 교회는 어떤 활동들에 참여하기 위해 서로 비슷한 생각들을 지닌 종교인들이 결성한 단체가 아니다. 교회는 만약 어떤 사람이 일정한 자격 요건을 갖추었거나 참여하기를 원한다면, 가입할 수 있는 어떤 단체가 아니다. 그뿐만 아니라 교단(kerkgenootschap)은 교회법에 기초한 용어다.

교회는 본질상 어떤 단체가 아니기 때문에, 우리는 가시적 교회에 대한 케르스턴의 견해에 반대한다. 케르스턴에 따르면, 비가시적 교회는 하나님이 선택하시고 그리스도의 피로 산 이들의 총회다. 반면에 가시적 교회는 "성도들의 교제 또는 구원과 관련된 사항들을 서로 공유하고 나누기 위해서 자발적으로 모인 신자들의 모임이다"(Kersten, Reformed Dogmatics, 2:467). 그것은 신앙을 고백하는 사람들의 모임이다.[22]

한스 큉의 교회론을 살펴보면, 우리는 전혀 다른 영역으로 들어간다. 우리는 하나님의 부르심에 대답해야 하는 인간의 책임을 강조하는 그의 주장에 진리의 요소가 있다는 사실을 부인하지 않는다. 하지만 그는 마리아의 응답(*fiat*)이 없다면, 제자도로 부르심을 받은 남자와 여자들의 응답이 없다면, 교회도 없다고 주장한다(Küng, 1967, 156). 우리는 그의 이와 같은 주장에 동의할 수 없다. 이것이 바로 로마 가톨릭교회의 은혜 교리라는 점을 간파할 때, 우리는 그의 견해에 분명히 동의할 수 없다.

교회는 교회를 초월하는 요소들을 가리켜준다. 그것은 인간의 주도 아래 시작되지 않았고, 또한 인간의 신실함에 기초해 계속해서 존재하는 것

---

21 F. D. E. Schleiermacher, 『기독교 신앙』(*Der christlche Glaube*), 1836, section 115.
22 Kersten의 견해에 의하면, 신앙고백은 기본적으로 진리에 대한 고백을 의미한다. 우리는 이 점을 파악해야 한다(참조. Bavinck, *R.D.*, 2:469).

이 아니다. **교회는 하나님의 작품이다.** 그리고 교회는 복음의 산물이다(루터, *WA*, 2:430).

교회에는 진정으로 인간적인 측면도 있다. 교회는 어찌 되었건 사람들로 구성되어 있다. 이 구성원들은 항상 죄와 결점들을 지닌 사람들이다. 「벨기에 신앙고백서」 제27조에서 교회가 "참된 기독교 신자들의 거룩한 공동체"라고 불릴 때, 우리는 이 언급과 관련해서 이 공동체(모임)의 주체는 과연 누구인가라는 질문을 제기할 수 있다. 하나님이 신자들을 모으시는가? 아니면 그들이 스스로 모이는 것인가? 「하이델베르크 교리문답」 제21주일은 교회에 대해 다음과 같이 분명하게 말한다. 곧 하나님의 아들이 그의 교회를 "모으고 보호하며 보존한다."

교회의 모임과 교회의 활동 안에 인간적인 요소가 있다는 것은 명백한 사실이다. 우리가 이 인간적인 요소를 고려한다면, 우리는 우리가 교회라고 부르는 실재를 상대화하는 것을 피할 수 있다. 무엇보다도 우리는 교회의 또 다른 측면을 바라보는 것을 잊지 말아야 한다. 우리는 그리스도의 교회의 모임 안에서 하나님의 역사를 인식할 수 있다. 이것이 바로 교회의 기적이다! 그럼에도 교회는 여전히 사람들의 모임이다. 그래서 우리는 우리가 알고 있는 그대로의 교회를 **절대화**해서는 안 된다. 또한 우리는 교회가 지니고 있는 문제점들을 간과해서도 안 된다.

46.2. 삼위일체의 관점에서의 교회

1. 교회는 하나님의 백성으로 구성되어 있다. 우리는 전적으로 신학적인 관점에서 삼위일체 하나님의 공동 사역에 비추어 교회를 이해한다. 교회가 삼위 하나님과 관련이 있다는 사실은 이미 다음과 같은 명칭들로 표현된 것에서 알 수 있다. 곧 "하나님의 백성", "그리스도의 몸" 및 "성령의 전" 등이다. 우리는 첫 번째 표현에서 특히 하나님 아버지와 교회의 관계를 보고, 두 번째 표현에서는 하나님의 아들 그리스도와 교회의 관계를 보며, 세 번

 개혁교회 교의학

째 표현에서는 성령의 사역과 교회의 관계를 본다.

구약성경에서 이스라엘은 하나님의 백성으로 불린다. 왜냐하면 하나님은 이 백성의 하나님이 되시고자 그들을 선택하셨기 때문이다. 우리는 하나님의 선택과 관련해서 언약과 하나님의 구속 행위에 대해 생각해야 한다. 야웨 하나님은 이스라엘 백성을 "독수리 날개로" 업은 것처럼 그들을 인도하셔서 그분의 "소유"로 삼으셨다(출 19:4-5). 하나님은 이 백성에게 그분의 구원을 약속하셨고 그들이 그분을 섬기게 하셨다. 하나님은 이렇게 말씀하신다. "나는 너희 중에 행하여 너희의 하나님이 되고 너희는 내 백성이 될 것이니라"(레 26:12). "너희가 내게 대하여 제사장 나라가 되며 거룩한 백성이 되리라"(출 19:6). 구약성경에서 "카할"(*qahal*)은 "야웨를 경배하려고 하나 됨을 이룬, 또한 야웨를 경배하기 위해서 모인 **언약 공동체다**"(die in der Anbetung des Herrn geeinigte und zur Anbetung des Herrn vereinigte *Bundesgemuinde*).[23]

하지만 이스라엘은 하나님이 그들에게 의도하셨던 것 가운데 오직 일부분만 성취했다. 심지어 하나님은 그들에게 이렇게까지 말씀하셨다. "너희는 내 백성이 아니요(*Lo-Ammi*), 나는 너희 하나님이 되지 아니할 것임이니라"(호 1:9). 그렇지만 하나님은 또한 다음과 같이 약속하신다. "전에 그들에게 이르기를 '너희는 내 백성이 아니라' 한 그곳에서 그들에게 이르기를 '너희는 살아 계신 하나님의 아들들이라' 할 것이라"(호 1:10).

하나님은 전적으로 그분에게 완전히 속한 백성이 있도록 돌보실 것이다. 예언자들은 하나님의 백성 중 남은 자들이 심판을 통해서 구원을 받을 것이라는 메시지를 선포한다. 남은 자들은 돌이키고 회개할 것이다(참조. *TDNT*, 4:194-214). 이스라엘의 선택은 이스라엘의 이 남은 자들에게 초점이 맞추어질 것이다. 이 초점은 궁극적으로 야웨의 종에게로 초점이 좁혀진다. 하나님의 새로운 백성이 그 종을 통해서

23　E. Stauffer, *Die Theologie des Neuen Testaments*, 1945, 276.

이스라엘과 모든 나라에서 모여들 것이다(A. Noordegraaf in *De kerk*, 1990, 23).

또한 우리는 이 점과 관련해서 독자들에게 새 언약과 관련된 예언들을 상기시키고자 한다(참조. § 34.1, 제4번). 언약의 하나님은 새 언약을 통해서 그분의 백성이 새롭게 시작하게 하시고, 그들에게 가장 귀중하고 가치 있는 약속들을 제시하신다(렘 31:31-34을 보라).

새 언약에 속하는 약속들은 신약성경에서 나타난다(참조. 렘 31:31-34 및 히 8:8-12; 겔 37:27 및 고후 6:16).

신약성경에서 언급되는 하나님의 백성은 유대인과 이방인들에게서 모여든다. 그들에게 구약성경의 다음과 같은 약속이 적용된다. "내가 그들 가운데 거하며 두루 행하여 나는 그들의 하나님이 되고 그들은 나의 백성이 되리라"(고후 6:16; 참조. 욜 2:17). 신약성경에서 신자들은 흩어진 나그네(참조. 벧전 1:1)라고 불린다. 그들에 대해 다음과 같이 언급된다. "너희는 택하신 족속이요 왕 같은 제사장들이요 거룩한 나라요 그의 소유가 된 백성이니, 이는…[그]의 아름다운 덕을 선포하게 하려 하심이라"(벧전 2:9). 구약시대에 하나님이 이스라엘 백성에게 말씀하셨던 것이 그들 안에서 성취된다(출 19:5-6). 이전에 그들은 하나님의 백성이 아니었다. 하지만 이제 그들은 하나님의 백성이다(호 1:10의 성취로서 벧전 2:10). 바울은 하나님이 예언자 호세아를 통해 들려주신 말씀을 유대인들뿐만 아니라 이방인들 가운데서 하나님이 부르신 사람들에게 적용한다(롬 9:24-26).

성경은 어떻게 하나님이 맨 처음부터 그분의 이름을 위해 이방인들 가운데서 하나의 백성을 불러 모을 계획을 갖고 계셨는지 우리에게 보여준다. 초기 교회가 처했던 중대한 시점에 베드로와 야고보는 이 점에 대해서 자신들의 통찰을 명백하게 밝혔다(참조. 행 15:14). 이전에 "그리스도 밖에 있었고 이스라엘 나라 밖"에 있던 사람들은 "언약들에 대하여는 외인"이었다(엡 2:12). 이제 그들은 그리스도의 피로 가까워졌다(엡 2:13). 왜냐하면 그리스도는 우리의 화평이고, 중간에 막힌 담을 헐며, 유대인들과 이방인들을 하나로 만들었기 때문이다(엡 2:14; 참조. 갈 3:28-29).

하나님의 백성으로서 교회가 국가, 민족 또는 문화로 말미암아 강요되는 경계선들에 의해 방해를 받지 않는다는 특성을 지닌 것은 결코 우연이 아니다. 이것은 교회에 본질적인 것이다. 또한 시간도 하나님의 백성을 분리시키는 요소가 되지 못한다. 하나님의 백성은 이 땅 위에서 과거의 하나님의 모든 백성뿐만 아니라 미래의 하나님의 모든 백성과도 하나 됨을 이룬다. 왜냐하면 교회를 불러 모으시는 하나님의 사역은 계속해서 진행되고 있기 때문이다. 우리는 이것을 보편 교회라고 부른다(§ 46.4, 제4번을 보라).

하나님의 백성은 그리스도와 연합되어 있다. 그리스도는 "자기 피로써 [그의] 백성을 거룩하게" 하셨다(히 13:12; 또한 참조. 행 20:28). 하나님은 "그의 아들 예수 그리스도 우리 주와 더불어 교제하게" 하도록 하나님의 백성을 부르셨다(고전 1:9).

옛날 구약시대에 하나님의 자녀들이 하나님의 언약에 의해서 언약 공동체의 일부분이었던 것과 마찬가지로(참조. 느 8:3), 또한 그들은 신약성경의 교회 안에도 포함되어 있다. 그들은 하나님의 거룩한 백성의 일부분을 이루고, 그들에게 언약의 약속들이 적용된다(행 2:39; 고전 7:14; 엡 6:1)

우리는 "에클레시아"라는 단어 외에도 특히 바울의 편지들에서 구약성경을 배경으로 하는 몇 가지 다른 명칭들을 만나고, 그리고 다음과 같은 사실, 곧 예수 그리스도를 자신들의 주님으로 고백하는 신앙 공동체에 속해 있는 하나님의 참된 백성은 하나님의 백성과 관련된 역사적인 성취로 나타난다는 사실을 표명하는 명칭들을 만난다. 그들은 성도, 선택받은 이들, 사랑받는 이들, 또한 부르심을 받은 이들이다(참조. Noordegraaf in *De kerk*, 1990, 47).

하나님의 오직 하나의 백성. 신약성경의 교회를 하나님의 백성으로 이해하는 이들은 이스라엘과 교회를 관계를 어떻게 해석해야 하는가라는 질문에 직면한다.

특히 1945년 이후로 많은 이들이 이 질문을 놓고 심사숙고하게 되었다. 이것은 이 주제와 관련한 많은 문헌이 지속적으로 출간되었다는 사실에 의해 분명해진다.[24] 이 주제에 관한 다음 몇 가지를 지금 언급하고자 한다.

(1) 신약성경은 이스라엘이 구속사적인 측면에서 우선적인 위치를 차지하고 있다고 주장한다. 사도행전 3:16과 로마서 1:16을 보라.

(2) 참 이스라엘은 그리스도를 믿는 사람들로 구성되어 있다. 그리스도에게 속한 이들은 "아브라함의 자손이요 약속대로 유업을 이을" 사람들이다(갈 3:29).

(3) 믿는 이들이 하나님의 백성이 되기 위해 이스라엘에 통합되어야 한다는 것을 신약성경과 심지어 로마서 11장에 나오는 감람나무에 대한 이미지에서 추론할 수 없다(참조. Vlaardingerbroek, 1989, 68). 그들은 믿음으로 그리스도와 교제하고, 그리스도로 말미암아 하나님의 백성에 속한다. 유대주의자들은 이방인 중 그리스도인들이 된 이들이 하나님의 백성에 속하기 위해서는 할례를 반드시 받아야 하고, 여러 가지 다른 측면에서도 유대교의 규정들에 일치하는 삶을 살아야 한다고 생각했다. 하지만 바울은 이와 같은 해석에 반대하면서 그들과 격렬한 논쟁을 벌였다(갈라디아서 참조).

(4) 베르크호프는 그리스도가 나타난 것은 하나님의 백성을 두 가지 형태로 또한 두 가지 방법으로 이끌었다고 주장한다(Berkhof, *C.F.*, 266).

하지만 그의 주장을 지지해주는 성경적인 근거는 전혀 없다. 많은 이들

---

24 그중에서 특히 다음 연구서 및 논문들을 참조하라. S. Gerssen, *Modern Zionisme en christlijke theologie*, 1978; C. Graafland, 『확고한 언약』(*Het vaste verbond*), 1978; S. Schoon, 『유대 국가 안에서의 기독교의 존재』(*Christlijke presentie in de Joodse staat*), 1982; H. de Jong, 『행위들』 *Handelingen*) 7, 1988; J. M. Snoek/J. Verkuyl, 『교회와 이스라엘의 관계에 대한 내부적인 고찰』(*Intern beraad in verband met de relatie tussen kerk en Israel*), 1988; J. Vlaardingerbroek, 『유대인과 그리스도인 사이에서의 예수 그리스도』(*Jezus Christus tussen Joden en Christen*), 1989; 1967년부터 간행되기 시작한 정기 간행물, 『탐구와 고찰』(*Verkenning en bezinning*); 『이스라엘에 대한 집중 조명』(*Zicht op Israel*, 1983년부터 간행됨)

                                          개혁교회 교의학

이 베르크호프처럼 하나님 나라를 향해 나아가는 두 가지 방법이 있다고 묘사한다. 곧 유대인들은 토라(율법)의 방법으로 하나님 나라에 이르고, 그리스도인들은 그리스도에 대한 믿음으로 하나님 나라를 향해 나아간다. 사실상 예수는 "나로 말미암지 않고는 아버지께로 올 자가 없느니라"(요 14:6)고 말하지만, 유대인들은 이미 하나님 아버지와 함께 있다(F. Rosenzweig, P. Lapide 및 다른 이들).

어떤 이들은 두 가지 서로 다른 "길들"에 대해서 분명하게 이야기하지만, 다른 이들은 이스라엘의 유일무이한 "길"에 대해서 분명하게 말한다. 하지만 후자의 경우는 유대인들과 이방인들이 함께 길을 간다는 것을 암시해 주는 개념 외에는 해당 문제에 대해 더 이상 명백하게 말하지 않는다. 이것은 그 문제에 관한 매력적인 해결책을 제시하는 것처럼 보일 수도 있다. 그렇다면 유대인들이 예수를 계속해서 거부하고 그를 절박하게 믿을 필요가 없어도 문제가 되지 않는다.

그러나 우리는 예수가 유대 백성의 한가운데서 하나님 아버지에게 이르는 길은 오직 하나 밖에 없다고 분명하게 말했다는 사실을 잊어서는 안 된다. 만약 그리스도를 믿는 길 이외에 어떤 다른 길이 있다면, 바울이 이스라엘의 구원을 위해서 애쓰는 것(롬 9-11장)은 이해되지 않는 것이다.

특히 계시와 관련해서 종교적 다원주의 또는 보편구원론이 널리 알려져 있는 시대에 두 길에 대한 이론은 많은 사람에게 호소력을 지니고 있다. 하지만 그 이론은 모든 시대의 교회들의 공적인 신앙고백의 핵심 내용을 손상시키거나 포기하게 만드는 결과를 빚어냈다. 반 뷰렌(P. van Buren) 얀센(H. Jansen)과 같이 상당히 큰 목소리를 내는 몇몇 신학자는 사실상 신앙고백의 핵심 내용을 포기하는 것을 지지했다.[25]

(5) 그리스도를 믿는 이들은 하나님의 백성이고, 언약의 하나님이 그분의 백성

---

25 참조. P. van Buren, *Discerning the Way*, 1980: H. Jansen, 『아우슈비츠 이후의 기독교 신학』 (*Christelijke theologie na Auschwitz*), 1-2, 1981-83.

에게 약속하시는 특권들에 그들이 동참한다는 것은 논란의 여지가 없는 사실이다. 이 점에 비추어볼 때, 우리는 이스라엘 사람 중 정통 유대교의 입장이나 또는 다른 입장에 근거해서 그리스도를 무시하는 이들을 하나님의 백성이라고 부를 수 없다. 하나님은 하나님의 백성이라는 명칭과 관련해서 그분에게 불순종했던 옛 언약의 백성을 그 명단에서 말소하셨고, 바울이 로마서 11장에서 표현하는 것처럼 미래에 이스라엘이 그리스도에게로 돌아오는 것을 고대하고 있기 때문이다.

2. 교회는 그리스도의 몸이다. 우리는 교회를 가리키는 이 명칭을 바울의 편지들에서 발견할 수 있다(롬 12장; 고전 12장; 에베소서 및 골로새서).

a. 우리는 로마서 12:4-5과 고린도전서 12:12-27에서 하나의 비유적인 표현을 발견한다. 바울이 사용하는 이미지는 잘 알려져 있다. 이것은 한 몸을 구성하는 많은 지체의 다양성 및 하나 됨과 관련이 있다. 그 지체들 중 그 어느 것도 자기 자신이 다른 사람보다 신분이 높다고 간주할 수 없다. 각각의 지체가 받은 은사와 능력들은 서로를 섬기는 데 사용되어야 한다. 한 지체가 고통을 당하면, 다른 모든 지체도 같이 아파한다. 지체들 사이에 분열이 있어서는 결코 안 된다. 이것은 다른 장소들에 위치한 교회에게도 의무로서 주어진 것이다(참조. 고전 1:10-11; 11:18). 우리는 바울이 갈라디아서 3:28에서 다음과 같이 그리스도 안에서의 하나 됨에 말하는 것과 이것을 비교할 수 있다. 곧 "너희는 유대인이나 헬라인이나 종이나 자유인이나 남자나 여자나 다 그리스도 예수 안에서 하나이니라."

b. 그러므로 교회가 그리스도의 몸이라는 개념은 신자들 간의 상호 관계에 대해서 매우 중대한 의미를 지니고 있다. 하지만 바울은 계속해서 말한다. 그는 특히 그리스도와 그의 교회의 관계를 지적한다. 에베소서와 골로새서에서 그리스도는 **그의 몸인 교회의 머리**라고 불린다.

교회는 그리스도와 연결되어 있을 뿐만 아니라 그에게 속한다. 교회는 영원히 그리스도와 하나 됨을 이루고 있다. 이 관계는 구속사 안에 뿌리를

 개혁교회 교의학

내리고 있다. 그리스도에게 속한 사람들이 그에게 포함되어 있는 것과 마찬가지로, 그들은 그리스도 안에서 모든 것을 소유하고 있으며, 그 안에서 한 몸을 이룬다(참조. 롬 12:5). 그리스도는 그의 백성을 그의 몸을 구성하는 지체들로 만든다. 그래서 바울은 다음과 같이 말한다. "너희는 그리스도의 몸이요, 지체의 각 부분이라"(고전 12:27). 또한 이 점과 관련해서 중요한 것은 모든 신자들이 "한 성령으로 세례를 받아 한 몸이 되었고" 또한 "다 한 성령을 마시게" 되었다(고전 12:13)는 것이다. 바울의 이 말은 우리로 하여금 세례를 머릿속에 떠올리게 하고 아마도 주의 만찬을 암시할 것이다. 세례는 그리스도 안에 연합되었다는 것을 증거하고, 주의 만찬은 그리스도와 교제한다는 것을 증언한다. 그리고 우리는 세례와 성찬 안에서 그리스도의 영이 역사한다는 것을 인식할 수 있다.

우리는 로마 가톨릭교회가 그리스도의 몸에 대해 매우 특이하게 해석하는 것을 간파할 수 있다. 곧 그리스도는 그의 교회 안에 계속해서 거주한다. 교회는 그리스도와 가장 밀접하게 연합되어 있다. 이것은 종종 신적인 동시에 인간적인 유일한 생명으로 언급되었다. 몸이 머리를 필요로 하는 것과 똑같이, 또한 머리도 몸을 필요로 한다. 교회는 그리스도의 물리적인 몸과 교회를 구분하기 위해서 신비로운 몸이라고 언급된다. 그리스도는 어느 정도 그의 교회 안에 마치 다른 그리스도인 것처럼(*quasi altera Christi persona*) 거주한다. 이 신비로운 정체는 무엇보다도 성찬예식에서 자신을 나타낸다.[26]

교회와 그리스도의 인격적인 몸은 성체성사(Eucharist)를 통해 종종 서로 연결된다. 로마 가톨릭교회의 교리에 의하면, 그리스도는 성체성사에 물리적으로 현존한다. 이 성사에 참여하는 이들은 그리스도의 몸에 참여하고, 그의 몸의 한 지체를 구성한다. 고린도전서 10:16-17이 이와 관련해서 언급된다. 그리스도의 몸—이 몸과 더불어 성체성사의 신비로운 정체성이 확인됨—은 바로 그의 실질적이고 인격적

---

26 교황 비오 12세의 회칙 "그리스도의 신비체"(*Mystici Corporis*, 1943) 43, 52, 82-85을 보라.

인 몸이다. 그 몸은 살았고 죽었으며 영화롭게 되었다. 그 몸은 바로 성체성사의 빵이다.[27]

이 견해에 대한 비판으로서 리델보스의 저서(*Paul*, 374 이하)를 보라. 그리스도의 피와 살에 참여하는 것(고전 10:16)을 그리스도의 신체적인 몸에 참여하는 것과 동일시하는 이들은 사상적인 비약을 하는 것이다. "이것은 내 몸이다"라는 말은 그리스도가 그에게 속하는 이들을 위해 자기 자신을 죽음에 내어주었다는 것을 의미한다. 따라서 교회를 그리스도의 신체적인 몸과 동일시하는 것은 전적으로 터무니없는 것이다.

하지만 사도 바울은 고린도전서 10:16-17에서 다음과 같이 말하고자 한다. 곧 성찬에서 그리스도의 몸에 참여하는 것은 교회의 하나 됨 안에서 나타난다.

우리는 노르트흐라프의 다음과 같은 주장에 동의할 수 있다. "그리스도의 지체들로서 신자들은 그리스도 안에서 한 몸을 이루고, 성령의 은사를 공유하며, 자신들이 받은 다양하고 풍부한 영적인 은사를 사용해서 이 하나 됨을 구체적으로 나타내기 위해 부르심을 받았다"(Noordegraaf, 1990, 51).

c. 교회가 그리스도의 몸이라는 개념은 에베소서와 골로새서에서 특정한 방향으로 자세히 설명된다. 이 편지들은 다음 사항을 매우 강조한다. 곧 **그리스도는 자신의 몸의 머리로서 그의 교회 위에 있으며, 또한 교회는 그에게 모든 면에서 복종한다.** 바울은 이와 관련해서 그리스도가 그의 교회와 동일시되는가에 관해 어떤 질문도 제기하지 않는다. "머리"라는 단어는 그리스도가 [그의 몸을] 책임지고 있고, [그의 몸에 대한] 결정들을 내린다는 것을 가리켜준다. 교회는 그리스도의 몸으로서 그 몸의 머리인 그리스도를 전적으로 의존한다.

동시에 사도 바울은 그리스도가 "[그의] 몸의 구주"라고 지적한다

---

27   L. Cerfaux, 『교회에 대한 바울의 신학』(*La théologie de l'église suivant saint Paul*), 1948, 202-212.

                                        개혁교회 교의학

(엡 5:23). 그는 "교회를 사랑하시고 그 교회를 위하여 자신을" 주셨다(엡 5:25). 또한 그는 교회에 다양한 은사와 직분들을 준다(엡 4:7-16). 교회는 모든 것을 그리스도에게 빚지고 있다. 그리스도로 말미암아 온 몸은 영적으로 성장하는 데 필요한 온갖 것을 공급받아서 하나님이 자라게 하시는 대로 자란다(골 2:19). "그에게서 온 몸이 각 마디를 통하여 도움을 받음으로 연결되고 결합되어 각 지체의 분량대로 역사하여 그 몸을 자라게 하며 사랑 안에서 스스로 세우느니라"(엡 4:16). 우리가 "오직 사랑 안에서 참된 것을 하여 범사에 그에게까지 자랄지라"고 말하는 것은 중요하다(엡 4:15). 이와 관련해서는 펠레마(1966, 12-16)를 참조하라.

d. 그리스도는 그의 교회의 머리이고, 만물을 다스린다. 하나님은 "만물을 그의 발 아래에 복종하게 하시고 그를 만물 위에 교회의 머리로 삼으셨느니라. 교회는 그의 몸"이다(엡 1:22-23; 또한 참조. 골 1:15-18). 그리스도는 교회를 다스린다. 하지만 그의 통치는 교회에만 국한된 것이 아니다. 그는 교회와 모든 창조세계의 머리다(참조. Du Plessis, 1962).

세상 안에서의 교회의 사명과 관련해서, 만물이 그리스도께 복종한다는 사실을 교회를 이끌어가는 원리로 삼는 것은 교회에 매우 중요한 것이다. 그리스도는 교회의 머리로서 교회를 보호하고 사랑으로 그것을 이끈다. 그는 자신이 갖고 있는 권능과 더불어 자신이 교회에 맡긴 사명의 배후에 있다.

이것은 교회와 세상 간의 관계와 관련해서 교회가 어떤 경우에도 세상의 일부분이 되어서는 안 되고, 오히려 세상 안으로 힘차게 들어가야 한다는 것을 의미한다. 교회는 어떤 재세례파 그룹처럼 세상을 피해서 자기들만을 위한 특정한 구역으로 물러가서는 안 된다. 왜냐하면 교회는 이 세상에서 성취해야 할 소명을 지니고 있기 때문이다. 교회는 주님을 위해 이 세상에서 구별된 삶을 살면서 주님에 대해 증언해야 한다. 이것은 서로 사랑하고 간구하며 섬기고 돌보는 것을 포함한다.

3. 교회는 성령의 전이다. 사도들의 몇 가지 언급은 이 개념에 대해 성경적인 기초를 제공해준다. 바울은 고린도 교회의 신자들에게 "너희는 너희가 하나님의 성전인 것과 하나님의 성령이 너희 안에 계시는 것을 알지 못하느냐?"라고 묻는다(고전 3:16). 또한 그는 그것을 "성령 안에서 [또는 성령을 통해서] 하나님이 거하시는 처소"(엡 2:22)라고 부른다. 베드로에 의하면, 신자들은 "신령한 집"으로 세워져가는 중이다(벧전 2:5). 이런 성경 구절들 이외에도, 성령과 그의 사역을 교회론에서 고찰해야 할 충분한 이유가 있다.

오순절의 구속 사건은 교회를 위해서 결정적으로 중요한 의미를 지니고 있다. 하나님의 영은 이 사건을 통해서 이제 "모든 육체에게 부어"질 것이라는 예언이 성취되었다(행 2:17; 참조. 욜 2:28).

"붓다"라는 단어는 넘치는 축복을 가리킨다. "모든 육체에게"라는 표현은 이전에 적용되었던 제한 조건들이 이제 없어졌다는 것을 의미한다. 이 흐름은 이제 되돌릴 수 없다!

"성령이 말하게 하심을 따라 다른 언어들로"(행 2:24) 말했다는 것은 어떤 면에서 언어의 다양성이 그리스도의 복음을 사람들에게 전달하는 데 방해 요인이 되지 않을 것이라는 점을 미리 보여준다. 모든 나라는 하나님이 행하신 위대한 일들을 자기 나라의 언어로 듣게 될 것이다.[28]

성령이 부어지는 놀라운 일이 일어날 때, 사도들은 그리스도에 관하여 증언하는 능력을 받는다. 그러자 베드로는 "열한 사도와 함께" 일어난다(행 2:14). 성령은 교회를 성장시키고 담대하게 한다. 천사들은 이전에 일어난 구속 사건들에서 하나님의 메시지를 전달하는 역할을 했지만, 지금은 사람들이 사람들에게 말할 것이다.

오순절에 부어진 성령은 복음이 사람들의 가슴 속으로 들어가게 했다(행 2:37-41). 또한 성령은 신자들이 서로 "교제"하도록 교회를 이끌었다(행 2:42-47).

---

28 참조. A. A. Hoekema, 『방언으로 말함』(*Spreken in tongen*), 65.

   개혁교회 교의학

성령은 사도들이 활동하던 시대에는 모든 선교 사역의 배후에서 강력하게 역사하던 신비로운 힘이었다. 성령은 사도들에게 가야 할 길을 보여주시고, 땅의 먼 곳까지 그들의 발걸음을 이끄셨다(참조. Noordegraaf, 1983, 179-182).

성령의 전이 된다는 것은 단지 교회만을 대상으로 적용되는 것이 아니다. 또한 신자 개개인의 몸도 성령의 전이라고 불린다(고전 6:19). 갈라디아서 4:6은 하나님이 그분의 아들의 영을 신자들의 마음 가운데 보내셨다고 말한다. 이것은 성령이 신자들의 내면의 삶을 통제하신다는 것을 의미한다. 믿음으로 말미암아 그리스도가 신자들의 마음속에 거하시는 것으로 언급되는 생각(엡 3:17)은 동일한 편지에서 교회는 "성령 안에서 하나님이 거하시는 처소"라고 묘사된다(엡 2:22). 우리는 하나님이 그분의 백성 가운데 거하신다는 것을 구약성경에서 배웠다. "거하다"라는 단어는 성령이 이 땅에 존재하시며 계속해서 머무르신다는 것을 가리킨다. 성령은 임재를 통해서 교회를 자신이 거하시는 장소와 자신이 일하는 곳으로 만드신다. 이것이 교회를 영적인 실재로 만드는 것이다.

아우구스티누스는 성령을 교회의 영혼이라고 부른다. 하지만 그에게 이것은 하나의 비유적인 표현이다. 로마 가톨릭교회에서 이것은 계속해서 등장하는 주제다. "그리스도가 교회의 머리라면, 성령은 교회의 영혼이다."[29] 이와 같이 성령은 하나의 내재하는 원리로서 그의 사역을 수행하신다. 그는 "무엇보다 먼저 성례적이며 제도적 실재로서 교회의 창조자시다."[30]

제2차 바티칸 공의회가 이 점에 대해서 말하는 것은 신중한 인상을 준다. "그리스도는 우리와 더불어 성령을 공유하신다. 성령은 온 몸에 생명력을 불어넣으시고, 그것이 하나 됨을 이루어서 행동하게 하신다. 그래서 거룩한 교부들은 성령의 사역을 인간의 몸 안에 있는 생명의 원리 또는 영혼에 의해서 성취되는 기능과 비교할 수 있었다"(*Dogm. Const.*, 1964, no. 7).

우리는 성령을 교회의 영혼이라고 부를 수 없다는 입장이다. 성령은 인간의 영혼

---

29 *Mystici corporis* (참조. 각주 26), 56번.

30 H. Berkhof, 『성령론』(*De leer van de Heilige Geest*), 1965, 47.

과 몸이 하나 됨을 이루는 것과 동일한 방법으로 교회와 하나 됨을 이루고 있지 않으신다. 또한 교회의 모든 행위가 성령이 행하시는 일은 아니다(참조. *M.S.*, 4.1.465 이하). 하지만 우리는 성령이 교회에 생명력을 불어넣으시고, 교회를 계속해서 존재하게 하고 성장시키시며, 또한 자기의 고유한 기능을 수행하게 하신다고 말할 수 있다.

교회는 결코 성령을 조종할 수 없다. 교회는 성령과 그의 사역에 항상 열려 있고 이를 받아들일 준비가 되어 있어야 한다. 사람들이 온갖 방법으로 성령을 슬프게 하고 그를 거슬러서 일하는 데에도 불구하고, 그가 사람들 가운데 또한 그들 안에 기꺼이 거하시고자 하는 것은 바로 하나님이 그분의 은혜로 베푸시는 하나의 기적이다.

성령이 오실 때마다, 그는 은사들을 갖고 오신다. 은사들은 교회를 세우려는 의도에서 주어진다. 성령은 그의 주권에 기초해서 각 사람에게 은사들을 나누어주신다(고전 12:11을 보라).

은사들은 매우 다양하다. 바울은 그의 편지들에서 은사들에 대한 몇 가지 목록을 제시한다(롬 12:6-8; 고전 12:8-10, 28-30). 사도 바울은 이 모든 영적인 은사를 하나님이 은혜로 주시는 선물들(*charismata*)이라고 말한다. 이 은사들은 그리스도 안에서 주어진 은혜(*charis*)와 관련이 있다.

(20세기 초에) 등장한 오순절 운동은 성령의 은사들의 구체적인 의미와 관련해서 많은 논쟁을 불러일으켰다.[31]

---

31 오순절 운동과 은사주의 운동의 관점에 기초한 저서 중 다음 책들을 특별히 언급할 수 있다. L. Steiner, 『뒤따르는 표적들과 함께』(*Mit folgenden Zeichen*), 1954; D. Gee, 『성령의 은사들』(*over de geestelijke gaven*), 1960; K. J. Kraan, 『성령을 위한 공간?』(*Ruimte voor de Geest?*), 1970; C. van der Laan, 『늦은 비』(*De spade regen*. 참조. 욜 2:23; 약 5:7), 1989. 한편 오순절 운동을 비판하는 관점에서 저술된 책 중에서는 다음을 참조하라. N. Bloch-Hoell, *The Pentecostal Movement*, 1964; F. D. Brunner, *A Theology of the Holy Spirit*, 1976; L. Floor, 『성령 세례』(*De doop met de Heilige Geest*), 1982; W. D. Jonker, 『그리스도의 영』(*Die Geest van Christus*), 1981.

이 운동에 속하는 이들이나 은사 운동과 관련된 이들이라고 간주될 수 있는 그리스도인들의 견해에 의하면, 오순절 운동은 어떤 성령 체험, 곧 거듭난 다음에 경험하는 성령 충만과 관련이 있다. 그 체험은 신자들의 신앙생활을 더 높은 수준으로 이끌어준다. 이들은 흔히 성령 세례라는 용어로 그 체험에 대해서 말한다. 비록 어떤 이들은 해당 경향으로부터 다소 거리를 두려고 하지만, 이 운동은 성령의 은사 중 특정한 몇 가지를 매우 중요한 것으로 간주하는 경향을 분명하게 드러낸다. 첫 번째는 방언으로 말하거나 기도하는 것을 중요한 것으로 여기고, 그다음에는 예언의 은사 및 종종 치유의 은사를 매우 중요한 것으로 여긴다. 그래서 어떤 교회와 개개인의 신자들은 이 은사들을 받았는지 그렇지 않은지에 따라서 판단되어야 한다.

우리는 이 견해에 동의할 수 없다. 비록 사도 바울은 방언의 은사를 부인하지 않지만, 그는 고린도 교인들이 그 은사를 중요하게 여겼던 것만큼 그것에 중요성을 부여하지 않는다. 그가 언급하는 성령의 은사들 중에는 두드러지게 눈에 띄지는 않지만 그렇다고 결코 덜 중요한 것이 아닌 은사들이 있다. 예를 들면, 서로 돕는 것과 다스리는 것(고전 12:28), 섬기는 일, 가르치는 일, 위로하는 일, 지도 및 긍휼을 베푸는 일(롬 12:7-8) 등이다.

중요한 것은 은사들 그 자체가 아니라 어떻게 그 은사들을 사용하는가다. 그 은사들은 예수를 주로 인정하는 것을 통해서 정당성이 입증된다. 또한 그것들은 교회를 세워나가고자 하는 목표를 지녀야 한다. 바울은 바로 이 두 가지 판단 기준을 제시한다(고전 12:3; 14:12). 그뿐만 아니라 그는 "가장 좋은 길"을 보여준다(고전 12:31 및 13장). 바울이 말하는 사랑은 성령의 역사로 말미암는 것이고, "성령의 [첫 번째] 열매"로 이해되어야 한다(갈 5:22). 만약 사랑이 없다면, 신자들에게 주어진 성령의 은사들은 교회를 위해서 의미심장하게 사용될 수 없을 것이다.

최근의 신학은 교회가 성령으로 충만하고 성령의 은사들로 무장되는 것과 관련해서 그런 교회를 종종 은사적인 교회 또는 은사적인 구조를 지닌 교회라고 언급한다(참조. Versteeg, 1985, 19, 22).

이와 관련해서 교회의 직분들도 교회를 세워나가기 위해 섬기는 일을 하는 은사들에 속한다는 사실을 결코 잊어서는 안 된다. 직분을 맡은 이들은 "성도를 온전하게 하여 봉사의 일을 하게 하며 그리스도의 몸"을 세워 나가도록 힘써야 한다(엡 4:11-12). 교회의 직분과 성령의 은사들을 서로 대립시켜야 할 이유는 전혀 없다. 또한 교회가 은사적인 구조를 지니면, 직분들은 필요 없다고 생각할 근거도 결코 없다(참조. Bockhous, 1972). 그리고 교회의 직분들을 지지하기 위해 성령의 은사들을 최소화하고자 해서는 안 된다. 반면에 직분들을 희생시킨 채 은사들을 절대화해서도 안 된다. 신약성경 전체는 직분들과 은사들이 서로 매우 긴밀하게 관련이 있다는 것을 보여준다(Versteeg, 1985, 41 이하).

바울은 에베소 교회의 장로들에게 다음과 같이 말한다. "여러분은 자기를 위하여 또는 온 양떼를 위하여 삼가라. 성령이 그들 가운데 여러분을 감독자로 삼고…교회를 보살피게 하셨느니라"(행 20:28). 바울의 이 말에는 매우 중요한 의미가 담겨 있다. 왜냐하면 그의 말은 감독의 직분을 맡은 이들은 성령을 의존하고, 또한 성령은 그들이 자신들의 직분을 수행하는 데 필요한 모든 것을 공급해준다는 것을 암시하기 때문이다.

성령과 교회의 직분 사이에 서로 대립되는 것은 아무것도 없다. 성령은 해당 직분으로 부르심을 받은 이들의 다양한 섬김을 기꺼이 사용하기를 원하시기 때문이다. 따라서 심지어 직분자들이 해당 교회 출신이라고 하더라도, 교회의 직분들은 아래로부터 오는 것이 아니라 위로부터 주어지는 것이다. 그러므로 교회는 [직분들을 부여하기 위해서] 은사와 재능을 갖춘 형제자매들을 자체적으로 선택한다.

우리는 앞서 오순절에 강림한 성령은 교회를 친밀한 교제로 변화시키시고, 또한 교회가 지속적으로 그 교제를 나누도록 이끄신다고 언급했다. 성령은 영적이고 교회와 관련된 교제의 창시자시다. 교제에는 다양한 형태가 있지만 교회의 교제는 유일무이한 것이다. 이와 관련해서 우리의 선택이나 공감은 결정적이지 않다. 오히려 이 교회의 구성원으로 부르심을 받는 것이 결정적인 것이다. 비록 성도의 교제가 교회 공동체와 동일한 것은 아니지만, **성도의 교제는 교회 공동체 밖에서 찾을 수 없다**. 사도신경에서 성도의 교제에 대해 다루는 조항은 전적으로 교회에 대해 다루는 조항과 관련이 있다.

교제에 대한 성경적인 개념은 「하이델베르크 교리문답」 제22주일의 55답변에서 다음과 같이 명백하게 설명되어 있다. "첫째, 그리스도의 지체로서 모든 신자는 저마다 주님이신 그리스도와 그의 모든 보화와 은사들에 참여합니다. 둘째, 각각의 신자는 다른 지체의 유익과 구원을 위해서 자신이 받은 은사들을 기꺼이 또한 기쁨으로 사용해야 할 의무를 지니고 있습니다."

그러므로 우리는 성도의 교제를 은사와 의무로 이해해야 한다. (더 자세한 설명을 참조하려면, 헨더렌[van Genderen, 1986]을 보라.)

4. 하나님의 백성, 그리스도의 몸, 성령의 전이라는 **세 가지 명칭이 교회의 본질을 표현해준다**. 여기서 우리는 이 세 명칭의 상호 관계에 대해 더 자세히 살펴보고자 한다.

그리스도의 몸은 신약성경에서 언급되는 하나님의 백성의 기독론적인 특성에 초점이 맞추어져 있다. 이 백성의 하나 됨은 그들이 그리스도 안에서 하나 됨을 이루고 있다는 것에 기초한다. 그들은 그리스도 안에서 서로 결합되어 있고, 그리스도는 그들의 머리다. 그래서 사도 바울은 다음과 같이 말한다. "그가 우리를 대신하여 자신을 주심은 모든 불법에서 우리를 속량하시고 우리를 깨끗하게 하사 선한 일을 열심히 하는 자기 백성이 되게 하려 하심이라"(딛 2:14).

하나님의 백성은 그리스도의 몸일 뿐만 아니라 성령의 전이기도 하다. 그리스도의 몸은 성령을 통해서 빚어지고 형성된다(참조. 고전 12:13). "몸이 하나요, 성령도 한 분"이다(엡 4:4). 성도가 그리스도와 교제하는 것과 신자들 사이의 상호 교제는 성령에 의해서 확립되고 유지된다.

이 세 가지 명칭은 교회를 삼위일체 하나님의 사역에 비추어서 이해하도록 이끌어준다. 또한 그 명칭들은 다양한 동사를 통해서 묘사될 수 있다. 곧 하나님은 교회를 선택하시고, 하나님의 아들은 교회를 모으시며, 성령은 교회를 거룩하게 하신다. 이와 관련해서 에베소서 1:3-14 및 4:4-6과 베드로전서 1:2을 보라. 베드로는 베드로전서 1:2에서 "하나님 아버지의 미리 아심을 따라 성령이 거룩하게 하심으로 순종함과 예수 그리스도의 피 뿌림을 얻기 위하여 택하심을 받은 자들에게"라고 인사말을 한다.

「벨기에 신앙고백서」(제27조)에서 제시된 묘사는 그리스도의 사역과 성령의 사역을 강조하는 것에 초점이 맞추어져 있다. 또한 "영원한 생명을 얻도록 선택된"이라는 표현과 더불어 「하이델베르크 교리문답」 제21주일은 하나님 아버지께 돌려지는 사역을 특별히 언급한다.

하나님의 백성, 그리스도의 몸, 성령의 전이라는 세 가지 표현은 최근의 로마 가톨릭 신학에서도 나타난다(참조. Küng, 1967, 131-310; *M.S.*, 4.1.152-163). 하지만 판 룰러의 다음과 같은 진술에는 진리의 요소가 들어 있다. 곧 종교개혁은 삼위일체론과 성령론적인 방향을 따라서 논의하지만, 로마 가톨릭교회에서는 기독론적인 관점이 두드러지게 나타난다.[32]

또한 우리는 신령주의의 입장과도 상당히 다르다. 신령주의는 신령한 교제를 지지하면서 교회와 관련된 교제를 과소평가하고 심지어 거부하기까지 한다. 성경은 이와 같이 대립시키는 것을 지지하지 않는다. 성경이 강조하는 교제는 그리스도가 그의 영과 말씀을 통해서 불러 모으는 교회에 초점이 맞추어져 있다. 우리는 판 룰러의 진술을 약간 다르게 표현해서 다음과 같이 말할 수 있다. 종교개혁은 삼위일체와 또한 기독론적인 방향을 따라서 논의한다.

32　A. A. Van Ruler, 『로마 가톨릭과의 만남에서 종교개혁의 응답』(*Reformatorische opmerkingen in de ontmoeting met Rome*), 1965, 7.

　　　　　　　　　　　　　　　　　　　　　　　　개혁교회 교의학

46.3. 가시적 교회와 비가시적 교회

루터는 절대 권력을 지닌 채 성직을 중심으로 위계적으로 통치되는 교회 제도와 투쟁을 하면서 교회에 대해 영적인 실재라고 말한다. 또한 그는 비가시적 교회, 심지어 감추어진 교회를 중요하게 여겼다. 이른바 외적인 기독교는 몸을 구성하고, 신자들은 그 몸의 영혼을 구성한다(Luther, *W.A.*, 6:297).

칼뱅은 교회를 가시적인 교회와 비가시적인 교회로 구분한다(『기독교 강요』, 4.1.7). 몇몇 개혁파 신앙고백서들—예를 들면 「웨스트민스터 신앙고백서」—은 교회를 이와 같이 구분해서 묘사하고, 그것에 대한 정의를 제시한다.[33]

우리는 이와 관련해서 다음 몇 가지를 언급하고자 한다.

1. 가시적 교회와 비가시적 교회로 구분하는 것은 마치 두 교회들이 있는 것처럼 그 교회들이 서로 분리되는 것으로 해석해서는 결코 안 된다.

2. 비록 우리가 전체 교회를 볼 수는 없지만, 이것은 교회를 비가시적인 것으로 만들지 않는다.

3. 우리는 우리가 보는 교회와 하나님이 바라보시는 교회를 서로 동일시해서는 안 된다. 비록 교회와 관련해서 눈에 보이는 모든 것이 본질적인 것은 아니지만, 교회에는 눈에 보이는 것보다 그 이상의 것이 존재한다.

4. 우리는 바빙크와 더불어 다음과 같이 말할 수 있다. 곧 신자들이 자신들의 마음속에 있는 믿음의 관점에서 이해되든지, 그리고 그들이 오직 하나님께만 명백하게 알려지든지, 아니면 다른 경우에는 신자들이 그들의 신앙고백과 삶의 관점에서 이해되든지 간에 우리에게 보이며 우리가 살펴볼 수 있는 측면은 동일한 신자들에 대한 것이다(참조. Bavinck, *R.D.*,

---

33 Heppe의 견해에 의하면, 교회를 "가시적 교회와 비가시적 교회"라는 개념들로 정의하는 방법에는 더 명료한 설명이 요구된다(Heppe, *Dogm.*, 527 이하; 또한 Bavinck, *R.D.*, 4:287-292, 301-307).

4:306).

5. 과연 교회의 비가시적인 측면은 비가시적인 교회를 구성하는 것으로 해석할 수 있는가라는 질문이 제기된다. 우리는 이 입장을 반대하는 스킬더의 견해들을 진지하게 숙고해볼 필요가 있다. 카이퍼가 그랬던 것처럼, 교회의 본질을 눈에 보이지 않은 것에서 찾으려는 시도는 분명히 거짓된 것이다. 교회는 신자들의 공동체다.

6. 한편으로 교회를 서로 분리되는 두 실재들로 생각하는 것—이것은 가시적인 교회와 비가시적인 교회로 구분하는 것으로 이끌 수 있으며 또한 사실상 그렇게 했다—을 방지하기 위해서, 다른 한편으로 종교개혁가들의 의도를 정당하게 다루면서, 우리는 성경이 교회에 대해 이중적인 방법으로(*bifariam*) 말한다고 믿는 칼뱅의 입장에 동의할 수 있다. 곧 "하나님의 관점으로부터의 교회"(*coram Deo*)와 "사람들의 관점으로부터의 교회"(*respectu hominum*)는 교회의 두 가지 측면으로 간주될 수 있다.

7. 이와 같은 칼뱅의 정의는 유익하다. 종종 성경이 가리키는 교회는 진정으로 하나님이 보시는 그대로의 교회를 의미한다. 그 교회에는 오직 하나님의 진정한 자녀들, 곧 그리스도의 참된 지체들만이 포함된다. 하지만 때때로 성경은 한 분 하나님과 그리스도를 섬긴다고 고백하는 모든 이들을 가리키기 위해서 "교회"라는 명칭을 사용한다. 또한 이 교회 안에는 위선자들도 있다(칼뱅의 견해에 의하면, 매우 많은 위선자들이 교회 안에 있다. 그들은 그리스도에 속한 것은 아무것도 갖고 있지 않으면서, 단지 신자들이라는 이름과 겉모양만 지니고 있다).

8. 칼뱅은 **하나님의 관점으로부터의 교회**를 "믿는 것"과 연결하고, 또한 **사람들의 관점으로부터의 교회**를 "존귀하게 여기고 교제를 유지하는 것"과 연결한다(『기독교강요』 4.1.7). 그는 이것을 통해서 하나님이 바라보시는 교회는 진정으로 믿음의 대상이지만, 우리가 바라보는 교회는 그렇지 않다는 인상을 준다. 하지만 신약성경은 리더들의 지도 아래 모임을 갖는 교회를 그리스도의 교회라고 언급한다. 중요한 것은 그리스도가 신자들을

  개혁교회 교의학

불러 교회로서 모이게 했다는 믿음이다.

9. 우리의 신앙고백서들에는 분명히 이 두 측면이 모두 언급된다.

「벨기에 신앙고백서」제27조는 하나님의 관점으로부터의 교회에 대해 다음과 같이 언급한다. 곧 그 교회는 "참된 그리스도인 신자들의 거룩한 공동체다." 제29조는 사람들의 관점으로부터의 교회를 묘사한다. 곧 참된 교회로서 이 교회는 다양한 이단들 및 거짓 교회와 반드시 구별되어야 한다. 비록 겉으로 보기에 어떤 이들은 교회에 속해 있는 것처럼 보이지만, 사실상 교회 안에 속하지 않은 위선자들도 있다.

비록 「하이델베르크 교리문답」의 제54답변은 「벨기에 신앙고백서」 제27조와 동일하지 않지만, 그것들은 해당 내용과 관련해서 서로 비슷하다. 한편 우리는 「하이델베르크 교리문답」의 제31주일 문답에서 교회가 다른 측면에서 구체적으로 묘사되는 것을 본다. 신자들 외에도, 현실의 교회 안에 다른 이들도 있다. 곧 불신자들과 진지하게 회개하지 않은 사람들이다. 이들은 겉으로는 그리스도인이라는 이름을 지니고 있지만, 그들의 교의와 삶은 그리스도인에게 어울리지 않는다.

「도르트 신조」에 따르면, 교회는 "신자들로 이루어져 있고, 교회의 기초는 그리스도의 피 안에 놓여 있다. 교회는 그리스도를 자기의 구주로서 변함없이 사랑하고 또한 신실하게 섬겨야 한다.…교회는 여기서뿐만 아니라 영원히 그를 찬양해야 한다"(2.9). 하지만 「도르트 신조」의 결론 부분에는 교회의 역사적인 측면이 구체적으로 언급된다. 곧 "네덜란드의 교회들" 안에서 분쟁이 일어났고, 그 당시 "개혁파 교회들"은 자신들의 올바른 교의를 변호해야 했다.

46.4. 교회의 속성들

1. 네 가지 속성의 의미

「니케아-콘스탄티노플 신조」는 네 가지 술어를 사용하여 교회에 대해 묘사했다. 곧 교회는 하나의 거룩하고 보편적이며 사도적이다. 여기서 "하나"

는 숫자를 가리키는 것이 아니라 부정 관사다.[34]

이 속성들은 교회로서 교회 안에 본질적으로 내재하는 것이 무엇인지를 우리에게 말해준다. 교회가 존재하려면, 이 속성 중 어느 한 가지라도 결핍되어서는 안 된다. 교회는 그것이 지니고 있는 본질상 하나이며 거룩하고 보편적이며 사도적이다.[35]

그렇다면 첫 번째 속성, 곧 교회의 통일성은 교회 안에 본질적으로 내재하는 자명한 속성인가? 그리고 교회의 거룩성도 마찬가지인가? 교회의 현실적인 상황을 살펴볼 때, 또한 인간의 불완전성을 고려할 때, 우리는 이와 같은 중요한 질문들이 제기되는 것을 피할 수 없을 것이다.

칼뱅은 이와 관련해서 "성도가 서로 교통하는 것"이라는 사도신경의 조항—이것은 우선적으로 하나님의 관점에서 바라보는 교회를 언급하며 그 교회는 선택받은 이들로 이루어져 있다—은 외형적인 교회에도 어느 정도 적용된다고 말한다(『기독교강요』 4.1.3). 우리는 "어느 정도"(*aliquatenus*)라는 표현을 최소한의 의미로 해석할 수 있을 것이다. 칼뱅이 교회의 하나 됨을 위해서 얼마나 열정적으로 수고했는지는 널리 알려져 있다. 심지어 보하텍(J. Bohatec)은 그를 교회의 하나 됨(ecclesiastical unity)의 신학자라고 부른다.[36]

오해를 예방하기 위해서는 이것을 달리 표현하는 것이 더 좋을 것 같

---

34 참조. J. N. Bakhuizen van den Brink in 『네덜란드 개혁파 교회의 교회법 제10조에 기초한 신앙고백서들』(*De belijdenisgeschriften volgens artikel X van de kerkorde van de Nederlandse Hervormde Kerk*), 1966, 242 이하.

35 어떤 이들은 별도로 교회의 불변성과 무오성을 언급하고자 한다. 이 두 가지를 추가한다면, 교회의 속성들은 여섯 가지다(참조. Bavinck, *R.D.*, 4:323 이하). 우리는 이 두 가지를 추가하는 것이 과연 지혜로운 것인지 질문할 수 있을 것이다. 이 두 속성들은 로마 가톨릭교회의 교회론에 잘 어울린다. 오히려 우리는 그 속성들에 다른 내용을 부여해야 할 것이다. 우리는 교회의 **연속성**에 대해 말할 수 있다. 왜냐하면 교회는 하나이며 거룩하고 보편적이며 사도적인 교회의 연속이기 때문이다(참조. van Genderen, 『신앙과 교회의 연속성』[*De continuiteit van geloof en kerk*], 1977, 17-33).

36 J. Bohatec, 『국가와 교회에 대한 칼뱅의 사상』(*Calvins Lehre von Staat und Kirche*), 1937, 637; 참조. W. Nijenhuis, *Cavinus oecumenicus*, 1939.

다. 곧 그리스도의 교회로서, 교회는 하나이고 거룩하며 보편적이고 사도적이다. 교회가 더욱 그렇게 되기 위해서는 이 네 가지 사항에 일치해야 한다. 따라서 교회는 자기의 거룩함을 자랑할 수 있을 만큼 거룩하지는 않지만, 이를 현실화해야 한다. 교회는 하나님과 사람들 앞에서 거룩해야 한다.

개별 신자들처럼, 신자들의 모임으로서 교회도 이 세상에서는 완전함을 성취할 수 없다. 이 네 가지 속성이 눈에 보이는 것과 관련해서는 부족한 점이 상당히 많이 있다. 따라서 교회가 **승리주의**(triumphalism)를 내세울 근거는 전혀 없다. 하지만 이것은 **패배주의**(defeatism)로 이어져서도 안 된다. 왜냐하면 교회는 하나님이 의도하시는 최고의 목표에 이르기 위해서 힘써야 하기 때문이다.

성령이 교회에 주어졌기 때문에 교회는 성령의 은사들에 동참한다. 곧 교회 안에는 성령이 존재하고, 성령은 교회의 지체들에게 은사들을 나누어주신다. 그래서 교회는 모든 측면에서 자기의 머리인 그리스도를 향해 성장해간다. 그것은 이와 같은 방법으로 그리스도 안에 있는 것을 점점 더 닮아갈 것이다. 곧 교회는 하나이고 거룩하며 보편적이고 사도적이다.

교회가 자기의 속성들처럼 반드시 되어야 한다는 것은 지극히 성경적인 것이다. 따라서 우리는 교회의 속성들을 우선적으로 **은사로, 그다음에는 소명**으로 이해한다.

우리는 다음과 같이 말하면서, 곧 하나이고 거룩하며 보편적이고 사도적인 교회가 되기 위해 점점 더 그렇게 되어가는 과정이 요구된다고 말하면서 순서를 뒤바꾸지 않는다. 신학적으로 말하자면, 은사가 소명에 앞선다.

교회가 신앙고백에서 자기에 대해 진술한 것의 타당성은 외적 관찰에 의존하지 않는다. 그 신앙고백은 하나님이 교회에 주신 위임 명령을 포함해서 그분의 교회에 대해 말씀으로 말씀하신 것과 약속하신 것에 기초할 수 있고 또 기초해야만 하는 믿음의 진술이다.

2. 교회의 통일성

a. 은사로서의 통일성. 현실에는 매우 다양한 교회가 있다. 그 교회들은 모두 서로 차이가 있다. 우리는 교회가 왜 분열되었는지에 대해서 탐구할 수 있을 것이다. 교회사는 교회의 분열에 대해서 많은 것을 설명해주지만, 모든 것을 설명해주지는 않는다. 교회론에서 우리는 우리 주변에 보이는 교회들로부터 교회에 관한 논의를 시작하지 않는다. 비록 우리가 그와 같은 현실에 우리의 눈을 감을 수는 없지만 말이다. 우리는 믿음의 관점을 가지고 교회에 대해 말할 수 있는 것을 질문하고 또 질문한다.

그렇다면 우선적으로 고려해야 할 사항은 교회가 하나되어야 한다는 것이 아니라 오히려 교회는 하나라는 것이다. **교회가 하나라는 것은 교회의 특성이다.**

이것은 성경의 관점에서 명백하다. 우리는 요한복음 17장, 사도행전 2:41-47, 고린도전서 12:4-27 및 에베소서 4:1-6 등을 언급할 수 있다. 이 본문들은 그리스도의 한 몸으로서 **에클레시아**(*ekklesia*)를 다루고 있다. 교회의 하나 됨은 그리스도 안에서 주어진 것이다. 그리스도가 교회의 머리다. 그리스도에게 속하는 모든 이들은 서로 하나로 연합되어 있다.

우리가 교회의 하나 됨은 눈에 보이지 않는 하나 됨을 의미하는 것으로 주장하지 않는다면, 우리는 이것을 영적인 하나 됨이라고 부를 수 있을 것이다. 교회의 하나 됨은 모든 사람의 눈에 보여야만 한다.

종교개혁은 기독교 교회의 하나 됨(통일성)과 관련해서 교회의 비가시적 측면에 초점을 맞추고 있다고 종종 주장되었다(참조. Honig, *Handboek*, 719). 이것은 칼뱅과 관련해서는 전혀 사실이 아니다. 칼뱅은 진정으로 그리스도 안에서 하나가 된 선택된 사람들의 하나 됨뿐만 아니라 하나님의 교의에 관한 한 가지 진리에 동의하고 하나의 동일한 신앙의 끈으로 결속되어 있는 보편 교회(*ecclesia universalis*)의 하나 됨에 대해서도 말한다. "마귀에게 속한 영들은 항상 교회를 갈라놓으려고 애쓰지만, 우리는 보편 교회의 하나 됨을 보존한다"(Calvin, 『기독교강요』 4.1.9).

개혁교회 교의학

교회의 통일성의 본질과 관련해서 광범위한 차이점들이 존재한다.

로마 가톨릭교회의 관점에 의하면, 통일성은 교회의 가장 본질적인 속성이고, 동시에 교회의 최우선적인 특성이다. 베드로가 이 통일성의 영속적·가시적 원리이자 기초다. 교회의 수장이라는 베드로의 직분은 교황을 통해 계속해서 이어진다. 제2차 바티칸 공의회는 오랜 세기들을 통해 내려오는 전통에 근거해서 1964년에 공표한 『교의 헌장』(제18번)에서 교회의 통일성에 대해 그와 같이 선언했다.

교황의 문서들에서 명백하게 알 수 있는 것처럼, 교황은 자신을 교회의 통일성의 뿌리이자 기원으로 이해한다. 말하자면 교황은 교회의 중심이다. 우리는 로마 가톨릭교회의 통일성이 교황과 더불어 세워지거나 무너진다고 주장할 수 있다.

『교의 헌장』이 하나 됨의 원리(*principium*)를 성령과 교황이라고 말하는 것은 이상하다(참조. 제13번 및 18번). 성령과 교황이 교회의 하나 됨의 원리라고 할 때 이 두 가지 원리의 차이점은 다음과 같다. 곧 전체 교회의 가시적인 수장으로서 교황은 교회의 하나 됨에 대한 가시적인 원리다. 로마 가톨릭교회의 입장에 의하면, 종교개혁은 그리스도의 몸의 하나 됨을 훼손했다. 칼뱅은 사돌레토 추기경이 보낸 서신에 관한 답신에서 이 비난을 당당하게 반박했다. 사돌레토는 해당 편지에서 로마 가톨릭교회가 그리스도 안에서 하나 됨과 일치를 이루고, 그 교회는 그리스도의 영에 의해 언제 어느 곳에서나 인도함을 받고 있으며, 교회 안에는 아무런 분쟁도 존재할 수 없다고 주장했다. 칼뱅은 이 주장에 맞서 성령은 말씀과 분리될 수 없다는 점을 지적하면서, 오직 하나님의 진리만이 하나 됨의 끈이라고 답변했다(*C.O.*, 5:393, 410; 또한 참조. *A Reformation Debate: John Calvin & Jacopo Sadoleto*, ed. John. C. Olin, 41, 60). 그는 『기독교강요』에서 교회의 교제는 건전한 교의와 형제 사랑이라는 두 가지 끈에 의해서 유지된다고 말한다(4.2.5). 따라서 교회의 통일성은 믿음의 통일성이다. 서로 사랑하는 것은 이것에 근거해서 빚어지는 결과다.

우리는 이와 관련해서 칼뱅의 주장 외에도 에베소서 4:4-6에 호소한다. "몸이 하나요 성령도 한 분이시니 이와 같이 너희가 부르심의 한 소망 안에서 부르심을 받았느니라. 주도 한 분이시요 믿음도 하나요 세례도 하나요 하나님도 한 분이시니 곧 만유의 아버지시라."

로마 가톨릭교회는 그리스도의 하나의 교회에 관해 그것은 교황을 수장으로 하는 가시적인 교회를 의미하고, 교회 일치 운동(ecumenical movement)은 모든 교회를 포함하는 것으로 이해한다. 세계교회협의회(World Council of Churches)의 맨 처음 시기에는 다른 어떤 것보다도 교회의 하나 됨에 가장 우선권을 두었다(암스테르담, 1948; 에번스턴, 1954). 이 운동은 비록 교회들이 현실에서는 분열되어 있지만, 교회의 통일성은 그리스도 안에서 우리에게 주어졌다는 것을 출발점으로 삼았다. 세계교회협의회 내에서 실질적인 하나 됨은 교회들 사이의 구체적인 상호 관계들에 중요성을 미친다.[37]

세계교회협의회에 속한 교회들은 "그들도 다 하나가 되어 우리 안에 있게 하사"(요 17:21)라는 예수의 말씀을 매우 강조한다. 하지만 그들은 요한복음 17장에 나오는 신자들 사이의 하나 됨은 하나님 아버지와 그분의 아들의 친밀한 사귐에 기초한다는 사실에 대해서는 충분할 만큼 숙고하지 않는다. 중요한 것은 진리 안에서 서로 하나가 되는 것이다(요 17:17, 19). 이 점을 깨닫는 이들은 진정한 해방(liberation)을 무시할 수 없다.

세계교회협의회가 교회들에게 영향력을 미치는 것과 더불어 하나의 세계 교회를 세우고자 하는 방향으로 나아가는 것처럼 보였던 시기가 있었다. 나중에 세계교회협의회는 하나 됨과 관련해서 새로운 개념인 협의회(conciliarity), 곧 함께 살고 증언하는 교회 일치적이며 교회 협의회적인 형태를 취하는 것으로 초점을 옮겼다. 세계교회협의회의 발전 과정에서 더 중요한 사항은 다음과 같은 것, 곧 처음 단계에서는 교회의 하나 됨에 강조점을 두고, 이후에는 세상 안에서 교회의 사회적·정치적 측면이 출현하는 것에 강조점을 둔 것이다(참조. K. Ruina in *De kerk*, 1990, 246-256).

1961년 이후 다음과 같은 개념, 곧 우리의 관심은 전체 교회뿐만 아니라 온 세상에 대해서도 관심을 가져야 한다는 개념이 등장했다. 심지어 세

---

37   세계교회협의회 제2차 총회, 에번스턴(Evanston) 1954, 출간 연도 미상, 95.

상은 교회가 실행해야 할 의제(agenda)를 지시한다! 이것은 **세속적 에큐메니즘**(secular ecumenism)이라고 불린다.

신앙과 직제(Faith and Order) 운동의 중요한 문서인 『새로운 방향들』(*New Directions*, 1967)에는 교회가 내적인 사항들보다 외적인 사항들에 초점을 맞추어 집중적으로 수고해야 한다는 주장이 제기되었다. "교회의 존재와 하나 됨은 교회가 세상을 신실하게 섬기는 것에 달려 있다." 이것은 나중에 다양한 프로그램을 통해서 이행되었다(이 문제에 관한 간략한 개관은 안드레젠[Andresen, *Handbuch*, 3:533-545]이 편집한 교리사 및 신학사를 참조하라). 이 정신을 반영하는 교회론을 제시한 신학자가 바로 몰트만이다. 그의 견해에 의하면, "자유 안에서의 하나 됨은 세상을 향한다"(Moltmann, 1975, 368, 371-373).

이 접근 방법은 성경을 매우 임의적인 방식으로 다룬다. 슬렌츠카(R. Slenczka)는 이와 관련해서 다음과 같이 비판한다. 곧 세상에 대한 책임—우리가 이것을 더 자세하게 정의하고자 한다고 하더라도—은 구원을 위해 결정적인 것으로 인식된다(in Andresen, *Handbuch*, 3:540). 신학적인 입장에서 말하자면, 세상은 그리스도인들의 하나 됨을 찾아야 할 가장 개연성이 높은 장소는 아니다(참조. Kuhn, 1980, 214).

b. 부르심으로서의 하나 됨. 하나 됨은 그리스도의 교회에 주어진 명령이다. 따라서 교회는 그것을 실행하라는 부르심을 받았다. "몸이 하나요 성령도 한 분이시니…주도 한 분이시요…하나님도 한 분이시니 곧 만유의 아버지시라"(엡 4:4-6). 따라서 신자들은 "평안의 매는 줄로 성령이 하나 되게 하신 것을 힘써" 지켜야 한다(엡 4:3).

이것은 「벨기에 신앙고백서」에 다음과 같이 반영되어 있다. 곧 교회는 "동일한 성령에 의해서 하나로 연합되어 있다." 모든 신자는 "교회와 자신들을 하나로 결합시키는 데 참여해야 할 의무가 있다. 그러므로 신자들은 교회의 하나 됨을 유지하는 데 힘써야 한다"(제27-28조). 그리스도는 "말씀과 성령으로 하나의 교회를 자기에게 모으시고…그 교회가 참된 믿음으로 하나가 되게 하신다"(「하이델베르크 교리문답」 제21주일). 이와 같이 우리는 항상 참된 신앙 안에서 하나 됨을 이루는 데 관심을 기울여야 한다.

베르크호프의 다음과 같은 주장은 옳다. "하나 됨이 하나님의 주요한 관심사라는 것을 아는 것은 자만심과 낙심에서 우리를 해방한다. 그것은 우리의 활동을 위축시키는 것이 아니라 오히려 그것을 촉진시킨다."[38]

신자들이 서로 영적으로 하나 되는 것으로 충분하다는 견해는 교회의 하나 됨을 추구하는 데 한 가지 방해물을 제공한다. 어떤 이들은 예수가 자신의 백성이 모두 하나가 되는 것을 위해서 기도하셨을 때 그의 마음속에 있었던 것은 이것이 전부였다고 생각한다.[39]

예수는 대제사장의 기도(요 17장)에서 자신에게 속하는 이들이 영적으로 하나되는 것을 위해 진정으로 기도하신다. 하지만 영적인 하나 됨은 비슷한 생각을 지닌 사람들의 개인적인 만남과 모임 안에서만 표현되어서는 안 된다. 그것은 신앙 공동체의 삶에서도 반드시 나타나야 한다. "세상이" 아버지께서 나[그리스도]를 보내신 것(요 17:23)을 "알게 하는" 것은 중요한 것이다. 스킬더는 이에 대해 다음과 같이 표현했다. "영적인 하나 됨이 우선적으로 일어나야 한다. 하지만 그것은 반드시 제도적인 하나 됨으로 이어져야 한다."[40]

비록 교회의 다양성은 하나 됨을 이루라는 성경의 가르침에 어긋나지 않지만, 교회의 분열은 그런 가르침에 어긋난다.

여기서 **교회의 다원성 이론**(doctrine of the pluriformity of the church)에 대해 언급할 필요가 있다. 이 이론은 종종 교회가 처한 현재의 상황에 관한 신학적인 정당화로

---

38 H. Berkhof, 『하나님의 하나의 교회와 우리의 많은 교회들』(*Gods éne kerk en onze vele kerken*), 출간 연도 미상, 21.

39 D. Hedegard, 『교회 일치 운동과 성경』(*De oecumenische beweging en de Bijbel*), 1959, 33.

40 K. Schilder in *Verzamelde werken, de kerken*, 1965, 3:129.

제기된다. 이것은 하나의 도발적인(suggestive) 이론이라고 불려왔다(Berkouwer, *The Church*, 1976, 51).

카이퍼는 교회들의 다양성을 그리스도인의 삶이 풍요롭다는 것과 하나님의 지혜가 다양하게 나타난다는 것에 대한 증거로 이해했다. 교회들의 다양성은 불가피한 발전 과정이다. 하나님은 교회의 분열이라는 악한 상황에서 좋은 것을 만들어내신다. 19세기의 이상주의가 카이퍼의 교회론에 남아 있다.

우리는 분열된 교회들은 단순히 분열된 상태로 존재하는 것이 아니라 서로 대립하는 상태로 존재한다는 것을 명심하면서 교회의 다원성 이론을 거부해야만 한다. 교회들은 자신들의 교리적인 진술들과 더불어 서로 대립하는 입장을 선택한다. 따라서 이 이론은 **진리**의 다원성을 암시하는 결과를 빚어낸다.

카이퍼와 바빙크(그는 교회의 다원성에 대해 다소 덜 이상주의적으로 말한다)의 이론에서 문제점을 지적하면서, 교회의 분열은 무엇보다도 죄의 결과로 이해해야 한다는 올바른 주장이 제기되었다. 이것 이외에도 불화와 분쟁은 교회의 존재 이유와 목적에 해를 끼친다.

스킬더는 "다원성"과 어떤 관계를 갖는 것도 거부했던 신학자였다. 다원성이라는 악은 진보적인 상대주의를 통해서 무자비하게 복수한다.[41]

오늘날 우리는 다원성(theory of pluriformity)보다 다원주의(pluralism)를 더 많이 만난다.

다원주의는 진리 및 구원과 관련해서 항상 서로 다른 견해들이 있었다고 주장한다. 사람들은 서로 다르기 때문에 결국 그들의 통찰과 반응도 서로 다르다. 더 많은 교회들, 교파들 또는 그룹들이 이런 차이점들을 가장 잘 받아들일 수 있다.

하지만 이 관점은 극단적인 개인주의와 주관주의에 문을 열어주는 역할을 한다. 곧 교회에 대한 온갖 개인적·주관적 견해들(ecclesiastical smorgasbord)을 들어오게 한다.

한편 다른 이들의 견해에 의하면, 우리는 서로 다른 견해들이 점점 더 늘어가는

---

41 같은 책, 332.

상황에서 교파와 그룹들의 숫자가 증가하는 것에 대해 어떤 해결책을 제시하려고 추구하는 것이 아니라, 교회 안에 서로 다른 견해들이 점점 더 증가하는 것을 위한 여지를 마련해주어야 한다.

그러나 이것도 해당 문제에 대한 책임 있는 해결책이 아니다. 매우 광범위하게 허용하는 어떤 교회는 실질적으로 모든 것이 타당하거나 또는 적어도 관용할 수 있다. 하지만 이와 같은 교회는 더 이상 바울이 말하는 교회, 곧 살아 계신 하나님의 집으로서 "진리의 기둥과 터"(딤전 3:15)가 아니다. 그렇다면 그와 같은 교회는 진정으로 하나 됨을 이루지 못한 채 단순히 동일한 커다란 교회 안에 함께 존재한다. 또한 단순히 제도적인 측면에서 하나 됨을 이루는 것은 참된 믿음 안에서 하나 됨을 촉진시켜준다고 기대할 수 없다.

현재 교회의 분열은 감소하기보다는 오히려 점차 증대하고 있다. 그 누구도 이와 같은 현재의 상황에 만족하지 않는다. 우리는 이 점과 관련해서 다음 두 가지를 언급하고자 한다.

첫째, 성경에 기초한 교회의 하나 됨은 희생할 가치가 있다. 교회의 하나 됨을 위해 아무것도 포기하지 않고 어떤 변화도 받아들이지 않으려는 것은 잘못된 것이다. 외형적인 획일성이 진정한 하나 됨을 위한 전제 조건은 결코 아니다. 우리가 어떤 이들과 하나 됨을 이루려고 단순히 모든 면에서 그들의 견해들에 동의할 필요는 없다.

둘째, 하나 됨을 위해서 부르심을 받는 것은 우리가 자신을 교회 또는 그리스도인이라고 부르는 모든 것에 의무적으로 찬성해야 하는 것을 의미하지 않는다. 성경에 기초한 하나 됨은 분명한 경계선을 지니고 있다(참조. 딤후 2:16-18; 요일 2:19). 우리는 진리 그 자체를 희생하면서 하나 됨을 추구할 수 없다. 진정한 하나 됨은 진리 안에서의 하나 됨이다. 진정한 하나 됨은 그것의 규범으로 하나님의 말씀을 가진다.

첫 번째 사항과 관련해서, 분열과 정반대되는 하나 됨은 다양성을 배제하지 않는다는 사실을 명심하는 게 중요하다. 우리는 이와 관련해서 칼뱅에게 많은 것을 배울 수 있다. 칼뱅은 참된 교의의 모든 항목이 모두 동일한 부류에 속하는 것은 아니라고 지적한다. 어떤 항목들은 대단히 필수적인 것들이므로, 모든 신자가 신앙의 타당한 원리들로서 그것들이 확실하며 의심의 여지가 없다는 사실을 반드시 알아야만 한다. 또한 교회들 사이에는 논쟁의 여지가 있는 교의들이 있지만, 그것들로 말미암아 믿음의 하나 됨이 깨어져서는 안 된다. 칼뱅은 이것들에 대한 예들도 제시한다. 하지만 사소한 오류조차도 유지하고자 하는 것이 칼뱅의 의도는 아니다. 하지만 건전한 교의가 보존될 뿐만 아니라 주님이 제정한 성례들이 올바로 집전되는 한, 이런저런 사소한 문제로 말미암아 신자가 경솔하게 교회를 떠나서는 안 된다. 하지만 "우리가 거짓된 것이라고 여기는 것을 바로잡고자 한다면, 그렇게 하는 것이 우리의 의무다"(『기독교 강요』 4.1.12). 또한 칼뱅이 캔터베리의 대주교에게 쓴 편지를 읽어보라. 그리스도의 지체들 사이의 거룩한 교제를 위해서 꼭 필요하다면, 그는 기꺼이 열 개의 바다라도 건너갈 마음의 준비가 되어 있다(참조. Nijenhuis, 1959, 209 이하).

두 번째 사항과 관련해서 우리는 독자들에게 칼뱅과 동시대의 인물로서 매우 신중한 입장을 취했던 불링거의 말을 연상시켜주고자 한다. 그는 루터파와 논쟁을 벌였던 것과 관련해 베자에게 보낸 편지에서 다음과 같이 말한다. "우리는 이제까지 고백해온 순전한 진리와 결코 갈등을 빚어내지 않는 하나 됨을 열망합니다. 그 하나 됨은 밝은 빛과 명백한 진리에 어둠이나 의심을 가져오지 않을 것입니다. 또한 그 하나 됨은 그것의 진지함으로 말미암아 모든 경건한 사람을 모두 유쾌하게 할 것입니다. 따라서 그것은 지속적이고 견고할 것이며, 또한 새로운 분열을 초래하지 않을 것입니다"(Bullinger in *C.O.*, 16:737).

앞서 언급한 것은 다음과 같은 것, 곧 하나 됨을 이루는 데 필요한 것 중 거의 아무것도 눈에 보이는 것이 없다는 사실을 암시하고자 하는 것이 아니다.

우리는 무엇보다도 먼저 그것[하나 됨]을 우리 자신의 교회, 우리의 교회들의 총회, 교회들의 연합 집회, 특히 하나 됨의 성례인 주의 만찬에서도 발견할 수 있다(Augustinus). 하나 됨은 우리가 아무리 많을지라도, 그럼에도 불구하고 우리가 한 몸을 이룬다는 것을 훌륭하게 표현해준다(참조. 고전 10:17).

c. 우리는 교회의 하나 됨이 하나님의 첫 번째 선물이고, 우리의 부르심이 하나님의 그다음 선물이라고 생각한다. 하지만 또 다른 측면, 곧 **전망**이 있다.

예수는 "한 목자 아래에서 한 무리 양떼가 될 것이다"(요 10:16)고 말씀하셨다. 그는 그의 백성의 하나 됨을 위해서 분명히 기도하고 고난 당하셨던 것처럼, 또한 모든 것은 분명히 "어린 양의 혼인 잔치"(계 19:6-16)에서의 완벽한 하나 됨을 향해 나아가고 있다. 주의 만찬은 그 혼인 잔치에서 온전히 성취될 것이다. 스킬더가 지적하듯이, 거기서 예수는 기뻐하시며 잔치를 주도하실 것이다. 또한 거기서 그리스도 안에서의 진정한 교제가 보장되고 이루어질 것이다.[42]

3. 교회의 거룩성

믿음의 진술. 성경과 신앙고백서의 언어에 친숙하지 않은 이들은 그리스도인들이 "나는 하나의 거룩한 교회를 믿는다"라고 말할 때 과연 그들은 교회 자체에 대해서 어떤 생각을 하고 있는지 의문을 품을 수도 있을 것이다. 사전의 정의에 의하면, "거룩한"은 "죄가 없고, 순전하며, 완전하고, 숭고하며, 나무랄 데가 없는"을 의미한다. 교회가 이와 같다고 주장하는 것은 스스로 지나치게 과장하는 것은 아닌가?

하지만 우리는 "거룩한 교회"라는 표현을 통해 교회에서는 모든 것이 거룩한 방법으로 실행된다는 것을 의미하지 않는다. 교회 그 자체와 마찬가지로 그 거룩함도 하나의 믿음의 대상이다.

---

42 K. Schilder, 『하늘은 무엇인가?』(*Wat is de hemel?*), 1954, 162.

      개혁교회 교의학

그 용어는 우리 자신의 인간적인 특성보다 오히려 하나님이 행하시는 일에 적용된다. 결국 성경에서 "거룩한"은 언제나 하나님께 속한 것을 가리킨다. 곧 죄 혹은 세상과 분리된 채 하나님을 섬기기 위해서 거룩하게 구별된 어떤 대상을 가리킨다.

신약성경에 의하면, 교회는 자신의 거룩함을 하나님이 교회를 선택하심, 하나님과 그분의 백성 사이에 맺은 언약, 그리스도의 희생제사 및 성령의 거룩하게 하는 사역에 빚을 지고 있다(참조. 벧전 2:9-10; 엡 5:25-27; 히 10:10; 엡 2:20-21 및 벧전 1:2). 곧 거룩한 교회는 삼위일체 하나님의 사역의 결과로 존재한다. 그래서 하나님의 백성은 거룩한 백성이고, 그리스도의 몸도 거룩하며, 성령의 전도 거룩하다.

믿음의 언어에서 사용되는 "거룩한"이라는 용어는 높은 도덕적 수준이나 실질적으로 완전한 것을 의미하지 않는다. 중요한 것은, 교회에 있는 모든 것은 하나님을 섬기기 위한 관점과 관련이 있다는 것이다. 거룩한 교회는 하나님의 이름을 거룩하게 하기 위해서 존재한다.

두 가지 견해. 로마 가톨릭교회는 "거룩한"이라는 용어에 매우 편안함을 느낀다. 로마 가톨릭교회의 공의회 문서에 의하면, 이 교회에는 확고한 거룩함이 있다. 이 거룩함은 성령이 신자들 안에서 맺게 하는 은혜의 열매로서 끊임없이 드러나고 또 드러나야 한다. 나아가 그 거룩함은 사랑 안에서 완전함에 이르려고 애쓰고 "복음적인 권고들"(독신, 자발적인 가난 및 순종; 『교회 헌장』, 1964, no. 39)을 실천하는 것을 통해서 나타나고 또 나타나야만 한다. 그것들은 보통 더 높은 거룩함으로도 언급된다. 그뿐만 아니라 이른바 순교자들의 영웅적인 거룩함과 어떤 이들을 통해서 기적들이 나타나는 은사적인 거룩함도 있다. 로마 가톨릭교회에는 공경의 대상으로서 교회가 공인한 성인들이 있다는 것이 매우 중요하다. 이 모든 것은 교회의 객관적인 거룩함에 의해서 확증된다. 이 거룩함은 교회에서 특히 "성체성사"를 통해 나타난다.[43]

43　참조. Balduinus in *De Katholieke Kerk*, 출간 연도 미상, 3:1038-1093.

그렇다면 이렇게 자신에 대해 말하는 교회는 죄의 영역 바깥에 있는가? 교회 내에 있는 죄의 문제에 대한 로마 가톨릭교회의 전통적인 접근 방법은 죄 없는 교회와 교회 내 죄 있는 구성원들을 서로 구분하는 것이다(Schwintek, 1969, 32).

교회에 대한 이와 같은 추상적인 견해를 지지해주는 성경적인 근거는 전혀 없다. 교회의 현실은 이 견해와 다르다. 요한계시록 2-3장은 교회의 지체들에 대한 경고뿐만 아니라 그리스도가 교회들 자체에 대해서도 책망하는 내용을 포함한다.

오늘날 교회의 거룩함을 찬양하는 음성은 거의 들리지 않는다. 교권주의적이며 위계적인 승리주의를 반대하는 이들이 많이 있다. 한스 큉은 다음과 같이 말한다. 현실의 교회는 죄악된 교회다. 그리고 그 교회의 지체들은 "성인들이라고 불리고" 있고, 그들 스스로가 자신들을 성인들이라고 주장하는 이들이 아니다(Küng, 1967, 379, 385).

종교개혁의 전통에 서 있는 신앙고백서들은 교회의 거룩성을 로마 가톨릭교회의 입장과는 다르게 표현한다. 교회는 "진정한 그리스도인 신자들의 거룩한 공동체다.…교회는 그[그리스도]의 피로 씻김을 받았고, 성령에 의해서 거룩하게 되었으며 인침을 받았다"(「벨기에 신앙고백서」 제27조). 이 거룩한 교회는 성도들의 공동체(*congregatio sanctorum*) 또는 성도들의 교제(*communio sanctorum*)로 이해되어야 한다. 이와 같이 성도들은 교회 안에서 어떤 별도의 부류를 형성하지 않는다. 왜냐하면 신약 성경에서 성도들이라는 단어는 신자들을 의미하기 때문이다. 거룩한 교회는 신자들로 이루어진 모임이다. 그와 같은 모임으로서 교회는 결점들을 지니고 있다. 그렇다면 교회에 돌려진 거룩함은 이미 완전한 것인가? 칼뱅은 이 질문에 다음과 같이 대답한다. "이 세상에서 교회가 싸움을 하는 동안 교회는 완전하지 않다. 예수 그리스도에 의해서 거룩하게 된 교회가 장차 교회의 머리인 그리스도와 완전하게 하나 됨을 이루기 전까지 불완전의 요소들은 언제나 남아 있고, 또한 그 요소들은 완전히 제거되지 않을 것이기 때문이다"(「제네바 교리문답」).

선물과 의무. 교회는 그리스도에 의해서 구원받았다. 그리스도는 대제사장의 기도에서 다음과 같이 기도하신다. "또 그들을 위하여 내가 나를 거룩하게 하오니 이는 그들도 진리로 거룩함을 얻게 하려 함이니이다"(요 17:19). 신자들은 성령에 의해서 거룩해진다(살후 2:13). 바로 이것이 사도신경에서 교회에 대한 신앙고백—"거룩한 공회(교회)"—이 "성령을 믿사오며"라는 신앙고백에 이어서 곧바로 언급되는 이유다.

그리스도의 교회가 거룩하게 되는 성화는 교회가 세상에 있지만 "세상에 속하지 않을"(요 17:14-17) 때 눈으로 드러난다. 그리스도는 교회를 세상 속으로 보낸다. 하지만 그는 세상이 교회를 삼키지 못하도록 교회를 보호해준다.

우리는 교회의 세속화를 경계해야 한다. 그렇지 않으면, 교회와 세상의 경계선이 흐릿해질 수 있다.

어떤 이들은 다음과 같이 주장한다. 하나님의 세상이지만 우리가 살고 있는 세상이라는 구체적인 상황에서, 교회는—큰 소리로 외치거나 침묵하면서—인간이 살아가는 데 기여하고 또 그렇게 기여를 하면서 그리스도를 나타낸다. 이것이 "세상을 향한 돌이킴(conversion)"이다.[44] 이 견해를 지지하면서 종종 다음과 같은 주장이 제기되었다. 곧 교회가 세상을 위해 존재하고 더 인간적이며 더 공정한 사회를 위해 싸운다면, 교회는 자기의 메시지를 사람들에게 신뢰할 만하고 효율적인 것으로 만들 수 있다.[45]

그러나 세속화되는 교회는 자기의 거룩함을 포기한다. 교회의 거룩함은 대단히 본질적인 요소이기 때문에 그것을 포기하면 교회는 자신의 정체성을 잃어버릴 것이다.

우리는 교회와 세상의 관계에 대해 신약성경에 기초해서 말해야 한다는 사실을 잊어서는 안 된다. 곧 우리는 교회가 놓여 있는 상황의 한가운데서 교회의 부르심에 대해 또한 특히 성화 과정에 있는 삶이 지니고 있는

---

44 J. C. Hoekendijk in "Die Welt als Horizont," in *Evangelische Theologie 25* (1965): 480; H. J. Schultz, *Konverzion zur Welt*, 1964.

45 G. Gutierrez, 『해방 신학』(*Theologie van de bevrijding*), 1974, 191 이하.

선교적인 중요성에 대해 말해야 한다. 반 스위그켐의 견해에 의하면, 교회의 사역에서 선교라는 요소의 역할은 본질적인 요소 또는 필수 불가결한 측면이다. "우리는 교회의 **첫 번째 선교 사명**은 교회가 성령의 구원하는 능력 및 정결하게 하는 능력이 자신의 삶에서 역사한다는 것을 교회 바깥에 있는 사람들에게 보여주는 데 있다고 말할 수 있다"(Van Swigchem, 1955, 106, 참조. 242 이하).

세상은 교회의 거룩함과 교회의 지체들의 성화에 기초해서 주님이 이 세상에서 자기에게 속한 백성을 지니고 있다는 사실을 반드시 깨달을 것이다. 그 거룩함과 성화는 그것 너머에 있는 대상을 가리켜준다. 베드로는 이와 관련해서 다음과 같이 말한다. 곧 "너희는…거룩한 나라요 그의 소유가 된 백성이니, 이는 너희를 어두운 데서 불러내어 그의 기이한 빛에 들어가게 하신 이의 아름다운 덕을 선포하게 하려 하심이라"(벧전 2:9-10).

교회의 세속화 이외에도, 우리는 **섬뜩한 율법주의**(creeping legalism)라고 부를 수 있는 하나의 현상에 직면해 있다.

교회사의 처음 몇 세기 동안과 관련해서, 우리는 도나투스파(Donatists)를 생각할 수 있다. 이 이단 교파에 속한 이들은 성직자들과 특히 주교들을 교회의 거룩함의 실질적인 담지자들로 이해했다.[46]

16세기에 교회의 거룩성은 재세례파들에게 대단히 중요한 문제였다. 칼뱅은 그들이 정당한 교회를 스스로 떠났다고 말한다. 왜냐하면 그들은 신자들의 삶이 완전히 순결하고 오점이 전혀 없는 곳이 아니라면 교회가 존재하지 않는다고 생각하기 때문이다. 칼뱅은 그들의 견해들에 대해서 광범위한 이의를 제기한다(『기독교강요』 4.1.13-18). 그는 다음과 같이 말한다. 만약 우리가 모든 면에서 완전한 어떤 교회만을 교회로 인정한다면, 단 하나의 교회도 남지 않을 것이다. 그는 바울이 활동하던

46　다음 연구서와 비교해보라. E. Altendorf, 『교회의 하나 됨과 거룩성』(*Einheit und Heiligkeit der Kirche*), 1932, 137-153.

　　　　　　　　　　　　　　　개혁교회 교의학

당시의 고린도 교회와 갈라디아 지역에 위치한 교회들이 처해 있던 상황을 지적한다. 바울의 판단에 의하면, 고린도 교회와 같은 교회도 그리스도의 교회이고 성도들이 서로 교제하는 곳이다. 칼뱅은 사도신경에서 "죄를 사하여 주는 것을 믿사오며"라는 조항은 교회에 대해 다루는 조항이라는 것을 지적해준다.

교회에 대해 주장하는 칼뱅의 논의들이 모두 동일하게 강력한 설득력을 지니고 있는 것은 아니다. 예를 들면 좋은 씨와 가라지 비유에 근거한 그의 호소는 타당하지 않다. 왜냐하면 마태복음 13:36-43에 의하면, 해당 비유에서 언급되는 밭은 교회가 아니라 세상이기 때문이다.

나중에 우리는 라바디파(Labadists) 안에서도 교회에 대한 완벽주의를 발견할 수 있다. 장 드 라바디(J. De Labadie, 1610-1674)는 교회 구성원들의 거룩함과 관련된 교회의 서른아홉 가지 특성에 대한 목록을 제시한다. 교회는 교회 구성원의 절대 다수에 의해서 판단되어야 한다. 그것은 이것을 통해서 참 신자들과 그렇지 않은 신자들을 반드시 구분해야 한다.[47]

브라컬과 같은 저자들은 이 주장에 맞서 개혁파의 입장을 명백하게 옹호했다(W. à Brakel, *R.S.*, 2:60-64). 라바디파는 교회의 권징이 올바로 지속적으로 실행되지 않는 것에 불만을 품었다. 하지만 교회 안에 사랑이 없다면, 권징은 엄격주의(rigorism)로 이어질 것이다.

여기서는 교회의 거룩성에 대해 간결하게 언급하고자 한다.

교회는 거룩하다. 하지만 교회가 어느 날 거룩하게 될 정도로 거룩하지는 않다. 그리스도는 교회를 거룩하게 하려고 자기 자신을 내어주었다. 하지만 또한 주님은 날마다 교회의 오점들을 깨끗이 씻어주는 일을 한다(Calvin, 『기독교강요』 4.1.17). 그리스도는 "자기 앞에 영광스러운 교회로 세우사 티나 주름 잡힌 것이나 이런 것들이 없이 거룩하고 흠이 없게" 하

---

47 비교. G. Oorthuys, 『교회가 나아가는 길 위에서 만나는 교차 지점』(*Kruispunkten op den weg der kerk*), 출간 연도 미상, 110-117.

려고 한다(엡 5:27). 이 성경 본문은 아직 완전히 성취되지 않았다. 교회가 장차 완전히 거룩하게 될 것이라는 전망은, 미래를 향해 나아가는 교회는 주님 앞에서 거룩하게 살아야 한다는 강력한 동기를 제공해준다.

교회는 그리스도와 친밀하게 교제하면서 그에게 순종하는 것을 통해 점점 더 거룩해져간다. 교회는 장차 어느 날 하나님의 은혜로 완전히 거룩해질 것이다. 새 예루살렘은 교회가 영광스러운 모습으로 변화되어 나타나는 거룩한 도시다. 어떤 속된 것도 그 도시 안으로 들어가지 못한다(참조. 계 21:2, 10, 27).

4. 교회의 보편성

a. 보편성의 개념. 보편적(catholic)이라는 단어는 그리스어에서 파생된 것으로 "전체와 관련된 것, 일반적인 것 및 보편적인 것" 등을 의미한다. 그것은 부분적인 것 및 분리된 것과 정반대되는 개념이다.

신약성경에서 교회는 아직 보편적인 교회로 불리지 않았다. 하지만 기원후 2세기 초에 이미 교회는 그와 같이 불렸다. 서머나에 있는 가톨릭 교회는 보편적인 교회라기보다, 그리스도의 다른 교회들과 연결되어 있는 참된 교회를 의미한다. "보편적"이라는 용어는 분열을 일삼는 교인들, 이단에 속한 교회들 및 배교자들과 그리스도의 교회를 구분해준다. 무엇보다도 아우구스티누스는 도나투스파와 맞서 싸우면서 전 세계에 흩어져 있는 교회라는 의미에서 교회의 보편성을 새롭게 강조했다. 예루살렘의 키릴로스(386년 사망)는 교회의 보편성이 몇 가지 측면을 지니고 있다고 지적했다(Berkhof, 1962, 13).

교회가 보편적이기 위해서 유지해야만 하는 모든 것을 아는 것은 중요하다. 보편적이라는 것은 지리적인 측면에서 전 세계를 가리키는가? 아니면 그것은 온갖 다양성을 지니고 있는 전체 교회의 모든 지체를 가리키는가? 그것은 교회가 모든 신자에게 가르쳐야 하는 교의 전체인가? 아니면 교회 안에서 받은 모든 구원인가? 우리는 요약적으로 다음과 같이 말할 수 있다. 처음에 보편적이라는 표현은 참된 교회를

개혁교회 교의학

의미했다. 이것이 동시에 보편 교회였고 또는 보편 교회가 동시에 참된 교회였다.

종교개혁의 전통에 서 있는 교회들은 사도신경에 사용된 "가톨릭"이라는 용어를 "나는 하나의 (거룩한) 보편적인 교회(universal Christian church, '공회')를 믿는다"고 번역한다. "보편적"은 "가톨릭"이라는 형용사를 매우 일반적인 의미로 번역한 것이다. 왜냐하면 그 번역은 보편성(catholicity)이 진리 전체 및 구원의 완전성과 관련이 있다는 측면을 제대로 표현하지 못하기 때문이다. 여기서 "보편적" 및 "기독교적"이라는 단어들은 모두 "카톨리카"(*catholica*)라는 라틴어 형용사를 번역한 것이다. 루터는 "가톨릭"이라는 단어를 좋아하지 않았다. 그래서 그는 그 단어를 "기독교적"(Christian)이라는 단어로 대치했다. 하지만 이것은 "가톨릭"이라는 단어를 만족스럽게 번역한 것은 아니다. 비록 "기독교적"이라는 용어를 계속해서 사용했지만, 대체로 거기에 "보편적인"(universal)이라는 단어가 덧붙여졌다. 따라서 "보편적인 기독교적 [교회]"는 "가톨릭"이라는 단어를 이중으로 번역한 것이다. 「네덜란드의 신앙고백 문서」(*De Nederlandse belijdenisgeschriften*, 1983)에는 라틴어 원문에 들어 있는 용어가 다시 사용되었다.

「하이델베르크 교리문답」 제21주일 문답뿐만 아니라 「벨기에 신앙고백서」 제27조의 내용에서도 명백하게 알 수 있듯이, 종교개혁 시대에는 교회의 보편성에 초점이 분명하게 맞추어져 있었다. 곧 교회는 모든 참된 신자, 모든 시대와 장소에 있는 교회를 포함한다.

만약 사도신경에 표현된 가톨릭 교회가 보편적인 교회라면, 로마 가톨릭교회는 이 명칭을 사용하는 자격이 있다고 주장할 수 있는 가장 좋은 입장에 있는 것처럼 보인다(대체로 가톨릭은 로마 가톨릭교회를 의미하는 것으로 여겨졌다). 교의학 저서들은 특히 공간적인 보편성에 관한 인식, 곧 교회가 전 세계에 퍼져 있다는 인식과 관련해서 가톨릭이라 불린다고 주장한다(참조. Ott, 『교의학 개관』[*Grundriss*], 369).

하지만 단순히 숫자에 기초해서 교회의 보편성을 이해하는 것은 교회를 영적으로 이해하지 않는 것이라고 주장하는 신학자들이 있다. 큉은 다음과 같은 질문을 제기한다. 어떤 교회가 그 전개 과정에서 교회의 고유한 본질을 신실하게 따르지 않는다면, 교회가 가장 넓게 퍼져 있다는 사실이 가진 유익은 무엇인가? 가톨릭은 본래 정적 개념 또는 역사적 개념이 아니다. 따라서 교회의 보편성은 교회가 본질적으로 모든 시대에 그리고 정말로 똑같은 모습으로 머물러 있음을 의미한다. (Küng, 1967, 358 이하; 참조. Barth, *C.D.*, 4.1.701-712).

교회의 보편성에 대한 이브 콩가르(Y. Congar)의 견해가 특히 많은 영향을 끼쳤다. 그의 관점에 의하면, 보편성과 관련해서 충만함과 완전함이 핵심적으로 중요하다. 따라서 보편성은 양적인 의미가 아니라 질적인 의미로 이해되어야 한다. 교회는 각각의 나라와 문화가 기여한 것, 무엇보다도 기독교적인 가치들—루터와 칼뱅의 사상이 한편으로 치우친 채 전개되기는 했지만, 그들의 관점을 포함해—을 받아들여 자기 것으로 만들어야 한다. 로마 가톨릭교회는 다른 어떤 교회들보다 보편성을 더 많이 보존하고 있다. 비록 아직까지 로마 가톨릭교회가 충분할 만큼 보편적이지는 않지만 말이다. 바로 이런 이유에서 로마 가톨릭교회가 문을 더 넓게 여는 것이 필요하다. 하지만 이 입장에는 신학적인 다원주의가 존재할 가능성이 있으며 또한 실질적으로 그렇다(*M.S.*, 4:1.494-501). [네덜란드 가톨릭교회의]『새로운 교리문답』(*De nieuwe katechismus*)은 다음과 같이 주장한다. "종교개혁이 로마 가톨릭교회의 진리를 제대로 파악하지 못했다는 사실을 아는 것은 매우 유감스러운 일이다. 또한 로마 가톨릭교회도 종교개혁의 진리들을 제대로 파악하지 못했다는 증거를 보여준다." 따라서 모든 교회가 새로운 가톨릭 교회, 곧 보편 교회를 향해 함께 나아가는 운동에 동참해야 한다.[48]

b. 보편성에 대한 성경적 기초. 교회의 보편성은 기독교의 보편성을 전제한다. 기독교는 보편적이다. 하나님이 그분의 선한 뜻 안에서 결정하신 것 외에 기독교에는 아무런 경계선도 없다. 성별이나 연령, 사회적인 지위나 신분, 국적이나 언어 등 아무런 경계선도 없다! 요한복음 3:16과 다른 많은 성경 구절은 이 보편성에 대해 말한다. "그와 같이 풍요로운 복음은 하나

---

48   *De nieuwe katechismus*, 1966, 382 이하.

     개혁교회 교의학

님의 백성을 빚어낸다. 그래서 그 백성은 어떤 민족이나 국가의 경계선 안에 더 이상 갇혀 있을 수 없다." 교회는 "모든 민족"을 대상으로 삼고자 하는 메시지를 지니고 있다(마 28:19). 교회의 보편성은 오순절 성령 강림 사건을 통해서 눈에 보이게 되었다(참조. 행 2:11, 17, 21, 39; 10-11장). 하지만 그 보편성은 곧 시험에 직면한다. 바울은 유대교의 배타주의와 싸워야만 했다. 유대교는 도처에 자리를 잡고 있었다. 사도 바울은 위험에 처한 것이 무엇인지 깨달았다. 위험에 처한 것은 바로 교회의 보편성, 그리스도 안에서의 자유, 그리스도의 십자가의 보편적인 가치, 은혜의 풍성함 및 오직 믿음으로 의롭게 됨 등이었다. 사도들의 만장일치 결정을 통해서(행 15장) 교회의 하나 됨과 보편성이 견고하게 보장되었다. 특히 바울이 자신의 편지들에서 교회의 보편성을 강조하며 가르친다는 것은 결코 놀라운 일이 아니다(참조. 고전 12:13; 골 3:28; 엡 2:14-16; 골 3:11). 이와 관련해서는 바빙크(Bavinck, 1968², 1-11)를 보라.

최근의 신학에서는 교회의 보편성의 질적 측면이 이전보다 더 많이 강조된다. 보편성이 기독론에 기초한다는 것은 중요하다. 베르크호프는 다른 신학자들처럼 바울의 충만과 성취의 개념을 자신의 출발점으로 삼는다(Berkhof, 1962, 44-68). 그리스도 안에 충만함(*pleroma*)이 있다. 베르크호프는 에베소서 1:23에서 사용되는 "플레로마"라는 그리스어 단어를 영역으로 이해한다. 곧 교회는 만물을 주관하시는 분의 영역이다. 교회는 "하나님의 모든 충만하신 것으로 충만"해야 한다(엡 3:19). 우리는 바울이 이것에 대해 어떻게 생각하는지를 에베소서 4:13-15에서 읽을 수 있다. 곧 우리는 진리와 사랑 안에서 성장하여 교회의 머리인 그리스도에게까지 이르러야 한다.

c. 종교개혁의 관점. 교회의 통일성 및 거룩성과 마찬가지로 교회의 보편성도 하나의 선물이자 의무다. 교회는 그리스도의 사역을 통해서 보편적이다. 그리스도는 그의 성령과 말씀을 통해 자신을 위해서 하나의 교회를

불러 모은다. 교회의 지체들은 영원한 삶을 위해 선택되었다. 그리스도는 세상의 시작부터 끝까지 전체 인류 가운데서 교회를 불러 모은다. 이것은 양적 측면을 지니고 있다(「하이델베르크 교리문답」 제21주일). 여기서 보편성과 진리는 서로 매우 밀접하게 연결되어 있다. 우리는 다음과 같은 칼뱅의 묘사에서 교회의 보편성에 대한 동일한 두 가지 측면을 발견한다(『기독교강요』 4.1.9). 곧 "보편 교회(*ecclesia universalis*)는 모든 나라에서 모인 거대한 무리다. 비록 그 교회는 나뉘어져서 이곳저곳에 존재하고 있지만, 신적인 교리의 하나의 진리에 동의며, 또한 동일한 신앙의 끈으로 서로 연결되어 있다."

우리는 로마 가톨릭교회에서 주장하는 교회의 보편성이라는 개념을 반대한다. 여기서 교회는 교회법에 기초해 특정한 장소와 인물 그리고 제도들(교회의 중심으로서 로마, 교황, 위계적인 성직제도 등)에 매여 있다. 이것은 성경의 가르침에 어긋나는 것이다. 이 관점에서 볼 때, 로마 가톨릭교회는 "보편적"이라는 명칭을 사용할 권리를 전혀 지니고 있지 않다. 바빙크는 "가톨릭"이라는 단어보다 "로마" 교회 또는 "교황" 교회라는 명칭이 그 교회의 본질을 더 잘 표현해준다고 주장한다(Bavinck, *R.D.*, 4:323). 우리는 "보편적"이라는 명칭을 포기하지 않는다. 하지만 우리는 종교개혁에 기초한 "보편적인" 교회다.[49] 또한 우리에게 이것은 우리의 교회 규정들을 정경화(canonize)하지 않는다는 것을 의미한다.

우리는 로마 가톨릭교회의 관점 외의 분파주의적 견해도 반대한다. 또한 바빙크도 다양한 분파주의적 현상에 대해서 경고했다(Bavinck, 1968, 35-40). 교회의 활동 안에 때때로 분파주의적인 경향들이 나타나기도 한다. 우리는 이것을 경계해야 한다. 그뿐만 아니라 다양한 분파들은 상당한 호소력을 지니고 있다. 분파들의 특징에는 자기 자신의 관점을 절대화하고 분리하는 특징이 포함되어 있다. 어떤 분파나 분

---

[49] 참조. J. Riemens, *Reformatorische Katholiek of* (or) *Rooms-Katholiek?* 1948.

리주의적인 그룹은 다른 사람들이나 그룹들과 어울리지 않으려고 한다. 종종 분파들에 대해서 다음과 같은 주장이 제기되었다. "그들의 관점에 의하면, 하나님의 진리는 그리스도의 시대에 잠시 세차게 불타오르다가 자기 자신의 분파가 생겨나기까지 다시 나타나지 않는다."[50]

보편적이라는 것은 우리가 그리스도 안에서 주어진 충만에 의해 살아가고, 우리가 다른 성도들과 함께 그리스도의 충만한 데까지 성장하기를 바란다는 의미를 내포한다(참조. 엡 3:14-19). 또한 이것은 우리가 온갖 종류의 편협함과 싸우고, 다양한 측면을 추구한다는 것을 의미한다.

우리는 그리스도의 복음이 보편성을 지니고 있다고 고백하면서 우리 자신의 그룹에 우리를 가두어놓은 채 다른 사람들에게 우리를 차단시킬 수 없다. 우리는 그리스도가 배척하시지 않는 교회들과 그리스도인들을 배척해서는 안 된다. 반면에 우리는 그리스도가 포함하시지 않는 대상들을 교회 안에 포함시켜서도 안 된다. 그리스도가 정해놓으신 경계선이 있기 때문이다. 교회는 사람들이 고안해내는 것은 무엇이든지 아무런 문제 없이 통용되는 어떤 영역이 아니다.

이것으로부터 보편성은 에큐메니즘과 같은 어떤 새로운 개념으로 대치될 수 없다고 추론할 수 있다. "보편적"과 "전 세계적"(ecumenical)은 서로 동일시 될 수 없다. 베르크호프는 "수평적인 에큐메니즘은 수직적인 보편성으로부터 태어난다"고 주장한다. 이것은 진정으로 매혹적인 주장이다. 하지만 일련의 타협들의 도움을 얻어서 교회의 통일성의 조각들을 함께 접합하는 것은 옳지 않다. 또한 베르크호프는 에큐메니즘은 보편성의 목표이자 열매라는 이론은 그 순서를 뒤바꾸어야 한다고 덧붙여서 주장한다. 곧 보편성은 반드시 에큐메니즘의 목표이자 열매여야 한다 (Berkhof, 1962, 110). 그렇다면 우리는 어떤 보편성을 머릿속에 떠올리게 되는가!

---

50 K. Hutten, 『믿음과 분파들』(*Geloof en sekte*), 출간 연도 미상, 96.

이 점과 관련해서 앞서 다룬 "보편성에 대한 성경적 기초"를 보라.

우리는 교회의 보편성에 대해 신앙을 고백한다. 그것은 하나님의 관점에서 교회를 구성하는 것이 무엇인가를 고려할 뿐만 아니라— 칼뱅은 두 개 또는 세 개의 보편 교회가 있을 수 없다고 말함—우리가 보는 그대로의 교회도 고려한다. 중요한 사항으로서, 우리는 교회의 지체들이고, 주님이 교회를 어느 곳에서 불러 모으시든지 그 교회는 전체 교회와 밀접하게 연결되어 있다.

또한 보편성은 교회 안에 어떤 차별도 있어서는 안 된다는 것을 암시한다. 교회의 문은 참 신앙을 고백하는 모든 사람에게 활짝 열려 있다. 문화, 인종 또는 국가, 지위 또는 지적 능력 등은 교회에서 결정적으로 중요한 것이 결코 아니다. 이것들은 성도의 교제에 아무런 방해 요인도 제공하지 않는다. 왜냐하면 그것들은 그리스도와 교제하는 데 아무런 방해 요인이 되지 않기 때문이다.

교회의 보편성은 눈으로 볼 수 있다. 하지만 우리는 아직까지 보편성이 의미하는 모든 것으로부터 멀리 떨어져 있다. 또한 보편성은 항상 위협에 직면해 있다. 그래서 우리가 깨어서 다음과 같이 기도하는 것이 중요하다. 곧 하나님이 그분의 교회에게 보편성과 관련해서 교회가 의미하는 것을 더욱더 풍성하게 허락하시도록 기도해야 한다.

또한 보편성은 종말론적 관점을 지니고 있다. 교회는 "만물이 완성되는 시점에 교회의 보편성이라는 속성과 더불어 자기 자신을 넘어서 하나님 나라의 미래를 가리킨다"(Beker/Hasselaar, *Wegen* 5:116). 교회가 사모하는 이 충만은 교회에 허락될 것이다. 우리는 하나의 거룩하고 보편적이며 사도적인 미래의 교회를 향해서 나아가고 있다. "각 나라와 족속과 백성과 방언에서 아무도 능히 셀 수 없는 큰 무리가 나와 흰 옷을 입고 손에 종려 가지를 들고 보좌 앞과 어린 양 앞에"(계 7:9) 서 있을 것이다.

5. 교회의 사도성

a. 교회의 사도적인 기초. 우리는 대체로 교회의 사도성을 맨 마지막에 언급하지만, 교회의 네 가지 속성 중 사도성이 가장 덜 중요하기 때문에 맨 마지막에 언급하는 것이 결코 아니다. 사도성은 필수 불가결한 것이다. 사

도성을 제외시킨 채, 교회에 대해 무슨 말을 한다고 하더라도, 그것은 그 말의 가치를 잃어버린다.

교회는 사도들 및 그들의 사역과 특별한 관계를 맺고 있기 때문에 사도적이라고 불린다. 교회는 사도들의 사역에 의해서 그 윤곽이 뚜렷하게 나타나게 되었다. 따라서 교회는 이 흔적을 지니고 있고, 반드시 지속적으로 지니고 있어야 한다.

성경에 의하면, 교회와 사도들은 직접적인 연관성이 있다. 마태복음 16:18, 에베소서 2:20과 요한계시록 21:14을 보라. 사도들은 유일무이한 위치를 차지하고 있다. 그들은 하나님이 그리스도 안에서 행하신 일을 직접 듣고 보았기 때문이다. 그들은 구속과 관련된 사건들에 대한 목격자들이었고, 주 예수의 부활을 큰 권능으로 증언했다(행 4:33; 10:39-42).

사도는 실질적으로 사신(envoy)이다. 유대인들은 "샬리아흐"(*šaliach*)라는 인물을 잘 알고 있다. 그는 전권 대사로서 그를 보낸 자 또는 그에게 임무를 부여한 자를 대신했다. 사신은 그를 보낸 자를 대신해서 말하므로, 사신의 말은 그를 보낸 자의 말로 간주되었다. 예수는 그의 사신들에 대해서 "내가 보낸 자를 영접하는 자는 나를 영접하는 것이요"(요 13:20)라고 말씀하신다.

사도들은 예수를 대신하도록 권위를 부여받았을 뿐만 아니라 자신들이 받은 사명을 수행할 수 있는 능력을 부여받았다. 왜냐하면 성령이 특별한 방법으로 그들을 인도하셨기 때문이다. 예수는 그들에게 이것을 약속하셨다(요 15:26-27; 행 1:8).

사도들은 교회의 기초를 놓았다. 이 일은 유일무이하게 이루어진 것이다. 따라서 그 일을 반복하는 것은 필요하지 않고, 가능하지도 않다. 바로 이런 이유에서 사도들은 그들의 후계자들을 임명하지 않았다.

예루살렘 교회는 단순히 그 교회의 한가운데 사도들이 있었기 때문에 사도적인 교회였던 것이 아니라, 그 교회가 사도들의 가르침에 몰두하며 그것을 계속해서 굳게 붙잡고 있었기 때문에 사도적인 교회였다(행 2:42).

사도적인 가르침은 복음이다. 사도들은 그리스도의 이름으로 그 복음을 선포했다. 이것은 모든 시대의 교회들을 위해서 사도적인 저서들 안에 기록되었다. 후 시대의 교회들은 그것을 정경으로 받아들였다.

정경은 그리스도이며 하나님의 아들이신 예수를 선포하는 것과 더불어 모든 시대와 전체 교회를 위한 사도들의 중요성을 말해준다. 교회는 반드시 이것을 꼭 붙잡고 있어야 한다(H. N. Ridderbos in *De apostolische kerk*, 1954, 81). 교회는 이것을 반드시 고수해야 한다. 사도 바울은 바로 이런 이유로 디모데에게 다음과 같이 말한다. "또 네가 많은 증인 앞에서 내게 들은 바를 충성된 사람들에게 부탁하라. 그들이 또 다른 사람들을 가르칠 수 있으리라"(딤후 2:2; 참조. 딤전 6:20).

또한 진리와 오류의 경계선을 그어주는 것도 사도들의 임무에 속한다(갈 1:6-9; 요일 4:1-3). 만약 교회가 사도들의 경고들을 마음속에 간직하고 진리로부터 벗어나지 않는다면, 교회는 진정으로 사도적인 교회가 될 수 있다(참조. A. D. R. Polman in *De apostolische kerk*, 1954, 177-182).

나아가 교회의 기초를 놓는 일뿐만 아니라 교회를 세워나가는 일도 사도들에게 임무로 주어졌다. 사도들 이외에 다른 사람들도 "성도를 온전하게 하여 봉사의 일을 하게 하며 그리스도의 몸"을 세워나가는 일에 부름을 받았다(엡 4:11-12). 따라서 이 점과 관련해서 오직 사도들만 교회를 세워나가는 일에 부름을 받은 것이 아니다. 사도들이 죽은 다음에도 교회를 세워나가는 일은 다른 사람들에 의해서 지속되었다. 그들도 이 일을 하도록 부르심을 받은 것이다. 그들은 이미 놓인 기초 위에 계속해서 건축물을 세워나간다.

b. 사도권 계승 또는 사도적인 가르침? 이른 시기부터 교회 안에서 다음과 같이 선언하는 이들이 있었다. 곧 "우리는 사도들의 상속자들이자 사도들의 교회다." 이것은 이단과의 싸움을 반영한다. 교회는 이단과 싸우면서 자신이 지니고 있는 사도적 기원과 사도적 전승에 호소했다. 정경과 믿음의 규

 개혁교회 교의학

범(the rule of faith) 또는 진리의 규범(the rule of truth)—기독교 신앙에 대한 간결한 요약으로서 그 내용이 항상 동일하게 표현되지는 않았음—외에도, 중요한 것으로 간주된 또 다른 요소가 있었다. 이 요소는 주교들이 중단되지 않은 채 계승되어왔다는 것을 가리키고, 그것은 마지막으로 사도들에게까지 거슬러 올라간다. 이단들이나 분리주의자들은 이와 같이 주장할 수 없고, 오직 보편 교회만이 그것을 주장할 수 있다. 이 계승(*succesio*)에는 공식적인 안수를 통해 성직자를 임명하는 것도 포함되어 있다. 주교들, 특히 로마 주교는 사도들의 계승자들로 간주되었기 때문에, 교회는 자신이 사도들의 발자취를 따르고 있으므로 안전하다고 느꼈다. 이 개념은 가장 이른 시기로서 기원후 200년 무렵에 등장했다(Irenaeus, Tertullian).

맨 처음에 보조적인 역할을 했던 것이 나중에는 주요한 역할을 하는 것이 되었다. 사도권 계승에 관한 교의는 점차 발전되어 로마 주교가 수장권을 얻는 데까지 이르렀다. 그는 베드로의 후계자로 간주되었다. 또한 그의 주교좌는 사도좌 또는 성좌 및 교황청이라고 불리게 되었다.

교황 비오 9세는 1864년에 그리스도의 참된 교회는 하나 됨, 거룩함, 보편성, 사도적 전승으로 특징지어진다고 선언했다. 로마 가톨릭교회의 관점에 의하면, 교회의 사도성은 이것보다 더 많은 것을 포함한다. 사도적 전승이라는 개념에는 다양한 요소가 내포되어 있다.

사도적인 교회와 순결한 사도적 교의는 베드로와 그의 후계자들이 있는 곳에서 발견된다(Ott, *Grundriss*, 372). 따라서 로마 가톨릭교회 안에서 주교들의 합법적인 계승은 교회의 가르침과 관련해서 모든 것이 옳다는 것을 보증해준다. 합법성과 순결성은 동시에 일어나지만, 합법성이 우선적인 것이다.[51] 이것은 교회가 사도적이라는 것을 결정해주는 것은 사도들의 증언, 곧 성경이 아니라는 것을 암시한다. 그 대

---

51 G. C. Berkouwer, 『로마 가톨릭의 교의와 관련한 논쟁』(*De strijd om het Roomsch-Katholieke dogma*), 출간 연도 미상, 163.

신 사도들에게까지 거슬러 올라가는 주교들의 중단 없는 계승에 근거해서, 로마 가톨릭교회가 무엇이 사도적이고 또한 사도들의 가르침이 무엇인지 결정한다(참조. Bavinck, *R.D.*, 4:238). 참된 교회는 바로 교황이 있는 곳이다. 바로 이 교회에서 진리와 구원을 찾을 수 있다.

바빙크는 로마 가톨릭교회의 입장과 관련된 주요한 주제들을 광범위하게 논박한다. 예를 들면 사도적 계승이 있는 곳에 교회의 본질이 놓여 있고 교황은 베드로의 후계자라는 주장 등이다(Bavinck, *R.D.*, 4:344-368). 그는 이와 관련해서 다음과 같이 예리하게 비판한다. 곧 "여기서 영원은 거미줄에 매달려 있다."

사도성에 대한 우리의 견해에 의하면, 성경은 교회의 표준적인 규범이다. 그러므로 사도적 계승에 호소하는 로마 가톨릭교회는 사도들의 가르침을 점점 더 포기했다. 해당 교회는 주교들, 교황, 공의회들의 권위에 호소하게 되었다. 그렇게 하는 대신에 로마 가톨릭교회는 사도들의 증언에 기초해서 자기 교회의 모든 선언의 옳고 그름을 면밀하게 검토해야만 했다.

종교개혁의 관점에 의하면, 교회는 주교들이나 교황을 의존하지 않는다. 그것은 하나님의 말씀이 선포되고 그것을 믿고 있는가와 직접적으로 연결된다. "교회는 바로 하나님의 말씀이 있는 곳이다"(Luther, *W.A.*, 39.2.176). 바로 이런 이유에서 「벨기에 신앙고백서」도 다음과 같이 말한다. "요컨대 [그 교회는 참된 교회다] 만약 모든 것이 하나님의 순수한 말씀에 따라서 실행된다면 말이다. 그 말씀에 어긋나는 모든 것은 거부되어야 한다. 또한 예수 그리스도는 교회의 유일한 머리로 인정되어야 한다"(제29조). 이미 살펴본 바와 같이, 우리에게 중요한 것은 우리가 사도들의 가르침에 몰두하며 그것을 계속해서 굳게 붙잡고 있는 것이다(행 2:42).

신앙고백서에 요약된 교의는 교회의 존속을 위해서 매우 중요하다. 교회가 오직 사도들의 가르침을 잘 간직하고 있는 경우에만 사도적인 교회일 수 있기 때문이다. 사도신경은 가장 오래된 신앙고백 중 하나다. 비록 우리는 사도들이 사도신경을 직접 작성한 것이 아니라는 사실을 알고 있지만,

 개혁교회 교의학

그 신앙고백은 사도신경이라고 불린다. 그 기원이 단지 사도들이 활동했던 시대의 바로 다음 세대까지 거슬러 올라가기 때문만이 아니라, 그 신앙고백의 조항들이 사도들의 가르침과 전적으로 조화를 이루기 때문이다.

우리 시대에 종종 기독교 신앙을 공식적으로 새롭게 표현해야 한다는 요청이 제기되었다. 이 제안들에 대한 찬반양론은 여전히 계속해서 논의되고 있다(이 점과 관련해서 베르카우어의 교회론[*The Church*, 1976, 278-309]을 참고하라). 우리는 과연 베르카우어가 다음과 같은 위험, 곧 현대성과 수용성이 연속성을 누르고 승리하는 위험을 충분히 인식하고 있을까라는 질문을 제기할 수 있다. 사도적인 교회의 신앙고백과 관련된 모든 진술은 그것이 사도들이 선포한 복음에 부합하고 복음으로부터 벗어나는 모든 것을 거부한다는 것을 분명하게 보여주어야 한다.

비록 사도적인 기초가 이미 놓여 있고 그 위에 교회가 세워졌지만, 이 "영적인 집"은 여전히 불완전한 상태로 남아 있다(참조. 벧전 2:5). 이제까지 진행되어온 사도적인 교회의 신실한 사역은 동일한 정신에서 지속되어야 한다는 것을 요구한다. 교회의 사도성의 보존 없이는 교회의 연속성도 결코 없다!

우리는 어떻게 사도적인 교회가 완전을 향해 나아가는지를 요한계시록에서 볼 수 있다. 새 예루살렘 성의 성벽에는 열두 개의 기초석이 있고, "그 위에는 어린 양의 열두 사도의 열두 이름"이 새겨져 있다(계 21:14).

c. 사도성과 사도직. "사도직"(Apostolate)이라는 용어는 사도들의 직분뿐만 아니라, 20세기 중엽부터는 세상으로 보냄 받은 교회의 사명을 가리키기도 한다. 사도직에 대한 신학도 등장했다. 크래머, 판 룰러, 후컨데이크, 포프(F. J. Pop)등이 이 신학과 관련이 있다.

이 신학적인 발전은 교회가 세상을 위해서 존재한다는 개념을 받아들인 것을 반영한다. 판 룰러의 견해에 의하면, 사도직은 어떤 기능이 아니라 교회의 본질이다. 그는 후컨데이크와 대조적으로 어떤 직분에 기초한 사도직을 고수한다.[52] 네덜란드 개혁파 교회(NHK, 1951)의 교회법에 의하면 사도직은 교회의 신앙고백보다 앞선다. 그것은 부분적으로 사도직에 대한 신학의 호소에 기초한 것이다.

오랫동안 네덜란드의 드리베르겐(Driebergen)에 있는 "교회와 세상"(Kerk en Wereld) 연구소의 소장이었던 포프의 견해에 의하면, 현대의 사도직은 이전의 복음주의와 다음 사항에서 구별된다. 곧 교회는 지금 가장 우선적으로 수행해야 할 과제로서 외적인 태도와 봉사 활동을 통해 반드시 그리스도의 사도 직분에 참여하고 있다는 것을 보여주어야 한다. 이것은 사실상 말로 하는 것을 포함할 뿐만 아니라 그와 같은 행동을 지속적으로 보여줄 때 효과가 나타난다.[53]

우리는 이들이 지니고 있는 선교적 열정과 이들이 현재 처한 세상의 상황에 기꺼이 반응하고자 한다는 것을 인정할 수 있다. 하지만 사도적인 활동이나 선교 활동이 교회의 사도성을 희생시키면서 진행되어서는 안 된다.

교회의 본질은 사실상 "신자들의…공동체"라는 데 있다(「벨기에 신앙고백서」 제27조). 또는 성경에 기초해서 다른 말로 표현하자면, 교회의 본질은 그것이 하나님의 백성, 그리스도의 몸과 성령의 전으로 존재하는 데 있다(§ 46.2을 보라).

오늘날에도 교회는 세상을 위해서 사도들의 시대에 지니고 있었던 것과 다른 메시지를 지니고 있지 않다. 그것은 마태복음 28:18-19에 모든 시대를 위해 명백하게 표현되어 있다!

46.5. 교회의 표지들

1. 여기서는 **참된 교회의 표지들**에 초점을 맞추어 논하고자 한다. 우리가

---

52   A. A. van Ruler, *Theologie van het apostolaat*, 출간 연도 미상, 20, 40.
53   F. J. Pop, *Traditioneel en modern apostolaat*, 출간 연도 미상, 41 이하.

교회론에서 교회의 특성들을 별도의 항목으로 다루고자 하는 중요한 이유는 다음과 같은 고려에 기초한 것이다. 곧 우리는 교회가 무엇인지 또한 어디서 참된 교회를 찾을 수 있는지 알아야 한다.

우리는 교회에 참여하도록 부르심을 받았다(참조. 「벨기에 신앙고백서」 제28조). 따라서 우리는 하나님의 말씀에 기초해서 매우 신중하고 지혜롭게 참된 교회가 무엇인지 분별해야 한다(제29조). 참된 교회와 거기서 분리된 다양한 그룹들을 어떻게 구별하는가라는 질문은 매우 이른 시기부터 등장했다. 이 질문은 16세기에 또다시 뜨거운 문제가 되었다. 왜냐하면 로마 가톨릭교회와 종교개혁에 기초한 교회들은 저마다 참된 교회라고 부르면서 격렬한 논쟁을 벌였기 때문이다.

벨라르미누스(R. Bellarmine)는 열다섯 가지 특징에 근거해서 로마 가톨릭교회가 참된 교회라는 것을 입증할 수 있다고 생각했다. 어떤 이는 백 가지 특징을 생각해내기도 했다![54] 로마 가톨릭교회는 대체로 교회의 네 가지 속성을 교회의 특징들로 이해한다. 하지만 오직 이 교회만이 네 가지 특성을 온전히 지니고 있다.

하지만 종교개혁의 전통에 서 있는 교회들은 자신들의 교회의 통일성, 거룩성, 보편성, 사도성을 부인하는 것을 허락하지 않는다. 로마 가톨릭 신학은 이와 관련해서 로마 가톨릭교회와의 연관성을 매우 강조한다. 교황 비오 9세에 의하면, 교회의 통일성은 베드로와 그의 후계자들의 수장권에 근거한 원리, 기초 및 기원의 통일성을 의미한다. 사도성의 본질은 사도권의 계승이다(*D.S.*, no. 2888). 그런 본질을 계승한 교회가 바로 로마 가톨릭교회다. 이 입장은 로마 가톨릭교회의 주요한 특징이 되었다.[55]

우리에게 교회의 표지들은 다음과 같다. (1) 복음의 순수한 선포, (2) 성

---

54 참조. G. Thils, 『교회의 특징들』(*Les notes de l'église*), 1937, 106-108.
55 U. Valeske, *Votum ecclesiae*, 1962, 101.

례들의 순결한 시행, (3) 교회 권징의 신실한 실행이다(「벨기에 신앙고백서」 제29조).

거짓된 교회에 대한 이미지는 참된 교회가 지니고 있는 이미지와 정반대된다. 또한 그것은 거짓된 교회의 특징들로서, 그것에 기초해서 그와 같은 교회로 인식될 수 있다. 거짓된 교회는 하나님의 말씀보다 해당 교회 자신과 그 교회가 정한 규정들에 더 많은 권위를 부여한다. 거짓된 교회는 그리스도가 그의 말씀 안에서 명령한 대로 성례들을 시행하지 않는다. 또한 그 교회는 하나님의 말씀대로 거룩한 방법으로 살아가는 이들을 박해한다(참조. J. van Genderen in *De Kerk*, 1990, 289 이하).

교회의 표지들은 비판적인 기능을 지니고 있다. 곧 그것들은 긍정적인 측면에서는 어떤 교회가 진정으로 그리스도의 교회인지를 우리에게 보여주고, 부정적인 측면에서는 어떤 교회가 그리스도의 교회가 아닌지 분명하게 밝혀준다.

종교개혁 이후의 개혁파 신학에서 참된 교회와 거짓된 교회를 대조하는 것은 뒤로 밀려나고, 그 대신 순수한 교회와 덜 순수한 교회를 구별하는 것이 전면에 등장했다. 참된 교회(*ecclesia vera*)의 특징들은 순결한 교회(*ecclesia pura*)의 특징들이 되었다. 또한 순결성 안에도 또다시 등급이 존재한다(참조. *Synopsis*, 40:37-51).

「웨스트민스터 신앙고백서」(제25장)는 다음과 같이 말한다. 곧 "하늘 아래 가장 순결한 교회들도 혼합과 오류에 빠질 수 있다. 또한 몇몇 교회들은 너무 심각하게 타락해서 그리스도의 교회들로 머물러 있지 못하고, 오히려 사탄의 회당들이 되었다."

교회의 친교가 다양한 방법으로 점점 더 늘어나면서, 참된 교회와 거짓된 교회, 또한 분파들을 구별하는 것이 점점 더 어려운 것처럼 보인다. 참된 교회라는 개념은 오직 하나의 참된 교회 밖에 없다는 생각을 불러일으킬 수도 있을 것이다. 참된 교회라는 개념을 적용하기에는 교회의 상황이 지나치게 복합적으로 된 것은 아닌가? 진리의 반대는 비진리이거나 또는 겉으로만 진리인 것처럼 보이는 것이다. 우리는 어

개혁교회 교의학

떤 교회가 덜 참되거나 또는 보다 더 적게 참되다고 말할 수 없을 것이다. 나아가 우리는 어떤 교회가 순결하고, 덜 순결하다고 주장할 수 없을 것이다. 그렇다면 교회론이 눈으로 관찰된 현실에 적합한 것으로 만들어질 위험성이 있다. 그렇다면 그 이론은 교회를 상대주의적으로 이해하도록 조장할 것이다.

우리의 신앙고백은 다음 사항을 명백하게 밝혀준다. 곧 하나님의 말씀에 의해 인도함을 받는 이들은 과연 그들이 참된 교회를 대하고 있는지 아니면 그렇지 않은지에 대해서 분명하게 알 수 있다. 그뿐만 아니라 참된 교회의 척도와 관련해서 어떤 교회들이 더 순결하거나 덜 순결하다고 말한다면, 그것은 틀린 것이 아니다. 왜냐하면 모든 교회가 하나님의 말씀에 똑같이 신실한 것은 아니기 때문이다. 이 점은 요한계시록에서 일곱 교회들에 전달된 편지들을 서로 비교해볼 때 곧바로 명백하게 드러난다(계 2장 및 3장).

우리가 참된 교회의 일원이 되는 것만으로는 충분하지 않다. 왜냐하면 이 교회의 참된 구성원, 곧 "살아 있는 지체"가 되는 것도 중요한 것이기 때문이다(「하이델베르크 교리문답」 제21주일). 이 두 측면들이 분리되어서는 안 된다. 어떤 신자가 하나의 제도로서의 참된 교회에만 관심을 기울인다면, 그는 교회 조직의 형태나 원리들을 고수하는 교회주의(churchism)의 길을 걸을 것이다. 반면 어떤 신자가 오직 참된 신자에 대해서만 생각하고 교회에 시선과 관심을 돌리지 않는다면, 그는 교회 밖에서 개최되는 은밀한 예배나 집회를 찾아갈 것이다.[56]

그리스도인들의 표지 중 해당 목록의 맨 앞에 언급되는 것은 믿음이다(「벨기에 신앙고백서」 제29조). 여기서 신자들의 삶은 "죄를 대항해서" 싸우는 것으로 묘사된다. 또한 그들이 "우리 주 예수 그리스도의 피, 죽음, 고난 및 순종 안에서 안식을 취하는 것"이 강조된다.

교회의 표지들은 신자들의 표지들에 의존하지 않는다. 재세례파와 라

56　참조. W. van 't Spijker, *De kerk bij Hendrik de Cock*, 1985, 34.

바디파는 이것을 다르게 이해한다. 브라컬은 다음과 같은 주장을 통해서 라바디파에 대한 자신의 입장을 약화시켰다. 곧 그는 교회의 지체들의 거룩함을 교회의 한 가지 특성으로 만들었으며, 또한 심지어 그것에 하나님의 말씀에 일치하는 참된 가르침 다음으로 오는 두 번째 자리를 내어주었다(Brakel, *R.S.*, 2:34 이하).

교회의 표지들에 대한 종교개혁의 가르침은 요한복음 10:27과 같은 성경의 언급들에 근거한다. 해당 구절은 교회의 표지들을 다루는 배경에서 종종 인용된다. 예수는 "내 양은 내 음성을 들으며 나는 그들을 알며 그들은 나를 따르느니라"고 말한다. 이 말씀은 교회가 오직 그리스도에 의해서만 통치된다는 사실을 명백하게 표현해준다. 이 점은 하나님의 말씀을 올바로 선포하고 가르치며, 성례들을 올바로 시행하고, 권징을 올바로 실행하는 데 결정적으로 중요하다.

이미 지적한 것처럼 교회의 표지들은 핵심적으로 중요한 역할을 한다. 교회의 속성 중 특별히 교회의 사도성—종교개혁의 가르침에 기초해서 이해된 사도성—은 이 방향을 가리켜준다. 만약 어떤 교회가 사도적인 기초 위에 서 있다면, 이것은 복음을 순결하게 선포하고 그것과 관련된 모든 것 안에서 명백하게 드러날 것이다.

교회의 표지들은 항상 동일한 방법으로 정확하게 제시되지 않는다. 루터의 견해에 의하면, 교회는 실질적으로 오직 하나의 표지, 곧 말씀을 지니고 있다. 루터가 종종 열거하는 추가적인 표지들은 이것(말씀)에 어긋나지 않는다. 왜냐하면 그가 언급하는 모든 것은 그 말씀에 종속되기 때문이다.

칼뱅은 말씀을 순결하게 선포하고 가르치며 또한 성례들을 순결하게 시행하는 것은 교제를 충분히 보증해준다고 설명한다. 그 교제 안에서 이 두 가지 표지가 나타난다면, 그것은 참된 교회로 안전하게 간주될 수 있도록 해준다. 심지어 어떤 교회에 결점들이 많이 있다고 하더라도, 이 표지들이 유지되고 있는 한, 그 교회는 결코 거부되어서는 안 된다(『기독교강요』 4.1.12). 비록 칼뱅이 이 부분에서 교회의 권징을 언급하지는 않지만, 그는

    개혁교회 교의학

그것을 꼭 필요한 것이라고 생각한다.[57]

「벨기에 신앙고백서」는 제29조에 제시된 세 가지 표지를 한 가지 결정적인 표지로서 다음과 같이 요약해준다. 곧 "요컨대 만약 모든 것이 하나님의 순결한 말씀에 의해서 실행되고, 그것에 위배되는 모든 것이 거부되며, 또한 예수 그리스도가 교회의 유일한 머리로 인정된다면, [그 교회는 참된 교회다.]"

교회는 하나님의 말씀에 종속되어 있다. 이 확신은 종교개혁의 가르침에 공통적으로 나타난다. 성경은 그 자체로서 신빙성을 지니고 있다. 하지만 아무도 교회 자체에 그와 같은 **자기 신빙성**(*autopistos*)을 부여해서는 안 된다.

로마 가톨릭교회의 견해에 의하면, 교회는 하나님의 말씀에 종속되지 않고, 또한 우리는 하나님의 말씀과 대조해서 교회 자체를 정당화하려고 그와 같은 종속을 요구해서는 안 된다. 교회의 합법성은 하나의 거룩하고 보편적이며 사도적인 교회로서 교회의 존재 그 자체, 불멸성 및 무오류성에 기초하고 있다. 이 속성들은 내적·외적으로 입증할 수 있는 능력을 지니고 있다. 이것과 더불어 로마 가톨릭교회는 그 교회(*the* church)로 자기의 모습을 나타낸다.

2. 몇 가지 실례들

a. 신앙고백서에서 언급되는 세 가지 표지는 그리스도의 교회에 필수 불가결한 것이다. 바로 이런 이유로 말미암아 이 표지들은 네덜란드 개혁파 교회의 역사에서 중요한 역할을 했다. 곧 **분리파**(Afsceiding-Netherlands Reformed Church에서 분리됨, 1834)와 **자유파**(Vrijmaking-Gereformierte Kerk에서 이탈함, 1944)의 교회 분열 사건이다.

---

[57] 참조. J. Plomp, 『교회의 권징에 대한 칼뱅의 관점』(*De kerkelijke tucht bij Calvin*), 1969, 122-128.

b. 또한 어떤 이들은 이 특징들을 부적합하게 사용할 수도 있다. 우리는 이 특징들로부터 참된 신자들은 오직 참된 교회가 모이는 곳에서만 발견될 수 있다고 추론해서는 안 된다.

호른은 이 입장을 옹호했다. 곧 "따라서 신자들의 모임 안에만 모든 구원이 있고, 그 모임 바깥에는 아무런 구원도 없다."[58] 이 견해에 대해 치리해야 했던 네덜란드 개혁파 교회 총회는 다음과 같이 선언했다. 곧 "교회를 모으는 것과 관련한 이 견해는 그리스도의 사역의 범위와 하나님의 자비에서 받아들일 수 없을 정도로 이탈했다."[59]

"그것('이 거룩한 공동체'와 '총회') 바깥에는 아무런 구원도 없다"라는 「벨기에 신앙고백서」 제28조의 표현은 많은 논쟁을 불러일으켰다. 하지만 우리는 그와 같이 표현되어야만 했던 배경을 잊으면 안 된다. 거기에는 모든 구원이 발견되는 어머니로서의 교회를 모든 구원이 발견되는 종교개혁에 기초한 교회로 대치하려는 의도는 결코 없다. 구원은 교회에 의존하지 않는다. 그렇다면 왜 그 신앙고백서는 그와 같이 강력하게 표현되었는가? 왜냐하면 몇몇 인문주의자들뿐만 아니라 츠빙글리도 그리스도를 믿는 것 외에 다른 것에서 구원이 있을 수 있다는 관점을 제기했기 때문이다. 소크라테스와 키케로도 구원을 받은 것으로 생각되었다. 따라서 「스코틀랜드 신앙고백서」(1560)는 어떤 사람이 [그리스도에 대한] 믿음이 없어도 구원받을 수 있다는 견해를 강력하게 부인했다(제16조).

익명의 그리스도인, 숨어 있는 교회 또는 교회 바깥에 있는 어떤 교회라는 개념은 사실상 많은 사람에게 매혹을 불러일으킨다. 따라서 그 신앙고백서가 선언하는 의미를 지속적으로 가리켜줄 필요가 있다. 교회는 그

---

58 J. Hoorn, 『오직 하나의 교회, 참 신자들의 위로』(*Een enige kerk de troost van de ware gelovingen*), 1984, 31.

59 *Acta van de Generale Synode van de Gereformeerde Kerken in Nederland Heemse 1984-1985*, 1, Article 131.

리스도의 몸이다. 우리가 오직 믿음으로 그리스도와 하나 됨을 이룰 때만 우리는 그 몸에 속할 수 있다. 이 교회 바깥에서는 구원을 기대할 수도 없고, 원칙적으로 구원이 전혀 없을 뿐만 아니라 절대적으로 구원이 없다. (제28조의 프랑스어 본문은 "결코 구원이 전혀 없다"[Il n'y a point de salut]라고 표현되어 있다.)[60]

c. 참된 교회의 표지들은 토론토 선언(1950) 이후로 세계교회협의회 안에서 널리 사용된 **교회의 흔적들**이라는 개념을 위해 양보되어서는 안 된다. 다른 교회들에서도 인식될 수 있고, 참된 통일성을 알려주는 표지들인 참된 교회의 흔적들 또는 요소들은 말씀의 선포, 성경에 기초한 가르침 및 성례들을 시행하는 것이다. 여기서 교회의 권징은 언급되지 않는다.

우리는 「벨기에 신앙고백서」의 표현에서 발견되는 규범적인 요소를 이 선언에서는 찾을 수 없다. 베르카우어는 현대인들이 이전보다 교회의 흔적들에 대해 더욱더 긍정적으로 말한다는 사실을 인정한다(Berkouwer, *the Church*, 1976, 64-71). 하지만 교회의 어떤 흔적들(칼뱅은 맨 먼저 세례를 생각함)이 토론토 선언의 낙관주의를 지지해주는 근거들인가?[61]

우리는 세상과 교회가 모두 변화하고 있기 때문에 교회의 표지들에 관한 교의도 단순히 현대화하려는 시도에 동의할 수 없다.[62]

d. 다음과 같은 위험, 곧 참된 교회의 특징들이 다른 여러 곳에 등장하는 교회가 정말로 그리스도의 교회인지를 확인하는 데 사용될 위험이 있다. 이런 특징들은 외부적으로뿐만 아니라 내부적으로도 적용되어야 한다. 곧 과연 우리의 교회는 진정한 의미에서 그리스도의 교회인가? 과연 이것은 교회의 다양한 활동과 교회 안에서의 다양한 관계에도 구체적으로 나

---

60 참조. J. van Genderen, 『참된 교회』(*De ware kerk*), 1957, 19 이하.

61 J. Faber, *Vestigium ecclesiae*, 1967, 9-13: 185, 192 이하를 보라.

62 참조. J. Dantine, 『교회의 진리에 대한 질문에 직면한 교회』(*Die Kirche vor der Frage nach ihrer Wahrheit*), 1980, 129-158. (Dantine의 견해에 의하면, 교회는 다른 사람들을 위해 존재해야 하며, 사회적·정치적 책임을 감당해야 한다).

타나는가?

참된 교회도 타락의 과정을 통해서 불신실한 교회가 될 수 있고, 거짓된 교회로 변질될 수도 있다. 하지만 거짓된 교회로 간주되어야만 하는 교회도 하나님의 은혜로 회개하고 다시 개혁될 수 있다.

어떤 교회가 참된 교회의 특징들을 충족시킨다면, 그것만으로도 그것은 해당 교회와 교제를 나누지 않는 그리스도인들에게 다음과 같이 말한다. "더 이상 멀리 따로 떨어져 있지 마십시오!" 동시에 그것은 그 교회에서 이탈하지 말 것을 해당 교회의 지체들에게 말한다. "교회로부터 자신들을 분리시키거나 또는 교회에 동참하지 않는 모든 이들은 하나님의 규정에 어긋나게 행동하는 것이다"(「벨기에 신앙고백서」 제28조).

개인적·교회적 관점에서 또한 국내적·세계적 측면에서 이해한 교회의 특징들은 우리로 하여금 교회를 인식하도록 도움을 주는 표지들이다.

§ 47. 교회 정치

47.1. 직분에 기초한 사역
47.2. 몇 가지 중요한 교회 정치 체제

47.1. 직분에 기초한 사역

1. 기본 원리

교회 정치와 관련해서 그리스도의 뜻이 가장 중요하다. 그리스도가 교회의 머리이시기 때문이다. 교회는 스스로 규정과 부칙들을 만들고 실행 위원회를 선발하는 어떤 단체가 아니다. 교회는 민주 정치가 아니라 그리스도의 통치(Christocracy)를 받는다.

교회의 활동과 관련한 질서와 규칙들은 교회가 그리스도의 교회라는 사실을 반드시 나타내야만 한다. 교회에서는 사람들이 아니라 오직 그리스도가 최종적인 권위를 지니고 있다. 따라서 칼뱅은 『기독교강요』에서 교회의 직분자들과 그들의 사역(4.3.1)을 다루는 장에서 다음 문장으로 자신의 논의를 시작한다. 곧 "이제 주께서 그의 교회가 다스려지기를 원하는 질서에 대해 말하고자 한다." 「벨기에 신앙고백서」에서 교회 정치는 믿음에 기초한 사항이다. 곧 "참된 교회는 영적인 통치 형태에 의해서 다스려져야 한다. 우리의 주님은 그분의 말씀을 통해 우리에게 그것을 가르치셨다"(제30조).

사실상 어떤 이들은 종종 이것을 율법주의적인 개념으로 이해했다. 곧 율법주의적인 개념에 의해서 성경은 교회를 통치하기 위한 일련의 법적인 체계로 바뀌었다. 하지만 이 비판은 공정하지 않다. 만약 우리가 그리스도의 말씀에 귀를 기울이지 않는다면, 우리는 어떻게 그의 교회를 통치하는 것과 관련해서 다른 방법이 있다는 주님의 뜻을 알 수 있겠는가? 또한 칼뱅의 『기독교강요』의 제4권의 제목과 의도에 의하면, 우리는 그리스도와의 친밀한 교제가 가장 중요한 관심사라는 사실을 잊어서는 안 된다. 교회와 교회의 질서는 이것을 참고로 해서 논의된다. 불링거와 칼뱅이 공동으로 작성한 신앙고백서의 내용이 말하듯이, 복음의 핵심적인 초점은 그리스도를 아는 것이다. 그러므로 교회의 영적인 통치 전체가 의도하는 목적은 우리를 그리스도께로 인도하는 것이다(『취리히 합의서』(*Consensus Tigurinus*), 제1조).

우리의 신앙고백서의 배경에서 영적인 질서는 예수 그리스도에 대한 다음과 같은 기본적인 진술과 매우 밀접하게 연결되어 있다. 곧 그리스도는 "유일무이한 우주적인 주교이고 교회의 유일한 머리시다." 또한 "그리스도는 우리의 유일한 스승이시다"(제31-32조).

교회 정치에 대한 개혁파 신학의 성경적인 기초는 사도행전 20:28, 고린도전서 12-14장, 특히 에베소서 4:11-12에서 발견된다. 바울의 편지들은 많은 지침을 제공해준다. 그 지침들은 교회의 조직을 세우는 데 있어 지속적인 중요성을 지니고 있다(참조. Ridderbos, *Paul*, 480). 또한 우리는 목회 서신을 고려의 대상에서 결코 제외시킬 수 없다. 우리는 목회 서신에서 몇 가지 실천적인 지침들을 발견할 수 있다. "바울의 생애 마지막 단계에 쓰인 것으로서, 이 편지들은 사도의 직분이 사라지는 것과 관련해 몇 가지 지침을 포함한다. 그 지침들은 수 세기에 걸쳐 전개되는 교회의 발전 과정에 대해서 매우 중요한 의미를 지니고 있다"(Polman; 「벨기에 신앙고백서」 4.32). 바울의 다른 편지들과 비교해볼 때, 디모데서와 디도서에서 개인 및 그 당시의 상황과 관련된 요소들은 줄어들고, 그 대신 고정된 교훈과 지침들에 대한 유형이 나타난다는 점이 올바로 지적되었다(Ridderbos, *Paul*, 469).

그러므로 우리는 다음과 같은 베르크호프의 견해, 곧 신약성경은 교회의 직분들과 관련해서 우리에게 일관성 있는 그림을 제시하지 않는다는 견해를 반대한다. 베르크호프는 그와 같은 다양한 모습은 우리의 상황에 어울리게 또한 우리의 방식대로 그와 같은 직분들을 조직하도록 우리를 초대하는 것으로 해석하고자 한다(Berkhof, *C.F.*, 384). "초대"와 "우리의 상황" 및 "우리의 방식"이라는 용어들에 암시된 여유 공간을 고려할 때, 결국 우리는 직분들을 조직하는 데 상당한 자유를 갖고 있다.[63]

교회에 적용되는 정치 질서 또는 수단은 영적이라고 불린다. 결국 그리스도가 성령과 그의 말씀을 통해서 교회를 다스린다.

그리스도는 그것을 위해서 사람들의 섬김을 사용한다. 그는 그들을 부르며, 또한 그들에게 그 성령을 통해서 그들의 직분에 상응하는 은사들을 베풀어준다. 칼뱅은 다음과 같이 말한다. "비록 하나님은 우리가 없어도 그분의 일을 성취하실 수 있지만, 그분은 연약하고 보잘 것 없는 사람들인 우리를 보조자들로 고용하시고 도구들로도 사용하신다"(고전 3:9에 대한 칼뱅의 주석). 장로와 집사들을 임명하는 이전에 사용된 형식에서, 그들은 [교인들에게서] "좋은 증언을 받고 있고 [하나님의] 영으로 무장되어 있는

---

63 우리는 이 견해를 네덜란드 개혁파 교회(NHK) 총회의 연구 보고서와 비교할 수 있다. 그 제목은 다음과 같다. 곧 『교회의 직분에 대해 어떻게 이해해야 하는가?』(*Was is er aan de hand met het ambt?*), 1970, 32.

사람들"이라고 불렸다. 신앙 공동체는 "[그들을] 하나님의 종들로 반드시 받아들이고" 그들의 직분들로 인해 그들을 존경해야 한다.

그리스도의 교회 안에서 수고하는 것을 표현하는 신약성경의 특별한 단어는 "봉사"(*diakonia*)다. 이 일을 수행하는 이들은 "일꾼, 종 또는 사역자"(*diakonoi*)라고 불린다. "집사"라는 단어는 이 그리스어 명사에서 유래되었다. 하지만 신약성경에서 해당 단어는 그리스도의 다양한 종들을 가리키는 데 사용된다. 사도 바울도 그들 가운데 속했다(고후 11:23). 빌립보 교회의 성도 중 어떤 이들은 "집사들"이라고 불렸다. 이들은 감독들과 구별되어야 했다(빌 1:1; 참조. 딤전 3:8). 교회에는 남자 집사들뿐 아니라, 여자 집사들도 있었다(롬 16:1-2). 교회 안에서 모든 성도는 주님이 베풀어 주시는 은사들을 통해 다른 사람들을 섬기는 것이 기대되었다(벧전 4:10).

이것은 주님이 사람들을 불러서 맡기는 특별한 일은 사역의 특성을 지니고 있지만, 모든 사역이 특별한 직분을 가리키는 것은 아니라는 사실을 암시한다.

특정한 사역들에 더 확고한 형태를 부여하기 위한 열망 때문에 발전한 교회 내의 다양한 직분들이 존재하게 되었다고 주장하는 이론들은 성경에 기초하지 않는다. 성경은 하나님이 교회 안에 어떤 특정한 사람들을 세웠다고 말한다. 그들 가운데 맨 처음으로 언급되는 이들은 사도들이다(고전 12:28). 그리스도는 사도, 예언자, 목사와 교사들을 주었다(엡 12:28). 성령은 교회 전체를 돌보기 위해서 감독들을 세웠다(행 20:28). 우리는 판 룰러와 더불어 특별한 직분은 삼위일체 하나님의 공동 사역과 은사에서 비롯된다고 말할 수 있다. "또한 삼위일체 하나님은 직분자들과 그들의 사역을 **사용하시어** 이 땅 위에서, 사람들의 마음과 삶 안에서 그분 자신이 일하신다"(Van Ruler, 1965, 89 이하).

우리는 지금 사람들이 어떤 사역들을 위해 은사들을 받았다는 것에 대해서만 다루고 있지 않다. 주님은 그 사역들을 위해 사람들을 부르셨다. 우리는 교회에서 이것을 "직분"이라는 말로 표현한다. 우리가 이것을 두세 단어로 말하고자 한다면, "직분에 기초한 사역"이라고 표현할 수 있다.

어떤 신학 서적들에는 다음과 같은 질문이 제기된다. **교회의 직분은 위로부터 온 것인가, 아니면 아래로부터 온 것인가?** 우리는 위로부터 온 것이라고 반드시 대답해야 한다. 직분은 교회 자체가 만들어낸 제도가 아니다. 교회의 직분자들은 교회에서 이루어지는 선거를 통해 선출되지만, 교회의 지체들 가운데서 교회를 섬기도록 부름을 받은 자들이다. 직분의 뿌리는 "교회의 목자장"(벧전 5:4)인 그리스도의 사역에서 발견할 수 있다. 그리스도의 사역의 본질은 섬김이다. 그리스도는 이와 관련해서 "자기를 세우신 이에게 신실"했다(히 3:2). 그리스도가 섬기려고 왔다는 사실은 교회에 있는 직분에 기초한 전체 사역을 위해 중요하다. 그리스도는 자신의 섬기는 사랑을 최절정으로 나타내는 것으로써 자신의 목숨을 내어주는 모범을 보여주었다. (우리는 마 20:28에서 예수가 인자는 섬기려고 왔다고 말한 상황에 주의를 기울일 필요가 있다.)

성경적인 의미에서 섬김(사역)이라는 단어는 온전한 사랑에 기초해서 우리 자신을 전적으로 내어주는 것을 의미한다. 우리는 이 섬김을 오직 그리스도에게서 배울 수 있다. 직분자들로 선택된 이들은 과연 자신들이 그리스도와 그의 교회를 위한 사랑으로 자신들의 직분을 수행하고 있는지 스스로 물어보아야 한다.[64]

예수는 사도들에게 "너희 말을 듣는 자는 곧 내 말을 듣는 것이요"(눅 10:16)라고 말씀하셨다. 그는 사도들이 자기를 대신하도록 했다. 사도들은 "그리스도를 대신하여 사신"(고후 5:20)이 되어 그의 이름으로 교회에 온 것이다. 이것은 그리스도를 대신하는 이들에게 매우 높은 요구들을 부여한다. 그들이 그리스도가 주신 사명을 성취할 때만, 그들은 그의 이름으로 말하고 행동한다. 또한 그들의 말이 단지 그리스도의 말씀과 조화를 이룰

---

64 1968-69년에 채택된 *Christelijke Gereformeerde Kerken in Nederland*의 직분자 임명을 위한 예식서에서 직분자들에게 이 서약이 요구된다. 또한 이 예식서는 직분자들이 섬기러 와서 제자들의 발을 씻어준 예수 그리스도를 모범으로 삼아야 한다고 말한다.

때만, 그들의 말은 권위를 갖는다.

직분자는 자신이 위임받은 임무에서 파생된 권위를 갖는다. 직분에 기초한 권한을 가지고 교회에서 활동하는 이들은 자기 자신의 권위에 호소하면서 활동할 수 없고, 하나님의 말씀의 권위를 가진 그리스도의 대사로서 자신의 임무를 수행해야 한다(참조. Hendriks, 1990, 102 이하, 109-114).

직분자들은 이것이 자신들의 모든 행위를 지배하도록 이를 반드시 깨달아야만 한다. 믿는 이들이 직분자들의 권위를 받아들이는 것도 중요하다. 그들이 직분자들의 권위를 받아들일 때, 그들의 권위가 제대로 기능할 수 있다. 하지만 그들의 권위가 단순히 기능적인 것만은 아니다. 직분자들의 권위는 직분에 기초한 권위로서, 사람들이 그것을 받아들이거나 인정하는 것에서 기원하지 않기 때문이다.

판 룰러는 이런 관계들을 설명하려고 하나의 이미지를 사용한다. 우리는 삼각형을 설명하는 것처럼 "세 직선을 그려야 한다. 하나는 그리스도에서 교회로 선을 긋고, 또 하나는 그리스도에게서 직분으로 선을 그으며, 또 다른 하나는 양 방향, 곧 직분에서 교회로, 교회에서 직분으로 선을 그어야 한다."[65]

우리는 판 이테르쫀(Van Itterzon, 1974, 55-57)의 견해를 따라서 교회의 직분의 특징들에 대한 요약을 다음과 같이 제시한다.

(1) 그 누구도 지금까지 결코 자기 스스로 어떤 직분을 취할 수 없다.

(2) 어떤 이는 직분에 임명되고 그것과 더불어 특정한 임무를 받는다.

(3) 직분은 섬기는 역할을 분명히 나타내야만 한다. 따라서 다른 사람들 위에 군림하려는 개념은 완전히 부적절한 것이다.

(4) 직분은 교회를 섬기는 일과 관련해서 특정한 권위를 지닌다.

---

65 A. A. van Ruler, 『교회의 특별 직분과 일반 직분』(*Bijzonder en aglemeen ambt*), 1952, 61.

(5) 직분은 교회라는 상황에서 지속적인 특성을 지닌다.

이와 다른 견해를 옹호하는 많은 책이 출간되었고, 그중 대표적인 작품은 딩허만스의 『거주해야 할 집』(Dingemans, *Een huis om in te wonen*, 1987)이다. 딩허만스는 이 책에서 미래의 교회의 형태와 구조에 관심을 기울인다. 그는 몇몇 반대 의견에 대한 답변으로 이 책의 제목을 지었고, 그것은 열려 있는 교회를 변호한다.

이 책은 "직분"을 아래에서 파생되는 것이라고 말한다. 직분은 교회에서 기원하고, 승인된 기능을 갖고 있다. 직분자들은 그리스도를 대체할 여지가 없다. 어떤 권력 구조가 이런 방식으로 지속되는 것은 아닌가라는 질문이 제기된다! 그 질문에 대해서 다음과 같은 답변이 제시된다. 곧 성경과 전통에 기초한 신앙 공동체가 대화하는 과정을 통해 교회의 형태와 구조를 결정해야만 한다. 이 신앙 공동체에 있는 직분은 지배적인 발언권을 갖고 있지 않다. 하지만 "성경, 전통 및 교회의 지체들의 개별적인 경험 등으로부터 오는 다양한 의견—저마다 자신의 영향력을 가지고—이 함께 어우러진다"(Dingemans, 1987, 120-128; idem, in 『교회를 다시 세우기』([*De kerk verboouwen*], 1989, 178 이하).

새로운 형태와 구조들을 찾고자 하는 이들의 생각들은 종종 에밀 브룬너가 자신의 입장을 웅변적으로 드러내주는 『교회에 대한 오해』(*Das Missverständnis der Kirche*, 1951)에 나타난 관점과 유사성을 보여준다. 그의 견해에 의하면, 형제자매들의 신앙 공동체로서의 교회가 성례와 직분들을 지닌 제도로서의 교회를 대체하려면, 교회는 신약성경의 정신 안에서 존재해야 한다(또한 참조. E. Brunner, *Dogmatics*, 3:85, 126 이하).

직분자들이 그리스도의 위임 명령에 따라서 교회를 섬기고 지배하지 않을 때, 신앙 공동체의 지체들은 대수롭지 않은 이들로 대우받지 않을 것이다. 개혁파 교회의 교회법은 이것을 금지하는 규정들을 포함한다. 또한 개혁파의 교회 정치는 그것에 대해서 필요한 관심을 기울인다. 중요한 기준은 신앙 공동체는 선거를 통해 직분자들을 선출한다는 것이다. 이것은 신앙 공동체가 직분에 요구되는 은사들을 분별한다는 것을 나타낸다. 판 룰러는 다음과 같이 올바르게 언급했다. 신앙 공동체는 끊임없는 기도와 비평, 협력 및 활동에 참여하는 것으로 직분을 지속적으로 에워싼다. 또한 그와 같은 것들은 직분에 의해 통제되고 인도함을 받아야 한다. 직분들은 교회를 지속적으로 구성하는 요소다. 왜냐하면 직분들은 이 시대가 끝날 때까지 수행해야 할 사역을 위해 교회를 준비시키기 때문이다(1965, 101 이하).

2. 신약성경의 자료들

a. 직분자들로서의 사도들. 우리는 교회의 사도성에 대해 논하면서(§ 46.4, 제5번) 사도들과 그들의 직분에 대해 이미 어느 정도 말했다. 사도적인 교회는 "사도들의 가르침" 안에서 지속적으로 견고하게 머물러 있는 교회다(행 2:42).

비록 다른 이들도 가끔 사도들이라고 불렸지만, 신약성경에 나오는 사도들 또는 열두 제자들은 그들의 고유한 범주에 속한다(참조. 행 6:2; 고전 15:5). 우리는 "교회의 사자들"(고후 8:23)을 머릿속에 떠올린다. 열두 사도들은 교회 안에서 유일무이한 위치를 차지한다.

① 그리스도 자신이 사도들을 불렀다. 또한 이것은 바울에게도 적용된다(고전 15:8-9).

② 사도들은 그리스도의 말씀과 행위에 대한 목격자들이다(요 15:27). 또한 그들은 그리스도의 부활에 대한 목격자들이다(행 1:21-22). 바울도 예수 그리스도를 보았다고 말할 수 있다(고전 9:1).

③ 사도들에게는 성령이 임할 것과 성령이 그들을 모든 진리 가운데로 인도할 것이라는 약속이 주어졌다.

④ 사도들은 자신들을 보낸 이를 대신하고, 그의 이름으로 말하며 행동할 수 있다(눅 10:16; 요 13:20).

⑤ 교회는 사도들의 증언과 밀접하게 연결되어 있다. 또한 교회는 사도들이 선포한 말씀을 굳게 지켜야 한다(고전 15:2). 사도들은 인간의 모든 권위를 뛰어넘는 권위를 지니고 있다. 사울은 바로 이것에 근

거해서 영원한 중요성을 지닌 말씀들에 대해 말할 수 있었다(참조. 갈 1:6-10).

⑥ 사도들의 직분은 단지 한 세기 동안 어떤 특정한 교회들에게만 중요성을 지닌 것이 아니라, 모든 장소에 있는 모든 시대의 교회들에게 중요성을 지닌다.

사도들은 교회의 기초를 놓았을 뿐만 아니라 교회를 세워나갔다. 그들은 이 기초 위에 교회를 세웠지만, 또한 다른 이들도 그 기초 위에 교회를 세웠다. 바울은 이와 관련해서 다음과 같이 말한다. "내게 주신 하나님의 은혜를 따라 내가 지혜로운 건축자와 같이 터를 닦아 두매 다른 이가 그 위에 세우나 그러나 각각 어떻게 그 위에 세울까를 조심할지니라. 이 닦아 둔 것 외에 능히 다른 터를 닦아 둘 자가 없으니 이 터는 곧 예수 그리스도라"(고전 3:10-11; 또한 참조. 엡 4:11-13).

성경의 관점에서 볼 때, 사도들에 대해서 말해야 할 것이 많이 있다. 곧 사도들의 부르심과 무장됨, 그들의 사명과 권위, 교회 안에서의 그들의 위치와 또한 교회에 대한 그들의 위치 등이다. 따라서 우리는 어떤 직분과 같은 하나의 요약적인 개념을 필요로 한다. 레커케르커(Lekkerkerker, 1971, 110)는 이와 관련해서 다음과 같이 주장한다. "가장 높은 직분을 지닌 분이 어떤 이들을 불러 그들에게 교회 내에서 그리고 세상 속에서 어떤 특별한 책임을 가진 어떤 직분을 맡기셨다. 따라서 그리스도가 다른 이들에게 권위를 전해준다. 신약성경에서 나타나는 직분은 가장 우선적으로 사도의 역할이다."

b. 교회의 지도자들의 사역들 또는 직분들

① **복음 전하는 자**(엡 4:11)는 선교 사역에 필요한 특별한 은사를 지니고 있다. 일곱 집사 중 하나인 빌립은 "전도자 빌립"이라고 불린다(행 21:8).

② **예언자들**은 종종 사도들 다음에 곧바로 이어서 언급된다(고전 12:28; 엡 4:11). 신약성경에서 언급되는 예언은 오직 미래에 대해서만 언급하는 것이 아니고, 심지어 주로 미래에 대해서 말하는 것도 아니다. 따라서 그것은 세우고 경고하며 권면하고 가르치며 권고하는 것 등에 대해 말하는 것이다(고전 14:3, 31).

③ 고린도전서 2장에서 예언자들 다음에 언급되는 **교사들**의 경우와 관련해서 이들의 직분과 하는 일의 초점은 가르치는 것에 맞추어져 있다(참조. 롬 12:7). 예언자들은 현재의 측면을 더 나타내고, 교사들은 전통적인 측면을 더 드러내 보인다(Ridderbos, *Paul*, 453).

④ **목사와 교사들**도 있다(엡 4:11). 이들은 교회를 영적으로 이끌어간다. 여기서 이들은 서로 구별되는 두 그룹, 곧 한편으로 목사들, 다른 한편으로 교사들을 가리키지 않는다. 오히려 이들은 개인들로서 교회를 목회적인 측면에서 돌보고, 신자들을 가르치는 역할을 한다.

⑤ **다스리는 자**(롬 12:8을 비롯해서 그밖에 여러 곳에서 언급됨)는 봉사하며 자신들의 임무들을 수행하는 이들을 가리킨다.

⑥ **장로들**. 이들에 대한 매우 광범위한 자료들을 검토해보면, 장로들(*presbuteroi*)은 어떤 직분을 가리킨다고 결론지을 수밖에 없다.

우리는 장로 직분의 기원에 대해서 전혀 알지 못한다. 예루살렘 교회에도 장로들이 있었던 것으로 여겨진다(행 11:30). 아마도 유대교의 장로들과 교회의 장로들 사이에 어떤 연관성이 있었을 것이다. 유대교의 장로들은 회당의 일들을 수행했지만, 회당 예배에서 어떤 역할을 스스로 감당하지는 않았다. 사도행전 6장에 의하면, 일곱 명의 남자들이 교회 안에서 사도들을 돕기 위해 뽑혔다. 교회는 전통적으로 집사의 기원을 이 사건에서 발견하고자 했다. 하지만 이들의 임무는 오늘날의 교회들에서 집사들이 하는 일들보다 더 광범위했다. 나중에 우리는 사도들과 더불어 장로들을 만난다(행 15:6). 종종 일곱 일꾼과 장로들 사이에 어떤 연관성이 있다는 주장은 이런 이유에 근거한다(참조. J. P. Versteeg in Koole and Velema, 1982, 19-21).

바울과 바나바는 여러 지역에서 장로들을 세웠다. 장로들은 교회를 이끌어가는 일을 맡았다(행 14:23). 아마도 교회를 "다스리는" 자들(롬 12:8)과 "인도하는" 자들(히 13:7, 17)도 장로들을 가리킬 것이다.

바울은 에베소 교회의 장로들에게 성령이 온 양떼를 보살피도록 그들을 감독자들로 삼았다고 말한다(행 20:28). 그들이 어떤 방법으로 선출되었든지 간에, 그 배후에는 성령이 있었다. 그들의 임무는 양떼를 돌보고 그들을 보살피는 것이다. 다시 말해서 그들은 목회적인 사역을 수행해야만 했다. 또한 그들은 깨어 있으면서 거짓된 가르침에 맞서 교회를 보호해야만 했다.

단지 교회를 감독하는 것만이 그들이 떠맡아야 하는 책임의 전부는 아니었다. 나아가 이 직분에는 잘 가르치는 것(딤전 3:2)과 "바른 교훈"으로 권면하고 거슬러 말하는 자들을 논박하는 것(딛 1:9)도 포함되었다. 교인들 중에서 병든 이가 있으면, 장로들은 그들이 병에서 낫도록 기도해주어야 했다(약 5:14).

사도들이 살아 있던 시대에 장로들은 중요한 사항들과 관련해서 결정을 내리는 데 참여할 수 있는 권리를 갖고 있었다(행 15:22-23). 또한 장로의 회도 있었다(딤전 4:14).[66] 장로들에게 순종하라는 것(벧전 5:5)은 그들의 권위를 인정하는 것을 암시할 것이다.

감독과 장로들에게 요구되는 사항들(딤전 3장; 딛 1장)도 우리가 어떤 직분에 대해서 다룬다는 것을 넌지시 알려준다. 바울은 "사람이 감독의 직분을 얻으려 함은 선한 일을 사모하는 것이라"(딤전 3:1)고 말한다. 그는 교회를 계속해서 세우고 성장시키는 일을 우선적으로 장로들에게 맡긴다(참조. Ridderbos, *Paul*, 459).

⑦ **집사들**은 단지 빌립보서 1장과 디모데전서 3장에서 언급된다. 하

---

66 참조. B. van Ginkel, 『장로』(*De ouderling*), 1975, 37.

   개혁교회 교의학

지만 집사 직분의 중요성은 이 몇몇 구절에서 추론할 수 있는 것보다 훨씬 더 광범위하다. 구약성경에도 다양한 도움을 베푸는 것에 대한 관점들이 명백하게 나타난다. 그리스도의 말씀과 행위는 그에게서 영원한 구원뿐만 아니라 이 땅에서 경험하는 곤경으로부터의 도움도 기대할 수 있다고 암시해준다. 비록 구원과 치유가 동의어는 아니지만, 이 두 단어는 사실상 서로 매우 밀접하게 연결되어 있다. 섬기러 온 구세주에게 속한 교회는 바로 섬기는 교회다. 교회는 자신들을 도와줄 사람이 없는 형제자매들을 돌보아야 하고(시 72:12), 교회는 이웃 사랑을 실천해야 한다(참조. W. Steenbergen in Koole and Velema, 1991, 11-28).

우리는 사도행전 6장이 집사 직분이 제도화되는 것에 대해 다루고 있다고 주장할 수 없다. 그럼에도 해당 본문은 집사 직분의 중요성에 대해서 언급한다. 왜냐하면 그 본문은 음식을 제공하는 일에 대해서뿐만 아니라(행 6:2), 어떤 과부들이 소홀히 여김을 받아서 안 된다는 것에 대해서도 언급하기 때문이다. 아마도 이것은 그 과부들이 어떤 도움을 받지 못했거나, 아니면 이들에게 도움을 제공하는 기회가 주어지지 않았다는 것을 가리킬 것이다.[67] 서로 교제하며 섬기는 것이 위험에 노출되어서는 안 된다. 그리고 일곱 남자들은 새로운 공동체를 돌보는 일을 위해서 임명되었을 것이다.[68]

신약성경에서 집사들은 감독들 다음에 위치한다. 이것은 집사들이 감독들의 종들이거나 보조자들이라는 것을 의미하지 않는다. 집사들은 감독들 또는 장로들과 마찬가지로 교회의 일꾼들이자 그리스도의 종들이다. 그들은 감독들 또는 장로들의 직분과 동일시되는 직분을 지닌 것은 아니지만 그럼에도 동등한 직분을 지닌다.

---

[67] 이 해석과 관련해서 다음을 보라. Noordegraaf, 1983, 125-132; Van Bruggen, 1984, 65-77.

[68] 참조. F. H. von Meyerfeldt, 『신앙 공동체에서의 집사 직분』(*De diaken als componist der gemeenschap*), 1955, 36-40.

성령은 자기가 원하는 대로 각 사람에게 은사를 나누어준다(고전 12:11). 성령의 은사 중에는 섬김과 도움을 베푸는 것에 방향이 맞추어져 있는 것도 있다. 섬기는 일, 곧 나누어 주는 일과 자비를 베푸는 것(롬 12:7-8)과 다른 사람들을 도와주는 것 등이다(고전 12:28). 이와 같은 은사들이 교회의 지체들에게 주어진다는 사실은 집사의 직분을 불필요한 것으로 만들지 않는다. 집사들은 이와 같은 일들을 격려하고 그 일들에 협력할 수 있으며 또한 그렇게 해야 한다. 이것이 바로 섬기는 교회가 해야 하는 일이며 또한 사실상 그리스도가 교회와 교회의 지체 및 직분자들을 통해서 하는 일이라는 사실을 강조해준다.

비록 어떤 시기에는 교회 안에서 은사들이 더 강조되고, 또한 다른 시기에는 직분들이 더 강조되지만, 직분들과 성령의 은사들은 서로 밀접하게 연결되어 있다. 이 점과 관련해서 다음과 같은 주장이 올바르게 제기되었다. "[신약성경의] 초기의 편지들에서 직분들은 교회의 은사적인 활동에 대해 묘사하는 맥락에서 언급된다. 반면에 목회 서신에서 은사들은 직분에 기초한 교회의 구조라는 맥락에서 언급된다"(*De kerk*, 1990, 55).

3. 세 가지 직분

개혁파 교회의 신앙고백서는 교회의 세 가지 직분에 대해 말한다. 곧 목회자의 직분, 감독의 직분 및 집사의 직분이다(「벨기에 신앙고백서」 제30 조). 칼뱅의 입장을 따라서, 도르트 교회법은 신학 박사들의 직분에 또 다른 개별적인 역할을 부여한다. 하지만 교회의 직분들에 대한 중요한 논쟁들과 비교해볼 때, 이것은 중대한 차이점이 되지 못한다. 교회 정치에 대해서 다루는 다른 주제들과 같이, 이것은 교회의 통치 체제와 관련해서 언급할 수 있을 것이다(참조. Bavinck, *R.D.*, 4:387 이하).

오늘날보다 16세기에는 이 세 가지 직분을 성경에 기초해서 이끌어내는 것이 훨씬 더 간단했던 것 같다. 노르트만스는 다음과 같이 주장한다. "어떤 이가 예수가 승천하고 나서 이삼십 년 동안 교회들을 방문하고 난 다

   개혁교회 교의학

음 자신이 본 것에 대해 단순하게 결과 보고를 할 수 없을 것이다. 예를 들면 그는 예루살렘에서 장로들을 보았고, 빌립보에서 어떤 감독과 집사들을 보았다고 말할 수 없을 것이다. 하지만 이제 우리는 교회의 체계를 종합해서 말할 수 있을 만큼 충분히 알고 있다"(Noordegraaf, *V.W.*, 8:435 이하).

그럼에도 감독과 집사들 또는 장로들과 집사들(딤전 3장; 딛 1장)에 대한 언급은 우리에게 이들이 두 부류의 직분자들이었다는 것을 암시해준다. 그들은 교회를 이끌고 돌보는 일을 했을 것이다. 비록 불가능한 것은 아니지만(Bavinck, *R.D.*, 4:344-345), 말씀을 전파하는 일과 가르치는 일을 떠맡았던 장로들(딤전 5:17)을 원칙적으로 말씀의 사역자들로 인정해야 하는가를 판단하는 것은 매우 어렵다.

장로들, 감독들, 집사들은 이른바 일반 직분이다(Honig, *Handboek*, 743). 이 직분은 사도, 예언자, 복음 전하는 자(참조. 엡 4:11)와 같은 비상 직분(extraordinary)과 구별된다. 이 두 부류를 구분하는 경계선에 대해서 종종 질문이 제기되었다. 어떤 이는 왜 복음 전하는 자의 역할을 일반 직분으로 이해할 수 없는지에 대해서 의문을 품을 수도 있을 것이다. 하지만 에베소서 4:11에 제시된 목록—맨 처음에 사도들이, 맨 마지막에 목사들과 교사들이 언급됨—을 살펴볼 때, 어쨌든 사도 직분이 지니고 있는 특별한 성격 또는 비상적인 특성은 반드시 인정되어야 한다. 이것은 목사와 교사의 직분이 일반 직분으로 간주될 수 있다는 것을 암시해준다. 곧 그들의 직분은 교회 안에 지속적으로 존재하는 직분이다.

직분에 기초한 모든 사역은 "목회 사역을 위해서" 교회에 필요한 것을 온전히 준비시켜준다. 직분자들—이들은 서로 협력하며 보완함—이 서로 구별되는 세 부류로 구분되지만, 그것은 오직 한 가지 목표를 지니고 있다. 곧 그리스도의 몸을 세워나가는 것이다(엡 4:12).

본질, 특성 및 목적에 있어 직분에 기초한 사역은 하나 됨을 이루고 있다. 교회의 직분에 대한 다음과 같은 정의에서 이 점이 명백하게 드러난다. 곧 직분은 "교회를 내적·외적으로 세워나가고자 하는 목적을 위해서, 하나

님의 교회에 제도적으로 규정된 섬김을 지속적으로 제공하기 위해서 하나
님이 맡겨주신 것이다"(Trimp, 1982, 6).

「벨기에 신앙고백서」(제30조)와 같이, 우리가 교회는 영적인 방법으로
다스려져야 한다는 것을 출발점으로 삼는다면, 우리가 세 부류의 직분을
지지할 만한 충분한 이유가 있다. 교회의 통치는 말씀의 선포에서 실행된
다. "[말씀의] 선포는 말씀 교육, 성례들의 시행, 교회 권징의 실행 및 자비
를 베푸는 일 등을 요구한다"(Trimp, 1982, 109 이하). 교회에서 말씀의 선
포는 우선권을 지녀야 한다. 말씀의 선포는 잘 가르칠 수 있는 직분자들을
필요로 한다. 또한 교회를 이리저리 살펴보고 교회가 올바른 가르침을 고
수하며 성도들이 거룩한 삶을 살고 있는지 확실하게 하기 위해서 감독들
또는 장로들이 있어야 한다. 이것은 "장로의 회"(딤전 4:14)를 필요로 한다.
왜냐하면 장로들은 개인적·집단적으로 교회의 영적인 건강을 위해서 책
임을 지고 있기 때문이다. 그리고 또 다른 형태의 섬김이 있다. 곧 다양한
어려움에 처한 사람들을 돕기 위해서 교회 안에 주어진 모든 은사는 최선
의 방법으로 사용되어야 한다. 교회 안에서 집사들은 선한 일을 하며 도움
을 주는 일에 앞장 서는 이들이다.

(1) 칼뱅은 집사들을 두 종류로 구분한다. 곧 재정 담당자들(procurators)과 봉사
담당자들(hospitalers)이다. 전자는 가난한 사람들을 구제하기 위한 기금을 집행하는
이들이고, 후자는 가난한 사람과 병자들을 돌보는 이들이다. 칼뱅은 이것과 연관성
을 갖는 것으로 디모데전서 5:9을 언급하면서 과부들을 도와주어야 한다고 말한다
(참조. *Les Ordonnances Ecclésiastiques*, Article 56; 『기독교강요』 4.3.9; 4.13.9).

(2) 다음 질문과 관련해서 학자들 사이에 견해 차이가 있다. 곧 사도 바울은 직
분에 기초한 과부들의 사역이나 또는 그들이 집사들과 서로 협력하면서 섬기는 일
을 하는 것을 염두에 두고 있었는가?[69] 우리는 성경의 해당 본문들에 기초해서 남자

---

69 첫 번째 입장을 지지하는 것으로서 E. L. Smelik, 『교회의 길들』(*De wegen der kerk*), 1940,

            개혁교회 교의학

와 여자가 동등하게 장로 또는 집사들로 섬겼다고 결론지을 수 없다.[70]

(3) 오늘날 우리에게 친숙한 세 가지 직분, 곧 감독, 장로, 집사는 동시에 나타나지 않았다. 처음에 이 직분들의 발전 과정은 전적으로 다른 방향으로 전개되었다. 클레멘스와 이그나티우스 같은 속사도 시대 교부들의 저서에서 사실상 감독들, 장로들 및 집사들과 같은 신약성경의 용어들이 나타난다. 하지만 기원후 2세기에 감독을 어떤 지역에서 최고의 권위를 지닌 유일한 직분자로 생각하는 경향이 이미 존재했다. 감독(*episkopos*)은 주교(bishop)가 되었고, 얼마 후(키프리아누스의 시대에) 장로(*presbuteros*)는 사제가 되었다. 그는 일종의 희생제사로 이해된 성찬예식을 거행할 때 제단에 서 있었다. 그리고 부제(deacon)는 주교의 보조자로 이해되었고, 나중에 부제에게도 예배 의식에서 어떤 역할이 부여되었다. 이와 같은 과정을 통해서 주교, 사제 및 부제라는 세 가지 직분이 생겨났다.

로마 가톨릭교회에서 주교, 사제 및 부제는 하나의 성별된 직분 안에서의 세 가지 위계 직분이다. 그 직분은 안수와 기도를 통해서 전달된다. 주교들은 사도들의 합법적인 후계자들이다. 주교단에서 로마 주교는 최고 수반이다. 제2차 바티칸 공의회는 다음과 같이 선언했다. "그러므로 사제들과 부제들의 협력을 받는 주교들을 통하여 대사제이신 주 예수 그리스도가 신자들 가운데 계신다"(『교회에 관한 교의 헌장』 no. 21). 또한 제2차 바티칸 공의회의 『거룩한 전례에 관한 헌장』에서는 다음과 같이 언급된다. "주교는 자기 양떼의 대사제로 간주되어야 한다. 그리스도 안에서 살아가는 신자들의 생활은 말하자면 주교에게서 나오고, 또한 그에게 달려 있다."[71] 이것은 진정으로 대단히 강력한 주장이다!

바빙크는 다음과 같이 말한다. 〔로마 가톨릭교회에서〕 "주교는 대제사장이 되었고, 장로들은 제사장들이 되었으며, 또한 집사들은 레위인들이 되었다"(Bavinck, *R.D.*, 4:388). 이와 같이 제사장 및 희생제사들과 더불어 구약성경의 예배 의식에까

64-67 및 Huls, 1951, 52-55을 보라. 두 번째 견해를 지지하는 것으로서 Den Boer (ed.), 1985, 158 이하를 보라.

70   Den Boer (ed.), 1985, 164,

71   『거룩한 전례에 관한 헌장』, 1963, no. 41.

지 거슬러 올라가는 것은 로마 가톨릭교회에서 간과할 수 없는 역할을 했다.

(4) 루터는 성례들을 존중하는 제사장 직분에 맞서서 말씀 선포의 직분을 우위에 놓았다. 말씀 사역이 교회의 고유하고 합당한 직분이다. "교회를 다스리는 것은 교황이나 주교의 권위가 아니라 하나님의 말씀이다"(Luther, *W.A.*, 2:676). 루터는 직분(*ministerium*)을 신자들의 보편적인 제사장 직분으로부터 이끌어온다. 그러면서 그는 다음과 같이 주장한다. "그리스도는 자기의 피로 그것[직분]을 얻었다. 또한 그는 우리 자신과 우리의 구원을 위해서 그것을 허락하고 마련했다."[72]

사실상 루터는 신약성경에서 언급되는 장로들을 간과했고, 교회 정치의 상당 부분을 세속 정부에게 떠넘겼다. 그는 그리스도인들이 사랑으로 자신들의 이웃들을 섬겨야 한다는 것을 강력하게 옹호했다. 하지만 그는 교회의 섬김 사역을 계획하고 수립하는 것에 대해서 깊이 생각하지 않았다. 루터파가 있는 지역들에서 생필품을 제공하는 것은 세속 정부의 책임이었다.

루터와 마찬가지로 칼뱅도 직분에 기초한 말씀 사역에 상당한 중요성을 부여했다. 하지만 그는 교회가 장로들을 꼭 필요로 한다는 것과 관련해 다른 어떤 이보다도 부처에게서 배웠다. 이것은 목회적인 돌봄과 교회 권징의 필요성을 반영한다. 또한 이것은 해당 비전을 고수하던 교회들 안에서 실행되었다. 여기서 우리는 노르트만스의 다음과 같은 논평을 상기하고자 한다. 곧 칼뱅은 교회라는 체스판(chessboard) 위에서 장로들이라는 폰(pawn)을 옮겨 교황을 곤경에 처하게 했다. 이미 우리는 칼뱅이 집사들의 섬김 사역과 관련해서 두 가지 측면에 관심을 기울였다는 것을 살펴보았다. 그는 부처와 마찬가지로 어떤 독립적인 조직으로서 섬김 사역을 하는 것을 지지했다. 하지만 칼뱅이 활동하던 시대의 제네바에서 그의 의도는 거의 성취되지 않았다(참조. W. van 't Spijker in Koole and Velema, 1991, 84-91).

교회의 전통적인 세 직분―주교, 사제 및 부제―은 로마 가톨릭교회의 경우에 위계적인 제도가 되었다. 칼뱅의 강력한 영향 아래 이것은 목사들, 장로들 및 집사들로 대치되었다. 또한 이들은 동료들로서 서로 협력하는 관계에 놓여 있었다. 우리가

72　참조. H. Lieberg, *Amt und Ordination bei Luther und Melanchton*, 1962, 108.

흔히 이 세 직분을 언급하는 순서는 직분의 높고 낮음과 아무런 관계가 없다. 또한 그것은 어떤 부류에 속한 직분자가 다른 부류에 속한 직분자들보다 자신을 더 높게 인식하게 하는 근거를 전혀 제시해주지 않는다.

(5) 개신교는 교회의 직분과 관련해서 통일성을 지니고 있지 않다. 이것은 에큐메니칼 운동 안에서 많은 문제점을 불러왔다. 세례, 성찬 및 섬김에 대한 신앙과 직제 위원회(the Faith and Order) 선언(리마 보고서, 1982)은 더 광범위한 일치를 성취하기 위해서 중요한 시도를 했다. 이것은 많은 교회로부터 다양한 반응을 불러일으켰다.

이 보고서는 주교들의 안수를 통해 중단되지 않은 채 지속된 사도권 또는 감독권의 계승을 사도적인 전승의 연속성을 위해서 가장 중요한 것으로 간주한다. 이 보고서는 주교의 직분에 우선권을 부여하지만, 장로의 직분에 대해서는 언급하지 않는다. 또한 교회 안에 주교, 장로, 집사의 세 가지 직분을 인정한다. 그러면서 이 보고서는 이 세 가지 유형을 따르지 않는 교회들에게 전통적으로 발전되어온 삼중 직분을 받아들이도록 요청한다.

우리는 이 요청에 비판적으로 반응할 수 있을 것이다. 비록 우리가 더 최근의 문헌들에 대해 잘 알고 있지만, 우리는 여전히 전적으로 타당한 것으로 생각하는 바빙크의 다음과 같은 논평을 언급하면서 이 항목을 마무리하고자 한다. 개혁파 교회는 말씀 사역과 더불어 장로 직분과 집사 직분을 회복시키는 것을 통해서 성경의 개념을 가장 순수한 형태로 파악했고, 또한 신앙 공동체의 권리들을 가장 확실하게 인정했다(Bavinck, *R.D.*, 4:388).

47.2. 몇 가지 중요한 교회 정치 체제

1. 직분과 신앙 공동체

교회 정치와 관련해서 다양한 체제가 있다. 우리는 교회론에서 이 점을 무시할 수 없지만, 그것에 대해 간략하게 논하면서 교회의 통치 체제를 언급하는 것은 가능하다. 우리는 간략한 논의를 위해 지역에 따라 차이가 나는 교회의 통치 체제에 대해서는 지금 고려의 대상에서 제외하고자 한다(이 점과 관련해서는 참조. Honig, *Handboek*, 747-749, 752).

교회 직분과 신앙 공동체의 관계에 대해서 기본적인 견해 차이가 있다. 교회 직분에 대해서는 대체로 **세 가지 유형**의 신학이 있다. 베르크호프의 견해에 의하면, 우리는 그것을 다음과 같이 특징지을 수 있다.

(1) 로마 가톨릭교회, 정교회 또는 고교회(high-church) 유형은 성직 임명을 하나의 성례(성사)로 여긴다. 그 성례에 의해 직분자는 성령의 특별한 약속과 관련해서 지속적으로 신앙 공동체와 마주보는 위치에 있을 뿐만 아니라 그 위에 위치한다.

(2) 고전적인 개혁파 교회의 유형은 직분자들을 신앙 공동체와 마주보게(opposite) 할 뿐만 아니라 그 공동체 안에 위치시키며, 모든 신자의 공동 결의를 통해 그의 권위를 제한한다.

(3) 독립 교회 또는 저교회(low-church) 유형은 직분자들을 모든 신자의 직분에 어떤 기능적인 특성을 부여하는 것에 지나지 않는 것으로 이해한다. 직분들은 원칙적으로 교회의 회계나 행정 담당과 아무런 차이점을 지니고 있지 않다.

첫 번째 유형은 사도들의 권위에 호소한다. 이 유형은 사도권 계승을 통해서 후대의 주교들에게 그 권위가 전달되었다고 믿는다. 두 번째 유형은 신약성경에서 장로와 감독(*episkopos*)이 동등하게 묘사된다는 것에 호소한다. 세 번째 유형은 특히 고린도전서 12-14장에서 언급되는 은사 중심적인 교회의 모습에 호소한다(Berkhof, *C.F.*, 383이하).

첫 번째 유형에서 교회는 위계적으로 통치되고, 성직자들은 권력을 지닌 지위를 차지한다. 주교들이 있는 곳에 교회가 있다. 세 번째 경우에 그 출발점은 신앙 공동체 안에 있고, 해당 교회는 민주주의 체제와 비슷하다. 따라서 신앙 공동체의 대다수 구성원의 뜻이 결정적으로 중요하다.

앞서(§ 47.1) 우리는 두 번째 입장을 지지했다. 이것과 더불어 우리는 고교회와 저교회 사이의 중간 입장을 선택하지 않는다. 오히려 우리는 다른 접근 방법을 따른다. 이런 접근 방법에 따르면, 성경이 말하는 모든 것이 결정적으로 중요하다.

여기에는 두 가지 주요한 관점이 있다. 첫째, 직분들은 그리스도에 의해서 교회에 주어진다(참조. 엡 4:11). 둘째, 직분자들은 교회 안에서 형성된다. 교회가 그들을 직분자들로 선택한다. 교회가 그들에게 있는 직분에 기초한 사역에 필요한 은사들을 분별하기 때문이다(참조. 행 6:5). 또한 이 두 관점들은 세 번째 차원, 곧 신앙 공동체와 직분들 사이의 상호 대화 및 작용을 드러내준다.

우리는 로마 가톨릭교회의 견해를 거부한다. 그 견해는 성직자들에게 신약성경의 관점에 어긋나는 부당한 권한을 부여하기 때문이다. 사도들의 위치와 권위는 유일무이한 것이다. 로마 가톨릭교회의 직분자들은 지금 사도들의 위치와 권위 위에 있는 게 아니다.

또한 우리는 저교회의 견해를 거부한다. 직분은 신앙 공동체 자체가 만들어내는 어떤 제도가 아니고, 단순히 교회의 활동이 합당하게 기능하는 것을 확실하게 하려고 존재하는 것도 아니기 때문이다.

2. 주교감독 체제

이 부분에서, 우리는 교회 직분과 교회의 관계와 관련해 앞서 언급한 견해들을 반영하는 세 가지 체제, 곧 주교감독 체제, 장로회 체제와 회중 교회 체제에 대해 간략하게 논하고자 한다(더 자세한 논의를 알려면, W. van 't Spijker in *De kerken*, 1990, 301-338을 참조하라). 주교감독 구조가 한쪽으로 기운 형태로서의 교황 제도에 대해서는 나중에(§ 48.3) 논하고자 한다.

주교감독 체제의 특성을 지니고 있는 교회는 성공회(the Anglican Church)다. 이 교회는 국가 교회다. 헨리 8세 이후로 왕이 교회의 수장으로 인정되었다. 하지만 이 교회의 가장 중요한 특징은 주교감독 구조를 지닌 것이다. 성공회는 역사적인 주교 직분(historical episcopate)을 강조한다. 그것은 이것과 더불어 한 가지 중요한 "로마 가톨릭적" 요소를 채택했다. 하지만 성공회는 교의와 관련해서는 개신교 교회로 간주된다. 성공회는 로마 가톨릭교회와 개신교 사이의 중간적 입장을 고수한다. 성공회는 한편으로 사도권의 계승을 인정하고 고수하지만, 다른 한편으로는 교회의 수위권을 거부한다. 성공회는 이 입장을 통해서 교회 일치를 위한 어떤 핵심적인 역할을 할 수 있다고 믿는다.

구가톨릭 교회(The Old-Catholic Church)는 성공회와 밀접한 관계를 유지한다. 구가톨릭 교회는 성공회와 마찬가지로 처음 몇 세기 동안의 분열되기 이전의 교회를 지향한다. 신앙과 성례들의 통일성 외에도 교회의 전체 조직의 통일성을 매우 중요하게 여긴다. 린컬(A. Rinkel)에 의하면, 역사적으로 발전되어온 군주적인 주교제도(monarchical episcopacy)는 논쟁의 여지가 없는 권위를 지니며, 그것을 나타낸다. 하지만 구가톨릭 교회는 성직자와 교황의 수위권에 의한 지배를 반대한다. 주교들은 이 교회에서 사도들의 계승자들로 인식된다. 또한 그들은 교회에 의해 선출되고, 교회는 안수와 기도를 통해 주교들을 임명한다. 그리고 구가톨릭 교회는 교회의 연속성과 통일성이 주교단에 의해서 상징되고 유지되며 보호된다고 주장한다.[73]

3. 장로회 체제

이 교회의 정치 형태는 이 이름 자체가 암시해주듯이 두 가지 핵심적인 강조점을 지니고 있다. 곧 장로의 직분과 교회의 모임(회의)이다. 하지만 교회의 모임과 관련해서, 단지 총회(general assembly)만 생각해서는 안 된다. 왜냐하면 개혁파의 관점에 의하면, 개혁파 교회는 지역 교회에 초점이 맞추어져 있기 때문이다. 지역 교회 안에서 교회의 심장이 뛰고 있다. 하지만 하나의 교회는 다른 교회들과 함께 연합(federation)을 형성한다. 우리는 이와 관련해서 교회에 대한 신약성경의 언급을 지적할 수 있다. 곧 신약성경은 지역에 있는 신앙 공동체뿐만 아니라 "에클레시아"로

---

73   A. Rinkel, *Dogmatische Theologie*, 1956, 3:236-242.

서의 그리스도의 교회로서의 전체 교회를 언급하기 때문이다(참조. § 44.3, 제5번).
교회의 연합은 형식적인 것도 아니고 어떤 장식품에 지나지 않는 것도 결코 아니다.
더 광범위한 교회들의 모임은 지역 교회의 회의의 권위를 제한하지 않는 권위를 지
니고 있다.

엠덴 총회(1571)의 첫 번째 조항은 어떤 교회도 다른 교회를 지배할 수 없고, 그
리고 어떤 직분자도 다룬 직분자를 지배할 수 없다고 말한다. 도르트 교회법은 다른
위치에서 동일한 것을 말한다(제85조). 하지만 이 교회법은 "성직에서 위계질서는
없다!"라는 이유에서 이와 같이 주장한다. 그렇지만 교회의 독립주의는 거부되었다.

하나님의 말씀은 지역 교회와 그 교회의 지체들 및 직분자들 위에 또한 모든 교
회의 모임 위에 있다. 그리스도는 하나님의 말씀으로 그의 교회를 통치한다.

다양한 국가 교회들과 비교해볼 때, 개혁파 교회는 정부에 대해서 지니고 있는
교회의 자유의 원리를 단호하게 고수한다. 개혁파 교회는 정부의 부르심과 대조되
는 자신들의 부르심을 의식한다.[74]

1949년에 개최된 개혁파 에큐메니칼 총회는 교회와 국가의 관계에 대해 중요
한 선언을 했다. 그 선언의 핵심 사안들은 다음과 같다.

(1) 정부는 하나님에 의해서 세워진 것이다. 야웨 하나님이 주신 두 개의 율법
    판에 따라서 국가는 인간의 생명과 그것의 발전을 유지하는 일을 촉진시키
    는 데 자신의 역할을 담당해야 한다.

(2) 그러므로 정부는 하나님이 정부에게 주신 모든 수단과 더불어 복음의 선포
    와 하나님을 섬기는 모든 거룩한 일을 보호하도록 부르심을 받았다. 정부는
    하나님의 말씀에 따라서 하나님을 섬기도록 양심의 자유를 지켜주어야 한
    다. 또한 정부는 이 거룩한 일을 수행하는 것을 방해하려고 시도하는 모든
    반기독교적인 세력들을 막아내고 물리쳐야 한다.

(3) 하나님이 정부에게 맡겨주신 권위와 책임을 실행하는 것과 관련해서, 교회

---

[74] 참조. W. H. Velema, *Het spreken en het preken van de kerk*, 1987.

는 정부를 인정하고 존중해야 한다.

(4) 정부는 교회의 유일한 왕, 곧 예수 그리스도의 권리와 권위를 침해하는 것을 삼가야 한다(*Acts*, Article 66).[75]

4. 회중 교회

이 교회 체제에 의하면, 독립적이고 자율적인 신앙 공동체(회중)가 교회에 대한 모든 권위를 지니고 있다. 일반적으로 로버트 브라운(Robert Browne, 1633년 사망)이 회중 교회 체제의 창시자로 이해된다. 회중 교회는 **독립교회 체제**(independentism)라고도 불린다. 그것은 다음과 같은 견해를 지니고 있기 때문이다. 곧 신앙 공동체는 주교들뿐만 아니라 어떤 국가 권위로부터도 전적으로 독립되어 있다. 또한 회중 교회는 교회들의 어떤 연합 형태로부터도 독립적인 것으로 신앙 공동체를 이해한다. 브라운은 자신의 저서들에서 하나님을 섬기는 하나의 언약 안에서 연합되어 있는 참 신자들로 이루어진 회중 교회를 지지한다. 회중 교회 안에 다른 회중 교회들과 협의하거나 그 교회들로부터 조언을 구할 여지는 남아 있다. 하지만 더 광범위한 협의체의 권위를 인정하기 위한 여지는 전혀 없다.

17세기에 영국에서 굿윈(Th. Goodwin)과 오웬(J. Owen) 같은 청교도 신학자들은 회중 교회 체제에 관심을 가졌다. 하지만 회중 교회와 개혁파 교회 사이에는 다음 사항에서 명백한 견해 차이가 있다. 곧 회중 교회는 자신의 신앙을 고백하는 신자들이 자발적으로 함께 모이는 것이 교회라고 주장한다. 반면에 개혁파는 교회를 불러 모으는 그리스도의 사역에 교회의 기원과 존재가 놓여 있다고 이해한다. 개혁파의 입장에 의하면, 지역 교회가 진정으로 온전히 그리스도의 교회다. 동시에 지역 교회는 하나님의 순전한 말씀에 의해서 인도되는 다른 교회들과 언제나 연결되어 있다(「벨기에 신앙고백서」 제29조).

우리 시대에 회중 교회 체제는 어느 정도 호소력을 지니고 있다. 이 교회 체제와

---

75 또한 나중에 the *Christelijke Gereformeerde Kerken in Nederland*, *Acta*, 1968/1969, Article 146이 채택한 공식적인 표현을 참고하라. 그 표현은 「벨기에 신앙고백서」 제36조의 의도에 더 가깝게 묘사되어 있다.

영적·조직적 측면에서 유사성을 드러내는 다양한 독립 교회들과 그룹들이 있다. 얼마 전에 딩허만스는 교회 정치와 관련한 이 체제에 새로운 관심을 보였다. 그는 몇 가지 중요한 통찰들과 더불어 이 체제가 한 가지 흥미로운 선택일 수 있다고 간주한다. 곧 그것을 통해서 "종교개혁이 또다시 순결하게 되어야 한다." 딩허만스는 그리스도의 추종자들의 공동체들을 위한 "빛"의 구조들을 찾고 있다. 여기서 전면에 등장하는 동기들로서 일종의 민주주의적인 경향과 성령의 자유로운 역사에 대한 호소를 언급할 수 있다(Dingemans, 1987, 124 이하, 191-193; idem, 『교회 다시 세우기』〔*De kerk verbouwen*〕, 1989, 177-187).

§ 48. 교회의 권위

48.1. 신약성경에서 언급된 열쇠의 권위
48.2. 종교개혁의 관점
48.3. 교황의 권위

48.1. 신약성경에서 언급된 열쇠의 권위

바빙크와 호닉 같은 신학자들은 교회의 본질과 정치에 대한 항목에 이어서 곧바로 교회의 권위에 대해 논한다. 이것은 교회가 이 세상에서 다양한 형태로 만날 수 있는 권위와 비교될 수 있는 권위를 지니고 있다는 오해로 이어질 수 있다. 여기서 다시 말해 권위가 본질상 법률가의 권한 혹은 사법권(*potestas*)의 성격을 띠는 것으로 비쳐질 수 있다는 것이다. "그것은 다른 어느 것에 있는 것도 아니고, 다른 어느 것보다 못한 것에 있는 것이 아니라 바로 열쇠의 권위다"(Bavinck, *R.D.*, 4:394).

열쇠의 권위(power of the keys)는 성경적 개념이다. 그리스도는 베드로에게 "내가 천국 열쇠를 네게 주리니"(마 16:19)라고 말했다. 아마도 이 이미지는 문을 열고 닫는 문지기가 아니라 관리인이나 청지기에 대한 표현일 것이다(참조. 사 22:22). 열쇠를 관리하는 이는 어떤 것에 대한 권위를 지니고 있다(참조. 계 1:18). 마태복음 16:19에서 천국 열쇠는 그리스도가 베드로에게 부여하는 절대적인 권위를 가리킨다(참조. Trimp, 1982, 138-178).

그리스도는 "매고 푸는" 것과 관련해서 이 권위를 묘사한다. 이것은 유대교의 랍비들이 사용했던 용어들로, 권위 있는 선언과 관련이 있다. 이것은 어떤 것이 금지되거나 허락된다고 선언하는 것을 의미한다. 어떤 이들은 이 용어들이 정죄 선고나 또는 무죄 선언과도 관련이 있다고 생각한다(참조. *TDNT*, 3:751; Ridderbos, 1950, 12 이하).

매고 푸는 권위는 마태복음 18:18에서 재차 언급된다. 해당 구절에서도 예수는 하나님이 사도들의 말을 하늘에서도 구속력이 있는 것으로 적용하신다는 것에 대해 말한다.

요약적으로 우리는 마태복음 16:19과 18:18이 하늘나라에 들어가는 것에 관해 구속력 있는 선언을 하는 절대적인 권위에 대해서 말하는 것이라고 주장할 수 있다(참조. Van Bruggen, 1984, 43). 이것은 요한복음 20:23에서 죄를 사해주는 것과 그대로 두는 것에 대한 예수의 말과 비교할 수 있다. 그 결정은 영원한 효력을 지닌 것이다.

이제 우리는 다음과 같은 질문을 제기하고자 한다. 과연 열쇠의 권위는 오직 베드로에게만 주어진 것인가? 이 질문과 관련해서 로마 가톨릭교회의 견해는 잘 알려져 있다. 프로테스탄트 교회들은 종종 다음과 같이 주장하면서 그 견해를 반박했다. 곧 이 반석(*petra*) 위에 교회를 세우겠다는 예수의 말은 베드로의 신앙고백, 곧 "주는 그리스도시요 살아 계신 하나님의 아들이시니이다"(마 16:16)에 기초해서 교회를 세운다는 것을 의미한다. 하지만 이 해석은 적어도 이와 같은 형태로는 비판을 견디어낼 수 없다. 또한 베드로는 개인적으로 어떤 바위를 나타내는 것이 아니다. 베드로의 신앙고백에 뒤따르는 마태복음 16:18-19의 선언을 통해서, 예수는 그리스도에 대해 신앙고백을 하는 사도로서의 베드로와 그의 교회의 기초 사이에 어떤 직접적인 연관성을 확립해준다.

하지만 이것이 베드로를 다른 사도들보다 더 높여주지는 않는다. 이것

 개혁교회 교의학

은 이미 마태복음 18:19에서 매고 푸는 것에 대한 단어들이 반복되는 것으로부터 추론할 수 있다. 왜냐하면 [그리스어 성경 본문의] 해당 구절에서 "너희"라는 인칭대명사 2인칭 복수형이 사용되고 있기 때문이다. 마태복음 16장에서 베드로는 사도들의 대표자로 행동하고 있다. 그는 모든 사도를 대표해서 그와 같이 대답한다. 또한 예수는 자신의 대답을 통해 모든 사도를 대상으로 말하고 있다(마 16:15, 20). 그리고 새 예루살렘 성곽의 열두 기초석 위에는 열두 사도들의 이름들이 새겨져 있다(계 21:14). 사도행전 이야기의 전반부에서는 베드로가 전면에 등장한다. 우리는 베드로를 동료 사도들 중 첫 번째로 생각할 수 있을 것이다(Bavinck, *R.D.*, 4:321). 그렇지만 이것이 그를 다른 동료들보다 더 높이는 것은 아니다.

우리는 마태복음 18:18에서 매고 푸는 단어들을 발견하는 맥락과 관련해서 사도들뿐만 아니라 예수의 이름으로 행동하는 다른 사람들도 염두에 두어야 한다.[76]

사람들은 오직 주님을 기쁘시게 하는 데 이 열쇠를 사용해야 한다. 그 열쇠를 자기 자신을 기쁘게 하는 데 사용해서는 결코 안 된다. 직분자들과 교회의 선언들은 그 열쇠가 전적으로 그분의 말씀과 일치하도록 사용된다는 범위 안에서만 타당성이 있다. 교회의 권위는 항상 한계가 정해져 있고 표준적인 규범들에 종속되어 있다. 칼뱅의 견해에 의하면, 사람들의 관점에서 볼 때, 열쇠가 지니고 있는 권위는 어떤 권력이라기보다 오히려 섬김(*ministerium*)이다. 왜냐하면 "그리스도는 이 권위(*potestas*)를 실질적으로 사람들에게 준 것이 아니라 그의 말씀에 주었기 때문이다. 그는 사람들을 불러서 그 말씀에 대한 사역자들로 삼은 것이다"(『기독교강요』 4.11.1). 우리는 이와 같이 이해하면서 칼뱅과 더불어 다음과 같이 말할 수 있다. 곧 이것[하나님의 말씀과 예수의 가르침을 전해 받은 대로 올바로 가르치는 것]이 바로 교회의 목회자들—그들이 어떤 이름으로 불리든지 간에—에게 맡겨져야 할 가장 높은 능력이다.

---

76 참조. L. van Hartingsveld, 『천국의 열쇠들』(*De sleutels van het koninkrijk der hemelen*), 63 이하.

그들은 하나님의 말씀을 통해서 자신들에게 위임된 모든 것을 담대하게 실행해야
한다(『기독교강요』4.8.9).

48.2. 종교개혁의 관점

종교개혁의 전통 위에 서 있는 교회들은 교회와 교회의 직분이 지니고 있
는 권위에 대해 로마 가톨릭교회와는 전혀 다르게 생각한다. 로마 가톨릭
교회의 관점에 의하면, 권세(power)와 권위(authority)는 서로 이질적인 개
념들이 아니다. 그 교회에는 교계 제도(거룩한 통치), 교회 통치 체제 및 최
고의 권세를 행사하는 교황이 있다.

또한 로마 가톨릭교회에서는 일반적으로 권세가 성례들을 집행하는
권세, 곧 신품권(*potestas ordinis*)과 [입법권, 사법권, 행정권과 관련이 있는]
재치권(*potestas jurisdictionis*)으로 구분된다. 이것은 교회의 규정들은 구속
력이 있고, 무조건적인 순종을 요구한다는 것을 가리켜준다(참조. Bavinck,
R.D., 4:417 이하).

제2차 바티칸 공의회의 교회에 관한 헌장인 『인류의 빛』(1964)에 의하
면, 세 가지 권위, 곧 가르치는 임무, 다스리는 임무, 거룩하게 하는 일은 주
교들의 축성(consecration)을 통해서 주어진다. 이 주교들은 바로 스승이고,
목자이며, 대제사장(대사제)인 그리스도의 역할을 수행한다. 그러나 그들
의 권위는 주교단의 단장인 교황과 다른 단원들(주교들)의 교계적인 친교
안에서만 행사될 수 있다(『인류의 빛』21).

로마 가톨릭교회와 주교들의 권위는 교황에서 정점에 이른다. 교황 보
니파시오 8세(Boniface VIII)는 교황 칙서 『하나인 교회』(*Unam Sanctam*)를
반포했다. 이 회칙이 반포된 이후 로마 가톨릭교회는 그것을 결코 철회하
지 않았다. 그 회칙에 의하면, 신자들의 의무는 다음과 같은 사실을 반드시
믿는 것이다. 곧 모든 인간이 구원을 받기 위해 꼭 필요한 것은 로마 주교
(교황)에게 순종하는 것이다(*DS*, 875).

개혁교회 교의학

종교개혁은 이전의 용어들에 새로운 내용을 부여했다. 성례들을 집행하는 권위는 말씀을 선포하고 가르치며 성례들을 집전하도록 위임받은 것으로 대체되었다. 이제 교회의 재치권은 공적인 중대한 죄악들을 범한 이들을 출교시키고, 만일 그들이 회개할 경우에 그들을 용서하는 권위로 이루어져 있다(*BSLK*, 400). 이와 관련해서 루터파와 개혁파 교회 사이에 본질적인 차이점은 전혀 없다. 「아우크스부르크 신앙고백서」(1530)와 「하이델베르크 교리문답」(제31주일)의 내용을 비교해보면, 이것이 명백하게 드러난다. 이 두 신앙고백서는 모두 열쇠의 권위에 대해 다룬다. 「아우크스부르크 신앙고백서」에서 그 권위는 권위 또는 명령으로 묘사된다. 그럼에도 교회와 관련해서 한 가지 차이점이 나타난다. 루터파 교회는 신앙고백서에 명시된 출교를 실질적으로 실행하지 않았다. 루터파 교회에서 권징은 대체로 정부의 역할로 넘겨졌고, 그 결과 그것이 지닌 영적인 특성을 잃어버렸다. 하지만 권징의 권한을 사용하지 않는 경향은 더욱더 광범위하게 확산되었다.

직분자들은 하늘나라의 열쇠를 사용하도록 부르심을 받았다. 그들이 그 열쇠를 사용하는 것은 그들에게 맡겨진 중요한 일 중 하나다. 두 가지 열쇠로 문을 열고 닫는 것의 중요성은 「하이델베르크 교리문답」에서 명백하게 표현되어 있다. 사람들에 의해서 선포되는 "복음의 증거"에 따르면, "하나님은 지금 이 세상을 살고 있고, 앞으로 이 세상에 출현할 사람들을 심판하신다." 또한 [그리스도인에게 어울리지 않는 교리를 주장하거나, 그리스도인에게 어울리지 않는 삶을 사는 사람은] 교회의 권징을 통해 "신앙 공동체와 그리스도의 나라에서" 제외될 수 있다(제31주일).

개혁파 교회는 교회의 권징과 관련해서 재세례파가 주장하는 것과 다른 견해를 주장한다. 재세례파는 마태복음 18:17에 기초해서 교회의 거룩함을 위해 접촉 금지와 더불어 출교를 쉽사리 실행했다. 개혁파 교회도 재세례파보다 결코 못하지 않을 만큼 교회의 거룩함에 관심을 기울인다. 하지만 개혁파 교회는 교회의 권징과 관련해서 추가적인 이유들을 고려한다. 아우구스티누스는 권징을 주로 치료 효과가 있는 것으로 이해했다.[77] 그와 마찬가지로 칼뱅도 권징을 정확하게 사용되어야만 하는 의술로 거듭 언급한다. 그는 구원에 대한 그리스도의 가르침을 교회의 영혼으로, 권징은 교회의 신경계로 간주한다. 이것은 그가 교회의 권징을 얼마나 필수적인 것으로 강조하는지 드러내준다. 권징과 관련해서 중요한 것은 하나님의 영광, 성례들의 거룩성, 교회의 평안 및 죄인들의 구원이다(『기독교강요』 4.12.1-15). 이것은 우리가 출교의 표현 양식에서 만날 수 있는 개념들이다. 경고와 출교의 목적은 분명히 신자 개인을 다시 돌이키게 해서 그가 바른 길을 다시 걷게 하는 데 있다(참조. 마 18:15). 어떤 교인의 마음이 돌이킬 수 없을 정도로 완악하게 굳어지지 않았다면, 그의 출교는 결코 일어나지 않을 것이다.

종교개혁에 기초한 교회들의 관점에 의하면, 광범위한 권위와 다양한 책임은 서로 밀접하게 연결되어 있다.

그리스도의 삼중직을 말씀과 장로와 집사의 삼중직과 연결하는 것은 공통적인 관행이 되었다(참조. Bavinck, *R.D.*, 4:418 이하). 말씀과 장로 그리고 집사는 교회의 권위의 세 종류를 반영하는 것으로 이해되었다. 하지만 이것은 교회의 권위를 도식화하는 위험을 불러일으킨다(참조. Trimp, 1982, 110-115).

교회와 직분자들은 그리스도의 명령에 따라서 예언자적·제사장적·왕적 임무를 수행해야 한다. 이 임무를 가리켜주는 것은 교회가 자비의 사역을 온전히 펼치도록 호소하는 것을 용이하게 해줄 것이다.

한편 우리는 열쇠의 권위—또는 권위 있는 선언들을 하는 권한—와 섬김의 사역 사이에 어떤 관계가 있는가라는 질문에 직면한다. 하지만 우리는 이것을, 이웃을

---

77 H. B. Weijland, 『아우구스티누스와 교회의 권징』(*Augustinus en de kerkelijke tucht*), 1965, 115.

섬기는 일에 교회를 인도하고자 그리스도가 부여한 직분에 근거한 권위를 주장할 수 있는 하나님 나라의 세 번째 열쇠라고 불러서는 안 될 것이다(참조. Trimp, 1982, 203-205).

바빙크는 그의 시대에 집사의 직분을 더 높게 간주하기를, 곧 "그리스도의 제사장적인 자비에 기초한 어떤 독립적인 기구"로 간주하고자 했다(Bavinck, *R.D.*, 4:427 이하). 이와 관련해서 상황은 상당히 많이 바뀌었다. 사실상 교회 안에서의 섬김 사역에 대한 전혀 새로운 인식이 등장했다. 곧 신학이 교회 사역의 다양한 측면을 각 분야별로 면밀히 검토하면서 새로운 동기들이 모두 성경에 기초한 것은 아니라는 사실을 인식하는 것이다(참조. C. Trimp in *De kerk*, 1990, 453-471 ; Koole and Velema, 1991, passim).

48.3. 교황의 권위

1870년에 제1차 바티칸 공의회는 한 가지 전통을 공식적으로 확정했다. 곧 그 전통은 로마의 주교들은 베드로와 그의 후계자들로서 합법적인 수위권을 갖는다는 사실을 인정했고, 교황이 전체 교회에 대해서 절대적인 우위성을 지니고 있다고 가르쳤다. 이 공의회에서 교황의 무류성이라는 새로운 교리가 확정되었다. 그 교리에 의하면, 교황은 모든 그리스도인들의 목자와 교사로서 신앙과 윤리와 관련된 가르침을 규정한다(*DS*, 3074).

제2차 바티칸 공의회는 다음과 같은 것을 반복해서 명시했다. 곧 교황의 결정들은 신자들의 동의에 의해서가 아니라 그것들이 지니고 있는 특성에 의해서 철회될 수 없다. 또한 그 결정들은 결코 다른 누구의 승인이나 다른 누구의 판단도 받지 않는다(『교회에 관한 교의 헌장』 no. 25). 이것은 그와 같은 "무류한"(infallible) 선언들에 대해서 더 높은 대상에게 호소하는 것은 전적으로 불가능하다는 것을 의미한다. 예를 들면 이전의 어떤 전승, 어떤 공의회, 심지어 성경에 호소하는 것도 가능하지 않다!

교황은 주교단의 단장이다. 따라서 주교단은 교황을 배제한 채 기능할 수 없다. 반면에 교황은 주교단과 별도로 공적인 행위를 분명하게 행할 수 있다. 교황은 독립적으로 또는 주교단과 더불어 최고의 권위를 지닌다. 교황들이 전적으로 독립적으로 행동을 취한 것에 대한 많은 예들이 있다!

교황 직분과 교황 제도에 대한 근본적인 비판으로서 바빙크(*R.D.*, 4:400-407)를 참조하라.[78]

이 점과 관련해서 살펴보아야 할 핵심적인 사항들은 다음과 같다.

1. 우리는 마태복음 16장은 베드로가 다른 사도들보다 우위에 있다고 언급하지 않는다는 것을 이미(§ 48.1) 살펴보았다. 제2차 바티칸 공의회의 『교회에 대한 헌장』(no. 22)의 다음과 같은 주장은 사실이 아니다. 곧 "주님께서 한 사람 시몬을 교회의 반석으로 삼으시고, 교회의 열쇠들을 맡기셨으며, 또한 그를 온 양떼의 목자로 세우셨다."

2. 사도적인 권위들이 후대의 주교들에게 전달되었고 베드로의 권위들이 교황들에게 전달되었다는 것은 전적으로 사실이 아니다. 이 경우에 베드로는 자신의 후계자를 확인해야 했고, 그를 자신의 후계자로 임명해야 했다. 그러므로 이 사도적인 승계는 인간이 지어낸 것이다.

3. 교회의 유일한 머리인 예수 그리스도는 지금 하늘에 있다. 그리스도와 별도로 교회는 로마에 눈에 보이는 어떤 머리(수장)를 지니고 있지 않다. 왜냐하면 "그리스도가 유일무이한 우주적인 주교이고 교회의 유일무이한 머리"이기 때문이다(「벨기에 신앙고백서」 제31조).

4. 교황은 인노첸시오 3세(Innocent III, 1216년 사망) 이후로 자기 자신을 지상

---

78   또한 참조. O. Cullmann, *Petrus*, 1960; A. J. Bronkhorst and H. A. Oberman in M. van der Plas (ed.), 『로마 교황』(*De paus van Rome*), no date; M. J. Arntzen, 『교황의 수위권』(*Het primaat van de paus*), 출간 연대 미상; P. E. Persson, *Repraesentio Christi*, 1966; K. Blei, 『교회의 무류성』(*De sonfeilbaarheid van de kerken*), 1972; H. Küng, 『오류가 없다고?』(*Unfehlbar?*), 1970.

 개혁교회 교의학

에서의 그리스도의 대리자(*vicarius*)라고 불렀다. 이것은 마치 그리스도가 자기 자신이 어떤 방법으로든지 대치되는 것을 허락한 것처럼 간주하는 것이다! 하지만 그리스도 자신은 그의 말씀과 성령을 통해서 그의 교회를 다스린다. 그는 그를 섬기는 데 사람들을 사용한다. 그는 사람들에게 저마다 담당해야 할 일들을 맡긴다. 하지만 이것은 그리스도의 권위가 그들에게 있는 그대로 전달된다는 것을 의미하지 않는다.

교황의 수위권을 목회적인 수위권으로 묘사하는 것을 통해서 그것을 더 마음에 들게 하려는 시도들이 제기되었다. 또한 조만간에 교황이 자기의 권위를 자발적으로 내려놓을 것이라는 기대감에 대한 근거들이 제시되었다(Küng, 1967, 558 이하). 하지만 군주적인 통치라는 의미에서의 교황의 수위권—교회는 이것을 제한할 방법이 결코 없다—은 로마 가톨릭교회의 가르침에 있는 본질적인 요소들 중 하나다.

우리는 교황 체제(교황주의)를 받아들일 수 없다. 왜냐하면 그것은 교회의 권위가 변질된 것에 해당하기 때문이다. 우리는 교회를 하나의 영토로 이해하지 않는다. 그래서 그 영토 내에서 가장 중요한 결정들은 맨 위에서 일어나는 것으로 이해하지 않는다. 예수는 "너희 선생은 하나요, 너희는 다 형제니라"(마 23:8)고 말한다. 바울은 교회(또는 신자들)의 믿음을 지배하는 것을 원하지 않는다(고후 1:24). 우리는 교황의 수위권을 거부한다. 왜냐하면 우리는 하나님의 말씀이 갖는 절대적인 권위를 꼭 붙잡고 있기 때문이다.

간략한 참고 문헌

H. Bavinck, 『기독교와 교회의 보편성』(*De katholiciteit van Christendom en kerk*), 1968.

H. Berkhof, 『교회의 보편성』(*De katholiciteit der kerk*), 1962.

G. C. Berkouwer, 『교회』(*De kerk*), 1, 1970; 2, 1972.

C. den Boer (ed.), 『성경의 관점에서의 남자와 여자』(*Man en vrouw in bijbels perspectief*), 1985.

U. Brockhaus, 『은사와 직분』(*Charisma und Amt*), 1972.

A. J. Bronkhorst, 『성경과 교회법』(*Schrift en kerkkorde*), 1947.

J. van Bruggen, 『사도적 교회의 직분들』(*Ambten in de apostolische kerk*), 1984.

N. A. Dahl, 『하나님의 백성』(*Das Volk Gottes*), 1963.

『사도적 교회』(*De apostolische kerk*), 1954.

K. Dijk, 『교회의 사역』(*De dienst der kerk*), 1952.

G. D. J. Dingemans, 『거주해야 할 집』(*Een huis om in te wonen*), 1987.

Dogmatische constitutie over de kerk (*Lumen gentium*), 1964.

B. Graasmann, *Ecclesia reformata*, 1968.

J. van Genderen, 『성도들의 공동체』(*De gemeenschap der heiligen*), 1986.

A. van Ginkel, 『장로』(*De ouderling*), 1975.

A. N. Hendriks, 『모든 사람 안에서 모든 것을 완성하는 이』(*Die alles in allen volmaakt*), 1990.

A. N. Hendriks, 『신앙 공동체에 대한 기억』(*Met het oog op de gemeente*), 1951.

Huls, 『교회 안에서의 여인들의 사역』(*De dienst der vrouw in de kerk*), 1951.

G. P. van Itterzon, 『교회의 직분에 대한 질문』(*Het kerkelijk ambt in geding*), 1974.

W. D. Jonker, *Mistieke liggaam en kerk in die nuwe Rooms-Katholicke teologie*, 1955.

『교회』(*De kerk*) (ed. W. van 't Spijker et al.), 1990.

『교회 다시 세우기』(*De kerk verbouwen*), 1989.

E. Kinder, 『개신교 신앙과 교회』(*Der evangelische Glaube und die Kirche*), 1960.

D. Koole and W. H. Velema (ed.), 『그리스도와 그의 교회에 대한 사랑으로부터』(*Uit liefde tot Christus en zijn gemeente), 1982.

D. Koole and W. H. Velema (ed.),『그리스도의 가시적 사랑』(Zichtbare liefde van Christus), 1991.

W. Kreck,『교회론에 대한 기본적인 질문들』(Grundfragen der Ekklesiologie), 1981.

J. D. W. Kritzinger, Qahal Jahwe, 1957.

U. Kühn,『교회』(Kirche), 1980.

H. Küng, Kirche, 1967.

A. F. N. Lekkerkerker,『교회의 직분의 기원과 역할』(Oorsprong en fruktie van het ambt), 1971.

H. Lindijer,『교회와 하나님 나라』(Kerk en koninkrijk), 1962.

B. C. Milner, Calvin's Doctrine of the Church, 1970.

J. Moltmann,『성령의 능력 안에서의 교회』(Kirche in der Kraft des Geistes), 1975.

W. Nijenhuis, Calvinus oecumenicus, 1959.

A. Noordegraaf,『말씀의 창조물』(Creatura verbi), 1983.

A. Noordegraaf,『섬김의 직분에 대한 오리엔테이션』(Orientatie in het diakonaat), 1991.

I. J. du Plessis,『교회와 우주의 머리로서의 그리스도』(Christus as hoof van kerk en kosmos), 1962.

H. Ridderbos,『하나님 나라의 도래』(De komst van het koninkriek), 1950.

J. Roloff,『사도의 직분―복음 선포―교회』(Apostolat―Verk ndigung―Kirche), 1965.

A. A. van Ruler,『특별 직분과 일반 직분』(Bijzonder en algemeen ambt), 1952.

A. A. van Ruler,『로마 가톨릭교회와의 만남에서의 종교개혁에 기초한 입장의 진술』(Reformatorische opmerkingen in de ontmoeting met Rome), 1980.

R. Schillebeeckx,『교회의 직분』(Kerkelijk ambt), 1980.

R. Schnackenburg,『신약성경에서의 교회』(Die Kirche im Neuen Testament), 1963.

M. Schwintek,『죄인들의 교회』(Die Kirche der Sünder), 1969.

K. G. Steck,『교리와 교회에 대한 루터의 관점』(Lehre und Kirche bei Luther), 1963.

P. A. van Stempvoort,『고린도 교회 안에서의 하나 됨과 분열』(Eenheid en schisma in de gemeente van Korinthe volgens 1 Korinthiers), 1950.

D. van Swigchem,『바울 서신과 베드로 서신에 기초한 교회의 선교적 특성』(Het missionair karakter van de christelijke gemeente volgens de brieven van Paulus en Petrus), 1955.

C. Trimp, *Ministerium*, 1982.

U. Valeske, *Votum ecclesiae*, 1962.

W. H. Velema,『교회의 영적인 성장』(*De geestelijke groei van de gemeente*), 1966.

J. P. Versteeg,『교회에 초점 맞추기』(*Kijk op de kerk*), 1985.

J. Vlaardingerbroek,『유대인들과 그리스도인들 사이에서의 예수 그리스도』(*Jezus Christus tussen Joden en Christenen*), 1989.

제14장

❦

은혜의 방편들

§ 49. 성령과 은혜의 방편들

    49.1. 은혜의 방편들에 대한 개념
    49.2. 신령주의에 대한 거부
    49.3. 위임이 아닌 명령

49.1. 은혜의 방편들에 대한 개념

개혁파 교회 전통에서 "은혜의 방편들" 또는 "구원의 수단들"이라는 용어는 성령과 그의 사역에 대한 교의를 반영한다.

우리는 믿음으로 그리스도를 영접하고 구원을 받으며, 이것은 성령의 가장 중요한 사역이다(Calvin). 믿음은 인간에게서 나오는 것이 아니다. 또한 우리는 믿음을 다른 사람들에게 주입할 수도 없다. 「하이델베르크 교리문답」은 믿음이 어디서 오는가라는 질문에 "성령이…믿음을 생기게 한다"(제25주일)라고 분명하게 대답한다. 또한 그것은 복음의 선포와 성례의 실행을 통해 어떻게 믿음이 강화되는지에 대해 언급하는데, 이것은 결코 부차적인 사항이 아니다. 그것은 믿음의 핵심에 속하고, 은혜의 방편들에 대한 교의에 대해서 다루는 이번 장의 출발점이다.

성령의 역사와 관련해서, 한편으로는 성령과 말씀, 다른 한편으로는 성령과 세례 및 성찬의 일치는 교회들 사이의 모든 특징과 관련이 있다. 성

개혁교회 교의학

령은 말씀과 세례 및 성찬을 사용해서 우리를 그리스도와 연합하게 한다. 칼뱅의 관점에 의하면, 주님은 말씀을 도구로 사용해서 그의 성령이 신자들에게 빛을 비추어주게 한다(『기독교강요』 1.9.3). 또한 성례들도 하나님이 그분의 은혜를 베푸시는 추가적인 도구들이다. 도구라는 단어 외에 "방편"이라는 용어도 유익하게 사용될 수 있는 용어다. 「제네바 교리문답」은 다음과 같이 질문한다. "하나님은 그분의 말씀 이외에도 그분 자신을 우리에게 동참하게 하시는 다른 **방편**(*medium*)이 있는가?" 그 답변은 "하나님은 복음의 선포에 성례들을 연결하셨다"이다(「제네바 교리문답」 309).

종종 사람들은 은혜의 방편을 더 광범위하게 해석하려고 시도했다. 예를 들면 신자들 사이의 대화와 위로가 덧붙여졌다(Luther). 「웨스트민스터 소요리문답」과 「대요리문답」은 모두 그리스도가 그의 사역의 축복들을 우리에게 공유하게 하는 공통적인 외적 방편들의 목록을 제시한다. 곧 말씀, 성례들 및 기도다. 또한 때때로 은혜의 방편에 성도들의 교제를 포함하는 것을 옹호하는 주장이 제기되었다. 아울렌은 훌륭한 인물들, 특히 성도들 중에서 그와 같은 사람들을 은혜의 방편으로 언급한다.[1]

베르크호프는 일반적인 관점에서 상당히 벗어나는 견해를 제시한다. 그는 교회론에서 복음 선포, 세례 및 성찬을 은혜의 방편들에서 제외하고 아홉 가지 "전달하는" 요소들을 제시한다. 그렇다면 [은혜의] 전달을 위해 교회에 속하는 필수적인 요소들로 제정되는 것은 무엇인가라는 질문이 제기된다(Berkhof, *C.F.*, 350). 베르크호프의 출발점은 성령이 행하는 사역으로서 언약 사건에 동참하는 것이다. 그와 같은 동참을 가능하게 만드는 활동들, 말하자면 은혜를 "전달하는" 방편들은 아홉 가지, 곧 양육, 세례, 설교, 논의, 성찬, 봉사 활동, 예배, 직분, 교회 질서다. 마지막 두 가지 방편은 사실상 다른 방편들의 전달 사역을 용이하게 하려는 의도를 지니고 있다. 원칙적으로 이 목록은 바뀔 수밖에 없다. 시간이 흐르면서 은혜를 전달하는 능력

---

1   G. Aulén, 『우리의 보편적인 기독교 신앙』(*Ons algemeen christelijk geloof*), 1927, 332-326.

을 지닌 새로운 도구들이 나타난다. 어떤 방편들은 교회의 역사 과정에서 더 이상 자기의 고유한 역할을 담당하지 못한다는 사실은 이론적으로 부정될 수 없다.

어떻게 우리는 성령이 이와 같은 방편들을 통해서 역사한다는 것을 확신할 수 있을까? 초기에는 모든 합법적인 방편은 그리스도에 의해서 제정된 것이라고 생각되었다. 하지만 이와 같은 사고는 오늘날 성경 해석에서 사용되는 규정들에 비추어서 바뀌었다. 베르크호프의 견해에 의하면, 모든 것을 그리스도에게서 가져오는 성령은 언제든지 새로운 방편들을 사용할 수 있고, 우리는 성령이 사용하는 방법들의 다양성을 존중해야만 한다(*C.F.*, 393). 어떤 사람은 〔은혜를 받으려고〕 전적으로 설교에 의존하고, 다른 사람은 전적으로 신자들과의 대화나 성찬에 참여하는 것에 의존한다. 또한 베르크호프는 봉사 활동의 경우와 관련해서도 경험을 상당히 의지한다. 재난, 갈등 및 박해에 의해서 희생된 이들을 위한 봉사 활동은 오늘날 많은 이들에게 구원에 대한 다른 방편들보다 더욱더 "지도적인 역할을 하는" 중대한 의미를 지니고 있다(*C.F.*, 374).

베르크호프는 심리학과 사회학을 자신의 이론에 결합하면서 은혜의 방편들에 대해 새롭고 더 광범위한 방편들을 제시했다. 하지만 그는 그것과 관련해서 신학적인 깊이를 잃어버렸다. 왜냐하면 그는 하나님의 말씀을 정당하게 다루지 않기 때문이다. 비록 그는 자신의 목록에서 양육과 세례 다음에 설교를 언급하지만, 종교개혁의 전통에 기초한 신학은 말씀 및 복음에 우위성을 부여한다. 곧 교회는 그리스도의 명령에 따라서 말씀과 복음을 신자들에게 전하고 가르쳐야 한다. 교회는 이것을 견고한 기초 위에, 곧 마태복음 28:19에 근거해서 실행한다. 어떤 사람들이 어떤 특별한 경우에 경험한 것은 결코 주요한 판단 기준이 될 수 없다. 베르크호프는 (자신이 1949년에 작성한) "신앙고백에 대한 기본 관점들"의 제10항의 해석에서 다음과 같이 더 정확한 통찰을 제공해준다. 곧 우리에게는 구원의 방편들로서 어떤 특별한 약속, 곧 말씀 선포, 세례 및 성찬이 부여되었다. 하지만 하나님은 다른 방편들, 예를 들면 상호 대화, 신앙 서적, 모범적인 그리스도인들의 삶 등도 사용하신다. 그렇지만 이것들은 구원의 방편들에 의해서 형성되고 양육된다.

하나님이 우리를 위한 그분의 목적을 성취하기 위해서 사용하실 수 있는 것이 많이 있다. 예를 들면 하나님을 경외하는 부모 밑에서 양육되는 것, 기독교 교육, 교리문답 교육, 성경연구 그룹, 훌륭한 신자들의 모범 및 그들과의 대화와 교회 안에서의 친교 등이다. 하지만 이 모든 것은 기도가 수반되지 않은 채로는 이루어지지 않는다. 하지만 이제 우리는 하나님이 그분의 약속들을 따라서 우리 안에서 일하시는 방편들에 초점을 맞추고자 한다. 곧 "살아 있는 믿음", "확신", "양심의 평화", "어린아이와 같은 순종" 및 "하나님을 영화롭게 하는 것" 등이다(참조. 「도르트 신조」 1.16). 말씀과 성례들이 구원의 방편들로서 역할을 한다는 것에 대해 말하자면, 우리는 하나님의 약속들에 호소할 수 있다는 것이 중요한 것이다.

49.2. 신령주의에 대한 거부

우리는 "방편들"과 "도구"라는 용어와 관련해서 그것들을 사용하는 대상, 곧 성령에게 초점을 맞춘다.

하이체마(Th. L. Haitjema)는 말씀과 성례들을 모두 성령의 도구들로 이해한다. 로마 가톨릭교회는 은혜의 방편들 안에 포함된 은혜에 대해서 지나치게 많이 통제한다. 따라서 로마 가톨릭에서 실질적으로 성령은 믿음을 갖도록 하고 강하게 하는 데 있어 더 이상 절대 주권적인 역할을 하지 않는다. 하이체마는 이것을 다음과 같은 사실과 올바르게 대조한다. 곧 말씀과 성례의 도구들은 오직 삼위일체의 제 삼위에 의해서만 진정으로 사용될 수 있다(Haitjema, 1962, 167 이하).

성령이 은혜의 방편들을 사용한다는 사실은 우리가 그 방편들에 국한되어 있는 것과 동일한 방법으로 성령도 그것들에 국한되어 있다는 것을 의미하지 않는다. "비록 하나님의 권능은 외적인 수단들에 매어 있지 않지만, 그럼에도 하나님은 우리를 이러한 일상적인 가르침—말씀을 가르치도록 부르심을 받은 이들을 통해 교회 안에서 신자들에게 말씀을 가르치는 것—의 방식에 매어두셨다"(『기독교강요』 4.1.5). 칼뱅의 이 말은 "광신적인 사람들"을 대상으로 삼고 있다. 그들은 교회의 공적인 모임들을 소홀히 하며, 설교를 쓸데없는 것으로 간주한다. 이것은 그들의 교만이나 자만심에서 비롯되겠지만, 그것은 그들의 신령주의적인 사고방식을 반영한다.

신령주의자들의 견해에 의하면, 모든 것은 성령으로부터 말미암는다. 그들은 외적인 경험이 아니라 내적인 경험만이 중요하다고 주장한다. 왜냐하면 영적인 차원은 내면적인 것이기 때문이다. 그렇다면 외적인 은혜의 방편들은 성령의 역사에서 어떤 역할을 하는가? 성령이 외적인 방편들을 통해 전달해주는 것은 무엇인가? 신령주의자들은 신자들이 단순히 성령이 임하는 것을 기다려야 한다고 주장한다.

신령주의자들의 다양한 견해에 의하면, 말씀과 성례는 기껏해야 은혜에 대해 서술하고 묘사하는 것에 지나지 않는다. 말씀과 성례 그 자체는 은혜의 방편들이 아니라는 것이다. 하지만 여기서 그들이 내적인 것과 외적인 것, 영적인 것과 물질적인 것을 구분하는 것은 전적으로 비성경적인 것이다. 마치 내적이며 영적인 것은 하나님이 하시는 일이지만, 외적이며 물질적인 것은 하나님이 하시는 일이 아닌 것처럼 접근한다. 따라서 이러한 신령주의자들의 이해는 기독교로부터 상당히 이탈한 것으로서 거부되었다(Van Ruler, *T.W.*, 3:138).

우리는 신령주의의 견해에 맞서 종교개혁에 기초한 다음과 같은 확신을 갖고 있다. 곧 하나님 자신이 우리에게 은혜의 방편들을 주셨고, 우리는 그 방편들을 의존한다. 하나님이 그분의 섭리 안에서 행하시는 것에는 어떤 유비가 있다. 우리는 하나님이 우리에게 생명과 건강을 주신다고 믿는다. 하지만 이것은 우리가 음식이나 의약품과 같은 타당한 수단들을 필요로 한다는 것을 배제하지 않는다. 이와 비슷하게 "[하나님의] 은혜는 경고의 방편들에 의해서 우리에게 주어진다." 우리는 "하나님이 그분의 선한 뜻으로부터 가장 밀접하게 결합시킨 것을 분리시키는 것을 통해서 감히 하나님을 시험하고자 한다.…하지만 은혜의 방편들과 구원하는 열매 및

 개혁교회 교의학

그 효능과 관련해서 오직 하나님만이 모든 영광을 받으시기에 합당한 분이다"(「도르트 신조」 3-4, 17).

칼뱅은 로마서 10:17에 기초해서 하나님이 사람의 사역을 통해 우리 안에서 믿음이 생기게 하신다고 지적한다. 또한 그는 『기독교강요』(4.16.9)에서 이것은 주님이 사람들을 부르실 때 흔히 사용하시는 방법이라고 말한다. 우리는 하나님이 정하신 질서에 순종해야 한다. 하나님은 그분의 지혜와 선하심 안에서 이와 같은 방법으로 그것을 정하셨다.

49.3. 위임이 아닌 명령

사실상 교회에서 말씀과 성례들은 사람들에 의해 선포되고 실행된다. 하지만 교회 또는 교회의 직분자들은 그것들을 자신들의 의사대로 다룰 수 있는 방편들로 만들어서는 결코 안 된다. "이것들은 주님이 주신 방편들이지, 교회가 제공하는 방편들이 아니다. 또한 그것들은 주님의 도구들이지, 우리의 도구들이 아니다."[2]

어떤 의미에서 은혜의 방편들은 교회의 손 안에 주어져 있다. 하지만 그 과정에서 그 방편들은 단 한 순간도 하나님의 손 안에 있는 도구들이 아닌 경우가 결코 없다. 말씀은 교회에 주어졌다. 하지만 교회는 그 말씀을 자기 마음대로 해석하거나 다루어서는 안 된다. 왜냐하면 그것은 언제나 하나님의 말씀으로 머물러 있기 때문이다. 세례는 교회의 명령이 아니라 그리스도의 명령에 의해서 베풀어지는 것이다. 교회는 성찬예식을 거행한다. 하지만 그것은 언제나 주의 만찬으로 머물러 있다. 하나님이 말씀, 세례 및 성찬과 관련해서 우리에게 행하도록 명령하신 것은 우리에게 권한이 위임된 것이 아니다.

로마 가톨릭교회는 성령의 사역을 교회의 일곱 가지 성례로 나누었다.

---

2   H. Vogel, *Gott in Christo*, 1951, 836.

이것은 그 교회가 다음 사실을 지나치게 자주 잊어버린다는 것을 입증해 준다. 곧 "로마 가톨릭교회는 오랜 세기들에 걸쳐 오늘날까지 수많은 상황에서 자신이 여전히 성례들의 형태로 분배되는 성령의 위대한 저장소라는 인상을 준다"(Berkhof, 1964, 57). 로마 가톨릭교회와 종교개혁에 기초한 교회들 사이에는 은혜에 대한 교의 및 교회에 대한 교의에서 근본적인 차이점들이 있다. 그러므로 은혜의 방편들에 대한 교의에서도 이 점은 마찬가지다.

하나님이 교회에 베푸시는 은사들은 또한 책임으로 이해할 수도 있다. 이것은 말씀을 선포하고 세례 및 성찬예식을 거행하는 직분자들의 경우에서도 명백하다. 그들의 직분은 하나님의 부르심에 기초한다. 곧 하나님 자신이 그것의 배후에 계신다.

직분자는 교회의 직원이 아니다. 그들의 직분은 교회 안에 근거지를 두고 있다. 하지만 그 직분은 교회와 관련한 역할을 갖고 있다. 목회자는 예배를 위해 모인 신앙 공동체 안에서 말씀을 선포한다. 하지만 그는 단지 신앙 공동체를 위해서 그렇게 하는 것이 아니다. 왜냐하면 주님이 그 일을 하도록 그를 부르셨고, 그에게 권위를 부여하셨기 때문이다. 목회자가 신자들과 성찬을 거행할 때, 그는 단지 교회를 위해 그렇게 하는 것이 아니다. 왜냐하면 그리스도께서 성찬을 거행하도록 그에게 명령했기 때문이다. 신앙 공동체가 목회자에게 위임장을 줄 때, 그것은 교회의 머리이신 그리스도의 이름으로 그와 같이 하는 것이다. 말씀 사역자에게 위임식을 거행할 때, 신앙 공동체는 하나님이 그 사역자를 통해서 자신들에게 말씀하신다는 사실을 상기한다.

그러므로 교회는 말씀을 선포하고 성례들을 실행하는 사역을 지속적으로 보존할 책임이 있다. 하지만 우리는 말씀 선포와 세례 및 성찬의 거행에서 주님 자신을 만난다.

　　　　　　　　　　　　　　　개혁교회 교의학

§ 50. 은혜의 방편으로서의 말씀

50.1. 말씀의 역할
50.2. 말씀과 성령
50.3. 율법과 복음

50.1. 말씀의 역할

교회의 설교단 위에는 커다란 성경이 펼쳐져 있다. 신앙 공동체는 하나님의 말씀의 메시지를 전해주는 말씀들이 자신들에게 전달되기를 기대한다. 이 말씀은 신앙 공동체의 예배에서 "말씀의 사역"으로 특별한 역할을 한다. 우리는 말씀과 더불어 무엇인가를 행한다. 우리는 그 말씀에 개별적으로 그리고 공동체적으로 귀를 기울인다. 하지만 실질적으로는 이와 정반대다. 곧 하나님의 말씀이 우리에게 무언가를 기대하신다. 하나님은 그분의 말씀이 우리의 마음속 깊이 뿌리를 내리고, 또한 그 말씀이 우리의 삶에서 작용되기를 의도하신다. 그래서 그 말씀은 "구원을 주시는 하나님의 능력"(롬 1:16)이 된다.

우리는 언어의 끔찍한 퇴화가 일어나고 있는 시대에 말씀의 역할에 대해 지금 생각해보고자 한다. 현대인들은 수많은 단어를 사용하고 전달하지만 공허한 말을 많이 표현한다. 말하는 것과 행동하는 것은 종종 서로 전적으로 다른 두 가지 일이다. 우리에게는 날마다 정보의 홍수가 몰려오고, 언제나 가장 최근의 소식을 알아야 한다는 요구가 제시된다. 그러나 교회 안에서는 이미 오랫동안 알려져온 것들이 또는 적어도 알 수 있어야만 했을 것들이 말해지고 있는 것은 아닌가? 교회는 모든 사람이 이미 알고 있거나 또는 적어도 알 수 있어야 할 것들을 말하고 있는 것은 아닌가? 그것은 옛 소식이 아닌가?

더욱이 사람들은 말보다는 이미지에 더욱더 현혹되는 것처럼 보인다. 말들을 주의 깊게 듣는 것은 더 이상 쉽지가 않다. 그리고 성경과 교회 안에서 말해지는 언어를 이해하는 것은 일상적인 사건들에 관한 이야기를 이해하는 것보다 더 많은 노력이 요구된다. 그뿐만 아니라 우리는 행동의 관습에 사로잡혀 있는 어떤 공동체의 일부분이다. 오늘날 아마도 우리는 이전 시대에는 알려지지 않았던 언어의 퇴화를 목격하고 있을 것이다. 부분적으로 바로 이런 이유에서 교회의 설교들은 불신임을 당하고 있다. 설교는 여전히 의미가 있는 것인가?[3]

그러므로 다음과 같은 질문이 제기된다. 말들은 어떤 상황에서 효과를 나타내고, 이해되며, 또한 실현될 수 있을까?

시인이자 언어학자인 헤이로마(Heeroma)는 말들이 오늘날 우리 문화에서 얼마나 중요한 역할을 계속해서 지니고 있는지 또한 어떻게 교회 안에서도 그와 같은 역할을 유지해야 하는지에 대해서 독특한 방법으로 입증하려고 했다. 그는 자신의 시에 사용된 단어들로 자신을 표현한다. 곧 그는 자신의 언어 안에 존재한다. "신자, 곧 하나님 앞에 서 있는 한 인간은 매우 특별한 방법으로 자신의 언어 안에 존재한다. 그는 말에 근거해서 살고 있다. 그는 하나님이 그에게 말씀하시는 말씀에 귀를 기울이고 반응하면서 살아가고 있기 때문이다." 우리는 문학에서 힘 있는 말들을 언제나 대면한다. 이것은 하나님의 말씀을 선포하는 경우에도 해당하지 않을까? 설교자가 목표하는 바는 자기 자신의 말들이 아닌 자기 자신의 말보다 더 위대한 다른 말에 의해서 성취된다. 예배의 본질적인 기능은 하나님의 말씀에 기회를 제공하는 것이다. 이것은 말로 분명하게 표현되는 설교가 아니면 생각할 수 없다.[4]

오늘날 헤이로마의 주장과 같은 진술들은 경쟁 대상이 되고 있는 견해들로 말미암아 거의 들리지 않는다. 예를 들면 이와 같은 견해들은 사회학과 의사소통 이론에서 파생된다. 이 두 가지 학문 분야가 교회가 새롭게 되는 것에 관심을 기울이고 있는 정도로 말이다.

이와 같은 최근의 견해들에 의하면, 직분과 직분에 기초한 말씀의 선포가 결정적으로 중요한 것이 아니라 설교자의 개인적인 헌신과 그의 소통 능력이 결정적으

---

3 참조. G. C. Trimp, 『단어, 물, 포도주』(*Woord, water en wijn*), 1985, 9-12; K. Ruina, 『여전히 설교는 의미가 있는가?』(*Heeft preken nog zin?*), 1981.
4 참조. K. H. Heeroma, 『언어 신학을 향해서』(*Nader tot een taaltheologie*), 1967, 13, 69, 179.

로 중요한 것이다. 이런 개념은 설교자가 회중의 사고방식에 제대로 맞추어 메시지를 전달해야 한다는 것이다. 그러면 회중은 쉽게 그것에 반응한다. 또한 회중은 설교자가 단순히 하나님의 말씀을 전달하는 것을 기대하지 않고 성경의 말씀들이 맨 처음 전달되었던 상황과 전적으로 다른 상황에 있는 회중의 마음과 생각을 사로잡기 위해 설교자가 성경의 말씀들을 도와주는 역할을 기대한다.

이것은 재해석과 현실적인 구체화를 필요로 한다. 사실상 이것은 하나의 예술이다. 이것은 오래전에 기록된 성경의 이야기들에 새로운 기회들을 만들어줄 수 있다.

커뮤니케이션이 핵심적인 구성 요소라고 주장하는 이와 같은 이론들에 대해서 진지한 반대 의견들이 제기될 수 있다. 바로 앞서 언급한 견해에 의하면, 성경의 말씀으로 우리에게 말하는 것은 단지 하나님께만 속한 사항은 아니고 사람도 성경에 무엇인가를 가져오고, 그것과 더불어 말한다. 이전 시대의 사람들이 대화의 상대자들이었다면, 왜 오늘날 사람들은 그 대화에 동참할 수 없겠는가? 하지만 어떤 사람에게 말하는 기회가 주어질 때, 과연 그는 말을 통해서 전달된 하나님의 말씀의 권위를 인정하는 것에서 시작하는가라는 중요한 질문이 제기된다. 바스티안(H.-D. Bastian)은 로마서 10:17의 바울의 말, 곧 "믿음은 들음에서 나며 들음은 그리스도의 말씀으로 말미암았느니라"를 "언어 전달에 대한 바울의 이론"이라고 해석한다. 이것은 말씀을 들음으로 믿음이 생긴다는 것은 하나님이 정하신 질서가 아닌 것처럼 해석하는 것이다. [의사소통에 대한] 이와 같은 현대의 이론에서 성령에 대한 교의는 잊히는 장이 된다. 그렇지만 성령의 사역을 제외한다면, 어떻게 하나님의 말씀이 올바르게 기능할 수 있겠는가?[5]

하나님의 구원 사역에서 말씀의 역할을 계속해서 존중해야 하는 정당한 근거가 있다. 곧 하나님의 말씀은 하나님의 구원 사역을 성취해야만 하고, 또한 하나님의 말씀은 그것을 성취할 것이다.

---

[5] 참조. H.-D. Bastian, Kommunikation, 1972, 36 이하; C. Trimp, 『커뮤니케이션과 직분에 기초한 사역』(Communicatie en ambtelijke dienst), 1976.

우리는 개인의 경험에 근거해서 이 말을 하는 것일까? 만약 그렇다면, 하나님의 말씀은 더 이상 효력이 없다는 견해를 지니고 있는 이들은 자신의 경험에 기초해서 이 견해를 반박할 수도 있지 않을까? 수많은 이들이 자기 자신의 경험에 기초해서 하나님의 말씀의 능력에 대해 증언할 수 있을 것이다. 하지만 이것은 하나님의 말씀이 지속적으로 효력을 지니고 있다는 이론을 위한 신학적인 기초가 아니다. 하나님의 약속들 그 자체가 충분한 근거들을 제공해주기 때문이다. 우리는 이와 관련해서 다음과 같은 하나님의 약속을 머릿속에 떠올릴 수 있다. "내 입에서 나가는 말도 이와 같이 헛되이 내게로 되돌아오지 아니하고 나의 기뻐하는 뜻을 이루며 내가 보낸 일에 형통함이니라"(사 55:11).

성경의 말들은 다른 많은 말과 같은 것이거나 단순히 다른 많은 의사전달 수단 중 하나라는 주장은 옳지 않다. 하나님의 말씀은 우리에게 전달되는 메시지다. 사람들이 하나님의 말씀을 듣고 구원을 받게 하려고 그 말씀이 전해지는 것이다(행 11:14). 하나님의 말씀은 우리가 그리스도와 친밀한 교제를 나누도록 우리를 부르고, 하나님 나라에 들어가도록 우리를 초대한다. "회개하고 믿으라"는 명령과 복음의 약속은 반드시 "아무런 차별 없이…모든 사람에게" 선포되어야 한다(「도르트 신조」 2.5). 하나님은 "하나님의 말씀이 생명력이 넘치게 선포되는 것을 통해서" 그분의 백성을 가르치시기를 원하신다(「하이델베르크 교리문답」 제35주일). 복음의 선포를 통해서 신자들에게 천국이 열린다(「하이델베르크 교리문답」 제31주일).

신약성경에 의하면, 하나님의 말씀은 구원의 메시지, 은혜의 말씀, 진리의 말씀, 생명의 말씀이다. 또한 그것은 그리스도의 말씀, 십자가의 도(말씀), 예수 그리스도와 십자가에 달려 죽은 그를 선포하는 것이다.

이것은 설교자와 설교의 내용에 대해 높은 기대감을 갖게 한다. 말씀 사역을 하는 이들은 성령의 인도함을 받을 필요가 있다. 성경은 설교의 원천이자 규범이다. 이것은 불링거가 주장하듯이 하나님의 말씀을 선포하는 것은 진정으로 그것이 하나님의 말씀이라는 것을 확인해주는 것이다.[6] 설교에

개혁교회 교의학

는 이중의 초점이 있다. 첫째, 설교는 성경 자체의 배경과 의미와 관련해서 성경에 초점이 맞추어져야 한다. 둘째, 설교는 성경의 메시지가 우리 시대의 사람들에게 선포되어야 한다는 것에 초점이 맞추어져야 한다.[7]

성경의 언어에서 말씀의 선포와 말씀의 실현, 하나님이 말씀하시는 것과 자신의 말씀을 통해서 하나님이 행동하시는 것은 서로 불가분의 관계에 있다. 왜냐하면 하나님의 말씀은 사건들이 일어나게 하고 또한 역사를 만들기 때문이다. "다바르"라는 히브리어 단어는 말씀을 의미할 뿐만 아니라 행위도 의미한다. 곧 하나님의 말씀은 하나님의 행위다. 그분의 말씀은 창조적인 능력 그 자체다. "하나님의 말씀은 살아 있고 활력이 있어 좌우에 날선 어떤 검보다도 예리하여…또 마음의 생각과 뜻을 판단"한다(히 4:12). 복음으로 선포된 말씀은 "살아 있고 항상 있는 하나님의 말씀"이다(참조. 벧전 1:23-25). 또한 그것은 "화목하게 하는 직분"이다(고후 5:18).

바로 앞서 언급한 이유로 말미암아, 말씀의 선포는 아무런 효력도 발휘하지 않은 채 그냥 머물러 있지 않다. 하나님은 그분의 말씀을 통해서 절대 주권적인 방법으로 일하신다. 하나님은 그분의 말씀을 전달하시는 일에 사람들을 사용하신다. 또한 그분은 성령의 능력을 통해서 일하신다. 그리고 성령은 말해진 하나님의 말씀을 방편으로 사용한다.

하나님이 이와 같은 방법으로 우리에게 말씀하실 때, 우리는 하나님이 말씀하시도록 다음과 같이 반응해야 한다. 곧 "여호와여, 말씀하옵소서. 주의 종이 듣겠나이다"(삼상 3:9). 이것은 단순히 계속해서 침묵하는 것과 동일한 것이 아니다. 왜냐하면 하나님이 말씀하시기 때문이다. 성경에는 하나님의 말씀에 대해 사람들이 반응하는 것으로 가득하다. 하나님의 말씀은 사람들이 그 말씀을 믿고 긍정적으로 반응할 것을 요구한다. 그리스도 안에서 "예"가 된 하나님의 약속의 말씀에 우리는 아멘으로 화답해야 한다

---

6   *Confessio Helvetica Posterior*, 1.
7   참조. R. Bijlsma, 『성경의 성경적인 권위』(*Schriftuurlijk Schriftgezag*), 1959, 393.

(고후 1:20). 우리의 하나님은 우레에게 말씀하시는 하나님이시다. 신앙생활은 하나님의 말씀을 주의 깊게 듣고 그 말씀에 순종하는 삶이다.

하나님의 말씀이 역사하며 결과를 빚어낼 때, 예배는 성경이 펼쳐져 있는 설교단, 세례반 및 성찬 테이블 주위에서 주님과 그의 교회를 만나게 한다. 교회는 하나님의 말씀에 기도와 찬양으로 화답한다. 그 말씀은 신자들의 마음속에 울려 퍼지고 하나님과 이웃들을 사랑하는 신자들의 삶 안에서 나타난다.

왜 나는 교회에 갈까? 이 질문에 대한 다양한 대답 중 하나가 다음과 같은 판 룰러의 대답이다(비록 그의 견해에서 그게 가장 중요한 대답은 아니지만 말이다). 곧 우리는 온갖 다양한 형태로 제시되는 구원을 받기 위해 교회에 간다. 그리스도 안에서 주어지는 구원은 우리 안에 임재하는 성령의 역사다. 하지만 성령은 협력자들을 동참시킨다. 하나님은 설교를 통해 그리스도 안에서 그분의 은혜와 더불어 우리에게 다가오신다. 하지만 내가 길을 잃어버린 채 그릇된 방향으로 나아가고 있는 죄인이라고 깨닫는다면, 여전히 나를 위해서 하나님의 자비가 존재한다고 믿기가 쉽지 않을 것이다. 그렇지만 설교는 지속적으로 미래에 대한 새로운 전망들을 펼쳐서 보여준다. 그러면 영혼은 또다시 힘을 얻고, 마음속에는 위로와 소망이 넘칠 것이다. 이와 같이 구원의 신비에 대해 무엇인가를 진정으로 맛본 이들은 복음을 계속해서 또다시 듣고자 한다(Van Ruler, 출간 연도 미상, 68-71).

우리는 트림프와 더불어 설교가 목표로 삼는 것은 그리스도의 피를 통해서 죄인들이 죄 사함을 받는다는 것을 선포하는 것이라고 말할 수 있다. 이 소식은 한편으로 믿을 수 없지만, 다른 한편으로 전적으로 믿을 만하고 또한 믿을 수 있는 것이다. 이 메시지는 언제나 "새로운" 소식이다. 왜냐하면 그것은 언제나 새롭기 때문이다. 우리는 그것을 잘 "알고" 있다. 하지만 그 소식은 여전히 계속해서 강조될 필요가 있다. 믿음은 지속적으로 복음의 약속을 받아들여서 자기의 것으로 삼는 것이고, 언제나 또 새롭게 자기 자신을 약속의 하나님께 내어맡기는 것이다(Trimp, 1985, 17 이하).

50.2. 말씀과 성령

1. 성령이 말씀을 은혜의 방편으로 사용하므로 성령과 말씀의 관계에 대해 더 자세하게 탐구하는 것이 필요하다. 맨 먼저 우리는 성경이 이 문제에 어떤 빛을 비추어주는지 살펴보고자 한다.

성령은 성경을 통해서 말한다. 히브리서 3:7에는 구약성경의 다른 본문이 인용되면서 "성령이 이르신 바와 같이"라고 언급된다. 또한 성령은 우리에게 선포된 말씀을 방편으로 사용해서 우리에게도 말한다. 바울은 데살로니가 신자들에게 복음을 선포했다. 그들은 그것을 하나님의 말씀으로 받아들였다. 그것은 참으로 하나님의 말씀이다. 따라서 말씀은 그것을 믿는 사람들 안에서 역사한다(살전 2:13). 바울은 하나님이 자신이 선포한 복음을 통해 데살로니가 사람들을 부르셔서, 그들이 그리스도의 영광을 얻게 하려고 하신다는 것을 알고 있다(살후 2:14).

성령과 말씀이 동시에 언급되는 성경 구절들은 상대적으로 적다. 구약성경과 관련해서, 우리는 "네 위에 있는 나의 영과 네 입에 둔 나의 말"이라고 묘사되는 이사야 59:21을 머릿속에 떠올릴 수 있다. 칼뱅은 이와 관련해서 성령은 말씀과 결합되어 있다고 말한다. 왜냐하면 성령의 역사가 효과적으로 미치지 않으면, 복음의 선포는 헛되며 열매를 맺지 못하기 때문이다. 따라서 말씀은 성령으로부터 분리될 수 없다. 하지만 성령에 호소하면서 말씀을 경시하는 광신자들은 말씀과 성령을 서로 분리시킨다. 신약성경과 관련해서 하나님의 말씀을 성령의 검으로 묘사하는 것(엡 6:17)과 별도로, 우리는 데살로니가전서 1:5-6을 언급할 수 있다. 그 당시 데살로니가에서 복음은 단순히 말들로만 머물러 있지 않았다. 바울이 그곳에서 복음을 선포한 것은 "능력과 성령으로"―능력과 성령은 신약성경의 여러 곳에서 함께 나타남―된 것이다. 그래서 많은 놀라운 일이 일어났다. 또한 바울은 "큰 확신"(*plerophoria*)에 대해서도 말한다.

프로크쉬(O. Procksch, *TDNT*, 4:97 이하)에 의하면, 우리는 구약성경에서 말씀에 대한 가장 심오한 신학을 예레미야서에서 발견할 수 있다.[8] 곧 "여호와께서 내게 이르시되 '네가 잘 보았도다. 이는 내가 내 말을 지켜 그대로 이루려 함이라' 하시니라"(렘 1:12). 하나님의 말씀은 불과 같고, 바위를 부숴버리는 망치와 같다(렘 23:29). 또한 이사야서의 예언들에서 야웨의 말씀은 야웨에게서 나오는 능력으로 묘사된다. 그것은 결코 마술적인 능력이 아니다. 왜냐하면 야웨의 말은 야웨가 기뻐하는 뜻을 이루기 때문이다(사 55:10-11). 또한 하나님의 말씀의 능력은 죽을 수밖에 없는 인간의 운명과 대조되는 것으로서 영원히 지속된다(사 40:8). 그리고 야웨의 말씀은 성취될 것이다(겔 12:25, 28).

우리는 말씀의 역할과 관련해서 이미 히브리서 4:12과 베드로전서 1:23-25을 언급했다. 히브리서 4:12에 의하면, 하나님의 말씀은 인간이 어떤 결정들을 내리는 가장 깊은 곳까지 파고들어간다. 거듭남은 생명을 주는 성령의 사역으로 말미암는다. 또한 거듭남은 살아 있고 영원히 지속되는 말씀, 곧 예수 그리스도의 복음을 수단으로 해서 일어난다(또한 참조. 약 1:18). 비록 복음이 모든 사람에게 동일한 결과를 빚어내지는 않지만(고전 1:18; 고후 2:15-16), 그것은 "모든 믿는 자에게 구원을 주시는 하나님의 능력"이다(롬 1:16). 믿음은 들음에서 생겨나며, 들음은 그리스도의 말씀으로 말미암는다(롬 10:17). 우리는 이 말을 다음과 같이 번역할 수도 있다. 곧 믿음은 들은 것에서, 곧 복음이 선포되는 것을 듣는 것에서 생겨난다.

따라서 하나님의 말씀의 의미와 능력에 대해 논할 때, 우리는 말씀이 혼자서 따로 있는 것이 아니라는 사실을 기억해야만 한다. 하나님과 그분의 말씀을 서로 분리시킨다면, 그것은 이신론으로 치우치게 된다. 하나님은 그분의 말씀의 주체시다. 따라서 히브리서의 저자는 다음과 같이 말한다. "너희는 삼가 말씀하신 이를 거역하지 말라"(히 12:25). 그러므로 하나

---

[8] 또한 참조. B. J. Oosterhoff, 『예레미야와 하나님의 말씀』(*Jeremia en het Woord van God*), 1987.

  개혁교회 교의학

님의 말씀을 마주하는 사람은 바로 말씀의 하나님을 마주하는 것이다.

하지만 우리가 숙고해야 할 것이 더 남아 있다. 사도행전 7:51에서 말씀을 거역하는 이들은 성령을 거역하는 이들로 언급된다. 또한 루디아는 바울이 전하는 말에 주의를 기울이고 믿었다. 그런데 그 여인의 마음을 열어서 그의 말을 믿게 하신 분은 바로 주님이었다(행 16:14-15). 그리고 성령은 지혜와 계시의 영이다. 그래서 성령은 신자들이 하나님을 알도록 이끌어준다. 또한 성령은 신자들의 마음의 눈을 밝혀준다(엡 1:17-18). 사도 바울이 말씀 사역을 할 때마다, 그것은 바로 성령의 사역을 통해서 하는 것이다(고후 3:8). 따라서 바울은 신자들의 영적인 위치에 대해 다음과 같이 해석해준다. "우리가 세상의 영을 받지 아니하고 오직 하나님으로부터 온 영을 받았으니 이는 우리로 하여금 하나님께서 우리에게 은혜로 주신 것들을 알게 하려 하심이라"(고전 2:12).

2. 역사적인 관점에서, 아우구스티누스, 루터 및 칼뱅의 사상이 매우 타당성이 있고 중요하다.

학자들은 종종 아우구스티누스가 하나님의 말씀에 대한 교의를 생각해냈다고 주장했다. 아우구스티누스는 자기 이전에 다른 학자들이 종종 주장했던 것과는 달리 하나님의 말씀은 단순히 교훈이나 새로운 법으로서의 역할만 수행하는 것이 아니라고 주장한다. 하나님으로부터의 부르심(*vocatio*)으로서의 말씀은 하나님의 은혜를 베풀고 입증해주어서 믿음을 생기게 한다.

아우구스티누스의 생애에서 신학적인 발전 과정이 명백하게 드러난다. 그는 주교직을 수행하던 초기 단계에서 다음과 같이 믿었다고 고백한다. 곧 복음이 선포되고 나서 그것을 받아들이든지 아니면 거부하든지는 어떤 사람 자신의 능력 안에 있다고 여겼다는 것이다. 하지만 나중에 그는 성경이 다르게 가르친다는 사실을 깨달았다. 그 이후로도 이 교부가 남겨준 신학적 유산에는 관점들이 가끔 바뀌는 것을 확인할 수 있다. 그는 종종 내적인 말씀과 외적인 말씀을 서로 구별한다. 예를 들면 그는 (요일 1:27에 대한) 설교에서 다음과 같이 말한다. "우리가 말로 내는 소리는 단지 우리의 귀까지만 도달합니다. 스승은 우리의 안에 계십니다. 어떤 사람이 다른 사람에게서 배운다고 믿지 마십시오. 사람들이 아무도 없을 때, 그리스도 자신이 여러분 안에서 여러분에게 말씀하시기 때문입니다."

학자들은 아우구스티누스의 이와 같은 진술들을 언급하면서 종종 다음과 같이 이의 제기를 했다. 곧 그는 하나님의 말씀을 충분히 정당하게 대하지 않는다. 왜냐하면 그는 신플라톤주의의 영향을 받아서 말씀을 "표징들"(signa)에 속한 것으로 간주하지, "말씀 자체"(res)로 간주하지 않기 때문이다. 그는 말씀을 단지 실질적인 것에 대한 상징으로만 이해할 수 있었다. 하지만 이것은 아우구스티누스에게서 두드러지게 나타나지 않는다. 그는 [신플라톤주의의 사고보다] 선포되는 말씀의 중요성과 관련해서 성경이 말하는 것에 의해 훨씬 더 많이 인도함을 받았다.

그는 도나투스파를 처리해야 했다. 도나투스파에 속한 이들은 말씀 선포와 성례들의 효력이 직분자들의 거룩함에 근거해서 기능한다고 생각했다. 그들은 영적으로 죽은 사람이 다른 사람들을 영적으로 살릴 수 있겠는가라는 의문을 제기했다. 아우구스티누스는 하나님의 일은 사람들에게 돌려질 수 없다고 말하면서 이들에게 맞섰다. 신자들을 영적으로 성장하게 하는 것은 사람들의 역할이 아니라 하나님이 하시는 일이다(참조. 고전 3:6-7). 그는 이렇게 주장한다. "이와 같이 목회자는 말씀을 선포하고 성례들을 집전하는 일에서는 자기 역할을 담당하지만, 칭의와 정결하게 하는 일 그 자체에서는 그렇지 않다." 만약 선한 목자의 음성이 어떤 나쁜 사람이나 또는 좋은 사람을 통해서 우리에게 들려진다면, 그것이 무슨 문제가 될까? 우리가 듣는 음성은 바로 그 선한 목자의 음성이기 때문이다. 도나투스파에 속한 어떤 이는 인간에게 죄 사함에 대한 책임이 주어졌다는 것을 입증하기 위해서 요한복음 20:22-23에 호소한다. 아우구스티누스는 이 주장에 맞서 죄 사함이 **그들을 통해서**(*per eos*) 주어지는 것이지, **그들에 의해서**(*ab eis*) 주어지는 것은 아니라고 논박한다. 한편 그는 교회의 직분을 과소평가하는 그릇된 주장에 맞서 "그들을 통해서"를 고수한다. 그 당시 어떤 이들은 사람들이 관여하지 않아도 하나님은 그분의 은혜를 베푸실 수 있다고 가르쳤다. 이 견해에 맞서서, 아우구스티누스는 자신의 저서 『기독교의 교양』(*De doctrina christiana*)의 머리말에서 아나니아는 바울에게 보내졌고, 베드로는 고넬료를 가르쳤으며, 또한 빌립은 에티오피아의 내시를 깨우쳐주었다고 지적한다. 그러면서 그는 "우리는 그와 같이 전적으로 교만하고 극단적으로 위험한 유혹들을 경계합시다"라고 권면한다. 그리스도께 속한 양들은 자신들에게 말씀과 성례들에 대한 사역이 제공되지 않으면 살아갈 수 없다. 하나님의 말씀이 봉독되고 선포되는 것은 신자들의 일용할 양식이다(참조. Polman, 1955).

아우구스티누스의 다양한 관점은 교회와 신학의 역사에서 자주 등장한다. 중세 교회는 점점 더 성례들을 강조하는 교회가 되었다. 반면에 종교개혁은 말씀 선포의 중요성을 다시 회복시켰다. 루터는 로마서 10:17을 다음과 같이 번역했다. "그러므로 믿음은 설교로부터 온다. 하지만 설교는 하나님의 말씀을 통해서 온다"(So kommt der Glaube aus der Predigt, das Predigen aber durch das Wort Gottes). 이와 같이 하나님의 말씀을 통해서 믿음이 생겨나고 유지되며 강화된다.

루터는 아우구스티누스로부터 외적인 말씀과 내적인 말씀을 구별하는 것을 받아들였다. 사람들은 말씀을 귀에 들리게 할 수 있지만, 그것을 마음속으로 들어가게 하지는 못한다. 오직 하나님만이 그 일을 하실 수 있다. 그러므로 내적인 말씀은 하나님이 그분의 성령을 통해서 스스로 말씀하시는 것이다. 루터의 신학에서 첫 번째 관점은 바로 성령이 절대 주권을 갖고 말씀과 더불어 역사한다는 것이다. 두 번째 관점은 성령은 자기 자신을 (외적인) 말씀과 연결시킨다는 것이다. 한편으로 성령은 그가 원하는 곳으로 움직이고, 그가 원하지 않는 곳으로는 가지 않는다. 다른 한편으로 성령은 우리에게 말씀을 주고, 말씀 안에서 성령 자신을 준다.[9] 두 번째 관점은 특히 극단적인 재세례파와의 갈등에서 두드러지게 나타난다. 그들은 자신들의 견해가 루터의 관점보다 성경의 가르침에 더욱 일치한다고 생각했

9　R. Prenter, *Spiritus Creator*, 1954, 109은 이것으로 말미암는 긴장 관계를 지적한다.

다. 그들은 성령에 호소하는 것과 더불어 자신들이 더 견고한 근거에 기초하고 있다고 믿었다. 하지만 말씀과 성령은 서로 분리될 수 없다. 그 "광신자들"은 스스로 교만해져서 다음과 같이 주장하면서 하나님이 세우신 순서를 뒤바꾸려고 시도했다. 곧 그들은 말씀과 별도로, 또한 말씀에 앞서서 자신들이 성령을 소유하고 있다고 주장했다(참조. 「슈말칼덴 신조」). 하지만 외적인 측면들(말씀 선포와 성례들)이 앞서며, 내적인 측면들은 그것들에 곧바로 뒤따른다. 우리는 하나님이 정하신 순서에 따라서 먼저 말씀을 듣는다. 그다음 곧바로 성령은 동일한 말씀 안에서 우리에게 다가오셔서 외적인 말씀을 내적인 말씀으로 만든다. 루터는 말씀이 그리스도를 우리의 마음속으로 가져온다고 말한다. 그는 이와 관련해서 성령과 연결되어 있는 말씀을 염두에 두고 있다. 그렇다면 결국 그 말씀은 효력이 있는 어떤 말씀이다.

하나님의 말씀은 명령들과 약속들로 이루어져 있다. 하지만 말씀은 본질적으로 복음 또는 약속이다. 여기서 우리는 "약속"(*promissio*)이라는 개념을 만난다. 그 개념은 말씀과 성례에 대한 종교개혁의 교의에서 매우 중요한 것이다.

그리스도는 말씀 안에 존재하고, 그는 말씀을 통해서 우리에게 다가온다. 따라서 우리는 오직 말씀 안에서 그리스도를 발견하고 소유한다.

그 종교개혁가(루터)는 다음과 같은 한마디의 강력한 진술로 로마 가톨릭 신학자들과 극단적인 재세례파를 대항했다. 곧 그리스도는 말씀을 통하지 않고서 우리에게 제시될 수 없으며, 또한 우리는 오직 믿음으로 그리스도를 영접할 수 있다(*W.A.*, 40:1.545).

말씀에 대한 루터의 견해는 그의 기독론을 반영한다. 말씀과 성례를 의심하는 이들은 하나님이 우리에게 찾아오시는 방법으로서의 성육신도 의심한다. 신령주의자들은 하늘의 음성을 수동적인 자세로 기다리면서 그렇게 의심한다. 우리는 믿음으로 기꺼이 받아들이고자 하는 자세로 말씀을 통해 일하시는 하나님의 사역에 활짝 열려 있어야 한다. 말씀을 수단으로 하여 구원이 우리에게 제시된다. 그러면 하나님의 말씀 자체가 의도하는 것은 우리에게 적합하게 된다. 이와 같이 믿음은 우리의 영혼을 하나님의 말씀과 완전하게 연합시킨다.

칼뱅은 다른 어떤 이들보다 말씀과 성령의 관계에 대해 깊이 탐구했다. 그의 진술 중 어떤 것들은 외적인 관점과 내적인 관점이 서로 배타적이라는 인상을 준다. 하지만 그는 요한복음 14:26과 관련해서 다음과 같이 생각한다. 곧 성령의 가르침이 동반되지 않는다면, 외적인 복음 선포(설교)는 쓸모가 없다. 따라서 하나님은 두 가지 방법으로 우리를 가르치신다. 결국 그분은 사람들의 입을 통해서 말씀이 우리의 귀에 들리게 하시고, 그분의 성령을 통해서 그 말씀이 우리의 내면에 들리게 하신다. 때때로 하나님은 동시에 그와 같이 들리게 하시지만, 어떤 경우들에서는 그분이 적합하다고 생각하시는 것에 따라서 서로 다른 시간에 들리게 하신다(참조.『기독교강요』 3.1.4).

칼뱅은 두 진영과 논쟁을 벌어야 했다. 한편으로 그는 외적인 복음 **선포**를 무시했던 이들을 상대해야 했다. 다른 한편으로 복음 선포 그 자체에 모든 것을 돌렸던 이들도 있었다. 전자는 신령주의자들이었다. 후자는 인문주의자들이었다. 인문주의자들은 자신들에게 성령이 필요하다고 믿지 않았다. 또한 그들에게는 과연 인간이 진정으로 하나님의 말씀을 원하는지 또한 그것을 믿을 수 있는지는 문제조차 되지 않았다. 인간은 건전한 정신과 자유의지를 지니고 있다! 신령주의자들은 성령과 말씀이 서로 결승전을 치르게 했다. 반면에 인문주의자들은 자기들 방식대로 말씀에 대해 말하면서 성령의 역사를 무의미하게 만들었다. 신령주의자들은 고린도후서 3:6을 오해했고, 인문주의자들은 로마서 10:17을 오해했다.

신령주의자들과 관련해서 지금 문제가 되는 것은 성령과 관련된 사항뿐만 아니라 또한 말씀과 관련된 사항이라는 것이 지적되어야만 한다. 바울의 편지들이 "죽은 문자"로 취급된다면, 그는 잘못 전해지고 있다. 인문주의자들은 말씀과 믿음의 관계에서 성령이 결코 무시될 수 없다는 것을 기억할 필요가 있다. 성령과 말씀, 말씀과 성령은 언제나 서로 밀접하게 연결되어 있다! 칼뱅의 입장을 특징적으로 드러내는 다양한 진술에는 많은 논쟁의 흔적들이 남아 있다(참조. Krusche, 1957, 218-233; Balke, 1977[2], 98 이하).

칼뱅은 『기독교강요』 1.9.1-3에서 교회는 하나님의 말씀과 성령을 통해서 동시에 다스려지고 있다고 말한다. 어떤 이가 성령으로부터 유익과 열매를 얻고자 한다면, 그는 성경을 읽고 또한 그것에 진지하게 귀를 기울일 필요가 있다. 왜냐하면 주님은 그분의 말씀의 확실성과 성령을 서로 끈으로 굳게 연결하셨기 때문이다. 칼뱅은 로마 가톨릭교회의 가르침과 논쟁하면서 다음과 같이 말한다. 곧 성령은 풀 수 없는 끈으로 하나님의 말씀과 결합되기를 원한다. 또한 그리스도가 그의 교회에 성령을 보내겠다고 약속할 때, 그는 성령에 대해 이것을 분명하게 말했다. 그러면서 칼뱅은 요한복음 16:7 및 13에 묘사된 약속들을 언급한다(『기독교강요』 4.8.13).

3. **말씀과 성령이 서로 결합되어 있다**는 칼뱅과 개혁파 교회의 주장은 과연 무엇을 의미하는가? 이것은 동시성(simultaneity)을 암시하지 않는다. 만약 그렇다면, 말씀이 선포될 때마다 성령은 그 순간에 동시적으로 마음속에 믿음이 생기게 하거나 그것을 굳세게 해야 할 것이다. 말씀과 성령의 결합(conjunctio)은 성령의 역사가 말씀의 선포와 더불어 항상 시간적인 측면에서 동시에 일어난다는 것을 암시하지 않는다. 그렇지만 이 결합은 단지 어떤 가능성—("그것은 일어날 수도 있을 것이다")—으로 묘사되어서도 안 된다. 이것은 하나님의 약속에 근거한 결합이다. 곧 하나님의 말씀은 헛되이 하나님께로 되돌아가지 않을 것이다. 그 대신 하나님의 말씀은 하나님이 기뻐하시는 뜻을 이루고, 또한 그분이 실행하라고 보내신 일을 반드시 성취하고 나서야 그분에게로 돌아올 것이다(참조. 사 55:11). 그러므로 우리는 "말씀과 성령으로 우리를 다스리소서!"라고 기도해야 한다(「하이델베르크 교리문답」 제48주일).

하나님의 말씀이 올바른 방법으로 선포되었지만, 그럼에도 그 말씀이 어떤 이들에게 축복이 되지 못할 때, 이것은 그것이 그들에게 중요하지 않다고 암시해주는 것이 아니다. 하나님은 사람들에게 그분의 말씀을 선포하시는 것과 관련해서 결코 실수하지 않으신다. 바울은 "우리는 구원 받는 자들에게나 망하는 자들에게나 하나님 앞에서 그리스도의 향기"라고 말한다(고후 2:15). 곧 하나님의 말씀은 어떤 사람에게는 생명에 이르는 향기가, 다른 사람에게는 사망에 이르는 냄새가 될 수 있다(참조. 고후 2:16).

그렇다면 사망에 이르는 냄새가 되는 것은 불신앙의 결과다. 칼뱅은 이것을 무엇인가 잘못된 것, 곧 비본질적인 것이라고 부른다. 왜냐하면 말씀의 본질은 구원에 이르게 하는 데 있기 때문이다. 성령이 성경을 통해서 또한 교회 안에서 말씀의 선포를 통해 말하는 것을 듣지 못하는 이들은 성령을 거역하는 것이고(참조. 행 7:51), 하나님의 말씀이 말하는 심판을 스스로 거두어들이는 것이다. "하나님의 말씀이 신자들이 구원을 받게 하는 데 효력을 지니고 있는 것과 마찬가지로, 그것은 사악한 자들이 심판을 받게 하는 데도 충분한 효력을 지니고 있다"(사 55:11에 대한 칼뱅의 주해).

그러므로 모든 것은 성령에게 종속된다는 말에서 비롯되는 책임으로부터 벗어날 수 있는 사람은 아무도 없다. 하나님의 말씀을 듣는 이들은 성령의 영향력의 영역에 위치하고 있다. 하나님의 말씀은 성령과 별도로 존재하지 않는다. **그 말씀은 바로 성령의 말씀이다.** 성령은 말씀 없이 오지 않는다. **성령은 바로 말씀의 영이다.** 어떤 사람이 말씀을 믿을 때마다, 그것은 전적으로 성령의 사역으로 말미암는 것이다. 성령이 그의 마음을 말씀에 대해 열도록 역사하기 때문이다. 성령의 조명이 없으면, 하나님의 말씀은 아무것도 할 수 없다는 칼뱅의 말은 옳은 것이다(『기독교강요』 3.2.33). 이와 관련해서 베르크호프도 다음과 같이 유익한 주장을 했다. 곧 "말씀은 성령을 사람의 마음으로 오게 하며, 또한 성령은 말씀을 그의 마음속으로 들어가게 한다"(Berkhof, 1964, 42).

우리는 여기서 매우 정확할 필요가 있다. 어떤 이가 신령주의나 신비주의에 빠지면, 그는 말씀이 성령의 말씀이라는 사실을 쉽게 잊어버릴 수 있다. 신령주의는 종교개혁 시대뿐만 아니라 이후의 시기에도 나타났다. 예를 들면 퀘이커파에게도 나타났다. 그들에게 핵심적으로 중요한 것은 신령한 빛 또는 내적인 빛(*lumen internum*)이다. 그들의 견해에 의하면, 이른바 내면적이며 은밀한 하나님의 계시들은 성경의 외적인 증거에 의해서 그것들의 진정성이 입증될 수 없다. 그 계시들은 그 자체로서 확실하고 명백한 것이다. 비록 성경이 모든 종교적인 경험에 대해서 문학적으로 가장 탁월하게 표현한 책이지만, 그것은 진리의 원천이 아니다.

초기의 몇몇 개혁파 신학자들은 신령주의의 위험성에 대해서 경고할 필요성을 느꼈다. 이것은 신령주의가 지니고 있던 매력이 대수롭지 않은 것이 아니었다는 점을 입증해준다. 잘 알려져 있듯이, 브라컬은 다양한 극단주의자들에 대해서 경고했다. 그는 그들 중 퀘이커파뿐만 아니라 정적주의자들과 라바디파들도 포함시켰다(Brakel, *R.S.*, 2:639-699). 텐 카터(J. ten Cate)가 어떤 책을 통해서 앙투와네트 부리뇽(Antoinette Bourignon, 1616-1680)이 받았다고 주장한 계시들에 대해 알게 되었을 때, 퍼스카위어(J. Verschuir)가 말씀과 성령의 관계를 어떻게 다루었는지는 잘 알려지지 않았다.[10]

또한 불더링크가 "재세례파의 경향들"을 지니고 있다고 간주하는 분파들 안에서도 말씀과 성령을 영적으로 분리시키는 것을 볼 수 있다. 비록 이 꼬리표가 널리 받아들여지기는 했지만, 불더링크가 재세례파라고 부르는 모든 대상이 진정으로 재세례파는 아니었다고 올바르게 지적되었다.[11]

판 룰러는 성령의 역사에 대해서 점차 한편으로 치우치는 생각을 하게 되었던 극단적인 개혁파(ultra-Reformed)에 대해 묘사했다. 우리는 판 룰러가 염두에 두었던

---

10 J. Verschuir, 『승리하는 진리』(*De zegepralende waarheid*), 1724, 120-128 (J. van Genderen 의 요약 설명으로서 "Johan Verschuir (1680-1737)," in 『제2차 종교개혁과 개혁파 경건주의』(*De Nadere Reformatie en het Gereformeerde Pietisme*), 1989, 210 이하.

11 J. G. Woederink, 『재세례파 운동의 위험성』(*De gevaren der Doopersche geestesstrooming*), 1946, 42-58; G. W. Marchal, *J. G. Woederink*, 1986, 111-122; 참조. W. Balke, "Dopers radicalisme in historisch perspektief," *Th. Ref.* 17 (1794): 114 이하.

이 극단적인 개혁파와 신령주의 운동 사이에 어떤 연관성을 볼 수 있다. 이들의 견해에 의하면, 성령의 역사는 그가 어떤 사람의 마음속으로 들어가는 시점에 시작되는 것이 아니다! 만약 그렇다면, 말씀 사역자가 설교단에서 성경을 선포할 때, 성령이 이미 충만한 분량으로 구원을 베푸는 일에 온전히 참여한다는 사실이 전적으로 무시된다(Van Ruler, *T.W.*, 3:116-120).

20세기에 나타난 오순절 그룹들 가운데서 다음과 같은 위험 요인이 발견된다. 이 그룹들의 주장에 의하면, 신자들은 성경뿐만 아니라 모든 종류의 예언들에 의해서도 인도함을 받는 것을 허락해야 한다. 하지만 이 그룹들과 관련해서 다음과 같은 의문점이 머릿속에서 떠나지 않는다. 곧 과연 여기서는 진정으로 하나님의 영이 역사하는 것인가 아니면 인간 자신이 역사하는 것인가?[12]

하지만 합리주의적인 주장을 하는 이들도 성령이 말씀의 영이라는 사실을 정당하게 대하지 못할 가능성이 충분히 있다. 이들은 종종 성경을 읽는 이들과 복음이 선포되는 것을 듣는 이들은 당연히 그것을 믿을 수 있는 능력을 지니고 있다고 주장한다. 또는 이들은 마음의 빛으로 충분하다고 주장한다. 왜냐하면 인간의 의지는 인간의 이해를 자동적으로 뒤따르기 때문이다. 그러면서 이들은 성령의 내적인 사역의 필요성을 무시한다. 펠라기우스 지지자들의 견해에 맞서서, 아우구스티누스가 하나님의 은혜가 반드시 인간을 내면적으로 변화시켜야만 한다고 주장했듯이, 도르트 총회도 항변파들에 맞서 그와 같이 주장해야 했다. 그리고 우리 자신도 인간 자신과 그의 다양한 능력을 과대평가하는 모든 이들과 맞서 그것—〔성령의 내적인 사역 또는 은혜의 우선적인 필요성〕—을 고수해야만 한다.

신령주의와 합리주의는 공통성을 지니고 있다. 곧 그것들은 인간을 하나님으로부터 독립적인 존재로 만든다. 신령주의자들은 하나님의 말씀을 희생시키면서 자신의 종교적인 경험들을 독립적인 것으로 만든다. 하지만 반드시 하나님의 말씀에 근거해서 모든 경험이 평가 및 판단되어야 한다. 합리주의자들은 성령의 역사를 희생시키면서 합리적·도덕적 존재로서 인간을 독립적으로 만든다. 하지만 인간이 합리

---

12 K. Hutten, 『신앙과 기독교 분파들』(*Geloof en sekte*), 출간 연도 미상, 110 이하, 120.

적이며 도덕적인 존재라는 그들의 주장은 엄밀하게 본질적으로 판단된 것이 아니다. 우리가 주목할 만한 사항으로서 가장 신령한 형태의 신비주의(신령주의)는 종종 가장 통속적인 합리주의로 바뀌었다(Bavinck, *R.D.*, 1:473 이하). 이것은 매우 특이하기는 하지만, 놀랄 만한 것은 결코 아니다. 이 두 가지 운동에 가담하는 이들은 본질적으로 주관주의자들이기 때문이다. 이들의 견해에 동조한다면, 성령은 단지 우리가 개인적으로 지니고 있는 개념들에 대한 가명(pseudonym)에 지나지 않는다(참조. Berkhof, *C.F.*, 65).

우리는 개혁파 신학의 관점에 기초해서 종종 성령을 말씀으로부터 분리시키거나, 또는 말씀을 성령으로부터 분리시키는 경향들을 만나면 그것들에 맞서서 반발했다. 하지만 개혁파 신학의 입장은 단순히 반발에 기초한 것이 아니다. 이 반발은 우리가 말씀뿐만 아니라 성령도 의존한다는 것을 표현한다. 성경은 믿음이 들음에서 생기며 들음은 그리스도를 전하는 말씀에서 비롯되고(롬 10:17), 우리가 복음을 듣고 믿음으로 성령을 받는다고(갈 3:2, 5) 말한다. 그리고 명백한 사실로서, 우리가 하나님에게서 온 성령을 받은 것은 하나님이 은혜로 주신 것을 깨달아 알게 하려는 것이다(고전 2:12).

말씀과 성령의 관계에 대한 개혁파 교회의 입장은 개혁파의 신앙고백서 중 하나에 다음과 같이 묘사되어 있다. 하나님은 복음이 "회개의 씨와 영혼을 위한 양식"이 되게 하려는 의도를 갖고 계신다(「도르트 신조」 3-4.17). 또한 그분은 "복음이 외적으로 선포되게 하시며 그분의 성령에 의해서 우리의 마음에 빛이 강력하게 비치게 하실 뿐만 아니라" 우리의 닫혀 있는 가슴을 여시고 의지를 새롭게 하신다. 우리 안에서의 "거듭남" 또는 "새롭게 됨"은 "말씀의 외적인 선포"나 도덕적인 설득을 통해서뿐만 아니라, 어떤 명백하게 초자연적이며 매우 강력하면서도 동시에 매우 부드러운 성령의 사역을 통해서 일어난다(「도르트 신조」 3-4.11-12).

4. **루터파와 개혁파의 관점들 사이에는 차이점이 있다.** 이 차이점은 흔히 "말씀을 통해서"(*per verbum*)와 "말씀과 더불어"(*cum verbo*)라는 표현들의 도

움을 얻어서 설명된다. 호닉은 성령과 말씀이 짝을 이룬다고 주장한다. 그는 성령이 자기의 도구로서 말씀을 통해 역사한다는 루터파의 견해와 대조해서 개혁파의 견해를 그와 같이 제시한다(Honig, *Handboek*, 617 이하). 한편 신령주의의 견해에 의하면, 성령은 말씀이 없이(*sine verbo*) 역사한다는 것이 종종 추가적으로 언급된다.

루터파의 견해가 지니고 있는 특성은 의문의 여지가 있다. 예를 들면 루터가 작성한 「슈말칼덴 신조」(1537)에서는 "외적인 말씀을 통해서 또한 그 말씀과 더불어"(*per verbum et cum verbo*)라고 언급된다. 하지만 우리는 개혁파의 입장에 대한 묘사로서 특히 "더불어"만 배타적으로 사용하는 것에 반대한다. 이것은 칼뱅의 관점 및 개혁파 신앙고백서의 진술과 전적으로 일치하는 것은 아니다(참조. 「하이델베르크 교리문답」 제25주일─"성령은 거룩한 복음의 선포를 통해서 우리 마음속에 믿음이 생기게 하십니다"). 그 이후 시대의 대표적인 예로는 『순수 신학 개관』(*Synopsis purioris theologiae*, 1625)을 들 수 있다. 이 개관에서는 "성령은 오직 외적인 말씀과 성경을 통해서만(*per*) 사람들이 구원을 얻도록 그들의 마음속에서 역사한다"(2:9)라고 언급된다. 우리는 다음과 같은 베르카우어의 주장에 동의할 수 있다. 곧 말씀의 능력과 관련해서 성경 자체는 매우 강력하게 증언해주기 때문에 우리는 진정으로 "말씀을 통해서"(*per verbum*)라는 용어를 사용하는 것을 겁낼 필요가 전혀 없다. 그는 그것에 대한 예로 이사야 55:11과 히브리서 4:12 같은 본문들을 언급한다. 그러면서 그는 말씀 선포가 어떤 자동적인 효과를 나타내는 사항이 아니라는 점을 지적하기 위해서, 또한 말씀은 성령의 능력을 통해서 오직 믿음으로만 받아들일 수 있다는 점을 강조하기 위해서, 우리가 동시에 "말씀과 더불어"(*cum verbo*)라는 용어도 사용할 수 있다고 말한다. 그는 이와 관련해서 누가복음 24:45과 사도행전 16:14을 언급한다.[13]

---

13   G. C. Berkouwer, *Sin*, 1971, 217 이하.

이 배경에서 "말씀과 더불어"와 "말씀을 통해서"라는 용어들을 사용하는 것은 대체로 은혜의 방편으로서의 말씀에 대한 논쟁을 반영한다. 그것은 라트만(H. Rahtmann) 논쟁(1625년경)으로 알려져 있다. 단치히(Danzig)의 루터교 목회자였던 라트만은 하나님의 말씀이 많은 사람의 삶에서 아무런 영향도 미치지 않는다는 현실적인 경험을 자신의 논의의 출발점으로 삼았다. 그것은 일종의 이정표이지만, 그것 자체는 우리를 목적지에 이르게 해주지 않는다. 그것은 일종의 도끼이지만, 도끼는 힘을 주어 내려칠 필요가 있다. 하나님의 외적인 말씀은 성령의 내적인 조명과 짝을 이룰 필요가 있다. 하지만 이 해석은 강력하게 거부되었다. 그것은 외적·내적인 관점들로서 말씀과 성령을 서로 분리시켰던 신령주의와 연결되어 있다. 그래서 루터가 그렇게 했던 것처럼, 그 견해는 철저하게 무시되었다. 또한 어떤 이들은 그 견해가 성령의 조명은 선택된 이들에게는 허락되지만 모든 사람에게 허락되는 것은 아니라는 칼뱅주의의 가르침과 모종의 연관성이 있다고 이해했다. 하지만 신학의 네 분과(성경신학, 조직신학, 실천신학 및 교회사)의 판단은 라트만에게 대단히 비우호적이었다. 무엇보다도 성경 **그 자체**(an sich)가 사람들을 먹이고 굶주림을 채워줄 수 있는 능력을 지니고 있다는 점이 지적되었다. 나중에 정통 루터파는 그 "효력"(*efficacia*)은 성경 안에 내재한다고 강조하며 가르쳤다. 왜냐하면 성령이 감추어진 방법으로 그것과 연결되어 있기 때문이다(Quenstedt, Hollaz).[14]

〔라트만 논쟁과 관련해서〕개혁파의 관심사는—성령이 말씀 안에 내재하고 말씀이 성령에게 맡겨져 있는 것으로 언급하는 것을 통해서—말씀은 일종의 마술적인 능력으로 이해되고 있다는 데 있었다. 과연 성령이 진정으로 말씀에 한정될 수 있는가? 오히려 성령은 말씀에 효력을 부여한다. 왜냐하면 말씀이 성령을 기쁘게 하기 때문이다. 바빙크는 이와 관련해서 루터파가 서로 다른 결과를 설명하기 위해서 인간의 자유의지에 호소해야 했다고 지적한다. "말씀과 더불어"는 말씀을 통해서 변함없이 역사하지만 항상 동일한 방법으로 역사하지 않는 성령의 자유를 존중한다. 성

---

14 참조. R. H. Grützmacher, 『말씀과 성령』*Wort und Geist*), 1902, 220-261; O. Ritschl, 『프로테스탄트 교회의 교리사』(*Dogmengeschichte des Protestantismus*), 1927, 4:157-172; A. Adam, 『교리사 연구 교재』(*Lehrbuch der Dogmengeschichte*), 1968, 2:407 이하.

령의 역사는 주관적인 측면을 지니고 있다. 그와 같은 성령의 역사는 객관적인 말씀에 추가되어야 한다. 성령의 이와 같은 활동이 말씀 안에 갇혀서는 안 된다. 그것은 말씀을 통한(*per verbum*) 역사가 아니라 말씀과 더불어(*cum verbo*) 역사하는 것으로서, 마음을 여는 것(행 16:14)과 내적인 계시이기 때문이다(Bavinck, *R.D.*, 4:459 이하).

비록 그 의도는 명백하지만, 이 표현은 정확하지 않다. "주관적"이라는 용어가 적합하지 않게 사용되었다는 사실 이외에도, "말씀을 통해서"와 "말씀과 더불어"가 해당 논의에 개입되어서는 안 되는데 서로 대조되었다. 사도행전에 등장하는 루디아의 예는 바빙크의 판단이 옳다는 것보다 오히려 옳지 않다는 것을 입증해준다. 성령은 말씀을 방편으로 사용해서 말씀으로 나아가도록 루디아의 마음을 열어준 것이 아닌가?

판 더 메이던도 사도행전 16장의 말씀에 대해서 논의한다. 그의 견해에 의하면 말씀을 "통해서"와 "더불어"는 서로 모순되는 것이 아니다. 그 대신 그는 말씀과 관련한 성령의 특별한 역사에 대해서 말하는 것을 선호한다. "성령의 특별한 사역은 말씀과 더불어 다음과 같은 방법으로 일어난다. 곧 성령은 하나님의 선한 뜻에 따라서 말씀의 영향 아래 또한 말씀을 방편으로 말씀과 일치되게 선택된 사람들 안에서 역사한다"(Van der Meiden, 1949, 17).

네덜란드 교회들 안에서 기독교 개혁파(Christelijke Gereformeerde)와 개혁파(자유파, vrijgemaakt Gereformeerde)의 대표자들 사이에 말씀과 성령의 관계에 대한 공적인 논의가 제기되었을 때, 후자는 신앙고백서가 "말씀과 더불어"가 아니라 "말씀을 통해서" 성령이 역사한다고 언급하는 점을 매우 강조했다. 그렇지 않다면, 성령의 역사는 그 자체로서 효력을 지니고 있는 것으로 이해될 염려가 있다. 기독교 개혁파는 과연 이 해석이 다양한 결과에 대해 적합하게 설명할 수 있는가에 대해서 의문을 품었다.[15]

---

15 *Acta van de Generale Synode der Christelijke Gereformeerde Kerken in Nederland*, 1962, 241 이하.

성경이 신적인 권위를 지니고 있다는 확신은 성령의 내적인 역사에 빛을 지고 있다. 「웨스트민스터 신앙고백서」의 표현에 의하면, 성령은 **말씀을 통해서 또한 말씀과 더불어**(*per verbum et cum verbo ipso*) 우리의 마음에 증언해준다. 어떻게 성경의 메시지가 우리의 마음속에 들어와서 효력을 나타내는가에 대한 질문에 대해서도 그 대답은 동일하다. 왜냐하면 성령은 말씀을 통해서 또한 말씀과 더불어 우리의 마음속에 증언해주기 때문이다.

성령의 증언에 대한 교의의 요소들은 칼뱅 이전의 종교개혁 신학 안에서 이미 제시되었다. 루터는 성령의 증언에 대해서 다음과 같이 주장한다. 곧 성령은 우리의 마음에 증언하며, 인간은 성령이 증언한다고 느낀다. 그래서 인간은 혹시 그것이 전적으로 확실한가에 대한 모든 의심을 버린다. 우리는 이 교의에 대한 자세한 설명을 위해, 특히 칼뱅에게서 그것을 기대해야 한다.[16](§ 9를 보라).

그것은 하늘로부터 들려오는 어떤 음성이 아니다. 구원에 대한 확신은 "말씀과 대립되거나 또는 말씀과 독립적인 어떤 특별한 계시에 의해서 생기지 않는다"(「도르트 신조」 5.10). **그리스도인의 확신은 말씀의 믿을 만한 증언에 기초한 확신이고, 성령이 말씀을 방편으로 해서 마음속에 주는 증언에서 확신의 기원을 찾는다.**

50.3. 율법과 복음

1. 하나님의 말씀은 율법과 복음으로 이루어져 있다. 하나님은 그분의 뜻을 우리에게 율법으로 계시하신다. 하나님의 율법은 출애굽기 20장(신 5장)의 "열 가지 말씀"보다 훨씬 더 많은 것을 포함한다. 하지만 십계명은 진정으로 야웨 하나님과 그분의 백성 사이의 관계에서 근본적인 중요성을

16　J. Pannie, 『성령의 증언』(*Le témoinage du Saint-Esprit*), 1893; S. P. Dee, 『믿음에 대한 칼뱅의 관점』(*Het geloofsbegrip van Calvijn*), 1918, 114-177; J. van Genderen, 『성령의 증언』(*Het getuigenis van de Heilige Geest*), 1961.

지니고 있다. 하나님의 계명들의 핵심은 사랑에 대한 명령이다(마 22:37-40). 복음은 우리에게 그리스도 안에 있는 구원을 선포한다. 그 구원은 복음의 약속 안에서 우리에게 다가온다.

루터를 통해서 율법과 복음을 구별하는 것은 신학적인 한 가지 중요한 주제가 되었다. 그것은 구약성경과 신약성경을 구별하는 것과 동등하게 다룰 수 없지만, 기독교의 초기 몇 세기부터 중세 시대까지 관습적으로 그와 같이 다루어졌다. 그 결과, 복음은 일종의 새로운 율법과 더 완전한 율법으로 이해되었다.

루터는 율법과 복음을 대조하면서 복음에 대한 율법적인 해석에 반발했다. 그는 그와 같은 해석을 주로 로마 가톨릭교회와 연결시켰다. 율법은 결코 복음과 혼동될 수 없다. 루터는 각각의 역할과 관련해서 율법과 복음을 정의했다. 곧 율법은 죄를 확인해주고, 복음은 죄를 용서해주는 역할을 한다. 복음은 그리스도의 약속을 포함하지만, 이와 대조적으로 율법은 요구하고 고소하며 정죄하는 역할을 한다. 루터의 견해에 의하면, 이것이 율법의 유일한 역할은 아니지만, 그것은 분명히 하나님의 율법의 가장 중요한 역할이다.[17]

우리는 고전적인 개혁파의 견해와 관련해서 특히 칼뱅을 언급할 수 있을 것이다. 칼뱅의 견해에 의하면, 율법과 복음을 구분하는 것은 하나님의 말씀의 통일성과 일치한다. 은혜언약 안에서 요구와 약속, 율법과 복음은 서로 밀접하게 연결되어 있다. **복음은 율법이 요구하는 것을 준다.**

『기독교강요』에서 그리스도가 오기까지 그 안에 있는 구원에 대한 소망을 견고하게 하기 위해 율법이 주어졌다는 것에 관해 다루는 장(2.7)은 도덕법의 세 가지 역할 또는 기능에 대해서 다룬다. 우리는 칼뱅의 입장을 따라서 율법을 **거울, 재갈, 규범**으로 언급할 수 있다.

---

17 더 자세한 내용을 알려면, 다음 논문을 보라. J. van Genderen, "율법과 복음에 대한 루터의 견해"(Luthers visie op wet en evagelie), in W. Balke et al., 『루터와 개혁파 기독교』(*Luther en het Gereformeerd Protestantisme*), 1982, 249-282 (참고 문헌 281 이하).

a. 율법은 우리에게 하나님의 의를 계시해주고, 또한 우리에게 우리의 불의를 확인시켜준다. 율법의 저울에 재어볼 때, 우리가 주장하는 자신의 의로움은 아무런 의미가 없다고 판명된다. 우리는 율법을 통해서 우리 자신의 무능, 불의와 유죄를 명백하게 볼 수 있기 때문에 율법은 일종의 거울이다.

b. 율법의 두 번째 기능으로 그것은 우리에게 다음 사실을 확인시켜준다. 곧 정의와 공의에 관심을 전혀 갖지 않는 이들은 형벌의 두려움에 의해서 어떤 행동을 하지 않도록 억지로 강요되지는 않지만 적어도 제한을 받는다. 한동안 하나님을 알지 못하던 상태에 있던 모든 이들은 성령에 의해 거듭나서 자신의 마음으로 하나님을 사랑하기 시작할 때까지 율법의 재갈에 의해서 어느 정도 하나님에 대해 지속적으로 두려움을 느끼고 경외심을 품어왔을 것이다.

c. 율법이 지니고 있는 세 번째 기능이 가장 중요하다. 또한 그 기능은 율법의 실질적인 목적에 가장 가깝다. 곧 율법은 하나님의 영이 마음을 주도하는 신자들 안에서 작용한다. 신자들이 날마다 주님의 뜻이 무엇인지 더 분명하고 확실하게 알아가는 데 있어 율법은 훌륭한 도구 역할을 한다. 칼뱅은 이와 관련해서 우리에게 유일하고 영원하며 변하지 않는 하나의 삶의 규범이 있다고 말한다.

루터와 마찬가지로 칼뱅도 그리스도인의 자유를 옹호했다. 삶의 규범으로서 율법은 그리스도인의 자유를 손상시키지 않는다. 신자들은 율법의 저주로부터 자유롭게 되었다. 그리스도는 그들을 위해서 율법의 저주뿐만 아니라 율법의 멍에를 스스로 짊어졌다. 그래서 그들도 자발적으로 율법에 순종하게 하려는 것이다. 그뿐만 아니라 이제 신자들에게는 의식법을 지켜야 할 의무가 면제되었다. 그것은 이미 그리스도 안에서 성취되었기 때문이다(『기독교강요』 2.8.7; 3.19.3-4; 2.7.15-16).

율법을 거울로 사용하는 것과 관련해서, 칼뱅은 율법주의적인 해석을 피하기 위해 루터와 멜란히톤보다 더욱더 신중한 입장을 취했다. 그와 같은 해석은 결과적으로 율법과 복음을 어떤 체계 안으로 집어넣고자 하는 경향으로 이끈다. 곧 우리의 회심을 위해서 우리 앞에 율법이 놓여야 하며, 또한 우리의 믿음을 위해서 우리에게 복음이 언급되어야 한다. 따라서 인간이 자신의 죄악에 대해 슬퍼하고 하나님 앞에서 뉘우치기 위해서 복음보다 먼저 율법이 제시되어야 한다. 오직 그 과정을 통해서만 복음의 위로를 위한 여지가 존재한다. 하지만 칼뱅은 복음 선포에 앞서 율법에 대한 독자적인 선포가 반드시 선행될 필요성이 있다고 이해하지는 않는다(Velema, 1987, 150-169).

1935년 이후로 율법과 복음이라는 주제에 대한 논의는 루터와 칼뱅 사이의 견해 차이보다, 칼 바르트의 입장과 그것에 대한 다양한 반응에 의해서 지배되었다.

바르트는 율법과 복음의 순서를 뒤바꾸었다. 간략하게 설명하자면, 그는 율법은 복음의 필수 형태지만 복음의 내용은 하나님의 은혜라고 주장한다. 이 내용은 이 형태, 곧 상응하는 것을 요구하는 형태, 즉 율법의 형태를 요구한다(Barth, 『복음과 율법』[*Evangelium und Gesetz*], 1935).

이 책이 1935년에 출간된 것은 결코 우연이 아니다. 우리는 바르트의 입장을 평가하기 위해서 그가 당대에 고가르텐 같은 신학자들의 견해들과 맞서 맹렬한 논쟁을 벌이고 있었다는 사실을 고려할 필요가 있다. 고가르텐을 비롯한 많은 신학자에 의하면, 게르만 민족의 법(*nomos*)은 하나님의 율법과 직접적으로 또는 간접적으로 동일시된다. 바르트는 이것을 율법과 예수 그리스도의 복음을 분리시킨 결과라고 이해했다. 『바르멘 선언』(*Barmen Declaration*, 1934)과 마찬가지로, 바르트의 『복음과 율법』은 "독일 그리스도인들"의 그릇된 가르침에 대항하는 것이었다.[18]

바르트는 이 책을 설명하면서 성경의 두 가지 사실을 언급한다. 첫째, 하나님이 아브라함에게 약속하신 지 사백삼십 년이 지나고 나서 율법이 이스라엘 백성에게 주어졌다(참조. 갈 3:17). 둘째, 그 율법은 언약궤 안에 보관되었다.

[바르트에 의하면] 복음의 내용은 하나님의 은혜다. 하나님의 은혜는 예수 그리스도라고 불리며, 또한 예수 그리스도다. 하나님은 그리스도를 통해서 사람들을 의롭게 하신다. 율법은 복음과는 별도로 기능하는 두 번째의 대리자가 아니다. 율법 안에 하나님의 뜻이 계시되어 있다. 하지만 하나님의 뜻이 계시된 곳은 어디인가? 바

18　참조. E. Busch, 『칼 바르트의 생애』(*Karl Baths Lebenslauf*), 1973, 279.

로 예수 그리스도 안에서 계시되었다! 어떻게 예수 그리스도의 통치가 〔복음의〕 선 포 없이 선언될 수 있는가? 또한 그의 통치에 순종을 요구할 수 있겠는가? 율법은 "너는 ~이 될 것이다"(약속)라고 말한다. 우리는 그것을 "너는 반드시 ~이 되어야 한다"(요구)라고 바꾼다. 우리는 바로 이와 같은 방법으로 율법의 일들에 도달하고 자 한다. 우리는 그것을 통해서 우리 자신을 정당화하고자 한다. 하지만 그렇다면 율 법은 우리에게 죄와 죽음으로 이끄는 율법이 된다. 반면에 만약 율법이 복음의 형태 를 지니고 있다면, 그것은 우리를 정죄할 수 없다. 만약 하나님이 예수 그리스도 안 에서 우리의 편을 드신다면, 누가 우리를 반대할 수 있겠는가? 심지어 하나님의 율 법 그 자체도 우리를 정죄할 수 없다!

우리는 율법과 복음을 서로 분리시킨 채 다루어서는 안 된다. 바르트가 특별히 강조하는 개념들과 이와 같은 이론들이 바르트의 교의학의 내적 핵심으로 간주되어야 한다(참조. Barth, *C.D.*, 4.3.370).

우리는 바르트의 견해에 대해 두 가지를 비판하고자 한다. 첫째, 바르 트의 입장에서 율법과 복음의 구분은 다소 모호하다. 그 모호성은 명백하 게 제거되지 않는다. 그는 하나님의 명령을 그릇되게 해석하면서 요구를 약속으로 바꾼다. 그의 견해에 의하면, 우리가 율법을 반드시 충족시켜야 하는 하나님의 요구로 해석하는 것은 오해에서 비롯된 것이다. 그러나 율 법이 더 이상 규범이 아니라면, 그것은 더 이상 우리를 정죄할 수 없거나, 또는 우리를 더 이상 저주 아래 둘 수 없다. 반면에 성경은 그 경우와 반대 되는 것을 강조한다(롬 2:12; 갈 3:10, 13). 따라서 우리는 바르트의 견해에 서 죄인들을 고소하고 정죄하는 율법의 기능을 명백하게 찾을 수 없다.

두 번째 비판은 이 문제에 대한 바르트의 접근 방법이 은혜에 대한 그 의 교의, 곧 그의 신학에 "은혜의 승리"를 반영한다는 것이다. 루터에게 복 음의 핵심은 죄 사함에 대한 약속이고, 율법은 반드시 이것을 준비하고 촉 진해야 하는 것처럼, 바르트의 경우에도 복음의 핵심은 예수 그리스도 안 에서 하나님이 인간과 맺으신 언약이며, 율법은 단순히 그것에 대한 형

태다.[19]

2. 앞서 간략하게 서술한 차이점들과 관련해서 **율법과 복음의 관계**에 대해 더 자세하게 탐구할 필요가 있다. 우리가 바르트의 입장에 반대해서 율법-복음의 순서를 유지하고자 한다면, 우리는 신약성경을 통해 알고 있는 복음보다 십계명이 먼저 주어진 것이라는 사실에 기초해서 이 순서를 따르는 것이 아니다. 아브라함은 모세보다 먼저 등장한다. 바르트도 약속에 대한 바울의 말을 올바르게 기억한다. 곧 시내산에서 율법이 주어진 것보다 아브라함에게 몇 세기 전에 언약(약속)이 주어졌다(갈 3:17). 하나님의 약속은 십계명에서 시작하지 않았다. 심지어 시내산에서 일어난 율법의 공표는 하나님과 이스라엘 백성 사이의 언약의 역사를 발전시키는 역할을 한다. 야웨 하나님이 언약의 백성에게 그분의 요구를 선포하실 때, 그분은 이미 자신이 어떤 분이신지 또한 무슨 일을 하시는지 말씀하셨다. 출애굽기 19:4-6과 20:2을 보라.

우리가 율법-복음의 순서를 뒤바꾼 바르트의 입장을 따르지 않는 것에 대한 추가적인 근거들이 있다. 복음의 중심에는 중보자가 있다. 그는 하나님의 뜻을 성취하려고 이 세상에 왔다. 예수는 다음과 같이 말한다. "우리가 이와 같이 하여 모든 의를 이루는 것이 합당하니라"(마 3:15). 여기서 "의"는 하나님이 요구하시는 모든 것을 의미한다. 모든 의를 성취한다는 것은 분명히 율법과 예언자들을 통해서 계시된 하나님의 모든 요구를 포함한다. 예언자들은 예수와 세례 요한보다 먼저 왔던 이들이다. 바울의 관점에 의하면, 의심의 여지없이, 그리스도가 오는 것과 그가 행하는 일들에 대해서 말하는 복음은 우리가 율법 아래 존재하며 또한 율법의 저주 아래 놓여 있다는 사실과 직접적으로 관련이 있다(갈 4:4-5; 3:13; 또한 참조. 롬 8:3-4). 그러므로 율법이 복음의 어떤 형태로 축소되어서는 안 된다. 이와 같이 축소하는 것은 신약성경의 강력한 말씀들에 대한 해석과 조화되지

---

19 참조. B. Klappert, 『약속과 언약』(*Promissio und Bund*), 1976, 229.

않는다.

율법과 복음 사이에는 아무런 모순도 없다. 왜냐하면 하나님은 복음 안에서 그분의 율법을 보존하시기 때문이다. 하지만 동시에 복음은 하나님 자신이 율법을 성취하셨다는 것에 대한 기쁜 소식이다.

바르트가 복음을 율법보다 먼저 위치시키는 것은 그의 신학적 구조에서 기인한다. 그렇지만 성경에서 "최초의 복음"(*proto-evangelium*, 창 3:15)은 하나님이 그분의 명령을 위반한 것에 대한 그분의 대답이다. 사실상 아브라함에게 약속이 주어진 사건은 시내산에서 계명들이 주어진 사건보다 앞선다. 하지만 하나님이 최초로 언약을 맺으신 대상은 아브라함이 아니었다. 그 대상은 바로 아담이었다! 은혜언약은 하나님이 인간과 맺으신 최초의 언약이 아니었다. 십계명은 언약의 규범으로서 은혜언약에 속한다. 신학은 다음 사실을 반드시 기억해야 한다. 곧 하나님의 창조물로서 인간은 이미 하나님의 율법 아래 놓여 있고, 복음은 하나님 앞에서 죄인들인 사람들에게 다가온다. 죄는 하나님의 거룩한 뜻을 위반하는 것이다. 하나님의 용서와 새롭게 하심은 죄를 전제한다. 곧 복음은 율법을 전제한다. 따라서 율법-복음이라는 순서는 낙원-죄로의 타락-구속이라는 역사적인 순서와 직접적으로 연결되어 있다(Velema, 1987, 38-41).

따라서 교의학의 순서에서 율법은 복음에 앞선다. 하지만 이것은 믿음과 관련해서 각 사람이 깨닫는 것에서도 동일한 순서를 필요로 한다는 것을 암시하지 않는다. 하나님은 은혜언약 안에서 그분의 요구를 맨 처음에 놓지 않으신다. 하나님의 약속과 요구는 서로 밀접하게 연결되어 있다. 하나님은 그분이 요구하시는 것을 약속하시고, 또한 약속하시는 것을 요구하신다. 그분은 자신의 율법 안에서 하나님과 이웃을 사랑하라고 명령하신다. 그러면서 하나님은 그리스도의 복음을 통해 사람들의 마음속에서 일하신다. "우리가 사랑함은 그가 먼저 우리를 사랑하셨음이라"(요일 4:19).

루터파의 전통에서 율법과 복음은 서로 마주하고, 율법이 맨 먼저 온다. 신약성경의 한 구절은 이것에 대해 다음과 같이 명백하게 밝혀준다. "이같이 율법이 우리를 그리스도께로 인도하는 초등교사가 되어 우리로 하여금 믿음으로 말미암아 의롭다 함을 얻게 하려 함이라"(갈 3:24).

이전의 성경 해석에 의하면, 해당 구절은 율법이 그리스도에게 인도해주었고, 인도해주고 있으며, 율법은 우리가 그 안에서 구속을 기대하게 한다는 것을 의미한다. 그러나 최근의 해석에 의하면, 그리스도의 오심이라는 관점에서는 그가 오실 때까지, 율법은 초등교사 역할을 했다. 하지만 그 시기는 이미 끝났다. 하지만 리델보스는 해당 구절이 시간을 가리키는 것 이상의 의미를 지니고 있다고 다음과 같이 인식하는데, 그의 인식은 옳다. "율법 아래 속박을 당하고 있던 시기 **이후에** 그리스도 안에서 자유롭게 되는 것뿐만 아니라, 사람들을 죽이고 종으로 삼는 율법의 기능에 **맞서** 하나님의 은혜가 그것의 필수불가결함 및 풍성함과 관련해서 더욱더 영광스럽게 나타나도록 하는 것이 하나님의 의도에 포함되어 있다."[20] 이러한 측면에서 이해할 때, 바울은 단지 구속에 대한 역사적인 관점만을 반영하려는 의도에서 이와 같이 말한 것은 아니다.

루터파의 사고방식에 동의하는 개혁파의 분파도 실질적으로 있다. 이것은 제2차 종교개혁의 일반적인 경향이었다. 이 운동의 마지막 대표자 중 한 사람이었던 판 더 흐루(Th. van der Groe)는 다음과 같은 견해를 갖고 있었다. 곧 하나님의 영은 맨 처음에 율법을 방편으로 역사하고, 나중에 복음을 방편으로 역사한다. 판 더 흐루는 율법에 대한 선포를 복음의 약속들을 적용하기 위한 한 가지 준비 과정으로 이해했다. 이와 같이 율법-복음의 체계가 나타났다. 또한 이 체계의 정신에 기초한 설교는 숨을 막히게 하는 듯한 영향을 교회에 끼쳤다. 그것은 바로 의무 사항들을 제시하는 설교였다. 곧 먼저 신자들은 율법을 경험할 필요가 있었고, 그다음에 복음을 경험할 필요가 있었다.[21]

---

20 H. Ridderbos, *Paul*, 1975, 152-153.

21 참조. T. Brienen, "Theodorus van der Groe (1705-1784)," in Brienen et. al., 『제2차 종교개혁』(*De Nadere Reformatie*), 1986, 294-296; C. Graafland, 『[네덜란드의] 개혁파 연맹 안

이와 비슷한 경우로서 무르케르컨(A. Moerkerken)의 논의에서도 율법과 복음은 구속사의 구조 안에서 그리스도에 대한 신앙의 길로 나아가는 사람들에게서 기대되는 경험과 결합되어 있다. 거기서 율법은 첫 번째 단계이고, 복음은 두 번째 단계다. 그리고 콤리(A. Comrie)에 대한 호소가 이 주장을 뒷받침한다. 하나님의 방법은 대체로 영혼을 시내산을 거쳐서 시온으로, 곧 "말하자면 지옥으로부터 참된 안식으로 이끈다."[22]

펠레마는 무르케르컨의 입장에 반대하는데, 그의 반대는 옳다. 왜냐하면 무르케르컨은 구속사 안에서 어떤 임의적인 출발점을 선택했기 때문이다. 우리는 하나님의 역사가 (시내산에서) 율법을 주시는 것에서 시작되지 않는다는 점을 기억할 필요가 있다. 구원의 서정이 지니고 있는 목적은 구속사를 반복하는 것이 아니다. 무르케르컨은 율법에 부정적인 일을 부여하고자 시도했다. 그것은 복음의 긍정적인 일을 위한 전제 조건으로 강요되었다. 율법은 복음이 없는 상황에서 선포되고 경험될 수 있다. 하지만 이것은 율법주의다!(Velema, 1987, 134-137).

「하이델베르크 교리문답」 제2주일의 질문과 답변은 우리가 하나님의 율법에 기초해서 우리 자신의 비참함을 안다고 말한다. 또한 제6주일의 질문과 답변은 우리가 거룩한 복음에 기초해서 우리의 중보자이신 예수 그리스도에 대해 안다고 가르쳐준다. 이와 같은 제2주일 및 6주일의 질문과 답변은 우리에게 다음과 같은 생각을 갖게 할 수 있을 것이다. 곧 교회의 이 고전적인 신앙고백서에 의하면, 실질적으로 율법은 복음에 앞서고, 율법의 선포는 복음의 선포에 대해 일종의 준비 역할을 한다. 하지만 이 교리문답은 그와 같은 의도를 갖고 있지 않다. 제 2-4주일의 질문과 답변은 제5-6주일과 마찬가지로 제1주일에서 이미 고백한 것을 설명하는 것이

에서의 설교의 변화』(*Verschuivingen in de Gereformeerde Bondsprediking*), 1965, 62 이하).

22   A. Comrie, 『구원하는 믿음의 몇 가지 속성들에 대한 논의』(*Verhandelingen van eenige eigenschappen des zaligmakenden geloofs*), 1778[5], 89; A. Moerkerken, 『은혜의 삶과 은혜언약』 (*Genadeleven en genadevebond*), 1977, 27.

개혁교회 교의학

다. 이 교리문답은 이와 관련해서 분석적인 접근 방법을 취한다.

은혜언약에 대한 개혁파 교회의 교의는 율법과 복음이 반드시 서로 밀접하게 연결되어야 한다고 가르친다. 율법과 복음은 서로 구별되지만 동시에 서로 연결되어 있다. 곧 **율법이 없으면 복음도 없다. 또한 복음이 없으면 율법도 없다.** 그것은 율법적인 측면과 복음적인 측면을 지니고 있는 하나님의 하나의 말씀이다. 성령은 하나님의 말씀 전체를 그의 손 안에 있는 도구로 사용한다. 또한 성령은 어떤 체계도 따르지 않는다. 하나님의 말씀 전체는 "살아 있고 활력이 있어 좌우에 날선 어떤 검보다도 예리"하다(히 4:12).

3. 개혁파 신학은 율법의 삼중 용도(*triplex usus legis*)에 대해 잘 알고 있다.

* 첫 번째 용도: 시민적·정치적 용도(*usus civilis* 또는 *usus politicus*)—율법은 죄를 억제하기 위해서 주어졌다.
* 두 번째 용도: 교육적·책망적 용도(*usus pedagogicus* 또는 *usus elenchticus*)—율법은 죄에 대해 납득시키고 뉘우치게 하려고 존재한다.
* 세 번째 용도: 규범적·교훈적 용도(*usus normativus* 또는 *usus didacticus*)—율법은 신자들의 행동에 규범을 제시하는 역할을 한다.

율법의 삼중 용도에 대한 교의의 체계적인 형태는 멜란히톤에게서 시작되어 우리에게 전해졌다. 하지만 루터파의 모든 신학자가 그의 관점을 공유하지는 않는다. 사실상 은혜에 의해 살아가는 이들이 율법의 의무 규정들에 계속해서 종속되는가라는 주제는 많은 논쟁의 대상이 되었다. 이런 이유로 말미암아 「일치 신조」(*Formula Concordiae*, 1577)는 율법의 세 번째 용도에 대해서 다양한 관점을 언급한다.

첫째, 율법의 정치적·시민적 역할은 전통적으로 맨 먼저(*primus usus legis*) 언급되었다. 그러나 이것은 율법의 이 기능이 은혜의 방편으로서의 말씀과 어떠한 관계에 있는가라는 질문을 불러일으킬 수 있다. 하지만 율법은 말씀과 서로 분리될 수 없다.

종종 신약성경은 십계명의 정치적 용도에 대해서 아무것도 말하지 않는다고 지적되었다. 하지만 로마서 13:1-7과 마찬가지로, 로마서 13:8-10은 율법의 성취와 연관성을 지니고 있다. 하나님의 율법은 국가를 포함하여 인간 사회의 모든 측면에 적용된다. 정의를 실행하라는 하나님의 요구는 아무런 제한 없이 적용된다.

교의적인 관점에서 볼 때, 율법의 정치적 용도는 하나님이 세상을 보존하시는 것 및 일반은총과 관련이 있다. 또한 율법의 이 용도는 그리스도의 절대 주권적인 통치와 신자들의 삶의 성화와 관련이 있다.

하나님 나라가 오는 것에 초점이 맞추어져 있는 것으로서 모든 것을 포함하는 하나님의 뜻은 하나님이 주신 율법뿐만 아니라 예수 그리스도를 통한 구원의 복음으로부터 알 수 있다. 그러므로 우리는 율법과 그것의 모든 기능으로부터 하나님의 뜻을 알 수 있다. 또한 율법은 율법의 정치적인 기능에서 우리에게 의로움에 대한 하나님의 요구를 진지하게 받아들이도록 가르쳐준다.

둘째, 율법의 교훈적인 역할을 인정하는 종교개혁 전통의 신학을 따르는 것은 성경적이다. 성령은 율법을 사용해서 죄가 지닌 죄악된 본성을 드러내준다. 죄는 율법을 지키지 않는 것 또는 율법을 거부하는 것(*anomia*)이다. 율법은 우리에게 죄가 무엇인지 알려준다. 요한1서 3:4과 로마서 3:20을 보라. 이것은 죄에 대한 지식은 오직 율법으로부터 온다고 주장하는 것이 아닌, 하나님의 율법이 모든 인간은 죄인이라는 것을 밝혀준다고 주장한다. 율법에 이 기능을 부여하는 것(「하이델베르크 교리문답」 제2주일 및 44주일)은 우리가 복음을 통해 죄에 대해 알 수 있다는 것을 배제하지 않는다. 사실상 율법은 죄에 대한 지식을 제공해준다. 하지만 이 점은 복음도 마찬가지다!

예수 그리스도와 그의 십자가 처형에 대한 복음은 죄가 무엇인지를 적

나라하게 드러내준다. 죄가 얼마나 끔찍한 것인지를 보여줄 수 있는 곳이 있다면, 그곳은 특히 그리스도가 십자가 처형을 받은 골고다 언덕이다. 하지만 그곳에서도 죄는 육신에 정해졌다(롬 8:3). 그리스도는 죄에 대한 하나님의 진노로 말미암아 십자가 위에서 죽임을 당해야 했다. 그러므로 우리는 하나님 앞에서 우리 자신을 진정으로 낮추어야 한다(참조. 성찬예식서). 죄에 대한 지식이 어디서 오는가와 관련해서 과연 그것이 율법으로부터 오는지 아니면 복음으로부터 오는지가 진정한 문제가 아니다. 믿음에 기초한 지식으로서 그 지식은 하나님의 말씀 전체로부터, 곧 **율법뿐만 아니라 복음으로부터** 온다. 이것을 어떤 순서 또는 체계로 바꾸는 것은 논박될 수 있다. 왜냐하면 우리는 성령에게 어떤 접근 방법을 지시할 수 없기 때문이다. 성령은 하나님의 말씀 전체를 사용해서 우리가 하나님 앞에서 어떤 존재인지 깨닫게 해준다.

오직 율법과 복음이 서로 밀접하게 연결되어 선포될 때만, 율법은 은혜언약의 구조 안에서 올바르게 기능할 수 있다. 율법과 복음을 이와 같이 연결시킬 때, 죄에 대해서 입증하고 훈계하는 율법의 용도(*usus elenchticus*)가 올바르게 기능할 수 있다. 반면에 복음과 분리된 채 오직 율법만 선포한다면, 그것은 어떤 경우에는 절망으로, 다른 경우에는 도덕주의로 오도될 수 있다.

복음과의 연관성 안에서 율법의 이 기능은 신자들에게 여전히 중요한 것으로 남아 있다. 자신의 비참함을 아는 것과 관련된 「하이델베르크 교리문답」의 세 번째 질문과 답변은 죄와 자신의 비참함에 대한 지식을 위한 준비로서 단순히 율법주의적인 단계로 해석되어서는 안 된다. 이와 마찬가지로, 죄와 자신의 비참함에 대한 지식은 믿음으로 나아가는 과정에서 단순히 시작 단계일 뿐만 아니라 복음으로부터 그 이상의 단계에 대해 안내를 받고 나서도 그 지식은 여전히 뒤에 남아 있어야 한다. 우리는 이와 관련해서 「하이델베르크 교리문답」 제44주일의 질문, 곧 이 세상에 사는 동안 아무도 십계명을 온전히 지킬 수 없다면, 왜 하나님은 십계명을 그렇게 엄격하게 선포하시는가에 대한 답변을 언급할 수 있을 것이다(제44주일의 115답변을 보라).

셋째, 율법은 **규범적인 역할**을 지니고 있다. 우리가 하나님의 율법을 어떻게 해석하든지 그것은 항상 규범적인 것이다. 이 역할은 신자들의 삶과 관련해 하나님의 뜻이 표현된 것으로서 율법에 대해 다룬다. 하나님의 율법이 우리의 삶의 규범이라는 것은 「하이델베르크 교리문답」 제34-44주일의 내용에서 명백하게 언급되어 있다.

비록 신자들이 율법에 종속되어 있지는 않지만, 그럼에도 그들이 율법 없이 존재하는 것은 아니다(「일치 신조」). 로마서 8:4에 기초해서 판단할 때, 종종 어떤 이들이 믿었던 것처럼, 우리는 바울이 로마서 10:4에서 율법이 신자들에게 적용되는 것은 이미 끝났음을 말하는 것이라고 주장할 수 없다. 한편으로 율법이 그리스도 안에서 성취되었고, 또한 다른 한편으로 율법이 성령을 통해 신자들의 삶에서 성취된다고 가르치는 것은 전혀 모순된 것이 아니다. 이것은 사도 바울이 전하는 메시지와도 전적으로 일치한다.

율법을 규범으로 지키는 것은 그리스도 안에서의 구속에 대한 새로운 순종과 감사를 반영한다. 그것은 감사로부터 우러나오는 순종이다. 만약 우리가 하나님이 베푸신 은혜들에 대해서 진정으로 감사한다면(「하이델베르크 교리문답」 제32주일) 이것은 하나님의 모든 명령에 순종하는 삶을 통해 구체적으로 나타나기 시작할 것이다. 그렇다면 율법은 감사의 규범이 된다.

그리스도인의 삶에서 하나님의 율법이 지니고 있는 중요성은 기독교 윤리 안에서 자세하게 다루어진다.

§ 51. 은혜의 방편으로서의 성례들

51.1. 성례들은 무엇인가?
51.2. 말씀과 성례
51.3. 성례들의 작용

51.1. 성례들은 무엇인가?

개혁파 교의학에서는 대체로 세례와 성찬에 대한 논의에 앞서 성례에 대한 개요를 다루는 장이나 항목이 나온다. 성례에 관한 교의가 세례와 성찬에 대해서 성경이 말하는 것을 어떤 추상적인 개념으로 만들지 않거나, 또는 성경의 자료들을 정당하게 다루지 않는 어떤 복합적인 개념으로 만들지 않는 것이 중요하다.

"성례"라는 단어는 성경에서 유래되지 않았다. 테르툴리아누스가 이 단어를 신학과 교회의 언어 안으로 들어오게 했다. "사크라멘툼"(*sacramentum*)이라는 라틴어 단어는 주로 다음 두 가지를 의미하는 것으로 이해된다. 1. 소송 사건에 연루된 두 당사자가 성소 안에 맡겨 놓은 담보물이나, 2. 군대에서의 맹세, 곧 군기 앞에서 충성 맹세를 하는 것 등이다. 이 두 경우는 모두 종교적인 서약에 해당되었다. 테르툴리아누스가 "물의 서약" 또는 "성찬의 서약"이라는 용어들을 지어냈을 때, 아마도 그는 두 번째 해석을 염두에 두었을 것이다. 하지만 그 단어와 관련해서 또 다른 중요한 개념이 있다. "미스테리움"(*mysterium*)과 마찬가지로, 성경의 오래된 라틴어 역본에서 "사크라멘툼"은 그리스어 성경에 나오는 "뮈스테리온"(*mysterion*; 구원의 비밀, 신비)이라는 단어를 나타냈다. 기독교 신앙의 신비들 또는 성례들은 숨겨진 의미를 지니고 있는 행위들이었다. 아우구스티누스의 견해에 의하면, 그것들은 구속의 실재를 가리키는 표지들이었다. 중세 교회는 일곱 가지 성례가 있다고 가르쳤다. 중세 교회에서 그 성례들은 표지들일 뿐만 아니라 은혜의 원천들이었다(리용 공의회, 1274, 피렌체 공의회 1439, 트리엔트 공의회 1547).

비록 종교개혁은 성례에 대한 새로운 용어를 만들어내지는 않았지만, 그 개념에 상당 부분 새로운 내용을 제시했다. 곧 하나님의 약속은 본질적인 요소이며, 상징은 동시에 봉인으로 해석되었다. 우리는 성례에 대한 칼뱅의 정의에서 이것을 인식할 수 있다. 곧 성례는 하나의 외적인 표지다. 주님은 그것을 통해서 우리의 양심에 우리를 향한 그의 선한 약속들을 인치는 것이다. 그래서 우리의 연약한 믿음을 굳세게 해주려는 것이다. 또한 우리 편에서는 주님과 그의 천사들뿐만 아니라 사람들 앞에서 주님을 향한 우리의 믿음을 입증하는 것이다(『기독교강요』 4.14.1). 종교개혁에 기초한 신학의 교의에서는 성례와 관련해서 표지와 그것이 의미하는 대상(res sacramenti)이 서로 구분되었다. 「하이델베르크 교리문답」에 의하면, "눈에 보이는 거룩한 표지와 인장으로서 성례는 하나님이 제정하신 것이다. 하나님은 성례의 집행을 통해서 우리가 복음의 약속을 더 분명하게 깨닫게 하시며, 또한 그 약속에 대해서 더 분명하게 확증해주신다"(제25주일). 또한 우리는 「벨기에 신앙고백서」에서도 "표지와 인장"이라는 표현을 발견할 수 있다. 그리고 은혜언약—이것은 세례와 만찬에서 명백하게 나타남—의 관계에 기초해서 고려할 때, 또한 언약의 표지와 인장들에 대해서 말하는 것도 도움을 줄 것이다.

20세기에는 성례들을 은혜의 방편으로 이해하는 오래되고 견고한 교의적인 전통에서 자기 자신을 멀리한 신학자들이 있었다. 예를 들면 칼 바르트는 성례들을 원론적으로 거부했다. 우리는 세례와 성찬에 대한 그의 견해들에서 어떤 발전 과정을 인식할 수 있다. 그는 『교회교의학』의 마지막 권(1969)에서 다음과 같은 결론에 이르게 되었다. 곧 세례는 오직 한 가지 "신비"에 대한 반응이다. 다시 말해 세례는 예수 그리스도의 역사의 오직 하나의 "성례"에 대한 반응이다. 하지만 세례 그 자체는 어떤 신비, 어떤 성례가 아니다. 베르크호프는 "말씀과 성례들"이라는 종교개혁의 셋으로 이루어진 짝과 결별하는 것도 좋다고 생각한다. 그는 세례와 성찬을 역사 과정에서 소멸될 수 있는 전달 수단 또는 전달 요소들로 이해한다. 세례는 "씻기"로 상상하고, 성찬은 "식사"로 상상할 수 있을 것이라고 한다. 하지만 그는 그와 같이 불리는 일이 일어나기는 어려울 것이라고 추측한다(Berkhof, *C.F.*, 394).

          개혁교회 교의학

하지만 그와 같은 개연성에 대한 계산법을 받아들일 이유는 전혀 없다. 그 대신 우리는 세례와 성찬의 지속적인 중요성에 대해서 신약성경이 말하는 것을 굳게 붙잡고 있어야 한다. 곧 세례는 "세상 끝날까지" 예수의 제자를 가리키는 표지가 될 것이다(참조. 마 28:19-20). 또한 우리는 성찬예식에서 떡을 먹으며 잔을 마실 때마다 그리스도의 죽음을 그가 다시 올 때까지 전하는 것이다(참조. 고전 11:26).

우리는 성례들의 숫자 및 그것들의 특성과 관련해서 로마 가톨릭교회의 입장을 거부한다. 우리는 성례들을 오직 세례와 성찬에만 국한시킨다. 반면에 로마 가톨릭교회는 일곱 가지 성례(칠성사)를 주장한다. 곧 세례성사, 견진성사, 성체성사, 고해성사, 혼인성사, 성품성사, 병자성사이다. 한편 동방 정교회는 일곱 가지 신비(mysteries)에 대해 말한다. 성례들의 숫자를 결정하는 데 있어 이 두 교회들에서는 교회의 권위가 결정적인 역할을 한다.

일곱 가지 성사(신비들)와 비교해 볼 때, 단지 두 가지 성례만 인정하는 개신교는 빈약한 인상을 줄 수도 있다. 그럼에도 바빙크는 로마 가톨릭교회가 일곱 성사들 안에서 지니고 있는 것보다 개신교는 세례와 성찬 안에서 무한히 더 많은 것을 소유하고 있다고 주장한다. 달리 말해 견진성사, 고해성사, 병자성사 안에는 추가적인 은혜가 전혀 없다. 왜냐하면 우리는 말씀과 세례와 성찬을 통해서 우리가 필요로 하는 모든 것을 받기 때문이다(Bavinck, *R.D.*, 4:494 이하).

51.2. 말씀과 성례

종교개혁의 신학에서 말씀-성례의 순서는 당연한 원리다. 말씀은 우선권을 지니며, 성례는 말씀에 기초해서 반드시 이해되어야만 한다. 따라서 이 순서는 뒤바뀔 수 없다. 우리는 말씀과 독립되어 있는 성례를 전혀 알지 못한다. 성례들의 역할은 말씀을 확증하는 것이다. 특히 성례들은 말씀의 약속들을 확증한다.

말씀과 성례의 관계에 대한 로마 가톨릭교회의 입장은 이와 다르다. 이 교회에서 성례들은 매우 탁월한 은혜의 방편들이다. 성사를 거행하는 것은 예배 의식에서 핵심을 이룬다. 말씀 선포는 주로 예비적인 기능을 지니고 있다. 비록 로마 가톨릭교회에서 예배 시간에 성경을 읽는 것은 이전보다 더 중요한 역할을 하지만, 하나님과의 실질적인 만남은 제단에서 일어난다.

말씀과 성례의 관계에 대한 새로운 통찰은 루터의 사고 안에서 발전되었다. 그의 견해에 의하면, 말씀이 우선권을 지닌다. 하나님은 말씀 안에서 그분의 약속들을 통해 우리와 관계를 맺으신다. 우리는 상징이나 성례가 없이도 말씀이나 약속을 가질 수 있다. 칼뱅의 견해에 의하면, 성례의 기능은 그리스도를 우리에게 제공하고 보여주며, 또한 그리스도 안에서 하늘의 은혜의 보화들을 우리에게 제공하고 설명한다는 의미에서 하나님의 말씀이 지니고 있는 기능과 다르지 않다(『기독교강요』 4.14.7). 말씀과 성례 이 두 가지는 "우리의 구원의 유일한 근거로서 십자가 위에서 예수 그리스도가 드린 희생제사"를 가리켜준다(「하이델베르크 교리문답」 제25주일).

성례들은 두 번째 위치(*secunda organa*—Calvin)를 차지하는 방편들이다. 하지만 성례들이 부차적인 중요성을 지니고 있다는 의미에서 두 번째 위치에 있다는 것은 아니다. 칼뱅의 견해에 의하면, 성례들을 업신여기는 것은 바로 그리스도를 경멸하는 것이다.

말씀이 우선적인 중요성을 지니고 있다. 성례들은 말씀의 내용에 아무것도 추가해주지 않는다. 더욱이 믿음은 말씀의 방편에 의해서 생기고 굳건해진다. 반면에 세례와 성찬을 통해서 믿음이 굳건해지지만, 그것들을 통해서 믿음이 생기지는 않는다.

그러므로 말씀이 불충분하고 분명하지 않아서 성례들이 요구되는 것은 아니다. 오히려 우리에게 복음의 약속들을 더 분명하게 이해시키고 또한 우리에게 그 약속들을 인증하기 위해서 성례들이 요구된다(「하이델베르크 교리문답」). 하나님은 우리를 그 약속들 안으로 데려가시기 위해서 수고도 아끼지 않으신다. 하나님은 말씀을 통해서 자기 자신을 우리에게 주신다. 하나님은 세례와 성찬 안에서도 우리에게 자기 자신을 주신다. 우리는 그리스도 안에서 누가 우리와 함께하기를 원하는지에 관해 들을 뿐만 아니라 볼 수도 있을 것이다. 하나님의 선하심은 말씀과 성례 두 가지 안에서 인식될 수 있다. 이와 같이 하나님은 우리가 이해하는 데 더디다는 것과 우리의 연약함을 고려해주신다(「벨기에 신앙고백서」 제33조). 하나님은 시청각적인 가르침을 통해 우리에게 꼭 붙잡을 수 있는 것을 제공하시면서 우리에게 맞추신다. 세례와 성찬은 복음의 약속들에 초점이 맞추어져 있다. 우리의 전통적인 세례 및 성찬예식서에서 이 약속들에 대한 설명을 보라. 또한 세례와 성찬에서는 신자들의 개인적인 요소가 강조된다. 세례예식에서 자기의 이름이 불릴 때, 또한 성찬에서 떡과 포도주가 우리 모두에게 개별적으로 주어질 때, 하나님은 약속된 구원이 우리의 것이라고 우리에게 말씀하신다. 우리는 믿음으로 성례의 약속들을 받아들인다. 또한 우리는 칼뱅이 성례들에 대해 묘사하면서 언급한 상호 관계를 인식한다. 그리고 우리는 세례예식을 위한 대접과 성찬의 식탁 주위에서 하나님께 우리의 믿음과 충성을 표명한다.

51.3. 성례들의 작용

1. 성례들은 하나님의 손 안에 있는 방편들이다. 교회는 성례들에 대해 다음과 같이 신앙을 고백한다. 곧 성례들은 "눈에 보이는 표지들이고, 내적이며 눈에 보이지 않는 것에 대한 인장들이다. 하나님은 그것들을 방편으로 성령의 능력을 통해 우리 안에서 일하신다"(「벨기에 신앙고백서」 제33조). 성령은 성례들을 방편으로 사용하신다. 이것은 이미 오래전에 표현된 것이다. 하지만 그것은 여전히 타당하다.

여기서 우리는 두 가지 그릇된 경향을 만난다. 한편으로는 성령을 성례들로부터 분리시키고자 하는 경향이고, 다른 한편으로는 성령을 성례들에 매어놓는 경향이다.

우리는 첫 번째 경향을 신령주의자들과 재세례파에 속한 이들에게서 만난다. 신령주의자들은 오직 성령의 내적인 사역에만 관심을 기울였다. 16세기에 프랑크(S. Franck)와 슈벵크펠트(C. Schwenckfeld) 같은 이들은 성례들이 성령에 의해 인도함을 받는 그리스도인들에게는 필요하지 않다고 생각했다. 또는 그들은 성례들이 단지 우리의 외적인 성품을 위한 예들이나 증거들에 지나지 않는다고 이해했다. 신령주의의 견해에 의하면, 성령이 성례들을 통해 일할 필요는 전혀 없다.

재세례파는 그리스도가 세례와 성찬을 제정한 것으로 주장하고자 했다. 왜냐하면 그들은 자신들이 성경의 문자에 의해서 인도함을 받는 것을 허용했기 때문이다. 하지만 재세례파에게 성례들은 은혜의 방편이 아니었다. 그들에게 세례는 신앙고백의 한 가지 행위였고, 믿음의 순종에 대한 하나의 표지에 불과했다. 그들에게 성찬은 그리스도를 기억하는 식사였고, 그리스도의 죽음을 선포하고 신자들의 상호 사랑과 교제를 증거하는 것이었다.

신령주의자들과 재세례파 사이에서 세례와 성찬은 은혜의 방편들로 불릴 수 없었다. 비록 츠빙글리가 성례들이 믿음을 도와주고 영혼을 새롭게 하는 것이라고 주장했지만, 그는 그것들을 은혜의 방편들로 간주하지 않았다. 이들과 대조적으로 성례들의 교의에 대한 칼뱅의 근본적인 원리는 그가 성례들을 성령의 사역과 연결시킨다는 중요성에서 발견될 수 있다. 또한 「벨기에 신앙고백서」도 칼뱅의 관점에 전적으로 기초해서 성례들에 대해 말한다.

우리는 두 번째 경향을 로마 가톨릭교회의 입장에서 발견한다. 스콜라 신학에서 성례들은 은혜의 표지와 원천들로 언급되었다(*non solum significant* *sed causant gratiam*). 1439년에 공표된 (피렌체) 교의에 의하면, 새로운 율법의 일곱 가지 성례는 은혜를 포함하고, 그것들을 합당하게 받아들이는 이들에게 은혜도 제공한다(*continent gratiam et digne suscipientibus conferunt*). 또한 1547년에 트리엔트 공의회는 모든 진정한 의로움은 성례들과 더불어 시작한다고 선언했다. 만약 의로움이 시작되었다면, 성례들은 그것을 고양시켜준다. 또한 만약 의로움을 잃어버렸다면, 성례들은 그것을 회복시켜준다. 이 공의회 문헌은 인간이 오직 믿음으로 의롭게 된다고 주장하면서 성례들이 구원을 위해 필수적이지 않다고 주장하는 이들에게 저주를 선언했다. 이것은 인간을 의롭게 하거나 구원하는 모든 은혜는 성례들에 기초한 은혜라는 것을 암시한다. 이 은혜는 그와 같은 성례적인 행위에 의해서(사효적으로[*ex opere operato*]) 확증된다. 이와 같이 로마 가톨릭교회에서 성령의 역사는 교회의 성례들과 연결되어 있다.

과연 "사효적으로"(*ex opere operato*)는 성례들이 자동적으로 작용한다는 것을 암시하는가? 로마 가톨릭교회는 스콜라 신학에서 유래한 이 용어를 사용해 성례들 자체의 객관성을 가능한 한 많이 강조하고자 한다. 어떤 성례의 효능은 성직자나 그것을 받는 이에게 달려 있지 않다. 중요한 것은 성례가 규정된 방식대로 실행되어야 한다는 것이다. 종교개혁가들은 로마 가톨릭교회가 성례들을 이와 같이 이해해서 그것들에 일종의 마술적인 능력이 부여되었다고 생각했다. 칼뱅은 트리엔트 공의회의 입장을 거부하면서 믿음과는 별도로 작용하는 성례들에는 아무런 마술적인 능력도 없다고 말한다. 바빙크는 로마 가톨릭교회의 입장에 대해 다음과 같이 묘사한다. "따라서 [로마 가톨릭교회에서] 하나님이 사제에게 부여한 어떤 능력에 의해 성례는 그의 손 안에 있는 도구로서 물질적으로 또한 마술적으로 작용한다"(Bavinck, *R.D.*, 4:468).

로마 가톨릭교회에서 성례들은 기계적으로 작용하는 것처럼 보인다. 하지만 그것은 더 복합적인 특성을 지니고 있다. 왜냐하면 인간의 협력이 어떤 역할을 담당하기 때문이다. 트리엔트 공의회의 문헌에 의하면, 거기에는 어떤 주관적인 조건이 있다. 거기에 아무런 장애물도 놓여 있어서는 안 된다. 이것은 성례를 신자들이 합당하게 받아들여야 한다는 요구와 상응한다. 가장 우선적인 요소는 성례가 하나님께 기원을 두고 있다는 것이다. 두 번째 요소는 인간의 협력 또는 타당성이다. 어쨌든 핵심적인 사항은 거기에 어떤 저항이나 장애 요인도 있어서는 안 된다는 것이다. 중대한 범죄 행위나 의식적인 불신앙은 성례의 효능에 장애 요인이 될 수 있다.

그뿐만 아니라 성례의 원인 또는 인과율에 대한 교의는 하나님의 은혜가 사람에게 부어진 일종의 능력(*gratia infusa*)이라는 견해와 연결되어 있다. 성례들의 역할과 관련해서 로마 가톨릭교회와 종교개혁에 기초한 교회들 사이의 차이점들은 은혜의 본질에 대한 다양한 견해 차이와 직결되어 있다. 하나님의 은혜는 어떤 초자연적인 실재인가? 아니면 그것은 하나님의 은혜로 말미암아 하나님과 우리 사이에 교제가 회복되고, 우리에게 죄 사함과 새로운 생명이 주어지는 것으로서 인간이 아무런 공로 없이 받는 하나님의 호의인가?

종교개혁의 견해에 의하면, 성례들은 하나님의 은혜가 우리에게 흘러들어오는 통로들과 같은 것이 아니다. 또한 그것들은 우리에게 투여되는 의약품과도 비교될 수 없다. 그것들은 하나님의 약속들을 가리켜주고, 그것들을 인증해준다. 성령은 성례들을 사용해서 우리의 믿음을 굳세게 해준다. 성령의 그와 같은 사역은 하나님의 이 약속들에 초점이 맞추어져 있다. 칼뱅은 다음과 같이 말한다. "성례들 안에서 예수 그리스도를 찾기 위해 우리는 그 표지들을 주 예수께로 직접 인도해주는 방편으로 해석해야 한다. 그래서 우리는 그리스도 안에서 우리의 전적인 구원을 찾아야 한다"(「제네바 교리문답」 318).

2. 우리는 성령과 성례들을 서로 분리시키는 첫 번째 경향에 맞서, 성령이 **은혜**의 방편들로서 성례들을 사용한다는 입장을 굳게 고수한다. 우리는 성령을 성례들에 묶어놓는 두 번째 경향에 맞서 성령이 그의 능력을 성례들에게 전달하지 않는다고 반드시 주장해야만 한다. 성례들은 은혜의 **방편들**로 머물러 있다.

　　　　　　　　　　　　　　　　　개혁교회 교의학

우리는 첫 번째 견해에 맞서, 특히 성례들에 대한 표현들(*phraseologia sacramentalis*)을 지적하고자 한다. 예들 들면 다음과 같은 성경 구절을 보라. "주의 이름을 불러 세례를 받고 너의 죄를 씻으라"(행 22:16). 또한 "우리가 축복하는 바 축복의 잔은 그리스도의 피에 참여함이 아니며 우리가 떼는 떡은 그리스도의 몸에 참여함이 아니냐?"(고전 10:16).

그리스도는 성례들을 맨 처음으로 시작할 때 표지와 그 표지가 의미하는 것의 연관성을 확정했다. 그는 성찬의 떡과 포도주와 관련해서 "이것은 내 몸이다. 이것은 나의 피이다"라고 말한다. 이와 같이 신자들에게 표지와 그것이 가리키는 것은 서로 밀접하게 연결되어 있다. 우리는 "결합"이라는 용어로 이것을 나타낸다. 이것은 성례적인 방법으로 말하는 것을 설명해 준다.

두 번째 견해의 지지자들은 디도서 3:5과 갈라디아서 3:27 같은 성경 구절들에 호소하면서 자신들이 매우 강력한 입장에 있다고 생각한다. 우리는 이와 관련해서 세례가 진정으로 "중생의 씻음"(딛 3:5)으로 언급될 수 있음을 밝힌다. 하지만 이 거듭남과 새롭게 됨은 반드시 성령의 역사로 돌려져야 한다. 성경의 가르침에 의하면, 우리는 세례에 의해서 구원받은 것이 아니라 그리스도 예수를 믿음으로 구원받았다. 갈라디아서 3:27도 세례를 믿음으로 받아들이는 것을 전제한다. 우리는 이와 관련해서 칼뱅이 심사숙고해서 다음과 같이 진술한 것을 인용하고자 한다. "그러므로 나는 성령과 성례들을 다음과 같이 구분하고자 한다. 곧 성례의 능력은 오로지 성령에게 있고, 그 사역을 제공하는 도움은 성례에게 있다. 따라서 성령의 역사가 없으면 성례의 사역 그 자체는 공허하고 가치 없는 것이다. 반면에 성령이 내적으로 역사해서 그의 능력을 드러낼 때, 성례의 사역은 놀라운 효과로 가득하게 된다"(「기독교강요」 4.14.9).

여기서 루터의 견해에 대해 언급할 필요가 있을 것이다. 종교개혁을 위해서 애쓰던 초기의 견해에는 하나님의 약속과 믿음 사이의 직접적인 연관성이 두드러지게 나타났다. 루터는 성례와 믿음의 연관성을 지적한 것과 마찬가지로 성례와 약속의 연관성도 지적했다. 약속과 믿음과는 상관없이, 성례들이 효과적으로 기능하는 것을 추구하는 것은 헛된 노력이고 또한 저주로 이끄는 것이다.

하지만 우리는 루터 및 그와 밀접하게 관련된 교회에서 또 다른 관점을 발견할 수 있다. 루터는 신령주의자들(Schwärmer)과 츠빙글리와 논쟁하는 과정에서 성례들을 하늘의 은사들을 지니고 있는 것들로 이해했다. 성례들은 그 자체로서 증거하는 것과 더불어 하늘의 은사들을 가져온다. 그래서 세례의 물은 통상적인 물이 아니고 하나님의 아들의 순전한 피며 성령의 순전한 불이다. 또한 성찬의 떡은 그리스도의 몸으로서 신성(the Godhead)이 충만하다.

우리는 성례들에 대한 루터파의 입장을 한마디 말로 특징지을 수 없다. 한편, 그들에게 성례들은 믿음이 초점을 맞추고 있는 표지들이며 인장들이다. 그러나 다른 한편, 성례들은 은혜의 통로들이다. 이와 같은 관점은 서로 조화되지 않는 것처럼 보인다.

따라서 성례들의 특성 및 효능과 관련해서 교회들 사이에는 교리적인 중요한 차이점들이 있다.

개혁파 교회의 관점에 의하면, 성례들의 효능은 성례를 실행하는 행위 그 자체에 기초하지 않고, 성례들을 은혜의 방편들로 사용하는 성령에 기초한다. 성령은 세례와 성찬 그 자체에 매여 있지 않고, 그것들을 축복한다.

성례들의 효능이 성령의 역사에 빚을 지고 있다면, 그것은 우리가 성령이 행하는 것을 기다리고 알 필요가 있음을 의미하는 것이 아니라 우리가 믿음 안에서 성령에게서 모든 것을 기대하는 것을 의미한다. 교회는 하나님이 그분의 은혜 안에서 세례를 받는 이들을 돌보시며, 성령을 통해서 그들을 그리스도에게 결합시켜주시도록 기도한다. 믿음에 기초한 이와 같은 기대는 전통적인 성찬예식서에 다음과 같이 표현되어 있다. "그리스도를 기념하면서 거룩한 떡과 음료를 받을 때, 우리는 성령의 역사를 통해서 그의 몸과 피로 양육되고 또한 우리의 영혼이 새롭게 될 것을 의심하지 않습니다.”

3. 결론적으로 개혁파 신학은 다음과 같이 주장한다. 곧 성례들은 그 대상들을 가리켜주는 표지들이고, 그것들을 인증해주며, 성례들에는 은혜로 주어지는 것이 수반된다. 「하이델베르크 교리문답」의 제73 및 79 답변은 표지와 인증으로서 세례와 성찬에 대해 명확하게 묘사해준다. 성례를 통해서 실질적으로 은사가 제공되므로, 세례와 성찬은 일종의 전시적인 특성을 지니고 있다. 우리의 믿음이 아니라 그리스도가 성례를 제정했다는 사실이 세례와 성찬을 성례들로 만든다. 비록 불신자들이 성례에 참여한다고 하더라도 그들은 주님이 성례에서 제공하는 것을 받지 못하지만, 그럼에도 세례와 성찬 그 자체는 참되고 완전한 성례들로 머물러 있다. 하나님이 그분의 말씀을 통해서 말씀하실 때와 마찬가지로, 세례와 성찬을 통해서 말씀하실 때에도 하나님은 참되시며 신실하신 분이다. **우리는 이것을 성례들의 온전성 또는 완전성이라고 말한다.**

「벨기에 신앙고백서」 제35조의 언급은 이것에 관한 훌륭한 하나의 예다. 곧 어떤 경우에 불경건한 자들도 성례에 참여하지만, 그들의 참여는 그들을 저주로 이끈다. 그들은 성례의 진리를 받지 못한다. 이것은 성례가 이 경우에도 전시적인 특성을 지니고 있다는 것을 말해준다. 곧 그 성례는 참되고 완전한 것으로서 결코 모조품이 아니다. 하지만 그것은 불경건한 자들에게 아무런 축복도 가져오지 않는다. 왜냐하면 그들은 그리스도를 받지 못하기 때문이다. 그리스도는 그의 성령과 분리될 수 없다. 또한 우리는 오직 믿음으로 그리스도를 받을 수 있다. 우리의 신앙고백서와 관련한 프랑스어 본문은 서로 다른 두 동사가 사용되었는데, 이것은 결코 우연이 아니다. 곧 **그는…취하기는 하지만, 그는 받지 못한다**(il prend…il ne reçoit pas).

이와 같이 주님은 세례와 성찬에서 그가 우리에게 무엇을 주는지 말씀하신다(참조. 「하이델베르크 교리문답」 제25주일).

성례들이 성령을 기쁘시게 할 때, 성령은 성례들을 통해서 일한다. 성례들의 효능은 그것들의 집행 그 자체와 일치하지 않는다. 성례들의 교의와 관련해서 중요한 『취리히 합의서』(*Consensus Tigurinus*, 1549)는 다음과 같이 말한다. "세례의 유익은 삶의 전체 과정에 적용된다. 왜냐하면 그 안에 포함되어 있는 약속은 계속해서 효력을 지니고 있기 때문이다. 우리의 무관심과 이해력의 부족으로 말미암아, 우리가 성찬에 참여하는 것이 초기에는 유익이 별로 없을 수도 있지만 나중에 그것은 많은 열매를 맺는다"(제20조).

로마 가톨릭교회의 교의에 의하면, 성례들은 그것 자체들과 더불어 성례적인 은혜를 가져다준다. 일곱 성사 각각은 어떤 특별한 은혜를 가리켜준다. 어떤 성사들은 맨 처음으로 은혜를 제공하거나 또는 은혜를 회복시켜준다(세례성사, 고해성사). 또한 어떤 성사들은 이미 받은 은혜를 증가시킨다.

카이퍼도 성례적인 은혜에 대해서 말한다. 그의 견해에 의하면, 세례 안에는 다른 것과 별도로 어떤 특별한 종류의 은혜의 역사가 있다. 그 은혜는 다른 어떤 것과도 동일시될 수 없다. 이와 같은 카이퍼의 견해는 다양한 진영에 속해 있는 신학자들로부터 제대로 거부당했다. 우리는 말씀에 의해서는 전달되지않고 단지 성례에 의해서만 전달되는 은혜는 단 한 가지도 없다는 바빙크의 주장에 동의할 수 있다(Bavinck, *R.D.*, 4:521).

§ 52. 세례

52.1. 세례의 제정
52.2. 표지와 인증으로서의 세례
52.3. 세례의 역할과 효과
52.4. 개혁파 공동체 안에서의 서로 다른 견해들
52.5. 유아세례
52.6. 세례와 신앙고백

52.1. 세례의 제정

세례가 단지 인간이나 교회가 만든 제도라면, 그것은 오직 종교적인 개념들을 나타내는 것이거나 일종의 존중할 만한 전통으로서만 중요성을 지니고 있을 것이다. 우리는 이와 같은 평가를 반대하는 이들에 대해서 변호할 생각이 전혀 없다. 세례는 **하나님이 제정하신 것이다.** 성례와 관련해서 세례로부터 논의를 시작하는 것은 성경의 가르침과 일치하는 것이다. 또한 개혁파 교회와 신학은 전형적으로 그와 같이 한다(참조. 「벨기에 신앙고백서」 제34조).

초기 교회의 세례는 종종 구약시대의 이스라엘의 종교적인 정결 의식들 및 고대의 다른 나라들의 정결 의식들과 비교되었다. 기독교의 세례는 **이스라엘의 정결 의식들**뿐만 아니라 **개종자 세례**와도 어떤 연관성이 있다. 개종자 세례는 기원후 1세기에 이미 실행되고 있었을 가능성이 매우 높다. 개종자 세례는 유대교로 개종한 이방인들이 유대교의 공동체 안으로 받아들여지는 것을 공식적으로 인정하던 종교 의식이었다. 이들에게 그 세례는 중대한 전환을 의미했다. 그것은 종종 새로운 시작과 새로운 출생으로 언급되었다.

기독교의 세례는 세례 요한의 세례와 직접적으로 연결되어 있다. 요한은 자기 자신이 주도권을 갖고 세례를 베풀기 시작한 것이 아니었다. 오히려 하나님이 그에게 물로 세례를 베풀라고 지시하신 것이었다(참조. 요 1:33). 세례 요한의 세례와 기독교의 세례 사이에는 사실상 차이점이 있다. 우리는 이 두 가지를 서로 대립시키거나 동일시할 수 없다. 세례 요한의 세례는 "죄 사함을 받게 하는 회개의 세례"였다

(눅 3:3). 그의 설교와 마찬가지로, 그의 세례는 그리스도를 가리키는 역할을 했다. 요한의 세례는 다가오고 있는 하나님 나라에 대해 말하고, 주 예수 그리스도가 제정한 세례는 이미 온 하나님 나라에 대해서 말한다. 요한의 세례의 경우에 이방 나라들은 오직 멀리서만 보인다. 반면에 기독교의 세례는 대단히 광범위한 지평선을 펼쳐 보인다. 그 세례는 모든 민족과 나라들을 포함한다(마 28:19).

신약성경의 세례에 선행하는 것은 구약성경의 **할례**다. 할례는 하나님이 그분의 백성 이스라엘과 언약을 맺으셨다는 것에 대한 표지와 인증이다(창 17장). 이스라엘은 중요한 것이 할례라는 외적인 표지 그 자체가 아니라 내면의 새롭게 됨과 믿음이라는 것을 아주 조금 밖에 이해하지 못했다. 그래서 하나님은 모세를 통해서 이렇게 말씀하신다. "네 하나님 여호와께서 네 마음과 네 자손의 마음에 할례를 베푸사 너로 마음을 다하며 뜻을 다하여 네 하나님 여호와를 사랑하게 하사 너로 생명을 얻게 하실 것이며"(신 30:6). 이와 비슷하게 바울도 마음의 할례에 대해서 말하고(롬 2:29), 믿음으로 얻은 의로움을 인증하는 것으로서 할례에 대해 말한다(롬 4:11).

할례와 세례의 연관성과 관련해서 특히 중요한 성경 본문은 골로새서 2:11-12다. 이 본문은 "그리스도의 할례"에 대해, 곧 그리스도와 관련된 할례에 대해 말한다. 이것은 "너희가 세례로 그리스도와 함께 장사되고"(골 2:12)라는 바울의 말을 통해서 명백하게 드러난다. 신자들은 자신들을 위해 죽은 그리스도와의 친밀한 사귐 안에서 구원을 받았다. 할례는 그것을 가리켜주는 첫 번째 표지이자 인증이었다. 우리는 이것으로부터 다음과 같이 추론할 수 있다. 곧 그리스도 안에서 할례가 성취되는 것은 세례가 할례의 성취라는 것을 암시해준다. 이것은 할례 대신에 우리에게 세례가 주어졌다는 것을 의미한다. 할례가 세례 안에서 성취되었기 때문에, 할례는 그리스도로 말미암는 새로운 은혜의 시대에 폐기되었다. 이스라엘 백성에게 할례는 그들이 하나님이 제정하신 언약에 속한다는 것에 대한 표지이자 인증이었다. 우리에게 그와 같은 역할을 하는 것은 바로 세례다(참조. J. P. Versteeg, "Baptism according to the New Testament" in 『세례대 주위에서』[*Rondom de doopvont*], 1983, 15-34, 105-112).

세례의 제정과 관련해서 우리의 신앙고백서는 우리에게 마태복음 28:19을 언급한다. 어떤 이들에 의하면, 그리스도의 이 명령은 더 이상 실행될 수 없다. 베르크호프는 이 구절을 이후 시대의 사색의 산물로 여기고, 심지어 그것을 예수의 말이라고 주장하면서 지어낸 것이라고 생각한다(Berkhof, *C.F.*, 357). 이것은 성경비평의 극단적인 형태 중 하나다. 어떤 이들은 삼위일체에 기초한 신앙고백이 상당히 후대에 생겨난 것이라고 생각하기 때문에, 마태복음 28:19의 진정성에 대해 의문을 품는다. (이와 관련해서 § 12.1을 보라). 마태복음 28장 외에 『디다케』(7.1)도 세례가 아버지와 아들과 성령의 이름으로 베풀어져야 한다고 규정한다. 만약 신학자들 사이에서 논의의 대상이 되고 있는 해당 본문이 진정성이 없다면, 교회가 이 세례 형식을 채택한 것에 대해서 어떻게 설명할 수 있겠는가?[23]

마태복음 28:19은 어떤 특별한 맥락에서 발견된다. 부활한 다음 그리스도는 사도들과 그의 교회에게 모든 민족을 제자로 삼으라고 지시한다. 세례를 베푸는 것에 복음을 선포하고 가르치는 것이 수반되어야 한다. 이른바 대위임령(the Great Commission)은 동시에 세례를 베풀라는 명령이다.

"아버지와 아들과 성령의 이름으로"라는 표현에 관하여 많은 논문이 저술되었다. 여기서 "~의 이름으로"를 "~ 대신에"로 바꾼다면, 그것은 그릇된 것이다. "이름으로"는 그리스 원문에서는 문자적으로 "이름 안으로"를 뜻한다. 이것은 전문적인 용어로서 때때로 상거래에서 값을 지불하는 것과 연결되어 있다. 따라서 그 개념은 그 이름이 적혀 있는 소유자에게 계산해야 할 책임이 있음을 가리킨다(*TDNT*, 1:539). 또한 "이름으로"는 유대교의 랍비들 사이에서 통용되던 하나의 표현이다(참조. *TDNT*, 5:275-276). 이 해석이 더 많은 지지를 얻고 있다. 그렇다면 마태복음 28장에

---

23 참조. Ch. de Beus, 『초기 기독교의 세례와 그것의 전례들』(*De oud-christelijke doop en zijn voorgeschiedenis*), 1945, 1:155.

서 "이름으로"는 아버지와 아들과 성령과의 관계를 고려한 것이라고 해석될 수 있다. 우리는 바빙크의 다음과 같은 묘사에 만족한다(Bavinck, *R.D.* 4:480). 곧 세례를 받은 사람은 자기 자신을 아버지와 아들과 성령으로 계시해주신 하나님과 관계를 맺고 그분과 친밀한 교제를 나누며, 그는 이 기초 위에서 이제 그 이름을 고백하고 영화롭게 해야 할 의무가 있다.

우리는 세례 예식서가 하나님과의 관계의 중요성에 대해 다음과 같이 말하는 것을 특별히 기억하고자 한다. 곧 "하나님 아버지는 그분이 우리와 영원한 은혜언약을 맺으셨다고 우리에게 증언해주시고 인증해주십니다. 하나님의 아들은 자신이 우리의 모든 죄로부터 그의 피로 우리를 깨끗이 씻어주신다고 우리에게 인증해주십니다. 성령님은 자신이 우리 안에 거주하실 것이고 우리를 거룩하게 하셔서 우리를 그리스도의 지체들이 되게 하신다고 인증해주십니다. 또한 성령님은 우리가 그리스도 안에서 갖는 것을 우리에게 나누어주십니다."

비록 마태복음 28:19이 세례예식에서 사용되려는 목적으로 언급된 것은 아니지만, 해당 구절은 매우 신속하게 세례예식에서 사용되는 문구(baptismal formula)가 되었다. 우리는 사도적 교회 안에서 그리스도의 이름으로 세례를 받으라는 말도 듣는다.

교회는 세례의 삼위일체적인 표현 양식을 합당한 세례를 위한 필수적인 것으로 간주한다. 거의 대부분의 교회가 이것을 명백하게 밝힌다. 또한 거기에는 그럴 만한 충분한 근거가 있다. 우리는 모더니즘의 등장과 더불어 네덜란드에서 이상한 움직임이 전개된 것을 상기하고자 한다. 성례의 집행에서 어떤 특정 표현을 의무적으로 사용하는 것은 개신교의 기본 원리들 및 양심의 자유와 대립되는 것으로 밝혀졌다. 세례가 어떤 공식적인 표현 양식에 의존하게 하는 것은 로마 가톨릭적인 것처럼 보이게 한다. 이른바 세례는 믿음과 사랑과 소망의 이름으로 베풀어져야 한다. 또한 세례는 아버지의 이름이나 하나님의 이름으로 거행되어야 한다. 어떤 목회자는 다음과 같은 말로 세례를 베풀었다. 곧 "당신이 하나님의 자녀와 예수의 제자가 되기를 바라고 기도하며, 나는 당신에게 세례를 베풉니다. 아멘." 또한 전통적인 세례 예식서를 전혀 사용하지 않은 채 세례가 베풀어지기도 했다(Lekkerkerker, 1963, 102-107을 보라).

세례의 표현 양식과 제정에 대한 싸움은 진정으로 기독교 신앙의 본질에 대한 싸움이다. 그것은 모든 시대의 교회의 신앙고백과 관련된 것이다.

그리스도가 세례를 제정했다고 이해하는 이들은 세례를 필수적인 것으로 부른다. 이것은 세례가 구원을 위한 하나의 전제 조건이라는 것을 암시하지 않는다. 하지만 로마 가톨릭교회는 그와 같이 가르치면서 비정상적인 상황에서 베푸는 세례 관행에 대해서도 말한다. 우리는 그것을 거부한다.

우리에게 세례는 "하나님이 명령하신 거룩한 예식"이다(세례 예식서). 우리는 그리스도가 그의 교회를 위해 세례를 베풀라고 지시한 것에 불순종해서는 안 된다. 그러므로 개혁파 교회들의 신앙고백서는 거룩한 세례를 소홀히 하는 것을 엄숙하게 경고한다.

52.2. 표지와 인증으로서의 세례

세례예식에서의 표현 양식뿐만 아니라 눈에 보이는 측면도 이 성례의 본질에 속한다. 세례예식에서 물은 단순히 눈에 보이는 물에 머물러 있지 않고, 세례를 받는 이들은 물속에 들어갔다 나오거나 그에게 물이 뿌려진다.

가장 오래된 세례 형식은 물속으로 완전히 잠겼다가 올라오는 것이었다. 또한 이것은 세례의 집행에서 가장 두드러진 형식이다. 이것은 오늘날 우리의 세례예식에서 무언가 본질적인 것을 잃어버렸다고 말하는 것이 아니다. 초기 교회에서도 병자들에게 세례를 베풀거나 또는 이용할 수 있는 물이 충분하지 않은 경우 물속에 잠기는 예식(침례)이 실행되지 않았다. 『디다케』에서는 다음과 같이 언급된다. "만약 흐르는 물을 사용할 수 없다면, 다른 물을 사용하라. 만약 냉수를 사용할 수 없다면, 미지근한 물을 사용하라. 만약 물속으로 잠길 수 있을 만큼 충분한 물이 없다면, 세례를 받는 이의 머리 위에 아버지와 아들과 성령의 이름으로 물을 세 번 부어라"(7.1).

마치 침례만이 성경의 가르침에 부합되는 유일한 세례 형식인 것처럼, 재세례파나 침례교, 또는 기독교의 다른 어떤 그룹들이 침례를 유일무이하게 합당한 관습으로 삼는 것은 옳지 않은 것이다. 우리는 이 입장에 맞서서 반드시 침례를 베풀어야 한다는 명백한 지시가 성경에 없다는 점을 주장하고자 한다. 덧붙여 말하자면, 세례 받는 이의 머리 위에 약간의 물을 뿌리는 방법뿐만 아니라 세례 받는 이의 머리 위에 물을 부은 다음 그것이 흘러내리게 하는 방법도 충분히 지지받을 수 있다.

세례는 그리스도로 말미암아 영적으로 정결하게 된다는 것에 대한 표지이자 인증이다. 그리스도는 세례 받는 이의 죄뿐만 아니라 그것의 자국도 정결하게 해준다. 그리스도는 "그가 그의 피로 우리의 모든 죄로부터 우리를 깨끗하게 씻어주고, 그의 죽음과 부활의 교제에 우리를 동참시켜준다고 보증해준다"(세례 예식서). 그리스도와 연합하는 이들은 그리스도의 온갖 보화와 은사에 동참한다. 이것은 세례 예식서에서 "우리의 모든 죄가 깨끗이 씻기고 또한 우리의 삶이 날마다 새롭게 된다"는 표현에 요약되어 있다. 이 말은 신약성경의 가르침과 조화된다. 바울은 다음과 같이 말한다. 곧 "[너희는] 주 예수 그리스도의 이름과 우리 하나님의 성령 안에서 씻음과 거룩함과 의롭다 하심을 받았느니라"(고전 6:11).

세례는 세례를 받는 이가 그리스도와 연합된다는 것을 말하기 때문에, 또한 그것은 그가 그리스도의 교회와 연합될 뿐만 아니라(행 2:41; 고전 12:13을 보라) 이 세상으로부터 구별된다는 것을 말해준다.

세례의 또 다른 측면은 세례 받는 이에게 새로운 순종의 의무가 주어진다는 것이다. 세례 예식서는 이와 관련해서 다음과 같이 말한다. "우리는 새로운 순종을 하라는 권면을 받았고 그 의무도 지니고 있다. 우리는 한 분이신 하나님, 곧 아버지와 아들과 성령에게 꼭 붙어 있어야 한다." 다시 말해 우리는 하나님께 꼭 붙어 있고 그분을 신뢰하고 사랑해야 한다. "하나님은 세례 안에서 예수 그리스도가 성취한 사역에 근거하여 우리를 그분의 권위 아래 위치하게 하신다. 예수가 명령한 모든 것을 배워서 지킨다는 것은 그의 명령들을 받아들이고 그것들을 실행하는 것이다"(J. P. Versteeg in 『세례대 주위에서』(*Rondom de doopvont*], 1983, 39). 하나님과의 교제는 그리스도의 명령들을 지키는 것으로 반드시 이어져야 한다. 세례와 언약—세례는 언약에 대한 표지이자 인증임—은 우리에게 이 의무를 부여한다. 따라서 「벨기에 신앙고백서」는 세례를 하나님의 "표시와 문장"(mark and ensign)이라고 부른다.

종교개혁의 전통에 서 있는 교회들은 세례가 그리스도 안에서의 구원에 대한 표지이자 인장이라는 것에 대해 분명하게 찬성한다. 하지만 어떤 신학자들은 세례의 성례적인 특성에 이의를 제기한다. 그들 중 가장 널리 알려진 신학자는 칼 바르트다. 그는 세례에 대한 간략한 연구서에서 불완전한 세례라고 주장하면서 유아세례를 거부한다. 왜냐하면 유아세례 대상자는 스스로 자유롭게 결정하고 행동하는 것을 통해 예수 그리스도의 파트너로서 그 예식에 동참하지 못하기 때문이다(Barth, 1943). 그 당시에 바르트는 여전히 세례를 하나의 성례로 간주했지만, 훗날 1967년에 간행된 자신의 더 광범위한 연구서에서는 세례를 더 이상 성례로 여기지 않았다. 그는 이 시점에 성령 세례를 전적으로 하나님의 행위로 언급했고, 반면에 물 세례는 전적으로 인간의 행위로 언급했다(Barth, *C.D.*, 4.4.51; 참조. Van Binsbergen, 1982, 92).

바르트는 자신의 이와 같은 입장이 교회의 전통에 어긋난다는 것을 잘 알고 있었다. 세례에 대한 교의의 주요 논점은 결국 하나님이 어떤 일을 하시는가에 초점이 맞추어져 있다. 반면에 바르트의 견해에 의하면, 중요한 것은 하나님의 은혜 사역과 하나님의 은혜의 말씀에 인간이 어떻게 반응하고, 그리스도를 따라가는가에 놓여 있다(Barth, *C.D.*, 4.4.102).

바르트의 신학은 광범위한 영향을 미쳤다. 하지만 세례에 대한 그의 견해가 모든 곳에서 지지를 받은 것은 결코 아니다.

사실상 우리의 세례는 동시에 우리의 신앙고백이다. 어떤 성인 신자가 세례를 받을 때, 그는 자기의 신앙을 반드시 고백해야 한다. 그는 공개적으로 또한 공적으로 자신이 교회의 신앙에 동의한다고 증언한다. 유아세례의 경우에서도 세례와 신앙은 서로 밀접한 관계에 있다는 점을 지적할 필요가 있다.

하지만 신약성경 전체의 가르침에 의하면, 분명히 세례 안에서 인간의 행위가 중심적인 것은 아니다. 우리는 우리 자신에게 스스로 세례를 베풀지 않는다. 반면에 우리는 세례를 받는다. 그런데 칼 바르트는 세례를 하나의 윤리적인 사건으로 이해한다. 비록 세례가 윤리적인 함의들을 지니고 있지만, 성경은 세례에 대해서 바르트가 이해하는 것처럼 가르치지 않는다.

한편 물 세례를 성령 세례와 서로 구분하는 것도 성경의 가르침과 일치하지 않는다. 그러나 칼 바르트와 —바르트의 경우와 다른 방법으로—오순절 그룹은 물 세례와 성령 세례를 구분하는데, 어떻게 그와 같은 구분을 주장할 수 있겠는가? 마태복음 28:19에 의하면, 물 세례는 성령의 이름으로도 베풀어지기 때문이다. 세례는 바로 성령의 영향권 안에 있는 세례다.

52.3. 세례의 역할과 효과

세례의 함의 또는 세례의 유익한 효과와 관련해서 한 가지 분명한 질문이 제기된다. 개혁파 교회와 신학의 관점에서 우리는 진정으로 세례가 무엇인가를 가져오거나 또는 암시한다고 말할 수 있을까? 우리는 하나님이 "성령의 능력에 의해" 성례들을 방편으로 우리 안에서 일하신다고 우리의 신앙을 고백한다(「벨기에 신앙고백서」 제33조). 이 구원 사역 안에서, 곧 우리의 구원을 구체적으로 실현하시는 하나님의 일 안에서 사실상 세례는 어떤 역할을 한다. 과연 그 역할이 무엇인가라는 질문과 관련해서 로마 가톨릭, 루터파, 성공회와 개혁파 교회들—다른 교회들이나 그룹들은 물론이거니와—사이에는 분명히 다양한 견해 차이가 있다.

로마 가톨릭교회는 세례(세례성사)를 구원의 원인, 의롭게 됨의 도구적 원인으로 간주한다. 이 의롭게 됨은 죄 사함뿐만 아니라 성화 및 내면의 새로워짐도 포함한다. 세례는 원죄뿐만 아니라 의식적으로 범한 모든 죄도 사해준다. 세례를 받은 사람에게도 탐심은 여전히 남아 있다. 하지만 그 단어 자체가 지니고 있는 고유한 의미에서 판단할 때, 탐심은 죄가 아니다. 세례를 통해서 거룩하게 하는 은혜와 믿음, 소망, 사랑의 초자연적인 덕이 주어진다. 중대한 범죄로 말미암아, 하나님의 은혜를 잃어버릴 때마다, 그것은 고해성사를 통해서 회복된다(*D. S.*, 1515, 1529 이하, 1542 이하).

종교개혁의 입장은 로마 가톨릭교회가 이와 같이 성사들을 은혜의 원인으로 결정하고 하나님이 그리스도로 말미암아 그분의 말씀 안에서 우리에게 약속하시는 은혜를 믿는 것에 초점을 맞추지 않는 것을 반대했다. 그뿐만 아니라 로마 가톨릭교회의 다양한 의식들은 신자들이 성례가 집행될 때 초점을 맞추어야 하는 중요한 것에 관심을 기울이지 못하게 한다.

비록 로마 가톨릭교회 안에서 많은 것이 유동적이지만, 성사들에 대한 교의는 바뀌지 않았다. 한편 『새 교리문답』(네덜란드, 1966)은 세례가 모든 죄를 씻어준다고 말한다. 그래서 "[세례를 받은] 이는 순결하게 되어 새롭게 출발한다"(288).

루터의 사상에서 마땅히 기대되었듯이, 루터는 세례에 대한 교의에서 **하나님의 약속과 믿음의 필요성이 지니고 있는 중요성**을 강조했다. 그는 1519년에 행한 설교에서 세례를 믿음의 홍수라고 말했다. 그는 신자가 죄와의 싸움에서 기꺼이 세례에 의존할 수 있다고 말하면서 다음과 같이 주장한다. "나는 단 한 가지의 순수한 행위도 나 자신의 것으로 주장할 수 없다는 것을 알고 있다. 하지만 내가 세례를 받고 나면, 거짓말을 하실 수 없는 하나님은 그것을 통해서 내 모든 죄를 나의 것으로 돌리지 않으신다. 반면에 하나님은 내 모든 죄를 억제하시고 없애버리신다"(참조. Bayer, 1971, 254-259).

루터는 성례로서의 세례를 멸시하는 이들—이들은 세례를 무엇인가 외적인 것으로 간주했다—과 논쟁하면서 다른 생각들을 갖게 되었다. 루터의 견해에 의하면, 세례의 물은 외적인 것이 아니라 오히려 신적인 것이다! 그 물은 "신성하고, 복되며, 열매를 맺게 하는 물이고, 은혜로 충만했다." 또한 그 물은 죄와 죽음과 모든 비참함을 없애주며, 세례를 받은 이가 하나님 나라와 영원한 생명에 이르도록 도와준다. 하지만 그 물 자체가 이것을 성취하는 것이 아니라 물과 연결되어 있는 하나님의 말씀이 그것을 성취한다(참조. *BSLK*, 693-697). 루터는 세례에 관한 자신의 널리 알려진 소책자에서 다음과 같이 말한다. 곧 "하나님은 물과 성령을 통해서 당신을 다시 태어나게 하셨으며, 또한 당신의 모든 죄를 용서해주셨다"(*BSLK*, 541). 우리는 이 문구를 루터파의 많은 세례 예식서에서 확인할 수 있다.

성공회(Anglican Church)에서도 거듭남과 죄 사함이 세례로부터 말미암는다고 가르친다. 그리고 교회 일치를 추구하는 운동의 문서들도 이 점을 다르게 표현하지 않는다. 『세례, 성찬 및 목회 사역』(1982)에서 세례는 세례를 받은 이들을 성령과의 교제에 참여하게 한다고 언급된다. 세례를 받은 이들은 더 이상 죄의 종들이 아닌 죄로부터 자유롭게 된 이들이다.

종종 세례는, 이를테면 구원을 가져온다는 의미에서 **효능을 지니고 있다고 단호하게** 가르쳐졌다. 이 주장과 관련해서 과연 성경이 그와 같이 말하는가라는 질문이 제기된다.

세례와 관련해서 믿음이 언급되지 않는 성경 구절들도 있다. 그렇다면 바울은 디도서 3:5에서 거듭남이 세례를 통해서 온다는 의미로 말하는가? 그래서 그는 세례를 "중생의 씻음"이라고 말하는 것인가? 결코 그렇지 않다.

사실상 믿음을 언급하기는 하지만, 세례를 언급하지 않는 구절들도 있다(롬 5:1; 엡 2:8; 또한 유사한 성경 본문들). 과연 바울은 어떤 본문에서는 구원을 세례에 돌리고, 다른 본문에서는 구원을 믿음과 연결시키는가? 우리는 세례를 통해서 구원받는가, 아니면 믿음으로 구원받는가?

이 질문은 그것에 대한 답변을 넌지시 알려준다. (갈 3:26-27 및 골 2:12과 같이) 믿음과 세례를 동시에 언급하는 성경 본문들은 세례 의식에서 언급되듯이 그리스도로 옷 입고 또한 그리스도와 함께 일으킴을 받는 것은 믿음이 없이 일어나지 않는다고 암시해준다. 또한 물로 씻음을 받아서 깨끗하게 되는 것도 말씀이 없으면 일어나지 않는다(엡 5:26).

그렇다면 로마서 6:3-4은 어떠한가? 바울은 "그러므로 우리가 그의 죽으심과 합하여 세례를 받음으로 그와 함께 장사되었나니"(롬 6:4)라고 말한다. 여기서 바울은 특히 믿음을 구체적으로 언급하지 않는다. 신자들은 그리스도가 죽은 자들 가운데서 살아난 것처럼 그들도 새 생명을 얻어 살아나기 위해 세례를 받음으로써 그리스도의 죽으심과 합하여 그와 함께 장사되었다는 사실을 이해했다(롬 6:4).

우리는 칼뱅의 저서들[24]과 개혁파 신앙고백서의 진술들에서 **개혁파 교회의 관점**을 매우 분명하게 만날 수 있다. 세례 자체가 죄를 없애주는 것은 아니다. 중요한 것은 주님이 우리에게 무엇을 제시하고 제공하는가다. 그것은 바로 죄 사함과 새롭게 됨이다. 핵심적으로 중요한 것은 우리가 바로 믿음으로 그리스도가 우리에게 제공하는 것을 받는다는 것이다. 이와 같은 방법으로 대상 그 자체(*res*)는 그 표지(*signum*)와 직접적으로 연결되어 있다. 세례 예식서가 구원의 풍성함에 대해서 매우 명확하게 말할 수 있는 것이 바로 이 이유다.

칼뱅은 다음과 같이 말한다. "우리는 [성례의] 표지를 통해서 우리에게 말씀하시는 이가 바로 그리스도이며, 우리의 모든 죄를 깨끗이 씻어주는 이도 바로 그리스도이이며, 또한 우리를 그의 죽음에 동참하게 하는 이도 바로 그리스도라는 사실을 마땅히 확신해야 한다." 그리고 "그와 같은 은혜들이 성례 안에 매여 있고 갇혀 있어서, 성례 자체의 능력에 의해 그 은혜들이 우리에게 주어지는 것이 아니라, 오로지 주님이 성례의 보증을 통해서 우리를 향한 그의 뜻을 입증해주기 때문이다. 다시 말해서 그리스도는 우리에게 이 모든 것을 아낌없이 베풀어주기를 기뻐하신다"(『기독교강

24　참조. W. F. Danke, 『성례들에 대한 칼뱅의 가르침』(*De sacramentsleer van Calvijn*), 1941; J. van Genderen, "칼뱅의 세례론"(De doop bij Calvijn), in 『세례대 주위에서』(*Rondon de doopvont*), 1983, 263-295.

요』4.15.14).

그리스도의 피로 우리의 모든 죄가 깨끗이 씻어지고, 또한 성령으로 말미암아 우리가 새롭게 되며 거룩하게 되는 것 등 그리스도가 이와 같은 모든 은혜를 우리에게 준다는 사실은 「하이델베르크 교리문답」(제26주일)에서 핵심적으로 묘사되어 있다. 세례를 제정할 때, 그리스도는 세례의 물로 씻음을 받는 것처럼 우리가 그리스도의 피와 성령으로 확실하게 씻음을 받는다고 약속했다.

우리는 바로 앞서 언급한 이유에 근거해서 그리스도가 이것을 원하고 행한다는 것을 굳게 믿어야 한다. 세례는 이와 같은 방법으로 우리를 그리스도와 연결시키기 때문에, 그것은 우리의 믿음을 더욱 굳세게 해준다. 또한 세례는 우리를 직접적으로 하나님께로 이끌어준다(Calvin).[25]

엄밀히 말하자면, 성례들 자체, 곧 세례와 성찬이 믿음을 더욱 굳세게 해주는 것은 아니다. 성령이 세례와 성찬을 방편으로 사용해서 믿음을 더욱 굳세게 해준다. 성령은 복음을 통해 다음 사실에 대해서 우리를 가르치고, 성례들을 통해서 우리에게 더욱 확신을 준다. 곧 우리의 구원 전체는 우리를 위해 십자가 위에서 드린 예수 그리스도의 오직 한 번의 희생제사에 기초한다(「하이델베르크 교리문답」 제35주일).

52.4. 개혁파 공동체 안에서의 서로 다른 견해들

개혁파 공동체는 이미 언약 및 세례와 관련해서 한 세기 이상 동안 논쟁을 벌였다.[26] 아브라함 카이퍼에 의하면, 세례는 인간 안에 있는 어떤 것─거

---

25 *C.O.*, 51, 528.

26 참조. E. Smilde, 『언약과 세례에 대한 한 세기 동안의 논쟁』(*Een eeuw van strijd over verbond en doop*), 1946; C. Graafland, "개혁파 공동체 안에서의 논쟁의 핵심으로서의 세례"(De doop als spitzwam in de Gereformeerde gezindte), in 『세례대 주위에서』(*Rondom de doopvont*), 1983, 446-496.

듭남, 믿음의 능력 또는 내적인 은혜—을 인증해준다. 그것은 세례를 받는 이 안에 전제된다. 카이퍼는 이 전제 없이 세례를 베푸는 것을 개혁파의 전통에 부합하는 것으로 간주하지 않는다.

하지만 우리는 세례 자체가 세례를 받는 사람 안에 존재하거나 존재한다고 추측되는 것을 인증해주지 않는다는 사실을 지적해야만 한다. 오히려 언약의 약속이 인증해준다. 언약의 약속을 인증하는 것과 어떤 신자의 진정성을 인정하는 것 사이에는 분명히 차이점이 있다.

네덜란드 개혁파 교회의 총회는 세례에 대한 카이퍼의 견해들을 논박하면서 1905년에 다음과 같이 선언했다. 신자들의 어린아이들이 거듭났다고 추측하는 것에 기초해서 그들에게 세례를 베푸는 것은 유아세례를 정확하게 이해하는 게 아니다. 언약의 자녀들은 하나님의 약속에 기초해 그리스도 안에서 거듭나고 거룩하게 된 것으로 간주되어야만 한다. 언약의 자녀들이 성장하는 동안에 그들의 행위나 대화가 정반대의 것으로 판명될 때까지 말이다. 이것은 모든 자녀가 진정으로 거듭날 것이라고 말하는 것과 같은 게 아니다.[27]

언약 및 세례와 관련된 갈등은 **자유파**(Vrijmaking—자유, 분리)의 교회 분열 사건으로 이어졌다. 그래서 새로운 총회 선언, 곧 대체 신앙고백서(Replacement formula)가 1905년의 선언을 대체하게 되었다. 그 선언서는 1946년부터 1959년까지 효력을 지니고 있었다. 그 선언서는 다음과 같이 주장한다. 교회는 어린아이들이 자신들을 명백하게 불신자들로 드러내지 않는 한, 그들을 성령에 의해서 거듭남의 은혜에 참여한 이들로 반드시 간주하고 대해야만 한다.[28]

하지만 이 선언서는 약속 안에서 구원을 받는 것과 믿음으로 구원에 동참하는 것을 서로 구분하는 것을 흐릿하게 만든다. 이것은 서로 동일한

---

27 *Acta*, article 158. 이것에 대한 비판으로서 다음을 참조하라. R. J. Dam, B. Holwerda, C. Veenhof, "'1905'에 대해서"(Rondom "1905"), 출간 연도 미상.

28 『비상 총회의 의결서』(*Acta van de buitengewone Generale Synode*), 1946, article 197.

한 가지가 아니다. 이미 칼뱅은 무엇인가 제공되는 것과 그것을 받는 것 사이에는 서로 차이점이 있다고 지적했다(『기독교강요』 4.17.33). 하나님의 은혜를 받는 것은 성령의 역사를 건너뛰지 않는다. 성령은 우리가 (하나님의 약속에 근거해서) 그리스도 안에서 받는 것을 우리에게 적용한다. 우리가 약속과 그것의 적용 사이에 서로 차이점이 있다는 점을 고려할 때, 설교와 관련해서도 서로 구별되는 요소가 있다. 비록 하나님의 온갖 은혜에 동참하라는 초청이 제시되지만, 또한 언약 공동체 안에서 경고의 메시지가 들리는 것도 성경의 가르침에 부합한다(참조. 고전 1-11장; 히 4:13).

세례는 종종 하나님께 선택받아서 믿음을 갖게 된 이들에게 주어지는 보증으로 묘사되었다. 곧 그들은 영원한 구원에 동참한다. 이것이 바로 온전한 세례다. 또한 다음과 같은 범위에서, 곧 구원에 대한 조건적인 약속을 확인해주는 한에서 세례를 받을 수 있는 권리가 있다. 이것은 복음의 범위 안에서 살고 있는 모든 이들에게는 구원의 약속이 실현된다는 것이다.[29] 이와 같은 입장은 두 종류의 약속과 두 종류의 세례가 있음을 암시해준다.[30]

1931년의 선언서를 통해서 채택된 『네덜란드와 북미 개혁파 교회들』(*Gereformeerde Gemeenten*)의 언약에 대한 교의는 구원의 약속—이것은 선택받은 이들에게 의도된 것이라고 함—과 교회에게 전반적으로 은혜가 제공되는 것 사이에는 근본적인 차이점이 있다고 암시해준다.[31] 그렇다면 성례는 세례를 받는 모든 이들에게 하나님의 약속을 확증해주는 것이 아니다. 그리고 세례는 하나님의 백성에게 위로를 가져다주는 것으로서 다음과 같은 반박할 수 없는 진리를 인증해준다. 곧 "선택받은 이들은 그리스

---

29 『청원들에 대한 제1위원회의 예비적인 조언』(*Praeadvies van Commissie I inzake de bezwaarschriften*), 1943, 24, 59.

30 이 견해에 대한 비판으로서 다음 연구서들을 보라. J. van Genderen, 『언약과 선택』(*Verbond en verkiezing*), 1983, 25-32; J. Kamphuis, 『영원한 언약』(*Een eeuwig verbond*), 1984, 43-106.

31 이 견해를 비판하는 것으로서 다음 연구서들을 보라. J. van Genderen, 『언약과 선택』(*Verbond en verkiezing*), 1983, 9-16.

개혁교회 교의학

도 안에서 거룩하게 되었고, 하나님의 자녀들 사이에 있다"(Kersten, *R.D.*, 2:516).

우리는 이 견해를 진정으로 반대한다. 모든 이에게 믿음과 회개를 요구하지만—세례 예식서가 우리에게 설명하는—삼위일체 하나님의 약속들을 오직 선택받은 사람들이나 또는 거듭난 사람들에게만 제한하는 것은 옳지 않다. 과연 하나님이 삼위일체 하나님의 이름으로 세례를 받는 이들을 진정으로 선택하셨는지는 알 수 없다. 하지만 그들이 세례 받을 때, 그들의 이름들은 진정으로 언급되었다. 하나님의 언약의 약속들과 그것에 수반되는 요구는 그들에게 개별적으로 제시된다.

우리가 바로 앞서 묘사한 견해는 당연히 실질적인 신앙생활에 영향을 미친다. 두 가지 유형의 약속과 두 가지 유형의 세례는 하나님의 언약과 말씀들이 지니고 있는 확실성을 제거하고, 의심과 불확실성을 불러일으킨다. 그 견해는 각 사람에게 다음과 같은 의문을 품게 한다. 과연 구원의 약속은 진정으로 나를 위한 것인가? 과연 나는 그 약속을 받기 위해서 하나님에게 간구할 수 있는가? 추정에 기초한 거듭남이나 추정에 기초한 선택에 대한 교의는 부주의함과 거짓된 확신으로 이끄는 경향을 지니고 있다. 몇몇의 명백한 예외를 제외한다면, 우리는 세례를 받는 사람마다 약속된 구원에 반드시 동참할 수 있는지를 추정할 수 없다.

52.5. 유아세례

1. 논쟁의 대상이 되고 있는 유아세례. 많은 이들이 신약성경에서 유아세례가 명백하게 언급되지 않는다는 사실에 기초해서 유아세례가 이후의 시대에 나타났다는 결론에 이르렀다. 이 논점은 지속적으로 사람들의 관심을 끌고 있다.

하지만 유아세례가 이후의 시대에 생겨났다는 것을 반대하는 논의들도 있다.[32] 어떤 학자는 기원후 200년경에 소아시아, 갈리아 지방, 로마, 북 아프리카, 이집트와 팔레스타인에서 유아세례를 베푸는 것은 일반적으로 받아들여지던 관습이라고 확인할 수 있었다. 게다가 유아세례가 허락되어야 하는지는 문제로 떠오르지 않았던 것 같다. 만약 교회가 이 전통을 사도들에게서 직접 받지 않고 기원후 2세기경에 그것을 채택하기로 결정했다면, 유아세례에 대한 논쟁이 빚어졌을 가능성도 충분히 있었을 것이다. 특히 동방 교회의 사정에 대해 매우 잘 알고 있던 오리게네스의 증언과 로마의 히폴리투스의 교회법은 유아세례에 대해서 언급한다. 반면에 테르툴리아누스는 유아세례를 반대했다. 그것이 무엇인가 새로운 것이어서 반대한 것은 아니었다. 그는 나중에 성인이 되어서 세례를 받는 것이 더 유익하다고 간주했기 때문이다(Tertullian, *De baptismo*, 18).

그 후에 세례 받는 것을 미루는 것은 관습이 되어버렸다. 그 당시 사람들은 대체로 세례를 받을 때 또는 세례를 통해서 어떤 사람이 지은 모든 죄가 용서받는다고 믿고 있었다. 그래서 사람들은 나중에 나이가 더 들어서 세례를 받는 것이 더 효과적이라고 생각했다. 왜냐하면 그때 더 많은 죄를 용서 받을 수 있기 때문이다! 이것은 심각한 결과들을 빚어냈다. 아우구스티누스는 그 당시 사람들이 종종 말했던 것을 다음과 같이 인용한다. "그가 마음대로 하게 내버려두어라. 아직 그는 세례도 받지 않았는걸"(*Confessiones*, 1:11). 아우구스티누스는 자신의 저서에서 원죄의 결과로 말미암아 세례는 구원을 얻는 데 꼭 필요한 것이라고 강조한다. 하지만 그에게 단지 이것만이 유일한 논거는 아니었다. 또한 그는 사도적인 권위와 할례와 유아세례 사이의 연관성에 대해서도 말했다(참조. De Ru, 1964, 16-18).

유아세례에 대한 반대는 재세례파 가운데서 일어났다. 그들의 견해에 의하면, 어린아이들은 스스로 믿음을 가질 수 없기 때문에 하나님의 거룩한 교회 밖에 있다. 재세례파뿐만 아니라 메노 시몬스(Menno Simons)를 따

---

32 참조. Aland, 1961; Cullmann, 1958²; Jeremias, 1949²; De Ru, 1964.

랐던 메노파도 유아세례를 반대했다. 어떤 사람이 세례를 받을 자격을 갖추려면, 그는 반드시 거듭나야 한다.

침례교도 유아세례를 반대했다. 왜냐하면 그들의 견해에 의하면, 자신의 신앙을 분명하게 고백한 다음에 물속에 잠기는 침례를 받는 것만이 성경의 가르침과 일치하기 때문이다. 한편 유아세례를 거부하는 또 다른 기독교 그룹들은 종종 개인적인 결정이나 영적인 체험들에 우선권을 부여한다. 점차 증대되는 오순절 운동의 영향력은 그 운동과 더불어 과연 유아세례가 옳은 것인지에 대한 의혹을 증폭시켰다. 오순절 그룹들은 특히 세례에 대한 체험에 의도적으로 가치를 부여한다. 물 세례 다음에 성령 세례, 곧 방언 및 예언의 은사와 더불어 성령으로 충만해지는 체험이 뒤따라야 한다. 한편 때때로 원죄를 거부하기 때문에 유아세례를 거부하는 경우들도 있다.[33]

신학자들 사이에서 유아세례에 대한 가장 두드러진 반대자는 바로 칼 바르트다.[34] 유아세례에 대한 그의 비판은 점차적으로 더 강렬해졌다. 처음에 그는 과연 유아세례가 진정으로 정당한 것인가라는 질문에 대해서 교회가 재검토해야 한다고 생각했다. 세례의 명령은 약속된 은혜를 받고자 하는 세례 지원자의 의식적인 열망과 감사의 직분을 받아들이는 의무를 포함한다. 이 명령과 일치하지 않으면서 베풀어진 세례는 그럼에도 타당한 세례다. 바르트는 재세례의 개념을 진전시키는 것을 원하지 않았다(Barth, 1943, 24). 나중에 그는 세례를 하나의 성례로 이해하는 것을 단념했다. 왜냐하면 그는 더 이상 세례 안에서 하나님의 행위를 인식하지 않기 때문이다. 반면에 그는 세례를 인간의 행위, 곧 하나님이 예수 그리스도 안에서 성취한 것에 대한 인간의 반응으로 이해한다. 이 견해는 단순히 유아세례의 타당성을 부인한 것이 아니라, 더 나아가 그것을 매우 의심할 만한

---

33 J. E. van den Brink, 『세례의 의미』(*De betekenis van de doop*), 1966, 129-132.
34 참조. 특히 다음 두 연구서들을 참고하라. G. C. Berkouwer, 1947; A. J. van Binsbergen, 1982.

것으로 만들었다(Barth, *C.D.*, 4.4.194 이하).

2. 유아세례를 지지하는 근거들. 우리의 신앙고백서는 과연 유아세례를 베풀어야 하는가 아니면 그렇지 않은가라는 질문에 대해 결코 모호한 답변을 제시하지 않는다. 「하이델베르크 교리문답」 제20주일 문답은 언약과 하나님의 약속을 언급한다. 유아세례는 진정으로 이 관점과 더불어 서거나 넘어진다.

하나님은 신자들뿐만 아니라 그들의 자녀들과 더불어 언약을 맺으셨다(창 17:7). 그분은 언약의 약속들과 요구 사항들을 표지와 인장으로 확증하셨다. 구약시대에는 그 표지와 인장이 할례였지만, 지금은 바로 세례다. 새로운 은혜 시대에서 언약의 그와 같은 특성은 다음과 같이 지속적인 타당성을 지니고 있다. "이 약속은 너희와 너희 자녀…에게 하신 것이라"(행 2:39). 그리고 해당 구절에서 "모든 먼 데 사람 곧 주 우리 하나님이 얼마든지 부르시는 자들에게"라고 언급된다. 이 추가적인 언급은 언약의 대상을 한정하려는 의도를 지닌 것이 아니라, 언약의 적용 대상 범위가 훨씬 더 확대된다는 것을 가리켜준다.

할례와 세례가 연관성이 있다는 것을 부인하지 않는다면, 그 누구도 유아세례를 거부할 수 없다. 바울은 골로새서 2:11-12에서 할례와 세례의 연관성에 대해 말한다. 우리는 이 사도적인 메시지에 근거해 구원사적인 측면에서 할례가 세례 안에서 성취된다고 말할 수 있다. 또한 그 누구도 옛 언약 시대와 새 언약 시대의 통일성을 축소하지 않고서는 유아세례를 부인할 수 없다. 은혜언약은 본질적으로 하나다. 옛 언약 시대뿐만 아니라 새 언약 시대에 언약은 오직 한 분의 중보자를 지니고 있고 동일한 구원을 베푼다. 곧 하나님의 은혜로써 그분의 자녀들로 입양된다(참조. Calvin, 『기독교강요』 4.16.11). 만약 옛 언약 시대에는 하나님의 자녀들로 여겨진 자녀들이 지금의 시대에는 언약의 바깥에 있다면, 은혜가 감소되었다는 결과를 빚어낼 수 있다. 그리스도가 오셨기 때문이다!

 개혁교회 교의학

우리는 고린도전서 7:14에 주목할 필요가 충분히 있다. 바울은 어떤 여인에 대해서 말한다. 그 여인은 그리스도인이 되었지만, 그녀의 남편은 불신자다. 이 경우에 그 여인은 남편의 불신앙 때문에 그와 이혼해서는 안 된다. 왜냐하면 "믿지 아니하는 남편이 아내로 말미암아 거룩하게 되고, 믿지 아니하는 아내가 남편으로 말미암아 거룩하게 되나니, 그렇지 아니하면 너희 자녀도 깨끗하지 못하니라. 그러나 이제 거룩"하기 때문이다. 사도 바울의 말은 하나님과 신앙 공동체에 그와 같은 가정은 기독교 가정으로 간주된다는 것을 의미한다. "부모 가운데서 오직 한 명만 신자라면, 그럼에도 하나님은 그 신자 한 사람을 통해 가족 전체에게 자격을 부여하신다"(J. P. Versteeg in 『세례대 주위에서』[*Rondom de doopvont*], 1983, 132). 우리는 칼뱅 및 다른 신학자들과 더불어 언약에 기초한 거룩함의 연관성에서 이것을 생각한다.[35]

부모의 믿음은 자기 자녀들의 세례의 근거가 되지 않고, 교회의 신앙도 그들의 세례의 근거가 되지 않는다. 루터가 가르쳤듯이, 유아세례는 어린 자녀들 자신의 신앙에 기초하는 것이 아니다. 또한 카이퍼가 주장했던 것처럼, 그것은 믿을 수 있는 능력이나 거듭남에 기초하는 것이 아니다. 카이퍼가 항상 동일하게 주장하지는 않지만, 대체로 그는 유아세례의 근거로서 거듭남을 언급했다. "어떤 어린아이에게 베푸는 세례의 실재는 영적인 의미에서 거듭남에 기초한다." 세례를 받은 이들의 이와 같은 거듭남은 하나의 가정(거듭났다고 전제하는 것)이다.

1905년의 교의 선언에서(참조. § 52.4) "거듭난"과 "그리스도 안에서 거룩해진"이라는 표현들은 서로 부연 설명하는 것으로 간주되었다. 이것은 자동적으로 다음과 같이 논쟁의 여지가 있는 견해로 이어진다. 곧 세례 예식서의 첫 번째 질문에서 언급되는 "그리스도 안에서 거룩해진"이라는 표현은 "거듭난"이라는 단어와 동일한 것을 의미한다. 세례 예식서는 우리의

---

35 참조. Doekers, 『그 거룩한 분』(*Der Heilige*), 1960, 172-176, 234.

자녀들이 "그리스도 안에서 거룩해졌다"는 관점에서 그들은 "그리스도의 교회의 지체들로서…세례를 받아야 한다"고 말한다. 하지만 "그리스도 안에서 거룩해진"이라는 표현을 [1905년의 선언과 같이] 해석한다면, (전제된 또는 추측된) 거듭남이 유아세례의 기초가 된다. 그렇다면 결국 카이퍼의 견해가 옳은 것이 된다!

3. 유아세례에 대한 주요한 반대들. 첫 번째 반대 의견은 우리가 신약성경에서 어린아이들이 반드시 세례를 받아야 하거나 그들이 세례를 받았다고 말하는 것을 읽지 못한다는 것이다.

하지만 이 점에 근거해서 유아세례가 사도들이 생존해 있던 시기에 알려지지 않은 관습이라고 추론하는 것은 옳지 않다. 그 당시의 교회와 선교 현장에서의 교회를 비교해보는 것이 가장 좋을 것이다. 선교 현장에서는 먼저 성인 신자들이 세례를 받는다. 또한 가족 전체가 세례를 받는다.

사도들도 가족 전체에게 세례를 베풀었다. 바울은 루디아의 온 집안 식구와 빌립보 간수의 온 가족(행 16:15, 33)과 스데바나의 온 가족에게(고전 1:16) 세례를 베풀었다. 우리는 과연 이 표현들이 어린아이들까지 포함한 온 가족인지에 대해서는 명확하게 알지 못한다. 어쨌든 집을 가리키는 "오이코스"라는 그리스어 명사는 어린아이들을 포함하는 경우가 그렇지 않은 경우보다 더 많다. 이것을 여호수아 24:15의 "나와 내 집은 여호와를 섬기겠노라"와 비교해보라.

또한 우리는 성경에서 개인주의적인 사고방식은 익숙하지 않다는 점을 기억할 필요가 있다. 성경에서 가족은 하나의 구성 단위다. 우리는 유대인들이 유대교로 개종한 이들에게 세례를 베풀 때 그들의 어린아이들도 포함시키는 것이 관행이었다는 것을 알고 있다. 할례 및 유대교의 개종자 세례와 연결되어 있는 이 규칙, 곧 어린아이들도 포함되었다는 것은 신약성경에서도 변하지 않았다. 왜냐하면 이것이 바로 은혜언약의 규칙이었기 때문이다. 당연히 어린아이들도 언약의 대상에 포함되었다. 따라서 그들에게도 세례를 받을 권리가 주어졌다(참조. De Ru, 1964, 170-183).

두 번째 반대 의견은 순서와 관련해서 믿음이 세례보다 반드시 선행되어야 한다는 것이다.

하지만 우리는 믿음이 우리에게 세례를 받을 수 있는 권한을 부여하는 것이 아니라는 점을 기억해야 한다. 재세례파, 침례교 및 오순절파 가운데서는 하나님의 약속보다 오히려 인간의 믿음이 일종의 표지와 인증으로 간주된다. 이들이 주장하는 한 가지 특징적인 표현은 바로 "나는 나 자신에게 세례를 베풀었다"이다. 하지만 신약성경의 가르침에 근거해서 우리는 오히려 "나는 [삼위일체 하나님의 이름으로] 세례를 받았다"라고 말해야 할 것이다. 후자는 자신의 세례를 통해서 그가 거룩한 교회의 지체라는 것을 증언하고자 한다. 반면에 전자는 세례 받는 이가 자신의 옛 성품을 장사지내며, 자신의 신앙을 고백하는 행위를 강조하면서 그것에 대한 인증을 경험하기를 바란다. 반면에 성경은 우리에게 성례는 무엇보다 먼저 하나님의 행위라고 밝혀준다. 우리가 어린아이로서 세례를 받든지 또는 성인으로서 세례를 받든지, 핵심적으로 중요한 것은 하나님의 약속이다. 만약 이 경우가 아니라면, 세례는 하나님의 약속을 의존하는 것이 아니라 우리 자신의 믿음을 의존하는 것이다. 그렇다면 우리가 우리의 믿음에 대해 의심을 품자마자, 우리는 우리의 세례에 대해서도 의심해야 할 것이다.

그렇다면 마가복음 16:16은 어떻게 이해해야 하는가? 이 구절에서 예수는 "믿고 세례를 받는 사람은 구원을 얻을 것이요, 믿지 않는 사람은 정죄를 받으리라"고 말한다. 이 구절도 우리가 전후문맥을 면밀히 살펴볼 때 올바르게 이해될 수 있다. 16:15에서 복음이 이 세상에 살고 있는 모든 사람에게 전파되어야 한다고 언급된다. 그다음 복음을 듣고서 "믿고 세례를 받는 사람은 구원을 얻을 것이요"라고 언급된다. 그다음에 이어지는 언급은 그들과 대조되는 이들을 대상으로 삼고 있다. 어떤 이들은 16:16의 내용에서 하나의 보편적인 규칙—믿음은 반드시 언제나 세례에 앞서야 한다—을 찾고자 한다. 하지만 그 규칙은 어린아이들과 관련해서 다음과 같이 문제점을 안고 있는 결론에 이른다. 곧 만약 마가복음 16:16의 상반절이 어떤 이들이 세례를 받지 않을 수 있다는 것을 암시한다면, 그렇다면 마가복음 16:16의 하반절로부터 그들은 정죄를 받을 것이라는 추론이 빚어진다. 그러므로 우리는 이와 같은 방법으로 해당 구절을 일반화시키면 안 된다. 그래서 우리는 이 구절을 언급하는 것과 관련해서 매우 신중해야 한다(또한 참조. J. P. Versteeg in 『세례대 주위에서』[*Rondon de doopvont*], 1983, 39-42).

개인적인 믿음의 필요성을 강조하고자 하는 이들 중에서 많은 이들이 유아세례를 반대한다. 하지만 유아세례는 하나님이 우리 및 우리 자녀들과 맺으신 언약에 기초하고 있다고 확신하는 이들에게 믿음과 세례는 서로 밀접하게 관련이 있다. 곧 세례는 믿음을 요구한다!

유아 및 성인 세례는 모두 복음의 약속에 초점이 맞추어져 있다. 세례는 그 약속에 대한 표지이며 인증이다. 칼뱅은 다음과 같이 말한다. "유아세례에 있어서도 주님이 유아들과 맺은 언약을 확인하고 확증하는 것 외에 즉시 어떤 효과가 있을 것이라고 요구해서는 안 될 것이다. 이 성례가 지니고 있는 나머지 중대한 의미는 유아세례 이후에 하나님이 스스로 예견하시는 때에 뒤따라 일어날 것이다"(『기독교강요』 4.16.21).

유아세례는 독립적으로 서 있지 않다. 우리는 회중의 한가운데서 세례를 받는다. 언약의 표지는 동시에 그리스도의 교회 안에 연합하게 된다는 것에 대한 표지다.

세례 이후에, 세례를 받은 모든 이들에게는 믿음이 요구된다. 성인들의 경우에 믿음에 대한 고백은 세례 이전에 각자에게 요구된다. 세례 의식이 거행되는 동안 세례를 받는 이들의 믿음이 그들을 위해서 기도하는 신앙 공동체로부터 요구된다(Cullmann, 1958², 49).

칼뱅은 세례에 대한 논의의 마지막 부분에서 다음과 같이 말한다. "하나님께서 우리 자녀들이 태어나자마자 그들을 곧바로 그분의 자녀들로 여

 개혁교회 교의학

기시고 인정하신다는 사실을 생각할 때, 우리는 우리 자녀들이 하나님을 진정으로 두려워하고 또한 그분의 말씀들을 지키도록 그들을 가르치고자 하는 강렬한 자극을 받는다"(『기독교강요』 4.16.32).

52.6. 세례와 신앙고백

세례 및 성찬과 관련된 것으로서 자신의 믿음을 공적으로 또한 공개적으로 고백하는 것 그 자체는 성례가 아니다. 우리는 이 공개적인 고백에 대한 성경의 증거를 찾을 필요가 없다. 신약성경은 어떻게 그리스도의 교회가 자신의 신앙을 고백하는지를 참으로 보여준다.

이른바 로마 가톨릭교회의 견진성사는 세례의 은혜를 마무리해주는 역할을 한다. 종교개혁 시기에 견진성사는 기독교의 핵심 가르침에 대한 교육, 신앙고백 및 성찬에 참여하도록 허용하는 것으로 대체되었다. 칼뱅은 유아세례를 받은 어린아이가 열 살이 되면 교회 앞에 서서 자기의 믿음을 고백하는 것을 바랐다(『기독교강요』 4.19.13). 신앙고백에 대한 의무는 곧바로 세례로부터 온다(참조. Hendriks, 1986, 47-57). 이 신앙고백에서 "예"라는 말은 고백자가 먼저 시작하는 말이 아니라, 하나님의 말씀에 대한 반응이다. 곧 하나님의 약속과 은혜언약에 반응하는 것이다. 하나님이 먼저 말씀하신 것이다. 그리고 세례 의식의 마지막 부분에서 드리는 감사 기도에서 세례 지원자는 하나님 아버지의 선하심과 자비를 인정(고백)하라고 요청받는다.

어떤 이가 믿음을 공적으로 고백하는 것을 통해서 자신의 세례에 대해 책임을 떠맡는다고 주장하는 것은 적절하지 않다. 그것은 믿음에 대한 공적인 고백이 유아세례를 보충하는 것으로 이해될 수 있다는 인상을 줄 수 있기 때문이다. 우리 시대에 유아세례는 때때로 불완전한 세례라고 언급되었다. 그래서 유아세례의 광범위한 중요성에 대한 칼뱅의 평가를 언급하면서, 그것은 보충이나 보완을 필요로 한다고 주장되었다(Blei, 1981, 120-127). 하지만 칼뱅은 그와 같은 주장을 결코 제기하지 않았다. 그것은 그가 견진성사를 근본적으로 거부하면서 세례에 대해 말하는 것에서 분명하게 드러난다(『기독교강요』 4.19.8-11).

유아세례가 단지 절반의 세례에 지나지 않는다는 것은 사실이 아니다(이것은 바르트의 견해[C.D., 4.4.188]를 반대하는 것이다). 우리가 일단 세례를 받고 나면, 우리는 아직 [목표 지점에] "도달한" 것이 아니라고 진정으로 말할 수 있다. 하지만 세례 그 자체로서 유아세례에 부족한 것은 아무것도 없다. 하지만 모든 세례와 마찬가지로 유아세례도 그와 더불어 다양한 의무들을 지니고 있다.

믿음에 대한 고백은 성찬에서 주님의 죽음을 선포하는 것에 포함된 한 가지 요소다. 세례와 믿음의 고백이 서로 밀접하게 연결되어 있듯이, 믿음의 고백과 성찬도 서로 밀접하게 연결되어 있다.

신자인 부모를 둔 자녀들이 유아세례를 받는 것은 사실이지만 그렇다고 해서 그 자녀들이 세례를 통해서 교회의 지체들이 되는 것은 아니다. 더 정확하게 말하자면, 그들은 이미 그리스도의 교회의 지체들로서 유아세례를 받아야 한다. 세례를 받은 지체는 새로운 지체로 "받아들여지기" 위해 신앙 공동체의 한가운데서 자신의 믿음을 고백할 필요가 없다. 교회는 그리스도를 믿는 이들의 모임이다. 그러므로 어린 시절부터 그 공동체에 속한 이들이 자신의 공적이며 의식적인 신앙고백을 통해서 그리스도가 자신들의 주님이라고 고백하는 사람들과 하나가 되는 것은 중요하다. 우리는 우리보다 먼저 그리스도의 이름을 고백한 형제자매들 사이에 위치해 있다.

§ 53. 성찬

53.1. 그리스도가 제정한 것으로서의 성찬

1. 세례의 경우와 마찬가지로, 성찬에 대한 첫 번째 질문은 그것의 제정과 관련이 있다. 우리는 그리스도가 이 성례를 제정했다는 사실을 분명하게 알 필요가 있다. 우리는 마태복음 26장, 마가복음 14장, 누가복음 22장 및 고린도전서 10-11장에서 성찬에 대한 자료들을 발견한다.

주 예수 그리스도는 유월절을 기념하면서 성찬을 제정했다. 그는 자신의 제자들에게 유월절을 지킬 준비를 하라고 지시했다. [성찬의] 떡과 포도주는 바로 유월절 식사에서 먹고 마시던 떡과 포도주였다. 그들이 감람산으로 출발하기에 앞서 마지막으로 부른 찬송은 유월절을 기념하는 것의 일부분이었다.

또한 여기에는 구속사와 직접적인 연관성이 있다. 우리는 바빙크의 교의학에서 유월절이 절기와 관련된 이스라엘의 삶 속에서 유일무이한 위치를 차지한다는 언급을 읽을 수 있다. 유월절은 진정으로 하나의 희생제사였다. 하지만 나중에 그것은 곧바로 유월절 식사로 바뀌었다. "그것은 대속을 위한 희생제사이며, 또한 하나님 및 다른 참여자들과 교제를 나누는 식사다"(Bavinck, *R.D.*, 4:543).

유월절은 다음과 같은 개념에 초점이 맞추어져 있다. 곧 하나님은 어린 양의 피로 말미암아 이스라엘 사람들의 집들을 넘어가셔서 그들의 목숨을 살려주셨다(출 12:13). 그 어린 양은 희생제물로 드려진 어린 양이었다. 출애굽기 12:26-27에서는 다음과 같이 언급된다. "이후에 너희의 자녀가 묻기를 '이 예식이 무슨 뜻이냐?' 하거든, 너희는 이르기를 '이는 여호와의 유월절 제사라. 여호와께서 애굽 사람에게 재앙을 내리실 때에 애굽에 있는 이스라엘 자손의 집을 넘으사 우리의 집을 구원하셨느니라' 하라."

어린 양은 죽임을 당했으며, 그것의 피는 문설주에 발라서 표지로 삼았다. 그것은 세상 죄를 지고 가는 하나님의 어린 양을 가리켰다. 바울은 그 어린 양에 대해 "우리의 유월절 양 곧 그리스도께서 희생되셨느니라"(고전 5:7)고 말한다.

유월절 밤에 이스라엘 백성이 이집트 땅에서 먹었던 식사는 바로 구속의 식사였다. 그들은 하나님이 약속하신 대로 자신들이 이집트 땅을 빠져나갈 것이라고 믿음으로 기대했다. 이스라엘 백성은 해마다 하나님의 구원 행위들을 기념하면서 유월절을 지켜야 했다.

그리스도는 "이것은 내 몸이니라", "이것은 내 피니라"고 말하면서 유월절 떡과 포도주를 자신의 죽음과 연결했다. 그가 떡과 포도주를 표징들로 만든 것은 일상적인 식사가 아니었으며, 그가 고기를 사용하지 않고 오직 떡과 포도주만을 사용했다는 것은 의미심장하다. 주의 만찬은 유월절과 밀접한 관련이 있다. 하지만 그 두 가지는 동일하지 않다. 주의 만찬은 유월절의 성취를 가져왔다. 유월절은 희생제사이자 식사였다. 그리스도 자신은 희생제물이 되었고, 우리에게 그 식사를 제공했다.

그러므로 주의 만찬은 희생제사의 특성을 지니고 있지 않다. 이 점은 특히 로마 가톨릭교회에게 주장될 필요가 있다. 그 만찬은 바로 구속의 식사다. 그 식사는 그리스도의 희생제사에 기초한다.

또한 주의 만찬이 제정될 때, 언약이 언급되었다(마 26:28; 눅 22:20). 그것은 시내산에서 언약을 맺을 때 흘린 언약의 피와 연결된다(출 24:8). 그리스도가 자신의 피로 새 언약을 세운 것은 모세가 시내산에서 제단과 이스라엘 백성에게 피를 뿌리고 언약을 세운 것과 상응한다. 구약시대의 예언자들은 그리스도가 세울 언약을 새 언약이라고 불렀다. 야웨는 그 언약을 통해서 그분의 백성의 모든 불의를 용서해주시고 또한 그들의 모든 죄를 더 이상 기억하지 않으신다(렘 31:34; 참조. 겔 37:26). 그리스도는 새 언약을 자신의 피로 세우는 언약이라고 부른다. 이것은 새 언약이 그의 죽음을 통해서 맺어진다는 것을 의미한다.

언약의 피가 없으면, 하나님과의 교제도 없다. 하지만 이제 중보자 그리스도는 자신의 피를 흘렸다. 그러므로 우리는 하나님께서 그리스도를 믿는 우리를 그분의 언약의 교제에 동참하게 하시며, 또한 우리가 진정으로 "화목과 은혜의 언약"에 동참한다고 확신할 수 있다(성찬예식서). 주의 만찬은 이 관점에 기초해서 언약의 식사라고도 불릴 수 있다. 세례와 언약 사이에 직접적인 연관성이 있는 것과 마찬가지로, 주의 만찬과 언약도 서로 직접적으로 연결되어 있다. 따라서 세례와 성찬은 언약의 표지들이며 인증들이다.

2. 구세주는 성찬을 제정했다. 그래서 우리는 그를 기억한다(참조. J. P. Versteeg, "the Lord's Supper according to the new Testament," in 『떡과 잔의 주위에서』[Bij brood en beker], 1981, 58-64). 기억한다는 것은 기념한다는 것 이상을 의미한다. 그리스도의 죽음을 기억한다는 것은 이성적으로 그의 죽음을 회상하는 것과 서로 다르다.

성경에서 기억하는 것은 잊어버리는 것과 대조된다. 하나님의 행위와 관련해서 잊어버린다는 것은 불신앙 및 은혜를 저버리는 것에 기초한 행위다. 반면에 기억하는 것은 신앙과 감사에 기초한 행위다. 이스라엘은 해마다 유월절을 지키면서 하나님의 구속 행위를 기억해야 했다. 오늘날 우리의 기억은 그리스도의 인격과 사역에 초점이 맞추어져 있다. 왜냐하면 하나님은 그 안에서 우리에게 완전한 구속을 베푸시기 때문이다.

또한 주의 죽으심을 전하는 것(고전 11:26)도 이 기억에 대해서 말하는 것이다. 여기서 바울은 "선포하다"를 의미하는 용어를 사용한다. 따라서 교회가 주의 만찬을 거행할 때, 교회는 그리스도에 대해 공적으로 증언한다. 그리스도는 교회의 주님이고, 그는 지금 하늘에 있다. 주의 만찬을 기념하기 위해 모인 신자들은 개인적으로, 또한 다 함께 다음과 같이 고백한다. 곧 그들은 주 예수 그리스도가 자신들을 위해서 죽었다는 사실에 자신들의 생명을 빚지고 있다.

성찬예식서는 그리스도에 대한 기억과 그의 죽음에 대한 선포를 "우리는 이제 이 방법에 따라서 그를 기억해야 합니다.…"로 시작되는 말로 표현한다.

그리스도를 통해서 하나님과 화목하게 된 것을 기억하는 것은 감사와 찬양으로 이끈다. 이것은 성찬예식을 거행하면서 없어서는 안 되는 요소다. "이제 우리로 화목하게 하신 우리 주 예수 그리스도로 말미암아 하나님 안에서 또한 즐거워하느니라"(롬 5:11).

또한 성찬은 **기대**의 측면을 지니고 있다. 성경에서 기억과 기대는 서로 대조되는 관계에 있지 않다. 왜냐하면 두 관점은 모두 하나님의 구속 행위들에 초점을 맞추기 때문이다.

성찬은 미래, 곧 만물이 완성되는 시점을 내다보고 있다. 미래의 어느 날 성찬은 하나님 나라 안에서 성취될 것이다. 하나님 나라 안에서는 모든 것이 새롭게 될 것이다. 성찬은 어린 양의 혼인 잔치에 참석하는 것을 미리 경험하게 해준다(참조. 눅 22:16, 18; 마 26:29; 계 19:9). 또한 성찬은 영원한 하나님 나라에 참여하는 것을 보증해준다. 바로 이런 이유에서 성찬은 기쁨의 식사이고, 영원한 기쁨을 미리 맛보는 것이다.

주의 죽음을 선포하는 것은 "그가 오실 때까지"(고전 11:26) 반드시 계속되어야 한다. 이것은 시간 속에서 어떤 시점을 가리키는 것 이상을 의미한다. 그리스도의 재림에 대한 열망은 거룩한 만찬을 거행하는 것을 통해서 더욱더 강화된다.

『디다케』에 의하면, 초기 교회는 성찬을 거행하면서 "마라나타"라고 기도했다. 이 말은 아람어로서 "우리 주님, 오시옵소서!"(참조. 계 22:20)를 의미한다.[36] 네덜

---

36 L. Goppelt, *Theologie des Neuen Testaments*, 1976, 2:348-351을 보라.

란드 개혁파 교회의 성찬예식서의 1971년 개정본은 다음과 같이 한 문장을 덧붙여서 마라나타의 기도 안에 있던 기대의 측면을 더욱 강조하고자 했다. "우리는 강렬한 열망으로 어린 양의 혼인 잔치를 고대합니다. 거기서 우리는 그리스도와 가장 완전한 교제를 나눌 것입니다."

세례의 제정은 동시에 세례의 성례를 거행하라는 명령이었던 것과 마찬가지로, 또한 성찬의 제정은 '너희는 이것을 행하여 나를 기념하라'는 명령을 포함한다. 그리스어 신약성경의 고린도전서 11:26에는 어떤 방법으로 기념하는가에 대해서 더 분명하게 표현되어 있다. 곧 사도 바울은 "~할 때마다"라는 표현을 사용한다(참조. 고전 11:25-26). 해당 구절은 얼마나 자주 거행해야 하는지에 대해서 명백하게 말하지 않는다. 하지만 사도들의 시대에 틀림없이 성찬은 적어도 일 년에 네 번보다 더 많이 거행되었을 것이다.

칼뱅은 성찬을 더 자주 거행할 것을 간청했다. 그는 성찬에 대한 자신의 첫 번째 연구서에서 다음과 같이 주장한다. "지금 많은 사람이 성찬을 거행하는 관습보다 성찬은 훨씬 더 자주 거행되어야 한다. 왜냐하면 우리의 연약함이 우리를 더욱더 괴롭힐 때마다, 우리는 우리의 믿음을 굳세게 해주고 우리의 거룩한 삶을 향상시켜줄 수 있으며 또한 그렇게 하는 것을 더욱더 자주 실행해야 하기 때문이다. 따라서 잘 조직되어 있는 모든 교회에서 성찬예식은 신앙 공동체가 그것을 관용할 수 있는 정도까지 매우 자주 거행되어야만 한다."

성찬의 제정 목적과 관련해서 다음과 같은 칼뱅의 주장은 이제까지 그 가치를 전혀 잃어버리지 않았다. 첫째, 주님은 그의 복음의 약속들을 우리에게 인증해주려고 성찬을 제정했다. 또한 주님은 성찬이 우리의 진정한 영적인 양식을 포함하고 있다는 것을 우리에게 확인시켜주고 보증해주려고 그것을 제정했다. 그래서 우리가 구원에 대한 참된 확신을 얻게 하려는 것이다. 둘째, 성찬은 우리에게 베푸시는 하나님의 무한한 선하심을 인정하게 한다. 셋째, 성찬은 우리가 모든 면에서 온전히 거룩하고 순결하도록 권면해준다. 왜냐하면 우리는 예수 그리스도의 지체들이고, 또한

특별히 하나 됨을 이루며 서로 사랑해야 하기 때문이다.[37]

53.2. 그리스도와 다른 신자들과의 친교로 이끄는 성례

1. 성찬의 가장 본질적인 측면은 그리스도와 친교하도록 이끄는 성례다. 바울은 고린도전서 10:16에서 "우리가 축복하는 바 축복의 잔은 그리스도의 피에 참여함이 아니며, 우리가 떼는 떡은 그리스도의 몸에 참여함이 아니냐?"라고 묻는다.

이 친교는 우선적으로 신자들 사이에서 경험하는 교제가 아니라 그리스도와 그의 모든 보화 및 은사들에 동참하는 것이다. 주의 만찬은 그리스도가 우리에게 그와 교제하는 것을 허락한다는 것에 대한 표지이자 인증이다.

우리는 고린도전서 10장에 나오는 바울의 말에서 주 예수 자신의 말로 돌아갈 수 있다. 곧 "이것은 너희를 위하여 주는 내 몸이라.…이 잔은 내 피로 세우는 새 언약이니 곧 너희를 위하여 붓는 것이라"(눅 22:19-20). 예수의 말씀과 바울의 언급은 그 초점이 그리스도의 몸과 피에 일어난 사건에 맞추어져 있다는 것을 넌지시 알려준다. 주의 만찬의 제정에 대한 예수의 말씀은 그리스도가 그의 백성을 위해서 드린 희생제사를 가리킨다. 그는 우리를 위해서 자신을 내어주었다. 따라서 그는 자기 자신을 우리에게 준다. 그는 "내가 너희를 위해서 이것을 행했다"고 우리에게 확신시켜준다. 우리의 믿음은 바로 이것을 꼭 붙잡고 있어야 한다. 주의 만찬을 거행하는 신앙 공동체는 교회가 그리스도의 희생제사에 의해서 참 생명을 얻고 살아간다고 고백한다.

그리스도와 친교를 맺는 것은 그가 십자가 위에서 성취한 것에 동참한다는 것뿐만 아니라 살아 있는 주님 자신과 교제한다는 것을 의미한다. 그

---

37   J. Calvin, 『성찬에 대한 소논문』(*Petit traicité de la Saincte Cene*, 1541), 19 및 6.

                                                              개혁교회 교의학

의 약속에 의하면, 그는 우리와 함께 또한 우리의 곁에 있다. 그리고 그리스도에게 참여한다는 것은 동시에 그의 모든 은사에 동참한다는 것을 뜻한다. 특히 죄 사함의 은사가 언급된다(마 26:28).

우리는 스스로 그리스도와 친교를 나누는 것이 아니다. 그리스도 자신이 이 친교를 제정했고, 우리는 믿음으로 그것에 동참한다. 떡을 먹고 포도주를 마시는 것은 그리스도가 우리를 그의 식탁으로 초대해서 제공하는 것을 우리가 믿음으로 받아들여 자기 것으로 만들게 한다. 그리스도는 이렇게 말한다. "받아서 먹으라, 이것은 내 몸이니라." 또한 "너희가 다 이것을 마시라, 이것은…나의 피 곧 언약의 피니라"(마 26:26-28). 여기서 사용된 동사들이 명령형이라는 게 주목할 만하다. 이 동사들은 그리스도가 우리에게서 그렇게 하도록 기대한다는 것을 가리켜준다. 왜냐하면 그리스도는 바로 우리를 위해서 성찬을 제정했기 때문이다.

2. 그리스도와의 친교는 곧바로 신자들 사이의 교제로 이어진다. 이 순서는 뒤바뀔 수 없다. 이것은 그리스도 안에서의 상호 교제다. 그리고 이것은 고린도전서 10:16-17의 배경을 반영한다.

그리스도와의 친교가 없으면, 사람들 사이의 진정한 상호 교제도 없다. 사람들이 서로 관심을 갖지 않는 곳이라면 어디든지 그곳에 그리스도와의 진정한 친교는 없다.

교제에 대한 이 개념은 성찬을 거행하는 데서 나타난다. 성찬예식서는 형제자매적인 사랑을 통해 한 몸을 이룬다는 구절에서 이 점을 강조한다. 우리는 그곳에서 밀알과 열매에 대한 이미지들도 만난다. "우리는 많지만 하나의 빵이며, 또한 한몸입니다. 그리고 우리는 모두 이 하나의 빵에 참여하는 이들입니다." 이것은 바울의 말을 해석한 것이 아니다. 그럼에도 그것은 오래전부터 알려진 한 가지 주제다.

「벨기에 신앙고백서」는 이 교제에 대해 다음과 같이 묘사한다. "우리는 이 거룩한 성례에 참여하는 것을 통해서 하나님과 우리의 이웃들을 강렬하게 사랑하게 된다"(제35조). 「하이델베르크 교리문답」에서 교제는 「벨기에 신앙고백서」만큼 적절하게 제시되지 않는다.

최근에 이와 같은 상호 교제와 관련해서 한쪽만 강조하는 경향이 두드러지게 나타났다. 이것은 수평적인 차원에만 초점을 맞춘다는 것을 반영한다.

베르크호프는 [성찬과 관련해서] 미래에 대한 기대와 더불어 식사와 상호 교제의 특성은 거의 대부분의 교회에서 경험하는 것보다 더 많이 강조되어야 한다는 견해를 지니고 있다. 그는 다음과 같이 주장한다. "다행스럽게도 도처에서 젊은 세대는 성찬을 거행하는 것, 식사 및 공동체적인 측면에 대해서 새로운 강조를 요청하기 시작한다"(Berkhof, *C.F.*, 368).

성찬과 초기 교회의 아가페(*agape*) 식사를 서로 결합시켜야 한다는 언급, 곧 성경에서 교제의 개념은 식사를 하며 빵과 포도주를 서로 나누는 것과 연결해야 한다는 언급이 제기되었다.

그렇다면 그것은 성찬을 어떤 이가 모든 사람을 차별 없이 초대하고자 하는 연대(solidarity)의 식사로 간주하는 것이다. 몰트만의 견해에 의하면, 메시아의 식사는 세상에 대해 열려 있었고, 참여자들 사이의 유대 관계를 격려했으며, 물리적·영적 의미에서 굶주림을 겪고 있던 이들과 함께하는 것이었다. 따라서 그 식사는 서로의 유대 관계를 나타냈다. 그리고 그것은 하나의 사회적인 사건으로서 온갖 형태의 차별과 싸워야 하는 이 세상에서 중요한 의미를 지닌다.[38]

하지만 이와 같은 견해는 성찬의 본질을 변질시킨다. 성찬은 어떤 유대를 위한 식사가 되게 하려고 제정된 것이 아니었다. 그것은 성도들의 상호 교제를 모든 사람의 형제애로 바꾸는 것이다. 그것은 성경의 가르침과 일치하지 않는다. 그리스도는 모든 사람과 그의 성찬을 기념하지 않았다. 반면에 그는 신자들 자신이 마련하는 식탁에 둘러앉기를 원한다.

그렇지만 우리가 성찬에서 상호 교제 또는 성도들의 교제를 시야에서 놓쳐서는

38　J. Moltmann, 『성령의 능력 안에서의 교회』(*Kirche in der Kraft des Geistes*), 1975, 282-286.

안 된다는 것은 명백한 사실이다. 바울은 성찬에서 먹고 마시는 것을 잘못할 경우에 "정죄함"을 받는다고 말한다(참조. 고전 11:27-34). 고린도 교회에서는 성찬과 관련해서 종종 그 관습을 남용하는 사례들이 있었다. 그 신앙 공동체 안에서 친교의 식사, 사랑의 식사가 있었지만, 그것은 이웃에 대한 사랑과 배려가 없이 실행되었다. 그렇지만 그 교회의 신자 중 어떤 이들은 모든 것이 잘 실행되고 있다고 생각했다. 이와 같은 자세는 성찬을 무가치하게 거행하는 것이고, 주의 만찬의 특성과 일치하지 않는다. 주의 만찬은 거기에 참여하는 모든 이들이 주님과 서로서로 친밀하게 교제하는 것이다.

성찬예식서에는 교제가 감정과 관련된 것 그 이상의 것이라고 언급된다. 이것은 그 예식서에서 다음과 같은 말로 훌륭하게 묘사되어 있다. "우리는 모두 참된 믿음에 의해서 형제자매의 사랑을 통해 우리의 사랑하는 구세주를 위해 그리스도 안에서 모두 한 몸으로 결합되어 있습니다. 그리스도는 먼저 우리를 극진하게 사랑하셨습니다. 또한 우리는 말뿐만 아니라 행동으로도 이 사랑을 서로에게 보여줍니다." 주의 만찬은 신자들이 함께 속해 있다고 말해준다. 신자들이 서로 사랑한다는 것은 그들의 말뿐만 아니라 그들의 행위에 의해서도 명백하게 드러날 것이다.

53.3. 성례에 대한 교리적인 차이점들

1. 성체성사에 대한 로마 가톨릭교회의 교리

주의 만찬은 진정으로 하나 됨의 상징이다. 왜냐하면 그것은 그리스도와 신자들이, 또한 신자들이 서로 교제하는 것에 대해서 말하기 때문이다(Augustinus). 하지만 불행하게도 주의 만찬과 관련해서 교회들 사이에 커다란 분열이 일어났다.

맨 먼저 우리는 로마 가톨릭교회의 성체성사 교리에 대해 초점을 맞추고자 한다.[39] 매우 이른 시기부터 희생제사의 개념이 주의 만찬에 대한 교의에 개입되었다. 이는 그리스도인들이 사랑의 식사와 빈번하게 거행되는 주의 만찬을 위해서 가져오는 것들은 희생제물로 언급되었기 때문이다. 어떤 희생제물은 제단과 사제를 필요로 한다! 이미 카르타고의 키프리아누스(Cyprian of Carthage)는 사제가 그리스도를 대신하는 역할을 한다고 생각했다.

두 번째 주제는 성체성사 예식에서 사제의 말에 의해 빵과 포도주가 변화된다는 것에 관한 것이다. 밀라노의 주교였던 암브로시우스는 이미 이와 같은 변화의 교의를 발전시켰다. 하지만 아우구스티누스는 상징과 실체를 명백하게 구분했다.

1215년에 화체설(Transubstantiation)은 정식으로 로마 가톨릭교회의 교리가 되었다. 이 교회는 그리스도의 [말씀과] 힘으로 빵이 그리스도의 몸으로, 포도주는 그의 피로 실질적으로 변화한다고 가르친다. 성체성사에서 신자들에게 단지 빵만 나누어주고, 성체를 보존하며 흠모하고 숭배하는 관습은 이미 중세 시대부터 나타났다.

트리엔트 공의회는 성체성사에 대한 교회의 교의를 확정했고, 주의 만찬에 대한 종교개혁의 교의를 정죄했다. 이제까지 로마 가톨릭교회는 이 결정을 결코 취소하지 않았다.

성체성사는 성사인 동시에 제사다. 신자들은 성체성사 예식을 통해서 성체를 받는다. 그리고 미사 중에 성체가 제공된다.

미사는 "나를 기념하여 이것을 행하라"는 예수의 말에 의해서 제정되었다. 예수는 이를 통해 사도들과 그들의 후계자들에게 제사장으로서 예수를 희생제물로 바치라고 지시했을 것이다. 미사를 드릴 때 제단에서 드리는 이 희생제물은 십자가 위에서 그리스도가 드린 희생제물과 동일하

---

39 더 상세하게 다루는 것으로서 다음 연구서를 보라. J. van Genderen, 『떡과 잔의 주위에서』 (*Bij brood en beker*), 1981, 80-105.

　　　　　　　　　　　　　　　개혁교회 교의학

다. 하지만 이것은 피를 흘리는 제물이 아니라 피 없는 제물이다. 그 제물은 다음과 같은 효력을 지니고 있다. "이 희생제물을 받으시고 진노를 가라앉히신 주님은 은혜와 용서의 은사를 베푸신다. 또한 그는 중대한 범죄행위와 죄악을 용서하신다"(D. S., 1739-1743).

그것은 살아 있는 이들과 죽은 이들을 위한 대속의 희생제물이다. 살아 있는 이들에게는 다양한 필요성이 있다. 이것은 신자들이 다양한 이유로 교회 안에서 미사에 참여할 수 있음을 의미한다. 반면에 죽은 사람들을 위해서 그것은 연옥에서 어떤 신자들이 고통당하게 된다는 것을 인정하며, 그 기간을 단축시키는 역할을 한다. 이것은 레퀴엠(진혼) 미사의 관행에 대해서 잘 설명해준다. 이 미사에서 살아 있는 이들은 죽은 이들을 위해서 말할 수 있다.

지금 우리는 마치 그리스도가 골고다에서 드린 단 한 번의 희생제사가 충분하지 않은 것처럼 로마 가톨릭교회의 미사에서 빵과 포도주가 진정으로 대속의 희생제물로 간주되고 있음을 볼 수 있다.

로마 가톨릭 신자들 중에서 적지 않은 이들이 옛날부터 전해져온 이 교리를 받아들이는 것을 어려워했다. 이 교리에 대한 최근의 견해들―또한 네덜란드에서도 제기됨―에 대해서 요한 바오로 6세는 1965년에 화체설을 또다시 명백하게 선언했다.[40] 미사는 갈보리의 희생제사를 현재에 실질적으로 대신하고, 그것을 새롭게 하고 적용한다. 우리는 왜 그리스도의 희생제사가 새롭게 되어야 하는지에 대해서 의문을 품지 않을 수 없다. 또한 그 희생제사는 교회의 손을 통해서 적용되어야 하는 것인가?

바빙크는 로마 가톨릭교회의 이 교의에 수반되는 관습이 신자들의 관심을 그리스도와 그의 십자가로부터 사제와 그가 집전하는 미사에게로 돌리게 한다고 지적한다. 심지어 가장 작은 은혜를 위해서도 로마 가톨릭 신자는 사제와 그 교회에 의존하

---

40   교황칙서, 『믿음의 신비』(*Mysterium fidei*) 안에서.

고 있다(Bavinck, *R.D.*, 4:574).

하지만 로마 가톨릭 안에서도 새로운 신학이 나타났다. 그 신학은 이 교리의 전통적인 표현에 대해 비판한다. 이것은 『새 교리문답』(*the New Catechism*, 1966)에서 왜 화체설이라는 용어를 사용하지 않는지에 대해 설명해준다. 『새 교리문답』은 중세 시대에 사용되었던 용어를 다음과 같이 다르게 표현하려고 시도했다. 곧 "그 빵은 사람들이 일상생활에서 사용하던 용례로부터 진정으로 중지되었고, 그 대신 하나님 아버지가 우리에게 주시는 빵이 되었다"(404). 하지만 우리는 이 교리문답에서 성체가 제단 위에 있는 "장막"에 보존되어 있을 때 그리스도가 실질적으로 현존한다는 것을 읽을 수 있다. 따라서 제단은 로마 가톨릭교회의 미사에서 중심적인 위치를 차지한다.

그렇지만 『새 교리문답』이 최종적인 결론을 제기하는 것은 아니다. 1969년에 로마 교황의 지시에 따라서 보충 선언(a Supplement)이 공포되었다. 이 선언은 더욱 더 전통적인 용어들로 말한다. 어떤 신학자들은 "이것은 내 몸이다. 이것은 내 피다"라는 말을 통해서 빵과 포도주는 새로운 의미와 목적을 지니게 되었다고 주장했다. 이 보충 선언에는 다음과 같이 언급된다. 곧 "빵과 포도주는 이 새로운 의미와 이 새로운 목적을 얻는다. 왜냐하면 실체 변화(transubstantiation)가 진정으로 일어났기 때문이다!"

2. 종교개혁의 전통에 서 있는 교회들 안에서의 다양한 견해들

루터와 츠빙글리. 종교개혁은 주의 만찬이 희생제사라는 개념과 결별을 했다. 그것은 바로 주의 만찬이다(참조. 고전 11:20). 그럼에도 루터와 츠빙글리, 칼뱅은 주의 만찬에 대해서 다양한 견해를 발전시켰다.

루터파 교회의 교의는 대부분 루터 자신의 관점들을 반영한다. 루터는 1520년에 간행된 『교회의 바빌론 포로에 대하여』라는 널리 알려진 소책자에서 로마 가톨릭교회의 성체성사 교의를 거부했다. 로마 가톨릭교회가 평신도에게 포도주 잔을 나누어주지 않는 것은 주의 만찬이 제정된 취지에 어긋난다는 것이다. 이 성례를 거행하는 과정에서 빵은 빵 그대로 또한 포도주는 포도주 그대로 머물러 있다. 실체의 변화는 결코 일어나지 않는다. 하지만 새빨갛게 달구어진 철에서 불과 철이 하나가 되는 것처럼, 신자들은 성찬예식을 통해서 그리스도 및 주의 만찬의 요소들과 하나 됨을 이룬다. 비록 루터가 "미사"라는 용어를 여전히 사용하기는 했지만, 그는 미사의 희생제사적인 개념을 거부했다.

루터파 교회의 교의에 의하면, 그리스도는 주의 만찬에서 물리적(실제적)으로 임재한다. 그리스도는 주의 만찬이 거행되는 곳뿐만 아니라 동시에 다른 장소들에도 존재한다. 그리고 그는 물리적으로도 어느 곳에서나 존재한다는 것이다(무소부재론).

루터와 츠빙글리가 직접 서로 대면할 수 없었던 상황이었다는 것은 이해할 만하다. 츠빙글리는 그리스도가 그의 인성으로 어느 곳에나 존재한다는 것을 받아들일 수 없었다. 루터는 츠빙글리가 주의 만찬을 단지 기념 식사로 이해한다는 인상을 받았다. 루터는 이와 같은 입장에 동의하는 것을 전적으로 거부했다.

칼뱅은 이와 같은 대조되는 입장을 초월했다. 한편, 우리는 우리의 마음을 예수 그리스도가 있는 곳인 하늘로 들어 올려야 한다. 다른 한편, 주의 만찬은 단순한 기념 식사 이상의 의미를 지니고 있다. 왜냐하면 그것은 그리스도와 친교를 나누는 성례이기 때문이다.

마침내 루터와 츠빙글리는 1529년에 마르부르크(Marburg)에서 서로 만났다. 루터는 츠빙글리의 견해를 반박하면서 "~이다"라는 동사를 강조했다. 그리스도가 "이것은 내 몸이다"라고 문자 그대로 직접 말했다는 것이다. 따라서 어떤 표지나 상징으로 설명하려는 시도는 성경 말씀을 정당하게 대하지 않는다는 것이다. 츠빙글리의 입장에 반응하면서, 루터는 다음과 같이 매우 극단적인 진술을 했다. 곧 재세례파 극단주의자들과 함께 오직 포도주만 받는 것보다 차라리 로마 교황과 함께 오직 피를 받는 것을 선택하겠다!

루터의 견해에 의하면, 우리는 주의 만찬에서 진정으로 그리스도의 몸과 피를 만난다. 왜냐하면 그는 그곳에 임재하기 때문이다. 이것은 우리가 그것을 믿든지 아니면 그렇지 않은지와 상관없다. 그것은 객관적으로 참이다. 하지만 이것은 다음 사실을 암시해준다. 곧 주의 만찬에 참여하는 모든 이들 중에서 신자들은 그리스도의 몸과 피를 받아서 구원에 이르지만, 불신자들은 저주에 이른다. 「일치 신조」(*Formula Concordiae*, 1577)에서는 다음과 같이 표현되어 있다. 곧 "빵과 포도주와 더불어 그리스도의 참된 몸과 피가 분배되며, 그 성례에 참여하는 모든 이들은 그들이 〔그것에〕 합당하든지 그렇지 않든지 자신의 입으로 그것을 받는다."

따라서 신자들과 마찬가지로 불신자들도 주의 만찬에서 동일한 요소들, 곧 빵과 포도주를 받는다. 그렇지만 이와 같은 방법으로 묘사하는 것은 주의 만찬의 특성에 어긋나는 것이 아닌가? 우리는 이 의문점에 대해 대답할 필요가 있다.

주의 만찬에 대한 개혁파 교회의 교의. 성찬에 대한 개혁파 교회의 교의는 본질적으로 칼뱅의 가르침과 일치한다. 루터와 마찬가지로 칼뱅도 그리스도가 성찬에 진정으로 임재한다고 믿었다. 그는 츠빙글리와 더불어 그것은 믿음과 관련해서 한 가지 중요한 사항이라고 확신했다.

여기서 그리스도의 임재는 물리적 임재가 아니라 영적인 임재다. 주의 만찬이 영적인 경험이고, 구세주가 성령과 은혜와 더불어 임재한다는 사실은 그것이 덜 실제적이라는 것을 의미하지 않는다. 그리스도의 영적인 임재는 매우 실제적이기 때문에, 신자들은 그를 만나고 그와 친교도 나눈다.

우리는 오직 믿음으로 사실상 그리스도와 친교를 나눈다. 주님이 우리에게 원하시는 대로 우리가 주의 만찬을 거행할 때, 우리는 믿는 마음으로 그가 우리를 위해서 고난을 당하고 죽었다는 것을 받아들인다. 결국 그리스도는 성찬의 성례를 통해서 그것이 진정으로 우리를 위한 것이라는 사실을 우리에게 확신시켜준다. 신자들로서 우리는 "그리스도와 우리 안에 거주하는 성령을 통해서 그의 영광스러운 몸에 더욱더 연합한다"(「하이델베르크 교리문답」 제28주일).

그렇다면 불신자들이 성찬에 참여하는 것에 대해서는 무엇이라고 말해야 하는가? 루터파 교회의 견해에 의하면, 사실상 그들이 그리스도를 받지만, 성령의 사역이 그들에게 미치지는 않는다. 이것은 그리스도와 성령을 구분하는 결과를 빚어낸다. 성경의 가르침에 의하면, 그와 같은 분리는 가능하지 않다.

겉으로는 경건한 체하지만 진지하게 회개하지 않은 위선자들도 주의 만찬에 참여할 수 있다. 그렇지만 그들은 성찬의 표지는 받으나, 그것이 실질적으로 의미하는 것은 받지 못한다. 「벨기에 신앙고백서」는 이것에 대해 다음과 같이 묘사한다. "불경건한 이들도 진정으로 성찬의 빵과 포도주를 받는다. 하지만 그 성례의 진리, 곧 그리스도는 받지 못한다. 오직 신자들만 진정으로 [그 진리에] 참여한다"(제35조). 또한 비록 하나님이 그분의 약속들을 그들에게 말씀하시지만, 그들은 자신들에게 제공되는 것을 거부한다. 그들은 변명할 수 없다. 여기서 칼뱅은 바위 위에 빗방울이 떨어지는 이미지를 사용한다. 불신자들의 완악함은 하나님의 은혜가 그들 안으로 들어가는 것을 가로막는다.

칼뱅은 다음과 같이 말한다. "성찬은 모든 그리스도인이 자주 시행하도록 제정된 것이다. 그래서 그들이 자주 그리스도의 고난을 묵상하고, 자신들의 믿음을 유지하며 굳세게 하고, 또한 그와 같은 묵상과 권면을 통해 서로 신앙을 고백하고, 하나님을 찬양하며 그분의 선하심을 선포하고, 마지막으로 성찬을 통해 신자들 상호 간의 사랑을 증진시키고 증거하며, 그리스도의 몸의 하나 됨 안에서 그들이 서로 연합되어 있다는 것을 숙고하게 하려는 것이다"(『기독교강요』 4.17.44).

종교개혁가 칼뱅의 이 말은 그리스도의 고난을 자주 기억하는 것이 중요하다고 강조한다. 성찬의 성례는 바로 이와 같은 방법을 통해서 믿음을 굳세게 해준다. 결국 그리스도의 희생제사는 "우리의 구원의 유일한 기초다"(성찬예식서).

또한 우리는 주의 만찬을 기념하는 것이 성도들 사이의 교제를 경험하는 데 중요하다는 것을 기억해야 한다. 성찬을 통해 영적인 양식을 공급받아서, 서로 사랑하며 그 사랑을 서로 입증하는 것이다.

칼뱅도 때때로 신랄한 어조로 자신의 입장을 밝힌다. 우리는 이것을 로마 가톨릭교회의 미사에 대해 논하는 장에서 간파할 수 있다. 칼뱅은 미사를 일종의 신성모독, 곧 그리스도의 십자가의 희생제사의 영속적인 유효성을 흐릿하게 만들고, 그리스도의 사역의 완전한 충족성을 정당하게 다루지 않는 것이라고 말한다. 칼뱅은 실체의 변화를 거짓말과 끔찍한 실수로 이해한다. 화체설은 그리스도의 위엄을 위반하는 것이다. 우리는 그리스도를 하늘에서 찾아야지, 제단 위에서 찾아서는 안 된다. 따라서 빵과 포도주를 흠숭하는 것은 순전한 우상숭배다.

「하이델베르크 교리문답」 제30주일의 80답변은 "미사는 단 한 번에 드려진 그리스도의 제사를 거부하며", "비난받아야 할 우상숭배입니다"라고 말한다. 이와 같은 예리한 표현들에 대해서 많은 비판이 제기되었다. 네덜란드 개혁파 교회의 총회는 이 교리문답의 이 표현과 로마 가톨릭교회와의 관계에 대해 다루는 한 공식적인 서한(1969)에서 다음과 같이 주장한다. 곧 널리 알려진 80답변은 더 이상 『새 교리문답』에 의해서 묘사된 상황에 적용되지 않는다.

로마 가톨릭교회와 종교개혁에 기초한 교회들이 성찬예식을 공동으로 거행하는 새로운 발전이 전개되었다. 개혁파 교회의 그리스도인들 중에서도 아무런 거리낌 없이 그 예식에 참여하는 이들이 있다. 하지만 사제가 제단 위에 희생제물을 드리는 성체성사는 그리스도가 제정한 주의 만찬과 조화를 이룰 수 없다. 그 사이에 어떤 타협적인 입장도 없다. 주의 만찬을 로마 가톨릭교회와 공동으로 기념하는 것은 종교개혁의 유산에 충실하게 머무르고자 하는 교회에게는 원칙적으로 불가능한 것이다.

53.4. 성찬의 거행

1. "누가 반드시 성찬에 참여해야만 합니까? 자기의 죄로 말미암아 자기 자신에 대해 슬퍼하지만, 하나님이 자기의 모든 죄를 용서해주셨고, 그리스도의 고난과 죽음으로 자기에게 남아 있는 연약함이 가려졌다는 것을 신뢰하는 사람들입니다. 그리고 자기의 믿음이 더욱더 굳세어지고 또한 더 훌륭한 삶을 살기를 간절히 원하는 사람들입니다"(「하이델베르크 교리

개혁교회 교의학

문답」 제30주일). 이 교리문답은 "너희가 이를 행하여 나를 기념하라"는 그리스도의 명령에 근거해서 성찬에 참여해야 하는 당위성을 강조했을 것이다.

우리의 교회들은 고린도전서 11:28의 권면과 일치하는 것으로서—칼뱅은 이 구절과 관련해서 바울이 어떤 사람이 다른 사람들을 살펴보라는 것이 아니라 오히려 자기 자신을 살펴보라고 말하는 것이라고 지적함—스스로 자기를 살펴보는 것이 의무적인 것이라고 판단한다. 표준적인 성찬예식서뿐만 아니라 개혁파의 신앙고백서에도 이와 같이 언급되어 있다.

어떤 이들은 성찬예식서의 다음과 같은 표현에 이의를 제기한다. "각 사람은 자신이 오직 예수 그리스도의 고난과 죽음으로 말미암아 자기의 모든 죄가 용서함을 받았다는 하나님의 이 확실한 약속을 믿는지에 대해 자기의 마음을 살펴보십시오." 그렇다면 어떤 사람이 이 사실을 확신하지 못한다면, 과연 그가 주의 만찬에 참여할 수 있는가라는 질문이 제기된다. 우리는 이 질문과 관련해 "확실한"이라는 단어가 문맥에서 어떻게 사용되었는가에 관심을 기울여야 한다. 여기서는 우리가 확신을 갖고 믿는지 또는 우리가 의문의 여지가 없는 믿음을 갖고 있는지가 문제의 핵심이 아니다. 오히려 그 핵심은 과연 우리가 하나님의 약속이 확실하고 명백하다고 진정으로 믿는가에 관한 것이다. 가장 중요한 점은 우리 자신과 관련해서 우리가 어떤 믿음을 지니고 있는가가 아니라, 우리가 하나님의 약속과 관련해서 어떤 믿음을 갖고 있는가다. 성찬예식서의 표현 그 자체도 우리가 그것을 다른 방법이 아니라 이와 같은 방법으로 이해해야 한다고 가리켜준다. 나아가 성찬예식서는 다음과 같이 언급한다. "우리는 완전한 믿음을 갖고 있지 않습니다. 또한 우리는 날마다 우리의 믿음의 연약함과 싸워야만 합니다." 그럼에도 "우리는 기꺼이 우리의 불신앙과 싸우며 또한 하나님의 모든 명령에 따라서 살아가기를 간절히 바랍니다. 우리는 우리가 원하는 것은 아니지만, 우리 안에 여전히 남아 있는 어떤 죄와 연약함도 하나님이 그분의 은혜 안에서 우리를 받아들이시는 것을 방해하지 못한다고 확신합니다."

이것은 칼뱅의 목회 지침과도 전적으로 일치한다. 우리가 우리의 믿음이 불완전하다는 것을 자각하고, 우리의 양심이 우리의 많은 취약점을 지적할 때, 이것은 우리가 주의 만찬으로 나아가는 것을 방해해서는 안 된다. 성찬의 성례는 바로 그와 같은 사람들에게 의도된 것이다! "우리의 믿음이 아직 연약하고 우리의 삶이 완전하지 않기 때문에 주의 만찬을 멀리해야 한다면, 그것은 우리를 병약하기 때문에 약을 먹지 않는다고 변명하는 어떤 사람과 비슷한 사람으로 만드는 것이다."[41]

성찬예식서는 하나님은 "[우리를] 그분의 아들 예수 그리스도의 식탁의 참여자들로 합당하다고 여기실 것이다"라고 말한다. 하지만 그 누구도 자기 스스로를 합당한 자로 만들 수 없다. 어떤 이들은 자신들이 주의 만찬에 참여하는 것에 합당하지 않다고 믿는다. 왜냐하면 그들이 자신을 살펴볼 때 성찬에 참여할 용기가 나지 않기 때문이다. 신약성경과 또한 성찬예식서가 합당하지 않게 성찬의 빵을 먹거나 잔을 마셔서, 주님의 몸과 피를 범하는 죄를 짓는 것에 대해 경고하는 것은 과연 문제가 있는 것인가? 사도 바울은 이 점과 관련해서 그렇게 하는 것은 자기에게 심판을 불러오는 것이라고 말한다(참조. 고전 11:27-32).

하지만 합당하지 않게 먹고 마시는 것은 자기 자신이 합당하지 않다는 것을 깊이 자각하는 것과 똑같은 것이 아니다. 바울은 이 두 가지에 대해 다르게 말한다. 고린도 교회의 교인들은 사랑이 없이 서로를 대했기 때문에 주의 만찬을 합당하지 않게 거행했다. 따라서 성찬의 거행은 그들에게 축복을 가져다주지 못했다. 바울은 그 교인 중에 질병에 걸린 사람과 죽은 사람들이 많다는 점을 지적한다. 그러면서 그는 그것을 하나님이 고린도 교회를 징계하신 것으로 이해한다. 주님은 이것을 통해서 그들에게 성찬을 합당하게 지키도록 명령하신 것이다. 하나님의 이 심판은 충

---

41 J. Calvin, *C.O.*, 5:445.

분히 심각한 것이었다. 그러나 그것은 **그** 심판, 곧 최후의 심판을 의미하는 것은 아니었다.

어떤 이들은 자신들이 주의 만찬에 참여하면, 그것은 자신들에게 하나님의 진노를 초래할 것이라고 믿는다. 따라서 그들은 성찬에 참여하는 것을 회피한다. 사람들은 종종 그것을 주의 성찬의 신비에 대한 두려움이라고 믿었다. 이것은 중세 시대에 성행했다. 또한 그것은 네덜란드 지역에서도 어느 정도 존속되었다. 종교개혁은 주의 만찬에 대해서 올바른 해석을 제시했다. 하지만 자기 자신을 면밀하게 살펴보지 않은 채 성찬에 참여하는 것에 대해서 때때로 진지하게 경고하는 것은 단순히 교회를 다니기만 하던 많은 사람에게 두려움을 불러일으켰을 가능성이 있다. 과연 제2차 종교개혁은 주의 만찬에 참여하는 것을 회피하도록 조장했는가? 레커커커의 견해에 의하면, 사실상 그와 같은 경우가 발생했다(Lekkerkerker, 1961, 125-131).

2. 개혁파 교회의 전통에 의하면, 교회에 속한 어린아이들은 주의 만찬에 참여할 수 없다. 무스쿨루스(W. Musculus, 1600년경)는 다른 입장을 지니고 있었다(Bavinck, *R.D.*, 4:583 이하). 하지만 그의 견해는 사실상 사람들의 동조를 얻지 못한 외로운 목소리에 지나지 않았다.

하지만 과연 아이들이 주의 만찬에 참여할 수 있는가라는 질문이 새롭게 등장했다. 네덜란드 개혁파 교회 총회에 의하면, 만약 몇 가지 조건이 충족될 수 있다면, 이것은 허용될 수 있다. 네덜란드의 개혁파에 속하는 몇몇 공동체들(Nederlandse Kerken in Nederland 또는 NHK)은 아이들의 부모들, 세례 받은 자녀들 및 세례를 받은 성인들이 동반하는 경우에 아이들에게 성찬 참여를 허용한다(Hendriks, 1986, 712).

아이들의 성찬 참여를 지지하는 논점들은 부분적으로 심리학적이고 교육학적인 특성을 지니고 있다. 어린아이들은 어린아이와 같은 마음으로 성찬에 기꺼이 참여하지만, 철든 후에는 그렇게 하기 어렵다는 것이다. 다시 말해 어린 시절에 아이들은 관습과 규칙들에 더 기꺼이 적응하고, 또한 이후에도 주의 만찬에 더욱더 기꺼이 참여한다는 논리다. 하지만 그와 같은 논점은 전혀 설득력이 없다.

가장 주요한 논점은 신학적인 특성을 지닌 것이다. 어린아이들은 세례를 통해서 교회의 지체들이 된다. 그들은 이런 이유에 근거하여 주의 만찬에서 교회의 다른 지체들과 연합할 권리를 지니고 있다고 생각된다. 다양한 측면을 고려한 결과, 세례를 받은 어린아이들은 단순히 믿음을 지닌 아이들로 이해되어야 한다고 추측되었다. 그러나 이것은 교회를 지나치게 이상주의적으로 묘사하는 것이다. 또한 이것은 세례는 거듭나게 한다거나 또는 세례는 거듭남을 전제한다는 견해와 관련이 있다(『세례, 성찬 및 직분』 [*Doop, Eucharistie en Ambt*], 1982, 14 이하, 19).

고린도전서 11장은 성찬에 참여하는 교인들이 자기 자신을 살피고 주의 몸을 분별하라고 말한다. 이 말은 사람들이 자신들이 무엇을 믿는지 설명할 수 있어야 한다는 것을 분명하게 지적한다(참조. Hendriks, 1986, 107). 이처럼 성찬에서 빵과 포도주를 받는 것과 신앙고백은 서로 밀접하게 연결되어 있다.

만약 어린아이들이 아직 주의 만찬에서 아무런 자리도 차지하지 못한다면, 그들은 자신들이 성찬의 거행과 별 관련이 없다고 느끼게 될 것이다. 어린아이들을 시야에서 놓쳐서는 안 된다. 또한 그들이 성찬에 접근하는 것을 지나치게 어렵게 만들어서는 안 된다. 이전에 기대되었던 한 가지 사례는 "주의 만찬에 참여하고자 하는 이들을 위한 간략한 기독교 개요"(Kort begrip der christelijke religie roor hen die zich willen begeven tot des Heren Heilig Arondmaal, 1608)였다.

3. 특히 교회 일치 운동의 영향으로 말미암아 성찬을 공동으로 거행하는 다양한 예식 형태들이 나타났다. 여기서 열린 성찬과 제한적으로 열린 성찬이 서로 구별된다. 곧 열린 성찬에서는 예배에 참석하는 모든 이들이 성찬에 참여하는 것이 허락된다. 그리고 제한적으로 열린 성찬에서는 특별한 상황에 있는 모든 교회의 지체들에게 참여가 허락된다. 또한 상호 참여와 성찬의 공동 집전이 서로 구별된다. 상호 참여는 서로 간의 동의에 기초해

서 두 교회가 양쪽 교회의 지체들이 모두 성찬에 참여하는 것을 인정한다. 공동 집전은 두 교회가 양쪽 교회의 직분자들의 권위를 서로 인정해서, 그들이 성찬에서 직무를 수행하게 하는 것이다. 한 가지 예로서, 네덜란드 개혁교회와 네덜란드 루터 교회는 성찬과 관련해서 1956년에 협약을 맺고 협정서를 작성했다. 두 교회는 협정서에 근거해서 성찬의 상호 참여와 성찬의 공동 집전을 모두 허용했다. 이것에 앞서 먼저 주의 만찬 교리에 대한 신학적인 대화가 이루어졌다.[42]

성찬을 공동으로 거행하기 위한 전제 조건으로서의 교리적인 일치를 거부하는 운동이 점차 증대되고 있다. 그 운동은 교회들이 성찬에 공동으로 참여하면 그것은 자동적으로 교회의 하나 됨을 가져온다는 희망을 갖고 있다. 하지만 서로 다른 교회들의 공동 예배는 실질적으로 존재하지 않는 하나 됨을 넌지시 알려줄 수 없다. 동시에 성찬의 식탁들을 서로 떼어놓게 하는 교회의 분열은 [교회사에서] 가장 슬픈 결과 중 하나라는 것을 지적할 필요가 있다. 그 식탁은 우리의 식탁이 아닌 바로 주의 식탁이다(고전 10:21). 주 예수는 그의 모든 백성이 하나 됨을 이루기를 바란다.

4. 주의 만찬의 거행과 관련해 지역에 따라서 다양한 관습이 있다. 중요한 것은 그것이 주의 만찬이라는 사실이다. 그리스도가 우리를 그 만찬에 초대하기 때문에, 우리는 거기에 참여할 수 있다. "이 잔치에는 영적인 식탁이 제공된다. 거기서 그리스도는 우리에게 자기 자신과 모든 은사를 나누어준다. 또한 거기서 그는 우리가 그와 교제하며, 그의 고난과 죽음의 유익들을 맛보게 한다"(「벨기에 신앙고백서」 제35조).

주의 만찬을 거행하는 것은 교회법적인 측면과 예식적인 측면을 지니고 있다. 전자의 경우에, 우리는 주의 만찬과 교회의 치리 사이의 연관성을 기억해야 한다. 후자의 경우에, 우리는 성찬을 거행할 때 식탁에 앉거나 또

---

42 참조. C. W. Mönnich and G. C. van Niftrik, 『성찬에 대한 개혁파와 루터파의 대화』 (*Hervormd-Luthers gesprek over het Avond-maal*), 1958.

는 일어서 있거나 하는 등 다양한 관습이 있다는 것을 기억해야 한다. 어쨌든 성찬은 말씀 선포 사역이 결여된 채 거행될 수는 없다. 우리의 신앙고백서는 다음과 같이 말한다. "우리는 하나님의 백성의 예배를 위한 모임에서 우리의 구주 그리스도의 죽음에 대한 거룩한 기억을 우리 사이에서 유지하면서 겸손과 경외심으로 또한 감사하며 이 거룩한 빵과 잔을 받는다"(「벨기에 신앙고백서」 제35조).

병원이나 요양소 등에서도 신앙 공동체가 (부분적으로) 모여서 목회자의 주도 아래 주의 만찬을 거행할 수 있다. 주의 만찬은 특히 질병으로 고통당하는 신자들과 연로한 신자들에게 위로를 준다.

이전의 주의 만찬의 예식서에는 위로의 주제가 명백하게 나타난다. 위로는 슬픔을 극복하게 할 뿐만 아니라 용기와 확신을 가져다준다. 따라서 성찬예식서에는 다음과 같은 기도가 포함되어 있다. "우리는 참된 확신으로 [주] 예수 그리스도에게 더욱더 우리 자신을 드립니다."

간략한 참고 문헌

K. Aland, 『신약성경과 초기 교회 안에서의 유아세례』(*Die Säuglingstaufe im Neuen Testament und in der alten Kirche*), 1961.

W. Balke, 『칼뱅과 극단적인 재세례파』(*Calvijn en de Dopelse radikalen*), 1977².

K. Barth, 『세례에 대한 교회의 교의』(*Die kirchliche Lehre von der Taufe*), 1943.

O. Bayer, *Promissio*, 1971.

G. R. Beasley-Murray, *Baptism in the New Testament*, 1962.

H. Berkhof, *The Doctrine of the Holy Spirit*, 1964.

G. C. Berkouwer, 『칼 바르트와 유아세례』(*Karl Barth en de kinderdroop*), 1947.

G. C. Berkouwer, *The Sacraments*, 1969.

U. Beyer, 『성찬과 미사』(*Abendmahl und Messe*), 1965.

『떡과 잔의 주위에서』(*Bij brood en beker*), ed. W. van 't Spijker et al., 1981.

A. J. Binsbergen, 『인장에서 응답으로』(*Van zegel naar antwoord*), 1982.

K. Blei, 『유아세례 논쟁』(*De kinderdoop in diskussie*), 1981.

O. Cullmann, 『신약성경의 세례론』(*Die Tauflehre des Neuen Testaments*), 1958².

W. F. Dankbaar, 『칼뱅의 성례론』(*De sacramentsleer van Calvijn*), 1941.

W. F. Dankbaar, 『주의 만찬에서의 그리스도의 임재』(*De tegenwoordigheid van Christus in het Abondmaal*), 출간 연도 미상.

L. Doekes, 『거룩한 나라』(*Een heilige natie*), 1980.

『세례, 성찬 및 직분: WCC "신앙과 교회 질서" 위원회의 선언문』(*Doop, Eucharitie en ambt. Verklaringen van de Commissie voor Geloof en Kerkorde van de Wereldraad van Kerken*), Lima, 1982.

K. Exalto, 『주의 만찬의 실제』(*Het Abondmaal in de praktijk*), 1987.

H. Feld, 『성찬에 대한 이해』(*Das Verständnis des Abendmahls*), 1976.

A. Ganoczy, 『가톨릭 성사론 입문』(*Einführung in die katholische Sakramentenlehre*), 1979.

J. van der Graaf (ed.), 『표준 용어들』(*Geijkte woorden*), 1979.

C. Graafland, 『성인 세례, 유아세례 및 재세례』(*Volwassendoop—kinderdoop—herdoop*),

1979.

Th. L. Heitjema, *De Heidelberge Catechismus*, 1982.

A. N. Hendriks, 『그리스도의 식탁에 앉아 있는 어린아이들?』(*Kinderen aan de tafel van Christus?*), 1986.

J. Jeremias, 『초기 교회는 유아세례를 베풀었는가?』(*Hat die Urkirche die Kindertaufe geübt?*), 1949[2].

E. F. Kevan, *The Grace of the Law*, 1964.

P. Knauer, 『믿음은 들음에서 온다』(*Der Glaube kommt vom Hören*), 1978.

A. G. Knevel (ed.), 『거룩한 성찬』(*Het Heilig Abondmaal*), 1990.

W. Krusche, 『칼뱅의 신학에서의 성령의 역사』(*Das Wirken des Heiligen Geistes nach Calvin*), 1957.

U. Kühn, *Sakramente*, 1985.

G. N. Lammens, 『그를 기억하면서』(*Tot zijn gedachtenis*), 1968.

G. van der Leeuw, 『성례 신학』(*Sakramentstheologie*), 1949.

A. F. N. Lekkerkerker, 『주님의 식탁』(*De tafel des Heren*), 1961.

A. F. N. Lekkerkerker, 『당신은 세례를 받았다』(*Git zijtgedoopt*), 1963.

L. H. van der Meiden, 『말씀을 통한 성령의 특별 사역』(*De bijzondere Geesteswerking met het Woord*), 1949.

A. D. R. Polman, 『하나님의 말씀에 대한 아우구스티누스의 사상』(*Het Woord Gods bij Augustinus*), 1955.

『세례대의 주위에서』(*Rondom de doopvont*), ed., van 't Spijker et al., 1983.

G. de Ru, 『유아세례와 신약성경』(*De kinderdoop en het Nieuwe Testament*), 1964.

A. A. van Ruler, 『왜 교회에 가야 하는가?』(*Waarom zou ik naar de kerk gaan*), 출간 연도 미상.

E. Schlink, 『세례론』(*Die Lehre von der Taufe*), 1969.

J. J. van der Schuit, 『주의 식탁으로 인도하라』(*Ten dis geleid*), 1961.

C. Trimp, 『말씀, 물 그리고 포도주』(*Woord, water en wijn*), 1985.

W. H. Velema, 『율법과 복음』(*Wet en evangelie*), 1987.

G. Wenz, 『개신교 성례론 입문』(*Einführung in die evangelische Sakramentenlehre*), 1988.

J. G. Woelderink, 『세례예식』(*Het doopsformulier*), 1938.

제15장

❦

종말론

§ 54. 성경적 및 신학적 방향 제시

54.1. 성경에 기초한 출발점
54.2. 최근의 견해들
54.3. 종말론의 구분

54.1. 성경에 기초한 출발점

1. 성경은 하나님이 과거에 무엇을 행하셨고 지금 무엇을 하시는가에 대해서뿐만 아니라 앞으로 무엇을 행하실지에 대해서도 알려준다. 하나님은 그분이 시작하신 모든 일을 계속해서 행하시며 마침내 완성하신다.

우리는 **종말론**에서 **하나님의 최종적·결정적·궁극적 행위들**에 대해 고찰한다. 곧 미래와 관련된 하나님의 약속들과 이 약속들에 의해 생겨나는 다양한 기대에 대해서 다룬다. "종말론은 미래에 개별적으로 일어날 몇몇 사건들에 관심을 갖는 것이 아니라 마지막이신 분의 약속 안에서—또한 그 약속에 기초해서—사건들이 종합적으로 수렴하는 것에 관심을 기울인다. 성경에서 그리스도가 영광 가운데 오는 사건은 마지막 일들의 실질적인 초점이다"(Berkouwer, 1972, 9 이하).

그리스도는 자신을 다음과 같이 마지막이신 분(*ho eschatos*)이라고 언급한다. "나는 알파와 오메가요, 처음과 마지막이요, 시작과 마침이라"(계

개혁교회 교의학

22:13). 우리가 마지막 일들(*ta eschata*)에 대해서 말할 때, 우리는 종말론의 모든 측면에서 그리스도를 만난다. 신자들은 미래에 일어날 많은 것들을 기대하고 있다. 왜냐하면 그들은 그리스도가 올 때 그를 동반하는 모든 것을 고대하고 있기 때문이다.

2. 우리 시대에 **종말론**이라는 용어는 상당히 많이 사용된다. 하지만 그 용어의 내용은 모든 사람에게 동일하지 않다. 그 용어는 미래 전반에 대한 기대에서부터 종말론과 직결되어 있는 것으로서 세상, 시간 및 만물의 종말에 대한 고대에 이르기까지 다양한 의미를 지닌다. 사람들은 지금 존재하는 세계와 그것의 뒤를 잇는 만물의 새로운 상태 사이에 어떤 단절이 있다는 것을 염두에 두고 있다(참조. *TRE* 10.257; E. Noort in 『성취와 완성』 [*Vervulling en voleinding*], 1984, 25 이하). 성경에 기초한 종말론에서 이와 같은 만물의 새로운 상태는 점차적으로 전개될 수도 있고 그렇지 않을 수도 있는 어떤 발전의 결과로 일어나는 것이 아니라 하나님의 행위들로 말미암아 일어난다.

따라서 종말론은 미래학이나 미래에 대한 예측과 명백하게 구별되어야 한다. 미래학에서는 다음과 같은 차이점들을 구별하고자 한다. 과연 미래가 현재로부터 예측될 수 있는가? 또는 미래가 현재와 대조되는가? 미래와 현재 사이에 연속성 또는 불연속성이 우세한가? 미래에는 낙관주의가 우세한가 아니면 비관주의가 우세한가? 하지만 우리가 핵심적인 사항에 초점을 맞출 때 이와 같은 차이점들은 부차적인 것이 된다. 핵심적인 질문은 다음과 같다. 과연 우리는 인간의 계획과 행동을 통해서 성취되는 어떤 미래를 추구하는가? 아니면 하나님의 계획과 행위의 결과로 전개되는 미래를 추구하는가? 믿음에 기초해서 미래를 기대하는 것은 필연성과 확실성으로 특징지어진다. 반면에 인간의 추측이나 추론에 기초해서 미래를 기대하는 것에는 그와 같은 것이 전혀 없다(참조. van Genderen, 1982, 43-47).

3. 하나님의 의미심장한 계시는, 부분적으로, 이스라엘과 그리스도의

교회에게 전달된 **예언**의 형태로 우리에게 온다. 예언이 전적으로 미래에 대한 것만은 아니다. 하지만 예언에서 미래는 상당히 중요한 위치를 차지한다. 구약성경에서 흔히 "마지막 날에" 또는는 "이후에"를 의미하는 히브리어 표현이 항상 종말을 가리키는 것만은 아니다. 왜냐하면 그 표현은 구체적으로 명시되지 않은 미래의 어떤 시점에 해당하기 때문이다(참조. *THAT*, 1:116-118). 하지만 의심의 여지없이 분명하게 종말에 초점이 맞추어져 있는 예언들도 있다. 예언자 하박국은 "그 종말이 속히 이르겠고… 지체되지 않고 반드시 응하리라"(합 2:3)고 말한다. 또한 예언자 말라기는 "보라! 용광로 불 같은 날이 이르리니"(말 4:1)라고 말한다. 어쨌든 그 용어 자체가 암시해주듯이, **묵시**(apocalyptics)의 의도는 미래와 관련해서 감추어져 있는 것을 드러내주는 것이다.

예언과 묵시의 차이점은 항상 명확하게 구별할 수 없다. 묵시는 예언 안에 강력하게 뿌리를 내리고 있다. 그리고 거꾸로 묵시적인 주제들은 예언 문헌에서 만날 수 있다. 성경에서 요한계시록과 같은 묵시적인 책은 "예언"이라고 불리기도 한다(계 1:3). 묵시가 지니고 있는 몇 가지 특징은 다음과 같다. 곧 이 세상과 미래의 세상을 선명하게 분리하고, 우주적인 현상들이 특별한 위치를 차지하며, 복합적인 이미지들이 사용된다. 우리는 이것에 대한 전형적인 예로 다니엘서의 후반부에서 다음과 같은 특징들을 지적할 수 있다. 곧 세상 권력들의 역할, 알레고리적인 표현들, 숫자들이 지니고 있는 상징성, 영적인 권세가 지상의 권세와 대조됨, 불경건한 권력 체제들의 멸망, 하나님 나라의 궁극적인 도래와 죽은 자들이 다시 살아남 등이다.[1]

4. 구약성경의 종말론적인 기대들을 체계적으로 요약하는 것은 쉽지 않다. 또한 그것에 대한 모든 분류마다 저마다의 문제점들을 지니고 있다. 하지만 몇몇 주요한 주제들은 충분할 만큼 명백하게 나타난다.

---

1   B. J. Oosterhoff, 『이스라엘의 예언자들』(*Israels profeten*), 출간 연도 미상, 160.

                                                                        개혁교회 교의학

a. 구속뿐만 아니라 커다란 화도 선포된다. 재앙이 두드러지게 언급되는 두렵고 놀라운 예언들도 있다. 예언자 아모스는 이렇게 말한다. "화 있을진저! 여호와의 날을 사모하는 자여, 너희가 어찌하여 여호와의 날을 사모하느냐? 그날은 어둠이요 빛이 아니라"(암 5:18). 또한 이사야 2:10-19, 스바냐 1:14-18 등을 보라. 이와 같이 야웨의 날은 두 가지 측면을 지니고 있다. 왜냐하면 동시에 그날은 구속을 가져다주는 위대한 날이기 때문이다(*TWNT*, 2:948 이하). 하나님의 심판은 이스라엘을 비껴가지 않을 것이다. 하지만 하나님의 은혜로 남은 자들은 심판을 피하게 될 것이다. 구속에 대한 약속 중 한 가지는 다음과 같이 언급된다. "내가 곤고하고 가난한 백성을 네 가운데에 남겨두리니, 그들이 여호와의 이름을 의탁하여 보호를 받을지라"(습 3:12).

b. 심판은 전 세계적으로 실행될 것이다. 하나님을 두려워하지 않는 이방 나라들에 무서운 심판이 임할 것이라고 종종 강조된다. 반면에 하나님의 백성은 그분의 구원의 풍요함에 동참할 것이다. 그렇지만 이미 족장들에게 약속된 바대로(창 12:3; 28:14), 마지막 날에 하나님이 계획하신 대로 구원은 "모든 나라"에 나타날 것이다(사 2:1-5; 25:6-7; 슥 2:11).

c. 영광스러운 미래가 시작될 것이다. 그 미래는 이스라엘의 잘 알려진 역사에서 성취된 것들을 훨씬 능가하는 말과 이미지들로 묘사된다. 우리는 특히 예언자 이사야의 다음과 같은 예언을 머릿속에 떠올릴 수 있다. 곧 평화로운 나라, 죽음이 없어짐, 새 하늘과 새 땅 등에 대한 예언들이다(사 11:1-10; 25:6-9; 65:17).

d. 몇몇 약속들은 미래의 구속을 메시아적 왕이 나타나는 것과 연결한다(참조. 사 9:6-7; 11:1-10; 슥 9:10). 미래의 왕의 통치가 바다에서 바다까지 이를 것이며 또한 유브라데 강에서 땅 끝까지 이를 것이라는 예언(슥 9:10)은 메시아적 왕의 나라가 온 땅을 포함한다는 것을 의미한다.

e. 때때로 마치 이 세상에서의 축복이 주로 기대되는 것처럼 보이기도 한다. 예를 들면 전쟁이 끝나고 질병이 사라지며 놀라울 정도로 풍요로운

자연의 결실을 보게 될 것이라는 등의 예언들이다. 이사야 11:9에서 이것은 "물이 바다를 덮음 같이 여호와를 아는 지식이 세상에 충만할 것임이니라"는 말로 묘사된다. 스가랴 2:10-11의 예언에서 핵심적인 사상은 다음과 같다. 곧 야웨는 그분의 백성 한가운데서 머무실 것이며, 많은 나라가 야웨와 친밀한 사귐을 갖고자 할 것이다. 미래뿐만 아니라 지금도 모든 구원은 언약의 하나님이 자비 안에서 그분의 백성을 기억하신다는 사실로부터 온다. "나는 스스로 있는 자니라"(출 3:14)는 하나님의 이름은 우리가 이해하는 것보다 훨씬 더 많은 것을 포함한다. 따라서 그분을 믿는 이들은 모두 위대한 것들을 기대할 수 있다.

f. 종종 구약성경에서 언급되듯이, 믿음에 기초한 이 기대에는 커다란 기쁨이 수반될 필요가 있다. 비록 우리는 여기서 단지 구약성경의 몇몇 구절을 언급하는 것에 그치지만, 그 안에는 훨씬 더 많은 사례가 있다. 예를 들면 이사야 25:9이다. "그날에 말하기를 '이는 우리의 하나님이시라. 우리가 그를 기다렸으니 그가 우리를 구원하시리로다. 이는 여호와시라. 우리가 그를 기다렸으니 우리는 그의 구원을 기뻐하며 즐거워하리라"(사 25:9). 또한 시편 98편 8-9에서 시인은 "야웨 앞에서" 즐거워하라며 창조세계 전체를 초청한다. 왜냐하면 "그가 땅을 심판하러 임하실" 것이기 때문이다.

5. **구약성경과 신약성경의 출발점**은 서로 본질적으로 다르지 않다. 구약성경의 종말론적인 관점들은 신약성경에서 확대된다. 신약성경에서도 주의 날은 신자들에게는 구원의 날이지만, 다른 이들에게는 재앙의 날이다.

또한 신약성경에서도 이와 같은 기대들의 근거는 전적으로 하나님의 계시에서 비롯된다. 하나님은 "이제도 계시고, 전에도 계셨고, 장차 오실 이"시다(계 1:4). 구속과 메시아가 오는 것 사이의 연관성은 이미 구약성경 안에 묘사되어 있다. 하지만 그 연관성은 종말론과 기독론의 내적인 결합 안에서 계시의 발전과 함께 두드러지게 나타난다.

하나님은 이미 그리스도 안에서 우리에게 오셨다. 나아가 하나님은 그리스도가 영광 가운데 다시 오실 것이라고 우리에게 약속하셨다. 따라서 교회는 성취와 만물의 완성 사이의 중간 기간에 위치한다. 그리스도의 부활은 매우 중대한 의미를 지니고 있기 때문에, 그것은 신약성경에서 약속들의 성취와 [신자들이 고대하고 있는] 만물의 완성에 대한 해석의 초점으로 이해될 수 있다(A. Geense in 『성취와 완성』[*Vervulling en voleinding*], 1984, 444). 따라서 신자들도 장차 부활할 것이라는 약속을 그리스도의 부활의 빛에 비추어서 이해해야 한다. 신자들의 부활은 바로 그리스도의 부활에 기초한다(고전 15장).

앞으로 일어날 모든 것에 대한 근거와 보증은 그리스도 안에서 발견된다. 그는 자신의 죽음과 부활을 통해서 그의 사역을 다 이루었다. 바로 이런 이유에서 우리는 종말론에서 **현재의 미래**(the future of the present)에 대해 생각한다.[2] 동시에 우리는 종말론에서 **미래의 현재**(the present of future)에 대해서도 다룬다(Versteeg, 1969). 우리는 하나님이 이미 여기서 그분의 성령을 통해 하시고 있는 일이 완성되는 것을 기다리고 있다. 바울은 이렇게 말한다. "그뿐 아니라 또한 우리 곧 성령의 처음 익은 열매를 받은 우리까지도 속으로 탄식하여 양자 될 것 곧 우리 몸의 속량을 기다리느니라"(롬 8:23).

우리는 이와 같은 기독론적이며 성령론적인 기초를 넘어서 나아갈 필요가 있다. 우리의 기대는 삼위일체 하나님의 사역을 향해서 이끌림을 받을 필요가 있다(참조. 롬 8:11). "이는 만물이 주에게서 나오고, 주로 말미암고, 주에게로 돌아감이라"(롬 11:36).

성취와 만물의 완성 사이에 또는 하나님의 약속의 초기 성취와 궁극적인 성취 사이의 기간에 사는 것은 신자들이 **이미**(now already)와 **아직**(not yet) 사이의 긴장감을 감지하고 있다는 것을 의미한다. 그 긴장감에 대한

---

2 실질적으로 그것은 이미 이 땅에 왔던 그(the One)의 미래다(W. Kreck, 『이미 온 그의 미래』[*Die Zukunft des Gekommenen*], 1961).

간략하지만 명료한 이 표현은 널리 받아들여지고 있다.[3]

따라서 우리는 하나님이 우리를 그분의 사랑하시는 아들의 나라로 인도하신 것에 대해 하나님께 감사한다. 그러면서 우리는 "그의 나라가 임하옵시며"라고 끊임없이 기도한다(참조. Hoekema, 1979, 52). 그리스도 안에서 우리의 구속은 이미 실재가 되었다는 우리의 믿음은, 우리에게 약속된 구속이 완전히 성취된다는 기대와 밀접하게 연결되어 있다. 그리스도는 우리에게 이미 많은 것을 주었다. 곧 "생명과 경건에 속한 모든 것"을 우리에게 주었다(참조. 벧후 1:3-4). 하지만 그의 모든 약속은 아직 완전히 성취되지 않았다. "우리는 그의 약속대로 의가 있는 곳인 새 하늘과 새 땅을 바라보도다"(벧후 3:13).

6. 신약성경 전체는 종말론적인 기대들로 가득하다. 우리가 복음서들에 대해 생각한다면, 특히 종말의 사건들에 대한 예수의 말씀들이 머릿속에 떠오를 것이다(§ 56.1을 보라). 어떤 이들은 제4복음서에서 종말과 관련된 예수의 언급을 찾는 것을 별로 기대하지 않지만, 우리는 그 복음서 안에서도 몇 가지 언급들을 발견할 수 있다(참조. 요 5:24-29; 6:39-54; 14:3; 17:24).

바울은 그의 편지들에서 하나님이 우리를 위해서 이미 행하신 것을 상당히 많이 강조한다. 하나님의 약속들은 그리스도와 그의 성령의 사역을 통해 성취되었다. 하지만 하나님이 앞으로 행하신 일들에 대해서 강력하게 고대하는 것도 있다. 현재의 성취는 미래와 관련된 기대들을 감소시키지 않는다. 이와 반대로, 하나님의 약속들의 성취는 새로운 기대를 위한 토대가 된다. 고린도전서 12-14장은 교회에게 주어진 영적인 은사들에 대해서 다룬다. 사도 바울은 해당 편지 15장에서 그리스도의 부활에 의해서 암시되는 종말론적인 관점들을 강력하게 제시한다. 그리고 이 장은 "항상

---

3   참조. Cullmann, 1946, 188; Berkouwer, 1972, 110-139; Kreck, 1961, 77-108; Hoekema, 1979, 14 이하.

                                          개혁교회 교의학

주의 일에 더욱 힘쓰는 자들이 되라"(고전 15:58)는 권면으로 마무리된다
(참조. § 56.3).

54.2. 최근의 견해들

사실상 현대 신학에서 "종말론"이라는 용어는 자주 사용된다. 하지만 이것
은 [오늘날의 신학자들이] 전반적으로 성경에 기초한 종말론적인 기대를
정당하게 다룬다는 것을 의미하지 않는다. 우리는 이와 관련해서 20세기
신학의 몇몇 전형적인 대표자들을 언급하고자 한다. 우리는 이 과정에서
몇몇 학파들을 확인할 수 있다.[4]

1. 철저한 종말론(Consistent eschatology)은 하나님 나라에 대한 19세기
의 견해를 강력하게 반박하면서 반응한다. 19세기의 종말론에 의하면, 하
나님 나라는 인간에 의해서 이루어지는 도덕적인 가치들의 영역이다(A.
Ritschl). **바이스**(J. Weiss)와 **슈바이처**(A. Schweitzer)는 신약에 대한 연구를
통해서 다음과 같은 확신을 갖게 되었다. 곧 예수의 가르침에 의하면, 하
나님 나라는 일종의 미래의 나라이며, 그 나라는 이 세상의 종말과 새로운
세상의 시작을 암시한다. 또한 그 나라는 인간의 노력이 아닌 하나님의 변
경할 수 없는 개입을 통해서 도래한다.

예수는 이와 같은 하나님 나라가 곧 도래한다고 기대했지만 그렇게 되
지 않자 실망했다(참조. § 56.1. 제1번). 또한 우리는 하나님 나라가 오는 것
과 관련해서 할 수 있는 것이 별로 없다. 슈바이처는 개인적으로 예수를
본받는 것과 생명에 대한 외경심을 갖는 것에 초점을 맞추었다.

---

4   또한 참조. Holström, 1936; Hoekema, 1979, 288-316; J. Veenhof, "신학적인 다양한 관
     점들"(Lehrmeinungen), in H. Ott, 『믿음의 대답』(*Die Antwort des Glaubens*), 1981³, 482-
     487.

2. 실현된 종말론(Realized eschatology). 도드의 이론에 의하면, 예수의 설교 안에서 "에스카톤"(*eschaton*, 종말)은 이미 미래로부터 현재로, 기대의 영역으로부터 실현된 경험의 영역 안으로 앞당겨졌다. 신약성경 저자들에게 "에스카톤"은 역사 안으로 들어왔고, 하나님의 감추어진 통치는 계시되었다. 다가올 시대(the Age to Come)는 이미 왔다(C. H. Dodd, *The Apostolic Preaching and Its Developments*, 210). (또한 참조. § 56.2, 제2번).

도드는 주로 제4복음서에 호소한다. 그는 그 복음서에서 영생—요한복음의 주요한 주제 중 하나—을 다가올 시대의 생명으로 이해할 수 있다고 믿는다. 그 생명은 그리스도의 임재와 그의 성령에 의해 지금 여기에 있는 교회에서 실재가 되었다.

3. 우리는 **초월적 종말론**(transcendental eschatology)과 관련해서 특히 **칼 바르트**, 적어도 그의 『로마서 주석』(1933)을 염두에 두고 있다. 그는 종말론이 교의학에서 간략하면서도 해롭지 않은 마지막 장이 되는 것을 원치 않는다. 기독교의 모든 것은 종말론적이다. 우리는 시간과 영원의 경계선에서 또한 하나님의 심판대 앞에서 우리 자신을 지속적으로 발견한다. 부분적으로 바르트 때문에, "종말론적"이라는 단어는 "결정적인"(decisive)이라는 의미로 사용되었다. 바르트의 견해에 의하면, 중요한 것은 우리 **앞에 놓여 있는 것**이나 또는 시간 뒤에 뒤따르는 것(post)이 아니라, 오히려 시간을 초월하는 것(trans)이다.

사실상 바르트는 이와 같은 그의 진술들로부터 부분적으로 후퇴했다. 하지만 이것은 다음 사실에서 전적으로 벗어나는 것은 아니다. 곧 그의 종말론은 하나님의 모든 약속이 앞으로 성취되는 하나의 새로운 실재보다 오히려 그리스도 안에서 이미 실재가 된 것을 밝히는 데 더 관심을 두고 있고 우주적인 측면이 매우 강조된다. 그는 1959년에 그리스도인은 그리스도 안에서의 구원에 개인적으로 참여하는 것에 대한 기대에 자신을 국한시키거나 또는 그것을 깊이 생각해서는 안 된다고 주장했다. 오히려 그

  개혁교회 교의학

리스도인은 전체 교회, 모든 인류 또한 모든 창조물과 함께 이 빛에 참여한다는 것을 잊어버려서는 안 된다고 주장했다. 그리고 그는 이 거대한 무리 중 한 부분으로서 이 빛을 기대하고 접근할 수 있다고 말한다(Barth, *C.D.*, 4.3.932-933).

4. 실존주의적 종말론(existential eschatology). **불트만**의 견해에 의하면, 신약성경에 나오는 종말론적인 표현들은 신화적인 특성을 지니고 있기 때문에 그것들은 현대인에게 의미가 없다. 따라서 우리는 신약성경과 그 메시지에 대해서 해석할 필요가 있고, 그 해석은 현대인과 자신에 대한 그의 관점에 타당한 것이어야 한다. 그리고 현대인은 자신이 이 세상에 속해 있지 않다는 것을 깨달을 필요가 있다(탈세상화[Entweltlichung]).

그러므로 불트만의 이와 같은 견해는 세상과 관련한 시간적인 의미에서 마지막 사건들을 분명하게 다루는 것이 아니다. 미래의 중대성은 사실상 완전히 사라진다. 남는 것은 이른바 지금 여기에서의 영원한 현재다.[5]

5. 희망의 종말론(eschatology of hope). 이것은 몰트만의 야심찬 저서 『희망의 신학』(*Theologie der Hoffnung*, 1964)에서 발전된 종말론을 가리킨다. 몰트만은 이 책에서 희망을 자신의 핵심 원리로 채택한 철학자 에른스트 블로흐(Ernst Bloch)의 개념들을 받아들여서 적용한다. 그는 미래를 제거시키려고 시도하는 이들(예. 불트만)과 대조적으로 특히 우리에게 다가오는 것(*adventus*)으로서 미래를 중심에 위치시킨다. 이 "아드벤투스"는 근본적으로 새로운 것과 관련이 있다. 이스라엘 백성의 출애굽 사건과 그리스도의 부활은 그것에 대한 예들이며 또한 그것을 미리 보여주는 것이다.

몰트만은 하나님이 약속하신 미래가 과연 무엇인가라는 질문에 대단

---

[5] 무엇보다도 그의 다음 저서를 보라. R. Bultmann, 『역사와 종말론』(*Geschichte und Eschatologie*), 1964².

히 모호하게 대답한다. 우리는 아직 존재하지 않는 무엇인가를 희망해야 한다. 우리는 이것에 약속(*promissio*)은 명령으로 해석될 수도 있다는 것을 덧붙여 말해야 한다. 따라서 희망은 현실에서 실행으로 옮겨져야 한다. 그 것에 의해서 해방을 위한 우리의 행위들은 반드시 하나님 나라에 대한 우 리의 기대에 수반되어야 한다. (이 문제에 대해 더 자세하게 알려면, 판 헨더렌 [van Genderen, 1982, 55-60]을 보라.)

6. 미래주의와 현실주의는 중요한 측면에서 서로 대조된다. 천년왕국 설의 지지자들은 성경－특히 구약성경의 예언서들과 요한계시록－의 해 당 구절들을 해석하면서, 미래주의적인 관점을 취한다. 이 관점은 종종 미 래를 명확하게 구분되는 경험 가능한 시기들로 지나치게 세분화한다(참조. § 56.1, 제4번).

우리는 이와 대조되는 견해로서 종말의 사건들에 대해 구체적으로 묘 사할 수 없고, 또한 **실제적인 순간**(actual moment)에 초점을 맞추는 선언에 강조점을 둘 필요가 있다. 우리는 이 견해와 관련해서 알트하우스, 칼 라너 와 그들의 영향력에 대해 생각한다.[6]

우리는 베르카우어의 저서에서도 이와 비슷한 내용을 발견할 수 있다 (참조. Berkouwer, 1972, 216-219, 246-248, 398 이하). 베르카우어는 "묵시 적인 자료는 어떤 다큐멘터리를 제공하려는 것이 아니라 선언을 지지하려 는 의도를 지니고 있다"는 것은 하나의 사실이라고 일컫는다(1963, 2:57). 하지만 우리는 과연 어떤 다큐멘터리와 선언을 위해서 지지하는 것 사이 에 아무런 관계가 없는지에 대해 의구심을 품고 있다.[7]

---

6 Althaus의 전형적인 입장은 다음과 같다. "종말론은 그림들을 지니고 있지만, 그것은 다가 오는 것에 대한 어떤 그림도 제시하지 않는다"(Die Eschatologie hat Bilder, aber sie gibt kein Bild des Kommenden), 1964[9], 82. 한편 Rahner의 견해에 의하면, 종말론은 결코 "미래에 대 한 다큐멘터리"가 아닌 "그리스도 사건"에 의해 결정된 구속사의 상태에 근거한 예고다(참 조. K. Rahner, 『신학 논문집』[*Schriften zur Theologie*], 1960, 4:401-428).

7 Berkhof는 Berkouwer의 종말론에 대해서 비판한다. Berkouwer의 관점에 의하면, 연대기,

54.3. 종말론의 구분

흔히 종말론은 개인적이고 인격적인 종말론과 보편적이고 우주적인 종말론으로 구분된다. 알트하우스(*C. W.*, 658 이하)는 이 구분에 대해 다음과 같이 말한다. 곧 개인과 관련된 종말론은 개인의 생명의 끝과 이 끝의 다른 쪽에 놓여 있는 것에 초점을 맞추고 있다. 반면에 보편적인 종말론은 역사의 끝과 완성에 대해 탐구한다(또한 참조. Heyns, *Dogm.*, 393). 우리는 이와 같은 구분에 반대한다. 이것은 그리스도의 재림을 보편적인 종말론에 부수적인 것으로 만들기 때문이다.

바빙크는 종말론을 다르게 구분한다. 곧 "중간 단계", "그리스도의 재림" 그리고 "모든 시대의 완성"이다. 우리는 이 구분에 동의한다. 하지만 우리는 첫 번째 명칭으로 "죽음 이후의 삶"을 선호한다.

우리는 이 교의학의 종말론 항목의 시작 부분에서 이 주제들에 관한 논의를 시작하기에 앞서 성경에 기초한 출발점을 제시했다.

이와 같이 종말론에서 가장 중요한 자료는 세 가지 주제로 세분화된다. 이런 배경에서 그리스도의 재림은 중심적인 위치를 차지한다. 또한 그의 재림은 종말론 전체의 핵심이다.

예언, 문서 기록 및 의사소통은 구속의 계시와 거리가 멀다. 이 점과 관련해서는 특히 다음 연구서를 보라. J. C. de Moor, *Towards a Biblically Theo-logical Method*, 1980. Moor는 Berkouwer가 중립적이거나 객관적인 문서를 찾고자 한다고 지적한다. 한편 우리는 Berkhof의 견해에 대해서는 나중에 논의하고자 한다(참조. § 57.3).

§ 55. 죽음 이후에 지속되는 삶

55.1. 영혼의 불멸?
55.2. 중간 상태에 대한 논쟁
55.3. 성경은 무엇이라고 말하는가?
55.4. 다양한 개념들
55.5. 그리스도와 영원히 교제하는 삶

55.1. 영혼의 불멸?

많은 사람이 죽음 이후에도 삶이 지속되는지에 대해서 질문한다. 하지만 널리 퍼져 있는 믿음은, 인간이 적어도 그의 영혼과 관련해서 불멸한다는 믿음이다. 죽음이 끝이 아니라는 개념이 단지 기독교에만 있는 것은 아니다. 우리는 그것을 죽음에 대한 보편적인 항의와 인간의 마음속에 뿌리 내리고 있는 삶에 대한 지울 수 없는 동경심으로 인식할 수 있을 것이다.

죽음 이후의 삶은 종종 이 세상에서의 삶을 비추어주는 그림자와 같은 이미지로 묘사되었다. 지하 세계에는 유령들이 거주하는 것으로 추정되었다. 고대 그리스에서 불멸에 대한 신념은 다양한 신비 종교에서 분명하게 나타난다. 그 신비 종교들은 죽을 수밖에 없는 운명으로부터의 구속에 초점이 맞추어져 있다. 이와 같은 믿음에 영향을 받은 플라톤은 자신의 대화편 『파이돈』(*Phaedo*)에서 육체와 영혼을 대조시켰다. 생각하는 영혼은 불멸하지만, 육체는 죽을 수밖에 없다. 육체는 영혼의 감옥이다. 따라서 죽음은 영혼이 이 감옥으로부터 해방되는 것을 의미한다. 한편 다른 철학자들은 영혼의 불멸에 대해서 의심했다. 어떤 철학자들은 "죽음은 죽음이다"라고 주장했다. 하지만 영혼과 육체에 대한 플라톤의 생각은 철학적·신학적 전통에 확고한 자리를 잡았다.[8]

제5차 라테라노 공의회(1513)의 선언은 영혼이 불멸하다고 암시해준다. 또한 칼뱅과 같은 종교개혁가도 영혼이 육체의 감옥으로부터 해방되는 것에 대해서 말한다(『기독교강요』 3.9.4). 하지만 칼뱅이 그와 같이 말하는 배경은 플라톤의 이원론적

---

8 참조. H. Wolf, 『철학적 문제로서의 불멸』(*Onsterfelijkheid als wiesgering problem*), 1933.

인 배경과 다르다(참조. Quistorp, 1941, 55-57). 많은 개혁파 신학자가 영혼의 불멸에 대한 합리적인 논의들을 제시했다. 바빙크의 평가에 의하면 몇몇 논증들은 가치가 없는 것이 아니다(Bavinck, *R.D.*, 4:593). 또한 호닉의 견해에 의하면 그것들은 커다란 가치를 지니고 있지만, 모든 비판을 해결해주지는 못한다(Honig, *Handboek*, 777). 가장 중요한 논증들은 존재론적 증명, 형이상학적 증명, 인간론적 증명, 도덕적 증명 및 거의 대부분의 나라들의 의견의 일치에 기초한 증명(*e consensu gentium*) 등이다.

계몽주의 시대에 불멸은 하나님, 덕, 불멸이라는 셋으로 이루어진 한 조의 한 부분이었다. 칸트는 널리 알려진 증명들에 대해 비판하고 나서 실천 이성에 근거한 전제로서 단지 불멸만 받아들였다. 이후에 영혼 불멸에 대한 유물론과 실증주의의 논박은 어느 정도 영향을 미쳤다. 하지만 육체와 영혼이 서로 결합되어 있다는 최근의 견해와 또한 인간은 유한한 존재라는 강력한 믿음은 영혼 불멸의 사상이 다시 활기를 찾는 데 방해 요인으로 작용했다.

개혁파 교회에 속한 이들은 최근의 견해들의 표현 방법에 이의를 제기했다. 곧 본래부터 지니고 있거나 또는 태어날 때 주어지는 불멸과 같은 것은 없다. 또한 인간의 구성 요소 중 불멸한다고 간주될 수 있는 우월한 부분은 없다(A. Kuyper, H. Dooyeweerd).[9] 그러자 어떤 이들은 이와 같은 견해가 죽음 이후에 영혼이 살아남는다는 것을 의심하게 할 것이라고 염려했다. 이 점과 관련해서 네덜란드 개혁파 총회는 1942년에 다음과 같이 교회의 입장을 공식적으로 표명했다. 곧 죽음 이후에도 영혼은 계속해서 존재한다. [어떤 영혼은] 그리스도와 친밀하게 교제하며 구원을 누리지만, [다른 영혼은] 멸망을 경험한다. 마지막 날에 신자들은 영원한 구원을 받지만, 불신자들은 버림을 받고 영원한 저주 안에서 계속해서 존재한다.[10]

개혁파 총회를 이와 같은 선언으로 이끌었던 논쟁은 인간론에 관심을 기울였다. 하지만 알트하우스, 판 더 레이우 및 다른 이들이 전통적인 견해들에 대해서 비판한

---

9 더 자세한 내용을 알려면, 다음 연구서를 참조하라. G. C. Berkouwer, *Man: The Image of God*, 1962, 247 이하, 255-264.
10 『총회 회의록』(*Acta*), 제682항.

것은 훨씬 더 큰 공격력을 지녔다. 왜냐하면 그 비판은 종말론에 관심을 기울였기 때문이다.

알트하우스의 견해에 의하면, 인간 영혼의 불멸에 대해 가르치는 것은 하나님의 심판으로서의 죽음을 반박하는 것이다. 인간은 죽음 이후에도 하나님과 개인적인 관계를 맺고, 그 관계는 제거되지 않는다. 판 더 레이우는 그 딜레마에 대해서 알트하우스보다 더 예리하게 말한다. 곧 죽음 이후에 불멸 또는 부활이 있다. 오직 하나님만이 불멸의 존재이시다. 하나님은 인간에게 부활의 약속을 주셨다(Althaus, 1964[9]; Van der Leeuw, 1947[4]).

하나님의 창조물로서 인간은 영혼과 육체가 하나 됨을 이루고 있다. 따라서 우리는 반드시 영혼과 육체의 관계에 대한 이원론적인 설명―불멸의 요소와 죽을 수밖에 없는 요소―을 거부해야 한다. 인간의 영혼이 태어날 때부터 불멸의 특성을 지니고 있다고 주장하는 이들은 죽음의 심각성을 무시하는 것이다. 그 심각성은 단순히 육체에만 영향을 미치는 것이 아니다. 우리는 죄악으로 말미암아 생명의 근원이신 하나님과의 교제에 균열이 생긴 결과로 빚어진 인간의 덧없음과 죽음의 필연성에 대해서 성경이 무엇이라고 말하는지 온전한 설명을 제시해야 한다.

인간의 죽음은 그가 더 이상 존재하지 않는다는 것을 결코 의미하지 않는다. 우리는 성경이 이 점에 대해서 말하는 것을 주의 깊게 들을 필요가 있다.

55.2. 중간 상태에 대한 논쟁

우리는 인간의 중간 상태(*status intermedius*)라는 표현을 죽음의 순간부터 그리스도의 재림의 순간 사이에 놓여 있는 인간 및 특별히 신자들의 상태를 의미하는 것으로 이해한다(Dijk, 1951을 보라).

영혼의 불멸이라는 개념에 대한 비판은 종종 중간 상태에 대한 교의를 만들어내는 결과를 가져왔다. 이 중간 상태에 대해서 설명하는 다양한 견해가 있다.

1. 많은 사람이 받아들이는 **알트하우스의 종말론**에 의하면, 중간 상태

라는 영역은 없다. 그의 견해에 의하면, 우리는 이 개념과 반드시 결별해야 한다(Althaus, 1964[9], 154-169)

2. 네덜란드에서는 텔더르의 입장이 널리 알려져 있다. 이 주제에 대한 그의 첫 번째 책(Telder, 1961)―이 책은 신학적인 논문이라기보다 일종의 증언이다―은 이른바 종교개혁의 사고로부터 유래된 "비성경적인 개념들 및 관점들"과 또한 "비성경적인 환상들 및 위로를 가져다주는 사고들"을 제거하려는 의도를 지니고 있다. 신자들이 죽자마자 곧바로 하늘의 기쁨과 구원이 그들을 기다리고 있는 것이 아니라, 그리스도가 재림할 때 비로소 그것들이 주어진다. 그 시점까지 하나님의 자녀들은 죽음의 상태에 머물러 있다. 죽음 이후에도 신자들은 그리스도와 분리되지 않는다. 하지만 이것은 그들이 죽자마자 이미 "중간 시기의 영혼의 구원"을 누린다는 것을 의미하지 않는다. 텔더르는 「하이델베르크 교리문답」 제57답변의 전반부―죽자마자 영혼이 곧바로 그리스도게 들어 올려짐―를 받아들이지 않는다. 오히려 그는 다음과 같이 주장하는 것을 선호한다. 곧 주 안에서 죽는 모든 이들은 자신의 영을 그들의 하늘 아버지의 손에 드린다. 또한 그들은 죽음 안에서 자신들이 그리스도로부터 분리되지 않는다는 사실을 알 수 있다. 그러면서 그는 로마서 8:39 및 빌립보서 1:23을 언급한다(참조. Telder, 1960, 143; 1963, 63, 125).

텔더르의 견해는 논쟁을 불러일으켰다. 텔더르가 속해 있는 **개혁파 교회 자유파**(Gereformeerde Kerken, Vrijgemaakt)에서 그의 견해는 정죄되었다. 그의 견해가 죽음과 부활 사이의 중간 시기에 영생이 중단되지 않은 채 지속된다는 성경의 약속과, 이 약속에 기초하는 「하이델베르크 교리문답」 제57답변의 전반부의 내용에 전적으로 어긋나기 때문이다(참조. Wiskerke, 1963, 242). 또한 이 개혁파 연맹의 총회도 이 결정을 인증해주었다.[11]

---

11 『개혁파 교회연맹 총회 회의록』(*Acta van de Gen. Synode van de Ger. Kereken in Ned. gehouden te Amersfoort-West*), 1966-1967, 제164항.

3. 텔더르와 베르크호프의 견해에서 주요한 차이점은 **베르크호프**는 성경이 말하는 것을 무시한다는 점이다. 베르크호프는 성경이 말하는 것이 추측의 특성을 지니고 있는 암시들과 관련이 있고, 이런 암시들은 믿음의 상상력에 기초한 타당한 표현의 일부분을 형성한다고 주장한다. 하지만 그것들은 신학적인 교의를 위한 자료는 제공해주지 않는다. 베르크호프는 중간 시기와 중간 상태에 대해서 아무도 다음과 같은 진술 외에 의미 있는 논평을 할 수 없고, 그것은 결정적인 것이라고 생각한다. 곧 죽음의 경계선을 넘은 이후에 우리의 신실한 언약의 파트너는 결코 어느 곳에서도 우리를 그의 손에서 놓지 않는다(Berkhof, *C.F.*, 530 이하).

4. 바르트는 다른 방향으로 훨씬 더 나아간다(참조. Barth, *C.D.*, 3.2.587-640). 그는 "우리가 마감하는 우리의 생명의 영원화 외에"(die Verewigung gerade dieses unseres endenden Lebens, 760), 하나님이 지금 그분의 백성에게 주시는 생명의 변화나 연장을 전혀 기대하지 않는다. 우리가 존재하지 않았던 시간이 있었다. 우리가 거기에 더 이상 존재하지 않는 시간이 다가온다. 이 의미에서 인간은 "현세적"(diesseitig)이다. (곧 죽음의 이편에 한정되어 있다). 어느 날 그는 단지 그곳에 있을 것이지만, 그의 유한한 생명은 하나님의 의식 안에 영원히 남아 있을 것이다. 이것이 바로 영원화다.

우리의 생명이 유한(Befristung)하다는 개념은 인간의 실존에 대한 분석에 기초한 것이다. 이것은 결코 신약성경의 종말론이 아닌 것이라고 올바르게 논박되었다! 영원화라는 바르트의 개념과 더불어 영원한 삶―교회의 신앙고백의 필수적인 한 부분임―은 사라져버렸다.[12]

5. 네덜란드의 가톨릭교회에서 펴낸 『새 교리문답』(1966, 551-555)은 죽음이 근본적인 것이라고 강조하며 가르친다. 죽음은 우리가 현재 알고 있는 인간 존재의 끝이다. 하지만 아무것도 불가능한 것이 없는 분에 대한

---

12   참조. G. C. Berkouwer, 『칼 바르트의 신학에서의 은혜의 승리』(*De triomf der genade in de theologie van Karl Barth*), 1954, 325-344.

우리의 믿음은 궁극적으로 우리가 생명을 위해서 의도되어 있다고 신뢰하도록 우리를 격려해준다. 하지만 『새 교리문답』은 죽음 이후의 인간 존재가 "어떠한지"와 관련해서 모호한 입장을 취한다. 이 교리문답은 영혼이 육신과 분리된 채 계속 존재한다는 사고에 기초해서 해석했던 과거의 시도와는 달리 믿음에 대해서 다르게 해석하려고 시도한다.

또한 다른 경향들도 있다. 알트하우스 자신도 한편으로 치우친 반응의 위험성에 대해서 지적했다. 곧 우리는 신약성경이 죽음 이후에도 인간이 계속해서 존재한다고 전제하는 것을 시인해야 한다. 우리는 신약성경에서 마지막 날에 대한 종말론뿐만 아니라 하늘에 대한 종말론도 발견한다. 분명히 신약성경의 찬송은 부활과 하나님 나라에 대해 찬양하는 노래들을 포함한다.[13]

현대의 신학적인 논쟁들과 관련해서 1979년에 로마 교황의 권위로 신앙교리성(Congregation for the Doctrine of the Faith: CDF)이 보낸 편지는 다음과 같이 선언한다. "교회는 의식 및 의지와 더불어 영적인 요소들이 지속적으로 존재한다고 인정한다." 또한 "인간 각자"는 계속해서 존재한다. 교회는 이 요소를 언급하기 위해서 "영혼"이라는 단어를 사용한다. 그것은 성경과 전통을 통해서 받아들여졌다.[14]

55.3. 성경은 무엇이라고 말하는가?

과연 이스라엘은 죽음 이후의 삶에 대해서 알고 있었는가? 이 질문에 대해 종종 "아니다"라는 대답이 제시되었다. 사후의 삶과 관련해서 구약성경의 여러 곳에서, 특히 욥기와 전도서에는 매우 우울한 음성이 들린다(참조. 욥

---

13   P. Althaus, "Retraktationen zur Eschatologie" in *Theol. Literaturzeitung 75* (1950): 253-260.
14   참조. *Archief van de kerken*, 1979, 34:814.

7:21; 전 3:20). 시편 115:17에는 다음과 같이 언급된다. "죽은 자들은 여호와를 찬양하지 못하나니, 적막한 데로 내려가는 자들은 아무도 찬양하지 못하리로다." 또한 이사야 38:18-19에서 히스기야 왕은 다음과 같이 기도한다. "스올이 주께 감사하지 못하며, 사망이 주를 찬양하지 못하며, 구덩이에 들어간 자가 주의 신실을 바라지 못하되, 오직 산 자 곧 산 자는 오늘 내가 하는 것과 같이 주께 감사하며 주의 신실을 아버지가 그의 자녀에게 알게 하리이다."

여기서 이 세상에 살아 있는 것과 찬양은 서로 밀접하게 연결되어 있다. 이 세상에서의 삶은 하나님을 찬양하기 위한 것이다. 죽음의 상태에서는 어떻게 하나님을 찬양할 수 있겠는가? 죽음의 영역(*sheol*)은 죽음의 권세 또는 죽은 사람들이 머무는 장소를 가리킨다(참조. De Bondt, 1938, 95-129).

하지만 구약성경은 그 이상의 것에 대해서 말한다. 죽음과 죽은 사람들의 영역이 최종적인 선언의 말을 갖고 있지 않고, 오히려 능력이 무한하신 언약의 하나님이 최종적인 선언의 말을 지니고 계신다. "여호와는 죽이기도 하시고 살리기도 하시며, 스올에 내리게도 하시고 거기에서 올리기도 하시는도다"(삼상 2:6). 하나님은 그분의 백성을 죽음의 권세와 멸망으로부터 구원하실 것이다(참조. De Bondt, 1938, 223).

구약시대의 성도들은 믿음의 긴장 관계 안에서 심지어 죽음에 의해서도 끊어지지 않는 하나님과의 교제에 대해 선언한다. 그들은 그 교제 안에서 자신들이 미래에도 안전하다는 것을 알고 있다. 시편 49편에서 시인은 오직 자기 자신을 의지하는 사람들은 죽음의 권세로부터 벗어날 수 없다는 사실을 잘 알고 있다. 하지만 이 사실은 49:15에서 언급되는 그의 말과 극명하게 대조된다. 곧 "그러나 하나님은 나를 영접하시리니 이러므로 내 영혼을 스올의 권세에서 건져내시리로다." 또한 시편 73:24의 널리 알려진 말에서도 동일한 믿음이 표현되어 있다. 곧 "주의 교훈으로 나를 인도하시고 후에는 영광으로 나를 영접하시리니"(참조. 시 73:23-26). 시편 저자는 하나님이 자신을 그분의 손으로 꼭 붙잡고 계시며, 또한 그분의 계획에 따라서 그를 끝까지 인도하실 것이라고 확신한다. 그 끝은 바로 하나님의 영광의 빛으로 가득한 곳이다.[15] 한편 어떤 이들은 시편 73:24을 다르게 해석한다. 곧 "하나님은 나를 영광으로 회복시켜줄 것이다"라고 해석한다. 하지만 그들은 "라카흐"라는 히브리어 동사를 올바로 이해한 것이 아니다. 이 시편들 외에도 그 히브리어 동사는 창세기 5:24과 열왕기하 5:9에서 사용되었다. 해당 구절들은 하나님이 에녹과 엘리야를 데려가신 것을 다루고 있다.

구약성경에서의 두 구절, 곧 이사야 26:19과 다니엘 12:2은 의심의 여지없이 죽은 사람들의 부활에 대해서 말한다. 다니엘서의 해당 절은 이중 부활에 대해 말한다. 곧 어떤 이들은 죽음에서 깨어나 "영생"을 받을 것이며, 반면에 다른 이들은 "수치를 당하여서 영원히 부끄러움을 당할" 것이다.

우리는 바로 앞서 언급한 기대들이 기독교 시대가 시작되기 이전까지의 유대교 문헌에서 더욱더 구체적으로 표현되는 것을 볼 수 있다. 하지만 모든 유대인이 이와 같이 기대했던 것은 아니다. (더 자세한 내용과 다양한 견해에는 대해서 다음 연구서들을 참조하라. Hanhart, 1966, 18-32; Hoffmann, 1969[2], 77-155.)

우리는 구약성경이 죽음 이후의 삶에 대해 무엇이라고 말하는가에 대한 질문과 관련해서 욥기 19:25-27과 같은 몇몇 본문을 추가로 언급할 수 있다. 하지만 이 구절들은 다양하게 해석된다. 신약성경은 이것을 더 분명하게 설명한다. 이런 이유로 브리젠은 구약성경이 신약성경에서 "성취" 되는 것을 주장할 수 있는 몇몇 사례 중 하나라고 지적한다(Vriezen, 『주요한 관점들』[*Hoofdlijnen*], 442).

신약성경에서 미래는 그리스도의 부활에 비추어서 묘사된다. 우리는

15 　참조. H.-J. Kraus, *Theologie der Psalmen*, 1989[2], 2:672 이하.

구속사 안에서의 이 사건에 기초해서 마지막 날의 부활을 기다리고 있다. 하지만 죽음 이후에도 생명은 지속된다. 예수는 하나님을 가리켜 아브라함의 하나님, 야곱 및 이삭의 하나님이라고 말하면서 "죽은 자의 하나님이 아니요, 살아 있는 자의 하나님이시라"(눅 20:38)고 선언한다. 또한 그는 "하나님에게는 모든 사람이 살았느니라"고 덧붙여 말한다. 이 말은 하나님이 그들을 지속적으로 기억하시며 또한 하나님과 그들의 관계는 결코 끊어지지 않는다는 것을 의미한다. 따라서 텔더르(Telder, 1960, 73-75)의 해석보다 칼뱅의 해석이 더 설득력 있다. 곧 하나님은 인간의 이해력을 뛰어넘는 방법으로 그들을 하나님 앞에서 계속 살아 있게 하신다.

누가복음 23:43은 죽은 다음에 삶이 지속된다는 것에 대해서 더 많은 빛을 비추어준다. 예수는 자기와 함께 십자가 처형을 받은 사람에게 낙원의 문을 열어준다. 여기서 낙원은 의인들이 죽은 후 하나님이 그들을 그분과의 교제에 동참케 하는 장소를 의미한다. 곧 예수는 다음과 같은 취지로 그에게 말한다. "먼 미래가 아니라 오늘 이미 네가 나와 함께 그곳에 있을 것이다"(참조. *TDNT*, 5:770 이하).

바울 자신도 "그리스도와 함께 있는 것"(빌 1:23)이라는 표현을 통해 그리스도가 여기서 약속하는 것에 대한 믿음을 보여준다. 바울의 이 표현은 이 세상의 삶을 넘어서 지속되는 삶에 대한 가장 명백한 선언 중 하나다. 곧 바울은 이 세상을 떠나서 그리스도와 함께 있기를 열망한다. 그는 그것이 훨씬 더 나은 것이라고 생각한다. 바울은 죽는 것도 그에게 유익하다고 생각한다. 그리스도가 그의 삶의 전부이기 때문이다(참조. 빌 1:21).[16] 한편 "유익"이라는 단어와 관련해서 어떤 이들은 바울 자신이 아니라 그리스도에게 유익이 있는 것으로, 곧 그리스도의 이름과 그의 목적 및 교회를 위해서 유익이 있는 것으로 생각한다. 하지만 사도 바울은 자신의 죽음이 교

---

16 Hoffmann(1969², 295)은 빌 1:23에서 다음과 같은 확신을 발견한다. 곧 "죽음은 그리스도와 분리하는 것이 아니라 그와 교제하도록 이끌어준다."

회를 위해서 유익한 것이라고 이해하지 않는다. 적어도 여기서는 그렇다. 반면에 바울 자신이 자신의 죽음을 통해서 유익을 얻는다. 몇몇 주석가들은 바울이 자신의 죽음을 내다보며 언급하는 것은 자신의 순교에 대한 기대와 연결되어 있다고 믿고 있다. 순교자들이 이 특권을 얻었다. 그런데 고린도후서 5:8에도 비슷한 생각이 표현되어 있다. 거기서 사도 바울은 "우리"라는 인칭대명사를 사용한다. 곧 모든 신자는 자신들이 죽은 후 그리스도와 함께 있을 것이라고 기대할 수 있다. 그리고 여기서 "그리스도와 함께"라는 것은 그리스도와 함께 움직이는 것으로 묘사된다. 이것은 그리스도 가까이 있으면서 그와 매우 친밀하게 교제하는 삶을 가리킨다.

이와 같은 성경의 언급들은 서로 분리된 개별적인 언급들이 아니다. 사도 바울이 여기서 말하는 것은 신자들이 이 세상에서의 삶뿐만 아니라 죽음 이후에도 그리스도께 속해 있다는 확신에 기초한다. 심지어 죽음도 신자들을 그리스도와의 사랑으로부터 떼어놓을 수 없다(롬 8:38-39 및 14:8을 보라). 그리스도와 신자들의 연합 및 교제는 영원히 지속되는 실재다. 신자들이 이 세상을 떠날 때, 그들은 그리스도 안에 있는 것이 중단되지 않는다.

우리는 이와 관련해서 스데반의 기도를 언급할 수 있다. 스데반은 "주 예수여, 내 영혼을 받으시옵소서!"(행 7:59)라고 기도하면서 자신이 죽자마자 그리스도와 함께 살게 될 것이라는 믿음을 표현한다(참조. *TDNT*, 5:771; Wiskerke, 1963, 179 이하).

제4복음서가 영생에 대해 말하는 것도 중요하다. 예수는 "나는 부활이요 생명이니, 나를 믿는 자는 죽어도 살겠고, 무릇 살아서 나를 믿는 자는 영원히 죽지 아니하리니"라고 말한다(요 11:25-26). 그리스도를 믿는 사람은 영생을 지닌다. 심지어 신자가 죽는다고 하더라도, 그 생명은 손상되지 않는다. 또한 어느 날 그 생명은 그것이 지니고 있는 영광을 온전히 드러낼 것이다.

구약성경은 하나님과 그분의 백성 사이의 교제는 심지어 죽을 때에도 끝나지 않는다고 넌지시 알려주었다. 신약성경은 이 교제가 그리스도 안에서 보증된다는 것을 우리에게 분명히 보여준다.

이 자료들을 살펴볼 때, 그 누구도 신양성경에서 중간 상태는 이른바 **알려지지 않은 땅**(*terra incognita*)이며 요한계시록 6:9-11을 제외한다면 다른 타당한 진술들을 발견할 수 없다고 주장할 수 없을 것이다(Hanhart, 1966, 224-239). 오히려 다른 많은 본문뿐만 아니라 요한계시록의 해당 본문은 우리의 관심을 끄는 질문들에 중요한 의미를 제공해준다.

요한은 순교 당한 영혼들이 하늘의 제단 아래 있는 것을 보았다. 이것은 그들이 이전에 이 땅 위에서 살았으며 또한 지금 만물의 완성을 고대하고 있다는 것을 가리켜준다. 그들은 그들의 동료 종들 가운데서 죽임을 당하기로 되어 있는 사람의 수가 차기까지 아직은 조금 더 쉬어야 한다는 음성을 들었다. 하지만 그들은 이미 흰 두루마리를 받았다. 이것은 "그들이 완전한 영광을 고대하면서 누리는" 안식과 평안을 의미한다(De Vuyst, 1987, 80).

따라서 신자들이 자신들의 죽음과 부활 사이의 중간 시기에도 그리스도와 함께 생명을 누린다는 것은 명백한 사실이다.

55.4. 다양한 개념들

1. 연옥. 정화(purification) 개념은 오래된 것이다. 이 개념은 특히 로마 가톨릭교회에서 받아들여졌지만, 전적으로 그 교회에게만 있는 것은 아니다. 오랜 세기 동안 전해져온 이 전통은 1274년에 리용 공의회에서 연옥에 대한 교리로 명문화되었다(*DS*, 856-859).

로마 가톨릭교회의 은혜 교리와 참회 교리는 서로 직접적인 연관성이 있다. 트리엔트 공의회는 다음과 같이 선언했다. 어떤 사람이 의롭게 되는 하나님의 은혜를 받은 다음에 죄를 짓고서도 회개하지 않았다면, 그는 이 세상의 삶에서 또는 연옥에서 그것에 대한 벌을 받아야 한다(*DS*, 1580).

이 고통은 조만간에 끝나고, 신자들은 기도와 미사 및 대속을 통해 연옥에 있는 "불쌍한 영혼들"을 도와줄 수 있다. 또한 죽은 자들을 위한 기도와 속죄제물에 관해 언급되는 곳은 마카베오하 12:42-46 외에도, 고린도전서 3:12-15이다. 하지만 최근의 신학에서는 이와 같은 방향으로 나아가는 것을 주저한다. 대체로 연옥에 대한 개념을 지지했던 이들은 교부들이었다 (Ott, *Grundriss*, 576).

연옥 교리와 관련해서 로마 가톨릭교회 및 신학은 어느 정도 변화를 경험했다. 그래서 로마 가톨릭교회는 연옥에 있는 영혼들에 대해 이전보다 적게 언급한다. 하지만 죽은 자들을 위해서 기도하는 것―특히 미사를 집전할 때―은 여전히 타당할 뿐만 아니라 명령으로 간주된다.

네덜란드의 『새 교리문답』(1966)은 이와 관련해서 다음과 같이 말한다. 곧 이전에 사람들은 어떤 특별한 장소, 어떤 불, 어떤 특정한 기간, 또한 마지막으로 병원의 대기실에서 이름이 불리는 것과 마찬가지로 천사에 의해 이름이 불리는 것 등에 대해서 상상했다. 그 대신 우리는 초기 기독교의 단순성을 다시 회복해야 하고, 정화를 죽음 그 자체와 연결해야지, 어떤 분리되어 있는 독립적인 상태를 상상해서는 안 된다. 왜냐하면 성경은 그것에 대해 거의 언급하지 않기 때문이다. 죽음의 다른 편은 정화의 형태일 수도 있다. 하지만 어떤 특정한 장소나 기간을 명시하는 것은 가능하지 않다(558-560).

연옥에 대한 로마 가톨릭교회의 교리가 진정으로 무엇인지를 판단하는 것은 쉽지 않다. 한편으로 『새 교리문답』은 제2차 바티칸 공의회에서 분명하게 표현된 쇄신을 반영하려는 의도를 갖고 있다. 다른 한편으로 이 공의회 자체는 죽는 시점에서의 정화가 아니라 죽음 이후(*post mortem*)의 정화에 대해서 말한다. 그러면서 이 공의회는 연옥에 대한 피렌체 공의회와 트리엔트 공의회의 선언을 재차 인정했다.[17]

---

17 제2차 바티칸 공의회, 『교회에 관한 교의 헌장 (인류의 빛)』, 제 51번.

연옥 교리 및 그것과 관련된 사항들과 관련해서, 「제2 스위스 신앙고백서」(Confessio Helvetica Posterior, 1566)에 표현되어 있는 종교개혁의 입장에서의 논박은 여전히 타당하다. 곧 연옥 개념은 "나는 죄를 사하여 주시는 것과 영원히 사는 것을 믿사옵나이다"라는 사도신경의 조항뿐만 아니라 그리스도를 통해서 완전히 정결하게 되는 것에도 어긋난다(제26조). 또한 바빙크의 다음과 같은 예리한 비판을 참조하라. 곧 연옥에 대한 교리는 한편으로 [죄에 대한] 무관심을 조장하고, 다른 한편으로 [죄 사함에 대해서] 신자들에게 불확실성을 불러일으킨다. 그것을 통해서 그리스도의 희생제사와 간구의 충족성에 대한 믿음이 약화된다(Bavinck, *R.D.*, 4:632-638).

2. 영혼의 이주. 대체로 영혼의 이주(Transmigration of souls)는 **영혼 윤회설**을 의미한다. 이것은 영혼의 이주에 대한 고대의 믿음이 새로운 모습으로 나타난 것과 관련이 있고, 그것에 대해 흥미를 갖는 사람들의 숫자가 점차 늘어났다. 대체로 이것은 어떤 사람이 죽은 다음에 그에게 속한 어떤 것이 땅으로 다시 돌아온다는 믿음과 관련이 있다. 또한 이것은 지금 어떤 사람 안에 있는 무언가는 그가 이 땅에 태어나기 이전에 이런저런 형태로 이미 이 땅에 있었다는 것을 암시한다.

윤회설 개념은 인도의 힌두교와 불교에서 유래되었다. 윤회는 응보의 법칙을 따르는 것(업)이다(*karma*). 인간의 운명은 그의 선한 행위들 또는 악한 행위들에 달여 있다. 이것은 끊임없는 생명의 윤회를 빚어낸다(*samsara*). 이것은 사람을 내면적으로 짓누르는 사고다. 인간은 자신의 영혼이 세계의 영혼과 하나 됨을 이룬다는 깨달음을 통해서 "삼사라"로부터 해방될 수 있다.

영혼 윤회설이 고대 그리스 사상, 적어도 오르페우스 신비 종교(the Orphic mysteries), 피타고라스 학파와 플라톤의 저서들에서 모종의 역할을 한 것은 아마도 동방으로부터 영향을 받았기 때문이다. 플라톤의 사상에는 영혼의 신적인 요소의 선재성과 영혼들의 이주 개념이 포함되어 있다. 그 후 19세기와 20세기에 이르러 비로소 영혼 윤회설이 신지학(theosophy), 인지학(anthroposophy), 몇몇 심령주의 운동과 뉴에이지 운동 등에서 다시 등장했다.[18]

이전 형태 및 새로운 형태의 영혼 윤회설 모두에서 공통되는 것은 원인과 결과의 법칙이 맨 앞과 중심에 놓여 있다는 것이다. 이것이 진화의 개념과 결합하게 되면, 그 전개 과정은 전반적으로 우호적으로 펼쳐진다. 영혼 윤회설은 흔히 인간의 내면을 짓누르는 것으로 이해되었다. 하지만 이제 그것은 오히려 인간을 고무시켜주는 개념이 되었다! 어떤 개인의 모습은 죽음을 통해서 진정으로 사라진다. 하지만 더 높은 "자아"나 영혼 또는 인간의 영적인 존재는 새로운 형태로 나타난다. "우리 안에 존재하는 에너지는 없어지지 않는다. 그것은 스스로 다시 태어난다. 곧 십중팔구 또 다른 사람 안에서, 또는 가능성이 있는 것으로서 전혀 다른 존재(식물, 천사, 신적인 존재) 안에서, 아니면 심지어 다른 별에서도 다시 태어난다"(Logister, 1990, 38).

우리는 영혼 이주설이 어떻게 묘사되든지 간에 그것은 전적으로 기독교 신앙에 어긋난다고 생각한다. "사람이 무엇으로 심든지 그대로 거두리라"(갈 6:7)는 사도 바울의 말은 윤회설의 밑바탕에 있는 원인과 결과의 법칙과 아무런 상관이 없다.

우리는 단 한 번 산다. 이 세상에서의 삶의 의미심장함은 죽음의 의미심장함과 균형을 이룬다. 성경은 " 한 번 죽는 것은 사람에게 정해진 것이요, 그 후에는 심판이 있으리니"(히 9:27)라고 말한다. 인간은 하나님이 유일무이하게 지으신 존재다. 어떤 사람도 인간으로서 자신에게 속한 것을 그가 죽은 다음에 다른 사람에게 넘겨주지 않는다. 어떤 이들은 인간

---

18 이런 이유로 심령주의는 때때로 교의학에서 별도로 다루어진다. 참조. Bavinck, *R.D.*, 4:623-625.

이 더 높고 완벽한 존재로 진화된다고 주장하고 약속한다. 그것은 하나님의 은혜로 구원받는다는 성경의 가르침을 포기하며, 그와 같은 주장으로 대치하는 것이다. 그러므로 "윤회설 전체는 위험을 알려주는 사이렌 소리다"(Verkuyl).[19]

3. 영혼 수면설. 이 견해도 이른 시기부터 등장했다. 칼뱅은 어떤 연구서(*Psychopannychia*, 1542)에서 영혼 수면설(soul sleep)을 집중적으로 다루면서 논박했다.[20] 그는 이 연구서에서 그리스도에 대한 믿음을 갖고 이 세상을 떠나는 이들은 곧바로 그리스도와 함께 살며, 그들의 영혼은 잠을 자는 것이 아니라고 주장한다. 개혁파 교회의 교의는 신자들이 죽은 다음에 어떤 어스레한 영역으로 내려간다는 관점을 전혀 지지해주지 않는다.

잠자는 상태로 존속한다는 이미지는 오늘날에도 여전히 널리 알려져 있다. 어떤 이들은 성경에 "잠자고 있다" 및 "잠이 들었다" 같은 표현들이 나타난다는 점을 지적하면서 영혼 수면설을 지지한다. 하지만 이 표현들은 인간이 죽음 이후에도 존속한다는 것과 관련해서 어떤 내용도 구체적으로 설명해주지 않는다(참조. Ridderbos, *Paul*, 497 이하; Hoffmann, 1969[2], 186-206).

4. 새로운 몸을 지님. 어떤 이들은 몸이 없이 영혼만 존재한다는 것에 의문을 품는다. 그래서 종종 어떤 이들은 매우 미묘한 물질로 구성되어 있는 임시적인 몸에 대해서 상상하며, 사람이 죽으면 그에게 곧바로 그런 새로운 몸(a new corporality)이 주어진다고 생각한다. 그 몸은 때때로 투명하

---

19 J. Verkuyl, 『예수 그리스도의 복음에 대한 인지학』(*Antrosofie en het evangelie van Jezus Christus*), 1986, 37-43; R. Kranenborg, 『영혼 윤회설과 기독교 신앙』(*Reincarnatie en christelijk geloof*), 1989; W. Logister, 1990.

20 참조. W. Balke, 『칼뱅과 재세례파 극단주의자들』(*Calvijn ed de Doperse radikalen*), 1977[2], 1989, 23-36.

고 가벼운 몸으로 묘사된다.

네덜란드의 『새 교리문답』은 다음과 같이 주장하면서 이 방향으로 나아가는 것처럼 보인다. "죽음 이후의 존재는 이미 부활의 새로운 몸과 어느 정도 비슷하다." 또한 어떤 이들은 몇몇 위대한 성인과 진정으로 선한 신자들이 [죽음 이후에도] 다른 사람들보다 훨씬 더 강력하게 존속한다고 생각한다. 또한 이것은 더 높은 상태의 부활을 암시해준다. 이와 같은 신념은 마리아와도 연결되어 있다. 로마 가톨릭교회의 가르침에 의하면, 마리아는 죽지 않고 몸과 영혼을 지닌 채 하늘로 들림을 받았다. 이 점과 관련해서 마리아는 다른 신자들보다 뛰어나다(554-558). 이와 비슷한 사고가 특히 가톨릭 신자들 사이에서 많이 나타난다는 것은 놀라운 일이 아니다(참조. Ratzinger, 1978[4], 95-99).

하지만 이 견해도 성경의 가르침과 일치하지 않는다. 신약성경에서 언급되는 새로운 몸은 그리스도의 영광스러운 몸과 같은 것으로서 신자들이 갖게 될 부활의 몸에 국한되어 있다. 그리스도가 장차 영광 가운데 나타나면, 하나님은 그분의 백성에게 이와 같은 몸을 주실 것이다(참조. § 57.1).

55.5. 그리스도와 영원히 교제하는 삶

개혁파 교회의 교의에 의하면, 그리스도와의 교제는 "이 세상에서의 삶을 마친 다음에 곧바로" 그의 백성을 기다리고 있다(「하이델베르크 교리문답」 제57 답변). 이 답변은 다음 두 가지 측면을 포함한다. 첫째, 죽음은 끝이 아니다. 둘째, 연옥이라든가 영혼의 수면이 우리를 기다리고 있는 것이 결코 아니다. 이 신앙고백서는 신자들이 죽은 다음에 곧바로 그리스도와 함께 있게 된다고 고백한다. 신자들은 그리스도의 몸의 지체들이고, 또한 그리스도는 그 몸의 머리다. 우리가 이미 앞서 논의한 본문들로서 누가복음 23:43과 빌립보서 1:23 등이 이 신앙고백에 기초를 제공해준다.

「하이델베르크 교리문답」은 신자들의 영혼이 죽은 다음에 곧바로 그리스도께로 들어 올려지며, 또한 장차 신자들의 영혼과 [부활의] 몸은 다시 결합하게 될 것이라고 서로 구별해서 가르친다. 이것은 비판을 불러일으켰다. 왜냐하면 이것은 스콜라주의적인 이분법을 암시해주는 것처럼 보이기 때문이다. 하지만 제57답변을 이러한 방법으로 이해해서는 안 된다. 오히려 그것은 종교개혁 시대에 흔히 사용되던 표현을 확대한 것이고, 몸과 영혼을 구분해서 말하는 것은 성경에서도 나타난다(참조. 마 10:28). 그 교리문답은 어떤 특정한 인간론적인 표현법을 말하려는 의도를 지닌 것이 아니었다. 우리는 죽음 이후의 삶을 묘사하기 위해서 인간론적인 범주들(구분 방법들)을 사용할 수 없다. 몸과 영혼에 대해 마치 이분법적으로 언급한다고 추측해서, 「하이델베르크 교리문답」이 초점을 맞추고 있는 것으로서 죽은 다음에 곧바로 이어지는 그리스도와의 교제의 실재를 의심할 이유는 전혀 없다. 이 기대는 인간론이 아니라 기독론에 기초한 것이다. 이것은 분명히 다음과 같은 믿음을 표현한다. 곧 "사망이나 생명이나 천사들이나 권세자들이나 현재 일이나 장래 일이나 능력이나 높음이나 깊음이나 다른 어떤 피조물이라도 우리를 우리 주 그리스도 예수 안에 있는 하나님의 사랑에서 끊을 수 없으리라"(롬 8:38-39).

그리스도와 교제하는 삶은 하나님 아버지의 집에서 살아가는 삶이다. 지금 그리스도는 하나님 아버지와 함께 있다. 그리스도는 자신에게 속한 사람들에게 다음과 같은 것, 곧 그들도 그가 있는 곳에 있게 될 것이라고 약속했다(요 14:3). 그들은 하나님 아버지의 집에서 그분과 함께 있게 될 것이다.

그리스도와 교제하는 것은 현세의 삶에서 시작된다. 하지만 그 교제는 현세의 삶 이후의 삶에서도 지속된다. 그 교제는 결코 중단되지 않는다. 그리고 그리스도와의 교제는 죽음 이후에 전개되는 삶에서 더 이상 죄로 말미암아 방해받거나 위협받지 않을 것이다. 왜냐하면 그 교제는 지금보다 훨씬 더 훌륭한 것이기 때문이다. 그래서 바울은 그리스도와 함께 있는 것이 "훨씬 더 좋은 일"이라고 말할 수 있었다(빌 1:23).

영원한 기쁨은 여기서 이미 시작되었다. 완전한 복락(구원)은 현세의 삶을 마친 다음에 뒤따를 것이다(「하이델베르크 교리문답」 제58답변). 이 종말론적인 관점은 첫 열매(*aparche*)와 보증(*arraboon*)으로 성령이 이미 우리에게 주어졌다는 신약성경의 개념에 기초한다. 이런 이유로 우리는 확신을 갖고 이미 우리에게 허락되고 주어진 것을 기다릴 수 있다. 이와 같이 우리는 현세의 삶 이후에 이어지는 삶을 성령론의 빛에 비추어서 이해한다.

신자들의 최고의 기쁨은 그를 기다리고 있는 그의 구원자이며 보증인이라고 종종 지적되었다. "결국 신자들에게 중요한 것은 하늘의 광채가 아니라 하늘에 있는 그들의 구주다." 심지어 그리스도께서 우리를 고대하는 것은 우리가 그를 고대하는 것보다 훨씬 더 강렬하다. 그는 다음과 같이 기도한다. "아버지여, 내게 주신 자도 나 있는 곳에 나와 함께 있어…나의 영광을 그들로 보게 하시기를 원하옵나이다"(요 17:24). (판 더 스카위트 [Van der Schuit] 1929, 98-100을 보라.)

개혁파 교회의 어떤 신앙고백서들(「하이델베르크 교리문답」, 「벨기에 신앙고백서」, 「도르트 신조」 등)은 죽음과 부활 사이의 삶에 대해서 묘사하려고 시도하지 않는다. 하지만 개혁파의 몇몇 다른 신앙고백서들은 그 삶에 대해서 간략하게 언급한다. 예를 들면, 「웨스트민스터 신앙고백서」는 다음과 같이 묘사한다. 곧 "의인들의 영혼들은 전적으로 완전해지고 거룩하게 된 채 가장 높은 하늘로 받아들여질 것이다. 그곳에서 그들은 하나님의 얼굴을 볼 것이다. 또한 그들은 빛과 영광 가운데 [거하면서] 자신들의 몸의 완전한 구속을 기다릴 것이다"(Müller, *Bek.*, 610). 그리고 「에어라우탈 신앙고백서」(*Erlauthaler Bekenntnis*, 1562)는 영원한 삶에 적합하도록 새롭게 된 신자들의 영혼들이 낙원에서 그리스도의 제단 아래 있는 아브라함의 품 안에 있게 될 것이라고 말한다. 그들은 땅 위에 사람들이 살고 있다는 사실을 인식한다. 그들이 믿음 안에서 부활을 고대하고 있기 때문이다. 하지만 그들은 지상에 있는 사람들에 대해 아무것도 알지 못하며, 또한 그들을 위해 기도하지도 않는다(Müller, *Bek.*, 344,

352).

우리는 요한계시록 14:13과 6:11-13에 근거해서 죽음과 부활 사이의 생명이 지니고 있는 두 가지 측면에 대해 말할 수 있다. **그것은 한편으로는 안식이며, 다른 한편으로는 기다림이다.** 칼뱅은 죽음과 부활 사이의 생명과 관련해서 다음과 같이 말한다. "그러므로 우리는 하나님이 우리에게 정해 놓으신 한계들에 만족하자. 곧 경건한 자들의 영혼들은 현세에서의 싸움의 수고를 마치면 복된 안식에 들어간다. 거기서 그들은 약속된 영광을 누리게 되기를 기쁨으로 기대하며 기다린다. 그래서 우리의 구속자 그리스도가 나타나기까지 모든 것은 미완의 상태에 있다"(『기독교강요』 3.25.6).

이 중간 시기에는 일종의 긴장감이 있다. 그 긴장감은 "어느 때까지"(계 6:10)라는 질문에서 알 수 있듯이, 그리스도의 재림 이전의 시대를 특징짓는다. 하나님의 모든 약속이 아직까지 완전히 성취되지 않았기 때문이다. 비록 이 세상에서의 삶을 마치면 구원이 시작되지만, 구원의 궁극적인 완성과 관련해서 기대해야 할 것이 더 있다. 그 완성은 바로 영원한 영광이다.

여기서 종말론에 두 가지 유형이 있다는 것을 다시 지적하고자 한다. 곧 하나님 나라에 대한 종말론과 마지막 날에 대한 종말론이다(참조. 55.2). 텔더르는 이렇게 말한다. "우리는 그리스도가 오는 것을 기다리고 있다. [종말의] 사건들 이전에 또는 그 사건들과 동시에 두 번째 고대는 없다"(Telder, 1963, 125 이하).

하지만 두 종류의 고대가 있다. 어떤 사람에게도 오늘과 마지막 날 사이의 상황은 결코 서로 분리되어 있는 사건이 아니다. 이것은 그리스도와 함께 있게 될 사람들과 그와 함께 있지 못하게 될 사람들에게도 마찬가지다. 모든 사람은 종말의 시점을 향해서 나아간다. 죽음 이후의 인간의 지속적인 존재는 그리스도와 각 사람의 관계와 관련해서 묘사된다. 오직 그리스도께 속하는 이들만이 그와 함께 있게 될 것이다. 예수는 이와 관련해서 이렇게 말한다. "아들을 믿는 자에게는 영생이 있고, 아들에게 순종하지 아니하는 자는 영생을 보지 못하고 도리어 하나님의 진노가 그 위에 머물러 있느니라"(요 3:36).

신자들이 고대하는 바는 전적으로 그리스도에게 근거한다. 신자들은 주님과 항상 함께 있는 것(살전 4:17)과, 또한 이 세상을 떠나면 그리스도와 함께 있는 것(빌 1:23)을 고대한다. 우리의 고대는 하늘에서의 구원이나 종말의 영광이 아니라, 우리의 생명인 그리스도께 초점이 맞추어져 있다. 그는 지금 이 세상에서 잠시 우리에게 생명을 준다. 또한 그는 새 하늘과 새 땅에서 영원히 생명을 준다.

신자들에게 이 땅에서의 삶을 마치는 것과 그것보다 한참 뒤에 이루어지게 될 만물의 완성은 단지 한 가지 관점을 형성한다. 우리는 몇몇 성경 본문의 경우에 해당 본문이 전자를 언급하는지 아니면 후자를 언급하는지 분명하게 알 수 없다(참조. Berkouwer, 1961, 1:61). 하지만 고린도전서 15장과 고린도후서 5:1-10 사이에는 진정으로 명백한 차이점이 있다. 이 차이점은 그리스도의 재림이 늦어진다는 관점에서 유래된 것으로서, 바울 종말론의 발전이라는 가설로 이어졌다(참조. Hoekema, 1979, 123 이하). 하지만 이 두 본문 사이의 차이점을 설명하는 주요 요소는 각각의 경우에 그것에 대응해서 말하고 있는 구체적인 상황이다(참조. Hoffmann, 1969^2, 321-347). 어쨌든 우리는 두 본문 사이에서 모순점을 찾을 수 없다. 그렇지 않다면, 어떻게 바울은 동일한 편지에서 다음과 같은 두 가지 측면을 말할 수 있었겠는가? "내가…차라리 세상을 떠나서 그리스도와 함께 있는 것이 훨씬 더 좋은 일이라"(빌 1:23). 또한 우리는 "주 예수 그리스도를 기다리노니 그는 만물을 자기에게 복종하게 하실 수 있는 자의 역사로 우리의 낮은 몸을 자기 영광의 몸의 형체와 같이 변하게 하시리라"(빌 3:20-21).

신자들은 이미 이 세상에서 하나님의 약속들을 상당 부분 누리고 있다. 그것은 그리스도 안에서 **모든** 신자와 함께 하나님의 약속들을 **온전히** 누리는 것에 대한 전주곡이다(참조. Heyns, *Dogm.*, 394). 이와 같은 관점에서 볼 때, 믿음에 대한 교회의 가르침과 신자들의 신앙생활에서 전자가 우세한 위치를 차지하지는 않을 것이다.

또한 그리스도의 재림과 하나님 나라의 온전한 성취에 대한 신자들의 기대는 결코 부차적인 역할을 하지 않을 것이다.

§ 56. 그리스도의 재림

56.1. 그리스도의 재림이 임박함
56.2. 구속 사건으로서의 그리스도의 재림
56.3. 그리스도의 재림에 대한 기대

56.1. 그리스도의 재림이 임박함

1. 그리스도의 재림은 점차 가까이 다가온다

그리스도의 교회가 고대하는 것은 그리스도께서 다시 오는 것(*parousia*)에 초점이 맞추어져 있다. 이것은 신약성경의 많은 곳에서 명백하게 표현되어 있다. "주께서 가까우시니라"(빌 4:5). "주의 강림이 가까우니라"(약 5:8). 신약성경이 마지막 날을 단순히 "그날"이라고 언급하는 것은 의미심장하다. 그것은 "만물의 마지막이 가까이 왔으니"(벧전 4:7)라고만 아니라 "낮이 가까웠으니"(롬 13:12), "때가 가까우니라"(계 22:10), 그날이 가까이 오는 것을 본다(히 10:25)고 말한다. 또한 "잠시 잠깐 후면 오실 이가 오시리니 지체하지 아니하시리라"(히 10:37)고 언급한다. 그리고 하늘 보좌에 앉은 예수는 "내가 속히 오리라"고 말한다(계 3:11; 22:20).

신약성경의 이와 같은 압도적인 증언에 비추어서 다음과 같은 질문이 지속적으로 제기되었다. 과연 우리는 그리스도의 재림을 임박한 것으로 간주해야 하는가? 많은 이들이 이 질문에 "그렇다"라고 대답한다.

20세기 초에 **철저한 종말론**이 등장했다. 우리는 종말론에 대한 이 이론과 더불어 특히 슈바이처(1875-1965)의 이름을 언급해야 한다. 그는 신약성경에서 단순히 **임박한 기대**(Naherwartung)라는 개념을 찾아냈다. 하지만 하나님 나라는 예수와 그의 제자들이 상상했던 때와 방법으로 오지 않았다. 슈바이처의 견해에 의하면, 기독교 역사 전체는 파루시아(*parousia*)의 지연과 종말론의 포기로부터 생겨난 것이다. 그 이후에 불트만은 다음과 같이 주장했다. 곧 신약성경이 기대했던 것과 달리, 그리스도의 파루시아가 곧바로 일어나지 않은 것은 하나의 사실이다. 오히려 세상의 역사는 계속되었고, 또한 앞으로도 지속될 것이다. 정상적인 사고를 하는 사람마다 이것을 확신한다. 신약성경의 이와 같은 개념들은 신화로 가득한 세상의 이미지에 속하기 때문에, 현대인에게 그것은 더 이상 의미가 없다.

하지만 하나님 나라가 오는 것을 단순히 하나의 미래의 사건으로 이해하는 것은 신약성경의 가르침에 어긋나는 것이다. 한편으로 하나님 나라는 이미 왔지만, 다른 한편으로 그 나라는 여전히 오고 있기 때문이다!

쿨만은 슈바이처와 다른 신학자들의 견해들을 반대하면서 공격 개시일(D-Day)과 전승 기념일(V-Day)의 이미지들을 언급했다. 한편으로 많은 학자들이 이 견해를 받아들였지만, 다른 한편으로 몇몇 신학자들은 그것을 비판했다.[21] [쿨만의 견해에 의하면, 하나님 나라와 관련해서] 미래의 승리는 역사 속에서의 결정적인 전개 과정들에 기초한 것이다. 이것은 다른 어떤 상황에서 상상할 수 있는 것보다 훨씬 더 확실한 것이다. 따라서 그리스도 안에서 하나님이 결정적으로 행동하셨다고 확신하는 이들은 최종적인 승리가 모든 사람에게 명백하게 드러날 때까지 그날을 열정적으로 고대할 것이다.

신약성경은 진정으로 기대에 대해서뿐만 아니라 성취에 대해서도 말한다. 이것은 "이미"와 "아직" 및 "미래의 현재"(Versteeg, 1969) 또한 "현재의 미래" 등으로 묘사된다.[22]

슈바이처의 견해를 모방해서 종종 복음서들에서 세 가지 "시간-간격에 대한 선언들"(time-interval pronouncements)이 선포되었다는 주장이 제기되었다. 마가복음 9:1에서는 다음과 같이 기록되어 있다. 곧 "또 그들에게 이르시되 '내가 진실로 너

---

21   O. Cullmann, 1946, 72 이하. 참조. Berkouwer, 1972, 74 이하.
22   우리는 다음 연구서의 제목에 대해서도 생각할 수 있다. W. Kreck, 『이미 온 그의 미래』(*Die Zukunft des Gekommenen*), 1961.

희에게 이르노니 여기 서 있는 사람 중에는 죽기 전에 하나님의 나라가 권능으로 임하는 것을 볼 자들도 있느니라'"(참조. 막 13:30; 마 10:23).

한편 마가복음 13:10과 같은 신약성경의 다른 본문들을 다루면서, 종종 상당히 임의적인 접근 방법이 뒤따른다. 곧 해당 본문은 단지 부차적인 중요성을 지니고 있다. 또한 아무도 그날과 그때에 대해서 정확하게 알지 못한다는 예수의 말씀에 별로 관심을 기울이지 않는다(막 13:32; 마 24:36-39 및 다른 본문들). 그리고 깨어 있으면서 기다려야 한다고 촉구하는 예수의 비유들은 무시된다(참조. 마 25:13, 19). 나아가 어떤 이들은 종말론적인 기대들에 대해 묘사하고 있는 누가 문헌(복음서 및 사도행전)에 대해서 어떻게 다루어야 할지 알지 못한다(참조. 눅 21장; 행 1:11; 17:31).

이른바 "시간-간격에 대한 선언들"은 정말로 해석하기가 어려운 성경 구절들이다(Berkhof, 1958, 68). 하지만 그것은 종종 그 본문들을 저마다 임의적으로 해석하는 것과 다른 의미를 지니고 있다고 생각할 수 있다. 비교적 짧은 기간 안에 일어날 것이라고 기대했던 것이 항상 파루시아만은 아니었다. 마가복음 9:1은 예수의 부활에 대해서 암시할 가능성이 있다. 우리는 구약성경에서도 마주하는 표현, 곧 예언이 망원경으로 바라보는 것처럼 묘사한다는 점을 고려할 필요가 있다(참조. Ridderbos, 1950, 420-432). "시간이 가까이 이르렀다는 표현들은 미래의 사건들이 틀림없이 일어난다는 것을 강조하려는 의도를 갖고 있다"(Baarlink in Baarlink et al., 1984, 124).

또한 이 문제에 관한 논의는 바울의 몇몇 표현들과도 관련이 있다. 예를 들면, 고린도전서 15:51과 데살로니가전서 4:15-17 등이다(참조. Ridderbos, *Paul*, 492-494). 바울은 그리스도의 재림을 고대했다. 아마도 그는 자신이 살아 있는 동안 그것을 볼 것이라고 기대했을 수 있다. 그는 그리스도의 파루시아가 거의 이천 년이나 지연될 것이라고는 기대하지 않았을 것이다. 하지만 여기서 바울은 로마서 8:23 및 빌립보서 3:20-21과 마찬가지로 교회의 대변인으로서 말하고 있다. 해당 구절들에서도 "우리"라는 인칭대명사가 사용된다.

우리는 바울의 편지들에서 재림과 관련된 기간의 간격에 대해 명백하게 선언하는 것을 발견할 수 없다. 그래서 그가 미래와 관련해서 확신하며 기대하는 것은 정확한 시점과 관련이 없다. "[종말의 시점에 대해서] 기대하는 것은 시간에 대해서 예측하는 것과 전적으로 다른 것이다"(Berkouwer, 1972, 93).

바울의 편지들은 진정으로 그리스도의 재림이 임박하다는 것에 의해서 강력한 영향을 받았다. 하지만 사도 바울은 그날이 얼마나 가까이 다가왔는지 정확하게 알지 못했다. 그는 데살로니가 교회에게 보낸 편지에서 "주의 날이 밤에 도둑 같이 이를" 것이라고 썼다(살전 5:1-2을 보라).

우리는 다음과 같이 요약해서 말할 수 있다. 만물의 완성의 시점이 다가왔다는 언급들은 그리스도의 죽음 및 부활의 중요성과 밀접한 관계가 있다. 역사의 한가운데서 종말이 선포되었다. 그리스도 안에서 시작된 사건들의 궁극적인 완성으로서 종말은 곧 올 것이다. 그 종말은 마치 우리 눈앞에 놓여 있는 것처럼 묘사되어 있다. 우리는 신약성경 안에 미래에 대한 고대가 이미 다가오고 있는 것처럼 묘사되는 요소가 있다고 말할 수 있을 것이다. 그 위대한 날은 다가오고 있다.

2. 시대의 표적들

우리는 마지막 시기에 살고 있다. 성경의 표현들을 사용해서 말하자면 "말세"(딤후 3:1) 또는 "마지막 때"(요일 2:18)에 살고 있다. 이것은 그리스도의 승천과 재림 사이에 있는 시간의 간격을 언급하는 것이다. 또는 오순절 날의 구속 사건과 만물의 완성 사이의 기간에 대해서 말하는 것이다. 그 기간 동안 모든 것은 종말을 향해서 나아간다. 하지만 이 기간이 정확하게 얼마나 지속될지에 대해서는 아무도 알지 못한다. 또한 아무도 **시대의 표적들**로부터 그 시점을 정확하게 추정할 수 없다.

마태복음 16:3에 나타나는 "시대의 표적들"이라는 표현은 예수 그리스도가 다시 온다는 것을 분명한 어조로 선포하는 놀랍고 무시무시한 사건들이라는 의미로 사용되었다(참조. Dijk, 1952, 115).

우리는 그 표현 자체가 아니라 오히려 "공관복음서의 묵시록"(the Synoptic apocalypse; 마 24장; 막 13장; 눅 21장)을 성경에 기초한 출발점으로 삼는다. 여기서 예수는 제자들의 다음과 같은 질문에 대답하고 있다. 곧 "우리에게 이르소서. 어느 때에 이런 일이 있겠사오며, 또 주의 임하심과 세상 끝에는 무슨 징조가 있사오리이까?"(마 24:3). 예수의 대답을 올바로 이해하려면, 우리는 예언적인 관점을 고려해야만 한다. 이것은 우리가 오랫동안 지속된 시간적 간격 이후에 서로 뒤따르는 사건들—그것들의 상호 관계를 인정하면서—을 오직 하나의 관점에서 이해해야 한다는 것을 의미한다. 따라서 여기서 성전의 파괴와 세상의 종말은 오직 하나의 관점에서 이해해야 한다. 또한 이것은 예언이 지니고 있는 망원경적인 시각의 특성이라고 언급되었다.

마태복음 24장에서 예수가 설명하는 종말 사건들은 세 단계로 구분할 수 있다. 첫째, 재난의 시작이 있을 것이다(마 24:8). 그다음, 큰 환난이 있을 것이다(마 24:21). 마지막으로, 이 모든 사건은 **인자가 오는 것**(*parousia*)과 관련이 있다(마 24:27).

첫 번째 단계에서는 미혹하는 영들과 거짓 그리스도들이 나타날 것이다. 또한 전쟁과 전쟁에 대한 소문, 기근, 지진, 환난, 미움, 믿음의 저버림, 불법적 행위의 성행 및 많은 사람의 사랑이 식음 등이 언급된다. 그뿐만 아니라 천국 복음이 모든 민족에게 증언됨으로써 온 세상에 전파될 것이라고 언급된다.

두 번째 단계에서는 이제까지 결코 없었던 환난이 일어날 것이다. 하나님이 선택받은 사람들을 위해서 그날들을 줄여주실 것이다. 거짓 그리스도와 거짓 예언자들이 일어나서 큰 표적과 기적들을 행할 것이다.

세 번째 단계에서는 우주적인 무시무시한 징조들이 나타날 것이다. 그때 인자가 큰 권능과 영광으로 올 것이다. 그는 천사들을 보내서 온 세상으로부터 선택된 사람들을 모을 것이다.

우리는 이 징조들의 특성에 기초해서 세 가지 서로 구별되는 측면들을 구분할 수 있다. 1. 그 징조들은 종말을 요구한다. 곧 불법의 행위가 점차 증가한다(또한 참조. 살후 2장). 2. 그 징조들은 종말을 예고해준다. 곧 창조 세계의 재해들이 나타난다(참조. 히 12:26). 3. 그 징조들은 종말을 예비한다. 곧 복음이 모든 나라에 전파된다(마 24:14).

1948년 개최된 개혁파 에큐메니칼 총회에 제출된 종말론에 대한 보고서는 이 징조들에 대해 논한다(*Acta*, 73-85). 다음 두 가지 사항이 강조되었다. a. 해당 사건들이 지니고 있는 극적인 특성 때문에 개별적인 사건들이 하나님의 전반적인 행위로부터 **분리**되어서는 안 된다. b. 그 징조들이 지니고 있는 특성은 주의 날을 정확하게 알아맞히는 것을 불가능하게 한다. 그것들은 표적들과 경고들로서 그리스도의 임박한 재림에 대해 신자들의 마음과 생각을 집중하게 한다.

우리는 첫 번째 강조점과 관련해서 극적인 사건들을 시대의 표적들로 이해하고자 하는 위험성이 있다는 것을 지적하고자 한다. 예를 들면, 카이퍼는 요한계시록 9:16-21이 제1차 세계대전의 기간에 성취되었다고 믿었다.[23]

두 번째 강조점은 이 표적들을 종말론적인 사건들의 연대표를 작성하기 위한 자료로 해석해서는 안 된다고 분명하게 밝힌다. 하나님 나라는 정확하게 예측할 수 있는 방법으로 오지 않는다(눅 17:20). 그럼에도 그 동안 많은 이들이 그와 같은 연대표와 예측들을 제시하려고 시도했다. 몬타누스주의자들(Montanists)은 (그리스도가 십자가 처형을 받은 지 120년이 지나서) 기원후 150년에 종말이 온다고 기대했었다. 중세의 기독교인들은 기원후 천 년에 종말이 온다고 생각했었다. 루터 시대에 어떤 사람은 그리스도가 재림하는 날짜가 1533년 10월 19일이라고 구체적으로 제시했다(Bakker, 1964, 94). 그리고 어떤 재림파(Adventists)는 그리스도가 1844

---

23 A. Kuyper, 『종말에 대해서』(*an de voleinding*), 1931, 4:157-160.

년(10월 22일)에 재림할 것이라고 주장했다. 또한 헬 린지(Hal Lindsey)도 실현되지 않은 예언을 했다. 왜냐하면 그 사이에 "그의" 해(1988)는 이미 지나가버렸기 때문이다. 기독교에서 파생된 다양한 분파 그룹들(sectarian groups)은 그와 같은 예고들을 제시하는 데 수고를 아끼지 않았다. 우리는 후턴(Hutten)과 더불어 하나님이 이 분파들이 발행한 묵시론적인 수표들을 받아들이시지 않았다고 말할 수 있다. 하나님은 역사에 대한 그들의 프로그램들을 따르지 않으시고, 그들의 종말론적인 연대표들도 따르지 않으신다. 그 대신, 절대 주권을 지니신 하나님은 그분이 정하신 길을 향해서 나아가신다.[24]

시대의 표적들은, 그리스도가 그의 재림이 다가오고 있다고 우리에게 말해주는 표적들로 이해되어야 한다. 그의 미래는 더욱더 분명해진다. 비록 경고의 표지들이 있기는 하지만, 우리는 그것들을 일종의 경고 체계로 바꾸어서는 안 된다. 그 표지들은 이 세상이 존속하는 마지막 몇 년에 대해서뿐만 아니라 모든 시대에 대해서도 의미를 지니고 있다. 따라서 마가복음 13장에서는 깨어 있으라는 경고가 반복적으로 언급되며 마무리된다!

종교개혁 시대에도 징조들과 표적들은 무시되지 않았다. 루터는 하나님의 말씀이 매우 강력하게 계시된다는 사실에 매우 충격을 받았다(Bakker, 1964, 88-92). 막강한 대적―루터는 그 대적을 로마 교황으로 인식했다―이 하나님의 성전에 자리를 잡고 있다는 사실에 기초해서 판단했을 때, 그때는 바로 마지막 때였다(참조. 살후 2:4). 칼뱅에게 그리스도의 교회의 고난은 종말론적인 중요성을 지니고 있었다. 하지만 그 이상의 종말론적인 징조들이 있었다. 예를 들면, 하나님의 말씀이 점점 더 광범위하고 강력하게 선포되었고, 세상의 반대가 점점 더 극심해졌으며, 거짓 가르침이 더욱더 강력하게 유포되었고, 또한 적그리스도의 권세가 나타났다

---

24 K. Hutten, 『믿음과 이단』(Geloof en sekte), 출간 연도 미상, 107.

                                                                개혁교회 교의학

(Quistorp, 1941, 113-123).

우리는 개혁파 에큐메니칼 총회의 보고서를 인용하면서 이 항목을 마무리하고자 한다. "이와 같이 우리는 더 많은 관심을 갖고 우리 시대에 사건들이 진행되는 과정, 곧 우리의 신앙을 돌아보게 하는 부인할 수 없는 실재로서 한편으로 악의 세력이 이 세상에서 점점 더 결집되고 있을 뿐만 아니라, 다른 한편으로 하나님 나라의 권세가 이 세상에 명백하게 나타나는 것을 살펴보고 있다(*Acta*, 83).

3. 적그리스도

또한 바울이 데살로니가후서 2장에서 언급하는 배교(apostacy)도 시대의 표적들에 포함시킬 수 있을 것이다. "먼저 배교하는 일이 있고 저 불법의 사람 곧 멸망의 아들"이 나타날 것이다(살후 2:3). "그는 세속화의 산물인 동시에 세속화의 대표적 인물이다"(Dijk, 1952, 157).

"적그리스도"라는 명칭은 요한의 편지들에서 나타난다(요일 2:18, 22; 4:3; 요이 7). 그는 이름 자체가 가리켜주듯이 **그리스도의 적대자**(adversary)다. 그는 "거짓 그리스도"와 다르며, 나아가 부정적인 측면에서 그 이상의 인물이다(참조. 마 24:24). 적그리스도는 자신이 그리스도인 것처럼 가장하는 인물이 아니라, 그리스도 대신에 자신을 내세우며, 그리스도를 반대하는 자다.

신약성경에서 그리스도가 누구인지가 온전히 계시되고 나서, 또한 적그리스도도 더 분명하게 자기의 모습을 드러낼 것이다. 심지어 그리스도가 이 땅에 나타나기 이전에도 이미 적그리스도가 온다는 징조들이 있었다. 우리는 이와 관련해서 몇몇 예언을 염두에 두고 있다(참조. 살후 2:8; 겔 38-39장 [참조. 계 20:8]; 단 7:23-25 [참조. 계 13 및 17장]; 단 11:36-37 [참조. 살후 2:4]).

신약성경에서 적그리스도에 대한 최초의 언급은 데살로니가후서에서 발견된다. 사도 바울은 불법한 자(살후 2:8)와 불법의 사람(살후 2:3)을 언급한다. 적그리스도는 하나님이 주신 율법을 어길 뿐만 아니라 그것을 멸시하며 그것에 대해 들으려고 하지도 않는다. 이와 같이 죄는 본질적으로 "아노미아"(*anomia*, 불법; 요일 3:4)다. 죄는 "아노모스"(*anomos*, 불법한 자)라고 불리는 인물에서 절정을 이룬다. 그 안에서 불법은 살과 피가 되었다. 리델보스는 다음과 같이 주장한다. 따라서 "그 죄인"은 인간에 대해 최종적이고 가장 극단적으로 계시해준다. 그는 하나님의 적대자이며, 또한 하나님의 일이 살과 피가 된 그리스도의 대적자다(Ridderbos, *Paul*, 515). 적그리스도는 바로 자기 자신에게 하나님의 영광을 요구하는 어떤 인간이다.

사도 바울의 말은 우리가 미래의 어떤 인물에 대해서 다루고 있는 것 같은 인상을 준다. "불법의 비밀"은 이미 활동하고 있지만, 적그리스도는 자신을 여전히 드러내야만 한다. 그가 오는 것은 사탄에 의해서 준비되어 있다. 하지만 그리스도가 오면, 그는 적그리스도를 죽일 것이다(살후 2:7-9).

성경의 이 부분과 요한계시록은 서로 평행을 이룬다. 요한계시록 13장에 언급되는 짐승은 세상 나라들로부터 막강한 권세를 받으며, 그 배후에는 사탄이 있다(계 13:1-2). 열 명의 왕들은 그들의 능력과 권세를 그 짐승에게 (넘겨)준다(계 17:13). 그 짐승은 사람들에게서 경배를 받고, 하나님을 모독하며, 성도들과 맞서 싸운다(계 13:4-7).

짐승을 의미하는 숫자는 666이다. 이 불가사의한 숫자는 항상 사람들의 호기심을 자극해왔다. 또한 그 숫자에 대해서 온갖 종류의 해석이 제시되었다. 그리스어의 알파벳은 숫자들을 가리키는 데 사용되어왔기 때문에, 그 짐승의 숫자는 666에 해당하는 어떤 **단어**를 가리킬 것이다. 교부 시대에 그 숫자는 "로마 제국"(*leteinos*)을 가리키는 것으로 생각되었다. 많은 이들은 다른 해석, 곧 로마 황제 네로를 히브리어 알파벳으로 표기할 경우에 더 가능성이 높다고 간주했다. 20세기에 이르러서 사람들은 히틀러의 이름을 그 숫자에 맞추고자 시도했다(참조. Van der Meulen, 1952, 67-76). 베르크호프는 다음과 같이 주장한다. 곧 그 숫자에 대한 해석은 수십 가지가 있지만, "모든 해석이 나름대로 가능성이 있다. 그 중에서 몇 가지가 타당성이 있지만, 어떤 해석도 만족스럽지 못하다." 그는 666이라는 숫자를 하나님이 그분의 사역으로부터 안식하시는 동안 인간의 노력이 가능한 한 최대한도로 실현되는 것을 상징하는 것으로 이해하는 것을 선호한다(Berkhof, 1958, 111 이하). 하지만 요한계시록에서 언급되는 많은 숫자와 마찬가지로 666을 어떤 상징적인 숫자로 이해하는 것이 훨씬 더 선호할 만하다. 666이라는 숫자에서 6이라는 숫자는 60과 600에 의해서 더욱 강화된다. 이것은 어떤 극단으로 나아가는 것을 가리킬 가능성이 있다. 우리는 드 퓌스트(De Vuyst, 1987, 102)와 더불어 666은 그 짐승에 의해서 추진되는 완전히 극단적인 정치적 신념을 드러내고 강조한 것이라고 이해할 수 있다. 하지만 신자들은 이전 단락(계 13:9-10)에서보다 더욱더 굳세고 신실해야 한다는 도전에 직면해 있다. 따라서 그 숫자는 어떤 극단적인 정치적 신념 이상을 의미할 수도 있다. 그러나 그 숫자가 가리키는 명백한 의미는 그 짐승이 나타나기까지 감추어져 있다.

적그리스도를 식별해주는 강력한 정치적인 동맹이 형성된다. 뿔 열 개와 일곱 머리를 지니고 있는 그 짐승은 바다로부터 나타난다. 각각의 뿔마다 왕관이 쓰여 있고, 각각의 머리마다 하나님을 모독하는 이름이 붙어 있다(계 13:1). 이것들은 그 짐승의 권세와 통치뿐만 아니라 하나님께 적대감을 드러내는 것을 상징한다. 짐승 및 마귀와 같은 행위로 특징지어지는 그 나라는 바빌론 또는 큰 음녀라고 언급된다(계 17-18장). 큰 바빌론은 무역, 제조업 및 문화의 보화들을 소유하고 있지만, 신자들을 죽인다(계 17:6; 18:24). 요한계시록은 어떻게 그 짐승과 큰 도성 바빌론이 멸망하는지 보여준다.

바다에서 올라온 짐승, 곧 "정치적인 적그리스도" 외에도 땅에서 올라온 또 다른 짐승, 곧 거짓 예언자가 있다(계 13:11-17). 어린 양과 같이 이 짐승은 두 뿔을 지니고 있고, 자신이 선한 존재인 체, 심지어 그리스도인인 체한다. 하지만 그의 말은 그가 사악한 존재라는 것을 드러내준다. 그는 모든 권세를 첫 번째 짐승을 대신해서 행하고, 그를 선전한다. 또한 그 짐승은 대단한 능력과 예상하지 못했던 가능성들을 지니고 있다. 그가 지닌 능력은 미혹하고 포악하며 냉혹한 것이다. 이와 같이 요한계시록 13장은 테러와 배척 운동 같은 수단들을 이용하는 어떤 전체주의적인 정부를 간략하게 묘사해준다.

마지막으로 요한의 편지들에도 적그리스도가 언급된다. 요한1서 2:18에서 맨 처음으로 적그리스도가 다음과 같이 언급된다. "아이들아, 지금은 마지막 때라. 적그리스도가 오리라는 말을 너희가 들은 것과 같이 지금도 많은 적그리스도가 일어났으니." 적그리스도는 하나님 아버지와 그분의 아들을 부인한다(요일 2:22). 또한 그는 "예수 그리스도께서 육체로 오심을 부인"한다(요이 7). 요한서신의 저자는 이것이 바로 "적그리스도의 영"이며, 그 영은 이미 세상에 와 있다고 말한다(요일 4:3). 적그리스도의 영은 거짓 가르침을 퍼뜨리고, 그것은 그리스도의 교회에 치명적인 위험을 초래한다.

어떤 이들은 요한 서신의 이와 같은 본문들에 기초해서 적그리스도는 **모든 시대에 나타나는 하나의 현상**이라고 생각한다. 이와는 대조적으로 데살로니가전후서와 요한계시록에 기초해서, 전통적으로 **마지막 때 어떤 현상이 나타난다**고 기대되었다.

베르카우어는 반복적으로 울리는 것은 오직 하나의 경고 음성이라고 말한다. 곧 그 적그리스도, 많은 거짓 그리스도들, 속이는 자, 대적자, 불법의 사람이다. "다양한 시대, 배경 및 구체적인 상황과 더불어 수많은 형태로 안티(anti, 적 또는 반대)가 표시되었다"(Berkouwer, 1972, 271 이하).

리델보스는 베르카우어와 대조적으로 불법이 차고 넘치는 해당 인물의 개인적인 특성에 강조점을 둔다. 그는 왜 우리는 다음과 같은 개념을 반대해야 하는가라는 질문을 제기한다. 곧 그 권세는 심지어 지금도 나타나고 있지만 미래에는 한 인물에게 집중된 채, 그가 최종적이고 결정적인 반항의 특성을 드러낼 것이라는 개념이다(Ridderbos, *Paul*, 517-518).

적그리스도의 완전한 인격화를 반대하는 결정적인 논점은 불법의 사람이 아직 나타나지 않았고, 또한 아직 나타날 수도 없다는 것이다. 왜냐하면 그를 억제하고 있는 어떤 힘 또는 존재가 있기 때문이다(살후 2:6-7). 그렇다면 그를 지금 억제하고 있지만 곧 물러가게 될 이 존재는 누구를 의미하는가?

첫 번째 견해는 테르툴리아누스가 주장한 것이다. 오늘날에도 이 견해는 많은 지지를 받고 있다. 곧 억제하고 있는 자는 바로 로마 제국 또는 로마 황제다. 이 견해는 대체로 국가의 권력을 일반화한 것이다. 또한 이 견해는 국가와 일반은총 사이에 어떤 연관성이 있다고 주장한다.

두 번째 견해도 교부 시대까지 거슬러 올라간다. 또한 칼뱅도 이 견해를 지지했다. 이 견해의 지지자들은 억제하고 있는 힘은 바로 복음 선포라고 믿고 있다. 베르크호프는 복음 선포가 중단되지 않고 진행되며 또한 교회의 성장 과정에 성령이 역사한다는 점에 주목했다(Berkhof, 1958, 122 이하). 우리는 이 입장과 관련해서 다음과 같은 질문을 제기할 수 있을 것이다. 과연 복음이 선포되는 것과 그것을 적용하는 성령의 사역은 언젠가 멈추게 될 것인가?

우리는 세 번째 견해와 관련해서 다른 어떤 학자들보다도 테오도르 찬(Th. Zahn, 1838-1933)을 언급할 수 있다. 이 견해에 의하면, 억제하는 힘은 바로 율법이다. 판 더 뮐런(1953, 65 이하)은 불법의 사람이 오는 것은 하나님의 율법이 준수되는 곳마다 억제된다고 지적하며 다음과 같이 주장한다. 곧 "이 시대는 불법이 만연하는 특징을 지니고 있기 때문에, 우리는 회개가 일어나지 않는 곳마다 적그리스도가 절호의 기회들을 맞이할 것이라고 결론지을 수 있고 또한 결론지어야만 한다."

이 견해에는 매력적인 무언가가 있다. 하지만 하나님의 율법이 어느 날 제거될 것이라고 말할 수 있는가?

앞서 언급한 견해들 외에도, 상당히 많은 가능성이 제시되었다. 하지만 과연 우리가 그와 같이 구체적으로 해석하는 것이 성경 본문이 의도하는 것과 일치하는지에 대해서 질문할 수 있을 것이다. 그러므로 우리는 더 포괄적인 견해를 선호한다.

우리는 펠레마와 더불어 하나님의 말씀이 사회에 미치는 영향력에 대해서 생각할 수 있을 것이다. 이것은 하나님 자신이 어느 날 그분의 말씀을 제거하신다는 것을 의미하지 않는다. 오히려 사회가 하나님의 말씀을 거부할 것이고, 교회들 안에서 하

나님의 말씀은 동시대의 사고방식에 적합하게 해석되고 적용된다는 것을 뜻한다.[25]

　　데살로니가후서 2장과 요한계시록 20장을 서로 비교해보면, 몇 가지 유사점
이 우리를 놀라게 한다. 불법의 사람을 억제하는 것은 어느 날 사라지고, 사탄은 잠
시 풀려날 것이다(계 20:3). 불법의 사람은 사탄적인 극악한 방법으로 자기 자신을
드러낼 것이다(살후 2:9-10). 또한 마귀는 이 땅의 모든 나라를 미혹할 것이다(계
20:8). 그때 그리스도가 올 것이며, 그는 사탄을 무력화시키고 그를 멸망시킬 것이
다(살후 2:8). 그리고 모든 것은 최후의 심판으로 마무리될 것이다(계 20:11-15).

　　적그리스도는 과연 누구인가? 초기 교회에서 신자들은 때때로 적그리
스도가 다시 살아난 네로 황제라고 생각했다. 중세 시대의 교황도 종종 적
그리스도로 이해되었다. 루터는 적그리스도가 하나님의 성전에 앉아 자기
를 하나님으로 내세울 것이라는 바울의 말(참조. 살후 2:4)에 근거해서 로
마 교황이 적그리스도라고 확신했다. 칼뱅은 로마 교황을 불경하고 가증
스러운 왕국의 지도자와 기수라고 부른다(『기독교강요』 4.7.25). 예외들이
있기는 하지만, 이것은 종교개혁 이후에 모든 세기를 통해서 적그리스도
에 대한 상당히 표준적인 견해였다. 브라컬은 다음과 같이 말한다. 곧 "우
리는 누가 적그리스도인가라는 질문과 관련해서 모든 개신교도와 더불어
바로 로마 교황이 적그리스도라고 대답한다"(Brakel, *R.S.*, 2:44). 몇몇 신앙
고백서에는 명백하게 이와 같이 진술되어 있다. 「웨스트민스터 신앙고백
서」에서는 분명하게 그와 같이 언급되어 있다(Müller, *Bek.*, 599). 비록 「벨
기에 신앙고백서」 제36조는 "적그리스도의 왕국"이라고 언급하지만, [이
교의학의 저자들이 속해 있는] 개혁파 교회의 신앙고백서들은 적그리스도
가 누구인지에 대해서 구체적으로 언급하지 않는다.

　　로마 교황이 적그리스도라는 견해를 강력하게 반대하는 해석들도 있

25　참조. W. H. Velema, 『기독교 신앙의 요점』(*Kernpunten van het christelijk geloof*), 1978,
112-116.

다. 적그리스도는 하나님의 계시를 근본적으로 반대한다. 비록 교황의 직위와 재치권에 대한 적그리스도적인 측면들이 진정으로 확인된 바가 있기는 하지만, 교황에 대해 이와 같이 주장할 수 없다는 것은 매우 분명하다.

역사 속에서 적그리스도와 그의 왕국의 선구자들이 있다. 하지만 적그리스도 자신은 그들보다 훨씬 더 잔악할 것이다. 그리스도가 재림하는 시점보다 바로 앞선 시기에 적그리스도가 나타날 것이라고 믿을 만한 몇 가지 이유가 있다. 적그리스도의 영과 관련해서 요한 서신의 저자는 우리에게 경고의 메시지를 들려준다. 예수 그리스도가 육신으로 왔다는 것을 부인하는 것을 통해서 적그리스도의 영은 지금 이미 그 모습을 드러내고 있다. 이 영에 의해서 통제되는 모든 운동은 적그리스도의 특성을 나타낸다. 더욱더 정교한 논리들과 강력함으로 무장한 채 적그리스도가 오는 것을 예비하는 이 운동들은 거짓 종교와 이데올로기들을 포함한다.

사도 바울은 "불법의 비밀이 이미 활동하였으나"(살후 2:7)라고 말한다. 곧 불법이 이미 은밀하게 활동하고 있다는 것이다. 이 활동의 절정은 불법한 자가 나타나는 것이다. 하지만 그리스도는 그를 죽일 것이다. 적그리스도가 나타난다는 것은 바로 그리스도가 곧 오신다는 것을 알려주는 것이다(참조. 살후 2:7-8).

우리는 적그리스도가 누구인지 또한 언제 언제 나타날 것인지에 대해서는 미리 정확하게 말할 수 없다. 하지만 우리는 하나님 나라와 사악한 자의 나라 사이에 싸움이 점점 더 맹렬해지고 있다는 것을 관찰할 수 있다. 따라서 우리는 적그리스도가 오고 있다는 사실을 반드시 인식하고 있어야만 한다. 이와 관련해서 적그리스도가 나타나는 것을 증언할 신자들에게 성경이 제공해주는 정보는 그를 인식하는 데 충분할 것이다. 이전의 어느 때보다도 그 시기와 관련해서는 신자들에게 더욱 굳센 믿음과 인내가 요구될 것이다(참조. 계 13:10).

4. 천년왕국

a. **들어가는 말**. 천년왕국설(chiliasm)은 평화의 천년왕국(a millennium of peace)에 대한 교의다. 이 왕국은 세상을 심판하려고 오는 그리스도의 재림보다 앞서며, 천년 왕국의 왕은 이 기간 동안에 지상에서 왕으로 통치한다. 영어의 해당 용어(chiliasm)는 "킬리오이"(*chilioi*, 숫자 "천"을 의미함)라는 그리스어 단어에서 유래되었다. (또한 천년왕국을 의미하는 또 다른 영어 명칭 "millennialism"은 "*mille*"["천"을 의미함]라는 라틴어에서 온 것이다.)

천년왕국설은 사실상 유대교에서 비롯되었다. 그 개념은 에스라4서, 바룩2서, 에녹1서와 같은 유대교의 묵시 문학에서 나타난다. 아마도 유대 민족이 극심한 박해를 받은 것과 예루살렘을 중심으로 메시아가 왕으로서 통치하는 지상에서의 구원 시기에 대한 기대감—그때 하나님의 모든 약속이 성취될 것이다—이 발전된 것 사이에 어떤 연관성이 있을 것이다. 어떤 자료에 의하면, 이 임시 왕국은 사백 년 동안 지속된다. 반면에 다른 자료에 의하면, 그 기간은 천 년이다.[26]

천년왕국설은 다양한 형태로 나타난다. 두 가지 주요한 입장은 전천년설(천년왕국 전 재림설; prechiliasm 또는 premillennialism)과 후천년설(천년왕국 후 재림설; postchiliasm 또는 postmillennialism)이다. 오늘날에는 천년왕국설과 관련해서 **세대주의**(dispensationalim)적인 견해를 지지하는 이들도 많이 있다.

여기서 가장 중요한 차이점은 과연 천년왕국이 그리스도의 재림 이전(*prae*)에 실현될 것인가, 아니면 그의 재림 이후(*post*)에 실현될 것인가다. 전천년설의 입장을 취하는 학자들 중에서 어떤 이들은 후천년설은 진정한 천년왕국이 될 수 없다고 간주한다(Ouweneel, 1988, 1:110).

먼저 우리는 후천년설에 대해서 간략하게 살펴보고 난 다음에 다른 견해에 대해서 논하고자 한다. 우리는 전천년설에 더 많은 관심을 기울일 것이다.

26　참조. H. Bietenhard, 『천년왕국』(*Das tausendj hrige Reich*), 1955, 37-43.

b. 후천년설은 그리스도의 재림 이전에 긴 기간이 있을 것이고, 그 기간 동안 하나님이 영적·물질적 축복을 풍성하게 부어주실 것이라고 믿는다.

많은 청교도와 제2 종교개혁 시대에 속하는 인물들은 교회가 활기를 띠며 이스라엘이 회개하고 회복되는 시기가 온다고 기대했다. 이와 같은 기대는 종종 후천년설의 초기 형태로 간주되었다. 에드워즈(J. Edwards, 1703-1758)는 18세기의 "위대한 부흥 운동"을 천년왕국의 전조로 이해했다. 그것은 기도의 응답으로서 복음 전파를 통해 실현될 것이다. 미국에서 이 개념은 정치적인 이상들과 결합되었다. 또한 세상에 대한 하나님의 계획을 실현하는 데 미국이 모종의 역할을 할 것이라고 기대되었다.

뵈트너(L. Boettner)는 영적인 성장의 황금시대에 이어서 그리스도가 재림할 것이라고 기대한다. 그 시대는 천 년보다 훨씬 더 긴 시대일 것이다. 하나님의 영은 사람들의 마음속에서 그의 일을 하고, 또한 개인적인 삶의 변화와 더불어 사회적·정치적·문화적 발전이 수반될 것이다. 죄가 완전히 없어지지는 않지만, 최소한으로 줄어들 것이다. 그리고 아마도 사악함이 제한된 범위 안에서 나타나는 시기에 이어서, 그리스도가 철저하게 기독교적인 세상으로 재림한다.

뵈트너는 다음과 같은 성경 본문들을 언급한다. 사막에 꽃이 필 것이다(참조. 사 35:1). 경건은 이 세상과 장차 올 세상 안에서의 생명을 약속해준다(참조. 딤전 4:8). "그런즉 너희는 먼저 그의 나라와 그의 의를 구하라. 그리하면 이 모든 것을 너희에게 더하시리라"(마 6:33). (참조. **Boettner in Clouse** (ed.), 1980⁴, 115-141).

베르크호프(1958, 143-150)의 연구서에 포함되어 있는 미래에 대한 기대는 많은 측면에서 바로 앞서 뵈트너에 대해 언급한 것과 거의 동일한 방향을 따른다. 요한계시록 20장의 내용 가운데서 상당 부분이 불명확하다. 하지만 최소한의 다음과 같은 결론은 분명히 정당화될 수 있다. 곧 "요한은 적그리스도가 제거되고 나서 길고 행복한 시기가 뒤따를 것이라고 기대한다. 그 기간에는 하늘과 땅의 경계선들이 희미해질 것이다. 억압받았던 이들이 다스릴 것이며, 그리스도의 고난받는 교회는 공개적으로 공정한 대우를 받을 것이고, 또한 회복된 이스라엘은 세상의 중심이 될 것이다." 사악한 세력이 더욱더 많이 진압되기는 했지만, 베르크호프는 여전히 한편으로 기독교를 반대하는 세상의 독재 정치가 이루어지는 미래와, 다른 한편으로 인간의 존속을 실현시킬 수 있는 유일한 희망으로서 복음에 부합하는 구조와 규정들을 보편적·자발적으로 받아들이는 미래에 대해서 말한다(Berkhof, *C.F.*, 518-520).

뵈트너와 다른 이들의 관점에 의하면, 후천년설은 그리스도의 구속 사역의 보편성에 상당한 강조점을 둔다. 하지만 후천년설은 성경의 몇몇 언급의 심각성을 간과한다. 우리는 미래에 대한 이와 같은 낙관주의적인 묘사에 직면해서 "그러나 인자가 올 때에 세상에서 믿음을 보겠느냐?"(눅 18:8)라는 예수의 질문을 머릿속에 떠올리지 않을 수 없다. 또한 우리는 대환난의 시기가 이미 지나갔다고 생각하지 않는다. 후천년설에 대한 더 자세한 비판에 대해서 후크마(1979, 177-179)를 참조하라.

c. **전천년설**은 가장 많은 지지를 받고 있는 것으로서 [우리의 판단에 의하면] 참된 천년왕국설이다. 종종 세대주의도 전천년설의 하나로 불리고 있지만, 그것에 대해서는 다음 항목(d)에서 따로 논할 필요성이 있다.

천년왕국의 가장 중요한 **특징들**은 다음과 같다.

첫째, 요한계시록 20:5에 기초하며, 그리스도의 첫 번째 강림과 첫 번째 부활에 의해 시작된 것으로서 이 땅 위에는 평화의 천년왕국이 있을 것이다.

둘째, 이 첫 번째 부활은 천년왕국 이전에 단지 신자들만 부활하는 것이다. 이 기간이 지나고 나면, 불신자들의 두 번째 부활이 있을 것이다.

셋째, 여전히 많은 예언이 아직 성취되지 않았다. 그 예언들은 가능하다면 문자적으로 해석되어야 한다. 그것들은 천년왕국 기간에 성취될 것이다. 그리스도가 재림하고 이스라엘의 회복이 이루어지면, 그리스도는 그의 백성과 함께 눈으로 확인할 수 있는 방법으로 모든 나라를 다스릴 것이다.

넷째, 사탄은 이 기간 동안 결박되어 있을 것이다. 천 년이 지나고 나면, 사탄은 잠시 풀려나서 모든 나라를 미혹할 것이다. 하지만 그 후 하늘에서 불이 내려와서, 그를 삼켜버릴 것이다.

이전 시대와 비교할 때, 오늘날에는 "천년왕국"이라는 주제가 더 일반화된 조건 안에서 논의되는 경향이 있다. 하지만 어떤 학자들이 자신들의 저서들에서 천년왕국의 개념 가운데 단순히 사소한 몇몇 측면만 받아들이는 것이 그들을 천년왕국 지지자들로 만드는 것은 아니다(참조. Meeuse, 1990, 68). 우리는 이와 관련해서 제2종교개혁의 대표자들을 머릿속에 떠올릴 수 있을 것이다. 우리는 이들이 기껏해야 부분적인 천년왕국론자들이라고 말할 수 있다. 한 가지 예로, 위트시우스(Witsius)는 이스라엘 백성의 회심뿐만 아니라 많은 다른 나라의 회심도 있을 것이라고 기대한다. 심지어 "이방 나라들 중에 남은 자가 해마다 올라와서 그 왕 만군의 여호와께 경배하며 초막절을 지킬 것이라"(슥 14:16)고 한다. 곡(Gog)과 마곡(Magog)의 위협이 제거되고 나서, 주님은 심판을 위해 올 것이다(참조. van Genderen, 1988[2], 37-44).

스가랴 14장은 천년왕국과 관련해서 중요한 역할을 한다(참조. Berkhof, 1926, 109; De Heer, 1934, 347-350). 또한 이스라엘의 회심과 곡과 마곡도 언제나 미래에 대한 묘사에서 어떤 위치를 차지한다. 하지만 그것들에 대한 기대는 시대적인 구분을 통해서 구체적으로 제시된다. 그러나 위트시우스와 브라컬 및 그들의 추종자들은 이 해석을 받아들이지 않는다. 브라컬의 견해에 의하면, 천년왕국이 시작될 때 그리스도가 공개적으로 다스리기 위해서 하늘로부터 땅으로 가시적인 방법으로 내려온다는 개념은 이 세상에 속하는 함의들을 지나치게 많이 지니고 있다(Brakel, *R.G.*, 3:325 이하).

d. 세대주의는 근본주의적인 형태를 지닌 천년왕국설이다. 이와 같은 천년왕국설의 기초는 다비(J. N. Darby, 1800-1882)에 의해서 놓여졌다. "세대주의" 또는 "세대들에 기초한 가르침"이라는 용어는 이 천년왕국설을 잘 묘사해준다. 왜냐하면 세대주의는 [구원 역사의 과정 안에] 서로 다른 일곱 세대들이 있으며, 인간은 그 세대들 안에서 하나님의 뜻에 순종하는지와 관련해 시험을 받는다고 가르치기 때문이다. 그것은 『(새) 스코필드 관주성경』(the (New) Scofield Reference Bible)의 하단에 위치한 주해 부분

에 제시되어 있다. 이 관주 및 주해 성경은 세대주의자들 사이에서 그 권위를 인정받고 있다.

여기서 우리는 세대주의의 주요한 주장들에 대해 다루고자 한다.[27]

세대주의는 구약성경의 예언들을 문자적으로 해석하는 것에 기초한다. 나아가 미래에 대한 묘사는 연속적으로 이어지는 세대들에 의해서 강력하게 영향을 받고 있다. 핵심적으로 중요한 것으로서 이스라엘과 교회는 서로 명백하게 구분된다. 유대인들의 불신앙으로 말미암아 하나님 나라가 오는 것은 연기된다. 그 나라는 원래 이스라엘에게 의도된 것이었다. 하나님은 교회에 구원을 허락하시는 것을 통해 돌아서 가는 길을 선택하셨다. 하지만 교회의 세대는 단지 간주곡에 지나지 않으며, 곧 막을 내린다.

신자들의 부활과 교회의 휴거(rapture)는 그리스도가 첫 번째로 공중으로 다시 올 때 일어난다. 이것은 데살로니가전서 4:13-17과 고린도전서 15:51-52에 언급되어 있다.

한편으로 공중으로 들어 올림을 받은 교회는 그리스도와 더불어 혼인 잔치를 거행하고, 다른 한편으로 이스라엘의 남은 자들은 예수를 이전에 약속된 메시아로 믿는다. 이들이 바로 "인침을 받은" 십사만사천 명이다(계 7:1-8). 이방인 중 많은 이들이 이들의 증언을 통해서 회심할 것이다. 하지만 그때 하나님의 대적들과 그들을 따르는 사람들이 무시무시한 공격을 감행하기 위해서 모일 것이다. 이것이 바로 아마겟돈 전쟁이다.

그리스도는 이 땅에 그의 왕국을 세우고 또한 그의 모든 대적자를 멸망시키기 위해서 재림한다. 그는 예루살렘에 자기의 보좌를 세우고, 눈으로 확인할 수 있는 방법으로 천 년 동안 다스린다. 천 년이라는 기간은 대체로 문자적으로 해석된다. 비록 다른 나라도 이 축복에 동참할 것이지만, 이 나라는 우선적으로 유대 왕국이다. 이

---

27 J. F. Walvoord는 가장 탁월한 세대주의 학자 중 한 사람이다. 그가 제시한 세대주의 체계는 다음 책에 요약되어 있다. H. R. van de Kamp, 『계시 안에서의 이스라엘』(*Israël in openbaring*), 1990, 32-40.

기간은 번영과 평화의 시대다. 세상이 결코 경험해보지 못했던 일종의 황금시대다. 사람들은 이전보다 더 오래 살 것이다. "이는 물이 바다를 덮음 같이 여호와를 아는 지식이 세상에 충만할 것임이니라"(사 11:9).

예루살렘에 성전이 재건될 것이고, 그 성전은 이 평화의 왕국 안에서 예배의 중심지가 될 것이다. 그리스도가 우리를 위해 죽으셨다는 것을 기념하기 위해서 희생제사가 드려질 것이다. 하지만 죄를 대속하기 위한 희생제사는 더 이상 필요하지 않다.

그리스도가 통치하는 데에도 불구하고, 그에게 경배하지 않는 사람들이 계속해서 있을 것이다. 그들은 그들의 총지휘관인 사탄과 더불어 성도들의 진영을 공격할 것이지만, 그리스도는 모든 반대를 종결할 것이다. 그리고 나서 그는 그 나라를 하나님 아버지께 넘겨드릴 것이다.

천년왕국에 대한 모든 견해는 어떻게 성경이 성취될 것인지에 대해서 구체적으로 제시하려는 경향을 지니고 있다. 하지만 그것은 세대주의자들 사이에서 가장 구체적으로 제시된다. 다른 많은 저자들이 제시하는 것보다도 헬 린지(Hal Lindsey)와 같이 널리 알려진 저자는 미래에 전개될 과정들에 대해서 훨씬 더 구체적으로 예고해준다. 비록 린지는 그리스도가 언제 (첫 번째) 재림을 할지 아무도 알 수 없다고 시인하지만, 그는 자신의 세대가 그것을 직접 경험할 것이라는 입장을 취한다.[28] 그의 견해에 의하면, 성경은 지속적으로 미국, 유럽 연합, 러시아와 중국을 가리킨다. 그는 성경이 퍼즐 책과 비슷하다고 생각한다(참조. Boersma, 1977^2).

e. **세대주의에 기초한 천년왕국설에 대한 비판.** 첫째, 그리스도와 더불어 왕들로서 천 년 동안 다스린다는 언급이 있지만(계 20:4), 이 통치가 이 땅 위에서 일어날 것이라고 말하지 않는다. 사실상 보좌들(계 20:4)과 하늘의 보좌들(참조. 계 4:4 및 11:16)에 대한 언급이 있다. 우리가 자신들의 신앙 때문에 목 베임을 당한 사람들의 영혼들이 과연 어디에 있는가라는 질

28　H. Lindsey, 『종말로 가는 길』(*Op weg naar het einde der tijden*), 1984^2, 178 이하.

문을 받았을 때, 우리는 그 영혼들이 하늘에 있다고 대답해야만 할 것이다 (계 6:9).

세대주의 천년왕국의 사고에서 "에젠산"(*ezensan*, [그들이] 살아서, 계 20:4)이라는 그리스어 부정과거 동사는 "그들이 살아났다"라고 번역될 필요가 있다. 이것은 육체적인 부활을 암시한다. 하지만 시간 구조와 관련해서 해당 구절은 다르게 번역될 수 있다. 곧 "그들은 살아서 천 년 동안 왕들로서 통치했다(왕 노릇했다)." 요한계시록에서 기도의 중요성을 고려할 때, "그리스도와 더불어 왕 노릇하다"라는 표현은 기도의 응답을 의미하는 것으로 해석될 수 있다(참조. De Vuyst, 1987, 125).

둘째, 세대주의에 기초한 천년왕국설의 가장 중요한 논점 중 하나는 (예수가 영광 가운데 나타나는 것을 가리키는 계 19장의 바로 뒤에 나오는) 요한계시록 20:1-10이 [계 19장과 직접적인 연관성을 갖고] 위치해 있다는 것이다. 이 논점은 요한계시록에 대한 연대기적인 해석에 기초한다. 하지만 이 경우에 그 해석은 지지받을 수 없다. 또한 천년왕국론자들도 자신들의 입장에 유리할 경우에는 연대기적인 해석에서 벗어나서 어떤 부분을 삽입이나 주제 이탈 또는 긴 절들(clauses)이라고 언급한다(참조. Ouweneel, 1990, 2:61 이하, 145). 요한계시록을 연구하는 이들은 그 책에 나타나는 수많은 평행 본문들, 주제들의 반복 및 종말에 초점을 맞춘 강조점 등에 의해서 깊은 인상을 받는다. 이것들은 "만물의 궁극적 완성에 대해서 그림처럼 묘사해준다."[29]

셋째, 그리스도가 승리했다는 것은 이미 하나의 사실이다. 동시에 사탄이 결박당했다는 것은 단지 미래에 일어나는 어떤 일이 아니다. 하나의 평행 본문으로서 골로새서 2:15을 보라. 사탄을 천 년 동안—역사적인 판단 기준에 의하면 긴 기간이다—결박시키는 목적은 그가 세상 나라들을 계속해서 미혹하지 못하도록 하려는 데 있다. 우리는 다른 성경 구절들의 진술

---

29 참조. W. Hendriksen, 『궁극적 완성에 대한 비전들』(*Visioenen der voleinding*), 1952.

들(마 24:14; 28:18-20; 눅 10:18)과 관련해서 복음 전파를 통해 하나님 나라가 온다고 생각할 수 있다. 하지만 사탄이 무대에서 완전히 사라지는 것은 아니다. 사탄이 "잠깐 동안" 놓임을 받을 때, 그는 모든 나라를 불러 모아 하나님과 그분의 기름 부음 받은 자를 대적하려고 시도할 것이다(계 20:1-3, 7-8). 이것은 적그리스도가 나타나는 시기나 또는 적그리스도에게 속한 영의 통치가 최고조에 이르고, 적그리스도의 권세가 극대화되는 것을 머릿속에 떠오르게 한다(참조. § 56.1, 제3번).

하지만 사악한 자, 곧 사탄은 여전히 자기가 원하는 대로 할 수 있는 것처럼 보인다. 그렇다면 그는 정말로 결박된 것인가? 이 질문은 분명히 요한계시록 저자의 시대에도 제기되었을 것이다! 하지만 지상에서 일어나는 것에 대한 하늘의 관점이 사탄에게 분명하게 제시된다. 순교자들 및 사악한 자를 반대했던 다른 이들은 죽은 것이 아니라 살아 있다. 그들은 "복이 있고 거룩하도다"(계 20:6).

몇몇 경우에 시작 시점과 종말의 시점이 천 년의 기간과 연결되어 있다. 하지만 역사적인 실재는 종말론적인 관점에서 이해될 필요가 있다. 그것은 "다시 오고 있는 주님의 아직 감추어져 있는 승리에 대해 역사적인 관점에서 조명해주는 것이다"(Berkouwer, 1972, 313). 베르카우어의 견해에 의하면, 요한계시록 20:3-5에서 제시된 시간과 관련된 언급들 가운데서 단지 매우 조금만 남아 있다. 하지만 우리의 관점에 의하면, 전반적으로 요한계시록은 종말에 대해 우리를 준비시키는 어떤 과정을 묘사해준다.

넷째, 요한계시록뿐만 아니라 성경의 다른 어떤 곳에서도 그리스도의 이중 재림에 대해 말하지 않는다. 종말의 사건들에 대한 그리스도의 가르침은 전혀 다른 방향을 가리켜주고 있다. 세대주의에 기초한 천년왕국설의 지지자들이 인용하는 성경 본문들은 천년왕국이 시작되기에 앞서 교회가 공중으로 들림을 받는다고 가르쳐주지 않는다(참조. Boersma, 1977[2], 215-222).

다섯째, 과연 구약성경이 기대하는 것들은 대체로 천년왕국이 오는 것에 적용되는가? 예언적인 관점에 기초하여 이 땅의 이미지들과 구약성경의 관용적인 표현들을 통해서 우리를 위해 묘사된 것이 반드시 지상의 다양한 관계에 적용되는 것은 아니다. 신약성경은 우리에게 오래전 예언에서 사용된 단어들에 대해 더 심오한 함의들과 영적인 깊이를 드러내준다. 요한계시록 21-22장에 의하면, 이 예언들은 영광의 나라에서 성취된다. 신약성경은 중간 시대의 통치 형태 안에서의 일시적인 최종 단계가 아니라 그리스도의 재림과 하나님의 영원한 나라에 초점이 맞추어져 있다.

지복에 대한 예비적인 상태로서 천년왕국에 대한 기대는 영원한 평화의 나라에 대한 기대를 가로막을 위험성이 있다.

우리의 신앙고백서의 이해에 의하면, 성경의 메시지는 세대주의에 기초한 천년왕국의 개념들을 위한 여지를 남겨두지 않는다. 더욱이 이와 같은 천년왕국설을 반대하는 교회의 공식적인 선언들이 있다(참조. Dijk, 1933, 165-167).

여섯째, 우리가 천년왕국설 그 자체에 대해서 제기한 반대들 이외에도 세대주의에 대해 말할 것이 더 있다.

세대주의는 예언들이 언제나 문자 그대로 성취되는 것은 아니라는 점을 충분히 고려하지 않는다. 미래와 관련해서 성경이 사용하는 이미지들에 대해 다음과 같은 질문이 제기되어야 한다. 그 이미지들은 이제까지 어떤 생각과 기대들을 불러일으켰으며, 또한 오늘날 그것들은 우리에게 무엇을 말하고 있는가?[30] 대체로 예언이 완전히 성취되기까지 우리는 그것을 전적으로 명확하게 알지 못한다. 이 사실을 염두에 두고 있는 이들은 예언에 대해 진술하면서 더욱 신중한 자세를 취하며 다소 성급하게 어떤 주장을 하지 않을 것이다.

---

30 참조. J. de Vuyst, "종말론적인 자료에 대한 몇 가지 해석학적인 언급들"(Enkele hermeneutische opmerkingen over apokalyptische stoffen), in J. van Genderen et. al. (ed.), 『말씀에 대한 섬김: 펠레마 교수 기념 논문집』(Ten dienste van het Woord. Opstellen, aangehoden aan prof. dr. W. H. Velema), 1991, 200-202.

세대주의를 지지하는 이들은 몇 가지 구조를 고안해냈다. 이 구조들은 성경의 메시지를 올바로 이해하는 데 심각한 방해 요인을 제공한다.

우리는 특히 세대주의자들이 이스라엘과 교회를 대조하는 것을 염두에 두고 있다. 세대주의에서 교회의 머리인 그리스도는 이스라엘의 왕이 될 존재로 묘사된다. 이스라엘을 위한 약속들은 교회를 위한 약속들과 전적으로 다른 특성을 지니고 있는 것으로 해석된다. 또한 이것은 서로 구별되는 명령들을 포함하고 있다. 그리고 이스라엘은 지상의 나라를 위해서 계획되어 있고, 반면 교회는 하늘나라를 위해서 계획되어 있다. 하지만 이스라엘을 위해서 다른 종류의 구원이 마련되어 있다는 세대주의의 견해와 더불어 구원의 통일성은 근본적으로 이중 구조로 나뉜다.

또한 교회와 관련해서도 한 가지 근본적인 차이점이 있다.[31] 세대주의의 견해에 의하면, 오순절 성령 강림 사건 이전에는 비록 신자들은 있었지만, 교회는 없었다. 이스라엘과 교회를 이와 같이 구분하는 것은 하나님의 백성의 하나 됨에 어긋난다. 그 하나 됨은 신약성경에서 매우 중요한 것이다(참조. 요 10:16; 갈 3:27-28; 엡 2:18).

우리는 하나님이 교회에 구원의 은혜를 베푸는 과정을 통해서 다시 이스라엘에게 구원을 베푸는 것을 선택하시고 교회는 공중으로 들림을 받는다는 개념에 동의할 수 없다. 린지의 주장에 의하면, 교회는 [공중으로 들림을 받고] 자리를 비워준다. 왜냐하면 하나님은 이스라엘에게 그분의 관심을 기울이는 것을 원하시기 때문이다. 하지만 맨 처음부터 하나님은 모든 민족들로부터 하나의 교회를 모으려고 시도해오셨다. 신약성경도 이와 같이 말하며(참조. 행 15:14), 또한 이 점을 매우 분명하게 입증해준다.

일곱째, 우리는 이어지는 항목에서 과연 세대주의에 기초한 천년왕국설이 주장하는 것처럼 이스라엘이 그와 같이 중요한 위치를 차지하고 있

---

31 또한 문자적인 천년왕국설의 지지자들은 교회와 관련된 견해 차이를 명백하며 근본적인 차이점으로 간주한다. 참조. J. G. Fijnvandraat/A. Maljaars/W. J. Ouweneel, 『확대경으로 바라보는 교회』(*De kerk onder de loep*), 1979, 6-13.

는지에 대해 자세히 살펴보고자 한다.

여기서는 이스라엘이 장차 영적인 회심을 경험하게 될 것이라고 기대하는 모든 이들이 반드시 문자적인 천년왕국론의 옹호자들은 아니라고 말하는 것으로 충분할 것이다.

5. 과연 이스라엘을 중심에 놓을 만한 충분한 이유가 있는가?

20세기 중반부터 유대인들로 구성된 나라, 곧 현대의 이스라엘 국가는 진정으로 관심의 한가운데 놓여 있다. 이것은 신학 서적들에도 반영되고 있다. 나치 정부 치하에서 일어난 끔찍한 사건들과 1948년에 이스라엘 국가가 수립된 사실에 비추어볼 때, 이스라엘에 대한 관심이 증대되고 고조된 것은 당연한 것이다.

네덜란드 개혁파 교회(the Nederlands Reformed [state] Church, 1949)의 새로운 신앙고백서의 초안("신앙고백의 핵심 및 그 관점")을 이루는 제17조는 이미 이것을 입증해준다. 한편으로 그 신앙고백서는 하나님이 일시적으로 이스라엘을 버렸다고 말한다. 이스라엘이 그들의 왕이신 하나님을 거부했기 때문이다. 또한 이스라엘은 모든 이방 나라들 사이에서 하나님의 심판에 대한 하나의 표적이며 그것을 반영한다. 다른 한편으로 그 신앙고백서는 하나의 나라로서 이스라엘이 존속하는 것뿐만 아니라 유대인들 가운데 일부가 개별적으로 회심하는 것을 하나님이 이스라엘을 궁극적으로 다시 받아들이신다는 것에 대한 전조와 보증으로 이해한다. "전조"라는 용어는 베르크호프의 저서에서도 어떤 역할을 한다(Berkhof, 1958, 142 이하). 그의 견해에 의하면, 요한계시록 20장에 기초해서 다음과 같은 결론을 이끌어낼 수 있다. 곧 적그리스도가 없어지고 나서 곧바로 이어지는 길고 복된 시대 동안 회복된 이스라엘은 세상의 중심이 될 것이다(Berkhof, 1958, 147).

문자적인 천년왕국설을 지지하는 그룹들은 다음과 같은 유형을 기대한다. 곧 이스라엘의 회심은 최후의 표징이 될 것이고, 이스라엘은 또다시 "구속의 도구"가 될 것이며, 나아가 예루살렘은 통치의 중심지가 될 것이다(참조. Bietenhard, 1955, 125

이하: De Herr, 1934, 192; Ouweneel, 1990, 2:226).

비록 이와 같은 사고 과정은 국가로서의 이스라엘에 영향을 미친 최근의 사건들에 의해 강화되기는 했지만, 그것은 비로소 그 사건들에 의해 촉발된 것은 아니다. 오히려 훨씬 더 오래전부터 존재했었다.

문자적인 천년왕국설이 이스라엘과 교회를 서로 구분하기는 하지만, 그 주장들은 종종 근본적인 차이점들을 드러내고 있다. 이전 시기의 저자들은 때때로 유대인들이 고국으로 돌아오는 것과 한 쌍을 이루는 것으로서 유대인들의 회심을 교회의 성장 및 이 땅의 이례적인 풍요로움과 결합시켰다(참조. **Brakel**, *R.G.*, 3:138, 322-324).

이스라엘과 그 나라의 미래에 대한 관점은 다음과 같은 현상과 비교할 때 앞서 언급한 것과 상당히 다르다. 곧 어떤 이들은 "유대인들에게 선교하는 것"을 근본적으로 단념해야 할 뿐만 아니라 이스라엘 사람들에게 복음을 전파하는 것은 그들과 만나서 대화하는 형식이나 또는 그들을 지원해주는 것으로 대체되어야 한다고 주장한다. 이와 같은 입장은 종교 다원주의에 기초해서 실행되고 있다. 종교 다원주의에 의하면, 모든 종교는 저마다 하나님에게 나아가는 길이다. 또는 비록 이스라엘과 교회는 서로 다른 길을 선택할 수 있지만, 그 길들은 모두 하나님 나라로 인도해준다. 또한 이스라엘과 교회는 함께 길을 걸어가는 것이라는 견해도 있다.[32] (이 점과 관련해서 § 46.2, 제1번을 보라.)

자신들의 관점을 성경에 기초하는 이들에게 로마서 11:26은 하나의 핵심적인 구절이다. 그 구절은 "그리하여 온 이스라엘이 구원을 받으리라"고 언급한다. 하지만 성경의 이 구절은 다양하게 이해되고 있다. 심지어 견해들의 리스트를 만들 수 있을 정도다. 여기서 우리는 다음 네 가지 견해에 대해 간략하게 논하고자 한다.[33]

---

32 참조. S. Schoon, 『이스라엘에 뿌리를 내림』(*Geworteld in Israël*), 1982, 81-85.

33 이 네 견해와 관련해서 다음 논문을 보라. J. P. Versteeg, "로마서 9-11장에 기초한 교회와 이스라엘에 대한 이해"(Kerk en Israel volgens Romeinen 9-11) in *Th. Ref. 34* (1991): 151-

a. 바울의 이 말은 교회의 보존을 가리킨다. 칼뱅은 그의 로마서 주석에서 바울이 지금 "이스라엘"이라는 명칭을 하나님의 모든 백성에게 적용한다고 말한다. 어느 날 하나님의 구속은 전체 이스라엘에게 실현될 것이다. 하지만 유대인들이 첫 번째 자리를 차지하는 방법으로 이루어질 것이다.

우리는 이 견해에 대해 간결하게 다루고자 한다. 이 해석에 대한 중대한 반대 의견들이 제기될 수 있다. 이 점은 오늘날에도 마찬가지다. 여기서 전후문맥은 바울이 속해 있는 이스라엘 백성을 언급한다(롬 9:3). 또한 바울은 이스라엘의 불신앙과 관련해서 과연 하나님이 그분의 백성을 버리셨는가라는 질문과 씨름하고 있다(롬 11:1-2).

b. 바울의 이 말은 종말의 이스라엘의 구원을 가리킨다. 이 해석은 상당히 많은 주석서에서 발견된다. 일단 구원을 받는 이방인들의 숫자가 완전히 채워지면, 모든 이스라엘이 회심할 것이다. 그럼에도 "모든 이스라엘"이라는 표현은 반드시 한 사람의 예외도 없이 "모든 이스라엘 사람"을 의미하지 않는다. 성경 주석가들뿐만 아니라 다수의 신학자들 사이에서도 이 견해가 지지를 받고 있다(참조. Honig, *Handboek*, 819-821). 베르크호프의 관점에 의하면, 만약 구원받는 이스라엘 사람들이 심지어 오직 맨 마지막 세대뿐이라고 하더라도, 그것은 하나님이 이스라엘의 모든 세대와 관련해서 이스라엘을 받아들이시는 것이다(Berkhof, 1958, 137).

하지만 다음 사항을 고려할 때 앞서 다룬 해석(b)에 이의를 제기할 수 있을 것이다. 바울은 로마서 11:26에서 "그다음에…"가 아니라 "[그리고] 그리하여…"라고 기록하고 있기 때문이다(참조. Bavinck, *R.D.*, 4:670). 곧 로마서 11:26과 11:25 사이의 사고의 연관성은 시간적인 특성을 지니고 있지 않다. 오히려 그것은 모든 이스라엘 사람이 구원을 받게 되는 역사 속에서의 어떤 순간이 아니라 하나님이 행동하시는 방법과 관련이 있다. 하나님의 은혜가 맨 처음에 (믿지 않는) 이스라엘을 통해서 이방인들에게

169.

흘러간 것과 마찬가지로, 또한 그 은혜는 이제 믿는 이방인들로부터 믿지 않는 이스라엘 사람들에게 흘러갈 필요가 있다. 로마서 11장은 바울이 "종말론적인 마지막 때의 어느 한 순간에 이스라엘이 회심하게 되는 것"을 생각하고 있다고 암시해주지 않는다(참조. Ridderbos, *Paul*, 356-359). 주목할 만한 사항으로 로마서 11:30-31의 그리스어 본문에서 사도 바울은 "지금 혹은 이제"라는 부사를 세 번이나 그 의미를 강조하면서 사용한다. 이 단어들의 내용은 11:26의 내용과 상응한다. "이제"라는 부사는 자격을 부여하는 의미를 지니고 있다(참조. *TDNT*, 4:1112-1123). 곧 이 단어는 종말의 때의 어느 한 시점이 아니라 하나님의 자비가 모든 사람에게, 곧 유대인들과 이방인들에게 모두 임했다는 "이제"라는 때를 가리킨다.

c. 이 말은 바울 당시 또는 곧바로 이어지는 시기에 일어나는 이스라엘의 구원을 가리킨다. 다른 어떤 학자들보다도 마터르(H. M. Matter)는 여전히 이스라엘에 대한 어떤 특별한 미래를 기대하고 있는 이들을 매우 신랄하게 비판한다. 그는 이방인들의 충만한 수와 모든 이스라엘 사람들의 구속은 이미 교회 역사의 맨 처음 4세기 동안에 실현되었다고 주장한다.[34] 또한 베르카우어의 관점에 의하면, 바울은 이스라엘의 먼 미래가 아니라 그가 살았던 당시의 이스라엘에게 초점을 맞추었다(Berkouwer, 1972, 346 이하).

이와 같은 해석 방법으로도 신약성경의 "지금"은 온전히 정당하게 다루어지지 않는다. 심지어 만약 그 단어가 종말의 때를 가리킨다고 하더라도, 그것은 단순히 나중이 아니라 지금 안에 존재하는 때를 가리켜준다.

d. 이 말은 그리스도의 초림과 재림 사이에 일어나는 이스라엘의 구원을 가리킨다. 우리는 이 견해를 약간의 수정과 더불어 바빙크, 리델보스 및 퍼스테이크(Versteeg)의 입장에서도 만날 수 있다. 우리는 이 견해와 관련해서 한편으로 로마서 11:12 및 11:15 사이의 평행 관계와 다른 한편으로 로마서

---

34 H. M. Matter, 『신약성경의 빛에 비추어본 이스라엘의 미래』(*De toekommst van Israël in het licht van het Nieuwe Testament*), 1953, 44.

11:25 및 11:26 사이의 평행 관계를 지적하고자 한다. 바울은 먼저 이스라엘의 실패(11:12) 또는 하나님께 버림받음(11:15)에 대해 말한다. 그다음 그는 이스라엘 사람들 가운데서 일부가 완고해진 것(11:25)에 대해 언급한다. 그리고 바울의 말은 먼저 이방인들의 수가 다 차는 것(11:25) 또는 하나님이 이방인들을 받아들이시는 것(11:15)과 그다음에 온 이스라엘이 구원을 받게 되는 것(11:26)을 서로 대조한다. 이방인들의 충만한 수가 다 차면(11:25), 그들은 하나님 나라의 축복에 전적으로 참여한다. 그렇다면 과연 이스라엘은 이방인들의 뒤에 위치하는가? 이스라엘의 배교와 완악함은 영속적인 것인가? 분명히 그렇지 않다. 왜냐하면 이스라엘도 약속된 구원에 온전히 참여할 것이기 때문이다. 이 과정은 종종 왔다갔다 하는 운동으로 묘사되어왔다(참조. Ridderbos, *Paul*, 360). 곧 이스라엘로부터 이방인들에게로 또한 이방인들로부터 이스라엘에게로(롬 11:30-32을 보라). 이방인들 중에서 그리스도인이 된 이들은 자기 자신을 이스라엘 사람들보다 더 뛰어나다고 생각할 수 없을 것이다. 왜냐하면 이스라엘도 하나님의 자비와 사랑 안에 머물러 있기 때문이다. 만약 이스라엘이 불신앙에 머물러 있지 않는다면, 그들에게도 소망이 있다. 사도 바울은 이와 같은 미래를 내다보고 있다(롬 11:17-24).

이 모든 논점으로부터 종말에 대한 하나님의 계획에 의하면, 장차 이스라엘에게 특별한 초점이 맞추어질 것이라는 결론을 이끌어낼 수 없다. 하지만 하나님이 이스라엘을 버리지 않으셨다는 사실이 분명하게 드러날 것이다. 그분은 자신의 신실하심 안에서 이스라엘 백성을 지속적으로 기억하고 계신다.

"하나님의 은혜로 말미암는 선택에 기초해서 남겨진 이스라엘 사람들이 있다"(참조. 롬 11:5, 7). 바울과 다른 유대인 신자들도 그들 가운데 속한다. 이것이 바로 우리가 구약성경의 예언들로부터 알 수 있는 남은 자에 대한 개념이다(참조. *TDNT*, 4:209-214). 숫자와 관련해서, 이 남은 자들이 얼마나 많은지가 중요한 사항은 아니다. 이스라엘의 일부분은 전체 이스라엘을 나타낸다. 이 남은 자들 안에서 이스라엘은 하나님의 백성으로 살고 있다. 이들이 바로 남은 자들이라는 사실은 그 상황이 얼마나 진지하고 엄숙한 것인지를 가리켜준다. 하지만 남은 자들의 존재는 기대감을 불러일으킨다.

우리의 관점에 의하면, 로마서 11:26은 마지막 때에 이스라엘이 집단으로 회심한다는 것에 대한 성경의 증거 본문으로 해석되어서는 안 된다. 하지만 다음 사항은 주목할 만하다. 바울은 로마서 11장에서 먼저 남은 자들과 선택된 일부분에 대해 말하면서 각 사람의 마음이 무디어졌다고 언급한다. 그는 그다음에 이와 대조적으로 "충만"과 "온 이스라엘" 같은 단어들을 사용한다. 따라서 바울은 로마서 11:26에서 "지금" 처음으로 성취되었지만, 어느 날 궁극적인 성취는 훨씬 더 광범위하게 이루어졌다고 판명될 것이라고 주장할 가능성이 있다.

만약 세상 역사의 마지막 단계 또는 그 이전 단계에서 이스라엘의 영적인 회복이 대규모로 일어날 것이라는 근거들이 충분하지 않다면, 우리는 그것을 종말론적인 표징으로 해석해서는 안 된다.

이스라엘의 국가적인 회복이 아무리 놀랍고 기쁜 것이라고 하더라도, 그것은 그리스도의 날이 다가오고 있다는 것에 대한 표징으로 해석되어서는 안 된다. 만약 그렇게 해석되어야 한다면, 신약성경은 그것에 대해 지속적으로 침묵하지 않았을 것이다. 이스라엘 나라에 대한 하나님의 약속은 그리스도의 나라 안에서 성취될 것이다.[35]

성경이 이스라엘에 대해 말하는 것은 우리가 이 방법 저 방법으로 이 나라를 한가운데 위치시키는 것에 아무런 정당성도 부여하지 않는다. 하지만 이스라엘 사람들에게 복음을 전파하는 데 있어 이스라엘에 대한 성

---

35 참조. B. J. Oosterhoff, 『족장들에게 주어진 약속들』(*De beloften aan de aartvaders*), 1973, 44.

경의 언급은 강력한 동기를 부여할 뿐만 아니라 희망이 가득한 전망을 제
시해준다.

56.2. 구속 사건으로서의 그리스도의 재림

1. **구속 사건**. 여기서 우리는 앞서 기독론의 구조 안에서(§ 31.4) 그리스도
의 파루시아 또는 재림에 대해 이미 말한 것에 기초해서 논의를 이어가
고자 한다. 해당 항목에서 그리스도의 재림은 하나의 구속 사건이라고 불
렸다.

　　신약성경은 그리스도가 오는 것과 구원자(*soter*)로서의 그리스도에 대
한 기대로서 사람들이 구속(*soteria*)을 기대하고 있다는 것에 대해 명백하
게 말한다. 히브리서 저자는 이와 관련해서 다음과 같이 말한다. "이와 같
이 그리스도도 많은 사람의 죄를 담당하시려고 단번에 드리신 바 되셨고,
구원에 이르게 하기 위하여 죄와 상관없이 자기를 바라는 자들에게 두 번
째 나타나시리라"(히 9:28). 그리고 바울도 이렇게 편지를 쓴다. "거기[하
늘]로부터 구원하는 자 곧 주 예수 그리스도를 기다리노니, 그는 만물을
자기에게 복종하게 하실 수 있는 자의 역사로 우리의 낮은 몸을 자기 영광
의 몸의 형체와 같이 변하게 하시리라"(빌 3:20-21).

　　사도 바울은 동일한 내용에 대해서 다음과 같이 다소 다르게 표현한
다. "우리 생명이신 그리스도께서 나타나실 그때에 너희도 그와 함께 영광
중에 나타나리라"(골 3:4). 또한 그는 "그날에 그가 강림하사 그의 성도들
에게서 영광을 받으시고 모든 믿는 자들에게서 놀랍게 여김을 얻으시리
니"(살후 1:10)라고 말한다. 우리는 리델보스(*Paul*, 532)와 더불어 이것을
다음과 같이 해석할 수 있을 것이다. 곧 그리스도가 재림하는 것은 신자들
에게는 그들이 그의 영광에 동참한다는 것을 의미한다. 또한 그들은 그리
스도가 지니고 있고 그를 둘러싸고 있는 영광에 놀랄 것이고 그를 경외하
며 경배할 것이다. 나아가 바울은 우리 주 예수 그리스도께서 다시 오는

　　　　　　　　　　　　　　　　　　개혁교회 교의학

것과 우리가 그의 앞에 모이는 것에 대해서 한꺼번에 말한다(살후 2:1).

성경은 많은 구절에서 이 세상의 삶에서 이미 실재가 된 구속과 또한 종말에 나타날 구원 사이의 직접적인 연관성에 대해서 말한다(참조. 롬 8:23; 벧전 1:3-5). 베드로는 신자들에게 다음과 같이 권면한다. "오히려 너희가 그리스도의 고난에 참여하는 것으로 즐거워하라. 이는 그의 영광을 나타내실 때에 너희로 즐거워하고 기뻐하게 하려 함이라"(벧전 4:13).

성취와 기대는 서로 밀접하게 연결되어 있다. 바울은 고린도 교회에 다음과 같이 편지한다. "이는 너희가 그 안에서 모든 일 곧 모든 언변과 모든 지식에 풍족하므로 그리스도의 증거가 너희 중에 견고하게 되어 너희가 모든 은사에 부족함이 없이 우리 주 예수 그리스도의 나타나심을 기다림이라. 주께서 너희를 우리 주 예수 그리스도의 날에 책망할 것이 없는 자로 끝까지 견고하게 하시리라"(고전 1:5-8). 그리고 **이미** 여기서 실재가 된 것과 **아직** 실현되지는 **않았지만** 장차 반드시 이루어질 것—신약성경이 지니고 있는 특성임—은 요한1서 3:2에서 다음과 같이 매우 명백하게 표현된다. 곧 "사랑하는 자들아, 우리가 지금은 하나님의 자녀라. 장래에 어떻게 될지는 아직 나타나지 아니하였으나, 그가 나타나시면 우리가 그와 같을 줄을 아는 것은 그의 참모습 그대로 볼 것이기 때문이니."

그리스도의 초림과 재림은 서로 불가분의 관계에 있다. 이 땅에 처음으로 온 그리스도의 사건 위에 그가 다시 온다는 근거와 보증이 기초한다. 왜냐하면 "모든 사람에게 구원을 주시는 하나님의 은혜가 [그리스도 안에서] 나타나" 우리가 "복스러운 소망과 우리의 크신 하나님 구주 예수 그리스도의 영광이 나타나심을 기다리"고 있기 때문이다(딛 2:11-13). 디도서 2:14과 다른 구절들에서는 그리스도가 자신을 내어준 것과 그가 드린 희생제물이 서로 밀접하게 연결되어 있다(또한 히 9:28을 보라). 그리스도는 우리를 사랑하고, 그의 피로 우리의 모든 죄로부터 우리를 구속했다. 이것에 대해서 요한계시록은 "볼지어다! 그가 구름을 타고 오시리라. 각 사람의 눈이 그를 보겠고"(계 1:7)라고 말한다. 우리는 앞서 기독론에 대해 다루는 장에서 그리스도의 승귀와 관련된 모든 것은 그가 영광 가운데 다시 오는 것을 가리켜주며, 또한 그가 다시 오면 이전의 그의 사역을 완성할 것이라고 이미 언급했다(§ 31.4, 제1번).

또한 그리스도의 재림은 교회의 신앙고백서에서 구속 사건으로 간주된다. 「벨기에 신앙고백서」에서 구속에 대한 신자들의 기대는 다음과 같이 다양한 방법으로 묘사된다. 신자들은 영광과 존귀의 관을 쓰게 될 것이다. 하나님의 아들은 하나님 곧 그의 아버지와 그가 선택한 천사들 앞에서 신자들의 이름들을 시인할 것이다(마 10:32). 또한 하나님은 그들의 눈에서 눈물을 씻어줄 것이다(계 21:4). "주님은 은혜가 넘치는 보상으로 어느 누구도 이제까지 결코 상상할 수 없었던 영광을 그들이 소유하도록 해줄 것이다"(제37조). 또한 「하이델베르크 교리문답」에 의하면, 그리스도가 다시 올 때 신자들에게 주어지는 위로 가운데 다음 사항이 포함되어 있다. "그리스도는 선택함을 받은 모든 사람과 함께 나를 하늘의 기쁨과 영광으로 이끌 것입니다"(제19주일).

성경은 우리에게 그리스도의 재림의 **방법**에 대해 정확하게 묘사해주지 않는다. 성경의 상징과 이미지들은 부분적으로 그 당시의 세계관을 반영한다. 성경의 저자들이 그것들의 도움을 받아서 예언적이고 묵시적인 언어로 표현한 것을 우리 자신의 말들로 다시 표현한다는 것은 정말로 쉽지 않다. 하지만 이 점은 그리스도가 다시 온다는 것에 대한 우리의 확신을 조금도 약화시키지 않는다.

a. **그리스도는 생각하지도 않은 때 갑자기 다시 온다.** 밤중에 오는 도둑의 이미지가 신약성경에서 사용된다. 그 이미지는 그리스도가 기대하지 못한 때에 갑작스럽게 온다는 것을 가리켜준다(참조. 마 24:34, 44; 살전 2:2; 벧후 3:10). 또한 그것은 깨어 있으라는 경고를 포함한다.

예수는 그때가 노아의 때나 롯의 때와 같을 것이라고 말한다. 노아의 때는 "사람들이 먹고 마시고 장가들고 시집가더니"라는 특성을 지닌 것으로 묘사된다(눅 17:26-27). 또한 롯의 때는 "사람들이 먹고 마시고 사고팔고 심고 집을 짓더니"(눅 17:28)라는 특성을 지닌 것으로 언급된다. 다시 말해서, 사람들은 단지 이리저리 오가며 자신들의 일에만 열중하고 있었지, 그들에게 종말이 다가온다는 사실을 깨닫지 못했다. 그들은 하나님에게는 전혀 관심을 갖지 않은 채 다른 모든 일에 몰두해 있었다. 그리고 갑자기 그들에게 심판의 날이 다가왔다!

그리스도는 모든 사람이 예기치 못한 때 갑자기 다시 올 것이다. 하지만 모든 사람이 그의 재림을 기대하지 않았던 것은 아니다. "주의 재림은 사람들이 예기치 못한 때와 상황에서 임할 것이다. 하지만 사람들이 그의 재림을 전혀 기대하지 않았던 것은 아니다.…따라서 그리스도가 예측할 수 없는 시점에 갑자기 온다는 사실은 항상 깨어 있으면서 그것에 대비해야 한다는 것을 요구한다"(Berkouwer, 1972, 85). 그래서 예수는 열 처녀 비유의 맨 마지막 부분에서 "그런즉 깨어 있으라. 너희는 그날과 그때를 알지 못하느니라"고 권면한다(마 25:13). 그리고 「벨기에 신앙고백서」는 "(비록 모든 창조물은 그 시점을 알 수 없지만) 주님이 정하신 시점에" 그분이 다시 올 것이라고 말한다(제37조).

b. 또한 우리의 신앙고백서는 **그가 몸을 지닌 채 눈으로 볼 수 있는 방법으로 다시 온다**고 말한다. 이것은 그리스도가 승천할 때 천사들이 말한 것과 일치한다. 곧 "너희 가운데서 하늘로 올려지신 이 예수는 하늘로 가심을 본 그대로 오시리라"(행 1:11). 모든 인류는 그가 나타나는 것을 볼 것이며, 또한 그 모습은 사람들에게 깊은 인상을 심어줄 것이다(마 24:27; 계 1:7).

c. 그리스도는 구름을 타고 **능력과 큰 영광으로** 다시 올 것이다(눅 21:27). 그는 "자기 영광으로 모든 천사와 함께" 올 것이다(마 25:31). 그리고 구름이 그를 에워쌀 것이다. 이것은 그가 하나님의 영광을 지니고 있

음을 가리켜준다. 또한 천사들도 그의 명령을 시행하기 위해서 그와 함께 있다. 왜냐하면 그는 또한 천사들의 주님이시기 때문이다(또한 참조. 살후 1:7). 모든 창조물이 그에게 경배해야 하며, 모든 입은 "예수 그리스도를 주라 시인하여 하나님 아버지께 영광"을 돌려야 한다(빌 2:10-11).

d. **무시무시한 징조들**이 그가 다시 오는 것과 짝을 이루고 있다. 이것은 모든 창조세계가 그의 재림과 관련되어 있음을 암시해준다. "해가 어두워지며 달이 빛을 내지 아니하며 별들이 하늘에서 떨어지며 하늘의 권능들이 흔들리리라"(마 24:29; 참조. 눅 21:25). 칼뱅은 이와 관련해서 다음과 같이 주장한다. 곧 우리는 어떻게 이와 같은 일이 일어날지에 대해 정확하게 예고할 수 없지만, 예수의 이 말씀들이 성취될 때 이러한 현상이 분명하게 나타날 것이다.

e. **그리스도가 다시 오면, 그는 모든 적대 세력을 굴복시킬 것이다**(고전 15:25). 요한계시록은 어린 양이 그의 모든 원수에게 완전한 승리를 거둘 것이라고 우리에게 밝혀준다. 이것은 최후의 승리로 이끌 것이다. 사탄과 모든 사악한 세력은 제거될 것이다. 그리스도는 만주의 주시요, 만왕의 왕이시다(계 17:14; 19:11-16).

f. **그리스도는 최후의 심판을 실행하기 위해서 온다**. 그는 심판에 대한 권한과 위임 명령을 지니고 있다(요 5:27; 행 17:31). 그가 다시 오면, 신자들과 불신자들을 영원히 분리시킬 것이다(살후 1:5-10). 또한 그는 **상**을 갖고 올 것이다. "내가 줄 상이 내게 있어 각 사람에게 그가 행한 대로 갚아 주리라"(계 22:12).

g. 그리스도의 재림은 최후의 심판뿐만 아니라 **죽은 자들의 부활**과도 연결되어 있다(고전 15:23, 52). 그리스도는 중보자로서 그의 나라를 하나님 아버지께 넘겨드릴 것이다(고전 15:23-28). 이와 관련해서는 § 31.4, 제2번을 보라.

[그리스도의 재림과 더불어] 모든 것은 성취와 완성으로 특징지어질 것이다. 우리는 코르프(Korff)와 함께 믿음으로 예수 그리스도를 다음과

같은 존재로 알고 있다고 말할 수 있다. 곧 그는 하늘 보좌로부터 자기를 낮추어 역사 속에서 이 땅으로 **왔고**, 하늘로 높임을 받아 **지금 그곳에 있으며** 또한 성령을 통해서 신자들과 연합한다. 그뿐만 아니라 그는 어느 날 영광 가운데 다시 **올 것이다**.[36]

2. 구속 사건. 우리는 성경적인 근거 때문에 그리스도의 재림을 하나의 구속 사건이라고 부른다. 우리는 그리스도의 재림을 고대한다. 만약 그리스도의 재림이 사실이라는 것이 공격을 받는다면, 우리의 믿음의 기초들은 흔들린다. 하지만 현대 신학에서 다양한 방법으로 이와 같은 일이 일어나고 있다. 우리는 이것에 대해 완벽하게 제시할 수는 없지만 다음과 같은 몇 가지 예들을 소개하고자 한다.

a. **도드**(C. H. Dodd)는 하나님 나라에 대한 신약성경의 기대는 믿음과 교회를 통해서 이미 실현되었다는 견해를 옹호했다. 하나님 나라의 권세는 이미 여기서 작동하고 있다. 미래의 하나님 나라는 더 이상 기대할 필요가 없다. 이 나라의 영적인 영역에서 이미 온 것과 앞으로 와야 할 것은 무의미하다. 미래에 대한 성경의 언급들과 관련해서 말하자면, 그것들은 단지 하나님 나라가 지금 현실에서 나타나는 것보다 더 많은 것을 포함하고 있다고 말하는 것에 지나지 않는다. 또한 종말론은 이미 성취되었기 때문에, 그리스도가 다시 오는 것은 더 이상 기대할 필요가 없다.

이 해석을 거부하기 위해서 인용할 수 있는 자료들이 성경 안에 너무 많이 있기 때문에, 우리는 이 견해에 대해 논박하는 것을 전적으로 생략하고자 한다(참조. Hoekema, 1979, 293-297).

b. **불트만**은 그리스도가 승천한 후 구속을 완성하기 위해서 하늘의 구름을 타고 다시 오며, 그다음에 죽은 자들이 부활하고 최후의 심판이 실행된다는 것을 신화라고 간주한다. 또한 미래는 신자들에게 이미 실재가 되었다.

---

36 F. W. A. Korff, *Christologie*, 19422, 2:362.

불트만과 그의 지지자들을 대상으로 제시된 뒤셀도르프 선언서에서 "다른 복음은 없다"(Kein anderes Evangelium)라는 신앙고백 운동은 예수 그리스도의 재림에 대한 기대는 의미 없는 것이고 오직 이 세상만이 실재를 반영한다는 불트만의 가르침이 거짓된 것이라고 올바르게 설명했다.[37]

c. 우리는 도드와 불트만이 끼친 영향을 다양한 새로운 연구들에서 인식할 수 있다. 이들 외에 칼 바르트도 많은 영향을 끼쳤다. 바르트는 오늘 이미 드러났거나 밝혀진 것이 장차 드러나거나 밝혀지는 것으로 미래를 이해한다. 그는 예수 그리스도가 우리의 미래의 본질이라고 주장한다. 미래는 역사 안에서 사건들의 또 다른 전환을 가져오지 않고, 오늘 존재하는 것을 계시해준다.[38] 그리스도가 이 땅에 온 것, 그의 죽음 및 부활이라는 핵심적인 사건들은 모든 이들에게 완전히 계시될 것이다. 제자들이 그리스도가 부활하고 난 이후 며칠 동안에 그런 사건들을 이해했던 것처럼 말이다(참조. Blei, 1986, 93-101).

만약 이 견해가 사실이라면, 그리스도의 재림은 단순히 그리스도가 다시 오는 것이라기보다는 오히려 지금 볼 수 없는 것이나 또는 많은 사람에게 지금 여전히 감추어져 있는 것이 드러나는 것으로서 훨씬 더 많은 것이 묘사되어야 할 것이다. 왜냐하면 그의 재림은 새로운 실재를 포함하기 때문이다(참조. Heyns, *Dogm*., 407 이하).

d. 『새 교리문답』(네덜란드, 1966)의 논의에서 그리스도의 재림의 실재는 그 중요성을 잃어버린다. 그리스도는 새로운 창조세계에서 우리의 삶이 완전해지기까지 온전히 계시되지 않을 것이다. "그는 돌아오지 않을 것이다. 왜냐하면 그는 이미 우리와 함께 있기 때문이다. 그의 임재는 비로소 그때 완전해진다"(228). 이와 관련해서 신약성경에서 "돌아오다"라는 단어가 나타나지 않는다는 것을 지적하고자 한다. 우리는 "파루시아"라는 원래의 단어가 신약성경에서는 도착을 의미한다는 사실에 동의한다. 하지만 이 땅에 처음온 후 하늘로 올라간 그리스도가 오는 것은 그가 두 번째로 또는 다시 오는 것이다. 신약성경은 강조하며 그와 같이 말한다(참조. 요 14:3; 히

---

37 H. Steubing (ed.), 『교회의 신앙고백서들』(*Bekenntnisse der Kirche*), 1970, 311.
38 K. Barth, *Creed*, 1964, 106; *Dogmatics in Outline*, 1949, 155.

9:28). 신약성경은 그리스도의 새로운 나타남에 대한 내용을 포함한다. 그것은 그가 처음으로 이 땅에 온 것과 또한 그가 성령 안에서 오는 것과는 구별되어야 한다.

e. **베르크호프**는 이 교리문답이 제시하는 것과 동일한 노선을 따른다. 그는 그리스도의 임재를 하나의 과정으로 묘사하는데, 이 과정과 관련해서 머잖아 열매가 얼마 안 있어 거두어진다(Berkhof, 1967, 44). 그리고 베르크호프는 그리스도의 재림을 다음과 같은 것을 나타내는 이미지라고 말한다. 곧 "어느 날 그리스도는 우리가 경험하는 세계 안에서 그 세계의 비밀과 기초로서 계시될 것이다. 그 계시는 어떤 영향력들이 갑자기 펼쳐지는 것이 아니라 새로운 만남의 사건으로 일어날 것이다. 그 안에서 인류는 해방자들로서 하나님의 아들과 또한 그의 안에서 하나님 아버지를 만날 것이다"(Berkhof, *C.F.*, 526).

여기서 우리는 단지 다음과 같은 질문을 제기하고자 한다. 그렇다면 그리스도가 살아 있는 자들과 죽은 자들을 심판하러 온다는 우리의 신앙고백(사도신경)에서 남아 있을 수 있는 내용은 과연 무엇인가? 또한 § 57.2을 보라.

56.3. 그리스도의 재림에 대한 기대

1. 긴장감이 감도는 기대. 종말론적인 기대는 신약성경 전체에 스며들어 있다. 사도들이 살아 있던 시대에 그리스도의 파루시아에 대한 고대는 "기다려라, 그리고 보라"는 태도로 특징지어질 수 없었을 것이다. 오히려 그 고대는 그날에 대해서 진지하게 열망하는 것이었다. 이것은 "하나님의 날이 임하기를 바라보고 간절히 사모하라"(벧후 3:12)와 같은 표현에서 매우 분명하게 묘사되어 있다. 로마서 8:18-25에서도 긴장감이 명백하게 드러난다. 신자들이 하나님의 아들이 하늘로부터 오는 것을 고대하는 것은 회심뿐만 아니라 하나님을 섬기는 일의 일부분이었다(참조. 살전 1:10). 하지만 그것은 두려움으로 가득한 기대로 변질되어서는 안 된다. 바울은 주의 날이 임박했다고 해서 데살로니가 교회의 신자들이 마음의 평정을 잃어버리고 불안해하는 것을 원하지 않는다(살후 2:1-2).

이미 지금 놀라움으로 가득한 미래는 그 모습을 취하기 시작했다. 눈으로 보이는 이 세상은 곧 사라질 것이다. 그리스도가 다시 오시기까지 시간이 얼마 남지 않았다. 이것은 신자들의 일상생활에 중요한 함의들을 지닌다(고전 7:29-31을 보라). 사도 바울은 신자들이 일상생활을 소홀히 해도 된다는 것을 말하는 게 아니다. 오히려 그는 신자들이 사소한 일들이 아니라 진정으로 의미심장한 사항들에 관심을 기울이라고 권면한다.

요한계시록은 종말에 대한 기대로 가득한 책이다. 이 책은 그리스도의 재림에 대해 선언하는 것으로 시작해서 "내가 속히 오리라"는 그리스도의 약속과 "주 예수여, 오시옵소서!"라는 기도로 끝난다. 이 기도는 그리스도의 약속에 대한 반응이다. 성령과 신부는 그리스도에게 "오십시오!"라고 말한다(계 22:17). 이 구절에서 신부보다 성령이 먼저 언급된다. 왜냐하면 바로 성령이 신부(신자들)에게 기도하면서 믿음으로 그리스도의 재림을 고대하라고 촉구하기 때문이다.

우리는 이와 관련해서 "마라나타"(우리 주여, 오시옵소서[고전 16:22])를 머릿속에 떠올린다. 이 단어는 『디다케』(10,6)에서도 나타난다. 그곳에서 이 단어는 주의 만찬을 기념하면서 드리는 기도다. 거의 틀림없이 이 단어는 "오소서, 우리 주님"을 의미한다(참조. 계 22:20).[39]

이것은 그리스도가 주의 만찬을 제정한 의도에도 전적으로 일치한다. 거기에는 그가 다시 오는 것에 대한 기도도 포함되어 있다(고전 11:26). 우리는 주의 만찬에서 떡을 떼고 잔을 마시면서 과거에 일어난 그리스도의 구속을 기억하고, 현재에 경험하는 그 구속을 선포하며, 또한 그것이 미래에 궁극적으로 완성될 것이라고 기대한다.[40]

---

39 참조. *TDNT*, 4:466-472; L. Goppelt, *Theologie des Neuen Testaments*, ed. J. Roloff, 1976, 2:348-351.

40 J. P. Versteeg, "신약성경의 성찬론"(Het Avondmaal volgens het Nieuwe Testament), in W. van 't Spijker et al. (ed.), 『떡과 잔의 주위에서』(*Bij brood en beker*), 1980, 64.

우리는 그리스도의 재림에 대한 믿음의 결과로 생겨나는 몇 가지 핵심적인 요소와 관련해서 판 니프트릭(Van Niftrik, *KLD*, 234)의 다음과 같은 관점에 동의한다. (1) 우리는 세상과 삶 속에서 일어나는 온갖 사건들에 직면해서도 측량할 수 없는 마음의 평안을 누린다. (2) 우리는 세상 사람들이 제공하는 거짓된 모든 위로를 몹시 싫어한다. 그들은 언젠가 사정들이 지금보다 더 좋아질 것이라고 주장한다. (3) 우리는 시대의 특성들에 대해서 더 깊고 넓게 이해할 수 있다. 왜냐하면 우리는 세상의 역사가 결국 최후의 심판을 향해서 나아간다는 것을 알고 있기 때문이다. (4) 우리는 깨어 있어야 한다. "우리는 이 세상에서 또한 우리의 삶 속에서 다가오고 있는 하나님 나라를 가리켜주는 표지들을 세우기 위해서 부름 받았다. 우리는 우리의 구체적인 삶을 통해서 모든 소망을 하나님의 미래에 두고 있다는 것을 명백하게 드러낼 필요가 있다."

기독교의 경험과 사고에서 미래가 매우 사소한 역할 밖에 하지 못하는 시기들이 있었다. 그리스도인들이 현재의 일들에 지나치게 몰두하면, 그리스도의 재림에 대한 열망은 곧 사라져버린다. 그러면 교회는 세속화된다. 유물론의 영향력도 신자들이 무시해서는 안 될 한 가지 요소다(참조. Hoekema, 1979, 110). 우리가 이와 같은 사항들에 유의하지 않으면, 우리는 결과적으로 앞서(§ 56.2, 제2번) 경고하면서 살펴본 다양한 신학적인 영향을 받게 될 것이다.

이와 반대되는 경향들도 확인할 수 있다. 그리스도인들이 마지막 때에 지나치게 몰두하면, 그들은 세상과 접촉을 하지 않은 채 이 세상에서 자신들이 감당해야 하는 사명을 무시할 수 있다. 그뿐만 아니라 기독교의 다양한 분파들은 의문의 여지가 있는 자기 자신들만의 묵시론들을 발전시켜왔다.[41]

칼 바르트의 견해에 의하면, 종말론은 종교개혁의 신학이 제기한 기대들에 이르지 못했다(Barth, *C.D.*, 2.1.632). 하지만 이 비판은 합리적이지 않고 옳지도 않다. 첫째, 종교개혁의 신학은 성경, 칭의, 교회 및 주의 만찬에 더 많은 강조점을 두었다. 둘째, 종교개혁가들은 종말론을 새롭고 성경적인 배경에 위치시켰다. 그리스

---

41 참조. K. Hutten, 『믿음과 [기독교의] 분파』(*Geloof en sekte*), 출간 연도 미상, 101-108.

도의 재림은 중세 시대의 경우처럼 신자들을 위협하는 것이 아니라 그들에게 위로를 가져다주는 것으로 이해되었다(「하이델베르크 교리문답」 제19주일). 루터는 자신이 젊은 시절에 그리스도를 주로 심판자로 이해했을 때 마지막 날을 끔찍하게 두려워했다는 이야기를 들려준다. 나중에 그의 삶에서 그에게 마지막 날은 "사랑스러운 최후의 날"이었다.[42] 칼뱅은 하나님의 백성은 그리스도가 심판하기 위해서 다시 오는 것을 두려워할 필요가 없다고 말한다. "우리는 모든 것 가운데 가장 행복한 것으로서 주의 재림을 주저하지 말고 고대하자"(『기독교강요』 2.16.18; 3.9.5). 누가복음 21:28—"이런 일이 되기를 시작하거든 일어나 머리를 들라. 너희 속량이 가까웠느니라 하시더라"—은 루터, 칼뱅 및 다른 종교개혁가들에게 커다란 영향을 미쳤다. 또한 「하이델베르크 교리문답」(제19주일)에서 "머리를 하늘을 향하여 들고"라는 주목할 만한 표현도 누가복음 21:28을 연상시켜준다. 「벨기에 신앙고백서」 제37조는 그 당시에 신자들이 주의 재림을 강렬하게 고대하고 있었다는 것을 훌륭하게 표현해준다. 해당 조항의 마지막 문장은 다음과 같이 말한다. "그러므로 그리스도 예수 우리 주 안에 있는 하나님의 약속들을 온전히 누리기 위해서 우리는 저 위대한 날을 가장 강렬하게 고대한다."

여기서 우리는 다음과 같은 질문을 언급하고자 한다. 왜 그리스도의 재림(파루시아)을 기념하는 절기가 없는가? 이 질문을 제기한 오퍼다윈(J. Overduin)은 이렇게 말한다. "하나님의 영이 교회를 설득해서 교회가 믿고 바라며 기대하고 깨어 있게 하소서. 그래서 교회가 해마다 지키는 파루시아 절기를 열망하고 요구하게 하소서."[43]

2. 능동적인 기대. 그리스도의 재림은 우리에게 위로를 가져다줄 뿐만 아니라 동기를 부여한다. 재림에 대한 기대는 우리를 깨어 있게 하며 또한 열심히 일하게 만든다. 후자의 경우와 관련해서 달란트 비유(마 25:14-30)

---

42   참조. U. Assendorf, *Eschatologie bei Luther*, 1967; J. Bakker, 『종말에 대한 루터의 설교』 (*Eschatologische prediking bij Luther*), 1964.

43   J. Overduin, 『접근할 수 없는 그분』(*Het onaantastbare*), 1975, 151.

와 므나 비유(눅 19:11-27)를 보라. "그러므로(그런즉) 깨어 있으라"는 권면은 그 비유의 진지성을 결코 소홀히 여기지 않게 한다(마 24:42; 25:13). 또한 데살로니가전서 5:1-11을 주의 깊게 생각해보면, 우리는 재림에 대한 기대가 우리를 깨어 있게 할 뿐만 아니라 우리 자신을 [미혹과 위험으로부터] 지켜준다고 말할 수 있다. 자기 자신을 지키는 그리스도인의 힘은 믿음, 사랑, 소망으로 무장되는 것을 포함한다. 이 세 가지는 영적인 싸움, 곧 그리스도인의 전투(*militia christiana*)를 위해서 꼭 필요하다.

만물의 완성(§ 57에서 다룰 것임)이라는 주제는 우리에게 성화를 요구한다. 또한 우리가 이 세상에서 이루어나가는 성화는 만물의 완성을 필요로 한다.[44] 신학 논문들은 종종 성경에서 종말론과 기독교 윤리 사이의 연관성을 언급한다. 성화의 주제는 이 관계에서 중요한 역할을 한다. 곧 그 주제는 바울의 편지들뿐만 아니라(참조. 살전 3:13; 5:23; 빌 1:9-10; 딛 2:11-14) 신약성경의 다른 책들에서도(참조. 히 10:24-25; 벧전 4:7-11; 벧후 3:11-14; 요일 3:2-3; 유 20-21; 계 22:11) 중요하게 다루어진다. 종말론적인 관점들로 가득한 고린도전서 15장은 다음과 같은 초대로 마무리된다. 곧 "그러므로 내 사랑하는 형제들아 견실하며 흔들리지 말고 항상 주의 일에 더욱 힘쓰는 자들이 되라. 이는 너희 수고가 주 안에서 헛되지 않은 줄 앎이라"(고전 15:58). 또한 이것은 매우 구체적이어야 한다는 것을 의미한다. 곧 바울은 고린도교회의 신자들이 예루살렘 교회를 위해서 헌금을 모으는 일에 동참해줄 것을 간청한다(고전 16:1-4).

한편 우리에게 주어진 명령을 실행해나가는 과정에서 왜 우리에게 시간이 주어져 있는지 알 필요가 있다. 우리는 이와 관련해서 서로 다른 두 관점, 곧 베르크호프와 알더스의 관점을 언급하고자 한다.

---

[44] 참조. W. H. Velema, 『거룩한 삶을 위해서 부름 받음』(*Geroepen tot heilig leven*), 1988², 168-170.

베르크호프는 그리스도의 승리를 역사 속에서 눈으로 확인할 수 있다고 믿는다. 그러면서 그는 기독교 문화와 관련해서 자신이 비관주의라고 부르는 것을 거부한다 (Berkhof, 1958, 163 이하). 그는 자신의 주저 『기독교 신앙』에서 갈등에도 불구하고 낙관주의와 더불어 진보와 발전이 이루어질 것이라고 계속해서 언급한다(C.F., 515-517).

반면에 알더스는 다음과 같이 그것과 반대되는 의견을 제시한다. 곧 "우리는 분명히 묵시론적인 특성들을 지니고 있는 기독교 시대 이후의 세상에서 살고 있다." 그는 그 시대가 지난 다음에 사건들이 전개되는 것을 죽어가는 과정으로 이해한다.[45]

베르크호프는 종말론의 수평적인 관점에 초점을 맞추고 있고, 반면 알더스는 수직적인 관점에 초점을 맞추고 있다. 하지만 두 견해들은 모두 한편으로 치우쳐 있다.[46]

앞서 언급한 바와 같이 우리의 출발점은 "이미"와 "아직"이다. 하나님 나라는 이미 왔다. 하지만 그 나라는 아직 온전한 영광과 더불어 오지 않았다. 이 세상에는 그리스도의 주권을 드러내는 표징들도 있지만, 그와 그의 나라를 반대하는 표징들도 있다. 이 점은 앞으로도 나아지지 않을 것이다.

우리가 [종말에 대한 태도와 관련해서] 숙고해보아야 할 중요한 성경 본문은 베드로후서 3장이다. 베드로는 외부인들의 조롱뿐만 아니라 교회 안에서 제기되는 질문들에 대해서도 언급한다. 먼저 베드로는 시간에 대한 하나님의 관점은 우리의 관점과 다르다고 말한다. 그다음 그는 이 시대

---

45 W. Aalders, 『두 세계의 시민들』(*Burger van twee werelden*), 출간 연도 미상, 174; W. Aalders, 『창조 또는 역사』(*Schepping of geschiedenis*), 출간 연도 미상, 34. 또한 Aalders와 Berkhof(뿐만 아니라 다른 많은 학자들)의 견해를 서로 비교하는 것과 관련해서 다음 연구서를 참조하라. W. Aalders, 『이 시대를 위한 조언』(*Een correctie op de tijd*), 1985, 13-21.

46 이 점과 관련해서 다음 연구서들을 참조하라. W. H. Velema, 『이 세상에서의 그리스도인의 존재』(*Christen zijn in deze wereld*), 1974, 7-25; 같은 저자, 『거룩한 삶을 위해서 부름 받음』 (*Geroepen tot heilig leven*), 19882, 151-167.

를 위한 하나님의 목적에 대해서 언급한다. 하나님은 이 시대를 진정으로 오래 참으신다. 종말은 아직 오지 않았다. 왜냐하면 하나님은 아무도 멸망하지 않고 모든 이가 다 회개하는 것을 바라시기 때문이다. 하지만 하나님의 오래 참으심이 한계가 없는 것은 아니다. 그러므로 시간이 얼마 남지 않았다. 모든 것은 주의 날에 초점이 맞추어져 있다. 우리의 주님은 곧 다시 오실 것이다. 이 사실은 회개하라는 하나님의 요구를 더욱더 절실하게 만든다!

베드로후서 3:9은 우리가 살고 있는 이 세대를 위한 하나님의 목적에 대해서 말한다. 이것은 복음서에 수록되어 있는 그리스도의 다음과 같은 명령과 연관성이 있다. 곧 "그의 이름으로 죄 사함을 받게 하는 회개가 예루살렘에서 시작하여 모든 족속에게 전파"되어야 한다(눅 24:47; 참조. 마 28:19).

그리스도의 재림을 고대하는 이들은 그가 자신들에게 준 사명을 인식하고 있다. 자신들의 사명을 실행하는 이들은 그리스도가 다시 오는 것을 고대하면서 그 일을 하는 것이다.

§ 57. 만물의 완성

57.1. 몸의 부활
57.2. 최후의 심판
57.3. 궁극적인 분리와 영원한 형벌
57.4. 영원한 삶
57.5. 새 하늘과 새 땅

57.1. 몸의 부활

1. 그리스도의 재림은 최후의 심판 및 죽은 자들의 부활과 직접적으로 연결되어 있다. 그리스도의 재림에 이어서 곧바로 일어나는 첫 번째 사건은 죽은 자들의 부활이다(참조. Bavinck, *R.D.*, 4:692).

그리스도가 다시 오면, 신자들뿐만 아니라 다른 모든 사람도 부활한다.

곧 "의인[들]과 악인[들]의 부활"(행 24:15)이다. 다니엘 12:2, 요한복음 5:28-29 및 요한계시록 20:12-15과 같은 본문들에서는 "생명의 부활"과 "심판의 부활"이 서로 명백하게 구별된다. 성경에서는 신자들의 부활에 초점이 맞추어져 있다. 비록 「벨기에 신앙고백서」 제37조는 불신자들과 사악한 자들이 직면할 최후의 심판을 매우 강조하며 말하기도 하지만, 교회의 신조에서도 두 가지 부활은 서로 분명하게 구분된다. 그들은 심판을 받기 위해 부활해서 다시 죽지 않고 영원한 형벌을 받을 것이다.

신자들에게 "부활"이라는 단어는 그리스도의 부활을 기억나게 한다. 반면에 다른 이들에게 그것은 하나님과 그리스도의 최종적인 심판을 의미한다. 죽은 자들과 또한 살아 있으면서 그리스도가 다시 오는 것을 지켜보는 이들은 모두 부름을 받고, 그 재판관 앞에 나타나게 될 것이다(참조. Dijk, 1953, 87-89).

「하이델베르크 교리문답」(제19주일)은 "그리스도의 부활은 우리의 복된 부활을 확실하게 보증해준다"고 말한다. 판 룰러는 "그리스도의 부활은 죽은 자들의 부활에 대한 표징, 시작, 기원 및 근거다"라고 말한다.[47]

죽은 자들의 부활은 우리의 상상과 이해를 훨씬 초월하는 것으로서 하나님이 행하시는 기적이다. 오늘날 많은 사람은 그것을 회의와 불신으로 바라본다. 이와 같은 태도는 과거에도 마찬가지였다.

사도행전 23:8에 의하면, 사두개파에 속한 사람들은 부활을 믿지 않았다. 아테네에서 어떤 사람들은 부활에 대한 개념을 비웃었다(행 17:32). 바울은 고린도 교인들에게 "너희 중에서 어떤 사람들은 어찌하여 죽은 자 가운데서 부활이 없다 하느냐?"(고전 15:12)라고 강력한 어조로 질문할 필요가 있었다. 아마도 바울은 이 구절에서 부활의 가능성에 대한 합리적인 비판이 아니라, 오히려 신령주의적이거나 영지주의적인 견해를 언급할 것이다(참조. Versteeg, 1971, 4-24).

---

47 A. A. van Ruler, 『죽음은 정복되었다』(*De dood wordt overwonnen*), 출간 연도 미상, 38.

계몽주의 시대 이후로 이 신앙 조항, 곧 부활에 대한 비판은 상당히 확산되었다. 어떤 이들은 단순히 부활을 믿을 수 없는 것으로 생각한다. 반면에 다른 이들은 어떤 **새로운 해석**을 시도한다. 마리아의 영혼뿐만 아니라 육신도 하늘로 올라갔다는 『새로운 교리』(1950년, 교황 비오 12세가 선포함)가 지니고 있는 몇 가지 문제점 및 가능성과 관련해서 얼마 전 로마 가톨릭교회 안에서 새로운 견해가 나타났다. 곧 한편으로는 에큐메니칼 공동체들이 이 교의를 반대하는 것을 누그러뜨리기 위해서 이 교의는 우리의 부활에 대한 하나의 모델로 이해되었다. 로마 가톨릭 신학자들과 개신교 신학자들이 공동으로 집필해서 간행된 『새로운 신앙 해설서』(*Neues Glaubensbuch*, 1973)는 다음과 같이 주장한다. "개인의 부활은 그가 죽을 때 또한 죽음 안에서 일어난다"(542). 우리는 다음 세 가지 논점을 제시하며 이 견해를 정면으로 반대한다. (1) 성경은 1950년에 선포된 성모 승천 교의와 그것으로부터 이끌어낸 결론들을 지지해주는 근거를 전혀 제공하지 않는다. (2) 그렇다면 우리의 부활은 마지막 날이 아니라 우리가 죽는 바로 그날에 일어날 것이다. 하지만 이 견해는 성경의 가르침에 어긋난다. (3) 이것은 종말론의 내용을 상당히 축소시킬 것이다. 왜냐하면 이 견해는 부활을 인간이 자기의 지난 역사를 단순히 하나님 안에서 찾는다는 의미로 해석하기 때문이다(참조. **M.S.**, 5:881-885; **Ratzinger**, 1978⁴, 92-99).

비록 우리는 어떻게 부활이 일어날지 구체적으로 상상할 수는 없지만, 성경에는 부활에 대해 기대하게 하는 근거들이 적지 않게 있다.

과연 구약성경도 이미 부활에 관해 증언해주는가라는 질문에 대해서 많은 논쟁이 빚어졌다. 때때로 죽음은 되돌릴 수 없으며 부인할 수도 없는 끝이라고 여겨진다. 하지만 우리는 구약성경에 의하면 최종적인 결론의 말을 지니고 있는 대상은 죽음이 아니라 바로 생명의 주님이신 하나님이라는 것을 이미 살펴보았다(§ 55.3을 보라). 심지어 구약성경은 만군의 야웨께서 사망을 영원히 멸하실 것이라고 말한다(사 25:8).⁴⁸

48　욥 19:25-29과 관련해서 다양한 해석들이 있다. 어떤 이들은 이 구절들 안에 부활에 대한

신약성경은 그리스도의 부활은 본질적인 것이며 모든 사람을 포함하는 것이라고 우리에게 알려준다. 그의 부활은 신자들이 자신의 부활을 기대하게끔 하는 근거가 된다. 우리는 이와 관련해서 주로 고린도전서 15장을 염두에 두고 있다(또한 참조. 롬 8:11; 고전 6:14; 고후 4:14 및 다른 관련 구절들). 주 예수는 자신을 가리켜 "나는 부활이요 생명이니"(요 11:25)라고 언급한다. 그의 부활과 그에게 속하는 사람들의 부활은 서로 뗄 수 없는 관계에 놓여 있다. 그는 "잠자는 자들의 첫 열매"다(고전 15:20). 이것은 그에게 속하는 사람들에게도 결과를 가져온다(고전 15:20-23). 또한 그는 "죽은 자들 가운데서 먼저 나신 이"다(골 1:18; 참조. 계 1:5). "이 두 언급(고전 15:10 및 골 1:18)은 그리스도가 연대기적인 측면에서 부활의 시작일 뿐만 아니라, 그가 시작한 부활은 근본적인 것으로서 먼저 나신 이에게 속하는 '수많은 형제자매들'을 위해서 길을 터준다"(Ridderbos, *Paul*, 538).

또한 신자들의 부활은 성령의 재창조 사역의 완성으로 이해되어야 한다. 그들의 몸은 지금 이미 성전들이다. 그들의 몸 안에 성령이 거주하고 있기 때문이다. 또한 그들이 죽는다고 하더라도 그들은 장차 다시 살아날 것이다. 바울은 다음과 같이 말한다. "예수를 죽은 자 가운데서 살리신 이의 영이 너희 안에 거하시면, 그리스도 예수를 죽은 자 가운데서 살리신 이가 너희 안에 거하시는 그의 영으로 말미암아 너희 죽을 몸도 살리시리라"(롬 8:11).

삼위일체 하나님은 바로 이와 같은 방법으로 그분의 백성의 부활을 보증해주신다.

2. 신약성경은 부활의 사실뿐만 아니라 그 방법에 대해서도 말한다(고전 15:12-34[부활의 사실]; 15:39-49[부활의 방법]). 바울은 먼저 모든 것이

소망이 반영되어 있는 것에 지나지 않는다고 인식한다(참조. P. J. Van Leeuwen, 『불멸에 대한 기독교의 신앙』(*Het christelijk onsterfelijkheidsgeloof*), 출간 연도 미상, 42 이하. 한편 De Bond(1938, 192-204)는 하나님에 대한 지복직관뿐만 아니라 복된 부활에 대해서도 생각한다.

개혁교회 교의학

걸려 있는 것에 대해서 분명하게 말한다. 곧 그리스도의 부활, 복음의 진리 및 기독교 신앙 전체다. 그다음 그는 "어리석은 자여"(고전 15:36)라고 말하면서, 부활을 반대하는 견해에 날카롭게 반응한다. 여기서 씨의 이미지는, 장차 살아나게 될 것의 특성은 죽는 것에 의해 평가되어서는 안 된다는 것을 입증해준다. 죽어야 하는 운명, 이 세상에서의 생명의 비천함 및 연약함과 대조되는 것으로서 결코 다시 죽지 않는 영원한 생명, 영광, 권능으로의 부활이 신자들을 기다리고 있다. 이 세상에 태어날 때 지니게 된 몸이 죽으면, 그것은 장차 영적인 몸으로 부활할 것이다.

[부활의] 새로운 몸은 그리스도의 영화스러운 몸과 같이 될 것이다(빌 3:21). 우리가 변화될 것이라는 바울의 말은 연속성뿐만 아니라 불연속성도 가리켜준다. 우리는 장차 부활할 것이다. 하지만 우리의 부활의 존재는 지금 이 세상에서의 존재와 다를 것이다. "혈과 육은 하나님 나라를 이어 받을 수" 없다(고전 15:50). 우리는 지금 이 세상에서 존재하는 방식으로 하나님 나라에 들어갈 수 없다. 우리는 바로 이런 이유에서 죽지도 않고 썩지도 않을 몸으로 변화될 필요가 있다.

어떤 이들은 종종 밀 씨앗의 이미지로부터 다음과 같이 추론하고자 했다. 곧 그 안에는 하나님이 보존하시는 어떤 생명의 싹(Kuyper)이나 어떤 "조직체"(Bavinck)가 남아 있다. 하지만 인간의 관점에서 이전의 몸으로부터 새로운 몸으로 무엇이 전달되는지 명백하게 밝히는 것은 불가능하다. 연속성의 신비는 인간의 본질 안에 있는 것이 아니라 바로 생명을 주는 성령 안에 있다.

바빙크는 이와 관련해서 하나님의 전능성을 제한하고 부활을 가로막는 것으로 이해해서 화장(cremation)을 거부하는 것이 아니라고 지적한다. 오히려 화장은 이교도의 풍습에서 유래된 것이고, 기독교의 윤리관에도 맞지 않는다. 우리는 우리의 몸을 땅에 맡기고 나서, 곧 매장한 다음에 그 몸이 부활의 날까지 그곳에서 안식한다(Bavinck, *R.D.*, 4:694-698).

부활의 몸은 **신령한** 몸이 될 것이다(고전 15:44). 이것은 오리게네스가 추측하는 것처럼 신체적인 것이 영적인 것에 흡수되는 것을 의미하지 않는다(참조. Boliek, 1962, 62 이하). 또한 우리는 신령한 몸을 우리의 영에 의해서 통제되거나 또는 눈으로 볼 수 없는 몸으로 정의해서는 안 된다. 우리는 고린도전서 15장의 해당 문맥으로부터 다음과 같은 결론을 이끌어 낼 수 있다. 곧 신령한 몸은 성령을 통한 새 창조에 상응한다. 또한 성령은 그 몸 안에 거주하면서 그 몸을 다스린다. 성령이 인간의 전 존재에 인치는 것을 통해 구속받고 거룩해진 인간은 그의 전 존재 및 그가 지니고 있는 모든 것으로 하나님을 섬길 것이다(참조. Versteeg, 1989, 123 이하).

우리는 우리의 구속을 완성시키는 "우리 몸의 속량"(롬 8:23)을 기다리고 있다. 우리는 죄와 그것의 모든 결과로부터 구원받았다. 거기에는 죽음도 포함되어 있다. [그리스도의] 승리가 죽음을 삼켜버렸다(참조. 고전 15:54-57).

그리스도의 사람들은 그에게 온전히 속한다. 그리스도는 그의 소유권을 행사한다. 거기에는 그들의 몸과 관련된 것도 포함되어 있다. 첫 사람(아담)의 형상을 지녔던 이들이 하늘에서 난 둘째 아담의 형상을 영원히 지닐 것이다(참조. 고전 15:49). 이것은 신자들에게 하나님의 형상이 온전히 회복되는 것을 포함한다. 곧 성령이 이미 시작한 그 사역이 지금 완성될 것이다(참조. 고전 15:49에 대한 칼뱅의 주석).

마지막으로 우리는 교회의 공통적인 신앙고백(사도신경)에서 "몸의 부활"(몸이 다시 사는 것)이 과연 적절한 표현인가라는 질문에 대해 살펴보고자 한다. 많은 이들이 이 표현에 이의를 제기해왔다(참조. Berkouwer, 1961, 192-195에 제시된 요약 설명).

성경은 죽은 자들의 부활 또는 죽은 자들로부터의 부활에 대해서 말한다. 하지만 교회가 부활에 대해 자기의 고유한 표현을 사용하는 것이 반드시 비성경적인 것은 아니다.

역사적인 관점에서 볼 때, 사도신경의 표현은 그것을 지지해주는 충분한 근거를

개혁교회 교의학

갖고 있다. 유스티누스, 테르툴리아누스, 이레나이우스와 다른 이들은 사도신경에 사용된 "몸의 부활"이라는 표현과 더불어 우리가 현재 지니고 있는 몸과 부활의 몸의 동일성을 강조했다. 그들은 이와 같이 강조하면서 가현설과 영지주의에 기초한 모든 견해를 비판하며 거부했다(참조. Boliek, 1962, 24-30).

하지만 어떤 이는 과연 오늘날에도 이 표현이 충분히 명료한 것인가라는 질문을 제기할 수도 있다. "몸의 부활" 대신에 다음과 같이 표현하는 것이 더 바람직하다는 견해들이 제기되었다. 곧 **인간의 부활, 인격의 부활, 또는 신체의 부활** 등이다. 하지만 처음 두 용어는 부활의 신체적인 측면을 무시하도록 이끌 수 있다. 그렇다면 그것은 그리스도인이 고대하는 부활에 대해 적절하게 표현하지 못하는 것이다(참조. Van Ruler, *Ik geloof*, 152-155).

"몸의 부활"과 "신체적인 부활"은 사도신경의 표현을 진정으로 잘 나타내준다. 이 표현들은 사도신경에 표현된 신앙고백의 의도로부터 결코 벗어나지 않는다. 우리는 신약성경이 부활에 대해 표현하는 방법을 고수한다(참조. 롬 8:11; 빌 3:21; 고전 15:44).

57.2. 최후의 심판

1. 그리스도는 "산 자와 죽은 자를 심판하러" 다시 오실 것이다(사도신경). 사도신경의 이 조항의 표현은 성경의 가르침과 일치한다(참조. 딤후 4:1; 벧전 4:5). 구약성경에서 심판의 날은 "여호와의 크고 두려운 날"이라고 선포된다(욜 2:31; 행 2:20에서 이 예언이 인용됨). 신약성경은 최후의 심판에 대해서 상당히 많은 언급들을 포함한다(참조. Floor, 1979).

하나님은 "만민의 심판자"(히 12:23)이시다. 그분은 심판에 대한 모든 권한을 그분의 아들에게 주셨다(요 5:22, 27). 따라서 하나님은 그분의 아들을 통해 모든 사람을 심판하신다. 그리스도는 하나님 아버지의 이름으로 심판하실 것이다. 이것은 높임을 받은 중보자이신 그리스도의 사역 중 일부다(§ 31.4를 보라).

최후의 심판이 실행된다는 것은 우리의 삶의 맨 마지막에 어떤 판결이 내려진 다는 것을 배제하지 않는다. "믿지 아니하는 자는…벌써 심판을 받은 것이니라"(요 3:18). "아들에게 순종하지 아니하는 자[에게]…하나님의 진노가 그 위에 머물러 있 느니라"(요 3:36). 최후의 심판은 이것을 공개적으로 그리고 결정적으로 확인해줄 것이다.

어떤 이들은 하나님의 심판은 더 이상 기대되지 않는다고 주장한다. 하지만 이 견해는 제4복음서 안에 포함되어 있는 최후의 심판에 대한 진술의 취지에 기초한 것이 결코 아니다. 그 복음서에는 하나님의 심판에 관한 언급이 여러 번 이루어진다. 비록 현재에도 어떤 중대한 사건이 일어나지만, 또한 앞으로도 어떤 중대한 사건이 일어날 것이 기대된다(참조. 요 5:29; 12:48).

쉴러(Schiller)는 세계사는 이미 세상에 대한 심판과 다름없다고 주장한다. 하지 만 그의 이런 주장은 근거가 없는 것이다. 하나님의 심판이 이 세상에 임한다는 것— 만약 우리가 단지 그것을 알아차리기만 한다면—은 역사에 의해서 계시되는 하나의 사실이다. 사실상 이 세상에서 심는 것은 이미 이 세상의 삶에서 거둘 것이다(참조. 갈 6:7). 이것은 역사가 심판이 아니라는 것과 모순되지 않으며, 오히려 최후의 심판 을 큰 소리로 외치며 요구하는 것이다. 요한계시록에는 이와 같은 내용으로 가득하 다. 이 세상에서 모든 것이 공정하게 처리되는 것은 아니다. 하지만 신자들은 하나님 의 말씀에 기초해서 하나님이 장차 최종적으로 판결하시고 공의를 세우실 것이라는 사실을 알고 있다.

따라서 최후의 심판을 고대하는 것은 결코 하나님의 심판이 세상의 종말 이전의 시기에 이 세상에서 실행되는 것과 모순되지 않는다.

판 룰러는 최후의 심판이 오직 하나의 심판은 아니라고 지적해준다. 하지만 마 지막 날에 모든 책이 펼쳐질 것이다. "그때 각 사람은 자기 자신, 그의 이웃과 하나 님의 선하고 아름다운 창조물에게 행한 모든 것을 마주하게 될 것이다." 우리 모두 는 이 책들에 기록되어 있는 모든 것이 참이라고 인정할 수밖에 없을 것이다. 우리의 마음속에 있던 모든 것도 낱낱이 드러날 것이다. 그것은 최후의 심판에서 구체적으 로 파헤쳐질 것이다(Van Ruler, *Ik geloof*, 122 이하).

여전히 몇 가지 질문이 남아 있다. 예를 들면 고린도전서 6:2-3의 바울의 말은 무엇을 의미하는가? 천사들의 심판에 대해서 신자들의 동의가 요구된다는 것인가? 아니면 이것은 이런저런 방법으로 천사들이 심판 과정에 참여한다는 것을 의미하는가? 또한 다른 한편으로 최후의 심판을 실행하는 데 천사들이 수행하게 될 역할도 있다(마 13:49-50).

최후의 심판의 중대성을 확신하기 위해서 반드시 그것과 관련된 모든 진행 과정을 정확히 알아야 하는 것은 아니다.

우리의 삶의 가장 깊은 실재와 마음속 깊이 숨어 있는 모든 것은 최후의 심판에서 낱낱이 드러날 것이다. 바울은 이렇게 말한다. "이는 우리가 다 반드시 그리스도의 심판대 앞에 나타나게 되어 각각 선악 간에 그 몸으로 행한 것을 따라 받으려 함이라"(고후 5:10). "그러므로 때가 이르기 전 곧 주께서 오시기까지 아무것도 판단하지 말라. 그가 어둠에 감추인 것들을 드러내고 마음의 뜻을 나타내시리니 그때에 각 사람에게 하나님으로부터 칭찬이 있으리라"(고전 4:5).

우리는 이 땅에서의 우리의 삶에 대해 장차 하나님 앞에서 결산을 해야 한다. 판 룰러에 의하면, 또한 이것은 하나님이 우리의 삶의 행위자와 우리의 운명의 소유자로서 우리를 매우 진지하게 대하실 것이라는 것을 의미한다(*Ik geloof*, 125).

[개인과 각 세대의] 책임은 계시가 얼마나 강도 있고 광범위하게 주어졌는가에 따라서 다양하다(참조. 마 11:20-24). 최후의 심판은 모든 것을 낱낱이 다룰 것이다. 복음서에서 예수는 이렇게 말한다. "사람이 무슨 무익한 말을 하든지 심판 날에 이에 대하여 심문을 받으리니"(마 12:36). 우리는 아무것도 숨길 수 없다. "지으신 것이 하나도 그 앞에 나타나지 않음이 없고 우리의 결산을 받으실 이의 눈앞에 만물이 벌거벗은 것 같이 드러나느니라"(히 4:13). 그날에 신자들의 모든 죄도 낱낱이 드러날 것이다. 하지만 그것에 대해서 이미 용서받았기 때문에, 신자들은 정죄받지 않는다(참

조. Hoekema, 1979, 259).

2. 어떤 사람의 삶이 과연 그분의 목적에 상응했는지에 대해 하나님이 질문하실 때, **그리스도 안에서 하나님과 그 사람과의 관계가 결정적으로 중요할 것이다**(참조. 눅 12:8). 그리스도를 믿는 사람은 모두 심판받지 않는다. 반면에 하나님을 모르는 이들과 그리스도의 복음에 복종하지 않는 이들에게는 형벌이 내려질 것이다(요 3:18; 살후 1:8).

하지만 성경은 행위에 대해서도 말하지 않는가? 그리스도가 다시 오시면, 그는 각 사람의 행위에 따라 각 사람에게 상을 주신다(마 16:27; 계 22:12).

믿음은 중요하다. 왜냐하면 우리는 행위가 아니라 믿음으로 의롭다고 여김을 받기 때문이다. 하지만 행위도 중요하다고 말하는 것이 칭의에 대한 진리와 어긋나는 것이 아니다. 왜냐하면 살아 있는 믿음은 중요한 것이고, 행위가 뒤따르지 않는 믿음은 죽은 것이기 때문이다(참조. 약 2:1-17).

믿음은 행함으로 표현된다. 행함이 공로는 아니지만, 그것은 꼭 필요한 것이다. 믿음이 선한 행위들의 뿌리인 것과 마찬가지로 선한 행위들은 믿음의 열매들이다. 따라서 주님은 우리의 행함을 무시하지 않는다. 성경은 이렇게 말한다. "하나님은 불의하지 아니하사 너희 행위와 그의 이름을 위하여 나타낸 사랑으로 이미 성도를 섬긴 것과 이제도 섬기고 있는 것을 잊어버리지 아니하시느니라"(히 6:10).

이와 관련해서 종종 마태복음 25:31-46이 언급된다. 이 성경 본문이 언급하는 사랑의 행위들을 따로 떼어서 생각하는 것은 잘못된 것이다. "의인들"은 하나님이 판단하시기에 의로운 일들을 행한 이들이다. 하지만 그들은 하나님의 은혜―그들은 은혜를 통해서 하나님과 올바른 관계에 놓이게 되었다―를 받지 않고서는 이와 같은 일들을 할 수 없었을 것이다. 그러므로 이 일들은 은혜의 구조 안에 위치한다. 해당 본문에서 임금은 그 오른편에 있는 자들에게 이렇게 말한다. "내 아버지께 복 받을 자들이여, 나아와 창세로부터 너희를 위하여 예비된 나라를 상속받으라"(마 25:34)

이 말에 의하면, 오른편에 있는 자들(의인들)이 어떤 선한 일도 행하기 이전에 그 나라가 그들에게 예비되어 있었다는 사실이 분명하게 드러난다.

3. 중세 시대에 신자들은 최후의 심판이 다가오는 것을 매우 두려워했다. 또한 그리스도가 재판관으로 나타나는 것을 은연중에 두려워했다. 그 당시에 최후의 심판에 대한 공포심은 현기증을 일으키는 색깔들로 묘사되었다. 그 묘사에 성경에 부합되는 기대는 단지 조금만 남아 있었다.

비록 종교개혁은 두려움을 불러일으키는 최후 심판의 준엄성으로부터 아무것도 훼손시키지 않았지만, 그리스도의 사역에 속하는 이 심판을 다음과 같은 복음의 빛 안에서 이해했다. 곧 " 하나님이 그[의] 아들을 세상에 보내신 것은 세상을 심판하려 하심이 아니요, 그로 말미암아 세상이 구원을 받게 하려 하심이라"(요 3:17). 재판장으로서 그리스도는 구주와 전혀 다르지 않다. 우리가 그를 믿음으로 바라볼 때, 우리는 하나님의 공의로운 심판 앞에서 죄인들로서 몸을 엎드린다. 하지만 우리는 그리스도가 우리에게 내려질 하나님의 준엄한 심판으로부터 우리를 자유롭게 하려고 우리를 대신해서 정죄받았다는 사실을 알고 있다(「하이델베르크 교리문답」 제15주일).

신약성경은 "심판 날에 담대함"(요일 4:17)을 갖는 것에 대해서 말한다. 「하이델베르크 교리문답」(제19주일)은 산 자와 죽은 자를 심판하려고 그리스도가 다시 오는 것을 신자들에게 위로를 주는 사건으로 이해한다. 칼뱅은 그것을 놀라운 위로라고 부른다. 왜냐하면 바로 그리스도가 심판하기 때문이다. "어떻게 우리의 대언자가 자신이 변호해야 할 대상인 우리들을 정죄할 수 있겠는가?"(『기독교강요』 2.16.18).

또한 하나님의 공의가 모든 불의에 대해 승리를 거둘 것이라는 사실도 우리를 위로해준다. 하나님의 공의는 구원의 한 측면이다. 하나님의 자녀들은 하나님이 모든 것을 공정하게 처리하시고 그들에게 공의를 베푸실 것이라고 기대한다. 우리는 다음 기도를 기억할 것이다. "거룩하고 참되신 대주재여, 땅에 거하는 자들을 심판하여 우리 피를 갚아주지 아니하시기를 어느 때까지 하시려 하나이까?"(계 6:10). 칼뱅은 이렇게 말한다. "그 때 그리스도는 하늘과 땅 위에 완전한 질서를 세우기 위해서 공개적으로 심판의 보좌 위에 앉을 것이다. 그는 그의 모든 원수를 발등상으로 삼고, 모든 신자를 불러 모아서 그들을 영원하고 복된 삶에 참여하게 할 것이 다"(마 25:31에 대한 주석).

4. 최후의 심판에 대한 선포는 사람들을 강권해서 믿음과 회개로 이끌 려는 목적을 지니고 있다(참조. 마 3:10; 행 10:42-43; 17:30-31).

또한 최후의 심판은 신자들에게 거룩해지고자 하는 강한 동기를 부여 해준다. 주님은 다음과 같이 질문하고자 하실 것이다. "그리스도가 가져온 구원에 기초한 우리의 행위는 성령에 의해서 어느 정도 영향을 받고 또한 지배를 받고 있는가?"(Van Ruler, *Ik geloof*, 122). 바울은 고린도전서 3:12-15에서 다음과 같은 취지로 말한다. 곧 하나님의 심판은 그분의 백성의 삶 을 정결하게 할 것이다. 하나님은 그들의 거룩함에 대해 면밀하게 살펴보 실 것이다. 그래서 과연 그들이 자신들의 삶과 수고를 그들의 반석인 예수 그리스도 위에 지혜롭게 세웠는지가 온전히 드러날 것이다.[49]

성경은 한편으로 우리로 하여금 소망 중에 즐거워하라고 권면하지만 (롬 12:12), 다른 한편으로 "떨며 즐거워할지어다"(시 2:11)라고 말한다고 지적되었다. 기쁨을 거룩하게 만드는 두려움도 있고, 또한 두려움을 가라 앉히는 즐거움도 있다.[50] 중요한 것은 우리가 믿음 안에서 그리스도와 만 나려고 다가간다는 것이다. 오직 그렇게 할 때만 우리는 다음과 같이 말할 수 있다. "우리 주 그리스도 예수 안에서 하나님의 약속들이 온전히 성취 되는 것을 누리려고 우리는 그 위대한 날을 간절히 열망한다"(「벨기에 신앙 고백서」제37조).

---

49 참조. W. H. Velema, 『거룩한 삶으로 부름 받음』(*Geroepen to heilig leven*), 1988², 168 이하.
50 J. Overduin, 『접근할 수 없는 그분』(*Het onaantastbare*), 1975³, 164.

                                              개혁교회 교의학

57.3. 궁극적인 분리와 영원한 형벌

1. 데살로니가후서 1:5-10과 같은 성경 본문에서 그리스도가 영광 가운데 다시 오는 것은 그의 백성을 기다리고 있는 안식 및 하나님을 모르는 자들과 예수의 복음에 복종하지 않는 자들이 받게 될 형벌과 직접적으로 연결되어 있다. 이날 그리스도는 그의 성도들에게서 영광을 받을 것이다. 반면에 불신자들은 주의 임재로부터 분리되어 영원히 멸망하는 형벌을 받을 것이다.

이와 같이 신자들과 불신자들이 서로 최종적으로 분리된다. 우리는 성경의 다른 곳에서도 이와 똑같이 대조되는 것을 발견한다. 곧 복음의 선포(요 3:36; 고전 1:18), 몸의 부활(단 12:2; 요 5:29), 심판(마 25:31-46; 벧후 3:7-13) 및 만물의 완성(마 13:40-43; 계 21:7-8) 등과 관련해서다. 그러므로 영원한 생명뿐만 아니라 영원한 형벌도 있다(마 25:46).

교회의 가르침은 최후의 심판이 가져오는 다양한 결과와 더불어 최후의 심판에 대한 내용을 포함한다. 1215년에 교회는 이 심판이 그리스도와 함께 영원한 영광으로 이끌거나 아니면 마귀와 더불어 영원한 형벌로 이끈다고 공식적으로 선언했다(*D.S.*, 801). 「아우크스부르크 신앙고백서」(1530)는 다음과 같이 말한다. 곧 그리스도는 신자들 혹은 선택받은 이들에게 영원한 생명과 영원한 기쁨을 허락할 것이다. 반면에 그는 불신자들과 마귀 및 귀신들에게 끝없이 고통당하는 형벌을 내릴 것이다(제17조). 또한 「하이델베르크 교리문답」(제19주일)에서는 하늘의 기쁨 및 영광이 영원한 형벌과 대조된다(참조. 「벨기에 신앙고백서」 제37조). 결국 하늘이나 아니면 지옥이 각 사람을 기다리고 있다.

2. 사람들, 특히 현대인들이 성경의 이 가르침을 받아들인다는 것은 쉽지 않다. 최근의 신학에서는 영원한 생명 및 영원한 형벌이라는 개념을 반대하는 경향이 점차 증대되고 있다. 또한 지옥은 존재하지 않거나 또는 지옥이 있더라도 텅텅 비어 있다는 견해가 점점 더 많은 지지를 얻고 있다.

우리는 여기서 궁극적인 분리와 영원한 형벌에 대한 교의를 반대하는
몇 가지 견해를 언급하고자 한다.

* 그것은 심리적인 측면에서 생각해볼 수조차 없다. 영원한 지복은 영
  원한 형벌을 받는 이들에 대한 연민으로 말미암아 방해 받을 것이다.
* 그것은 하나님의 사랑과 조화되지 않는다.
* 하나님의 은혜는 그리스도 안에서 승리를 거두었다. 이것은 불변하여
  보편적인 타당성을 지니고 있다. 따라서 영원히 멸망한다는 것은 상
  상할 수조차 없다.
* 제한적이며 일시적인 특성을 지니고 있는 죄로 말미암아 영원한 형
  벌이 뒤따른다는 것은 부당한 것이다.
* "영원한"이라는 단어는 항상 "끝없는"을 의미하지 않는다. 왜냐하면
  성경에서 그 단어는 어떤 오랜 시간을 뜻할 수도 있기 때문이다.
* 성경에는 영원한 구원과 영원한 형벌(저주)을 가리키는 본문들이 나
  타나기도 하지만, 반면 구속이 모든 사람에게 미친다는 것을 알려주
  는 본문들도 있다.

3. 또한 몇 가지 추가적인 견해도 있다.

* **절대적 보편구원론** 또는—이전 용어를 사용한다면—만물의 최종적인
  회복(*apokatastasis*)
* **조건적 보편구원론**
* **조건적 불멸**

a. **절대적 보편구원론**의 경우에 우리는 우선적으로 오리게네스의 신학을 떠올린
다. 그의 견해는 교회에 의해서 공식적으로 정죄받았다. 이 견해에 의하면, 타락한
천사들을 포함하여 모든 이성적인 존재는 정화의 과정을 거쳐 궁극적으로 하나님께

개혁교회 교의학

로 돌아와서 맨 마지막은 맨 처음과 비슷하다. 이와 같은 유형의 보편구원론의 유명한 지지자는 슐라이어마허다. 그의 견해에 의하면, 신자들로서 죽는 이들과 불신자들로서 죽는 이들 사이의 차이점은 결국 그리스도의 나라에 조금 먼저 들어가느냐 아니면 조금 늦게 들어가느냐 하는 차이 뿐이다. 다른 지지자들의 이름들을 알려면 벤철(Wentsel, *Dogm*., 3b: 690-693)을 보라.

b. **조건적 보편구원론**은 죽은 다음에도 여전히 믿음을 갖고 회개에 이르는 어떤 기회가 있다고 가르친다. 구원의 조건이 충족되는 범위 안에서, 구원은 보편적이다. 이 견해는 처음에 18세기의 합리주의자들 사이에서 널리 퍼졌다. 하지만 그 이후에 더 광범위한 대상에게 호소력을 가졌다. 멀러와 같은 기독교 윤리학자는 다음과 같은 논점을 제시하면서 이 견해를 지지했다. 곧 복음에 대해서 듣지 못한 이교도와 다른 사람들에게도 요한복음 3:36이 암시하는 선택의 기회가 주어질 필요성이 있다는 것이다. 하나님의 의도(딤전 2:4)와 그리스도의 유일무이한 중요성(행 4:12)을 고려할 때, 이 땅에서의 은혜 시대 이후에도 그와 같은 기회가 주어져야 한다. 그렇지만 멀러(Muller)는 모든 이들이 마침내 그리스도를 인정할 것이라는 견해에 대해서 아무런 근거도 찾아내지 못한다.[51]

c. **조건적 불멸**이라는 이론에 따르면 믿음이 불멸의 필수적인 전제 조건이며, 불신자들은 죽은 다음에 더 이상 존재하지 않는다. 불신자들은 죽은 다음에 소멸되기 때문에, 그들은 영원한 형벌을 받지 않는다. 소키누스파가 이와 같이 주장했으며, 그 이후에도 이 견해를 지지하는 이들이 있었다(참조. Althaus, 1964[9], 188 이하). 또한 콘스탐(Kohnstamm)도 보편구원론과 영원한 형벌을 거부하면서 이 방향으로 기울고 있다. 린컬(Rinkel)도 마찬가지이지만, 그는 더 신중히 자기의 주장을 제기한다.[52]

d. **열린 종말**이라는 개념은 앞서 언급한 견해들과 동일시될 수 없지만, 이 견해

---

51 P. J. Muller, *Handboek der Dogmatik*, 1908[2], 234.

52 Ph. Kohnstamm, 『창조자와 창조』(*Schepper en schepping*), 1931, 3:399-403; A. Rinkel, *Dogmatische Theologie*, 1956:4:262-263. 나중에 J. Bonda는 창조물의 존재의 종말은 말소되어야 할 어떤 가능성이 있다고 선언해서도 안 되지만, 또한 그것을 출발점으로 삼아서도 안 된다고 주장했다(『많은 사람의 구원』[*Het heil van de velen*], 1989, 136 이하).

는 언급할 만한 가치가 있다. 알트하우스는 이중적인 결말과 보편구원론 사이에서 어떤 것을 선택하도록 강요해서는 안 된다는 견해를 지니고 있다(Althaus, 1964[9], 192-196). 그는 인간의 영원한 미래에 대한 질문에 단순한 대답을 제시하고자 하며, 종말에 대해 명백하게 표현하고자 하는 모든 시도에 직면해서 단순히 지금 결정해야 할 것을 요구하는 예수의 말, 곧 "좁은 문으로 들어가기를 힘쓰라"(눅 13:24)는 명령을 제시한다. 브룬너의 견해에 의하면, 과연 멸망 또는 보편구원이 있는지에 대한 질문에 아무런 대답도 제시해서는 안 된다. 이 두 가지에 대한 선언은 단지 우리가 그것을 함께 취할 때만 참이며, 또한 우리가 더 이상 구경꾼이 아니라 참여자일 때만, 그 두 가지를 모두 이해할 수 있다(Brunner, *Dogmatics*, 3:422-424).

e. 여기서 **바르트와 베르크호프의 견해들을** 다루지 않고 지나칠 수 없다.

바르트의 저서에는 한편으로 **만물의 회복 또는 보편구원론**(*apokatastasis*)을 거부하는 곳들도 있고, 반면에 어떤 곳들에서는 그 입장으로 기우는 경우들도 있다. 후자는 예수 그리스도 안에서 하나님의 사역의 범위를 최대한으로 넓히고자 하는 그의 열망의 결과다. 하나님의 이와 같은 결정은 인간의 결정들로 말미암아 미완성으로 머물러 있을 수 없다. 이 두 가지 결정에서 선택에 대한 교의와 구속에 대한 교의, 은혜의 보편성이 분명하게 강조된다(참조. § 16.4, 제1번). 바르트의 견해에 의하면, 불경건한 자들은 하나님의 진노의 매를 피할 수 없다. 하지만 하나님의 칼이 그들을 찌르지 않을 것이라고 기대된다. 비록 영원한 저주의 형벌이 불경건의 심각성에 상응하겠지만, 사람들을 대신해서 하나님의 아들이 기꺼이 고난을 받은 것은 그들을 이 종말로부터 구원해준다(Barth, *C.D.*, 2.2.319, 289 이하). 그리스도는 골고다에서 일어난 사건에 의해서 죄인이 사라지게 한다(*C.D.*, 4.1.296). 나중에 바르트는 다시 **만물의 회복**의 문제로 되돌아온다. 그가 이전에 주장한 것은 다음과 같은 결과로 귀착된다. 곧 인간은 하나님의 은혜가 지니고 있는 **절대 주권**으로 말미암아 구원을 당연한 것으로 간주할 수 없지만, 인간은 하나님의 **은혜**의 절대 주권으로 말미암아 구원을 희망할 수 있다(*C.D.*, 2.2.386). 바르트는 우리가 그것에 개방되어 있지 않을 권리를 갖고 있지 않다고 말하면서 자신의 입장을 더 분명하게 표현한다. 사실상 하나님의 은혜는 우리가 그것을 바라며 기도하라고 명령한다(*C.D.*, 4.3.477 이하). 따

개혁교회 교의학

라서 엄밀히 말하자면, 바르트는 절대적인 보편구원론을 가르치지 않는다. 하지만 그것은 그가 기대하는 것들과 일치한다.

베르크호프는 보편구원론적인 어조를 지니고 있는 신약성경의 본문들은 영원한 유기(rejection)를 언급하는 본문들과 서로 모순되는 것처럼 보인다고 생각한다. 전자는 대체로 신약성경의 편지들 안에서 발견되며, 반면에 후자는 마태복음 안에서 발견된다. 하지만 이 그룹에 속하는 본문들은 서로 나누어져 고려되어서는 안 되고, 오히려 연속적으로 제시되어야 한다. 거기에는 궁극적인 진리 바로 이전의 진리(a penultimate truth)가 있고, 또한 궁극적인 진리(an ultimate truth)가 있다. 이 표현은 베르크호프에게 다음과 같은 것을 의미한다. 곧 우리는 유기가 한계를 지니고 있고, 또한 지옥은 단지 정화 과정에 지나지 않는다. 그는 이 주장이 많은 사람에게 이상하게 들릴 수 있으며 이것을 이단적인 견해라고 생각할 수 있다고 인정한다. 베르크호프의 이 주장은 우리에게 바르트의 신학을 연상시켜준다. 비록 베르크호프는 하나님에 대한 인간의 거부가 지닌 심각성과 그 결과들을 과소평가하는 것을 원하지 않지만, 사실상 그는 하나님이 그분을 반항하는 사람들을 받아들이시는 것을 조금 더 높게 생각하고자 한다. 그는 이렇게 주장한다. "하나님은 우리의 결정에 대한 책임을 진지하게 받아들이신다. 하지만 하나님은 그분의 사랑에 대해서 훨씬 더 많은 책임을 떠맡으신다. 거부와 불경건의 어둠은 무시될 수 없고 또한 무시되어서도 안 된다. 하지만 그 어둠은 영원히 지속될 수도 없다. 우리는 하나님의 이름으로 지옥이 일종의 정화의 형태이기를 희망한다"(Berkhof, *C.F.*, 536).

베르크호프의 이와 같은 견해는 그의 신학 전체를 반영한다는 주장이 제기되었다. 성경에 대한 그의 선택적인 취급, 그의 신론 및 창조론, 또한 그의 죄론 등 모든 요소가 이 방향으로 이끌어준다. "우리의 파트너이신 하나님은 그분 자신과 인류에게 맨 마지막에 모든 것이 올바로 되게 하는 의무를 갖고 계신다. 이것은 맨 처음부터 예고될 수 있었던 결과다"(참조. W. H. Velema, in Knevel (ed.), 1991, 75-82).

4. 이제 우리는 영원한 형벌을 반대하는 몇 가지 견해를 반박하고자 한다(제2번을 보라).

a. 심리적인 측면에서의 반대 의견은 근거가 매우 취약하다. 사람들은 대체로 미래에 대한 어떤 기대도 인간의 감정에 기초할 수 없다는 것을 인정한다. 하지만 구속된 백성의 의지는 하나님의 의지와도 전적으로 일치한다.

b. 하나님의 사랑은 거룩한 사랑이다. 그분은 사랑이시므로 그분의 사랑이 거부되고 무시되는 것을 참으실 수 없다. 하나님은 주 예수 그리스도 안에서 그분의 사랑을 온전히 계시하셨다. 또한 예수 그리스도께서도 영원한 형벌에 대해 강조하며 말했다. 이와 관련해서는 마태복음 13:41-42과 25:41-46뿐만 아니라 마태복음 8:12과 10:28을 보라. 가장 엄중한 심판을 위협하는 것은 바로 가장 위대한 사랑이다(Bavinck, *R.D.*, 4:709).

c. 바르트의 견해에서 믿음의 중요성은 약화되고, 불신앙의 결과들은 하나님의 은혜의 승리라는 빛 안에서 사라진다. "지옥에 대한 선포가 지니고 있는 엄숙함은 보편구원론의 압박 아래 무너져내린다. 하지만 이것은 그[바르트]의 변증법에 의해서 가려져 있다"(J. Kamphuis in Knevel [ed.], 1991, 73). 이것과 관련해서 사람들을 휩쓸어갈 폭풍을 동반하는 큰 파도가 곧 밀려올 것이라는 이미지를 사용할 수 있을 것이다. 하지만 사람들은 단지 자기들이 서 있는 바닷가의 물의 깊이가 너무 얕아서, 거기서 그들이 결코 빠져 죽지 않을 것이라고만 생각한다(참조. Brunner, *Dogmatics*, 1:351).

d. 하나님의 사랑과 은혜 그리고 그분의 공의는 인간의 판단 기준으로 평가될 수 없다(참조. Wentsel, *Dogm.*, 3b:673-677). 우리는 공정함에 대한 우리의 개념에 기초해서 하나님의 공의를 비판하는 데 신중해야 한다. "하나님께 불의가 있느냐? 그럴 수 없느니라"(롬 9:14). 따라서 우리는 죄와 그것에 대한 형벌을 가볍게 생각해서는 안 된다(참조. § 28.1).

e. "영원"에 대한 성경의 언급들을 각 경우마다 정확하게 파악하는 것은 정말로 중요하다. 때때로 이 단어는 어떤 매우 긴 시간을 의미하지만, 종종 영속적인 것과 무한한 것을 가리킨다. 마태복음 25:46은 후자의 의미, 곧 영원한 생명 대 영원한 형벌을 지니고 있다. 이 저주는 영원한 것이다. 또한 다른 성경 구절들에서도 이와 같이 명백하게 언급된다(살후 1:9;

개혁교회 교의학

계 14:11; 20:10을 보라. 또한 참조. *TDNT*, 1:209-210).

f. 구원의 보편성을 언급하는 것처럼 보이는 성경 구절들도 분명히 있다. 우리는 속죄의 범위와 관련해서 이미 이와 같은 몇몇 구절들에 대해 논의했다(§ 32.1, 제6번). 성경에서 "모든" 및 "세상"과 같은 단어들이 항상 한 사람의 예외도 없이 모든 사람이나 개개인을 전부 포함하는 온 세상을 가리키는 것은 아니다. 종종 "모든"이라는 단어는 어떤 범주에 속하는 모든 대상을 의미한다. 해당 구절의 전후문맥이 그 의미를 분명하게 밝혀준다. 예를 들면 로마서 5:18에서 두 번째 나타나는 "모든 사람"(또는 "많은 사람")은 분명히 그리스도에게 속하는 모든 이들을 가리킨다. 하나님의 구원은 그 범위에 있어서 보편적인 특성을 지니고 있다. 하지만 이것은 한 사람의 예외도 없이 모든 사람이 그 구원에 영원히 참여한다는 것을 암시하지 않는다.

여기서 우리는 베르크호프가 성경 본문들을 다루는 방법에 대해서 비판하고자 한다. 그의 접근 방법은 성경의 어떤 선언을 임의적으로 선별해서 최종적인 것의 이전 단계와 연결시키지만, 반면에 다른 선언을 최종적인 것과 연결시키는 것을 보여준다. 더욱이 그는 심판과 영원한 생명을 그리스도 안에서 하나님 및 성령과 현재 경험하는 것을 미래의 스크린에 비추어주는 것으로 이해한다(Berkhof, 1967, 65). 미래에 대해서 마태복음의 저자와, 바울 및 다른 저자들이 보여주는 것은 서로 다르며, 신학이 어떤 선택권을 지니고 있다! 반면에 우리는 하나님이 우리에게 알려주신 계시 전체에 우리의 관점들을 기초해야 한다. 그렇지 않으면, 우리의 기대는 근거가 취약한 것이다!

5. 보편구원론은 우리 시대에 강력한 호소력을 지니고 있다. 보편구원론의 부정적인 결과 중 하나는 그것이 믿음과 회개의 급박한 필요성을 상실하게 한다는 것이다. 하지만 성경의 어느 구절도 절대적·조건적 보편구원론을 결코 지지해주지 않는다.

바울의 말에 의하면, 장차 어느 날 하나님은 "만유의 주로서 만유 안에" 계실 것이다(고전 15:28). 그리고 하나님은 만물 및 각 사람의 구원과 관련해서 모든 의심을 없애버리실 것이다.[53] 하지만 사도 바울은 동일한 편지에서 "멸망하는 자들"(고전 1:18)에 관해서도 말한다.

조건적 보편구원론 역시 그 나름대로 이 세상의 삶에서 각 사람마다 최종적인 결정을 해야 한다는 진지성을 훼손시킨다. 성경은 어느 곳에서도 현세의 삶 이후에 믿음을 갖게 되거나 회개에 이르게 될 가능성이 있다고 암시해주지 않는다.

또한 조건적 불멸은 성경에 기초한 이론이 아니다. "영벌"에 들어가며 (마 25:46) 또한 "주의 얼굴과 그의 힘의 영광에서" 멀리 떨어져 나간다는 것(살후 1:9)은 죽은 다음에 소멸되어서 더 이상 존재하지 않는다는 것과 동일한 것을 의미하지 않는다.

우리는 일종의 열린 종말과 이중 진리를 주장하는 이들에게 다음과 같이 지적할 필요가 있다. 곧 성경이 명백하게 가르치는 어떤 것에 의문을 품는 것을 단순히 미해결 상태로 놓아두어서는 안 된다.

그 문제는 개인의 생각이나 감정에 의해서 해결되는 것이 아니라 하나님의 말씀의 권위에 의해서 해결된다. 그것은 말씀의 선포 안에 명백하게 드러나 있다. 따라서 우리는 판 오스터쩨이(Van Oosterzee, 1817-1882)의 다음과 같은 주장에 동의한다. 곧 우리는 거짓말을 하실 수 없는 하나님의 기록된 말씀에 무조건적으로 복종하는 것 외에 다른 어느 것도 할 수 없으며 또 해서도 안 된다. 우리는 그 하나님께 온전히 순종하며 그를 온전히 높여야 한다.[54]

6. 우리는 **지옥**에 대해 묘사하는 데 주저하지 말아야 한다. 지옥은 하나님의 형벌이 최종적으로 집행되는 장소다. 성경은 개념들보다 오히려

53　W. Michaelis, 『만물의 대속』(*Vers hung des Alls*, 1950, 123 이하)는 이와 같이 주장한다.

54　J. J. van Oosterzee, 『기독교 교의학』(*Christelijke Dogmatiek*), 1876², 2:568.

이미지들로 지옥에 대해 묘사한다. 불의 이미지는 하나님의 진노를 경험하는 것을 묘사한다. 바깥의 어두운 곳은 하나님에게서 버림을 받는 것을 가리킨다. 바깥에 있다는 것(계 22:15)은 하나님 및 그분의 백성과의 교제로부터 제외되는 것을 암시한다. 또한 슬피 울며 이를 간다는 것은 후회와 자기 자신을 비난하는 것을 가리킨다.

지옥에 대해 묘사하는 것과 관련해서 절제와 신중한 자세를 취하는 것은 적절한 것이다. 하지만 우리가 과연 신약성경에서 단지 복음 선포와 "불가분의 관계에 있는 어떤 명백한 최종 제안"만 발견할 수 있는지 의심스럽다(Berkouwer, 1973, 413 이하). 애쓰는 것도 필요 없고 믿음도 필요 없는 객관적인 정보는 없는 것이다! 베르카우어는 이와 관련해서 "들어가기를 힘쓰라"는 예수의 말을 인용한다. 이것은 분명히 "주여, 구원을 받는 자가 적으니이까?"라는 질문에 대해서 예수가 제시한 대답의 요점일 것이다. 하지만 동시에 예수는 "들어가기를 구하여도 못하는 자가 많으리라"고 말한다(눅 13:23-24; 참조. 마 7:13-14).

베르카우어는 복음을 선포하지 않으면서 단지 심판에 대해서만 선포하는 것을 신랄하게 거부한다. 그것은 옳다. 또한 스킬더도 이것을 반대한다. 하지만 그는 지옥에 대한 자신의 저서에서 "두려움 때문에 무시하지 말도록 하자!"라고 말한다. 영원한 형벌이라는 주제는 하나님이 가르치신 주제들, 곧 하나님의 은혜, 사랑, 자비, 공의, 그리스도, 구속 역사 및 구원의 완성 등을 포함하는 것의 목록에서 제거되어서는 안 된다. 지옥에 대한 메시지는 **십자가의 빛 안에서** 전달되어야 한다. 이것은 하나님의 진노에 굴복하는 것이 아니라 하나님의 사랑에 자신을 내어 맡기도록 초대하는 것을 포함한다.[55]

다른 한편으로 복음은 하나님의 공의와 심판의 빛 안에서 그것이 지니고 있는 중요성을 온전히 취한다.[56] 그것은 결국 하나님의 아들이 오는 것과 그가 하는 일에

---

55 K. Schilder, 『지옥은 무엇인가?』(*Wat is de hel?*), 1932³, 27 이하, 210 이하.

56 W. Kremer, 『제사장적인 복음 선포』(*Priesterlijke prediking*), 1976, 137; W. Kremer, "The Judgment in the Preaching," tr. L. W. Bilkes, *Free Reformed Theological Journal 9* (Fall 2005): 54.

대한 기쁜 소식이다. "이는 장래의 노하심에서 우리를 건지시는 예수시니라"(살전 1:10).

57.4. 영원한 삶

1. 우리는 종말론에 대해 다루고 있는 이번 장에서 영원한 영광 안에 있는 삶으로서 영원한 삶을 언급한다. 마태복음 25:46은 "영벌"과 서로 대조되는 것으로서 "영생"을 말한다. 또한 로마서 6:23은 "죄의 삯"인 사망과 영생을 서로 대조한다.

신약성경 안에서 영생이라는 표현이 언제나 동일한 의미를 지니고 있는 것은 아니다. 특히 제4복음서에서 영생은 여기서 지금 시작된다고 암시해주는 구절들이 있다. 예수는 이렇게 말한다. "내가 진실로 진실로 너희에게 이르노니, 내 말을 듣고 또 나[를] 보내신 이를 믿는 자는 영생을 얻었고 심판에 이르지 아니하나니 사망에서 생명으로 옮겼느니라"(요 5:24; 참조. 요 3:36; 6:47). "영생은 곧 유일하신 참 하나님과 그가 보내신 자 예수 그리스도를 아는 것이니이다"(요 17:3). 이와 같이 영생은 하나님 나라와 비슷하다. 곧 영생은 이미 주어져 있고 또한 그것은 온다.

지금뿐만 아니라 나중에 누리는 영생은 하나님과 친밀하게 교제하는 삶이고, 그 삶은 죽음에 의해서도 결코 위협받지 않는다(참조. Weber, *Foundations*, 2:668). 이것은 진정으로 생명 그 자체다! 영생은 영원히 지속되는 삶일 뿐만 아니라, 질적인 측면에서도 죄가 지배하고 있는 이 세상에서의 삶과는 전적으로 다른 것이다.

지금 이 세상에서 누리는 영생과 종말론적인 의미에서의 영생은 서로 불가분의 관계에 있다. 이것은 그리스도 안에서 하나님과 교제하는 것이 온전히 성취되는 것이다. 그것은 그리스도를 믿는 이들에게 이 세상에서 이미 실재가 되었다. 또한 그것은 사도신경과 니케아-콘스탄티노플 신조에서도 언급된다. 니케아-콘스탄티노플 신조에서 그것은 "오는 세상에서

    개혁교회 교의학

누리는 삶"이라고 언급된다. 여기서 오는 세상은 내세와 동일한 것을 의미한다(막 10:30; 참조, *TDNT*, 1:204-207).

영생은 항상 주님과 함께 있는 것(살전 4:17), 그리스도의 영광에 동참하는 것(롬 8:17), 또한 하나님 나라를 물려받는 것(벧전 1:4)을 뜻한다. "그런즉 안식할 때가 하나님의 백성에게 남아 있도다"(히 4:9). 장차 신자들은 수고를 그치고 안식할 것이고, 또한 그들에게 저마다 행한 일들이 뒤따를 것이다(계 14:13). 그들은 "어린 양의 혼인 잔치에 청함"을 받는다(계 19:9). 그리고 하나님은 그분의 백성과 함께 거하실 것이다(계 21:4). 그의 종들은 "그의 얼굴을 볼 터이요, 그의 이름도 그들의 이마에 있으리라"(계 22:4). 거기서는 더 이상 눈물도 흘리지 않고, 죽음이나 애통하는 것도 없고, 또한 밤도 없을 것이다(계21:4, 25). 하나님의 종들은 "세세토록 왕 노릇"할 것이다(계 22:5).

2. 성경이 영생에 대해 말하는 것은 우리의 상상력을 훨씬 더 초월한다. 우리가 "장래에 어떻게 될지는 아직 나타나지" 않았다(요일 3:2). 그럼에도 우리는 우리에게 계시된 것을 요약해서 말하고자 한다.

바빙크는 어떤 신학 전통에 기초해서 미래에 향유하게 될 축복의 본질은 하나님을 직접 보는 것(*visio*), 하나님을 [온전히] 인식하는 것(*comprehensio*), 하나님을 누리는 것(*fruitio Dei*)으로 이루어져 있다고 주장한다(Bavinck, *R.D.*, 4:722). 그렇다면 우리는 이 주장에 동의할 수 있는가?

우리는 [하나님을 온전히] 인식한다는 개념을 받아들일 수 없다. 왜냐하면 우리가 하나님에 대한 지식과 관련해서 [새 하늘과 새 땅에서] 지금보다 훨씬 더 많이 알게 될 것이라고 생각할 수 있지만, 우리는 성경 안에서 사람들이 하나님을 [온전히] **인식할** 수 있다는 기대에 대한 근거들을 발견하지 못하기 때문이다.

신약성경은 단순히 하나님의 종들이 "그의 얼굴을 볼" 것이라고 말한다(계 22:4). 로마 가톨릭 신학은 이 표현이 하나님의 본질 안에서 하나님을 직접 보는 것(*visio Dei per essentiam*)을 의미한다고 이해한다. 이것은 인간을 초자연적인 지위로 높이는 것을 통해서 가능한 것이다. 그렇다면 하나님을 직접 보는 것은 다소 간에 인간의 공로를 완벽하게 의존하는 것이 될 것이다(*DS*, 1305). 비록 그것이 로마 가톨릭 신학에서는 매우 중요한 개념이지만, 우리는 이와 같이 하나님을 직접 본다는 사고방식을 거부해야만 한다. 왜냐하면 그것은 은혜와 공로에 대한 로마 가톨릭교회의 교리적인 배경에서 언급되기 때문이다.[57]

어떻게 우리는 보이지 않는 하나님(딤전 1:17)을 볼 수 있는가? 사도 바울은 "얼굴과 얼굴을 대하여" 본다는 것과 주께서 우리를 아신 것 같이 우리가 온전히 알게 될 것에 대해서 말한다(고전 13:12). 이와 같이 보는 것과 아는 것은 하나님의 계시에 기초하게 될 것이다. 우리는 하나님의 계시로부터 그분을 영원히 알 것이다. 그때 하나님의 이름은 모든 곳에서 보일 것이다(참조. **Schilder**, 1954, 139, 160).

하나님을 누린다(*fruitio Dei*)는 개념은 아우구스티누스의 저서들 안에서 매우 두드러지게 나타난다. 아우구스티누스는 이 개념과 관련해서 시편 34:8, 곧 "너희는 여호와의 선하심을 맛보아 알지어다"를 머릿속에 떠올린다. 때때로 그의 표현들은 신비적인 어조를 지니고 있다. 우리는 그 표현들 안에서 황홀감과 환희를 인식할 수 있다. 한편 칼뱅은 하나님을 누린다는 표현을 종말론적인 배경에서 사용한다. 주님은 자기 자신을 선택받은 이들에게 주어서, 그들이 주님을 누리게 한다(『기독교강요』, 3.25.10). 이 표현은 주님이 신자들에게 그와 온전한 교제를 나누는 것을 경험하게 한다는 것을 의미한다.

우리가 진정으로 받아들이고 확장시킬 수 있는 영생에 대한 묘사가 있다. 그것은 바로 하나님을 알고 섬기며 영화롭게 하고 찬송하는 것이다(Bavinck, *R.D.*, 4:727). 사실상 우리가 지금 하나님을 알고 그분을 섬기는 것은 불완전하다. 하지만 그것은 곧 [새 하늘과 새 땅에서] 완전해질 것이다(고전 13:12). 우리는 이 땅에서 하나님을 올바로 섬기고자 애쓰지만 그럼에도 완벽하게 섬기지는 못한다. 하나님의 모든 자녀들은 완전해지는

---

57 참조. Wentsel, 『창조세계와 은혜』(*Natuur en genade*), 1970, 28-33, 364-390.

그날을 열망하고 있다. 또한 성화의 길도 하나님을 보기 위해서 나아가는 과정이다(참조. 히 12:14).[58] 그때 그의 종들은 그를 섬길 것이다(계 22:3). 하나님의 사랑은 이미 가장 높은 곳까지 이르렀다. 우리가 서로 완전하게 사랑하는 것도 곧 뒤따를 것이다. 믿음과 소망은 실현되어 더 이상 바랄 것이 없을 것이다. 그러나 사랑은 영원히 지속될 것이다(참조. 고전 13장).

하나님의 거룩한 도성 안에서는 더 이상 성전을 볼 수 없을 것이다. "이는 주 하나님 곧 전능하신 이와 및 어린 양이 그 성전이심이라"(계 21:22). 어떤 독립된 성전은 더 이상 필요하지 않다. 왜냐하면 모든 것이 하나님께 성별될 것이며, 또한 삶의 모든 것이 하나님을 섬길 것이기 때문이다(참조. Schilder, 1954, 115 이하).

또한 영생은 하나님을 영화롭게 하고 찬양하는 것을 포함한다. 우리는 요한계시록에 나타나는 찬양의 노래들을 머릿속에 떠올린다. 이미 이 세상에서도 하나님과 친밀한 사귐을 맺는 삶은 찬양과 감사의 노래들로 표현된다. 하지만 [새 예루살렘 성에서는] 그와 같은 노래들이 언제나 완전히 순결하게 울려 퍼질 것이다. 그곳에서 각 사람의 삶은 하나님에 대한 찬양 그 자체가 될 것이다. 숨 쉬는 모든 창조물아, 야웨 하나님을 찬양하라!

지금도 신자들은 자신의 마음속에서 영원한 기쁨이 시작되었다는 것을 경험하고 있다. 완전한 구원(복락)은 이 기쁨이 완벽하게 확대되는 것이다. 또한 신자들은 이미 이 세상에서 영원한 안식을 누리기 시작한다(「하이델베르크 교리문답」 제22, 38주일).

영원한 생명, 영원한 구원(복락), 영원한 영광은 서로 나란히 사용되는 용어들이다. 모든 사람은 구원(복락)과 관련해서 저마다 새 예루살렘 성에서 충만히 받을 것이다. 하지만 이것은 각 사람의 영광의 정도에 차이가 있다는 것을 배제하지 않는다. 영광의 정도가 다양한 것은 각각의 신자가

---

[58] 참조. W. H. Velema, 『거룩한 삶을 위해서 부름 받음』(*Geroepen tot heilig leven*), 1988², 43 이하.

자기 공로로 얻는 것이 아니다. 그것은 특히 하나님이 그분의 은혜로 그분의 사역에 관을 씌우시는 것이다.

하나님과 교제하는 삶이 완전히 성취될 때, 또한 성도들의 교제도 완전해질 것이다. 우리는 "각 나라와 족속과 백성과 방언에서 아무도 능히 셀 수 없는 큰 무리가 나와 흰 옷을 입고 손에 종려 가지를 들고 보좌 앞과 어린 양 앞에 서서" 찬송하는 소리를 들을 것이다(계 7:9). 이것은 새 예루살렘 성 안에 매우 다양한 사람이 있지만, 그럼에도 그들이 모두 하나가 되어 하나님과 그리스도를 경배하고 찬양한다는 것을 암시해준다.

과연 우리는 새 예루살렘 성 안에서도 저마다 또다시 서로를 **보고 인식할** 것인가라는 질문이 종종 제기된다.

우리는 이 경우에 서로를 보고 인식한다는 것은 올바른 용어들이 아니라는 스킬더의 견해에 동의한다. 왜냐하면 그 용어들은 이 세상에 어울리는 함의들을 지니고 있기 때문이다. 새 예루살렘 성에서 [서로 간에] 아는 것은 이와 차이가 있다. 곧 그곳에서는 이 땅에서보다 더욱 풍부하게, 깊게, 순결하게, 또한 철저하게 서로를 알 것이다. 그곳에서는 현재의 경험을 훨씬 뛰어넘는 "영적인" 상호 교제가 있을 것이다. 각 사람은 다른 사람에 대해서 그리스도로부터 온 펼쳐져 있는 편지가 될 것이다(Schilder, 1954, 124-130).

3. 여기서 사도신경의 맨 마지막 조항에 대한 바르트의 해석에 대해 언급하고자 한다(또한 참조. § 55.2, 제4번).

바르트는 인간의 삶은 시작이 있고 종말이 있기 때문에 인간은 유한하다고 주장한다. 죽음은 비정상적인 것이 아니다. 이 유한한 삶은 멸망되지도 않고 지속되지도 않는다. 반면에 이 삶은 영원화된다. 곧 그것은 하나님 앞에 영원히 있을 것이다(Barth, *C.D.*, 3.2.554, 623 이하; 3.3.89 이하). 이전에 있었던 것이 나타난다고 바르트가 의미하는 것은 그가 나중에 저술한 것(*C.D.*, 4.3.927-928)에 암시되어 있다. 곧 하나님은 사람들을 그들의 일시적인 존재와 사명으로부터 부르신다. 그리고 그분은 그리스도가 다시 올 때 모든 것을 완성하는 그분의 계시의 빛 안으로 그들을 데려가신다. 그때 그들의 종결된 존재는 빛을 받아서 각자 빛을 지니게 되고, 또한 각자 이와 같은 새로운 형태 안에서 하나님에 대해 증언한다. 또한 그들은 그 형태 안에서 저마다 하나님의 아들의 형상에 일치하게 된다. 이와 같이 하나님은 인간의 일시적인 존재와 그것의 모든 내용을 영원한 빛뿐만 아니라 영원한 생명 안에 위치하게 한다.

인간이 하나님의 마음속에 영원히 살아 있다는 것은 성경이 우리에게 영생에 대해서 기대하라고 가르치는 것과는 본질적으로 다른 것이다. 곧 영생은 완전히 새로운 세상에서 하나님과 영원히 교제하는 것이다. 사실상 바르트는 죽음에 대해서 승리하는 것을 말한다. 하지만 그의 견해 안에는 부활의 삶이 지니고 있는 영광을 위한 여지가 마련되어 있지 않다. 그 영광은 그리스도와의 교제를 통해서 하나님의 모든 자녀에게 주어질 것이다. 그리스도는 "나는 부활이요 생명이니 나를 믿는 자는 죽어도 살겠고"(요 11:25)라고 말한다.

57.5. 새 하늘과 새 땅

1. 사도신경에서 믿음이 기대하는 것은 영원한 생명에 대한 고백에서 절정을 이룬다. 그뿐만 아니라 우리는 [하늘과] 땅이 새롭게 되는 것을 기대한다. 종말론은 **우주적인 함의들**을 지니고 있다.

하나님께 속한 이들에게는 어떤 미래가 있다. 또한 그들에게는 부활의 몸으로 살게 되는 미래가 있다. 우리는 이와 관련해서 우리가 살고 있는 이 땅에 대해 생각할 필요성이 있다. 여기서도 우리는 인간의 다양한 오류와 그릇된 상상에 빠지지 않기 위해 성경에 기초해서 논의를 이어가고자 한다.

우리는 하나님의 약속에 따라서 의가 깃들어 있는 새 하늘과 새 땅을 바라보고 있다(벧후 3:13). 이 약속은 이미 구약성경 안에서도 나타난다(참조. 사 65:17; 66:22). 요한계시록의 저자는 어떤 환상을 통해서 새 하늘과 새 땅을 보았다(계 21:1).

이사야 11:6의 약속은 이사야 65:25에서 반복된다. 이사야 11장은 메시야가 가져올 종말론적인 평화를 묘사한다. 장차 만물이 어떻게 될지에 관해서 묘사하는 이미지들 중에는 우리에게 낙원을 연상시켜주는 것들도 있다(계 22:1-2). 새 예루살렘과 같은 다른 이미지들은 구속사로부터 가져온 것들이다. 구속의 역사는 더 이상 분리의 위협이 전혀 없는 상태에서 하나님이 그분의 백성과 함께 거하실 때 완성될 것이다. 죄와 죽음은 과거의 것들이 될 것이다.

"태초에 하나님이 천지를 창조하시니라"(창 1:1). "또 내가 새 하늘과 새 땅"을 보았다(계 21:1). 종말은 시작과 짝을 이루지만 그것을 훨씬 초월한다. 모든 것이 새롭게 된다. 하지만 이것은 어떤 낡은 것을 단순히 새로운 어떤 것으로 대체한다는 일반적인 의미가 아니다. 하나님의 기적을 통해서 새롭게 된 것은 영원히 새롭게 존재한다. 요한계시록 21:5에서 "새로운"(*kainos*)이라는 단어는 "구원이 완성되는 시점에 생겨난 전적으로 다르고 기적적인 것의 전형이다"(*TDNT*, 3:449).

2. 우리는 새로운 세상을 만들 여지를 제공하기 위해서 이 세상이 완전히 파괴되어 없어질 것이라고 기대하지 않는다. **멸절**(*annihilatio*)이라는 개념은 개혁파 신학의 전통보다 훨씬 이전의 루터 신학에서 등장한다. 이 개념과 관련하여 종종 베드로후서 3:7-12와 같은 성경 본문들이 언급되었다.

우리는 옛 창조와 새 창조 사이에 불연속성이 있을 것이라는 점을 부인할 수 없다. 하지만 성경은 어떤 연속성이 있을 것이라고 가리켜준다. 우리는 창조물이 썩어짐의 종노릇을 하는 것으로부터 해방되는 것과 관련해서 특히 바울의 말을 머릿속에 떠올린다(롬 8:21). 세상은 새롭게 될 것이며(마 19:28), 만물은 회복될 것이며(행 3:21), 불확실한 것은 제거될 것이다(히 12:27). 따라서 개혁파 교의학은 깨끗하게 되는 것을 포함하는 새롭게 되는 것에 대해 말한다. 그리스도는 "이 낡은 세상을 깨끗하게 하려고 불과 불꽃으로 태울 것이다"(「벨기에 신앙고백서」 제37조).

하나님은 그분의 창조세계를 포기하지 않으시며, 소멸하도록 허락하지도 않으신다. 연속성은 세상 그 자체 안에 있는 무엇인가 지속적인 것이 기능하는 것이 아니다. 오히려 그것은 하나님이 그분의 손으로 만드신 것을 버리지 않으신다는 것을 의미한다.

우리는 창조세계의 완성을 고대한다. 재창조는 회복이자 창조세계를 새롭게 하는 것이다. 그것은 두 번째 창조가 아니다.

미래의 사건들은 단순한 정비나 혁신으로 이해되어서는 안 된다. 왜냐하면 미래에 일어날 변화들은 완전하고 근본적일 것이기 때문이다. 새 하늘과 새 땅의 영광은 이전의 것을 훨씬 초월할 것이다.

지금의 세상과 미래의 세상 사이에는 **연속성뿐 아니라 불연속성도 있다**(참조. Versteeg, 1989, 118-122). 하나님의 창조세계는 굳게 뿌리를 내리고 있는 모든 죄악으로부터 정결하게 되고 변화될 것이다. 하지만 최후의 심판을 통해서 그렇게 될 것이다. 지금 존재하는 세상은 종말을 향해 나아가고 있다. 하지만 하나님은 이 세상을 멸절시키지 않으실 것이다. **하나님의 창조세계는 미래가 있다.**

이와 같은 기대는 우리가 살고 있는 이 세상에 대한 우리의 관심을 감소시키는 것이 아니라 오히려 고양시킨다. 이 세상은 하나님의 세상이다. 이 세상의 미래는 인류의 손 안에 놓여 있는 것이 아니라 하나님의 손 안에 놓여 있다.

3. 요한계시록 21-22장은 새 하늘과 새 땅이 이전의 창조세계와 어떤 연관성을 지니고 있는지 분명하게 보여준다.

이전의 창조세계 안에서 하늘과 땅은 서로 속해 있었지만 죄로 말미암아 구분되었다. 하지만 그리스도의 구속 사역으로 말미암아, 화목이 이루어질 것이다(참조. 골 1:20).

성경은 하늘을 하나님이 거하시는 장소로, 땅은 인간에게 주어진 장소로 묘사한다(시 115:16을 보라). 하늘은 하나님의 영광으로 가득하다. 또한 하늘은 하나님의 사랑의 영역이다.

구속의 역사는 인류의 죄에도 불구하고 하나님이 그리스도 안에서 사람들에게 오신다는 것을 보여준다. 왜냐하면 하나님은 그분과 인류의 관계를 회복시키는 것을 바라시기 때문이다. 그분이 또다시 사람들과 함께 계신다는 것(계 21:3)은 모든 부조화가 제거되었다는 것을 의미한다. 하나님은 사람들이 살고 있는 집들과 연결해서 그분의 처소를 정하시고, 그들과 함께 "한 지붕 아래서" 거하실 것이다. 그럼에도 하나님은 집주인으로서 온 집안을 다스리실 것이다(참조. Schilder, 1954, 114). 새 예루살렘 성에는 성전이 없다(계 21:22). 이것은 하나님이 어느 곳에서나 그분의 백성과 함께 계시며 또한 그들도 하나님과 함께 있다는 것을 넌지시 알려준다.

요한계시록 21-22장에서는 새 예루살렘 성의 아름다움과 완벽함이 대단히 인상적인 이미지들로 묘사된다. 비록 우리는 이것을 온전히 상상할 수 없지만, 그럼에도 그것을 인식할 수 있다. 이 미래를 묘사하는 성경의 용어는 바로 **"영광" 그 자체다**. 하나님의 영광이 그 도시를 구석구석까지 온전히 비치고 있다. 그래서 땅은 하늘의 영광을 공유한다.

하나님이 그곳에 계시기 때문에 그곳에는 의로움이 가득하다(참조. 벧후 3:13). 불의로 가득한 이 세상과 그곳은 얼마나 차이가 있을까?

새 하늘과 새 땅에 대한 기대는 결코 우리가 지금 살고 있는 현실로부터의 도피를 의미하지 않는다. 오히려 그것은 우리가 지금 여기서 이 위대한 미래에 초점을 맞춘 채 살아가도록 더욱더 커다란 동기를 부여한다. 베드로후서 3:11-14을 보라.

성경에서 사용되는 이미지 중 하나는 혼인 잔치에 대한 이미지다. 혼인 잔치는 축제다. 어린 양의 혼인 잔치는 모든 잔치 중에서 가장 위대한 잔치다. 그리스도는 그 잔치에 어린 양으로 나타날 것이다. 그의 백성을 위한 그리스도의 희생제사는 언제나 기억될 것이다.

영광의 나라에서 하나님은 만유의 주로서 만유 안에 계실 것이다(고전 15:28). 이것이 바로 하나님의 모든 행위의 궁극적인 목표다. "이는 만물이 주에게서 나오고, 주로 말미암고, 주에게로 돌아감이라. 그에게 영광이 세세에 있을지어다. 아멘!"(롬 11:36).

간략한 참고 문헌

P. Althaus, 『마지막 사건들』(*Die letzten Dinge*), 1964[9].

H. Baarlink et al. (ed.), 『성취와 완성』(*Vervulling en voleinding*), 1984.

J. T. Bakker, 『종말에 대한 루터의 설교』(*Eschatologische prediking bij Luther*), 1964.

H. Berkhof, 『그리스도: 역사의 의미』(*Christus de zin der geschiedenis*), 1958.

H. Berkhof, 『기초가 튼튼한 기대』(*Gegronde verwachting*), 1967.

A. M. Berkhof, 『그리스도의 재림』(*De Wederkomst van Christus*), 1926.

G. C. Berkouwer, *The Return of Christ*, 1972.

H. Bietenhard, 『천년왕국』(*Das tausendjährige Reich*), 1955.

K. Blei, 『미래에 대한 기독교의 기대』(*Christelijke toekomstverwachting*), 1986.

Tj. Boersma, 『성경은 퍼즐 책이 아니다』(*De Bijbel is geen puzzelboek*), 1977[9].

L. Boliek, *The Resurrection of the Flesh*, 1962.

A. de Bondt, 『구약성경은 이 세상에서의 삶 이후의 삶에 대해서 무엇을 말하는가?』
　　　　(*Wat leert het Oude Testament aangaande bei leven na dit leven?*), 1938.

R. G. Clouse, (ed.), *The Meaning of the Millennium*, 1980[4].

O. Cullmann, 『그리스도와 시간』(*Christus und die Zeit*), 1946.

K. Dijk, 『그리스도의 미래』(*De toekomst van Christus*), 1953.

K. Dijk, 『시대들의 종말』(*Het einde der eeuwen*), 1952.

K. Dijk, 『천년왕국』(*Het tijk der duizend jaren*), 1933.

K. Dijk, 『죽음과 부활 사이에서』(*Tussen sterven en opstanding*), 1951.

L. Floor, 『신약성경에 기초한 하나님의 심판』(*Het gericht van God volgens het Nieuwe
　　　　Testament*), 1951.

J. van Genderen, 『평화의 천년왕국에 대한 기대』(*De verwachting van een duizendjarig
　　　　vrederijk*), 1988[2].

J. van Genderen, 『믿음의 지식과 믿음의 기대』(*Geloofskennis en geloofsverwachting*), 1982.

K. Hanhart, *The Intermediate State in the New Testament*, 1966.

J. de Heer, 『평화의 천년왕국』(*Het duizenjarig vrederijk*), 1934.

A. A. Hoekema, *The Bible and the Future*, 1979.

P. Hoffmann, 『그리스도 안에서 죽은 자들』(*Die Toten in Christus*), 1969².

F. Holström, 『현대의 종말론적 사상』(*Das eschatologische Denken der Gegenwart*), 1936.

O. Jager, 『영원한 삶』(*Het eeuwige leven*), 1962.

A. G. Knevel (ed.), 『천국 아니면 지옥: 우리의 영원한 목적지』(*Hemel of hel—onze eeuwige bestemming*), 1991.

W. Kreck, 『이미 온 그의 미래』(*Die Zukunft des Gekommenen*), 1961.

A. Kuyper, 『성화, 영화 및 영광의 나라에 대해서』(*Van de heiligmaking, van de herrlijkmaking en van het rijk der heerlijkheid*), 1935.

G. van der Leeuw, 『불멸 또는 부활』(*Onsrefelijkheid of opstanding*), 1947⁴.

W. Logister, 『재성육신』(*Reïncarnatie*), 1990.

C. J. Meeuse, 『그 당시의 관점으로 본 미래에 대한 제2차 종교개혁의 기대』(*De toekomstverwachting van de Nadere Reformation in het licht van haar tijd*), 1990.

R. J. van der Meulen, 『계시에 대한 요한계시록의 관점』(*De openbaring in het laatste Bijbelboek*), 1948.

J. Moltmann, 『희망의 신학』(*Theologie der Hoffnung*), 1964.

G. C. van Niftrik, 『하늘』(*De hemel*), 1972.

W. J. Ouweneel, 『예수 그리스도의 계시』(*De openbaring van Jezus Christus*), 1, 1988; 2, 1990.

H. D. Preuss (ed.), 『구약성경의 종말론』(*Eschatologie im Alten Testament*), 1978.

H. Quistorp, 『칼뱅의 종말론』(*Die letzten Dinge im Zeugnis Calvins*), 1941.

J. Ratzinger, 『종말론: 죽음과 영원한 삶』(*Eschatologie—Tod und ewiges Leben*), 1978⁴.

H. Ridderbos, 『하나님 나라의 도래』(*De komst van het koninkrijk*), 1950.

K. Schilder, 『천국은 무엇인가?』(*Wat is de hemel?*), 1954².

J. J. van der Schuit, 『죽음의 장막을 넘어서』(*Achter het gordijn des doods*), 1929.

E. Staehelin, 『예수 그리스도의 교회 안에서의 하나님 나라에 대한 선포』(*Die Verkndigung des Reiches in der Kirche Jesu Christi*)), 1–7, 1951–1964.

B. Telder, 『죽음…그다음?』(*Sterven…en dan?*), 1960.

S. H. Travis, *Christian Hope and the Future of Man*, 1980.

S. H. Travis, *Christ and the Judgment of God*, 1986.

J. P. Versteeg, 『그리스도와 성령』(*Christus en de Geest*), 1971.

J. P. Versteeg, 『성령, 직분 및 미래에 대한 전망』(*Geest, ambt en uitzicht*), 1989.

J. P. Versteeg, 『현재와 미래』(*Het heden en de toekomst*), 1969.

Vervulling en voleinding (ed. H. Baarlink et al.), 1984.

G. Vos, *The Pauline Eschatology* (1930), 1979.

J. de Vuyst, 『요한의 계시』(*De Openbaring van Johannes*), 1987.

J. R. Wiskerke, 『죽음과 부활 사이에서의 삶』(*Leven tussen sterven en opstanding*), 1963.

110편 723, 821

110:2 829

110:3 1065

130편 999

130:3 1061

130:3-4 1061

143:2 320, 668, 999n23

잠언

8:22 948

8:22-31 251

8:36 643

이사야

7:9 967, 976

7:14 773, 776n34

9:5-7 876

9:6 773

9:6-7 761, 1323

9:7 321

11:1-5 1001

11:1-10 773, 1323

11:6 1422

11:9 126, 216, 521, 1324, 1371

26:4 302

26:10 499

26:19 1339

29:13 983

29:16 541

42:1 1001

42:6 908

53장 757, 777, 840, 842-43, 909, 1000

53:6 843

53:7 785

53:8 708, 843

53:10 843

53:10-12 999

55:3 909

55:6 976

55:10-11 1232

55:8 484

55:10 532

55:10-11 1232

55:11 1228, 1238-39

59:4 645

59:19 326

59:21 1231

63:9 251

63:10 261

65:9 360

65:14 360

65:16 309

65:17 132

65:25 1422

예레미야

3장 927

3:14 927

3:22 976

18:11 365

30:17 984

31장 888, 903, 906

31:31-34 902, 960

31:32 903

31:31 904

31:33 94, 1065

31:34 216, 1296

31:31-34 1128

31:36-37 340

32:17 419

32:17-19 313

32:27 578

에스겔

34:21-30 910

37:24-28 723

17:3 63, 210, 295, 309, 1416

17:4 347, 350, 759, 787, 837

17:6 61, 245, 761, 914

17:12 1089

17:9-10 388

17:24 837, 1349

17:26 59

20:17 246, 806, 815

20:22 812

20:23 1206

20:27 653

20:31 173, 719, 726 742, 969, 972

사도행전

2:14 1136

2:17 908, 1136

2:24 1136

2:33 819, 828

2:34-35 821

2:37-41 1136

2:38 985

2:38-39 976

2:39 913, 926, 1129

2:42 1105

2:47 1105

2:42-47 1136

6장 1191, 1193

7:59 590, 1341

12:15 471

13:48 362, 371, 404, 955

14:15-17 89, 94

15:28 25

16:4 25

16:14 197, 1233, 1243, 1245

17:15-34 95

20:28 254, 1129, 1140, 1183, 1185, 1192

로마서

1장 90, 92-93, 101

1:18-21 92, 948

1:18 93, 101, 600

1:20 89, 93, 101, 103, 217, 436, 582

2:4 495n12, 497, 499

2:14-16 93-94

3:21 62, 1001

3:24 721, 994, 996, 1003

3:26 323, 968, 994, 998

3:28 994, 1002, 1057

4:3-5 1007

4:25 771, 811, 839, 876, 994, 1007

5:12-21 131, 638-39, 653, 668, 781, 912, 914

5:18 870, 1431

6:3-4 1281

6:4-7 1054

6:4 808, 1054, 1057, 1059, 1073, 1281

6:6 1063

6:11 1057

6:12 620

6:14 1064

6:19 1054

7:14 580, 682

7:12 324

7:13-25 1061

7:18 681n16

7:22 578

8:3 846, 989

8:4 1258

8:14 147

8:16 192-93

8:18 524, 1389

8:19-23 701

8:20 434, 1076

8:29 363-64, 371, 408, 410, 550, 564, 871, 946, 1089

8:29-30 362, 371, 408, 410, 952, 1089

8:29-39 372

8:32 726, 785, 788, 857, 864, 871, 1007

8:38-39 975, 1341, 1348

9-11장 366, 383, 399,

데살로니가전서

4:13-17 1370
5:23 274, 578, 581, 1045

데살로니가후서

1:5-10 1386, 1407
2장 1357, 1359, 1364
2:2 582

디모데전서

1:17 215, 295, 302-03,
   1418
2:6 870-71
3장 1192, 1195
3:16 61, 108, 277, 342,
   737, 756, 776, 815

디모데후서

1:9-10 341, 347
3:16 140-43

디도서

1장 1192, 1195
3:5 959, 1267, 1280

히브리서

1:14 469-70, 942
7:25 817, 1090
8:6 904-06, 710
10:14 1053, 1057

야고보서

1:18 959, 1232
2:1-17 1404
2:14 1056
2:23 1007
2:24 1002
3:9 533, 547, 564, 571

베드로전서

1:2 251, 371
1:3 797
1:3-5 1383
1:4 1008, 1417
1:11 120, 355, 770
1:15 294
1:16 1049
1:19 342
1:20 342, 344, 349, 352
1:21 808
1:23 179, 963
1:25 302
2:8 368, 372, 397
2:21-24 1069
2:24 861

베드로후서

1:19 143, 175, 177, 179,
   975
1:21 140-43, 148
3장 1394
3:2 144, 160

요한1서

2:2 761, 865, 869-70,
   872, 1059, 1362
2:28-3:10 1059
3장 412
3:2 170, 550, 629, 813,
   1059, 1383, 1417
3:9 1062
5:7 252

유다서

6 640

요한계시록

1:4 241, 1324
1:18 810, 1205
3:5 369n17
5장 508, 1822-23
5:7 508
5:10 629, 1048
13장 1360
14:13 1350, 1417
17:3 1360
17:14 1386
17:6 1361
17:7 469
17:14 369
17-18장 654, 1361
20장 1364, 1367, 1376
20:1-5 164
20:4 1371-72

68, 483n5, 488, 491, 489,
535, 547, 586, 590, 607-
08, 639, 611n62, 627n70,
637n3, 698-99, 704-05,
707n34, 718, 736-40, 747-
48, 782, 815, 819n65, 844-
45, 848, 895-96, 917n19,
941, 976, 1030n62, 1037,
1038-1042, 1114n5,
1117n8, 1122-23, 1130-32,
1137n30, 1152n38, 1162,
1165, 1167, 1184, 1200,
1219-20, 1224, 1239, 1242,
1260, 1273, 1302, 1330n7,
1336, 1354, 1360-61, 1363,
1367-69, 1376, 1378, 1389,
1393-94, 1410-11, 1413

Berkouwer, G. C. (베르카우어) 18,
48n14, 50, 54, 68, 86n23,
89, 105, 126n7, 138, 142,
152-53, 155, 162, 165,
169, 178, 184n31, 186n32,
345n8, 347, 352, 363, 370,
377, 371n19, 377n22,
378n23, 388, 392-93, 403,
408, 431n10, 438, 480-81,
489, 502, 506, 509, 512,
515-16, 532, 535, 548n10,
569-70, 572, 579n30, 586,
588, 593, 598n40, 602n52,
608, 611, 637-38, 654n9,

655-56, 658, 660, 663, 670,
673-75, 684-85, 687-88,
706-07, 708n35, 716n1,
739, 741, 743, 753n24, 755,
764, 772, 781, 783n42,
787n44, 835n72, 836, 862,
878, 880n98, 940-41, 945,
954, 968, 976-77, 1008,
1010, 1024-25, 1056, 1058,
1064, 1071, 1080-81, 1091-
92, 1114n5, 1153, 1171n51,
1173, 1181, 1242n13, 1243,
1297n34, 1320, 1326n3,
1330, 1333n9, 1336n12,
1351, 1353n21, 1355, 1362,
1373, 1379, 1385, 1400,
1415

Bernard de Clairvaux (베르나르두스)
1024

Beus, Ch. de (뷔스) 442n21n 533,
741n14, 1273n23

Beza, Th. (베자) 200, 388, 390-91, 393,
1155

Bilkes, L. W. (빌커스, 로렌스) 1415n56

Boer, H. R. (부어) 395-96, 398

Boer, W. P. de (부어) 1072

Boettner, L. (뵈트너) 1367-68

Böhl, E. (뵐) 1011n31

Bolkestein, M. H. (볼커슈타인) 248n17,
613n65, 793

Bonhoeffer, D. (본회퍼) 72, 314, 1071,

1121

Bousset, W. (부세) 727

Brakel, W. à (브라켈) 224, 349, 352n12,
        413n39, 936, 971-72, 1161,
        1178, 1240, 1364, 1369,
        1377

Bremmer, R, H. (브렘머) 48n14,
        285n36, 340n5, 962

Brouwer, B. J. (브라우어) 395-96, 845

Browne, R. (브라운) 1032, 1204

Brunner, E. (브룬너) 45, 74, 104, 196,
        220n5, 261-62, 265, 295,
        426-27, 460, 509, 547, 556,
        564-67, 607, 663, 676n14,
        779, 814, 818n65, 824n69,
        1080n98, 1138n31, 1188,
        1410, 1412

Bucer, M. (부처) 128, 337, 374, 889,
        1115, 1198

Bullinger, H. (불링거) 128, 337, 388,
        411n34, 887-89, 893, 922,
        1055, 1155, 1183, 1228

Bultmann, R. (불트만) 41, 55-56, 316,
        467, 578n29, 727, 735, 740,
        747, 769, 799, 814, 1032,
        1329, 1353, 1387-88

Buren, P. van (뷰렌) 100, 800n54, 1131

Calvin, J. (칼뱅) 17, 25-26, 37, 39, 42-
        43, 47-48, 66, 87, 93, 97-
        98, 127-29, 132-35, 147-
49, 181-82, 186, 188, 190-
96, 201, 213, 220-21, 232,
259-60, 264-67, 275, 279,
284, 294, 299, 305, 318,
325, 337, 344, 355-56,
358, 363, 372, 375, 385-
87, 389, 401-04, 408-09,
411-12, 414, 421, 431, 434-
35, 441, 446, 448, 464, 471,
477-78, 491, 493, 495, 498-
99, 520, 528, 544, 561-64,
583n33, 589-90, 600, 605,
620, 629, 640n4, 653, 658,
716, 733, 749, 753-55, 765,
771, 793, 809, 818, 827,
835, 861, 866, 871, 889-90,
893, 927-28, 934, 936, 943-
44, 952, 957-58, 961, 966,
970, 978, 987-89, 1018,
1020, 1022, 1023-26, 1043-
44, 1046, 1050, 1055, 1058,
1064, 1066, 1068, 1073-75,
1091-92, 1115-17, 1143-
44, 1146, 1148-49, 1155,
1160-61, 1164, 1168, 1178-
79, 1181-84, 1194, 1196,
1198, 1207, 1210, 1218-19,
1222-23, 1231, 1233, 1237-
39, 1243-44, 1246-49,
1260, 1262-67, 1281-82,
1289, 1292-94, 1299, 1306-

Jansen, H. (얀센) 1131

Joest, W. (예스트) 1020

John of Damascus (다마스쿠스의 요한네
　　스) 266, 1016

Jonge, H. J. de (용흐) 800

Jonker, W. D. (용커르) 389, 409, 894,
　　1025

Jonker, J. (용커르) 602

Justin Martyr (순교자 유스티누스) 132,
　　759, 1401

Kähler, M. (캘러) 116

Kamphuis, B. (캄프하위스) 40, 178, 536,
　　539, 574-75, 837

Kant, I. (칸트) 37, 67, 212, 225, 228,
　　451, 1333

Kantzenbach, F. W. (칸첸바흐) 49

Käsemann, E. (캐제만) 180, 844-45,
　　858, 1032

Kersten, G. H. (케르스턴) 51, 354, 394,
　　886, 893-94, 913-14, 1125

Knijff, H. W. de (크네이프) 590, 610,
　　615, 663

Knitter, P. F. (크니터) 100

Koch, K. (코흐) 682

Kohlbrugge, H. F. (콜브뤼게) 1067-69

Kohnstamm, Ph. (콘스탐) 1409

König, A. (쾨니히) 527n2, 945n4,
　　964n13

Koopmans, J. (코프만스) 297

Korff, W. A. (코르프) 767, 863, 867,

1386

Kraemer, H. (크래머) 99, 1121, 1173

Kraus, G. (크라우스) 38, 668

Kremer, W. (크레머) 281n35, 928,
　　936n28, 946, 1415n56

Kroesen (크루선) 655

Kruyswijk, A. (크리스베이크) 532, 534

Kuitert, H. M. (커이터르트) 17, 18, 27-
　　28, 38-39, 74-79, 84, 86,
　　153, 165, 172, 181, 186,
　　440, 599, 638, 703, 895

Küng, H. (퀑) 1021, 1102, 1125, 1158,
　　1163

Kushner, H. S. (쿠쉬너) 513, 701

Kuyper, A. (카이퍼) 48, 138, 150, 390-
　　91, 437, 491, 494-99, 508-
　　09, 628, 685, 694n22, 782,
　　824, 871, 893-94, 953, 962-
　　63, 966, 981, 1012-14,
　　1058, 1064, 1078, 1117-
　　19, 1144, 1153, 1270, 1282,
　　1283, 1289-90, 1357

Labuschagne, C, J. (라부샤네) 117, 139-
　　40, 178

Lange, D. (랑에) 1030

Lapide, P. (라피데) 717

Lehmann, K. (레만) 692, 1029

Leibniz, G. W. (라이프니츠) 513-14

Lekkerkerker, A. F. N. (레커케르커) 1190

Leontius of Byzantium (비잔티움의 레온

Rufinus (루피누스) 788

Ruler, A. A. van (룰러) 33, 35, 51, 125,
314-15, 338, 431-32, 508,
630, 714, 726, 782-83, 789,
823-25, 830, 835, 1048n73,
1142, 1173, 1185, 1187-88,
1230, 1240, 1396, 1402-03

Sauter, G. (자우터) 1028, 1033

Schaull, R. (스카월) 692

Scheeben, M. J. (스케이번) 753

Scheers, G. Ph. (스케어스) 1068

Schilder, K. (스킬더) 34, 51, 335, 393,
431, 463, 496-99, 535, 539,
546, 548, 556, 571-75, 623,
628, 664, 685, 695, 893,
900, 923, 1117, 1119-20,
1144, 1152-53, 1156, 1415,
1420

Schillebeeckx, E. (스킬러베익스) 802-03

Schippers, R. (스키퍼르스) 121

Schleiermacher, F. D. E. (슐라이어마허)
56-57, 68, 70, 123, 147, 189,
191, 261, 263, 438, 734, 737,
769, 1124, 1409

Scholten, J. H. (스콜턴) 69, 117

Schoonenberg, P. (스코넌베르크) 678

Schrenk, G. (슈렝크) 997

Schuurman, E. (스쿼르만) 623, 626,
1077

Schweitzer, A. (슈바이처) 357, 1327,
1352-53

Selms, A. van (셀름스) 250

Semler, J. S. (제믈러) 137, 146

Servetus (세르베투스) 261

Sevenster, G. (세벤스터르) 742

Simpson, G. C. (심슨) 462

Slenczka, R. (슬렌츠카) 1151

Telder, B. (텔더르) 1335-36, 1340,
1350

ten Cate, J. (텐 카터) 1240

Tertullian (테르툴리아누스) 256, 730,
746, 1259, 1286, 1363, 1401

Thielicke, H. (틸리케) 316

Thysius (티지우스) 145

Tillich, P. (틸리히) 74, 1033-34

Trimp, C. (트림프) 120, 517, 934, 957,
1230

Troeltsch, E. (트뢸치) 68, 70, 83

Trooster, S. (트로스터르) 678

Ursinus (우르시누스) 827, 891

Valeton, J. P. (팔레톤) 1099

Van der Groe, Th. (판 더 흐루) 1253

Van der Leeuw (판 더 레이우) 444, 782,
1333-34

Van der Meiden (판 더 메이던) 903,
1245

Van der Meulen (판 더 뮐런) 1363

Van der Schuit, J. J. (판 더 스카위트)